Prinz/Kanzler (Hrsg.)

NWB Praxishandbuch Bilanzsteuerrecht

Online-Version inklusive!

Stellen Sie dieses Buch jetzt in Ihre „digitale Bibliothek" in der NWB Datenbank und nutzen Sie Ihre Vorteile:

- Ob am Arbeitsplatz, zu Hause oder unterwegs: Die Online-Version dieses Buches können Sie jederzeit und überall da nutzen, wo Sie Zugang zu einem mit dem Internet verbundenen PC haben.
- Die praktischen Recherchefunktionen der NWB Datenbank erleichtern Ihnen die gezielte Suche nach bestimmten Inhalten und Fragestellungen.
- Die Anlage Ihrer persönlichen „digitalen Bibliothek" und deren Nutzung in der NWB Datenbank online ist kostenlos. Sie müssen dazu nicht Abonnent der Datenbank sein.

Ihr Freischaltcode:

BTBMTMGONBNWRZMZLPPKWH

Prinz/K.(Hrsg.), NWB Praxishandbuch Bilanzsteuerrecht

So einfach geht's:

1. Rufen Sie im Internet die Seite **www.nwb.de/go/online-buch** auf.
2. Geben Sie Ihren Freischaltcode in Großbuchstaben ein und folgen Sie dem Anmeldedialog.
3. Fertig!

Alternativ können Sie auch den Barcode direkt mit der **NWB Mobile** App einscannen und so Ihr Produkt freischalten! Die NWB Mobile App gibt es für iOS, Android und Windows Phone!

Die NWB Datenbank – alle digitalen Inhalte aus unserem Verlagsprogramm in einem System.

www.nwb.de

NWB Praxishandbuch Bilanzsteuerrecht

Bilanzsteuerrecht grundlegend, praxisnah und gestaltungsorientiert dargestellt

- Allgemeine Ansatz- und Bewertungsvorschriften
- Bilanzpostenorientierte Einzeldarstellung
- Querschnitts- und Sonderfragen

Herausgegeben von

WP/StB Professor Dr. Ulrich Prinz, Köln
RA/StB Professor Dr. Hans-Joachim Kanzler, Vors. Richter am BFH a. D., Schloß Ricklingen

Unter Mitarbeit von

StB Prof. Dr. Gerrit Adrian, Frankfurt am Main
Dipl.-Kfm. Walter Bode, Richter am BFH, München
WP/StB Dirk Bongaerts, Düsseldorf
Dr. Simone Briesemeister, Köln
StB Dr. Dennis J. Hartmann, Hannover
WP/StB Dipl.-Kfm. Carsten Ernst, Herrenberg
Prof. Dr. Christian Fink, Wiesbaden
WP/StB Paul Forst, Düsseldorf
WP/StB Manfred Günkel, Düsseldorf
RA Dr. Dorothee Hallerbach, Augsburg
StB Dr. Christian Hick, Bonn
Dipl. oec Matthias Hiller, Hohenheim
RDin Evelyn Hörhammer, Berlin
Prof. Dr. Holger Kahle, Hohenheim
RA/StB Nicole Kamradt, Essen
Dipl.-Kffr. Kristina Rengstl, München
StB Dr. Claus Ritzer, München
StB Axel Schaaf, Düsseldorf
Prof. Dr. Wolfram Scheffler, Nürnberg
RA/StB Jürgen Sievert, Köln
RA Dr. Rainer Stadler, München

2., aktualisierte und erweiterte Auflage

nwb

Zitiervorschlag:

Bearbeiter, in: Prinz/Kanzler (Hrsg.), NWB BilStRecht, 2. Auflage, Herne 2014, Rz. ...

ISBN 978-3-482-**63752**-0
2. Auflage 2014

Satz: Griebsch & Rochol Druck GmbH & Co. KG, Hamm
Druck: Beltz Bad Langensalza GmbH, Bad Langensalza

VORWORT ZUR 2. AUFLAGE

Gut zwei Jahre nach Erscheinen der Erstauflage legen Herausgeber, Autoren und Verlag hiermit eine vollständig „runderneuerte“ 2. Auflage des NWB-Praxishandbuchs Bilanzsteuerrecht vor. Die 1. Auflage wurde in der „Steuercommunity“ wohlwollend aufgenommen. Eine Reihe sehr positiver Rezensionen belegt dies. Das hat uns zur Zweitauflage „beflügelt“, die sich durchweg auf dem Bearbeitungsstand April 2014 befindet. Gesetzgebung, Rechtsprechung, Verwaltungsanweisungen und Literatur wurden mit ihren steuerbilanzrechtlichen Bezügen auf den neuesten Stand gebracht. Dies erforderte in einigen Teilen des Handbuchs nicht nur eine Aktualisierung, sondern eine völlige Neubearbeitung der Themen. Das Grundkonzept des Handbuchs, nämlich die Zweiteilung in Grundsatz- und Querschnittsfragen in Teil A, bilanzpostenbezogene Bilanzierung und Bewertung in Teil B, hat sich bewährt, wurde beibehalten und fortentwickelt. Neukonzipiert wurden deshalb Beiträge zum Bilanzsteuerrecht aus Sicht der Verwaltung (Kapitel XVII) und des BFH (Kapitel XVIII). Da das Bilanzsteuerrecht für alle betrieblichen Einkunftsarten maßgebend ist, werden nun in einem eigenständigen Kapitel auch die Besonderheiten land- und forstwirtschaftlicher Gewinnermittlung abrundend dargestellt (Kapitel XV). Das Handbuch befindet sich deshalb nun in der vorliegenden 2. Auflage wieder auf dem neuesten Diskussionsstand zum Bilanzsteuerrecht.

Auch wenn der Steuergesetzgeber seit der Einführung des BilMoG aus Mai 2009 keine grundlegenden Neuvorhaben im Bilanzsteuerrecht in Angriff genommen, geschweige denn umgesetzt hat, hat sich in bilanzsteuerrechtlichen Details viel getan. Die „steuersystematischen Verwerfungen“ haben sich vertieft. Sämtliche Akteure im Bilanzsteuerrecht – also Gesetzgeber, Rechtsprechung und Verwaltung – waren gleichermaßen fleißig. Einige Beispiele dazu, die den intensiven Überarbeitungsbedarf illustrieren sollen:

- Im „Gesetz zur Änderung und Vereinfachung der Unternehmensbesteuerung und des steuerlichen Reisekostenrechts“ v. 20. 2. 2013 wurde das Bilanzrecht der Organschaft in § 14 Abs. 1 KStG grundlegend verändert. Die Neuregelung hat für sämtliche Organschaften hohe Praxisrelevanz.
- Als „erste steuerliche Großtat“ hat die neue Regierungskoalition aus CDU/CSU und SPD kurz nach Verabschiedung des Koalitionsvertrages im November 2013 das AIFM-Steueranpassungsgesetz v. 18. 12. 2013 verabschiedet. Etwas versteckt finden sich darin mit § 4f EStG und § 5 Abs. 7 EStG zwei hochbrisante Neuregelungen zur steuerbilanziellen Behandlung entgeltlich übernommener passivierungsbeschränkter Verpflichtungen bei Übertrager und Übernehmer. Bislang bekannte bilanzsteuerliche Koordinaten – wie etwa das Realisations- und das Anschaffungskostenprinzip – werden dabei zum Teil mit echter Rückwirkung „auf den Kopf gestellt“.
- Der Beschluss des Großen Senats v. 31. 1. 2013 – GrS 1/10 hat den subjektiven Fehlerbegriff für Rechtsfragen aufgegeben. Dies löst vielschichtige Folgen in Betriebsprüfungen und Rechtsbehelfsverfahren aus, die die Praxis intensiv beschäftigen. Etliche Folgefragen aus dem Großen Senatsbeschluss werden weiter diskutiert.
- Schließlich war auch die Finanzverwaltung seit Erscheinen der Erstauflage des Handbuchs emsig und hat etliche bedeutsame Anweisungen im Bilanzsteuerrecht herausgegeben.

Exemplarisch sollen der neue Erlass zur Teilwertabschreibung bei voraussichtlich dauernder Wertminderung, die Neudefinition der Herstellungskosten in R 6.3 Abs. 1 EStR 2012 mit einem „begleitenden BMF-Schreiben" sowie das neue Maßgeblichkeitsverständnis zum handelsrechtlichen Rückstellungsansatz als Bewertungsobergrenze im Steuerbilanzrecht genannt werden.

All diese Themen sind in der 2. Auflage unseres Handbuchs intensiv dargestellt, analysiert und mit ihren praktischen Folgewirkungen herausgearbeitet worden.

In personeller Hinsicht ist der Autorenkreis des Praxishandbuchs weitgehend stabil geblieben. Der ausgewogene „Autorenmix" aus Beratung, Richterschaft, Wissenschaft und Unternehmenspraxis wurde beibehalten. Wenige Autoren sind aus Gründen der Arbeitsbelastung ausgeschieden, einige neue Bearbeiter sind hinzugekommen. Wir danken allen, die am Erscheinen der 2. Auflage des Handbuchs mitgewirkt haben, ganz herzlich. Uns ist bewusst: Steuerliche Fachschriftstellerei erfordert stets hohen Einsatz zu Lasten der Freizeit.

Köln/Hannover im Juni 2014

WP StB Prof. Dr. Ulrich Prinz
RA StB Prof. Dr. Hans-Joachim Kanzler

INHALTSÜBERSICHT

Seite

Teil A: Grundsatz- und Querschnittsfragen steuerlicher Gewinnermittlung

Kapitel I: **Buchführung und Steuerbilanz**
von Dr. Simone Briesemeister, Köln 1

Kapitel II: **Gewinnbegriff, Gewinnermittlung und Wirtschaftsjahr**
von RA/StB Professor Dr. Hans-Joachim Kanzler, Vors. Richter am BFH a. D., Schloß Ricklingen 33

Kapitel III: **Maßgeblichkeit handelsrechtlicher GoB für die steuerliche Gewinnermittlung nach BilMoG**
von WP/StB Professor Dr. Ulrich Prinz, Köln 61

Kapitel IV: **Betriebsvermögen: Umfang, Arten des Betriebsvermögens, Begriff des Wirtschaftsguts, Entnahmen und Einlagen**
von RA/StB Professor Dr. Hans-Joachim Kanzler, Vors. Richter am BFH a. D., Schloß Ricklingen 93

Kapitel V: **Persönliche Zurechnung/Wirtschaftliches Eigentum**
von Dr. Simone Briesemeister, Köln 133

Kapitel VI: **Bewertungsmaßstäbe bei der steuerlichen Gewinnermittlung**
von Professor Dr. Holger Kahle, Hohenheim
Diplom-Ökonom Matthias Hiller, Hohenheim 179

Kapitel VII: **Bewertungseinheiten**
von StB Dr. Christian Hick, Bonn 221

Kapitel VIII: **Bilanzenzusammenhang, Bilanzberichtigung und Bilanzänderung**
von RA/StB Professor Dr. Hans-Joachim Kanzler, Vors. Richter am BFH a. D., Schloß Ricklingen 245

Kapitel IX: **E-Bilanz (§ 5b EStG)**
von Dr. Simone Briesemeister, Köln 273

Kapitel X: **Besonderheiten der steuerlichen Gewinnermittlung bei Personengesellschaften**
von Professor Dr. Holger Kahle, Hohenheim 297

Kapitel XI: **Besonderheiten bei ertragsteuerlicher Organschaft**
von WP/StB Professor Dr. Ulrich Prinz, Köln 355

Kapitel XII: **Bilanzierung bei Umwandlungen/Umstrukturierung**
von WP/StB Paul Forst, Düsseldorf
StB Axel Schaaf, Düsseldorf 395

Kapitel XIII:	**Bilanzierungsfragen in der Unternehmenskrise und bei Liquidation** von WP/StB Paul Forst, Düsseldorf StB Axel Schaaf, Düsseldorf	441
Kapitel XIV:	**Besondere Bilanzierungsfragen bei Freiberuflern** von Dr. Dorothee Hallerbach, Augsburg	471
Kapitel XV:	**Besondere Bilanzierungsfragen bei Land- und Forstwirten** von RA/StB Professor Dr. Hans-Joachim Kanzler, Vors. Richter am BFH a. D., Schloß Ricklingen	491
Kapitel XVI:	**Abweichungen zwischen Handels- und Steuerbilanz und latente Steuern** von WP/StB Dipl.-Kaufmann Carsten Ernst, Herrenberg Professor Dr. Christian Fink, Wiesbaden	521
Kapitel XVII:	**Bilanzsteuerrecht unter besonderer Berücksichtigung von Verwaltungsanweisungen** von RDin Evelyn Hörhammer, Berlin	559
Kapitel XVIII:	**Die Steuerbilanz aus der Sicht des BFH** von Dipl.-Kfm. Walter Bode, Richter am BFH, München	599
Kapitel XIX:	**Möglichkeiten und Grenzen der Steuerbilanzpolitik** von Professor Dr. Wolfram Scheffler, Nürnberg	619
Kapitel XX:	**Internationale Bezüge der steuerlichen Gewinnermittlung** von Professor Dr. Holger Kahle, Hohenheim	659
Kapitel XXI:	**Zukunft der Steuerbilanz** von Professor Dr. Holger Kahle, Hohenheim	701

Teil B: Bilanzierung und Bewertung bei der Gewinnermittlung nach Bilanzposten

Kapitel I:	**Anlagevermögen** **1. Immaterielle Wirtschaftsgüter** von StB Prof. Dr. Gerrit Adrian, Frankfurt am Main	715
	2. Geschäfts- oder Firmenwert von StB Prof. Dr. Gerrit Adrian, Frankfurt am Main	747
	3. Sachanlagen von StB Prof. Dr. Gerrit Adrian, Frankfurt am Main	769
	4. Finanzanlagen von RA Dr. Rainer Stadler, München StB Dr. Dennis J. Hartmann, Hannover	839
Kapitel II:	**Umlaufvermögen** von StB Dr. Christian Hick, Bonn	
Kapitel III:	**Aktive Rechnungsabgrenzungsposten (RAP)** von WP/StB Professor Dr. Ulrich Prinz, Köln	979

Kapitel IV:	**Eigenkapital** von StB Dr. Claus Ritzer, München Dipl.-Kffr. Kristina Rengstl, München	999
Kapitel V:	**Steuerliche Sonderposten** von RA/StB Jürgen Sievert, Köln RA/StB Nicole Kamradt, Essen	1031
Kapitel VI:	**Rückstellungen** von WP/StB Manfred Günkel, Düsseldorf WP/StB Dirk Bongaerts, Düsseldorf unter Mitarbeit von StB Dr. Manuel Teschke, Düsseldorf	1077
Kapitel VII:	**Verbindlichkeiten** von RA/StB Jürgen Sievert, Köln RA/StB Nicole Kamradt, Essen	1199
Kapitel VIII:	**Passive Rechnungsabgrenzungsposten (PRAP)** von WP/StB Professor Dr. Ulrich Prinz, Köln	1229

INHALTSVERZEICHNIS

Kapitel XIX: Möglichkeiten und Grenzen der Steuerbilanzpolitik **619**

Rz. Seite

TEIL B: BILANZIERUNG UND BEWERTUNG BEI DER GEWINNERMITTLUNG NACH BILANZPOSTEN

ABKÜRZUNGSVERZEICHNIS

A

a. A.	anderer Auffassung
a. a. O.	am angeführten/angegebenen Ort
a. E.	am Ende
a. F.	alte Fassung
AAB	Allgemeine Auftragsbedingungen
Abs.	Absatz
Abschn.	Abschnitt
Abschr.	Abschreibung
Abt.	Abteilung
ADS	Adler/Düring/Schmaltz (Kommentar)
AfA	Absetzung für Abnutzungen
AG	Aktiengesellschaft (auch Zeitschrift)
AK	Anschaffungskosten
AktG	Aktiengesetz
Alt.	Alternative
Anm.	Anmerkung
Anm. d. Verf.	Anmerkung des Verfassers/der Verfasser
AO	Abgabenordnung
aRAP	aktiver Rechnungsabgrenzungsposten
Art.	Artikel
Aufl.	Auflage
AV	Anlagevermögen
Az.	Aktenzeichen

B

BaFin	Bundesanstalt für Finanzdienstleistungsaufsicht
BB	Betriebs-Berater (Zeitschrift)
Bd.	Band
BdF	Bundesministerium der Finanzen
Begr.	Begründung
BetrVerfG	Betriebsverfassungsgesetz
BewG	Bewertungsgesetz
BFH	Bundesfinanzhof
BFH/NV	Sammlung der Entscheidungen des Bundesfinanzhofs (Zeitschrift)
BFuP	Betriebswirtschaftliche Forschung und Praxis (Zeitschrift)
BGB	Bürgerliches Gesetzbuch
BGBl	Bundesgesetzblatt
BGH	Bundesgerichtshof
BGHZ	Entscheidungen des Bundesgerichtshofs in Zivilsachen

BilMoG	Bilanzrechtsmodernisierungsgesetz
BMF	Bundesministerium der Finanzen
BMJ	Bundesministerium der Justiz
BR	Bundesrat
BRD	Bundesrepublik Deutschland
BR-Drucks.	Bundesratsdrucksache
BRZ	Zeitschrift für Bilanzierung und Rechnungswesen
BS	Berufssatzung
BStBk	Bundessteuerberaterkammer
BStBl	Bundessteuerblatt
BT	Bundestag
BT-Drucks.	Bundestagsdrucksache
BuW	Betrieb und Wirtschaft (Zeitschrift)
BV	Betriebsvermögen
BW	Buchwert
bzw.	beziehungsweise

D

DAX	Deutscher Aktienindex
DB	Der Betrieb (Zeitschrift)
DCGK	Deutscher Corporate Governance Kodex
d. h.	das heißt
div.	diverse(-s)
DM	Deutsche Mark
DPR	Deutsche Prüfstelle für Rechnungslegung
DRS	Deutscher Rechnungslegungs Standard
DRSC	Deutsches Rechnungslegungs Standards Committee e. V.
DSR	Deutscher Standardisierungsrat
DStR	Deutsches Steuerrecht (Zeitschrift)
DStRE	DStR-Entscheidungsdienst (Zeitschrift)
DStZ	Deutsche Steuer-Zeitung (Zeitschrift)
DV	Datenverarbeitung

E

EB	Eröffnungsbilanz
EBIT	Earnings Before Interest and Taxes
EBITA	Earnings Before Interest, Taxes and Amortization
EBITDA	Earnings Before Interest, Taxes, Depreciation and Amortization
EBT	Earnings Before Taxes
E-DRS	Entwurf Deutscher Rechnungslegungsstandard
EDV	Elektronische Datenverarbeitung
EFG	Entscheidungen der Finanzgerichte (Zeitschrift)
EG	Europäische Gemeinschaft
EGAktG	Einführungsgesetz zum Aktiengesetz

EGHGB	Einführungsgesetz zum Handelsgesetzbuch
einschl.	einschließlich
EK	Eigenkapital
ERS	Entwurf IDW Stellungnahme zur Rechnungslegung
EStDV	Einkommensteuer-Durchführungsverordnung
EStH	Einkommensteuerhinweise
EStG	Einkommensteuergesetz
EStR	Einkommensteuer-Richtlinien
etc.	et cetera
EU	Europäische Union oder in Beispielen: Enkelunternehmen
EuGH	Europäischer Gerichtshof
EURIBOR	Euro Interbank Offered Rate

F

F	Framework
f.	folgende
FASB	Financial Accounting Standards Board
ff.	fortfolgende
FG	Finanzgericht
FGG	Freiwillige Gerichtsbarkeit Gesetz
FGO	Finanzgerichtsordnung
FiBu	Finanzbuchhaltung
FiFo	First in – First out
FK	Fremdkapital
FN	IDW Fachnachrichten (Zeitschrift)
Fn.	Fußnote
FördG	Gesetz über Sonderabschreibungen und Abzugsbeträge im Fördergebiet
FR	Frankfurter Rundschau (Zeitung) oder Finanz-Rundschau (Zeitschrift)
FS	Festschrift
FuE	Forschung und Entwicklung
FW	Fremdwährung

G

GbR	Gesellschaft bürgerlichen Rechts
GE	Geldeinheit
gem.	gemäß
GenG	Gesetz betreffend die Erwerbs- und Wirtschaftsgenossenschaften
GewStDVO	Gewerbesteuer-Durchführungsverordnung
GewStG	Gewerbesteuergesetz
gez.	gezeichnet
GG	Grundgesetz
ggf.	gegebenenfalls
GJ	Geschäftsjahr
GKV	Gesamtkostenverfahren

Gl. A.	Gleicher Auffassung
GmbH	Gesellschaft mit beschränkter Haftung
GmbHG	Gesetz betreffend die Gesellschaften mit beschränkter Haftung
GmbHR	Gesellschafts- und Steuerrecht der GmbH und GmbH & Co. (Zeitschrift)
GmbH-StB	Der GmbH-Steuer-Berater (Zeitschrift)
GoB	Grundsätze ordnungsmäßiger Buchführung
GuV	Gewinn- und Verlustrechnung
GWG	Geringwertige Wirtschaftsgüter

H

h. M.	herrschende Meinung
HB	Handelsbilanz
HGB	Handelsgesetzbuch
HHR	Herrmann/Heuer/Raupach (Kommentar)
HHSp.	Hübschmann/Hepp/Spitaler (Kommentar)
HiFo	Highest in – First out
HK	Herstellungskosten
HR	Handelsregister
HS	Halbsatz
Hrsg.	Herausgeber

I

i. d. F.	in der Fassung
i. d. R.	in der Regel
i. e. S.	im engeren Sinn
i. H. v.	in Höhe von
i. S. d.	im Sinne der/des
i. V. m.	in Verbindung mit
i. w. S.	im weitesten Sinne
IAS	International Accounting Standards
IASB	International Accounting Standards Board
IAS-VO	IAS-Verordnung
IDW	Institut der Wirtschaftsprüfer
– ERS	Entwurf Stellungnahme zur Rechnungslegung
– FAIT	Fachausschuss für Informationstechnologie
– HFA	Hauptfachausschuss
– PH	Prüfungshinweise
– PS	Prüfungsstandards
– RH	Rechnungslegungshinweise
– RS	Stellungnahmen zur Rechnungslegung
– S	Standards
– VFA	Versicherungsfachausschuss
IFRIC	International Financial Reporting Interpretations Committee
IFRS	International Financial Reporting Standards

INF	Information über Steuer und Wirtschaft (Zeitschrift)
inkl.	inklusive
InvG	Investmentgesetz
InvZulG	Investitionszulagengesetz

K

Kap.	Kapital/Kapitel
KapCoRiLiG	Kapitalgesellschaften- und Co-Richtlinie-Gesetz
KapRL	Kapitalrücklagen
Kfz	Kraftfahrzeug
KG	Kommanditgesellschaft
KGaA	Kommanditgesellschaft auf Aktien
KoR	Zeitschrift für internationale und kapitalmarktorientierte Rechnungslegung
KÖSDI	Kölner Steuerdialog (Zeitschrift)
K/S/M	Kirchhof/Söhn/Mellinghoff (Kommentar)
KStG	Körperschaftsteuergesetz
kum.	kumuliert
KWG	Gesetz über das Kreditwesen

L

L+L	Lieferungen und Leistungen
LFD	Landesfinanzdirektion
lfd.	laufend(-e)
LiFo	Last in – First out
LStDV	Lohnsteuer-Durchführungsverordnung
lt.	laut

M

m. E.	meines Erachtens
m. w. N.	mit weiteren Nachweisen
Mio.	Millionen
MoMiG	Gesetz zur Modernisierung des GmbH-Rechts und zur Bekämpfung von Missbräuchen
Mrd.	Milliarden

N

n. F.	neue Fassung
NJW	Neue juristische Wochenschrift
Nr.	Nummer
n. v.	nicht veröffentlicht
NWB	NWB Steuer- und Wirtschaftsrecht (Zeitschrift)
NWB DokID	NWB Dokumentidentifikationsnummer
NZB	Nationale Zentralbank

O

o. Ä.	oder Ähnliches
o. g.	oben genannt(-e)
OG	Organgesellschaft
OHG	Offene Handelsgesellschaft
OLG	Oberlandesgericht
OT	Organträger

P

p. a.	per annum
PiR	NWB Internationale Rechnungslegung (Zeitschrift)
PPP	Public Private Partnership
pRAP	passiver Rechnungsabgrenzungsposten
PublG	Publizitätsgesetz

R

R	Richtlinie
rd.	rund
RefE	Referentenentwurf
RegE	Regierungsentwurf
RFH	Reichsfinanzhof
RHB	Roh-, Hilfs- und Betriebsstoffe
RIC	Rechnungslegungs Interpretations Committe
ROI	Return on Investment
RWZ	Österreichische Zeitschrift für Recht und Rechnungswesen
Rz.	Randziffer

S

S.	Seite
s. o.	siehe oben
SIC	Standing Interpretations Committee
sog.	so genannt(-e)
sonst.	sonstige(-s)
StB	Steuerbilanz
Stbg	Die Steuerberatung (Zeitschrift)
StbJb	Steuerberater-Jahrbuch
StBp	Steuerliche Betriebsprüfung (Zeitschrift)
StGB	Strafgesetzbuch
StuB	NWB Unternehmensteuern und Bilanzen (Zeitschrift)
StuW	Steuer und Wirtschaft (Zeitschrift)

T

Tz.	Textziffer

U

u.	und
u. a.	unter anderem
u. Ä.	und Ähnliches
u. E.	unseres Erachtens
u. U.	unter Umständen
Ubg	Unternehmensbesteuerung (Zeitschrift)
UE	Umsatzerlöse
UKV	Umsatzkostenverfahren
UmwG	Umwandlungsgesetz
UmwStG	Umwandlungssteuergesetz
UR	Umsatzsteuer-Rundschau (Zeitschrift)
USA	United States of America
US-GAAP	United States Generally Accepted Accounting Principles
USt	Umsatzsteuer
usw.	und so weiter

V

VG	Vermögensgegenstände
VGH	Verwaltungsgerichtshof
vgl.	vergleiche
VO	Verordnung
vs.	versus
VV	Verlustvortrag

W

WACC	Weighted Average Cost of Capital
WPg	Die Wirtschaftsprüfung (Zeitschrift)
WpHG	Wertpapierhandelsgesetz

Z

z. B.	zum Beispiel
z. T.	zum Teil
zzgl.	zuzüglich

Teil A:
Grundsatz- und Querschnittsfragen steuerlicher Gewinnermittlung

Kapitel I:
Buchführung und Steuerbilanz

von
Dr. Simone Briesemeister, Köln

Inhaltsübersicht

Ausgewählte Literatur

Brähler/Krenzien/Scholz, Bürokratieabbau durch das BilMoG – eine empirische Untersuchung der Befreiung kleiner Einzelkaufleute von der Bilanzierungspflicht, StuW 2013 S. 173; *Drüen*, in: Tipke/Kruse, AO/FGO, vor § 140 AO, §§ 140, 141 AO; *Görke*, in: HHSp., AO/FGO-Kommentar, vor §§ 140-148 AO, §§ 140, 141 AO; *Kahle*, Die Steuerbilanz der Personengesellschaft, DStZ 2012 S. 61; *Kanzler*, in: HHR, vor §§ 4-7 EStG; *Kersting*, Handels- und gesellschaftsrechtliche Auswirkungen der Befreiung „kleiner" Kaufleute und Personenhandelsgesellschaften von der Buchführungs- und Bilanzierungspflicht, BB 2008 S. 790; *Lange/Regnier*, Die Verlagerung der elektronischen Buchführung in das Ausland, DB 2009 S. 1256; *Märtens*, in: Beermann/Gosch, AO/FGO, vor §§ 140-148 AO, §§ 140, 141 AO; *Mösbauer*, Grenzen der Buchführungs- und Abschlusspflicht bestimmter Steuerpflichtiger nach § 141 AO, DB 1995 S. 397; *ders.*, Beginn, Ende und Übergang der steuerlichen Buchführungspflichten gewerblicher Unternehmer nach § 140 AO, DB 1996 S. 2587; *Richter*, BilMoG: Befreiung von der handelsrechtlichen Buchführungspflicht gem. § 241a HGB, FR 2010 S. 804; *Schulze-Osterloh*, Die Steuerbilanz als Tatbestandsmerkmal im Einkommen- und Körperschaftsteuergesetz, DStJG Bd. 14 (1991), S. 123; *Theile*, Der neue Jahresabschluss nach dem BilMoG, DStR 2009, Beiheft zu Heft 18, S. 21.

1. Systematik handels- und steuerrechtlicher Buchführungs-/Aufzeichnungspflichten

1 Das Steuerrecht macht außersteuerliche, insbesondere handelsrechtliche Buchführungs- und Aufzeichnungspflichten umfassend nutzbar, indem diese Pflichten, soweit sie für die Besteuerung von Bedeutung sind, in steuerliche Pflichten überführt werden (§ 140 AO). Der Kreis der Buchführungspflichtigen wird durch originär steuerrechtliche Buchführungs-/Aufzeichnungspflichten erweitert (§ 141 AO). Ergänzend sind Aufzeichnungs-/Verzeichnispflichten nach §§ 142-144 AO sowie nach Einzelsteuergesetzen zu beachten. Die ggü. dem Handelsrecht umfassenderen steuerrechtlichen Buchführungs- und Aufzeichnungspflichten dienen der Sicherung von Ansprüchen aus dem Steuerschuldverhältnis einschließlich Verifizierung der Deklaration des Stpfl. und damit der Gleichmäßigkeit der Besteuerung.

2 Mit der abgeleiteten/originären steuerrechtlichen Buchführungspflicht bzw. der Entscheidung zur freiwilligen Buchführung sowie der verwirklichten Einkunftsart sind zugleich die wesentlichen Parameter dafür gesetzt, ob die Gewinnermittlung durch Überschussrechnung nach § 4 Abs. 3 EStG, Betriebsvermögensvergleich nach § 4 Abs. 1 EStG oder § 5 EStG oder nach Durchschnittssätzen gem. § 13a EStG zu erfolgen hat (s. Rz. 61; zur Gewinnermittlung Rz. 120 ff.). Buchführung und Gewinnermittlung durch Betriebsvermögensvergleich ziehen die Verpflichtung zur Übermittlung einer E-Bilanz i. S. d. § 5b EStG nach sich (s. Rz. 1260 ff.).

2. Handelsrechtliche Buchführungspflicht

2.1 Anwendungsbereich

2.1.1 Grundsätze

3 Jeder **Kaufmann** ist vorbehaltlich der Befreiung nach § 241a HGB i.V.m. § 242 Abs. 4 HGB (s. Rz. 13 ff.) zur Führung von Büchern nach den Grundsätzen ordnungsmäßiger Buchführung verpflichtet (§ 238 HGB). Zu Beginn des Handelsgewerbes sowie für den Schluss jeden Geschäftsjahres sind ein Inventar und eine Bilanz aufzustellen, für den Schluss jeden Geschäftsjahres zudem eine Gewinn- und Verlustrechnung (§§ 240, 242 HGB). Kaufmann und damit buchführungspflichtig ist, wer ein Handelsgewerbe betreibt (Istkaufmann, § 1 Abs. 1 HGB). Liegt ein Gewerbebetrieb vor, besteht grundsätzlich die (widerlegbare) Vermutung eines Handelsgewerbes und damit der Kaufmannseigenschaft (§ 1 Abs. 2 HGB). Von der Vermutung ausgenommen sind sog. Kleingewerbetreibende, deren Unternehmen nach Art und Umfang einen in kaufmännischer Weise eingerichteten Geschäftsbetrieb nicht erfordert.[1] Ob ein nach Art und Umfang in kaufmännischer Weise eingerichteter Geschäftsbetrieb erforderlich ist, ist auf der Grundlage der die Tätigkeit des Unternehmens prägenden Gesamtumstände zu beur-

1 Zu qualitativ strukturellen sowie quantitativen Abgrenzungskriterien *Hopt*, in: Baumbach/Hopt, HGB, 35. Aufl. 2011, § 1 Rz. 23; *Winkeljohann/Henckel*, in: Beck'scher Bilanz-Kommentar, 9. Aufl. 2014, § 238 Rz. 8 m.w.N.

teilen.[2] Kleingewerbetreibende unterliegen keiner handelsrechtlichen Buchführungspflicht, können Kaufmannseigenschaft und damit Buchführungspflicht gleichwohl freiwillig durch (konstitutive) Eintragung ins Handelsregister herbeiführen (Kannkaufmann, § 2 HGB).

Ein land- und forstwirtschaftliches Unternehmen bzw. ein damit verbundenes Nebengewerbe ist von der handelsrechtlichen Buchführungspflicht grds. ausgenommen (§ 3 Abs. 1 HGB). Erfordert das land-/forstwirtschaftliche Unternehmen bzw. das Nebengewerbe einen nach Art und Umfang in kaufmännischer Weise eingerichteten Geschäftsbetrieb, kann mit (konstitutiver) Eintragung in das Handelsregister freiwillig Kaufmannseigenschaft erzeugt werden, auch beschränkt auf ein im Nebengewerbe betriebenes Unternehmen (land- und forstwirtschaftlicher Kannkaufmann, § 3 Abs. 2, 3 HGB).

Handelsgesellschaften sind stets buchführungspflichtig (Formkaufmann, § 6 Abs. 1 HGB). KapGes. gelten kraft Rechtsform als Handelsgesellschaften, unabhängig davon, ob sie ein Handelsgewerbe betreiben (§ 6 HGB i. V. m. § 3 AktG, §§ 1, 13 Abs. 3 GmbHG). Eine Personengesellschaft ist Kaufmann und damit buchführungspflichtig, wenn sie den Status einer Handelsgesellschaft tatsächlich erlangt, d. h. entweder ein vollkaufmännisches Gewerbe i. S. d. § 1 Abs. 2 HGB betreibt (§§ 105 Abs. 1, 161 Abs. 2 HGB) oder – sofern lediglich ein Kleingewerbe betrieben oder ausschließlich eigenes Vermögen verwaltet wird – ins Handelsregister eingetragen ist (§§ 105 Abs. 2, 161 Abs. 2 HGB). Die Buchführungspflicht der Personenhandelsgesellschaft erstreckt sich handelsrechtlich nur auf das Gesamthandsvermögen, nicht auf das Sonderbetriebsvermögen ihrer Gesellschafter (s. Rz. 42).[3]

Sachverhalte mit Auslandsbezug: Unterhält ein inländisches Unternehmen eine Betriebsstätte im Ausland (**Outboundfall**), erstreckt sich die handelsrechtliche Buchführungspflicht im Inland mit Wirkung für das Steuerrecht (§ 140 AO) auch auf die ausländische Betriebsstätte.[4] Dies folgt aus dem handelsrechtlichen Charakter von Stammhaus und Betriebsstätte(n) als Einheitsunternehmen und aus dem Vollständigkeitsgrundsatz (§ 246 Abs. 1 Satz 1 HGB). Ausländische Unternehmen mit inländischer Betriebsstätte (**Inboundfall**) unterliegen der handelsrechtlichen Buchführungspflicht und haben diese auch für die Besteuerung zu erfüllen (§ 140 AO), wenn die Betriebsstätte eine eingetragene oder eintragungspflichtige Zweigniederlassung i. S. d. §§ 13d ff. HGB ist.[5] Sind die Voraussetzungen für eine Zweigniederlassung nicht erfüllt, kann für die Betriebsstätte Buchführungspflicht nur originär steuerrechtlich begründet werden, wenn einer der Schwellenwerte des § 141 AO überschritten wird (s. Rz. 36).[6] 4

2 BFH, Beschluss vom 21. 4. 1998 – IX R 16/98, BFH/NV 1998 S. 1220; FG Berlin-Brandenburg, Urteile vom 21. 6. 2011 – 5 K 5148/07, EFG 2012 S. 217, vom 20. 3. 2012 – 11 K 11159/07, EFG 2012 S. 1427, zur Bilanzierungspflicht beim gewerblichen Grundstückshandel.

3 BFH, Urteil vom 23. 10. 1990 – VIII R 142/85, BStBl 1991 II S. 403.

4 BMF, Schreiben vom 24. 12. 1999 – IV B 4 – S 1300-111/99, BStBl 1999 I S. 1076, Tz. 1.1.4.2.

5 BFH Urteil vom 15. 9. 2004 – I R 5/04, BStBl 2009 II S. 100; BMF, Schreiben vom 24. 12. 1999 – IV B 4 - S 1300-111/99, BStBl 1999 I S. 1076, Tz. 1.1.3.2. Zu den Voraussetzungen *Hopt*, in: Baumbach/Hopt, HGB, 35. Aufl. 2011, § 13, Rz. 3; *Krafka*, in: Münchener Kommentar zum HGB, 3. Aufl. 2010, § 13d Rz. 11.

6 BMF, Schreiben vom 24. 12. 1999 - IV B 4 - S 1300-111/99, BStBl 1999 I S. 1076, Tz. 1.1.3.2; vgl. auch BFH, Urteil vom 14. 9. 1994 – I R 116/93, BStBl 1995 II S. 238; *Görke*, in: HHSp., AO/FGO-Kommentar, § 140 AO Rz. 26.

5 **Nicht buchführungspflichtig** sind insb. Freiberufler, Partnerschaftsgesellschaften als Zusammenschluss von Freiberuflern (§ 1 Abs. 1 PartGG), Kleingewerbetreibende, deren Unternehmen nach Art und Umfang einen in kfm. Weise eingerichteten Geschäftsbetrieb nicht erfordert und die Kaufmannseigenschaft nicht freiwillig durch Handelsregistereintragung begründet haben (§ 2 HGB) sowie nicht freiwillig ins Handelsregister eingetragene Land- und Forstwirte (§ 3 HGB). Reine Innengesellschaften, wie die typisch und atypisch stille Gesellschaft i. S. d. § 230 HGB sind ebenfalls keine Handelsgesellschaften, die Buchführungspflicht obliegt dem Geschäftsinhaber.[7] Da die Buchführungspflicht tatsächliche Kaufmannseigenschaft voraussetzt, scheidet sie – mit Wirkung auch für das Steuerrecht – aus für zu Unrecht ins das Handelsregister eingetragene Kaufleute i. S. d. § 5 HGB ebenso wie für sog. Scheinkaufleute, die durch zurechenbares Verhalten den bloßen Anschein gegebener Kaufmannseigenschaft erwecken.[8]

6–12 *(Einstweilen frei)*

2.1.2 Befreiung, § 241a HGB

13 **Grundaussagen**: Einzelkaufleute, die an den Abschlussstichtagen zwei aufeinander folgender Geschäftsjahre nicht mehr als 500.000 € Umsatzerlöse und 50.000 € Jahresüberschuss aufweisen, werden von der Buchführungspflicht, der Verpflichtung zur Aufstellung eines Inventars, einer Bilanz zu Beginn des Handelsgewerbes und für den Schluss eines jeden Geschäftsjahres sowie der Aufstellung einer GuV befreit (Wahlrecht, § 241a i.V. m. 242 Abs. 4 HGB). Das kumulative Unterschreiten beider Größenmerkmale an aufeinander folgenden Abschlussstichtagen wird mit der Intention verlangt, Rechnungslegungskontinuität zu gewährleisten.[9] Im Jahr der Neugründung greift die Befreiung bereits ein, wenn die Größenmerkmale am ersten Abschlussstichtag nach der Neugründung nicht überschritten werden (§ 241a Satz 2 HGB).

14 **Schwellenwerte**: § 241a HGB stellt auf das Unterschreiten des Schwellenwerts Umsatzerlöse i. S. d. § 275 Abs. 2 Nr. 1, Abs. 3 Nr. 1 HGB, d. h. auf Umsätze aus der gewöhnlichen Geschäftstätigkeit ab. Für die Befreiung ist damit insb. die Höhe der Beteiligungs- und Zinserträge, sonstiger betrieblicher Erträge ebenso wie außerordentlicher Erträge unbeachtlich.[10] Zusätzlich wird auf Unterschreitung des Schwellenwerts Jahresüberschuss i. S. d. § 275 Abs. 2 Nr. 20 bzw. Abs. 3 Nr. 19 HGB abgestellt. Liegen Jahresfehlbeträge vor, ist die Befreiung allein von der Höhe der Umsatzerlöse abhängig.

15 **Rechtsfolgen**: Einzelkaufleute, die die Befreiung in Anspruch nehmen, können ihre Rechnungslegung auf eine Einnahmen-Überschussrechnung nach Maßgabe des § 4

7 BFH, Beschluss vom 3. 5. 2000 – IV B 46/99, BStBl 2000 II S. 376 m. w. N.; *Blaurock*, Handbuch der stillen Gesellschaft, 7. Aufl. 2010, Rz. 13.98 ff.

8 Vgl. *Merkt*, in: Baumbach/Hopt, HGB, 35. Aufl. 2011, § 238 Rz. 7; *Brüggemann*, in: Großkommentar HGB, 4. Aufl. 1995, Anhang § 5 Rz. 49; *Görke*, in: HHSp., AO/FGO-Kommentar, § 140 AO Rz. 16; mit Hinweis auf den Schutzzweck des § 5 HGB *Drüen*, in: Tipke/Kruse, AO/FGO, § 140 AO Rz. 19 m. w. N.

9 BT-Drucks. 16/10067, S. 46.

10 Zur Abgrenzung der Umsatzerlöse *Förschle/Peun*, in: Beck'scher Bilanz-Kommentar, 9. Aufl. 2014, § 275 Rz. 47 ff., 54; *Isele/Urner-Hemmeter/Paffrath*, in: Beck'sches Handbuch der Rechnungslegung, § 277 HGB Rz. 30 ff.

Abs. 3 EStG beschränken, eine Verpflichtung zum Bestandsvergleich entfällt.[11] Von der handelsrechtlichen Buchführungspflicht (ausnahmsweise) erfasste, in das Handelsregister (freiwillig) eingetragene Land- und Forstwirte (§ 3 Abs. 2 HGB), können bei Eingreifen der Befreiung den Gewinn nach § 4 Abs. 3 EStG oder – sofern die Voraussetzungen des § 13a Abs. 1 EStG erfüllt sind – nach Durchschnittssätzen ermitteln.[12] Die tatsächliche Anwendbarkeit der steuerlichen Einnahmen-Überschussrechnung in Fällen des § 241a HGB ist aufgrund der nach § 141 AO subsidiär eingreifenden originären steuerrechtlichen Buchführungspflicht (s. Rz. 35) allerdings beschränkt auf Einzelkaufleute, die parallel auch die (abweichenden) Schwellenwerte des § 141 AO unterschreiten (zu Abweichungen s. Rz. 50 ff.).

Zirkularität von Voraussetzungen und Rechtsfolgen des § 241a HGB: In Bezug auf die Voraussetzungen (kumulatives Unterschreiten der Umsatz- und Jahresüberschussgrenze an zwei aufeinander folgenden Stichtagen) und Rechtsfolgen des § 241a HGB (Befreiung von Buchführungspflicht und Bilanzierung) besteht ein Zirkularitätsproblem insoweit, dass zur Prüfung der Voraussetzungen nach dem Wortlaut der Regelung eine (zumindest überschlägige) Bilanzierung nach handelsrechtlichen Grundsätzen erforderlich wird, d. h. für die (fortdauernde) Beanspruchung der Befreiung (fortdauernd) Maßnahmen zu treffen sind, auf die die Befreiung an sich gerichtet ist.[13] Zugleich besteht beim Ein- und Austritt aus der Befreiung eine **Rückwirkungsproblematik**:[14] Bei Befreiungsbeginn ist streitig, ob das Buchführungs-/Bilanzierungswahlrecht bereits für das Jahr greift, in dem die Schwellenwerte zum zweiten Mal in Folge kumulativ unterschritten werden bzw. bei Neugründung bereits für das Gründungsjahr oder jeweils erst im Folgejahr. Bei Beendigung der Befreiung infolge einmaligen Überschreitens eines Schwellenwerts ist fraglich, ob die Buchführungs- und Bilanzierungspflicht bereits mit (Rück-)Wirkung für das Überschreitungsjahr oder erst im Folgejahr einsetzt. 16

Für **Neugründungsfälle** trifft die Gesetzesbegründung zu § 241a HGB bzgl. der Befreiungsvoraussetzungen und damit implizit bzgl. der Rückwirkung eine klare Wertung: „Es ist nicht erforderlich, dass ein Jahresabschluss nach Maßgabe der handelsrechtlichen Vorschriften aufgestellt werden muss, um festzustellen, dass eine gesetzliche Verpflichtung dazu nicht besteht. Es genügt hier, wenn nach überschlägiger Ermittlung unter Berücksichtigung der handelsrechtlichen Vorschriften zum Jahresabschluss ein Überschreiten der Schwellenwerte nicht zu erwarten ist.“[15] Entgegen z.T. vertretener Auffassung[16] greift die Befreiung nach Systematik und Deregulierungsintention der Norm bereits für das erste Jahr.[17] Der Gesetzgeber verlangt gleichwohl einen Aus- 17

11 BT-Drucks. 16/10067, S. 46.

12 OFD Koblenz, Vfg. vom 30. 8. 2010 – S 2230 A - St 31 1, Tz. 4.1.

13 Vgl. *Bieg/Waschbusch*, in: Beck'sches Handbuch der Rechnungslegung 2010, A 100 Rz. 13.

14 Zur Rückwirkungsproblematik *Handelsrechtsausschuss des Deutschen Anwaltsvereins*, NZG 2008 S. 612 f.

15 BT-DruckS. 16/10067, S. 46.

16 Vgl. *Merkt*, in: Baumbach/Hopt, HGB, 35. Aufl. 2011, § 241a Rz. 3; *Rätke*, in: Klein, AO, 11. Aufl. 2012, § 140 Rz. 7; *Winkeljohann/Lawall*, in: Beck'scher Bilanz-Kommentar, 9. Aufl. 2014, § 241a Rz. 8; *Ellerich*, in: Beck'sches Handbuch der Rechnungslegung, § 241a HGB Rz. 17.

17 Vgl. *Kersting*, BB 2008 S. 791; *Richter*, FR 2009 S. 807; *Schmidt*, BBK 2009 S. 536 f.; *Theile*, DStR 2009, Beihefter zu Heft 18, S. 24; *Gelhausen/Fey/Kämpfer*, Rechnungslegung und Prüfung nach dem BilMoG, 2009, Abschn. A, Rz. 13; *Wolz*, in: Baetge/Kirsch/Thiele, Bilanzrecht, § 214a HGB Rz. 13; *Neubeck*, in: Fischer/Günkel/Neubeck/Pannen, Die Bilanzrechtsreform 2010/11, 4. Aufl. 2011, Rz. 19.

schluss der Schwellenwertüberschreitung auf Basis einer überschlägigen Ermittlung von Umsatzerlösen und Jahresüberschuss nach handelsrechtlichen Bilanzierungsgrundsätzen, d. h. verpflichtet die Unternehmen zur überschlägigen Überleitung eines nach § 4 Abs. 3 EStG ermittelten Ergebnisses. Bei Rumpfwirtschaftsjahren ist nur der anteilige (überschlägig ermittelte) Umsatzerlös/Jahresüberschuss zu berücksichtigen, eine Kompensation durch Hochrechnung auf 12 Monate ist unzulässig.[18] Mit der bereits im Gründungsjahr eingreifenden Befreiung von der Buchführungspflicht, die über § 140 AO Wirkung auch für das Steuerrecht hat, entfällt zugleich die Verpflichtung zur Übermittlung einer E-Bilanz nach § 5b EStG.

18 **Übergang von der Buchführungspflicht zur Befreiung:** Hinsichtlich der Rückwirkung ist zwischen rückwirkender Inanspruchnahme (über den Gründungsfall hinaus s. Rz. 17) und rückwirkender Versagung der Befreiung zu differenzieren. Von einer Rückwirkung des § 241a HGB ist insb. aus Gründen der Rechtssicherheit nur in engen Grenzen und unter Berücksichtigung der Deregulierungsintention der Vorschrift auszugehen.[19] Kann infolge zweimaligen Unterschreitens der Schwellenwerte die Befreiung von der Buchführungspflicht nach § 241a HGB beansprucht werden, ist dem Ziel umfassender Deregulierung handelsrechtlicher Buchführungspflichten für Einzelkaufleute[20] – analog zum Neugründungsfall – durch ein rückwirkend eingreifendes Befreiungswahlrecht bereits für das zweite Jahr Rechnung zu tragen.[21] Zu konzedieren ist, dass diese Frage nur begrenzte Relevanz hat, wenn zugleich die Voraussetzungen für eine steuerrechtliche Buchführungspflicht nach § 141 AO vorliegen (s. Rz. 34 ff.), da diese erst zeitlich nachgelagert mit Ablauf des Wj. endet, welches dem Wj. folgt, in dem die Behörde feststellt, dass die Voraussetzungen für die Buchführungspflicht nicht mehr vorliegen (s. Rz. 49).

In **Umwandlungsfällen** kommt die Beschränkung der Schwellenwertbetrachtung auf ein Jahr nach § 241a Satz 2 HGB (abweichend von den für Neugründung und Umwandlung parallelen zeitlichen Voraussetzungen für die Größenklasseneinordnung nach § 267 Abs. 4 Satz 2 HGB) nicht zur Anwendung. Aus Umwandlungen hervorgegangene Einzelunternehmen können die Erleichterungen frühestens ab dem Zweitjahr in Anspruch nehmen, sie unterliegen im Erstjahr stets der handelsrechtlichen Bilanzierungspflicht. Die Deregulierungsintention wird durch den Wortlaut der Regelung für Umwandlungsfälle verfehlt.

19 **Übergang von der Befreiung zur Buchführungspflicht:** Wird einer der Schwellenwerte des § 241a HGB überschritten, liegen die Befreiungsvoraussetzungen nicht mehr vor. Strittig ist, ob die Buchführungs- und Bilanzierungspflicht (analog zur Methodik der

18 Vgl. *Merkt*, in: Baumbach/Hopt, HGB, 35. Aufl. 2011, § 241a Rz. 3; *Winkeljohann/Lawall*, in: Beck'scher Bilanz-Kommentar, 9. Aufl. 2014, § 241a Rz. 5.

19 Vgl. auch *Winkeljohann/Lawall*, in: Beck'scher Bilanz-Kommentar, 9. Aufl. 2014, § 241a Rz. 8.

20 BT-Drucks. 16/10067, S. 1.

21 Vgl. *Richter*, FR 2009 S. 807; *Gelhausen/Fey/Kämpfer*, Rechnungslegung und Prüfung nach dem BilMoG, 2009, Abschn. A, Rz. 11 f.; *Theile*, DStR 2009, Beihefter zu Heft 18 S. 24; *Winkeljohann/Lawall*, in: Beck'scher Bilanz-Kommentar, 9. Aufl. 2014, § 241a Rz. 8; *Ellerich*, in: Beck'sches Handbuch der Rechnungslegung, § 241a HGB Rz. 18; *Budde/Heusinger-Lange*, in: Kessler/Leinen/Strickmann, Handbuch BilMoG, 2. Aufl. 2010, S. 115 Bsp. 2.; *Graf/Bisle*, in: Münchener Kommentar zum Bilanzrecht, 1. Aufl. 2012, § 241a HGB, Rz. 17; *Brähler/Krenzien/Scholz*, StuW 2013 S. 174; wohl auch *Görke*, in: HHSp., AO/FGO-Kommentar, § 140 AO Rz. 15; a. A. *Drüen*, in: Tipke/Kruse, AO/FGO, § 140 AO Rz. 20a; *Rätke*, in: Klein, AO, 11. Aufl. 2012, § 140 Rz. 5: Befreiung erst ab Folgejahr.

§§ 267, 293 HGB) rückwirkend auf den Beginn des Geschäftsjahres der Schwellenwertüberschreitung oder erst mit Beginn des folgenden Geschäftsjahres einsetzt. Eine rückwirkende Buchführungspflicht wird im Wesentlichen mit Hinweis auf den abweichende Anordnungen nicht enthaltenden Wortlaut des § 241a HGB z.T. vertreten.[22] Diese Wertung ist insoweit problematisch, dass rückwirkend grundlegende Modifikationen bzgl. der Organisation der Gewinnermittlung erforderlich werden, d. h. rückbezogen eine Buchführung einzurichten und eine Anfangsbilanz (Übergangsbilanz) zu erstellen wäre. Ausgehend vom Deregulierungszweck der Vorschrift und der hiermit unvereinbaren Unsicherheit hinsichtlich der Entstehung einer öffentlich-rechtlichen Verpflichtung mit ganz erheblicher Belastungswirkung kann eine Befreiung von der Buchführungspflicht nur mit Wirkung für die Zukunft, d. h. ab dem Folgejahr entfallen.[23] Diese deregulierungsorientierte Auslegung der Norm ist insbesondere auch vor dem Hintergrund angezeigt, dass durch eine rückwirkende Bilanzierungspflicht die ohnehin zurückhaltende Nutzung der Befreiung in der Praxis[24] verfestigt würde.

Die Zirkularitätsproblematik von Voraussetzungen und Rechtsfolgen der Befreiung 20
wird in besonderem Maße evident bei **jährlicher Prüfung des Fortbestands einer Befreiung**. Während die Prüfung der Höhe der Umsatzerlöse weniger problembehaftet ist,[25] ist im Hinblick auf die Prüfung der Höhe des Jahresüberschusses ungeklärt, nach welcher Gewinnermittlungsmethode und mit welchen „Freiheitsgraden" zu verifizieren ist, ob der ergebnisbezogene Schwellenwert überschritten ist. Das Schrifttum stellt für die Prüfung des ergebnisbezogenen Schwellenwerts überwiegend allein auf das Ergebnis der steuerlichen Einnahmen-Überschussrechnung nach § 4 Abs. 3 EStG ab,[26] da die Gesetzesbegründung den betroffenen Kaufleuten bei Inanspruchnahme der Befreiung gestatte, die Rechnungslegung auf eine Einnahmen-Überschussrechnung zu beschränken und die Vereinfachungsregelung bei einer nach den Grundsätzen des Bestandsvergleichs erforderlichen Gewinnermittlung ins Leere liefe. Vorzug dieser Lösung ist, dass die handelsrechtliche Buchführungspflicht auf der Rechtssicherheit der steuerlichen Einnahmen-Überschussrechnung aufsetzen könnte[27] und Nebenrechnungen entfielen. Diese (Praxis-)Lösung ist allerdings mit dem Gesetzeswortlaut und Willen des Gesetzgebers nicht zur Deckung zu bringen und auch im Übrigen problematisch. Folge wäre eine abweichende Handhabung des gewinnbezogenen Schwellenwerts in Abhängigkeit davon, ob ein Eintritt in die Befreiung geprüft wird (dann Gewinn nach Bestandsver-

22 Vgl. *Richter*, FR 2009 S. 811; *Gelhausen/Fey/Kämpfer*, Rechnungslegung und Prüfung nach dem BilMoG, 2009, Abschn. A, Rz. 12; *Schmidt*, BBK 2009 S. 536 (Bsp.); *Neubeck*, in: Fischer/Günkel/Neubeck/Pannen, Die Bilanzrechtsreform 2010/11, 4. Aufl. 2011, Rz. 21; *Graf/Bisle*, in: Münchener Kommentar zum Bilanzrecht, 1. Aufl. 2012, § 241a HGB, Rz. 18; *Brähler/Krenzien/Scholz*, StuW 2013 S. 174.

23 Vgl. auch *Schulze-Osterloh*, DStR 2008 S. 71; *Winkeljohann/Lawall*, in: Beck'scher Bilanz-Kommentar, 9. Aufl. 2014, § 241a Rz. 8; *Ellerich*, in: Beck'sches Handbuch der Rechnungslegung, § 241a HGB Rz. 17; *Drüen*, in: Tipke/Kruse, AO/FGO, § 140 AO Rz. 20a.

24 Vgl. *Brähler/Krenzien/Scholz*, StuW 2013 S. 178 ff.

25 Zumindest überschlägige Ableitung möglich anhand Daten der Anlage EÜR nach § 60 Abs. 4 EStDV.

26 Vgl. *Kersting*, BB 2008 S. 791; *Padberg/Werner*, Das neue HGB, 2008, S. 13 f.; *Budde/Heusinger-Lange*, in: Kessler/Leinen/Strickmann, Handbuch BilMoG, 2. Aufl. 2010, S. 112 f.; *Schmidt*, BBK 2009 S. 537; *Richter*, FR 2009 S. 810; *Bieg/Waschbusch*, in: Beck'sches Handbuch der Rechnungslegung, A 100 Rz. 13; einschränkend *IDW*, Stellungnahme zum Regierungsentwurf des BilMoG vom 4. 1. 2008, S. 5: grds. Jahresabschluss zu erstellen, aus Vereinfachungsgründen Überschuss der Einnahmen über die Ausgaben heranzuziehen.

27 Vgl. *Theile*, DStR 2009, Beihefter zu Heft 18, S. 24.

gleich maßgebend, bei Neugründung nach überschlägiger Ermittlung) oder ein Austritt aus der Befreiung (dann Gewinn nach § 4 Abs. 3 EStG maßgebend). Verwerfungen ergeben sich ferner dahingehend, dass die Prüfung der Befreiungsvoraussetzungen für Einzelkaufleute, die die Befreiung in Anspruch genommen haben und den Gewinn nach § 4 Abs. 3 EStG ermitteln, und solchen, die (zunächst) weiterhin den Gewinn durch Bestandsvergleich ermitteln, nach abweichenden Maßstäben und mit ggf. abweichendem Ergebnis erfolgte. Das Gesetz definiert den ergebnisbezogenen Schwellenwert weder für den Ein- und Austritt, noch bzgl. des Fortbestands der Befreiungsvoraussetzungen für freiwillig buchführende und nicht buchführende Kaufleute abweichend. Ein Anknüpfen an die Gewinnermittlung nach § 4 Abs. 3 EStG eröffnet zudem Spielräume zur stichtagsbezogenen Steuerung des Überschusses durch Generierung von Auszahlungen (Bsp. gewinnmindernder Erwerb von Wirtschaftsgütern des Umlaufvermögens, die nicht solche i. S. d. § 4 Abs. 3 Satz 4 EStG sind). Mit dem alleinigen Abstellen auf den Überschuss nach § 4 Abs. 3 EStG würde zudem eine neue Ausprägung umgekehrter Maßgeblichkeit des Steuerrechts für das Handelsrecht, konkret für die handelsrechtliche Buchführungs- und Bilanzierungspflicht begründet, für die weder eine gesetzliche Grundlage noch ein entsprechender Wille des Gesetzgebers erkennbar ist.

§ 241a HGB stellt explizit auf den Jahresüberschuss ab. Die Gesetzesbegründung verlangt, dass entsprechend des Vorgehens im Neugründungsfall (s. Rz. 17) auch fortdauernd zu überwachen ist, ob nach handelsrechtlichen Vorschriften ein Überschreiten der Schwellenwerte zu erwarten ist.[28] Für die Prüfung des Fortbestands der Befreiung ist der Jahresüberschuss ausgehend von der Einnahmen-Überschussrechnung unter ergänzender – überschlägiger – Berücksichtigung zentraler Elemente des Bestandsvergleichs zu ermitteln. Die Befreiung von der Buchführungspflicht entbindet damit grundsätzlich nicht von einer jährlichen überschlägigen Überleitung auf den handelsrechtlichen Jahresüberschuss.[29] In der gegenwärtigen Ausgestaltung erreicht die Vorschrift ihr Deregulierungsziel damit nur partiell.

21 Die Befreiung läuft leer, wenn infolge der abweichenden Voraussetzungen die subsidiäre originär steuerrechtliche Buchführungspflicht nach § 141 AO eingreift (zu Abweichungen und Folgen s. Rz. 50 ff.). § 141 AO wirkt in handelsrechtlichen Befreiungsgrenzfällen (knappe Schwellenunterschreitung auf Basis überschlägiger Überleitung) damit auch als steuerliches Korrektiv.

22–28 *(Einstweilen frei)*

2.2 Beginn/Ende

29 **Erwerb bzw. Verlust der Kaufmannseigenschaft** bestimmen grds. zugleich Beginn und Ende der handelsrechtlichen Buchführungspflicht. Die Kaufmannseigenschaft nach § 1 HGB (Einzelkaufleute) beginnt mit Aufnahme des Handelsgewerbes, d. h. mit Vorberei-

28 BT-Drucks. 16/10067, S. 46 f.

29 Vgl. *Gelhausen/Fey/Kämpfer*, Rechnungslegung und Prüfung nach dem BilMoG, 2009, A Rz. 8; *Ellerich*, in: Beck'sches Handbuch der Rechnungslegung, § 241a HGB Rz. 10; *Drüen*, in: Tipke/Kruse, AO/FGO, § 140 AO Rz. 20a.

tungsgeschäften im Außenverhältnis.[30] Bei Eingreifen der Befreiung nach §§ 241a, 242 Abs. 4 Satz 2 HGB wird die Buchführungspflicht ungeachtet bestehender Kaufmannseigenschaft suspendiert (s. Rz. 13 ff.). Für (Kann-)Kaufleute nach § 2 HGB (eingetragene Kleingewerbetreibende) oder nach § 3 HGB (eingetragene Land- und Forstwirte) wird Kaufmannseigenschaft und damit Buchführungspflicht konstitutiv mit Eintragung ins Handelsregister begründet, es sei denn, die Befreiung nach § 241a HGB greift ein. Für Personengesellschaften, die ein Handelsgewerbe betreiben, beginnt die Buchführungspflicht mit Aufnahme der Tätigkeit, für Unternehmen i. S. d. § 1 Abs. 2 HGB mit Eintragung ins Handelsregister.[31] Für Körperschaften (Formkaufleute nach § 6 HGB) beginnt die Buchführungspflicht spätestens mit der Registereintragung, kann aber bereits in der Gründungsphase oder durch Vorbereitungsgeschäfte ausgelöst werden.[32]

Die handelsrechtliche Buchführungspflicht endet bei Einzelkaufleuten i. S. d. § 1 HGB 30
mit Verlust der Kaufmannseigenschaft, d. h. mit Aufgabe des Geschäftsbetriebs, Abschmelzung des Unternehmens auf einen Umfang, der einen in kaufmännischer Weise eingerichteten Geschäftsbetrieb nicht mehr erfordert (§ 1 Abs. 2 HGB), oder mit Anwendbarkeit der Befreiung nach § 241a HGB infolge zweimaligen kumulativen Unterschreitens der Umsatz- und Jahresüberschussschwelle (s. Rz. 13 ff., 18). Bei Kaufleuten kraft Eintragung (§§ 2, 3 HGB) endet die Buchführungspflicht mit Löschung im Handelsregister, vorausgesetzt inzwischen wurde nicht Kaufmannseigenschaft nach § 1 HGB begründet. Handelsgesellschaften bleiben bis zur vollständigen Abwicklung buchführungspflichtig. Dies gilt auch für Handelsgesellschaften in Liquidation sowie im Insolvenzverfahren.[33]

3. Steuerrechtliche Buchführungspflicht

3.1 Abgeleitete steuerrechtliche Buchführungspflicht, § 140 AO

3.1.1 Anwendungsbereich

Besteht nach außersteuerlichen Gesetzen die Verpflichtung, Bücher und Aufzeichnun- 31
gen zu führen, ist diese Verpflichtung auch für die Besteuerung zu erfüllen, wenn die Bücher/Aufzeichnungen für die Besteuerung von Bedeutung sind (§ 140 AO). In das Steuerrecht übernommen werden damit insb. **handelsrechtliche Buchführungs- und Aufzeichnungspflichten**. Für die doppelte Buchführung (Bilanz und GuV) besteht insoweit auch steuerrechtlich ein Erfordernis. Die Verletzung transformierter außersteuerlicher Buchführungs- und Aufzeichnungspflichten löst dieselben Rechtsfolgen aus, wie die Verletzung originärer steuerlicher Pflichten (Bsp. Zwangsmittel nach § 328 AO, Schätzung nach § 162 AO, steuerstrafrechtliche/ordnungswidrigkeitenrechtliche Ahndung nach §§ 370, 378, 379 AO).[34]

---

30 Vgl. *Drüen*, in: Tipke/Kruse, AO/FGO, § 140 AO Rz. 19 m. w. N.

31 Zur Buchführungspflicht vermögensverwaltender PersGes. *Früchtl/Prokscha*, DStZ 2010 S. 597 f.

32 Vgl. *Görke*, in: HHSp., AO/FGO-Kommentar, § 140 AO Rz. 29.

33 Vgl. *Görke*, in: HHSp., AO/FGO-Kommentar, § 140 AO Rz. 23; zur PersGes. BFH, Urteil vom 28. 1. 1992 – VIII R 28/90, BStBl 1992 II S. 881.

34 Zu den Folgen von Buchführungs-/Aufzeichnungsmängeln *Märtens*, in: Beermann/Gosch, AO/FGO, vor §§ 140-148 AO Rz. 15 ff.; *Drüen*, in: Tipke/Kruse, AO/FGO, vor § 140 AO Rz. 22 ff.

32 **Nach ausländischen Vorschriften begründete Buchführungspflichten** werden durch § 140 AO nicht in steuerliche Pflichten überführt.[35] Diese Ansicht ist strittig; aus der undifferenzierten Inbezugnahme „anderer Gesetze" durch § 140 AO wird teilweise eine Transformation auch der Gesetze anderer Staaten abgeleitet.[36] Eine Übernahme ausländischer Regelungen für Besteuerungszwecke einschl. inländischer Sanktionierung fehlender Befolgung (Bsp. Schätzung, § 162 Abs. 2 AO) begegnet Bedenken insb. insoweit, dass das Zustandekommen zu übernehmender Regelungen weder im Einflussbereich des deutschen Gesetzgebers liegt, noch sichergestellt ist, dass der Entstehungsprozess inhaltlich und formell demokratischen und rechtsstaatlichen Grundsätzen genügt. Eine mit Besteuerungsfolgen im Inland erfolgende Anwendung ausländischen Rechts, das dem Bestimmtheitsgebot ggf. nicht genügt, ist zudem bzgl. gebotener Gleichbehandlung kritisch zu sehen.[37] Korrespondierend zur Transformation inländischer Buchführungs-/Aufzeichnungspflichten in das Steuerrecht durch § 140 AO nimmt auch § 5 EStG mit dem Verweis auf die handelsrechtlichen GoB ausschließlich deutsches Handelsrecht in Bezug.[38]

3.1.2 Beginn/Ende

33 § 140 AO übernimmt die nach außersteuerlichen Gesetzen bestehenden Pflichten auch im Hinblick auf Beginn und Ende.[39] Für Beginn und Ende der aus der handelsrechtlichen Buchführungspflicht abgeleiteten steuerrechtlichen Buchführungspflicht sind damit Erwerb bzw. Verlust der Kaufmannseigenschaft maßgebend (s. Rz. 29 f.). Die handelsrechtliche Befreiung von der Buchführungspflicht nach § 241a HGB gilt über § 140 AO auch für das Steuerrecht, sofern sie tatsächlich in Anspruch genommen wird. Die bloße Befreiungsmöglichkeit suspendiert die abgeleitete steuerrechtliche Buchführungspflicht nicht bereits.[40] Bei Vorliegen der Voraussetzungen des §141 AO wird die Befreiung nach § 241a HGB i. V. m. § 140 AO für das Steuerrecht durch die originäre steuerrechtliche Buchführungspflicht verdrängt.

---

35 Vgl. FG Köln, Urteil vom 14. 10. 1981 – I (VII) 565/79 G, EFG 1982 S. 422 für Betriebsstätteneinkünfte, die nicht in einer Zweigniederlassung anfallen; BFH, Beschluss vom 9. 8. 1989 – I B 118/88, BStBl 1990 II S. 175: zweifelhaft, dass ausländische Buchführungspflicht ausreicht; Hessisches FG, Beschluss vom 29. 10. 2010 – 11 V 252/10, DStRE 2011 S. 267: „ernstlich zweifelhaft"; ablehnend Hessisches FG, Urteil vom 15. 11. 2012 – 11 K 3175/09, Rev. eingel., Az. BFH I R 3/13; FG Nürnberg, Urteil vom 28. 2. 2013 – 6 K 875/11, Rev. eingel., Az. BFH I R 24/13; vgl. auch *Görke*, in: HHSp., AO/FGO-Kommentar, § 140 AO, Rz. 11, § 141 AO Rz. 17; *Märtens*, in: Beermann/Gosch, AO/FGO, § 140 AO Rz. 10; *Cöster*, in: Pahlke/Koenig, AO, 2. Aufl. 2009, § 140 Rz. 11; *Dißars*, in: Schwarz, AO, § 140 Rz. 4; *Buciek*, in: Blümich, EStG, § 5 Rz. 138; *Schnittger/Fischer*, DB 2007 S. 598; *Bemütz/Knüpper*, IStR 2011 S. 587; a. A. BMF, Schreiben vom 16. 5. 2011 – IV C 3 - S 2300/08/10014, BStBl 2011 I S. 530, Rz. 3; *Drüen*, in: Tipke/Kruse, AO/FGO, § 140 AO Rz. 7; *Mathiak*, in: Kirchhof/Söhn/Mellinghoff, EStG, § 5 Rz. A 219; *Schuhmann/Arnold*, DStZ 2011 S. 229; einschränkend *Streck*, BB 1972 S. 1366; offen gelassen durch BFH, Urteil vom 14. 9. 1994 – I R 116/93, BStBl 1995 II S. 238.

36 So *Drüen*, in: Tipke/Kruse, AO/FGO, § 140 AO Rz. 7; *Schuhmann/Arnold*, DStZ 2011 S. 229.

37 Vgl. *Görke*, in: HHSp., AO/FGO-Kommentar, § 140 AO Rz. 11.

38 BFH, Urteil vom 13. 9. 1989 – I R 117/87, BStBl 1990 II S. 57; *Görke*, in: HHSp., AO/FGO-Kommentar, § 140 AO Rz. 11.

39 Vgl. *Mösbauer*, DStZ 1997 S. 201; *Drüen*, in: Tipke/Kruse, AO/FGO, § 140 AO Rz. 28 m. w. N.

40 Vgl. *Bieg/Waschbusch*, in: Beck'sches Handbuch der Rechnungslegung, A 100 Rz. 20.

3.2 Originäre steuerrechtliche Buchführungspflicht, § 141 AO

3.2.1 Anwendungsbereich

Die im Handelsrecht für die Begründung der Buchführungspflicht erforderliche Bestimmung der Kaufmannseigenschaft ist aufgrund des unbestimmten Rechtsbegriffs des „nach Art und Umfang in kaufmännischer Weise eingerichteten Geschäftsbetriebs" nicht stets eindeutig möglich. Insbesondere im Hinblick auf die zu gewährleistende Gleichmäßigkeit der Besteuerung ist im Steuerrecht eine objektivierte und trennscharfe Abgrenzung des Kreises der Buchführungspflichtigen erforderlich. § 141 AO knüpft die Buchführungspflicht an die quantifizierbaren und damit objektiven Kriterien Umsatzhöhe, Gewinn und Flächen-Wirtschaftswert. 34

Durch § 141 AO werden **gewerbliche Unternehmer sowie Land- und Forstwirte** originär steuerrechtlich verpflichtet, Bücher zu führen und aufgrund jährlicher Bestandsaufnahmen regelmäßig Abschlüsse zu erstellen, sofern sie nicht bereits handelsrechtlich und damit gem. § 140 AO derivativ steuerrechtlich der Buchführungspflicht unterliegen. § 141 AO kommt ggü. § 140 AO nur subsidiär zu Anwendung (AEAO zu § 141 Nr. 1). Da Kaufleute vorbehaltlich der Befreiung nach § 241a HGB (s. Rz. 13 ff.) bereits handelsrechtlich buchführungspflichtig sind, kommt die originäre steuerrechtliche Buchführungspflicht insb. in Betracht für Kleingewerbetreibende (Einzelunternehmen/kleingewerbetreibende PersGes.), die auf eine Handelsregistereintragung verzichtet haben, Land- und Forstwirte, die als Kannkaufleute i. S. d. § 3 Abs. 2, 3 HGB keine Eintragung in das Handelsregister vorgenommen haben, ebenso für die gem. § 241a HGB von der Buchführungspflicht befreiten Kaufleute sowie in bestimmten grenzüberschreitenden Fällen. 35

Sachverhalte mit Auslandsbezug: Im Inboundfall unterliegen beschränkt stpfl. ausländische Unternehmer, die im Inland nicht bereits handelsrechtlich buchführungspflichtig sind (s. Rz. 4), jedenfalls dann der originären steuerrechtlichen Buchführungspflicht, wenn und soweit sie im Inland eine Betriebsstätte unterhalten oder einen ständigen Vertreter bestellt haben.[41] Die Buchführungsgrenzen des § 141 Abs. 1 Nr. 1-5 AO sind bei beschränkt Stpfl. nur auf den im Inland steuerbaren (Nr. 1, 4, 5) oder belegenen (Nr. 3) Anteil der Geschäftstätigkeit zu beziehen, da die steuerrechtliche Buchführungspflicht Ausprägung der allgemeinen Mitwirkungspflicht und diese auf steuererhebliche Tatsachen beschränkt ist.[42] § 141 AO bezweckt in Bezug auf ausländische gewerbliche Unternehmen die zutreffende Erfassung im Inland beschränkt stpfl. Einkünfte.[43] 36

Erzielen beschränkt Körperschaftstpfl. ohne inländische Betriebsstätte Einkünfte aus Vermietung und Verpachtung oder aus der Veräußerung inländischen unbeweglichen Vermögens, von Sachinbegriffen oder Rechten, ordnet § 49 Abs. 1 Nr. 2 Buchst. f EStG

41 BFH, Urteil vom 14. 9. 1994 – R 116/93, BStBl 1995 II S. 238; *Drüen*, in: Tipke/Kruse, AO/FGO, § 141 AO Rz. 6; *Görke*, in: HHSp., AO/FGO-Kommentar, § 141 AO Rz. 17; *Märtens*, in: Beermann/Gosch, AO/FGO, § 141 AO Rz. 8; AEAO zu § 141 Nr. 1.

42 BFH, Urteil vom 17. 12. 1997 – I R 95/96, BStBl 1998 II S. 260; FG Berlin-Brandenburg, Beschluss vom 14. 8. 2007 – 8 V 8133/07, EFG 2008 S. 188; *Drüen*, in: Tipke/Kruse, AO/FGO, § 141 AO Rz. 6; *Görke*, in: HHSp., AO/FGO-Kommentar, § 141 AO Rz. 17.

43 BFH, Urteil vom 14. 9. 1994 – I R 116/93, BStBl 1995 II S. 238.

diese den Einkünften aus Gewerbebetrieb zu. Mangels Relevanz einer Buchführungspflicht nach ausländischem Recht (s. Rz. 32), kann eine abgeleitete Buchführungspflicht nach § 140 AO insoweit nicht entstehen. Bei Überschreiten eines Schwellenwerts des § 141 AO und erfolgtem Hinweis auf die Buchführungspflicht (s. Rz. 48) greift die originäre steuerrechtliche Buchführungspflicht – jedenfalls nach ihrem Sinn und Zweck – insoweit ein.[44] Eine Betriebsstätte wird durch die Fiktion nicht begründet.[45]

37 Im Outboundfall (Betriebsstätte im Ausland) besteht für das unbeschränkt stpfl. Gesamtunternehmen regelmäßig bereits handelsrechtlich Buchführungspflicht (s. Rz. 4). Subsidiär kann § 141 AO zur Anwendung kommen. Die (abgeleitete oder originäre) steuerrechtliche Buchführungspflicht ist grundsätzlich ohne Rücksicht auf eine Steuerfreistellung der ausländischen Betriebsstätteneinkünfte nach einem DBA und etwaige Buchführungs- und Aufzeichnungspflichten im Betriebsstättenstaat im Inland zu erfüllen. Kommt das Unternehmen einer im Betriebsstättenstaat bestehenden Verpflichtung nach, für die Betriebsstätte Bücher und Aufzeichnungen zu führen, genügt es, die Ergebnisse dieser Buchführung in die Buchführung des inländischen Unternehmens zu übernehmen (§ 146 Abs. 2 Satz 2-4 AO). Anpassungen an die deutschen steuerlichen Vorschriften sind vorzunehmen und kenntlich zu machen.

38 **Voraussetzung für die Buchführungspflicht** nach § 141 AO ist, dass nach den Feststellungen der Finanzbehörde für den einzelnen Betrieb

- Umsätze einschl. steuerfreier Umsätze, ausgenommen Umsätze nach § 4 Nr. 8-10 UStG von mehr als 500.000 € im Kj. oder
- selbstbewirtschaftete land- und forstwirtschaftliche Flächen mit einem Wirtschaftswert (§ 46 BewG) von mehr als 25.000 €[46] vorlagen oder
- ein Gewinn aus Gewerbebetrieb von mehr als 50.000 € im Wj. oder
- ein Gewinn aus Land- und Forstwirtschaft von mehr als 50.000 € im Kj. erzielt wurde und
- die Finanzbehörde auf den Beginn der Buchführungspflicht hingewiesen hat.

39 Der **Umsatzbegriff** des § 141 AO schließt an die Regelungen des UStG an[47] und umfasst neben stpfl. und steuerfreien Umsätzen (Ausnahme Umsätze i. S. d. § 4 Nr. 8 – 10 UStG, d. h. Umsätze aus der Vermittlung von Krediten, unter das GrEStG, RennwLottG, VerStG fallende Umsätze) nach der von der Rspr. bestätigten Verwaltungsauffassung auch nicht steuerbare Auslandsumsätze, die ggf. nach § 162 AO zu schätzen sind.[48]

---

44 Vgl. BMF, Schreiben vom 16. 5. 2011 – IV C 3 - S 2300/08/10014, BStBl 2011 I S. 530, Rz. 3; *Görke*, in: HHSp., AO/FGO-Kommentar, § 141 AO Rz. 17; a. A. *Lindauer/Westphal*, BB 2009 S. 421.

45 Vgl. BMF, Schreiben vom 16. 5. 2011 – IV C 3 - S 2300/08/10014, BStBl 2011 I S. 530, Rz. 15; *Wassermeyer*, IStR 2009 S. 239.

46 Dazu z. B. *Görke*, in: HHSp., AO/FGO-Kommentar, § 141 AO Rz. 35 ff.

47 BFH, Beschluss vom 4. 5. 1999 – VIII B 111/98, BFH/NV 1999 S. 1444; BFH, Urteil vom 7. 10. 2009 – II R 23/08, BStBl 2010 I S. 219.

48 AEAO zu § 141 Nr. 3 S. 3; BFH, Urteil vom 7. 10. 2009 – II R 23/08, BStBl 2010 I S. 219; *Mösbauer*, DB 1995 S. 398.

Dem **Gewinnbegriff** des § 141 AO ist der nach steuerlichen Regelungen ermittelte Gewinn aus Gewerbebetrieb (bzw. aus Land- und Forstwirtschaft) im Wirtschaftsjahr (bzw. im Kalenderjahr) zugrunde zu legen. Bei bestehendem Gewinnermittlungswahlrecht ist die Finanzbehörde an die vom Betrieb zulässigerweise gewählte Gewinnermittlungsart gebunden.[49] Die Buchführungsgrenzen sind grds. schematisch unabhängig von der Einkunfts-/Gewinnermittlungsart anzuwenden, um im Massenverfahren rechtssicher und einfach die Buchführungspflicht nach § 141 AO bestimmen zu können.[50] Sind die Voraussetzungen für eine Schätzung gegeben (§ 162 AO), ist der geschätzte Gewinn maßgebend. Erhöhte AfA und Sonder-AfA sind bei der Prüfung, ob die Gewinngrenzen überschritten sind, unberücksichtigt zu lassen (§ 7a Abs. 6 EStG). Die gewinnmindernde (bzw. in Folgejahren durch verringertes AfA-Volumen gewinnerhöhende) Wirkung von Sonder- und erhöhter AfA ist durch die AfA nach § 7 Abs. 1, 4 EStG zu ersetzen.[51] Hierdurch wird verhindert, dass allein im Wege der Inanspruchnahme der explizit gesetzlich angesprochenen subventionellen Sonder- und erhöhten AfA die Buchführungsgrenzen unterschritten werden können. Ein Unterschreiten der Gewinnschwelle kann etwa durch Beanspruchung gewinnmindernder Rücklagen nach § 6b EStG, von Gewinnminderungen nach § 6c EStG, Rücklagen für Ersatzbeschaffung nach R 6.6 EStR oder Investitionsabzugsbeträgen nach § 7g EStG[52] gleichwohl bewirkt werden. 40

Betriebsbezogene Buchführungspflicht: Die Buchführungsgrenzen sind auf den einzelnen Betrieb bezogen, auch wenn der Stpfl. mehrere Betriebe gleicher Einkunftsart unterhält.[53] Ausländische Betriebsstätten sind dem inländischen Betrieb ohne Ansehen von DBA-Bestimmungen zuzurechnen.[54] Eine betriebsübergreifende Addition der Bezugsgrößen scheidet aus. Eine Ausnahme gilt für steuerbegünstige Körperschaften: Unterhalten diese mehrere wirtschaftliche Geschäftsbetriebe (die keine Zweckbetriebe i. S. d. §§ 65-68 AO sind), sind diese auch für die Beurteilung der Buchführungspflicht wie ein Betrieb zu behandeln (§ 64 Abs. 2 AO).[55] 41

Buchführungspflicht bei Sonderbetriebsvermögen: Die Buchführungspflicht einer Mitunternehmerschaft umfasst handelsrechtlich lediglich deren Gesamthandsvermögen,[56] die abgeleitete steuerrechtliche Buchführungspflicht nach § 140 AO bleibt entsprechend hierauf beschränkt. Das steuerrechtliche Betriebsvermögen der PersGes. umfasst 42

49 Vgl. *Görke*, in: HHSp., AO/FGO-Kommentar, § 141 AO Rz. 38.

50 FG Berlin-Brandenburg, Beschluss vom 14. 8. 2007 – 8 V 8133/07, EFG 2008 S. 188; *Drüen*, in: Tipke/Kruse, AO/FGO, § 141 AO Rz. 12. Da der Gewinnbegriff des § 141 AO auf den Gewinn aus Gewerbebetrieb ohne Ansehen der Gewinnermittlungsart abstellt, kann ein Zirkularitätsproblem von Voraussetzung und Rechtsfolge der Befreiung von der Buchführungspflicht wie im Fall des § 241a HGB (s. Rz. 16) hier nicht entstehen.

51 Vgl. *Siebenhüter*, in: HHR, EStG, § 7a Rz. 109, *Kulosa*, in: Schmidt, EStG, 33. Aufl. 2014, § 7a Rz. 11.

52 Zu § 7g EStG a. F. FG Berlin-Brandenburg, Urteil vom 14. 11. 2007 – 7 K 7124/07, EFG 2008 S. 514.

53 BFH, Urteil vom 13. 10. 1988 – IV R 136/85, BStBl 1989 II S. 7, u. a. zum Betriebsbegriff; AEAO zu § 141 Nr. 3.

54 Vgl. *Märtens*, in: Beermann/Gosch, AO/FGO, § 141 AO Rz. 18; *Görke*, in: HHSp., AO/FGO-Kommentar, § 141 AO Rz. 28.

55 AEAO zu § 141 Nr. 3 Satz 2, zu § 64 Nr. 11. Buchführungspflicht entsteht nur partiell für den Bereich der wirtschaftlichen Geschäftsbetriebe.

56 BFH, Urteile vom 21. 6. 1989 – X R 14/88, BStBl 1989 II S. 881; vom 23. 10. 1990 – VIII R 142/85, BStBl 1991 II S. 403; *Grottel/Staudacher*, in: Beck'scher Bilanz-Kommentar, 9. Aufl. 2014, § 247 Rz. 706.

auch das (positive und negative) Sonderbetriebsvermögen. Nach Ansicht von Rspr. und FinVerw. ist die PersGes. nach Maßgabe des § 141 AO auch für das Sonderbetriebsvermögen ihrer Gesellschafter originär steuerrechtlich buchführungspflichtig,[57] vorausgesetzt der Betrieb insgesamt überschreitet eine der Buchführungsgrenzen[58] und die Buchführungsmitteilung durch die Finanzbehörde (s. Rz. 48) ist erfolgt.

43 **Buchführungssystem**: Bei originärer steuerrechtlicher Buchführungspflicht reicht es im Gegensatz zu den Pflichten bei abgeleiteter Buchführungspflicht (s. Rz. 3, 31) aus, eine einfache Buchführung zu unterhalten, d. h. lediglich aufgrund von Bestandsaufnahmen einen Betriebsvermögensvergleich zu führen. Mangels Verweis des § 141 Abs. 1 Satz 2 AO auf § 242 Abs. 2 und 3 HGB ist der Stpfl. zur Erstellung einer GuV nicht verpflichtet. Die freiwillige Erstellung steht dem Stpfl. offen, verlangt werden kann die GuV nicht.[59] Die praktische Bedeutung der einfachen Buchführung ist allerdings gering, da Aussagekraft ebenso wie (Selbst-)Kontrollmöglichkeiten erheblich reduziert sind.

44–47 *(Einstweilen frei)*

3.2.2 Beginn/Ende

48 Der **Beginn** der Buchführungspflicht wird nicht bereits mit dem Überschreiten einer der Schwellenwerte ausgelöst. Erforderlich ist die Feststellung der Überschreitung und Mitteilung der Buchführungspflicht durch die Finanzbehörde. Die Buchführungspflicht greift erst mit Beginn des Wj., das auf die Bekanntgabe der Buchführungsverpflichtung folgt (§ 141 Abs. 2 Satz 1 AO). Eine Mitteilung ist auch bei bereits erfolgender freiwilliger Buchführung erforderlich, anderenfalls bleibt der Wechsel zur Einnahmen-Überschussrechnung möglich.[60] Bei lediglich **einmaligem Überschreiten** der Buchführungsgrenzen soll auf Antrag nach § 148 AO Befreiung von der Buchführungspflicht weiterhin bewilligt werden, wenn nicht zu erwarten steht, dass eine der Grenzen auch später überschritten wird (einmalige/außergewöhnliche Geschäftsvorfälle, z. B. Veräußerung von Grund und Boden des Anlagevermögens; Entschädigungsleistungen).[61] Die Bekanntgabe der Buchführungspflicht soll mindestens einen Monat vor Beginn des Wj. erfolgen, von dessen Beginn an sie zu erfüllen ist,[62] die Rechtsprechung lässt bereits eine Frist von 25 Tagen genügen.[63] Hat der Stpfl. **wissentlich unzutreffende Angaben** bzgl. Gewinn und/oder Umsatz gemacht und das Finanzamt so an der Feststellung der Schwellenwertüberschreitung und Mitteilung der Buchführungspflicht gehindert, ist

57 BFH, Urteile vom 23. 10. 1990 – VIII R 142/85, BStBl 1991 II S. 403; vom 25. 3. 2004 – IV R 49/02, BFH/NV 2004 S. 1247; vom 25. 3. 2004 – IV R 49/02, BStBl 2006 II S. 874; AEAO zu § 141 Nr. 1; *Märtens*, in: Beermann/Gosch, AO/FGO, § 141 AO Rz. 14; *Wacker*, in: Schmidt, EStG, 33. Aufl. 2014, § 15 Rz. 508; *Buciek*, in: Blümich, EStG, § 5 Rz. 143; *Kahle*, DStZ 2012 S. 64; krit. insb. *Brandenberg*, JbFSt 1993/94 S. 300 ff.; *Schön*, DStR 1993 S. 193; *Drüen*, in: Tipke/Kruse, AO/FGO, § 141 AO Rz. 3a m. w. N.

58 BFH, Urteil vom 11. 3. 1992 – XI R 38/89, BStBl 1992 II S. 797.

59 Vgl. *Drüen*, in: Tipke/Kruse, AO/FGO, § 141 AO Rz. 26, 35 m. w. N.; *Märtens*, in: Beermann/Gosch, AO/FGO, § 141 AO Rz. 30.

60 BFH, Urteil vom 31. 8. 1994 – X R 110/90, BFH/NV 1995 S. 370.

61 BFH, Urteil vom 17. 9. 1987 – IV R 31/87, BStBl 1988 II S. 20; AEAO zu § 141 Rz. 4.

62 AEAO zu § 141 Nr. 4.

63 BFH, Urteil vom 29. 3. 2007 – IV R 14/05, BStBl 2007 II S. 816 zur Mitteilung nach § 13a Abs. 1 Satz 2 EStG.

die fehlende Mitteilung auf den Zeitpunkt zu fingieren, zu dem sie bei rechtzeitiger Kenntnis der zutreffenden Höhe der Bezugsgrößen ergangen wäre; bei fehlender Buchführung ist der Gewinn zu schätzen.[64]

Beendet wird die Buchführungspflicht – aufgrund der Bezogenheit auf den gewerblichen/land- und forstwirtschaftlichen Betrieb – durch Beendigung des Betriebes, d. h. insb. bei Betriebsaufgabe, Strukturwandel zu einem Freiberuflerbetrieb oder z. B. auch Wegfall gewerblicher Infektion oder Prägung nach § 15 Abs. 3 Nr. 1 bzw. Nr. 2 EStG.[65] Bei Unterschreiten der Schwellenwerte ist für die Beendigung dagegen eine Feststellung der Finanzbehörde erforderlich, dass die Voraussetzungen für die Buchführungspflicht nicht mehr gegeben sind. Die originäre Buchführungspflicht endet mit Ablauf des Wj., welches auf das Wj. folgt, in dem diese Feststellung getroffen wird (§ 141 Abs. 2 Satz 2 AO). Der im Gegensatz zum Beginn der Buchführungspflicht (*Beginn* des Wj., das auf die Mitteilung folgt) gesetzlich angeordnete zeitliche Versatz um ein weiteres Jahr (*Ablauf* des Wj., das auf die Mitteilung folgt) kann zu ganz erheblichen Verzögerungen bei der Beendigung der Buchführungspflicht führen (Bsp. Unterschreitung der Grenzen in 01, Steuererklärung Ende 02, Steuerbescheid einschl. Feststellung entfallener Voraussetzungen der Buchführungspflicht in 03, Fortbestand der Buchführungspflicht bis einschl. 04, d. h. nach Wegfall der Voraussetzungen Buchführungspflicht für drei weitere Jahre). Der zeitliche Nachlauf der Buchführungspflicht soll häufige Wechsel zwischen Beendigung und Wiederbeginn der Buchführungspflicht vermeiden.[66] 49

3.3 Abweichungen zwischen handels- und steuerrechtlicher Buchführungspflicht

Die Voraussetzungen des § 141 AO für eine originäre steuerrechtliche Buchführungspflicht und die Voraussetzungen des § 241a HGB für eine Befreiung von Einzelkaufleuten von der handelsrechtlichen Buchführungs- und Bilanzierungspflicht sind nicht aufeinander abgestimmt.[67] Trotz handelsrechtlicher Befreiung, die zugleich eine derivative steuerrechtliche Buchführungspflicht nach § 140 AO suspendiert, kann eine originär steuerrechtliche Buchführungspflicht nach § 141 AO bestehen. 50

64 BFH, Urteil vom 29. 11. 2001 – IV R 13/00, BStBl 2002 II S. 147 zu § 13a EStG; vgl. auch *Märtens*, in: Beermann/Gosch, AO/FGO, § 141 AO Rz. 6; *Cöster*, in: Pahlke/Koenig, AO, 2. Aufl. 2009, § 141 Rz. 41; *Kanzler*, in: Leingärtner, Besteuerung der Landwirte, Kap. 21 Tz. 60; *Görke*, in: HHSp., AO/FGO-Kommentar, § 141 AO Rz. 57 m. w. N.; a. A. *Drüen*, in: Tipke/Kruse, AO/FGO, § 141 AO Rz. 45; *Kulosa*, in: Schmidt, EStG, 33. Aufl. 2014, § 13 Rz. 136.

65 Eine Feststellung der Behörde, dass keine gewerblichen oder land- und forstwirtschaftlichen Einkünfte mehr vorliegen, ist nicht erforderlich, vgl. *Görke*, in: HHSp., AO/FGO-Kommentar, § 141 AO Rz. 68.

66 BT-Drucks. VI/1982, S. 125; BFH, Urteil vom 17. 9. 1987 – IV R 31/87, BStBl 1988 II S. 20.

67 Die fehlende Kongruenz wurde vom Gesetzgeber explizit hingenommen, BT-Drucks. 16/10067, S. 46.

51 **ABB. 1: Abweichungen zwischen handels- und steuerrechtlicher Buchführungspflicht**

			§ 241a HGB i. V. m. § 140 AO	§ 141 AO	
			keine Begründung/Wegfall der Buchführungspflicht		
				Gewerbebetreibende	Land- und Fortwirte
kumulative Größenmerkmale	umsatzbezogen	Bezugsgröße	Umsatzerlöse i. S. d. § 275 Abs. 2 Nr. 1 bzw. Abs. 3 Nr. 1 HGB, d. h. aus gewöhnlicher Geschäftstätigkeit bis zu 500.000 €	Umsätze i. S. d. UStG einschl. steuerfreier Umsätze (ausgenommen Umsätze i. S. d. § 4 Nr. 8-10 UStG) und nicht umsatzsteuerbarer Auslandsumsätze bis zu 500.000 €	
		Bezugsperiode	Geschäftsjahr	Kalenderjahr	
	ereignisbezogen	Bezugsgröße	Jahresüberschuss i. S. d. § 275 Abs. 2 Nr. 20 bzw. Abs. 3 Nr. 19 HGB bis zu 50.000 €	Gewinn aus Gewerbebetrieb bis zu 50.000 €	Gewinn aus Land- u. Fortwirtschaft bis zu 500.000 €
		Bezugsperiode	Geschäftsjahr	Wirtschaftsjahr	Kalenderjahr
	substanzbezogen		-	-	Wirtschaftswert (§ 46 BewG) selbstbewirtschafteter Flächen bis zu 25.000 €
	zeitliche Bedingung		Unterschreitung der Größenmerkmale an Abschlussstichtagen zwei aufeinander folgender Geschäftsjahre; bei Neugründung Unterschreitung am ersten Abschlussstichtag ausreichend	einmalige Unterschreitung der Größenmerkmale ausreichend; Wegfall mit Ablauf des Wj., das auf das Wj. folgt, in dem die Finanzbehörde feststellt, dass die Grenzen unterschritten wurden	
			Begründung der Buchführungspflicht		
			kraft Gesetz mit Beginn des Wj., das der Überschreitung eines der beiden Größenmerkmale folgt (Rz. 19)	durch Verwaltungsakt ab Beginn des Wj., das der Bekanntgabe der Buchführungsmitteilung folgt	

Die Schwellenwerte stimmen numerisch zwar überein, aufgrund der abweichenden Umsatz- und Ergebnisbezugsgrößen, abweichender Bezugsperioden sowie abweichender zeitlicher Voraussetzungen kommen die Regelungen bzgl. Buchführungspflicht/-befreiung aber nicht zwingend zu parallelen Ergebnissen. Nachvollziehbare Gründe für alle Abweichungsdetails sind nicht erkennbar.

52 Die **umsatzbezogenen Größen** stimmen im Regelfall nicht überein. Während das Handelsrecht auf die Umsatzerlöse i. S. d. § 275 Abs. 2, 3 HGB, d. h. lediglich auf Umsätze aus der gewöhnlichen Geschäftstätigkeit abstellt, schließt der Begriff „Umsätze" i. S. d. § 141 AO an die Regelungen des UStG an[68] und umfasst neben stpfl. und steuerfreien auch nicht steuerbare Auslandsumsätze (s. Rz. 14, 39). Mit der engeren handelsrechtlichen Bezugsgröße sind die Voraussetzungen für eine originär steuerrechtliche Buch-

68 BFH, Beschluss vom 4. 5. 1999 – VIII B 111/98, BFH/NV 1999 S. 1444; BFH, Urteil vom 7. 10. 2009 – II R 23/08, BStBl 2010 II S. 219.

führungspflicht tendenziell früher gegeben, insb. da zahlungswirksame, gem. § 275 Abs. 2, 3 HGB gesondert auszuweisende sonstige betriebliche und außerordentliche Erträge vom Umsatzbegriff des § 141 AO regelmäßig erfasst sind (Bsp. Veräußerung/vorübergehende Vermietung von Anlagevermögen).[69] In die entgegengesetzte Richtung wirkt die Ausnahme steuerfreier Umsätze i. S. d. § 4 Nr. 8-10 UStG vom Umsatzbegriff des § 141 AO z. B. für Wohnungs-/Grundstücksunternehmen, die im Rahmen ihrer gewöhnlichen Geschäftstätigkeit nach § 4 Nr. 9a UStG umsatzsteuerfreie und damit nicht vom Umsatzbegriff des § 141 AO, gleichwohl aber vom Umsatzerlösbegriff des § 241a HGB erfasste Grundstücksgeschäfte tätigen.[70] Abweichungen können desgleichen daraus resultieren, dass die Umsatzgrenze handelsrechtlich auf das Geschäftsjahr, steuerrechtlich hingegen auf das Kalenderjahr bezogen ist und bei nicht kalenderjahrgleichem Geschäftsjahr Abweichungen bereits aufgrund bloßer Umsatzschwankungen auftreten.

Die **ergebnisbezogenen Größen** „Jahresüberschuss" (§ 241a HGB) und „Gewinn aus Gewerbebetrieb" (§ 141 AO) werden infolge des steuerrechtlichen Bewertungsvorbehalts (§ 5 Abs. 6 EStG), abweichender steuerrechtlicher Wahlrechtsausübung (§ 5 Abs. 1 Satz 1 EStG) sowie außerbilanzieller Korrekturen ebenfalls regelmäßig abweichen. Wenngleich erhöhte steuerrechtliche Absetzungen und Sonderabschreibungen nicht zu berücksichtigen sind (§ 7a Abs. 6 EStG s. Rz. 40), verbleiben zahlreiche Abweichungen zwischen handels- und steuerrechtlicher Gewinnermittlung, die (insb. aufgrund außerbilanzieller Korrekturen) tendenziell dazu führen, dass die steuerrechtliche Gewinngrenze schneller überschritten wird. 53

Der **abweichende Zeitbezug** der Voraussetzungen für die Buchführungspflicht bzw. -befreiung (handelsrechtlich für Befreiung zweimaliges, bei Neugründung einmaliges Unterschreiten der Schwellenwerte; steuerlich einmaliges Unterschreiten) sowie Abweichungen zwischen dem handelsrechtlichen Automatismus bzgl. Beginn und Beendigung der Buchführungspflicht und dem steuerlichen Erfordernis der Buchführungsmitteilung bzw. der Feststellung weggefallener Voraussetzungen der Buchführungspflicht ziehen ebenfalls Inkongruenzen nach sich. 54

3.4 Freiwillige Buchführung

Unternehmern, die weder handelsrechtlich noch nach § 141 AO originär steuerrechtlich zur Buchführung verpflichtet sind, ist es unbenommen, freiwillig Bücher und Aufzeichnungen zu führen. Die Ordnungsvorschriften der §§ 145, 146 AO gelten auch insoweit (§ 146 Abs. 6 AO).[71] Angehörige der freien Berufe haben ein Wahlrecht, ihren Gewinn durch Überschussrechnung nach § 4 Abs. 3 EStG oder durch Bestandsvergleich nach § 4 Abs. 1 EStG zu ermitteln.[72] Bei Einkünften aus Gewerbebetrieb besteht ein Wahlrecht zwischen Überschussrechnung nach § 4 Abs. 3 EStG und Bestandsvergleich nach § 5 55

69 Vgl. *Philipps*, Rechnungslegung nach BilMoG, 2010, S. 40.

70 Vgl. auch *Richter*, FR 2009 S. 807.

71 Vgl. *Görke*, in: HHSp., AO/FGO-Kommentar, vor §§ 140-148 AO Rz. 27 ff.

72 BFH, Urteil vom 24. 11. 1959 – I 47/58 U, BStBl 1960 III S. 188.

EStG. Das Wahlrecht der Gewinnermittlung durch Einnahmen-Überschussrechnung entfällt erst mit Erstellung eines Abschlusses, nicht bereits mit der Einrichtung einer Buchführung oder Aufstellung einer Eröffnungsbilanz.[73] Die Optionen des Stpfl. werden allerdings dadurch eingeschränkt, dass das Wahlrecht zur Gewinnermittlung durch Bestandsvergleich entfällt, wenn der Stpfl. nicht zeitnah zum Beginn des Gewinnermittlungszeitraums eine Eröffnungsbilanz aufgestellt und eine kaufmännische Buchhaltung eingerichtet hat (s. Rz. 2361 ff.).[74]

56 Bei freiwilliger Buchführung besteht ein Wahlrecht zwischen einfacher Buchführung mit Abschluss i. S. v. § 242 Abs. 1 HGB (nur Bilanz) oder doppelter Buchführung mit Jahresabschluss i. S. v. § 242 Abs. 3 HGB (Bilanz und GuV).[75] Die Vorlage freiwillig geführter Bücher und Aufzeichnungen kann – jedenfalls soweit diese über eine einfache Buchführung hinausgehen – im Festsetzungsverfahren nicht nach §§ 328 ff. AO erzwungen werden.[76]

57 Da zur elektronischen Übermittlung der Inhalte von Bilanz und GuV gem. § 5b EStG alle Stpfl. verpflichtet sind, die ihren Gewinn nach § 4 Abs. 1, § 5 Abs. 1 oder § 5a EStG ermitteln, greift die E-Bilanz-Verpflichtung auch im Falle freiwilliger Buchführung. Bei der Entscheidung, für Wj. ab 2013 freiwillig Buch zu führen, sind die erheblichen bürokratischen Lasten der Verpflichtung zur Generierung und Übermittlung einer E-Bilanz/E-GuV auf dem von der FinVerw. geforderten Differenzierungsniveau ins Kalkül zu ziehen.

58–60 *(Einstweilen frei)*

73 BFH, Urteil vom 19. 3. 2009 – IV R 57/07, BStBl 2009 II S. 659.

74 Vgl. BFH, Urteil vom 19. 10. 2005 – XI R 4/04, BStBl 2006 II S. 509; OFD Niedersachsen, Vfg. vom 17. 2. 2010 – S 2130-30-St 222/St 221, ESt-Kartei ND § 4 EStG Nr. 4.1; *Kanzler* in: HHR, EStG, § 4 Rz. 549 f.; *Schoor*, NWB 2010 S. 361.

75 Vgl. *Buciek*, in: Blümich, EStG, § 5 Rz. 147.

76 Vgl. auch *Bahlau*, StBp 1963 S. 303; *Drüen*, in: Tipke/Kruse, AO/FGO, vor § 140 Rz. 20; *Märtens*, in: Beermann/Gosch, vor §§ 140-148 AO Rz. 19; a. A. *Görke*, in: HHSp., AO/FGO-Kommentar, vor §§ 140-148 AO Rz. 23.

3.5 Verknüpfung von Buchführungspflicht, Einkunfts- und Gewinnermittlungsart

Mit der Buchführungspflicht bzw. Entscheidung zur freiwilligen Buchführung sowie der verwirklichten Einkunftsart ist im Regelfall auch die Gewinnermittlungsart bestimmt. 61

ABB. 2: Verknüpfung von Buchführungspflicht, Einkunftsart und Gewinnermittlungsart

Einkunftsart[77] / Buchführung	Gewerbebetrieb	Selbständige Tätigkeit	Land- und Forstwirtschaft
Buchführungspflicht §§ 140, 141 AO	Bestandsvergleich **§ 5 Abs. 1 EStG**[78] Gewinnermittlung nach Tonnage **§ 5a EStG** auf Antrag bei Vorliegen der Voraussetzungen[79]	-	Bestandsvergleich **§ 4 Abs. 1 EStG**
freiwillige Buchführung[80]	Bestandsvergleich **§ 5 Abs. 1 EStG** Gewinnermittlung nach Tonnage **§ 5a EStG** auf Antrag bei Vorliegen der Voraussetzungen	Bestandsvergleich **§ 4 Abs. 1 EStG**	Bestandsvergleich **§ 4 Abs. 1 EStG** auf Antrag bei Vorliegen der Voraussetzungen des § 13a Abs. 1 EStG
weder Buchführungspflicht noch freiwillige Buchführung	Einnahmen-/Überschuss-Rechnung **§ 4 Abs. 3 EStG**[81]	Einnahmen-/Überschuss-Rechnung **§ 4 Abs. 3 EStG**	Durchschnittssatz-Gewinnermittlung **§ 13a EStG** wenn Voraussetzungen des § 13a Abs. 1 EStG vorliegen und keine Ausübung des Antragswahlrechts zur Gewinnermittlung nach § 4 Abs. 1 oder 3 EStG Einnahmen-/Überschuss-Rechnung **§ 4 Abs. 3 EStG** wenn Voraussetzungen nach § 13a EStG nicht erfüllt oder auf Antrag bei Vorliegen der Voraussetzungen des § 13a Abs. 1 EStG

77 Zu vermögensverwaltenden PersGes., die infolge Kaufmannseigenschaft kraft Handelsregistereintragung nach § 238 Abs. 1 i.V.m. § 6 Abs. 1 HGB zur kaufmännischen Buchführung verpflichtet sind, aufgrund der Erzielung von Einkünften aus Vermietung und Verpachtung oder Kapitalvermögen aber trotz abgeleiteter Buchführungspflicht (§ 140 AO) den Gewinn durch Überschussrechnung nach §§ 8, 9 EStG zu ermitteln haben, *Drüen*, in: Tipke/Kruse, AO/FGO, § 140 AO Rz. 17 m.w.N.

78 Zur Gewinnermittlung ausl. PersGes. ohne Betriebsstätte oder ständigen Vertreter im Inland, soweit Gewinnanteile für die inl. Besteuerung unbeschr. Stpfl. von Bedeutung sind (Bsp. Progressionsvorbehalt), nach § 4 Abs. 1 oder 3 EStG s. BFH, Urteile vom 13.9.1989 – I R 117/87, BStBl 1990 II S. 57; vom 22.5.1991 – I R 32/90, BStBl 1992 II S. 94; BMF, Schreiben vom 24.12.1999 – IV B 4-S 1300-111/99, BStBl 1999 I S. 1076, Tz. 1.1.5.4; R 4.1 Abs. 4 EStR; *Kanzler*, in: HHR, vor §§ 4-7 EStG, Rz. 4; vgl. auch Teil A Kap. II Rz. 133.

79 Bei Mischbetrieben Aufteilung der Gewinnermittlung, vgl. BMF, Schreiben vom 12.6.2002 – IV A 6 - S 2133a-11/02, BStBl 2002 I S. 614, Rz. 3.

80 Zum Wahlrecht zwischen Gewinnermittlung durch Bestandsvergleich und Einnahmen-/Überschussrechnung s. Rz. 55.

81 Zur Gewinnermittlungsart bei Schätzung *Kanzler*, in: HHR, vor §§ 4-7 EStG, Rz. 13; *Wied*, in: Blümich, EStG, § 4 Rz. 102.

3.6 Sonstige steuerrechtliche Verzeichnis-/Aufzeichnungspflichten

62 Neben außersteuerlichen Aufzeichnungspflichten hält auch das Steuerrecht eine Reihe sonstiger Aufzeichnungs- und Verzeichnispflichten bereit, die z. T. Voraussetzungen für die Inanspruchnahme steuerlicher (Sonder-)Regelungen sind, teilweise die handelsrechtlichen Aufzeichnungspflichten ergänzen bzw. bei nichtbuchführenden Stpfl. ersetzen. Die wesentlichen Pflichten sind nachfolgend zusammengefasst:

ABB. 3: Sonstige steuerrechtliche Verzeichnis-/Aufzeichnungspflichten

Aufzeichnungspflichten nach Einzelsteuergesetzen		
	EStG	
		§ 4 Abs. 3 Satz 5 EStG – Verzeichnispflicht bei EÜR für Wirtschaftsgüter des Anlagevermögens sowie Wirtschaftsgüter des Umlaufvermögens i. S. d. § 4 Abs. 3 Satz 4 EStG
		§ 4 Abs. 4a Satz 6 EStG – Aufzeichnung von Einlagen/Entnahmen bei EÜR zur Begrenzung des Schuldzinsenabzugs bei Überentnahmen
		§ 4 Abs. 7 EStG – Aufzeichnungspflichten für Betriebsausgaben i. S. d. § 4 Abs. 5 Satz 1 Nr. 1-4, 6b, 7 EStG (R 4.11 EStR) ► Aufwendungen für Geschenke an Nicht-Arbeitnehmer, bei AK/HK pro Wj. und Empfänger > 35 € ► Aufwendungen für die Bewirtung von Personen aus geschäftlichem Anlass ► Aufwendungen für Gästehäuser außerhalb des Orts eines Betriebs des Stpfl. ► Aufwendungen für Jagd, Fischerei, Segel-/Motorjachten o. ä. und damit zusammenhängende Bewirtungen ► Aufwendungen für ein häusliches Arbeitszimmer ► Aufwendungen für Lebensführung des Stpfl. o. a. Personen/unangemessene Repräsentationsaufwendungen
		§ 4g Abs. 4 Satz 2-4 EStG – Verzeichnispflicht für Wirtschaftsgüter, für die bei Entnahme nach § 4 Abs. 1 Satz 3 EStG ein Ausgleichsposten gebildet wurde; Aufzeichnungen bzgl. Bildung/Auflösung der Ausgleichspostens
		§ 5 Abs. 1 Satz 2, 3 EStG – Wahlrechtsverzeichnis als Voraussetzung für die Ausübung steuerlicher Wahlrechte[82] (s. Rz. 370 f.)
		§ 5a Abs. 4 EStG – Verzeichnispflicht bei Übergang zur Gewinnermittlung nach Tonnage für Unterschiedsbetrag zwischen Buchwert und Teilwert von Wirtschaftsgütern, die unmittelbar dem Betrieb von Handelsschiffen im internationalen Verkehr dienen
		§ 6 Abs. 2 Satz 4 EStG – Verzeichnispflicht für GWG, deren Wert 150 € übersteigt, sofern Angaben nicht aus der Buchführung ersichtlich
		§ 6c Abs. 2 EStG – Verzeichnispflicht für Wirtschaftsgüter, auf die nach § 6c Abs. 1 EStG stille Reserven aus der Veräußerung bestimmter Anlagegüter übertragen wurden, bei Gewinnermittlung nach § 4 Abs. 3 EStG oder nach Durchschnittssätzen
		§ 7a Abs. 8 EStG – Verzeichnispflicht für Wirtschaftsgüter bei Inanspruchnahme erhöhter Absetzungen oder Sonderabschreibungen, sofern Abgaben nicht aus der Buchführung ersichtlich
		§ 41 EStG i. V. m. § 4 LStDV – Aufzeichnungspflichten beim Lohnsteuerabzug
		§§ 40-40b EStG i. V. m. § 4 Abs. 2 Nr. 8 LStDV – Aufzeichnungspflichten bei Pauschalierung der Lohnsteuer (Ausnahmen nach § 4 Abs. 3 LStDV möglich)
		§ 43 Abs. 2 Satz 6 EStG – Aufzeichnungspflichten bei nicht vorzunehmendem Steuerabzug in den Fällen des § 43 Abs. 2 Satz 3 Nr. 2 EStG
		§ 45a EStG – besondere Aufzeichnungspflichten bei Anmeldung und Bescheinigung der KESt

82 Dazu BMF, Schreiben vom 12. 3. 2010 – IV C 6-S 2133/09/10001, BStBl 2010 I S. 239; *Herzig/Briesemeister*, DB 2010 S. 917 ff.

	UStG	
		Aufzeichnungspflichten nach § 22 UStG und §§ 63-68 UStDV
		Aufzeichnungspflichten für bestimmte Steuerbefreiungen, z. B. nach § 4 Nr. 1a i. V. m. § 6 Abs. 4 und § 7 Abs. 4 UStG sowie § 13 UStDV für Ausfuhrlieferungen/Lohnveredelungen an Gegenständen der Ausfuhr
	VersStG: § 10 VersStG – Aufzeichnungen bzgl. Berechnungsgrundlagen der VersSt	
Aufzeichnungspflichten nach AO		
	§ 142 AO – ergänzende Aufzeichnungen originär steuerlich buchführungspflichtiger Land- und Forstwirte: Anbauverzeichnis der Fruchtarten selbstbewirtschafteter Flächen	
	§ 143 AO – Aufzeichnungspflicht des Wareneingangs für gewerbliche Unternehmer	
	§ 144 AO – Aufzeichnungspflicht des Warenausgangs für gewerbliche Unternehmer und originär buchführungspflichtige Land und Forstwirte, die nach Art ihres Geschäftsbetriebs Waren regelmäßig an gewerbliche Unternehmer zur Weiterveräußerung oder zum Verbrauch als Hilfsstoffe liefern, bzgl. für diese Zwecke bestimmter Waren	

4. Steuerbilanz

4.1 Definition/Gliederung

Steuerbilanz als Grundlage der Gewinnermittlung: Die Gewinnermittlung durch Be- 63
triebsvermögensvergleich erfolgt im Anwendungsbereich der §§ 4, 5 EStG auf der Grundlage von Vermögensübersichten (Bilanzen), die steuerlichen Vorschriften durch entsprechende Ergänzungen oder unmittelbar umfänglich entsprechen (§ 4 Abs. 2 EStG, § 5b Abs. 1 EStG, § 60 Abs. 2 EStDV). Zweck einer Steuerbilanz ist die folgerichtige, rechtsstaatliche Messung des „wirklichen" Gewinns als Leistungsfähigkeitsindikator zur Sicherstellung einer gesetzmäßigen, insbesondere gleichmäßigen Besteuerung.[83] Für die steuerliche Gewinnermittlung von Unternehmen, die handelsrechtlich buchführungspflichtig sind, wird die Erstellung einer selbständigen Steuerbilanz gesetzlich nicht gefordert. § 140 AO verlangt lediglich, handelsrechtliche Buchführungs- und Aufzeichnungspflichten auch für die Besteuerung zu erfüllen. § 5b Abs. 1 Satz 2 EStG sowie § 60 Abs. 2 Satz 1 EStDV fordern die Anpassung von Ansätzen oder Beträgen der Handelsbilanz, die steuerlichen Vorschriften nicht entsprechen, im Wege von Zusätzen oder Anmerkungen. Die Erstellung einer Steuerbilanz ist optional. Bilanzen nach § 5 Abs. 1 EStG von handelsrechtlich buchführungspflichtigen oder freiwillig buchführenden Gewerbetreibenden sind mithin im Regelfall keine originären Steuerbilanzen, sondern lediglich nach steuerlichen Erfordernissen durch Zusätze/Anmerkungen erweiterte Handelsbilanzen bzw. aus Handelsbilanzen abgeleitete Steuerbilanzen.

Eine selbständige Steuerbilanz ist demgegenüber grundsätzlich erforderlich für die steuerliche Gewinnermittlung durch Bestandsvergleich von Unternehmen, die erst originär steuerrechtlich zur Buchführung verpflichtet sind (insb. nicht eingetragene Land- und Forstwirte) oder freiwillig Gewinnermittlung durch Bestandsvergleich wählen (z. B. Freiberufler). § 141 Abs. 1 Satz 2 AO ordnet die sinngemäße Anwendung der §§ 238,

83 Vgl. BFH, Beschluss vom 2. 3. 1969 – GrS 2/68, BStBl 1969 II S. 291; *Weber-Grellet*, Steuern im modernen Verfassungsstaat, 2003, S. 325; *ders.*, DB 2010 S. 2298 f. m. w. N. Zu Anforderungen an eine Steuerbilanz *Hennrichs*, DStJG 24 (2001), S. 307 ff.

240, 241, 242 Abs. 1 und 243-256 HGB an und verlangt u. a. mit der Anwendung des § 242 Abs. 1 HGB konkret die Aufstellung einer Bilanz. Diese ist gem. § 243 Abs. 1 HGB nach handelsrechtlichen GoB aufzustellen,[84] hat nach § 4 Abs. 2 Satz 1 EStG steuerlichen Vorschriften zu entsprechen und ist nach § 60 Abs. 2 EStDV der Steuererklärung beizufügen bzw. nach § 5b Abs. 1 EStG elektronisch an die FinVerw. zu übermitteln. Bilanzen nach § 4 Abs. 1 EStG sind mithin grds. originäre Steuerbilanzen, denen keine Handelsbilanzen zugrunde liegen.[85]

Erforderlich ist eine Steuerbilanz mithin grds. im Anwendungsbereich des § 4 Abs. 1 EStG, sie ist darüber hinaus expressis verbis Tatbestandsmerkmal in verschiedenen Steuergesetzen[86] und wird z. T. durch steuerliche Tatbestände vorausgesetzt, die bilanzsteuerrechtliche Merkmale beinhalten (Bsp.: Tatbestandsmerkmal negatives Kapitalkonto eines Kommanditisten, § 15a Abs. 1 Satz 1 EStG).[87] Darüber hinaus ist die Aufstellung einer Steuerbilanz optional.

64 **Abgrenzung der Steuerbilanz**: § 4 Abs. 2 Satz 1 EStG konkretisiert die dem Betriebsvermögensvergleich zugrunde zu legende Bilanz als eine den (allgemeinen) Grundsätzen ordnungsmäßiger Buchführung unter Befolgung der Vorschriften des EStG entsprechende Vermögensübersicht. § 60 Abs. 2 Satz 2 EStDV grenzt die Steuerbilanz als eine den steuerlichen Vorschriften entsprechende Bilanz ab. § 5b Abs. 1 Satz 3 EStG nimmt diesen Definitionsansatz zur Bestimmung der E-Bilanz-Verpflichtung wortgleich auf, ohne indessen den Begriff Steuerbilanz zu verwenden. Die FinVerw. definiert die Steuerbilanz im Rahmen der Konkretisierung des § 5b EStG als eine „auf den handelsrechtlichen GoB beruhende Bilanz, deren Ansätze ohne weitere Zusätze und Anmerkungen den steuerlichen Vorschriften entsprechen".[88] Eine hierüber hinausgehende, abschließende gesetzliche Definition der Steuerbilanz einschließlich steuergesetzlicher Vorgaben für Struktur und Gliederungstiefe fehlt.[89]

65 **Gliederung**: Die durch § 140 AO in das Steuerrecht überführte handelsrechtliche Buchführungspflicht schließt (parallel zur Verweisung des § 141 Abs. 1 Satz 2 AO auf die Pflicht zur Erstellung einer Bilanz, § 242 Abs. 1 HGB) die Abschlusspflicht ein,[90] d. h. sie umfasst die Verpflichtung zur Erstellung einer Bilanz (und GuV).[91] Handelsrechtlich zwingende Gliederungsvorgaben sind insoweit zu beachten. Nach § 242 Abs. 1 i. V. m. § 266 HGB obliegt großen und mittelgroßen KapGes., PersGes. i. S. d. § 264a HGB sowie

84 Zur Wertung als Maßgeblichkeitsausprägung *Plückebaum*, in: Kirchhof/Söhn/Mellinghoff, EStG, § 4 Rz. A 30.

85 Vgl. z. B. *Beisse*, StuW 1984 S. 4; Ausnahme: handelsrechtlich buchführungspflichtige Land- und Forstwirte (s. Rz. 54); zum Anwendungsbereich der Gewinnermittlung nach § 4 Abs. 1 EStG *Schulze-Osterloh*, DStJG 14 (1991), S. 125 f.; *Kanzler*, in: HHR, vor §§ 4-7 EStG, Rz. 4; vgl. auch Teil A Kap. II Rz. 130.

86 Bsp. § 8c Abs. 1a Satz 3 Nr. 3 KStG, § 14 Abs. 4 KStG; § 27 Abs. 1, 5 KStG; § 4 Abs. 1, § 7, § 11 Abs. 1, § 12 Abs. 1, 5 UmwStG; § 103 Abs. 2 BewG § 35 Abs. 1 Nr. 3 StBGebV enthält für die Erstellung der Steuerbilanz einen eigenen Gebührentatbestand, dazu *Weiler*, DStR 2011 S. 380 ff.

87 Zur Steuerbilanz als Tatbestandsmerkmal *Schulze-Osterloh*, DStJG 14 (1991) S. 123 ff.

88 BMF, Schreiben vom 28. 9. 2011 – IV C 6 - S 2133-b/11/10009, Anlage zu Rz. 11.

89 Vgl. *Prinz*, FR 2010 S. 920; zum Steuerbilanz-Begriff auch *Mathiak*, in: Kirchhof/Söhn/Mellinghoff, EStG, § 4 Rz. A 27 ff.

90 Vgl. *Mathiak*, in: Kirchhof/Söhn/Mellinghoff, EStG, § 5 Rz. A 217, 213.

91 Die steuerliche Verpflichtung zur doppelten Buchführung folgt aus § 140 AO i. V. m. § 242 Abs. 2 HGB, vgl. *Mathiak*, in: Kirchhof/Söhn/Mellinghoff, EStG, § 5 Rz. A 217.

publizitätspflichtigen Unternehmen die Aufstellung einer Bilanz unter Ausweis der in § 266 Abs. 2 und 3 HGB bezeichneten Posten in der insoweit vorgegebenen Reihenfolge (§ 266 Abs. 1 Satz 1 HGB). Kleine KapGes./PersGes. i. S. d. § 264a HGB unterliegen den reduzierten Gliederungspflichten des § 266 Abs. 1 Satz 3 HGB, Kleinst-KapGes. i. S. d. § 267 a HGB denen des § 266 Abs. 1 Satz 4 HGB, Nicht-KapGes. den Vorgaben des § 247 Abs. 1 HGB.

Parallel zieht § 5 Abs. 1 EStG die Konsequenzen aus der abgeleiteten Buchführungspflicht nach § 140 AO und erklärt die nach § 242 HGB bestehende Bilanzierungspflicht zu einer steuerlichen Verpflichtung.[92] Bei Bestandsvergleich nach § 5 Abs. 1 EStG gelten die handelsrechtlichen Gliederungsvorschriften mangels abweichender steuerrechtlicher Vorgaben (als mittelbare Ansatzvorschriften) auch für das Steuerrecht.[93] § 5 Abs. 1 Satz 1 EStG verweist auf materielle ebenso wie auf formelle GoB des Handelsrechts.[94] Darunter fallen für KapGes. auch die Vorschriften über die Struktur und Gliederungstiefe der Bilanz (§ 266 HGB).[95] Die Bilanzgliederungsvorschrift § 266 HGB als kodifizierter GoB wird im Übrigen bis zur Tiefe römischer Ziffern, d. h. im Umfang der für kleine KapGes. geltenden Gliederungspflichten als (Mindest-)Konkretisierung der Gliederungsvorgaben des § 247 Abs. 1 HGB verstanden (Gliederungsuntergrenze), soweit nicht Besonderheiten des Einzelfalls eine differenziertere Gliederung erfordern.[96] Die Gliederung einer abgeleiteten Steuerbilanz hat grds. den handelsrechtlichen Vorgaben zu folgen. Erforderliche Modifikationen ergeben sich aus steuerrechtlichen Ansatzgeboten/-verboten, die vom Handelsbilanzrecht abweichen und insoweit als mittelbare steuerrechtliche Gliederungsvorschriften wirken (Bsp.: steuerliche Negierung des Bilanzpostens „selbst geschaffene gewerbliche Schutzrechte und ähnliche Rechte und Werte" nach § 266 Abs. 2 A.I.2. HGB durch das steuerliche Ansatzverbot des § 5 Abs. 2 EStG).

---

92 Zur diesbezgl. Funktion des § 5 EStG *Drüen*, in: Tipke/Kruse, AO/FGO, § 140 AO Rz. 3; zum strittigen Verhältnis von § 140 AO und § 5 Abs. 1 EStG *Görke*, in: HHSp., AO/FGO-Kommentar, vor § 140 AO Tz. 20 f.: „wechselseitige Ergänzung".

93 Vgl. *Weber-Grellet*, in: Schmidt, EStG, 34. Aufl. 2014, § 5 Rz. 29; *Castan*, in: Beck'sches Handbuch der Rechnungslegung, B 200 Rz. 5; *Wichmann*, DB 1994 S. 1197; *Eigenstetter*, WPg 1993 S. 576; *Wohlgemuth*, in: Koss/Lemmen/Niemann/Wohlgemuth, Jahres- und Konzernabschluss nach Handels- und Steuerrecht. Bd. B, 13. Aufl. 2010, Rz. 504W; *Richter/Kruczynski/Kurz*, DB 2010 S. 1608; *Schiffers*, Stbg 2011 S. 12; *Richter/Kruczynski*, in: HdR, Kap. 6 Rz. 548 f.; vgl. auch *Winnefeld*, Bilanz-Handbuch, 4. Aufl. 2006, Kap F Rz. 61 (einschränkend Rz. 1080); a. A. *Sigloch/Weber*, in: Michalski, GmbHG, 2. Aufl. 2010, Anh. §§ 41-42a Rz. 578: Maßgeblichkeit lediglich bzgl. § 243 HGB als Gliederungsvorschrift; *Meurer*, DB 2010, Standpunkte S. 63; *Schumann/Arnold*, DStZ 2011 S. 233 Fn. 51.

94 Vgl. *Görke*, in: HHSp., AO/FGO-Kommentar, vor §§ 140-148 AO Rz. 20; *Kempermann*, in: Kirchhof/Söhn/Mellinghoff, EStG, § 5 Rz. B 42 m. w. N.

95 BFH, Urteil vom 30. 11. 2005 – I R 26/04, BFH/NV 2006 S. 616: insoweit ihnen materielle Bedeutung zukommt.

96 Vgl. *Baetge/Fey/Fey*, in: Beck'sches Handbuch der Rechnungslegung, § 247 Rz. 55 m. w. N.; *Biener/Bernecke*, BiRiLiG, Erläuterungen zu § 247 HGB, S. 73; *Kempermann*, in: Kirchhof/Söhn/Mellinghoff, EStG, § 5 Rz. B 40; *Merkt*, in: Baumbach/Hopt, HGB, 35. Aufl. 2011, § 247 Rz. 2.; befürwortend auch *Lenz/Fiebinger*, HdJ I/6 Rz. 13; darüber hinaus ist § 266 HGB für Einzelkaufleute und Personengesellschaften Orientierungshilfe, vgl. *Hütten/Lorson*, in: Beck'sches Handbuch der Rechnungslegung, § 247 HGB Rz. 14; *ADS*, 6. Aufl. 1994, § 247 Rz. 24, 81; *Kirsch/Harms/Siegel*, in: Baetge/Kirsch/Thiele, Bilanzrecht, § 242 HGB Rz. 84; a. A. *Castan*, in: Beck'sches Handbuch der Rechnungslegung, B 200 Rz. 22: verkürzte Bilanz kleiner KapGes. mangels hinreichender Aufgliederung der Schulden für Nicht-KapGes. nicht ausreichend.

66 Im Rahmen der Gewinnermittlung durch Bestandsvergleich nach § 4 Abs. 1 EStG, d. h. für originäre Steuerbilanzen besteht keine explizite Bindung an die handelsrechtlichen GoB. Gleichwohl hat sich für § 4 Abs. 1 EStG die Auffassung durchgesetzt, dass jedenfalls für den Ansatz des Betriebsvermögens die handelsrechtlichen GoB maßgebend sind.[97] Damit gelten die handelsrechtlichen Gliederungsvorgaben als mittelbare Ansatzvorschriften unter vorrangiger Beachtung abweichender steuerlicher Ansatzgebote und -verbote auch insoweit. Dass der Bestandsvergleich nach § 4 Abs. 1 EStG GoB-gestützt zu erfolgen hat, ergibt sich auch aus dem Verweis des § 4 Abs. 2 EStG auf die allgemeinen GoB[98] sowie bereits aus der Anordnung des § 141 Abs. 1 Satz 2 AO, bei originärer steuerrechtlicher Buchführungspflicht die §§ 238, 240, 241, 242 Abs. 1 sowie die §§ 243 bis 256 HGB sinngemäß anzuwenden, soweit sich nicht aus den Steuergesetzen etwas anderes ergibt.[99] Die handelsrechtlichen Gliederungsvorgaben für Nicht-KapGes. (§ 247 Abs. 1 HGB) werden von § 141 AO mithin unmittelbar in Bezug genommen. Mangels eigenständiger steuerlicher Regelungen zur Gliederung der nach § 141 AO i. V. m. § 242 Abs. 1 HGB aufzustellenden Bilanz sind einer (originären) Steuerbilanz auch im Übrigen – von mittelbaren steuerrechtlichen Gliederungsvorschriften abgesehen – die handelsrechtlichen Vorgaben für die Bilanzgliederung zugrunde zu legen.

67 Die **Steuerbilanz im Rechtssinne** ist eine den steuerlichen Vorschriften entsprechende Bilanz, deren verpflichtend zu berücksichtigende Struktur (Bilanzposten/Reihenfolge) einschließlich zu beachtender Gliederungstiefe durch die handelsrechtlichen Vorgaben und vorrangig zu beachtende steuerrechtliche (Ansatz-)Vorschriften bestimmt wird. Infolge der Transformation handelsrechtlicher Buchführungs-/Aufzeichnungspflichten durch § 140 AO bzw. der Verweise des § 141 AO auf handelsrechtliche Vorschriften zur Buchführung und zum Jahresabschluss sowie der Maßgeblichkeit handelsrechtlicher GoB sind umfassende eigene steuerrechtliche Gliederungsbestimmungen für originäre und/oder derivative Steuerbilanzen nicht erforderlich. Eine Regelungslücke besteht insoweit nicht. Einheitsbilanzen waren (und sind in Ausnahmefällen weiterhin) nicht zuletzt aufgrund der übereinstimmenden Gliederungsgrundlagen für Handels- und Steuerbilanzen gerade für kleine KapGes. und Nicht-KapGes. möglich.[100]

68 Mit Konkretisierung der Anforderungen an die E-Bilanz (§ 5b EStG) durch die sog. **Steuer-Taxonomien** (Kerntaxonomie, branchenabhängige Ergänzungs- und Spezialtaxonomien s. Rz. 1292)[101] werden im Wege einer Verwaltungsanweisung erstmals eigenständige steuerrechtliche Bilanzgliederungsschemata formuliert, die zwar auf den Glie-

97 Vgl. *Kanzler*, in: HHR, vor §§ 4-7 EStG Rz. 23; allg. *Winnefeld*, Bilanz-Handbuch, 4. Aufl. 2006, Kap. L Rz. 177; *Heinicke*, in: Schmidt, EStG, 33. Aufl. 2014, § 4 Rz. 44; *Pickert*, DStR 1989 S. 374 m. w. N.; *Kraft/Kraft*, BB 1992 S. 2469.

98 Zur Differenzierung zwischen handelsrechtlichen GoB (§ 5 Abs. 1 EStG) und allgemeinen GoB (§ 4 Abs. 2 EStG) *Hirschler*, in: Bertl et al., Die Maßgeblichkeit der handelsrechtlichen Gewinnermittlung für das Steuerrecht, 2003, S. 154 ff., 168: „Rückkopplung des Handelsrechts im Sinne einer quasi-materiellen Maßgeblichkeit im Anwendungsbereich des § 4 Abs. 1 EStG"; vgl. auch *Kühnen*, in: Bordewin/Brandt, EStG, § 4 Rz. 1020 f.: GoB i. S. d. § 4 Abs. 2 EStG beruhen auf dem Handelsrecht.

99 Vgl. *Plückebaum*, in: Kirchhof/Söhn/Mellinghoff, EStG, § 4 Rz. A 65.

100 Zur Zulässigkeit der Einheitsbilanz BFH, Urteil vom 28. 5. 2008 – I R 98/06, BStBl 2008 II S. 916; zu Möglichkeiten und Grenzen *Ballwieser*, in: Mellinghoff, FS Spindler, 2011, S. 577 ff.; *Scheffler*, Das Maßgeblichkeitsprinzip nach dem BilMoG, IFSt-Schrift Nr. 474/2011, S. 51 ff.

101 Taxonomien abrufbar unter www.esteuer.de.

derungsvorgaben des § 266 HGB (bzw. branchenbezogen besonderen Gliederungsvorgaben z. B. nach § 2 RechKredV) aufsetzen, aber erheblich differenzierter ausgestattet sind.[102] § 5b EStG ergänzt als verfahrensrechtliche Regelung lediglich die Steuererklärungspflichten von bilanzierenden Stpfl., neue Buchführungs- oder Aufzeichnungspflichten werden hierdurch nicht begründet (s. Rz. 1261). Gliederung und (Mindest-)Umfang der von der Finanzverwaltung im Wege der Ausübung der Ermächtigung nach § 51 Abs. 4 Nr. 1b EStG formulierten Steuertaxonomien sind ohne Gesetzes- oder Verordnungsrang und für eine abgeleitete ebenso wie originäre Steuerbilanz nicht verbindlich (zur Reichweite der Ermächtigungsnorm s. Rz. 1293, 1303 f.).[103] Insbesondere ist für eine Branchenabhängigkeit steuerlich verpflichtender Gliederungsvorgaben über branchenbezogene Verordnungsvorgaben (Bsp. RechKredV, RechVersV), die durch § 140 AO ins Steuerrecht transformiert werden, hinaus eine Rechtsgrundlage nicht erkennbar. Ohne explizite steuerrechtliche Gliederungsvorschriften ist eine über die Vorgaben des § 266 HGB (bzw. branchenbezogener Verordnungen) hinausgehend differenzierte Steuerbilanz allenfalls gestützt auf die allg. Mitwirkungspflichten des Stpfl. (§ 90 AO) denkbar.[104] Bei hinreichend differenzierter Deklaration der für die Besteuerung erheblichen Tatsachen, elektronischer Übermittlung einer mit steuerlichen Anmerkungen/Zusätzen versehenen, auf handelsrechtlichen Gliederungsvorgaben basierenden Bilanz bzw. einer diesen Vorgaben entsprechenden Steuerbilanz ggf. unter freiwilliger (papierbasierter oder elektronischer) Überlassung von Summen-/Saldenlisten und Anlagenverzeichnis und Erfüllung der sonstigen steuerrechtlichen Aufzeichnungs-/Verzeichnispflichten (s. Rz. 62) verbleibt für eine auf die Mitwirkungspflicht gestützte zwingende Beachtung deutlich weitergehender Gliederungsforderungen sowie hierüber hinausgehender branchenabhängiger Zusatzanforderungen für die Steuerbilanz kaum erkennbarer Raum. Handelsrechtliche Gliederungsvorgaben werden hierdurch schon gar nicht verpflichtend erweitert.

4.2 Erfordernis

Erfordernisse zur Erstellung einer selbständigen Steuerbilanz werden über gesetzlich vorgesehene Fälle (s. Rz. 63) hinaus aktuell insb. durch die Folgen des BilMoG, namentlich die Ausweitung der Abweichungen zwischen Handels- und Steuerbilanz sowie die Einführung des bilanzorientierten Temporary-Konzepts zur Ermittlung latenter Steuern (§ 274 HGB) und darüber hinaus durch die Einführung der E-Bilanz (§ 5b EStG) begründet. 69

Abweichungen zwischen Handels- und Steuerbilanz: Die (möglichen) Abweichungen zwischen Handels- und Steuerbilanz haben mit dem BilMoG insb. als Folge der Aufhebung der formellen Maßgeblichkeit und Einführung des steuerlichen Wahlrechtsvorbehalts (§ 5 Abs. 1 EStG) in ganz erheblichem Maße zugenommen.[105] Die Erfassung der 70

102 *Kuntschik*, in: K/S/M, EStG, § 5b: mittelbare Definition einer Steuerbilanz und Steuer-GuV.

103 Vgl. z. B. *Metzing/Fischer*, DStR 2011 S. 1584.

104 Vgl. *Hüttemann*, DStZ 2011 S. 511.

105 Bestandsaufnahme möglicher Abweichungen bei *Herzig/Briesemeister*, in: Herzig/Fuhrmann, Handbuch latente Steuern im Einzelabschluss, 2012, S. 169 ff.; *Scheffler*, Besteuerung von Unternehmen, Bd. II, 7. Aufl. 2011, S. 24 ff.; *ders.*, Beilage zu BBK 9/2010 S. 1 ff.; *Bertram*, in: Bertram/Brinkmann/Kessler/Müller, HGB Bilanzkommentar, 3. Aufl. 2012, § 274 Rn. 135 ff.; *Küting/Snabe/Rösinger/Wirth*, Geschäftsprozessbasiertes Rechnungswesen, 2. Aufl. 2011, S. 60 ff.

regelmäßig über mehrere Perioden reichenden Abweichungseffekte durch eine Überleitungsrechnung und ergänzende Nebenrechnungen wird mit Zunahme der Abweichungen zunehmend unübersichtlich und fehleranfällig.[106] Die Abbildung des steuerlichen Betriebsvermögens ist mittels Überleitungs- und Nebenrechnungen kaum mehr effizient und periodenübergreifend nachvollziehbar möglich.

71 **Bilanzorientiertes Temporary-Konzept zur Ermittlung latenter Steuern**: Zur Abgrenzung von Steuerlatenzen auf Differenzen aus abweichenden Wertansätzen von Vermögensgegenständen, Schulden und Rechnungsabgrenzungsposten, die sich mit steuerlicher Wirkung umkehren (§ 274 HGB), ist eine Gegenüberstellung der handels- und steuerbilanziellen Wertansätze erforderlich. Die für die Pärchenbildung heranzuziehenden Steuerwerte können einer Steuerbilanz vergleichsweise einfach entnommen werden, aus einer Überleitungsrechnung sind sie dagegen nur unter hohem Aufwand generierbar.[107] Dies gilt für die Abgrenzung latenter Steuern nach IAS 12 gleichermaßen. Die Notwendigkeit, latente Steuern mittels Bilanzvergleich zu ermitteln, forciert nicht nur die Erstellung von Steuerbilanzen an sich,[108] sondern führt im Zuge erforderlicher Anpassungen von Prozessketten bei der Abschlusserstellung darüber hinaus zu einer beschleunigten Aufstellung parallel zur Handelsbilanz.[109]

72 **E-Bilanz:** Die Verselbständigung der Steuerbilanz unter Standardisierung der Bilanzinhalte wird ebenso ganz erheblich vorangetrieben durch die Einführung der E-Bilanz i. S. d. § 5b EStG (s. Rz. 1260 ff.).[110] Die mit der Kerntaxonomie sowie den Ergänzungs- und Spezialtaxonomien formulierten Anforderungen der Finanzverwaltung an eine steuerliche Überleitungsrechnung bzw. eine abgeleitete Steuerbilanz werden bereits infolge der informationstechnischen Standardisierung absehbar praktisch regelmäßig zur Generierung von Steuerbilanzen führen.[111]

4.3 Integrierte Steuerbuchführung

73 Die Erstellung der Steuerbilanz schließt bislang regelmäßig im Wege manueller Korrekturen in Drittsystemen an die Erstellung der Handelsbilanz an. Mit zunehmenden Abweichungen zwischen Handels- und Steuerbilanz, gestiegenen Anforderungen an ein Tax Accounting sowie der E-Bilanz-Verpflichtung nach § 5b EStG haben Prozesse dieser Struktur keine Zukunft. Zur Realisierung einer integrierten Steuerbuchführung, die eine bereits unterjährige steuerliche Beurteilung und buchhalterische Verarbeitung von Geschäftsvorfällen gewährleistet, bieten sich insbesondere die folgenden Alternativen an:[112] **Parallelbuchführung (H-Modell)** – durchgreifendste Lösung ist die vollständige

106 Vgl. z. B. *Herzig/Briesemeister/Schäperclaus*, DB 2011 S. 4; *Weiler*, DStR 2011 S. 382; vgl. auch *Dahlke/Seitz*, BB 2008 S. 1890.

107 Vgl. *Herzig*, DB 2010 S. 2.

108 Vgl. *Herzig*, DStR 2010 S. 1900.

109 Vgl. *Winkeljohann/Briese*, in: Beck'scher Bilanz-Kommentar, 9. Aufl. 2014, § 274 Rz. 248.

110 Vgl. nur *Weber-Grellet*, in: Schmidt, EStG, 33. Aufl. 2014, § 5b Rz. 1; *Herzig/Briesemeister/Schäperclaus*, DB 2011 S. 1.

111 Vgl. z. B. *Richter/Kruczynski/Kurz*, DB 2010 S. 1608; *Prinz*, FR 2010 S. 922.

112 Vgl. *Herzig*, DStR 2010 S. 5; *ders.*, DB 2010 S. 1905; *Winkeljohann/Briese*, in: Beck'scher Bilanz-Kommentar, 9. Aufl. 2014, § 274 Rz. 245; *Koch/Nagel/Themanns*, NWB 2010 S. 3795 ff.; *Schiffers*, DStZ 2012 S. 169. Zu Vor- und Nachteilen integrierter Steuerbuchführung *Herrfurth*, StuB 2011 S. 663 f.

Trennung der handelsrechtlichen von der steuerrechtlichen Buchführung derart, dass zwei gänzlich eigenständige Buchungskreise etabliert und alle Geschäftsvorgänge parallel nach Handels- und Steuerrecht unter unmittelbarer Berücksichtigung zwingender sowie wahlweiser Abweichungen verbucht werden. Der wesentliche Vorteil dieses Vorgehens liegt in der Transparenz und Nachvollziehbarkeit der Steuerwerte – auch nach etwaigen betriebsprüfungsbedingten Anpassungen. Der wesentliche Nachteil ist in der Verdopplung des Buchungsvolumens und im Erfordernis der Pflege zweier Systeme zu sehen. **Abweichungsbuchführung (Y-Modell)** – Buchungsvolumen und Systempflegeaufwand lassen sich reduzieren, indem den Besonderheiten des Handels- bzw. Steuerrechts erst aufsetzend auf einer gemeinsamen Grundrechnung in separaten Kontenkreisen Rechnung getragen wird, d. h. neben gemeinsamen Konten rein handels- und rein steuerrechtliche Konten geführt werden.

(Einstweilen frei) 74–78

5. Verlagerung elektronischer Buchführung ins Ausland (§ 146 Abs. 2a AO)

5.1 Verlagerungsmöglichkeiten

Mit § 146 Abs. 2a AO wird den Unternehmen die Möglichkeit eingeräumt, elektronische Bücher und sonstige elektronische Aufzeichnungen im Ausland zu führen und aufzubewahren.[113] Parallel wurde mit § 146 Abs. 2b AO die Möglichkeit geschaffen, mangelnde Mitwirkung im Rahmen der Außenprüfung, eine Buchführungsverlagerung ohne Bewilligung sowie ein Unterlassen der Rückverlagerung durch Verhängung eines Verzögerungsgeldes i. H. v. 2.500 € bis 250.000 € zu sanktionieren. Die Möglichkeiten der Verlagerung sind auf elektronische Bücher und sonstige elektronische Aufzeichnungen beschränkt. Die papierbasierte Buchführung, wie insb. in Papierform vorliegende Rechnungen i. S. d. § 14 UStG, hat im Inland zu verbleiben,[114] insb. damit eine Umsatzsteuer-Nachschau (§ 27b UStG) weiterhin möglich bleibt. Die Einrichtung eines sog. Spiegelservers im Inland kann vom Stpfl. dagegen nicht verlangt werden.[115] 79

5.2 Voraussetzungen

Die Bewilligung der Verlagerung setzt einen Antrag voraus (§ 146 Abs. 2a Satz 1 AO). Für jeden Stpfl. ist ein gesonderter Antrag erforderlich. Dies gilt auch für Konzerne i. S. d. §§ 13 und 18 Satz 1 Nr. 1 BpO.[116] Die Bewilligung des Antrags ist zur Sicherstellung eines effizienten Steuervollzugs an folgende Voraussetzungen geknüpft (§ 146 Abs. 2a Satz 2 Nr. 1–4 AO): 80

113 Dazu *Braun*, StWa 2011 S. 103 ff.

114 LfSt Bayern, Vfg. vom 22. 9. 2010 – S 0316.1.1 - 3/3 St 42, Tz. 1.

115 Vgl. auch LfSt Bayern, Vfg. vom 22. 9. 2010 – S 0316.1.1 - 3/3 St 42, Tz. 7.

116 LfSt Bayern, Vfg. vom 22. 9. 2010 – S 0316.1.1 - 3/3 St 42, Tz. 2.

1. Mitteilung des Standorts des Datenverarbeitungssystems einschl. Standortänderungen sowie Name/Anschrift des mit der Buchführung beauftragten Dritten,[117]
2. ordnungsgemäße Erfüllung der Auskunfts- und Mitwirkungspflichten im Besteuerungsverfahren/bei Außenprüfungen, d. h. regelkonformes Verhalten (Compliance) in der Vergangenheit,
3. auch nach Verlagerung vollumfänglich möglicher Datenzugriff nach § 146 Abs. 7 AO, d. h. Sicherstellung aller nach den Grundsätzen zum Datenzugriff und zur Prüfbarkeit digitaler Unterlagen (GDPdU) vorgesehenen Möglichkeiten des Datenzugriffs (unmittelbar Zugriff auf das Datenverarbeitungssystem, mittelbarer Datenzugriff auf maschinelle Auswertungen nach Vorgaben der Finanzverwaltung, Datenträgerüberlassung),[118]
4. keine Beeinträchtigung der Besteuerung.

In die Prüfung, ob von einer Beeinträchtigung der Besteuerung auszugehen ist, bezieht die Finanzverwaltung die Erfüllung sämtlicher steuerlicher Pflichten ein, wie das ordnungsgemäße Abgabeverhalten des Stpfl., Steuerstraf- oder -ordnungswidrigkeitenverfahren, Vollstreckungsverfahren wegen unzureichender Erfüllung steuerlicher Zahlungspflichten oder das Unterlassen der Meldung ausländischer Beteiligungen/Betriebsstätten (§ 138 AO).[119] Als Folge der Möglichkeit zur Verlagerung der Buchführung seit dem JStG 2010 über EU-/EWR-Staaten hinaus auch in andere Staaten und dem Verzicht auf die Zustimmung des ausländischen Staates zum Datenzugriff[120] behält sich die Finanzverwaltung darüber hinaus vor, das Fehlen eines DBA mit großer Auskunftsklausel (Art. 26 OECD-MA) mit dem Ziel-Buchführungsstaat als Beeinträchtigung der Besteuerung zu werten.[121] Eine Beeinträchtigung der Besteuerung besteht nicht, wenn eine lückenlose Prüfung der Gewinnermittlung vom Inland aus in gleicher Weise möglich ist wie bei Stpfl. mit elektronischer Buchführung im Inland. Die Unterlagen und Datenzugriffsmöglichkeiten müssen auf Anforderung unverzüglich und in vollem Umfang zur Verfügung stehen, die angeforderten Auskünfte zeitnah erteilt werden. Die „Grundsätze ordnungsmäßiger DV-gestützter Buchführungssysteme (GoBS)“[122] sind auch nach der Verlagerung zu erfüllen.

5.3 Rückverlagerung

81 Liegen die Voraussetzungen für die Verlagerung der elektronischen Buchführung nicht mehr vor, hat die zuständige Finanzbehörde die Bewilligung zu widerrufen und die unverzügliche Rückverlagerung zu verlangen (§ 146 Abs. 2a Satz 3 AO). Ein Rückverlagerungsgrund ist insb. gegeben, wenn der Stpfl. nach Bewilligung der Verlagerung seinen

117 Insb. zur Sicherung der Durchführbarkeit von Beschlagnahmemaßnahmen (§§ 94 ff. StPO) in Steuerstrafverfahren.

118 BMF, Schreiben vom 16. 7. 2001 – IV D 2 - S 0316 - 136/01, BStBl 2001 I S. 415.

119 LfSt Bayern, Vfg. vom 22. 9. 2010 – S 0316.1.1 - 3/3 St 42, Tz. 4.

120 Zu den Voraussetzungen des § 146 Abs. 2a AO i. d. F. des JStG 2009 *Lange/Rengier*, DB 2009 S. 1256 ff.

121 LfSt Bayern, Vfg. vom 22. 9. 2010 – S 0316.1.1 - 3/3 St 42, Tz. 4.

122 BMF, Schreiben vom 7. 11. 1995 – IV A 8 - S 0316 - 52/95, BStBl 1995 I S. 738.

in § 146 Abs. 2a AO bezeichneten Mitwirkungspflichten nicht oder nicht fristgerecht nachkommt.[123] Elektronische Bücher und sonstige Aufzeichnungen müssen in diesem Fall in den Geltungsbereich der AO verlagert, d. h. auf einem im Inland befindlichen Server vorgehalten werden. Der Vollzug der Rückverlagerung ist vom Stpfl. nachzuweisen.[124]

6. Aufwendungen für Buchführung/Aufzeichnung

Aufwendungen für die Buchführung und Aufzeichnungen ebenso wie für deren Aufbewahrung sind betrieblich veranlasste **Aufwendungen zur Erfüllung öffentlich-rechtlicher Verpflichtungen**. Für die Verpflichtung zur Aufstellung des Jahresabschlusses,[125] die Veröffentlichung des Jahresabschlusses im elektronischen Bundesanzeiger,[126] für die Verpflichtung zur Buchung laufender Geschäftsvorfälle des Vorjahres ebenso wie für die Verpflichtung zur Aufbewahrung von Geschäftsunterlagen (§ 257 HGB, § 147 AO)[127] sind **Rückstellungen für ungewisse Verbindlichkeiten** zu bilden (H 5.7 Abs. 4 EStH). Dies gilt gleichermaßen für die Verpflichtung zur Erstellung einer Steuerbilanz sowie zur Übermittlung einer E-Bilanz. 82

(Einstweilen frei) 83–119

123 LfSt Bayern, Vfg. vom 22. 9. 2010 – S 0316.1.1 - 3/3 St 42, Tz. 5.

124 LfSt Bayern, Vfg. vom 22. 9. 2010 – S 0316.1.1 - 3/3 St 42, Tz. 5.

125 BFH, Urteil vom 20. 3. 1980 – IV R 89/79, BStBl 1980 II S. 297.

126 BFH, Urteil vom 23. 7. 1980 – I R 28/77, BStBl 1981 II S. 62.

127 BFH, Urteil vom 19. 8. 2002 – VIII R 30/01, BStBl 2003 II S. 131; Rückstellungsbildung i. H. d. voraussichtlich zur Erfüllung der Aufbewahrungspflicht erforderlichen Kosten, im Regelfall das 5,5-fache der Jahresaufwendungen (Faktor für die jeweils mittlere Aufbewahrungsfrist am Bilanzstichtag vorhandener Unterlagen) zzgl. einmaliger Aufwendungen; BFH, Urteil vom 18. 1. 2011 – X R 14/09, BStBl 2011 II S. 496; zum Vollkostenansatz BFH, Urteil vom 11. 10. 2012 – I R 66/11, BStBl II 2013, 676; zu berücksichtigungsfähigen Aufwendungen auch OFD Hannover, Vfg. vom 27. 6. 2007 – S 2137-106-StO 222/221.

Teil A:
Grundsatz- und Querschnittsfragen steuerlicher Gewinnermittlung

Kapitel II:
Gewinnbegriff, Gewinnermittlung und Wirtschaftsjahr

von
RA/StB Professor Dr. Hans-Joachim Kanzler,
Vors. Richter am BFH a. D.
Schloß Ricklingen

Inhaltsübersicht

Ausgewählte Literatur

Anders, Die Überschussrechnung nach § 4 Abs. 3 EStG im System der steuerlichen Einkünfteermittlung, Diss. Bochum, 2007 (zit. „Überschussrechnung"); *Baetge/Kirsch/Thiele*, Bilanzen, 11. Aufl., Düsseldorf 2011; *Bauer*, Das Prinzip der Besteuerung nach der wirtschaftlichen Leistungsfähigkeit als Grundlage der Gewinnermittlungsarten im Einkommensteuerrecht, Hamburg 2011; *Beisse*, Steuerliche Entwicklungstendenzen im Bilanzrecht, in Bericht über die Fachtagung des IdW, Düsseldorf 1979 S. 75; *Bernütz/Küppers*, Bilanzierungspflicht der deutschen Betriebsstätte einer britischen Limited Liability Partnership?, IStR 2011 S. 587; *Bode*, Gewinn, in Leitgedanken des Rechts, Festschrift Paul Kirchhof 2013, S. 1873; *Bordewin*, Keine Rückstellung für drohenden Verlust in der Steuerbilanz, FR 1998 S. 226; *Clemm*, Steuerbilanz in der Krise?, in Festschrift Offerhaus, Köln 1999; *Drüen*, Periodengewinn und Totalgewinn – Zum Einfluss des Totalgewinngedankens auf die steuerliche Gewinnermittlung, Diss. Bochum, 1999; *ders.*, Über den Totalgewinn – Maßstab der Gewinnerzielungsabsicht und Störfaktor für die Gewinnermittlung, FR 1999 S. 1097; *ders.*, Zur Wahl der steuerlichen Gewinnermittlungsart, DStR 1999 S. 1589; *Ehrhardt-Rauch*, Die Einnahmen-Überschuss-Rechnung als einheitliche Gewinnermittlungsart?, DStZ 2001 S. 423; *Eisgruber*, Die Zahlungsmittelrechnung nach § 4 Abs. 3 EStG – Eine Systematik der vereinfachten Gewinnermittlung verprobt am Beispiel des Tausches, Diss. Heidelberg, 2004 (zit. „Zahlungsmittelrechnung"); *Flick/Wassermeyer/Baumhoff*, Außensteuerrecht, Köln 2010; *Fuisting*, Die Preußischen direkten Steuern, 4. Band: Grundzüge der Steuerlehre, Berlin 1902; *Groh*, Vor der dynamischen Wende im Bilanzsteuerrecht?, BB 1989 S. 1586; *Hennrichs*, Wahlrechte im Bilanzrecht der Kapitalgesellschaften, Köln 1999; *ders.*, Bilanzgestützte Kapitalerhaltung, HGB-Jahresabschluss und Maßgeblichkeitsprinzip – Dinosaurier der Rechtsgeschichte? StuW 2005 S. 256-264; *Hüttemann*, Die Zukunft der Steuerbilanz, JbFfSt 2011/2012 S. 11; *Kahle*, Europarechtliche Einflüsse auf den Maßgeblichkeitsgrundsatz, StuW 2001 S. 126; *Kahle*, Die Steuerbilanz der Personengesellschaft, DStZ 2012 S. 51; *Kanzler*, Die steuerliche Gewinnermittlung zwischen Einheit und Vielfalt, FR 1998 S. 233; *ders.*, Der Wechsel der Gewinnermittlungsart, FR 1999 S. 225; *ders.*, Steuerfreiheit des Sanierungsgewinns durch Billigkeitserlaß oder: zurück zu den Wurzeln, FR 2003 S. 480; *ders.*, Von der reinen Cash-Flow-Besteuerung zur Einnahmenüberschussrechnung mit eingeschränktem Bestandsvergleich, FR 2005 S. 1250; *ders.*, Zur Angleichung der Einnahmenüberschussrechnung an den Bestandsvergleich bei Verbuchung von Zuschüssen, FR 2008 S. 918; *ders.*, Keine verfassungsrechtlichen Bedenken gegen das durch das StEntlG 1999/2000/2002 eingeführte Wertaufholungsgebot, FR 2010 S. 841; *Kirchhof*, Bundessteuergesetzbuch – Bilanzordnung, Heidelberg, u. a. 2011 S. 1089; *Lang*, Die Bemessungsgrundlage der Einkommensteuer, Köln 1981/1988; *Marx*, Aktuelle Entwicklungen in der steuerrechtlichen Gewinnermittlung, StuB 2012 S. 291; *Pezzer*, Bilanzierungsprinzipien als sachgerechte Maßstäbe der Besteuerung, DStJG 14 (1991) S. 3; *Prinz*, Arten der Einkünfteermittlung – Bestandsaufnahme und Kritik – Betriebsvermögensvergleich, DStJG 34 (2011) S. 135; *Prinz*, Plädoyer für ein systemorientiertes Bilanzsteuerrecht, DB 2013 S. M 1; *Schanz*, Der Einkommensbegriff und die Einkommensteuergesetze, FinArch. 13 (1896); *Schön*, Steuerliche Maßgeblichkeit in Deutschland und Europa, Köln 2005; *Schulze-Osterloh*, Die Steuerbilanz als Tatbestandsmerkmal im Einkommensteuer- und Körperschaftsteuerrecht, DStJG 14 (1991) S. 123, 127; *Trinks/Trinks*, Die vereinfachte Gewinnermittlung in den USA und Deutschland, IStR 2012 S. 201; *Vogel/Lehner*, Doppelbesteuerungsabkommen, 5. Aufl., München 2008; *Voss*, Zur steuerlichen Anerkennung von Geschäftsjahr-Umstellungen in Fällen des § 333 (3) AktG, DB 1968 S. 1598; *Wassermeyer*, Mehrere Fremdvergleichsmaßstäbe im Steuerrecht?, StbJb. 1998/99 S. 157; *Wassermeyer/Andresen/Ditz*, Betriebsstätten-Handbuch, Köln 2006; *Weber-Grellet*, Grundlagen und Zukunft der Gewinnermittlung, DB 2010 S. 2298; *Wendt*, Bilanzrecht, in Leitgedanken des Rechts, Festschrift Kirchhof 2013, S. 1961.

1. Gewinnbegriff (§ 4 Abs. 1 und § 5 EStG)

1.1 „Ein“ Gewinnbegriff trotz unterschiedlicher Gewinnermittlungsarten

120 **Reinvermögenszugangstheorie versus Quellentheorie als Grundlage des Betriebsvermögensvergleichs:** Das Gewinnermittlungskonzept des EStG basiert historisch gesehen auf der vor allem von *v. Schanz* vertretenen sog. Reinvermögenszugangstheorie,[1] die im Gegensatz zu der den Bereich der Überschusseinkünfte beherrschenden Quellentheorie *Fuistings*[2] das Gesamtergebnis der unternehmerischen Betätigung unter Einsatz des Betriebsvermögens, also laufende Erträge und Veräußerungsgewinne, erfassen will.[3] Auf der unterschiedlichen Verwirklichung beider Einkommenstheorien im EStG gründet das duale System der Einkunftsermittlung durch Gewinn- und Überschusseinkunftsarten. Der Betriebsvermögensvergleich erweist sich damit als idealtypische Umsetzung der Reinvermögenszugangstheorie.[4]

121 **Pluralismus der Gewinnermittlungsarten:** Außer dem Betriebsvermögensvergleich nach § 4 Abs. 1 und § 5 EStG sieht das Gesetz noch eine weitere, vereinfachte Gewinnermittlungsart, die Einnahmenüberschussrechnung nach § 4 Abs. 3 EStG vor, die auch als Geldverkehrs- oder Kassenrechnung bezeichnet wird.[5] Diese Einnahmenüberschussrechnung ist allerdings keine reine allein auf dem Zu- und Abflussprinzip basierende

1 *Schanz*, FinArch. 13 (1896) S. 1.

2 *Fuisting*, Die Preußischen direkten Steuern, 4. Band: Grundzüge der Steuerlehre, Berlin 1902, S. 110.

3 *Prinz*, DStJG 34 (2011) S. 135, 138. Zur Rechtsentwicklung der Gewinnermittlung ausführlich auch *Bauer*, Leistungsfähigkeit als Grundlage der Gewinnermittlungsarten im Einkommensteuerrecht, S. 29 ff.

4 So zutreffend *Pezzer*, DStJG 14 (1991) S. 3, 12.

5 Eine solche vereinfachte Gewinnermittlungsart schlagen auch die Stiftung Marktwirtschaft in §§ 34–45 ihres Reformvorschlags eines Gesetzes zur steuerlichen Gewinnermittlung – StGEG – (http://www.stiftung-marktwirtschaft.de/inhalte/steuergesetzbuch.html) und *Kirchhof* in seiner dem Bundessteuergesetzbuch angefügten Bilanzordnung vor (S. 1091 ff.), s. dort § 1 Abs. 1 Satz 3 BilO i. V. m. § 2 BilVO; zu weiteren, die Einnahmenüberschussrechnung betreffenden Reformvorhaben s. *Kanzler*, in: HHR, § 4 EStG Anm. 502 m. w. N.

Cashflow-Gewinnermittlung; in § 4 Abs. 3 Satz 3 bis 5 EStG sind vielmehr Sonderregelungen enthalten, die zu einer partiellen, auch von der Rechtsprechung beförderten[6] Angleichung an den Betriebsvermögensvergleich führen.[7] Schließlich kennt das EStG noch die pauschalen Gewinnermittlungsarten nach § 5a EStG (sog. Tonnagesteuer) und § 13a EStG (Durchschnittssatzgewinnermittlung für Land- und Forstwirte), die ihrer Natur nach auf dem Bestandsvergleich beruhen. Diese Gewinnermittlungsarten haben einen unterschiedlichen persönlichen und sachlichen Anwendungsbereich, wonach ihre Durchführung zwingend angeordnet oder von einem Wahlrecht abhängig gemacht wird.[8] Wegen der unterschiedlichen Gewinnrealisierungsgrundsätze führt die Vielfalt der Gewinnermittlungsarten zu Problemen beim Wechsel der Gewinnermittlungsart, der zu gesetzlich nicht geregelten Zu- und Abrechnungen zwingt.[9]

Verfassungsrechtlich ist der Pluralismus der Gewinnermittlungsarten nicht zu beanstanden. Nach Auffassung des BVerfG genügen die einkommensteuerrechtlichen Gewinnermittlungsvorschriften den rechtsstaatlichen Anforderungen an die Bestimmtheit eines Steuergesetzes.[10] Gleichheitswidrige Differenzierungen zwischen dem Betriebsvermögensvergleich und der Einnahmenüberschussrechnung versucht die Rechtsprechung durch verfassungskonforme Auslegung[11] und durch Anwendung eines Grundsatzes der Gesamtgewinngleichheit[12] zu vermeiden. 122

Grundform der Gewinnermittlung ist der (duale[13]) Betriebsvermögensvergleich nach § 4 Abs. 1 und § 5 EStG.[14] Der BFH geht davon aus, dass der Betriebsvermögensvergleich die Regel und die Einnahmenüberschussrechnung die Ausnahme ist, lehnt aber ein Über- und Unterordnungsverhältnis zwischen beiden Gewinnermittlungsarten ab.[15] Von der Gleichwertigkeit dieser beiden Gewinnermittlungsarten gehen auch die Autoren aus, die sich im Übrigen gegen das Regel-Ausnahmeverhältnis beider Gewinner- 123

6 So bei der Zulassung gewillkürten Betriebsvermögens bei der Einnahmenüberschussrechnung (BFH, Urteil vom 2. 10. 2003 – IV R 13/03, BStBl 2004 II S. 985) oder bei der Verbuchung von Zuschüssen (BFH, Urteil vom 29. 11. 2007 – IV R 81/05, BStBl 2008 II S. 561), dazu auch *Kanzler*, FR 2005 S. 1250 und FR 2008 S. 918.

7 S. etwa *Tipke/Lang*, Steuerrecht, 20. Aufl., Köln 2010, § 9 Rz. 195 und *Kanzler*, in: HHR, § 4 EStG Anm. 506 und 530 jeweils m. w. N.

8 Zum Anwendungsbereich der beiden Formen des Betriebsvermögensvergleichs s. Rz. 128 ff. und zum Geltungsbereich der einkommensteuerrechtlichen Gewinnermittlungsarten allgemein s. nur *Kanzler*, in: HHR, vor §§ 4-7 EStG Anm. 1 ff. und zum Anwendungsbereich des auf der Buchführung beruhenden Betriebsvermögensvergleichs auch Teil A Kap. I Rz. 31 ff.

9 Dazu im Einzelnen *Kanzler*, in: HHR, vor §§ 4-7 EStG Anm. 40 ff.; *Kanzler*, FR – jeweils m. w. N.; s. auch Teil A Kap. XIV Rz. 2366 ff.

10 BVerfG, Beschluss vom 20. 5. 1988 – 1 BvR 273/88, BB 1988 S. 1716 betr. Rücklage für Ersatzbeschaffung.

11 So etwa bei der Zulassung gewillkürten Betriebsvermögens bei Einnahmenüberschussrechnung: BFH, Urteile vom 2. 10. 2003 – IV R 13/03, BStBl 2004 II S. 985 und vom 16. 6. 2004 – XI R 17/03, BFH/NV 2005 S. 173.

12 Zum Grundsatz Gesamtgewinngleichheit oder Totalgewinnidentität ausführlich *Kanzler*, in: HHR, § 4 EStG Anm. 531 und vor §§ 4-7 EStG Anm. 32 jeweils m. w. N.; gegen den Totalgewinngedanken als verselbständigte Tatbestandsvoraussetzung und für eine eigenständige Gewinnermittlungsart durch Einnahmenüberschussrechnung sind im Übrigen *Kanzler*, FR 1998 S. 233; *Drüen*, Totalgewinn und Periodengewinn, 1999, S. 163; *Eisgruber*, Zahlungsmittelrechnung, 2004, S. 75 ff. und *Anders*, Überschussrechnung, 2007, S. 149.

13 Zu dieser Formulierung: *Prinz*, DStJG 34 (2011) S. 135, 146.

14 Zu den Gemeinsamkeiten und Unterschieden bei den beiden Formen des Betriebsvermögensvergleichs s. Rz. 129.

15 BFH, Urteil vom 19. 3. 2009 – IV R 57/07, BStBl 2009 II S. 659.

mittlungsarten ausgesprochen haben.[16] Praktische Konsequenz dieser Auffassungen zum Vorrang der Bilanzierung ist, dass eine Gewinnschätzung stets nach Bestandsvergleichsgrundsätzen zu erfolgen hat, während nach anderer, das Regel-Ausnahmeverhältnis ablehnender Auffassung, die Gewinnschätzung nach der Gewinnermittlungsart durchzuführen ist, die für den betroffenen Betrieb üblich ist.[17]

124 **Das Verhältnis des dualen Betriebsvermögensvergleichs zu den betriebswirtschaftlichen Bilanztheorien** wurde ganz wesentlich von der Rechtsprechung des BFH geprägt. Die sog. Bilanztheorien zielen darauf ab, den Grundgedanken und Zweck des Jahresabschlusses, aber auch die Beurteilung bilanztechnischer Einzelfragen, unabhängig von gesetzlichen Regelungen aus betriebswirtschaftlichen Überlegungen herzuleiten.[18] In der Vergangenheit wurde das Bilanzsteuerrecht entscheidend durch den Gegensatz zwischen statischer und dynamischer Bilanzauffassung beherrscht. Hatte sich die ältere Rechtsprechung des BFH zum Ertragsteuerrecht bis zum Ende der 60er Jahre verstärkt der dynamischen Bilanzauffassung zugewandt und den Unterschied zu der das Bewertungsrecht beherrschenden statischen Auffassung betont,[19] so rückten die späteren Entscheidungen, wohl auch unter dem Eindruck einschlägiger Gesetzesänderungen,[20] deutlich von dieser dynamischen Sicht ab und vollzogen eine „statische Wende".[21] Daher lehnte der BFH wiederholt die dynamische Auffassung ab, auf die sich die Kläger ausdrücklich berufen hatten.[22]

125 Sah man in dieser Entwicklung der Rechtsprechung zu einer statischen Sicht der Bilanz zunächst noch einen entscheidenden Fortschritt und einen Sieg des Leistungsfähigkeitsprinzips über die handelsrechtlichen Grundsätze ordnungsmäßiger Buchführung (GoB),[23] so war die Unterscheidung seit den 1990er Jahren für die Beurteilung einzelner Bilanzpositionen kaum noch von Bedeutung.[24] Beginnend mit der Regelung zu Rückstel-

16 *Kanzler*, FR 1998 S. 233, 245; *Drüen*, DStR 1999 S. 1589, 1594; *Anders*, Überschussrechnung, 2007 S. 149.

17 Ausführlich dazu *Kanzler*, in: HHR, vor §§ 4-7 EStG Anm. 13 m. w. N.

18 *Baetge/Kirsch/Thiele*, Bilanzen, 11. Aufl., Düsseldorf 2011, S. 12 f.

19 BFH, Urteil vom 7. 8. 1970 – III R 119/67, BStBl 1970 II S. 842.

20 Wie der Einführung des Aktivierungsverbots für selbst hergestellte immaterielle Anlagegüter (§ 153 Abs. 3 AktG 1965) sowie der Einschränkung der Rechnungsabgrenzung auf sog. transitorische Posten im engeren Sinne (§ 152 Abs. 9 AktG 1965) und deren Übernahme in das EStG (§ 5 Abs. 2 und 3 EStG 1969), denen das erklärte Ziel zugrunde lag, den Einfluss der dynamischen Bilanzauffassung beim Betriebsvermögensvergleich einzuschränken (s. Begründung zum Regierungsentwurf des AktG 1965, BT-Drucks. IV/171, 174 und 177).

21 *Beisse*, Steuerliche Entwicklungstendenzen im Bilanzrecht, 1979, S. 75, 79; aufgegriffen auch von *Clemm*, in: Festschrift Offerhaus, 1999, S. 631, 638; s. auch *Groh*, BB 1989 S. 1586.

22 So BFH, Urteile vom 22. 2. 1973 – IV R 168/71, BStBl 1973 II S. 481: künftige Provisionsforderungen der Handelsvertreter noch keine steuerlich passivierungsfähigen Verpflichtungen; vom 4. 3. 1976 – IV R 78/72, BStBl 1977 II S. 380: kein Ansatz von Vermittlungsprovisionen als RAP oder Anschaffungskosten eines immateriellen Wirtschaftsguts; vom 26. 10. 1977 – I R 148/75, BStBl 1978 II S. 97: keine Rückstellungen für die Prüfung des Jahresabschlusses vergangener Geschäftsjahre; vom 23. 11. 1983 – I R 216/78, BStBl 1984 II S. 277: Rückstellungsverbot für unterlassene Instandhaltung, und vom 29. 11. 1990 – IV R 131/89, BStBl 1992 II S. 715: kein passiver RAP zur Verteilung von Entschädigungen wegen Wirtschaftserschwernis.

23 Vgl. *Lang*, Die Bemessungsgrundlage der Einkommensteuer, 1981/1988, S. 285 f. m. w. N. zur dynamischen Lehre daselbst Fn. 74.

24 Siehe etwa FG München, Urteil vom 13. 12. 1990 – 15 K 1010/90, BB 1991 S. 1226: „Die Passivierungen von ungewissen Verbindlichkeiten als Rückstellungen lassen sich in der Regel sowohl statisch als auch dynamisch begründen".

lungen für Schutzrechtsverletzungen durch das Haushaltsbegleitgesetz 1983[25] wurde die Hinwendung des BFH zur „Bilanz im Rechtssinne“[26] durch verschiedene, den Maßgeblichkeitsgrundsatz auflösende Einzelregelungen zu Verbindlichkeiten und Rückstellungen in § 5 EStG bestätigt.[27] Diese Regelungen sind auch für den allgemeinen Betriebsvermögensvergleich nach § 4 Abs. 1 EStG zu beachten.

Gewinn als Indikator finanzieller Leistungsfähigkeit: Nachdem sich die Einsicht durch- 126
gesetzt hat, dass die Ermittlung des „wirklichen“ Gewinns als Indikator der finanziellen Leistungsfähigkeit und steuerlichen Belastbarkeit eines Unternehmens zum Zweck einer gesetzmäßigen, insbesondere gleichmäßigen Besteuerung anzusehen ist,[28] kann den Bilanztheorien keine entscheidende Bedeutung mehr zukommen. Das Bilanzsteuerrecht ist damit allerdings noch nicht auf dem Weg zu einer eigenständigen Gewinnermittlung, die den verfassungsrechtlichen Vorgaben des Leistungsfähigkeitsprinzips und des Gebots der Folgerichtigkeit entspricht, so lange eine „fiskalgesteuerte Gesetzgebung“ sich nicht an Systemgrundsätzen orientiert, sondern nur die „Steuerausfallrisiken in Milliardenhöhe“ im Blick hat.[29]

(Einstweilen frei) 127

1.2 Bedeutung des Betriebsvermögensvergleichs

1.2.1 Regelungsgegenstand und Anwendungsbereich der beiden Formen des Betriebsvermögensvergleichs

Die beiden einkommensteuerrechtlichen Regelungen zum Betriebsvermögensvergleich, 128
§ 4 Abs. 1 und § 5 EStG, stehen in einer Wechselbeziehung. Ihr Verhältnis zueinander ist durch ein Verweisungsgeflecht gekennzeichnet.[30] So ist in § 4 Abs. 1 EStG zwar geregelt, dass sich der Gewinn aus dem Unterschied zwischen dem Betriebsvermögen am Anfang und Ende des Wirtschaftsjahrs ergibt, aber nichts darüber ausgesagt, was als Betriebsvermögen anzusetzen ist. Dagegen enthält § 5 EStG keine (eigene) Bestimmung dazu, wie der Gewinn ermittelt werden soll, regelt aber unter Hinweis auf § 4 Abs. 1 Satz 1 EStG, dass das Betriebsvermögen anzusetzen sei, „das nach den handelsrechtlichen Grundsätzen ordnungsmäßiger Buchführung auszuweisen ist“. Beide Vorschriften sind also unvollständig: § 5 Abs. 1 EStG verweist auf den Betriebsvermögensvergleich des § 4 Abs. 1 EStG, so dass auch für § 5 EStG gilt, dass sich das Betriebsvermögen aus Wirtschaftsgütern und Rechnungsabgrenzungsposten zusammensetzt. Weiter regelt § 5 Abs. 6 EStG, dass die Vorschriften des § 4 Abs. 1 EStG über Entnahmen und Einlagen, des § 4 Abs. 2 EStG über Bilanzkorrekturen und des § 4 Abs. 4-7 EStG über Betriebsausgaben auf die Gewinnermittlung nach § 5 EStG anzuwenden sind. Für die Gewinnermittlung nach § 4 Abs. 1 EStG hat sich demgegenüber zunehmend die Auffas-

25 BGBl 1982 I S. 1857; BStBl 1982 I S. 972.

26 *Clemm*, in: Festschrift Offerhaus, 1999 S. 631, 636.

27 *Musil*, in: HHR, § 4 EStG Anm. 17 m. w. N.

28 *Bauer*, Leistungsfähigkeit als Grundlage der Gewinnermittlungsarten im Einkommensteuerrecht, S. 53 ff.; *Bode* in FS Kirchhof, Rn. 2673; *Marx*, StuB 2012, 291, 292; *Weber-Grellet*, DB 2010, 2298.

29 So *Prinz*, DB 2013, S. M 1.

30 *Kanzler*, FR 1998 S. 421, 424.

sung durchgesetzt, dass auch hier für den Ansatz des Betriebsvermögens die GoB maßgebend sind: Die Regelungen in § 5 Abs. 2-5 EStG sollen daher für die Gewinnermittlung nach § 4 Abs. 1 EStG entsprechend gelten[31] und in § 141 Abs. 1 Satz 2 AO ist klargestellt, dass die Regelungen der §§ 238, 240, 241, 242 Abs. 1 und die §§ 243 bis 256 HGB sinngemäß auch für die Steuerbilanz gelten, sofern sich nicht aus den Steuergesetzen etwas anderes ergibt. Im Übrigen gelten etwa die Vorschrift über die E-Bilanz (§ 5b Abs. 1 EStG), ebenso wie die Begünstigung des nicht entnommenen Gewinns (§ 34a Abs. 2 EStG) von Gesetzes wegen für beide Formen des Betriebsvermögensvergleichs.

129 **Gleichbehandlung und Unterschiede:** Die weitgehende Gleichbehandlung der beiden Formen des Betriebsvermögensvergleichs wird im Schrifttum für sachlich gerechtfertigt gehalten[32] und als Rechtsfolge des beschriebenen Verweisungsgeflechts der Regelungen zu § 4 Abs. 1 und § 5 EStG beschrieben.[33] Gleichwohl sind Unterschiede geblieben, die sich möglicherweise durch die handelsrechtlichen Änderungen im BilMoG[34] wieder vergrößern.[35] So gelten etwa das Niederstwertprinzip[36] oder die Passivierungspflicht bei Pensionszusagen[37] nicht für die Gewinnermittlung nach § 4 Abs. 1 EStG. Für die Steuerbilanz nach § 4 Abs. 1 EStG ist das handelsrechtliche Gliederungsschema nicht verpflichtend, obgleich es in der Praxis meist befolgt wird. Da es an einer Handelsbilanz fehlt, können steuerrechtliche Wahlrechte bei der Gewinnermittlung nach § 4 Abs. 1 EStG ohne Rücksicht auf latente Steuern ausgeübt werden. Auch die Einschränkungen des Maßgeblichkeitsgrundsatzes durch die Entscheidung des Großen Senats des BFH, wonach handelsrechtliche Aktivierungswahlrechte zur steuerlichen Aktivierungspflicht und handelsrechtliche Passivierungswahlrechte zu steuerlichen Passivierungsverboten führen, sind mangels einer Handelsbilanz für die Bilanzierung nach § 4 Abs. 1 EStG ohne Bedeutung.[38]

130 **Der sachliche Anwendungsbereich des allgemeinen Betriebsvermögensvergleichs** nach § 4 Abs. 1 EStG erfasst alle Einkünfte mit Gewinnermittlung, soweit nicht § 5 EStG eingreift. Für die übrigen Einkunftsarten i. S. d. § 2 Abs. 1 Nr. 4-7 EStG, die sog. Überschusseinkünfte, gelten die §§ 8-9a EStG. § 4 Abs. 1 EStG gilt daher vor allem für Freiberufler, die freiwillig Bücher führen und keine Einnahmenüberschussrechnung haben, für buch-

31 Ständige Rechtsprechung des BFH: Urteile vom 6. 12. 1983 – VIII R 110/79, BStBl 1984 II S. 227; vom 10. 9. 1998 – IV R 80/96, BStBl 1999 II S. 21 (beide betr. bilanzierende Freiberufler); vom 9. 12. 1993 – IV R 130/91, BStBl 1995 II S. 202, sowie vom 20. 3. 2003 – IV R 37/02, BFH/NV 2003 S. 1403 (beide betr. RAP bei Landwirten); gl. A. *Schulze-Osterloh*, DStJG 14 (1991) S. 123, 127; *Kanzler*, FR 1998 S. 233 S. 243; a. A. *Bordewin*, FR 1998 S. 226, 230; *Korn/Strahl*, EStG § 5 Rz. 604 betr. Drohverlustrückstellungen.

32 So *Prinz*, DStJG 34 (2011) S. 135, 146.

33 *Musil*, in: HHR, § 4 EStG Anm. 23.

34 Bilanzrechtsmodernisierungsgesetz vom 28. 5. 2009, BGBl 2009 I S. 1102; BStBl 2009 I S. 650.

35 So die Vermutung von *Prinz*, DStJG 34 (2011) S. 135, 146, der dann aber (auf S. 153 ff.) ein vom Gesetzgeber auch beabsichtigtes Auseinanderdriften von Handels- und Steuerbilanz durch das BilMoG feststellt, was im Ergebnis wohl eher zu einer stärkeren Übereinstimmung der beiden Betriebsvermögensvergleiche führen sollte.

36 Allerdings durchaus streitig, s. nur *Kanzler*, in: HHR, vor §§ 4-7 EStG Anm. 24 m. w. N.

37 *Dommermuth*, in: HHR, § 6a EStG Anm. 22.

38 Zu diesen Unterschieden grundlegend *Prinz*, DStJG 34 (2011) S. 135, 147, der auch darauf hinweist, dass nur die Gewinnermittlung nach § 5 EStG von der durch die Bilanzrichtlinie geprägte Europäisierung des Bilanzsteuerrechts betroffen sei.

führungspflichtige oder freiwillig buchführende Land- und Forstwirte, sowie für ausländische Betriebsstätten und ausländische Personengesellschaften von Steuerinländern, die nicht den inländischen GoB unterliegen. Auch die Gewinnermittlung für den Sonderbereich der Mitunternehmerschaften ist nach § 4 Abs. 1 EStG vorzunehmen. Schließlich gilt § 4 Abs. 1 EStG nach § 8 Abs. 1 Satz 1 KStG auch für die nicht nach HGB buchführungspflichtigen Körperschaften. Das sind nach ausländischem Recht gegründete, in Deutschland unbeschränkt steuerpflichtige Körperschaften, die ungeachtet der Gewerblichkeitsfiktion gem. § 1 Abs. 1 Nr. 1, § 8 Abs. 2 KStG nicht § 5 Abs. 1 EStG unterfallen, beschränkt steuerpflichtige Körperschaften (§ 2 KStG) und alle anderen nicht gewerblich tätigen Körperschaften, die betriebliche Einkünfte (z. B. aus Land- und Forstwirtschaft) erzielen und ihren Gewinn nicht durch Einnahmenüberschussrechnung ermitteln. Der Betriebsvermögensvergleich gem. § 4 Abs. 1 EStG gilt aber weder für Einkünfte nach §§ 16, 17 EStG, noch für nachträgliche Einkünfte aus einer betrieblichen Einkunftsart.[39]

Persönlich gilt § 4 Abs. 1 EStG für alle unbeschränkt und beschränkt Steuerpflichtigen, die Gewinneinkünfte beziehen.[40]

Der sachliche Anwendungsbereich des besonderen Betriebsvermögensvergleichs nach 131
§ 5 Abs. 1 EStG erfasst alle nach Handelsrecht oder § 141 AO buchführungspflichtigen und freiwillig buchführenden Gewerbetreibende. Eine vertraglich vereinbarte Buchführungspflicht reicht nicht aus. Demzufolge gilt § 5 EStG nur für Einkünfte aus Gewerbebetrieb, und zwar für Einkünfte aus gewerblichen Unternehmen (§ 15 Abs. 1 Satz 1 Nr. 1 EStG) und für die Ermittlung der Gewinnanteile der Gesellschafter einer Mitunternehmerschaft (§ 15 Abs. 1 Satz 1 Nr. 2) bzw. der persönlich haftenden Gesellschafter einer KGaA (§ 15 Abs. 1 Satz 1 Nr. 3[41]). Da der Betriebsvermögensvergleich gem. § 5 Abs. 1 EStG nur die Ermittlung der laufenden Gewinne betrifft, gilt er nicht für Einkünfte nach §§ 16, 17 EStG oder für nachträgliche Einkünfte aus einer betrieblichen Einkunftsart.[42]

Persönlich gilt § 5 Abs. 1 EStG für alle unbeschränkt und beschränkt Steuerpflichtigen, die Gewinneinkünfte beziehen[43] und die dem Maßgeblichkeitsgrundsatz unterliegen.[44]

1.2.2 Anwendung des Betriebsvermögensvergleichs auf Auslandsbeziehungen

Die Gewinnermittlungsvorschriften des § 4 Abs. 1 und Abs. 3 EStG sowie des § 5 EStG 132
gelten ebenso wie die übrigen Regelungen des § 4 EStG (zur Bilanzberichtigung und -änderung, zu den Betriebsausgaben und den Abzugsverboten) auch bei Auslandsbeziehungen. Dabei ist die Anwendung der Gewinnermittlungsvorschriften auf die Auslandseinkünfte unbeschränkt Steuerpflichtiger von der Geltung für Inlandseinkünfte beschränkt Steuerpflichtiger und ihrer Bedeutung für das Außensteuerrecht und die

39 Dazu *Kanzler*, in: HHR, vor §§ 4-7 EStG Anm. 8 m. w. N.

40 Zum Geltungsbereich des § 4 Abs. 1 EStG ausführlich s. *Kanzler*, in: HHR, vor §§ 4-7 EStG Anm. 4 ff.

41 BFH, Urteil vom 21. 6. 1989 – X R 14/88, BStBl 1989 II S. 881.

42 Dazu *Kanzler*, in: HHR, vor §§ 4-7 EStG Anm. 8 m. w. N.

43 Im Einzelnen dazu *Stobbe*, in: HHR, § 5 EStG Anm. 9 m. w. N.

44 Zum Maßgeblichkeitsgrundsatz s. *Prinz*, Rz. 331 ff.

Doppelbesteuerungsabkommen (DBA) zu unterscheiden. Zu internationalen Bezügen steuerlicher Gewinnermittlung s. Teil A Kapitel XVII.

133 **Auslandseinkünfte unbeschränkt Steuerpflichtiger** unterliegen nach dem sog. Welteinkommensprinzip der deutschen Besteuerung, soweit sie nicht nach einem DBA befreit sind.

- *Betriebliche Einkünfte* unterliegen den Gewinnermittlungsvorschriften des EStG, so dass Einkünfte aus Gewerbebetrieb nach § 5 EStG zu ermitteln sind, wenn Buchführungspflicht nach § 140 AO besteht,[45] denn mit der Verweisung auf die handelsrechtlichen GoB bezieht sich § 5 Abs. 1 EStG auf deutsches Handelsrecht.[46] Im Übrigen ist der Gewinn, vor allem bei land- und forstwirtschaftlichen oder freiberuflichen Auslandseinkünften, durch Bestandsvergleich nach § 4 Abs. 1 EStG oder Einnahmenüberschussrechnung nach § 4 Abs. 3 EStG zu ermitteln. Die in- und ausländischen gewerblichen Einkünfte können einheitlich ermittelt werden, es sei denn, eine gesonderte Ermittlung ausländischer Einkünfte ist zur Anrechung ausländischer Steuern geboten.[47]

- *Gewinnermittlung ausländischer Betriebsstätten nach § 4 Abs. 1 oder Abs. 3 EStG:*[48] Sind unbeschränkt steuerpflichtige Personen an einer ausländischen Personengesellschaft beteiligt, die im Inland weder eine Betriebsstätte unterhält, noch einen ständigen Vertreter bestellt hat, so ist der Gewinn der Personengesellschaft nach § 4 Abs. 1 EStG zu ermitteln, es sei denn, das Wahlrecht auf Einnahmenüberschussrechnung sei ausgeübt worden. Die Gewinnermittlung erfolgt, soweit sie für Zwecke der deutschen Besteuerung (z. B. den Progressionsvorbehalt) von Bedeutung ist.[49]

- *Die Gewinnermittlung ausländischer Mitunternehmerschaften* für ihre inländische Betriebsstätte und die Gewinn- oder Verlustanteile ihrer unbeschränkt einkommensteuerpflichtigen Gesellschafter hat nach § 4 Abs. 1 oder Abs. 3 EStG zu erfolgen, es sei denn, die Personengesellschaft hätte eine Handelsbilanz deutschen Rechts erstellt.[50] Für die deutsche Betriebsstätte einer britischen Limited Liability Partnership (LLP) ist der Gewinn daher durch Einnahmenüberschussrechnung nach § 4 Abs. 3 EStG zu ermitteln.[51]

---

45 *Kanzler*, in: HHR, § 4 Anm. 8 und *Stobbe*, in: HHR, § 5 EStG Anm. 12 m. w. N.

46 BFH, Urteil vom 13. 9. 1989 – I R 117/87, BStBl 1990 II S. 57; ebenso BMF, Schreiben vom 24. 12. 1999, BStBl 1999 I S. 1076 Tz. 1.1.4.2 (Betriebsstättenerlass).

47 *Stobbe*, in: HHR, § 5 EStG Anm. 12.

48 Zur Betriebsstättengewinnermittlung ausführlich *Wassermeyer/Andresen/Ditz*, Betriebsstätten-Handbuch, 2006, S. 12 f., 31 ff.; im Übrigen Kanzler, in: HHR, § 4 Anm. 8.

49 Ständige Rechtsprechung des BFH, s. nur Urteile vom 13. 9. 1989 – I R 117/87, BStBl 1990 II S. 57; vom 22. 5. 1991 – I R 32/90, BStBl 1992 II S. 94; vom 16. 2. 1996 – I R 46/95, BStBl 1996 II S. 588; vom 16. 2. 1996 – I R 43/95, BStBl 1997 II S. 128; vom 11. 2. 2009 – I R 25/08, BStBl 2010 II S. 536 und vom 2. 9. 2009 – I R 32/09, BFH/NV 2010 S. 194; s. auch BFH, Beschluss vom 18. 2. 1997 – IV B 31/96, BFH/NV 1997 S. 478 betr. Betriebsstätte in Bolivien mit Gewinnermittlung nach § 4 Abs. 3 EStG.

50 BFH, Urteile vom 22. 5. 1991 – I R 32/90, BStBl 1992 II S. 94 und vom 16. 2. 1996 – I R 43/95, BStBl 1997 II S. 128; BMF, Schreiben vom 24. 12. 1999, BStBl 1999 I S. 1076 Tz. 1.1.5.4.

51 *Bernütz/Küppers*, IStR 2011 S. 587; *Kanzler*, in: HHR, § 4 Anm. 8.

- *Behandlung von Fremdwährungsgewinnen und -verlusten:* Sofern die nach § 4 Abs. 1 oder § 5 EStG erforderliche Bilanz in ausländischer Währung aufgestellt wurde, ist das Ergebnis in Euro umzurechnen; dazu darf nur ein solches Umrechnungsverfahren gewählt werden, das im Einzelfall nicht zu einem Verstoß gegen die deutschen GoB führt.[52] Dabei sind wechselkursbedingte Wertverluste oder Wertsteigerungen zu berücksichtigen.[53]

Hinzurechnungsbesteuerung (Ausschüttungsfiktion nach § 10 AStG): Niedrig besteuerte Einkünfte unbeschränkt steuerpflichtiger inländischer Gesellschafter einer ausländischen Körperschaft, Personenvereinigung oder Vermögensmasse i. S. d. KStG (§§ 7, 8 AStG) sind mit dem nach Maßgabe der §§ 11, 12 AStG „anzusetzenden" Hinzurechnungsbetrag grundsätzlich als Einkünfte aus Kapitalvermögen oder als betriebliche Einkünfte zu erfassen, wenn die Beteiligung an der ausländischen Gesellschaft zu einem inländischen Betriebsvermögen gehört (§ 10 Abs. 2 Satz 2 AStG). Die dem Hinzurechnungsbetrag zugrunde liegenden Zwischeneinkünfte sind durch Betriebsvermögensvergleich oder durch Einnahmenüberschussrechnung zu ermitteln. Insoweit verweist § 10 Abs. 3 Satz 2 AStG auf § 4 Abs. 1 und § 5 EStG und stellt die Gewinnermittlung nach § 4 Abs. 3 EStG den beiden Formen des Bestandsvergleichs ausdrücklich gleich, weil für die ausländische Zwischengesellschaft i. d. R. keine Buchführungspflicht nach deutschem Recht besteht.[54] Der Steuerpflichtige hat ein freies Wahlrecht zwischen der Gewinnermittlung nach § 4 Abs. 1 und Abs. 3 EStG.[55] 134

Gewinnermittlung und DBA: Obwohl die *Einkunftsermittlung*[56] sowie die Zurechnung der Einkünfte[57] und die Bestimmung der inländischen Steuerpflicht[58] grundsätzlich nicht zum Regelungsgegenstand der DBA gehören, ist die Art der Einkunfts- und Gewinnermittlung für die Doppelbesteuerung von Bedeutung. Was Unternehmensgewinne i. S. d. Art. 7 OECD-Musterabkommen sind und wie sie ermittelt werden, ergibt sich im Regelfall aus dem innerstaatlichen Recht des jeweiligen Vertragsstaats.[59] Soweit § 5 EStG in diesen Fällen mangels deutscher Buchführungspflicht nicht anwendbar ist, gilt § 4 Abs. 1 EStG.[60] 135

Inlandseinkünfte beschränkt Steuerpflichtiger: Betriebliche Einkünfte i. S. d. § 49 Abs. 1 Nr. 1-3 EStG unterliegen den Gewinnermittlungsvorschriften des EStG.[61] *Für gewerb-* 136

52 BFH, Urteil vom 13. 9. 1989 – I R 117/87, BStBl 1990 II S. 57.

53 BFH, Urteil vom 16. 12. 2008 – I B 44/08, BFH/NV 2009 S. 940 m. w. N.

54 *Wassermeyer/Schönfeld,* in: Flick/Wassermeyer/Baumhoff/Schönfeld, § 10 AStG Rn. 232.

55 *Wassermeyer/Schönfeld,* in: Flick/Wassermeyer/Baumhoff/Schönfeld, § 10 AStG Rn. 246; *Kanzler,* in: HHR, § 4 Anm. 9.

56 BFH, Urteil vom 24. 3. 1999 – I R 114/97, BStBl 2000 II S. 399 m. w. N.

57 BFH, Urteil vom 29. 10. 1997 – I R 35/96, BStBl 1998 II S. 235 m. w. N.

58 BFH, Urteile vom 21. 5. 1997 – I R 79/96, BFH/NV 1997 S. 760, und vom 22. 8. 2007 – I R 46/02, BStBl 2008 II S. 190 m. w. N.

59 Siehe nur *Hemmelrath,* in: Vogel/Lehner, Doppelbesteuerungsabkommen, Art. 7 Rz. 21 m. w. N.

60 BFH, Urteile vom 13. 9. 1989 – I R 117/87, BStBl 1990 II S. 57 betr. DBA Schweiz und vom 22. 5. 1991 – I R 32/90, BStBl 1992 II S. 94 sowie vom 1. 10. 1992 – I B 43/92, BFH/NV 1993 S. 156 jeweils betr. DBA Österreich.

61 *Kanzler,* in: HHR, § 4 Anm. 11 m. w. N.

liche Einkünfte gilt bei bestehender Buchführungspflicht § 5 EStG,[62] im Übrigen aber § 4 Abs. 1 oder Abs. 3 EStG.[63] Dabei wird die sog. *direkte Methode* bevorzugt, bei der die rechtlich unselbständige Betriebsstätte zu Besteuerungszwecken als selbständiger Gewerbebetrieb gesehen wird.[64] Erst wenn bestimmt ist, was der Betriebsstätte zuzuordnen ist, kann der Gewinn ermittelt werden. Die Ergebniszuordnung nach der direkten oder (ausnahmsweise) der indirekten Methode ist daher Voraussetzung für die betriebsstättenbezogene Gewinnermittlung durch Betriebsvermögensvergleich oder Einnahmenüberschussrechnung.[65]

137–139 *(Einstweilen frei)*

1.2.3 Reformvorschläge für eine eigenständige Steuerbilanz

140 Die Gewinnermittlung war seit der Arbeit der Steuerreformkommission 1971 stets Gegenstand von Reformvorschlägen, die aber nicht oder nur punktuell umgesetzt wurden.[66] Zu den jüngsten Vorschlägen gehören der Entwurf eines Gesetzes zur steuerlichen Gewinnermittlung (StGEG) der Stiftung Marktwirtschaft[67] und eine steuerliche Bilanzordnung, die *Kirchhof* als Teil seines Bundessteuergesetzbuchs im Jahre 2011 vorgelegt hat.[68] Die fortschreitende Internationalisierung der Rechnungslegung und der zunehmende Bedeutungsverlust der Maßgeblichkeit aufgrund zahlreicher Durchbrechungen dieses Grundsatzes haben den Ruf nach einem eigenständigen Steuerbilanzrecht laut werden lassen, das sich stärker am Leistungsfähigkeitsprinzip orientiert.[69] Dies böte die Chance, einen einheitlichen, die Bilanzierung nach § 4 Abs. 1 und § 5 EStG zusammenfassenden Betriebsvermögensvergleich für alle betrieblichen Einkunftsarten zu schaffen, der prinzipienorientiert die Bildung von Rückstellungen und Teilwertabschreibungen mit Wertaufholungsgebot vorsieht und den Einzelbewertungsgrundsatz beibehält.[70] Ob der Grundsatz der Besteuerung nach der wirtschaftlichen Leistungsfähigkeit auch die Fortführung oder Einführung neuer steuerlicher Wahlrechte gebietet, mag zweifelhaft sein. Wahlrechte führen ganz allgemein[71] und insbesondere bei der Rechnungslegung zu einer Vielzahl von Problemen,[72] die einen weitgehenden Verzicht darauf eher nahelegen. Den Unschärfen der Rechnungslegung, die als Recht-

---

62 Z. B. BFH, Urteil vom 20. 7. 1988 – I R 49/84, BStBl 1989 II S. 140 betr. inländische Zweigniederlassung (Betriebsstätte) einer ausländischen Bank.

63 *Roth*, in: HHR, § 49 EStG Anm. 241 m. w. N.

64 *Roth*, in: HHR, § 49 EStG Anm. 250, 252 m. w. N.

65 *Roth*, in: HHR, § 49 EStG Anm. 241.

66 Einen Überblick gibt *Bauer*, Leistungsfähigkeit als Grundlage der Gewinnermittlungsarten im Einkommensteuerrecht, S. 195 ff. m. w. N.

67 Im Internet: www.stiftung-marktwirtschaft.de.

68 *Kirchhof*, Bundessteuergesetzbuch, 2011, S. 1091 ff.

69 Siehe etwa *Hennrichs*, StuW 2005 S. 256; *Kahle*, StuW 2001 S. 126; *Prinz*, DStJG 34 (2011) S. 135, 164; *Schön*, Steuerliche Maßgeblichkeit in Deutschland und Europa, S. 230 ff. und *Weber-Grellet*, ZRP 2008 S. 146.

70 Dazu *Prinz*, DStJG 34 (2011) S. 135, 165 m. w. N. Zu den Vorschlägen, die Einnahmenüberschussrechnung als eigenständige steuerliche Gewinnermittlungsart zu etablieren s. *Kanzler*, in: HHR, vor §§ 4-7 EStG Anm. 31 und § 4 Anm. 502 m. w. N.

71 Siehe nur *Gluth*, Der Einfluß von Wahlrechten auf die Entstehung des Steueranspruchs, Frankfurt 1997.

72 Zur Problematik von Wahlrechten bei der Rechnungslegung s. *Hennrichs*, Wahlrechte im Bilanzrecht der Kapitalgesellschaften, Köln 1999, S. 4 ff. m. w. N.

fertigungsgrund für Gewinnermittlungswahlrechte angeführt werden,[73] könnte auch mit einer großzügigen, gerichtlicher Prüfung entzogenen Einschätzungsprärogative des Steuerpflichtigen begegnet werden.

1.3 Tatbestandsmerkmale des Gewinnbegriffs

Nach der Legaldefinition des Betriebsvermögensvergleichs in § 4 Abs. 1 Satz 1 EStG auf 141
die auch in § 5 Satz 1 EStG Bezug genommen wird, ist Gewinn „der Unterschiedsbetrag zwischen dem Betriebsvermögen am Schluss des Wirtschaftsjahres und dem Betriebsvermögen am Schluss des vorangegangenen Wirtschaftsjahres, vermehrt um den Wert der Entnahmen und vermindert um den Wert der Einlagen".

Der Begriff des Betriebsvermögens ist damit zentrales Merkmal des Bestandsver- 142
gleichs, dem eine zweifache Bedeutung zukommt. Er steht nicht nur für das Eigenkapital des Betriebs, der Ausgangsgröße zur Ermittlung des Unterschiedsbetrags, der die erste Stufe der Gewinnermittlung bildet (s. Rz. 164); er bezeichnet zugleich die Summe der Wirtschaftsgüter,[74] „die dem Betrieb dienen oder ihrer Art nach ihm zu dienen bestimmt sind".[75]

Als weitere Tatbestandsmerkmale sprechen die Begriffe „Wirtschaftsjahr" und „Schluss 143
des Wirtschaftsjahrs" den Bilanzierungszeitraum und den Bilanzstichtag an (dazu Rz. 170 ff.). Mit der Erhöhung um den „Wert der Entnahmen" und der Verminderung um den „Wert der Einlagen" ist die zweite Stufe der Gewinnermittlung gekennzeichnet (Rz. 164). Die Begriffe der Entnahmen und Einlagen werden schließlich in § 4 Abs. 1 Satz 2 und 8 erster Halbsatz EStG umschrieben (ausführlich dazu Rz. 580 ff.).

1.4 Gewinnrealisierungsgrundsätze

Als grundlegendes Prinzip des Bilanzsteuerrechts gehört das Realisationsprinzip zu den 144
materiellen Grundsätzen ordnungsmäßiger Bilanzierung und Buchführung,[76] die über den Maßgeblichkeitsgrundsatz für die Gewinnermittlung nach § 5 Abs. 1 EStG gelten, nach ständiger Rechtsprechung des BFH aber auch bei der Gewinnermittlung nach § 4 Abs. 1 EStG zu beachten sind.[77] Durch das Gesetz zur Modernisierung des Bilanzrechts (BilMoG)[78] wurden diese Grundsätze nicht geändert; sie sind daher für die steuerliche Gewinnermittlung nach wie vor maßgebend.[79]

Das Realisationsprinzip (§ 252 Abs. 1 Nr. 4 HGB) ist Ausdruck des Vorsichtsprinzips und 145
bildet als grundlegendes Prinzip der Aktivierung den Maßstab für den periodengerechten Ausweis von Erträgen. Es schließt das *Periodisierungsprinzip* (§ 252 Abs. 1 Nr. 5 HGB)

73 So *Prinz*, DStJG 34 (2011) S. 135, 165.

74 Zum Begriff des Wirtschaftsguts und zu seiner Beziehung zum Betrieb s. Rz. 544 ff.

75 BFH, Urteil vom 22. 12. 1955 – IV 537/54 U, BStBl 1956 III S. 65.

76 Dazu *Prinz*, Rz. 400 ff.

77 Siehe nur BFH, Urteil vom 6. 12. 1983 – VIII R 110/79, BStBl 1984 II S. 227; vom 10. 9. 1998 – IV R 80/96, BStBl 1999 II S. 21 betr. bilanzierende Freiberufler und vom 20. 3. 2003 – IV R 37/02, BFH/NV 2003 S. 1403 betr. Land- und Forstwirt; gl. A. *Kanzler*, in: HHR, vor §§ 4-7 EStG Anm. 24 m. w. N.

78 BilMoG vom 25. 5. 2009, BGBl 2009 I S. 1102, BStBl 2009 I S. 650.

79 BMF, Schreiben vom 12. 3. 2010, BStBl 2010 I S. 239 Tz. 2.

und das *Objektivierungsprinzip* mit ein.[80] Nach dem Realisationsprinzip darf ein Gewinn grundsätzlich erst ausgewiesen werden, wenn er durch Umsatz (Veräußerung oder sonstigen Leistungsaustausch) verwirklicht ist.[81] Gegenstand des Realisationsprinzips ist die Unternehmensleistung. Dazu gehören die entgeltliche Lieferung oder Leistung von Wirtschaftsgütern und Dienstleistungen des Unternehmens, der Tausch, der betriebliche Schuldenerlass oder außerhalb gegenseitiger Verträge die Ausschüttung, die Entnahme und die Totalentnahme (Betriebsaufgabe).

146 *Bei Veräußerungen* ist der Gewinn in dem Zeitpunkt realisiert, von dem ab das veräußerte Wirtschaftsgut nach § 39 AO nicht mehr dem Veräußerer, sondern dem Erwerber zuzurechnen ist.[82] Danach muss der Steuerpflichtige ein Wirtschaftsgut grundsätzlich dann in seiner Bilanz ausweisen und bewerten, wenn er Eigentümer oder zumindest wirtschaftlicher Eigentümer ist. Nach Verlust des wirtschaftlichen Eigentums darf er das Wirtschaftsgut nicht mehr bilanzieren. Bewegliche Wirtschaftsgüter werden dem Erwerber nach Lieferung (Besitzübergabe) zugerechnet, Grundstücke im Zeitpunkt der Besitzübergabe verbunden mit dem Übergang der Nutzungen und Lasten, wenn zuvor das Verpflichtungsgeschäft (notarieller Kaufvertrag) abgeschlossen wurde. Die Grundsätze der Ersatzbeschaffungsrücklage (EStR 6.6) und die Regelungen zur Reinvestitionsrücklage (§§ 6b, 6c EStG) schränken das Realisationsprinzip ein.[83]

147 *Bei Lieferungen und anderen Leistungen* ist der Gewinn verwirklicht, wenn der Leistungsverpflichtete die von ihm geschuldeten Handlungen wirtschaftlich erfüllt hat und ihm die Forderung auf die Gegenleistung so gut wie sicher ist.[84] Daher ist der Gewinn bei Veräußerung einer beweglichen Sache nicht schon bei Abschluss des Kaufvertrages verwirklicht (schwebendes Geschäft), sondern erst, wenn der Verkäufer die verkaufte Sache dem Käufer mit den Rechtsfolgen des § 446 Abs. 1 BGB übergeben und übereignet hat, so dass die zivilrechtliche Preisgefahr auf den Käufer übergegangen ist. Damit hat der Verkäufer geliefert und seine Preisgefahr reduziert sich auf Gewährleistungsansprüche des Käufers sowie dessen Zahlungsunfähigkeit.[85] Gewährleistungsverpflichtungen sind beim Leistenden gewinnmindernd durch Bilanzierung einer Rückstellung zu erfassen, berühren aber nicht den Gewinnrealisierungszeitpunkt.

148 *Bei Grundstückskaufverträgen* ist der Gewinn oder Verlust in dem Zeitpunkt realisiert, in dem der Verkäufer Besitz, Gefahr, Nutzungen und Lasten auf den Käufer überträgt. Dazu bedarf es weder der Auflassungserklärung, noch einer eingetragenen Auflassungsvormerkung.[86] Geht das Eigentum am Grundstück bereits vor der Besitzübergabe

---

80 *Weber-Grellet*, Steuerbilanzrecht 1996, § 5 Rz. 9 m. w. N.

81 Z. B. BFH, Urteil vom 2. 3. 1990 – III R 70/87, BStBl 1990 II S. 733 und vom 18. 5. 2006 – III R 25/05, BFHE 213 S. 499.

82 BFH, Urteil vom 29. 11. 1973 – IV R 181/71, BStBl 1974 II S. 202.

83 BFH, Urteil vom 22. 1. 2004 – IV R 65/02, BStBl 2004 II S. 421.

84 BFH, Urteil vom 12. 5. 1993 – XI R 1/93, BStBl 1993 II S. 786.

85 BFH, Urteile vom 27. 2. 1986 – IV R 52/83, BStBl 1986 II S. 552 und vom 3. 8. 1988 – I R 157/84, BStBl 1989 II S. 21.

86 BFH, Urteile vom 2. 3. 1990 – III R 70/87, BStBl 1990 II S. 733 und vom 27. 11. 2008 – IV R 16/06, BFH/NV 2009 S. 783 m. w. N.

auf den Erwerber über, so tritt die Gewinnrealisierung im Zeitpunkt des Eigentumsübergangs ein.[87]

Bei drohender Rückabwicklung eines Kaufvertrags ist der Gewinn gleichwohl realisiert; der drohenden Ausübung des Rücktrittsrechts ist ggf. durch Bildung einer Rückstellung Rechnung zu tragen.[88] Allerdings genügt die bloße Möglichkeit einer Inanspruchnahme des Verkäufers aufgrund von Mängelrügen nicht für die Bildung einer Garantierückstellung; die Inanspruchnahme muss aufgrund vorangegangener Erfahrungen wahrscheinlich sein.[89] 149

Werklieferungsverträge führen erst zur Gewinnrealisierung, wenn der Lieferant seine Verpflichtungen in vollem Umfang erfüllt hat.[90] Bei *Werkverträgen* i. S. d. § 631 BGB bedarf es außer der Übergabe noch der Abnahme des Werkes durch den Besteller (§ 640 BGB), um den Übergang der Preisgefahr und damit die handels- und steuerrechtliche Gewinnrealisierung herbeizuführen.[91] 150

Schwebende Geschäfte bleiben grundsätzlich außer Betracht, weil anzunehmen ist, dass sich Wert und Gegenleistung ausgleichen. Das gilt auch für Dauerschuldverhältnisse.[92] Diese Annahme ist jedoch hinfällig, wenn das Gleichgewicht der Vertragsbeziehungen durch schuldrechtliche Vorleistungen oder Erfüllungsrückstände eines Beteiligten gestört ist.[93] In einem solchen Fall sind zur periodengerechten Gewinnerfassung Aufwand oder Ertrag durch einen entsprechenden Bilanzposten zu neutralisieren.[94] Für Verluste aus schwebenden Geschäften sind nach Handelsrecht Rückstellungen zu bilden (§ 249 Abs. 1 Satz 1 HGB), die steuerrechtlich untersagt sind (§ 5 Abs. 4 a EStG). 151

Bei Dauerschuldverhältnissen, deren Gegenstand zeitraumbezogene Leistungen sind (z. B. Arbeits-, Miet- oder Pachtverhältnisse), geht die Rechtsprechung von einer fortlaufenden Gewinnrealisierung aus, wobei es weder auf die Fälligkeit, noch auf den Abrechnungszeitraum für das Entgelt ankommt.[95] *Wiederkehrschuldverhältnisse* und *Sukzessivlieferungsverträge* führen demgegenüber im Zusammenhang mit jeder einzelnen Leistung zum Anspruch auf Entgelt und demgemäß zur Gewinnverwirklichung.[96] 152

Beim Tausch tritt Gewinnverwirklichung mit der wirtschaftlichen Vertragserfüllung durch den Veräußerer ein. Fallen Lieferung und Erwerb der Wirtschaftsgüter in ver- 153

87 BFH, Urteile vom 29. 11. 1973 – IV R 181/71, BStBl 1974 II S. 202 zu einem wegen Formmangels nichtigen, aber nicht angefochtenen Grundstückskaufvertrag; vom 5. 5. 1976 – I R 121/74, BStBl 1976 II S. 541 zur Gewinnverwirklichung bei Errichtung von Eigenheimen über mehrere Wirtschaftsjahre und deren Verkauf.

88 BFH, Urteil vom 25. 1. 1996 – IV R 114/94, BStBl 1997 II S. 382.

89 BFH, Urteil vom 28. 3. 2000 – VIII R 77/96, BStBl 2002 II S. 227. Das Urteil war Anlass, das gegen das Urteil vom 25. 1. 1996 – IV R 114/94 (BStBl 1997 II S. 382) erlassene Nichtanwendungsschreiben wieder aufzuheben (vgl. BMF, Schreiben vom 21. 2. 2002, BStBl 2002 I S. 335).

90 BFH, Urteil vom 29. 4. 1987 – I R 192/82, BStBl 1987 II S. 97.

91 BFH, Urteil vom 8. 9. 2005 – IV R 40/04, BStBl 2006 II S. 26 m. w. N. zu Tz. 19.

92 BFH, Urteil vom 3. 7. 1980 – IV R 138/76, BStBl 1980 II S. 648.

93 BFH, Urteil vom 12. 12. 1990 – I R 153/86, BStBl 1991 II S. 479.

94 BFH, Urteil vom 25. 10. 1994 – VIII R 65/91, BStBl 1995 II S. 312.

95 BFH, Urteile vom 20. 5. 1992 – X R 49/89, BStBl 1992 II S. 904 und vom 10. 9. 1998 – IV R 80/96, BStBl 1999 II S. 21.

96 BFH, Urteil vom 20. 5. 1992 – X R 49/89, BStBl 1992 II S. 904.

schiedene Gewinnermittlungszeiträume, ist der Gewinn realisiert, wenn der Veräußerer seine Verpflichtungen erfüllt hat (wirtschaftliche Vertragserfüllung). Beim Tausch mit verzögerter Gegenleistung (Erwerb der eingetauschten Wirtschaftsgüter erst im folgenden Wirtschaftsjahr), erfolgt der Gewinnausweis dadurch, dass der Buchwert des veräußerten Wirtschaftsguts auszubuchen und mit dem gemeinen Wert dieses Wirtschaftsgutes eine Forderung auf Lieferung des eingetauschten Wirtschaftsgutes einzubuchen ist.[97] Beim Tausch eines Wirtschaftsguts des Betriebsvermögens gegen ein Wirtschaftsgut, das zum notwendigen Privatvermögen gehört, hängt der Zeitpunkt der Gewinnrealisierung und damit ggf. auch die Höhe des Gewinns davon ab, ob die Hingabe aus privatem oder betrieblichem Anlass erfolgt. Bei privater Veranlassung wird das hingegebene Wirtschaftsgut entnommen,[98] bei betrieblichem Anlass hingegen der Anspruch auf die Gegenleistung.[99]

154 *Sanierungsgewinn:* Der Forderungserlass zum Zweck der Sanierung führt in der Bilanz des sanierungsbedürftigen Unternehmens zu einem Gewinn in Höhe des Betrags der erlassenen Verbindlichkeiten.[100] Dieser sog. Sanierungsgewinn war bis zum Veranlagungszeitraum 1997 nach § 3 Nr. 66 EStG a. F. unter den Voraussetzungen der Sanierungsbedürftigkeit, Sanierungseignung und Sanierungsabsicht steuerbefreit.[101] Durch das Gesetz zur Fortsetzung der Unternehmenssteuerreform vom 29. 10. 1997[102] wurde die Steuerbefreiung aufgehoben.[103] Stattdessen wurden Sanierungsgewinne zunächst durch Billigkeitserlass im Einzelfall und später durch BMF-Schreiben steuerlich freigestellt, das ganz allgemein den Erlass der Steuer auf einen nach Verlustverrechnung verbleibenden Sanierungsgewinn aus sachlichen Billigkeitsgründen vorsieht.[104]

155–157 *(Einstweilen frei)*

2. Gewinnermittlung durch Betriebsvermögensvergleich

2.1 Gewinnermittlung und Betrieb

158 **Der Begriff des Betriebs** ist für die Gewinnermittlung durch Betriebsvermögensvergleich, aber auch für die übrigen Gewinnermittlungsarten (Einnahmenüberschussrechnung, Durchschnittssatzgewinnermittlung und Tonnagegewinnermittlung) von zentraler Bedeutung. Die §§ 4-7 EStG haben ersichtlich das Ziel, den Gewinn eines „Betriebs“ zu ermitteln. § 4 EStG geht von „Betriebs“-Vermögen aus, behandelt Entnahmen aus einem „Betrieb“ und Einlagen in einen „Betrieb“ (§ 4 Abs. 1 EStG), spricht „Betriebs“-Einnahmen an (§ 4 Abs. 3 EStG) und definiert die „Betriebs“-Ausgaben, als durch den Be-

97 BFH, Urteil vom 14. 12. 1982 – VIII R 53/81, BStBl 1983 II S. 303.

98 BFH, Urteil vom 23. 6. 1981 – VIII R 41/79, BStBl 1982 II S. 18.

99 BFH, Urteil vom 29. 6. 1995 – VIII R 2/94, BStBl 1996 II S. 60 zur Anwendung des § 6 b EStG.

100 Zu Bilanzierungsfragen in der Unternehmenskrise und bei Liquidation s. auch Teil A Kap. XIII Rz. 2150 ff.

101 Zu Einzelheiten *Kanzler,* in: HHR, § 3 Nr. 66 m. w. N. http://www.ertragsteuerrecht.de/media/EStG_0003_179_05_1995_Nr.66.pdf [Stand: 1995].

102 BGBl 1979 I S. 2590; BStBl 1979 I S. 928.

103 Zu den Gründen der Einführung und Aufhebung der Steuerbefreiung s. etwa *Kanzler,* FR 2003 S. 480 m. w. N.

104 BMF, Schreiben vom 27. 3. 2003, BStBl 2003 I S. 240.

trieb veranlasste Aufwendungen (§ 4 Abs. 4 EStG). Sowohl die Gewinnermittlung als auch der Gewinn selbst werden also dadurch bestimmt, dass Wirtschaftsgüter zum Betriebsvermögen gehören, dass Entnahmen aus einem „Betrieb“ und Einlagen in einen „Betrieb“ vorliegen und dass Einnahmen oder Ausgaben „Betriebseinnahmen“ bzw. „Betriebsausgaben“ sind. Da es um eine einheitliche Gewinnermittlung geht, kann der Betriebsbegriff für alle Vorschriften der §§ 4-7 EStG nur im gleichen Sinn verstanden werden.

Gewinnermittlungsbezogener ertragsteuerlicher Betriebsbegriff: Betrieb im Sinne der 159
Gewinnermittlungsvorschriften der §§ 4-7 EStG ist diejenige organisatorische Einheit, deren Gewinn zu steuerlichen Zwecken ermittelt werden muss.[105] Während die Kapitalgesellschaft, aber auch die Personengesellschaft jeweils nur einen Betrieb unterhalten,[106] kann der Einzelunternehmer mehrere getrennte Betriebe mit getrennter Gewinnermittlung führen[107] und damit auch Erträge in unterschiedlichen Einkunftsarten erzielen. In diesen Fällen kann sich das Problem der Zuordnung einzelner Wirtschaftsgüter zu den jeweiligen Betriebsvermögen ergeben. Umstritten ist, ob das mitunternehmerische Sonderbetriebsvermögen auch einen mehr oder weniger selbständigen Sonderbetrieb begründet. Zwar hat der Steuerpflichtige für den Bereich seines Sonderbetriebsvermögens eine eigenständige Gewinnermittlung durchzuführen (s. Rz. 130), diese ist jedoch in vielfacher Hinsicht von der Gewinnermittlung der Personengesellschaft abhängig (sog. korrespondierende Bilanzierung). Vor allem aber fehlt es an einer unmittelbaren Beteiligung am Markt, denn nur die Personengesellschaft erzielt originär betriebliche Einkünfte.[108]

2.2 Buchführung als Grundlage des Betriebsvermögensvergleichs

Grundlage der Gewinnermittlung durch Betriebsvermögensvergleich ist die Buchfüh- 160
rung. Bei der Gewinnermittlung nach § 5 EStG folgt dies unmittelbar aus der Bezugnahme auf die handelsrechtlichen Grundsätze ordnungsmäßiger Buchführung (GoB). Obwohl nicht ausdrücklich geregelt, gilt für den allgemeinen Betriebsvermögensvergleich nach § 4 Abs. 1 EStG nichts anderes. Der BFH wendet die GoB ohne Weiteres auch auf die Gewinnermittlung nach § 4 Abs. 1 EStG an, ohne dies freilich im Einzelnen begründet zu haben.[109] Ließ sich diese Rechtsfolge früher aus dem Verweisungsgeflecht zwischen § 5 Abs. 1 und § 4 Abs. 1 und Abs. 2 Satz 1 EStG herleiten, so gilt seit dem StBereinG 1986 § 141 Abs. 1 Satz 2 AO, wonach die §§ 238, 240-242 Abs. 1 und die §§ 243-256 HGB sinngemäß anzuwenden sind, sofern sich nicht aus den Steuergesetzen etwas anderes ergibt.

Buchführung als laufende Bilanzierung: In der Buchführung wird die Bilanz in Konten 161
aufgelöst, in denen die einzelnen Geschäftsvorfälle aufzuzeichnen sind. Die Buchführung erweist sich damit als laufende Fortschreibung der Bilanz, weil eine permanente

105 *Kanzler*, in: HHR, vor §§ 4-7 EStG Anm. 90; dort auch Anm. 85 ff. zu den unterschiedlichen Betriebsbegriffen in verschiedenen Rechtsgebieten sowie im Steuerrecht.
106 BFH, Urteil vom 10. 2. 1989 – III R 78/86, BStBl 1989 II S. 467.
107 BFH, Urteil vom 9. 8. 1989 – X R 130/87, BStBl 1989 II S. 901.
108 Zum Streitstand s. etwa *Kanzler*, in: HHR, vor §§ 4-7 EStG Anm. 91 m. w. N.
109 Siehe Rz. 128 zu Fn. 29.

Bilanzierung während des Gewinnermittlungszeitraums kaum durchführbar wäre.[110] Mit dem Abschluss der Konten und der Übernahme der Salden in das Schlussbilanzkonto kann dann zum Bilanzstichtag die Schlussbilanz erstellt werden.

162 **Ordnungsmäßige Buchführung als Voraussetzung der Gewinnermittlung durch Betriebsvermögensvergleich:** Aufzeichnungen und Bilanzen können nur dann als geeignete Grundlage für die Gewinnermittlung nach § 4 Abs. 1 oder § 5 EStG anerkannt werden, wenn die Aufzeichnungen oder Bücher *ordnungsmäßig* geführt worden sind (s. §§ 238, 239 Abs. 4 und 243 Abs. 1 HGB sowie §§ 143-148 AO). Nach der Rechtsprechung des BFH ist eine Buchführung dann ordnungsmäßig, wenn sie handelsrechtlichen Grundsätzen entspricht. Danach erfordert die ordnungsmäßige Buchführung ordnungsmäßige Inventurunterlagen sowohl für das Anfangs- wie für das Schlussvermögen des Wirtschaftsjahres. Fehlen die Unterlagen für das Schlussvermögen und somit auch für das Anfangsvermögen des folgenden Wirtschaftsjahres, so liegt für beide Wirtschaftsjahre keine ordnungsmäßige Buchführung vor.[111] Eine ordnungsgemäße Buchführung liegt dann vor, wenn die

- erforderlichen Bücher geführt werden, die
- formellen Grundsätze ordnungsmäßiger Buchführung eingehalten und die
- materiellen Grundsätze ordnungsmäßiger Buchführung beachtet sind.

Welche Bücher zu führen sind ist handelsrechtlich im Einzelnen nicht geregelt, wohl aber wie diese Bücher zu führen sind (§§ 238, 239 HGB). Steuerlich legen §§ 143, 144 AO die Führung eines Wareneinkaufs- und Warenverkaufsbuchs nahe, sehen ein Anbauverzeichnis für Land- und Forstwirte vor und verweisen auf die Verpflichtung, Bücher, die nach anderen Gesetzen als den Steuergesetzen zu führen sind, auch für steuerrechtliche Zwecke zu führen. Formell ordnungsmäßige Bücher und Bilanzen begründen die widerlegbare Vermutung der Richtigkeit der Buchführung als Ganzes (§ 158 AO). Das Ergebnis einer formell ordnungsmäßigen Buchführung kann allerdings verworfen werden, soweit die Buchführung mit an Sicherheit grenzender Wahrscheinlichkeit materiell unrichtig ist.[112] In diesem Fall ist die Finanzbehörde zur Gewinnschätzung befugt (§ 162 AO).[113] Den materiellen GoB kommt als von den Gerichten auszufüllenden unbestimmten Rechtsbegriffen[114] normativer Charakter zu. Die handelsrechtlichen Regelungen konkretisieren den Begriff der GoB; daneben sind weitere ungeschriebene (nicht kodifizierte) GoB aus den Zwecken der Rechnungslegung abgeleitet (dazu Rz. 405 ff.). Die Frage, ob eine Buchführung den GoB entspricht, kann handelsrechtlich und steuerrechtlich nur einheitlich beurteilt werden (vgl. auch R 4.1 Abs. 5 EStR). Zu den Grundsätzen ordnungsmäßiger Buchführung Rz. 390 ff.

163 **Ordnungsmäßige Buchführung als Voraussetzung für Steuervergünstigungen:** Bis zum Veranlagungszeitraum 1975 waren Steuervergünstigungen vielfach von einer ord-

110 *Birk/Desens/Tappe*, Steuerrecht, 16. Aufl. 2013, Rn. 812.

111 BFH, Gutachten vom 25. 3. 1954 – IV D 1/53 S, BStBl 1954 III S. 195.

112 BFH, Urteil vom 9. 8. 1991 – III R 129/85, BStBl 1992 II S. 55.

113 *Kanzler*, in: HHR, vor §§ 4-7 EStG Anm. 11 ff. und *Stobbe*, in: HHR, § 5 EStG Anm. 45 ff.

114 BFH, Urteile vom 12. 5. 1966 – IV 427/60, BStBl 1966 III S. 372 und vom 31. 5. 1967 – I 208/63, BStBl 1967 III S. 607.

nungsmäßigen Buchführung abhängig. Diese Tatbestandsvoraussetzung wurde in den jeweiligen Vorschriften durch das 2. StÄndG 1973[115] und das EStRG[116] aufgegeben. Allerdings werden für einige Steuervergünstigungen die Verfolgbarkeit in der Buchführung (so z. B. für die Reinvestitionsrücklage nach § 6b Abs. 4 Nr. 5 und die Euroumrechnungsrücklage nach § 6d Abs. 3 EStG) oder die Führung laufender Verzeichnisse vorausgesetzt (z. B. bei der Reinvestitionsvergünstigung nach § 6c Abs. 2 EStG, der Bewertungsfreiheit für gWG nach § 6 Abs. 2 Satz 4 EStG oder den erhöhten Absetzungen und Sonderabschreibungen nach § 7a Abs. 8 EStG).

2.3 Zweistufige Gewinnermittlung

Aus der Definition des Gewinns in § 4 Abs. 1 Satz 1 EStG, auf den auch § 5 Abs. 1 EStG Bezug nimmt, folgt ein zweistufiger Aufbau der steuerlichen Gewinnermittlung durch Betriebsvermögensvergleich.[117] Wie sich ohne Weiteres aus dem Schema der Gewinnermittlung ergibt, erfasst der Begriff des Gewinns in § 4 Abs. 1 Satz 1 EStG auch den Verlust. 164

Erste Stufe der Gewinnermittlung (= Steuerbilanzrecht)	
	Betriebsvermögen (= Eigenkapital) am Schluss des Wirtschaftsjahrs
./.	Betriebsvermögen (= Eigenkapital) am Schluss des dem Wirtschaftsjahr vorangegangenen Wirtschaftsjahrs
+/./.	steuerbilanzielle Sonderposten (§ 14 Abs. 4 KStG, § 4g EStG)
=	Unterschiedsbetrag (steuerbilanzieller Gewinn oder Verlust, EK Veränderung)
Zweite Stufe der Gewinnermittlung (= Gewinnkorrekturen)	
	Unterschiedsbetrag (nach Maßgabe der ersten Gewinnermittlungsstufe)
+	Entnahmen
+	verdeckte Gewinnausschüttungen (§ 8 Abs. 3 Satz 2 KStG)
+	Korrekturbetrag nach § 1 AstG
+	Hinzurechnungsbeträge nach § 10 AStG
+	nichtabziehbare Betriebsausgaben und Gewerbesteuer (Abzugsverbot gem. § 4 Abs. 5 EStG seit 1. 1. 2008)
./.	Zinskorrekturen nach Maßgabe der Zinsschranke (§ 4h EStG und § 8a KStG)
./.	Einlagen
./.	steuerfreie Einkünfte (z. B. nach § 8b KStG oder DBA-Freistellung)
	Summe (= Gewinn oder Verlust im Sinne des § 4 Abs. 1 Satz 1 EStG)

115 Vom 18. 7. 1973, BGBl 1973 I S. 1489; BStBl 1973 I S. 521.

116 Vom 5. 8. 1974, BGBl 1974 I S. 1769; BStBl 1974 II S. 530.

117 Begriff zuerst vertreten von *Wassermeyer*, StbJb 1998/99 S. 157, 158; s. auch *Prinz*, DStJG 34 (2011) S. 135, 144 ff. m. w. N.

165 Das Konzept der zweistufigen Gewinnermittlung erleichtert nicht nur das Verständnis der Regelungszusammenhänge, sondern ist auch materiellrechtlich von Bedeutung.[118] So gelten der Maßgeblichkeitsgrundsatz und die daraus abzuleitenden steuerbilanziellen Grundsätze nur auf der ersten Stufe der Gewinnermittlung. Nur auf dieser Stufe greifen auch die Bilanzkorrekturen und der Grundsatz des Bilanzenzusammenhangs (s. Rz. 1110 ff.). Der außerbilanzielle, das steuerbilanzielle Eigenkapital nicht berührende Teil der Gewinnermittlung erfolgt dann auf der zweiten Stufe der Gewinnermittlung. Gelegentlich ist streitig, ob eine steuerliche Position der ersten oder zweiten Gewinnermittlungsstufe zuzuordnen ist. So ist etwa für den entstrickungsbedingten Ausgleichsposten nach § 4g EStG streitig, ob er als eine Art Bilanzierungshilfe zu passivieren oder als Merkposten außerhalb der Bilanz auszuweisen ist.[119]

166–169 *(Einstweilen frei)*

3. Bilanzstichtag und Bilanzierungszeitraum (Wirtschaftsjahr)

3.1 Wirtschaftsjahr der Gewerbetreibenden, Land- und Forstwirte und Freiberufler

170 **Bedeutung von Bilanzstichtag und Bilanzierungszeitraum:** Die Periodisierung steuerlicher Erfolgsfaktoren ist Grundlage sach- und leistungsfähigkeitsgerechter Besteuerung.[120] Bilanzstichtag und Bilanzierungszeitraum bedingen einander. Ein Wechsel des Bilanzstichtags führt zu einem veränderten Gewinnermittlungszeitraum und umgekehrt. So zieht etwa die Änderung des Gewinnermittlungszeitraums durch die notwendige Wahl eines Rumpfwirtschaftsjahrs einen neuen Bilanzstichtag nach sich. Der Bilanzstichtag ist u. a. für die Beurteilung maßgebend, ob ein Wirtschaftsgut oder eine Verbindlichkeit zu diesem Zeitpunkt schon vorhanden ist,[121] ob Rückstellungen für ungewisse Verbindlichkeiten zu bilden[122] und zu welchem Zeitpunkt Entnahmen und Einlagen zu berücksichtigen sind.[123] Da die Bilanz erst nach dem Stichtag aufgestellt wird, sind allerdings nur solche Tatsachen nach dem Bilanzstichtag zu berücksichtigen, die im abgelaufenen Wirtschaftsjahr verwirklicht wurden. Zu berücksichtigen sind daher insbesondere wertaufhellende Tatsachen, d. h. bereits am Bilanzstichtag objektiv vorliegende, bis zur Bilanzerstellung bekanntgewordene Umstände,[124] jedenfalls soweit sie zum Bilanzstichtag auch rechtlich relevant sind.[125] Allerdings wird der Wertaufhellungszeitraum nach Auffassung des BFH durch die gesetzliche Frist für die Aufstellung

118 *Prinz*, DStJG 34 (2011) S. 135, 145.

119 Siehe nur *Kolbe*, in: HHR, § 4g EStG Anm. 21 m. w. N.

120 *Prinz*, DStJG 34 (2011) S. 135, 140.

121 BFH, Beschluss vom 7. 8. 2000 – GrS 2/99, BStBl 2000 II S. 632 zur phasengleichen Aktivierung von Dividendenansprüchen.

122 BFH v. 6. 2. 2013 – I R 8/12, BStBl 2013 II S. 686 betr. Rückstellung für öffentlich-rechtliche Anpassungsverpflichtung nach der TA Luft 2002.

123 Dazu etwa BFH, Urteil vom 12. 9. 2002 – IV R 66/00, BStBl 2002 II S. 815.

124 BFH, Urteil vom 30. 1. 2002 – I R 68/00, BStBl 2002 II S. 688 m. w. N.

125 BFH, Urteil vom 9. 9. 2010 – IV R 38/08, BFH/NV 2011, S. 423 zu Tz. 21

des Jahresabschlusses begrenzt.[126] Er endet an dem Tag, an dem der Bilanzierende spätestens eine Bilanz hätte erstellen müssen. Für Kapitalgesellschaften gilt grundsätzlich eine Bilanzierungsfrist von 3 Monaten, für kleine Kapitalgesellschaften i. S. des § 267 Abs. 1 HGB eine Bilanzierungsfrist von 6 Monaten (§ 264 Abs. 1 Satz 3 f. HGB). Bei Personenunternehmen orientiert sich die Rechtsprechung an § 39 Abs. 2 Satz 2 HGB und verlangt die Bilanzaufstellung jedenfalls innerhalb eines Jahres nach dem Bilanzstichtag.[127] Der Bilanzstichtag ist schließlich auch für die Bilanzberichtigung von entscheidender Bedeutung. Denn nach dem vom Großen Senat des BFH vertretenen objektiven Fehlerbegriff ist das Finanzamt verpflichtet, die Gewinnermittlung des Steuerpflichtigen ausschließlich auf der Grundlage des für den Bilanzstichtag objektiv geltenden Rechts ohne Rücksicht auf Rechtsansichten des Steuerpflichtigen zu prüfen und ggf. zu korrigieren. [128] Auf dieser Grundlage ist auch der Steuerpflichtige zu einer Bilanzberichtigung berechtigt (dazu Rz. 1130 ff.).

Bilanzstichtag nach Handels- und Steuerrecht: Nach § 242 Abs. 1 Satz 1 HGB ist die Bilanz auf den Schluss eines jeden Geschäftsjahrs aufzustellen (s. auch § 240 Abs. 2 HGB zum Inventar). Danach darf der Kaufmann den regelmäßigen Abschlussstichtag frei wählen und diesen später auch durch einen anderen Stichtag ersetzen (s. auch Rz. 184 zur Wahl eines anderen Wirtschaftsjahrs). Dieser Abschlussstichtag ist auch für den steuerbilanziellen Betriebsvermögensvergleich maßgebend (§ 5 Abs. 1 Satz 1 EStG) und da das Stichtagsprinzip kodifizierter GoB ist (§ 252 Abs. 1 Nr. 3 und Nr. 4 HGB: „zum Abschlussstichtag"), ist es auch für den originären Betriebsvermögensvergleich nach § 4 Abs. 1 EStG maßgebend. Der Begriff des Bilanzstichtags findet sich im EStG ausdrücklich nur im Zusammenhang mit der Bewertung von Rückstellungen (§ 6 Abs. 1 Nr. 3a Buchst. f EStG); er folgt aber bereits aus der Definition des Betriebsvermögensvergleichs in § 4 Abs. 1 Satz 1 EStG, wonach das „Betriebsvermögen am Schluss des Wirtschaftsjahres" als Vergleichsgröße bezeichnet wird; im Übrigen lässt er sich aus den Regelungen zu Beginn und Ende des Gewinnermittlungszeitraums bzw. Wirtschaftsjahrs in § 4a EStG ableiten. 171

Der Bilanzierungszeitraum ist die Zeitspanne zwischen den Bilanzstichtagen. Für diesen Bilanzierungs- oder Gewinnermittlungszeitraum, der handelsrechtlich als Geschäftsjahr und steuerrechtlich gem. § 4a EStG als Wirtschaftsjahr bezeichnet wird, sind die Vermögensänderungen festzustellen, die Grundlage des Betriebsvermögensvergleichs sind. Handelsrechtlich darf das Geschäftsjahr 12 Monate nicht überschreiten, wohl aber unterschreiten (§ 240 Abs. 2 Satz 2 HGB). Dies trifft grundsätzlich auch auf das steuerrechtliche Wirtschaftsjahr zu. Allerdings ist für Land- und Forstwirte ausnahmsweise auch ein 12 Monate überschreitendes Wirtschaftsjahr vorgesehen (s. Rz. 175). Im Übrigen sind in § 8b Satz 2 EStDV i. V. m. § 51 Abs. 1 Nr. 3 EStG die Tatbestände, die ein kürzeres Wirtschaftsjahr als 12 Monate rechtfertigen, genau umschrieben. Danach darf ein Wirtschaftsjahr weniger als 12 Monate umfassen, wenn 172

126 BFH v. 12. 12. 2012 – I B 27/12, BFH/NV 2013 S. 545.

127 Siehe nur BFH v. 6. 12. 1983 – VIII R 110/79, BStBl 1984 II S. 227.

128 BFH v. 31. 1. 2013 – GrS 1/10, BStBl 2013 II S. 317 zu Tz. 76.

- ein Betrieb eröffnet, erworben, aufgegeben oder veräußert wird oder
- ein Steuerpflichtiger einen neuen Bilanzstichtag wählt. Die Umstellung des Bilanzstichtags ist vom Einvernehmen (der Zustimmung) des Finanzamts abhängig, es sei denn, das Wirtschaftsjahr würde auf das Kalenderjahr umgestellt.

Versagt das Finanzamt seine Zustimmung, so können Wirtschaftsjahr und Geschäftsjahr voneinander abweichen,[129] ohne dass dies die *Ordnungsmäßigkeit der Buchführung* (§ 238 Abs. 1 Satz 1 HGB) berührt.[130]

173 **Rumpfwirtschaftsjahre** entstehen, wenn der Zeitraum zwischen den Bilanzstichtagen 12 Monate unterschreitet. Dies kann bei Betriebseröffnung (s. Rz. 186), ebenso wie bei Umstellung des Wirtschaftsjahrs (s. Rz. 184), eintreten. Bei der Umstellung des Wirtschaftsjahres darf allerdings nur *ein* Rumpfwirtschaftsjahr entstehen.[131] Da Wirtschaftsjahr im Sinne des EStG auch ein Rumpfwirtschaftsjahr ist,[132] kann sich die Bildung eines Rumpfwirtschaftsjahrs als vorteilhaft erweisen, wenn der Eintritt von Begünstigungen oder Belastungen an den Beginn oder das Ende eines Wirtschaftsjahrs bzw. an die Dauer von Wirtschaftsjahren geknüpft ist.[133] Nach der Rechtsprechung des BFH ist jedoch im Falle einer unentgeltlichen Betriebsübernahme während des laufenden Wirtschaftsjahrs das insoweit zwingend entstehende Rumpfwirtschaftsjahr (§ 8b Satz 2 Nr. 1 EStDV) beim Betriebsübergeber mit dem entstehenden Rumpfwirtschaftsjahr beim Betriebsübernehmer zu verklammern und als ein Wirtschaftsjahr im Sinne des § 6b Abs. 3 EStG zu werten; dies gilt auch für die Höhe des Gewinnzuschlags gem. § 6b Abs. 7 EStG.[134]

174 **Unterschiedliche Wirtschaftsjahre für Steuerpflichtige mit betrieblichen Einkünften:** Für Gewerbetreibende, Land- und Forstwirte und selbständig Tätige sieht das EStG unterschiedliche Regelungen zum Wirtschaftsjahr und Bilanzstichtag vor. Für buchführungspflichtige Körperschaften gilt die Sonderregelung des § 7 Abs. 4 KStG, die zwar anders als § 4a Abs. 1 Satz 2 Nr. 2 EStG nicht an die Handelsregistereintragung anknüpft, aber im Übrigen mit den einkommensteuerlichen Regelungen in § 4a Abs. 1 Satz 2 Nr. 2 und Abs. 2 Nr. 2 EStG identisch ist. Dagegen unterliegen nicht buchführungspflichtige Körperschaften über § 8 Abs. 1 KStG der Regelung des § 4a EStG.[135]

175 **Der Gewerbetreibende**, dessen Firma in das Handelsregister eingetragen ist, kann den Bilanzstichtag und das Wirtschaftsjahr völlig frei wählen und bedarf für die Umstellung des Wirtschaftsjahrs nur dann finanzamtlicher Zustimmung, wenn er sich für ein vom Kalenderjahr abweichendes Wirtschaftsjahr entscheidet (§ 4a Abs. 1 Satz 2 Nr. 2

129 FG Hamburg, Urteil vom 3. 12. 1996 – VII 176/94, EFG 1997 S. 603, rkr.

130 BFH, Urteile vom 7. 2. 1969 – VI R 88/67, BStBl 1969 II S. 337 und vom 9. 12. 1976 – IV R 34/73, BStBl 1977 II S. 241.

131 BFH, Urteil vom 7. 2. 1969 – VI R 88/67, BStBl 1969 II S. 337.

132 BFH, Urteil vom 10. 11. 2004 – XI R 69/03, BStBl 2005 II S. 596.

133 Siehe etwa *Kanzler*, in: HHR, § 4a EStG Anm. 50.

134 BFH, Urteil vom 23. 4. 2009 – IV R 9/06, BStBl 2010 II S. 664. Die Finanzverwaltung hat das Urteil zum Anlass genommen, bei unentgeltlicher Betriebsübertragung auch für die Investitionsfrist beim Investitionsabzugsbetrag von einer Verklammerung beider Rumpfwirtschaftsjahre auszugehen (OFD Münster vom 9. 6. 2011, NWB DokID: PAAAD-85258; a. A. noch BMF, Schreiben vom 8. 5. 2009, BStBl 2009 S. 633 Rz. 59).

135 Gl. A. *Kanzler*, in: HHR, § 4a EStG Anm. 6; s. auch R 32 Abs. 1 KStR 2004.

EStG und § 8b EStDV). Andere Gewerbetreibende, also solche, deren Firma nicht in das Handelsregister eingetragen ist, sind an das Kalenderjahr als Wirtschaftsjahr gebunden (§ 4a Abs. 1 Satz 2 Nr. 3 Satz 1 EStG); sind sie gleichzeitig buchführende Land- und Forstwirte, so können sie allerdings mit Zustimmung des Finanzamts das land- und forstwirtschaftliche Wirtschaftsjahr wählen, wenn sie auch für den Gewerbebetrieb Bücher führen und regelmäßig Abschlüsse machen (§ 4a Abs. 1 Satz 2 Nr. 3 Satz 2 EStG).

Für Land- und Forstwirte gilt – unabbhängig von einer Buchführungspflicht – grundsätzlich und zwingend das Normal-Wirtschaftsjahr vom 1. Juli bis zum 30. Juni (§ 4a Abs. 1 Satz 2 Nr. 1 Satz 1 EStG). Von der Ermächtigung, aus wirtschaftlichen Gründen andere Wirtschaftsjahre als das Normal-Wirtschaftsjahr durch Rechtsverordnung zu bestimmen, wurde in § 8c EStDV Gebrauch gemacht. Solche wirtschaftlichen Gründe sind vor allem die Erntezyklen, die es nahelegen, die Inventur vor Einbringung der Ernte, also zu einem Zeitpunkt mit geringen Beständen, durchzuführen. Zu Einzelheiten s. Rz. 2450 ff. 176

Die land- und forstwirtschaftlichen Wirtschaftsjahre gelten auch für land- und forstwirtschaftlich tätige Personengesellschaften, die als OHG oder KG in das Handelsregister eingetragen sind und für Verpachtungsbetriebe.[136]

Zur Gewinnzurechnung bei vom Kalenderjahr abweichendem Wirtschaftsjahr des Land- und Forstwirts s. Rz. 202 und Rz. 2450 ff.

Da Freiberufler nicht unter die Sonderregelung des § 4a EStG fallen, gilt für sie nach § 2 Abs. 7 Satz 2 EStG das Kalenderjahr als Gewinnermittlungszeitraum. Ihnen steht auch dann kein Wahlrecht auf ein vom Kalenderjahr abweichendes Wirtschaftsjahr zu, wenn es sich um eine in das Handelsregister eingetragene Freiberufler-KG handelt.[137] Ermittelt der Freiberufler seinen Gewinn gleichwohl für ein vom Kalenderjahr abweichendes Wirtschaftsjahr, dann ist der im Kalenderjahr bezogene Gewinn im Wege der Schätzung durch eine zeitanteilige Aufteilung der für die abweichenden Wirtschaftsjahre ermittelten Gewinne zu ermitteln.[138] 177

Wirtschaftsjahr bei Auslandsbeziehungen: Da deutsche Gewinnermittlungsvorschriften grundsätzlich auf Auslandsbeziehungen anzuwenden und dabei die materiellen GoB zu beachten sind, findet insoweit auch das Stichtagsprinzip Anwendung. Dies gilt für Auslandseinkünfte unbeschränkt Steuerpflichtiger (s. Rz. 133) ebenso wie für Inlandseinkünfte beschränkt Steuerpflichtiger (s. Rz. 136). Ist die Betriebsstätte eines beschränkt steuerpflichtigen Gewerbetreibenden gem. § 13d HGB in das Handelsregister eingetragen, so kommt auch ein vom Kalenderjahr abweichendes Wirtschaftsjahr in Betracht (s. Rz. 174). Für beschränkt steuerpflichtige Landwirte ist der Gewinn nach dem landwirtschaftlichen Wirtschaftsjahr zu ermitteln (s. Rz. 175).[139] 178

(Einstweilen frei) 179–181

136 BFH, Urteil vom 11. 3. 1965 – IV 60/61 U, BStBl 1965 III S. 286; gl. A. H 4a [Verpachtung eines Betriebs der Land- und Forstwirtschaft] EStH; a. A. *Kanzler*, in: Leingärtner, Besteuerung der Land- und Forstwirte, Kapitel 21 Rz. 20 m. w. N.

137 BFH, Urteil vom 18. 5. 2000 – IV R 26/99, BStBl 2000 II S. 498.

138 BFH, Urteil vom 23. 9. 1999 – IV R 41/98, BStBl 2000 II S. 24.

139 Gl. A. *Zaisch*, in: Leingärtner, Besteuerung der Land- und Forstwirte, Kapitel 2 Rz. 16.

3.2 Wahl und Umstellung des Wirtschaftsjahrs bei eingetragenen Gewerbetreibenden

182 **Freie Wahl des Wirtschaftsjahrs bei Betriebseröffung:** Der in das Handelsregister eingetragene Gewerbetreibende kann den Bilanzstichtag und damit das Wirtschaftsjahr mit handels- und steuerrechtlicher Wirkung frei wählen (§ 4a Abs. 1 Nr. 2 Satz 1 EStG); einer finanzbehördlichen Zustimmung bedarf es nur bei der Umstellung des Wirtschaftsjahrs (s. Rz. 184). Bei Personengesellschaften wird das Wirtschaftsjahr in der Regel im Gesellschaftsvertrag festgelegt.[140] Das Wahlrecht wird jedoch erst mit der Erstellung des Jahresabschlusses durch Realakt ausgeübt[141] und ist auch bei einer Gewinnschätzung verbindlich (R 4a Abs. 4 EStR). Für mehrere selbständige Betriebe, für die verschiedene Gewinnermittlungen durchgeführt werden, können auch jeweils unterschiedliche Wirtschaftsjahre gewählt werden. Erwirbt ein Betriebsinhaber einen weiteren Betrieb hinzu und wählt für diesen Betrieb ein anderes Wirtschaftsjahr als der Veräußerer, so ist dies ebenso wenig eine zustimmungsbedürftige Umstellung des Wirtschaftsjahrs, wie bei der Zusammenlegung mehrerer Betriebe mit unterschiedlichen Wirtschaftsjahren (R 4a Abs. 1 EStR).

183 **Missbrauchskontrolle bei erstmaliger Wahl des Wirtschaftsjahrs:** Auch die freie Wahl des Bilanzstichtags und vom Kalenderjahr abweichenden Wirtschaftsjahrs steht unter dem Vorbehalt des Gestaltungsmissbrauchs. Daher sieht die Rechtsprechung eine Missbrauchsgestaltung darin, dass eine einjährige Steuerpause eintritt, weil eine Personen-Obergesellschaft ohne branchenspezifische oder sonst plausible Gründe ihr Wirtschaftsjahr in der Weise festlegt, dass dieses einen Monat vor dem Wirtschaftsjahr der Personen-Untergesellschaft endet.[142] Ein solcher Gestaltungsmissbrauch bei mehrstöckigen Personengesellschaften liegt jedoch nicht vor, wenn durch die abweichende Wahl des Wirtschaftsjahrs der Obergesellschaft die Entstehung eines Rumpfwirtschaftsjahres vermieden wird.[143]

184 **Die Umstellung des Wirtschaftsjahrs** auf einen vom Kalenderjahr abweichenden Gewinnermittlungszeitraum ist nur im Einvernehmen mit dem Finanzamt zulässig (§ 4a Abs. 1 Nr. 2 Satz 2 EStG). Damit bedarf die Umstellung vom Kalenderjahr auf ein abweichendes Wirtschaftsjahr und die Umstellung eines vom Kalenderjahr abweichenden Wirtschaftsjahrs auf ein anderes vom Kalenderjahr abweichendes Wirtschaftsjahr finanzbehördlicher Zustimmung, während die Rückkehr zum Kalenderjahr als Wirtschaftsjahr wie die erstmalige Wahl des Wirtschaftsjahrs (s. Rz. 178) jederzeit möglich ist.

185 **Die Abgrenzung zwischen Betriebseröffnung und Betriebsfortführung** ist von Bedeutung, wenn ein vom Kalenderjahr abweichendes Wirtschaftsjahr gewählt wird. Nur bei der Betriebseröffnung bedarf es keines finanzbehördlichen Einvernehmens. Wird das Unternehmen weiterbetrieben, dann wird auch das Wirtschaftsjahr fortgeführt; eine

---

140 BFH, Urteil vom 9. 11. 2006 – IV R 21/05, BFH/NV 2007 S. 1002.

141 BFH, Urteile vom 16. 2. 1989 – IV R 307/84, BFH/NV 1990 S. 632 und vom 16. 12. 2003 – VIII R 89/02, BFH/NV 2004 S. 936.

142 BFH, Urteil vom 18. 12. 1991 – XI R 40/89, BStBl 1992 II S. 826.

143 BFH, Urteil vom 9. 11. 2006 – IV R 21/05, BStBl 2010 II S. 230.

Neubestimmung des Wirtschaftsjahrs bedarf als „Umstellung" im Sinne des § 4a Abs. 1 Satz 2 Nr. 2 EStG finanzamtlicher Zustimmung.

Von einer Betriebseröffnung ist in folgenden Fällen auszugehen: 186

- *Betriebsaufspaltung*: Bei Neugründung der Betriebsgesellschaft kann ein vom Kalenderjahr abweichendes Wirtschaftsjahr frei gewählt werden.[144]
- *Betriebsverpachtung*: Der Pächter kann das Wirtschaftsjahr frei wählen. Der Verpächter kann ein abweichendes Wirtschaftsjahr beibehalten, solange er nicht die Betriebsaufgabe erklärt hat (R 4a Abs. 3 EStR).
- *Errichtung einer Personengesellschaft*: Mit der Einbringung eines Betriebs[145] oder Mitunternehmeranteils in eine neu gegründete Personengesellschaft beginnt ein neues Wirtschaftsjahr.
- *Spaltung von Unternehmen* nach § 123 UmwG: Neugründungen mit freier Wahl des Bilanzstichtags liegen in den Fällen der Abspaltung nach § 123 Abs. 2 Nr. 2 UmwG und der Aufspaltung nach § 123 Abs. 1 Nr. 2 UmwG vor.
- *Unternehmensnießbrauch*: Wie der Pächter eröffnet der Nießbrauchsberechtigte einen neuen Betrieb und kann das Wirtschaftsjahr frei wählen.[146]
- *Verschmelzung durch Neugründung*: Die Verschmelzung nach § 2 Nr. 2 UmwG ist für den neuen Rechtsträger eine Betriebseröffnung mit freier Wahl des Bilanzstichtags. Der übertragende Rechtsträger hat ggf. ein Rumpfwirtschaftsjahr zu bilden.[147]

Von einer Betriebsfortführung, die zur Beibehaltung oder zu einer zustimmungsgebundenen Umstellung des Wirtschaftsjahrs zwingt, ist in folgenden Fällen auszugehen: 187

- *Formwechselnde Umwandlung* (§ 191 UmwG) einer Personengesellschaft in eine andere Personengesellschaft ist keine Betriebseröffnung,[148] wohl aber die Umwandlung der Personengesellschaft in eine Kapitalgesellschaft.[149]
- *Gesamtrechtsnachfolge*: Geht ein Betrieb im Wege der Gesamtrechtsnachfolge auf den Steuerpflichtigen über, so ist dieser an das Wirtschaftsjahr des Erblassers gebunden und bedarf der Zustimmung des Finanzamts, wenn er ein vom Kalenderjahr abweichendes Wirtschaftsjahr wählt.[150]
- *Gesellschafterwechsel und Ausscheiden von Gesellschaftern* berührt das Wirtschaftsjahr der fortbestehenden Gesellschaft nicht.[151]
- *Spaltung von Unternehmen* nach § 123 UmwG: Bei der Spaltung zur Aufnahme von Betrieben nach § 123 Abs. 1 Nr. 1 und Abs. 2 Nr. 1 UmwG wird das Wirtschaftsjahr

144 BFH, Urteile vom 27. 9. 1979 – IV R 89/76, BStBl 1980 II S. 94 und vom 17. 7. 1991 – I R 98/88, BStBl 1992 II S. 246; a. A. BFH, Urteil vom 16. 12. 2003 – VIII R 89/02, BFH/NV 2004 S. 936.

145 BFH, Urteile vom 26. 5. 1994 – IV R 34/92, BStBl 1994 II S. 891 und vom 25. 3. 2004 – IV R 49/02, BFH/NV 2004 S. 1247; H 4a [Umwandlung] EStH.

146 *Kanzler*, in: HHR, § 4a EStG Anm. 57 m. w. N.

147 *Kanzler*, in: HHR, § 4a EStG Anm. 57 m. w. N.

148 BFH, Urteile vom 24. 11. 1988 – IV R 252/84, BStBl 1989 II S. 312 und vom 18. 12. 1990 – VIII R 138/85, BStBl 1991 II S. 581.

149 BFH, Urteil vom 18. 12. 1990 – VIII R 138/85, BStBl 1991 II S. 581.

150 BFH, Urteil vom 22. 8. 1968 – IV 244/63, BStBl 1969 II S. 34; H 4a [Zustimmungsbedürftige Umstellung des Wirtschaftjahres] EStH.

151 Ständige Rechtsprechung des BFH, zuletzt: Urteil vom 18. 8. 2010 – X R 8/07, BStBl 2010 II S. 1043 m. w. N.

des aufnehmenden Rechtsträgers fortgeführt oder ist mit Zustimmung des Finanzamts umzustellen.

188 **Das finanzamtliche Einvernehmen** mit der Umstellung des Wirtschaftsjahrs bedeutet Zustimmung[152] und dient, über § 42 AO hinausgehend, der Missbrauchskontrolle.[153] Die ermessensgebundene Zustimmung[154] ist als anfechtbarer Verwaltungsakt Grundlagenbescheid[155] der Gewinnfeststellung oder Veranlagung und kann mit den Folgebescheiden verbunden werden oder gesondert ergehen.[156] Das nachträglich hergestellte Einvernehmen (Genehmigung) kann zur Berichtigung des Veranlagungs- oder Gewinnfeststellungsbescheids nach § 175 Abs. 1 Nr. 1 AO führen.

189 **Entscheidungsmaßstab für das Einvernehmen** in die Umstellung ist eine Abwägung der betriebswirtschaftlichen Gründe des Betriebsinhabers mit dem öffentlichen Interesse, eine Steuerpause nicht eintreten zu lassen.[157] Der Steuerpflichtige muss daher „einleuchtende" oder „ernsthafte" bzw. „beachtliche" wirtschaftliche Gründe vorbringen, die jedoch nicht zwingend sein müssen.[158] Beachtliche Gründe für eine Umstellung des Wirtschaftsjahrs sind in folgenden Fällen anzuerkennen:

- *Betriebsvergleichsrechnung:* Die Absicht, die Gesellschaft an Betriebsvergleichen mit mehreren Unternehmen der gleichen Branche teilnehmen zu lassen, die von demselben Wirtschaftsprüfer betreut werden.[159]
- *Betriebsverpachtung und Betriebsaufspaltung:* Die Vereinheitlichung des Bilanzstichtags von Verpachtungs- und Pachtbetrieb[160] oder von Betriebs- und Besitzgesellschaft sind beachtliche Umstellungsgründe.[161]
- *Inventurschwierigkeiten* rechtfertigen eine Umstellung.[162]
- *Rationalisierungsbestrebungen* können eine Umstellung rechtfertigen.[163]
- *Verbundene Unternehmen* können ein einheitliches, vom Kalenderjahr abweichendes Wirtschaftsjahr wählen.[164]

152 Siehe etwa BFH, Urteile vom 8. 10. 1969 – I R 167/66, BStBl 1970 II S. 85 und vom 24. 4. 1980 – IV R 149/76, BStBl 1981 II S. 50.

153 Zum Streitstand *Kanzler*, in: HHR, § 4a EStG Anm. 64 m. w. N.

154 Vgl. etwa BFH, Urteile vom 15. 6. 1983 – I R 76/82, BStBl 1983 II S. 672 m. w. N.; vom 26. 9. 1968 – IV 244/65, BStBl 1969 II S. 71 und vom 23. 9. 1999 – IV R 4/98, BStBl 2000 II S. 5.

155 BFH, Urteil vom 23. 9. 1999 – IV R 4/98, BStBl 2000 II S. 5.

156 BFH, Urteile vom 18. 3. 1964 – IV 282/63 U, BStBl 1964 II S. 304 und vom 15. 6. 1983 – IV R 76/82, BStBl 1983 II S. 672.

157 BFH, Urteile vom 15. 6. 1983 – I R 76/82, BStBl 1983 II S. 672 und vom 8. 10. 1969 – I R 167/66, BStBl 1970 II S. 85 jeweils m. w. N.

158 BFH, Urteil vom 9. 1. 1974 – I R 141/72, BStBl 1974 II S. 238 m. w. N.

159 BFH, Urteil vom 8. 9. 1971 – I R 165/68, BStBl 1972 II S. 87.

160 BFH, Urteil vom 8. 10. 1969 – I R 167/66, BStBl 1970 II S. 85.

161 So etwa *Kanzler*, in: HHR, § 4a EStG Anm. 64.

162 BFH, Urteile vom 9. 11. 1966 – VI 303/65, BStBl 1967 II S. 111 und vom 26. 9. 1968 – IV 244/65, BStBl 1969 II S. 71.

163 BFH, Urteil vom 15. 6. 1983 – I R 76/82, BStBl 1983 II S. 672 noch offen gelassen im BFH, Urteil vom 9. 1. 1974 – I R 141/72, BStBl 1974 II S. 238.

164 So *Voss*, DB 1968 S. 1598 für den Konzern und R 59 Abs. 3 KStR 2004 für die Organschaft. Der Entwurf des Bundessteuergesetzbuchs von *Kirchhof* sieht für diese Fälle zwingend einen einheitlichen Bilanzstichtag vor (§ 2 Abs. 1 Satz 4 BilO in Bundessteuergesetzbuch, 2011, S. 1096).

- *Zebragesellschaften* können zur Vereinfachung der Gewinnzurechnung eine Umstellung des Wirtschaftsjahrs betrieblich beteiligter Unternehmen an einer vermögensverwaltenden Gesellschaft rechtfertigen.

(Einstweilen frei) 190–199

3.3 Zeitliche Zuordnung der Gewinne bei abweichendem Wirtschaftsjahr

Da die Besteuerungsgrundlagen nach § 2 Abs. 7 Satz 2 EStG jeweils für ein Kalenderjahr zu ermitteln sind, muss der Gewinn eines jeden Betriebs des Steuerpflichtigen bei vom Kalenderjahr abweichendem Wirtschaftsjahr einem Kalenderjahr zeitlich zugerechnet werden. Während das Gesetz bei Land- und Forstwirten eine zeitanteilige Zurechnung der Gewinne vorsieht (s. Rz. 202), gilt der Gewinn Gewerbetreibender als in dem Kalenderjahr bezogen, in dem das Wirtschaftsjahr endet.[165] Für Steuerpflichtige mit Einkünften aus selbständiger Arbeit, insbesondere Freiberufler und die entsprechenden Gesellschaften bedarf es keiner besonderen Regelungen zur Gewinnzurechnung, weil für sie das Wirtschaftsjahr stets dem Kalenderjahr entspricht (Rz. 177). 200

Bei Gewerbetreibenden, deren Firma in das Handelsregister eingetragen ist, „gilt" der Gewinn als in dem Kalenderjahr „bezogen", in dem das Wirtschaftsjahr endet (§ 4a Abs. 2 Satz 2 Nr. 2 Satz 1 EStG). Dies gilt nach § 7 Abs. 4 Satz 2 KStG auch für Kapitalgesellschaften. Andere Gewerbetreibende dürfen kein vom Kalenderjahr abweichendes Wirtschaftsjahr bilden (s. Rz. 175). Die Fiktion „gilt ... als ... bezogen" ist ohne Bedeutung und wohl so zu verstehen, dass eine Aufteilung des Gewinns auf die beiden vom Wirtschaftsjahr berührten Kalenderjahre zu unterbleiben hat.[166] Enden zwei Wirtschaftsjahre in einem Kalenderjahr, z. B. wenn zum abweichenden Wirtschaftsjahr noch ein Rumpfwirtschaftsjahr (wegen Betriebsaufgabe) hinzutritt, dann werden beide Gewinne in einem einzigen Kalenderjahr erfasst.[167] In diesem Fall kann der durch die Tarifprogression entstehende Mehrbetrag an Einkommensteuer nicht wegen sachlicher Unbilligkeit erlassen werden.[168] Die Regelung des § 4a Abs. 2 Nr. 2 Satz 1 EStG ist aber nicht auf den Gewinn des aus einer Personengesellschaft mit abweichendem Wirtschaftsjahr ausscheidenden Mitunternehmers anzuwenden; in diesem Fall ist der Gewinn in dem Kalenderjahr des Ausscheidens bezogen.[169] 201

Bei Land- und Forstwirten ist der Gewinn des Wirtschaftsjahrs, das regelmäßig ein vom Kalenderjahr abweichendes Wirtschaftsjahr ist (s. Rz. 176), zeitanteilig auf die Kalenderjahre von Beginn und Ende des Wirtschaftsjahrs aufzuteilen (§ 4a Abs. 2 Nr. 1 Satz 1 EStG). Regelungszweck ist der Ausgleich guter und schlechter Erntejahre. Die Auftei- 202

165 Der Reformvorschlag Kirchhofs sieht auch für Gewerbetreibende eine zeitanteilige Zurechnung der Gewinne eines vom Kalenderjahr abweichenden Wirtschaftsjahrs vor (§ 2 Abs. 1 Satz 3 BilO in Bundessteuergesetzbuch, 2011, S. 1096).

166 Vgl. *Kanzler*, in: HHR, § 4a EStG Anm. 73.

167 Siehe etwa BFH, Urteile vom 4. 12. 1991 – I R 140/90, BStBl 1992 II S. 750 zum Verlustabzug gem. § 2 Abs. 1 AIG und vom 3. 6. 1997 – VIII B 73/96, BFH/NV 1997 S. 838 zur atypisch stillen Gesellschaft.

168 BFH, Urteil vom 16. 9. 1970 – I R 64/68, BStBl 1970 II S. 838.

169 BFH, Urteil vom 18. 8. 2010 – X R 8/07, BStBl 2010 II S. 1043.

lung kommt daher einer zweijährigen Durchschnittsbesteuerung nahe.[170] Sie ist auch für ein Rumpfwirtschaftsjahr vorzunehmen, das in zwei Kalenderjahre fällt. Unterhält der Steuerpflichtige auch einen Gewerbebetrieb mit gleichem Abschlussstichtag (§ 4a Abs. 1 Satz 2 Nr. 3 EStG), so ist das land- und forstwirtschaftliche Betriebsergebnis aufzuteilen und der gewerbliche Gewinn dem Veranlagungszeitraum zuzurechnen, in dem das Wirtschaftsjahr endet (s. auch Rz. 175).

203 **Veräußerungs- und Aufgabegewinne** werden allerdings nicht von der Aufteilungsregelung erfasst; sie betrifft nur das laufende Betriebsergebnis. Veräußerungsgewinne im Sinne des § 14 EStG sind nach § 4a Abs. 2 Nr. 1 Satz 2 EStG auszuscheiden und dem Gewinn des Kalenderjahrs hinzuzurechnen, in dem sie entstanden sind. Mit der gesonderten Erfassung der Veräußerungs- und Aufgabegewinne im Jahr ihrer Entstehung soll erreicht werden, dass die Tarifbegünstigungen der §§ 14, 14a, 16 Abs. 4, 34 EStG nur in einem Veranlagungszeitraum gewährt werden.[171] Veräußerungsgewinne im Sinne des § 14 sind wegen der Verweisung des § 14 Satz 2 EStG auf § 16 EStG alle Betriebs- und Teilbetriebsveräußerungsgewinne sowie alle (Teil-)Betriebsaufgabegewinne.

Veräußerungs- und Aufgabeverluste sind dagegen nach dem Wortlaut des Gesetzes und dem Regelungszweck nicht auszusondern.[172]

204–330 *(Einstweilen frei)*

---

170 Ausführlich dazu *Kanzler*, in: Leingärtner, Besteuerung der Land- und Forstwirte, Kapitel 21 Rz. 8.

171 BFH, Urteil vom 24. 8. 2000 – IV R 42/99, BStBl 2003 II S. 67.

172 *Kanzler*, in: Leingärtner, Besteuerung der Land- und Forstwirte, Kapitel 21 Rz. 26.

Teil A:
Grundsatz- und Querschnittsfragen steuerlicher Gewinnermittlung

Kapitel III:
Maßgeblichkeit handelsrechtlicher GoB für die steuerliche Gewinnermittlung nach BilMoG

von
WP/StB Professor Dr. Ulrich Prinz, Köln

Inhaltsübersicht Rz.

Ausgewählte Literatur

Ballwieser, Möglichkeiten und Grenzen der Erstellung einer Einheitsbilanz – zur Rolle und Entwicklung des Maßgeblichkeitsprinzips, Festschrift Spindler, Köln 2011, S. 577; *Bertl/Eberhartinger/Hirschler*, Maßgeblichkeit in Deutschland und Österreich: Historische Entwicklung – Aktuelle Entwicklung – Zukünftige Entwicklung, Festschrift Djanani, Wiesbaden 2008, S. 739; *DWS-Symposium 2010* – Die Gewinnermittlung am Wendepunkt?, Berlin 6/2011; *Ernsting*, Steuerbilanzpolitik unter dem BilMoG einschließlich Ausschüttungssperren, StbJb 2010/2011 S. 219; *Freidank/Velte*, StuW 2010 S. 185; *Günkel*, Die Maßgeblichkeit nach der Bilanzrechtsreform (BilMoG), Festschrift Herzig, München 2010, S. 509; *Hennrichs*, Bilanzrechtsmodernisierungsgesetz und Besteuerung, StbJb 2009/2010 S. 261; *Hennrichs*, Ubg 2009 S. 533; *Herzig*, DB 2012 S. 1343; *Hüttemann*, DStZ 2011 S. 507; *Kahle*, DB 2014 Beilage Nr. 4; *Kahle/Günter*, StuW 2012 S. 43; *Kemper/Thönnes*, SteuerStud 2011 S. 559; *Marx*, BB 2011 S. 1003; *Prinz*, DB 2010 S. 2069 und DB 34/2012, M 9 sowie DB 12/2014, M1; *M. Prinz/Fellinger*, Ubg 2013 S. 362; *Richter*, GmbHR 2010 S. 505; *Schanz/Schanz*, StuW 2009 S. 311; *Scheffler*, StuB 2010 S. 295; *ders.*, Das Maßgeblichkeitsprinzip nach dem Bilanzrechtsmodernisierungsgesetz, IFSt Schrift Nr. 474 (Juli 2011); *Schneider*, Ein Jahrhundert Unmaßgeblichkeit des Maßgeblichkeitsgrundsatzes, Festschrift Krawitz, Wiesbaden 2010, S. 706; *Schulze-Osterloh*, DStR 2011 S. 534; *Thiel*, Die modernisierte Maßgeblichkeit – § 5 Abs. 1 EStG in der Neufassung durch das Bilanzrechtsmodernisierungsgesetz, Festschrift Meilicke 2010, S. 733; *Velte*, StuW 2013 S. 197; *v. Wolfersdorff*, Steuerbilanzielle Gewinnermittlung – Stand und Entwicklungsperspektiven aus deutscher und europäischer Sicht, Düsseldorf 2014; *Wehrheim/Fross*, DStR 2010 S. 1348; *dies.*, StuW 2010 S. 195; *Wendt*, Bilanzrecht, in: Leitgedanke des Rechts, Paul Kirchhof zum 70. Geburtstag, Bd. II, 2013, S. 1961.

1. Grundlagen des steuerbilanziellen Maßgeblichkeitskonzepts

1.1 § 5 Abs. 1 EStG als Rechtsgrundlage: materielle Maßgeblichkeit handelsrechtlicher GoB

331 Das Maßgeblichkeitsprinzip mit seiner traditionellen Bezugnahme auf die „handelsrechtlichen Grundsätze ordnungsmäßiger Buchführung" ist in § 5 Abs. 1 EStG verankert. Grundlage der steuerlichen Gewinnermittlung für Gewerbetreibende (Personenunternehmen und Kapitalgesellschaften) nach Maßgabe eines Betriebsvermögensvergleichs (BV-Vergleich) soll damit „vereinfacht" die Handelsbilanz (= Einzelabschluss, nicht Konzernabschluss) sein unter Beachtung einer Vielzahl gesetzlicher und rechtsprechungsseitiger steuerlicher Anpassungen (insb. Gewinnermittlungsvorbehalt gem. § 5 Abs. 6 EStG; § 60 Abs. 2 EStDV). Man spricht von der **materiellen Maßgeblichkeit** handelsrechtlicher GoB, was die Befolgung der abstrakten handelsrechtlichen Vorgaben meint.[1] Die Regelung hat folgenden Wortlaut:

> „Bei Gewerbetreibenden, die auf Grund gesetzlicher Vorschriften verpflichtet sind, Bücher zu führen und regelmäßig Abschlüsse zu machen, oder die ohne eine solche Verpflichtung Bücher führen und regelmäßig Abschlüsse machen, ist für den Schluss des Wirtschaftsjahres das Betriebsvermögen anzusetzen (§ 4 Abs. 1 Satz 1), das nach den handelsrechtlichen Grundsätzen ordnungsmäßiger Buchführung auszuweisen ist, es sei denn, im Rahmen der Ausübung eines steuerlichen Wahlrechts wird oder wurde ein anderer Ansatz gewählt."

332 In den anschließenden Sätzen 2 und 3 des § 5 Abs. 1 EStG wird die Ausübung steuerlicher Wahlrechte **(so genannter Wahlrechtsvorbehalt)** an bestimmte Dokumentationspflichten geknüpft, die tatbestandsvoraussetzend sind. Insgesamt ist das Maßgeblichkeitsprinzip „seit Jahr und Tag" hoch umstritten. Die Grundsatzdiskussion um die Maßgeblichkeit ist durch das BilMoG vom 25. 5. 2009 neu entfacht worden. Zwar wurde der materielle Maßgeblichkeitsgrundsatz unverändert beibehalten, allerdings ist die aus handelsbilanzieller Sicht informationsverzerrende Umkehrmaßgeblichkeit (auch formelle Maßgeblichkeit genannt) beseitigt und durch den speziellen steuerlichen Wahlrechtsvorbehalt – mit recht unklarem Inhalt und Wirkung ab Veranlagungszeitraum 2009 (§ 52 Abs. 1 EStG, Art. 15 BilMoG)[2] – ersetzt worden. Diese „Neujustierung der Maßgeblichkeit" bereitet der Praxis erhebliche Probleme und hat die steuersystematische „Zersetzung" des Steuerbilanzrechts offenkundig weiter beschleunigt.[3]

333 **„Bilanz im Rechtssinne" als Ausgangspunkt der Maßgeblichkeit:** Der steuerbilanzielle BV-Vergleich strebt eine periodengerechte Ergebnisermittlung für Gewinnermittler nach objektivierbaren Realisationsgrundsätzen – also unabhängig von reinen Zah-

1 Vgl. *Crezelius*, in: Kirchhof, EStG, 13. Aufl. 2014, § 5 Rn. 1.

2 Die handelsrechtlichen Regelungen des BilMoG gelten im Wesentlichen ab 1. 1. 2010. Zur zeitlichen Unabgestimmtheit der BilMoG-Übergangsregelung s. *Prinz*, GmbHR 2009 S. 1027, 1031. Zu den handelsrechtlichen Übergangsregelungen s. Art. 66, 67 EG HGB.

3 Vgl. mit Beispielen *Prinz*, DB 45/2013, Gastkommentar M 1 sowie DB 12/2014, Gastkommentar M 1.

lungsvorgängen – auf Basis einer kaufmännischen Rechungslegung an.[4] Der BFH bezeichnet den BV-Vergleich als „Grundform der Gewinnermittlung“, ohne dabei ein Über- oder Unterordnungsverhältnis gegenüber der mehr zahlungsstromorientierten § 4 Abs. 3 EStG-Rechnung festlegen zu wollen.[5] Es existieren dabei zwei, in ihrem Anwendungsbereich überschneidungsfrei abgegrenzte Typen des BV-Vergleichs mit unterschiedlicher handelsbilanzieller Maßgeblichkeitsprägung: § 4 Abs. 1 EStG bildet den Grundfall, § 5 Abs. 1 EStG den Spezialfall für Gewerbetreibende. Beide Gewinnermittlungsmethoden stehen in sachlicher Wechselbeziehung und sind durch ein „Verweisungsgeflecht“ gekennzeichnet.[6] Dabei ist auch der BV-Vergleich gem. § 4 Abs. 1 EStG wegen seiner buchführungstechnischen Grundlagen letztlich GoB-gestützt, was sich im Übrigen auch aus § 4 Abs. 2 Satz 1 EStG ergibt (fehlerhafte Bilanz wegen Verstoß gegen GoB). Ein Optionsrecht zwischen den beiden funktionsgleichen Bestandsvergleichstypen besteht allerdings nicht. Wichtig ist unter steuersystematischen Gesichtspunkten: Trotz seiner betriebswirtschaftlichen Grundlagen fußt der maßgeblichkeitsgeprägte stichtagsbezogene BV-Vergleich stets auf einer „Bilanz im Rechtssinne“[7], die dem Realisationsprinzip als tragendem Periodisierungsgrundsatz folgt, Objektivierungsnotwendigkeiten beachten muss und realitätsnahe kaufmännische Vorsicht in ausgewogener Form bei sachgerechter Ausrichtung an Leistungsfähigkeitsüberlegungen berücksichtigt. Betriebswirtschaftliche Erfolgsmessungskonzepte haben nur insoweit Bedeutung, als sie in einzelnen Normen ihren Ausdruck finden (etwa bei den Rechnungsabgrenzungsposten gem. § 5 Abs. 5 EStG, dynamische Betrachtung). Stets müssen deshalb auch die in § 5 Abs. 1 EStG in Bezug genommenen handelsrechtlichen GoB unter steuerrechtsspezifischen Wertungsgesichtspunkten ausgelegt werden (Steuerrechtsvorbehalt).

Die in § 5 Abs. 1 Satz 1 EStG für steuerbilanzielle Zwecke ohne qualifizierende Konkreti- 334
sierung in Bezug genommenen handelsrechtlichen GoB (Grundlage: § 243 Abs. 1 HGB) erstrecken sich nach herrschender Meinung auf **Ansatz und Bewertung** sämtlicher Bilanzposten der Aktiv- und Passivseite. Allerdings besteht eine Reihe gesetzlicher Begrenzungen der Maßgeblichkeit, die wegen § 5 Abs. 6 EStG vor allem den Bewertungsbereich betreffen („durchlöcherte Maßgeblichkeit“).[8] Materiell maßgeblich sind dabei nur die abstrakten GoB, nicht dagegen die konkreten Ansätze und Werte in der Handelsbilanz. Ein fehlerhafter handelsbilanzieller Ansatz kann somit keine Maßgeblich-

4 *Heinicke*, in: Schmidt, EStG, 33. Aufl. 2014, § 4 Rz. 3 charakterisiert die Rechnungslegungsmethodik des BV-Vergleichs kurz und prägnant als eine „grundlegend von statischen Gesichtspunkten geprägte Bestandsrechnung nach Sollzahlen“ (mit drucktechnischen Hervorhebungen).

5 Vgl. BFH, Urteil vom 19. 3. 2009 – IV R 57/07, DB 2009 S. 1384. Zur „vereinfachten“ Gewinnermittlung nach § 4 Abs. 3 EStG instruktiv *Eisgruber*, DStJG Bd. 34 (2011) S. 185-205.

6 Vgl. *Kanzler*, in: HHR, vor §§ 4-7 EStG Anm. 23; *Kanzler*, FR 1998 S. 423 f.; s. ergänzend auch § 141 Abs. 1 Satz 2 EStG für eine originär steuerliche Buchführungspflicht bestimmter Steuerpflichtiger.

7 BFH, Urteil vom 17. 7. 1974 – I R 194/72, BStBl 1974 II S. 684. „Die Bilanz im Rechtssinne ist keine Kostenrechnung“ Vgl. auch *Döllerer*, JbFSt 1979/80 S. 195. Zu einem dreischichtigen Strukturschema im Bilanzrecht vgl. grundlegend *Beisse*, Festschrift Moxter, Düsseldorf 1994, S. 3, 11-13: Reines Handelsbilanzrecht; deckungsgleiches Handels- und Steuerbilanzrecht, reines Steuerbilanzrecht; ergänzend *Beisse*, BB 1980 S. 637-646; *ders.*, StuW 1984 S. 1-14.

8 Aus diesem Grunde wird die Erstreckung des Maßgeblichkeitsgrundsatzes auf Bewertungsfragen in Teilen des Schrifttums bestritten. Zu weiteren Details vgl. *Weber-Grellet*, in: Schmidt, EStG, 33. Aufl. 2014, § 5 Rz. 33.

keitswirkung für steuerbilanzielle Zwecke entfalten. Gemeint sind im Übrigen nur „deutsche GoB"; GoB ausländischer Rechtsordnungen bleiben außer Betracht. Sog. **Ausweis-GoB** haben nur in Sonderfällen Relevanz.[9] Die IFRS (endorsed) als internationale Rechnungslegungsstandards mit Europarechtscharakter sind keine GoB.[10] Im Ergebnis ist der Rekurs auf die handelsrechtlichen GoB in einer ertragsteuerlichen Kernvorschrift mit überragender Bedeutung im Unternehmenssteuerrecht zunächst einmal erstaunlich und im Wesentlichen nur Praktikabilitäts- und Vereinfachungsgesichtspunkten geschuldet, um Kaufleuten eine Einheitsbilanz zu ermöglichen. Steuersystematische Belastungserwägungen spielten dafür seinerzeit keine Rolle.[11] Die maßgeblichkeitsbedingte Verknüpfung von Handels- und Steuerbilanz ist folglich kein Grundprinzip unserer Rechtsordnung.[12] Dessen ungeachtet ist sie rechtspraktisch von erheblicher Bedeutung.

335 **Generalklauselartiger Rechtsverweis auf handelsrechtliche GoB:** § 5 Abs. 1 EStG verweist für steuerbilanzielle Zwecke in Gestalt einer Art Generalklausel auf die handelsrechtlichen GoB. Eine „Transformation" von Handelsrecht in originäres Steuerbilanzrecht erfolgt dadurch nicht. Stets sind die handelsrechtlichen GoB vielmehr im Licht steuerlicher Leistungsfähigkeitsüberlegungen zu werten.[13] Die ertragsteuerliche Teleologie ist für die steuerrechtliche Normanwendung auslegungsprägend. Lt. Großem Senatsbeschluss v. 31. 1. 2013 sind spezielle steuerrechtliche Vorschriften auch dann eigenständig auszulegen und anzuwenden, wenn sie im Handelsrecht eine Entsprechung finden.[14] Die Formulierungen, mit denen der BFH auf die handelsrechtlichen GoB Bezug nimmt, sind allerdings unterschiedlich. So führt der I. Senat des BFH im Urteil vom 25. 8. 2010 im Zusammenhang mit der steuerbilanziellen Behandlung von Aktienoptionen Folgendes aus:[15]

> „Maßgeblich für die Ermittlung des Gewinns der Klägerin sind nach § 5 Abs. 1 Satz 1 EStG die Vorschriften des HGB und des Aktiengesetzes."

Im Apothekerbeschluss des Großen Senats beim BFH vom 23. 6. 1997 wird der steuerbilanzielle GoB-Bezug etwas abweichend gekennzeichnet:[16]

> „Nach dem Maßgeblichkeitsgrundsatz des § 5 Abs. 1 EStG haben Gewerbetreibende, [...], bei der Bilanzierung die GoB zu beachten."

In anderen Urteilen wird dagegen auf konkrete, geschriebene oder ungeschriebene GoB Bezug genommen. Dies erfolgt beispielsweise im BFH-Urteil vom 14. 4. 2011 im Zusam-

9 So kann etwa die Unterscheidung Anlagevermögen/Umlaufvermögen für Zwecke des § 8b Abs. 7 Satz 2 KStG Bedeutung haben. Zu den Ausweis-GoB vgl. *Anzinger*, in: HHR, § 5 EStG Anm. 263 (Stand: Februar 2014).

10 Zu weiteren Nachweisen s. Rz. 391.

11 So zutreffend BVerfG, Beschluss vom 12. 5. 2009 – 2 BvL 1/00, BStBl 2009 II S. 685.

12 So *Wendt*, Bilanzrecht, in: Leitgedanke des Rechts, Paul Kirchhof zum 70. Geburtstag, Bd. II, 2013, S. 1961.

13 Zur Diskussion um die Rechtsqualität des GoB-Verweises in § 5 Abs. 1 EStG vgl. *Buciek*, in: Blümich, § 5 EStG Rz. 151; *Crezelius*, in: Kirchhof, EStG, 13. Aufl. 2014, § 5 Rz. 8; *Mathiak*, Festschrift Beisse, Düsseldorf 1997, S. 323-334; *Schulze-Osterloh*, DStR 2011 S. 534 f.

14 BFH, Beschluss vom 31. 1. 2013 – GrS 1/10, BStBl 2013 II S. 317, Rz. 74. Dazu auch *Prinz*, WPg 2013 S. 650, 653.

15 BFH, Urteil vom 25. 8. 2010 – I R 103/09, FR 2011 S. 231.

16 BFH, Beschluss vom 23. 6. 1997 – GrS 2/93, BStBl 1997 II S. 735, 737.

menhang mit der Aufteilung eines Windparks in mehrere einheitlich abzuschreibende Wirtschaftsgüter:[17]

> „Nach dem Grundsatz der Einzelbewertung in § 252 Abs. 1 Nr. 3 HGB, der nach § 5 Abs. 1 Satz 1 EStG auch in der Steuerbilanz zu beachten ist, sind die Wirtschaftsgüter (Vermögensgegenstände) einzeln anzusetzen und zu bewerten [...]“

Positive und negative Wirkungen des GoB-Bezugs: Im Hinblick auf das Gebot der Rechtssicherheit für steuerliche Bilanzierungs- und Bewertungsfragen wirkt die Bezugnahme auf die handelsrechtlichen GoB insgesamt zwiespältig. Einerseits lässt der GoB-Bezug – und dies ist positiv zu werten – Raum für die sachgerechte Abbildung neuer Bilanzierungsphänomene entsprechend deren wirtschaftlichen Gehalts; insoweit „atmen“ die handelsrechtlichen GoB und sind zukunftsweisend.[18] Zu denken ist etwa an die steuerbilanzielle Abbildung von Mehrkomponentengeschäften, Finanztransaktionen sowie Aktienoptionsvergütungen. Im Übrigen können aus ungeschriebenen GoB im Laufe der Jahre kodifizierte GoB werden (s. etwa § 254 HGB zu Bewertungseinheiten). Andererseits aber – und dies wirkt tendenziell negativ – bleiben originäre steuerbilanzrechtliche Grundfragen, wie etwa der Wirtschaftsgutbegriff und die Definition der Anschaffungs- oder Herstellungskosten, letztlich offen und können nur mit Rückgriff auf steuerteleologisch gewertetes Handelsbilanzrecht beantwortet werden; das Verhältnis zu steuerspezifischen Ansatz- und Bewertungsvorbehalten schafft dabei Rechtsunsicherheit. Wegen der Verknüpfung mit dem Handelsbilanzrecht werden die dort seit etwa einem Jahrzehnt aufgrund der Entwicklungen in der internationalen Rechnungslegung stattfindenden „Umbrüche“ in die steuerliche Gewinnermittlung hineingetragen. Auch umgekehrte Wirkungen sind zu beobachten. Das BilMoG v. 25. 5. 2009 löst neue und weitreichende Folgefragen im steuerlichen Gewinnermittlungsbereich aus. Seit langem bestehende strukturelle Defizite im Steuerbilanzrecht (etwa bei Bildung und Bewertung von Rückstellungen) werden gerade durch die Fortgeltung der Maßgeblichkeit überdeutlich. Dies ist der Grund dafür, dass immer wieder über die Zukunft der Maßgeblichkeit diskutiert wird. Ein prinzipienbasiertes steuerliches Gewinnermittlungsgesetz kommt deshalb als Alternative zur tradierten Maßgeblichkeit in Betracht.[19] 336

Die durch § 5 Abs. 1 EStG in das Steuerbilanzrecht integrierten handelsrechtlichen GoB sind Bestandteil eines weitergefassten **„Rechnungslegungsrechts“** mit all seinen unternehmensrechtlichen, gesellschaftsrechtlichen und kapitalmarktrechtlichen Bezügen.[20] Eine bilanziell angelegte, gläubigerschützende Kapitalerhaltung trifft mit diversen Informationsaufgaben im handelsrechtlichen Jahresabschluss zusammen. Hier stoßen unterschiedliche Zwecksetzungen der Rechnungslegung aufeinander, die aus „Steuerperspektive“ mitunter problematisch sind. Insoweit sind GoB „mehrfunktional“, wobei die BFH-Rechtsprechung – und nicht der eigentlich für das Zivilrecht zuständige BGH – 337

17 BFH, Urteil vom 14. 4. 2011 – IV R 46/09, DStR 2011 S. 1024.

18 Siehe dazu etwa *Beisse*, Festschrift Moxter, Düsseldorf 1994, S. 3, 25: „Der Systemcharakter der GoB ermöglicht eine kontinuierliche, organische Rechtsfortbildung ohne Tätigwerden des Gesetzgebers.“

19 Zu entsprechenden konzeptionellen Überlegungen vgl. *Hennrichs*, StuW 2005 S. 264; *Prinz*, DB 2010 S. 2069, 2075 f.

20 Plakativ dazu *Großfeld/Luttermann*, Bilanzrecht, 4 Aufl. 2005, S. 1: „Rechnungslegung ist Rechtsakt“.

in der Praxis das Handelsbilanzrecht prägt. Handels- und Steuerbilanz haben sich deshalb „gewollt oder ungewollt“ stets wechselseitig über die Auslegung von GoB „beeinflusst“. Diese wechselseitige Verflechtung von Handels- und Steuerbilanz lässt sich auch international beobachten.[21] Allerdings dürfte eine einzige „getreue bilanzwahre Rechenschaftslegung“ für handels- und steuerbilanzielle Zwecke praktisch durchgängig kaum zu erreichen sein, sie ist eher ein „Ideal“.[22] Ohne Durchbrechungen ist die Maßgeblichkeit nie ausgekommen; dies zeigen historische Beispiele. Die Verhinderung eines übermäßigen Zugriffs durch den Fiskus via Maßgeblichkeit war wegen der diversen steuerspezifischen Ansatz- und Bewertungsvorbehalte immer nur „relativ“. Auf der zweiten Gewinnermittlungsstufe besteht ohnehin kein „Bilanzschutz“.[23] Trotz der (jedenfalls äußerlichen) Zweckdivergenzen zwischen Handels- und Steuerbilanz muss man erkennen, dass es zum einen eine **„Einheit des Rechnungswesens“** gibt, zum anderen ein breiter gemeinsamer Kernbestand an Buchführungs- und Bilanzierungsdaten besteht, den es zu erhalten und zu stärken gilt. Eine – wie auch immer geartete – „Verschränkung“ von Informations-, Ausschüttungsbemessungs- und Besteuerungsfunktion wird daher bestehen bleiben müssen.[24]

338 Nur die materielle Maßgeblichkeit hat in § 5 Abs. 1 Satz 1 EStG ihre Rechtsgrundlage gefunden. Die **formelle oder umgekehrte Maßgeblichkeit** wurde durch das BilMoG vom 25. 5. 2009 ab seinem Inkrafttreten im VZ 2009, spätestens mit Wirkung ab 1. 1. 2010, beseitigt. Aktuell könnte allerdings eine neue faktische umgekehrte Maßnahme durch die Steuertaxonomie der E-Bilanz (§ 5b EStG) entstehen, die in das Handelsbilanzrecht ausstrahlt.[25] Auch der neugefasste R 6.11 Abs. 3 EStR 2012 zur steuerlichen Bewertungsobergrenze bei Rückstellungen könnte Folgewirkungen bei den handelsbilanziellen Rückstellungen auslösen. Eine **phasenverschobene Maßgeblichkeit**, die erst in Folgebewertungszeiträumen zur Anwendung gelangen soll, wurde zwar von Seiten der Vertreter der Finanzverwaltung lange Zeit für umwandlungssteuerrechtliche Fragen diskutiert, ist aber zwischenzeitlich zu Recht aufgegeben worden. Bei entgeltlich übernommenen passivierungsbeschränkten Verpflichtungen gilt neuerdings § 5 Abs. 7 EStG (i. d. F. AIFM-StAnpG v. 18. 12. 2013), der aus Gründen vermeintlicher Missbrauchsabwehr entgegen dem Anschaffungskostenprinzip bei der Folgebilanzierung einen (ggf. verteilbaren) „steuerpflichtigen Erwerbsgewinn“ kreiert. Schließlich existiert eine Art **faktische Maßgeblichkeit** über § 5 Abs. 1a Satz 2 und Abs. 4a Satz 2 EStG für Zwecke einer Bewertungseinheit. Schließlich ist mit dem Prinzip der Zeitbewertung (= beizulegender Zeitwert) für Finanzinstrumente des Handelsbestands bei Kreditinstituten und Finanzdienstleistern durch § 6 Abs. 1 Nr. 2b EStG eine weitere faktische Maßgeblichkeit geschaffen worden. Beim fair value für Finanzinstrumente des Handelsbestands bei Kreditinstituten wird der Gleichklang von Handels- und Steuerbilanz vom Gesetzgeber

21 *Schanz/Schanz*, StuW 2009 S. 311-322; *Watrin*, Festschrift Herzig, München 2010, S. 495-507.

22 Vgl. *Luttermann*, RIW 2010 S. 417, 420.

23 Zu den Unterschieden bei der zweistufigen Gewinnermittlung vgl. *Prinz*, DStJG 34 (2011), S. 135, 144-146.

24 Vgl. dazu auch *Prinz*, Festschrift Raupach, Köln 2006, S. 279, 281.

25 Zu Überlegungen einer Einheitstaxonomie für E-Bilanz und Offenlegung vgl. *Herzig/Schäperclaus*, DB 2013, S. 1.

offensichtlich gewünscht, obwohl insoweit Fundamentalverstöße gegen das Anschaffungskostenprinzip sowie Realisationsgrundsätze erfolgen.[26]

(Einstweilen frei) 339–344

1.2 Rechtsentwicklung des Maßgeblichkeitskonzepts

Historisch betrachtet ist der Maßgeblichkeitsgrundsatz Ende des 19. Jh. – also vor weit 345
mehr als 100 Jahren – unter **Praktikabilitäts- und Vereinfachungsgesichtspunkten** entstanden. Zudem waren die damals geltenden Steuersätze – gemessen am heutigen Belastungsniveau – extrem niedrig. Hintergrund war: Der Kaufmann habe ohnehin Rechnung zu legen, also eine Handelsbilanz aufzustellen, die gleichzeitig auch Basis für die Besteuerung sein sollte (kaufmännische Einheitsbilanz).[27] Systematisch untermauert wurde das Maßgeblichkeitsprinzip vor allem durch die **„Stille Teilhaber-These"** von *Döllerer*[28], wonach sich der Fiskus und die Anteilseigner gleichermaßen auf den Zugriff nach einem vorsichtig ermittelten ausschüttungsfähigen Jahresgewinn beschränken sollten (weitgehend deckungsgleiche Ausschüttungsbemessungs- und Besteuerungsfunktion). Maßgeblichkeit soll dadurch „neben Vereinfachung und Praktikabilität" vor einem übermäßigen fiskalischen Zugriff schützen. Dies sind die beiden traditionellen Begründungsstränge der Maßgeblichkeit.

Das Maßgeblichkeitsprinzip hat **keinen Verfassungsrang**. So hat das BVerfG in seinem 346
Beschluss vom 12. 5. 2009 zutreffend herausgestellt, dass der maßgeblichkeitsgeprägte BV-Vergleich seine Existenz Gründen der Praktikabilität und nicht „primär Überlegungen zur gerechten Verteilung von Steuerlasten" verdankt.[29] Der Maßgeblichkeitsgrundsatz verkörpert damit „eine entwicklungsoffene Leitlinie" und ist nicht etwa „als eine strikte, einmal getroffene Belastungsgrundentscheidung des Gesetzgebers" zu verstehen. Dies ist zwar historisch betrachtet zutreffend, aber weder steuersystematisch noch folgerichtig begründet. Dem abschnittsbezogenen Zeitmoment bei der Erfassung eines besteuerungswürdigen Gewinns trägt diese Leitvorstellung des BVerfG nur schwerlich Rechnung. Ungeachtet dessen wird die Wahrnehmung der handelsbilanziellen Informationsfunktion ergänzend dem Anhang als Bestandteil des Jahresabschlusses (§ 264 Abs. 1 HGB) zugewiesen. Hinzu kommt: Die Döllerer-These ist zwischenzeitlich stark umstritten, da der Schutz vor fiskalischen Eingriffen dem Verfassungsrecht obliegt, primär auf Kapitalgesellschaften, weniger auf Personenunternehmen abzielt und der „wahre", unter Leistungsfähigkeitsaspekten besteuerungswürdige Gewinn von

26 Zu Details vgl. Teil A Kap. VII.

27 Vgl. *Ballwieser*, Festschrift Spindler, Köln 2011, S. 577, 580; *Beisse*, Gedächtnisschrift Knobbe-Keuk, Köln 1997, S. 385-409; *Thiel/Lüdtke-Handjery*, Bilanzrecht, 5. Aufl. 2005, S. 111; *Hennrichs*, in: Tipke/Lang, Steuerrecht, 21. Aufl. 2012, § 9 Rz. 40-52; *Thiel*, Festschrift Meilicke, 2010, S. 733-735; eingehend auch *Schneider*, Festschrift Krawitz, S. 707-713; *v. Wolfersdorff*, Steuerbilanzielle Gewinnermittlung, Düsseldorf 2014, S. 201-215. Mitunter ist von dem Maßgeblichkeitsgrundsatz als einem „Relikt aus dem 19. Jahrhundert" die Rede; so *Weber-Grellet*, in: Schmidt, EStG, 33. Aufl. 2014, § 5 Rn. 27. Zu empirischen Erkenntnissen im Zusammenhang mit Einheitsbilanzen vgl. *Haller/Ferstl/Löffelmann*, DB 2011 S. 88 und auf Basis des BilMoG *Herzig*, DB 2012 S. 1343-1351.

28 Vor allem *Döllerer*, BB 1971 S. 1333.

29 BStBl 2009 II S. 685. Kritisch dazu *Hey*, DStR 2009 S. 2561, 2564-2568; *Hennrichs*, Festschrift Lang, Köln 2010, S. 237-254; *Schulze-Osterloh*, Festschrift Lang, Köln 2010, S. 255-262; *Hüttemann*, Festschrift Spindler, Köln 2011, S. 627-639.

einem durch den Anteilseigner bezogenen Ausschüttungsanspruch abweichen kann. Schließlich ist durch das BilMoG vom 25.5.2009 mit (vereinfacht) Wirkung ab 1.1.2010 neuer „Änderungsdruck" auf die GoB erfolgt. Zwar bewahrt das BilMoG die Mehrfunktionalität des Einzelabschlusses und hält am Maßgeblichkeitsgrundsatz zur Verknüpfung mit dem Ertragsteuerrecht fest. Die verstärke Berücksichtigung angelsächsisch geprägter Informationsverbesserung hat allerdings erkennbar neue Aspekte der internationalen Rechnungslegung in das eigentlich kontinentaleuropäisch geprägte HGB hineingetragen, die Bedeutung auch für die handelsrechtlichen GoB erlangen können.

347 Belegt durch die **„Geschichte des Maßgeblichkeitsprinzips"** wird deutlich: Zu Ende diskutiert ist die Frage der Sinnhaftigkeit des Maßgeblichkeitsprinzips sicher nicht. In jüngerer Zeit erheben die „Befürworter der Maßgeblichkeit" – meist unter Rückgriff auf die Döllerer-These und schlichte Vereinfachungsüberlegungen bei klein- und mittelständischen Bilanzierern – wieder sehr vernehmbar ihre Stimme.[30] Allerdings muss man aus besteuerungspraktischer Sicht konstatieren: Die Schutzfunktion der Handelsbilanz vor fiskalischen Eingriffen im Ertragsteuerrecht ist wegen der zwischenzeitlich zahlreichen gesetzlichen Durchbrechungen der Maßgeblichkeit („durchlöcherte Maßgeblichkeit") und die durch das BilMoG abgeschaffte Umkehrmaßgeblichkeit ohnehin stark eingeschränkt. Verstärkt wird dies durch zunehmende Korrekturen auf der zweiten (außerbilanziellen) Gewinnermittlungsstufe (beispielsweise durch DBA-Freistellungen oder die Beteiligungsertragsbefreiung gem. § 8b KStG). Schließlich: Die europäischen Harmonisierungsbemühungen um eine GKKB (Gemeinsame Konsolidierte Körperschaftsteuer-Bemessungsgrundlage) – neuerdings in einem „step by step approach" auf die harmonisierte Gewinnermittlung als ersten Baustein konzentriert – erfordern letztlich ein Ende der Maßgeblichkeit.

348–349 *(Einstweilen frei)*

1.3 Grenzen der Maßgeblichkeit

1.3.1 Bilanzierungs- und Bewertungsvorbehalte

350 Das Steuerbilanzrecht enthält eine Reihe von Ansatz- und Bewertungsvorbehalten, die den allgemeinen Maßgeblichkeitsgrundsatz des § 5 Abs. 1 EStG verdrängen. § 60 Abs. 2 EStDV fordert entsprechend eine Anpassung der Handelsbilanz an die steuerlichen Vorschriften. Die handelsrechtlichen GoB bleiben allerdings subsidiär – etwa bei auftretenden Regelungslücken – stets anwendbar.[31] Dieses „überlagernde Nebeneinander" steuerbilanzieller Spezialregelungen und allgemeiner GoB bereitet der Besteuerungspraxis immer wieder Schwierigkeiten. Aktuell ist dies besonders im Rückstellungsbereich zu

30 Vgl. vor allem *Schön* (mit seinem Mitarbeiterteam am Max-Planck-Institut für Geistiges Eigentum, Wettbewerbs- und Steuerrecht, München), Steuerliche Maßgeblichkeit in Deutschland und Europa, Köln 2005, S. 1-156; s. ergänzend auch *Mayr*, in: Hey: DStJG Band 34: Einkünfteermittlung, Köln 2011, S. 327-352; *Anzinger*, in: HHR, § 5 EStG Anm. 192 (Stand: Februar 2014).

31 Vgl. zu § 5 Abs. 6 EStG *Anzinger*, in: HHR, § 5 EStG Anm. 2251 ff. (Stand: Februar 2014). Ausdrücklich etwa auch BFH, Urteil vom 15.7.1998 – I R 24/96, BStBl 1998 II S. 728, 730. Daneben besteht ein ausdrücklicher steuerlicher Wahlrechtsvorbehalt, der hoch umstritten ist.

beobachten (s. R 6.11 Abs. 3 EStR 2012 sowie §§ 4f, 5 Abs. 7 EStG i. d. F. AIFM-StAnpG v. 18. 12. 2013).

Steuergesetzliche Ansatz- und Bewertungsvorbehalte haben vor dem allgemeinen Maßgeblichkeitsgrundsatz Vorrang (Subsidiarität der Maßgeblichkeit): Für den Bilanzierungsbereich (= Ansatz dem Grunde nach) gehen vor allem § 5 Abs. 2-5 EStG den handelsrechtlichen GoB vor. Zu nennen sind beispielsweise das Aktivierungsverbot für selbst erstellte immaterielle Wirtschaftsgüter (§ 5 Abs. 2 EStG), das bedeutsame und höchst streitige Ansatzverbot für Drohverlustrückstellungen (§ 5 Abs. 4a EStG) sowie die Festlegung einer steuergesetzlichen Bewertungseinheit (§ 5 Abs. 1a Satz 2 EStG). Bei den vorrangigen steuergesetzlichen Bilanzierungsregelungen handelt es sich um Ansatzgebote, Ansatzverbote und spezielle Vorbehaltsregelungen gegenüber den allgemeinen GoB (etwa für Jubiläumsrückstellungen, § 5 Abs. 4 EStG). Darüber hinaus sind weitere steuerbilanzrechtliche Vorbehalte zu beachten, die vor allem in § 5 Abs. 6 EStG zusammengestellt sind. Danach haben etwa die Normen über die Bewertung einschließlich der typisierenden Abschreibungen (§§ 6-7k EStG) sowie die Betriebsausgaben (§ 4 Abs. 4-8 EStG) vor (allgemeinen) handelsrechtlichen GoB Vorrang. § 5 Abs. 6 EStG wird entsprechend üblicherweise als steuergesetzlicher Bewertungsvorbehalt bezeichnet, betrifft darüber hinaus aber auch Bilanzierungsfragen. Die steuergesetzlichen Ansatz- und Bewertungsvorbehalte verkörpern das originäre Steuerbilanzrecht. Nur in Teilen durchbrechen sie GoB inhaltlich (etwa § 5 Abs. 4a EStG oder § 5 Abs. 7 EStG), in Teilen haben sie nur Klarstellungsfunktion. Insgesamt ist die steuerbilanzielle Bedeutung der handelsrechtlichen GoB im Bilanzierungsbereich deutlich höher als bei Bewertungsfragen, da die dort vorzufindende steuergesetzliche Regelungsdichte (insbes. §§ 6, 7 EStG) ausgeprägter ist. Der Wirtschaftsgutbegriff, Fragen des rechtlichen und wirtschaftlichen Eigentums sowie die Abgrenzung Betriebsvermögen/Privatvermögen sind stark GoB geprägt. Neuerdings wird in R 6.11 Abs. 3 EStR 2012 gestützt auf den Maßgeblichkeitsgrundsatz der handelsrechtliche Rückstellungsansatz als Bewertungsobergrenze im Steuerbilanzrecht – ungeachtet der Spezialregelung des § 6 Abs. 1 Nr. 3a EStG – definiert. Eine Ausnahme besteht für Pensionsrückstellungen. Dies betrifft vor allem Sachleistungsverpflichtungen und resultiert insbesondere aus Unterschieden in der Abzinsungsmethodik in Handels- und Steuerbilanz. Aus Billigkeitsgründen lässt die Finanzverwaltung für Altkonstellationen eine 15-jährige Streckung des „Auflösungsgewinns" zu. M.E. offenbart diese Verwaltungsanweisung ein Fehlverständnis der Maßgeblichkeit, denn eine steuergesetzliche Regelungslücke besteht insoweit gerade nicht, da die Methodik der Rückstellungsbewertung detailreich in § 6 Abs. 1 Nr. 3a EStG kodifiziert ist. Ob der BFH – so wie im Judikat v. 11. 1. 2012 für einen Rückstellungsfall im Streitjahr 2005 „angedeutet" [32] – das Rechtsverständnis der Finanzverwaltung für eine fiskalbegünstigende Restmaßgeblichkeit billigt, bleibt abzuwarten.[33] 351

32 BFH, Urteil vom 11. 10. 2013 – I R 66/11, BStBl 2013 II, S. 676, Rz. 14.

33 Kritisch zur FinVerw-Auffassung *M. Prinz/Fellinger*, Ubg 2013 S. 362; *U. Prinz*, DB 34, 2012, M9 sowie DB 45, 2013, M1; *U. Prinz/Hütig*, StuB 2012 S. 798 f.; *Velte*, StuB 2013 S. 197, 205; *Ortmann-Babel/Berlik/Schönefeld*, NWB 2013 S. 1380, 1382-1385; *Briesemeister/Joisten/Vossel*, FR 2013 S. 164. Von einem „dynamischen Verweis" in § 6 Abs. 1 Nr. 3a EStG dagegen sprechen *Hörhammer/Rosenbaum*, StuB 2013 S. 250, 253 und DStZ 2013 S. 345, 349 f.

352 **Rechtsprechungsseitige Bilanzierungs- und Bewertungsvorbehalte:** Über die steuergesetzlichen Vorbehalte hinaus hat der Große Senat des BFH in seinem Beschluss vom 3. 2. 1969 folgenden nach wie vor geltenden „Programmsatz" für eine Durchbrechung der Maßgeblichkeit aufgestellt (= Wahlrechtsrechtsprechung):[34] Handelsrechtliche Aktivierungswahlrechte führen zu steuerbilanziellen Aktivierungsgeboten, handelsrechtliche Passivierungswahlrechte führen zu steuerbilanziellen Passivierungsverboten, wobei allerdings steuergesetzliche Spezialregelungen jeweils vorgehen. Entsprechendes gilt für handelsrechtliche Aktivierungsgebote und Passivierungsverbote. Die Rechtsprechung begründet diese Durchbrechung handelsrechtlicher Wahlrechte mit dem Gebot der Leistungsfähigkeitsbesteuerung:

> „Da es dem Sinn und Zweck der steuerrechtlichen Gewinnermittlung entspricht, den vollen Gewinn zu erfassen, kann es nicht im Belieben des Kaufmanns stehen, sich durch Nichtaktivierung von Wirtschaftsgütern, die handelsrechtlich aktiviert werden dürfen, oder durch den Ansatz eines Passivpostens, der handelsrechtlich nicht geboten ist, ärmer zu machen, als er ist."

Diese Rechtsprechungsgrundsätze gelten nach herrschender Meinung auch für die Zeit nach Inkrafttreten des BilMoG vom 25. 5. 2009 weiter – ungeachtet des Bemühens des Gesetzgebers um Wahlrechtsreduzierungen. Die Finanzverwaltung bestätigt dies im BMF-Schreiben vom 12. 3. 2010. Daneben ist allerdings stets der steuerliche Wahlrechtsvorbehalt des § 5 Abs. 1 Satz 1 2. Halbsatz EStG zu beachten.

353–359 *(Einstweilen frei)*

1.3.2 Gesetzlicher Wahlrechtsvorbehalt

360 Der steuergesetzliche Wahlrechtsvorbehalt des § 5 Abs. 1 Satz 1 2. Halbsatz EStG spricht zwar von seinem Wortlaut her nur von einem „wahlweisen Ansatz" eines Bilanzpostens, betrifft nach herrschender Meinung allerdings sowohl steuerliche Ansatz- wie auch Bewertungswahlrechte. In der Dokumentationsregelung des § 5 Abs. 1 Satz 2 EStG wird entsprechend Bezug genommen auf einen vom Handelsrecht abweichenden „Wert". Ansonsten ist die „Reichweite" des steuergesetzlichen Wahlrechtsvorbehalts hoch umstritten. Der historische Gesetzgeber hat nach Maßgabe der einschlägigen Regierungsbegründung zum BilMoG an große Abweichungen gegenüber dem Vor-BilMoG geltenden Rechtszustand im Hinblick auf den Wegfall der Umkehrmaßgeblichkeit wohl eher nicht gedacht, auch wenn Bundesrat und Bundestag in Stellungnahmen und Gegenäußerungen im Zuge des Gesetzgebungsprozesses durchaus unterschiedliche Akzentuierungen vorgenommen haben. Die Finanzverwaltung allerdings geht in ihrem Schreiben vom 12. 3. 2010 von einem tendenziell umfassenden steuerlichen Wahlrechtsvorbehalt aus.[35] Wahlrechte, die nur steuerrechtlich bestehen, aber sowohl handels- als auch steuerrechtlich bestehende Optionsmöglichkeiten können demzufolge

34 BFH, Beschluss vom 3. 2. 1969 – GrS 2/68, BStBl 1969 II S. 291. Vgl. auch *Crezelius,* in: Kirchhof, EStG, 13. Aufl. 2014, § 5 Rn. 6.

35 Vgl. BMF, Schreiben vom 12. 3. 2010, BStBl 2010 I S. 239. In einer tabellarischen Gegenüberstellung der wesentlichen Abweichungen zwischen HB/StB vgl. OFD Münster, Kurzinfo ESt Nr. 17/2012 vom 14. 9. 2012, DB 2012 S. 2309.

nach Meinung des BMF ohne handelsrechtliche Vorprägung ausgeübt werden. Wahlrechte auf der zweiten, außerbilanziellen Gewinnermittlungsstufe sind vom Wahlrechtsvorbehalt des § 5 Abs. 1 EStG naturgemäß nicht betroffen. Eine phasenverschobene Maßgeblichkeit sieht § 5 Abs. 1 EStG nicht vor.

GoB-inkonforme Steuervergünstigungswahlrechte sind nach übereinstimmender Meinung von Finanzverwaltung und Schrifttum nur noch steuerbilanziell abzubilden (ohne Geltung des Stetigkeitsgebots). Sie sind wegen ihrer informationsverzerrenden Wirkung aus der Handelsbilanz „herauszulassen". § 6b-Rücklagen, steuerliche Sonderabschreibungen (wie etwa § 7g EStG) und anderweitige steuerfreie Rücklagen – etwa die Rücklage für Ersatzbeschaffung gem. R 6.6 EStR oder die Rücklage für Zuschüsse nach R 6.5 Abs. 4 EStR; man spricht von „Richtlinienwahlrechten" – treten deshalb seit 1. 1. 2010 nur noch steuerbilanziell auf. In der Vergangenheit (im Wesentlichen bis 31. 12. 2009) konnten derartige Steuervergünstigungswahlrechte[36] nur über die jeweilige handelsbilanzielle Öffnungsklausel in den Einzelabschluss Eingang finden. Der handelsbilanzielle Gewinn ist deshalb von steuerlichen Subventionswahlrechten – abgesehen von dadurch ausgelösten passiven Steuerlatenzen – unbeeinflusst und „ausschüttungsfähig". Hier liegt der Kern der vom BilMoG-Gesetzgeber angestrebten Entkoppelung von Handels- und Steuerbilanz. 361

BEISPIEL: Die § 6b-Rücklage wird als „Klassiker eines Steuersubventionswahlrechts" ausdrücklich in Tz. 14 des BMF-Schreibens vom 12. 3. 2010 angesprochen. Sie ermöglicht eine „Verschiebung" von Steuerzahlung in die Zukunft und ist mit der Erfüllung der Informationsaufgabe der Handelsbilanz nicht vereinbar. Eine Minderung der Anschaffungs- oder Herstellungskosten oder die Bildung einer entsprechenden Rücklage ist deshalb nur noch wahlweise steuerbilanziell zulässig und nicht mehr in der Handelsbilanz zu finden. In der Handelsbilanz wird allerdings eine passive Steuerlatenz wegen des durch die § 6b-Rücklage ausgelösten „Steueraufschubs" auszuweisen sein.

Weitere steuerliche Wahlrechte: Nach Finanzverwaltungs-Auffassung im BMF-Schreiben vom 12. 3. 2010 erstreckt sich der steuerliche Wahlrechtsvorbehalt über die GoB-inkonformen Steuervergünstigungswahlrechte hinaus auch auf steuerliche Teilwertabschreibung aufgrund dauernder Wertminderung (mit Ausnahme willkürlicher Gestaltungen), Verbrauchsfolgeverfahren sowie lineare und degressive AfA (bis hinzu abweichenden Nutzungsdauern)[37]. Für Pensionsverpflichtungen gem. § 6a EStG sieht die Finanzverwaltung eine handelsbilanzielle Passivierungspflicht, die bei Erfüllung der Tatbestandsvoraussetzungen des § 6a EStG auf die Steuerbilanz „durchschlägt". Der Einbeziehung von Fremdkapitalzinsen in die Herstellungskostenermittlung gem. § 255 Abs. 3 Satz 2 HGB ist laut Tz. 6 des BMF-Schreibens vom 12. 3. 2010 steuerbilanziell zu folgen; hier lebt eine Art „formelle Maßgeblichkeit" weiter. Entsprechendes gilt für den 362

36 Vgl. zur Typologie steuerlicher Wahlrechte instruktiv *Hennrichs*, Ubg 2009 S. 535 f. Er unterscheidet: Steuervergünstigungswahlrechte, GoB-konforme Wahlrechte sowie fiskalisch motivierte Wahlrechte. Umfassend dazu auch *Hennrichs*, Wahlrechte im Bilanzrecht der Kapitalgesellschaften, 1999, S. 35 ff. Zu einer praxisorientierten Einteilung auch *Ernsting*, StbJb 2010/2011 S. 219, 223.

37 Vgl. eingehend *Hennrichs*, Ubg 2011 S. 788; *Meinel*, DStR 2011 S. 1724.

Festwert und Gruppenbewertungen (§ 241 Abs. 3, 4 HGB, Tz. 7 BMF-Schreiben). Überraschend wird in Tz. 8 des BMF-Schreibens das Einbeziehungswahlrecht für bestimmte Herstellungskosten gem. § 255 Abs. 2 Satz 3 HGB in eine steuerbilanzielle Aktivierungspflicht „umgedeutet", allerdings versehen mit einer zeitlichen Anwendungsverschiebung.[38] Für Neufälle – Beginn der Herstellung ab dem 29. 3. 2013 – ist das Einbeziehungsgebot in R. 6.3 Abs. 1 EStR 2012 zu finden, allerdings weiterhin „begleitet" durch ein Nichtbeanstandungsschreiben der FinVerw.[39] Schließlich bleibt das Wahlrecht zur Bestimmung des Verbrauchsfolgeverfahrens gem. § 6 Abs. 1 Nr. 2a EStG steuerbilanziell selbständig ausübbar.

363 **Teilwertabschreibung als steuerliches Wahlrecht:** Tz. 15 des BMF-Schreibens vom 12. 3. 2010 lässt in Übereinstimmung mit dem Wortlaut des § 6 Abs. 1 Nr. 1 Satz 2 EStG zu, dass die Vornahme einer außerplanmäßigen Abschreibung in der Handelsbilanz aufgrund voraussichtlich dauernder Wertminderung nicht zwingend in der Steuerbilanz durch eine Teilwertabschreibung nachzuvollziehen ist. Der Steuerpflichtige kann vielmehr auf die Geltendmachung der Teilwertabschreibung verzichten. Diese Sichtweise entspricht der ständigen Handhabung der Teilwertabschreibung auch für originäre Bilanzierungszwecke gem. § 4 Abs. 1 EStG und ist meines Erachtens zutreffend. Denn der Steuerpflichtige muss stets selbst für die Geltendmachung steuermindernder Tatsachen Sorge tragen. Anschließend allerdings findet sich in Tz. 15 eine problematische Einschränkung der teilwertbezogenen Wahlrechtsausübung:

> „Hat der Steuerpflichtige in einem Wirtschaftsjahr eine Teilwertabschreibung vorgenommen und verzichtet er in einem darauffolgenden Jahr auf den Nachweis der dauernden Wertminderung (z. B. im Zusammenhang mit Verlustabzügen), ist zu prüfen, ob eine willkürliche Gestaltung vorliegt."

Eine solche Missbrauchsprüfung ist im Zusammenhang mit Wahlrechten verfehlt, da insoweit eine stetige Handhabung keinen Sinn macht. Allerdings wird man einräumen müssen, dass ein ständiges „Hin und Her" zwischen Teilwertabschreibung und Wertaufholung ohne faktische Wertveränderungen im Einzelfall im Hinblick auf § 42 AO durchaus problematisch sein kann. Die vom Bundesrat im JStG 2010 angeregte Gesetzesänderung, die eine Wahlrechtsverstetigung vorsah, wurde von der Bundesregierung abgelehnt und nicht umgesetzt. Dies ist meines Erachtens zutreffend, da echte Missbrauchsfälle über § 42 AO eingrenzbar sind.

364 **Wahlrechtsvorbehalt für Herstellungskostenuntergrenze?** Die handelsrechtliche HK-Definition des § 255 Abs. 2 Satz 3 HGB sieht ein Einbeziehungswahlrecht für angemessene Teile der Kosten der allgemeinen Verwaltung sowie für angemessene Aufwendungen für soziale Einrichtung des Betriebs, für freiwillige soziale Leistungen und für die betriebliche Altersversorgung vor, soweit diese auf den Zeitraum der Herstellung entfallen. Das BMF-Schreiben vom 12. 3. 2010 geht in Tz. 8 „versteckt" in einem Beispiel – entgegen der Handhabung in den vergangenen Jahrzehnten – von einem handelsbilanziellen Wahlrecht aus, das zu einer steuerlichen Einbeziehungspflicht führt. Die steuer-

38 Vgl. BMF, Schreiben vom 22. 6. 2010, BStBl 2010 I S. 597.

39 Siehe BMF v. 25. 3. 2013, BStBl 2013 I S. 296 (Prüfung des Verwaltungsaufwands durch den Normenkontrollrat).

liche Zwangseinbeziehung allgemeiner Verwaltungskosten bei gleichzeitigem handelsbilanziellen Wahlrecht wirkt steuerverschärfend, kann zu neuen Abweichungen zwischen handels- und steuerbilanziellen Herstellungskosten führen und ist deshalb hochproblematisch. Nachdem Tz. 8 des BMF-Schreibens in der Literatur durchgängig auf Kritik gestoßen ist,[40] hat die Finanzverwaltung im BMF-Schreiben von 22. 6. 2010[41] eine zeitliche Entschärfung vorgenommen. Danach ist es nicht zu beanstanden, wenn für Wirtschaftsjahre, die vor der Veröffentlichung einer geänderten Richtlinienfassung enden, noch nach R 6.3 Abs. 4 EStR 2008 verfahren wird. Zwischenzeitlich ist nun in R. 6.3 Abs. 1 EStR 2012 die Aktivierungspflicht für allgemeine Verwaltungskosten, begrenzt auf Neufälle mit Beginn der Herstellung ab dem 29. 3. 2013, verwaltungsseitig festgelegt worden. Allerdings wurde mit Datum v. 25. 3. 2013 ein „begleitendes" BMF-Schreiben herausgegeben, wonach eine „Nichtaktivierung" bis zur „Verifizierung des damit verbundenen Erfüllungsaufwands" nicht beanstandet wird (Prüfung durch Normenkontrollrat). Ein die nach Art. 108 Abs. 7 GG erlassenen EStR begleitendes Nichtbeanstandungsschreiben ist ein rechtsstaatlich „merkwürdiges" Novum.[42] Zusammengefasst: Vorläufig besteht ein steuerbilanzielles Einbeziehungswahlrecht im Gleichklang mit der Handelsbilanz also weiter.

Eine bloße „zeitliche Aussetzung" der Verwaltungsregelung zum Umfang der Herstellungskosten reicht meines Erachtens aber nicht aus. Vielmehr ist die inhaltliche Aufhebung von R 6.3 Abs. 1 EStR 2012 geboten. Dies im Wesentlichen aus folgenden Gründen: Die Grundgedanken des handelsbilanziellen Einbeziehungswahlrechts für unter einem Angemessenenheitsvorbehalt stehende sonstige Gemeinkosten und ihren doch recht fernen Herstellungsbezug sind auch für das Steuerbilanzrecht sachgerecht. Der besondere Charakter dieser mittelbaren Herstellungsaufwendungen wirkt nicht zwangsläufig leistungsfähigkeitserhöhend, sondern soll lediglich Bewertungsflexibilitäten bei den Unternehmen erlauben. Auch der Bewertungsvorbehalt des § 5 Abs. 6 EStG erfordert keine steuergesetzliche Einbeziehungspflicht, da eine eigenständige steuerbilanzielle Herstellungskostendefinition fehlt. Die vom BFH herangezogene Entscheidung vom 21. 10. 1993[43] ist zu einer alten Rechtslage ergangen und hat die Frage der Verwaltungsgemeinkosten gar nicht behandelt, vielmehr ausdrücklich offen gelassen. Im Übrigen sollen durch das BilMoG ohnehin keine Steuermehreinnahmen ausgelöst werden. Auch im Interesse einer Verminderung von Verwaltungsaufwand erscheint es letztlich daher „nur klug", es bei dem handels- und steuerbilanziellen Gleichlauf des besonderen Einbeziehungswahlrechts zu belassen. 365

Kritik am Wahlrechtsverständnis der Finanzverwaltung: Das verwaltungsseitige Maßgeblichkeitsverständnis mit der Folge eines recht weitreichenden steuerlichen Wahlrechtsvorbehalts ist in der Literatur auf umfangreiche Kritik gestoßen. Teils werden 366

40 Vgl. *Kaminski*, DStR 2010 S. 1395; *Günkel/Teschke*, Ubg 2010 S. 401; *Zwirner*, SteuK 2010 S. 271; *Velte/Sepetauz*, StuB 2010 S. 523; IDW vom 9. 6. 2010, FN-IDW 7/2010 S. 264; *Ortmann-Babel*, BB 2010 S. 1722; *Buchholz*, DB 2010 S. 1430; *Velte*, StBp 2013 S. 235; *Schumann*, DStZ 2013 S. 474; *Korn*, KÖSDI 2013 S. 18260, 18263 f.; *Spingler/Dietter*, Ubg 2013 S. 201-211.

41 BStBl 2010 I S. 597.

42 Vgl. *Prinz*, DB 45/2013, Gastkommentar M1.

43 BFH, Urteil vom 21. 10. 1993 – IV R 87/92, BStBl 1994 II S. 176.

„korrekturbedürftige Schwachstellen" bemängelt,[44] teils regt sich „Fundamentalwiderstand" mit dem Ziel der weitgehenden Bewahrung des „alten" Maßgeblichkeitsverständnisses.[45] Nach meiner Einschätzung ist das Wahlrechtsverständnis des BMF im Grundsatz zutreffend. Der Wortlaut des neuen steuergesetzlichen Wahlrechtsvorbehalts lässt keinerlei einschränkende Hinweise auf Wahlrechtsdifferenzierungen erkennen. Der Wille des historischen Gesetzgebers ist zwar eher wahlrechtsbeschränkend ausgerichtet, letztlich aber nicht eindeutig. Im Gesetzeswortlaut ist er nicht zum Ausdruck gekommen. Für eine teleologische Reduzierung des steuerlichen Wahlrechtsbegriffs ist daher kein Raum. Auch GoB-konforme steuerliche Wahlrechte sind mit Geltung des BilMoG von der Handelsbilanz abkoppelbar; eine vereinheitlichende Wahlrechtsausübung ist in den handelsrechtlichen Grenzen natürlich weiterhin möglich.

367 Der steuerliche Wahlrechtsvorbehalt schafft Raum für eine **eigenständige Steuerbilanzpolitik**. Dabei kann die Abkopplung der Steuerbilanz von der Handelsbilanz in beide Richtungen erfolgen; d. h. der steuerbilanzielle Gewinn kann höher oder niedriger als in der Handelsbilanz liegen (ungeachtet etwaiger latenter Steuern). So wäre etwa in einem Verlustjahr im Hinblick auf § 8c KStG ein Verzicht auf eine wahlweise Inanspruchnahme von Teilwertabschreibungen sinnvoll. Dies erscheint auch bezogen auf (unsystematische) Wertaufholungsfolgen für typisiert pauschalierte Betriebsausgaben gem. § 8b Abs. 3 KStG erwägenswert. Neben der Steuerbilanzpolitik wird man darüber hinaus auch Gesellschaftsverträge auf das neue Maßgeblichkeitsverständnis ausrichten müssen. Dies gilt etwa bei „Einheitsbilanzklauseln" in Gesellschaftsverträgen, die möglicherweise ungewollt Gestaltungsspielräume einschränken.[46]

368–369 *(Einstweilen frei)*

1.3.3 Steuerliche Dokumentationserfordernisse

370 Die steuerbilanzielle Wahlrechtsausübung hängt gem. § 5 Abs. 1 Satz 2, 3 EStG von der Erfüllung definierter Dokumentationspflichten ab. Sie erfordert als (materielle) Tatbestandsvoraussetzung ein **besonderes, laufend zu führendes Verzeichnis**, in das die betroffenen Wirtschaftsgüter aufzunehmen sind. Die Finanzverwaltung gibt im BMF-

44 Etwa *Weber-Grellet*, DB 2009 S. 2402.

45 Vgl. etwa Arbeitskreis der Hochschullehrer Rechtswissenschaft, DB 2009 S. 2570. Im Schrifttum ist eine wahre Beitragsflut festzustellen. Vgl. *Herzig/Briesemeister*, DB 2009 S. 929, 976; *Herzig/Briesemeister*, Ubg 2009 S. 157; *Herzig/Briesemeister*, DB 2010 S. 917; *Herzig*, DStR 2010 S. 1900 und zu empirischer Beobachtungen nach BilMoG, DB 2012 S. 1343; *Stobbe*, DStR 2009 S. 2433; *Briese/Buchholz*, StbW 2010 S. 361; *Dörfler/Adrian*, Ubg 2009 S. 385; *Hennrichs*, Ubg 2009 S. 533 und StbJb 2009/2010 S. 261, 267-271; *Förster/Schmidtmann*, BB 2009 S. 1342; *Scheffler*, StuB 2009 S. 45; *Scheffler*, StuB 2010 S. 295; *Anzinger/Schleiter*, DStR 2010 S. 395; *Geberth/Blasius*, FR 2010 S. 408; *Richter*, GmbHR 2010 S. 505; *Kussmaul/Gräbe*, StB 2010 S. 106; *Wehrheim/Fross*, DStR 2010 S. 1348; *Wehrheim/Fross*, StuW 2010 S. 195; *Schanz/Schanz*, StuW 2009 S. 311; *Freidank/Velte*, StuW 2010 S. 185; *D. Schneider*, Festschrift Norbert Krawitz, 2010, S. 705-721; *Bertel/Erberhartinger/Hirschler*, Festschrift Christiana Djanani, 2008, S. 740; *Günkel*, Festschrift Herzig, München 2010, S. 509; *Meurer*, BB 2009 S. 2364; *Kaminski*, DStR 2010 S. 771; *Frank/Wittmann*, Stbg 2010 S. 362; *Rohler*, GmbH-StB 2010 S. 229; *Schenke/Risse*, DB 2009 S. 1957; *Klein*, NWB 26/2010 S. 2042; *Fischer/Kalina-Kirschbaum*, DStR 2010 S. 399; *Zwirner*, DStR 2010 S. 591; *Hummel*, FR 2010 S. 163; *Niemeyer/Froitzheim*, DStR 2011 S. 538; *Kahle/Schulz/Vogel*, Ubg 2011 S. 178; *Dziadkowski*, IStR 2011 S. 917; *Kahle/Günter*, StuW 2012 S. 43, 45.; *Kahle*, DB 2014 Beilage Nr. 4 S. 8 f.

46 Vgl. eingehender *Hennrichs*, Ubg 2009 S. 539 f.; *Neumayer*, BB 2011 S. 2411, 2412 f.; *Zwirner/Mugler*, DStR 2011 S. 1191.

Schreiben von 12. 3. 2010 (Rz. 19-23) konkretisierende Hinweise, die an verschiedenen Stellen in die EStR 2012 übernommen wurden (etwa R 6.5 Abs. 2 Satz 4, R 6.6 Abs. 1 Satz 2 Nr. 3). In das gesetzlich geforderte Verzeichnis sind der Tag der Anschaffung/Herstellung, die AK/HK, die herangezogene Wahlrechtsnorm und die vorgenommenen Abschreibungen aufzunehmen. Nur bei Wertdifferenzen zwischen Handels- und Steuerbilanz ist eine Aufnahme in das Verzeichnis gefordert. Ob „alte" Wahlrechte, die vor dem Jahr 2010 erstmals ausgeübt wurden und noch Steuerrelevanz haben, verzeichnispflichtig sind, ist umstritten.[47] Meines Erachtens sind nur erstmals ab Inkrafttreten der Regelung ausgeübte Wahlrechte betroffen.

Für steuerliche Wahlrechte im Bereich des Sonderbetriebsvermögens von Mitunterneh- 371
merschaften sowie bei umwandlungssteuerlichen Maßnahmen gelten die gesonderten Aufzeichnungspflichten nicht. Eine besondere Form für die Verzeichnisführung schreibt die Finanzverwaltung nicht vor. In der Praxis sollte man auf eine formell und materiell **ordnungsmäßige Verzeichnisführung** – vollständige, fehlerfreie und im Allgemeinen möglichst zeitnahe Aufzeichnung – achten. Allerdings reicht es laut Rz. 20 des BMF-Schreibens vom 12. 3. 2010 aus, wenn die Dokumentation nach Ablauf des Wirtschaftsjahres im Rahmen der Erstellung der Steuererklärung erfolgt. Aus § 5 Abs. 1 Satz 2 EStG ist dies allerdings nicht zu entnehmen, so dass die Vorlage der Dokumentation bei Betriebsprüfungen ausreichen sollte.[48] Fehlt es an einer ausreichenden Dokumentation durch den Steuerpflichtigen, wird die Finanzverwaltung die von der Handelsbilanz losgelöste steuerliche Wahlrechtsausübung nicht anerkennen. Dabei werden sicherlich auch Verhältnismäßigkeitsgrundsätze zu beachten sein. Üblicherweise wird in der Praxis eine EDV-technische Umsetzung der speziellen steuerlichen Aufzeichnungserfordernisse angestrebt. Insoweit erlaubt die Finanzverwaltung auch einen Rückgriff auf die Angaben im Anlagenverzeichnis sowie im Verzeichnis für geringwertige Wirtschaftsgüter. Schließlich gilt das Gebot ordnungsmäßiger Dokumentation für das Ausübungsjahr des Wahlrechts und die Folgejahre bis zum „Gleichlauf" der Werte in Handels- und Steuerbilanz. Bei übereinstimmenden handels- und steuerbilanziellen Ansätzen gelten die besonderen Aufzeichnungspflichten nicht. Diskutiert wird, ob Fehler in der Verzeichnisführung im Rahmen von Bilanzänderungsmaßnahmen „geheilt" werden können. Dies erscheint im Ergebnis möglich.[49]

(Einstweilen frei) 372–374

1.3.4 Weitere Grenze der Maßgeblichkeit

Für besondere Fallgestaltungen hat der BFH Durchbrechungen des Maßgeblichkeits- 375
grundsatzes – ohne dass besondere steuerbilanzielle Regelungen gelten – auf **§ 42 AO (Missbrauch von rechtlichen Gestaltungsmöglichkeiten)** gestützt. Gemeint ist die höchstrichterliche Rechtsprechung zu Immobilienfonds, Bauherrenmodellen sowie Schiffs- und Windkraftfonds. Sofern sich Kommanditisten beispielsweise aufgrund eines vom Projektanbieter vorformulierten Vertragswerks an einem solchen Kapitalanla-

47 Vgl. *Weber-Grellet*, in: Schmidt, EStG, 33. Aufl. 2014, § 5 Rz. 61.

48 Vgl. *Ortmann-Babel/Bolik*, BB 2010 S. 2099.

49 Vgl. *Ortmann-Babel/Bolik*, BB 2010 S. 2100.

gemodell beteiligen, sind etwa Eigenkapitalvermittlungskosten sowie diverse andere Aufwendungen für Platzierungsgarantien, für Prospekterstellung und Prüfung sowie für Koordinierung und Baubetreuung in die Anschaffungsnebenkosten einzubeziehen und stellen keine sofort abziehbaren Betriebsausgaben dar. Dies geschieht losgelöst davon, dass beispielsweise § 248 Abs. 1 Nr. 2 HGB ein Aktivierungsverbot für Eigenkapitalvermittlungskosten vorsieht. Aufgrund der besonderen steuergesetzlichen Wertungen hat der BFH aufgrund des bestehenden wirtschaftlichen Zusammenhangs mit der Erlangung des Eigentums an den entsprechenden Erwerbsgrundlagen eine Aktivierung für erforderlich angesehen. Der BFH formuliert dies in seiner Grundsatzentscheidung vom 28. 6. 2001 wie folgt:[50]

> „§ 42 AO 1977 geht als spezielle Regelung dem Grundsatz des § 5 Abs. 1 EStG vor [...], denn die Handelsbilanz bildet in Ermangelung einer handelsrechtlichen Regelung nach Art des § 42 AO 1977 nur die tatsächliche Zivilrechtslage ab."

Eine solche Vorrangstellung des § 42 AO wird für steuerbilanzrechtliche Fragen nur in besonders gelagerten Ausnahmefällen in Betracht kommen.

376–379 *(Einstweilen frei)*

1.4 Wirkungen der Maßgeblichkeit

380 Auch wenn im BilMoG vom 25. 5. 2009 die Verknüpfung des handelsrechtlichen Jahresabschlusses mit der Steuerbilanz über den Maßgeblichkeitsgrundsatz bestehen geblieben ist, haben sich beide Rechenwerke seitdem strukturell zunehmend voneinander entfernt. Es existieren mittlerweile eine Vielzahl von Ansatz- und Bewertungsvorschriften mit maßgeblichkeitsdurchbrechendem Inhalt, die ein mehrperiodisches Abweichen der Rechenwerke erzwingen. Hinzu kommt der durch die Finanzverwaltung im BMF-Schreiben vom 12. 3. 2010 „aufgewertete" steuerliche Wahlrechtsvorbehalt. Zwischenzeitlich ist auch bei nachträglichen Bilanzkorrekturen eine Entkoppelung beim Fehlerbegriff in Handels- und Steuerbilanz festzustellen. So hat der BFH durch Beschluss v. 31. 1. 2013[51] den subjektiven Fehlerbegriff hinsichtlich bilanzieller Rechtsfragen aufgegeben; nur noch für Tatsachenfragen gilt die subjektive Einschätzungsprärogative des Steuerpflichtigen. Im Handelsbilanzrecht soll es dagegen unverändert beim subjektiven Fehlerbegriff für Rechts- und Tatsachenfragen bleiben.[52] Schließlich ist die tradierte Schutzfunktion der handelsrechtlichen GoB vor „fiskalischer Willkür" ohnehin stets nur auf der ersten Gewinnermittlungsstufe wirksam gewesen. Durch all dies ist die Steuerbilanz als eigenständiges Rechenwerk ebenso wie das gesamte Feld der Steuerlatenzen zunehmend bedeutsam geworden. In der modernen Rechnungslegungsrealität kann man beobachten: Echte, dem ursprünglichen Vereinfachungszweck der Maßgeblichkeit genügende Einheitsbilanzen gibt es im deutschen Mittelstand und bei den Konzernen nicht mehr. Dies wird man bei der Diskussion um die Zukunft der Maßgeblichkeit mit bedenken müssen.

50 BFH, Urteil vom 28. 6. 2001 – IV R 40/97, BStBl 2001 II S. 717; im Anschluss daran auch BFH, Urteil vom 14. 4. 2001 – IV R 15/09, DStR 2011 S. 1020 mit Anm. *Witt*.

51 BFH, Beschluss vom 31. 1. 2013 – GrS 1/10, BStBl 2013 II S. 317.

52 Vgl. HFA vom 18./19. 6. 2013, Fachnachrichten IDW 8/2013, 356.

Bedeutungsverlust der Maßgeblichkeit in den letzten Jahren: Die in der Vergangenheit im Hinblick auf das Ziel der Erstellung von Einheitsbilanzen starke Maßgeblichkeitsprägung im Steuerbilanzrecht ist in den letzten Jahren „aufgeweicht" worden. Dieser Bedeutungsverlust der Maßgeblichkeit ist vor allem in der höchstrichterlichen Rechtsprechung erkennbar, wobei vornehmlich der BFH, nicht der BGH über die handelsrechtlichen GoB judiziert. Das Zurückdrängen handelsrechtlicher GoB zugunsten von Leistungsfähigkeitsbesteuerungsmaximen ist beispielsweise erkennbar im BFH-Urteil vom 23. 5. 2009,[53] bei dem es um die steuerspezifische Beurteilung einer voraussichtlich dauerhaften Teilwerterhöhung auf Fremdwährungsverbindlichkeiten geht. Das Urteil zeigt auf, dass sich handels- und steuerrechtliche Vorsichtsüberlegungen bei der Prognosebeurteilung von Wertveränderungen durchaus unterscheiden können.[54] Ein weiteres Rechtsprechungsbeispiel: So hat der I. Senat des BFH mit Urteil vom 4. 6. 2008 die Wirkungen der (früher geltenden) umgekehrten Maßgeblichkeit bei der „Stornierung" steuerlicher Sonderabschreibungen begrenzt.[55] Handelsbilanzielle Zuschreibungen nach einer steuerinduzierten Abschreibung bleiben danach ohne steuerliche Wirkung. Das BMF folgt dem, wobei allerdings § 6b-Rücklagen in alter Rechtslage ausgenommen sind.[56] Weiterhin hat auch das BVerfG in seinem Beschluss vom 12. 5. 2009 zu den Jubiläumsrückstellungen die verfassungsrechtliche Bedeutung des Maßgeblichkeitsgrundsatzes stark relativiert; nur in den Willkürgrenzen stellen sich im Steuerbilanzrecht Verfassungsfragen. Einen weiteren „Meilenstein" zur Entkoppelung von Handels- und Steuerbilanz hat der Große Senat des BFH in seinem Fehlerbegriffs-Beschluss v. 31. 1. 2013[57] eingeleitet (subjektiver Fehlerbegriff ist kein GoB; eigenständige Auslegung steuergesetzlicher Bilanzregeln). Schließlich hat der Gesetzgeber mit dem SEStEG vom 7. 12. 2006 den umwandlungssteuerlichen Maßgeblichkeitsgrundsatz, der früher von der Finanzverwaltung „eingefordert" wurde, aufgegeben. In Umwandlungsfällen (etwa Verschmelzung und Formwechsel) lassen sich Handels- und Steuerbilanz heute weitgehend entkoppeln, mit Folgewirkungen für latente Steuern, organschaftlichen Ausgleichsposten usw.[58] 381

Erschwerte Internationalität deutscher Rechnungslegung: Nicht zuletzt wegen der Wirkung des Maßgeblichkeitsprinzips haben die traditionellen deutschen Rechnungslegungsgrundsätze – wie etwa das stark ausgeprägte imparitätische Vorsichtsprinzip – auf dem „internationalen Parkett" einen schweren Stand.[59] Die Verbesserung des Informationsgehalts der Handelsbilanz durch das BilMoG hat daher im Hinblick auf objektivierungsnotwendige Leistungsfähigkeitsaspekte einige neue Steuerregelungen (etwa § 5 Abs. 1a Satz 1 EStG mit einem klarstellenden Verrechnungsverbot für Aktiv- und 382

53 BFH, Urteil vom 23. 5. 2009 – IV R 62/06, DStR 2009 S. 1256. Zum Auseinanderfallen handels- und steuerbilanzielle Beurteilung phasengleiche Ergebnisvereinbarung in Unternehmensverbindungen vgl. auch BFH, Urteil vom 16. 12. 1998 – I R 50/95, BStBl 1999 II S. 551 (sog. Tomberger-Entscheidung).

54 Vgl. *Prinz*, StuB 2009 S. 565 f.

55 BFH, Urteil vom 4. 6. 2008 – I R 48/07, BStBl 2009 II S. 187.

56 BMF, Schreiben vom 11. 2. 2009, BStBl 2009 I S. 397.

57 BFH, Beschluss vom 31. 1. 2013 – GrS 1/10, BStBl 2013 II S. 317.

58 Vgl. *Prinz*, StuB 2007 S. 125; ergänzend auch *Goebel/Ungemach/Reifarth*, DStZ 2010 S. 649.

59 Vgl. zu einer solchen Einschätzung bspw. *Merkt*, in: Hopt/Merkt, Bilanzrecht 2010, Einleitung vor § 238 Rn. 13.

Passivposten), darüber hinaus diverse überleitungsbedingte Ausschüttungs- und Abführungssperren hervorgebracht. Der auch durch das BilMoG erhalten gebliebene handelsrechtliche Anknüpfungspunkt des Steuerbilanzrechts über den Maßgeblichkeitsgrundsatz löst jedenfalls weitere gesellschaftsrechtliche Komplexität aus. Dies erschwert insgesamt die internationale Akzeptanz deutscher Rechnungslegung. Ein von der Maßgeblichkeit komplett gelöstes Steuerbilanzrecht könnte insoweit neue handelsbilanzielle Freiheitsgrade hervorbringen.

383 **„Infizierung" handelsrechtlicher GoB durch internationale Rechnungslegung für Steuerzwecke?** Die Internationalisierung des handelsrechtlichen Jahresabschlusses durch das BilMoG erhält zwar eine (gleichwertige) Mehrfunktionalität. Dessen informationsorientierter Rechenschaftszweck wird tendenziell gestärkt, der Kapitalerhaltungszweck und die maßgeblichkeitsgeprägte Anbindung der Steuerbilanz werden tendenziell geschwächt.[60] Dabei standen diverse IFRS-Regelungen für einige neu kodifizierte Rechnungslegungsvorschriften „Pate". Es ist daher nicht ausgeschlossen, dass IFRS-Gedankengut und IFRS-Erfahrungen über die Rechnungslegungspraxis induktiv auf kodifizierte und nicht kodifizierte handelsrechtliche GoB Einfluss nehmen werden. Dies könnte in der Folge auch steuerbilanzrechtliche Regelungen berühren. Die Rechtsprechung des BFH scheint dem derzeit allerdings Grenzen zu setzen und spricht sich in einigen neueren Urteilen für eine „IFRS-Unmaßgeblichkeit" aus.[61]

Zusammengefasst: Leistungsfähigkeitsorientiertes Steuerbilanzrecht und informationsbezogene IFRS-Rechnungslegung sind „zwei Welten". Trotz der steuerbilanziellen Bezugnahme des § 5 Abs. 1 EStG auf die handelsrechtlichen GoB hat der BFH bislang jegliche mittelbare IFRS-Einflussnahme abgelehnt und damit allein steuerbilanziellen Wertungsprinzipien Rechnung getragen. Dennoch wird sich mittel- und langfristig noch erweisen müssen, ob und inwieweit IFRS-Infizierungswirkungen auf das Steuerbilanzrecht Einfluss nehmen. Im Rahmen der Zinsschranke beispielsweise hat sich der deutsche Steuergesetzgeber nicht davon abhalten lassen, für den Eigenkapital-Escape die IFRS-Abschlüsse als vorrangig anwendbar zu regeln.

384–385 *(Einstweilen frei)*

1.5 Unionsrechtliche Einflussnahme auf das Maßgeblichkeitskonzept

386 Die handelsrechtlichen GoB haben einen Teil ihrer Wurzeln in der 4. EG-Richtlinie vom 25. 7. 1978, die für Kapitalgesellschaften in der EG ein vereinheitlichtes Rechnungslegungsrecht schaffen wollte. Das „true and fair view Gebot" (Bilanzwahrheit) in seinem „GoB-Korsett" ist auf dieser Richtliniengrundlage durch das BiRiLiG 1985 für Kapi-

60 Zu einer umfassenden betriebswirtschaftlichen Analyse vgl. *Solmecke*, Auswirkungen des Bilanzrechtsmodernisierungsgesetzes (BilMoG) auf die handelsrechtlichen Grundsätze ordnungsmäßiger Buchführung, Düsseldorf 2009, S. 259-264.

61 Vgl. *Prinz*, Handelsblatt Steuerboard vom 14. 6. 2011, DB 0423595. Dort wird zum einen verwiesen auf das Stock-Option-Urteil des BFH vom 25. 8. 2010 – I R103/09, DB 2010 S. 2648. Zum anderen wird das Judikat des IV. Senats vom 14. 4. 2011 – IV R 46/09, DStR 2011 S. 1024 mit der Aufteilung eines Windparks in mehrere Wirtschaftsgüter genannt. Dort lehnt der BFH die steuerbilanzielle Anwendung des Komponentenansatzes im EDV-Rechnungslegungshinweis HFA 1.016 (vom 29. 4. 2009) ab. Zu einer ähnlichen Einschätzung s. *Kahle*, StuB 2013 S. 759 f., der die „Gefahr einer Verwässerung der traditionellen GoB" durch die IFRS als derzeit sehr begrenzt ansieht.

talgesellschaften in das HGB transformiert worden (§ 264 Abs. 2 HGB) und wirkt mittelbar – ebenso wie weitere handelsrechtliche Regelungsdetails – über den Maßgeblichkeitsgrundsatz jedenfalls für Kapitalgesellschaften in das steuerliche Gewinnermittlungsrecht hinein (§ 5 Abs. 1 EStG). Im Rahmen des KapCoRiLiG vom 24. 2. 2000 wurden zudem die europäischen Regelungen für haftungsbeschränkte Personengesellschaften in das HGB umgesetzt (etwa § 264a HGB). Dies alles setzt die EU-Rechnungslegungsrichtlinie vom 26. 6. 2013 fort, die bis zum 20. 7. 2015 in deutsches Recht umzusetzen ist, allerdings nur begrenzten Änderungsbedarf auslösen dürfte.[62] Man spricht von einer mittelbaren „Europäisierung des Steuerbilanzrechts".[63] Allerdings sind die handelsrechtlichen GoB stets überlagert, ggf. steuergesetzlich verdrängt durch vorrangige Steuerrechtswertungen.

In Anbetracht dieses Sachstands ist streitig, ob und inwieweit die inländische Steuer- 387
rechtsprechung im Zusammenhang mit bilanzsteuerlichen Fragen aufgrund des Anwendungsvorrangs europäischen Rechts – der auch für europäische Richtlinien gilt – bei Auslegungsunklarheiten an den EuGH als „europäischen Richter" vorlegen muss, zumindest darf (Art. 267 AEUV).[64] Der BFH[65] lehnt in einer Reihe von Entscheidungen eine Vorlagepflicht ab bei eigenständigen steuerrechtlichen Bilanzierungs- und Bewertungsregeln (etwa § 5 Abs. 1a bis Abs. 5 EStG, § 6 EStG) oder (alternativ) soweit keine Kapitalgesellschaften beziehungsweise haftungsbeschränkte Personengesellschaften (insbesondere GmbH & Co. KG) betroffen sind. Hinzu kommt die sogenannte acte claire-Doktrin (kein erkennbarer Zweifel an der Europarechtslage). Dies ist meines Erachtens im Grundsatz zutreffend, da die handelsrechtlichen GoB bei eigenständiger steuerrechtlicher Kodifikation keine steuerbilanzielle Wirkung entfalten; es ist ausschließlich nationales Steuerrecht betroffen. Der EuGH dagegen geht von seiner Zuständigkeit auch in bilanzsteuerrechtlichen Fragen zumindest für den Fall aus, dass ihm nationalstaatliche Gerichte eine Bilanzsteuerrechtsfrage wegen europarechtlich begründeten Auslegungszweifeln vorlegen.[66] Daraus kann meines Erachtens für den Einzelfall durchaus ein Gebot richtlinienkonformer Auslegung im Bilanzsteuerrecht hergeleitet werden, soweit die handelsrechtlichen GoB im Steuerbilanzrecht Wirkung entfalten oder steuer- und handelsrechtliche Normen weitgehend wortlautidentisch sind (etwa bei aktiven und passiven RAP; § 250 Abs. 1, 2 HGB, § 5 Abs. 5 Satz 1 EStG). Im Ergebnis ist die Praxis deutscher Steuergerichte sehr zurückhaltend bei bilanzsteuerrechtlichen EuGH-Vorlagen. Vor allem im Rahmen von beratungsorientierten Abwehr- und Gestal-

62 Richtlinie 2013/34/EU des Europäischen Parlaments und des Rates vom 26. 6. 2013 (sog. EU-Rechnungslegungsrichtlinie), ABl. v. 29. 6. 2013, S. L182/19. Zu Erläuterungen *Lanfermann*, WPg 2013 S. 849; *Velte*, GmbHR 2013 S. 1125; Schreiben des IDW v. 27. 2. 2014, IDW-Fachnachrichten 4/2014 S. 265-267.

63 Vgl. *Weber-Grellet*, in: Schmidt, EStG, 33. Aufl. 2014, § 5 Rn. 3.

64 Zur Diskussion vgl. *Crezelius*, in: Kirchhof, EStG, 13. Aufl. 2014, § 5 Rn. 8-11; *Weber-Grellet*, in: Schmidt, EStG, 33. Aufl. 2014, § 5 Rn. 3, *Schön*, Festschrift Flick, Köln 1997, S. 573-586; *Bärenz*, DStR 2003 S. 492 mit Hinweis auf die Dzodzi-Rechtsprechung des EuGH (Urteil vom 18. 10. 1990, C-297/88 und C-197/89, Slg. 1990 I S. 3763).

65 Vgl. etwa BFH, Urteile vom 25. 10. 1994 – VIII R 65/91, BStBl 1995 II S. 312; vom 15. 7. 1998 – I R 24/96, BStBl 1998 II S. 728; vom 28. 3. 2000 – VIII R 77/96, BStBl 2002 II S. 227.

66 Vgl. etwa die BIAO-Entscheidung des EuGH vom 7. 1. 2003 – RS. C 306/99, DB 2003, S. 181 zur Wertaufhellungsthematik; ergänzend auch die Tomberger-Entscheidung des EuGH v. 27. 6. 1996 – Rs. C-234/94, DB 1996 S. 1460 mit Anm. *Herzig*.

tungsüberlegungen kann sich mitunter im Einzelfall ein Rückgriff auf die „europäischen Wurzeln" handelsrechtlicher GoB empfehlen.

388–389 *(Einstweilen frei)*

2. Die handelsrechtlichen Grundsätze ordnungsmäßiger Buchführung als Ausgangspunkt steuerbilanzieller Gewinnermittlung

2.1 Rechtscharakter und Herkunft der handelsrechtlichen GoB

390 Die handelsrechtlichen GoB kann man vereinfacht als Regeln fachgerechter kaufmännischer Rechnungslegung für sämtliche Kaufleute (insbes. Einzelunternehmen, Personengesellschaften, Kapitalgesellschaften) umschreiben.[67] Der Kernrechtsverweis auf die für Jahresabschlusszwecke benötigten GoB erfolgt in § 243 Abs. 1 HGB. Als „unbestimmter Rechtsbegriff" mit im Zeitablauf wechselndem Detailinhalt muss man die handelsrechtlichen GoB verstehen als ein vor allem deduktiv aus den Rechnungslegungszwecken ermitteltes, offenes und (im Grundsatz) rechtsformunabhängiges Regelungssystem, das teils kodifizierte (etwa § 252 HGB), teils nicht kodifizierte Grundlagen deutscher Rechnungslegung (Buchführung und Bilanzierung/Bewertung) beinhaltet. Es ist ein prinzipienbasiertes „bewegliches" Normengefüge, das sich als ungeschriebene GoB stets „automatisch" Neuerungen in der Rechnungslegung anpasst, um neue in der Praxis auftretende Gestaltungen im Wirtschaftsgeschehen sachgerecht abzubilden.

391 Die handelsrechtlichen GoB haben Rechtsnormcharakter, der auch auf das Steuerbilanzrecht einwirkt; GoB sind keine bloßen Rechtstatsachen.[68] In jüngerer Zeit ist eine Unterscheidung in Informations-GoB und Gewinnanspruchs-GoB zu finden, wobei bloße Informationszwecke nicht steuerrelevant sein dürften.[69] Die IFRS (endorsed) als (meist induktiv) ermittelte internationale Rechnungslegungsstandards sind dagegen keine eigenständigen Rechtsquellen – weder im HGB noch für den ertragsteuerlichen BV-Vergleich. Sie können lediglich als Auslegungshilfe für etwaige GoB herangezogen werden.[70] Entsprechendes gilt für US-GAAP. GoB für Konzernrechnungslegungszwecke spielen steuerbilanziell keine Rolle.

392 Im Hinblick auf Rechtsform und Branchenzugehörigkeit kann man von einer „Relativität der GoB"[71] sprechen. Rechtsform-, banken- und versicherungsspezifische Grundsät-

67 Vgl. *Crezelius*, in: Kirchhof, EStG, 13. Aufl. 2014, § 5 Rn. 33.

68 Vgl. dazu sehr anschaulich *Moxter*, Bilanzrechtsprechung 6. Aufl. 2007, S. 1 f.

69 Vgl. *Moxter*, Grundsätze ordnungsgemäßer Rechnungslegung, Düsseldorf 2003, S. 19, 221 f.

70 So zutreffend *Hennrichs*, Status: Recht 4-5/2009, S. 127-130; ergänzend *Hennrichs*, Festschrift Karsten Schmidt, 2009, S. 581, S. 593-597 mit einer Analyse der BIAO-Entscheidung des EuGH vom 7. 1. 2003 – Rechtssache C-306/99, DStR 2003 S. 67; *Hennrichs*, WPg 2011 S. 861. Kritisch dazu *Moxter*, WPg 2009 S. 7; *Rammert/Thies*, WPg 2009 S. 32; *Prinz*, GmbHR 2009 S. 1031.

71 Vgl. dazu *Weber-Grellet*, in: Schmidt, EStG, 33. Aufl. 2014, § 5 Rn. 58 mit Hinweis auf *Ballwieser*, Festschrift Budde, München 1995, S. 43-66. Zu bankenspezifischen Fragen s. *Haisch/Helios*, Rechtshandbuch Finanzinstrumente, München 2011, S. 172 f.; *Wiesenbart*, RdF 2011 S. 106, 109.

ze handelsrechtlicher Rechnungslegung im Einzelabschluss verkörpern insoweit „Spezial-GoB“, die für die betroffenen Steuerpflichtigen Bilanzsteuerrelevanz haben, aber nicht (jedenfalls ungeprüft) auf sämtliche Kaufleute erstreckt werden können. Ausnahmen bestehen für gesetzliche Bilanzierungssonderregeln ohne GoB-Gehalt (etwa §§ 340f, 340g HGB), die keine steuerliche Bedeutung entfalten. Umgekehrt können mitunter aber auch ursprünglich allein branchenspezifische Regelungen zu allgemeinen GoB „mutieren“; dies kann man etwa bei Fragen steuerbilanzieller Bewertungseinheiten (§ 5 Abs. 1a EStG) erkennen.

393 In der älteren Rechtsprechung und Literatur wurden die handelsrechtlichen GoB induktiv aus dem vor allem empirisch zu beobachtenden Verhalten des „durchschnittlichen ehrbaren Kaufmanns“ abgeleitet.[72] Da es für das Verständnis der GoB als Rechnungslegungsnormen aber weniger auf die praktische Handhabung von Bilanzierungsregelungen durch ehrbare Kaufleute ankommt, sondern vielmehr auf Systematik und Zweck der Rechnungslegung hat sich seit langem die Ermittlung von GoB nach der sogenannten deduktiven Methode durchgesetzt.[73] Insoweit besteht ein eher topisches Verständnis der Herleitung von GoB. Auch bedeutende Standardsetzer (beispielsweise der DRSC), Aufsichtsbehörden und Berufsorganisationen (wie etwa das Institut der Wirtschaftsprüfer, IDW) begründen deshalb keine GoB, sondern tragen zu deren sachgerechten Verständnis als Auslegungshilfe bei. Da letztlich aber auch deduktiv ermittelte Rechnungslegungszwecke durch Kaufmannspraxis beeinflusst werden, ergänzen sich letztlich beide Ermittlungsmethoden. In der Betriebswirtschaftslehre wird insoweit von einer hermeneutischen Methode gesprochen.[74] *Weber-Grellet* fasst diese Erkenntnis wie folgt zusammen: „GoB sind nicht einseitig induktiv oder deduktiv, sondern hermeneutisch-teleologisch zu ermitteln.“[75]

2.2 Systematik handelsrechtlicher GoB

394 Die handelsrechtliche Literatur, die stets auch durch steuerbilanzielle Zwecke beeinflusst wurde, hat sich viele Jahrzehnte um die Entwicklung einer GoB-Systematik bemüht. Vor allem der Betriebswirt *Ulrich Leffson* hat aus den Zwecken kaufmännischer Rechenschaftslegung ein umfassendes GoB-System entwickelt.[76] Seit 1985 wurde auf Basis der 4. EG-Richtlinie durch das BiRiLiG eine Reihe von GoB im HGB für sämtliche Kaufleute, in Teilen aber auch rechtsformspezifisch (etwa § 264 HGB für KapGes.) kodi-

72 Vgl. mit Nachweisen *Hennrichs/Pöschke*, Fortentwicklung der GoB vor dem Hintergrund von BilMoG und IFRS, in: Fink/Schultze/Winkeljohann (Hrsg.), Bilanzpolitik und Bilanzanalyse nach neuem Handelsrecht, Stuttgart 2010, S. 47, 49-51.

73 Vgl. dazu vor allem *Leffson*, Die Grundsätze ordnungsmäßiger Buchführung, 7. Aufl. 1987, S. 112 ff. Auslöser für deduktive Ermittlung von GoB war danach vor allem ein Aufsatz des Betriebswirts *Eugen Schmalenbach* aus dem Jahre 1933 (ZfhF 1933 S. 225 ff.), wonach es weniger darauf ankomme, was man in der Praxis tut, als was man in der Praxis und zwar in der Praxis ordentlicher und ehrenwerter Kaufleute, für richtig hält. Nur über die Anerkennung durch ordentliche Kaufleute könne eine Regel GoB werden.

74 Vgl. vor allem *Baetge/Kirsch/Thiele*, Bilanzen, 9. Aufl. 2007, S. 109-115; *Tanski*, Rechnungslegung und Bilanztherorie, 2013 S. 120 f. Im Zweifel gilt allerdings die deduktive Ermittlungsmethode der GoB nach den Grundsätzen gesetzesteleologischer Auslegung.

75 *Weber-Grellet*, in: Schmidt, EStG, 33. Aufl. 2014, § 5 Rn. 58.

76 *Leffson*, Die Grundsätze ordnungsmäßiger Buchführung, 7. Aufl. 1987, S. 173 ff.

fiziert; der Rechnungslegungsteil des HGB hat damit europäische Grundlagen.[77] Viele der Systemfragen haben sich seit der umfassenden handelsrechtlichen Kodifikation von GoB „entschärft".

395 Es hat sich eine Reihe von Systematisierungsansätzen für handelsrechtliche GoB herausgebildet. Die klassische Unterscheidung differenziert nach formellen (= Ordnungsvorschriften, wie Klarheit und Übersichtlichkeit der Bilanzierung) und materiellen GoB (beispielsweise Realisations- oder Stichtagsprinzip).[78] Daneben finden sich GoB, die den Ansatz von Bilanzposten, deren Bewertung sowie schließlich – allerdings meist ohne Steuerrelevanz – den Ausweis betreffen. Zwischenzeitlich ist verbreitet eine Unterscheidung in Informations-GoB und Gewinnanspruchs-GoB. Die Unterteilung in Kategorien wie „obere oder untere GoB"[79] ist zwar ohne konkrete Bedeutung für steuerbilanzielle Fragen. Die meisten „oberen GoB" (etwa der Realisationsgrundsatz) verkörpern aber Fundamentalprinzipien sachgerechter steuerbilanzieller Leistungsfähigkeitsbesteuerung. Um dem Rechtsnormcharakter von GoB Rechnung zu tragen, wird für steuerbilanzielle Maßgeblichkeitszwecke der Unterscheidung in kodifizierte und nicht kodifizierte GoB gefolgt. Mittlerweile liegen die meisten GoB in kodifizierter Form vor, wodurch sich manche „theoretische Auslegungsfrage" erledigt hat.

396–399 *(Einstweilen frei)*

2.3 Kodifizierte handelsrechtliche GoB

400 Es besteht eine Reihe kodifizierter handelsrechtlicher GoB mit Bedeutung im Steuerbilanzrecht. Die **„Verrechtlichung der GoB"** wird daraus ersichtlich.[80] Meist wird auf den GoB-Katalog in § 252 HGB zurückgegriffen, der mitunter in steuergesetzlichen Einzelregelungen seinen Niederschlag gefunden hat. So spiegelt etwa der Teilwertbegriff (§ 6 Abs. 1 Nr. 1 Satz 3 EStG) das going concern-Prinzip des § 252 Abs. 1 Nr. 2 HGB wider.[81] Die besonderen steuerbilanzrechtlichen Regelungen gehen den allgemeinen handelsrechtlichen GoB im Einzelfall stets vor. Da Bilanzrecht „ökonomisches Recht"[82] ist, sind die GoB teleologisch nach Maßgabe des wirtschaftlich gegebenen Sachverhalts auszulegen. Bloße Formalismen werden nicht ausschlaggebend sein können. Einen allgemeinen Grundsatz des „substance over form" gibt es allerdings derzeit weder im Handels- noch im Steuerbilanzrecht (aktuell nun Art. 6 Abs. 1 Buchst. h/Abs. 3 EU-Rech-

77 Dies ergibt sich aus der Umsetzung der 4. EG-Richtlinie vom 25. 7. 1978 in nationales Bilanzrecht durch das Bilanzrichtliniengesetz vom 19. 12. 1985 (BGBl 1985 I S. 2355), das Teile des früheren Rechnungslegungsrechts für Aktiengesellschaften im Dritten Buch des HGB zusammengefasst hat. Es ist materiell ab 1. 1. 1986 in Kraft getreten. Vgl. *Merkt,* in: Hopt/Merkt, Bilanzrecht, 2010 Einl. vor § 238 Rn. 1-3; *Claussen,* in: Kölner Kommentar zum Rechnungslegungsrecht, Köln 2011, Rn. 20. Die EU-Rechnungslegungsrichtlinie vom 26. 6. 2013 setzt diesen Rechtstrend fort.

78 Zu einer Zusammenstellung formeller und materieller GoB vgl. *Crezelius,* in: Kirchhof, EStG, 13. Aufl. 2014, § 5 Rn. 38.

79 So ist etwa der „Grundsatz der Vorsicht" als oberer GoB zu verstehen, da er die Einzelgrundsätze des Realisationsprinzips, Imparitätsprinzips sowie Niederstwertprinzips trägt. Vgl. dazu *Buciek,* in: Blümich, EStG, § 5 Rn. 40 mit Hinweis auf *Hennrichs,* DStJG Band 24, S. 301; auch *Beisse,* Gedächtnisschrift Knobbe-Keuk, Köln 1997, S. 385, 401.

80 Vgl. *Beisse,* Festschrift Moxter, Düsseldorf 1994, S. 9.

81 Vgl. *Buciek,* in: Blümich, EStG § 5 Rn. 223.

82 Vgl. *Beisse,* Festschrift Moxter, Düsseldorf 1994, S. 31.

nungslegungsrichtlinie vom 26. 6. 2013 mit auslegungsbedürftigem Inhalt). Stets zielen steuerbilanzrechtliche Wertungen auf die Erfassung des „vollen Gewinns" ab; eine abgrenzungsscharfe Trennlinie für die GoB-Auslegung ist damit aber nicht gewonnen. Als Leitlinie heißt das: Der Steuerpflichtige darf sich nach Objektivierungsgesichtspunkten „nicht ärmer", aber auch „nicht reicher" rechnen als er „wirklich" ist. Dies entspricht steuerspezifischer Leistungsfähigkeitsbeurteilung. Das handelsrechtliche Gebot der Bilanzwahrheit (true and fair view; § 264 Abs. 2 HGB) weist Parallelen zum steuerbilanziellen Wertungspostulat „voller Gewinnerfassung" auf und ergänzt Vorsichts- und Realisationsprinzip materiell.[83] Es beinhaltet allerdings nach allgemeiner handelsrechtlicher Meinung kein „overriding principle". Das bewusste Legen stiller Reserven außerhalb der steuerbilanziellen Ansatz- und Bewertungsgebote wäre daher GoB-widrig. Andererseits besteht aber auch ein Gebot der Erfolgsneutralität von Anschaffungsvorgängen, welches – jedenfalls ohne gesetzliche Grundlage (s. neuerdings § 5 Abs. 7 EStG i. d. F. AIFM-StAnpG v. 18. 12. 2013) – nicht durch fiktive Gewinnrealisierungen zu Folgezeitpunkten umgangen werden kann.[84] Entsprechendes gilt für Herstellungsmaßnahmen. Bilanzkontinuität (§ 252 Abs. 1 Nr. 1 HGB) und Stetigkeitsgebot (§ 252 Abs. 1 Nr. 6, § 246 Abs. 3 HGB; ohne Bedeutung für steuerliche Wahlrechte) gelten wegen ihrer GoB-Charakter auch für steuerbilanzielle Zwecke. Der Gleichheitssatz des Art. 3 GG erfordert für die Rechtsanwendung stets die Beachtung von Objektivierungsgrundsätzen; die erkennbaren äußeren Umstände müssen sachgerecht berücksichtigt werden.

Das **Realisationsprinzip** (§ 252 Abs. 1 Nr. 4 HGB) als Ausprägung des Vorsichtsgrundsat- 401
zes (Ziel: Gläubigerschutz, Kapitalerhaltung) spielt in einem auf objektivierte Leistungsfähigkeitsbesteuerung ausgerichteten Steuerbilanzrecht eine besondere Rolle. Es betrifft Bilanz und GuV (in Gestalt der verursachungsgerechten Periodisierung von Aufwendungen und Erträgen) gleichermaßen. Als Bewertungs- und Bilanzierungsprinzip ist es kodifiziert; die Ausprägungen im Einzelnen sind überwiegend der Rechtsprechung überlassen. Während auf der Aktivseite Vermögenszuwächse erst mit ihrer Realisation – d. h. der wirtschaftlichen Erfüllung der Leistungsverpflichtung – steuerlich zu erfassen sind, gilt auf der Passivseite eine imparitätische Betrachtung. Risiken und Verluste, die bis zum Abschlussstichtag entstanden sind, müssen bei ausreichender Eintrittswahrscheinlichkeit unabhängig von ihrer Realisierung Berücksichtigung finden. Steuerbilanzielle Bewertungsbesonderheiten ergeben sich aus § 6 Abs. 1 Nr. 3a EStG. Strenges und gemildertes **Niederstwertprinzip** bei aktivischen Bewertungsfragen werden ebenfalls aus dem Vorsichtsprinzip abgeleitet. Die Rechtskonturen des **Vorsichtsgrundsatzes** und des darauf aufbauenden Realisations-, Imparitäts- und Niederstwertprinzips sind im Handels- und im Steuerbilanzrecht weitgehend identisch. Allerdings besteht eine Reihe steuergesetzlicher Besonderheiten, die meist aus fiskalischen Überlegungen resultieren (etwa das Drohverlustabzugsverbot gem. § 5 Abs. 4a EStG).

---

83 Vgl. *Weber-Grellet*, in: Schmidt EStG, 33. Aufl. 2014, § 5 Rn. 83.

84 Zu den durch das AIFM-StAnpG v. 18. 12. 2013 mit §§ 4f, 5 Abs. 7 EStG in Durchbrechung der Maßgeblichkeit neu geschaffenen Rechtslage vgl. *Hörhammer/Pitzke*, NWB 2014 S. 426; *Schultz/Debnar*, BB 2014 S. 107; *Förster/Staaden*, Ubg 2014 S. 1; *Adrian/Fey*, StuB 2014 S. 53; *Korn/Strahl*, KÖSDI 2014 S. 18746; *Benz/Placke*, DStR 2013 S. 2653; *Fuhrmann*, DB 2014, 9; *Riedel*, FR 2014 S. 6; *Lüdenbach/Hoffmann*, GmbHR 2014 S. 123.

402 **Vollständigkeitsgebot, Einzelbewertungsgrundsatz und Saldierungsverbot:** Sämtliche positiven und negativen Wirtschaftsgüter sind entsprechend handelsrechtlichen GoB bilanzrechtlich zu erfassen, soweit keine vorrangigen Steuerbilanzregelungen bestehen (etwa § 5 Abs. 2 EStG für selbst erstellte immaterielle Wirtschaftsgüter). Das Saldierungsverbot ist durch das BilMoG klarstellend in § 5 Abs. 1 Satz 1 EStG kodifiziert worden, um die handelsrechtliche Sonderregelung für CTAs (= Contractual Trust Arrangement) gem. § 246 Abs. 2 Satz 2, 3 HGB nicht steuerwirksam werden zu lassen. Der Einzelbewertungsgrundsatz gilt sowohl auf der Aktiv- als auch auf der Passivseite, wobei vor allem im Zusammenhang mit „Verpflichtungsbündeln" eine Reihe von besonderen Abgrenzungsfragen existiert. Für Bewertungseinheiten bestehen steuergesetzliche Sonderregeln, die allerdings auf den Ergebnissen der in der handelsrechtlichen Rechnungslegung gebildeten Grundlagen „aufsetzen" und ihren Ursprung in der Bilanzierungspraxis der Kreditinstitute haben. Trotz Einzelbewertungsgrundsatz sind aus Vereinfachungsgründen Pauschalabschläge bei Wertberichtigungen und typisierende Verbrauchsfolgeverfahren (§ 6 Abs. 1 Nr. 2a EStG) zulässig.

403 **Stichtagsprinzip, Nominalwertgrundsatz:** Der steuerbilanzielle BV-Vergleich ist eine Stichtagsrechnung, die für Ansatz und Bewertung der Bilanzposten auf dem Erkenntnisstand des Kaufmanns bezogen auf den Abschlussstichtag beruht (stichtagsbezogene Bestandsrechnung). Das Stichtagsprinzip ist kodifizierter GoB (§ 252 Abs. 1 Nr. 3 und 4 HGB: „zum Abschlussstichtag"). Für steuerbilanzielle Bewertungszwecke ist es in § 6 Abs. 1 Nr. 3a Buchst. f EStG bezogen auf Rückstellungen zum Ausdruck gekommen. Die Unterscheidung (zulässiger, bis zum Zeitpunkt der Bilanzerstellung) wertaufhellender und (unzulässiger) wertbeeinflussender Umstände beruht ebenso auf dem Stichtagsprinzip wie die Diskussion um den für Bilanzkorrekturen (§ 4 Abs. 2 EStG) wichtigen objektiven/subjektiven Fehlerbegriff.[85] Für steuerbilanzielle Zwecke wird das Stichtagsprinzip im Hinblick auf leistungsfähigkeitsbezogene Objektivierungsnotwendigkeiten stets relativiert.[86] Die Detaildiskussion zum Stichtagsprinzip entwickelt immer wieder neue Facetten.

404 Im Handelsrecht gilt der **Grundsatz nomineller Kapitalerhaltung**. Er wirkt über die handelsrechtlichen GoB auch im Steuerbilanzrecht. Es gilt das Nominalwertprinzip (§ 244 HGB: Aufstellung des Jahresabschlusses in Euro). Einerseits bleibt deshalb inflationäre Geldentwertung für Besteuerungszwecke außer Betracht (Ausnahme: Lifo-Verfahren gem. § 6 Abs. 1 Nr. 2a EStG). Andererseits hindert dieses Nominalwertgebot das steuergesetzliche Abzinsungserfordernis für langfristige, unverzinsliche Verbindlichkeiten und Rückstellungen nicht.[87] Letztlich sind auch die Anschaffungs-/Herstellungskosten als Bewertungsobergrenze Ausdruck eines auf Objektivierungsüberlegungen gründenden Nominalwertprinzips.

85 Vgl. BFH, Beschluss vom 31. 1. 2013 – GrS 1/10, BStBl 2013 II S. 317. Dazu eingehender *Prinz*, WPg 2013 S. 650.

86 Vgl. *Weber-Grellet*, in: Schmidt, EStG, 33. Aufl. 2014, § 5 Rn. 81.

87 Kritisch dazu etwa Rz. 5648 ff.

2.4 Nicht kodifizierte handelsrechtliche GoB

Als ungeschriebener GoB besteht ein Bilanzierungsverbot für Ansprüche und Verbindlichkeiten aus schwebenden Geschäften **(Grundsatz der Nichtbilanzierung schwebender Geschäfte)**. Dies ist Ausfluss von Realisations- und Vorsichtsprinzip, bewirkt eine vereinfachende Bilanzkürzung und trägt dem Umstand Rechnung, dass Leistung und Gegenleistung aus einem schwebenden Geschäft (synallagmatisches Verhältnis) auf Ausgeglichenheit ausgerichtet sind. Dies gilt als Grundsatz auch steuerbilanziell. Eine Gewinn- oder Verlustrealisation ist bei einem schwebenden Geschäft noch nicht erfolgt; deshalb sind beispielsweise von einem Vertragspartner erbrachte Vorleistungen im Rahmen einer Austauschbeziehung bilanzrechtlich zu neutralisieren (etwa über geleistete Anzahlungen oder unfertige Erzeugnisse). Erst mit der vollständigen Erbringung der Leistungspflicht oder bei Abbruch des Schwebezustands erfordert das Realisationsprinzip Ergebniswirksamkeit. Für das Gebot handelsrechtlicher Drohverlustrückstellungen (§ 249 Abs. 1 HGB), das auf dem Imparitätsgrundsatz beruht, gilt die steuergesetzliche Sonderregelung des § 5 Abs. 4a EStG, die einen passivischen Ansatz bei drohenden Erfüllungsrückständen im Rahmen eines schwebenden Geschäfts verbietet. Im Übrigen ist festzuhalten: Während das Realisationsprinzip selbst einen kodifizierten handelsrechtlichen Grundsatz darstellt (§ 252 Abs. 1 Nr. 4 HGB), erfolgt seine Detaillierung in ungeschriebener Form durch die Rechtsprechung. Aufwand und Ertrag sind danach realisiert, wenn die zugrundeliegenden Leistungsverpflichtungen auf Grund der geschuldeten Erfüllungshandlung wirtschaftlich im Wesentlichen erbracht sind.[88] 405

Ob der **Wesentlichkeitsgrundsatz** – im angelsächsischen Rechtskreis wird vom materiality principle gesprochen – im Steuerbilanzrecht Bedeutung hat, ist streitig.[89] Es handelt sich um einen ungeschriebenen GoB, der in verschiedenen Einzelregelungen Ausdruck gefunden hat[90] und nur „wesentliche Umstände" für Bilanzierungs- und Bewertungsfragen berücksichtigen will. Für seine handelsrechtliche Zulässigkeit spielen praktische Wirtschaftlichkeitserwägungen eine Rolle; verallgemeinerungsfähige quantifizierende Grenzen gibt es nicht. Das Wesentlichkeitsgebot steht in einem Spannungsverhältnis zum Vollständigkeitsgrundsatz. Das „Außer Acht Lassen" unwesentlicher Umstände im Bilanzierungs- und Bewertungsbereich lässt sich für auf Objektivierung ausgerichtete steuerbilanzielle Zwecke letztlich nur unter Vereinfachungsgesichtspunkten rechtfertigen. Dabei dürften relative (beispielsweise eine 10 %-Grenze), aber auch absolute Verhältnisse/Werte eine Rolle spielen. Nur im Einzelfall kann der handelsrechtliche Wesentlichkeitsgrundsatz im Steuerbilanzrecht Bedeutung erlangen. 406

(Einstweilen frei) 407–409

88 Zu Details vgl. *Weber-Grellet*, in: Schmidt, EStG, 33. Aufl. 2014, § 5 Rn. 76; *Buciek*, in: Blümich, EStG, § 5 Rn. 243-247.

89 Zu Details vgl. *Wendt*, Festschrift Herzig, München 2010, S. 517-529. Eine Absage an den Wesentlichkeitsgrundsatz für Rückstellungen erteilt BFH, Urteil vom 19. 7. 2011 – X R 26/10, DStR 2011 S. 1990 Tz. 30. Für Wesentlichkeitsüberlegungen bei einem passiven RAP s. *Rätke*, StuB 2013 S. 806, 808.

90 Etwa in § 252 Abs. 2 HGB oder in § 255 Abs. 2 Satz 1 HGB für HK-Bestimmung; aktuell als begrenztes Mitgliedstaatenwahlrecht auch Art. 6 Abs. 1 Buchst. j, Art. 4 EU-Rechnungslegungsrichtlinie vom 26. 6. 2013.

3. Konkrete Maßgeblichkeit für Bewertungseinheiten (§ 5 Abs. 1a Satz 2 und Abs. 4a Satz 2 EStG)

410 Eine besondere Form „konkreter Maßgeblichkeit" im Steuerbilanzrecht findet sich zum sogenannten Hedge-Accounting. Denn § 5 Abs. 1a Satz 2 EStG enthält im Kernbestand der steuerbilanziellen Ansatzvorschriften eine Sonderregelung für in der handelsrechtlichen Rechnungslegung zur Absicherung finanzwirtschaftlicher Risiken gebildete **Bewertungseinheiten** (Micro-, Macro- und Portfoliohedge).[91] Die steuerbilanzielle Regelung greift auf die handelsbilanzielle Abbildung der Bewertungseinheit zurück und schafft dadurch eine neue „konkrete" Maßgeblichkeit. Die allgemeinen handelsrechtlichen GoB werden insoweit durch die tatsächlichen Ergebnisse der handelsrechtlichen Rechnungslegung verdrängt. Während die Steuerrechtsregelung bereits durch das Gesetz zur Eindämmung missbräuchlicher Steuergestaltungen vom 28. 4. 2006 mit erstmaliger Geltung ab dem VZ 2006 eingeführt wurde, hat der Handelsgesetzgeber erst mit § 254 HGB i. d. F. des BilMoG vom 25. 5. 2009 eine Rechtsgrundlage für Bewertungseinheiten geschaffen. Die beiden Regelungen zu Bewertungseinheiten (§ 254 HGB, § 5 Abs. 1a EStG) wurden allerdings nicht identisch formuliert, was bei Umsetzung des gesetzgeberischen Vereinfachungswillens eigentlich nahegelegen hätte. Ungeachtet dessen kommt aber nur das, was als Bewertungseinheit konkret in der Handelsbilanz abgebildet wird, für eine steuerbilanzielle Bewertungseinheit in Betracht. Einzelbewertungsgrundsatz und Imparitätsprinzip werden damit bei risikokompensierenden Grund- und Sicherungstransaktionen steuerlich außer Kraft gesetzt. Dies erscheint zunächst einmal vernünftig, da in Höhe der effektiven sicherungstechnischen Risikokompensation durch konkret in Aussicht stehende Gewinne keine „echten Verluste" entstehen, die steuerbilanziell abziehbar wären.[92] Allerdings hat der Handelsgesetzgeber die Technik der Abbildung einer Bewertungseinheit offen gelassen (Einführungsmethode oder Durchbuchungsmethode).[93] Diese handelsbilanziellen Gestaltungsfreiräume strahlen daher auch in die Steuerbilanz hinein. Schließlich sind Drohverlustrückstellungen im Zusammenhang mit Bewertungseinheiten (ausnahmsweise) steuerlich zulässig (§ 5 Abs. 4a Satz 2 EStG). Anders als im „Normalfall" werden bewertungseinheitsbedingte Drohverluste als leistungsfähigkeitsmindernde wirtschaftliche Lasten eingestuft.

411 Trotz steuerbilanzieller faktischer Maßgeblichkeit für Bewertungseinheiten wird bei der konkreten Rechtsanwendung diskutiert, ob und ggf. wie innerhalb des **Kompensations-**

91 Grundlegend dazu aus steuerlicher Sicht *Hick*, in: HHR, § 5 EStG Anm. 1640-1649; *Meinert*, Die Bildung objektübergreifender Bewertungseinheiten nach Handels- und Steuerrecht, Köln 2010, S. 149 ff.; *Prinz*, DStJG 34 (2011), S. 135, 157-160; *Schmitz*, DB 2009 S. 1620; *Micksch/Mattern*, DB 2010 S. 579; *Herzig/Briesemeister*, Ubg 2009 S. 157. *Günkel*, Recht der Finanzinstrumente 1/2011 S. 59; *Drewes*, DStR 2011 S. 1967; *Helios/Meinert*, Ubg 2011 S. 592. Ausführlich dazu auch Teil A Kap. VII.

92 Vgl. ähnlich *Weber-Grellet*, in: Schmidt, EStG, 33. Aufl. 2014, § 5 Rn. 70: kein Ausweis nur „theoretischer" Verluste.

93 Zu Details vgl. *Prinz*, Kölner Kommentar zum Rechnungslegungsrecht, 2010, § 254 HGB. Ergänzend auch IDW RS HFA 35: Handelsrechtliche Bilanzierung von Bewertungseinheiten. Aus Sicht der FinVerw OFD Rheinland, Vfg. vom 11. 3. 2011, DB 2011 S. 797, und Schreiben an den Bankverband vom 25. 8. 2010, DB 2010 S. 2024.

bereichs der Bewertungseinheit bestehende steuerlich nicht abziehbare Aufwendungen oder steuerfreie Erträge zu behandeln sind. Die Finanzverwaltung möchte die steuerbilanziell gebildete Bewertungseinheit mittels außerbilanzieller Korrekturen bei tatsächlicher Realisation der Gewinne und Verluste wieder aufheben. Dies steht im Gegensatz zur üblichen handelsbilanziellen Handhabung, die eine Beendigung der Sicherungsbeziehung durch Abwicklung von Grundgeschäft und Sicherungsinstrument ohne Berührung der GuV verlangt. Bei Veräußerung oder Glattstellung des Sicherungsinstruments soll ebenfalls eine erfolgsneutrale Verrechnung der vereinnahmten beziehungsweise gezahlten Beträge mit dem Buchwert des Grundgeschäfts erfolgen. Meines Erachtens wird daher innerhalb des effektiven Teils der Bewertungseinheit eine steuerwirksame Auflösung von Grund- und Sicherungsgeschäft nicht mehr in Betracht kommen; ansonsten würde der Zweck des § 5 Abs. 1a EStG verfehlt. Erst nach Auflösung der Bewertungseinheit gelten wieder die allgemeinen Regeln mit den außerbilanziellen Korrekturen auf der zweiten Stufe der Gewinnermittlung. Erkennbar ist: Ungeachtet des Grundsatzes konkreter Maßgeblichkeit bei Bewertungseinheiten verbleiben eine Reihe streitiger steuerlicher Wertungsfragen, die die Steuergerichte letztlich klären müssen. Trotz Rückgriff auf Handelsbilanzrecht ist keine wirkliche Vereinfachung der Behandlung von Bewertungseinheiten im steuerbilanziellen Betriebsvermögensvergleich zu konstatieren.

(Einstweilen frei) 412–414

4. Keine Maßgeblichkeit im Umwandlungssteuerrecht

Im UmwStG wurde vor Geltung des SEStEG vom 7. 12. 2006 von der Finanzverwaltung 415
gestützt auf den formellen Maßgeblichkeitsgrundsatz verlangt, dass die für Verschmelzungen, Spaltungen, Einbringungen und Formwechsel bestehenden Wahlrechte (Buchwert, Zwischenwert, Teilwert) nur in Übereinstimmung mit der handelsbilanziellen Abbildung ausgeübt werden können. Eine handelsbilanzielle Aufstockung bei einer Verschmelzung gem. § 24 UmwG und gleichzeitiger steuerlicher Buchwertverknüpfung sollten deshalb unzulässig sein. Nachdem die Rechtsprechung eine solche umwandlungssteuerliche Maßgeblichkeit in einer Reihe von Entscheidungen abgelehnt hat,[94] ist sie spätestens durch das SEStEG vom 7. 12. 2006 definitiv entfallen.[95] Die Finanzverwaltung hat ihr „altes" umwandlungssteuerliches Maßgeblichkeitsverständnis zwischenzeitlich aufgegeben.[96] Dies liegt „im Trend" der Einführung des steuerlichen Wahl-

94 Vgl. bspw. BFH, Urteil vom 19. 10. 2005 – I R 38/04, BStBl 2006 II S. 568 für Formwechsel oder Umwandlung einer KG in eine GmbH; BFH, Urteil vom 5. 6. 2007 – I R 97/06, BStBl 2008 II S. 650: Verschmelzung von Kapitalgesellschaften.

95 Zur Diskussion vgl. *Prinz,* StuB 2007 S. 125.

96 Vgl. etwa BMF, Schreiben vom 4. 7. 2006 – IV B2 – S 1909 – 12/06, BStBl 2006 I S. 445. Dies ergibt sich auch aus dem „neuen" UmwSt-Erlass vom 11. 11. 2011 – IV C2 – S 1978 – b/08/10001, BStBl 2011 I S. 1314, etwa Rn. 04.04

rechtsvorbehalts durch das BilMoG v. 25.5.2009 in § 5 Abs. 1 Satz 1 2. Halbsatz EStG. Schließlich ist auch für eine phasenverschobene Maßgeblichkeit bei umwandlungssteuerlichen Bilanzierungsfragen kein Raum.[97]

416–419 *(Einstweilen frei)*

5. Zukunft der Maßgeblichkeit

420 In der Regierungsbegründung zum BilMoG vom 25.5.2009 werden mögliche Zukunftsszenarien eines modernisierten Steuerbilanzrechts im Hinblick auf den Maßgeblichkeitsgrundsatz angedeutet und skizziert. Nach Auffassung der Bundesregierung ist mittelfristig zu analysieren, ob zur Wahrung des steuerlichen Leistungsfähigkeitsprinzips und auch im Hinblick auf das europäische Projekt einer Gemeinsamen Konsolidierten Körperschaftsteuer-Bemessungsgrundlage, eine „eigenständige steuerliche Gewinnermittlung notwendig und erforderlichenfalls wie sie zu konzipieren ist".[98] Der „Streit" um Erhalt oder Beendigung des Maßgeblichkeitsgrundsatzes für Gewinnermittlungszwecke (de lege ferenda) ist seitdem wieder aufgeflammt.[99] Es gibt eine Reihe sehr ernst zu nehmender Vor- und Nachteile der Maßgeblichkeit, die vom Gesetzgeber abzuwägen sind.

421 Klar ist aus besteuerungspraktischer Perspektive: Eine direkte **IAS-Maßgeblichkeit für Besteuerungszwecke** wird es aus einer Reihe von Gründen nicht geben können: Fehlender Normcharakter der IAS/IFRS (Steuerrecht als Eingriffsrecht); Geltung der IFRS nur für kapitalmarktorientierte Unternehmen; reine Informationsaufgabe nach dem decision usefullness Konzept; fair-value Accounting stehen im Widerspruch zur Leistungsfähigkeitsbesteuerung. Allenfalls durch Einsatz umfassender, mehrperiodiger Überleitungsrechnungen ist eine Nutzung der IAS/IFRS für Gewinnermittlungszwecke denkbar.[100]

422 **GKKB als europäisches Lösungsmodell?** Die Europäische Kommission hat am 16.3.2011 einen Richtlinienvorschlag für eine Gemeinsame Konsolidierte Körperschaftsteuer-Bemessungsgrundlage (GKKB) veröffentlicht, der ein komplett durchformuliertes Regelwerk für eine optionale, harmonisierte Unternehmensbesteuerung von Kör-

97 Vgl. dazu auch *Thiel*, Festschrift Meilicke, 2010, S. 749-751. Zur Diskussion um einen phasenverschobenen Erwerbsgewinn bei Rückstellungsverboten und -begrenzungen siehe *Prinz*, FR 2011 S. 1015, 1019-1021 sowie etwa Rn. 03.06, 04.16 UmwSt-Erlass 2011. Zur neuen Rechtslage für übernommene Verpflichtungen s. § 5 Abs. 7 EStG i. d. F. AIFM-StAnpG v. 18.12.2013; wegen faktischer Rückwirkung s. § 52 Abs. 14a EStG. Kritisch dazu *Prinz*, DB 12/2014 M 1.

98 Begründung des Regierungsentwurfs vom 23.5.2008, BR Drucks, 344/08, allgemeiner Teil I 3.a.

99 Vgl. *Hennrichs*, StuW 2005 S. 256, 264; *Prinz*, DStJG 34 (2011) S. 164-166, *Weber-Grellet*, in: Schmidt, EStG, 33. Aufl. 2014, § 5 Rn. 27. Eingehend auch Teil A Kap. XVIII.

100 Zu Details vgl. *Prinz*, Festschrift Raupach, Köln 2006, S. 279, 289 f. Zu einer sehr differenzierter Analyse vgl. *Köhrle*, IFRS-Einzelabschluss, Berlin 2010, S. 295-303 (Zusammenfassung); *Dziadkowski*, IStR 2011 S. 917.

perschaften in der EU mit zentrierter Zuständigkeit einer Hauptsteuerbehörde enthält.[101] Zwischenzeitlich ist der Richtlinienentwurf durch verschiedene Kompromissvorschläge – allerdings ohne „politische Begleitung" – weiterentwickelt worden.[102] In Stufe eins dieser Richtlinie ist eine einheitliche Steuerbemessungsgrundlage für EU-Körperschaften vorgesehen, die konzeptionell eine mehr GuV orientierte steuerliche Gewinnermittlung beinhaltet und die endgültige Aufgabe des Maßgeblichkeitsprinzips mit seinem Rückgriff auf die handelsrechtlichen GoB erfordert. Das europäische Gewinnermittlungsprojekt weist eine hohe Komplexität auf; seine Umsetzung in den europäischen Mitgliedstaaten wird allenfalls mittel- oder langfristig in Betracht kommen. Aktuell wird zunächst einmal der Schwerpunkt der Diskussion auf ein harmonisiertes europäisches Gewinnermittlungsrecht gelegt. Die Diskussion um den Maßgeblichkeitsgrundsatz in Deutschland sollte dessen ungeachtet stets die Erkenntnisse der GKKB-Diskussion mit berücksichtigen, um erkennbare „Insellösungen" zu vermeiden.

(Einstweilen frei) 423–479

101 Im internationalen Sprachgebrauch ist die Kurzbezeichnung CCCTB – Common consolidated corporate tax base – gebräuchlich. Zu Einschätzungen vgl. *Lenz/Rautenstrauch*, DB 2011 S. 726; *Kahle/Schulz*, StuB 2011 S. 296 und BFuP 5/2011 S. 456; *Kahle/Dahlke*, StuB 2011 S. 453; *Scheffler/Krebs*, DStR Beihefter 22/2011 S. 13; *Prinz*, StuB 2011 S. 461; *Herzig*, DB Editorial 15/2011; *Rautenstrauch*, EWS 2011 S. 161; *Herzig/Kuhr*, DB 2011 S. 2053; *Förster/Krauß*, IStR 2011 S. 607; *Marx*, DStZ 2011 S. 547; *Kußmaul/Niehren*, StB 2011 S. 344; *Herzig/Stock*, BFuP 2011 S. 477.

102 Vgl. zu dem weiterentwickelten Entwurf *Scheffler/Köstler*, DStR 2013 S. 2190 u. 2235 sowie DStR 2014 S. 664; *Herzig*, Entwicklung und Perspektiven des CCCTB-Projekts, in Festschrift f. Gerrit Frotscher zum 70. Geburtstag, 2013 S. 203-217.

Teil A:
Grundsatz- und Querschnittsfragen steuerlicher Gewinnermittlung

Kapitel IV:
Betriebsvermögen: Umfang, Arten des Betriebsvermögens, Begriff des Wirtschaftsguts, Entnahmen und Einlagen

von
RA/StB Professor Dr. Hans-Joachim Kanzler,
Vors. Richter am BFH a. D.
Schloß Ricklingen

Inhaltsübersicht

Ausgewählte Literatur

Babel, Nutzungsrechte, Rechnungsabgrenzungsposten, schwebende Geschäfte – ein „magisches Dreieck" der Bilanzierung, Festschrift Mellwig, Wiesbaden 2007 S. 1; *ders.*, Zur Aktivierungsfähigkeit von Nutzungsrechten, BB 1997 S. 2261; *Bruckner,* Praxis der steuerlichen Gewinnermittlung, Gedenkschrift Kögelberger, 2008 S. 179; *Dornheim*, Einlage einer wesentlichen Kapitalbeteiligung in ein Betriebsvermögen, DStR 2012, 60; *Flies*, Gewillkürtes Betriebsvermögen, StBp 1998 S. 17, *Groh*, Nutzungseinlage, Nutzungsentnahme und Nutzungsausschüttung, DB 1988 S. 514; *Hartman*, Die Nutzungsentnahme im Einkommensteuerrecht, SteuerStud 2006 S. 294; *Hoffmann*, Die Zuordnung von Grundbesitz zum Anlage- oder Umlaufvermögen, StuB 2008 S. 285; *ders.*, Bruchstellen im Einkünftedualismus, StuB 2009, S. 85; *ders.*, Aufgabe der Theorie der finalen Entnahme in der BFH-Rechtsprechung, DB 2008 S. 2286; *Hoffmann/Lüdenbach*, NWB Kommentar Bilanzierung, 5. Aufl., Herne 2014; *Hüttemann*, Transferentschädigungen im Lizenzfußball als Anschaffungskosten eines immateriellen Wirtschaftsguts, DStR 1994 S. 490; *Jansen*, Die Aktivierung der

Anschaffungskosten der Spielerlaubnis in der Fußball-Bundesliga, in: Festschrift Raupach, Köln 2006 S. 247; *ders.*, Zur Aktivierung von Transferentschädigungen nach den Vorschriften des Lizenzspielerstatus des Deutschen Fußball-Bundes, DStR 1992 S. 1785; *Kanzler*, Die Abgrenzung zwischen Betriebs- und Privatvermögen bei Land- und Forstwirten unter besonderer Berücksichtigung von Grundstücken, Inf 1981 S. 361; *ders.*, Kies im Einkünftedualismus – Der Große Senat des BFH zur Einlage eines Bodenschatzes, DStR 2007 S. 1101; *ders.*, Das unentgeltliche Nutzungsrecht, ein Steuersparmodell?, FR 2013 S. 767; *Kirchhof*, Bundessteuergesetzbuch – Bilanzordnung, Heidelberg, u. a. 2011 S. 1089; *Leingärtner*, Die Dreiteilung der Wirtschaftsgüter in notwendiges Betriebsvermögen, gewillkürtes Betriebsvermögen und notwendiges Privatvermögen und ihre Folgen, FR 1983 S. 214; *Marx*, Begriffsmerkmale des Wirtschaftsguts, SteuerStud 2002 S. 603; *ders.*, Fehlabbildungen in der steuerrechtlichen Gewinnermittlung, Ubg 2013 S. 354; Münchner Kommentar Bilanzrecht München 2013; *Merten*, Die einkommensteuerliche Abgrenzung des Betriebsvermögens vom Privatvermögen beim Einzelunternehmen, FR 1979 S. 365; *Mitschke*, Keine Gewinnrealisierung bei Übertragung eines Wirtschaftsguts aus dem Sonderbetriebsvermögen in das Gesamthandsvermögen gegen ein den Buchwert nicht überschreitendes Entgelt, FR 2012 S. 1156; *ders.*, Nochmals: Trennung von der Trennungstheorie? FR 2013, 648; *Prinz*, Gewinnlosigkeit, Liebhaberei und verdeckte Gewinnausschüttung bei Kapitalgesellschaften, StbJb 1997/98 S. 97; *ders.*, Der neue „Kiesgruben-Beschluss" des Großen Senats – ein Steuerstreit mit „Zündstoff", StuB 2007 S. 428; *Schneider/Oepen*, Finale Entnahme, Sicherstellung stiller Reserven und Entstrickung, FR 2009 S. 22; *Schuhmann*, Zur Einlage im Einkommensteuerrecht; StBp 1997 S. 228; *Schwedhelm/Binnewies*, Zum Begriff des notwendigen Betriebsvermögens, GmbHR 2000 S. 195; *Schwenke*, Europarechtliche Vorgaben und deren Umsetzung durch das SEStEG, DStZ 2007 S. 235; *Uelner*, Notwendiges und gewillkürtes Betriebsvermögen, StKongrRep. 1973 S. 101; *Wacker*, Aktuelle Einzelfragen zur Entnahme von Grundstücken aus dem Betriebsvermögen, BB 1995, Beil. 18; *Wassermeyer*, Zur Bewertung von Nutzungsentnahmen und Leistungsentnahmen, DB 2003 S. 2616; *ders.*, Die Abgrenzung des Betriebsvermögens vom Privatvermögen, DStJG 3 (1980) S. 315; *Weber*, Die Abgrenzung zwischen Erwerbs- und Privatsphäre nach dem Veranlassungsprinzip, StuW 2009 S. 184; *Weber-Grellet*, Die verdeckte Einlage, DB 1998 S. 1532; *M. Wendt*, Einlage und zeitnahe „Rückentnahme" – Gestaltungsmissbrauch durch punktuelle Erhöhung des Betriebsvermögens, FR 2013 S. 29; *V. Wendt* Das Verhältnis von Entnahme/Einlage zur Anschaffung/Veräußerung im Einkommensteuerrecht, Köln 2003; *Wichmann*, Kritische Überlegungen zur sogenannten Atomisierung eines Gebäudes, BB 1990 S. 975; *Woerner*, Die Zurechnung von Wirtschaftsgütern zum Betriebsvermögen bei Einzelunternehmern und Mitunternehmern, StbJb 1978/79 S. 201; *ders.*, Notwendiges und gewillkürtes Betriebsvermögen, StbJb 1989/90 S. 207; *ders.*, Steuerliche Abgrenzung des Betriebsvermögens bei der Einkommensteuer, StbJb 1974/75 S. 321; *ders.*, Das gewerbliche Betriebsvermögen, insbesondere bei Personengesellschaften und ihren Gesellschaftern, BB 1976 S. 220.

1. Betriebsvermögen und Privatvermögen

1.1 Begriff und Bedeutung des Betriebsvermögens

480 Der Begriff des Betriebsvermögens ist Tatbestandsvoraussetzung des § 4 Abs. 1 Satz 1 EStG und damit die zentrale Größe des Betriebsvermögensvergleichs auf den auch in § 5 Abs. 1 Satz 1 EStG Bezug genommen wird. Er steht damit nicht nur für das Eigenkapital des Betriebs, sondern bezeichnet zugleich die Summe der Wirtschaftsgüter,[1] „die dem Betrieb dienen oder ihrer Art nach ihm zu dienen bestimmt sind".[2] Wesentlich enger und etwas tautologisch, bestimmt § 95 BewG: „Das Betriebsvermögen umfasst alle Teile eines Gewerbebetriebs im Sinne des § 15 Abs. 1 und 2 des Einkommensteuer-

1 Zum Begriff des Wirtschaftsguts und zu seiner Beziehung zum Betrieb s. Rz. 540 ff.

2 BFH, Urteil vom 22. 12. 1955 – IV 537/54 U, BStBl 1956 III S. 65.

gesetzes, die bei der steuerlichen Gewinnermittlung zum Betriebsvermögen gehören." Tatsächlich ist der Begriff des Betriebsvermögens aber nicht auf die Einkünfte aus Gewerbebetrieb beschränkt, sondern gilt auch für die Einkünfte aus Land- und Forstwirtschaft und die Einkünfte aus selbständiger Arbeit, wenngleich in § 18 Abs. 3 EStG nur von „Vermögen ..., das der selbständigen Arbeit dient" oder von Praxisvermögen gesprochen wird.

Die Begriffe „Betrieb" und „Vermögen", die den Betriebsvermögensbegriff ausmachen, erfordern eine Bestimmung dessen, was ein Betrieb im ertragsteuerlichen Sinne ist, damit das entsprechende Vermögen, als Zusammenfassung einzelner Wirtschaftsgüter, diesem Betrieb zugeordnet werden kann. Betrieb im Sinne der Gewinnermittlungsvorschriften der §§ 4–7 EStG ist diejenige organisatorische Einheit, deren Gewinn zu steuerlichen Zwecken ermittelt werden muss.[3] Während die Kapitalgesellschaft, aber auch die Personengesellschaft jeweils nur einen Betrieb unterhält[4], kann der Einzelunternehmer mehrere getrennte Betriebe mit getrennter Gewinnermittlung führen.[5] In diesen Fällen kann sich das Problem der Zuordnung einzelner Wirtschaftsgüter zu den jeweiligen Betriebsvermögen ergeben. 481

Bedeutung für alle Gewinnermittlungsarten: Obwohl der Begriff des Betriebsvermögens vom Gesetz nur im Zusammenhang mit dem Betriebsvermögensvergleich verwendet wird, ist er für alle Gewinnermittlungsarten, also auch für die Einnahmenüberschussrechnung nach § 4 Abs. 3 EStG und die Durchschnittssatzgewinnermittlung der Land- und Forstwirte nach § 13a EStG oder die sog. Tonnagebesteuerung nach § 5a EStG, von Bedeutung. 482

1.2 Begründung von Betriebsvermögen und Zurechnung der Wirtschaftsgüter zum Betriebsvermögen

Betriebsvermögen wird begründet durch Betriebseröffnung oder -erwerb, durch den entgeltlichen oder unentgeltlichen Erwerb einzelner Wirtschaftsgüter aus betrieblicher Veranlassung, durch Herstellung im betrieblichen Bereich sowie durch Einlage aus dem Privatvermögen. Dabei ist die Herkunft der Mittel für die Anschaffung eines Wirtschaftsguts – aus dem Betriebsvermögen oder dem Privatvermögen – für die Zurechnung des Wirtschaftsguts zum Betriebsvermögen oder Privatvermögen grundsätzlich ohne Bedeutung. Allerdings wird die Mittelherkunft zu Recht als Indiz für die Zuordnung eines Wirtschaftsguts zum Betriebs- oder Privatvermögen gewertet.[6] Damit aber wird die Mittelherkunft noch nicht zu einem selbständigen Zuordnungskriterium.[7] 483

Sachliche und persönliche Zurechnung des Wirtschaftsguts als Vorfrage: Vor dem Ansatz als Betriebsvermögen ist zu klären, ob das jeweilige Wirtschaftsgut dem Betrieb 484

3 *Kanzler*, in: HHR, vor §§ 4-7 EStG Anm. 90; s. auch Anm. 85 ff. zu den unterschiedlichen Betriebsbegriffen in verschiedenen Rechtsgebieten, sowie im Steuerrecht.

4 BFH, Urteil vom 10. 2. 1989 – III R 78/86, BStBl 1989 II S. 467.

5 BFH, Urteil vom 9. 8. 1989 – X R 130/87, BStBl 1989 II S. 901.

6 BFH, Urteile vom 14. 11. 1972 – VIII R 100/69, BStBl 1973 II S. 289 und vom 25. 2. 1982 – IV R 25/78, BStBl 1982 II S. 461.

7 Gl. A. *Musil*, in: HHR, § 4 EStG Anm. 34 m. w. N.

des Unternehmers zuzurechnen ist oder nicht. Nur die im Eigentum des Steuerpflichtigen stehenden Gegenstände gehören zu seinem Betriebsvermögen. Maßgebend hierfür ist nicht das zivilrechtliche, sondern das wirtschaftliche Eigentum (s. § 39 Abs. 2 Nr. 1 AO). Die Zurechnung erfordert weiter eine Abgrenzung vom Vermögen anderer Betriebe und vom Privatvermögen des Betriebsinhabers. Ist das Wirtschaftsgut dem Privatvermögen zuzurechnen, so dient es entweder der Erzielung von Einnahmen einer Überschusseinkunftsart (§ 2 Abs. 1 Nr. 4–7 EStG) oder ist einkommensteuerrechtlich unbeachtlich (wie z. B. Gegenstände der privaten Lebensführung, Schmuck, ertraglose Grundstücke). Die Nutzung der Wirtschaftsgüter ist für die Zuordnung zum Betriebs- oder Privatvermögen grundsätzlich unbeachtlich (s. aber Rz. 533 und 564). Daher sind bei betrieblicher Nutzung von Privatvermögen die anteiligen Aufwendungen Betriebsausgaben (so genannte Nutzungseinlagen), während bei privater Nutzung von Wirtschaftsgütern des Betriebsvermögens eine Entnahme anzusetzen ist (§ 4 Abs. 1 Satz 1, § 6 Abs. 1 Nr. 4 EStG).

485 **Sachliche Zurechnung und einheitlicher Nutzungs- und Funktionszusammenhang:** Die Prüfung, welche Wirtschaftsgüter dem Betriebsvermögen eines Betriebs zuzurechnen sind, ist für jedes einzelne Wirtschaftsgut vorzunehmen. Wirtschaftsgüter, die in einer engen räumlichen oder sachlichen Beziehung zueinander stehen, können nur einheitlich als Betriebsvermögen oder Privatvermögen behandelt werden. Dies gilt z. B. für ein Gebäude und den darunter liegenden Grund und Boden.[8] Bodenschätze können dagegen Privatvermögen sein, selbst wenn der Grund und Boden dem Betriebsvermögen zuzurechnen ist.[9] Steuerlich sind der Grund und Boden und ein Kiesvorkommen nach Aufschließung zwei selbständige und gleichwertig nebeneinander bestehende Wirtschaftsgüter, die verschiedenen Vermögenssphären (z. B. landwirtschaftliches Betriebsvermögen und Privatvermögen) angehören können.[10] Maschinen, Kfz und andere bewegliche körperliche Gegenstände sind immer einheitliche Wirtschaftsgüter. Gleiches gilt für Betriebsvorrichtungen, die steuerlich wie bewegliche Wirtschaftsgüter behandelt werden. Dagegen kann ein Gebäude in mehrere gesondert zu beurteilende Wirtschaftsgüter aufzuteilen sein.[11] Danach sind die eigenbetrieblich, fremdbetrieblich, eigenen Wohnzwecken und fremden Wohnzwecken dienenden Teile eines Gebäudes verschiedene Wirtschaftsgüter.[12]

486 **Persönliche Zurechnung des Wirtschaftsguts:** Ein Wirtschaftsgut kann nur dann zum Betriebsvermögen eines Betriebs gehören, wenn es dem Betriebsinhaber zuzurechnen ist. Grundsätzlich ist ein Wirtschaftsgut dem bürgerlich-rechtlichen Eigentümer auch steuerrechtlich zuzurechnen. Ist jedoch ein Anderer wirtschaftlicher Eigentümer, ist ihm das Wirtschaftsgut gemäß § 39 Abs. 2 Nr. 1 Satz 1 AO zuzurechnen. Zu den übrigen vom bürgerlich-rechtlichen Eigentum abweichenden Zurechnungsfällen s. § 39 Abs. 2 Nr. 1 Satz 2 AO. Wirtschaftsgüter, die betrieblich genutzt werden, aber nicht dem Be-

8 BFH, Urteile vom 27. 1. 1977 – I R 48/75, BStBl 1977 II S. 388; vom 12. 7. 1979 – IV R 55/74, BStBl 1980 II S. 5.

9 BFH, Urteil vom 16. 10. 1997 – IV R 5/97, BStBl 1998 II S. 185.

10 BFH, Urteil vom 4. 12. 2004 – GrS 1/05, BStBl 2007 II S. 508.

11 BFH, Urteil vom 26. 11. 1973 – GrS 5/71, BStBl 1974 II S. 132.

12 Siehe auch R. 4.2 Abs. 4 EStR.

triebsinhaber, sondern einer anderen Person gehören, z. B. einem Angehörigen, dürfen daher nicht als Betriebsvermögen ausgewiesen werden. Ist der Betriebsinhaber nur zu einem Anteil Eigentümer des betrieblich genutzten Gegenstandes oder sonstigen Vermögensgegenstandes, z. B. als Miteigentümer oder Gesamthandseigentümer, gehört dieser Gegenstand auch nur insoweit zu seinem Betriebsvermögen. Nur dieser Anteil ist als Wirtschaftsgut des Betriebsvermögens zu bilanzieren. Erweitert oder errichtet jedoch ein Miteigentümer mit Zustimmung der anderen Miteigentümer ein Gebäude im eigenen Namen und auf eigene Rechnung, um das neu geschaffene Gebäude oder den Gebäudeteil ausschließlich für eigenbetriebliche Zwecke zu nutzen, so ist dieses Bauwerk allein dem Betriebsinhaber zuzurechnen. Er hat die gesamten Herstellungskosten des Gebäudeteils, nicht nur den auf seinen ideellen Anteil entfallenden Teil zu aktivieren.[13] Die Herstellungskosten des fremden Gebäudes sind bilanztechnisch „wie ein materielles Wirtschaftsgut" zu behandeln und nach den für Gebäude geltenden AfA-Regeln abzuschreiben.[14] Endet die Nutzung des Gebäudes zur Einkunftserzielung durch den Steuerpflichtigen, so ergibt sich daraus keine Auswirkung auf seinen Gewinn. Es sind insbesondere keine auf die nicht im Eigentum des Steuerpflichtigen stehenden Gebäudes entfallenden stillen Reserven zu versteuern; ein noch nicht abgeschriebener Restbetrag der Aufwendungen wird erfolgsneutral ausgebucht.[15]

Zurechnung bei Ehegatten: Die Zurechnung von Wirtschaftsgütern zum Betriebsvermögen ist auch bei Ehegatten getrennt vorzunehmen. Die einkommensteuerliche Zusammenveranlagung führt nicht zu einer gemeinsamen Zurechnung. Sind die Ehegatten Miteigentümer eines Wirtschaftsguts, so ist nur der Miteigentumsanteil des unternehmerisch tätigen Ehegatten als Betriebsvermögen auszuweisen.[16] Der Anteil des nicht unternehmerisch tätigen Ehegatten gehört zu dessen Privatvermögen und ist daher nicht zu bilanzieren, es sei denn der Unternehmer-Ehegatte habe wirtschaftliches Eigentum am Miteigentumsanteil seines Ehegatten. Sind die Ehegatten Mitunternehmer des Betriebs, so gehören alle in ihrem Eigentum stehenden betrieblichen Wirtschaftsgüter zum Betriebsvermögen.[17] 487

1.3 Rechtsfolgen der Zugehörigkeit zum Betriebsvermögen

Die Zugehörigkeit von Wirtschaftsgütern zum Betriebsvermögen bewirkt, dass sie am Betriebsvermögensvergleich nach § 4 Abs. 1 EStG oder § 5 EStG teilnehmen und nach § 6 EStG zu bewerten sind. Die Zuführung zum Betriebsvermögen und das Ausscheiden aus dem Betriebsvermögen richten sich nach den Einlage- und Entnahmevorschriften (s. Rz. 580). So ist für die private Nutzung von Wirtschaftsgütern des Betriebsver- 488

13 BFH, Beschluss vom 30. 1. 1995 – GrS 4/92, BStBl 1995 II S. 281 und BFH, Urteile vom 10. 4. 1997 – IV R 12/96, BStBl 1997 II S. 718 und vom 14. 5. 2002 – VIII R 30/98, BStBl 2002 II S. 741.

14 BFH, Urteil vom 25. 2. 2010 – IV R 2/07, BStBl 2010 II S. 670 mit Anm. *Kanzler*, FR 2010 S. 662.

15 BFH vom 19. 12. 2012 – IV R 29/09, BStBl 2013 II S. 387 in Änderung älterer Rechtsprechung, die von einer Besteuerung stiller Reserven ausging und sogar die Übertragung einer Reinvestitionsrücklage nach § 6b EStG auf das Nutzungsrecht für zulässig hielt (so noch BFH vom 10. 4. 1997 – IV R 12/96, BStBl 1997 II S. 718).

16 BFH, Urteil vom 29. 11. 1968 – VI R 183/66, BStBl 1969 II S. 233; vom 8. 3. 1990 – IV R 60/89, BStBl 1994 II S. 559 und BFH, Beschluss vom 28. 6. 2005 – IV B 174/03, BFH/NV 2005 S. 2009.

17 BFH, Urteil vom 25. 9. 2008 – IV R 16/07, BStBl 2009 II S. 989.

mögens eine Entnahme anzusetzen (§ 4 Abs. 1 Satz 1, § 6 Abs. 1 Nr. 4 EStG). Wird ein Wirtschaftsgut des Betriebsvermögens nicht mehr betrieblich genutzt, so bleibt es gleichwohl Betriebsvermögen, wenn es seiner Art nicht Privatvermögen sein kann. Erträge und Aufwendungen, die im Zusammenhang mit Wirtschaftsgütern des Betriebsvermögens anfallen, sind betrieblich veranlasst und führen zu Betriebseinnahmen und Betriebsausgaben.

489–493 *(Einstweilen frei)*

1.4 Dreiteilung der Vermögensarten

1.4.1 Notwendiges Betriebs- und Privatvermögen sowie gewillkürtes Betriebsvermögen

494 **Betriebs- und Privatvermögen:** Die für die steuerliche Gewinnermittlung notwendige Abgrenzung des betrieblichen vom steuerrechtlich irrelevanten, privaten Bereich des Steuerpflichtigen erfordert die Unterscheidung des Betriebsvermögens vom Privatvermögen eines Einzelunternehmers. Dieses Problem der Abgrenzung des Betriebs- vom Privatvermögen stellt sich allerdings weder für das Gesamthandsvermögen einer Personenhandelsgesellschaft[18] noch für die Kapitalgesellschaft, die nach neuerer Rechtsprechung des BFH steuerrechtlich keine außerbetriebliche Sphäre haben soll.[19]

495 **Die Abgrenzung des Betriebs- vom Privatvermögen** kann auch durch Änderung der Verhältnisse, vor allem durch Nutzungsänderungen und Eigentumswechsel erschwert werden. So kann sich die Beziehung eines Wirtschaftsguts zum Betrieb in der Weise ändern, dass ein bisher dem Betriebsvermögen zuzurechnendes Wirtschaftsgut von einem bestimmten Zeitpunkt an zum Privatvermögen gehört oder die Voraussetzungen für gewillkürtes Betriebsvermögen erfüllt. Daher ist es möglich, dass ein bisher zu mehr als 50 % betrieblich genutzter PKW, künftig ausschließlich privat genutzt wird. Der Wechsel eines Wirtschaftsguts vom Betriebsvermögen zum Privatvermögen und umgekehrt vollzieht sich durch Entnahme beziehungsweise Einlage i. S. d. § 4 Abs. 1 Satz 2 und § 7 EStG (s. Rz. 580 ff.), die i. d. R. mit dem Teilwert anzusetzen ist (§ 6 Abs. 1 Nr. 4 und § 5 EStG).

496 **Notwendiges und gewillkürtes Betriebsvermögen:** Nach ständiger Rechtsprechung des BFH können Wirtschaftsgüter des Betriebsvermögens zum notwendigen oder gewillkürten Betriebsvermögen gehören und sind als solche von den Wirtschaftsgütern des Privatvermögens abzugrenzen. Daraus ergibt sich eine Dreiteilung der Vermögensarten in notwendiges Betriebsvermögen, notwendiges Privatvermögen und gewillkürtes Betriebsvermögen.[20] Mit seiner Rechtsprechung zum gewillkürten Betriebsvermögen

---

18 Denn Wirtschaftsgüter des Gesellschaftsvermögens einer Personenhandelsgesellschaft gehören steuerrechtlich wegen der Maßgeblichkeit der Handelsbilanz für die Steuerbilanz grundsätzlich zum notwendigen Betriebsvermögen der Gesellschaft (BFH, Urteile vom 16. 3. 1983 – IV R 36/79, BStBl 1983 II S. 459 und vom 30. 6. 1987 – VIII R 353/82, BStBl 1988 II S. 418).

19 BFH, Urteile vom 4. 12. 1996 – I R 54/95, BFHE 182 S. 123 und vom 6. 10. 2009 – I R 39/09, BFH/NV 2010 S. 470; kritisch dazu etwa *Prinz*, StbJb 1997/98 S. 97, 99 und 112.

20 BFH, Urteile vom 31. 5. 2001 – IV R 49/00, BStBl 2001 II S. 828; vom 2. 10. 2003 – IV R 13/03, BStBl 2004 II S. 985 und vom 23. 9. 2009 – IV R 14/07, BStBl 2010 II S. 227 jeweils m. w. N.; gl. A. *Kanzler*, Inf. 1981 S. 361, 363; *Leingärtner*, FR 1983 S. 214; *Musil*, in: HHR, § 4 EStG Anm. 30; a. A. *Wassermeyer*, DStJG 80 (3) S. 315 ff.

trägt der BFH der Unterscheidung von Wirtschaftsgütern Rechnung, die in einem objektiven Zusammenhang mit dem Betrieb stehen von solchen, bei denen der Zusammenhang erst durch Widmung zu betrieblichen Zwecken hergestellt wird. In beiden Fällen beruht die Zuordnung zum Betriebsvermögen auf einer betrieblichen Veranlassung[21] und führt zu den gleichen Rechtsfolgen. Die Unterscheidung notwendiger und gewillkürter Wirtschaftsgüter des Betriebsvermögens beruht auf einer Auslegung des § 4 Abs. 1 EStG und findet daher dort ihre Rechtsgrundlage.[22]

Bei Personengesellschaften gehören Wirtschaftsgüter des Gesamthandsvermögens grundsätzlich zum notwendigen Betriebsvermögen, weil gewillkürtes Betriebsvermögen ausgeschlossen ist.[23] Im Bereich des Sonderbetriebsvermögens wird allerdings wieder zwischen notwendigem und gewillkürtem Betriebsvermögen unterschieden (s. Rz. 497).

Notwendiges und gewillkürtes Sonderbetriebsvermögen: Auch im Bereich des Sonder- 497
betriebsvermögens wird zwischen notwendigem und gewillkürtem Betriebsvermögen unterschieden. Zum notwendigen Sonderbetriebsvermögen eines Mitunternehmers gehören alle Wirtschaftsgüter, die dazu geeignet und bestimmt sind, dem Betrieb der Personengesellschaft (Sonderbetriebsvermögen I) oder der Beteiligung des Mitunternehmers (Sonderbetriebsvermögen II) zu dienen. Notwendiges Sonderbetriebsvermögen II ist anzunehmen, wenn die dem Mitunternehmer gehörenden Wirtschaftsgüter zur Begründung oder Stärkung seiner Beteiligung, wie etwa die Beteiligung an einer Kapitalgesellschaft, eingesetzt werden.[24] Für die rechtliche Beurteilung notwendigen Sonderbetriebsvermögens ist es unerheblich, ob die Beteiligung bislang in der (Sonder-)Bilanz aktiviert worden war; ihre nachträgliche Aufnahme in die Bilanz ist eine berichtigende Einbuchung.[25] Gesellschafter können aber auch gewillkürtes Betriebsvermögen bilden. Da sie jedoch keinen Betrieb – unabhängig von der Personengesellschaft – unterhalten,[26] gehören Wirtschaftsgüter nur dann zum gewillkürten Sonderbetriebsvermögen, wenn sie objektiv geeignet sind, dem Betrieb der Personengesellschaft oder der Beteiligung der Gesellschafter zu dienen, und wenn die Gesellschafter (und nicht etwa die Mitunternehmerschaft) die Widmung der Wirtschaftsgüter für diesen Zweck klar und eindeutig zum Ausdruck gebracht haben.[27] Zum Sonderbetriebsvermögen im Einzelnen s. Teil A Kap. X, Rz. 1459 ff.

Kein gewillkürtes Betriebsvermögen auf der Passivseite der Bilanz: Bei Verbindlichkei- 498
ten gibt es grundsätzlich kein gewillkürtes, sondern nur notwendiges Betriebsver-

21 BFH, Urteil vom 11. 11. 1987 – I R 7/84, BStBl 1988 II S. 424.

22 BFH, Urteil vom 28. 7. 1994 – IV R 80/92, BFH/NV 1995 S. 288.

23 BFH vom 16. 3. 1983 – IV R 36/79, BStBl 1983 II S. 459 und vom 3. 9. 09 – IV R 61/06, BFH/NV 2010 S. 101 m. w. N.); ausnahmsweise ist auch von notwendigem Privatvermögen auszugehen (s. etwa *Musil*, in: HHR, § 4 EStG Anm. 89 m. w. N.).

24 BFH, Urteile vom 24. 2. 2005 – IV R 12/03, BStBl 2006 II S. 361 und vom 14. 1. 2010 – IV R 86/06, BFH/NV 2010 S. 1096 jeweils m. w. N.

25 BFH, Urteil vom 24. 10. 2001 – X R 153/97, BStBl 2002 II S. 75 m. w. N.

26 Siehe nur *Kanzler*, in: HHR, vor §§ 4-7 EStG Anm. 91 m. w. N.

27 BFH, Beschlüsse vom 25. 1. 2006 – IV R 14/04, BStBl 2006 II S. 418 und vom 21. 4. 2008 – IV B 105/07, BFH/NV 2008 S. 1470 jeweils m. w. N.

mögen.[28] Deshalb gehören Schulden, unabhängig von der Art der Gewinnermittlung (§ 4 Abs. 1, § 4 Abs. 3 oder 5 EStG) entweder zum notwendigen Betriebsvermögen oder zum notwendigen Privatvermögen. Gegen diesen Grundsatz bestehen keine verfassungsrechtlichen Bedenken.[29]

1.4.2 Notwendiges Betriebsvermögen

499 Zum notwendigen Betriebsvermögen gehören die Wirtschaftsgüter, die dem Betrieb dergestalt dienen, dass sie objektiv erkennbar zum unmittelbaren Einsatz im Betrieb selbst bestimmt sind;[30] dabei wird nicht vorausgesetzt, dass sie für den Betrieb notwendig, wesentlich oder gar unentbehrlich sind.[31] Wirtschaftsgüter des notwendigen Betriebsvermögens zählen ohne weitere Einlagehandlung zum Betriebsvermögen (s. Rz. 585 und 627).

500 **Eigenbetriebliche Nutzung erforderlich:** Wirtschaftsgüter gehören nur dann zum notwendigen Betriebsvermögen, wenn sie dem Betriebsinhaber zuzurechnen und objektiv erkennbar zum unmittelbaren Einsatz im Betrieb bestimmt sind beziehungsweise tatsächlich betrieblich genutzt werden. Zum notwendigen Betriebsvermögen gehört daher das Umlaufvermögen des Betriebs. Grundstücke und Grundstücksteile gehören aber nicht schon allein deshalb zum notwendigen Betriebsvermögen, weil sie mit betrieblichen Mitteln erworben wurden oder der Sicherung betrieblicher Kredite dienen;[32] Gleiches gilt für Wertpapiere.[33]

501 **Funktionszuweisung begründet Betriebsvermögenseigenschaft:** Ein Wirtschaftsgut gehört zum notwendigen Betriebsvermögen, wenn der Steuerpflichtige ihm endgültig eine betriebliche Funktion zugewiesen hat.[34] An dieser Funktionszuweisung fehlt es, wenn der Einsatz des Wirtschaftsguts im Betrieb nur als möglich in Betracht kommt, aber noch nicht sicher ist.[35]

502 **Wirtschaftsgüter des beweglichen Anlagevermögens** gehören zum notwendigen Betriebsvermögen, wenn sie überwiegend, d. h. zu mehr als 50 % betrieblich genutzt werden.[36] Wirtschaftsgüter, die in mehreren Betrieben des Steuerpflichtigen genutzt werden, sind dem Betriebsvermögen des Betriebs der überwiegenden Nutzung zuzuordnen.[37] Dieser sogenannte Unteilbarkeitsgrundsatz lässt sich aus der Rechtsprechung zu gemischt (betrieblich und privat) genutzten Wirtschaftsgütern herleiten.[38]

---

28 BFH, Urteil vom 4. 7. 1990 – GrS 2–3/88, BStBl 1990 II S. 817 und vom 7. 11. 1991 – IV R 57/90, BStBl 1992 II S. 141.

29 BVerfG, Beschluss vom 7. 1. 1988 – 1 BvR 1187/87, HFR 1989 S. 215.

30 BFH, Urteil vom 13. 5. 1976 – IV R 4/75, BStBl 1976 II S. 617, m. w. N.

31 BFH, Urteil vom 11. 12. 2003 – IV R 19/02, BStBl 2004 II S. 280, m. w. N.

32 BFH, Urteile vom 13. 8. 1964 – IV 304/63 S, BStBl 1964 III S. 502 und vom 8. 12. 1993 – XI R 16/93, BFH/NV 1994 S. 631.

33 BFH, Urteil vom 17. 3. 1966 – IV 186/63, BStBl 1966 III S. 350 und vom 21. 3. 1997 – IV B 53/96, BFH/NV 1997 S. 651.

34 BFH, Urteil vom 22. 1. 2004 – IV R 45/02, BStBl 2004 II S. 512 zu Tz. 17.

35 BFH, Urteil vom 6. 3. 1991 – X R 57/88, BStBl 1991 II S. 829.

36 BFH, Urteil vom 2. 10. 2003 – IV R 13/03, BStBl 2004 II S. 985 m. w. N.; R 4.2 Abs. 1 Satz 4 EStR.

37 So andeutungsweise BFH, Urteil vom 11. 9. 1969 – IV R 160/67, BStBl 1970 II S. 317 zur Zuordnung einer Erfindung zum gewerblichen oder freiberuflichen Betriebsvermögen.

38 Gl. A. *Musil*, in: HHR, § 4 EStG Anm. 33 m. w. N. auch zur a. A.

Bilanzierung notwendigen Betriebsvermögens nicht erforderlich: Die rechtliche Beurteilung der Zugehörigkeit eines Wirtschaftsguts zum notwendigen Betriebsvermögen wird nicht dadurch berührt, dass es (bisher) nicht in der Bilanz aktiviert worden ist.[39] 503

(Einstweilen frei) 504–507

1.4.3 Notwendiges Privatvermögen

Das notwendige Privatvermögen ist unerlässlicher Komplementärbegriff zum Begriff des notwendigen Betriebsvermögens. Es erfasst die Wirtschaftsgüter, die nach ihren Eigenschaften und ihrer tatsächlichen Nutzung ungeeignet sind, in irgendeiner Weise dem Betrieb zu dienen oder ihn zu fördern. Notwendiges Privatvermögen sind insbesondere solche Wirtschaftsgüter, die dem persönlichen Bereich des Steuerpflichtigen zuzurechnen sind. 508

Begründung von Privatvermögen: Ein Wirtschaftsgut wird Privatvermögen durch Erwerb, Herstellung im privaten Bereich oder durch Entnahme aus dem Betriebsvermögen beziehungsweise Nutzungsänderung. 509

Wirtschaftsgüter des notwendigen Privatvermögens sind insbesondere die Gegenstände, die der Lebensführung des Steuerpflichtigen und seiner Angehörigen oder der Erzielung von Überschusseinkünften i. S. d. § 2 Abs. 1 Satz 1 Nr. 4–7 EStG dienen oder die als private Kapitalanlage, die keine einkommensteuerpflichtigen Erträge abwirft, angeschafft wurden (z. B. Wertsachen, unbebaute und ungenutzte Grundstücke) oder verwandschaftsbegründete Darlehen.[40] Zum notwendigen Privatvermögen gehören auch betriebsschädliche Wirtschaftsgüter (s. Rz. 521). 510

Erstattungsansprüche aus privaten Steuern, insbesondere Personensteuern (s. § 12 Nr. 3 EStG), sind ebenfalls notwendiges Privatvermögen.[41] Das Gleiche gilt für Krankentagegeldversicherungen, die der Betriebsinhaber für sich oder seine Angehörigen abgeschlossen hat[42] und für eine sogenannte Betriebs- oder Praxisausfallversicherung, durch die im Falle einer krankheitsbedingten Arbeitsunfähigkeit des Steuerpflichtigen die fortlaufenden Kosten seines Betriebes ersetzt werden; die Versicherungsbeiträge sind daher keine Betriebsausgaben und die Versicherungsleistungen nicht steuerbar.[43] Allerdings kann der Anspruch auf Versicherungsleistungen zum Betriebsvermögen gehören, wenn eine Personenhandelsgesellschaft einen Versicherungsvertrag auf das Leben oder den Tod eines fremden Dritten abschließt und als Bezugsberechtigten das Unternehmen vorsieht.[44] 511

(Einstweilen frei) 512–515

---

39 BFH, Urteil vom 2. 9. 2008 – X R 32/05, BStBl 2009 II S. 634 m. w. N.

40 BFH, Urteil vom 22. 12. 1955 – IV 537/54 U, BStBl 1956 III S. 65 und vom 9. 1. 2009 – IV B 25/08, BFH/NV 2009 S. 754, m. w. N.

41 BFH, Urteil vom 22. 7. 1966 – VI 12/65, BStBl 1966 III S. 542.

42 BFH, Urteil vom 22. 5. 1969 – IV R 144/68, BStBl 1969 II S. 489.

43 BFH, Urteil vom 19. 5. 2009 – VIII R 6/07, BStBl 2010 II S. 168.

44 BFH, Urteile vom 14. 3. 1996 – IV R 14/95, BStBl 1997 II S. 343 und vom 3. 3. 2011 – IV R 45/08, BStBl 2011 II S. 552, jeweils m. w. N.

1.4.4 Gewillkürtes Betriebsvermögen

516 **Gewillkürtes und geduldetes Betriebsvermögen:** Das gewillkürte Betriebsvermögen steht als dritte Vermögensart zwischen notwendigem Betriebsvermögen und notwendigem Privatvermögen. Die Rechtsfolgen der Zuordnung von Wirtschaftsgütern zum gewillkürten Betriebsvermögen entsprechen den Rechtsfolgen einer Zuordnung zum notwendigen Betriebsvermögen (s. Rz. 488). Als Sonderform des gewillkürten Betriebsvermögens war das so genannte geduldete Betriebsvermögen von der Rechtsprechung insbesondere bei Grundstücken anerkannt, die nach einer Nutzungsänderung nicht mehr dem notwendigen Betriebsvermögen, aber auch nicht dem notwendigen Privatvermögen zuzuordnen waren.[45] In solchen Fällen war eine Zwangsentnahme ausgeschlossen. Mit Einfügung der Sätze 3 und 4 (jetzt 4 und 7[46]) des § 4 Abs. 1 EStG hat diese Rechtsfigur weitgehend ihre Bedeutung verloren.[47]

517 **Rechtsgrundlage** für die Unterscheidung notwendiger und gewillkürter Wirtschaftsgüter des Betriebsvermögens ist § 4 Abs. 1 EStG. Die dazu ergangene Rechtsprechung beruht auf einer inzwischen zu Gewohnheitsrecht[48] erstarkten Auslegung des Begriffs „Betriebsvermögen" in § 4 Abs. 1 Satz 1 EStG und trägt damit der Unterscheidung von Wirtschaftsgütern Rechnung, die in einem objektiven Zusammenhang mit dem Betrieb stehen von solchen, bei denen der Zusammenhang erst durch Widmung zu betrieblichen Zwecken hergestellt wird. In beiden Fällen beruht die Zuordnung zum Betriebsvermögen auf einer betrieblichen Veranlassung.[49]

518 **Begriff des gewillkürten Betriebsvermögens:** Wirtschaftsgüter gehören zum gewillkürten Betriebsvermögen, wenn sie weder die Voraussetzungen für notwendiges Betriebsvermögen, noch für notwendiges Privatvermögen erfüllen, dem Betrieb zu dienen oder ihn zu fördern geeignet sind, also in einer gewissen objektiven Beziehung zum Betrieb stehen und wenn der Steuerpflichtige sie subjektiv dem Betriebsvermögen zuordnet.[50] Das Wirtschaftsgut kann daher nicht allein aufgrund der (subjektiven) Willensbetätigung des Steuerpflichtigen als Betriebsvermögen gewillkürt werden; die Annahme gewillkürten Betriebsvermögens setzt vielmehr voraus, dass das Wirtschaftsgut objektiv geeignet und subjektiv dazu bestimmt ist, das Betriebskapital zu verstärken.[51] Daraus folgt zugleich, dass die Bildung gewillkürten Betriebsvermögens bei den Einkünften aus Gewerbebetrieb einfacher und umfassender möglich ist, als bei den anderen betrieblichen Einkunftsarten (Land- und Forstwirtschaft und selbständige Arbeit).[52] Denn die Berücksichtigung einkunftsspezifischer Besonderheiten führt nach der Recht-

---

45 BFH, Urteil vom 14. 5. 2009 – IV R 44/06, BStBl 2009 II S. 811, m. w. N.

46 Dazu *Musil*, in: HHR, § 4 EStG Anm. 250 ff.

47 Siehe aber BFH, Urteil vom 24. 3. 2011 – IV R 46/08, BFH/NV 2011 S. 1225.

48 *Kanzler*, INF 1981 S. 361, 363; andeutungsweise auch BFH-Urteil vom 2. 10. 2003 – IV R 13/03, BStBl 2004 II S. 985 „Dreiteilung der Vermögensarten ..., von der der BFH in ständiger Rechtsprechung ausgeht".

49 BFH, Urteil vom 11. 11. 1987 – I R 7/84, BStBl 1988 II S. 424; a. A. FG Köln, Urteil vom 7. 8. 1980 – I (VII) 547/77 F, EFG 1980 S. 586 im Anschluss an *Wassermeyer*, DStJG 1980 (3) S. 315.

50 BFH, Urteile vom 11. 10. 1979 – IV R 125/76, BStBl 1980 II S. 40 und vom 2. 10. 2003 – IV R 13/03, BStBl 2004 II S 985.

51 BFH, Urteil vom 23. 9. 2009 – IV R 14/07, BStBl 2010 II S. 227 m. w. N.

52 BFH, Urteile vom 14. 5. 2009 – IV R 44/06, BStBl 2009 II S. 811 und vom 23. 9. 2009 – IV R 14/07, BStBl 2010 II S. 227 jeweils m. w. N.

sprechung des BFH dazu, dass der Gewerbetreibende in der Bildung gewillkürten Betriebsvermögens praktisch nicht eingeschränkt ist, während Land- und Forstwirte ebenso wie selbständig Tätige bei der Willkürung branchenferner Wirtschaftsgüter die betriebliche Beziehung besonders nachweisen müssen. Die Anforderungen an die Feststellung der objektiven Eignung des Geschäfts zur Verstärkung des Betriebskapitals steigen umso mehr, je weiter Art und Inhalt des Geschäfts von der Haupttätigkeit des Unternehmens entfernt sind.[53]

Unmissverständliche Willkürung erforderlich: Die Bestimmung des Wirtschaftsguts zum Betriebsvermögen, der Willkürungsakt also, ist als innere Tatsache nur anhand von Beweisanzeichen festzustellen.[54] Der Steuerpflichtige muss seinen auf die Behandlung des Wirtschaftsguts als gewillkürtes Betriebsvermögen gerichteten Willen klar und eindeutig zum Ausdruck bringen.[55] Dies kann i. d. R. aus dem buchmäßigen Ausweis des Wirtschaftsguts und der Behandlung der Aufwendungen als betrieblicher Aufwand geschlossen werden.[56] Die Aufnahme in die Buchführung ist für die Zuordnung des Wirtschaftsguts als gewillkürtes Betriebsvermögen zwar nicht zwingend erforderlich; sie ist aber wesentliches Indiz einer Willkürung. Jedenfalls muss ein sachverständiger Dritter ohne weitere Erklärungen des Steuerpflichtigen die Zugehörigkeit des erworbenen oder eingelegten Wirtschaftsguts zum Betriebsvermögen erkennen können.[57] Das Nachweiserfordernis der Willkürung von Betriebsvermögen schließt die Zuordnung eines Wirtschaftsguts zum gewillkürten Betriebsvermögen bei Vollschätzung des Gewinns aus.[58] 519

Wirtschaftsgüter des beweglichen Anlagevermögens können zum gewillkürten Betriebsvermögen gezogen werden, wenn sie zu mehr als 10 % aber weniger als 50 % betrieblich genutzt werden. Solche gemischt genutzten Wirtschaftsgüter (z. B. PKW) gehören bei geringfügiger betrieblicher Nutzung (mit einem Zeitanteil von weniger als 10 %) zum notwendigen Privatvermögen und bei einer überwiegenden betrieblichen Nutzung (mit einem Zeitanteil von mehr als 50 %) zum notwendigen Betriebsvermögen (s. Rz. 501 und 528 ff.).[59] Vermindert sich der Umfang der betrieblichen Nutzung eines gemischtgenutzten Wirtschaftsguts (z. B. eines Pkw), das dem gewillkürten Betriebsvermögen eines Unternehmens in einem früheren Veranlagungszeitraum wegen einer mehr als 10 %igen betrieblichen Nutzung zugeordnet wurde, in einem Folgejahr auf unter 10 %, so führt dies nicht zu einer Zwangsentnahme.[60] Von einer Entnahme ist erst auszugehen, wenn eine betriebliche Nutzung völlig ausgeschlossen ist. 520

---

53 BFH, Urteile vom 11. 7. 1994 – IV R 67/95, BFH/NV 1997 S. 114 und vom 23. 9. 2009 – IV R 14/07, BStBl 2010 II S. 227.

54 BFH, Urteil vom 23. 9. 1999 – IV R 12/98, BFH/NV 2000 S. 317.

55 BFH, Urteil vom 27. 8. 1998 – IV R 77/97, BStBl 1999 II S. 279.

56 BFH, Urteil vom 27. 8. 1998 – IV R 77/97, BStBl 1999 II S. 279.

57 BFH, Urteil vom 22. 9. 1993 – X R 37/91, BStBl 1994 II S. 172; s. auch BFH, Urteil vom 2. 10. 2003 – IV R 13/03, BStBl 2004 II S. 985 m. w. N. zur Dokumentation bei Einnahmenüberschussrechnung, bei der eine Aufnahme in die Buchführung nicht möglich ist.

58 *Leingärtner/Kanzler*, Besteuerung der Landwirte, Kap. 24 Rz. 129.

59 BFH, Urteil vom 2. 10. 2003 – IV R 13/03, BStBl 2004 II S. 985 m. w. N.

60 BFH vom 21. 8. 2012 – VIII R 11/11, BStBl 2013 II S. 117.

521 **Willkürungsverbot für risikobehaftete und verlustgeneigte, betriebsschädliche Wirtschaftsgüter:** Der für die Annahme gewillkürten Betriebsvermögens erforderliche objektive Förderungszusammenhang begründet ein Willkürungsverbot für Wirtschaftsgüter, die Gegenstand von Risikogeschäften sind oder dem Betrieb nur Verluste einbringen. Die Unterscheidung betriebsschädlicher Wirtschaftsgüter von solchen die nur risikobehaftet sind, ist für die Praxis eher von geringer Bedeutung, da in allen Fällen der objektive Förderungszusammenhang zwischen Wirtschaftsgut und Betrieb bei Anschaffung oder Einlage zu prüfen ist.

522 **Von vornherein betriebsschädliche Wirtschaftsgüter:** Wirtschaftsgüter, bei deren Erwerb bereits abzusehen ist, dass sie dem Betrieb keinen Nutzen, sondern nur Verluste einbringen, können als Wirtschaftsgüter des notwendigen Privatvermögens nicht dem (gewillkürten) Betriebsvermögen zugerechnet werden.[61] Stellt sich die betriebsschädliche Disposition eines Wirtschaftsguts erst später heraus, so berührt dies nicht die Wirksamkeit einer Einlage.[62]

523 **Einzelfälle betriebsschädlicher Wirtschaftsgüter** sind etwa wertlose,[63] ungesicherte und zinslose Darlehensforderungen[64], notleidende GmbH-Beteiligungen,[65] überteuerte, von einem Weingroßhändler angeschaffte Gemälde[66] oder historische Fahrzeuge mit überhöhten Anschaffungskosten.[67]

524 **Risikobehaftete Wirtschaftsgüter**, für die ebenfalls ein Willkürungsverbot gilt, sind solche, bei denen der betriebliche Förderungszusammenhang nicht grundsätzlich und von vornherein auszuschließen, sondern einer besonderen Prüfung zu unterziehen ist. Problematisch sind hier vor allem branchenuntypische Geschäfte (s. auch Rz. 518 a. E.).[68]

525 **Einzelfälle willkürungsfeindlicher Risikogeschäfte** sind vor allem Wertpapiergeschäfte. Zwar ist der Förderungszusammenhang bei gängigen Wertpapieren grundsätzlich zu bejahen, weil sie grundsätzlich wie Bankguthaben geeignet sind, die Betriebszwecke zu fördern.[69] Bei einem branchenuntypischen Termingeschäft etwa kann eine betriebliche Veranlassung aber nur dann angenommen werden, wenn das Geschäft nach den im Zeitpunkt des Vertragsschlusses bekannten Umständen objektiv geeignet und subjektiv dazu bestimmt ist, das Betriebskapital zu verstärken.[70] Weitere Beispiele für Risikogeschäfte sind Wettgeschäfte eines gewerblich tätigen Pferdetrainers,[71] Lottospiele ei-

61 BFH, Urteil vom 19. 2. 1997 – XI R 1/96, BStBl 1997 II S. 399 m. w. N.

62 Gl. A. *Woerner*, StbJb 1989/90 S. 207; *Blümich/Wied*, § 4 EStG Rz. 377; *Musil*, in: HHR, § 4 EStG Anm. 52.

63 BFH, Urteile vom 22. 5. 1975 – IV R 193/71, BStBl 1975 II S. 804 und vom 11. 10. 1988 – VIII R 237/83, BFH/NV 1989 S. 305.

64 BFH, Urteil vom 19. 7. 1984 – IV R 207/83, BStBl 1985 II S. 6.

65 FG Rhld-Pf., Urteil vom 25. 9. 1990 – 2 K 251/88, EFG 1991 S. 304, rkr.

66 BFH, Urteil vom 25. 2. 1982 – IV R 25/78, BStBl 1982 II S. 461.

67 BFH, Beschluss vom 5. 2. 2007 – IV B 73/05, BFH/NV 2007 S. 1106.

68 BFH, Urteil vom 30. 7. 2003 – X R 7/99, BStBl 2004 II S. 408 betr. Wertpapierhandel im Rahmen freiberuflicher Einkünfte.

69 BFH, Urteil vom 19. 2. 1997 – XI R 1/96, BStBl 1997 II S. 399 betr. Wertpapier- und Devisengeschäfte einer Ehe- und Partnervermittlung.

70 BFH, Urteile vom 11. 7. 1996 – IV R 67/95, BFH/NV 1997 S. 114 und vom 20. 4. 1999 – VIII R 63/96, BStBl 1999 II S. 466.

71 BFH, Urteil vom 24. 10. 1969 – IV R 139/68, BStBl 1970 II S. 411; FG Köln, Urteil vom 19. 4. 1988 – 2 K 223/85, EFG 1988 S. 518, rkr.

nes Kaufmanns[72] oder Goldgeschäfte in Betrieben, die nach ihrer Art oder Kapitalausstattung kurzfristig auf Liquidität für geplante Investitionen angewiesen sind.[73]

(Einstweilen frei) 526–527

1.4.5 Gemischtgenutzte Wirtschaftsgüter

528 Eine gemischte Nutzung von Wirtschaftsgütern kann sowohl im Betriebs- und Privatvermögen, als auch im betrieblichen Bereich vorliegen, wenn das Wirtschaftsgut in verschiedenen Betrieben des Steuerpflichtigen genutzt wird.

529 **Gemischt betrieblich-private Nutzung (Einheitlichkeitsgrundsatz):** Nach Rechtsprechung und herrschender Meinung gehören Wirtschaftsgüter in vollem Umfang entweder zum Betriebs- oder zum Privatvermögen; bei gemischt betrieblich-privater Nutzung können sie daher nicht anteilig dem Betriebs- und Privatvermögen zugeordnet werden.[74] Mithin sind Wirtschaftsgüter, die nicht Grundstücke oder Grundstücksteile sind und die zu mehr als 50 % eigenbetrieblich genutzt werden, in vollem Umfang notwendiges Betriebsvermögen. Werden sie zu mehr als 90 % privat genutzt, gehören sie in vollem Umfang zum notwendigen Privatvermögen. Bei einer betrieblichen Nutzung von mindestens 10 % bis zu 50 % ist eine Zuordnung dieser Wirtschaftsgüter zum gewillkürten Betriebsvermögen in vollem Umfang möglich. Wird ein Wirtschaftsgut privat und in mehreren Betrieben des Steuerpflichtigen genutzt, so ist die gesamte eigenbetriebliche Nutzung für die Zuordnung zum Betriebs- oder Privatvermögen maßgebend.[75] Die Änderung der betrieblichen Nutzung in die Geringfügigkeit führt nicht zu einer Zwangsentnahme (s. Rz. 520 m. w. N.).

530 **Kritik am Einheitlichkeitsgrundsatz:** Nachdem der Große Senat des BFH das Aufteilungs- und Abzugsverbot des § 12 Nr. 1 EStG unter strikter Anwendung des Veranlassungsprinzips aufgegeben hat,[76] lassen sich kaum noch überzeugende Argumente für eine Fortführung des Grundsatzes der Unteilbarkeit bei der Zuordnung gemischtgenutzter Wirtschaftsgüter zum Betriebs- und Privatvermögen anführen.[77] Das Problem der Zuordnung von Wirtschaftsgütern ist der Zuordnung von Aufwendungen durchaus vergleichbar. Die abweichende Behandlung von Grundstücken und Grundstücksteilen ist Beleg für eine praktikable Handhabung der Zuordnung nach dem Nutzungs- und Funktionszusammenhang zugrundeliegenden Veranlassungsprinzip (s. Rz. 531).

531 **Ausnahme vom Einheitlichkeitsgrundsatz bei Gebäuden und Grundstücksteilen:** Nach Rechtsprechung, Finanzverwaltung und überwiegender Auffassung im Schrifttum ist ein Gebäude grundsätzlich zwar auch als einheitliches Wirtschaftsgut zu behandeln,

---

72 BFH, Urteil vom 16. 9. 1970 – I R 133/68, BStBl 1970 II S. 865.

73 BFH, Urteil vom 10. 12. 1996 – XI R 52/95, BStBl 1997 II S. 351.

74 Siehe etwa BFH, Urteile vom 13. 3. 1964 – IV 158/61 S, BStBl 1964 III S. 455; vom 26. 1. 1994 – X R 1/92, BStBl 1994 II S. 353 und vom 2. 10. 2003 – IV R 13/03, BStBl 2004 II S. 985; gl. A. *Wied*, in: Blümich, § 4 EStG Rz. 347; *Musil*, in: HHR, § 4 EStG Anm. 32; a. A. *Heinicke*, in: Schmidt, EStG, 33. Aufl. § 4 Rz. 207; *Wassermeyer*, DStJG 80 (3) S. 331 ff.; *Weber*, StuW 2009 S. 184, 195.

75 BFH, Urteil vom 2. 10. 2003 – IV R 13/03, BStBl 2004 II S. 985 und R 4.2 Abs. 1 Satz 4-7 EStR.

76 BFH, Beschluss vom 21. 9. 2009 – GrS 1/06, BStBl 2010 II S. 672.

77 Zweifelnd aber *Bode*, in: Kirchhof, EStG, 13. Aufl. 2014, § 4 Rz. 39.

zerfällt aber bei unterschiedlicher Nutzung in verschiedene Wirtschaftsgüter. Wird ein Gebäude daher teils eigenbetrieblich, teils fremdbetrieblich, teils zu eigenen und teils zu fremden Wohnzwecken genutzt, so ist jeder der vier unterschiedlich genutzten Gebäudeteile ein besonderes Wirtschaftsgut, weil das Gebäude in verschiedenen Nutzungs- und Funktionszusammenhängen steht.[78] Entsprechend ist der Grund und Boden den verschiedenen Wirtschaftsgütern zuzuordnen.[79] Als Aufteilungsmaßstab sind die jeweiligen Nutzflächen ins Verhältnis zur Nutzfläche des gesamten Gebäudes zu setzen.[80] Nach § 51 Abs. 1 Nr. 1 Buchst. a EStG i. V. m. § 8 EStDV müssen eigenbetrieblich genutzte Grundstücksteile nicht als Betriebsvermögen behandelt zu werden, wenn ihr Wert nicht mehr als ein Fünftel des gemeinen Werts des gesamten Grundstücks und nicht mehr als 20.500 € beträgt.

532 **Das Aufteilungsgebot gilt auch für Gebäudeteile**, soweit sie nicht in einem einheitlichen Nutzungs- und Funktionszusammenhang mit dem Gebäude stehen. Ein Gebäudeteil ist selbständiges Wirtschaftsgut, wenn er besonderen Zwecken dient, mithin in einem von der eigentlichen Gebäudenutzung verschiedenen Nutzungs- und Funktionszusammenhang steht. Selbständige Gebäudeteile in diesem Sinne sind Betriebsvorrichtungen, Scheinbestandteile, Ladeneinbauten, Schaufensteranlagen, Gaststätteneinbauten, Schalterhallen von Kreditinstituten sowie ähnliche Einbauten.

533 **Nutzung eines Wirtschaftsguts in verschiedenen Betrieben eines Steuerpflichtigen:** Nutzt der Steuerpflichtige ein Wirtschaftsgut zugleich in verschiedenen Betrieben auch unterschiedlicher Einkunftsarten, so findet der Einheitlichkeitsgrundsatz ebenfalls Anwendung (s. Rz. 529). Nach der Rechtsprechung des BFH ist ein Wirtschaftsgut grundsätzlich nicht teilbar.[81] Das Wirtschaftsgut ist dann dem Betrieb der überwiegenden Nutzung zuzuordnen; die Aufwendungen sind dann, einschließlich der AfA, auf die verschiedenen Betriebe aufzuteilen.

534 Zu Einzelfällen der Vermögenszuordnung verschiedener Bilanzposten, wie Beteiligungen, Forderungen, Gebäude, Grund und Boden, Verbindlichkeiten und Wertpapieren, s. Teil B Kap. I, II und VII.

535–539 *(Einstweilen frei)*

2. Betriebsvermögen und Wirtschaftsgut

2.1 Bedeutung des Wirtschaftsguts für die Gewinnermittlung

540 Handelsrechtlich sind nach §§ 246 Abs. 1, 252, 253 und 266 HGB Vermögensgegenstände, steuerrechtlich nach §§ 4 Abs. 1, 5, 6 und 7 EStG als Wirtschaftsgüter anzusetzen. Beide Begriffe sind jedoch weitgehend identisch.[82] Allerdings erstreckt sich der Begriff des Wirtschaftsguts auch auf die Passivseite der Bilanz (s. Rz. 551).

78 Grundlegend BFH, Beschluss vom 26. 11. 1973 – GrS 5/71, BStBl 1974 II S. 132; R 4.2 Abs. 4 EStR und statt aller *Musil*, in: HHR, § 4 EStG Anm. 62 ff. m. w. N.; a. A. etwa *Wichmann*, BB 1990 S. 975.

79 H 4.2 (7) EStH m. w. N.

80 Siehe etwa BFH, Urteil vom 21. 2. 1990 – X R 174/87, BStBl 1990 II S. 578.

81 Siehe nur BFH, Urteil vom 11. 9. 1969 – IV R 160/67, BStBl 1970 II S. 317 unter Tz. 14 m. w. N.

82 BFH, Beschluss vom 7. 8. 2000 – GrS 2/99, BStBl 2000 II S. 632.

Bedeutung des Begriffs „Wirtschaftsgut“ für die Bestimmung des Betriebsvermögens: Das für den Betriebsvermögensvergleich anzusetzende Betriebsvermögen besteht in der Differenz zwischen den Aktiva und Passiva, also dem Betriebsreinvermögen.[83] Zu den Aktiva gehören die dem betrieblichen Bereich zuzuordnenden Wirtschaftsgüter, die aktiven RAP sowie die geleisteten Anzahlungen; zu den Passiva Verbindlichkeiten, Rückstellungen, passive RAP und erhaltene Anzahlungen. Die Definition des Wirtschaftsgutsbegriffs bestimmt damit maßgeblich den Umfang des nach §§ 4 Abs. 1, 5 EStG zu ermittelnden Gewinns.[84] 541

Bedeutung des Begriffs Wirtschaftsgut für Entnahmen und Einlagen: Der Begriff des Wirtschaftsguts ist auch für die Entnahmen und Einlagen von Bedeutung (Rz. 580 ff.). 542

Entnahmen sind nach § 4 Abs. 1 Satz 2 EStG alle Wirtschaftsgüter, die der Steuerpflichtige dem Betrieb für sich, für seinen Haushalt oder für andere betriebsfremde Zwecke im Laufe des Wirtschaftsjahrs entnommen hat. Entgegen diesem Wortlaut sind aber nicht nur Wirtschaftsgüter entnahmefähig, denn es gibt – wie der Klammerzusatz in § 4 Abs. 1 Satz 2 EStG zeigt – auch die Nutzungs- und Leistungsentnahme. Daher ist der Begriff des Wirtschaftsguts nur für die Sachentnahme von entscheidender Bedeutung (s. Rz. 595).

Einlagen sind nach § 4 Abs. 1 Satz 8 EStG alle Wirtschaftsgüter (Bareinzahlungen und sonstige Wirtschaftsgüter), die der Steuerpflichtige dem Betrieb im Laufe des Jahres zugeführt hat. Dem Gesetzeswortlaut nach kommen als Einlagen auch nur Wirtschaftsgüter in Betracht. Obwohl in § 4 Abs. 1 Satz 8 EStG nicht einmal, wie Satz 2 der Vorschrift im Klammerzusatz, Nutzungen und Leistungen erwähnt ist, gibt es auch Nutzungs- und Leistungseinlagen in Form der sogenannten Aufwandseinlage.[85] Der Begriff des Wirtschaftsguts ist auch hiernach nur für die Sacheinlage, also die Überführung eines Wirtschaftsguts vom Privatvermögen in das Betriebsvermögen, von Bedeutung.

Bedeutung des Begriffs des Wirtschaftsguts für die Bewertung (§ 6 EStG) und die Absetzungen für Abnutzung (§ 7 EStG): Da Gegenstand der Bewertung nach §§ 4 und 7 EStG jeweils das einzelne Wirtschaftsgut ist, sind der Begriff des Wirtschaftsguts sowie die Abgrenzung selbständiger Wirtschaftsgüter von Teilen eines Wirtschaftsguts auch für die Bewertung maßgeblich. Zugleich ist die Unterscheidung der verschiedenen Arten von Wirtschaftsgütern für die Anwendung der §§ 4 und 7 EStG von Bedeutung. 543

Wirtschaftsgut als Gegenstand der Bewertung: Nur Wirtschaftsgüter unterliegen der Bewertung nach den §§ 6, 7 EStG, nicht dagegen Bilanzpositionen, die nicht als Wirtschaftsgüter zu qualifizieren sind. So werden insbesondere Rechnungsabgrenzungsposten nicht nach §§ 6, 7 EStG bewertet, sondern berechnet.

Einzelnes Wirtschaftsgut als Gegenstand der Bewertung: Der Grundsatz der Einzelbewertung schließt die Bewertung einer Gesamtheit von Wirtschaftsgütern aus. Für die Anwendung der §§ 6 und 7 EStG ist daher jeweils zu prüfen, ob es sich bei einer Position

83 BFH, Beschluss vom 26. 10. 1987 – GrS 2/86, BStBl 1988 II S. 348 unter Tz. 64.

84 Zu Einzelheiten s. Rz. 540 ff. und *Kanzler*, in: HHR, vor §§ 4-7 EStG Anm. 101.

85 Grundlegend BFH, Beschluss vom 26. 10. 1987 – GrS 2/86, BStBl 1988 II S. 348 unter Tz. 64 ff.

um ein selbständiges Wirtschaftsgut, um verschiedene miteinander verbundene Wirtschaftsgüter oder um den Teil eines anderen Wirtschaftsguts handelt.

2.2 Begriff des „einzelnen“ Wirtschaftsguts

544 Der steuerrechtliche Begriff des Wirtschaftsguts entspricht der Funktion nach dem Begriff des Vermögensgegenstands im Handelsrecht, ohne dass beide Begriffe völlig übereinstimmen (s. Rz. 540). Probleme ergeben sich u. a. bei der Frage, was als selbständiges Wirtschaftsgut anzusehen und ob insbesondere die selbständige Verkehrsfähigkeit vorauszusetzen ist (s. Rz. 545). Anzusetzen und zu bewerten ist das „einzelne“ Wirtschaftsgut (§ 6 Abs. 1 Satz 1 EStG).

545 **Definition des Wirtschaftsguts**: Der Begriff des Wirtschaftsguts findet sich mehrfach im EStG, ohne aber dort auch definiert zu werden. Nach ständiger höchstrichterlicher Rechtsprechung und herrschender Meinung in der Literatur sind Wirtschaftsgüter Sachen und Rechte, sowie tatsächliche Zustände und konkrete Möglichkeiten und Vorteile für den Betrieb, die dergestalt einer selbständigen Bewertung zugänglich sind, dass sie als Einzelheit greifbar sind, die einen mehrjährigen Nutzen für den Betrieb bedeuten und deren Erlangung der Steuerpflichtige sich etwas hat kosten lassen.[86] Im Unterschied zum handelsrechtlichen Begriff des Vermögensgegenstands[87] wird die selbständige Verkehrs- oder Verwertungsfähigkeit nach Rechtsprechung und herrschender Meinung im Schrifttum nicht gefordert; es genügt, dass sie allein oder mit dem Betrieb verkehrsfähig sind.[88]

546 **Selbständige Wirtschaftsgüter** sind von Teilen eines Wirtschaftsguts einerseits und mehreren, verschiedenen Wirtschaftsgütern andererseits abzugrenzen.

Grundsatz der Einzelbewertung: In der Steuerbilanz werden jeweils einzelne Wirtschaftsgüter angesetzt und bewertet (§ 252 Abs. 1 Nr. 3 HGB i.V. m. § 5 Abs. 1 Satz 1 EStG und § 6 Abs. 1 Satz 1 EStG). Es ist daher festzustellen, ob eine Position ein selbständiges Wirtschaftsgut oder der unselbständige Teil eines Wirtschaftsguts ist oder ob sie aus mehreren selbständigen Wirtschaftsgütern besteht.

Eigenständige steuerrechtliche Beurteilung: Für die gebotene Einzelbewertung kann nicht stets auf zivilrechtliche Wertungen zurückgegriffen werden. So können wesentliche Bestandteile einer Sache i. S. d. §§ 93, 94 BGB steuerrechtlich selbständige Wirtschaftsgüter sein. Insbesondere Grund und Boden einerseits und aufstehendes Gebäude andererseits werden steuerrechtlich als zwei selbständige Wirtschaftsgüter angesehen. Demgegenüber können mehrere miteinander verbundene Gegenstände u. U. steuerrechtlich als ein einheitliches Ganzes und damit als ein einheitliches Wirtschaftsgut behandelt werden. So ist etwa der einzelne Baum eines Forstbetriebs nicht als selb-

86 Siehe nur BFH, Urteile vom 7. 8. 2000 – GrS 2/99, BStBl 2000 II S. 632, unter Tz. 43 ff. m. w. N. zur phasengleichen Aktivierung von „Dividendenforderungen“ und vom 14. 4. 2011 – IV R 46/09, BStBl 2011 II S. 696 betr. Wirtschaftsgüter einer Windkraftanlage.

87 Siehe etwa *Hennrichs*, in: Münchner Kommentar Bilanzrecht, § 246 HGB Rz. 22 m. w. N.

88 BFH, Urteile vom 26. 8. 1992 – I R 24/91, BStBl 1992 II S. 977 f. betreffend Aktivierungspflicht der Transferentschädigung eines Bundesligafußballers und vom 19. 10. 2006 – III R 6/05, BStBl II 2007 S. 301. gl. A. etwa *Hoffmann/Lüdenbach*, § 246 Rz. 45 ff.; *Hüttemann*, DStR 1994, 490; a. A. *Jansen*, DStR 1992 S. 1785.

ständiges Wirtschaftsgut anzusehen, sondern der einzelne zusammenhängende Baumbestand einer bestimmten Fläche,[89] während ein aus mehreren Windkraftanlagen bestehender Windpark ungeachtet seiner „Zweckeinheit" kein einheitliches Wirtschaftsgut ist.[90]

Einheitlicher Nutzungs- und Funktionszusammenhang als Beurteilungsmerkmal: Maßgeblich für die Abgrenzung eines selbständigen Wirtschaftsguts von einem unselbständigen Teil eines anderen Wirtschaftsguts ist grundsätzlich die selbständige Bewertungsfähigkeit der Position. Ergänzend wird darauf abgestellt, ob die Hauptsache ohne die fragliche Position als unvollständig anzusehen ist, also ein negatives Gepräge hat. Dabei sind auch die Dauer und Festigkeit der Verbindung zwischen mehreren Gegenständen zu betrachten. Selbst ein mit einer Hauptsache fest verbundener Gegenstand wird jedoch als eigenständiges Wirtschaftsgut angesehen, wenn er in einem eigenen, selbständigen Nutzungs- und Funktionszusammenhang steht und entsprechend in Erscheinung tritt.[91] Andererseits kann ein einheitlicher Nutzungs- und Funktionszusammenhang auch zur Annahme eines zusammengesetzten Wirtschaftsguts führen, wenn einem Gegenstand ohne andere Gegenstände schon aus rein technischen Gründen allein keine Nutzbarkeit zukommt (so genannte funktionale Bewertungseinheiten[92]). Andere Zuordnungsregeln, wie sie etwa die International Accounting Standards bzw. International Financial Reporting Standards vorsehen, haben für die steuerliche Gewinnermittlung keine Bedeutung und sind deshalb nicht geeignet, den für den steuerlichen Wirtschaftsgutbegriff maßgeblichen Nutzungs- und Funktionszusammenhang durch einen Komponentenansatz zu ersetzen.[93]

BEISPIEL: So stellt jede Windkraftanlage als Teil eines Windparks mit dem dazugehörigen Transformator und der verbindenden Verkabelung ebenso ein zusammengesetztes Wirtschaftsgut dar, wie die Verkabelung von den Transformatoren bis zum Stromnetz des Energieversorgers zusammen mit der Übergabestation, soweit dadurch mehrere Windkraftanlagen miteinander verbunden werden.

2.3 Abgrenzung des Wirtschaftsguts von anderen Bilanzpositionen

Der Begriff des Wirtschaftsguts ist von anderen Bilanzposten zu unterscheiden, die kei- 547
ne Wirtschaftsgüter sind. Dabei handelt es sich um aktive Rechnungsabgrenzungsposten, geleistete Anzahlungen und Bilanzierungshilfen.

Aktive Rechnungsabgrenzungsposten sind Ausgaben, die vor dem Abschlussstichtag 548
geleistet werden, aber Aufwand für eine bestimmte Zeit nach diesem Tag darstellen (§ 250 Abs. 1 Satz 1 HGB, § 5 Abs. 5 Satz 1 Nr. 1 EStG). Sie dienen der periodengerechten Gewinnermittlung, indem sie Aufwand in die Abrechnungsperiode verlagern, der er wirtschaftlich zugehört (im Einzelnen Teil B Kap. III). Aktive Rechnungsabgrenzungspos-

89 BFH, Urteil vom 5. 6. 2008 – IV R 67/05, BStBl 2008 II S. 960 zu Tz. 30.
90 BFH, Urteil vom 14. 4. 2011 – IV R 46/09, BStBl 2011 II S. 696.
91 BFH, Urteil vom 5. 6. 2008 – IV R 67/05, BStBl 2008 II S. 960.
92 Siehe etwa *Weber-Grellet*, Steuerbilanzrecht, München 1996, § 8 Rz. 6.
93 BFH, Urteil vom 14. 4. 2011 – IV R 46/09, BStBl 2011 II S. 696.

ten sind somit reine Verrechnungsposten und keine Wirtschaftsgüter.[94] Sie erscheinen auch in der Bilanzgliederung nach § 266 HGB als eigenständig gegenüber den Vermögensgegenständen (s. Rz. 4930 ff.).

549 **Geleistete Anzahlungen** sind Zahlungen im Rahmen eines schwebenden Geschäfts auf die noch ausstehenden Lieferungen oder Leistungen des anderen Vertragsteils (im Einzelnen dazu Teil B Kap. I Rz. 3213 ff.). Ebenso wie aktive Rechnungsabgrenzungsposten dienen sie der periodengerechten Gewinnermittlung, indem sie die Gewinnauswirkung geleisteter Ausgaben zunächst neutralisieren, um sie erst später, nämlich in der Abrechnungsperiode, der sie wirtschaftlich zugehören, eintreten zu lassen. Gleichwohl unterscheiden sie sich von den Rechnungsabgrenzungsposten durch den fehlenden Zeitraumbezug.[95]

550 **Bilanzierungshilfen** sind handelsrechtliche Aktivierungswahlrechte für Ausgaben, die weder zur Aktivierung eines Vermögensgegenstands, eines aktiven Rechnungsabgrenzungspostens oder einer geleisteten Anzahlung berechtigen. Steuerlich sind sie nicht aktivierungsfähig;[96] eine Abgrenzung zum Begriff des Wirtschaftsguts ist damit entbehrlich.

2.4 Das negative (passive) Wirtschaftsgut

551 Während nach den handelsrechtlichen Grundsätzen ordnungsmäßiger Buchführung auf der Aktivseite der Bilanz Vermögensgegenstände und auf der Passivseite Schulden aufgenommen werden, gehen alle Ertragsteuersenate des BFH von positiven und negativen bzw. aktiven und passiven Wirtschaftsgütern aus. Danach sind „Schulden … im Grundsatz verkehrsfähige negative Wirtschaftsgüter“.[97] Unseres Erachtens ist diese Begriffsbildung verfehlt, weil Voraussetzungen und Rechtsfolgen von Aktiva und Passiva unterschiedlich sind und der Begriff „Wirtschaftsgut“ regelmäßig ohne einen Zusatz für die Aktivseite der Bilanz verwendet wird. Es empfiehlt sich daher bei den gesetzlich vorgesehenen Kategorien zu bleiben und steuerrechtlich die Aktiva als Wirtschaftsgüter und die Passiva als Verbindlichkeiten bzw. Rückstellungen zu bezeichnen.[98]

552–555 *(Einstweilen frei)*

---

94 Siehe nur *Hoffmann/Lüdenbach*, § 250 Rz. 4; *Tiedchen*, HDJ II/11 Rz. 35 m. w. N. Nach anderer, u. E. aber abzulehnender Auffassung besitzen aktive Rechnungsabgrenzungsposten „zweifelsfrei Wirtschaftsgutcharakter“ (so *Babel*, in: Festschrift Mellwig, S. 1, 23 m. w. N.).

95 Nach wohl h. M. sind Anzahlungen allerdings als Wirtschaftsgut zu sehen (zum Meinungsstand *Tiedchen*, in: HHR, § 5 EStG Anm. 363).

96 *Weber-Grellet*, Steuerbilanzrecht, München 1996, § 8 Rz. 10 m. w. N.

97 BFH, Beschluss vom 17. 12. 2007 – GrS 2/04, BStBl 2008 II S. 608 Tz. 69; s. auch BFH, Urteile vom 2. 3. 1973 – III R 88/69, BStBl 1973 II S. 475 Tz. 11; vom 26. 2. 1976 – I R 150/74, BStBl 1976 II S. 378 Tz. 10; vom 1. 12. 1992 – VIII R 57/90, BStBl 1994 II S. 607 Tz. 82; vom 18. 10. 2000 – X R 70/97, BFH/NV 2001 S. 440 Tz. 11; vom 17. 4. 2007 – IX R 44/05, BFH/NV 2007, 1834 Tz.; und vom 6. 5. 2010 – IV R 52/08, BStBl 2011 II S. 261 Tz. 25 und vom 11. 4. 2013 – III R 32/12, BStBl 2014 II S. 242; gl. A. *Marx*, SteuerStud 2002 S. 603.

98 Gl. A. *Weber-Grellet*, Steuerbilanzrecht, München 1996, § 8 Rz. 1.

2.5 Arten von Wirtschaftsgütern

2.5.1 Anlage- und Umlaufvermögen

Bedeutung der Unterscheidung von Anlage- und Umlaufvermögen: Bilanziell werden Wirtschaftsgüter des Anlage- und Umlaufvermögens unterschiedlich behandelt. Nur auf Anlagegüter anwendbar sind § 5 Abs. 2, § 4 Abs. 1 Nr. 1, § 4 Abs. 2 § 4b und § 7 EStG, sowie die Vorschriften über erhöhte AfA, Sonderabschreibungen und die Investitionszulagen. Demgegenüber wird Umlaufvermögen von § 4 Abs. 1 Nr. 2 und Abs. 2a EStG vorausgesetzt. Die Steuergesetze enthalten keine Definition der von ihnen verwendeten Begriffe des Anlagevermögens und des Umlaufvermögens. Die Rechtsprechung des BFH orientiert sich daher an den für die handelsrechtliche Bilanzierung maßgeblichen Vorschriften.[99] 556

Begriff des Anlagevermögens: Nach § 247 Abs. 2 HGB gehören zum Anlagevermögen die Gegenstände, die dazu bestimmt sind, dauernd dem Geschäftsbetrieb zu dienen.[100] Für die Einordnung als Anlagevermögen ist der Begriff „dauernd" nicht als reiner Zeitbegriff im Sinne von „immer" oder „für alle Zeiten" zu verstehen.[101] Damit sollen vielmehr die Wirtschaftsgüter des Anlagevermögens von denen des Umlaufvermögens unterschieden werden, die zum alsbaldigen Verbrauch oder der alsbaldigen Veräußerung bestimmt sind. 557

Beispiele für Wirtschaftsgüter des Anlagevermögens sind der Bilanzgliederung in § 266 Abs. 2 HGB folgend: Immaterielle Wirtschaftsgüter, wie Schutzrechte, Konzessionen und ähnliche Rechte und Werte sowie Lizenzen an solchen Rechten und Werten, Sachanlagen wie Grundstücke, grundstücksgleiche Rechte und Bauten einschließlich der Bauten auf fremden Grundstücken, technische Anlagen und Maschinen, andere Anlagen, Betriebs- und Geschäftsausstattung, Anlagen im Bau sowie Finanzanlagen, also Anteile an verbundenen Unternehmen, Ausleihungen an verbundene Unternehmen, Beteiligungen, Ausleihungen an Unternehmen, mit denen ein Beteiligungsverhältnis besteht, Wertpapiere des Anlagevermögens, sonstige Ausleihungen. Zu den in § 266 Abs. 2 A II Nr. 4 HGB ebenfalls aufgeführten Anzahlungen s. Rz. 549. 558

Ähnliche Rechte: Zu den genannten den Schutzrechten und Konzessionen ähnlichen Rechten gehören als ausschließliche, gegenüber jedermann geltende Rechte die Urheber- (§ 2 Abs. 1 UrhG), Leistungsschutz- (z. B. § 69b UrhG) und Verlagsrechte oder das Erfinderrecht.[102] Ähnliche Rechte vermitteln auch schuldrechtliche Ansprüche, die eine faktische Ausschließlichkeitsstellung begründen. Dazu gehören etwa Alleinvertriebs- und Belieferungsrechte, das Handelsvertreterrecht, die Spielerlaubnis für einen Lizenzfußballer oder der Internet-Domainname (s. Rz. 565 ff.). 559

99 BFH, Urteil vom 5. 2. 1987 – IV R 105/84, BStBl 1987 II S. 448 m. w. N. zu Tz. 17.

100 Ständige Rechtsprechung: S. nur BFH, Urteil vom 16. 12. 2009 – IV R 48/07, BStBl 2010 II S. 799 m. w. N. unter Tz. 32; s. auch *Tiedchen*, in: HHR, § 5 EStG Anm. 371 m. w. N. zum Schrifttum.

101 BFH, Urteile vom 5. 2. 1987 – IV R 105/84, BStBl 1987 II S. 448 und vom 5. 6. 2008 – IV R 67/05, BStBl 2008 II S. 960 zu Tz. 29 jeweils m. w. N.

102 Dazu im Einzelnen *Anzinger*, in: HHR, § 5 EStG Anm. 1683.

560 *Firmenwert als Anlagegut:* Der ebenfalls in der Bilanzgliederung des § 266 Abs. 2 HGB aufgeführte Geschäfts- oder Firmenwert, ist als Unterschiedsbetrag zwischen der Summe der einzelnen Wirtschaftsgüter abzüglich der Schulden (Substanzwert) und dem Gesamtwert eines gewerblichen Unternehmens, ein besonderer, mit den übrigen Bilanzpositionen nicht vergleichbarer Bilanzposten. Er wird in Rechtsprechung[103] und Schrifttum[104] als immaterielles Wirtschaftsgut angesehen (Rz. 565 ff.) und vom Gesetzgeber als Wirtschaftsgut (§ 7 Abs. 1 Satz 3 EStG) bzw. Vermögensgegenstand (§ 246 Abs. 1 Satz 4 EStG) fingiert.

561 **Begriff des Umlaufvermögens:** Gegenstände, die die nicht als Anlagevermögen anzusehen und die dazu bestimmt sind, in einem einmaligen Akt veräußert oder verbraucht zu werden, sind dem Umlaufvermögen zuzurechnen,[105] das im Gegensatz zum Anlagevermögen im HGB nicht gesetzlich definiert ist. Ein solcher Gegenstand gehört auch dann zum Umlaufvermögen, wenn er bei fehlender Verkaufsmöglichkeit übergangsweise vermietet oder in anderer Weise für den Betrieb genutzt wird.[106] Beispiele für Wirtschaftsgüter des Umlaufvermögens sind nach der Bilanzgliederung des § 266 Abs. 2 HGB Vorräte (Roh-, Hilfs- und Betriebsstoffe, unfertige Erzeugnisse und unfertige Leistungen, fertige Erzeugnisse und Waren), Forderungen, Wertpapiere, soweit sie nicht zum Anlagevermögen zählen (Anteile an verbundenen Unternehmen, sonstige Wertpapiere), Kassenbestand, Bundesbankguthaben, Guthaben bei Kreditinstituten und Schecks. Außer dieser beispielhaften, nicht abschließenden Aufzählung sind auch neue Positionen dem Bilanzgliederungsschema zuzuordnen. So werden etwa die Emissionsberechtigungen nach dem Treibhausgas-Emissionshandelsgesetz als konzessionsähnliche immaterielle Wirtschaftsgüter dem Umlaufvermögen zugerechnet.[107]

562 **Abgrenzung des Anlagevermögens vom Umlaufvermögen und Umwidmung:** Die Zuordnung eines Gegenstands zum Anlage- oder Umlaufvermögen orientiert sich maßgeblich an der Zweckbestimmung des Wirtschaftsguts im Betrieb, die einerseits subjektiv vom Willen des Steuerpflichtigen abhängt, sich andererseits aber an objektiven Merkmalen nachvollziehen lassen muss.[108] So gehört ein Gegenstand, der zur Vermietung bestimmt ist, zum Anlagevermögen, es sei denn, die Vermietung dient nur dem Zweck, den Gegenstand anschließend dem Mieter zu verkaufen. Bei Wirtschaftsgütern, die unter die Aufzählung in § 266 Abs. 2 Teil B HGB fallen, spricht bereits eine (widerlegbare) Vermutung für ihre Zugehörigkeit zum Umlaufvermögen.[109]

563 *Unterschiedliche Zuordnung ein- und desselben Gegenstands:* Die individuelle Zweckbestimmung führt allerdings dazu, dass Gegenstände, die typischerweise zum Anlagevermögen gehören, in bestimmten Fällen dem Umlaufvermögen zuzuordnen sind und

---

103 Siehe nur BFH, Urteil vom 26. 11. 2009 – III R 40/07, BStBl 2010 II S. 609 Tz. 14 m. w. N.

104 Siehe nur *Tiedchen*, in: HHR, § 5 EStG Anm. 367 und *Weber-Grellet*, in: Schmidt, EStG 33. Aufl. § 5 Rz. 222 jeweils m. w. N. Nach a. A. soll der Geschäfts- oder Firmenwert eine Bilanzierungshilfe sein (so *Bruckner*, in: Gedenkschrift Kögelberger, 2008 S. 179).

105 Z. B. BFH, Urteile vom 23. 9. 2008 – I R 47/07, BStBl 2009 II S. 986 und vom 16. 12. 2009 – IV R 48/07, BStBl 2010 II S. 799 jeweils m. w. N.

106 BFH, Urteil vom 16. 12. 2009 – IV R 48/07, BStBl 2010 II S. 799 unter Tz. 32 m. w. N.

107 Ausführlich dazu *Anzinger*, in: HHR, § 5 EStG Anm. 1724 m. w. N.

108 BFH, Urteil vom 16. 12. 2009 – IV R 48/07, BStBl 2010 II S. 799 unter Tz. 32 m. w. N.

109 BFH, Urteil vom 2. 2. 1990 – III R 165/85, BStBl 1990 II S. 706 Tz. 17.

umgekehrt. So gehören Grundstücke grundsätzlich zum Anlagevermögen, sind aber bei einem gewerblichen Grundstückshandel Wirtschaftsgüter des Umlaufvermögens,[110] während Waren eines Kaufmanns dann dem Anlagevermögen zuzuordnen sind, wenn sie als Ausstellungsstücke oder Vorführgeräte fungieren.[111] Zwar führt allein die Absicht, einen Gegenstand nach Beendigung der betrieblichen Nutzung zu veräußern, noch nicht zur Annahme von Umlaufvermögen;[112] ist die Veräußerung jedoch Teil eines Gesamtplans, dann sind die Wirtschaftsgüter von Anfang an dem Umlaufvermögen zuzuordnen.[113]

Umwidmung von Wirtschaftsgütern: Die Zuordnung zum Anlage- oder Umlaufver- 564
mögen kann sich im Laufe der Zeit ändern. So können Grundstücke aus dem Anlagevermögen in das Umlaufvermögen übergehen, wenn ein ruhender Gewerbebetrieb zum Grundstückshandel wird.[114] Eine Umwidmung ist auch bei Wirtschaftsgütern mit doppelter Zweckbestimmung vorzunehmen, wie etwa bei Zuchtvieh eines land- und forstwirtschaftlichen oder gewerblichen Betriebs, das nach Beendigung ihrer Nutzung als Anlagevermögen allein zum Zweck des späteren Verkaufs noch einige Zeit gefüttert wird.[115] Maßgebend für eine solche doppelte Zweckbestimmung eines Wirtschaftsguts, die zu einer Umwidmung von Anlage- in Umlaufvermögen zwingt, sind weitere Aktivitäten des Steuerpflichtigen, die das Anlagegut zu einem verkehrsfähigen Gegenstand machen. So dienen ungeförderte Rohstoffe der künftigen, dauerhaften Nutzung und gehören daher zum Anlagevermögen; werden sie aber aufgeschlossen, so sind sie dem Umlaufvermögen zuzuordnen.[116] Der Zuordnungswechsel vom Anlage- zum Umlaufvermögen und umgekehrt vollzieht sich erfolgsneutral.[117]

2.5.2 Materielle und immaterielle Wirtschaftsgüter

Bedeutung der Unterscheidung: Die Unterscheidung materieller Wirtschaftsgüter von 565
immateriellen Wirtschaftsgütern folgt dem handelsbilanziellen Gliederungsschema, das die immateriellen Vermögensgegenstande von den Sach- und den Finanzanlagen abgrenzt. Für immaterielle Wirtschaftsgüter des Anlagevermögens gilt nach § 5 Abs. 2 EStG ein Aktivierungsverbot, wenn sie unentgeltlich erworben wurden. Im Übrigen können für immaterielle Wirtschaftsgüter weder die Sofortabschreibung für geringwer-

110 Mit der Folge, dass auch AfA und Reinvestitionsvergünstigungen entfallen, s. etwa BFH, Urteil vom 8. 11. 2007 – IV R 34/05, BStBl 2008 II S. 231 betr. Landwirt mit gewerblichem Grundstückshandel.

111 BFH, Urteile vom 23. 9. 2008 – I R 47/07, BStBl 2009 II S. 986 und vom 31. 3. 1977 – V R 44/73, BStBl 1977 II S. 684 beide betr. Musterhäuser.

112 BFH, Urteile vom 9. 2. 2006 – IV R 15/04, BFH/NV 2006 S. 1267 und vom 26. 6. 2007 – IV R 49/04, BStBl 2009 II S. 289 beide betr. Flugzeugvermietung.

113 BFH, Urteil vom 2. 2. 1990 – III R 165/85, BStBl 1990 II S. 706 betr. Fernsehgeräte als Gegenstand eines „Test"-Mietvertrags.

114 BFH, Urteil vom 18. 9. 2002 – X R 28/00, BStBl 2003 II S. 133.

115 BFH, Urteil vom 15. 2. 2001 – IV R 19/99, BStBl 2001 II S. 549 zu Tz. 15 f.

116 *Kanzler*, DStR 2007 S. 1101, 1104.

117 Nach *Kirchhof* (Bundessteuergesetzbuch – Bilanzordnung, S. 1143 und 1159 f.) soll der Wechsel von Grundstücken zwischen Anlage- und Umlaufvermögen als entgeltliche Übertragung zum Verkehrswert erfolgen. Diese Rechtsfolge ist Teil des grundlegend anderen Konzepts seiner Besteuerung grundstücksbezogener Einkünfte.

tige Wirtschaftsgüter (§ 6 Abs. 2 und 2a EStG) noch die degressive AfA (§ 7 Abs. 2 EStG[118]) oder Investitionszulagen bzw. ein Investitionsabzugsbetrag nach § 7g EStG[119] in Anspruch genommen werden. Nach dem jeweiligen Gesetzeswortlaut sind zwar nur bewegliche Anlagegüter begünstigt. Damit sind aber zugleich immaterielle Wirtschaftsgüter ausgeschlossen, weil sie sich einer Unterscheidung hinsichtlich Beweglichkeit oder Unbeweglichkeit entziehen.[120]

566 **Begriffsbestimmungen:** Materielle Wirtschaftsgüter sind körperliche Gegenstände, wie z. B. Sachanlagen, Grundstücke, Gebäude, Maschinen, maschinelle Anlagen, Kraftfahrzeuge, Betriebsvorrichtungen, Geschäftsausstattungen, Roh-, Hilfs- und Betriebsstoffe.[121] Ohne Bedeutung ist, ob es sich dabei um Sachen i. S .d. § 90 BGB, Bestandteile von Sachen (§ 93 BGB) oder um Zubehör (§ 97 BGB) handelt.[122] Auch Tiere gehören – ungeachtet der zivilrechtlichen Vorschrift des § 90a BGB – zu den materiellen Wirtschaftsgütern.[123] Immaterielle Wirtschaftsgüter unterscheiden sich von den materiellen Wirtschaftsgütern durch die fehlende Körperlichkeit; es handelt sich zumeist um „geistige Werte" (z. B. Ideen) und Rechte (Berechtigungen). Immaterielle Wirtschaftsgüter sind z. B. Konzessionen, gewerbliche Schutzrechte, Urheberrechte, Lizenzrechte, aber auch ungeschützte Erfindungen, Software, Rechte aus vertraglichen Wettbewerbsverboten, Belieferungsrechte, Kauf- und Verkaufsoptionen sowie der Geschäftswert.[124]

567 **Die Abgrenzung zwischen materiellen und immateriellen Wirtschaftsgütern** richtet sich zunächst danach, ob sie körperlich, also greifbar, oder unkörperlich sind. Besondere Probleme wirft die Abgrenzung zwischen materiellen und immateriellen Wirtschaftsgütern in den Fällen auf, in denen ein immaterielles Gut an ein materielles Substrat gebunden ist, wie z. B. bei Büchern, Filmen, Tonträgern und Disketten. Nach herrschender Meinung soll sich die Abgrenzung in diesen Fällen danach richten, was als Schwerpunkt des Guts anzusehen ist. Entscheidend ist, ob es dem Erwerber überwiegend auf den materiellen oder den immateriellen Gehalt ankommt, ob der Verkörperung eine eigenständige Bedeutung zukommt oder ob sie lediglich als „Träger" den immateriellen Gehalt festhalten soll.[125] Erwirbt daher ein Steuerpflichtiger Messgeräte mit Schaltplänen in der Absicht, diese Geräte bis zur Serienreife fertig zu entwickeln, so hat er technisches Know-how erworben. Die Messgeräte sind nur ein unselbständiger Teil des erworbenen Know-how.[126] Dies gilt etwa auch für die aus materiellen und immateriellen Komponenten zusammengesetzte Standardsoftware.[127] Zu immateriellen Wirtschaftsgütern im Einzelnen s. Teil B Kap. I. 1.

118 Für Wirtschaftsgüter, die nach dem 31. 12. 2008 und vor dem 1. 1. 2011 angeschafft oder hergestellt worden sind.

119 BFH, Urteil vom 18. 5. 2011 – X R 26/09, BStBl 2011 II S. 865.

120 BFH, Urteil vom 28. 7. 1994 – III R 47/92, BStBl 1994 II S. 873 m. w. N.

121 BFH, Beschluss vom 4. 12. 2006 – GrS 1/05, BStBl 2007 II S. 508 unter Tz. 68.

122 BFH, Urteil vom 30. 10. 2008 – III R 82/06, BStBl 2009 II S. 421 unter Tz. 15 m. w. N.

123 BFH, Urteil vom 15. 5. 1997 – III R 143/93, BStBl 1997 II S. 575 betr. investitionszulagenrechtliche Herstellungskosten einer Kuh; a. A. *Crezelius*, in: Kirchhof, EStG, 13. Aufl. 2014, § 5 Rz. 63.

124 BFH, Beschluss vom 4. 12. 2006 – GrS 1/05, BStBl 2007 II S. 508 m. w. N.

125 BFH, Urteil vom 30. 10. 2008 – III R 82/06, BFHE 223, 567, BStBl 2009 II S. 421.

126 BFH, Urteil vom 22. 5. 1979 – III R 129/74, BStBl 1979 II S. 634.

127 BFH, Urteil vom 18. 5. 2011 – X R 26/09, BStBl 2011 II S. 865.

2.5.3 Bewegliche und unbewegliche Wirtschaftsgüter

Die Abgrenzung zwischen beweglichen und unbeweglichen Wirtschaftsgütern ist auf materielle Wirtschaftsgüter beschränkt. Immaterielle Wirtschaftsgüter werden weder als bewegliche noch als unbewegliche Wirtschaftsgüter angesehen (s. Rz. 565). Bewegliche Wirtschaftsgüter sind alle Sachen i. S. d. § 90 BGB mit Ausnahme von Grundstücken und Gebäuden sowie Betriebsvorrichtungen i. S. d. § 48 Abs. 2 Nr. 2 BewG. Alle anderen materiellen Wirtschaftsgüter zählen zu den unbeweglichen Wirtschaftsgütern. 568

Bedeutung der Abgrenzung: Die Unterscheidung der beweglichen von den unbeweglichen Wirtschaftsgütern ist für die anzuwendende AfA-Methode von Bedeutung. Leistungsabhängige AfA gem. § 7 Abs. 1 Satz 6 EStG und degressive AfA gem. § 7 Abs. 2 EStG sind nur bei beweglichen Wirtschaftsgütern zulässig, während unbewegliche, abnutzbare Wirtschaftsgüter stets linear abzuschreiben sind. Für Gebäude bestehen allerdings in § 7 Abs. 4 und 5 EStG eigenständige Regelungen über die Vornahme der AfA. Auch die Bewertungsfreiheit des § 6 Abs. 2 EStG und die Bildung eines Sammelpostens nach § 6 Abs. 2a EStG sind nur für bewegliche Anlagegüter in Anspruch zu nehmen. Dies gilt auch für den Investitionsabzugsbetrag gem. § 7g EStG und die Investitionszulagen nach dem InvZulG 2010 (§ 2 InvZulG), sowie für Sonderabschreibungen gem. § 2 FördG: Dagegen sind die Sonderabschreibungen nach § 3 FördG auf unbewegliche Wirtschaftsgüter beschränkt. 569

Der Begriff des beweglichen Wirtschaftsguts wird in den einschlägigen Gesetzen (s. Rz. 569) nicht erläutert, sondern in Anlehnung an das Einkommensteuerrecht bestimmt. Das EStG wiederum grenzt bewegliche von den unbeweglichen Wirtschaftsgütern unter Rückgriff auf die Regelung des bürgerlichen Rechts in den §§ 93 f. BGB über wesentliche Gebäudebestandteile einerseits und Scheinbestandteile andererseits in erster Linie anhand des Bewertungsrechts ab.[128] Bewegliche Wirtschaftsgüter sind danach:[129] 570

- bewegliche Sachen;
- Scheinbestandteile von Grundstücken und Gebäuden i. S. v. § 95 BGB;
- Schiffe;[130]
- Betriebsvorrichtungen i. S. d. § 68 Abs. 2 Nr. 2 BewG auch wenn sie wesentliche Bestandteile sind;[131]
- Feldinventar und stehende Ernte.[132]

128 BFH, Urteil vom 6. 8. 1998 – III R 28/97, BStBl 2000 II S. 144 unter Tz. 19 und vom 25. 11. 1999 – III R 77/97, BStBl 2002 II S. 233 unter Tz. 20.

129 Dazu statt aller *Tiedchen*, in: HHR, § 5 EStG Anm. 384 m. w. N.

130 BFH, Beschluss vom 5. 3. 1992 – IV B 178/90, BStBl 1992 II S. 725 zu Tz. 27.

131 BFH, Urteil vom 14. 3. 2006 – I R 109/04, BFH/NV 2006 S. 1812; s. aber BFH, Urteil vom 14. 7. 2010 – XI R 9/09 (BStBl 2010 II S. 1086), wonach für Betriebsvorrichtungen, die als wesentliche Bestandteile auf Dauer in ein Gebäude eingebaut wurden, der für Grundstücke geltende Vorsteuerberichtigungszeitraum von zehn Jahren gilt.

132 Als selbständiges Wirtschaftsgut des Umlaufvermögens; s. etwa BFH, Urteil vom 18. 3. 2010 – IV R 23/07, BFHE 228 S. 526 unter Tz. 14.

571 **Begriff des unbeweglichen Wirtschaftsguts:** Unbewegliche Wirtschaftsgüter sind alle Wirtschaftsgüter, die nicht zu den beweglichen Wirtschaftsgütern gehören. Zu den unbeweglichen Wirtschaftsgütern gehören daher:[133]

- Grundstücke[134] und Gebäude;[135]
- Gebäudeteile, Eigentumswohnungen und im Teileigentum stehende Räume i. S. d. § 7 Abs. 5a;
- Bodenschätze, soweit sie nicht als unselbständige Teile des Grundstücks, auf dem sie sich befinden, anzusehen sind;[136]
- Einfriedungen und Umzäunungen eines Grundstücks;[137]
- Hof- und Platzbefestigungen, Straßenzufahrten und Privatstraßen,[138] sofern sie nicht als Betriebsvorrichtungen und somit als bewegliche Wirtschaftsgüter anzusehen sind;
- Strand-, Sport- und Gartenanlagen;[139]
- Luftfahrzeuge.[140]

2.5.4 Abnutzbare und nichtabnutzbare Wirtschaftsgüter

572 **Begriff der abnutzbaren und nichtabnutzbaren Wirtschaftsgüter:** Abnutzbare Wirtschaftsgüter sind solche, die im Laufe der Zeit typischerweise einem wirtschaftlichen oder technischen Wertverzehr unterliegen. Technischer Wertverzehr ist dabei als Verschleiß, wirtschaftlicher Wertverzehr als Beschränkung der Nutzbarkeit aus wirtschaftlichen Gründen anzusehen.[141] Nicht abnutzbare Wirtschaftsgüter sind solche, die weder einem wirtschaftlichen noch einem technischen Wertverzehr unterliegen. Die Abgrenzung zwischen abnutzbaren und nicht abnutzbaren Wirtschaftsgüter richtet sich nach den tatsächlichen Umständen.

573 **Bedeutung der Abgrenzung:** Die Abgrenzung der unbeweglichen von den Wirtschaftsgütern ist vor allem für die Bewertung von Bedeutung, da AfA nur bei abnutzbaren Wirtschaftsgütern vorzunehmen sind. Auch die Sofortabschreibung nach § 6 Abs. 2 EStG, die Sammelabschreibung nach § 6 Abs. 2a EStG sowie die Sonderabschreibung nach § 7f EStG kann nur für abnutzbare Wirtschaftsgüter in Anspruch genommen werden. Schließlich ist die Unterscheidung für die steuerliche Behandlung der Anschaffungs- oder Herstellungskosten bei der Einnahmenüberschussrechnung von Bedeutung.[142]

---

133 Im Einzelnen dazu *Tiedchen*, in: HHR, § 5 EStG Anm. 385 m. w. N.

134 BFH, Urteil vom 19. 10. 1999 – IX R 34/96, BStBl 2000 II S. 257.

135 BFH, Urteil vom 7. 4. 2011 – III R 8/09, BFH/NV 2011 S. 1187.

136 Grundlegend dazu BFH, Beschluss vom 4. 12. 2006 –GrS 1/05, BStBl 2007 II S. 508.

137 BFH, Urteil vom 4. 3. 1998 – X R 151/94, BFH/NV 1998 S. 1086.

138 BFH, Urteile vom 4. 3. 1998 – X R 151/94, BFH/NV 1998 S. 1086 und vom 14. 4. 2011 – IV R 46/09, BStBl 2011 II S. 696.

139 BFH, Urteil vom 15. 10. 1965 – VI 181/65 U, BStBl 1966 III S. 12.

140 BFH, Urteil vom 2. 5. 2000 – IX R 71/96, BStBl 2000 II S. 467 unter Tz. 12 ff.

141 BFH, Urteil vom 9. 8. 1989 – X R 131-133/87, BStBl 1990 II S. 50 zu Tz. 19.

142 Dazu *Kanzler*, in: HHR, § 4 EStG Anm. 619 f., 628 ff.

Einzelfälle: Zu den abnutzbaren Wirtschaftsgütern gehören danach praktisch alle materiellen Wirtschaftsgüter mit Ausnahme des Grund und Bodens. Nicht abnutzbar ist der Grund und Boden, die sogenannten finanziellen Wirtschaftsgüter und das vom Grund und Boden getrennt zu bewertende stehende Holz.[143] Bei immateriellen Wirtschaftsgütern kommt ein technischer Wertverzehr nicht in Betracht, wohl aber wirtschaftlicher Wertverzehr. Ob dieser zu erwarten ist, ist jeweils im Einzelfall anhand der tatsächlichen Verhältnisse festzustellen.[144] Ein immaterielles Wirtschaftsgut ist nicht abnutzbar, wenn seine Nutzung weder unter rechtlichen noch unter wirtschaftlichen Gesichtspunkten zeitlich begrenzt ist.[145] Ausnahmsweise kann bei zeitlich begrenzten Rechten von einer unbegrenzten Nutzungsdauer ausgegangen werden, wenn sie normalerweise ohne weiteres verlängert werden, ein Ende also nicht abzusehen ist; im Zweifel ist jedoch nach dem Grundsatz der Vorsicht von einer zeitlich begrenzten Nutzung auszugehen.[146] *Abnutzbare immaterielle Wirtschaftsgüter* sind etwa Arzneimittelkonzessionen, Fernseh- und Filmrechte, Kundenstamm Marken, Praxiswert, Software, Verlagsrechte, Wettbewerbsverbote und Zuckerrübenlieferrechte, während zu den *nicht abnutzbaren immaterielle Wirtschaftsgütern* die Ackerprämienberechtigung, Brennrechte, Domains und Linienkonzessionen gehören.[147] 574

Für den Geschäfts- oder Firmenwert wird in § 7 Abs. 1 Satz 3 EStG eine Nutzungsdauer von 15 Jahren fingiert.

(Einstweilen frei) 575–579

3. Entnahmen und Einlagen

3.1 Grundsätze zu Entnahmen und Einlagen

3.1.1 Begriff und Bedeutung von Entnahmen und Einlagen

Legaldefinition des Entnahme- und Einlagetatbestands: Nach § 4 Abs. 1 Satz 2 EStG sind Entnahmen „alle Wirtschaftsgüter, die der Steuerpflichtige dem Betrieb für sich, für seinen Haushalt oder für andere betriebsfremde Zwecke im Laufe des Wirtschaftsjahrs entnommen hat". Einlagen sind dementsprechend alle Wirtschaftsgüter, die der Steuerpflichtige dem Betrieb im Laufe des Wirtschaftsjahrs zugeführt hat (§ 4 Abs. 1 Satz 8 EStG). Entnahmen und Einlagen sind grundsätzlich mit dem Teilwert zu bewerten (§ 6 Abs. 1 Nr. 4 und 5 EStG). Die Entnahme dient der Erfassung nicht betrieblich veranlasster Abgänge von Betriebsvermögen, dessen tatsächliche Veränderungen Grundlage der Gewinnermittlung durch Bestandsvergleich sind (s. Rz. 480 ff.). Mit der Einlage werden nicht betrieblich veranlasste Zugänge erfasst. 580

Korrekturfunktion und Anwendungsbereich des Entnahme- und Einlagetatbestands: Der Wert der Entnahmen erhöht das Betriebsvermögen, der Wert der Einlage vermin- 581

143 BFH, Urteile vom 5. 6. 2008 – IV R 67/05, BStBl 2008 II S. 960 und IV R 50/07, BStBl 2008 II S. 968.

144 BFH, Urteil vom 28. 5. 1998 – IV R 48/97, BStBl 1998 II S. 775.

145 Siehe etwa BFH, Urteil vom 19. 10. 2006 – III R 6/05, BStBl 2007 II S. 301.

146 BFH, Urteil vom 16. 10. 2008 – IV R 1/06, BStBl 2010 II S. 28.

147 Zu Einzelheiten Teil B Kap. I Rz. 3140 ff.; s. auch *Tiedchen*, in: HHR, § 5 EStG Anm. 381.

dert es im Wege einer Korrektur nach § 4 Abs. 1 Satz 1 EStG. Diese Korrekturen haben den Zweck, nicht betrieblich veranlasste Wertänderungen (Zu- und Abgänge) zu beseitigen. Einlagen und Entnahmen verändern das Eigenkapital, ohne den Gewinn zu berühren.[148] Die Vorschriften über Entnahmen und Einlagen gelten für Personenunternehmen (Einzelunternehmer und Mitunternehmer), über § 8 Abs. 1 KStG aber auch für Körperschaftsteuersubjekte. Allerdings gelten für Einlagen bei Körperschaften Besonderheiten, weil Einlagen bei Kapitalgesellschaften keine betrieblichen Vorgänge sind, sondern auf gesellschaftlicher Veranlassung beruhen[149] und die Regelung über verdeckte Gewinnausschüttungen den Bestimmungen des EStG über die Entnahme vorgehen.[150]

582 **Entnahmen und Einlagen als tatsächliche Vorgänge:** Entnahmen sind „Wertabgaben aus dem Betrieb zu betriebsfremden Zwecken", unabhängig davon, „ob die entnommenen Wirtschaftsgüter aus versteuerten oder steuerbefreiten Vorgängen entstanden oder erworben worden sind"; umgekehrt wird die „Zuführung bisher betriebsfremder Wirtschaftsgüter" als Einlage bezeichnet.[151] Entnahmen und Einlagen beruhen auf tatsächlichen Vorgängen[152]. Sie setzen daher eine willensgetragene Entnahme- und Einlagehandlung voraus. Entnahmen können danach durch eine eindeutige Entnahmehandlung,[153] durch schlüssiges Verhalten (sogenannte konkludente Handlung[154] oder durch einen Rechtsvorgang erfolgen. Ebenso kann eine Einlage statt durch eine Einlagehandlung auch durch einen Rechtsvorgang bewirkt werden, der ein Wirtschaftsgut vom Privatvermögen in das Betriebsvermögen gelangen lässt.[155]

3.1.2 Gegenstand der Entnahme und Einlage

583 **Weiter Wirtschaftsgutbegriff:** Aus der Korrekturfunktion des Entnahme- und Einlagetatbestands folgt zwingend, dass der dort verwendete Wirtschaftsgutbegriff weit gefasst sein muss. In § 4 Abs. 1 Satz 2 EStG werden daher als entnahmefähige Wirtschaftsgüter nicht nur materielle (z. B. Bargeld, Waren, Erzeugnisse) und immaterielle (z. B. Rechte) Wirtschaftsgüter, sondern auch Nutzungen und Leistungen genannt. Dies gilt – obwohl in § 4 Abs. 1 Satz 8 EStG nicht ausdrücklich so bezeichnet – spiegelbildlich auch für die Einlagen. Da es auch Nutzungseinlagen gibt, trifft es daher nicht zu, dass nur bilanzierungsfähige Wirtschaftsgüter Gegenstand einer Einlage sein können.[156]

584 **Der Grundsatz der Einheitlichkeit** (Rz. 529, 531) setzt die Regelungen über Entnahmen und Einlagen nicht außer Kraft[157] und führt daher bei einer Nutzungsänderung, bei der das Wirtschaftsgut nicht zu notwendigem Privatvermögen wird, auch nicht zu einer Zwangsentnahme. Ein zunächst betrieblich genutzter Gebäudeteil verliert seine Eigen-

148 Siehe etwa *Musil*, in: HHR, § 4 EStG Anm. 136.

149 Ausführlich *Schallmoser*, in: HHR, § 8 KStG Anm. 23.

150 BFH, Beschluss vom 26. 10. 1987 – GrS 2/86, BStBl 1988 II S. 348 Tz. 69 m. w. N.

151 BFH, Urteil vom 29. 9. 1955 – IV 647/54 U, BStBl 1955 III S. 348.

152 BFH, Urteil vom 22. 6. 1967 – I 192/64, BStBl 1968 II S. 4.

153 BFH, Urteil vom 1. 7. 2004 – IV R 10/03, BStBl 2004 II S. 947 m. w. N.

154 BFH, Urteile vom 7. 10. 1974 – GrS 1/73, BStBl 1975 II S. 168 und vom 31. 1. 1985 – IV R 130/82, BStBl 1985 II S. 395.

155 BFH, Urteil vom 5. 6. 2008 – IV R 73/05, BStBl 2008 II S. 965.

156 So aber *Knobbe-Keuk*, Bilanz- und Unternehmenssteuerrecht, 9. Aufl. 1993, S. 288.

157 BFH, Urteil vom 23. 9. 2009 – IV R 70/06, BStBl 2010 II S. 270 m. w. N.

schaft als Betriebsvermögen daher nicht dadurch, dass er zu fremden Wohnzwecken vermietet wird und sich in dem Gebäude ein weiterer zu fremden Wohnzwecken vermieteter Gebäudeteil befindet, der zum Privatvermögen gehört.[158]

Entnahme- und Einlagefähigkeit von Wirtschaftsgütern: Wirtschaftsgüter des notwendigen Betriebsvermögens (s. Rz. 499 ff.) können grundsätzlich nicht durch bloße Erklärung oder einen Buchungsvorgang ins Privatvermögen entnommen werden und Wirtschaftsgüter des notwendigen Privatvermögens (s. Rz. 508 ff.) nicht ohne weiteres ins Betriebsvermögen eingelegt werden. In diesen Fällen muss der betriebliche Funktionszusammenhang oder die persönliche Zurechnung entweder völlig gelöst (dann Entnahme) oder ein solcher Zusammenhang erstmals hergestellt werden (dann Einlage).[159] Auch die Bilanzierung dieser Wirtschaftsgüter ist ohne Bedeutung. Fälschlich in der Bilanz ausgewiesene Wirtschaftsgüter des Privatvermögens sind daher erfolgsneutral auszubuchen und fälschlich nicht bilanzierte Wirtschaftsgüter des notwendigen Betriebsvermögens sind erfolgneutral einzubuchen, es kommt daher weder zu einer Entnahme- noch zu einer Einlagebuchung. Wirtschaftsgüter des gewillkürten Betriebsvermögens sind hingegen ohne weiteres entnahme- und einlagefähig. Dies erfordert jedoch eine eindeutige Entnahme- oder Einlagehandlung, die von dem Willen getragen ist, das Wirtschaftsgut betrieblich oder privat zu nutzen; nicht erforderlich ist hingegen der Wille zur Gewinnverwirklichung oder das Bewusstsein über die steuerlichen Folgen der Maßnahme.[160] Nicht einlagefähig sind im Übrigen risikobehaftete und verlustgeneigte, betriebsschädliche Wirtschaftsgüter des gewillkürten Betriebsvermögens (dazu Rz. 521). 585

Bedeutung des Betriebsbegriffs: Da die Entnahmen aus einem „Betrieb" und die Einlage in einen „Betrieb" erfolgen, ist der Betriebsbegriff immer noch von einiger Bedeutung. Denn je nachdem, ob man einen kleinen, großen oder mittleren Betriebsbegriff anwendet, ist § 6 Abs. 5 Satz 1 EStG anzuwenden oder entbehrlich. Im Ergebnis bleibt dies gleich, weil die Buchwertübertragung zwingend angeordnet ist, wo bis zum Inkrafttreten des StEntlG 1999/2000/2002[161] ein Wahlrecht auf Gewinnrealisierung galt.[162] 586

3.1.3 Zeitpunkt von Entnahmen und Einlagen

Entnahmen und Einlagen sind laufende Geschäftsvorfälle und werden durch tatsächliche Handlungen, Vorgänge (Tod eines Gesellschafters) oder Rechtsvorgänge bewirkt, die ihrerseits auf einem Verhalten des Steuerpflichtigen beruhen (s. Rz. 599). 587

Zeitpunkt der Gewinnrealisierung: Maßgebender Zeitpunkt für die Erfassung einer Entnahme und Einlage ist nicht der Augenblick der Willensbildung, sondern der nach au- 588

158 BFH, Urteil vom 10. 11. 2004 – XI R 31/03, BStBl 2005 II S. 334.

159 Siehe nur BFH, Urteil vom 23. 9. 2009 – IV R 70/06, BStBl 2010 II S. 270 m. w. N. zu Tz. 21.

160 BFH, Urteile vom 31. 1. 1985 – IV R 130/82, BStBl 1985 II S. 395 und vom 14. 5. 2009 – IV R 44/06, BStBl 2009 II S. 811.

161 Vom 24. 3. 1999, BGBl 1999 I S. 402; BStBl 1999 I S. 304.

162 Dazu *Kanzler*, in: HHR, vor §§ 4-7 EStG Anm. 89; s. auch Anm. 85 ff. zu den unterschiedlichen Betriebsbegriffen in verschiedenen Rechtsgebieten sowie im Steuerrecht.

ßen erkennbaren Entnahmehandlung. Entnahmen und Einlagen sind daher erst in dem Zeitpunkt verwirklicht, in dem der entsprechende Wille nach außen hervorgetreten ist.[163]

589 **Keine rückwirkenden Entnahme- und Einlagevorgänge:** Als tatsächliche Vorgänge können Einlagen und Entnahmen nach ständiger Rechtsprechung des BFH grundsätzlich weder rückbezogen noch rückgängig gemacht werden.[164] Die Veräußerung eines Wirtschaftsguts geht einer hinsichtlich der Gewinnrealisierung nur gleichgestellten Entnahme vor, sodass ein bilanziertes Grundstück nach der Veräußerung nicht mehr rückwirkend zum vorletzten Bilanzstichtag durch Entnahme ausgebucht werden kann, wenn diese Bilanz erst nach der Veräußerung des Grundstücks aufgestellt wird.[165] Auch eine nachträgliche Berichtigung fälschlich vorgenommener Einlagen oder Entnahmen ist grundsätzlich ausgeschlossen. Entnahmen können nur durch Einlagen ausgeglichen werden, die der Steuerpflichtige bis zum Bilanzstichtag tatsächlich vorgenommen hat. Die Berücksichtigung einer fiktiven Einlage für ein bereits abgelaufenes Geschäftsjahr ist nicht möglich.[166]

590–592 *(Einstweilen frei)*

3.2 Entnahmen (§ 4 Abs. 1 Satz 2 EStG)

3.2.1 Begriff und Arten der Entnahme

593 Entnahmen werden entsprechend der Legaldefinition in § 4 Abs. 1 Satz 2 EStG in Sach-, Nutzungs- und Leistungsentnahmen unterteilt.

594 **Gegenstand von Sachentnahmen** sind alle bilanzierungsfähigen Wirtschaftsgüter, also materielle und immaterielle, abnutzbare und nichtabnutzbare, sowie bewegliche und unbewegliche Wirtschaftsgüter. *Forderungen* können durch private Verwertung entnommen werden,[167] es sei denn es handele sich um eine bestrittene oder zweifelhafte Forderung, die auch nach Betriebsaufgabe Betriebsvermögen bleibt.[168] Ein Geschäftswert ist grundsätzlich mit dem Betrieb verwoben und kann daher weder separat veräußert, noch entnommen werden.[169] Betriebliche Verbindlichkeiten behalten als notwendiges (passives) Betriebsvermögen diese Eigenschaft grundsätzlich bis zu ihrem Erlöschen,[170] werden aber entnommen, wenn das Wirtschaftsgut, das mit ihnen finan-

---

163 BFH, Urteil vom 10. 11. 2004 – XI R 31/03, BStBl 2005 II S. 334.

164 Z. B. BFH, Urteile vom 17. 9. 1997 – IV R 97/96, BFH/NV 1998 S. 311; vom 12. 9. 2002 – IV R 66/00, BStBl 2002 II S. 815 beide betr. Entnahmen und vom 15. 11. 1990 – IV R 97/82, BStBl 1991 II S. 226 betr. Einlage; a. A. noch RFH, Urteil vom 17. 7. 1930, RStBl 1930 S. 633 und BFH, Urteil vom 18. 4. 1973 – I R 57/71, BStBl 1973 II S. 700.

165 BFH, Urteil vom 12. 9. 2002 – IV R 66/00, BStBl 2002 II S. 815.

166 BFH, Urteil vom 22. 6. 1967 – I 192/64, BStBl 1968 II S. 4.

167 Niedersächsisches FG, Urteil vom 20. 8. 1969 – II 829/90, Juris; gl. A. *Heinicke*, in: Schmidt, EStG 33. Aufl., § 4 Rz. 219; *Musil*, in: HHR, § 4 EStG Anm. 152; a. A. noch BFH, Urteil vom 22. 7. 1966 – VI 12/65, BStBl 1966 III S. 542.

168 BFH, Urteil vom 10. 2. 1994 – IV R 37/92, BStBl 1994 II S. 564.

169 BFH, Urteil vom 26. 11. 2009 – III R 40/07, BStBl 2010 II S. 609 zu Tz. 14 m. w. N.

170 Siehe nur BFH, Urteil vom 7. 5. 1965 – VI 217/64 U, BStBl 1965 III S. 445 und BFH, Beschluss vom 12. 2. 2004 – VIII B 287/02, BFH/NV 2004 S. 951.

ziert wird, entnommen wird; Gleiches gilt, wenn Darlehensmittel – entgegen der ursprünglichen Absicht – für private Zwecke verwendet werden.[171]

Nutzungs- und Leistungsentnahmen werden ebenfalls vom Entnahmebegriff erfasst, obwohl es sich dabei nicht um Wirtschaftsgüter handelt (s. Rz. 542). Nach Auffassung des Großen Senats des BFH sind grundsätzlich nur Nutzungsrechte als Wirtschaftsgüter entnahme- und einlagefähig; ausnahmsweise ist jedoch auch Nutzungsaufwand (z. B. die private PKW-Nutzung oder verbilligte Vermietung einer Betriebswohnung[172]) entnahmefähig.[173] Leistungsentnahmen sind grundsätzlich ebenso zu behandeln wie Nutzungsentnahmen. Nach ihrem wirtschaftlichen Gehalt handelt es sich dabei um Dienstleistungen des Unternehmens an den Unternehmer als Privatperson[174], so etwa beim Einsatz eines Betriebsangehörigen auf dem Privatgrundstück des Betriebsinhabers. 595

3.2.2 Der Entnahmetatbestand

Der Entnahmetatbestand erfordert eine von einem Entnahmewillen getragene Entnahmehandlung. Zu einer Entnahme können aber auch Rechtsvorgänge oder Rechtsänderungen führen. Insoweit spricht man gelegentlich von Zwangsentnahmen. 596

Die Entnahmehandlung kann ausdrücklich oder konkludent vorgenommen werden.[175] Als objektives Merkmal des Entnahmetatbestands ist sie entscheidend von der Zuordnung des entsprechenden Wirtschaftsguts abhängig. 597

Wirtschaftsgüter des gewillkürten Betriebsvermögens sind ohne Weiteres durch eine eindeutige Entnahmehandlung aus dem betrieblichen Zusammenhang zu lösen. Dies kann durch eine ausdrückliche Willensbekundung oder die indiziell bedeutsame Behandlung in der Buchführung erfolgen. Eine Nutzungsänderung, die das Wirtschaftsgut nicht zu einem Gegenstand des notwendigen Privatvermögens macht, reicht indessen ebenso wenig aus,[176] wie die Vermietung eines Gebäudes zu fremden Wohnzwecken.[177]

Wirtschaftsgüter des notwendigen Betriebsvermögens sind nicht entnahmefähig, solange der betriebliche Veranlassungszusammenhang fortbesteht. Erforderlich ist daher eine endgültige, nachhaltige und erkennbare Lösung des betrieblichen Zusammenhangs,[178] wie sie in der Bebauung eines bisher betrieblich genutzten Grundstücks mit einem ausschließlich zu eigenen Wohnzwecken dienenden Gebäude zu sehen wäre.

Der Entnahmewille muss als innere Tatsache die Entnahmehandlung tragen und nach außen erkennbar sein. Danach ist die Erklärung von Einkünften aus Vermietung und 598

171 BFH, Beschluss vom 4. 7. 1990 – GrS 2-3/88, BStBl II 1990 S. 817 zu Tz. 74.

172 BFH, Urteil vom 23. 4. 1999 – IV R 49/97, BStBl 1999 II S. 652.

173 BFH, Beschluss vom 4. 7. 1990 – GrS 2-3/88, BStBl II 1990 S. 817 zu Tz. 76; nach *Groh*, DB 1988 S. 514, 516, eine sog. Aufwandsentnahme.

174 BFH, Urteil vom 13. 7. 1994 – XI R 55/93, BStBl 1994 II S. 907 zu Tz. 18 betr. USt.

175 Siehe nur BFH, Urteil vom 23. 9. 2009 – IV R 70/06, BStBl 2010 II S. 270 m. w. N.

176 BFH, Urteil vom 13. 3. 1986 – IV R 1/84, BStBl 1986 II S. 711.

177 BFH, Urteil vom 10. 11. 2004 – XI R 31/03, BStBl 2005 II S. 334.

178 Z. B. BFH, Urteil vom 23. 9. 2009 – IV R 70/06, BStBl 2010 II S. 270 m. w. N.

Verpachtung für sich allein keine unmissverständliche Kundgabe eines Entnahmewillens.[179] Der Steuerpflichtige muss dazu vielmehr die sich aus der Entnahme ergebenden Folgerungen ziehen und regelmäßig den Gewinn aus der Entnahme erklären.[180] Daraus folgt, dass die gewinnneutrale Ausbuchung eines Wirtschaftsguts nicht in eine Entnahme umgedeutet werden kann.[181]

599 **Entnahmen ohne Entnahmehandlung** werden von der Rechtsprechung ausnahmsweise auf Grund eines die Entnahmehandlung ersetzenden Rechtsvorgangs anerkannt, wie etwa in den Fällen, dass ein bislang zum Betriebsvermögen gehörendes Wirtschaftsgut durch einen Todesfall notwendiges Privatvermögen wird[182] oder dass ein Gesellschafter aus einer Personengesellschaft ausscheidet und das bisherige Sonderbetriebsvermögen nicht mehr fortgeführt werden kann.[183] Auch beim Wegfall der tatbestandlichen Voraussetzungen einer Betriebsaufspaltung kommt es zu einer Totalentnahme durch Betriebsaufgabe.[184] In den Fällen der Betriebsverpachtung,[185] des Strukturwandels vom Gewerbebetrieb zur Landwirtschaft[186] oder des Übergangs zur Liebhaberei[187] hat die Rechtsprechung eine Betriebsaufgabe allerdings abgelehnt. Auch der Abschluss eines DBA[188] oder der Wechsel der Gewinnermittlungsart[189] führen nicht zu einer Zwangsentnahme von Wirtschaftsgütern des Betriebsvermögens.

600 **Entnahmefiktion durch Entstrickung (§ 4 Abs. 1 Satz 3 ff. EStG[190]):** Das EStG kannte bis zum Inkrafttreten des SEStEG vom 7. 12. 2006[191] keinen allgemeinen Entstrickungstatbestand, sondern nur einzelne Ersatzrealisationstatbestände, die eine Sofortversteuerung der stillen Reserven bei Verbringung eines Wirtschaftsguts ins Ausland meist durch Stundungsregelungen abmilderten.[192] Mit dem SEStEG hat der Gesetzgeber mit Wirkung für die nach dem 31. 12. 2005 endenden Wirtschaftsjahre (§ 52 Abs. 8b in der Fassung des SEStEG) einen Entstrickungstatbestand geschaffen. Nach der Gesetzesbegründung hat des SEStEG u. a. zum Ziel, für grenzüberschreitende Sachverhalte aufeinander abgestimmte allgemeine Grundtatbestände zur Entstrickung und Verstrickung betrieblicher Einzelwirtschaftsgüter, betrieblicher Einheiten und Gesellschaften einzuführen, damit das deutsche Besteuerungsrecht in gemeinschaftsverträglicher Weise gewahrt werden kann.[193]

179 Dazu etwa BFH, Urteil vom 7. 2. 2002 – IV R 32/01, BFH/NV 2002 S. 1135 m. w. N. zu Tz. 17.
180 BFH, Urteil vom 23. 9. 2009 – IV R 70/06, BStBl 2010 II S. 270 zu Tz. 22 m. w. N.
181 BFH, Urteil vom 16. 3. 1983 – IV R 36/79, BStBl 1983 II S. 459.
182 BFH, Beschluss vom 7. 10. 1974 – GrS 1/73, BStBl 1975 II S. 168 zu Tz. 36 m. w. N.
183 BFH, Urteil vom 13. 7. 1967 – IV R 174/66, BStBl 1967 III S. 751.
184 Siehe nur BFH, Urteil vom 5. 12. 1996 – IV R 83/95, BStBl 1997 II S. 287.
185 BFH, Urteil vom 13. 11. 1963 – GrS 1/63 S, BStBl 1964 III S. 124.
186 BFH, Beschluss vom 7. 10. 1974 – GtS 1/73, BStBl 1975 II S. 168.
187 BFH, Urteil vom 29. 10. 1981 – IV R 138/78, BStBl 1982 II S. 381.
188 BFH, Urteil vom 16. 1. 1975 – VIII R 3/74, BStBl 1976 II S. 246.
189 Siehe § 4 Abs. 1 Satz 6 EStG und BFH, Urteil vom 2. 10. 1997 – IV R 84/96, BStBl 1998 II S. 104.
190 Hierzu ausführlich Teil A Kap. XVII.
191 BGBl 2006 I S. 2782; BStBl 2007 I S. 4.
192 Siehe etwa BMF, Schreiben vom 24. 12. 1999, BStBl 1999 I S. 1076 zu Tz. 2.6.
193 BT-Drucks. 16/2710, 25 f.

Grundtatbestand ist § 4 Abs. 1 Satz 3 EStG, der anordnet, dass der Ausschluss oder die Beschränkung des Besteuerungsrechts der Bundesrepublik Deutschland hinsichtlich des Gewinns aus der Veräußerung oder der Nutzung eines Wirtschaftsguts einer Entnahme für betriebsfremde Zwecke gleichstehe. Die Vorschrift regelt damit vier Entstrickungstatbestände, nämlich 601

- den Ausschluss des Besteuerungsrechts bezüglich des Veräußerungsgewinns,
- die Beschränkung des Besteuerungsrechts bezüglich des Veräußerungsgewinns,
- den Ausschluss des Besteuerungsrechts bezüglich des Gewinns aus der Nutzung eines Wirtschaftsguts,
- und die Beschränkung des Besteuerungsrechts bezüglich des Gewinns aus der Nutzung eines Wirtschaftsguts.[194]

Als Regelbeispiel eines Entstrickungsfalls bezeichnet § 4 Abs. 1 Satz 4 EStG den Tatbestand, dass ein bisher einer inländischen Betriebsstätte des Steuerpflichtigen zuzuordnendes Wirtschaftsgut einer ausländischen Betriebsstätte zuzuordnen ist. Mit dieser Ergänzung durch das JStG 2010 vom 8. 12. 2010[195] sollte die sogenannte finale Entnahmetheorie verfestigt werden. Der Gesetzgeber reagierte damit auf eine Entscheidung des I. Senats des BFH, wonach die Überführung eines Wirtschaftsguts in eine ausländische Betriebsstätte des gleichen Unternehmers nicht zur Lösung des bisherigen betrieblichen Funktionszusammenhangs führt und deshalb mangels Außenumsatzes nicht als Realisationstatbestand angesehen werden könne.[196] Nach diesem Urteil sollte die Theorie der finalen Entnahme keine ausreichende gesetzliche Grundlage haben und auf einer unzutreffenden Beurteilung der Besteuerungshoheit bei ausländischen Betriebsstätten inländischer Stammhäuser beruhen. 602

Neben dem Grundtatbestand sind weitere Regelungen in § 12 KStG, im AStG und UmwStG vorgesehen.[197]

Rechtsfolge des § 4 Abs. 1 Satz 3 EStG ist die Entnahmebesteuerung unter Ansatz des gemeinen Werts (§ 6 Abs. 1 Nr. 4 Satz 1 zweiter Halbsatz EStG). Nach § 4g Abs. 1 und 2 EStG kann der Steuerpflichtige in Höhe des Unterschiedsbetrags zwischen dem Buchwert und dem gemeinen Wert des Anlageguts auf Antrag einen Ausgleichsposten bilden, der im Wirtschaftsjahr der Bildung und den folgenden vier Wirtschaftsjahren zu jeweils einem Fünftel gewinnerhöhend aufzulösen ist. 603

Ausnahmen vom Entstrickungstatbestand sieht das Gesetz nach § 4 Abs. 1 Satz 5 EStG für den Fall der Sitzverlegung einer Europäischen Gesellschaft (SE) oder einer Europäischen Genossenschaft (SCE) vor. Entsprechendes gilt nach § 13 Abs. 2 Nr. 2 und § 21 Abs. 2 Satz 3 Nr. 2 UmwStG bei EU/EWR-grenzüberschreitender Verschmelzung oder bei Anteilstausch einer SE/SCE. In diesen Fällen wird die Besteuerung bei Veräußerung 604

194 Zu Einzelheiten des Entstrickungstatbestands s. etwa *Musil*, in: HHR, § 4 EStG Anm. 206 ff.
195 BGBl 2010 I S. 1768, BStBl 2010 I S. 1394.
196 BFH, Urteil vom 17. 7. 2008 – I R 77/06, BStBl 2009 II S. 464.
197 Im Einzelnen dazu *Schwenke*, DStZ 2007 S. 235.

der Anteile im Ausland im Rahmen eines nationalen Treaty Override so nachgeholt, als habe die Sitzverlegung nicht stattgefunden (§ 15 Abs. 1a EStG).[198]

3.2.3 Entnahme „für sich, für seinen Haushalt oder für andere betriebsfremde Zwecke"

605 Die ersten beiden Tatbestandsvarianten „für sich" und „für seinen Haushalt" erfassen die klassischen Fälle der Überführung von Wirtschaftsgütern, Nutzungen und Leistungen aus dem Betriebs- in das Privatvermögen des Steuerpflichtigen. Umstritten war hingegen stets die Entnahme „für andere betriebsfremde Zwecke".

606 **Entnahme abhängig vom Betriebsbegriff:** Je nachdem ob man einen weiten oder engeren Betriebsbegriff vertrat, konnte hier ein Entnahme- oder Einlagetatbestand verwirklicht werden.[199] Mit der Neuregelung des Buchwertübergangs von einem Betriebsvermögen in ein anderes Betriebsvermögen des Steuerpflichtigen in § 6 Abs. 5 EStG durch das StEntlG 1999/2000/2002 vom 24. 3. 1999[200] war dieses Problem etwas entschärft (s. aber Rz. 608).

607 **Anwendung und Aufgabe des finalen Entnahmebegriff:** In ständiger Rechtsprechung ging der BFH bis 2008 von einer gewinnrealisierenden Entnahme aus, wenn Einzelwirtschaftsgüter aus einem inländischen Stammhaus in eine ausländische Betriebsstätte überführt wurden.[201] Diese sogenannte Theorie der finalen Entnahme, der auch das BMF gefolgt ist,[202] gab der I. Senat des BFH mit Urteil vom 17. 7. 2008,[203] der Kritik im Schrifttum folgend,[204] auf. Zur Begründung wurde ausgeführt, § 4 Abs. 1 Satz 2 EStG setze voraus, dass der Steuerpflichtige das Wirtschaftsgut für private Interessen oder andere betriebsfremde Interessen entnehme; die Überführung eines Wirtschaftsguts in eine ausländische Betriebsstätte desselben Unternehmers führe aber noch nicht zur Lösung des bisherigen betrieblichen Funktionszusammenhangs und sei deshalb mangels Außenumsatzes nicht als Realisationstatbestand anzusehen. Im Übrigen sei der finale Entnahmebegriff überholt, nachdem sich die Auffassung über die Abgrenzung inländischer und ausländischer Einkünfte und die Wirkung einer Freistellung durch DBA geändert habe. Nachdem das BMF zunächst mit einem Nichtanwendungsschreiben auf das Urteil reagiert hatte, kam es zur Einführung eines Regelbeispiels zum Entstrickungstatbestand in § 4 Abs. 1 Satz 4 EStG durch das JStG 2010 vom 8. 12. 2010[205] (s. auch Rz. 602), dessen rückwirkende Anwendung (§ 52 Abs. 8b Satz 2 EStG) im Schrifttum für verfassungswidrig gehalten wird.[206]

---

198 Zu weiteren gewinnrealisierenden Ersatztatbeständen s. etwa *Schwenke,* DStZ 2007 S. 235.

199 Siehe Rz. 586 m. w. N.

200 BGBl 1999 I S. 402; BStBl 1999 I S. 304.

201 Siehe etwa BFH, Urteile vom 24. 11. 1982 – I R 123/78, BStBl 1983 II S. 113; vom 30. 5. 1972 – VIII R 111/69, BStBl 1972 II S. 760 und vom 19. 2. 1998 – IV R 38/97, BStBl 1998 II S. 509.

202 Im Betriebsstättenerlass: BMF, Schreiben vom 24. 12. 1999, BStBl 1999 I S. 1076.

203 BFH, Urteil vom 17. 7. 2008 – I R 77/06, BStBl 2009 II S. 464.

204 Siehe die Nachweise im BFH, Urteil vom 17. 7. 2008 – I R 77/06, BStBl 2009 II S. 464.

205 BGBl 2010 I S. 1768, BStBl 2010 I S. 1394.

206 Siehe nur *Kanzler,* in: StRA 2010/2011 S. 35; *Musil,* in: HHR, § 4 EStG Anm. 209 f. jeweils m. w. N.

Die unentgeltliche Übertragung von Wirtschaftsgütern zwischen Schwester-Personengesellschaften ist nicht in § 6 Abs. 5 EStG geregelt. Der I. Senat des BFH hat daher eine Buchwertübertragung abgelehnt und ist von einer Zwangsentnahme mit anschließender Einlage in das Betriebsvermögen der Schwester-Personengesellschaft ausgegangen.[207] Dem ist der IV. Senat des BFH mit einer analogen Anwendung und verfassungskonformen Auslegung des § 6 Abs. 5 EStG entgegengetreten.[208] Der auch im Schrifttum heftig geführte Streit um diese Divergenz[209] ist inzwischen dem BVerfG zur Entscheidung der Frage vorgelegt worden, ob die Versagung der Buchwertübertragung gegen den Gleichheitssatz verstößt.[210] 608

(Einstweilen frei) 609–611

3.2.4 Rechtsfolgen der Entnahme

Mit der Entnahme gehört das Wirtschaftsgut zum Privatvermögen und kann dort auch zur Erzielung von Überschusseinkünften eingesetzt werden. Zur erneuten Aufnahme in ein Betriebsvermögen bedarf es einer Einlage. 612

Buchmäßige Erfassung der Entnahme: Die Entnahme ist im Rahmen der Gewinnermittlung nach § 4 Abs. 1 oder § 5 EStG durch eine außerbilanzielle Korrektur des sich auf der ersten Stufe ergebenden Unterschiedsbetrags zu erfassen. Durch die Bewertung mit dem Teilwert oder dem gemeinen Wert werden u. U. stille Reserven aufgedeckt. 613

Bewertung zum Teilwert als Grundsatz: Entnahmen sind gem. § 6 Abs. 1 Nr. 4 EStG grundsätzlich mit dem Teilwert zu bewerten. Dies ist der Betrag, den ein Erwerber des ganzen Betriebs im Rahmen des Gesamtkaufpreises für das einzelne Wirtschaftsgut ansetzen würde, wobei davon auszugehen ist, dass der Erwerber den Betrieb fortführt (§ 6 Abs. 1 Nr. 1 Satz 3 EStG).[211] 614

Entnahme zum Buchwert und zum gemeinen Wert als Ausnahme: Werden Wirtschaftsgüter, mit Ausnahme von Nutzungen und Leistungen (§ 6 Abs. 1 Nr. 4 Satz 5 EStG), bestimmten körperschaftsteuerbefreiten Körperschaften, Personenvereinigungen oder Vermögensmassen überlassen, so kann die Entnahme auch zum Buchwert erfolgen (§ 6 Abs. 1 Nr. 4 Satz 4 EStG). Mit dem Verzicht auf Besteuerung der stillen Reserven soll die Spendenbereitschaft gefördert werden.[212] Dieses Wahlrecht auf Buchwertansatz gilt auch für die Gewerbesteuer.[213] Die fiktive Entnahme in den Fällen der Entstrickung nach § 4 Abs. 1 Satz 3 EStG ist mit dem gemeinen Wert anzusetzen (s. Rz. 600 und 603).[214] 615

---

207 BFH vom 25. 11. 2009 – I R 72/08, BStBl 2010 II S. 471.

208 BFH vom 15. 4. 2010 – IV B 105/09, BStBl 2010 II S. 971.

209 Siehe nur *Gosch*, „Zoff im BFH“: Die vorläufig vorweggenommene Divergenzanrufung, DStR 2010 S. 1173.

210 BFH vom 10. 4. 2013 – I R 80/12, BStBl 2013 II S. 1004 (BVerfG 2 BvL 8/13).

211 Im Einzelnen dazu *Kahle/Hiller*, Rz. 810 ff. und 894 ff.

212 BT-Drucks. V/3890 S. 20.

213 *Schober*, in: HHR, § 4 EStG Anm. 1204.

214 Zum gemeinen Wert ausführlich *Kahle/Hiller*, Rz. 921 ff.

616 **Nutzungen und Leistungen,** die dem Betrieb entnommen werden, sind i. d. R. mit den anteiligen festen und laufenden Aufwendungen anzusetzen.[215] Dies gilt etwa für die private Nutzung des *betrieblichen PKW*[216], ebenso wie für die private Nutzung eines Flugzeugs.[217]

617 **Nutzungsentnahme eines betrieblichen PKW (sog. 1 %-Regelung):** Mit dem JStG 1996 vom 11. 10. 1995[218] wurde für die entnommene PKW-Nutzung eine Pauschalregelung eingeführt. Wird kein Fahrtenbuch geführt, so findet der pauschalierte Entnahmewert nach § 6 Abs. 1 Nr. 4 Satz 2 EStG Anwendung. Für jeden Kalendermonat ist die private Nutzung dann mit 1 % des inländischen Listenpreises im Zeitpunkt der Erstzulassung zuzüglich der Kosten für die Sonderausstattung einschließlich der Umsatzsteuer anzusetzen.[219] Durch das *Gesetz zur Eindämmung missbräuchlicher Gestaltungen* vom 28. 4. 2006[220] wurde die Pauschalregelung im Hinblick auf die geänderte Rechtsprechung des BFH zur Willkürung von Betriebsvermögen bei Einnahmenüberschussrechnung mit Wirkung vom 1. 1. 2006 dadurch eingeschränkt, dass die 1 %-Regelung auch beim Betriebsvermögensvergleich nicht mehr auf Pkw des gewillkürten Betriebsvermögens anzuwenden ist. Für PKW, deren betriebliche Nutzung mindestens 10 % und nicht mehr als 50 % beträgt, die also dem gewillkürten Betriebsvermögen zuzuorden sind, ist die Privatnutzung daher mit den darauf entfallenden Kosten anzusetzen. Diesen Kostenanteil hat der Steuerpflichtige nachzuweisen oder zumindest glaubhaft zu machen. Die Führung eines Fahrtenbuchs ist dazu nicht zwingend erforderlich.[221]

618 **Nutzungsentnahme einer betrieblichen Wohnung:** Die Nutzungsentnahme aus der verbilligten Überlassung einer betrieblichen Wohnung ist entweder mit den anteiligen Selbstkosten seit Beginn der verbilligten Vermietung oder mit der Verbilligung gegenüber der Marktmiete zu bewerten. Jedenfalls ist die Begünstigung des § 21 Abs. 2 Satz 2 EStG auf Gewinneinkünfte nicht entsprechend anzuwenden.[222] Werden Grundstücke, mit Ausnahme von Wohnräumen, Angehörigen oder anderen Personen aus privaten Gründen unentgeltlich überlassen, so ist diese Nutzungsentnahme ebenfalls mit den anteiligen laufenden und festen Aufwendungen zu bewerten (zum umgekehrten Fall einer Nutzungseinlage in solchen Fällen s. Rz. 623).

619 *(Einstweilen frei)*

---

215 BFH, Urteil vom 21. 11. 1980 – VI R 202/79, BStBl 1981 II S. 131.

216 BFH, Urteil vom 9. 10. 1953 – IV 536/52 U, BStBl 1953 III S. 337 und vom 14. 10. 1954 – IV 352/53 U, BStBl 1954 III S. 358.

217 BFH, Urteil vom 26. 7. 1979 – IV R 170/74, BStBl 1980 II S. 176.

218 BGBl 1995 I S. 1250; BStBl 1995 I S. 438.

219 Dazu ausführlich BMF, Schreiben vom 27. 8. 2004, BStBl 2004 I S. 864 und vom 18. 11. 2009, BStBl 2009 I S. 1326.

220 BGBl 2006 I S. 1095, BStBl 2006 I S. 353.

221 BT-Drucks. 16/634 S. 11.

222 BFH, Urteil vom 29. 4. 1999 – IV R 49/97, BStBl 1999 II S. 652.

3.3 Einlagen (§ 4 Abs. 1 Satz 7 EStG)

3.3.1 Begriff und Arten der Einlage

Einlagen sind nach § 4 Abs. 1 Satz 8 EStG alle Wirtschaftsgüter (Bareinzahlungen und sonstige Wirtschaftsgüter), die der Steuerpflichtige dem Betrieb im Laufe des Wirtschaftsjahres zugeführt hat; einer Einlage steht die Begründung des Besteuerungsrechts der Bundesrepublik Deutschland hinsichtlich des Gewinns aus der Veräußerung eines Wirtschaftsguts gleich. 620

Zweck der Einlageregelung, wie er sich aus § 4 Abs. 1 Satz 8 und § 6 Abs. 1 Nr. 5 EStG ergibt, ist eine Begrenzung der Steuerverstrickung, die mit der Zuordnung zu einem Betriebsvermögen eintritt. Nur der im Betrieb erzielte Vermögenszuwachs soll besteuert werden, nicht aber steuerfreies oder aus bereits versteuertem Einkommen gebildetes Vermögen des Steuerpflichtigen[223]; mit Hilfe der Einlageregelung wird zudem die dualistische Einkunftsermittlung gewährleistet.[224] 621

Gegenstand der Einlage: Wie bei der Entnahme sind Sacheinlagen sowie Nutzungs- und Leistungseinlagen zu unterscheiden. Mit der Sacheinlage lassen sich alle bilanzierungsfähigen materiellen und immateriellen Wirtschaftsgüter dem Betriebsvermögen zuführen. Zum Bilanzierungsverbot risikobehafteter und verlustgeneigter, betriebsschädlicher Wirtschaftsgüter s. Rz. 521. Erwirbt der Steuerpflichtige ein betrieblich genutztes Wirtschaftsgut durch einen privaten Vorgang (Rechtsakt), z. B. eine Schenkung oder Erbschaft, gelangt dieses Wirtschaftsgut ebenfalls im Wege der Einlage in das Betriebsvermögen. 622

Nutzungseinlage und Einlage von Nutzungsrechten: Nach der Rechtsprechung des BFH sind zu erwartende Nutzungsvorteile weder selbständige einlagefähige Wirtschaftsgüter noch Vermögensgegenstände.[225] Eine Einlage ist jedoch für die Aufwendungen anzusetzen, die aufgrund der betrieblich veranlassten Nutzung betriebsfremden Vermögens entstehen (Aufwandseinlage).[226] Dingliche und obligatorische Nutzungsrechte werden vom BFH als einlagefähige Wirtschaftsgüter behandelt, bei deren Bewertung jedoch dem Zweck der Einlagenregelung Rechnung zu tragen ist.[227] Zur Bewertung eingelegter Nutzungsrechte s. Rz. 632. 623

Einlage von Bodenschätzen: Die unentgeltliche Gestattung der Ausbeute von Bodenschätzen ist nicht als bewertbares Nutzungsrecht einlagefähig, weil es an eigenen Aufwendungen des Nutzenden fehlt.[228] Gegenstände, die der Betriebsinhaber durch die Ausbeute erwirbt (z. B. Kies oder Sand), werden mit dem Abbau Betriebsvermögen und sind mit dem Teilwert einzulegen. Für den Großen Senat des BFH erlangt der Boden- 624

---

223 *Groh*, DB 1988 S. 514, 516.

224 Vgl. *Wendt*, Das Verhältnis von Entnahme/Einlage zur Anschaffung/Veräußerung im Einkommensteuerrecht, 2003 S. 58 f.; grundlegend dazu auch BFH, Urteil vom 4. 12. 2006 – GrS 1/05, BStBl 2007 II S. 508 betr. Kiesausbeute.

225 BFH, Beschluss vom 26. 10. 1987 – GrS 2/86, BStBl 1988 II S. 348.

226 BFH, Beschluss vom 26. 10. 1987 – GrS 2/86, BStBl 1988 II S. 348.

227 BFH, Beschluss vom 26. 10. 1987 – GrS 2/86, BStBl 1988 II S. 348.

228 BFH, Urteil vom 19. 7. 1994 – VIII R 75/91, BStBl 1994 II S. 846; a. A. noch BFH, Urteil vom 16. 11. 1977 – I R 83/75, BStBl 1978 II S. 386.

schatz die Eigenschaft eines selbständigen Wirtschaftsguts, wenn mit seiner Aufschließung oder Verwertung begonnen wird.[229] Zur Bewertung mit dem Teilwert und zur AfA s. Rz. 633.

625 **Privat veranlasste Verminderung von Betriebsschulden als Einlage:** Soweit ein Steuerpflichtiger die Valuta einer betrieblichen Darlehensschuld auf Grund einer mit dem Darlehensgeber getroffenen Vereinbarung für die Anschaffung eines Gegenstands des notwendigen Privatvermögens verwendet, ist eine als Einlage zu beurteilende Umwandlung dieser Verbindlichkeit in eine Privatschuld gegeben.[230] Eine solche Einlage durch Verminderung betrieblicher Verbindlichkeiten stellt auch der *Schulderlass* einer Betriebsschuld aus verwandtschaftlichen Gründen dar.[231]

626 **Eine verdeckte Einlage** liegt vor, wenn der Gesellschafter einer Kapitalgesellschaft einen einlagefähigen Vermögensvorteil zuwendet und diese Zuwendung durch das Gesellschaftsverhältnis veranlasst ist. Als verdeckte Einlagen sind nur Wirtschaftsgüter geeignet, die das Vermögen der Kapitalgesellschaft vermehrt haben, sei es durch den Ansatz oder die Erhöhung eines Aktivpostens, sei es durch den Wegfall oder die Verminderung eines Passivpostens.[232] Ein auf dem Gesellschaftsverhältnis beruhender Verzicht eines Gesellschafters auf seine nicht mehr vollwertige Forderung gegenüber seiner Kapitalgesellschaft führt daher bei dieser zu einer Einlage in Höhe des Teilwerts der Forderung; dementsprechend führt der Verzicht des Gesellschafters auf die Forderung gegenüber seiner Kapitalgesellschaft im Wege der verdeckten Einlage bei ihm zum Zufluss des noch werthaltigen Teils der Forderung.[233] Auch ein Geschäftswert kann verdeckt in eine Kapitalgesellschaft eingelegt werden. Maßgebendes Kriterium für einen solchen Übergang des Geschäftswerts von einem Einzelunternehmen auf eine Kapitalgesellschaft im Wege der verdeckten Einlage ist jedoch, dass dem nutzenden Unternehmen die materiellen und immateriellen Wirtschaftsgüter sowie die sonstigen Faktoren, welche sich im Geschäftswert niederschlagen, auf einer vertraglichen Grundlage überlassen werden, die Nutzung auf Dauer angelegt ist und gegen den Rechtsträger des nutzenden Unternehmens kein Rechtsanspruch auf Rückgabe dieser Wirtschaftsgüter besteht.[234]

3.3.2 Der Einlagetatbestand

627 **Willensgetragene Einlagehandlung:** Einlagen setzen als tatsächliche Vorgänge eine willensgetragene Einlagehandlung voraus. Dies entspricht spiegelbildlich dem Entnahmetatbestand (s. Rz. 582 und 596 ff.). Während Wirtschaftsgüter des notwendigen Betriebsvermögens auch ohne Einlagehandlung stets Betriebsvermögen sind oder durch eine Nutzungsänderung werden, wird die Einlage in das gewillkürte Betriebsvermögen durch eine Buchung dokumentiert oder das Wahlrecht durch schlüssiges Verhalten ausgeübt. Eine Einlage kann nicht unterstellt werden, wenn das Wirtschaftsgut ledig-

229 BFH, Beschluss vom 4. 12. 2006 – GrS 1/05, BStBl 2007 II S. 508.
230 BFH, Urteil vom 10. 5. 1972 – I R 220/70, BStBl 1972 II S. 620.
231 BFH, Urteil vom 12. 3. 1970 – IV R 39/69, BStBl 1970 II S. 518.
232 BFH, Urteil vom 6. 11. 2003 – IV R 10/01, BStBl 2004 II S. 416.
233 BFH, Beschluss vom 9. 6. 1997 – GrS 1/94, BStBl 1998 II S. 307.
234 BFH, Urteil vom 2. 9. 2008 – X R 32/05, BStBl 2009 II S. 634.

lich vom Betriebsprüfer auf Grund einer irrigen Rechtsauffassung als notwendiges Betriebsvermögen eingebucht worden ist.[235] Auch der sogenannte Einheitlichkeitsgrundsatz führt nicht zur „Zwangseinlage". Ein bisher zum Privatvermögen gehörender Gebäudeteil, der nunmehr für fremde gewerbliche Zwecke vermietet wird, bleibt daher Privatvermögen, auch wenn der Steuerpflichtige einen weiteren, schon vorher für fremde betriebliche Zwecke vermieteten Gebäudeteil dem gewillkürten Betriebsvermögen zugeordnet hat (s. auch Rz. 584 zur Ablehnung einer Zwangsentnahme auf Grund des Einheitlichkeitsgrundsatzes und Rz. 529 f. zur Kritik am Einheitlichkeitsgrundsatz). Zum Verbot rückwirkender Einlagen s. Rz. 589.

Verstrickungstatbestand durch Einlagefiktion in § 4 Abs. 1 Satz 8 2. Halbsatz EStG: 628
Entsprechend der Entnahmefiktion des Entstrickungstatbestands in § 4 Abs. 1 Satz 3 EStG (s. Rz. 600 ff.) hat der Gesetzgeber mit dem SEStEG vom 7. 12. 2006[236] auch einen Verstrickungstatbestand geschaffen, der sich spiegelbildlich, aber ohne Tatbestandsidentität zur Regelung des § 4 Abs. 1 Satz 3 EStG einer Einlagefiktion bedient. Bis dahin galt ein dem finalen Entnahmebegriff (s. Rz. 607) spiegelbildlich entsprechender finaler Einlagebegriff,[237] mit dem vergleichbare Ergebnisse erzielt wurden.[238]

3.3.3 Rechtsfolgen der Einlage

Mit der Einlage gehört das Wirtschaftsgut zum Betriebsvermögen und ist damit steuer- 629
verstrickt. Erträge und Aufwendungen im Zusammenhang mit einem eingelegten Wirtschaftsgut sind vom Einlagezeitpunkt an Betriebseinnahmen und Betriebsausgaben.

**Bewertung der Einlage mit dem Teilwert, höchstens mit den Anschaffungs- oder Her- 630
stellungskosten:** Nach § 6 Abs. 1 Nr. 5 EStG sind Einlagen mit dem Teilwert zu bewerten. Ist das eingelegte Wirtschaftsgut innerhalb der letzten drei Jahre vor dem Zeitpunkt der Zuführung zum Betriebsvermögen angeschafft oder hergestellt worden, kann die Einlage höchstens zu den Anschaffungs- oder Herstellungskosten erfolgen (§ 6 Abs. 1 Nr. 5 Satz 1 Buchst. a EStG), bei abnutzbaren Wirtschaftsgütern abzüglich der AfA.[239] Bei unentgeltlichem Erwerb des Wirtschaftsguts ist für den Drei-Jahreszeitraum der Anschaffungszeitpunkt des Rechtsvorgängers maßgebend; auch die Anschaffungs- und Herstellungskosten bestimmen sich nach den Aufwendungen des Rechtsvorgängers. Eine Beteiligung i. S. d. § 17 EStG oder ein Wirtschaftsgut i. S. d. § 20 Abs. 2 EStG kann ebenfalls höchstens mit den Anschaffungskosten eingelegt werden. Hat der Steuerpflichtige die eingelegte Beteiligung unentgeltlich erworben, dann sind die Anschaffungskosten des Rechtsvorgängers maßgebend, der die Beteiligung zuletzt entgeltlich erworben hatte (§ 6 Abs. 1 Nr. 5 Satz 1 Buchst. b i.V. m. § 17 Abs. 2 Satz 5 EStG; ähnlich § 20 Abs. 4 Satz 6 EStG, wenn auch ohne ausdrückliche Verweisung in § 6 Abs. 1 Nr. 5 EStG).[240]

235 BFH, Urteil vom 2. 4. 1973 – I R 159/71, BStBl 1973 II S. 628.
236 Siehe Fn. 188.
237 BFH, Beschluss vom 4. 12. 2006 – GrS 1/05, BStBl 2007 II S. 508.
238 Im Einzelnen dazu Teil A Kap. XVII.
239 BFH, Urteil vom 20. 4. 2005 – X R 53/04, BStBl 2005 II S. 698.
240 Zu den Anschaffungs- und Herstellungskosten ausführlich *Kahle/Hiller*, Rz. 822 ff. und Rz. 865.

631 **Die fiktive Einlage** des Verstrickungstatbestands nach § 4 Abs. 1 Satz 8 EStG (s. Rz. 628) ist wie die entsprechende Entnahme (s. Rz. 600 und 615) mit dem gemeinen Wert anzusetzen (§ 6 Abs. 1 Nr. 5a EStG).

632 **Bewertung von Nutzungseinlagen und Nutzungsrechten:** Die dem Nutzenden durch die betriebliche Nutzung betriebsfremden Vermögens entstandenen Aufwendungen mindern den Betriebsgewinn (sogenannte Aufwandseinlage, arg. § 4 Abs. 4 EStG). Nutzungsrechte sind zwar einlagefähig (Rz. 623), aber nur zu einem modifizierten Teilwert anzusetzen. Bei vorbehaltenen Nutzungsrechten ist dies die Summe der AfA-Beträge, die der Überlassende während des vereinbarten Nutzungszeitraums hätte geltend machen können (AfA und laufende Kosten), wenn er das überlassene Wirtschaftsgut selbst steuerlich relevant genutzt hätte.[241] Bei zugewendeten Nutzungsrechten ist zu unterscheiden, ob derjenige, der das Nutzungsrecht einräumt, dieses bereits entgeltlich erworben hat (dann Einlage zum Teilwert) oder ob das Nutzungsrecht erstmals begründet wird (dann sogenanntes teilwertloses Nutzungsrecht).[242]

633 **Bewertung eingelegter Bodenschätze:** Ein im Privatvermögen entdecktes Kiesvorkommen ist bei Zuführung zum Betriebsvermögen gemäß § 6 Abs. 1 Nr. 5 Satz 1 Halbsatz 1 EStG zwar mit dem Teilwert anzusetzen; beim Abbau des Kiesvorkommens dürfen jedoch keine Absetzungen für Substanzverringerung vorgenommen werden.[243]

634–659 *(Einstweilen frei)*

241 Vgl. etwa BFH, Urteil vom 16. 12. 1988 – III R 113/85, BStBl 1989 II S. 763.

242 Dazu im Einzelnen *Eckstein*, in: HHR, § 6 EStG Anm. 1215 m. w. N.

243 BFH, Beschluss vom 4. 12. 2006 – GrS 1/05, BStBl 2007 II S. 508 zu Rz. 66, 77 und 99 mit kritischer Anmerkung und Gestaltungsempfehlungen von *Prinz*, StuB 2007 S. 428; zu Gestaltungsmöglichkeiten auch *Kanzler*, DStR 2007 S. 1101.

Teil A:
Grundsatz- und Querschnittsfragen steuerlicher Gewinnermittlung

Kapitel V:
Persönliche Zurechnung/Wirtschaftliches Eigentum

von
Dr. Simone Briesemeister, Köln

Inhaltsübersicht

Ausgewählte Literatur

Döllerer, Leasing – wirtschaftliches Eigentum oder Nutzungsrecht?, BB 1971 S. 535; *Gelhausen/Henneberger*, Die Bilanzierung von Leasingverträgen, in: Handbuch des Jahresabschlusses, Abt. VI/1; *Heitmüller/Hellen*, Miet-, Pacht- und Leasingverhältnisse, in: Küting/Pfitzer/Weber, Handbuch der Rechnungslegung Einzelabschluss, 5. Aufl., Kap. 6 Rz. 101-300; *Jansen/Jansen*, Der Nießbrauch im Zivil- und Steuerrecht, 9. Aufl., Herne 2013; *Kolbinger*, Das wirtschaftliche Eigentum an Aktien, Frankfurt 2008; *Lorenz*, Wirtschaftliche Vermögenszugehörigkeit im Bilanzrecht, Düsseldorf 2002; *Mayer*, Wirtschaftliches Eigentum an Kapitalgesellschaftsanteilen, Marburg 2003; *Mayer*, Wirtschaftliches Eigentum in der Steuerbilanz, WPg 2003 S. 925; *Seeliger*, Der Begriff des wirtschaftlichen Eigentums im Steuerrecht, Stuttgart 1962; *Tonner*, Leasing im Steuerrecht, 6. Aufl., Heidelberg 2014; *Wagner*, Übergang des wirtschaftlichen Eigentums im Fall der Einräumung von Ankaufs- und Andienungsrechten (Call- und Put-Optionen), DK 2007 S. 199; *Wöhe/Richter*, Treuhandverhältnisse, in: Küting/Pfitzer/Weber, Handbuch der Rechnungslegung Einzelabschluss, 5. Aufl., Kap. 6 Rz. 301-400.

1. Zurechnungsgrundsätze

1.1 Regelzurechnung: zivilrechtlicher Eigentümer

660 Voraussetzung für den Ansatz von Wirtschaftsgütern und Schulden in der Bilanz ist, dass diese dem Steuerpflichtigen persönlich zuzurechnen und in sachlicher Hinsicht seinem Betriebsvermögen zuzuordnen sind. Der Kaufmann hat nach § 242 Abs. 1 HGB „sein" Vermögen und „seine" Schulden zu bilanzieren. Die personelle Zurechnung von Wirtschaftsgütern und Schulden wird im Handels- ebenso wie im Steuerrecht grundsätzlich an die **rechtliche Zuordnung** geknüpft (§ 246 Abs. 1 Satz 2, 3 HGB, § 39 Abs. 1 AO). Das zivilrechtliche Eigentum umfasst grundsätzlich die unbeschränkte Verfügungsbefugnis über Substanz und Ertrag eines Wirtschaftsguts. Rechtliche und wirtschaftliche Zurechnung stimmen im Regelfall überein. Eine vom zivilrechtlichen Eigentum abweichende Zurechnung nach Maßgabe des wirtschaftlichen Eigentums kommt nur unter engen Voraussetzungen in Betracht. Ungeachtet des in systematischer Hinsicht bestehenden Ausnahmecharakters der Zurechnung von Wirtschaftsgütern, die im rechtlichen Eigentum eines anderen stehen,[1] haben Fälle, in denen rechtliches und wirtschaftliches Eigentum auseinanderfallen, aufgrund der mit einem Zurechnungswechsel regelmäßig verknüpften Realisationsfragen (Rz. 665) in der Praxis eine außerordentlich hohe Bedeutung.

1.2 Ausnahmezurechnung: wirtschaftlicher Eigentümer

1.2.1 Wirtschaftliches Eigentum nach § 39 Abs. 2 Nr. 1 AO

661 **Definition:** Die Regelzurechnung zum zivilrechtlichen Eigentümer basiert auf der widerlegbaren Vermutung, dass der zivilrechtliche Eigentümer über Substanz und Ertrag eines Vermögensgegenstandes uneingeschränkt verfügen kann. Die Vermutung ist entkräftet, die Regelzurechnung damit aufgehoben, wenn ein anderer als der zivilrechtliche Eigentümer nachweislich die tatsächliche Herrschaft über ein Wirtschaftsgut in der Weise ausübt, dass er den zivilrechtlichen Eigentümer im Regelfall für die gewöhnliche Nutzungsdauer – auch gegen dessen Willen – von der Einwirkung auf das Wirtschaftsgut wirtschaftlich ausschließen kann (§ 39 Abs. 2 Nr. 1 AO), so dass ein Herausgabeanspruch des zivilrechtlichen Eigentümers entfällt oder keine wirtschaftliche Bedeutung hat.[2] Diese im Anschluss an das Leasing-Urteil des BFH vom 26. 1. 1970[3] formulierte, auf *Seeliger* zurückgehende **Negativ-Definition** wirtschaftlichen Eigentums[4]

1 Zum Regel-/Ausnahmeverhältnis der Zurechnung nach Maßgabe des zivilrechtlichen bzw. wirtschaftlichen Eigentums BGH, Urteil vom 6. 11. 1995 – II ZR 164/94, BB 1996 S. 155; *Gelhausen/Henneberger*, in: Handbuch des Jahresabschlusses, Abs. VI/1 Rz. 46 f.; *Drüen*, in: Tipke/Kruse, AO/FGO, § 39 AO Rz. 20 f.; *Winnefeld*, Bilanz-Handbuch, 4. Aufl. 2006, D Rz. 110.

2 Umfassende Nachweise zur Rspr. bei *Schmieszek*, AO/FGO, § 39 AO Rz. 9.

3 BFH, Urteil vom 26. 1. 1970 – IV R 144/66, BStBl 1970 II S. 264.

4 *Seeliger*, Der Begriff des wirtschaftlichen Eigentums im Steuerrecht, 1962, S. 89 f.

wird ergänzt durch die **Positiv-Definition** *Döllerers.*[5] Positiv zeichnet sich wirtschaftliches Eigentum durch dauerhaftes und vollständiges Innehaben von Substanz und Ertrag einschließlich Wertsteigerungschancen, Wertminderungsrisiken sowie des Risikos des Verlusts der Sache aus. Die Positiv-Definition wird regelmäßig auf die Formel des Innehabens von Besitz, Gefahr, Nutzungen und Lasten verdichtet.[6] Der BFH zieht in Zurechnungsfragen beide Definitionsansätze heran und konkretisiert diese z.T. wirtschaftsgut-/fallgruppenspezifisch.[7] Für den Übergang des wirtschaftlichen Eigentums an Rechten (einschließlich Anteilen an Kapitalgesellschaften) etwa formuliert die Rechtsprechung die folgenden konkreten Voraussetzungen: (1.) Erwerb einer rechtlich geschützten unentziehbaren Rechtsposition, (2.) Übergang mit dem Wirtschaftsgut verbundener wesentlicher, im Konfliktfall effektiv durchsetzbarer[8] Rechte auf den Erwerber und (3.) Übergang von Wertsteigerungschancen und Wertminderungsrisiken auf den Erwerber (Rz. 4630 ff.).[9] Entscheidend ist jeweils das Gesamtbild der Verhältnisse im Einzelfall.

1.2.2 Wirtschaftliches Eigentum nach § 246 Abs. 1 Satz 2 HGB

Normcharakter: Der Grundsatz der Vermögenszurechnung nach Maßgabe des wirtschaftlichen Eigentums wurde im Zuge des BilMoG mit Neufassung des § 246 Abs. 1 Satz 2 HGB handelsrechtlich erstmals kodifiziert. Ausweislich der Gesetzesbegründung wird der Vorschrift klarstellender Charakter beigemessen; sie bringe lediglich die bisherige handelsrechtliche Rechtslage zum Ausdruck.[10] Die bilanzielle Zurechnung nach wirtschaftlicher Zugehörigkeit des Vermögensgegenstandes wurde bereits zuvor als überwiegend nicht kodifizierter GoB eingeordnet, der durch die Zurechnungsregeln des § 39 AO und die in dessen Dogmatik zum Ausdruck kommenden Rechtsprinzipien stark geprägt wurde.[11] Gesetzgeber und Schrifttum gehen entsprechend von einer Inhaltsidentität der Normen ohne Änderungen in der Beurteilung der bilanziellen Zurechnung aus.[12] 662

5 Vgl. *Döllerer*, BB 1971 S. 535 f.

6 Vgl. BFH, Urteil vom 4. 6. 2003 – X R 49/01, BStBl 2003 II S. 751 m. w. N.; *ADS*, 6. Aufl., § 246 Rz. 263; *Förschle/Ries*, in: Beck'scher Bilanzkommentar, 9. Aufl. 2014, § 246 Rz. 7; *Fischer*, in: HHSp., AO/FGO-Kommentar, § 39 AO Rz. 47; *Drüen*, in: Tipke/Kruse, AO/FGO, § 39 AO Rz. 29; *Tiedchen*, in: HHR, § 5 EStG Rz. 309 m. w. N. zum Schrifttum.

7 Bsp. Negativ-Definition: BFH, Urteil vom 12. 4. 2000 – X R 20/99, BFH/NV 2001 S. 10; Bsp. Negativ- und Positiv-Definition: BFH, Urteil vom 18. 7. 2001 – X R 15/01, BStBl 2002 II S. 280.

8 BFH, Urteile v. 26. 1. 2011 – IX R 7/09, BStBl 2011 II S. 540; vom 25. 5. 2011 – IX R 23/10, BStBl 2012 II S. 3.

9 BFH, Urteile vom 11. 7. 2006 – VIII R 32/04, BStBl 2007 II S. 296; vom 4. 7. 2007 – VIII R 68/05, BStBl 2007 II S. 937; vom 25. 5. 2011 – IX R 23/10, BStBl 2012 II S. 3; vom 5. 10. 2011 – IX R 57/10, BFH/NV 2012 S. 836.

10 BR-Drucks. 344/08, S. 101; BT-Drucks. 16/10067, S. 47; BT-Drucks. 16/12407, S. 84.

11 Vgl. z. B. *ADS*, 6. Aufl., § 246 HGB Rz. 266; *Brönner/Bareis/Hahn/Maurer/Schramm*, Die Bilanz nach Handels- und Steuerrecht, 10. Aufl. 2011, S. 472.

12 So ausdrücklich Beschlussempfehlung und Bericht des Rechtsausschusses, BT-Drucks. 16/12407, S. 84 sowie z. B. *Lorenz*, wirtschaftliche Vermögenszugehörigkeit im Bilanzrecht, 2002, S. 96 ff.; *Meyer*, DStR 2009 S. 762; *Theile*, DStR 2009, Beihefter zu Heft 18, S. 35; *Henckel/Krenzer*, StuB 2009 S. 494; *Kühne/Melcher*, DB 2009, Beilage 5, S. 18; *Vosseler*, in: Fink/Schultze/Winkeljohann, Bilanzpolitik und Bilanzanalyse nach neuem Handelsrecht, 2010, S. 144; *Scheffler*, Besteuerung von Unternehmen II, Steuerbilanz, 7. Aufl. 2011, S. 122. Abweichungen werden lediglich für den Fall des bösgläubigen Eigenbesitzes konstatiert, vgl. z. B. *Schmieszek*, in: Beermann/Gosch, AO/FGO, § 39 AO Rz. 7; *Bode*, in: Kirchhof, EStG, 13. Aufl. 2014, § 4 Rz. 73; *Nöcker*, in: Bordewin/Brandt, EStG, § 4 Rz. 177; OFD Münster, Kurzinformation ESt vom 14. 9. 2012 – Nr. 17/2012, DB 2012 S. 2309.

663 **Entwicklungsoffene Kodifizierung:** Trotz des propagierten Klarstellungscharakters folgt die handelsrechtliche Zurechnungsnorm in ihrem Wortlaut nicht – wie vom Bundesrat vorgeschlagen und in der Literatur gefordert[13] – dem Wortlaut des § 39 Abs. 2 Nr. 1 AO. Die handelsrechtlichen Zurechnungsgrundsätze wurden mit § 246 Abs. 1 Satz 2 HGB vielmehr entwicklungsoffen formuliert. § 246 Abs. 1 Satz 2 2. Halbsatz HGB bestimmt zwar, dass ein Vermögensgegenstand in die Bilanz desjenigen aufzunehmen ist, dem er wirtschaftlich zuzurechnen ist, formuliert anders als § 39 Abs. 2 Nr. 1 AO aber keinen Rahmen für die Bestimmung wirtschaftlichen Eigentums. Mit Veränderungen des Gefüges von Informations- und Zahlungsbemessungsfunktion des handelsrechtlichen Jahresabschlusses besteht potenziell die Gefahr einer zunehmenden IFRS-Prägung der handelsrechtlichen Zurechnungsmaßstäbe[14] und damit die Gefahr einer **Störung der Parallelität von § 246 Abs. 1 Satz 2 HGB und § 39 Abs. 2 Nr. 1 AO.**[15] Dass diese Gefahr nicht nur theoretischer Natur ist, wird bereits durch die im Gesetzgebungsverfahren zum BilMoG ursprünglich IFRS-determinierte Begründung zu § 246 HGB dokumentiert,[16] darüber hinaus durch die Wertungen des IDW ERS HFA 13 „Einzelfragen zum Übergang von wirtschaftlichem Eigentum und zur Gewinnrealisierung nach HGB".[17] Die hier für Einzelfälle formulierten Zurechnungsgrundsätze sind erkennbar von IAS/IFRS-Gedankengut durchsetzt oder diesen z. T. konkret entlehnt. Abweichend von § 39 AO sind sie zudem stark vom Leitbild missbräuchlicher Gestaltungen geprägt und stimmen z. T. nicht mit den Zurechnungsgrundsätzen überein, die Literatur, Rechtsprechung und Finanzverwaltung im bisherigen Gleichlauf von Handels- und Steuerrecht entwickelt haben.[18] Mit der Fokussierung auf die Übertragung von Chancen und Risiken[19] sowie dem Abschwächen des steuerlichen Merkmals der „Dauerhaftigkeit" und „Vollständigkeit" durch das IFRS-Kriterium „im Wesentlichen" wird der risk-and-reward-approach der IFRS durch die Zurechnungskonzeption des IDW ERS HFA 13 in Teilen adaptiert; darüber hinaus werden die Anforderungen an die für die Zurechnung erforderliche Intensität der Verfügungsbefugnis über Substanz und Ertrag teilweise unter das bisher für notwendig befundene Maß gesenkt.[20] Darüber hinaus lässt IDW ERS HFA 13 explizit den **Doppelausweis** von Vermögensgegenständen, d. h. den parallelen Ausweis

13 Vgl. Stellungnahme des Bundesrates zum Entwurf des BilMoG vom 4. 7. 2008, BR-Drucks. 344/08 (B) S. 3; *Herzig*, DB 2008 S. 1343.

14 Vgl. *Kühne/Melcher*, DB 2009, Beilage 5, S. 17 f.; BT-Drucks. 16/10067, S. 34: „maßvolle Annäherung der handelsrechtlichen Rechnungslegungsvorschriften an die IFRS [...]. Damit ist gleichzeitig eine Anhebung des Informationsniveaus des handelsrechtlichen Jahresabschlusses verbunden." Zu (punktuellen) Anpassungen des HGB an die IFRS im Zuge des BilMoG *Hennrichs*, WPg 2011 S. 861 ff.

15 Vgl. *Herzig/Briesemeister*, DB 2009 S. 928; *Kühne/Melcher*, DB 2009, Beilage 5, S. 17 f.

16 Referentenentwurf BilMoG vom 8. 11. 2007, S. 93: „Mit der Neufassung des § 246 Abs. 1 Satz 1 HGB soll eine Annäherung an die auch nach IFRS übliche wirtschaftliche Betrachtungsweise („substance over form") erreicht werden."

17 IDW ERS HFA 13 n. F. vom 29. 11. 2006, IDW-FN 2007 S. 83 ff. Wegen erheblicher ertragsteuerlicher Bedenken hat der HFA in seiner 218. Sitzung am 26./27. 11. 2009 beschlossen, den IDW ERS HFA 13 n. F. zunächst nicht als endgültige Verlautbarung zu verabschieden, vgl. www.idw.de.

18 Vgl. DIHK/BDI/BdB/GDV, Stellungnahme zu IDW ERS HFA 13 n. F. vom 3. 9. 2007, S. 12, abrufbar unter www.idw.de.

19 Vgl. z. B. IDW ERS HFA 13 n. F. vom 29. 11. 2006, Rz. 6-9, allg. Zurechnungsgrundsätze.

20 Vgl. auch DIHK/BDI/BdB/GDV, Stellungnahme zu IDW ERS HFA 13 n. F. vom 3. 9. 2007, S. 2, abrufbar unter www.idw.de; vgl. auch *Herzig*, IAS/IFRS und steuerliche Gewinnermittlung, 2004, S. 88 m. w. N.

bei mehreren Bilanzierenden zu,[21] was mit den Zurechnungsgrundsätzen des § 39 AO unvereinbar ist.[22]

1.2.3 Normenkonkurrenz

Kommt es zu Abweichungen der handelsrechtlichen Zurechnungsmaßstäbe von denen der AO, wird die (bis dato weitgehend theoretische) Normenkonkurrenz zwischen § 246 Abs. 1 Satz 2 HGB und § 39 Abs. 2 Nr. 1 AO evident: nach § 5 Abs. 1 Satz 1 EStG ist die handelsbilanzielle Zurechnung gem. § 246 HGB für die Steuerbilanz maßgeblich.[23] Hiermit konkurriert die Anwendung des § 39 AO. Diese Konkurrenz wird anhand des Grundsatzes „lex specialis derogat legi generali" von der h. M. zugunsten des **Vorrangs des § 5 Abs. 1 Satz 1 EStG i. V. m. § 246 HGB** gelöst, da § 39 AO lediglich im allgemeinen, § 5 EStG dagegen im besonderen Steuerrecht verankert ist und die allgemeine Regel verdrängt.[24] Die dagegen gerichtete Mindermeinung vertritt in teleologischer Reduktion des § 5 Abs. 1 EStG einen Vorrang des § 39 AO. Dieser durchbreche den Maßgeblichkeitsgrundsatz, da der Telos des § 5 EStG – die leistungsfähigkeitsgerechte Besteuerung – anderenfalls durch das handelsrechtliche Vorsichtsprinzip beeinträchtigt werde[25] und Art. 3 Abs. 1 GG in der Frage der Zurechnung von Wirtschaftsgütern eine Gleichbehandlung aller Einkunftsarten verlange.[26] Die BFH-Rechtsprechung sah sich angesichts des bisher weitestgehenden Gleichlaufs von Handels- und Steuerrecht in der Zurechnungsfrage nicht veranlasst, das Konkurrenzverhältnis zu klären. Zurechnungsbegründungen folgen keiner einheitlichen Linie.[27] Die Rechtsprechung erkennt den Vorrang des § 5 Abs. 1 EStG gegenüber § 39 AO vereinzelt explizit an,[28] löst die Zurechnungsfrage im Regelfall gleichwohl unter (expliziter/impliziter) Annahme der Inhaltsgleichheit von Handels- und Steuerrecht anhand des § 39 AO.[29] Ausgehend vom bisherigen Gleichlauf 664

21 IDW ERS HFA 13 n. F. vom 29. 11. 2006, Rz. 6, 20; vgl. auch *Gelhausen/Fey/Kämpfer*, Rechnungslegung und Prüfung nach dem BilMoG, 2009, Kap. B Rz. 14: Doppelausweis in Ausnahmefällen hinzunehmen.

22 Vgl. BFH, Urteil vom 26. 4. 1968 – III 6/65, BStBl 1968 II S. 770; *Drüen*, in: Tipke/Kruse, AO/FGO, § 39 AO Rz. 15; *Bruns*, DStZ 2011 S. 680.

23 Mit der Maßgeblichkeit der handelsbilanziellen Zurechnung wird auch IDW RS HFA 13 in seiner (bis dato ausstehenden) endgültigen Fassung steuerliche Bedeutung erlangen.

24 Vgl. z. B. *Knobbe-Keuk*, Bilanz- und Unternehmenssteuerrecht, 1993, S. 75 f. m. w. N.; *Groh*, BB 1996 S. 1489; *Lorenz*, Wirtschaftliche Vermögenszugehörigkeit im Bilanzrecht, 2002, S. 79 f.; *Fischer*, in: HHSp., AO/FGO-Kommentar, § 39 AO Rz. 17; *Koenig*, in: Pahlke/Koenig, AO, 2. Aufl. 2009, § 39 Rz. 3; *Schwarz*, AO, § 39 Rz. 10; *Drüen*, in: Tipke/Kruse, AO/FGO, § 39 AO Rz. 11; *Schreiber*, in: Blümich, EStG/KStG/GewStG, § 5 EStG Rz. 511; *Stobbe*, in: HHR, EStG/KStG, § 5 EStG Rz. 90; *Nöcker*, in: Bordewin/Brandt, EStG, § 4 Rz. 176; *Lutz/Schlag*, in: Handbuch des Jahresabschlusses, I/4 Rn. 88; *Herzig*, in: Handbuch der Rechnungslegung Einzelabschluss, 5. Aufl., Kap. 3 Rz. 11; *Scheffler*, Besteuerung von Unternehmen II, Steuerbilanz, 7. Aufl. 2011, S. 122; *Wüstemann/Wüstemann*, BB 2012 S. 3128; zu § 11 StAnpG bereits *Döllerer*, BB 1971 S. 535.

25 Vgl. *Runge/Bremser/Zöller*, Leasing, 1978, S. 257 ff.; *Ruppel*, DStR 1979 S. 69 f.; *Mayer*, WPg 2003 S. 935 f.

26 Vgl. *Mayer*, WPg 2003 S. 936.

27 Vgl. *Stobbe*, BB 1990 S. 518 f.; *Mayer*, WPg 2003 S. 929 Fn. 29. Bspw. springt der BFH in seinem Urteil vom 18. 11. 1970 – I 133/64, BStBl 1971 II S. 135 f. ohne erkennbare Systematik in der Prüfreihenfolge zwischen § 5 Abs. 1 EStG und § 11 StAnpG.

28 Vgl. z. B. BFH, Urteil vom 15. 10. 1996 – VIII R 44/94, BStBl 1997 II S. 533.

29 Vgl. z. B. BFH, Urteile vom 11. 3. 1982 – IV R 46/79, BStBl 1982 II S. 544; vom 5. 5. 1983 – IV R 43/80, BStBl 1983 II S. 632; vom 12. 9. 1991 – III R 233/90, BStBl 1992 II S. 183; vom 15. 7. 1997 – VIII R 56/93, BStBl 1998 II S. 155; vom 14. 5. 2002 – VIII R 30/98, BStBl 2002 II S. 741; BFH, Urteil vom 25. 7. 2012 – I R 101/10, BStBl 2013 II S. 165; Zurechnungsgrundlage explizit offen gelassen durch BFH, Urteil vom 1. 2. 2012 – I R 57/10, BStBl 2012 II S. 407.

von Handels- und Steuerrecht in der Zurechnungsfrage, der diesen Gleichlauf auch für die Zukunft bestätigenden Gesetzesbegründung zu § 246 HGB[30] und der Kehrtwende im Gesetzgebungsverfahren zum BilMoG bezüglich der Annäherung der handelsrechtlichen Zurechnung an die IFRS (s. Rz. 662 f.) ist (vorläufig) von einem **übereinstimmenden Regelungsinhalt** der Zurechnungsvorschriften ohne Zulässigkeit eines lückenfüllenden Rückgriffs auf einschlägige IFRS-Regelungen auszugehen; abweichende Wertungen des IDW HFA ERS 13 sind entsprechend kritisch zu beurteilen. Mit möglicher zunehmender IFRS-Prägung der handelsrechtlichen Zurechnungskriterien sind Konflikte zum Steuerrecht gleichwohl absehbar, insbesondere da der BFH unlängst festgestellt hat, dass die IFRS für die Besteuerung ohne Bedeutung sind.[31] Ein Votum des BFH bezüglich weiterhin übereinstimmender Auslegung der Zurechnungsnormen respektive anderenfalls eine Positionierung in der Frage der Normenkonkurrenz steht aus.

2. Verhältnis von persönlicher Zurechnung und Gewinnrealisation

665 § 246 Abs. 1 HGB konkretisiert mit dem Regel-/Ausnahmeverhältnis der Zurechnung von Wirtschaftsgütern nach dem zivilrechtlichen bzw. wirtschaftlichen Eigentum zum einen die wirtschaftliche Betrachtungsweise und ist zum anderen Ausprägung des Realisationsprinzips.[32] Gewinne sind gem. § 252 Abs. 1 Nr. 4 2. Halbsatz HGB, § 5 Abs. 1 Satz 1 EStG handels- ebenso wie steuerbilanziell nur zu berücksichtigen, wenn sie am Abschlussstichtag realisiert sind. Ein Gewinn ist bei gegenseitigen Verträgen in diesem Sinne realisiert, wenn der zur Sach- oder Dienstleistung Verpflichtete die vereinbarte Leistung wirtschaftlich erfüllt hat, sein Anspruch auf Gegenleistung mithin nicht mehr mit Risiken des Leistungsaustauschs behaftet ist.[33] Gewinne sind danach erst dann auszuweisen, wenn sie am Markt durch einen Umsatzvorgang bestätigt sind.[34] Das Realisationsprinzip ist Ausdruck kaufmännischer Vorsicht[35] und sachgerechtes Prinzip zur Verwirklichung einer leistungsfähigkeitsgerechten Besteuerung.[36]

Bei Übertragungsvorgängen **fallen** Übergang wirtschaftlichen Eigentums und Gewinnrealisationszeitpunkt **regelmäßig zusammen**. Die Rechtsprechung fasst die Frage des Realisationszeitpunkts bei Übertragungsvorgängen regelmäßig als Problem der personellen Zurechnung auf. So führt der BFH in seinem Urteil vom 25. 1. 1996 – IV R 114/94 aus: „Der Gewinn aus der Veräußerung eines Wirtschaftsguts ist im Allgemei-

30 BR-Drucks. 344/08, S. 101; BT-Drucks. 16/10067, S. 47; BT-Drucks. 16/12407, S. 84.

31 Vgl. BFH, Urteil vom 14. 4. 2011 – IV R 52/10, BFH/NV 2011 S. 1339 zur Frage der Übertragbarkeit des IFRS-component approachs; dazu *Briesemeister/Joisten/Vossel*, FR 2011 S. 662.

32 Vgl. *Ballwieser*, in: Münchener Kommentar zum HGB, 2. Aufl. 2008, § 246 Rz. 8.

33 Vgl. BFH, Urteile vom 14. 12. 1988 – I R 44/83, BStBl 1989 II S. 323; vom 20. 5. 1992 – X R 49/89, BStBl 1992 II S. 904; vom 12. 5. 1993 – XI R 1/93, BStBl 1993 II S. 786; *Weber-Grellet*, in: Schmidt, EStG, 33. Aufl. 2014, § 5 Rz. 79; *Schubert/Roscher*, in: Beck'scher Bilanz-Kommentar, 9. Aufl. 2014, § 247 Rz. 80, 84.

34 Stellv. *Winnefeld*, Bilanz-Handbuch, 4. Aufl. 2006, Kap. E Rz. 86, 90.

35 Dies wird insbesondere in der Anbindung der Gewinnrealisierung an den so gut wie vollständigen Risikoabbau deutlich, vgl. BFH, Beschluss vom 11. 12. 1985 – I B 49/85, BFH/NV 1986 S. 595; vgl. auch BFH, Urteil vom 25. 2. 1986 – VIII R 134/80, BStBl 1986 II S. 788; *Woerner*, FR 1984 S. 493; *Moxter*, Bilanzrechtsprechung, 6. Aufl. 2007, S. 45 ff.

36 Stellv. *Pezzer*, DStJG 14 (1991) S. 22.

nen realisiert, wenn der Veräußerer dem Erwerber das Eigentum an der Sache übertragen hat. Dabei kommt es auf den Zeitpunkt des Übergangs des wirtschaftlichen Eigentums an."[37] Bei Grundstücksübertragungen ist der Gewinn nach ständiger Rechtsprechung im (Regel-)Fall vor der für die Beteiligten nicht disponiblen Grundbuchumschreibung realisiert und eine Kaufpreisforderung in voller Höhe zu aktivieren, wenn Besitz, Nutzungen und Lasten auf den Erwerber übergegangen sind.[38] Erfolgt der zivilrechtliche Eigentumsübergang bei Grundstücksübertragungen ausnahmsweise vor dem Übergang von Besitz, Nutzungen und Lasten, nimmt die Rechtsprechung eine Gewinnrealisation bereits im Zeitpunkt des zivilrechtlichen Eigentumsübergangs an, da dem Veräußerer nach Auflassung und Eigentumsumschreibung auch in diesem (Ausnahme-)Fall kein wirtschaftliches Eigentum verbleibt, das eine vom zivilrechtlichen Eigentum abweichende Zurechnung rechtfertigen würde.[39] Für die Gewinnrealisation bei Übertragung beweglicher Wirtschaftsgüter verlangt die Rechtsprechung grds. die Übergabe der Sache unter Übergang des wirtschaftlichen Eigentums.[40] Der Gewinn aus der Veräußerung eines Betriebs ist ausweislich der Rechtsprechung regelmäßig mit Übergang des wirtschaftlichen Eigentums an den veräußerten wesentlichen Betriebsgrundlagen realisiert.[41] Vielfach Gegenstand der Rechtsprechung war die Frage des Verhältnisses von Übergang wirtschaftlichen Eigentums und Gewinnrealisation bei Anteilen an Kapitalgesellschaften. Gewinnrealisation wird hier jeweils mit Übergang des wirtschaftlichen Eigentums auf den Erwerber bejaht.[42] Für (quasi-)dingliche Nutzungsrechte setzt sich der Gleichschritt von Übergang wirtschaftlichen Eigentums und Realisation fort.[43]

Dennoch ist die **personelle Zurechnung systematisch von der Realisationsfrage zu trennen**.[44] Übergang der Preisgefahr und Wechsel des wirtschaftlichen Eigentums treten nicht zwingend zeitlich kongruent ein. So geht etwa beim Versendungskauf (§ 447 BGB) ebenso wie im Fall des (unstreitigen) Annahmeverzugs des Erwerbers (§ 446 Satz 2, 3 BGB, §§ 293 ff. BGB) mit Realisationsfolge zwar die Preisgefahr auf den Erwerber über, nicht aber zugleich das wirtschaftliche Eigentum.[45] Realisationshemmend können – trotz Übergang wirtschaftlichen Eigentums – dagegen insbesondere eine fehlende Wertbestätigung durch Umsatzakt am Markt sowie (teil-)kompensatorische Effekte durch parallel zu berücksichtigende Verbindlichkeiten oder Rückstellungen wir- 666

37 BFH, Urteil vom 25. 1. 1996 – IV R 114/94, BStBl 1997 II S. 382; vgl. auch BFH, Beschluss vom 26. 3. 1991 – VIII R 315/84, BB 1992 S. 836.

38 Stellv. BFH, Urteil vom 28. 3. 2000 – VIII R 77/96, BStBl 2002 II S. 227 m. w. N. zur Rechtsprechung.

39 BFH, Urteil vom 18. 5. 2006 – III R 25/05, BFH/NV 2006 S. 1747.

40 Z. B. BFH, Urteil vom 29. 4. 1987 – I R 192/82, BStBl 1987 II S. 797.

41 Vgl. BFH, Urteile vom 26. 7. 1984 – IV R 137/82, BStBl 1984 II S. 829; vom 3. 10. 1984 – I R 119/81, BStBl 1985 II S. 245; BFH, Beschluss vom 26. 3. 1991 – VIII R 315/84, BStBl 1992 II S. 472.

42 Vgl. z. B. BFH, Urteile vom 10. 2. 1988 – IV R 226/85, BStBl 1988 II S. 832; vom 22. 7. 2008 – IX R 74/06, BStBl 2009 II S. 124.

43 Vgl. z. B. FG Münster, Urteil vom 15. 12. 2010 – 8 K 1543/E, BB 2011 S. 623: Ein Veräußerungsgeschäft im Sinne eines Rechtskaufs liegt dann vor, wenn die rechtsförmliche Nutzungsüberlassung wirtschaftlich eine Veräußerung des Schutzrechtes bildet. Das kann der Fall sein, wenn das Schutzrecht für die gesamte Schutzdauer exklusiv überlassen ist, so dass bei Vertragsablauf nichts mehr zurückzugeben ist.

44 Vgl. *Günkel*, StbJb 2009/10 S. 356.

45 Stellv. *Weber-Grellet*, in: Schmidt, EStG, 33. Aufl. 2014, § 5 Rz. 609; zum Versendungskauf BFH, Urteil vom 3. 8. 1988 – I R 157/84, I R 157/84, BStBl 1989 II S. 21.

ken. So wird etwa im Fall des Wertpapierdarlehens (s. Rz. 706 ff.) zwar der Übergang des wirtschaftlichen Eigentums auf den (Sach-)Darlehensnehmer bewirkt, nach h. M. mangels Übergang der Preisgefahr aber dennoch kein Realisationstatbestand verwirklicht. Der Übergang wirtschaftlichen Eigentums ist in der Regel[46] **notwendige, nicht aber hinreichende Voraussetzung für die Realisation.**[47] Dem Übergang wirtschaftlichen Eigentums kommt als ergänzendes Kriterium zur Bestimmung des Realisationszeitpunkts dann entscheidende Bedeutung zu, wenn das Kriterium des Übergangs der Preisgefahr versagt oder zu einem unzutreffenden, die wirtschaftliche Substanz/ökonomische Realität nicht widerspiegelnden Bilanzausweis führt.[48] Das (sachenrechtliche) Merkmal der Preisgefahr lässt sich etwa auf Rechte, die nicht zum Besitz einer Sache berechtigen (z. B. Anteile an Kapitalgesellschaften) nicht übertragen; § 446 BGB ist auf den Rechtskauf nicht anwendbar.[49] In diesen Fällen ist hilfsweise der Zeitpunkt des wirtschaftlichen Eigentumsübergangs als Indikator für den Zustand der Sicherheit des Anspruchs auf die Gegenleistung[50] heranzuziehen.

667 Die Zurechnung von Wirtschaftsgütern ist unmittelbar auch für die Frage relevant, wem – unabhängig von der Abschreibungsberechtigung – in einem Wirtschaftsgut gebundene stille Reserven zuzurechnen sind oder wer berechtigt ist, wirtschaftsgutbezogene **Steuervergünstigungen** in Anspruch zu nehmen.[51] Die personelle Zurechnung von Wirtschaftsgütern beantwortet dagegen nicht die Frage, wem die Einkünfte zuzurechnen sind, die durch Einsatz des Wirtschaftsguts erzielt werden.[52] Einkünfte unterliegen nach § 2 Abs. 1 EStG bei demjenigen der Besteuerung, der sie „erzielt". Entscheidend ist, dass der Steuerpflichtige den Tatbestand des Steuergesetzes verwirklicht. Die Zurechnungskriterien des § 39 AO und § 246 HGB werden als Ausdruck wirtschaftlicher Betrachtungsweise bei der Zurechnung von Einkünften nur ergänzend herangezogen (wirtschaftliches Eigentum als Hilfstatsache).[53]

668–672 *(Einstweilen frei)*

46 Ausnahmen z. B. Versendungskauf, Annahmeverzug.

47 Vgl. *Förschle/Ries*, in: Beck'scher Bilanz-Kommentar, 9. Aufl. 2014, § 246 Rz. 40 zum sale and lease back: Übergang des wirtschaftlichen Eigentums ist „unerlässliche logische Voraussetzung einer Gewinnrealisierung"; vgl. auch IDW ERS HFA 13 n. F. vom 29. 11. 2006, Rz. 6, 13.

48 Vgl. *Euler*, Grundsätze ordnungsgemäßer Gewinnrealisierung, 1989, S. 102 f.; *Unkelbach*, Wirtschaftliches Eigentum und Gewinnrealisation, 2009, S. 51.

49 Vgl. *Weidenkaff*, in: Palandt, BGB, 74. Aufl. 2014, § 446 Rz. 2.

50 Vgl. *Euler*, Grundsätze ordnungsgemäßer Gewinnrealisierung, 1989, S. 72.

51 Vgl. *Schmieszek*, in: Beermann/Gosch, AO/FGO, § 39 AO Rz. 3.1; BFH, Urteil vom 19. 12 2012 – IV R 29/09, BStBl 2013 II S. 387; zur Entkopplung von Abschreibungsberechtigung und personeller Wirtschaftsgutzurechnung insb. bei Gebäuden auf fremdem Grund und Boden BFH, Urteil vom 25 2. 2010 – IV R 2/07, BStBl 2010 II S. 670.

52 Vgl. *Raupach/Schencking*, in: HHR, § 2 EStG Rz. 142 m. w. N.; zu § 39 AO BFH, Urteil vom 27. 1. 1993 – IX R 269/87, BStBl 1994 II S. 615; *Fischer*, in: HHSp., AO/FGO-Kommentar, § 39 AO Rz. 9; *Drüen*, in: Tipke/Kruse, AO/FGO, § 39 AO Rz. 18; *Schmieszek*, in: Beermann/Gosch, AO/FGO, § 39 AO Rz. 5, 8, 40; *Fischer*, FR 1999 S. 811.

53 Vgl. *Lang/Seer*, FR 1992 S. 639; *Raupach/Schencking*, in: HHR, § 2 EStG Rz. 142; *Schmieszek*, in: Beermann/Gosch, AO/FGO, § 39 AO Rz. 5, 40.

3. Wesentliche (potenzielle) Divergenzfälle zivilrechtlichen und wirtschaftlichen Eigentums an Wirtschaftsgütern

3.1 Optionsgeschäfte

3.1.1 Kauf-/Verkaufoption

Die bloße Vereinbarung einer Kauf- oder Verkaufoption führt nicht bereits zum Übergang wirtschaftlichen Eigentums am Optionsgegenstand (Basiswert).[54] Selbst ein eingetragenes dingliches Vorkaufsrecht verschafft dem Berechtigten noch **kein wirtschaftliches Eigentum**.[55] Das Optionsrecht versetzt den Berechtigten zwar in die Lage, durch einseitige Willenserklärung vertragliche Verpflichtungen zu begründen,[56] eine Bindung ist vor Ausübung der Option gleichwohl auf den Stillhalter beschränkt.[57] Eine Kaufoption vermittelt dem Berechtigten eine vor Zwischenverfügungen grundsätzlich nicht gesicherte Rechtsposition zum Erwerb des Optionsgegenstandes, durch die – bei a priori fixem Basispreis – Wertsteigerungschancen, nicht aber Wertminderungsrisiken auf ihn übergehen. Im Fall der Verkaufoption ist der Stillhalter als potenzieller Erwerber an die Andienungsentscheidung des Optionsberechtigten gebunden und trägt das Wertminderungsrisiko.[58] Er hat weder Einflussmöglichkeiten auf die Entscheidung des Andienungsberechtigten, noch kann er Zwischenverfügungen verhindern. Wertsteigerungschance und Dispositionsbefugnis verbleiben beim Optionsberechtigten. Eine lediglich derivative (ggf. zeitlich begrenzte) Verlagerung wirtschaftlicher Chancen oder Risiken durch den zivilrechtlichen Eigentümer eines Wirtschaftsguts auf einen Dritten ohne jede Sachherrschaft oder Einwirkungsrechte auf das Wirtschaftsgut ist in der Regel nicht geeignet, dem Dritten wirtschaftliches Eigentum zu vermitteln.[59] Wirtschaftliches Eigentum geht regelmäßig erst infolge Ausübung der Option über. 673

In der Schwebephase vor Ausübung der Option kann ein optionsbedingter wirtschaftlicher Ausschluss des zivilrechtlich Berechtigten allerdings dann in Betracht kommen, wenn der Optionsinhaber die Herrschaft über den Gegenstand der Option bereits innehat (z. B. auf der Grundlage eines Miet(kauf)vertrages, Leasingvertrages, Lizenzvertrages, bei Anteilen an Kapitalgesellschaften aufgrund bereits erfolgten Übergangs we- 674

54 BFH, Urteile vom 27.9.1979 – IV R 149/72, BB 1980 S. 712 (Kaufoption Grundstück); vom 11.7.2006 – VIII R 32/04, BStBl 2007 II S. 296 (Doppeloption bzgl. Kapitalgesellschaftsanteilen); vom 4.7.2007 – VIII R 68/05, BStBl 2007 II S. 937 (Kaufoption bzgl. Kapitalgesellschaftsanteilen); vom 19.12.2007 – VIII R 14/06, BStBl 2008 II S. 475 (Doppeloption bzgl. Kapitalgesellschaftsanteilen); *Kempermann*, StbJb 2008/2009 S. 249.

55 BFH, Urteile vom 19.10.1971 – VIII R 84/71, BStBl 1972 II S. 452; vom 2.5.1984 – VIII R 276/81, BStBl 1984 II S. 820; *Fischer*, in: HHSp., AO/FGO-Kommentar, § 39 AO Rz. 56.

56 Vgl. *Kramer*, in: Münchener Kommentar zum BGB, 5. Aufl. 2006, vor § 145 Rz. 57; *Herzig/Briesemeister*, DB 2002 S. 1571.

57 BFH, Urteil vom 10.6.1988 – III R 18/85, BFH/NV 1989 S. 348.

58 Zur Position des potenziellen Erwerbers in Kauf-/Verkaufoptionen *Rohde*, INF 2001 S. 551 f.; *Haun/Winkler*, DStR 2001 S. 1197 f.; *Häuselmann*, Ubg 2008 S. 396.

59 Vgl. DIHT/ BVB/BDI/GDV, Stellungnahme zu IDW ERS HFA 13 vom 3.9.2007, S. 2. Zur kumulativen Verlagerung von Risiken und Chancen im Wege eines Total Return Swap Rz. 751.

sentlicher Rechte etc.).[60] Optionen sind in diesem Fall ausnahmsweise geeignet, wirtschaftliches Eigentum zu begründen, wenn nach dem typischen und damit für die wirtschaftliche Beurteilung maßgeblichen Geschehensablauf (insbesondere zur Abwendung von Vermögensnachteilen) tatsächlich mit einer Ausübung des Optionsrechts zu rechnen ist, so dass der zivilrechtliche Eigentümer für die gewöhnliche Nutzungsdauer, d. h. dauerhaft von der Einwirkung auf den Optionsgegenstand wirtschaftlich ausgeschlossen bleibt. Der BFH knüpft den Übergang wirtschaftlichen Eigentums hier entsprechend an den **Wahrscheinlichkeitsgrad der Optionsausübung**.[61] Die Frage des optionsbedingten Übergangs wirtschaftlichen Eigentums stellt sich damit insbesondere in (echten) Mietkauffällen (Rz. 680 ff.), bei Leasingverträgen mit Kaufoption (Rz. 689 f.), bei Optionen zum Erwerb von Anteilen an Kapitalgesellschaften unter Übertragung wesentlicher Gesellschaftsrechte bereits vor dem Ausübungszeitpunkt, bei Optionen zum Erwerb von Grundstücken unter Besitzübergang vor dem Ausübungszeitpunkt, in Fällen des Sale and lease back (Rz. 699) sowie generell in Fällen des Sale and buy back (Rz. 701 ff.).

675–677 *(Einstweilen frei)*

3.1.2 Doppeloption

678 Eine Doppeloption (auch wechselseitige oder gekreuzte Option) liegt vor, wenn der Berechtigte aus einer Kaufoption (Long Call) gleichzeitig Stillhalter in einer Verkaufoption (Short Put) mit demselben Vertragspartner über denselben Basiswert ist.[62] Werden für beide Optionen identische und a priori fixe Basispreise sowie identische Ausübungszeitpunkte bzw. überschneidende Ausübungszeiträume vereinbart, entspricht die wirtschaftliche Position der eines unbedingten Termingeschäfts. Eine derartige Doppeloption kommt in jedem Fall zur Ausübung: entweder durch Ausübung der Kaufoption zur Realisierung des Vermögensvorteils oder durch Ausübung der Verkaufoption zur Abwendung von Vermögensnachteilen. Bei identischen und feststehenden Basispreisen sowie identischen Ausübungszeitpunkten bzw. überschneidenden Ausübungszeiträumen nimmt der in Optionsfällen für den Übergang wirtschaftlichen Eigentums am Optionsgegenstand nach ständiger Rechtsprechung entscheidende Grad der Ausübungswahrscheinlichkeit (Rz. 674) einen höchstmöglichen Wert an. Bei Hinzutreten des Übergangs wesentlicher Rechte am Optionsgegenstand ist in diesen Fällen von einem Wechsel der tatsächlichen Sachherrschaft und damit von einem Zurechnungswechsel auszugehen.[63]

---

60 Vgl. auch *Wagner*, DK 2007 S. 205 zu Anteilen an Kapitalgesellschaften; *Fischer*, in: HHSp., AO/FGO-Kommentar, § 39 AO Rz. 56, der einen „die Kaufsache bereits besitzenden Optionsberechtigten" voraussetzt; *Kempermann*, StbJb 2008/2009 S. 255: kein Übergang wirtschaftlichen Eigentums bei Anteilen an Kapitalgesellschaften in Doppeloptionsfällen, wenn vor Optionsausübung weder Stimmrecht noch Gewinnbezugsrecht übergehen.

61 Grundlegend BFH, Urteile vom 26. 1. 1970 – IV R 144/66, BStBl 1970 II S. 264 (Leasingnehmer mit Kaufoption); vom 29. 7 1981 – I R 62/77, BStBl 1982 II S. 107 (Pächter mit Kaufoption); vom 10. 6. 1988 – III R 18/85, BFH/NV 1989 S. 348; zum Schrifttum stellv. *Rödder/Wochinger*, FR 2001 S. 1261 f.

62 Zu Gestaltungsparametern *Haun/Winkler*, DStR 2001 S. 1198.

63 Vgl. BFH, Urteil vom 11. 7. 2006 – VIII R 32/04, BStBl 2007 II S. 296; FG Hessen, Urteil vom 31. 8. 2012 – 4 K 1637/09, EFG 2013 S. 4, zu wechselseitigen Kauf- und Verkaufoptionen mit abweichenden Ausübungszeiträumen, nachgehend BFH, Beschluss vom 15. 10. 2013 – I B 159/12, BFH/NV 2014 S. 291; *Kempermann*, StbJb 2008/2009 S. 250 ff.

(Einstweilen frei) 679

3.2 Mietkauf

Mietkaufverträge verbinden mietvertragliche (§§ 535 ff. BGB) mit kaufvertraglichen Elementen (§§ 433 ff. BGB). Im Rahmen eines Mietkaufvertrages wird dem Mieter das Recht eingeräumt, den gemieteten Gegenstand unter Anrechnung der gezahlten Miete auf den Kaufpreis zu erwerben. Die Verträge können so gestaltet sein, dass sie bei wirtschaftlicher Betrachtung von Beginn an als (Raten-)Kaufverträge zu werten sind.[64] Bilanziell ist eine **Abgrenzung von Dauerschuldverhältnis und Anschaffungsgeschäft** zu treffen. Zu unterscheiden ist der so genannte echte Mietkauf (= Miete mit Kaufoption, Dauerschuldverhältnis) vom unechten Mietkauf (= verdeckter Ratenkauf, Anschaffungsgeschäft). Soll der Mietvertrag bis zur Annahme des Kaufangebots als solcher steuerlich anerkannt werden, dürfen Mietzins, Mietzeit und Mietbedingungen bei wirtschaftlicher Betrachtung lediglich mit der Nutzungsüberlassung, nicht aber mit dem nachfolgenden Kaufvertrag so eng in Zusammenhang stehen, dass jeweils ausgewogene Verträge mit äquivalent bemessenen Leistungen und Gegenleistungen nicht mehr anzunehmen sind und der Mietvertrag nur in Verbindung mit dem Kaufvertrag wirtschaftlich sinnvoll ist.[65] 680

Der **echte Mietkauf** ist gekennzeichnet durch eine angemessene vereinbarte Miete, eine im Ermessen des Mieters stehende Ausübung der Kaufoption sowie (ggf. partielle) Anrechnung der bis zur Veräußerung gezahlten Mietbeträge auf den Kaufpreis (Listenpreis).[66] Während der Mietdauer ist der Sachverhalt als Mietverhältnis zu behandeln (Dauerschuldverhältnis) und der Mietgegenstand dem Vermieter zuzurechnen. Die Zurechnung wechselt erst im Zuge der nachgelagert ggf. erfolgenden Veräußerung. 681

Ergibt sich dagegen aus dem Gesamtbild der Verhältnisse, dass Zweck des Mietkaufvertrages der endgültige Übergang des Wirtschaftsguts auf den Mieter ist, liegt ein **unechter Mietkauf** vor. Der Charakter des Anschaffungsgeschäfts überwiegt; der Bilanzierung ist nicht zunächst ein Mietvertrag, sondern von Beginn an ein (verdeckter) Ratenkaufvertrag zugrunde zu legen. Indizien für die Annahme eines verdeckten Ratenkaufvertrages sind:[67] eine hinsichtlich Höhe, Dauer und/oder Fälligkeit ungewöhnliche, insbesondere überhöhe Miete, die in voller Höhe auf den bereits bei Mietbeginn feststehenden Kaufpreis im Rahmen der unwiderruflichen Kaufoption angerechnet wird, so dass der bei Optionsausübung zu entrichtende Kaufpreis so niedrig bemessen ist (Unterschreitung des Zeitwerts), dass er als Restkaufpreis nur unter Berücksichtigung geleisteter Mietzahlungen als Kaufpreisraten wirtschaftlich sinnvoll interpretierbar ist.[68] Ist keine Kaufoption vereinbart, ist ein verdeckter Ratenkaufvertrag gleichwohl dann anzunehmen, wenn die „Mietdauer" so bemessen ist, dass das Wirtschaftsgut nach Ablauf des „Mietverhältnisses" technisch oder wirtschaftlich verbraucht ist, so dass der „Mieter" 682

64 BFH, Urteil vom 12. 9. 1991 – III R 233/90, BStBl 1992 II S. 182.

65 Vgl. BFH, Urteil vom 5. 11. 1957 – I 221/56 U, BStBl 1957 III S. 445.

66 Vgl. OFD Frankfurt, Vfg. vom 12. 3. 2008 – S 2170 A – 103 – St 219, NWB DokID: TAAAC-86800, Rz. 2.

67 Vgl. OFD Frankfurt, Vfg. vom 12. 3. 2008 – S 2170 A – 103 – St 219, NWB DokID: TAAAC-86800, Rz. 2.

68 BFH, Urteile vom 5. 11. 1957 – I 221/56 U, BStBl 1957 III S. 445; vom 18. 11. 1970 – I 133/64, BStBl 1971 II S. 133; vom 12. 9. 1991 – III R 233/90, BStBl 1992 II S. 182.

bei Beendigung der Vertragsdauer keine Möglichkeit hat, dem Vermieter das Wirtschaftsgut zurückzugeben und aufgrund der Vertragsbedingungen auch eine vorzeitige Rückgabe ausscheidet.[69] Das wirtschaftliche Eigentum geht in diesen Fällen unmittelbar bei Vertragsschluss auf den Mieter über; der Vermieter hat trotz Verbleib des zivilrechtlichen Eigentums einen Realisationstatbestand verwirklicht. Die Mietzahlungen sind als (verdeckte) Kaufpreisraten zu behandeln.[70]

683 *(Einstweilen frei)*

3.3 Leasing

3.3.1 Grundsätze

684 Den unter dem Begriff Leasing zusammengefassten Rechtsverhältnissen ist gemein, dass der Leasinggeber dem Leasingnehmer ein Wirtschaftsgut zum Gebrauch gegen Entgelt überlässt, Gefahr und Haftung für Instandhaltung, Sachmängel und Beschädigung (im Gegensatz zu typischen Mietverträgen) aber den Leasingnehmer treffen.[71] Zivilrechtlich wird der Leasingvertrag überwiegend als **atypischer Mietvertrag** eingeordnet.[72] Das zivilrechtliche Eigentum am Leasingobjekt verbleibt stets beim Leasinggeber. Leasingverträge ermöglichen eine differenzierte Überlassung des wirtschaftlichen Nutzenpotenzials eines Wirtschaftsguts sowie der Gefahr- und Lastentragung durch den Leasingnehmer. Je nach Ausgestaltung ist der bilanziellen Abbildung und Besteuerung entsprechend der zivilrechtlichen Einordnung ein Mietvertrag oder abweichend hiervon ein (Raten-)Kaufvertrag zugrunde zu legen. Entscheidend für die bilanzielle Abbildung des Leasinggeschäfts ist, welche Partei wirtschaftlicher Eigentümer des Leasingobjekts ist. Die Leasingerlasse stellen insoweit – auch handelsrechtlich akzeptierte[73] – Anwendungshilfen zur Auslegung des § 39 AO dar.[74] Bei Vertragsgestaltungen, die nicht erlasskonform sind, d. h. in der Ausgestaltung den Regelbeispielen und Typisierungen der Leasingerlasse nicht entsprechen, ist nach den allgemeinen Zurechnungskriterien vom Zivilrecht abweichendes wirtschaftliches Eigentum im Einzelfall zu prüfen.[75]

685 Beim **Operate-Leasing** wird der Leasinggegenstand gemessen an dessen betriebsgewöhnlicher Nutzungsdauer nur kurzfristig überlassen. Das Investitionsrisiko, insbesondere das Risiko der Anschlussnutzung und die Gefahr wirtschaftlicher Entwer-

---

69 BFH, Urteil vom 25. 10. 1963 – IV 429/62 U, BStBl 1964 III S. 44.

70 Zur bilanziellen Abbildung des nachgelagerten Anschaffungsvorgangs OFD Frankfurt, Vfg. vom 12. 3. 2008 – S 2170 A – 103 – St 219, NWB DokID: TAAAC-86800, Rz. 2.

71 Vgl. z. B. BGH, Urteil vom 11. 3. 1998 – VIII ZR 205/97, NJW 1998 S. 1637; *Weidenkaff*, in: Palandt, BGB, 74. Aufl. 2014, vor § 535 Rz. 37. Zur Leasing-Typologie *Gelhausen/Henneberger*, in: Handbuch des Jahresabschlusses, Abt. VI/1 Rz. 1 ff.

72 Vgl. BGH, Urteile vom 8. 10. 1975 – VIII ZR 81/74, NJW 1977 S. 195; vom 14. 12. 1989 – IX ZR 283/88, NJW 1990 S. 1113; *Gelhausen/Henneberger*, in: Handbuch des Jahresabschlusses, VI/1 Rz. 23; zum Diskussionsstand bzgl. der rechtlichen Einordnung *Tonner*, in: HHR, § 5 EStG Rz. 1105 m. w. N.

73 Stellv. *Gelhausen/Henneberger*, in: Handbuch des Jahresabschlusses, Abt. VI/1 Rz. 48 m. w. N. zum Schrifttum; *Clausen/Korth*, Kölner Kommentar AktG, Bd. 4, 2. Aufl. 1991, § 246 HGB Rz. 11: lediglich „loser Zusammenhang" mit steuerlicher Einordnung; kritisch auch *Baetge/Ballwieser*, DBW 1978 S. 8 ff.; *Grewe*, WPg 1990 S. 162; *Amman/Wulf*, StuB 2000 S. 912 f.

74 Vgl. *Tonner*, in: HHR, § 5 EStG Rz. 1154; *Tonner*, Leasing im Steuerrecht, 6. Aufl. 2014, S. 58.

75 Vgl. z. B. *Tonner*, Leasing im Steuerrecht, 6. Aufl. 2014, S. 58.

tung verbleiben beim Leasinggeber. Die Positionen von Leasinggeber und Leasingnehmer entsprechen auch wirtschaftlich denen von Vermieter und Mieter. Operate-Leasingverträge sind wie typische Mietverträge zu behandeln. Die mit dem Zivilrecht übereinstimmende personelle Zurechnung des Leasingobjekts zum Leasinggeber ist insoweit unstrittig.[76] Beim **Finanzierungs-Leasing**, das im Hinblick auf die personelle Zurechnung der Leasingobjekte ungleich komplexer ist, werden Leasingverträge über eine mittel- bis langfristige, i. d. R. unkündbare Grundmietzeit geschlossen und enthalten häufig eine Mietverlängerungs- und/oder Kauf-/Andienungsoption. Je nach Umfang der Finanzierung wird zwischen Leasingverträgen mit Vollamortisation (full-pay-out) bzw. Teilamortisation (non-pay-out) unterschieden.

(Einstweilen frei) 686

3.3.2 Vollamortisation

3.3.2.1 Abgrenzung

Im Fall von Vollamortisationsverträgen decken die Leasingraten des Leasingnehmers 687 die Anschaffungskosten des Leasinggebers sowie dessen Nebenkosten einschließlich Finanzierungskosten vollständig ab. Sie beinhalten darüber hinaus regelmäßig eine Gewinnspanne des Leasinggebers. Ausgehend von der Leasing-Grundsatzentscheidung des BFH vom 21. 6. 1970[77] hat das BMF die Zurechnungsfrage für Vollamortisationsverträge durch Formulierung detaillierter typisierender Kriterien für bewegliche Wirtschaftsgüter mit Schreiben vom 19. 4. 1971,[78] für unbewegliche Wirtschaftsgüter mit Schreiben vom 21. 3. 1972[79] geregelt.

3.3.2.2 Vollamortisation ohne Optionskomponente(n)

Bei Vollamortisationsverträgen ohne Mietverlängerungs- oder Kaufoption über **Mobilien oder Gebäude** erfolgt die Zurechnung zum Leasinggeber, wenn die unkündbare 688 (Grund-)Mietzeit mindestens 40 % und höchstens 90 % der betriebsgewöhnlichen Nutzungsdauer des Leasinggegenstandes umfasst. Im Übrigen wird das Leasingobjekt dem Leasingnehmer zugerechnet. Übersteigt die Grundmietzeit 90 % der betriebsgewöhnlichen Nutzungsdauer, nimmt die Finanzverwaltung eine annähernde Deckung von Mietzeit und Nutzungsdauer und in der Folge einen wirtschaftlich wertlosen Rückübertragungsanspruch des Leasinggebers, d. h. Vollverschleiß beim Leasingnehmer an.[80] Zweck der 40 %-Grenze ist die Abgrenzung zum Ratenkauf.[81] Dem Leasingnehmer soll es verwehrt bleiben, den bei Anschaffung eines Wirtschaftsguts über die betriebs-

76 Stellv. *ADS*, 6. Aufl., § 246 Rz. 386; *Ballwieser*, in: Münchener Kommentar zum HGB, 2. Aufl. 2008, § 246 Rz. 45.

77 BFH, Urteil vom 21. 6. 1970 – IV R 144/66, BStBl 1970 II S. 264.

78 BMF, Schreiben vom 19. 4. 1971 – IV B/2 – S 2170 – 31/71, BStBl 1971 I S. 264.

79 BMF, Schreiben vom 21. 3. 1972 – F/IV B 2 – S 2170 – 11/72, BStBl 1972 I S. 188.

80 Vgl. *Spittler*, Leasing für die Praxis, 1999, S. 131; *Heitmüller/Hellen*, in: Handbuch der Rechnungslegung Einzelabschluss, 5. Aufl., Kap. 6 Rz. 129.

81 Stellv. *Spittler*, Leasing für die Praxis, 1999, S. 133; *Tonner*, Leasing im Steuerrecht, 6. Aufl. 2014, S. 41 f.; *Heitmüller/Hellen*, in: Handbuch der Rechnungslegung Einzelabschluss, 5. Aufl., Kap. 6 Rz. 129.

gewöhnliche Nutzungsdauer erfolgswirksamen Abschreibungsaufwand durch erhöhte Leasingraten innerhalb eines deutlich verkürzten Zeitraums vorzuziehen. Ist **Grund und Boden** Gegenstand eines Vollamortisationsvertrages ohne Optionskomponenten, erfolgt die Zurechnung zum Leasinggeber ohne weitere Voraussetzungen.

3.3.2.3 Vollamortisation mit Optionskomponente(n)

689 Die Rechtsprechung stellt in der Frage, ob eine Kauf-/Mietverlängerungsoption beim Leasingnehmer zu wirtschaftlichem Eigentum führt, auf den **Wahrscheinlichkeitsgrad der Ausübung** ab (vgl. auch Rz. 674).[82] Für die Annahme eines wirtschaftlichen Eigentumswechsels müssen Anschlusskaufpreis bzw. Anschlussmiete so bemessen sein, dass mit einer Ausübung tatsächlich zu rechnen ist.[83] Die Finanzverwaltung versucht den Wahrscheinlichkeitsgrad der Optionsausübung innerhalb der – einen Verbleib des wirtschaftlichen Eigentums beim Leasinggeber grundsätzlich zulassenden – Grundmietzeitspanne von 40 – 90 % der betriebsgewöhnlichen Nutzungsdauer anhand des Verhältnisses von Anschlusskaufpreis zum Buchwert (Kaufoption) bzw. anhand der Angemessenheit der Anschlussmiete (Mietverlängerungsoption) typisierend zu bestimmen.

690 **Kaufoption:** Bei Vollamortisationsverträgen mit Kaufoption des Leasingnehmers über **Mobilien** ist das Leasingobjekt dem Leasinggeber zuzurechnen, wenn (1.) die unkündbare Grundmietzeit mindestens 40 %, höchstens 90 % der betriebsgewöhnlichen Nutzungsdauer des Leasinggegenstandes umfasst und (2.) der vereinbarte Kaufpreis bei Ausübung der Kaufoption durch den Leasingnehmer den bei Anwendung der linearen AfA nach amtlicher AfA-Tabelle ermittelten Buchwert des Leasingobjekts oder dessen niedrigeren gemeinen Wert im Veräußerungszeitpunkt nicht unterschreitet, der Leasingnehmer also nicht zu einem Vorzugspreis erwerben kann. Sind diese Kriterien nicht kumulativ erfüllt, erfolgt eine Zurechnung zum Leasingnehmer.

Bei Vollamortisationsverträgen mit Kaufoption des Leasingnehmers über **Immobilien** folgt die Zurechnung des Grund und Bodens der des Gebäudes. Gebäude und damit auch Grund und Boden sind dann dem Leasinggeber zuzurechnen, wenn (1.) die unkündbare Grundmietzeit mindestens 40 %, höchstens 90 % der betriebsgewöhnlichen Nutzungsdauer des Gebäudes beträgt und (2.) der Gesamtkaufpreis bei Ausübung der Kaufoption nicht geringer ist als der Buchwert des Grund und Bodens zzgl. Buchwert des Gebäudes unter Anwendung der linearen AfA oder als der niedrigere gemeine Wert von Grund und Boden zzgl. Gebäude im Veräußerungszeitpunkt.

691 **Mietverlängerungsoption:** Sind **Mobilien** Gegenstand eines Vollamortisationsvertrages mit Mietverlängerungsoption des Leasingnehmers, erfolgt eine Zurechnung zum Leasinggeber, wenn (1.) die unkündbare Grundmietzeit mindestens 40 %, höchstens 90 % der betriebsgewöhnlichen Nutzungsdauer des Leasingobjekts ausmacht und (2.) die

82 BFH, Urteil vom 26. 1. 1970 – IV R 144/66, BStBl 1970 II S. 264.

83 BFH, Urteile vom 26. 1. 1970 – IV R 144/66, BStBl 1970 II S. 264; vom 9. 12. 1999 – III R 74/97, BStBl 2001 II S. 311 m. w. N.

Anschlussmiete so bemessen ist, dass sie den Wertverzehr für den Leasinggegenstand deckt, der sich auf der Basis des unter Berücksichtigung der linearen AfA nach amtlicher AfA-Tabelle ermittelten Buchwerts oder des niedrigeren gemeinen Werts und der Restnutzungsdauer ergibt.

Bei entsprechenden Verträgen über **Immobilien** ist die Zurechnung von Grund und Boden sowie Gebäude getrennt zu beurteilen. Der Grund und Boden ist grundsätzlich dem Leasinggeber zuzurechnen. Die Zurechnung des Gebäudes zum Leasinggeber erfolgt demgegenüber nur, wenn (1.) die unkündbare Grundmietzeit mindestens 40 %, höchstens 90 % der betriebsgewöhnlichen Nutzungsdauer des Gebäudes beträgt und (2.) die Anschlussmiete mehr als 75 % des Mietentgelts beträgt, das für ein nach Art, Lage und Ausstattung vergleichbares Objekt üblicherweise gezahlt wird. Die Vereinbarung einer in diesem Sinne für den Leasingnehmer günstigen Mietverlängerungsoption führt damit zu einer von der Zurechnung des Grund und Bodens abweichenden Zurechnung des Gebäudes zum Leasingnehmer. Ein Vertrag, der sich automatisch verlängert, sofern nicht eine Partei kündigt, steht einer Mietverlängerungsoption gleich. Überschreiten Grundmietzeit und Mietverlängerungszeit zusammen 90 % der betriebsgewöhnlichen Nutzungsdauer nicht, kann durch eine Mietverlängerungsoption ein wirtschaftlicher Eigentumswechsel allerdings grundsätzlich nicht bewirkt werden.[84]

(Einstweilen frei) 692

3.3.3 Teilamortisation

Abgrenzung: Teilamortisationsverträge sind dadurch gekennzeichnet, dass die Anschaf- 693
fungs-/Herstellungskosten des Leasinggebers sowie Neben- einschließlich Finanzierungskosten durch die Leasingraten während der Grundmietzeit nur zum Teil gedeckt werden und eine volle Amortisation erst durch besondere Restamortisationsvereinbarungen im Anschluss an die i. d. R. unkündbare Grundmietzeit bzw. durch Anschlussverwertung erreicht werden kann. Auch in Teilamortisationsfällen orientiert sich die bilanzielle Zurechnung der Leasinggegenstände an den – z. T. diskutablen – typisierenden Kriterien und Wertungen des BMF-Schreibens vom 22. 12. 1975[85] sowie der Vfg. der OFD Frankfurt vom 20. 6. 2006[86] für Mobilien bzw. des BMF-Schreibens vom 23. 12. 1991[87] für Immobilien. Diese enthalten für die Beurteilung der Zurechnung widerlegbare Vermutungen, die nur insoweit Geltung beanspruchen, wie besondere Regelungen in Einzelfällen nicht zu einer anderen Beurteilung zwingen.[88]

Teilamortisation bei Mobilien: Nach Erlasslage ist für die persönliche Zurechnung des 694
Leasinggegenstandes bei Teilamortisations-Leasingverträgen über Mobilien entscheidend, wer an Wertsteigerungen des Leasinggegenstands bei Beendigung der Mietzeit partizipiert. Verbleibt die Wertsteigerungschance in wirtschaftlich ins Gewicht fallendem Umfang beim Leasinggeber, ist ihm der Leasinggegenstand selbst dann zuzurech-

84 Vgl. *Tonner*, in: HHR, § 5 EStG Rz. 1151.
85 BMF, Schreiben vom 22. 12. 1975 – IV B 2 – S 2170 – 161/75, DB 1976 S. 172.
86 OFD Frankfurt, Vfg. vom 20. 6. 2006 – S 2170 A – 28 – St 219, FR 2006 S. 793.
87 BMF, Schreiben vom 23. 12. 1991 – IV B 2 – S 2170 – 115/91, BStBl 1992 I S. 13.
88 BMF, Schreiben vom 22. 12. 1975 – IV B 2 – S 2170 – 161/75, DB 1976 S. 172 Rz. 2c).

nen, wenn der Leasingnehmer das Wertminderungsrisiko trägt. Eine für die Zurechnung zum Leasinggeber hinreichende Partizipation an Wertsteigerungen ist nach Erlasswertung gegeben, wenn der Leasinggeber an dem die Restamortisation übersteigenden Teil des Veräußerungserlöses zu mindestens 25 % beteiligt ist. Der Teilamortisations-Leasingerlass für bewegliche Wirtschaftsgüter[89] ergänzt um die Vfg. der OFD Frankfurt vom 20. 6. 2006[90] adressiert konkret vier Vertragsmodelle, in denen das Wertminderungsrisiko vom Leasingnehmer getragen wird, ohne dass dies bei ihm bereits zu wirtschaftlichem Eigentum führt.

Andienungsrecht des Leasinggebers ohne Erwerbsrecht des Leasingnehmers: Ist der Leasingnehmer aufgrund eines Andienungsrechts des Leasinggebers verpflichtet, den Leasinggegenstand auf dessen Verlangen zu einem bereits bei Abschluss des Vertrages festgelegten Preis zu erwerben, hat selbst aber kein Recht auf Erwerb des Leasinggegenstandes (kein Doppeloptionsfall, s. Rz. 678), ist der Leasinggegenstand dem Leasinggeber zuzurechnen. Der Leasingnehmer trägt das nach Erlasslage für die Zurechnungsfrage nicht ins Gewicht fallende Wertminderungsrisiko, die relevanten Wertsteigerungschancen verbleiben dagegen beim Leasinggeber.

Kündbarer Mietvertrag mit Schlusszahlungsverpflichtung des Leasingnehmers unter Anrechnung des Veräußerungserlöses: Kann der Leasingnehmer (1.) den Vertrag nach Ablauf der mindestens 40 % der betriebsgewöhnlichen Nutzungsdauer umfassenden Grundmietzeit kündigen und hat dieser (2.) eine Abschlusszahlung in Höhe der Restamortisation abzgl. anteiligem (90 %), vom Leasinggeber erzielten Veräußerungserlös zu leisten, während ein die Restamortisation übersteigender Veräußerungserlös vollständig beim Leasinggeber verbleibt, ist der Leasinggegenstand nach Erlasswertung dem Leasinggeber zuzurechnen, da ausschließlich dieser an den Wertsteigerungen partizipiert. Der vollständige Übergang des Wertminderungsrisikos auf den Leasingnehmer ist nach Erlasswertung wiederum unerheblich.

Mehrerlösaufteilung: Wird der Leasinggegenstand nach Ablauf der Grundmietzeit durch den Leasinggeber veräußert und unterschreitet der Verwertungserlös die Differenz aus Gesamtkosten des Leasinggebers und Summe der während der Grundmietzeit zu entrichtenden Leasingraten (Restamortisation), ist der Leasingnehmer verpflichtet, die Differenz auszugleichen. Übersteigt der Veräußerungserlös hingegen die Restamortisation, wird der Mehrerlös aufgeteilt. Bei derart strukturierten Leasingverhältnissen ist der Leasinggegenstand dem Leasinggeber dann zuzurechnen, wenn er mindestens 25 % des die Restamortisation übersteigenden Teils des Veräußerungserlöses erhält. Bei einer solchermaßen ins Gewicht fallenden Beteiligung des Leasinggebers an den Wertsteigerungschancen des Leasingobjekts ist nach Erlasswertung nicht von einem wirtschaftlichen Ausschluss des Leasinggebers als zivilrechtlichen Eigentümer von der Einwirkung auf das Wirtschaftsgut auszugehen.

Schlusszahlungsverpflichtung des Leasingnehmers mit Kaufoption unter Anrechnung der Schlusszahlung: Nach Auffassung der Finanzverwaltung soll eine Zurechnung zum

89 BMF, Schreiben vom 22. 12. 1975 – IV B 2 – S 2170 – 161/75, DB 1976 S. 172.
90 OFD Frankfurt, Vfg. vom 20. 6. 2006 – S 2170 A – 28 – St 219, FR 2006 S. 793.

Leasinggeber bei folgender Sachlage ausscheiden:[91] Der Leasingnehmer hat bei Vertragsablauf eine Abschlusszahlung in Höhe der Restamortisation zu leisten. Ihm wird eine Kaufoption eingeräumt, die einen Kaufpreis in Höhe der Abschlusszahlung zzgl. 25,1 % des die Abschlusszahlung übersteigenden Verkehrswerts des Leasinggegenstandes im Ausübungszeitpunkt vorsieht. Wird der Leasinggegenstand an einen Dritten veräußert, ist die Schlusszahlung zu leisten, der Veräußerungserlös steht dem Leasinggeber zu 25,1 % zu, dem Leasingnehmer zu 74,9 %. Obgleich der Leasinggeber auch in dieser Konstellation (infolge der Schlusszahlungsverpflichtung) von einem Wertminderungsrisiko ausgeschlossen ist, an Wertsteigerungen (infolge der Bestimmung des Basispreises der Kaufoption bzw. der Erlösverteilung bei Veräußerung an Dritte) aber in jedem Fall zu mindestens 25 %, d. h. in einem wirtschaftlich ins Gewicht fallenden Umfang beteiligt ist, wird eine Zurechnung zum Leasinggeber durch die Finanzverwaltung hier explizit verneint. Diese Wertung ist mit der Wertung im Grundfall der Mehrerlösaufteilung[92] nicht zur Deckung zu bringen.[93]

Teilamortisation bei Immobilien: Bei Teilamortisationsverträgen über Immobilien, welche beim Immobilienleasing die dominierende Leasingform darstellen, folgt die Zurechnung des Grund und Bodens generell der des Gebäudes.[94] Bei Verträgen ohne Optionsrecht(e) sind Gebäude sowie Grund und Boden stets dem Leasinggeber zuzurechnen. Abweichend von der Beurteilung der Wertsteigerungschance als maßgebendes Zurechnungskriterium bei Teilamortisationsverträgen über Mobilien (Rz. 694) sieht die Finanzverwaltung bei Teilamortisationsverträgen mit Kauf- oder Mietverlängerungsoption für Immobilien, die bereits zur Verlagerung der Wertsteigerungschancen auf den Leasingnehmer führen, den Verbleib des Wertminderungsrisiko als maßgebendes Beurteilungskriterium an. Im Fall der Teilamortisation mit Kauf- oder Mietverlängerungsoption setzt eine Zurechnung des Gebäudes und damit des Grund und Bodens zum Leasinggeber voraus, dass (1.) die unkündbare Grundmietzeit höchstens 90 % der betriebsgewöhnlichen Nutzungsdauer des Gebäudes beträgt, (2.) der Kaufpreis im Rahmen einer Kaufoption nicht niedriger als der Restbuchwert unter Berücksichtigung der linearen AfA nach § 7 Abs. 4 EStG ist bzw. eine Anschlussmiete im Rahmen einer Mietverlängerungsoption 75 % der ortsüblichen Miete nicht unterschreitet und (3.) dem Leasingnehmer nicht eine der in Tz. 12-17 des Teilamortisations-Leasingerlasses über unbewegliche Wirtschaftsgüter bezeichneten, typischerweise beim Eigentümer liegenden Verpflichtungen[95] auferlegt wird. Bereits die Abwälzung einer der Verpflichtungen auf den Leasingnehmer verschiebe das Chancen-Risiko-Profil zwischen Leasinggeber und Lea- 695

91 OFD Frankfurt, Vfg. vom 20. 6. 2006 – S 2170 A – 28 – St 219, FR 2006 S. 793.

92 BMF, Schreiben vom 22. 12. 1975 – IV B 2 – S 2170 – 161/75, DB 1976 S. 172 Rz. 2b).

93 Vgl. auch *Tonner*, in: HHR, § 5 EStG Rz. 1127.

94 Zur abweichenden Wertung bei Vollamortisationsleasing mit Mietverlängerungsoption Rz. 691; krit. zu dieser Differenzierung *Hennrichs*, Münchener Kommentar zum AktG, 2. Aufl. 2003, § 246 HGB Rz. 169.

95 Gefahr zufälligen Untergangs, Kostenübernahme bei unverschuldeter Zerstörung, fortgesetzte Leistungspflicht bei unverschuldetem Nutzenausschluss, Übernahme nicht gedeckter Kosten bei vorzeitiger Vertragsbeendigung, Freistellung des Leasinggebers von leasingobjektbezogenen Ansprüchen Dritter, wirtschaftlicher Erwerbszwang bei Erbbaurecht.

singnehmer derart, dass wirtschaftliches Eigentum des Leasinggebers ausgeschlossen sei. Eine isolierte Betrachtung der pauschalierenden Risikoverteilkriterien des Teilamortisationserlasses für unbewegliche Wirtschaftsgüter ist nur begrenzt geeignet, die erforderliche Würdigung der Gesamtverhältnisse zu ersetzen. Insbesondere in Fällen mit bloßer Mietverlängerungsoption ist eine auf lediglich eines der Risikoverteilkriterien gestützte Zurechnung von Gebäude nebst Grund und Boden zum Leasingnehmer nicht ohne Weiteres vertretbar.[96]

696 *(Einstweilen frei)*

3.3.4 Spezial-Leasing

697 Für den Fall des Spezial-Leasings, d. h. bei derart speziell auf die Verhältnisse und Anforderungen des Leasingnehmers zugeschnitten Leasinggegenständen, dass diese auch nach Ablauf der Grundmietzeit nur durch den Leasingnehmer selbst wirtschaftlich sinnvoll Verwendung finden können,[97] sind **Mobilien** sowie **Gebäude** als Leasinggegenstände ohne Rücksicht auf das Verhältnis von Grundmietzeit und Nutzungsdauer oder auf Optionsklauseln stets dem Leasingnehmer zuzurechnen.[98] In Vollamortisationsfällen gilt dies für **Grund und Boden** nur, wenn der Spezial-Leasingvertrag eine Kaufoption umfasst, die einen Gesamtkaufpreis unterhalb des Restbuchwerts des Gebäudes bei linearer Abschreibung zzgl. Buchwert des Grund und Bodens oder unterhalb des niedrigeren gemeinen Werts des Grundstücks im Zeitpunkt der Veräußerung vorsieht.[99] Beim Teilamortisationsleasing folgt die Zurechnung des Grund und Bodens auch beim Spezial-Leasing der Zurechnung des Gebäudes, d. h. soll mit dem Gebäude dem Leasingnehmer zuzurechnen sein.[100] Die Voraussetzungen für die Annahme eines Spezial-Leasingvertrages bedürfen einer sorgfältigen Einzelfallprüfung.

698 *(Einstweilen frei)*

3.4 Sale and lease back-Geschäfte

699 Bei Sale and lease back-Geschäften als Sonderform des Leasings wird der (Leasing-)Gegenstand zunächst veräußert und anschließend zurückgeleast. Der Veräußerer tritt zugleich als Leasingnehmer auf, der Erwerber zugleich als Leasinggeber. Sale and lease back-Geschäfte sind i. d. R. liquiditäts- und bilanzpolitisch motiviert. Die leasingtypische

96 Vgl. auch *Tonner*, in: HHR, § 5 EStG Rz. 1141.

97 Zu den Voraussetzungen stellv. *Tonner*, in: HHR, § 5 EStG Rz. 1161.

98 Zu Mobilien BFH, Urteil vom 21. 6. 1970 – IV R 144/66, BStBl 1970 II S. 264; BMF, Schreiben vom 19. 4. 1971 – IV B/2 – S 2170 – 31/71, BStBl 1971 I S. 264 Rz. 4; zu Immobilien BFH, Urteil vom 30. 5. 1984 – I R 146/81, BStBl 1984 II S. 825; BMF, Schreiben vom 21. 3. 1972 – F/IV B 2 – S 2170 – 11/72, BStBl 1972 I S. 188 Rz. I.2d).

99 BMF, Schreiben vom 21. 3. 1972 – F/IV B 2 – S 2170 – 11/72, BStBl 1972 I S. 188 Rz. I.2b).

100 BMF, Schreiben vom 23. 12. 1991 – IV B 2 – S 2170 – 115/91, BStBl 1992 I S. 13 Rz. 7, 18; *Claßen/Schulz*, StuB 2011 S. 5.

Dreiecksbeziehung (Leasingnehmer – Leasinggeber – Lieferant des Leasinggegenstandes) wird hier auf eine Zweierbeziehung (Leasingnehmer – Leasinggeber) reduziert. Das zivilrechtliche Eigentum geht auf den Erwerber/Leasinggeber über; ein Besitzübergang findet nicht statt. Wird mit der Veräußerung lediglich Liquidität generiert, ohne dass sich an der tatsächlichen Sachherrschaft am Veräußerungs-/Leasinggegenstand etwas ändert, ist dieser nach Maßgabe der Leasinggrundsätze unverändert dem Veräußerer/ Leasingnehmer zuzurechnen.[101] Steuerlich ist in diesem Fall nicht von einem Anschaffungsgeschäft mit nachfolgendem Dauerschuldverhältnis sondern von einer bloßen Darlehensgewährung mit Sicherungsübereignung ohne Zurechnungswechsel auszugehen.[102] In diesem Fall fehlt es an einem Realisationstatbestand.[103]

(Einstweilen frei) 700

3.5 Sale and buy back-Geschäfte

3.5.1 Struktur/Systematisierung

Der Terminus **Sale and buy back** ist Oberbegriff für Gestaltungen, bei denen vertretbare oder unvertretbare Wirtschaftsgüter veräußert und aufgrund zeitgleich oder zeitnah abgeschlossener Verträge gattungsgleiche oder nämliche Wirtschaftsgüter (ggf. bereits binnen kurzer Frist) zurückerworben werden.[104] Gestaltungen dieser Art strapazieren bereits übliche Strukturen bürgerlichen Schuldrechts, wie die Diskussion um ihre Einordnung im zivilrechtlichen Schrifttum zeigt.[105] Da nach h. M. aber – ggf. abweichend vom wirtschaftlichen Gehalt der Gesamttransaktion – im Regelfall zwei Kaufverträge mit zweimaligem Wechsel zivilrechtlichen Eigentums vorliegen, böten Sale and buy back-Gestaltungen ohne das Korrektiv des wirtschaftlichen Eigentumsübergangs ein breites Instrumentarium zur Gestaltung der Vermögenszurechnung und Gewinnrealisation. 701

Die **Motivationen** zum Abschluss von Sale and buy back-Gestaltungen sind vielschichtig. Sie reichen von der Realisierung stiller Reserven (ohne endgültigen Verlust der Verfügungsgewalt über ein Wirtschaftsgut) insbesondere zur Vermeidung des Untergangs steuerlicher Verlustvorträge und zur Einflussnahme auf die Bilanzstruktur, über die 702

101 Vgl. FG Köln, Beschluss vom 20. 9. 2011 – 12 V 1524/11, DStRE 2013 S. 754, rkr.; FG Niedersachsen, Urteil vom 3. 7. 2013 – 4 K 188/11, EFG 2013 S. 1724, Rev. eingelegt, Az. des BFH IV R 33/13.

102 Vgl. BFH, Urteil vom 9. 2. 2006 – V R 22/03, BStBl 2006 I S. 727 (aus umsatzsteuerlicher Sicht); FG Niedersachsen, Urteil vom 3. 7. 2013 – 4 K 188/11, EFG 2013 S. 1724 (aus ertragsteuerlicher Sicht), Rev. eingelegt, Az. des BFH IV R 33/13; *Schulze-Osterloh*, ZIP 2005 S. 1617 ff.; *Unkelbach*, Wirtschaftliches Eigentum und Umsatzrealisation, 2009, S. 178; *Weber-Grellet*, in: Schmidt, EStG, 33. Aufl. 2014, § 5 Rz. 725.

103 Vgl. *Kropff*, ZGR 1993 S. 54 f.; *Schulze-Osterloh*, ZIP 2005 S. 1620 m. w. N.

104 Vgl. auch IDW ERS HFA 13 n. F. vom 29. 11. 2006, Rz. 1.

105 Diskutiert wird die Einordnung als Kauf und Rückkauf / Darlehensgeschäft mit Sicherungsübereignung / Pfandrechtsbestellung / Treuhandgeschäft / Pachtvertrag / atypischer Vertrag mit kaufähnlicher, darlehnsähnlicher oder pachtähnlicher Ausgestaltung, dazu *Lohner*, Echte Pensionsgeschäfte, ihre ertragsteuerliche Behandlung und ihr Einsatz als Sachverhaltsgestaltungen im Rahmen der Steuerplanung, 1992, S. 9 ff.

(temporäre) Substitution weniger liquider Wirtschaftsgüter durch liquide Mittel bis hin zur Vermeidung von Anhangangaben über Vermögensgegenstände.[106]

703 **Grundwertungen IDW ERS HFA 13:** Das IDW versteht den Begriff Sale and buy back-Geschäft im Entwurf des Rechnungslegungsstandards vom 29. 11. 2006 (bislang ist wegen ertragsteuerlicher Bedenken eine endgültige Verabschiedung nicht erfolgt) in einem weiten, den Erwerb und Rückerwerb sowohl nämlicher als auch gattungsgleicher Wirtschaftsgüter umfassenden Sinne und nimmt hinsichtlich der bilanziellen Beurteilung insoweit keine weiteren Differenzierungen vor.[107] Zurechnungswechsel und Gewinnrealisation werden grundsätzlich abgelehnt, wenn eine dauerhafte Übertragung der mit dem Wirtschaftsgut verbundenen Vorteile und Risiken aus tatsächlichen Gründen zu verneinen sei.[108] Bei lediglich zeitweisem Verbleib des Wirtschaftsguts beim Erwerber wird ein Zurechnungswechsel nur bejaht, wenn die wesentlichen Elemente wirtschaftlichen Eigentums zumindest für eine bezüglich Art des Geschäfts bzw. Wirtschaftsguts hinreichende Zeitspanne (ohne Ausgleichsvereinbarung) beim Erwerber liegen.[109] Ein Zurechnungswechsel setze demnach voraus, dass marktabweichende Preise nicht so aufeinander bezogen sind, dass der Unterschiedsbetrag nur eine Verzinsung, nicht aber eine ggf. eintretende Wertänderung widerspiegelt; bei Vereinbarung von Marktpreisen müsse aufgrund der Zeitspanne zwischen den Transaktionen gewährleistet sein, dass der Erwerber tatsächlich ein relevantes Wertänderungsrisiko übernimmt, wobei die erforderliche Zeitspanne von der Art des Wirtschaftsgutes sowie der Art und Volatilität des Marktes abhänge, d. h. für Immobilien z. B. länger zu veranschlagen sei als für Saisonartikel.[110] Im Fall abnutzbarer Wirtschaftsgüter sei entscheidend, welcher Anteil des Nutzenpotenzials/Wertverzehrs dem Erwerber zuzurechnen ist und für welchen Zeitraum das Risiko des zufälligen Untergangs bei ihm liegt.[111] Typisierungsversuche erfolgen insoweit nicht.

704 **Systematisierung:** Sale and buy back-Geschäfte können wie in ABB. 1 dargelegt systematisiert werden. Die Grenze zwischen Sale and lease back- und Sale and buy back-Geschäften ist fließend, wenn die Rückmiete nicht als reiner Mietvertrag (operate lease), sondern als verdeckter Ratenkaufvertrag (finance lease) einzuordnen ist. Der hier vertretene (eingeschränkte) Anwendungsbereich des § 340b HGB ist strittig (Rz. 715 ff.).

106 Bsp. § 285 Nr. 11 HGB: Angaben zu Beteiligungen.

107 IDW ERS HFA 13 n. F. vom 29. 11. 2006, Rz. 12.

108 IDW ERS HFA 13 n. F. vom 29. 11. 2006, Rz. 13, Bsp.: Erwerber hat außer der Rückveräußerung keine Möglichkeit der Verwertung.

109 IDW ERS HFA 13 n. F. vom 29. 11. 2006, Rz. 14.

110 IDW ERS HFA 13 n. F. vom 29. 11. 2006, Rz. 15.

111 IDW ERS HFA 13 n. F. vom 29. 11. 2006, Rz. 16.

ABB. 1: Systematisierung Buy back-Geschäfte

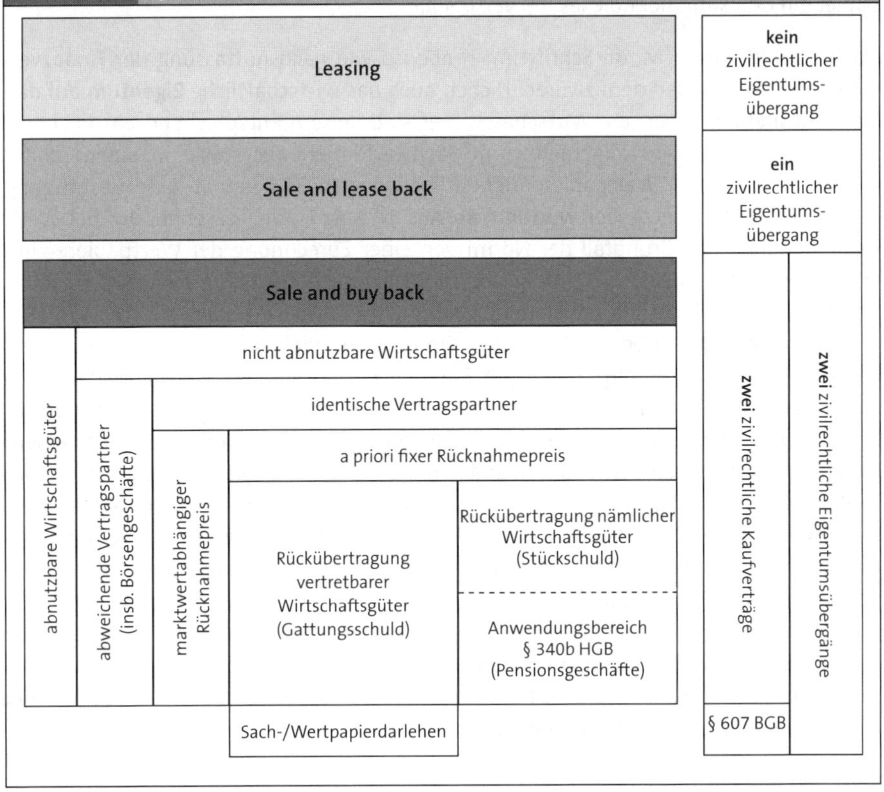

(Einstweilen frei) 705

3.5.2 Wertpapierdarlehen („Wertpapierleihe")

706 Bei Wertpapierdarlehensgeschäften (umgangssprachlich „Wertpapierleihgeschäfte") werden Wertpapiere mit der Verpflichtung übereignet, dass der Darlehensnehmer („Entleiher") dem Darlehensgeber („Verleiher") nach Ablauf der vertraglich vereinbarten, begrenzten Laufzeit Wertpapiere gleicher Art, Güte und Menge zurückübereignet und für die Darlehenslaufzeit ein Entgelt entrichtet.[112] Daneben hat der Darlehensnehmer regelmäßig Kompensationszahlungen für entgangene laufende Zins-/Dividendenerträge (manufactured payments) zu leisten. Mit der auf vertretbare Wirtschaftsgüter bezogenen Rückübertragungsverpflichtung entsteht beim Darlehensnehmer eine Gattungsschuld. Zivilrechtlich liegt mit der (zeitlich befristeten) Überlassung vertretbarer Sachen ein **Sachdarlehen** i. S. d. §§ 607 ff. BGB vor.[113] Der Darlehensnehmer erwirbt zivil-

112 Stellv. LfSt Bayern, Vfg. vom 20. 7. 2010 – S 2134.1.1 – 5/2 St32, ESt-Kartei BY § 5 Karte 3.1.

113 Vgl. z. B. LfSt Bayern, Vfg. vom 20. 7. 2010 – S 2134.1.1 – 5/2 St32, ESt-Kartei BY § 5 Karte 3.1.; *Fischer*, in: HHSp., AO/FGO-Kommentar, § 39 AO Rz. 109; *Förschle/Usinger*, in: Beck'scher Bilanz-Kommentar, 9. Aufl. 2014, § 254 Rz. 120.

rechtlich das Eigentum an den Wertpapieren,[114] er tritt in alle Rechte aus dem Wertpapier ein und kann über dieses frei verfügen.[115]

707 Nach zutreffender h. M. im Schrifttum[116] ebenso wie nach Auffassung der Finanzverwaltung[117] geht neben dem zivilrechtlichen auch das **wirtschaftliche Eigentum auf den Darlehensnehmer** über; die Wirtschaftsgüter sind diesem entsprechend zuzurechnen. Diese Auffassung wird allgemein zum Sachwertdarlehen[118] sowie in einem obiter dictum konkret zum Wertpapierdarlehen[119] auch vom BFH geteilt. Eine Bestätigung auch durch den Gesetzgeber wird in § 8b Abs. 10 Satz 1 KStG gesehen, der bei Wertpapierdarlehen (als Grundfall der Norm) von einer Zurechnung der Wertpapiere zum Darlehensnehmer ausgeht.[120] Infolge der lediglich gattungsmäßig bestimmten Rückübertragungsverpflichtung des Darlehensnehmers ist dieser – anders als etwa ein Mieter – nicht gehindert, über die konkreten Wertpapiere uneingeschränkt zu verfügen. Er kann diese veräußern, verpfänden, im Rahmen eines weiteren Wertpapierdarlehens weiterübertragen etc., d. h. auch endgültig auf einen Dritten übertragen. Die von einem Zurechnungswechsel ausgehende h. M. ist schon deshalb zutreffend, weil es zu einem Auseinanderfallen von rechtlichem und wirtschaftlichem Eigentum generell nur im Hinblick auf ein und dasselbe Wirtschaftsgut kommen kann.[121] Die Regel-/Ausnahme-Zurechnungsgrundsätze des § 39 Abs. 1, Abs. 2 Nr. 1 AO sind ebenso wie die des § 246 Abs. 1 Satz 2 HGB auf ein konkretes Wirtschaftsgut bzw. einen konkreten Vermögensgegenstand bezogen.[122] Zudem unterfallen die Wertpapiere beim Darlehensnehmer dem Pfändungs- und Insolvenzzugriff; Gläubiger des Darlehensgebers haben für die Dauer des Sachdarlehens allenfalls Zugriff auf den Rückübertragungsanspruch als Wertpapier-Surrogat. Die Finanzverwaltung führt im Ergebnis zutreffend aus, durch die Zurechnung zum Darlehensnehmer werde vermieden, dass bei einer Übereignung der

114 Die gebräuchliche Bezeichnung des Wertpapierdarlehens als „Wertpapierleihe" ist sachlich unzutreffend, da der Verleiher bei einer Leihe (ebenso wie ein Vermieter) zivilrechtlicher Eigentümer des Leihguts bleibt, die Leihe unentgeltlich ist (§ 598 BGB) und der Verleiher verpflichtet ist, das nämliche (identische) Wirtschaftsgut zurückzugeben.

115 Vgl. z. B. *Förschle/Usinger*, in: Beck'scher Bilanz-Kommentar, 9. Aufl. 2014, § 254 Rz. 120; *Scharpf/Schaber*, Handbuch Bankbilanz, 5. Aufl. 2013, S. 394.

116 Vgl. *ADS*, 6. Aufl., § 246 Rz. 356; *Förschle/Usinger*, in: Beck'scher Bilanz-Kommentar, 9. Aufl. 2014, § 254 Rz. 122; *Häuselmann/Wiesenbart*, DB 1990 S. 2130 f. m. w. N.; *Oho/von Hülst*, DB 1992 S. 2584; *Häuselmann/Wagner*, FR 2003 S. 332; *Häuselmann*, DStR 2007 S. 1380; *ders.*, FR 2010 S. 201; *Hahne*, FR 2007 S. 821; *Wagner*, DK 2007 S. 506; *Schnittger/Bildstein*, IStR 2008 S. 203; *Hahne*, BB 2010 S. 2365; *Haisch/Helios*, in: Haisch/Helios, Rechtshandbuch Finanzinstrumente, 2011, § 2 Rz. 203; *Fischer*, in: HHSp., AO/FGO-Kommentar, § 39 AO Rz. 109; vgl. auch *IDW*, WP-Handbuch Bd. I, 14. Aufl. 2012, Abschnitt J Rz. 100; a. A. *Schmidt/Mühlhäuser*, BB 2001 S. 2611 ff.: kein wirtschaftlicher Eigentumswechsel; *Scharpf*, in: Küting/Pfitzer/Weber, Das neue deutsche Bilanzrecht, 2. Aufl. 2009, S. 201; *Scharpf/Schaber*, Handbuch Bankbilanz, 5. Aufl. 2013, S. 397 f., 501; einschränkend IDW RS VFA 1, WPg 2000 S. 380 Tz. 14.

117 BMF, Schreiben vom 3. 4. 1990 – IV B 2 – S 2134 – 2/90, DB 1990 S. 863, aufgehoben durch BMF, Schreiben vom 29. 3. 2007 – IV C 6 – O 1000/07/0018, BStBl 2007 I S. 369, da nicht in der Positivliste enthalten; aber Fortgeltung der Rechtsauffassung, vgl. LfSt Bayern, Vfg. vom 20. 7. 2010 – S 2134.1.1 – 5/2 St32, ESt-Kartei BY § 5 Karte 3.1.

118 BFH, Urteil vom 6. 12. 1984 – IV R 212/82, BStBl 1985 II S. 391.

119 BFH, Urteil vom 17. 10. 2001 – I R 97/00, BFH/NV 2002 S. 240.

120 Vgl. *Häuselmann*, DStR 2007 S. 1380; *Wagner*, DK 2007 S. 506; *Ruf*, FB 2008 S. 293; *Schnitger/Bildstein*, IStR 2008 S. 203.

121 Vgl. *Fischer*, in: HHSp., AO/FGO-Kommentar, § 39 AO Rz. 109; zum Dividendenstripping BFH, Urteil vom 15. 12. 1999 – I R 29/97, BStBl 2000 II S. 257 unter II. 1. b) bb).

122 Zu § 39 AO BFH, Urteil vom 15. 12. 1999 – I R 29/97, BStBl 2000 II S. 257.

Wertpapiere durch den Darlehensnehmer an einen Dritten die Wertpapiere doppelt – nämlich sowohl beim Darlehensgeber als auch bei dem Dritten – erfasst werden.[123]

Wertpapierdarlehen haben beim Darlehensgeber mit Verlust des zivilrechtlichen und wirtschaftlichen Eigentums den Abgang der Wertpapiere sowie die parallele Aktivierung einer **Sachwertforderung als Surrogat** (Forderung auf Wertpapiere gleicher Art, Güte und Menge) zur Folge. Dieser Aktivtausch vollzieht sich nach herrschender, von der Finanzverwaltung geteilter Auffassung zum Buchwert, stellt mithin **keinen Realisationstatbestand** dar (Rz. 4664 f.).[124] Die Sachdarlehensgewährung ist auf die (temporäre) Überlassung eines vertretbaren Wirtschaftsguts gerichtet und kein auf Anschaffung gerichteter Umsatz; eine Gewinnrealisierung scheitert am fehlenden Umsatzakt am Markt.[125] Die von der Finanzverwaltung anerkannte Durchbrechung des Gleichklangs von wirtschaftlichem Eigentumsübergang und Realisation ist in diesem Fall gerechtfertigt. 708

(Einstweilen frei) 709–714

3.5.3 Pensionsgeschäfte i. S. d. § 340b HGB

3.5.3.1 Funktionsweise/Zurechnungsproblematik

Pensionsgeschäfte sind Vereinbarungen, bei denen ein Pensionsgeber einem Pensionsnehmer ihm gehörende Vermögensgegenstände gegen Zahlung eines Betrages übereignet und zugleich vereinbart wird, dass die(se) Vermögensgegenstände gegen Entrichtung des empfangenen oder eines im Voraus vereinbarten abweichenden Betrages an den Pensionsgeber zu einem bestimmten oder vom Pensionsnehmer zu bestimmenden Zeitpunkt rückübereignet werden können oder müssen, § 340b Abs. 1 HGB. Ein **echtes Pensionsgeschäft** liegt vor, wenn der Pensionsnehmer zur Rückübereignung zu einem a priori bestimmten oder vom Pensionsgeber zu bestimmenden Zeitpunkt verpflichtet ist, § 340b Abs. 2 HGB. Ein **unechtes Pensionsgeschäft** ist gegeben, wenn der Pensionsnehmer nicht verpflichtet, sondern lediglich zu einem a priori bestimmten oder von ihm selbst zu bestimmenden Zeitpunkt zur Rückübertragung berechtigt ist, § 340b Abs. 3 HGB. Wie bei Wertpapierdarlehen sind auch bei Pensionsgeschäften Kompensationszahlungen üblich. Im Unterschied zu Wertpapier-/Sachdarlehen werden die 715

123 BMF, Schreiben vom 3. 4. 1990 – IV B 2 – S 2134 – 2/90, DB 1990 S. 863; LfSt Bayern, Vfg. vom 20. 7. 2010 – S 2134.1.1 – 5/2 St32, ESt-Kartei BY § 5 Karte 3.1.

124 Vgl. BMF, Schreiben vom 3. 4. 1990 – IV B 2 – S 2134 – 2/90, DB 1990 S. 863; vom 9. 3. 2000 – IV C 2 – S 2244 – 5/00; LfSt Bayern, Vfg. vom 20. 7. 2010 – S 2134.1.1 – 5/2 St32, ESt-Kartei BY § 5 Karte 3.1; *Häuselmann/Wiesenbart*, DB 1990 S. 2131 f.; *Häuselmann/Wagner*, FR 2003 S. 332; *Häuselmann*, DStR 2007 S. 1380; *Häuselmann*, BB 2000 S. 1291; *Hahne*, FR 2007 S. 821; *Schnitger/Bildstein*, IStR 2008 S. 203; *Schmidt-Homann*, BB 2010 S. 355; *Förschle/Usinger*, in: Beck'scher Bilanzkommentar, 9. Aufl. 2014, § 254 Rz. 121; *Weber-Grellet*, in: Schmidt, EStG, 33. Aufl. 2014, § 5 Rz. 270 „Wertpapierleihe", Rz. 602, 703; *Haisch/Helios*, in: Haisch/Helios, Rechtshandbuch Finanzinstrumente, 2011, § 2 Rz. 208 f.; *Hennrichs*, in: Münchener Kommentar zum Bilanzrecht, 1. Aufl. 2013, § 246 HGB Rz. 191; allg. zu Sachwertdarlehen BFH, Urteil vom 6. 12. 1984 – IV R 212/82, BStBl 1985 II S. 391 sowie BMF, Schreiben vom 21. 2. 2002 – IV A 6 –S 2132 – 4/02, BStBl 2002 I S. 262.

125 Vgl. *Häuselmann/Wiesenbart*, DB 1990 S. 2132; *Häuselmann*, DB 2000 S. 496; *Förschle/Usinger*, in: Beck'scher Bilanz-Kommentar, 9. Aufl. 2014, § 254 Rz. 121; BMF, Schreiben vom 9. 3. 2000 – IV C 2 – S 2244 – 5/00; allg. zu Sachdarlehen *Wassermeyer*, in: Raupach, Werte und Wertermittlung im Steuerrecht, DStJG 1984 S. 179.

Vermögensgegenstände bei Pensionsgeschäften gegen Zahlung eines Geldbetrags (Kaufpreis) übereignet, während im Wertpapier-/Sachdarlehensfall lediglich ein Nutzungsentgelt gezahlt wird.[126] Wertpapier-/Sachdarlehen fehlt die Geldseite der Pensionsgeschäfte.[127] Der Übergang vom Sachdarlehen zum Pensionsgeschäft ist allerdings fließend, wenn Barsicherheiten gestellt werden.[128] Wie im Fall des Wertpapier-/Sachdarlehens geht beim echten ebenso wie beim unechten Pensionsgeschäft das zivilrechtliche Eigentum auf den Pensionsnehmer über.[129]

716 **Zurechnungsproblematik:** Im Fall des unechten Pensionsgeschäfts ist die Frage der persönlichen Zurechnung weitgehend geklärt und durch § 340b Abs. 5 HGB mit der angeordneten Zurechnung des Pensionsguts zum Pensionsnehmer in Übereinstimmung mit allgemeinen Zurechnungsgrundsätzen geregelt (Rz. 727 f.). Die persönliche Zurechnung im Fall echter Pensionsgeschäfte ist dagegen hoch umstritten. Die h. M. geht auf der Grundlage des § 340b Abs. 2, 4 HGB unter Einordnung dieser Sondervorschrift für Kreditinstitute als GoB ohne weitere Differenzierungen vom Verbleib des wirtschaftlichen Eigentums und einer ununterbrochenen Zurechnung zum Pensionsgeber aus.[130] Gleichwohl ist der Pensionsnehmer jedenfalls bei einer lediglich auf vertretbare Wirtschaftsgüter bezogenen Rückübertragungsverpflichtung in seiner Verfügung über das Pensionsgut – anders als z. B. ein Mieter, Pächter oder Sicherungseigentümer – weder rechtlich noch tatsächlich beschränkt.[131] Er ist insbesondere nicht gehindert, ein vertretbares Pensionsgut zu veräußern, zu verpfänden oder seinerseits in Pension zu geben, ohne dass z. B. ein (Dritt-)Erwerber durch die Rückübertragungsverpflichtung belastet würde. Veräußert der Pensionsnehmer das Pensionsgut endgültig an einen Dritten, erwirbt dieser neben dem zivilrechtlichen auch das wirtschaftliche Eigentum am betreffenden Wirtschaftsgut. Es ist dem (Dritt-)Erwerber zuzurechnen und entsprechend in dessen Bilanz zu zeigen.[132] Wird mit der h. M. zugleich eine Zurechnung zum Pensionsgeber bejaht, kommt es zu einer **bilanziellen Wirtschaftsgut-Verdopplung,**[133] die im handelsrechtlichen Schrifttum z. T. ausdrücklich hingenommen wird.[134]

Rechtsprechung und Finanzverwaltung haben sich zur Frage der persönlichen Zurechnung des Pensionsguts bislang nicht abschließend geäußert.[135] Unstreitig dürfte sein,

126 Zur Abgrenzung *ADS*, 6. Aufl., § 264 Rz. 353 ff.

127 Vgl. *Häuselmann*, BB 2000 S. 1287.

128 Vgl. IDW, WP-Handbuch Bd. I, 14. Aufl. 2012, J 101 f.; *Haisch*, in: Haisch/Helios, Rechtshandbuch Finanzinstrumente, 2011, § 1 Rz. 135.

129 Zum echten Pensionsgeschäft BFH, Urteil vom 29. 11. 1982 – GrS 1/81, BStBl 1983 II S. 272.

130 Vgl. z. B. IDW ERS HFA 13 n. F. vom 29. 11. 2006, Rz. 19; *Förschle/Ries*, in: Beck'scher Bilanz-Kommentar, 9. Aufl. 2014, § 246 Rz. 25; *Scharpf/Schaber*, Handbuch Bankbilanz, 5. Aufl. 2013, S. 36; *Buciek*, in: Blümich, EStG/KStG/GewStG, § 5 EStG Rz. 1082; *Frotscher*, in: Frotscher, EStG, § 5 Rn. 133; *Nöcker*, in: Bordewin/Brandt, EStG, § 4 Rz. 192; *Weber-Grellet*, in: Schmidt, EStG, 33. Aufl. 2014, § 5 Rn. 270 „Pensionsgeschäfte".

131 Vgl. BFH, Urteil vom 29. 11. 1982 – GrS 1/81, BStBl 1983 II S. 272.

132 Vgl. z. B. IDW ERS HFA 13 n. F. vom 29. 11. 2006, Rz. 20; *Scharpf/Schaber*, Handbuch Bankbilanz, 5. Aufl. 2013, S. 37.

133 Bzw. zur bilanziellen Wirtschaftsgut-Vervielfachung (z. B. bei nachgeschalteten echten Pensionsgeschäften mit Weiterveräußerung auch durch den 2. Pensionsnehmer etc.).

134 So IDW ERS HFA 13 n. F. vom 29. 11. 2006, Rz. 20; *Scharpf/Schaber*, Handbuch Bankbilanz, 5. Aufl. 2013, S. 37.

135 Offen gelassen durch BFH, Urteil vom 29. 11. 1982 – GrS 1/81, BStBl 1983 II S. 272 sowie OFD Frankfurt a. M., Vfg. vom 15. 3. 1995 – S 2134 A – 15 – St II 20, BB 1995 S. 1081.

dass die Reichweite der Zurechnungsanweisungen des § 340b HGB auf Fälle begrenzt ist, in denen die speziellen Tatbestandsmerkmale eines Pensionsgeschäfts i. S. d. § 340b HGB vorliegen;[136] im Übrigen ist die Zurechnung nach allgemeinen Grundsätzen zu bestimmen. Zu konstatieren ist, dass sich die Problematik der bilanziellen Wirtschaftsgut-Verdopplung – unabhängig von der Diskussion um die GoB-Qualität des § 340b HGB, d. h. des fraglichen personellen Anwendungsbereichs[137] – bei zutreffender Abgrenzung des sachlichen Anwendungsbereichs der Norm (Rz. 718 ff.) nur in Ausnahmefällen stellt.

(Einstweilen frei) 717

3.5.3.2 (Sachlicher) Anwendungsbereich

Identität der Vertragspartner: Ein Pensionsgeschäft i. S. d. § 340b HGB setzt Identität 718 der Vertragspartner voraus. Der Pensionsgeber muss rücknahmeverpflichtet, der Pensionsnehmer rückgabeberechtigt (unechtes Pensionsgeschäft) bzw. rückgabeverpflichtet sein (echtes Pensionsgeschäft); Rückübertragung von einem oder auf einen Dritten genügt nicht.[138] Geschäfte, bei denen ein Wirtschaftsgut an der Börse veräußert und zeitgleich per Kasse oder auf Termin ein Wirtschaftsgut derselben Gattung zurückerworben wird, werden schon aus diesem Grund nicht von § 340b HGB erfasst.[139] Sind Identität der Vertragspartner und die Voraussetzungen für die Anwendung der Norm auch im Übrigen gegeben, ist es (entgegen des möglichen Wortverständnisses der Norm) unerheblich, ob Veräußerung und Rückerwerb in einem gemeinsamen Vertrag oder zwei getrennten Verträgen vereinbart wurden.[140]

Pensionsgut – Stückschuld vs. Gattungsschuld: Im Hinblick auf die Problematik des 719 Mehrfachausweises (Rz. 716) ist die Abgrenzung der von § 340b HGB erfassten Pensionsgüter von zentraler Bedeutung. Nach h. M. ist für die Anwendbarkeit des § 340b HGB die Rückübertragung derselben Wirtschaftsgüter nicht erforderlich, d. h. Identität/Nämlichkeit im Sinne einer Stückschuld wird nicht verlangt; auch Vereinbarungen, die lediglich die Rückgabe von Gütern gleicher Art, Güte und Menge vorsehen (Gattungsschuld), werden in den Anwendungsbereich des § 340b HGB einbezogen.[141] Nach dem (missverständlichen) Wortlaut des § 340b Abs. 1 HGB ist für die Annahme eines Pensionsgeschäfts notwendig, dass „die Vermögensgegenstände" vom Pensionsnehmer an den Pensionsgeber zurückgegeben werden. Die deutschsprachige Fassung des Art. 12 der EG-Bankbilanzrichtlinie, auf dessen Transformation § 340b HGB beruht, verlangt

---

136 Vgl. *Bieg/Waschbusch/Käufer*, ZBB 2008 S. 64; *Scharpf/Schaber*, Handbuch Bankbilanz, 5. Aufl. 2013, S. 28.

137 Zur insoweit geführten Diskussion stellv. *Haisch*, in: HHR, § 5 EStG Rz. 1560 m. w. N.

138 Vgl. *ADS*, 6. Aufl. 1998, § 246 Rz. 348; *Scharpf/Schaber*, Handbuch Bankbilanz, 5. Aufl. 2013, S. 34.

139 Vgl. *ADS*, 6. Aufl. 1998, § 246 Rz. 348.

140 Vgl. IDW, ERS HFA 13 n. F. vom 29. 11. 2006, Rz. 19; abweichend BFH, Urteil vom 20. 11. 2007 – I R 85/05, BStBl 2013 II S. 287 bzgl. taggleichen An- und Verkaufs von Aktien: mangelnde Anwendbarkeit des § 340b HGB wegen fehlender vertraglicher Verbundenheit von Kauf- und Rückkaufverpflichtung, keine Äußerung zur hier fehlenden Identität der Vertragspartner.

141 Vgl. z. B. IDW HFA ERS 13 n. F. vom 29. 11. 2006, Rz. 20; *Stobbe*, BB 1990 S. 523; *Hinz*, BB 1991 S. 1153; *Dörge*, AG 1997 S. 401 f.; *Bieg*, Bankbilanzierung nach HGB und IFRS, 2. Aufl. 2010, S. 130; *Böcking/Löw/Wohlmannstetter*, in: Münchener Kommentar zum HGB, 2. Aufl. 2008, § 340b Rz. 14 m. w. N; *Scharpf/Schaber*, Handbuch Bankbilanz, 5. Aufl. 2013, S. 33; *Buciek*, in: Blümich, EStG/KStG/GewStG, § 5 EStG Rz. 1081.

explizit, dass „dieselben Vermögensgegenstände" zurückübertragen werden.[142] Auch nach dem Wortlaut/Wortlautverständnis aller weiteren Sprachfassungen sind Pensionsgeschäfte i. S. d. Art. 12 EG-Bankbilanzrichtlinie nur solche Geschäfte, die die Rückübertragung identischer Vermögensgegenstände beinhalten.[143] Bei richtlinienkonformer Auslegung der Norm kann die Formulierung „die Vermögensgegenstände" des § 340b HGB nur i. S. v. „dieselben Vermögensgegenstände" verstanden werden.[144] Hiervon geht ausweislich der Begründung des Regierungsentwurfs des Bankbilanzrichtlinie-Gesetzes auch der Gesetzgeber aus, wenn ausgeführt wird, dass sich die Regelung in § 340b HGB „in vollem Umfang aus Artikel 12 der Bankbilanzrichtlinie"[145] ergebe.

Von § 340b HGB werden damit lediglich Geschäfte erfasst, die die Rückübertragung der nämlichen hingegebenen Stücke vorsehen.[146] Eine Gesamtbetrachtung gleichartiger, lediglich gattungsmäßig bestimmter Wirtschaftsgüter als Zurechnungsobjekt steht auch nach Auffassung des BFH im Widerspruch zum klaren Wortlaut des § 39 AO[147] (ebenso wie zu den in § 246 Abs. 1 Satz 2 HGB kodifizierten Zurechnungsgrundsätzen). Bei einer nur gattungsmäßig bestimmten Rückgabeverpflichtung/-berechtigung fehlt es an einem identifizierbaren Bezugsobjekt des wirtschaftlichen Eigentums.[148] Der Anwendungsbereich des § 340b HGB ist insbesondere bedingt durch die Beschränkung des sachlichen Anwendungsbereichs auf Rückübertragungsverpflichtungen identischer Vermögensgegenstände (entgegen der Wertung des IDW ERS HFA 13 n. F., s. Rz. 703) begrenzt.

720 **Zivilrechtliches vs. wirtschaftliches Eigentum des Pensionsgebers:** Voraussetzung für die Annahme eines Pensionsgeschäfts i. S. d. § 340b Abs. 1 HGB ist, dass das Pensionsgut dem Pensionsgeber „gehört". Es sprechen gute Gründe dafür, dass das Tatbestandsmerkmal „ihm gehörende" Vermögensgegenstände darauf abstellt, dass sich die Pensionsgüter im wirtschaftlichen Eigentum des Pensionsgebers befinden.[149] Definitionsgemäß verfügt nur der wirtschaftliche Eigentümer über die tatsächliche Herrschaft über einen Vermögensgegenstand und kann über diesen etwa im Wege der Verpensionierung verfügen. Nur mit diesem Verständnis ist etwa die Verpensionierung unter Eigentumsvorbehalt stehender Wirtschaftsgüter von § 340b HGB erfasst.[150] Zudem ordnet die Vorschrift bezüglich echter Pensionsgeschäfte an, dass die Pensionsgüter in der

142 ABl.EG Nr. L 372 vom 31. 12. 1986.

143 Vgl. auch *Mayer*, Wirtschaftliches Eigentum an Kapitalgesellschaftsanteilen, 2003, S. 132.

144 Vgl. *Mayer*, Wirtschaftliches Eigentum an Kapitalgesellschaftsanteilen, 2003, S. 132.

145 BT-Drucks. 11/6275, S. 20.

146 Vgl. *Häuselmann/Wiesenbart*, DB 1990 S. 2130; *Ebenroth/Bader*, ZBB 1990 S. 75; *Wagner*, StBp 1992 S. 174; *Häuselmann*, BB 2000 S. 1288; *Mayer*, Wirtschaftliches Eigentum an Kapitalgesellschaftsanteilen, 2003, S. 132 f.; *Haase*, INF 2006 S. 457; zum grundsätzlichen Verständnis eines Pensionsgeschäfts auch BMF, Schreiben vom 10. 10. 1969, BStBl 1969 I S. 652: „Überträgt jemand (Pensionsgeber) Vermögensgegenstände [...] mit der Maßgabe, dass der Pensionsnehmer *die empfangenen* Vermögensgegenstände auf den Pensionsgeber zurückübertragen muss (echtes Pensionsgeschäft), [...]".

147 So BFH, Urteil vom 15. 12. 1999 – I R 29/97, BStBl 2000 II S. 530 f.

148 Vgl. *Mayer*, Wirtschaftliches Eigentum an Kapitalgesellschaftsanteilen, 2003, S. 133.

149 Vgl. auch *Graf von Treuberg/Scharpf*, DB 1991 S. 1234: rechtliche oder zumindest wirtschaftliche Zurechnung; *Oldenburger*, Die Bilanzierung von Pensionsgeschäften nach HGB, US-GAAP und IAS, 2000, S. 160: wirtschaftliches Eigentum ausreichend; ebenso *Böcking/Löw/Wohlmannstetter*, in: Münchener Kommentar zum HGB, 2. Aufl. 2008, § 340b Rz. 7.

150 Vgl. *Oldenburger*, Die Bilanzierung von Pensionsgeschäften nach HGB, US-GAAP und IAS, 2000, S. 160.

Bilanz des Pensionsgebers „weiterhin auszuweisen“ sind (§ 340b Abs. 4 Satz 1 HGB). In der Bilanz des Pensionsgebers finden sich indessen nur Wirtschaftsgüter, die ihm wirtschaftlich zuzurechnen sind.

Nicht abnutzbare vs. abnutzbare Pensionsgüter: Zur Art der im Hinblick auf die Abnutzbarkeit erfassten Wirtschaftsgüter trifft § 340b HGB keine Aussage. Art. 12 Abs. 1 der EG-Bankbilanzrichtlinie nennt beispielhaft Wechsel, Forderungen und Wertpapiere, d. h. ausschließlich nicht abnutzbare Wirtschaftsgüter. Die Wertung der EG-Bankbilanzrichtlinie, die gesetzessystematische Stellung des § 340b HGB als Sondervorschrift für Kreditinstitute und die bei diesen üblichen Pensionsgüter deuten darauf hin, dass abnutzbare Wirtschaftsgüter nicht erfasst sind. Der bei abnutzbaren Wirtschaftsgütern für die Beurteilung der tatsächlichen Verfügungsmacht grundsätzlich zu berücksichtigende Umfang des beim Erwerber stattfindenden Wertverzehrs sowie der Werthaltigkeit des Herausgabeanspruchs des Veräußerers haben entsprechend keinen Eingang in die Wertungen des § 340b HGB gefunden. Rechtsprechung und Finanzverwaltung fassen Fälle des Sale and buy-back von abnutzbaren Wirtschaftsgütern (Bsp. Pkw), in denen zwischen Hin- und Rückübertragung eine Abnutzung erfolgt, demgemäß nicht unter § 340b HGB.[151] Auch der HFA des IDW vertritt im Entwurf des RS HFA 13 bezüglich des Sale and buy back abnutzbarer Wirtschaftsgüter eine von § 340b HGB z. T. abweichende Bilanzierung, fasst diese mithin ebenfalls nicht unter die Norm.[152] 721

Im Voraus vereinbarter Rücknahmepreis: Die Anwendung des § 340b HGB setzt weiterhin voraus, dass bereits im Zeitpunkt der Übertragung auf den Pensionsnehmer der Rücknahmepreis (empfangener oder anderer Betrag) unveränderbar vereinbart wird. Erfolgt die Vereinbarung erst zu einem späteren Zeitpunkt oder wird der Rücknahmepreis an den Marktpreis im Rücknahmezeitpunkt gekoppelt, liegt kein Pensionsgeschäft i. S. d. § 340b HGB vor.[153] Entscheidend ist damit, dass Wertänderungen der verpensionierten Güter zu Gunsten oder zu Lasten des Pensionsgebers wirken. 722

(Einstweilen frei) 723

3.5.3.3 Echte Pensionsgeschäfte

Zurechnung Pensionsgut: Bei echten Pensionsgeschäften i. S. d. hier vertretenen engen Abgrenzung (Rz. 718 ff.) ist das Pensionsgut weiterhin dem Pensionsgeber zuzurechnen und entsprechend bei diesem auszuweisen. § 340b Abs. 4 HGB kommt bei Beschränkung des Anwendungsbereichs entsprechend Art. 12 der EG-Bankbilanzrichtlinie auf Rückübertragung identischer Vermögensgegenstände (Stückschulden) zu einer mit allgemeinen Zurechnungsgrundsätzen übereinstimmenden Wertung. Aufgrund der Rücknahmeverpflichtung des Pensionsgebers und der Rückgabeverpflichtung des Pensionsnehmers verbleiben Wertsteigerungschancen und Wertminderungsrisiken ununterbrochen und vollständig beim Pensionsgeber. Infolge der auf den identischen Vermögens- 724

151 BFH, Urteil vom 11. 10. 2007 – IV R 52/04, BStBl 2009 S. 705; BMF, Schreiben vom 12. 10. 2011 – 1IV C 6 – S – 2137 / 09 / 10003, BStBl 2011 I S. 967.

152 IDW, ERS HFA 13 n. F. vom 29. 11. 2006, Rz. 17.

153 Vgl. z. B. *Bieg/Waschbusch/Käufer*, ZBB 2008 S. 65; *Scharpf/Schaber*, Handbuch Bankbilanz, 5. Aufl. 2013, S. 32.

gegenstand bezogenen Rückübertragungsverpflichtung ist der Pensionsnehmer trotz seiner zivilrechtlichen Eigentümerstellung im Grundsatz auch tatsächlich an einer (endgültigen) Weiterübertragung des Pensionsguts gehindert.

Wirtschaftlich entspricht ein echtes Pensionsgeschäft über unvertretbare Sachen (§ 340b Abs. 2 HGB) einer Darlehensvergabe unter Sicherungsübereignung;[154] die bilanzielle Zurechnung korrespondiert entsprechend.[155] In beiden Fällen besteht a priori eine lediglich temporäre zivilrechtliche Eigentümerschaft des Pensions-/Sicherungsnehmers. Der Pensions-/Sicherungsgeber erlangt bei normalem Verlauf der Dinge das zivilrechtliche Eigentum am Pensions-/Sicherungsgut zurück, ohne dass der Pensions-/Sicherungsnehmer dies zu verhindern vermag. Der Fall der Sicherungsübereignung ist erfasst von § 39 Abs. 2 Satz 2 2. Alt. AO: sicherungsweise übereignete Wirtschaftsgüter sind dem Sicherungsgeber zuzurechnen, im Rahmen eines echten Pensionsgeschäfts übereignete unvertretbare Wirtschaftsgüter entsprechend dem Pensionsgeber. § 340b Abs. 4 Satz 1 HGB und § 39 Abs. 2 Satz 2 2. Alt. AO treffen für wirtschaftlich parallel gelagerte Fälle zutreffend eine Parallelregelung.

725 Der Pensionsgeber hat das Pensionsgut weiterhin zu aktivieren (§ 340b Abs. 4 Satz 1 HGB), in Höhe des empfangenen Betrages eine Verbindlichkeit auszuweisen (§ 340b Abs. 4 Satz 2 HGB) und die Differenz zwischen dem erhaltenen und zurückzuzahlenden Betrag über die Laufzeit des Geschäfts (als Zins) zu verteilen (§ 340b Abs. 4 Satz 3 HGB). Speziell in der Anordnung des § 340b Abs. 4 Satz 3 HGB wird die Parallele des unechten Pensionsgeschäfts i. S. d. § 340b HGB zur Darlehensvergabe mit Sicherungsübereignung offenkundig.

726 *(Einstweilen frei)*

3.5.3.4 Unechte Pensionsgeschäfte

727 **Zurechnung Pensionsgut:** Beim unechten Pensionsgeschäft gehen sowohl zivilrechtliches als auch wirtschaftliches Eigentum auf den Pensionsnehmer über; § 340b Abs. 5 HGB bestimmt folgerichtig den Ausweis des Pensionsguts beim Pensionsnehmer.[156] Für das Steuerrecht ergibt sich keine Abweichung.[157] Ein unechtes Pensionsgeschäft i. S. d. § 340b HGB unterscheidet sich wirtschaftlich nicht von einer Veräußerung mit Andienungsrecht des Erwerbers bezüglich des nämlichen Wirtschaftsguts. Der Pensionsgeber nimmt infolge des vereinbarten Rückübertragungsrechts des Pensionsnehmers für die

---

154 Vgl. *Wiedmann*, in: Ebenroth/Boujong/Joost/Strohn, HGB, 2. Aufl. 2008, § 340b Rz. 7; *Merkt*, in: Baumbach/Hopt, HGB, 34. Aufl. 2010, § 340b Rz. 4; *Scharpf/Schaber*, Handbuch Bankbilanz, 5. Aufl. 2013, S. 33 jeweils ohne Beschränkung auf unvertretbare Vermögensgegenstände.

155 Vgl. auch *Bode*, in: Kirchhof, EStG, 12. Aufl. 2013, § 4 Rz. 79: ununterbrochener Ausweis beim Pensionsgeber nur, wenn das echte Pensionsgeschäft Sicherungscharakter hat, d. h. der übertragene Gegenstand mit Erlöschen der gesicherten Forderung an den Sicherungsgeber zurückfällt.

156 Vgl. z. B. IDW, ERS HFA 13 n. F. vom 29. 11. 2006, Rz. 23; *Förschle/Ries*, in: Beck'scher Bilanz-Kommentar, 9. Aufl. 2014, § 246 Rz. 26; *Scharpf/Schaber*, Handbuch Bankbilanz, 5. Aufl. 2013, S. 41.

157 Vgl. z. B. BMF, Schreiben vom 10. 10. 1969, BStBl 1969 I S. 652; BMF, Entwurf vom 11. 3. 2002 – IV A 6 – S 2134 – 18/02, n.v.; *Offerhaus*, BB 1983 S. 870; *Hase*, INF 2006 S. 458; *Haisch*, in: HHR, § 5 EStG Rz. 1565; *Buciek*, in: Blümich, EStG/KStG/GewStG, § 5 EStG Rz. 1083; *Bode*, in: Kirchhof, EStG, 12. Aufl. 2013, § 4 Rz. 79.

Dauer des Pensionsgeschäfts wirtschaftlich eine Stillhalterposition in einer Verkaufoption (short put) ein.

Die Zurechnungsregeln des § 340b HGB haben – bei hier vertretener enger Abgrenzung des sachlichen Anwendungsbereichs der Norm (Rz. 718 ff.) – für echte ebenso wie für unechte Pensionsgeschäfte insgesamt lediglich **deklaratorischen Charakter.** Die gesetzlich insoweit jeweils angeordnete Zurechnung folgt bereits aus den allgemeinen Zurechnungskriterien des § 246 Abs. 1 Satz 2 HGB und § 39 Abs. 2 Nr. 1 AO. 728

Ausnahme vom Zurechnungswechsel: Ist der Pensionsnehmer unter Würdigung aller Umstände aus rechtlichen oder tatsächlichen Gegebenheiten dazu gezwungen, sein Andienungsrecht auszuüben und dasselbe (nämliche) Wirtschaftsgut wieder auf den Pensionsgeber zu übertragen, ist das Pensionsgut weiterhin dem Pensionsgeber zuzurechnen.[158] In Betracht kommt ein Auseinanderfallen von rechtlichem und wirtschaftlichem Eigentum im Hinblick auf ein und dasselbe Wirtschaftsgut insbesondere, wenn ein überhöhter Rückveräußerungspreis vereinbart wurde (deep in the money put), der Erwerber kein eigenes wirtschaftliches Interesse am Erwerb des Pensionsguts oder über die Rückveräußerung hinaus keine weitere Verwertungsmöglichkeit hat. 729

Keine Gewinnrealisation: Trotz Wechsel des zivilrechtlichen und wirtschaftlichen Eigentums auf den Pensionsnehmer wird eine Realisation beim Pensionsgeber verneint, wenn der Veräußerungspreis den Buchwert des abgehenden Vermögensgegenstandes überschreitet und die Verpflichtung besteht, den Vermögensgegenstand zu demselben Preis zurückzuerwerben. Ein Veräußerungsgewinn werde nur insoweit realisiert, wie der Rücknahmepreis den ursprünglichen Veräußerungspreis unterschreitet.[159] Bei einer Rücknahmeverpflichtung zu identischen Konditionen fungiert der vereinbarte Hingabe- und Rücknahmepreis nicht als Wertobjektivierung durch den Markt.[160] Die Parteien können angesichts der Rücknahmeverpflichtung des Pensionsgebers auch einen überhöhten Preis akzeptieren, eine Gewinnrealisation scheidet insoweit aus. Zieht die konkrete Preisvereinbarung bereits eine signifikant erhöhte Ausübungswahrscheinlichkeit des Andienungsrechts nach sich, ist schon kein Wechsel wirtschaftlichen Eigentums und damit kein Zurechnungswechsel des Pensionsguts anzunehmen (Rz. 674). Ist ein Zurechnungswechsel zu bejahen, hat der Pensionsnehmer den erhaltenen Kaufpreis durch Passivierung einer Verbindlichkeit in Höhe der Differenz zwischen erhaltenem Betrag und Buchwert des Pensionsguts zu neutralisieren.[161] Der Passivposten repräsentiert in diesem Fall die Stillhalterverpflichtung des Pensionsgebers.[162] 730

Kommt es im Zuge der Ausübung des Andienungsrechts zu einer **Rücknahme durch den Pensionsgeber,** ist der Pensionsgegenstand nach h. M. wieder mit dem alten Buch- 731

158 Vgl. auch *Haisch*, in: HHR, § 5 EStG Rz. 1565; *Haisch/Helios*, in: Haisch/Helios, Rechtshandbuch Finanzinstrumente, 2011, § 2 Rz. 235; ohne Beschränkung auf unvertretbare/nämliche Pensionsgüter IDW ERS HFA 13 n. F. vom 29. 11. 2006, Rz. 25 f.; *Scharpf/Schaber*, Handbuch Bankbilanz, 5. Aufl. 2013, S. 45.

159 IDW, ERS HFA 13 n. F. vom 29. 11. 2006, Rz. 24; IDW, Stellungnahme BFA 2/1982, WPg 1982 S. 548; *Wiedmann*, in: Ebenroth/Boujong/Joost/Strohn, HGB, 2. Aufl. 2008, § 340b Rz. 15 m. w. N.

160 IDW, Stellungnahme BFA 2/1982, WPg 1982 S. 548; *Scharpf/Schaber*, Handbuch Bankbilanz, 5. Aufl. 2013, S. 277.

161 IDW, ERS HFA 13 n. F. vom 29. 11. 2006, Rz. 24; *Scharpf/Schaber*, Handbuch Bankbilanz, 5. Aufl. 2013, S. 43.

162 Dazu auch BFH, Urteil vom 18. 12. 2002 – I R 17/02, BStBl 2004 II S. 126.

wert einzubuchen, die Verbindlichkeit aufzulösen und am folgenden Bilanzstichtag ggf. eine außerplanmäßige Abschreibung auf das Pensionsgut vorzunehmen,[163] wobei steuerlich insoweit ein Abschreibungswahlrecht besteht (§ 6 Abs. 1 Nr. 1 Satz 2 EStG, § 5 Abs. 1 Satz 1 EStG). Es entstehen beim Pensionsgeber nach h. M. keine neuen Anschaffungskosten.[164] Bei **Nichtausübung des Andienungsrechts** hat der Pensionsgeber die Verbindlichkeit auszubuchen und die stillen Reserven zu realisieren.

732 *(Einstweilen frei)*

3.5.4 Sonstige Repo-Geschäfte

733 Repo-Geschäfte (Repurchase Agreements) sind zivilrechtlich nicht definiert. Der Begriff wird allgemein als Oberbegriff für Geschäfte verwendet, die den Verkauf von Wirtschaftsgütern gegen Zahlung eines Kaufpreises mit der Verpflichtung oder Berechtigung des Erwerbers verbinden, nämliche Wirtschaftsgüter oder Wirtschaftsgüter gleicher Art, Menge und Güte zu einem künftigen Termin auf den Veräußerer zu übertragen.[165] Sind die speziellen Voraussetzungen des § 340b HGB erfüllt, liegen mithin Pensionsgeschäfte i. S. d. Norm als gesetzlich geregelte Teilmenge der Sale and buy back-/Repo-Geschäfte vor (Rz. 718 ff.), sind die durch § 340b HGB angeordneten Konsequenzen zu ziehen (Rz. 724 ff.). Im Übrigen gelten die allgemeinen Zurechnungsgrundsätze.

734 Im **Sonderfall des Kfz-Sale and buy back** zwischen Kfz-Händler und Autovermieter/Leasinggesellschaft, einem nicht von § 340b HGB erfassten Repo-Geschäft über abnutzbare Wirtschaftsgüter mit lediglich gattungsbezogener Rücknahmeverpflichtung (s. Rz. 719, 721), der Gegenstand des BFH-Urteils IV R 52/04 vom 11. 10. 2007 war, hat die Rechtsprechung ohne weitere Begründung den parallelen Übergang des zivilrechtlichen und wirtschaftlichen Eigentums auf den Erwerber festgestellt und zutreffend ein aus Veräußerung und Rückverkaufoption des Erwerbers bestehendes Mehrkomponentengeschäft angenommen.[166] Im konkreten Fall stellte sich die Frage des Auseinanderfallens zivilrechtlichen und wirtschaftlichen Eigentums, d. h. des Verbleibs des wirtschaftlichen Eigentums beim Veräußerer schon deshalb nicht, weil Gegenstand der Rückübertragung nicht identische, sondern lediglich gleichartige Wirtschaftsgüter (nach Modell und Ausstattung gleichartige Fahrzeuge) waren.[167] Die Finanzverwaltung ist dieser

163 Vgl. *Krumnow*, Rechnungslegung der Kreditinstitute, 2. Aufl. 2004, § 340b HGB Rn. 38; *Wiedmann*, in: Ebenroth/Boujong/Joost/Strohn, HGB, 2. Aufl. 2008, § 340b Rz. 17; *Scharpf/Schaber*, Handbuch Bankbilanz, 5. Aufl. 2013, S. 43; *Buciek*; in: Blümich, EStG/KStG/GewStG, § 5 EStG Rz. 1083.

164 IDW, WP-Handbuch Bd. I, 14. Aufl. 2012, J 98; *Scharpf/Schaber*, Handbuch Bankbilanz, 5. Aufl. 2013, S. 43.

165 Vgl. *Häuselmann*, BB 2000 S. 1287; *Rau*, BB 2000 S. 2338; *Haisch*, in: HHR, § 5 EStG Rz. 1568.

166 BFH, Urteil vom 11. 10. 2007 – IV R 52/04, BStBl 2009 II S. 705; dazu *Prinz*, StuB 2008 S. 188; *Günkel*, StBJb 2008/2009 S. 273 ff.; *Jebens*, DB 2008 S. 833; *Kolbe*, BBK 2010 S. 159; *Herzig/Joisten*, Ubg 2010 S. 475; zustimmend auch *Klein*, DStR 2011 S. 1983 f.; wirtschaftlichen Eigentumsübergang verneinend insb. *Hoffmann*, DStR 2008 S. 240; *ders.*, StuB 2011 S. 162; *ders.*, StuB 2011 S. 890.

167 Einschl. Substitutierbarkeit durch gleichartige Fahrzeuge, die ohne Rückverkaufsoption veräußert wurden. Zum Erfordernis der Wirtschaftsgut-Identität für die Feststellung vom zivilrechtlichen abweichenden wirtschaftlichen Eigentums BFH, Urteil vom 15. 12. 1999 – I R 29/97, BStBl 2000 II S. 257.

Wertung inzwischen gefolgt.[168] Die Rückverkaufoption wird auch verwaltungsseitig als wirtschaftlich und rechtlich selbständige Leistung eingeordnet, wenn die Option entgeltlich eingeräumt wird, der Erwerber (und Rückverkaufsberechtigte) zivilrechtlicher Eigentümer wird und ihm das Wirtschaftsgut wirtschaftlich zuzurechnen ist.[169] Für die übernommene Rücknahmeverpflichtung zu einem festgelegten Preis ist bis zur Ausübung oder dem Verfall der Option eine (aufgrund des Vorleistungscharakters, § 6 Abs. 1 Nr. 3 Satz 2 EStG) nicht abzuzinsende Verbindlichkeit i. H. des dafür vereinnahmten (ggf. zu schätzenden) Entgelts auszuweisen.[170]

Im Übrigen sind die allgemeinen Zurechnungsgrundsätze anzuwenden. Für eine vom zivilrechtlichen Eigentum des Erwerbers abweichende Zurechnung eines (nämlichen) abnutzbaren Wirtschaftsguts zum Veräußerer (und Stillhalter in der Rückverkaufoption) ist wesentlich, dass der Veräußerer den Erwerber (und Rückverkaufsberechtigten) im Regelfall für die gewöhnliche Nutzungsdauer von der Einwirkung auf das Wirtschaftsgut wirtschaftlich ausschließen kann,[171] respektive bei wirtschaftlicher Betrachtung eine Rückverkaufverpflichtung unter Ausschluss eines in wesentlichem Umfang beim rückverkaufsberechtigten Erwerber stattfindenden Wertverzehrs vorliegt.

(Einstweilen frei) 735–739

3.5.5 Rückerwerbsoption

Im Fall der Veräußerung eines Wirtschaftsguts hindert die Einräumung einer Rück- 740
erwerbsoption (Call) zugunsten des Veräußerers den Wechsel des wirtschaftlichen Eigentums und Abgang des Wirtschaftsguts beim Veräußerer grundsätzlich nicht.[172] Das Wertminderungsrisiko geht vollständig auf den Erwerber des Wirtschaftsguts (Stillhalter in der Kaufoption) über, die Wertsteigerungschancen verbleiben (bei a priori fixem Basispreis) gleichwohl beim Veräußerer (Optionsinhaber). Der Rückbehalt der Wertsteigerungschancen ist nach IDW ERS HFA 13 für den Wechsel des wirtschaftlichen Eigentums grundsätzlich unschädlich.[173] Die Rückerwerbsoption steht desgleichen einer Gewinnrealisation aus dem Veräußerungsgeschäft grundsätzlich nicht entgegen. Der realisierte Gewinn umfasst infolge der erforderlichen Separierung des Optionsrechts beim Veräußerer (Optionsinhaber) gleichwohl nicht die gesamte Differenz aus Veräußerungspreis und Buchwert des abgehenden Wirtschaftsguts, sondern wird um die Anschaffungskosten des Optionsrechts gemindert. Die Ausführungen zum Wahrschein-

168 BMF, Schreiben vom 12. 10. 2011 – IV C 6 – S-2137/09/10003, BStBl 2011 I S. 967; dem ging ein Nichtanwendungserlass voraus, BMF-Schreiben vom 12. 8. 2009 – IV C 6 – S 2137/07/10003, BStBl 2009 I S. 890 sowie eine den IV. Senat bestätigende Entscheidung des I. Senats, BFH, Urteil vom 17. 11. 2010 – I R 83/09, BStBl 2011 II S. 812; zur Historie *Prinz*, FR 2011 S. 1021 f.; *Rosen*, StuB 2012 S. 51.

169 BMF, Schreiben vom 12. 10. 2011 – IV C 6 – S-2137/09/10003, BStBl 2011 I S. 967; dazu *Klein*, DStR 2011 S. 1983.

170 BFH, Urteile vom 11. 10. 2007 – IV R 52/04, BStBl 2009 II S. 705; vom 17. 11. 2010 – I R 83/09, BStBl 2011 II S. 812; BMF, Schreiben vom 12. 10. 2011 – IV C 6 – S-2137/09/10003, BStBl 2011 I S. 967.

171 Vgl. auch BFH, Urteil vom 21. 9. 2011 – I R 50/10, BFH/NV 2012 S. 303.

172 Vgl. BFH, Urteil vom 25. 8. 1993 – XI R 6/93, BStBl 1994 II S. 23; IDW ERS HFA 13 n. F. vom 29. 11. 2006, Rz. 27.

173 IDW ERS HFA 13 n. F. vom 29. 11. 2006, Rz. 27.

lichkeitsgrad der Ausübung (Rz. 674) gelten im Fall von Rückerwerbsoptionen entsprechend.[174]

741 **Veräußerung unter Doppel-(Rückerwerbs-/Andienungs-)Option:** Im Sonderfall der Veräußerung unter Vereinbarung sowohl einer Rückveräußerungsoption des Erwerbers (Put) als auch parallel einer Rückerwerbsoption des Veräußerers (Call) mit derart aufeinander abgestimmten Konditionen, dass entweder der Call oder der Put zur Ausübung kommt, kommt es nach der im Entwurf des RS HFA 13 dargelegten Auffassung des IDW ungeachtet der Übertragung des rechtlichen Eigentums am Optionsgegenstand nicht zum Wechsel des wirtschaftlichen Eigentums und damit nicht zum Zurechnungswechsel.[175] Derartige Sale and buy back-Geschäfte entsprechen wirtschaftlich der Struktur echter Pensionsgeschäfte (Rz. 715). Die insoweit für die Beurteilung des Zurechnungswechsels hinsichtlich des Pensionsguts erforderliche Differenzierung (Rückübertragungverpflichtung bezüglich identischer vs. lediglich gattungsgleicher Wirtschaftsgüter (Rz. 719)) ist abweichend von der generalisierenden Auffassung des IDW auch in Fällen der Veräußerung mit Doppel-(Rückerwerbs-/Andienungs-)Option erforderlich.[176]

742 *(Einstweilen frei)*

3.6 Kommissionsgeschäfte

743 Im Rahmen eines Kommissionsgeschäfts übernimmt es ein Kommissionär gewerbsmäßig, Waren oder Wertpapiere für Rechnung des Kommittenten in eigenem Namen zu verkaufen oder zu kaufen (§ 383 Abs. 1 HGB). Bei der **Verkaufskommission** bleibt das Kommissionsgut im zivilrechtlichen Eigentum des Kommittenten. Da Nutzen und Lasten des Kommissionsguts ebenso wie Wertsteigerungschancen und Wertminderungsrisiken ebenfalls beim Kommittenten verbleiben, ist für eine Zurechnung der Kommissionsgüter zum Kommissionär kein Raum. Der Ausweis des Kommissionsguts (nicht einer Forderung als Surrogat) hat beim Kommittenten als zivilrechtlichem und wirtschaftlichem Eigentümer zu erfolgen.[177] Erst mit Veräußerung des Kommissionsguts an den Endabnehmer erwirbt der Kommittent eine Forderung gegen den Kommissionär.[178]

744 Als **(verkaufs-)kommissionsähnliches Geschäft** ohne bilanziellen Zurechnungswechsel ordnet der HFA des IDW im Entwurf des RS HFA 13 die Veräußerung unter Weiterverkaufsabrede und unter der Bedingung fehlgeschlagenen Weiterverkaufs stehender

174 Vgl. *Fischer*, in: HHSp., AO/FGO-Kommentar, § 39 AO, Rn. 57.

175 IDW ERS HFA 13 n. F. vom 29. 11. 2006, Rz. 30.

176 Im Ergebnis auch FG Nürnberg, Urteil vom 1. 3. 2011 – 1 K 69/2009, EFG 2013 S. 966, zum außerbörslichen Erwerb von Aktien unter Doppel-Rückerwerbs-/Andienungs-Option mit a priori sicherer Ausübung einer der Optionen, d. h. sicherer Rückveräußerung: Annahme eines Zurechnungswechsels (mit Realisationsfolge) sowohl bei Erwerb als auch (doppel-)optionsbedingter Rückveräußerung (unter Qualifikation vereinnahmter Optionsprämie als Veräußerungspreisbestandteil, gezahlter Optionsprämie als Veräußerungskosten) statt Ablehnung eines (doppelten) Zurechnungswechsels unter Verweis auf einen fehlenden Übergang wirtschaftlichen Eigentums.

177 Vgl. BFH, Urteil vom 23. 2. 2006 – III R 43/04, BFH/NV 2006 S. 1350; *ADS*, § 246 Rz. 307; *Thiele*, in: Baetge/Kirsch/Thiele, Bilanzrecht, § 246 HGB Rz. 239; *Förschle/Ries*, in: Beck'scher Bilanz-Kommentar, 9. Aufl. 2014, § 246 Rz. 22; *Weber-Grellet*, in: Schmidt, EStG, 33. Aufl. 2014, § 5 Rz. 154.

178 Vgl. *Förschle/Ries*, in: Beck'scher Bilanz-Kommentar, 9. Aufl. 2014, § 246 Rz. 22.

Rückgabeoption oder Rücktrittsrecht des Erwerbers vom Kaufvertrag ein, da zwar das zivilrechtliche Eigentum auf den Erwerber übergeht, wesentliche Elemente wirtschaftlichen Eigentums aber beim Veräußerer verblieben.[179] Konkret verbleibt beim Veräußerer aufgrund der beim Erwerber liegenden Rückverkaufs-/Rücktrittsoption hier indessen allein das Wertminderungsrisiko. Von der bei Weiterverkaufsabrede eindeutigen Verwendungsabsicht des Erwerbers sowie der Bedingtheit der Rückgabeoption (Bedingung: fehlgeschlagener Weiterverkauf) abgesehen, sind materielle Unterschiede zu unechten Pensionsgeschäften marginal. Die auch bei unechten Pensionsgeschäften gegebene Berechtigung des Pensionsnehmers zur Rückübertragung des Pensionsguts (ohne weitere Bedingungen) steht dem Erwerb wirtschaftlichen Eigentums und damit einem Zurechnungswechsel nicht entgegen (Rz. 727).[180] Ein Übergang wirtschaftlichen Eigentums wird hier lediglich dann verneint, wenn die Ausübung des Rückübertragungsrechts auf den Pensionsgeber aus rechtlichen oder tatsächlichen Gründen mit an Sicherheit grenzender Wahrscheinlichkeit zu erwarten ist (Rz. 729).[181] Ein Verkauf mit Weiterverkaufsabrede ist indessen gerade nicht primär auf eine Rückübertragung gerichtet.

Im Fall der **Einkaufskommission** erwirbt der Kommissionär die Ware für Rechnung des Kommittenten im eigenen Namen und wird zivilrechtlicher Eigentümer des Kommissionsguts. Wirtschaftlicher Eigentümer wird nach h. M. unmittelbar der Kommittent.[182] Dieser erwirbt einen Herausgabeanspruch gegen den Kommissionär (§ 384 Abs. 2 2. Halbsatz HGB); der Kommissionär selbst kann über das Kommissionsgut nicht verfügen, ihm stehen weder Nutzen, Lasten, Chancen oder Risiken hieraus zu. Gehen Verfügungsmacht/Preisgefahr auf den Kommissionär (und damit mittelbar auf den Kommittenten) über, hat der Kommittent das Kommissionsgut (sowie eine Verbindlichkeit gegenüber dem Kommissionär) auszuweisen.[183] Praktisch wird der Kommittent regelmäßig erst mit Eingang der Anzeige und Abrechnung des Kommissionsgeschäfts durch den Kommissionär Kenntnis vom Kommissionsgeschäft erlangen und den Bilanzausweis vornehmen. Vorausgesetzt der Kommissionär kommt seiner Verpflichtung nach, die Ausführung der Kommission unverzüglich anzuzeigen (§ 384 Abs. 2 HGB), beschränken sich Fälle temporärer Nichtbilanzierung des Kommissionsguts infolge Abgang beim Veräußerer, aber fehlender Kenntnis des Zugangs wirtschaftlichen Eigentums bei Kommittenten auf Ausnahmen. 745

3.7 Treuhand-/treuhandähnliche Verhältnisse

3.7.1 Charakteristik Treuhandverhältnisse

Wesen der gesetzlich nicht geregelten Treuhand ist, dass der Treugeber dem Treuhänder Rechte (Rechtsmacht) am Treugut verschafft, die den Treuhänder im **Außenverhält-** 746

179 IDW ERS HFA 13 n. F. vom 29. 11. 2006, Rz. 34; ebenso *Förschle/Ries*, in: Beck'scher Bilanz-Kommentar, 9. Aufl. 2014, § 246 Rz. 22.

180 Vgl. auch IDW ERS HFA 13 n. F. vom 29. 11. 2006, Rz. 23.

181 IDW ERS HFA 13 n. F. vom 29. 11. 2006, Rz. 25 f.

182 Vgl. *ADS*, 6. Aufl., § 246 Rz. 309; *Förschle/Ries*, in: Beck'scher Bilanz-Kommentar, 9. Aufl. 2014, § 246 Rz. 23.

183 Vgl. *ADS*, 6. Aufl., § 246 Rz. 309; *Thiele*, in: Baetge/Kirsch/Thiele, Bilanzrecht, § 246 HGB Rz. 240; *Förschle/Ries*, in: Beck'scher Bilanz-Kommentar, 9. Aufl. 2014, § 246 Rz. 23.

nis befähigen, im eigenen Namen aufzutreten, während er im **Innenverhältnis** den Weisungen des Treugebers unterliegt und für dessen Rechnung handelt. Die formale Rechtsmacht des Treuhänders wird durch die im Innenverhältnis gegebenen Befugnisse des Treugebers ganz erheblich beschränkt;[184] die mit der zivilrechtlichen Eigentümerstellung verbundenen Rechte stehen im Innenverhältnis dem Treugeber zu. Wirtschaftlicher Eigentümer ist im Regelfall der Treugeber. Gelingt der Nachweis eines Treuhandverhältnisses in tatsächlicher Hinsicht nicht, ist eine Sache gem. § 159 AO dem Besitzer zuzurechnen, ein Recht dem Inhaber. Mangels gesetzlicher Regelung ist das Spektrum möglicher Treuhandspielarten erheblich.[185] Nach der Rechtsstellung des Treuhänders sowie (überlagernd) nach dem Zweck des Treuhandverhältnisses können im Wesentlichen die folgenden Treuhandarten unterschieden werden:

3.7.2 Vollrechtstreuhand

747 Bei einer Vollrechtstreuhand (fiduziarische/echte Treuhand) erwirbt der Treuhänder das zivilrechtliche Eigentum am Treugut. Die Treuhandabrede sieht zugleich vor, dass trotz des Übergangs zivilrechtlichen Eigentums Gefahr, Nutzungen und Lasten aus/am Treugut beim Treugeber verbleiben (bzw. auf diesen übergehen), dieser gegenüber dem Treuhänder weisungsbefugt ist und einen Anspruch auf (Rück-)Übertragung des treuhänderisch gehaltenen Vermögens hat. Im Innenverhältnis ist aus dem Treugut allein der Treugeber berechtigt und verpflichtet. Ihn treffen positive wie negative wirtschaftliche Auswirkungen. Er übt die tatsächliche Sachherrschaft über das Treugut in der Weise aus, dass er den Treuhänder als zivilrechtlichen Eigentümer im Regelfall für die gewöhnliche Nutzungsdauer von der Einwirkung auf das Treugut wirtschaftlich ausschließen kann. Das Treugut ist dem **Treugeber als wirtschaftlichem Eigentümer** zuzurechnen und (weiterhin) bei ihm zu aktivieren.[186] Dies gilt unabhängig davon, ob der Treuhänder das Treugut vom Treugeber, von einem Dritten für Rechnung des Treugebers erworben oder selbst hergestellt hat.[187] Eine übereinstimmende Anordnung trifft § 39 Abs. 2 Nr. 1 Satz 2 AO.[188] Eine Gewinnrealisation tritt nicht ein.

3.7.3 Ermächtigungstreuhand

748 Im Rahmen einer Ermächtigungstreuhand (sogenannte unechte Treuhand) wird nicht das zivilrechtliche Eigentum am Treugut auf den Treuhänder übertragen, sondern die-

184 Vgl. BFH, Urteil vom 4. 2. 1998 – XI R 35/97, BStBl 1998 II S. 542.

185 Zu Treuhandformen und Differenzierungsmöglichkeiten *Wöhe/Richter*, in: Handbuch der Rechnungslegung Einzelabschluss, 5. Aufl., Kap. 6 Rz. 307 ff.

186 Vgl. *ADS*, 6. Aufl., § 246 Rz. 281; *Förschle/Ries*, in: Beck'scher Bilanz-Kommentar, 9. Aufl. 2014, § 246 Rz. 11; IDW ERS HFA 13 n. F. vom 29. 11. 2006, Rz. 50; einschränkend *Wöhe/Richter*, in: Handbuch der Rechnungslegung Einzelabschluss, 5. Aufl., Kap. 6 Rz. 335 f.

187 Die für diese (Erwerbs-/Vereinbarungstreuhand-)Fälle z. T. diskutierte Aktivierung eines bloßen Herausgabeanspruchs scheidet aus, vgl. *ADS*, § 246 Rz. 282 m. w. N.; *Förschle/Ries*, in: Beck'scher Bilanz-Kommentar, 9. Aufl. 2014, § 246 Rz. 11; a. A. *Wöhe/Richter*, in: Handbuch der Rechnungslegung Einzelabschluss, 5. Aufl., Kap. 6 Rz. 335.

188 Zum Ausweisgebot nach § 6 Abs. 1 RechKredV für Kreditinstitute beim Treuhänder *Scharpf/Schaber*, Handbuch Bankbilanz, 5. Aufl. 2013, S. 49 f., der damit verbundenen Doppelausweis-Problematik bei Nicht-Kreditinstituten als Treugeber *ADS*, § 246 Rz. 283; *Roß*, Rechtsgeschäftliche Treuhandverhältnisse im Jahres- und Konzernabschluss, 1994, S. 125 ff., 170.

sem lediglich die Ermächtigung eingeräumt, über das Treugut im eigenen Namen für Rechnung des Treugebers nach dessen Weisungen zu verfügen.[189] Im Unterschied zur Vollrechtstreuhand liegen **sowohl zivilrechtliches als auch wirtschaftliches Eigentum beim Treugeber**. Dieser kann über das Treugut umfassend verfügen, solange und soweit der Treuhänder von seiner Ermächtigung nicht für Rechnung des Treugebers Gebrauch gemacht hat. Mangels Auseinanderfallen rechtlichen und wirtschaftlichen Eigentums stellt sich die Frage der Zurechnung des Treuguts zum Treuhänder nicht. Der Ausweis hat beim Treugeber zu erfolgen.[190] Gleiches gilt für die sogenannte **Vollmachtstreuhand**, bei der der Bevollmächtigte in fremdem Namen und für fremde Rechnung handelt.

3.7.4 Verwaltungs- vs. Sicherungstreuhand/doppelseitige Treuhand

Nach Maßgabe des Treuhandzwecks kann unterschieden werden zwischen Verwal- 749
tungs- und Sicherungstreuhand. Zweck der (uneigennützigen) **Verwaltungstreuhand** ist die Verwaltung des Treuguts durch den Treuhänder für Rechnung des Treugebers. Zweck der (eigennützigen) **Sicherungstreuhand** ist demgegenüber, Gläubigeransprüche durch treuhänderische Übertragung von Vermögenswerten des Schuldners (Treugeber) auf den Gläubiger (Treuhänder) zu sichern.[191] Bei der **doppelseitigen Treuhand** werden mit der Übertragung des Treuguts auf einen Dritten, der sowohl für den Gläubiger als auch für den Schuldner tätig wird, beide Treuhandformen kombiniert. Zwischen Treuhänder und Gläubiger besteht eine (uneigennützige) Verwaltungstreuhand, zwischen Treuhänder und Schuldner eine (mittelbar eigennützige) Sicherungstreuhand.[192] Bedeutung hat die doppelseitige Treuhand insbesondere im gerichtlichen Vergleichsverfahren sowie im außergerichtlichen Liquidationsverfahren, darüber hinaus im Rahmen von Contractual Trust Agreements (CTA) zur bilanziellen Auslagerung von Pensionsverpflichtungen.[193] In dieser Dreiecksbeziehung ist wirtschaftlicher Eigentümer i. d. R. der Schuldner.[194] Der Treuhänder scheidet nach Maßgabe der Darlegungen zur Vollrechts- sowie Ermächtigungstreuhand als wirtschaftlicher Eigentümer aus (Rz. 747 f.). Das Interesse des Gläubigers (als zweitem Treugeber) erschöpft sich regelmäßig in der Befriedigung seiner Forderungen. Bedient der Schuldner die Forderungen ordnungsgemäß, bleibt der Gläubiger von der Einwirkung auf das Treugut ausgeschlossen.

(Einstweilen frei) 750

3.7.5 Treuhandähnliche Verhältnisse

Total Return Swaps: Vereinbaren Veräußerer und Erwerber eines Wirtschaftsguts, dass 751
der Veräußerer trotz Übertragung des zivilrechtlichen Eigentums sämtliche Wertsteige-

189 Vgl. *Wöhe/Richter*, in: Handbuch der Rechnungslegung Einzelabschluss, 5. Aufl., Kap. 6 Rz. 309.

190 Vgl. *Förschle/Ries*, in: Beck'scher Bilanz-Kommentar, 9. Aufl. 2014, § 246 Rz. 15; *Wöhe/Richter*, in: Handbuch der Rechnungslegung Einzelabschluss, 5. Aufl., Kap. 6 Rz. 335 f.

191 Zur Abgrenzung *Wöhe/Richter*, in: Handbuch der Rechnungslegung Einzelabschluss, 5. Aufl., Kap. 6 Rz. 311.

192 Vgl. *Wöhe/Richter*, in: Handbuch der Rechnungslegung Einzelabschluss, 5. Aufl., Kap. 6 Rz. 312.

193 Vgl. *Küting/Kessler*, DB 2009 S. 1717 ff.

194 Vgl. *Förschle/Ries*, in: Beck'scher Bilanz-Kommentar, 9. Aufl. 2014, § 246 Rz. 14; *Noodt*, in: Haufe HGB Kommentar, 4. Aufl. 2013, § 246 Rz. 22.

rungschancen und Wertminderungsrisiken des übertragenen Wirtschaftsguts für einen bestimmten Zeitraum zurückbehält, indem der Erwerber vertraglich verpflichtet wird, Erträge an den Veräußerer abzuführen sowie Wertzuwächse auszugleichen, während der Veräußerer zum Ausgleich von Wertminderungen verpflichtet ist, liegen so genannte Total Return Swaps vor. Besitzer und allein Verfügungsberechtigter ist der Erwerber als rechtlicher Eigentümer. Dessen Rechte und Pflichten sind nach der im Entwurf des RS HFA 13 geäußerten Auffassung des IDW jedoch nur noch formaler Natur und werden durch die Rechte und Pflichten des Veräußerers dominiert; die wesentlichen Elemente wirtschaftlichen Eigentums gehen für den Zeitraum der Vereinbarung nicht auf den Erwerber über, so dass ein Zurechnungswechsel nicht erfolgt.[195] Wirtschaftlich steht der Kaufpreis erst mit Ablauf des Swap fest. Im Schrifttum wird insoweit die Parallele zur (besicherten) Darlehensgewährung gezogen und der Übergang wirtschaftlichen Eigentums nicht vor abschließender Kaufpreisbestimmung und Ausgleichzahlung bejaht.[196] Mit Befürwortung des Verbleibs wirtschaftlichen Eigentums und damit Bilanzierung beim Veräußerer bei Übergang der Dispositionsbefugnis auf den Erwerber entsteht auch insoweit die Problematik der Verdopplung des wirtschaftlichen Eigentums, wenn der Erwerber das betreffende Wirtschaftsgut während der Swap-Laufzeit weiterveräußert und die Zahlungen nur derivativ auf das nicht mehr im zivilrechtlichen Eigentum des Erwerbers stehende Referenzaktivum bezogen sind (Ausweis beim Veräußerer sowie beim Zweiterwerber).

752 **Veräußerung an (substanzlose) Zweck-/Tochtergesellschaft unter Stundung/Darlehensgewährung:** Eine treuhandähnliche Konstellation mit der Folge der Versagung des Zurechnungswechsels nimmt das IDW im Entwurf des RS HFA 13 auch an, wenn ein Vermögensgegenstand an eine „nahestehende“ Gesellschaft veräußert wird, die von dem erworbenen Vermögensgegenstand abgesehen über kein nennenswertes Vermögen und auch nicht über operatives Geschäft verfügt und gleichzeitig der Kaufpreis gestundet oder insoweit ein Darlehen gewährt wird.[197] In diesem Fall fehle es an der für den Übergang wirtschaftlichen Eigentums und Ausweis einer Kaufpreisforderung notwendigen Übertragung des Risikos auf den Erwerber, da dieser zur Durchsetzung seines Zahlungsanspruchs mangels vorhandenen anderen Vermögens nur in den veräußerten Vermögensgegenstand selbst vollstrecken könne.[198] Praxisrelevanz ist insoweit insbesondere in Bezug auf gesellschaftsrechtliche Umstrukturierungen (recapitalizations) gegeben. Ein step up unter Zurechnungswechsel des betreffenden Wirtschaftsguts ist auch bei konzerninternen Umstrukturierungen bisher grundsätzlich ohne derart einschränkende Voraussetzungen möglich.[199] Gehen alle wesentlichen mit dem Wirtschaftsgut verbundenen Rechte (z. B. bei Gesellschaftsrechten insbesondere Stimmrecht, Gewinnbezugsrecht) einschließlich Verfügungsbefugnis über den Vermögensgegenstand sowie Wertsteigerungschancen und Wertminderungsrisiken auf den Erwerber über, ist ein beim Veräußerer verbleibendes Zahlungsrisiko, das im Übrigen

195 IDW ERS HFA 13 n. F. vom 29. 11. 2006, Rz. 52.
196 Vgl. *Förschle/Ries*, in: Beck'scher Bilanz-Kommentar, 9. Aufl. 2014, § 246 Rz. 18.
197 IDW ERS HFA 13 n. F. vom 29. 11. 2006, Rz. 97.
198 IDW ERS HFA 13 n. F. vom 29. 11. 2006, Rz. 97.
199 Vgl. nur IDW HFA 2/1997, WPg 1997 S. 235 Rz. 32212.

jeder Forderung immanent ist, auch dann grundsätzlich nicht geeignet, den Übergang des wirtschaftlichen Eigentums auf den Erwerber zu verhindern, wenn dieses infolge einer Kaufpreisstundung oder Darlehensgewährung ggf. (temporär) erhöht ist.[200] Ein erhöhtes Zahlungsrisiko ist steuerlich regelmäßig erst bei Konkretisierung der Wertminderung der entstandenen Forderung und gegebener Dauerhaftigkeit im Wege aktivischer Korrektur berücksichtigungsfähig. Die nach IDW ERS HFA 13 einem Zurechnungswechsel entgegenstehenden Merkmale „Vermögenslosigkeit", „fehlendes operatives Geschäft" und „Kaufpreisfinanzierung durch Stundung/Darlehensgewährung" sind zudem kaum substantiiert operationalisierbar und zeitpunktbezogen ohne Weiteres z. B. durch Zwischenfinanzierungen Dritter auszuhebeln. Offen bleibt zudem, ob und unter welchen Voraussetzungen ein der Veräußerung nachgelagerter Vermögenszuwachs oder die Aufnahme operativer Tätigkeit beim Erwerber (nachträglich) zum Übergang des wirtschaftlichen Eigentums führt.[201] Da die Dispositionsbefugnis über den Vermögensgegenstand zudem beim Erwerber liegt, dieser also insbesondere auch nicht gehindert ist, den Vermögensgegenstand zu veräußern, ergibt sich bei fortgesetzter Bilanzierung des veräußerten Vermögensgegenstandes beim Veräußerer auch insoweit die Problematik der bilanziellen Wirtschaftsgutverdopplung (Bilanzierung beim Veräußerer sowie beim erwerbenden Dritten).

(Einstweilen frei) 753

3.8 Factoring

Factoring bezeichnet die Übertragung von (kurzfristigen) Forderungen gegen Drittschuldner (Debitoren) durch Abtretung an einen Factor. Für die Bestimmung des wirtschaftlichen Eigentums kommt es wesentlich auf die Risikotragung, speziell auf das Ausfallrisiko (Delkredererisiko) an. Zu differenzieren ist zwischen echtem Factoring (Forderungsverkauf) und unechtem Factoring (Zessionskredit). Die Frage des bilanzwirksamen Forderungsabgangs ist für das Factoring, die i. d. R. einzelgeschäftsbezogene Forfaitierung sowie ABS-Transaktion grundsätzlich übereinstimmend zu beantworten.[202] 754

Echtes Factoring liegt vor, wenn das Risiko des Forderungsausfalls auf den Factor übergeht.[203] Rechtlich liegt ein Forderungskauf (**Rechtskauf**) des Factors vor,[204] der Factoringkunde hat lediglich für die Verität der Forderung, d. h. deren rechtlichen Bestand einzustehen. Mit dem Forderungsverkauf gehen Wertänderungs-/Verlustrisiken ebenso wie Wertsteigerungschancen (relevant insbesondere bei Fremdwährungsforderungen) vollständig und endgültig auf den Factor über. Neben dem zivilrechtlichen Eigentum 755

---

200 Zum Fall des temporären Risikoverbleibs beim Veräußerer auch IDW ERS HFA 13 n. F. vom 29. 11. 2006, Rz. 55.

201 Vgl. auch *Freshfields Bruckhaus Deringer*, Stellungnahme zu IDW ERS HFA 13 n. F. vom 3. 12. 2007, abrufbar unter www.idw.de.

202 Vgl. *Häuselmann*, DStR 1998 S. 826; *Middendorf*, StuB 2011 S. 137.

203 Vgl. z. B. BFH, Urteil vom 4. 9. 2003 – V R 34/99, BStBl 2004 II S. 667.

204 Vgl. z. B. BGH, Urteile vom 19. 9. 1977 – VIII ZR 169/76, DB 1977 S. 2177; vom 7. 6. 1978 – VIII ZR 80/77, BGHZ 72 S. 15; *ADS*, 6. Aufl., § 246 Rz. 312; *Grüneberg*, in: Palandt, BGB, 74. Aufl. 2014, § 398 Rz. 39.

erwirbt der Factor damit auch das wirtschaftliche Eigentum an den betreffenden Forderungen.[205] Bilanziell ist das echte Factoring als Veräußerungsgeschäft abzubilden.

756 **Unechtes Factoring** unterscheidet sich vom echten Factoring dadurch, dass Wertänderungsrisiken nicht auf den Factor übergehen. Die Forderungen werden zunächst vergütet, bei Uneinbringlichkeit der Forderungen wird der Factoringkunde wiederum durch den Factor in Anspruch genommen. Für die Annahme eines unechten Factorings genügt etwa die Vereinbarung eines vorläufigen Kaufpreises, der später in Abhängigkeit von tatsächlichen Forderungsausfällen angepasst wird. Beim unechten Factoring liegt nach h. M. rechtlich kein Forderungsverkauf, sondern ein **atypisches Darlehensverhältnis** vor,[206] bei dem die Abtretung der Forderung (lediglich) zur Sicherung des Darlehens erfüllungshalber erfolgt (atypische Sicherungszession).[207] Darlehen und Sicherungszession sind insoweit atypisch, dass die Tilgung nicht durch den Darlehensschuldner, sondern durch Einziehungserlöse aus den übertragenen Forderungen erfolgt, die Verwertung des Sicherungsguts mithin Regel- und nicht Ausnahmefall ist und bei Erreichen des Sicherungszwecks entsprechend die Pflicht zur Rückübertragung der Forderung entfällt.[208]

Die Zurechnung der Forderung beim unechten Factoring ist umstritten. Die bislang wohl h. M. knüpft die Zurechnung an die Offenlegung der Abtretung:[209] Lediglich für den Fall, dass die Abtretung dem Schuldner nicht angezeigt wird und dieser daher mit schuldbefreiender Wirkung an den bisherigen Gläubiger (Factoringkunde) zahlt (stilles unechtes Factoring), wird entsprechend der Zurechnung im Fall der Sicherungsabtretung (Rz. 770 f.) eine Zurechnung der Forderung zum Factoringkunden vertreten; bei erfolgter Anzeige (offenes unechtes Factoring) soll dagegen wie beim echten Factoring (Rz. 755) eine Zurechnung der Forderung zum Factor erfolgen. Begründet wird diese Differenzierung im Wesentlichen mit praktischen, weniger mit systematischen Erwägungen: Da der Schuldner bei Offenlegung der Abtretung im Regelfall unmittelbar an den Factor leistet, könne der Factoringkunde ohne Unterrichtung durch den Factor den Werdegang der Forderung nicht ohne Weiteres nachvollziehen. Von einem Teil des Schrifttums wird vorrangig abstellend auf die wirtschaftliche Verfügungsmacht des Factors bei fehlendem Rückübertragungsanspruch des Factoringkunden sowie mit Hinweis auf

205 BFH, Urteil vom 10. 12. 1981 – V R 75/76, BStBl 1982 II S. 200; *Strickmann*, in: Handbuch der Rechnungslegung Einzelabschluss, 5. Aufl., Kap. 6 Rz. 422; *Winnefeld*, Bilanz-Handbuch, 4. Aufl. 2006, D 201.

206 Vgl. z. B. BGH-Urteile vom 3. 5. 1972 – VIII ZR 170/71, BGHZ 58 S. 364; 14. 10. 1981 – VIII ZR 149/80, BGHZ 82 S. 50, 61; *ADS*, 6. Aufl., § 246 Rz. 312; *Grüneberg*, in: Palandt, BGB, 74. Aufl. 2014, § 398 Rz. 40.

207 Vgl. BGH-Urteil vom 10. 5. 1978 – VIII ZR 166/77, NJW 1978 S. 1521; *ADS*, 6. Aufl., § 246 Rz. 312; *Kleindiek*, Großkommentar HGB, 4. Aufl. 2002, § 246 Rz. 61; *Hennrichs*, in: Münchener Kommentar zum AktG, 2. Aufl. 2003, § 246 HGB Rz. 158.

208 Vgl. *Scharenberg*, Die Bilanzierung von wirtschaftlichem Eigentum in der IFRS-Rechnungslegung, 2009, S. 145 f.

209 Vgl. *Löhr*, WPg 1975 S. 460; *ADS*, 6. Aufl., § 246 Rz. 321 f.; *Kleindiek*, Großkommentar HGB, 4. Aufl. 2002, § 246 Rz. 61; *Ballwieser*, in: Münchener Kommentar zum HGB, 2. Aufl. 2003, § 246 Rz. 58; *Thiele*, in: Baetge/Kirsch/Thiele, Bilanzrecht, § 246 HGB Rz. 246; *Hennrichs*, in: Münchener Kommentar zum AktG, 2. Aufl. 2003, § 246 HGB Rz. 159; *Winnefeld*, Bilanz-Handbuch, 4. Aufl. 2006, D 202 f.; *IDW*, WP-Handbuch Bd. I, 14. Aufl. 2012, E 56; *Strickmann*, in: Handbuch der Rechnungslegung Einzelabschluss, 5. Aufl., Kap. 6 Rz. 434 f.; *Hennrichs*, in: Münchener Kommentar zum Bilanzrecht, 1. Aufl. 2013, § 246 HGB Rz. 197.

die bilanzielle Abbildung unechter Pensionsgeschäfte eine im Ergebnis weitergehende Zurechnung zum Factor vertreten.[210]

757 Der BFH beantwortet die Zurechnungsfrage für den Fall der Abtretung von (kurzfristigen, unverzinslichen) Forderungen im Rahmen einer ABS-Transaktion in Übereistimmung mit dem HFA des IDW[211] sowie der Rechtsprechung zur (unechten) Forfaitierung[212] auch bei stillen Forderungsabtretungen ausschließlich danach, wer das Ausfallrisiko trägt.[213] Weder der Offenlegung der Abtretung noch der Verfügungsmacht über die Forderungen misst der BFH maßgebende Bedeutung bei. Der I. Senat wertet vielmehr den vollständigen **Übergang des Bonitätsrisikos auf den Zessionar als entscheidendes Kriterium** für den Übergang „wirtschaftlicher Inhaberschaft" der Forderung und damit für die Abgrenzung zwischen Dauerschuldverhältnis und Anschaffungsgeschäft in Forderungsfällen. Dies gilt für das Factoring, das regelmäßig die Abtretung kurzfristiger unverzinslicher Forderungen zum Gegenstand hat, gleichermaßen. Verbleibt das Ausfallrisiko (in wesentlichem Umfang) beim Factoringkunden, erfolgt bilanziell bezüglich der Forderung mangels Übergang des wirtschaftlichen Eigentums kein Zurechnungswechsel, die Forderung ist weiterhin beim Factoringkunden auszuweisen,[214] daneben die zufließenden liquiden Mittel sowie eine korrespondierende Verbindlichkeit. Auch eine Offenlegung der Abtretung hat nicht zur Folge, dass steuerlich eine Einordnung als gesichertes Darlehensgeschäft vermieden und eine Einordnung als Veräußerungsvorgang bewirkt wird. Bei Weiterübertragung der Forderung durch den Factor auf einen Dritten kann dieser – unveränderte Risikotragung durch den Factoringkunden vorausgesetzt – wirtschaftliche Inhaberschaft an den Forderungen ebenfalls nicht erwerben; die steuerliche Einordnung als Darlehensverhältnis setzt sich insoweit fort.[215]

758 Korrespondierend mit der Wertung des BFH verneint der HFA des IDW ein Erfordernis für die parallele bilanzielle Abbildung von unechtem Factoring und unechten Pensionsgeschäften nach Maßgabe des § 340b Abs. 3, 5 HGB (Zurechnung zum Pensionsgeber, s. Rz. 727) mit Hinweis darauf, dass bei unechten Pensionsgeschäften die Optionsfrist üblicherweise die Nutzungsdauer des übertragenen Vermögensgegenstands unterschreitet, dieser mithin auch nach Ablauf der Optionsfrist vom Pensionsgeber (bei Optionsausübung) bzw. vom Pensionsnehmer (bei Nichtausübung) einer Nutzung fähig ist, während bei unechten Factoring- und vergleichbaren ABS-Transaktionen die Opti-

210 Vgl. *Häuselmann*, DStR 1998 S. 826 ff.; *Wiese*, BB 1998 S. 1717; *Hultsch*, DB 2000 S. 2131 f.; *Scharenberg*, Die Bilanzierung von wirtschaftlichem Eigentum in der IFRS-Rechnungslegung, 2009, S. 151 f.

211 IDW RS HFA 8, Rz. 7 ff.

212 BFH, Urteil vom 8. 11. 2000 – I R 37/99, BStBl 2001 II S. 722.

213 BFH, Urteil vom 26. 8. 2010 – I R 17/09, BFH/NV 2011 S. 143 m. w. N. zum Schrifttum; dazu *Gosch*, BFH/PR 2011 S. 56; zustimmend *Middendorf*, StuB 2011 S. 136; krit. *Schmidt*, DStR 2011 S. 794 ff.; zur „wirtschaftlichen Inhaberschaft" von Forderungen auch BFH, Urteil v. 12. 12. 2012 – I R 28/11, BFH/NV 2013 S. 884.

214 Vgl. BFH, Urteil vom 26. 8. 2010 – I R 17/09, BFH/NV 2011 S. 143; IDW ERS HFA 13 n. F. vom 29. 11. 2006, Rz. 56 f.; IDW RS HFA 8, Rz. 7 ff.; *Schubert/Roscher*, in: Beck'scher Bilanz-Kommentar, 9. Aufl. 2014, § 247 Rz. 113; *Federmann*, Bilanzierung nach Handelsrecht, Steuerrecht und IAS/IFRS, 12. Aufl. 2010, S. 297; *Weber-Grellet*, in: Schmidt, EStG, 33. Aufl. 2014, § 5 Rz. 270 „Factoring"; vgl. auch *ADS*, 6. Aufl., § 246 Rz. 326 f.

215 Die praktische Problematik der Kenntnis des Werdegangs der Forderung verschärft sich in diesem Fall.

onsfrist die gesamte Restnutzungsdauer der übertragenen Vermögensgegenstände umfasst, da eine Put-Option des Erwerbers insoweit gezielt darauf gerichtet ist, die (Ausfall-)Risiken endgültig beim Veräußerer zu belassen.[216]

759–769 *(Einstweilen frei)*

3.9 Dingliche Sicherungsrechte: Sicherungsübereignung/-abtretung/Eigentumsvorbehalt

770 Sicherungsweise übereignete Sachen (§§ 929, 930 BGB), abgetretene Forderungen/Rechte (§ 398 BGB) sowie unter Eigentumsvorbehalt, d. h. unter der aufschiebenden Bedingung vollständiger Kaufpreiszahlung übereignete Sachen (§§ 449, 929, 158 Abs. 1 BGB) sind im Regelfall bis zum Eintritt des Verwertungsfalls dem **Sicherungsgeber zuzurechnen** (vgl. auch die insoweit klarstellende Regelung des § 39 Abs. 2 Nr. 1 Satz 2 AO).[217] Mit der Sicherungsübereignung, der Sicherungsabtretung sowie dem Eigentumsvorbehalt erlangt bzw. behält der Gläubiger (Sicherungsnehmer/Zessionar/Vorbehaltsverkäufer) das Vollrecht (zivilrechtliches Eigentum). Durch die Sicherungsabrede, die eine Ausübung der Rechte regelmäßig nur bei Eintritt des Sicherungsfalls gestattet, ist die Rechtsposition des Gläubigers wirtschaftlich gleichwohl ganz erheblich eingeschränkt. Der Schuldner (Sicherungsgeber/Zedent/Vorbehaltskäufer) kann den zivilrechtlich jeweils Berechtigten von der Einwirkung auf das Wirtschaftsgut vollständig ausschließen, indem er die gesicherte Schuld begleicht.[218] Das wirtschaftliche Eigentum liegt damit bei ihm. Bei Begleichung der Schuld ist der Gläubiger zur (Rück-)Übertragung des Vollrechts verpflichtet.

771 Mit **Verwertung des Sicherungsguts** wird der Gläubiger (Sicherungsnehmer) zumindest kurzzeitig auch wirtschaftlicher Eigentümer, so dass ihm das Sicherungsgut ab diesem Zeitpunkt zuzurechnen ist.[219] Außerhalb der Verwertung kann es ausnahmsweise zur Zurechnung des Sicherungsguts zum Gläubiger kommen, wenn diesem über den Sicherungszweck hinausgehende Verfügungsbefugnisse eingeräumt werden, die parallel zum zivilrechtlichen Eigentum dessen tatsächliche Sachherrschaft über das Wirtschaftsgut begründen (Bsp. Berechtigung zur Einziehung sicherungszedierter Forderungen oder Veräußerung des Sicherungsguts, auch wenn der Schuldner seinen Verpflichtungen nachkommt).[220]

---

216 IDW HFA 8, Rz. 5; vgl. auch IDW ERS HFA 13 n. F. vom 29. 11. 2006, Rz. 56.

217 Sicherungseigentum ist eine Form des Treuhandverhältnisses (eigennützige Sicherungstreuhand), vgl. *Drüen*, in: Tipke/Kruse, AO/FGO, § 39 AO Rz. 48 m. w. N.; *Schmieszek*, in: Beermann/Gosch, AO/FGO, § 39 AO Rz. 41 f.

218 Vgl. z. B. FG Hamburg, Urteil vom 24. 9. 1987 – II 133/84, EFG 1988 S. 475; *Fischer*, in: HHSp., AO/FGO-Kommentar, § 39 AO Rz. 221.

219 Vgl. *Schmieszek*, in: Beermann/Gosch, AO/FGO, § 39 AO Rz. 41.1.

220 Vgl. RFH, Urteil vom 8. 1. 1943 – Vz 9/42, RStBl 1943 S. 26; FG Hamburg, Urteil vom 24. 9. 1987 – II 133/84, EFG 1988 S. 475; *Fischer*, in: HHSp., AO/FGO-Kommentar, § 39 AO Rz. 221; *Drüen*, in: Tipke/Kruse, AO/FGO, § 39 AO Rz. 50.

3.10 Nießbrauch

Nießbrauch an Sachen (§ 1030 Abs. 1 BGB), Rechten (§ 1068 Abs. 1 BGB) oder am Vermögen (§ 1085 BGB) berechtigt zum Besitz des belasteten Vermögenswerts (§ 1036 Abs. 1 BGB) und dazu, den Nutzen hieraus zu ziehen (§ 1030 Abs. 1 BGB). Der Nießbraucher trägt die öffentlichen und privaten Lasten (§ 1047 BGB), ist aber grundsätzlich nicht berechtigt, das Wirtschaftsgut auf eigene Rechnung zu veräußern oder zu belasten.[221] Beim **Zuwendungsnießbrauch** bestellt der Eigentümer den Nießbrauch zugunsten eines anderen. Eine Sonderform des (unentgeltlichen) Zuwendungsnießbrauchs ist der Vermächtnisnießbrauch: aufgrund einer letztwilligen Verfügung des Eigentümers wird der Nießbrauch durch dessen Erben einem Dritten eingeräumt. Beim **Vorbehaltsnießbrauch** überträgt der bisherige Eigentümer einer Sache das Eigentum auf einen anderen, behält sich aber Besitz und Nutzungsrecht vor.[222] 772

Zurechnung im Regelfall: Ein nießbrauchsbelastetes Wirtschaftsgut ist grundsätzlich dem zivilrechtlichen Eigentümer und Nießbrauchsbesteller zuzurechnen (beim Zuwendungsnießbrauch unverändert dem bisherigen Eigentümer; beim Vorbehaltsnießbrauch dem neuen Eigentümer). Der Nießbraucher wird i. d. R. nicht wirtschaftlicher Eigentümer des seiner Nutzung unterliegenden Wirtschaftsguts.[223] Ob ein Zuwendungs- oder Vorbehaltsnießbrauch vorliegt, ist ebenso wie Entgeltlichkeit oder Unentgeltlichkeit der Nießbrauchsbestellung insoweit unerheblich.[224] 773

Eine **Ausnahme** von diesem Zurechnungsgrundsatz mit Zurechnungsfolge zum Nießbrauchsberechtigten ist gegeben, wenn dessen Rechte so stark ausgestaltet sind, dass er den zivilrechtlichen Eigentümer auf Dauer von der Einwirkung auf das belastete Wirtschaftsgut ausschließen und über Substanz und Ertrag des Wirtschaftsguts endgültig verfügen kann. Hiervon ist insbesondere auszugehen, wenn der Nießbraucher berechtigt ist, über das Wirtschaftsgut für eigene Rechnung zu verfügen[225] oder die Nießbrauchsdauer so bemessen ist, dass das Wirtschaftsgut bis zum Erlöschen des Nießbrauchs technisch oder wirtschaftlich verbraucht, ein Herausgabeanspruch des Eigentümers entsprechend ohne wirtschaftlichen Wert ist.[226] Bei Übergang von Anteilen an Kapitalgesellschaften unter Nießbrauchsvorbehalt hat der BFH den Übergang wirt-

221 Vgl. *Fischer*, in: HHSp., AO/FGO-Kommentar, § 39 AO Rz. 75.

222 Zu Arten des Nießbrauchs BMF, Schreiben vom 24. 7. 1998 – IV B 3 – S 2253 – 59/98, BStBl 1998 I S. 914; ausführlich *Schön*, Der Nießbrauch an Sachen – gesetzliche Struktur und rechtsgeschäftliche Gestaltung, 1992.

223 St. Rspr., vgl. BFH, Urteile vom 16. 12. 1988 – III R 113/85, BStBl 1989 II S. 763; vom 1. 3. 1994 – VIII R 35/92, BStBl 1995 II S. 241; vom 26. 11. 1998 – IV R 39/98, BStBl 1999 II S. 263; vom 28. 7. 1999 – X R 38/98, BStBl 2000 II S. 653; vgl. auch IDW ERS HFA 13 n. F. vom 29. 11. 2006, Rz. 68; *ADS*, 6. Aufl., § 246 Rz. 396; *Tiedchen*, in: HHR, § 5 EStG Rz. 316 m. w. N.; *Schick/Franz*, in: HHR, § 5 EStG Rz. 1061.

224 Beim Vorbehaltsnießbrauch gilt dies etwa selbst dann, wenn neben dem Nießbrauch ein schuldrechtliches Veräußerungsverbot vereinbart und dieses durch eine Rückauflassungsvormerkung gesichert ist, vgl. BFH, Beschluss vom 20. 12. 2005 – X B 128/05, BFH-NV 2006 S. 704. Zu weiteren Fällen fehlenden wirtschaftlichen Eigentums des Nießbrauchers *Fischer*, in: HHSp., AO/FGO-Kommentar, § 39 AO Rz. 78.

225 Vgl. *Jansen/Jansen*, Nießbrauch im Zivil- und Steuerrecht, 9. Aufl. 2013, Rz. 671; *Förschle/Ries*, in: Beck'scher Bilanz-Kommentar, 9. Aufl. 2014, § 246 Rz. 48; *Tiedchen*, in: HHR, § 5 EStG Rz. 316.

226 Vgl. BFH, Urteile vom 2. 6. 1978 – III R 4/76, BStBl 1978 II S. 507; vom 24. 6. 2004 – III R 50/01, BStBl 2005 II S. 80; IDW ERS HFA 13 n. F. vom 29. 11. 2006, Rz. 69; *ADS*, 6. Aufl., § 246 Rz. 397; *Jansen/Jansen*, Nießbrauch im Zivil- und Steuerrecht, 9. Aufl. 2013, Rz. 673; *Förschle/Ries*, in: Beck'scher Bilanz-Kommentar, 9. Aufl. 2014, § 246 Rz. 48; *Tiedchen*, in: HHR, § 5 EStG Rz. 316.

schaflichen Eigentums auf den Erwerber insbesondere dann verneint, wenn der Vorbehaltsnießbraucher weiterhin alle mit der Beteiligung verbundenen Rechte (Vermögens- und Verwaltungsrechte) ausüben und im Konfliktfall durchsetzen kann.[227]

4. Zurechnung von Schulden

774 **Grundsatz:** § 246 Abs. 1 Satz 3 HGB bestimmt ausdrücklich, dass Schulden in der Bilanz des Schuldners zu zeigen sind, d. h. sie sind bei dem auszuweisen, der im Außenverhältnis rechtlich verpflichtet ist, wenn eine wirtschaftliche Belastung/wahrscheinliche Inanspruchnahme gegeben ist. Dies gilt ungeachtet eines bestehenden Freistellungsanspruchs grds. auch dann, wenn eine Schuld für fremde Rechnung eingegangen wurde.[228] Diese gesetzliche Anordnung folgt der rechtlichen Betrachtungsweise, schließt eine Passivierung beim wirtschaftlich Verpflichteten aber nicht aus. Die Dominanz der wirtschaftlichen Zurechnung wird handelsrechtlich für Schulden mit Hinweis auf das Vorsichtsprinzip zu Recht eingeschränkt.[229] Der im Außenverhältnis nicht entlastete Schuldner wird vom Gläubiger für die in seinem Namen begründeten Schulden in Anspruch genommen und trägt hinsichtlich eines Freistellungsanspruchs gegen den im Innenverhältnis Verpflichteten das Bonitätsrisiko. Unbeschadet der Passivierung bei dem im Außenverhältnis rechtlich Verpflichteten hat der im Innenverhältnis mit der Freistellungsverpflichtung wirtschaftlich und insoweit ebenso rechtlich verpflichtete Schuldner eine entsprechende Verpflichtung (Freistellungsverpflichtung als abgeleitete Schuld) auch in seiner Bilanz zu zeigen.[230]

775 § 39 Abs. 2 Nr. 1 AO gilt auch für die Zurechnung von Schulden. Diese sind beim wirtschaftlich Verpflichteten auszuweisen.[231] Fallen rechtliche und wirtschaftliche Verpflichtung auseinander, ist bilanziell eine faktische **Verdopplung der Schuld** (originäre Schuld und derivative Freistellungsverpflichtung) möglich.[232] Mit Aktivierung von Rück-

227 BFH, Urteil vom 24. 1. 2012 – IX R 51/10, BStBl 2012 II S. 308.

228 Vgl. *Förschle/Ries*, in: Beck'scher Bilanz-Kommentar, 9. Aufl. 2014, § 246 Rz. 50.

229 BT-Druck. 16/10067, S. 47; *Gelhausen/Fey/Kämpfer*, Rechnungslegung und Prüfung nach dem BilMoG, 2009, Kap. B Rz. 21; *Braun*, in: Kölner Kommentar zum Rechnungslegungsrecht, 2011, § 246 Rz. 54; *Merkt*, in: Baumbach/Hopt, HGB, 34. Aufl. 2010, § 246 Rz. 13.

230 Vgl. *Förschle/Ries*, in: Beck'scher Bilanz-Kommentar, 9. Aufl. 2014, § 246 Rz. 50. Bzgl. Freistellungsverpflichtung/-anspruch besteht ein eigenständiges Schuldverhältnis, vgl. BMF, Schreiben vom 24. 6. 2011 – IV C 6 – S 2137/0 – 03, BStBl 2011 I S. 627, Rz. 6; vgl. auch BFH, Urteil vom 16. 12. 2009 – I R 102/08, BStBl 2011 II S. 566; entspr. zu Freistellungsverpflichtungen im Rahmen von Treuhandverhältnissen *Roß*, Rechtsgeschäftliche Treuhandverhältnisse im Jahres- und Konzernabschluß, 1994, S. 175; a. A. *ADS*, 6. Aufl., § 246 Rz 416: Parallelausweis der originären Schuld. Der Qualität der Schuld (originäre Schuld bzw. derivative Freistellungsverpflichtung) wird Relevanz bzgl. eines für die originäre Schuld zu beachtenden Sonderausweises beigemessen (z. B. Verbindlichkeiten gegenüber Gesellschaftern), vgl. *ADS*, a. a. O. Das Sonderausweiserfordernis wird durch das Schuldsubstitut Freistellungsverpflichtung nach hier vertretener Auffassung indessen (bereits wegen § 265 Abs. 3 HGB) nicht beseitigt.

231 Vgl. *Förschle/Ries*, in: Beck'scher Bilanz-Kommentar, 9. Aufl. 2014, § 246 Rz. 51.

232 Vgl. *Förschle/Ries*, in: Beck'scher Bilanz-Kommentar, 9. Aufl. 2014, § 246 Rz. 50 f.; *Tiedchen*, in: HHR, § 5 EStG Rz. 312.

griffsansprüchen wird der Verpflichtungsausweis gleichwohl bei dem (lediglich) rechtlich Verpflichteten – entsprechend der wirtschaftlichen Gegebenheiten – bilanziell im Ergebnis korrigiert.[233]

Zu Ansatz und Bewertung bei Schuldübernahme, Schuldbeitritt und Erfüllungsübernahme Rz. 2632 ff., 5602 ff., zur Aufwandsverteilung beim Altschuldner (§ 4f EStG) Rz. 2240 ff., zur Negierung gebotener Neutralität des Anschaffungsvorgangs beim Neuschuldner (§ 5 Abs. 7 EStG) Rz. 2244 ff., 2632 ff. 776

(Einstweilen frei) 777–809

233 Zur Zurechnung bei befreiender Schuldübernahme (Zurechnung zum Schuldübernehmer) BFH, Urteile vom 17. 10. 2007 – I R 61/06, BStBl 2008 II S. 555; vom 14. 12. 2011 – I R 72/10, BFH/NV 2012 S. 635; vom 12. 12. 2012 – I R 69/11, BFH/NV 2013 S. 840; vom 12. 12. 2012 – I R 28/11, BFH/NV 2013 S. 884; bei Schuldbeitritt mit interner Erfüllungsübernahme (Zurechnung zum Beitretenden): BFH, Urteil vom 26. 4. 2012 – IV R 43/09, BFH/NV 2012 S. 1248; vgl. auch BFH, Urteil vom 12. 12. 2012 – I R 69/11, BFH/NV 2013 S. 840; bei Erfüllungsübernahme/Schuldfreistellung (Zurechnung zum Altschulnder, parallel Passivierung Freistellungsverpflichtung beim Erfüllungsübernehmer): BFH, Beschluss v. 7. 8. 2002 – VIII B 90/02, BFH/NV 2002 S. 1577 unter II.2.b); BFH, Urteile vom 16. 10. 2007 – VIII R 21/06, BStBl 2008 II S. 126 unter II.1.c); vom 16. 12. 2009 – I R 102/08, BStBl 2011 II S. 566; bei Gesamtschuld: ADS, 6. Aufl., § 246 Rz. 419 ff.; *Hennrichs* in: Münchener Kommentar zum Bilanzrecht, 1. Aufl. 2013, § 246 Rz. 228 f.; bei Treuhandschulden: ADS, a. a. O, Rz. 414 f.; *Ballwieser*, in: Münchener Kommentar zum HGB, 2. Aufl. 2008, § 246 Rz. 42; *Roß*, Rechtsgeschäftliche Treuhandverhältnisse im Jahres- und Konzernabschluß, 1994, S. 174 f.

Teil A:

Grundsatz- und Querschnittsfragen steuerlicher Gewinnermittlung

Kapitel VI:

Bewertungsmaßstäbe bei der steuerlichen Gewinnermittlung

von
Professor Dr. Holger Kahle, Hohenheim
Diplom-Ökonom Matthias Hiller, Hohenheim

Inhaltsübersicht Rz.

Ausgewählte Literatur

Baetge/Kirsch/Thiele, Bilanzen, 12. Aufl., Düsseldorf 2012; *Gabert,* Der Bewertungsmaßstab des Teilwerts im Bilanzsteuerrecht, Berlin 2011; *Haisch/Helios,* Aktuelle Praxisfragen der steuerlichen Zeitwertbilanzierung von Finanzinstrumenten nach BilMoG, RdF 2011 S. 272-282; *Helios/Schlotter,* Steuerbilanzielle Behandlung von Finanzinstrumenten nach § 6 Abs. 1 Nr. 2b EStG i. d. F. des BilMoG, DStR 2009 S. 547-553; *Helios/Schlotter,* Zum Verhältnis von § 6 Abs. 1 Nr. 2b EStG zu § 5 Abs. 4a EStG bei nichtrealisierten Verlusten aus bilanzunwirksamen Derivaten, FR 2010 S. 874-877; *Herzig,* Steuerliche Konsequenzen des Regierungsentwurfs zum BilMoG, DB 2008 S. 1339-1345; *Herzig/Briesemeister,* Steuerliche Konsequenzen der Bilanzrechtsmodernisierung für Ansatz und Bewertung, DB 2009 S. 976-982; *dies.*, Steuerliche Konsequenzen des BilMoG – Deregulierung und Maßgeblichkeit, DB 2009 S. 926-931; *Hübner/Leyh,* Währungsumrechnung und Folgebewertung nach BilMoG in Handelsbilanz und Steuerbilanz, DStR 2010 S. 1951-1957; *Jaeger,* Der Teilwert, Bochum 1984; *Kahle,* Steuerliche Gewinnermittlung nach dem BilMoG, StuB 2011 S. 163-170; *ders.*, Herstellungskosten bei Gebäuden, StuB 2013 S. 490-496; *Kahle/Hiller,* Bewertungsmaßstäbe im Bilanzsteuerrecht, WPg 2013 S. 403-412; *dies.*, Anschaffungs- und Herstellungskosten nach HGB, EStG und IFRS, DStZ 2013 S. 462-473; *dies.*, Anschaffungsnebenkosten beim Erwerb von Beteiligungen an Kapitalgesellschaften, IFSt Nr. 495, Berlin 2014; *Kahle/Hiller/Vogel,* Bewertungswahlrechte und Bewertungsmaßstäbe im Umwandlungsfall in Handels- und Steuerbilanz, FR 2012 S. 789 ff.; *Keller/Weber,* Neudefinition der Herstellungskosten nach BilMoG: Auswirkungen auf die Rechnungslegungspraxis, BC 2008 S. 129-134; *Kessler/Veldkamp,* Umrechnung von Fremdwährungsgeschäften, KoR 2009 S. 245-250; *Kußmaul/Küting,* Fair Value-Bewertung im HGB?, WISU 2009 S. 91-96; *Küting/Cassel,* Anschaffungs- und Herstellungskosten nach HGB und IFRS, StuB 2011 S. 283-289; *Lange,* 75 Jahre Teilwert, Gegenwart und Zukunft des Teilwertbegriffs vor dem Hintergrund seiner Geschichte, Berlin 2011; *Maaßen,* Der Teilwert im Steuerrecht, Köln 1968; *Marx,* Teilwertabschreibung des Anlagevermögens in wirtschaftlichen Krisensituationen, StuB 2012 S. 660–667; *Moxter,* Zur Klärung der Teilwertkonzeption, in: Kirchhoff/Offerhaus/Schöberle (Hrsg.), Steuerrecht, Verfassungsrecht, Finanzpolitik, FS Klein, Köln 1994, S. 827-839; *ders.,* Künftige Verluste in der Handels- und Steuerbilanz, DStR 1998 S. 509-515; *ders.*, Funktionales Teilwertverständnis in: Rückle (Hrsg.), Aktuelle Fragen der Finanzwirtschaft und der Unternehmensbesteuerung, FS Loitlsberger, Wien 1991, S. 473-481; *Mujkanovic,* Der Teilwert, SteuerStud 1994 S. 341-347; *ders.*, Teilwertermittlung – ein betriebswirtschaftlich lösbares Problem, DB 1995 S. 837-843; *ders.*, Die Bewertung von Finanzinstrumenten zum Fair Value nach BilMoG, StuB 2009 329-335; *Prinz,* Steuerwirkungen des BilMoG: Ziel, Realität, Perspektiven, GmbHR 2009 S. 1027-1035; *Rief-Drewes,* Der Teilwert, Berlin 2004; *Schüttler,* Währungsumrechnung in der Steuerbilanz, PiR 2011 S. 136-137; *Spingler/Dietter,* Die Neuregelungen beim steuerlichen Herstellungskostenbegriff im Rahmen der Einkommensteueränderungsrichtlinie (EStÄR) 2012, Ubg 2013 S. 201–211; *Wendland,* Die Teilwertabschreibung, Göttingen 1990; *Wendt,* Anschaffungsnahe Herstellungskosten – Erste Erfahrungen mit § 6 Abs. 1 Nr. 1a EStG, in: Mellinghoff/Schön/Viskorf (Hrsg.), Steuerrecht im Rechtsstaat, FS Spindler, Köln 2011, S. 879-895; *Wohlgemuth/Radde,* Der Bewertungsmaßstab „Anschaffungskosten" nach HGB und IAS, WPg 2000 S. 903-911; *Zwirner/Künkele,* Währungsumrechnung nach HGB: Erstmalige Kodifikation durch das BilMoG, StuB 2009 S. 517-524; *Zwirner/Künkele/Froschhammer,* Angaben zur Fremdwährungsrechnung nach BilMoG, BB 2011 S. 1323-1325.

1. Überblick: Anwendungsbereich der Bewertungsmaßstäbe

810 Im Rahmen der handelsrechtlichen- und steuerrechtlichen Gewinnermittlung muss zunächst geklärt werden, welche Wirtschaftsgüter bzw. Vermögensgegenstände aktiviert bzw. passiviert werden (**Bilanzierung dem Grunde nach**).[1] Stehen die zu bilanzierenden Bilanzpositionen fest, dann ist in einem nächsten Schritt zu bestimmen, wie die Bewertung zu erfolgen hat (**Bilanzierung der Höhe nach**).[2] Durch unterschiedliche Bewertungsmaßstäbe wird die Höhe des Gewinns somit direkt beeinflusst. Aufgrund verschiedener Bewertungsziele und Bewertungsanlässe sind auch unterschiedliche Bewertungsmaßstäbe erforderlich und gesetzlich geregelt.

811 Gemäß § 253 Abs. 1 Satz 1 HGB sind Vermögensgegenstände höchstens mit den **Anschaffungs- oder Herstellungskosten**, vermindert um planmäßige und außerplanmäßige Abschreibungen, anzusetzen. Dieses Anschaffungs- bzw. Herstellungskostenprinzip ist Ausdruck des **Realisationsprinzips**, nach dem erst der Umsatz erfolgswirksam ist (§ 252 Abs. 1 Nr. 4 HGB); Anschaffungs- und Herstellungsvorgänge sind als **bloße Vermögensumschichtung** abzubilden.[3] Während der Bewertungsmaßstab Anschaffungskosten zugrunde zu legen ist, wenn Vermögensgegenstände **von Dritten erworben** wurden, kommen die Herstellungskosten als Bewertungsmaßstab zur Anwendung, wenn die Gegenstände **im eigenen Unternehmen hergestellt** oder bearbeitet wurden. Auch steuerlich werden Wirtschaftsgüter in der Regel mit den fortgeführten Anschaffungs- bzw. Herstellungskosten bewertet (§ 6 Abs. 1 Nr. 1 Satz 1 EStG, § 6 Abs. 1 Nr. 2 Satz 1 EStG). Aufgrund der fehlenden eigenständigen steuerlichen Definition wird auch

1 Vgl. *Werndl*, in: Kirchhof/Söhn/Mellinghoff, EStG, Heidelberg, § 6 EStG Rz. A 1 (Stand: März 2006). Die Ausarbeitung konnte die Rechts- und Literaturentwicklung bis Dezember 2013 berücksichtigen.
2 Vgl. *Hennrichs*, in: Tipke/Lang, Steuerrecht, 21. Aufl., Köln 2012, § 9 Rz. 230.
3 Vgl. *Moxter*, Grundsätze ordnungsgemäßer Rechnungslegung, Düsseldorf 2003, S. 41 ff.

im Bilanzsteuerrecht auf die handelsrechtliche Definition der Anschaffungskosten[4] bzw. Herstellungskosten[5] abgestellt. Dabei dienen die Anschaffungs- bzw. Herstellungskosten als Regelbewertungsmaßstab im Rahmen der steuerlichen Gewinnermittlung.[6]

Der **Teilwert** ist als rein steuerlicher Wert konzipiert.[7] Der wichtigste praktische Anwendungsfall des Teilwertes ist die **Teilwertabschreibung**. Abnutzbare Wirtschaftsgüter des Anlagevermögens können steuerlich außerplanmäßig auf einen niedrigeren Teilwert abgeschrieben werden (vgl. Rz. 916 ff., 3232 ff.), sofern sich eine dauerhafte Wertminderung einstellt und der Teilwert unter den fortgeführten Anschaffungs- bzw. Herstellungskosten liegt (§ 6 Abs. 1 Nr. 1 Satz 2 EStG). Auch Grund und Boden, Beteiligungen und Umlaufvermögen können bei voraussichtlich dauernden Wertminderungen auf einen niedrigeren Teilwert abgeschrieben werden (§ 6 Abs. 1 Nr. 2 Satz 2 EStG). Entsprechend werden Verbindlichkeiten ggf. mit dem (höheren) Teilwert bewertet (§ 6 Abs. 1 Nr. 3 Satz 1 EStG). 812

Daneben findet der Teilwert weitere Anwendungsfälle. So sind Wirtschaftsgüter, die aus dem Privatvermögen in einen Betrieb eingelegt werden, grundsätzlich mit dem Teilwert zu bewerten (§ 6 Abs. 1 Nr. 5, 6 EStG). Ebenso ist der Teilwert im Rahmen der Übertragung von Wirtschaftsgütern bei Personengesellschaften maßgeblich, sofern ein schädliches Ereignis im Rahmen der Sperrfristen vorliegt (§ 6 Abs. 5 Satz 4 ff. EStG, vgl. Rz. 1571 ff.). Bei entgeltlichem Erwerb eines Betriebes müssen die Wirtschaftsgüter mit dem Teilwert angesetzt werden (§ 6 Abs. 1 Nr. 7 EStG). Grundsätzlich kommt der Teilwert bei der Bewertung von Aktiva und Passiva zum Einsatz. 813

Dem Teilwert kommt jedoch in den beschriebenen Fällen eine unterschiedliche Bedeutung zu. Im Rahmen der Bewertung von Einlagen und Entnahmen ist der Teilwert originärer Bewertungsmaßstab, während bei der Teilwertabschreibung der Teilwert als **Korrekturmaßstab** dient.[8] 814

Im Vergleich zur Bewertung mit den Anschaffungs- bzw. Herstellungskosten bzw. mit dem Teilwert kommt der steuerlichen Wertermittlung mittels des **gemeinen Wertes** (§ 9 Abs. 2 BewG) eine nicht so zentrale Rolle zu. Zwar ist der Teilwert der grundsätzliche Bewertungsmaßstab für Einlagen und Entnahmen. Eine Ausnahme von diesem 815

4 Vgl. *Ehmcke*, in: Blümich, EStG, München, § 6 EStG Rz. 90 (Stand: März 2010); *Fischer*, in: Kirchhof (Hrsg.), EStG, 12. Aufl., Köln 2013, § 6 EStG Rz. 22; *Stobbe*, in: HHR, EStG, KStG, Köln, § 6 EStG Rz. 271 (Stand: September 2010).

5 Vgl. *Ehmcke*, in: Blümich, EStG, München, § 6 EStG Rz. 380 (Stand: April 2012); *Fischer*, in: Kirchhof (Hrsg.), EStG, 12. Aufl., Köln 2013, § 6 EStG Rz. 22; *Stobbe/Rade*, in: HHR, EStG, KStG, Köln, § 6 EStG Rz. 455 ff. (Stand: Januar 2012).

6 Vgl. *Kulosa*, in: Schmidt, EStG, 32. Aufl., München 2013, § 6 EStG Rz. 237.

7 Diese Eigenständigkeit bezieht sich auf den Begriff und die Ermittlungsweise; von der Wirkung her ist der Teilwert mit dem handelsrechtlichen beizulegenden Wert (§ 253 Abs. 2 und 3 HGB) zu vergleichen, vgl. *Uelner/Albert*, Zum geplanten Verbot der Teilwertabschreibung, IFSt Nr. 369, Bonn 1999, S. 31.

8 Vgl. *Gabert*, Der Bewertungsmaßstab des Teilwerts im Bilanzsteuerrecht, Berlin 2011, S. 82; *Weber-Grellet*, Bilanzsteuerecht, 11. Aufl., Münster 2011, S. 161.

Grundsatz bildet die Entstrickungsentnahme (§ 4 Abs. 1 Satz 3 EStG) und die Verstrickungseinlage (§ 4 Abs. 1 Satz 8 HS 2 EStG).[9] Nach dem **allgemeinen Entstrickungstatbestand** des § 4 Abs. 1 Satz 3 EStG sind Sachverhalte, bei denen das Besteuerungsrecht Deutschlands hinsichtlich des Gewinns aus der Veräußerung oder aus der Nutzung eines Wirtschaftsgutes ausgeschlossen oder beschränkt wird, einer Entnahme des Wirtschaftsgutes aus dem Betriebsvermögen für betriebsfremde Zwecke gleichgestellt (vgl. Rz. 2963 ff.). Die Regelung zielt in erster Linie auf die Überführung von Wirtschaftsgütern in eine ausländische Betriebsstätte ab. Es wird eine Entnahme fingiert, die zum gemeinen Wert zu bewerten ist (§ 6 Abs. 1 Nr. 4 Satz 1 2. HS EStG). Nach dem **allgemeinen Verstrickungstatbestand** des § 4 Abs. 1 Satz 8 2. HS EStG wird die Begründung des deutschen Besteuerungsrechts hinsichtlich des Gewinns aus der Veräußerung eines Wirtschaftsgutes einer Einlage von Wirtschaftsgütern in das Betriebsvermögen gleichgestellt (vgl. Rz. 3025 ff.). Aufgrund der **Fiktion einer Einlage** ist das Wirtschaftsgut mit dem gemeinen Wert im Zeitpunkt der Zuführung anzusetzen (§ 6 Abs. 1 Nr. 5a EStG). Im Fall des § 6 Abs. 1 Nr. 4 Satz 4 EStG können Wirtschaftsgüter mit dem Buchwert bewertet werden, sofern sie unmittelbar nach der Entnahme unentgeltlich für steuerbegünstigte Zwecke i. S. d. § 10b Abs. 1 Satz 1 EStG einer nach § 5 Abs. 1 Nr. 9 EStG steuerbefreiten Körperschaft, Personenvereinigung, Vermögensmasse oder einer juristischen Person des öffentlichen Rechts überlassen werden und die restlichen Voraussetzungen des § 6 Abs. 1 Nr. 4 Satz 4 EStG erfüllt sind. Dem Buchwert kommt in diesem Zusammenhang eine sozialzweckorientierte Aufgabe zu. Durch den Buchwertansatz verzichtet der Fiskus auf die Besteuerung stiller Reserven.[10] Dadurch sollen gesellschaftlich wünschenswerte Aktivitäten (i. S. d. § 10b EStG) mittels Buchwertbewertung gefördert werden. Das Buchwertprivileg findet auch dann Anwendung, wenn das steuerbegünstige Wirtschaftsgut zeitnah weiterveräußert wird (vgl. R 6.12 Abs. 3 EStR).

816 Des Weiteren werden einzelne Wirtschaftsgüter, die außer in den Fällen der Einlage (§ 4 Abs. 1 Satz 8 EStG) **unentgeltlich** von einem Betriebsvermögen eines Steuerpflichtigen in das Betriebsvermögen eines anderen Steuerpflichtigen übertragen werden, mit dem gemeinen Wert bewertet (§ 6 Abs. 4 EStG). Gleiches gilt für den **Tausch** von Wirtschaftsgütern (§ 6 Abs. 6 EStG). Eine umfassende Bezugnahme auf den gemeinen Wert als Regelbewertungsmaßstab erfolgt im UmwStG. So sind in der steuerlichen Schlussbilanz die übergehenden Wirtschaftsgüter grundsätzlich mit ihren gemeinen Werten anzusetzen (§§ 3 Abs. 1 Satz 1, 11 Abs. 1 Satz 1, 20 Abs. 2 Satz 1, 24 Abs. 2 Satz 1 UmwStG, vgl. auch Rz. 1848).[11]

9 Vgl. *Hennrichs*, in: Tipke/Lang, Steuerrecht, 21. Aufl., Köln 2012, § 9 Rz. 370.

10 Vgl. *Fischer*, in: Kirchhof (Hrsg.), EStG, 12. Aufl., Köln 2013, § 6 EStG Rz. 171.

11 Vgl. im Einzelnen *Kahle/Vogel*, in: Prinz (Hrsg.), Umwandlungen im Internationalen Steuerrecht, Köln 2013, S. 783 ff.; *Kahle/Hiller/Vogel*, FR 2012 S. 792 ff.

Handelsrechtlich sind folgende Sachverhalte mit dem **beizulegenden Zeitwert** zu bewerten:[12] 817

1. Vermögensgegenstände, die Teil eines Deckungsvermögens sind (§ 246 Abs. 2 Satz 2, 3 i.V. m. § 253 Abs. 1 Satz 4 HGB).
2. Finanzinstrumente des Handelsbestandes von Kreditinstituten (§ 340e Abs. 3 Satz 1 HGB).
3. Rückstellungen für Altersversorgungsverpflichtungen (§ 253 Abs. 1 Satz 3 HGB).

Nach § 6 Abs. 1 Nr. 2b EStG haben Steuerpflichtige, die in den Anwendungsbereich des 818 § 340 HGB fallen, **Finanzinstrumente des Handelsbestandes** auch steuerlich mit dem beizulegenden Zeitwert zu bewerten, sofern diese nicht zu einer Bewertungseinheit i. S. d. § 5 Abs. 1a Satz 2 EStG gehören.[13] Im Gegensatz hierzu darf für die steuerliche Bewertung von Deckungsvermögen sowie für die Bewertung von Altersversorgungsverpflichtungen der beizulegende Zeitwert nicht übernommen werden (§ 5 Abs. 6 i.V. m. § 6 Abs. 1 Nr. 1, 2 EStG).

Durch das BilMoG wurden erstmals Grundsätze zur handelsrechtlichen **Währungsumrechnung** im HGB niedergelegt. Nach der neuen Regelung sind Vermögensgegenstände und Verbindlichkeiten, die auf fremde Währung lauten, mit dem Devisenkassamittelkurs am Abschlussstichtag zu bewerten (§ 256a Satz 1 HGB). Das Realisations- bzw. Imparitätsprinzip (§ 252 Abs. 1 Nr. 4 HGB) und das Anschaffungskostenprinzip (§ 253 Abs. 1 Satz 1 HGB) sind dabei zu beachten.[14] Bei Vermögensgegenständen, die eine Restlaufzeit kleiner als ein Jahr aufweisen, können die genannten Prinzipien durchbrochen werden (§ 256a Satz 2 HGB). 819

(Einstweilen frei) 820–822

2. Anschaffungskosten

2.1 Begriff der Anschaffungskosten

Anschaffungskosten sind Ausgaben, die geleistet werden, um einen Vermögensgegenstand zu erwerben und ihn in einen betriebsbereiten Zustand zu versetzen, soweit sie dem Vermögensgegenstand einzeln zugeordnet werden können (§ 255 Abs. 1 Satz 1 HGB). Diese **wirtschaftliche Betrachtungsweise** folgt grundsätzlich dem Prinzip der Maßgeblichkeit der Gegenleistung.[15] Das Gesetz spricht zwar von „Aufwendungen" 823

12 Diese Sachverhalte beziehen sich auf den Einzelabschluss. Im Konzernabschluss findet der beizulegende Zeitwert weitere Anwendungsfälle. So ist für die Kapitalkonsolidierung von Tochterunternehmen (§ 301 Abs. 1 Satz 2 HGB) sowie für die Konsolidierung assoziierter Unternehmen (§ 312 Abs. 2 Satz 1 HGB) die Bewertung zum beizulegenden Zeitwert vorgeschrieben. Seit dem MicroBilG dürfen jedoch Kleinstkapitalgesellschaften (§ 267a HGB) eine Bewertung zum beizulegenden Zeitwert nur vornehmen, wenn sie von keiner der in §§ 264 Abs. 1 Satz 5, 266 Abs. 1 Satz 4, 275 Abs. 5 und 326 Abs. 2 HGB normierten Erleichterungen Gebrauch machen (Fair Value-Vorbehalt). Vgl. zur Diskussion *Küting/Huwer/Palm*, StuB 2013 S. 479 ff.

13 Vgl. zu den Einzelfragen *Helios/Schlotter*, DStR 2009 S. 547 ff.

14 Vgl. *Zwirner/Künkele/Froschhammer*, BB 2011 S. 1323.

15 Vgl. *Moxter*, Bilanzrechtsprechung, 6. Aufl., Tübingen 2007, S. 183 f.

statt „Ausgaben"; maßgeblich sind aber Ausgaben, da Aufwendungen periodisierte Ausgaben darstellen.

824 Anschaffungskosten ergeben sich nach folgendem **Schema**:[16]

Anschaffungspreis
– Anschaffungspreisminderungen
\+ Kosten der Versetzung in die Betriebsbereitschaft
\+ Anschaffungsnebenkosten
\+ nachträgliche Anschaffungskosten
= Anschaffungskosten

825–827 *(Einstweilen frei)*

828 **Voraussetzung für die Aktivierung** als Anschaffungskosten ist, dass die Aufwendungen dem Vermögensgegenstand einzeln zugeordnet werden können (§ 255 Abs. 1 Satz 1 HGB). Gemeinkosten zählen zwar zu den Herstellungskosten (vgl. Rz. 881), nicht aber zu den Anschaffungskosten.[17] Das gilt auch steuerrechtlich.[18]

829 Durch den Ansatz von Anschaffungsnebenkosten können die Anschaffungskosten über dem Zeitwert des Vermögensgegenstands liegen. Im Rahmen der **Zugangsbewertung** ist dabei zwingend von diesen „erhöhten Anschaffungskosten" auszugehen.[19] Im Rahmen der Bewertung im Jahresabschluss muss subsidiär geprüft werden, ob bzw. inwieweit eine entsprechende Abwertung auf den beizulegenden Wert vorzunehmen ist (§ 253 Abs. 3 Satz 3, 4 und Abs. 4 Satz 2 HGB).[20]

830 **Diese Grundsätze gelten** über § 5 Abs. 1 Satz 1 EStG auch im Steuerrecht, es sei denn, es liegen gesellschaftsrechtliche Vorgänge (z. B. Verkauf eines Vermögensgegenstands von einem Gesellschafter an die Gesellschaft) vor, bei denen ggf. eine Entnahme oder eine verdeckte Gewinnausschüttung anzunehmen ist.[21]

831 Anschaffungsvorgänge sind im Grundsatz **zeitpunktbezogen** (Anschaffungszeitpunkt), sie können aber auch **zeitraumbezogen** sein, da Anschaffungskosten bereits vor und

16 Vgl. auch *Hoffmann/Lüdenbach*, NWB Kommentar Bilanzierung, 4. Aufl., Herne 2013, § 255 Rz. 21; *Waschbusch*, in: Haufe HGB Bilanz Kommentar, 3. Aufl., Freiburg 2012, § 255 Abs. 1 HGB Rz. 17; *Ekkenga*, in: Claussen/Scherrer (Hrsg.), Kölner Kommentar zum Rechnungslegungsrecht, § 255 HGB, Rn. 12.

17 Vgl. *ADS*, Rechnungslegung und Prüfung der Unternehmen, Teilband 6, 6. Aufl., Stuttgart 1998, § 255 HGB Rz. 16; *Siegel*, in: Kirsch/Thiele (Hrsg.), Rechnungslegung und Wirtschaftsprüfung. FS Baetge, Düsseldorf 2007, S. 601; *Hennrichs*, in: Tipke/Lang, Steuerrecht, 21. Aufl., Köln 2012, § 9 Rz. 237.

18 Vgl. BFH, Urteil vom 13. 4. 1988 – I R 104/86, BStBl 1988 II S. 892; H 6.2 EStH 2012.

19 Vgl. BFH, Urteil vom 8. 10. 1987 – IV R 5/85, BStBl 1987 II S. 853; *Grottel/Gadek*, in: Beck'scher Bilanz-Kommentar, 8. Aufl., München 2012, § 255 HGB Rz. 20.

20 Vgl. *Wohlgemuth*, in: von Wysocki et al. (Hrsg.), Handbuch des Jahresabschlusses, Köln, Abt. I/9 Rz. 13 (Stand: Mai 2011); *Grottel/Gadek*, in: Beck'scher Bilanz-Kommentar, 8. Aufl., München 2012, § 255 HGB Rz. 20; a. A. *ADS*, Rechnungslegung und Prüfung der Unternehmen, Teilband 6, 6. Aufl., Stuttgart 1998, § 255 HGB Rz. 18, die ein Wahlrecht vorsehen.

21 Vgl. *ADS*, Rechnungslegung und Prüfung der Unternehmen, Teilband 6, 6. Aufl., Stuttgart 1998, § 255 HGB Rz. 72; *Hennrichs*, in: Tipke/Lang, Steuerrecht, 21. Aufl., Köln 2012, § 9 Rz. 232.

erst nach dem Anschaffungszeitpunkt anfallen können.[22] Der Anschaffungszeitpunkt entspricht grundsätzlich dem Zeitpunkt der Erlangung der wirtschaftlichen Verfügungsmacht über den Vermögensgegenstand.[23] Der Vermögensgegenstand ist ab diesem Zeitpunkt beim erwerbenden Unternehmen zu bilanzieren.[24]

(Einstweilen frei) 832–834

2.2 Umfang der Anschaffungskosten

Die Ausgangsgröße zur Ermittlung der Anschaffungskosten ist der Anschaffungspreis, also i. d. R. der in der Rechnung ausgewiesene Betrag. Die in Rechnung gestellte **Umsatzsteuer** (Vorsteuer) gehört bei vorsteuerabzugsberechtigten Unternehmen i. S. v. §§ 2, 15 UStG nicht zu den Bestandteilen der Anschaffungskosten.[25] 835

Gemäß § 9b Abs. 1 EStG gehört die (abziehbare) Vorsteuer auch steuerlich nicht zu den Anschaffungskosten eines Wirtschaftsgutes.[26] Die Anschaffungskosten bleiben von späteren Berichtigungen des Vorsteuerabzugs nach §15a UStG unberührt (§ 9b Abs. 2 EStG). Dies gilt nach h. M. auch für die Handelsbilanz.[27] 836

Sofern beim Erwerb eines Vermögensgegenstandes **Schulden und Lasten** mit übernommen werden (z. B. Hypotheken, Grundschulden), zählen sie zum Anschaffungspreis.[28] Die Aktivierung erfolgt in Höhe des Bruttobetrages, während die übernommene Verpflichtung zwingend zu passivieren ist. Passivierungswahlrechte sind nicht anwendbar.[29] Wenn ein Vermögensgegenstand in einer fremden Währung erworben wird, ist für die Ermittlung der Anschaffungskosten in Euro eine **Währungsumrechnung** erforderlich (vgl. Rz. 989 ff.). 837

Steuerrechtlich kommt es bei einem Tausch einzelner Wirtschaftsgüter zu einer vollständigen Gewinnrealisierung. Das eingetauschte Gut ist mit dem gemeinen Wert (§ 9 838

22 Vgl. *ADS*, Rechnungslegung und Prüfung der Unternehmen, Teilband 6, 6. Aufl., Stuttgart 1998, § 255 HGB Rz. 9 u. 11; vgl. im Einzelnen *Kahle*, in: Baetge/Kirsch/Thiele (Hrsg.), Bilanzrecht, Bonn/Berlin, § 255 HGB Rz. 29 (Stand: August 2013).

23 Vgl. BFH, Beschluss vom 22. 8. 1966 – GrS 2/66, BStBl 1966 III S. 672; BFH, Urteile vom 28. 4. 1977 – IV R 163/75, BStBl 1977 II S. 553 f.; vom 7. 11. 1991 – IV R 43/90, BStBl 1992 II S. 398, 400; *Grottel/Gadek*, in: Beck'scher Bilanz-Kommentar, 8. Aufl., München 2012, § 255 HGB Rz. 31; *Kulosa*, in: Schmidt, EStG, 32. Aufl., München 2013, § 6 EStG Rz. 35.

24 Zur Frage, wann der Zeitraum für Anschaffungskosten beginnt, vgl. *Kahle*, in: Baetge/Kirsch/Thiele (Hrsg.), Bilanzrecht, Bonn/Berlin, § 255 HGB Rz. 30 (Stand: August 2013).

25 Vgl. *Wohlgemuth/Radde*, in: Beck´sches Handbuch der Rechnungslegung – HGB und IFRS, München, B 162 Rz. 30 (Stand: Oktober 2009); *Grottel/Gadek*, in: Beck'scher Bilanz-Kommentar, 8. Aufl., München 2012, § 255 HGB Rz. 51; *Hennrichs*, in: Tipke/Lang, Steuerrecht, 21. Aufl., Köln 2012, § 9 Rz. 240.

26 Vgl. im Einzelnen *Mellinghoff*, in: Kirchhof (Hrsg.), EStG, 12. Aufl., Köln 2013, § 9b EStG Rz. 10 ff.

27 Vgl. HFA 1/1985 i. d. F. 1990, WPg 1985, 257 Abschn. C; *ADS*, Rechnungslegung und Prüfung der Unternehmen, Teilband 6, 6. Aufl., Stuttgart 1998, § 255 HGB Rz. 20; *Grottel/Gadek*, in: Beck'scher Bilanz-Kommentar, 8. Aufl., München 2012, § 255 HGB Rz. 51.

28 Vgl. BFH, Urteile vom 31. 5. 1972 – I R 49/69, BStBl 1972 II S. 696; vom 2. 10. 1984 – VIII R 36/83, BStBl 1985 II S. 320; vom 11. 10. 2011 – IX R 15/11, BStBl 2012 II S. 205; H 6.2 EStH 2012; *ADS*, Rechnungslegung und Prüfung der Unternehmen, Teilband 6, 6. Aufl., Stuttgart 1998, § 255 HGB Rz. 67.

29 Vgl. *ADS*, Rechnungslegung und Prüfung der Unternehmen, Teilband 6, 6. Aufl., Stuttgart 1998, § 255 HGB Rz. 67; *Wohlgemuth/Radde*, in: Beck´sches Handbuch der Rechnungslegung – HGB und IFRS, München, B 162 Rz. 34 (Stand: Oktober 2009).

Abs. 2 BewG) des hingegebenen Wirtschaftsgutes anzusetzen (§ 6 Abs. 6 Satz 1 EStG).[30] Die Besteuerung kann unter den Voraussetzungen des § 6b EStG aufgeschoben werden.

839 **Unentgeltlich** erworbene Wirtschaftsgüter sind in der **Steuerbilanz** mit dem gemeinen Wert anzusetzen, sofern keine Einlage vorliegt (§ 6 Abs. 4 EStG).[31] Zur Bewertung von Einlagen vgl. Rz. 813. Nach § 6 Abs. 3 EStG entsprechen beim unentgeltlichen Erwerb eines Betriebes, Teilbetriebes oder Mitunternehmeranteils die Anschaffungskosten den Buchwerten des Rechtsvorgängers.

840 Die Finanzierung dient nur mittelbar, nicht unmittelbar der Anschaffung.[32] Die Aktivierung von **Eigenkapitalzinsen** kommt ohnehin nicht in Betracht, da Anschaffungskosten pagatorischer Natur sind.[33] **Fremdkapitalzinsen** gehören nicht zu den Anschaffungskosten, und zwar auch dann nicht, wenn die direkte Zuordnung der Finanzierung zum Anschaffungsvorgang möglich wäre.[34]

841–843 *(Einstweilen frei)*

2.3 Anschaffungsnebenkosten und nachträgliche Anschaffungskosten

844 Zu den **Anschaffungsnebenkosten** (§ 255 Abs. 1 Satz 2 HGB) zählen alle Ausgaben, die in unmittelbarem Zusammenhang mit dem Erwerb und der Versetzung des Vermögensgegenstandes in den betriebsbereiten Zustand stehen, soweit sie dem Gut einzeln zugeordnet werden können. Für alle aktivierungsfähigen Anschaffungsnebenkosten besteht im Grundsatz **Aktivierungspflicht**.[35] Sofern die Kosten ihrer Ermittlung unangemessen hoch sind oder ihre Höhe im Verhältnis zu den gesamten Anschaffungskosten als unwesentlich eingestuft werden kann, darf mit Blick auf die Wirtschaftlichkeit der Rechnungslegung von einer Aktivierung abgesehen werden.[36]

845 **Im Einzelnen** werden zu den Anschaffungsnebenkosten die Nebenkosten des Erwerbs (z. B. Provisionen, Grunderwerbsteuer,[37] nicht aber dem Anschaffungsvorgang vorgelagerte Aufwendungen der Entscheidungsvorbereitung und -findung, wie etwa Kosten eines Bewertungsgutachtens bei dem Erwerb einer Beteiligung), die Nebenkosten der Verbringung in die Unternehmung (z. B. Zölle, Transportversicherung, Verpackung) sowie die Nebenkosten der Inbetriebnahme bzw. der Versetzung des Vermögensgegen-

30 Vgl. *Crezelius*, in: Kirchhof (Hrsg.), EStG, 12. Aufl., Köln 2013, § 5 EStG Rz. 150; *Hoffmann/Lüdenbach*, NWB Kommentar Bilanzierung, 4. Aufl., Herne 2013, § 255 Rz. 61 ff.

31 Vgl. im Einzelnen *Fischer*, in: Kirchhof (Hrsg.), EStG, 12. Aufl., Köln 2013, § 6 EStG Rz. 204.

32 Vgl. BFH, Urteil vom 24. 5. 1968 – VI R 6/67, BStBl 1968 II S. 574.

33 Vgl. *Husemann*, Grundsätze ordnungsmäßiger Bilanzierung für Anlagegegenstände, 2. Aufl., Düsseldorf 1976, S. 95; *ADS*, Rechnungslegung und Prüfung der Unternehmen, Teilband 6, 6. Aufl., Stuttgart 1998, § 255 HGB Rz. 34; *Meyering*, StuW 2009 S. 44.

34 Vgl. *Ballwieser*, in: Münchener Kommentar zum HGB, Bd. 4, 3. Aufl., München 2013, § 255 HGB Rz. 14. Zur Behandlung der Fremdkapitalzinsen im Rahmen der Herstellungskosten vgl. Rz. 886.

35 Vgl. auch *Weber-Grellet*, Bilanzsteuerrecht, 11. Aufl., Münster 2011, S. 167 ff.

36 Vgl. *ADS*, Rechnungslegung und Prüfung der Unternehmen, Teilband 6, 6. Aufl., Stuttgart 1998, § 255 HGB Rz. 21.

37 Durch Anteilsvereinigung i. S. d. § 1 Abs. 3 Nr. 1 GrEStG ausgelöste Grunderwerbsteuer ist als Betriebsausgabe abziehbar, vgl. BFH, Urteil vom 20. 4. 2011 – I R 2/10, BStBl 2011 II S. 761; *Tetzlaff/Weichhaus*, NWB 2011 S. 3770 ff.; *Lüdenbach*, StuB 2011 S. 796.

standes in den betriebsbereiten Zustand (z. B. Kosten der Fundamentierung, Montagekosten, Kosten für Probeläufe und Sicherheitsüberprüfungen, nicht aber Aufwendungen für die Schulung des Bedienungspersonals) gezählt.[38] Besonders umstritten ist der Ansatz von Anschaffungsnebenkosten beim Beteiligungserwerb. Nach Ansicht des BFH sind Aufwendungen ab einem endgültig gefassten Erwerbsbeschluss zu den Anschaffungskosten zu rechnen.[39] Im Anschluss an dieses Urteil wurde vom BFH am 27. 3. 2007 entschieden, dass Gutachtenkosten für den Erwerb einer Beteiligung dann als Anschaffungsnebenkosten anzusetzen sind, wenn diese nach einer „grundsätzlich gefassten Erwerbsentscheidung entstehen und die Erstellung des Gutachtens nicht lediglich eine Maßnahme zur Vorbereitung einer noch unbestimmten, erst später zu treffenden Erwerbsentscheidung darstellt."[40]

Fallen **Prozesskosten** im Zusammenhang mit dem Erwerb eines Vermögensgegenstan- 846
des an, sind sie im Grundsatz nur dann als Anschaffungsnebenkosten anzusehen, wenn mit ihnen von vornherein gerechnet wurde und sie bei der Bemessung des Kaufpreises berücksichtigt wurden.[41]

Anschaffungsnebenkosten sind im Grundsatz nur in der **tatsächlich angefallenen Höhe** 847
den Vermögensgegenständen zuzurechnen. In die Anschaffungsnebenkosten dürfen dabei (nach § 255 Abs. 1 Satz 1 HGB) lediglich Einzelkosten eingerechnet werden.[42] Somit stellen Gemeinkosten keine Anschaffungsnebenkosten dar, was auch steuerrechtlich zu beachten ist[43] (vgl. Rz. 4260). Die Verrechnung von bestimmten Anschaffungsnebenkosten (z. B. Transportversicherung) durch pauschale Zuschlagssätze wird aber generell als zulässig angesehen, sofern keine Verrechnung von Gemeinkosten erfolgt und die pauschal zugerechneten Anschaffungsnebenkosten nicht wesentlich von den tatsächlichen abweichen.[44] Eine Pauschalierung wird dabei nur bei sog. unechten Gemeinkosten als zulässig angesehen, bei denen aus Vereinfachungsgründen eine Verrechnung durch Schlüsselung vorgenommen wird, ohne dass dabei ein wesentlich anderer Anschaffungskostenbetrag entsteht als bei direkter Verrechnung.[45]

---

38 Vgl. im Einzelnen *Husemann*, Grundsätze ordnungsmäßiger Bilanzierung für Anlagegegenstände, 2. Aufl., Düsseldorf 1976, S. 90-92; *ADS*, Rechnungslegung und Prüfung der Unternehmen, Teilband 6, 6. Aufl., Stuttgart 1998, § 255 HGB Rz. 22-26; *Ballwieser*, in: Münchener Kommentar zum Handelsgesetzbuch: HGB, Bd. 4, 3. Aufl., München 2013, § 255 HGB Rz. 25-27. Zu den Abbruchkosten für ein Gebäude als Anschaffungsnebenkosten vgl. *Kahle*, in: Baetge/Kirsch/Thiele (Hrsg.), Bilanzrecht, Bonn/Berlin, § 255 HGB Rz. 104-105.5 (Stand: August 2013).

39 Vgl. BFH, Urteil vom 20. 4. 2004 – VIII R 4/02, BStBl 2004 II S. 597.

40 BFH, Urteil vom 27. 3. 2007 – VIII R 62/05, BStBl 2010 II, S. 159. Vgl. zur Diskussion *Lohmann/von Goldmann/Achatz*, BB 2008 S. 1593 f.; *Ditz/Tcherveniachki*, DB 2011 S. 2677; *Peter/Graser*, DStR 2009 S. 2034; *Adolf*, BB 2007 S. 1538; *Hoffmann*, GmbHR 2007 S. 783; *Siebmann*, StB 2011 S. 165; *Engler*, BB 2006 S. 749.

41 Vgl. *ADS*, Rechnungslegung und Prüfung der Unternehmen, Teilband 6, 6. Aufl., Stuttgart 1998, § 255 HGB Rz. 23.

42 Vgl. *Kahle/Hiller*, DStZ 2013 S. 466.

43 Vgl. BFH, Urteile vom 24. 2. 1972 – IV R 4/68, BStBl 1972 II S. 422; vom 10. 3. 1981– VIII R 195/77, BStBl 1981 II S. 470; *Kaminski/Strunk*, Stbg 2011 S. 67.

44 Vgl. *Grottel/Gadek*, in: Beck'scher Bilanz-Kommentar, 8. Aufl., München 2012, § 255 HGB Rz. 202; *Wohlgemuth*, in: von Wysocki et al. (Hrsg.), Handbuch des Jahresabschlusses, Köln, Abt. I/9 Rz. 28 ff. (Stand: Mai 2011); *ADS*, Rechnungslegung und Prüfung der Unternehmen, Teilband 6, 6. Aufl., Stuttgart 1998, § 255 HGB Rz. 31.

45 Vgl. *Wohlgemuth*, in: von Wysocki et al. (Hrsg.), Handbuch des Jahresabschlusses, Köln, Abt. I/9 Rz. 28 (Stand: Mai 2011).

848 Aufgrund ihres Gemeinkostencharakters zählen etwa Kosten der Warenannahme, der Einkaufsabteilungen und der Lagerhaltung, die Transportkosten der erworbenen Gegenstände mit eigenen Fahrzeugen und die Kosten eines Vertreters nicht zu den Anschaffungsnebenkosten.[46]

849–850 *(Einstweilen frei)*

851 Die ursprünglich aktivierten Anschaffungskosten können sich noch erhöhen, wenn der Anschaffungsvorgang bereits abgeschlossen ist. Zu den Anschaffungskosten gehören nach § 255 Abs. 1 Satz 2 HGB auch die „**nachträglichen Anschaffungskosten**“. Hierbei handelt es sich um Aufwendungen, die zwar nicht in zeitlicher Nähe zum Anschaffungszeitpunkt anfallen, aber zum Zwecke des Erwerbs oder der Herstellung der Betriebsbereitschaft getätigt werden.[47] Ihre Aktivierung folgt aus dem Realisationsprinzip; die Erfolgsneutralität des Vorgangs soll gesichert werden, es handelt sich um umsatzneutrale Zugänge. Voraussetzung des Ansatzes nachträglicher Anschaffungskosten ist, dass der betreffende Vermögensgegenstand durch die nachträglich auf ihn verwendeten Aufwendungen nach allgemeiner Verkehrsanschauung eine **erhebliche Wertsteigerung** erfahren hat.[48]

852 Zu den nachträglichen Anschaffungskosten gehören:

1. nachträgliche Aufwendungen für bereits beschaffte Vermögensgegenstände (vgl. Rz. 853) sowie
2. nachträgliche Erhöhungen des ursprünglichen Anschaffungspreises und der ursprünglichen Anschaffungsnebenkosten (vgl. Rz. 854).[49]

853 **Nachträgliche Aufwendungen** zählen zum Anschaffungspreis oder zu den Anschaffungsnebenkosten, wenn man sie zum Anschaffungszeitpunkt gekannt hätte.[50] Sie fallen bei der Ergänzung, Erweiterung oder Verbesserung des bereits aktivierten Vermögensgegenstandes durch Fremdleistungen an.[51] Als typische Fälle nachträglicher Aufwendungen werden erstmalige Erschließungs-, Straßenanliegerbeiträge oder Kanalanschlussgebühren bei Grundstücken sowie etwa Ausgaben für Aufstockungen von Häusern, Anbauten, Treppen u. a. genannt.[52]

---

46 Vgl. *ADS*, Rechnungslegung und Prüfung der Unternehmen, Teilband 6, 6. Aufl., Stuttgart 1998, § 255 HGB Rz. 28.

47 Vgl. *Wichmann*, FR 1997 S. 595.

48 Vgl. *ADS*, Rechnungslegung und Prüfung der Unternehmen, Teilband 6, 6. Aufl., Stuttgart 1998, § 255 HGB Rz. 42; *Grottel/Gadek*, in: Beck'scher Bilanz-Kommentar, 8. Aufl., München 2012, § 255 HGB Rz. 77; a. A. *Knop/Küting*, in: Küting/Pfitzer/Weber (Hrsg.), Handbuch der Rechnungslegung, Einzelabschluss, 5. Aufl., Stuttgart, § 255 HGB Rz. 44 (Stand: November 2009).

49 Vgl. *ADS*, Rechnungslegung und Prüfung der Unternehmen, Teilband 6, 6. Aufl., Stuttgart 1998, § 255 HGB Rz. 41.

50 Vgl. *Knop/Küting*, in: Küting/Pfitzer/Weber (Hrsg.), Handbuch der Rechnungslegung, Einzelabschluss, 5. Aufl., Stuttgart, § 255 HGB Rz. 44 (Stand: November 2009); Zur Frage nachträglich erhöhter Anschaffungskosten bzw. Anschaffungsnebenkosten vgl. *Kahle*, in: Baetge/Kirsch/Thiele (Hrsg.), Bilanzrecht, Bonn/Berlin, § 255 HGB Rz. 111 f. (Stand: August 2013).

51 Vgl. *Ballwieser*, in: Münchener Kommentar zum HGB, Bd. 4, 3. Aufl., München 2013, § 255 HGB Rz. 16.

52 Vgl. *ADS*, Rechnungslegung und Prüfung der Unternehmen, Teilband 6, 6. Aufl., Stuttgart 1998, § 255 HGB Rz. 43; *Ballwieser*, in: Münchener Kommentar zum HGB, Bd. 4, 3. Aufl., München 2013, § 255 HGB Rz. 16; *Grottel/Gadek*, in: Beck'scher Bilanz-Kommentar, 8. Aufl., München 2012, § 255 HGB Rz. 77.

Nachträgliche Erhöhungen des Kaufpreises treten auf, wenn etwa der Kaufpreis und damit die Anschaffungskosten rückwirkend aufgrund von Prozessstreitigkeiten oder Schiedssprüchen heraufgesetzt werden oder wenn der Kaufpreis teilweise vom Eintritt bestimmter Ereignisse abhängig gemacht wurde (z. B. Erreichen bestimmter Gewinnschwellen beim Kauf von Beteiligungen).[53] 854

(Einstweilen frei) 855–857

2.4 Anschaffungspreisminderungen

Um die **Erfolgsneutralität** von Anschaffungsvorgängen zu gewährleisten, sind Anschaffungspreisminderungen i. d. R. vom Anschaffungspreis abzuziehen.[54] Zu den Anschaffungspreisminderungen zählen alle diejenigen Abzüge vom Rechnungsbetrag, die der Käufer tatsächlich nicht zahlen musste. Die Minderung des geschuldeten Kaufpreises aufgrund von Schlechtlieferung (§ 434 BGB) stellt den Grundfall der Anschaffungspreisminderung dar; der ursprüngliche Kaufpreis kann auch im Prozesswege oder durch Vergleich herabgesetzt werden.[55] 858

(Einstweilen frei) 859

Der **Bonus** wird dem Abnehmer i. d. R. mit einer Jahresabnahmemenge oder einem Jahresumsatz gewährt, so dass eine Zurechnung auf einzelne Vermögensgegenstände willkürlich ist. Er ist daher als **sonstiger betrieblicher Ertrag** zu buchen, nicht als Anschaffungspreisminderung abzuziehen.[56] 860

Rabatte in Form eines Preisnachlasses (§ 2 RabattG) sind als Anschaffungspreisminderungen vom Kaufpreis abzuziehen. Sie werden i. d. R. bereits offen in der Rechnung vom Anschaffungspreis abgezogen. Rabatte fallen auch unter § 255 Abs. 1 Satz 3 HGB, wenn es sich um Naturalrabatte handelt oder der Nachlass erst später gewährt wird.[57] Rabatte können auch von Dritten gewährt werden, sofern diese mit dem Veräußerer wirtschaftlich verbunden sind und der Nachlass in direktem Zusammenhang mit der Anschaffung steht.[58] 861

Skonti (Barzahlungsrabatte) stellen beim Kunden nach h. M. Anschaffungskostenminderungen, nicht Zinsen dar.[59] Es wird z. T. argumentiert, dass in wirtschaftlicher Be- 862

53 Vgl. *ADS*, Rechnungslegung und Prüfung der Unternehmen, Teilband 6, 6. Aufl., Stuttgart 1998, § 255 HGB Rz. 45 f.

54 Vgl. *Waschbusch*, in: Haufe HGB Bilanz Kommentar, 3. Aufl., Freiburg 2012, § 255 Abs. 1 HGB Rz. 68, mit Bezug auf: *Kahle*, in: Baetge/Kirsch/Thiele (Hrsg.), Bilanzrecht, Bonn/Berlin, § 255 HGB Rz. 121 (Stand: August 2013); *Hennrichs*, in: Tipke/Lang, Steuerrecht, 21. Aufl., Köln 2012, § 9 Rz. 239.

55 Vgl. *ADS*, Rechnungslegung und Prüfung der Unternehmen, Teilband 6, 6. Aufl., Stuttgart 1998, § 255 HGB Rz. 54.

56 Vgl. *Baetge/Kirsch/Thiele*, Bilanzen, 12. Aufl., Düsseldorf 2012, S. 195; a. A. *ADS*, Rechnungslegung und Prüfung der Unternehmen, Teilband 6, 6. Aufl., Stuttgart 1998, § 255 HGB Rz. 50.

57 Vgl. *Grottel/Gadek*, in: Beck'scher Bilanz-Kommentar, 8. Aufl., München 2012, § 255 HGB Rz. 61; *ADS*, Rechnungslegung und Prüfung der Unternehmen, Teilband 6, 6. Aufl., Stuttgart 1998, § 255 HGB Rz. 51; *Knop/Küting*, in: Küting/Pfitzer/Weber (Hrsg.), Handbuch der Rechnungslegung, Einzelabschluss, 5. Aufl., Stuttgart, § 255 HGB Rz. 57 (Stand: November 2009).

58 Vgl. *Grottel/Gadek*, in: Beck'scher Bilanz-Kommentar, 8. Aufl., München 2012, § 255 HGB Rz. 61.

59 Vgl. *ADS*, Rechnungslegung und Prüfung der Unternehmen, Teilband 6, 6. Aufl., Stuttgart 1998, § 255 HGB Rz. 52; *Grottel/Gadek*, in: Beck'scher Bilanz-Kommentar, 8. Aufl., München 2012, § 255 HGB Rz. 63.

trachtungsweise die Skonti als Finanzierungskosten anzusehen seien.[60] Nach dieser Ansicht stellen Skonti immer sofort als Aufwand zu verrechnende Finanzierungskosten dar, so dass sich die Anschaffungskosten des Vermögensgegenstandes in Höhe des Anschaffungspreises abzüglich Skonto ergeben. An dieser Auffassung können berechtigte Zweifel angemeldet werden. Denn das Skonto kann als eine bedingte Kaufpreisminderung angesehen werden, so dass bei Nicht-Inanspruchnahme entsprechend höhere Anschaffungskosten zu bilanzieren sind.

863–865 *(Einstweilen frei)*

3. Herstellungskosten

3.1 Begriff der Herstellungskosten

866 Vermögensgegenstände werden mit den Herstellungskosten bewertet, wenn sie **selbst erstellt** werden. Somit zieht ein Herstellungsvorgang die Aktivierung eines neuen, bisher nicht vorhandenen Vermögensgegenstandes (bzw. Wirtschaftsgutes) nach sich.[61] Herstellungsvorgänge sind **erfolgsneutral** abzubilden;[62] sie sollen lediglich zu einer bilanziellen Vermögensumschichtung führen. Bei der Berechnung von Herstellungskosten muss gewährleistet sein, dass nur pagatorische Aufwendungen in die Kalkulation einbezogen werden und nicht-pagatorische Kostenbestandteile davon getrennt werden.[63]

867 Zur Herstellung zählt nicht nur die **Neuschaffung** eines Vermögensgegenstandes (Herstellung im engeren Sinne), sondern auch seine Erweiterung und seine „über seinen ursprünglichen Zustand hinausgehende wesentliche Verbesserung" (§ 255 Abs. 2 Satz 1 HGB). In den letzten beiden Fällen spricht man auch von **nachträglicher Herstellung**.[64]

868 Die **Herstellung im engeren Sinne** umfasst neben der Herstellung eines bisher noch nicht existierenden Vermögensgegenstandes des Anlage- oder Umlaufvermögens durch Be- oder Verarbeitung auch die Wiederherstellung eines vollständig verschlissenen Vermögensgegenstandes und die Veränderung der betrieblichen Funktion eines bereits vorhandenen bzw. angeschafften Vermögensgegenstandes (**Wesensänderung**).[65]

---

60 Vgl. *Rückle*, in: Ballwieser, et al. (Hrsg.), Bilanzrecht und Kapitalmarkt, FS Moxter, Düsseldorf 1994, S. 367 f.; *Siegel*, in: Kirsch/Thiele (Hrsg.), Rechnungslegung und Wirtschaftsprüfung, FS Baetge, Düsseldorf 2007, S. 603 f.

61 Vgl. *Graumann*, BBK 2011 S. 122.

62 Zur Frage des Erfolgsneutralitätsprinzips bei Herstellungskosten vgl. *Kahle*, in: Baetge/Kirsch/Thiele (Hrsg.), Bilanzrecht, Bonn/Berlin, § 255 HGB Rz. 134 (Stand: August 2013).

63 Zur Frage der Einbeziehung von Ist-Kosten vgl. *Kahle*, in: Baetge/Kirsch/Thiele (Hrsg.), Bilanzrecht, Bonn/Berlin, § 255 HGB Rz. 132 (Stand: August 2013).

64 Vgl. *ADS*, Rechnungslegung und Prüfung der Unternehmen, Teilband 6, 6. Aufl., Stuttgart 1998, § 255 HGB Rz. 118.

65 Vgl. *Glanegger*, DB 1987 S. 2173; *Grottel/Pastor*, in: Beck'scher Bilanz-Kommentar, 8. Aufl., München 2012, § 255 HGB Rz. 375-379; *ADS*, Rechnungslegung und Prüfung der Unternehmen, Teilband 6, 6. Aufl., Stuttgart 1998, § 255 HGB Rz. 121.

Mit der **Erweiterung eines bereits bestehenden Vermögensgegenstandes** wird auf eine Substanzmehrung des Gegenstandes als Ganzem abgestellt; grundsätzlich ist hiermit eine Erweiterung der Nutzungsmöglichkeiten verbunden.[66] Als Beispiele lassen sich der erstmalige Einbau einer Fahrstuhlanlage in ein bereits bestehendes Gebäude, der Anbau oder die Aufstockung um ein weiteres Geschoss bei einem bereits bestehenden Gebäude, der Einbau tragender Zwischendecken und die Verlängerung eines Förderbandes anführen.[67] Weil es nicht auf die Wesentlichkeit der Erweiterung ankommt, führt in enger Wortauslegung des § 255 Abs. 2 Satz 1 HGB jede auch geringfügige Erweiterung zur Aktivierung von Herstellungskosten.[68] 869

Die **über den ursprünglichen Zustand hinausgehende wesentliche Verbesserung** des Vermögensgegenstandes bezieht sich auf den Gegenstand als Ganzes, nicht auf einzelne Teile hiervon.[69] Sie ist grundsätzlich gegeben, wenn entsprechende Maßnahmen über die zeitgemäße Erneuerung hinaus zu einer deutlichen Erhöhung des Gebrauchswertes des Vermögensgegenstandes führen.[70] 870

Sofern die Kriterien der Erweiterung und wesentlichen Verbesserung zu verneinen sind, werden die entsprechenden Aufwendungen als **Erhaltungsaufwand** behandelt; sie mindern sofort den Gewinn. Erhaltungsaufwand kann demnach in Umkehrung der Begriffsmerkmale des aktivierungspflichtigen Herstellungsaufwandes bestimmt werden.[71] 871

Gemäß § 6 Abs. 1 Nr. 1a Satz 1 EStG sind **(anschaffungsnahe) Herstellungskosten** eines Gebäudes dann anzunehmen, wenn innerhalb von drei Jahren nach Anschaffung des Gebäudes Instandsetzungs- und Modernisierungsarbeiten durchgeführt werden, deren Nettoaufwand 15 % der Anschaffungskosten des Gebäudes übersteigt. Zu diesen Aufwendungen gehören nach § 6 Abs. 1 Nr. 1a Satz 2 EStG nicht die Aufwendungen für Erweiterungen i. S. d. § 255 Abs. 2 Satz 1 HGB (originäre Herstellungskosten) sowie Aufwendungen für Erhaltungsarbeiten, die jährlich üblicherweise anfallen (z. B. Schönheitsreparaturen).[72] „Damit deformiert der Gesetzgeber im Interesse eines angeblichen, 872

66 Vgl. *Oestreicher*, in: Beck´sches Handbuch der Rechnungslegung – HGB und IFRS, München, B 163 Rz. 265 (Stand: Mai 2010); *ADS*, Rechnungslegung und Prüfung der Unternehmen, Teilband 6, 6. Aufl., Stuttgart 1998, § 255 HGB Rz. 122; *Grottel/Pastor*, in: Beck'scher Bilanz-Kommentar, 8. Aufl., München 2012, § 255 HGB Rz. 380.

67 Vgl. *Glade*, DB 1997 S. 297; *ADS*, Rechnungslegung und Prüfung der Unternehmen, Teilband 6, 6. Aufl., Stuttgart 1998, § 255 HGB Rz. 122; *Grottel/Pastor*, in: Beck'scher Bilanz-Kommentar, 8. Aufl., München 2012, § 255 HGB Rz. 380; BMF, Schreiben vom 18. 7. 2003 – IV C 3 – S 2211 – 94/03, BStBl 2003 I S. 386, Rz. 19-22.

68 Vgl. *Grottel/Pastor*, in: Beck'scher Bilanz-Kommentar, 8. Aufl., München 2012, § 255 HGB Rz. 380.

69 Vgl. *Grottel/Pastor*, in: Beck'scher Bilanz-Kommentar, 8. Aufl., München 2012, § 255 HGB Rz. 385.

70 Vgl. BFH, Urteil vom 9. 5. 1995 – IX R 69/92, BStBl 1996 II S. 630; *Pezzer*, DB 1996 S. 849, 852 f.; *Funnemann*, WPg 2002 S. 792; *Stuhrmann*, BB 1997 S. 659; *Grottel/Pastor*, in: Beck'scher Bilanz-Kommentar, 8. Aufl., München 2012, § 255 HGB Rz. 386; *Hoffmann/Lüdenbach*, NWB Kommentar Bilanzierung, 4. Aufl., Herne 2013, § 255 Rz. 162 ff.

71 Vgl. *Grottel/Pastor*, in: Beck'scher Bilanz-Kommentar, 8. Aufl., München 2012, § 255 HGB Rz. 390.

72 Vgl. im Einzelnen *Wendt*, in: Mellinghoff/Schön/Viskorf (Hrsg.), Steuerrecht im Rechtsstaat, FS Spindler, Köln 2011, S. 879 ff.; *Kahle*, in: Baetge/Kirsch/Thiele (Hrsg.), Bilanzrecht, Bonn/Berlin, § 255 HGB, Rz. 140-146 (Stand: August 2013); *Kahle*, StuB 2013 S. 490 ff.

aufgrund der Ausgestaltung der Vorschrift aber zweifelhaften Vereinfachungseffekts den steuerrechtlichen Herstellungskostenbegriff."[73]

873–875 *(Einstweilen frei)*

3.2 Umfang der Herstellungskosten

876 Die handelsrechtlichen Bestandteile der Herstellungskosten sind in § 255 Abs. 2 und 3 HGB abschließend aufgezählt. Es ist zwischen aktivierungspflichtigen, aktivierbaren und nicht aktivierbaren Ausgaben zu unterscheiden, so dass sich eine **Wertunter-** und **Wertobergrenze** der Herstellungskosten ergibt.

877–879 *(Einstweilen frei)*

880 Damit existiert für die Bewertung eines Vermögensgegenstandes zu Herstellungskosten **kein vorgeschriebener Fixwert**, wie dies bei der Bewertung zu Anschaffungskosten der Fall ist.[74] Durch die Änderung des § 255 Abs. 2 HGB im Zuge des BilMoG wurde die handelsbilanzielle Herstellungskostenuntergrenze an die steuerbilanzielle (R 6.3 EStR 2008) angeglichen. Der Bewertungskorridor wurde dadurch eingeengt. Die folgende Übersicht fasst die Herstellungskostenbestandteile nach Handels- und Steuerrecht zusammen:

881 ABB. 1: Handelsrechtliche und steuerliche Bestandteile der Herstellungskosten

Rechtsquelle: / Kostenarten:	Handelsrecht (HGB i. d. F. des BilMoG)	Steuerrecht (unter Geltung von R 6.3. EStR 2008 durch BMF-Schreiben vom 25. 3. 2013)	Steuerrecht (R 6.3. EStR 2012)
Materialeinzelkosten	Pflicht	Pflicht	Pflicht
Fertigungseinzelkosten	Pflicht	Pflicht	Pflicht
Sondereinzelkosten der Fertigung	Pflicht	Pflicht	Pflicht
Materialgemeinkosten	Pflicht	Pflicht	Pflicht
Fertigungsgemeinkosten	Pflicht	Pflicht	Pflicht
Verwaltungskosten des Material- und Fertigungsbereichs	Pflicht	Pflicht	Pflicht

73 *Hennrichs*, in: Tipke/Lang, Steuerrecht, 21. Aufl., Köln 2012, § 9 Rz. 256, mit Bezug auf: *Spindler*, DB 2004 S. 507; *Söffing*, DB 2004 S. 946; *Pezzer*, DStR 2004 S. 526 ff.; *Carlé*, in: Carlé et al. (Hrsg.), Gestaltung und Abwehr im Steuerrecht, FS Korn, Bonn 2005, S. 41.

74 Vgl. *Oestreicher*, in: Beck´sches Handbuch der Rechnungslegung – HGB und IFRS, München, B 163 Rz. 3 (Stand: Mai 2010).

Werteverzehr selbst erstellter immaterieller Anlagegüter, soweit durch die Fertigung veranlasst	Pflicht	Verbot	Verbot
Werteverzehr des sonstigen Anlagevermögens, soweit durch die Fertigung veranlasst	Pflicht	Pflicht	Pflicht
= Herstellungskostenuntergrenze HGB i. d. F. des BilMoG und Steuerrecht			
Aufwendungen für soziale Einrichtungen des Betriebs	Wahlrecht	Wahlrecht	Pflicht
Aufwendungen für freiwillige soziale Leistungen	Wahlrecht	Wahlrecht	Pflicht
Aufwendungen für die betriebliche Altersversorgung	Wahlrecht	Wahlrecht	Pflicht
Fremdkapitalzinsen	Wahlrecht (unter bestimmten Voraussetzungen)	Ansatz analog zur Handelsbilanz (formelle Maßgeblichkeit)	Ansatz analog zur Handelsbilanz (formelle Maßgeblichkeit)
Allgemeine Verwaltungskosten	Wahlrecht	Wahlrecht	Pflicht
= Herstellungskostenobergrenze			
Vertriebskosten	Verbot	Verbot	Verbot
Forschungskosten	Verbot	Verbot	Verbot

Durch das BilMoG wurden die **handels- und steuerbilanzielle Wertuntergrenze** angeglichen. Beide Wertuntergrenzen entsprechen sich bis auf die Ausnahme, dass beim Werteverzehr des Anlagevermögens im HGB Abschreibungen, die auf selbst erstellte immaterielle Vermögensgegenstände entfallen, die für die Herstellung eingesetzt wurden und für die das Aktivierungswahlrecht des § 248 Abs. 2 Satz 1 HGB ausgeübt wurde,[75] zu berücksichtigen sind; steuerlich ist dies wegen § 5 Abs. 2 EStG nicht zulässig. 882

Der Steuerpflichtige konnte bisher handelsrechtlich die Bewertungsobergrenze wählen, während er steuerlich nur die Pflichtbestandteile der Herstellungskostenuntergrenze (R 6.3 Abs. 1 EStR 2008) aktivierte, denn R 6.3 Abs. 4 Satz 1 letzter Halbsatz EStR 2008 war durch die Neufassung des § 5 Abs. 1 EStG überholt und die Ausübung des Wahlrechts nach R 6.3 Abs. 4 EStR 2008 konnte nach h. M. unabhängig von der handelsrecht- 883

75 Zur Ermittlung der Herstellungskosten selbst geschaffener immaterieller Vermögensgegenstände des Anlagevermögens vgl. *Kahle/Haas*, WPg 2010 S. 34 ff.

lichen Bilanzierung erfolgen.[76] Eine unter dem handelsrechtlichen Ansatz liegende Bewertung dürfte nunmehr nur noch vorrübergehend zulässig sein (vgl. Rz. 884).

884 Nach Ansicht des BMF gehören auch die in § 255 Abs. 2 Satz 3 HGB aufgeführten, dort wahlweise einzubeziehenden angemessenen Teile der Kosten der allgemeinen Verwaltung, angemessenen Aufwendungen für soziale Einrichtungen des Betriebs, für freiwillige soziale Leistungen und für die betriebliche Altersversorgung, soweit diese Kosten auf den Zeitraum der Herstellung entfallen, zwingend zu den steuerlichen Herstellungskosten.[77] Hiernach gibt es **keine steuerlichen Wahlrechtsbestandteile** der Herstellungskosten, was zu einem **steuerlichen Vollkostenansatz** führt.[78]

Bisher war in R 6.3 Abs. 4 Satz 1 EStR 2008 für die genannten Kosten ein steuerliches Einbeziehungswahlrecht vorgesehen. Bezüglich der in § 255 Abs. 2 Satz 3 HGB genannten Kosten besteht regelmäßig – wenn überhaupt – nur ein mittelbarer Veranlassungszusammenhang zum Herstellungsprozess;[79] sie betreffen nicht den Herstellungsbereich, sondern das Unternehmen als Ganzes.[80] Die allgemeinen Verwaltungs- und Sozialgemeinkosten fallen folglich unabhängig von der Erzeugnismenge an, weshalb auch der Gesetzgeber des BilMoG für sie nur ein Einbeziehungswahlrecht vorgegeben hat.[81] Das Risiko einer willkürlichen Kostenzuordnung der in § 255 Abs. 2 Satz 3 HGB genannten Kosten spricht eher für eine Nichtaktivierung als für eine Aktivierung, weshalb von einer Einbeziehungspflicht abgesehen werden sollte.[82]

885 Nach heftigem Protest im Schrifttum[83] wurde Rz. 8 des BMF-Schreibens vom 12. 3. 2010 bis zum Erlass neuer Einkommensteuerrichtlinien suspendiert.[84] In R 6.3 Abs. 1 Satz 1 EStR 2012 wird der Vollkostenansatz nunmehr in den Einkommensteuerrichtlinien verankert, jedoch wird es „nicht beanstandet, wenn bis zur Verifizierung des damit verbundenen Erfüllungsaufwandes, spätestens aber bis zu einer Neufassung der Einkom-

---

76 Vgl. *Buchholz*, DB 2010 S. 1430; *Dörfler/Adrian*, Ubg 2009 S. 393; *Ernsting*, FR 2010 S. 1072; *Herzig/Briesemeister*, DB 2010 S. 923; *Künkele/Zwirner*, DStR 2010 S. 2267; *Ortmann-Babel/Bolik*, BB 2010 S. 2101 f.; *Richter*, GmbHR 2010 S. 507; *Scheffler*, StuB 2009 S. 841; *Strahl*, KÖSDI 2009 S. 16653; *Wehrheim/Fross*, DStR 2010 S. 1352; *Willeke*, StuB 2010 S. 90; *Zwirner*, DStR 2010 S. 591 f.; a. A. *Kaminski*, DStR 2010 S. 1396; *Rammert/Thies*, WPg 2009 S. 43 f.

77 Diese Ansicht wurde vom BMF erstmals mit: BMF, Schreiben vom 12. 3. 2010 – IV C 6 - S 2133/09/10001, BStBl 2010 I S. 239, Rz. 8 geäußert und wird nunmehr in R 6.3 Abs. 1 Satz 1 EStR 2012 fortgeschrieben. Zur Diskussion, vgl. *Kahle/Hiller*, WPg 2013 S. 406 f.

78 Vgl. *Phillips*, BBK 2012 S. 504; *Künkele/Zwirner*, StuB 2013 S. 8. *Hoffmann* vertritt unterdessen die Ansicht, dass die Auffassung des BMF auf der Grundlage des BFH-Beschlusses vom 3. 2. 1969 – GrS 2/68, BStBl 1969 II S. 291 als begründet zu qualifizieren ist, vgl. *Hoffmann*, StuB 2012 S. 850; *Hoffmann*, PiR 2012 S. 268.

79 Vgl. *Geberth/Blasius*, FR 2010 S. 409; *Günkel/Teschke*, Ubg 2010 S. 404; *Prinz*, DB 2010 S. 2072; *Scheffler*, Besteuerung von Unternehmen. Bd. II: Steuerbilanz, 7. Aufl., Heidelberg u. a. 2011, S. 161 f.; *Wehrheim/Fross*, DStR 2010 S. 1351 f.

80 Vgl. *Grottel/Pastor*, in: Beck'scher Bilanz-Kommentar, 8. Aufl., München 2012, § 255 Rz. 359; *Günkel/Teschke*, Ubg 2010 S. 403.

81 Vgl. BT-Drucks. 16/10067 vom 30. 7. 2008, S. 60.

82 Vgl. *Moxter*, BB 1988 S. 945; *Döllerer*, BB 1965 S. 1413; *Freidank/Velte*, StuW 2010 S. 365 f. Zur Kritik auch *Spingler/Dietter*, Ubg 2013 S. 209 f.

83 Vgl. *Günkel/Teschke*, Ubg 2010 S. 401 ff.; *Herzig/Briesemeister*, DB 2010 S. 921; *Kaminski*, DStR 2010 S. 771 ff.; *Philipps*, BBK 2010 S. 468 ff.; *Richter*, GmbHR 2010 S. 507; *Scheffler*, StuB 2010 S. 295 ff.; *Velte/Sepetauz*, StuB 2010 S. 527; *Zwirner*, DStR 2010 S. 592.

84 Vgl. BMF, Schreiben vom 22. 6. 2010 – IV C 6 – S 2133/09/10001, BStBl 2010 I S. 597. *Velte/Sepetauz*, StuB 2010 S. 523, sprechen insoweit von einem „Fehlereingeständnis"; ähnlich *Kaminski*, DStR 2010 S. 1395. Zur Diskussion: *Zwirner/Künkele*, DStR 2013 S. 1200.

mensteuerrichtlinien bei der Ermittlung der Herstellungskosten nach der Richtlinie R 6.3 Abs. 4 EStR 2008 verfahren wird.“[85] Somit kommt es erneut zu einem Aufschub des Vollkostenansatzes; analog zur handelsrechtlichen Vorgehensweise können damit Kosten der allgemeinen Verwaltung, Aufwendungen für soziale Einrichtungen des Betriebs, für freiwillige soziale Leistungen und für betriebliche Altersversorgung einbezogen werden (vgl. auch Rz. 364).

Vom Grundsatz her gehören Fremdkapitalzinsen nicht zu den Herstellungskosten (§ 255 Abs. 3 Satz 1 HGB).[86] Allerdings eröffnet § 255 Abs. 3 Satz 2 HGB ein handelsrechtliches Einbeziehungswahlrecht. Wenn **Fremdkapitalzinsen** in die handelsrechtlichen Herstellungskosten einbezogen werden (§ 255 Abs. 3 Satz 2 HGB), hat dies nach Auffassung der Finanzverwaltung entsprechend in der steuerlichen Gewinnermittlung gemäß § 5 Abs. 1 Satz 1 EStG zu erfolgen.[87] Folglich sind Fremdkapitalzinsen steuerlich nur dann zwingend in die Herstellungskosten einzubeziehen, wenn sie handelsrechtlich aktiviert wurden.[88] Ist Letzteres nicht der Fall, kann auch steuerlich ein Einbezug der Fremdkapitalzinsen unterbleiben.[89] 886

(Einstweilen frei) 887–894

4. Teilwert

4.1 Begriff des Teilwertes

Eine Definition des Teilwertes findet sich sowohl in § 6 Abs. 1 Nr. 1 Satz 3 EStG als auch in § 10 Satz 2 und 3 BewG. Das EStG definiert den Teilwert als den Betrag, den ein Erwerber des ganzen Betriebes im Rahmen des Gesamtkaufpreises für das einzelne Wirtschaftsgut ansetzen würde, wobei davon auszugehen ist, dass der Erwerber den Betrieb fortführt. 895

Der Teilwertdefinition liegen demnach mehrere **Fiktionen** zugrunde. So soll sich der Steuerpflichtige fiktiv in die Situation eines Erwerbers versetzen (Erwerberfiktion), um so den Teilwert für ein einzelnes Wirtschaftsgut über den Gesamtkaufpreis bestimmen zu können (Fiktion der Verteilung des Gesamtkaufpreises), zudem soll vom Fortbestand des Unternehmens ausgegangen werden (going-concern-Fiktion).[90] 896

---

85 BMF v. 25. 3. 2013 – IV C 6 - S 2133/09/10001:004, BStBl 2013 I S. 296. Vgl. auch *Maus*, SteuerStud 2013 S. 319.

86 Vgl. *Müller/Kreipl*, in: Haufe HGB Bilanz Kommentar, 3. Aufl., Freiburg 2010, § 255 Abs. 2 HGB Rz. 193 f.; *Jonas/Elprana*, in: Heidel/Schall (Hrsg.), Handelsgesetzbuch, Baden-Baden 2011, § 255 HGB Rz. 101; *Ekkenga*, in: Claussen/Scherrer (Hrsg.), Kölner Kommentar zum Rechnungslegungsrecht, Köln 2011, § 255 HGB Rz. 149.

87 Vgl. R 6.3 Abs. 5 Satz 2 EStR 2012; BMF, Schreiben vom 12. 3. 2010 – IV C 6 - S 2133/09/10001, BStBl 2010 I S. 239, Rz. 6.

88 Vgl. *Meurer*, BB 2010 S. 822. *Scheffler* zufolge lässt sich diese Forderung nach übereinstimmender Vorgehensweise bei der Aktivierung von Fremdkapitalzinsen nur dann nachvollziehen, „wenn man dieses Wahlrecht als Billigkeitsregelung versteht“, *Scheffler*, StuB 2010 S. 297.

89 Vgl. *Kaminski*, DStR 2010 S. 773.

90 Zu den Fiktionen im Einzelnen vgl. *Lange*, 75 Jahre Teilwert, Berlin 2011, S. 109 ff.; *Mujkanovic*, SteuerStud 1994 S. 341 ff.

897 Der Teilwert wird demnach nicht losgelöst von seiner **Betriebszugehörigkeit** ermittelt, sondern kann nur als Teil der wirtschaftlichen Gesamteinheit „Betrieb" bestimmt werden.[91] Die Bewertung eines Wirtschaftsgutes mit dem Teilwert soll sich daher immer vor dem Hintergrund der Frage, welche Bedeutung ein Wirtschaftsgut für den Betrieb (Gesamtheit aller Wirtschaftsgüter) inne hat, bemessen.[92] Der Bewertung als Bestandteil des Gesamtunternehmens liegt die Überlegung zugrunde, dass einzelne Wirtschaftsgüter aufgrund ihrer Zugehörigkeit zu einem wirtschaftlich und organisatorischen Gebilde vom Betrieb profitieren und ihnen dadurch ein Mehrwert innewohnen kann.[93] Daher ist der Teilwert in der Regel auch höher als der **Verkehrswert**, der sich bei einer isolierten Bewertung einstellt (vgl. auch Rz. 930).[94]

898 Die Definition des § 10 Satz 2 BewG ist weitgehend kongruent mit der Definition im Einkommensteuergesetz. Lediglich der „Betrieb" wird im Bewertungsgesetz durch das „Unternehmen" ersetzt. Diese unterschiedliche Wortwahl im Gesetzestext führt allerdings nicht zu einer unterschiedlichen Teilwertdefinition.[95] Vielmehr sind beide genannten Normen inhaltsgleich anzuwenden. Unterschiede in der Anwendung können sich lediglich aus der unterschiedlichen Grundausrichtung beider Gesetze ergeben.[96] Der Teilwert ist immer auf den **Bewertungsstichtag** zu errechnen.[97] Die persönlichen Verhältnisse und Fertigkeiten des Steuerpflichtigen dürfen im Rahmen der Teilwertermittlung keine Berücksichtigung finden.[98] Vielmehr soll der Teilwert als **objektiver Wert**, losgelöst von einseitigen Preisvorstellungen ermittelt werden.[99] Diese objektive Wertermittlung soll durch die **Teilwertfiktionen** erreicht werden, bringt aber auch praktische Ermittlungsprobleme mit sich (vgl. Rz. 901).[100]

899–900 *(Einstweilen frei)*

4.2 Teilwertermittlung als Schätzung

901 Aufgrund der Vielzahl von Anwendungsfällen des Teilwertes (vgl. Rz. 812, 813) ist es von praktischer Relevanz für Steuerpflichtige, sich mit der Teilwertermittlung auseinanderzusetzen. In der Literatur wird jedoch seit Jahren die Wertfindung des Teilwertes als

91 Vgl. BFH, Urteil vom 30. 11. 1988 – II R 237/83, BStBl 1989 II S. 183, 185; *Moxter*, in: Rückle (Hrsg.), Aktuelle Fragen der Finanzwirtschaft und der Unternehmensbesteuerung, FS Loitlsberger, Wien 1991, S. 474.

92 Vgl. *Kußmaul/Meyering*, StB 2007 S. 463.

93 Vgl. *Hennrichs*, in: Tipke/Lang, Steuerrecht, 21. Aufl., Köln 2012, § 9 Rz. 260. In diesem Zusammenhang stellt sich allerdings die Frage, wie die Wertaufteilung vom Gesamtkaufpreis auf die einzelnen Wirtschaftsgüter zu erfolgen hat. Eine Lösungsmöglichkeit stellt die Zuteilung mittels eines Zurechenalgorithmus dar, vgl. *Gümbel*, ZfbF 1987 S. 131 ff. Zur Kritik am Gümbel-Algorithmus vgl. *Adam*, ZfbF 1987 S. 489 ff.

94 Dies trifft allerdings nicht in allen Fällen zu. Im Rahmen der Einlageleistung bei der Eröffnung des Betriebes sind Teilwert und gemeiner Wert gleich hoch, vgl. BFH, Urteile vom 10. 7. 1991 – VIII R 126/86, BStBl 1991 II S. 841; vom 29. 4. 1999 – IV R 63/97, BStBl 2004 II S. 639 f. Auch sind bei manchen Wirtschaftsgütern Teilwert und Verkehrswert deckungsgleich, vgl. z. B. BFH, Urteil vom 8. 9. 1994 – IV R 16/94, BStBl 1995 II S. 309 f.

95 Vgl. *Winkeljohann*, in: HHR, EStG, KStG, Köln, § 6 EStG Rz. 574 (Stand: August 2003).

96 Vgl. *Ehmcke*, in: Blümich, EStG, München, § 6 EStG, Rz. 31 (Stand: März 2010).

97 Vgl. *Fischer*, in: Kirchhof (Hrsg.), EStG, 12. Aufl., Köln 2013, § 6 Rz. 84.

98 Vgl. BFH, Urteil vom 17. 1. 1978 – VIII R 31/75, BStBl 1978 II S. 335, 337.

99 Vgl. BFH, Urteil vom 7. 12. 1978 – I R 142/76, BStBl 1979 II S. 729 f.

100 Insbesondere die Erwerberfiktion dient der Objektivierung, da durch die Fiktion eines gedachten Erwerbers die Teilwertermittlung losgelöst von persönlichen und einstigen Wertvorstellungen erfolgen soll.

problematisch angesehen.[101] Insbesondere durch die Zugrundelegung der genannten Fiktionen erweist sich die Teilwertdefinition als schlecht handhabbar.[102] Der Wortlaut der gesetzlichen Teilwertdefinition setzt die Lösung eines unlösbaren Zurechnungsproblems voraus.[103] Die Schwierigkeiten, die dem Teilwertbegriff anhaften, folgen „[a]us dem Widerstreit von wirtschaftlich sinnvoller Gesamtbewertung und prüfungstechnisch notwendiger Einzelbewertung".[104] Letztendlich lässt sich der Teilwert nur durch Schätzung ermitteln.[105] Der Schätzung vorgelagert stellt sich jedoch die Frage, wie der Teilwert zu interpretieren ist. Entsprechend seines Hauptanwendungsbereiches (Teilwertabschreibung) ist der Teilwert als Verlustantizipationsmaßstab zu begreifen.[106]

Bei der Wertermittlung mittels **Schätzung** wird dem Steuerpflichtigen ein **Ermessensspielraum** eingeräumt. Dieser Ermessensspielraum scheint auch gerechtfertigt zu sein, denn der Steuerpflichtige kennt die Gegebenheiten seines Betriebes am besten und vermag daher am qualifiziertesten eine Abschätzung des Teilwertes vorzunehmen.[107] Der BFH hat in seiner Rechtsprechung jedoch **Grenzen für die Ermittlung** des Teilwertes festgelegt. So findet die Ermessensausübung des Steuerpflichtigen ihre Ober- und Untergrenze in kaufmännischen Überlegungen.[108] 902

Die **Untergrenze für die Teilwertermittlung** bildet der Einzelveräußerungspreis.[109] Im normalen Geschäftsverkehr entspricht der Einzelveräußerungspreis dem gemeinen Wert.[110] Als Einzelveräußerungspreis ist wiederum mindestens der Wert anzusetzen, der für Material bzw. Schrott erlöst werden kann.[111] Um den Teilwert schlussendlich bestimmen zu können, müssen vom **Einzelveräußerungspreis** noch etwaig vorhandene Veräußerungskosten abgezogen werden.[112] 903

Eine Bewertung zur **Teilwertuntergrenze vernachlässigt die wirtschaftliche Zugehörigkeit zu einem Betrieb**. Diese Einzelbewertung des Wirtschaftsgutes ist dann gerechtfer- 904

101 Vgl. *Groh*, DB 1985 S. 1245; *Drüen*, AG 2006 S. 713. Z. T. wurde die Teilwertermittlung auch als schlichtweg nicht möglich bezeichnet, vgl. z. B. *Schult/Richter*, DStR 1991 S. 1263 oder der Teilwert als „gedankliche Fehlkonstruktion" abgestraft, vgl. *Wall*, WPg 1957 S. 546 (auch direktes Zitat).

102 Vgl. *Malterdingen*, DStZ 2002 S. 567.

103 Vgl. *Moxter*, in: Kirchhof/Offerhaus/Schöberle (Hrsg.), Steuerrecht, Verfassungsrecht, Finanzpolitik, FS Klein, Köln 1994, S. 830; *Koch*, ZfhF 1960 S. 319 f.; *Heigl*, StuW 1969 S. 461 ff.

104 *Schneider*, WPg 1969 S. 306.

105 Vgl. *Kulosa*, in: Schmidt, EStG, 32. Aufl., München 2013, § 6 EStG Rz. 232.

106 Vgl. *Moxter*, in: Kirchhof/Offerhaus/Schöberle (Hrsg.), Steuerrecht, Verfassungsrecht, Finanzpolitik, FS Klein, Köln 1994, S. 830 ff.; *Euler*, ZfbF 1991 S. 191 ff.

107 Vgl. *Fischer*, in: Kirchhof (Hrsg.), EStG, 12. Aufl., Köln 2013, § 6 Rz. 89; *Werndl*, in: Kirchhof/Söhn/Mellinghoff (Hrsg.), EStG, Heidelberg, § 6 EStG Rz. B 358 (Stand: Mai 2008). Dieser Ermessenspielraum des Steuerpflichtigen muss jedoch auf schlüssigen und wirtschaftlich durchsetzbaren Überlegungen beruhen, vgl. BFH, Beschluss vom 26. 10. 1995 – I B 20/95, BFH/NV 1996 S. 378.

108 Vgl. *Werndl*, in: Kirchhof/Söhn/Mellinghoff (Hrsg.), EStG, Heidelberg, § 6 EStG Rz. B 359 (Stand: Mai 2008).

109 Vgl. BFH, Urteile vom 5. 11. 1981 – IV R 103/79, BStBl 1982 II S. 258, 260; vom 25. 8. 1983 – IV R 218/80, BStBl 1984 II S. 33 f.

110 Vgl. Wissenschaftlicher Beirat des Fachbereichs Steuer der Ernst & Young Wirtschaftsprüfungsgesellschaft, BB 2004, Beilage 3, S. 8.

111 Vgl. BFH, Urteil vom 2. 3. 1973 – III R 88/69, BStBl 1973 II S. 475, 477.

112 Vgl. *Herrmann*, in: Frotscher (Hrsg.), EStG, Freiburg, § 6 Rz. 262 (Stand: Juli 2008).

tigt, wenn das Wirtschaftsgut für den Betrieb entbehrlich ist.[113] Die definierte Teilwertuntergrenze ist auch im Hinblick der geforderten kaufmännischen Überlegungen haltbar. So kann der Teilwert nicht unter dem Einzelveräußerungspreis liegen, da ein rational handelnder Kaufmann in diesem Fall das Wirtschaftsgut nicht länger für Betriebszwecke einsetzen, sondern vielmehr die Veräußerung des Wirtschaftsgutes vornehmen würde.

905 Die **Obergrenze für die Teilwertschätzung** entspricht den Wiederbeschaffungskosten.[114] Bei selbst erstellten Wirtschaftsgütern besteht die Wertobergrenze in den Wiederherstellungskosten für das Wirtschaftsgut. Zu den Wiederbeschaffungs- bzw. Wiederherstellungskosten müssen Anschaffungsnebenkosten addiert werden.[115]

906 Bei der Wertobergrenze muss berücksichtigt werden, dass bei der Ermittlung der Wiederbeschaffungskosten auch die konkreten persönlichen Umstände des Einzelfalls berücksichtigt werden. So können die **Wiederbeschaffungskosten** für den Betriebsinhaber höher sein als für Dritte. Diese höheren Wiederbeschaffungskosten für den Betriebsinhaber können sich ergeben, wenn der Verkäufer eines Wirtschaftsgutes die speziellen Vorteile, die der Betriebsinhaber aus dem Erwerb des Wirtschaftsgutes ziehen kann, kennt und daher gegenüber dem Betriebsinhaber einen höheren Preis durchsetzen kann als gegenüber Dritten.[116]

907 Der jeweilige Wertansatz zwischen Ober- und Untergrenze orientiert sich daran, welchen Wertbeitrag das konkret zu bewertende Wirtschaftsgut für den Gesamtbetrieb erbringt.[117] Je betriebsnotwendiger ein Wirtschaftsgut für den Betrieb ist, umso eher wird sich die Teilwertschätzung an der Obergrenze orientieren müssen. Der aus der Ober- und Untergrenze abzuleitende **Schätzungskorridor** kann jedoch als zu breit angesehen werden, um den Teilwert abschätzen zu können.[118]

908–910 *(Einstweilen frei)*

4.3 Teilwertvermutungen

911 Der Schätzungskorridor kann mittels Teilwertvermutungen konkretisiert werden. Teilwertvermutungen werden aus Erfahrungswerten abgeleitet und aufgrund von **Praktikabilitätsüberlegungen** für Steuerpflichtige zur Erleichterung der Teilwertfindung ausgegeben.[119] Teilwertvermutungen sind anders als Teilwertgrenzen von der Rechtspre-

113 Vgl. *Kulosa*, in: Schmidt, EStG, 32. Aufl., München 2013, § 6 EStG Rz. 252; *Moxter*, in: Kirchhof/Offerhaus/Schöberle (Hrsg.), Steuerrecht, Verfassungsrecht, Finanzpolitik, FS Klein, Köln 1994, S. 830.

114 Vgl. BFH, Urteile vom 13.12.1979 – IV R 30/77, BStBl 1980 II S. 346, 348; vom 5.11.1981 – IV R 103/79, BStBl 1982 II S. 258, 260.

115 Vgl. *Kulosa*, in: Schmidt, EStG, 32. Aufl., München 2013, § 6 EStG Rz. 254.

116 Vgl. *Moxter*, DStR 1998 S. 511.

117 Vgl. *Werndl*, in: Kirchhof/Söhn/Mellinghoff (Hrsg.), EStG, Heidelberg, § 6 EStG Rz. B 363 (Stand: Mai 2008).

118 Vgl. *Ebling*, DStR 1990 S. 327.

119 Vgl. *Werndl*, in: Kirchhof/Söhn/Mellinghoff (Hrsg.), EStG, Heidelberg, § 6 EStG Rz. B 357 (Stand: Mai 2008).

chung aufgestellte Leitsätze, die die Teilwertfindung vereinfachen sollen.[120] Im Gegensatz zu Teilwertgrenzen sind Teilwertvermutungen nicht das Ergebnis einer Gesetzesauslegung.[121] Sie haben daher auch keine absolute Rechtsbindungswirkung, vielmehr können sie widerlegt werden.[122]

Im **Zeitpunkt der Anschaffung bzw. Herstellung** wird für Wirtschaftsgüter des Anlage- 912
und des Umlaufvermögens vermutet, dass die Anschaffungs- bzw. Herstellungskosten, zzgl. der angefallenen Nebenkosten, dem Teilwert entsprechen.[123] Für nichtabnutzbare Wirtschaftsgüter des Anlagevermögens wird vermutet, dass die historischen Anschaffungs- bzw. Herstellungskosten auch zu späteren Bewertungszeitpunkten dem Teilwert entsprechen.[124]

Abnutzbare Wirtschaftsgüter des Anlagevermögens, die einen Marktwert haben, wer- 913
den auch zu folgenden Bilanzstichtagen mit den Wiederbeschaffungskosten bzw. Wiederherstellungskosten bewertet. Abnutzbare Wirtschaftsgüter des Anlagevermögens ohne Marktwert werden i. d. R. mit den Anschaffungs- bzw. Herstellungskosten vermindert um Abschreibungen bewertet.[125] Für das **Umlaufvermögen** gilt die Vermutung, dass der Teilwert zu späteren Bewertungsstichtagen den Wiederbeschaffungskosten entspricht.[126] Mithin wird für **nichtbetriebsnotwendige Wirtschaftsgüter** vermutet, dass der Teilwert dem Einzelveräußerungspreis entspricht.[127]

Es fällt auf, dass für Anlage- und Umlaufvermögen jeweils eine andere Basis für die 914
Teilwertvermutung herangezogen wird. Beim Anlagevermögen dienen die Anschaffungs- bzw. Herstellungskosten als Basis für die Teilwertvermutung, während sich die Teilwertvermutung für das Umlaufvermögen an den Wiederbeschaffungskosten orientiert.[128] Allerdings kann auch eine Teilwertvermutung unter den Wiederbeschaffungskosten gerechtfertigt sein, beispielsweise wenn bei Vorräten die Wiederbeschaffungskosten die Selbstkosten nicht decken.[129]

---

120 Vgl. *Gabert*, FR 2009 S. 812.

121 Vgl. *Winkeljohann*, in: HHR, EStG, KStG, Köln, § 6 EStG Rz. 586 (Stand: August 2003); *Ebling*, DStR 1990 S. 327.

122 Vgl. BFH, Urteil vom 27. 7. 1988 – I R 104/84, BStBl 1989 II S 274.

123 Vgl. BFH, Urteile vom 13. 10. 1976 – I R 79/74, BStBl 1977 II S. 540 f.; vom 8. 9. 1994 – IV R 16/94, BStBl 1995 II S. 309 f.; *Herrmann*, in: Frotscher (Hrsg.), EStG, Freiburg, § 6 EStG Rz. 265 (Stand: Juli 2008).

124 Diese Auffassung entspricht der nunmehr ständigen Rechtsprechung des BFH. Vgl. BFH, Urteile vom 7. 11. 1990 – I R 116/86, BStBl 1991 II S. 342 f.; vom 19. 5. 1998 – I R 54/97, BStBl 1999 II S. 277; vom 7. 2. 2002 – IV R 87/99, BStBl 2002 II S. 294 f.

125 Vgl. BFH, Urteil vom 12. 5. 1993 – II R 2/90, BStBl 1993 II S. 587. Dabei ist davon auszugehen, dass grundsätzlich linear abgeschrieben wird, vgl. BFH, Urteil vom 30. 11. 1988 – II R 237/83, BStBl 1989 II S. 183 f.; vgl. hierzu auch *Schmidt*, DB 1989 S. 610 ff.; *Schmidt*, BB 1989 S. 1596 ff.; *Schmidt*, BB 1991 S. 1013.

126 Vgl. BFH, Urteile vom 30. 1. 1980 – I R 89/79, BStBl 1980 II S. 327 f.; vom 13. 4. 1988 – I R 104/86, BStBl 1988 II S. 892, 894; vom 31. 1. 1991 – IV R 31/90, BStBl 1991 II S. 627.

127 Vgl. BFH, Urteil vom 5. 10. 1972 – IV R 118/70, BStBl 1973 II S. 207 f.

128 Diese Vermutung scheint auch gerechtfertigt zu sein, denn beim Umlaufvermögen setzen sich Wertänderungen i. d. R. schneller durch als beim Anlagevermögen, vgl. *Ehmcke*, in: Blümich, EStG, München, § 6 EStG Rz. 611 (Stand: September 2010).

129 Vgl. BFH, Urteil vom 9. 11. 1994 – I R 68/92, BStBl 1995 II S. 336 f.

915 Die Niederlegung von Teilwertvermutungen ist wegen des problematischen Teilwert-Begriffes zu begrüßen, allerdings bleiben zahlreiche Ermittlungsprobleme bestehen.[130] Die genannten Teilwertvermutungen sind nur solange haltbar, bis bessere Erkenntnisse eine zutreffendere Wertbestimmung ermöglichen.[131] Die **Beweislast für die Widerlegung** von Teilwertvermutungen obliegt dabei demjenigen, der die Gültigkeit von Teilwertvermutungen anzweifelt.[132] Grundsätzlich gilt, dass eine Teilwertvermutung durch den Steuerpflichtigen dann widerlegt werden kann, wenn ein niedrigerer objektiver Wert unter Berücksichtigung des Einzelfalles glaubhaft gemacht werden kann.[133] Die Qualität der dargelegten Gründe, auf die die Abweichung von der Teilwertvermutung gestützt werden soll, ist dabei einzelfallabhängig.[134] Je näher der Bilanzstichtag an der Anschaffung bzw. Herstellung eines Wirtschaftsgutes liegt, umso stärker ist die Vermutung, dass die Anschaffungs- bzw. Herstellungskosten auch dem Teilwert entsprechen und umso höher sind die Anforderungen an die Widerlegungsgründe.[135]

916 Die Niederlegung von Teilwertvermutungen wird besonders auch mit Blick auf die Teilwertabschreibung vorgenommen.[136] Eine Teilwertabschreibung kommt nur bei Gewinnermittlung mittels Vermögensvergleich nach § 4 Abs. 1 EStG und § 5 EStG in Betracht, wohingegen eine Teilwertabschreibung im Rahmen der vereinfachten Gewinnermittlung i. S. v. § 4 Abs. 3 EStG nicht infrage kommt.[137]

917 Die **Teilwertabschreibung** dient bei einem gesunkenen Wert der Wirtschaftsgüter der steuerkorrekten Berücksichtigung von Verlusten.[138] Durch die Teilwertabschreibung besteht die Möglichkeit, Verluste der Periode zuzuordnen, in der sie entstanden sind. Allerdings kommt bei voraussichtlich nur vorübergehender Wertminderung eine Teilwertabschreibung nicht in Betracht (§ 6 Abs. 1 Satz 1 Nr. 1 Satz 2 u. Nr. 2 Satz 2 EStG). Eine **voraussichtlich dauernde Wertminderung** liegt bei aktiven Wirtschaftsgütern generell immer dann vor, wenn der Teilwert andauernd unter die fortgeführten Anschaffungs- und Herstellungskosten gesunken ist.[139] Konkret ist bei nicht abnutzbaren Wirtschaftsgütern eine dauerhafte Wertminderung dann zu vermuten, wenn aus Sicht des Bilanz-

130 Vgl. *Euler*, DStJG 1984 S. 164 f.

131 Vgl. BFH, Urteil vom 12. 8. 1987 – II R 225/84, BStBl 1987 II S. 703 f.

132 Vgl. *Winkeljohann*, in: HHR, EStG, KStG, Köln, § 6 EStG Rz. 598 (Stand: Oktober 2007). Grundsätzlich können Teilwertvermutungen sowohl vom Steuerpflichtigen als auch vom Fiskus angezweifelt werden. Zweifelt das Finanzamt eine Teilwertvermutung an und will es von der Teilwertvermutung nach oben abweichen, so trifft es die Beweislast, vgl. BFH, Urteil vom 16. 6. 1970 – II 95-96/64, BStBl 1970 II S. 690, 693.

133 Vgl. BFH, Urteil vom 7. 11. 1990 – I R 116/86, BStBl 1991 II S. 342, 344.

134 Vgl. BFH, Urteil vom 7. 11. 1990 – I R 116/86, BStBl 1991 II S. 342, 344.

135 Vgl. BFH, Urteil vom 17. 1. 1978 – VIII R 31/75, BStBl 1978 II S. 335 f.

136 Vgl. *Kulosa*, in: Schmidt, EStG, 32. Aufl., München 2013, § 6 EStG Rz. 237.

137 Vgl. BFH, Urteile vom 24. 11. 1955 – IV 231/53 U, BStBl 1956 III S. 38; vom 21. 6. 2006 – XI R 49/05, BStBl 2006 II S. 712; *Kulosa*, in: Schmidt, EStG, 32. Aufl., München 2013, § 6 EStG Rz. 360; *Herrmann*, in: Frotscher (Hrsg.), EStG, Freiburg, § 6 Rz. 242 (Stand: November 2009); *Korn/Strahl*, in: Korn/Carlé/Stahl/Strahl (Hrsg.), EStG, Bonn, § 6 Rz. 210 m. w. N. (Stand: Mai 2011); a. A. *Groh*, FR 1986 S. 393, 396; *Kanzler*, in: HHR, EStG, KStG, Köln, § 4 EStG Rz. 536 m. w. N (Stand: September 2006).; *Söhn*, StuW 1991 S. 270, 277; *Bauer*, Das Prinzip der Besteuerung nach der Leistungsfähigkeit als Grundlage der Gewinnermittlungsarten im Einkommensteuerrecht, Hamburg 2011, S. 412.

138 Vgl. *Kulosa*, in: Schmidt, EStG, 32. Aufl., München 2013, § 6 EStG Rz. 237.

139 Vgl. BMF, Schreiben vom 25. 2. 2000 – IV C 2 - S 2171b - 14/00, BStBl 2000 I S. 372, Tz. 4.

stichtages mehr Gründe für als gegen eine dauerhafte Wertminderung sprechen.[140] Bei abnutzbarem Anlagevermögen ist von einer dauerhaften Wertminderung dann auszugehen, wenn der Wert des Wirtschaftsgutes zum Bilanzstichtag für mindestens die halbe Restnutzungsdauer unter dem Buchwert liegt.[141] Wirtschaftsgüter des Umlaufvermögens sind dann vermutlich dauerhaft in ihrem Wert gesunken, wenn eine Wertminderung bis zur Bilanzsaufstellung (bzw. zum Verbrauch oder Verkauf) anhält.[142]

Bei **festverzinslichen Wertpapieren** ist eine Teilwertabschreibung allein auf Grund gesunkener Kurse nicht zulässig.[143] Durch das BMF-Schreiben vom 10. 9. 2012 dehnt die Finanzverwaltung die Grundsätze des BFH-Urteils vom 8. 6. 2011 auch auf Wertpapiere im Umlaufvermögen aus, die keinem Bonitäts- oder Liquiditätsrisiko unterliegen und mit dem Nennwert eingelöst werden können.[144]

Mit Urteil vom 26. 9. 2007 („Infineon-Urteil"[145]) hat der BFH entschieden, dass bei **börsennotierten Anteilen** an einer Kapitalgesellschaft, die als Finanzanlage gehalten werden, bereits dann von einer voraussichtlichen Wertminderung i. S. d. § 6 Abs. 1 Nr. 2 Satz 2 EStG auszugehen ist, wenn der Börsenwert zum Bilanzstichtag unter die Anschaffungskosten gesunken ist und zum Zeitpunkt der Bilanzaufstellung keine konkreten Anhaltspunkte vorliegen, dass eine alsbaldige Wertaufholung eintreten könnte. Das Kriterium der Dauerhaftigkeit wird demnach eingeschränkt. Nach Ansicht der Finanzverwaltung sind die Grundsätze des Urteils, das nur die Bewertung von börsennotierten Anteilen im Anlagevermögen betrifft, „über den entschiedenen Einzelfall hinaus anzuwenden"[146]. Eine voraussichtlich dauernde Wertminderung liegt nach Auffassung des BMF vor, wenn der Börsenkurs von börsennotierten Aktien entweder (1) zu dem jeweils aktuellen Bilanzstichtag um mehr als 40 % unter die Anschaffungskosten oder (2) zu dem jeweils aktuellen und dem vorangegangenen Bilanzstichtag um mehr als 25 % unter die Anschaffungskosten gesunken ist.[147] Das BMF überträgt diese typisierenden Schwellenwerte auf Anteile an **in- und ausländischen Aktienfonds**.[148] Mit BFH-Urteil vom 21. 9. 2011[149] dürfte die Anwendung des BMF-Schreibens unterdessen überholt sein, denn der BFH hatte hier entschieden, dass eine dauerhafte Wertminderung bei börsennotierten Aktien immer dann vorliegt, wenn der Börsenwert zum Bilanzstichtag unter den zum Zeitpunkt des Aktienkaufes gesunken ist (und eine **5 % Bagatellgrenze** überschritten ist). Außerdem untersagt der BFH mit Beschluss vom 8. 2. 2012 eine Übertragbarkeit der Grundsätze der Teilwertabschreibung von börsennotierten Wertpapie-

140 Vgl. *Ehmcke*, in: Blümich, EStG, München, § 6 EStG, Rz. 560c (Stand: April 2013).

141 Vgl. BFH, Urteil vom 14. 3. 2006 – I R 22/05, BStBl 2006 II S. 680 f.; hierzu *Teschke*, DStZ 2006 S. 661 ff.

142 Vgl. *Fischer*, in: Kirchhof (Hrsg.), EStG, 12. Aufl., Köln 2013, § 6 EStG Rz. 102.

143 Vgl. BFH, Urteil vom 8. 6. 2011 – I R 98/10, BStBl 2012 II S. 716; hierzu *Schmid*, BB 2011 S. 2475 ff.

144 Vgl. BMF, Schreiben vom 10. 9. 2012 – IV C 6 - S 2171-b/0 :005, BStBl 2012 I S. 939; hierzu *Altvater*, RdF 2012 S. 430.

145 Vgl. BFH, Urteil vom 26. 9. 2007 – I R 58/06, BStBl 2009 II S. 294; hierzu *Hoffmann*, DB 2008 S. 260 ff.; *Heger*, Ubg 2008 S. 68 ff.; *Scholze/Wielenberg*, StuW 2009 S. 372 ff.

146 Vgl. BMF, Schreiben vom 26. 3. 2009 – IV C 6 – S 2171.b/0, DB 2009 S. 707.

147 Vgl. BMF, Schreiben vom 26. 3. 2009 – IV C 6 – S 2171.b/0, DB 2009 S. 707.

148 Vgl. BMF, Schreiben vom 5. 7. 2011 – IV C 1 – S 1980 – 1/10/10011 :006, BStBl 2011 I S. 735.

149 Vgl. BFH, Urteil vom 21. 9. 2011 – I R 89/10, BFH/NV 2012 S. 306; hierzu *Bäuml*, FR 2012 S. 221 f.

ren auf andere Wirtschaftsgüter (z. B. GmbH-Anteile).[150] Darüber hinaus hat der BFH am 24. 10. 2012 entschieden, dass eine Teilwertabschreibung auf eine im Anlagevermögen gehaltene Forderung wegen deren Unverzinslichkeit nicht zulässig ist.[151]

918 Von besonderer praktischer Relevanz für Steuerpflichtige ist auch, dass die Teilwertabschreibung zur **Steuerbilanzpolitik** genutzt werden kann (vgl. Rz. 2720 ff.), da dem Steuerpflichtigen eine Wahlfreiheit zusteht, ob er Teilwertabschreibungen bei voraussichtlich dauerhafter Wertminderung durchführt; u. U. sind außerbilanzielle Wertkorrekturen zu beachten (vgl. Rz. 363). Nach h. M. wird die materielle Maßgeblichkeit der handelsrechtlichen GoB (§ 253 Abs. 3 Satz 3 HGB, § 253 Abs. 4 HGB) infolge des § 5 Abs. 1 Satz 1 2. Halbsatz EStG außer Kraft gesetzt; demnach besteht für die Vornahme einer Teilwertabschreibung ein eigenständiges steuerliches Wahlrecht.[152] Dies bejaht auch die Finanzverwaltung.[153] Eine Teilwertabschreibung auf einen Zwischenwert ist aber nicht erlaubt.[154] Die Teilwertabschreibung ist von der **Absetzung für außergewöhnliche Abnutzung** (AfaA) abzugrenzen.[155]

919 Nachstehende Übersicht soll eine Zusammenfassung der aufgestellten Teilwertvermutungen und möglicher Widerlegungsgründe geben.[156]

150 Vgl. BFH, Beschluss vom 8. 2. 2012 – IV B 13/11, BFH/NV 2012 S. 963. Zur Diskussion hinsichtlich der Grundsätze bei börsennotierten Wertpapieren vgl. *Marx*, StuB 2012 S. 665 ff.; *Grützner*, StuB 2012 S. 180 ff.; *Grieser/Faller*, DStR 2012 S. 727.

151 Vgl. BFH, Urteil vom 24. 10. 2012 – I R 43/11, BStBl 2013 II S. 162; hierzu *Löbe*, NWB 2013 S. 1802 ff.

152 Vgl. *Dörfler/Adrian*, Ubg 2009 S. 390; *Ernsting*, FR 2010 S. 1070; *Förster/Schmidtmann*, BB 2009 S. 1344; *Günkel*, in: Kessler/Förster/Watrin (Hrsg.), Unternehmensbesteuerung, München 2010, S. 513; *Herzig*, DB 2010 S. 3; *Herzig/Briesemeister*, Ubg 2009 S. 163; *dies.*, DStR 2009 S. 978; *Künkele/Zwirner*, DStR 2010 S. 2265; *Mitschke*, FR 2010 S. 218; *Ortmann-Babel/Bolik*, BB 2010 S. 2101; *Strahl*, KÖSDI 2009 S. 16648; *Theile*, DStR 2009 S. 2385. A. A. *Anzinger/Schleiter*, DStR 2010 S. 398; *Arbeitskreis Bilanzrecht der Hochschullehrer Rechtswissenschaft*, DB 2009 S. 2570; *Hennrichs*, Ubg 2009 S. 539, 541; *ders.*, GmbHR 2010 S. 21; *Hoffmann*, StuB 2010 S. 210; *Richter*, GmbHR 2010 S. 508 f.; *Weber-Grellet*, DB 2009 S. 2403; *Wehrheim/Fross*, DStR 2010 S. 1349 f.

153 Vgl. BMF, Schreiben vom 12. 3. 2010 – IV C 6 - S 2133/09/10001, BStBl 2010 I S. 239, Rz. 13 u. 15. Für originäre Steuerbilanzen nach § 4 Abs. 1 EStG folgt ein Wahlrecht zur Vornahme einer Teilwertabschreibung aus R 6.8 Abs. 1 Satz 5 EStR.

154 Vgl. *Herzig/Briesemeister*, DB 2010 S. 919; a. A. *Hoffmann*, DB 12/2010 S. M01.

155 Vgl. *Karrenbrock*, SteuerStud 2011 S. 437. So ist eine AfaA dann zulässig, wenn die Verwendbarkeit eines Wirtschaftsgutes aufgrund von außergewöhnlichen wertbeeinflussenden Verhältnissen gesunken ist. Eine Teilwertabschreibung ist hingegen bei jeder Form von Wertsenkung zulässig, sofern diese dauerhaft ist.

156 Die Widerlegungsgründe sind dabei nicht abschließend. Vielmehr sollen sie als typische Widerlegungsgründe für die dargestellten Kategorien verstanden werden.

ABB. 2:	Teilwertvermutungen und mögliche Widerlegungsgründe	
Kategorie	**Teilwertvermutung**	**Mögliche Widerlegungsgründe**
Nichtabnutzbare Wirtschaftsgüter des Anlagevermögens	► historische Anschaffungs- bzw. Herstellungskosten ► Teilwertabschreibung als Ausnahme	► Wiederbeschaffungskosten bzw. Einzelveräußerungspreis sind unter die AHK gefallen ► Gesunkene Rentabilität des Wirtschaftsgutes z. B. dadurch, dass das Wirtschaftsgut nicht wie geplant genutzt werden kann
Abnutzbare Wirtschaftsgüter des Anlagevermögens	► historische Anschaffungs- bzw. Herstellungskosten gemindert um Abschreibungen für Wirtschaftsgüter, die keinen Marktpreis haben ► Wiederbeschaffungskosten für Wirtschaftsgüter, die einen Marktpreis haben	► Wiederbeschaffungskosten bzw. Einzelveräußerungspreis sind unter die fortgeführten AHK gefallen ► Mängel des Wirtschaftsgutes, die im Kaufpreis nicht berücksichtigt wurden
Umlaufvermögen (Waren, Roh-, Hilfs- und Betriebsstoffe, fertige und unfertige Erzeugnisse)	► Wiederbeschaffungskosten bzw. Wiederherstellungskosten	► Verkaufspreis (abzüglich der noch entstehenden Kosten) liegt unter den Wiederbeschaffungskosten
Forderungen	► Nennwert der Forderung, unter Berücksichtigung der Grundsätze zur Währungsumrechnung	► Absinken des Fremdwährungskurses ► Unsicherheiten bei der Forderungsbegleichung ► niedrige Verzinsung
Liquide Mittel	► Nominalwert der Forderung, unter Berücksichtigung der Grundsätze zur Währungsumrechnung	► Absinken des Fremdwährungskurses
Verbindlichkeiten	► Rückzahlungsbetrag, unter Berücksichtigung der Grundsätze zur Währungsumrechnung	► Ansteigen des Fremdwährungskurses ► hohe Verzinsung

(Einstweilen frei) 920–922

5. Gemeiner Wert

5.1 Begriff des gemeinen Wertes

923 Eine Legaldefinition des Begriffs „gemeiner Wert" findet sich in § 9 Abs. 2 BewG. Er wird als der Preis definiert, der im gewöhnlichen Geschäftsverkehr nach der Beschaffenheit des Wirtschaftsgutes bei Veräußerung erzielt werden kann (§ 9 Abs. 2 Satz 1 BewG). Hierbei sind alle Umstände, die den Preis beeinflussen, zu berücksichtigen (§ 9 Abs. 2 Satz 2 BewG). Ungewöhnliche und persönliche Verhältnisse, die sich auf die Preisfindung auswirken, dürfen hingegen keinen Wertniederschlag finden (§ 9 Abs. 2 Satz 3 BewG).

924 Der Rechtsprechung des BFH folgend sind die Definition und die Wertermittlung des gemeinen Wertes nach dem Bewertungsgesetz **auch für das Ertragsteuerrecht** maßgeblich.[157] So regelt § 1 Abs. 2 BewG, dass die allgemeinen Bewertungsvorschriften des Bewertungsgesetzes dann gelten, sofern in den anderen Steuergesetzen keine besonderen Bewertungsvorschriften enthalten sind. In Ermangelung einer Definition des gemeinen Wertes im Einkommensteuergesetz kann auf die Definition im Bewertungsgesetz zurückgegriffen werden.

925 Im Rahmen der internationalen Rechnungslegung wird der Begriff **Fair-Value** verwendet; dieser wird als **Exit-Wert** verstanden und ist daher grundsätzlich gleichbedeutend wie der gemeine Wert.[158]

926–927 *(Einstweilen frei)*

928 Dem gemeinen Wert kommt im Bilanzsteuerrecht eine eher untergeordnete Rolle im Vergleich zum Teilwert zu.[159] Allerdings wurde durch das SEStEG 2006 für die Wertermittlung im Rahmen von **Umwandlungen** der Teilwert durch den gemeinen Wert ersetzt.

929 Beide Bewertungsmaßstäbe können nicht losgelöst voneinander betrachtet werden, da gemeiner Wert und Teilwert konzeptionelle Gemeinsamkeiten aufweisen.[160] Dies verwundert insoweit nicht, als der Teilwert historisch aus dem gemeinen Wert entwickelt wurde.[161] Trotz der Gemeinsamkeiten ist es von praktischer Relevanz, die Unterschiede beider Konzeptionen zu kennen.[162]

157 Vgl. BFH, Urteil vom 20. 10. 2008 – IX R 96/07, BStBl 2009 II S. 45 f.; *Hennrichs*, in: Tipke/Lang, Steuerrecht, 21. Aufl., Köln 2012, § 9 Rz. 265; *Korn/Strahl*, in: Korn/Carlé/Stahl/Strahl (Hrsg.), EStG, Bonn, § 6 Rz. 210.2. (Stand: Mai 2011).

158 Vgl. *Knittel*, in: Gürsching/Stenger (Hrsg.), BewG, ErbStG, Köln, § 9 BewG, Rz. 4 (Stand: Dezember 2012).

159 Diese Feststellung gilt allerdings nur für das Bilanzsteuerrecht. Für die Wertermittlung für Zwecke der ErbSt wurde der gemeine Wert als alleiniger Bewertungsmaßstab eingeführt, vgl. auch BVerfG, Beschluss vom 7. 11. 2006 – 1 BvL 10/02, BStBl 2007 II S. 192 f.

160 Als Beleg für die Ähnlichkeit beider Werte kann auch die Aussage gewertet werden, dass sich durch den Wechsel vom Teilwert zum gemeinen Wert im Rahmen des UmwStG keine fundamentalen Änderungen für Steuerpflichtige ergeben haben. Vgl. *Diller/Grottke*, SteuerStud 2007 S. 74.

161 Vgl. *Schreiber*, Das Problem des Teilwerts im Steuerrecht, Philippsburg 1940, S. 2; *Gabert*, Der Bewertungsmaßstab des Teilwerts im Bilanzsteuerrecht, Berlin 2011, S. 6 ff.

162 Zu den Unterschieden zwischen Teilwert und gemeinen Wert vgl. BFH, Urteil vom 30. 11. 1988 – I R 114/84, BStBl 1990 II S. 117 f.

Ein **Unterscheidungskriterium zwischen Teilwert und gemeinem Wert** ist der Umstand, dass beim Teilwert die Bewertung aus Sicht eines fiktiven Erwerbers unter Berücksichtigung der Betriebszugehörigkeit erfolgt (vgl. Rz. 895, 896).[163] Die Bewertung des gemeinen Wertes wird hingegen unter Berücksichtigung der Gegebenheiten des gewöhnlichen Geschäftsverkehres vorgenommen. Man kann den gemeinen Wert und den Teilwert daher marktseitig voneinander abgrenzen. Für die Ermittlung des gemeinen Wertes sind die Bedingungen des **Absatzmarktes** relevant, wohingegen für die Ermittlung des Teilwertes die Bedingungen des **Beschaffungsmarktes** maßgeblich sind.[164] 930

Ein weiterer zentraler Unterschied zwischen Teilwert und gemeinem Wert besteht darin, dass beim gemeinen Wert keine **Verbundeffekte** aufgrund einer Betriebszugehörigkeit berücksichtigt werden.[165] Daher stellt sich der Teilwert als gemeiner Wert korrigiert um die Effekte aufgrund der Betriebszugehörigkeit eines Wirtschaftsgutes ein.[166] Der gemeine Wert bezieht sich folglich auf den Nutzen, den *jeder* Wirtschaftsgutbesitzer erzielt, während der Teilwert auf den Nutzen abstellt, den ein *spezieller* Wirtschaftsgutbesitzer erzielen kann.[167] Für die Bewertung des Anlagevermögens kann vermutet werden, dass sich der gemeine Wert als niedriger als der Teilwert erweist (vgl. Rz. 913).[168] Beim Umlaufvermögen kann der Teilwert unter Umständen niedriger als der gemeine Wert sein, da sich der Teilwert in diesem Fall durch eine Rückwärtskalkulation errechnet und vom Listenpreis die Handelsspanne abgezogen wird.[169] 931

Häufig sind Teilwert und gemeiner Wert jedoch identisch. So sind gemeiner Wert und Teilwert bei der Bewertung von nichtbetriebsnotwendigen Vermögensgegenständen deckungsgleich, da **nichtbetriebsnotwendige Vermögensgegenstände** keinen Mehrwert aufgrund der Betriebszugehörigkeit aufweisen (vgl. Rz. 913).[170] 932

(Einstweilen frei) 933–934

5.2 Ermittlung des gemeinen Wertes

In der Regel entspricht der **Verkehrswert (Einzelveräußerungspreis)** dem gemeinen Wert.[171] Allerdings muss beachtet werden, dass bei der Ermittlung des gemeinen Wer- 935

163 Vgl. *Diller/Grottke*, SteuerStud 2007 S. 72.

164 Vgl. *Uelner/Albert*, Zum geplanten Verbot der Teilwertabschreibung, IFSt Nr. 369, Bonn 1999, S. 11; *Lange*, 75 Jahre Teilwert, Berlin 2011, S. 236.

165 Vgl. *Kulosa*, in: Schmidt, EStG, 32. Aufl., München 2013, § 6 EStG Rz. 235.

166 Vgl. *Wissenschaftlicher Beirat des Fachbereichs Steuer der Ernst & Young Wirtschaftsprüfungsgesellschaft*, BB 2004, Beilage 3, S. 4.

167 Vgl. *Albach*, WPg 1963 S. 624. Insofern hat der Teilwert Ähnlichkeit mit dem Nutzungswert nach IFRS, vgl. *Conenberg/Haller/Schultze*, Jahresabschluss und Jahresabschlussanalyse, 22. Aufl., Stuttgart 2012, S. 106.

168 Vgl. BFH, Urteil vom 30. 1. 1980 – I R 89/79, BStBl 1980 II S. 327, 329; *Uelner/Albert*, Zum geplanten Verbot der Teilwertabschreibung, IFSt Nr. 369, Bonn 1999, S. 11.

169 Vgl. *Werndl*, in: Kirchhof/Söhn/Mellinghoff (Hrsg.), EStG, Heidelberg, § 6 EStG Rz. B 333 (Stand: Mai 2008).

170 Vgl. BFH, Urteil vom 25. 8. 1983 – IV R 218/80, BStBl 1984 II S. 33 f.

171 Vgl. BFH, Urteil vom 2. 2. 1990 – III R 173/86, BStBl 1990 II S. 497, 499; *Hennrichs*, in: Tipke/Lang, Steuerrecht, 21. Aufl., Köln 2012, § 9 Rz. 265; *Seer*, in: Tipke/Lang, Steuerrecht, 21. Aufl., Köln 2012, § 15 Rz. 3; *Viskorf*, in: Viskorf/Knobel/Schuck (Hrsg.), NWB Kommentar ErbStG, BewG, 4. Aufl., Herne 2012, § 9 BewG Rz. 2. Ein über dem Verkehrswert liegender Wert kann nur dann angesetzt werden, wenn in Ausnahmefällen die Prognose besteht, dass dieser höhere Wert am Markt durchgesetzt werden kann. Ist dies der Fall, so kann der höhere Wert als gemeiner Wert angesetzt werden, vgl. BFH, Urteil vom 10. 9. 1991 – VII R 26/87, BFH/NV 1992 S. 232 f.

tes persönliche und außergewöhnliche Umstände keinen Wertniederschlag finden dürfen (§ 9 Abs. 2 Satz 3 BewG). Bei der Einzelveräußerungspreisbestimmung können persönliche und außergewöhnliche Umstände jedoch eingepreist werden.[172] Die Berücksichtigung von außergewöhnlichen und persönlichen Verhältnissen würde dem Ziel, einen Wert zu bestimmen, wie er im gewöhnlichen Geschäftsverkehr regelmäßig zustande kommt, widersprechen.[173] Diese Unterscheidung dürfte allerdings in wenigen Ausnahmefällen von praktischer Bedeutung sein. Ein vorhandener Börsenkurs ist am besten geeignet, die in § 9 Abs. 2 BewG niedergelegte Definition umzusetzen (§ 11 Abs. 1 BewG).[174]

936 Gemäß der Auffassung, dass der Verkehrswert dem gemeinen Wert eines Wirtschaftsgutes entspricht, soll der gemeine Wert vorrangig aus Verkäufen abgeleitet werden (§ 11 Abs. 2 Satz 2 BewG). Dabei muss eine **Vergleichbarkeit der Umstände** vorliegen, um den ermittelten Verkaufspreis als gemeinen Wert ansetzen zu können. Auch stellt sich die Frage, wie lange der Verkauf längstens zurückliegen darf, damit Wertänderungen berücksichtigt werden.

937 Generell müssen Verkäufe in einem engen zeitlichen Zusammenhang zum Bewertungsstichtag stehen, damit man aus diesen Verkäufen den gemeinen Wert ableiten kann.[175] Konkret regelt § 11 Abs. 2 BewG, dass die Ableitung des gemeinen Wertes aus Verkäufen nur dann infrage kommt, wenn diese weniger als ein Jahr zurückliegen.

938 *(Einstweilen frei)*

939 Können keine Verkäufe von vollständig bzw. fast vollständig vergleichbaren Wirtschaftsgütern festgestellt werden, so ist der gemeine Wert unter **Berücksichtigung der Ertragsaussichten** zu ermitteln (§ 11 Abs. 2 Satz 2 BewG). Die Ertragsaussichten können nur durch eine Prognose (Schätzung) definiert werden. Diese Schätzung läuft nach § 162 Abs. 1 AO auf das Ziel hinaus, den Preis so zu bestimmen, wie er im gewöhnlichen Geschäftsverkehr und unter Ausschaltung von persönlichen Umständen zustande gekommen wäre.[176] § 11 Abs. 2 Satz 2 Halbsatz 2 BewG regelt, dass die Methode anzuwenden ist, „die ein Erwerber der Bemessung des Kaufpreises zugrunde legen würde". Somit kommt es zu einem Methodenpluralismus.[177]

940 Im Gesetz findet sich keine Definition des gewöhnlichen Geschäftsverkehrs. Die Rechtsprechung definiert den Preis, der im gewöhnlichen Geschäftsverkehr zustande kommt,

---

172 Vgl. BFH, Urteil vom 5. 11. 1981 – IV R 103/79, BStBl 1982 II S. 258, 260.

173 Vgl. BFH, Urteil vom 14. 10. 1966 – III 281/63, BStBl 1967 III S. 82 f.

174 Vgl. *Viskorf*, in: Viskorf/Knobel/Schuck (Hrsg.), NWB Kommentar ErbStG, BewG, 4. Aufl., Herne 2012, § 11 BewG Rz. 1; *Mannek*, in: Gürsching/Stenger (Hrsg.), BewG, ErbStG, Köln, § 11 BewG Rz. 445 (Stand: März 2011).

175 Vgl. BFH, Urteil vom 20. 12. 1968 – III R 122/67, BStBl 1969 II S. 373 f.

176 Vgl. BFH, Urteil vom 6. 6. 2001 – II R 7/98, BFH/NV 2002 S. 28, 30; *Viskorf*, in: Viskorf/Knobel/Schuck (Hrsg.), NWB Kommentar ErbStG, BewG, 4. Aufl., Herne 2012, § 9 BewG Rz. 8. Siehe ergänzend auch Rn. 3.07, BMF, Schreiben vom 11. 11. 2011 – IV C 2 – S 1978 – b/08/10001, BStBl 2011 I S. 1314.

177 Vgl. *Viskorf*, in: Viskorf/Knobel/Schuck (Hrsg.), NWB Kommentar ErbStG, BewG, 4. Aufl., Herne 2012, § 11 BewG Rz. 42; *Meyering*, StuW 2011 S. 278.

als den Preis, der sich aufgrund der Marktmechanismen (Angebot und Nachfrage) einstellt.[178]

Nach der Rechtsprechung des BFH hat bei der Schätzung die Preisbestimmung so zu erfolgen, wie sie von einer unvoreingenommenen und urteilsfähigen Person vorgenommen worden wäre.[179] Auch müssen die jeweilige Ausstattung und die Beschaffenheit des Wirtschaftsgutes berücksichtigt werden.[180] Unter der Beschaffenheit eines Wirtschaftsgutes „sind nur solche tatsächlichen und rechtlichen Verhältnisse zu verstehen, die dem zu bewertenden Wirtschaftsgut arteigen sind."[181] 941

(Einstweilen frei) 942–943

Für die Schätzung können je nach den besonderen Umständen des Einzelfalls die Vergleichswert-, Ertragswert- oder die Sachwertmethode herangezogen werden. Dabei gilt es, das Stichtagsprinzip einzuhalten. So dürfen im Rahmen der Schätzung nur die wertbeeinflussenden Fakten eines Wirtschaftsgutes berücksichtigt werden, die im Bewertungszeitpunkt bekannt waren.[182] 944

Schätzungen müssen willkürfrei erfolgen und das Ergebnis der Schätzung muss verständlich und in sich schlüssig sein; zudem muss es hinreichend genau dargelegt werden.[183] 945

Die **Vergleichswertmethode** ermittelt den gemeinen Wert aufgrund von Verkaufspreisen vergleichbarer Wirtschaftsgüter, die im gewöhnlichen Geschäftsverkehr gehandelt wurden. Am zuverlässigsten lässt sich der gemeine Wert aufgrund einer Vielzahl von Verkäufen vergleichbarer Wirtschaftsgüter bestimmen.[184] Zudem müssen die Wirtschaftsgüter gleich oder zumindest vergleichbar hinsichtlich der wertbestimmenden Faktoren sein.[185] Insbesondere der Börsenpreis bietet sich als geeigneter Wert an, den gemeinen Wert abzuleiten.[186] 946

(Einstweilen frei) 947

Das **Ertragswertverfahren** kann zur Wertbestimmung bei Wirtschaftsgütern verwendet werden, die zukünftige Erträge generieren.[187] Die Ermittlung des gemeinen Wertes aufgrund des Ertragswertverfahrens läuft auf die Abzinsung der zukünftigen Erträge des Wirtschaftsgutes auf den Gegenwartswert hinaus. In diese Erträge muss auch ein möglicher Verkaufserlös des Wirtschaftsgutes einbezogen werden.[188] 948

---

178 Vgl. BFH, Urteil vom 28. 11. 1980 – III R 86/78, BStBl 1981 II S. 353, 355.

179 Vgl. BFH, Urteil vom 7. 12. 1973 – III R 158/72, BStBl 1974 II S. 195 f.

180 Vgl. BFH, Urteil vom 21. 4. 1999 – II R 87/97, BStBl 1999 II S. 810, 812.

181 BFH, Urteil vom 17. 1. 1975 – III R 68/73, BStBl 1975 II S. 377.

182 Vgl. *Knittel*, in: Gürsching/Stenger (Hrsg.), BewG, ErbStG, Köln, § 9 BewG, Rz. 32 (Stand: Dezember 2012).

183 Vgl. BFH, Urteil vom 8. 12. 1965 – II 158/62 U, BStBl 1966 III S. 54 f.

184 Vgl. BFH, Urteil vom 29. 4. 1987 – X R 2/80, BStBl 1987 II S. 769, 771.

185 Vgl. zur Unvergleichbarkeit bebauter Grundstücke BFH, Urteil vom 12. 6. 1974 – III 49/73, BStBl 1974 II S. 602 ff.

186 Vgl. *Knittel*, in: Gürsching/Stenger (Hrsg.), BewG, ErbStG, Köln, § 9 BewG, Rz. 41 (Stand: Dezember 2012).

187 Vgl. *Knittel*, in: Gürsching/Stenger (Hrsg.), BewG, ErbStG, Köln, § 9 BewG, Rz. 51 (Stand: Dezember 2012).

188 Vgl. *Knittel*, in: Gürsching/Stenger (Hrsg.), BewG, ErbStG, Köln, § 9 BewG, Rz. 53 (Stand: Dezember 2012).

949 Ein im Gesetz niedergelegtes Ertragswertverfahren ist das sog. „vereinfachte Ertragswertverfahren“ nach §§ 199 ff. BewG,[189] welches vom Steuerpflichtigen wahlweise angewendet werden kann.[190] Dieses Verfahren ist auch für ertragsteuerliche Zwecke anwendbar[191] und „... soll die Möglichkeit bieten, ohne Ermittlungsaufwand oder Kosten für einen Gutachter einen objektiven Unternehmens- bzw. Anteilswert [..] zu ermitteln.“[192]

950 Die **Sachwertmethode** ist in Fällen heranzuziehen, bei denen das Wirtschaftsgut keinen Marktpreis aufweist und die Ertragswertmethode ins Leere geht. Insbesondere bei Wirtschaftsgütern, die individuell für einen Betrieb hergestellt wurden, verbleiben die Herstellungskosten als einziger objektiver Wert, der als gemeiner Wert angenommen werden kann.[193] Um dem Ziel gerecht zu werden, außergewöhnliche und persönliche Umstände nicht in die Ermittlung des gemeinen Wertes einfließen zu lassen, sollen die durchschnittlichen Herstellungskosten angesetzt werden.[194]

951–954 *(Einstweilen frei)*

6. Beizulegender Zeitwert

6.1 Begriff und Anwendungsbereich des beizulegenden Zeitwertes

955 Durch das BilMoG wurde der beizulegende Zeitwert als neuer Bewertungsmaßstab für die Bewertung von **zu Handelszwecken erworbenen Finanzinstrumenten** bei Kreditinstituten in das Handelsgesetzbuch aufgenommen (§ 340e Abs. 3 Satz 1 HGB).[195] Niedergelegt ist der beizulegende Zeitwert in § 255 Abs. 4 HGB.

956 Nach dieser Definition entspricht der beizulegende Zeitwert dem **Marktpreis** (§ 255 Abs. 4 Satz 1 HGB). Sollte kein Marktpreis feststellbar sein, so kann der beizulegende Zeitwert mittels **anerkannter Bewertungsmethoden** ermittelt werden (§ 255 Abs. 4 Satz 2 HGB). Sollte auch dadurch kein beizulegender Wert ermittelbar sein, so regelt § 255 Abs. 4 Satz 3 HGB, dass die fortgeführten **Anschaffungs- und Herstellungskosten** dem beizulegenden Zeitwert entsprechen.

957 Nach dieser Definition weisen beizulegender Zeitwert und Teilwert Gemeinsamkeiten auf. Ein Unterschied zwischen Teilwert und beizulegendem Zeitwert besteht darin, dass dem Beschaffungsmarkt im Rahmen der Teilwertermittlung eine besondere Bedeutung beigemessen wird, während bei der handelsrechtlichen Ermittlung des bei-

---

189 Vgl. im Einzelnen *Kahle/Hiller/Vogel*, FR 2012 S. 794 ff. m. w. N.

190 Vgl. Richtlinie B 199.1 Abs. 4 Satz 1 ErbStR 2011; *Hofman*, in: Viskorf/Knobel/Schuck (Hrsg.), NWB Kommentar ErbStG, BewG, 4. Aufl., Herne 2012, § 199 BewG Rz. 2; *Schiffers*, DStZ 2009 S. 552; *Drosdzol*, DStR 2011 S. 1260.

191 Vgl. BMF-Schreiben vom 22. 9. 2011 – IV C 6 - S 2170/10/10001, BStBl 2011 I S. 859.

192 BT-Drucks. 16/11107 vom 26. 11. 2008, S. 22. Zur Anwendung vgl. *Drosdzol*, DStR 2011 S. 1258 ff.; *Watrin/Kappenberg*, DBW 2012 S. 573 ff.; *Kohl/König*, BB 2012 S. 607 ff. Zur Gegenüberstellung der Bewertung nach IDW S 1 mit dem vereinfachten Ertragswertverfahren vgl. *Blum/Weber*, GmbHR 2012 S. 322 ff.; *Bruckmeier/Zwirner/Mugler*, DStR 2011 S. 422 ff. Zum Ausschluss der Anwendbarkeit des Verfahrens vgl. *Kahle/Hiller/Vogel*, FR 2012 S. 795 f. m. w. N.

193 Vgl. BFH, Urteil vom 29. 4. 1987 – X R 2/80, BStBl 1987 II S. 769, 771.

194 Vgl. BFH, Urteil vom 28. 10. 1998 – II R 37/97, BStBl 1999 II S. 51, 53.

195 Vgl. Gesetz zur Modernisierung des Bilanzrechtes vom 25. 5. 2009, BGBl 2009 I S. 1102.

zulegenden Zeitwertes der Beschaffungsmarkt eher eine untergeordnete Rolle spielt.[196]

(Einstweilen frei) 958–959

Durch die Bewertung mit dem beizulegenden Zeitwert kommt es zu einem **Abweichen vom Realisationsprinzip**, da unabhängig von Realisationszeitpunkt nichtrealisierte Gewinne ausgewiesen werden.[197] Erstmals kann damit ein Wert, der über den fortgeführten Anschaffungs- bzw. Herstellungskosten liegt, angesetzt werden.[198] 960

Auch nach dem BilMoG ist in dem Realisationsprinzip der zentrale Gewinnermittlungsgrundsatz zu sehen; nach dem Willen des Gesetzgebers sollen die bisherigen Grundprinzipien des Bilanzrechts, insbesondere die Grundsätze ordnungsmäßiger Buchführung, beibehalten werden.[199] Es ist davon auszugehen, dass das Realisationsprinzip nach wie vor als Dreh- und Angelpunkt der Gewinnermittlung[200] zu verstehen ist.[201] 961

Eine Durchbrechung des Realisationsprinzips ist für die Besteuerung abzulehnen. Das Einbeziehen unrealisierter Gewinne führte zu einer realen Vermögensabgabe. Nur unter restriktiven Bedingungen (sofortiger Verlustausgleich, Liquiditätshilfe, Verzinsung der zeitweilig zu viel entrichteten Steuern) wäre das nicht der Fall.[202] 962

Gemäß § 340e Abs. 3 Satz 1 HGB sind **Finanzinstrumente des Handelsbestandes** mit dem beizulegenden Zeitwert **verringert um einen Risikoabschlag** zu bewerten. Ein Bewertungswahlrecht ist nicht vorhanden.[203] Nach § 6 Abs. 1 Nr. 2b EStG müssen Steuerpflichtige, die in den Anwendungsbereich des § 340 HGB fallen, Finanzinstrumente des Handelsbestandes auch steuerlich mit dem beizulegenden Zeitwert bewerten, sofern diese nicht zu einer Bewertungseinheit i. S. d. § 5 Abs. 1a Satz 2 EStG gehören.[204] 963

Der beizulegende Zeitwert ist auch dann zu übernehmen, wenn er unter den Anschaffungs- bzw. Herstellungskosten liegt und eine Teilwertabschreibung (vgl. Rz. 915) aufgrund einer nur vorläufigen Wertminderung eigentlich nicht zulässig wäre.[205] § 5 Abs. 4a Satz 1 EStG verbietet die Bildung einer Rückstellung für **drohende Verluste** aus schwebenden Geschäften. Nach der Einführung von § 6 Abs. 1 Nr. 2b EStG wurde die Frage aufgeworfen, ob über diese neue Norm eine Verlustberücksichtigung möglich ist. 964

196 Vgl. *Winkeljohann*, in: HHR, EStG, KStG, Köln, § 6 EStG Rz. 619 (Stand: Oktober 2007).

197 Vgl. *Helios/Schlotter*, FR 2010 S. 874.

198 Vgl. *Kahle/Schulz*, in: Baetge/Kirsch/Thiele (Hrsg.), Bilanzrecht, Bonn/Berlin, § 255, Rz. 331 (Stand: August 2013).

199 Vgl. BT-Drucks. 16/12407 vom 24. 3. 2009, S. 1.

200 Vgl. *Moxter*, Grundsätze ordnungsgemäßer Rechnungslegung, Düsseldorf 2003, S. 41 ff.

201 Vgl. *Bieg/Bofinger/Küting/Kußmaul/Waschbusch/Weber*, DB 2008 S. 2549 ff.; *Hennrichs*, in: Ditter et al. (Hrsg.), Festschrift für K. Schmidt, Köln 2009, S. 594; *Kahle/Günter*, in: Schmiel/Breithecker (Hrsg.), Steuerliche Gewinnermittlung nach dem Bilanzrechtsmodernisierungsgesetz, Köln 2008, S. 88 f.

202 Vgl. *Schneider*, Betriebswirtschaftslehre, Bd. 2: Rechnungswesen, 2. Aufl., München/Wien 1997, S. 247-250; *ders.*, FA 1984 S. 417 f.

203 Vgl. *Ehmcke*, in: Blümich, EStG, München, § 6 EStG, Rz. 878 (Stand: April 2011).

204 Vgl. zu Einzelfragen *Helios/Schlotter*, DStR 2009 S. 547 ff.

205 Vgl. *Grottel/Pastor*, in: Beck'scher Bilanz-Kommentar, 8. Aufl., München 2012, § 255, Rz. 524; *Helios/Schlotter*, DStR 2009 S. 551; *Hahne*, Ubg 2010 S. 508.

Diese Frage wurde vor allem vor dem Hintergrund des allgemeinen Grundsatzes, dass Umlaufvermögen verlustfrei zu bewerten ist,[206] gestellt.

965 Nach der h.M. im Schrifttum ist **§ 6 Abs. 1 Nr. 2b EStG lex specialis gegenüber § 5 Abs. 4a Satz 1 EStG.**[207] Auch kann man die Regelungen des § 6 Abs. 1 Nr. 2b EStG von der Drohverlustrückstellung abgrenzen, da bei der Bewertung zum beizulegenden Zeitwert keine Anknüpfung an die Anschaffungs- bzw. Herstellungskosten vorhanden ist.[208]

966–967 *(Einstweilen frei)*

968 Im Gegensatz hierzu darf für die steuerliche **Bewertung von Deckungsvermögen** (§ 246 Abs. 2 Satz 2, 3 i.V.m. § 253 Abs. 1 Satz 4 HGB) sowie für die **Bewertung von Altersversorgungsverpflichtungen** (§ 253 Abs. 1 Satz 3 HGB) der beizulegende Zeitwert **nicht übernommen werden** (§ 5 Abs. 6 i.V.m. § 6 Abs. 1 Nr. 1, 2 EStG). Vielmehr stellen die fortgeführten Anschaffungs- bzw. Herstellungskosten die Wertobergrenze dar.[209] Damit kann es zur Bildung von **latenten Steuern** kommen.[210]

969–971 *(Einstweilen frei)*

972 Für Vermögensgegenstände i. S. d. § 246 Abs. 2 Satz 2 HGB, die mit einem beizulegenden Zeitwert bilanziert werden, der über den Anschaffungskosten liegt, besteht gemäß § 268 Abs. 8 HGB eine **Ausschüttungssperre**. Für Finanzinstrumente des Handelsbestandes besteht für Kredit- und Finanzdienstleistungsinstitute keine Ausschüttungssperre, da der Risikoabschlag, der vom beizulegenden Zeitwert abgezogen wird, als Surrogat für die Ausschüttungssperre nach § 268 Abs. 8 HGB angesehen wird.[211]

973–975 *(Einstweilen frei)*

6.2 Ermittlung des beizulegenden Zeitwertes

976 Generelles Ziel der Ermittlung des beizulegenden Zeitwertes ist es, den Wert so marktnah und objektiv wie möglich zu ermitteln.[212] Die Ermittlung im Rahmen der Handelsbilanz folgt einer Hierarchie, die zunächst auf den Markpreis auf einem aktiven Markt abstellt.

977 Ein **aktiver Markt** ist dann gegeben, wenn der Marktpreis an einer Börse, von einem Händler, von einem Broker, von einer Branchengruppe, von einem Preisberechnungsservice oder einer Aufsichtsbehörde leicht und regelmäßig erfragt werden kann und die Marktransaktionen von unabhängigen Dritten durchgeführt werden.[213] Um den Markt-

---

206 Vgl. BMF, Schreiben vom 27. 4. 2001 – IV A 6 - S 2174 - 15/01, DStR 2001 S. 1527 (hier: Bilanzierung und Bewertung von halbfertigen Erzeugnissen); BFH, Urteil vom 25. 11. 2009 – X R 27/05, BFH/NV 2010 S. 1090 m. w. N.

207 Vgl. *Kulosa*, in: Schmidt, EStG, 32. Aufl., München 2013, § 6 Rz. 428.; *Helios/Schlotter*, FR 2010 S. 876; *Wiesenbart*, RdF 2011 S. 108; *Hahne*, Ubg 2010 S. 508 f.

208 Vgl. *Haisch/Helios*, RdF 2011 S. 278.

209 Vgl. *Herzig/Briesemeister*, DB 2009 S. 979 f.

210 Vgl. *Tichy/Brinkmann*, in: Haufe HGB Bilanz Kommentar, 3. Aufl., Freiburg 2012, § 255 Abs. 4 HGB Rz. 208.

211 Vgl. BT-Drucks. 16/10067 vom 30. 7. 2008, S. 95.

212 Vgl. *Grottel/Pastor*, in: Beck'scher Bilanz-Kommentar, 8. Aufl., München 2012, § 255 Rz. 514.

213 Vgl. BT-Drucks. 16/10067 vom 30. 7. 2008, S. 61.

preis auf einem aktiven Markt bestimmen zu können, ist es zusätzlich erforderlich, dass homogene Güter verglichen werden, die Preisinformation öffentlich verfügbar ist und jederzeit potentielle Käufer gefunden werden können. Sollte eines der genannten Kriterien nicht gegeben sein, so ist das Vorliegen eines aktiven Marktes zu verneinen.[214] Der Gesetzeswortlaut gibt dabei allerdings keinen Aufschluss darüber, ob ein „aktiver Markt" absatzmarkt- oder beschaffungsmarktseitig auszulegen ist.[215] Die wohl h. M. geht von einer absatzmarktseitigen Auslegung aus. Somit ist der beizulegende Zeitwert als Einzelveräußerungspreis zu verstehen.[216]

978 Liegt ein aktiver Markt vor, so sind die Entwicklungen auf dem aktiven Markt bis zum Bilanzstichtag zu berücksichtigen. Nach dem Bilanzstichtag eintretende Wertentwicklungen dürfen aufgrund des **Stichtagsprinzips** keinen Wertniederschlag finden.[217]

979 Gegen das Vorliegen eines aktiven Marktes spricht auch, wenn aufgrund einer geringen Anzahl von Aktien im Vergleich zum Gesamtvolumen des Marktes nur wenige Transaktionen vorgenommen werden, die dann den Marktpreis abbilden.[218] Die h. M. geht davon aus, dass § 6 Abs. 1 Nr. 2b EStG auch auf das Bestehen eines aktiven Marktes abstellt.[219]

980 Liegt kein aktiver Markt vor, so folgt in der **Bewertungshierarchie** die Bewertung nach „allgemein anerkannten Bewertungsmethoden" gemäß § 255 Abs. 4 Satz 2 HGB.[220] Ziel dieser Wertermittlung ist es, den Marktpreis näherungsweise und unter Berücksichtigung normaler Geschäftsbedingungen, wie zwischen voneinander unabhängigen Geschäftspartnern, zu ermitteln.[221] Die Ermittlung anhand von anerkannten Bewertungsmethoden ist dabei „nur als Substitut für die Ermittlung beizulegender Zeitwerte auf der Grundlage von Marktpreisen zu sehen".[222]

981 Ein spezielles Verfahren zur Ermittlung des beizulegenden Zeitwertes nach § 255 Abs. 4 Satz 2 HGB ist weder im Gesetz noch in der Gesetzesbegründung enthalten.[223] Dieser scheinbaren Wahlfreiheit wird durch das Ziel, einen objektiven Zeitwert zu bestimmen, eine Grenze gesetzt. Ein objektiver Wert kann nur dadurch bestimmt werden, dass die Bewertungsmethode gewählt wird, die für die Bewertung im Markt regelmäßig heran-

214 Vgl. *Merkt*, in: Baumbach/Hopt, Beck HGB-Komm., 35. Aufl. München 2012, § 255 Rz. 25.

215 Vgl. *Ballwieser*, in: Münchener Kommentar zum HGB, Bd. 4, 3. Aufl., München 2013, § 255 HGB Rz. 96 f.

216 Vgl. *Ballwieser*, in: Münchener Kommentar zum HGB, Bd. 4, 3. Aufl., München 2013, § 255 HGB Rz. 97; *Grottel/Pastor*, in: Beck'scher Bilanz-Kommentar, 8. Aufl., München 2012, § 255 Rz. 513; *Mujkanovic*, StuB 2009 S. 331. Die absatzmarktseitige Auslegung eines „aktiven Marktes" entspricht dabei dem Vorgehen in IFRS 13, vgl. *Hitz/Zachow*, WPg 2011 S. 966. *Conenberg/Haller/Schultze* gehen unterdessen von einer Herleitung des beizulegenden Zeitwertes sowohl aus dem Absatz- als auch aus dem Beschaffungsmarkt aus, vgl. *Conenberg/Haller/Schultze*, Jahresabschluss und Jahresabschlussanalyse, 22. Aufl., Stuttgart 2012, S. 102 ff.

217 Vgl. *Hoffmann/Lüdenbach*, NWB Kommentar Bilanzierung, 4. Aufl., Herne 2013, § 255 Rz. 214.

218 Vgl. BT-Drucks. 16/10067 vom 30. 7. 2008, S. 61.

219 Hierzu bejahend: *Ehmcke*, in: Blümich, EStG, München, § 6 EStG, Rz. 877d (Stand: April 2011); *Fischer*, in: Kirchhof (Hrsg.), EStG, 12. Aufl., Köln 2013, § 6 Rz. 141; *Werndl*, in: Kirchhof/Söhn/Mellinghoff (Hrsg.), EStG, Heidelberg, § 6 EStG Rz. Ca10 (Stand: November 2010); a. A. *Haisch/Helios*, RdF 2011 S. 276.

220 Vgl. *Korn/Strahl*, in: Korn/Carlé/Stahl/Strahl (Hrsg.), EStG, Bonn, § 6 Rz. 363.20 m. w. N. (Stand: Mai 2011).

221 Vgl. *Grottel/Pastor*, in: Beck'scher Bilanz-Kommentar, 8. Aufl., München 2012, § 255 Rz. 519.

222 *Jonas/Elprana*, in: Heidel/Schall (Hrsg.), Handelsgesetzbuch, Baden-Baden 2011, § 255 HGB Rz. 121 (im Original z.T. Fettdruck).

223 Vgl. *Velte/Haacker*, StuW 2012 S. 62.

gezogen wird. Die Wertermittlung nach § 255 Abs. 4 Satz 2 HGB geschieht daher regelmäßig vor dem Hintergrund der Frage, welches Bewertungsverfahren eine zuverlässige Annäherung an den Marktpreis verspricht.[224] Neben der Anwendung von Bewertungsmethoden kommt auch eine Anwendung von Bewertungsmodellen in Frage.[225]

982 So können z. B. **marktorientierte Vergleichsverfahren** zur Ermittlung des beizulegenden Zeitwertes verwendet werden. Dabei wird der beizulegende Zeitwert aus kürzlich stattgefundenen Transaktionen zwischen sachverständigen und vertragswilligen Geschäftspartnern abgeleitet.[226] Hierbei ist es erforderlich, dass eine Vergleichbarkeit hinsichtlich Bewertungsobjekt und sonstiger Faktoren, wie Restlaufzeit, Nominalwert, Währung etc. gegeben ist.[227] I. d. R. dürfte ein Vergleichsverfahren vorrangig anzuwenden sein, da in dieses Verfahren mehr Marktdaten aufgenommen werden.[228]

983 Des Weiteren kommt die Anwendung international gebräuchlicher Bewertungsverfahren, wie etwa das **Discounted-Cash-Flow-Verfahren** oder **Optionspreismodelle** (Modell von *Black/Scholes/Merton*, Binomialmodell) in Frage.[229] Neben dem bekannten Prognoseproblem dürfte insbesondere die Bestimmung des geeigneten Zinssatzes in der Praxis schwierig sein, da sich ein allgemein vergleichbarer Zinssatz nur auf einem aktiven Markt einstellt. § 253 Abs. 1 Nr. 6 HGB fordert, dass die gewählte Methode grundsätzlich beizubehalten ist, um dem Stetigkeitsgebot zu entsprechen.[230] Somit können auch „bei hochentwickelten finanzwirtschaftlichen Bewertungsverfahren, wie etwa den DCF-Verfahren, [...] die in den simulierten Preisbildungsprozess einfließenden Faktoren naturgemäß nur auf Schätzungen beruhen."[231] Die Anwendung von Bewertungsmodellen zur Ermittlung des beizulegenden Zeitwertes erzeugt einen Ermessensspielraum für den Steuerpflichtigen.[232]

984 Kann der beizulegende Zeitwert weder durch den Marktpreis auf einem aktiven Markt noch durch allgemein anerkannte Bewertungsmethoden ermittelt werden, so sind gemäß § 255 Abs. 4 Satz 3 HGB die **Anschaffungs- bzw. Herstellungskosten** fortzuführen. Gleiches gilt auch dann, wenn sich der beizulegende Zeitwert auf einem aktiven Markt bzw. durch allgemein anerkannte Bewertungsmethoden nicht verlässlich ermitteln lässt.[233] Eine nichtverlässliche Bewertung ist laut Regierungsbegründung zum BilMoG dann gegeben, wenn ausgewählte Bewertungsmethoden eine Bandbreite möglicher

---

224 Vgl. *Tichy/Brinkmann*, in: Haufe HGB Bilanz Kommentar, 3. Aufl., Freiburg 2012, § 255 Abs. 4 HGB Rz. 236.

225 Vgl. *Kahle/Schulz*, in: Baetge/Kirsch/Thiele (Hrsg.), Bilanzrecht, Bonn/Berlin, § 255 HGB Rz. 357 (Stand: August 2013) m. w. N.

226 Vgl. *Merkt*, in: Baumbach/Hopt, Beck HGB-Komm., 35. Aufl., München 2012, § 255 HGB Rz. 26.

227 Vgl. *Tichy/Brinkmann*, in: Haufe HGB Bilanz Kommentar, 3. Aufl., Freiburg 2010, § 255 Abs. 4 HGB Rz. 244.

228 Vgl. *Ballwieser*, in: Münchener Kommentar zum HGB, Bd. 4, 3. Aufl., München 2013, § 255 HGB Rz. 100; *Kahle/Schulz*, in: Baetge/Kirsch/Thiele (Hrsg.), Bilanzrecht, Bonn/Berlin, § 255 HGB Rz. 360 (Stand: August 2013) m. w. N.; *Böcking/Torabian*, BB 2008 S. 266.

229 Vgl. *Böcking/Torabian*, BB 2008 S 266; *Nguyen*, ZfgK 2009 S. 232; *Mujkanovic*, StuB 2009 S. 331; *Grottel/Pastor*, in: Beck'scher Bilanz-Kommentar, 8. Aufl., München 2012, § 255 Rz. 519.

230 Vgl. *Merkt*, in: Baumbach/Hopt, Beck HGB-Komm., 35. Aufl., München 2012, § 255 HGB Rz. 26.

231 *Kahle/Schulz*, in: Baetge/Kirsch/Thiele (Hrsg.), Bilanzrecht, Bonn/Berlin, § 255 HGB Rz. 366 (Stand: August 2013).

232 Vgl. *Brüggemann*, Finanzinstrumente des Handelsbestands in HGB-Abschlüssen von Kreditinstituten, Düsseldorf 2010, S. 166.

233 Vgl. BT-Drucks. 16/10067 vom 30. 7. 2008, S. 61.

Werte zulassen und diese Werte signifikant voneinander abweichen.[234] Laut § 255 Abs. 4 Satz 4 HGB gilt der zuletzt durch einen aktiven Markt bzw. durch allgemein anerkannte Bewertungsmethoden ermittelte beizulegende Zeitwert als Anschaffungs- bzw. Herstellungskosten i. S. d. § 255 Abs. 4 Satz 3 HGB. Das heißt, die Fortführung der Anschaffungs- bzw. Herstellungskosten baut auf dem zuletzt verlässlich bestimmten beizulegenden Zeitwert auf. Die Bewertung mit den Anschaffungs- bzw. Herstellungskosten ist auch dann vorzunehmen, wenn der beizulegende Zeitwert im Rahmen der Zugangsbewertung nicht ermittelt werden kann.[235]

(Einstweilen frei) 985–988

7. Währungsumrechnung

7.1 Anwendungszeitpunkt

Durch das BilMoG wurde mit der Aufnahme von § 256a HGB erstmalig eine Gesetzesnorm zur Währungsumrechnung in das deutsche Handelsrecht eingeführt.[236] Bisher ließ sich die Verpflichtung zur Währungsumrechnung aus § 244 HGB ableiten, wonach der Jahresabschluss in Euro aufzustellen ist.[237] Für die Währungsumrechnung wurden dabei die allgemeinen Bewertungsgrundlagen des § 252 HGB a. F. angewendet. Hiernach durften Gewinne aus Währungsumrechnungen erst ausgewiesen werden, nachdem sie realisiert waren, Verluste aus Währungsumrechnungen mussten hingegen sofort berücksichtigt werden. 989

Aufgrund der zunehmenden Anzahl von Fremdwährungsgeschäften sah sich der Gesetzgeber veranlasst, eine gesetzliche Regelung für die Währungsumrechnung zu erlassen, um auch die Vergleichbarkeit der Abschlüsse sicherzustellen.[238] 990

Nach der neuen Regelung sind Vermögensgegenstände und Verbindlichkeiten, die auf fremde Währung lauten, mit dem **Devisenkassamittelkurs**[239] am Abschlussstichtag zu bewerten (§ 256a Satz 1 HGB). Das Realisations- bzw. Imparitätsprinzip (§ 252 Abs. 1 Nr. 4 HGB) und das Anschaffungskostenprinzip (§ 253 Abs. 1 Satz 1 HGB) sind dabei zu beachten.[240] 991

234 Vgl. BT-Drucks. 16/10067 vom 30. 7. 2008, S. 61.

235 Vgl. *Ekkenga*, in: Claussen/Scherrer (Hrsg.), Kölner Kommentar zum Rechnungslegungsrecht, Köln 2011, § 255 HGB Rz. 162 f.

236 Bis dahin war nur für Banken und Finanzdienstleistungsinstitute eine Norm zur Währungsumrechnung in § 340h HGB kodifiziert.

237 Vgl. *Pöller*, BC 2008 S. 193. Zur Entwicklung vgl. *Claussen*, in: Claussen/Scherrer (Hrsg.), Kölner Kommentar zum Rechnungslegungsrecht, Köln 2011, § 256a Rz. 3.

238 Vgl. BT-Drucks. 16/10067 vom 30. 7. 2008, S. 62.

239 Der Kassakurs ist der am Stichtag für die theoretisch gedachte sofortige Erfüllung anzusetzende Kurs. Der Devisenkassamittelkurs ist das arithmetische Mittel aus Geld- und Briefkurs einer Devise. Die Bewertung zum Devisenkassamittelkurs anstatt zum Devisenkassakurs stellt eine Vereinfachung für die Bewertungspraxis dar und geht auf einen Vorschlag der Rechnungslegungspraxis zurück, vgl. BT-Drucks. 16/12407 vom 24. 3. 2009, S. 86. Zur Unterscheidung von Kassakurs und Devisenkassamittelkurs vgl. *Ballwieser*, in: Münchener Kommentar zum HGB, Bd. 4, 3. Aufl., München 2013, § 256a HGB Rz. 5 ff.; *Claussen*, in: Claussen/Scherrer (Hrsg.), Kölner Kommentar zum Rechnungslegungsrecht, Köln 2011, § 256a Rz. 20 ff.

240 Vgl. *Zwirner/Künkele/Froschhammer*, BB 2011 S. 1323.

992 Bei einer **Restlaufzeit kleiner als ein Jahr** können die genannten Prinzipien durchbrochen werden (§ 256a Satz 2 HGB). Die Bewertung zum Devisenkassamittelkurs kann somit ohne Rücksicht auf die Anschaffungskosten erfolgen.[241] Dies gilt jedoch nicht für die Steuerbilanz (vgl. Rz. 1015). Die Aufnahme einer verbindlichen Währungsumrechnung für alle Kaufleute soll die bisher gängige Praxis der Währungsumrechnung sicherstellen.[242] Die Währungsumrechnung für den Konzernabschluss, die in § 308a HGB geregelt ist, wird im Nachfolgenden ausgeblendet.

993 Die neuen Grundsätze für die Währungsumrechnung sind nach Art. 66 Abs. 3 Satz 1 HGBEG erstmals für die nach dem 31. 12. 2009 beginnenden Wirtschaftsjahre auf Jahres- und Konzernabschlüsse verpflichtend anzuwenden. Für steuerbilanzielle Zwecke ist es fraglich, ob die Regelungen hinsichtlich der Berücksichtigung von Währungsänderungen für die Steuerbilanz als GoB zu übernehmen sind.[243]

994–996 *(Einstweilen frei)*

7.2 Zugangsbewertung

997 Die Regelungen des § 256a HGB beziehen sich auf die Folgebewertung. Für die Währungsumrechnung bei der **erstmaligen Erfassung** von Bilanzpositionen ergibt sich kein Anhaltspunkt aus dem Gesetz.[244] Es stellt sich daher die Frage, zu welchem Zeitpunkt und zu welchem Kurs die Rechnungslegungspraxis die Zugangsbewertung von Aktiva und Passiva vorzunehmen hat.

998 Die erstmalige Erfassung von Fremdwährungsgeschäftsvorfällen richtet sich nach den **Grundsätzen ordnungsmäßiger Buchführung**.[245] Grundsätzlich muss berücksichtigt werden, dass bei der Ermittlung des Zugangskurses das Realisationsprinzip beachtet werden muss, aus dem sich das Anschaffungskostenprinzip ableiten lässt. Unter Beachtung des Anschaffungskostenprinzips gilt es, die Aktivierung von Bilanzpositionen im Zugangszeitpunkt erfolgsneutral vorzunehmen. Die Zugangsbewertung ist daher als **reiner Transformationsvorgang** (Fremdwährung in Euro) und nicht als Bewertungsvorgang aufzufassen.[246]

999 Für diese Transformation können grundsätzlich der Geld- bzw. der Briefkurs zum Einsatz kommen.[247] Mit dem **Geldkurs** wird immer dann umgerechnet, wenn für den Erwerb des Vermögensgegenstandes (bzw. für die Begleichung der Schuld) Euro in

241 Vgl. BT-Drucks. 16/12407 vom 24. 3. 2009, S. 86.

242 Vgl. *Zwirner/Künkele*, StuB 2009 S. 517. Vgl. ergänzend auch *Roß*, WPg 2012 S. 18.

243 Vgl. *Weber-Grellet*, in: Schmidt, EStG, 32. Aufl., München 2013, § 5 Rz. 270 (Stichwort „Fremdwährung"), mit Verweis auf *Schüttler*, PiR 2011 S. 136.

244 Vgl. *Künkele/Zwirner*, BC 2009 S. 557.

245 Vgl. *Zwirner/Künkele*, StuB 2009 S. 519.

246 Vgl. *Kozikowski/Leistner*, in: Beck'scher Bilanz-Kommentar, 8. Aufl., München 2012, § 256a, Rz. 31; *Kessler/Veldkamp*, KoR 2009 S. 246.

247 Vgl. BR-Drucks. 344/08 v. 23. 5. 2008, S. 135.

Fremdwährung getauscht werden muss.[248] Mit dem **Briefkurs** werden hingegen Vermögensgegenstände bewertet, die zu einem künftigen Zufluss von Fremdwährung führen bzw. geführt haben.[249]

1000 Aus dieser Überlegung leitet sich die Konsequenz ab, dass bei der Zugangsbewertung für auf fremde Währung lautende Vermögensgegenstände die Anschaffungs- bzw. Herstellungskosten mit dem Geldkurs in Euro umzurechnen sind.[250] Spiegelbildlich hierzu sind Verbindlichkeiten und Rückstellungen ebenso mit dem Geldkurs umzurechnen. Durch diese Umrechnung wird sichergestellt, dass im Zugangszeitpunkt kein Gewinn entsteht und somit dem Realisationsprinzip entsprochen wird.

1001 Für die Wahl des Wechselkurses ist dabei der Realisationszeitpunkt von entscheidender Bedeutung.[251] Dieser Tag ist dadurch gekennzeichnet, dass das **wirtschaftliche Eigentum** an einem Vermögensgegenstand übergeht. Für die Bestimmung des Wechselkurses muss daher geprüft werden, wann ein Vermögensgegenstand in das wirtschaftliche Eigentum übergegangen ist, weil dieser Tag auch den maßgeblichen Stichtag für den Geldkurs darstellt. Im Allgemeinen geht das wirtschaftliche Eigentum am Tag der Lieferung über.[252] Für Wirtschaftsgüter, deren Rechnungsstellung in Fremdwährung erfolgt, ist für die Währungsumrechnung der Kurs im Anschaffungszeitpunkt maßgeblich.[253]

1002 Mit dem Briefkurs sind Bankguthaben bzw. liquide Mittel und Fremdwährungsforderungen umzurechnen, da sie zu einem Zufluss von Fremdwährung geführt haben bzw. führen werden.[254]

1003 Falls sich keine wesentliche Verzerrung der Darstellung der Vermögens-, Finanz- und Ertragslage eines Unternehmens einstellt, können auch **Mittel- bzw. Durchschnittskurse** für die Währungsumrechnung eingesetzt werden.[255] So ist beispielsweise eine Umrechnung zum Devisenkassamittelkurs eines abweichenden Buchungstages aus Vereinfachungsgründen zulässig, wenn sich hierdurch keine erhebliche Abweichung im Vergleich zur Erfassung mit dem Devisenkassamittelkurs zum eigentlichen Erfassungszeitpunkt ergibt.[256] Liegen eine Vielzahl von ähnlichen Geschäftsvorfällen vor, so kann anstelle der taggenauen Bilanzierung der Durchschnittskurs angesetzt werden, sollte dies keine wesentlichen Abweichungen zur Folge haben.[257]

248 Vgl. *Kessler/Veldkamp*, in: Haufe HGB Bilanz Kommentar, 3. Aufl., Freiburg 2012, § 256a HGB, Rz. 11.

249 Vgl. *Kozikowski/Leistner*, in: Beck'scher Bilanz-Kommentar, 8. Aufl., München 2012, § 256a, Rz. 35.

250 Vgl. *Hommel/Laas*, BB 2008 S. 1666.

251 Vgl. *Küting/Mojadadr*, in: Küting/Pfitzer/Weber (Hrsg.), Handbuch der Rechnungslegung, Einzelabschluss, 5. Aufl., Stuttgart, § 256a, Rz. 49 (Stand: Juni 2010).

252 Vgl. BFH, Urteil vom 16. 12. 1977 – III R 92/75, BStBl 1978 II S. 233.

253 Vgl. *Fischer*, in: Kirchhof (Hrsg.), EStG, 12. Aufl., Köln 2013, § 6 Rz. 48.

254 Vgl. *Zwirner/Künkele*, StuB 2009 S. 512.

255 Vgl. BR-Drucks. 344/08 vom 23. 5. 2008, S. 135.

256 Vgl. *Kozikowski/Leistner*, in: Beck'scher Bilanz-Kommentar, 8. Aufl., München 2012, § 256a, Rz. 36. Im Rahmen der Umrechnung von auf Fremdwährung lautenden Anschaffungskosten können bspw. die vom BMF monatlich bekanntgegebenen Durchschnittskurse zur Umrechnung verwendet werden. Vgl. *Ehmcke*, in: Blümich, EStG, München, § 6 EStG, Rz. 313 (Stand: April 2012).

257 Vgl. *Maier*, SteuK 2010 S. 50.

1004 Mit dem Kurs am Tag ihrer Entstehung sind **Aufwendungen und Erträge** umzurechnen, zur Vereinfachung kann auch mit Durchschnittskursen umgerechnet werden.[258] Eine Umrechnung mit Durchschnittskursen kommt insbesondere dann in Betracht, wenn Erträge und Aufwendung gleichmäßig über einen bestimmten Zeitraum anfallen und für diesen Zeitraum der Durchschnittskurs ermittelt wird.[259]

1005–1007 *(Einstweilen frei)*

7.3 Folgebewertung

1008 § 256a HGB bezieht sich in erster Linie auf die Folgebewertung von Fremdwährungspositionen. Im Gegensatz zur Zugangsbewertung, die sich als reiner Transformationsvorgang herausstellt und bei der sich die Bewertungsfrage lediglich auf die Wahl eines Wechselkurses beschränkt, stellt die Folgebewertung eine Bewertungsentscheidung im eigentlichen Sinne dar.[260]

1009 Von grundlegender Bedeutung für die Folgebewertung ist die Unterscheidung, ob beim jeweiligen zu beurteilenden Sachverhalt das **Realisations- bzw. Imparitätsprinzip und das Anschaffungskostenprinzip** einzuhalten sind. Diese Prinzipien kommen dann zur Anwendung, wenn die Restlaufzeit der Fremdwährungsposition **größer als ein Jahr** ist. Bei einer Laufzeit kleiner (gleich) einem Jahr kann es durch die Bewertung zum **Devisenkassamittelkurs** zu einem Ausweis unrealisierter Gewinne kommen.[261]

1010 Vermögensgegenstände werden mit dem Devisenkassamittelkurs am Abschlussstichtag bewertet. Dabei muss beachtet werden, dass für Vermögensgegenstände, deren Laufzeit größer als ein Jahr ist, ein **Niederwerttest** durchgeführt werden muss.[262] Bei diesem Niederwerttest werden die fortgeführten Anschaffungs- bzw. Herstellungskosten mit dem Betrag, der sich nach der Fremdwährungsumrechnung ergibt, verglichen. Nach den Grundsätzen des Realisations- bzw. Imparitätsprinzips darf lediglich der niedrigere der beiden Werte angesetzt werden. Bei Vermögensgegenständen, deren Laufzeit kleiner (bzw. gleich) einem Jahr ist, kann auch der höhere der beiden Werte angesetzt werden. Spiegelbildlich ist das Vorgehen bei der Folgebewertung von Verbindlichkeiten. Allerdings ist hier bei Verbindlichkeiten, deren Restlaufzeit größer als ein Jahr ist, gemäß dem **Höchstwertprinzip** der höhere Wertansatz zu wählen.[263]

1011 Zu Handelszwecken erworbene Finanzinstrumente, Rückstellungen und latente Steuern sind zu jedem Bilanzstichtag neu zu ermitteln und mit dem **Devisenkassamittelkurs** des Bilanzstichtages zu bewerten.[264] Das Realisations- bzw. Imparitätsprinzip und das Anschaffungskostenprinzip können in diesem Fall durchbrochen werden. Rechnungsabgrenzungsposten, die auf Einnahmen bzw. Ausgaben in Fremdwährung beruhen,

258 Vgl. *Kozikowski/Leistner*, in: Beck'scher Bilanz-Kommentar, 8. Aufl., München 2012, § 256a, Rz. 220.
259 Vgl. *Kessler/Veldkamp*, in: Haufe HGB Bilanz Kommentar, 3. Aufl., Freiburg 2012, § 256a HGB, Rz. 14.
260 Vgl. *Kozikowski/Leistner*, in: Beck'scher Bilanz-Kommentar, 8. Aufl., München 2012, § 256a, Rz. 31.
261 Vgl. *Kessler/Veldkamp*, in: Haufe HGB Bilanz Kommentar, 3. Aufl., Freiburg 2012, § 256a HGB, Rz. 18.
262 Vgl. *Kozikowski/Leistner*, in: Beck'scher Bilanz-Kommentar, 8. Aufl., München 2012, § 256a, Rz. 65.
263 Vgl. *Küting/Mojadadr*, in: Küting/Pfitzer/Weber (Hrsg.), Handbuch der Rechnungslegung, Einzelabschluss, 5. Aufl., Stuttgart, § 256a, Rz. 69 (Stand: Juni 2010).
264 Vgl. BR-Drucks. 344/08 vom 23. 5. 2008, S. 134.

entziehen sich einer Folgebewertung, da lediglich bei der Zugangsbewertung der Zahlungsvorgang von Bedeutung ist und Währungsschwankungen nach der Zugangsbewertung nicht erfolgsrelevant sind.[265] Ebenso sind Aufwendungen und Erträge nur im Rahmen der erstmaligen Erfassung umzurechnen.

Aus der Folgebewertung können **Währungsdifferenzen im Einzelabschluss** entstehen.[266] 1012
Diese Währungsdifferenzen sind als Aufwendungen und Erträge in der GuV zu erfassen. Bei der Erfassung muss allerdings beachtet werden, dass der Leser der GuV erkennen kann, in welchem Umfang Erträge und Aufwendungen durch die Währungsumrechnung entstanden sind. Daher werden Umrechnungsdifferenzen gemäß § 277 Abs. 5 Satz 2 HGB gesondert unter den sonstigen betrieblichen Erträgen bzw. sonstigen betrieblichen Aufwendungen erfasst.[267]

Im Interesse des Gläubigerschutzes sieht das Gesetz in bestimmten Fällen eine Aus- 1013
schüttungssperre für unrealisierte Gewinne vor. Daher wäre es denkbar gewesen, unrealisierte Gewinne aus der Währungsumrechnung ebenfalls mit einer Ausschüttungssperre zu belegen. Vom Gesetzgeber wurde in Fällen der Währungsumrechnung **keine Ausschüttungssperre für unrealisierte Gewinne kodifiziert**.

Unter Beachtung von § 5 Abs. 1 Satz 1 EStG kann zunächst angenommen werden, dass 1014
§ 256a HGB auch für die Steuerbilanz zu beachten ist.[268] Einige Autoren vertreten die Auffassung, dass es bei Währungsumrechnungen, die zu einem Ausweis nicht realisierter Gewinne führen, das **Maßgeblichkeitsprinzip** aufgrund von § 6 Abs. 1 Nr. 1 Satz 1, Nr. 2 Satz 1 EStG durchbrochen wird.[269] Demnach steht dem Ausweis von unrealisierten Gewinnen in der Handelsbilanz „steuerbilanziell das Anschaffungskostenprinzip entgegen (§ 6 Abs. 1 Nr. 1 Satz 1, Abs. 1 Nr. 2 Satz 1 und Abs. 1 Nr. 3)."[270]

Andere Autoren vertreten die Meinung, dass die Stichtagsbewertung bei kurzfristigen Währungspositionen auch für die Steuerbilanz gilt.[271] Im Fall einer ungünstigen Kursentwicklung kann es zu einem Auseinanderfallen von Handels- und Steuerbilanz kommen. So ist handelsrechtlich bei Ausblendung der Dauerhaftigkeit der Kursentwicklung stets der gesunkene Kurs von Aktiva (bzw. der gestiegene Kurs von Passiva) anzusetzen, wohingegen steuerlich das Erfordernis der Dauerhaftigkeit der Wertminderung bestehen bleibt.[272] Bei Währungsumrechnungen kommt das Imparitätsprinzip daher nicht zur Anwendung, wenn eine ungünstige Kursentwicklung nicht dauerhaft ist.[273]

---

265 Vgl. *Kozikowski/Leistner*, in: Beck'scher Bilanz-Kommentar, 8. Aufl., München 2012, § 256a, Rz. 190.

266 Diese Währungsdifferenzen kommen dadurch zustande, dass bei der Folgebewertung andere Wechselkurse angesetzt werden als bei der Zugangsbewertung.

267 Vgl. *Kozikowski/Leistner*, in: Beck'scher Bilanz-Kommentar, 8. Aufl., München 2012, § 256a, Rz. 231.

268 Vgl. *Günkel*, Ubg 2008 S. 134; *Schüttler*, PiR 2011 S. 137; a. A. *Ehmcke*, in: Blümich, EStG, München, § 6 EStG, Rz. 21a (Stand: März 2010).

269 Vgl. *Hübner/Leyh*, DStR 2010 S. 1952; *Hoffmann/Lüdenbach*, NWB Kommentar Bilanzierung, 4. Aufl., Herne 2013, § 256a Rz. 35.

270 *Hoffmann/Lüdenbach*, NWB Kommentar Bilanzierung, 4. Aufl., Herne 2013, § 256a Rz. 35

271 Vgl. *Hoffmann*, PiR 2011 S. 56; *Schüttler*, PiR 2011 S. 137. Zum Teil wird auch befürchtet, dass die Finanzverwaltung § 256a HGB als maßgeblich für die Steuerbilanz erklärt, vgl. *Schüttler/Stolz/Jahr*, DStR 2010 S. 768.

272 Vgl. *Kulosa*, in: Schmidt, EStG, 32. Aufl., München 2013, § 6 EStG Rz. 22.

273 Vgl. *Hoffmann/Lüdenbach*, NWB Kommentar Bilanzierung, 4 Aufl., Herne 2013, § 256a Rz. 24.

1015 Zwar kann es bei Vermögensgegenständen, deren Restlaufzeit kleiner als ein Jahr ist, zu einem Ausweis von **Währungsgewinnen** kommen, dies gilt jedoch nur handelsrechtlich. Steuerlich bilden die Anschaffungs- und Herstellungskosten die Bewertungsobergrenze (§ 6 Abs. 1 Nr. 2, 3 EStG).[274] Insofern ist sich erstgenannter Auffassung anzuschließen.

1016–1019 *(Einstweilen frei)*

274 Vgl. *Kulosa*, in: Schmidt, EStG, 32. Aufl., München 2013, § 6 EStG Rz. 22; *Ehmcke*, in: Blümich, EStG, München, § 6 Rz. 21a (Stand: März 2010); *Hoffmann/Lüdenbach*, NWB Kommentar Bilanzierung, 4. Aufl., Herne 2013, § 256a Rz. 35.

Teil A:
Grundsatz- und Querschnittsfragen steuerlicher Gewinnermittlung

Kapitel VII:
Bewertungseinheiten

von
StB Dr. Christian Hick, Bonn

Inhaltsübersicht Rz.

Schrifttum: *Altvater*, Zur Abbildung von internen Geschäften in der Steuerbilanz, DB 2012 S. 939; *Anstett/Husmann*, Die Bildung von Bewertungseinheiten bei Derivatgeschäften, BB 1998 S. 1528; *Christiansen*, Zum Grundsatz der Einzelbewertung – insbesondere zur Bildung sogenannter Bewertungseinheiten, DStR 2003 S. 264; *Freiberg*, Prolongation von Sicherungsbeziehungen mit Devisentermingeschäften, StuB 2014 S. 264; *Glaser/Hachmeister*, Pflicht oder Wahlrecht zur Bildung bilanzieller Bewertungseinheiten nach dem BilMoG, BB 2011 S. 555; *Hahne*, Bilanzierung von Bewertungseinheiten gem. § 5 Abs. 1a EStG bei Fälligkeitsunterschieden – Auswirkungen der gesetzlichen Spezialregelung bei wegfallenden Sicherungsbeziehungen und Anschlusssicherungsgeschäften, BB 2006 S. 2291; *Hahne*, Bewertungseinheiten – Bestimmung des Anwendungsbereichs von § 5 Abs. 1a EStG n. F., StuB 2007 S. 18; *Hahne*, Anwendung der Steuerbefreiung für Aktiengewinne bei Risikoabsicherungsgeschäften, StuB 2008 S. 181; *Häuselmann*, Zweifelsfragen bei der bilanzsteuerlichen Erfassung von anteilsbezogenen Derivaten, Ubg 2008 S. 399; *Helios/Meinert*, Steuerrechtliche Behandlung von Bewertungseinheiten im Rahmen von Umwandlungen, Ubg 2011 S. 592; *Hennrichs*, Zur handelsrechtlichen Beurteilung von Bewertungseinheiten bei Auslandsbeteiligungen, WPg 2010 S. 1185; *Herzig/Briesemeister*, Steuerliche Problembereiche des BilMoG-RegE, Ubg 2009 S. 157; *Herzig/Briesemeister*, Steuerliche Konsequenzen der Bilanzrechtsmodernisierung für Ansatz und Bewertung, DB 2009 S. 981; *Krüger*, Bilanzsteuerrechtliche Implikationen der Reform des Handelsrechts, StB 2008 S. 117; *Künkele/Zwirner*, Maßgeblichkeit im Fokus der Finanzverwaltung, StuB 2013 S. 3; *Kütter/Prahl*, Die handelsrechtliche Bilanzierung der Eigenhandelsaktivitäten von Kreditinstituten, WPg 2006 S. 9; *Löw/Scharpf/Weigel*, Auswirkungen des Regierungsentwurfs zur Modernisierung des Bilanzrechts auf die Bilanzierung von Finanzinstrumenten, WPg 2008 S. 1016; *Löw*, Verlustfreie Bewertung antizipativer Sicherungsgeschäfte nach HGB – Anlehnung an internationale Rechnungslegungsvorschriften, WPg 2004 S. 1109; *Lüdenbach/Freiberg*, Handelsbilanzielle Bewertungseinheiten nach IDW ERS HFA 35 unter Berücksichtigung der steuerbilanziellen Konsequenzen, BB 2010 S. 1971; *Meinert*, Die Bildung objektübergreifender Bewertungseinheiten nach Handels- und Steuerecht, Köln 2010; *Miksch/Mattern*, Anwendung von § 8b KStG bei der Währungskurssicherung von Auslandsbeteiligungen im Rahmen von Bewertungseinheiten, DB 2010 S. 579; *Patek*, Bilanzierung von Sicherungszusammenhängen nach § 5 Abs. 1a EStG, FR 2006 S. 714; *Petersen/Zwirner/Froschhammer*, Die Bilanzierung von Bewertungseinheiten nach § 254 HGB, StuB 2009 S. 449; *Prinz*, Steuerwirkungen des BilMoG: Ziel, Realität, Perspektiven, GmbHR 2009 S. 1027; *Prinz/Hick*, Der neue § 5 Abs. 1a EStG – Gelungene gesetzliche Verankerung der steuerbilanziellen Bildung von Bewertungseinheiten?, DStR 2006 S. 771; *Prinz*, Arten der Einkünfteermittlung – Bestandsaufnahme und Kritik - Betriebsvermögensvergleich, in DStJG 2011 S. 136; *Rimmelspacher/Fey*, Beendigung von Bewertungseinheiten im handelsrechtlichen Jahresabschluss, WPg 2013 S. 994; *Scharpf*, Bilanzierung von Bewertungseinheiten in der Fünften Jahreszeit, DB 2012 S. 357; *Schmitz*, Steuerliche Auswirkungen handelsrechtlicher Bewertungseinheiten, DB 2009 S. 1620; *Schnitger*, Anwendung des § 8b KStG bei Stillhalteprämien und Optionsgeschäften – Anmerkung zum Urteil des BFH vom 6. 3. 2013, I R 18/12, DStR 2013 S. 1771; *Schumacher*, Kompensatorische Bewertung bei der Sicherung von Bilanzpositionen durch Finanztermingeschäfte in Handels- und Steuerbilanz, DB 1995 S. 1473; *Schmidt*, Bewertungseinheiten nach dem BilMoG, BB 2009 S. 882; *Tönnis/Schiersmann*, Die Zulässigkeit von Bewertungseinheiten in der Handelsbilanz, DStR 1997 S. 714 (Teil I) und S. 756 (Teil II); *Velte/Haacker*, Bewertungseinheiten bei kompensatorischen Risikosicherungsbeziehungen in der Handels- und Steuerbilanz, StuW 2013 S. 182; *Wagner*, Die Bildung von Bewertungseinheiten in der Steuerbilanz – Ursache und Wirkung der neuen Rechtslage, INF 2006 S. 538; *Wulf*, Bilanzierung von Bewertungseinheiten nach § 254 HGB unter Berücksichtigung des IDW RS HFA 35, DStZ 2012 534; *Zwirner/Boecker*, Bewertungseinheiten in Form antizipativer Hedges – Besonderheiten und Probleme, BB 2012 S. 2935; *Zwirner/Busch*, Bilanzierung von Fremdwährungsverbindlichkeiten im Konzern – Bewertungseinheiten auf Basis von Ausschüttungen in Fremdwährung?, DB 2012 S. 2641.

1. Steuerbilanzielle Spezialregelung für in der handelsrechtlichen Rechnungslegung gebildete Bewertungseinheiten

Mit § 5 Abs. 1a Satz 2 EStG weist das Einkommensteuergesetz eine steuerbilanzielle Spezialregelung für in der handelsrechtlichen Rechnungslegung gem. § 254 HGB gebildete Bewertungseinheiten auf.[1] Nach der Gesetzessystematik betrifft die Vorschrift Steuerpflichtige, die als Vollkaufleute zur Führung von Büchern nach §§ 238 ff. HGB gesetzlich verpflichtet sind.[2] Für die Gewinnermittlung nach § 4 Abs. 1 EStG gilt das Verrechnungsgebot durch Bildung von Bewertungseinheiten somit nicht. 1020

Gemäß § 5 Abs. 1a Satz 2 EStG sind die Ergebnisse in der handelsrechtlichen Rechnungslegung zur Absicherung finanzwirtschaftlicher Risiken gebildeter Bewertungseinheiten konkret maßgeblich für die Steuerbilanz.[3] Die konkrete Maßgeblichkeit erstreckt sich dabei auch auf die aus einer zukünftigen Transaktion resultierenden Verpflichtungsüberhänge einer Bewertungseinheit (antizipative Bewertungseinheit). Hintergrund ist, dass das Passivierungsverbot für Drohverlustrückstellungen (§ 5 Abs. 4a Satz 2 EStG) für die aus einer Bewertungseinheit resultierenden Verpflichtungsüberhänge außer Kraft gesetzt ist.

Der steuerbilanziellen Spezialregelung für Bewertungseinheiten liegt die Zielsetzung des Gesetzgebers zugrunde, eine streng imparitätische Bewertung von Hedginggeschäften (Antizipation drohender Verluste ohne Gegenrechnung erwarteter Gewinne) durch eine gleichlaufende Verpflichtung zur Bildung von Bewertungseinheiten in der Handels- und Steuerbilanz einzuschränken. Das gesicherte Wertänderungsrisiko soll nicht ergebniswirksam werden, weil sich die gegenläufigen Risiken aus Grund- und Sicherungsgeschäft im Ergebnis gegenseitig aufheben. 1021

Insoweit liegt dem § 5 Abs. 1a Satz 2 EStG die Erkenntnis des Gesetzgebers zugrunde, dass das Vorsichts- und Imparitätsprinzip bei Sicherungszusammenhängen zu Bilanzierungsergebnissen führen können, die die wirtschaftliche Leistungsfähigkeit eines Unternehmens als Anknüpfungspunkt für eine Besteuerung nicht sachgerecht erfassen. In systematischer Hinsicht resultiert die besondere Stellung der Vorschrift allerdings daraus, dass der Gesetzgeber das Maßgeblichkeitsprinzip zur Sicherung des Steueraufkommens heranzieht.

Praktische Probleme bei der Abbildung von Bewertungseinheiten in der Steuerbilanz sind vor allem darauf zurückzuführen, dass das HGB mit dem zwischenzeitlich im Rahmen des BilMoG eingeführten § 254 HGB zwar eine Rechtsgrundlage für die Bildung von Bewertungseinheiten aufweist, hierdurch aber sowohl die Tatbestandsvoraussetzungen als auch die Rechtsfolgen nur unvollständig geregelt werden. Hinzukommt, 1022

1 Die Vorschrift wurde mit dem Gesetz zur Eindämmung missbräuchlicher Steuergestaltungen in das EStG aufgenommen. In zeitlicher Hinsicht ist die Vorschrift nach dem Tag der Verkündung des Gesetzes (6. 5. 2006) in Kraft getreten. Vgl. BGBl I 2006 S. 1095; BStBl I 2006 S. 353. Im Rahmen des BilMoG v. 25. 5. 2009 (BGBl I 2009 S. 1102; BStBl I 2009 S. 650) wurde dem § 5 Abs. 1a EStG ein Satz 1 vorangestellt, wonach Posten der Aktivseite nicht mit Posten der Passivseite verrechnet werden dürfen.

2 Vgl. *Korn/Schiffers*, Oktober 2012, § 6 EStG Rn. 447; *Hick*, in: HHR, § 5 EStG Anm. 1635a.

3 Vgl. Kapitel III, Rz. 410.

dass die beiden Regelungen nicht identisch formuliert wurden.[4] Dies ist auch darauf zurückzuführen, dass bis zur Einführung des § 254 HGB für die Abgrenzung der Reichweite der aus § 5 Abs. 1a EStG resultierenden Spezialmaßgeblichkeit auf die „handelsrechtliche Praxis" und die „tatsächlichen Gegebenheiten der Praxis" abzustellen war.

1023–1025 (*Einstweilen frei*)

2. Systematische Anknüpfung an in der handelsrechtlichen Rechnungslegung (§ 254 HGB) gebildete Bewertungseinheiten

2.1 Maßgeblichkeit der handelsrechtlichen Definition von Bewertungseinheiten

1026 Mit § 5 Abs. 1a Satz 2 EStG wird der Maßgeblichkeitsgrundsatz für den Spezialfall der kompensatorischen Bewertung finanzwirtschaftlicher Sicherungsgeschäfte in der Handelsbilanz im EStG konkret gesetzlich verankert.[5] Welche handelsbilanziellen Bewertungseinheiten von § 5 Abs. 1a Satz 2 EStG erfasst werden, definiert die Vorschrift selbst nicht. Verwiesen wird auf die in der handelsrechtlichen Rechnungslegung gebildeten Bewertungseinheiten.

Für die praktische Anwendung ist daher entscheidend, unter welchen Voraussetzungen in der handelsrechtlichen Rechnungslegung (§ 254 HGB) isolierbare Grund- und Sicherungsgeschäfte einzeln zu bewerten sind oder vielmehr Bewertungseinheiten „zur Absicherung finanzwirtschaftlicher Risiken" zu bilden sind. Nach dem Gesetzeswortlaut ist das zusammengefasste Ergebnis dann auch der steuerlichen Gewinnermittlung zugrunde zu legen. Der allgemeine Maßgeblichkeitsgrundsatz des Abs. 1 Satz 1 wird insoweit durch eine spezielle Maßgeblichkeit für Zwecke der Berücksichtigung des Ergebnisses nach Handelsrecht gebildeter Bewertungseinheiten ergänzt.

1027 Obwohl der Regelungsgehalt des § 5 Abs. 1a Satz 2 EStG ausschließlich die Bewertung der in die Bewertungseinheit einbezogenen Wirtschaftsgüter betrifft und damit eine gesetzliche Verankerung in § 6 EStG nahe gelegen hätte, hat der Gesetzgeber die Vorschrift - im Hinblick auf die gesetzliche Verankerung in § 5 EStG – als Bilanzierungsvorschrift eingestuft. Auch die Finanzverwaltung geht in systematischer Hinsicht davon aus, dass § 5 Abs. 1a Satz 2 EStG die Bewertung der in eine Bewertungseinheit einbezogenen Wirtschaftsgüter regelt.[6] Hierfür ist die von dem Gesetzgeber angestrebte Nutzung des Maßgeblichkeitsprinzip zur Sicherstellung einer kompensatorischen Bewertung in der Steuerbilanz ausschlaggebend.

4 Vgl. BT-Drucks. 16/634, S. 10.
5 Vgl. *Hick*, in: HHR, § 5 EStG Anm. 1637.
6 Vgl. OFD-Frankfurt v. 22. 3. 2012, S 2133 A-30-St 210, DStR 2012 S. 1389.

2.2 Abgrenzung zu Bilanzierungseinheiten

Abzugrenzen sind Bewertungseinheiten von sog. Bilanzierungseinheiten.[7] Die in die Bewertungseinheit einbezogenen Vermögens- oder Schuldpositionen bleiben als eigenständige Vermögenswerte und Schulden erhalten. Hintergrund ist, dass Vermögenswerte und Schulden lediglich nach Maßgabe einer saldierenden Betrachtungsweise für Zwecke der Bewertung gedanklich zusammengefasst werden.[8] Anders stellt sich die Situation hingegen bei den sog. Bilanzierungseinheiten dar, bei denen einzelne Bilanzierungsobjekte aufgrund eines einheitlichen Funktions- und Nutzungszusammenhangs zu einem Vermögensgegenstand zusammengefasst werden.[9] Der Grundsatz der Einzelbewertung kommt in diesem Fall erst auf Ebene der zusammengefassten Bilanzierungsobjekte zur Anwendung. Eine Durchbrechung des Grundsatzes der Einzelbewertung erfolgt daher nicht. 1028

2.3 Anforderungen an die Bildung von Bewertungseinheiten gemäß § 254 HGB

2.3.1 Anforderungen an Grund- und Sicherungsgeschäft

Vermögensgegenstände und Schulden sind gem. § 252 Abs. 1 Nr. 3 HGB einzeln zu bewerten. Aufwendungen und Erträge dürfen nicht verrechnet werden (§ 246 Abs. 2 Satz 1 HGB). Von diesen Grundsätzen weicht der Gesetzgeber mit der in § 254 HGB geregelten Möglichkeit ab, Grundgeschäfte und Sicherungsgeschäfte zu Bewertungseinheiten zusammenzufassen. Bis zu der gesetzlichen Verankerung der Bildung von Bewertungseinheiten im Rahmen des BilMoG wurden die Grundsätze zur bilanziellen Abbildung von Bewertungseinheiten aus den GoB abgeleitet.[10] Nach der Gesetzesbegründung geht der Gesetzgeber davon aus, dass durch § 254 HGB lediglich die bisherige handelsrechtliche Praxis festgeschrieben wird.[11] Eine Änderung der bisherigen Bilanzierungspraxis war durch den Gesetzgeber nicht beabsichtigt. Diese Aussage ist allerdings nicht unproblematisch, da es vor der Einführung des § 254 HGB an einem klaren handelsbilanziellen Konzept zur Bildung von Bewertungseinheiten fehlte.[12] Folge ist, dass auch nach der Einführung des § 254 HGB keine Rechtssicherheit hinsichtlich der konkreten Anwendungsvoraussetzungen für die Bildung von Bewertungseinheiten besteht. Dies ist insoweit problematisch, als durch die Bildung von Bewertungseinheiten ein Eingriff in grundlegende Prinzipien der Rechnungslegung erfolgt. 1029

In § 254 Satz 1 HGB werden die Anforderungen an das Grundgeschäft, das Sicherungsgeschäft und den zwischen den beiden Geschäften bestehenden Zusammenhang formuliert. Danach setzt die Bildung einer Bewertungseinheit kumulativ voraus, dass Schulden, schwebende Geschäfte oder mit hoher Wahrscheinlichkeit eintretende Trans- 1030

---

7 Vgl. *Hick*, in: HHR, § 5 EStG Anm. 1643.

8 Vgl. *Christiansen*, DStR 2003 S. 264.

9 Vgl. hierzu BFH v. 28. 9. 1990 – III R 178/86, BStBl II 1991, 187; *Tönnis/Schiersmann*, DStR 1997 S. 714.

10 Für eine Übersicht über die Rechtsentwicklung vgl. *Meinert*, Köln 2010, S. 66; *Schumacher*, DB 1995 S. 1473; *Velte/Haacker*, StuW 2013 S. 182.

11 Vgl. BT-Drucks. 16/10067 S. 59.

12 Vgl. *Hick*, in: HHR, § 5 EStG Anm. 1644.

aktionen (= Grundgeschäfte) zum Ausgleich gegenläufiger Wertänderungen oder Zahlungsströme aus dem Eintritt vergleichbarer Risiken mit Finanzinstrumenten (= Sicherungsgeschäfte) zusammengefasst werden.[13] Dabei kann die Entscheidung zur Bildung einer Bewertungseinheit sowohl unmittelbar im Zusammenhang mit dem Erwerb des Sicherungsgeschäfts als auch zu einem späteren Zeitpunkt getroffen werden.

Sind die Voraussetzungen des § 254 Satz 1 HGB nicht erfüllt, sind das Grund- und das Sicherungsgeschäft einzeln zu bewerten.

2.3.2 Grundgeschäfte im Rahmen einer Bewertungseinheit

1031 Grundgeschäft im Rahmen einer Bewertungseinheit können Vermögensgegenstände (Debitoren, Ausleihungen, Aktien, Vorräte), Schulden, schwebende Geschäfte (bspw. Liefer- und Kaufverpflichtungen) sowie mit hoher Wahrscheinlichkeit erwartete Transaktionen sein.[14] Während bei schwebenden Geschäften zum Abschlussstichtag bereits ein Rechtsgeschäft vorliegt (bspw. ein abgeschlossenes aber noch nicht erfülltes Absatz- oder Beschaffungsgeschäft), reicht es auch aus, wenn der Abschluss des Geschäftes noch nicht erfolgt ist, jedoch mit hoher Wahrscheinlichkeit erwartet wird (Grundgeschäft im Rahmen einer antizipativen Bewertungseinheit). Für den Nachweis der „hohen Wahrscheinlichkeit" sind bloße Absichtserklärungen des Unternehmens nicht ausreichend. Für die Dokumentation sind Erfahrungswerte der Vergangenheit, aktuelle Business-Pläne sowie das wirtschaftliche Umfeld des Unternehmens von Relevanz.[15]

2.3.3 Sicherungsinstrumente im Rahmen einer Bewertungseinheit

1032 Sicherungsinstrumente im Rahmen einer Bewertungseinheit können – mangels einer gesetzlichen Definition in § 254 Satz 1 HGB – sowohl originäre Finanzinstrumente (Aktien, Kredite und Anleihen) als auch derivative Finanzinstrumente (Optionen, Forwards und Futures) sein. Auf eine Definition des Begriffs der Finanzinstrumente hat der Gesetzgeber aufgrund der Vielfalt und der ständigen Weiterentwicklung bewusst verzichtet.[16] Durch § 254 Satz 2 HGB werden den Finanzinstrumenten Warentermingeschäfte gleichgestellt.

2.3.4 Vergleichbare Risiken von Grund- und Sicherungsgeschäft

1033 Grund- und Sicherungsgeschäft müssen den gleichen Risiken unterliegen, um gegenläufige Wertänderungen und Zahlungsströme zu erwarten. Bspw. kann eine Forderung, die einem Fremdwährungs- und Zinsrisiko unterliegt, mit einem Zinsswap gegen das Zinsänderungsrisiko und mit einem Devisentermingeschäft gegen das Fremdwährungsrisiko abgesichert werden.[17]

---

13 Zu Einzelheiten vgl. *Förschle/Usinger*, Beck-BilKomm. § 254 HGB Rn. 10; *Hoffmann/Lüdenbach*, § 254 HGB Rn. 18 ff.; *Schmidt*, BB 2009 S. 882.

14 Zu weiteren Einzelheiten *Hoffmann/Lüdenbach*, § 254 HGB Rn. 17 ff.

15 Vgl. *Hoffmann/Lüdenbach*, § 254 HGB Rn. 18 ff.

16 Vgl. BT-Drucks. 16/10067 S. 58.

17 Vgl. hierzu *Zwirner/Busch*, DB 2012 S. 2641.

Zwischen Pensionsverpflichtung und Rückdeckungsanspruch fehlt es hingegen an einem gegenläufigen wertbeeinflussenden Zusammenhang.[18] Hieran kann auch die aus § 6a EStG resultierende Bewertungsdifferenz nichts ändern.[19]

2.3.5 Nachweis der Wirksamkeit (Effektivität) der Sicherungsbeziehung

Die Bildung einer Bewertungseinheit setzt voraus, dass eine Sicherungsabsicht besteht 1034
und zudem der Ausgleich gegenläufiger Wertänderungen durch das Grund- und Sicherungsgeschäft zu jedem Abschlussstichtag überwacht wird (Effektivität der Sicherungsbeziehung).[20] Dies gilt sowohl retrospektiv zur quantitativen Ermittlung der bilanziell zu berücksichtigen Wertveränderungen als auch prospektiv zur Feststellung, ob die Effektivität der Sicherungsbeziehung auch zukünftig gegeben ist.[21] Aus Nachweisgründen empfiehlt es sich, die Verknüpfung zwischen Grund- und Sicherungsgeschäft bereits mit Begründung der Bewertungseinheit zu dokumentieren.[22]

Auch wenn die Dokumentation kein Tatbestandsmerkmal des § 254 HGB darstellt, verlangt § 285 Nr. 23 Buchst. a HGB (soweit keine Angaben im Lagebericht erfolgen) für Kapitalgesellschaften und bestimmte haftungsbeschränkte Personengesellschaften im Anhang umfangreiche Angaben hinsichtlich der abgesicherten Risikoart, Art der Bewertungseinheit, Höhe der abgesicherten Risiken, Betrag der in die Bewertungseinheit einbezogenen Vermögensgegenstände, Schulden, schwebende Geschäfte sowie Angaben zu antizipativen Bewertungseinheiten.[23]

(Einstweilen frei) 1035–1036

2.4 Von § 254 HGB erfasste Bewertungseinheiten

2.4.1 Unterscheidung nach dem Umfang der Sicherungsbeziehung

Eine Definition bestimmter Arten von Bewertungseinheiten weist § 254 HGB nicht 1037
auf.[24] Typischerweise werden folgende Kriterien zur Abgrenzung von Bewertungseinheiten herangezogen:

- Hohe Risikohomogenität,
- vollständige bzw. zumindest partielle Fristen- und Betragskongruenz,
- fortwirkende Dokumentation des Sicherungszusammenhangs sowie Durchhalteabsicht.

---

18 Vgl. OFD-Frankfurt v. 22. 3. 2012, S 2133 A-30-St 210, DStR 2012 S. 1389.

19 Vgl. BFH v. 25. 2. 2004 – I R 54/02, BStBl II 2004, 654.

20 Vgl. *Hoffmann/Lüdenbach*, § 254 HGB Rn. 47; *Cassel/Kessler*, in: Bertram/Brinkmann/Kessler/Müller, § 254 HGB Rn. 27.

21 Vgl. BT-Drucks. 16/10067 S. 58.

22 IDW RS HFA 35, Tz. 14 lässt eine nachträgliche Dokumentation bis zur Aufstellung des Abschlusses zu. Hierzu krit. *Scharpf*, DB 2012 S. 357.

23 Vgl. *Cassel/Kessler*, in: Bertram/Brinkmann/Kessler/Müller, § 254 HGB Rn. 35.

24 Vgl. *Förschle/Usinger*, Beck-BilKomm. § 254 HGB Rn. 4.

1038 Typischerweise wird anhand des Aggregationsgrads der Sicherungsbeziehung zwischen Micro-, Macro- und Portfolio-Hedges unterschieden.[25] Mangels einer gesetzlichen Definition existiert allerdings keine einheitliche Abgrenzung zwischen den unterschiedlichen Hedge-Arten.[26] Die Abgrenzung ist daher nicht immer zweifelsfrei. Für die Bilanzierungspraxis ist allerdings die Abgrenzung zwischen den unterschiedlichen Hedge-Arten von untergeordneter Bedeutung.

2.4.2 Arten von Bewertungseinheiten

1039 Ein Micro-Hedge liegt idealtypisch vor, falls ein Grundgeschäft durch ein Deckungsgeschäft unmittelbar betrags- und zeitidentisch abgesichert wird.[27] Dies ist bspw. dann der Fall, wenn eine Fremdwährungsforderung durch ein gegenläufiges und fristenidentisches Termingeschäft abgesichert wird.

BEISPIEL: Ein Unternehmen hat aus einer Lieferung einen Zahlungsanspruch in USD, der am 15.6 eingebucht wird. Der Anspruch ist am 31.8 fällig. Um sich gegen das Risiko eines sinkenden USD abzusichern, verkauft das Unternehmen USD per Termin 31.8. oder erwirbt eine Option zum Verkauf von USD zum 31.8.

Durch den Verkauf von USD auf Termin bzw. durch den Erwerb der Verkaufsoption (Sicherungsgeschäft) hat sich das Unternehmen die Risiken eines einzelnen Geschäfts gegen einen möglichen Kursverlust der USD-Forderung (Grundgeschäft) bis zum Zeitpunkt des vereinbarten Zahlungseingangs abgesichert.

1040 Bei einem Macro-Hedge werden mehrere in ihrer Struktur homogene Forderungen und Verbindlichkeiten gebündelt und innerhalb eines organisatorisch abgegrenzten Verantwortungsbereichs global abgesichert. Eine Identifikation oder konkrete Verknüpfung von Grund- und Sicherungsgeschäft ist nicht gegeben. Somit werden im Fall eines Macro-Hedge aus einer Vielzahl eingegangener Geschäfte resultierende Zinsänderungs-, Währungs- oder sonstige Preisrisiken begrenzt.[28]

1041 Ein Portfolio-Hedge geht über die homogene Zusammenfassung von Geschäften hinaus und bündelt unterschiedliche Grundgeschäftstypen hinsichtlich einer möglichst kostengünstigen Absicherung.

2.4.3 Antizipative Sicherungsgeschäfte

1042 Von § 254 HGB werden auch antizipative Sicherungsgeschäfte erfasst. In diesem Fall erstreckt sich der Gegenstand der Bewertungseinheit nicht auf bereits bilanzierte Grundgeschäfte (bspw. Forderungen, Waren oder Verbindlichkeiten), sondern mit hoher Wahrscheinlichkeit erwartete zukünftige Transaktionen.[29]

1043–1044 *(Einstweilen frei)*

---

25 Vgl. BT-Drucks. 16/10067 S. 59.

26 Vgl. *Förschle/Usinger*, Beck-BilKomm. § 254 HGB Rn. 4.

27 Vgl. *Förschle/Usinger*, Beck-BilKomm. § 254 HGB Rn. 4.

28 Vgl. *Tönnies/Schiersmann*, DStR 1997 S. 756.

29 Zu Einzelheiten vgl. *Zwirner/Boecker*, BB 2012 S. 2935.

2.5 Faktisches Wahlrecht zur Bildung von Bewertungseinheiten

Der Wortlaut des § 254 HGB lässt offen, ob es sich bei der Bildung von Bewertungseinheiten um ein handelsbilanzielles Wahlrecht handelt. Die h. M.[30] spricht sich für ein Wahlrecht aus. Danach kann die Bildung einer Bewertungseinheit auch dann nicht verlangt werden, wenn zwischen Grund- und Sicherungsgeschäft eine tatsächliche Risikoabsicherung i. S. eines Micro-Hedge besteht. 1045

Wenn in der Praxis darauf verzichtet wird, in ökonomischer Hinsicht bestehende Sicherungsbeziehungen auch in der Rechnungslegung nachzuvollziehen, so ist dies regelmäßig auch auf den mit der Bildung einer Bewertungseinheit in Zusammenhang stehenden Dokumentationsaufwand zurückzuführen.[31] Wird allerdings bei wesentlichen und offenkundig bestehenden Sicherungsbeziehungen ohne wirtschaftlich nachvollziehbaren Grund auf die Bildung einer Bewertungseinheit verzichtet und resultiert hieraus eine Beeinträchtigung der Vermögens- bzw. Ertragslage, sind entsprechende Angaben im Anhang bzw. Lagebericht geboten.[32]

(*Einstweilen frei*) 1046

2.6 Rechtsfolge der Bildung einer Bewertungseinheit

Folge der Bildung einer Bewertungseinheit ist, dass das Imparitäts- und Realisationsprinzip nicht mehr auf ein abgegrenztes Bewertungsobjekt, sondern auf eine aggregierte Bewertungseinheit zur Anwendung gelangen. Dies folgt daraus, dass § 254 HGB vorschreibt, dass § 249 Abs. 1 HGB (Ansatz von Drohverlustrückstellungen), § 252 Abs. 1 Nr. 3 HGB (Grundsatz der Einzelbewertung), § 252 Abs. 1 Nr. 4 HGB (Vorsichts- und Realisationsprinzip), § 253 Abs. 1 Satz 4 HGB (Anschaffungshöchstwertgrenze) und § 256a HGB (erfolgswirksame Währungsumrechnung) in dem Umfang und für den Zeitraum nicht anzuwenden sind, in dem sich die gegenläufigen Wertänderungen der Bilanzpositionen ausgleichen (sog. effektiver Teil der Bewertungseinheit). Der nicht effektive Teil der Bewertungseinheit ist nach den allgemeinen Regeln zu bilanzieren. Durch § 254 HGB wird damit eine „Verrechnung" von unrealisierten Aufwendungen mit unrealisierten Erträgen (kompensatorische Bewertung) ermöglicht. Dies gilt bei der Absicherung zukünftiger Transaktionen auch periodenübergreifend. 1047

Die Verlustantizipation wird auf diejenigen Fälle beschränkt, in denen tatsächlich ein Verlust droht. Resultiert aus der kompensatorischen Bewertung ein positives Ergebnis, so steht einem Ausweis § 252 Abs. 1 Nr. 4 HGB entgegen. Ein negatives Ergebnis mindert dagegen den Gewinn; bei schwebenden Geschäften erfolgt eine Verlustantizipation durch die Bildung von Drohverlustrückstellungen i. S. d. § 249 Abs. 1 Satz 1 HGB.

Vor dem Hintergrund, dass der Gesetzgeber in § 254 HGB keine Regelung zum Zeitpunkt des Beginns und der Beendigung einer Bewertungseinheit getroffen hat, ist eine

30 Vgl. *IDW*, WP Handbuch 2012, E 445; IDW RS HFA 35, Tz. 12; *Hoffmann/Lüdenbach*, § 254 HGB Rn. 11; *Lüdenbach/Freiberg*, BB 2010 S. 1971; *Förschle/Usinger*, Beck-BilKomm. § 254 HGB Rn. 5; a. A. *Glaser/Hachmeister*, BB 2011 S. 555 ff.; *Wulf*, DStZ 2012 S. 534; *Cassel/Kessler*, in: Bertram/Brinkmann/Kessler/Müller, § 254 HGB Rn. 7.

31 Vgl. *Hoffmann/Lüdenbach*, Beck-BilKomm. § 254 HGB Rn. 13.

32 Vgl. *Förschle/Usinger*, Beck-BilKomm. § 254 HGB Rn. 5.

Bewertungseinheit ab dem Zeitpunkt ihrer nachweislichen Begründung bilanziell zu berücksichtigen.

1048–1050 (*Einstweilen frei*)

3. Maßgeblichkeit der Ergebnisse in der handelsrechtlichen Rechnungslegung gebildeter Bewertungseinheiten

3.1 Spezialmaßgeblichkeit für Bewertungseinheiten zur „Absicherung finanzwirtschaftlicher Risiken"

1051 Werden handelsrechtlich nach § 254 HGB Bewertungseinheiten gebildet, sind die Ergebnisse für die steuerliche Gewinnermittlung konkret maßgeblich, soweit finanzwirtschaftliche Risiken abgesichert werden. Ausgehend von dem Wortlaut des § 5 Abs. 1a Satz 2 EStG, der ausdrücklich nur zur Absicherung „finanzwirtschaftlicher Risiken" gebildete Bewertungseinheiten erfasst, erstreckt sich die konkrete Maßgeblichkeit somit nur auf einen Teilbereich der nach § 254 HGB handelsrechtlich zulässigen Bewertungseinheiten.[33]

Antizipative Bewertungseinheiten sind für die steuerliche Gewinnermittlung ebenfalls nur dann maßgeblich, wenn die künftig höchstwahrscheinlich erwarteten Rechtsgeschäfte finanzwirtschaftliche Risiken betreffen.

1052 (*Einstweilen frei*)

3.2 Bewertungseinheiten zur „Absicherung finanzwirtschaftlicher Risiken"

1053 Die Anwendung des § 5 Abs. 1a Satz 2 EStG wird in der Praxis dadurch erschwert, dass der Gesetzgeber auf eine Definition des Begriffs der finanzwirtschaftlichen Risiken und auf eine Abgrenzung zu den gem. § 254 HGB gebildeten Bewertungseinheiten verzichtet hat. In der Gesetzesbegründung spricht der Gesetzgeber von Sicherungsgeschäften zur Absicherung von Kursrisiken.[34] Auch die Finanzverwaltung hat zu dem Begriff der finanzwirtschaftlichen Risiken und einer hieraus resultierenden Einschränkung des sachlichen Anwendungsbereichs des § 5 Abs. 1a Satz 2 EStG bislang noch nicht Stellung genommen. Im wirtschaftswissenschaftlichen Sprachgebrauch werden die Risiken eines Unternehmens in allgemeine externe Risiken, leistungswirtschaftliche Risiken, finanzwirtschaftliche Risiken und interne Risiken unterteilt.[35] Zu den leistungswirtschaftlichen Risiken zählen Risiken in den Bereichen Beschaffung, Produktion, Absatz/Vertrieb sowie Forschung und Entwicklung. Mangels entgegenstehender Anhaltspunk-

---

33 Vgl. *Prinz*, GmbHR 2009 S. 1027; *Hick*, in: HHR, § 5 EStG Anm. 1645; *Krüger*, StB 2008 S. 117; a. A. *Herzig/Briesemeister*, Ubg. 2009 S. 158; *Frotscher*, in: Frotscher, § 5 EStG Rn. 144a2; *Korn/Schiffers*, Oktober 2012, § 6 EStG Rn. 452.1; *Hoffmann/Lüdenbach*, § 254 HGB Rn. 127; *Künkele/Zwirner*, StuB 2013 S. 3.

34 Vgl. BT-Drucks. 16/634 S. 10.

35 Vgl. u. a. *Horváth/Gleich*, in: Dörner/Horváth/Kagermann, Praxis des Risikomanagements, Stuttgart 2000, S. 111 ff.

te in den Gesetzgebungsmaterialien ist davon auszugehen, dass sich der Gesetzgeber mit dem Begriff der finanzwirtschaftlichen Risiken an diese übliche Abgrenzung anlehnen wollte.[36]

Eine Absicherung finanzwirtschaftlicher Risiken liegt vor, soweit die Absicherung von Marktpreisrisiken, d. h. insbesondere (Zinsänderungs-, Währungs-, Rohstoffpreisrisiken) sowie Liquiditäts- und Ausfallrisiken erfolgt.[37] Damit kann man unter finanzwirtschaftlichen Risiken solche Risiken verstehen, die sich v. a. aus börsenmäßig ermittelten Preisänderungen für Währungen, Waren, Zinssätze, Optionen, Aktien, Obligationen und Ähnlichem ergeben und die durch Finanzinstrumente abgesichert werden können.[38]

In der Praxis ist die Abgrenzung zwischen der Absicherung finanzwirtschaftlicher Risiken und leistungswirtschaftlicher Risiken nicht immer trennscharf. Dies wird im Fall der Absicherung von Preisänderungsrisiken von Waren und Rohstoffen durch Warentermingeschäfte deutlich, für die nach § 254 Satz 2 HGB die Bildung einer Bewertungseinheit erfolgen kann. In diesen Fällen ist dem Grunde nach der Beschaffungsbereich des Unternehmens und damit ein leistungswirtschaftliches Risiko betroffen. Die Transaktion wäre damit von dem Anwendungsbereich des § 5 Abs. 1a Satz 2 EStG ausgenommen.[39] Allerdings ist das abgeschlossene Termingeschäft zugleich auch auf die Absicherung eines finanzwirtschaftlichen Risikos in Form eines Marktpreisänderungsrisikos ausgerichtet. Dies hat zur Folge, dass von der Transaktion zugleich auch der Finanzbereich des Unternehmens und damit ein von dem Anwendungsbereich des § 5 Abs. 1a Satz 2 EStG erfasstes finanzwirtschaftliches Risiko betroffen ist.

(*Einstweilen frei*) 1054

3.3 Auswirkungen der Spezialmaßgeblichkeit für die steuerliche Gewinnermittlung

3.3.1 Keine Abkopplung von Handels- und Steuerbilanz

Ist in der Handelsbilanz gem. § 254 HGB eine kompensatorische Bewertung unterblieben, so bleibt es dabei auch für die steuerliche Gewinnermittlung. Die Bildung einer Bewertungseinheit in der Handelsbilanz stellt insoweit eine zwingende Voraussetzung für die Anwendung des § 5 Abs. 1a Satz 2 EStG dar.[40] 1055

Die spezielle und konkrete „Ausschnittsmaßgeblichkeit" des § 5 Abs. 1a Satz 2 EStG verdrängt insoweit den allgemeinen Grundsatz der Maßgeblichkeit handelsrechtlicher GoB für die steuerliche Gewinnermittlung. Allerdings kann der wahlweise handelsbilanzielle Verzicht auf die Bildung einer Bewertungseinheit auch nicht mehr ein steuerbilanzielles Gebot zur Verrechnung auslösen. Auf Grund des Abs. 1a ist eine „Abkopplung" von Handels- und Steuerbilanz nunmehr nicht mehr möglich.

---

36 Vgl. BT-Drucks. 16/634 S. 10.

37 Vgl. *Frotscher*, § 5 EStG Rn. 144a2.

38 Vgl. *Schiffers*, DStZ 2006 S. 403; *Krumm*, in: Blümich, § 5 EStG Rn. 237.

39 Vgl. *Meinert*, Die Bildung objektübergreifender Bewertungseinheiten nach Handels- und Steuerecht, Köln 2000, S. 189; *Hahne*, StuB 2007 S. 18; a. A. *Herzig/Briesemeister*, Ubg 2009 S. 158.

40 Vgl. *Hick*, in: HHR, § 5 EStG Anm. 1646.

1056 Die in § 5 Abs. 1a Satz 2 EStG angeordnete Bindung an die Handelsbilanz greift nicht nur für die Frage, „ob“ eine Bewertungseinheit zu bilden ist, sondern auch hinsichtlich der Ergebnisauswirkung der Bildung, Fortführung und Auflösung der Bewertungseinheit.[41] Dies bedeutet, dass die Ergebnisse in der Handelsbilanz gebildeter Bewertungseinheiten so unmittelbar Eingang in die steuerliche Gewinnermittlung finden.

3.3.2 Verdrängung von § 5 Abs. 6 EStG und § 6 Abs. 1 EStG

1057 Durch Übernahme der Ergebnisse in der handelsrechtlichen Rechnungslegung gebildeter Bewertungseinheiten in die steuerliche Gewinnermittlung werden der Bewertungsvorbehalt gemäß § 5 Abs. 6 EStG und der Grundsatz der Einzelbewertung gem. § 6 Abs. 1 EStG durch § 5 Abs. 1a EStG verdrängt.[42]

3.3.3 Nicht der Absicherung finanzwirtschaftlicher Risiken dienende Bewertungseinheiten

1058 Für die Ergebnisse nicht der Absicherung finanzwirtschaftlicher Risiken dienender Bewertungseinheiten gilt § 5 Abs. 1a Satz 2 EStG nicht. Die Ergebnisse der Bewertungseinheiten sind dann über § 5 Abs. 1 Satz 1 EStG für die steuerliche Gewinnermittlung maßgeblich. In diesem Fall ist dann allerdings der steuerliche Bewertungsvorbehalt gem. § 5 Abs. 6 EStG zu beachten. Es kommt dann darauf an, ob die Übernahme der handelsrechtlichen Ergebnisse in Einklang mit dem steuerlichen Bewertungsvorbehalt gem. § 6 Abs. 1 EStG steht.

1059 (*Einstweilen frei*)

3.4 Begründung einer Bewertungseinheit

1060 Die Begründung einer Bewertungseinheit ist erfolgsneutral. Auf den Wertansatz der abgesicherten Wirtschaftsgüter ergeben sich keine Auswirkungen.[43]

3.5 Bilanzielle Abbildung einer laufenden Bewertungseinheit

3.5.1 Keine gesetzliche Regelung zur bilanziellen Abbildung

1061 Der Gesetzgeber hat in § 254 HGB die konkrete bilanzielle Abbildung einer Bewertungseinheit nicht geregelt. Nach der Gesetzesbegründung besteht ein Wahlrecht zwischen der sog. Einfrierungsmethode und der sog. Durchbuchungsmethode.[44] Dieser Beurteilung hat sich die h. M.[45] und das IDW[46] angeschlossen. Die beiden Methoden unterscheiden sich hinsichtlich des saldierten (= Einfrierungsmethode) bzw. unsaldierten (=

41 Siehe hierzu nachfolgend unter 3.4. ff.

42 Vgl. *Hick*, in: HHR, § 5 EStG Anm. 1636.

43 Vgl. *Hick*, in: HHR, § 5 EStG Anm. 1647.

44 Vgl. BT-Drucks. 16/10067 S. 59.

45 Vgl. *Förschle/Usinger*, Beck-BilKomm. § 254 HGB Rn. 53; *Hick*, in: HHR, § 5 EStG Anm. 1647; *Cassel/Kessler*, in: Bertram/Brinkmann/Kessler/Müller, § 254 HGB Rn. 43; *Meinert*, Köln 2010, S. 362 m. w. N.

46 Vgl. IDW RS HFA 35, Tz. 75.

Durchbuchungsmethode) Ansatzes von Wertveränderungen von Grund- und Sicherungsgeschäft in Bilanz und GuV.[47]

Aufgrund des Verweises des Abs. 1a Satz 2 auf die handelsbilanziellen Ergebnisse der Bewertungseinheit sind in der Steuerbilanz beide Methoden zulässig.[48] Handelsrechtlich führt die Behandlung einer Bewertungseinheit unabhängig von der Wahl einer bestimmten Bilanzierungstechnik zu demselben bilanziellen Ergebnis.[49] Die Methodenwahl ist in der Handelsbilanz in sachlicher und in zeitlicher Hinsicht stetig auszuüben (vgl. §§ 246 Abs. 3 u. 252 Abs. 1 Nr. 6 i. V. m. § 252 Abs. 2 HGB).

3.5.1.1 Systematik der Einfrierungsmethode

Im Fall der Einfrierungsmethode (auch als Festbewertungs- oder Nettomethode bezeichnet) werden die sich ausgleichenden gegenläufigen Wertänderungen (= Änderungen der beizulegenden Zeitwerte) von Grund- und Sicherungsgeschäft in der Bilanz und GuV ab dem Schließen der Position nicht mehr berücksichtigt (effektiver Teil der Sicherungsbeziehung); der wirksame Teil der Sicherungsbeziehung wird in einer Nebenrechnung erfasst und dokumentiert. 1062

Gebräuchlich ist die Methode vor allem, falls eine sog. „geschlossene Position" vorliegt.[50] Im Fall von Marktpreisschwankungen tritt eine Kompensation ein. Der Vorteil der Methode besteht darin, dass die GuV am Bilanzstichtag nur dann berührt wird, wenn der ursprünglich erwartete Wertausgleich nicht eintritt (ineffektiver Teil der Sicherungsbeziehung).

BEISPIEL: Zum 1. 1. 2013 hat ein deutsches Unternehmen eine Beteiligung an einer US-Gesellschaft zum Preis von 100 Mio. USD erworben. Zur Absicherung des Risikos eines währungsbedingten Wertverlustes hat das deutsche Unternehmen im Erwerbszeitpunkt der Beteiligung eine langfristige Verbindlichkeit über 100 Mio. USD aufgenommen. Zum 1. 1. 2013 betrug der Wechselkurs 1 EUR = 1 USD. Zum 31. 12. 2013 betrug der Wechselkurs 1 EUR = 1,30 USD. Die gebildete Absicherung ist zu 100 % effektiv (übereinstimmendes Zinsniveau im USD/EUR-Raum).

Ohne Bildung einer Bewertungseinheit wäre die Beteiligung zum 31. 12. 2013 um rund 23 Mio. EUR abzuwerten (dauernde Wertminderung unterstellt). Die Bewertung der Verbindlichkeit wäre beizubehalten. Auf Grund der Zusammenfassung von Beteiligung und Verbindlichkeit zu einer Bewertungseinheit sind sowohl die Beteiligung als auch die Verbindlichkeit zum 31. 12. 2013 weiterhin mit ihrem Zugangswert von 100 Mio. EUR zu bilanzieren.

(*Einstweilen frei*) 1063

47 Vgl. *Prinz*, Kölner Kommentar zum Rechnungslegungsrecht, § 254 HGB Rn. 15; *Petersen/Zwirner/Froschhammer*, StuB 2009 S. 449.

48 So auch OFD-Frankfurt v. 22. 3. 2012, S 2133 A-30-St 210, DStR 2012 S. 1389.

49 Vgl. *Kämpfer/Frey*, in Festschrift für Hannes Streim, 2008, S. 187.

50 Vgl. *Anstett/Husmann*, BB 1998 S. 1528; *Patek*, FR 2006 S. 714.

3.5.1.2 Systematik der Durchbuchungsmethode

1064 Bei Anwendung der Durchbuchungsmethode (auch als Marktbewertungs- oder Bruttomethode bezeichnet) erfolgt am Bilanzstichtag eine ergebniswirksame Bewertung in die Bewertungseinheit eingehender Grund- und Sicherungsgeschäfte mit dem beizulegenden Zeitwert.

1065 Die sich ausgleichenden gegenläufigen Wertänderungen von Grund- und Sicherungsgeschäft werden sowohl für den effektiven als auch für den ineffektiven Teil der Sicherungsbeziehung in der Bilanz und auch in der GuV erfasst.[51] Als Unterfall der Durchbuchungsmethode wird auch eine rein bilanzielle Erfassung als zulässig eingestuft.[52] Nur für den effektiven Teil der Sicherungsbeziehung heben sich die gegenläufigen Wertänderungen auf.

BEISPIEL: (FORTSETZUNG) ▸ Bei Anwendung der Durchbuchungsmethode sind sowohl die Beteiligung als auch die Verbindlichkeit zum 31. 12. 2013 um 23 Mio. EUR GuV-wirksam abzuschreiben.

3.5.1.3 Einfrierungsmethode entspricht dem wirtschaftlichen Charakter einer Bewertungseinheit

1066 Für die Einfrierungsmethode spricht, dass die Methode im Gegensatz zu der Durchbuchungsmethode dem wirtschaftlichen Charakter einer Bewertungseinheit gerecht wird.[53] So bleibt durch die Durchbuchungsmethode unberücksichtigt, dass in einer Bewertungseinheit zusammengefasste Geschäfte in einem Sicherungszusammenhang stehen. Dieser Beurteilung hat sich die Finanzverwaltung angeschlossen.[54]

Für das Sicherungsgeschäft braucht bspw. keine Wertberichtigung bzw. Bildung einer Drohverlustrückstellung zu erfolgen, soweit das Grundgeschäft Bewertungsreserven aufweist. Ein positiver Bewertungsüberhang aus der Verrechnung unrealisierter Gewinne und unrealisierter Verluste aus Grund- und Sicherungsgeschäft bleibt unberücksichtigt (Realisationsprinzip). Verluste bei dem Grundgeschäft werden durch Abwertung und beim Sicherungsgeschäft durch die Bildung einer Rückstellung für drohende Verluste oder durch direkte aufwandswirksame Behandlung berücksichtigt, soweit keine Verrechnung mit unrealisierten Gewinnen aus dem jeweils anderen Geschäft möglich ist.[55]

---

51 Hierzu krit. *Scharpf*, DB 2012 S. 357.

52 Vgl. *Prinz*, Kölner Kommentar zum Rechnungslegungsrecht, § 254 HGB Rn. 15; *Kämpfer/Frey*, in Festschrift für Hannes Streim, 2008 S. 187.

53 Vgl. *Grünewald*, Finanzterminkontrakte im handelsrechtlichen Jahresabschluss, 1993 S. 268; *Reichel/Kütter/Bedau*, Derivative Finanzinstrumente in Industrieunternehmen, 2001 Rn. 532.

54 Vgl. OFD-Frankfurt v. 22. 3. 2012, S 2133 A-30-St 210, DStR 2012 S. 1389.

55 Vgl. *Tönnies/Schiersmann*, DStR 1997 S. 714.

3.5.2 Bindungswirkung der handelsbilanziellen „Ergebnisse" der Bewertungseinheit für die steuerliche Gewinnermittlung

3.5.2.1 Keine Anwendung der steuerlichen Vorschriften über die Gewinn- und Einkommensermittlung und die Verlustverrechnung

Innerhalb des Kompensationsbereichs der Bewertungseinheit (effektiver Teil der Bewertungseinheit) gelangen die steuerlichen Vorschriften über die Gewinn- und Einkommensermittlung und die Verlustverrechnung nicht zur Anwendung. 1067

Dies bedeutet, dass innerhalb des Kompensationsbereichs der Bewertungseinheit keine Separierung der Bestandteile der Bewertungseinheit zur Umsetzung steuerlicher Korrekturvorschriften erfolgt. Ursächlich ist, dass sich die in § 5 Abs. 1a Satz 2 EStG angeordnete Bindung an die handelsbilanziellen „Ergebnisse" der Bewertungseinheit auch auf die Übernahme der Ergebnisauswirkungen für die steuerliche Gewinnermittlung erstreckt.[56] Somit ist die bereits für Zwecke der handelsbilanziellen Gewinnermittlung erfolgte Saldierung der Ergebnisse von Grund- und Sicherungsgeschäft in die steuerbilanzielle Gewinnermittlung zu übernehmen.

Die gegenteilige Auffassung der Finanzverwaltung, die auch innerhalb des Kompensationsbereichs der Bewertungseinheit die Vorschriften über die Gewinnermittlung, die Einkommensermittlung und die Verlustverrechnung – genannt werden ausdrücklich § 3 Nr. 40 EStG, § 8b KStG und § 15 Abs. 4 EStG – anwenden will, steht mit der gesetzlichen Systematik nicht in Einklang.[57]

Das FG Düsseldorf hat sich allerdings in seiner Entscheidung vom 13. 12. 2011[58] der Auffassung der Finanzverwaltung angeschlossen. Der BFH hat im Rahmen der Entscheidung über die Revision der Klägerin v. 6. 3. 2013[59] zu der Frage allerdings nicht Stellung genommen, so dass die Rechtsfrage weiterhin offen ist.[60] Hinzukommt, dass in dem Urteilssachverhalt die Klägerin eine Anwendung des § 8b Abs. 2 KStG auf das Gesamtergebnis der Bewertungseinheit bestehend aus Anteilsveräußerungsgewinn und Optionsgeschäften begehrte. Zutreffend ist eine Nichtanwendung der steuerlichen Vorschriften über die Gewinn- und Einkommensermittlung und die Verlustverrechnung allerdings nur innerhalb des Kompensationsbereichs der Bewertungseinheit. Den von dem FG getroffenen Feststellungen lassen sich zum Umfang des Kompensationsbereichs der Bewertungseinheit allerdings keine Ausführungen entnehmen. 1068

3.5.2.2 Keine Separierung von § 8b KStG erfasster Bestandteile der Bewertungseinheit

Aufgrund der Bindungswirkung der handelsbilanziellen „Ergebnisse" der Bewertungseinheit für die steuerliche Gewinnermittlung erfolgt innerhalb des Kompensations- 1069

56 Vgl. *Hoffmann/Ludenbach*, § 254 HGB Rn. 128; *Hick*, in: HHR, § 5 EStG Anm. 1647; *Krumm*, in: *Blümich*, § 5 EStG Rn. 237; *Miksch/Mattern*, DB 2010 S. 579; a. A. *Schmitz*, DB 2009 S. 1620.

57 Vgl. OFD-Frankfurt v. 22. 3. 2012, S 2133 A-30-St 210, DStR 2012 S. 1389; sowie BMF-Schreiben v. 25. 8. 2010, DB 2010 S. 2024.

58 6 K 1209/09F, DStR 2012 1331.

59 I R 18/12, GmbHR 2013 S 721.

60 Vgl. *Gosch*, BFH/PR 2013 S. 277; *Schnitger*, DStR 2013 S. 1771.

bereichs der Bewertungseinheit keine Separierung von § 8b KStG erfasster Bestandteile der Bewertungseinheit (steuerfreie Gewinne gem. § 8b Abs. 2 i.V.m. Abs. 3 Satz 1 KStG bzw. steuerlich außer Ansatz bleibende Gewinnminderungen nach § 8b Abs. 3 Satz 3 KStG).[61]

Hierfür ist ausschlaggebend, dass innerhalb des Kompensationsbereichs der Bewertungseinheit der mit einem Anteil i. S. d. § 8b Abs. 2 KStG in Zusammenhang stehende Gewinn des Grundgeschäfts mit dem Verlust des Sicherungsgeschäfts zu verrechnen ist. Dieses handelsbilanzielle Ergebnis ist auch für die steuerliche Gewinnermittlung maßgeblich.[62] Andernfalls würde der bilanzielle Bewertungszusammenhang für Zwecke der Ermittlung des steuerpflichtigen Einkommens aufgelöst.[63]

1070 Entsteht im Zusammenhang mit einem Anteil i. S. d. § 8b Abs. 2 KStG ein Verlust, steht § 8b Abs. 3 Satz 3 KStG einer steuerwirksamen Verrechnung mit dem Gewinn aus dem Sicherungsgeschäft nicht entgegen.[64]

BEISPIEL: Eine deutsche Muttergesellschaft gewährt ihrer US-Tochtergesellschaft ein Darlehen in USD, das in den Anwendungsbereich von § 8b Abs. 3 Satz 4 KStG fällt. Dieses Darlehen wird durch eine betrags- und laufzeitentsprechende Verbindlichkeit in USD abgesichert.

Innerhalb des Kompensationsbereichs der Bewertungseinheit gelangt § 8b Abs. 3 Satz 4 KStG auf aus dem USD-Darlehen resultierende Verluste nicht zur Anwendung.

3.5.2.3 Keine Separierung von § 15 Abs. 4 Satz 3 EStG erfasster Bestandteile der Bewertungseinheit

1071 Durch § 15 Abs. 4 Satz 3 EStG wird eine steuerwirksame Verlustberücksichtigung auf einen Differenzausgleich ausgerichteter Termingeschäfte ausgeschlossen. Das Verlustverrechnungsverbot gilt allerdings nicht bei einer Absicherung von Geschäften des gewöhnlichen Geschäftsbetriebs (§ 15 Abs. 4 Satz 4 EStG). Ausgenommen ist gem. dem Satz 5 der Vorschrift die Absicherung von Aktiengeschäften, die zu steuerfreien Erträgen i. S. d. § 8b Abs. 2 KStG führen. Hierdurch soll verhindert werden, dass im Zusammenhang mit der Absicherung von steuerfreien Erträgen entstehende Sicherungsaufwendungen steuerlich uneingeschränkt abziehbar sind. Dabei teilt die Einordnung des Sicherungsgeschäfts die Einordnung des Grundgeschäfts. Fällt dies nicht unter § 8b KStG, sind die Verluste aus dem Sicherungsgeschäft unbeschränkt ausgleichs- und abzugsfähig. Innerhalb des Kompensationsbereichs der Bewertungseinheit ist für die Anwendung des § 15 Abs. 4 Satz 3 EStG allerdings kein Raum. Ausschlaggebend ist, dass innerhalb des Kompensationsbereichs der Bewertungseinheit kein Verlust aus dem Sicherungsgeschäft ausgewiesen wird, an den die Rechtsfolgen des § 15 Abs. 4 Sätze 3 – 5 EStG anknüpfen könnten.

61 Vgl. *Prinz*, in DStJG 2011 S. 136; *Hoffmann*, in: L/B/H § 5 EStG Rn. 501; *Häuselmann*, Ubg 2008 S. 399; *Krumm*, in: Blümich, § 5 EStG Rn. 238; a. A. *Herzig/Briesemeister*, Ubg 2009 S. 157.

62 Vgl. auch Kapitel III, Rz. 411.

63 Vgl. *Hahne*, StuB 2008 S. 181.

64 A. A. *Schmitz*, DB 2009 S. 1620.

3.5.3. Übernahme einer in der Handelsbilanz gebildeten Drohverlustrückstellung

3.5.3.1 Bildung einer Drohverlustrückstellung für die Abbildung einer „laufenden Bewertungseinheit“

Die konkrete Maßgeblichkeit des § 5 Abs. 1a Satz 2 EStG erstreckt sich auch auf die Übernahme einer in der Handelsbilanz gebildeten Drohverlustrückstellung (§ 5 Abs. 4a Satz 2 i.V. m. § 249 Abs. 1 Satz 1 HGB). 1072

Dabei ist zu berücksichtigen, dass die Übernahme einer in der Handelsbilanz gebildeten Drohverlustrückstellung nur im Fall der Abbildung einer „laufenden Bewertungseinheit“ in Betracht kommt.

Im Fall der Auflösung einer Bewertungseinheit sind während des Sicherungszusammenhangs entstandene Wertveränderungen von Grund- und Sicherungsgeschäft durch Zu- bzw. Abschreibungen zu realisieren, so dass für die Bildung einer Rückstellung für Verluste aus einem schwebenden Geschäft kein Raum ist (Fristenkongruenz von Grund- und Sicherungsgeschäft). Dem Wortlaut des Abs. 4a Satz 2 lässt sich kein Vorrang zwischen der Einfrierungsmethode oder der Durchbuchungsmethode entnehmen, so dass beide Methoden zulässig sind. Vier Konstellationen können unterschieden werden:[65] 1073

- **Saldo der Bewertungseinheit beträgt Null:** Dem Gewinn des Sicherungsgeschäftes steht ein Verlust des Grundgeschäfts in entsprechender Höhe gegenüber. Der Bilanzansatz von Grund- und Sicherungsgeschäft ist nicht zu verändern, eine Rückstellung für drohende Verluste ist nicht zu bilden. 1074
- **Positiver Saldo der Bewertungseinheit:** Ein positiver Saldo der Ergebnisse von Grund- und Sicherungsgeschäft darf aufgrund des Imparitätsprinzips nicht berücksichtigt werden.
- **Negativer Saldo der Bewertungseinheit (Verlust aus den Grundgeschäft übersteigt den Gewinn des Sicherungsgeschäfts):** Der Verlust ist durch die Vornahme einer Abschreibung in Höhe des negativen Saldos zu berücksichtigen.
- **Negativer Saldo der Bewertungseinheit (Verlust aus dem Sicherungsgeschäft übersteigt den Gewinn des Grundgeschäfts):** In diesem Fall ist in Höhe des negativen Saldos eine Rückstellung für drohende Verluste aus schwebenden Geschäften zu bilden.

3.5.3.2 Bildung einer Drohverlustrückstellung in „technischer Hinsicht“

3.5.3.2.1 Keine Aufteilung des Verpflichtungsüberhangs auf die in die Bewertungseinheit einbezogenen Positionen

Bei der zur Berücksichtigung des negativen Saldos einer Bewertungseinheit gebildeten Drohverlustrückstellung handelt es sich häufig nur technisch gesehen um eine Rückstellung. 1075

65 Vgl. *Hick*, in: HHR, § 5 EStG Anm. 1647.

Hintergrund ist, dass es sich bei der Bilanzposition „Drohverlustrückstellung" um die Zusammenfassung einer Vielzahl unterschiedlichster Aufwendungen und Erträge handelt.[66] So setzt sich im Fall eines Macro- bzw. Portfolio-Hedges ein negativer Saldo aus einer Vielzahl in eine Bewertungseinheit eingehender Grund- und Sicherungsgeschäfte zusammen, der durch die Bildung einer Rückstellung für drohende Verluste aus schwebenden Geschäften abzubilden ist.

1076 Damit werden ggf. aktivische Wertkorrekturen (außerplanmäßige Abschreibungen auf das Grundgeschäft) mit Drohverlustrückstellungen für schwebende Geschäfte vermischt.[67] Eine Aufteilung des Verpflichtungsüberhangs auf die in der Bewertungseinheit enthaltenen Positionen nach dem Verursachungsprinzip ist in der Handelsbilanz nicht vorzunehmen.[68] Mangels einer Aufteilung des Verpflichtungsüberhangs auf die Bestandteile der Bewertungseinheit stellt sich nicht die Frage, ob außerplanmäßige Abschreibungen auf das Grundgeschäft auch die Voraussetzungen einer voraussichtlich dauerhaften Wertminderung erfüllen (§ 253 Abs. 3 HGB).

3.5.3.2.2 Keine Aufteilung des Verpflichtungsüberhangs auf unter § 8b KStG fallende Bestandteile

1077 Aus steuerlicher Sicht ist aufgrund der konkreten Maßgeblichkeit eine in der Handelsbilanz gebildete Drohverlustrückstellung (§ 5 Abs. 1a Satz 2 i. V. m. Abs. 4a Satz 2 EStG) ohne Aufteilung auf die Bestandteile der Bewertungseinheit in die steuerliche Gewinnermittlung zu übernehmen.[69]

Dies ist bspw. dann von Bedeutung, falls der Verpflichtungsüberhang (außerplanmäßige Abschreibung auf das Grundgeschäft) im Zusammenhang mit Anteilen i. S. d. § 8b Abs. 2 KStG steht.[70] D.h. bei isolierter Betrachtung würde § 8b Abs. 3 Satz 3 KStG einer steuerwirksamen Berücksichtigung der Wertminderung der Beteiligung entgegenstehen. Aufgrund der Übernahme der handelsbilanziellen Drohverlustrückstellung zur Erfassung des Verpflichtungsüberhangs der Bewertungseinheit stellt sich aus steuerlicher Sicht auch nicht die Frage, ob mangels einer dauerhaften Wertminderung für einzelne Bestandteile der Bewertungseinheit die Voraussetzungen einer Teilwertabschreibung (§ 6 Abs. 1 Nr. 1 Satz 2 bzw. Nr. 2 Satz 2 EStG) erfüllt sind.[71]

1078–1080 (*Einstweilen frei*)

---

66 Vgl. BT-Drucks. 16/634 S. 10.

67 Vgl. *Günkel*, StbJb 2001/02 S. 343.

68 Vgl. *Löw/Scharpf/Weigel*, WPg 2008 S. 1011.

69 Vgl. *Korn/Schiffers*, Oktober 2012, § 6 EStG Rn. 468.1; a. A. *Herzig/Briesemeister*, DB 2009 S. 981.

70 So auch OFD-Frankfurt v. 22. 3. 2012, S 2133 A-30-St 210, DStR 2012 S. 1389.

71 A.A. *Herzig/Briesemeister*, Ubg 2009 S. 162.

3.6 Verlängerung einer Bewertungseinheit

3.6.1 Verlängerung eines vorhandenen Sicherungsinstruments

Die Bildung einer Bewertungseinheit setzt nicht voraus, dass zwischen Grund- und Sicherungsgeschäft Fristenidentität besteht, soweit jederzeit ein Anschlusssicherungsgeschäft abgeschlossen werden kann. 1081

Wird ein vorhandenes Sicherungsinstrument verlängert, ohne dass sich zahlungsmäßige Auswirkungen ergeben, ist die Bewertungseinheit fortzuführen. Bilanzmäßige Auswirkungen ergeben sich durch die Verlängerung der Sicherungsbeziehung bei entsprechender Dokumentation nicht.[72]

3.6.2 Verlängerung eines Sicherungsinstruments mit Abwicklung des bestehenden Sicherungsgeschäfts und Abschluss eines Anschlusssicherungsgeschäfts

Wird die Bewertungseinheit dadurch fortgeführt, dass nach dem Auslaufen des Sicherungsgeschäfts der Abschluss eines neuen „Anschlusssicherungsgeschäfts" erfolgt, kann die bestehende Bewertungseinheit mit dem Anschlusssicherungsgeschäft fortgeführt werden. 1082

Im Rahmen der Abwicklung des bisherigen Sicherungsgeschäfts realisierte Ergebnisse können durch entsprechende Zuschreibung und Abschreibung auf das Grundgeschäft (vorübergehend) GuV-neutral behandelt werden.[73] Allerdings wird auch eine erfolgswirksame Realisation eines bestehenden Sicherungsgeschäfts vertreten.[74]

Die Übertragung der Ergebnisauswirkung eines auslaufenden Sicherungsgeschäfts auf „Anschlusssicherungsgeschäfte" setzt aber voraus, dass das Anschlussicherungsgeschäft der ursprünglichen Sicherungsabsicht entspricht. Insbesondere bei Anwendung der Einfrierungsmethode spricht für eine erfolgsneutrale Behandlung, dass Wertänderungen (= Änderungen der beizulegenden Zeitwerte) von Grund- und Sicherungsgeschäft in der Bilanz und GuV ab dem Schließen der Position nicht mehr berücksichtigt werden. Dies muss auch dann gelten, wenn der Sicherungszusammenhang mit einem anderen Sicherungsgeschäft fortgeführt wird. 1083

(*Einstweilen frei*) 1084

3.7 Auflösung einer Bewertungseinheit

3.7.1 § 254 HGB ist bis zum Ende der Bewertungseinheit anzuwenden

Von dem Wortlaut des § 5 Abs. 1a Satz 2 EStG wird nur die Übernahme des Ergebnisses einer gebildeten Bewertungseinheit angesprochen. Die Vorgehensweise bei der Auflösung einer Bewertungseinheit ist hingegen gesetzlich nicht geregelt. Wurde die Bilanzierung während des Bestehens der Bewertungseinheit nach der Einfrierungsmethode 1085

72 So auch *Freiberg*, StuB 2014 S. 264; *Förschle/Usinger*, Beck-BilKomm. § 254 HGB Rn. 58.

73 Vgl. *Prinz*, Kölner Kommentar zum Rechnungslegungsrecht, § 254 HGB Rn. 6.

74 Vgl. *Hahne*, BB 2006 S. 2291; *Herzig/Briesemeister*, Ubg 2009 S. 157; *Häuselmann*, Ubg 2008 S. 399.

bzw. der Durchbuchungsmethode vollzogen, ist die gewählte Methode auch für die Auflösung einer Bewertungseinheit beizubehalten.

Ein bestehender Sicherungszusammenhang wird entweder durch die gleichzeitige Auflösung von Grund- und Sicherungsgeschäft oder dadurch aufgelöst, dass entweder das Grund- oder das Sicherungsgeschäft endet. Denkbar ist auch ein Wegfall der Bewertungseinheit durch Nichterfüllung der Dokumentationsanforderungen.[75]

1086 Entgegen der Rechtsauffassung der Finanzverwaltung ist § 254 HGB bis zum Ende der Bewertungseinheit anzuwenden. Für die Abrechnung der Bewertungseinheit im Zuge des Auflösungsvorgangs handelt es sich bei Grund- und Sicherungsgeschäft noch um Komponenten der Bewertungseinheit.[76] Das aus der Abrechnung der Bewertungseinheit resultierende Ergebnis ist nach Abs. 1a Satz 2 in die Steuerbilanz zu übernehmen.

Die Finanzverwaltung vertritt hingegen die Auffassung, dass im Rahmen der Beendigung einer Bewertungseinheit die allgemeinen Gewinn- und Einkommensermittlungsvorschriften zur Anwendung gelangen.[77] Die Verwaltungsauffassung steht weder mit dem Wortlaut noch mit dem Sinn und Zweck einer kompensatorischen Bewertung in Einklang. Erst auf die aus der Bewertungseinheit „entlassenen Teile" finden die allgemeinen Vorschriften wieder Anwendung.[78]

3.7.2 Beendigung der Bewertungseinheit durch gleichzeitige Auflösung von Grund- und Sicherungsgeschäft

1087 Werden Grund- und Sicherungsgeschäft gleichzeitig aufgelöst, bleibt der Vorgang ergebnisneutral.

Bei der Einfrierungsmethode findet nur ein Gewinn- bzw. Verlustüberhang Eingang in die GuV.[79] In der Bilanz sind ggf. bei Grund- und Sicherungsgeschäft Zu- bzw. Abschreibungen erforderlich, die im Rahmen des Kompensationsbereichs nicht GuV-wirksam sind. Bei einer perfekten Risikoabsicherung ist daher eine erfolgsneutrale Auflösung der Bewertungseinheit auch für Zwecke der steuerlichen Gewinnermittlung möglich. Im Fall der Durchbuchungsmethode sind Erfolgsbeiträge aus beiden Geschäften vollständig GuV-wirksam auszuweisen, d. h. es wird sowohl Aufwand als auch Ertrag gebucht.[80]

1088 Für außerbilanzielle steuerliche Korrekturen (steuerlich nicht abziehbare Aufwendungen bzw. steuerfreie Erträge) sind die Erfolgsbeiträge der Bewertungseinheit zu separieren, soweit der Kompensationsbereich überschritten wird. Dies bedeutet, dass § 3 Nr. 40 EStG bzw. § 8b KStG nur auf den überschießenden Saldo der Bewertungseinheit anzuwenden sind.[81]

75 Vgl. *Häuselmann*, Ubg 2008 S. 399.

76 Vgl. *IDW*, WP Handbuch 2012, E 470 sowie *Rimmelspacher/Fey*, WPg 2013 S. 997; *Hennrichs*, WPg 2010 S. 1189.

77 Vgl. OFD-Frankfurt v. 22. 3. 2012, S 2133 A-30-St 210, DStR 2012 S. 1389.

78 So auch BT-Drucks. 16/10067 S. 59.

79 Der IDW tritt für diese Methode ein. Vgl. IDW RS HFA 35, Tz. 86.

80 Vgl. *Hahne*, BB 2006 S. 2291; *Kütter/Prahl*, WPg 2006 S. 9.

81 Vgl. *Korn/Schiffers*, Oktober 2012, § 6 EStG Rn. 468.2.

BEISPIEL: Ein deutsches Unternehmen hat eine Beteiligung an einer US-Tochtergesellschaft zu einem Kaufpreis von 65 Mio. USD erworben. Das Währungsrisiko wird durch eine gegenläufige Verbindlichkeit i. H. v. 65 Mio. USD abgesichert.

Die Beteiligung und die Verbindlichkeit werden bei einem Kurs von 1 EUR = 1,30 USD mit 50 Mio. EUR bilanziert. Zum 1. 4. 2014 wird die Beteiligung für 66 Mio. USD veräußert und das Darlehen getilgt (Kurs 1 EUR = 1,40 USD).

Dem aus der Veräußerung der Beteiligung resultierenden Verlust in Höhe von 2,9 Mio. EUR, steht ein Gewinn durch den niedrigeren Rückzahlungsbetrag der Verbindlichkeit i. H. v. 3,6 Mio. EUR gegenüber. Der Währungsgewinn ist i. H. v. 2,9 Mio. EUR gegen die Anschaffungskosten der Beteiligung zu verbuchen. In Höhe von 700.000 EUR ist in der GuV ein Währungsgewinn erfolgswirksam zu erfassen. § 8b Abs. 3 Satz 3 KStG gelangt auf den realisierten Veräußerungsverlust nicht zur Anwendung.

Die Finanzverwaltung will hingegen § 3 Nr. 40 EStG bzw. § 8b KStG auf die im Zuge der Auflösung einer Bewertungseinheit realisierten Gewinne und Verluste anwenden. Diese Vorgehensweise ist in systematischer Hinsicht abzulehnen, da hierdurch allein für steuerliche Zwecke der bilanzielle Bewertungszusammenhang für Zwecke der steuerlichen Einkommensermittlung aufgelöst würde.[82] 1089

3.7.3 Grund- und Sicherungsgeschäft werden nicht gleichzeitig beendet

Wird aus dem auslaufenden Geschäft bspw. ein Gewinn realisiert, steht dem Gewinn (im Fall eines engen Sicherungszusammenhangs) ein noch nicht realisierter Verlust des fortgeführten gegenläufigen Geschäfts gegenüber. Der Verlust des gegenläufigen Geschäfts ist durch erfolgswirksame Zuschreibung bei Verbindlichkeiten bzw. eine steuerlich wirksamen Teilwertabschreibung zu realisieren. 1090

Im Zeitpunkt der Beendigung des Sicherungszusammenhangs ergibt sich so in Höhe des effektiven Teils der Bewertungseinheit ein ausgeglichenes Ergebnis, da dem Gewinn ein nach dem Imparitätsprinzip zu berücksichtigender Verlust gegenübersteht.[83] Schließt das auslaufende Geschäft mit einem Verlust ab, ist der noch nicht realisierte Bewertungsgewinn ertragswirksam zu erfassen.[84] 1091

BEISPIEL: Ein Devisentermingeschäft dient der Absicherung einer Verbindlichkeit. Im Zeitpunkt der Glattstellung weist das Termingeschäft einen unrealisierten Ertrag aus, der nach der Einfrierungsmethode nicht gebucht wurde. Korrespondierend wurde eine Zuschreibung der Verbindlichkeit unterlassen.

Mit der Glattstellung des Termingeschäfts wird der positive Wert des Termingeschäfts ertragswirksam. Zugleich ist die bislang unterlassene Zuschreibung der Verbindlichkeit nachzuholen.

82 Vgl. auch Kapitel III, Rz. 411.

83 Vgl. *Förschle/Usinger*, Beck-BilKomm. § 254 HGB Rn. 57f.

84 A.A. *Helios/Meinert*, Ubg 2011 S. 592.

3.7.4 Bewertungseinheit bei schwebenden Geschäften (Beschaffungs- und Absatzgeschäfte)

1092 Bildet Gegenstand der Bewertungseinheit die Absicherung eines Beschaffungsgeschäfts (d. h. eines schwebenden Geschäfts), geht das Ergebnis des Sicherungsgeschäfts in die Ermittlung der Anschaffungskosten des Grundgeschäfts ein, soweit die Sicherungsbeziehung effektiv war.[85] Hierdurch wird sichergestellt, dass der bilanzielle Zweck der Bewertungseinheit bis zum Ende erreicht wird. Dieser Vorgehensweise wird allerdings auch mit dem Argument entgegengetreten, dass das Ergebnis aus dem Termingeschäft nicht den Charakter einer Anschaffungskostenminderung i. S. d. § 255 HGB habe. Es fehle an einem finalen Zusammenhang mit den beschafften Wirtschaftsgütern. Denn der Abschluss des Sicherungsgeschäfts diene nicht der Erlangung der Wirtschaftsgüter, sondern allein der Eliminierung von Preisrisiken des Beschaffungsvorgangs.[86] Im Fall eines Beschaffungsgeschäfts sei daher bei der Ermittlung der Anschaffungskosten der Stichtagskurs im Zugangszeitpunkt anzusetzen. Das Ergebnis des Sicherungsgeschäfts sei daher in der GuV zu erfassen. Diese Beurteilung ist allerdings im Hinblick auf die enge wirtschaftliche Verknüpfung zwischen Grund- und Sicherungsgeschäft zu hinterfragen.

BEISPIEL: Ein Unternehmen hat am 1. 8. 2013 Waren zum Preis von 1 Mio. USD bestellt. Zur Absicherung gegen währungsbedingte Wertänderungen wird ein Devisentermingeschäft über die Kaufpreissumme abgeschlossen. Der Wechselkurs beträgt 1 EUR = 1 USD. Die Lieferung der Ware erfolgt am 1. 4. 2014. Zum 31. 12. 2013 beträgt der Wechselkurs 1 EUR = 1,15 USD und zum 1. 4. 2014 1 EUR = 1,25 USD.

Zum 31. 12. 2013 kompensiert die Wertänderung des Termingeschäfts vollständig die währungsbedingte Wertänderung des Beschaffungsgeschäfts. Aus Grund- und Sicherungsgeschäft ergibt sich nach der Einfrierungsmethode keine GuV-Berührung.

Zum 1. 4. 2014 bucht das Unternehmen die Waren mit Anschaffungskosten in Höhe des Sicherungskurses von 1 EUR = 1 USD (= 1.000.000 EUR) ein. Hierdurch wird für die Ermittlung der Anschaffungskosten der Verlust aus dem Termingeschäft i. H. v. 200.000 EUR auf das Grundgeschäft übertragen.

1093 Im Zusammenhang mit Absatz- bzw. Veräußerungsgeschäften ist für die Ermittlung der Höhe von Umsatz und Veräußerungserlös der gesicherte Kurs und nicht der Kurs im Zeitpunkt der Leistungserbringung maßgeblich.[87]

1094–1109 (*Einstweilen frei*)

85 Vgl. IDW RS HFA 35, Tz. 92; *Förschle/Usinger*, Beck-BilKomm. § 254 HGB Rn. 58.

86 Vgl. *Hoffmann/Lüdenbach*, § 254 HGB Rn. 98. Für einen Überblick vgl. *Cassel/Kessler*, in: Bertram/Brinkmann/Kessler/Müller, § 254 HGB Rn. 48.

87 A.A. *Hoffmann/Lüdenbach*, § 254 HGB Rn. 98.

Teil A:
Grundsatz- und Querschnittsfragen steuerlicher Gewinnermittlung

Kapitel VIII:
Bilanzenzusammenhang, Bilanzberichtigung und Bilanzänderung

von
RA/StB Professor Dr. Hans-Joachim Kanzler,
Vors. Richter am BFH a. D.
Schloß Ricklingen

Inhaltsübersicht

Ausgewählte Literatur

v. Beckerath, Die Bindung an die Bilanzansätze, FR 2011 S. 349; *Brönner/Bareis/Hahn/Maurer/Schramm*, Die Bilanz nach Handels- und Steuerrecht, 10. Aufl., Stuttgart 2011; *Drüen*, Der Große Senat des BFH und die objektiv richtige Bilanz, GmbHR 2013 S. 505; *Hennrichs*, Zum Fehlerbegriff im Bilanzrecht, NZG 2013 S. 681; *Heymann*, Handelsgesetzbuch, 2. Aufl., Berlin 1999; *Hoffmann*, Aufgabe des subjektiven Fehlerbegriffs hinsichtlich bilanzieller Rechtsfragen, DB 2013 S. 733; *Hoffmann/Lüdenbach*, NWB Kommentar Bilanzierung, 5. Aufl., 2014; *Kanzler*, Fragwürdige Rückwirkung am Beispiel der Aufhebung des Sanierungsprivilegs, FR 1997 S. 897; *ders.*, Flüchtige Bemerkungen zum neuen Bilanzänderungsverbot – Zum Konflikt zwischen steuerlichen Wahlrechten und Bilanzänderungsverbot, FR 1999 S. 833; *ders.*, Bilanzkorrekturen, NWB 2012 S. 2374; *ders.*, Aufgabe des subjektiven Fehlerbegriffs hinsichtlich bilanzieller Rechtsfragen, NWB 2013 S. 1405; *P. Kirchhof*, Bundessteuergesetzbuch – Bilanzordnung, Heidelberg, u. a. 2011; *Knobbe*, Der Grundsatz der subjektiven Richtigkeit im Handels- und Steuerbilanzrecht, Berlin 2009; *Prinz*, Bilanzkorrekturen (Bilanzberichtigung, Bilanzänderung): Aktuelle Entwicklungen, neue Streitpunkte, StBJb 2007/2008 S. 203; *ders.*, Der subjektive Fehlerbegriff, StJB 2011/2012 S. 241; *ders.*, Abschied vom subjektiven Fehlerbegriff für steuerbilanzielle Rechtsfragen – Anmerkungen zum BFH-Beschluss vom 31. 1. 2013, WPg 2013 S. 650; *Rätke*, Abschied vom subjektiven Fehlerbegriff bei der Bilanzberichtigung, StuB 2010 S. 528; *Scheffler*, Besteuerung von Unternehmen Band II Steuerbilanz, 7. Aufl., Heidelberg 2011 (zitiert: Steuerbilanz); *Schlotter*, Die Abkehr vom subjektiven Fehlerbegriff bei steuerbilanziellen Rechtsfragen – materielle Wirkungen und verfahrensrechtliche Fragen, FR 2013 S. 835; *Schulze-Osterloh*, Das Ende des subjektiven Fehlerbegriffs bei der Anwendung von Bilanzrecht, BB 2013 S. 1131; *Stapperfend*, Bilanzberichtigung und Bindung der Finanzverwaltung an die eingereichte Bilanz – Subjektiver Fehlerbegriff auf dem Prüfstand, Berlin 2010 (zitiert: Bilanzberichtigung); *ders.*, DStR 2010 S. 2161; *Weber-Grellet*, Die Unterschiede handels- und steuerrechtlicher Wertaufhellung, in: Festschrift Reiss, Köln 2008, S. 483; *Weber-Grellet*, Abschied vom subjektiven Fehlerbegriff, DStR 2013 S. 729; *Weilep/Weilep*, Nichtigkeit von Jahresabschlüssen: Tatbestandsvoraussetzungen sowie Konsequenzen für die Unternehmensleitung, BB 2006 S. 147; *Wiesch*, Übersicht über die wichtigsten Ansatz- und Bewertungsregeln nach Handels- und Steuerrecht bei Gewerbetreibenden, SteuerStud 2011 S. 387.

1. Bilanzenzusammenhang

1110 **Grundsatz der Bilanzidentität:** Nach dem *handelsrechtlichen Grundsatz* der Bilanzidentität (der formalen Bilanzkontinuität[1]) müssen die Wertansätze der Eröffnungsbilanz mit der Schlussbilanz des vorhergehenden Geschäftsjahres übereinstimmen (§ 252 Abs. 1 Nr. 1 HGB). Daraus ergibt sich die sog. Zweischneidigkeit der Bilanz: Vor- und Nachteile, die sich aus Bilanzierungsfehlern oder aus bilanzpolitischen Maßnahmen im abgelaufenen Wirtschaftsjahr ergeben, wirken sich im nachfolgenden Wirtschaftsjahr konträr aus, so dass durch diesen automatischen Fehlerausgleich ein zutreffender Totalgewinn ausgewiesen wird. Als Grundsatz ordnungsmäßiger Buchführung (GoB) untersteht der Grundsatz der Bilanzidentität neben dem Stetigkeitsprinzip (§§ 246 Abs. 3, 252 Abs. 1 Nr. 6 und § 265 Abs. 1 Satz 1 HGB) dem übergeordneten Grundsatz der Bilanzverknüpfung.[2] Zwischen der Schlussbilanz des Vorjahres und der Eröffnungsbilanz des Folgejahres wird nur aus buchungstechnischen Gründen unterschieden: Es sollen die Werte aus der Schlussbilanz des Vorjahres in die Bestandskonten der Buchführung des neuen Jahres übernommen werden.[3]

1111 Der Grundsatz der Bilanzidentität (Consistency of accounting policies) findet sich nicht ausdrücklich, wohl aber mittelbar in den IFRS-Regelungen wieder. Das Merkmal der Comparability fasst Ausweis- und Bewertungsstetigkeit zusammen und ist den Grundsätzen der Relevance und Reliability untergeordnet. Bei Konflikten mit diesen Kriterien ist sowohl Ausweis als auch Bewertung zu ändern. Dass auch die IAS von der Bilanzidentität ausgehen, zeigt sich insbesondere in IAS 8. Zur Berichtigung schwerwiegender Fehler (fundamental errors[4]) und bei Änderung von Bilanzierungs- und Bewertungsmethoden (change in accounting policies[5]) kann die Bilanzidentität durchbrochen werden. Dies zeigt eine geringere Gewichtung der Bilanzidentität als im deutschen Recht.

1112 **Bilanzenzusammenhang:** *Im Steuerrecht* wird der Grundsatz der Bilanzidentität als Bilanzenzusammenhang bezeichnet. Eine dem Handelsrecht entsprechende Regelung existiert allerdings nicht. Gleichwohl soll der Grundsatz des formellen Bilanzenzusammenhangs nicht aus dem Maßgeblichkeitsgrundsatz, sondern unmittelbar aus der Legaldefinition des Gewinns in § 4 Abs. 1 Satz 1 EStG folgen.[6] Wenn in § 4 Abs. 1 Satz 1 EStG nämlich bestimmt ist, dass für den Betriebsvermögensvergleich nur die jeweiligen Schlussbilanzen zweier aufeinander folgender Wirtschaftsjahre heranzuziehen sind, folgt daraus, dass die Schlussbilanz des vorangegangen Wirtschaftsjahres zugleich Eröffnungsbilanz des Folgejahres sein muss. Auch der Reformvorschlag Kirchhofs in seiner dem Bundessteuergesetzbuch angefügten Bilanzordnung geht von einer Bilanzkon-

1 *Sailer/Khuepach*, in: HHR, § 5 EStG Anm. 214.

2 *Freidank/Velte/Weber*, in: Brönner/Bareis/u. a., S. 137; z. T. wird das übergeordnete Prinzip auch als Grundsatz der Bilanzkontinuität bezeichnet (s. *Sailer/Khuepach*, in: HHR, § 5 EStG Anm. 214). Eine andere Kategorisierung trifft *Scheffler* (Steuerbilanz, S. 54), der den Grundsatz der Vergleichbarkeit in die drei Unterprinzipien „Bilanzidentität", „formelle und materielle Bilanzstetigkeit" untergliedert.

3 *Stobbe*, in: HHR, § 6 EStG Anm. 99. Die Erstellung einer Eröffnungsbilanz ist daher entbehrlich, denn die Identität der Werte wird bereits durch die Übernahme der Salden auf die Konten der neuen Rechnungsperiode gewährleistet (*Sailer/Khuepach*, in: HHR, § 5 EStG Anm. 214).

4 IAS 8 Tz. 7 und 13 ff.

5 IAS 8 Tz. 34 und 42.

6 BFH, Urteil vom 10. 12. 1991 – VIII R 17/87, BStBl 1992 II S. 650.

tinuität aus, die sich auch auf einzelne Bilanzposten bezieht und die durch Angabe von Vergleichswerten der Vorjahre sichergestellt werden soll.[7]

Formeller und materieller Bilanzenzusammenhang: Nach der vor allem von der höchstrichterlichen Rechtsprechung vertretenen Auffassung vom *formellen Bilanzenzusammenhang* ist die Korrektur eines unrichtigen Bilanzansatzes in einer Anfangsbilanz nicht zulässig, wenn diese als Schlussbilanz einer bestandskräftigen Veranlagung zu Grunde gelegen hat oder wenn der sich aus einer Berichtigung ergebende höhere Steueranspruch verjährt wäre.[8] Der unrichtige Bilanzansatz ist dann grundsätzlich in der Schlussbilanz des ersten Jahres, dessen Veranlagung noch geändert werden kann, erfolgswirksam zu berichtigen, wenn sich auch der Bilanzierungsfehler an der Fehlerquelle erfolgswirksam ausgewirkt hätte.[9] Nach der Rechtsprechung des BFH gilt der Grundsatz des formellen Bilanzenzusammenhangs jedoch nicht ausnahmslos; er kann sowohl unter Berücksichtigung der Grundsätze von Treu und Glauben als auch dann durchbrochen werden, wenn der fehlerhafte Bilanzansatz (bestandskräftig) in den Vorjahren ohne Auswirkung auf die Höhe der festgesetzten Steuern geblieben ist.[10] Gebietet die Fehlerursache eine erfolgsneutrale „Gewinn"berichtigung, so ist sie innerhalb der Steuerbilanz erfolgswirksam auszuweisen und außerhalb derselben nach Einlagegrundsätzen wieder zu neutralisieren.[11] Nach der Lehre vom *materiellen Bilanzenzusammenhang* ist in der Bilanz stets der materiell zutreffende Bilanzansatz zu wählen. Daraus folgt eine Rückwärtsberichtigung bis zur Fehlerquelle, und zwar ungeachtet der Möglichkeit einer verfahrensrechtlichen Änderung der Steuerfestsetzung, die ihrerseits auf der Bilanz beruht.[12] 1113

Gesetzliche Regelung des formellen Bilanzenzusammenhangs: Durch JStG 2007[13] wurde die Auffassung vom formellen Bilanzenzusammenhang gesetzlich festgeschrieben. Danach bestimmt § 4 Abs. 2 Satz 1 Halbsatz 2 EStG seit dem 1. 1. 2007 (Art. 20 Abs. 6 JStG 2007), dass eine Bilanz nicht mehr berichtigt werden darf, wenn sie einer Steuerfestsetzung zugrunde liegt, die nicht mehr aufhebbar oder änderbar ist. Anlass für diese Regelung waren Entscheidungen des BFH zur Bilanzberichtigung bei dem vom Kalenderjahr abweichendem Regelwirtschaftsjahr der Land- und Forstwirte,[14] wonach der Grundsatz der richtigen Erfassung des Totalgewinns nicht dazu führen sollte, dass eine Bilanzberichtigung erst in der Bilanz vorgenommen werden darf, für die die Veranlagungen der beiden in Betracht kommenden Feststellungszeiträume noch offen sind.[15] Nachdem zunächst eine auf die besondere Situation der Land- und Forstwirte zuge- 1114

7 Siehe § 11 Abs. 2 Satz 2 BilO (S. 1175 und 1177 des Bundessteuergesetzbuchs von *P. Kirchhof*).

8 Zuletzt BFH, Urteil vom 16. 12. 2009 – I R 43/08, BFHE 227 S. 469.

9 BFH, Urteil vom 16. 12. 2009 – I R 43/08, BFHE 227 S. 469 und vom 31. 1. 2013 – GrS 1/10, BStBl 2013 II S. 317 Tz. 77 m. w. N.

10 BFH, Urteil vom 9. 5. 2012 – X R 38/10, BStBl 2012 II S. 725 zu Tz. 23.

11 BFH, Urteil vom 6. 8. 1998 – IV R 67/97, BStBl 1999 II S. 14 zu Tz. 21.

12 So etwa *Knobbe-Keuk*, Bilanz- und Unternehmensteuerrecht, 9. Aufl. 1993, S. 58 f.

13 Vom 13. 12. 2006, BGBl 2006 I S. 2878; BStBl 2007 I S. 28.

14 Dazu Rz. 176.

15 BFH, Urteil vom 6. 12. 1990 – IV R 129/89, BStBl 1991 II S. 356 und BFH, Beschluss vom 25. 8. 2000 – IV B 150/99, BFH/NV 2001 S. 308 zu Tz. 5.

schnittene Regelung in § 4a Abs. 2 Nr. 1 Satz 3 und 4 EStG-Entwurf geplant war,[16] traf der Gesetzgeber in § 4 Abs. 2 Satz 1 EStG die nun geltende allgemeinverbindliche Regelung zum formellen Bilanzenzusammenhang (s. auch Rz. 1145 ff.).

1115–1117 *(Einstweilen frei)*

2. Vorbemerkung zu den Bilanzkorrekturen des § 4 Abs. 2 EStG

2.1 Begriff und Rechtsentwicklung der steuerlichen Bilanzkorrekturen

1118 **Bilanzberichtigung und Bilanzänderung** beschreiben zwei steuerliche Tatbestände, die sich unter den neutralen Oberbegriff der Steuerbilanzkorrektur einordnen lassen und die nur für die Steuerbilanz von Bedeutung sind. Änderungen der Handelsbilanz richten sich nach den handelsrechtlichen Vorschriften (s. Rz. 1124 ff.). Bis zum Veranlagungszeitraum 1999 waren die beiden Tatbestände der Bilanzberichtigung nach § 4 Abs. 2 Satz 1 EStG und der Bilanzänderung nach § 4 Abs. 2 Satz 2 EStG unabhängig voneinander anzuwenden. Die als *Bilanzberichtigung* bezeichnete Änderung der Bilanz war jederzeit möglich, soweit sie nicht den Grundsätzen ordnungsmäßiger Buchführung (GoB) entsprach. Die *Bilanzänderung*, mit der ein zulässiger Bilanzansatz durch einen anderen, zulässigen Bilanzansatz korrigiert wird, hing allerdings von der Zustimmung der Finanzbehörde ab.[17]

1119 **Die Umstellung des Wirtschaftsjahres** und damit des Bilanzstichtags (s. Rz. 182 ff.) wird nicht von § 4 Abs. 2 EStG erfasst. Die Regelungen des § 4a EStG sowie des § 7 Abs. 4 Satz 3 KStG und des § 4 Abs. 2 EStG schließen einander aus.[18] Wird ein unzulässiger Bilanzstichtag oder ein zulässiger Bilanzstichtag nach Einreichung der Bilanz durch einen anderen (zulässigen) Stichtag ersetzt, so liegt weder eine Bilanzberichtigung noch eine Bilanzänderung vor, die nur die Korrektur von Bilanzansätzen erfassen.[19]

1120 **Beide Tatbestände des § 4 Abs. 2 EStG wurden grundlegend geändert:** Das StEntlG 1999/2000/2002[20] normierte zunächst ein Bilanzänderungsverbot,[21] das durch Steuerbereinigungsgesetz 1999[22] abgemildert wurde: Die Möglichkeit der Bilanzänderung wurde eingeschränkt. Das Zustimmungserfordernis entfiel; stattdessen wurde die Bilanzänderung dem Grunde und der Höhe nach von einer Bilanzberichtigung abhängig gemacht (s. Rz. 1170 ff.). Wegen der erstmaligen Anwendung beider Vorschriften im

16 BT-Drucks. 16/3036 S. 6.

17 Zum Zustimmungserfordernis in einem Übergangsfall s. BFH, Urteil vom 25. 3. 2004 – IV R 2/02, BStBl 2004 II S. 728.

18 *Kanzler*, FR 1997 S. 897, 899.

19 *Stapperfend*, in: HHR, § 4 EStG Anm. 371; *Kanzler*, in: HHR, § 4a EStG Anm. 12; *Seiler*, in: Kirchhof/Söhn/Mellinghoff, EStG, § 4 Rn. C 34.

20 Vom 24. 3. 1999, BGBl 1999 I S. 402; BStBl 1999 I S. 304.

21 Zur fragwürdigen Entwurfsbegründung für das totale Bilanzänderungsverbot, für das das BFH-Urteil vom 24. 3. 1998 – I R 20/94 (BStBl 1999 II S. 272) Anlass gewesen war, vgl. *Kanzler*, FR 1999 S. 833 m. w. N.

22 Vom 22. 12. 1999, BGBl 1999 I S. 2601; BStBl 2000 I S. 13.

Veranlagungszeitraum 1999, auch für Veranlagungszeiträume vor 1999, blieb das Bilanzänderungsverbot i. d. F. des StEntlG 1999/2000/2002 obsolet.[23] Der Tatbestand der Bilanzberichtigung wurde durch JStG 2007[24] dahingehend eingeschränkt, dass eine Bilanz nicht mehr berichtigt werden darf, wenn sie einer Steuerfestsetzung zugrunde liegt, die nicht mehr aufhebbar oder änderbar ist (s. Rz. 1114).

Obwohl auch der Reformvorschlag *Kirchhofs* von einer Bilanzkontinuität ausgeht (s. Rz. 1112), finden sich weder in seiner BilO noch in der diese ergänzende BilVO Bestimmungen zur Bilanzkorrektur.[25]

(Einstweilen frei) 1121–1123

2.2 Änderungen der Handelsbilanz

Die Änderung des Jahres- und Konzernabschlusses, im Handelsrecht[26] kurz als Bilanzänderung bezeichnet, erfasst auch die GuV.[27] Sie ist weder im HGB noch im AktG oder im GmbHG ausdrücklich geregelt; § 243 HGB befasst sich nur mit der Aufstellung des Jahresabschlusses. Obwohl die steuerrechtliche Unterscheidung zwischen Bilanzberichtigung und Bilanzänderung im Handelsrecht nicht verwendet wird, differenziert man auch dort zwischen der Änderung „fehlerhafter" und „fehlerfreier" Jahresabschlüsse.[28] Bis zur Feststellung des Jahresabschlusses ist die Fehlerkorrektur uneingeschränkt zulässig. Nach seiner Feststellung kommt dem Jahresabschluss grundsätzlich Bindungswirkung zu. Mangels eines Feststellungsverfahrens gilt Entsprechendes für unterzeichnete und dadurch rechtswirksam gewordene Jahresabschlüsse.[29] Festgestellte fehlerhafte Jahresabschlüsse sind grundsätzlich dann zu ändern, wenn die Mängel betrags- oder ausweismäßig gewichtig sind und ohne die Korrektur kein den tatsächlichen Verhältnissen entsprechendes Bild der Vermögens-, Finanz- und Ertragslage des Unternehmens vermitteln.[30] 1124

Der Fehlerbegriff ist unbestimmt. Nach h. M. im Schrifttum werden als Fehler „Unrichtigkeiten oder Verstöße gegen zwingende handels- oder steuerrechtliche Bilanzierungsgrundsätze oder satzungsmäßige Bestimmungen"[31] gewertet – oder kurz: „Ein Jahresabschluss ist fehlerhaft, wenn er gegen die gesetzlichen Vorschriften verstößt".[32] Zum Teil wird eine Fehlerbestimmung in Anlehnung an die Definitionen der IFRS vorgeschlagen und dementsprechend die Neueinschätzung von Sachverhalten nach IAS 8.36 f. (changes in accounting estimates) von den eigentlichen Fehlerkorrekturen nach IAS 1125

23 BFH, Urteil vom 31. 5. 2007 – IV R 54/05, BFH/NV 2007 S. 1973 m. w. N.; BMF, Schreiben vom 18. 5. 2000, BStBl 2000 I S. 587. Gleichwohl konnten Fälle auftreten, in denen das Bilanzänderungsverbot vor Inkrafttreten des StBereinG 1999 einer bestandskräftigen Steuerfestsetzung zugrunde lag.

24 Siehe Fn. 12.

25 Zu weiteren Reformüberlegungen in der Vergangenheit s. *Stapperfend*, in: HHR, § 4 EStG Anm. 352.

26 Zur Änderung der Handelsbilanz s. auch *Stapperfend*, Bilanzberichtigung, S. 49 ff. m. w. N.

27 Z. B. *Hoffmann/Lüdenbach*, § 252 Rz. 244; IDW RS HFA vom 12. 4. 2007, Tz. 2.

28 IDW RS HFA vom 12. 4. 2007, Tz. 9 und 14.

29 IDW RS HFA vom 12. 4. 2007, Tz. 6 f.

30 IDW RS HFA vom 12. 4. 2007, Tz. 14; s. auch *Freidank/Sassen*, in: Brönner/Bareis/u. a., S. 148.

31 So etwa *Freidank/Sassen*, in: Brönner/Bareis/u. a., S. 148 m. w. N.

32 Nach *Hoffmann/Lüdenbach* (§ 252 Rz. 245) ist diese Definition zirkulär und inhaltslos; s. auch *Kanzler*, NWB 2012 S. 2374, 2376.

8.41 (correction of errors) unterschieden (s. auch Rz. 1111). Danach sind wesentliche Fehler in dem Abschluss, der auf die Fehlerfeststellung folgt, retrospektiv zu korrigieren, d. h. dass die Vorjahreszahlen angepasst werden.[33]

1126 **Fehlerhafte Jahresabschlüsse** dürfen nach Auffassung des IDW unter Beachtung des Grundsatzes der Wesentlichkeit (materiality) und des Wertaufhellungsgedankens[34] jederzeit geändert werden. Eine Korrektur ist danach nur notwendig, wenn der Fehler einen wesentlichen Einfluss auf die Vermögens-, Finanz- und Ertragslage hat oder der verletzten Rechtsnorm besondere Bedeutung beizumessen ist.[35] **Nichtige Jahresabschlüsse** (§ 256 AktG) sind unbeschränkt durch wirksame Abschlüsse zu ersetzen. Dies ist allerdings keine Korrektur, weil der nichtige Abschluss nicht existent und der neue Abschluss damit ein erstmalig aufgestellter Jahresabschluss ist. Die aktienrechtliche Regelung wird auch auf die GmbH und die GmbH & Co. KG angewandt.[36]

1127 **Die Durchführung der Korrektur** erfolgt „in laufender Rechnung" oder im folgenden Zwischenabschluss, etwa im Rahmen eines Halbjahresfinanzberichts oder eines Quartalsberichts. Dennoch ist eine rückwirkende (retrospektive) Änderung zulässig und geboten, wenn andernfalls kein den tatsächlichen Verhältnissen entsprechendes Bild der Vermögens-, Finanz- und Ertragslage wiedergegeben und das Informationsbedürfnis in laufender Rechnung nicht erfüllt werden kann.[37] Ergebnisse einer steuerlichen Außenprüfung führen i. d. R. nicht dazu, die nach Handelsrecht aufgestellten Jahresabschlüsse rückwirkend anpassen zu müssen. Gleichwohl kann es sich empfehlen, den handelsrechtlichen Jahresabschluss unter Beachtung des Maßgeblichkeitsgrundsatzes zu ändern, um steuerliche Mehrergebnisse durch gegenläufige Maßnahmen zu neutralisieren.[38] Im Rahmen der Steuererklärungen wird dann nach § 60 Abs. 2 Satz 1 EStDV eine gesonderte „Überleitung der Handelsbilanz auf die Steuerbilanz" zur Anpassung der beiden Bilanzen gefertigt.

1128–1129 *(Einstweilen frei)*

3. Bilanzberichtigung

3.1 Tatbestandsvoraussetzungen der Bilanzberichtigung

3.1.1 Begriff der Bilanzberichtigung (§ 4 Abs. 2 Satz 1 1. Halbsatz EStG)

1130 Gemäß § 4 Abs. 2 Satz 1 1. Halbsatz EStG darf der Steuerpflichtige „die Vermögensübersicht (Bilanz) auch nach ihrer Einreichung beim Finanzamt ändern, soweit sie den Grundsätzen ordnungsmäßiger Buchführung unter Befolgung der Vorschriften dieses Gesetzes nicht entspricht". Mit der Einreichung der Steuerbilanz tritt eine Bindung des

33 Zu den Gemeinsamkeiten und Unterschieden der Fehlerkorrektur nach HGB und IFRS s. auch die synoptische Darstellung bei *Freidank/Sassen*, in: Brönner/Bareis/u. a., S. 153 f.

34 Kritisch dazu *Hoffmann/Lüdenbach*, § 252 Rz. 247 und zur unterschiedlichen Sicht handels- und steuerrechtlicher Wertaufhellung *Weber-Grellet*, in: Festschrift Reiss, Köln 2008, S. 483.

35 IDW RS HFA vom 12. 4. 2007, Tz. 22.

36 Zu Einzelheiten s. *Weilep/Weilep*, BB 2006 S. 147.

37 IDW RS HFA vom 12. 4. 2007, Tz. 21.

38 IDW RS HFA vom 12. 4. 2007, Tz. 33-36.

Steuerpflichtigen an die Bilanzansätze ein. Erst von diesem Zeitpunkt an ist eine Berichtigung nach Maßgabe des § 4 Abs. 2 Satz 1 EStG durchzuführen.

Berichtigungsfähig ist nur eine den steuerrechtlichen Vorschriften entsprechende Vermögensübersicht. Diese liegt nicht vor, wenn das Rechenwerk dem Finanzamt von einem nicht vertretungsberechtigten Organ (§ 34 AO) vorgelegt wird. Eine solche „Nicht-Bilanz" ist rechtlich ebenso unwirksam, wie eine unter Vorbehalt erstellte Bilanz. Die Einreichung der rechtlich wirksamen Bilanz führt damit nicht zu einer Bilanzberichtigung i. S. d. § 4 Abs. 2 Satz 1 EStG.[39] Berichtigungsfähig ist dagegen eine nicht rechtzeitig aufgestellte[40] und eine aus einer nichtigen Handelsbilanz abgeleitete oder eine von den zuständigen Organen noch zu genehmigende Steuerbilanz.[41] Dies gilt auch wenn der Unternehmer keine eigene Steuerbilanz aufstellt. 1131

Die Bilanzberichtigung nach § 4 Abs. 2 Satz 1 1. Halbsatz EStG setzt voraus, dass die Vermögensübersicht den GoB unter Befolgung der Vorschriften des EStG widerspricht. Dies trifft nicht nur auf den fehlerhaften Ansatz von Bilanzpositionen zu, sondern auch auf die unzutreffende Erfassung von Entnahmen, Einlagen oder des Gewinns,[42] wie dies früher in § 5 Abs. 2 EStG 1934 ausdrücklich bestimmt war.[43] 1132

Umstrittener Fehlerbegriff: Bis zur Entscheidung des Großen Senats im Januar 2013[44] war umstritten, unter welchen Voraussetzungen ein Bilanzierungsfehler zu bejahen war, je nachdem, ob im Zeitpunkt der Bilanzaufstellung auf die objektive Sach- und Rechtslage am Bilanzstichtag oder auf die diesbezügliche Kenntnis des Steuerpflichtigen abgestellt wurde. Diese Gesichtspunkte waren auch für die Frage der Bindung an eine einmal aufgestellte und eingereichte Bilanz maßgebend. Der Tatsachen- und Rechtsfragen betreffende Streit wurde unter den Schlagworten „objektiver und subjektiver Fehlerbegriff" geführt. 1133

Nach dem subjektiven Fehlerbegriff ist eine Bilanz nicht fehlerhaft und daher auch nicht zu berichtigen, wenn sie im Zeitpunkt ihrer Aufstellung auf einer vertretbaren Sachverhaltswürdigung oder Auffassung zu einer umstrittenen bzw. bislang unbekannten Rechtsfrage beruhte. Ein Fehler war auch ausgeschlossen, wenn die Bilanz der geltenden Rechtslage entsprach. Hatte sich die Rechtslage nach Aufstellung und Einreichung der Steuerbilanz zum Nachteil des Steuerpflichtigen geändert, so war dem Finanzamt eine Korrektur versagt; bei Änderungen zum Vorteil des Steuerpflichtigen konnte dieser keine Bilanzberichtigung zu seinen Gunsten durchführen. Der entsprechende Ansatz wurde erst in der Bilanz fehlerhaft, in der die neue Rechtslage erstmals berücksichtigt werden konnte.[45] 1134

---

39 *Kanzler*, NWB 2012 S. 2374, 2378; *Wied, in:* Blümich, § 4 EStG Rz. 973.

40 BFH, Urteil vom 6. 12. 1983 – VIII R 110/79, BStBl 1984 II S. 227.

41 Siehe nur *Stapperfend*, in: HHR, § 4 EStG Anm. 400 m. w. N. auch zur a. A.

42 BFH, Urteile vom 31. 5. 2007 – IV R 25/06, BFH/NV 2007 S. 2086; vom 31. 5. 2007 – IV R 54/05, BFH/NV 2007 S. 1973; gl. A. BMF, Schreiben vom 13. 8. 2008, BStBl 2008 I S. 845.

43 Vgl. BFH, Urteil vom 31. 5. 2007 – IV R 25/06, BFH/NV 2007 S. 2086 zu Tz. 23.

44 BFH, Beschluss vom 31. 1. 2013 – GrS 1/10, BStBl 2013 II S. 317.

45 BFH, Urteil vom 12. 11. 1992 – IV R 59/91, BStBl 1993 II S. 392 m. w. N.

Nach dem objektiven Fehlerbegriff ist die ursprüngliche Steuerbilanz in einem solchen Fall der nachträglichen Klärung oder Änderung der Rechtslage fehlerhaft und nach § 4 Abs. 2 Satz 1 EStG zu berichtigen. Sie kann dannn auch keine Bindungswirkung für den Steuerpflichtigen oder das Finanzamt entfalten.

1135 **Vorlagebeschluss zum Großen Senat des BFH:** Den zunächst nur für Sachverhaltsfragen geltenden subjektiven Fehlerbegriff hatte vor allem der I. Senat des BFH auch auf Rechtsfragen ausgedehnt[46] und den Rechtssatz aufgestellt, dass „jede der kaufmännischen Sorgfalt entsprechende Bilanzierung als ‚richtig' anzusehen" sei.[47] Auf die anhaltende Kritik an seiner Rechtsprechung legte der I. Senat des BFH dem Großen Senat folgende Rechtsfrage vor:[48] „Ist das Finanzamt im Rahmen der ertragsteuerlichen Gewinnermittlung in Bezug auf zum Zeitpunkt der Bilanzaufstellung ungeklärte bilanzrechtliche Rechtsfragen an die Auffassung gebunden, die der vom Steuerpflichtigen aufgestellten Bilanz zu Grund liegt, wenn diese Rechtsauffassung aus der Sicht eines ordentlichen und gewissenhaften Kaufmanns vertretbar war."[49]

1136 **Entscheidung des Großen Senats zum subjektiven Fehlerbegriff bei bilanziellen Rechtsfragen:** Der Große Senat des BFH hat sich erwartungsgemäß zum objektiven Fehlerbegriff bei bilanziellen Rechtsfragen bekannt. Danach ist das Finanzamt im Rahmen der ertragsteuerrechtlichen Gewinnermittlung auch dann nicht an die rechtliche Beurteilung gebunden, die der vom Steuerpflichtigen aufgestellten Bilanz (und deren einzelnen Ansätzen) zugrunde liegt, wenn diese Beurteilung aus der Sicht eines ordentlichen und gewissenhaften Kaufmanns im Zeitpunkt der Bilanzaufstellung vertretbar war.[50] Das gilt auch für eine in diesem Zeitpunkt von Verwaltung und Rechtsprechung praktizierte, später aber geänderte Rechtsauffassung.[51]

Zur Begründung beruft sich der Große Senat auf den Gleichheitssatz, der Verwaltung und Gerichte verpflichte, ihrer Entscheidung die objektiv richtige Rechtslage zugrunde zu legen. Für die Besteuerung sei, abgesehen von im Einzelfall gebotenen Billigkeitsmaßnahmen (§§ 163, 227 AO), generell die objektive Rechtslage maßgebend. Die Besteuerung knüpfe an den tatsächlich verwirklichten Sachverhalt an (§ 38 AO), nicht aber an Rechtsansichten des Steuerpflichtigen und erfolge materiell-rechtlich ohne Rücksicht auf deren Vertretbarkeit oder Verschulden des Steuerpflichtigen. Einen Gutglaubensschutz im Bereich der Rechtserkenntnis gibt es nicht.[52]

Im Streitfall ging es zwar nicht um eine Bilanzberichtigung, sondern um eine Korrektur der Gewinnermittlung durch das FA. Der Fehlerbegriff des Großen Senats ist aber auch und vor allem für die Bilanzkorrektur durch den Steuerpflichtigen im Rahmen des § 4 Abs. 2 Satz 1 EStG maßgebend.

46 BFH, Urteil vom 30. 1. 2002 – I R 71/00, BStBl 2003 II S. 279.

47 BFH, Urteil vom 5. 6. 2007 – I R 47/06, BStBl 2007 II S. 818 in Bestätigung von BFH, Urteil vom 5. 4. 2006 – I R 46/04, BStBl 2006 II S. 688.

48 Nach zutreffender Auffassung von *Hoffmann* (StuB 2013, 277, 278) eine überflüssige Vorlage.

49 BFH, Beschluss vom 7. 4. 2010 – I R 77/08, BStBl 2010 II S. 739.

50 BFH, Beschluss vom 31. 1. 2013 – GrS 1/10, BStBl 2013 II S. 317.

51 BFH, Beschluss vom 31. 1. 2013 – GrS 1/10, BStBl 2013 II S. 317 Tz. 56 und 66.

52 *Prinz*, StBJb 2011/2012, 241, 255 f.

Nach dem Sachverhalt des Ausgangsverfahrens hatte die Klägerin, ein Mobilfunkunternehmen (GmbH), ihren Kunden bei Abschluss oder Verlängerung eines Vertrags mit einer Mindestlaufzeit von 24 Monaten den verbilligten Erwerb eines Mobiltelefons angeboten. Das Finanzamt war der Auffassung, der Preisnachlass sei ein Aufwand, der durch Bildung eines aktiven Rechnungsabgrenzungsposten (RAP) auf die Laufzeit des Vertrags zu verteilen sei (§ 5 Abs. 5 Satz 1 Nr. 1 EStG i.V. mit § 8 Abs. 1 Satz 1 KStG). Die dagegen gerichtete Klage hatte keinen Erfolg. Mit ihrer Revision machte die Klägerin dann erstmals geltend, dass das Finanzamt – unter Berücksichtigung des subjektiven Fehlerbegriffs – an die in der eingereichten Bilanz zum Ausdruck kommende Rechtsauffassung gebunden und der RAP nicht zu bilden sei. Diese Rechtsauffassung habe nämlich bei der Aufstellung der Bilanz wegen der seinerzeit ungeklärten Rechtslage nicht der kaufmännischen Sorgfalt widersprochen. Damit sei der Jahresabschluss subjektiv nicht fehlerhaft. 1137

Fehlerhafte Bilanzansätze durch nachträgliche Änderung der Rechtsauffassung: Mit der Auffassung, dass auch eine geänderte Rechtsauffassung die Fehlerhaftigkeit der Steuerbilanz nach ihrer Aufstellung begründet, ist der Große Senat ausdrücklich über die ihm vorgelegte Frage hinausgegangen, die sich nur auf die Bindung an ungeklärte oder streitige Rechtsfragen bezogen hatte. Er hat damit seine Entscheidung auch auf die fiktive Sachverhaltsvariante ausgedehnt, dass der Steuerpflichtige bei seiner Bilanzierung von einer anerkannten Rechtsauffassung ausgegangen ist, die sich nach Bilanzaufstellung geändert hat. Hierzu hatte bereits der IV. Senat des BFH in zwei Urteilen entschieden, dass frühere Bilanzansätze durch Rechtsprechungsänderungen nicht im nachhinein fehlerhaft würden.[53] Insoweit hat der Beschluss des Großen Senats zu einer Rechtsprechungsänderung geführt. 1138

Bedeutung der Abkehr vom subjektiven Fehlerbegriff: Die Entscheidung des Großen Senats führt zu einer Erweiterung der Möglichkeiten für den Steuerpflichtigen,[54] der nun – anders als bisher – bei einem Rechtsprechungswandel oder Änderungen der Verwaltungsauffassung zu seinen Gunsten, die Bilanz berichtigen kann, während bei neuen Rechtserkenntnissen zu seinen Lasten ggfls. die Vertrauensschutzregelung des § 176 AO eingreift. Auf diese Rechtsprechungsänderungen betreffende Schranke des § 176 Abs. 1 Satz 1 Nr. 3 AO weist der Große Senat ausdrücklich hin.[55] Dasselbe gilt nach § 176 Abs. 2 AO, wenn der Steuerpflichtige auf die Richtigkeit einer allgemeinen Verwaltungsvorschrift der Bundesregierung oder einer obersten Bundes- oder Landesbehörde vertraut hat, die von einem obersten Gerichtshof des Bundes als rechtswidrig erkannt worden ist. Im Übrigen kommen bei steuerverschärfenden Rechtsprechungsänderungen auch Billigkeitsmaßnahmen nach §§ 163, 227 AO i.V. m. Art. 108 Abs. 7 GG in Betracht.[56] 1139

53 BFH, Urteile vom 12.11.1992 – IV R 59/91, BStBl 1993 II S. 392 betr. Kanalbaubeiträge und vom 16.12.2009 – IV R 18/07, BFH/NV 2010 S. 1419 betr. Buchwertabspaltung bei Milchlieferrechten.

54 *Schulze-Osterloh*, BB 2013, 1131, 1134.

55 BFH, Beschluss vom 31.1.2013 – GrS 1/10, BStBl 2013 II S. 317 Tz. 80.

56 Siehe etwa BFH, Urteil vom 7.11.1996 – IV R 69/95, BStBl 1997 II S. 245.

1140 **Berichtigungspflicht des Finanzamts und umstrittenes Wahlrecht des Steuerpflichtigen:** Nach dem Beschluss des Großen Senats ist das Finanzamt verpflichtet, die Gewinnermittlung des Steuerpflichtigen ausschließlich auf der Grundlage des für den Bilanzstichtag objektiv geltenden Rechts ohne Rücksicht auf Rechtsansichten des Steuerpflichtigen zu prüfen und ggf. zu korrigieren (s. Rz. 1150), unabhängig davon, ob sich die unzutreffende Rechtsansicht des Steuerpflichtigen zu seinen Gunsten oder zu seinen Lasten ausgewirkt hat.[57] Ob den Steuerpflichtigen eine Berichtigungspflicht trifft, wenn sich die Rechtsauffassung zu seinen Lasten geändert hat, ist umstritten (s. Rz. 1150 ff.). Der Beschluss des Großen Senats jedenfalls hat hierzu keine neue strafbewehrte Berichtigungspflicht aufgestellt. Nach dem Wortlaut des § 4 Abs. 2 Satz 2 EStG „darf" der Steuerpflichtige die fehlerhafte Bilanz nach ihrer Einreichung ändern.[58] Jedenfalls ist dem Steuerpflichtigen erst durch eine Bilanzberichtigung zu seinen Lasten der Weg zu einer die Belastung kompensierenden Bilanzänderung eröffnet (s. Rz. 1171).

1141 **Keine Entscheidung zum sachverhaltsbezogenen Fehlerbegriff:** Der Große Senat hat die Entscheidung über die Anwendung des subjektiven Fehlerbegriffs auf Fälle, in denen der Steuerpflichtige bei der Bilanzierung von unzutreffenden Tatsachen (Prognosen oder Schätzungen) ausgegangen ist, ohne dabei gegen die ihm obliegenden Sorgfaltspflichten verstoßen zu haben, ausdrücklich offengelassen. Diese richterliche Zurückhaltung erlaubt schon deshalb keine Rückschlüsse auf die eine oder andere Lösung, weil sich der I. Senat des BFH in seinem Vorlagebeschluss dezidiert für eine Beibehaltung des subjektiven Fehlerbegriffs ausgesprochen hatte. Trotz beachtlicher Argumente für eine Ausdehnung des objektiven Fehlerbegriffs auch auf Sachverhaltsfragen,[59] bleibt es nach der bisherigen Rechtsprechung des BFH zunächst bei einem gespaltenen Fehlerbegriff:[60] Dem objektiven Fehlerbegriff, der auf bilanzielle Rechtsfragen anzuwenden ist und dem subjektiven Fehlerbegriff für beurteilungsoffene Sachverhaltsfragen, der von der handelsrechtlichen Regelung des § 252 Abs. 1 Nr. 4 HGB ausgeht. Nach § 252 Abs. 1 Nr. 4 HGB sind alle vorhersehbaren Risiken und Verluste, die bis zum Abschlussstichtag entstanden sind, zu berücksichtigen, selbst wenn diese erst zwischen dem Abschlussstichtag und dem Tag der Aufstellung des Jahresabschlusses bekannt geworden sind.[61]

1142 **Subjektiver und objektiver Fehlerbegriff bei kaufmännischen Beurteilungsspielräumen:** Allerdings kann sich die Frage nach dem sachverhaltsbezogenen, subjektiven Fehlerverständnis nur stellen, wenn dem Steuerpflichtigen hinsichtlich des Bilanzansatzes und der Bewertung ein (oft als kaufmännisches Ermessen bezeichneter) Beurteilungsspielraum zusteht. In diesem Fall der Vornahme von Schätzungen und Prognosen kann nur dann von einer fehlerhaften Bilanz ausgegangen werden, wenn das Ergebnis nicht auf

57 BFH, Beschluss vom 31. 1. 2013 – GrS 1/10, BStBl 2013 II S. 317 Tz.76.

58 Zur Berichtigungspflicht und -befugnis des Steuerpflichtigen und den damit zusammenhängenden verfahrensrechtlichen Fragen der Verzinsung, Ablaufhemmung und Verjährung s. *Drüen*, GmbHR 2013 S. 505, 511.

59 Dazu *Schulze-Osterloh*, BB 2013 S. 1131, 1133 m. w. N.

60 *Prinz* (DB 2011 S. 2162) spricht insoweit von einem „dichotomen Fehlerbegriff", den er für sinnvoll und praktikabel hält.

61 BFH, Urteil vom 28. 3. 2000 – VIII R 77/96, BStBl 2002 II S. 227.

einer pflichtgemäßen, gewissenhaften und nachvollziehbaren Prüfung beruht.[62] Hätte ein ordentlicher Kaufmann dagegen denselben Bilanzansatz gewählt, dann sind Finanzverwaltung und Gerichte daran gebunden. Dieser unstreitige Befund wird im Schrifttum zum Teil als Ergebnis einer Anwendung des subjektiven Fehlerbegriffs auf Tatsachenfragen ausgewiesen;[63] nach anderer Auffassung folgt dieses Ergebnis aus dem objektiven Fehlerbegriff.[64] Steht dem Steuerpflichtigen kein entsprechender Beurteilungsspielraum zu, dann haben Finanzverwaltung und Gerichte von der objektiv richtigen Sachlage auszugehen.[65] Dies gilt auch für den Fall, dass dem Steuerpflichtigen Tatsachen erst nachträglich und außerhalb des durch § 252 Abs. 1 Nr. 4 HGB gezogenen Wertaufhellungsrahmens bekannt werden. In beiden Fällen ist der Steuerpflichtige zu einer Bilanzberichtigung befugt.

Sonderregelung zum subjektiven Fehlerbegriff im Organschaftsrecht: Durch die „Kleine 1143
Organschaftsreform“[66] wurde rückwirkend für alle noch offenen Fälle (§ 34 Abs. 9 Nr. 7 KStG) in § 14 Abs. 1 Nr. 3 ein neuer Satz 4 (und 5) angefügt, wonach der Gewinnabführungsvertrag unter bestimmten Voraussetzungen auch als durchgeführt gilt, „wenn der abgeführte Gewinn oder ausgeglichene Verlust auf einem Jahresabschluss beruht, der fehlerhafte Bilanzansätze enthält“ und wenn deren „Fehlerhaftigkeit bei Erstellung des Jahresabschlusses unter Anwendung der Sorgfalt eines ordentlichen Kaufmanns nicht hätte erkannt werden müssen.“ Damit soll das Scheitern ertragsteuerlicher Organschaften wegen Durchführungsmängeln aus der Übernahme eines fehlerhaft ermittelten Gewinns vermieden werden. Nach der Begründung des Regierungsentwurfs knüpft die Regelung „an den Gedanken des subjektiven Fehlerbegriffs an, allerdings ohne dass es hier auf die Frage der Berichtigungsmöglichkeiten ankommt“.[67] Aus der eher zufälligen Koinzidenz des Bekanntwerdens der Entscheidung des Großen Senats und des Inkrafttretens dieser Regelung zum subjektiven Fehlerbegriff lässt sich allerdings nichts ableiten, was gegen die Ausführungen des BFH sprechen könnte.[68] Es handelt sich vielmehr bei § 14 Abs. 1 Nr. 3 KStG um eine Sonderregelung, deren Zweck, die fehlerhafte Durchführung von Gewinnabführungsverträgen zu heilen, als sachliche Rechtfertigung für die Abweichung vom allgemeinen Gleichheitssatz (Art. 3 Abs. 1 GG) angeführt werden könnte, auf den sich der Große Senat berufen hat.[69]

Bedeutung der Entscheidung zum objektiven Fehlerbegriff für das Handelsbilanzrecht: 1144
Die grundlegenden verfassungsrechtlich begründeten Erwägungen des Großen Senats zur Maßgeblichkeit der objektiv richtigen Rechtslage müssen in gleicher Weise auch für das Handelsbilanzrecht gelten.[70] Zwar hat es der Große Senat des BFH dahinstehen lassen, ob der subjektive Fehlerbegriff ein Grundsatz ordnungsmäßiger Buchführung

62 Gl.A. *Prinz*, WPg 2013 S. 650, 654 und *Schulze-Osterloh*, BB 2013 S. 1131, 1133 jeweils m. w. N.

63 So etwa von *Prinz*, WPg 2013 S. 650, 654 und *Schulze-Osterloh*, BB 2013 S. 1131, 1133.

64 *Stapperfend* in: HHR, § 4 EStG Anm. 410 unter Hinweis auf *Weber-Grellet*, DStR 2013 S. 729, 732.

65 Gl.A. *Weber-Grellet*, DStR 2013 S. 729, 732; a. A. *Schlotter*, FR 2013 S. 835, 837.

66 Gesetz zur Änderung und Vereinfachung der Unternehmensbesteuerung und des steuerlichen Reisekostenrechts vom 20. 2. 2013, BGBl 2013 I S. 285.

67 BTDrucks. 17/10774 S. 19.

68 Gl.A. *Schulze-Osterloh*, BB 2013 S. 1131, 1134; so wohl auch *Prinz*, WPg 2013 S. 650, 655.

69 BFH, Beschluss vom 31. 1. 2013 – GrS 1/10, BStBl 2013 II S. 317 Tz. 61.

70 *Schulze-Osterloh*, BB 2013 S. 1131, 1132 m. w. N. zur a. A. daselbst Fn. 22.

(GoB) ist,[71] weil ein solcher handelsrechtlicher GoB eine Steuerfestsetzung auf der Grundlage der jeweils maßgebenden steuerrechtlichen Vorschriften nicht verhindern könnte.[72] Ob ein Ansatz im handelsrechtlichen Jahresabschluss dem Gesetz entspricht oder dagegen verstößt, kann aber ebenfalls nicht von den Vorstellungen und Auffassungen des bilanzierenden Kaufmanns abhängen; dies wird – nicht anders als für die Steuerbilanz – verbindlich durch die Gerichte entschieden.[73]

3.1.2 Keine Berichtigung einer Bilanz, die endgültiger Steuerfestsetzung zugrunde liegt (§ 4 Abs. 2 Satz 1 2. Halbsatz EStG)

1145 **Gesetzliche Festschreibung der Auffassung vom formellen Bilanzenzusammenhang:** Nach § 4 Abs. 2 Satz 1 2. Halbsatz EStG ist „diese Änderung (d. h. die Bilanzberichtigung) nicht zulässig, wenn die Vermögensübersicht (Bilanz) einer Steuerfestsetzung zugrunde liegt, die nicht mehr aufgehoben oder geändert werden kann. Mit dieser durch JStG 2007[74] geschaffenen – erstmals für den Veranlagungszeitraum 2007 anzuwendenden (§ 52 Abs. 1 EStG i. d. F. des StÄndG 2007) – Regelung sollte die Auffassung vom formellen Bilanzenzusammenhang gesetzlich festgeschrieben werden (s. Rz. 1112 ff.). Zugleich sollte damit eine unzutreffende Besteuerung der Land- und Forstwirte verhindert werden, die durch die Rechtsprechung des BFH zur Fehlerberichtigung bei vom Kalenderjahr abweichendem Wirtschaftsjahr[75] ermöglicht wurde.[76] Die Änderung hat keinen Einfluss auf die Besteuerung Gewerbetreibender mit vom Kalenderjahr abweichendem Wirtschaftsjahr,[77] weil bei diesen die Zulässigkeit einer Bilanzberichtigung wie bisher davon abhängt, dass die Steuerfestsetzung, in der die Gewinnänderung sich nach § 4a Abs. 2 Nr. 2 EStG auswirkt, änderbar ist.[78]

1146 **Die Steuerfestsetzung beruht auf der zu berichtigenden Bilanz**, wenn sich der Bilanzierungsfehler auf die Veranlagung ausgewirkt hat. Dies ist dann nicht der Fall, wenn die Einkommensteuer auf 0 € festgesetzt wurde und die Auswirkungen auf die Gewerbesteuer unbeachtlich sind[79] oder wenn der Gewinn ohne Rückgriff auf die Bilanz geschätzt wurde und für das Folgejahr eine neue Anfangsbilanz zu erstellen war.[80] In diesen Fällen ist eine Rückwärtsberichtigung der Bilanz möglich, wenn auch die Steuerfestsetzung noch aufgehoben oder geändert werden kann.

1147 **Die Steuerfestsetzung kann noch aufgehoben oder geändert werden**, wenn der Steuerbescheid unter dem Vorbehalt der Nachprüfung i. S. d § 164 AO steht (Änderung in vollem Umfang) oder wenn die Steuer nach § 165 AO vorläufig festgesetzt wurde (Ände-

71 Dezidiert ablehnend: *Schulze-Osterloh*, BB 2013 S. 1131, 1132 m. w. N. zur a. A. daselbst Fn. 23.
72 BFH, Beschluss vom 31. 1. 2013 – GrS 1/10, BStBl 2013 II S. 317 Tz. 60.
73 *Schulze-Osterloh*, BB 2013 S. 1131, 1132 m. w. N.
74 Vom 13. 12. 2006, BGBl 2006 I S. 2878; BStBl 2007 I S. 28.
75 BFH, Urteil vom 6. 12. 1990 – IV R 129/89, BStBl 1991 II S. 356.
76 BT-Drucks. 16/3368 S. 16.
77 Dazu Rz. 175.
78 BT-Drucks. 16/3368 S. 16.
79 BFH, Urteil vom 6. 9. 2000 – XI R 18/00, BStBl 2001 II S. 106.
80 BFH, Urteile vom 28. 1. 1992 – VIII R 28/90, BStBl 1992 II S. 881; vom 12. 10. 1993 – VIII R 86/90, BStBl 1994 II S. 174.

rung soweit die Vorläufigkeit reicht) und die Festsetzungsfrist noch nicht abgelaufen ist.

Als Rechtsfolge des § 4 Abs. 2 Satz 1 2. Halbsatz EStG scheidet eine Bilanzberichtigung für das Wirtschaftsjahr aus, für das die Steuerfestsetzung nicht mehr aufgehoben oder geändert werden kann. Der Steuerpflichtige kann dann nur die Schlussbilanz des ersten noch offenen Folgejahres berichtigen (s. Rz. 1156 und 1160 ff.). 1148

(Einstweilen frei) 1149

3.2 Rechtsfolge: Durchführung der Bilanzberichtigung

3.2.1 Wahlrecht des Steuerpflichtigen

Der Steuerpflichtige „darf" die Bilanz berichtigen, wenn die Voraussetzungen des § 4 Abs. 2 Satz 1 EStG vorliegen; er ist dazu grundsätzlich nicht verpflichtet (s. aber Rz. 1152). Nur der Steuerpflichtige selbst darf die Bilanzberichtigung vornehmen. Danach ist dem Finanzamt eine Berichtigung nach § 4 Abs. 2 Satz 1 EStG zwar verwehrt,[81] es darf aber eine fehlerhafte Bilanz nach § 85 AO nicht der Besteuerung zugrunde legen. Das Finanzamt hat daher eine eigene Gewinnermittlung durch Betriebsvermögensvergleich durchzuführen und – nach einer Betriebsprüfung etwa – eine sog. Prüferbilanz zu erstellen. Unabhängig von einem Recht oder einer Pflicht des Steuerpflichtigen zur Berichtigung der Bilanz gemäß § 4 Abs. 2 Satz 1 EStG ist das Finanzamt zu einer eigenständigen Gewinnermittlung berechtigt und verpflichtet.[82] Übernimmt der Steuerpflichtige dann die vom Finanzamt festgestellten Werte, so führt er selbst eine Bilanzberichtigung durch, deren Zulässigkeit nach § 4 Abs. 2 Satz 1 2. Halbsatz EStG zu beurteilen ist. 1150

Führt der Steuerpflichtige die Bilanzberichtigung durch, so ist er für Wirtschaftsjahre, die nach dem 31. 12. 2010 beginnen, verpflichtet auch diese Korrektur durch Übermittlung einer E-Bilanz nach § 5b EStG vorzunehmen.[83]

Hat das FA hingegen einen unzutreffenden Wert angesetzt, den der Steuerpflichtige nicht übernimmt und zu dessen Übernahme er auch nicht durch ein rechtskräftiges Urteil verpflichtet ist (s. Rz. 1152), so muss seine richtige Bilanz für den Betriebsvermögensvergleich im Folgejahr herangezogen werden. Daraus folgt, dass das fehlerhafte Abweichen von einer Bilanz des Steuerpflichtigen nicht in einem späteren Veranlagungszeitraum korrigiert werden kann. Eine Korrektur kann nur in demselben Jahr erfolgen, soweit dies nach den Vorschriften der AO zulässig ist. Dies gilt in gleicher Weise für Fehler zugunsten und zuungunsten des Steuerpflichtigen.[84] 1151

81 BFH, Urteile vom 4. 11. 1999 – IV R 70/98, BStBl 2000 II S. 129 unter Rz. 18; vom 5. 6. 2007 – I R 47/06, BStBl 2007 II S. 818; vom 5. 6. 2007 – I R 46/06, BFH/NV 2007 S. 2254 jeweils m. w. N.

82 BFH-Bechluss vom 31. 1. 2013 – GrS 1/10, BStBl 2013 II S. 317 Tz. 72.

83 Gl. A. *Gosch*, in: Kirchhof, EStG, 13. Aufl., § 5b Rn. 2a; *Schiffers* in Kom. § 5b Rz. 21; *Martin*, in: Lademann, § 5b Rn. 26. Bisher genügte in solchen Fällen eine an das Finanzamt gerichtete Mitteilung (R 4.4 Abs. 1 EStR 2012).

84 BFH, Urteil vom 4. 11. 1999 – IV R 70/98, BStBl 2000 II S. 129.

1152 **Ausnahmsweise** kann der Steuerpflichtige allerdings zu einer Bilanzberichtigung verpflichtet sein. Diese Verpflichtung kann sich etwa aus einem rechtskräftigen Urteil der Steuergerichte,[85] aus einer tatsächlichen Verständigung oder aus den Grundsätzen von Treu und Glauben ergeben. Davon wird z. B. dann auszugehen sein, wenn der Steuerpflichtige selbst die Fehlerhaftigkeit der Bilanz im Wege einer Selbstanzeige erklärt.[86] Ein Zwang zur Bilanzberichtigung kann schließlich auch daraus folgen, dass der Steuerpflichtige eine Bilanzänderung anstrebt, die nach § 4 Abs. 2 Satz 2 EStG aber nur zulässig ist, wenn sie in einem engen zeitlichen und sachlichen Zusammenhang mit einer Bilanzberichtigung steht (s. Rz. 1170 ff.). Dementsprechend hat auch das Finanzgericht fehlerhafte Bilanzansätze in den Grenzen des Klageantrags zu korrigieren; auf der Grundlage der Feststellungen des Finanzgerichts trifft diese Verpflichtung im Rahmen der Revisionsanträge auch den BFH, da bei einer Revision, die nicht ausschließlich auf die Verletzung von Verfahrensrecht gestützt ist, das angefochtene Urteil gem. § 118 Abs. 3 Satz 2 FGO in vollem Umfang auf seine Rechtmäßigkeit zu überprüfen ist.[87]

Ob aus der Verpflichtung zur Berichtigung von Erklärungen, die zu einer Steuerverkürzung führen können oder geführt haben (§ 150 Abs. 2 und 4 sowie § 153 Abs. 1 Satz 1 Nr. 1 AO), auch eine Verpflichtung zur Bilanzberichtigung abzuleiten wäre, ist umstritten.[88]

1153 Dass der Steuerpflichtige die Bilanz nach § 4 Abs. 2 Satz 1 1. Halbsatz EStG „auch" nach ihrer Einreichung beim Finanzamt ändern darf, macht deutlich, dass die Steuerbilanz bis zur Einreichung jederzeit geändert werden kann; dieser Vorgang fällt dann aber nicht unter den Begriff der Bilanzberichtigung und eröffnet damit auch keine Bilanzänderung (s. Rz. 1170 ff.).

3.2.2 Technik der Fehlerberichtigung

1154 **Rückwärtsberichtigung an der Fehlerquelle als Grundsatz:** Unrichtige Bilanzansätze sind grundsätzlich an der Fehlerquelle durch Änderung der Schlussbilanz des betroffenen Wirtschaftsjahres zu berichtigen;[89] anders als nach handelsrechtlichen Grundsätzen, ist eine Berichtigung „in laufender Rechnung" (s. Rz. 1127) unzulässig. Dies folgt aus den Grundsätzen des Bilanzenzusammenhangs (s. Rz. 1112 ff.) und der Abschnittsbesteuerung (s. Rz. 170). Durch diese Rückwärtsberichtigung werden über den Bilanzenzusammenhang und die verfahrensrechtlichen Korrekturvorschriften (§ 175 Abs. 1 Satz 1 Nr. 2 AO) alle folgenden Bilanzen und die darauf beruhenden Veranlagungen richtig gestellt. Buchungsfehler ohne Auswirkung auf den Gewinn und die festgesetzte Steuer der Vorjahre können aus Vereinfachungsgründen unter Durchbrechung des for-

85 BFH, Urteil vom 4. 11. 1999 – IV R 70/98, BStBl 2000 II S. 129.

86 BFH, Urteil vom 28. 4. 1998 – VIII R 46/96, BStBl 1998 II S. 443.

87 BFH, Urteil vom 21. 11. 2007 – X R 27/05, BFH/NV 2008 S. 394.

88 Für eine Berichtigungspflicht: *v. Beckerath*, FR 2011 S. 349, 353; *Bode*, in: Kirchhof, EStG, 13. Aufl. 2014, § 4 Rz. 118; *Kanzler*, NWB 2012 S. 2374, 2381; *Meurer*, in: Lademann, § 4 Rn. 802, 834; *Wied*, in: Blümich, § 4 EStG Rz. 980; a. A. *Stapperfend*, in: HHR, § 4 EStG Anm. 385 und 423 m. w. N.; unentschieden: *Seiler*, in: Kirchhof/Söhn/Mellinghoff, § 4 Rn. C 59.

89 Grundlegend: BFH, Beschluss vom 29. 11. 1965 – GrS 1/65 S, BStBl 1966 III S. 142 zu Rz. 5; s. auch BFH, Urteil vom 30. 11. 1967 – IV R 96/67, BStBl 1968 II S. 144.

mellen Bilanzenzusammenhangs in der „Anfangsbilanz" durch den richtigen Bilanzansatz ersetzt werden.[90]

Eine Berichtigung der fehlerhaften Bilanz (Rückwärtsberichtigung) kommt insbesondere in Betracht, wenn das fehlerhaft ermittelte Betriebsvermögen einer Veranlagung noch nicht zugrunde gelegen hat, oder die Steuerfestsetzung zwar erfolgt, aber die Rechtsbehelfsfrist noch nicht abgelaufen ist, oder der bestandskräftige Steuerbescheid nach den Vorschriften der AO noch aufgehoben oder geändert werden kann. Dies ist z. B. bei einer Steuerfestsetzung der Fall, die unter dem Vorbehalt der Nachprüfung steht (§ 164 AO), die vorläufig erfolgte (§ 165 AO) oder bei der eine Berichtigung aufgrund neuer Tatsachen nach § 173 AO in Betracht kommt.[91] Nur wenn der Fehler an der Fehlerquelle, also im Entstehungsjahr, nicht mehr berichtigt werden kann, wird die Korrektur in das erste noch berichtigungsfähige Wirtschaftsjahr verlegt (s. Rz. 1156). Ein Wahlrecht besteht insoweit nicht; die Berichtigung an der Fehlerquelle hat Vorrang gegenüber der Berichtigung in einem späteren Wirtschaftsjahr. 1155

Fehlerkorrektur im ersten noch offenen Folgejahr als Ausnahme: Ist die Rückwärtsberichtigung wegen Verjährung oder Bestandskraft der Veranlagung und mangels verfahrensrechtlicher Korrekturmöglichkeiten ausgeschlossen (§ 4 Abs. 2 Satz 1 2. Halbsatz EStG[92]), so ist der falsche Bilanzansatz in der Schlussbilanz des auf die bestandskräftig veranlagten Wirtschaftsjahre folgenden Wirtschaftsjahres richtig zu stellen.[93] Diese mit der Fehlerkorrektur verbundene periodenübergreifende „Verlagerung" des Gewinns oder Verlusts ist verfassungsrechtlich unbedenklich.[94] Abgesehen davon, dass sich die Korrektur zugunsten wie zulasten des Steuerpflichtigen auswirken kann, verstößt eine auf dem formellen Bilanzenzusammenhang beruhende Fehlerberichtigung auch im Hinblick auf den Grundsatz der Gesamtgewinngleichheit gegenüber Steuerpflichtigen mit Einnahmenüberschussrechnung nicht gegen den Grundsatz der gleichmäßigen Besteuerung (Art. 3 GG[95]). 1156

Die Zurückberichtigung bis zur Fehlerquelle ist auch durchzuführen, wenn sich der fehlerhafte Bilanzansatz steuerlich nicht ausgewirkt hat.[96] Die Frage, ob sich ein fehlerhafter Bilanzansatz steuerlich ausgewirkt hat und damit eine Zurückberichtigung des Fehlers für bereits unanfechtbar abgeschlossene VZ entfällt, ist allein nach den für diese Veranlagungszeiträume festgesetzten Steuerbeträgen zu beantworten. Ist die Steuer beispielsweise auf 0 € festgesetzt worden und erhöht sich durch die zusätzliche AfA 1157

90 BFH, Beschluss vom 22. 4. 1998 – IV B 107/97, BFH/NV 1999 S. 162 zu Tz. 7; s. auch Rz. 1156.

91 BFH, Beschluss vom 29. 11. 1965 – GrS 1/65 S, BStBl 1966 III S. 142.

92 Zum formellen Bilanzenzusammenhang s. Rz. 1113 und zu dessen gesetzlicher Regelung durch § 4 Abs. 2 Satz 1 2. Halbsatz EStG s. Rz. 1114 und 1160 ff.

93 S. nur BFH, Urteile vom 21. 10. 1976 – IV R 222/72, BStBl 1977 II S. 148; vom 28. 4. 1998 – VIII R 46/96, BStBl 1998 II S. 443; vom 5. 9. 2000 – XI R 18/00, BStBl 2001 II S. 106 und BFH, Beschluss vom 7. 10. 2008 – I B 3/08, BFH/NV 2009 S. 374 zu Tz. 9.

94 BVerfG, Beschluss vom 18. 2. 1993 – 2 BvR 1196/88, BB 1993 S. 1054.

95 BFH, Urteile vom 25. 4. 1990 – I R 78/85, BFH/NV 1990 S. 630 m. w. N.; vom 28. 4. 1998 – VIII R 46/96, BStBl 1998 II S. 443.

96 BFH, Urteil vom 7. 5. 1969 – I R 47/67, BStBl 1969 II S. 464.

lediglich der Verlust, so kann zurückberichtigt werden, weil sich der erhöhte Verlustabzug wegen Ablaufs des früher geltenden Fünfjahreszeitraums nicht mehr auswirken konnte.[97] Bei Gewinnfeststellungsbescheiden gem. § § 179, 180 AO führt dagegen jede Gewinnänderung zu einer steuerlichen Auswirkung. Eine Rückwärtsberichtigung ist daher in diesen Fällen nur hinsichtlich der Entnahmen und Einlagen der Gesellschaft zulässig, die zwar den Kapitalanteil des betreffenden Gesellschafters beeinflussen, aber keinen Einfluss auf den Gewinn des Unternehmens haben.[98]

1158–1159 *(Einstweilen frei)*

3.2.3 Erfolgswirksame oder erfolgsneutrale Korrekturen im ersten noch offenen Folgejahr

1160 Ist der Fehler nicht mehr an der Quelle zu berichtigen und daher in der Schlussbilanz des ersten Jahres, dessen Veranlagung noch geändert werden kann oder für das eine Veranlagung noch nicht durchgeführt wurde, richtig zu stellen, so ist zu entscheiden, ob die Korrektur erfolgsneutral oder erfolgswirksam zu erfolgen hat. Gewinne oder Verluste dürfen durch eine solche Berichtigung nur nachgeholt werden, wenn sie unmittelbar auf der fehlerhaften Bilanzierung beruhen. Daher ist in jedem Fall die Fehlerursache zu suchen und festzustellen, wie sich ein fehlerhafter Bilanzansatz an der Fehlerquelle gewinnmäßig ausgewirkt hat.[99]

1161 **Erfolgswirksame Korrektur gewinnwirksamer Bilanzansätze:** Hat sich der Bilanzierungsfehler selbst als Gewinn oder Verlust ausgewirkt, muss i. d. R. auch die Korrektur gewinnwirksam sein. Gebietet die Fehlerursache eine erfolgsneutrale Berichtigung, so ist diese zwar innerhalb der Steuerbilanz gewinnwirksam auszuweisen, außerhalb derselben jedoch nach Einlagegrundsätzen wieder zu neutralisieren (s. auch Rz. 1113). Ist ein gewinnneutraler Vorgang Fehlerursache, können darauf beruhende, in der Vergangenheit nicht erfasste mögliche Gewinnauswirkungen nicht durch eine Bilanzberichtigung nachgeholt werden.[100] Für eine Bilanzberichtigung ist nur insoweit Raum, als zu dem maßgeblichen Stichtag noch ein Bilanzierungsfehler vorliegt.[101]

1162 **Erfolgsneutrale Korrektur gewinnneutraler Bilanzansätze:** Fehlerhaft in der Bilanz ausgewiesene Wirtschaftsgüter des Privatvermögens sind gewinnneutral (also mit ihrem Buchwert über Kapitalkonto) auszubuchen, auch wenn sie ursprünglich Betriebsvermögen waren und durch eine steuerlich nicht erfasste Entnahme in das Privatvermögen gelangt sind.[102] Umgekehrt ist ein Wirtschaftsgut des Betriebsvermögens, das

97 BFH, Urteil vom 7. 5. 1969 – I R 47/67, BStBl 1969 II S. 464.

98 BFH, Urteil vom 19. 1. 1993 – VIII R 128/84, BStBl 1993 II S. 594.

99 Siehe auch die Zusammenstellung der Kasuistik zur Bilanzberichtigung bei *Hoffmann/Lüdenbach*, § 252 Rz. 263, und *Heinicke*, in: Schmidt, EStG, 33. Aufl., München 2014, § 4 Rz. 716 ff.

100 BFH, Urteil vom 26. 11. 2008 – X R 23/05, BStBl 2009 II S. 407 zu Tz. 32.

101 BFH, Urteil vom 16. 12. 2009 – IV R 18/07, BFH/NV 2010 S. 1419 m. w. N. zu Tz. 19.

102 BFH, Urteile vom 21. 6. 1972 – I R 189/69, BStBl 1972 II S. 874; vom 23. 7. 1975 – I R 210/73, BStBl 1976 II S. 180 und vom 21. 10. 1976 – IV R 222/72, BStBl 1977 II S. 148.

bisher nicht bilanziert wurde, in die Bilanz nicht mit dem Teilwert, sondern mit dem Buchwert, den es nach den steuerlichen Vorschriften hat, einzubuchen, also unter Abzug fiktiver AfA, die auf die Zeit zwischen Einlage und Einbuchungsstichtag entfällt.[103] Auch die nachträgliche Aufnahme einer Beteiligung in die Bilanz ist eine berichtigende Einbuchung.[104] Gewinnneutral ist schließlich auch das Ein- oder Ausbuchen von Bankkonten und Darlehen, die bisher bei der Bilanzierung falsch behandelt wurden.[105] Hat der Steuerpflichtige dagegen ein Wirtschaftsgut zu Recht als gewillkürtes Betriebsvermögen behandelt, kommt eine Ausbuchung zum Buchwert im Wege der Bilanzberichtigung nicht in Betracht.[106]

Aus- und Einbuchung fehlerhaft beibehaltener oder ausgebuchter Buchwerte: Der Buchwert eines bereits veräußerten oder entnommenen Wirtschaftsguts, das noch in der Bilanz geführt wird, ist gewinnmindernd auszubuchen, wenn der Veräußerungserlös oder der Teilwert gewinnwirksam erfasst worden ist. Denn auch im Wirtschaftsjahr der Veräußerung oder Entnahme hätte der Buchwert erfolgswirksam werden müssen: entweder als Aufwand oder als Minderung des Veräußerungsgewinns. Dagegen ist der Buchwert eines solchen Wirtschaftsguts gewinnneutral auszubuchen, wenn der Veräußerungserlös bzw. der Teilwert im Veräußerungs- bzw. Entnahmejahr nicht gewinnwirksam erfasst worden ist.[107] Hat der Steuerpflichtige den Buchwert eines Wirtschaftsguts zu Unrecht ausgebucht, so ist der Buchwert wieder einzubuchen; die erfolgsneutrale Ausbuchung[108] kann nicht in eine gewinnrealisierende Entnahme umgedeutet werden.[109] 1163

Überhöhte AfA-Beträge, die zu Unrecht in Anspruch genommen wurden (z. B. weil die Nutzungsdauer zu kurz geschätzt wurde), werden dadurch ausgeglichen, dass der Restwert auf die (verlängerte) Restnutzungsdauer verteilt wird. Bei Gebäuden, die nach § 7 Abs. 4 Satz 1 EStG abgeschrieben werden, ändert sich der AfA-Satz nicht, sondern nur die Bemessungsgrundlage.[110] Die überhöhten Absetzungen der Vorjahre bleiben daher erhalten und gleichen sich erst wieder am Ende des Abschreibungszeitraums oder vorher bei Veräußerung oder Entnahme des Gebäudes aus. Die in den nicht mehr berichtigungsfähigen Bilanzen vorgenommenen zu hohen Abschreibungsbeträge können daher nicht im ersten berichtigungsfähigen Wirtschaftsjahr zum Bilanzansatz des Vorjahres hinzuaktiviert werden.[111] 1164

---

103 BFH, Urteile vom 24. 10. 2001 – X R 153/97, BStBl 2002 II S. 75; vom 21. 8. 1984 – VIII R 1/81, BFH/NV 1985 S. 34.

104 BFH, Urteil vom 14. 1. 2010 – IV R 86/06, BFH/NV 2010 S. 1096.

105 BFH, Urteil vom 9. 9. 1980 – VIII R 64/79, BStBl 1981 II S. 125 zu einer Kontokorrentbankschuld.

106 BFH, Urteile vom 23. 9. 2009 – IV R 14/07, BStBl 2010 II S. 227; vom 23. 9. 2009 – IV R 5/07, BFH/NV 2010 S. 612, beide zur Einstufung eines Genossenschaftsanteils als gewillkürtes Betriebsvermögen.

107 BFH, Urteil vom 21. 10. 1976 – IV R 222/72, BStBl 1977 II S. 148; a. A. *Stapperfend*, in: HHR, § 4 EStG Anm. 431 m. w. N.

108 BFH, Urteil vom 31. 5. 2007 – IV R 54/05, BStBl 2008 II S. 665 m. w. N.

109 BFH, Urteil vom 16. 3. 1983 – IV R 36/79, BStBl 1983 II S. 459 m. w. N.

110 BFH, Urteile vom 11. 12. 1987 – III R 266/83, BStBl 1988 II S. 335; vom 4. 5. 1993 – VIII R 14/90, BStBl 1993 II S. 661; vom 18. 8. 2009 – X R 40/06, BStBl 2010 II S. 961; vom 9. 5. 2012 – X R 38/10, BStBl 2012 II S. 725 zu Tz. 27.

111 BFH, Urteil vom 11. 12. 1987 – III R 266/83, BStBl 1988 II S. 335.

1165 **Fehlerhafte Passivposten:** Ist auf der Passivseite der Bilanz ein Schuldposten zu hoch angesetzt worden oder hätte er dem Grunde nach überhaupt nicht gebildet werden dürfen, so ist er gewinnerhöhend aufzulösen, wenn durch seine Bildung eine Gewinnminderung eingetreten ist.[112] Dieser sog. Stornierungsgedanke gilt auch für Rückstellungen, die für privat veranlasste Aufwendungen gebildet worden sind und deshalb ausgebucht werden müssen.[113] Dagegen kommt ein späterer Ausgleich nicht mehr in Betracht, wenn privat veranlasste Aufwendungen bereits bezahlt und als Betriebsausgaben behandelt worden sind. Derartige Fehler können nur im Jahr ihrer Entstehung berichtigt werden, weil es an einem Bilanzposten fehlt, der in den folgenden Wirtschaftsjahren von der Gewinnauswirkung her gegenläufig berichtigt werden könnte.

1166 **Fehlerhafte Gesellschafterbeteiligung:** Im Wege der Bilanzberichtigung kann auch die Beteiligung der Gesellschafter einer Personengesellschaft am Gesellschaftsvermögen berichtigt und dadurch eine zurückliegende Gewinnverteilung korrigiert werden.[114] Bei einem Gesellschafterwechsel während des Wirtschaftsjahres der Personengesellschaft kann die Gesellschaft auf den Zeitpunkt des Gesellschafterwechsels eine Zwischenbilanz aufstellen, um eine exakte Gewinnaufteilung zu erreichen. Auch auf diese *Zwischenbilanz* sind die Grundsätze über die Bilanzberichtigung und den Bilanzenzusammenhang anzuwenden, um sicherzustellen, dass alle Geschäftsvorfälle des Wirtschaftsjahres – entweder bei der Gewinnfeststellung für dessen ersten oder dessen zweiten Teil – erfasst werden.[115]

1167–1169 *(Einstweilen frei)*

4. Bilanzänderung

4.1 Tatbestandsvoraussetzungen der Bilanzänderung

4.1.1 Bilanzänderung im Gegensatz zur Bilanzberichtigung

1170 **Im Gegensatz zur Bilanzberichtigung betrifft die Bilanzänderung** nur die Korrektur eines handels- und steuerrechtlich zulässigen Bilanzansatzes durch einen anderen ebenfalls zulässigen Bilanzansatz (s. Rz. 1118[116]). Nach § 4 Abs. 2 Satz 2 EStG ist „darüber hinaus ... eine Änderung der Vermögensübersicht (Bilanz) nur zulässig, wenn sie in einem engen zeitlichen und sachlichen Zusammenhang mit einer Änderung nach Satz 1 steht und soweit die Auswirkung der Änderung nach Satz 1 auf den Gewinn reicht". Einerseits schließen Bilanzänderung und Bilanzberichtigung danach einander aus, andererseits bedingen sie einander. Dies folgt aus der Formulierung „darüber hinaus", die auch auf die Subsidiarität der Bilanzänderung hinweist und damit zugleich an die Tatbestandsvoraussetzungen des § 4 Abs. 2 Satz 1 EStG anknüpft. Der von der Bilanzände-

112 BFH, Urteil vom 29. 4. 2009 – X R 51/08, BFH/NV 2009 S. 1789.

113 BFH, Urteile vom 22. 1. 1985 – VIII R 29/82, BStBl 1985 II S. 308; vom 16. 12. 2009 – I R 43/08, BFH/NV 2010 S. 552.

114 BFH, Urteil vom 11. 2. 1988 – IV R 19/87, BStBl 1988 II S. 825.

115 BFH, Urteil vom 30. 4. 1991 – VIII R 50/86, BFH/NV 1991 S. 676.

116 Ständige Rechtsprechung: S. etwa BFH, Urteile vom 9. 4. 1981 – I R 191/71, BStBl 1981 II S. 620; vom 21. 1. 1992 – VIII R 72/82, BStBl 1992 II S. 958; vom 19. 10. 2005 – I R 34/04, BFH/NV 2006 S. 1099 zu Tz. 13.

rung betroffene Steuerbescheid muss daher nach den Vorschriften der AO noch änderbar sein[117] und wie die Bilanzberichtigung erfasst die Bilanzänderung nur Korrekturen nach Einreichen der Bilanz beim Finanzamt (s. Rz. 1153). Bis zu diesem Zeitpunkt ist der Abschluss ohne weiteres änderbar.[118] Eine gesetzlich eingeschränkte Bilanzänderung liegt daher auch dann nicht vor, wenn Ehegatten unter Verkennung der Mitunternehmerschaft eine Bilanz für ein Einzelunternehmen vorgelegt haben und danach (erstmals) die Reinvestitionsvergünstigung des § 6b EStG in der Mitunternehmerbilanz beanspruchen.[119]

Gegenstand der Bilanzänderung sind Ansatz- und Bewertungswahlrechte,[120] denn ein 1171
zulässiger Bilanzansatz kann nur durch einen anderen zulässigen Bilanzansatz ersetzt werden, wenn dem Steuerpflichtigen ein Wahlrecht zusteht.[121] Die Bilanzänderung war daher von jeher ein Gestaltungsmittel zur Kompensation steuerlicher Mehrergebnisse nach einer Außenprüfung oder einem Klageverfahren.[122] Die Einschränkung der Ausübung steuerlicher Wahlrechte durch § 4 Abs. 2 Satz 2 EStG führt zu einer sachlich schwer zu rechtfertigenden Benachteiligung bilanzierender Steuerpflichtiger gegenüber Einnahmenüberschussrechnern, die ihre Gewinnermittlungswahlrechte bis zum Eintritt der Bestandskraft des Steuerbescheids ausüben können. Die Rechtsprechung des BFH war daher zunächst bemüht, den Anwendungsbereich der Bilanzänderung i. S. d. § 4 Abs. 2 Satz 2 EStG einzuschränken. Folglich liegt kein Fall der Bilanzänderung vor, wenn sich einem Steuerpflichtigen überhaupt erst nach Einreichung der Bilanz die Möglichkeit eröffnet, erstmalig ein Wahlrecht auszuüben und die Nichtausübung des Wahlrechts nicht auf einem mindestens fahrlässigen Verhalten des Steuerpflichtigen beruht.[123]

Keine Bilanzänderung ist die rückwirkende Änderung tatsächlicher Vorgänge, wie Ent- 1172
nahmen[124] oder Einlagen, Anschaffungs- oder Veräußerungsvorgänge.[125] Daher ist die nachträgliche Erhöhung der Wertansätze eines zu Buchwerten in eine Kapitalgesellschaft eingebrachten Betriebsvermögens und damit die Änderung des Einbringungsvorgangs in eine gewinnrealisierende Betriebsveräußerung keine Bilanzänderung, son-

117 Dazu *Stapperfend*, in: HHR, § 4 EStG Anm. 475 m. w. N.

118 Noch weitergehend *Kanzler*, FR 1999 S. 833, 836: Freie Änderbarkeit bis zur Durchführung der auf der Bilanz beruhenden Veranlagung.

119 BFH, Urteil vom 18. 8. 2005 – IV R 37/04, BStBl 2006 II S. 165.

120 Gl. A. *Wied*, in: Blümich, § 4 EStG Rz. 1027; zu eng daher BFH, Urteil vom 9. 4. 1981 – I R 191/77 (BStBl 1981 II S. 620 zu Rz. 9), das die Bilanzänderung nur auf die Bewertung bezieht. Zu einer Übersicht über die wichtigsten Ansatz- und Bewertungsregeln nach Handels- und Steuerrecht bei Gewerbetreibenden s. *Wiesch*, SteuerStud 2011 S. 387.

121 Die Umstellung des Bilanzstichtags ist daher keine Bilanzänderung (s. Rz. 1119 m. w. N.).

122 Siehe nur den Fall, der Anlass für die Einführung des Bilanzänderungsverbots 1999 war: BFH, Urteil vom 24. 3. 1998 – I R 20/94, BStBl 1999 II S. 272.

123 So die nach Widerständen vom BMF akzeptierte Rechtsprechung des BFH: Urteil vom 27. 9. 2006 – IV R 7/06, BStBl 2008 II S. 600; BFH, Beschlüsse vom 25. 1. 2006 – IV R 14/04, BStBl 2006 II S. 418 jeweils zur Rücklage nach § 6b EStG und vom 12. 9. 2006 – I B 169/05, BFH/NV 2007 S. 48 zur Sonder-AfA nach FördG. Ähnlich *Kanzler*, FR 1999, S. 833, 836 für den Fall, dass der Steuerbescheid unter Vorbehalt der Nachprüfung steht oder noch kein Folgebescheid ergangen ist; für eine entsprechende verfassungskonforme Auslegung auch *Stapperfend*, in: HHR, § 4 EStG Anm. 358 m. w. N.

124 BFH, Urteil vom 19. 10. 2005 – I R 34/04, BFH/NV 2006 S. 1099.

125 BFH, Urteil vom 15. 7. 1976 – I R 17/74, BStBl 1976 II S. 748 zu Tz. 25.

dern eine (unzulässige) rückwirkende Sachverhaltsgestaltung.[126] Da die Bilanzänderung die Ausübung von Ansatz- und Bewertungswahlrechten betrifft, ist die Umstellung des Bilanzstichtags und die in § 4a Abs. 1 EStG geregelte Wahl des Wirtschaftsjahres keine Bilanzänderung.[127]

1173 **Wahlrechtsbeschränkung verfassungsgemäß:** Die Beschränkung der nachträglichen Ausübung von Wahlrechten durch Bilanzierende ist jedoch auch im Hinblick darauf mit dem Gleichheitssatz vereinbar, dass bei der Gewinnermittlung nach § 4 Abs. 3 EStG eine solche Beschränkung nicht gilt.[128] Der Gesetzgeber ist berechtigt, die Änderung von Bilanzen nach Einreichung beim FA an enge Voraussetzungen zu knüpfen.[129]

1174–1177 *(Einstweilen frei)*

4.1.2 Bilanzänderung im Zusammenhang mit einer Bilanzberichtigung

1178 Nach § 4 Abs. 2 Satz 2 EStG ist die Bilanzänderung nur zulässig, wenn sie in einem engen zeitlichen und sachlichen Zusammenhang mit einer Bilanzberichtigung steht und soweit die Auswirkung der Bilanzberichtigung auf den Gewinn reicht. Wann von einem solchen „engen zeitlichen und sachlichen Zusammenhang" mit der Bilanzberichtigung auszugehen ist und ob der Wortlaut auch einen engen sachlichen Zusammenhang erfordert, ist durch Auslegung zu ermitteln. Die Gesetzesmaterialen gehen auf diese Tatbestandsvoraussetzungen nicht ein, weil die Vorschrift erst im Vermittlungsverfahren zum StBereinG 1999 (s. Rz. 1120) aufgenommen wurde. Der gem. § 4 Abs. 2 Satz 2 EStG dem Grunde nach erforderliche Zusammenhang zwischen Bilanzberichtigung und Bilanzänderung führt nicht nur zu einer Änderungssperre, er hat auch Auswirkungen auf den Umfang der Bilanzänderung (s. Rz. 1184).

1179 **Der enge zeitliche Zusammenhang** mit einer Bilanzberichtigung besteht jedenfalls dann, wenn die Änderung der Bilanz *unverzüglich* nach der Bilanzberichtigung begehrt wird.[130] Offenkundiger Zweck dieser Regelung ist es, dem Finanzamt eine zeitnahe, zusammenfassende Prüfung von Bilanzberichtigung und Bilanzänderung zu ermöglichen. Die Bilanzänderung wurde nämlich im Hinblick auf die Rechtsprechung des BFH[131] eingeschränkt, die eine Bilanzänderung ... „auch Jahrzehnte nach Ablauf des maßgeblichen Veranlagungszeitraums" ermöglichte, „sofern Bestandskraft, z. B. infolge eines noch laufenden Rechtsbehelfsverfahrens, noch nicht eingetreten ist und der Steuerpflichtige nicht rechtsmissbräuchlich handelt".[132] Diese „Gestaltungsspielräume" sah der Gesetzgeber im Konflikt mit dem Gleichheitssatz, dem Leistungsfähigkeitsgrundsatz und dem Prinzip der Verlässlichkeit bei steuerlich begünstigten Umwandlungsvorgängen.[133] Eine notwendige spätere Bilanzänderung widerspricht diesem Normzweck nicht. Besteht nämlich Streit über die Zulässigkeit einer Bilanzberichtigung oder Bilanz-

126 BFH, Urteil vom 28. 5. 2008 – I R 98/06, BStBl 2008 II S. 916.
127 Siehe *Kanzler*, NWB 2012 S. 2374, 2385.
128 BFH, Beschluss vom 11. 6. 2010 – IV S 1/10, BFH/NV 2010 S. 1851 m. w. N. unter Tz. 16.
129 BFH, Urteil vom 14. 2. 2007 – XI R 16/05, BFH/NV 2007 S. 1293.
130 BFH, Urteil vom 17. 7. 2008 – I R 85/07, BStBl 2008 II S. 924 m. w. N. zu Tz. 17.
131 BFH, Urteil vom 24. 3. 1998 – I R 20/94, BStBl 1999 II S. 272.
132 BT-Drucks. 14/23 S. 168.
133 BT-Drucks. 14/23 S. 168.

änderung, so muss der Unternehmer nicht schon mit dem Antrag auf Bilanzänderung eine geänderte Bilanz aufstellen, wenn er den Streit gerichtlich klären lassen will; er ist vielmehr berechtigt, zunächst diese Klärung zu betreiben und im Anschluss daran seine Bilanz unverzüglich entsprechend zu ändern.[134]

Der sachliche Zusammenhang der Bilanzänderung mit einer Bilanzberichtigung soll ebenfalls ein enger sein. Das Adjektiv „eng" soll sich nämlich nicht nur auf den zeitlichen Zusammenhang beziehen.[135] Dies hat u. a. Konsequenzen für die Beurteilung des sachlichen Zusammenhangs zwischen Gesamthands- und Sonderbilanzen bei Mitunternehmerschaften. Der Normzweck des § 4 Abs. 2 Satz 2 EStG (s. Rz. 1155) erfordert jedenfalls keinen „engen" sachlichen Zusammenhang. Im Gegenteil spricht die der steuerlichen Behandlung von Mitunternehmern zu Grunde liegende Gleichstellungsthese gegen das Erfordernis eines „engen" sachlichen Zusammenhangs (s. Rz. 1185). 1180

Einen sachlichen Zusammenhang mit der Bilanzberichtigung sehen Finanzverwaltung und Rechtsprechung jedenfalls, wenn sich Bilanzberichtigung und Bilanzänderung auf dieselbe Bilanz beziehen.[136] Die Finanzverwaltung fordert aber keinen allzu „engen" sachlichen Zusammenhang. Die Änderung der Bilanz eines bestimmten Wirtschaftsjahrs ist danach unabhängig von der Frage, auf welche Wirtschaftsgüter oder Rechnungsabgrenzungsposten sich die Berichtigung dieser Bilanz bezieht.[137] Wegen des Bilanzenzusammenhangs erfasst eine Bilanzberichtigung jede Steuerbilanz, die für die Besteuerung von Bedeutung ist und eröffnet so die Bilanzänderung auch in Folgejahren.[138] 1181

Anlassbezogener sachlicher Zusammenhang: Meines Erachtens ist diese Auffassung immer noch zu eingeschränkt. Da bei der Einnahmenüberschussrechnung gewinnermittlungsbezogene Wahlrechte uneingeschränkt ausgeübt werden können, ist eine verfassungskonforme, erweiternde Auslegung auch des Begriffs des sachlichen Zusammenhangs geboten. Danach ist der sachliche Zusammenhang einer Bilanzänderung mit einer Bilanzberichtigung anlassbezogen zu sehen, so dass die Berichtigung jeder Bilanz eines Gewerbebetriebs während eines 3-jährigen Prüfungszeitraums Anlass sein könnte, etwa jede andere Bilanz auch unterschiedlicher Wirtschaftsjahre des Betriebs desselben Steuerpflichtigen zu ändern, die Gegenstand derselben Betriebsprüfung ist.[139] 1182

Sachlicher Zusammenhang bei fehlerhafter oder unterlassener Verbuchung von Entnahmen und Einlagen: Ein Zusammenhang der Bilanzänderung mit einer Bilanzberichtigung i. S. d. § 4 Abs. 2 Satz 1 EStG besteht nicht nur dann, wenn ein unrichtiger Ansatz einer Bilanzposition dem Grunde oder der Höhe nach vorliegt, sondern auch dann, 1183

134 BFH, Urteile vom 27. 9. 2006 – IV R 7/06, BStBl 2008 II S. 600; vom 17. 7. 2008 – I R 85/07, BStBl 2008 II S. 924.

135 So *Stapperfend*, in: HHR, § 4 EStG Anm. 469; a. A. wohl *Wied*, in: Blümich, § 4 EStG Rz. 1035.

136 BFH, Urteil vom 27. 9. 2006 – IV R 7/06, BStBl 2008 II S. 600 im Anschluss an BMF, Schreiben vom 18. 5. 2000, BStBl 2000 I S. 587.

137 BMF, Schreiben vom 18. 5. 2000, BStBl 2000 I S. 587.

138 BFH, Urteile vom 27. 9. 2006 – IV R 7/06, BStBl 2008 II S. 600; vom 25. 10. 2007 – III R 39/04, BStBl 2008 II S. 226.

139 Gl. A. wohl *Stapperfend*, in: HHR, § 4 EStG Anm. 469; a. A. *Wied*, in: Blümich, § 4 EStG Rz. 1035.

wenn die Gewinnänderung auf der fehlerhaften oder unterlassenen Verbuchung von Entnahmen und Einlagen beruht, weil in diesen Fällen eine sich aus § 4 Abs. 1 Satz 1 EStG ergebende und der Ermittlung des Gewinns dienende Position des Eigenkapitals verändert wird.[140] Nach Auffassung des BFH darf der Steuerpflichtige nicht dadurch benachteiligt werden, dass die Veränderung der Eigenkapitalposten Entnahme und Einlage durch die Gewinnänderung kompensiert wird und allein deswegen auf den technischen Vorgang einer Bilanzberichtigung verzichtet werden kann.[141] Die Finanzverwaltung hat ihre früher abweichende Auffassung[142] revidiert und folgt dem BFH.[143]

1184 **Gewinnänderungen aufgrund außerbilanzieller Hinzu- oder Abrechnungen:** Da sich eine Bilanzberichtigung auf den unrichtigen Ansatz von Wirtschaftsgütern (aktiven und passiven Wirtschaftsgütern) sowie Rechnungsabgrenzungsposten dem Grunde oder der Höhe nach bezieht (s. Rz. 1162 ff.), berühren Gewinnänderungen aufgrund außerbilanzieller Hinzu- oder Abrechnungen (wie z. B. die Abzugsbeschränkung für Schuldzinsen nach § 4 Abs. 4 a EStG oder die Abzugsverbote des § 4 Abs. 5 EStG) keinen Bilanzansatz und eröffnen damit auch keine Bilanzänderung.[144]

1185 **Sachlicher Zusammenhang zwischen Bilanzberichtigung und Bilanzänderung bei Personengesellschaften:** Da die Personengesellschaft selbst Subjekt der Einkunftserzielung und -ermittlung ist und die Ergebnisse aus Gesamthands- und Gesellschafter-Sonderbilanzen zusammenzufassen sind (sog. additive Gewinnermittlung[145]), ist bei Personengesellschaften der sachliche Zusammenhang einer gewinnerhöhenden Berichtigung der Gesamthandsbilanz m. E. auch mit der Änderung einer Sonder- oder Ergänzungsbilanz gewahrt.[146] Diese Rechtsfolge liegt noch näher, wenn man von der Vorstellung einer Gesamtbilanz der Mitunternehmerschaft ausgeht,[147] die von der Rspr. des BFH nicht unbedingt als Gegensatz zur additiven Gewinnermittlung verstanden wird.[148] Da innerhalb eines Organkreises keine einheitliche Steuerbilanz aufgestellt wird, ist eine Bilanzänderung nur im Zusammenhang mit einer Bilanzberichtigung bei derselben Organgesellschaft oder beim Organträger zulässig.[149]

1186–1189 *(Einstweilen frei)*

---

140 BFH, Urteil vom 31. 5. 2007 – IV R 54/05, BStBl 2008 II S. 665; BFH, Beschluss vom 5. 10. 2007 – IV B 125/06, BFH/NV 2008 S. 353 und BFH, Urteil vom 11. 10. 2007 – X R 4/05, BFH/NV 2008 S. 354.

141 BFH, Urteil vom 31. 5. 2007 – IV R 54/05, BStBl 2008 II S. 665.

142 BMF, Schreiben vom 18. 5. 2000, BStBl 2000 I S. 587.

143 BMF, Schreiben vom 13. 8. 2008, BStBl 2008 I S. 845.

144 BFH, Urteil vom 23. 1. 2008 – I R 40/07, BStBl 2008 II S. 669; BMF, Schreiben vom 13. 8. 2008, BStBl 2008 I S. 845.

145 Z. B. BFH, Urteile vom 14. 11. 1985 – IV R 63/83, BStBl 1986 II S. 58; vom 2. 12. 1997 – VIII R 42/96, BStBl 2008 II S. 177 zu Tz. 39.

146 R 4.4 Abs. 2 EStR; gl. A. *Strahl,* in: Korn, EStG § 4 Rz. 444.1 m. w. N.; *Kanzler,* in: Leingärtner, Besteuerung der Landwirte, Kap. 29 Rz. 132; *Wied,* in: Blümich, § 4 EStG Rz. 1035; *Stapperfend,* in: HHR, § 4 EStG Anm. 469.

147 Z. B. BFH, Urteile vom 11. 12. 1980 – IV R 91/77, BStBl 1981 II S. 422; vom 11. 12. 2001 – VIII R 23/01, BStBl 2004 II S. 474 m. w. N. zu Tz. 37.

148 BFH, Urteile vom 14. 11. 1985 – IV R 63/83 BStBl 1986 II S. 58 zu Tz. 15; vom 2. 12. 1997 – VIII R 42/96, BStBl 2008 II S. 177 zu Tz. 39; a. A. *Weber-Grellet,* Steuerbilanzrecht 1996, S. 315.

149 Gl. A. *Strahl,* in: Korn, EStG § 4 Rz. 444.1; *Wied,* in: Blümich, § 4 EStG Rz. 1035.

4.1.3 Beschränkung der Bilanzänderung auf den Umfang der Bilanzberichtigung

Soweit die Auswirkung der Bilanzberichtigung auf den Gewinn reicht, ist die Bilanzänderung der Höhe nach zulässig. Danach kann jede gewinnerhöhende oder -mindernde Berichtigung eine gewinnmindernde oder -erhöhende Bilanzänderung eröffnen. Die steuerliche Auswirkung ist unbeachtlich, so dass auch die Verringerung oder Erhöhung eines Verlusts aufgrund einer Bilanzberichtigung ungeachtet der Steuerfestsetzung mit 0 € eine ausgleichende Bilanzänderung ermöglicht. 1190

BEISPIEL: Zur Ausnutzung des Grundfreibetrags verzichtet der Steuerpflichtige auf bereits geltend gemachte Sonderabschreibungen i. H.v 20.000 €, nachdem er im Wege einer Bilanzberichtigung eine Rückstellung von 20.000 € und damit einen Verlust von 4.000 € ausweisen musste.

Gewinnerhöhende und gewinnmindernde Berichtigungen in einer Bilanz sind zu saldieren; der Steuerpflichtige kann seine Bilanzänderung nicht etwa gesondert auf die gewinnerhöhende Bilanzberichtigung beziehen, denn § 4 Abs. 2 Satz 2 EStG begrenzt die Bilanzänderung auf die „Auswirkung ... auf den Gewinn".

Der Umfang der Bilanzänderung ist nicht wirtschaftsgut- sondern anlassbezogen zu ermitteln,[150] ansonsten würde die Regelung des § 4 Abs. 2 Satz 2 EStG leer laufen und man gelangte zu einem faktischen Bilanzänderungsverbot. Allerdings ist der Umfang der Bilanzänderung auf den Gewinnanteil beschränkt, der sich im jeweiligen Wirtschaftsjahr aus der Bilanzberichtigung nach § 4 Abs. 2 Satz 1 EStG ergibt.[151] Die Berichtigung der Bilanz des Gewerbebetriebs A eröffnet keine Änderung der Bilanz des Gewerbebetriebs B oder des land- und forstwirtschaftlichen Betriebs ein und desselben Steuerpflichtigen. Gewinnänderungen auf Grund fehlerhaft oder nicht verbuchter Entnahmen und Einlagen sind in den Kompensationsrahmen des § 4 Abs. 2 Satz 2 EStG einzubeziehen (s. Rz. 1157). 1191

(Einstweilen frei) 1192–1195

4.2 Rechtsfolge: Durchführung der Bilanzänderung

Wahlrechtsabhängige Bilanzänderung: Der Steuerpflichtige hat ein Wahlrecht zur Bilanzänderung, mit der er im Anschluss an die Bilanzberichtigung (s. Rz. 1155) zugleich ein Ansatz- oder Bewertungswahlrecht geltend macht (s. Rz. 1151). Entschließt er sich zur Bilanzänderung, dann hat er auch die Bilanzberichtigung durchzuführen, die die Änderung der Bilanz erst eröffnet (zur Bilanzberichtigung durch den Steuerpflichtigen s. Rz. 1150). Besteht Streit über die Zulässigkeit der Bilanzberichtigung oder Bilanzänderung, so kann der Steuerpflichtige diese Frage zunächst gerichtlich klären lassen, um im Anschluss daran seine Bilanz entsprechend zu ändern (s. Rz. 1155). Für Wirtschaftsjahre, die nach dem 31. 12. 2010 beginnen, ist die Bilanzänderung ebenso wie die voranzugehende Bilanzberichtigung durch Übermittlung einer E-Bilanz nach § 5b EStG vorzunehmen (s. Rz. 1150 m. w. N.). 1196

150 BMF, Schreiben vom 18. 5. 2000, BStBl 2000 I S. 587.

151 BFH, Urteil vom 27. 9. 2006 – IV R 7/06, BStBl 2008 II S. 600.

1197 **Steuerliche Wahlrechte abweichend von der Handelsbilanz:** Für nach dem 31.12.2008 endende Wirtschaftsjahre können steuerliche Wahlrechte gem. § 5 Abs. 1 Satz 1 2. Halbsatz EStG in der Fassung des BilMoG[152] abweichend von der Handelsbilanz ausgeübt werden. Die Ausübung steuerlicher Wahlrechte und damit die Bilanzänderung werden seitdem nicht mehr nach § 5 Abs. 1 Satz 1 1. Halbsatz EStG durch die Maßgeblichkeit der handelsrechtlichen GoB beschränkt.[153] Daher ist die Vornahme einer außerplanmäßigen Abschreibung in der Handelsbilanz nicht zwingend durch eine Teilwertabschreibung in der Steuerbilanz nachzuvollziehen; der Steuerpflichtige kann darauf auch verzichten.[154]

1198 **Aufzeichnungspflichten bei Ausübung steuerlicher Wahlrechte:** Die Ausübung eines steuerlichen Wahlrechts im Wege der Bilanzänderung ist durch Aufnahme in das nach § 5 Abs. 1 Satz 2 EStG laufend zu führende Verzeichnis[155] zu dokumentieren.[156] Das Verzeichnis, das Bestandteil der Buchführung ist,[157] muss nach § 5 Abs. 1 Satz 3 EStG den Tag der Anschaffung oder Herstellung, die Anschaffungs- oder Herstellungskosten, die Vorschrift des ausgeübten steuerlichen Wahlrechts und die vorgenommenen Abschreibungen enthalten. Die besonderen Aufzeichnungen können auch in einer entsprechenden Ergänzung des Anlagenverzeichnisses bestehen.[158]

1199 **Die laufende Führung** des in § 5 Abs. 1 Satz 3 EStG genannten Verzeichnisses ist Tatbestandsvoraussetzung für die wirksame Ausübung des jeweiligen steuerlichen Wahlrechts.[159] Mängel des Verzeichnisses führen dazu, dass der Gewinn hinsichtlich des betreffenden Wirtschaftsguts durch die Finanzbehörde so zu ermitteln ist, als wäre das Wahlrecht nicht ausgeübt worden.

1200 **Die besondere Aufzeichnungspflicht entfällt**, wenn ein Ausweis in der Handelsbilanz des Unternehmens nicht in Betracht kommt. Dies gilt etwa für die Ausübung steuerlicher Wahlrechte für Wirtschaftsgüter des Sonderbetriebsvermögens und für Umwandlungsvorgänge des Umwandlungssteuerrechts.[160] Auch die Bildung einer steuerfreien Rücklage, z. B. einer Rücklage für Ersatzbeschaffung oder einer Reinvestitionsrücklage nach § 6b EStG, begründet keine besonderen Aufzeichnungspflichten.[161] Erst mit der Übertragung der Rücklage auf die Anschaffungs- oder Herstellungskosten eines Rein-

---

152 Vom 28. 5. 2009, BGBl 2009 I S. 1102; BStBl 2009 I S. 650.

153 Siehe auch BMF, Schreiben vom 12. 3. 2010, BStBl 2010 I S. 239.

154 BMF, Schreiben vom 12. 3. 2010, BStBl 2010 I S. 239 zu Tz. 15 auch zum Gestaltungsmissbrauch in derartigen Fällen.

155 Zum Begriff des laufend zu führenden Verzeichnisses, s. BFH, Urteil vom 9. 8. 1984 – IV R 151/81, BStBl 1985, S. 47: Danach sind die Voraussetzungen des nach § 7a Abs. 8 EStG zu führenden Verzeichnisses auch dann erfüllt, wenn es erst im Zeitpunkt der Geltendmachung der erhöhten Absetzungen oder Sonderabschreibungen erstellt wird.

156 BMF, Schreiben vom 12. 3. 2010, BStBl 2010 I S. 239 zu Tz. 21.

157 Nach *Weber-Grellet* ist das Verzeichnis der „Einstieg" in eine selbständige Steuerbilanz (in: Schmidt, EStG, 33. Aufl., München 2014, § 5 Rz. 61).

158 BMF, Schreiben vom 12. 3. 2010, BStBl 2010 I S. 239 zu Tz. 20.

159 BMF, Schreiben vom 12. 3. 2010, BStBl 2010 I S. 239 zu Tz. 21.

160 BMF, Schreiben vom 12. 3. 2010, BStBl 2010 I S. 239 zu Tz. 19.

161 BMF, Schreiben vom 12. 3. 2010, BStBl 2010 I S. 239 zu Tz. 22.

vestitionsguts in einem folgenden Wirtschaftsjahr wird ein steuerliches Wahlrecht i. S. des § 5 Abs. 1 Satz 1 2. Halbsatz EStG ausgeübt und die Aufnahme in das Verzeichnis erforderlich.[162]

Bewertungswahlrechte, die in der Handelsbilanz ausgeübt werden, ohne dass eine eigenständige steuerliche Regelung besteht, wirken wegen des maßgeblichen Handelsbilanzansatzes auch auf den Wertansatz in der Steuerbilanz. Daher sind die Regelungen zur Einbeziehung von Fremdkapitalzinsen in die Herstellungskosten (§ 255 Abs. 3 Satz 2 HGB) sowie zur Anwendung der Bewertungsvereinfachungsverfahren (§ 240 Abs. 3 und 4 HGB) für die steuerliche Gewinnermittlung gem. § 5 Abs. 1 Satz 1 1. Halbsatz EStG gleichermaßen zu beachten.[163] Soll das insoweit ausgeübte Wahlrecht anderweitig ausgeübt werden, ist also zunächst eine entsprechende Änderung der Handelsbilanz erforderlich. 1201

Für vor dem 1. 1. 2009 endende Wirtschaftsjahre (und ab 1990) waren steuerliche Wahlrechte nur „in Übereinstimmung mit der handelsrechtlichen Jahresbilanz" auszuüben. Für diesen Zeitraum sind von den allgemeinen handelsrechtlichen Rechnungslegungsvorschriften abweichende, nach Steuerrecht zulässige Ansätze auch in der Handelsbilanz möglich (§§ 247, 254, 273 HGB a. F.). Steuerliche Wahlrechte waren danach bereits mit Aufstellung der Handelsbilanz auszuüben,[164] so dass auch eine Bilanzänderung die wirksame Änderung der Handelsbilanz voraussetzte. 1202

(Einstweilen frei) 1203–1259

162 BMF, Schreiben vom 12. 3. 2010, BStBl 2010 I S. 239 zu Tz. 22.

163 BMF, Schreiben vom 12. 3. 2010, BStBl 2010 I S. 239 zu Tz. 6 und 7.

164 BFH, Urteil vom 8. 10. 2008 – I R 61/07, BStBl 2011 II S. 62.

Teil A:
Grundsatz- und Querschnittsfragen steuerlicher Gewinnermittlung

Kapitel IX:
E-Bilanz (§ 5b EStG)

von
Dr. Simone Briesemeister, Köln

Inhaltsübersicht **Rz.**

Ausgewählte Literatur

Althoff/Arnold/Jansen/Polka/Wetzel, E-Bilanz, Freiburg 2013; *Arnold/Schumann*, E-Bilanz: Das Anwendungsschreiben zu § 5b EStG vom 28. 9. 2011, DStZ 2011 S. 812; *Bergan/Martin*, Die elektronische Bilanz, DStR 2010 S. 1755; Bundesministerium der Finanzen, E-Bilanz, Elektronik statt Papier – Einfacher, schneller und günstiger berichten mit der E-Bilanz, 2012; *Heinsen/Adrian*, E-Bilanz – Grundlegende Fragen zum Anwendungsbereich, DStR 2010 S. 2591; *Herzig/Briesemeister/Schäperclaus*, E-Bilanz und Steuer-Taxonomie, DB Beilage Nr. 5 zu 41/2010; *dies.*, Von der Einheitsbilanz zur E-Bilanz, DB 2011 S. 1; *dies.*, E-Bilanz – Konkretisierung, Erleichterungen, verbleibende Problembereiche, DB 2011 S. 1651; *dies.*, E-Bilanz: Finale Fassung des BMF-Schreibens und der Steuertaxonomien 2012, DB 2011 S. 2509; *Herzig/Schäperclaus*, Einheitstaxonomie für E-Bilanz und Offenlegung, DB 2013 S. 1; *Kirsch*, Freiwillige Inhalte der E-Bilanz, StuB 2012 S. 825; *Kußmaul/Ollinger/Weiler*, E-Bilanz: Kritische Analyse aus betriebswirtschaftlicher Sicht, StuW 2012 S. 131; *Nunnenkamp/Paffenholz*, Der Einfluss von XBRL auf Rechnungslegung und Prüfung, WPg 2010 S. 1142; *Prinz*, Der bilanzielle Betriebsvermögensvergleich als Grundform leistungsfähigkeitsentsprechender Gewinnermittlung – Zur Steuerrelevanz kaufmännischer Rechnungslegung, FR 2010 S. 917; *Richter/Kruczynski/Kurz*, Die E-Bilanz: Ein Beitrag zum Steuerbürokratieabbau?, DB 2010 S. 1604; *dies.*, Mindestumfang der steuerlichen Deklaration nach der geplanten Taxonomie, BB 2010 S. 2489; *Richter/Kruczynski*, in: Küting/Weber (Hrsg.), Handbuch der Rechnungslegung – Einzelabschluss, Kap. 6 Rz. 501-563; *Rust/Hülshoff/Kolbe*, Anforderungen der FinVerw. an den Datensatz nach § 5b EStG, BB 2011 S. 747; *Schäperclaus/Kruczynski*, E-Bilanz, Bestimmungsgrößen des Mindestumfangs, DB 2013 S. 2573; *Schiffers*, E-Bilanz (§ 5b EStG) – schlichte Verfahrensvorschrift vor dem Hintergrund des Risikomanagements im Steuervollzug und des Tax-Accounting, Stbg 2011 S. 7; *Schumann/Arnold*, E-Bilanz: Ziele, Anwendungsbereich und Umsetzung des § 5b EStG, DStZ 2011 S. 226.

1. Ziel und Bedeutung des § 5b EStG

1260 **Bürokratieabbau und Effizienzerhöhung im Besteuerungsverfahren**: Bilanzierende Steuerpflichtige sind verpflichtet, Inhalte der Bilanz unter Anpassung an steuerliche Vorschriften sowie Inhalte der GuV in standardisierter Form unter Beachtung eines Mindestumfangs elektronisch an die Finanzbehörde zu übermitteln, sofern kein Härtefall vorliegt (Rz. 1269 ff.) oder übergangsweise von einer elektronischen Übermittlung abgesehen wird (s. Rz. 1282 ff.). § 5b EStG wurde mit dem wesentlichen Ziel des Bürokratieabbaus eingeführt.[1] Durch Standardisierung, Verkennzifferung und medienbruchfreie elektronische Übermittlung der Inhalte von Bilanz, GuV und Überleitungsrechnung sollen bürokratische Lasten reduziert und die Effizienz des Besteuerungsverfahrens erhöht werden.[2] An diesen Vorgaben sind die Wirkungen der Norm zu messen.

In der gegenwärtigen Umsetzung bleiben Bürokratieabbau und Effizienzvorteile weitgehend auf die Finanzverwaltung beschränkt.[3] Mit der E-Bilanz verfügt diese über eine „belastbare Dokumentation der Gewinnermittlung".[4] Die elektronische Übermittlung differenzierter standardisierter Daten ermöglicht in Bezug auf bilanzierende Steuerpflichtige den effektiven Einsatz elektronischer Risikomanagementsysteme beim Steuervollzug,[5] insbesondere automatisierte Plausibilitätsprüfungen in Gestalt der Verprobung von Steuererklärungsangaben, Zeitreihen- und externen Betriebsvergleichen oder jahresabschlussbezogenen Ziffernanalysen (z. B. Chi-Quadrat-Test, Benford-Analyse).[6] Mittels intelligenter, steuersensibler Risikofilterung wird eine gezielte Auswahl von Außenprüfungsfällen möglich.

E-Bilanz als Kommunikationsmedium besteuerungsrelevanter Informationen: Der Mindestumfang nach § 5b EStG elektronisch zu übermittelnder Daten wird nach Auffassung der Finanzverwaltung durch den Umfang besteuerungsrelevanter Informationen einschließlich außerbilanzieller Sachverhalte bestimmt und durch die Kerntaxonomie sowie Ergänzungs- und Spezialtaxonomien[7] verbindlich festgelegt (zu Taxonomiearten s. Rz. 1292).[8] Die Finanzverwaltung versteht § 5b EStG i. V. m. der Ermächtigungsvorschrift § 51 Abs. 4 Nr. 1b EStG als Rechtsgrundlage für eine Verpflichtung zum umfassenden elektronischen Reporting der gesamten, auf sehr hohem und branchenabhängig abweichendem Differenzierungsniveau standardisierten steuerlichen Gewinnermittlung. Damit wird der E-Bilanz/E-GuV für den Kreis bilanzierender Unternehmen

---

1 BT-Drucks. 16/10910 S. 1, 24; zum Überblick über die Entwicklung des Projekts E-Bilanz *Hülshoff*, StbJb 2010/11 S. 245 ff.; *Richter/Kruczynski*, in: Küting/Weber (Hrsg.), Handbuch der Rechnungslegung – Einzelabschluss, Kap. 6 Rz. 501 f., 516.

2 Vgl. z.B. BMF, E-Bilanz - Elektronik statt Papier, 08/2012, S. 5 abrufbar unter www.bundesfinanzministerium.de.

3 Im Einzelnen *Herzig/Briesemeister/Schäperclaus*, DB 2010 Beil. 5 S. 13 f.

4 FAQ-Dokument zur E-Bilanz, Stand 03/2014, Abschn. 2, abrufbar unter www.esteuer.de.

5 Dazu *Seer*, DStR 2008 S. 1554 ff.; *Nagel/Waza*, DStZ 2008 S. 321; *Schiffers*, Stbg 2011 S. 13; *Herzig/Schäperclaus*, DB 2013 S. 1 ff.; *Kowallik*, JWB 2014 S. 406 ff.

6 Zu math.-statist. Methoden in der Betriebsprüfung stellv. *Kratzsch/Rahe*, StB 2010 S. 162 ff., 191 ff.

7 Begriff Taxonomie abgeleitet aus dem griechischen táxis = (An-)Ordnung und nómos = Gesetz.

8 BMF, Schreiben vom 28. 9. 2011 – IV C 6 – S 2133 – b/11/10009, BStBl 2011 I S. 855, Rz. 15.

der Status des zentralen Kommunikationsmediums besteuerungsrelevanter Informationen zugewiesen. Dieses Rechtsverständnis der Norm ist deutlich überschießend.[9] § 5b EStG stellt lediglich auf die Übermittlung der Inhalte von Bilanz, GuV und Überleitungsrechnung ab und ergänzt insoweit die Steuererklärungspflichten. Weder die Norm selbst noch die Ermächtigungsvorschrift beinhalten eine Grundlage für verbindliche Gliederungsvorgaben abgeleiteter oder originärer Steuerbilanzen i. S. d. §§ 140, 141 AO (s. Rz. 65 f.). § 5b EStG ist i. V. m. § 51 Abs. 4 Nr. 1b EStG insbesondere nicht geeignet, handelsrechtliche Gliederungsvorgaben zu erweitern, handelsrechtliche Erleichterungen (§§ 266 Abs. 1 Satz 3 f., 267a, 275 Abs. 5, 276 HGB) außer Kraft zu setzen oder die handelsrechtliche Gliederungsflexibilität (§ 265 Abs. 5 Satz 2 HGB) einzuschränken. Die ausschließlich am steuerlichen Informationsbegehren der Finanzverwaltung ausgerichtete Standardisierung von E-Bilanz/E-GuV wirkt in gesetzlich nicht legitimierter Weise zurück auf die Handelsbilanz und die handelsrechtliche GuV (faktische umgekehrte formale Maßgeblichkeit).[10]

2. Verhältnis zu anderen Vorschriften

Verfahrensvorschrift: Die Regelung ist trotz (deplatzierter) Verankerung innerhalb der Gewinnermittlungsvorschriften (§§ 4 ff. EStG) eine verfahrensrechtliche Vorschrift, die die gesetzlichen Anordnungen zur Abgabe der Steuererklärung (§ 25 EStG, § 31 KStG) für bilanzierende Unternehmen ergänzt.[11] § 5b EStG trifft weder Regelungen zur Gewinnermittlung, noch werden neue Buchführungs- oder Aufzeichnungspflichten begründet. 1261

§ 60 Abs. 1, 2 EStDV (Beifügung Bilanz, GuV, Überleitungsrechnung in Papierform) ist nur noch anzuwenden, wenn ein Härtefall i. S. d. § 5b Abs. 2 EStG vorliegt (s. Rz. 1269 f.). Die Fortgeltung des **§ 60 Abs. 3 EStDV** (Beifügung Anhang, Lagebericht, Prüfungsbericht in Papierform) bleibt von den Verpflichtungen nach § 5b EStG unberührt; bei freiwilliger elektronischer Übermittlung entfällt die papierbasierte Überlassung auch insoweit. Die nach IDW PS 450 vorgesehene Beifügung eines geprüften Jahresabschlusses als Anlage zum Prüfungsbericht[12] kann für Zwecke des § 60 Abs. 3 EStDV unterbleiben. 1262

Die für **Bilanzberichtigungen/Bilanzänderungen** maßgebende Bilanz i. S. d. § 4 Abs. 2 EStG ist bei elektronischer Übermittlung die E-Bilanz nach § 5b EStG,[13] im Übrigen die 1263

9 Vgl. z. B. *Bundesteuerberaterkammer*, Stellungnahme zum Entwurf des BMF-Schreibens zur E-Bilanz vom 5. 10. 2010, S. 4; *Spitzenverbände der deutschen Wirtschaft*, Stellungnahme zum Entwurf des BMF-Schreibens zur E-Bilanz vom 5. 10. 2010, S. 2 f., Stellungnahmen abrufbar unter www.bundesfinanzministerium.de; *Herzig/Briesemeister/Schäperclaus*, DB 2010 Beil. 5 S. 7; *Richter/Kruczynski*, in: Küting/Weber (Hrsg.), Handbuch der Rechnungslegung – Einzelabschluss, Kap. 6 Rz. 515; *Hüttemann*, DStZ 2011 S. 510; *Wenk/Jagosch/Straßer*, DStR 2011 S. 589 f.; *Risse*, DB 2011 Standpunkte S. 62.

10 *Herzig/Briesemeister/Schäperclaus*, DB 2010 Beil. 5 S. 13; *dies.*, DB 2011 S. 2.

11 Vgl. *Hofmeister*, in: Blümich, EStG, § 5b Rz. 1; *Martin*, in: Lademann, EStG, § 5b Rz. 6; *Prinz*, FR 2010 S. 923; *Schiffers*, in: Korn, EStG, § 5b Rz. 1; *Meurer*, DB 2011 Standpunkte S. 63.

12 IDW PS 450, WPg 2006 S. 113 ff. Rz. 110, FN-IDW 11/2009 S. 541 ff.

13 Vgl. *Levedag*, in: HHR, EStG/KStG, § 5b EStG Rz. 8.

nach § 60 Abs. 1, 2 EStDV eingereichte Bilanz. Der übermittelte Inhalt ist (einschließlich Zusätzen/Vermerken in elektronischen Fußnoten)[14] Grundlage für Berichtigungen/Änderungen.

1264 Die Rahmenbedingungen der elektronischen Kommunikation zwischen Finanzverwaltung und Steuerpflichtigen regelt **§ 87a AO.**[15] Der durch § 5b EStG in Bezug genommene **§ 150 Abs. 7, 8 AO** trifft Vorgaben zur Authentifizierung (s. Rz. 1320) sowie zu Härtefällen (s. Rz. 1269 ff.). Die taxonomiekonforme Datenübermittlung wird von Vertretern der Finanzverwaltung als Form der Mitwirkungspflicht der Steuerpflichtigen nach **§ 90 AO** eingeordnet.[16]

3. Persönlicher Anwendungsbereich

3.1 Grundsatz

1265 **Gewinnermittlung nach §§ 4 Abs. 1, 5, 5a EStG**: Die Vorschrift gilt gem. § 5b Abs. 1 Satz 1 EStG für alle Unternehmen, die ihren Gewinn nach § 4 Abs. 1, § 5 oder § 5a EStG ermitteln (s. Rz. 61, Rz. 128 ff.). § 5b EStG kommt unabhängig von der Rechtsform und der Größenklasse des bilanzierenden Unternehmens zur Anwendung. Auf persönlich steuerbefreite Körperschaften wird § 5b EStG nicht zur Anwendung gebracht; buchführungspflichtige Körperschaften, die nur teilweise steuerbefreit sind, werden der Norm bzgl. des nicht steuerbefreiten Teils der Einkünfte unterworfen.[17] Erfasst werden damit insb. steuerpflichtige wirtschaftliche Geschäftsbetriebe steuerbegünstiger Körperschaften.[18] Für buchführungspflichtige Betriebe gewerblicher Art von juristischen Personen des öffentlichen Rechts greift § 5b EStG ebenfalls.[19] Eine Spartenrechnung auf dem Differenzierungsniveau der Steuertaxonomie stellt für die betroffenen Rechtsträger im Regelfall eine besondere Schwierigkeit dar.

1266 **Anwendungsbereich bei Auslandsbezug**: Unterhält ein inländisches Unternehmen eine Betriebsstätte im Ausland, ist der handelsrechtliche Charakter von Stammhaus und Betriebsstätte(n) als Einheitsunternehmen auch im Rahmen des § 5b EStG zu berücksichtigen. Ein nach § 4 Abs. 1, § 5 oder § 5a EStG gewinnermittelndes inländisches Unternehmen hat für das Unternehmen als Ganzes eine Bilanz und GuV zu erstellen.[20] Die Buchführungspflicht ist grundsätzlich ohne Rücksicht auf eine Steuerfreistellung der

14 Zur Zulässigkeit der Übermittlung ergänzender Informationen in XBRL-Fußnoten FAQ-Dokument zur E-Bilanz, Stand 03/2014, Abschn. 4i; *Schumann/Arnold*, DStZ 2011 S. 233.

15 Zur Automation in der Steuerverwaltung BMF, Schreiben vom 16.11.2011 – IV A 7 – O-2200/09/10009:001.

16 So *Schumann/Arnold*, DStZ 2011 S. 234.

17 Zu den Möglichkeiten der Übermittlung der Daten für den steuerrelevanten Bereich jeweils unter Nutzung des Berichtsbestandteils „Steuerliche Gewinnermittlung für besondere Fälle", BMF, Schreiben vom 19. 12. 2013 – IV C 6 – S 2133-b/11/10009 : 004, DStR 2014 S. 100.

18 BMF, Schreiben vom 28. 9. 2011 – IV C 6 – S 2133 – b/11/10009, BStBl 2011 I S. 855, Rz. 5; zu Problembereichen einer separaten Buchführung für wirtschaftliche Geschäftsbetriebe *Metzing/Fischer*, DStR 2011 S. 1584.

19 BMF, Schreiben vom 28. 9. 2011 – IV C 6 – S 2133 – b/11/10009, BStBl 2011 I S. 855, Rz. 6.

20 BFH, Urteil vom 16. 2. 1996 – I R 43/95, BStBl 1997 II S. 128; vgl. auch BMF, Schreiben vom 24. 12. 1999 – IV B 4 – S 1300 – 111/99, BStBl 1999 I S. 1076, Tz. 1.1.4.2.

ausländischen Betriebsstätteneinkünfte nach einem Doppelbesteuerungsabkommen und – vorbehaltlich der Erleichterungen des § 146 Abs. 2 Satz 2-4 AO – ohne Rücksicht auf Buchführungs- und Aufzeichnungspflichten im Betriebsstättenstaat im Inland zu erfüllen.[21] § 5b EStG setzt diese Verpflichtung mit E-Bilanz und E-GuV fort.[22] Der Problematik fehlender Übereinstimmung von E-Bilanz-Gliederungsvorgaben mit der ausländischen Gewinnermittlung begegnet die Finanzverwaltung mit besonderen Auffangpositionen für ausländische Betriebsstätten (s. Rz. 1314).

Für ausländische Unternehmen, die im Inland eine Betriebsstätte unterhalten und buchführungspflichtig sind, greift die Verpflichtung zur Aufstellung einer E-Bilanz/ E-GuV nur für die inländische(n) Betriebsstätte(n) als unselbständigen Unternehmensteil.[23] Die Problematik der von Kontenplan-Vorgaben des ausländischen Stammhauses wesentlich abweichenden E-Bilanz-Gliederungsvorgaben ist für Inbound-Betriebsstättenfälle ungelöst. Insoweit gelten die allgemeinen Grundsätze zur Ableitbarkeit von E-Bilanz-Positionen (s. Rz. 1306 ff.). Für beschränkt steuerpflichtige Gewerbetreibende ohne inländische Betriebsstätte, die inländische laufende Einkünfte aus der Vermietung/Verpachtung inländischen unbeweglichen Vermögens, von Sachinbegriffen oder Rechten erzielen, stellt sich mit Umqualifizierung der Einkünfte in solche aus Gewerbebetrieb (§ 49 Abs. 1 Nr. 2f Satz 2 EStG) die Problematik des Eingreifens des § 5b EStG ebenfalls.[24] Umqualifizierungsbedingt kann die Verpflichtung zur Buchführung (§ 141 AO) und zur Gewinnermittlung durch Bestandsvergleich und damit eine E-Bilanz-Verpflichtung eintreten (s. Rz. 36).[25] 1267

Einnahmen-Überschussrechnung/Gewinnermittlung nach Durchschnittssätzen: Gewinnermittlung nach § 4 Abs. 3 EStG schließt die Anwendung des § 5b EStG aus. § 60 Abs. 4 EStDV trifft für Überschussrechner parallele Anordnungen zur elektronischen Übermittlung von EÜR-Daten in standardisierter Form. Bei Gewinnermittlung nach Durchschnittssätzen (§ 13a EStG) greift § 5b EStG ebenfalls nicht ein. 1268

3.2 Härtefälle

Antragserfordernis/Härtefallvoraussetzungen: Die Finanzbehörde kann auf (konkludenten)[26] Antrag zur Vermeidung unbilliger Härten auf eine elektronische Übermittlung verzichten. Dem Antrag ist stattzugeben, wenn die elektronische Übermittlung unter Beachtung der inhaltlichen Mindestvorgaben für den Steuerpflichtigen wirt- 1269

21 BMF, Schreiben vom 24. 12. 1999 – IV B 4 – S 1300 – 111/99, BStBl 1999 I S. 1076, Abschn. 1.1.4.2.

22 BMF, Schreiben vom 28. 9. 2011 – IV C 6 – S 2133 – b/11/10009, BStBl 2011 I S. 855, Rz. 3.

23 BMF, Schreiben vom 28. 9. 2011 – IV C 6 – S 2133 – b/11/10009, BStBl 2011 I S. 855, Rz. 4.

24 Bejahend *Heinsen/Adrian*, DStR 2010 S. 2592; *Kaminski*, in: Frotscher, EStG, § 5b Rz. 27; zur Diskussion *Herzig/Briesemeister/Schäperclaus*, DB 2011 S. 1653; *Mensching*, DStR 2009 S. 97; *Dörfler/Rautenstrauch/Adrian*, BB 2009 S. 582.

25 BMF, Schreiben vom 28. 9. 2011 – IV C 6 – S 2133 – b/11/10009, BStBl 2011 I S. 855, Rz. 4 i.V. m. BMF, Schreiben vom 16. 5. 2011 – IV C 3 – S 2300/08/10014, BStBl 2011 I S. 530, Rz. 3, 7.

26 Konkludenter Antrag durch papierbasierte Übermittlung von Bilanz, GuV, Überleitungsrechnung, vgl. BT-Drucks. 16/10940, S. 4, 10; Bay LAfSt, Vfg. vom 4. 2. 2009, DStR 2009 S. 640; Antragsbegründung ist gleichwohl anzuraten.

schaftlich oder persönlich unzumutbar ist (§ 5b Abs. 2 EStG i. V. m. § 150 Abs. 8 Satz 1 AO). Hiervon ist insbesondere auszugehen, wenn der Steuerpflichtige nicht über die erforderliche technische Ausstattung verfügt und die Schaffung der technischen Möglichkeiten für eine Datenfernübertragung nur mit einem nicht unerheblichen finanziellen Aufwand möglich wäre oder er nach seinen individuellen Kenntnissen und Fähigkeiten nicht oder nur eingeschränkt in der Lage ist, die Möglichkeiten der Datenfernübertragung zu nutzen (§ 150 Abs. 8 Satz 2 AO). Letztere Voraussetzung ist gegeben, wenn der Steuerpflichtige über keinerlei Medienkompetenz verfügt und insbesondere aus Altersgründen Medienkompetenzen auch nicht mehr erlangen wird.[27]

1270 Der antragsgebundene Verzicht auf elektronische Übermittlung ist auf Härtefälle beschränkt. Größenabhängige, rechtsformabhängige, von der Prüfungsintensität (§ 3 BpO) oder dem Anwendungsbereich zeitnaher Betriebsprüfung (§ 4a BpO) und jeweils verbundenen GDPdU-Zugriffsrechten (§ 147 Abs. 6 AO) abhängige Ausnahmen haben keinen Eingang in das Gesetz gefunden. Auch **anschlussgeprüfte Unternehmen** werden den Verpflichtungen des § 5b EStG uneingeschränkt unterworfen; verwaltungsseitig wird auf den undifferenzierten Wortlaut der Norm, deren Zweck, das Besteuerungsverfahren effizienter und gleichmäßiger zu gestalten, was den Einbezug von Unternehmen aller Größenklassen und Rechtsformen in Risikomanagementsysteme der Finanzverwaltung erfordere, sowie auf den Gleichheitssatz des Art. 3 GG hingewiesen.[28] Mit Blick auf den für anschlussgeprüfte Unternehmen bereits gewährleisteten lückenlosen elektronischen Datenzugriff der Finanzverwaltung, den allenfalls marginalen verwaltungsseitigen Zusatznutzen einer E-Bilanz und die angesichts geltender BpO-Regelungen zur Prüfungshäufigkeit grundsätzlich fehlende Notwendigkeit, anhand der E-Bilanz prüfungsbedürftige Fälle zu identifizieren, ist die insoweit geübte Kritik berechtigt.[29] Wenngleich die Verpflichtung nach § 5b EStG und die Außenprüfung einschließlich Datenzugriff nach § 147 Abs. 6 AO in unterschiedlichen Abschnitten des Besteuerungsverfahrens zu verorten sind, führt eine gänzlich fehlende Berücksichtigung des (jedenfalls partiellen) Substitutverhältnisses der Mitwirkungspflichten zu einer überschießenden Gesamtwirkung der Regelungen. Bzgl. der Abgrenzung des Anwendungsbereichs des § 5b EStG ist insoweit gesetzgeberischer Nachbesserungsbedarf angezeigt.

Die als **zentrale Anwendungsfälle** der Härtefallregelung genannten Kleinstbetriebe[30] scheiden aus dem Anwendungsbereich der Norm häufig bereits mangels Buchführungspflicht infolge Unterschreitens der Grenzen des § 241a HGB bzw. des § 141 AO aus (Ausnahmen: handelsrechtlich nach § 241a HGB befreite, von § 141 AO aber erfasste Unternehmen, zu Abweichungen s. Rz. 50 ff.; freiwillig Buchführende). Für Kleinstkapitalgesellschaften i. S. d. § 267a HGB, die durch deutlich reduzierte Gliederungsvorgaben für Bilanz und GuV entlastet werden (§§ 266 Abs. 1 Satz 4, 275 Abs. 5 HGB), fun-

27 Vgl. BFH, Urteil v. 14. 3. 2012 – XI R 33/09, BStBl 2012 II S. 477.

28 Vgl. *Meurer*, DB 2011 Standpunkte S. 63.

29 Vgl. *Jonas*, Ubg 2010 S. 602; *Geberth/Burlein*, DB 2011 Heft 31 M 11; *dies.*, DStR 2011 S. 2015, 2017; *Herrfurth*, StuB 2011 S. 779 ff.; *Kußmaul/Ollinger/Weiler*, StuW 2012 S. 144, 146.

30 BT-Drucks. 16/10940 S. 10; Bay LAfSt, Vfg. vom 4. 2. 2009 – S 0321.1.1-3/3 St 41, DStR 2009 S. 640; zu den Größenklassen-Kriterien BMF, Schreiben v. 22. 6. 2012 - IV A 4 – S 1450/09/10001, BStBl 2012 I S. 689.

giert die Härtefallregelung als Minimalkorrektiv fehlender größenabhängiger E-Bilanz-Entlastungen, wenn die Kleinstkapitalgesellschaft i. S. d. § 267a HGB zugleich Kleinstbetrieb i. S. d. § 3 BpO 2000 ist. Erfolgt eine Befreiung für die elektronische Übermittlung von Steuererklärungen/Voranmeldungen (§ 25 Abs. 4 Satz 2 EStG, § 31 Abs. 1a Satz 2 KStG, § 14a Satz 2 GewStG, § 181 Abs. 2a Satz 2 AO, § 18 Abs. 1 Satz 2 UStG), liegen aufgrund des übereinstimmenden Prüfmaßstabs regelmäßig auch die Voraussetzungen für eine Befreiung von der elektronischen Übermittlung nach § 5b EStG vor.[31] Die Härtefallregelung wird bei elektronischer Übermittlung von Umsatzsteuervoranmeldungen (§ 18 Abs. 1 UStG i. V. m. § 150 Abs. 8 AO) von Verwaltung und Rechtsprechung restriktiv gehandhabt.[32] Zu berücksichtigen ist, dass die technischen (Software-)Voraussetzungen ebenso wie Erwerb und Erhaltung notwendiger handels- und steuerrechtlicher sowie technischer Kenntnisse/Fähigkeiten zur taxonomiekonformen Aufbereitung der Rechnungslegungsdaten erheblich höhere materielle und personelle Ressourcen binden, d. h. die Härtefallvoraussetzungen bzgl. § 5b EStG i. V. m. § 150 Abs. 8 AO deutlich früher erreicht werden können. Das Hauptziel der Regelung – Bürokratieabbau – legt eine großzügige Handhabung der Härtefallregelung nahe. Gegen Ablehnung des Antrags auf Befreiung sind Einspruch bzw. Verpflichtungsklage (§ 40 FGO) möglich. Ohne Antragserfordernis greifen für typisierte Härtefälle die allgemeinen sowie spezifischen Nichtbeanstandungsregelungen ein (s. Rz. 1282 ff.).[33]

Wird nach § 148 AO Befreiung von der steuerlichen Buchführungspflicht gewährt (z. B. 1271
aufgrund des Überschreitens der Umsatz-/Gewinngrenze des § 141 AO infolge eines einmaligen Vorgangs, AEAO zu § 141 Rz. 4), wird zugleich die Verpflichtung zur Übermittlung einer E-Bilanz suspendiert.

(Einstweilen frei) 1272–1274

4. Sachlicher Anwendungsbereich

§ 5b EStG ist eine verfahrensrechtliche Regelung, die für alle nach § 4 Abs. 1, § 5 oder 1275
§ 5a EStG gewinnermittelnden Unternehmen zusätzliche Pflichten begründet. Die Norm ergänzt wie bereits § 60 EStDV betriebliche Steuererklärungspflichten (§ 150 Abs. 4 AO) im Rahmen der Einkommensteuer, Körperschaftsteuer (einschließlich Feststellungserklärungen) sowie infolge der gem. § 7 Abs. 1 GewStG an den Gewinn nach EStG/KStG anschließenden Ermittlung des Gewerbeertrages mittelbar der Gewerbesteuer. Mit der Abfrage differenzierter umsatzsteuerlicher Daten im Rahmen der E-GuV wird der Übermittlungsverpflichtung nach § 5b EStG verwaltungsseitig zusätzlich der Status einer ergänzenden Verpflichtung zu Erklärungspflichten im Rahmen der Umsatzsteuer zugewiesen. Die Verpflichtung nach § 5b EStG besteht unabhängig von

31 Vgl. *Martin*, in: Lademann, EStG, § 5b Rz. 62; *Herzig/Briesemeister/Schäperclaus*, DB 2010 Beil. 5 S. 12.

32 Vgl. BFH, Urteil vom 14. 3. 2012 – XI R 33/09, BStBl 2012 II S. 477.

33 Vgl. BMF, Schreiben vom 28. 9. 2011 – IV C 6 – S 2133 – b/11/10009, BStBl 2011 I S. 855, Rz. 7: „zur Vermeidung unbilliger Härten".

einem elektronischen Zugriff der Finanzverwaltung auf die Buchführungsdaten der Unternehmen nach § 147 Abs. 6 AO und unabhängig davon, ob die elektronische Buchführung/Aufzeichnungen nach § 146 Abs. 2a AO in das Ausland verlagert wurden (s. Rz. 79 ff.). Zum Gegenstand der Übermittlung s. Rz. 1290 ff.

1276–1280 *(Einstweilen frei)*

5. Zeitlicher Anwendungsbereich

5.1 Grundfall

1281 § 5b EStG ist nach Verschiebung des Anwendungszeitpunkts um ein Jahr einschließlich Realisierung einer Pilotphase grds. erstmals anzuwenden für Wirtschaftsjahre, die nach dem 31. 12. 2011 beginnen (§ 51 Abs. 4 Nr. 1c EStG i. V. m. § 1 AnwZpvV).[34] Erstjahr für die Übermittlung der Inhalte von Bilanz und GuV ist danach bei kalenderjahrgleichem Wirtschaftsjahr das Jahr 2012, bei abweichendem Wirtschaftsjahr die entsprechende nach dem 31. 12. 2011 beginnende Rechnungsperiode 2012/2013.[35]

5.2 Nichtbeanstandungs-/Übergangsregelungen

1282 **Allgemeine Nichtbeanstandungsregelung**: Von der Finanzverwaltung wird es nicht beanstandet, wenn die (an steuerliche Vorschriften angepasste) Bilanz und die GuV für das erste, nach dem 31. 12. 2011 beginnende Wirtschaftsjahr noch in Papierform abgegeben werden.[36] Ein Antragserfordernis besteht insoweit nicht. § 5b EStG ist damit erstmals verpflichtend für das Wirtschaftsjahr 2013 bzw. 2013/14 anzuwenden.

1283 **Fallspezifische Nichtbeanstandungsregelungen:** Darüber hinaus wird es für

- unbeschränkt steuerpflichtige Körperschaften, die nur für einen Teil ihrer Einkünfte steuerbefreit sind, im Übrigen aber dem § 5b EStG unterliegen, z. B. steuerpflichtige wirtschaftliche Geschäftsbetriebe steuerbegünstigter Körperschaften (§§ 51 ff. AO),
- Betriebe gewerblicher Art juristischer Personen des öffentlichen Rechts,
- Ergebnisse ausländischer Betriebsstätten inländischer Unternehmen (s. Rz. 1266) sowie
- inländische Betriebsstätten ausländischer Unternehmen (s. Rz. 1267)

nicht beanstandet, wenn die Inhalte von Bilanz- und GuV erstmals für Wirtschaftsjahre, die nach dem 31. 12. 2014 beginnen, nach den Vorgaben der Taxonomie elektronisch übermittelt werden.[37] Für diese Fälle formuliert das BMF-Schreiben faktisch eine Ver-

34 Zur Rechtsentwicklung stellv. *Richter/Kruczynski*, in: Küting/Weber (Hrsg.), Handbuch der Rechnungslegung – Einzelabschluss, Kap. 6 Rz. 516.

35 BMF, Schreiben vom 28. 9. 2011 – IV C 6 – S 2133 – b/11/10009, BStBl 2011 I S. 855, Rz. 26.

36 BMF, Schreiben vom 28. 9. 2011 – IV C 6 – S 2133 – b/11/10009, BStBl 2011 I S. 855, Rz. 27.

37 BMF, Schreiben vom 28. 9. 2011 – IV C 6 – S 2133 – b/11/10009, BStBl 2011 I S. 855, Rz. 3-7.

schiebung der Verpflichtung zur elektronischen Datenübermittlung um insgesamt drei Jahre (bei kalendergleichem Wirtschaftsjahr erstmals verpflichtend für das Jahr 2015).

Für die Übergangszeit sind in den in Rz. 1282 f. bezeichneten Fällen bei Beanspruchung der Erleichterung Bilanz sowie GuV ohne Bindung an die Gliederungs- und Pflichtfeldvorgaben der Taxonomien in Papierform abzugeben.[38] Es liegt damit in der Entscheidung der Unternehmen, für die Übergangszeit taxonomiekonform elektronisch, auf bisherigem Differenzierungsniveau in Papierform oder bereits (näherungsweise) taxonomiekonform papiergebunden zu übermitteln. 1284

(Einstweilen frei) 1285

In Bezug auf **Sonder- und Ergänzungsbilanzen**, die die Finanzverwaltung ebenfalls von § 5b EStG erfasst sieht,[39] wird es für Wirtschaftsjahre, die vor dem 1. 1. 2015 enden, nicht beanstandet, wenn diese mit der Gesamthandsbilanz im Freitextfeld „Sonder- und Ergänzungsbilanzen" des Berichtsbestandteils „Steuerliche Modifikationen" übermittelt werden.[40] Für den Übergangszeitraum können Sonder- und Ergänzungsbilanzen damit ohne jegliche Anpassungen an die Taxonomievorgaben übermittelt werden. 1286

Die verpflichtende Übermittlung des Berichtsbestandteils **„Kapitalkontenentwicklung** für Personenhandelsgesellschaften/Mitunternehmerschaften" wird für Wirtschaftsjahre, die bis einschließlich 31. 12. 2014 beginnen, ausgesetzt.[41] In der Übergangsphase (d. h. unter Berücksichtigung des allgemeinen einjährigen Moratoriums für den Zeitraum 1. 1. 2013 bis 31. 12. 2014) erwartet die Finanzverwaltung die zutreffende Belegung der nach Gesellschaftergruppen zusammengefassten Mussfelder der Kapitalkontenentwicklung in der E-Bilanz. Wird der Berichtsbestandteil Kapitalkontenentwicklung bereits in der Übergangsphase übermittelt, müssen in der Bilanz nur die Positionen der Ebene „Kapitalanteile persönlich haftender Gesellschafter"/„Kapitalanteile der Kommanditisten" verpflichtend übermittelt werden. Die untergeordneten (Muss-)Felder können mit NIL-Werten (s. Rz. 1296) belegt werden. 1287

38 BMF, Schreiben vom 28. 9. 2011 – IV C 6 – S 2133 – b/11/10009, BStBl 2011 I S. 855, Rz. 27.

39 BMF, Schreiben vom 28. 9. 2011 – IV C 6 – S 2133 – b/11/10009, BStBl 2011 I S. 855, Rz. 22; vgl. auch *Schumann/Arnold*, DStZ 2011 S. 228.

40 BMF, Schreiben vom 28. 9. 2011 – IV C 6 – S 2133 – b/11/10009, BStBl 2011 I S. 855, Rz. 22.

41 BMF, Schreiben vom 28. 9. 2011 – IV C 6 – S 2133 – b/11/10009, BStBl 2011 I S. 855, Rz. 20.

1288 ABB. 1: Stufenweise Umsetzung des § 5b EStG[42]

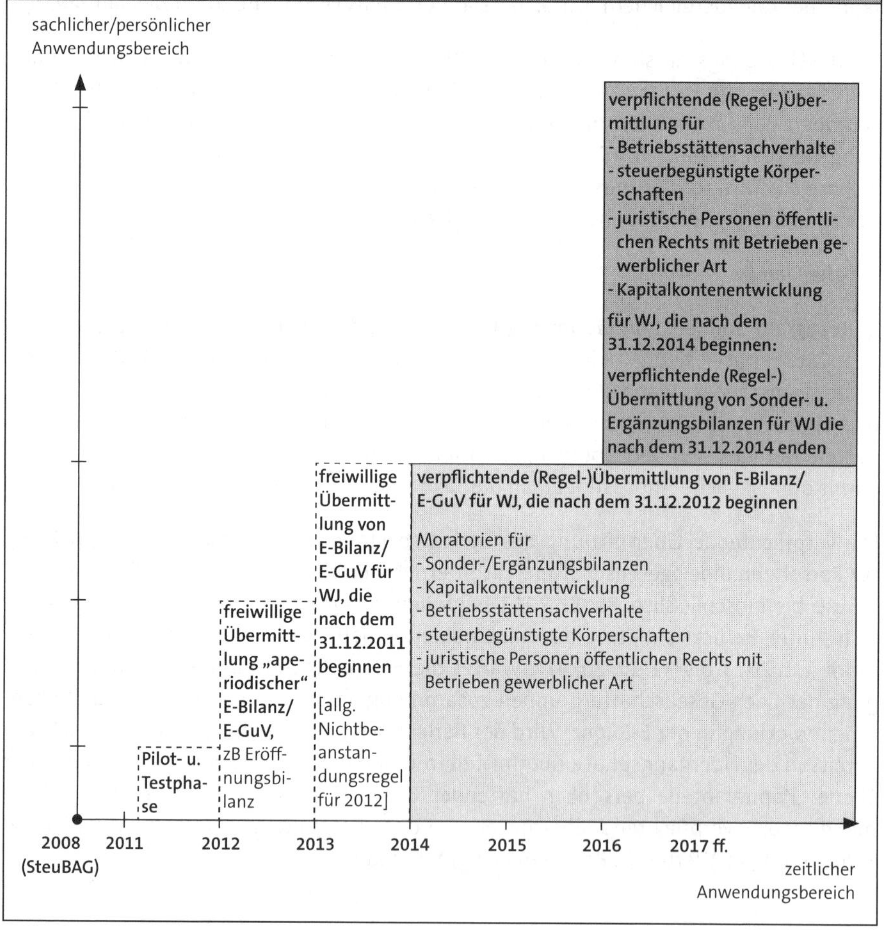

1289 *(Einstweilen frei)*

6. Gegenstand elektronischer Übermittlung

6.1 Übermittlungsalternativen

1290 **Wahlmöglichkeiten**: Der Gegenstand elektronischer Übermittlung nach § 5b EStG wird nach Wahl des Steuerpflichtigen analog zu § 60 Abs. 1, 2 EStDV durch folgende Alternativen bestimmt:

- Übermittlung von Handelsbilanz und handelsrechtlicher GuV unter Anpassung der Bilanz (nicht der GuV) bzgl. Ansätzen oder Beträgen, die den steuerlichen Vorschrif-

42 Nach *Herzig/Briesemeister/Schäperclaus*, DB 2011 S. 1654.

ten nicht entsprechen, durch eine standardisierte Überleitungsrechnung (§ 5b Abs. 1 Satz 1, 2 EStG) oder

- Übermittlung einer den steuerlichen Vorschriften entsprechenden (Steuer-)Bilanz sowie der handelsrechtlichen GuV (§ 5b Abs. 1 Satz 1, 3 EStG).

Letztere Alternative wird bzgl. des Erfordernisses der Übermittlung einer handelsrechtlichen GuV uneinheitlich gewertet.[43] Handelsrechtliche Buchführungspflicht vorausgesetzt, ergibt sich die Übermittlungsverpflichtung für die GuV (korrespondierend zu § 60 Abs. 1, 2 EStDV) aus § 5b Abs. 1 Satz 1–3 EStG. Satz 3 sieht alternativ zur Übermittlung einer Handelsbilanz mit Überleitungsrechnung nach Satz 2 die Übermittlung einer Steuerbilanz vor. Von diesem bilanzbezogenen Substitutverhältnis bleibt die Verpflichtung zur Übermittlung der handelsrechtlichen GuV nach Satz 1 unberührt.[44]

Keine GuV-Überleitung: Gesetzliche Überleitungsanweisungen bestehen nur in Bezug auf die Bilanz.[45] Für eine verpflichtende Überleitung der GuV fehlt eine gesetzliche Grundlage. Bei Übermittlung einer Steuerbilanz nebst handelsrechtlicher GuV stehen der Finanzverwaltung zwei grundsätzlich unverbundene Rechenwerke[46] und im Ergebnis deutlich weniger Informationen zur Verfügung, als bei Wahl der Alternative Handelsbilanz mit Überleitungsrechnung und GuV. Da die Finanzverwaltung bei Deklarierung der E-Bilanz als Steuerbilanz von einer gebuchten Steuerbilanz und GuV ausgeht,[47] wird die Übermittlung einer Steuerbilanz mit handelsrechtlicher GuV derzeit gesetzesinkonform nicht akzeptiert.[48] 1291

6.2 Steuer-Taxonomien

6.2.1 Taxonomiearten

Kerntaxonomie: Die elektronische Übermittlung der Inhalte von Bilanz und GuV erfolgt grundsätzlich nach den Vorgaben der allgemeinen (Steuer-)Taxonomie. Die so genann- 1292

43 Bejahend z.B. *Herzig/Briesemeister/Schäperclaus*, DB 2010 Beil. 5 S. 1; *Heinsen/Adrian*, DStR 2010 S. 2593; *dies.*, DStR 2011 S. 1439; *Schubert/Adrian*, in: Beck'scher Bilanz-Kommentar, 9. Aufl. 2014, § 266 Rz. 318 f.; verneinend *Schiffers*, in: Korn, EStG, § 5b Rz. 9; *ders.*, Stbg 2011 S. 9.

44 A. A. *Richter/Kruczynski*, in: Küting/Weber (Hrsg.), Handbuch der Rechnungslegung – Einzelabschluss, Kap. 6 Rz. 534: Übermittlung steuerlicher GuV bei Übermittlung Steuerbilanz sachgerecht.

45 § 5b Abs. 2 Satz 2 EStG: „Enthält *die Bilanz* Ansätze oder Beträge, die den steuerlichen Vorschriften nicht entsprechen, so sind diese [...] anzupassen"; vgl. *Herzig/Briesemeister/Schäperclaus*, DB 2010 Beilage 5 S. 5; *Heinsen/Adrian*, DStR 2011 S. 1439; *Kußmaul/Ollinger/Weiler*, StuW 2012 S. 132; *Kuntschik*, in: K/S/M, EStG, § 5b Rz. B7; *Kaminski*, in: Frotscher, EStG, § 5b Rz. 127; a. A. Finanzverwaltung, FAQ-Dokument zur E-Bilanz Stand 03/2014, Abschn. 4k (Handelsbilanz mit Überleitungsrechnung): „Die einzelnen Positionen der GuV sollen wie bei der Bilanz ebenfalls einzeln übergeleitet werden.", Abschn. 4l (Steuerbilanz): „Wird von dieser Möglichkeit Gebrauch gemacht, ist auch eine GuV mit steuerlichen Werten zu erstellen und zu übermitteln", abrufbar unter www.esteuer.de.

46 Rechnerische Verbindung grunds. generierbar durch Belegung der GuV-Auffangposition „Sammelposten für Gewinnänderungen aus der Überleitungsrechnung".

47 Vgl. FAQ-Dokument zur E-Bilanz, Stand 03/2014, Abschn. 4l.

48 Technisch durch Sperrung der Auffangposition „Sammelposten für Gewinnänderungen aus der Überleitungsrechnung".

te Kerntaxonomie enthält größenunabhängige Positionen für alle Rechtsformen und definiert den allgemein geforderten Mindestumfang.

Zur Abbildung branchenspezifischer handelsrechtlicher Rechnungslegungsvorschriften werden neben der Kerntaxonomie Branchentaxonomien zur Verfügung gestellt. Die sog. Ergänzungstaxonomie unmfasst zusätzliche Positionen für:[49]

- wohnungswirtschaftliche Unternehmen,
- Verkehrsunternehmen,
- land- und forstwirtschaftliche Unternehmen,
- Krankenhäuser,
- Pflegeeinrichtungen und
- kommunale Eigenbetriebe.

Die Ergänzungstaxonomie ist nach Verwaltungsauffassung zu berücksichtigen, wenn eine Handelsbilanz (nebst Überleitungsrechnung) übermittelt wird.[50] Wird eine Steuerbilanz übermittelt, verzichtet die Finanzverwaltung auf die Verwendung der Ergänzungstaxonomien.[51] Ergänzungstaxonomien führen infolge Definition zusätzlicher Mussfelder branchenabhängig zu einer weiteren Erhöhung des geforderten Mindestumfangs der E-Bilanz. Offen ist, ob für Unternehmen, die mehreren Branchen zuzuordnen sind (Bsp. Krankenhaus mit Pflegebetrieb) kumulativ die Berücksichtigung mehrerer Bereiche der Ergänzungstaxonomie gefordert wird oder die überwiegende Tätigkeit maßgebend ist. Technisch ist eine Kombinierbarkeit gewährleistet.

Für Banken, Versicherungen und Zahlungsinstitute wird die Kerntaxonomie ersetzt durch **Spezialtaxonomien**.[52] Weitere Branchentaxonomien behält sich das BMF ausdrücklich vor.[53]

6.2.2 Regelungskompetenz

1293 Die **Ermächtigung zur Bestimmung des Mindestumfangs** der nach § 5b EStG elektronisch zu übermittelnden Bilanz- und GuV-Daten liegt beim BMF (§ 51 Abs. 4 Nr. 1b, Abs. 1 Nr. 1a EStG). Das BMF hat die Ermächtigung im Einvernehmen mit den obersten Finanzbehörden der Länder mit dem Anwendungsschreiben zur E-Bilanz und Vorlage der Kern-, Ergänzungs- und Spezialtaxonomien ausgeübt. Die Reichweite der Ermächtigungsnorm ist stark umstritten.[54] Infrage gestellt wird insbesondere, ob die Erweiterung der handelsrechtlichen Gliederungsvorgaben für Bilanz und GuV (§§ 266, 275 HGB) unter Aufhebung der reduzierten Gliederungsvorgaben für Nicht-Kapitalgesellschaften (§ 247 Abs. 1 HGB) ebenso wie der Gliederungserleichterungen für kleine/mittelgroße Kapitalgesellschaften (§§ 266 Abs. 1 Satz 3, 276 HGB) sowie insbesondere für

49 BMF, Schreiben vom 28. 9. 2011 – IV C 6 – S 2133 – b/11/10009, BStBl 2011 I S. 855, Rz. 10.

50 BMF, Schreiben vom 28. 9. 2011 – IV C 6 – S 2133 – b/11/10009, BStBl 2011 I S. 855, Rz. 10.

51 Vgl. FAQ-Dokument zur E-Bilanz, Stand 03/2014, Abschn. 4c.

52 Taxonomien abrufbar unter www.esteuer.de.

53 BMF, Schreiben vom 28. 9. 2011 – IV C 6 – S 2133 – b/11/10009, BStBl 2011 I S. 855, Rz. 28.

54 Vgl. z. B. *Herzig/Briesemeister/Schäperclaus*, DB 2010 Beil. 5 S. 5 ff.; *dies.*, DB 2011 S. 6 f.; *Heinsen/Adrian*, DStR 2010 S. 2592; *Fischer/Kalina-Kerschbaum*, DStR 2010 S. 2116; *Goldshteyn/Purer*, StBp 2011 S. 188 f.; *Metzing/Fischer*, DStR 2011 S. 1584; *Kußmaul/Ollinger/Weiler*, StuW 2012 S. 143 f.

Kleinstkapitalgesellschaften (§§ 266 Abs. 1 Satz 4, 275 Abs. 5 HGB) und die Negierung der handelsrechtlichen Gliederungsflexibilität (§ 265 Abs. 5 Satz 2 HGB) von der Ermächtigungsgrundlage gedeckt sind. Überwiegend abgelehnt wird darüber hinaus die Auffassung der Finanzverwaltung, dass sich die Kennzeichnung weiterer Taxonomiebestandteile neben Bilanz, GuV und Überleitungsrechnung als Pflichtbestandteile noch innerhalb des mit der Ermächtigung eingeräumten Kompetenzrahmens bewegt (s. Rz. 1303 f.).

Anpassungserfordernisse der Taxonomien werden durch die Finanzverwaltung regelmäßig geprüft.[55] Gesetzesänderungen, Rechtsprechungsentwicklungen und Ausbau des verwaltungsseitigen Risikomanagementsystems werden stete Erweiterungen und eine fortschreitende Differenzierung der Taxonomien im Hinblick auf steuersensible Daten jeweils mit unternehmensseitig notwendigen Folgeanpassungen von Konten und Buchungsverhalten nach sich ziehen. Die Taxonomie soll grundsätzlich im Jahresrhythmus aktualisiert werden; zu verwenden ist jeweils die für das Wirtschaftsjahr geltende Taxonomie (Bsp. Taxonomie 5.2 vom 30. 4. 2013 für WJ 2014; Taxonomieversion 5.3 vom 2. 4. 2014 für WJ 2015), optional kann eine aktualisierte Taxonomie auch für das Vorjahr verwendet werden (Bsp. Taxonomie 5.2 vom 30. 4. 2013 für WJ 2013; Taxonomieversion 5.3 vom 2. 4. 2014 für WJ 2014).[56] Für frühere Wirtschaftsjahre bleibt eine Übermittlung unter Nutzung der insoweit jeweils gültigen Vorversion(en) möglich (Bsp. Taxonomie 5.1 vom 1. 6. 2012 für WJ 2013). 1294

(Einstweilen frei) 1295

6.2.3 Berichtsbestandteile Kerntaxonomie

6.2.3.1 Stammdaten-Modul (GCD-Modul)

Die Taxonomien umfassen ein Stammdaten-Modul (sog. GCD-Modul)[57] und ein Jahresabschluss-Modul (sog. GAAP-Modul). Das Stammdaten-Modul enthält ein umfassendes Datenschema zur Übermittlung von Informationen zum Unternehmen und zum Bericht selbst. Zu übermitteln sind Attribute wie z. B. Rechtsform, Mutterunternehmen, Gesellschafter-/Mitunternehmerdaten oder Angaben zum Wirtschaftsprüfer. 1296

6.2.3.2 Jahresabschluss-Modul (GAAP-Modul)

Das Jahresabschluss-Modul enthält ein Datenschema zur Übermittlung aller wesentlichen Bestandteile der Rechnungslegung von Unternehmen aller Rechtsformen und Größenordnungen. Zur (taxonomiekonformen) elektronischen Übermittlung sind bei 1297

55 BMF, Schreiben vom 28. 9. 2011 – IV C 6 – S 2133 – b/11/10009, BStBl 2011 I S. 855, Rz. 28.

56 BMF, Schreiben vom 5. 6. 2012 – IV C 6 – S 2133-b/11/10016, BStBl 2012 I S. 598; BMF, Schreiben vom 27. 6. 2013 – IV C 6 – S 2133-b/11/10016:003, BStBl 2013 I S. 844.

57 GCD = Global Common Data/Document.

Verwendung der Kerntaxonomie die folgenden Berichtsbestandteile vorgesehen:[58]

1298 **Verpflichtende Berichtsbestandteile**

- Bilanz,
- Gewinn- und Verlustrechnung (Gesamtkosten-/Umsatzkostenverfahren/GuV nach MicroBilG),
- steuerliche Modifikationen (Überleitung der Handels- zur Steuerbilanz),
- steuerliche Gewinnermittlung (insb. außerbilanzielle Korrekturen) für
  - Einzelunternehmen,
  - Personengesellschaften,
  - besondere Fälle (u. a. Betriebe gewerblicher Art, wirtschaftliche Geschäftsbetriebe),
- Ergebnisverwendung (bei Ausweis eines Bilanzgewinns),
- Kapitalkontenentwicklung für Personenhandelsgesellschaften/Mitunternehmerschaften.

1299 **Freiwillige Berichtsbestandteile**[59]

- Anhang einschließlich Anlagespiegel/Felder zur Aufnahme textlicher Informationen,
- Haftungsverhältnisse,
- Eigenkapitalspiegel,
- Forderungen- und Verbindlichkeitenspiegel (seit Taxonomieversion 5.2),
- Kapitalflussrechnung,
- Lagebericht,
- Bericht des Aufsichtsrats, Beschlüsse und zugehörige Erklärungen.

1300 **Übermittlungspflichtige Bilanzarten**: Nach Verwaltungsauffassung ist jede steuerlich relevante Bilanz elektronisch übertragungspflichtig. Neben Eröffnungsbilanzen (§ 5b Abs. 1 Satz 5 EStG), regulären Jahresbilanzen einschließlich Sonder- und Ergänzungsbilanzen, berichtigten/geänderten Bilanzen und Schluss- sowie Anfangsbilanzen gemäß § 13 KStG[60] wird auch die Übermittlung von Bilanzen anlässlich einer Betriebsveräußerung (§ 16 Abs. 1, 2, 4, 5 EStG), Betriebsaufgabe (§ 16 Abs. 3, 3a EStG), Änderung der Gewinnermittlungsart (z. B. R 4.5 Abs. 6 EStR), die Übermittlung in Umwandlungsfällen aufzustellender (Übertragungs-/Übernahme-)Bilanzen (z. B. §§ 11 Abs. 2 Satz 1, 12 Abs. 1 Satz 1 UmwStG), auf den Zeitpunkt eines Gesellschafterwechsels aufgestellter Zwischenbilanzen als Sonderform einer Schlussbilanz (z. B. § 24 Abs. 2 UmwStG) ebenso wie von Liquidationsbilanzen (§ 11 KStG) verlangt.[61]

1301 Eine Verpflichtung zur taxonomiekonformen Aufbereitung von Rechnungslegungsdaten ist für „aperiodische" Anlässe überschießend und in Teilen ohne gesetzliche

58 BMF, Schreiben vom 28. 9. 2011 – IV C 6 – S 2133 – b/11/10009, BStBl 2011 I S. 855, Anlage zu Rz. 11.

59 Dazu *Kirsch*, StuB 2012 S. 825.

60 Dazu *Hofmeister*, in: Blümich, EStG, § 5b Rz. 26; *Gosch*, in: Kirchhof, EStG, 12. Aufl. 2013, § 5b Rz. 2a.

61 BMF, Schreiben vom 28. 9. 2011 – IV C 6 – S 2133–b/11/10009, BStBl 2011 I S. 855, Rz. 1; vgl. auch *Meurer*, DB 2011 Standpunkte S. 63.

Grundlage. Für den Liquidationsfall etwa ist eine Verpflichtung zur Erstellung einer E-Bilanz entgegen der Verwaltungsauffassung zu verneinen.[62] Im Liquidationsfall ist der Abwicklungsgewinn nicht nach §§ 4 Abs. 1, 5 oder 5a EStG, sondern nach Maßgabe des § 11 KStG durch Vergleich des Abwicklungs-Endvermögens mit dem Abwicklungs-Anfangsvermögen für den bis zu drei Jahre umfassenden Besteuerungszeitraum zu ermitteln.[63] Auch in Betriebsaufgabe-/-veräußerungsfällen greift § 5b EStG nicht zwingend. § 16 EStG begründet keine Bilanzierungspflicht auf den Aufgabe-/Veräußerungszeitpunkt.[64] Die Ermittlung des Aufgabe-/Veräußerungsgewinns kann, muss aber nicht mit Hilfe einer Aufgabe-/Veräußerungsbilanz erfolgen.[65] Kritisiert wird zu Recht eine Anwendung des § 5b EStG auch in Umwandlungsfällen.[66] Die erheblichen Bürokratielasten der Erstellung von E-Bilanzen auch außerhalb von Eröffnungs- und laufenden Bilanzen werden durch einen etwaigen verwaltungsseitigen Informationsgewinn bzw. eine insoweit bewirkte teilweise Vorverlagerung des nach § 147 Abs. 6 AO zuzulassenden Datenzugriffs nicht gerechtfertigt.[67] Auf die taxonomiekonforme elektronische Übermittlung nachträglich (z. B. aufgrund einer Außenprüfung) geänderter Bilanzen sollte im Sinne des intendierten Bürokratieabbaus aufgrund der damit verbundenen erheblichen Umsetzungsschwierigkeiten bei allenfalls marginalem Informationsgewinn verzichtet werden.[68]

(Einstweilen frei) 1302

6.2.4 Mindestumfang

Die Finanzverwaltung fordert neben dem Stammdatenmodul (GCD-Modul) verpflichtend die taxonomiekonforme elektronische Übermittlung der in Rz. 1298 bezeichneten Berichtsbestandteile des Kerntaxonomie-Jahresabschlussmoduls (GAAP-Modul).[69] 1303

Diese Forderung findet in § 5b EStG nur teilweise eine Rechtsgrundlage. Besteht keine Verpflichtung eine GuV zu erstellen (originäre steuerrechtliche Buchführungspflicht, § 141 AO s. Rz. 43), entfällt entsprechend eine Übermittlungsverpflichtung nach amtlich vorgeschriebenem Datensatz.[70] Auch mit freiwilliger GuV-Erstellung wird grds. kei- 1304

62 Vgl. *Hofmeister*, in: Blümich, EStG, § 5b Rz. 27; *Gosch*, in: Kirchhof, EStG, 12. Aufl. 2013, § 5b Rz. 2a; *Herzig/Briesemeister/Schäperclaus*, DB 2010 Beil. 5 S. 11; *Heinsen/Adrian*, DStR 2010 S. 2593; *dies.*, DStR 2011 S. 1438; a. A. *Schumann/Arnold*, DStZ 2011 S. 228.

63 Zum Vorrang des § 11 KStG vor allg. Gewinnermittlungsvorschriften *Micker*, in: HHR, EStG/KStG, § 11 KStG Rz. 55.

64 Vgl. *Wacker*, in: Schmidt, EStG, 33. Aufl. 2014, § 16 Rz. 310 f.; BFH, Urteil vom 3. 7. 1991 – X R 163-164/87, BStBl 1991 II S. 802 unter 2.e).

65 Vgl. *Wacker*, in: Schmidt, EStG, 33. Aufl. 2014, § 16 Rz. 290; BFH, Urteile vom 3. 7. 1991 – X R 163-164/87, BStBl 1991 II S. 802; vom 1. 12. 1992 – VIII R 57/90, BStBl 1994 II S. 607.

66 Dazu *Heinsen/Adrian*, DStR 2010 S. 2592 f.; *Fuhrmann*, DB 2010 Standpunkte S. 59.

67 Ein Verzicht wird verwaltungsseitig auf Basis der Härtefallregelung § 5b Abs. 2 EStG erwogen, wenn Stpfl. von der elektronischen Übermittlungsverpflichtung nur einmalig für aperiodische Anlässe betroffen sind (z.B. Betriebsaufgabe/-veräußerung nach bisheriger Erfüllung der Informationspflichten in Papierform), vgl. *Meurer*, DB 2011 Standpunkte S. 63 sowie bereits *Herzig/Briesemeister/Schäperclaus*, DB 2011 S. 1657.

68 Vgl. auch *Metzing/Fischer*, DStR 2011 S. 1585.

69 BMF, Schreiben vom 28. 9. 2011 – IV C 6 – S 2133 – b/11/10009, BStBl 2011 I S. 855, Anlage zu Rz. 11.

70 *Martin*, in: Lademann, EStG, § 5b Rz. 26; *Herzig/Briesemeister/Schäperclaus*, DB 2010 Beil. 5 S. 6; *Schiffers*, Stbg 2011 S. 9.

ne Verpflichtung begründet, diese der Steuererklärung beizufügen.[71] Darüber hinaus besteht generell **kein GuV-bezogenes Überleitungserfordernis** – weder papiergebunden noch elektronisch (s. Rz. 1291). § 5b EStG beinhaltet ebenso keine Anordnung für eine taxonomiekonforme elektronische Übermittlung der zweiten Stufe der steuerlichen Gewinnermittlung, d. h. der **außerbilanziellen Korrekturen**,[72] wie sie die Finanzverwaltung mit dem Berichtsbestandteil „Steuerliche Gewinnermittlung" für Einzelunternehmen, Personengesellschaften, Betriebe gewerblicher Art und wirtschaftliche Geschäftsbetriebe dennoch verpflichtend fordert. Die Finanzverwaltung verlangt bei Ausweis eines Bilanzgewinns desgleichen die standardisierte elektronische Übermittlung des Berichtsbestandteils **Ergebnisverwendung**.[73] Bei zulässigem Ausweis der Ergebnisverwendung im Anhang (§ 268 Abs. 1 HGB, § 158 Abs. 1 Satz 2 AktG), für den weiterhin lediglich eine papierbasierte Übermittlung erforderlich ist (§ 60 Abs. 3 EStDV), besteht hierfür ebenfalls keine gesetzliche Grundlage.[74]

1305 *(Einstweilen frei)*

6.2.5 Taxonomie-Feldattribute

6.2.5.1 Mussfelder

1306 **Abgrenzung und Zulässigkeit von NIL-Werten**: Die Taxonomie-Positionen mit den Attributen „Mussfeld" oder „Mussfeld, Kontennachweis erwünscht" sind zwingend zu übermitteln. Das BMF-Schreiben führt hierzu aus: „Sofern sich ein Mussfeld nicht mit Werten füllen lässt, weil die Position in der ordnungsmäßigen individuellen Buchführung nicht geführt wird oder aus ihr nicht ableitbar ist, ist zur erfolgreichen Übermittlung des Datensatzes die entsprechende Position ohne Wert (technisch: NIL-Wert) zu übermitteln."[75] Wann von einer „Ableitbarkeit" einer E-Bilanz-Position aus der „ordnungsmäßigen individuellen Buchführung" auszugehen und die Verwendung von NIL-Werten ausgeschlossen ist, wird im Anwendungsschreiben zur E-Bilanz nicht konkretisiert. Im FAQ-Dokument zur E-Bilanz bringt die Finanzverwaltung ein weites Verständnis zum Ausdruck. Ableitbarkeit wird bejaht, wenn sich ein Wert aus den Buchführungsunterlagen i. S. d. § 140 AO und den steuerlichen Aufzeichnungen ergibt, sei es aus dem Hauptbuch, Nebenbüchern (wie z. B. das Beteiligungsverzeichnis) oder Buchungskennzeichen/-schlüsseln.[76]

---

71 Vgl. *Heinsen/Adrian*, DStR 2010 S. 2592; *Herzig/Briesemeister/Schäperclaus*, DB 2010, Beilage 5 S. 6; *Bergan/Martin*, DStR 2010 S. 1755; *Richter/Kruczynski*, in: Küting/Weber (Hrsg.) Handbuch der Rechnungslegung – Einzelabschluss, Kap. 6 Rz. 534.

72 Vgl. *Herzig/Briesemeister/Schäperclaus*, DB 2010 Beil. 5 S. 6; *Richter/Kruczynski/Kurz*, BB 2010 S. 2490; *Schiffers*, Stbg 2011 S. 9; *Heinsen/Adrian*, DStR 2011 S. 1439; *Gosch*, in: Kirchhof, EStG, 12. Aufl. 2013, § 5b Rz. 5.; *Kußmaul/Ollinger/Weiler*, StuW 2012 S. 144; *Kaminski*, in: Frotscher, EStG, § 5b Rz. 115.

73 BMF, Schreiben vom 28. 9. 2011 – IV C 6 – S 2133 – b/11/10009, BStBl 2011 I S. 855, Anlage zu Rz. 11; Entwurf BMF, Schreiben vom 31. 8. 2010 – IV C 6 – S 2133 – b/10/10001, Rz. 8.

74 Vgl. *Herzig/Briesemeister/Schäperclaus*, DB 2010 Beil. 5 S. 6 f.; *Heinsen/Adrian*, DStR 2011 S. 1439; a. A. *Richter/Kruczynski/Kurz*, BB 2010 S. 2490.

75 BMF, Schreiben vom 28. 9. 2011 – IV C 6 – S 2133 – b/11/10009, BStBl 2011 I S. 855, Rz. 16.

76 FAQ-Dokument zur E-Bilanz, Stand 03/2014, Abschn. 4g; vgl. auch BMF, E-Bilanz – Elektronik statt Papier, 2012, S. 11.

Da Bürokratieaufbau und E-Bilanz-bedingte Eingriffe in das Buchungsverhalten explizit vermieden werden sollen, wird das weite Ableitbarkeitsverständnis durch (vorläufig) reduzierte Ableitungsforderungen verwaltungsseitig wieder eingeschränkt, indem eine Wertzuweisung zu einem Mussfeld nur dann zwingend gefordert wird, wenn die Werte unmittelbar aus den Kontensalden des (ordnungsgemäß geführten) Hauptbuchs ermittelt werden können.[77]

Die **Mapping-Problematik** ist wie folgt zu differenzieren:[78]

[1.] Konto : Mussfeld = 1 : 1 (Direktmapping) 1307

Entspricht ein (Hauptbuch-)Konto inhaltlich einem Mussfeld der Taxonomie, ist ein Mapping unabhängig davon vorzunehmen, ob die Kontenbezeichnung von der Bezeichnung der Taxonomieposition abweicht (Direktmapping).[79] Weist ein direkt zuordenbares Konto einen Wert aus, ist eine Belegung der entsprechenden Taxonomieposition mit einem NIL-Wert unzulässig.[80]

[2.] Konten : Mussfeld = n : 1 (Summenmapping) 1308

Auch die Zuordnung mehrerer (Hauptbuch-)Konten zu einem Mussfeld der Taxonomie (Summenmapping) kann ohne Eingriffe in das Buchungsverhalten erfolgen. Das Buchungsverhalten ist in diesem Fall differenzierter als die Anforderungen der Taxonomie. Weist eines der summarisch zuordenbaren Konten einen Wert aus, kommt für die entsprechende Taxonomieposition die Verwendung eines NIL-Wertes nicht in Betracht.

[3.] Konto : Mussfelder = 1 : n (Separationsmapping) 1309

Problembehaftet ist der umgekehrte Fall, in dem die Taxonomie differenzierter als das bisherige Buchungsverhalten ist und ein (Hauptbuch-)Konto durch mehrere Mussfelder abgebildet wird. Eine zutreffende Belegung der betreffenden Mussfelder würde eine Aufteilung des Kontos erfordern (Separationsmapping). Ohne Eingriffe in das Buchungsverhalten respektive nachträgliche Anpassungen/Nebenrechnungen lassen sich die Taxonomiepositionen nicht zutreffend füllen. Die Belegung mit NIL-Werten ist hier grundsätzlich zulässig.[81]

[4.] Konten : Mussfelder = m : n (Reorganisationsmapping) 1310

Werden mehrere (Hauptbuch-)Konten durch mehrere abweichend differenzierte Mussfelder angesprochen, wäre für eine zutreffende Belegung der Taxonomiepositionen eine Reorganisation der Konten erforderlich (Reorganisationsmapping). Hierin liegt ebenfalls ein Anwendungsfall für eine NIL-Wert-Belegung.

77 FAQ-Dokument zur E-Bilanz, Stand 03/2014, Abschn. 4g; vgl. auch BMF, E-Bilanz – Elektronik statt Papier, 2012, S. 11; *Meurer*, DB 2011 Standpunkte S. 64. Diese Erleichterung war bis zur Version 01-2012 des FAQ-Dokuments zur E-Bilanz, Stand 15. 6. 2012 noch auf die „Einführungszeit der E-Bilanz" beschränkt (Abschn. 4g), diese Einschränkung wurde mit FAQ-Dokument in der Fassung 09/2012, Abschn. 4g aufgehoben.

78 Vgl. auch *Herzig/Briesemeister/Schäperclaus*, DB 2011 S. 1656.

79 Vgl. Entwurf BMF, Schreiben vom 1. 7. 2011 – IV C 6 – S 2133 – b/11/10009, Rz. 16: Bsp. Buchungskonto Auto statt Pkw; *Arnold/Schumann*, DStZ 2011 S. 815.

80 FAQ-Dokument zur E-Bilanz, Stand 03/2014, Abschn. 4g.

81 FAQ-Dokument zur E-Bilanz, Stand 03/2014, Abschn. 4g.

Für die Fälle [3.] und [4.] ist vor dem Hintergrund, dass die Finanzverwaltung Auffangpositionen lediglich als E-Bilanz-Einstiegshilfe versteht,[82] deren Existenz ursprünglich nur für einen Übergangszeitraum von 5-6 Jahren vorgesehen war,[83] von künftigen Einschränkungen des Anwendungsbereichs von NIL-Werten auszugehen.

1311 Die Differenzierung der Taxonomie trifft für Anpassungen des Buchungsverhaltens, die nicht durch die E-Bilanz verursacht sind, ebenso wie für die erstmalige Einrichtung einer Buchhaltung keine zwingend zu beachtenden Vorgaben. Sie beinhaltet insbesondere keine verbindlichen branchenspezifischen Vorgaben für die Gliederungstiefe einer Handels- oder Steuerbilanz (s. Rz. 65 ff.).[84]

1312 Ist eine Taxonomieposition als „Mussfeld, Kontennachweis erwünscht" gekennzeichnet, begehrt die Finanzverwaltung einen Auszug aus der Summen-/Saldenliste der in diese Position einfließenden Konten im XBRL-Format unter Angabe von Kontonummer, Kontobezeichnung sowie des Saldos zum Stichtag.[85] Darüber hinaus ist ein ebenfalls freiwilliger Kontennachweis im XBRL-Format auch für jede andere Taxonomieposition möglich.

6.2.5.2 Auffangpositionen

1313 Werden NIL-Werte verwendet, weil die durch Mussfelder vorgegebene Differenzierung nicht aus der Buchführung abgeleitet werden kann (s. Rz. 1306 ff.), sind für die Übermittlung der betreffenden Informationen Auffangpositionen[86] zu nutzen.[87] Mittels Auffangpositionen sollen Eingriffe in das Buchungsverhalten vermieden, aber dennoch ein möglichst hoher Standardisierungsgrad erreicht werden. Die Anzahl der Auffangpositionen wurde im Nachgang der Pilotphase deutlich ausgedehnt, gleichwohl stehen nicht für jede Differenzierungsebene, die Mussfelder enthält, Auffangpositionen zur Verfügung. Soll eine unzutreffende Belegung von Mussfeldern ebenso wie ein Zwang zur Änderung des Buchungsverhaltens vermieden werden, kommt bei NIL-Wert-Belegung von Mussfeldern und gleichzeitig fehlenden Auffangpositionen nur die Nutzung von „rechnerisch notwendigen" Positionen als Auffangfeld-Substitut (was zu unzutreffenden Werten führen würde) oder ein direktes Ansprechen übergeordneter Summenmussfelder in Betracht.[88]

---

82 Vgl. BMF, Schreiben vom 25. 8. 2011, Bericht über die Informationsveranstaltung zur Auswertung der Pilotphase – IV C 6 – S 2133 – b/11/10009, 2011/0672703, S. 11; *Meurer*, DB 2011 Standpunkte S. 64.

83 Vgl. BMF, Schreiben vom 8. 8. 2011, Einführung der E-Bilanz, Geplante Erleichterungen aufgrund des Berichtes über die Auswertung der Pilotphase – IV C 6 – S 2133 – b/11/10009, 2011/0640263, S. 10; vgl. aber inzwischen BMF, E-Bilanz–Elektronik statt Papier, 2012, S. 17: „Eine Streichung dieser besonderen Positionen zu einem bestimmten Stichtag war und ist nicht beabsichtigt."

84 Vgl. auch *Schiffers*, in: Korn, EStG, § 5b Rz. 11.5; *Richter/Kruczynski/Kurz*, DB 2010 S. 1608; *Fischer/Kalina-Kerschbaum*, DStR 2010 S. 2116.

85 BMF, Schreiben vom 28. 9. 2011 – IV C 6 – S 2133 – b/11/10009, BStBl 2011 I S. 855, Rz. 17 f.

86 Kennzeichen: Positionsbezeichnung mit Zusatz „nicht zuordenbar"/„ohne Zuordnung".

87 Die für die elektronische USt-Erklärung notwendig vorzunehmende Differenzierung von Umsatzerlösen nach umsatzsteuerlichen Tatbeständen schließt die Nutzung von Auffangpositionen nicht aus. *Rust/Hülshoff/Kolbe*, BB 2011 S. 748: Auffangpositionen zulässig „soweit die differenzierte Zuordnung [...] maschinell nicht möglich ist." Anderenfalls wäre die Auffangposition „Umsatzerlöse ohne Zuordnung nach Umsatzsteuertatbeständen" entbehrlich.

88 Dazu *Herzig/Briesemeister/Schäperclaus*, DB 2011 S. 2512; *Schäperclaus/Kruczynski*, DB 2013 S. 2576 f.; vgl. auch BMF, E-Bilanz – Elektronik statt Papier, 2012, Bsp. S. 15.

Auffangpositionen für ausländische Betriebsstättensachverhalte: Die Taxonomie enthält seit der Version 5.1 spezielle Auffangpositionen für ausländische Betriebsstätten („z. B. Beteiligungen, soweit aus der/den für die ausländische(n) Betriebsstätte(n) geführten Buchführung(en) nicht anders zuordenbar"). Diese dürfen angesprochen werden, wenn der Detailierungsgrad der Betriebsstättenbuchhaltung die E-Bilanz-Vorgaben unterschreitet oder ein hiervon abweichender ausländischer Kontenplan verwendet wurde.[89] 1314

6.2.5.3 Summenmussfelder/Rechnerisch notwendige Positionen

Die Taxonomien unterscheiden zwischen rechnerisch mit einer übergeordneten Ebene verknüpften und rechnerisch nicht verknüpften Positionen. Ist eine Position ein rechnerisch verknüpftes Mussfeld, so „vererbt" sich diese Eigenschaft an die übergeordnete Position. Diese so genannten „Summenmussfelder" sind ebenfalls zwingend zu übermitteln.[90] Ausgehend vom Vollständigkeitsgebot (§ 246 Abs. 1 HGB) gilt zudem, dass der Wert der übergeordneten Position der Summe der ihr rechnerisch zugeordneten (verknüpften) Positionen entsprechen muss. Hieraus resultiert die Existenz so genannter „rechnerisch notwendiger Positionen", die grundsätzlich dann werthaltig zu übermitteln sind, wenn die Summe der rechnerisch im Übrigen verknüpften Felder nicht dem Wert der übergeordneten Position entspricht.[91] 1315

(Einstweilen frei) 1316

6.2.5.4 Unzulässige Positionen

Erweiterungen der Taxonomien um individuelle Positionen werden ebenso wie Modifikationen der Taxonomie ausdrücklich ausgeschlossen.[92] Dies hat zur Folge, dass für handelsrechtlich (nach Maßgabe des § 265 Abs. 5 Satz 2 HGB) zulässige individuelle Posten eine Zuordnung zu Taxonomiefeldern erfolgen muss, was zur Folge hat, dass die für Offenlegungszwecke verwendete Handelsbilanz von dem Rechenwerk abweicht, das Grundlage für die steuerliche Überleitungsrechnung ist. 1317

Umgliederungserfordernisse: Die Taxonomie weist darüber hinaus explizit Positionen als „steuerlich unzulässig" aus.[93] Diese sind im Rahmen der Umgliederung/Überleitung aufzulösen.[94] Die Liste der als steuerlich unzulässig gekennzeichneten Positionen bildet 1318

89 FAQ-Dokument zur E-Bilanz, Stand 03/2014, Abschn. 4j.

90 BMF, Schreiben vom 28. 9. 2011 – IV C 6 – S 2133 – b/11/10009, BStBl 2011 I S. 855, Rz. 14.

91 BMF, Schreiben vom 28. 9. 2011 – IV C 6 – S 2133 – b/11/10009, BStBl 2011 I S. 855, Rz. 14. Kritisch zum Zwang der Positionsbelegung ohne verwaltungsseitige Deklaration „rechnerisch notwendiger Positionen" als Bestandteil des Mindestumfangs i. S. d. § 51 Ab. 4 Nr. 1b EStG *Kußmaul/Ollinger/Weiler,* StuW 2012 S. 141 f.; *Schäperclaus/Kruczynski,* DB 2013 S. 2578 ff. Ausweislich FAQ-Dokument zur E-Bilanz Stand 03/2014, Abschn. 4g gestattet die Finanzverwaltung als Reaktion auf diese Kritik nunmehr auch die Verwendung von Auffangspositionen zur Herstellung rechnerischer Richtigkeit, wenn die rechnerisch notwendige Position nicht als Mussfeld gekennzeichnet ist.

92 BMF, Schreiben vom 28. 9. 2011 – IV C 6 – S 2133 – b/11/10009, BStBl 2011 I S. 855, Rz. 10.

93 Dazu BMF, Schreiben vom 28. 9. 2011 – IV C 6 – S 2133 – b/11/10009, BStBl 2011 I S. 855, Rz. 12 f.

94 Bsp. Rückstellungen für drohende Verluste aus schwebenden Geschäften, § 5 Abs. 4a Satz 1 EStG.

die aufgrund zwingender Abweichungen zwischen Handels- und Steuerrecht überzuleitenden Positionen derzeit nur partiell ab.

7. Übermittlungsformat/Authentifizierung

1319 **XBRL-Format**: Für die Übermittlung des amtlich vorgeschriebenen Datensatzes wurde mit BMF-Schreiben vom 19. 1. 2010 XBRL (eXtensible Business Reporting Language) als Übermittlungsformat verbindlich festgelegt.[95] XBRL ist ein international verbreiteter Standard für den Austausch von Unternehmensinformationen, insbesondere Finanzdaten auf elektronischem Wege.[96] Mit Übermittlung der Bilanz- und GuV-Daten im XBRL-Format nach Taxonomievorgaben erfolgt ein hochstandardisierter und bezogen auf das Risikomanagementsystem der Finanzverwaltung inputoptimierter Datenaustausch. Durch den verwaltungsseitig bereitgestellten Elster Rich Client (ERiC), der in die Übertragungssoftware zu integrieren ist, wird der Datensatz bereits clientseitig Prüfungen auf rechnerische Richtigkeit und Plausibilität unterzogen. Ein vielfach gefordertes Erfassungstool wird durch die Finanzverwaltung mit dem Hinweis auf zu vermeidende Medienbrüche nicht bereitgestellt.

1320 **Authentifizierung:** Für die elektronische Übermittlung der E-Bilanz-Daten ist ein sicheres Verfahren zu verwenden, das den Datenübermittler authentifiziert und die Vertraulichkeit und Integrität des Datensatzes gewährleistet (§ 5b Abs. 1 Satz 4 EStG i. V. m. § 150 Abs. 6 Satz 2-9, Abs. 7 AO). Die Authentifizierung erfolgt grundsätzlich elektronisch. Das Verfahren wird durch das BMF durch Rechtsverordnung mit Zustimmung des Bundesrates bestimmt. Auf eine qualifizierte digitale Signatur wird bislang verzichtet.[97] Die elektronische Authentifizierung der E-Bilanz erfolgt über ELSTER.[98]

8. Übermittlungsfrist

1321 **Anbindung an Steuererklärungsfristen**: Für die Datenübermittlung nach § 5b EStG besteht keine eigene Fristenregelung. Nach § 150 Abs. 4 AO sowie § 60 Abs. 1 EStDV sind die Unterlagen – zur Verifizierbarkeit der Deklaration des Steuerpflichtigen – (erst) der Steuererklärung beizufügen. Es greifen damit die allgemeinen Fristen für die Abgabe von Steuererklärungen.[99] Technisch erfolgt die Datenübermittlung nach § 5b EStG unabhängig von der elektronischen Übermittlung der Steuererklärung.

---

95 BMF, Schreiben vom 19. 1. 2010 – IV C 6 – S 2133b/0, BStBl 2010 I S. 47; *Hülshoff*, StBJb 2010/2011 S. 248 f.

96 Grundlegend *Flickinger*, XBRL in der betrieblichen Praxis, 2007; zum XBRL-Einsatz in der Rechnungslegung *Nunnenkamp/Paffenholz*, WPg 2010 S. 1142; *Berger/Voit*, DB 2013 S. 1677; zum internationalen Einsatz *Kesselmeyer/Frank*, Die Bank 2009, S. 72 ff.

97 Zu praktischen Schwierigkeiten bzgl. Signaturschlüsselinhaber i. S. d. § 2 Nr. 8 SignaturG *Levedag*, in: HHR, EStG/KStG, § 5b EStG Rz. 15.

98 FAQ zur E-Bilanz, Stand 03/2014, Abschn. 8, 9.

99 Vgl. *Gosch*, in: Kirchhof, EStG, 12. Aufl. 2013, § 5b Rz. 6; *Schiffers*, in: Korn, EStG, § 5b Rz. 7; *Levedag*, in: HHR, EStG/KStG, § 5b EStG, Rz. 11.

9. Konsequenzen unterlassener/fehlerhafter elektronischer Übermittlung

Liegt kein Härtefall vor, kann die Finanzverwaltung die Datenübermittlung mittels Androhung und Festsetzung eines **Zwangsgeldes** durchsetzen (§ 328 AO).[100] Da es sich bei den nach § 5b EStG elektronisch zu übermittelnden Berichtsbestandteilen nicht um einen Bestandteil der Steuererklärung, sondern lediglich um der Steuererklärung beizufügende Unterlagen handelt (§ 150 Abs. 4 AO), scheidet die Festsetzung eines **Verspätungszuschlages** insoweit aus (§ 152 AO).[101] Die **Wirksamkeit der Abgabe und Richtigkeit der Steuererklärung** wird durch unvollständige, formell fehlerhafte oder inhaltlich falsche Bilanz-/GuV-/Überleitungsdaten nicht gehindert.[102] Die Übermittlung eines hinsichtlich aller Mussfelder auf allen Ebenen vollständigen Datensatzes kann de lege lata nicht erzwungen werden.[103] Technisch versucht die Finanzverwaltung, Vollständigkeit durch Plausibilitätskontrollen, die eine unvollständige bzw. rechnerisch unstimmige Datenübermittlung zurückweisen, zu gewährleisten. Bei der Nutzung verbleibender Spielräume bzgl. der Gliederungstiefe übermittelter E-Bilanzen ist zu berücksichtigen, dass gewähltes Compliance-Level der Unternehmen und Risikoklassen-Einstufung durch die Finanzverwaltung einschließlich Prüfungshäufigkeit mit Ausbau des Risikomanagementsystems der Verwaltung zunehmend korrelieren werden.[104] 1322

Die Finanzverwaltung ist die Umsetzung des § 5b EStG mit Veröffentlichung des ersten BMF-Schreibens und der Kerntaxonomie vom 19. 1. 2010[105] zunächst sehr offensiv und ohne Fokussierung auf das Bürokratieabbauziel der Norm angegangen. Ausweislich der zeitlichen Verschiebung der Anwendung um ein Jahr, der allgemeinen Nichtbeanstandungsregelung für ein weiteres Jahr sowie weitergehender fallspezifischer Nichtbeanstandungsregelungen, der (vorläufigen) Ausweitung des Katalogs von Auffangpositionen sowie des (vorerst) weiten Verständnisses der NIL-Wert-Zulässigkeit hat die Finanzverwaltung nach massiver Kritik aus Praxis und Wissenschaft beachtliche Zugeständnisse eingeräumt, um die Akzeptanz der E-Bilanz zu erhöhen. Die verbleibenden Forderungen der Finanzverwaltung sind gleichwohl durch § 5b EStG und die Ermächtigungsnorm § 51 Abs. 4 Nr. 1b EStG nur teilweise gedeckt; Bürokratieabbau und Effizienzvorteile bleiben trotz Einführungserleichterungen auf die Finanzverwaltung beschränkt. Für die künftige Entwicklung nicht zu unterschätzen sind die mit der Kernta- 1323

---

100 Vgl. BMF, Schreiben vom 19. 1. 2010 – IV C 6 – S 2133 – b/0, BStBl 2010 I S. 47, Rz. 4.

101 Vgl. *Hofmeister*, in: Blümich, EStG, § 5b Rz. 40; *Gosch*, in: Kirchhof, EStG, 12. Aufl. 2013, § 5b Rz. 8.

102 Vgl. *Bergan/Martin*, DStR 2010 S. 1758; *Martin*, in: Lademann, EStG, § 5b Rz. 69; *Herzig/Briesemeister/Schäperclaus*, DB 2010 Beil. 5 S. 12; *Schiffers*, in: Korn, EStG, § 5b Rz. 2.3.; BFH, Urteil vom 2. 7. 1986 – I R 70/83, BFH/NV 1987 S. 704.

103 So Vertreter der FinVerw. *Rust/Hülshoff/Kolbe*, BB 2011 S. 751; vgl. auch *Richter/Kruczynski*, in: Küting/Weber (Hrsg.), Handbuch der Rechnungslegung – Einzelabschluss, Kap. 6 Rz. 511; *Willkowski/Knopf*, BC 2011 S. 257. Der Einsatz von Sanktionsmitteln ist auch vor dem Hintergrund der fraglichen Rechtsgrundlage des deutlich über die handelsrechtlichen Vorgaben hinausgehenden E-Bilanz-Mindestumfangs kritisch zu sehen, vgl. *Herrfurth*, StuB 2011 S. 564.

104 Vgl. *Meurer*, DB 2011 Standpunkte S. 63: Wertung des Verzichts auf intensiven Gebrauch von NIL-Werten als Kriterium für Einordnung als risikoarmer Sachverhalt; vgl. auch *Herzig/Briesemeister/Schäperclaus*, DB 2011 S. 2515; *Schiffers*, DStZ 2012 S. 167 f.; *Herzig/Schäperclaus*, DB 2013 S. 1 ff; *Jansen/Polka*, in: Althoff/Arnold/Jansen/Polka/Wetzel, E-Bilanz, 2013, S. 152.

105 BMF, Schreiben vom 19. 1. 2010 – IV C 6 – S 2133b/0, BStBl 2010 I S. 47.

xonomie sowie den Ergänzungs- und Spezialtaxonomien erstmals für die Bilanz (und GuV) formulierten branchenabhängigen und hochdifferenzierten steuerlichen Gliederungsvorgaben. Diese bleiben zwar ohne Gesetzesrang und materielle Folgewirkungen für die Handelsbilanz, faktisch erfährt die handelsrechtliche Buchführung gleichwohl eine starke Prägung durch steuerliche Vorgaben. Die Reichweite dieser steuerlichen Prägung wird wesentlich durch die Compliance-Ansprüche der Unternehmen bestimmt.

1324–1339 *(Einstweilen frei)*

Teil A:

Grundsatz- und Querschnittsfragen steuerlicher Gewinnermittlung

Kapitel X:

Besonderheiten der steuerlichen Gewinnermittlung bei Personengesellschaften

von

Professor Dr. Holger Kahle, Hohenheim

Inhaltsübersicht

Ausgewählte Literatur

Bareis, Änderungen der Verfügungsrechte bei Mitunternehmerschaften ohne oder mit Gewinnrealisierung?, FR 2011 S. 153; *Bodden*, Einkünftequalifikation bei Mitunternehmern, Aachen 2001; *Gosch*, „Zoff im BFH": Die vorläufig vorweggenommene Divergenzanrufung, DStR 2010 S. 1173; *Groh*, Die Bilanzen der Mitunternehmerschaft, StuW 1995 S. 383; *Gschwendtner*, Ergänzungsbilanz und Sonderbilanz II in der Rechtsprechung des Bundesfinanzhofs, DStR 1993 S. 817; *Hallerbach*, Die Personengesellschaft im Einkommensteuerrecht, München 1999; *Herbst/Stegemann*, Zur Reichweite der korrespondierenden Bilanzierung bei Mitunternehmerschaften, DStR 2013 S. 176; *Horschitz/Groß/Fanck/Kirschbaum*, Bilanzsteuerrecht und Buchführung, 13. Aufl., Suttgart 2013; *Hüttemann*, Einkünfteermittlung bei Gesellschaften, DStJG 34 (2011) S. 291; *Ising*, Ergänzungsbilanzen anlässlich eines entgeltlichen Gesellschafterwechsels, Frankfurt a. M. u. a. 2001; *Jacobs*, Unternehmensbesteuerung und Rechtsform, 4. Aufl., München 2009; *Kahle*, Abgrenzung von Gesellschafterkonten bei Personengesellschaften, DStZ 2010 S. 720; *Kahle*, Ergänzungsbilanzen bei Personengesellschaften, FR 2013 S. 873; *Kahle*, Die Steuerbilanz der Personengesellschaft, DStZ 2012 S. 61; *Kahle*, Die Sonderbilanz bei der Personengesellschaft, FR 2012 S. 109; *Kempf/Obermann*, Offene Fragen zur Abstockung beim Kauf von Anteilen an Personengesellschaften, DB 1998 S. 545;

Kersten/Feldgen, Steuerliche Implikationen der Kapitalkonten bei Personengesellschaften, FR 2013 S. 197; *Klein*, Bilanzierungskonkurrenzen bei Personengesellschaften, NWB 2003, Fach 17, S. 1727; *Lange*, Personengesellschaften im Steuerrecht, 7. Aufl., Herne 2008; *Lehmann*, Betriebsvermögen und Sonderbetriebsvermögen, Wiesbaden 1988; *Ley*, Ausgewählte Fragen und Probleme der Besteuerung doppelstöckiger Personengesellschaften, KÖSDI 2010 S. 17148; *dies.*, Zur Buchführungs- und Abschlusserstellungspflicht sowie zur Ausübung von Bilanzierungswahlrechten in der Sonderbilanz eines Mitunternehmers, WPg 2006 S. 904; *dies.*, Ausgewählte Fragen und Probleme im Zusammenhang mit Gesellschafterkonten und Ergänzungsbilanzen, StbJb 2003/04 S. 135; *Marx*, Steuerliche Ergänzungsbilanzen, StuW 1994 S. 191; *Meier/Geberth*, Behandlung des passiven Ausgleichspostens („negativer Geschäftswert") in der Steuerbilanz, DStR 2011 S. 733; *Moxter*, Bilanzrechtliche Probleme beim Geschäfts- oder Firmenwert, in: Bierich/Hommelhoff/Kropff (Hrsg.), FS Semler, Berlin/New York 1993, S. 853; *Müller*, Steuerliche Gewinnermittlung bei Personengesellschaften, Wiesbaden 1992; *Niehus/Wilke*, Die Besteuerung der Personengesellschaften, 6. Aufl., Stuttgart 2013; *Niehus*, Fortführung von Ergänzungsbilanzen, StuW 2002 S. 116; *Neufang/Schmid*, Sonder-Betriebseinnahmen und Sonder-Betriebsausgaben – Haben die übrigen Gesellschafter ein Einsichtsrecht?, Stbg 2012 S. 337; *Pinkernell*, Einkünftezurechnung bei Personengesellschaften, Berlin 2001; *Prinz*, Negativer Kaufpreis: Ein steuerbilanzielles Sonderphänomen, FR 2011 S. 373; *ders.*, Neuakzentuierung der BFH-Rspr. zur Sonderbetriebsvermögenseigenschaft von Kapitalgesellschaftsanteilen und Mitunternehmeranteilen?, DB 2010 S. 972; *ders.*, Besteuerung der Personengesellschaften – unpraktikabel und realitätsfremd?, FR 2010 S. 736; *Regniet*, Ergänzungsbilanzen bei der Personengesellschaft, Köln 1990; *Reiß*, Personengesellschaften, in: Kube u. a. (Hrsg.), Leitgedanken des Rechts, FS Kirchhof, Bd. II, Heidelberg 2013, S. 1925; *Schmitz*, Bilanzierungskonkurrenzen bei Sonderbetriebsvermögen, NWB 2010 S. 425; *Scheunemann/von Mandelsloh/Preuß*, Negativer Kaufpreis beim Unternehmenskauf, DB 2011 S. 201; *Schneider*, Sonderbetriebsvermögen – Rechtsgrundlagen und Umfang, Köln 2000; *Schoor*, Aufstellung und Fortentwicklung von Ergänzungsbilanzen, StBp 2006 S. 216; *Schulze zur Wiesche*, Beteiligungen an Kapitalgesellschaften als Sonderbetriebsvermögen der Personengesellschaft, StBp 2010 S. 213; *Selbmann*, Die Übertragung stiller Reserven bei Personengesellschaften nach § 6b EStG, Berlin 2003; *Siegel*, Zuordnungsänderungen in Personengesellschaften, FR 2011 S. 45; *Siegel/Bareis*, Zum „negativen Geschäftswert" in Realität und Bilanz, BB 1994 S. 317; *Söffing*, Für die Anwendung der Subsidiaritätsthese in Fällen der Bilanzierungskonkurrenz, DB 2007 S. 1994; *Söffing* (Hrsg.), Besteuerung der Mitunternehmer, 5. Aufl., Herne/Berlin 2005; *Steger*, Die Qualifikation aktivischer Gesellschafterkonten, NWB 2013, S. 998; *Strahl/Demuth*, Personengesellschaften, 2. Aufl., Köln 2013; *Uelner*, Ergänzungs- und Sonderbilanzen, DStJG 14 (1991) S. 139; *Wenzel*, Sonderbetriebsvermögen, NWB 2009 S. 1070; *Weber-Grellet*, Bilanzsteuerrecht, 10. Aufl., Münster 2010; *Wichmann*, Fragen im Zusammenhang mit der Sonderergebnisermittlung und Verfassungsrecht, DStR 2012 S. 2513; *Zimmermann/Hottmann/Kiebele/Schaeberle/Völkel*, Die Personengesellschaft im Steuerrecht, 11. Aufl., Achim 2013.

1. Überblick

1340 Der Anteil des Mitunternehmers am „Gesamtgewinn der Mitunternehmerschaft" sind seine gewerblichen Einkünfte.[1] Die Gewinnermittlung erfolgt bei Mitunternehmerschaften in zwei Stufen.[2] Die **erste Stufe** betrifft die Ermittlung des Anteils des Mitunternehmers an dem von der Personengesellschaft erzielten Gewinn oder Verlust. Sie erfolgt in der Steuerbilanz der Gesellschaft (**steuerrechtliche Gesamthandsbilanz**). Das gesamthänderisch erzielte Ergebnis wird i. d. R. nach der gesellschaftsvertraglichen Vereinbarung auf die einzelnen Gesellschafter verteilt. Der dem jeweiligen Gesellschafter

1 Vgl. BFH, Beschluss vom 3. 5. 1993 – GrS 3/92, BStBl 1993 II S. 616; BFH, Urteil vom 28. 3. 2000 – VIII R 13/99, BStBl 2000 II S. 612.

2 Vgl. z. B. BFH, Urteile vom 14. 5. 1991 – VIII R 31/88, BStBl 1992 II S. 167; vom 30. 3. 1993 – VIII R 63/91, BStBl 1993 II S. 706; vom 13. 10. 1998 – VIII R 78/97, BStBl 1999 II S. 163.

zugerechnete Gewinnanteil wird ggf. aufgrund gesellschaftsbezogener Regelungen korrigiert; so gelten z. B. die Regelungen des Teileinkünfteverfahrens und des § 8b KStG auch, wenn die entsprechenden Tatbestände der §§ 8b KStG, 3 Nr. 40 EStG von einer Mitunternehmerschaft verwirklicht werden. Zudem erfolgt ggf. eine Korrektur um das Ergebnis einer **Ergänzungsbilanz** (vgl. Rz. 1396 ff.). Man erhält im Ergebnis den Gewinnanteil des Mitunternehmers i. S. d. § 15 Abs. 1 Satz 1 Nr. 2 1. Halbsatz EStG.

Auf der **zweiten Stufe** der Gewinnermittlung wird das Ergebnis etwaiger **Sonderbilanzen** ermittelt. Es umfasst a) die Ergebnisse der aktiven und passiven Wirtschaftsgüter des Sonderbetriebsvermögens (vgl. Rz. 1459 ff.), b) die in § 15 Abs. 1 Satz 1 Nr. 2 EStG genannten **Sondervergütungen** (vgl. Rz. 1506 ff.), c) die sonstigen **Sonderbetriebseinnahmen** und **Sonderbetriebsausgaben** (vgl. Rz. 1526 ff.) sowie d) etwaige Gewinne und Verluste aus der Veräußerung des Mitunternehmeranteils (§ 16 Abs. 1 Nr. 2 EStG).[3] Die Regelung des § 15 Abs. 1 Satz 1 Nr. 2 EStG zielt darauf ab, Einzelunternehmer und Mitunternehmer weitgehend gleich zu behandeln (**Gleichstellungsthese**) oder zumindest anzunähern.[4] 1341

Der **Gesamtgewinn der Mitunternehmerschaft** ermittelt sich durch Addition der Teilgewinne aus der ersten und zweiten Stufe (**additive Gewinnermittlung**). Er wird für Zwecke der Einkommen- und Körperschaftsteuer aber nicht benötigt, denn die Gesellschaft wird nicht als Subjekt der Einkommensbesteuerung anerkannt, allerdings ist sie Subjekt der Gewinnermittlung.[5] Die Gewerbesteuer knüpft jedoch als Ausgangsgröße für die Berechnung des Gewerbeertrags an den Gesamtgewinn an (§ 7 GewStG); insoweit bedarf es der Berechnung des Gesamtgewinns der Mitunternehmerschaft.[6] Eine additive Gewinnermittlung ist hinreichend;[7] die Aufstellung einer **Gesamtbilanz der Mitunternehmerschaft**[8], in der die Steuerbilanz der Gesellschaft, die Ergänzungsbilanzen sowie die Sonderbilanzen der Gesellschafter zusammengefasst werden, ist weder vom Gesetz vorgesehen noch nötig.[9] Im Verhältnis zwischen Gesellschaft und Gesellschafter ist im Grundsatz korrespondierend zu bilanzieren („**additive Gewinnermittlung mit korrespondierender Bilanzierung**", vgl. Rz. 1455 f.). Der Gewinnanteil des jeweiligen Gesellschafters wird durch das Betriebsfinanzamt (§ 18 AO) **einheitlich** und **gesondert** festgestellt (§§ 179, 180 Abs. 1 Nr. 2a AO). 1342

Außerhalb der Steuerbilanz wird der Gewinn aufgrund steuerrechtlicher Vorschriften (z. B. nichtabziehbare Betriebsausgaben) korrigiert. **Nicht abziehbare Betriebsausgaben** sind je nachdem, ob sie auf der Ebene der Gesellschaft oder auf der Ebene des Gesell- 1343

3 Vgl. *Wacker*, in: Schmidt, EStG, 32. Aufl., München 2013, § 15 Rz. 401.

4 Vgl. BFH, Urteile vom 22. 11. 1994 – VIII R 63/93, BStBl 1996 II S. 93; vom 10. 5. 2007 – IV R 69/04, BFH/NV 2007 S. 2023.

5 Vgl. BFH, Beschluss vom 25. 6. 1984 – GrS 4/82, BStBl 1984 II S. 751.

6 Vgl. BFH, Urteil vom 19. 2. 1981 – IV R 141/77, BStBl 1981 II S. 433; BFH, Beschluss vom 3. 5. 1993 – GrS 3/92, BStBl 1993 II S. 616.

7 Vgl. grundlegend *Kruse*, DStJG 2 (1979) S. 37 ff.

8 Vgl. z. B. BFH, Urteil vom 2. 12. 1997 – VIII R 15/96, DStR 1998 S. 482.

9 Vgl. *Groh*, StuW 1995 S. 389; *Haas*, JbFSt 1994/95 S. 22; *Pinkernell*, Einkünftezurechnung bei Personengesellschaften, Berlin 2001, S. 194. Zum Konzept der „konsolidierten Gesamtbilanz" vgl. *Döllerer*, DStZ/A 1974 S. 211 ff.; *ders.*, DStZ/A 1976 S. 435 ff.; *ders.*, DStZ 1980 S. 259 ff.; zur „strukturierten Gesamtbilanz" vgl. *Uelner*, JbFStR 1978/79 S. 300 ff.; vgl. hierzu auch *Müller*, Steuerliche Gewinnermittlung bei Personengesellschaften, Wiesbaden 1992, S. 39 ff.

schafters angefallen sind, Teil des Ergebnisses der ersten oder der zweiten Stufe der Gewinnermittlung.

1344 Für Zwecke der **Zinsschranke** (§§ 4h EStG, 8a KStG) haben **Mitunternehmerschaften** nur einen Betrieb; zu diesem gehört neben dem Gesamthandsvermögen (einschließlich der Korrekturen durch Ergänzungsbilanzen) auch das Sonderbetriebsvermögen der Mitunternehmer.[10] Nach Ansicht der Finanzverwaltung führen Zinsaufwendungen im Zusammenhang mit Gesellschafterdarlehen wegen § 15 Abs. 1 Nr. 2 EStG im Grundsatz weder zu Zinsaufwendungen noch zu Zinserträgen im Sinne des § 4h EStG.[11] Bezüglich der **Verteilung von nichtabziehbaren Zinsaufwendungen** fordert die Finanzverwaltung eine betriebsbezogene Betrachtungsweise.[12] Die nicht abziehbaren Zinsaufwendungen werden damit sämtlichen Mitunternehmern zugerechnet, obgleich die Zinsaufwendungen aus dem Sonderbetriebsvermögen eines einzelnen Mitunternehmers stammen (sog. „Sozialisierung“ der Sonderbetriebsausgaben).

1345 Die sich für gewerbliche Personengesellschaften aus § 15 Abs. 1 Satz 1 Nr. 2 EStG ergebenden Grundsätze der steuerlichen Gewinnermittlung gelten auch für Personengesellschaften mit Einkünften aus **Land- und Forstwirtschaft** oder **selbständiger Arbeit** (§§ 13 Abs. 7, 18 Abs. 4 Satz 2 EStG). Auch darüber hinaus finden bei Personengesellschaften mit nicht-gewerblichen Gewinneinkünften regelmäßig die gleichen Grundsätze wie bei gewerblichen Personengesellschaften Anwendung.[13]

1346 Diese Grundstruktur der zweistufigen Gewinnermittlung gilt auch dann, wenn die Beteiligung an einer gewerblichen Personengesellschaft in einem Betriebsvermögen gehalten wird und der steuerliche Gewinn durch Betriebsvermögensvergleich zu ermitteln ist. In der steuerlichen Betrachtung existiert aufgrund der Transparenz der Personengesellschaft kein Wirtschaftsgut „**Beteiligung an einer Personengesellschaft**“, das Eingang in einen Betriebsvermögensvergleich finden könnte.[14] Es handelt sich allenfalls um einen „Merkposten“ in der Steuerbilanz des Gesellschafters;[15] es gibt folglich keine Teilwertabschreibungen auf einen Mitunternehmeranteil.[16] Ein Mitunternehmeranteil repräsentiert lediglich die ideellen Anteile an den einzelnen Wirtschaftsgütern des Ge-

10 Vgl. BMF, Schreiben vom 4. 7. 2008 – IV C 7 – S 2742 – a/07/10001, BStBl 2008 I S. 718, Tz. 6. Zur Anwendung der Zinsschranke bei Mitunternehmerschaften vgl. im Einzelnen *Hoffmann*, GmbHR 2008 S. 113 ff.; *van Lishaut/Schumacher/Heinemann*, DStR 2008 S. 2341 ff.; *Feldgen*, NWB 2009 S. 998 ff.

11 Vgl. BMF, Schreiben vom 4. 7. 2008 – IV C 7 – S 2742 – a/07/10001, BStBl 2008 I S. 719, Tz. 19.

12 Vgl. BMF, Schreiben vom 4. 7. 2008 – IV C 7 – S 2742 – a/07/10001, BStBl 2008 I S. 724, Tz. 51.

13 Vgl. *Hüttemann*, DStJG 34 (2011) S. 306.

14 Vgl. BFH, Urteil vom 25. 4. 1985 – IV R 83/83, BStBl 1986 II S. 350; BFH, Beschluss vom 25. 2. 1991 – GrS 7/89, BStBl 1991 II S. 691; BFH, Urteil vom 26. 6. 1990 – VIII R 81/85, BStBl 1994 II S. 645; *Weber-Grellet*, in: Schmidt, EStG, 32. Aufl., München 2013, § 5 Rz. 270, „Beteiligung an PersG“; *Prinz*, DB 2010 S. 975; a. A. z. B. *Dietel*, DStR 2002 S. 2140. Demgegenüber stellt eine Beteiligung an einer Personengesellschaft in der Handelsbilanz einen Vermögensgegenstand dar, der im Grundsatz mit den Anschaffungskosten zu bilanzieren ist, vgl. IDW RS HFA 18 v. 25. 11. 2011, FN-IdW 2012, S. 24 ff.; *Kozikowski/Staudacher*, in: Beck'scher Bilanz-Kommentar, 8. Aufl., München 2012, § 247 Rz. 735; *Mische*, BB 2010 S. 2946.

15 Vgl. *Wacker*, in: Schmidt, EStG, 32. Aufl., München 2013, § 15 Rz. 690. Wenn die Beteiligung an einer gewerblichen Personengesellschaft zu einem Gewerbebetrieb des Mitunternehmers gehört, wird sie in der Steuerbilanz oftmals nach der sog. Spiegelbildmethode bilanziert, vgl. hierzu z. B. *Groh*, StuW 1995 S. 385 f.; *Mayer*, DB 2003 S. 2035; *Ley*, DStR 2004 S. 1498; *dies.*, KÖSDI 2005 S. 14486.

16 Vgl. BFH, Urteil vom 1. 7. 2010, IV R 100/06, BFH/NV 2010 S. 2056; *Prinz*, DB 2010 S. 975; *Weber-Grellet*, in: Schmidt, EStG, 32. Aufl., München 2013, § 5 Rz. 270, „Beteiligung an PersG“; *Wacker*, in: Schmidt, EStG, 32. Aufl., München 2013, § 15 Rz. 690.

samthandsvermögens der Personengesellschaft.[17] Die Höhe des Kapitalkontos des Gesellschafters in der Steuerbilanz der Gesellschaft spiegelt die anteilig dem Gesellschafter zuzurechnenden Buchwerte der Wirtschaftsgüter wider.

Wenn die Beteiligung an einer vermögensverwaltenden Personengesellschaft im Betriebsvermögen gehalten wird (**Zebragesellschaft**), werden die nicht gewerblichen Einkünfte der Personengesellschaft beim Gesellschafter anteilig als Überschusseinkünfte erfasst. Erst auf der Ebene des gewerblich beteiligten Gesellschafters werden die Einkünfte umqualifiziert.[18] Die **Zinsschranke** findet auf der Ebene des betrieblich beteiligten Gesellschafters Anwendung.[19] 1347

(Einstweilen frei) 1348–1350

2. Erste Stufe der Gewinnermittlung

2.1 Aufstellung der Steuerbilanz

Personenhandelsgesellschaften (OHG, KG, EWIV) sind als Vollkaufleute zur Buchführung und Erstellung eines Jahresabschlusses verpflichtet (§§ 238, 242 HGB i.V.m. §§ 1, 6 Abs. 1 HGB).[20] Dieser Verpflichtung ist bei Gewinneinkünfte erzielenden Personenhandelsgesellschaften auch steuerrechtlich nachzukommen (§ 140 AO; **derivative Buchführungspflicht**). Auf der ersten Stufe wird der Gewinn der Gesellschaft in der so genannten steuerrechtlichen Gesamthandsbilanz ermittelt, indem an die Handelsbilanz der Personengesellschaft angeknüpft wird (**derivative Steuerbilanz**; § 5 Abs. 1 EStG). **Ergänzungsbilanzen** (vgl. Rz. 1396 ff.) gelten als „integraler Bestandteil des Betriebsvermögensvergleichs des gesamthänderisch gebundenen Vermögens."[21] 1351

Bei der GbR, der PartG und wirtschaftlich vergleichbaren Rechtsgemeinschaften ist die Kaufmannseigenschaft nicht erfüllt, so dass eine handelsrechtliche Buchführungspflicht bezüglich des gesamthänderisch gebundenen Vermögens nicht besteht. § 140 AO kann also nicht greifen; jedoch ist § 141 AO für gewerbliche oder land- und forstwirtschaftliche Betriebe zu prüfen. Ergibt sich hiernach keine **originäre steuerrechtliche Buchführungspflicht**, weil keines der Größenkriterien des § 141 AO erfüllt ist, greift § 4 Abs. 3 EStG, sofern nicht freiwillig Bücher geführt werden. Für eine nicht bereits nach § 140 AO buchführungspflichtige Mitunternehmerschaft mit freiberuflichen Einkünften erfolgt die Gewinnermittlung über eine Einnahmen-Überschussrechnung nach § 4 Abs. 3 EStG oder durch einen freiwilligen Betriebsvermögensvergleich. 1352

Der **Abzug als Betriebsausgabe** bei der Ermittlung des Steuerbilanz-Gewinns setzt voraus, dass die Aufwendungen durch den eigenen Betrieb der Personengesellschaft ver- 1353

17 Vgl. BFH, Beschluss vom 25. 2. 1991 – GrS 7/89, BStBl 1991 II S. 691; *Prinz/Thiel*, FR 1992 S. 193.

18 Vgl. BFH, Beschluss vom 11. 4. 2005 – GrS 2/02, BStBl 2005 II S. 679; BMF, Schreiben vom 29. 4. 1994 – IV B 2 – S 2241 – 9/94; IV A 4 – S 0361 – 11/94, BStBl 1994 I S. 282 mit Vereinfachungsregelung; BMF, Schreiben vom 8. 6. 1999 – IV C 2 – S 2241 – 35/99, BStBl 1999 I S. 592.

19 Vgl. BMF, Schreiben vom 4. 7. 2008 – IV C 7 – S 2742 – a/07/10001, BStBl 2008 I S. 718, Tz. 43.

20 Vgl. im Einzelnen zur Buchführungspflicht bei Personenhandelsgesellschaften *Zimmermann* u. a., Die Personengesellschaft im Steuerrecht, 11. Aufl., Achim 2013, Kap. B Rz. 168-170.

21 *Niehus/Wilke*, Die Besteuerung der Personengesellschaften, 6. Aufl., Stuttgart 2013, S. 82.

anlasst sind (§ 4 Abs. 4 EStG). Ist dies nicht der Fall, handelt es sich um eine Gewinnverwendung bzw. eine Entnahme durch die Gesellschafter. Die Regelungen zu **nicht abzugsfähigen Ausgaben** nach § 12 EStG gelten auch für Personengesellschaften.[22]

1354–1355 *(Einstweilen frei)*

2.2 Betriebsvermögen der Gesamthand

1356 Regelmäßig haben Mitunternehmerschaften ein **Gesamthandsvermögen** (OHG, KG, GbR, Erben-, Gütergemeinschaft); dieses ist vom Vermögen der Gesellschafter getrennt (§§ 718 BGB, 124 HGB). Im Gegensatz zu einer Bruchteilsgemeinschaft ist der Gesellschafter einer Gesamthandsgesellschaft rechtlich nicht befugt, über die im Gesellschaftsvermögen gebundenen Vermögensgegenstände alleine zu verfügen, und zwar auch nicht in Höhe seiner Beteiligungsquote (**gesamthänderische Bindung**). Zum Gesamthandsvermögen zählen die Beiträge der Gesellschafter, die durch die Geschäftsführung für die Gesellschaft erworbenen Gegenstände und das, was aufgrund eines zu dem Gesellschaftsvermögen gehörenden Rechtes oder als Ersatz für die Zerstörung, Beschädigung oder Entziehung eines zu dem Gesellschaftsvermögen gehörenden Gegenstandes erworben wird (§ 718 BGB). Zum Gesamthandsvermögen gehören auch Wirtschaftsgüter, die zwar nicht im bürgerlich-rechtlichen, aber im **wirtschaftlichen Eigentum** der Personengesellschaft stehen.

1357 In der **Handelsbilanz** sind alle der Personengesellschaft zivilrechtlich und wirtschaftlich zuzurechnenden Vermögensgegenstände ausgewiesen. Es ist unerheblich, ob bzw. inwieweit die Vermögensgegenstände von der Gesellschaft betrieblich genutzt werden. Folglich werden in der Handelsbilanz auch Vermögensgegenstände erfasst, die zwar zum Gesamthandsvermögen der Personengesellschaft gehören, aber von den Gesellschaftern nur für private Zwecke genutzt werden.[23] Vermögensgegenstände, die zivilrechtlich nicht zum Gesamthandsvermögen, aber zum Vermögen einzelner Gesellschafter zählen und dem Geschäftsbetrieb der Personengesellschaft dienen (**steuerrechtliches Sonderbetriebsvermögen**), finden keinen Eingang in die Handelsbilanz der Personengesellschaft.[24] Schulden, die Verpflichtungen der Gesamthand darstellen, sind in der Handelsbilanz zu passivieren, und zwar auch dann, wenn z. B. für die Aufnahme eines Darlehens die betriebliche Veranlassung fehlt oder wenn es sich um eine Verpflichtung der Gesellschaft gegenüber einem Gesellschafter handelt.[25]

1358 Steuerlich gehört das Gesamthandsvermögen aufgrund des Maßgeblichkeitsgrundsatzes (§ 5 Abs. 1 EStG) regelmäßig zum **notwendigen Betriebsvermögen**.[26] Wenn an einer

---

22 Vgl. BFH, Urteil vom 29. 10. 1991 – VIII R 148/85, BStBl 1992 II S. 647; zum Abzug von Betriebsausgaben bei Personengesellschaften vgl. im Einzelnen *Wacker*, in: Schmidt, EStG, 32. Aufl., München 2013, § 15 Rz. 425 ff.

23 Vgl. *Förschle/Kroner*, in: Beck'scher Bilanz-Kommentar, 8. Aufl., München 2012, § 246 Rz. 63; IDW RS HFA 7, IDW-FN 2012, S. 189 ff., Anm. 10.

24 Vgl. *Schneeloch*, Betriebswirtschaftliche Steuerlehre, Bd. 1: Besteuerung, 5. Aufl., München 2008, S. 316; *Prinz*, FR 2010 S. 742.

25 Vgl. *Förschle/Kroner*, in: Beck'scher Bilanz-Kommentar, 8. Aufl., München 2012, § 246 Rz. 75.

26 Vgl. BFH, Urteil vom 30. 6. 1987 – VIII R 353/82, BStBl 1988 II S. 418; *Wacker*, in: Schmidt, EStG, 32. Aufl., München 2013, § 15 Rz. 481; *Hüttemann*, DStJG 34 (2011) S. 299.

KG Gesellschafter beteiligt sind, die nicht die Kriterien des Mitunternehmerbegriffs erfüllen, ist das Gesamthandsvermögen gleichwohl insgesamt Betriebsvermögen.[27]

Das notwendige Betriebsvermögen umfasst die Vermögensgegenstände und Schulden des Gesamthandsvermögens, die unmittelbar dem Betrieb der Personengesellschaft dienen oder zu dienen bestimmt sind[28] (z. B. die Warenvorräte einer Handelsgesellschaft, die Maschinen eines Herstellungsbetriebs, den Fuhrpark einer Transport-KG).[29] Dies gilt auch bei *zeitweiser* privater Nutzung.[30] Vermögen, das handelsrechtlich nicht zum Gesamthandsvermögen gehört, kann nicht steuerrechtliches Betriebsvermögen der Personengesellschaft sein. 1359

Wie Kapitalgesellschaften können auch Personengesellschaften **keine Privatsphäre** haben, so dass sie **weder Privatvermögen noch gewillkürtes Betriebsvermögen** besitzen können.[31] Bis zur Grenze des notwendigen Privatvermögens gibt es im Gesamthandsvermögen nur Betriebsvermögen; im Gesamthandsvermögen ist gewillkürtes Betriebsvermögen begrifflich undenkbar.[32] Vermögensgegenstände und Schulden des Gesamthandsvermögens, die dem Betrieb der Personengesellschaft nicht unmittelbar dienen oder zu dienen bestimmt sind, gehören solange zum notwendigen Betriebsvermögen der Personengesellschaft, bis sie aus dem Gesamthandsvermögen ausgeschieden sind; das ergibt sich aus dem Maßgeblichkeitsgrundsatz des § 5 Abs. 1 Satz 1 EStG.[33] So gehört z. B. zum Betriebsvermögen einer OHG auch das zum Gesamthandsvermögen gehörende Wohnhaus, das die OHG zur Vermögensanlage erstellt und an Dritte vermietet hat.[34] Solche Wirtschaftsgüter bilden auch dann notwendiges Betriebsvermögen, wenn sie fälschlich nicht in der Bilanz ausgewiesen sind.[35] Diese Grundsätze gelten bei der OHG, KG und der GbR mit Gesamthandsvermögen[36] gleichermaßen, nicht jedoch bei der **Erbengemeinschaft**.[37] 1360

Der steuerrechtliche Begriff des Betriebsvermögens (§ 4 Abs. 1 EStG) schränkt den Maßgeblichkeitsgrundsatz des § 5 Abs. 1 EStG ein. Nach Auffassung der Finanzverwaltung,[38] 1361

27 Vgl. BFH, Urteil vom 28. 10. 1999 – VIII R 66 – 70/97, BStBl 2000 II S. 183.

28 Vgl. BFH, Urteil vom 25. 11. 2004 – IV R 7/03, BStBl 2005 II S. 354; BFH, Beschluss vom 8. 5. 2009 – IV B 38/08, BeckRS 2009, 25015257.

29 Vgl. *Horschitz/Groß/Fanck/Kirschbaum*, Bilanzsteuerrecht und Buchführung, 13. Aufl., Stuttgart 2013, S. 608.

30 Vgl. *Wacker*, in: Schmidt, EStG, 32. Aufl., München 2013, § 15 Rz. 481.

31 Vgl. BFH, Urteil vom 23. 5. 1991 – IV R 94/90, BStBl 1991 II S. 800.

32 Vgl. BFH, Beschluss vom 27. 4. 1990 – X B 11/89, BFH/NV 1990 S. 769; BFH, Urteil vom 20. 5. 1994 – VIII B 115/93, BFH/NV 1995, S. 101; *Hallerbach*, Die Personengesellschaft im Einkommensteuerrecht, München 1999, S. 198; *Horschitz/Groß/Fanck/Kirschbaum*, Bilanzsteuerrecht und Buchführung, 13. Aufl., Stuttgart 2013, S. 608; a. A. *Klinkmann*, BB 1998 S. 1234.

33 Vgl. *Kozikowski/Staudacher*, in: Beck'scher Bilanz-Kommentar, 8. Aufl., München 2012, § 247 Rz. 738; vgl. auch R 4.2 Abs. 11 Satz 1 u. 2 EStR.

34 Vgl. *Horschitz/Groß/Fanck/Kirschbaum*, Bilanzsteuerrecht und Buchführung, 13. Aufl., Stuttgart 2013, S. 608; vgl. aber R 4.2 Abs. 11 S. 3 EStR.

35 Vgl. *Wacker*, in: Schmidt, EStG, 32. Aufl., München 2013, § 15 Rz. 481.

36 Vgl. z. B. BFH, Urteil vom 16. 3. 1983 – IV R 36/79, BStBl 1983 II S. 459.

37 Nach der Rechtsprechung ist ein fremdvermietetes Grundstück in diesem Fall als gewillkürtes Betriebsvermögen anzusehen, vgl. BFH, Urteil vom 23. 10. 1986 – IV R 214/84, BStBl 1987 II S. 120; *Wacker*, in: Schmidt, EStG, 32. Aufl., München 2013, § 15 Rz. 482.

38 Vgl. OFD Münster, Urteil vom 18. 2. 1994 – S 2241 – 79 – St 11 – 31, DStR 1994 S. 582 f.

der BFH-Rechtsprechung[39] und der h. M. in der Literatur[40] wird das Maßgeblichkeitsprinzip durchbrochen, wenn (1) aus der Sicht der Personengesellschaft für den Erwerb eines Wirtschaftsgutes jeglicher betriebliche Anlass fehlt[41] oder (2) bereits bei Erwerb erkennbar war, dass das Wirtschaftsgut für die Gesellschaft nur Verluste bringen wird[42], oder (3) das Wirtschaftsgut unentgeltlich ausschließlich oder fast ausschließlich der privaten Lebensführung eines, mehrerer oder aller Gesellschafter dient.[43] In diesen Fällen liegt regelmäßig **notwendiges Privatvermögen** der Gesellschafter vor.[44]

1362 Dies ist etwa gegeben, wenn eine OHG ein **Grundstück** erwirbt, das im Grundbuch für die OHG eingetragen wird, aber bereits im Zeitpunkt des Erwerbs für private Wohnzwecke der Gesellschafter bestimmt ist; es liegt notwendiges Privatvermögen der Gesellschafter vor.[45] Wird ein zum Gesamthandsvermögen gehörendes unbebautes Grundstück durch ein Gebäude bebaut, das eigenen Wohnzwecken eines, mehrerer oder aller Gesellschafter dienen soll, wird das Grundstück zu notwendigem Privatvermögen.[46]

1363 Unterschiedlich genutzte **Gebäudeteile** stellen selbständige Wirtschaftsgüter dar.[47] Damit gehört der Teil eines zum Gesamthandsvermögen gehörenden Gebäudes, der zu eigenen Wohnzwecken eines oder mehrerer Gesellschafter genutzt wird, nicht zum Betriebsvermögen der Personengesellschaft, sondern ist als notwendiges Privatvermögen zu behandeln.[48] Wenn aber zwischen der Personengesellschaft und dem Mitunternehmer ein Mietverhältnis zu Bedingungen wie unter fremden Dritten besteht, zählt der vom Mitunternehmer zu Wohnzwecken genutzte Teil des Grundstücks zum Betriebsvermögen der Personengesellschaft.[49]

---

39 Vgl. BFH, Urteile vom 22. 5. 1975 – IV R 193/71, BStBl 1975 II S. 804; vom 12. 9. 1985 – VIII R 336/82, BStBl 1985 II S. 257; vom 30. 6. 1987 – VIII R 353/82, BStBl 1988 II S. 418; vom 6. 2. 1992 – IV R 30/91, BStBl 1992 II S. 653; vom 9. 5. 1996 – IV R 64/93, BStBl 1996 II S. 642.

40 Vgl. *Wacker*, in: Schmidt, EStG, 32. Aufl., München 2013, § 15 Rz. 484-505; *Hüttemann*, DStJG 34 (2011) S. 299; *Kempermann*, StuW 1992 S. 83 ff.; *Friedrich*, in: Beck'sches Handbuch der Personengesellschaften, 3. Aufl., München 2009, S. 464, Rz. 49; *Horschitz/Groß/Fanck/Kirschbaum*, Bilanzsteuerrecht und Buchführung, 13. Aufl., Stuttgart 2013, S. 608 f.; *Wolff-Diepenbrock*, StuW 1988 S. 376 f.

41 Vgl. z. B. BFH, Urteile vom 29. 7. 1997 – VIII R 57/94, BStBl 1998 II S. 652; vom 9. 5. 1996 – IV R 64/93, BStBl 1996 II S. 642.

42 Vgl. BFH, Urteile vom 19. 7. 1984 – IV R 207/83, BStBl 1985 II S. 6; vom 22. 5. 1975 – IV R 193/71, BStBl 1975 II S. 804.

43 Vgl. BFH, Urteile vom 6. 6. 1973 – I R 194/71, BStBl 1973 II S. 705; vom 30. 6. 1987 – VIII R 353/82, BStBl 1988 II S. 418; vom 23. 11. 2000 – IV R 82/99, BStBl 2001 II S. 232; *Ruban*, in: Kirchhof/Offerhaus/Schöberle (Hrsg.), Steuerrecht, Verfassungsrecht, Finanzpolitik, FS Klein, Köln 1994, S. 796; alternativ wird vorgeschlagen, diese Vorgänge nach den Entnahme- bzw. Einlagegrundsätzen zu behandeln, vgl. *Knobbe-Keuk*, StuW 1976 S. 211 f.; *dies.*, Bilanz- und Unternehmenssteuerrecht, 9. Aufl., Köln 1993, S. 415 f.

44 Zur erfolgsneutralen Ausbuchung eines Wirtschaftsgutes, das fälschlich als Betriebsvermögen ausgewiesen wurde, vgl. *Groh*, DB 1998 S. 1936.

45 Vgl. BFH, Urteil vom 6. 6. 1973 – I R 194/71, BStBl 1973 II S. 705.

46 Vgl. BFH, Urteil vom 30. 6. 1987 – VIII R 353/82, BStBl 1988 II S. 418.

47 Vgl. BFH, Beschluss vom 26. 11. 1973 – GrS 5/71, BStBl 1974 II S. 132; *Kahle/Heinstein*, DStZ 2006 S. 827.

48 Vgl. *Kahle/Heinstein*, DStZ 2006 S. 828 f.; *Horschitz/Groß/Fanck/Kirschbaum*, Bilanzsteuerrecht und Buchführung, 13. Aufl., Stuttgart 2013, S. 609.

49 Vgl. BFH, Urteil vom 17. 5. 1990 – IV R 27/89, BStBl 1991 II S. 216 f.

Ein zinsloses und ungesichertes **Darlehen** an einen Gesellschafter zählt nicht zum Betriebsvermögen.[50] Bei **Versicherungsverträgen** hängt die Zugehörigkeit zum Betriebsvermögen im Grundsatz von der Art des versicherten Risikos ab. Wenn sich die Versicherung auf ein betriebliches Risiko bezieht, gehören die Ansprüche hieraus zum Betriebsvermögen; sie sind dem Privatvermögen zuzuordnen, wenn ein außerbetriebliches Risiko versichert wird.[51] Die Ansprüche aus einer **Risikolebensversicherung** auf das Leben eines Gesellschafters oder seiner Angehörigen gehören regelmäßig nicht zum Betriebsvermögen. Dies gilt etwa auch dann, wenn die Versicherung zur Absicherung und/oder Tilgung eines betrieblichen Kredits dient.[52] Besondere Umstände des Einzelfalls können zu einer Einordnung der Lebensversicherung als Betriebsvermögen führen.[53] Eine **Insassenunfallversicherung** für einen zum Betriebsvermögen gehörenden PKW zählt zum Betriebsvermögen.[54] 1364

Eine in der Handelsbilanz der Personengesellschaft ausgewiesene **Verbindlichkeit** muss betrieblich veranlasst sein, um ertragsteuerrechtlich als **Betriebsschuld** zu gelten.[55] Zur Beurteilung eines Kredits der Personengesellschaft als Betriebs- oder Privatschuld kommt es auf die tatsächliche Verwendung der Mittel an.[56] So ist eine Verbindlichkeit, die zwar von der Personengesellschaft eingegangen wurde und damit zum Gesamthandsvermögen gehört, aus steuerlicher Sicht nicht betrieblich veranlasst, wenn die Gesellschaft mit diesen Mitteln z. B. einen Swimmingpool im Garten eines ihrer Gesellschafter errichten lässt.[57] Schuldsalden auf gemischten Kontokorrentkonten werden entsprechend ihrer Veranlassung rechnerisch in betriebliche und private Unterkonten aufgeteilt.[58] Entsprechendes gilt für das von der Rechtsprechung anerkannte **Zwei- und Mehrkontenmodell**,[59] und zwar auch bei Personengesellschaften.[60] 1365

(Einstweilen frei) 1366–1370

2.3 Kapitalkonten der Gesellschafter

Bei Personengesellschaften wird für jeden Gesellschafter ein Kapitalkonto geführt, häufig sind es zwei (oder mehr) Kapitalkonten. Im Einzelnen ist danach zu unterscheiden, 1371

50 Vgl. BFH, Urteil vom 9. 5. 1996 – IV R 64/93, BStBl 1996 II S. 642; zu einer Bürgschaftsschuld vgl. BFH, Urteil vom 2. 6. 1976 – I R 136/74, BStBl 1976 II S. 668.

51 Vgl. BFH, Urteile vom 21. 5. 1987 – IV R 80/85, BStBl 1987 II S. 710; vom 19. 5. 2009 – VIII R 6/07, BStBl 2010 II S. 168; vom 3. 3. 2011 – IV R 45/08, FR 2011 S. 659.

52 Vgl. BFH, Urteile vom 11. 5. 1989 – IV R 56/87, BStBl 1989 II S. 657; vom 10. 4. 1990 – VIII R 63/88, BStBl 1990 II S. 1017.

53 Vgl. BFH, Urteil vom 3. 3. 2011 – IV R 45/08, FR 2011 S. 658; hierzu *Kanzler*, FR 2011 S. 661 f.; *Grützner*, StuB 2011 S. 576; *Hoffmann*, StuB 2011 S. 601 f.

54 Vgl. BFH, Urteil vom 15. 12. 1977 – IV R 78/74, BStBl 1978 II S. 212.

55 Vgl. BFH, Urteil vom 19. 2. 1991 – VIII R 422/83, BStBl 1991 II S. 765.

56 Vgl. BFH, Beschluss vom 4. 7. 1990 – GrS 2-3/88, BStBl 1990 II S. 817; *Wacker*, in: Schmidt, EStG, 32. Aufl., München 2013, § 15 Rz. 486-489.

57 Vgl. *Friedrich*, in: Beck'sches Handbuch der Personengesellschaften, 3. Aufl., München 2009, S. 464, Rz. 49.

58 Vgl. BFH, Beschluss vom 4. 7. 1990 – GrS 2-3/88, BStBl 1990 II S. 817; *Wacker*, in: Schmidt, EStG, 32. Aufl., München 2013, § 15 Rz. 486.

59 Vgl. BFH, Beschluss vom 8. 12. 1997 – GrS 1-2/95, BStBl 1998 II S. 193; BFH, Urteil vom 19. 3. 1998 – IV R 110/94, BStBl 1998 II S. 513.

60 Vgl. BFH, Urteile vom 4. 3. 1998 – XI R 64/95, BStBl 1998 II S. 511; vom 8. 11. 1990 – IV R 127/86, BStBl 1991 II S. 505.

ob die Gesellschaft die Kapitalkonten nach dem **Regelstatut des HGB** führt (für persönlich haftende Gesellschafter ein einziges variables Kapitalkonto, für beschränkt haftende Gesellschafter ein Zweikonten-System)[61] oder ob **gesellschaftsvertragliche Regelungen** zu Gesellschafterkonten vorliegen (z. B. Dreikonten-Modell).[62]

1372 Der Abgrenzung von Gesellschafterkonten bei Personengesellschaften kommt sowohl im Zivilrecht als auch im Steuerrecht eine große Bedeutung zu. **Gesellschafterdarlehenskonten** weisen einen schuldrechtlichen Anspruch des Gesellschafters gegenüber der Gesellschaft aus, während die Kapitalkonten der Gesellschafter für die Stimmrechte, die Haftung und die Gewinnverteilung relevant sind.[63] Als maßgebliche **Kriterien zur Abgrenzung** von Gesellschafterkonten werden in erster Linie die Verlustverrechnung, die Ermittlung des Abfindungsguthabens und die Behandlung von Einlagen und Entnahmen herangezogen.[64] Insbesondere in folgenden Fällen ist die Abgrenzung des Eigenkapitals der Gesellschaft von Verbindlichkeiten gegenüber den Gesellschaftern und Forderungen an die Gesellschafter von ertragsteuerlicher Relevanz:[65]

- der Umfang der Verlustverrechnung nach § 15a EStG,
- die Ermittlung von Überentnahmen nach § 4 Abs. 4a EStG,
- die Behandlung von Zinsen für das Kapital als Betriebseinnahme bzw. -ausgabe oder als Gewinnverteilung,[66]
- die Ermittlung der Eigenkapitalquote bei Anwendung der Zinsschranke (§ 4h EStG),
- die Ermittlung des nicht entnommenen Gewinns sowie der Überentnahmen gemäß § 34a EStG,
- die Einbringung von Wirtschaftsgütern des Privatvermögens in das Gesamthandsvermögen gewerblicher Personengesellschaften (§ 4 Abs. 1 Satz 2, § 6 Abs. 1 Nr. 5, § 6 Abs. 6 Satz 1 EStG),
- Übertragungen einzelner Wirtschaftsgüter im betrieblichen Bereich (§ 6 Abs. 5 Satz 3 EStG),
- die unentgeltliche Übertragung betrieblicher Sachgesamtheiten (§ 6 Abs. 3 EStG),
- die Einbringung qualifizierter Sachgesamtheiten in eine Personengesellschaft (§ 24 UmwStG).

1373–1375 *(Einstweilen frei)*

2.4 Schuldrechtliche Verträge auf der ersten Stufe

1376 Aufgrund der relativen Rechtsfähigkeit der Personengesellschaft sind neben dem Gesellschaftsvertrag abgeschlossene schuldrechtliche Verträge zwischen der Personenge-

61 Vgl. im Einzelnen *Strahl*, in: Strahl/Demuth, Personengesellschaften, 2. Aufl., Köln 2013, Rz. 1 ff.; *Kahle*, DStZ 2010 S. 724 ff.

62 Vgl. im Einzelnen *Strahl*, in: Strahl/Demuth, Personengesellschaften, 2. Aufl., Köln 2013, Rz. 11 ff.; *Kahle*, DStZ 2010 S. 727 ff.

63 Vgl. *Ley*, DStR 2009 S. 613; *Rodewald*, GmbHR 1998 S. 521.

64 Vgl. im Einzelnen *Kahle*, DStZ 2010 S. 722 ff.; *Steger*, NWB 2013 S. 998 ff.; *Strahl*, in: Strahl/Demuth, Personengesellschaften, 2. Aufl., Köln 2013, Rz. 35 ff.

65 Vgl. *Kersten/Feldgen*, FR 2013 S. 197 ff.; *Ley*, DStR 2009 S. 613.

66 Vgl. BFH, Urteil vom 4. 5. 2000 – IV R 16/99, BStBl 2001 II S. 171.

sellschaft und ihren Gesellschaftern möglich. Sie sind auf der ersten Stufe der Gewinnermittlung erfolgswirksam zu berücksichtigen.[67] Folglich können sich unter den Wirtschaftsgütern des Gesamthandsvermögens auch Forderungen gegenüber Gesellschaftern befinden oder Wirtschaftsgüter, die Gesellschaftern überlassen wurden, an denen die Gesellschaft aber wirtschaftliches Eigentum hat. Auch zu den Schulden können solche gehören, die gegenüber Gesellschaftern bestehen; bspw. hat die Personengesellschaft für eine **Pensionszusage**, die einem Gesellschafter erteilt wurde, auch in der Steuerbilanz eine Rückstellung für ungewisse Verbindlichkeiten (§ 249 Abs. 1 HGB) zu bilden (§§ 5 Abs. 1, 6a EStG).[68]

Sofern die Leistungen des Gesellschafters nicht auf schuldrechtlicher Basis erbracht 1377
werden, sondern **im Gesellschaftsvertrag** vereinbart sind, werden sie steuerlich auf der ersten Stufe der Gewinnermittlung nur dann wie Verträge mit fremden Dritten behandelt, wenn die Leistungen auch in der Handelsbilanz erfolgswirksam verbucht wurden.[69] Wenn ein Gesellschafter für die Gesellschaft aufgrund einer Vereinbarung im Gesellschaftsvertrag bestimmte Leistungen erbringt, kommt es oft vor, dass diese Leistungen des Gesellschafters bei der Gewinnverteilung durch eine Erhöhung des Gewinnanteils (**Vorabgewinn**) entgolten werden; es handelt sich in diesem Fall nicht um Vergütungen i. S. v. § 15 Abs. 1 Satz 1 Nr. 2 EStG. Folglich mindern diese „Vergütungen" weder den Handels- noch den Steuerbilanzgewinn.[70] Nach der Rechtsprechung des BFH kann ein Gewinnvorab regelmäßig nur im Gewinnfall gezahlt werden;[71] nach einer anderen Ansicht ist als alleiniges Abgrenzungsmerkmal zu der Sondervergütung nur darauf abzustellen, dass der Gewinnvorab nicht aufwandswirksam gebucht wird.[72]

Die schuldrechtlichen Vertragsbeziehungen zwischen der Personengesellschaft und ih- 1378
ren Gesellschaftern sind auf der ersten Stufe der Gewinnermittlung nicht nur dem Grunde nach anzuerkennen, die vereinbarten Entgelte sind auch auf ihre **Angemessenheit** zu überprüfen (**Anerkennung der Höhe nach**), sofern das der Besteuerung zugrunde liegende Konzept vollständig umgesetzt werden soll. Die vereinbarten Entgelte mindern nur insoweit den Gewinn erster Stufe, soweit sie den Bedingungen unter fremden Dritten entsprechen; der nicht angemessene (also zu hohe oder zu niedrige) Teil ist

67 Vgl. z. B. *Pinkernell*, Einkünftezurechnung bei Personengesellschaften, Berlin 2001, S. 191.

68 Vgl. BFH, Urteil vom 2. 12. 1997 – VIII R 15/96, BFH/NV 1998 S. 779; BMF, Schreiben vom 29. 1. 2008 – IV B 2 – S 2176/07/0001, BStBl 2008 I S. 317, Rz. 3. Nach früherer Rechtsauffassung stellten Pensionszusagen an Mitunternehmer Gewinnverteilungsabreden dar, weshalb Pensionsrückstellungen in der Steuerbilanz nicht gebildet werden durften. Vgl. BFH, Urteil vom 16. 2. 1967 – IV R 62/66, BStBl 1967 III S. 222. Zur Übergangsregelung vgl. BMF, Schreiben vom 29. 1. 2008, IV B 2 – S 2176/07/0001, BStBl 2008 I S. 317 Rz. 20, zur Billigkeitsregelung Rz. 5.

69 Vgl. *Jacobs* (Hrsg.), Unternehmensbesteuerung und Rechtsform, 4. Aufl., München 2009, S. 249.

70 Vgl. BFH, Urteile vom 23. 5. 1979 – I R 163/77, BStBl 1979 II S. 757; vom 13. 7. 1993 – VIII R 50/92, BStBl 1994 II S. 282.

71 Vgl. BFH, Urteile vom 23. 1. 2001 – VIII R 30/99, BStBl 2001 II S. 621; vom 13. 10. 1998 – VIII R 4/98, BStBl 1999 II S. 284; gl. A. *Wacker*, in: Schmidt, EStG, 32. Aufl., München 2013, § 15 Rz. 440; *Frystatzki*, EStB 2000, S. 27.

72 Vgl. *Groh*, DStZ 2001 S. 358; *Niehus/Wilke*, Die Besteuerung der Personengesellschaften, 6. Aufl., Stuttgart 2013, S. 111 f.

durch das Gesellschaftsverhältnis veranlasst und daher als **Entnahme** oder **Einlage** zu behandeln.[73] Der Mehrgewinn, der aus der Aufdeckung einer (verdeckten) Entnahme entsteht (z. B. überhöhtes Gehalt), wird dem begünstigten Gesellschafter zugerechnet.[74]

1379 Erbringt eine Personengesellschaft im Rahmen eines schuldrechtlichen Vertrages Leistungen gegenüber einem ihrer Gesellschafter, gelten die allgemeinen Regeln des EStG. Die Verträge werden behandelt wie Verträge mit Dritten, soweit ein zwischen fremden Dritten übliches Entgelt vereinbart ist.[75] Ist Letzteres nicht der Fall, handelt es sich bei der Differenz zwischen dem angemessenen und dem vereinbarten Preis regelmäßig um eine **Einlage** (überhöhtes Entgelt) bzw. eine **Entnahme** (zu geringes Entgelt).[76]

1380–1382 *(Einstweilen frei)*

2.5 Grundsatz der einheitlichen Wahlrechtsausübung und dessen Ausnahmen

1383 Der Gewinn der Personengesellschaft auf der ersten Stufe wird so ermittelt, als ob die Gesellschaft ein eigenes Steuerrechtssubjekt wäre. Hiermit wird der **relativen Rechtsfähigkeit der Personengesellschaft** Rechnung getragen. Die Wirtschaftsgüter des Betriebsvermögens sind grundsätzlich einheitlich (z. B. hinsichtlich AfA, Rückstellungen) zu bilanzieren.[77] Ansatz- und Bewertungswahlrechte auf der Ebene der Personengesellschaft (z. B. Teilwertabschreibungen nach § 6 Abs. 1 Satz 1 Nr. 1 Satz 2 EStG, Behandlung geringwertiger Wirtschaftsgüter nach § 6 Abs. 2 EStG) sind im Grundsatz für die Gesellschaft **einheitlich auszuüben (Einheitstheorie)**.[78] Steuerliche Wahlrechte werden ohne besondere Regelung im Gesellschaftsvertrag (einschließlich Gesellschafterbeschlüsse) von der die Steuerbilanz aufstellenden Geschäftsführung ausgeübt. Es liegt nahe, die Ausübung steuerlicher Wahlrechte zwischen den Gesellschaftern und der Geschäftsführung zu regeln (z. B. durch gesellschaftsvertragliche Wahlrechtsausübungsvorbehalte).[79]

1384 Da eine Personengesellschaft selbst nicht Subjekt der Einkommensteuer ist, sondern vielmehr der Gesellschafter, wird der **Grundsatz der einheitlichen Bilanzierung** im Falle **personenbezogener Steuervergünstigungen** und bei Vergünstigungen, bei denen die hierfür erforderlichen Voraussetzungen nur von einzelnen Mitunternehmern erfüllt

73 Vgl. *Jacobs* (Hrsg.), Unternehmensbesteuerung und Rechtsform, 4. Aufl., München 2009, S. 251; *Wacker*, in: Schmidt, EStG, 32. Aufl., München 2013, § 15 Rz. 561.

74 Vgl. BFH, Urteil vom 6. 8. 1985 – VIII R 280/81, BStBl 1986 II S. 17; a. A. *Knobbe-Keuk*, Bilanz- und Unternehmenssteuerrecht, Köln 1993, S. 429 f.

75 Vgl. BFH, Urteil vom 24. 3. 1983 – IV R 123/80, BStBl 1983 II S. 598.

76 Vgl. BFH, Urteil vom 24. 3. 1983 – IV R 123/80, BStBl 1983 II S. 598; im Einzelnen *Wacker*, in: Schmidt, EStG, 32. Aufl., München 2013, § 15 Rz. 627 ff.

77 Vgl. BFH, Urteil vom 7. 8. 1986 – IV R 137/83, BStBl 1986 II S. 910.

78 Vgl. BFH, Urteile vom 21. 12. 1972 – IV R 53/72, BStBl 1973 II S. 298 m. w. N.; vom 7. 8. 1986 – IV R 137/83, BStBl 1986 II S. 910; *Hennrichs*, in: Tipke/Lang, Steuerrecht, 21. Aufl., Köln 2013, § 10 Rz. 105; *Hüttemann*, DStJG 34 (2011) S. 299; *Knobbe-Keuk*, Bilanz- und Unternehmenssteuerrecht, 9. Aufl., Köln 1993, S. 416 f.; *Niehus*, StuW 2002 S. 121.

79 Vgl. IDW Arbeitshilfe zu steuerinduzierten Klauseln in Verträgen von und mit Personengesellschaften. Beilage zu FN-IDW 8/2011 S. B4.

werden, **durchbrochen.**[80] Da eine Personengesellschaft selbst personenbezogene Voraussetzungen nicht erfüllen kann, dürfen die hiervon abhängigen Steuervergünstigungen in der Gesamthandsbilanz nicht berücksichtigt werden. Vielmehr wird in einer **Ergänzungsbilanz** (vgl. Rz. 1409) für den jeweils betroffenen Gesellschafter die personenbezogene Steuervergünstigung ermittelt (z. B. Sonderabschreibungen, steuerfreie Rücklagen, Investitionszulagen).[81] Das Recht zur Ausübung dieser Wahlrechte steht dem einzelnen Mitunternehmer zu.[82] In der Zukunft kann ein einmal in der Ergänzungsbilanz ausgeübtes Wahlrecht nicht mehr geändert werden.[83] Wenn die Vergünstigung allen Mitunternehmern zusteht und sie trotz der Personenbezogenheit im Gesamthandsvermögen ausgeübt werden soll, wird sie in der Steuerbilanz der Gesellschaft ausgewiesen.[84] Sofern die Vergünstigung Wirtschaftsgüter des **Sonderbetriebsvermögens** (vgl. Rz. 1459 ff.) betrifft, erfolgt der Ausweis in der jeweiligen Sonderbilanz.[85]

Problematisch ist dabei nicht die Technik der Erstellung der Ergänzungsbilanzen, „sondern die Frage, ob es sich um personenbezogene Vergünstigungen oder ob es sich um sog. betriebsbezogene (gesellschaftsbezogene) Begünstigungen handelt."[86] Dies wird durch Auslegung der jeweiligen Norm bestimmt, sofern nicht im Gesetz die Gesellschaft selbst explizit als berechtigt bezeichnet wird (z. B. § 1 InvZulG).[87]

So wird **§ 6b EStG** grundsätzlich **personenbezogen** interpretiert.[88] Damit können nur 1385
diejenigen Mitunternehmer die Regelung des § 6b EStG in Anspruch nehmen, bei denen die Tatbestandsvoraussetzungen dieser Norm (insbesondere die erforderliche Besitzzeit bezüglich des veräußerten Wirtschaftsgutes nach § 6b Abs. 4 Nr. 2 EStG) erfüllt sind.[89] So kann etwa ein Mitunternehmer eine § 6b-Rücklage im Fall der Veräußerung eines Wirtschaftsgutes, das bereits mehr als sechs Jahre zum Betriebsvermögen der Personengesellschaft gehörte, nicht in Anspruch nehmen, wenn er seinen Mitunternehmeranteil z. B. erst vor vier Jahren von einem ausgeschiedenen Mitunternehmer ent-

80 Vgl. BFH, Urteile vom 7. 8. 1986 – IV R 137/83, BStBl 1986 II S. 910; vom 13. 7. 1993 – VIII R 85/91, BStBl 1994 II S. 243; vom 17. 7. 2001 – IX R 50/98, BStBl 2001 II S. 760. Zur Kritik an der „gesellschafterbezogenen Anwendung" von Steuervergünstigungen vgl. *Hüttemann*, in: *Dötsch* et al. (Hrsg.), Die Personengesellschaft im Steuerrecht, Köln 2011, S. 51 f.

81 Vgl. z. B. *Hennrichs*, in: Tipke/Lang, Steuerrecht, 21. Aufl., Köln 2013, § 10 Rz. 124; *Schoor*, StBp 2006 S. 257.

82 Vgl. BFH, Beschluss vom 25. 1. 2006 – IV R 14/04, BStBl 2006 II S. 418; hierzu *Ley*, WPg 2006 S. 904.

83 Vgl. BFH, Urteil vom 25. 4. 2006 – VIII R 52/04, BStBl 2006 II S. 847 (zur Ausübung des Wahlrechts bei Anwendung des § 24 UmwStG 1977).

84 Vgl. *Friedrich*, in: Beck'sches Handbuch der Personengesellschaften, 3. Aufl., München 2009, S. 478, Rz. 83; *Grützner*, in: Lange, Personengesellschaften im Steuerrecht, 8. Aufl., Herne 2012, Rz. 983.

85 Vgl. BFH, Beschluss vom 25. 1. 2006 – IV R 14/04, BStBl 2006 II S. 418.

86 *Reiß*, in: Kirchhof (Hrsg.), EStG, 12. Aufl., Köln 2013, § 15 Rz. 260.

87 Vgl. *Reiß*, in: Kirchhof (Hrsg.), EStG, 12. Aufl., Köln 2013, § 15 Rz. 260.

88 Vgl. BFH, Beschluss vom 13. 8. 1987 – VIII B 179/86, BStBl 1987 II S. 782; BFH, Urteil vom 7. 11. 2000 – VIII R 27/98, DStR 2001 S. 230; *Wacker*, in: Schmidt, EStG, 32. Aufl., München 2013, § 15 Rz. 416; a. A *Knobbe-Keuk*, Bilanz- und Unternehmensteuerrecht, 9. Aufl., Köln 1993, S. 417 ff.; *Schön*, Gewinnübertragungen bei Personengesellschaften nach § 6b EStG, Köln 1986, S. 37 ff. Anders für den Zeitraum 1999-2001, vgl. *Niehus/Wilke*, Die Besteuerung der Personengesellschaften, 6. Aufl., Stuttgart 2013, S. 89, 93 f.; *Selbmann*, Die Übertragung stiller Reserven bei Personengesellschaften nach § 6b EStG, Berlin 2003; *Kanzler*, FR 2006 S. 691.

89 Vgl. *Strahl*, FR 2001 S. 1156; *Schoor*, StBp 2006 S. 257; *Horschitz/Groß/Fanck/Kirschbaum*, Bilanzsteuerrecht und Buchführung, 13. Aufl., Stuttgart 2013, S. 648.

geltlich erworben hat.[90] Sofern die Rücklage in der Steuerbilanz der Gesellschaft gebildet wird, hat eine entsprechende Korrektur in einer (positiven) **Ergänzungsbilanz** (vgl. Rz. 1409) für den nicht begünstigten Gesellschafter zu erfolgen.

1386 Ebenso wird die Vornahme der **degressiven Gebäude-AfA** gemäß § 7 Abs. 5 EStG vom BFH und von der Finanzverwaltung personenbezogen interpretiert, da nicht die Gesellschaft, sondern der einzelne Gesellschafter als Bauherr angesehen wird.[91] Daraus resultiert z. B., dass im Fall des Gesellschafterwechsels oder der Aufnahme eines zusätzlichen Gesellschafters in eine Mitunternehmerschaft, die ein zum Gesamthandsvermögen gehörendes Gebäude degressiv nach § 7 Abs. 5 EStG abschreibt, der Neugesellschafter die Vornahme der degressiven Gebäude-AfA gemäß § 7 Abs. 5 EStG nicht beanspruchen kann; er darf bezüglich seines ideellen Anteils an dem Gebäude lediglich die lineare AfA nach § 7 Abs. 4 EStG vornehmen.[92] In der Gesamthandsbilanz der Gesellschaft wird das Gebäude weiterhin degressiv abgeschrieben. Folglich erhält der Neugesellschafter in den ersten Jahren einen zu hohen, in den Folgejahren einen zu geringen AfA-Betrag zugewiesen. Es bedarf damit einer fortlaufenden Korrektur mithilfe einer **Ergänzungsbilanz** (vgl. Rz. 1409).[93]

1387 Auch infolge des Wahlrechts, bewegliche Wirtschaftsgüter des Anlagevermögens degressiv abzuschreiben (§ 7 Abs. 2 EStG), kann es zu einer Durchbrechung des Grundsatzes der einheitlichen Bilanzierung kommen. So kann etwa für einen nach dem 31. 12. 2010 in eine Personengesellschaft eintretenden Gesellschafter die degressive Abschreibung nach § 7 Abs. 2 EStG für ein im Jahre 2009 von der Personengesellschaft angeschafftes Wirtschaftsgut nicht mehr in Anspruch genommen werden.[94]

1388 Der Grundsatz der einheitlichen Bilanzierung gilt regelmäßig auch für **Sonderabschreibungen** und **erhöhte Absetzungen**.[95] Nach der Rechtsprechung[96] und der h. M. im Schrifttum[97] ist regelmäßig auf den einzelnen Gesellschafter als Anspruchsberechtigten abzustellen. Gegenteiliges gilt nur dann, wenn der Personengesellschaft explizit die Anspruchsberechtigung zuerkannt wird (z. B. §§ 5a Abs. 4a Satz 1, 7g Abs. 7 EStG).[98]

---

90 Vgl. *Kozikowski/Staudacher*, in: Beck'scher Bilanz-Kommentar, 8. Aufl., München 2012, § 247 Rz. 756.

91 Vgl. BFH, Urteile vom 19. 2. 1974 – VIII R 114/69, BStBl 1974 II S. 704; vom 17. 7. 2001 – IX R 50/98, BStBl 2001 II S. 760; a. A. *Knobbe-Keuk*, Bilanz- und Unternehmenssteuerrecht, 9. Aufl., Köln 1993, S. 418 ff.; *Hennrichs*, in: Tipke/Lang, Steuerrecht, 21. Aufl., Köln 2013, § 10 Rz. 124.

92 Vgl. *Wacker*, in: Schmidt, EStG, 32. Aufl., München 2013, § 15 Rz. 413; *Niehus/Wilke*, Die Besteuerung der Personengesellschaften, 6. Aufl., Stuttgart 2013, S. 89; *Horschitz/Groß/Fanck/Kirschbaum*, Bilanzsteuerrecht und Buchführung, 13. Aufl., Stuttgart 2013, S. 648 (mit Beispiel auf S. 648 f.); *Schoor*, StBp 2006 S. 216.

93 Vgl. *Niehus*, StuW 2002 S. 118. Es kann sich ein vergleichbarer Anwendungsfall für ein Gebäude ergeben, das die Personengesellschaft nach § 7 Abs. 4 Satz 1 Nr. 1 EStG abschreibt, vgl. hierzu *Niehus/Wilke*, Die Besteuerung der Personengesellschaften, 6. Aufl., Stuttgart 2013, S. 89 f.

94 Vgl. *Niehus/Wilke*, Die Besteuerung der Personengesellschaften, 6. Aufl., Stuttgart 2013, S. 90.

95 Vgl. BFH, Urteil vom 7. 8. 1986 – IV R 137/83, BStBl 1986 II S. 910.

96 Vgl. z. B. BFH, Urteile vom 13. 7. 1993 – VIII R 85/91, BStBl 1994 II S. 243; vom 17. 7. 2001 – IX R 50/98, BStBl 2001 II S. 760.

97 Vgl. *Wacker*, in: Schmidt, EStG, 32. Aufl., München 2013, § 15 Rz. 411; *Niehus/Wilke*, Die Besteuerung der Personengesellschaften, 6. Aufl., Stuttgart 2013, S. 90; a. A. *Knobbe-Keuk*, Bilanz- und Unternehmensteuerrecht, 9. Aufl., Köln 1993, S. 420 f.; *dies.*, DStJG 2 (1979) S. 109 ff.

98 Vgl. BFH, Urteile vom 15. 1. 2002 – IX R 21/98, BStBl 2002 II S. 309; vom 13. 7. 1993 – VIII R 85/91, BStBl 1994 II S. 243; *Wacker*, in: Schmidt, EStG, 32. Aufl., München 2013, § 15 Rz. 411; *Niehus/Wilke*, Die Besteuerung der Personengesellschaften, 6. Aufl., Stuttgart 2013, S. 90; *Hüttemann*, DStJG 34 (2011) S. 300.

Wenn etwa ein Gesellschafter ausscheidet und davor steuerliche Vergünstigungen in Anspruch genommen worden sind, werden diese unter Umständen (anteilig) rückwirkend versagt, wenn diese Vergünstigung an bestimmte Bindungsvoraussetzungen geknüpft war, die aber infolge des Gesellschafterwechsels nicht mehr gegeben sind.[99]

(Einstweilen frei) 1389–1395

2.6 Ergänzungsbilanzen

2.6.1 Begriff und Funktion von Ergänzungsbilanzen

Der **Gewinnanteil** eines Mitunternehmers aus der ersten Stufe der Gewinnermittlung 1396
(§ 15 Abs. 1 Satz 1 Nr. 2 Halbsatz 1 EStG) ergibt sich durch Zusammenfassung seines anteiligen Ergebnisses aus der Gesamthandsbilanz der Personengesellschaft mit dem Ergebnis der **Ergänzungsbilanz.**[100] Entsprechend modifiziert das positive oder negative Ergänzungskapital das in der Steuerbilanz ausgewiesene Kapitalkonto.[101] Auch bei der Ermittlung des Gewerbeertrags sind Ergänzungsbilanzen (wie auch Sonderbilanzen) zu berücksichtigen.[102] Es ist auch unstrittig, dass das in der Ergänzungsbilanz ausgewiesene Mehr- oder Minderkapital bei der Ermittlung des **Kapitalkontos i. S. d. § 15a EStG** berücksichtigt werden muss.[103] Im Gegensatz zu einer Sonderbilanz werden in einer Ergänzungsbilanz keine im rechtlichen und/oder wirtschaftlichen Eigentum des Gesellschafters stehende Wirtschaftsgüter erfasst, eine Ergänzungs-GuV beinhaltet keine eigenen laufenden Aufwendungen und Erträge des Gesellschafters.[104]

Eine Ergänzungsbilanz wird im Allgemeinen dann "erforderlich, wenn Sachverhalte, die 1397
das Gesamthandsvermögen betreffen, sich nicht auf die steuerliche Gewinnermittlung der Gesellschaft, sondern nur auf die Einkünfte des Gesellschafters auswirken. Eine Ergänzungsbilanz wird also deswegen benötigt, weil die Gesellschaft zwar Subjekt der Gewinnermittlung, jedoch nicht Subjekt der Besteuerung ist."[105] Sie dient in erster Linie der Verwirklichung des **Subjektsteuerprinzips**; sie soll gewährleisten, dass stille Reserven bei dem Steuerpflichtigen der Besteuerung unterliegen, bei dem sich diese zuvor gebildet haben.[106]

---

99 Vgl. *Zimmermann* u. a., Die Personengesellschaft im Steuerrecht, 11. Aufl., Achim 2013, S. 205 ff., S. 992 ff.; *Niehus/Wilke*, Die Besteuerung der Personengesellschaften, 6. Aufl., Stuttgart 2013, S. 90.

100 Vgl. BFH, Urteile vom 25. 4. 2006 – VIII R 52/04, BStBl 2006 II S. 847; vom 28. 9. 1995 – IV R 57/94, BStBl 1996 II S. 68.

101 Vgl. *Tiede*, in: HHR, EStG, KStG, Köln, § 15 Rz. 500 (Stand: 3/2013); *Reiß*, in: Kirchhof (Hrsg.), EStG, 12. Aufl., Köln 2013, § 15 Rz. 261; *Dreissig*, StbJb 1990/91 S. 227; *Rödder*, DB 1992 S. 956.

102 Vgl. BFH, Urteil vom 6. 7. 1999 – VIII R 46/94, BStBl 1999 II S. 720. Es entstehen sog. fremdbestimmte Steuerwirkungen, die ggf. mittels Vertragsklauseln ausgeglichen werden können, vgl. *Prinz*, StuB 2013 S. 465; *Heymann*, in: Böcking u. a. (Hrsg.), Beck'sches Handbuch der Rechnungslegung, München, Abschn. B 770, Rz. 60 ff. (Stand: 1/2007).

103 Vgl. BFH, Urteil vom 18. 4. 2000 – VIII R 11/98, BStBl 2001 II, S. 166; BFH, Urteil vom 30. 3. 1993 – VIII R 63/91, BStBl 1993 II S. 709; *Kahle*, FR 2010 S. 773 f.

104 Vgl. *Tiede*, in: HHR, EStG, KStG, Köln, § 15 Rz. 500 (Stand: 3/2013); *Reiß*, in: Kirchhof (Hrsg.), EStG, 12. Aufl., Köln 2013, § 15 Rz. 261.

105 *Schreiber*, Besteuerung der Unternehmen. Eine Einführung in Steuerrecht und Steuerwirkung, 3. Aufl., Wiesbaden 2012, S. 228.

106 Vgl. *Reiß*, BB 2000 S. 1968; *Thiel*, Stbg 2001 S. 6; *Niehus*, StuW 2002 S. 116.

1398 Die dogmatische Einordnung der Ergänzungsbilanzen ist nicht abschließend geklärt. Es ist strittig, ob eine Ergänzungsbilanz für den einzelnen Mitunternehmer zusätzliche oder geminderte Anschaffungskosten für die ideellen Anteile an den Wirtschaftsgütern der Personengesellschaft ausweist („Bruchteilsbilanz“),[107] oder **Korrekturwerte** hinsichtlich der in der Gesamthandsbilanz ausgewiesenen Wirtschaftsgüter enthält[108] und damit „eine bloße Wertkorrekturbilanz“[109] bildet. Nach einer weiteren Ansicht verkörpern die Wertansätze der Ergänzungsbilanz den bilanziellen Ausweis anteiliger Anschaffungskosten der Beteiligung des Gesellschafters.[110] Diese Diskussion über den „Inhalt“ einer Ergänzungsbilanz bzw. die dogmatische Einordnung der Ergänzungsbilanz ist „aber nahezu ohne praktische Auswirkung“.[111] Der Buchwert eines Wirtschaftsgutes setzt sich aus dem Buchwert laut der Steuerbilanz zuzüglich dem Buchwert aus der Ergänzungsbilanz zusammen.[112]

1399 Eine Ergänzungsbilanz gehört daher zu der ersten Stufe der Gewinnermittlung. Die **Pflicht zur Aufstellung** von Ergänzungsbilanzen obliegt der Personengesellschaft, nicht dem einzelnen Gesellschafter.[113] Es ist für jeden Gesellschafter jeweils nur eine Ergänzungsbilanz zu führen, und zwar auch dann, wenn verschiedene Anlässe für sich genommen die Aufstellung einer Ergänzungsbilanz erfordern.[114] Die Aufstellung einer Ergänzungs-GuV-Rechnung ist insbesondere dann zweckmäßig, wenn eine Vielzahl von Wertdifferenzen besteht.[115]

1400 Eine **positive Ergänzungsbilanz** weist auf der Aktivseite Mehrwerte von Wirtschaftsgütern des Gesamthandsvermögens aus, während die Passivseite das Mehrkapital des jeweiligen Gesellschafters erfasst. Sie wird z. B. beim Erwerb der Beteiligung an einer Personengesellschaft gebildet, wenn der Kaufpreis über dem Buchwert des Kapitalkontos des Ausscheidenden liegt. Entsprechend bildet eine **negative Ergänzungsbilanz**

---

107 Vgl. BFH, Urteil vom 25. 4. 1985 – IV R 83/83, BStBl 1986 II S. 30; BFH, Urteil vom 7. 11. 1985 – IV R 7/83, BStBl 1986 II S. 176; BFH, Beschluss vom 25. 2. 1991 – GrS 7/89, BStBl 1991 II S. 700; BFH, Urteil vom 18. 2. 1993 – IV R 40/92, BStBl 1994 II S. 225; BFH, Urteil vom 12. 12. 1996 – IV R 77/93, BStBl 1998 II, S. 180; *Tiede*, in: HHR, EStG, KStG, Köln, § 15 Rz. 500 (Stand: 3/2013); *Bode*, in: Blümich, EStG/KStG/GewStG, München, § 15 Rz. 554 (Stand: 11/2011).

108 Vgl. BFH, Urteil vom 25. 4. 2006 – VIII R 52/04, BStBl 2006 II S. 847; BFH, Urteil vom 28. 9. 1995 – IV R 57/94, BStBl 1996 II S. 68; *Wacker*, in: Schmidt, EStG, 32. Aufl., München 2013, § 15 Rz. 460; *Hüttemann*, DStJG 34 (2011), S. 301; *Schmitt/Keuthen*, DStR 2013 1567; *Prinz/Thiel*, FR 1992 S. 193; *Regniet*, Ergänzungsbilanzen bei der Personengesellschaft, Köln 1990, S. 16, 22; *Rödder*, DB 1992 S. 955; *Schoor*, StBp 2006 S. 212; *Lehmann*, Betriebsvermögen und Sonderbetriebsvermögen, Wiesbaden 1988, S. 134.

109 *Rödder*, DB 1992 S. 955, mit Verweis auf *Dreissig*, StbJb 1990/91 S. 225. Vgl. auch *Hüttemann*, DStJG 34 (2011), S. 301; *Hennrichs*, in: Tipke/Lang, Steuerrecht, 21. Aufl., Köln 2013, § 10 Rz. 123.

110 Vgl. im Einzelnen *Gschwendtner*, DStR 1993 S. 817; *Groh*, StuW 1995 S. 338; *Reiß*, StuW 1986 S. 342; *Reiß*, in: Kirchhof (Hrsg.), EStG, 12. Aufl., Köln 2013, § 15 Rz. 263-265; *Schön*, FR 1994 S. 658; *Marx*, StuW 1994 S. 191.

111 *Reiß*, in: Kirchhof (Hrsg.), EStG, 12. Aufl., Köln 2013, § 15 Rz. 263; ähnlich *Tiede*, in: HHR, EStG, KStG, Köln, § 15 Rz. 500 (Stand: 3/2013).

112 Vgl. BFH, Urteil vom 28. 3. 2000 – VIII R 28/98, BStBl 2000 II S. 347.

113 Vgl. *Kozikowski/Staudacher*, in: Beck'scher Bilanz-Kommentar, 8. Aufl., München 2012, § 247 Rz. 744; *Horschitz/Groß/Fanck/Kirschbaum*, Bilanzsteuerrecht und Buchführung, 13. Aufl., Stuttgart 2013, S. 607; a. A. *Hennrichs* in Tipke/Lang, Steuerrecht, 21. Aufl., Köln 2013, § 10 Rz. 116.

114 Vgl. BFH, Urteil vom 21. 4. 1994 – IV R 70/92, BStBl 1994 II S. 745; *Grützner*, in: Lange, Personengesellschaften im Steuerrecht, 8. Aufl., Herne 2012, Rz. 786.

115 Vgl. *Friedrich*, in: Beck'sches Handbuch der Personengesellschaften, 3. Aufl., München 2009, S. 474 Rz. 76.

Minderwerte zur Gesamthandsbilanz ab, indem auf der Aktivseite das Minderkapital und auf der Passivseite Minderwerte von Wirtschaftsgütern des Gesamthandsvermögens ausgewiesen werden. Negative Ergänzungsbilanzen sind vor allem bei der Übertragung von Wirtschaftsgütern des Betriebsvermögens zum Buchwert nach § 6 Abs. 5 Satz 3 EStG und bei der Aufnahme eines zusätzlichen Gesellschafters von Bedeutung.

Während des Bestehens der Mitunternehmerschaft werden die in den Ergänzungs- 1401
bilanzen ausgewiesenen Korrekturpositionen **fortentwickelt,** d. h. die vom Gesellschafter getragenen Mehr- oder Minderaufwendungen sind während der laufenden Gewinnermittlung zu berücksichtigen, nicht erst bei Beendigung des mitunternehmerischen Engagements.[116] Dies gilt sowohl für positive als auch für negative Ergänzungsbilanzen. Beim betreffenden Gesellschafter führt die **Fortschreibung** einer **positiven Ergänzungsbilanz** zum jeweiligen Bilanzstichtag zu Mehraufwand, so dass sein Gewinnanteil aus der Steuerbilanz der Gesellschaft reduziert wird. Umgekehrt führt die Fortschreibung einer **negativen Ergänzungsbilanz** zu einem geringeren Aufwand im Verhältnis zur Gesamthandsbilanz, wodurch der aus der Gesamthandsbilanz zugewiesene Gewinnanteil des betreffenden Gesellschafters erhöht wird. Wenn Ergänzungsbilanzen nicht bereits während des Gesellschaftsverhältnisses vollständig aufgelöst werden, erfolgt dies (ebenfalls erfolgswirksam) bei der Liquidation der Gesellschaft oder der Veräußerung der Beteiligung.[117] Wird hingegen die Beteiligung unentgeltlich übertragen, wird auch die Ergänzungsbilanz des Übertragenden zu Buchwerten fortgeführt (§ 6 Abs. 3 EStG).

Ergänzungsbilanzen sind auch von Personengesellschaften, die ihren **Gewinn nach § 4** 1402
Abs. 3 EStG ermitteln, zu erstellen. So kann es auch bei Freiberuflerpersonengesellschaften, z. B. im Falle des Gesellschaftwechsels, zur Aufstellung einer Ergänzungsbilanz kommen. Angesichts eines fehlenden Betriebsvermögensvergleichs sollte allerdings besser von einer **Ergänzungsrechnung** gesprochen werden,[118] die den Regeln der Gewinnermittlung nach § 4 Abs. 3 EStG unterliegt.

(Einstweilen frei) 1403–1408

116 Vgl. BFH, Urteile vom 25. 4. 2006 – VIII R 52/04, BStBl 2006 II S. 847; vom 28. 9. 1995 – IV R 57/94, BStBl 1996 II S. 68; vom 19. 2. 1981 – IV R 41/78, BStBl 1981 II S. 730; *Ley*, KÖSDI 1992 S. 9161; *Uelner*, DStJG 14 (1991) S. 153; *Prinz/Thiel*, FR 1992 S. 193; *Hennrichs* in: Tipke/Lang, Steuerrecht, 21. Aufl., Köln 2013, § 10 Rz. 123; *Schmitt/Keuthen*, DStR 2013 S. 1571; a. A. *Marx*, StuW 1994 S. 191. Die Diskussion um die inhaltliche Interpretation der Wertansätze in den Ergänzungsbilanzen (vgl. Rz. 1398) ist für die Fortschreibung von Ergänzungsbilanzen bedeutungslos, vgl. *Wacker*, in: Schmidt, EStG, 32. Aufl., München 2013, § 15 Rz. 464; *Niehus*, StuW 2002 S. 119 f.; a. A. *Gschwendtner*, DStR 1993 S. 824 f.

117 Vgl. *Tiede*, in: HHR, EStG, KStG, Köln, § 15 Rz. 500 (Stand: 3/2013); *Grützner*, in: Lange, Personengesellschaften im Steuerrecht, 8. Aufl., Herne 2012, Rz. 788.

118 Vgl. BFH, Urteil vom 24. 6. 2009 – VIII R 13/07, BStBl 2009 II S. 993; *Hüttemann*, DStJG 34 (2011) S. 306; *Ley*, KÖSDI 2001 S. 12982.

2.6.2 Anlässe für die Aufstellung von Ergänzungsbilanzen

1409 Ergänzungsbilanzen sind in erster Linie in folgenden Fällen relevant:[119]

- beim **entgeltlichen Erwerb eines Mitunternehmeranteils** (§ 16 Abs. 1 Satz 1 Nr. 2 und 3 EStG; vgl. im Einzelnen Rz. 1416 ff.);
- in den Fällen des § **24 UmwStG**: Einbringung eines Betriebs, Teilbetriebs oder Mitunternehmeranteils in eine Personengesellschaft; Verschmelzung von Personengesellschaften; Ausgliederung auf eine Personengesellschaft;[120]
- bei der Inanspruchnahme steuerrechtlicher Regelungen, bei denen nur **einzelne Mitunternehmer** die hierfür erforderlichen Voraussetzungen erfüllen (z. B. §§ 6b, 7 Abs. 5 EStG; vgl. Rz. 1384 ff.);
- beim Übergang des Vermögens einer Kapitalgesellschaft auf eine Personengesellschaft nach §§ 2 ff. UmwG und bei formwechselnder Umwandlung einer Kapitalgesellschaft in eine Personengesellschaft nach §§ 190 ff. UmwG;
- bei der **Einbringung eines Mitunternehmeranteils** in eine Kapitalgesellschaft (§ 20 UmwStG); das Wahlrecht des § 20 UmwStG ist in diesem Fall in einer Ergänzungsbilanz bei der Personengesellschaft auszuüben.[121]
- in den Fällen des § 6 Abs. 5 EStG bei **steuerneutraler Übertragung** eines Wirtschaftsgutes (vgl. Rz. 1571 ff.).

1410 Ergänzungsbilanzen sind als Richterrecht entstanden;[122] sie werden gesetzlich ausdrücklich in § 24 Abs. 2 Satz 1, Abs. 3 Satz 1 UmwStG und in § 6 Abs. 5 Satz 4 EStG erwähnt.

1411–1415 *(Einstweilen frei)*

2.6.3 Anwendungsbeispiel: Entgeltlicher Erwerb eines Mitunternehmeranteils

2.6.3.1 Aufstellung einer Ergänzungsbilanz bei einem Entgelt über dem Buchwert des Kapitalkontos

1416 Beim Kauf eines Mitunternehmeranteils erwirbt der Käufer steuerlich nicht ein Wirtschaftsgut „Personengesellschaftsanteil";[123] der Anteil an einer Personengesellschaft stellt **kein Wirtschaftsgut** dar (vgl. auch Rz. 1346). Vielmehr repräsentiert die Beteiligung die Summe der dem Gesellschaftsanteil entsprechenden Bruchteile an den einzelnen (positiven und negativen) Wirtschaftsgütern der Personengesellschaft.[124] Der Erwerb von Anteilen an Personengesellschaften ist letztlich als Erwerb von einzelnen

119 Vgl. *Hennrichs*, in: Tipke/Lang, Steuerrecht, 21. Aufl., Köln 2013, § 10 Rz. 123; *Reiß*, in: Kirchhof (Hrsg.), EStG, 12. Aufl., Köln 2013, § 15 Rz. 244; *Wacker*, in: Schmidt, EStG, 32. Aufl., München 2013, § 15 Rz. 460; *Kozikowski/Staudacher*, in: Beck'scher Bilanz-Kommentar, 8. Aufl., München 2012, § 247 Rz. 745.

120 Vgl. im Einzelnen *Schmitt/Keuthen*, DStR 2013 S. 1565 ff.

121 Vgl. BFH, Urteil vom 30. 4. 2003 – I R 102/01, BStBl 2004 II S. 804.

122 Vgl. *Hennrichs*, in: Tipke/Lang, Steuerrecht, 21. Aufl., Köln 2013, § 10 Rz. 120.

123 A. A. *Gschwendtner*, DStR 1993 S. 817; *Schön*, FR 1994 S. 662; *Reiss*, StuW 1986 S. 236.

124 Vgl. BFH, Urteile vom 26. 1. 1978 – IV R 97/76, BStBl 1978 II S. 368; vom 25. 4. 1985 – IV R 83 83, BStBl 1986 II S. 350; vom 6. 7. 1995 – IV R 30/93, BStBl 1995 II S. 831; vom 12. 12. 1996 – IV R 77/93, BStBl 1998 II S. 180.

Wirtschaftsgütern (asset deal) zu qualifizieren.[125] Der Begriff des Mitunternehmeranteils umfasst nicht nur den Anteil des Gesellschafters am Gesamthandsvermögen, sondern auch das Sonderbetriebsvermögen des Gesellschafters.[126]

Für den Erwerber gilt das bezahlte Entgelt als **Anschaffungskosten** für den Anteil an der Personengesellschaft (§ 6 Abs. 1 Nr. 7 EStG). Wenn die Anschaffungskosten des Anteils dem Buchwert des Kapitalkontos entsprechen, werden sie in der steuerlichen Gesamthandsbilanz über die Fortführung der Buchwerte festgehalten. Der Aufstellung einer Ergänzungsbilanz bedarf es in diesem Fall nicht. 1417

Auch wenn für den Mitunternehmeranteil ein Entgelt bezahlt wird, das den bilanziellen Wert des Kapitalkontos in der Steuerbilanz der Gesellschaft übersteigt, bleibt die Bilanz der Gesellschaft unberührt. Die Differenz zwischen Kaufpreis und Kapitalkonto wird als Ausgleich für die in den Wirtschaftsgütern der Gesamthandsbilanz enthaltenen stillen Reserven sowie für den Anteil am Geschäfts- oder Firmenwert bezahlt. Dieser Mehrpreis wird in einer **positiven Ergänzungsbilanz** zur Gesamthandsbilanz vom Erwerber aktiviert.[127] Auf der Passivseite der Ergänzungsbilanz wird der Mehrpreis als **Mehrkapital** ausgewiesen, auf der Aktivseite wird der Mehrpreis auf die Wirtschaftsgüter aufgeteilt, die die stillen Reserven enthalten.[128] Die stillen Reserven sind insoweit aufzudecken, als der bisherige Gesellschafter an ihnen beteiligt war.[129] 1418

Die zu aktivierenden **(Mehr-)Aufwendungen** können bestehen[130]

1. in der Zahlung von Bar- oder Buchgeld;
2. in der Übernahme privater Schulden oder eines negativen Kapitalkontos des ausscheidenden Gesellschafters, wobei es unerheblich ist, ob dieses Kapitalkonto auf Entnahmen oder auf ausgleichsfähigen oder auf nur verrechenbaren Verlusten beruht;[131]
3. in einer handelsrechtlichen Gewinnermittlungsabrede.[132]

---

125 Vgl. *Herzig/Hötzel*, DBW 1990 S. 518.

126 Vgl. BFH, Urteil vom 19. 3. 1991 – VIII R 76/87, BStBl 1991 II S. 635.

127 Vgl. BFH, Urteile vom 26. 1. 1978 – IV R 97/76, BStBl 1978 II S. 368; vom 7. 11. 1985 – IV R 65/83, BStBl 1986 II S. 364; vom 18. 2. 1993 – IV R 40/92, BStBl 1994 II S. 224; BFH, Beschluss vom 21. 3. 1995 – IV B 95/94, BFH/NV 1996 S. 211; *Ley*, KÖSDI 2001 S. 12985; *Prinz/Thiel*, FR 1992 S. 193; *Hennrichs*, in: Tipke/Lang, Steuerrecht, 21. Aufl., Köln 2013, § 10 Rz. 123. Für Fälle des Gesellschafterwechsels findet § 24 UmwStG keine Anwendung, vgl. BMF, Schreiben vom 21. 8. 2001, IV A 6 – S 1909 – 11/01, BStBl 2001 I S. 543, Tz. 24.01 Buchst. c S. 3.

128 Nicht in jedem Fall ist die Aufstellung einer Ergänzungsbilanz erforderlich, wenn die Beteiligung über dem Buchwert des Kapitalkontos des Ausscheidenden veräußert wird. Wenn alle Gesellschafter aus der Personengesellschaft ausscheiden oder wenn ein Mitunternehmer ausscheidet und sein Anteil den verbliebenen Mitunternehmern im Verhältnis ihrer Beteiligung anwächst, können die Folgen unmittelbar in der Steuerbilanz gezogen werden, vgl. BFH, Urteil vom 28. 9. 1993 - VIII R 67/92, BStBl 1994 II S. 449; BFH, Urteil vom 12. 12. 1996 - IV R 77/93, BStBl 1998 II S. 180.
Ergänzungsbilanzen sind auch nicht nötig, wenn der Erwerb des Mitunternehmeranteils unentgeltlich erfolgt, da die Buchwerte fortzuführen sind (§ 6 Abs. 3 Satz 2 EStG), vgl. *Reiß*, in: Kirchhof (Hrsg.), EStG, 12. Aufl., Köln 2013, § 15 Rz. 246.

129 Vgl. BFH, Urteile vom 12. 6. 1975 – IV R 129/71, BStBl 1975 II S. 807; vom 25. 1. 1979 – IV R 56/75, BStBl 1979 II S. 302.

130 Vgl. zum Folgenden *Tiede*, in: HHR, EStG, KStG, Köln, § 15 Rz. 504 (Stand: 3/2013); *Wacker*, in: Schmidt, EStG, 32. Aufl., München 2013, § 15 Rz. 462.

131 Vgl. BFH, Urteil vom 30. 3. 1993 – VIII R 63/91, BStBl 1993 II S. 706 zu II.1.a; *Wacker*, in: Schmidt, EStG, 32. Aufl., München 2013, § 15 Rz. 462.

132 Vgl. BFH, Urteil vom 29. 10. 1991 – VIII R 148/85, BStBl 1992 II S. 647.

1419 Bei Fremden (Interessengegensatz) ist regelmäßig die vertragliche Aufteilung des Gesamtkaufpreises maßgeblich.[133] Vereinbarungen der Vertragsparteien zur Verteilung des Kaufpreises sind anzuerkennen, sofern sie sachlich gerechtfertigt und nicht willkürlich sind.[134] Es empfiehlt sich, die Verhandlungsergebnisse und Vorstellungen der Parteien, für welche Wirtschaftsgüter der Kaufpreis gezahlt wird, zu dokumentieren.[135] Wenn eine derartige Kaufpreisaufteilung nicht vorliegt, ist zu klären, nach welchen Kriterien die Aufstockung zu erfolgen hat. Die Entscheidung hierüber hat Einfluss auf die Steuerbelastung des Gesellschafters, „da durch die Festlegung der Anschaffungskosten der einzelnen Wirtschaftsgüter die zeitliche Struktur der Aufwandswirksamkeit des Mehrbetrags im Wege der Abschreibung vorherbestimmt wird."[136]

Bezüglich der **Aufteilung des Mehrbetrages** gelten nach der sogenannten **Stufentheorie** die folgenden widerlegbaren Vermutungen:[137]

1) Die stillen Reserven in den bereits bilanzierten materiellen und immateriellen Wirtschaftsgütern sind aufzudecken.

2) Sodann ist der Mehrpreis als Anschaffungskosten für die bisher nicht bilanzierten (also selbstgeschaffenen immateriellen) Wirtschaftsgüter anzusehen.

3) Ein verbleibender Betrag ist als Ausgleichszahlung für eine Beteiligung am Geschäfts- oder Firmenwert zu aktivieren.

4) Sofern auch nach Schritt 3) ein zu verteilender Mehrbetrag verbleibt, kann dieser als Betriebsausgabe abgezogen werden, sofern keine außerbetrieblichen Gründe für diesen Mehrbetrag vorliegen.[138] Dieser Abzug dürfte regelmäßig nur dann möglich sein, wenn es sich um eine Fehlmaßnahme handelt oder – im Falle des Erwerbs durch einen oder die Mitgesellschafter – ein lästiger Gesellschafter[139] zum Austritt bewegt werden soll.[140] Es handelt sich in diesem Fall nach der Rechtsprechung um Sonderbetriebsausgaben,[141] nicht um eine Betriebsausgabe im Ergänzungsbereich.[142]

---

133 Vgl. im Einzelnen BFH, Urteil vom 1.4.2009 – IX R 35/08, BStBl 2009 II S.663; BFH, Beschluss vom 30.7.2007 – VII B 176/08, BFH/NV 2009 S.1959; BFH, Urteil vom 18.1.2006 – IX R 34/05, BFH/NV 2006 S.1634; FG Rheinland-Pfalz, Urteil vom 23.2.2011, 2 K 1903/09, EFG 2012 S.63.

134 Vgl. BFH, Urteil vom 31.1.1973 – I R 197/70, BStBl 1973 II S.391.

135 Vgl. *Friedrich*, in: Müller/Hoffmann (Hrsg.), Beck´sches Handbuch der Personengesellschaften, 3. Aufl., München 2009, S.474, Rz.78.

136 *Niehus/Wilke*, Die Besteuerung der Personengesellschaften, 6. Aufl., Stuttgart 2013, S.268.

137 Vgl. BFH, Urteile vom 21.5.1970 – IV R 131/68, BStBl 1970 II S.740; vom 25.1.1979 – IV R 56/75, BStBl 1979 II S.302; vom 24.5.1984 – I R 166/78, BStBl 1984 II S.747; vom 7.6.1984 – IV R 79/82, BStBl 1984 II S.584.

138 Vgl. BFH, Urteil vom 21.4.1994 – IV R 70/92, BStBl 1994 II S.745.

139 Vgl. BFH, Urteile vom 30.3.1993 – VIII R 63/91, BStBl 1993 II S.706; vom 29.10.1991 – VIII R 148/85, BStBl 1992 II S.647.

140 Vgl. *Reiß*, in: Kirchhof (Hrsg.), EStG, 12. Aufl., Köln 2013, § 15 Rz.247; *Friedrich*, in: Beck'sches Handbuch der Personengesellschaften, 3. Aufl., München 2009, S.475, Rz.78; *Schoor*, StBp 2006 S.215.

141 Vgl. BFH, Urteile vom 30.3.1993 – VIII R 63/91, BStBl 1993 II S.706; vom 18.2.1993 – IV R 40/92, BStBl 1994 II S.224; vom 14.6.1994 – VIII R 37/93, BStBl 1995 II S.246. Dies gilt u.U. nicht bei Erwerb eines KG-Anteils mit negativem Kapitalkonto, vgl. *Wacker*, in: Schmidt, EStG, 32. Aufl., München 2013, § 15 Rz.462; *Mische*, BB 2010 S.2948.

142 So *Reiß*, in: Kirchhof (Hrsg.), EStG, 12. Aufl., Köln 2013, § 15 Rz.247.

Nach der **modifizierten Stufentheorie** werden die Stufen 1 und 2 zusammengefasst, d. h. in einem Schritt erfolgt eine gleichmäßige Aufstockung der bereits bilanzierten zusammen mit den bis dato nicht bilanzierten Wirtschaftsgütern.[143] Die **zweistufige Stufentheorie** vereint die Stufen 1 bis 3 zu einer Stufe, so dass auch der Geschäftswert von vornherein in die gleichmäßige Aufteilung einbezogen wird.[144] Hierin kommt die Überlegung zum Ausdruck, alle zukünftigen Ertragsaussichten innerhalb der Kaufpreisermittlung zu berücksichtigen, unabhängig davon, ob diese im Zusammenhang mit bereits bilanzierten materiellen und immateriellen Wirtschaftsgütern stehen, sich auf bisher nicht bilanzierte immaterielle Wirtschaftsgüter zurückführen lassen oder im Geschäftswert zusammengefasst werden.[145] Da sich der Firmenwert regelmäßig nur schwierig ermitteln lässt, erscheint es im Interesse der Objektivierung sinnvoll, nach der modifizierten Stufentheorie vorzugehen.[146] Ohne vertragliche Vereinbarungen erfolgt die **Aufteilung der zusätzlichen Anschaffungskosten** im Verhältnis der **Teilwerte** der angeschafften Wirtschaftsgüter.[147] Die Finanzverwaltung folgt nach dem neuen Umwandlungssteuererlass der zweistufigen Stufentheorie bei Einbringungen zu Zwischenwerten (§ 20 Abs. 2 Satz 2 UmwStG, § 24 Abs. 2 Satz 2 UmwStG).[148] 1420

2.6.3.2 Aufstellung einer Ergänzungsbilanz bei negativem Kaufpreis

Ein negativer Kaufpreis liegt beim Erwerb von Mitunternehmeranteilen vor, wenn das vereinbarte Entgelt unter dem (anteiligen) bilanziellen Eigenkapital der Mitunternehmerschaft liegt oder der Verkäufer eine Zuzahlung leistet, um den Erwerber zur Übernahme der Beteiligung zu bewegen.[149] Ein negativer Kaufpreis für den Mitunternehmeranteil ist von Entgelten für selbständig bewertbare, separate Leistungen des Käufers abzugrenzen. Ein negativer Kaufpreisbestandteil liegt z. B. nicht vor, wenn der Erwerber für Bankverbindlichkeiten der Gesellschaft eine selbstschuldnerische Bürgschaft übernimmt.[150] Um späteren Diskussionen mit der Finanzverwaltung über die Einordnung einer Zahlung vorzubeugen, sollten die Vertragsparteien die Gründe für eine Zuzahlung zeitnah und eindeutig dokumentieren. 1421

Wenn das bezahlte Entgelt aus betrieblichen Gründen (z. B. Notverkauf, schlechte wirtschaftliche Situation der Personengesellschaft) unter dem Buchwert des übernommenen Kapitalkontos liegt, stellt es die Anschaffungskosten für die Beteiligung dar. Ein steuerpflichtiger „Erwerbsgewinn“ darf nach der unter Kaufleuten geltenden Ausgeglichenheitsvermutung von Leistung und Gegenleistung nicht entstehen;[151] er verstieße

143 Vgl. *Hörger/Stobbe*, DStR 1991 S. 1233; *Ley*, StbJb 2003/04 S. 168 f.

144 Vgl. *Siegel*, DStR 1991 S. 1478 f.

145 So offenbar auch BFH, Urteil vom 30. 3. 1993 – VIII R 63/91, BStBl 1993 II S. 706.

146 Vgl. BFH, Urteil vom 14. 6. 1994 – VIII R 37/93, BStBl 1995 II S. 246; *Reiß*, in: Kirchhof (Hrsg.), EStG, 12. Aufl., Köln 2013, § 15 Rz. 247, *Ley*, KÖSDI 2001 S. 12986.

147 Vgl. BFH, Urteil vom 6. 7. 1995 – IV R 30/93, BStBl 1995 II S. 831; BFH, Urteil vom 26. 1. 1994 – III R 39/91, DStR 1994 S. 610; BFH, Beschluss vom 12. 6. 1978 – GrS 1/77, BStBl 1978 II S. 620; BFH, Urteil vom 26. 1. 1978 – IV R 97/76, BStBl 1978 II S. 368; *Herzig*, DB 1990 S. 134; *Moxter*, BB 1979 S. 744; *Schoor*, FR 1987 S. 249; *Siegel*, DStR 1991 S. 1479; *Kempf/Obermann*, DB 1998 S. 546.

148 Vgl. BMF, Schreiben vom 11. 11. 2011 – IV C 2 – S 1978 – b/08/10001, BStBl 2011 I S. 1314, Rz. 03.25.

149 Vgl. z. B. *Prinz*, FR 2011 S. 373.

150 Vgl. BFH, Urteil vom 26. 4. 2006 – I R 49, 50/04, BStBl 2006 II S. 656.

151 Vgl. Nds. FG, Urteil vom 24. 10. 1991 – XII 706/84, EFG 1993 S. 15; *Prinz*, FR 2011 S. 374.

gegen das Realisationsprinzip und das Anschaffungskostenprinzip und scheidet daher stets aus.[152] Zur Umsetzung des Anschaffungskostenprinzips ist in einer **negativen Ergänzungsbilanz** des eintretenden Gesellschafters die Differenz zwischen Buchwert und (niedrigeren) Anschaffungskosten anteilig bei allen Wirtschaftsgütern des Anlage- und Umlaufvermögens der Personengesellschaft als Minderwert zu passivieren (**Abstockung, passive Wertberichtigungen**).[153] Voraussetzung ist, dass der Minderpreis nicht aufgrund einer Wertminderung bestimmter Wirtschaftsgüter erfolgte.[154] Den Minderwerten steht auf der Aktivseite der negativen Ergänzungsbilanz in gleicher Höhe ein **Minderkapital** gegenüber. Die passiven Wertberichtigungen sind in der Folgezeit entsprechend dem Abgang oder dem Verbrauch der Wirtschaftsgüter gewinnerhöhend aufzulösen.[155]

1422 Die bisherigen Buchwerte in der Gesamthandsbilanz fortzuführen und die Differenz als Anteil an einem **negativen Geschäfts- oder Firmenwert** auszuweisen, kommt nicht in Betracht.[156] Ein negativer Geschäfts- oder Firmenwert ist nicht passivierungsfähig; er gehört nicht zu den Verbindlichkeiten, Rückstellungen und passiven Rechnungsabgrenzungsposten.[157] Zudem würden die unter dem Buchwert erworbenen Anteile an den Wirtschaftsgütern des Gesamthandsvermögens unverändert mit den höheren Werten in der Steuerbilanz der Gesellschaft ausgewiesen werden; die Höchstgrenze der Bewertung nach § 6 Abs. 1 Nr. 7 EStG würde überschritten werden, was nicht zulässig ist.[158] Ein Wahlrecht des Steuerpflichtigen zwischen Abstockung der Buchwerte und Ausweis des Differenzbetrages als negativer Geschäftswert wird durch § 6 Abs. 1 Nr. 7 EStG ausgeschlossen.[159]

Die erworbenen Wirtschaftsgüter werden maximal bis zum Erinnerungswert (1 €) abgestockt. Wirtschaftsgüter, die nach dem Nominalwertprinzip bewertet werden (z. B. Bar- und Buchgeld, vollwerthaltige Forderungen) scheiden für eine Abstockung aus,[160]

152 Vgl. BFH, Urteile vom 26. 4. 2006 – I R 49, 50/04, BStBl 2006 II S. 656; vom 26. 6. 2002 – IV R 3/01, BStBl 2003 II, S. 112; vom 10. 3. 1998 – VIII R 76/96, BStBl 1999 II S. 269; vom 12. 12. 1996 – IV R 77/93, BStBl 1998 II S. 180; vom 24. 10. 1996 – IV R 90/94, BStBl 1997 II, S. 241; vom 21. 4. 1994 – IV R 70/92, S. 745; *Prinz*, FR 2011 S. 374.

153 Vgl. BFH, Urteile vom 21. 4. 1994 – IV R 70/92, BStBl 1994 I S. 745; vom 7. 2. 1995 – VIII R 36/93, BStBl 1995 II S. 770; vom 6. 7. 1995 – IV R 30/93, BStBl 1995 II S. 831; vom 26. 6. 2002 – IV R 3/01, BStBl 2003 II S. 112; *Prinz*, FR 2011 S. 374; *Strahl*, DStR 1998 S. 515 ff.

154 Vgl. *Reiß*, in: Kirchhof (Hrsg.), EStG, 12. Aufl., Köln 2013, § 15 Rz. 248.

155 Vgl. BFH, Urteil vom 21. 4. 1994 – IV R 70/92, BStBl 1994 II S. 745; BFH, Urteil vom 6. 7. 1995 – IV R 30/93, BStBl 1995 II S. 831; FG Düsseldorf, Urteil vom 15. 12. 2010 – 15 K 2784/09 F, DStR 2011 S. 113.

156 Vgl. BFH, Urteil vom 19. 2. 1981 – IV R 41/78, BStBl 1981 II S. 730; BFH, Urteil vom 18. 2. 1993 – IV R 40/92, BStBl 1994 II S. 224; BFH, Urteil vom 21. 4. 1994, IV R 70/92, BStBl 1994 II S. 745; BFH, Urteil vom 6. 7. 1995 – IV R 30/93, BStBl 1995 II S. 832; BFH, Urteil vom 12. 12. 1996 – IV R 77/93, BStBl 1998 II S. 180; *Groh*, StuW 1995 S. 387; *Siegel/Bareis*, BB 1993 S. 1477 ff.
Gegen die „Abstockungslösung“ und für einen negativen Geschäftswert z. B. *Moxter*, in: Bierich/Hommelhoff/Kropff (Hrsg.), FS Semler, Berlin/New York 1993, S. 856 f.; *Regniet*, Ergänzungsbilanzen bei der Personengesellschaft, Köln 1990, S. 149 ff.

157 Vgl. BFH, Urteil vom 19. 2. 1981 – IV R 41/78, BStBl 1981 II S. 730 f.; *Siegel/Bareis*, BB 1993 S. 481 f. *Heurung*, DB 1995 S. 385.

158 Vgl. FG Niedersachsen, Urteil vom 24. 10. 1991 – XII 706/84, EFG 1993 S. 16.

159 Vgl. FG Niedersachsen, Urteil vom 24. 10. 1991 – XII 706/84, EFG 1993, S. 16.

160 Vgl. BFH, Urteil vom 12. 12. 1996 – IV R 77/93, BStBl 1998 II S. 180.

denn ansonsten ergäbe sich ein Verstoß gegen das Realisationsprinzip.[161] Die Aufteilung des Abstockungsbetrages lässt sich nur im Schätzungswege ermitteln;[162] es erscheint praktikabel, sie nach dem Verhältnis der Buchwerte vorzunehmen.[163] Die Rechtsprechung untersagt auch eine „Aufstockung" von Verbindlichkeiten und Rückstellungen,[164] während die h. M. in der Literatur diese Auffassung nicht teilt.[165] Der Anwendungsbereich für eine Aufstockung von Verbindlichkeiten und Rückstellungen ist allerdings beschränkt, da Passiva regelmäßig ohnehin nach dem **Höchstwertprinzip** bewertet werden. Allerdings enthalten Pensionsrückstellungen augrund der Bewertung mit dem Teilwert (§ 6a EStG) stille Lasten, weshalb eine Aufstockung geboten ist. Zudem sind Verbindlichkeiten und Rückstellungen, die nicht oder nur eingeschränkt in der Steuerbilanz des Verkäufers angesetzt werden können, zu berücksichtigen; so ist in der Ergänzungsbilanz des Erwerbers trotz des Passivierungsverbots für drohende Verluste aus schwebenden Geschäften (§ 5 Abs. 4a EStG) eine ungewisse Verbindlichkeit auszuweisen.[166] Die Aufstockungen sind auch an den nachfolgenden Bilanzstichtagen beizubehalten oder mit dem höheren Teilwert zu bewerten.

Wenn eine Abstockung von Wirtschaftsgütern nicht mehr möglich ist (z. B. Zuzahlungen des Veräußerers), muss ein erfolgsneutraler **passiver Ausgleichsposten** in der Ergänzungsbilanz des Erwerbers gebildet werden.[167] Es besteht kein Wahlrecht; die vorherige Abstockung von Aktiva bzw. die Aufstockung von Passiva ist zwingend vorzunehmen. Es darf nicht ein erhöhter passiver Ausgleichsposten angesetzt werden, um auf die Ab- bzw. Aufstockungen verzichten zu können.[168] Es würde dem Grundsatz der Erfolgsneutralität von Anschaffungsvorgängen widersprechen, den Betrag, der das Abstockungspotenzial übersteigt, sofort erfolgswirksam zu berücksichtigen.[169] Der Ausgleichsposten ist also das „technische Hilfsmittel" zur Umsetzung des Anschaffungskostenprinzips.

Werden **mehrere Gesellschaftsanteile** erworben, muss der Erwerber nur eine Ergän- 1423
zungsbilanz führen, in der Auf- und Abstockungen sowie positive und negative Aus-

161 Vgl. *Heurung*, DB 1995 S. 387; *Strahl*, DStR 1998 S. 517 f.

162 Vgl. BFH, Urteil vom 19. 2. 1981 – IV R 41/78, BStBl 1981 II S. 731.

163 Vgl. *Reiß*, in: Kirchhof/Söhn/Mellinghoff (Hrsg.), EStG, Heidelberg, § 15 Rz. E 258 (Stand: 11/1997); *Ley*, KÖSDI 2001 S. 12987; *Tiede*, in: HHR, EStG, KStG, Köln, § 15 Rz. 506 (Stand: 3/2013).

164 Vgl. BFH, Urteil vom 12. 12. 1996 – IV R 77/93, BStBl 1998 II, S. 180; zustimmend *Reiß*, in: Kirchhof (Hrsg.), EStG, 12. Aufl., Köln 2013, § 15 Rz. 248; *Tiede*, in: HHR, EStG, KStG, Köln, § 15 Rz. 506 (Stand: 3/2013).

165 Für eine Aufstockung aller Passiva: *Moxter*, in: Bierich/Hommelhoff/Kropff (Hrsg.), FS Semler, Berlin/New York 1993, S. 856; *Scheunemann/von Mandelsloh/Preuß*, DB 2011 S. 202; *Pickhardt*, DStR 1997 S. 1099; *Puscker/Schruff*, BB 1996 S. 741.

166 Vgl. BFH v. 16. 12. 2009 – I R 102/08, DB 2010 S. 309; *Scheunemann/von Mandelsloh/Preuß*, DB 2011 S. 202; *Geberth/Höhn*, DB 2010 S. 1905.

167 Vgl. BFH, Urteil vom 21. 4. 1994 – IV R 70/92, BStBl 1994 II S. 745; BFH, Urteil vom 12. 12. 1996 – IV R 77/93, BStBl 1998 II S. 180. Bei fehlendem Abstockungspotenzial gegen die Bildung eines passiven Ausgleichspostens und damit für eine sofortige erfolgswirksame Vereinnahmung des Differenzbetrages beim Erwerber z. B. *Siegel/Bareis*, BB 1993 S. 1477; *Groh*, in: Kirchhof/Offerhaus/Schöberle (Hrsg.), Steuerrecht, Verfassungsrecht, Finanzpolitik, FS Klein, Köln 1994, S. 825; *Hoffmann*, StuB 2011 S. 122.

168 Vgl. BFH, Urteil vom 21. 4. 1994 – IV R 70/92, BStBl 1994 II S. 745; BFH, Urteil vom 19. 2. 1981 – IV R 41/78, BStBl 1981 II S. 730.

169 Vgl. BFH, Urteil vom 26. 4. 2006, I R 49, 50/04, BStBl 2006 II S. 656; FG Niedersachsen, Urteil vom 24. 10. 1991 – XII 706/84, EFG 1993 S. 16; FG Düsseldorf, Urteil vom 15. 12. 2010 – 15 K 2784/09 F, DStR 2011 S. 113.

gleichsposten unter Berücksichtigung der unterschiedlichen Erwerbszeitpunkte zusammenzufassen sind.[170]

1424–1426 *(Einstweilen frei)*

2.6.3.3 Fortführung der Ergänzungsbilanz

2.6.3.3.1 Einheits- versus Vielheitsbetrachtung bei der Fortschreibung der Ergänzungsbilanz

1427 Eine positive Ergänzungsbilanz wird fortgeführt, solange die stillen Reserven und der Geschäfts- oder Firmenwert noch vorhanden sind.[171] In einer positiven Ergänzungsbilanz ergibt sich bei abnutzbarem Anlagevermögen zusätzliches AfA-Potenzial, in einer negativen Ergänzungsbilanz eine Verminderung der Abschreibungen.[172] Beträge aus der Fortschreibung einer Ergänzungsbilanz sind Teil des laufenden Gewinnanteils nach § 15 Abs. 1 Satz 1 Nr. 2 Satz 1 EStG.[173]

Im Rahmen der Fortführung von Ergänzungsbilanzen ist zu klären, ob der Erwerber in seiner Ergänzungsbilanz an die Wertfortführungsparameter (z. B. Restnutzungsdauer, AfA-Methode) der Gesellschaftsbilanz gebunden ist oder ihm statt dessen durch die Ausübung von Ansatz- und Bewertungswahlrechten in der Ergänzungsbilanz ein Entscheidungsspielraum zukommt. Der Rechtsprechung des BFH zufolge werden Auf- und Abstockungsbeträge in Ergänzungsbilanzen entsprechend dem Verbrauch, der Abnutzung oder der Veräußerung der Wirtschaftsgüter des Gesellschaftsvermögens gewinnwirksam aufgelöst.[174] Die Wertansätze in der Ergänzungsbilanz werden grundsätzlich wie diejenigen in der Steuerbilanz der Gesellschaft fortgeschrieben (**Grundsatz der Einheitlichkeit der Bewertung**),[175] sofern nicht bestimmte Maßnahmen personenbezogen sind oder Wirtschaftsgüter betroffen sind, die nur in der Ergänzungsbilanz ausgewiesen werden.[176] Die Personengesellschaft ist partielles Steuerrechtssubjekt; daher hat der Grundsatz der Einheit der Gesellschaft auch bei der Aufstellung und Fortschreibung von Ergänzungsbilanzen regelmäßig Vorrang vor dem Grundsatz der Vielheit der Gesellschafter.[177] Diese Ansicht ist aber strittig, weshalb auch **Einzelfragen** der Fortführung nicht abschließend geklärt sind.

---

170 Vgl. BFH, Urteil vom 21. 4. 1994 – IV R 70/92, BStBl 1994 II S. 745.

171 Vgl. BFH, Urteil vom 28. 9. 1995 – IV R 57/94, BStBl 1996 II S. 68.

172 Vgl. BFH, Urteil vom 28. 9. 1995 – IV R 57/94, BStBl 1996 II S. 68; BMF v. 11. 11. 2011, IV C 2 – S 1978 – b/08/10001, BStBl 2011 I S. 1314 ff., Rz. 24.14.

173 Vgl. BFH v. 25. 4. 2006 – VIII R 52/04, BStBl 2006 II, S. 847; BMF v. 11. 11. 2011, IV C 2 – S 1978 – b/08/10001, BStBl 2011 I S. 1314 ff., Rz. 24.14.

174 Vgl. BFH, Urteile vom 21. 4. 1994 – IV R 70/92, BStBl 1994 II S. 747; vom 6. 7. 1995 – IV R 30/93, BStBl 1995 II S. 831; vom 28. 9. 1995 – IV R 57/94, BStBl 1996 II S. 68; vom 6. 7. 1999 – VIII R 17/95, BFH/NV 2000 S. 34; *Schoor*, StBp 2006 S. 216.

175 Vgl. BFH, Urteil vom 28. 9. 1995 – IV R 57/94, BStBl 1996 II S. 68; *Dreissig*, BB 1990 S. 959; *Ley*, KÖSDI 1992 S. 9161; *Wismeth*, DB 1976 S. 792; *Schoor*, StBp 2006 S. 216; a. A. *Niehus*, StuW 2002 S. 119 ff.

176 Vgl. *Kozikowski/Staudacher*, in: Beck'scher Bilanz-Kommentar, 8. Aufl., München 2012, § 247 Rz. 747.

177 Vgl. *Dreissig*, BB 1990 S. 959; *Ley*, KÖSDI 1992 S. 9161; *Wismeth*, DB 1976 S. 792.

Mehrwerte **abnutzbarer Wirtschaftsgüter** des Anlagevermögens werden im Grundsatz nach der gleichen AfA-Methode wie in der Steuerbilanz der Gesellschaft abgeschrieben.[178] Der aktivierte Mehrbetrag wird auf die gleiche Restnutzungsdauer wie in der Steuerbilanz der Gesellschaft,[179] nach anderer Ansicht über eine neu zu schätzende Restnutzungsdauer[180] abgeschrieben. Nach letzterer Ansicht sind auch Aufwendungen für in der Steuerbilanz bereits vollständig abgeschriebene Wirtschaftsgüter zu aktivieren. 1428

Die AfA-Korrektur ist in **negativen Ergänzungsbilanzen** unter Bindung an die AfA-Methode und Nutzungsdauer in der Steuerbilanz der Gesellschaft vorzunehmen.[181] 1429

Mehrwerte für Anteile an **immateriellen Wirtschaftsgütern** des Gesellschaftsvermögens, die in der Steuerbilanz der Gesellschaft nicht aktiviert sind, werden in der Ergänzungsbilanz nach der tatsächlichen oder geschätzten Nutzungsdauer abgeschrieben;[182] ein Geschäftswert ist über 15 Jahre abzuschreiben (§ 7 Abs. 1 Satz 3 EStG). 1430

Es können in Ergänzungsbilanzen keine **Sonderabschreibungen**, **erhöhten Absetzungen** etc. vorgenommen werden.[183] 1431

Die Vornahme von **Teilwertabschreibungen** bei dauernder Wertminderung ist in der Ergänzungsbilanz im Grundsatz zulässig,[184] soweit der Anteil am Teilwert des Wirtschaftsgutes den anteiligen Buchwert dieses Wirtschaftsgutes aus der Steuerbilanz der Gesellschaft, ergänzt um den Buchwert aus der Ergänzungsbilanz, unterschreitet.[185] 1432

---

178 Vgl. BFH, Urteil vom 28. 9. 1995 – IV R 57/94, BStBl 1996 II S. 68; BFH, Urteil vom 10. 3. 2005 – II R 69/03, BFH/NV 2005 S. 1499; Nds. FG, Urteil vom 20. 10. 2009 – 8 K 323/05, EFG 2010 S. 558; *Wacker*, in: Schmidt, EStG, 32. Aufl., München 2013, § 15 Rz. 465; *Bode*, in: Blümich, EStG/KStG/GewStG, München, § 15 Rz. 556a (Stand: 11/2011); ; *Ley*, KÖSDI 1992 S. 9161; dies., KÖSDI 2001 S. 12988; *Schoor*, StBp 2006 S. 216; *Dreissig*, StbJb 1990/91 S. 235; a. A. *Niehus*, StuW 2002 S. 116; *Schmitt/Keuthen*, DStR 2013 S. 1572; *Reiß*, in: Kirchhof (Hrsg.), EStG, 12. Aufl., Köln 2013, § 15 Rz. 251; *Ising*, Ergänzungsbilanzen anlässlich eines entgeltlichen Gesellschafterwechsels, Frankfurt a. M. u. a. 2001, S. 152 ff.; *Tiede*, in: HHR, EStG, KStG, Köln, § 15 Rz. 505 (Stand: 3/2013).

179 So Nds. FG, Urteil vom 20. 10. 2009 – 8 K 323/05, EFG 2010 S. 558; *Ley*, KÖSDI 2001 S. 12988; *Friedrich*, in: Beck'sches Handbuch der Personengesellschaften, 3. Aufl., München 2009, S. 476 Rz. 79; *Bode*, in: Blümich, EStG/KStG/GewStG, München, § 15 Rz. 556a (Stand: September 20118); *Dreissig*, BB 1990 S. 959.

180 Vgl. *Wacker*, in: Schmidt, EStG, 32. Aufl., München 2013, § 15 Rz. 465; *Reiß*, in: Kirchhof (Hrsg.), EStG, 12. Aufl., Köln 2013, § 15 Rz. 325; *Niehus*, StuW 2002 S. 119, 123; *Regniet*, Ergänzungsbilanzen bei der Personengesellschaft, Köln 1990, S. 160; *Mische*, BB 2010 S. 2948; *Uelner*, DStJG 14 (1991) S. 155; *Schmitt/Keuthen*, DStR 2013 S. 1572; *Hunfeld*, in: Lange, Personengesellschaften im Steuerrecht, 8. Aufl., Herne 2012, Rz. 2182; *Tiede*, in: HHR, EStG, KStG, Köln, § 15 Rz. 505 (Stand: 3/2013).

181 Vgl. *Reiß*, in: Kirchhof (Hrsg.), EStG, 12. Aufl., Köln 2013, § 15 Rz. 251; *Niehus*, StuW 2002 S. 125; *Mische*, BB 2010 S. 2949.

182 Vgl. *Wacker*, in: Schmidt, EStG, 32. Aufl., München 2013, § 15 Rz. 466; *Uelner*, DStJG 14 (1991) S. 158; *Dreissig*, StbJb 1990/91 S. 237; *Schmitt/Keuthen*, DStR 2013 S. 1572.

183 Vgl. *Reiß*, in: Kirchhof (Hrsg.), EStG, 12. Aufl., Köln 2013, § 15 Rz. 251. Dies ist anders bei Ergänzungsbilanzen nach § 24 UmwStG, vgl. § 24 Abs. 4 i. V. m. § 22 Abs. 1 i. V. m. § 12 Abs. 3 UmwStG; BFH, Urteil vom 7. 11. 2006 – VIII R 13/04, BStBl 2008 II S. 545; *Reiß*, in: Kirchhof (Hrsg.), EStG, 12. Aufl., Köln 2013, § 15 Rz. 257.

184 Vgl. BFH, Urteil vom 6. 7. 1995 – IV R 30/93, BStBl 1995 II S. 831; a. A. *Marx*, StuW 1994 S. 200.

185 Für diese gesellschafterbezogene Sichtweise vgl. *Wacker*, in: Schmidt, EStG, 32. Aufl., München 2013, § 15 Rz. 467; *Ley*, KÖSDI 2001 S. 12988; *Bode*, in: Blümich, EStG/KStG/GewStG, München, § 15 Rz. 556a (Stand: 11/2011); *Tiede*, in: HHR, EStG, KStG, Köln, § 15 Rz. 505 (Stand: 3/2013); *Niehus*, StuW 2002 S. 124; *Schmitt/Keuthen*, DStR 2013 S. 1572; *Reiß*, in: Kirchhof (Hrsg.), EStG, 12. Aufl., Köln 2013, § 15 Rz. 251; *Regniet*, Ergänzungsbilanzen bei der Personengesellschaft, Köln 1990, S. 164; *Bitz*, DB 1992 S. 394. Demgegenüber auf den *gesamten* Buchwert in der Steuerbilanz der Gesellschaft abstellend (gesellschaftsbezogene Sichtweise): *Dreissig*, StbJb 1990/91 S. 236 f.; *dies.*, BB 1990 S. 960 f.; *Uelner*, DStJG 14 (1991) S. 157.

1433 Die **Sofortabschreibung geringwertiger Wirtschaftsgüter** nach § 6 Abs. 2 EStG ist in der Ergänzungsbilanz möglich,[186] wenn die Wirtschaftsgüter bei Anschaffung bzw. Herstellung durch die Gesellschaft geringwertige Wirtschaftsgüter i. S. d. § 6 Abs. 2 EStG waren, die Gesellschaft die Sofortabschreibung vorgenommen hat und der Aufwand des Erwerbers nicht höher als der seinem Gesellschaftsanteil entsprechende Anteil von 410 € ist.[187] Wenn die Wirtschaftsgüter bei Erwerb durch die Gesellschaft nicht geringwertig waren, kann in der Ergänzungsbilanz § 6 Abs. 2 EStG nicht zur Anwendung kommen, und zwar auch dann nicht, wenn der Aufwand des Erwerbers nicht höher ist als der dem Gesellschaftsanteil entsprechende Teil von 410 €.[188]

1434 Wenn die Personengesellschaft in ihrer Steuerbilanz einen **Sammelposten nach § 6 Abs. 2a EStG** gebildet hat, muss auch für die Mehrbeträge in der Ergänzungsbilanz ein Sammelposten gebildet werden. Wenn hingegen die Anschaffungs- bzw. Herstellungskosten der Gesellschaft mehr als 1.000 € betragen haben, kommt die Bildung eines Sammelpostens in der Ergänzungsbilanz auch dann nicht in Betracht, wenn der anteilige Mehrbetrag des Erwerbers innerhalb der 1.000 €-Grenze liegt.[189]

1435 Wenn ein Wirtschaftsgut, für das in einer Ergänzungsbilanz ein positiver oder negativer Wertkorrekturposten gebildet wurde, aus dem Gesamthandsvermögen ausscheidet, wird dieser Wertkorrekturposten aufgelöst, so dass sich beim betroffenen Mitunternehmer eine entsprechende Gewinnauswirkung ergibt.[190] Dies betrifft in erster Linie die Veräußerung von Umlauf- und nicht abnutzbarem Anlagevermögen, so dass im Falle einer positiven Ergänzungsbilanz zusätzliche Betriebsausgaben anfallen, während bei negativer Ergänzungsbilanz eine Verminderung der Betriebsausgaben eintritt.[191]

1436 Wenn das **mitunternehmerische Engagement des Erwerbers endet** (z. B. durch die Beendigung der Gesellschaft), sind positive wie negative Ergänzungsbilanzen erfolgswirksam aufzulösen. Die Auflösung fließt in die Ermittlung des Veräußerungsgewinns nach § 16 Abs. 1 Satz 2 EStG ein, indem das Ergänzungskapital zusammen mit dem Kapitalanteil in der Steuerbilanz der Gesellschaft den Buchwert des Gesellschaftsanteils am Betriebsvermögen i. S. d. § 16 Abs. 2 EStG darstellt.[192]

---

186 A. A. *Reiß*, in: Kirchhof (Hrsg.), EStG, 12. Aufl., Köln 2013, § 15 Rz. 251; *Regniet*, Ergänzungsbilanzen bei der Personengesellschaft, Köln 1990, S. 162 f.

187 Vgl. *Wacker*, in: Schmidt, EStG, 32. Aufl., München 2013, § 15 Rz. 468; *Niehus*, StuW 2002 S. 125; *Tiede*, in: HHR, EStG, KStG, Köln, § 15 Rz. 505 (Stand: 3/2013); *Ley*, KÖSDI 2001 S. 12988; *Ising*, Ergänzungsbilanzen anlässlich eines entgeltlichen Gesellschafterwechsels, Frankfurt a. M. u. a. 2001, S. 163; a. A. *Dreissig*, StbJb 1990/91 S. 237.

188 Vgl. *Wacker*, in: Schmidt, EStG, 32. Aufl., München 2013, § 15 Rz. 468; *Uelner*, DStJG 14 (1991) S. 157; *Ley*, KÖSDI 1992 S. 9161; *Tiede*, in: HHR, EStG, KStG, Köln, § 15 Rz. 505 (Stand: 3/2013); a. A. *Niehus*, StuW 2002 S. 125; *Ising*, Ergänzungsbilanzen anlässlich eines entgeltlichen Gesellschafterwechsels, Frankfurt a. M. u. a. 2001, S. 163.

189 Vgl. *Kulosa*, in: Schmidt, EStG, 32. Aufl., München 2013, § 6 Rz. 607.

190 Vgl. *Regniet*, Ergänzungsbilanzen bei der Personengesellschaft, Köln 1990, S. 70 f.; *Schulze-Osterloh*, ZGR 1991 S. 489; *Schoor*, StBp 2006 S. 216.

191 Vgl. BFH, Urteile vom 28. 9. 1995 – IV R 57/94, BStBl 1996 II S. 68; vom 19. 2. 1981 – IV R 41/78, BStBl 1981 II S. 730.

192 Vgl. *Reiß*, in: Kirchhof (Hrsg.), EStG, 12. Aufl., Köln 2013, § 15 Rz. 252; *Hennrichs* in Tipke/Lang, Steuerrecht, 21. Aufl., Köln 2013, § 10 Rz. 123.

2.6.3.3.2 Behandlung des passiven Ausgleichspostens

Auch bezüglich der Auflösung des passiven Ausgleichspostens zeigt sich, „dass es dem BFH nur darauf ankommt, dem ... Anschaffungskostenprinzip Rechnung zu tragen.“[193] Denn nach der Rechtsprechung des BFH wird der passive Ausgleichsposten mit künftigen Verlustanteilen des Gesellschafters verrechnet und ist spätestens bei vollständiger oder teilweiser Beendigung der Beteiligung gewinnerhöhend aufzulösen.[194] Der BFH hat sich damit gegen eine planmäßige Auflösung des Ausgleichspostens ausgesprochen. Der in der Literatur vereinzelt vertretenen Auffassung, den passiven Ausgleichsposten analog einem positiven Geschäftswert sukzessive gewinnwirksam aufzulösen,[195] wird zu Recht widersprochen; eine solche Auflösung ist weder sachgerecht noch steht sie im Einklang mit grundlegenden Bilanzierungsprinzipien.[196] 1437

„Durch die Auflösung soll vermieden werden, dass aus dem ‘steuerfrei‘ übertragenen Vermögen dem Erwerber auch noch ein steuerwirksamer Verlust entsteht.“[197] Nur Verluste, die den Erwerber letztlich wirtschaftlich treffen, sind steuermindernd abziehbar. Eine anteilige Auflösung des Ausgleichspostens kommt demnach in Betracht, „wenn die dem Erwerber zugerechneten Verluste nachweisbar nicht durch ihn selbst getragen werden.“[198] Der BFH befürchtet offenbar, dass der Steuerpflichtige den passiven Ausgleichsposten erst bei Beendigung der Mitunternehmerschaft erfolgserhöhend auflösen wird, wenn eine Verrechnung mit periodischen steuerlichen Verlusten nicht von vornherein verlangt wird.[199] Denn regelmäßig wird der Steuerpflichtige kein Interesse am Wegfall des passiven Ausgleichspostens haben und daher nicht um einen entsprechenden Nachweis bemüht sein. Nach dem Realisationsprinzip ist der Ausgleichsposten erst mit der Beendigung des Engagements aufzulösen, wenn keine effektiven Verluste entstehen oder die Verlusttragung nicht erkennbar ist.[200] 1438

In der Literatur wird vorgeschlagen, nach der Art der laufenden Verluste zu differenzieren, die für eine Auflösung des passiven Ausgleichspostens maßgebend sind. Eine erfolgswirksame Auflösung dieses Postens soll danach „nur in dem Ausmaß erfolgen, wie ein antizipierter und kaufpreismindernd einkalkulierter Verlust auch eintritt. ... Eine Auflösung ist erst dann gerechtfertigt, wenn gerade diejenigen Aufwendungen, die zur 1439

193 *Heurung*, DB 1995 S. 391.

194 Vgl. BFH, Urteil vom 21. 4. 1994 – IV R 70/92, BStBl 1994 II S. 745; BFH, Urteil vom 12. 12. 1996 – IV R 77/93, BStBl 1998 II S. 180; zustimmend FG Düsseldorf, Urteil vom 15. 12. 2010, 15 K 2784/09 F, DStR 2011 S. 113; *Wacker*, in: Schmidt, EStG, 32. Aufl., München 2013, § 16 Rz. 511; *Groh*, StuW 1995 S. 387; *Schoor*, StBp 2006 S. 216.
Zur Auflösung des passiven Ausgleichspostens bei Liquidation und bestimmten Übertragungsvorgängen vgl. *Scheunemann/von Mandelsloh/Preuß*, DB 2011 S. 205; *Meier/Geberth*, DStR 2011 S. 735 ff.

195 So *Möhrle*, DStR 1999 S. 1420; *Pusecker/Schruff*, BB 1996 S. 741 f.; *Sauer*, FR 1974 S. 128.

196 Vgl. im Einzelnen *Ernsting*, GmbHR 2007 S. 138; *Hoffmann*, DStR 2006 S. 1315; *Schiffers*, WPg 2006 S. 1283; *Schulze-Osterloh*, BB 2006 S. 1956.

197 *Meier*, DStR 2011 S. 114 f. Vgl. auch *Heurung*, DB 1995 S. 391; FG Düsseldorf, Urteil vom 15. 12. 2010 - 15 K 2784/09 F, DStR 2011 S. 113.

198 *Prinz*, FR 2011 S. 374.

199 Vgl. *Heurung*, DB 1995 S. 392.

200 Vgl. *Prinz*, FR 2011 S. 374.
Gegen die Verrechnung des passiven Ausgleichspostens mit späteren Verlustanteilen: *Ernsting*, GmbHR 2007 S. 138; *Mujkanovic*, WPg 1994 S. 527 f.

Bildung des passiven Ausgleichspostens geführt haben, nachweislich eintreten."[201] Demnach ist der passive Ausgleichsposten z. B. dann beizubehalten, wenn die Zurechnung der Verlustanteile zu den erworbenen Wirtschaftsgütern nicht möglich ist.[202] Es dürfte allerdings fraglich sein, ob eine derartige Analyse der einzelnen Verlustanteile gelingen kann; es wird daher vorgeschlagen, objektivierungsbedingt zu unterstellen, „dass die künftig eintretenden steuerlichen Verluste gerade die erwarteten Verlustdrohungen zum Zeitpunkt des Unternehmenserwerbs beinhalten."[203] Der BFH hat hierzu bisher keine eindeutige Aussage getroffen.

1440 In einem Urteil des FG Düsseldorf wird nicht nach der Art der Verlustanteile differenziert.[204] Zudem ist nach diesem Urteil zunächst eine Verrechnung der Verlustanteile mit dem Kapitalkonto und erst danach mit dem passiven Ausgleichsposten vorzunehmen, wenn vor dem Eintritt von Verlusten stehen gelassene Gewinne in der Mitunternehmerschaft vorliegen:[205] Diese stehengelassenen Gewinne „bewirken ... eine wirtschaftliche Verlusttragung",[206] weshalb die später erzielten Verluste insoweit steuerlich abziehbar sind und eine Verrechnung mit dem passiven Ausgleichsposten ausscheidet.

1441 Zudem bleibt der passive Ausgleichsposten von einer bloßen Verbesserung bzw. Umkehrung der Ertragslage (sog. Turnaround) des erworbenen Unternehmens unberührt;[207] er wird nicht alleine deshalb aufgelöst, weil mit künftigen Verlusten nicht mehr gerechnet wird und der Ausgleichsposten daher „wahrscheinlich nicht mehr für Kompensationszwecke herangezogen werden kann".[208] Entsprechend ergeben sich keine Auswirkungen auf den passiven Ausgleichsposten, wenn sich das Eigenkapital wieder im positiven Bereich bewegt.[209] Denn es ist oftmals „unklar, ob ein Turnaround dauerhaft ist oder es sich bloß um eine nur vorübergehende Verbesserung der Ertragslage handelt."[210]

1442–1450 *(Einstweilen frei)*

---

201 *Scheunemann/von Mandelsloh/Preuß*, DB 2011 S. 204, mit Verweis auf *Moxter*, in: Bierich/Hommelhoff/Kropff (Hrsg.), FS Semler, Berlin/New York 1993, S. 858; vgl. auch *Reiß*, in: Kirchhof (Hrsg.), EStG, 12. Aufl., Köln 2013, § 15 Rz. 248; *Meier/Geberth*, DStR 2011 S. 735.

202 Vgl. *Scheunemann/von Mandelsloh/Preuß*, DB 2011 S. 204, sowie *Meier/Geberth*, DStR 2011 S. 735, die empfehlen, bereits im Zeitpunkt der Bildung des passiven Ausgleichspostens bzw. zeitnah nach dessen Bildung zu dokumentieren, welche konkreten negativen Erfolgsbeiträge antizipiert werden, damit in Folgeperioden zwischen antizipierten und sonstigen Verlusten unterschieden werden kann.

203 *Heurung*, DB 1995 S. 392; gl. A. *Geiger*, DB 1996 S. 1535.

204 Vgl. FG Düsseldorf, Urteil vom 15. 12. 2010 – 15 K 2784/09 F, DStR 2011, S. 112 ff.; *Scheunemann/Preuß*, DB 2011 S. 675.

205 Vgl. FG Düsseldorf, Urteil vom 15. 12. 2010 – 15 K 2784/09 F, DStR 2011 S. 112 ff., wobei das FG zur Begründung eine Parallele zu vorgezogenen Einlagen zum Ausgleich eines negativen Kapitalkontos bei § 15a Abs. 1 Satz 1 EStG zieht, die nach der Rechtsprechung des BFH zur Ausgleichsfähigkeit später erlittener Verluste führen können (BFH, Urteil vom 20. 9. 2007, IV R 10/07, BB 2008 S. 370; Abschaffung der Korrekturpostenmethode durch das JStG 2009); zustimmend *Scheunemann/Preuß*, DB 2011 S. 675; *Maier*, DStR 2011 S. 115; *Prinz*, FR 2011 S. 373 f.; *Tiede*, in: HHR, EStG, KStG, Köln, § 15 Rz. 506 (Stand: 3/2013); ablehnend: *Wacker*, in: Schmidt, EStG, 32. Aufl., München 2013, § 16 Rz. 511.

206 *Prinz*, FR 2011 S. 374.

207 Vgl. *Scheunemann/von Mandelsloh/Preuß*, DB 2011 S. 204; *Meier/Geberth*, DStR 2011 S. 735.

208 *Scheunemann/von Mandelsloh/Preuß*, DB 2011 S. 204; vgl. auch *Meier/Geberth*, DStR 2011 S. 735.

209 Vgl. *Schiffers*, WPg 2006 S. 1282; *Scheunemann/von Mandelsloh/Preuß*, DB 2011 S. 204; anders *Hoffmann*, DStR 2006 S. 1316.

210 *Scheunemann/von Mandelsloh/Preuß*, DB 2011 S. 204.

3. Zweite Stufe der Gewinnermittlung

3.1 Aufstellung der Sonderbilanz und der Sonder-GuV

Sonderbilanzen sind Bestandteil der zweiten Stufe der Gewinnermittlung. Sie weisen ausschließlich Wirtschaftsgüter aus, die im Eigentum eines, mehrerer oder aller Gesellschafter stehen und dem Gesellschaftszweck dienen (**Sonderbetriebsvermögen** [SBV], vgl. Rz. 1459 ff.), nicht aber solche Wirtschaftsgüter, die dem Gesamthandsvermögen zuzurechnen sind. In der Handelsbilanz ist das SBV also nicht ausgewiesen (§ 246 Abs. 1 HGB). Wenn mehrere Gesellschafter über SBV verfügen, wird für jeden Gesellschafter eine Sonderbilanz erstellt. 1451

Die **Verpflichtung zur Aufstellung** der Sonderbilanzen trifft die Personengesellschaft, nicht den einzelnen Gesellschafter.[211] Die Buchführungspflicht der Gesamthand für das Sonderbetriebsvermögen fußt nicht auf § 140 AO, da handelsrechtlich ein Sonderbetriebsvermögen nicht besteht,[212] sondern ergibt sich aus § 141 AO, indem sich diese originäre steuerliche Buchführungspflicht auf das gesamte steuerliche Betriebsvermögen bezieht.[213] Damit muss der Gesellschafter alle relevanten Daten (z. B. auch „sensible Sonderbetriebsausgaben“[214]) der Geschäftsführung der Gesellschaft mitteilen.[215] Es besteht die Vermutung, dass die Sonderbilanz mit dem Mitunternehmer abgestimmt ist; dies gilt nicht bei einem ausgeschiedenen Gesellschafter oder wenn der Finanzbehörde bekannt ist, dass zwischen der Personengesellschaft und dem Mitunternehmer ernstliche Meinungsverschiedenheiten bestehen.[216] 1452

Neben der Sonderbilanz ist eine **Sonder-GuV** aufzustellen, in der die **Sonderbetriebseinnahmen (SBE)** und **Sonderbetriebsausgaben (SBA)** erfasst werden. SBE erhöhen das SBV; durch das SBV veranlasste Ausgaben (SBA), welche dem Gesellschafter entstehen, mindern das SBV. 1453

---

211 Vgl. BFH, Urteile vom 23. 10. 1990 – VIII R 142/85, BStBl 1991 II S. 401; vom 11. 3. 1992 – XI R 38/89, BStBl 1992 II S. 797; vom 25. 3. 2004 – IV R 49/02, BFH/NV 2004 S. 1247; vom 25. 1. 2006 – IV R 14/04, BStBl 2006 II S. 418. Wichmann zufolge besteht keine Pflicht der Personengesellschaft zur Erstellung einer Sonderbilanz, vgl. *Wichmann*, DStR 2012 S. 2513 ff.

212 Vgl. *Mathiak*, StbJb 1986/87 S. 106; *Neufang/Schmid*, Stbg 2012 S. 338 f.

213 Vgl. R 4.2 Abs. 2 EStR; AEAO zu § 141 Nr. 1; *Neufang/Schmid*, Stbg 2012 S. 339; *dies.*, Stbg 2013 S. 26; a. A. *Wichmann*, Stbg 2012 S. 541; *ders.*, Stbg 2013 S. 28.

214 So *Hüttemann*, DStJG 34 (2011) S. 303.

215 Vgl. BFH, Urteil vom 11. 9. 1991 – XI R 35/90, BStBl 1992 II S. 4; BGH, Urteil vom 21. 9. 2009 – II ZR 264/08, DStR 2010 S. 65. Gerade auch aus diesem Grund wird in der Literatur z. T. eine Bilanzierungspflicht des einzelnen Gesellschafters gefordert, vgl. im Einzelnen *Knobbe-Keuk*, Bilanz- und Unternehmenssteuerrecht, 9. Aufl., Köln 1993, S. 442 f.; *Rose*, in: Ballwieser et al. (Hrsg.), Bilanzrecht und Kapitalmarkt, FS Moxter, Düsseldorf 1994, S. 1089; *Schön*, DStR 1993 S. 193; *Hoffmann*, BB 1991 S. 513 ff.; *Hennrichs*, in: Tipke/Lang, Steuerrecht, 21. Aufl., Köln 2013, § 10 Rz. 116; *Felix*, KÖSDI 1987, S. 6991 ff.

216 Vgl. BFH, Urteil vom 25. 1. 2006 – IV R 14/04, BStBl 2006 II S. 418.

1454 Auf der ersten und der zweiten Stufe der Gewinnermittlung kommt einheitlich die von der Gesellschaft angewandte **Gewinnermittlungsmethode** zur Anwendung (§§ 4, 5 EStG oder § 4 Abs. 3 EStG).[217] Folglich ist auf der zweiten Stufe ein Betriebsvermögensvergleich nach §§ 4 Abs. 1, 5 Abs. 1 EStG vorzunehmen, wenn dies auch auf der ersten Stufe der Fall ist. Damit ist eine isolierte Gewinnermittlung nach § 4 Abs. 3 EStG nur für die Sonderbereiche der Gesellschafter unzulässig. Die Sonderbilanz unterliegt der **Maßgeblichkeit** des § 5 Abs. 1 EStG,[218] allerdings ohne Maßgeblichkeit eines konkreten Handelsbilanz-Ansatzes.[219] Der Mitunternehmer entscheidet über Ansatz- und Bewertungswahlrechte in seiner Sonderbilanz.[220]

1455 In der steuerlichen Gesamthandsbilanz und den Sonderbilanzen ist bezüglich der von § 15 Abs. 1 Satz 1 Nr. 2 EStG erfassten Rechtsbeziehungen zwischen Gesellschaft und Mitunternehmern **korrespondierend** zu bilanzieren (**„additive Gewinnermittlung mit korrespondierender Bilanzierung“**).[221] Sondervergütungen werden als Ausdruck der korrespondierenden Bilanzierung zeit- und betragsgleich als Aufwand auf der ersten Stufe der Gewinnermittlung und als Ertrag in der Sonder-GuV des Gesellschafters erfasst.[222] In bestimmten Fällen kann es zu einem Auseinanderfallen der Gewinnauswirkung kommen, z. B. wenn die an den Gesellschafter gezahlte Sondervergütung in der Steuerbilanz der Personengesellschaft als Anschaffungs- oder Herstellungskosten zu aktivieren ist.[223] Die Rechtsprechung leitet den Grundsatz der korrespondierenden Bilanzierung aus dem mit § 15 Abs. 1 Satz 1 Nr. 2 EStG verfolgten Zweck ab, den Gewinn unabhängig davon zu besteuern, ob die Leistungen des Gesellschafters durch eine Sondervergütung oder durch einen Vorabgewinn abgegolten werden.[224]

---

217 Vgl. BFH, Urteile vom 23. 5. 1979 – I R 56/77, BStBl 1979 II S. 763; vom 11. 12. 1986 – IV R 222/84, BStBl 1987 II S. 553; vom 23. 10. 1990 – VIII R 142/85, BStBl 1991 II S. 401; vom 11. 3. 1992 – XI R 38/89, BStBl 1992 II S. 797; vom 14. 6. 1994 – VIII R 37/93, BStBl 1995 II S. 246; *Hennrichs*, in: Tipke/Lang, Steuerrecht, 21. Aufl., Köln 2013, S. 593 f., Rz. 115; kritisch *Keuk*, StuW 1974 S. 32-34; *Rose*; in: Ballwieser et al. (Hrsg.), Bilanzrecht und Kapitalmarkt, FS Moxter, Düsseldorf 1994, S. 1102-1108; *Westerfelhaus*, DB 1991 S. 1340 f.; *Wichmann*, DB 1991 S. 2117 f.

218 Vgl. BFH, Urteil vom 31. 10. 2000 – VIII R 85/94, BStBl 2001 II S. 185; *Wacker*, in: Schmidt, EStG, 32. Aufl., München 2013, § 15 Rz. 475.

219 Vgl. BFH, Urteil vom 21. 1. 1992 – VIII R 72/87, BStBl 1992 II S. 958; im Einzelnen *Reiß*, in: Kirchhof (Hrsg.), EStG, 12. Aufl., Köln 2013, § 15 Rz. 237.

220 Vgl. BFH, Urteil vom 25. 1. 2006 – IV R 14/04, BFH/NV 2006 S. 874; *Ley*, WPg 2006 S. 906.

221 Vgl. BFH, Urteile vom 16. 12. 1992 – I R 105/91, BStBl 1993 II S. 792; vom 12. 12. 1995 – VIII R 59/62, BStBl 1996 II S. 219; vom 2. 12. 1997 – VIII R 15/96, DStR 1998 S. 482; vom 28. 3. 2000 – VIII R 13/99, BStBl 2000 II S. 612; *Wacker*, in: Schmidt, EStG, 32. Aufl., München 2013, § 15 Rz. 404; *Hennrichs*, in: Tipke/Lang, Steuerrecht, 21. Aufl., Köln 2013, § 10, Rz. 108, 144; *Gschwendtner*, DStZ 1998 S. 777; *Raupach*, DStZ 1992 S. 697 f. Demgegenüber plädieren für eine „reine additive Gewinnermittlung“, d. h. Geltung der allgemeinen Ansatz- und Bewertungsregeln in der Sonderbilanz: *Knobbe-Keuk*, Bilanz- und Unternehmenssteuerrecht, 9. Aufl., Köln 1993, S. 479 ff.; *Kusterer*, DStR 1993 S. 1209; *Söffing*, BB 1999 S. 96 ff.; zu einem Überblick über weitere Ansichten im Schrifttum vgl. *Wacker*, in: Schmidt, EStG, 32. Aufl., München 2013, § 15 Rz. 405, 546.

222 Vgl. BFH, Urteil vom 12. 12. 1995 – VIII R 59/92, BStBl 1996 II S. 219; *Wacker*, in: Schmidt, EStG, 32. Aufl., München 2013, § 15 Rz. 404; *Reiß*, in: Kirchhof (Hrsg.), EStG, 10. Aufl., Köln 2011, § 15 Rz. 235.

223 Vgl. *Herbst/Stegemann*, DStR 2013 S. 177; *Zimmermann* u. a., Die Personengesellschaft im Steuerrecht, 11. Aufl., Achim 2013, B Rz. 315.

224 Vgl. BFH, Urteil vom 28. 3. 2000 - VIII R 13/99, BStBl 2000 II, S. 612; *Herbst/Stegemann*, DStR 2013 S. 177.

Bildet die Gesellschaft eine Rückstellung für eine **Pensionszusage** an einen Gesellschafter (vgl. Rz. 1376), so ist in der Sonderbilanz des begünstigten Gesellschafters abweichend vom Realisationsprinzip eine Forderung als korrespondierender Aktivposten zu aktivieren.[225] Nach dem durch das BilMoG geänderten Gesetzeswortlaut des § 5 Abs. 1 Satz 1 EStG könnte beim Ansatz von Pensionsrückstellungen von einem eigenständigen **steuerlichen Wahlrecht** auszugehen sein (§ 6a Abs. 1 EStG).[226] In diesem Fall könnte eine sofortige Besteuerung im Sonderbetriebsvermögen bei den pensionsberechtigten Mitunternehmern vermieden werden. Allerdings gilt das handelsrechtliche Passivierungsgebot (§ 249 Abs. 1 HGB i.V. m. Art. 28 Abs. 1 EGHGB) nach Ansicht der Finanzverwaltung[227] und der wohl h. M. in der Literatur[228] wegen § 5 Abs. 1 Satz 1 EStG auch für die Steuerbilanz. Es liegt demnach kein steuerliches Passivierungswahlrecht vor; vielmehr schränken die in § 6a Abs. 1 und 2 EStG genannten zusätzlichen Voraussetzungen die Maßgeblichkeit des handelsrechtlichen Passivierungsgebotes nur ein.

Im Fall der Gewährung eines Darlehens durch den Gesellschafter an die Gesellschaft 1456 heben sich in der **steuerlichen Gesamtbilanz** die Darlehensverpflichtung in der Gesamthandsbilanz und die Forderung in der Sonderbilanz gegeneinander auf.[229] Hierbei ist es unerheblich, ob die Darlehensgewährung marktüblich, niedrig oder unverzinslich ist und ob sie gesichert ist oder nicht.[230] Aufgrund des Korrespondenzprinzips gilt das **Imparitätsprinzip** z. B. im Fall der Insolvenz der Personengesellschaft nicht;[231] die Forderung kann während des Bestehens der Gesellschaft in der Sonderbilanz nicht wertberichtigt werden. Vielmehr kommt es erst im Zeitpunkt der Beendigung des mitunternehmerischen Engagements (Ausscheiden des Gesellschafters, Beendigung der Gesellschaft) zu einer steuerlichen Berücksichtigung dieses Verlustes im Sonderbetriebsvermögen.[232] Infolge der korrespondierenden Bilanzierung wird eine unverzinsliche Ver-

225 Vgl. BFH, Urteil vom 2.12.1997 – VIII R 15/96, BB 1998 S. 733; BFH, Urteil vom 14. 2. 2006 – VIII R 40/03, BStBl II 2008 S. 182; BFH, Urteil vom 30. 3. 2006 – IV R 25/04, BStBl II 2008 S. 171; BMF, Schreiben vom 29.1.2008 – IV B 2 – S 2176/07/0001, BStBl 2008 I S. 317 Rz. 5; *Hüttemann*, DStJG 34 (2011) S. 304; *Ley*, KÖSDI 2008 S. 1605; *Sievert/Kardekewitz*, Ubg 2008 S. 617.

226 Vgl. z. B. *Dörfler/Adrian*, DB 2009, Beilage 5, S. 58; *Förster/Schmidtmann*, BB 2009 S. 1342; *Günter*, Stbg 2009 S. 399; *Scheffler*, StuB 2010 S. 300.

227 Vgl. BMF, Schreiben vom 12. 3. 2010 – IV C 6 – S 2133/09/10001, BStBl 2010 I S. 239, Rz. 4, 9 ff.

228 Vgl. *Anzinger/Schleiter*, DStR 2010 S. 398; *Arbeitskreis Bilanzrecht der Hochschullehrer Rechtswissenschaft*, DB 2009 S. 2570 ff.; *Döring/Heger*, DStR 2009 S. 2068; *Geberth/Blasius*, FR 2010 S. 409; *Hennrichs*, Ubg 2009 S. 533, 541 f.; *ders.*, StbJb 2009/10 S. 272; *Hennrichs*, in Tipke/Lang, Steuerrecht, 21. Aufl., Köln 2013, S. 512, Rz. 195; *Höfer/Rhiel/Veit*, DB 2009 S. 1608; *Hoffmann*, StuB 2009 S. 516; *ders.*, StuB 2010 S. 210; *Klein*, NWB 2010 S. 2044; *Mitschke*, FR 2010 S. 219; *Rätke/Theile*, BBK 2010 S. 309; *Richter*, GmbHR 2010 S. 506; *Weber-Grellet*, DB 2009 S. 2403.

229 Vgl. BFH, Urteile vom 12.12.1997 – IV R 77/93, BStBl 1998 II S. 180; vom 5. 6. 2003 – IV R 36/02, BStBl 2003 II S. 871.

230 Vgl. *Wacker*, in: Schmidt, EStG, 32. Aufl., München 2013, § 15 Rz. 540 m. w. N.

231 Vgl. BFH, Beschluss vom 3. 2. 2005 – VIII B 25/04, BFH/NV 2005 S. 1257; BFH, Urteile vom 12.12.1997 – IV R 77/93, BStBl 1998 II S. 180; vom 19. 5. 1993 – I R 60/92, BStBl 1993 II S. 714; *Wacker*, in: Schmidt, EStG, 32. Aufl., München 2013, § 15 Rz. 404, 544; *Friedrich*, in: Beck'sches Handbuch der Personengesellschaften, 3. Aufl., München 2009, S. 479 Rz. 84.

232 Vgl. BFH, Urteile vom 28. 3. 2000 – VIII R 28/98, BStBl 2000 II S. 347; vom 5. 6. 2003 – IV R 36/02, BStBl 2003 II S. 871; *Weber-Grellet*, StuB 2004 S. 27 f. Zum Forderungsverzicht bei Mitunternehmerschaften vgl. *Wacker*, in: Schmidt, EStG, 32. Aufl., München 2013, § 15 Rz. 550; *Herbst/Stegemann*, DStR 2013 S. 179 f.

bindlichkeit der Gesellschaft gegenüber einem Mitunternehmer nicht nach § 6 Abs. 1 Nr. 3 EStG abgezinst.[233]

1457 *(Einstweilen frei)*

1458 Da die im Rahmen von Miet- bzw. Pachtverträgen der Personengesellschaft überlassenen Wirtschaftsgüter eines Gesellschafters dem SBV zugerechnet werden (vgl. Rz. 1470), können auch für diese Wirtschaftsgüter die für gewerbliche Unternehmen vorgesehenen **Steuervergünstigungen** (z. B. Sonderabschreibungen, Investitionszulagen) in Anspruch genommen werden. Der jeweilige Gesellschafter, nicht die Gesellschaft, gilt grundsätzlich als anspruchsberechtigt für Investitionszulagen, die Wirtschaftsgüter des SBV betreffen.[234] Entsprechend ist es möglich, den Investitionsabzugsbetrag nach § 7g EStG für Investitionen im Sonderbetriebsvermögen zu bilden;[235] bzgl. der Schwellenwerte des § 7g Abs. 1 EStG wird dabei auf die Mitunternehmerschaft abgestellt.[236]

3.2 Umfang des Sonderbetriebsvermögens der Gesellschafter

3.2.1 Das Sonderbetriebsvermögen als Bestandteil des steuerrechtlichen Betriebsvermögens der Mitunternehmerschaft

1459 Das steuerliche Betriebsvermögen der Personengesellschaft besteht aus dem Gesamthandsvermögen der Gesellschaft und dem **Sonderbetriebsvermögen** der einzelnen Gesellschafter.[237] Zum SBV zählen im Grundsatz solche Wirtschaftsgüter, die nicht dem Gesamthandsvermögen der Gesellschaft, aber einem, mehreren oder allen Gesellschaftern zivilrechtlich und/oder wirtschaftlich zuzuordnen sind und dem Bereich der gewerblichen Betätigung des oder der Mitunternehmer im Rahmen der Mitunternehmerschaft zuzurechnen sind. "Wenn das Gesetz den Mitunternehmer dem Einzelunternehmer gleichstellen will, so ist es folgerichtig, wenn alle von der Gesellschaft genutzten Güter Betriebsvermögen sind, gleichgültig ob sie der Gesellschaft oder dem Gesellschafter gehören."[238] Bezogen auf das Betriebsvermögen werden die Gesellschaft und ihre Gesellschafter also als **Einheit** betrachtet, was folgende Abbildung unterstreicht:[239]

233 Vgl. BFH, Urteil vom 24. 1. 2008 – IV R 37/06, BB 2008 S. 941; *Groh*, DB 2007 S. 2279; *Warnke*, EStB 2005 S. 188; *Herbst/Stegemann*, DStR 2013 S. 178; a. A. *Hoffmann*, GmbHR 2005 S. 974. Zu Ausnahmen vom Grundsatz der korrespondierenden Bilanzierung vgl. *Herbst/Stegemann*, DStR 2013 S. 179 f.

234 Vgl. FG Baden-Württemberg, Urteil vom 26. 8. 1987 – XII K 590/85, EFG 1988 S. 486; vgl. auch *Knobbe-Keuk*, Bilanz- und Unternehmenssteuerrecht, 9. Aufl., Köln 1993, S. 441; *Kozikowski/Staudacher*, in: Beck'scher Bilanz-Kommentar, 8. Aufl., München 2012, § 247 Rz. 754.

235 Vgl. BMF, Schreiben vom 8. 5. 2009 – IV C 6 – S 2139-b/07/10002, BStBl 2009 I S. 633, Rz. 1.

236 Vgl. BMF, Schreiben vom 8. 5. 2009 – IV C 6 – S 2139-b/07/10002, BStBl 2009 I S. 633, Rz. 1.

237 Vgl. BFH, Urteile vom 16. 2. 1996 – I R 183/94, BStBl 1996 II S. 342; vom 25. 11. 2009 – I R 72/08, BStBl 2010 II S. 471.

238 *Schreiber*, Besteuerung der Unternehmen, Eine Einführung in Steuerrecht und Steuerwirkung, 3. Aufl., Wiesbaden 2012, S. 216.

239 Vgl. *Niehus/Wilke*, Die Besteuerung der Personengesellschaften, 6. Aufl., Stuttgart 2013, S. 69.

Handelsrechtliches Bilanzvermögen der Personengesellschaft		
Gesamthänderisch gebundenes Privatvermögen der Mitunternehmer	Gesamthänderisch gebundenes Betriebsvermögen der Mitunternehmerschaft	Sonderbetriebsvermögen der einzelnen Mitunternehmer bei der Mitunternehmerschaft

Steuerrechtliches Betriebsvermögen der Mitunternehmerschaft

Es existiert **keine gesetzliche Regelung** über das SBV. Das SBV wird aus dem Begriff des Betriebsvermögens in § 4 Abs. 1, § 5 Abs. 1 EStG abgeleitet,[240] zusätzlich aus § 6 Abs. 5 EStG.[241] Die Rechtsgrundlage für das SBV wird zudem in einem Gebot der Übereinstimmung zwischen der Zurechnung einer Einkunftsquelle und der Zurechnung der hieraus fließenden Einkünfte gesehen: Die Zurechnung der vom Mitunternehmer der Personengesellschaft überlassenen Wirtschaftsgüter zum steuerlichen Betriebsvermögen der Mitunternehmerschaft (als SBV) ist Folge der Zurechnung der Sondervergütungen zu den gewerblichen Einkünften (§ 15 Abs. 1 Satz 1 Nr. 2 EStG).[242] 1460

Geldforderungen oder **Verbindlichkeiten** zählen nur dann zum Sonderbetriebsvermögen, wenn deren Entstehung gesellschaftsrechtlich veranlasst ist oder ein wirtschaftlicher Zusammenhang mit Wirtschaftsgütern des Sonderbetriebsvermögens besteht.[243] 1461

Wirtschaftsgüter, die einer Person (z. B. Ehegatte) gehören, die nicht Mitunternehmer ist, können regelmäßig nicht Sonderbetriebsvermögen sein.[244] Wirtschaftsgüter, die im **Miteigentum mehrerer Personen** stehen, von denen nur eine oder einige Mitunternehmer der PersG sind, die das Gut nutzt, können nur insoweit Sonderbetriebsvermögen sein, als es anteilig auf die Beteiligten entfällt, die auch Mitunternehmer sind.[245] 1462

240 Vgl. *Wacker*, in: Schmidt, EStG, 32. Aufl., München 2013, § 15 Rz. 506; *Prinz*, DB 2010 S. 972.

241 Vgl. *Wacker*, in: Schmidt, EStG, 32. Aufl., München 2013, § 15 Rz. 506; *Hennrichs*, in: Tipke/Lang, Steuerrecht, 21. Aufl., Köln 2013, S. 597 Rz. 131.

242 Vgl. z. B. BFH, Urteile vom 4. 4. 1968 – IV 210/61, BStBl 1968 II S. 411; vom 2. 12. 1982 – IV R 72/79, BStBl 1983 II S. 215; BFH, Beschluss vom 3. 5. 1993 – GrS 3/92, BStBl 1993 II S. 616; *Raupach*, DStZ 1992 S. 696; *Reiß*, in: Kirchhof (Hrsg.), EStG, 12. Aufl., Köln 2013, § 15 Rz. 230; *Neu*, DStR 1998 S. 1251; *Schön*, DStR 1993 S. 185 ff. Allerdings rechtfertigt diese Argumentation nur den Einbezug von SBV I, nicht von SBV II, weil in § 15 Abs. 1 Satz 1 Nr. 2 Satz 1 EStG keine Bestimmung enthalten ist, nach der die Erträge aus solchen Wirtschaftsgütern, die der Beteiligung eines Mitunternehmers an seiner Personengesellschaft dienen, zu den gewerblichen Einkünften aus der Mitunternehmerschaft gehören, vgl. *Söffing*, DStR 2003 S. 1106; *Knobbe-Keuk*, Bilanz- und Unternehmenssteuerrecht, 9. Aufl., Köln 1993, S. 444; *dies.*, StuW 1974 S. 32; *Kruse*, DStJG 2 (1979) S. 37; *Schön*, DStR 1993 S. 185; *Tiedtke/Hils*, DStZ 2004 S. 482; *Schneider*, Sonderbetriebsvermögen – Rechtsgrundlage und Umfang, Köln 2000, S. 116 ff., 127 ff., 219 ff.; a. A. *Hüttemann*, DStJG 34 (2011) S. 303.

243 Vgl. BFH, Urteil vom 27. 6. 2006 – VIII R 31/04, BStBl 2006 II S. 874; hierzu *Kölpin*, StuB 2007 S. 31 ff.

244 Vgl. BFH, Beschluss vom 3. 5. 1993 – GrS 3/92, BStBl 1993 II S. 616; BFH, Urteil vom 15. 3. 2000 – VIII R 51/98, BStBl 2000 II S. 316; *Wacker*, in: Schmidt, EStG, 32. Aufl., München 2013, § 15 Rz. 511.

245 Vgl. BFH, Urteile vom 8. 3. 1990 – IV R 60/89, BStBl 1994 II S. 599; vom 26. 2. 1987 – IV R 106/83, BFH/NV 1987 S. 497 f.; vom 18. 3. 1958 – I 147/57 U, BStBl 1958 III S. 262.

1463 Bei Mitunternehmerschaften **ohne Gesamthandsvermögen** (z. B. **atypische stille Gesellschaft**) umfasst das Betriebsvermögen die zum Betrieb des tätigen Teilhabers (§ 235 HGB) gehörigen Wirtschaftsgüter und das Sonderbetriebsvermögen des atypischen stillen Gesellschafters.[246]

1464–1466 *(Einstweilen frei)*

3.2.2 Notwendiges Sonderbetriebsvermögen

3.2.2.1 Begriff und Umfang des notwendigen Sonderbetriebsvermögens

1467 Wirtschaftsgüter, die zivilrechtlich und wirtschaftlich oder nur wirtschaftlich (§ 39 Abs. 2 Nr. 1 AO)[247] im Eigentum eines Mitunternehmers stehen, zählen zum **notwendigen SBV**, sofern sie dem Betrieb der Personengesellschaft unmittelbar dienen bzw. objektiv erkennbar zum unmittelbaren Einsatz im Betrieb der Personengesellschaft selbst bestimmt sind (**notwendiges SBV I**)[248] oder unmittelbar zur Begründung oder Stärkung der Beteiligung des Mitunternehmers an der Mitunternehmerschaft eingesetzt werden sollen (**notwendiges SBV II**).[249]

1468 Die Unterscheidung zwischen SBV I und SBV II erklärt sich in erster Linie dadurch, dass die Zugehörigkeit zum notwendigen Betriebsvermögen bei SBV I regelmäßig unzweifelhaft ist, während dies bei SBV II oftmals strittig ist.[250] Sie kann im Einzelfall aber auch materielle Folgen haben.[251]

1469 Zum **notwendigen Sonderbetriebsvermögen I** können gehören:

- Wirtschaftsgüter, die einem Mitunternehmer allein gehören,
- Wirtschaftsgüter, die einer Bruchteilsgemeinschaft gehören, an der ein Gesellschafter oder mehrere Gesellschafter oder alle Gesellschafter beteiligt sind,
- Wirtschaftsgüter, die einer neben der Personengesellschaft bestehenden Gesamthandsgemeinschaft gehören, an der ein Gesellschafter oder mehrere Gesellschafter oder alle Gesellschafter beteiligt sind.[252]

1470 Bei **notwendigem SBV I** handelt es sich in erster Linie um Wirtschaftsgüter, die der Mitunternehmer der Personengesellschaft zur betrieblichen Nutzung überlässt.[253] Es kommt nicht darauf an, ob die Personengesellschaft das Wirtschaftsgut entgeltlich

---

246 Vgl. *Wacker*, in: Schmidt, EStG, 32. Aufl., München 2013, § 15 Rz. 480.

247 Vgl. z. B. BFH, Urteil vom 14. 5. 2002 – VIII R 30/98, BStBl 2002 II S. 741.

248 Vgl. z. B. BFH, Urteile vom 18. 12. 2001 – VIII R 27/00, BStBl 2002 II S. 733; vom 7. 12. 2000 – III R 35/98, BStBl 2001 II S. 316; vom 13. 10. 1998 – VIII R 46/95, BStBl 1999 II S. 357; vom 2. 12. 1982 – IV R 72/79, BStBl 1983 II S. 215.

249 Vgl. BFH, Urteile vom 24. 9. 1976 – I R 149/74, BStBl 1977 II S. 69; vom 13. 4. 1988 – I R 300/83, BStBl 1988 II S. 667-670; vom 23. 1. 2001 – VIII R 12/99, BStBl 2001 II S. 825.

250 Vgl. *Reiß*, in: Kirchhof (Hrsg.), EStG, 12. Aufl., Köln 2013, § 15 Rz. 233.

251 So z. B. bezüglich der Frage, ob das Wirtschaftsgut des SBV eine wesentliche Betriebsgrundlage darstellt, vgl. im Einzelnen *Wacker*, in: Schmidt, EStG-Kommentar, 32. Aufl., München 2013, § 15 Rz. 509; *Ley*, KÖSDI 2003 S. 13908.

252 Vgl. *Horschitz/Groß/Fanck/Kirschbaum*, Bilanzsteuerrecht und Buchführung, 13. Aufl., Stuttgart 2013, S. 610. Dies gilt entsprechend für das gewillkürte Sonderbetriebsvermögen.

253 Vgl. BFH, Urteile vom 12. 10. 1977 – I R 248/74, BStBl 1978 II S. 191 m. w. N.; vom 14. 4. 1988 – IV R 271/84, BStBl 1988 II S. 667; vom 13. 9. 1988 – VIII R 236/81, BStBl 1989 II S. 37.

oder unentgeltlich nutzt[254] und ob die Nutzungsüberlassung aufgrund einer gesellschaftsrechtlichen Verpflichtung oder auf Basis eines schuldrechtlichen Vertrags (z. B. Miet-, Leih- oder Pachtvertrag) erfolgt.[255] **Dingliche Nutzungsüberlassungen** (z. B. durch Bestellung eines Erbbaurechtes oder Nießbrauchs zugunsten der Gesellschaft) bewirken eine Qualifikation des belasteten Wirtschaftsgutes als Sonderbetriebsvermögen.[256]

Es ist nicht erforderlich, dass die überlassenen Wirtschaftsgüter von der Mitunterneh- 1471
merschaft auch tatsächlich benötigt werden; vielmehr ist jede wie auch immer geartete **betriebliche Nutzung** ausreichend, z. B. die Weitervermietung der überlassenen Wirtschaftsgüter an fremde Dritte. Von Sonderbetriebsvermögen ist auch dann auszugehen, wenn ein Wirtschaftsgut von der Gesellschaft noch gar nicht betrieblich genutzt wird, aber objektiv erkennbar für den betrieblichen Einsatz bestimmt ist.[257] Die bloße Absicht der betrieblichen Nutzung reicht aber nicht aus.[258]

Verbindlichkeiten des Gesellschafters zur Finanzierung der in der Sonderbilanz aktivier- 1472
ten Wirtschaftsgüter sind als **(negatives) SBV I** in der Sonderbilanz des Gesellschafters zu passivieren.[259]

Wenn ein Mitunternehmer seiner Personengesellschaft **immaterielle Wirtschaftsgüter** 1473
zur Nutzung überlässt, sind sie in der Sonderbilanz zu aktivieren. § 5 Abs. 2 EStG, wonach unentgeltlich erworbene immaterielle Wirtschaftsgüter des Anlagevermögens nicht aktiviert werden dürfen, steht der Aktivierung nicht entgegen, da diese Norm bei einer Einlage in das Betriebsvermögen nicht greift. Die einkommensteuerlichen Normen über Einlagen gehen § 5 Abs. 2 EStG vor.[260]

Ein Wirtschaftsgut zählt zum **notwendigen SBV II**, d. h. es dient der Beteiligung eines 1474
Mitunternehmers, wenn es zwar nicht von der Gesellschaft betrieblich genutzt wird, aber unmittelbar zur Begründung oder Stärkung der Rechtsstellung des Gesellschafters in der Personengesellschaft eingesetzt wird oder werden kann.[261] Hierzu zählt z. B. ein Darlehen des Gesellschafters, das zur Finanzierung der Beteiligung an der Personengesellschaft aufgenommen wird (**notwendiges (negatives) SBV II**).[262]

---

254 Vgl. BFH, Urteil vom 1. 3. 1994 – VIII R 35/92, BStBl 1995 II S. 241.

255 Vgl. *Horschitz/Groß/Fanck/Kirschbaum*, Bilanzsteuerrecht und Buchführung, 13. Aufl., Stuttgart 2013, S. 610; *Niehus/Wilke*, Die Besteuerung der Personengesellschaften, 6. Aufl., Stuttgart 2013, S. 70.

256 Vgl. *Wacker*, in: Schmidt, EStG, 32. Aufl., München 2013, § 15 Rz. 514; *Niehus/Wilke*, Die Besteuerung der Personengesellschaften, 6. Aufl., Stuttgart 2013, S. 70.

257 Vgl. *Niehus/Wilke*, Die Besteuerung der Personengesellschaften, 6. Aufl., Stuttgart 2013, S. 71.

258 Vgl. BFH, Urteil vom 17. 12. 2008 – IV R 65/07, BFH/NV 2009 S. 645.

259 Vgl. BFH, Urteil vom 8. 12. 1982 – I R 9/79, BStBl 1983 II S. 570-572; im Einzelnen *Wacker*, in: Schmidt, EStG, 32. Aufl., München 2013, § 15 Rz. 521-524.

260 Vgl. z. B. BFH, Urteil vom 22. 1. 1980 – VIII R 74/77, BStBl 1980 II S. 244; BFH, Beschluss vom 26. 10. 1987 – GrS 2/86, BStBl 1988 II S. 348.

261 Vgl. z. B. BFH, Urteile vom 1. 2. 2001 – IV R 3/00, BStBl 2001 II S. 520; vom 13. 10. 1998 – VIII R 46/95, BStBl 1999 II S. 357; vom 9. 9. 1993 – IV R 14/91, BStBl 1994 II S. 250; vom 18. 12. 1991 – XI R 42, 43/88, BStBl 1992 II S. 585; vom 6. 7. 1989 – IV R 62/86, BStBl 1989 II S. 890; vom 6. 10. 1987 – IV R 271/84, BStBl 1988 II S. 667.

262 Vgl. *Horschitz/Groß/Fanck/Kirschbaum*, Bilanzsteuerrecht und Buchführung, 13. Aufl., Stuttgart 2013, S. 611; *Niehus/Wilke*, Die Besteuerung der Personengesellschaften, 6. Aufl., Stuttgart 2013, S. 72. Demgegenüber werden die sog. Erbfallschulden als private Schulden und nicht als negatives SBV II behandelt, vgl. BFH, Urteil vom 27. 7. 1993 – VIII R 72/90, BStBl 1994 II S. 625.

1475 Wenn ein Mitunternehmer ein Grundstück an einen Dritten vermietet, der es seinerseits an die Personengesellschaft weitervermietet (**mittelbare Überlassung**), so bildet das Grundstück notwendiges SBV II des Mitunternehmers.[263]

1476–1480 *(Einstweilen frei)*

3.2.2.2 Anteile an Kapitalgesellschaften als notwendiges Sonderbetriebsvermögen

1481 **Anteile an Kapitalgesellschaften** können zwar regelmäßig nicht als SBV I qualifiziert werden, da sie der Personengesellschaft nicht zur Nutzung überlassen werden bzw. nicht in deren Verfügungsbereich übergehen.[264] Sie können aber nach der ständigen Rechtsprechung des BFH zum **notwendigen SBV II** gehören,[265] sofern die Anteile die Beteiligung des Mitunternehmers an der Personengesellschaft stärken, indem sie entweder der Mitunternehmerstellung selbst dienen oder für das Unternehmen der Personengesellschaft wirtschaftlich vorteilhaft sind.[266]

1482 Bei einer **GmbH & Co KG** gelten die Anteile der Kommanditisten an der **Komplementär-GmbH** als notwendiges SBV II, sofern die GmbH neben ihrer Geschäftsführertätigkeit keine wesentliche gewerbliche Tätigkeit ausübt.[267] Denn die Anteile an der GmbH vermitteln den betreffenden Mitunternehmern eine Einflussmöglichkeit auf die Geschäftsführung der GmbH, die sie im wirtschaftlichen Interesse der KG nutzen können. Die Stellung des Kommanditisten innerhalb der KG wird damit gestärkt.[268]

1483 Wenn der eigene Geschäftsbetrieb der GmbH nicht von ganz untergeordneter Bedeutung ist, sind die Anteile regelmäßig nicht dem notwendigen SBV II zuzuordnen.[269] Dies gilt wiederum dann nicht, wenn zwar dem eigenen Geschäftsbetrieb der Komplementär-GmbH eine gewisse Bedeutung beizumessen ist, die GmbH und die KG aber in be-

263 Vgl. BFH, Urteil vom 9. 9. 1993 – IV R 14/91, BStBl 1994 II S. 250; *Schmitz*, NWB 2010 S. 430.

264 Vgl. BFH, Urteil vom 31. 10. 1989 – VIII R 374/83, BStBl 1990 II S. 677.

265 Vgl. z. B. BFH, Urteile vom 13. 2. 2008 – I R 63/06, BStBl 2009 II S. 414; vom 23. 1. 2001 – VIII R 12/99, BStBl 2001 II S. 825. Zur Diskussion um die Sonderbetriebsvermögenseigenschaft von Anteilen an Kapitalgesellschaften vgl. im Einzelnen *Prinz*, DB 2010 S. 972 ff.; *Bron*, DStZ 2011 S. 392 ff.

266 Vgl. BFH, Urteile vom 23. 1. 2001 – VIII R 12/99, BStBl 2001 II S. 825; vom 24. 2. 2005 – IV R 12/03, BStBl 2006 II S. 361; vom 3. 3. 1998 – VIII R 66/96, BStBl 1998 II S. 383; *Bron*, DStZ 2011 S. 394.

267 Vgl. BFH, Urteile vom 25. 11. 2009 – I R 72/08, BStBl 2010 II S. 471; vom 11. 12. 1990 – VII R 14/87, BStBl 1991 II S. 510; vom 23. 1. 2001 – VIII R 12/99, BStBl 2001 II S. 825; OFD München, Verfügung vom 2. 4. 2001 – S 2134 – 4/6 St 41, DStR 2001 S. 1032 f.; *Schneider*, in: HHR, EStG/KStG, Köln, § 15 Rz. 739 (Stand: März 2013); *Schulze zur Wiesche*, DB 2010 S. 638; *Zimmermann* u. a., Die Personengesellschaft im Steuerrecht, 11. Aufl., Achim 2013, S. 1216 Rz. 45; kritisch *Knobbe-Keuk*, Bilanz- und Unternehmenssteuerrecht, 9. Aufl., Köln 1993, S. 444 f.

268 Vgl. BFH, Urteile vom 15. 10. 1975 – I R 16/73, BStBl 1976 II S. 188; vom 11. 12. 1990 – VIII R 14/87, BStBl 1991 II S. 510; vom 30. 3. 1993 – VIII R 63/91, BStBl 1993 II S. 706; vom 16. 5. 1995 – VIII R 18/93, BStBl 1995 II S. 714; vom 23. 1. 2001 – VIII R 12/99, BStBl 2001 II S. 825.

269 Vgl. BFH, Urteile vom 25. 11. 2009 – I R 72/08, BStBl 2010 II S. 471; vom 23. 1. 2001 – VIII R 12/99, BStBl 2001 II S. 825; vom 31. 10. 1989 – VIII R 374/83, BStBl 1990 II S. 677; vom 7. 7. 1992 – VIII 2/87, BStBl 1993 II S. 328; OFD München, Verfügung vom 2. 4. 2001, S 2134 – 4/6 St 41, DStR 2001 S. 1032 f.; *Niehus/Wilke*, Die Besteuerung der Personengesellschaften, 6. Aufl., Stuttgart 2013, S. 330. Die GmbH-Anteile sind dem Privatvermögen der Kommanditisten zuzurechnen, sofern sie nicht als gewillkürtes Sonderbetriebsvermögen II in der Sonderbilanz des Kommanditisten aktiviert werden.

sonderem Maße wirtschaftlich miteinander verflochten sind, was etwa der Fall ist, wenn die Komplementär-GmbH als Vertriebsgesellschaft für die GmbH & Co. KG tätig ist.[270]

Die Beteiligung eines Kommanditisten an einer GmbH, die ebenfalls einen **Kommanditanteil** an der KG hält, gehört nur in Ausnahmefällen zum notwendigen SBV II.[271] Dies ist etwa der Fall, wenn die Kommanditisten-GmbH keine eigene Geschäftstätigkeit entfaltet und ihr alleiniger Zweck die Beteiligung an der KG in einem erheblichen Umfang ist.[272] 1484

Auch ohne das Vorliegen einer GmbH & Co KG können Anteile an einer Kapitalgesellschaft notwendiges SBV II begründen, und zwar bei so **enger wirtschaftlicher Verflechtung** zwischen der Personen- und der Kapitalgesellschaft, dass das eine Unternehmen eine wesentliche Funktion des anderen erfüllt.[273] 1485

Im Rahmen einer **Betriebsaufspaltung** werden die Anteile an der Betriebsgesellschaft dem SBV II zugerechnet, wenn sie von den Gesellschaftern gehalten werden, die auch an der Besitzpersonengesellschaft beteiligt sind. Die Rechtsprechung begründet die Zuordnung zum SBV II damit, dass die Beteiligung an der Kapitalgesellschaft der Beteiligung der Gesellschafter an der Besitzpersonengesellschaft dient, indem sie die Durchsetzung des einheitlichen geschäftlichen Betätigungswillens gewährleistet.[274] Sofern die Betriebskapitalgesellschaft neben ihrer Geschäftsführertätigkeit für die Besitzpersonengesellschaft einen eigenen Geschäftsbetrieb von nicht ganz untergeordneter Bedeutung hat, müssen die Anteile an der Komplementär-GmbH nicht notwendiges SBV II sein.[275] 1486

Ebenfalls zum notwendigen SBV II zählen Anteile des Besitzpersonengesellschafters an weiteren Kapitalgesellschaften, mit denen die Betriebskapitalgesellschaft in einer für diese wirtschaftlich vorteilhaften und nicht nur kurzfristigen Geschäftsbeziehung (**enge wirtschaftliche Verflechtung**) steht,[276] sowie Anteile an Kapitalgesellschaften, die einen mittelbaren Einfluss auf das Betriebsunternehmen gewähren. 1487

---

270 Vgl. FinMin Schleswig-Holstein Urteil vom 21.1.1993 – VI 310b – S 2134 – 036, DStR 1993 S. 517; OFD Frankfurt a. M., Urteil vom 17.8.1998 – S 2134 A – 14 – St II 21, DStR 1998 S. 1793; OFD München, Verfügung vom 2.4.2001 – S 2134 – 4/6 St 41, DStR 2001 S. 1032 f.

271 Vgl. *Schneider*, in: HHR, EStG/KStG, Köln, § 15 Rz. 739 (Stand: März 2013); *Reiß*, in: Kirchhof, EStG, 12. Aufl., Köln 2013, § 15 Rz. 337.

272 Vgl. BFH, Urteil vom 23.1.2001 – VIII R 12/99, BStBl 2001 II S. 825; hierzu z. B. *Bron*, DStZ 2011 S. 394 f.

273 Vgl. z. B. BFH, Urteile vom 16.9.1994 – III R 45/92, BStBl 1995 II S. 75; vom 7.7.1992 – VIII R 2/87, BStBl 1993 II S. 328; vom 23.1.1992 – XI R 36/88, BStBl 1992 II S. 721. Vgl. hierzu im Einzelnen z. B. *Bron*, DStZ 2011 S. 395 f.; *Niehus/Wilke*, Die Besteuerung der Personengesellschaften, 6. Aufl., Stuttgart 2013, S. 72; *Schulze zur Wiesche*, StBp 2010 S. 213 ff.

274 Vgl. z. B. BFH, Urteile vom 15.11.1967 – IV R 139/67, BStBl 1968 II S. 152; vom 21.5.1974 – VIII R 57/70, BStBl 1974 II S. 613; vom 23.7.1981 – IV R 103/78, BStBl 1982 II S. 60; vom 14.9.1999 – III R 47/98, BStBl 2000 II S. 255.

275 Vgl. BFH, Urteile vom 7.12.1984 – III R 91/81, BStBl 1985 II S. 241; vom 7.5.1986 – II R 137/79, BStBl 1986 II S. 615; vom 7.10.1987 – II R 187/80, BStBl 1988 II S. 23.

276 Vgl. BFH, Urteil vom 25.11.2004 – IV R 7/03, BStBl 2005 II S. 354. Über das (verbesserte) Ergebnis der Betriebsgesellschaft wird als zwangsläufige und beabsichtigte Folge die Beteiligung des Besitzgesellschafters gestärkt. Sofern die Beteiligung nicht vorrangig im Interesse der Besitzgesellschaft gehalten wird, scheidet eine Behandlung als Sonderbetriebsvermögen II aus. Vgl. dazu etwa BFH, Urteile vom 3.3.1998 – VIII R 66/96, BStBl 1998 II S. 383; vom 7.7.1992 – VIII R 2/87, BStBl 1993 II S. 328.

1488 Anteile an einer Kapitalgesellschaft, die die Tatbestandsvoraussetzungen des notwendigen SBV II erfüllen, werden auch dann dem SBV zugerechnet, wenn es sich um eine **Organgesellschaft** handelt.[277]

1489–1495 *(Einstweilen frei)*

3.2.3 Gewillkürtes Sonderbetriebsvermögen

1496 Während die Zuordnung von Wirtschaftsgütern zum SBV im Falle des notwendigen SBV zwingend ist, liegt sie beim sogenannten **gewillkürten SBV** im Ermessen des Mitunternehmers. Bei ihm kann unter den gleichen Voraussetzungen, nach denen auch ein Einzelunternehmer gewillkürtes Betriebsvermögen bilden kann, gewillkürtes Sonderbetriebsvermögen entstehen. Gewillkürtes SBV liegt vor bei Wirtschaftsgütern, die sowohl **objektiv geeignet** als auch **subjektiv** dazu **bestimmt** sind, den Betrieb der Personengesellschaft zu fördern **(gewillkürtes SBV I)** oder der Beteiligung des Gesellschafters zu dienen **(gewillkürtes SBV II)**.

1497 In diesem Sinne „**objektiv geeignet**" sind z. B. Wertpapiere im Eigentum eines Mitunternehmers, die zur Besicherung von Darlehensschulden der Gesellschaft eingesetzt werden; es handelt sich hierbei nicht bereits um notwendiges Sonderbetriebsvermögen.[278] Das Kriterium der objektiven Eignung ist bei Wirtschaftsgütern nicht erfüllt, bei denen jeglicher Nutzen für die Personengesellschaft ausscheidet.[279] Entsprechend kommen Wirtschaftsgüter, die von vornherein nur Verluste bringen können (z. B. Anteile an einer Abschreibungsgesellschaft)[280], als gewillkürtes SBV I nicht in Betracht.[281]

1498 Die „**subjektive Bestimmtheit**" der Wirtschaftsgüter setzt einen Widmungsakt voraus, der rechtzeitig, klar und eindeutig zum Ausdruck gebracht werden muss; sie kommt in aller Regel darin zum Ausdruck, dass die Wirtschaftsgüter in der Sonderbilanz des Gesellschafters ausgewiesen werden.[282]

---

277 Vgl. BFH, Urteile vom 18. 7. 1979 – I R 199/75, BStBl 1979 II S. 750; vom 24. 2. 2005 – IV R 12/03, BStBl 2005 II S. 361. Zum Zusammentreffen von SBV mit den Regelungen der Organschaft vgl. *Haase/Brändel*, DB 2011 S. 1128 ff.; *Letzgus*, Ubg 2010 S. 699 ff.

278 Vgl. BFH, Urteil vom 4. 4. 1973 – I R 159/71, BStBl 1973 II S. 628.

279 Vgl. *Horschitz/Groß/Fanck/Kirschbaum*, Bilanzsteuerrecht und Buchführung, 13. Aufl., Stuttgart 2013, S. 611.

280 Vgl. BFH, Urteil vom 20. 6. 1985 – IV R 36/83, BStBl 1985 II S. 654.

281 Vgl. *Horschitz/Groß/Fanck/Kirschbaum*, Bilanzsteuerrecht und Buchführung, 13. Aufl., Stuttgart 2013, S. 611.

282 Vgl. BFH, Urteile vom 24. 2. 2005 – IV R 12/03, BStBl 2006 II S. 361; vom 7. 4. 1992 – VIII R 86/87, BStBl 1993 II S. 21; vom 23. 10. 1990 – VII R 142/85, BStBl 1991 II S. 401; vom 18. 3. 1986 – VIII R 316/84, BStBl 1986 II S. 713-714; *Schneeloch*, Betriebswirtschaftliche Steuerlehre. Bd. 1: Besteuerung, 5. Aufl., München 2008, S. 319. Es ist strittig, ob sich diese Widmung auch aus anderen Umständen ergeben kann, vgl. hierzu *Niehus/Wilke*, Die Besteuerung der Personengesellschaften, 6. Aufl., Stuttgart 2013, S. 75 m. w. N.; *Wacker*, in: Schmidt, EStG, 32. Aufl., München 2013, § 15 Rz. 530.

Verbindlichkeiten, die in einem wirtschaftlichen Zusammenhang mit aktivem gewillkürtem Sonderbetriebsvermögen stehen, können **passives gewillkürtes Sonderbetriebsvermögen** bilden.[283] Darüber hinaus können Schulden nicht als passives SBV gewillkürt werden.[284] 1499

(Einstweilen frei) 1500–1505

3.3 Sondervergütungen, Sonderbetriebseinnahmen und Sonderbetriebsausgaben

3.3.1 Sondervergütungen

3.3.1.1 Grundlagen

Die von der Personengesellschaft bezogenen **Sondervergütungen** bilden den wesentlichen Bestandteil der Sonderbetriebseinnahmen; hierbei handelt es sich um die Vergütungen, die der Mitunternehmer von der Gesellschaft für die Tätigkeit im Dienst der Gesellschaft, für die Hingabe von Darlehen und für die Überlassung von Wirtschaftsgütern bezogen hat (§ 15 Abs. 1 Satz 1 Nr. 2 Satz 2 Halbsatz 2 EStG). Diese Entgelte stellen Sondervergütungen i. S. dieser Norm dar, wenn sie auf einem schuldrechtlichen Vertrag beruhen oder zwar im Gesellschaftsvertrag vereinbart sind, jedoch nach Vereinbarung der Gesellschafter zu Aufwand der Gesellschaft führen sollen und auch dann zu zahlen sind, wenn die Gesellschaft keinen Gewinn erwirtschaftet.[285] 1506

Mit der Hinzurechnung der Sondervergütungen zum Gewinnanteil gemäß § 15 Abs. 1 Satz 1 Nr. 2 EStG wird der Zweck verfolgt, den Mitunternehmer einer Personengesellschaft dem Einzelunternehmer anzunähern, da dieser mit sich selbst keine Verträge abschließen kann[286] und das Ergebnis der Besteuerung nicht davon abhängen soll, ob die Leistungen des Gesellschafters durch eine besondere Vergütung oder durch einen **Vorabgewinn** abgegolten werden.[287] 1507

Sondervergütungen i. S. d. § 15 Abs. 1 Satz 1 Nr. 2 EStG werden auf der zweiten Stufe der Gewinnermittlung dem gewerblichen Gewinn zugerechnet, sofern die Leistungsbeziehungen als Beitrag zu dem gemeinsamen Gesellschaftszweck anzusehen sind[288] (**Beitragsgedanke**).[289] Dabei kommt es nicht darauf an, auf welcher rechtlichen Grund- 1508

---

283 Vgl. *Wacker*, in: Schmidt, EStG, 32. Aufl., München 2013, § 15 Rz. 527; *Kozikowski/Staudacher*, in: Beck'scher Bilanz-Kommentar, 8. Aufl., München 2012, § 247 Rz. 762.

284 Vgl. BFH, Beschluss vom 4. 7. 1990 – GrS 2-3/88, BStBl 1990 II S. 817.

285 Vgl. BFH, Urteil vom 7. 2. 2002 – IV R 62/00, BStBl 2005 II S. 88; *Wacker*, in: Schmidt, EStG, 32. Aufl., München 2013, § 15 Rz. 440; *Röhrig/Doege*, DStR 2006 S. 493; *Altfelder*, FR 2005 S. 6 ff., a. A. *Groh*, DStZ 2001 S. 358

286 Vgl. BFH, Beschluss vom 25. 2. 1991 – GrS 7/89, BStBl 1991 II S. 691; BFH, Urteil vom 28. 10. 1999 – VIII R 41/98, BStBl 2000 II S. 339.

287 Vgl. BFH, Urteile vom 23. 4. 1996 – VIII R 53/94, BStBl 1996 II S. 515; vom 30. 8. 2007 – IV R 14/06, BStBl 2007 II S. 942.

288 Vgl. BFH, Urteile vom 23. 5. 1979 – I R 163/77, BStBl 1979 II S. 757; vom 23. 5. 1979 – I R 56/77, BStBl 1979 II S. 763.

289 Vgl. *Woerner*, DStZ 1980 S. 203.

lage die Gesellschaft die Sondervergütungen leistet; neben gesellschaftsrechtlichen Vereinbarungen sind vor allem schuldrechtliche Verträge denkbar (z. B. Dienst-, Miet- oder Pachtverträge).[290]

1509 Fehlt ein Zusammenhang zwischen der Leistungsbeziehung und der Mitunternehmerstellung, oder treffen beide nur zufällig und vorübergehend zusammen, kann § 15 Abs. 1 Satz 1 Nr. 2 EStG nicht greifen, so dass die Zahlungen an den Gesellschafter auf der zweiten Stufe der Gewinnermittlung unberücksichtigt bleiben.[291] Das ist z. B. der Fall, wenn ein Rechtsanwalt von einer Publikums-KG einen einmaligen Auftrag zur Führung eines Prozesses erhält und er selbst – neben zahlreichen anderen Kommanditisten – an dieser KG geringfügig beteiligt ist.[292]

1510 Für die Erfassung der Sondervergütungen nach § 15 Abs. 1 Satz 1 Nr. 2 EStG kommt es nicht darauf an,

- in welcher anderen Einkunftsart die Vergütungen ohne § 15 Abs. 1 Satz 1 Nr. 2 zu erfassen wären,
- ob die Vergütungen in der Steuerbilanz der Personengesellschaft sofort abzugsfähig oder aktivierungspflichtig sind,
- in welchem Umfang der Mitunternehmer an der Personengesellschaft beteiligt ist,
- ob es sich bei dem Mitunternehmer um eine natürliche Person, eine andere Personengesellschaft oder eine Kapitalgesellschaft handelt,
- ob der Mitunternehmer unbeschränkt oder beschränkt einkommen- bzw. körperschaftsteuerpflichtig ist.[293]

1511 Der Mitunternehmer muss die Leistung nicht persönlich erbringen, sie kann auch durch einen Dritten erbracht werden (**mittelbare Leistungsbeziehungen**). Wenn etwa ein Mitunternehmer ein Grundstück an einen Dritten mit der Auflage vermietet, es an die Personengesellschaft weiterzuvermieten, so stellen die vom Dritten an den Mitunternehmer gezahlten Mieten Sondervergütungen dar.[294]

1512 Typischerweise (aber nicht zwingend) handelt es sich bei Sondervergütungen um **laufende Zahlungen**.[295] Die Sondervergütungen reduzieren zwar den Steuerbilanzgewinn der Gesellschaft,[296] sie reduzieren infolge der korrespondierenden Bilanzierung (vgl. Rz. 1455) aber nicht die Summe der gewerblichen Einkünfte aller Mitunternehmer, sondern führen zu einer anderen Verteilung.[297] Es kann ein Zusammenhang zwischen Son-

---

290 Vgl. BFH, Urteile vom 6. 7. 1999 – VIII R 46/94, BStBl 1999 II S. 720; vom 23. 5. 1979 – I R 163/77, BStBl 1979 II S. 757.

291 Vgl. BFH, Urteil vom 1. 2. 2001 – IV R 3/00, BStBl 2001 II S. 520.

292 Vgl. BFH, Urteile vom 24. 1. 1980 – IV R 154-155/77, BStBl 1980 II S. 269; vom 25. 1. 1980 – IV R 159/78, BStBl 1980 II S. 275.

293 Vgl. *Wacker*, in: Schmidt, EStG, 32. Aufl., München 2013, § 15 Rz. 561; *Niehus/Wilke*, Die Besteuerung der Personengesellschaften, 6. Aufl., Stuttgart 2013, S. 115.

294 Vgl. BFH, Urteil vom 7. 4. 1994 – IV R 11/92, BStBl 1994 II S. 796.

295 Vgl. BFH, Urteil vom 23. 4. 1996 – VIII R 53/94, BStBl 1996 II S. 515; *Jachmann*, DStR 2005 S. 2019.

296 Vgl. BFH, Urteil vom 13. 10. 1998 – VIII R 4/98, BStBl 1999 II S. 284.

297 Vgl. *Reiß*, in: Kirchhof (Hrsg.), EStG, 12. Aufl., Köln 2013, § 15 Rz. 229; *Wacker*, in: Schmidt, EStG, 32. Aufl., München 2013, § 15 Rz. 440.

dervergütungen und Sonderbetriebsvermögen bestehen (wie z. B. bei der Überlassung von Wirtschaftsgütern), dies ist aber nicht zwingend (z. B. bei Tätigkeitsvergütungen).[298]

Als Ausdruck der **korrespondierenden Bilanzierung** (vgl. Rz. 1455) werden die Sonder- 1513
vergütungen als gewerbliche Einkünfte in der Höhe und in dem Wirtschaftsjahr erfasst, in dem sie in der Steuerbilanz der Gesellschaft als Herstellungskosten zu aktivieren sind (z. B. Architektenleistungen)[299] oder sofort als Betriebsausgabe (z. B. Personalkosten) abgezogen werden.[300] Es kommt nicht auf den Zufluss beim Gesellschafter an.[301]

§ 15 Abs. 1 Satz 1 Nr. 2 EStG erfasst im Grundsatz nur Entgelte für Leistungen, die wäh- 1514
rend der Zugehörigkeit zur Personengesellschaft erbracht werden.[302] Darüber hinaus gilt diese Norm auch für Vergütungen, die als **nachträgliche Einkünfte** (§ 24 Nr. 2 EStG) bezogen werden (§ 15 Abs. 1 Satz 2 EStG), also für Zahlungen an Nichtmehr-Gesellschafter oder Nicht-Gesellschafter.[303]

Die **Veräußerung von Wirtschaftsgütern** durch den Mitunternehmer an die Personen- 1515
gesellschaft ist kein Anwendungsfall des § 15 Abs. 1 Satz 1 Nr. 2 EStG. Denn in diesem Fall ist die von der Gesellschaft gezahlte Vergütung weder durch eine Tätigkeit des Mitunternehmers noch durch die Gewährung eines Darlehens noch durch die Überlassung von Wirtschaftsgütern begründet.[304] Die Veräußerung ist wie ein Veräußerungsgeschäft mit Außenstehenden zu behandeln. Es ist unerheblich, ob es sich um Lieferungen im Rahmen des gewöhnlichen Geschäftsverkehrs oder um Veräußerungen außerhalb des gewöhnlichen Geschäftsverkehrs handelt. Im Falle **unangemessener Vertragsbedingungen** greifen die für Personengesellschaften geltenden Einlage- bzw. Entnahmegrundsätze.[305] Auch schuldrechtliche Rechtsbeziehungen der **Mitunternehmer untereinander** fallen nicht in den Anwendungsbereich des § 15 Abs. 1 Satz 1 Nr. 2 EStG.[306]

Vergütungen, die eine gewerblich tätige Personengesellschaft von einer anderen ge- 1516
werblich tätigen Personengesellschaft erhält, an der mehrheitlich die gleichen Personen beteiligt sind (**Schwestergesellschaften**), fallen nicht unter § 15 Abs. 1 Satz 1 Nr. 2 EStG.[307]

298 Vgl. *Friedrich*, in: Beck'sches Handbuch der Personengesellschaften, 3. Aufl., München 2009, S. 482 Rz. 91.

299 Vgl. BFH, Urteil vom 8. 2. 1996 – III R 35/93, BStBl 1996 II S. 427.

300 Vgl. BFH, Urteile vom 11. 12. 1986 – IV R 222/84, BStBl 1987 II S. 553; vom 2. 12. 1997 – VIII R 15/96, DStR 1998 S. 482.

301 Vgl. BFH, Urteil vom 30. 8. 2007 – IV R 14/06, BStBl 2007 II S. 942.

302 Vgl. BFH, Urteil vom 9. 9. 1993 – IV R 14/91, BStBl 1994 II S. 250.

303 Vgl. BFH, Urteil vom 2. 12. 1997 – VIII R 42/96, DStR 1998 S. 560; *Gschwendtner*, DStZ 1998 S. 777; *Jachmann*, DStR 2005 S. 2019; *Wacker*, in: Schmidt, EStG, 32. Aufl., München 2013, § 15 Rz. 572-574.

304 Vgl. BFH, Urteil vom 28. 10. 1999 – VIII R 41/98, BStBl 2000 II S. 339.

305 Vgl. im Einzelnen *Jacobs* (Hrsg.), Unternehmensbesteuerung und Rechtsform, 4. Aufl., München 2009, S. 233-239.

306 Vgl. BFH, Urteil vom 12. 10. 1977 – I R 248/74, BStBl 1978 II S. 191.

307 Vgl. BMF, Schreiben vom 28. 4. 1998 – IV B 2 – S 2241 – 42/98, BStBl 1998 I S. 583-586; BFH, Urteil vom 26. 11. 1996 – VIII R 42/94, BStBl 1998 II S. 328 f.

3.3.1.2 Einzelfragen

1517 Zu den Vergütungen für eine **Tätigkeit im Dienst der Gesellschaft** zählen u. a. Vergütungen für Arbeitsleistungen (z. B. für die Geschäftsführung oder aufgrund eines Arbeitsverhältnisses), Vergütungen für sonstige Dienstleistungen (z. B. Steuerberaterhonorare) und Vergütungen für Werkleistungen.[308] Es liegt auch dann eine Tätigkeitsvergütung vor, wenn die Vergütung Bestandteil der Herstellungskosten für ein Wirtschaftsgut der Personengesellschaft (z. B. ein Bürogebäude) ist.[309] § 15 Abs. 1 Satz 1 Nr. 2 EStG erfasst aber nicht einheitliche Vergütungen für Gesamtleistungen, bei denen „der Wert der Lieferung im Verhältnis zum Wert der Arbeit nicht mehr von untergeordneter Bedeutung ist“[310]. So liegt eine Sondervergütung nicht vor, wenn eine Personengesellschaft ihrem Gesellschafter einen Festpreis für die schlüsselfertige Erstellung eines Gebäudes auf einem Grundstück der Gesellschaft zahlt.[311]

1518 Bei **Vergütungen für Arbeitsleistungen** wird vor allem zwischen laufenden Vergütungen und Pensionszusagen unterschieden. Zu den **laufenden Vergütungen** zählen Aufwendungen, die „die Gesellschaft bei Bezahlung eines fremden Arbeitnehmers als Betriebsausgaben abziehen kann.“[312] Es ist dabei unerheblich, ob der Empfänger ohne Anwendung des § 15 Abs. 1 Satz 1 Nr. 2 EStG einen Arbeitslohn zu versteuern hätte oder eine Befreiungsregelung zur Anwendung käme. Auf die Form der Vergütung (Bar- oder Sachleistung) kommt es nicht an; es ist auch unmaßgeblich, ob die Vergütung einmal oder laufend gezahlt wird und ob sie fix oder variabel ist.[313] Der Arbeitgeberanteil zur Sozialversicherung des Kommanditisten, der sozialversicherungsrechtlich als Arbeitnehmer anzusehen ist, gehört neben dem Lohn bzw. Gehalt auch zu der Vergütung für seine Tätigkeit im Dienst der Gesellschaft,[314] ebenso Entschädigungen und Abfindungen im Zusammenhang mit dem Arbeitsverhältnis sowie die Arbeitgeberzuschüsse zu einer Lebensversicherung.[315] Nach Eintritt des Versorgungsfalls werden die laufenden Pensionszahlungen erfasst.[316]

1519 **Pensionszusagen** zugunsten eines Mitunternehmers führen in der Handelsbilanz zur Bildung einer Rückstellung für ungewisse Verbindlichkeiten (§ 249 Abs. 1 HGB), die aufgrund des Maßgeblichkeitsgrundsatzes (§ 5 Abs. 1 EStG) in die Steuerbilanz zu überneh-

308 Vgl. BFH, Urteile vom 18. 9. 1969 – IV 338/64, BStBl 1970 II S. 43; vom 30. 11. 1978 – IV R 15/73, BStBl 1979 II S. 236; vom 24. 1. 1980 – IV R 154-155/77, BStBl 1980 II S. 269; vom 11. 12. 1986 – IV R 222/84, BStBl 1987 II S. 553. Vgl. zu den Werkleistungen im Einzelnen *Niehus/Wilke*, Die Besteuerung der Personengesellschaften, 6. Aufl., Stuttgart 2013, S. 123 f.

309 Vgl. *Horschitz/Groß/Fanck/Kirschbaum*, Bilanzsteuerrecht und Buchführung, 13. Aufl., Stuttgart 2013, S. 627.

310 *Wacker*, in: Schmidt, EStG, 32. Aufl., München 2013, § 15 Rz. 580.

311 Vgl. BFH, Urteil vom 28. 10. 1999 – VIII R 41/98, BStBl 2000 II S. 339; *Kempermann*, FR 2000 S. 561.

312 *Niehus/Wilke*, Die Besteuerung der Personengesellschaften, 6. Aufl., Stuttgart 2013, S. 120.

313 Vgl. *Kozikowski/Staudacher*, in: Beck'scher Bilanz-Kommentar, 8. Aufl., München 2012, § 247 Rz. 780; *Wacker*, in: Schmidt, EStG, 32. Aufl., München 2013, § 15 Rz. 584.

314 Vgl. BFH, Urteile vom 30. 8. 2007 – IV R 14/06, BStBl 2007 II S. 942; vom 8. 4. 1992 – XI R 37/88, BStBl 1992 II S. 812; BFH, Beschluss vom 19. 10. 1970 – GrS 1/70, BStBl 1971 II S. 177; a. A. *Bolk*, FR 2003 S. 839; *Paus*, DStZ 2006 S. 336.

315 Vgl. *Kozikowski/Staudacher*, in: Beck'scher Bilanz-Kommentar, 8. Aufl., München 2013, § 247 Rz. 783.

316 Vgl. BFH, Urteile vom 9. 4. 1997 – I R 124/95, BStBl 1997 II S. 799; vom 5. 5. 2010 – II R 16/08, BStBl 2010 II S. 923.

men ist.[317] Dies gilt nach Auffassung der Finanzverwaltung[318] und der h. M. im Schrifttum[319] auch nach dem BilMoG. Auf der ersten Stufe der Gewinnermittlung mindern die in den einzelnen Jahren vorgenommenen Zuführungen zu den Pensionsrückstellungen den Gewinn der Personengesellschaft. Auf der zweiten Stufe erhöht der Zuführungsbetrag die gewerblichen Einkünfte des begünstigten Gesellschafters, indem der Anspruch auf die Versorgungszahlungen in der Sonderbilanz in gleicher Höhe erfasst wird;[320] der Gesamtgewinn der Mitunternehmerschaft wird also nicht gemindert. Weil bei Gewinneinkunftsarten das Feststellungsprinzip gilt, führen die Versorgungszusagen bereits während der Beschäftigungszeit zu steuerpflichtigen Einkünften.[321]

Bezüglich der Vergütungen für die **Hingabe von Darlehen** i. S. d. § 15 Abs. 1 Satz 1 Nr. 2 1520
EStG werden nicht nur Darlehen i. S. v. § 607 BGB und Rechtsverhältnisse, auf die die Darlehensvorschriften Anwendung finden (§ 700 BGB), erfasst, sondern jede Art der Nutzungsüberlassung von Kapital auf schuldrechtlicher oder gesellschaftsrechtlicher Grundlage,[322] z. B. typische stille Beteiligung, partiarische Darlehen, Genussrechte, Kontokorrent, Aval und Stundung.[323]

Zu den Vergütungen für die **Überlassung von Wirtschaftsgütern** zählen „alle Vergütun- 1521
gen, die der Gesellschafter von der Gesellschaft für die Überlassung der Wirtschaftsgüter des Sonderbetriebsvermögens I an die Gesellschaft zur Nutzung erhält, soweit es nicht um die Hingabe von Darlehen handelt"[324] (etwa Mietzinsen, Erbbauzinsen oder Lizenzgebühren).[325] Auf die Art des Wirtschaftsgutes kommt es nicht an, ebenso wenig auf die rechtliche Grundlage der Nutzungsüberlassung (Gesellschaftsvertrag, schuldrechtlicher Vertrag [z. B. Miet- oder Pachtvertrag], dingliches Recht [z. B. Nießbrauch, Erbbaurecht]).[326] Voraussetzung ist die Überlassung eines Wirtschaftsgutes **auf Zeit**; wenn das rechtliche oder wirtschaftliche Eigentum übergeht, liegt keine Überlassung,

317 Vgl. BFH, Urteile vom 2. 12. 1997 – VIII R 15/96, BB 1998 S. 733; vom 14. 2. 2006 – VIII R 40/03, BStBl 2008 II S. 182; vom 30. 3. 2006 – IV R 25/04, BStBl 2008 II S. 171; BMF, Schreiben vom 29. 1. 2008 – IV B 2 – S 2176/07/0001, BStBl 2008 I S. 317 Rz. 3.

318 Vgl. BMF, Schreiben vom 12. 3. 2010 – IV C 6 – S 2133/09/10001, BStBl 2010 I S. 239 Rz. 9-11.

319 Vgl. *Arbeitskreis Bilanzrecht der Hochschullehrer Rechtswissenschaft*, DB 2009 S. 2570 ff.; *Hennrichs*, Ubg 2009 S. 533, 541 f.; *Hennrichs*, in: Tipke/Lang, Steuerrecht, 21. Aufl., Köln 2013, S. 512 f., Rz. 195; *Hoffmann*, StuB 2009 S. 516; *Mitschke*, FR 2010 S. 219; *Rätke/Theile*, BBK 2010 S. 309; *Richter*, GmbHR 2010 S. 506; *Wacker*, in: Schmidt, EStG, 32. Aufl., München 2013, § 15 Rz. 586; *Weber-Grellet*, DB 2009 S. 2403. Für ein eigenständiges steuerliches Wahlrecht z. B. *Förster/Schmidtmann*, BB 2009 S. 1342; *Herzig/Briesemeister*, WPg 2010 S. 73; *Kaminski*, DStR 2010 S. 773 f.; *Scheffler*, StuB 2010 S. 300.

320 Vgl. BFH, Urteile vom 16. 10. 2008 – IV R 82/06, BFH/NV 2009 S. 581; vom 14. 2. 2006 – VIII R 40/03, BStBl 2008 II S. 182; vom 30. 3. 2006 – IV R 25/04, BStBl 2008 II S. 171.

321 Vgl. BMF, Schreiben vom 29. 1. 2008 – IV B 2 – S 2176/07/0001, BStBl 2008 I S. 317 Rz. 5 ff.; im Einzelnen *Sievert/Kardekewitz*, Ubg 2008 S. 617 ff.; *Grützner*, StuB 2008 S. 212 ff.; *Groh*, DB 2008 S. 2391 ff.

322 Vgl. BFH, Urteil vom 13. 10. 1998 – VIII R 78/97, BStBl 1999 II S. 163.

323 Vgl. *Wacker*, in: Schmidt, EStG, 32. Aufl., München 2013, § 15 Rz. 594 m. w. N.

324 *Niehus/Wilke*, Die Besteuerung der Personengesellschaften, 6. Aufl., Stuttgart 2013, S. 125.

325 Vgl. z. B. BFH, Urteil vom 11. 12. 2003 – IV R 42/02, BStBl 2004 II S. 353.

326 Vgl. *Kozikowski/Staudacher*, in: Beck'scher Bilanz-Kommentar, 8. Aufl., München 2012, § 247 Rz. 787; *Wacker*, in: Schmidt, EStG, 32. Aufl., München 2013, § 15 Rz. 593.

sondern eine **Veräußerung** oder **Einlage** vor.[327] Es werden auch Vergütungen für überlassene Wirtschaftsgüter erfasst, die dem Sonderbetriebsvermögen des Gesellschafters nicht zuzurechnen sind.[328]

1522–1525 *(Einstweilen frei)*

3.3.2 Sonderbetriebseinnahmen und Sonderbetriebsausgaben

1526 § 15 Abs. 1 Satz 1 Nr. 2 Halbsatz 2 EStG rechnet nicht nur die Sondervergütungen den gewerblichen Einkünften eines Mitunternehmers zu. Vielmehr sind alle Einnahmen und Ausgaben, die durch die Beteiligung des Mitunternehmers an der gewerblichen Personengesellschaft veranlasst sind, in die gewerblichen Einkünfte einzubeziehen (**Sonderbetriebseinnahmen und -ausgaben**).[329]

1527 Zu den **SBE** zählen neben den Sondervergütungen die persönlichen Einnahmen eines Gesellschafters, die in wirtschaftlichem Zusammenhang mit einer Mitunternehmerstellung stehen oder mit Wirtschaftsgütern des SBV zusammenhängen. Als Beispiele können Gewinne aus der Veräußerung von Wirtschaftsgütern des Sonderbetriebsvermögens, Zinseinnahmen bei Wertpapieren des Sonderbetriebsvermögens und Gewinnausschüttungen auf Anteile an Kapitalgesellschaften, die zum Sonderbetriebsvermögen gehören, angeführt werden.[330]

1528 **SBA** sind Aufwendungen, die wirtschaftlich durch die Beteiligung an der Mitunternehmerschaft verursacht sind. Hierzu zählen z. B. vom Gesellschafter aufgewendete Sollzinsen für ein zur Finanzierung seines Gesellschaftsanteils aufgenommenes und daher zum notwendigen SBV II zählendes Darlehen sowie Aufwendungen im Zusammenhang mit der Überlassung von Wirtschaftsgütern (AfA, Grundsteuer, Versicherungen, allgemeine Verwaltungskosten u. a.).[331] Wenn Aufwendungen nicht im Zusammenhang mit der Mitunternehmerschaft stehen, können sie auch nicht als Sonderbetriebsausgaben abgezogen werden (z. B. Gründungskosten für die Komplementär-GmbH).[332]

1529–1530 *(Einstweilen frei)*

---

327 Vgl. *Friedrich*, in: Beck'sches Handbuch der Personengesellschaften, 3. Aufl., München 2009, S. 483 Rz. 91.

328 Vgl. *Niehus/Wilke*, Die Besteuerung der Personengesellschaften, 6. Aufl., Stuttgart 2013, S. 125 (mit einem Beispiel zum Leasing).

329 Vgl. BFH, Urteile vom 9. 2. 1993 – VIII R 29/91, BStBl 1993 II S. 747; vom 9. 11. 1988 – I R 191/84, BStBl 1989 II S. 343.

330 Vgl. im Einzelnen *Wacker*, in: Schmidt, EStG, 32. Aufl., München 2013, § 15 Rz. 648 f.; *Niehus/Wilke*, Die Besteuerung der Personengesellschaften, 6. Aufl., Stuttgart 2013, S. 126.

331 Vgl. im Einzelnen *Wacker*, in: Schmidt, EStG, 32. Aufl., München 2013, § 15 Rz. 645-647; *Niehus/Wilke*, Die Besteuerung der Personengesellschaften, 6. Aufl., Stuttgart 2013, S. 126; *Zimmermann* u. a., Die Personengesellschaft im Steuerrecht, 11. Aufl., Achim 2013, S. 277 ff. Rz. 324 ff.; *Horschitz/Groß/Fanck/Kirschbaum*, Bilanzsteuerrecht und Buchführung, 13. Aufl., Stuttgart 2013, S. 630.

332 Vgl. *Wacker*, in: Schmidt, EStG, 32. Aufl., München 2013, § 15 Rz. 647.

3.4 Bilanzierungskonkurrenz zwischen Sonderbetrieb und eigenem Betrieb des Mitunternehmers und zwischen Schwesterpersonengesellschaften

Wenn ein Mitunternehmer der Personengesellschaft Wirtschaftsgüter zur Nutzung überlässt und diese Wirtschaftsgüter zuvor zum **Privatvermögen des Gesellschafters** zählten (weil der Mitunternehmer keinen eigenen Gewerbebetrieb unterhält oder die Wirtschaftsgüter einem eigenen Betrieb nicht zuordenbar sind), bewirkt erst § 15 Abs. 1 Satz 1 Nr. 2 EStG den Einbezug dieser Wirtschaftsgüter in das Sonderbetriebsvermögen bei der Personengesellschaft. Mit dem Beginn der Nutzung des Wirtschaftsgutes im Gewerbebetrieb der Personengesellschaft ist es in das Sonderbetriebsvermögen eingelegt (§ 6 Abs. 1 Nr. 5 EStG).[333] Entsprechend ist bezüglich der Qualifikation als Sondervergütung die originäre Einkunftsart irrelevant, d. h. es ist unerheblich, welcher Einkunftsart die Vergütung nach den allgemeinen Abgrenzungskriterien des Einkommensteuerrechts zuzuordnen wäre. 1531

Wenn der Gesellschafter die Leistungen an die Personengesellschaft aus einem eigenen Gewerbebetrieb heraus unmittelbar erbringt, stellt sich die Frage, ob die betreffenden Wirtschaftsgüter dem Sonderbetriebsvermögen oder dem eigenen **Gewerbebetrieb des Gesellschafters** zuzurechnen sind. Diese Bilanzierungskonkurrenz löst sich nach der Rechtsprechung und der h. M. in der Literatur mit der Auslegung des § 15 Abs. 1 Satz 1 Nr. 2 EStG als **Zurechnungsnorm** auf, wonach grundsätzlich von einem **Vorrang des Sonderbetriebsvermögens** vor dem Betriebsvermögen des eigenen Gewerbebetriebs des Gesellschafters auszugehen ist.[334] Dies gilt unabhängig von der Rechtsform des Mitunternehmers[335] und der Höhe seiner Beteiligung an der Personengesellschaft.[336] Nach anderer Ansicht ist § 15 Abs. 1 Satz 1 Nr. 2 Satz 1 Halbsatz 2 EStG lediglich als Qualifikationsnorm zu verstehen, nach der nur solche Einkünfte und Wirtschaftsgüter umqualifiziert werden, die zuvor keine gewerblichen Einkünfte bzw. Wirtschaftsgüter waren (**Subsidiaritätsthese**).[337] 1532

Entsprechend sind die mit der Leistungsbeziehung verbundenen Aufwendungen und Erträge im Grundsatz als **Sonderbetriebseinnahmen** und **Sonderbetriebsausgaben** zu behandeln, also nicht auf der Ebene des Gewerbebetriebs des Gesellschafters zu erfassen.[338] Die Rechtslage gilt entsprechend, wenn der eigene Betrieb des Gesellschafters **andere Gewinneinkünfte** erzielt,[339] und zwar auch für das SBV II.[340] 1533

---

333 Vgl. *Hennrichs*, in: Tipke/Lang, Steuerrecht, 21. Aufl., Köln 2013, S. 597 Rz. 132.

334 Vgl. BFH, Urteile vom 18. 7. 1979 – I R 199/75, BStBl 1979 II S. 750; vom 6. 11. 1980 – IV R 5/77, BStBl 1981 II S. 307; vom 23. 10. 1986 – IV R 352/84, BStBl 1988 II S. 128; vom 24. 3. 1999 – I R 114/97, BStBl 2000 II S. 399; vom 6. 3. 2003 – XI R 9/01, BStBl 2002 II S. 737; vom 18. 8. 2005 – IV R 59/04, BStBl 2005 II S. 830; *Döllerer*, DStZ 1992 S. 646; *Brandenberg*, FR 1997 S. 88; *Schmitz*, NWB 2010 S. 426.

335 Vgl. BFH, Urteil vom 18. 7. 1979 – I R 199/75, BStBl 1979 II S. 750; *Wenzel*, NWB 2009 S. 1075.

336 Vgl. *Wacker*, in: Schmidt, EStG, 32. Aufl., München 2013, § 15 Rz. 534.

337 Vgl. z. B. *Knobbe-Keuk*, Bilanz- und Unternehmenssteuerrecht, Köln 1993, S. 448 f.; *Söffing*, DB 2007 S. 1994; *Kerssenbrock*, BB 2000 S. 763.

338 Vgl. BFH, Urteil vom 24. 3. 1999 – I R 114/97, BStBl 2000 II S. 399.

339 Vgl. BFH, Urteil vom 23. 5. 1979 – I R 163/77, BStBl 1979 II S. 757.

340 Vgl. BFH, Urteil vom 24. 2. 2005 – IV R 12/03, BStBl 2006 II S. 361.

1534 Nach § 6 Abs. 5 Satz 2 EStG erfolgt die Überführung des Wirtschaftsgutes aus dem Betriebsvermögen in das Sonderbetriebsvermögen zum Buchwert. Die Zuordnung zum Sonderbetriebsvermögen „kann materiell vor allem dann bedeutsam sein, wenn Steuervergünstigungen davon abhängen oder wenn die Belastung der Betriebe durch Gewerbesteuer unterschiedlich ist."[341]

1535 Die Interpretation des § 15 Abs. 1 Satz 1 Nr. 2 EStG (nicht nur als Qualifikationsnorm, sondern auch) als Zurechnungsnorm geht zurück auf den **Beitragsgedanken**: Wenn ein wirtschaftlicher Zusammenhang zwischen der Leistungsbeziehung und der Mitunternehmerstellung vorliegt, muss es unbeachtlich sein, ob der Gesellschafter neben der Beteiligung an der Personengesellschaft einen eigenen Gewerbebetrieb unterhält.[342]

1536 Die überlassenen Wirtschaftsgüter werden nach wie vor in der **Handelsbilanz** des eigenen Gewerbebetriebs des Gesellschafters bilanziert, da dem Handelsrecht der Begriff des Sonderbetriebsvermögens fremd ist (vgl. Rz. 1459). Es kommt also in Bezug auf die überlassenen Wirtschaftsgüter zu einer **Durchbrechung des Maßgeblichkeitsgrundsatzes**.

1537 In bestimmten Fällen gilt der Vorrang des Sonderbetriebsvermögens nicht. Sofern der Gesellschafter die Leistungen an die Personengesellschaft aus einem eigenen Gewerbebetrieb im Rahmen des laufenden Geschäftsverkehrs zu fremdüblichen Konditionen heraus erbringt und **kein wirtschaftlicher Zusammenhang** zwischen der Leistung und der Mitunternehmerstellung besteht, können Sonderbetriebsvermögen, Sonderbetriebseinnahmen und Sonderbetriebsausgaben nicht vorliegen.[343] Es ist nicht abschließend geklärt, ob im Fall einer nur **kurzfristigen Nutzungsüberlassung** der Grundsatz des Vorrangs des Sonderbetriebsvermögens gilt.[344]

1538 Eine Zuordnung der überlassenen Wirtschaftsgüter zum Sonderbetriebsvermögen kommt nicht in Betracht, wenn die einer gewerblichen Personengesellschaft überlassenen Wirtschaftsgüter nicht dem Gesellschafter selbst gehören, sondern einer anderen gewerblichen Personengesellschaft, an der der Gesellschafter ebenfalls beteiligt ist (**Schwesterpersonengesellschaft,**[345] **gesellschafteridentische Personengesellschaft**). Die überlassenen Wirtschaftsgüter verbleiben im Gesamthandsvermögen der überlassenden Gesellschaft, sie werden nicht anteilig im Sonderbetriebsvermögen der an beiden

341 *Schreiber*, Besteuerung der Unternehmen. Eine Einführung in Steuerrecht und Steuerwirkung, 3. Aufl., Wiesbaden 2012, S. 225. Vgl. im Einzelnen *Wacker*, in: Schmidt, EStG, 32. Aufl., München 2013, § 15 Rz. 534; *Ley*, KÖSDI 2003 S. 13916; *Niehus/Wilke*, Die Besteuerung der Personengesellschaften, 6. Aufl., Stuttgart 2013, S. 77.

342 Vgl. *Jacobs* (Hrsg.), Unternehmensbesteuerung und Rechtsform, 4. Aufl., München 2009, S. 265.

343 Vgl. BFH, Urteil vom 26. 3. 1987 – IV R 65/95, BStBl 1987 II S. 564; BFH, Urteil vom 14. 3. 2012 - X R 24/10, BStBl 2012 II S. 498; *Wacker*, in: Schmidt, EStG, 32. Aufl., München 2013, § 15 Rz. 535, 549, 568; *Kozikowski/Staudacher*, in: Beck'scher Bilanz-Kommentar, 8. Aufl., München 2012, § 247 Rz. 764; *Klein*, NWB, Fach 17, S. 1734; a. A. *Niehus/Wilke*, Die Besteuerung der Personengesellschaften, 6. Aufl., Stuttgart 2013, S. 118 f.; *Schmitz*, NWB 2010 S. 427.

344 Vgl. *Schmitz*, NWB 2010 S. 426. Schneider zufolge liegt kein SBV vor, wenn ein Grundstück nicht für mindestens ein Jahr überlassen wird; bei sonstigen Wirtschaftsgütern stellt Schneider auf 10 % der gewöhnlichen Nutzungsdauer ab, vgl. *Schneider*, in: HHR, EStG, KStG, Köln, § 15 Rz. 723 (Stand: März 2013); im Einzelnen *Schneider*, Sonderbetriebsvermögen – Rechtsgrundlage und Umfang, Köln 2000, S. 214 ff.

345 Unter den Begriff Schwesterpersonengesellschaften fallen Personengesellschaften, an denen ganz oder teilweise dieselben Gesellschafter beteiligt sind.

Gesellschaften beteiligten Mitunternehmer erfasst.[346] Die Entgelte sind keine Sondervergütungen, sondern Betriebseinnahmen der leistenden Personengesellschaft,[347] wobei es im Grundsatz unerheblich ist, ob die Entgelte einem Drittvergleich standhalten.[348] Im Rahmen der Nutzungsüberlassung zwischen gewerblichen Schwesterpersonengesellschaften folgt die Rechtsprechung damit der **Subsidiaritätstheorie**.

Diese Rechtslage gilt nicht nur bei aktiv gewerblich tätigen Personengesellschaften, 1539
sondern etwa auch bei einer **gewerblich geprägten Personengesellschaft,**[349] bei einer **atypisch stillen Gesellschaft**[350] und im Fall einer **mitunternehmerischen Betriebsaufspaltung,**[351] d. h. die Ursache der Gewerblichkeit ist unerheblich.[352] Diese Grundsätze der Zurechnung von Wirtschaftsgütern bei Schwesterpersonengesellschaften wirken sich bei **doppel- bzw. mehrstöckigen Personengesellschaften** nicht aus (vgl. Rz. 1587).

Wenn die überlassende Personengesellschaft zwar Gewinneinkünfte, aber **keine gewerblichen Einkünfte** erzielt und ein Wirtschaftsgut einer gewerblichen Schwesterpersonengesellschaft zur Nutzung überlässt, ist nicht abschließend geklärt, ob das überlassene Wirtschaftsgut anteilig im Sonderbetriebsvermögen der an beiden Gesellschaften beteiligten Gesellschafter bei der nutzenden Gesellschaft zu erfassen oder im Betriebsvermögen der überlassenden Personengesellschaft auszuweisen ist. Während der BFH diese Frage bisher offen gelassen hat,[353] kommt nach der wohl h. M. auch hier die Subsidiaritätsthese zum Tragen, d. h. das Wirtschaftsgut ist im Betriebsvermögen der überlassenden Gesellschaft zu bilanzieren.[354] Es wird vermutet, dass auch der BFH dieser Ansicht künftig folgen wird.[355] Hiergegen spricht, dass nach der Rechtsprechung des BFH die an eine freiberufliche Personengesellschaft gezahlten Vergütungen, die diese von ihrer gewerblichen Schwesterpersonengesellschaft für die Überlassung von Wirtschaftsgütern erhält, als Sondervergütungen der an beiden Gesellschaften beteiligten Mitunternehmer bei der Schwestergesellschaft zu behandeln sind.[356] Ob der BFH an dieser Rechtsprechung festhalten wird, dürfte aber fraglich sein.[357] 1540

346 Vgl. BFH, Urteile vom 30. 10. 1980 – IV R 223/79, BStBl 1981 II S. 307; vom 22. 11. 1994 – VIII R 63/93, BStBl 1996 II S. 93; vom 26. 11. 1996 – VIII R 42/94, BStBl 1998 II S. 328; vom 24. 11. 1998 – VIII R 61/97, BStBl 1999 II S. 483; BMF, Schreiben vom 28. 4. 1998 – IV B 2 – S 2241 – 42/98, BStBl 1998 I S. 583.

347 Vgl. z. B. BFH, Urteile vom 26. 11. 1996 – VIII R 42/94, BStBl 1998 II S. 328; vom 24. 11. 1998 – VIII R 61/97, BStBl 1999 II S. 483; *Bordewin*, DStZ 1997 S. 98; a. A. *Gebhardt*, GmbHR 1998 S. 1022.

348 Vgl. im Einzelnen *Wacker*, in: Schmidt, EStG, 32. Aufl., München 2013, § 15 Rz. 570, 601-603; *Groh*, DStZ 1996 S. 673.

349 Vgl. BFH, Urteil vom 16. 6. 1994 – IV R 48/93, BStBl 1996 II S. 82.

350 Vgl. BFH, Urteil vom 26. 11. 1996 – VII R 42/964, BStBl 1998 II S. 328.

351 Vgl. BFH, Urteil vom 23. 4. 1996 – VIII R 13/95, BStBl 1998 II S. 325; BMF, Schreiben vom 28. 4. 1998 – IV B 2 – S 2241 – 42/98, BStBl 1998 I S. 583.

352 Vgl. BMF, Schreiben vom 28. 4. 1998 – IV B 2 – S 2241 – 42/98, BStBl 1998 I S. 583; *Niehus/Wilke*, Die Besteuerung der Personengesellschaften, 6. Aufl., Stuttgart 2013, S. 80.

353 Vgl. BFH, Urteil vom 10. 11. 2005 – IV R 29/04, BStBl 2006 II S. 173.

354 Vgl. *Ley*, KÖSDI 2003 S. 13916; *Brandenberg*, StbJb 1996/97 S. 304; *Kempermann*, FR 2006 S. 279; *Niehus/Wilke*, Die Besteuerung der Personengesellschaften, 6. Aufl., Stuttgart 2013, S. 81; a. A. *Schmitz*, NWB 2010 S. 429.

355 Vgl. *Wacker*, in: Schmidt, EStG, 32. Aufl., München 2013, § 15 Rz. 533; *Korn*, KÖSDI 2007 S. 15717; a. A. FG Münster, Urteil vom 15. 7. 2008 – 1 K 2405/04 F, EFG 2009 S. 106.

356 Vgl. BFH, Urteil vom 23. 5. 1979 – I R 56/77, BStBl 1979 II S. 763.

357 Vgl. *Wacker*, in: Schmidt, EStG, 32. Aufl., München 2013, § 15 Rz. 533, 606; *Groh*, DStZ 1996 S. 676.

1541 Wenn die überlassende Personengesellschaft nur **vermögensverwaltend** tätig ist, werden die einer gewerblichen Schwesterpersonengesellschaft überlassenen Wirtschaftsgüter anteilig (§ 39 Abs. 2 Nr. 2 AO) im Sonderbetriebsvermögen der an beiden Gesellschaften beteiligten Gesellschafter bei der empfangenden Mitunternehmerschaft erfasst.[358] Entsprechend führen die Entgelte nur anteilig zu Sondervergütungen.[359]

1542–1545 *(Einstweilen frei)*

3.5 Entnahme von Sonderbetriebsvermögen

1546 Wenn ein Wirtschaftsgut seine Eigenschaft als Sonderbetriebsvermögen verliert, liegt im Grundsatz eine steuerpflichtige **Entnahme** vor. Folgende Konstellationen sind denkbar:[360]

1. Gewillkürtes Sonderbetriebsvermögen wird nicht mehr bilanziert;
2. der (wirtschaftliche) Eigentümer verliert seine Mitunternehmereigenschaft;
3. das Wirtschaftsgut wird unentgeltlich an einen Nicht-Mitunternehmer übertragen;
4. die Nutzungsüberlassung des Wirtschaftsgutes durch den Gesellschafter wird beendet und das Wirtschaftsgut weiterhin privat genutzt.

1547 Wenn ein Wirtschaftsgut zu einem eigenen Betriebsvermögen des Mitunternehmers gehört und nur aufgrund des Zuordnungsvorrangs (vgl. Rz. 1532) Sonderbetriebsvermögen bildet, liegt beim Wegfall der Sonderbetriebsvermögenseigenschaft keine Entnahme bzw. Einlage vor.[361] Eine Buchwertfortführung ist zwingend.[362]

1548–1549 *(Einstweilen frei)*

4. Transfer von Wirtschaftsgütern bei Personengesellschaften

4. 1 Einführung

1550 § 6 Abs. 5 EStG regelt aus ertragsteuerlicher Sicht die Übertragung/Überführung von Wirtschaftsgütern zwischen verschiedenen Betriebsvermögen. Sind die im Gesetz genannten Voraussetzungen erfüllt, hat die Übertragung zwingend mit dem Buchwert zu erfolgen. Somit kann die Aufdeckung der stillen Reserven vermieden werden. Ist jedoch die spätere Besteuerung der stillen Reserven nicht sichergestellt, kann die Buchwertfortführung nicht in Anspruch genommen werden.

---

358 Vgl. BFH, Urteile vom 22. 11. 1994 – VIII R 63/93, BStBl 1996 II S. 93; vom 10. 11. 2005 – IV R 7/05, BStBl 2006 II S. 176; BFH, Beschluss vom 11. 7. 2008 – IV B 121/07, BFH/NV 2008 S. 2002; *Schmitz*, NWB 2010 S. 428.

359 Vgl. *Wacker*, in: Schmidt, EStG, 32. Aufl., München 2013, § 15 Rz. 606.

360 Vgl. im Einzelnen *Wacker*, in: Schmidt, EStG, 32. Aufl., München 2013, § 15 Rz. 538; *Kozikowski/Staudacher*, in: Beck'scher Bilanz-Kommentar, 8. Aufl., München 2012, § 247 Rz. 767.

361 Vgl. *Wacker*, in: Schmidt, EStG, 32. Aufl., München 2013, § 15 Rz. 539; *Kozikowski/Staudacher*, in: Beck'scher Bilanz-Kommentar, 8. Aufl., München 2012, § 247 Rz. 768.

362 Vgl. BFH, Urteil vom 6. 3. 2002 – XI R 9/01, BStBl 2002 II S. 737; *Ley*, KÖSDI 2003 S. 13914.

Zudem werden nicht alle denkbaren Transaktionen zwischen verschiedenen Betriebsvermögen von § 6 Abs. 5 EStG erfasst. So unterliegt der Fall der Übertragung von Wirtschaftsgütern des Gesamthandsvermögens zwischen beteiligungsidentischen **Schwesterpersonengesellschaften** derzeit einer konträren Diskussion. Nach dem I. Senat des BFH kommt es zur Aufdeckung der stillen Reserven,[363] was der IV. Senat verneint.[364] Das BMF spricht sich für die Aufdeckung der stillen Reserven aus, nimmt aber die ernstlichen Zweifel des IV. Senats zum Anlass, in entsprechenden Fällen eine Aussetzung der Vollziehung zu gestatten.[365] Der I. Senat des BFH hält in seinem Beschluss vom 10.4.2013 an seiner bisherigen Auffassung fest; nach dem abschließend formulierten Wortlaut des § 6 Abs. 5 EStG komme eine buchwertneutrale Übertragung zwischen beteiligungsidentischen Schwesterpersonengesellschaften nicht in Betracht.[366] Allerdings sieht der I. Senat in dem Fehlen einer solchen gesetzlichen Möglichkeit in § 6 Abs. 5 Satz 3 EStG einen Verstoß gegen den allgemeinen Gleichheitssatz (Art. 3 Abs. 1 GG) und hat daher dem BVerfG die Frage zur Klärung vorgelegt. Im Wesentlichen sei der Fall vergleichbar mit der steuerneutralen Überführung eines Wirtschaftsgutes von einem in das andere Betriebsvermögen eines Steuerpflichtigen (§ 6 Abs. 5 Satz 1 EStG). 1551

Die **entgeltliche Übertragung** fällt ohnehin nicht unter den Anwendungsbereich des § 6 Abs. 5 EStG, es sei denn, das Entgelt besteht in der Gewährung oder Minderung von Gesellschaftsrechten.[367] Wenn ein Wirtschaftsgut zwischen der Personengesellschaft und einem der Gesellschafter aufgrund eines schuldrechtlichen Vertrags unter Vereinbarung eines unter fremden Dritten üblichen Entgelts übertragen wird, so ist dieser Vorgang wie eine **Veräußerung** mit Außenstehenden zu behandeln.[368]

(Einstweilen frei) 1552–1553

4.2 Transfer von Wirtschaftsgütern ohne Rechtsträgerwechsel (§ 6 Abs. 5 Satz 2 EStG)

Bei der Überführung eines Wirtschaftsgutes aus dem **Einzelbetrieb eines Mitunternehmers in dessen Sonderbetriebsvermögen** oder umgekehrt bleibt der Gesellschafter **zivilrechtlicher Eigentümer**. Somit findet kein Rechtsträgerwechsel statt. Es ist zwingend der Buchwert anzusetzen (§ 6 Abs. 5 Satz 2 EStG). 1554

363 Vgl. BFH, Urteil vom 25.11.2009 – I R 72/08, BStBl 2010 II S. 472.

364 Vgl. BFH, Urteil vom 15.4.2010 – IV B 105/09, FR 2010 S. 760; zur Diskussion vgl. *Wißborn*, NWB 2010 S. 4275 ff.; *Brandenberg*, NWB 2010 S. 2699 ff.; *Bareis*, FR 2011 S. 153 ff.; *Ley*, DStR 2011 S. 1208 ff.; *Hahne*, StuB 2010 S. 611 ff.; *Siegmund/Ungemach*, NWB 2010 S. 2206 ff.; *Gosch*, DStR 2010 S. 1173 ff.; *Siegel*, FR 2011 S. 45 ff.

365 Vgl. BMF, Schreiben vom 29.10.2010 – IV C 6 – S 2241/10/10002: 001, DB 2010 S. 2473. Siehe auch BMF, Schreiben vom 8.12.2011 – IV C 6 – S 2241/10/10002, BStBl 2011 I S. 1279, Rn. 18.

366 Vgl. BFH, Beschluss vom 10.4.2013 - I R 80/12, DStR 2013 S. 2158; hierzu z. B. *Oellerich*, NWB 2013 S. 3444 ff..

367 Vgl. *Kulosa*, in: Schmidt, EStG, 32. Aufl., München 2013, § 6 Rz. 696.

368 Vgl. BFH, Urteil vom 28.1.1976 – I R 84/74, BStBl 1976 II S. 744; BMF, Schreiben vom 7.6.2001 – IV A 6 – S 2241/52/01, BStBl 2001 I S. 367. Zu teilentgeltlichen Übertragungen vgl. BMF v. 8.12.2011 – IV C 6 – S 2241/10/10002, BStBl 2011 I, S. 1279, Rz. 15; anders BFH, Urteil vom 21.6.2012 – IV R 1/08, DStR 2012 S. 1500; BFH, Urteil vom 19.9.2012 – IV R 11/12, DStR 2012 S. 2051; vgl. zur Diskussion *Demuth*, in: Strahl/Demuth (Hrsg.), Personengesellschaften: Nachfolge, Eintritt, Austritt, Übertragungen, 2. Aufl., Bonn 2013, Rz. 84 ff.; *Dornheim*, DStZ 2013 S. 397 ff.; *Levedag*, GmbHR 2013 S. 673 ff.; *Mitschke*, FR 2013 S. 648; *Prinz/Hütig*, DB 2012 S. 2597 ff.; *Vees*, DStR 2013 S. 743 ff.

1555 Dies gilt auch für den Fall der Überführung zwischen **verschiedenen Sonderbetriebsvermögen derselben Person bei verschiedenen Personengesellschaften** (§ 6 Abs. 5 Satz 2 EStG).

1556–1558 *(Einstweilen frei)*

4.3 Transfer von Wirtschaftsgütern mit Rechtsträgerwechsel (§ 6 Abs. 5 Satz 3 EStG)

1559 Voraussetzung für die Anwendung des § 6 Abs. 5 Satz 3 EStG ist, dass die Übertragung des Wirtschaftsguts **unentgeltlich** oder gegen **Gewährung oder Minderung von Gesellschaftsrechten** erfolgt.

1560 Eine Legaldefinition des Begriffs der Gesellschaftsrechte besteht nicht. Im Grundsatz wird von einer Übertragung gegen **Gewährung bzw. Minderung von Gesellschaftsrechten** ausgegangen, wenn die Gegenbuchung auf dem Kapitalkonto des Gesellschafters erfolgt. Maßgeblich ist dabei auf das handelsrechtliche Kapitalkonto abzustellen. Bei einer **unentgeltlichen** Übertragung eines Wirtschaftsgutes zwischen Gesellschaft und Gesellschafter ist für die Übertragung keine Gegenleistung vereinbart worden, d. h. es werden keine Gesellschaftsrechte gewährt oder gemindert und auch keine sonstigen Gegenleistungen gewährt.[369]

1561–1562 *(Einstweilen frei)*

1563 Wird ein Wirtschaftsgut unentgeltlich oder gegen Gewährung oder Minderung von Gesellschaftsrechten **aus dem Gesamthandsvermögen** in einen Einzelbetrieb des Mitunternehmers bzw. in dessen Sonderbetriebsvermögen oder umgekehrt übertragen, kommt es nach § 6 Abs. 5 Satz 3 Nr. 1 und 2 EStG zur Buchwertfortführung.

1564 Hierbei gehen bei einer **Einbringung** die stillen Reserven vom Einzelbetrieb des Gesellschafters bzw. von dessen Sonderbetriebsvermögen auf das Gesamthandsvermögen über; der Gewinn der Personengesellschaft wird somit bei der Aufdeckung der stillen Reserven zu hoch ausgewiesen. Die anderen Gesellschafter der Mitunternehmerschaft hätten die stille Reserve nach Maßgabe des Gewinnverteilungsschlüssels zu versteuern. Um dies zu verhindern, kommt es auf der Ebene der Personengesellschaft zur Bewertung mit dem Teilwert, während der einlegende Gesellschafter mithilfe einer **negativen Ergänzungsbilanz** der sofortigen Besteuerung der stillen Reserven entgehen kann.[370] Die stillen Reserven werden somit nur dem einlegenden Gesellschafter zugerechnet und bei ihm versteuert (personenbezogene Besteuerung der stillen Reserven).[371]

---

369 Vgl. BMF, Schreiben vom 11. 7. 2011 – IV C 6 – S 2178/09/10001, DStR 2011 S. 1319. Liegen nach den gesellschaftsrechtlichen Vereinbarungen mehrere Gesellschafterkonten vor, ist die richtige Einordnung eines Kontos entscheidend für die Frage, ob Gesellschaftsrechte vermittelt werden. Vgl. hierzu BMF, Schreiben vom 11. 7. 2011 – IV C 6 – S 2178/09/10001, DStR 2011 S. 1319; hierzu *Thiede*, StuB 2011 S. 610 ff. Zur Abgrenzung von Gesellschafterkonten vgl. im Einzelnen *Steger*, NWB 2013 S. 998 ff.; *Kersten/Feldgen*, FR 2013 S. 197 ff.; *Kahle*, DStZ 2010 S. 720 ff.

370 Bei der Übertragung gegen Gewährung von Gesellschaftsrechten wird der übertragende Mitunternehmer regelmäßig an dem Teilwertansatz in der Gesamthandsbilanz interessiert sein, da er Gesellschaftsrechte in der Höhe erhalten möchte, „die dem Teilwert des übertragenen Wirtschaftsgutes entspricht", *Niehus/Wilke*, Die Besteuerung der Personengesellschaften, 6. Aufl., Stuttgart 2013, S. 195.

371 Vgl. *Jacobs* (Hrsg.), Unternehmensbesteuerung und Rechtsform, 4. Aufl., München 2009, S. 235.

Bei der **Ausbringung** verhält es sich genau entgegengesetzt. Der Gesamthandsgewinn wird folglich zu gering ausgewiesen. Die stillen Reserven sind bei deren Realisierung nur von dem Gesellschafter zu versteuern. Dies lässt sich nicht vermeiden, weil eine Ergänzungsbilanz nur für Wirtschaftsgüter der Gesellschafter aufgestellt werden kann.[372] 1565

(Einstweilen frei) 1566–1567

Wenn ein Gesellschafter einer Personengesellschaft ein Wirtschaftsgut **unentgeltlich** auf einen anderen Gesellschafter derselben Mitunternehmerschaft überträgt, ist im aufnehmenden Betriebsvermögen zwingend der Buchwert anzusetzen (§ 6 Abs. 5 Satz 3 Nr. 3 EStG). D. h. die stillen Reserven gehen vom übertragenden Mitunternehmer auf den empfangenden Mitunternehmer über; das Subjektprinzip, nach dem die Einkünfte von demjenigen zu versteuern sind, der sie erwirtschaftet hat, wird verletzt. 1568

(Einstweilen frei) 1569–1570

In § 6 Abs. 5 Satz 4 EStG hat der Gesetzgeber bestimmt, dass rückwirkend auf den Zeitpunkt der Übertragung der Teilwert anzusetzen ist, wenn das übertragene Wirtschaftsgut innerhalb einer sog. **Sperrfrist** (endet **drei Jahre** nach Abgabe der Steuererklärung des Übertragenden für den Veranlagungszeitraum, in dem die Übertragung erfolgt ist) **veräußert oder entnommen** wird. 1571

Der rückwirkende Teilwertansatz gilt jedoch nicht, wenn die bis zur Übertragung entstandenen stillen Reserven durch die **Erstellung einer Ergänzungsbilanz** dem übertragenden Gesellschafter zugeordnet worden sind (§ 6 Abs. 5 Satz 4 EStG).[373] 1572

Rückwirkend auf den Zeitpunkt der Übertragung ist der **Teilwert trotz Erstellung einer Ergänzungsbilanz anzusetzen**, „wenn durch die Übertragung keine Änderung des Anteils des übertragenden Gesellschafters an dem übertragenen Wirtschaftsgut eingetreten ist, aber das Wirtschaftsgut einem anderen Rechtsträger zuzuordnen ist."[374] Dies ist z. B. gegeben, wenn ein Wirtschaftsgut aus einem Betriebsvermögen in das Gesamthandsvermögen einer Mitunternehmerschaft übertragen wird und der Übertragende zu 100 % am Vermögen dieser Mitunternehmerschaft beteiligt ist.[375] Mit dieser (übertrieben kleinlichen)[376] Regelung soll Steuergestaltungen begegnet werden, die zumindest auf eine verzögerte Besteuerung durch Steuerstundung abzielen.[377] Es ist aller-

372 Vgl. *Schreiber*, Besteuerung der Unternehmen. Eine Einführung in Steuerrecht und Steuerwirkung, 3. Aufl., Wiesbaden 2013, S. 340. Zudem sind bei einer Übertragung gegen Gewährung oder Minderung von Gesellschaftsrechten die Kapitalkonten aller Gesellschafter entsprechend anzupassen. Vgl. hierzu im Einzelnen *Jacobs* (Hrsg.), Unternehmensbesteuerung und Rechtsform, 4. Aufl., München 2009, S. 240 f., mit Beispiel auf S. 241-243 und *Niehus/Wilke*, Die Besteuerung der Personengesellschaften, 6. Aufl., Stuttgart 2013, S. 196 f., mit Beispiel auf S. 197-199.

373 Im Falle der Einbringung in eine Personengesellschaft lässt sich somit das Überspringen stiller Reserven durch Bildung einer negativen Ergänzungsbilanz für den Einbringenden vermeiden, nicht aber im Falle der Ausbringung. Denn nach h. M. ist eine Ergänzungsbilanz an einer Bilanz eines Einzelbetriebs des Gesellschafters oder an einer Sonderbilanz nicht vorstellbar. Vgl. im Einzelnen *Niehus/Wilke*, Die Besteuerung der Personengesellschaften, 6. Aufl., Stuttgart 2013, S. 204.

374 BMF vom 8. 12. 2011 – IV C 6 – S 2241/10/10002, BStBl 2011 I S. 1283, Rz. 26.

375 Vgl. BMF v. 8. 12. 2011 – IV C 6 – S 2241/10/10002, BStBl 2011 I S. 1283, Rz. 26.

376 So *Scharfenberg*, DB 2012 S. 196.

377 Vgl. *Gragert/Wißborn*, NWB 2012 S. 980.

dings äußerst fraglich, ob diese Rechtsauffassung der Finanzverwaltung vom insoweit eindeutigen Wortlaut des § 6 Abs. 5 Satz 4 EStG gedeckt ist.[378] Systematisch lässt sich diese Auffassung der Finanzverwaltung nicht rechtfertigen, denn ein Überspringen stiller Reserven findet nicht statt.[379]

So hat der BFH im Ergebnis dieser Auffassung der Finanzverwaltung widersprochen, indem er keine Sperrfristverletzung bei einer Einmann-GmbH & Co. KG sieht. Wenn der einbringende Kommanditist zum Zeitpunkt der Einbringung und bis zur Veräußerung des Wirtschaftsgutes zu 100 % am Ergebnis und am Vermögen der KG beteiligt ist, kommt es nach Auffassung des BFH nicht zu einem rückwirkenden Teilwertansatz, da es nicht zu einer interpersonellen Verlagerung stiller Reserven kommt.[380] Die Sperrfristregelung sei in teleologischer Reduktion des § 6 Abs. 5 Satz 4 EStG auf den Fall der Einmann-GmbH & Co KG von vornherein gar nicht anwendbar. In dem zugrundeliegenden Sachverhalt hatte der einbringende Kommanditist auf die Erstellung einer Ergänzungsbilanz verzichtet (**Buchwerteinbringung ohne Ergänzungsbilanz**). Der Zweck der Sperrfristregelung (Verhinderung der Verlagerung stiller Reserven) werde bereits durch die unveränderten Beteiligungsverhältnisse erreicht, das Erstellen einer negativen Ergänzungsbilanz bei gleichzeitigem Ansatz des eingebrachten Wirtschaftsgutes zum Teilwert in der Gesamthandsbilanz (Bruttomethode) sei nicht erforderlich.

1573 Eine weitere Einschränkung der steuerneutralen Übertragungsmöglichkeiten findet sich in § 6 Abs. 5 Satz 5 und 6 EStG. Wenn in den Fällen des § 6 Abs. 5 Satz 3 EStG der **Anteil einer Kapitalgesellschaft**, Personenvereinigung oder Vermögensmasse an dem übertragenen Wirtschaftsgut unmittelbar oder mittelbar begründet wird oder dieser sich erhöht, ist der Teilwert des übertragenen Wirtschaftsgutes anzusetzen (§ 6 Abs. 5 Satz 5 EStG). Dies gilt auch, soweit der Anteil einer Kapitalgesellschaft, Personenvereinigung oder Vermögensmasse an dem Wirtschaftsgut **innerhalb von sieben Jahren** nach der Übertragung unmittelbar oder mittelbar begründet wird oder dieser sich erhöht (§ 6 Abs. 5 Satz 6 EStG). Es kommt insoweit zum Ansatz des Teilwertes, als es der Veränderung der Vermögensbeteiligungsquote der Kapitalgesellschaft an der Personengesellschaft bzw. an dem übertragenen Wirtschaftsgut entspricht.[381]

1574–1580 *(Einstweilen frei)*

5. Doppelstöckige Personengesellschaft

1581 Eine Personenhandelsgesellschaft kann zivilrechtlich Gesellschafter (**Obergesellschaft**) einer anderen Personenhandelsgesellschaft (**Untergesellschaft**) sein. Damit kann eine natürliche Person nicht nur unmittelbar an einer Personengesellschaft beteiligt sein; vielmehr ist auch eine **mittelbare Beteiligung** über eine zwischengeschaltete Personen-

378 Vgl. *Goebel/Ungemach*, NWB 2012 S. 2554; *Rogall/Gerner*, Ubg 2012 S. 87; *Tiede*, StuB 2012 S. 258.

379 Vgl. *Rogall/Gerner*, Ubg 2012 S. 87.

380 Vgl. BFH, Urteil vom 31. 7. 2013 – I R 44/12, DStR 2013 S. 2165; *Wacker*, NWB 2013 S. 3377 ff.; gl. A. z. B. *Ley*, Ubg 2010 S. 773; *Prinz*, FR 2012 S. 726; a. A. z. B. FG Düsseldorf, Urteil vom 6. 7. 2012 – 3 K 2579/11 F, EFG 2012 S. 1914; *Brandenberg*, Ubg 2010 S. 773; *Haberland*, FR 2013 S. 538.

381 Vgl. im Einzelnen *Niehus/Wilke*, Die Besteuerung der Personengesellschaften, 6. Aufl., Stuttgart 2013, S. 191 ff.

gesellschaft möglich. Das Steuerrecht knüpft insoweit an die zivilrechtliche Einordnung einer Personengesellschaft an. Eine OHG, KG oder GbR kann Mitunternehmer einer anderen Personengesellschaft sein, soweit sie die Kriterien der Mitunternehmerinitiative und des Mitunternehmerrisikos erfüllt.[382]

Gemäß § 15 Abs. 1 Satz 1 Nr. 2 Satz 2 EStG sind die Mitunternehmer der Obergesell- 1582
schaft auch als Mitunternehmer der Untergesellschaft anzusehen. Diese Norm setzt eine **ununterbrochene Mitunternehmerkette** voraus, d. h. der Gesellschafter der Obergesellschaft muss als Mitunternehmer des Betriebs der Obergesellschaft und die Obergesellschaft als Mitunternehmer des Betriebs der Untergesellschaft anzusehen sein. § 15 Abs. 1 Satz 1 Nr. 2 Satz 2 EStG kommt nicht zur Anwendung, wenn die unmittelbaren Leistungen an die Untergesellschaft und die mittelbare Beteiligung an dieser nur **zufällig** zusammentreffen, z. B. bei mehrstufiger Beteiligung, geringem Anteil an der Obergesellschaft und erheblichen eigengewerblichen Aktivitäten der Zwischengesellschaft.

Infolge des § 15 Abs. 1 Satz 1 Nr. 2 Satz 2 EStG führen alle Vergütungen des Obergesell- 1583
schafters, die er von der Untergesellschaft für eine Tätigkeit im Dienst dieser Gesellschaft, für die Hingabe von Darlehen oder für die Überlassung von Wirtschaftsgütern an die Untergesellschaft bezogen hat, zu **gewerblichen Einkünften**. Die vom Obergesellschafter an die Untergesellschaft unmittelbar zur Nutzung überlassenen Wirtschaftsgüter sind als aktives SBV I des Obergesellschafters Teil des Betriebsvermögens der Untergesellschaft.[383] Dies gilt entsprechend für damit zusammenhängende Schulden (passives Sonderbetriebsvermögen).[384] Der mittelbar Beteiligte kann SBV I und SBV II bei der Untergesellschaft bilden.[385] Das Ergebnis der Sonderbilanz des Obergesellschafters bei der Untergesellschaft ist Bestandteil des steuerlichen Gesamtgewinns der Untergesellschaft und wird dem Obergesellschafter im Rahmen der Gewinnverteilung der Untergesellschaft unmittelbar zugerechnet.[386] Hierzu rechnen auch Gewinne aus der Veräußerung oder Entnahme dieses Sonderbetriebsvermögens.

---

382 Vgl. BFH, Beschlüsse vom 25. 2. 1991 – GrS 7/89, BStBl 1991 II S. 691; vom 3. 5. 1993 – GrS 3/92, BStBl 1993 II S. 622; BFH, Urteil vom 26. 1. 1995 – IV R 23/93, BStBl 1995 II S. 469; *Seer*, StuW 1992 S. 43; *Söhn*, StuW 1999 S. 328.

383 Vgl. BFH, Urteil vom 7. 12. 2000 – III R 35/98, BStBl 2001 II S. 316; *Ley*, KÖSDI 2010 S. 17155; *Seitz*, StbJb 2009/10 S. 110; *Schulze zur Wiesche*, StBp 2010 S. 37.

384 Vgl. *Wacker*, in: Schmidt, EStG, 32. Aufl., München 2013, § 15 Rz. 616; *Brandenberg*, JbFStR 2006/07 S. 318; *Mückl*, DB 2009 S. 1088.

385 Vgl. im Einzelnen *Mückl*, DB 2009 S. 1092; *Ley*, KÖSDI 2010 S. 17154; *Grützner* in Lange (Hrsg.), Personengesellschaften im Steuerrecht, 8. Aufl., Herne 2012, Rz. 910; *Rätke*, in: HHR, EStG, KStG, Köln, § 15 Rz. 633 (Stand: 3/2013); *Förster*, DB 2011 S. 2571; *Niehus/Wilke*, Die Besteuerung der Personengesellschaften, 6. Aufl., Stuttgart 2013, S. 346; *Beekmann*, Ertragsteuerliche Behandlung der doppelstöckigen Personengesellschaft, Frankfurt a. M. 2007, S. 48 f.; a. A. *Schulze zur Wiesche*, FR 1999 S. 14; *A. Söffing*, DStZ 1993 S. 587; *G. Söffing*, FR 1992 S. 188.

386 Vgl. *Seer*, StuW 1992 S. 43; *Niehus/Wilke*, Die Besteuerung der Personengesellschaften, 6. Aufl., Stuttgart 2013, S. 344; *Ley*, KÖSDI 2010 S. 17154.

1584 Wenn die Untergesellschaft eine **GmbH & Co KG** ist, bilden die Anteile eines Obergesellschafters an der Komplementär-GmbH der Untergesellschaft SBV II des Obergesellschafters bei der Untergesellschaft.[387] An den Obergesellschafter gezahlte Entgelte für dessen Leistungen gegenüber der Komplementär-GmbH der Untergesellschaft werden bei Letzterer als Sondervergütungen des Obergesellschafters erfasst.[388] Wenn der Erwerb der Anteile an der Komplementär-GmbH mit Fremdkapital finanziert wurde, „stellt das Darlehen passives Sonderbetriebsvermögen II des Sonder-Mitunternehmers bei der Untergesellschaft dar."[389]

1585 Wenn der Erwerb der Beteiligung an der Obergesellschaft durch ein Darlehen finanziert wurde, ist es strittig, ob diese Darlehensschuld des mittelbar beteiligten Gesellschafters ganz oder anteilig in dessen Sonderbetriebsvermögen II bei der Untergesellschaft durchgestockt werden kann[390] oder – wie bei einer einstöckigen Personengesellschaft – vollumfänglich zu seinem passiven Sonderbetriebsvermögen II bei der Obergesellschaft zählt.[391]

1586 Das Ergebnis der **Steuerbilanz der Untergesellschaft** wird unmittelbar und anteilig den Gesellschaftern der Untergesellschaft einschließlich der Obergesellschaft als Mitunternehmer nach Maßgabe des gesellschaftsrechtlichen Gewinn- und Verlustverteilungsschlüssels zugerechnet, jedoch nicht auch den Gesellschaftern der Obergesellschaft,[392] da diese zivilrechtlich nicht Gesellschafter der Untergesellschaft sind. Damit beschränkt sich der sachliche Anwendungsbereich des § 15 Abs. 1 Satz 1 Nr. 2 Satz 2 EStG auf die von der Untergesellschaft bezogenen Sondervergütungen (und das damit ver-

387 Vgl. *Felix*, KÖSDI 1994 S. 9770; *Wacker*, in: Schmidt, EStG, 32. Aufl., München 2013, § 15 Rz. 617, 716; *Reiß*, in: Kirchhof (Hrsg.), EStG, 12. Aufl., Köln 2013, § 15 Rz. 345; *Ley*, KÖSDI 2010 S. 17155; *Seer*, StuW 1992 S. 44; *Schulze zur Wiesche*, StBp 1992 S. 252; a. A. *Rödder*, StbJb 1994/95 S. 303 f.; *G. Söffing*, FR 1992 S. 188; *A. Söffing*, DStZ 1993 S. 589 f.

388 Vgl. *Wacker*, in: Schmidt, EStG, 32. Aufl., München 2013, § 15 Rz. 617; *Bordewin*, NWB, Fach 3 S. 8323.

389 *Förster*, DB 2011 S. 2571; gl. A. *Niehus/Wilke*, Die Besteuerung der Personengesellschaften, 6. Aufl., Stuttgart 2013, S. 346.

390 So *Wacker*, JbFStR 2006/07 S. 329 f.; *Raupach*, JbFStR 2006/07 S. 323 f.; *Mückl*, DB 2009 S. 1091 ff.; *Förster*, DB 2011 S. 2571 ff.; *Beekmann*, Ertragsteuerliche Behandlung der doppelstöckigen Personengesellschaft, Frankfurt a. M. 2007, S. 47; *Stegemann*, DB 2012 S. 376; *Prinz*, FR 2013 S. 662.
Zu steuerlichen Konsequenzen der (teilweisen) Zuordnung des Anschaffungsdarlehens zum Sonderbetriebsvermögens II des Sonder-Mitunternehmers bei der der Untergesellschaft (z. B. Schuldzinsenabzug) vgl. *Förster*, DB 2011 S. 2573 f.

391 So *Ley*, KÖSDI 2010 S. 17155; *Brandenberg*, JbFStR 2006/07 S. 321 ff.; *Niehus/Wilke*, Die Besteuerung der Personengesellschaften, 6. Aufl., Stuttgart 2013, S. 346; *Rätke*, in: HHR, EStG, KStG, Köln, § 15 Rz. 633 (Stand: 3/2013).

392 Vgl. *Wacker*, in: Schmidt, EStG, 32. Aufl., München 2013, § 15 Rz. 619; *Söhn*, StuW 1999 S. 333; *Schmidt*, in: Ballwieser et al. (Hrsg.), Bilanzrecht und Kapitalmarkt, FS Moxter, Düsseldorf 1994, S. 1114; a. A. *Bodden*, FR 2002 S. 564; *ders.*, Einkünftequalifikation bei Mitunternehmern, Aachen 2001, S. 93 ff; *Bordewin*, DStR 1996 S. 1596.

bundene SBV), obwohl dies dem Wortlaut des Gesetzes nicht direkt zu entnehmen ist.[393] Daher wird der mittelbar beteiligte Gesellschafter auch als „Sonder-Mitunternehmer" bezeichnet.[394] Der auf die Obergesellschaft entfallende Anteil am Steuerbilanzgewinn oder -verlust der Untergesellschaft geht in den Steuerbilanzgewinn oder -verlust der Obergesellschaft ein[395] und ist von den Gesellschaftern der Obergesellschaft als Teil ihres Anteils am Gesamtgewinn der Obergesellschaft zu versteuern.[396] Soweit die Wirtschaftsjahre der Ober- und Untergesellschaft nicht übereinstimmen, kommt es zu einer zeitversetzten Besteuerung, es sei denn, die Wahl des Wirtschaftsjahres gilt im Einzelfall als rechtsmissbräuchlich.[397]

Wirtschaftsgüter des Gesellschaftsvermögens der Obergesellschaft, die der Untergesellschaft zur Nutzung überlassen werden, bilden aktives **Sonderbetriebsvermögen der Obergesellschaft** bei der Untergesellschaft.[398] Das Sonderbetriebsvermögen hat also auch hier Vorrang vor dem Betriebsvermögen des Eigenbetriebs des Gesellschafters. Schulden, die mit diesem Sonderbetriebsvermögen oder der Beteiligung der Obergesellschaft an der Untergesellschaft wirtschaftlich zusammenhängen, sind passives SBV bei der Untergesellschaft.[399] Die Grundsätze der Zurechnung von Wirtschaftsgütern bei **Schwesterpersonengesellschaften** (vgl. Rz. 1538) wirken sich bei doppel- bzw. mehrstöckigen Personengesellschaften damit nicht aus. 1587

Das Ergebnis einer etwaigen **Ergänzungsbilanz** für die Obergesellschaft zur Steuerbilanz der Untergesellschaft infolge entsprechender Anschaffungskosten beim Erwerb der Beteiligung an der Untergesellschaft zählt zum Gesamtgewinnanteil der Obergesellschaft als Mitunternehmerin der Untergesellschaft.[400] Hierzu rechnen auch die Sondervergütungen, die die Obergesellschaft von der Untergesellschaft für unmittelbare Leistungen erhält, sowie weitere Sonderbetriebseinnahmen und Sonderbetriebsausga- 1588

393 Vgl. BFH, Urteil vom 22. 1. 2009 – IV R 90/05, DB 2009 S. 882; BFH, Urteil vom 22. 6. 2006 – IV R 56/04, BStBl 2006 II S. 838; BFH, Urteil vom 7. 12. 2000 – III R 35/98, BStBl II 2001 S. 319; BFH, Urteil vom 6. 9. 2000 – IV R 69/99, DB 2000 S. 2506; BFH, Beschluss vom 31. 8. 1999 – VIII B 74/99, DStR 1999 S. 1854; *Ley*, KÖSDI 2010 S. 17149; *Rätke*, in: HHR, EStG, KStG, Köln, § 15 Rz. 629 (Stand: 3/2013); *Felix*, BB 1994 S. 690; *Ley*, KÖSDI 2010 S. 17149; *Förster*, DB 2011 S. 2571; *Söffing*, DB 1994 S. 1488 f.; *Thiel*, in: Wachter (Hrsg.), Festschrift für Sebastian Spiegelberger zum 70. Geburtstag, Bonn 2009, S. 506; a. A. *Bodden*, FR 2002 S. 564. Diese einschränkende Auslegung des § 15 Abs. 1 Satz 1 Nr. 2 Satz 2 EStG ist nötig, um eine Doppelbesteuerung des (anteiligen) Gewinns der Untergesellschaft zu vermeiden, vgl. BFH, Urteil vom 6. 9. 2000 - IV R 69/99, DB 2000, S. 2506; *Rätke*, in: HHR, EStG, KStG, Köln, § 15 Rz. 629 (Stand: 3/2013).

394 Vgl. *Felix*, KÖSDI 1994 S. 9767.

395 Vgl. BFH, Urteil vom 26. 1. 1995 – IV R 23/93, BStBl 1995 II S. 467; *Ley*, KÖSDI 2010 S. 17151.

396 Vgl. BFH, Beschluss vom 25. 6. 2008 – X B 210/05, BFH/NV 2008 S. 1649; BFH, Urteil vom 26. 1. 1995 – IV R 23/93, BStBl 1995 II, S. 467.

397 Vgl. BFH, Urteil vom 16. 12. 2003 – VIII R 89/02, BFH/NV 2004 S. 936; *Wacker*, in: Schmidt, EStG, 32. Aufl., München 2013, § 15 Rz. 255, 619. In abweichenden Wirtschaftsjahren von Ober- und Untergesellschaft wird kein Missbrauch von Gestaltungsmöglichkeiten des Rechts gesehen, „wenn dadurch die Entstehung eines Rumpfwirtschaftsjahres vermieden wird", BFH, Urteil vom 9. 11. 2006 – IV R 21/05, BStBl 2010 II S. 230.

398 Vgl. BFH, Urteil vom 7. 12. 2000 – III R 35/98, BStBl 2001 II S. 316; BMF, Schreiben vom 28. 4. 1998 – IV B 2 – S 2241 – 42/98, BStBl 1998 I S. 583; *Rätke*, in: HHR, EStG/KStG, Köln, § 15 Rz. 635 (Stand: März 2013).

399 Vgl. BFH, Urteile vom 24. 3. 1999 – I R 114/97, BStBl 2000 II S. 399; vom 20. 9. 2007 – IV R 68/05, BStBl 2008 II S. 483; *Schmid*, DStR 1997 S. 944.

400 Vgl. *Rätke*, in: HHR, EStG/KStG, Köln, § 15 Rz. 630, 636 (Stand: März 2013); *Söhn*, StuW 1999 S. 333; *Wacker*, in: Schmidt, EStG, 32. Aufl., München 2013, § 15 Rz. 619.

ben des Sonderbetriebsvermögens der Obergesellschaft als Mitunternehmerin der Untergesellschaft.[401] Gewinne und Verluste aus der Veräußerung des Mitunternehmeranteils der Obergesellschaft an der Untergesellschaft sind gleichfalls Bestandteil des Gesamtgewinnanteils der Obergesellschaft.[402]

1589 Wenn der **Anteil an der Obergesellschaft** einer doppelstöckigen Personengesellschaft über bzw. unter dem Buchwert des Kapitalkontos des Veräußerers bei der Obergesellschaft entgeltlich erworben wird, müssen zwei Ergänzungsbilanzen erstellt werden.[403] Eine **Ergänzungsbilanz** ist für den Erwerber der Beteiligung **bei der Obergesellschaft** zu bilden; sie betrifft die Wirtschaftsgüter des Gesamthandsvermögens der Obergesellschaft, aber ohne den Anteil der Obergesellschaft an der Untergesellschaft, da dieser kein Wirtschaftsgut darstellt,[404] aber gleichwohl in der Steuerbilanz der Obergesellschaft zwar auszuweisen, aber nicht selbständig zu bewerten ist.[405] Stattdessen wird **bei der Untergesellschaft eine zweite Ergänzungsbilanz** gebildet, in der die Mehr- bzw. Minderwerte der durch den Gesellschaftsanteil der Obergesellschaft repräsentierten Wirtschaftsgüter im Gesamthandsvermögens der Untergesellschaft ausgewiesen werden, soweit auf diese Wirtschaftsgüter die Anschaffungskosten für den erworbenen Anteil an der Obergesellschaft mittelbar entfallen.[406] Es ist strittig, ob diese zweite Ergänzungsbilanz für den erwerbenden Obergesellschafter als Sonder-Mitunternehmer unmittelbar bei der Untergesellschaft[407] oder durch die Obergesellschaft als Gesellschafterin der Untergesellschaft für den mittelbar beteiligten Gesellschafter bei der Untergesellschaft[408] aufzustellen ist.[409]

1590–1609 *(Einstweilen frei)*

---

401 Vgl. *Rätke*, in: HHR, EStG/KStG, Köln, § 15 Rz. 631 (Stand: März 2013); *Wacker*, in: Schmidt, EStG, 32. Aufl., München 2013, § 15 Rz. 619.

402 Vgl. *Rätke*, in: HHR, EStG/KStG, Köln, § 15 Rz. 629 (Stand: März 2013).

403 Vgl. *Wacker*, in: Schmidt, EStG, 32. Aufl., München 2013, § 15 Rz. 471; *Rätke*, in: HHR, EStG/KStG, Köln, § 15 Rz. 637 (Stand: März 2013).

404 Vgl. z. B. BFH, Urteil vom 26. 4. 2012 – IV R 44/09, BFH/NV 2012 S. 1513; BFH, Urteil vom 8. 9. 2005 – IV R 52/03, BStBl 2006 II, S. 128; BFH, Urteil vom 30. 4. 2003 – I R 102/01, BStBl 2004 II S. 804.

405 Vgl. *Wacker*, in: Schmidt, EStG, 32. Aufl., München 2013, § 15 Rz. 622. Dem Ausweis der Beteiligung der Obergesellschaft an der Untergesellschaft kommt also für die steuerliche Gewinnermittlung über die Gewinnfeststellung bei der Untergesellschaft hinaus keine Bedeutung zu, vgl. BFH, Urteil vom 30. 4. 2003 – I R 102/01, BStBl 2004 II S. 804. Zur Diskussion um den Ausweis der Beteiligung in der Steuerbilanz vgl. *Rätke*, in: HHR, EStG/KStG, Köln, § 15 Rz. 643 (Stand: März 2013); *Ley*, KÖSDI 2005 S. 14486 ff.; *Mayer*, DB 2003 S. 2034 ff.; *ders.*, KÖSDI 2005 S. 14609 ff.; *Mische*, BB 2010 S. 2949 ff.

406 Vgl. *Wacker*, in: Schmidt, EStG, 32. Aufl., München 2013, § 15 Rz. 471; *Mische*, BB 2010 S. 2949.

407 Vgl. BFH, Urteil vom 1. 7. 2004 - IV R 67/00, DStRE 2004, S. 1327; *Nickel/Bodden*, FR 2003 S. 393; *Wacker*, JbFStR 2006/07 S. 325; *Ludwig*, BB 2007 S. 2155; *Seibold*, DStR 1998 S. 438; *Best*, DStZ 1991 S. 419 f.

408 Vgl. *Ley*, KÖSDI 2010 S. 17153 f.; dies., KÖSDI 2011, S. 17277; *Groh*, DB 1991 S. 881; *Dörfler/Zerbe*, DStR 2012 S. 1213; *Rätke*, in: HHR, EStG, KStG, Köln, § 15 Rz. 637 (Stand: 3/2013); *Patt*, in: HHR, EStG, KStG, Köln, § 16 Rz. 206 (Stand: 5/2008).

409 Zu weiteren Vorschlägen vgl. *Mayer*, DB 2003 S. 2038; ders., KÖSDI 2005 S. 14609; *Paul*, Die Behandlung negativer Kapitalkonten bei doppelstöckigen Personengesellschaften, Frankfurt a. M. u. a. 2006, S. 127 ff.; *Reiß*, in: Kirchhof (Hrsg.), EStG, 12. Aufl., Köln 2013, § 15 Rz. 423; zur Diskussion vgl. *Ley*, KÖSDI 2005 S. 14614.

Teil A:
Grundsatz- und Querschnittsfragen steuerlicher Gewinnermittlung

Kapitel XI:
Besonderheiten bei ertragsteuerlicher Organschaft

von
WP/StB Professor Dr. Ulrich Prinz, Köln

Inhaltsübersicht **Rz.**

Ausgewählte Literatur

Bareis, FR 2008 S. 649; *Breier*, Der Konzern 2011 S. 11 und S. 84; *Dötsch*, Der Konzern 2011 S. 402; *Dötsch/Pung*, Der Konzern 2008 S. 150; *Dötsch/Pung*, Die organschaftlichen Ausgleichsposten: Warum tun wir uns das an?, Festschrift für Gerrit Frotscher, 2013, S. 51–74; *Faller*, DStR 2013 S. 1977; *Heurung/Seidel*, Der Konzern 2009 S. 400; *Fellinger/Welling*, DStR 2013 S. 1718; *Heurung/Müller-Thomczik*, StB 2013 S. 111; *IDW*, Aktuelles zur steuerlichen Organschaft, Beiheft zu FN/IDW 9/2011; *Kahle/Vogel/Schulz*, Ubg 2011 S. 761; *Kolbe*, StuB 2008 S. 293; *Neumann*, Ubg 2010 S. 673; *Oesterwinter*, DStZ 2011 S. 585; *Reiß*, Der Konzern 2008 S. 9; *Rödder*, Ubg 2011 S. 473; *Rödder/Schmidtmann*, Ubg 2014 S. 177; *Ronneberger*, Stbg 2013 S. 297; *Schumacher*, Mehr- und Minderabführungen i. S. d. § 14 Abs. 3 und 4 KStG im Rahmen von Umwandlungen, in: Festschrift Schaumburg, 2009 S. 477; *Schmidtmann*, DStR 2014 S. 405; *Sedemund*, DB 2010 S. 1255; *Suchanek/Jansen/Hesse*, Ubg 2013 S. 280; *Thiel*, Probleme beim Übergang vom Halbeinkünfteverfahren zur Organschaft – Mehr- und Minderabführungen nach § 14 Abs. 3 KStG, in: Festschrift Raupach, Köln 2006 S. 543; *Thiel*, Nach 50 Jahren immer noch aktuell: Die besonderen Ausgleichsposten in der

Steuerbilanz des Organträgers, in: Festschrift Lang, 2011 S. 755; *Tiede*, StuB 2013 S. 93 un 606; *Trautmann/Faller*, DStR 2013 S. 293; *von Freeden*, Minder- und Mehrabführungen nach § 14 Abs. 4, § 27 Abs. 6 KStG – Ausgleichspostenlösung und Einlagelösung, Frankfurt a. M. 2011.

1. Rechtsgrundlagen der ertragsteuerlichen Organschaft

1610 Die ertragsteuerliche Organschaft ist für Körperschaftsteuerzwecke in §§ 14-19 KStG, für Gewerbesteuerzwecke in § 2 Abs. 2 Satz 2 GewStG tatbestandsidentisch geregelt. Der Gesetzgeber hat in diesem Bereich mit der sog. Kleinen Organschaftsreform v. 20. 2. 2013[1] wichtige Rechtsänderungen vorgenommen, die für national und international tätige Konzerne sowie mittelständische Unternehmensgruppen von großer praktischer Tragweite sind. Vor allem das „Bilanzrecht der Organschaft" wurde dabei modernisiert (s. Rz. 1616, 1632). Die Anbindung der ertragsteuerlichen Organschaft an den gesellschaftsrechtlichen Gewinnabführungsvertrag und die handelsbilanziellen Bezüge bei der Ermittlung der Gewinnabführung/Verlustübernahme sind beibehalten worden. Das ursprünglich vom Gesetzgeber verfolgte Ziel der Einführung eines neuen Gruppenbesteuerungssystems ohne GAV-Erfordernis wurde wegen fehlender finanzieller Spielräume zunächst „ad acta" gelegt.

Wesentliche **Tatbestandsvoraussetzungen** einer ertragsteuerlichen Organschaft sind:

- eine **Organgesellschaft (= OG)** in Gestalt einer AG, GmbH, SE, KGaA oder anderweitigen ausländischen KapGes mit inländischer Geschäftsleitung und Sitz in einem EU/EWR-Mitgliedstaat (Drittstaaten-KapGes sind trotz inländischer Geschäftsleitung nicht „organschaftsfähig"),
- ist in einen **Organträger (= OT)**, der eine Körperschaft, eine natürliche Person oder eine gewerblich tätige (nicht geprägte) Personengesellschaft mit jeweils inländischer Betriebsstätte sein muss, eingegliedert und zwar
- finanziell vom Beginn ihres Wirtschaftsjahres an ununterbrochen nach Maßgabe der Mehrheit der Stimmrechte (unmittelbar, ggf. mittelbar), und muss zudem
- ihren ganzen Gewinn wegen eines auf mindestens 5-Jahre (= Zeitjahre, nicht Wirtschaftsjahre)[2] abgeschlossenen und durchgeführten **Gewinnabführungsvertrags** (§ 291 Abs. 1 AktG; GAV oder EAV; Gewinnverwendung eigener Art) an den Organträger abführen. Ein Beherrschungsvertrag ist nicht erforderlich. Etwaige spätere BP-Mehrergebnisse stehen der Durchführung des GAV nicht entgegen.

1611 Üblicherweise handelt es sich um einen inländischen Organkreis. Durch die Kleine Organschaftsreform ist allerdings deutlich eine internationale Ausweitung des potenziellen Organkreises zu beobachten. Personengesellschaften können nur Organträger, nicht Organgesellschaft sein. Stets muss es sich um einen „einzigen" OT handeln; die Mehrmütterorganschaft wurde mit Wirkung ab dem Jahr 2003 abgeschafft. § 17 KStG

1 Vgl. „Gesetz zur Änderung und Vereinfachung der Unternehmensbesteuerung und des steuerlichen Reisekostenrechts" vom 20. 2. 2013, BGBl 2013 I S. 285. Aus der Literaturflut vgl. exemplarisch *N. Schneider*, StbJb 2012/2013 S. 93; *Prinz*, StuB 2013 S. 265; *Adrian*, StB 2013 S. 351. Zu einer ersten Arbeitshilfe für die Finanzämter s. OFD Karlsruhe vom 16. 1. 2014 – S 2770/52/2 – St 221, FR 2014 S. 434.

2 Zur Mindestlaufzeit des GAV und Bildung eines Rumpfwirtschaftsjahrs s. BFH vom 13. 11. 2013 – I R 45/12, DStR 2014 S. 643; ergänzend auch BFH vom 12. 1. 2011 – I R 3/10, BStBl 2011 II S. 727.

enthält „Sonderkriterien" für eine GmbH als Organgesellschaft und wurde hinsichtlich der Verpflichtung zur Verlustübernahme durch den Gesetzgeber mit rückwirkender Heilungsmöglichkeit „dynamisiert" (§ 34 Abs. 10b KStG).[3] Das neue inländische Betriebsstättenkriterium für einen unbeschränkt oder beschränkt steuerpflichtigen OT wurde durch den Gesetzgeber mit Wirkung ab 2012 als Gegenreaktion auf die Entscheidung des BFH v. 9. 2. 2011[4] eingeführt. Unmittelbare oder mittelbare Beteiligungen an der OG müssen danach ebenso wie die „zuzurechnenden Einkünfte" national wie doppelbesteuerungsrechtlich ununterbrochen während der gesamten Dauer der Organschaft der inländischen Betriebsstättenbesteuerung unterliegen. Auf Sitz/Geschäftsleitung des OT kommt es nicht mehr an; § 18 KStG wurde ersatzlos aufgehoben. Im Übrigen würde die „dual-consolidated loss-Regelung" des § 14 Abs. 1 Nr. 5 KStG ausgeweitet. Soweit im Organkreis entstehende negative Einkünfte in einem ausländischen Staat im Rahmen der Besteuerung von OT, OG oder einer anderen Person berücksichtigt werden, scheiden sie für den Inlandsabzug aus. Die Regelung ist rückwirkend für alle offenen Fälle anzuwenden (§ 34 Abs. 9 Nr. 8 KStG) und wird für international tätige Gruppen zu erheblichen Verlustnutzungsrisiken führen. Darin könnte ein Verstoß gegen die Grundsätze der Leistungsfähigkeitsbesteuerung bestehen; auch für EU/EWR-Fälle bestehen Bedenken im Hinblick auf die unionsrechtlichen Grundfreiheiten.

Sind Minderheitsgesellschafter an der OG beteiligt, so müssen die erforderlichen Ausgleichszahlungen immer von der OG selbst versteuert werden (§ 16 KStG, § 4 Abs. 5 Nr. 9 EStG). In Umstrukturierungs- und Transaktionsfällen werden des Öfteren Rumpfwirtschaftsjahre zur zeitnahen Herstellung einer Organschaft gebildet. Bei Transaktionen kommt häufig auch die sog. Mitternachtsregelung (R 59 Abs. 2 KStR) zur Anwendung, die entsprechender bilanzieller Abbildung beim jeweiligen Organträger bedarf. Für Feststellungszeiträume, die nach dem 31. 12. 2013 beginnen, wurde schließlich im Rahmen der Kleinen Organschaftsreform ein neues (einheitliches und gesondertes) Feststellungsverfahren geschaffen, das für OG und OT in einer Grundlagen-Folgebescheidbeziehung bindend ist und Verwaltungsvereinfachung bewirken soll.

Rechtsfolge der Organschaft ist für Körperschaftsteuerzwecke die Zurechnung des positiven oder negativen Einkommens an den Organträger als ‚fremdes Einkommen'[5] (Durchbrechung des Steuersubjektprinzips wegen des GAV). Daraus ergibt sich eine direkte Verlustverrechnung oder die Vermeidung der 5 % Belastung durch nicht abziehbare Betriebsausgaben bei körperschaftsteuerpflichtigem OT im Gewinnfall (§ 8b Abs. 5 KStG).[6] Die Organgesellschaft selbst bleibt allerdings als Steuer- und Bilanzierungssubjekt erhalten. Für Gewerbesteuerzwecke gilt die Organgesellschaft als Betriebsstätte des Organträgers. Eine Ergebnis- oder Kapitalkonsolidierung – wie sie sich aus der Kon- 1612

3 Der dort zu findende „verunglückte" Zeitbezug (31. 12. 2014) wurde durch das AIFM-StAnpG vom 18. 12. 2013, BGBl 2013 I S. 4318 auf „vor dem 1. 1. 2015" abgeändert. Dadurch werden – wie ursprünglich vom Gesetzgeber geplant – rückwirkende Heilungsmaßnahmen auch noch in 2014 ermöglicht. Vgl. zur Übergangsbestimmung auch bereits BFH, Urteil vom 24. 7. 2013 – I R 40/12, BStBl 2014 II S. 272; Erläuterungen bei *Gosch*, BFH/PR 11/2013 S. 411-413.

4 BFH, Urteil vom 9. 2. 2011 – I R 54, 55/10, BStBl 2012 II S. 106.

5 So BFH, Urteil vom 29. 8. 2012 – I R 65/11, BStBl 2013 II S. 555 Rn. 18.

6 Zu den wirtschaftlichen Konsequenzen der Organschaft *Prinz*, in: Herzig, Organschaft, 2003 S. 545-561.

zernrechnungslegung ergibt (etwa § 297 Abs. 3 Satz 1 HGB) – findet nicht statt. Organschaftsbezogene Gewinnabführungen und Ausschüttungen schließen sich nicht aus. Vororganschaftliche Rücklagen können neben einer Gewinnabführung an den Organträger ausgeschüttet werden. Nach dem seit 1. 1. 2014 geltenden neuen organschaftlichen Verfahrensrecht sind OG und OT jeweils selbständig gegen den Feststellungsbescheid i. S. d. § 14 Abs. 5 KStG rechtsbehelfsbefugt. Für gewinnbezogene gewerbesteuerliche Folgewirkungen gilt § 35b GewStG.[7]

1613 Darüber hinaus gibt es Organschaften auch für umsatzsteuerliche Zwecke. Dort muss eine juristische Person nach dem Gesamtbild der tatsächlichen Verhältnisse finanziell, wirtschaftlich und organisatorisch in das Unternehmen des Organträgers eingegliedert sein (§ 2 Abs. 2 Nr. 2 UStG). Die unionsrechtlichen Grundlagen der umsatzsteuerlichen Organschaft werden derzeit vom EuGH geklärt (s. Art. 11 MwStSystRL).[8] Ein Gewinnabführungsvertrag wird für **Umsatzsteuerzwecke** nicht benötigt, allerdings kann ein Beherrschungsvertrag (§ 291 Abs. 1 Satz 1 AktG) zur Sicherstellung der organisatorischen Eingliederung sinnvoll sein. Umsatzsteuerlich entsteht ein Einheitsunternehmen, so dass die Leistungsbeziehungen zwischen Organgesellschaft und Organträger nicht steuerbare Innenumsätze sind; der Gesetzgeber beschränkt dies auf im Inland gelegene Unternehmensteile. Umsatzsteuerschuldner – gegebenenfalls auch Erstattungsberechtigter bei Vorsteuerüberhängen – ist der Organträger; dem ist steuerbilanziell Rechnung zu tragen. Die Organgesellschaft kann allerdings Haftender gem. § 73 AO sein, was steuerbilanziell im Einzelfall zu Haftungsschulden führen kann.[9] Schließlich gibt es auch eine **grunderwerbsteuerliche Organschaft** (§ 1 Abs. 4 Nr. 2 Buchstabe b GrEStG), die als spezieller Zurechnungstatbestand ausschließlich steuererhöhende Wirkung entfaltet (Anteilsvereinigung zu 95 % „in einer Hand") und keine steuerbilanziellen Besonderheiten aufweist.

1614 Die Organschaftskriterien sind zwischenzeitlich in Rechtsprechung und Praxis vor allem im Hinblick auf den Gewinnabführungsvertrag stark formalisiert worden. In der Folge kommt es in einer Reihe von Fällen zu sog. verunglückten Organschaften, auch wenn sich der Gesetzgeber durch die „Kleine Organschaftsreform" vom 20. 2. 2013 um den Abbau von Formalhürden bemüht hat. Dies gilt für Begründung, Verlauf und Beendigung der Organschaft gleichermaßen. Zudem wird der hierarchische Ausgangspunkt der ertragsteuerlichen Organschaft mit strikten Unter- und Überordnungsverhältnissen den zunehmend virtuell ausgestalteten Konzernrealitäten häufig nicht mehr gerecht.

---

7 Zu den Details des neuen Verfahrensrechts der Organschaft s. *Drüen*, Der Konzern 2013 S. 433-451; *Teiche*, DStR 2013 S. 2197.

8 Vgl. die EuGH-Vorlage zu den Voraussetzungen der Organschaft im BFH-Beschluss vom 11. 12. 2013 – XI R 38/12, DStR 2014 S. 466. Des Weiteren kommt nach einem Urteil des FG München vom 13. 3. 2013 (3 K 235/10, DStR 2013 S. 1471) bei unionsrechtskonformer Auslegung der umsatzsteuergesetzlichen Organschaftsregelung, unter Beachtung des Grundsatzes der Rechtsformneutralität, auch eine Einbeziehung kapitalistisch strukturierter Personengesellschaften als Organgesellschaften in Betracht. Die gegen das Urteil eingelegte Revision wird unter dem Az. V R 25/13 beim BFH geführt. Vgl. auch *Hubertus/Fetzer*, DStR 2013 S. 1468. Zur umsatzsteuerlichen Organschaft insgesamt BMF vom 5. 5. 2014 – IV D 2-S 7105/11/10001, BStBl 2014 I S. 820; *Schwerin/Ahrens*, UR 2013 S. 481-524; *Schießl*, StuB 2013 S. 363-367; *Sterzinger*, BB 2013 S. 1303-1308; *Feldgen*, BB 2013 S. 2967; *Strobl-Haarmann/Maul*, GmbHR 2014 S. 297; *Wäger*, DB 2014 S. 915.

9 Vgl. eingehend *Schimmele/Weber*, BB 2013 S. 2263; *Elicker/Hartrott*, BB 2011 S. 2775, und *dies.*, BB 2011 S. 3093.

Dennoch konnte sich der Steuergesetzgeber bislang aus Fiskalgründen nicht zu einer Umgestaltung der ertragsteuerlichen Organschaft nach Maßgabe eines **modernen Gruppenbesteuerungskonzepts** „durchringen", bei dem auf den Gewinnabführungsvertrag verzichtet wird und zumindest finale Auslandsverluste von eingegliederten ausländischen Tochtergesellschaften im Inland zum Abzug zugelassen werden.[10] Das Ziel eines modernisierten Gruppenbesteuerungssystems soll allerdings auch nach der „Kleinen Organschaftsreform" weiter verfolgt werden, sobald sich dafür finanzielle Spielräume eröffnen. Entsprechende Anregungen und Erfahrungen vermitteln die seit 2005 in Österreich bestehenden Regeln zur Gruppenbesteuerung.[11] Schließlich sind weitere Diskussionsimpulse für ein modernes Konzernbesteuerungskonzept aus dem europäischen CCCTB-Richtlinienvorschlag (März 2011) der Europäischen Kommission zu erwarten.[12]

Für das Gesamtverständnis der ertragsteuerlichen Organschaft ist wichtig: Organgesellschaft und Organträger bleiben trotz „Einkommens- und Gewerbeertragskonzentration" mittels Zurechnung zum Organträger **eigenständige Bilanzierungs- und Steuersubjekte**. Ungeachtet der Einbindung in einen Organkreis erwirtschaftet und ermittelt die OG ihr Einkommen selbst. Der für die Organschaft erforderliche GAV führt aber zu einem vermögensmäßigen „Ergebnistransfer" mit Unterschiedsbeträgen zwischen handelsbilanzieller und steuerlicher Rechnungslegung. Während die handelsrechtliche Gewinnabführungsverpflichtung der Organgesellschaft gem. § 301 AktG beim Jahresüberschuss, der handelsrechtliche Verlustausgleichsanspruch gem. § 302 AktG beim Jahresfehlbetrag mit verschiedenen, vor allem im Gläubigerschutzinteresse liegenden Korrekturen ansetzt, ist steuerlich ein zweistufiges Vorgehen festzustellen. Auf der ersten Gewinnermittlungsstufe wird bei der OG ein steuerbilanzieller Gewinn oder Verlust (unter Berücksichtigung der Maßgeblichkeit) ermittelt, der im Übergang vom Jahresüberschuss/Jahresfehlbetrag zum Bilanzgewinn/Bilanzverlust auch gewisse Rücklagenbildungen und -auflösungen erlaubt; auf der zweiten Stufe erfolgt eine Fortentwicklung zum positiven oder negativen steuerlichen Einkommen der Organgesellschaft, das dem Organträger bei außerbilanziellen Korrekturen von Doppel- oder Nichterfassungen zugerechnet wird. Für Gewerbesteuerzwecke wird das steuerliche Einkommen der Organgesellschaft zu einem Gewerbeertrag umgerechnet und ebenfalls dem Organträger bei „Stornierung von Doppel- oder Nichterfassungen" als Betriebsstätteneinkommen zugeordnet. Die Sicherstellung einer ertragsteuerlichen **Einmalbelastung im Organkreis** ist das Ziel. Handelsrechtliche Ergebnisabführung mit Abgrenzung zur Ausschüttung vororganschaftlicher Rücklagen auf der einen Seite, steuerliche Gewinnermittlung, Einkommensermittlung und -zurechnung (für Gewerbesteuerzwecke: Gewerbeertragsermittlung und -zurechnung) bei Organgesellschaft und Organträger auf der anderen Seite müssen deshalb sorgsam unterschieden werden. Aus den Unterschieden resultieren beim OT mannigfache steuerbilanzielle Ausgleichsposten, die höchst nuancenreiche 1615

10 Aus Sicht der FinVerw vgl. den Bericht der Facharbeitsgruppe „Verlustverrechnung und Gruppenbesteuerung" vom 15. 9. 2011.

11 Eingehender dazu *Leitner/Stetsko*, Ubg 2011 S. 746; *Mayr*, IStR 2010 S. 633; *Urtz*, Grenzüberschreitende Gruppenbesteuerung, Reform der Organschaft – Österreich als Vorbild?, in: Lüdicke (Hrsg), Forum der internationalen Besteuerung, Bd. 38, 2011 S. 59-144.

12 Siehe Teil A Kap. III, Rz. 422.

Rechtsfolgen nach sich ziehen. Dies alles gilt unabhängig davon, ob es sich um eine „schlichte" einstufige Organschaftsverbindung zwischen Mutter- und Tochtergesellschaft handelt oder ob mehrstufige Organschaftsketten (Mutter-, Tochter- und Enkelgesellschaft) betroffen sind.

1616 Im Folgenden sollen die bilanziellen (insbes. bilanzsteuerlichen) Besonderheiten der ertragsteuerlichen Organschaft dargestellt und analysiert werden. Das **„Bilanzrecht der Organschaft"** steht im Mittelpunkt. Zu diesem Zweck wird zunächst auf die steuerbilanziellen Gewinnermittlungs- und Einkommensfolgen der ertragsteuerlichen Organschaft eingegangen (s. 2.), anschließend werden die steuerbilanziellen Ausgleichsposten bei innerorganschaftlichen Mehr- und Minderabführungen erörtert (s. 3.), um abschließend vororganschaftliche, nachorganschaftliche und außerorganschaftliche Mehr- und Minderabführungen mit ihren steuerbilanziellen Konsequenzen in den Blick zu nehmen (s. 4.). Nicht beabsichtigt ist eine Erörterung der allgemeinen ertragsteuerlichen Organschaftskriterien mit ihren praktischen Anwendungsfragen und Rechtsfolgen; dies geschieht nur insoweit, als es für das bilanzsteuerliche Verständnis der Organschaft erforderlich ist.

1617–1619 *(Einstweilen frei)*

2. Gewinnermittlung, Einkommensermittlung und -zurechnung bei der ertragsteuerlichen Organschaft

2.1 Handelsbilanzielle Abbildung bei Organgesellschaft und Organträger

1620 **Handelsbilanzielle Vorprägung der ertragsteuerlichen Organschaft:** Die handelsbilanzielle Gewinnabführungsverpflichtung und die korrespondierende Verlustübernahme haben sich – spätestens seit Geltung des BilMoG vom 25. 5. 2009 – deutlich von der organschaftsbezogenen steuerlichen Einkommenszurechnung entfernt. Das gesellschaftsrechtliche Erfordernis eines Gewinnabführungsvertrages als Organschaftsvoraussetzung hat dadurch an „steuersystematischer Überzeugungskraft" verloren. Dennoch ist die handelsbilanzielle Behandlung der Gewinnabführung nach wie vor prägend für die ertragsteuerliche Anerkennung der Organschaft, zumal der Höchstbetrag der Gewinnabführung und der Verlustübernahme im Gesellschaftsrecht (§§ 301, 302 AktG)[13] nach handelsbilanziellen Vorgaben definiert ist. Ohne eine den handelsgesetzlichen Vorgaben entsprechende Vereinbarung und Durchführung der Gewinnabführung auf beiden Vertragsseiten scheitert die Organschaft steuerlich (notwendige, aber nicht hinreichende Organschaftsbedingung); allerdings bestehen seit der „Kleinen Organschaftsreform" aus Februar 2013 rückwirkende Heilungsmöglichkeiten (s. Rz. 1632). Im Grundsatz muss eine „objektiv richtige" Ermittlung des handelsbilanziellen Ergebnisses

13 Die aktienrechtlichen Vorgaben gelten für die Rechtsform der AG, KGaA und SE unmittelbar, für die GmbH nach ständiger Rechtsprechung analog. Für eingegliederte Gesellschaften bestehen gem. § 324 Abs. 2 AktG Besonderheiten zum Höchstbetrag der Gewinnabführungsverpflichtung. Dieser Höchstbetrag liegt über dem einer „normalen" Organgesellschaft, da dem Gläubigerschutz bereits ausreichend durch die Eingliederungskonsequenzen Rechnung getragen wird.

der OG erfolgen, zumindest vom Bilanzersteller angestrebt werden. Dies bedeutet die zutreffende Handhabung sämtlicher handelsrechtlicher Ansatz- und Bewertungsvorschriften. Von einem Abschlussprüfer testierte Jahresabschlüsse der OG entfalten eine „Richtigkeitsvermutung" für gesellschaftsrechtliche und neuerdings auch steuerliche Zwecke (§ 14 Abs. 1 Nr. 3 Satz 5 KStG). Unter Wesentlichkeitsgesichtspunkten geringfügige handelsrechtliche Bilanzierungsfehler sind insoweit nicht steuerschädlich. Wegen der Abkoppelung der Steuerbilanz von ihrer handelsbilanziellen Vorprägung besteht – auch im Hinblick auf § 14 Abs. 1 Nr. 3 Satz 4 Buchst. c KStG – nur ein eingeschränktes Prüfungsrecht der Finanzverwaltung. Die Details dazu sind streitig. Als Überblick soll vorab die handelsbilanzielle Abbildung der ertragsteuerlichen Organschaft in den Blick genommen werden.

Die Verpflichtung zur Erstellung handelsrechtlicher Jahresabschlüsse bleibt für in einen 1621
Vertragskonzern einbezogene Mutter-, Tochter- und Enkelgesellschaften vom Bestehen einer ertragsteuerlichen Organschaft grundsätzlich unberührt. Wegen des Erfordernisses eines Gewinnabführungsvertrags i. S. d. § 291 Abs. 1 AktG ergeben sich allerdings Besonderheiten im handelsrechtlichen GuV-Ausweis bei OT und OG. Die Ergebnisabführung spiegelt sich bilanziell jeweils in den Forderungen/Verbindlichkeiten verbundener Unternehmen wider. Letztlich sind als „abhängige" OG nur Inlandskapitalgesellschaften betroffen; Personengesellschaften dagegen können nicht den Status als Organgesellschaft haben. Für ausländische Kapitalgesellschaften, die mit einem „grenzüberschreitenden" Gewinnabführungsvertrag mit dem Mutterunternehmen verbunden sind, gelten Besonderheiten. § 264 Abs. 3 HGB sieht allerdings für bestimmte Tochterkapitalgesellschaften **Erleichterungen bei der Rechnungslegung** vor, die die Aufstellung von Anhang und Lagebericht, die Beachtung ergänzender Ansatz-, Bewertungs- sowie Gliederungs- und Ausweisvorschriften und schließlich die Prüfung und Offenlegung betreffen. Diese Rechnungslegungserleichterungen setzen neben der Einbeziehung der Tochterunternehmen in einen Konzernabschluss vor allem eine Haftungsübernahme des Mutterunternehmens für Verluste der Tochtergesellschaft voraus. Letzteres wird vor allem durch abgeschlossene Gewinnabführungs- und auch Beherrschungsverträge begründet. Betroffen sind nicht nur inländische Konzernmütter,[14] sondern – nach Erweiterung des § 264 Abs. 3 HGB durch das MicroBilG v. 20. 12. 2012[15] – sämtliche Mutterunternehmen, die ihren Sitz in einem EU/EWR-Mitgliedstaat haben. Schließlich sind bei den in eine ertragsteuerliche Organschaft einbezogenen Tochterkapitalgesellschaften im Hinblick auf die sonstigen Pflichtangaben nach § 285 Nr. 11 HGB (Anteilsbesitz) Besonderheiten zu beachten. Denn die Angaben zum Ergebnis des letzten Geschäftsjahres der Tochtergesellschaft entfallen im Fall eines Gewinnabführungsvertrags, da

14 Dies schließt wegen § 264 Abs. 4 HGB unter das PublG fallende Mutterunternehmen ein.

15 Es handelt sich um das „Gesetz zur Umsetzung der Richtlinie 2012/6/EU des Europäischen Parlaments und des Rates vom 14. 3. 2012 zur Änderung der Richtlinie 78/660/EWG des Rates über den Jahresabschluss von Gesellschaften bestimmter Rechtsformen hinsichtlich Kleinstbetrieben (Kleinstkapitalgesellschaften – Bilanzrechtsänderungsgesetz – MicroBilG) vom 20. 12. 2012, BGBl 2012 I S. 2751. Zu Erläuterungen *Wader/Städle*, WPg 2013 S. 249, 253. Siehe ergänzend auch IDW-Prüfungshinweis 9.200.1: Pflichten des Abschlussprüfers des Tochterunternehmens und des Konzernabschlussprüfers im Zusammenhang mit § 264 Abs. 3 HGB (Stand: 19. 6. 2013), FN-IDW 9/2013 S. 402.

der Jahresüberschuss/Jahresfehlbetrag der Tochter regelmäßig Null beträgt. Allerdings sollte bei den Anhangangaben auf das Bestehen eines solchen Vertrages hingewiesen werden.[16] Im Übrigen lässt das Bestehen einer ertragsteuerlichen Organschaft die Verpflichtung zur **Aufstellung eines Konzernabschlusses** unberührt. Da im Konzernabschluss die Vermögens-, Finanz- und Ertragslage der einbezogenen Unternehmen gem. § 297 Abs. 3 HGB so darzustellen ist, als ob diese Unternehmen insgesamt ein einziges Unternehmen wären (Fiktion eines Einheitsunternehmens), erfährt die ertragsteuerliche Organschaft mit der Gewinnabführungsverpflichtung dort keinen Niederschlag.

1622 **Gewinnabführung/Verlustübernahme in der GuV:** § 277 Abs. 3 Satz 2 HGB sieht für Organschaftsverhältnisse sowohl beim Organträger als auch bei der Organgesellschaft einen GuV-Sonderausweis vor. Erträge und Aufwendungen aus Verlustübernahme sowie aufgrund eines Gewinnabführungsvertrages erhaltene und abgeführte Gewinne sind jeweils gesondert unter entsprechender Bezeichnung auszuweisen. Wo dies konkret bei Organträger und Organgesellschaft zu erfolgen hat, sagt der Gesetzgeber nicht. Üblicherweise erfolgt eine Einordnung als eigenständiger Gliederungsposten, nicht als Unterposten (sogenannter Davon-Vermerk) einer vorhandenen GuV-Position. Üblich ist der Ausweis der Erträge bzw. Aufwendungen bei der Muttergesellschaft als Teil des Finanzergebnisses. Bei der betroffenen Tochtergesellschaft erfolgt meist ein Ausweis vor dem Posten Jahresüberschuss/Jahresfehlbetrag, um dem Charakter der Vertragsverpflichtung als Ergebnisverwendung Ausdruck zu geben.[17] Da der Gewinnabführungsvertrag zur ertragsteuerlichen Anerkennung der Organschaft stets „den ganzen Gewinn" der Tochtergesellschaft erfassen muss, weist diese handelsrechtlich üblicherweise ein ausgeglichenes Ergebnis (= Nullergebnis) aus (vorbehaltlich Rücklagenbildung und Rücklagenauflösung). Auch wenn die Organschaft ertragsteuerlich „scheitert" – beispielsweise weil Formalien bei Abschluss, Eintragung oder Durchführung des Gewinnabführungsvertrages verletzt wurden – bleibt die handelsbilanzielle Sonderausweisverpflichtung unberührt. Bei mehreren in einen Organkreis einbezogenen Tochter- und Enkelgesellschaften gilt die Sonderausweisregelung bei der Muttergesellschaft separat in Bezug auf jeden einzelnen Rechtsträger. Es besteht ein Verrechnungsverbot, sodass die Erträge und Aufwendungen aus den einzelnen Vertragsverhältnissen jeweils gesondert für sich zu betrachten sind. In der GuV der Muttergesellschaft aufgeführt werden brauchen die verschiedenen Abführungs- und Ausgleichsverpflichtungen dagegen nicht.[18]

1623 Der GuV-Ausweis bei Organträger und Organgesellschaft erfolgt **phasengleich**, soweit identische Bilanzstichtage bestehen. Ein Gewinnverteilungsbeschluss der Tochtergesellschaft ist nicht erforderlich, da die entsprechenden Abführungs- bzw. Ausgleichsansprüche unternehmensvertraglich begründet sind.[19] Endet das Geschäftsjahr der

16 Vgl. *Ellrott*, in: Beck'scher Bilanz-Kommentar, 9. Aufl. 2013, § 285 HGB Rn. 250.

17 Vgl. *Hoffmann/Lüdenbach*, NWB Kommentar Bilanzierung, 5. Aufl. 2014, § 277 Rn. 36.

18 Vgl. *Förschle*, in: Beck'scher Bilanz-Kommentar, 9. Aufl. 2013, § 277 HGB Rn. 14.

19 Vgl. *Förschle*, in: Beck'scher Bilanz-Kommentar, 9. Aufl. 2013, § 277 HGB Rn. 17; *Bernd*, Kölner Kommentar zum Rechnungslegungsrecht, 2011, § 277 HGB Rn. 18; *Hoffmann/Lüdenbach*, NWB Kommentar Bilanzierung, 5. Aufl. 2014, § 277 HGB Rn. 38.

Tochtergesellschaft dagegen nach dem Bilanzstichtag des Mutterunternehmens verbietet das Realisationsprinzip einen Ertragsausweis; drohende Verlustübernahmen sind dagegen imparitätisch zurückzustellen, wobei zur Rückstellungsbemessung Objektivierungsnotwendigkeiten bestehen. Etwaige Steuerumlageverträge schließlich wirken auf die Höhe des abzuführenden bzw. auszugleichenden Ergebnisses der Tochtergesellschaft ein.

Behandlung von Garantiedividenden: Sind an einer in einen Vertragskonzern einbezogenen Tochter- oder Enkelgesellschaft Minderheitsgesellschafter beteiligt, an die ein angemessener Ausgleich zu zahlen ist (§ 304 AktG), so muss die Muttergesellschaft die GuV-bezogene Ausweisnorm des § 158 Abs. 2 AktG beachten; entsprechendes gilt für eine GmbH. Danach ist von dem Ergebnis aus einem Gewinnabführungsvertrag ein vertraglich vom Mutterunternehmen zu leistender Minderheitenausgleich abzusetzen; ergibt sich ein Negativsaldo, so ist der übersteigende Betrag unter den Aufwendungen aus Verlustübernahme auszuweisen. Basierend darauf haben sich in der Praxis **zwei Gestaltungswege**[20] zur Abwicklung von Dividendengarantien entwickelt, wobei die Ertragsbesteuerung stets bei der Organgesellschaft erfolgt (§ 16 KStG): 1624

- Sofern der Organträger die Garantiedividende leistet, wird entsprechend § 158 Abs. 2 AktG durch Saldierung mit den Erträgen aus Gewinnabführung verfahren; reicht die Gewinnabführung nicht aus, so ergibt sich eine Verlustübernahme.
- Sofern die Garantiedividende von der Tochtergesellschaft gezahlt wird (OG als sog. Zahlstelle), erstreckt sich die Gewinnabführungsverpflichtung nur auf den um die Garantiedividende verminderten Betrag; reicht die Gewinnabführung zur Begleichung der Garantiedividende nicht aus, so erfolgt eine Einbeziehung in die Verlustübernahme.

Rücklagendotierung bei Organgesellschaft: § 301 AktG, der für GmbHs analog gilt, definiert den Höchstbetrag der Gewinnabführung unter Gläubigerschutzaspekten dahingehend, dass die gesetzliche Rücklagenbildung bei der Tochtergesellschaft (unter Einschluss der Übergangsregelungen zum BilMoG, Art. 67 EGHGB) unberührt bleiben muss. Sind derartige Rücklagen während der Organschaftszeit gebildet worden, so können sie – bei Beachtung gesellschaftsrechtlicher und satzungsmäßiger Vorgaben – „unbehelligt" entnommen und abgeführt werden. Die Anwendung der Abführungssperre gem. § 301 AktG i. V. m. § 268 Abs. 8 HGB verändert die Gewinn- und Kapitalrücklagen in der Handelsbilanz der OG nicht. Ertragsteuerlich erlaubt § 14 Abs. 1 Nr. 4 KStG darüber hinaus eine Gewinnrücklagenbildung in dem Umfang, als dies bei vernünftiger kaufmännischer Beurteilung wirtschaftlich begründbar ist (s. Rz. 1635 ff.). Da die Rücklagenbildung gem. § 275 Abs. 4 HGB in der GuV immer erst nach dem Posten „Jahresüberschuss/Jahresfehlbetrag" ausgewiesen werden darf, ist der Aufwand aus Gewinnabführung bei der abführungsverpflichteten Tochtergesellschaft um die Rücklagenbildung zu vermindern. Die Einkommenszurechnung für ertragsteuerliche Organschaftszwecke bleibt allerdings davon unberührt. Besonderheiten gelten für die Ausschüttung vororganschaftlicher Rücklagen. 1625

20 Vgl. *Förschle*, in: Beck'scher Bilanz-Kommentar, 9. Aufl. 2013, § 277 HGB Rn. 13.

1626 **Ausweis latenter Steuern (§ 274 HGB):** Nach DRS 18 „Latente Steuern", der am 3. 9. 2010 im Bundesanzeiger bekannt gemacht worden ist, sind latente Steuern im Grundsatz beim Organträger zu bilden und bei der Organgesellschaft nicht ansatzfähig (DRS 18.32). Dies entspricht der sogenannten formellen Betrachtungsweise und trägt den steuergesetzlichen Grundlagen der Organschaft Rechnung. Allerdings räumt DRS 18.35 ein Wahlrecht zur Bildung latenter Steuern bei der Organgesellschaft im Fall ertragsteuerlicher Umlageverträge ein. Dies folgt einer sog. wirtschaftlichen Betrachtungsweise und ermöglicht die verursachungsgerechte Zuordnung von tatsächlichen und latenten Steuern. Es ist davon auszugehen, dass auch die Finanzverwaltung bei entsprechender Wahlrechtsausübung durch die Organgesellschaft das ertragsteuerliche Organschaftsverhältnis anerkennt.[21]

1627–1629 *(Einstweilen frei)*

2.2 Gewinn- und Einkommensermittlung bei der Organgesellschaft

2.2.1 Steuerbilanzielle Gewinnermittlung, Einkommens- und Gewerbeertragszurechnung an den Organträger

1630 Die handelsgesetzlich zutreffende Handhabung der Gewinnabführung bei der OG ist notwendige, aber nicht hinreichende Bedingung für die steuerliche Anerkennung der Organschaft. Entsprechendes gilt spiegelbildlich für den Organträger. Das von der OG erzielte steuerliche Einkommen, das von der handelsrechtlichen Gewinnabführung üblicherweise abweicht, wird dem Organträger körperschaftsteuerlich und nach Gewerbeertragsmodifikation über die Betriebsstättenfiktion auch gewerbesteuerlich zugerechnet (§ 14 Abs. 1 Satz 1 KStG, § 2 Abs. 2 Satz 2 GewStG; **Zurechnungskonzept** der ertragsteuerlichen Organschaft). Gem. R 61 Abs. 1 KStR ist unter „zuzurechnendem Einkommen" zu verstehen: Das Einkommen der Organgesellschaft vor Berücksichtigung des an den OT abgeführten Gewinns oder des vom OT zum Ausgleich eines ansonsten entstehenden Jahresfehlbetrags geleisteten Betrags. Eventuelle verdeckte Gewinnausschüttungen der Organgesellschaft an den Organträger sind dabei als vorweggenommene Gewinnabführungen zu verstehen und stellen die steuerliche Durchführung des GAV nicht in Frage. Auch Gewinne der OG, die aus der Auflösung vorvertraglicher unversteuerter stiller Reserven herrühren, gehören nach Maßgabe ihrer Realisation zum zuzurechnenden Einkommen des „Auflösungswirtschaftsjahrs". Entsprechendes gilt für Gewinne aus der Veräußerung eines Teilbetriebs der OG. Weitere allgemeine steuerliche Besonderheiten bei einer Organschaft im Hinblick auf Zinsschranke, § 8b-Status, umwandlungssteuerliche Konstellationen und kommunale Dauerverlustbetriebe ergeben sich aus § 15 Nr. 2-5 KStG. Steueranrechnungen (etwa aus Lizenzerträgen), die dem Grunde nach der Organgesellschaft zustehen, sind nach den in § 19 KStG (redaktionelle Neufassung im Kroatien-Anpassungsgesetz) genannten Voraussetzungen zugunsten des Organträgers anzuwenden (s. auch § 14 Abs. 5 Satz 3 KStG). Wird am Handelsgewerbe einer „potenziellen" Organgesellschaft eine atypisch stille Beteiligung begrün-

21 Vgl. zum Ganzen auch *Prinz/Ruberg*, Der Konzern 2009 S. 343; *Müller/Stöcker/Lieber*, Die Organschaft, 9. Aufl. 2014, S. 201-203; *Prinz*, Kölner Kommentar zum Rechnungslegungsrecht, 2011, § 274 HGB Rn. 20-22; *Melcher/Murer*, DB 2011 S. 2329.

begründet, so scheitert die Organschaft nach Meinung der FinVerw (Teilgewinnabführungsvertrag; abweichend bei typisch stiller Beteiligung; so OFD Frankfurt vom 30.1.2013, DB 2013 S. 610; sehr streitig).

Für die Gewerbesteuer gilt darüber hinaus: Trotz getrennter Gewerbeertragsermittlung 1631
(kein Einheitsunternehmen, R 2.3 Abs. 1 GewStR) unterbleiben Hinzurechnungen nach § 8 GewStG bei der OG, soweit daraus eine doppelte steuerliche Belastung im Organkreis entsteht (R 7.1 Abs. 5 GewStR). Dies ist etwa dann der Fall wenn die für eine gewerbesteuerliche Hinzurechnung in Betracht kommenden Beträge bereits in einem der zusammenzurechnenden Gewerbeerträge enthalten sind – etwa bei konzerninternen Finanzierungen, die bei der schuldenden OG nicht über die Zinsschranke „gekappt" sind. Steuerbilanziell sind bei der Einkommensermittlung der OG darüber hinaus weitere Besonderheiten zu beachten.

2.2.2 Neue GAV-Durchführungsfiktion für fehlerhafte Jahresabschlüsse

Der Steuergesetzgeber hat durch die sog. Kleine Organschaftsreform vom 20.2.2013 1632
rückwirkend für alle offenen Fälle (§ 34 Abs. 9 Nr 7 KStG) eine gesetzlich fingierte Richtigkeitsgewähr der Gewinnabführung/Verlustübernahme bei Organschaften trotz fehlerhaftem Jahresabschlusses eingeführt (§ 14 Abs. 1 Nr. 3 Satz 4 u. 5 KStG). Dies ist ein „gesetzliches Novum", wodurch gescheiterte Organschaften wegen Durchführungsfehlern beim GAV rückwirkend vermieden werden können. Lt. BGH-Rechtsprechung[22] muss der „richtige Gewinn/Verlust" nach Maßgabe der Handelsbilanz abgeführt werden; ansonsten wird der GAV – jedenfalls nach dem Verständnis der h. M. – nicht ordnungsgemäß durchgeführt. Die steuerliche Rechtsänderung soll deshalb Erleichterungen für Organschaften bringen, ohne die Verbindung zum Handelsbilanzrecht und zum unternehmensvertraglichen GAV aufzugeben.

Die gesetzlich fingierte „Richtigkeitsgewähr" verlangt kumulativ:

- Der von einem fehlerhaften Bilanzansatz (unter Einschluss von Bewertungsfehlern) betroffene Jahresabschluss muss wirksam festgestellt sein. Ein gem. § 256 AktG (analog) nichtiger Jahresabschluss darf nicht vorliegen. Die gesetzliche Heilung der Nichtigkeit (§ 256 Abs. 6 AktG) gilt auch für Organschaftszwecke. Die Feststellung als Rechtsakt ist zu dokumentieren.
- Die Fehlerhaftigkeit des Jahresabschlusses hätte bei dessen Erstellung unter Anwendung der Sorgfalt eines ordentlichen Kaufmanns nicht erkannt werden müssen. Der Steuergesetzgeber stellt insoweit – entgegen dem Großen Senatsbeschluss des BFH vom 31.1.2013[23] – auf den subjektiven Fehlerbegriff für Rechts- und Tatsachenfragen ab. Dies ist konsequent, da insoweit an den handelsrechtlichen Jahresabschluss angeknüpft wird, bei dem das subjektive Fehlerbegriffsverständnis weiter gilt.[24] Gem. § 14 Abs. 1 Nr. 3 Satz 5 KStG besteht eine zwingende gesetzliche Richtigkeitsvermutung, sofern der „eigentlich fehlerhafte" Jahresabschluss mit einem un-

22 Grundlegend: BGH vom 14.2.2005 – II ZR 361/02, DB 2005 S. 937.

23 BFH, Beschluss vom 31.1.2013 – GrS 1/10, BStBl 2013 II S. 317. Zu Erläuterungen vgl. *Prinz*, WPg 2013 S. 650.

24 Vgl. HFA vom 18./19.6.2013, Fachnachrichten IDW 8/2013 S. 356.

eingeschränkten Bestätigungsvermerk (§ 322 Abs. 3 HGB) oder einer qualifizierten Erstellungsbescheinigung durch einen Steuerberater/Wirtschaftsprüfer versehen wurde. Etwaige Bilanzierungs- und Bewertungsfehler sind bei „erteiltem Testat" organschaftsunschädlich. Dies gilt auch für den Fall, dass ein testierter Konzernabschluss vorliegt, in den der handelsrechtliche Jahresabschluss der Organtochter einbezogen ist. Nach Meinung der FinVerw werden IFRS-Konzernabschlüsse im EU/EWR-Bereich entgegen § 315a HGB nicht zur „Fehlerheilung" akzeptiert (streitig). Eine nachträgliche Einschränkung oder gar Versagung des Testats lässt die Richtigkeitsgewähr rückwirkend entfallen. Folge ist eine fehlerhafte Durchführung der Organschaft, sofern noch verfahrensrechtliche Änderungsmöglichkeiten bestehen.

► Schließlich muss ein von der FinVerw beanstandeter Fehler vorliegen, der bei handelsbilanzieller Korrekturnotwendigkeit spätestens im nächsten nach dem Zeitpunkt der Beanstandung aufzustellenden Jahresabschluss von OG und OT mit Abführungs- und Ausgleichsfolgen berichtigt wird. Eine Änderung der Handelsbilanz ausschließlich zur Rettung der steuerlichen Organschaft soll dadurch vermieden werden. Allerdings ist das für den Steuerpflichtigen bestehende „Berichtigungszeitfenster" eng; bei Betriebsprüfungen soll auf die Bekanntgabe des Prüfungsberichts abgestellt werden, ohne dass dies vom Gesetzgeber zwingend vorgesehen ist. Nach der Regierungsbegründung zur Kleinen Organschaftsreform soll die Nichtberücksichtigung vororganschaftlicher Verlustabzüge beim Höchstbetrag der Gewinnabführung (§ 301 AktG) von der Korrekturmöglichkeit mitumfasst sein.

1633–1634 *(Einstweilen frei)*

2.2.3 Rücklagenbildung und Rücklagenverwendung bei der Organgesellschaft

1635 **Rücklagenbildung bei der OG:** § 14 Abs. 1 Nr. 4 KStG erlaubt eine freiwillige Gewinnrücklagenbildung bei der OG nur insoweit, „als dies bei vernünftiger kaufmännischer Beurteilung wirtschaftlich begründet ist". Gesetzliche Rücklagenbildung ist dagegen stets zulässig. Beides stellt eine Ausnahme von dem „Steuergebot" der Abführung des ganzen Gewinns dar. Dadurch soll der Selbständigkeit der OG und der Wahrung ihres wirtschaftlichen Eigeninteresses (ausreichende Risikovorsorge) auch während einer bestehenden Organschaftsstruktur Rechnung getragen werden, zumal Organschaftsverhältnisse nicht „immerwährend laufen". Unabhängig von der Rücklagenbildung erfolgt die ungeschmälerte Einkommenszurechnung und Ertragsbesteuerung beim OT. Zur Vermeidung von Mehrfacherfassungen ist für die handelsrechtliche Minderabführung ein aktiver Ausgleichsposten beim OT zu bilden (R 63 Abs. 1 KStR). Sofern die Rücklagenbildung von der Finanzverwaltung (etwa im Rahmen einer BP), gegebenenfalls später auch von der Rechtsprechung als unzulässig qualifiziert wird, erfolgt die steuerliche Nichtanerkennung der Organschaft. Nach (allerdings streitiger) Meinung der FinVerw dürfte eine gegen die Grundsätze des § 14 Abs. 1 Nr. 4 KStG verstoßende, fehlerhafte Rücklagenbildung bei einer OG nicht von der rückwirkenden „Heilungsmöglichkeit" des durch die Kleine Organschaftsreform aus Februar 2013 ergänzten § 14 Abs. 1 Nr. 3 Sätze 4, 5 KStG erfasst sein.[25] In der Praxis muss daher ein besonderes Augenmerk auf die

25 Kritisch etwa *Dötsch/Pung*, DB 2013 S. 305, 309.

Rücklagenbildung gelegt werden. Die Abführung von Gewinnen aus der Auflösung vororganschaftlicher Kapital- und Gewinnrücklagen ist dagegen – und zwar unabhängig von ihrer eventuellen handelsrechtlichen Zulässigkeit – als Gewinnausschüttung zu behandeln. Eine solche Rücklagenausschüttung kann in ein und demselben Wirtschaftsjahr neben der Abführungsverpflichtung bestehen (R 61 Abs. 3 Satz 4 KStR).

Bei der Diskussion um steuerlich zulässige Rücklagenbildung während einer Organschaft werden im Wesentlichen zwei Problembereiche erörtert. 1636

- **Freiwillige Rücklagenbildung:** Der Gesetzgeber verwendet mit dem Merkmal der wirtschaftlichen Begründung der freiwilligen Rücklagenbildung nach „vernünftiger kaufmännischer Beurteilung" einen unbestimmten Rechtsbegriff, der Objektivierungsüberlegungen Rechnung tragen soll, also eine im freien Belieben der Geschäftsführung der OG stehende überhöhte Bilanzvorsorge vermeiden will. Der Gesetzesmaßstab weist naturgemäß praktische Unschärfen auf. Der BFH erkennt den der OG zustehenden Beurteilungsspielraum steuerlich an, wenn für die Bildung der Rücklage „ein konkreter Anlass" dargetan werden kann.[26] Es ist eine Art „Anlassprüfung" für die Rücklagenbildung durchzuführen, die wirtschaftliche Begründung der Rücklagenbildung sollte durch die OG dokumentiert werden. Allerdings darf die Rücklagenbildung nicht beschränkt werden auf besonders ausgewählte betriebliche Anlässe – wie etwa Vorsorgemaßnahmen bei Betriebsverlegung, Werkserneuerung oder Kapazitätsausweitung. Vielmehr kann ein steuerlich anzuerkennender konkreter Anlass auch dann vorliegen, „wenn das Unternehmen besondere Risiken trägt, die es bei Ausschüttung der in Rücklage gestellten Beträge an den Organträger, ohne Gefährdung des Unternehmens möglicherweise nicht abdecken könnte."[27] Die bloß gewohnheitsmäßige Bildung von freien Rücklagen ist dagegen zu unspezifiziert und wird von der Rechtsprechung nicht anerkannt. 1637
- **Gesetzliche Rücklagenbildung:** Im Aktienrecht bestehen für eine gesetzliche Rücklagenbildung besondere Regeln (etwa §§ 150, 300 AktG). Das GmbH-Recht dagegen ist flexibler und sieht keine allgemeine gesetzliche Rücklagenbildung vor. Allerdings ist durch das BilMoG vom 25. 5. 2009 in § 268 Abs. 8 HGB im Interesse des Gläubigerschutzes eine Ausschüttungssperre für bestimmte Maßnahmen eingeführt worden (etwa bei wahlweiser Aktivierung selbst erstellter immaterieller Vermögensgegenstände oder aktiver latenter Steuern), die als Abführungssperre in § 301 AktG (Höchstbetrag der Gewinnabführung) Eingang gefunden hat. Aus dem Erlass der Finanzverwaltung vom 14. 1. 2010 ergibt sich:[28] Da die Höchstbetragsregelung des § 301 AktG aufgrund gesetzlicher Verpflichtung bei der Durchführung der Gewinnabführung zwingend zu beachten ist, sind eventuell abweichende vertragliche Vereinbarungen für die Anerkennung der ertragsteuerlichen Organschaft unbeachtlich. Darüber hinaus stellt auch die erfolgsneutrale Einstellung der aus der Auflösung einer Aufwandsrückstellung gem. Art. 67 Abs. 3 EGHGB resultierenden Beträge in die 1638

26 Vgl. BFH, Urteil vom 29. 10. 1980 – I R 61/77, BStBl 1981 II S. 336. Zu Details *Rödder/Schmidtmann*, Ubg 2014 S. 177-182 sowie *Selchert*, DB 1977 S. 27 mit einer Unterscheidung zwischen investitions- und finanzierungsbedingten Anlässen.

27 So BFH, Urteil vom 29. 10. 1980 – I R 61/77, BStBl 1981 II S. 336, 338.

28 BMF, Schreiben vom 14. 1. 2010 – IV C 2 - S 2770/09/10002, BStBl 2010 I S. 65.

Gewinnrücklage keine Verletzung der Grundsätze des § 14 Abs. 1 Nr. 4 KStG dar. Dies sollte über das BMF-Schreiben vom 14. 1. 2010 hinaus für sämtliche aufgrund der Übergangsregelungen im BilMoG bestehenden Möglichkeiten zur Auflösung und Bildung von Gewinnrücklagen gelten; eine Organschaftsgefährdung erfolgt insoweit nicht.[29] Klargestellt hat die Finanzverwaltung dies allerdings bislang nicht. Im Übrigen sollten bei Anwendung der Abführungssperre nach § 301 AktG sowohl freie Kapitalrücklagen als auch vorvertragliche Gewinnrücklagen berücksichtigt werden. Insoweit als auf der Ebene der OG eine Abführungssperre eingreift, ist das Organschaftsverhältnis anzuerkennen.

1639 Zur Verdeutlichung zulässiger Rücklagenbildung und Rücklagenauflösung bei einer Organgesellschaft folgendes **Beispiel**: GmbH 1 hat vor Begründung einer Organschaft in 00 eine Rückstellung für Instandhaltung nach § 249 Abs. 1 Satz 3 HGB a. F. gebildet. Die Gesellschaft schließt mit OT in 01 einen steuerlich anzuerkennenden Gewinnabführungsvertrag ab und wird damit zur OG. In 02 wird diese vororganschaftlich begründete Rückstellung unter Anwendung des Artikel 67 Abs. 3 Satz 1 EGHGB aufgelöst und erfolgsneutral in Gewinnrücklagen eingestellt. Eine Verletzung des § 14 Abs. 1 Nr. 4 KStG liegt insoweit gemäß BMF-Schreiben vom 14. 1. 2010 nicht vor. Die während der Organschaftszeit gebildete Gewinnrücklage ist in der Folge bei Ermittlung der Abführungssperre gem. § 301 AktG i.V. m. § 268 Abs. 8 HGB zu berücksichtigen. In 04 wird die Gewinnrücklage aufgelöst und an den Organträger wegen ihrer innerorganschaftlichen Begründung abgeführt; eine Ausschüttung würde wegen Verstoß gegen das (vorrangig geltende) „Gebot voller Gewinnabführung" zu einer verunglückten Organschaft führen.

1640–1649 *(Einstweilen frei)*

2.2.4 Vororganschaftliche Verlustabzüge

1650 § 15 Satz 1 Nr. 1 KStG regelt: Ein Verlustabzug i. S. d. § 10d EStG ist bei der Organgesellschaft unzulässig. Die Finanzverwaltung versteht dies dahingehend, dass ein körperschaftsteuerlicher Verlustabzug, der in der Zeit vor Abschluss des GAV entstanden ist (= vororganschaftlicher Verlustabzug), das dem Organträger während der Organschaftszeit zuzurechnende Einkommen der Organgesellschaft nicht mindern darf (R 64 Satz 1 KStR). Man spricht von **„eingefrorenen" vororganschaftlichen Verlustabzügen**,[30] die erst nach Beendigung der Organschaft wieder nutzbar sind. Gestalterisch gilt es, solche ggf. langfristig nicht nutzbaren Verlustabzüge zu vermeiden (etwa durch vorgezogene Gewinnrealisierung bei der OG unter Beachtung der Mindestbesteuerung oder einen zeitlich verzögerten GAV-Abschluss). Übernimmt der OT die Verpflichtung zum Ausgleich des vorvertraglichen Verlustabzugs und führt er dies entsprechend durch, so erfolgt eine Einlage des OT in die OG.[31] Ein entsprechendes Verlustabzugsverbot gilt – allerdings etwas modifiziert formuliert – seit Erhebungszeitraum 2004 auch für die Gewerbesteuer. Denn die OG darf ihren Gewerbeertrag nicht um Fehlbeträge

29 Vgl. mit weiteren Nachweisen *Prinz*, GmbHR 2009 S. 1027, 1029; *Zwirner*, StuB 2011 S. 643, 645-649; *Dötsch*, in: Dötsch/Möhlenbrock/Pung, KStG, § 14 Rz. 202, 209a (April 2013).

30 Vgl. etwa *Müller/Stöcker/Lieber*, Die Organschaft, 9. Aufl. 2014, S. 59 ff.; *Gosch/Neumann*, KStG, 2. Aufl. 2009, § 15 Tz. 5.

31 So R 64 Satz 2 KStR; differenzierend dazu *Gosch/Neumann*, KStG, 2. Aufl. 2009, § 15 Tz. 3.

kürzen, „die sich vor dem rechtswirksamen Abschluss des Gewinnabführungsvertrags ergeben haben" (§ 10a Satz 3 GewStG). Vororganschaftliche Verlustabzüge körperschaftsteuerlicher und auch gewerbesteuerlicher Art des OT sind dagegen voll verrechenbar. Für **nachorganschaftliche Verluste** der (ehemaligen) OG gilt: Der Verlust des ersten nachorganschaftlichen Wirtschaftsjahrs kann nicht gem. § 10d Abs. 1 EStG in das letzte Jahr der Organschaft zurückgetragen werden.[32] Außerdem gilt gem. H 10a.4 GewStR unter Bezug auf einschlägige BFH-Rechtsprechung: Verluste einer OG, die während der Dauer einer Organschaft entstanden sind, können auch nach Beendigung der Organschaft nur vom maßgebenden Gewerbeertrag des OT abgezogen werden. Im Übrigen ist bei mehrstufigen Organschaftsketten ein stufenweises Vorgehen geboten; so gilt beispielsweise die Tochtergesellschaft als OT des Enkels, die Muttergesellschaft als OT der Tochter; die Muttergesellschaft ist daher kein direkter OT aus der Enkelsicht. Die **Verlustabzugskaskade in Organschaftsketten** ist nach Maßgabe dieser Stufenbetrachtung vorzunehmen. Für Anwendungszwecke der Zinsschranke geht die Finanzverwaltung bezogen auf Zinsvorträge gem. § 4h Abs. 4 EStG von einer entsprechenden Anwendung des § 15 Satz 1 Nr. 1 KStG aus, was dem Wortlaut der Regelung nicht entspricht.[33]

In der Bilanzierungspraxis ist im Zusammenhang mit vororganschaftlichen Verlustab- 1651
zügen eine besondere Steuerfalle zu vermeiden, mit der sich der BFH in seinem Urteil vom 21. 10. 2010 auseinander gesetzt hat.[34] Wird in Übereinstimmung mit § 301 AktG in einem konkreten Gewinnabführungsverhältnis geregelt – dies ist zur steuerlichen Anerkennung der Organschaft zwingend –, dass bei der Ermittlung des Abführungshöchstbetrags ein „Verlustvortrag aus dem Vorjahr" zu kürzen ist, so muss dies auch entsprechend durchgeführt werden. Die Formulierung in § 301 AktG betrifft auch vororganschaftliche Verlustabzüge. Wird nun der „Jahresüberschuss" der OG absprachewidrig nicht mit einem vororganschaftlichen Verlustvortrag verrechnet, sondern „ungeschmälert" an den OT abgeführt, scheitert das Organschaftverhältnis an der fehlenden tatsächlichen Durchführung des GAV. Der IV. Senat des BFH lässt dabei den in Teilen des Schrifttums vertretenen Einwand, es handelt sich bei dem **„Vergessen" der Verlustvortragsverrechnung** um einen geringfügigen und danach unbeachtlichen Verstoß gegen eine Nebenpflicht, nicht gelten. Allerdings soll nunmehr lt. Regierungsbegründung zur Kleinen Organschaftsreform die fehlerhafte Nichtberücksichtigung vororganschaftlicher Verlustabzüge beim Höchstbetrag der Gewinnabführung von der rückwirkenden Korrekturmöglichkeit des § 14 Abs. 1 Nr. 3 Satz 4 KStG mit umfasst sein.[35] Die Nachholung der übersehenen Verlustabzugskürzung muss demzufolge im ersten offenen Jahresabschluss nach „Fehlererkennung" erfolgen. Insoweit sollten auch „freiwillige" Fehlerkorrekturen unabhängig von verwaltungsseitigen Beanstandungen in laufender Rechnung möglich sein (Erst-Recht-Schluss). Bei zutreffender Durchführung der verlust-

32 Vgl. m. w. N. *Gosch/Neumann*, KStG, 2. Aufl. 2009, § 15 Tz. 6.

33 So Tz. 48 BMF, Schreiben vom 4. 7. 2008 – IV C 7 – S 2742/a – 07 – 10001, BStBl 2008 I S. 718. Kritisch dazu *Hick*, in: HHR, § 4h EStG Anm. 32.

34 BFH, Urteil vom 21. 10. 2010 – IV R 21/07, BFH/NV 2011 S. 151; dazu *Buciek*, FR 2011 S. 325; *Walter*, GmbHR 2011 S. 43; *Heurung/Engel/Schröder*, BB 2011 S. 599, 603 f.; *Dötsch*, Der Konzern 2010 S. 99.

35 Vgl. mit Nachweisen etwa *Dötsch/Pung*, DB 2013 S. 305, 309; *Prinz*, StuB 2013 S. 265, 266; s. auch Gliederungspunkt II der OFD Karlsruhe vom 16. 1. 2014 – S 277.0/52/2 – St 221, FR 2014 S. 434.

verrechnenden Gewinnabführung bei ungeschmälerter Einkommenszurechnung erfolgt beim OT ein aktiver Ausgleichsposten (wegen handelsbilanzieller Minderabführung).

1652 Zu außerorganschaftlichen Verlusten in Umwandlungsfällen s. Rz. 1947.

1653–1654 *(Einstweilen frei)*

2.2.5 Besteuerung der Ausgleichszahlungen bei der Organgesellschaft

1655 Aus Gründen des Minderheitenschutzes sieht das Gesellschaftsrecht für außenstehende Anteilseigner (= nicht konzernzugehörige Gesellschafter), die an einer zu einer Gewinnabführung verpflichteten Organgesellschaft beteiligt sind – damit vom Dividendenbezugsrecht ausgeschlossen werden und nicht gegen eine angemessene Abfindung aus der Gesellschaft ausscheiden wollen oder müssen (squeeze out) – Ausgleichszahlungen vor (= Garantiedividende). § 304 AktG definiert für AG, KGaA sowie SE den angemessenen Ausgleich unter nachhaltigen Ertragsgesichtspunkten und kann gesellschaftsrechtlich einen Mix von Festbetrag und variablen Bezügen vorsehen. Entsprechendes gilt für die GmbH. Schuldner der Ausgleichszahlung ist vorrangig das herrschende Unternehmen; aber auch Tochter- oder Enkelgesellschaften können Ausgleichszahlungen (als Zahlstellen) leisten. Für die Ausgestaltung der Ausgleichszahlung hat der BFH in seinem Urteil vom 4. 3. 2009 entschieden:[36] ein Überschreiten des von § 304 AktG vorgegebenen Mindestrahmens zugunsten außenstehender Anteilseigner durch variable Beträge soll nur in einem sehr begrenzten Rahmen steuerunschädlich möglich sein. Führt die ergebnisabhängige Flexibilisierung der Ausgleichszahlung dazu, dass die außenstehenden Anteilseigner mit oder ohne Organschaft das volle gewinnabhängige Gewinnpotential erhalten, so wird der Gewinnabführungsvertrag nach Meinung des BFH nicht durchgeführt; die Organschaft verunglückt. Zwischenzeitlich hat die Finanzverwaltung allerdings durch einen Nichtanwendungserlass vom 20. 4. 2010 auf das BFH-Judikat reagiert.[37] Danach stehen zivilrechtlich zulässigerweise vereinbarte Ausgleichszahlungen der steuerrechtlichen Durchführung des GAV nicht entgegen, auch wenn der im Aktiengesetz vorgesehene Mindestrahmen durch variable Ausgleichszahlungsbestandteile überschritten wird. Veränderungen in der Praxis der Vereinbarung von Ausgleichszahlungen ergeben sich daher im Grundsatz nicht. Das Unterlassen einer zivilrechtlich gebotenen Ausgleichsverpflichtung und -zahlung führt zum steuerlichen Scheitern der Organschaftsbeziehung. Dies gilt auch nach Einführung der neuen Korrekturmöglichkeit gem. § 14 Abs. 1 Nr. 3 Satz 4, 5 KStG durch die Kleine Organschaftsreform. Denn danach werden nur „Durchführungsfehler“, nicht „Vertragsfehler“ – wie etwa eine vergessene Ausgleichspflicht gegenüber Außenstehenden – erfasst.[38]

---

36 BFH, Urteil vom 4. 3. 2009 – I R 1/08, BStBl 2010 II S. 407.

37 BMF, Schreiben vom 20. 4. 2010 – IV C 2 – S 2770/08/10006, BStBl 2010 I S. 372. Vgl. zur Diskussion auch *Pache*, in: HHR, § 16 KStG Anm. 27, 30; *Müller/Stöcker/Lieber*, Die Organschaft, 9. Aufl. 2014, S. 215 f.; *Gosch*, BFH/PR 12/2009 S. 470; *Rogall*, Der Konzern 2009 S. 572; *Marquardt/Karck*, FR 2009 S. 1098; *Altrichter-Herzberg*, GmbHR 2010 S. 244; *Hubertus/Lüdemann*, DStR 2009 S. 2136.

38 Vgl. *Rödder*, Ubg 2012 S. 720; *Prinz*, StuB 2013 S. 266.

Unter ertragsteuerlichen Gesichtspunkten ist für die Behandlung von Ausgleichszahlungen zweierlei zu beachten. Zum einen statuiert § 4 Abs. 5 Nr. 9 EStG ein Abzugsverbot für Ausgleichszahlungen, die in den Fällen der §§ 14, 17 KStG an außenstehende Anteilseigner geleistet werden. Sie dürfen – unabhängig von der Kostentragung – weder den Gewinn der OG noch den Gewinn des OT mindern (R 65 Abs. 1 KStR). Zum anderen sieht § 16 KStG – in Modifikation der Rechtsfolgen des § 14 KStG – darüber hinaus stets eine Versteuerung bei der Organgesellschaft in Höhe von 20/17 der geleisteten Ausgleichszahlungen vor (entspricht 15 % Belastung des Bruttobetrags; keine Berücksichtigung von Gewerbesteuer und Solidaritätszuschlag). Das Versteuerungsgebot bei der Organgesellschaft gilt auch dann, wenn die Verpflichtung zum Ausgleich vom OT erfüllt wird; auch ein negatives Einkommen bei der OG hindert ihre Versteuerungsverpflichtung für die geleistete Ausgleichszahlung nicht. Dies alles dient der körperschaftsteuerlichen Abwicklung der Garantiedividende unabhängig von der Rechtsform des OT. Für gewerbesteuerliche Organschaftszwecke existiert eine dem § 16 KStG vergleichbare Zurechnung von Teilen des Gewerbeertrags als eigener OG-Gewerbeertrag nicht; vielmehr erfolgt über die Betriebsstättenfiktion eine Gewerbeversteuerung stets in vollem Umfang beim OT.[39] 1656

Beim außenstehenden Gesellschafter als Empfänger der Ausgleichszahlung ergeben sich als Besteuerungswirkung: Bei einer Körperschaft greift die Befreiungsnorm des § 8b Abs. 1 KStG unter Berücksichtigung der 5 % nichtabziehbaren Betriebsausgaben; bei einer natürlichen Person als Minderheitsgesellschafter greift das Teileinkünfteverfahren (§ 3 Nr. 40 Satz 1 Buchstabe d EStG) ein. Kapitalertragsteuer und Solidaritätszuschlag sind bei Leistung der Ausgleichszahlung vom Schuldner einzubehalten. Rechtsfolgen für §§ 27, 38 KStG entstehen mangels Gewinnverteilungsbeschluss nicht.[40] 1657

(Einstweilen frei) 1658–1659

2.3 Gewinn- und Einkommensermittlung beim Organträger

2.3.1 Grundsätze

Organträger im Rahmen eines ertragsteuerlichen Organschaftsverhältnisses muss ein „gewerbliches Unternehmen“ sein. Von der Rechtsform her kann es sich um eine unbeschränkt steuerpflichtige natürliche Person, eine nicht steuerbefreite inländische/ausländische Körperschaft mit inländischer Betriebsstätte (einschl. Holdingkapitalgesellschaften; zu Details Rz. 1670, 1675) oder – unter weiteren Voraussetzungen – eine gewerblich tätige Mitunternehmerschaft (§ 15 Abs. 1 Nr. 2 EStG) handeln. Komplexe bilanzsteuerliche Fragen beim OT ergeben sich in Bezug auf sogenannte Ausgleichsposten, die sich aus innerorganschaftlich verursachten Unterschieden zwischen handelsrechtlicher Gewinnabführung und steuerlicher Gewinnermittlung/Einkommenszurechnung ergeben (s. Rz. 1690 ff.). Da der OT im Idealfall (nur) Gewinnabführungen, keine Gewinnausschüttungen bezieht, greifen auf seiner Ebene keinerlei Abzugsverbote für 1660

39 Vgl. *Pache*, in: HHR, § 16 KStG Anm. 5.

40 Vgl. *Pache*, in: HHR, § 16 KStG Anm. 10; *Müller/Stöcker/Lieber*, Die Organschaft, 9. Aufl. 2014, S. 216.

Aufwendungen (etwa Finanzierungskosten für den Erwerb der Organbeteiligung) ein (hier § 3c Abs. 2 EStG, § 8b Abs. 5 KStG).[41] Abweichendes kann sich ergeben bei Bezug vororganschaftlicher Rücklagen, vororganschaftlicher Mehrabführungen und zugerechneter steuerfreier Einkommensteile (§ 15 Nr. 2 KStG). Im Übrigen sind zur Vermeidung etwaiger Doppelbe- und -entlastungen diverse Einkommenskorrekturen beim OT erforderlich (etwa für eine als vorweggenommene Gewinnabführung behandelte vGA).[42] Eine steuerwirksame Rückstellungsbildung wegen erwarteter Verlustübernahme bei einem „zeitversetzten GAV" zur OG (abweichendes Wirtschaftsjahr) kommt beim OT (mit kalenderjahrgleichem Wirtschaftsjahr) nicht in Betracht; die einkommensbezogene Verlustzurechnung über den GAV schließt eine Rückstellungsbildung systementsprechend aus.[43] Wird am gesamten Handelsgewerbe eines „potenziellen" Organträgers eine atypisch stille Beteiligung begründet, so scheitert die Organschaft nach Meinung der FinVerw (m. E. unzutreffend); eine typisch stille Beteiligung soll dagegen unschädlich sein.[44]

1661 **Übernommene vororganschaftliche Verlustabzüge:** Übernimmt der Organträger die Verpflichtung zum Ausgleich vororganschaftlicher Verlustabzüge der OG (§ 15 Nr. 1 KStG) und tätigt er eine Einlage in die OG, so ist eine Aktivierung als nachträgliche Anschaffungskosten für die Anteile an der OG auf dem Beteiligungskonto vorzunehmen.[45]

1662 **Durch Organträger erbrachte Ausgleichszahlungen:** § 16 KStG sieht stets die Besteuerung von Ausgleichszahlungen durch die OG vor. Unabhängig davon kann allerdings auch der OT die Ausgleichszahlungen an die Minderheitsgesellschafter leisten. In diesem Fall ist der Handelsbilanzgewinn des OT zunächst um die Ausgleichszahlungen gemindert und außerbilanziell zu erhöhen. Der entsprechende Einkommensteil des Organträgers wird dann der OG zur Versteuerung zugerechnet. Im Organkreis insgesamt bleibt das Einkommen von der Ausgleichszahlung unberührt.[46]

1663 **Durchführung des GAV**[47] bedeutet Vollzug nach Maßgabe der vertraglichen Vereinbarungen. Steuerbilanziell führt die Gewinnabführung/Verlustübernahme zu entsprechenden Forderungen/Verbindlichkeiten bei Organgesellschaft und Organträger, die mit Ablauf des Bilanzstichtags der OG entstehen. Die Gewinnabführungsverpflichtung wird fällig mit Feststellung des Jahresabschlusses der OG; der Verlustausgleichsanspruch entsteht nach der BGH-Rechtsprechung mit Ablauf des Bilanzstichtags. Mit Fälligkeit tritt eine gesetzliche Verzinsungspflicht ein; ein Verstoß gegen diese vertragliche Nebenpflicht hindert die Anerkennung der steuerlichen Organschaft allerdings nicht (ggf. vGA als vorweggenommene Gewinnabführung). Ein zeitnaher Zahlungsaus-

41 Vgl. R 62 Abs. 1 KStR.

42 Vgl. R 63 Abs. 2 KStR. Zur steuerlichen Behandlung von Beteiligungsaufwendungen s. *Rödder*, in: *Herzig*, Organschaft, 2003, S. 153-166.

43 Vgl. BFH, Urteil vom 26. 1. 1977 – I R 101/75, BStBl 1977 II S. 441.

44 Vgl. OFD Frankfurt vom 30. 1. 2013, DB 2013 S. 610. Kritisch etwa *Hageböke*, Der Konzern 2013 S. 334.

45 So H 64 KStR mit Hinweis auf BFH, Urteil vom 8. 3. 1955 – I 73/54 U, BStBl 1955 III S. 187.

46 Zu einem Beispiel vgl. *Müller/Stöcker/Lieber*, Die Organschaft, 9. Aufl. 2014, S. 220.

47 Vgl. zur Rechtsänderung wegen der Kleinen Organschaftsreform Rn. 1610-1612. Zur alten Rechtslage *Dötsch*, in: Herzig: Organschaft, 2003 S. 111 f.; *Neumann/Gosch*, KStG, 2. Aufl. 2009 § 14 Rn. 310-323. R 60 Abs. 5 und 8 KStR; ergänzend auch BMF, Schreiben vom 15. 10. 2007 – IV B 7 – S 2770/0, BStBl 2007 I S. 765. Zur Durchführung einer Verlustübernahme auch FG München vom 18. 3. 1998, EFG 1998 S. 1155 (rkr.).

gleich der Forderungen/Verbindlichkeiten wird vom Gesetzgeber nicht genannt; zumindest über eine längere Sicht sind aber Zahlungen oder Verrechnungen geboten. Der OT muss im Verlustfall zum Ausgleich in der Lage sein. Eine Abwicklung über laufende Verrechnungskonten mit Pauschalzahlungen von Zeit zu Zeit oder Einbeziehung in einen Cash Pool reicht zur Anerkennung einer ordnungsmäßigen GAV-Durchführung ebenso aus wie „Umwandlung" in ein Darlehen (sog. Novation). Bei fehlender/fehlerhafter Durchführung des GAV innerhalb der fünfjährigen Mindestdauer ist die Organschaft von Anfang an gescheitert; allerdings sieht § 14 Abs. 1 Nr. 3 Satz 4, 5 KStG die rückwirkende Heilung von Durchführungsfehlern in einer Reihe von Fällen vor. Nach Ablauf der Fünf-Jahresfrist ist vom „Durchführungsrisiko" nur das entsprechende Jahr betroffen. Ein Verzicht auf Gewinnabführung/Verlustübernahme wäre steuerschädlich. Eine Wiedereinlage der bezogenen Gewinnabführung durch den Organträger zur Eigenkapitalstärkung in der OG ist dagegen unschädlich.

(Einstweilen frei) 1664–1669

2.3.2 Besonderheiten bei einer Kapitalgesellschaft als Organträger

§ 14 Abs. 1 Nr. 5 KStG regelt: Negative Einkünfte des Organträgers oder der Organgesellschaft bleiben bei der inländischen Besteuerung unberücksichtigt, soweit sie in einem ausländischen Staat im Rahmen der Besteuerung des Organträgers, der Organgesellschaft oder einer anderen Person berücksichtigt werden. Wegen des Wegfalls des doppelten Inlandsbezugs bei OG sah sich der Gesetzgeber im Rahmen der Kleinen Organschaftsreform v. 20. 2. 2013 zur „Verschärfung" der dual-consolidated loss-Regelung gezwungen. Die Neuregelung gilt rückwirkend für alle offenen Fälle (§ 34 Abs. 9 Nr. 8 KStG) und ist in ihren Anwendungskonturen höchst unbestimmt. Ihr Anwendungsbereich greift über die Verhinderung mehrfacher grenzüberschreitender Verlustnutzungen bei doppelt ansässigen Kapitalgesellschaften weit hinaus und ist deshalb sowohl unter dem Gesichtspunkt der verfassungsrechtlich gebotenen Leistungsfähigkeitsbesteuerung wie auch im Hinblick auf die Notwendigkeit der Gewährleistung der EU/EWR-Grundfreiheiten hoch problematisch. In Einschränkung des Gesetzeswortlauts sollten nach der Gesetzesteleologie eigentlich nur nach Deutschland „importierte" Verluste in Fällen doppelter Ansässigkeit abzugsgesperrt sein. Handelsbilanzielle Folgen aus § 14 Abs. 1 Nr. 5 KStG dürften vor allem im Bereich latenter Steuern entstehen, da Inlandsverluste im Anwendungsbereich des § 14 Abs. 1 Nr. 5 KStG nicht abziehbar sind.[48] 1670

(Einstweilen frei) 1671–1674

2.3.3 Besonderheiten bei einer Personengesellschaft als Organträger

Für Personengesellschaften als Organträger sieht § 14 Abs. 1 Nr. 2 Satz 2 KStG ein doppeltes Tatbestandserfordernis vor. Zum einen muss es sich um eine gewerblich tätige 1675

48 Zu den streitigen Details des § 14 Abs. 1 Nr. 5 vgl. *Gründig/Schmid*, DStR 2013 S. 617; *Polatzky/Seitner*, Ubg 2013 S. 258; *Benecke/Schnitger*, IStR 2013 S. 143; *Schaden/Polatzky*, IStR 2013 S. 131; *Kröner/Momen/Boller*, IStR 2013 S. 405; *Wagner/Liekenbrock*, Ubg 2013 S. 133; *Scheipers/Linn*, IStR 2013 S. 139; *Dorenkamp*, in: HHR, § 14 KStG, Anm. J12-12. Vgl. auch IDW-Schreiben vom 5. 3. 2014, Fachnachrichten IDW 4/2014 S. 277.

Personengesellschaft mit inländischer Betriebsstätte (mit ununterbrochener funktionaler Zurechnung der Organeinkünfte und Organbeteiligungen) handeln; die gewerbliche Prägung einer vermögensverwaltenden Personengesellschaft reicht für die Organträgerstellung nicht aus. Auch genügt eine gewerbliche Infizierung durch geringfügige eigengewerbliche Tätigkeiten nach Meinung der FinVerw nicht. Eine geschäftsleitende Holding dagegen wird als gewerblich anerkannt.[49] Zum anderen müssen die Voraussetzungen der finanziellen Eingliederung der OG im Verhältnis zur Personengesellschaft selbst erfüllt sein, d. h. die Anteile an der OG müssen im Gesamthandsvermögen der Personengesellschaft steuerbilanziell erfasst werden. Eine steuerliche Zuordnung der Anteile zum Sonderbetriebsvermögen mit einer entsprechenden Erfassung in einer Sonderbilanz des Mitunternehmers reicht nicht aus. In der Gestaltungspraxis muss auf einen „stabilen OT-Status" sowie der „Betriebsstätteneignung" der Personengesellschaft geachtet werden; gegebenenfalls sind vorbereitende Umstrukturierungsmaßnahmen vorzunehmen (z. B. Übertragen der KapGes-Anteile aus SonderBV in Gesamthandsvermögen). Im Übrigen sollte die auf das zugerechnete Organeinkommen entfallende Gewerbesteuer (allerdings ohne der OG nachgeordnete Mitunternehmerschaften) für typisierte Anrechnungszwecke (§ 35 EStG) bei der Einkommensteuer der Mitunternehmer einer Organträger-Personengesellschaft anteilig „durchreichbar" sein.[50] Die Gewerbesteuer-Rückstellung beim OT bleibt vom einkommensteuerlichen Anrechnungsvolumen unberührt. Die gegebenenfalls verminderte Einkommensteuervorbelastung des Mitunternehmers findet als „Privatsteuer" keinerlei steuerbilanziellen Niederschlag.

1676–1679 *(Einstweilen frei)*

2.4 Sonderfragen: Teilwertabschreibung auf Anteile an der Organgesellschaft wegen voraussichtlich dauernder Wertminderung

1680 Sinkt der Ertrags- oder Substanzwert einer Tochtergesellschaft nachhaltig unter ihre Anschaffungskosten, so kann das Mutterunternehmen bei einer „voraussichtlich dauernden Wertminderung" nachweisgebunden eine Teilwertabschreibung auf den Beteiligungsansatz in seiner Steuerbilanz geltend machen. Es handelt sich um ein steuerliches Wahlrecht gem. § 5 Abs. 1 Satz 1 EStG, das unabhängig von der handelsbilanziellen Handhabung ausgeübt werden kann.[51] Korrespondierend entsteht ein latentes Wertaufholungspotential. Nur bei „willkürlicher Gestaltung" mit einem „Wechselspiel" zwischen Geltendmachung der Teilwertabschreibung und (ganz oder teilweise) entsprechender Wertaufholung erkennt die Finanzverwaltung das Wahlrecht nicht an. Außerbilanziell (2. Stufe der Gewinnermittlung) ist die Teilwertabschreibung allerdings

49 Vgl. BMF, Schreiben vom 10.11.2005 – IV B 7 – S 2770 – 24/05, BStBl 2005 I S. 1038. Hinsichtlich eines neuen wirtschaftlichen Eingliederungserfordernisses deutlich zu weitgehend m. E. *Schirmer*, GmbHR 2013 S. 792, FR 2013 S. 605 und StBp 2013 S. 245; siehe ergänzend auch *Dötsch/Pung*, DB 2014 S. 1215.

50 Die Details der Rechtslage sind streitig. Vgl. *Wacker*, in: Schmidt, EStG, 33. Aufl. 2014, § 35 Rn. 44; *Levedag*, in: HHR, § 35 EStG Anm. 47; *Schaumburg/Bäuml*, FR 2010 S. 1061. Siehe auch BFH, Urteil vom 22. 9. 2011 – IV R 9/10, DB 2011 S. 2635; zur Erläuterung *Prinz/Hütig*, StuB 2012 S. 20.

51 Vgl. BMF, Schreiben vom 12. 3. 2010 – IV C 6 – S 2133/09/10001, BStBl 2010 I S. 239, Rn. 14, 15.

für Körperschaften als Organträger gem. § 8b Abs. 3 KStG vollständig zu „stornieren", wobei Wertaufholungen ungeachtet dessen der 5 %-Besteuerung nichtabziehbarer Betriebsausgaben unterliegen. Bei Personengesellschaften als Organträger mit natürlichen Personen als Mitunternehmern bleiben 60 % der steuerlichen Teilwertabschreibung steuerwirksam (§ 3c Abs. 2 EStG). Insoweit behalten Teilwertabschreibungen vor allem bei Organträger-Personengesellschaften ihren Reiz. Bei Körperschaften als Mitunternehmer einer Personengesellschaft gilt über § 8b Abs. 6 KStG wiederum ein vollständiges außerbilanzielles Korrekturgebot.

Ergänzende restriktive Besonderheiten über die einkommen-/körperschaftsteuerliche 1681 „Normalsituation" hinaus gelten für Organschaftszwecke (R 7.1 Abs. 5, R 8.6 GewStR): Denn trotz steuerbilanzieller Anerkennung werden verlustbedingte Teilwertabschreibungen aufgrund der „gebrochenen" Einheitstheorie im gewerbesteuerlichen Organkreis unabhängig vom „Steuerstatus" des OT „zurückgedreht" (= neutralisiert). Für Körperschaftsteuerzwecke gilt Entsprechendes. Es besteht eine „Rechtsvermutung", dass eine Identität der (abzuführenden) Verluste der OG mit den (abschreibungsbedingten) Verlusten des OT besteht. Selbst wenn eine Teilwertabschreibung nicht vorgenommen wurde, die OG-Beteiligung später allerdings zu einem entsprechend geringeren Verkaufspreis veräußert wird, soll bei der Ermittlung des Gewerbeertrags ein Betrag in Höhe des bei der Zusammenrechnung der Gewerbeerträge berücksichtigten Verlustes der OG hinzuzurechnen sein (so R 7.1 Abs. 5 Satz 9 GewStR). Schließlich mindern Teilwertabschreibungen aufgrund einer Gewinnabführung ebenso wenig den Gewerbeertrag der Muttergesellschaft wie ausschüttungsbedingte Teilwertabschreibungen.[52] Selbst außerhalb der Organschaft besteht ein ergänzend wirkendes spezielles **Hinzurechnungsgebot gem. § 8 Nr. 10 GewStG,** das auch für vororganschaftlich begründete Gewinnminderungen gilt. Das gewerbesteuerliche Gewinnminderungsverbot gilt lt. BFH-Rechtsprechung auch für Darlehensforderungen des OT gegen die Organgesellschaft, soweit die Teilwertabschreibung zumindest auch auf einer Verlustsituation der OG beruht (Neutralisationsgebot zur Verhinderung eines Doppelabzugs); spätere Wertaufholungen müssen systementsprechend steuerlich irrelevant bleiben. Dokumentation und Nachweis der Verlustquellen im Einzelfall kann schwierig sein.[53]

Verluste der Tochtergesellschaft kein steuerbilanzieller Teilwertabschreibungsgrund: 1682 Die Finanzverwaltung stellt – gestützt durch die Rechtsprechung – hohe Anforderungen an eine dauerhafte Wertminderung bei Anteilen an einer Organgesellschaft. Gem. R 62 Abs. 3 KStR gelten zwar die allgemeinen Teilwertkriterien. Eine Abschreibung auf den niedrigeren Teilwert kann allerdings nicht auf das Erwirtschaften ständiger Verluste gestützt werden. Dies liegt darin begründet, dass der Organträger selbst zur Deckung der Fehlbeträge in der Organgesellschaft verpflichtet ist; die Substanz der Organgesellschaft bleibt häufig erhalten (Ausnahme etwa: Abführung von Altrücklagen). Der BFH geht insoweit bei Mehrheitsbeteiligungen an der Organgesellschaft typisierend von einer „unwiderlegbaren Teilwertvermutung" in Höhe der Anschaffungskosten

52 Vgl. R 8.6 GewStR sowie H 7.1 Abs. 5 GewStR: Teilwertabschreibungen bei Organschaft, mit Hinweis auf BFH, Urteil vom 19. 11. 2003 – I R 88/02, BStBl 2004 II S. 751.

53 Vgl. BFH, Urteil vom 5. 11. 2009 – IV R 57/06, BStBl 2010 II S. 646 (Streitjahr 2000; kein GAV-Erfordernis für Gewerbesteuer); dazu auch *Behrens/Renner*, BB 2010 S. 486.

aus. Neumann spricht anschaulich von einem „erstarrten Teilwertansatz der Organgesellschaft“ während der Organschaftszeit.[54] Dahinter verbirgt sich die Überlegung der Vermeidung einer doppelten Verlustnutzung; dieselben Verluste sollen nicht einerseits über die Ergebnisabführung beim Organträger steuerwirksam werden und dann „zum zweiten Mal“ über eine Teilwertabschreibung Berücksichtigung finden. Auch wenn dieser Gedanke letztlich seit Abschaffung des körperschaftsteuerlichen Anrechnungsverfahrens und der vollständigen „Stornierung“ von Teilwertabschreibungen über § 8b Abs. 3 KStG bei Organträgerkörperschaften nicht mehr einschlägig ist, erscheint eine substanzverzehrlose Verlusterzielung der Organgesellschaft richtigerweise nicht ausreichend für eine Teilwertabschreibung.

1683 **Steuerlich anerkannte Abschreibungsgründe:** In anderen Konstellationen kommt auch bei Organgesellschaften – entsprechend allgemeinen Kriterien – eine Teilwertabschreibung in Betracht, wobei der Steuerpflichtige die Feststellungslast für die voraussichtlich dauernde Wertminderung trägt. Bei der Geltendmachung der Teilwertabschreibung handelt es sich um eine Prognoseentscheidung aus der Sicht des Bilanzstichtags, die das nachhaltige Absinken des Beteiligungswerts unter die Anschaffungskosten aufgrund objektiver Anzeichen untersucht. Durch die Teilwertabschreibung soll der Verlust an wirtschaftlicher Leistungsfähigkeit periodengerecht erfasst werden[55]. Dabei müssen mehr Gründe für als gegen die Teilwertabschreibung sprechen. Anerkannt wird die Teilwertabschreibung etwa im Fall einer Fehlmaßnahme, weil die Beteiligung von vornherein oder aufgrund ihrer funktionalen Bedeutung im Konzern nachhaltig in ihrem Wert gesunken ist. Gleiches gilt, falls der Organträger für die Organgesellschaftsanteile einen Firmenwert „bezahlt“ hat, der wegen nachhaltig sinkender Ertragskraft eine Werteinbuße erlitten hat.[56] Letztlich wird man stets für Zwecke der Teilwertabschreibung prüfen müssen, ob der Wert der Beteiligung trotz der bestehenden Verlustübernahmeverpflichtung der Muttergesellschaft nachhaltig gesunken ist. Dafür kann eine Reihe von Gründen ursächlich sein, die zu dokumentieren sind. Im Übrigen sind meines Erachtens **Gesellschafterdarlehen** hinsichtlich ihres Teilwerts im Grundsatz losgelöst von dem Beteiligungswert der Organgesellschaft selbst zu würdigen. Bei einer Organträgerkapitalgesellschaft ist allerdings auf der zweiten Gewinnermittlungsstufe § 8b Abs. 3 Satz 4-6 KStG zu beachten. Nur bei einem wirksam geführten Drittvergleich wird die Teilwertabschreibung steuerwirksam. Bei Personengesellschaften als Darlehensgeber mit natürlichen Personen als Mitunternehmern findet § 3c Abs. 2 EStG nach zwischenzeitlich übereinstimmender Meinung von Rechtsprechung und FinVerw keine Anwendung. Es handelt sich vielmehr um Substanzverluste, die § 3c Abs. 2 EStG nicht abzugsbegrenzt, und zwar unabhängig davon, ob die Darlehensgewährung selbst gesellschaftsrechtlich veranlasst ist oder war.[57]

54 Vgl. *Gosch/Neumann*, KStG, 2. Aufl. 2009, § 14 Rn. 430. Siehe aber auch bereits BFH, Urteil vom 17. 9. 1969 – I 170/65, BStBl 1970 II S. 48 unter Bezugnahme auf *Rose*, DB 1960 S. 1164 f. Ergänzend BFH, Urteile vom 6. 11. 1985 – I R 56/82, BStBl 1986 II S. 73; vom 26. 1. 1997 – I R 101/75, BStBl 1977 II S. 441 f.

55 Vgl. eingehender *Gosch/Neumann*, KStG, 2. Aufl. 2009, S. 14 Rn 429-434; FG Rheinland-Pfalz, Urteil vom 15. 11. 2010 – 5 K 2737/06, DStRE 2011 S. 667, nrkr., AZ beim BFH: IV R 6/11.

56 Vgl. *Müller/Stöcker/Lieber*, Die Organschaft, 9. Aufl. 2014, S. 73 f.

57 Vgl. BMF v. 23. 10. 2013, BStBl 2013 I S. 1269, Rn. 11 unter Bezugnahme auf BFH, Urteile v. 18. 4. 2012 – X R 5/10, BStBl 2013 II S. 785 und – X R 7/10, BStBl 2013 II S. 791; zu § 8b Abs. 3 KStG s. auch BFH, Urteil vom 12. 3. 2014 – I R 87/12, DStR 2014 S. 1227.

(Einstweilen frei) 1684–1689

3. Steuerbilanzielle Ausgleichsposten bei innerorganschaftlichen Mehr- und Minderabführungen (§ 14 Abs. 4 KStG)

3.1 Grundinformationen zu aktiven und passiven steuerbilanziellen Ausgleichsposten

Im „Leben“ von ein- oder mehrstufigen Organschaftskonzernen tauchen aktive und 1690
passive Ausgleichsposten in vielfältiger Form auf. Sie resultieren aus technischen Abweichungen zwischen handelsbilanzieller Gewinnabführung/Verlustübernahme und steuerbilanzieller Gewinnermittlung/Einkommenszurechnung während der Organschaftszeit. Man spricht von sog. innerorganschaftlichen handelsbilanziellen Mehr- und Minderabführungen. Derartige vor allem bilanzierungs- und bewertungsbedingte Abweichungen, die sich in späteren Jahren wieder auflösen, sind in ihren Grundlagen und Wirkungen hoch umstritten und haben in der Besteuerungspraxis eine besondere Bedeutung beim Organträger; Folgewirkungen entstehen bei der Organgesellschaft.[58] Sie führen mitunter zu besonderen „Steuerfallen im Konzern“,[59] können als aktive Ausgleichsposten aber auch Gestaltungschancen bieten. Zu den organschaftsbezogenen Mehr- und Minderabführungen bestehen nur bruchstückhafte Rechtsgrundlagen, die dringend eines durchdachten steuerkonzeptionellen Neuanfangs bedürfen (s. 3.5).

Organschaftsbezogene Mehr- und Minderabführungen bestehen in zwei Grundkonstel- 1691
lationen, die völlig unterschiedliche Rechtsfolgen nach sich ziehen und in der Praxis nicht immer leicht voneinander zu unterscheiden sind. Abgestellt wird auf den Zeitpunkt der Begründung der Abweichung zwischen Handels- und Steuerbilanz innerhalb oder außerhalb der Organschaftszeit (geschäftsvorfallbezogene Kausalanalyse nach zeitlichem Trennungsmerkmal).[60] Spätestens durch die „offizielle“ Beendigung des Maßgeblichkeitsgrundsatzes im Umwandlungssteuerrecht und der durch das BilMoG vom 25. 5. 2009 erfolgten Neujustierung der Maßgeblichkeit (§ 5 Abs. 1 EStG) haben die Abweichungen zwischen Handels- und Steuerbilanz, die organschaftsbezogene Mehr- und Minderabführungen nach sich ziehen können, deutlich zugenommen.[61] Mitunter

---

58 Vgl. grundlegend BFH, Urteil vom 29. 8. 2012 – I R 65/11, BStBl 2013 II S. 555 mit Hinweis auf BMF vom 5. 7. 2013, BStBl 2013 I S. 921. Zur praktischen Bedeutung der Ausgleichsposten anschaulich *Dötsch*, Ubg 2008 S. 117 f.; *Dötsch*, in: Dötsch/Möhlenbrock/Pung, KStG, § 14 Rz. 477; *Dötsch/Pung*, Festschrift für Gerrit Frotscher, 2013, S. 55–58. Die organschaftlichen Ausgleichsposten wurden lange Jahre vor ihrer gesetzlichen Kodifizierung „erfunden“ von *R. Thiel*, BB 1960 S. 735; *R. Thiel*, StbJb. 1961/62 S. 201. Zur „Geschichte der Ausgleichsposten“ auch *J. Thiel*, in: Festschrift Lang, 2011 S. 755, 757-761. Zur Abgrenzung gegenüber vororganschaftlich verursachten Mehrabführungen s. BFH, Beschluss vom 6. 6. 2013 – I R 38/11, BFH/NV 2013 S. 1730 sowie BFH, Beschluss vom 27. 11. 2013 – I R 36/13, NWB DokID: EAAAE-67845.

59 Vgl. *Prinz*, Gastkommentar DB 12/2011.

60 Vgl. *Neumann*, Ubg 2010 S. 678.

61 Vgl. zu Details *von Freeden*, Minder- und Mehrabführungen nach § 14 Abs. 4, § 27 Abs. 6 KStG, 2011, S. 50-52.

tauchen vororganschaftliche und innerorganschaftliche Mehr- und Minderabführungen nebeneinander auf, sind teils gegenläufig. Wegen der unterschiedlichen Rechtsfolgen ist eine Unterscheidung zwingend. Ein Subsidiaritätsverhältnis besteht insoweit nicht. Die jeweiligen Tatbestände und Rechtsfolgen sind separat anzuwenden.[62] Im Zusammenhang mit Umwandlungsvorgängen, die eine Organgesellschaft, aber auch den OT betreffen, tauchen vielschichtige, komplexe Abgrenzungsfragen für vor- und innerorganschaftliche Mehr- und Minderabführungen auf.[63]

1692 **§ 14 Abs. 4 KStG** (Grundkonstellation 1) gilt für Mehr- und Minderabführungen, die ihre Ursache in organschaftlicher Zeit haben **(innerorganschaftliche Mehr- und Minderabführungen)**. Für sie ist gem. § 14 Abs. 4 Satz 1 KStG in der Steuerbilanz des OT (also nicht außerbilanziell) ein besonderer aktiver oder passiver Ausgleichsposten zu bilden, der dem Verhältnis der Beteiligung des OT am Nennkapital der OG entspricht. Solche Mehr- oder Minderabführungen liegen insbesondere (Regelbeispiel, keine abschließende Aufzählung)[64] vor, wenn der an den OT abgeführte Gewinn vom Steuerbilanzgewinn der OG abweicht und diese Abweichung ihre Ursache in organschaftlicher Zeit (während der Organschaft) hat (§ 14 Abs. 4 Satz 6 KStG). Handelsbilanziell gibt es solche Ausgleichsposten nicht. Die Wirkungen bei der OG beschreibt § 27 Abs. 6 KStG: Minderabführungen erhöhen, Mehrabführungen mindern das Einlagekonto einer OG, wenn sie ihre Ursache in organschaftlicher Zeit haben. Im Übrigen kann sich daraus nach § 27 Abs. 1 Satz 4 KStG ausnahmsweise ein negatives Einlagekonto ergeben. Die Einlagewirkungen sind stets mit 100 % der Mehr- oder Minderabführung zu berücksichtigen, also nicht quotal wie bei der Ausgleichspostenbildung. Im Übrigen dürfen aktive und passive Ausgleichsposten nicht saldiert werden. Der Beteiligungsbuchwert an der OG bleibt beim OT von Mehr- oder Minderabführungen unberührt; diese finden nur in den Ausgleichsposten ihren Ausdruck.

1693 **§ 14 Abs. 3 KStG** (Grundkonstellation 2) dagegen betrifft Mehr- und Minderabführungen, die ihre Ursache in vororganschaftlicher Zeit haben **(vororganschaftliche Mehr- und Minderabführungen)**.[65] Mehrabführungen gelten als Gewinnausschüttung der OG an den OT (zum Zeitpunkt des Entstehens von Kapitalertragsteuer, s. § 44 Abs. 7 EStG). Minderabführungen sind als Einlagen durch den OT in die OG zu behandeln. Eine Ausgleichspostenproblematik besteht insoweit nicht. Nach Meinung der Finanzverwaltung

62 Vgl. FG Düsseldorf vom 15. 4. 2013 – 6 K 4270/10 K, F, EFG 2013 S. 1262 sowie mit einer Normenkontrollvorlage an das BVerfG dazu BFH vom 27. 11 2013 – I R 36/13, NWB DokID: EAAAE-67845. Dazu auch *Prinz*, FR 2013 S. 903 sowie *von Freeden*, Minder- und Mehrabführungen nach § 14 Abs. 4, § 27 Abs. 6 KStG, 2011, S. 41.

63 Vgl. Org 05, 28, 33 sowie 34, Rn. 22.24, UmwSt-Erlass vom 11. 11. 2011, BStBl 2011 I S. 1314. Siehe weiterhin Teil A Kap. XII Rz. 1934. Wegen der besonderen Fragestellung im Zusammenhang mit Umwandlungen siehe *Schumacher*, in: Festschrift Schaumburg, 2009, S. 477-491; *Dötsch*, Ubg 2011 S. 20, 27-29; *Dötsch/Pung*, Der Konzern 2010 S. 223; *Lohmann/Heerdt*, Ubg 2012 S. 91. *Heurung/Müller-Thomczik*, StB 2013 S. 111.

64 Nach Meinung des BFH, Urteil vom 29. 8. 2012 – I R 65/11, BStBl 2013 II S. 555, enthält § 14 Abs. 4 Satz 6 KStG keine abschließende Legaldefinition, sondern lediglich eine Umschreibung der Regelcharakteristika einer Mehr- oder Minderabführung im Sinne eines Typusbegriffs. Dazu auch *Gosch*, BFH/PR 2013 S. 53-55.

65 Zu Details siehe Rz. 1730-1739. Grundlegend BFH, Beschluss vom 6. 6. 2013 – I R 38/11, BFH/NV 2013 S. 1730.

sind durch Umwandlungsvorgänge auf Ebene der OG verursachte außerorganschaftliche Mehr- und Minderabführungen entsprechend § 14 Abs. 3 KStG zu behandeln (streitig).[66]

Begriffsklärung: § 14 Abs. 4 Satz 6 KStG umschreibt Mehr- und Minderabführungen in Gestalt typusmäßiger Regelbeispiele als Abweichung zwischen dem an den OT abzuführenden (handelsbilanziellen) Gewinn und dem Steuerbilanzgewinn (§ 60 Abs. 2 Satz 2 EStDV) der OG, bezogen auf denselben Stichtag. Hinzukommen muss die Verursachung (= geschäftsvorfallbezogene Veranlassung) dieser Abweichung in organschaftlicher Zeit. Die handels- und steuerbilanzielle Verlustsituation ist begrifflich eingeschlossen. Mehr- oder Minderabführungen entstehen letztlich nur dann, wenn das steuerlich zugerechnete und das tatsächlich abgeführte Einkommen voneinander abweichen.[67] Außerbilanzielle Korrekturen auf der zweiten Gewinnermittlungsstufe sind nach herschender Meinung nicht über Ausgleichsposten zu erfassen (etwa nicht abziehbare Betriebsausgaben gemäß § 4 Abs. 5 EStG, eine vGA, steuerfreie Vermögensmehrungen usw.).[68] Im Zusammenhang mit nach § 15a EStG verrechenbaren Verlusten einer Organgesellschaft aufgrund einer haftungsbeschränkten Beteiligung an einer PersGes hat der BFH allerdings in seinem Urteil v. 29. 8. 2012 entschieden:[69] Ein passiver Ausgleichsposten für Mehrabführungen ist bei einem Organträger dann nicht zu bilden, wenn die auf die Organgesellschaft entfallenden Beteiligungsverluste (konkret aus einem KG-Anteil) aufgrund außerbilanzieller Zurechnung (konkret wegen § 15a EStG) neutralisiert werden; das dem Organträger zuzurechnende Einkommen mindert sich in einem solchen Fall nicht. Der dem BFH vorliegende Streitfall betraf zwar den VZ 2003, der I. Senat des BFH sieht in seinem Judikat aber keinen Grund dafür, dass sich an der rechtlichen Beurteilung etwas durch § 14 Abs. 4 KStG 2002 i. d. F des JStG 2008 geändert habe. Für § 15a EStG-Fallkonstellationen akzeptiert die FinVerw im Schreiben v. 15. 7. 2013[70] die Sichtweise des BFH; in allen anderen Fällen soll es nach BMF-Meinung bei der Bildung organschaftlicher Ausgleichsposten nach Maßgabe des Wortlauts des § 14 Abs. 4 Satz 6 KStG bleiben (etwa bei nach DBA oder § 8b KStG steuerfreien Einkünften). Insoweit soll weiterhin auf den Steuerbilanzgewinn der OG – nicht deren Einkommen – abgestellt werden. Stets muss es sich für die Annahme von Mehr- und Minderabführungen in Einengung des Gesetzeswortlauts um Unterschiede zwischen Han- 1694

66 Vgl. OFD Münster, Kurzinformation Körperschaftsteuer Nr. 003/2010 vom 9. 12. 2010, DStR 2011 S. 367. Kritisch zur Auffassung der FinVerw mit weiteren Nachweisen *Dötsch/Pung*, Festschrift für Gerrit Frotscher, 2013, S. 64 f.

67 Vgl. *Neumann*, Ubg 2010 S. 676 f., differenzierend *Dötsch*, in: Dötsch/Jost/Pung/Witt, § 14 KStG Rn. 402 f. (Juni 2011).

68 Vgl. übereinstimmend *Breier*, Der Konzern 2011 S. 11, 13; *Neumann*, Ubg 2010 S. 674; *von Freeden*, Minder- und Mehrabführungen nach § 14 Abs. 4, § 27 Abs. 6 KStG, 2011, S. 47; a. A. *Sedemund*, DB 2010 S. 1255.

69 BFH, Urteil vom 29. 8. 2012 – I R 65/11, BStBl 2013 II S. 555. Eingehender dazu *Tiede*, StuB 2013 S. 93; *Gosch*, BFH/PR 2013 S. 53. Vgl. dazu auch *Ronneberger*, Stbg 2013 S. 297; *Suchanek/Jansen/Hesse*, Ubg 2013 S. 280; *Trautmann/Faller*, DStR 2013 S. 293.

70 BMF, Schreiben vom 15. 7. 2013 – IV C 2-S 2770/07/10004:004 – 2013/04 57677, BStBl 2013 I S. 921. Dazu auch *Tiede*, StuB 2013 S. 606; *Faller*, DStR 2013 S. 1977.

delsbilanz und (maßgeblichkeitsgeprägter) Steuerbilanz aufgrund von tatsächlichen oder fiktiven Vermögensverschiebungen von der OG auf den OT handeln.[71] Die Ursache der Mehr- oder Minderabführung muss auf Geschäftsvorfällen beruhen, die ausschließlich während der Organschaftszeit mit Geltung des GAV entstanden sind (etwa die Bildung einer Drohverlustrückstellung während der Organschaftsperiode mit späteren Umkehreffekten). Ansonsten liegen vororganschaftlich begründete Mehr- oder Minderabführungen vor, die ohne Ausgleichspostenbildung den Ausschüttungs- und Einlageregeln des § 14 Abs. 3 KStG folgen (beispielsweise bei einer vor Organschaftsbeginn gebildeten Drohverlustrückstellung, die während der Organschaftszeit aufgelöst wird).[72] Die für innerorganschaftliche Mehr- oder Minderabführungen erfolgsneutral und quotenentsprechend in der Steuerbilanz des OT zu bildenden aktiven und passiven Ausgleichsposten sollen letztlich eine Doppelerfassung (aktive Ausgleichsposten) oder Nichtbesteuerung (passive Ausgleichsposten) von Organeinkommen im Veräußerungsfall verhindern. Der Zweck der Ausgleichsposten besteht in der Sicherstellung der **Einmalbelastung der Gewinne** eines Organkreises im OG-Veräußerungsfall (einschl. gleichgestellten Transaktionen).[73] Dies muss stets der Beurteilungsmaßstab für Bildung, Fortentwicklung und Auflösung von Ausgleichsposten sein. Ein rein „rechnerischer Vergleich" von Handels- und Steuerbilanzgewinn der OG genügt deshalb nicht zur Beurteilung der Ausgleichspostenproblematik.[74] Die besonderen Ausgleichsposten sind allerdings nicht bereits mit Beendigung der Organschaft gewinnwirksam aufzulösen. Sie werden bis zur Veräußerung der Beteiligung (oder dem Entstehen eines veräußerungsgleichen Vorgangs) fortgeführt (so R 63 Abs. 3 Satz 1 KStR). Im Übrigen wird die anteilige Bildung von Ausgleichsposten bei ausgleichspflichtigen Minderheitsgesellschaftern in Teilen von Rechtsprechung und Literatur zu Recht kritisiert. Dessen ungeachtet lässt § 14 Abs. 4 Satz 1 KStG nur eine quotenentsprechende Ausgleichspostenbildung zu.[75]

1695 **Typische Anwendungsfälle** für die (erfolgsneutrale) Bildung und (ergebniswirksame) Auflösung besonderer Ausgleichsposten sind in R 63 KStR angesprochen; Details dazu sind streitig. Als „Anwendungsklassiker" eines aktiven Ausgleichspostens wird in R 63 Abs. 1 KStR die Bildung einer Gewinnrücklage (§ 272 Abs. 3 HGB) entsprechend den Voraussetzungen des § 14 Abs. 1 Nr. 4 KStG genannt. In einem solchen Fall wird trotz **Rücklagenbildung bei der OG** das „ungeschmälerte" zuzurechnende Einkommen beim

---

71 So zutreffend *Neumann*, Ubg 2010 S. 673-675, der insoweit von einem ungeschriebenen Tatbestandsmerkmal ausgeht. Zu „Fallstudien" (Teilwertabschreibung, verdeckte Einlagen, Umwandlungen) mangelnder Einkommenswirkung trotz Abweichung zwischen HB/StB siehe *Breier*, Der Konzern 2011 S. 85-88: Keine Ausgleichspostenbildung erforderlich trotz Gesetzeswortlauts.

72 Zu gewerbesteuerlichen Risiken in Transaktionsfällen (fehlendes Schachtelprivileg) siehe *Pyszka*, DB 4/2010 M 20. Es kann sich die Bildung eines Rumpfwirtschaftsjahres empfehlen.

73 So *Neumann*, Ubg 2010 S. 673 mit Hinweis auf Bericht des Finanzausschusses Bundestag zum JStG 2008, BT-Drucks. 16/7936 S. 27. Ergänzend *Dötsch*, in: Dötsch/Jost/Pung/Witt, § 14 KStG Rn. 480 f. (Juni 2011) sowie BFH, Urteil vom 29. 8. 2012 – I R 65/11, BStBl 2013 II S. 555 Rn. 18. Letztlich sollen Doppelbesteuerung/Keinmalbesteuerung verhindert werden.

74 Die Details sind streitig. Vgl. *Dötsch*, in: Dötsch/Jost/Pung/Witt, § 14 KStG Rn. 403. Zur vororganschaftlich verursachten Mehrabführung allerdings BFH, Beschluss vom 6. 6. 2013 – I R 38/11, BFH/NV 2013 S. 1730: rein rechnerische Differenzbeträge, keine tatsächlichen Abführungen. Bestätigt durch BFH vom 27. 11. 2013 – I R 36/13.

75 Zu Kritik vgl. m. w. N. *von Freeden*, Minder- und Mehrabführungen nach § 14 Abs. 4, § 27 Abs. 6 KStG, 2011, S. 79-89; *Dötsch/Pung*, Festschrift für Gerrit Frotscher, 2013, S. 63.

OT versteuert; der steuerrechtliche Wertansatz der Beteiligung an der OG bleibt beim OT aber unberührt. In einem solchen Fall soll der aktive Ausgleichsposten sicherstellen, dass bei einer Veräußerung der OG-Beteiligung die dort gebildeten Rücklagen nicht noch einmal steuerrechtlich erfasst werden; der aktive Ausgleichsposten führt deshalb im Veräußerungsfall zu steuerlichem Aufwand. Löst die OG die Rücklagen in den folgenden Jahren ganz oder teilweise zugunsten des an den OT abzuführenden Gewinns auf, ist der besondere aktive Ausgleichsposten entsprechend einkommensneutral fortzuentwickeln. Die rücklagenbegründete Abweichung zwischen Handelsbilanz und Steuerbilanz, die den aktiven Ausgleichsposten nach sich zieht, beruht auf der fehlenden Gewinnverwendung bei der Ermittlung des Steuerbilanzgewinns.[76] Als weiteres Beispiel für einen aktiven Ausgleichsposten nennt R 63 Abs. 2 KStR die handelsrechtliche Verpflichtung zur Verrechnung vororganschaftlicher Verluste ohne Steuerwirksamkeit. Insoweit erfolgt eine handelsbilanzielle Minderabführung der OG an den OT mit aktivem Ausgleichsposten. Teile des Schrifttums sehen darin abweichend zu der Verwaltungsregelung eine vorvertraglich verursachte Minderabführung. Da der Geschäftsvorfall der Verlustverrechung allerdings während der Organschaftszeit erfolgt ist die Finanzverwaltungsmeinung meines Erachtens zutreffend.[77] Ein durch eine Minderabführung beim OT begründeter aktiver Ausgleichsposten kann auch auf einer **handelsbilanziellen Drohverlustrückstellung** beruhen, die steuerbilanziell entfällt (§ 5 Abs. 4a EStG).[78]

Passive Ausgleichsposten ergeben sich beispielsweise bei einer handelsbilanziell nicht abgebildeten Verlustzuweisung aus einer mitunternehmerschaftlichen Beteiligung einer OG; entsprechendes gilt bei Einbringung eines Betriebs oder Teilbetriebs einer OG in eine Tochtergesellschaft mit steuerlichen Buchwerten und handelsbilanziell aufgestockten beizulegenden Zeitwerten. Die handelsbilanzielle Wertaufstockung anlässlich der Einbringung führt bei der OG zu einer Mehrabführung, die einen passiven Ausgleichsposten beim OT nach sich zieht.[79] Für erfolgswirksam vereinnahmte Ertragszuschüsse bei der OG, die außerbilanziell korrigiert werden (= gesellschaftlich veranlasste Einlage; erhöhter Beteiligungsbuchwert) und über die Ergebnisabführung direkt „zurückfließen", dürfte dagegen kein passiver Ausgleichsposten zu bilden sein; Handels- und Steuerbilanzgewinn sind identisch.[80] Notwendige Korrekturen müssen über Beteiligungs- und Einlagekonto erfolgen. 1696

(Einstweilen frei) 1697–1699

76 So zutreffend *Neumann*, Ubg 2010 S. 676; kritischer dagegen *Breier*, Der Konzern 2011 S. 13.

77 Zur Diskussion vgl. *Breier*, Der Konzern 2011 S. 15.

78 Zu Detailfragen dazu *Breier*, Der Konzern 2011 S. 89; *Dötsch*, in: Dötsch/Möhlenbrock/Pung, § 14 KStG Rz. 482 (April 2013).

79 Vgl. *Breier*, Der Konzern 2011 S. 16.

80 Vgl. *Neumann*, Ubg 2010 S. 675. Zur Diskussion *Dötsch*, in: Dötsch/Jost/Pung/Witt, § 14 KStG Rn. 556 (Juni 2011); *Thiel*, in: Festschrift Lang, 2011 S. 755, 773 f.; *Sedemund*, DB 2010 S. 1255. Siehe auch Rz. 1745.

3.2 Rechtsentwicklung

1700 § 14 Abs. 4 KStG wurde durch das JStG 2008 vom 20. 12. 2007[81] in Anlehnung an die „alte" körperschaftsteuerliche Richtlinienregelung (R 63 Abs. 2, 3 KStR 2004) geschaffen. Dadurch wollte der Gesetzgeber die traditionelle Verwaltungsmeinung zur einkommensneutralen Bildung und erfolgswirksamen Auflösung von Ausgleichsposten entgegen der BFH-Rechtsprechung festschreiben (rechtsprechungsbrechende Gesetzgebung). Grund dafür war: Der I. Senat des BFH hatte für einen Veräußerungsfall in seinem Urteil vom 7. 2. 2007 die erfolgsneutrale Auflösung eines besonderen passiven Ausgleichspostens (entgegen der Finanzverwaltungsauffassung) verlangt.[82] Darüber hinaus war der BFH der Meinung, dass aktive und passive Ausgleichsposten lediglich bilanztechnische Erinnerungsposten sind, die „außerhalb der Steuerbilanz des OT" zur Vermeidung späterer Doppel- oder Keinmalbesteuerungen festgehalten werden müssen. Nachdem diese Entscheidung zunächst mit einem Nichtanwendungserlass der Finanzverwaltung belegt wurde,[83] ist der Gesetzgeber selbst anschließend durch eine Ergänzungsregelung im Bereich der körperschaftsteuerlichen Organschaftsvorschriften tätig geworden. Darüber hinaus ist eine gesetzliche Typisierung des Begriffs der innerorganschaftlichen Mehr- und Minderabführungen erfolgt.

1701 Gemäß § 34 Abs. 9 Nr. 5 KStG ist die Neuregelung des § 14 Abs. 4 KStG auch bereits für VZ vor 2008 anzuwenden, sofern noch offene Veranlagungen bestehen. Diese echte Rückwirkung begegnet im Hinblick auf die erfolgserhöhende Auflösung passiver Ausgleichsposten verfassungsrechtlichen Bedenken, da der BFH zuvor abweichend entschieden hatte.[84] Von einer Klarstellung der Rechtslage kann daher nicht die Rede sein. Es handelt sich um eine konstitutiv wirkende Rechtsänderung; insoweit folgt der Gesetzgeber Fiskalgründen. Im Hinblick auf die erfolgswirksame Auflösung aktiver Ausgleichsposten bestehen keine verfassungsrechtlichen Bedenken.

1702–1704 *(Einstweilen frei)*

3.3 Rechtsnatur der Ausgleichsposten: bilanzsteuerlicher Sonderposten ohne Wirtschaftsgutqualität

1705 Durch innerorganschaftliche Minder- und Mehrabführungen begründete aktive und passive Ausgleichsposten sind laut Regelungsanordnung in § 14 Abs. 4 Satz 1 KStG „in der Steuerbilanz des Organträgers" zu bilden. Sie sind erfolgsneutral – üblicherweise durch außerbilanzielle Korrekturen (2. Gewinnermittlungsstufe) – zum Zwecke der Ver-

81 BGBl 2007 I S. 3150.

82 BFH, Urteil vom 7. 2. 2007 – I R 5/05, BStBl 2007 II S. 796.

83 BMF, Schreiben vom 5. 10. 2007 – IV B 7 – S 2770/07/0004, BStBl 2007 I S. 743. Nach Meinung der Finanzverwaltung steht das Urteil „nicht im Einklang mit dem Grundsatz der körperschaftsteuerlichen Organschaft, wonach sich innerhalb des Organkreises erzielte Gewinne und Verluste insgesamt nur einmal – und zwar beim Organträger – auswirken dürfen".

84 Der BFH lässt in seinem Urteil vom 29. 8. 2012 – I R 65/11, BStBl 2013 II S. 555 die Verfassungsfrage der Rückwirkung ausdrücklich dahingestellt (Rn. 20 a. E.); sehr kritisch allerdings *Gosch*, BFH/PR 2013 S. 53, 55. Vgl. weiterhin *Suchanek/Herbst*, FR 2008 S. 112-118; differenzierend *von Freeden*, Minder- und Mehrabführungen nach § 14 Abs. 4, § 27 Abs. 6 KStG, 2011, S. 104-111. Zur verfassungsrechtlichen Neuakzentuierung der Rechtsprechung vgl. BVerfG, Beschluss vom 17. 12. 2013 – 1 BvL 5/08, FR 2014 S. 326 mit Anm. *Birk*, Der Rechtsverweis in § 14 Abs. 4 Satz 4 KStG geht bei rückwirkender Anwendung mitunter „ins Leere".

meidung von veräußerungsbedingten Doppel- oder Keinmalbesteuerungen in typisierter Form zu erfassen. Die Bildung eines Ausgleichspostens hat daher weder einkommenserhöhende noch einkommensmindernde Wirkung. Ausgleichsposten müssen nach ihrer Bildung steuerbilanziell ergebnisneutral fortentwickelt und im Veräußerungsfall der Organbeteiligung erfolgswirksam aufgelöst werden. Auch wenn die „Rechtsnatur" der Ausgleichsposten nach Meinung der Rechtsprechung geklärt ist – es handelt sich lediglich um einen steuerrechtlichen Merkposten[85] – fehlen klare Meinungsäußerungen der FinVerw. Auch das Schrifttum ist in seiner Beurteilung uneinheitlich.[86]

Diskutiert wird, 1706

- ob es sich um einen steuerbilanziellen Korrekturposten zum Beteiligungsbuchwert an der OG mit Wirtschaftsgutqualität handelt, der den Steuerregeln für Beteiligungen folgt (Lösung 1), oder
- ob es sich um eine bloße Bilanzierungshilfe (= steuerrechtlicher Merkposten), ein bilanztechnisches Mittel zur Sicherstellung der Einmalbesteuerung von Organeinkommen handelt (Lösung 2).

Für die Rechtslage vor Kodifikation der Ausgleichsposten in § 14 Abs. 4 KStG geht der I. Senat des BFH von einem bilanzsteuerlichen Erinnerungsposten (entsprechend Lösung 2) aus, der aus den organschaftlichen Besonderheiten resultiert.[87] Dies wird im Urteil v. 29. 8. 2012[88] ausdrücklich auch für die Rechtslage nach Einführung des § 14 Abs. 4 KStG durch das JStG 2008 bestätigt: Der BFH spricht von einem steuerrechtlichen Merkposten, durch den das Eigenkapital des Organträgers weder erhöht noch vermindert wird. Seine Auflösung ist nur dann geboten, wenn der Zweck der Sicherstellung einer Einmalbesteuerung im Organkreis hinsichtlich der OG-Veräußerungsergebnisse entfällt. Bei Organschaftsbeendigung ohne Veräußerungsakt oder veräußerungsähnliche Transaktion sind die Ausgleichsposten unverändert fortzuführen (so auch R 63 Abs. 3 Satz 1 KStR). Die Finanzverwaltung sieht in den Ausgleichsposten – in Annäherung an den BFH – ein bilanztechnisches Hilfsmittel zur Beteiligungswertkorrektur ohne Wirtschaftsgutqualität.[89] Die daraus zu ziehenden Folgen sind zweischneidig: Auf der einen Seite kommen Teilwertabschreibungen auf aktive Ausgleichsposten, die sich vor allem bei OT-Personengesellschaften wegen des Teileinkünfteverfahrens auswirken würden, nicht in Betracht; der aktive Ausgleichsposten ist kein abschreibungsfähiges Wirtschaftsgut. Auf der anderen Seite erfolgt aber auch keine Reduzierung des Abschreibungsvolumens durch einen passiven Ausgleichsposten. Nur wenn inner- oder 1707

85 So ausdrücklich BFH, Urteil v. 29. 8. 2012 – I R 65/11, BStBl 2013 II S. 555.

86 Zur Diskussion vgl. *Breier,* Der Konzern 2011 S. 18 f.; *von Freeden,* Minder- und Mehrabführungen nach § 14 Abs. 4, § 27 Abs. 6 KStG, 2011, S. 112-120; *Thiel,* in: Festschrift Lang, 2011, S. 755, 771; *Reiß,* Der Konzern 2008 S. 9; *Bareis,* DStR 2008 S. 335; a. A. *Kolbe,* StuB 2008 S. 293, der § 14 Abs. 4 KStG als „Systembruch bei der Besteuerung von Organschaften" bezeichnet. Für § 8b-Zwecke s. OFD Frankfurt, Rundverfügung vom 8. 11. 2005 – S 2750a A – 8 – St II 1.01, DStR 2005 S. 2044: Korrekturbeträge zum Beteiligungsbuchwert.

87 Vgl. BFH, Urteile vom 17. 2. 2007 – I R 5/05, BStBl 2007 II S. 796, 799; vom 29. 10. 2008 – I R 31/08, BFH/NV 2009 S. 790 f.

88 BFH, Urteil vom 29. 8. 2012 – I R 65/11, BStBl 2013 II S. 555.

89 Vgl. etwa *Gosch/Neumann,* KStG, 2. Aufl. 2009, § 14 Rn. 447-450; *Breier,* Der Konzern 2011 S. 18 f. Abweichend für § 8b-Zwecke OFD Frankfurt, Rundverfügung vom 8. 11. 2005, DStR 2005 S. 2044.

nachorganschaftlich durch Minderabführungen bei der OG gebildete Einlagen an den OT abgeführt oder ausgeschüttet werden, erfolgt eine erfolgsneutrale Verrechnung mit dem aktiven Ausgleichsposten (so R 63 Abs. 1 Satz 4 KStR für innerorganschaftliche Rücklagen). Schließlich ist der aktive oder passive Ausgleichsposten auch bei einer mittelbaren Organschaftsbeteiligung mit Mehr- und Minderabführungen stets beim OT (also der Muttergesellschaft) zu bilden, obwohl er nicht selbst beispielsweise an der Enkelgesellschaft beteiligt ist.

1708 **Bilanzberichtigung an Ausgleichsposten.** R 63 Abs. 4 KStR sieht vor: Soweit Steuerbilanzen der OG nachträglich berichtigt werden (durch die Finanzverwaltung oder den Steuerpflichtigen selbst, § 4 Abs. 2 Satz 1 EStG), rechtfertigt dies beim OT für alle Jahre mit innerorganschaftlichen Mehr- und Minderabführungen die nachträgliche Bildung oder Änderung früher gebildeter besonderer Ausgleichsposten. Darüber hinaus sind Ausgleichsposten als besondere, gesetzlich kodifizierte Steuerbilanzposition eigenständigen Bilanzberichtigungsmaßnahmen zugänglich, die in Durchbrechung des formellen Bilanzzusammenhangs gegebenenfalls auch erst in der ersten offenen Bilanz des OT erfolgsneutral erfolgen können.[90]

1709–1714 *(Einstweilen frei)*

3.4 Behandlung der Ausgleichsposten in Veräußerungsfällen und bei veräußerungsähnlichen Transaktionen

1715 § 14 Abs. 4 Satz 2-5 KStG erhält Grund- und Ergänzungsregelungen zur erfolgswirksamen Auflösung von Ausgleichsposten. Wird der Wert einer Organbeteiligung realisiert – faktisch am Markt oder mittels Ersatzrealisationstatbeständen – müssen auch die (dazugehörigen) Ausgleichsposten beim OT wegfallen mit einkommensverändernder Wirkung. Nur so wird man dem Zweck der Ausgleichsposten gerecht. Dabei führt die Auflösung aktiver Ausgleichsposten zu Aufwand, die Auflösung passiver Ausgleichsposten zu Ertrag. Den Grundfall definiert § 14 Abs. 4 Satz 2-4 KStG: Im Zeitpunkt der **Veräußerung der Organbeteiligung** erfolgt eine Auflösung der Ausgleichsposten zugunsten oder zulasten des OT-Einkommens; wegen der „Beteiligungsnähe" der Ausgleichsposten sind – abhängig von der Steuerstruktur des OT – für das verbleibende Nettoveräußerungsergebnis[91] außerbilanziell entweder die Teileinkünfteregelungen des § 3 Nr. 40, § 3c Abs. 2 EStG (natürliche Personen/Personengesellschaften mit natürlichen Mitunternehmern) oder die Beteiligungsertragsbefreiung mit entsprechenden Verlustabzugsverboten gem. § 8b KStG (bei Körperschaften) anzuwenden. Dies entspricht R 63 Abs. 3 Satz 3 KStR. Entsprechendes dürfte für **Teilveräußerungen einer Or-**

90 Zu weiteren Details s. *Breier*, Der Konzern 2011 S. 22. Vgl. auch BFH, Urteil vom 29. 10. 2008 – I R 31/08, BFH/NV 2009 S. 790.

91 Veräußert beispielsweise eine OT-Kapitalgesellschaft ihre Organschaftsbeteiligung, die steuerbilanziell mit einem Buchwert von 200 und einem aktiven Ausgleichsposten von 100 ausgewiesen ist, für 500 Geldeinheiten, so wird ein Veräußerungsgewinn von 200 Geldeinheiten erzielt, der mit 190 Geldeinheiten gem. § 8b Abs. 2 KStG steuerbefreit ist, mit 10 % Geldeinheiten (§ 8b Abs. 3 KStG, fiktive nicht abziehbare Betriebsausgabe), der Körperschaftsteuer und Gewerbesteuer unterliegt.

ganbeteiligung gelten, auch wenn sich dies nicht direkt aus dem Wortlaut des § 14 Abs. 4 Satz 2 KStG ergibt.[92] Die Gesetzesregelung geht typisierend in Höhe des Auflösungsergebnisses von einer Wertveränderung der Organbeteiligung aus und zwar unabhängig davon, ob sich ihr Ertragswert tatsächlich verändert hat oder nicht. Im Umkehrschluss folgt aus dieser Gesetzeslage: Ohne Veräußerung sind Ausgleichsposten nicht erfolgswirksam aufzulösen.

Als Ergänzungsnorm statuiert § 14 Abs. 4 Satz 5 KStG drei Regelbeispiele für **veräußerungsgleiche Ausgleichspostenauflösungen:** Der Veräußerung gleichgestellt sind insbesondere (keine abschließende Regelung) die Umwandlung der OG auf eine Personengesellschaft oder eine natürliche Person (mit rechtsformbegründeter Zwangsbeendigung der körperschaftsteuerlichen Organschaft), die verdeckte Einlage der Beteiligung an der OG und schließlich die Auflösung der OG.[93] Steuerunschädlich sind deshalb Einbringungen der OG zu Buchwerten gem. § 21 UmwStG im Wege eines Anteilstauschs[94] sowie die buchwertverknüpfte Verschmelzung der OG auf eine andere Kapitalgesellschaft (Ausgleichsposten bleibt beim OT bestehen)[95]. Bei einer Umwandlung des OT zu Buchwerten (etwa durch Verschmelzung oder Spaltung) sollten bestehende Ausgleichsposten auf den übernehmenden Rechtsträger übergehen. Bei ganz oder teilweiser Gewinnrealisierung anlässlich von Umstrukturierungen sollte eine entsprechende Ausgleichspostenauflösung erfolgen; denn insoweit besteht keine Berechtigung mehr zur Fortführung der Ausgleichsposten. Unklar sind die Rechtsfolgen bei Bildung von Ausgleichsposten und (unterjähriger) Veräußerung der OG im „nämlichen“ Wirtschaftsjahr. M. E. sind auch für diesen Fall bezogen auf den Veräußerungsstichtag Ausgleichspostenbildung, Auflösung und Veräußerungsfolgen entsprechend dem Normalfall zu ziehen.[96] 1716

Mehrstufige Organschaftsstrukturen mit Veräußerungsvorgängen im nachgeordneten Beteiligungsbereich sind mit ihren Rechtsfolgen für aktive und passive Ausgleichsposten nicht in § 14 Abs. 4 KStG angesprochen. Da die handelsbilanziellen Mehr- oder Minderabführungen bei durchgängigen Ergebnisabführungsverträgen bis zum OT „durchlaufen“, ist dort der Ausgleichsposten zu bilden. Auch mittelbare Veräußerungen (einschließlich veräußerungsähnlicher Transaktionen) von mehr-/minderabführungsverursachenden OG-Beteiligungen müssen deshalb entsprechend den Regelungen des § 14 Abs. 4 Satz 2-4 KStG abgewickelt werden.[97] 1717

92 Zur Diskussion vgl. *von Freeden*, Minder- und Mehrabführungen nach § 14 Abs. 4, § 27 Abs. 6 KStG, 2011, S. 97 f.

93 Zu weiteren im Gesetz nicht genannten Sachverhalten vgl. *von Freeden*, Minder- und Mehrabführungen nach § 14 Abs. 4, § 27 Abs. 6 KStG, 2011, S. 100-102. Zum Sonderfall des Ausgleichspostens bei „upstream“-Abspaltungen s. *Schmidtmann*, DStR 2014 S. 405.

94 M. E. „wandert“ der Ausgleichsposten mit auf den übernehmenden Rechtsträger. A. A. *Breier*, Der Konzern 2011 S. 20.

95 Vgl. *Gosch/Neumann*, KStG, 2. Aufl. 2009, § 14 Rn. 462.

96 A. A. *Breier*, Der Konzern 2011 S. 21, der insoweit Ausgleichsposten vollständig wegfallen lassen will.

97 Zu den nur mit Schwierigkeiten zu lösenden Detailkonstellationen vgl. *Neumann*, Ubg 2010, S. 680-682; *Heurung/Seidel*, Der Konzern 2009 S. 400, 403-407. Zur Beurteilung von Mehr- oder Minderabführungen bei Organschaftsketten insgesamt s. *Sedemund*, DB 2010 S. 1258-1260.

1718 **Ausgleichsposten bei Personengesellschaften als Organträger**: Für den Fall verrechenbarer Verluste gem. § 15a EStG hat der BFH in seinem Urteil v. 29. 8. 2012[98] zu Recht die Bildung passiver Ausgleichsposten abgelehnt, da trotz steuerlicher Anwendung der Spiegelbildmethode wegen der außerbilanziellen Zurechnung der § 15a-Verluste keine Abweichungen zwischen zugerechneten und handelsbilanziell abgeführten Einkommen entstehen. Für diesen Fallbereich akzeptiert die FinVerw die BFH-Rechtsprechung.[99] Schließlich lassen sich in Umwandlungsfällen, in denen ein handelsbilanzieller step-up auf die Verkehrswerte erfolgt, bei gleichzeitiger steuerlicher Buchwertabführung Mehrabführungen letztlich steuerfrei zu den Mitunternehmern einer Organträger-Personengesellschaft „transferieren". Erst wenn der OT die OG-Beteiligung veräußert oder einen veräußerungsgleichen Tatbestand auslöst, ergeben sich Steuerfolgen.[100]

1719 **Organschaftsbezogene Mehrabführungen als Gewinnrealisationstatbestand?** In buchwertverknüpften Umstrukturierungsfällen gem. §§ 20, 25 UmwStG wird diskutiert, ob eine nachträgliche Besteuerung des sogenannten Einbringungsgewinns I während des 7-Jahreszeitraums durch organschaftsbezogene Mehrabführungen ausgelöst wird. § 22 Abs. 1 Satz 6 Nr. 3 UmwStG spricht im Rahmen der Ersatzrealisationstatbestände von Ausschüttungen oder Rückzahlungen aus dem steuerlichen Einlagekonto. Meines Erachtens sind organschaftliche Mehrabführungen damit nicht gemeint, da sie nur aufgrund einer Fiktion nach Einlagegrundsätzen bei der OG abgewickelt werden. Die Finanzverwaltung sieht dies allerdings anders, wobei beim einbringenden OT zunächst eine Beteiligungsbuchwertverrechnung (wohl ohne Ausgleichsposten) erfolgen soll.

1720–1724 *(Einstweilen frei)*

3.5 Zukunft steuerlicher Ausgleichsposten: Einlagelösung?

1725 Die Rechtslage rund um die besonderen steuerlichen Ausgleichsposten ist trotz Kodifizierung in § 14 Abs. 4 KStG seit 2008 in vielerlei Beziehung höchst verworren. Tatbestand und Rechtsfolge der Ausgleichsposten sind nur bruchstückhaft geregelt; eine Reihe praktischer Fallkonstellationen sowie die geschäftsvorfallbezogene Untersuchung der Differenzursachen von HB/StB mittels einer Ausgleichspostenbuchführung lassen sich nicht rechtssicher lösen. Beteiligungsähnliche Ausgleichsposten beim OT und Abwicklung der Mehr- und Minderabführungen über fiktionsbasierte Einlagegrundsätze bei der OG führen immer wieder zu nur schwierig zu lösenden Rechtsfragen. Seit längerem wird deshalb über ein schlüssiges Neukonzept der Ausgleichsposten für den Fall diskutiert, dass die Grundstrukturen des geltenden Organschaftsrechts erhalten bleiben, also keine „große Lösung" für ein Gruppenbesteuerungssystem (ohne gesellschaftsrechtlichen GAV) eingeführt wird. Ein solches Konzept, das als „kleine Lö-

98 BFH, Urteil vom 29. 8. 2012 – I R 65/11, BStBl 2013 II S. 556.

99 So ausdrücklich BMF vom 15. 7. 2013, BStBl 2013 I S. 921. Im Übrigen können Ausgleichsposten wegen ihres bloßen Merkpostencharakters das Kapitalkonto gem. § 15a EStG weder erhöhen noch vermindern. Nach Meinung der FinVerw sind aktive Ausgleichsposten darüber hinaus einer Thesaurierungsbegünstigung nicht zugänglich. Vgl. *Breier,* Der Konzern 2011 S. 22; zu § 34a EStG a. A. *von Freeden/Rogall,* FR 2009 S. 785.

100 Kritisch dazu im Sinne „ungerechtfertigter Steuergestaltungen" *Dötsch/Pung,* Festschrift für Gerrit Frotscher, 2013, S. 68-72.

sung“ zur Partialverbesserung des bestehenden Organschaftsrecht in Betracht kommt, könnte mit der sogenannten Einlagelösung verfolgt werden, die allerdings vom Gesetzgeber bislang – trotz mehrerer Bemühungen – nicht umgesetzt wurde; auch bei der „Kleinen Organschaftsreform“ vom 20. 2. 2013 sind § 14 Abs. 3 und 4 KStG unverändert geblieben.[101] Bei einer solchen Neukonzeptionierung würden die besonderen Ausgleichsposten beim OT entbehrlich. Mehr- oder Minderabführungen würden vielmehr sowohl beim OT als auch bei der OG voll umfänglich unter Einlagegrundsätzen abgewickelt. Dabei werden bei einer Minderabführung fiktive Einlagen vom OT erbracht, bei einer Mehrabführung erfolgt eine fiktive Rückgewähr von Einlagen. Neuere Untersuchungen zeigen allerdings, dass auch die Einlagelösung Schwachstellen hat und eine Reihe neuer Zweifelsfragen aufwerfen dürfte. Deshalb könnte letztlich wohl eine vom Gesetzgeber ergänzte und in Teilen bereinigte Ausgleichspostenlösung dem Einlagekonzept gegenüber vorziehenswert sein. Mehr pragmatisch ausgerichtete Gesetzesergänzungen werden dabei insbesondere im Hinblick auf die Bestimmung des Rechtscharakters der Ausgleichsposten, die vollständige und nicht nur anteilige Bildung von Ausgleichsposten sowie die Saldierung zu einem einzigen Ausgleichsposten bei aktiven und passiven Beträgen in Betracht kommen.[102]

(Einstweilen frei) 1726–1729

4. Vororganschaftliche, nachorganschaftliche und außerorganschaftliche Mehr- und Minderabführungen mit ihren steuerbilanziellen Konsequenzen

4.1 Vororganschaftliche Mehr- und Minderabführungen (§ 14 Abs. 3 KStG, § 44 Abs. 7 EStG)

§ 14 Abs. 3 KStG betrifft die Behandlung vororganschaftlicher Mehr- und Minderabführungen bei OT/OG (Gewinnausschüttung, Einlage) und wurde durch das EURLUmsG vom 9. 12. 2004 (BGBl 2004 I S. 3310) in Konterkarierung der BFH-Rechtsprechung mit differenziertem zeitlichen Anwendungsbereich für Mehrabführungen (ab 2004, § 34 Abs. 9 Nr. 4 KStG) und Minderabführungen (ab 2005) eingeführt.[103] Die Vorschrift zielt vor allem ab auf die Vermeidung von Steuerausfällen im Zusammenhang mit ehemals 1730

101 Zum Gesetzeswortlaut einer Einlagelösung nach einem Vorschlag der Fachebene des Bundes und der Länder zum JStG 2008 s. *von Freeden*, Minder- und Mehrabführungen nach § 14 Abs. 4, § 27 Abs. 6 KStG, 2011, S. 209 f. Einen Alternativvorschlag formuliert *Reiss*, Der Konzern 2008 S. 9, 30. Vgl. insg. auch *Dötsch*, Ubg 2008 S. 117, und *ders.*, Der Konzern 2011 S. 402; vehement erneut *Dötsch/Pung*, Festschrift für Gerrit Frotscher, 2013, S. 72–74; zur Einlagelösung bei Organverlusten und mittelbarer Organschaft s. *Heurung/Seidel*, Der Konzern 2009 S. 400, 408.

102 Zu einem Vergleich der Einlagelösung mit der Ausgleichspostenlösung und gesetzgeberischen Vorschlägen vgl. eingehend *von Freeden*, Minder- und Mehrabführungen nach § 14 Abs. 4, § 27 Abs. 6 KStG, 2011, S. 149–206.

103 Vgl. zur Rechtsentwicklung im Einzelnen *Pache*, in: HHR, § 14 KStG Anm. 300-302. Zur Sichtweise des BFH, Urteil vom 18. 12. 2002 – I R 51/01, BStBl 2005 II. S. 49: vororganschaftlich verursachte Mehrabführung ist keine Gewinnausschüttung, sondern Gewinnabführung. Es bestehen Übergangsregelungen der Finanzverwaltung für Altfälle (vor dem 1. 1. 2004), s. BMF, Schreiben vom 22. 12. 2004 – IV B 7 S 2770 – 9/04, BStBl 2005 I Satz 65 sowie BMF, Schreiben vom 28. 6. 2005 – IV B 7 – S 2770 – 12/05, BStBl 2005 I S. 813; dazu *Dötsch*, in: Kessler/Kröner/Köhler (Hrsg.), Konzernsteuerrecht, 2. Aufl. 2008 S. 211 f.; sehr kritisch *Rödder*, DStR 2005 S. 217 und *Schumann/Kempf*, FR 2006 S. 219.

gemeinnützigen Wohnungsbaugesellschaften; der Gesetzeswortlaut geht allerdings weit darüber hinaus. Durch Beschluss v. 6. 6. 2013[104] hat der BFH zwischenzeitlich im Rahmen eines konkreten Normenkontrollverfahrens (Art. 100 Abs. 1 GG) das BVerfG zu der Frage angerufen, ob § 34 Abs. 9 Nr. 4 KStG (i. d. F. v. 9.12.2004) in Folge Verstoßes gegen das verfassungsrechtliche Rückwirkungsverbot verfassungswidrig ist. Nach Überzeugung des BFH sind die Grundsätze rechtsstaatlichen Vertrauensschutzes (Art. 20 Abs. 3 GG) verletzt, weil die Vertragsparteien den bestehenden Gewinnabführungsvertrag aufgrund der unecht rückwirkenden Ingangsetzung der Regelung im Dezember 2004 für den gesamten Veranlagungszeitraum nicht steuerschonend beenden konnten (dispositionsbezogener Vertrauensschutz). Das FG Düsseldorf hat dagegen in seinem Urteil v. 15. 4. 2013 hinsichtlich der unechten Rückwirkung keinen Verfassungsverstoß erkannt.[105] Das Verfahren beim BVerfG wird unter dem Az.: 2 BvL 7/13 geführt. Ob das BVerfG letztlich die streitige zeitliche Anwendungsbestimmung als verfassungswidrig einstufen wird, erscheint mir nicht zweifelsfrei, da der im Streitfall konkret anwendbare GAV bereits seit dem Jahre 1991 bestand und durchaus bei Erkennen der anstehenden Gesetzesänderung hätte steuerschonend beendet werden können.

1731 Tatbestandsmäßig sind nur solche Mehr- oder Minderabführungen von § 14 Abs. 3 KStG betroffen, bei denen der auslösende Geschäftsvorfall in der Zeit vor Begründung der Organschaft stattgefunden hat. Es geht also um die Folgewirkung von Geschäftsvorfällen aus (vereinfacht) vorvertraglicher Zeit; sie wurden vor Beginn der Organschaftsbeziehung bei der (späteren) OG begründet (= verursacht, veranlasst) und müssen stets getrennt von den innerorganschaftlichen Vorgängen behandelt werden. Aus Sicht des OT stellen vororganschaftliche Mehrabführungen bezogene **Gewinnausschüttungen**, vororganschaftliche Minderabführungen getätigte **Einlagen** dar (§ 14 Abs. 3 Satz 1 und 2 KStG). Ausgleichsposten sind nicht zu bilden; sie fallen nur für innerorganschaftliche Mehr- und Minderabführungen an. § 14 Abs. 3 KStG trägt damit einer Trennung der Regelungskonzepte vor und während der Organschaftszeit Rechnung.[106] Sofern Mehr- und Minderabführungen durch Geschäftsvorfälle begründet wurden, die vor Implementierung der Organschaft erfolgt sind (Verursachung bzw. Veranlassung in vororganschaftlicher Zeit), sollen sie „alten Grundsätzen" folgen, die das Trennungsprinzip zwischen Gesellschaft und Gesellschafter beachten (Gewinnausschüttung beziehungsweise Einlage, keine Gewinnabführung). Neumann spricht anschaulich von „Spätfolgen" aus Geschäftsvorfällen, für die nicht das Organschaftsrecht einschlägig ist.[107] Abgesehen von diesen Grundsätzen enthält § 14 Abs. 3 Satz 3 und 4 KStG zwei weitere „Rechtsfiktionen": Zum einen gelten vororganschaftliche Mehr- und Minderabführungen als in dem Zeitpunkt erfolgt, in dem das Wirtschaftsjahr der OG endet; darüber hinaus wird für den Spezialfall des § 13 Abs. 3 Satz 1 KStG (Beginn und Erlöschen der Steuerbefreiung einer Körperschaft) der Teilwertansatz der vororganschaftli-

104 Vgl. BFH, Beschluss v. 6. 6. 2013 – I R 38/11, BFH/NV 2013 S. 1730. Dazu auch *Suchanek*, GmbHR 2013 S. 1104; *Gosch*, BFH/PR 2013 S. 408–411; *Adrian*, StuB 2013 S. 809, 813.

105 FG Düsseldorf, Urteil v. 15. 4. 2013 – 6 K 4270/10 K, F, EFG 2013 S. 1262; FR 2013 S. 898, Az beim BFH: I R 36/13. Zu Anm. vgl. *Prinz*, FR 2013 S. 903; *Walter*, GmbHR 2013 S. 833.

106 So zutreffend *Neumann*, Ubg 2010 S. 682.

107 *Neumann*, Ubg 2010 S. 682.

chen Zeit zugerechnet (zielt ab auf die ehemals gemeinnützigen Wohnungsbaugesellschaften). Die Behandlung vororganschaftlicher Mehrabführungen/Minderabführungen als fiktionsbasierte Gewinnausschüttungen/Einlagen erfolgt bei Organträger und Organgesellschaft nach „allgemeinen" Grundsätzen. Beim OT liegen entsprechend Beteiligungserträge gem. § 8b KStG (bei Körperschaften) oder § 3 Nr. 40 EStG (bei natürlichen Personen oder Personengesellschaften mit natürlichen Mitunternehmern) vor.[108] Die Behandlung vororganschaftlicher Mehrabführungen als Gewinnausschüttung der OG an den OT ergibt sich auch aus der Übergangsbestimmung des § 37 Abs. 2 Satz 2 KStG (zur Effektuierung früherer Körperschaftsteuerguthaben). Vor allem bei den ehemals gemeinnützigen Wohnungsbauunternehmen können vororganschaftlich begründete Mehrabführungen zur „Nachversteuerung" von EK 02-Beständen gem. § 38 Abs. 2 KStG führen.[109] Schließlich führen vororganschaftliche Mehr- und Minderabführungen auch bei fehlender 100 %-Beteiligung des Organträgers an der Organgesellschaft zu vollen, nicht nur quotalen Gewinnausschüttungs- und Einlagewirkungen.

Ergänzend ist wegen der in § 14 Abs. 3 Satz 1 KStG zu findenden Gewinnausschüt- 1732
tungsfiktion eine **eigenständige Kapitalertragsteuerregelung** in § 44 Abs. 7 EStG aufgenommen worden. Danach entsteht die Kapitalertragsteuer im Zeitpunkt der Feststellung der Handelsbilanz der OG, wobei dies spätestens acht Monate nach Ablauf des Wirtschaftsjahrs der OG anzunehmen ist (soweit keine Verwendung des Einlagekontos erfolgt; Bescheinigung erforderlich gem. § 27 KStG). Dies präzisiert § 44 Abs. 7 Satz 2 EStG dahingehend: Die entstandene Kapitalertragsteuer ist an dem auf den Entstehungszeitpunkt nachfolgenden Werktag an das Finanzamt abzuführen, das für die Besteuerung der OG nach dem Einkommen zuständig ist. Bei kleinen Kapitalgesellschaften, bei denen die Feststellung des Jahresabschlusses bis zum Ablauf der ersten elf Monate des Geschäftsjahres zu erfolgen hat (§ 42a Abs. 2 Satz 1 GmbHG), sind finanzamtliche Billigkeitsmaßnahmen zur Verlängerung der Abführungspflicht geboten. Aus dem Wortlaut des § 44 Abs. 7 EStG selbst lässt sich dies allerdings nicht herleiten.[110] Weitere Billigkeitsmaßnahmen können sich ergeben bei durch die Finanzverwaltung gewährten Fristverlängerungen für Ertragsteuererklärungen, da die für die Ermittlung der vororganschaftlichen Mehrabführung benötigten Steuerbilanzen üblicherweise erst mit Erstellung der Steuererklärungen aufgestellt werden. Schließlich geht bei den durch eine Betriebsprüfung „entdeckten" vororganschaftlichen Mehrabführungen das Veranlagungsverfahren dem Abzugsverfahren vor.[111]

Die „Identifizierung" und Abgrenzung vororganschaftlich begründeter Mehr- und Min- 1733
derabführungen ist in der Besteuerungspraxis mitunter nicht leicht. Die Beurteilung ist stets geschäftsvorfallbezogen durchzuführen. **Vororganschaftlich verursachte Geschäftsvorfälle** sind dabei üblicherweise durch Ansatz- und Bewertungsunterschiede

108 Zu dieser zwischenzeitlich einheitlichen Meinung vgl. *Neumann*, Ubg 2010 S. 673, 678; *Breier*, Der Konzern 2011 S. 90.

109 Vgl. BFH, Beschluss vom 6. 6. 2013 – I R 38/11, BFH/NV 2013 S. 1730; FG Düsseldorf, Urteil v. 15. 4. 2013 – 6 K 4270/10 K, F, EFG 2013, 1262.

110 Vgl. dazu auch *Thiel*, in: Festschrift Raupach 2006, S. 543, 561.

111 So zutreffend *Thiel*, in: Festschrift Raupach 2006, S. 561 f. unter Bezugnahme auf BFH, Urteile vom 28. 11. 1961 – I 40/60 S, BStBl 1962 III S. 107 sowie vom 3. 7. 1968 – I 191/65, BStBl 1969 II S. 4.

zwischen Handelsbilanz und Steuerbilanz bei der Organgesellschaft vor Beginn der Organschaft gekennzeichnet, die zu aufwands- oder ertragswirksamen Umkehreffekten während der Organschaftszeit führen. Es erfolgen mithin Ergebnis- und Vermögensverlagerungen aus der Vororganschaftszeit in die Organschaftszeit, die zur Vermeidung einer Besteuerungslücke nach Gewinnausschüttungs- und Einlagegrundsätzen zu behandeln sind. Klassisches Beispiel ist der steuerliche Nichtansatz einer Passivposition.[112] Eine nicht organschaftzugehörige GmbH bildet in ihrer Handelsbilanz eine Drohverlustrückstellung in 01 ohne steuerliche Wirkung (§ 5 Abs. 4a EStG). Die GmbH wird zu einer Organgesellschaft in 02. In 03 (also während der Organschaftszeit) wird die Drohverlustrückstellung in Anspruch genommen. Es entsteht mithin eine handelsbilanzielle Mehrabführung, die zur „lückenlosen" steuerlichen Erfassung als vororganschaftlich begründete Gewinnausschüttung der OG an den OT qualifiziert werden muss. Entsprechendes gilt bei einer Auflösung (ohne Inanspruchnahme) während der Organschaftszeit. Auch insoweit entsteht eine vororganschaftliche Mehrabführung mit Gewinnausschüttungscharakter.[113] Als weitere praktische Anwendungsfälle vororganschaftlicher Mehr- und Minderabführungen kommen in Betracht: unterschiedliche Abschreibungsdauern in Handels- und Steuerbilanz, unterschiedlicher Umfang von Anschaffungs- oder Herstellungskosten in Handels- und Steuerbilanz sowie Bewertungsdifferenzen bei Passivposten.[114] Insgesamt versteht der BFH vororganschaftlich verursachte Mehrabführungen als rein rechnerische Differenzbeträge unabhängig von tatsächlichen „Abführungen". Deshalb können nach Meinung der Rechtsprechung – und abweichend zu einer Vielzahl von Literaturstimmen – auch aus „Minderverlustübernahmen" in welchen der OT infolge eines geringeren handelsbilanziellen Verlustes der OG einen geringeren Verlust ausgleichen musste, als fiktive Gewinnausschüttungen behandelt werden.[115] Schließlich ist die Festlegung einer „Vororganschaftszeit" vor allem in Umstrukturierungsfällen oder Anteilstransaktionen praktisch nicht immer einfach. Wird eine Organschaftsbeziehung beispielsweise durch „nahtlosen" Austausch des OT fortgesetzt (erfolgt also keine „Organschaftspause"), so sind spätere Mehr- und Minderabführungen in der zweiten Organschaftsphase nicht vororganschaftlich verursacht. Abweichend ist dies zu beurteilen, falls ungewollt oder gewollt Nichtorganschaftsjahre entstehen, in denen spätere Mehrabführungen verursacht sind; abzustellen ist dabei stets auf den für die Mehr- oder Minderabführung „verantwortlichen Geschäftsvorfall" in der OG.[116] Im Ergebnis müssen vororganschaftliche Mehr- und Minderabführungen stets geschäftsvorfallbezogen analysiert und mit ihren Auswirkungen verfolgt werden. Im Übrigen dürfen die Auswirkungen von Geschäftsvorfällen aus vororganschaftlicher

---

112 Vgl. dazu auch *Breier*, Der Konzern 2011 S. 91.

113 In diesem Fall ist das gedankliche Vergleichspaar für das Entstehen einer Besteuerungslücke, dass die GmbH ohne Bildung der handelsbilanziellen Drohverlustrückstellung eine Gewinnrücklage ausgewiesen hätte, die nur über eine Ausschüttung in den Verfügungsbereich des Gesellschafters auch während der Organschaft gelangen kann.

114 Vgl. *Breier*, Der Konzern 2011 S. 91.

115 Vgl. BFH, Beschluss vom 6. 6. 2013 – I R 38/11, BFH/NV 2013 S. 1730. Zu Erläuterungen *Gosch*, BFH/PR 2013 S. 408.

116 So *Gosch/Neumann*, KStG, 2. Aufl. 2009, § 14 Rn. 418. Zu weiteren Details und Fallvarianten s. *Schumacher*, DStR 2006 S. 310.

Zeit und aus organschaftlicher Zeit nicht miteinander verrechnet werden.[117] Insoweit kann im Einzelfall eine eigenständige „Nebenbuchhaltung" zur Nachverfolgung von Mehr- und Minderabführungen in komplexeren, ggf. auch mehrstufigen Organschaftsstrukturen geboten sein.

(Einstweilen frei) 1734–1739

4.2 Nachorganschaftliche Mehr- und Minderabführungen

Während der Organschaftszeit gebildete, ggf. fortgeführte Ausgleichsposten werden 1740
mit Beendigung der Organschaft und Eintritt in die Nachorganschaftszeit nicht automatisch aufgelöst. Eine ergebniswirksame Auflösung ist gem. § 14 Abs. 4 Satz 2 und Satz 5 KStG erst mit Veräußerung der OG-Beteiligung oder Realisation einer veräußerungsähnlichen Transaktion vorzunehmen. Darüber hinaus sind im Einzelfall in der Praxis nachvertragliche organschaftliche Gewinnabführungen/Verlustübernahmen zu finden. Diese liegen dann vor, wenn der abzuführende handelsbilanzielle Gewinn unrichtigerweise zu gering festgesetzt wurde und nachträglich an den ehemaligen Organträger abgeführt wird; Umgekehrtes ergibt sich im Verlustübernahmefall. Eine Anpassung der festgestellten Handelsbilanz an die „Prüferbilanz" der Finanzverwaltung erfolgt üblicherweise nicht; die Folgen sind mehr-/minderabführungsrelevante Differenzen zwischen Handels- und Steuerbilanz. Steuergesetzliche Detailregelungen dazu gibt es nicht. Laut BGH-Rechtsprechung gehen Gewinnabführungs-/Verlustübernahmeansprüche, die für die Dauer der EAV-Geltung entstanden sind, nicht mit Beendigung des EAV unter. Vielmehr muss auch nach Ablauf eines EAV eine „Schlussabrechnung" durchgeführt werden.[118] Im Gewinnfall liegt dann keine Gewinnausschüttung, sondern eine nachvertragliche organschaftliche Gewinnabführung vor. Führt diese nachträgliche handelsbilanzielle Korrektur zu verursachungsgerecht zuzuordnenden steuerlichen Einkommenserhöhungen, so erfolgt in der Praxis eine Abwicklung über einen aktiven Ausgleichsposten: Während der Organschaftszeit liegt eine handelsbilanzielle Minderabführung wegen entsprechend steuerlich erhöhten Gewinns vor; der aktive Ausgleichsposten wird anschließend bei nachvertraglicher Abführung ergebnisneutral verrechnet.[119] Schließlich können Verluste einer OG, die während der Dauer einer gewerbesteuerlichen Organschaft entstanden sind, auch nach Beendigung der Organschaft nur vom maßgebenden Gewerbeertrag des Organträgers abgesetzt werden.[120] Dies erscheint systementsprechend.

(Einstweilen frei) 1741–1744

117 So ausdrücklich FG Düsseldorf vom 15. 4. 2013 – 6 K 4270/10 K, F, EFG 2013 S. 1262.

118 Vgl. BFH, Urteil vom 5. 4. 1995 – I R 156/93, FR 1995 S. 547 mit Hinweis auf BGH, Urteil vom 5. 6. 1989 – II ZR 172/88, BB 1989 S. 1518.

119 Vgl. *Gosch/Neumann*, KStG, 2. Aufl. 2009 § 14 Tz. 466; kritisch zu den Nachwirkungen einer ertragsteuerlichen Organschaft *Bogenschütz*, in: Herzig, Organschaft, 2003 S. 246-248.

120 BFH, Urteil vom 27. 6. 1990 – I R 183/85, BStBl 1990 II S. 917.

4.3 Außerorganschaftliche Mehr- und Minderabführungen

1745 Weder in § 14 Abs. 3 KStG noch in § 14 Abs. 4 KStG finden sich Hinweise zu Mehr- und Minderabführungen, die sich zwar innerhalb der Organschaftszeit auswirken, aber auf Geschäftsvorfällen außerhalb des Organkreises beruhen (außerhalb des Organkreises stehendes Vermögen ist betroffen). Man spricht insoweit von außerorganschaftlichen Mehr- und Minderabführungen. Ein Anwendungsbeispiel sind Geschäftsvorfälle in einer nachgeschalteten Personengesellschaft, die Mehr- oder Minderabführungen bei der als Mitunternehmer beteiligten Organgesellschaft zur Folge haben (beispielsweise im Rahmen einer Anwachsung). Die Finanzverwaltung will auf derartige außerorganschaftlich veranlasste Vorgänge üblicherweise die Regelungen des § 14 Abs. 3 KStG anwenden, was im Einzelfall allerdings zu undifferenziert sein dürfte.[121] Außerorganschaftlich verursachte Mehr- und Minderabführungen können auch im Zusammenhang mit organgesellschaftsbezogenen Umwandlungsvorgängen erfolgen. Eine Gleichstellung mit vororganschaftlichen Vorgängen wird allerdings nur für Fallgestaltungen denkbar sein, in denen ein Unterschiedsbetrag zwischen HB und StB bereits bestand und in die Organschaft „importiert" wird. Ist eine Organgesellschaft bspw. übertragender Rechtsträger (etwa in Bezug auf einen Betrieb, Teilbetrieb oder Mitunternehmeranteil) fallen allerdings auch nach Meinung der FinVerw etwaige Mehrabführungen wegen handelsrechtlicher Verkehrswertaufstockung bei gleichzeitiger steuerlicher Buchwertverknüpfung unter § 14 Abs. 4 EStG (so Org. 28 UmwSt-Erlass 2011; abweichend allerdings Org. 33/34 bei einer Organgesellschaft als übernehmender Rechtsträger).[122]

1746–1819 *(Einstweilen frei)*

121 Vgl. *Neumann*, Ubg 2010 S. 679 f; *Sedemund*, DB 2010 S. 1255, 1257 f.; *Dötsch/Pung*, Der Konzern 2010 S. 223; *Sedemund*, DB 2010 S. 1255, 1257 f.

122 Kritisch zu Org. 33/34 s. *Sistermann* in Schneider/Ruoff/Sistermann, UmwSt-Erlass 2011, H Org 78-83.

Teil A:

Grundsatz- und Querschnittsfragen steuerlicher Gewinnermittlung

Kapitel XII:

Bilanzierung bei Umwandlungen/Umstrukturierung

von
WP/StB Paul Forst, Düsseldorf
StB Axel Schaaf, Düsseldorf

Inhaltsübersicht **Rz.**

Ausgewählte Literatur

Rödder/Herlinghaus/van Lishaut, Umwandlungssteuergesetz, 2. Aufl., Köln 2013; *Schmitt/Hörtnagl/Stratz*, UmwG – UmwStG, 6. Aufl., München 2013; *Widmann/Mayer*, Umwandlungsrecht, Loseblatt, München, Stand: 135. Aktualisierung, Februar 2013.

1. Übersicht über die verschiedenen Umwandlungsmöglichkeiten

1820 Die Rahmenbedingungen und Zielsetzungen unternehmerischen Handelns sind nicht statisch, sondern verändern sich im Zeitablauf. Derartige Veränderungen führen oftmals zu Anpassungen insbesondere der gesellschaftsrechtlichen Unternehmensstrukturen durch Umwandlungen und Umstrukturierungen.[1]

1.1 Umwandlungen mit und ohne Vermögensübertragung

1821 Umwandlungen und Umstrukturierungen sind i. d. R. mit der **Übertragung von Vermögen** von einem Rechtsträger auf einen anderen verbunden. Der das betreffende Vermögen übertragende Rechtsträger bzw. dessen Gesellschafter erhält i. d. R. in diesen Fällen vom übernehmenden Rechtsträger für die Übertragung des Vermögens eine Gegenleistung in Form der Gewährung von Gesellschaftsrechten an dem übernehmenden Rechtsträger.

1822 Eine Umwandlung ohne Vermögensübertragung ist der **Formwechsel** gem. §§ 190 ff. UmwG, bei dem der Rechtsträger identisch bleibt und lediglich seine Rechtsform ändert.[2]

1.2 Umwandlungen durch Einzelrechtsnachfolge und nach dem Umwandlungsgesetz

1823 Die Übertragung von Vermögen kann zum Einen im Wege der **Einzelrechtsnachfolge** gegen Gewährung von Gesellschaftsrechten im Rahmen einer Sachkapitalerhöhung bei einer bereits bestehenden Gesellschaft oder im Falle der Neugründung einer Gesellschaft im Wege einer Sachgründung erfolgen.

1824 Die Übertragung von Vermögen kann zum Anderen nach den Vorschriften des UmwG erfolgen.[3] Die dort geregelten Umwandlungsvorgänge stellen einen abschließenden Katalog von Möglichkeiten dar, inländische Rechtsträger, insbesondere Gesellschaften, zu vereinigen oder zu teilen. Die Besonderheit der übertragenden Umwandlungen nach dem UmwG besteht darin, dass das Vermögen der übertragenden Rechtsträger insgesamt im Wege der **Gesamtrechtsnachfolge** oder Teile hiervon im Wege der **Sonderrechtsnachfolge** in einem Akt im Ganzen auf den übernehmenden Rechtsträger übergeht (vgl. §§ 20 Abs. 1 Nr. 1, 131 Abs. 1 Nr. 1 UmwG). Dies stellt eine Sonderregelung

1 Im Folgenden werden Umwandlungen und Umstrukturierungen als Synonyme für die verschiedenen zivilrechtlichen und steuerrechtlichen Anpassungsvorgänge verwendet.

2 *Heckschen*, in: Widmann/Mayer, Umwandlungsrecht, München, 103. Lfg., § 1 UmwG Rz. 381.

3 Ziel des UmwG ist die Erleichterung von Umwandlungsvorgängen, unter angemessener Berücksichtigung des Schutzes von Anlegern, Gläubigern und Arbeitnehmern. Vgl. zu den Grundlagen des UmwG insgesamt: *Hörtnagl*, in: Schmitt/Hörtnagl/Stratz, UmwG – UmwStG, 6. Aufl., München 2013, Einf. UmwG Rz. 1-34.

zum allgemeinen Rechtsgrundsatz des deutschen Zivilrechts dar, wonach Rechte und Verbindlichkeiten nur im Wege der Einzelrechtsnachfolge von einem Rechtsträger auf den anderen übergehen können. Ein praktisch bedeutsamer Unterschied ist, dass bei Gesamt- bzw. Sonderrechtsnachfolge anders als bei Einzelrechtsnachfolge der Übergang von Verbindlichkeiten keiner Zustimmung der betroffenen Gläubiger bedarf. Die Gläubigerinteressen werden u. a. durch spezielle Nachhaftungspflichten der beteiligten Rechtsträger berücksichtigt.[4]

1.3 Übersicht über die Umwandlungen nach dem Umwandlungsgesetz

Übertragende Umwandlungen nach dem UmwG sind die Verschmelzung, die Spaltung und die Vermögensübertragung. 1825

Bei der **Verschmelzung** (§§ 2 ff. UmwG) geht das gesamte Vermögen eines Rechtsträgers im Wege der Gesamtrechtsnachfolge auf einen anderen, bereits bestehenden Rechtsträger (Verschmelzung durch Aufnahme) oder neu gegründeten Rechtsträger (Verschmelzung durch Neugründung) unter Auflösung ohne Abwicklung über. Die Anteilsinhaber des übertragenden Rechtsträgers werden Anteilsinhaber des übernehmenden bzw. neu gegründeten Rechtsträgers. 1826

Die **Spaltung** (§§ 123 ff. UmwG) ist in drei unterschiedlichen Formen möglich. Bei der **Aufspaltung** wird das gesamte Vermögen eines Rechtsträgers ohne Abwicklung übertragen. Die Vermögensteile gehen als Gesamtheit im Wege der Sonderrechtsnachfolge auf mindestens zwei andere, bereits bestehende Rechtsträger (Aufspaltung durch Aufnahme) oder neu gegründete Rechtsträger (Aufspaltung durch Neugründung) über. Die Anteilsinhaber des sich aufspaltenden Rechtsträgers werden an den übernehmenden Rechtsträgern beteiligt. Bei der **Abspaltung** bleibt der alte Rechtsträger bestehen und überträgt im Wege der Sonderrechtsnachfolge Vermögensteile auf einen oder mehrere andere, bereits bestehende Rechtsträger (Abspaltung zur Aufnahme) oder neu gegründete Rechtsträger (Abspaltung zur Neugründung); hinsichtlich der Beteiligung der Anteilsinhaber gilt entsprechendes wie bei der Aufspaltung. Bei der **Ausgliederung** werden ebenfalls Vermögensteile auf andere Rechtsträger durch Sonderrechtsnachfolge übertragen. Die Anteile an den übernehmenden Rechtsträgern (Ausgliederung zur Aufnahme) oder an den neu gegründeten Rechtsträgern (Ausgliederung zur Neugründung) erhält allerdings der übertragende Rechtsträger selbst, so dass ein Mutter-Tochter-Verhältnis entsteht. 1827

Die **Vermögensübertragung** (§§ 174 ff. UmwG) regelt ausgewählte Übertragungen auf die öffentliche Hand und unter Versicherungsunternehmen. Sie ist als Spezialfall im weiteren nicht Gegenstand der Ausführungen. 1828

Der **Formwechsel** (§§ 190 ff. UmwG) ermöglicht den Wechsel der Rechtsform eines Rechtsträgers ohne entsprechende Übertragung des Vermögens auf einen anderen Rechtsträger. 1829

4 *Hörtnagl*, in: Schmitt/Hörtnagl/Stratz, UmwG – UmwStG, 6. Aufl., München 2013, Einf. UmwG Rz. 22.

In der nachfolgenden Übersicht sind die wesentlichen Umwandlungsmöglichkeiten nach dem UmwG zusammengefasst:[5]

TAB. 1: Wichtige Umwandlungsmöglichkeiten nach dem Umwandlungsgesetz

von \ auf	PersG	GmbH	AG	natürliche Person
PersG	V / S / F	V / S / F	V / S / F	-
GmbH	V / S / F	V / S	V / S / F	V[1]
AG	V / S / F	V / S / F	V / S	V[1]
natürliche Person	S[2]	S[2]	S[2]	

V = Verschmelzung
S = Spaltung
F = Formwechsel

[1] Alleingesellschafter
[2] nur von e. K. als Ausgliederung

2. Bilanzierungs- und Bewertungsgrundsätze bei übertragenden Umwandlungen nach Handelsrecht

2.1 Behandlung von Umwandlungen als Veräußerungs- und Anschaffungsvorgang

1830 Die Übertragung von Vermögen im Rahmen von Umstrukturierungsvorgängen stellt grundsätzlich auf Ebene des übertragenden Rechtsträgers einen Veräußerungsvorgang sowie auf Ebene des übernehmenden Rechtsträgers einen Anschaffungsvorgang hinsichtlich des übertragenen Vermögens dar.[6] Die handelsbilanzielle Behandlung richtet sich in den Fällen der Übertragung von Vermögen im Wege der Einzelrechtsnachfolge nach den allgemeinen handelsrechtlichen Rechnungslegungsvorschriften[7] und bei Umwandlungen i. S. d. Umwandlungsgesetzes nach den dort geregelten speziellen Umwandlungsvorschriften.

2.2 Übertragung durch Einzelrechtsnachfolge

1831 Die Bilanzierung und Bewertung der Übertragung durch Einzelrechtsnachfolge im Rahmen von gesellschaftsrechtlichen Vorgängen der Sachgründung oder Sachkapitalerhöhung richtet sich handelsrechtlich nach h. M. nach Tauschgrundsätzen. Es besteht sowohl für die Überträgerin wie auch für die Übernehmerin grundsätzlich ein Wahlrecht, die übertragenen Vermögensgegenstände mit Zeitwerten oder mit dem Buchwert an-

5 Ausführliche Darstellung: *Hörtnagl*, in: Schmitt/Hörtnagl/Stratz, UmwG – UmwStG, 6. Aufl., München 2013, Einf. UmwG Rz. 1-34.

6 *Hörtnagl*, in: Schmitt/Hörtnagl/Stratz, UmwG – UmwStG, 6. Aufl., München 2013, § 24 UmwG Rz. 10 ff. m. w. N.

7 *ADS*, Rechnungslegung und Prüfung der Unternehmen, 6. Aufl., Stuttgart 1995, § 255 HGB Rz. 89 ff.; *Grottel/Gadek*, in: Beck'scher Bilanz-Kommentar, 9. Aufl., München 2014, § 255 Rz. 40, 142, 144, 146.

zusetzen, wobei Überträgerin und Übernehmerin ihr Wahlrecht jeweils unabhängig von einander ausüben können.[8] Der Ansatz von Zwischenwerten ist nach h. M. nicht zulässig.[9] Die Erstellung einer Übertragungsbilanz ist bei der Übertragung von Vermögen im Wege der Einzelrechtsnachfolge nicht erforderlich.

2.3 Umwandlung nach dem Umwandlungsgesetz

Für die Fälle der Umwandlung nach dem Umwandlungsgesetz sind die in den §§ 17 und 24 UmwG für den übertragenden sowie den übernehmenden Rechtsträger geregelten besonderen Bilanzierungs- und Bewertungsvorschriften maßgeblich. 1832

2.3.1 Bilanzen anlässlich der Umwandlung

Der **übertragende Rechtsträger** hat in allen Fällen der übertragenden Umwandlung nach dem Umwandlungsgesetz grundsätzlich in Bezug auf das zu übertragende Vermögen eine Übertragungsbilanz aufzustellen. Bei der Verschmelzung muss der übertragende Rechtsträger nach § 17 Abs. 2 UmwG eine Schlussbilanz aufstellen, die das gesamte Vermögen des mit der Verschmelzung aufgelösten Rechtsträgers umfasst.[10] Bei Spaltungsvorgängen hat nach den §§ 125 i. V. m. 17 Abs. 2 Satz 2 UmwG der übertragende Rechtsträger eine Spaltungsschlussbilanz zu erstellen.[11] Diese betrifft in jedem Falle das im Rahmen des Spaltungsvorgangs auf einen anderen Rechtsträger übergehende Vermögen[12] (sog. Teilschlussbilanz). Eine Gesamtbilanz auf den Umwandlungsstichtag auch für das verbleibende Vermögen ist gemäß dem IdW[13] bei allen 3 Spaltungsarten nicht erforderlich. Nach a. A.[14] genügt eine Teilschlussbilanz nur im Falle der Ausgliederung.[15] 1833

Für den **übernehmenden Rechtsträger** stellt die Übertragung grundsätzlich einen laufenden Geschäftsvorfall dar. Eine Verpflichtung zur Aufstellung einer Übernahmebilanz besteht grundsätzlich nicht. Etwas anderes gilt u. a. bei Umwandlungen zur Neugründung. In diesem Fall stellt die Übernahmebilanz die Eröffnungsbilanz dar.[16] 1834

8 IDW RS HFA 10 Rz. 9, FN-IDW 1/2012, S. 24, *Grottel/Gadek*, in: Beck'scher Bilanz-Kommentar, 8. Aufl., München 2012, § 255 Rz. 146.

9 IDW RS HFA 10 Rz. 9, FN-IDW 1/2012, S. 24; *Grottel/Gadek*, in: Beck'scher Bilanz-Kommentar, 8. Aufl., München 2012, § 255 Rz. 146.

10 *Budde/Zerwas*, in: Budde/Förschle/Winkeljohann, Sonderbilanzen – Von der Gründungsbilanz bis zur Liquidationsbilanz, 4. Aufl., München 2008, Teil H, Rz. 77.

11 *Klingberg*, in: Budde/Förschle/Winkeljohann, Sonderbilanzen – Von der Gründungsbilanz bis zur Liquidationsbilanz, 4. Aufl., München 2008, Teil I, Rz. 100.

12 *Klingberg*, in: Budde/Förschle/Winkeljohann, Sonderbilanzen – Von der Gründungsbilanzbis zur Liquidationsbilanz, 4. Aufl., München 2008, Teil I, Rz. 300, mit Hinweisen auch zur Bilanzierungspflicht hinsichtlich des verbleibenden Vermögens bei den verschiedenen Spaltungsvorgängen.

13 IDW RS HFA 43 Rz. 7-9, FN-IDW 12/2012, S. 714 ff.

14 *Schmidt/Heinz*, DB 2008, 2696, nach denen eine Teilschlussbilanz bei der Ausgliederung genügt.

15 Praktisch bedeutsam ist das bei Umwandlungen auf einen vom Jahresabschlussstichtag abweichenden Umwandlungsstichtag. Es empfiehlt sich eine Abstimmung mit dem Registergericht.

16 *Hörtnagl*, in: Schmitt/Hörtnagl/Stratz, UmwG – UmwStG, 6. Aufl., München 2013, § 24 UmwG Rz. 4, 7.

2.3.2 Stichtag der handelsrechtlichen Übertragungsbilanz

1835 Die Übertragungsbilanz nach § 17 Abs. 2 UmwG ist auf den Tag aufzustellen, der dem handelsrechtlichen Übertragungsstichtag vorangeht. Der handelsrechtliche Übertragungsstichtag ist der Stichtag, ab dem der übertragende Rechtsträger die Geschäfte für den übernehmenden Rechtsträger führt, und ist grundsätzlich frei wählbar. Die Übertragungsbilanz ist gem. § 17 Abs. 2 Satz 4 UmwG auf einen Stichtag aufzustellen, der nicht mehr als 8 Monate vor dem Tag der Anmeldung der Eintragung zum Handelsregister liegt. Insoweit ist eine „Rückbeziehung" der Umwandlung von bis zu 8 Monaten möglich. Zivilrechtlich besteht der übertragende Rechtsträger bei Verschmelzung und bei Aufspaltung bis zur Eintragung in das zuständige Register fort.[17] Bei Abspaltung oder Ausgliederung ist er bis zur Eintragung ins Handelsregister Eigentümer des übertragenen Vermögens. Handelsrechtlich ist für die Zuordnung der Vermögensgegenstände und Schulden auf das wirtschaftliche Eigentum abzustellen.[18]

2.3.3 Ansatz und Bewertung in der handelsrechtlichen Übertragungsbilanz

1836 Der Ansatz und die Bewertung von Vermögensgegenständen und Schulden in der Übertragungsbilanz haben gem. §§ 125 i.V.m. 17 Abs. 2 UmwG grundsätzlich nach denselben Grundsätzen zu erfolgen wie in der Jahresbilanz. Die Übertragungsbilanz kann bei der Verschmelzung identisch sein mit der Jahresbilanz, die in diesem Fall zugleich die Schlussbilanz darstellt.[19]

2.3.4 Ansatz und Bewertung bei der Übernehmerin: Wahlrecht gem. § 24 UmwG zwischen Zeitwerten und Buchwerten

1837 Die Übertragung von Vermögen stellt aus der Sicht des übernehmenden Rechtsträgers grundsätzlich einen Anschaffungsvorgang dar.[20] Der übernehmende Rechtsträger hat das erworbene Vermögen entsprechend gem. § 253 Abs. 1 Satz 1 HGB mit den Anschaffungskosten zu bewerten. Es besteht gem. § 24 UmwG ein **Wahlrecht**, abweichend von den Zeitwerten als Anschaffungskosten die in der Schlussbilanz des übertragenden Rechtsträgers ausgewiesenen Buchwerte anzusetzen. Im Ergebnis räumt die Vorschrift insoweit sowohl ein Bewertungs- als auch ein Ansatzwahlrecht ein.[21]

1838 Im Fall des **Zeitwertansatzes** gelten die allgemeinen Bilanzierungs- und Bewertungsvorschriften. Alle Aktiva und Passiva sind bei der Übernehmerin als angeschafft zu behandeln und im Anschaffungszeitpunkt mit den Zeitwerten zu bewerten. Ein bei der Überträgerin gem. § 255 Abs. 4 HGB bilanzierter Geschäftswert kann von der Übernehmerin nicht übernommen werden. Vielmehr besteht bei der Übernehmerin ein eigenes Aktivierungswahlrecht für einen eigenen Geschäftswert, soweit nach Ansatz aller Ver-

17 *Stratz*, in: Schmitt/Hörtnagl/Stratz, UmwG – UmwStG, 6. Aufl., München 2013, § 20 UmwG Rz. 7.

18 Vgl. dazu im Einzelnen IDW RS HFA 42 unter 3.1, FN-IDW 12/2012 S. 701 ff.

19 *Hörtnagl*, in: Schmitt/Hörtnagl/Stratz, UmwG – UmwStG, 6. Aufl., München 2013, § 17 UmwG Rz. 34.

20 *Hörtnagl*, in: Schmitt/Hörtnagl/Stratz, UmwG – UmwStG, 6. Aufl., München 2013, § 24 UmwG Rz. 10 ff.; a. A. *Widmann*, in: Widmann/Mayer, Umwandlungsrecht, München, 35. Lfg., § 24 UmwG Rz. 290.

21 *Hörtnagl*, in: Schmitt/Hörtnagl/Stratz, UmwG – UmwStG, 6. Aufl., München 2013, § 24 UmwG Rz. 19.

mögensgegenstände und Schulden ein darüber hinausgehender Wert des übernommenen Vermögens besteht.[22]

Im Falle des **Buchwertansatzes** ist der übernehmende Rechtsträger an den Ansatz und die Bewertung der übernommenen Vermögensgegenstände und Schulden in der Bilanz des übertragenden Rechtsträgers gebunden. Das bedeutet u. a., dass ein von der Überträgerin gem. § 255 Abs. 4 HGB bilanzierter Geschäftswert von der Übernehmerin fortzuführen ist und ein originärer Geschäftswert der Überträgerin wie auch von dieser selbst erstellte immaterielle Vermögensgegenstände von der Übernehmerin nicht angesetzt werden können.[23] 1839

Ein **Zwischenwertansatz** für die übernommenen Vermögensgegenstände und Schulden seitens des übernehmenden Rechtsträgers ist nach h. M. nicht möglich.[24] 1840

Die **Ausübung des Wahlrechts** erfolgt durch den übernehmenden Rechtsträger im ersten dem Vermögensübergang folgenden Jahresabschluss. Das Wahlrecht kann nur einheitlich für das gesamte übernommene Vermögen ausgeübt werden. Eine Buchwertübernahme nur für ausgewählte Vermögensgegenstände ist nicht möglich.[25] 1841

2.3.5 Keine Rechtsnachfolge oder Wertverknüpfung

Die Buchwertübernahme gem. § 24 UmwG bewirkt nach h. M. **keine Rechtsnachfolge** in die Bilanzpositionen der Überträgerin. Vielmehr gelten auch die übernommenen Buchwerte als eigene Anschaffungskosten der Übernehmerin. Die historischen Anschaffungskosten der Überträgerin sind damit, z. B. für Fragen der Wertaufholung, nicht relevant.[26] 1842

Es besteht auch insoweit **keine Wertverknüpfung**, als die Ausübung des Wahlrechts beim übernehmenden Rechtsträger nach h. M. keine Auswirkung auf den Wertansatz in der Schlussbilanz des übertragenden Rechträgers hat.[27] 1843

2.4 Latente Steuern aus Abweichungen zwischen Handels- und Steuerbilanz nach BilMoG

Viele Umwandlungsvorgänge werden in der Praxis dazu genutzt, die Eigenkapitalsituation der Unternehmen durch Aufdeckung von stillen Reserven in den Handelsbilanzen 1844

22 *Hörtnagl*, in: Schmitt/Hörtnagl/Stratz, UmwG – UmwStG, 6. Aufl., München 2013, § 24 UmwG Rz. 26 m. w. N.

23 *Hörtnagl*, in: Schmitt/Hörtnagl/Stratz, UmwG – UmwStG, 6. Aufl., München 2013, § 24 UmwG Rz. 65 ff. m. w. N.

24 IDW RS HFA 42 Rz. 34, FN-IDW 12/2012 S. 701 ff.; *Hörtnagl*, in: Schmitt/Hörtnagl/Stratz, UmwG – UmwStG, 6. Aufl., München 2013, § 24 UmwG Rz. 18.; a. A. *Widmann*, in: Widmann/Mayer, Umwandlungsrecht, München, 35. Lfg., § 24 UmwG Rz. 291.

25 *Hörtnagl*, in: Schmitt/Hörtnagl/Stratz, UmwG – UmwStG, 6. Aufl., München 2013, § 24 UmwG Rz. 85 ff. m. w. N.

26 *Hörtnagl*, in: Schmitt/Hörtnagl/Stratz, UmwG – UmwStG, 6. Aufl., München 2013, § 24 UmwG Rz. 63 m. w. N.; *Widmann*, in: Widmann/Mayer, Umwandlungsrecht, München, 35. Lfg., § 24 UmwG Rz. 357 f.; *Grottel/Gadek*, in: Beck'scher Bilanz-Kommentar, 8. Aufl., München 2012, § 255 Rz. 44, 146; a. A. *Schlösser*, in: Sagasser/Bula/Brünger, Umwandlungen, 3. Aufl., München 2002, K 79.

27 Keine sog. diagonale Maßgeblichkeit: *Widmann*, in: Widmann/Mayer, Umwandlungsrecht, München, 38. Lfg., § 24 UmwG Rz. 151 m. w. N.

der beteiligten Unternehmen zu verbessern.[28] Steuerlich wird auf eine Aufdeckung von stillen Reserven hingegen i. d. R. verzichtet und ein Ansatz unter Fortführung der Buchwerte gewählt.[29] Grundsätzlich ist bei Abweichungen zwischen Handelsbilanz und Steuerbilanz die Bilanzierung von latenten Steuern zu prüfen.[30]

1845 Nach dem bis zur Anpassung des HGB durch das BilMoG[31] für die Berücksichtigung von latenten Steuern nach § 274 HGB a. F. maßgebenden timing concept wurde für erfolgsneutral entstandene Bilanzierungs- und Bewertungsunterschiede sowie für quasi-permanente Differenzen eine Steuerabgrenzung grundsätzlich nicht für zulässig gehalten. Eine Notwendigkeit, eine Steuerabgrenzung im Rahmen von Umwandlungsvorgängen berücksichtigen zu müssen, bestand daher insoweit in der Vergangenheit nicht, da die betreffenden Umwandlungsvorgänge in der Regel sowohl handels- als auch steuerrechtlich einen erfolgsneutralen Einlagevorgang darstellen.[32]

1846 Mit der Anpassung der Regelungen zur Steuerabgrenzung nach § 274 HGB im Rahmen des BilMoG ist nunmehr verpflichtend das temporary concept bei der Bestimmung sich möglicherweise für die beteiligten Unternehmen im Rahmen eines Umwandlungsvorganges ergebender Steuerlatenzen anzuwenden. Folge ist, dass bei Umwandlungsvorgängen, bei denen handelsrechtlich eine Aufdeckung von stillen Reserven erfolgt, während steuerrechtlich die Buchwerte fortgeführt werden, in vielen Fällen **passivisch eine Steuerabgrenzung** vorzunehmen ist.[33]

1847 Eine **aktivische Steuerabgrenzung** kommt in Betracht bei der Übertragung von abnutzbaren Einzelwirtschaftsgütern im Rahmen von gesellschaftsrechtlichen Vorgängen wie z. B. der Sacheinlage, wenn von dem handelsrechtlichen Wahlrecht, solche Tauschvorgänge erfolgsneutral behandeln zu können, Gebrauch gemacht wird, während steuerrechtlich grundsätzlich gem. § 6 Abs. 6 EStG eine Gewinnrealisierung erfolgen muss.[34]

3. Bilanzierungs- und Bewertungsgrundsätze bei übertragenden Umwandlungen nach Steuerrecht

3.1 Grundsatz: Übertragung zum gemeinen Wert

1848 Der übertragende Rechtsträger realisiert mit der Übertragung von Vermögen einen Veräußerungsvorgang, während der übernehmende Rechtsträger korrespondierend einen Anschaffungsvorgang zu erfassen hat. Verbunden mit der Gewährung von Gesell-

28 Vgl. die Ausführungen zu den unterschiedlichen Möglichkeiten von handelsrechtlichen Wahlrechten auf Ebene des übertragenden und übernehmenden Unternehmens in Kap. 2.2 und 2.3.4, zu latenten Steuern allgemein Kap. XVI.

29 Wegfall Maßgeblichkeit der Handels- für die Steuerbilanz nach SEStEG und Wegfall umgekehrte Maßgeblichkeit nach BilMoG sowie eigene Bewertungsregeln des EStG, z. B. § 6 Abs. 5 und 6 EStG.

30 Vgl. allgemein zu latenten Steuern, Kap. XVI.

31 Gesetz zur Modernisierung des Bilanzrechts, BGBl 2009 I S. 1102.

32 *Kozikowski/Fischer*, in: Beck'scher Bilanz-Kommentar, 8. Aufl., München 2012, § 274 Rz. 5 ff.

33 *Kozikowski/Fischer*, in: Beck'scher Bilanz-Kommentar, 8. Aufl., München 2012, § 274 Rz. 11.

34 *Kozikowski/Fischer*, in: Beck'scher Bilanz-Kommentar, 8. Aufl., München 2012, § 274 Rz. 31.

schaftsrechten ist von einem Tausch- bzw. tauschähnlichen Geschäft auszugehen. Das gilt sowohl für Umwandlungen im Wege der Einzelrechtsnachfolge wie auch für Umwandlungen nach dem Umwandlungsgesetz.[35]

Die steuerbilanzielle Behandlung richtet sich nach allgemeinen ertragsteuerlichen Grundsätzen sowohl für Umwandlungen im Wege der Einzelrechtsnachfolge als auch für Umwandlungen nach dem Umwandlungsgesetz. Soweit die Anwendungsvoraussetzungen des Umwandlungssteuergesetzes erfüllt sind, gehen diese speziellen Regelungen den allgemeinen ertragsteuerlichen Regelungen vor.[36] 1849

Nach allgemeinen ertragsteuerlichen Grundsätzen ist der Tausch gem. § 6 Abs. 6 Satz 1 EStG mit dem gemeinen Wert zu bewerten.[37] 1850

Das Umwandlungssteuergesetz sieht zwar auch als Regelbewertung den gemeinen Wert vor, eröffnet aber bei Vorliegen bestimmter Voraussetzungen ein Wahlrecht, anstelle des gemeinen Werts den Buchwert oder einen Zwischenwert anzusetzen. 1851

Daneben bestehen einkommensteuerrechtliche Sonderregelungen für die Besteuerung der Übertragung von Vermögen, insbesondere für die Übertragung von Einzelwirtschaftsgütern unter Beteiligung von Personengesellschaften, die unter den dort genannten Voraussetzungen eine von den obigen ertragsteuerlichen Bewertungsgrundsätzen abweichende Bewertung vorsehen.[38] 1852

3.2 Umwandlung nach dem Umwandlungssteuergesetz

3.2.1 Grundlagen

Das Umwandlungssteuergesetz, dessen letzte grundlegende Reform mit dem SEStEG[39] erfolgte, sieht als Regelbewertung grundsätzlich den gemeinen Wert und damit die Aufdeckung und die Versteuerung von stillen Reserven vor. Abweichend davon kann unter bestimmten Voraussetzungen eine Umwandlung ohne die Aufdeckung und Versteuerung von stillen Reserven erfolgen. Das Umwandlungssteuergesetz regelt hierzu einen abschließenden Katalog von Fällen, in denen die Umwandlung ohne die Aufdeckung von stillen Reserven möglich ist. Zielsetzung des Umwandlungssteuergesetzes ist insoweit die Erleichterung von Umwandlungsvorgängen.[40] 1853

35 BMF, Schreiben vom 11.11.2011 – IV C 2 – S 1978-b/08/10001, BStBl 2011 I S. 1314 Rn. 00.02; BFH, Urteile vom 15.10.1997 – I R 22/96, BStBl 1998 II S. 168; vom 16.5.2002 – III R 45/98, BStBl 2003 II S. 10; vom 17.9.2003 – I R 97/02, BStBl 2004 II S. 686; differenzierter, insbesondere für Umwandlungen nach dem UmwG, bei denen keine Gesellschaftsrechte gewährt werden: *Hageböke*, Ubg 2011 S. 689; *Rödder*, Ubg 2011 S. 753.

36 *Kulosa*, in: Schmidt, EStG, 32. Aufl., München 2013, § 6 EStG Rz. 731-736; *Patt*, in: Dötsch/Jost/Pung/Witt, Die Körperschaftsteuer, Stuttgart, 74. Lfg., § 20 UmwStG (SEStEG) Rz. 215; *Hörtnagl*, in: Schmitt/Hörtnagl/Stratz, UmwG – UmwStG, 6. Aufl., München 2013, § 1 UmwStG Rz. 10 f.

37 *Kulosa*, in: Schmidt, EStG, 32. Aufl., München 2013, § 6 EStG Rz. 731-736.

38 Vgl. Rz. 1968 ff.

39 Gesetz über steuerliche Begleitmaßnahmen zur Einführung der Europäischen Gesellschaft und zur Änderung weiterer steuerrechtlicher Vorschriften, BGBl 2006 I S. 2782.

40 Zu den Grundlagen des UmwStG insgesamt: *Rödder*, in: Rödder/Herlinghaus/van Lishaut, UmwStG, 2. Aufl., Köln 2013, Einf. Rz. 1 bis 136, *Hörtnagl*, in: Schmitt/Hörtnagl/Stratz, UmwG – UmwStG, 6. Aufl., München 2013, Einf. UmwStG D Rz. 1-31.

1854 Die Vermeidung der Besteuerung stiller Reserven wird nach dem Grundprinzip des Umwandlungssteuergesetzes grundsätzlich dadurch ermöglicht, dass der übertragende Rechtsträger die zu übertragenden Wirtschaftsgüter unter bestimmten Voraussetzungen in seiner steuerlichen Schlussbilanz zu Buchwerten bewerten und der übernehmende Rechtsträger diese Werte in seiner Steuerbilanz fortführen kann (sog. Wertverknüpfung).[41] Die stillen Reserven gehen damit, in Abweichung vom Prinzip der Individualbesteuerung, nach dem jedes Steuersubjekt seine stillen Reserven selbst zu versteuern hat, von einem Steuersubjekt auf das andere über, bleiben aber weiterhin grundsätzlich steuerverhaftet.[42]

3.2.2 Übersicht über die Umwandlungsmöglichkeiten

1855 Der Katalog der nach dem UmwStG begünstigungsfähigen Umwandlungen greift zum einen die Umwandlungsformen des UmwG auf. Daneben sind bestimmte Übertragungen von Vermögen auf eine Kapital- oder Personengesellschaft im Wege der Einzelrechtsnachfolge im Rahmen einer Sachgründung oder einer Sachkapitalerhöhung begünstigungsfähig.[43]

1856 Die Struktur des Umwandlungssteuerrechts ist geprägt zum Einen durch die verschiedenen Umwandlungsformen gemäß Zivilrecht, zum Anderen durch das Erfordernis der Berücksichtigung der unterschiedlichen Besteuerungsregime von Körperschaften einerseits und Personengesellschaften bzw. natürlichen Personen andererseits, was zu vier Hauptgruppen von Umwandlungsvorgängen führt:

- Umwandlung von Kapitalgesellschaft in bzw. auf Personengesellschaft (2. bzw. 4. Teil)
- Umwandlung von Kapitalgesellschaft in bzw. auf Kapitalgesellschaft (3. bzw. 4. Teil)
- Einbringung von Vermögen in eine Kapitalgesellschaft (6. bzw. 8. Teil)
- Einbringung von Vermögen in eine Personengesellschaft (7. Teil)

1857 Die nachfolgende Tabelle gibt ausgehend von der Gliederung des Umwandlungssteuergesetzes einen Überblick über die wichtigsten vom Umwandlungssteuergesetz erfassten Umwandlungsfälle, ergänzt um ausgewählte Angaben zu den einzelnen Umwandlungsvorgängen:

41 *Hörtnagl*, in: Schmitt/Hörtnagl/Stratz, UmwG – UmwStG, 6. Aufl., München 2013, Einf. UmwStG D Rz. 24.
42 *Montag*, in: Tipke/Lang, Steuerrecht, 20. Aufl. 2010, § 18 Rz. 453 m. w. N.
43 *Möhlenbrock*, in: Dötsch/Jost/Pung/Witt, Die Körperschaftsteuer, Stuttgart, 73. Lfg., UmwStG Einf. (SEStEG) Rz. 121-130.

TAB. 2: Wichtige Umwandlungsmöglichkeiten nach dem Umwandlungssteuergesetz

Umwandlung von	Umwandlung auf	Übertragungsvorgang	§§	Steuerl. Rückbeziehung	Übergehendes Vermögen[1]
2. Teil bzw. 4. Teil UmwStG					
KapG	PersG	Verschmelzung[2]	3-10	ja[3]	B
		Formwechsel	9		B
		Auf- / Abspaltung	16		B / T / M, 100 %-Bet.
3. Teil bzw. 4. Teil UmwStG					
KapG	KapG	Verschmelzung	11-13	ja[3]	B
		Auf- / Abspaltung	15		B / T / M, 100 %-Bet.
6. Teil bzw. 8. Teil UmwStG					
PersG	KapG	Verschmelzung	20 ff.	ja[4]	B
		Formwechsel	25	ja[4]	B
		Auf- / Abspaltung	20 ff.	ja[4]	B / T / M
auch GmbH, AG, nat. Person		Ausgliederung[5]	20 ff.	ja[4]	B / T / M
		„Anteilstausch"[6]	21 ff.	nein	mehrheitsvermittelnde Beteiligung
		Einbringung	20 ff.	ja[7]	B / T / M
7. Teil UmwStG					
PersG	PersG	Verschmelzung	24	ja[4]	B
		Auf- / Abspaltung	24	ja[4]	B / T / M, 100 %-Bet.[8]
auch GmbH, AG, nat. Person		Ausgliederung[5]	24	ja[4]	B / T / M, 100 %-Bet.[8]
		Einbringung	24	nein	B / T / M, 100 %-Bet.[8]

[1] B = Betrieb, T = Teilbetrieb, M = Mitunternehmeranteil, 100 %-Bet. = 100 %-Beteiligung an Kapitalgesellschaft

[2] auch natürliche Person als Alleingesellschafter

[3] zwingend: Stichtag der handelsrechtlichen Übertragungsbilanz

[4] Wahlrecht: auf Antrag Stichtag der handelsrechtlichen Übertragungsbilanz

[5] natürliche Person beschränkt auf e. K.

[6] grundsätzlich alle Formen der Übertragung

[7] Wahlrecht: beliebiger Zeitpunkt im achtmonatigen Rückwirkungszeitraum

[8] BMF, Schreiben vom 11. 11. 2011 – IV C 2 – S 1978-b/08/10001, BStBl 2011 I S. 1314 Rn. 24.02 in Bezug auf 100 %-Beteiligung an einer Kapitalgesellschaft im Betriebsvermögen.

3.2.3 Grundlegende Anwendungsvoraussetzungen und Prinzipien

1858 Die Anwendung der Regelungen des Umwandlungssteuergesetzes ist an das Vorliegen persönlicher und sachlicher Voraussetzungen in Abhängigkeit vom jeweiligen Umwandlungsvorgang gebunden. Zu den grundlegenden Voraussetzungen gehören regelmäßig folgende:[44]

- Der Übertragungsgegenstand muss, in Abhängigkeit vom einzelnen Umwandlungsvorgang, das ganze Unternehmen des übertragenden Rechtsträgers oder ein Betrieb, ein Teilbetrieb, ein Mitunternehmeranteil, ein Teil eines Mitunternehmeranteils, eine 100 %-Beteiligung an einer Kapitalgesellschaft oder eine mehrheitsvermittelnde Beteiligung sein. Die Begünstigungen des Umwandlungssteuergesetzes knüpfen damit regelmäßig an den Grundgedanken der Möglichkeit der Fortführung eines unternehmerischen Engagements durch den Übernehmer an. Die Übertragung einzelner Wirtschaftsgüter ist vom Umwandlungssteuergesetz grundsätzlich nicht begünstigt. Einzelheiten sind der Tabelle 2 zu entnehmen.
- Die Umwandlung darf grundsätzlich nicht die weitere nichtbeschränkte Besteuerung von stillen Reserven in Deutschland einschränken.
- Die Umwandlung hat grundsätzlich gegen Gewährung von Gesellschaftsrechten zu erfolgen. Lediglich bei den Umwandlungen des 2. bis 4. Teils ist eine Übertragung ohne jede Gegenleistung zugelassen.
- Eine neben den Gesellschaftsrechten gewährte andere Gegenleistung ist in der Regel unzulässig. Lediglich bei den Umwandlungen des 6. bzw. 8. Teils sind nicht in Gesellschaftsrechten bestehende andere Gegenleistungen zulässig.[45]

1859 Das Umwandlungssteuergesetz basiert neben dem Grundprinzip der Wertverknüpfung auf dem Rechtsinstitut der **steuerlichen Rechtsnachfolge** sowie der **steuerlichen Rückbeziehung**. Beide Prinzipien haben in den einzelnen Umwandlungsvorgängen zum Teil jeweils unterschiedliche Ausprägungen.

3.2.4 Grundkonzeption der einzelnen Umwandlungsvorgänge

3.2.4.1 Umwandlung von Kapital- in bzw. auf Personengesellschaften

1860 Die Umwandlung einer Kapital- in bzw. auf eine Personengesellschaft (bzw. auf eine natürliche Person) ist in §§ 3 ff. UmwStG geregelt.

1861 Die **übertragende Kapitalgesellschaft** hat in ihrer steuerlichen Schlussbilanz gem. § 3 Abs. 1 UmwStG grundsätzlich die gemeinen Werte[46] der übergehenden Wirtschafts-

44 *Rödder,* in: Rödder/Herlinghaus/van Lishaut, UmwStG, 2. Aufl., Köln 2013, Einf. Rz. 50.

45 Abweichend hiervon hat der BFH mit Urteil v. 18. 9. 2013 entschieden, dass es bei der Einbringung eines Betriebs in eine Mitunternehmerschaft nach § 24 UmwStG auch dann nicht zwingend zu einer (anteiligen) Gewinnrealisierung beim Einbringenden kommt, wenn dieser ein sog. Mischentgelt aus Gesellschaftsrechten und einer Darlehensforderung erhält. Vgl. BFH mit Urteil v. 18. 9. 2013 – X R 42/10, DB 2013, S. 2538; vgl. *Rosenberg/Placke*, DB 2013, 2821. Das von der Finanzverwaltungsauffassung abweichende Urteil wurde noch nicht im BStBl veröffentlicht. Ausführlich zur Thematik der sonstigen Gegenleistung im Rahmen von Einbringungen nach §§ 20, 21 UmwStG vgl. *Patt* in EStB 2012, 420.

46 Für die Bewertung von Pensionsrückstellungen gilt § 6a EStG.

güter anzusetzen. Bei Vorliegen der Voraussetzungen gem. § 3 Abs. 2 UmwStG kann auf Antrag der Buchwert oder ein Zwischenwert angesetzt werden.

Die **übernehmende Personengesellschaft** führt die Buchwerte aus der Schlussbilanz fort (§ 4 Abs. 1 Satz 1 UmwStG) und tritt grundsätzlich in die steuerliche Rechtsstellung der Überträgerin ein (§ 4 Abs. 2 UmwStG). 1862

Den **Gesellschaftern** der umgewandelten Kapitalgesellschaft werden als Folge der Umwandlung gem. § 7 UmwStG in Höhe des auf sie entfallenden ausschüttbaren Gewinns der Kapitalgesellschaft Einkünfte aus Kapitalvermögen zugewiesen („**fiktive Ausschüttung**"). Die Beträge werden Bestandteil des steuerlichen Eigenkapitals der Personengesellschaft. 1863

Darüber hinaus ist infolge des Vermögensübergangs das sog. **Übernahmeergebnis** in Höhe des Unterschiedsbetrags zwischen dem Wert, mit dem die übergegangenen Wirtschaftsgüter bei der Personengesellschaft zu übernehmen sind, abzüglich der Kosten für den Vermögensübergang und dem Wert der Anteile an der übertragenden Körperschaft zu ermitteln. Das Übernahmeergebnis wird dabei gem. § 4 Abs. 5 Satz 2 UmwStG um den separat besteuerten Dividendenteil gekürzt. 1864

Übersteigt der Anteilsbuchwert den (anteiligen) Buchwert des übernommenen Betriebsvermögens (abzüglich des separat besteuerten Dividendenteils), ergibt sich ein **Übernahmeverlust**. Dieser ist nach § 4 Abs. 6 UmwStG grundsätzlich steuerlich ohne Relevanz. Insoweit werden die ursprünglichen steuerlichen Anschaffungskosten des Gesellschafters der umgewandelten Kapitalgesellschaft durch die Umwandlung vernichtet.[47] Bei Einkommensteuerpflichtigen sowie in den Fällen des § 8b Abs. 7 und 8 KStG ist ein Übernahmeverlust bis zur Höhe der Bezüge i. S. d. § 7 UmwStG abziehbar.[48] 1865

Im steuerlichen Sinne **nicht wesentlich beteiligte Gesellschafter** der Kapitalgesellschaft nehmen an der Übernahmeergebnisermittlung nicht teil.[49] Sie treten mit dem Buchwert des übernommenen Betriebsvermögens der Personengesellschaft in die steuerliche Mitunternehmerstellung ein.[50] 1866

3.2.4.2 Umwandlung von Kapital- in bzw. auf Kapitalgesellschaften

Die Umwandlung von Kapital- in bzw. auf Kapitalgesellschaften ist in §§ 11 ff. UmwStG geregelt. 1867

Die **übertragende Kapitalgesellschaft** setzt in ihrer steuerlichen Schlussbilanz gem. § 11 Abs. 1 UmwStG grundsätzlich die gemeinen Werte der übergehenden Wirtschafts- 1868

47 Die Anordnung der Irrelevanz von Übernahmeverlusten bei der Umwandlung einer Kapital- in bzw. auf eine Personengesellschaft ist Ausdruck einer rechtsträgerübergreifenden Sichtweise, vgl. *Rödder*, in: Rödder/Herlinghaus/van Lishaut, UmwStG, 2. Aufl., Köln 2013, Einf. Rz. 58.

48 Auch dies gilt allerdings nicht in den Fällen des § 17 Abs. 2 Satz 6 EStG und nicht, soweit Anteile an der umgewandelten Kapitalgesellschaft innerhalb der letzten fünf Jahre erworben wurden.

49 BMF, Schreiben vom 11. 11. 2011 – IV C 2 – S 1978-b/08/10001, BStBl 2011 I S. 1314 Rn. 04.18, 04.25.

50 *Rödder*, in: Rödder/Herlinghaus/van Lishaut, UmwStG, 2. Aufl., Köln 2013, Einf. Rz. 59.

güter an.[51] Sie kann auf Antrag bei Vorliegen der Voraussetzungen gem. § 11 Abs. 2 UmwStG einheitlich die Buchwerte beibehalten bzw. einen Zwischenwert ansetzen.[52]

1869 Die **übernehmende Kapitalgesellschaft** führt die Buchwerte gem. § 12 Abs. 1 UmwStG aus der Schlussbilanz fort und tritt gem. § 12 Abs. 3 UmwStG grundsätzlich in die steuerliche Rechtsstellung der Überträgerin ein. Wenn die Übernehmerin auch an der umgewandelten Kapitalgesellschaft beteiligt ist, ergibt sich bei ihr ein Übernahmegewinn oder -verlust in Höhe der Differenz zwischen dem Buchwert der untergehenden Anteile und dem Wert des übergehenden Vermögens abzgl. der Kosten des Vermögensübergangs. Nach § 12 Abs. 2 Satz 1 UmwStG bleibt ein Übernahmegewinn außer Ansatz. Gemäß § 12 Abs. 2 Satz 2 UmwStG ist § 8b KStG anzuwenden, soweit die übernehmende Körperschaft an der übertragenden Körperschaft beteiligt ist.[53]

1870 Für die **Gesellschafter** der übertragenden Kapitalgesellschaft führt die Umwandlung gem. § 13 Abs. 1 UmwStG grundsätzlich zu einem Anteilstausch zu gemeinen Werten. Gem. § 13 Abs. 2 UmwStG kann der Anteilstausch bei Vorliegen der dort geregelten Voraussetzungen auf Antrag zu Buchwerten bzw. Anschaffungskosten erfolgen. Ein Zwischenwertansatz ist auf Gesellschafterebene nicht möglich.

1871 Bei **Auf- und Abspaltungen gem. § 15 UmwStG** von einer Kapitalgesellschaft auf eine andere Kapitalgesellschaft bestehen u. a. folgende besondere Voraussetzungen und Einschränkungen des Bewertungswahlrechtes:

- Voraussetzung für das Bewertungswahlrecht gem. § 11 Abs. 2 UmwStG ist, dass nicht nur das übergehende Vermögen, sondern auch das nach der Abspaltung bei der übertragenden Kapitalgesellschaft verbleibende Vermögen ein Teilbetrieb, Mitunternehmeranteil oder eine 100 %-Beteiligung an einer Kapitalgesellschaft ist.[54]
- Das Bewertungswahlrecht gem. § 11 Abs. 2 UmwStG ist gem. § 15 Abs. 2 UmwStG nicht anwendbar, wenn
  - Mitunternehmeranteile oder Beteiligungen innerhalb eines Zeitraums von 3 Jahren vor dem steuerlichen Übertragungsstichtag durch Erwerb von Wirtschaftsgütern, die kein Teilbetrieb sind, erworben oder aufgestockt wurden,
  - durch die Spaltung die Veräußerung an außenstehende Personen vollzogen wird
  - oder durch die Spaltung die Voraussetzungen für eine Veräußerung geschaffen werden, wovon auszugehen ist, wenn innerhalb von 5 Jahren nach dem steuerlichen Übertragungsstichtag Anteile an einer an der Spaltung beteiligten Körperschaft veräußert werden, die mehr als 20 % der vor Wirksamwerden der Spaltung bestehenden Anteile ausmachen.

51 Für die Bewertung von Pensionsrückstellungen gilt § 6a EStG.

52 Zur ausnahmsweise möglichen „erweiterten Wertaufholung" im Fall des Downstream-Merger vgl. § 11 Abs. 2 Satz 2 u. 3 UmwStG; vgl. *Rödder,* in: Rödder/Herlinghaus/van Lishaut, UmwStG, 2. Aufl., Köln 2013, Einf. Rz. 61.

53 *Rödder,* in: Rödder/Herlinghaus/van Lishaut, UmwStG, 2. Aufl., Köln 2013, Einf, Rz. 62, 64.

54 Vgl. BMF, Schreiben vom 11. 11. 2011 – IV C 2 – S 1978-b/08/10001, BStBl 2011 I S. 1314 Rn. 15.01 ff.; *Frotscher,* Umwandlungssteuererlass 2011, Freiburg, 2012, zu Randnr. 15.04; *Schumacher,* in: Rödder/Herlinghaus/van Lishaut, UmwStG, 2. Aufl., Köln 2013, § 15 UmwStG Rz. 157.

3.2.4.3 Einbringungen in Kapitalgesellschaften

Die **Einbringungen in Kapitalgesellschaften** sind in §§ 20 ff. UmwStG geregelt. Sie kön- 1872
nen als Einbringungen in inländische Kapitalgesellschaften im Wege der Einzelrechtsnachfolge oder als Umwandlung nach den Vorschriften des Umwandlungsgesetzes erfolgen. Dabei wird differenziert zwischen Sacheinlagen gem. § 20 UmwStG als der Einbringung von Betrieben, Teilbetrieben und Mitunternehmeranteilen und dem Anteilstausch gem. § 21 UmwStG als Einbringung von Anteilen an Kapitalgesellschaften.

Die Sacheinlage wie auch der Anteilstausch sind gem. § 20 Abs. 2 Satz 1 bzw. 21 Abs. 1 1873
Satz 1 UmwStG grundsätzlich zum gemeinen Wert durchzuführen.[55] Soweit die Voraussetzungen dafür vorliegen, kann die Einbringung auf Antrag zum Buchwert oder einem Zwischenwert erfolgen. Der Wert, mit dem das eingebrachte Vermögen bei der Übernehmerin angesetzt wird, gilt für den **Einbringenden** als Veräußerungspreis und als Anschaffungskosten der gewährten Anteile.[56] Der Ansatz des eingebrachten Vermögens mit dem Buchwert vermeidet insoweit das Entstehen eines Einbringungsgewinns für den Einbringenden. Der Ansatz des eingebrachten Betriebsvermögens durch die übernehmende Kapitalgesellschaft zum Buch- bzw. Zwischenwert bewirkt gem. § 23 Abs. 1 und 3 UmwStG den Eintritt der Übernehmerin in die steuerliche Rechtsstellung des Einbringenden.

Bei der Sacheinlage gem. § 20 UmwStG ist das Wahlrecht des Buchwert- oder Zwi- 1874
schenwertansatzes an zusätzliche besondere Voraussetzungen geknüpft. Gem. § 20 Abs. 2 Satz 2 Nr. 2 UmwStG darf der Buchwert des eingebrachten Betriebsvermögens zum steuerlichen Übertragungsstichtag nicht negativ sein. Im Fall eines **negativen steuerlichen Eigenkapitals** ist eine Aufstockung der Buchwerte bis zu einem Steuerbilanzwert von 0 € vorzunehmen.[57] Bei Einbringung eines Mitunternehmeranteils ist der Steuerbilanzwert einschl. Ergänzungsbilanzen und möglicher Sonderbilanzen maßgeblich.

Die Gewährung anderer neben den Gesellschaftsrechten gewährten Gegenleistungen 1875
steht der Buchwertfortführung grundsätzlich nicht entgegen. Jedoch darf gemäß § 20 Abs. 2 Satz 4 UmwStG sowie gem. § 21 Abs. 2 Satz 4 UmwStG der Wert der sonstigen Gegenleistung nicht über dem Buchwert des Einbringungsgegenstandes liegen. Ist die **andere Gegenleistung höher als der Buchwert** des eingebrachten Betriebsvermögens, erfolgt insoweit eine Aufstockung der Buchwerte in Höhe des übersteigenden Betrags.

---

55 Dies betrifft das eingebrachte Betriebsvermögen; für die Bewertung von Pensionsrückstellungen gilt allerdings § 6a EStG.

56 Umfasst das eingebrachte Betriebsvermögen auch einbringungsgeborene Anteile i. S. d. § 21 UmwStG a. F., gelten die erhaltenen Anteile insoweit auch als einbringungsgeborene Anteile i. S. d. § 21 UmwStG a. F. (§ 20 Abs. 3 Satz 4 UmwStG). Für nach altem Recht entstandene einbringungsgeborene Anteile gilt das alte Recht fort; §§ 27 Abs. 3 Nr. 3 UmwStG, 52 Abs. 4b EStG, 34 Abs. 7a KStG.

57 Steuerlich kann zur Abbildung des Mindeststammkapitals ein Ausgleichsposten maximal in Höhe des Mindeststammkapitals gebildet werden; vgl. BMF, Schreiben vom 11. 11. 2011 – IV C 2 – S 1978-b/08/10001, BStBl 2011 I S. 1314 Rn. 20.20.

Beim übertragenden Rechtsträger entsteht dadurch ein Aufstockungsgewinn. Die andere Gegenleistung mindert die Anschaffungskosten der Anteile beim übertragenden Rechtsträger.[58]

1876 Durch die Umwandlung erhält der Einbringende anstelle des eingebrachten Vermögens nach § 8b KStG bzw. § 3 Nr. 40 EStG begünstigte Anteile (sog. Statusverbesserung). Zur Verhinderung missbräuchlicher Gestaltungen sind daher die Sperrfristen des § 22 UmwStG zu beachten.

Die Sperrfristkonzeption des § 22 UmwStG ist eine typisierende, unwiderlegbare Missbrauchsvorschrift. Sie soll verhindern, dass der Steuerpflichtige bei einer Veräußerung der gewährten Anteile zeitnah (innerhalb von sieben Jahren) nach der Einbringung in vollem Umfang von den steuerlichen Erleichterungen gem. § 8b Abs. 2 KStG bzw. § 3 Nr. 40 i.V.m. § 3c Abs. 2 EStG profitiert, soweit diese Folge des Einbringungsvorgangs sind.[59]

1877 In den Fällen einer Sacheinlage i. S. d. § 20 Abs. 1 UmwStG unterhalb des gemeinen Wertes führt gem. § 22 Abs. 1 UmwStG eine **Veräußerung** der als Gegenleistung für die Sacheinlage unter dem gemeinen Wert erhaltenen Anteile oder die Realisierung eines **Ersatztatbestandes nach § 22 Abs. 1 Satz 6 UmwStG** innerhalb der siebenjährigen Sperrfrist zu einer rückwirkenden Besteuerung des sog. **Einbringungsgewinns I** beim Einbringenden. Der sog. **Einbringungsgewinn II** ist rückwirkend zu besteuern, sofern entsprechend § 22 Abs. 2 UmwStG im Rahmen einer Sacheinlage nach § 20 UmwStG mit eingebrachte Anteile an einer Kapitalgesellschaft oder im Rahmen eines Anteilstausches nach § 21 UmwStG eingebrachte Anteile an einer Kapitalgesellschaft innerhalb der siebenjährigen Sperrfrist veräußert werden und die Veräußerung nicht bereits beim Einbringenden nach § 8b Abs. 2 KStG begünstigt gewesen wäre.

1878 Der **Einbringungsgewinn I** entspricht der Differenz zwischen dem gemeinen Wert im Einbringungszeitpunkt und dem bei der Einbringung angesetzten Buch- oder Zwischenwert, vermindert um jeweils ein Siebtel für jedes seit dem Einbringungszeitpunkt abgelaufene Zeitjahr. Der Einbringungsgewinn I im Rahmen der ursprünglichen Sacheinlage stellt gem. § 22 Abs. 1 Satz 4 UmwStG nachträgliche Anschaffungskosten der erhaltenen Anteile dar.

1879 Bei der übernehmenden Kapitalgesellschaft ist gem. § 23 Abs. 2 Satz 1 und 2 UmwStG auf Antrag im Jahr der Veräußerung in Höhe des versteuerten Einbringungsgewinns ein **„Erhöhungsbetrag"** zu berücksichtigen.[60] Der Erhöhungsbetrag bewirkt eine wirtschaftsgutbezogene Buchwertaufstockung. Dies gilt jedoch nur, wenn das eingebrachte Betriebsvermögen entweder noch zum Betriebsvermögen der Kapitalgesellschaft ge-

58 Zur Möglichkeit der Bildung eines Ausgleichspostens vgl. Rz. 1946 sowie *Hoffmann* u.a., Die GmbH im Steuerrecht, 3. Aufl., Achim 2011, S. 1326-1327, S. 1342-1343.

59 *Schmitt*, in: Schmitt/Hörtnagl/Stratz, UmwG – UmwStG, 6. Aufl., München 2013, § 22 UmwStG Rz. 9.

60 Voraussetzung für die Berücksichtigung des Erhöhungsbetrages ist der Nachweis der Entrichtung der Steuer auf den Einbringungsgewinn.

hört oder zum gemeinen Wert übertragen wurde, d. h. nicht bei einer Weiterübertragung unter dem gemeinen Wert. Bei erfolgter Weiterübertragung zum gemeinen Wert ist der Erhöhungsbetrag als sofort abziehbarer Aufwand zu behandeln.[61]

Die vorgenannten Grundsätze gelten entsprechend für den **Einbringungsgewinn II** 1880
gem. § 22 Abs. 2 UmwStG.

3.2.4.4 Einbringungen in Personengesellschaften

Einbringungen in **Personengesellschaften** sind in § 24 UmwStG geregelt und können 1881
im Wege der Einzelrechtsnachfolge oder als Umwandlung nach dem Umwandlungsgesetz erfolgen.

Einbringungen sind gem. § 24 Abs. 2 UmwStG grundsätzlich zum gemeinen Wert 1882
durchzuführen.[62] Auf Antrag ist auch ein Buch- bzw. Zwischenwertansatz möglich, sofern die Voraussetzungen dafür vorliegen. Der Wert, mit dem das eingebrachte Betriebsvermögen bei der Personengesellschaft angesetzt wird, gilt für den **Einbringenden** als Veräußerungspreis gem. § 24 Abs. 3 Satz 1 UmwStG. Die **Übernehmerin** kann den Buchwertansatz in ihrer Steuerbilanz durch steuerliche Ergänzungsbilanzen sicherstellen.[63] Sie tritt grundsätzlich gem. §§ 24 Abs. 4, 23 Abs. 1 und 3 UmwStG in die steuerliche Rechtsstellung des Einbringenden ein.

3.3 Ansatz und Bewertung nach dem Umwandlungssteuergesetz

3.3.1 Steuerbilanzen anlässlich der Umwandlung

Hinsichtlich der Pflichten zur Aufstellung einer Steuerbilanz ist zu unterscheiden zwi- 1883
schen dem übertragenden und dem übernehmenden Rechtsträger wie auch zwischen den verschiedenen Umwandlungsvorgängen.

Der **übertragende Rechtsträger** hat in den Fällen der Umwandlung des **zweiten bis vier-** 1884
ten Teils des UmwStG gem. §§ 3 Abs. 1, 11 Abs. 1, 15 Abs. 1, 16 UmwStG eine steuerliche Übertragungsbilanz aufzustellen. Diese dient der Schlussbesteuerung des übergehenden Vermögens beim übertragenden Rechtsträger. Im Falle der Verschmelzung bildet sie zugleich die Grundlage für die Schlussbesteuerung des übertragenden Rechtsträgers insgesamt.[64]

In den Einbringungsfällen des **sechsten bis achten Teils** besteht dem Wortlaut des Ge- 1885
setzes nach keine Pflicht zur Aufstellung einer Übertragungsbilanz. Das Bewertungswahlrecht wird in diesen Fällen durch den übernehmenden Rechtsträger ausgeübt. In

61 *Rödder*, in: Rödder/Herlinghaus/van Lishaut, UmwStG, 2. Aufl., Köln 2013, Einf. Rz. 74.

62 Für die Bewertung von Pensionsrückstellungen gilt § 6a EStG.

63 Die Abbildung der Buchwertfortführung über Ergänzungsbilanzen kann nach der Bruttomethode oder der Nettomethode erfolgen; vgl. BMF, Schreiben vom 11. 11. 2011 – IV C 2 – S 1978-b/08/10001, BStBl 2011 I S. 1314 Rn. 24.14; vgl. ausführlich zur Thematik der positiven und negativen Ergänzungsbilanzen bei Einbringungen *Schmitt/Keuthen*, DStR 2013 S. 1565.

64 *Van Lishaut*, in: Rödder/Herlinghaus/van Lishaut, UmwStG, 2. Aufl., Köln 2013, § 3 UmwStG Rz. 2, § 11 UmwStG Rz. 6,7; zu Ergänzungsbilanzen vgl. Kap. X. 2.6.

der Praxis wird jedoch auch in diesen Fällen zumindest bei Einbringung von Betrieben oder Teilbetrieben für steuerliche Zwecke regelmäßig eine Übertragungsbilanz erstellt.

1886 Für den **übernehmenden Rechtsträger** stellt die Übertragung steuerbilanziell grundsätzlich einen laufenden Geschäftsvorfall dar. Eine Verpflichtung zur Aufstellung einer Übernahmebilanz besteht grundsätzlich nicht. Etwas anderes gilt u. a. bei Umwandlungen zur Neugründung. In diesem Fall stellt die steuerliche Übernahmebilanz die steuerliche Eröffnungsbilanz dar.[65]

3.3.2 Steuerliches Bilanzierungs- und Bewertungswahlrecht: Buchwert/Gemeiner Wert/Zwischenwert

1887 Steuerrechtlich ist bei allen Umwandlungsvorgängen das übergehende Vermögen grundsätzlich mit dem gemeinen Wert anzusetzen. Auf Antrag ist bei Vorliegen der Voraussetzungen der Ansatz mit dem Buchwert oder einem Zwischenwert möglich. Dabei darf der gemeine Wert der Sachgesamtheit nicht unterschritten werden.

1888 Nach Auffassung der Finanzverwaltung gilt dies auch für den Fall, dass der gemeine Wert der Sachgesamtheit geringer ist als die Summe der Buchwerte der übergehenden Wirtschaftsgüter.[66] In diesem Fall hätte insoweit eine Abstockung der Buchwerte der Wirtschaftsgüter des übertragenden Rechtsträgers auf den niedrigeren gemeinen Wert der Sachgesamtheit zu erfolgen.

1889 Ein Ansatz des Zwischenwertes kann u. a. dann vorteilhaft sein, wenn der übertragende Rechtsträger über steuerliche Verlustvorträge verfügt, die im Rahmen der Umwandlung untergehen. Der durch die Buchwertaufstockung ausgelöste Übertragungsgewinn ist im Rahmen der Mindestbesteuerung mit den beim übertragenden Rechtsträger vorhandenen Verlustvorträgen zu verrechnen.[67] Der übernehmende Rechtsträger hat durch die höheren Buchwerte ein höheres Abschreibungsvolumen, soweit der Aufstockungsbetrag auf abnutzbare Wirtschaftsgüter entfällt.

3.3.2.1 Buchwert

1890 Der **Buchwert** ist gem. § 1 Abs. 5 Nr. 4 UmwStG der Wert, der sich nach den steuerrechtlichen Vorschriften über die Gewinnermittlung in einer für den steuerlichen Übertragungsstichtag zu erstellenden Bilanz ergibt oder ergäbe.[68]

65 *Van Lishaut*, in: Rödder/Herlinghaus/van Lishaut, UmwStG, 2. Aufl., Köln 2013, § 4 UmwStG Rz. 7-8; *Stahl*, in: Carlé/Korn/Stahl/Strahl, Umwandlungen, Köln 2007, Rz. 347; *Förschle/Hoffmann*, in: Budde/Förschle/Winkeljohann, Sonderbilanzen – Von der Gründungsbilanz bis zur Liquidationsbilanz, 4. Aufl., München 2008, Teil K Rz. 1.

66 BMF, Schreiben vom 11. 11. 2011 – IV C 2 – S 1978-b/08/10001, BStBl 2011 I S. 1314, Rn. 03.12; strittig s. nur *Kutt/Carstens* in FGS/BDI, Der Umwandlungssteuer-Erlass 2011, 141. vgl. zu den Auswirkungen *Rödder*, DStR 2011 S. 1061.

67 Vgl. z. B. *Strahl*, in: Carlé/Korn/Stahl/Strahl, Umwandlungen, Köln 2007, Rz. 7.

68 *Birkemeier*, in: Rödder/Herlinghaus/van Lishaut, UmwStG, 2. Aufl., Köln 2013, § 3 UmwStG Rz. 120.

3.3.2.2 Gemeiner Wert

Der **gemeine Wert** im Anwendungsbereich des Umwandlungssteuerrechts ist nach h. M. im Hinblick auf die Zwecke des Umwandlungssteuerrechts und der Tatsache, dass Bewertungsgegenstand des Umwandlungssteuerrechts regelmäßig Sachgesamtheiten wie z. B. Betriebe oder Teilbetriebe sind, abweichend von dem vornehmlich auf die Bewertung von Einzelwirtschaftsgütern gerichteten gemeinen Wertes gem. § 9 BewG zu verstehen.[69] Er umfasst danach nicht die Summe der Werte der Einzelwirtschaftgüter, sondern ist der Preis, den ein gedachter Erwerber für die Sachgesamtheit zu zahlen bereit wäre, und erfasst damit insbesondere auch den nicht entgeltlich erworbenen Geschäftswert des Betriebes oder Teilbetriebes.[70] 1891

Bei Ansatz des **gemeinen Wertes** ist grundsätzlich für alle übergehenden Aktiva einschließlich der nicht entgeltlich erworbenen und selbstgeschaffenen immateriellen Wirtschaftsgüter der am Absatzmarkt erzielbare Einzelveräußerungspreis zu ermitteln. Ggf. ist er zu schätzen. Entsprechendes gilt für die übergehenden Passiva. Der Geschäftswert- oder Firmenwert ermittelt sich grundsätzlich als Unterschiedsbetrag zwischen dem Gesamtwert der Sachgesamtheit und dem Saldo der angesetzten Aktiva und Passiva.[71] 1892

Abweichend von diesen Grundsätzen sind Pensionsrückstellungen bei allen Umwandlungsvorgängen (§§ 3 Abs. 1 Satz 2, 11 Abs. 1 Satz 2, 20 Abs. 2 Satz 1, 24 Abs. 2 Satz 1 UmwStG) mit dem Wert gem. § 6a EStG zu bewerten. Die stillen Lasten der Pensionsrückstellungen mindern den Geschäfts- oder Firmenwert.[72] 1893

Neben den nicht entgeltlich erworbenen und selbstgeschaffenen immateriellen Wirtschaftsgütern sind auch andere Aktiva und Passiva, für die Aktivierungs- bzw. Passivierungsverbote gelten, insbesondere Passiva, für die Ansatzverbote, -beschränkungen oder Bewertungsvorbehalte gelten, wie z. B. Drohverlustrückstellungen gem. § 5 Abs. 4a EStG, in der Übertragungsbilanz anzusetzen.[73] Danach konnten die stillen Lasten beim übertragenden Rechtsträger realisiert werden. Beim übernehmenden Rechtsträger handelte es sich um einen erfolgsneutralen Anschaffungsvorgang. Die Passivierungs- 1894

69 Vgl. allgemein zum gemeinen Wert, Kap. VI Rn. 923 ff.

70 BMF, Schreiben vom 11. 11. 2011 – IV C 2 – S 1978-b/08/10001, BStBl 2011 I S. 1314 Rn. 03.07; *Schmitt*, in: Schmitt/Hörtnagl/Stratz, UmwG – UmwStG, 6. Aufl., München 2013, § 3 UmwStG Rz. 47, § 11 UmwStG Rz. 23, 31, 41, § 20 UmwStG Rz. 271, 273, 281, 285, § 24 UmwStG Rz. 163, 172, 174; vgl. zum Begriff des gemeinen Wertes allgemein Kap. VI Rz. 923.

71 *Rödder*, in: Rödder/Herlinghaus/van Lishaut, UmwStG, 2. Aufl., Köln 2013, § 11 UmwStG Rz. 73 ff.

72 *Rödder*, in: Rödder/Herlinghaus/van Lishaut, UmwStG, 2. Aufl., Köln 2013, § 11 UmwStG Rz. 85; a. A. BMF, Schreiben vom 11. 11. 2011 – IV C 2 – S 1978-b/08/10001, BStBl 2011 I S. 1314 Rn. 03.08, 11.04.

73 Vgl. BFH Urteile vom 17. 10. 2007 – I R 61/06, BStBl 2008 II S. 555 und vom 16. 12. 2009 – I R 102/08, BFH/NV 2010 S. 517 zur Behandlung von Drohverlustrückstellungen beim Unternehmenserwerb, die insoweit einschlägig sind, als Umwandlungen über dem Buchwert als (anteilige) Veräußerungs- bzw. Anschaffungsvorgänge zu betrachten sind. Vgl. auch BFH vom 26. 04. 2012 - IV-R-43/09, BFH/NV-2012,-1248, für den Fall des Schuldbeitritts. Vgl. auch BMF, Schreiben vom 11. 11. 2011 – IV C 2 –S 1978-b/08/10001, BStBl 2011 I S. 1314, Rn. 03.06, 11.03, 20.20. Nach a. A. sind diese nicht in der Übertragungsbilanz anzusetzen, sondern sind als stille Lasten mindernd beim Geschäfts- bzw. Firmenwert zu berücksichtigen vgl. *Schmitt*, in: Schmitt/Hörtnagl/Stratz, UmwG – UmwStG, 6. Aufl., München 2013, § 3 UmwStG Rz. 35; *Rödder*, in: Rödder/Herlinghaus/van Lishaut, UmwStG, 2. Aufl., Köln 2013, § 11 UmwStG Rz. 66, 67.

beschränkungen sind (waren) grundsätzlich auch in der ersten Schlussbilanz des Übernehmers nicht anzuwenden.[74]

Für die Übernahme von Verpflichtungen im Rahmen von Umwandlungen zum gemeinen Wert oder Zwischenwert, deren steuerlicher Übertragungsstichtag in einem Wirtschaftsjahr liegt, dass nach dem 28. 11. 2013 endet ist § 4f Abs. 1 Satz 1 EStG i. V. m. § 5 Abs. 7 Satz 1 EStG zu beachten.

Beim übertragenden Rechtsträger ist der sich aus der Passivierung derartiger Verpflichtungen ergebende Aufwand gleichmäßig im Jahr der Umwandlung und den folgenden 14 Jahren steuerlich abzugsfähig.[75]

1895 Beim übernehmenden Rechtsträger sind übernommene Verpflichtungen, die zum Ende des ersten nach dem 28. 11. 2013 endenden Wirtschaftsjahres noch vorhandenen sind, nunmehr gem. § 5 Abs. 7 Satz 1 EStG grundsätzlich so zu bilanzieren, wie sie beim ursprünglich Verpflichteten ohne Übernahme zu bilanzieren wären. Für den sich hieraus ergebenden Gewinn kann eine gewinnmindernde Rücklage i. H. v. 14/15 gebildet werden, die in den folgenden 14 Wirtschaftsjahren jeweils zu 1/14 aufzulösen ist. Betroffen von dieser Neuregelung sind alle zum Ende des ersten nach dem 28. 11. 2013 endenden Wirtschaftsjahres noch vorhandenen Verpflichtungen, unabhängig davon, wann die stille Last übertragen wurde.[76]

3.3.2.3 Zwischenwert

1896 Der **Zwischenwert** ist ein beliebiger Wert oberhalb des Buchwertes und unterhalb des gemeinen Wertes. Bei Ansatz eines Zwischenwertes hat die Aufstockung der Werte der Wirtschaftsgüter einheitlich zu erfolgen.[77]

1897 Bei Ansatzes eines **Zwischenwertes** sind die sog. **Stufentheorie** sowie die modifizierte Stufentheorie, nach der nicht bilanzierte Wirtschaftsgüter, insbesondere ein Geschäfts- oder Firmenwert, erst nachrangig nach den bilanzierten Wirtschaftsgütern bei der Aufstockung zu berücksichtigen sind, nach h. M. nicht anwendbar. Im Falle eines Zwischenwertansatzes ist nach h. M. insbesondere ein selbstgeschaffener Geschäfts- oder Firmenwert von Beginn an gleichmäßig in der Aufstockung zu berücksichtigen. Dies gilt

74 BFH vom 14. 12. 2011 – I R 72/10, DStR 2012 S. 452, zu übernommenen Jubiläumszuwendungen und Beiträgen an Pensionssicherungsvereine; BFH vom. 12. 12. 2012 – I R 69/11, DStR 2013 S. 570, zur Übernahme von betrieblichen Pensionsverpflichtungen gem. § 613a BGB; BFH v. 12. 12. 2012 – I R 28/11, DStR 2013 S. 575, zur Übernahme von Pensionsverpflichtungen durch Ausgliederung. Nach anderer Auffassung wären diese beim übernehmenden Rechtsträger in der ersten steuerlichen Bilanz gewinnwirksam aufzulösen. Nach Ansicht der Finanzverwaltung hat die Übernehmerin in der Steuerbilanz nach § 5 EStG das Wirtschaftsgut erfolgswirksam auszubuchen. Es wird im Rahmen von Ansatz- und Bewertungsvorbehalten bei schuldrechtlichen Verpflichtungen auf das BMF-Schreiben vom 24. 6. 2011 – IV C 6 – S 2137/0-03 verwiesen; vgl. BMF, Schreiben vom 11. 11. 2011 – IV C 2 – S 1978-b/08/10001, BStBl 2011 I S. 1314, Rn. 04.16.

75 Vgl. § 4f Abs. 1 Satz 1 i. V. m. § 52 Abs. 12c EStG; BT-Drucks. 18/68; vgl. *Benz/Placke*, DStR 2013 S. 2653; vgl. ausführlich Kap. XIII, Rz. 2239 ff.

76 Vgl. § 5 Abs. 7 i. V. m. § 5 Abs. 14a EStG; BT-Drucks. 18/68; vgl. *Benz/Placke*, DStR 2013 S. 2653; vgl. ausführlich Kap. XIII, Rz. 2244 ff.

77 BMF, Schreiben vom 11. 11. 2011 –IV C 2 – S 1978-b/08/10001, BStBl 2011 I S. 1314 Rn. 03.23; *Schmitt*, in: Schmitt/Hörtnagl/Stratz, UmwG – UmwStG, 6. Aufl., München 2013, § 3 UmwStG Rz. 58.

grundsätzlich bei allen Umwandlungsarten.[78] Nach hier vertretener Auffassung gilt das auch für Aktiva und Passiva, für die Aktivierungs- bzw. Passivierungsverbote gelten.

3.3.3 Ausübung des Bewertungswahlrechts

Die Ausübung des Bewertungswahlrechts ist in den verschiedenen Teilen des Umwandlungssteuergesetzes unterschiedlich geregelt. 1898

Für die Fälle des zweiten bis vierten Teils bestimmt der Wertansatz in der steuerlichen Übertragungsbilanz den Wertansatz in der Steuerbilanz der Übernehmerin. Das Bewertungswahlrecht wird gem. §§ 3 Abs. 2 Satz 2, 11 Abs. 3 i.V.m. § 3 Abs. 2 Satz 2 UmwStG insoweit durch den übertragenden Rechtsträger durch seinen Wertansatz in der steuerlichen Übertragungs- bzw. Schlussbilanz ausgeübt. 1899

In den Fällen des **sechsten bis achten Teils** bestimmt der Wertansatz der Übernehmerin den Veräußerungspreis der Überträgerin. Insoweit wird das Bewertungswahlrecht gem. §§ 20 Abs. 2 Satz 3, 21 Abs. 1 Satz 2, 24 Abs. 2 Satz 2 UmwStG durch den übernehmenden Rechtsträger durch den Wertansatz für das übernommene Vermögen in seiner Steuerbilanz ausgeübt. 1900

3.3.4 Wertverknüpfung

Umwandlungssteuerrechtlich besteht, anders als handelsrechtlich, eine strikte **Wertverknüpfung** zwischen der Bilanzierung und Bewertung beim übertragenden und beim übernehmenden Rechtsträger (§§ 4 Abs. 1, 12 Abs. 1, 20 Abs. 3, 24 Abs. 3 UmwStG). Unabhängig davon, ob und in welcher Weise das Bewertungswahlrecht vom übertragenden oder dem übernehmenden Rechtsträger ausgeübt wird, ist der jeweils andere Rechtsträger an den Wertansatz gebunden. Das gilt einheitlich bei allen Umwandlungsvorgängen des Umwandlungssteuergesetzes und sichert die Steuerverhaftung der stillen Reserven.[79] 1901

3.3.5 Verhältnis zur Handelsbilanz

Die Ausübung des steuerlichen Bewertungswahlrechtes ist unabhängig von der Bewertung in der Handelsbilanz.[80] 1902

---

78 BMF, Schreiben vom 11.11.2011 – IV C 2 – S 1978-b/08/10001, BStBl 2011 I S. 1314 Rn. 03.23; *Birkemeier,* in: Rödder/Herlinghaus/van Lishaut, UmwStG, 2. Aufl., Köln 2013, § 3 UmwStG Rz. 126 ff.; *Rödder,* in: Rödder/Herlinghaus/van Lishaut, UmwStG, 2. Aufl., Köln 2013, § 11 UmwStG Rz. 158; *Herlinghaus,* in: Rödder/Herlinghaus/van Lishaut, UmwStG, 2. Aufl., Köln 2013, § 20 UmwStG Rz. 177; *Rasche,* in: Rödder/Herlinghaus/van Lishaut, UmwStG, 2. Aufl., Köln 2013, § 24 UmwStG Rz. 71; *Schmitt,* in: Schmitt/Hörtnagl/Stratz, UmwG – UmwStG, 6. Aufl., München 2013, § 3 UmwStG Rz. 58 ff., § 9 UmwStG Rz. 12, § 11 UmwStG Rz. 58, 59, § 20 UmwStG Rz. 300 ff.; § 23 UmwStG Rz. 69, § 24 UmwStG Rz. 186.

79 *Schmitt,* in: Schmitt/Hörtnagl/Stratz, UmwG – UmwStG, 6. Aufl., München 2013, § 4 UmwStG Rz. 11, § 12 UmwStG Rz. 10, § 20 UmwStG Rz. 264, 372, § 21 UmwStG Rz. 81, § 24 UmwStG Rz. 158, 240; *Hörtnagl,* in: Schmitt/Hörtnagl/Stratz, UmwG – UmwStG, 6. Aufl., München 2013, § 15 UmwStG Rz. 264, § 16 UmwStG, Rz. 27.

80 BMF, Schreiben vom 11.11.2011 – IV C 2 – S 1978-b/08/10001, BStBl 2011 I S. 1314 Rn. 20.20, 21.11; *Schmitt,* in: Schmitt/Hörtnagl/Stratz, UmwG – UmwStG, 6. Aufl., München 2013, § 3 UmwStG Rz. 26, § 9 UmwStG Rz. 9, § 11 UmwStG Rz. 19, § 20 UmwStG Rz. 268, § 21 UmwStG Rz. 39, § 24 UmwStG Rz. 199, § 25 UmwStG Rz. 34.

3.3.6 Steuerliche Rechtsnachfolge

3.3.6.1 Grundsatz des Rechtsinstituts der steuerlichen Rechtsnachfolge

1903 Für den übernehmenden Rechtsträger stellt die Umwandlung nach allgemeinen ertragsteuerlichen Grundsätzen einen Anschaffungsvorgang dar. Über die für die einzelnen Umwandlungsvorgänge geregelte Wertverknüpfung hinaus würde insoweit ohne besondere Anordnung keine steuerliche Rechtsnachfolge eintreten. Auch im Falle der Umwandlung nach dem UmwG kann das zivilrechtliche Institut der Gesamtrechtsnachfolge aufgrund unterschiedlichen Regelungszweckes des Zivilrechts nicht ohne weiteres auf das Steuerrecht übertragen werden.[81]

1904 Das Umwandlungssteuergesetz ordnet daher grundsätzlich für alle Umwandlungsvorgänge über die §§ 4 Abs. 2, 12 Abs. 3, 23 Abs. 1, 3, 4 UmwStG eine steuerliche Rechtsnachfolge an.

1905 Der Eintritt in die steuerliche Rechtsstellung beschränkt sich auf das übernommene Betriebsvermögen und die diesem anhaftenden objektbezogenen steuerrechtlich relevanten Besteuerungsmerkmale.[82]

1906 Die übernehmende Gesellschaft tritt danach insbesondere bzgl. der Bewertung der übernommenen Wirtschaftsgüter, der AfA und der den steuerlichen Gewinn mindernden Rücklagen in die steuerliche Rechtsstellung der übertragenden Gesellschaft ein. Der Eintritt in die steuerliche Rechtsstellung gilt grundsätzlich unabhängig von dem für das übergehende Vermögen gewählten Wertansatz auch dann, wenn die Übertragung zum Zwischenwert oder gemeinen Wert erfolgt.[83]

1907 Eine Ausnahme ergibt sich gem. § 23 Abs. 3 und 4 UmwStG bei **Einbringungen zum gemeinen Wert**. Im Fall der Gesamtrechtsnachfolge tritt zwar auch hier grundsätzlich Rechtsnachfolge ein, jedoch keine Besitzzeitanrechnung. Bei Übertragungen im Wege der Einzelrechtsnachfolge entfällt die Rechtsnachfolge insgesamt.[84]

3.3.6.2 Einzelne Folgen der steuerlichen Rechtsnachfolge

1908 Im Einzelnen ergeben sich u. a. folgende wesentliche Auswirkungen der steuerlichen Rechtsnachfolge.

1909 Die Übernehmerin tritt in Bezug auf die Bewertung in die Wertansätze der Überträgerin ein. Die Übernehmerin ist gem. § 4f Abs. 1 Satz 7 EStG an die Aufwandsverteilung der Überträgerin gem. § 4f Abs. 1 Satz 1-6 EStG gebunden. Die Übernehmerin kann

81 *Schmitt*, in: Schmitt/Hörtnagl/Stratz, UmwG – UmwStG, 6. Aufl., München 2013, § 4 UmwStG Rz. 55.

82 *Schmitt*, in: Schmitt/Hörtnagl/Stratz, UmwG – UmwStG, 6. Aufl., München 2013, § 12 UmwStG Rz. 67-69, § 23 UmwStG Rz. 17.

83 BMF, Schreiben vom 11. 11. 2011 – IV C 2 – S 1978-b/08/10001, BStBl 2011 I S. 1314 Rn. 04.10; *Rödder*, in: Rödder/Herlinghaus/van Lishaut, UmwStG, 2. Aufl., Köln 2013, § 12 UmwStG Rz. 97 ff.; *Schmitt*, in: Schmitt/Hörtnagl/Stratz, UmwG – UmwStG, 6. Aufl., München 2013, § 4 UmwStG Rz. 79.

84 *Ritzer*, in: Rödder/Herlinghaus/van Lishaut, UmwStG, 2. Aufl., Köln 2013, § 23 UmwStG Rz. 191, 271-273; *Schmitt*, in: Schmitt/Hörtnagl/Stratz, UmwG – UmwStG, 6. Aufl., München 2013, § 23 UmwStG Rz. 66, 101; a. A. auch bei Einbringung gem. §§ 20, 24 UmwStG zum Zwischenwert grundsätzlich keine Besitzzeitanrechnung, *Brähler*, Umwandlungssteuerrecht, 5. Aufl., Wiesbaden 2009, S. 565 ff.

mangels Anschaffungsvorgang das Bewertungswahlrecht für übernommene **geringwertige Wirtschaftsgüter** gem. § 6 Abs. 2 EStG nicht neu ausüben.[85]

Der übernehmende Rechtsträger kann mangels Anschaffungsvorgang keine **Investitionszulage** für die übernommenen Wirtschaftsgüter beanspruchen. 1910

Die übernommenen Wirtschaftsgüter stellen mangels Anschaffungsvorgang keine **Reinvestitionsobjekte gem. § 6b EStG** dar.[86] 1911

Hinsichtlich von **Wertaufholungen** gem. § 6 Abs. 1 Nr. 1 Satz 4 EStG sowie § 6 Abs. 1 Nr. 2 Satz 3 i. V. m. Nr. 1 Satz 4 EStG hat die Übernehmerin auf die Anschaffungs- bzw. Herstellungskosten der Überträgerin abzustellen.[87] Dies gilt nach h. M. auch dann, wenn die Wirtschaftsgüter mit dem gemeinen Wert übertragen wurden, dieser im Übertragungszeitpunkt unter den Anschaffungskosten liegt und nachfolgend aber eine weitere Werterholung stattfindet.[88] 1912

Das gilt entsprechend für die Pflicht gewinnerhöhender **Zuschreibungen** nach vorangegangenen Abschreibungen wegen außergewöhnlicher technischer oder wirtschaftlicher Abnutzung gem. § 7 Abs. 1 Satz 7 EStG.[89] 1913

Der übernehmende Rechtsträger tritt hinsichtlich der **Besitzzeiten** in die Rechtsstellung des übertragenden Rechtsträgers ein. Dies bedeutet im Einzelnen u. a.: 1914

- Anschaffungsnahe Aufwendungen: Die 15 %-Grenze i. S. d. § 6 Abs. 1 Nr. 1a EStG gilt auch für die Übernehmerin. Die Instandhaltungs- oder Modernisierungsaufwendungen der Übernehmerin und der Überträgerin werden zusammengerechnet. Die Übernehmerin tritt in den Dreijahres-Zeitraum der Überträgerin ein.[90]
- Beteiligungen an Kapitalgesellschaften: Nach bisher h. A. sind die Vorbesitzzeiten des übertragenden Rechtsträgers beim übernehmenden Rechtsträger hinsichtlich der sog. Schachtelprivilegien gem. § 9 Nr. 2a und Nr. 7 GewStG und gem. Doppelbesteuerungsabkommen[91] anzurechnen. Dies gilt grundsätzlich auch dann, wenn allein die übernehmende Kapitalgesellschaft, nicht aber auch der Einbringende die persönlichen Voraussetzungen für die Inanspruchnahme des einschlägigen Schachtelprivilegs erfüllt, d. h. z. B. das Schachtelprivileg nur einer Kapitalgesellschaft ge-

85 *Schmitt*, in: Schmitt/Hörtnagl/Stratz, UmwG – UmwStG, 6. Aufl., München 2013, § 4 UmwStG Rz. 89.

86 BMF, Schreiben vom 11. 11. 2011 – IV C 2 – S 1978-b/08/10001, BStBl 2011 I S. 1314 Rn. 04.14; *van Lishaut*, in: Rödder/Herlinghaus/van Lishaut, UmwStG, 2. Aufl., Köln 2013, § 4 UmwStG Rz. 54.

87 *Van Lishaut*, in: Rödder/Herlinghaus/van Lishaut, UmwStG, 2. Aufl., Köln 2013, § 4 UmwStG Rz. 50 ff.

88 BMF, Schreiben vom 11. 11. 2011 – IV C 2 – S 1978-b/08/10001, BStBl 2011 I S. 1314 Rn. 04.09 i. V. m. 04.11; *Schmitt*, in: Schmitt/Hörtnagl/Stratz, UmwG – UmwStG, 6. Aufl., München 2013, § 4 UmwStG Rz. 71, 72, a. A. *Benecke*, in: PricewaterhouseCoopers, Reform des Umwandlungssteuerrechts, Stuttgart 2007, Rz. 1107.

89 *Schmitt*, in: Schmitt/Hörtnagl/Stratz, UmwG – UmwStG, 6. Aufl., München 2013, § 4 UmwStG Rz. 63.

90 *Van Lishaut*, in: Rödder/Herlinghaus/van Lishaut, UmwStG, 2. Aufl., Köln 2013, § 4 UmwStG Rz. 55 f.

91 BMF, Schreiben vom 11. 11. 2011 – IV C 2 – S 1978-b/08/10001, BStBl 2011 I S. 1314 Rn. 04.15; *Schmitt*, in: Schmitt/Hörtnagl/Stratz, UmwG – UmwStG, 6. Aufl., München 2013, § 4 UmwStG Rz. 75, *van Lishaut*, in: Rödder/Herlinghaus/van Lishaut, UmwStG, 2. Aufl., Köln 2013, § 4 UmwStG Rz. 63; *Schmitt*, in: Schmitt/Hörtnagl/Stratz, UmwG – UmwStG, 6. Aufl., München 2013, § 4 UmwStG Rz. 75 hinsichtlich DBA nur bei Übertragung auf Kapitalgesellschaft, da nur diese begünstigt.

währt wird, Einbringender aber ein Einzelunternehmer ist.[92] Nunmehr einschränkend zu § 9 Nr. 2a GewStG, BFH, Urteil vom 16. 4. 2014.[93]

- § 6b Rücklage: Die Besitzzeiten gem. § 6b Abs. 4 Satz 1 Nr. 2 EStG der betrieblichen Wirtschaftsgüter der Überträgerin sind der Übernehmerin zuzurechnen.[94]
- Organschaft: Bei Verschmelzung des Organträgers auf einen anderen Rechtsträger und Fortführung des Organschaftsverhältnisses werden die Laufzeiten von übertragender und übernehmender Gesellschaft im Hinblick auf die 5-jährige Mindestlaufzeit gem. § 14 Abs. 1 Nr. 3 KStG zusammengerechnet.[95]

3.3.7 Absetzung für Abnutzung nach Umwandlung

1915 Die planmäßige Absetzung für Abnutzung nach Umwandlung ist grds. abhängig von dem gewählten Wertansatz, dem einzelnen Umwandlungsvorgang und der Frage, ob ein Vorgang der Gesamt- oder Einzelrechtsnachfolge gegeben ist.

1916 Im Falle der Buchwertfortführung sind die Bemessungsgrundlage der **Abschreibung** und der Abschreibungssatz der Überträgerin durch die Übernehmerin fortzuführen. Die Möglichkeit zum Wechsel von der degressiven zur linearen AfA nach § 7 Abs. 3 EStG bleibt weiterhin bestehen.[96]

1917 In den Fällen des Zwischenwertansatzes oder des Ansatzes zum gemeinen Wert gelten hinsichtlich der planmäßigen Absetzung für Abnutzung die in der nachfolgenden Tabelle zusammengefassten Grundsätze.

TAB. 3: Absetzung für Abnutzung nach Aufstockung

	Umwandlungen 2. bis 5. Teil UmwStG		**Umwandlungen 6. bis 8. Teil UmwStG**	
	sonstige WG[1]	**Gebäude**	**sonstige WG[1]**	**Gebäude**
Gemeiner Wert / Gesamtrechtsnachfolge	Aufstockungsbetrag erhöht BMG. AfA-Methode bleibt gleich. RND wird neu geschätzt; ggf. neuer AfA-Satz.[2]	Aufstockungsbetrag erhöht BMG. AfA-Methode bleibt gleich. Der AfA-Satz bleibt gleich.[3]	Aufstockungsbetrag erhöht BMG. AfA-Methode bleibt gleich. Der AfA-Satz bleibt gleich.[4]	Aufstockungsbetrag erhöht BMG. AfA-Methode bleibt gleich. Der AfA-Satz bleibt gleich.[4]
Gemeiner Wert / Einzelrechtsnachfolge	Einzelrechtsnachfolge ist nicht möglich.	Einzelrechtsnachfolge ist nicht möglich.	Einzelrechtsnachfolge gilt als Anschaffung. AfA nach allgemeinen Gewinnermittlungsvorschriften.[5]	Einzelrechtsnachfolge gilt als Anschaffung. AfA nach allgemeinen Gewinnermittlungsvorschriften.[5]

92 *Schmitt*, in: Schmitt/Hörtnagl/Stratz, UmwG – UmwStG, 6. Aufl., München 2013, § 23 UmwStG, Rz. 34.

93 BFH, Urteil vom 16. 4. 2014 – I R 44/13, DStR 2014, S. 1229.

94 BMF, Schreiben vom 11. 11. 2011 – IV C 2 – S 1978-b/08/10001, BStBl 2011 I S. 1314 Rn. 04.15, 12.04; *Rödder*, in: Rödder/Herlinghaus/van Lishaut, UmwStG, 2. Aufl., Köln 2013, § 12 UmwStG Rz. 100.

95 BMF, Schreiben vom 11. 11. 2011 – IV C 2 – S 1978-b/08/10001, BStBl 2011 I S. 1314 Rn. Org. 11; *Schmitt*, in: Schmitt/Hörtnagl/Stratz, UmwG – UmwStG, 6. Aufl., München 2013, § 12 UmwStG, Rz. 82.

96 *Van Lishaut*, in: Rödder/Herlinghaus/van Lishaut, UmwStG, 2. Aufl., Köln 2013, § 4 UmwStG Rz. 52.

	Umwandlungen 2. bis 5. Teil UmwStG		Umwandlungen 6. bis 8. Teil UmwStG	
	sonstige WG[1]	Gebäude	sonstige WG[1]	Gebäude
Zwischenwert / Gesamtrechtsnachfolge	Aufstockungsbetrag erhöht BMG. AfA-Methode bleibt gleich. RND wird neu geschätzt; ggf. neuer AfA-Satz.[6]	Aufstockungsbetrag erhöht BMG. AfA-Methode bleibt gleich. Der AfA-Satz bleibt gleich.[7]	Aufstockungsbetrag erhöht BMG. AfA-Methode bleibt gleich. Der AfA-Satz bleibt gleich.[8]	Aufstockungsbetrag erhöht BMG. AfA-Methode bleibt gleich. Der AfA-Satz bleibt gleich.[8]
Zwischenwert / Einzelrechtsnachfolge	Einzelrechtsnachfolge ist nicht möglich.	Einzelrechtsnachfolge ist nicht möglich.	Aufstockungsbetrag erhöht BMG. AfA-Methode bleibt gleich. Der AfA-Satz bleibt gleich.[8]	Aufstockungsbetrag erhöht BMG. AfA-Methode bleibt gleich. Der AfA-Satz bleibt gleich.[8]

[1] Nicht in den sonstigen Wirtschaftsgütern enthalten ist der Geschäfts- oder Firmenwert. Dieser hat steuerlich nach § 7 Abs. 1 Satz 3 EStG eine Nutzungsdauer von 15 Jahren.

[2] BMF, Schreiben vom 11.11.2011 – IV C 2 – S 1978-b/08/10001, BStBl 2011 I S. 1314 Rn. 04.10; *Schmitt*, in: Schmitt/Hörtnagl/Stratz, UmwG – UmwStG, 6. Aufl., München 2013, § 4 UmwStG Rz. 60.

[3] BMF, Schreiben vom 11.11.2011 – IV C 2 – S 1978-b/08/10001, BStBl 2011 I S. 1314 Rn. 04.10; *van Lishaut*, in: Rödder/Herlinghaus/van Lishaut, UmwStG, 2. Aufl., Köln 2013, § 4 UmwStG Rz. 72; *Schmitt*, in: Schmitt/Hörtnagl/Stratz, UmwG – UmwStG, 6. Aufl., München 2013, § 4 UmwStG Rz. 79-87.

[4] Die Ansicht ist strittig, vgl. m. w. N. *Schmitt*, in: Schmitt/Hörtnagl/Stratz, UmwG – UmwStG, 6. Aufl., München 2013, § 23 UmwStG Rz. 79-86 i. V. m. Rz. 101; a. A. BMF, Schreiben vom 11.11.2011 – IV C 2 – S 1978-b/08/10001, BStBl 2011 I S. 1314 Rn. 23.19 i. V. m. 23.15; die Finanzverwaltung schätzt im Rahmen der degressiven Abschreibung i. S. d. § 7 Abs. 2 EStG nach § 23 Abs. 3 Satz 1 Nr. 2 UmwStG die Restnutzungsdauer im Zeitpunkt der Einbringung neu.

[5] BMF, Schreiben vom 11.11.2011 – IV C 2 – S 1978-b/08/10001, BStBl 2011 I S. 1314 Rn. 23.21; m. w. N. *Schmitt*, in: Schmitt/Hörtnagl/Stratz, UmwG – UmwStG, 6. Aufl., München 2013, § 23 UmwStG Rz. 99; *Ritzer*, in: Rödder/Herlinghaus/van Lishaut, UmwStG, 2. Aufl., Köln 2013, § 23, Rz. 253.

[6] BMF, Schreiben vom 11.11.2011 – IV C 2 – S 1978-b/08/10001, BStBl 2011 I S. 1314 Rn. 04.10; BFH, Urteil vom 29.11.2007 – IV R 73/02, BStBl 2008 II S. 407; *Schmitt*, in: Schmitt/Hörtnagl/Stratz, UmwG – UmwStG, 6. Aufl., München 2013, § 4 UmwStG Rz. 60.

[7] Das ist die Ansicht der Finanzverwaltung, BMF, Schreiben vom 11.11.2011 – IV C 2 – S 1978-b/08/10001, BStBl 2011 I S. 1314 Rn. 04.10; a. A. m. w. N. *Schmitt*, in: Schmitt/Hörtnagl/Stratz, UmwG – UmwStG, 6. Aufl., München 2013, § 4 UmwStG Rz. 79-87.

[8] Die Ansicht ist strittig, vgl. m. w. N. *Schmitt*, in: Schmitt/Hörtnagl/Stratz, UmwG – UmwStG, 6. Aufl., München 2013, § 23 UmwStG Rz. 77-86; a. A. BMF, Schreiben vom 11.11.2011 – IV C 2 – S 1978-b/08/10001, BStBl 2011 I S. 1314 Rn. 23.15, die Finanzverwaltung schätzt im Rahmen der degressiven Abschreibung i. S. d. § 7 Abs. 2 EStG nach § 23 Abs. 3 Satz 1 Nr. 2 UmwStG die Restnutzungsdauer im Zeitpunkt der Einbringung neu.

3.3.8 Steuerliche Rückbeziehung und Stichtag der steuerlichen Übertragungsbilanz

3.3.8.1 Grundlagen

1918 Die Übertragung von Vermögen ist steuerbilanziell grundsätzlich erst mit Übertragung des wirtschaftlichen Eigentums vollzogen. Die Übertragung des wirtschaftlichen Eigentums erfolgt regelmäßig zu dem Zeitpunkt, zu dem nach dem Willen der Beteiligten und nach der tatsächlichen Durchführung Besitz und Gefahr, Nutzen und Lasten auf den übernehmenden Rechtsträger übergehen. Ab diesem Zeitpunkt sind grds. die mit dem zu übertragenden Vermögen erzielten Einkünfte der Übernehmerin zuzurechnen. Von diesem Grundsatz enthält das Umwandlungssteuergesetz für die einzelnen Umwandlungsvorgänge insoweit eine abweichende Regelung, wonach für die steuerliche Zurechnung der mit dem übertragenen Vermögen erzielten Einkünfte grds. alleine jeweils der steuerliche Übertragungsstichtag maßgeblich ist.

1919 Der **steuerliche Übertragungsstichtag** ist der Zeitpunkt, zu dem der Vermögensübergang steuerlich als erfolgt gilt, d. h. zu dem die Einkommenswirkungen des Vermögensübergangs eintreten, und ab dem die mit dem Vermögen erzielten Einkünfte der Übernehmerin zuzurechnen sind.[97]

1920 Soweit eine steuerliche Übertragungsbilanz aufzustellen ist, ist diese auf den steuerlichen Übertragungsstichtag aufzustellen.[98]

1921 In den Fällen der **übertragenden Umwandlung im 2. bis 4. Teil** des Umwandlungssteuergesetzes hat der übertragende Rechtsträger gem. § 17 Abs. 2 UmwG eine handelsrechtliche Übertragungsbilanz aufzustellen. In diesen Fällen bestimmt der Stichtag der handelsrechtlichen Übertragungsbilanz gem. § 2 Abs. 1 UmwStG zugleich zwingend den steuerlichen Übertragungsstichtag. Bei der Verschmelzung von Kapitalgesellschaften findet die steuerliche Rückwirkung auf Anteilseignerebene keine Anwendung.[99]

1922 In den Fällen der **Sacheinlage in eine Kapitalgesellschaft** durch einen Vorgang der **Gesamtrechtsnachfolge** besteht gem. § 20 Abs. 5 und 6 Satz 1 und 2 UmwStG ein antragsgebundenes Wahlrecht, als steuerlichen Übertragungsstichtag den Tag der handelsrechtlichen Übertragungsbilanz zu wählen. Bei einem Vorgang der **Einzelrechtsnachfolge** besteht gem. § 20 Abs. 6 Satz 3 UmwStG ein Wahlrecht, die Einbringung auf einen beliebigen Stichtag zurückzubeziehen, der max. 8 Monate vor dem Zeitpunkt des Übergangs des Vermögens liegt. Nach h. M. wird das Wahlrecht zur Rückbeziehung vom Übernehmer ausgeübt.[100]

1923 Eine steuerliche Rückbeziehung ist für **Einbringungen gem. § 21 UmwStG**[101] nicht möglich.

---

97 *Hörtnagl*, in: Schmitt/Hörtnagl/Stratz, UmwG – UmwStG, 6. Aufl., München 2013, § 2 UmwStG Rz. 17 ff.

98 *Schmitt*, in: Schmitt/Hörtnagl/Stratz, UmwG – UmwStG, 6. Aufl., München 2013, § 3 UmwStG Rz. 22 ff., § 9 UmwStG Rz. 9, § 11 UmwStG Rz. 15 ff., § 25 UmwStG Rz. 42.

99 BMF, Schreiben vom 11. 11. 2011, BStBl 2011 I S. 1314, Rz. 1306, 02.03; *Neumann*, in: Rödder/Herlinghaus/Van Lishaut, UmwStG, § 13 Rn. 20.

100 BMF, Schreiben vom 11. 11. 2001 – IV C 2 – S 1978-b/08/10001, BStBl 2011 I S. 1314 Rn. 20.14, 20.21; *Patt*, in: Dötsch/Jost/Pung/Witt, Die Körperschaftsteuer, Stuttgart, 74. Lfg., § 20 UmwStG (SEStEG) Rz. 304.

101 *Schmitt*, in: Schmitt/Hörtnagl/Stratz, UmwG – UmwStG, 6. Aufl., München 2013, § 21 UmwStG Rz. 35.

In den Fällen einer **Sacheinlage in eine Personengesellschaft** durch **Gesamtrechtsnachfolge** besteht gem. § 24 Abs. 4 UmwStG das antragsgebundene Wahlrecht wie bei der Einbringung in eine Kapitalgesellschaft gem. § 20 Abs. 5 und 6 Satz 1 und 2 UmwStG. In Fällen der **Einzelrechtsnachfolge** ist eine Rückbeziehung nicht möglich. 1924

Der **steuerliche Rückwirkungszeitraum** ist in Fällen der **Gesamtrechtsnachfolge** die Zeit zwischen dem steuerlichen Übertragungsstichtag, welcher durch den Stichtag der handelsrechtlichen Übertragungsbilanz bestimmt wird, und dem Tag der maßgeblichen Eintragung der Umwandlung im Handelsregister, mit dem der zivilrechtliche Vermögensübergang erfolgt.[102] In Fällen der **Einzelrechtsnachfolge** ist der steuerliche Rückwirkungszeitraum die Zeit zwischen dem steuerlichen Übertragungsstichtag und dem Zeitpunkt des Abschlusses des Einbringungsvertrages bzw. dem dort bestimmten späteren Zeitpunkt des Übergang des wirtschaftlichen Eigentums. 1925

Die **Wirkung der steuerlichen Rückbeziehung** ist in allen genannten Fällen vom Grundsatz her identisch und beschränkt auf die Ertragsteuern. Besonderheiten gelten gem. § 2 Abs. 4 UmwStG u. a. dann, wenn es nur aufgrund der steuerlichen Rückwirkung zur Nutzung von Verlusten bzw. negativen Einkünften im Rückwirkungszeitraum kommt. Umstritten sind die Auswirkungen bei sog. Kettenumwandlungen, d. h. wenn mehrere ineinandergreifende Umwandlungen stattfinden und sich die Rückwirkungszeiträume überschneiden.[103] Die steuerliche Rückbeziehung entfaltet u. a. keine Wirkung für die Grunderwerbsteuer, Umsatzsteuer und Erbschaftsteuer.[104] Bei abweichenden ausl. Rückwirkungsregelungen gilt eine spezielle Missbrauchsvermeidungsnorm (§ 2 Abs. 3 UmwStG). 1926

3.3.8.2 Vorgänge im steuerlichen Rückwirkungszeitraum

Für Vorgänge im Rückwirkungszeitraum sind u. a. folgende ausgewählte steuerbilanzielle Aspekte zu beachten: 1927

Lieferungen und Leistungen zwischen Überträgerin und Übernehmerin im steuerlichen Rückwirkungszeitraum stellen hinsichtlich des übergehenden Vermögens innerbetriebliche Vorgänge dar. Gewinne und Verluste aus diesen Transaktionen sind zu eliminieren.[105] Bei einer Veräußerung eines Wirtschaftsgutes von der Überträgerin an die Übernehmerin im steuerlichen Rückwirkungszeitraum ist ein etwaiger Veräußerungsgewinn zu eliminieren und das Wirtschaftsgut beim Erwerber mit dem bisherigen Buchwert des Veräußerers anzusetzen, ggf. erhöht um Anschaffungsnebenkosten.[106] 1928

Bei Umwandlung einer Kapitalgesellschaft in eine Personengesellschaft gilt für **offene Gewinnausschüttungen**, die vor dem steuerlichen Übertragungsstichtag beschlossen worden sind und nach dem steuerlichen Übertragungsstichtag abfließen, die Rückwir- 1929

102 *Van Lishaut*, in: Rödder/Herlinghaus/van Lishaut, UmwStG, 2. Aufl., Köln 2013, § 2 UmwStG Rz. 18.

103 *Hörtnagl*, in: Schmitt/Hörtnagl/Stratz, UmwG – UmwStG, 6. Aufl., München 2013, § 2 UmwStG Rz. 27 ff. sowie *Pyszka*, DStR 2013 S. 1462 ff.

104 BMF, Schreiben vom 11. 11. 2011 – IV C 2 – S 1978-b/08/10001, BStBl 2011 I S. 1314 Rn. 01.01.

105 BMF, Schreiben vom 11. 11. 2011 – IV C 2 – S 1978-b/08/10001, BStBl 2011 I S. 1314 Rn. 02.13.

106 *Hörtnagl*, in: Schmitt/Hörtnagl/Stratz, UmwG – UmwStG, 6. Aufl., München 2013, § 2 UmwStG Rz. 65 m. w. N.

kungsfiktion nicht. Sie gelten als am steuerlichen Übertragungsstichtag bei der Überträgerin erfolgt. Für sie ist in der steuerlichen Übertragungsbilanz ein Schuldposten "Ausschüttungsverbindlichkeit" auszuweisen, der bei der Übernehmerin im Falle der Zahlung erfolgsneutral ausgebucht wird.[107] Für nach dem steuerlichen Übertragungsstichtag begründete und abfließende offene Gewinnausschüttungen ist im Falle des Ausscheidens eines Anteilseigners aus der Überträgerin vor Eintragung ins Handelsregister die ihm zufließende Ausschüttung noch der Überträgerin zuzuordnen und in deren Übertragungsbilanz ein "passiver Korrekturposten" zu bilden, der von der Übernehmerin bei Zahlung erfolgsneutral ausgebucht wird.[108]

1930 Bei der übertragenden Kapitalgesellschaft im steuerlichen Rückwirkungszeitraum durchgeführte **Kapitalerhöhungen** sind steuerlich auf den Übertragungsstichtag zurückzubeziehen. Die neuen Anteile nehmen an der Umwandlung teil.[109]

1931 Bei Umwandlung einer Kapitalgesellschaft in eine Personengesellschaft werden Zahlungen der Überträgerin an Anteilseigner aufgrund schuldrechtlicher Beziehungen ab dem steuerlichen Übertragungsstichtag in Sondervergütungen gem. § 15 Abs. 1 Satz 1 Nr. 2 EStG umqualifiziert.[110] Wirtschaftsgüter, die bisher an die Überträgerin vermietet werden, können zum steuerlichen Übertragungsstichtag notwendiges **Sonderbetriebsvermögen I** werden.[111]

1932 Bei Einbringung in eine Kapitalgesellschaft gem. § 20 UmwStG nehmen **Einlagen im Rückwirkungszeitraum** nicht an der Rückwirkungsfiktion teil. Bei der Überträgerin ist hierfür am steuerlichen Übertragungsstichtag ein aktiver Korrekturposten zu bilden, der bei der Übernehmerin im Zeitpunkt der tatsächlichen Zuführung der Einlage zu verrechnen ist. Entsprechend ist für **Entnahmen im Rückwirkungszeitraum** am steuerlichen Übertragungsstichtag bei der Überträgerin ein passiver Korrekturposten zu bilden, der im Zeitpunkt der späteren Entnahme steuerneutral zu verrechnen ist.[112]

3.4. Einzelfragen zu bestimmten Umwandlungsarten

3.4.1 Formwechsel

1933 Der Formwechsel wird handelsbilanziell entsprechend der zivilrechtlichen Wertung nicht als Veräußerungs- und Anschaffungsvorgang behandelt. Die Identität des Rechtsträgers bleibt gewahrt. Eine Handelsbilanz ist anlässlich des Formwechsels weder von

107 BMF, Schreiben vom 11. 11. 2011 – IV C 2 – S 1978-b/08/10001, BStBl 2011 I S. 1314 Rn. 02.27, 02.30; *Van Lishaut*, in: Rödder/Herlinghaus/van Lishaut, UmwStG, 2. Aufl., Köln 2013, § 2 UmwStG Rz. 61.

108 BMF, Schreiben vom 11. 11. 2011 – IV C 2 – S 1978-b/08/10001, BStBl 2011 I S. 1314 Rn. 02.31-02.33; *Van Lishaut*, in: Rödder/Herlinghaus/van Lishaut, UmwStG, 2. Aufl., Köln 2013, § 2 UmwStG Rz. 62-65 m. w. N.

109 Dies gilt sowohl bei Zeichnung der neuen Anteile durch Altgesellschafter wie auch durch neu hinzutretende Gesellschafter, vgl. *Hörtnagl*, in: Schmitt/Hörtnagl/Stratz, UmwG – UmwStG, 6. Aufl., München 2013, § 2 UmwStG Rz. 69; wohl auch *van Lishaut*, in: Rödder/Herlinghaus/van Lishaut, UmwStG, 2. Aufl., Köln 2013, § 2 UmwStG Rz. 72; a. A. *Widmann*, in: Widmann/Mayer, Umwandlungsrecht, München, 46. Lfg., § 2 UmwStG, Rz. 234, *Dötsch*, in: Dötsch/Patt/Pung/Möhlenbrock, Umwandlungssteuerrecht, Stuttgart, 77. Lfg., § 2 UmwStG, Rz. 47.

110 BMF, Schreiben vom 11. 11. 2011 – IV C 2 – S 1978-b/08/10001, BStBl 2011 I S. 1314 Rn. 02.36.

111 *Van Lishaut*, in: Rödder/Herlinghaus/van Lishaut, UmwStG, 2. Aufl., Köln 2013, § 2 UmwStG Rz. 93-97.

112 *Patt*, in: Dötsch/Jost/Pung/Witt, Die Körperschaftsteuer, Stuttgart, 74. Lfg., § 20 UmwStG Rz. 319–325.

der Gesellschaft alter Rechtsform noch von der Gesellschaft neuer Rechtsform aufzustellen.[113] Auch entsteht durch den Formwechsel im Jahr des Übergangs kein Rumpfgeschäftsjahr. Die Gesellschaft in neuer Rechtsform ist an die ursprünglichen (fortgeschriebenen) Anschaffungskosten der Gesellschaft ursprünglicher Rechtsform gebunden. Eine Aufstockung der Buchwerte in der Handelsbilanz anlässlich des Formwechsels ist nicht zulässig.[114]

Ein Formwechsel innerhalb desselben Besteuerungsregimes ist steuerlich ohne Rele- 1934
vanz. Formwechsel einer Kapital- in eine Personengesellschaft und umgekehrt (sog. kreuzender Formwechsel[115]) hingegen werden abweichend von der zivilrechtlichen und handelsbilanziellen Betrachtung steuerlich als Veräußerungs- und Anschaffungsvorgang behandelt.[116] In diesen Fällen des Formwechsels hat gem. §§ 9 Satz 2, 25 Satz 2 UmwStG jeweils die übertragende Gesellschaft eine steuerliche Übertragungsbilanz und die übernehmende Gesellschaft eine steuerliche Eröffnungsbilanz auf den steuerlichen Übertragungsstichtag zu erstellen.

Für den Formwechsel einer Kapitalgesellschaft in eine Personengesellschaft gelten 1935
gem. § 9 UmwStG die Regelungen der §§ 3 bis 8 und 10 UmwStG entsprechend. Für den Formwechsel einer Personengesellschaft in eine Kapitalgesellschaft gelten gem. § 25 UmwStG die Regelungen der §§ 20 ff. UmwStG entsprechend. Es besteht jeweils entsprechend der genannten Vorschriften ein steuerliches Bewertungswahlrecht hinsichtlich des Ansatzes zum Buch-, Zwischenwert oder gemeinen Wert sowie die Möglichkeit der steuerlichen Rückbeziehung des Formwechsels.

3.4.2 Bilanzierung beim Down-Stream-Merger einer Kapitalgesellschaft auf eine Kapitalgesellschaft

Unter einem Down-Stream-Merger versteht man eine Verschmelzung zur Aufnahme 1936
auf einen anderen bestehenden Rechtsträger i. S. d. § 2 Nr. 1 UmwG, bei der der übertragende Rechtsträger am übernehmenden Rechtsträger beteiligt ist (sog. Abwärtsverschmelzung).

Im Falle eines Down-Stream-Mergers einer **Kapitalgesellschaft auf eine Kapitalgesell- 1937
schaft** braucht die übernehmende Gesellschaft gem. § 54 Abs. 1 Satz 2 Nr. 2 UmwG ihr Stammkapital nicht erhöhen.

Steuerlich besteht gem. § 11 Abs. 2 Satz 1 Nr. 3 UmwStG das Bewertungswahlrecht gem. 1938
§ 11 Abs. 2 Satz 1 UmwStG auch dann, wenn eine Gegenleistung nicht gewährt wird.[117]

113 *Grottel/Gadek* in: Beck'scher Bilanz-Kommentar, 9. Aufl., München 2014, § 255 Rz. 43; *Bula/Schlösser*, in: Sagasser/Bula/Brünger, Umwandlungen, 3. Aufl., München 2002, Anm. S 8; IDW RS HFA 41 Rz. 3, 22, FN-IDW 10/2012, S. 539 ff.; *Decher*, in: Lutter/Winter, UmwG, 4. Aufl., Köln 2009, § 192 Anm. 64.

114 *Förschle/Hoffmann*, in: Budde/Förschle/Winkeljohann, Sonderbilanzen – Von der Gründungsbilanz bis zur Liquidationsbilanz, 4. Aufl., München 2008, Teil L Rz. 30, IDW RS HFA 41 Rz. 5, FN-IDW 10/2012 S. 539 ff.; a. A. *Priester*, DB 1995 S. 911, der bei Formwechsel von Personengesellschaften in Kapitalgesellschaften eine Aufstockung der Wertansätze bis zu Zeitwerten für zulässig hält; ebenso wohl *Joost*, in: Lutter/Winter, UmwG, 4. Aufl., Köln 2009, § 220 Rz. 23, der den Ansatz der Verkehrswerte insoweit, als dies zur Deckung des Kapitals erforderlich ist, für zulässig erachtet.

115 *Graw*, in: Rödder/Herlinghaus/van Lishaut, UmwStG, 2. Aufl., Köln 2013, § 1 UmwStG Rz. 111.

116 BMF, Schreiben vom 11. 11. 2011 – IV C 2 – S 1978-b/08/10001, BStBl 2011 I S. 1314 Rn. 00.02.

117 *Rödder*, in: Rödder/Herlinghaus/van Lishaut, UmwStG, 2. Aufl., Köln 2013, § 11 UmwStG Rz. 139 m. w. N.

1939 **Eigene Anteile**, die die übertragende Körperschaft am steuerlichen Übertragungsstichtag besitzt, gehen mit der Verschmelzung unter und gehen damit nicht auf die übernehmende Körperschaft über. Die eigenen Anteile sind bereits in der steuerlichen Schlussbilanz der übertragenden Körperschaft nicht mehr zu erfassen. Sie werden steuerlich erfolgsneutral ausgebucht.[118]

1940 Bei **Anteilen der Überträgerin an der Übernehmerin** ist wie folgt zu unterscheiden: Werden diese im Zuge der Verschmelzung zu eigenen Anteilen der übernehmenden Kapitalgesellschaft, so besteht nach derzeit h. M. unter den Voraussetzungen des § 11 Abs. 2 UmwStG nicht die Notwendigkeit, die stillen Reserven in diesen Anteilen beim übertragenden Rechtsträger aufzudecken. Dies gilt selbst dann, wenn die übernehmende Gesellschaft die Anteile einzieht, da dies körperschaftsteuerrechtlich ein neutraler gesellschaftsrechtlicher Vorgang ist und sich das tatsächliche Vermögen des übernehmenden Rechtsträgers nicht schmälert.[119]

1941 Werden diese an die Gesellschafter der übertragenden Gesellschaft als Gegenleistung für i. R. d. Verschmelzung untergehende Anteile an der übertragenden Gesellschaft ausgekehrt, werden auch diese steuerlich erfolgsneutral ausgebucht (nachdem allerdings ggf. zunächst die Beteiligungskorrektur nach § 11 Abs. 2 Satz 2 f. UmwStG vorzunehmen ist).[120]

1942 Die Frage, ob diese Anteile im Wege des sog. Direkterwerbs unmittelbar an die Anteilseigner der übertragenen Gesellschaft ausgekehrt werden oder im Wege des sog. Durchgangserwerbs zunächst für eine logische Sekunde von der Tochtergesellschaft übernommen werden, wird steuerlich im wesentlichen im Hinblick auf die Frage diskutiert, ob die Anteile zu den „übergehenden Wirtschaftsgütern" gem. § 11 Abs. 2 Satz 1 UmwStG gehören und das Bewertungswahlrecht insoweit nur gegeben ist, wenn die Besteuerung der stillen Reserven in diesen Anteilen im Inland gegeben ist.[121]

4. ABC ausgewählter Bilanzpositionen

1943 Das nachfolgende ABC ausgewählter Bilanzpositionen gibt einen Überblick über die steuerbilanzielle Abbildung ausgewählter praxisrelevanter Sachverhalte im Rahmen von Umwandlungen nach den UmwStG für den übertragenden wie auch für den übernehmenden Rechtsträger.

---

118 BMF, Schreiben vom 11. 11. 2011 – IV C 2 – S 1978-b/08/10001, BStBl 2011 I S. 1314 Rn. 03.05, *Rödder*, in: Rödder/Herlinghaus/van Lishaut, UmwStG, 2. Aufl., Köln 2013, § 3 UmwStG Rz. 78; *Schmitt*, in: Schmitt/Hörtnagl/Stratz, UmwG – UmwStG, 6. Aufl., München 2013, § 3 UmwStG Rz. 82.

119 *Schmitt*, in: Schmitt/Hörtnagl/Stratz, UmwG – UmwStG, 6. Aufl., München 2013, § 11 UmwStG Rz. 99, 100; a. A. *Herrmann/Heuer/Raupach*, § 14 UmwStG 1977, Rn. 39.

120 *Rödder* in: Rödder/Herlinghaus/van Lishaut, UmwStG, 2. Aufl., Köln 2013, § 11 UmwStG Rz. 162; *Schmitt*, in: Schmitt/Hörtnagl/Stratz, UmwG – UmwStG, 6. Aufl., München 2013, § 11 UmwStG Rz. 75; a. A. BMF, Schreiben vom 11. 11. 2011 – IV C 2 – S 1978-b/08/10001, BStBl 2011 I S. 1314 Rn. 11.19.

121 Nach Auffassung im Schrifttum gehören die Anteile nicht zu den „übergehenden Wirtschaftsgütern" i. S. d. § 11 Abs. 2 Satz 1 UmwStG; vgl. *Rödder* in: Rödder/Herlinghaus/van Lishaut, UmwStG, 2. Aufl., Köln 2013, § 11 UmwStG Rz. 162; *Schmitt*, in: Schmitt/Hörtnagl/Stratz, UmwG – UmwStG, 6. Aufl., München 2013, § 11 UmwStG Rz. 75; a. A. BMF, Schreiben vom 11. 11. 2011 – IV C 2 – S 1978-b/08/10001, BStBl 2011 I S. 1314 Rn. 11.19, nach Ansicht des BMF sind die Voraussetzungen des § 11 Abs. 2 S. 1 Nr. 2 und 3 UmwStG mit Blick auf die Anteilseigner der übernehmenden Körperschaft zu prüfen.

Änderungen beim übertragenden Rechtsträger aufgrund Betriebsprüfung: Ändern sich im Falle der Buchwertfortführung die Ansätze der steuerlichen Schlussbilanz beim übertragenden Rechtsträger nachträglich, z. B. aufgrund einer Betriebsprüfung, ist die Übernahmebilanz des übernehmenden Rechtsträgers entsprechend zu ändern. Die Änderung erfolgt nach § 175 Abs. 1 Satz 1 Nr. 2 AO. Eine Bilanzberichtigung ist möglich, wenn bei der Übertragung des Vermögens der gemeine Wert zum Ansatz kommen sollte, und sich später z. B. aufgrund einer Betriebsprüfung ergibt, dass die gemeinen Werte tatsächlich höher oder niedriger anzusetzen sind.[122] 1944

Ausgleichsposten bei Abweichungen zwischen handelsrechtlichem und steuerrechtlichem Wertansatz bei Verschmelzung von Kapitalgesellschaften gem. § 11 UmwStG: Gewährt bei einer Verschmelzung gem. §§ 11 ff. UmwStG die übernehmende Körperschaft als Gegenleistung für die Vermögensübertragung neue aus der Kapitalerhöhung entstehende Gesellschaftsrechte an die Anteilseigner der übertragenden Körperschaft, deren Nennwert höher ist als das Nettobuchwertvermögen des übertragenden Rechtsträgers, so wie es sich aus der steuerlichen Schlussbilanz des übertragenden Rechtsträgers ergibt, führt dies nicht zu einer Aufstockung der stillen Reserven in der steuerlichen Übernahmebilanz. Der Differenzbetrag ist vielmehr als steuerliches Minuskapital auf der Aktivseite auszuweisen. Dieser Ausgleichsposten kann nicht abgeschrieben werden, ist jedoch ggf. mit künftig entstehendem steuerlichen Mehrkapital verrechenbar.[123] Entsprechendes gilt in Fällen der Spaltung unter Einbeziehung von Kapitalgesellschaften gem. § 15 UmwStG. 1945

Ausgleichsposten bei Abweichungen zwischen handelsrechtlichem und steuerrechtlichem Wertansatz bei Einbringung in eine Kapitalgesellschaft gem. § 20 UmwStG: Soweit bei einer Einbringung gem. § 20 UmwStG der Ansatz der Sacheinlage in der Steuerbilanz der übernehmenden Gesellschaft den Ansatz der Sacheinlage in der Handelsbilanz der übernehmenden Gesellschaft unterschreitet, ist ein steuerlicher Ausgleichsposten zu bilden. Der steuerliche Ausgleichsposten ist nicht Bestandteil des Betriebsvermögens i. S. d. § 4 Abs. 1 Satz 1 EStG, sondern ein bloßer „Luftposten". Der Ausgleichsposten nimmt nicht am Betriebsvermögensvergleich teil.[124] Er ist nicht abschreibungsfähig und hat keinen Einfluss auf das steuerliche Einlagekonto.[125] 1946

Behandlung organschaftlicher Ausgleichsposten: Bei Umwandlung des Organträgers geht ein in der steuerlichen Schlussbilanz ausgewiesener organschaftlicher Ausgleichsposten[126] im Falle des Buchwertansatzes auf den übernehmenden Rechtsträger über.[127] 1947

122 BMF, Schreiben vom 11. 11. 2011 – IV C 2 – S 1978-b/08/10001, BStBl 2011 I S. 1314 Rn. 20.24; *Schmitt*, in: Schmitt/Hörtnagl/Stratz, UmwG – UmwStG, 6. Aufl., München 2013, § 20 UmwStG Rz. 320.

123 *Schmitt*, in: Schmitt/Hörtnagl/Stratz, UmwG – UmwStG, 6. Aufl., München 2013, § 12 UmwStG Rz. 44.

124 Nach Auffassung der Finanzverwaltung ist die Aktivierung eines Ausgleichspostens nur dann erforderlich, wenn der Buchwert des eingebrachten Betriebs, Teilbetriebs oder Mitunternehmeranteils niedriger ist als das in der Handelsbilanz ausgewiesene gezeichnete Kapital. vgl. BMF, Schreiben vom 11. 11. 2011 – IV C 2 – S 1978-b/08/10001, BStBl 2011 I S. 1314 Rn. 20.20.

125 *Schmitt*, in: Schmitt/Hörtnagl/Stratz, UmwG – UmwStG, 6. Aufl., München 2013, § 20 UmwStG Rz. 270.

126 Kapitel XI Rz. 1690.

127 BMF, Schreiben vom 11. 11. 2011 – IV C 2 – S 1978-b/08/10001, BStBl 2011 I S. 1314 Rn. Org. 05.

Beim Ansatz mit dem gemeinen Wert wird dieser gewinnwirksam aufgelöst. Bei Ansatz eines Zwischenwertes ist der Ausgleichsposten anteilig aufzulösen.[128] Bei einer Verschmelzung der Organgesellschaft auf einen anderen Rechtsträger im Rahmen des Buchwertansatzes bleibt der Ausgleichsposten in der Bilanz des Organträgers bestehen und wandelt sich zum Ausgleichsposten zur Beteiligung an der übernehmenden Gesellschaft.[129] Im Falle der Spaltung hat eine entsprechende Aufteilung zu erfolgen. Wird die Organgesellschaft auf eine Personengesellschaft oder natürliche Person verschmolzen, schreibt § 14 Abs. 4 Satz 5 KStG eine gewinnwirksame Auflösung des organschaftlichen Ausgleichspostens vor.[130]

1948 Zum **Ausgleichsposten anlässlich von Vorgängen im Rückwirkungszeitraum** vgl. Rz. 1928 ff.

1949 **Ausländisches Vermögen/ausländische Betriebsstätte:** Das Bewertungswahlrecht hinsichtlich des Ansatzes des Buchwertes oder eines Zwischenwertes kann für alle Wirtschaftsgüter nur einheitlich ausgeübt werden. Dies gilt grundsätzlich auch für Wirtschaftsgüter einer ausländischen Betriebsstätte, die aufgrund des Umwandlungsvorgangs erstmals unter die deutsche Besteuerungshoheit fallen. Fraglich ist aber, ob für solche Wirtschaftsgüter nach § 4 Abs. 1 Satz 8 i.V. m. § 6 Abs. 1 Nr. 5 bzw. Nr. 5a EStG der Teilwert/gemeiner Wert anzusetzen ist.[131]

1950 **Ausschüttungsverbindlichkeiten bei Umwandlung unter Beteiligung von Kapitalgesellschaften als übertragendem Rechtsträger:** Die vor dem steuerlichen Übertragungsstichtag beschlossenen Ausschüttungsverbindlichkeiten sind in der steuerlichen Schlussbilanz zu passivieren, falls die Auszahlung bis zum steuerlichen Übertragungsstichtag noch nicht erfolgt ist. Bei im Rückwirkungszeitraum beschlossenen Ausschüttungen ist im Hinblick auf den auf ausscheidende Gesellschafter entfallenden Anteil der Ausschüttung ein Korrekturposten passivisch zu erfassen.[132]

1951 **Ausstehende Einlagen bei Umwandlung unter Beteiligung von Kapitalgesellschaften als übertragendem Rechtsträger:** Eingeforderte Einlagen sind nach h.A. als Forderungen der Überträgerin auf ausstehendes Stamm-/Grundkapital in der steuerlichen Schlussbilanz zu aktivieren. Die Aktivierung ist umstritten, falls die Einlagen noch nicht einge-

128 Vgl. BMF, Schreiben vom 11. 11. 2011 – IV C 2 – S 1978-b/08/10001, BStBl 2011 I S. 1314 Rn. Org.05-Org.08; a. A. *Suchanek/Schaaf/Hannweber*, Ubg 2012 S. 223.

129 Vgl. *Suchanek/Schaaf/Hannweber*, Ubg 2012 S. 223, a. A. BMF, Schreiben vom 11. 11. 2011 – IV C 2 – S 1978-b/08/10001, BStBl 2011 I S. 1314 Rn. Org.21, die Finanzverwaltung will den Ausgleichsposten in voller Höhe auflösen.

130 *Schmitt*, in: Schmitt/Hörtnagl/Stratz, UmwG – UmwStG, 6. Aufl., München 2013, § 3 UmwStG Rz. 131; zum Thema „Umwandlungen und Organschaft" allgemein vgl. auch *Vogel*, DB 2011 S. 1239.

131 Zu Einzelfragen zu DBA- bzw. nicht-DBA-Fällen vgl. *Rödder* in: Rödder/Herlinghaus/van Lishaut, UmwStG, 2. Aufl., Köln 2013, § 3 UmwStG Rz. 78, 104 ff., § 4 UmwStG Rz. 27 ff., § 11 UmwStG Rz. 159, 162, § 12 UmwStG Rz. 47; *Schmitt*, in: Schmitt/Hörtnagl/Stratz, UmwG – UmwStG, 6. Aufl., München 2013, § 3 UmwStG Rz. 98-100; § 4 UmwStG Rz. 28, § 11 UmwStG Rz. 70, § 12 UmwStG Rz. 21.

132 BMF, Schreiben vom 11. 11. 2011 – IV C 2 – S 1978-b/08/10001, BStBl 2011 I S. 1314 Rn. 02.27, 02.31-02.33; vgl. *Frotscher*, Umwandlungssteuererlass 2011, Freiburg, 2012, zu Randnr. 02.31; *Birkemeier*, in: Rödder/Herlinghaus/van Lishaut, UmwStG, 2. Aufl., Köln 2013, § 11 UmwStG Rz. 162; Rz. 1926.

fordert worden sind.[133] Richtet sich die Einlageforderung gegen die Übernehmerin, so ist sie ebenfalls zunächst in der Schlussbilanz der übertragenden Körperschaft anzusetzen, erlischt dann aber im Rahmen der Konfusion auf Ebene der Übernehmerin als Übernahmefolgegewinn i. S. d. § 6 UmwStG.[134] Vgl. dazu auch Rücklage für Übernahmefolgegewinn.

Eigene Anteile bei Umwandlung unter Beteiligung von Kapitalgesellschaften als übertragendem Rechtsträger: Soweit die Überträgerin am steuerlichen Übertragungsstichtag eigene Anteile hält, gehen diese mit der Verschmelzung unter. Die eigenen Anteile sind in der steuerlichen Schlussbilanz der Überträgerin nicht mehr zu erfassen.[135] Eine gewinnwirksame Ausbuchung der eigenen Anteile ist außerbilanziell wieder hinzuzurechnen.[136] Es erfolgt eine Minderung des steuerlichen Einlagekontos i. S. d. § 27 KStG der übertragenden Körperschaft.[137] 1952

Forderungen und Verbindlichkeiten: Forderungen und Verbindlichkeiten zwischen dem übertragenden und dem übernehmenden Rechtsträger erlöschen zivilrechtlich erst mit der Eintragung in das Handelsregister. Sie sind damit in der steuerlichen Schlussbilanz des übertragenden Rechtsträgers weiterhin zu aktivieren. Ihr Wegfall durch Konfusion ist erst in der steuerlichen Übernahmebilanz des übernehmenden Rechtsträgers zu verbuchen.[138] Wurde die Forderung in der Vergangenheit wertberichtigt, so ist zu prüfen, ob zum steuerlichen Übertragungsstichtag die Voraussetzungen für eine Zuschreibung gem. § 6 Abs. 1 Nr. 2 Satz 3 i. V. m. Nr. 1 Satz 4 EStG vorliegen. Hat der übertragende Rechtsträger eine abgeschriebene Forderung bilanziert, so muss er noch in der steuerlichen Schlussbilanz die Teilwertabschreibung rückgängig machen, falls die Voraussetzungen der Zuschreibung zum Umwandlungsstichtag vorliegen. In diesem Fall entsteht 1953

133 Aktivierung: *Birkemeier*, in: Rödder/Herlinghaus/van Lishaut, UmwStG, 2. Aufl., Köln 2013, § 3 UmwStG Rz. 78, § 12 UmwStG Rz. 47; *Widmann*, in: Widmann/Mayer, Umwandlungsrecht, München, 47. Lfg., § 3 UmwStG Rz. 145; *Schmitt*, in: Schmitt/Hörtnagl/Stratz, UmwG – UmwStG, 6. Aufl., München 2013, § 3 UmwStG Rz. 116, § 12 UmwStG Rz. 22; *Dötsch/Pung*, in: Dötsch/Patt/Pung/Möhlenbrock, Die Körperschaftsteuer, Stuttgart, 73. Lfg., § 3 UmwStG Rz. 56; Keine Aktivierung, unabhängig davon, ob eingefordert oder nicht eingefordert BMF, Schreiben vom 11. 11. 2011 – IV C 2 – S 1978-b/08/10001, BStBl 2011 I S. 1314 Rn. 03.05; *Frotscher*, Umwandlungssteuererlass 2011, Freiburg, 2012, zu Randnr. 03.05.

134 *Schmitt*, in: Schmitt/Hörtnagl/Stratz, UmwG – UmwStG, 6. Aufl., München 2013, § 11 UmwStG Rz. 71; *Ropohl/Sonntag*, in: Haase/Hruschka, UmwStG, Berlin 2012, § 11 Rn. 239, 240; a. A. BMF, Schreiben vom 11. 11. 2011 – IV C 2 – S 1978-b/08/10001, BStBl 2011 I S. 1314 Rn. 03.05.

135 BFH Urteil vom 28. 10. 1964 – IV 208/64, BStBl 1965 III S. 59 zum UmwStG 1957; *Streck/Posdziech*, GmbHR 1995 S. 271; *Widmann*, in: Widmann/Mayer, Umwandlungsrecht, München, 47. Lfg., § 3 UmwStG Rz. 142 ff; BMF, Schreiben vom 11. 11. 2011 – IV C 2 – S 1978-b/08/10001, BStBl 2011 I S. 1314 Rn. 03.05; *Möhlenbrock/Pung*, in: Dötsch/Patt/Pung/Möhlenbrock, Die Körperschaftsteuer, Stuttgart, 73. Lfg., § 3 UmwStG Rz. 59; *Schmitt*, in: Schmitt/Hörtnagl/Stratz, UmwG – UmwStG, 6. Aufl., München 2013, § 3 UmwStG Rz. 82, 121 m. w. N.; nach Inkrafttreten des BilMoG ist der Ausweis eigener Anteile nicht mehr zulässig. Das Problem stellt sich dann nicht mehr.

136 BMF, Schreiben vom 11. 11. 2011 – IV C 2 – S 1978-b/08/10001, BStBl 2011 I S. 1314 Rn. 03.05; *Brinkhaus*, in: Haritz/Benkert, Umwandlungssteuergesetz, 2. Aufl., München 2000, § 3 UmwStG Rz. 71; *Möhlenbrock/Pung*, in: Dötsch/Patt/Pung/Möhlenbrock, Umwandlungssteuerrecht, Stuttgart, 73. Lfg., § 3 UmwStG Rz. 59.

137 *Birkemeier*, in: Rödder/Herlinghaus/van Lishaut, UmwStG, 2. Aufl., Köln 2013, § 3 UmwStG Rz. 78.

138 BMF, Schreiben vom 11. 11. 2011 – IV C 2 – S 1978-b/08/10001, BStBl 2011 I S. 1314 Rn. 03.05, 06.01 ff.

beim übernehmenden Rechtsträger insoweit kein Übernahmefolgegewinn. Das Gleiche gilt auch, wenn der übernehmende Rechtsträger eine Forderung gegenüber dem übertragenden Rechtsträger teilwertberichtigt hat. Ist der übernehmende Rechtsträger verpflichtet, gem. § 6 Abs. 1 Nr. 2 Satz 3 i. V. m. Nr. 1 Satz 4 EStG die Wertminderung rückgängig zu machen, so ist ein daraus entstehender Gewinn kein Übernahmefolgegewinn, eine Rücklagenbildung ist insoweit ausgeschlossen. Allein die Tatsache, dass es durch die Verschmelzung zu einer Konfusion kommt, führt nicht dazu, dass eine wertberichtigte Forderung wieder werthaltig ist.[139]

1954 **Forderungsverzicht mit Besserungsschein:** Verzichtet ein Nicht-Gesellschafter auf eine Forderung gegenüber dem übertragenden Rechtsträger mit Besserungsschein, so ist in der steuerlichen Schlussbilanz des übertragenden Rechtsträgers eine Schuld nicht mehr auszuweisen.[140] Die bedingte Verpflichtung aus dem Forderungsverzicht mit Besserungsschein geht im Wege der Gesamtrechtsnachfolge auf den übernehmenden Rechtsträger über.[141]

1955 **Geschäfts- oder Firmenwert (GoF):** Ein originärer GoF des übertragenden Rechtsträgers darf im Falle der Buchwertfortführung aufgrund von § 5 Abs. 2 EStG nicht aktiviert werden.[142] In der Bilanz des übernehmenden Rechtsträgers wird ein originärer GoF des übertragenden Rechtsträgers lediglich angesetzt, falls im Rahmen des Umwandlungsvorgangs eine Aufstockung der Buchwerte beabsichtigt ist, d. h. der gemeine Wert oder ein Zwischenwert angesetzt werden soll. Im Falle eines Zwischenwertes findet die sog. (modifizierte) Stufentheorie keine Anwendung. Der originäre GoF der Überträgerin ist prozentual mit aufzustocken.[143] Hat der übertragende Rechtsträger einen derivativen GoF bilanziert und findet eine Buchwertfortführung statt, so übernimmt der übernehmende Rechtsträger den derivativen GoF des übertragenden Rechtsträgers nach der steuerlichen Fußstapfentheorie.[144]

1956 **KSt-Guthaben bei Umwandlung unter Beteiligung einer Kapitalgesellschaft als übertragendem Rechtsträger:** Ein noch bestehender Anspruch auf Auszahlung des KSt-Guthabens i. S. d. § 37 Abs. 5 KStG ist in der steuerlichen Schlussbilanz der übertragenden Körperschaft mit dem Barwert als Forderung zu aktivieren. Die Forderung geht zivilrecht-

139 *Schmitt*, in: Schmitt/Hörtnagl/Stratz, UmwG – UmwStG, 6. Aufl., München 2013, § 3 UmwStG Rz. 123; nach Auffassung der Finanzverwaltung ist ein Übernahmefolgegewinn i. S. d. § 6 UmwStG aus der Vereinigung von Forderungen und Verbindlichkeiten auch dann in voller Höhe steuerpflichtig, wenn sich die Forderungsabschreibung wegen § 3c Abs. 2 EStG oder wegen § 8b Abs. 3 Satz 4 ff. KStG nicht ausgewirkt hat, vgl. BMF, Schreiben vom 11. 11. 2011 – IV C 2 – S 1978-b/08/10001, BStBl 2011 I S. 1314 Rn. 06.02; a. A. *Bron*, DStZ 2012, 609; *Frotscher*, Umwandlungssteuererlass 2011, Freiburg, 2012, zu Randnr. 06.02; *Schmitt*, in: Schmitt/Hörtnagl/Stratz, UmwG – UmwStG, 6. Aufl., München 2013, § 3 UmwStG Rz. 123.

140 Kapitel XIII Rz. 2178 ff.

141 *Schmitt*, in: Schmitt/Hörtnagl/Stratz, UmwG – UmwStG, 6. Aufl., München 2013, § 3 UmwStG Rz. 124.

142 *Birkemeier*, in: Rödder/Herlinghaus/van Lishaut, UmwStG, 2. Aufl., Köln 2013, § 4 UmwStG Rz. 58.

143 BMF, Schreiben vom 11. 11. 2011 – IV C 2 – S 1978-b/08/10001, BStBl 2011 I S. 1314 Rn. 03.25, 20.18; *Birkemeier*, in: Rödder/Herlinghaus/van Lishaut, UmwStG, 2. Aufl., Köln 2013, § 3 UmwStG Rz. 127 m. w. N., § 20 UmwStG Rz. 177, § 23 UmwStG Rz. 185; *Schmitt*, in: Schmitt/Hörtnagl/Stratz, UmwG – UmwStG, 6. Aufl., München 2013, § 20 UmwStG Rz. 300, § 24 UmwStG Rz. 186, 188.

144 *Schmitt*, in: Schmitt/Hörtnagl/Stratz, UmwG – UmwStG, 6. Aufl., München 2013, § 4 UmwStG Rz. 33; vgl. Rz. 1894.

lich im Rahmen des betreffenden sich nach den Regelungen des Umwandlungsgesetzes vollziehenden Umwandlungsvorgangs durch Gesamtrechtsnachfolge auf den übernehmenden Rechtsträger über.[145]

Bei der Verschmelzung als einem Vorgang der Gesamtrechtsnachfolge, bei dem der übertragende Rechtsträger erlischt geht die Forderung gem. § 45 Abs. 1 Satz 1 AO auf den übernehmenden Rechtsträger über.[146] Dies gilt nicht bei Umwandlungsvorgängen unter partieller Gesamtrechtsnachfolge/Sonderrechtsnachfolge, da das bisherige Steuerrechtssubjekt nicht erlischt.[147] Insoweit wie auch bei Einzelrechtsnachfolge kann ein Anspruch grundsätzlich nur unter den Voraussetzungen des § 46 AO abgetreten werden.[148]

Behandlung steuerlicher Passivierungsverbote: Im Falle eines Ansatzes des übergehenden Betriebsvermögens mit einem Wert über dem Buchwert sind auch Passiva, für die steuerlich Passivierungsverbote gelten, in der Übertragungsbilanz anzusetzen.[149] Dies gilt insbesondere für Drohverlustrückstellungen gem. § 5 Abs. 4a EStG. Vgl. Kapitel XII Rz. 1894. 1957

Bewertung von Pensionsrückstellungen nach § 6a EStG: Pensionsrückstellungen sind ausschließlich mit dem Wert nach § 6a EStG anzusetzen. Die Bewertung der Pensionsrückstellung nach § 6a EStG gilt unabhängig davon, ob die anderen Wirtschaftsgüter mit einem Buch-, Zwischenwert oder zum gemeinen Wert angesetzt werden.[150] 1958

Bewertung einer Pensionsrückstellung zugunsten eines Gesellschafter-Geschäftsführers bei Umwandlung einer Kapitalgesellschaft auf den Pensionsberechtigten: Bei der Umwandlung einer Körperschaft auf eine natürliche Person ist eine Pensionsrückstellung zugunsten des Gesellschafter-Geschäftsführers auf Ebene der Übernehmerin gewinnerhöhend aufzulösen. Für den Gewinn kann eine Rücklage gem. § 6 Abs. 1 Satz 1 UmwStG gebildet werden. Aufgrund der Umwandlung fallen in diesem Fall Pensionsverpflichtung und Pensionsanwartschaft zusammen und erlöschen durch Konfusion.[151] Wird eine Rückdeckungsversicherung von der übernehmenden natürlichen Person fortgeführt, so geht der Rückdeckungsanspruch auf diese über und wird dadurch Privatvermögen. Die Überführung ins Privatvermögen erfolgt als Entnahme nach § 6 Abs. 1 Nr. 4 1959

145 *Birkemeier,* in: Rödder/Herlinghaus/van Lishaut, UmwStG, 2. Aufl., Köln 2013, § 3 UmwStG Rz. 65.

146 AEAO zu § 45 Nr. 1 Satz 2.

147 AEAO zu § 45 Nr. 2 Satz 1; BFH vom 7. 8. 2002 – I R 99/00, BStBl 2003 II S. 835; Vgl. *Buciek,* in: Beermann/Gosch, § 45 AO Rn. 15; BFH vom 7. 8. 2002 – I R 99/00, BStBl 2003 II S. 835; vom 23. 3. 2005 – III R 20/03, BStBl 2006 II S. 432.

148 Vgl. *Sedemund/Schreiber,* DB 2009 S. 697.

149 Vgl. Rz. 1894; so auch *Frotscher,* in Frotscher/Maas, UmwStG, § 11 UmwStG Rz. 54, Stand: 10. 4. 2012; auch nach Ansicht der Finanzverwaltung gelten die steuerlichen Ansatzverbote des § 5 UmwStG nicht für die steuerliche Schlussbilanz, vgl. BMF, Schreiben vom 11. 11. 2011 – IV C 2 – S 1978-b/08/10001, BStBl 2011 I S. 1314, Rn. 03.06, 11.03, 20.20.

150 BMF, Schreiben vom 11. 11. 2011 – IV C 2 – S 1978-b/08/10001, BStBl 2011 I S. 1314 Rn. 03.07 ff.

151 BMF, Schreiben vom 11. 11. 2011 – IV C 2 – S 1978-b/08/10001, BStBl 2011 I S. 1314 Rn. 06.07; *Stahl,* in: Carlé/Korn/Stahl/Strahl, Umwandlungen, Köln 2007, Rz. 70.

EStG mit dem Teilwert. Falls die Rückdeckungsversicherung von der Überträgerin gekündigt wird, ist der Rückkaufswert mit dem Rückdeckungsanspruch zu verrechnen, ein Restbetrag ist erfolgswirksam aufzulösen.[152]

1960 **Behandlung von Pensionsrückstellungen zugunsten von Gesellschaftern bei Umwandlung einer Kapitalgesellschaft in eine Personengesellschaft:** Die von einer Kapitalgesellschaft gebildete Pensionsrückstellung ist beim Vermögensübergang auf eine Personengesellschaft nicht aufzulösen.[153] Die Pensionsrückstellung bleibt in der Steuerbilanz bestehen und ist nunmehr mit dem Anschaffungsbarwert nach § 6a Abs. 3 Nr. 2 EStG zu bewerten.[154] Die Aufzinsung dieser „alten" Pensionsrückstellung in den folgenden Wirtschaftsjahren ist für die Personengesellschaft eine abziehbare Betriebsausgabe. Falls die betreffenden Gesellschafter durch ihre Tätigkeit für die Personengesellschaft weitere Pensionsansprüche erdienen, sind die Zuführungen zu der Rückstellung sowie die Aufzinsungen für die „neuen" Pensionszusagen Betriebsausgaben in der Gesamthandsbilanz, werden aber in der Sonderbilanz des betreffenden Mitunternehmers durch einen korrespondierenden Aktivposten neutralisiert.[155]

1961 **Rücklage für Übernahmefolgegewinn:** Nach § 6 Abs. 1 Satz 1 UmwStG darf der übernehmende Rechtsträger eine gewinnmindernde Rücklage bilden, wenn infolge einer Konfusion von Forderungen und Verbindlichkeiten aufgrund des Umwandlungsvorgangs bzw. im Fall der Auflösung von Rückstellungen ein Gewinn entsteht. Das Wahlrecht der Rücklagenbildung bezieht sich auf die Bildung der Rücklage dem Grunde und der Höhe nach. Diese Rücklage ist in den auf ihre Bildung folgenden drei Wirtschaftsjahren mit mindestens je einem Drittel gewinnerhöhend aufzulösen. Für das Wirtschaftsjahr, in dem der Übertragungsstichtag liegt, ist keine gewinnerhöhende Auflösung der Rücklage vorgesehen. Die Rücklage dient der Abmilderung der Steuerfolgen eines ggf. zusammengeballten Übernahmefolgegewinns durch Verteilung der steuerlichen Erträge auf bis zu drei Jahre.[156]

1962 **Selbst geschaffene immaterielle Wirtschaftsgüter des Anlagevermögens:** Bei steuerlicher Rechtsnachfolge und Buchwertfortführung findet im Falle von selbst geschaffenen immateriellen Wirtschaftsgütern des Anlagevermögens das Bilanzierungsverbot des § 5 Abs. 2 EStG Anwendung. Das bedeutet, dass selbst geschaffene immaterielle Wirtschaftsgüter des Anlagevermögens der Überträgerin wie bspw. Patente oder ein originärer Firmenwert bei der Übernehmerin ebenfalls nicht aktiviert werden dürfen. Etwas

152 BMF, Schreiben vom 11. 11. 2011 – IV C 2 – S 1978-b/08/10001, BStBl 2011 I S. 1314 Rn. 06.07; *Birkemeier*, in: Rödder/Herlinghaus/van Lishaut, UmwStG, 2. Aufl., Köln 2013, § 3 UmwStG Rz. 78.

153 BMF, Schreiben vom 11. 11. 2011 – IV C 2 – S 1978-b/08/10001, BStBl 2011 I S. 1314 Rn. 06.04.

154 *Birkemeier*, in: Rödder/Herlinghaus/van Lishaut, UmwStG, 2. Aufl., Köln 2013, § 6 UmwStG Rz. 21; *Schmitt*, in: Schmitt/Hörtnagl/Stratz, UmwG – UmwStG, 6. Aufl., München 2013, § 6 UmwStG Rz. 18; a. A. BMF, Schreiben vom 11. 11. 2011 – IV C 2 – S 1978-b/08/10001, BStBl 2011 I S. 1314 Rn. 06.05, die Finanzverwaltung will die Einbuchung mit dem Wert nach § 6a Abs. 3 S. 2 Nr. 1 EStG vornehmen.

155 BMF, Schreiben vom 11. 11. 2011 – IV C 2 – S 1978-b/08/10001, BStBl 2011 II S. 1314 Rn. 06.06; *Birkemeier*, in: Rödder/Herlinghaus/van Lishaut, UmwStG, 2. Aufl., Köln 2013, § 6 UmwStG Rz. 24.

156 *Birkemeier*, in: Rödder/Herlinghaus/van Lishaut, UmwStG, 2. Aufl., Köln 2013, § 6 UmwStG Rz. 43-48; Rz. 1954.

anderes gilt für den Fall, dass insgesamt für die Wirtschaftsgüter ein Wertansatz gewählt wird, der über den Buchwert hinausgeht.[157] In diesem Fall aktiviert die Übernehmerin die immateriellen Wirtschaftsgüter und schreibt diese nach den allgemeinen Regeln ab.[158]

Steuerfreie Rücklagen: Steuerfreie Rücklagen sind bei Buch- und Zwischenwertansatz in der steuerlichen Schlussbilanz auszuweisen.[159] 1963

Stille Gesellschaft: Besteht zwischen der Überträgerin und der Übernehmerin eine typische stille Gesellschaft, so erlischt diese aufgrund der Umwandlung durch Konfusion. Bei unterschiedlichen Bilanzansätzen kann es zu einem Konfusionsgewinn nach § 6 UmwStG kommen. Im Falle einer atypisch stillen Beteiligung zwischen der Überträgerin und der Übernehmerin erlischt die stille Gesellschaft aufgrund der Umwandlung mit Wirkung zum steuerlichen Übertragungsstichtag entsprechend den Grundsätzen zur Anwachsung des Vermögens einer Personengesellschaft bei Ausscheiden des vorletzten Gesellschafters.[160] 1964

Umwandlungskosten bei Verschmelzung: Die jeweiligen Kosten einer Umwandlung sind von den an der Umwandlung beteiligten Rechtsträgern selbst zu tragen. Umwandlungskosten der Überträgerin sind sofort abzugsfähige Betriebsausgaben i. S. d. § 4 Abs. 4 EStG.[161] Die Umwandlungskosten des übernehmenden Rechtsträgers werden bei der Ermittlung des Übernahmeergebnisses i. S. d. § 4 Abs. 4, 5 UmwStG berücksichtigt. Die Kostenzuordnung richtet sich nach dem objektiven wirtschaftlichen Veranlassungszusammenhang und steht nach Auffassung des BFH nicht zur Disposition der Verschmelzungsbeteiligten.[162] Es ist bei den Kosten des Umwandlungsvorgangs, die der Sphäre der Übernehmerin zuzuordnen sind, noch zu differenzieren, ob es sich um objektbezogene Kosten handelt. Objektbezogene Kosten, wie bspw. konkret objektbezogene Notar- und Beurkundungskosten, sind bei den einzelnen Wirtschaftsgütern als zusätzliche Anschaffungskosten zu aktivieren.[163] Nach Ansicht der Finanzverwaltung sol- 1965

157 BMF, Schreiben vom 11. 11. 2011 – IV C 2 – S 1978-b/08/10001, BStBl 2011 I S. 1314 Rn. 03.06, 04.16; kritisch zur Verwaltungsauffassung *van Lishaut*, in: Rödder/Herlinghaus/van Lishaut, UmwStG, 2. Aufl., Köln 2013, § 4 UmwStG Rz. 51.

158 BMF, Schreiben vom 11. 11. 2011 – IV C 2 – S 1978-b/08/10001, BStBl 2011 I S. 1314 Rn. 06.06; *Birkemeier*, in: Rödder/Herlinghaus/van Lishaut, UmwStG, 2. Aufl., Köln 2013, § 4 UmwStG Rz. 51.

159 BMF, Schreiben vom 11. 11. 2011 – IV C 2 – S 1978-b/08/10001, BStBl 2011 I S. 1314 Rn. 03.04; *Schmitt*, in: Schmitt/Hörtnagl/Stratz, UmwG – UmwStG, 6. Aufl., München 2013, § 3 UmwStG Rz. 134.

160 *Birkemeier*, in: Rödder/Herlinghaus/van Lishaut, UmwStG, 2. Aufl., Köln 2013, § 4 UmwStG Rz. 20, 18; zu weiteren Auswirkungen der atypisch stillen Gesellschaft im Umwandlungsfall vgl. *Suchanek*, Ubg 2012 S. 431.

161 BFH, Urteil vom 22. 4. 1998 – I R 83/96, DB 1998 S. 1945.

162 BFH, Urteil vom 22. 4. 1998 – I R 83/96, DB 1998 S. 1945; *Widmann*, in: Widmann/Mayer, Umwandlungsrecht, 47. Lfg., § 3 UmwStG Rz. 174; zu Einzelfragen der Zuordnung von Umwandlungskosten auf die beteiligten Rechtsträger vgl. *Schmitt*, in: Schmitt/Hörtnagl/Stratz, UmwG – UmwStG, 6. Aufl., München 2013, § 3 UmwStG Rz. 136, § 4 UmwStG Rz. 43, § 11 UmwStG Rz. 89, § 12 UmwStG Rz. 35.

163 *Pung*, in: Dötsch/Patt/Pung/Möhlenbrock, Die Körperschaftsteuer, Stuttgart, 73. Lfg., § 3 UmwStG Rz. 113; BMF, Schreiben vom 11. 11. 2011 – IV C 2 – S 1978-b/08/10001, BStBl 2011 I S. 1314 Rn. 02.36.

len nicht objektbezogene Kosten, die bei der Verschmelzung einer Körperschaft auf eine Personengesellschaft dem übertragenden Rechtsträger zuzuordnen sind, dem übernehmenden Rechtsträger zuzuordnen sein, wenn sie nach dem steuerlichen Übertragungsstichtag entstanden sind.[164]

1966 **Vergütungen an Anteilseigner:** Vergütungen, die an Gesellschafter der übernehmenden Personengesellschaft für die Überlassung von Wirtschaftsgütern oder Darlehen sowie Tätigkeiten für die Personengesellschaft gezahlt werden, stellen ab dem Umwandlungsstichtag Sonderbetriebseinnahmen i. S. d. § 15 Abs. 1 Nr. 2 EStG dar.[165] Soweit entsprechende Vergütungen von der übertragenden Körperschaft noch geschuldet werden, die vor dem steuerlichen Übertragungsstichtag entstanden sind, sind diese Verbindlichkeiten in der steuerlichen Schlussbilanz der Überträgerin gewinnwirksam zu passivieren.[166]

5. Sonstige Umwandlungsvorgänge

5.1 Übertragung von Einzelwirtschaftsgütern

1967 Umstrukturierungsvorgänge können sich im Einzelfall auch alleine auf Einzelwirtschaftsgüter erstrecken. Hinsichtlich der bilanzsteuerrechtlichen Behandlung und Wirkungen der Umstrukturierungsvorgänge ist zu differenzieren zwischen der Übertragung der betreffenden Wirtschaftsgüter auf Kapitalgesellschaften oder auf Personengesellschaften.

1968 Im Falle der Übertragung auf eine Kapitalgesellschaft z. B. im Rahmen einer Sachkapitalerhöhung erfolgt die Bewertung nach Maßgabe von § 6 Abs. 6 Satz 1 EStG. Bei einer verdeckten Einlage vollzieht sich die Einlagebewertung nach § 6 Abs. 1 Nr. 5 EStG.[167]

1969 Im Falle der Übertragung von Einzelwirtschaftsgütern auf eine Personengesellschaft gegen Gewährung von Gesellschaftsrechten ist auch hier vom Grundsatz her ein tauschähnlicher Vorgang gegeben.[168] Daher gilt grundsätzlich auch hier § 6 Abs. 6 Satz 1 EStG. Diese Regelung wird jedoch durch § 6 Abs. 5 Satz 3 EStG, die insoweit lex specialis ist, verdrängt. Sie ordnet grundsätzlich die Buchwertfortführung an.[169]

1970 Eine Übertragung gegen Gewährung von Gesellschaftsrechten liegt vor, wenn die durch die Übertragung eingetretene Erhöhung des Vermögens der Personengesell-

164 Vgl. BMF, Schreiben vom 11. 11. 2011 – IV C 2 – S 1978-b/08/10001, BStBl 2011 I S. 1314 Rn. 04.34. Die Verwaltungsauffassung steht im Widerspruch zur Rechtsprechung des BFH, vgl. *Schmitt*, in: Schmitt/Hörtnagl/Stratz, UmwG – UmwStG, 6. Aufl., München 2013, § 12 UmwStG Rz. 35 m. w. N.

165 *Pung*, in: Dötsch/Patt/Pung/Möhlenbrock, Umwandlungssteuerrecht, Stuttgart, 60. Lfg., § 4 UmwStG (SEStEG) Rz. 113; BMF, Schreiben vom 25. 3. 1998, BStBl 1998 I S. 268, Tz. 02.39.

166 *Möhlenbrock/Pung*, in: Dötsch/Patt/Pung/Möhlenbrock, Die Körperschaftsteuer, Stuttgart, 73. Lfg., § 3 UmwStG Rz. 54; *Birkemeier*, in: Rödder/Herlinghaus/van Lishaut, UmwStG, 2. Aufl., Köln 2013, § 3 UmwStG Rz. 78.

167 BFH, Urteil vom 22. 7. 2005 – X R 22/02, BStBl 2006 II S. 457.

168 BFH, Urteile vom 24. 1. 2008 – IV R 37/06, BStBl 2011 II S. 617; vom 19. 10. 1998 – VIII R 69/95, BStBl 2000 II S. 230.

169 Zum Thema „Übertragung von Einzelwirtschaftsgütern" vgl. insbesondere *Niehus/Wilke*, in: HHR, EStG/KStG, 250. Lfg. Jan. 2012, § 6 EStG Rz. 1440 ff. sowie Teil A Kap. X, Rz. 1550 ff.

schaft dem Kapitalkonto des Einbringenden gutgeschrieben wird, das für seine Beteiligung am Gesellschaftsvermögen maßgebend ist.[170]

Neben dem Fall der Übertragung gegen Gewährung von Gesellschaftsrechten erfasst § 6 Abs. 5 EStG auch Fälle der verdeckten Einlage von Wirtschaftsgütern in eine Personengesellschaft. Eine verdeckte Einlage liegt vor, wenn dem Einbringenden überhaupt keine Gesellschaftsrechte gewährt werden und demzufolge die Übertragung des Wirtschaftsguts ausschließlich auf einem gesamthänderisch gebundenen Kapitalrücklagenkonto gutgeschrieben wird.[171] 1971

Des weiteren erfasst der Anwendungsbereich auch die Fälle der Übertragung eines Einzelwirtschaftsgutes gegen Minderung von Gesellschaftsrechten sowie die verdeckte Entnahme aus dem Gesamthandsvermögen einer Personengesellschaft. Eine Übertragung gegen Minderung von Gesellschaftsrechten liegt vor, wenn die durch die Übertragung eines Wirtschaftsgutes von der Personengesellschaft auf den Mitunternehmer eingetretene Minderung des Vermögens der Personengesellschaft bei dem für die Beteiligung am Gesellschaftsvermögen maßgebenden Kapitalkonto des Gesellschafters belastet wird.[172] Bei einer verdeckten Entnahme erfolgt – entsprechend zur verdeckten Einlage – eine Minderung der gesamthänderischen Rücklage. 1972

Ist Bestandteil der Übertragung auch eine Übertragung von Verbindlichkeiten, so lag nach der bisher h. M. ein teilentgeltlicher Vorgang vor, da die Übernahme von Verbindlichkeiten als (zusätzliches) Entgelt gerechnet wird (sog. Trennungstheorie).[173] Von einem teilentgeltlichen Vorgang war auch dann auszugehen, wenn als Gegenleistung für die Übertragung des einzelnen Wirtschaftsgutes neben der Gewährung von Gesellschaftsrechten weitere Gegenleistungen durch den übernehmenden Rechtsträger gewährt wurden. Dieser Trennungstheorie folgte bisher die Rechtspraxis wie auch die Verwaltungsauffassung.[174] Nach neuer Rechtsprechung des IV. Senats des BFH findet eine Einheitsbetrachtung Anwendung.[175] Bei einem Entgelt bis zur Höhe des Buchwerts kommt es nicht zu einer Gewinnrealisierung.[176] Die Finanzverwaltung wendet diese Rechtsauffassung derzeit noch nicht an.[177] 1973

Neben der Übertragung eines einzelnen Wirtschaftsgutes kann die Regelung des § 6 Abs. 5 Satz 3 EStG auch die Übertragung von mehreren Einzelwirtschaftsgütern erfas- 1974

170 BMF, Schreiben vom 8. 12. 2011 – IV C 6 – S 2241/10/10002, DStR 2011 S. 2401, Rz. 16.

171 BMF, Schreiben vom 8. 12. 2011 – IV C 6 – S 2241/10/10002, DStR 2011 S. 2401, Rz. 14; BMF, Schreiben vom 11. 7. 2011 – IV C 6 – S 2178/09/10001, BStBl 2011 I S. 713.

172 *Müller*, in: Widmann/Mayer, Umwandlungsrecht, München, 119. Lfg., Anh. 16 Rz. 63.

173 BMF, Schreiben vom 7. 6. 2001 – IV A 6 – S-2241 – 52/01, BStBl 2001 I S. 367; *Kulosa*, in: Schmidt, EStG, 33. Aufl., München 2014, § 6 Rz 696 m. w. N.

174 Vgl. *Kulosa*, in: Schmidt, EStG, 33. Aufl., München 2014, § 6 Rz. 697; BMF, BStBl 2011 I S. 1279, Rz. 15; BMF, BStBl 2001 I S. 367 unter 4; BFH VIII R 58/98, BStBl 2002 II S. 420 unter B.I.3.b.cc); kritisch *Groh*, DB 2003 S. 1403, 1404.

175 Vgl. *Kulosa*, in: Schmidt, EStG, 33. Aufl., München 2014, § 6 Rz. 697; *Prinz/Hütig*, DB 2012 S. 2597; BFH Urteil vom 21. 6. 2012 – IV R 1/08, BFH/NV 2012 S. 1536; BFH vom 19. 9. 2012 – IV R 11/12, BFH/NV 2012 S. 1880.

176 Vgl. *Kulosa*, in: Schmidt, EStG, 33. Aufl., München 2014, § 6 Rz. 697 m. w. N.

177 BMF-Schreiben vom 12. 9. 2013 – IV C6 – S 2241/10/10002, BStBl 2013 I S. 1164.

sen, sofern es sich dabei nicht um eine Sachgesamtheit in Form des Betriebs, Teilbetriebs oder Mitunternehmeranteils handelt.[178] Die Finanzverwaltung wendet diese Rechtsauffassug derzeit noch nicht an.[179]

5.2 Realteilung

1975 Die Realteilung ist eine besondere Art der Auseinandersetzung einer Personengesellschaft, die zum Zuge kommen kann, wenn die Gesellschafter die gesetzlich vorgesehene Liquidation (§ 144 HGB) ausschließen.[180] Bei der Realteilung wird das Vermögen der Personengesellschaft auf die Gesellschafter verteilt. Die Realteilung des Gesellschaftsvermögens ist Naturalteilung.[181]

1976 Die steuerliche Behandlung einer Realteilung hat den in § 16 Abs. 3 Satz 2 EStG enthaltenen Regelungen zu folgen, nach denen grundsätzlich ein Zwang zur Buchwertfortführung hinsichtlich der den Gesellschaftern zugeteilten Wirtschaftsgütern besteht. Es gibt jedoch Sperrfristen für die Veräußerung der im Zuge der Realteilung erhaltenen Wirtschaftsgüter, bei deren Verletzung rückwirkend der gemeine Wert anzusetzen ist. Ebenso ist insoweit der gemeine Wert anzusetzen, als sich durch die Realteilung der Anteil einer Körperschaft erhöht. Die Grundsätze gelten entsprechend für den Fall einer Mitunternehmerschaft, die nicht über gesamthänderisch gebundenes Vermögen verfügt, wie z. B. eine GmbH und atypisch Still.

1977 Darüber hinaus kann die Zielsetzung der Realteilung, das Vermögen einer Personengesellschaft auf die Gesellschafter zu verteilen, zivilrechtlich in bestimmten Fällen auch nach den Regelungen des UmwG zur Aufspaltung von Personengesellschaften gem. §§ 123 ff. erreicht werden. Vom Grundsatz her würde eine Aufspaltung nach den Regelungen des UmwG steuerrechtlich im Hinblick auf die Frage einer möglichen Buchwertfortführung nach den Vorschriften des § 24 UmwStG zu beurteilen sein. Im Einzelfall können aber auch die Regelungen des § 16 Abs. 3 Satz 2 zur Anwendung gelangen.[182]

5.3 Anwachsung

1978 Die Regelungen zur Anwachsung nach § 738 BGB, welche maßgebend sind für die Auseinandersetzung über das Vermögen einer Personengesellschaft, werden in der Praxis häufig als eine Alternative zu dem sich nach den Regelungen des Umwandlungsgesetzes vollziehenden Umwandlungsvorgang der Verschmelzung genutzt. Zu unterscheiden ist zwischen der einfachen und der erweiterten Anwachsung.[183]

---

178 *Niehus/Wilke*, in: HHR, EStG/KStG, 250. Lfg. Jan. 2012, § 6 EStG Rz. 1451a; die Übertragung von Sachgesamtheiten richtet sich nach den Vorschriften über die Realteilung (§ 16 Abs. 3 Satz 2 EStG) oder die Einbringung (§ 24 UmwStG).

179 BMF, Schreiben vom 12. 9. 2013 – IV C 6 – S 2241/10/10002, BStBl 2013 I S. 1164.

180 Zum Thema „Realteilung" vgl. insbesondere *Kulosa*, in: HHR, EStG/KStG, 231. Lfg., § 16 EStG Rz. 439 ff. sowie Teil A Kap. X, Rz. 1340 ff.

181 *Engl*, in: Widmann/Mayer, Umwandlungsrecht, München, 53. Lfg., Anhang 10 Rz. 1.

182 Zum Verhältnis von § 16 EStG, § 24 UmwStG und § 6 Abs. 5 EStG vgl. *Niehus/Wilke*, in: HHR, EStG/KStG, 216. Lfg., § 6 Rz. 1445d.

183 Zum Thema „Anwachsung" vgl. insbesondere *Orth*, DStR 1999 S. 1011; *ders.*, DStR 1999 S. 1053 sowie *Widmann*, in: Widmann/Mayer, Umwandlungsrecht, München, 96. Lfg. § 20 UmwStG Rz. 103 ff.

Bei der **einfachen Anwachsung** scheiden alle Gesellschafter bis auf einen – sei es gegen oder unter Verzicht auf die Zahlung einer Abfindung – aus der Gesellschaft aus. Zivilrechtlich handelt es sich hierbei um einen Vorgang der Gesamtrechtsnachfolge, der die Anwachsung des Vermögens der Gesellschaft beim verbleibenden Gesellschafter zur Folge hat.[184] Die Personengesellschaft erlischt dabei ohne Liquidation.[185] 1979

Eine Rückbeziehung der einfachen Anwachsung ist weder handels- noch steuerrechtlich mangels eines unter das Umwandlungsgesetz bzw. Umwandlungssteuergesetz fallenden Übertragungsvorgangs möglich.[186] 1980

Handelsrechtlich kann die Anwachsung nach Tauschgrundsätzen sowie unter analoger Anwendung von § 24 UmwG abgebildet werden.[187] Bei der Anwachsung ist auf Ebene der untergehenden Personengesellschaft handelsrechtlich eine Schlussbilanz auf den Zeitpunkt der Anwachsung nicht erforderlich.[188] Für steuerliche Zwecke muss nach der hier vertretenen Auffassung eine Schlussbilanz erstellt werden. Ziel dieser steuerlichen Schlussbilanz ist für Zwecke der einheitlichen und gesonderten Gewinnfeststellung i. S. d. §§ 179, 180 AO sowie für Zwecke der Gewerbesteuer den Gewinn korrekt abzugrenzen. 1981

Das Ausscheiden eines Gesellschafters gegen Zahlung einer Abfindung stellt aus steuerrechtlicher Sicht von Seiten des ausscheidenden Gesellschafters eine Veräußerung, auf Seiten der Personengesellschaft bzw. des zuletzt verbleibenden Gesellschafters eine Anschaffung der (anteilig) nach den Regelungen zur Anwachsung zuwachsenden Wirtschaftsgüter dar.[189] 1982

Dementsprechend sind die anteilig auf die ausscheidenden Gesellschafter entfallenden und im Rahmen der Abfindung vergüteten stillen Reserven der betreffenden Wirtschaftsgüter zu aktivieren. Dies umfasst auch die anteilige Aktivierung von selbstgeschaffenen immateriellen Vermögensgegenständen und eines Geschäftswerts.[190] 1983

Ist die Abfindung geringer als der Buchwert des Kapitalanteils, sind in der Steuerbilanz die bilanzierten Wirtschaftsgüter abzustocken und eine darüber hinausgehende Differenz in einem sog. passiven Ausgleichsposten zu erfassen.[191] 1984

Ist der ausscheidende Gesellschafter nicht am Gesellschaftsvermögen beteiligt, z. B. wie die Komplementär-GmbH bei der GmbH & Co. KG, entfällt ein Abfindungsanspruch des ausscheidenden Gesellschafters. Es liegt insoweit eine unentgeltliche Übertragung 1985

184 BGH, Urteil vom 13. 7. 1967 – II ZR 268/64, BGHZ 48 S. 206; OLG Düsseldorf, Beschluss vom 14. 9. 1998 – 3 Wx 209/98, NZG 1999 S. 26.

185 *Orth*, DStR 1999 S. 1013.

186 Bei rückwirkender Verschmelzung der Komplementär-GmbH als vorletzte Gesellschafterin auf den letzten Anteilseigner der Personengesellschaft soll hingegen auch die Anwachsung mit steuerlicher Rückwirkung erfolgen vgl. *Jacobsen*, DB 2009, S. 1674; *Ropohl/Sonntag*, in: Haase/Hruschka, UmwStG, Berlin 2012, § 11 Rn. 357-360 m. w. N.

187 IDW RS HFA 42 Rz. 92–95, FN-IDW 12/2012 S. 701 ff.; *Orth*, DStR 1999 S. 1011 u. 1053; *ADS*, Rechnungslegung und Prüfung der Unternehmen, 6. Aufl., Stuttgart 1995, § 255 HGB Rz. 101; *Knop/Küting*, in: Küting/Weber, Handbuch der Rechnungslegung, Stuttgart, 5. Lfg. 2003, § 255 HGB Rz. 97.

188 Vgl. *Ropohl/Freck*, GmbHR 2009, 1076 S. 1078; ebenso *Sagasser/Bula/Abele*, in: Sagasser/Bula/Brünger, Umwandlungen, 4. Aufl., München 2011, § 29 Rz. 12 m. w. N.

189 *Orth*, DStR 1999 S. 1015.

190 *Orth*, DStR 1999 S. 1014.

191 BFH, Urteil vom 21. 4. 1994 – IV-R-70/92, BStBl 1994 II S. 745 ff.

vor. Eine unentgeltliche Übertragung führt zu einer Fortführung der Buchwerte gem. § 6 Abs. 3 EStG, da das Vermögen dem verbleibenden Gesellschafter bereits zu 100 % zuzurechnen und kein Anschaffungsvorgang gegeben ist.[192]

1986 Eine **erweiterte Anwachsung** liegt vor bei der Einbringung sämtlicher Kommanditanteile an einer GmbH & Co. KG im Rahmen einer Kapitalerhöhung in die Komplementär-GmbH. Die GmbH ist nach der Einbringung die einzig verbleibende Gesellschafterin und die Personengesellschaft erlischt ohne Liquidation. Es handelt sich dabei um einen entgeltlichen Tauschvorgang. Nach h. A. können die Buchwerte fortgeführt werden.[193]

5.4 Übertragung im Rahmen des sog. Treuhand-Modells

1987 Die restriktiven Voraussetzungen dafür, betriebliche Einheiten steuerneutral entweder auf Basis der Regelungen des UmwStG oder auf Basis der Regelungen zur Übertragung von Einzelwirtschaftsgütern übertragen zu können, können oft nicht erfüllt werden. Eine Gestaltungsalternative, welche diese Schwierigkeiten vermeidet, kann das sog. Treuhandmodell sein.

1988 Die typische Struktur[194] des Treuhandmodells ist, dass sich an einer Personengesellschaft in der Rechtsform einer Kommanditgesellschaft eine Muttergesellschaft als Komplementär – entgegen der typischen GmbH & Co. KG-Struktur – mit einem hohen Kapitalanteil beteiligt. Einzige Kommanditistin dieser KG ist eine Beteiligungs-GmbH, deren Anteile zu 100 % von der Muttergesellschaft der KG gehalten werden. Die Beteiligungs-GmbH hält ihre (kapitalmäßig geringere) Kommanditbeteiligung an der KG lediglich treuhänderisch für den Komplementär.

1989 Die Wirkung des Treuhandmodells beruht dabei auf der unterschiedlichen Behandlung der Personengesellschaft für zivil- und steuerrechtliche Zwecke.[195] Zivilrechtlich gibt es eine Personengesellschaft, der die Wirtschaftsgüter zivilrechtlich und wirtschaftlich gehören. Die Personengesellschaft muss diese in ihrer Bilanz ausweisen.

1990 Während die Personengesellschaft zivilrechtlich also ein selbstständiges Rechtssubjekt ist, wird sie für ertragsteuerliche Zwecke aufgrund der Treuhandvereinbarung als nicht existent behandelt.[196] Denn gem. § 39 Abs. 2 Nr. 1 AO ist der von der Beteiligungs-

192 *Kowallik/Merklein/Scheipers*, DStR 2008 S. 175; OFD Berlin, Urteil vom 19. 7. 2002 – St 122 – S 2241 – 2/02; *Brandenberg*, DStZ 2002 S. 515.

193 *Herlinghaus*, in: Rödder/Herlinghaus/van Lishaut, UmwStG, 2. Aufl., Köln 2013, § 20 UmwStG Rz. 39c; *Schmitt*, in: Schmitt/Hörtnagl/Stratz, UmwG – UmwStG, 6. Aufl., München 2013, § 20 UmwStG Rz. 195; so ist wohl auch der Umwandlungssteuererlass zu verstehen, vgl. BMF, Schreiben vom 11. 11. 2011 – IV C 2 – S 1978-b/08/10001, BStBl 2011 I S. 1314 Rn. 01.44, vgl. dazu auch *Benz/Rosenberg*, in: DB, Beilage Nr. 1 zu Heft 2/2012, S. 39; differenzierend *Patt*, in: Dötsch/Patt/Pung/Möhlenbrock, Die Körperschaftsteuer, Stuttgart, 74. Lfg., § 20 UmwStG Rz. 6.

194 Zum Thema „Treuhandmodell" vgl. OFD Magdeburg, Urteil vom 4. 4. 2005, G 1400 – 13 – St 213, DStR 2005 S. 867; *Benz/Grundke*, StuW 2009 S. 151; *Berg/Trompeter*, FR 2003 S. 903; *Brandenberg*, JbFSt 2005/2006 S. 361 ff.; *Köhler*, in: Kessler/Kröner/Köhler, Konzernsteuerrecht, München 2004, § 8 Rz. 119; *Kromer*, DStR 2000 S. 2157; *Hönle*, DB 1981 S. 1007; *Stegemann*, INF 2003 S. 629.

195 *Benz/Goß*, DStR 2010 S. 839.

196 *Pyska/Brauer*, in: Kessler/Kröner/Köhler, Konzernsteuerrecht, München 2004, § 3 Rz. 574; infolgedessen betreibt die Personengesellschaft kein gewerbliches Unternehmen i. S. d. Einkommensteuerrechts: BFH, Urteile vom 22. 11. 1972 – I R 252/70, BStBl 1973 II S. 405; vom 21. 2. 1974 – IV B 28/73, BStBl 1974 II S. 404 m. w. N.

GmbH treuhänderisch gehaltene Kommanditanteil ebenfalls der Komplementärin zuzurechnen, so dass sich bei dieser steuerlich 100 % der Anteile vereinen. Aufgrund der ertragsteuerlichen Nichtexistenz der Personengesellschaft besteht die Möglichkeit, ganze Geschäftsbereiche von der Muttergesellschaft auf die Tochterpersonengesellschaft steuerneutral zu übertragen, ohne die Voraussetzungen der einschlägigen Regelungen zur Buchwertfortführung erfüllen zu müssen.[197]

Ein weiterer Vorteil des Treuhandmodells ist darüber hinaus, dass für körperschaft- und gewerbesteuerliche Zwecke eine Zusammenrechnung der Ergebnisse von Mutter- und Tochterunternehmen erfolgt.[198] Die Umwandlung einer bestehenden Mitunternehmerschaft nach Maßgabe des Treuhandmodells zur Sicherstellung der Ergebniskonsolidierung ist, da sie unentgeltlich erfolgt, nach § 6 Abs. 3 EStG zu behandeln, so dass der verbleibende Mitunternehmer zwingend die Buchwerte der Wirtschaftsgüter zu übernehmen hat (umgekehrte Anwachsung).[199] 1991

5.5 Übertragung auf eine vermögensverwaltende Personengesellschaft

Eine weitere Möglichkeit zur ertragsteuerneutralen Übertragung von Vermögen außerhalb der Regelungen des UmwStG oder denen zur Übertragung von Einzelwirtschaftsgütern kann in der Übertragung von Vermögen auf eine vermögensverwaltende Personengesellschaft bestehen. 1992

Eine vermögensverwaltende Personengesellschaft kann in unterschiedlichen Rechtsformen ausgestaltet sein und ist dadurch gekennzeichnet, dass sie Überschusseinkünfte erzielt und entsprechend nicht als Mitunternehmerschaft zu qualifizieren ist. Bei Ausgestaltung in der Rechtsform der GmbH & Co. KG erfolgt die Geschäftsführung gem. gesellschaftsvertraglicher Regelung durch den Kommanditisten, wodurch eine gewerbliche Prägung i. S. d. § 15 Abs. 3 Satz 1 Nr. 2 EStG vermieden wird.[200] 1993

Die steuerrechtliche Behandlung der vermögensverwaltenden Personengesellschaft ist durch eine Bruchteilsbetrachtung gekennzeichnet. Die gesamthänderische Bindung des Vermögens wird dabei gedanklich aufgelöst und die zum Gesellschaftsvermögen zugehörigen Wirtschaftsgüter werden den Gesellschaftern nach Maßgabe ihrer Beteiligungsquote an der vermögensverwaltenden Personengesellschaft gemäß § 39 Abs. 2 Nr. 2 AO zugerechnet.[201] 1994

Als vermögensverwaltende Personengesellschaft verfügt die GmbH & Co. KG steuerlich über kein eigenes Betriebsvermögen. 1995

Sofern die GmbH & Co. KG nicht freiwillig den Gewinn nach §§ 4 Abs. 1, 5 EStG ermittelt, hat das Stammhaus alle Wirtschaftsgüter der GmbH & Co. KG in seiner eigenen 1996

197 *Rödder*, DStR 2005 S. 956; *Forst*, EStB 2004 S. 220; *Kromer*, DStR 2000 S. 2162.

198 Zur technischen Umsetzung der ertragsteuerlichen Konsolidierung vgl. *Viebrock/Stegemann*, DStR 2013 S. 2375.

199 *Benz/Goß*, DStR 2010 S. 843; OFD Berlin vom 19. 7. 2002 – St 122 – S 2241 – 2/02, DStR 2002 S. 1811.

200 *Wacker*, in: Schmidt, EStG Kommentar, 32. Aufl., München 2013, § 15 EStG Rz. 222.

201 *Niehus*, DStZ 2004 S. 146; *Groh*, DB 1984 S. 2376; BFH, Urteil vom 9. 5. 2000 – VIII R 41/99, BStBl 2000 II S. 686.

Buchführung zu erfassen und den Gewinn, der sich aus den einzelnen Geschäftsvorgängen der GmbH & Co. KG ergibt, für ertragsteuerliche Zwecke nach den Grundsätzen der Gewinnermittlung bei sich zu ermitteln und der Besteuerung zu unterwerfen.[202]

1997 Die Übertragung von Wirtschaftsgütern auf eine vermögensverwaltende Personengesellschaft im Wege der Gewährung von Gesellschaftsanteilen oder gegen Übernahme von Verbindlichkeiten stellt grundsätzlich eine Veräußerung dar. Die zum Gesellschaftsvermögen gehörenden Wirtschaftsgüter einer vermögensverwaltenden Personengesellschaft werden den Gesellschaftern nach Maßgabe ihrer Beteiligung gem. § 39 Abs. 2 Nr. 2 AO anteilig zugerechnet (sog. Bruchteilsbetrachtung). Somit verbleibt aus steuerlicher Perspektive das Wirtschaftsgut (anteilig) bei der Überträgerin. Eine Aufdeckung der stillen Reserven erfolgt nur, soweit das Wirtschaftsgut nach Übertragung nicht mehr der Überträgerin, sondern den übrigen Gesellschaftern zuzurechnen ist.[203]

1998–2149 *(Einstweilen frei)*

202 BMF, Schreiben vom 29. 4. 1994 – IV B 2 – S 2241 9/24, BStBl 1994 I S. 282, Tz. 5.

203 *Forst/Kofmann/Pittelkow*, EStB 2011 S. 40.

Teil A:
Grundsatz- und Querschnittsfragen steuerlicher Gewinnermittlung

Kapitel XIII:
Bilanzierungsfragen in der Unternehmenskrise und bei Liquidation

von
WP/StB Paul Forst, Düsseldorf,
StB Axel Schaaf, Düsseldorf

Inhaltsübersicht Rz.

Ausgewählte Literatur

Budde/Förschle/Winkeljohann (Hrsg.), Sonderbilanzen – Von der Gründungsbilanz bis zur Liquidationsbilanz, 4. Aufl., München 2008; *Theiselmann* (Hrsg.), Praxishandbuch des Restrukturierungsrechts, Frankfurt a. M. 2010; *Waza/Uhländer/Schmittmann*, Insolvenzen und Steuern, 8. Aufl., Herne 2010; *Eilers/Bühring*, Sanierungssteuerrecht – Beratungsschwerpunkte und Checklisten, Köln 2012.

1. Unternehmenskrise

Ein Unternehmen befindet sich in der Krise, wenn der Bestand des Unternehmens gefährdet ist. 2150

Kennzeichnend für ein Unternehmen in der Krise sind der Verlust der Ertragskraft und das Risiko einer drohenden Zahlungsunfähigkeit. Bilanziell führt die Ertragsschwäche zu einer Minderung des Eigenkapitals des Krisenunternehmens. 2151

Bei Personengesellschaften kann eine solche sich zumeist schleichend vollziehende Entwicklung zur Entstehung negativer Kapitalkonten führen. Kapitalgesellschaften dagegen haben im Extremfall einen nicht durch Eigenkapital gedeckten Fehlbetrag auszuweisen. 2152

Befindet sich ein Unternehmen in der Krise, ist sowohl auf Ebene des Unternehmens als auch auf Ebene der Gesellschafter darüber nachzudenken, inwieweit der Krisensi- 2153 tuation auch in bilanzieller Hinsicht Rechnung zu tragen ist, sei es dadurch, dass Vorsorge für weitere aufgrund der Krise zu erwartende Belastungen zu treffen oder aber die Bewertung bestimmter Wirtschaftsgüter zu hinterfragen ist. Darüber hinaus stellt sich die Frage nach der Beurteilung von zur Abwehr der Krise eingeleiteten Sanierungsmaßnahmen, insbesondere sofern es sich um Maßnahmen zur Beseitigung einer drohenden Überschuldung handelt.

2154 Grundsätzlich ist das Ergebnis eines Krisenprozesses offen. D. h. eine erfolgreiche Bewältigung der Unternehmenskrise aufgrund positiver Erfolgsaussichten einer Sanierung des Krisenunternehmens kann möglich sein. Im ungünstigsten Fall jedoch führt eine Krise zur Insolvenz. Eine Krise kann aber auch bedeuten, dass die Gesellschafter die Entscheidung treffen, das Unternehmen aufgrund fehlender Perspektive zu liquidieren oder zu veräußern.

1.1 Going Concern/Teilwertbegriff

2155 Bei der Aufstellung der Bilanz ist grds. auch in der Unternehmenskrise von der Fortführung der Unternehmenstätigkeit auszugehen, sofern nicht bis zum Zeitpunkt der Aufstellung der Bilanz substantiierte Hinweise dafür vorliegen, dass die Fortführungsprämisse nicht aufrechterhalten werden kann.[1]

2156 Mögliche Folge der Unternehmenskrise und der damit i. d. R. verbundenen Verschlechterung der Rentabilität des Gesamtbetriebes oder einzelner Betriebsteile können Teilwertabschreibungen sein.[2]

2157 Wenn ein Geschäftswert aktiviert ist, kann eine nachhaltig schlechte wirtschaftliche Entwicklung eine Teilwertabschreibung des Geschäftswertes rechtfertigen.[3] Ein kurzzeitiger Gewinnrückgang genügt nicht.[4]

2158 Diese Grundsätze gelten auch für Teilbetriebe. Der Geschäftswert eines Teilbetriebes ist der diesem Teilorganismus eigene, den Wert der einzelnen Wirtschaftsgüter übersteigende Wert.[5]

2159 Ein „negativer Geschäftswert" kann nicht angesetzt werden. Im Falle eines negativen Geschäftswertes und einer nachhaltig schlechten Rentabilität ist eine Teilwertabschreibung der Einzelwirtschaftsgüter zu prüfen.[6] Ein pauschaler Abschlag auf das gesamte Betriebsvermögen wegen nachhaltiger Unrentabilität des gesamten Betriebes ist grds. unzulässig.[7]

2160 Eine Teilwertabschreibung von Einzelwirtschaftsgütern kann auch geboten sein, wenn es aufgrund der Unternehmenskrise zu nachhaltigen Umsatzrückgängen kommt und

1 IDW PS 270, Tz. 8.
2 *Winkeljohann*, in: HHR, EStG, § 6 Rz. 607 m. w. N.
3 BFH, Urteil vom 13. 4. 1983 – I R 63/79, BStBl 1983 II S. 667.
4 BFH, Urteile vom 13. 3. 1991 – I R 83/89, BStBl 1991 II S. 595; vom 10. 4. 1990 – VIII R 170/85, BFH/NV 1991 S. 226.
5 BFH, Urteil vom 20. 8. 1986 – I R 150/82, BStBl 1987 II S. 455.
6 BFH, Urteil vom 2. 3. 1973 – III R 88/69, BStBl 1973 II S. 475.
7 BFH, Urteil vom 16. 12. 1998 – I R 53/95, BStBl 1999 II S. 160.

ein Wirtschaftsgut insoweit überdimensioniert ist. In diesem Fall kann eine Teilwertabschreibung auf den Wert eines billigeren, richtig dimensionierten Wirtschaftgutes geboten sein.[8]

1.2 Rückstellung für erwartete Verluste im Sanierungszeitraum

Es ist typisch für eine Krisensituation, dass auch bei unmittelbarer Reaktion seitens des Unternehmens zumindest für eine gewisse Zeit weiterhin mit Verlusten zu rechnen sein wird. Häufig werden sich im Rahmen der Sanierung sogar für einen bestimmten Zeitraum zusätzliche Aufwendungen ergeben, wie z. B. Kosten für Sanierungsberater. Darüber hinaus entstehen typische Restrukturierungskosten wie Verpflichtungen aus der Vereinbarung von Sozialplänen. Die Sanierungsbemühungen eines Unternehmens können des Weiteren zur Folge haben, dass ganze Standorte oder nur einzelne Betriebsteile stillgelegt werden. In diesem Fall entstehen dann trotz der Stilllegung weiterhin Kosten wie z. B. aus bestehenden Leasing- oder Mietverträgen, die nicht beendet werden können. 2161

Für die auch weiterhin erwarteten laufenden Verluste kann weder handels- noch steuerrechtlich eine Rückstellung gebildet werden.[9] Dies gilt gleichfalls für die Kosten der Sanierung. Eine Rückstellung kann aber gebildet werden, sofern für ein Unternehmen bestimmte Leistungsverpflichtungen aufgrund eines Sozialplans oder sozialplanähnlichen Verpflichtungen entstehen. Diese sind grds. steuer- und handelsbilanziell als Verbindlichkeitsrückstellungen zu passivieren (sog. Restrukturierungsrückstellung).[10] 2162

Der Ansatz der Rückstellung ist ab dem Zeitpunkt geboten, an dem der Unternehmer den Betriebsrat über die geplante Restrukturierung unterrichtet hat. Des Weiteren liegen die Voraussetzungen für eine Rückstellungsbildung vor, wenn der Betriebsrat erst nach dem Bilanzstichtag, aber vor der Aufstellung oder Feststellung der Bilanz über die Restrukturierungsmaßnahmen in Kenntnis gesetzt wird und der Unternehmer sich bereits vor dem Bilanzstichtag zur Betriebsänderung entschlossen hat bzw. hierfür bereits vor dem Bilanzstichtag eine wirtschaftliche Notwendigkeit bestanden hat.[11] 2163

Obwohl nach dem maßgebenden BMF-Schreiben vom 2. 5. 1977[12] grundsätzlich alle sich im Wege des Sozialplans ergebenden Leistungen in die Restrukturierungsrückstellung einzubeziehen sind, bleibt die steuerliche Anerkennung bestimmter Leistungen von der Finanzverwaltung teilweise verwehrt. Hierzu zählen insbesondere der pauschale Ausgleich bei Frühverrentungsmaßnahmen, die Berücksichtigung von Erstattungs- 2164

8 BFH, Urteil vom 17. 9. 1987 – III R 201/84, BStBl 1988 II S. 488.

9 *Weber-Grellet*, in: Schmidt, EStG, 33. Aufl., München 2014, § 5 Rz. 550 „Geschäftsrisiko".

10 *Schulz*, in: HHR, EStG, § 5 Rz. 925 „Sozialplan"; Passivierung frühzeitig anerkannt von der Finanzverwaltung durch BMF-Schreiben vom 2. 5. 1977 – IV B 2 – 2137 – 13/77, BStBl 1977 I S. 280.

11 R.57 Abs. 9 EStR; Die Unterrichtung des Betriebsrates ist entgegen der Auffassung der Finanzverwaltung nicht notwendig. Der Beschluss über die Betriebsänderung ist ausreichend (*Schulz*, in: HHR, EStG, § 5 Rz. 925, „Sozialplan" m. w. N.).

12 BMF, Schreiben vom 2. 5. 1977 – IV B 2 – S 2137 – 13/77, BStBl 1977 I S. 280.

pflichten für Arbeitslosengeld gem. § 147a SGB III sowie die Einbeziehung bestimmter Kostenerstattungen an weiterhin beschäftigte Mitarbeiter.[13]

2165 Bei den Kosten für nicht vorzeitig kündbare Leasing- oder Mietverträge besteht handelsbilanziell gem. § 249 Abs. 1 Satz 1 HGB wie auch für ähnlich gelagerte Sachverhalte die Pflicht zur Bildung von Rückstellungen für drohende Verluste aus schwebenden Geschäften. Hierunter fallen Einzelrückstellungen und Rückstellungen aus Dauerschuldverhältnissen.[14] Steuerbilanziell hingegen dürfen nach § 5 Abs. 4a Satz 1 EStG Drohverlustrückstellungen grds. nicht gebildet werden. Eine Ausnahme besteht lediglich für Drohverlustrückstellungen im Zusammenhang mit Bewertungseinheiten nach § 5 Abs. 1a Satz 2 EStG.[15]

1.3 Einzelne Sanierungsmaßnahmen

2166 Für die Sanierung eines in einer Krise befindlichen Unternehmens kommen verschiedene Maßnahmen in Betracht. Die bilanzsteuerrechtliche Behandlung der möglichen Sanierungsmaßnahmen auf Ebene der Gesellschaft sowie des Gesellschafters stellt sich im Einzelnen wie folgt dar.

1.3.1 Gesellschafterdarlehen

2167 In der Krise eines Unternehmens ist es üblich, dass die Gesellschafter zur Wahrung der Liquidität der Gesellschaft Darlehen zur Verfügung stellen.

2168 Durch das Gesetz zur Modernisierung des GmbH-Rechts und zur Bekämpfung von Missbräuchen (MoMiG) vom 23. 10. 2008[16] wurde das Recht der Gesellschafterdarlehen grundlegend reformiert. Vor der Reform führte die Krise eines Unternehmens dazu, dass ein durch den Gesellschafter gewährtes Darlehen als sog. „eigenkapitalersetzendes“ Darlehen gesellschaftsrechtlich wie Eigenkapital behandelt wurde. Seit Inkrafttreten des MoMiG sind Forderungen auf Rückgewähr eines Gesellschafterdarlehens in der Insolvenz gem. § 39 Abs. 1 Nr. 5 InsO nachrangig.

2169 Handelsrechtlich sind Gesellschafterdarlehen gem. § 246 HGB grundsätzlich beim Schuldner zu bilanzieren und gem. § 253 Abs. 1 Satz 2 HGB mit ihrem Erfüllungsbetrag zu bewerten. Über den Grundsatz der Maßgeblichkeit (§ 5 Abs. 1 EStG) erhält das Darlehen ebenfalls Einzug in die Steuerbilanz der Gesellschaft.

2170 Die Qualifizierung als „eigenkapitalersetzendes“ Darlehen führt auch steuerlich nicht zu einer Umqualifizierung in Eigenkapital.[17] Ein solches Darlehen stellt ein eigenständig in der Steuerbilanz zu erfassendes und zu bewertendes Wirtschaftsgut dar.[18] Zu beach-

13 Ausführlich hierzu *Prinz*, DB 2007 S. 353; Erwiderung und Replik von *Brink/Tenbusch/Prinz*, DB 2008 S. 363 ff.

14 *Weber-Grellet*, DStR 1996 S. 905.

15 Hierzu ausführlich *Prinz/Hick*, DStR 2006 S. 771; *Schick/Indenkämpen*, BB 2006 S. 655.

16 BGBl 2008 I S. 2026.

17 BFH, Urteile vom 18. 12. 2001 – VIII R 27/00, BStBl 2002 II S. 733; vom 10. 11. 2005 – IV R 13/04, BFH/NV 2006 S. 409; vom 20. 4. 2005 – X R 2/03, BStBl 2005 II S. 694; vom 6. 11. 2003 – IV R 10/01, BStBl 2004 II S. 416.

18 BFH, Urteil vom 14. 1. 2009 – I R 5/08, BStBl 2009 II S. 674.

ten ist aber, dass eine Darlehenshingabe als verdeckte Einlage zu qualifizieren ist, sofern eine Verpflichtung zur Rückzahlung von Anfang an nicht bestanden hat.[19]

Die steuerbilanzielle Bewertung des Darlehens erfolgt auf Basis eigenständiger und abweichender Vorschriften des § 6 Abs. 1 Nr. 3 EStG, so dass sich hieraus Bilanzierungsdifferenzen zwischen Handels- und Steuerbilanz ergeben können. Gesellschafterdarlehen an ein Unternehmen in der Krise werden häufig unverzinslich gewährt. Gem. § 6 Abs. 1 Nr. 3 EStG sind unverzinsliche Darlehen abzuzinsen, wenn die Laufzeit am Bilanzstichtag mindestens 12 Monate beträgt.[20] Diese Grundsätze gelten laut BFH auch für Gesellschafterdarlehen.[21] 2171

Eine Teilwertabschreibung auf ein Gesellschafterdarlehen, das während der Krise gegeben wird, ist grundsätzlich auf Gesellschafterebene im Zeitpunkt der Ausreichung des Darlehens nicht möglich, da dieses i. d. R. nur durch den Gesellschafter gewährt wird, wenn dieser eine Rückzahlung als wahrscheinlich erachtet. Bei Darlehen, die bereits vor der Krise gegeben wurden, kommt hingegen u. U. eine Teilwertabschreibung in Betracht. Der Ansatz des niedrigeren Teilwertes erfolgt nach § 6 Abs. 1 Nr. 2 EStG bei voraussichtlich dauernder Wertminderung. Bei Forderungen ist im Hinblick auf die Abschätzung eines möglicherweise niedrigeren Teilwerts grds. auf die Bonität des Schuldners abzustellen.[22] Auch wenn dies grds. ebenso für Darlehen mit eigenkapitalersetzendem Charakter gilt, hat die Bestimmung des Teilwertes in diesem Fall nach denselben Kriterien zu erfolgen wie bei der Bewertung der Kapitalanteile.[23] Eine Teilwertabschreibung auf die Darlehensforderung ist demnach nur zulässig, wenn im Rahmen einer Gesamtbetrachtung der Ertragsaussichten ein gedachter potenzieller Erwerber der Anteile an der Kapitalgesellschaft und der Darlehensforderung für diese einen Preis zahlen würde, der hinter den Anschaffungskosten beider Wirtschaftsgüter zurückbleiben würde. Eine Teilwertabschreibung ist auf Basis dieses gedachten Kaufpreises dann zuerst auf die Beteiligung vorzunehmen. Eine Teilwertabschreibung auf die Darlehensforderung ist erst dann geboten, wenn der so insgesamt ermittelte Teilwert auch die auf die Darlehensforderung entfallenden Anschaffungskosten unterschreitet.[24] Eine Teilwertabschreibung aufgrund der Unverzinslichkeit des Darlehens allein ist nicht zulässig.[25] 2172

Hinzuweisen ist in diesem Zusammenhang auf die durch das Jahressteuergesetz 2008 eingeführten Regelungen des § 8b Abs. 3 Satz 4 bis 8 KStG zur steuerlichen Behandlung der Fremdkapitalgewährung und Sicherheitengestellung durch den Gesellschafter, die insbesondere Teilwertabschreibungen auf Gesellschafterdarlehen betreffen. Eine Anwendung der Regelungen des § 3c Abs. 2 EStG auf Gewinnminderungen im Zusammen- 2173

19 BFH, Urteile vom 12. 12. 2000 – VIII R 62/93, BStBl 2001 II S. 234; vom 20. 4. 2005 – X R 2/03, BStBl 2005 II S. 694; *Neumann*, Ubg 2008 S. 758.

20 BMF, Schreiben vom 26. 5. 2005 – IV B 2, S-2175 7/05, BStBl 2005 I S. 699 Tz. 11.

21 BFH, Beschluss vom 6. 10. 2009 – I R 4/08, BStBl 2010 II S. 177; *Buciek*, FR 2010 S. 341; BFH, Urteil vom 27. 1. 2010 – I R 35/09, BStBl 2010 II S. 478; *Schimmele*, GmbHStB 2010 S. 123.

22 Zur Bestimmung des Teilwerts einer Forderung im Allgemeinen vgl. z. B. *Kulosa*, in: Schmidt, EStG, 33. Aufl., München 2014, § 6 Rz. 291, 302.

23 BFH, Urteil vom 6. 11. 2003 – IV R 10/01, BStBl 2004 II S. 416; FG Baden-Württemberg, Urteil vom 25. 4. 2008, EFG 2008 S. 1539.

24 *Forst/Schaaf/Küpper*, EStB 2009 S. 442.

25 BFH, Urteil vom 10. 11. 2005 – IV R 13/04, BStBl 2006 II S. 618.

hang mit Gesellschafterdarlehen scheidet hingegen aus. Es fehlt entsprechend den BFH-Urteilen vom 18.4.2012 insoweit am erforderlichen wirtschaftlichen Zusammenhang zwischen Darlehen und Beteiligung.[26] Die Finanzverwaltung hat sich diesen Grundsätzen mit Schreiben vom 23.10.2013 grundsätzlich angeschlossen und ihre bisherige Auffassung aufgegeben, nach der die Anwendbarkeit von § 3c Abs. 2 EStG im Hinblick auf Teilwertabschreibungen auf Gesellschafterdarlehen u.a. von der Fremdüblichkeit der Verzinsung abhing.[27] Darüber hinaus ist nach Auffassung der Finanzverwaltung bei der Gewährung von Gesellschafterdarlehen an ausländische Tochtergesellschaften die Anwendbarkeit von § 1 AStG zu berücksichtigen.[28]

1.3.2 Rangrücktritt

2174 Ein Gesellschafterdarlehen für ein Unternehmen in der Krise wird meist mit einer Rangrücktrittsvereinbarung verbunden sein, wonach eine bestimmte Forderung als nachrangige Forderung hinter denen der übrigen Gläubiger zurücksteht. Der Rangrücktritt hat zur Folge, dass die im Rang zurückgetretenen Verbindlichkeiten nicht mehr in der insolvenzrechtlichen Überschuldungsbilanz einzubeziehen sind (§ 19 Abs. 2 InsO i.V.m. § 39 Abs. 2 InsO). Die Verbindlichkeiten sind jedoch in Handels- und Steuerbilanz bei einem Rangrücktritt grds. weiterhin als Fremdkapital zu passivieren, da die Darlehensschuld und damit die wirtschaftliche Belastung weiterhin besteht und sich lediglich die Rangfolge der Tilgung ändert.[29] Dies gilt sowohl für den einfachen Rangrücktritt[30] als auch den qualifizierten Rangrücktritt.[31]

2175 Bei einem einfachen Rangrücktritt ist jedoch zu beachten, dass eine Rangrücktrittsvereinbarung, nach der eine Verbindlichkeit nur aus künftigen Gewinnen oder einem

26 BFH, Urteil vom 18.4.2012 – X R 5/10, BStBl 2013 II S. 785 sowie BFH, Urteil vom 18.4.2012 – X R 7/10, BStBl 2013 II S. 791. Entsprechendes gilt laut Rechtsprechung des BFH bei Wertminderungen auf durch den Gesellschafter zur Nutzung überlassene Wirtschaftsgüter (BFH, Urteil vom 28.2.2013 – IV R 49/11, BStBl 2013 II S. 802 sowie BFH, Urteil vom 17.7.2013 – X R 17/11, BStBl 2013 II S. 817). Laufende Aufwendungen sowie Aufwendungen, die dem Gesellschafter einer Kapitalgesellschaft z. B. durch den Verzicht auf vertraglich vereinbarte Zahlungen für die Nutzungsüberlassung von Wirtschaftsgütern (z. B. Pachtzahlungen) entstehen, sind nur dann gem. § 3c Abs. 2 EStG nicht abziehbar, wenn der Verzicht durch das Gesellschaftsverhältnis veranlasst ist (BFH, Urteil vom 17.7.2013 – X R 17/11, BStBl 2013 II S. 817).

27 BMF, Schreiben vom 23.10.2013 – S-2128/07/10001, BStBl 2013 I S. 1269.

28 BMF, Schreiben vom 29.3.2011 – IV B 5 – S 1341 / 09 / 10004, BStBl 2011 I S. 277; *Nientimp/Langkau*, IWB 2011 S. 351; *Kaminski/Strunk*, Stbg 2011 S. 246.

29 BMF, Schreiben vom 8.9.2006 – IV B 2 – S 2133 – 10/06, BStBl 2006 I S. 497 Tz. 4; *Funk*, BB 2009 S. 869; *Seppelt*, BB 2009 S. 1398.

30 BMF, Schreiben vom 8.9.2006 – IV B 2 – S 2133 – 10/06, BStBl 2006 I S. 497 Tz. 1: „Bei einem einfachen Rangrücktritt vereinbaren Schuldner und Gläubiger, dass eine Rückzahlung der Verbindlichkeit nur dann zu erfolgen habe, wenn der Schuldner dazu aus zukünftigen Gewinnen, aus einem Liquidationsüberschuss oder aus anderem – freien – Vermögen künftig in der Lage ist und der Gläubiger mit seiner Forderung im Rang hinter alle anderen Gläubiger zurücktritt. Bei dieser Vereinbarung handelt es sich um einen Rangrücktritt, der mit einer Besserungsabrede verbunden wird."

31 BMF, Schreiben vom 8.9.2006 – IV B 2 – S 2133 – 10/06, BStBl 2006 I S. 497 Tz. 2: "Bei einem qualifizierten Rangrücktritt erklärt der Gläubiger sinngemäß, er wolle wegen der Forderung erst nach Befriedigung sämtlicher anderer Gläubiger der Gesellschaft und – bis zur Abwendung der Krise – auch nicht vor, sondern nur zugleich mit den Einlagenrückgewähransprüchen der Gesellschafter berücksichtigt, also so behandelt werden, als handele es sich bei seiner Forderung um statutarisches Kapital (vgl. BGH, Urteil vom 8.1.2001, BGHZ 146 S. 264-280)."

eventuellen Liquidationsüberschuss zu bedienen ist, nicht zu bilanzieren ist.[32] Hinsichtlich der Bedienung der Verbindlichkeit aus künftigen Gewinnen gilt dies gem. § 5 Abs. 2a EStG, wonach Verbindlichkeiten, die nur aus zukünftigen Gewinnen zu erfüllen sind, nicht zu passivieren sind. Im Hinblick auf die Begleichung der Verbindlichkeit aus einem Liquidationsüberschuss ist keine Verbindlichkeit zu bilden, solange kein Liquidationsbeschluss vorliegt bzw. nicht ernsthaft mit einer Liquidation zu rechnen ist, da mit dem Rangrücktritt eben diese vermieden werden soll.[33]

Die obigen Ausführungen gelten grds. auch für den Fall einer Rangrücktrittsvereinba- 2176
rung seitens eines Drittgläubigers.

Im Falle der Vereinbarung eines Rangrücktritts kann dies auf Seiten des Gläubigers ggf. 2177
eine Teilwertabschreibung auf die Forderung notwendig machen.[34] Die Sanierungsmaßnahme Rangrücktritt scheint im Einzelfall der weitergehenden Sanierungsmaßnahme Forderungsverzicht vorzugswürdig, weil das Erlöschen der Forderung bei finaler Beendigung des Unternehmens im Rahmen der Liquidation ggf. nicht zu einem steuerpflichtigen Gewinn führt – im Gegensatz zu einem explizit ausgesprochenen Forderungsverzicht.[35]

1.3.3 Forderungsverzicht

Bei einem Forderungsverzicht handelt es sich um einen Erlassvertrag gem. § 397 BGB 2178
zwischen der Gesellschaft und dem einzelnen Gläubiger.[36] Der Forderungsverzicht wird häufig mit einem Besserungsschein verbunden, d. h. er wird unter der Bedingung des Wiederauflebens der Forderung nach erfolgreicher Sanierung erklärt.

Der Forderungsverzicht eines Drittgläubigers führt grds. zur erfolgswirksamen Aus- 2179
buchung der Verbindlichkeit.[37] Die Vereinbarung einer Besserungsabrede steht dem

32 So auch die Auffassung der Finanzverwaltung, die eine ausdrückliche Möglichkeit der Rückzahlung aus sonstigem freien Vermögen in Rangrücktrittsvereinbarungen verlangt, BMF, Schreiben vom 8. 9. 2006 – IV B 2 S-2133 10/06, BStBl 2006 I 497. Für Musterformulierungen, die auch die Möglichkeit der Tilgung aus sonstigem freien Vermögen vorsehen, vgl. z. B. *Carlé*, NWB 2010 S. 2802; *Rätke*, BBK 2013 S. 33. *Kahlert* weist allerdings darauf hin, dass ein einfacher Rangrücktritt nicht mit einem Rangrücktritt gem. § 19 Abs. 2 Satz 2, § 39 Abs. 2 InsO gleichzusetzen ist, NWB 2012 S. 2141. Zum ausdrücklichen Verzicht auf die Möglichkeit zur Tilgung aus anderem freien Vermögen zur Nutzung von Verlustvorträgen vgl. *Ronneberger*, Stbg 2013 S. 201.

33 BFH, Urteil vom 30. 11. 2011 – I R 100/10, BStBl 2012 II S. 332.

34 *Ellrott*, in: Beck'scher Bilanz-Kommentar, 9. Aufl., München 2014, § 251 Rz. 35.

35 *Wälholz*, GmbH-StB 2011, S. 122; *Seppelt*, BB 2010, S. 1395; *Hierstetter*, StB 2013, S. 391; der I. Senat des BFH hat mit Urteil vom 5. 2. 2014 – I R 34/12, BFH/NV 2014, S. 1014 die steuerliche Beurteilung der Rechtsfrage offen gelassen. Nach Auffassung des BFH ist die Rechtsauffassung, in der Liquidationsschlussbilanz sei eine verbliebene Verbindlichkeit gegenüber einem Gesellschafter mangels wirtschaftlicher Belastung nicht zu passivieren, nicht evident rechtsfehlerhaft.

36 *Aleth*, in: Eilers/Rödding/Schmalenbach (Hrsg.), Unternehmensfinanzierung – Gesellschaftsrecht, Steuerrecht, Rechnungslegung, München 2008, Teil H, Rz. 51.

37 *Knebel*, DB 2009 S. 1095.

nicht entgegen. Der Eintritt des Besserungsfalls bewirkt das Wiederaufleben der Forderung mit der Folge der aufwandswirksamen „Neuerfassung" einer Verbindlichkeit gegenüber dem Gläubiger.[38]

2180 Hinsichtlich des Forderungsverzichts durch einen Gesellschafter ist steuerrechtlich zum einen zu unterscheiden zwischen dem Forderungsverzicht gegenüber einer Kapitalgesellschaft und dem Forderungsverzicht gegenüber einer Personengesellschaft sowie zum anderen zwischen einem durch das Gesellschaftsverhältnis veranlassten und einem aus eigenbetrieblichem Interesse erfolgenden Forderungsverzicht.

2181 Im Allgemeinen wird eine gesellschaftsrechtliche Veranlassung bei einem Forderungsverzicht seitens des Gesellschafters unterstellt,[39] es sei denn, es liegt eine Situation vor, in der ein gedachter Dritter ebenfalls einen solchen Forderungsverzicht ausgesprochen hätte. Beispiele wären Forderungsverzicht zur Erhaltung von Geschäftsbeziehungen oder Erfolgen des Forderungsverzichts gemeinsam mit Drittgläubigern im Rahmen einer konzertierten Sanierungsmaßnahme.[40]

2182 Ist der Verzicht eines Gesellschafters gegenüber einer Kapitalgesellschaft nicht durch das Gesellschaftsverhältnis veranlasst, ist die Verbindlichkeit wie im Falle eines Drittgläubigers erfolgswirksam auszubuchen.[41] Ist der Forderungsverzicht des Gesellschafters hingegen auf das Gesellschaftsverhältnis zurückzuführen, so handelt es sich dabei um eine erfolgsneutrale verdeckte Einlage in Höhe des Teilwertes der Forderung gem. § 6 Abs. 6 EStG, während die Differenz zwischen dem Nennwert und dem Teilwert beim Gesellschafter als Aufwand und bei der Gesellschaft als Ertrag zu buchen ist.[42]

2183 Bei einem Forderungsverzicht eines Gesellschafters gegenüber einer Personengesellschaft ist im Falle des Verzichts aus eigenbetrieblichem Interesse eine Einlage in Höhe des werthaltigen Teils der Forderung und Ertrag in Höhe des nicht werthaltigen Teils auf Seiten der Personengesellschaft bzw. Aufwand auf Seiten des Gesellschafters zu buchen.[43] Ist der Verzicht jedoch auf das Gesellschaftsverhältnis zurückzuführen, so ist er unabhängig vom tatsächlichen Wert der Forderung als eine unentgeltliche Übertragung eines Wirtschaftsgutes zu Buchwerten aus dem eigenen Betriebsvermögen oder dem Sonderbetriebsvermögen in das Gesamthandsvermögen der Personengesellschaft i. S. d. § 6 Abs. 5 EStG zu behandeln. Das Kapital in der Steuerbilanz der Personengesellschaft erhöht sich um den Nennwert der Forderung und das Kapital in der Eigen- oder Sonderbilanz des Gesellschafters vermindert sich um den gleichen Betrag.[44]

38 *Weber-Grellet*, in: Schmidt, EStG, 33. Aufl., München 2014, § 5 Rz. 550 „Gesellschafterfinanzierung".

39 BFH, Urteil vom 29. 7. 1997 – VIII R 57/94, BStBl 1998 II S. 652.

40 BFH, Urteile vom 16. 5. 2002 – IV R 11/01, BStBl 2002 II S. 854; vom 12. 10. 2005 – X R 20/03, BFH/NV 2006 S. 713; BMF, Schreiben vom 27. 3. 2003, IV A 6 – S-2140 – 8/03, BStBl 2003 I S. 240 zu unternehmensbezogenen Sanierungen.

41 *Weber-Grellet*, in: Schmidt, EStG, 33. Aufl., München 2014, § 5 Rz. 671.

42 *Knebel*, DB 2009 S. 1095; BMF, Schreiben vom 2. 12. 2003 – IV A 2 – S 2743 – 5/03, BStBl 2003 I S. 648; BFH, Beschluss vom 9. 6. 1997 – GrS 1/94, BStBl 1998 II S. 307.

43 *Schneider*, in: HHR, EStG, § 15 Rz. 730; *Wacker*, in: Schmidt, EStG, 33. Aufl., München 2014, § 15 Rz. 550; *Pyszka*, BB 1998 S. 1559; *Töben/Lohbeck/Specker*, NWB 2009 S. 1488; a. A. *Demuth*, KÖSDI 2008 S. 16177.

44 *Wacker*, in: Schmidt, EStG, 33. Aufl., München 2014, § 15 Rz. 550.

Bei einem durch das Gesellschaftsverhältnis veranlassten Forderungsverzicht gegenüber einer Kapitalgesellschaft ist bei Eintritt des Besserungsfalls eine Erfassung des Besserungsscheins in Höhe des ursprünglich als nicht werthaltig behandelten Teils der Forderung ergebniswirksam vorzunehmen, während bezogen auf den werthaltigen Teil eine Rückzahlung einer Einlage vorliegt.[45] 2184

1.3.4 Debt Equity Swap und Alternativen

Bei einem Debt Equity Swap wird eine gegen die Gesellschaft gerichtete Forderung (Debt) in Anteile an dieser Gesellschaft (Equity) getauscht.[46] Dazu wird i. d. R. eine Kapitalerhöhung gegen Ausgabe neuer Gesellschaftsanteile vorgenommen, bei der die Forderung als Sacheinlage eingebracht wird. 2185

Die Insolvenzordnung sieht seit dem ESUG in § 225a[47] u. a. die Möglichkeit eines Debt-Equity-Swap auch im Insolvenzverfahren explizit vor. Danach kann im Insolvenzplan festgelegt werden, Forderungen von Gläubigern in Anteils- oder Mitgliedschaftsrechte am Schuldner umzuwandeln. Dies erfordert die Zustimmung der Gläubiger, lässt jedoch Eingriffe in die Rechte der Altgesellschafter auch gegen deren Willen zu.[48] 2185a

In Höhe des Teilwertes der Darlehensforderung handelt es sich auf der Ebene der Gesellschaft gem. §§ 4 Abs. 1 Satz 8, 6 Abs. 1 Nr. 5 EStG um eine Einlage.[49] In Höhe des nicht werthaltigen Teils der Forderung ergibt sich ein grundsätzlich steuerpflichtiger Sanierungsgewinn (vgl. Rz. 2205 ff.).[50] Dies gilt sowohl im Falle der Kapitalgesellschaft als auch der Personengesellschaft. Im Falle der Beteiligung an einer Kapitalgesellschaft im Rahmen des Debt Equity Swap ermitteln sich die Anschaffungskosten der Beteiligung beim Neugesellschafter gem. § 6 Abs. 6 Satz 1 EStG anhand des gemeinen Wertes der Forderung; in Höhe des nicht werthaltigen Teils kommt es zu Aufwand. 2185b

Erfolgt der Debt Equity Swap auch unter Beteiligung von Altgesellschaftern, sofern z. B. Gesellschafterdarlehen einbezogen werden, so gelten hierfür die Ausführungen zum Forderungsverzicht in entsprechender Weise. 2186

Eine Alternative zum Debt to Equity Swap ist der Debt Mezzanine Swap.[51] Dabei werden Forderungen in ein mezzanines Finanzierungsinstrument umgewandelt. Wenn dieses so ausgestaltet ist, dass es handelsbilanziell als Eigenkapital, steuerrechtlich jedoch 2187

---

45 BMF, Schreiben vom 2. 12. 2003 – IV A 2 – S 2743 – 5/03, Tz. 2, BStBl 2003 II S. 648; BFH, Urteil vom 30. 5. 1990 – I R 41/87, BStBl 1991 II S. 588; zu beachten ist aber, dass die Einlagenrückgewähr nach überwiegender Ansicht unter Beachtung der Verwendungsreihenfolge des § 27 Abs. 1 S. 3 KStG zu erfolgen hat (*Berninghaus*, in: HHR, KStG, § 27 Rz. 41 m. w. N.).

46 *Born*, BB 2009 S. 1731; *Hoffmann*, PiR 2010 S. 117.

47 Gesetz zur weiteren Erleichterung der Sanierung von Unternehmen, vom 23. 2. 2011.

48 *Braun* (Hrsg.): Insolvenzordnung (InsO), § 225a Rz. 1, 5. Aufl. München 2012; zum Insolvenzverfahren allgemein vgl. Rz. 2304 ff.

49 BFH, Beschluss vom 9. 6. 1997 – GrS 1/94, BStBl 1998 II S. 307; a. A. *Cahn/Simon/Theiselmann*, DB 2012 S. 331; DB 2010 S. 1629, nach deren Auffassung eine Einbringung der Forderung zum Nennwert möglich ist.

50 *Scheunemann/Hoffmann*, DB 2009 S. 985; zur steuerlichen Behandlung von Sanierungsgewinnen vgl. Rz. 2205 ff.

51 Weitere Alternativen sind z. B. Debt Asset Swap oder Debt Buy Back. Vgl. dazu die Ausführungen z. B. in *Theiselmann* (Hrsg.), Praxishandbuch des Restrukturierungsrechts, Frankfurt a. M. 2010.

als Fremdkapital auszuweisen ist, lässt sich im Gegensatz zum Debt Equity Swap der Nachteil eines evtl. steuerpflichtigen Gewinns vermeiden.[52] Als Gestaltungsalternative kommen z. B. Genussrechte in Betracht,[53] zumindest sofern keine Beteiligung am Liquidationserlös vorgesehen ist.[54] Liegt steuerrechtlich Fremdkapital vor, soll beim Debt Mezzanine Swap steuerbilanziell – unabhängig von der Werthaltigkeit der Forderung – ein erfolgsneutraler Passivtausch, vergleichbar der Ablösung des Darlehens eines Gläubigers im Rahmen einer Refinanzierung durch Neuaufnahme von Darlehen bei einem anderen Gläubiger, stattfinden.[55] Nach Auffassung der OFD Rheinland führt eine handelsbilanzielle Umqualifizierung der Verbindlichkeit in Eigenkapital infolge des Maßgeblichkeitsprinzips jedoch auch zu einer steuerbilanziellen Umqualifizierung in Eigenkapital. Dies führe folglich zu einem handels- und steuerbilanziellen Ertrag, der im Falle fehlender Werthaltigkeit der Forderung nicht durch den Abzug einer verdeckten Einlage außerbilanziell kompensiert werde.[56]

1.3.5 Verlust-/Schuld- und Erfüllungsübernahme

2188 Eine Verbesserung der Eigenkapitalsituation eines sich in der Krise befindlichen Unternehmens bzw. die Abwendung einer Verschlechterung kann auch dadurch erreicht werden, dass sich der Gesellschafter gegenüber der Gesellschaft verpflichtet, die laufenden Verluste zu übernehmen.

2189 Im Falle eines Vertragskonzerns besteht für den Gesellschafter über den mit der Tochtergesellschaft abgeschlossenen Gewinnabführungsvertrag nach § 302 Abs. 1 AktG die Verpflichtung zur Verlustübernahme. Der Gesellschafter darf steuerrechtlich wegen der Verlustübernahme durch Einkommenszurechnung entsprechend der Regelungen des § 14 KStG für die Verpflichtung zur Verlustübernahme keine Rückstellung bilden.[57]

2190 Ein Verlustübernahmevertrag kann aber auch unabhängig von einem Gewinnabführungsvertrag geschlossen werden.[58] Der Abschluss eines solchen isolierten Verlustübernahmevertrages ist i. d. R. durch das Gesellschaftsverhältnis veranlasst. Auf der Ebene der Gesellschaft stellt die Verlustübernahme in diesem Fall in voller Höhe eine Einlage gem. §§ 4 Abs. 1, 6 Abs. 1 Nr. 5 EStG dar. Im Falle der Beteiligung an einer Kapitalgesellschaft dürfte die Verlustübernahme auf der Ebene des Gesellschafters im ersten Schritt

52 *Meiisel/Weber*, in: Theiselmann (Hrsg.), Praxishandbuch des Restrukturierungsrechts, Frankfurt a. M. 2010, Kap. 9 Rz. 122.

53 *Hofert/Möller*, GmbHR 2009 S. 528; *Oelke/Wöhlert/Degen*, BB 2010 S. 301; *Meiisel/Weber*, in: Theiselmann (Hrsg.), Praxishandbuch des Restrukturierungsrechts, Frankfurt a. M. 2010, Kap. 9 Rz. 123.

54 Strittig ist allerdings die Definition der „Beteiligung am Liquidationserlös"; vgl. BFH, Urteil vom 19. 1. 1994 – I R 67/92, BStBl 1996 II S. 77 sowie den Nichtanwendungserlass des BMF vom 27. 12. 1995, IV B 7 – S 2742 – 76/95, BStBl 1996 I S. 49 und das BMF-Schreiben vom 8. 12. 1986, IV B 7 – S 2742 – 26/86, BB 1987 S. 667.

55 *Mückl*, FR 2009 S. 505; *Meiisel/Weber*, in: Theiselmann (Hrsg.), Praxishandbuch des Restrukturierungsrechts, Frankfurt a. M. 2010, Kap. 9 Rz. 131.

56 OFD Rheinland, Kurzinfo v. 14. 12. 2011 – KSt. Nr. 56/2011, GmbHR 2012 S. 543; a. A. z. B. *Breuninger/Ernst*, GmbHR 2012 S. 494; *Kroener/Momen*, DB 2012 S. 829; *Lechner/Haisch*, Ubg 2012 S. 115.

57 BFH, Urteil vom 26. 1. 1977 – I R 101/75, BStBl 1977 II S. 441; *Kozikowski/Schubert*, in: Beck'scher Bilanz-Kommentar, 9. Aufl., München 2014, § 249 Rz. 100 „Verlustübernahme".

58 *Förschle/Heinz*, in: Budde/Förschle/Winkeljohann (Hrsg.), Sonderbilanzen – Von der Gründungsbilanz bis zur Liquidationsbilanz, 4. Aufl., München 2008, Teil Q Rz. 72.

als nachträgliche Anschaffungskosten zu behandeln sein. Im zweiten Schritt wäre dann zu prüfen, inwieweit der nun erhöhte Beteiligungsbuchwert zu einer Teilwertabschreibung führen kann.[59]

Ist Hintergrund der Verlustübernahme ausnahmsweise ein eigenbetriebliches Interesse 2191
des Gesellschafters, so ist diese auf beiden Ebenen ergebniswirksam zu behandeln.

Bei der Schuldübernahme gem. §§ 414 ff. BGB übernimmt ein Dritter eine Schuld des 2192
bisherigen Schuldners. Der Altschuldner scheidet aus dem Rechtsverhältnis aus; der Unterschiedsbetrag zwischen dem Buchwert der Verbindlichkeit und der zu zahlenden Gegenleistung ist erfolgswirksam zu erfassen.[60] Beim Neuschuldner ist die Verbindlichkeit handelsbilanziell grundsätzlich so zu behandeln wie beim Altschuldner, es sei denn, dass der Neuschuldner die übernommene Verpflichtung z. B. durch eine abweichende Einschätzung des Erfüllungsbetrages anders bewertet.[61]

I. d. R. wird der Gesellschafter vor dem Hintergrund der angestrebten Sanierung auf Re- 2193
gressforderungen gegen die Schuldnergesellschaft verzichten. Die Gesellschaft kann in diesem Fall die Verbindlichkeit ausbuchen und mit dem zu aktivierenden Freistellungsanspruch gegen den Gesellschafter infolge der Schuldübernahme nach § 415 Abs. 3 BGB aufrechnen.[62]

Die Schuldübernahme bewirkt, dass – letztlich unabhängig von der Werthaltigkeit der 2194
Forderung – ein Gewinn aus einem Forderungsverzicht in eine Einlage umgewandelt werden kann.[63] Die unterschiedliche steuerliche Behandlung zum Forderungsverzicht folgt nach dem BFH daraus, dass die Gesellschaft durch die von vornherein unbedingte und unter Ausschluss aller Rückgriffsansprüche erklärte Schuldübernahme einen werthaltigen Freistellungsanspruch gegen den Gesellschafter erhält. Diese Steuerneutralität gilt nach dem BFH-Beschluss ausdrücklich auch dann, wenn die gegenüber der Krisengesellschaft bestehende Forderung des ursprünglichen Gläubigers nicht mehr voll werthaltig ist.[64]

Bei der Erfüllungsübernahme gem. § 329 BGB verpflichtet sich ein Dritter (Freistel- 2195
lungsverpflichteter) im Innenverhältnis, eine Verbindlichkeit des Schuldners zu erfüllen. Dies hat einen Befreiungsanspruch des Schuldners gegenüber dem Freistellungsverpflichteten zur Folge. Die Schuld selbst wird dabei jedoch nicht übernommen. Daher ändert sich auch die Bilanzierung des ursprünglichen Rechtsverhältnisses nicht. Die Freistellungsverpflichtung ist beim Verpflichteten handels- wie steuerrechtlich allerdings als Verbindlichkeitsrückstellung, beim Freistellungsgläubiger als Forderung zu behandeln.[65] Im Falle der Vereinbarung einer solchen Erfüllungsübernahme mit dem Gesellschafter mit der Zielsetzung der Sanierung wird dieser i. d. R. für den Fall der Inan-

59 BFH, Urteile vom 29. 5. 1968 – I 187/65, BStBl 1968 II S. 722; vom 9. 3. 1977 – I R 203/74, BStBl 1977 II S. 515; vgl. außerdem die Ausführungen von *Kraft/Kraft*, BB 1992 S. 2465.

60 *Häuselmann*, BB 2010 S. 948; *Weber-Grellet*, in: Schmidt, EStG, 32. Aufl., München 2013, § 5 Rz. 674.

61 *Prinz*, FR 2011 S. 450.

62 BFH, Urteil vom 20. 12. 2001 – I B 74/01, BFH/NV 2002 S. 678.

63 *Fox/Scheidle*, GWR 2009 S. 51; *Vogt*, DStR 2002 S. 1433; *Schmidt/Hageböke*, BStR 2002 S. 2151.

64 BFH, Urteil vom 20. 12. 2001 – I B 74/01, BFH/NV 2002 S. 678.

65 *Prinz*, FR 2011 S. 555.

spruchnahme auf einen Rückgriff verzichten, da ansonsten die Passivierung einer möglichen Rückgriffsverpflichtung den Sanierungseffekt wieder aufheben würde.[66] Das somit regresslos gewährte Freistellungsversprechen des Gesellschafters ist auf Ebene der Gesellschaft wie eine verdeckte Einlage zu behandeln.

1.3.6 Bürgschaftsverpflichtung

2196 Der Gesellschafter kann sich zur Gewährleistung der Liquidität des Unternehmens – statt der Gewährung eines eigenen Darlehens – auch im Rahmen eines Bürgschaftsverhältnisses verpflichten, für die Erfüllung der seitens der Banken zur Überwindung der Krise zusätzlich gewährten Darlehen als Bürge einzustehen.

2197 Verpflichtungen aus der Gewährung einer Bürgschaft sind als Rückstellung zu passivieren, wenn eine Inanspruchnahme hieraus wahrscheinlich ist.[67] Steuerbilanziell stehen die §§ 5 Abs. 4a und 4b EStG der Bildung einer solchen Rückstellung nicht entgegen.[68] Mit der bilanziellen Erfassung einer drohenden Inanspruchnahme durch Passivierung einer Rückstellung ist eine Rückgriffsforderung gegen den Hauptschuldner[69] zu aktivieren, die ggf. wertzuberichtigen ist.[70]

2198 Die Ablösung der Bürgschaft durch eine befreiende Schuldübernahme stellt auf der Ebene der Gesellschaft – entsprechend den zum Forderungsverzicht seitens des BFH aufgestellten Grundsätzen – eine Einlage i. S. v. §§ 4 Abs. 1 Satz 8, 6 Abs. 1 Nr. 5 EStG dar und führt auf der Ebene des Gesellschafters zu nachträglichen Anschaffungskosten, soweit der Freistellungsanspruch noch werthaltig ist; ansonsten liegt auf der Ebene der Gesellschaft ein Ertrag und auf der Ebene des Gesellschafters Aufwand vor.[71]

2199 Der BFH geht bei Bürgschaftsübernahmen von der Vermutung aus, dass eine Stützungsmaßnahme zugunsten der Gesellschaft regelmäßig durch das Gesellschaftsverhältnis veranlasst ist.[72]

1.3.7 Werthaltigkeitsgarantie/Patronatserklärung

2200 Eine Werthaltigkeitsgarantie liegt vor, wenn ein Gesellschafter bestimmte Aktiva, z. B. Forderungen oder Beteiligungen, durch eine Garantie gegenüber der Gesellschaft absichert. Diese Garantie kann so ausgestaltet sein, dass der Garantiegeber sich verpflichtet, auf Verlangen der Gesellschaft die betroffenen Vermögensgegenstände zum Buchwert zu erwerben, oder im Falle einer Abschreibung die daraus resultierenden Beträge auszugleichen.

---

66 *Förschle/Heinz*, in: Budde/Förschle/Winkeljohann (Hrsg.), Sonderbilanzen – Von der Gründungsbilanz bis zur Liquidationsbilanz, 4. Aufl., München 2008, Teil Q Rz. 77.

67 BFH, Urteil vom 15. 10. 1998 – IV R 8/98 BStBl 1999 II S. 333; FG Köln, Urteil vom 25. 6. 2002 – 13 K 6968/99, DStRE 2003 S. 4.

68 BFH, Urteil vom 11. 4. 2003 – IV B 176/02, BFH/NV 2003 S. 919.

69 BFH, Urteil vom 16. 12. 1987 – I R 222/83, BFH/NV 1989 S. 103.

70 BFH, Urteil vom 15. 10. 1998 – IV R 8/98, BStBl 1999 II S. 333; *Hahne*, BB 2005 S. 823.

71 BFH, Urteil vom 31. 5. 2005 – XR 36/02, BStBl 2005 II S. 707.

72 BFH, Urteil vom 29. 11. 2000 – I R 87/99, BStBl 2002 II S. 655.

Eine Patronatserklärung wird entweder gegenüber einzelnen oder allen Gläubigern eines Schuldners (extern) oder gegenüber dem Schuldner selbst (intern) abgegeben.[73] Bei einer „harten" Patronatserklärung sichert das die Erklärung abgebende Unternehmen zu, das unterstützte Unternehmen finanziell so auszustatten, dass dieses seinen Verbindlichkeiten jederzeit nachkommen kann.[74] Der Gläubiger kann den Patron auf Zahlung in Anspruch nehmen, wenn die Verbindlichkeit von dem Tochterunternehmen nicht erfüllt wird.[75] 2201

Im Unterschied dazu gibt es bei einer „weichen" Patronatserklärung keine Kapitalausstattungsverpflichtung. In einer solchen erklärt z. B. eine Muttergesellschaft, dass es ihre gegenwärtige Politik sei, Tochtergesellschaften finanziell angemessen auszustatten. Ansprüche des Gläubigers gegen die Muttergesellschaft aus einer solchen Erklärung kommen allenfalls dann infrage, wenn das Verhalten des die Erklärung abgebenden Unternehmens zu dieser im Widerspruch steht.[76] 2202

Ist die Inanspruchnahme aus einer solchen Erklärung seitens des Gesellschafters, sei es eine Werthaltigkeitsgarantie oder eine Patronatserklärung, wahrscheinlich, so ist handels- und steuerrechtlich eine Rückstellung für ungewisse Verbindlichkeiten gem. § 249 Abs. 1 HGB zu bilden.[77] 2203

Die Inanspruchnahme des Gesellschafters stellt – sofern der Gesellschafter auf seinen Ersatzanspruch gegenüber der Gesellschaft verzichtet – auf Ebene der Gesellschaft in voller Höhe eine Einlage gem. §§ 4 Abs. 1, 6 Abs. 1 Nr. 5 EStG dar. Im Falle der Beteiligung an einer Kapitalgesellschaft dürfte die Inanspruchnahme auf der Ebene des Gesellschafters im ersten Schritt als nachträgliche Anschaffungskosten zu behandeln sein. Im zweiten Schritt wäre dann zu prüfen, inwieweit der nun erhöhte Beteiligungsbuchwert zu einer Teilwertabschreibung führen kann;[78] es sei denn, es liegt ein eigenbetriebliches Interesse des Gesellschafters vor. 2204

1.4 Spezialfälle bei Krisenunternehmen

1.4.1 Steuerliche Behandlung von Sanierungsgewinnen

Ein wesentlicher Aspekt der voran beschriebenen Sanierungsmaßnahmen ist die Verbesserung der Eigenkapitalstruktur des Unternehmens durch einen Schuldenerlass seitens der Gesellschafter oder seitens der Drittgläubiger. 2205

Der Schuldenerlass hat auf Seiten des Schuldners handels- wie auch steuerbilanziell eine erfolgswirksame Ausbuchung der dem Schuldenerlass zugrunde liegenden Verbindlichkeit zur Folge. 2206

---

73 *Wolf*, StuB 2011 S. 447.

74 *Hasselbach*, in: Eilers/Rödding/Schmalenbach (Hrsg.), Unternehmensfinanzierung – Gesellschaftsrecht, Steuerrecht, Rechnungslegung, München 2008, Teil J Rz. 5.

75 BGH, Urteil vom 8. 5. 2003 – IX ZR 334/01, BB 2003 S. 1300.

76 *Schmalenbach*, in: Eilers/Rödding/Schmalenbach (Hrsg.), Unternehmensfinanzierung – Gesellschaftsrecht, Steuerrecht, Rechnungslegung, München 2008, Teil C Rz. 94.

77 *Wolf*, StuB 2011 S. 447; *Scherff/Willeke*, StuB 2008 S. 744.

78 BFH, Urteile vom 29. 5. 1968 – I 187/65, BStBl 1968 II S. 722; vom 9. 3. 1977 – I R 203/74, BStBl 1977 II S. 515.

2207 Die ertragsteuerliche Behandlung von Sanierungsgewinnen regelt der sog. Sanierungserlass[79] vom 27. 3. 2003. Danach sind bei unternehmensbezogenen Sanierungen – auf Antrag und bei Erfüllung der dort genannten Voraussetzungen – entstandene Sanierungsgewinne unbeschadet von Verlustverrechungsbeschränkungen (insbesondere der Mindestbesteuerung des § 10d EStG) mit bestehenden Verlustvorträgen zu verrechnen. Auf einen darüber hinausgehenden Sanierungsgewinn wird die Steuer grundsätzlich erlassen.[80] Aufgrund von in den letzten Jahren ergangenen – z.T. noch nicht rechtskräftigen – widersprüchlichen Finanzgerichtsentscheidungen[81] ist insbesondere für Zwecke einer möglichen Gewerbesteuerpflicht[82] die Behandlung von Sanierungsgewinnen derzeit nicht abschließend geklärt.[83]

2208 Die sich aus diesem Umstand ergebende Rechtsunsicherheit rechtfertigt möglicherweise die Passivierung einer Steuerrückstellung.[84]

2209 Die Gemeinde hat hinsichtlich der Prüfung, ob die Voraussetzungen für einen Erlass vorliegen, grds. die gleichen Kriterien anzuwenden.[85] Die Gemeinde kann daher im Rahmen ihrer Entscheidung, ob eine sachliche Unbilligkeit gegeben ist, nicht zu einem anderen Ergebnis gelangen, ohne dass ihre Ermessensentscheidung fehlerbehaftet wäre.[86] Eine Steuerrückstellung ist unseres Erachtens daher nicht zu passivieren.

1.4.2 Wirtschaftliches Eigentum/steuerliche Auswirkung von Besicherungen

2210 Finanzierungsmaßnahmen zur Sanierung eines Unternehmens wie z. B. Darlehen werden i. d. R. besichert. Eine Besicherung kann u. a. durch Hinterlegung von Geld und Wertpapieren, die Verpfändung von beweglichen Sachen oder Forderungen oder durch die Bestellung einer Hypothek erfolgen.

2211 Sicherungsrechte an Wirtschaftsgütern des Betriebsvermögens führen nicht zu einer steuerpflichtigen Veräußerung, denn das Sicherungseigentum ist gem. § 39 Abs. 2 Nr. 1 Satz 2 2. Alternative AO wirtschaftlich dem Sicherungsgeber zuzurechnen. Denn solange der Sicherungsgeber seine Zahlungsverpflichtung erfüllt, kann er den Sicherungsnehmer von der Einwirkung auf das Wirtschaftsgut ausschließen.[87] Eine Zurechnung

79 BMF, Schreiben vom 27. 3. 2003 – IV A 6 – S 2140 – 8/03, BStBl I 2003 I S. 240.

80 Die Finanzverwaltung geht davon aus, dass die Erhebung/Einziehung einer Steuer auf einen Sanierungsgewinn sachlich unbillig ist und sieht damit konsequent ihr Ermessen für die Gewährung von Billigkeitsmaßnahmen nach §§ 163, 227 AO auf null reduziert.

81 Zweifel an der Anwendbarkeit des Sanierungserlasses: FG München, Urteil vom 12. 12. 2007 – 1 K 4487/06, EFG 2008 S. 615 (nrkr., anhängig unter BFH-Az. VIII R 2/08); a. A. FG Köln, Urteil vom 24. 4. 2008 – 6 K 2488/06, EFG 2008 S. 1555; BFH, Urteil vom 14. 7. 2010 – X R 34/08, BStBl 2010 II S. 916.

82 Die für die Erhebung der Gewerbesteuer zuständigen Gemeinden sind ggf. formal nicht an die Anwendung des Sanierungserlasses gebunden (vgl. OVG Berlin-Brandenburg, Beschluss vom 11. 2. 2008 – 9 S 38/07, juris; offen gelassen in OVG Lüneburg, Urteil vom 18. 10. 2010 – 3 B 1108/10, juris).

83 Zustimmend zur Anwendbarkeit des Sanierungserlasses: *Gondert/Büttner*, Steuerbefreiung von Sanierungsgewinnen – Urteil des FG München vom 12. 12. 2007 – 1 K 4487/06, EFG 2008 S. 615; ebenso *Thouet*, ZInsO-Praxis 2008 S. 664; *Wagner*, BB 2008 S. 2671; *Geist*, BB 2008 S. 2658.

84 *Bauschatz*, GmbHR 2008 S. 1209.

85 Bayerisches Landesamt für Steuern, Verfügung vom 8. 8. 2006 – S 2140 – 6 St 3102M; OFD Magdeburg, Verfügung vom 14. 10. 2005 – G-1498-3-St 213 Tz. 4.

86 FG Düsseldorf, Urteil vom 19. 7. 2000 – 7 K 237/97, EFG 2000 S. 1410.

87 *Kruse*, in: Tipke/Kruse (Hrsg.), AO/FGO, Kommentar, 125. EL, Köln 2011, § 39 AO Rz. 50.

zum Sicherungsnehmer käme allenfalls dann in Betracht, wenn diesem die uneingeschränkte Dispositionsbefugnis eingeräumt wird, er über das Wirtschaftsgut somit auch unabhängig von der Frage, ob der Sicherungsgeber seiner Zahlungspflicht nachkommt, verfügen und es z. B. veräußern kann.[88]

Diese Grundsätze gelten auch für die gerade in krisenhaften Situationen sehr häufig gewählten Sale and Lease Back-Gestaltungen, die vom wirtschaftlichen Gehalt i. d. R. als eine Darlehensgewährung zu qualifizieren sein dürften. Der Veräußerer bleibt wirtschaftlicher Eigentümer des verkauften Wirtschaftsgutes. Der Mittelzufluss aus dem vereinbarten Kaufpreis ist als Darlehen auszuweisen, das mit der Zahlung der Leasingraten zurückgeführt wird.[89] 2212

Bei Übergang des wirtschaftlichen Eigentums auf den Leasinggeber kann – insbesondere bei Krisenunternehmen – der Ansatz einer Rückstellung für überhöhte Leasingraten angezeigt sein.[90] 2213

1.5 Besonderheiten beim Erwerb eines Krisenunternehmens

1.5.1 Negativer Kaufpreis

Der Erwerb eines Krisenunternehmens ist häufig dadurch gekennzeichnet, dass für das Unternehmen lediglich ein symbolischer Kaufpreis durch den Erwerber zu zahlen ist oder sogar seitens des Veräußerers Zuzahlungen an den Erwerber erfolgen (negativer Kaufpreis).[91] Zuzahlungen des Veräußerers sind üblich, wenn im Hinblick auf die Krisensituation des Unternehmens bis zum Abschluss der Sanierung noch nicht unwesentliche Restrukturierungsaufwendungen erwartet werden, für die in der Bilanz noch keine Vorsorge durch den Ansatz von Verbindlichkeiten oder Rückstellungen getroffen wurde. 2214

Ein negativer Kaufpreis kann sich aber auch erst nach Abschluss des Unternehmenskaufvertrages aufgrund einer nachträglichen Kaufpreisanpassung (z. B. aus der Inanspruchnahme für im Rahmen des Unternehmenskaufvertrages abgegebene Garantien) ergeben, soweit die seitens des Veräußerers zu leistenden Zahlungen den ursprünglich seitens des Erwerbers gezahlten Kaufpreis übersteigen.[92] 2215

1.5.1.1 Asset Deal

Aus steuerlicher Sicht liegt ein Asset Deal vor, sofern Wirtschaftsgüter, Wirtschaftsgütergesamtheiten oder auch Personengesellschaftsanteile (Mitunternehmeranteile) gekauft werden. 2216

88 *Eilers*, in: Eilers/Rödding/Schmalenbach (Hrsg.), Unternehmensfinanzierung – Gesellschaftsrecht, Steuerrecht, Rechnungslegung, München 2008, Teil A Rz. 55.

89 IDW ERS HFA 13 Anm. 72.

90 *Förschle/Heinz*, in: Budde/Förschle/Winkeljohann (Hrsg.), Sonderbilanzen – Von der Gründungsbilanz bis zur Liquidationsbilanz, 4. Aufl., München 2008, Teil Q Rz. 26.

91 *Preißler/Bressler*, BB 2011 S. 427.

92 *Scheunemann/Mandelsloh/Preuß*, DB 2011 S. 202; s. auch *Prinz*, FR 2011 S. 373.

2217 Im Falle eines Asset Deals ist grundsätzlich auf der Basis der sog. Stufentheorie[93] eine Aufteilung des Gesamtkaufpreises nach § 6 Abs. 1 Nr. 7 EStG auf die im Einzelnen erworbenen Wirtschaftsgüter vorzunehmen. Die Stufentheorie ist grundsätzlich auch im Falle eines sog. negativen Kaufpreises anzuwenden. Die Behandlung eines solchen negativen Kaufpreises im Rahmen der Stufentheorie richtet sich nach der Grundsatzentscheidung des BFH vom 21. 4. 1994.[94]

2218 Die Erfassung des negativen Kaufpreises erfolgt im Falle des Asset Deals zunächst durch Abstockung von erworbenen Aktiva und durch Aufstockung von Passiva.[95] Bei Zuzahlungen seitens des Veräußerers wird danach häufig ein Restbetrag verbleiben. Der Restbetrag ist erfolgsneutral als passiver Ausgleichsposten zu erfassen. Dies verhindert den Ausweis eines "Anschaffungsertrags" beim Erwerber wie er sich ansonsten bei erfolgswirksamer Bilanzierung "negativer Anschaffungskosten" ergeben würde.[96]

2219 Die Erfassung „negativer" Anschaffungskosten beim Erwerber kommt nicht in Betracht, da nach § 255 Abs. 1 HGB begrifflich die Existenz von Aufwendungen auf Erwerberseite vorausgesetzt wird. Zudem verstößt eine Gewinnrealisierung in Höhe des vom Veräußerer gezahlten Aufgeldes gegen das Vorsichts- und Realisationsprinzip und damit gegen den Grundsatz der Erfolgsneutralität eines Anschaffungsvorgangs.[97]

2220 Ein passiver Ausgleichsposten ist in den Folgejahren gegen antizipierte Verluste, bei qualifizierten Übertragungsvorgängen oder spätestens bei Liquidation der Gesellschaft erfolgswirksam aufzulösen.[98]

2221 Die Auflösung eines negativen Ausgleichspostens im Zusammenhang mit antizipierten Verlusten hat zu erfolgen, sofern es sich um Aufwendungen handelt die nachweislich zur Bildung des Postens geführt haben und auf den im Erwerbszeitpunkt antizipierten Gründen beruhen.[99]

2222 Im Falle der Übertragung des ganzen Betriebs erfolgt grundsätzlich die Auflösung des gesamten passiven Ausgleichspostens. Erfolgt die Übertragung von Teilen eines Be-

93 Ausführlich zur Stufentheorie *Schmidt/Wacker*, in: Schmidt, EStG, 33. Aufl., München 2014, § 16 EStG Rz. 488 ff.

94 BFH, Urteil vom 21. 4. 1994 – IV R 70/92, BStBl 1994 II S. 745.

95 Eine Abstockung wird im Schrifttum z.T. abgelehnt; *Ballweiser*, in: Münchener Kommentar zum HGB, 2. Aufl., München 2008, § 255 HGB Rdn. 114; *Gießler*, DStR 1995 S. 699; *Möhrle*, DStR 1999 S. 1414.

96 BFH, Urteile vom 19. 2. 1998 – IV R 59/96, BStBl 1999 II S. 266; vom 14. 6. 1994 – VIII R 37/93, BStBl 1995 II S. 246; vom 21. 4. 1994 – IV R 79/92, BStBl 1994 II S. 745; anders jedoch *Siegel/Bareis*, BB 1993 S. 1477, die die Bildung eines passiven Ausgleichspostens ablehnen und eine sofortige Gewinnrealisierung beim Erwerber annehmen; ähnlich auch *Pickhardt*, DStR 1997 S. 1095.

97 Vgl. auch BFH, Urteil vom 16. 12. 2009 – I R 102/08, BStBl 2011 II S. 566; *Scheunemann/Mandelsloh/Preus*, DB 2011 S. 201; *Preißler/Bressler*, BB 2011 S. 427.

98 BFH, Urteil vom 21. 4. 1994 – IV R 70/92, BStBl 1994 II S. 745; in diesem Sinne auch FG Düsseldorf, Urteil vom 15. 12. 2010 – 15 K 2784/09 F, EFG 2011 S. 794; die analoge Anwendung des § 7 Abs. 1 Satz 3 EStG – also eine lineare Abschreibung des passiven Ausgleichspostens über die Dauer von 15 Jahren – erscheint aufgrund der Unvereinbarkeit mit grundlegenden Bilanzprinzipien nicht sachgerecht (so auch *Ernsting*, GmbHR 2007 S. 135; *Hoffmann*, DStR 2006 S. 1315; *Schiffers*, WPg 2006 S. 1283; *Schulze-Osterloh*, BB 2006 S. 1956; *Weber-Grellet*, BB 2007 S. 38; a. A. *Möhrle*, DStR 1999 S. 1420.

99 So auch *Scheunemann/Mandelsloh/Preuß*, DB 2011 S. 201; anders jedoch *Geiger*, DB 1996 S. 1533 sowie *Heurung*, DB 1995 S. 385, die eine Analyse der einzelnen Verlustanteile ablehnen und objektivierungsbedingt unterstellen, dass die künftig eintretenden Verluste gerade die erwarteten Verlustdrohungen zum Zeitpunkt des Unternehmenserwerbs beinhalten.

triebs, so ist der negative Ausgleichsposten anteilig aufzulösen, sofern Wirtschaftsgüter übertragen werden, die mit der ursprünglichen Bildung des Postens im Zusammenhang stehen. Im Falle unentgeltlicher Übertragungen nach § 6 Abs. 3 und Abs. 5 EStG oder auch steuerneutraler Umwandlungen bzw. Einbringungen zu Buchwerten nach dem UmwStG ist der passive Ausgleichsposten (ggf. anteilig) steuerneutral fortzuführen.[100]

Die Ab- und Aufstockungen sowie die Bildung eines passiven Ausgleichspostens für steuerliche Zwecke erfolgen bei Erwerb von Mitunternehmeranteilen in der Ergänzungsbilanz des Erwerbers.[101] 2223

1.5.1.2 Share Deal

Ein Share Deal im steuerlichen Sinne beschreibt den Erwerb von Kapitalgesellschaftsanteilen. Ein im Rahmen des Share Deal vorliegender negativer Kaufpreis ist in Form der Zuzahlung seitens des Veräußerers handels- und steuerbilanziell gemäß der Grundsatzentscheidung des BFH vom 26. 4. 2006[102] zu behandeln, wonach die Zuzahlung des Veräußerers beim Erwerber zur Bildung eines passiven Ausgleichspostens führt. 2224

Die Erfassung des negativen Kaufpreises beim Erwerber hat zunächst durch Abstockung[103] der erworbenen Beteiligung in der Bilanz des Erwerbers zu erfolgen. Eine solche Abstockung scheidet i. d. R. faktisch jedoch aus, weil die Beteiligung für einen symbolischen Betrag erworben wird. In einem zweiten Schritt erfolgt die erfolgsneutrale Erfassung des seitens des Veräußerers gezahlten Aufgeldes in einem besonderen passiven Ausgleichsposten.[104] 2225

Der passive Ausgleichsposten ist bei Verkauf der Beteiligung oder bei Liquidation der Gesellschaft erfolgswirksam aufzulösen[105] und führt dann zu einer entsprechenden Erhöhung eines möglichen Veräußerungsgewinns bzw. Minderung eines Veräußerungsverlusts. Eine teilweise Veräußerung der Beteiligung führt zu einer korrespondierenden Auflösung des passiven Ausgleichspostens.[106] 2226

Eine Auflösung des Ausgleichspostens während des Haltens der Beteiligung wegen einer auf der Ebene der Beteiligung eintretenden Realisierung antizipierter Verluste 2227

---

100 *Scheunemann/Mandelsloh/Preuß*, DB 2011 S. 201.

101 BFH, Urteil vom 21. 4. 1994 – IV R 70/92, BStBl 1994 II S. 745; FG Düsseldorf, Urteil vom 15. 12. 2010 – 15 K 2784/09 F, EFG 2011 S. 794.

102 BFH, Urteil vom 26. 4. 2006 – I R 49 – 50/04, BStBl 2006 II S. 656.

103 BFH, Urteil vom 26. 4. 2006 – I R 49 – 50/04, BStBl 2006 II S. 656, z. T. wird eine Abstockung im Schrifttum abgelehnt: *Ballwieser*, in: Münchener Kommentar zum HGB, 2. Aufl., München 2008, § 255 HGB Rz. 114; *Gießler*, DStR 1995 S. 699; *Möhrle*, DStR 1999 S. 1414.

104 Die h. M. folgt der Auffassung des BFH: *Ernsting*, GmbHR 2007 S. 135 ff.; a. A. *Christiansen*, HFR 2006 S. 867 m. w. N. *Plewka/Klümpen-Neusel*, NJW 2006 S. 3612, die den Ausweis eines negativen Geschäftswertes befürworten.

105 So auch *Scheunemann/Mandelsloh/Preuß*, DB 2011 S. 205; *Preißler/Bressler*, BB 2011 S. 431; *Ernsting*, GmbHR 2007 S. 135 f.; *Schiffers*, WPg 2006 S. 1279; *Schulze-Osterloh*, BB 2006 S. 1955.

106 *Ernsting*, GmbHR 2007 S. 135 f.; *Scheunemann/Mandelsloh/Preuß*, DB 2011 S. 205.

kommt nicht in Betracht, da die zwingende Abstockung bei Beteiligungserwerb keinen Raum für weitere Abschreibungen zulässt.[107]

1.5.1.3 Steuerliche Behandlung beim Veräußerer

2228 Der Veräußerer einer Beteiligung hat die Differenz zwischen dem Kaufpreis und dem Buchwert der Beteiligung aufwandswirksam zu erfassen.

2229 Ein möglicherweise gezahltes Aufgeld erhöht den Veräußerungsverlust, der im Falle der Veräußerung von Kapitalgesellschaftsanteilen aufgrund der Regelungen des § 3c Abs. 2 EStG und § 8b Abs. 3 KStG jedoch nur begrenzt bei der Ermittlung des zu versteuernden Einkommens Berücksichtigung findet.

1.5.1.4 Abgrenzung gesonderter Leistungen des Käufers vom negativen Kaufpreis

2230 Ein negativer Kaufpreis ist von Entgelten für gesonderte Leistungen des Käufers abzugrenzen. Handelt es sich bei der Zuzahlung nach wirtschaftlicher Betrachtungsweise um ein Entgelt für ein eigenständiges vom Erwerb trennbares Leistungselement des Erwerbers, liegt kein negativer Kaufpreisbestandteil vor.[108] Dies ist bspw. der Fall, wenn der Erwerber für Bankverbindlichkeiten der Gesellschaft eine selbstschuldnerische Bürgschaft übernimmt.[109] Darüber hinaus kann dies auch Unternehmenskäufe betreffen, bei denen die Zuzahlung unter der Auflage erfolgt, dass der Erwerber das Unternehmen schließt. Auch hier liegt eine vom eigentlichen Erwerb unabhängige, gesonderte Leistung des Käufers vor, welche in einer – neben dem Unternehmenskauf – vereinbarten Dienstleistung besteht.[110]

1.5.2 Erwerb von schuldrechtlichen Verpflichtungen

2231 Beim Erwerb eines Unternehmens übernimmt der Erwerber i. d. R. auch die mit dem Unternehmen verbundenen Verbindlichkeiten und sonstigen Verpflichtungen des Veräußerers.

2232 Aufgrund der Vielzahl der allein steuerlich bestehenden Ansatzverbote – im Falle eines Unternehmens in der Krise betrifft dies insbesondere das Ansatzverbot nach § 5 Abs. 4a EStG für Drohverlustrückstellungen – sowie der Vorgaben für die steuerliche Bewertung wie z. B. des Bewertungsvorbehalts gem. § 5 Abs. 6 EStG für die Bewertung von Rückstellungen ist ein Teil dieser Verpflichtungen bis zum Erwerbszeitpunkt steuerlich abweichend zur Handelsbilanz noch nicht bilanziell verarbeitet worden.

---

107 So auch *Scheunemann/Mandelsloh/Preuß*, DB 2011 S. 205; *Preißler/Bressler*, BB 2011 S. 431; *Ernsting*, GmbHR 2007 S. 138; *Kreidl/Schreiber*, BB 2007 S. 88; *Mujkanovic*, WPg 1994 S. 527; *Schulze-Osterloh*, BB 2006 S. 1956; *Schiffers*, WPg 2006 S. 1282; *Weber-Grellet*, BB 2007 S. 38.

108 *Ernsting*, GmbHR 2007 S. 135; *Hoffmann*, DStR 2006 S. 1315.

109 BFH, Urteil vom 26. 4. 2006 – I R 49, 50/04, BStBl 2006 II S. 1531.

110 So explizit *Scheunemann/Mandelsloh/Preiß*, DB 2011 S. 202.

1.5.2.1 Behandlung beim Erwerber

Für den Fall der Übernahme von Rückstellungen für drohende Verluste aus schwebenden Geschäften, die aufgrund der Regelung des § 5 Abs. 4a EStG in der Steuerbilanz des Veräußerers nicht gebildet werden durften, hat der BFH mit Urteil vom 16. 12. 2009[111] entschieden, dass diese beim Erwerber zu einer passivierungspflichtigen ungewissen Verbindlichkeit führen. Die Rückstellungen sind im Erwerbszeitpunkt sowie an den nachfolgenden Bilanzstichtagen nach § 6 Abs. 1 Nr. 3 EStG zu bewerten. 2233

Dies hat der BFH mit Urteil vom 14. 12. 2011[112] auch für andere steuerlich nicht oder nur eingeschränkt „rückstellungsfähige" Verpflichtungen anerkannt. Während das Urteil vom 16. 12. 2009 eine Übernahme im Wege der Erfüllungsübernahme gem. § 329 BGB betraf, hat der BFH mit Urteil vom 14. 12. 2011 seine Grundsätze auch auf befreiende Schuldübernahmen gem. §§ 414 ff. BGB angewandt und erneut entschieden, dass der Erwerber nicht an die ursprünglichen Passivierungsbeschränkungen gebunden ist. Dies gilt laut Rechtsprechung des BFH[113] auch für die Bilanzierung übernommener Pensionsverpflichtungen. Die Pensionsverpflichtungen sind danach im Übernahmezeitpunkt sowie an den nachfolgenden Bilanzstichtagen mit ihren Anschaffungskosten auszuweisen. Die speziellen steuerbilanziellen Ansatzverbote finden in Anschaffungsfällen keine Anwendung. 2234

(Einstweilen frei) 2235–2236

1.5.2.2 Behandlung beim Veräußerer

Auf Seiten des Veräußerers ist im Falle einer befreienden Schuldübernahme das BFH-Urteil vom 17. 10. 2007[114] maßgebend. Danach ist die Übernahme der aufgrund der Regelung des § 5 Abs. 4a EStG nicht in der Steuerbilanz des Veräußerers passivierten Rückstellungen für drohende Verluste aus schwebenden Geschäften durch den Erwerber nicht ergebniserhöhend bei der Berechnung des Veräußerungsgewinns zu berücksichtigen.[115] Im Ergebnis erzielt der Veräußerer einen Verlust in Höhe der bisher steuerlich nicht erfassten Rückstellung. 2237

Mit Urteil vom 26. 4. 2012 hat der BFH – hinsichtlich eines Schuldbeitritts mit Ausgleichsverpflichtung – seine Auffassung bestätigt und zudem klargestellt, dass Unternehmen aufgrund ertragsteuerrechtlicher Passivierungsbeschränkungen in ihrer Steuerbilanz vorhandene stille Lasten auch dann steuermindernd realisieren können, wenn Dritte die Verbindlichkeiten lediglich wirtschaftlich übernehmen.[116] 2238

---

111 BFH, Urteil vom 16. 12. 2009 – I R 102/08, BFH/NV 2010 S. 517.

112 BFH, Urteil vom 14. 12. 2011 – I R 72/10, BFH/NV 2012 S. 635.

113 BFH, Urteil vom 12. 12. 2012 – I R 28/11, BFH/NV 2013 S. 884 und BFH, Urteil vom 12. 12. 2012 – I R 69/11, BFH/NV 2013 S. 840.

114 BFH, Urteil vom 17. 10. 2007 – I R 61/06, BStBl 2008 II S. 555.

115 So auch BMF, Schreiben vom 24. 6. 2011 – IV C 6 – S 2137/0-03, BStBl 2011 I S. 627.

116 BFH, Urteil vom 26. 4. 2012 – IV R 43/09, BFH/NV 2012 S. 1248.

1.5.2.3 Gesetzliche Regelung zur Beschränkung der Hebung stiller Lasten

2239 Durch das AIFM-Steuer-Anpassungsgesetz[117] ist die bilanzsteuerrechtliche Behandlung der entgeltlichen Übertragung von Verpflichtungen gesetzlich geregelt worden. Die gesetzliche Regelung ist mit Wirkung zum 28. 11. 2013 in Kraft getreten.[118]

2240 Auf Seiten des Veräußerers ist gem. § 4f Abs. 1 EStG n. F. der sich aus der Übertragung von Verpflichtungen, die Ansatzverboten, -beschränkungen oder Bewertungsvorbehalten unterlegen haben, ergebende Aufwand grundsätzlich im Wirtschaftsjahr der Schuldübernahme und den nachfolgenden 14 Jahren, d. h. insgesamt über einen Zeitraum von 15 Jahren, gleichmäßig verteilt als Betriebsausgabe abziehbar. Dies gilt gem. Abs. 2 bei Schuldbeitritten und Erfüllungsübernahmen für die vom Freistellungsberechtigten an den Freistellungsverpflichteten erbrachten Leistungen entsprechend.

2241 Eine Verteilung des Aufwandes unterbleibt bei Schuldübernahmen jedoch in bestimmten Fällen, d. h. der Aufwand ist sofort als Betriebsausgabe abziehbar:

1. im Rahmen einer Veräußerung oder Aufgabe des ganzen Betriebes bzw. gesamten Mitunternehmeranteils i. S. d. §§ 14, 16 Abs. 1, 3 und 3a sowie des § 18 Abs. 3 EStG
2. wenn ein Arbeitnehmer bei einem Arbeitgeberwechsel seine bislang erworbenen Pensionsansprüche mitnimmt und
3. bei kleinen und mittleren Betrieben, die die Größenmerkmale des § 7g Abs. 1 Satz 2 Nr. 1 Buchst. a bis c EStG nicht überschreiten.[119]

2242 Die Ausnahmeregelung hinsichtlich der Veräußerung oder Aufgabe des ganzen Betriebes gilt laut Gesetzesbegründung nicht, wenn die unternehmerische Tätigkeit aufgrund von Umwandlungsvorgängen nach dem Umwandlungssteuergesetz in anderer Rechtsform oder durch einen anderen Rechtsträger fortgesetzt wird.[120]

2243 Im Falle einer Teilbetriebsveräußerung oder -aufgabe ist ein Veräußerungs- oder Aufgabeverlust um den sich ergebenden Aufwand zu vermindern, soweit dieser den Verlust begründet oder erhöht hat, d. h. eine Verteilung des Aufwandes erfolgt nur, wenn die realisierten stillen Lasten die stillen Reserven übersteigen.[121]

2244 Der Erwerber hat die übernommenen Verpflichtungen gem. § 5 Abs. 7 Satz 1 EStG n. F. so zu bilanzieren, wie sie beim ursprünglich Verpflichteten ohne die Schuldübernahme zu bilanzieren wären. Entsprechendes gilt für Verpflichtungen aus Schuldbeitritten und Erfüllungsübernahmen.

2245 Bei übernommenen Pensionsverpflichtungen ist der Jahresbetrag gem. § 6a Abs. 3 Satz 2 Nr. 1 EStG so zu bemessen, dass zu Beginn des Wirtschaftsjahres der Übernahme

117 AIFM-Steuer-Anpassungsgesetz vom 23. 12. 2013, BGBl 2013 I S. 4318.

118 Zur gesetzlichen Regelung vgl. auch *Benz/Placke*, DStR 2013 S. 2653.

119 Der Gesetzgeber wollte laut Gesetzesbegründung insbesondere Gestaltungen verhindern, bei denen im Konzernverbund Verpflichtungen steuergünstig „verschoben" werden, BT-Drucks. 18/68. Bei Schuldbeitritten und Erfüllungsübernahmen gilt die Ausnahmeregelung hinsichtlich der Betriebsveräußerung oder Betriebsaufgabe offensichtlich nicht, vgl. auch *Benz/Placke*, DStR 2013 S. 2657 f.

120 BT-Drucks. 18/68.

121 Bei Schuldbeitritten und Erfüllungsübernahmen gilt dies offensichtlich nicht, d. h. es kommt in jedem Fall zu einer Verteilung des sich ergebenden Aufwands auf 15 Jahre, vgl. auch *Benz/Placke*, DStR 2013 S. 2657 f.

der Barwert der Jahresbeträge zusammen mit den übernommenen Vermögenswerten dem Barwert der künftigen Pensionsleistungen entspricht.

Auf Seiten des Erwerbers führt die Übernahme der Verpflichtung somit zu einem Erwerbsgewinn. Es besteht ein Wahlrecht zur Verteilung des sich ergebenden Gewinnes über einen Zeitraum von 15 Jahren. Diese Verteilung wird vorgenommen, indem eine gewinnmindernde Rücklage i. H.v. 14/15 gebildet und in den folgenden 14 Wirtschaftsjahren gleichmäßig verteilt wieder aufgelöst wird. Besteht eine Verpflichtung bereits vor Ablauf dieses Auflösungszeitraumes nicht mehr, ist die verbleibende Rücklage gewinnerhöhend aufzulösen. 2246

Sowohl die Regelung des § 4f EStG n. F. als auch die des § 5 Abs. 7 EStG n. F. sind gem. § 52 Abs. 12c bzw. Abs. 14a EStG n. F. erstmals für Wirtschaftsjahre anzuwenden, die nach dem 28. 11. 2013 enden. Während jedoch § 4f EStG n. F. an den Realisierungszeitpunkt der stillen Lasten anknüpft und somit die Bilanzierung von in Vorjahren durch Übertragung einer Verpflichtung realisierten stillen Lasten unverändert bleibt, entfaltet § 5 Abs. 7 EStG n. F. auf Seiten des Erwerbers ggf. Rückwirkung, da unter der Voraussetzung, dass die Verpflichtungen noch existent sind, diese jetzt mit dem Wert zu bilanzieren sind, mit dem sie in der Bilanz des Veräußerers anzusetzen wären. 2247

(Einstweilen frei) 2248–2277

2. Liquidation und Abwicklung

Die Gesellschafter einer Kapitalgesellschaft wie auch die Gesellschafter einer Personengesellschaft können grundsätzlich jederzeit die Auflösung der Gesellschaft beschließen. Folge des Beschlusses über die Auflösung der Gesellschaft ist die Eröffnung des Abwicklungs- bzw. Liquidationsverfahrens, dessen Ziel es ist, mit Beendigung der laufenden Geschäftstätigkeit Forderungen einzuziehen, das vorhandene Vermögen zu verwerten, Gläubiger zu befriedigen sowie ein danach verbleibendes Reinvermögen an die Gesellschafter auszukehren, so dass mit Vollbeendigung der Geschäftstätigkeit der Gesellschaft die Löschung im Handelsregister erfolgen kann. 2278

2.1 Rechnungslegung bei Liquidation

2.1.1 Handelsrechtliche Rechnungslegung

Die Buchführungs- und Inventuraufstellungspflichten wie auch die allgemeinen Rechnungslegungspflichten des HGB sind sowohl im Falle der Kapitalgesellschaft als auch der Personengesellschaft nach dem Auflösungsbeschluss weiterhin zu berücksichtigen, da alle Handelsgesellschaften auch nach ihrer Auflösung Kaufmann i. S. d. HGB bleiben.[122] 2279

122 *Förschle/Deubert*, in: Budde/Förschle/Winkeljohann (Hrsg.), Sonderbilanzen – Von der Gründungsbilanz bis zur Liquidationsbilanz, 4. Aufl., München 2008, Teil T Rz. 12.

2.1.1.1 Kapitalgesellschaften

2280 Im Falle einer Kapitalgesellschaft sind im Hinblick auf die handelsrechtlichen Rechnungslegungspflichten ergänzend die Regelungen der § 71 GmbHG bzw. § 270 AktG zu beachten, wonach mit Beginn der Liquidation eine Liquidationseröffnungsbilanz sowie bei der Beendigung eine Liquidationsschlussbilanz aufzustellen sind.

2281 Es besteht zudem innerhalb des Abwicklungs- und Liquidationszeitraums die Pflicht für den Schluss eines jeden Jahres einen Jahresabschluss und einen Lagebericht aufzustellen.

2282 Die Liquidationseröffnungsbilanz ist grundsätzlich weitestgehend identisch mit der Schlussbilanz der werbenden Gesellschaft.[123] Die bis zur Liquidationseröffnung handelsrechtlich Anwendung findenden Ansatz- und Bewertungsvorschriften gelten – auch nach Eröffnung des Liquidationsverfahrens – fort.[124]

2283 Eine Neubewertung aller Aktiva und Passiva ist daher im Rahmen der Aufstellung der Liquidationseröffnungsbilanz grundsätzlich nicht geboten.[125] Ist mit dem Beschluss über die Auflösung der Gesellschaft aber auch die tatsächliche Einstellung der betrieblichen Tätigkeit der Gesellschaft verbunden, hat aufgrund des Wegfalls der Going-Concern Prämisse nach § 252 Abs. 1 HGB eine Bilanzierung zu Liquidations- bzw. Zerschlagungswerten zu erfolgen.[126]

2284 Das Anschaffungswertprinzip des § 253 Abs. 1 Satz 1 HGB verliert wegen des Wegfalls der Fortführungsannahme nicht seine Geltung, so dass die historischen AK/HK nicht überschritten werden dürfen.[127]

2285 Für die innerhalb des Abwicklungs- bzw. Liquidationszeitraums jährlich zu erstellenden Jahresabschlüsse gelten die im Hinblick auf die Liquidationseröffnungsbilanz anzuwendenden Grundsätze fort.

2286 Die Liquidationsschlussbilanz ist unmittelbar vor Verteilung des Vermögens an die Gesellschafter aufzustellen.[128] Sie dient vorrangig dazu das mit Abschluss des Liquidationsverfahrens für die Auskehrung an die Gesellschafter zur Verfügung stehende (Rest-) Reinvermögen nachzuweisen.[129]

2287 Diesem Zweck entsprechend sind in der Liquidationsschlussbilanz sämtliche noch vorhandenen Vermögensgegenstände anzusetzen. Dies umfasst auch nicht entgeltlich erworbene immaterielle Vermögensgegenstände, die bisher aufgrund des Ansatzverbotes des § 248 Abs. 2 HGB nicht bilanziert wurden, sofern sie selbständig verkehrs-

---

123 *Förschle/Deubert*, in: Budde/Förschle/Winkeljohann (Hrsg.), Sonderbilanzen – Von der Gründungsbilanz bis zur Liquidationsbilanz, 4. Aufl., München 2008, Teil T Rz. 143.

124 Ausführlich hierzu *Förschle/Deubert*, in: Budde/Förschle/Winkeljohann (Hrsg.), Sonderbilanzen – Von der Gründungsbilanz bis zur Liquidationsbilanz, 4. Aufl., München 2008, Teil T Rz. 90 ff.

125 *Förschle/Deubert*, in: Budde/Förschle/Winkeljohann (Hrsg.), Sonderbilanzen – Von der Gründungsbilanz bis zur Liquidationsbilanz, 4. Aufl., München 2008, Teil T Rz. 140.

126 *Merkt*, in: Baumbach/Hopt, Handelsgesetzbuch, 34. Aufl., München 2010, § 252 Tz. 7.

127 *Förschle/Deubert*, in: Budde/Förschle/Winkeljohann (Hrsg.), Sonderbilanzen – Von der Gründungsbilanz bis zur Liquidationsbilanz, 4. Aufl., München 2008, Teil T Rz. 141.

128 *Lutter/Kleindiek*, in: Lutter/Hommelhoff, GmbH-Gesetz, 16. Aufl., Köln 2004, § 71 Tz. 12.

129 *Hoffmann*, GmbHR 1976 S. 261.

fähig sind. Die Bewertung der zur Verteilung an die Gesellschafter vorgesehenen Vermögensgegenstände hat zum Zeitwert zu erfolgen. Dies entspricht dem für die steuerliche Liquidationsschlussbilanz vorgesehenen Ansatz mit dem gemeinen Wert. Die Bewertung zum Zeitwert ist auch insoweit sachgerecht als die Auskehrung an die Gesellschafter einen einer Sachausschüttung vergleichbaren Vorgang darstellt. Die Sachausschüttung stellt grundsätzlich eine umsatzähnliche Transaktion dar, die eine vollständige Auflösung stiller Reserven bewirkt.[130]

2.1.1.2 Personengesellschaft

Im Hinblick auf die handelsrechtliche Rechnungslegung einer sich in Liquidation befindenden Personengesellschaft fehlt es an entsprechenden gesonderten Regelungen. Die Personenhandelsgesellschaft hat demnach auch während des Liquidationsverfahrens lediglich aufgrund der handelsrechtlichen Regelungen gem. §§ 238 ff. HGB jährlich einen Jahresabschluss zu erstellen. Darüber hinaus besteht gem. §§ 240, 242 HGB die Pflicht zur Aufstellung einer Liquidationsschlussbilanz. Jedoch braucht – mangels expliziter gesetzlicher Bestimmungen – keine Liquidationseröffnungsbilanz aufgestellt zu werden.[131] 2288

Im Hinblick auf die maßgebenden Ansatz- und Bewertungsvorschriften gelten sowohl für die im Liquidationszeitraum jährlich zu erstellenden Jahresabschlüsse als auch für die Liquidationsschlussbilanz die in Bezug auf die vergleichbaren Rechenwerke der Kapitalgesellschaft Anwendung findenden Grundsätze. 2289

2.1.2 Steuerrechtliche Rechnungslegung bei Liquidation

2.1.2.1 Kapitalgesellschaft

Im Falle der Liquidation erfolgt die Besteuerung einer Kapitalgesellschaft nach den Regelungen des § 11 KStG, der grundsätzlich die abschnittsweise Besteuerung nach Veranlagungszeiträumen aufhebt und stattdessen (nur) einmalig den über den gesamten handelsrechtlichen Abwicklungszeitraum insgesamt erzielten Gewinn der Besteuerung unterwirft. Zielsetzung der Regelung des § 11 KStG ist es, eine „Schlussbesteuerung" der Kapitalgesellschaft durchzuführen, die neben den im Verlauf der Liquidation (z. B. durch Verwertung von Vermögen) erzielten Gewinnen auch bereits erwirtschaftete, aber bislang noch nicht realisierte Gewinne in Form von stillen Reserven erfasst.[132] 2290

Der der Liquidationsbesteuerung zugrunde zu legende Gewinn wird durch Gegenüberstellung des Abwicklungs-Endvermögens und des Abwicklungs-Anfangsvermögens ermittelt. 2291

130 *Müller*, NZG 2002 S. 785 f.; *Schnorbus*, ZIP 2003 S. 516; *Orth*, WPg 2004 S. 786; *Heine/Lechner*, AG 2005 S. 270.

131 Die Pflicht nach § 154 HGB, zum Beginn sowie bei Beendigung der Liquidation eine Bilanz aufzustellen, ist nach h. M. ausschließlich auf die interne Rechnungslegung beschränkt: *Erle*, in: Beck'sches Handbuch der Personengesellschaften, 3. Aufl., München 2009, § 11 Rz. 4.

132 BFH, Urteil vom 8. 12. 1971 – I R 164/69, BStBl 1972 II S. 232.

2292 Das steuerliche Abwicklungs-Endvermögen entspricht grundsätzlich dem mit Beendigung der Liquidation zur Auskehrung an die Gesellschafter kommenden Vermögen. Dieses Vermögen kann auch Sachwerte umfassen. Diese sind bei der Ermittlung des steuerlichen Endvermögens mit ihrem gemeinen Wert i. S. v. § 9 BewG, d. h. mit dem Einzelveräußerungspreis zum Zeitpunkt der Übertragung anzusetzen.

2293 Selbstgeschaffene immaterielle Wirtschaftsgüter, die bei einer Verteilung auf die Gesellschafter erhalten bleiben und von diesen nachfolgend genutzt werden, sind ebenfalls zum gemeinen Wert anzusetzen.[133] Dies gilt auch für einen Geschäfts- oder Firmenwert. Der BFH sieht dies nur für einen originären Firmenwert.[134] Unseres Erachtens ist aber unter Zugrundelegung der Überlegungen zur Sachausschüttung, wie sie bei der Erstellung der handelsrechtlichen Liquidationsschlussbilanzen zum Tragen kommen, auch ein derivativer Geschäfts- oder Firmenwert zu berücksichtigen. Darüber hinaus ist zu berücksichtigen, dass das Umwandlungssteuergesetz seit dem SEStEG in seiner geltenden Fassung grds. ebenfalls eine Schlussbesteuerung der stillen Reserven auf Basis des gemeinen Wertes vorsieht. In der Schlussbilanz, die für vom Umwandlungssteuergesetz erfasste Umwandlungsvorgänge zu erstellen ist, ist beim Ansatz zum gemeinen Wert auch ein derivativer Geschäfts- oder Firmenwert anzusetzen, da dieser nach dem Umwandlungsvorgang weiter genutzt wird.

2294 Da es sich beim Abwicklungsgewinn um einen Gewinn besonderer Art handelt, findet der Grundsatz der Maßgeblichkeit der Handelsbilanz – also der handelsrechtlichen Liquidationsschlussbilanz – für die Steuerbilanz bei der Ermittlung des Abwicklungs-Endvermögens keine Anwendung.[135]

2295 Das Abwicklungs-Anfangsvermögen ist nach § 11 Abs. 4 Satz 1 KStG das Betriebsvermögen, das am Schluss des der Auflösung vorangegangenen Wirtschaftsjahres der Körperschaftsteuerveranlagung zugrunde gelegt worden ist.

2296 Maßgebend sind dementsprechend die Buchwerte der letzten Steuerbilanz.

2297 Für die Ermittlung des Liquidationsgewinns sind nach § 11 Abs. 6 KStG im Übrigen die sonst geltenden Vorschriften über die steuerliche Gewinnermittlung anzuwenden.

2298 Wird eine Kapitalgesellschaft still – also ohne vorherige Auflösung – liquidiert, ist § 11 KStG nicht anwendbar.

2.1.2.2 Personengesellschaft

2299 Die Auflösung einer Personengesellschaft entfaltet allein regelmäßig keine steuerliche Wirkung. Innerhalb des Abwicklungszeitraums unterliegt die Gesellschaft grds. den allgemeinen steuerlichen Vorschriften.

---

133 *Förschle/Deubert*, in: Budde/Förschle/Winkeljohann (Hrsg.), Sonderbilanzen – Von der Gründungsbilanz bis zur Liquidationsbilanz, 4. Aufl., München 2008, Teil T Rz. 268.

134 BFH, Urteil vom 14. 2. 1978 – VIII R 158/73, BStBl 1979 II S. 99.

135 BFH, Urteile vom 14. 12. 1965 – I 246/62 U, BStBl 1966 III S. 152; vom 8. 12. 1971 – I R 164/69, BStBl 1972 II S. 229.

Der Gewerbebetrieb i. S.v. § 15 EStG umfasst bei Personengesellschaften auch die auf die Abwicklung gerichteten Handlungen.[136] Die zu liquidierende Gesellschaft ist während der Abwicklung und solange sie nach außen auftritt steuerlich als fortbestehend zu behandeln und erzielt laufenden Gewinn bis zum Zeitpunkt der Abwicklung aller Rechtsbeziehungen.[137] Die allmähliche Abwicklung kann sich unter Umständen über Jahre hinziehen.[138] 2300

Zu beachten ist, dass es im Falle der allmählichen Liquidation zu einer zwangsweisen Realisation von stillen Reserven kommen kann, insofern nicht veräußerte Wirtschaftsgüter zu dem Zeitpunkt, zu dem mit einer Veräußerung dieser Wirtschaftsgüter – z. B. bei langfristiger Vermietung eines Betriebsgrundstücks – nicht mehr zu rechnen ist, steuerlich als notwendiges Privatvermögen der Gesellschafter behandelt werden.[139] 2301

Stellt die Personengesellschaft ihre werbende gewerbliche Tätigkeit ein, so hat sie das Wahlrecht zwischen einer begünstigten Betriebsveräußerung oder -aufgabe i. S. d. §§ 16, 34 EStG und einer nichtbegünstigten allmählichen Betriebsabwicklung.[140] 2302

Die Gewerbesteuerpflicht endet grundsätzlich erst mit der völligen Aufgabe jeder werbenden Tätigkeit der Gesellschaft. Auch die im Abwicklungszeitraum erzielten Gewinne unterliegen der Gewerbesteuer.[141] Veräußerungs- oder Aufgabegewinne i. S. d. §§ 16, 34 EStG sind jedoch keine laufenden Gewinne und gehören folglich nicht zum Gewerbeertrag und unterliegen nicht der Gewerbesteuer.[142] 2303

2.2 Besonderheiten in der Insolvenz

Die Eröffnung des Insolvenzverfahrens stellt grds. sowohl für die Kapitalgesellschaft als auch die Personengesellschaft einen Auflösungsgrund dar. Sie muss jedoch keineswegs final zu einer Beendigung des Unternehmens führen. Denn ausweislich des § 1 InsO dient das Insolvenzverfahren dazu, die Gläubiger eines Schuldners gemeinschaftlich zu befriedigen, indem das Vermögen des Schuldners verwertet und der Erlös verteilt wird oder in einem Insolvenzplan eine abweichende Regelung insbesondere zum Erhalt des Unternehmens getroffen wird. 2304

2.2.1 Regelinsolvenz und Insolvenzplanverfahren

Das Regelinsolvenzverfahren sieht die Liquidation des Unternehmens und die Befriedigung der Gläubiger aus dem Erlös vor. Davon zu unterscheiden ist das in den 2305

136 *Förschle/Deubert*, in: Budde/Förschle/Winkeljohann (Hrsg.), Sonderbilanzen – Von der Gründungsbilanz bis zur Liquidationsbilanz, 4. Aufl., München 2008, Teil S Rz. 225.

137 BFH, Urteile vom 26. 9. 1961 – I 5/61 U, BStBl 1961 III S. 517; vom 1. 10. 1992 – IV R 60/91, BStBl 1993 II S. 139 m. w. N.

138 BFH, Urteil vom 27. 10. 1983 – IV R 217/81, BStBl 1984 II S. 364.

139 BFH, Urteile vom 30. 3. 1989 – IV R 45/87, BStBl 1989 II S. 509; vom 27. 10. 1983, IV R 217/81, BStBl II 1984 S. 364.

140 BFH, Urteile vom 28. 9. 1995 – IV R 39/94 BStBl 1996 II S. 276; vom 5. 12. 1996 – IV R 65/95 BFH/NV 1997 S. 225 m. w. N.; zur Frage der Abgrenzung zwischen begünstigter Betriebsaufgabe und nichtbegünstigter Betriebsabwicklung s. *Wacker*, in: Schmidt, EStG, 32. Aufl. 2013, § 16 Rz. 170 ff.

141 R 19 Abs. 1 Satz 1, 6 GewStR.

142 BFH, Urteil vom 3. 2. 1994 – III R 23/89, BStBl 1994 II S. 709; R 39 Abs. 1 Nr. 1 Satz 8 GewStR.

§§ 217-269 InsO geregelte Insolvenzplanverfahren, welches die Fortführung des Unternehmens zum Ziel hat.[143]

2306 Hinsichtlich des Insolvenzplanverfahrens unterscheidet man zwischen dem Liquidationsplan, dem Eigensanierungsplan und dem Plan zur übertragenden Sanierung, wobei auch Mischformen des Insolvenzplans denkbar sind.

2307 Bei einem Liquidationsplan bleibt die Zerschlagung des Unternehmens und die Verwertung der Insolvenzmasse zur Befriedigung der Gläubiger das Ziel. Der Unterschied zum Regelinsolvenzverfahren besteht i. d. R. in der vorübergehenden Fortführung des Unternehmens zur Verbesserung der Verwertungssituation. Ein Eigensanierungsplan zielt auf die Fortführung des Unternehmens und die Befriedigung der Gläubiger aus künftigen Erträgen ab. Bei einem Plan zur übertragenden Sanierung soll der Erhalt des Unternehmens durch Übertragung des Unternehmens auf einen Dritten gewährleistet werden. Die Befriedigung der Gläubiger erfolgt aus dem Kaufpreis.

2308 Ist der Insolvenzplan rechtskräftig, wird das Insolvenzverfahren aufgehoben.

2.2.2 Rechnungslegungsvorschriften in der Insolvenz

2309 Auch insolvente Unternehmen unterliegen gem. § 155 Abs. 1 InsO uneingeschränkt den handels- und steuerrechtlichen Buchführungspflichten.[144]

2.2.2.1 Beginn eines neuen Geschäftsjahres

2310 Mit der Eröffnung des Insolvenzverfahrens beginnt nach § 155 Abs. 2 Satz 1 InsO grds. ein neues Geschäftsjahr. Darüber hinaus bewirkt nach § 155 Abs. 2 Satz 1 InsO die Beendigung des Insolvenzverfahrens das Ende des zu diesem Zeitpunkt laufenden Geschäftsjahres. Dies führt i. d. R. dazu, dass es zu Rumpfgeschäftsjahren zwischen dem letzten regulären Bilanzstichtag und der Eröffnung des Insolvenzverfahrens sowie zwischen dem letzten Bilanzstichtag innerhalb des Insolvenzverfahrens und der Beendigung des Insolvenzverfahrens kommt.[145] Die Geschäftsjahresänderungen sind auch steuerrechtlich nachzuvollziehen.[146]

2.2.2.2 Handelsrechtliche Rechnungslegung

2311 Das Unternehmen hat aufgrund des mit der Eröffnung des Insolvenzverfahrens beginnenden neuen Geschäftsjahres eine Schlussbilanz für das letzte Geschäftsjahr vor der Insolvenzeröffnung sowie eine Eröffnungsbilanz des Insolvenzverfahrens zu erstellen.

---

143 Zum Insolvenzplanverfahren vgl. *Waza/Uhländer/Schmittmann*, Insolvenzen und Steuern, 9. Aufl., Herne 2012, Rz. 1051 ff.

144 *Waza/Uhländer/Schmittmann*, Insolvenzen und Steuern, 9. Aufl., Herne 2012, Rz. 1002.

145 *Förschle/Weisang*, in: Budde/Förschle/Winkeljohann (Hrsg.), Sonderbilanzen – Von der Gründungsbilanz bis zur Liquidationsbilanz, 4. Aufl., München 2008, Teil R Rz. 56.

146 Steuerrechtlich ist gem. § 4a Abs. 1 Nr. 2 Satz 2 EStG zur Änderung des Geschäftsjahres grundsätzlich die Zustimmung des Finanzamtes notwendig, die jedoch im Falle der Insolvenz als konkludent erteilt gilt (*Förschle/Weisang*, in: Budde/Förschle/Winkeljohann (Hrsg.), Sonderbilanzen – Von der Gründungsbilanz bis zur Liquidationsbilanz, 4. Aufl., München 2008, Teil R Rz. 55).

Ferner ist zu jedem in den Zeitraum des Insolvenzverfahrens fallenden Bilanzstichtag eine Bilanz zu erstellen.[147] 2312

Bei der Beendigung des Insolvenzverfahrens ist zu unterscheiden. Endet es mit der Liquidation, ist lediglich eine Schlussbilanz zu erstellen. Im Falle eines Insolvenzplans ist zum Zeitpunkt der Aufhebung des Insolvenzverfahrens zusätzlich zur Schlussbilanz eine inhaltlich identische Eröffnungsbilanz für das folgende Geschäftsjahr zu erstellen.[148] 2313

Die bis zur Eröffnung des Insolvenzverfahrens handelsrechtlich Anwendung findenden Ansatz- und Bewertungsvorschriften gelten auch nach Eröffnung grds. fort. Die Eröffnung des Insolvenzverfahrens allein führt nicht dazu, dass im Hinblick auf die Bewertung vom Wegfall der Going-Concern Prämisse nach § 252 Abs. 1 HGB auszugehen ist. Dies ist erst anzunehmen, wenn die Gläubigerversammlung die Stilllegung des Unternehmens beschließt.[149] 2314

2.2.3 Besteuerung in der Insolvenz

Es gibt grds. kein gesondertes Gesetz zur Regelung der Besteuerung in der Insolvenz. Es finden die für die betreffende Rechtsform geltenden steuerrechtlichen Regeln auch nach Eröffnung des Insolvenzverfahrens Anwendung. Insofern das Regelinsolvenzverfahren die Liquidation des Unternehmens vorsieht, folgt die Besteuerung in der Insolvenz allgemein den für die Liquidation geltenden Regelungen.[150] 2315

2.2.3.1 Kapitalgesellschaft

Die Regelungen des § 11 KStG zur „Schlussbesteuerung" der Kapitalgesellschaft im Rahmen der Liquidation finden gemäß § 11 Abs. 7 KStG im Falle der Insolvenz grds. entsprechende Anwendung.[151] Besteuerungszeitraum ist auch hier der gesamte Abwicklungszeitraum, der jedoch nicht schon mit Eröffnung des Insolvenzverfahrens, sondern erst mit der Abwicklung der Gesellschaft, d. h. der Einstellung der werbenden Tätigkeit, beginnt.[152] Endet das Insolvenzverfahren aufgrund des Zustandekommens eines Insolvenzplans mit der Fortführung des Unternehmens, verbleibt es bei der normalen Besteuerung.[153] 2316

---

147 *Förschle/Weisang*, in: Budde/Förschle/Winkeljohann (Hrsg.), Sonderbilanzen – Von der Gründungsbilanz bis zur Liquidationsbilanz, 4. Aufl., München 2008, Teil R Rz. 80.

148 *Förschle/Weisang*, in: Budde/Förschle/Winkeljohann (Hrsg.), Sonderbilanzen – Von der Gründungsbilanz bis zur Liquidationsbilanz, 4. Aufl., München 2008, Teil R Rz. 86.

149 In Bezug auf mögliche Besonderheiten hinsichtlich des Ansatzes und der Bewertung von Vermögensgegenständen und Schulden in den verschiedenen während eines Insolvenzverfahrens handelsrechtlich zu erstellenden Bilanzen verweisen wir vereinfachend auf *Förschle/Weisang*, in: Budde/Förschle/Winkeljohann (Hrsg.), Sonderbilanzen – Von der Gründungsbilanz bis zur Liquidationsbilanz, 4. Aufl., München 2008, Teil R.

150 FG Münster, Urteil vom 30. 10. 1974, V – 1550/73, EFG 1975 S. 228.

151 *Waza/Uhländer/Schmittmann*, Insolvenzen und Steuern, 9. Aufl., Herne 2012, Rz. 1664.

152 *Hofmeister*, in: Blümich, EStG/KStG/GewStG, Kommentar, § 11 KStG Rz. 90 f.

153 *Waza/Uhländer/Schmittmann*, Insolvenzen und Steuern, 9. Aufl., Herne 2012, Rz. 1666.

2.2.3.2 Personengesellschaft

2317 Die Eröffnung des Insolvenzverfahrens über das Vermögen einer Personengesellschaft entfaltet wie bei der Abwicklung der Gesellschaft allein keine steuerliche Wirkung. Es gelten insofern die Ausführungen zur Liquidation, Rz. 2299 ff. Die Eröffnung des Insolvenzverfahrens bewirkt keine Betriebsaufgabe i. S. v. § 16 EStG.[154]

2.2.3.3 Ansatz von Verbindlichkeiten in der Insolvenz

2318 Die OFD Münster hat in einer Verfügung vom 21. 10. 2005[155] Stellung zu der Frage genommen, ob und ggf. wann Verbindlichkeiten des Insolvenzschuldners im Rahmen eines Insolvenzverfahrens anstelle des Nennwertes mit einem niedrigeren Wert zu bilanzieren sind. Sie verweist zunächst auf die grundsätzliche Rechtsprechung des BFH, wonach Verbindlichkeiten sowohl in der Handels- als auch in der Steuerbilanz nicht mehr zu passivieren sind, wenn mit an Sicherheit grenzender Wahrscheinlichkeit nicht mehr mit der Inanspruchnahme gerechnet werden muss.[156] Der Umstand, dass der Schuldner mangels ausreichenden Vermögens die Verbindlichkeiten bei Fälligkeit nicht erfüllen kann, reicht dafür jedoch nicht aus.[157] Laut der OFD Münster ist daher von einer wirtschaftlichen Belastung in Höhe des Nennwertes auszugehen. Dies gilt auch nach Aufhebung des Insolvenzverfahrens, da gem. § 201 InsO die Gläubiger dann ihre restlichen Forderungen geltend machen können.

2319 Erfolgswirksam auszubuchen ist eine Verbindlichkeit hingegen bei einem tatsächlichen Erlöschen der Schuld durch einen Forderungsverzicht der Gläubiger und im Falle eines rechtskräftigen Insolvenzplans, wenn dieser das Erlöschen von Forderungen nachrangiger Gläubiger oder eine entsprechende Befreiung vorsieht.[158]

2.2.3.4 Betriebsaufspaltung und Insolvenz

2320 Bei einer Insolvenz des Betriebsunternehmens geht das Verwaltungs- und Verfügungsrecht auf den Insolvenzverwalter über (§ 80 Abs. 1 InsO). Dies hat zur Folge, dass die für die Betriebsaufspaltung notwendige personelle Verflechtung nicht mehr besteht und es somit i. d. R. zur Betriebsaufgabe des Besitzunternehmens i. S. d. § 16 Abs. 3 Satz 1 EStG und somit zur Auflösung der in den Wirtschaftsgütern des Betriebsvermögens enthaltenen stillen Reserven kommt, da das bisherige Betriebsvermögen i. d. R. zu Privatvermögen wird.

2321 Eine Betriebsaufgabe liegt allerdings nicht vor, wenn das laufende Insolvenzverfahren mit anschließender Fortsetzung des Betriebsunternehmens aufgehoben bzw. eingestellt wird. Dann treten die Rechtsfolgen der (lediglich unterbrochenen) Betriebsaufspaltung wieder ein und die Erfassung der stillen Reserven bleibt gewährleistet.[159]

2322–2359 *(Einstweilen frei)*

---

154 FG Hessen, Urteil vom 9. 9. 1998 – 9 K 585/96, EFG 1999 S. 16; § 4 Abs. 2 GewStDV; R 2.6 IV GewStR.

155 OFD Münster, Verfügung vom 21. 10. 2005 – S 270, DB 2005 S. 2382.

156 BFH, Urteil vom 22. 11. 1988 – VIII R 62/85, BStBl 1989 II S. 359.

157 BFH, Urteil vom 9. 2. 1993 – VIII R 29/91, BStBl 1993 II S. 747.

158 OFD Münster, Verfügung vom 21. 10. 2005 – S 270, DB 2005 S. 2382.

159 BFH, Urteil vom 6. 3. 1997 – XI R 2/96, BStBl II 1997 S. 460.

Teil A:
Grundsatz- und Querschnittsfragen steuerlicher Gewinnermittlung

Kapitel XIV:
Besondere Bilanzierungsfragen bei Freiberuflern

von
Dr. Dorothee Hallerbach, Augsburg

Inhaltsübersicht Rz.

Ausgewählte Literatur

Beinert/Werder, Vormarsch ausländischer Gesellschaften – Gesetzgeberische Klarstellungen im Steuerrecht tun Not, DB 2005 S. 1480; *Bernütz/Küppers*, Bilanzierungspflicht der deutschen Betriebsstätte einer britischen Limited Liability Partnership?, IStR 2011 S. 587; *Gunsenheimer*, Der Wechsel der Gewinnermittlungsart – Übergang von der Einnahme-Überschussrechnung zum Betriebsvermögensvergleich, NWB 2008 S. 2907; *Holler*, Wechsel der Gewinnermittlungsart im Einkommensteuerrecht, Diss. Konstanz 1992; *Kanzler*, Der Wechsel der Gewinnermittlungsart, FR 1999 S. 225; *Korts/Korts*, Die steuerrechtliche Behandlung der in Deutschland tätigen englischen Limited, BB 2005 S. 1474; *Krudewig*, Investitionsabzugsbetrag (Teil 1), NWB 2013 S. 2946; *Schnittker*, Gesellschafts- und steuerrechtliche Behandlung einer englischen Limited Liability Partnership mit Verwaltungssitz in Deutschland, Köln 2007; *Schnittker/Bank*, Die LLP in der Praxis, München 2008; *Wachter*, Die englische private limited im deutschen Steuerrecht, FR 2006 S. 358, 393; *Schoor*, Wechsel von der Einnahme-Überschussrechnung zum Bestandsvergleich, StuB 2007 S. 221; *Schulze-Osterloh*, Voraussetzungen für den Übergang auf Gewinnermittlung durch Bestandsvergleich, BB 2006 S. 436.

1. Verhältnis von Bestandsvergleich zu Einnahmenüberschussrechnung

Regelgewinnermittlungsart ist nach der ständigen Rechtsprechung des BFH[1] die Gewinnermittlung nach § 4 Abs. 1 EStG, die Gewinnermittlung durch Bestandsvergleich. Besteht für den Steuerpflichtigen kein Wahlrecht, das er zugunsten der Einnahmenüberschussrechnung ausgeübt hat, so ist er verpflichtet, seinen Gewinn durch Bilanzierung zu ermitteln. Dennoch soll die Gewinnermittlung nach § 4 Abs. 3 EStG gleichrangig neben der Gewinnermittlung durch Bestandsvergleich stehen, weil beide Gewinn- 2360

1 BFH, Urteile vom 17. 5. 1960 – I 35/57 S, BStBl 1960 III S. 306; vom 19. 10. 2005 – XI R 4/04, BFH/NV 2005 S. 881; vom 9. 2. 1992 – VIII R 49/97, BFH/NV 1999 S. 1195 und vom 19. 3. 2009 – IV R 57/07, BStBl 2009 II S. 659.

ermittlungsmethoden über die Gesamtdauer der wirtschaftlichen Aktivität zum gleichen Totalgewinn führen müssen.[2] Trotz der gesetzlichen Grundregel ist die Gewinnermittlung nach § 4 Abs. 3 EStG rein tatsächlich die Regelgewinnermittlungsmethode bei freiberuflich tätigen Steuerpflichtigen. Spezialregelungen für die Gewinnermittlung durch Bestandsvergleich enthält die vorrangig auch vor der Gewinnermittlung nach § 4 Abs. 1 EStG anzuwendende Vorschrift des § 5 EStG, der aber persönlich nicht auf freiberuflich tätige Steuerpflichtige anwendbar ist, weil er ausdrücklich einen Gewerbebetrieb voraussetzt. Aus diesem Grund ist er auch nicht auf freiberuflich tätige Partnerschaftsgesellschaften oder freiberuflich tätige Kommanditgesellschaften anwendbar, solange diese nicht gewerblich geprägt sind.[3]

2. Wechsel der Gewinnermittlungsart

2.1 Gewinnermittlungswahlrecht

2361 Nach § 4 Abs. 3 EStG besteht die Möglichkeit für den Steuerpflichtigen, den Gewinn durch Einnahmenüberschussrechnung zu ermitteln, wenn sie nicht aufgrund gesetzlicher Vorschriften (handelsrechtlich nach §§ 238 ff. HGB oder steuerlich nach § 141 AO) verpflichtet sind, Bücher zu führen und Abschlüsse zu machen und dies auch tatsächlich nicht vornehmen. Die handelsrechtlichen Buchführungsvorschriften setzen die Kaufmannseigenschaft voraus, die bei freiberuflich Tätigen nicht vorliegt. Steuerlich knüpfen die Buchführungspflichten entweder an bestehende handelsrechtliche Buchführungspflichten an, die für Freiberufler nicht bestehen, oder das Steuerrecht begründet in § 141 AO eigene Buchführungspflichten, die aber nur für gewerblich Tätige oder Land- und Forstwirte gelten, nicht jedoch für selbständig i. S. d. § 18 Abs. 1 Nr. 1 EStG tätige Steuerpflichtige. Diese erfüllen grundsätzlich die persönlichen Voraussetzungen des § 4 Abs. 3 EStG unabhängig von Bilanzkennzahlen und Umsatzgrößen. Auch, wenn sie eine den Anforderungen des § 4 Abs. 1 EStG entsprechende Buchführung eingerichtet haben, werden sie nicht buchführungspflichtig, solange sie keine entsprechenden Abschlüsse erstellen und einreichen. Werden die persönlichen Voraussetzungen des § 4 Abs. 3 EStG erfüllt, gewährt dieser grundsätzlich ein Wahlrecht im Hinblick auf die Gewinnermittlungsart.

2.2 Ausübung des Wahlrechts

2362 Da die Gewinnermittlung nach § 4 Abs. 1 EStG die vorrangige Gewinnermittlungsart ist, muss das Wahlrecht zugunsten der Einnahmenüberschussrechnung gesondert ausgeübt werden. Die Ausübung ist nicht antragsgebunden, sondern kann konkludent erfolgen.[4] Das Wahlrecht wird üblicherweise durch die vom Steuerpflichtigen gewählte Art der Aufzeichnung (Belegsammlung oder Buchführung) und der Abschlusserstellung (Abschluss auf der Basis von Bestandsaufnahmen oder Ermittlung der Einnahmen und

2 BFH, Urteile vom 30. 3. 1994 – I R 124/93, BStBl 1994 II S. 852; vom 21. 7. 2009 – X R 46/08, BFH/NV 2010 S. 186; *Kanzler*, in: HHR, EStG/KStG, vor §§ 4-7 Anm. 32.

3 *Korn*, in: Korn, EStG, § 4 Rn. 492.

4 BFH, Urteile vom 13. 10. 1989 – III 30-31/85, BStBl 1990 II S. 287; vom 12. 10. 1994 – X R 192/83, BFH/NV 1995 S. 587.

der Ausgaben auf der Basis von Belegen) ausgeübt. Nicht ausreichend ist eine unstrukturierte Belegsammlung.[5] Ein Freiberufler übt das Wahlrecht zugunsten der Einnahmenüberschussrechnung aus, indem er auf die Erstellung einer Eröffnungsbilanz verzichtet und die Gewinnermittlung entsprechend § 4 Abs. 3 EStG einreicht. Dies gilt auch, wenn er eine EDV gestützte Buchführung erstellt, die den Bestandsvergleich ermöglicht, dem Finanzamt aber eine Einnahmenüberschussrechnung übermittelt.[6]

Zeitlich ist die Ausübung des Wahlrechts bis zur Bestandskraft jederzeit möglich, das Wahlrecht ist auf den Beginn des Wirtschaftsjahres auszuüben.[7] Die zeitlichen Grenzen der Ausübung hängen davon ab, ob der Bestandsvergleich oder die Einnahmenüberschussrechnung gewählt wird. Dabei hat die zeitnahe Aufstellung einer Eröffnungsbilanz besondere Bedeutung: Eine bereits zugunsten der Einnahmenüberschussrechnung getroffene Wahl kann auch durch nachträgliche Erstellung einer Bilanz nicht mehr zugunsten der Gewinnermittlung durch Bestandsvergleich geändert werden, weil Eröffnungsbilanz und Einrichtung der Buchführung zeitnah erfolgen müssen.[8] Wurde das Wahlrecht innerhalb eines Wirtschaftsjahres bereits zugunsten der Einnahmenüberschussrechnung ausgeübt, ist der Steuerpflichtige an die Ausübung des Wahlrechts für das betreffende Wirtschaftsjahr gebunden. 2363

Andererseits schließt die Erstellung einer Eröffnungsbilanz und die Einrichtung einer Buchführung die Gewinnermittlung nach § 4 Abs. 3 EStG nicht aus, weil allein diese beiden Vorgänge noch keine abschließende Ausübung des Wahlrechts zugunsten des Bestandsvergleichs darstellen. Das Wahlrecht wird abschließend ausgeübt durch die Aufstellung eines Abschlusses aufgrund von Bestandsaufnahmen oder die Einreichung einer Einnahmenüberschussrechnung. Zusammenfassend kann gesagt werden, dass für den Ausschluss des Wahlrechts zugunsten der Gewinnermittlung nach § 4 Abs. 3 EStG allein die zeitnahe Aufstellung einer Eröffnungsbilanz und Einrichtung einer Buchführung nicht ausreichend sind, andererseits aber deren Fehlen die Gewinnermittlung durch Bestandsvergleich bei Vorliegen eines Wahlrechts ausschließt.[9] Vor diesem Hintergrund ist es empfehlenswert, in den Fällen, in denen ein Wechsel von der Einnahmenüberschussrechnung zum Bestandsvergleich in Betracht gezogen wird, zeitnah eine Eröffnungsbilanz zu erstellen und stets auf eine ordnungsgemäße Buchführung zu achten. Im Zweifel kann dann immer noch eine Einnahmenüberschussrechnung eingereicht werden und so das Wahlrecht zugunsten dieser Gewinnermittlungsart ausgeübt werden, der umgekehrte Fall – Bestandsvergleich trotz fehlender zeitnah erstellter Eröffnungsbilanz – ist nicht zulässig. 2364

5 BFH, Urteile vom 12. 10. 1994 – X R 192/93, BFH/NV 1995 S. 587; vom 1. 10. 1996 – VIII R 40/94, BFH/NV 1997 S. 403.

6 BFH, Urteil vom 2. 3. 2006 – IV R 32/04, BFH/NV 2004 S. 1457.

7 BFH, Urteil vom 29. 8. 1985 – IV R 111/83, BFH/NV 1986 S. 158.

8 BFH, Urteil vom 19. 10. 2005 – XI R 4/04, BStBl 2006 II S. 509.

9 BFH, Urteil vom 19. 3. 2009 – IV R 57/07, BStBl 2009 II S. 659.

2.3 Bindung an die Wahlrechtsausübung

2365 Das Gesetz enthält keine Vorgaben im Hinblick auf eine zeitliche Bindung an die einmal getroffene Wahl. Nach Auffassung der Finanzverwaltung[10] und der Rechtsprechung des BFH ist der Steuerpflichtige grundsätzlich für drei Jahre an die Wahl der Gewinnermittlungsart gebunden, wenn nicht besondere Gründe einen vorzeitigen Wechsel zulassen.[11] Solche Gründe können dann vorliegen, wenn sich die wirtschaftlichen Verhältnisse nach dem Wechsel der Gewinnermittlungsart geändert haben. So ist der Wechsel der Gewinnermittlungsart beispielsweise zulässig, wenn der Übergang zum Bestandsvergleich durch eine Einbringung nach § 24 UmwStG erzwungen wurde.[12] Wurde das Wahlrecht in einem Jahr ausgeübt, so gilt die einmal getroffene Wahl bis zur ausdrücklichen Änderung der Gewinnermittlungsart; der Steuerpflichtige ist nicht verpflichtet, seine Wahl jährlich neu auszuüben.[13] Trifft der Steuerpflichtige keine Wahl, so gilt als vorrangige Gewinnermittlungsart die Gewinnermittlung durch Bestandsvergleich.

2.4 Gründe für den Wechsel der Gewinnermittlungsart

2366 Der Wechsel der Gewinnermittlungsart kann gesetzlich vorgeschrieben sein oder freiwillig erfolgen. Gesetzlich vorgeschrieben ist der Wechsel nur in Richtung hin zur Gewinnermittlung durch Bestandsvergleich.

2.4.1 Gesetzliche Gründe für den Wechsel der Gewinnermittlungsart

2367 Grundsätzlich ist nur der Wechsel der Gewinnermittlungsart von der Einnahmenüberschussrechnung zur Bilanzierung gesetzlich vorgeschrieben. Dies kann der Fall sein, weil die Grenzen der steuerlichen oder außersteuerlichen Buchführungspflichten überschritten sind (§§ 140, 141 AO) und dem Steuerpflichtigen dieser Umstand vom Finanzamt mitgeteilt wurde. Dieser Fall wird beim freiberuflich tätigen Steuerpflichtigen nicht eintreten, weil dieser keinen Buchführungspflichten unterliegt.

2368 Für einen Freiberufler ist der Übergang von der Einnahmenüberschussrechnung dann zwingend, wenn durch einen Realisationstatbestand ein steuerpflichtiger Gewinn entstehen kann, sei es, weil der Betrieb aufgegeben, veräußert oder nach § 20 Abs. 2 UmwStG bzw. § 24 Abs. 2 UmwStG zu einem höheren Wert als dem Buchwert eingebracht wird.[14] Für die Ermittlung des Veräußerungsgewinns ergibt sich dies zwingend aus § 18 Abs. 3 Satz 2 EStG i.V. m. § 16 Abs. 2 Satz 2 EStG.

2369 Auch für einen aus einer Personengesellschaft ausscheidenden Gesellschafter ist eine Übergangsbilanz aufzustellen, weil für diesen der Veräußerungsgewinn und der laufende Gewinn zu ermitteln und abzugrenzen ist. Dies ist nicht der Fall, wenn der Betrieb, Mitunternehmeranteil oder Teilbetrieb unentgeltlich nach § 6 Abs. 3 EStG übertragen

10 H 4.6. EStH 2010.

11 BFH, Urteil vom 9. 11. 2000 – IV R 18/00, BStBl 2001 II S. 102.

12 BFH, Urteil vom 9. 11. 2000 – IV R 18/00, BStBl 2001 II S. 102.

13 OFD Niedersachsen, Urteil vom 17. 2. 2010 – S 2130 – 30 – St 222/St 221.

14 Vgl. dazu unten Rz. 2370.

wird, mit der Folge, dass in diesem Fall keine Übergangsbilanz zu erstellen ist.[15] Stirbt der Inhaber einer freiberuflichen Praxis, so ist ebenfalls nicht zwingend zur Bilanzierung zu wechseln, wenn die Erben die Praxis fortführen.[16] Der Erbe ist jedoch berechtigt, die Gewinnermittlungsart zu wechseln. Es gelten dann die allgemeinen Regeln, offen ist, ob der Wechsel ebenfalls zum Beginn des Wirtschaftsjahres zu erfolgen hat oder mit Übernahme des Betriebs möglich ist.[17]

Nach ständiger Rechtsprechung des BFH ist der Übergang zum Bestandsvergleich auch dann erforderlich, wenn ein Betrieb, Teilbetrieb oder Mitunternehmeranteil nach §§ 20 oder 24 UmwStG in eine Personen- oder Kapitalgesellschaft eingebracht wird[18] und die aufnehmende Gesellschaft das Betriebsvermögen nicht mit dem Buchwert, sondern einem höheren Wert ansetzt. Hintergrund ist, dass in diesem Fall ein Einbringungsgewinn als Veräußerungsgewinn entsteht und zutreffend zu ermitteln ist. Dies gilt auch, wenn die übernehmende Kapitalgesellschaft nach § 20 Abs. 2 UmwStG die Buchwerte ansetzt, weil hier die Bilanzierung auf Ebene der Kapitalgesellschaft bereits bei der Einbringung dazu zwingt, dass auf Ebene des Einbringenden eine Schlussbilanz aufzustellen ist. 2370

Anders ist der Fall nach Auffassung der Rechtsprechung,[19] wenn die aufnehmende Personengesellschaft die Wirtschaftsgüter mit dem Buchwert ansetzt und ihren Gewinn ebenso wie der Einbringende nach § 4 Abs. 3 EStG im Wege der Einnahmenüberschussrechnung ermittelt.[20] Hier soll keine Übergangsbilanz seitens des Einbringenden und keine Einbringungsbilanz seitens der Gesellschaft erforderlich sein. Im Gegensatz dazu fordert die Finanzverwaltung, auch in diesem Fall und bei Eintritt eines Mitunternehmers in eine bestehende Freiberuflerpraxis eine Übergangsbilanz aufzustellen,[21] die zwingend mit dem Wechsel der Gewinnermittlungsart einhergeht. Folge ist, dass ein Übergangsergebnis realisiert wird, das i. d. R. zu einem steuerpflichtigen Gewinn führt. Begründet wird diese Auffassung damit, dass der Übergang zur Gewinnermittlung nach § 4 Abs. 1 EStG erforderlich sei, um das Bewertungswahlrecht des § 24 UmwStG formgerecht ausüben zu können sowie eine zutreffende Gewinnermittlung, Kapitalkontenbildung und Gewinnverteilung zu ermöglichen.[22] Keines dieser Argumente ist m. E. stichhaltig, zur Dokumentation des Bewertungswahlrechts ist nach Auffassung der Finanzverwaltung ohnehin ein ausdrücklicher Antrag erforderlich, die konkludente Wahlrechtsausübung in der Bilanz soll nicht ausreichend sein,[23] alle anderen Gesichtspunkte können in einer Überleitungsrechnung berücksichtigt werden.[24] Durch die pas- 2371

15 BFH, Urteil vom 7. 12. 1971 – VIII R 22/67, BStBl 1972 II S. 3387.

16 BFH, Urteil vom 30. 11. 1989 – R 19/87, BStBl 1990 II S. 246.

17 *Kanzler*, in: HHR, EStG/KStG, vor §§ 4-7 Anm. 44.

18 BFH, Urteil vom 5. 4. 1984 – IV R 88/80, BStBl 1984 II S. 518.

19 BFH, Urteile vom 13. 9. 2001 – IV R 13/01, BStBl 2002 II S. 287; vom 14. 11. 2007 – XI R 32/06, BFH/NV 2008 S. 385.

20 BFH, Urteil vom 13. 9. 2001 – IV R 13/01, BStBl 2002 II S. 287 unter Hinweis auf BFH, Beschluss vom 18. 10. 1999 – GrS 2/98, BStBl 2000 II S. 123.

21 UmwStErlass vom 11. 11. 2011, BStBl 2011 I S. 1314 Rz. 24.03; OFD Frankfurt a. M., Urteil vom 16. 1. 2006, S 1978d A, NWB DokID: SAAAB-77283; so auch *Kanzler*, in: HHR, EStG/KStG, vor §§ 4-7 Anm. 68.

22 OFD Frankfurt a. M., Urteil vom 16. 1. 2006 – S 1978d A, NWB DokID: SAAAB-77283.

23 UmwStErlass vom 11. 11. 2011, BStBl 2011 I S. 1314 Rz. 24.03.

24 *Korn*, in: Korn, EStG, § 4 Rn. 591.

sende Gestaltung kann darüber hinaus die Entstehung von Übernahmegewinnen vermieden werden. Dafür ist zunächst die Einbringung auf den Beginn eines Wirtschaftsjahres so zu legen, dass Überleitungsgewinn und Überleitungsverlust im selben Veranlagungszeitraum entstehen. Behält der Einbringende seine Forderungen zurück, so wird ihn der Übergang zur Bilanzierung ebenfalls nicht belasten, wenn der Zufluss der Forderungen – wie beim Freiberufler üblich – zeitnah erfolgt. Die Zurückbehaltung der Forderungen ist nicht schädlich im Hinblick auf die Anwendung des § 24 UmwStG, soweit es sich nicht – was i. d. R. der Fall ist – um wesentliche Betriebsgrundlagen handelt.[25]

2372 Die Finanzverwaltung gestattet zwar den sofortigen Wechsel zurück zur Einnahmen-Überschussrechnung, dies soll aber zu einer unterschiedlichen Ergebniszuweisung führen. Während der Übergangsgewinn dem Einbringenden zuzuweisen sein muss, soll der Verlust aus dem Wechsel zur Einnahmenüberschussrechnung nach dem neuen Gewinnverteilungsschlüssel verteilt werden.[26] Das führt dazu, dass der Einbringende Gewinne zu versteuern hat, die ihm nicht zustehen, und kann dadurch vermieden werden, dass entweder die Forderungen zurückbehalten werden oder dem Einbringenden in Höhe der Forderungen ein Vorweggewinn zusteht.

2373 Da die Realteilung nach § 16 Abs. 2 Satz 3 EStG ebenfalls zwingend zu Buchwerten erfolgt, erfordert auch diese keinen Wechsel der Gewinnermittlungsart und keine Aufstellung einer Überleitungsbilanz.[27]

2374 In allen Fällen, in denen ein Veräußerungsgewinn zu ermitteln ist, wird durch den Übergang von der Einnahmenüberschussrechnung zum Bestandsvergleich zugleich der Veräußerungsgewinn von einem noch entstehenden laufenden Gewinn abgegrenzt,[28] was durch Ermittlung eines Übernahmeergebnisses erfolgt (vgl. unten Rz. 2378 ff.).

2.4.2 Weitere Gründe für den Wechsel der Gewinnermittlungsart

2375 In Einzelfällen kann der Wechsel der Gewinnermittlungsart auch aus steuerlichen Gründen sinnvoll sein. Hierbei ist insbesondere darauf zu achten, dass ein wiederholter Wechsel ausscheidet und Gestaltungsmissbrauch vermieden wird. Es sollten also neben den steuerliche Gründen für den Wechsel auch anderweitige wirtschaftliche Gründe dokumentiert sein.

2376 Ein Wechsel zur Bilanzierung kann sinnvoll sein, wenn erhebliche, rückstellungsrelevante Risiken eingetreten sind oder drohen. Auch dann, wenn Anzahlungen geleistet werden, denen keine Teilleistungen gegenüberstehen, kann der Wechsel steuerlich interessant sein.[29] Hier sind allerdings die zeitlichen Grenzen für den Wechsel, insbesondere im Hinblick auf die Aufstellung der Eröffnungsbilanz zu beachten.

---

25 Vgl. BFH, Urteil vom 14. 11. 2007 – XI R 32/06, BFH/NV 2008 S. 385.

26 OFD Frankfurt a. M., Urteil vom 16. 1. 2006 – S 1978d A, NWB DokID: SAAAB-77283.

27 A. A. *Kanzler*, in: HHR, EStG/KStG, vor §§ 4-7 Anm. 69.

28 BFH, Urteile vom 13. 12. 1979 – IV R 69/74, BStBl 1980 II S. 239; vom 14. 11. 2007 – XI R 32/06, BFH/NV 2008 S. 385.

29 *Kanzler*, in: HHR, EStG/KStG, vor §§ 4-7 EStG, Anm. 45; *Korn*, in: Korn, EStG, § 4 Rn. 581.

Für einen Freiberufler kann sich in der Gründungsphase seiner Praxis eine Bilanzierung empfehlen, weil die zwingend notwendige Aktivierung der Forderungen mit einem ansonsten entstehenden Anlaufverlust steueroptimiert kompensiert werden kann. Bei einem Wechsel zur Gewinnermittlung nach § 4 Abs. 3 EStG kann später die Entstehung eines Übergangsverlusts generiert werden, wenn der Steuerpflichtige aufgrund seiner Ergebnisse ohnehin den Bereich des Spitzensteuersatzes erreicht hat.[30] Wegen des Grundsatzes der Gesamtgewinngleichheit können aber aus der Umstellung der Gewinnermittlung allenfalls Liquiditäts- und Progressionsvorteile abgeleitet werden. 2377

2.5 Wechsel zum Bestandsvergleich

2.5.1 Übergangsbilanz

Nach der Rechtsprechung des BFH ist beim Wechsel der Gewinnermittlungsart eine Übergangsbilanz zu erstellen, außerdem ist eine Buchführung mit Bestandskonten einzurichten.[31] Während beim Wechsel vom Bestandsvergleich zur Einnahmenüberschussrechnung die letzte Bilanz zugleich die Funktion der Übergangsbilanz erfüllt, ist bei dem Wechsel aus der Einnahmenüberschussrechnung eine gesonderte Bilanz aufzustellen. In dieser sind die Wirtschaftsgüter und Geschäftsvorfälle so zu erfassen, als wäre von Beginn an bilanziert worden ohne allerdings Bilanzierungswahlrechte ausgeübt zu haben.[32] 2378

Die Übergangsbilanz hat eine **Doppelfunktion**: Sie stellt einerseits bei einem Wechsel von der Einnahmenüberschussrechnung zum Bestandsvergleich die Anfangsbilanz für den folgenden Bestandsvergleich dar, in dem die vorhandenen Wirtschaftsgüter mit dem für die Gewinnermittlung nach § 4 Abs. 1 EStG zutreffenden Wert zu erfassen sind, zum anderen ist sie erforderlich, um eventuelle Korrekturen – Zu- und Abrechnungen – abzubilden, die sich aus den unterschiedlichen Realisierungsgrundsätzen für die beiden Gewinnermittlungsarten ergeben. Der dogmatische Ansatz dieser Korrekturen ist nicht abschließend geklärt, während die eine Ansicht diese wegen des Grundsatzes der Gesamtgewinngleichheit unabhängig von der Art der Einkünfteermittlung zwingend für geboten hält,[33] sind die Korrekturen nach anderer Ansicht[34] Folge der zutreffenden Bilanzierung nach § 4 Abs. 1 EStG. Im Ergebnis spielt die dogmatische Einordnung keine Rolle, weil sich aus der nach § 4 Abs. 1 EStG zutreffend aufgestellten Bilanz und Gewinn- und Verlustrechnung die Gesamtgewinngleichheit bis zum Stichtag des Wechsels der Gewinnermittlungsart ergibt. Neben diesen Funktionen für die fortgeführte Buchführung dient die Übergangsbilanz der Abgrenzung der laufenden Gewinne von den Veräußerungs-, Aufgabe- und Einbringungsgewinnen. Nicht Zweck der Übergangs- 2379

30 Im Einzelnen *Korn*, in: Korn, EStG, § 4 Rn. 581.

31 BFH, Urteil vom 1. 10. 1996 – VIII R 40/94, BFH/NV 1997 S. 403.

32 BFH, Urteile vom 22. 6. 1966 – IV 340/65, BStBl 1966 III S. 540; vom 14. 4. 1988 – IV R 96/88, BStBl 1988 II S. 672.

33 BFH, Urteil vom 28. 5. 1968 – IV R 202/67, BStBl 1968 II S. 650.

34 *Kanzler*, in: HHR, EStG/KStG, vor §§ 4-7 Anm. 41; BFH, Urteil vom 13. 9. 1991 – IV R 13/01, BStBl 2002 II S. 287.

bilanz ist die Aufdeckung stiller Reserven, da die Wirtschaftsgüter mit den fortgeführten Buchwerten anzusetzen sind (vgl. § 4 Abs. 1 Satz 6 EStG).[35]

2.5.2 Gewinnkorrekturen

2380 Dennoch wird es i. d. R. beim Wechsel von der Einnahmenüberschussrechnung zum Bestandsvergleich zu Gewinnauswirkungen kommen, weil der Übergang von der Einnahmenüberschussrechnung zum Betriebsvermögensvergleich erfordert, dass bisher nicht berücksichtigte Betriebsvorgänge, die im Rahmen eines Bestandsvergleichs zu beachten sind, in die Übergangsbilanz Eingang finden. Im Rahmen der Übergangsbilanz sind die Geschäftsvorfälle zu korrigieren, die sich aufgrund der unterschiedlichen Realisationsgrundsätze nach § 4 Abs. 1 EStG i.V. m. § 5 Abs. 1 EStG und § 4 Abs. 3 EStG doppelt oder gar nicht auf den Gewinn auswirken würden.[36]

2381 **BEISPIEL:** Ist eine Forderung vor dem Wechsel der Gewinnermittlungsart entstanden, der Erlös aber noch nicht zugeflossen, so würde der Gewinn aus dieser Forderung steuerlich nicht mehr erfasst, wenn die Forderung nicht in der Übergangsbilanz erfasst würde. Gleiches gilt bei einer Verbindlichkeit, die vor dem Wechsel der Gewinnermittlungsart entstanden ist.

2382 Das Gesetz enthält keine ausdrückliche **Rechtsgrundlage** für die Korrekturen des laufenden Gewinns, diese ergeben sich unmittelbar aus den Vorgaben des § 4 Abs. 1 EStG, der dazu zwingt, die Anfangsbilanz nach den Grundsätzen des Bestandsvergleichs aufzustellen.[37] In der Anlage zu EStR 4.6. sind die Geschäftsvorfälle aufgelistet, die im Rahmen der Übergangsgewinnermittlung zu korrigieren sind. Soweit Geschäftsvorfälle sowohl nach § 4 Abs. 1 EStG als auch nach § 4 Abs. 3 EStG nach den gleichen Grundsätzen zu erfassen sind, ist eine Korrektur nicht notwendig.

2383 Bei der Aufstellung der Übergangsbilanz ist jeder Geschäftsvorfall darauf hin zu überprüfen, wie er im Rahmen des Bestandsvergleichs zu erfassen ist. Ist er auch im Rahmen der Einnahmenüberschussrechnung entsprechend erfasst worden, bleibt kein Raum für Korrekturen – er ist in den Bestandsvergleich so aufzunehmen, wie er sich aus der Gewinnermittlung nach § 4 Abs. 3 EStG ergibt. Wurde er – wie beispielsweise eine Forderung – nicht erfasst, so ist dies in der Übergangsbilanz erfolgswirksam zu korrigieren.

2.5.3 Ansatz des Betriebsvermögens

2384 Analog sind die als Betriebsvermögen des § 4 Abs. 3 Rechners erfassten Wirtschaftsgüter zu behandeln. Wurde im Rahmen des § 4 Abs. 3 EStG auf die Anwendung des § 4 Abs. 1 EStG verwiesen, besteht kein Korrekturbedarf. Wirtschaftsgüter des gewillkürten Betriebsvermögens sind sowohl bei der Gewinnermittlung durch Bestandsvergleich als

35 BFH, Urteil vom 21. 11. 1973 – I R 252/71, BStBl 1974 II S. 314; *Kanzler*, in: HHR, EStG/KStG, vor § 4-7 Anm. 40, 50; *Korn*, in: Korn, EStG, § 4 Rn. 571.

36 *Kanzler*, in: HHR, EStG/KStG, vor § 4-7 Anm. 40.

37 BFH, Urteil vom 13. 9. 2001 – IV R 13/01, BStBl 2002 II S. 287.

auch durch Einnahmenüberschussrechnung auszuweisen.[38] Ansatz- und Bewertungswahlrechte können im Rahmen der Übergangsbilanz erstmals ausgeübt werden.[39]

2.5.3.1 Wirtschaftsgüter des Anlagevermögens

So sind abnutzbare Wirtschaftsgüter des Anlagevermögens mit den Buchwerten, die sich aus der Einnahmenüberschussrechnung ergeben, anzusetzen, wenn sich im Rahmen des Bestandsvergleichs der gleiche Wert seit Anschaffung oder Herstellung des Wirtschaftsguts ergeben hätte (dies wird i. d. R. der Fall sein, vgl. § 4 Abs. 3 Satz 3 EStG). 2385

Gleiches gilt für nicht abnutzbare Wirtschaftsgüter des Anlagevermögens, die entweder mit den Anschaffungs- oder Herstellungskosten oder nach einer Einlage mit dem Teilwert anzusetzen sind. Auch Kassenbestand, Darlehensforderungen und Darlehensverbindlichkeiten sind ebenso wie durchlaufende Posten unverändert zu übernehmen. 2386

Keine Besonderheiten ergeben sich bei geringwertigen Wirtschaftsgütern. Sowohl für die Rechtslage vor dem 1. 1. 2008 als auch für die Jahre 2008 und 2009 und die nach dem 31. 12. 2009 angeschafften geringwertigen Wirtschaftsgüter sind mit den Buchwerten oder dem entsprechenden (im Rahmen der Einnahmenüberschussrechnung gebildeten) Sammelposten anzusetzen. Wurde der Sofortabzug gewählt, sind die Wirtschaftsgüter auch in der Übergangsbilanz nicht anzusetzen.[40] 2387

2.5.3.2 Wirtschaftsgüter des Umlaufvermögens

Wertpapiere, Anteile an Kapitalgesellschaften und Gebäude des Umlaufvermögens (§ 4 Abs. 3 Satz 4 und 5 EStG), sind mit den Werten in den Verzeichnissen nach § 4 Abs. 3 Satz 5 EStG, also den Buchwerten anzusetzen, so dass keine Ergebnisauswirkung entsteht.[41] Im Gegensatz dazu sind die nicht in § 4 Abs. 3 Satz 4 EStG genannten Wirtschaftsgüter des Umlaufvermögens beim Übergang zur Bilanzierung gewinnerhöhend zu aktivieren. Anders als die in § 4 Abs. 3 Satz 4 genannten Wirtschaftsgüter des Umlaufvermögens, haben dafür getätigte Aufwendungen den Gewinn des Einnahmenüberschussrechners unmittelbar als Betriebsausgaben gemindert. Da sich der Aufwand beim bilanzierenden Steuerpflichtigen erst beim Abgang des Wirtschaftsguts auswirkt, ist das Umlaufvermögen zur Vermeidung einer Doppelerfassung in der Übergangsbilanz gewinnwirksam zu aktivieren. Die Bewertung erfolgt nach § 6 Abs. 1 Nr. 2 EStG, die daraus resultierenden Zurechnungen führen zu einem Übergangsgewinn. 2388

Geleistete Anzahlungen, die nicht auf Wirtschaftsgüter des Anlagevermögens entfallen, wirken sich bei den Gewinnermittlungsarten unterschiedlich aus. Während sie beim Einnahmenüberschussrechner als Betriebsausgaben den Gewinn bei Zahlung gemindert haben, führen sie beim Bestandsvergleich erst beim Zugang der Ware zu Aufwand. Um den doppelten Abzug zu vermeiden, sind die geleisteten Anzahlungen in der Übergangsbilanz **ertragswirksam** zu aktivieren. 2389

38 BFH, Urteil vom 2. 10. 2003 – IV R 13/03, BStBl 2004 II S. 985.

39 BFH, Urteil vom 14. 4. 1988 – IV R 96/88, BStBl 1988 II S. 672.

40 *Kanzler*, in: HHR, EStG/KStG, vor § 4-7 Anm. 56.

41 R 4.6. Abs. 1 Satz 6 EStR 2008.

2390 Demgegenüber sind **erhaltene Anzahlungen aufwandswirksam** zu passivieren. Sie haben sich bei der Einnahmenüberschussrechnung bei Erhalt gewinnerhöhend ausgewirkt und führen beim Bestandsvergleich bei Lieferung der Ware erneut zum Ertrag. Diese Doppelerfassung wird durch die Passivierung vermieden.

2391 Für bereits vorausgezahlte Ausgaben ist in der Übergangsbilanz **ertragswirksam** ein aktiver Rechnungsabgrenzungsposten zu bilden, umgekehrt sind bereits erhaltene Vorauszahlungen z. B. auf Miete oder Pacht in einem passiven Rechnungsabgrenzungsposten **gewinnmindernd** zu erfassen, um eine doppelte Gewinnauswirkung zu vermeiden.

2.5.3.3 Forderungen/Verbindlichkeiten

2392 Da Forderungen und Verbindlichkeiten aus Lieferungen und Leistungen bei der Gewinnermittlung durch Bestandsvergleich nach § 6 Abs. 1 Nr. 2 und 3 EStG zu erfassen sind, während sie bei der Gewinnermittlung nach § 4 Abs. 3 EStG erst bei Befriedigung zu Ertrag oder Aufwand werden, ergeben sich aus der Aktivierung oder Passivierung in der Übergangsbilanz Gewinnauswirkungen. Der Ansatz der Forderungen erfolgt grundsätzlich mit dem Nominalbetrag einschließlich der Umsatzsteuer.

Zu den Forderungen und Verbindlichkeiten, die zu berücksichtigen sind zählen auch eventuelle Vorsteuererstattungsansprüche oder Umsatzsteuerzahllasten.[42]

2.5.3.4 Rückstellungen, Teilwertabschreibungen

2393 Da die Übergangsbilanz nach den allgemeinen bilanzrechtlichen Grundsätzen aufzustellen ist, sind für bestehende Risiken Rückstellungen zu bilden, die das Übergangsergebnis mindern.[43] Diese zwingend einzuhaltende gesetzliche Regelung würde es dem Steuerpflichtigen ermöglichen, das steuerliche Ergebnis nach Abschluss des Wirtschaftsjahres durch Wechsel der Gewinnermittlungsart zu beeinflussen. Um dies zu verhindern, fordert die Rechtsprechung des BFH, dass zeitnah zum Beginn des jeweiligen Wirtschaftsjahres eine Eröffnungsbilanz aufzustellen und eine Buchführung einzurichten ist.[44]

2394 Für bereits gewährte Pensionszusagen sind Rückstellungen zu bilden. Weil der Steuerpflichtige so zu behandeln ist, als habe er von Beginn seines Betriebes an bilanziert, ist das Nachholverbot nach § 6a Abs. 4 Satz 1 EStG nicht anwendbar. Die Rückstellung kann gewinnmindernd in der Höhe gebildet werden, die nach den Vorgaben des § 6a EStG zulässig wäre.

2395 Soweit die Teilwerte der zu aktivierenden Wirtschaftsgüter dauerhaft gemindert sind, können in der Übergangsbilanz gewinnmindernde Teilwertabschreibungen vorgenommen werden,[45] die nach h. M. bei der Einnahmenüberschussrechnung unzulässig sind.[46]

42 *Korn*, in: Korn, EStG, § 4 Rn. 575.

43 *Kanzler*, in: HHR, EStG/KStG, vor § 4-7 Anm. 60.

44 BFH, Urteil vom 19. 10. 2005 – XI R 4/04, BStBl 2006 II S. 509.

45 *Kanzler*, in: HHR, EStG/KStG, § 4 EStG Anm. § 51 m. w. N.

46 BFH, Urteil vom 19. 10. 2006 – IIII R 6/05, BStBl 2007 II S. 30, a. A. *Kanzler*, in: HHR, EStG/KStG, § 4 EStG Anm. 538.

Diese Grundsätze können steuerlichen Gestaltungsspielraum eröffnen. Soweit Risiken oder Wertminderungen zum Beginn des Wirtschaftsjahres absehbar sind, kann durch Wechsel der Gewinnermittlungsart gezielt auch die Steuerlast bei ansonsten hohen Einkünften aus freiberuflicher Tätigkeit gemindert werden. Auch die Minderung der Steuerbelastung eines gewinnstarken Vorjahres ist auf diese Weise möglich. Zu beachten sind die Grenzen des Gestaltungsmissbrauchs und die Tatsache, dass sich die tatsächlich eintretenden Risiken später steuerlich nicht mehr auswirken bzw. bei Wegfall der Risiken eine gewinnerhöhende Rückstellungsauflösung erforderlich ist. Angesichts des Grundsatzes der Gesamtgewinngleichheit liegt der Vorteil in der vorgezogenen Liquiditätsverbesserung und einer eventuellen Progressionswirkung. 2396

2.5.3.5 Rücklagen, Investitionsabzugsbetrag

Rücklagen nach § 6b EStG oder § 6c EStG sind beim Wechsel der Gewinnermittlungsart fortzuführen, falls die Reinvestitionsfrist noch nicht abgelaufen ist. Dies gilt auch für Rücklagen für Ersatzbeschaffungen.[47] 2397

Ein Investitionsabzugsbetrag ist aufzulösen, wenn beim Wechsel der Gewinnermittlungsart die jeweiligen Voraussetzungen des § 7g Abs. 1 Satz 2 Nr. 1 Buchst. a oder c EStG nicht mehr erfüllt sind. 2398
Andererseits kann sich bei geringem Betriebsvermögen die Möglichkeit eröffnen, einen solchen Betrag zu bilden, wenn von Einnahme-Überschussrechnung zu Bestandsvergleich gewechselt wird.[48]

2.5.4 Übergangsgewinn oder -verlust

Der Gewinn aus den Zu- und Abrechnungen in der Übergangsbilanz ist zutreffend laufender Gewinn. Er betrifft laufende Geschäftsvorfälle der Vergangenheit, die auch ohne Wechsel der Gewinnermittlungsart in den laufenden Gewinn einbezogen worden wären. 2399

2.5.4.1 Abgrenzung zum Veräußerungsgewinn

Trifft der laufende Übergangsgewinn mit einem Veräußerungsgewinn zusammen, so stellt sich die Frage, ob dadurch, dass der Veräußernde die Forderungen zusammen mit dem Betrieb oder Mitunternehmeranteil gegen Zahlung eines Veräußerungspreises überträgt, ein laufender Gewinn vermieden werden kann. Dies ist nach zutreffender Meinung[49] nicht der Fall. Der Verkaufserlös ist, soweit er den Buchwert der vorhandenen Wirtschaftsgüter übersteigt, zunächst den Forderungen zuzuordnen und erst nach deren Abgeltung als Veräußerungserlös anzusehen. Die laufende Gewinnbesteuerung beim Veräußerer führt zu sofortigem Betriebsausgabenabzug beim Zahlenden, während die Zahlung eines Veräußerungsentgelts zu Anschaffungskosten auf die erworbenen Wirtschaftsgüter führt. 2400

47 R 6.6. Abs. 5 EStR 2008.
48 *Krudewig*, NWB 2013 S. 2946 ff. (2948).
49 *Korn*, in: Korn, EStG, § 4 Rn. 587.

2.5.4.2 Zeitliche Erfassung der Gewinnkorrekturen

2401 Die Gewinnkorrekturen wirken sich nach h. M. grundsätzlich auf den **laufenden** Gewinn des ersten Jahres nach dem Wechsel der Gewinnermittlungsart aus,[50] wenn der Betrieb nach dem Wechsel durch den Steuerpflichtigen fortgeführt wird. Dies gilt auch, wenn der Betrieb vom Rechtsnachfolger fortgeführt wird, dem dann der laufende Gewinn seines Rechtsvorgängers zeitlich zuzurechnen ist. Nach zutreffender a. A. ist der Gewinn dem Wirtschaftsjahr vor der Umstellung zuzurechnen.[51] Auslöser für die Gewinnkorrekturen sind Sachverhalte, die den Zeitraum vor der Umstellung betreffen. Sie werden lediglich im Hinblick auf die Gewinnermittlung nach § 4 Abs. 1 EStG in der Anfangsbilanz richtig gestellt und für die Vergangenheit abschließend erfasst.

2402 Entsteht der Übergangsgewinn wegen dem durch Veräußerung oder Betriebsaufgabe erzwungenen Wechsel der Gewinnermittlungsart, so ist der laufende Gewinn dem Jahr der Veräußerung zuzurechnen.

2.5.4.3 Billigkeitsmaßnahmen

2403 Mit der Zuordnung zum laufenden Gewinn entfällt die Möglichkeit, den Gewinn begünstigt zu besteuern. Entsteht ein außergewöhnlich hoher Gewinn, kann dieser aus Billigkeitsgründen auf verbindlichen Antrag des Steuerpflichtigen auf das Jahr der Entstehung und die beiden folgenden Jahre verteilt werden.[52] Neben einem Liquiditätsvorteil kann dies auch einen Progressionsvorteil ergeben. Eine einmal gewährte und in Anspruch genommene Billigkeitsmaßnahme ist für beide Seiten verbindlich und nicht mehr änderbar.[53] Die Verteilung ist als Billigkeitsmaßnahme nach der Rechtsprechung des BFH nicht möglich, wenn der Übergang von der Gewinnermittlung nach § 4 Abs. 3 EStG gesetzlich nicht vorgeschrieben ist,[54] wie dies bei der Einbringung zu Buchwerten nach § 24 Abs. 2 UmwStG der Fall sein soll. Eine Billigkeitsmaßnahme soll auch dann nicht möglich sein, wenn der Wechsel der Gewinnermittlungsart durch eine Betriebsaufgabe oder eine Betriebsveräußerung ausgelöst, also gesetzlich erzwungen wurde.[55] Begründet wird dies zum einen mit dem Sinn und Zweck der Billigkeitsmaßnahme, die den laufenden Betrieb nach dem Wechsel der Gewinnermittlungsart nicht beeinträchtigen soll, zum anderen wird davon ausgegangen, dass dem Steuerpflichtigen zumindest bei der Veräußerung des Betriebs Mittel zufließen, die ihn in die Lage versetzen, die Steuern zu zahlen. Folge ist, dass auch bei einer Betriebsaufgabe, oder -veräußerung die Billigkeitsmaßnahme endet.[56]

50 R 4.6 Abs. 1 Satz 4 EStR 2008; BFH, Urteil vom 24. 1. 1985 – IV R 155/83, BStBl 1985 II S. 255; *Schmidt/Heinicke*, § 4 Rn. 663.
51 *Kanzler*, in: HHR, EStG/KStG, § 4 EStG Anm. 70.
52 R 4 Abs. 6 Satz 4 EStR 2008.
53 *Kanzler*, in: HHR, EStG/KStG, § 4 EStG Anm. 67.
54 BFH, Urteil vom 13. 9. 2001 – IV R 13/01, BStBl 2002 II S. 287.
55 BFH, Urteil vom 13. 9. 2001 – IV R 13/01, BStBl 2002 II S. 287.
56 R 4.6. Abs. 5 EStR 2008.

2.5.4.4 Besonderheiten bei Personengesellschaften

Strittig ist die zeitliche Behandlung des Übergangsgewinns bei der Einbringung in eine Personengesellschaft und damit verknüpft die personelle Zuordnung. 2404

Erfolgt diese zu Buchwerten muss nach der Rechtsprechung des BFH kein Wechsel von der Gewinnermittlung nach § 4 Abs. 3 EStG zum Bestandsvergleich erfolgen[57] mit der Folge, dass kein Übergangsgewinn entstehen muss, für den eine Billigkeitsmaßnahme angezeigt wäre. Ist auf Bestandsvergleich umzustellen, so ist strittig, ob der Übergangsgewinn auf der Ebene der aufnehmenden Gesellschaft[58] oder zuvor beim einbringenden Gesellschafter entsteht.[59] M. E. entsteht der Gewinn beim Einbringenden, denn dieser hat die Forderungen, deren Aktivierung i. d. R. den Gewinn auslöst, veranlasst. Vertraglich kann diese Rechtsfolge dadurch vermieden werden, dass die Forderungen vom Einbringenden zurückbehalten werden. In diesem Fall kann nach der Rechtsprechung des BFH von der Erfassung der Forderungen als Übergangsgewinn abgesehen werden.[60] Einer Anwendung des § 24 UmwStG steht die Zurückbehaltung der Forderungen nicht entgegen, da diese nicht wesentliches Betriebsvermögen sind. Da mit der Frage der Zuordnung des Übergangsgewinns auch die Frage der zeitlichen Realisierung zusammenhängt, sollte vertraglich sichergestellt werden, dass der Gewinn und der Verlust in einem Veranlagungszeitraum anfallen.

2.6 Wechsel zur Einnahmenüberschussrechnung

Analog dem Wechsel zum Bestandsvergleich sind beim Wechsel zur Einnahmenüberschussrechnung Korrekturen vorzunehmen, die sich in gegenteiliger Richtung auswirken. So sind Warenbestände gewinnmindernd auszubuchen, ebenso wie Forderungen aus Lieferungen und Leistungen. Verbindlichkeiten aus Lieferungen und Leistungen sind gewinnerhöhend auszubuchen, weil der Aufwand sich bei der Gewinnermittlung nach § 4 Abs. 3 EStG erst bei Abfluss auswirkt. 2405

Gewinnerhöhend kann sich insoweit die Auflösung von Rückstellungen auswirken. Eine Billigkeitsmaßnahme durch Verteilung eines eventuell entstehenden Gewinns auf bis zu drei Jahre wie beim Wechsel zum Bestandsvergleich ist nicht vorgesehen, der Gewinn kann aber nach R 4.6 Abs. 2 EStR 2008 auf das Jahr der tatsächlichen Auswirkung verschoben werden. 2406

3. Besonderheiten der laufenden Gewinnermittlung

3.1 Keine Anwendung des § 5 Abs. 1 EStG

Die Anwendung des § 5 Abs. 1 EStG setzt in persönlicher Hinsicht eine gewerbliche Tätigkeit voraus. Da diese auch bei bilanzierenden freiberuflich tätigen Steuerpflichtigen nicht vorliegt, ist § 5 Abs. 1 EStG nicht anwendbar. Dies hat i. d. R. keine Auswirkungen 2407

57 Vgl. dazu oben Rz. 2371 ff.

58 So BFH, Urteil vom 18. 12. 1984 – VI 236/63, HFR 1965 S. 311.

59 So BFH, Urteil vom 13. 9. 2001 – IV R 13/01, BStBl 2002 II S. 287.

60 BFH, Urteil vom 14. 11. 2007 – XI R 32/06, BFH 2008 S. 385; *Kanzler*, in: HHR, EStG/KStG, vor § 4-7 Anm. 68.

auf die Bilanzierung, da auch die Bilanzierung nach § 4 Abs. 1 EStG nach h. M.[61] die Grundsätze ordnungsgemäßer Buchführung und damit die Vorschriften des § 5 Abs. 2 bis 5 EStG entsprechend gelten sollen. Nach dieser Rechtsprechung ist die Frage, ob eine Buchhaltung ordnungsgemäß ist, für alle Berufsgruppen gleich zu beantworten,[62] soweit nicht die freiberuflichen Grundsätze ordnungsmäßer Buchführung von der handelsrechtlichen abweichen. Unterschiede ergeben sich nur noch bei der Anwendung des Niederstwertprinzips und der Behandlung des Praxiswertes.

3.2 Bilanzierungsgrundsätze

2408 **Keine Geltung des Niederstwertprinzips**: Soweit Bilanzierungsgrundsätze nur an die Kaufmannseigenschaft anknüpfen, sind sie für Freiberufler nicht anwendbar. So gilt das Niederstwertprinzip nicht im Rahmen der Gewinnermittlung nach § 4 Abs. 1 EStG. Der freiberuflich Tätige ist nicht berechtigt, Pauschalrückstellungen für Regressansprüche zu bilden, weil die Regressgefahr bei diesen eine dem allgemeinen Unternehmerrisiko zuzurechnende Gefahr ist, die zu wenig konkretisiert ist, als dass sie eine Rückstellung rechtfertigen würde.[63] Einzelrückstellungen sind ihm gestattet. Der bilanzierende Freiberufler hat Teilleistungen zu aktiveren, wenn diese selbständig abrechenbar sind und auf deren Vergütung ein selbständiger Honoraranspruch nach einer Gebührenordnung oder aufgrund von gesonderter Vereinbarungen besteht.[64] Honorarforderungen sind auch dann zu aktivieren, wenn noch keine Rechnung gestellt wurde, die vertragliche Leistung aber vollendet ist.

2409 **Besonderheiten beim Praxiswert:** Eine Besonderheit ergibt sich aus dem materiellen Unterschied zwischen dem **Praxiswert** einer freiberuflichen Praxis und dem Geschäftswert eines gewerblichen Unternehmens. Nach der ständigen Rechtsprechung des BFH unterscheidet sich der Praxiswert einer freiberuflichen Praxis vom Geschäftswert nach § 7 Abs. 1 Satz 3 EStG dadurch, dass ersterer auf dem persönlichen Vertrauensverhältnis zum Kanzleiinhaber beruht.[65] Vor diesem Hintergrund akzeptiert die Rechtsprechung auch eine schnellere Abnutzung des Praxiswertes, der nicht nach den gesetzlichen Regelungen des gewerblichen oder land- und forstwirtschaftlichen Geschäftswertes nach § 7 Abs. 1 Satz 3 EStG abzuschreiben ist.[66] Der Praxiswert ist zu unterscheiden vom Mandantenstamm als Teil des Praxiswertes, der einer grundsätzlich kürzeren Nutzungsdauer unterliegt[67] und als eigenes verkehrsfähiges Wirtschaftsgut übertragen werden kann. Der Praxiswert selbst ist die Gewinnaussicht, die sich aus dem Vertrauensverhältnis zum Praxisinhaber ergibt.[68]

2410 Die Nutzungsdauer des Praxiswertes hängt davon ab, ob eine Einzelpraxis oder eine Sozietät übertragen wird. Bei einer Einzelpraxis kann von einer Nutzungsdauer von drei

61 BFH, Urteil vom 20. 11. 1980 – IV R 126/78, BStBl 1981 II S. 398.
62 BFH, Urteil vom 18. 2. 1966 – IV 326/65, BStBl 1966 III S. 496.
63 BFH, Urteil vom 12. 3. 1964 – IV 95/63 S, BStBl 1964 III S. 404.
64 BFH, Urteil vom 28. 1. 1960 – IV 226/58 S, BStBl 1960 III S. 291.
65 BFH, Urteil vom 13. 3. 1991 – I R 83/89, BStBl 1991 II S. 595.
66 BMF, Schreiben vom 20. 11. 1986 – S 2172, BStBl 1986 I S. 532.
67 BFH, Urteil vom 30. 3. 1994 – I R 52/93, BStBl 1994 II S. 903.
68 BFH, Urteil vom 1. 4. 1982 – IV R 3/79, BStBl 1982 II S. 620.

bis fünf Jahren, bei einer Sozietät von einer Nutzungsdauer von sechs bis zehn Jahren ausgegangen werden.[69]

4. Bilanzierungsfragen bei international tätigen Kanzleien

Aufgrund der Rechtsprechung des EuGH ist seit Ende der 1990er Jahre die inländische Niederlassung von im europäischen Ausland gegründeten Gesellschaften zulässig.[70] Auch international tätige Kanzleien nutzen zunehmend diese Möglichkeit, weil die ausländische Rechtsform die Vorteile der Personengesellschaft mit der Beschränkung der Haftung auf das Gesellschaftsvermögen kombiniert.[71] Häufigste Rechtsform, in der international tätige Sozietäten im Inland auftreten, ist die englische LLP. Das Privileg der beschränkten Haftung zwingt bei dieser Rechtsform in England zur Transparenz und begründet in England die Buchführungspflicht.[72] In Deutschland werden auch aus dieser Rechtsform freiberufliche Einkünfte erzielt, wenn die übrigen Voraussetzungen des § 18 EStG erfüllt sind. 2411

Nicht abschließend geklärt ist, ob § 4 Abs. 3 EStG die Einnahmenüberschussrechnung wegen der im Ausland bestehenden Buchführungspflicht untersagt, weil die Gesellschaft möglicherweise aufgrund gesetzlicher Vorschriften verpflichtet ist, Bücher zu führen und Abschlüsse zu erstellen. Unseres Erachtens kann die im Inland tätige freiberufliche ausländische Sozietät in Rechtsform der LLP ihren Gewinn nach § 4 Abs. 3 ermitteln,[73] denn sie stellt keine Abschlüsse nach deutschem Recht auf und unterliegt keiner originären Buchführungspflicht. 2412

Es besteht keine originäre Buchführungspflicht nach § 141 AO, weil die Vorschrift nicht für freiberuflich Tätige, sondern nur für Gewerbetreibende und Land- und Forstwirte gilt. Ob die Buchführungspflicht aufgrund englischer Rechnungslegungsvorschriften eine gesetzliche Verpflichtung im Sinne des § 140 AO darstellt, kann u. E. dahinstehen,[74] weil § 4 Abs. 3 EStG die Einnahmenüberschussrechnung nur dann nicht gestattet, wenn neben der Buchführungspflicht kumulativ regelmäßig Abschlüsse erstellt werden. Abschlüsse im Sinne dieser Vorschrift sind Abschlüsse, die nach deutschem Handels- und Steuerrecht aufgestellt werden;[75] die in England einzureichenden Abschlüsse 2413

69 BFH, Urteil vom 24. 2. 1994 – IV R 33/93, BStBl 1994 S. 590; BMF, Schreiben vom 15. 1. 1994 – IV B 2 – S 2172 – 15/94, BStBl 1995 I S. 14.

70 EuGH, Urteile vom 9. 3. 1999 – Rs. C-212/97, *Centros*, DB 1999 S. 625; vom 5. 11. 2002 – Rs. C-208/00; *Überseering*, DB 2002 S. 2425; vom 30. 9. 2003 – Rs. C-167/01 – Inspire Art, DB 2003 S. 2219.

71 Steuerlich wird sie als Personengesellschaft geführt, vgl. FinSen Berlin, Vfg. vom 19. 1. 2007 – III A – S -1301 GB – 2/2006, DStR 2007 S. 1034 unter Hinweis auf BMF, Schreiben vom 19. 3. 2004 – IV B – S 1301 USA – 22/04, BStBl 2004 II S. 411. Derzeit befindet sich ein Gesetzvorschlag zur Einführung einer Partnerschaftsgesellschaft mit beschränkter Berufshaftung in der parlamentarischen Diskussion.

72 Vgl. *Bernütz/Küppers*, IStR 2011 S. 587

73 So auch *Bernütz/Küppers*, IStR 2011 S. 587; OFD Hannover, Vfg. vom 15. 4. 2005 – S 2700 – 2 – StO 241, FR 2006 S. 358, Tz. 3.4.1.

74 Die Finanzverwaltung geht davon aus, dass die ausländische Buchführungspflicht eine Pflicht aufgrund gesetzlicher Vorschriften i. S. d. § 140 AO begründet, so auch *Drüen*, in: Tipke/Kruse, AO § 170 Rn. 7 m. w. N.; BMF, Schreiben vom 16. 5. 2011 – IV C3 – S 2300/100014 Rz. 3; a. A. Hessisches Finanzgericht, Urteil vom 29. 10. 2010 – 11 V 252/10, DStRE 2011 S. 267; *Bernütz/Küppers*, IStR 2011 S. 587 m. w. N.

75 BFH, Urteil vom 13. 9. 1989 – I R 117/87, BStBl 1990 II S. 57; Hessisches Finanzgericht, Urteil vom 29. 10. 2010 – 11 V 252/10, DStRE 2011 S. 267; a. A. *Wachter*, FR 2006 S. 393; *Korts/Korts*, BB 2005 S. 1474.

erfüllen diese Voraussetzungen nicht. Die Rechtsprechung ist zwar zu § 5 Abs. 1 EStG ergangen, § 4 Abs. 3 EStG enthält aber keinen anderen Begriff des Abschlusses als § 5 Abs. 1 EStG. Vor diesem Hintergrund kann auch nicht angenommen werden, dass die ausländische Gesellschaft freiwillig Abschlüsse aufstellt und somit aus dem Anwendungsbereich des § 4 Abs. 3 EStG ausscheidet.[76] Denn auch die freiwillig i. S. d. § 4 Abs. 3 EStG aufgestellten Abschlüsse müssen deutschem Steuer- und Handelsrecht entsprechen.

5. Sollversteuerung

2414 Nach § 16 UStG ist die Umsatzsteuer grundsätzlich nach vereinbarten Entgelten zu entrichten (Sollversteuerung). § 20 UStG gestattet ausnahmsweise die Versteuerung nach vereinnahmten Entgelten (Ist-Versteuerung), soweit der Unternehmer „Umsätze aus einer Tätigkeit als Angehöriger eines freien Berufs im Sinne des § 18 Abs. 1 Nr. 1 des Einkommensteuergesetzes ausführt“. Nach der Rechtsprechung des BFH ist die Abgrenzung, ob ein Steuerpflichtiger berechtigt ist, seine Umsätze nach vereinnahmten Entgelten zu versteuern, danach zu treffen, ob er buchführungspflichtig ist.[77] So nahm der BFH an, dass eine GmbH, deren Tätigkeit zwar freiberuflich war, die aber qua Rechtsform der Buchführungspflicht unterlag, nicht berechtigt war, die Ist-Versteuerung durchzuführen. Wie bereits oben unter Rn. 2361 erläutert unterliegen die freiberuflich tätigen Steuerpflichtigen keinen Buchführungspflichten, dennoch nimmt der BFH im Hinblick auf den Zweck der Norm und den Grundsatz der Rechtsformneutralität des Umsatzsteuerrechts an, dass auch die freiberuflich Tätigen, die **freiwillig Bücher** führen, die Ist-Versteuerung nicht mehr wählen können. Das Gesetz knüpft nach der Rechtsprechung des BFH auch deshalb an die Buchführungspflicht an, weil bei Aufzeichnung nur der Einnahmezuflüsse gesonderte Aufzeichnungen nur unter erhöhtem Verwaltungsaufwand möglich sind. Führt der Steuerpflichtige selbst Bücher, so ist dieses Argument nicht mehr tragend und dieser Steuerpflichtige ist aus Gründen der steuerlichen Neutralität des Umsatzsteuerrechts ebenfalls von der Ist-Versteuerung ausgeschlossen. Die Finanzverwaltung schließt sich dieser Rechtsauffassung an.[78] Anders als im Einkommensteuerrecht, in dem erst die Erstellung eines Abschlusses nach den Grundsätzen des Bestandsvergleichs, endgültig darüber entscheidet, ob der Gewinn nach § 4 Abs. 1 EStG oder nach § 4 Abs. 3 EStG ermittelt wird, ist im Hinblick auf die umsatzsteuerlichen Regelungen nicht auszuschließen, dass bereits die Führung von Kreditoren- und Debitorenkonten die Istversteuerung ausschließt.

2415 Nicht abschließend geklärt ist, in welchen Fällen der Steuerpflichtige freiwillig Bücher führt,[79] insbesondere, wenn er für interne Zwecke eine EDV Buchführung verwendet, die sowohl einen Betriebsvermögensvergleich als auch eine Einnahmeüberschussrech-

76 *Kanzler*, in: HHR, EStG/KStG, § 4 EStG Anm. 545.

77 BFH, Urteil vom 22. 7. 2010 – V R 4/09, BStBl 2013 II S. 590.

78 BMF-Schreiben vom 31. 7. 2013 – IV D 2 – S-7368/10/10002, BStBl 2013 I S. 964.

79 Vgl. Eingabe der Bundessteuerberaterkammer an das Bundesministerium der Finanzen zur Berechnung der Umsatzsteuer nach vereinnahmten Entgelten durch die Angehörigen der freien Berufe, http://www.bstbk.de/de/presse/stellungnahmen/archiv/20131106_eingabe_bstbk/index.html. So auch OFD Niedersachsen v. 17.12.2013, DStR 2014 S.750.

nung ermöglicht. Das freiwillige Führen von Büchern mit ordnungsgemäßer Buchführung verpflichtet den Steuerpflichtigen zur Gewinnermittlung nach § 4 Abs. 1 EStG.[80] Damit wäre das Wahlrecht zur Gewinnermittlung bereits dann ausgeschlossen, wenn der Steuerpflichtige intern Bücher führt, ohne diese jemals einem Abschluss zugrunde gelegt zu haben. Gerade dies lehnt der BFH aber ab.[81] Nach dieser Auffassung wurde das Wahlrecht zugunsten des Bestandsvergleichs nach § 4 Abs. 1 EStG gerade dann noch nicht ausgeübt, wenn eine interne Buchführung vorliegt, die beide Gewinnermittlungsarten zulässt. U. E. setzt damit das freiwillige Führen von Büchern im Sinne der oben zitierten Rechtsprechung des BFH und der dieser folgenden Auffassung der Finanzverwaltung voraus, dass die Bücher auch einer entsprechenden Gewinnermittlung zugrunde gelegt werden und damit eine Außenwirkung entfalten. Andernfalls wäre auch der von der Rechtsprechung zur Begründung herangezogene Grundsatz der steuerlichen Neutralität des Umsatzsteuerrechts nicht mehr gegeben, da dieses dann Einfluss auf das ertragsteuerliche Gewinnermittlungswahlrecht nehmen würde.

(Einstweilen frei) 2416–2449

80 *Kanzler*, in: HHR, EStG, KStG, vor §§ 4 – 7 Anm. 7, m. w. N.

81 BFH vom 2. 3. 2006 – IV R 32/04, BFH/NV 2006 S. 1457.

Teil A:
Grundsatz- und Querschnittsfragen steuerlicher Gewinnermittlung

Kapitel XV:
Besondere Bilanzierungsfragen bei Land- und Forstwirten

von
RA/StB Professor Dr. Hans-Joachim Kanzler
Vors. Richter am BFH a. D.
Schloß Ricklingen

Inhaltsübersicht

Ausgewählte Literatur

Agatha/Eisele/Fichtelmann/Schmitz/Walter, Besteuerung der Land- und Forstwirtschaft, 7. Aufl. 2014; *Bahrs,* Die Agrarreform 2005: ein neues Kapitel im landwirtschaftlichen Steuerrecht, INF 2006 S. 176; *Biedermann,* Das Anbauverzeichnis (§ 142 AO) in der Teichwirtschaft, INF 1982 S. 53; *Dumke,* Unterschiedliche Behandlung der Land- und Forstwirte bei der Buchführungs- und Aufzeichnungspflicht nach der Abgabenordnung 1977, INF 1978 S. 153; *Junker/Weiler,* Die Bilanzierung von Ökopunkten, StB 2010 S. 268; *Kanzler,* Grundzüge der Einkommensbesteuerung von Land- und Forstwirten, SteuerStud 1993 S. 318; *ders.,* Die steuerliche Gewinnermittlung zwischen Einheit und Vielfalt, FR 1998 S. 233; *ders.,* Der Wechsel der Gewinnermittlungsart, FR 1999 S. 225; *ders.,* Zum gewerblichen Grundstückshandel der Land- und Forstwirte – Ein vermeidbares Übel, DStZ 2013 S. 822; *ders.,* in: Leingärtner, Besteuerung der Land- und Forstwirte, München 2013 Kap. 21 (Gewinnermittlungszeitraum, Gewinnermttlungsarten), Kap. 24 (land- und forstwirtschaftliches Betriebsvermögen), Kap. 29 (Betriebsvermögensvergleich) und Kap. 42 (Betriebsverpachtung); *Köhne/Wesche,* Landwirtschaftliche Steuerlehre, 3. Aufl. 1995; *König,* in: Felsmann, Einkommensbesteuerung der Land- und Forstwirte, Berlin 2013; *Stephany,* Ökokonten- und Flächenpoolmodelle – Eine steuerliche Betrachtung des Ausgleichsinstrumentariums, HLBS-Report 2003 S. 176; *Wendt,* in: Leingärtner, Besteuerung der Land- und Forstwirte, München 2013, Kap. 29a; *Wiegand,* Die Umsetzung der EU-Agrarreform im deutschen Steuerrecht, NWB 2008 S. 4731; *ders.,* Steuervereinfachungsgesetz aus Sicht der Land- und Forstwirtschaft, NWB 2011 S. 3606; *ders.,* Neue Regelungen zur Bewertung des Feldinventars, NWB 2013 S. 2330; *Wittwer,* Auf der Suche nach dem Wirtschaftsgut im Wald?, FR 2008 S. 617; *ders.* in: Leingärtner, Besteuerung der Land- und Forstwirte, Kap. 44; *zu Ortenburg/zu Ortenburg,* Zur Bedeutung des „stehenden Holzes" bei der Einkommensbesteuerung von Forstwirten, DStZ 2005 S. 782; *dies.,* Einzelfragen bei der Bilanzierung des Waldbestands, NWB 2009 S. 3344; *Ostmeyer,* Die eiserne Verpachtung des lebenden und toten Inventars im Rahmen der Verpachtung landwirtschaftlicher Betriebe, INF 2002 S. 357.

1. Gewinnermittlungszeitraum und Gewinnermittlungsarten in der Land- und Forstwirtschaft

1.1 Gewinnermittlungszeitraum und zeitliche Zuordnung der Gewinne bei abweichendem Wirtschaftsjahr

1.1.1 Das Wirtschaftsjahr der Land- und Forstwirte

2450 **Normal-Wirtschaftsjahr und wahlweise Sonder-Wirtschaftsjahre:** Anders als Gewerbetreibende (s. Rz. 175) unterliegen Land- und Forstwirte – unabhängig von einer Buchführungspflicht – grundsätzlich und zwingend dem Normal-Wirtschaftsjahr vom 1. 7. bis zum 30. 6. (§ 4a Abs. 1 Satz 2 Nr. 1 Satz 1 EStG). Von der Ermächtigung, aus wirtschaftlichen Gründen andere Wirtschaftsjahre als das Normal-Wirtschaftsjahr durch Rechtsverordnung zu bestimmen, wurde in § 8c EStDV Gebrauch gemacht. Solche wirtschaftlichen Gründe sind vor allem die Erntezyklen, die es nahelegen, die Inventur vor Einbringung der Ernte, also zu einem Zeitpunkt mit geringen Beständen, durchzuführen. Sonder-Wirtschaftsjahre gelten daher für

- Futterbaubetriebe (Weidewirtschaft) mit Wirtschaftsjahr vom 1. 5. bis zum 30. 4.,
- reine Forstbetriebe mit Wirtschaftsjahr vom 1. 10. bis zum 30. 9. und für
- reine Weinbaubetriebe mit Wirtschaftsjahr vom 1. 9. bis zum 31. 8.

des jeweiligen Folgejahrs.

2451 **Weiteres Wahlrecht zur Umstellung auf das Kalenderjahr:** Ausnahmsweise können reine Gartenbaubetriebe und reine Forstbetriebe nach § 8c Abs. 2 EStDV auch das Kalenderjahr als Wirtschaftsjahr bestimmen. Wird dieses Wahlrecht zu einer Umstellung des Wirtschaftsjahrs auf das Kalenderjahr genutzt, dann verlängert sich das letzte vom Kalenderjahr abweichende Wirtschaftsjahr um den Zeitraum bis zum Beginn des ersten mit dem Kalenderjahr übereinstimmenden Wirtschaftsjahrs; ein Rumpfwirtschaftsjahr ist nicht zu bilden. Dieses Wahlrecht und das verlängerte Wirtschaftsjahr gelten auch für den reinen Weinbaubetrieb, der sein Wirtschaftsjahr auf das Kalenderjahr umstellt (§ 8c Abs. 2 Satz 3 EStDV).[1] Reinen Gartenbau-, Forst- und Weinbaubetrieben steht mithin ein zweifaches Wahlrecht zu: Die Wahl vom Normal-Wirtschaftsjahr der Land- und Forstwirte (§ 4a Abs. 1 Satz 2 Nr. 1 EStG)[2] auf das entsprechende Sonder-Wirtschaftsjahr (§ 8c Abs. 1 Satz 1 Nr. 2 und 3 EStDV) oder das Kalenderjahr umzustellen (§ 8c Abs. 2 EStDV).

Die Regelungen zum Normal-Wirtschaftsjahr und zu den Sonder-Wirtschaftsjahren der Land- und Forstwirte lassen sich – einschließlich der für einige Bewirtschaftungsformen geltenden Option zur Umstellung auf das Kalenderjahr – schematisch wie folgt darstellen:

1 Zu den land- und forstwirtschaftlichen Wirtschaftsjahren ausführlich: *Kanzler*, in: Leingärtner, Besteuerung der Land- und Forstwirte, Kap. 21 Rz. 6 ff. und insbesondere Rz. 10 zur Verfassungsmäßigkeit des verlängerten Wirtschaftsjahrs.

2 BFH, Urteil vom 23. 9. 1999 – IV R 4/98, BStBl 2000 II S. 5.

Kalenderjahr 01/02	J	F	M	A	M	J	J	A	S	O	N	D	J	F	M	A	M	J	J	A	S	O	N	D
Monate	1	2	3	4	5	6	7	8	9	10	11	12	1	2	3	4	5	6	7	8	9	10	11	12
Normal-Wj. für alle LuFw																								
Weidewirtschaft*																								
Forst Normal*																								
Forst Wahlrecht**																								
Weinbau Normal																								
Weinbau Wahlrecht**																								
Gartenbau Normal*																								
Gartenbau Wahlrecht*																								

* Einfaches Wahlrecht zur Umstellung vom Normal-Wirtschaftsjahr auf das Sonderwirtschaftsjahr.

** Zweifaches Wahlrecht zur Umstellung vom Normal-Wirtschaftsjahr auf das Sonderwirtschaftsjahr und das Kalenderjahr. Die Umstellung auf das Kalenderjahr führt nicht zur Bildung eines Rumpf-Wirtschaftsjahrs, sondern zwingt zu einem verlängerten Wirtschaftsjahr.

Sachlicher Geltungsbereich der landwirtschaftsbezogenen Regelungen zum Wirtschaftsjahr: Die Regelungen zu den land- und forstwirtschaftlichen Wirtschaftsjahren gelten auch für in das Handelsregister eingetragene Land- und Forstwirte (§ 3 Abs. 2 HGB) und für land- und forstwirtschaftlich tätige Personengesellschaften, die als OHG oder KG in das Handelsregister eingetragen sind, denn auch diese Mitunternehmerschaften beziehen Einkünfte aus Land- und Forstwirtschaft. Nach umstrittener Auffassung sollen die Vorschriften des § 4a Abs. Abs. 1 Nr. 1 EStG und § 8c EStDV auch auf land- und forstwirtschaftliche Verpachtungsbetriebe anzuwenden sein, obwohl diese nicht mehr dem Erntezyklus unterliegen, der der eigentliche Grund für die Regelung vom Kalenderjahr abweichender Wirtschaftsjahre ist.[3] 2452

Zustimmungserfordernis bei Umstellung auf abweichendes Wirtschaftsjahr: Nach § 51 Abs. 1 Nr. 1 Buchst. b EStG i.V. m. § 8b Nr. 2 Satz 2 EStDV ist die Umstellung eines Wirtschaftsjahrs, das mit dem Kalenderjahr übereinstimmt, auf ein vom Kalenderjahr abweichendes Wirtschaftsjahr und die Umstellung eines vom Kalenderjahr abweichenden Wirtschaftsjahrs auf ein anderes, vom Kalenderjahr abweichendes Wirtschaftsjahr nur im Einvernehmen mit dem Finanzamt zulässig. Das der Missbrauchskontrolle dienende Einvernehmen bedeutet Zustimmung, denn das Gesetz verwendet beide Begriffe bedeutungsgleich (s. etwa § 4a Abs. 1 Satz 2 Nr. 2 Satz 2 und Nr. 3 Satz 2 EStG).[4] Die Erteilung wie die Versagung der Zustimmung beruht auf einer Ermessensentscheidung, die das Finanzamt durch einen selbständig anfechtbaren Verwaltungsakt ausspricht; dieser ist Grundlagenbescheid für das Veranlagungsverfahren i. S. d. § 171 Abs. 10 AO.[5] Die 2453

3 BFH, Urteil vom 11. 3. 1965 – IV 60/61 U, BStBl 1965 III S. 286; gl. A. H 4a [Verpachtung eines Betriebs der Land- und Forstwirtschaft] EStH; a. A. *Kanzler*, in: Leingärtner, Besteuerung der Land- und Forstwirte, Kap. 21 Rz. 20 m. w. N. und in: HHR, § 4a EStG Anm. 26 m. w. N.

4 Dazu ausführlich *Kanzler*, in: HHR, § 4a EStG Anm. 63 m. w. N. zu Zweck und Bedeutung des finanzbehördlichen Einvernehmens.

5 Vgl. BFH, Urteile vom 23. 9. 1999 – IV R 4/98, BStBl 2000 II S. 5 und vom 7. 11. 2013 – IV R 13/10, NWB DokID: UAAAE-50856.

Zustimmung zur Umstellung das Wirtschaftsjahrs kann auch konkludent erfolgen, wenn das Finanzamt im Einkommensteuerbescheid der Steuererklärung folgt, der eine solche Gewinnermittlung für das abweichende Wirtschaftsjahr zugrunde liegt.[6]

2454 **Wirtschaftsjahre für mehrere Betriebe eines Steuerpflichtigen:** Unterhält ein Steuerpflichtiger mehrere selbständige Betriebe der Land- und Forstwirtschaft, so können mehrere unterschiedliche Wirtschaftsjahre und (bei buchführenden Land- und Forstwirten) Bilanzstichtage in Betracht kommen, denn der Gewinn wird jeweils für einen bestimmten Betrieb ermittelt. Dies gilt auch wenn ein Steuerpflichtiger gleichzeitig Gewerbetreibender und Landwirt ist. In diesem Fall kann der Steuerpflichtige das Wirtschaftsjahr seines Gewerbebetriebs mit finanzamtlicher (auch konkludent erteilter) Zustimmung dem land- und forstwirtschaftlichen Wirtschaftsjahr anpassen (§ 4a Abs. 1 Satz 2 Nr. 2 Satz 2 und Nr. 3 Satz 2 EStG). Eine solche Angleichung der Bilanzstichtage und Wirtschaftsjahre kann erforderlich werden, wenn sich ein Gewerbebetrieb aus dem land- und forstwirtschaftlichen Betrieb herauslöst, sei es dass die Tierhaltung mangels Futtergrundlage zu gewerblichen Einkünften führt[7] oder dass ein gewerblicher Grundstückshandel entdeckt wird. An der unterschiedlichen zeitlichen Zurechnung der Gewinne aus Gewerbebetrieb (s. Rz. 201) und aus Land- und Forstwirtschaft (dazu Rz. 2455) ändert sich durch die Wahl übereinstimmender Wirtschaftsjahre nichts.

1.1.2 Zeitliche Zurechnung der Gewinne land- und forstwirtschaftlicher Betriebe

2455 **Zeitanteilige Zurechnung laufender Gewinne aus Land- und Forstwirtschaft:** Nach § 4a Abs. 2 Nr. 1 Satz 1 EStG ist der Gewinn (einschließlich der Entnahmegewinne) des vom Kalenderjahr abweichenden Wirtschaftsjahrs „auf das Kalenderjahr, in dem das Wirtschaftsjahr beginnt, und auf das Kalenderjahr, in dem das Wirtschaftsjahr endet, entsprechend dem zeitlichen Anteil aufzuteilen“. Eine solche Aufteilung ist entbehrlich, wenn das Wirtschaftsjahr des Land- und Forstwirts ausnahmsweise dem Kalenderjahr entspricht, wie dies bei Forst-, Gartenbau- und Weinbaubetrieben der Fall sein kann (s. Rz. 2451). Regelungszweck der zeitanteiligen Gewinnzurechnung ist der Ausgleich guter und schlechter Erntejahre. Die Aufteilung kommt daher einer zweijährigen Durchschnittsbesteuerung nahe.[8] Sie ist auch für ein Rumpfwirtschaftsjahr vorzunehmen, das in zwei Kalenderjahre fällt. Unterhält der Steuerpflichtige auch einen Gewerbebetrieb mit gleichem Abschlussstichtag (§ 4a Abs. 1 Satz 2 Nr. 3 EStG), so ist das land- und forstwirtschaftliche Betriebsergebnis aufzuteilen und der gewerbliche Gewinn dem Veranlagungszeitraum zuzurechnen, in dem das Wirtschaftsjahr endet (s. auch Rz. 2454).

Anteilige Zurechnung von Beteiligungsgewinnen: Zu den laufenden, zeitanteilig zuzurechnenden Gewinnen gehören auch die laufenden Gewinne aus der Beteiligung eines Mitunternehmers an einer land- und forstwirtschaftlichen Personengesellschaft. Gilt daher für den land- und forstwirtschaftlichen Betrieb des Gesellschafters das Normal-Wirtschaftsjahr, unterliegt die Personengesellschaft aber dem Forst-Wirtschaftsjahr,

6 Vgl. BFH, Urteil vom 7. 11. 2013 – IV R 13/10, NWB DokID: UAAAE-50856.

7 So der Fall im BFH, Urteil vom 7. 11. 2013 – IV R 13/10, NWB DokID: UAAAE-50856.

8 Ausführlich dazu *Kanzler*, in: Leingärtner, Besteuerung der Land- und Forstwirte, Kap. 21 Rz. 8.

dann sind $^{1}/_{2}$ des Gewinns aus dem Einzelunternehmen und $^{1}/_{4}$ des Gewinns der Personengesellschaft dem Kalenderjahr 01 zuzuordnen; im Kj. 02 werden dann $^{3}/_{4}$ des Beteiligungsgewinns, dem hälftigen Gewinn aus dem Einzelunternehmen zugerechnet.[9]

Aussonderung von Veräußerungs- und Aufgabegewinnen: Veräußerungsgewinne i. S. d. § 14 EStG sind nach § 4a Abs. 2 Nr. 1 Satz 2 EStG auszuscheiden und dem Gewinn des Kalenderjahrs hinzuzurechnen, in dem sie entstanden sind. Mit der gesonderten Erfassung der Veräußerungs- und Aufgabegewinne im Jahr ihrer Entstehung soll erreicht werden, dass die Tarifbegünstigungen der §§ 14, 14a, 16 Abs. 4, 34 EStG nur in einem Veranlagungszeitraum gewährt werden.[10] In § 4a Abs. 2 Nr. 1 Satz 2 EStG sind zwar nur die Veräußerungsgewinne i. S. d. § 14 EStG und nicht auch die in § 16 Abs. 3 EStG geregelten Betriebsaufgabegewinne angeführt; auch § 14 EStG erwähnt die Betriebsaufgabegewinne nicht. Gleichwohl sind wegen der Verweisung des § 14 Satz 2 EStG auf § 16 EStG auch (Teil-)Betriebsaufgabegewinne von der Tarifbegünstigung mit erfasst und daher ebenfalls dem Kalenderjahr zuzurechnen, in dem sie entstanden sind.[11] Da tarifbegünstigte Teilbetriebs- oder Betriebsaufgabegewinne in verschiedenen Kalenderjahren anfallen können,[12] ist die Regelung der Nr. 1 Satz 2 für das jeweilige Kalenderjahr der Gewinnentstehung anzuwenden.[13] 2456

Veräußerungsgewinn des Steuerpflichtigen bei Veräußerung an sich selbst: Nicht auszusondern und daher in die zeitanteilige Gewinnzurechnung einzubeziehen ist hingegen der Teil des Veräußerungsgewinns, der gem. § 14 Satz 2 i.V. m. § 16 Abs. 2 Satz 3 und Abs. 3 Satz 5 als „laufender Gewinn" gilt.[14] Dies folgt nicht nur aus einem umfassenden Verständnis der Fiktion „gilt als laufender Gewinn",[15] sondern vor allem aus dem Zweck der Regelung des § 4a Abs. 2 Nr. 2 EStG, nur die tarifbegünstigten Gewinne aus der zeitanteiligen Zurechnung auszusondern.[16] 2457

Veräußerungs- und Aufgabeverluste sind nach dem Wortlaut des Gesetzes und dem Regelungszweck ebenfalls nicht auszusondern,[17] denn die Erfassung der Veräußerungsgewinne in einem Kalenderjahr soll die mehrfache Inanspruchnahme der Tarifbegünstigung verhindern.

(Einstweilen frei) 2458–2459

---

9 Dazu *Kanzler*, in: HHR § 4a EStG Anm. 71 m. w. N. und Ausführungen zur Änderung der Beteiligungsverhältnisse im Laufe des vom Kalenderjahr abweichenden Wirtschaftsjahrs.

10 Vgl. BFH, Urteil vom 24. 8. 2000 – IV R 42/99, BStBl 2003 II S. 67.

11 Vgl. BFH, Urteil vom 19. 5. 2005 – IV R 17/02, BStBl 2005 II S. 637 und vom 16. 12. 2009 – IV R 7/07, BStBl 2010 II S. 431.

12 Siehe z. B. BFH, Urteil vom 19. 5. 2005 – IV R 17/02, BStBl 2005 II S. 637.

13 Vgl. BFH, Urteil vom 24. 8. 2000 – IV R 42/99, BStBl 2003 II S. 67 m. w. N.

14 Gl. A. *Jahndorf*, in: KSM, § 4a Rn. C 20; *Kanzler*, in: HHR, § 4a EStG Anm. 71 f.; *ders.*, in: Leingärtner, Besteuerung der Land- und Forstwirte, Kap. 21 Rz. 35 und 37; *Nacke*, in: Blümich, § 4a Rn. 50; *Schiffers* in: Korn, § 4a Rn. 47.

15 Dementsprechend hat der BFH diesen Teil des Veräußerungsgewinns auch der Gewerbesteuer unterworfen (BFH, Urteil vom 15. 6. 2004 – VIII R 7/01, BStBl 2004 II S. 754).

16 *Kanzler*, in: HHR, § 4a EStG Anm. 71 m. w. N.

17 *Kanzler*, in: Leingärtner, Besteuerung der Land- und Forstwirte, Kap. 21 Rz. 26; *Kanzler*, in: HHR § 4a EStG Anm.

1.2 Drei Gewinnermittlungsarten in der Land- und Forstwirtschaft

2460 Für Land- und Forstwirte kommen drei Gewinnermittlungsarten in Betracht:

- Der Bestandsvergleich nach § 4 Abs. 1,
- die Einnahmenüberschussrechnung nach § 4 Abs. 3 und
- die Gewinnermittlung nach Durchschnittssätzen nach § 13 a.

Die Voraussetzungen für diese Gewinnermittlungsarten ergeben sich aus unterschiedlichen Gesetzen; zum Teil ist die Gewinnermittlung auch von Wahlrechten des Stpfl. oder Mitteilungen des FA abhängig. Ein unkoordiniertes Geflecht von Regelungen in § 141 Abs. 1 AO und § 13 a Abs. 1 sieht drei abgestufte Arten der Gewinnermittlung[18] vor, die sich, grob eingeteilt, kleinen, mittleren und größeren land- und forstwirtschaftlichen Betrieben zuordnen lassen.[19]

Die Existenz dieser drei Gewinnermittlungsarten bedingt, dass betriebliche Veränderungen zu einem Wechsel der Gewinnermittlungsart zwingen; ein solcher Wechsel kann auch freiwillig herbeigeführt werden. In solchen Fällen kann eine Übergangsbilanz aufzustellen sein und wegen der unterschiedlichen Zeitpunkte der Gewinnrealisierung ein nicht tarifbegünstigter Übergangsgewinn entstehen.[20]

2461 **Dreistufensystem land- und forstwirtschaftlicher Gewinnermittlung:** Die Anwendungsvoraussetzungen für die Gewinnermittlung nach Durchschnittssätzen ergeben sich aus § 13 a Abs. 1 EStG[21] und für den Bestandsvergleich nach § 4 Abs. 1 EStG aus § 141 Abs. 1 Nr. 1, 3 und Nr. 5 AO. Da diese Voraussetzungen nicht aufeinander abgestimmt sind, ist es möglich, dass ein land- und forstwirtschaftlicher Betrieb zwar nicht mehr der Gewinnermittlung nach Durchschnittssätzen unterliegt, gleichwohl aber noch keine Buchführungspflicht ausgelöst hat, weil weder die Umsatz- noch die Gewinngrenze des § 141 Abs. 1 Nr. 1 und Nr. 5 AO oder der Wirtschaftswert von 25 000 € (§ 141 Abs. 1 Nr. 3 AO) überschritten sind (s. Rz. 35 ff.). Für diesen Zwischenbereich ist die Einnahmenüberschussrechnung nach § 4 Abs. 3 EStG vorgesehen, die aber nach der Rspr. nicht erzwungen werden kann.[22] Legt der Steuerpflichtige in einem solchen Fall daher keine Gewinnermittlung nach § 4 Abs. 3 EStG vor, so ist sein Gewinn nach den Grundsätzen des Bestandsvergleichs zu schätzen.[23]

Der nicht mehr der Durchschnittssatzgewinnermittlung unterliegende, aber noch nicht buchführungspflichtige Landwirt kann seinen Gewinn auch durch Bestandsvergleich aufgrund freiwilliger Buchführung ermitteln. Schließlich steht dem zwingend der Durchschnittssatzgewinnermittlung nach § 13a EStG unterliegenden Landwirt das Antragswahlrecht zu, seinen Gewinn nach § 13a Abs. 2 EStG für vier Jahre auch durch Be-

18 Nach BT-Drucks. 8/3673 S. 13 ein „Drei-Stufen-System".

19 Vgl. *Kanzler*, FR 1998 S. 233, 239.

20 Zum Wechsel der Gewinnermittlungsart ausführlich *Kanzler*, in: HHR, Vor §§ 4-7 EStG Anm. 40 ff. und *ders.*, FR 1999 S. 225.

21 Siehe nur *Kanzler*, in: HHR, § 13a EStG Anm. 17 ff. m. w. N.

22 BFH, Urteil vom 11. 8. 1992 – VII R 90/91, BFH/NV 1993 S. 346.

23 Nach a. A. folgt die Schätzung den Grundsätzen der Einnahmenüberschussrechnung: Ausführlich zur Gewinnschätzung *Kanzler*, in: HHR, Vor §§ 4-7 EStG Anm. 13 ff. m. w. N. und zur speziellen Gewinnschätzung bei Land- und Forstwirten s. *Kanzler*, in: Leingärtner, Besteuerung der Land- und Forstwirte, Kap. 28.

triebsvermögensvergleich oder Einnahmenüberschussrechnung zu ermitteln. Dieses Wahlrecht wird er immer dann in Anspruch nehmen, wenn er Verluste erwirtschaftet, die bei einer Durchschnittssatzgewinnermittlung nicht angesetzt werden können.

Der buchführungspflichtige Land- und Forstwirt hat seinen Gewinn durch Betriebsvermögensvergleich nach § 4 Abs. 1 EStG zu ermitteln. Verletzt er die Buchführungspflicht oder kommt er ihr nicht nach, dann ist sein Gewinn nach den Grundsätzen des Bestandsvergleichs zu schätzen. Bei den Einkünften aus Land- und Forstwirtschaft gibt es zudem die Besonderheit der sog. Schätzungslandwirte. Das sind buchführungspflichtige, aber pflichtwidrig keine Bücher führende Landwirte, die durch ihr Verhalten die Anwendung der von der Finanzverwaltung vorgehaltenen Richtsätze bezwecken und damit in den weitaus meisten Fällen eine günstigere Besteuerung erreichen.[24]

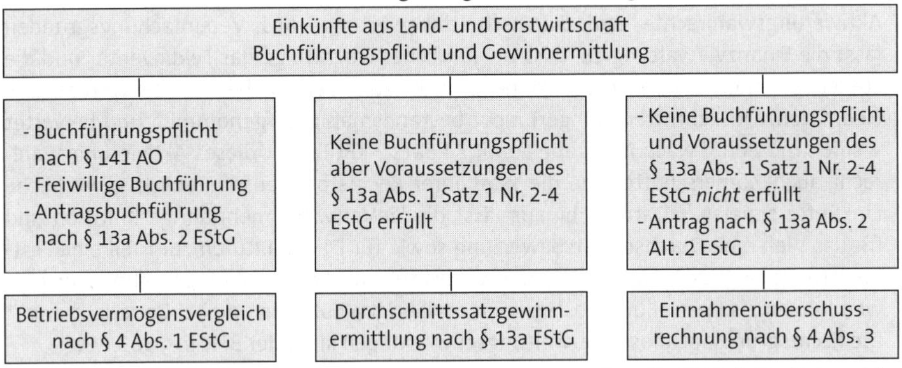

Zu einer umfassenderen, alle Einkunftsarten einbeziehenden Darstellung der Buchführungspflichten s. Rz. 61.

Eine Gewinnermittlung nach § 5 EStG kommt für Land- und Forstwirte nicht in Betracht, auch nicht wenn sie als Kaufmann nach § 3 HGB im Handelsregister eingetragen sind, weil § 5 EStG nach seinem Eingangssatz nicht für alle Kaufleute, sondern nur für Gewerbetreibende gilt. Daher ist § 5 EStG auch nicht für die OHG und KG anwendbar, wenn diese Einkünfte aus Land- und Forstwirtschaft beziehen. Allerdings gelten § 5 Abs. 2 bis 5 EStG nach h. M. auch für die Gewinnermittlung nach § 4 Abs. 1 EStG. 2462

(Einstweilen frei) 2463–2464

2. Bilanzierung in der Land- und Forstwirtschaft

Dargestellt werden hier nur die Besonderheiten der Bilanzierung in der Land- und Forstwirtschaft, die vor allem durch das Anlagegut Grund und Boden und die damit zusammenhängende Urproduktion bestimmt sind. Im Übrigen gelten die allgemeinen Bilanzierungsgrundsätze, denn die Frage, ob eine Buchführung den GoB entspricht, kann handelsrechtlich und steuerrechtlich nur einheitlich beurteilt werden. Daher haben auch Unternehmer, die keine Handelsbilanz aufstellen, die handelsrechtlichen Rechnungslegungsvorschriften zu beachten, soweit sich daraus allgemeine GoB ergeben 2465

24 BFH, Urteil vom 29. 3. 2001 – IV R 67/99, BStBl 2001 II S. 484 m. w. N.

(R 4.1 Abs. 5 EStR). Die Verweisung in § 141 Abs. 1 Satz 2 AO auf die entsprechenden Vorschriften des HGB stellt dies klar. Daher sind auch die materiellen Grundsätze ordnungsmäßiger Bilanzierung und Buchführung nach ständiger Rechtsprechung des BFH nicht nur im Rahmen der steuerlichen Gewinnermittlung buchführungspflichtiger Kaufleute nach § 5 Abs. 1 EStG, sondern auch bei der Gewinnermittlung durch Betriebsvermögensvergleich nach § 4 Abs. 1 EStG zu beachten.[25] Die GoB finden mithin auch auf den buchführenden und den freiwillig buchführenden Land- und Forstwirt Anwendung.[26]

2.1 Besondere Aufzeichnungspflichten und -erleichterungen für den Landwirt

2466 **Aktivierungswahlrechte und Durchschnittsbewertung:** Aus Vereinfachungsgründen lässt die Finanzverwaltung zu, dass bei jährlicher Fruchtfolge das Feldinventar und die stehende Ernte, sowie selbstgewonnene, nicht zum Verkauf bestimmte Vorräte (z. B. Heu, Stroh, Trockenfutter, Dünger) nicht bestandsmäßig aufgenommen und bewertet werden müssen.[27] Nach Maßgabe von R 34 Satz 2 KStR steht dieses Aktivierungswahlrecht auch Körperschaften zu, die kraft ihrer Rechtsform ausschließlich gewerbliche Einkünfte erzielen.[28] Darüber hinaus lässt die FinVerw. für mehrjährige Kulturen und für das Vieh eine Durchschnittsbewertung sowie für Dauerkulturen zum Teil eine Festbewertung zu (§ 240 Abs. 3 HGB) und verzichtet auf die Aktivierung bestimmter Aufwendungen als Herstellungskosten bei mehrjährigen Kulturen und bei Dauerkulturen.[29] Die Rechtsgrundlage dieser Verwaltungsanweisungen sieht der BFH in § 163 AO.[30]

2467 **Erleichterungen für Entnahmen, Lieferungen und Leistungen:** Unentgeltliche Wertabgaben, für die die von den OFD aufgestellten Richtsätze angesetzt werden, können in einem Gesamtbetrag am Ende des Wirtschaftsjahrs gebucht werden.[31] Führt der Land- und Forstwirt – wie in der Praxis üblich – Kontokorrentkonten (§ 355 HGB), über die die beiderseitigen Lieferungen und Leistungen verrechnet werden (z. B. für den Geschäftsverkehr mit Landhändlern und Genossenschaften), so ersetzt die geordnete und übersichtliche Sammlung und Aufbewahrung der Kontoauszüge die betreffenden Grundbücher. Voraussetzung ist, dass die darin ausgewiesenen Geschäftsvorfälle unter Hinweis auf den dazu gehörigen Beleg mit dem erforderlichen Buchungstext erläutert werden und dass diese Auszüge in regelmäßigen Zeitabständen – etwa nach einem Monat – vorliegen.[32]

---

25 BFH, Urteile vom 6. 12. 1983 – VIII R 110/79, BStBl 1984 II S. 227; vom 10. 9. 1998 – IV R 80/96, BStBl 1999 II S. 21 betr. bilanzierende Freiberufler und vom 20. 3. 2003 – IV R 37/02, BFH/NV 2003 S. 1403.

26 Siehe nur BFH, Urteile vom 24. 2. 1994 – IV R 103/92, BFH/NV 1994 S. 779 betr. Rückstellung für Sielbaubeitrag; vom 9. 12. 1993 – IV R 130/91, BStBl 1995 II S. 202 betr. passiven RAP für Überspannungsentschädigung und vom 15. 2. 2001 – IV R 19/99, BStBl 2001 II S. 549 betr. Grundsatz der Bewertungsstetigkeit.

27 Buchführungserlass des BMF vom 15. 12. 1981 – IV B 4-S 2163-63/81, BStBl 1981 I S. 878 zu Tz. 3.1.3; s. auch R 14. Abs. 1 Satz 3 EStR.

28 BFH, Urteil vom 7. 12. 2005 – I R 123/04, BFH/NV 2006 S. 1097.

29 Buchführungserlass des BMF vom 15. 12. 1981 – IV B 4-S 2163-63/81, BStBl 1981 I S. 878 zu Tz. 3.2. und 3.2.1.

30 BFH, Urteil vom 6. 4. 2000 – IV R 38/99, BStBl 2000 II S. 422.

31 Buchführungserlass des BMF vom 15. 12. 1981 – IV B 4-S 2163-63/81, BStBl 1981 I S. 878 zu Tz. 3.1.2.

32 Buchführungserlass des BMF vom 15. 12. 1981 – IV B 4-S 2163-63/81, BStBl 1981 I S. 878 zu Tz. 3.1.1.

Warenein- und -ausgang: Da § 143 AO ausdrücklich nur für gewerbliche Unternehmer gilt, müssen Land- und Forstwirte ihren Wareneingang nicht gesondert aufzeichnen. Allerdings haben Land- und Forstwirte, die gem. § 141 AO buchführungspflichtig sind, den Warenausgang nach § 144 AO aufzuzeichnen (§ 144 Abs. 5 AO). Diese gesonderte Aufzeichnungspflicht gilt zwar nicht für Land- und Forstwirte, die für steuerliche Zwecke freiwillig Bücher führen oder die einer Buchführungspflicht nach § 140 AO unterliegen;[33] die nach § 144 AO geforderten Angaben und Aufzeichnungen sind jedoch bereits nach den auch auf Land- und Forstwirte anwendbaren (s. Rz. 2465) Grundsätzen ordnungsmäßiger Buchführung erforderlich.[34] 2468

Anbauverzeichnis: Land- und Forstwirte haben neben den jährlichen Bestandsaufnahmen und den jährlichen Abschlüssen ein Anbauverzeichnis zu führen (§ 142 AO). In diesem Verzeichnis ist aufzuführen, welche Fruchtarten im abgelaufenen Wirtschaftsjahr angebaut wurden. Nach dem ausdrücklichen Wortlaut des Gesetzes ist das Anbauverzeichnis nur von Land- und Forstwirten anzulegen, die nach § 141 AO buchführungspflichtig sind. Freiwillig oder nach § 140 AO buchführende Steuerpflichtige trifft diese Pflicht nicht.[35] Nach dem Gesetz ist eine laufende Führung des Anbauverzeichnisses nicht geboten; es muss nur grundsätzlich nach den Verhältnissen zum Beginn eines Wirtschaftsjahres aufgestellt werden.[36] Nach Auffassung der Finanzverwaltung sind die Eintragungen in das Anbauverzeichnis etwa im gärtnerischen Gemüsebau und im Blumen- und Zierpflanzenbau vierteljährlich vorzunehmen.[37] Im Übrigen regelt der Buchführungserlass, welche Angaben für das Anbauverzeichnis im Einzelnen erforderlich sind.[38] Auch in der Teichwirtschaft ist ein Anbauverzeichnis nach § 142 AO zu führen. Darin ist die produktive Wasserfläche unter Angabe ihrer Größe nach Fischarten zu unterteilen (z. B. Größe der Wasserfläche, die mit Forellen, Karpfen usw. besetzt ist).[39] 2469

Ein Winzer hat das nach dem Weingesetz vorgeschriebene *Kellerbuch*, in dem er seine Weinbestände mengenmäßig nachzuweisen und fortzuschreiben hat, auch für steuerliche Zwecke zu führen, denn die Aufzeichnungspflicht nach dem Weingesetz wird über § 140 AO auch zu einer steuerlichen Verpflichtung.

2.2 Das landwirtschaftliche Betriebsvermögen

2.2.1 Landwirtschaftliches Anlage- und Umlaufvermögen

Wirtschaftsgüter des Anlage- und Umlaufvermögens: Die Unterscheidung von Anlage- und Umlaufvermögen folgt den allgemeinen Grundsätzen (s. Rz. 556 ff.). Besonderheiten ergeben sich aber bei der Tierhaltung aus der zweifachen Zweckbestimmung der 2470

33 *Dumke*, INF 1978 S. 153
34 BFH, Urteil vom 10. 6. 1954 – IV 68/53 U, BStBl 1954 III S. 298.
35 Gl. A. *Dumke*, INF 1978 S. 153; *Drüen*, in: Tipke/Kruse, § 142 AO Rz. 3; a. A. *Pape*, in: Felsmann, B Rz. 170; *Altehoefer/Bauer/Eisele/Fichtelmann/Walter*, Besteuerung der Land- und Forstwirtschaft, 6. Aufl., 2010, Rz. 24.
36 Buchführungserlass des BMF vom 15. 12. 1981 – IV B 4-S 2163-63/81, BStBl 1981 I S. 878 zu Tz. 3.3.1.
37 Buchführungserlass des BMF vom 15. 12. 1981 – IV B 4-S 2163-63/81, BStBl 1981 I S. 878 zu Tz. 3.3.1.
38 Buchführungserlass des BMF vom 15. 12. 1981 – IV B 4-S 2163-63/81, BStBl 1981 I S. 878 zu Tz. 3.3.
39 Zu weiteren Einzelheiten, s. *Biedermann*, INF 1982 S. 52.

Nutzung dieser Tiere zur Produktion und als Schlachtvieh.[40] Hier erfolgt oft ein Wechsel vom Anlage- zum Umlaufvermögen oder umgekehrt, wenn z. B. eine Milchkuh oder ein Zuchtbulle nach Einstellung der betrieblichen Nutzung in besonderer Weise marktreif gemacht wird (Fütterung und tierärztliche Versorgung), um dann an einen Viehhändler oder anderen Landwirt veräußert zu werden. Bei diesen Tieren des Anlagevermögens, die ins Umlaufvermögen wechseln (z. B. auch Legehennen und Zuchtsauen), ist daher auch bei der AfA ein Schlachtwert zu berücksichtigen.[41] Werden die Tiere allerdings unverzüglich der Schlachtung zugeführt, sobald ihre Eignung zu Zuchtzwecken (z. B. Zuchtsauen) oder zur Produktion (z. B. Legehennen) nachlässt und ihre Haltung unwirtschaftlich wird, so findet kein Wechsel ins Umlaufvermögen statt. In einem solchen Fall fehlt es an der zweifachen Zweckbestimmung der Nutzung dieser Tiere einerseits zur Produktion und andererseits als Schlachtvieh; sie werden dann als Anlagevermögen verkauft.[42]

Umgekehrt wechseln Tiere vom Umlaufvermögen ins Anlagevermögen, wenn etwa bestimmte Ferkel eines Schweinemastbetriebs zur Nachzucht ausgewählt werden. Auch beim Grund und Boden kann ein Wechsel vom Anlage- zum Umlaufvermögen erfolgen, der dann zugleich auch mit der Begründung eines gewerblichen Grundstückshandels einhergeht.[43]

2471 **Zum Anlagevermögen** des land- und forstwirtschaftlichen Betriebs und zum notwendigen Betriebsvermögen gehören vor allem die Nutzflächen, die Wirtschaftsgüter des beweglichen Anlagevermögens, sofern sie zu mehr als 50 % betrieblich genutzt werden[44] und Beteiligungen an Agrargenossenschaften, GmbHs (z. B. Landhandels-GmbH) sowie Aktiengesellschaften (z. B. Zuckerrüben-AG); schließlich können auch immaterielle Wirtschaftsgüter zum notwendigen Anlagevermögen des land- und forstwirtschaftlichen Betriebs gehören (s. Rz. 2472). Besonderheiten bestehen beim Grund und Boden, weil dieser zwar stets zum notwendigen Betriebsvermögen gehörte, aber erst mit Einführung der Bodengewinnbesteuerung 1970 steuerlich verstrickt wurde (s. Rz. 2472).

2472 **Immaterielle Wirtschaftsgüter des notwendigen Betriebsvermögens** eines land- und forstwirtschaftlichen Betriebs entstehen meist aus untrennbar mit dem Grund und Boden verbundenen Nutzungsrechten. Solche immateriellen Wirtschaftsgüter können zum nichtabnutzbaren und abnutzbaren Anlagevermögen (s. Rz. 572 ff. und 3219 ff.) oder auch zum Umlaufvermögen (s. Rz. 561) gehören. Dabei ist das Aktivierungsverbot für selbstgeschaffene immaterielle Wirtschaftsgüter nach § 5 Abs. 2 EStG und § 248 Abs. 2 HGB als Grundsatz ordnungsmäßiger Buchführung auch von Land- und Forstwirten zu beachten.

40 BFH, Urteil vom 15. 2. 2001 – IV R 19/99, BStBl 2001 II S. 549.

41 BFH, Urteil vom 15. 2. 2001 – IV R 19/99, BStBl 2001 II S. 549 und BMF, Schreiben vom 22. 2. 1995 – IV B 4-S 2230-3/95, BStBl 1995 I S. 179 Tz. 22.

42 BFH, Urteil vom 24. 7. 2013 – IV R 1/10, BStBl 2014 II S. 246.

43 Siehe nur BFH, Urteil vom 8. 11. 2007 – IV R 34/05, BStBl 2008 II S. 231 m. w. N.; zum gewerblichen Grundstückshandel der Land- und Forstwirte auch *Kanzler*, DStZ 2013 S. 822.

44 BFH, Urteil vom 2. 10. 2003 – IV R 13/03, BStBl 2004 II S. 985 m. w. N.; R 4.2 Abs. 1 Satz 4 EStR.

Zu den nichtabnutzbaren immateriellen Wirtschaftsgütern gehören das Betriebswerk 2473
oder Betriebsgutachten eines Forstbetriebs, ein Eigenjagd- oder Fischereirecht,[45] Brenn- und Wasserbezugsrechte, sowie Wieder- und Neuanpflanzungsrechte der Winzer. Nach Auffassung der Finanzverwaltung sind auch die Zahlungsansprüche nach der GAP-Reform den nichtabnutzbaren immateriellen Wirtschaftsgütern ebenso zuzuordnen,[46] wie die bis zum Veranlagungszeitraum 2004 zu beantragende sog. Ackerquote, die als immaterielles Wirtschaftsgut erst entstanden ist, wenn sie etwa als Gegenstand eines Kaufvertrags in Verkehr gebracht wurde.[47]

Zu den abnutzbaren immateriellen Wirtschaftsgütern gehören vor allem der entgelt- 2474
lich erworbene Firmenwert und Rechte von zwar unbestimmter, aber begrenzter Dauer, wenn Gewissheit über ihr Ende, nicht aber über dessen Zeitpunkt besteht.[48] Dazu zählt man etwa betriebsgebundene Zuckerrübenlieferrechte,[49] die durch die Milch-Garantiemengen-Verordnung (MGV) zugeteilten und vom Grund und Boden abgespaltenen Milchlieferrechte, die auch bei Verpachtung im Privatvermögen auf zehn Jahre abzuschreiben sind[50] sowie – nach umstrittener Auffassung (s. Rz. 2473) – auch die entgeltlich erworbenen Zahlungsansprüche nach der GAP-Reform. Obwohl die Zahlungsansprüche nach der GAP-Reform unabhängig von der Fläche einzeln oder zusammen mit dem Betrieb handelbar sind, gehören sie nicht zum Umlaufvermögen, sondern zum Anlagevermögen.[51] Da diese Zahlungsansprüche keinen Bezug zu einer bestimmten Fläche aufweisen und die neue Agrarförderung zu keinerlei Einschränkungen der Nutzbarkeit des Grund und Bodens führt, kommt auch eine Abspaltung vom Grund und Boden nicht in Betracht.[52]

Besonderheiten beim Grund und Boden ergeben sich für die Einkünfte aus Land- und 2475
Forstwirtschaft aus der Einführung der sog. Bodengewinnbesteuerung durch das 2. StÄndG 1971, durch die die landwirtschaftlichen Nutzflächen erstmals der Einkommensbesteuerung unterworfen wurden. Nach der heute noch bedeutsamen Sonderregelung des § 55 EStG[53] war der Grund und Boden, der bis dahin nach § 4 Abs. 1 Satz 5 EStG a. F. außer Ansatz geblieben war, beim Betriebsvermögensvergleich nach § 4 Abs. 1 EStG zum 1. 7. 1970 mit fiktiven Anschaffungskosten (§ 55 Abs. 1 EStG) oder auf Antrag mit dem höheren Teilwert (§ 55 Abs. 5 EStG) erfolgsneutral einzubuchen. Zugleich wurde eine Verlustausschlussklausel eingeführt, die die Berücksichtigung von Verlusten aus der Veräußerung der Flächen zu einem geringeren Preis als dem festgestellten Pauschalwert verhindern sollte.

---

45 BMF, Schreiben vom 23. 6. 1999 – IV C 2-S 2520-12/99, BStBl 1999 I S. 593.

46 BMF, Schreiben vom 25. 6. 2008 – IV C 6-S 2134/07/10001, BStBl 2008 I S. 682 Tz. 19; gl. A. *Wiegand*, NWB 2008 S. 4731, 4733 f. und *König*, in: Felsmann Rz. A 1537; a. A. *Bahrs*, INF 2006 S. 224, 226 und *Kanzler*, in: Leingartner, Besteuerung der Land- und Forstwirte, Kap. 24 Rz. 50 m. w. N. zur a. A.

47 BFH, Urteil vom 30. 9. 2010 – IV R 28/08, BStBl 2011 II S. 406.

48 BFH, Urteil vom 29. 4. 2009 – IX R 33/08, BStBl 2009 II S. 958.

49 BFH, Urteil vom 16. 10. 2008 – IV R 1/06, BStBl 2010 II S. 28 m. w. N.

50 BFH, Urteil vom 29. 4. 2009 – IX R 33/08, BStBl 2009 II S. 958; gl. A. BMF, Schreiben vom 14. 1. 2003 – IV A 6-S 2134-52/02, BStBl 2003 I S. 78 zu Tz. 28.

51 BMF, Schreiben vom 25. 6. 2008 – IV C 6-S 2134/07/10001, BStBl 2008 I S. 682 Tz. 18.

52 BMF, Schreiben vom 25. 6. 2008 – IV C 6-S 2134/07/10001, BStBl 2008 I S. 682 Tz. 21.

53 Zur Bedeutung des § 55 EStG ausführlich *Kanzler*, in: HHR, § 55 EStG Anm. 3.

Da die Bewertung nach § 55 Abs. 1 EStG nur den nackten Grund und Boden zum Gegenstand hatte und seinerzeit später entstandene bodenabhängige immaterielle Rechte, wie Milch- oder Zuckerrübenlieferungsrechte nicht berücksichtigt werden konnten, stand dem Kaufpreis für diese Rechte bei einer Veräußerung des Grund und Bodens oder des gesamten Betriebs kein Buchwert gegenüber. Die Finanzverwaltung erfasste daher zunächst den Veräußerungspreis für die Milchquote als Veräußerungsgewinn, da ein Buchwert nicht anzusetzen war und ließ den beim nackten Grund und Boden realisierten Verlust wegen der Klausel nach § 55 Abs. 6 EStG unberücksichtigt. Der BFH hingegen vertrat die Auffassung, dass in solchen Fällen ein Buchwert für die später entstandenen Rechte abzuspalten sei.[54] Das BMF hat diese Rechtsprechung widerstrebend akzeptiert und zur Berechnung des abgespaltenen Werts von Milchlieferrechten eine Verwaltungsanweisung erlassen.[55]

2476 **Zu den Wirtschaftsgütern des Umlaufvermögens** eines land- und forstwirtschaftlichen Betriebs gehören die selbst erzeugten oder zugekauften Vorräte, das Feldinventar und die stehende Ernte sowie mehrjährige Kulturen, das Mastvieh und wie in anderen Betrieben auch, das Bargeld, die Bankguthaben und kurzfristigen Forderungen. Zu den immateriellen Wirtschaftsgütern des Umlaufvermögens gehören schon von ihrer Konzeption her die zum Handel bestimmten Ökopunkte.[56] Diese Ökopunkte werden einem Landwirt für die ökologisch sinnvolle Nutzung seiner Flächen von der Naturschutzbehörde zugesprochen, der sie dann Gemeinden oder anderen Bauinteressenten, die für ihre Baumaßnahmen Ausgleichsflächen bereitzustellen haben, zum Erwerb anbietet.

Besonderheiten ergeben sich vor allem bei der Bewertung der Wirtschaftsgüter des land- und forstwirtschaftlichen Umlaufvermögens (s. Rz. 2477 ff.).

2477 **Bewertung von Vorräten:** Zu unterscheiden ist zwischen selbst erzeugten und zugekauften Vorräten. Selbst erzeugte, nicht zum Verkauf bestimmte Vorräte muss der Land- und Forstwirt nach einer Vereinfachungsregelung der FinVerw nicht aktivieren;[57] andernfalls hat er ebenso wie bei zum Verkauf bestimmten Vorräten, die Herstellungskosten oder den niedrigeren Teilwert anzusetzen. Dabei sind die Herstellungskosten im Wege der Schätzung zu ermitteln oder durch Ansatz der von der Finanzverwaltung bereitgestellten jährlichen Durchschnittswerte für land- und forstwirtschaftliche Erzeugnisse auszuweisen. Der Teilwert kann retrograd aus den Verkaufspreisen errechnet werden.[58] Die zugekauften Vorräte sind mit den Anschaffungskosten oder dem niedrigeren Teilwert zu bewerten. Da es für die Teichwirtschaft keine Vereinfachungsregelung gibt,[59] sind die Fischbestände mit den Anschaffungs- oder Herstellungskosten zu be-

54 Siehe etwa BFH, Urteile vom 5. 3. 1998 – IV R 23/96, BStBl 2003 II S. 56; vom 24. 6. 1999 – IV R 33/98, BStBl 2003 II S. 58 und vom 10. 6. 2010 – IV R 32/08, BStBl 2012 II S. 551 m. w. N.

55 BMF, Schreiben vom 14. 1. 2003 – BStBl 2003 I S. 78; dazu ausführlich *Kanzler*, in: HHR, § 55 EStG Anm. 116 f. und *Wendt*, in: Leingärtner, Besteuerung der Land- und Forstwirte, Kap. 29a Rz. 136 f.

56 Gl. A. *Junker/Weiler*, StB 2010 S. 268; a. A. *Stephany*, HLBS-Report 2003 S. 176, 183.

57 Buchführungserlass des BMF vom 15. 12. 1981 – IV B 4-S 2163-63/81, BStBl 1981 I S. 878 zu Tz. 3.1.3.

58 *Wendt*, in: Leingärtner, Besteuerung der Land- und Forstwirte, Kap. 29a Rz. 71 und 183.

59 Finanzministerium Bayern, Erlass vom 7. 4. 1982 – 31a - S 2235 - 2/4 - 68 946/81, StEK EStG § 13 Nr. 393.

werten. Für zum Anlagevermögen gehörende Laich- und Zuchtfische kann auch die Bewertungsfreiheit nach § 6 Abs. 2 EStG in Anspruch genommen werden.

(Einstweilen frei) 2478–2479

2.2.2 Bewertung von Pflanzen und Kulturen

Pflanzenbestände als Anlage- und Umlaufvermögen: Pflanzenbestände können zum Anlage- oder Umlaufvermögen gehören. Zum nicht abnutzbaren Anlagevermögen gehört das stehende Holz (s. auch Rz. 2489 ff.), während Dauerkulturen (Pflanzen, die über mehrere Jahre Ertrag durch Früchte bringen, z. B. Reb-, Hopfen-, Spargel-, Erdbeer- und Rhabarberanlagen, Obstbaumkulturen und Beerensträucher) als abnutzbares Anlagevermögen behandelt werden. Zum Umlaufvermögen gehören mehrjährige Kulturen (Pflanzen, die erst nach mehreren Jahren einmaligen Ertrag durch Verkauf erbringen, z. B. Baumschulanlagen und Rosenpflanzungen) und Pflanzen mit einer Kulturzeit von weniger als einem Jahr. Holz wird mit der Trennung vom Wurzelstock durch Einschlag oder Bruch zum Umlaufvermögen. Zur Bewertung der Holzbestände in der Forstwirtschaft s. Rz. 2489 ff. 2480

Besonderheiten der Bewertung von Pflanzen und Kulturen: Die Abgrenzung der besonderen Pflanzanlagen als eigenständige Wirtschaftsgüter gegenüber dem Grund und Boden ist nicht nach bürgerlichem Recht (d. h.den Vorschriften über die wesentlichen Bestandteile), sondern nach steuerrechtlichen Gesichtspunkten und nach dem Grundsatz ordnungsmäßiger Bilanzierung und Gewinnermittlung zu treffen. 2481

Unterscheidung von Grund und Boden und Pflanzenanlagen: Unter Grund und Boden ist danach nur der „nackte" Grund und Boden zu verstehen. Das eigenständige abnutzbare Wirtschaftsgut des Anlagevermögens „Pflanzenanlage"[60] umfasst nicht nur die Pflanzen (Obstbäume, Reben und Ähnliches), etwaige Stützen, Umzäunungen zum Schutz vor Wildverbiss, sondern auch eine Umgestaltung des naturgewachsenen Grund und Bodens in der Weise, die erst eine wirtschaftlich sinnvolle Bepflanzung ermöglicht (z. B. die Anlage von Pflanzterrassen auf einem Hanggrundstück).[61]

Pflanzenanlagen und Kulturen als Wirtschaftsgut: Die Bewertung von Pflanzen und Kulturen folgt danach allgemeinen Grundsätzen, wobei Ausnahmen aus Gründen der Vereinfachung zugelassen sind. Bewertungsgegenstand ist grundsätzlich nicht die einzelne Pflanze, sondern die als einheitlich zusammengehörendes Ganzes in Erscheinung tretende Pflanzenanlage, die in einem einheitlichen Nutzungs- und Funktionszusammenhang steht.[62] Eine Ausnahme gilt für Topf- und Containerpflanzen, die jeweils als einzelne WG angesehen werden.[63] Die innerhalb des Betriebs angebauten unterschiedlichen Pflanzenarten (z. B. bei einem Obstbaubetrieb: Äpfel, Birnen, Kirschen), die raum-

60 Neben dem Grund und Boden ist daher auch der zu einem land- und forstwirtschaftlichen Betriebsvermögen gehörende Aufwuchs ein reinvestitionsbegünstigtes Wirtschaftsgut (§ 6b Abs. 1 EStG).

61 BFH, Urteil vom 30. 11. 1978 – IV R 43/78, BStBl 1979 II S. 281.

62 BFH, Urteil vom 30. 11. 1978 – IV R 43/78, BStBl 1979 II S. 281 betr. Rebanlage.

63 Buchführungserlass des BMF vom 15. 12. 1981 – IV B 4-S 2163-63/81, BStBl 1981 I S. 878 zu Tz. 3.2 und 3.3.2.

lich getrennte Lage der einzelnen Kulturen sowie das Alter der jeweiligen Pflanzenanlage ergeben innerhalb eines nachhaltig geführten Betriebs regelmäßig eine Mehrzahl von Wirtschaftsgütern (Pflanzenanlagen und Kulturen), die dann einer selbständigen Bewertung und Abschreibung unterliegen.[64] Danach sind sämtliche Aufwendungen für eine Pflanzenneuanlage von einigem Gewicht als Herstellungskosten für ein neues Wirtschaftsgut zu aktivieren.

2482 **Einjährige und mehrjährige Kulturen, sowie Dauerkulturen:** Für die Aktivierung der Herstellungskosten ist die Unterscheidung von einjährigen und mehrjährigen Kulturen, sowie Dauerkulturen von Bedeutung. Während bei einjährigen Kulturen ein Aktivierungswahlrecht besteht, sind mehrjährige Kulturen und Dauerkulturen mit den Erstanlagekosten zu bilanzieren.[65] Zu den zu aktivierenden Erstanlagekosten solcher Kulturen gehören z. B. die Aufwendungen für Jungpflanzen, für die Aushebung der Pflanzgruben, für Baumpfähle und Bindematerial, für Umzäunungen oder Drahtschutz gegen Wildverbiss und für Veredelungsarbeiten. Auf die Aktivierung von Pflege- und Gemeinkosten wird aus Vereinfachungsgründen verzichtet.[66]

Einjährige Kulturen (insbesondere Feldinventar und stehende Ernte) werden mit den Anschaffungs- oder Herstellungskosten einzeln bewertet (§ 6 Abs. 1 Nr. 2 Satz 1 EStG). Anstelle der tatsächlichen Anschaffungs- oder Herstellungskosten kann bei einer Einzelbewertung unter den Voraussetzungen des § 6 Abs. 1 Nr. 2 Satz 2 EStG auch der niedrigere Teilwert zum Ansatz kommen. Für die Bewertung können entweder betriebsindividuelle Durchschnittswerte oder standardisierte Werte zugrunde gelegt werden (R 14 Abs. 2 EStR). Allerdings kann nach einer Vereinfachungsregelung der Finanzverwaltung in R 14 Abs. 3 Satz 1 EStR bei land- und forstwirtschaftlichen Betrieben auch auf eine Aktivierung des Feldinventars und der stehenden Ernte verzichtet werden (s. auch Rz. 2466).[67] Der Landwirt kann jederzeit auf die Billigkeitsregelung verzichten und zur Bilanzierung übergehen. Der Grundsatz der Bewertungsstetigkeit steht dem nicht entgegen, bindet allerdings dann für die Zukunft.[68] Auch wer von Anfang an das Feldinventar bilanziert, kann nicht von der Billigkeitsregelung Gebrauch machen.[69]

Mehrjährige Kulturen sind Pflanzungen, die nach einer Kulturzeit im Betrieb von mehr als einem Jahr einen einmaligen, zum Verkauf bestimmten Ertrag liefern (z. B. Baumschulkulturen). Sie gehören zum Umlaufvermögen und sind nach § 6 Abs. 1 Nr. 2 EStG zu bewerten. Zur Vereinfachung hat die Finanzverwaltung in sog. Baumschulerlassen bundeseinheitlich geltende Richtwerte für eine Schätzung der Anschaffungs- oder Herstellungskosten festgelegt, die von der Rechtsprechung des BFH akzeptiert werden.[70]

---

64 Ländereinheitlicher Erlass s. OFD Frankfurt vom 3. 4. 2007 – S 2163 A - 2 - St 225, Juris.

65 BFH, Urteil vom 14. 3. 1961 – I 17/60 S, BStBl 1961 III S. 398 und Buchführungserlass des BMF vom 15. 12. 1981 – IV B 4-S 2163-63/81, BStBl 1981 I S. 878 zu 3.2.1.

66 Buchführungserlass des BMF vom 15. 12. 1981 – IV B 4-S 2163-63/81, BStBl 1981 I S. 878 zu Tz. 3.2.1.

67 Kritisch zu dieser Billigkeitsregelung zu Recht *Wiegand*, NWB 2013 S. 2330.

68 BFH, Urteil vom 6. 4. 2000 – IV R 38/99, BStBl 2000 II S. 422.

69 BFH, Urteil vom 18. 3. 2010 – IV R 23/07, BStBl 2011 II S. 654.

70 BFH, Urteil vom 23. 4. 1998 – IV R 25/97, BFH/NV 1998 S. 1470 m. w. N.

Bei den Richtwerten handelt es sich um Hektarsätze, die für die am Bilanzstichtag entsprechend genutzte Fläche anzusetzen und die um einen Zuschlag für zugekaufte Pflanzen zu erhöhen sind.[71]

Zu den mehrjährigen Kulturen gehören auch die Gehölze auf Kurzumtriebsplantagen, die nicht der Enegieerzeugung dienen sondern in der Holzwirtschaft verarbeitet werden. Nach Auffassung der Finanzverwaltung gehören diese Pflanzenbestände nicht zur Forstwirtschaft.[72]

Dauerkulturen sind Pflanzungen, die während einer Reihe von Jahren Erträge durch ihre zum Verkauf bestimmten Blüten, Früchte oder anderen Pflanzenteile liefern (z. B. Spargel-, Rhabarber- und Hopfenanlagen, Obstanlagen sowie Rebanlagen). Sie stellen abnutzbares Anlagevermögen dar, dessen Bewertung sich nach § 6 Abs. 1 Nr. 1 EStG richtet. Grundsätzlich erfolgt eine Einzelbewertung der einheitlichen Pflanzenanlage. Bei mehreren nach Gattung und Alter zusammengehörigen Pflanzenbeständen (z. B. Rebanlagen) kommt auch eine Gruppenbewertung mit Durchschnittswerten in Betracht. Die Anschaffungs- und Herstellungskosten ergeben sich aus den Einzelkosten, die bis zur Fertigstellung,[73] dem Eintritt der Ertragsreife, anfallen. Mit der Fertigstellung beginnt die für die Abschreibung maßgebende betriebsgewöhnliche Nutzungsdauer. Aus Vereinfachungsgründen kann jedoch auf eine Prüfung aktivierungspflichtiger Aufwendungen für die Herstellung einer neuen Obstanlage verzichtet werden, wenn die Aufwendungen für die Neuanpflanzung von Obstbäumen im Wirtschaftsjahr für den gesamten Betrieb nicht mehr als 1600 € betragen.[74]

Zu den Dauerkulturen gehören auch Pflanzenbestände zur Erzeugung von Energieholz, deren Fertigstellungszeitpunkt typisierend mit dem dritten Jahr nach der Pflanzung und deren Nutzungsdauer einheitlich mit 20 Jahren anzunehmen ist.[75]

2.2.3 Bewertung der Tiere

Bewertungswahlrecht bei Tieren: Das Vieh ist nach den allgemeinen Grundsätzen ord- 2483
nungsmäßiger Bilanzierung zu bewerten, die für das Anlagevermögen oder das Umlaufvermögen gelten. Nach dem Grundsatz der Einzelbewertung ist bilanzierendes Wirtschaftsgut das einzelne Tier und nicht die Herde oder ein Teil des Tierbestands.[76] Zulässig ist aber auch eine Gruppenbewertung, soweit mehrere gleichartige oder annähernd gleichwertige Tiere zu bewerten sind und ein Durchschnittswert bekannt ist (vgl. § 240 Abs. 4 HGB und R. 6.8 Abs. 4 EStR). Eine Gruppe bildet dabei jede Altersklasse einer bestimmten Tiergattung, also etwa Ferkel, Läufer, Schweine und Rinder, Färsen,

71 Zu Einzelheiten des letzten Baumschulerlasses des BMF vom 8. 9. 2009 – IV C 2-S 2163/09/10001, 2009/0335430, BStBl 2009 I S. 927 auch *Wendt*, in: Leingärtner, Besteuerung der Land- und Forstwirte, Kap. 29d Rz. 232.

72 OFD Münster vom 6. 3. 2013 – S 2230 - 129 - St 23 - 33, DB 2013 S. 788 zu VII.

73 Zur Fertigstellung einzelner Pflanzenbestände s. BMF, Schreiben vom 17. 9. 1990 – IV B 3-S 2190-25/90, BStBl 1990 I S. 420.

74 OFD Frankfurt vom 3. 4. 2007 – S 2163 A - 2 - St 225, Juris; auch über die Nichtbeanstandungsgrenze hinausgehende Aufwendungen können sofort abziehbare Betriebsausgaben sein, etwa wenn Neuanpflanzungen wegen Frostschäden erforderlich werden.

75 OFD Münster vom 6. 3. 2013 – S 2230 - 129 - St 23 - 33, DB 2013 S. 788 zu VII.

76 BFH, Urteil vom 6. 8. 1998 – IV R 67/97, BStBl 1999 II S. 14.

Milchkühe. Das Bewertungsverfahren kann der Landwirt für jede Gruppe des gesamten Tierbestands unterschiedlich wählen. Für Tiere des Anlagevermögens kann die Bewertungsfreiheit gem. § 6 Abs. 2 und 2a EStG (s. Rz. 3465) ebenfalls für jede Tiergruppe einheitlich in Anspruch genommen werden. Für besonders wertvolle Tiere, das sind etwa Zuchttiere wie Zuchthengste und Zuchtbullen, Turnier- oder Rennpferde, ist die Gruppenbewertung nicht zulässig.[77]

Da das Einzelbewertungsverfahren Vorrang genießt, kann der Landwirt jederzeit von der Gruppenbewertung zur Einzelbewertung der Neuzugänge seines Viehanlagevermögens (z. B. Zuchtsauen) übergehen und damit das Wahlrecht auf Sofortabschreibung für geringwertige Wirtschaftsgüter nach § 6 Abs. 2 EStG in Anspruch nehmen.[78] Einem Wechsel von der Einzelbewertung zu einem anderen Verfahren steht jedoch in der Regel der Stetigkeitsgrundsatz entgegen. Der Grundsatz der Bewertungsstetigkeit lässt es aber zu, steuerliche Bewertungswahlrechte, z. B. Sonderabschreibungen oder die Bewertungsfreiheit nach § 6 Abs. 2 EStG, von Jahr zu Jahr unterschiedlich auszuüben.[79]

2484 **Viehbewertung mit Durchschnittswerten:** Die Finanzverwaltung hält von je her in Musterbetrieben ermittelte Durchschnittswerte für Herstellungskosten von Tieren des land- und forstwirtschaftlichen Betriebsvermögens vor, die der Landwirt übernehmen kann. Diese Erleichterung „erscheint" auch nach der Rechtsprechung des BFH „erforderlich, weil die Zurechnung der Ausgaben wegen der verwobenen Betriebsvorgänge in der Landwirtschaft Schwierigkeiten macht und die meisten Betriebe nicht über eine innerbetriebliche Kostenrechnung verfügen".[80] Nachdem der BFH allerdings die bis 1994 vorgehaltenen Durchschnittswerte als realitätsfern beanstandet hatte,[81] sah sich das BMF gezwungen, neue Durchschnittswerte aufzustellen,[82] die der BFH auch akzeptierte.[83] Diese Durchschnittswerte wurden dann ihrerseits wieder durch die nun aktuell geltenden Werte für Pferde, Rindvieh, Schweine, Schafe und Geflügel ersetzt.[84] Auf dieser Grundlage ist eine Einzelbewertung und eine Gruppenbewertung mit Durchschnittswerten möglich.[85] Danach werden etwa Pferde wie folgt bewertet:

Tierart	AK/HK je Tier		Schlachtwert je Tier		Gruppenwert je Tier	
	DM	€	DM	€	DM	€
	bis 31. 12. 2001	ab 1. 1. 2002	bis 31. 12. 2001	ab 1. 1. 2002	bis 31. 12. 2001	ab 1. 1. 2002
Pferde						
Pferde bis 1 Jahr	1600	800			1600	800

77 BMF, Schreiben vom 14. 11. 2001 – IV A 6-S 2170-36/01, BStBl 2001 I S. 864 zu Tz. 13 und 15.

78 BFH, Urteil vom 15. 2. 2001 – IV R 19/99, BStBl 2001 II S. 549.

79 BFH, Urteil vom 5. 12. 1996 – IV R 81/95, BFH/NV 1997 S. 394.

80 BFH, Urteil vom 1. 10. 1992 – IV R 97/91, BStBl 1993 S. 284.

81 BFH, Urteile vom 4. 6. 1992 – IV R 101/90, BStBl 1993 II S. 276 und vom 1. 10. 1992 – IV R 97/91, BStBl 1993 S. 284.

82 BMF, Schreiben vom 22. 2. 1995 – IV B 4-S 2230-3/95, BStBl 1995 I S. 179.

83 BFH, Urteil vom 6. 8. 1998 – IV R 67/97, BStBl 1999 I S. 14.

84 BMF, Schreiben vom 14. 11. 2001 – IV A 6-S 2170-36/01, BStBl 2001 I S. 864.

85 Zu Einzelheiten s. *Wendt*, in: Leingärtner, Besteuerung der Land- und Forstwirte, Kap. 29a Rz. 198 m. w. N.

Pferde über 1 bis 2 Jahre	2800	1400			2800	1400
Pferde über 2 bis 3 Jahre	4000	2000			4000	2000
Pferde über 3 Jahre	5200	2600	800	400	3000	1500

Viehbewertung mit individuellen Herstellungskosten: Grundlage der Bewertung mit individuellen Herstellungskosten des Viehs ist eine Kostenrechnung im jeweiligen Betrieb. Neben den Fertigungseinzelkosten sind auch die Fertigungsgemeinkosten anzusetzen. Dabei sind sämtliche Aufzuchtkosten eines Tieres bis zu seiner Fertigstellung anzusetzen. Während die Einzelkosten konkret jedem betreffenden Tier zuzuordnen sind, können die Gemeinkosten tiergruppenspezifisch erfasst werden. Nach Auffassung der Finanzverwaltung wird ein Jungtier erst mit der Geburt als Wirtschaftsgut greifbar. Deshalb ist es erst zu diesem Zeitpunkt mit den bis dahin als Betriebsausgaben behandelten Herstellungskosten zu bewerten. Die vor der Geburt entstandenen Herstellungskosten eines Jungtieres sind daher nur auf kalkulatorischem Weg von den Herstellungs- bzw. Erhaltungsaufwendungen des Muttertieres abgrenzbar.[86] Zu den Gemeinkosten der Fertigung von Tieren gehören die Unterhaltungskosten für Stallgebäude, sonstige bauliche Anlagen und Maschinen einschließlich der AfA, die Energie- und Wasserversorgung, die Entsorgung der Gülle, die tierärztliche Versorgung und die Versicherungbeiträge, einschließlich der Beiträge zur Tierseuchenkasse. Die Kosten der allgemeinen Verwaltung brauchen nicht erfasst zu werden (z. B. Beiträge zur Berufsgenossenschaft, zur Landwirtschaftskammer, Kosten für die Leitung des Betriebes, freiwillige soziale Aufwendungen, Gewerbesteuer).[87] 2485

Abschreibung von Tieren des abnutzbaren Anlagevermögens: Tiere des Anlagevermögens sind nach den allgemeinen Grundsätzen mit den Anschaffungs- oder Herstellungskosten abzüglich der Absetzungen für Abnutzung (AfA) vorzunehmen. 2486

Abschreibungsverfahren: Daher sind bei Einzelbewertung mit individuellen Herstellungskosten (Rz. 2485) und Einzelbewertung unter Ansatz der Durchschnittswerte des BMF (Rz. 2484) auch die degressive AfA nach § 7 Abs. 2 EStG und Sonderabschreibungen zulässig, während den in den Verwaltungsanweisungnen vorgegebenen Gruppenwerten bereits die lineare AfA nach § 7 Abs. 1 EStG zugrunde liegt.[88] Bei Gruppenbewertungen sind degressive AfA oder Sonderabschreibungen ausgeschlossen, weil in diesem Fall die Voraussetzungen des § 7a Abs. 8 EStG nicht erfüllt sind. Danach sind für jedes Wirtschaftsgut Anschaffungszeitpunkt, Anschaffungs- oder Herstellungskosten und betriebsgewöhnliche Nutzungsdauer gesondert aufzuzeichnen.

86 BMF, Schreiben vom 14. 11. 2001 – IV A 6-S 2170-36/01, BStBl 2001 I S. 864 zu Tz. 7.
87 BMF, Schreiben vom 14. 11. 2001 – IV A 6-S 2170-36/01, BStBl 2001 I S. 864 zu Tz. 3 f.
88 BMF, Schreiben vom 14. 11. 2001 – IV A 6-S 2170-36/01, BStBl 2001 I S. 864 zu Tz. 27.

Beginn der Abschreibung und Nutzungsdauer: Die AfA beginnt mit Fertigstellung des Tieres. Ein Tier ist dann „fertiggestellt", wenn es für den vorgesehenen Zweck genutzt oder verwendet werden kann.[89] Bei weiblichen Zuchtrindern ist dies der Zeitpunkt der ersten Kalbung,[90] bei Zuchthengsten ist dies der Beginn der ersten Deckperiode, bei Zuchtstuten der Zeitpunkt des ersten Abfohlens und bei Rennpferden der Zeitpunkt des ersten Renneinsatzes.[91] Die Finanzverwaltung gibt im Einzelnen die Nutzungsdauer der Tiere und damit die AfA-Sätze wie folgt vor:

	Nutzungsdauer	AfA-Satz
Zuchthengste	5 Jahre	20 %
Zuchtstuten	10 Jahre	10 %
Zuchtbullen	3 Jahre	$33^1/_3$ %
Milchkühe	3 Jahre	$33^1/_3$ %
übrige Kühe	5 Jahre	20 %
Zuchteber und -sauen	2 Jahre	50 %
Zuchtböcke und -schafe	3 Jahre	$33^1/_3$ %
Legehennen	1,33 Jahre	75 %
Damtiere	10 Jahre	10 %

Bemessungsgrundlage und AfA-Volumen: In ständiger Rechtsprechung hat der BFH entschieden, dass bei der AfA von Tieren des Anlagevermögens ein Schlachtwert zu berücksichtigen ist, und dies im Wesentlichen mit der zweifachen Zweckbestimmung der Nutzung dieser Tiere zur Produktion und als Schlachtvieh begründet.[92] Da der BFH die Bewertungsfreiheit nach § 6 Abs. 2 EStG rechtssystematisch als Anwendungsfall des § 7 EStG gesehen hat,[93] ist ein Schlachtwert auch bei geringwertigen Wirtschaftsgütern zu berücksichtigen.[94] Schlachtwert ist der Veräußerungserlös, der bei vorsichtiger Beurteilung nach Beendigung der Nutzung erzielbar sein wird.[95] Der Schlachtwert kann betriebsindividuell, mit Wertansätzen aus vergleichbaren Musterbetrieben oder mit den vom BMF vorgegebenen Richtwerten ermittelt werden.[96]

2487 *(Einstweilen frei)*

89 BFH, Urteil vom 23. 7. 1981 – IV R 156/76, BStBl 1981 II S. 672 betr. Pferde eines Vollblutgestüts.

90 BFH, Urteil vom 9. 12. 1988 – III R 72/86, BStBl 1989 II S. 244 betr. Investitionszulage.

91 BMF, Schreiben vom 14. 11. 2001 – IV A 6-S 2170-36/01, BStBl 2001 I S. 864 zu Tz. 8.

92 BFH, Urteil vom 15. 2. 2001 – IV R 19/99, BStBl 2001 II S. 549 m. w. N.; s. auch BFH, Urteil vom 31. 8. 2006 – IV R 26/05, BStBl 2006 II S. 910 zum Verzicht auf Ansatz des Schlachtwerts bei der Ansparrücklage nach § 7g EStG a. F.

93 Siehe nur BFH, Urteil vom 27. 1. 1994 – IV R 101/92, BStBl 1994 II S. 638, m. w. N.

94 BMF, Schreiben vom 14. 11. 2001 – IV A 6-S 2170-36/01, BStBl 2001 I S. 864 zu Tz. 25.

95 BFH, Urteile vom 4. 6. 1992 – IV R 101/90, BStBl 1993 II S. 276 und vom 1. 10. 1992 – IV R 97/91, BStBl 1993 S. 284.

96 Siehe lt. Spalte 4 und 5 der Anlage zum BMF, Schreiben vom 14. 11. 2001 – IV A 6-S 2170-36/01, BStBl 2001 I S. 864; s. auch die Tabelle zu Rz. 2484.

3. Forstwirtschaftliche Sonderfragen der Bilanzierung

Besonderheiten forstwirtschaftlicher Gewinnermittlung und Gewinnermittlungsarten: 2488 Die forstwirtschaftliche Gewinnermittlung ist durch die extrem langen Produktionszeiträume (sog. Umtriebszeiten) von 60 bis 140 Jahren geprägt. In einigen Fällen, nämlich bei Eichen etwa, ist die Umtriebszeit noch weitaus länger.[97] Was heute Erträge bringt, beruht auf der Arbeit mehrerer Generationen. An das Vorliegen eines Forstbetriebs werden nur geringe Anforderungen gestellt, denn bereits eine durch Anpflanzung und Samenflug entstandene Waldfläche, kann Teil eines Forstbetriebs oder forstwirtschaftlichen Teilbetriebs sein.[98] Das stehende Holz wird ungeachtet zivilrechtlicher Einordnung als wesentlicher Bestandteil des Grundstücks (§§ 93, 94 BGB), steuerrechtlich als vom Grund und Boden gelöstes selbständiges Wirtschaftgut behandelt.[99] Den einzelnen Bäumen kommt eine doppelte Funktion zu: Sie sind einerseits Produktionsmittel, weil durch sie der Holzzuwachs erzeugt wird, andererseits sind sie aber auch das Produkt selbst. Das stehende Holz zählt daher, solange es noch nicht vom Grund und Boden getrennt ist, zum nicht abnutzbaren Anlagevermögen.[100]

Der Gewinn forstwirtschaftlicher Betriebe ist durch Bestandsvergleich nach § 4 Abs. 1 EStG oder Einnahmenüberschussrechnung nach § 4 Abs. 3 EStG zu ermitteln. Land- und Forstwirte, die für ihren landwirtschaftlichen Betrieb der Durchschnittssatzgewinnermittlung unterliegen, haben Gewinne aus forstwirtschaftlicher Nutzung hinzuzurechnen, weil sie nicht von den Durchschnittssätzen erfasst werden und als Sondernutzungen von der Pauschalierung in § 13a Abs. 5 EStG ausdrücklich ausgenommen sind (§ 13a Abs. 5 Satz 4 EStG). Nach § 13a Abs. 6 Satz 2 EStG ist der Gewinn aus forstwirtschaftlicher Nutzung in entsprechender Anwendung des § 4 Abs. 3 durch Einnahmenüberschussrechnung zu ermitteln.[101] In diesem Fall kann der Steuerpflichtige auch die Betriebsausgabenpauschale nach § 51 EStDV beanspruchen, die nur nicht buchführenden Land- und Forstwirten zusteht.

3.1 Aktivierung des stehenden Holzes

Wirtschaftsgut Baumbestand: Wirtschaftsgut i. S. d. § 6 EStG ist beim stehenden Holz 2489 der in einem selbständigen Nutzungs- und Funktionszusammenhang stehende Baumbestand.[102] Der Umfang der einzelnen Wirtschaftgüter (Baumbestand) ergibt sich vorrangig aus einem amtlich anerkannten Betriebsgutachten oder aus einem Betriebswerk, ansonsten aus den Regelungen zum Anbauverzeichnis nach § 142 AO.[103] Ein Baumbestand tritt als Teil eines land- und forstwirtschaftlichen Betriebs in der Regel

97 Zu forstwirtschaftlichen Umtriebszeiten s. etwa „http://www.waechtershaeuser.de/baum/index.php?section=utz“.

98 Siehe etwa BFH, Urteil vom 18. 5. 2000 – IV R 27/98, BSBl 2000 II S. 524.

99 Siehe nur *Wittwer*, FR 2008 S. 617.

100 BFH, Urteile vom 5. 6. 2008 – IV R 50/07, BStBl 2008 II S. 960 und vom 5. 6. 2008 – IV R 67/05, BStBl 2008 II S. 968.

101 Vgl. *Kanzler*, in: HHR, § 13a EStG Anm. 62, m. w. N.

102 BFH, Urteile vom 5. 6. 2008 – IV R 50/07, BStBl 2008 II S. 960 und vom 5. 6. 2008 – IV R 67/05, BStBl 2008 II S. 968.

103 Buchführungserlass des BMF vom 15. 12. 1981 – IV B 4-S 2163-63/81, BStBl 1981 I S. 878 zu Tz. 3.3.3.

nur dann als ein selbständiges Wirtschaftsgut nach außen in Erscheinung, wenn er eine Flächengröße von zusammenhängend mindestens einem Hektar aufweist.[104] Sofern Baumbestände auf verschiedenen räumlich voneinander entfernt liegenden Flurstücken nicht in einem einheitlichen Nutzungs- und Funktionszusammenhang stehen, sind sie auch dann selbständige Wirtschaftsgüter, wenn ihre Fläche weniger als einen Hektar ausmacht.[105] Jedes selbständige Wirtschaftsgut Baumbestand ist im Bestandsverzeichnis auszuweisen.

2490 **Aktivierungswahlrecht für stehendes Holz:** Die Bestandsaufnahme braucht sich bei den nach § 141 Abs. 1 Nr. 1, 3 oder 5 AO buchführungspflichtigen Forstwirten nicht auf das stehende Holz zu erstrecken (§ 141 Abs. 1 Satz 4 AO bis 2013). Damit wollte der Gesetzgeber zum Ausdruck bringen, dass der jährliche Holzuwachs nicht bestandsmäßig erfasst und bewertet werden muss und dass auf die periodische Bewertung von Waldbeständen aus Vereinfachungsgründen verzichtet werden kann.[106] Die Aufhebung des § 141 Abs. 1 Satz 4 AO durch das AmtshilfeRLUmsG hat nicht zu einer materiellrechtlichen Änderung geführt. Nach der Entwurfsbegründung ergibt sich die Möglichkeit des Verzichts auf eine jährliche Bestandsaufnahme bereits aus den allgemeinen Bewertungsvorschriften, so dass es keiner zusätzlichen Regelung durch § 141 Abs. 1 Satz 4 AO bedurfte.[107] Anschaffungs- oder Herstellungskosten können allerdings aktivierungspflichtig sein. Dies gilt namentlich für Waldanschaffungskosten, Erstaufforstungskosten und – je nach Umfang und Zeitpunkt des Holzeinschlags – auch Wiederaufforstungskosten.[108] M. E. gilt das Aktivierungswahlrecht für stehendes Holz auch für Land- und Forstwirte, die gem. § 140 AO nach anderen Vorschriften buchführungspflichtig sind oder für steuerliche Zwecke freiwillig Bücher führen und auch für Steuerpflichtige, die eine Forstwirtschaft im Rahmen ihres Gewerbebetriebes unterhalten.[109] Zum Aktivierungswahlrecht für Kalamitätsholz s. Rz. 2493.

2491 **Bilanzierung des Wirtschaftsguts Baumbestand:** Bei der Bilanzierung des Wirtschaftsguts Baumbestand wird zwischen Holznutzungen in Form von Kahlschlägen und anderen Holznutzungen unterschieden.

Holznutzungen in Form von Kahlschlägen: Ein Kahlschlag im ertragsteuerrechtlichen Sinn liegt vor, wenn das nutzbare Derbholz auf der gesamten Fläche des Wirtschaftsguts „Baumbestand" eingeschlagen wird und keine gesicherte Kultur bestehen bleibt. Ein Kahlschlag liegt ebenfalls vor, wenn sämtliches Holz auf einer zusammenhängenden Fläche von mindestens 1 ha unabhängig davon eingeschlagen wird, ob diese Fläche zuvor einem Baumbestand oder mehreren Baumbeständen zuzuordnen war.[110] Mit dem Einschlag des Holzes wird der Nutzungs- und Funktionszusammenhang zum bis-

104 Vgl. BFH, Urteil vom 5.6.2008 – IV R 50/07, BStBl 2008 II S. 960 und BMF, Schreiben vom 16. 5. 2012 – V D 4-S 2232/0-01, BStBl 2012 I S. 595 zu A.I.

105 BMF, Schreiben vom 16. 5. 2012 – V D 4-S 2232/0-01, BStBl 2012 I S. 595 zu A.I.

106 BFH, Urteil vom 10. 11. 1994 – IV R 68/93, BStBl 1995 II S. 779.

107 BT-Drucks. 17/13033 S. 100 f.

108 Vgl. *Wittwer*, in: Leingärtner, Besteuerung der Land- und Forstwirte, Kap. 44 Rz. 10 ff.

109 Vgl. *Kanzler*, in: Leingärtner, Besteuerung der Land- und Forstwirte, Kap. 29 Rz. 45; a. A. *Dumke*, INF 1978 S. 153.

110 BFH, Urteil vom 5. 6. 2006 – IV R 67/05, BStBl 2008 II S. 960; BMF, Schreiben vom 16. 5. 2012 – V D 4-S 2232/0-01, BStBl 2012 I S. 595 zu B. I. 1.; gl. A. schon *zu Ortenburg/zu Ortenburg*, DStZ 2005 S. 782.

herigen Wirtschaftsgut Baumbestand gelöst und das eingeschlagene Holz wird Umlaufvermögen. Zugleich wird der Buchwert des Wirtschaftsguts „Baumbestand" im Umfang des Einschlags gemindert und in gleicher Höhe den Herstellungskosten des eingeschlagenen Holzes (Umlaufvermögen) zugerechnet.[111]

Wiederaufforstungskosten nach einem Kahlschlag sind Herstellungskosten für das neu entstehende Wirtschaftsgut Baumbestand und als nicht abnutzbares Anlagevermögen zu aktivieren. Die Wiederaufforstung beginnt mit den Pflanzmaßnahmen, der Naturverjüngung oder der Saat. Sie endet mit der Sicherung des Baumbestands, die nach Ablauf von fünf Wirtschaftsjahren nach dem Wirtschaftsjahr des Beginns der Wiederaufforstung anzunehmen ist. Zu den Wiederaufforstungskosten gehören insbesondere die Aufwendungen für Setzlinge, Pflanzung, Befestigung des Pflanzgutes (z. B. Pfähle und Drähte), Pflegemaßnahmen sowie Löhne. Dagegen führen Aufwendungen für Kulturzäune zu Herstellungskosten für ein selbständiges Wirtschaftsgut und werden über R 6.3 Abs. 1 EStR entsprechend berücksichtigt. Sofern die Wiederaufforstung erst in einem späteren Wirtschaftsjahr vorgenommen wird, ist eine Rückstellung nach § 5 Abs. 4b EStG ausgeschlossen. Aufwendungen für Bestandsverjüngung und Bestandspflege sind sofort abzugsfähige Betriebsausgaben.[112]

Holznutzungen, die keine Kahlschläge sind, führen grundsätzlich nicht zu einer Buchwertminderung, weil das Wirtschaftsgut „Baumbestand" erhalten bleibt. Führt die planmäßige Ernte hiebsreifer Bestände im Einzelfall jedoch zu einer weitgehenden Minderung der Substanz und des Wertes des Wirtschaftsguts „Baumbestand", so kann dies eine Buchwertminderung begründen.[113] Die Buchwertminderung ist dann auf den Unterschied zwischen dem bisherigen Buchwert des jeweiligen Baumbestands und dem Teilwert des verbleibenden Baumbestands begrenzt. Diese Voraussetzungen und der Teilwert des verbleibenden Baumbestands (§ 6 Abs. 1 Nr. 2 Satz 2 EStG) sind vom Steuerpflichtigen nachzuweisen. Der Betrag, um den der Buchwert gemindert wurde, ist den Herstellungskosten des eingeschlagenen Holzes (Umlaufvermögen) zuzurechnen.[114]

Wiederaufforstungskosten sind nicht zu aktivieren, wenn eine Holznutzung, die keinen Kahlschlag darstellt, nicht zu einer Buchwertminderung geführt hat. Soweit jedoch eine Wiederaufforstungsverpflichtung besteht, sind diese Aufwendungen entsprechend dem Umfang der Verpflichtung und den Wertverhältnissen am Bilanzstichtag in eine Rückstellung einzustellen, wenn die Voraussetzungen für eine Rückstellungsbildung gem. R 5.7 Abs. 4 EStR erfüllt sind.[115] Ist dagegen eine Buchwertminderung vorgenommen worden, sind die Wiederaufforstungskosten als nachträgliche Anschaf-

111 BMF, Schreiben vom 16. 5. 2012 – V D 4-S 2232/0-01, BStBl 2012 I S. 595 zu B.I.

112 BMF, Schreiben vom 16. 5. 2012 – V D 4-S 2232/0-01, BStBl 2012 I S. 595 zu B.I.4.

113 BFH, Urteil vom 5. 6. 2008 – IV R 67/05, BStBl 2008 II S. 968.

114 BMF, Schreiben vom 16. 5. 2012 – V D 4-S 2232/0-01, BStBl 2012 I S. 595 zu B.II.2.

115 Zu Rückstellungen aufgrund öffentlich-rechtlicher Verpflichtungen s. nur BFH, Urteile vom 13. 12. 2007 – IV R 85/05, BStBl 2008 II S. 516 und vom 17. 10. 2013 – IV R 7/11, NWB DokID: OAAAE-51240.

fungs- oder Herstellungskosten zu aktivieren, soweit die Aufwendungen für die Wiederaufforstung der gesicherten Kultur den bei der Buchwertminderung zugrunde gelegten Wert dieser Kultur übersteigen.[116]

2492 **Bilanzierung bei Kalamitätsnutzungen:** Soweit durch Holznutzungen, die infolge höherer Gewalt angefallen sind (sog. Kalamitätsnutzungen), ein Kahlschlag entsteht, kann, abweichend von den Grundsätzen zur Bilanzierung bei Kahlschlägen (s. Rz. 2491), der Buchwert dieses Baumbestandes beibehalten werden. Die Wiederaufforstungskosten sind in diesem Fall sofort als Betriebsausgaben abzugsfähig.[117]

3.2 Bewertung des vom Boden getrennten Holzes

2493 **Holzeinschlag führt zu Umlaufvermögen:** Wird das Holz vom Grund und Boden getrennt, so wechselt es vom Anlagevermögen zum Umlaufvermögen und ist als Holzvorrat nach § 6 Abs. 1 Nr. 2 EStG zu aktivieren.[118] Zu den Anschaffungs- und Herstellungskosten des liegenden Holzes gehören auch die Anschaffungs- und Herstellungskosten des vormaligen Aufwuchses, wenn der Holzeinschlag zu einer Minderung des aktivierten Holzbestands führt.[119] Ansonsten gehören zu den aktivierungspflichtigen Herstellungskosten des Holzvorrats lediglich Aufwendungen, die im Zusammenhang mit der Trennung vom Wurzelstock und der Aufbereitung anfallen. Das sind die Kosten der Holzfällung, des Holztransports und der Lagerung bis zum Bilanzstichtag. Zugekaufte Stämme sind mit den Anschaffungskosten zu bewerten. Bei einer voraussichtlich dauernden Wertminderung ist das liegende Holz auch mit dem niedrigeren Teilwert anzusetzen. Verwendet der Land- und Forstwirt das eingeschlagene Holz zur Herstellung eines aktivierungspflichtigen Wirtschaftsguts (z. B. einer Scheune), so ist der für das Holz aktivierte Betrag in die Anschaffungs- oder Herstellungskosten des Anlageguts einzubeziehen.[120] Mit der Verwendung zu eigenbetrieblichen Zwecken wechselt das Holz zum Buchwert wieder in das Anlagevermögen.[121]

2494 **Aktivierungswahlrecht für (geschlagenes) Kalamitätsholz:** Nach § 4a ForstSchAusglG können Steuerpflichtige, die ihren Gewinn aus Forstwirtschaft nach § 4 Abs. 1 oder § 5 EStG ermitteln, im Falle einer Einschlagsbeschränkung nach § 1 ForstSchAusglG von einer Aktivierung des eingeschlagenen und unverkauften Kalamitätsholzes ganz oder teilweise absehen. Verzichtet der Stpfl. auf eine (teilweise) Aktivierung, so ist er daran gebunden. Die Einkünfte aus diesen Kalamitätsnutzungen werden ab VZ 2012[122] gem. § 5 Abs. 1 ForstSchAusglG i. V. m. § 34b Abs. 3 Nr. 2 EStG ermäßigt besteuert, auch wenn sie erst in den Folgejahren anfallen.

---

116 BMF, Schreiben vom 16. 5. 2012 – V D 4-S 2232/0-01, BStBl 2012 I S. 595 zu B.II.3.

117 BMF, Schreiben vom 16. 5. 2012 – V D 4-S 2232/0-01, BStBl 2012 I S. 595 zu E.

118 RFH, Urteil vom 17. 11. 1943 – VI 19/43, RStBl 1944 S. 50; BFH, Urteil vom 29. 9. 1966 – IV 166/62, BStBl 1967 III S. 3.

119 BFH, Urteil vom 29. 9. 1966 – IV 166/62, BStBl 1967 III S. 3; s. auch Rz. 2491 *„Holznutzungen in Form von Kahlschlägen"*.

120 BFH, Urteil vom 29. 9. 1966 – IV 166/62, BStBl 1967 III S. 3.

121 BFH, Urteil vom 11. 10. 1960 – I 175/60 U, BStBl 1960 III S. 492.

122 Dazu *Wiegand*, NWB 2011 S. 3606; zur Rechtslage bis VZ 2011 s. R 34b.4 Satz 1 EStR 2008.

3.3 Steuerfreie Rücklage nach § 3 des Forstschäden-Ausgleichsgesetzes

Begünstigte Steuerpflichtige: Nach § 3 Abs. 1 ForstSchAusglG können Forstwirte mit Gewinnermittlung durch Bestandsvergleich unter bestimmten Voraussetzungen eine den steuerlichen Gewinn mindernde (oder Verlust erhöhende) Rücklage bilden. Das Gleiche gilt für freiwillig buchführende Forstwirte. Begünstigt sind auch natürliche Personen, Körperschaften, Personenvereinigungen und Vermögensmassen, bei denen Einkünfte aus einer Forstwirtschaft steuerlich als Einkünfte aus Gewerbebetrieb zu behandeln sind (§ 3 Abs. 1 Satz 2 ForstSchAusglG). 2495

Bildung und Auflösung der Rücklage: Die Rücklage darf 100 % und die jährliche Zuführung zur Rücklage 25 % der im Durchschnitt der vorangegangenen drei Wirtschaftsjahre erzielten nutzungssatzmäßigen Einnahmen nicht übersteigen (§ 3 Abs. 1 ForstSchAusglG). Sie ist an jedem Bilanzstichtag neu zu berechnen. Vermindert sich die Bemessungsgrundlage mit den nutzungssatzmäßigen Einnahmen gegenüber dem Vorjahr, so vermindert sich dadurch der jährliche Zuführungsbetrag. Dies bleibt jedoch ohne Wirkung auf die zulässige Höhe einer bereits gebildeten Rücklage (§ 3 Abs. 1 Satz 4 ForstSchAusglG). Eine Erhöhung der in den drei vorangegangenen Wirtschaftsjahren erzielten nutzungssatzmäßigen Einnahmen führt zu einer Aufstockung des Höchstbetrags der Rücklage und des jährlichen Zuführungsbetrags. Die aus der Bildung oder Zuführung resultierenden Betriebsausgaben sind ggf. nach § 34b Abs. 2 Satz 2 EStG auf die einzelnen Holznutzungen zu verteilen. In Höhe der Rücklage ist zugleich ein betrieblicher Ausgleichsfonds durch Einzahlung der Gelder auf ein besonderes Bankkonto bzw. durch Erwerb bestimmter festverzinslicher Wertpapiere zu bilden (§ 3 Abs. 2 ForstSchAusglG). Diese Gelder dienen der Bereitstellung von Mitteln im Schadensfall und dürfen nur 2496

- zur Ergänzung der durch eine Einschlagsbeschränkung geminderten Erlöse,
- für vorbeugende oder akute Forstschutzmaßnahmen,
- für Maßnahmen zur Konservierung oder Lagerung von Holz,
- für die Wiederaufforstung oder Nachbesserung von Schadensflächen und die nachfolgende Waldpflege sowie
- für die Beseitigung der unmittelbar oder mittelbar durch höhere Gewalt verursachten Schäden an Wegen und sonstigen Betriebsvorrichtungen

in Anspruch genommen werden (§ 3 Abs. 3 ForstSchAusglG). Eine andere Verwendung löst einen Zuschlag zur Einkommensteuer oder Körperschaftsteuer in Höhe von 10 % der aus diesem Grund aufgelösten Rücklage aus (§ 3 Abs. 4 Satz 2 ForstSchAusglG). Im Umfang der – schädlich oder unschädlich – in Anspruch genommenen Fondsmittel ist die Rücklage zum Ende des Wirtschaftsjahrs der Inanspruchnahme gewinnerhöhend aufzulösen (§ 3 Abs. 4 Satz 1 ForstSchAusglG). Schließlich ist die Rücklage bei Berechnung der in § 141 Abs. 1 Nr. 5 AO bezeichneten Gewinngrenze für die Buchführungspflicht nicht zu berücksichtigen (§ 3 Abs. 5 ForstSchAusglG).

(Einstweilen frei) 2497

4. Bilanzierung bei Betriebsverpachtung

2498 4.1 Bedeutung der Betriebsverpachtung in der Landwirtschaft

Bei den Einkünften aus Land- und Forstwirtschaft ist die Betriebsverpachtung, insbesondere die Nutzungsüberlassung unter Angehörigen, von großer Bedeutung.[123] Sie dient den Steuerpflichtigen nicht nur dazu, die Aufdeckung stiller Reserven zu vermeiden, solange der Verpächter nicht die Betriebsaufgabe erklärt hat; sie wird auch zur Vorbereitung der Hofnachfolge durch Überlassung an den künftigen Hoferben oder zur Vorbereitung einer altersbedingten, nach dem 55. Lebensjahr steuerbegünstigten Betriebsaufgabe (§§ 14, 16 Abs. 4 EStG) eingesetzt. Die Betriebsverpachtung wird weiterhin zur Umstrukturierung landwirtschaftlicher Betriebe genutzt, sei es durch Zusammenlegung oder Teilung von Betrieben im Wege einer Teilbetriebsverpachtung. Schließlich ist die eiserne Verpachtung (Rz. 2501) als typische Form der Nutzungsüberlassung in der Landwirtschaft von besonderer Bedeutung. Die Verpachtung mit Substanzerhaltungspflicht weist vor allem steuerbilanziell eine Reihe von Besonderheiten auf, die Pächter und Verpächter zu beachten haben. Schließlich hat die Verpachtung von Produktions- und Belieferungsrechten in den letzten Jahren eine gewisse Bedeutung erlangt.

4.2 Bilanzierung im Verpachtungs- und im Pachtbetrieb

2499 **Bilanzierung im Verpachtungsbetrieb:** Da die Buchführungspflicht mit der Verpachtung auf den Pächter übergeht (§ 141 Abs. 3 AO), ist der Pächter nur dann buchführungspflichtig und zur Gewinnermittlung nach § 4 Abs. 1 EStG gezwungen, wenn er selbst mit dem Verpachtungsbetrieb eine der Buchführungsgrenzen des § 141 Abs. 1 Satz 1 AO überschreitet.[124] Bei Beginn oder während der Verpachtung kann der Verpächter dem Pächter das Feldinventar und die stehende Ernte entgeltlich veräußern, ihm schenken oder in Form eines Sachwertdarlehens überlassen. Veräußerung und Schenkung führen beim Verpächter zur Gewinnrealisierung.[125] Erwirbt der Verpächter bei Beendigung des Pachtverhältnisses Vorräte und Feldbestände vom Pächter zurück, so hat er den Kaufpreis zu aktivieren, soweit er auf aktivierungspflichtige Wirtschaftsgüter entfällt, im Übrigen kann er ihn gewinnmindernd behandeln.[126]

Haben Pächter und Verpächter im Pachtvertrag oder in einem daneben geschlossenen Kaufvertrag bereits vereinbart, dass der Verpächter bei Beendigung des Pachtvertrags Vorräte und Feldbestände gegen Entschädigung vom Pächter zu übernehmen hat, kann der Verpächter hierfür weder eine Rückstellung bilden noch einen passiven Rechnungsabgrenzungsposten ausweisen, weil es sich um einen schwebenden Vertrag handelt.[127] Die Überlassung von Umlaufvermögen (Feldbestände und Vorräte) an den Pächter, mit der Verpflichtung, bei Pachtende Feldbestände und Vorräte von gleichem Realwert zu-

---

123 *Köhne/Wesche*, Landwirtschaftliche Steuerlehre, 3. Aufl. 1995, S. 412 ff.

124 Zum Wirtschaftsjahr im Verpachtungsbetrieb s. Rz. 2452 m. w. N.

125 BFH, Urteil vom 29. 7. 1976 – IV R 172/72, BStBl 1976 II S. 781.

126 So z. B. entsprechend R 14 Abs. 2 EStR für Feldbestände bei Jahreskulturen, s. BFH, Urteile vom 16. 7. 1957 – I 331/56 U, BStBl 1957 III S. 323 und vom 7. 11. 1963 – IV 153/63 S, BStBl 1964 III S. 62.

127 BFH, Urteil vom 29. 7. 1976 – IV R 172/72, BStBl 1976 II S. 781.

rückzuerstatten, ist als Sachwertdarlehen zu behandeln, das auch dann nicht zur Gewinnrealisierung führt, wenn der Verpächter auf die Aktivierung seiner Feldbestände verzichtet hat.[128]

Bilanzierung im Pachtbetrieb: Mit der Betriebsverpachtung eröffnet der Pächter einkommensteuerlich einen neuen landwirtschaftlichen Betrieb. Allerdings geht die Buchführungspflicht nach § 141 Abs. 3 AO auf ihn, den Pächter, über. AfA stehen dem Pächter nur für Wirtschaftsgüter in seinem Eigentum zu, denn den Wertverzehr an den verpachteten abnutzbaren Wirtschaftsgütern trägt der Verpächter. Hat der Pächter bei Ablauf des Pachtverhältnisses Pachtgegenstände zu erneuern oder wiederherzustellen, kann er für diese Verpflichtung ggf. eine Pachterneuerungsrückstellung bilden;[129] entsprechend muss der Verpächter den dieser Verpflichtung entsprechenden, noch nicht fälligen Pachterneuerungsanspruch aktivieren.[130] Erhaltungsaufwand des Pächters an im Eigentum des Verpächters stehenden und dem Pachtbetrieb dienenden Wirtschaftsgebäuden hat der BFH unter dem Gesichtspunkt vorweggenommener Betriebsausgaben als Aufwendungen des landwirtschaftlichen Pachtbetriebs anerkannt, wenn sie in Erwartung des späteren Eigentumsübergangs erbracht worden sind.[131] Zu Mietereinbauten und Mieterumbauten gelten die allgemeinen Grundsätze Rz. 3438 ff. 2500

Soweit dem Pächter Umlaufvermögen (Vorräte, Feldbestände und Vieh) entgeltlich oder unentgeltlich überlassen wurde, hat er Anschaffungskosten zu aktivieren oder eine Einlage zum Teilwert vorzunehmen. Er kann allerdings auch die Bewertungswahlrechte für die übernommenen Wirtschaftsgüter in Anspruch nehmen, was beim Verzicht auf Bewertung zu Gewinnminderungen im Zeitpunkt des Erwerbs führt.[132] Ist ein Sachwertdarlehen anzunehmen (s. Rz. 2499 a. E.), so hat der Pächter die übernommenen Wirtschaftsgüter des Umlaufvermögens als Eigentümer oder zumindest als wirtschaftlicher Eigentümer zu aktivieren und gleichzeitig auf der Passivseite eine Sachwertschuld (Rückgabeverpflichtung) auszuweisen.[133]

4.3 Bilanzierung bei eiserner Verpachtung

Begriff der eisernen Verpachtung: Bei der als „eiserne Verpachtung" bezeichneten Nutzungsüberlassung von Betrieben mit Substanzerhaltungspflicht des Berechtigten übernimmt dieser das Inventar zum Schätzwert mit der Verpflichtung, es bei Beendigung der Pacht zum Schätzwert zurückzugeben (§ 582a Abs. 1 BGB). Der Pächter hat das Inventar in dem Zustand zu erhalten und in dem Umfang laufend zu ersetzen, der den Regeln einer ordnungsgemäßen Wirtschaft entspricht. Die von ihm angeschafften Stü- 2501

128 BFH, Urteil vom 6. 12. 1984 – IV R 212/82, BStBl 1985 II S. 391.

129 Siehe etwa BFH, Urteil vom 3. 12. 1991 – VIII R 88/87, BStBl 1993 II S. 89; s. auch Rz. 5640 zur Pachterneuerungsrückstellung.

130 Dazu BFH, Urteil vom 17. 2. 1998 – VIII R 28/95, BStBl 1998 II S. 505.

131 BFH, Urteil vom 13. 5. 2004 – IV R 1/02, BStBl 2004 II S. 780 und vom 24. 6. 2009 – IV R 20/07, BFH/NV 2010 S. 20.

132 BFH, Urteil vom 29. 7. 1976 – IV R 172/72, BStBl 1976 II S. 781, 783; dazu auch *Kanzler*, in: Leingärtner, Besteuerung der Land- und Forstwirte, Kap. 42 Rz. 80 f. m. w. N.

133 Siehe z. B. BFH, Urteil vom 16. 11. 1978 – IV R 160/74, BStBl 1979 II S. 138.

cke werden mit der Einverleibung in das Inventar Eigentum des Verpächters (§ 582a Abs. 2 BGB).

Die steuerliche Behandlung der eisernen Verpachtung beruhte früher auf Vereinfachungsregelungen der Finanzverwaltung aus den Jahren 1965 und 1967. Im Hinblick auf die Rechtsprechung des BFH,[134] nach der für Verpächter und Pächter die allgemeinen Gewinnermittlungsgrundsätze, insbesondere die handels- und steuerrechtlichen Grundsätze ordnungsmäßiger Buchführung maßgebend sind, hat das BMF diese sog. Schätzwertmethode[135] aufgegeben und die Bilanzierung bei eiserner Verpachtung neu geregelt.[136]

2502 **Zur Bilanzierung bei Pachtbeginn** sind Anlage- und Umlaufvermögen unterschiedlich zu behandeln:

Bilanzierung des Anlagevermögens beim Verpächter: Das vom Pächter mit der Verpflichtung zur Rückgabe (§ 582a Abs. 3 Satz 1, § 1048 BGB) übernommene Inventar, die beweglichen Anlagegüter, bleibt im zivilrechtlichen und wirtschaftlichen Eigentum des Verpächters und ist daher ohne Rücksicht auf die Gewinnermittlungsart weiterhin ihm zuzurechnen und von ihm unverändert mit bisherigen Werten fortzuführen. Ihm allein stehen auch die Abschreibungen der abnutzbaren Wirtschaftsgüter zu.[137]

Bilanzierung von Umlaufvermögen: Übergibt der Verpächter im Zeitpunkt der Verpachtung mit eisernem Inventar auch Umlaufvermögen, das der Pächter nach Beendigung des Pachtverhältnisses zurückzugeben hat, so gewährt er damit ein Sachdarlehen. Beim Verpächter tritt an die Stelle der übergebenen Wirtschaftsgüter eine Sachwertforderung, die mit dem gleichen Wert anzusetzen ist wie die übergebenen Wirtschaftsgüter.[138] Als wirtschaftlicher Eigentümer hat der Pächter, die ihm überlassenen Wirtschaftsgüter bei Gewinnermittlung durch Betriebsvermögensvergleich gem. § 4 Abs. 1, § 5 EStG nach den allgemeinen Grundsätzen zu aktivieren und in gleicher Höhe eine Rückgabeverpflichtung zu passivieren.[139]

2503 **Anspruch und Verpflichtung auf Substanzerhaltung:** Der Verpächter hat den Anspruch gegen den Pächter auf Substanzerhaltung des eisern verpachteten Inventars als sonstige Forderungen zu aktivieren.[140] Dieser Anspruch ist zu jedem Bilanzstichtag unter Berücksichtigung der Wiederbeschaffungskosten neu zu bewerten, beträgt bei Pachtbeginn 0 Euro und wird infolge der Abnutzung der verpachteten Wirtschaftsgüter von Jahr zu Jahr um den Wert der Abnutzung erhöht; dabei sind auch die veränderten Wie-

134 BFH, Urteile vom 17. 2. 1998 – VIII R 28/95, BStBl 1998 II S. 505; vom 28. 5. 1998 – IV R 31/97, BStBl 2000 II S. 286 und vom 24. 6. 1999 – IV R 73/97, BStBl 2000 II S. 309.

135 Siehe etwa Ländereinheitlicher Erlass Finanzministerium Niedersachsen vom 17. 12. 1965 – S 2140-96-31 1, BStBl 1966 II S. 34 zu Abschn. 4.

136 BMF, Schreiben vom 21. 2. 2002 – IV A 6 - S 2132 - 4/02, BStBl 2002 I S. 262.

137 BFH, Urteil vom 21. 12. 1965 – IV 228/64 S, BStBl 1966 III S. 147.

138 BFH, Urteile vom 6. 12. 1984 – IV R 212/82, BStBl 1985 II S. 391 und vom 30. 1. 1986 – IV R 130/84, BStBl 1986 II S. 399.

139 BFH, Urteil vom 16. 11. 1978 – IV R 160/74, BStBl 1979 II S. 138; s. auch BMF, Schreiben vom 21. 2. 2002 – IV A 6 - S 2132 - 4/02, BStBl 2002 I S. 262 zu I.A.2.

140 BFH, Urteile vom 17. 2. 1998 – VIII R 28/95, BStBl 1998 II S. 505 und vom 24. 6. 1999 – IV R 73/97, BStBl 2000 II S. 309.

derbeschaffungskosten zu berücksichtigen. Beim Verpächter wirkt sich damit nur der Unterschiedsbetrag zwischen der vorgenommenen Abschreibung und der Veränderung des Anspruchs auf Substanzerhaltung gewinnwirksam aus.[141]

Für die Rückgabeverpflichtung bei Beendigung der Pacht muss der Pächter den Erfüllungsrückstand (die noch nicht eingelöste Verpflichtung zur Substanzerhaltung) erfolgswirksam durch Passivierung einer Rückstellung ausweisen, auch wenn diese Verpflichtung noch nicht fällig ist.[142] Dieser Bilanzposten entwickelt sich nach Auffassung der Finanzverwaltung korrespondierend mit jenem des Verpächters wegen seines Substanzerhaltungsanspruchs.[143] Nach anderer und m. E. zutreffender Ansicht besteht jedoch keine Verpflichtung zur korrespondierenden Bilanzierung, die der BFH – auch in Betriebsaufspaltungsfällen etwa – nicht verlangt.[144]

Erhaltungsaufwendungen und Ersatzbeschaffungen des Pächters: Zivilrechtlich trifft 2504
den Pächter bei der eisernen Verpachtung die Verpflichtung, das zur Nutzung übernommene bewegliche Anlagevermögen zu erhalten und laufend zu ersetzen (§ 582a Abs. 2 Satz 1, § 1048 Abs. 1 Satz 2, 1. Halbsatz BGB). Die Erhaltungsaufwendungen sind bei ihm als Betriebsausgaben abziehbar. Die vom ihm ersetzten Wirtschaftsgüter werden auch insoweit Eigentum des Verpächters, als ihre Anschaffung oder Herstellung über diese Verpflichtung zur Ersatzbeschaffung hinausgeht (§ 582a Abs. 2 Satz 2, § 1048 Abs. 1 Satz 2, 2. Halbsatz BGB). Die vom Pächter aufgewendeten Anschaffungs- oder Herstellungskosten hat der Verpächter zu aktivieren und abzuschreiben; zugleich hat der Verpächter den auf die ersetzten Wirtschaftsgüter entfallenden (als sonstige Forderung aktivierten) Substanzerhaltungsanspruch entsprechend aufzulösen.[145]

(Einstweilen frei) 2505–2509

141 BMF, Schreiben vom 21. 2. 2002 – IV A 6 - S 2132 - 4/02, BStBl 2002 I S. 262.

142 BFH, Urteil vom 3. 12. 1991 – VIII R 88/87, BStBl 1993 II S. 89 und vom 28. 5. 1998 – IV R 31/97, BStBl 2000 II S. 286.

143 BMF, Schreiben vom 21. 2. 2002 – IV A 6 - S 2132 - 4/02, BStBl 2002 I S. 262 zu B.II.2, unter Hinweis auf das BFH, Urteil vom 17. 2. 1998 – VIII R 28/95 (BStBl 1998 II S. 505), das das Gegenteil aussagt (s. Fn. 144).

144 So ausdrücklich BFH, Urteil vom 17. 2. 1998 – VIII R 28/95, BStBl 1998 II S. 505 zu II.B.4.a.; zur Frage der korrespondierenden Bilanzierung auch *Kanzler*, in: Leingärtner, Besteuerung der Land- und Forstwirte, Kap. 42 Rz. 106.

145 BMF, Schreiben vom 21. 2. 2002 – IV A 6 - S 2132 - 4/02, BStBl 2002 I S. 262 zu B.II.3.

Teil A:

Grundsatz- und Querschnittsfragen steuerlicher Gewinnermittlung

Kapitel XVI:

Abweichungen zwischen Handels- und Steuerbilanz und latente Steuern

von

WP/StB Dipl.-Kaufmann Carsten Ernst, Herrenberg

Professor Dr. Christian Fink, Wiesbaden

Inhaltsübersicht **Rz.**

Ausgewählte Literatur

Coenenberg/Burkhardt, Wahlrechtsgestaltung bei der Bilanzierung latenter Steuern, in: Fink/Schultze/Winkeljohann (Hrsg.), Bilanzpolitik und Bilanzanalyse nach neuem Handelsrecht, Stuttgart 2010, S. 85; *Hartmann*, Latente Steuern bei Personengesellschaften, Entwicklung einer geschlossenen Abbildungskonzeption für Einzel- und Konzernabschlüsse nach HGB und IFRS, Baden-Baden 2011; *Herzig/Vossel*, Paradigmenwechsel bei den latenten Steuern nach dem BilMoG, BB 2009 S. 1174; *Hoffmann*, Weichgespülte Steuerlatenzen, StuB 2009 S. 555; *Karrenbrock*, Passive latente Steuern als Verbindlichkeitsrückstellungen, BB 2013 S. 235; *Kessler/Leinen/Paulus*, Das BilMoG und die latenten Steuern, KoR 2009 S. 716; *Kirsch/Hoffmann/Siegel*, Diskussion der Bilanzierung latenter Steuern nach § 249 Abs. 1 Satz 1 HGB, DStR 2012 S. 1290; *Kühne/Melcher/Wesemann*, Latente Steuern nach BilMoG, Grundlagen und Zweifelsfragen, WPg 2009 S. 1005 (Teil 1) und 1057 (Teil 2); *Küting/Seel*, Die Ungereimtheiten der Regelungen zu latenten Steuern im neuen Bilanzrecht, DB 2009 S. 922; *Loitz*, Latente Steuern nach dem Bilanzrechtsmodernisierungsgesetz (BilMoG) – ein Wahlrecht als Mogelpackung?, DB 2009 S. 913; *Meyer/Loitz/Linder/Zerwas*, Latente Steuern – Bewertung, Bilanzierung, Beratung, 2. Aufl., Wiesbaden 2010; *Petersen/Zwirner*, Latente Steuern nach dem BilMoG – Darstellung und Würdigung der Neukonzeption, StuB 2009 S. 416.

1. Arten von Abweichungen zwischen Handels- und Steuerbilanz

Unternehmen, die sowohl handels- als auch steuerrechtlich Rechnung legen, stehen 2510
nicht erst seit dem Inkrafttreten des Bilanzrechtsmodernisierungsgesetzes (BilMoG) am 29. 5. 2009 vor der Herausforderung, die Unterschiede bei Bilanzansatz und Bewertung zwischen diesen beiden Rechenwerken auch bilanziell würdigen zu müssen. Differenzen zwischen Handelsbilanz und steuerrechtlichem Wertansatz (Im Folgenden kurz:

Steuerbilanz) resultieren im Allgemeinen daraus, dass für handelsbilanzielle Zwecke andere Ansatz- und Bewertungsvorschriften anzuwenden sind als für die Erstellung der Steuerbilanz. Für das Gros der Unternehmen – insbesondere kleine und mittelständische Gesellschaften – besteht in diesem Zusammenhang die Zielsetzung, die Unterschiede zwischen den Rechenwerken möglichst gering zu halten und Wahlrechte oder Ermessensspielräume in diesem Sinne auszuüben bzw. zu nutzen. Im Optimalfall können dabei die Gestaltungsmöglichkeiten so umgesetzt werden, dass für handels- und steuerrechtliche Zwecke ein einheitliches Rechenwerk verwendet werden kann. Man spricht in diesem Fall von einer **Einheitsbilanz**.

Spätestens mit der Anwendung des BilMoG und den daraus resultierenden Änderungen ist es den Unternehmen jedoch kaum noch möglich, die Differenzen zwischen Handels- und Steuerbilanz in einem Maße zu reduzieren, das noch die Erstellung einer Einheitsbilanz erlaubt. Vor allem die bereits in Kapitel III dargestellten Einschränkungen hinsichtlich des Maßgeblichkeitsgrundsatzes und dabei im Besonderen die Aufhebung der umgekehrten Maßgeblichkeit führen zu einem oftmals sprunghaften Anstieg der ansatz- und bewertungsbezogenen Abweichungen zwischen Handels- und Steuerbilanz, zu teilweise erheblichem Mehraufwand in der Erstellung der entsprechenden Rechenwerke sowie – wie bereits angedeutet – in vielen Fällen zu einem Verlust der Möglichkeit zur Erstellung einer Einheitsbilanz.[1]

2511 Das Konzept der latenten Steuern baut auf exakt diesen ansatz- und bewertungsbezogenen Unterschieden zwischen handels- und steuerrechtlichen Wertansätzen auf. Allerdings sind nicht alle Differenzen im Hinblick auf die bilanzielle Behandlung auf dieselbe Art und Weise zu berücksichtigen. So hängt die Frage nach der Bildung latenter Steuern auf bestimmte Differenzen davon ab, um welche Art von Differenzen es sich handelt. Grundsätzlich wird dabei zwischen zeitlich begrenzten, quasi-permanenten und permanenten Differenzen unterschieden.

2512 Als **zeitlich begrenzte Differenzen** werden solche Abweichungen zwischen Handels- und Steuerbilanz bezeichnet, die sich im Zeitverlauf automatisch – d. h. ohne Zutun des Bilanzierenden – wieder auflösen. Derartige Differenzen können auf verschiedenste Art und Weise entstehen. So können zeitlich begrenzte Differenzen beispielsweise daraus resultieren, dass ein abnutzbarer Vermögensgegenstand nur in der Handels- oder in der Steuerbilanz zum Ansatz kommt, nicht jedoch in beiden Rechenwerken. Dadurch kommt es zu einer wertmäßigen Differenz im Bilanzansatz zwischen den Zahlenwerken. Über die Folgeperioden hinweg wird der Wertansatz durch planmäßige Abschreibungen vermindert, bis auch im Falle der Aktivierung kein Wertansatz mehr bzw. nur noch ein Wertansatz in Höhe von 0 € erfolgt.

BEISPIEL: Bei der A GmbH fallen zum 1. 1. 20X1 aktivierungsfähige Entwicklungskosten für einen selbst erstellten immateriellen Vermögensgegenstand in Höhe von 1.000.000 € an. Gemäß § 248 Abs. 2 HGB besteht für den Ansatz von Entwicklungskosten ein handelsbilanzielles Wahlrecht, wohingegen für steuerliche Zwecke nach § 5 Abs. 2 EStG ein Ansatzverbot besteht. Die A GmbH entscheidet sich dafür, den

1 Vgl. *Fink/Reuther*, in: Fink/Schultze/Winkeljohann (Hrsg.), Bilanzpolitik und Bilanzanalyse nach neuem Handelsrecht, Stuttgart 2010, S. 13; *Herzig/Briesemeister*, DB 2009 S. 931.

selbst erstellten immateriellen Vermögensgegenstand handelsrechtlich zu seinen Entwicklungskosten zu aktivieren. Die wirtschaftliche Nutzungsdauer des Vermögensgegenstands beträgt fünf Jahre, die planmäßige Abschreibung soll linear vorgenommen werden. Daraus ergibt sich folgende Differenzenbetrachtung:

TAB. 1: Entwicklung zeitlich begrenzter Differenzen

t	Wertansatz Handelsbilanz	Wertansatz Steuerbilanz	Differenz
01.01.X1	1.000.000 €	0 €	1.000.000 €
31.12.X1	800.000 €	0 €	800.000 €
31.12.X2	600.000 €	0 €	600.000 €
31.12.X3	400.000 €	0 €	400.000 €
31.12.X4	200.000 €	0 €	200.000 €
31.12.X5	0 €	0 €	0 €

Aufgrund der planmäßigen Abschreibung nähert sich der handelsrechtliche Wertansatz stetig dem steuerrechtlichen Wertansatz an, bis sich die Differenz nach Ablauf der wirtschaftlichen Nutzungsdauer des Vermögensgegenstandes komplett aufgelöst hat.

Selbiges gilt natürlich auch für zeitlich begrenzte Differenzen, die durch Transaktionen auf der Passivseite der Bilanz zustande kommen. So gilt für Drohverlustrückstellungen gemäß § 5 Abs. 4a EStG steuerrechtlich beispielsweise ein Passivierungsverbot, während diese handelsrechtlich regelmäßig nach den Vorschriften des § 249 Abs. 1 Satz 1 HGB zu passivieren sind. Mit der Inanspruchnahme oder Auflösung der entsprechenden Rückstellung wird die Differenz auch hier im Zeitablauf selbständig ausgeglichen.

2513 Zeitlich begrenzte Differenzen ergeben sich aber nicht nur aus dem Ansatz bzw. Nichtansatz eines Postens in der Handels- oder Steuerbilanz. Auch der Ansatz in beiden Rechenwerken kann zu zeitlich begrenzten Differenzen führen, wenn dieser in unterschiedlicher Höhe erfolgt. So führen z. B. die unterschiedlichen Regelungen zur Rückstellungsbewertung[2] nach Handels- und Steuerrecht grundsätzlich zu zeitlich begrenzten Differenzen. Dies gilt beispielsweise auch für die Anwendung unterschiedlicher Nutzungsdauern im Sachanlagevermögen, wenn für handelsrechtliche Zwecke die wirtschaftliche Nutzungsdauer unterstellt wird, steuerrechtlich hingegen die AfA-Tabellen Anwendung finden.[3]

2514 **Quasi-permanente Differenzen** sind im Gegensatz dazu Unterschiede zwischen handels- und steuerrechtlichen Wertansätzen, die sich zwar theoretisch im Zeitablauf auflösen, diese Umkehrung jedoch bei Entstehung der Differenz nicht zu erwarten bzw. absehbar ist. Dies kann beispielsweise darin begründet sein, dass die Auflösung einer derartigen Differenz im Ermessen des Unternehmens liegt oder im Extremfall erst bei

2 Vgl. dazu detailliert *Fink/Kunath*, DB 2010 S. 2345 ff.

3 Vgl. zur Diskussion um die Anwendbarkeit steuerlicher AfA-Tabellen für den handelsrechtlichen Jahresabschluss *Fink/Mannsperger*, StuB 2010 S. 377.

Liquidation des gesamten Unternehmens erfolgt. Beispiele hierfür sind allein handelsrechtlich zulässige Abschreibungen auf nicht abnutzbare Vermögenswerte des Anlagevermögens, aber auch der unterschiedliche Wertansatz eines Grundstücks nach Handels- oder Steuerrecht ist hier zu nennen.[4]

BEISPIEL: Die B GmbH besitzt zum 1. 1. 20X1 ein Grundstück, das für 100.000 € angeschafft wurde. Dieses wird nun zum 31. 12. 20X1 handelsrechtlich außerplanmäßig auf 80.000 € abgeschrieben, während der steuerliche Wertansatz keiner Wertminderung unterliegt. Zum 31. 12. 20X3 wird das Grundstück aufgrund einer kurzfristigen Managemententscheidung verkauft.

TAB. 2: Entwicklung quasi-permanenter Differenzen

t	Wertansatz Handelsbilanz	Wertansatz Steuerbilanz	Differenz
01. 01. X1	100.000 €	100.000 €	0 €
31. 12. X1	80.000 €	100.000 €	20.000 €
31. 12. X2	80.000 €	100.000 €	20.000 €
31. 12. X3	0 €	0 €	0 €

Aufgrund der außerplanmäßigen Abschreibung resultiert eine Differenz, die sich – zumindest nach dem Wissensstand am 31. 12. 20X1 – auf absehbare Zeit nicht ausgleicht (Grundstücke unterliegen keiner planmäßigen Abschreibung). Erst mit dem Verkauf des Grundstücks am 31. 12. 20X3 löst sich die Differenz wieder auf. Allerdings liegt dieser Tatsache eine Entscheidung des Management zugrunde.

2515 Als **permanente Differenzen** bezeichnet man schließlich Unterschiede zwischen Handels- und Steuerbilanz, die sich auch in der Totalperiode nicht umkehren. Dies ist beispielsweise der Fall, wenn Aufwendungen oder Erträge nur im handelsrechtlichen oder nur im steuerrechtlichen Abschluss erfasst werden. Dies kann u. a. darin begründet liegen, dass bestimmte Aufwendungen steuerlich grundsätzlich nicht als Betriebsausgaben anerkannt werden oder bestimmte Erträge nicht der Steuerpflicht unterliegen.[5]

BEISPIEL: Nach § 10 Nr. 4 KStG ist die Vergütung von Mitgliedern des Aufsichtsrats, Verwaltungsrats, Grubenvorstands oder anderer mit der Überwachung der Geschäftsführung beauftragter Personen nur hälftig als Betriebsausgabe abzugsfähig. Im handelsrechtlichen Abschluss wird die entsprechende Vergütung hingegen vollumfänglich aufwandswirksam erfasst. Somit entsteht eine permanente Differenz in Höhe der Hälfte der Vergütung.[6]

4 Vgl. *Coenenberg/Haller/Schultze*, Jahresabschluss und Jahresabschlussanalyse, 22. Aufl., Stuttgart 2012, S. 473 f.

5 Vgl. *Coenenberg/Burkhardt*, in: Fink/Schultze/Winkeljohann (Hrsg.), Bilanzpolitik und Bilanzanalyse nach neuem Handelsrecht, Stuttgart 2010, S. 89.

6 Vgl. ähnlich *Pellens/Fülbier/Gassen/Sellhorn*, Internationale Rechnungslegung, 8. Aufl., Stuttgart 2011, S. 226.

Konzeptionell ist hierbei anzumerken, dass sich permanente Differenzen im Regelfall auf bestimmte Positionen in der handels- und steuerrechtlichen GuV niederschlagen und damit eine Art Sonderstellung im Vergleich zu den oben dargestellten, bilanzorientierten Differenzen einnehmen.

2. Konzeptionelle Grundlagen der Steuerlatenzierung

Die Bilanzierung latenter Steuern gründet auf dem Vorhandensein der dargestellten Differenzen zwischen handels- und steuerrechtlichen Abschlüssen. Aus diesen Unterschieden resultieren handels- und steuerrechtlich unterschiedliche Ergebnisse, so dass – würde man den individuellen Steuersatz des Unternehmens auf den jeweiligen Handels- oder Steuerbilanzgewinn anwenden – unterschiedliche Steuerlasten für beide Rechenwerke entstehen würden: eine aus dem steuerrechtlichen Ergebnis resultierende tatsächliche Steuerbelastung und eine fiktive Steuerschuld, die auf dem handelsrechtlichen Ergebnis basieren würde. 2516

Das Konzept der latenten Steuern versucht nun die eben dargestellte Problematik zu lösen, indem zwar der tatsächlich auf das steuerrechtliche Ergebnis anfallende Steueraufwand in die handelsrechtliche GuV übernommen wird, dieser in einem zweiten Schritt jedoch durch den Ansatz latenter Steuern in einen sachlogischen Zusammenhang mit dem handelsrechtlichen Ergebnis und dem anzuwendenden Steuersatz gebracht wird. Dies bedeutet, dass mit der Bilanzierung latenter Steuern sowohl erwartete zukünftige Steuererstattungsansprüche als auch Steuermehrbelastungen antizipiert werden. Hierbei wird konzeptionell zwischen dem bilanzorientierten Temporary- und dem GuV-orientierten Timing-Konzept unterschieden. 2517

Vor dem Inkrafttreten des BilMoG basierte die Abgrenzung latenter Steuern auf dem **Timing-Konzept**. Dieses sog. GuV-orientierte Konzept legt der Steuerlatenzierung – basierend auf einer Gesamtdifferenzenbetrachtung – Unterschiede zwischen dem handels- und dem steuerrechtlichen Ergebnis zugrunde. Ein handelsrechtlich höheres Vorsteuer-Ergebnis führt dabei zur Notwendigkeit, auch den Steueraufwand an das nunmehr erhöhte Ergebnis anzupassen. Die Gegenbuchung erfolgt in einer Passivposition in der Bilanz. 2518

Das Timing-Konzept berücksichtigt bei der Bildung latenter Steuern lediglich solche Differenzen, die sowohl bei Entstehung als auch bei Umkehrung ergebniswirksam verbucht werden. Erfolgsneutrale Differenzen, die z. B. (wie verstärkt in der internationalen Rechnungslegung vorzufinden) direkt im Eigenkapital erfasst werden und damit zu keiner Ergebnisdifferenz zwischen der handels- und steuerrechtlichen GuV führen, bleiben nach dem Timing-Konzept unberücksichtigt. Des Weiteren ist zu beachten, dass nach dem GuV-orientierten Konzept nur zeitlich begrenzte Differenzen zur Steuerabgrenzung führen. Quasi-permanente Differenzen sowie permanente Differenzen lösen hingegen keine Abgrenzung latenter Steuern aus.[7] ABB. 1 stellt diesen Zusammenhang grafisch dar.

7 *Coenenberg/Haller/Schultze*, Jahresabschluss und Jahresabschlussanalyse, 22. Aufl., Stuttgart 2012, S. 478.

ABB. 1: Latente Steuern nach dem Timing-Konzept

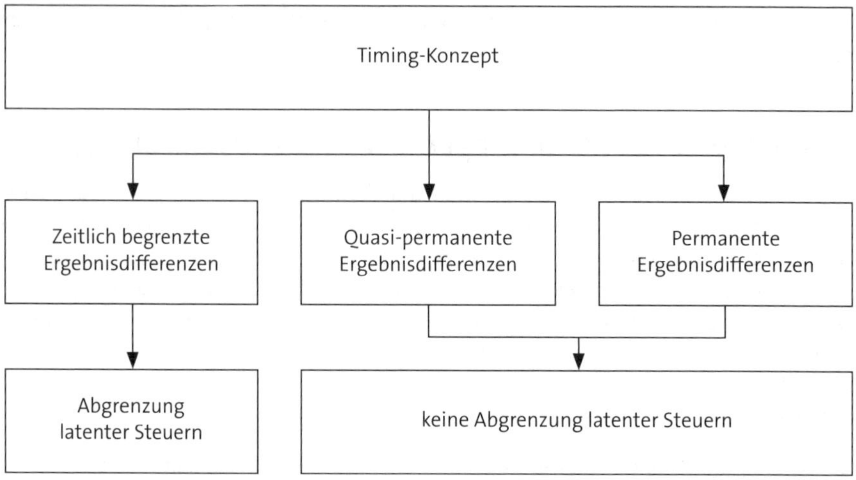

2519 Mit dem BilMoG hält das international vorherrschende **Temporary-Konzept** auch in die handelsrechtliche Rechnungslegung Einzug. Dieses sog. bilanzorientierte Konzept legt der Abgrenzung latenter Steuern Unterschiede zwischen den handels- und steuerrechtlichen Wertansätzen von Vermögensgegenständen, Rechnungsabgrenzungsposten sowie Schulden zugrunde. Mit diesem Ansatz sollen die steuerlichen Auswirkungen einer Transaktion – in Analogie mit der Erfassung des Geschäftsvorfalls in der Handelsbilanz – ganzheitlich erfasst und abgebildet werden. Somit trägt das bilanzorientierte Temporary-Konzept der Tatsache Rechnung, dass sich das Gros der Geschäftsvorfälle eines Unternehmens über mehrere Perioden hinweg in den verschiedenen Posten der Bilanzen des Unternehmens auswirkt. Entsprechend sind nach dem Temporary-Konzept alle temporären Differenzen zwischen handels- und steuerrechtlichen Wertansätzen in die Ermittlung latenter Steuern einzubeziehen. Dies beinhaltet neben den zeitlich begrenzten Differenzen auch quasi-permanente Differenzen.[8] Im Zusammenhang mit dem Temporary-Konzept soll daher im Folgenden der Begriff der **temporären Differenzen** als Sammelbegriff für zeitlich begrenzte und quasi-permanente Differenzen verwendet werden.

2520 Die bilanzorientierte Steuerabgrenzung beschränkt sich nicht nur auf erfolgswirksame Differenzen. Nach dem Temporary-Konzept werden auch erfolgsneutral entstandene Differenzen bei der Steuerabgrenzung berücksichtigt.[9] Derartige Differenzen können sich im Rahmen des handelsrechtlichen Einzelabschlusses insbesondere bei erfolgsneutralen Zugangsbuchungen (vgl. Tz. 2532) ergeben, wie z. B. bei der bilanziellen Behandlung von asset deals, Tauschgeschäften, Sacheinlagen von Gesellschaftern oder gesellschaftsrechtlichen Einbringungsvorgängen für Sachgesamtheiten.[10]

8 Vgl. BT-Drucks. 16/10067 S. 67.

9 Vgl. *ADS*, Rechnungslegung nach internationalen Standards, Stuttgart 2002, Abschnitt 20 Rz. 50 f.

10 Vgl. *Hoffmann/Lüdenbach*, NWB Kommentar Bilanzierung, 5. Aufl., Herne 2014, § 274 Rz. 25.

ABB. 2: Latente Steuern nach dem Temporary-Konzept

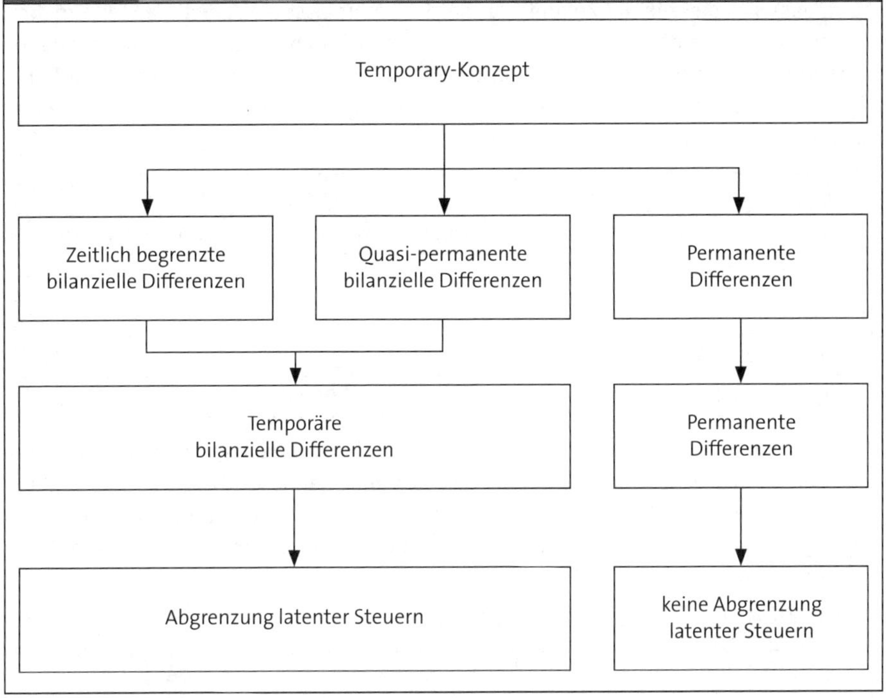

Entsprechend der bilanzorientierten Betrachtungsweise spricht man bei den erwarteten Erstattungsansprüchen, die einer zukünftigen Forderung gegenüber dem Finanzamt gleichkommen, von aktiven latenten Steuern. Erwartete Steuermehrbelastungen, die de facto erwartete Schulden gegenüber dem Fiskus abbilden, werden als passive latente Steuern erfasst. Das folgende Beispiel soll das Konzept der Steuerlatenzierung an einem einfachen Sachverhalt veranschaulichen. 2521

BEISPIEL: Die D-GmbH erstellt zum 31. 12. 20X1 einen handels- sowie einen steuerrechtlichen Jahresabschluss. Im Zuge der Abschlusserstellung wird auch eine Drohverlustrückstellung in Höhe von 1.000 € gebildet. Es sei davon auszugehen, dass das Ergebnis vor Berücksichtigung der Rückstellung 10.000 € betragen hat, keine weiteren Geschäftsvorfälle anfallen und als Steuersatz 30 % unterstellt wird. 2522

Die Drohverlustrückstellung wird gemäß § 249 Abs. 1 Satz 1 HGB in der Handelsbilanz zum Ansatz gebracht, nach § 5 Abs. 4a EStG besteht hingegen ein Passivierungsverbot. Da die Rückstellungsbildung handelsbilanziell zu einer Aufwandsbuchung führt, würde das steuerrechtliche Ergebnis vor Steuern somit um 1.000 € besser ausfallen als das handelsrechtliche Pendant. Damit ergibt sich ein tatsächlicher Steueraufwand in Höhe von 3.000 €, der auch in die handelsrechtliche GuV zu übernehmen ist. Um nun das handelsrechtliche Ergebnis vor Steuern unter Berücksichtigung des tatsächlichen Steueraufwands in ein Nach-Steuer-Ergebnis überzuleiten, ist im vorliegenden Fall eine Verminderung der Steuerlast angezeigt. Dies liegt darin begründet, dass man bei der bestehenden temporären Differenz davon ausgeht, dass sich diese in der Zukunft ausgleicht. Somit lässt die derzeitige Steuermehrbelastung aufgrund der steuerrechtlich nicht berücksichtigten Drohverlustrückstellung in künftigen Perioden eine niedrigere Steuerlast erwarten, da die entsprechenden Aufwendungen steuerlich erst bei Anfall ergebnismindernd wirken. Entsprechend wäre eine aktive Latenz zu buchen.

TAB. 3: Beispiel Drohverlustrückstellung Jahr 1

31.12.20X1	steuerbilanziell	handelsbilanziell
Ergebnis vor Steuern	10.000 €	9.000 €
Ertragsteuern (30 %)	- 3.000 €	→ - 3.000 €
Latenter Steuerertrag	–	+ 300 €
= Ergebnis nach Steuern	7.000 €	6.300 €

Es sei nun davon ausgegangen, dass in der Folgeperiode die entsprechenden Verluste anfallen, steuerrechtlich das Ergebnis belasten und handelsrechtlich zu einer Inanspruchnahme der Rückstellung führen. Erneut sei von einem Ergebnis vor Berücksichtigung des Geschäftsvorfalls in Höhe von 10.000 € und einem Steuersatz von 30 % ausgegangen.

TAB. 4: Beispiel Drohverlustrückstellung Jahr 2

31.12.20X2	steuerbilanziell	handelsbilanziell
Ergebnis vor Steuern	9.000 €	10.000 €
Ertragsteuern (30 %)	- 2.700 €	→ - 2.700 €
Latenter Steueraufwand	–	- 300 €
= Ergebnis nach Steuern	6.300 €	7.000 €

Das Beispiel zeigt, wie sich durch die Auflösung der temporären Differenzen auch die aktive Latenz wieder komplett auflöst.

Das bilanzorientierte Konzept findet mit dem BilMoG Eingang in den Wortlaut des § 274 Abs. 1 HGB. Danach sind beim Bestehen von temporären Differenzen zwischen den handelsrechtlichen Wertansätzen von Vermögensgegenständen, Schulden und Rechnungsabgrenzungsposten und deren steuerlichen Wertansätzen im Regelfall latente Steuern zu bilden.

Aktive und passive Steuerlatenzen werden dadurch vor allem bei mittelständischen Unternehmen zu einem neuen Beratungs- und Gestaltungsfeld mit hoher Ergebnis- und ggf. Ausschüttungsrelevanz.[11]

11 Vgl. *Prinz*, GmbHR 2009 S. 1027, 1032 ff. Zur konzeptionellen Aufwertung latenter Steuern durch das BilMoG und der „Vorbildfunktion" von IAS 12 für den deutschen Gesetzgeber vgl. *Prinz*, in: Kölner Kommentar zum Rechnungslegungsrecht, 2011, § 274 HGB Rn. 13, 15.

3. Bilanzansatz latenter Steuern (Bilanzierung dem Grunde nach)

Dem Wortlaut des § 274 Abs. 1 Satz 2 HGB folgend, sind die sich im Rahmen des han- 2523
delsrechtlichen Jahresabschlusses ergebenden erwarteten Steuererstattungsansprüche oder Steuermehrbelastungen insgesamt abzubilden. Durch diesen Verweis auf den sich jeweils insgesamt ergebenden Betrag stellt der Gesetzgeber klar, dass für die Ermittlung einer aktiven oder passiven Latenz eine **Gesamtdifferenzenbetrachtung** vorzunehmen ist.

3.1 Passivierungspflicht

Vor dem Hintergrund dieser Gesamtdifferenzenbetrachtung besteht für den Bilanzie- 2524
renden die Möglichkeit, eine Saldierung aktiver und passiver Latenzen durchzuführen (vgl. zum Saldierungswahlrecht auch Rz. 2593). Resultiert aus der Saldierung ein passivischer Überhang, d. h. übersteigt der Gesamtumfang der passiven Latenzen den der aktiven Latenzen, so ist die sich hieraus ergebende Steuerbelastung entsprechend § 274 Abs. 1 Satz 1 HGB in jedem Fall anzusetzen.

Passive latente Steuern basieren regelmäßig auf Ansatz- oder Bewertungsunterschie- 2525
den zwischen Handels- und Steuerbilanz. Wird in der Steuerbilanz beispielsweise ein passiver Bilanzposten angesetzt, der nicht in die Handelsbilanz aufgenommen wird, so resultiert hieraus grundsätzlich eine passive latente Steuer. Selbiges gilt für den Fall, dass Aktiva in der Handelsbilanz berücksichtigt werden, die keinen Eingang in die Steuerbilanz finden. In Analogie hierzu führen neben diesen ansatzbezogenen Differenzen auch bewertungsbezogene Differenzen zu passiven latenten Steuern, wenn auf der Passivseite der Bilanz der steuerrechtliche Wertansatz höher ist als der in der Handelsbilanz. Umgekehrt resultiert eine passive Latenz auf der Aktivseite der Bilanz aus einem handelsbilanziellen Wertansatz, der über dem Steuerwert liegt.

ABB. 3: Gründe für passive latente Steuern

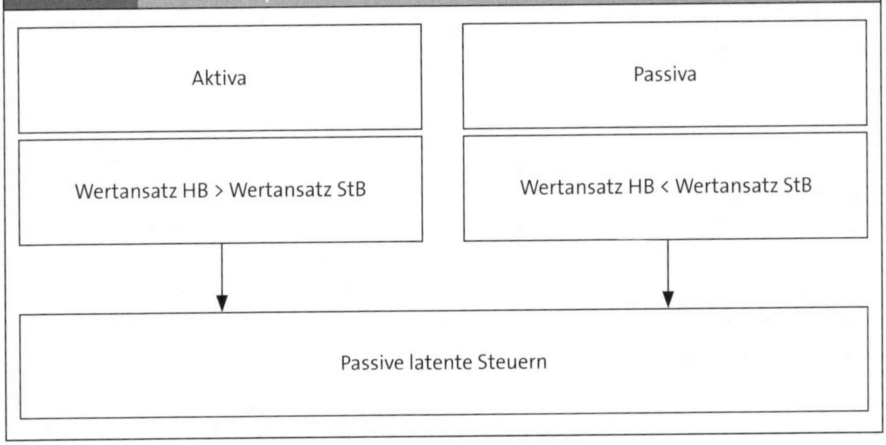

3.2 Aktivierungswahlrecht

2526 Während die Gesamtdifferenzenbetrachtung bei einem Passivüberhang zu einer Passivierungspflicht führt, besteht im Falle eines Aktivüberhangs gemäß § 274 Abs. 1 Satz 2 HGB ein Wahlrecht zur Aktivierung der Latenz. Hierbei ist zu beachten, dass das Aktivierungswahlrecht nur in Verbindung mit einem Aktivüberhang, d. h. **nach Saldierung** der aktiven und passiven latenten Steuern ausgeübt werden kann. Wird das Saldierungswahlrecht hingegen nicht genutzt, kann auch das Aktivierungswahlrecht nicht in Anspruch genommen werden (vgl. zum Saldierungswahlrecht Rz. 2553).[12]

2527 Wie die passiven Latenzen basieren auch aktive latente Steuern regelmäßig auf Ansatz- oder Bewertungsunterschieden zwischen Handels- und Steuerbilanz. Wird in der Steuerbilanz beispielsweise ein aktiver Bilanzposten angesetzt, der nicht in die Handelsbilanz aufgenommen wird, so resultiert hieraus regelmäßig eine aktive latente Steuer. Selbiges gilt für den Fall, dass Passiva in der Handelsbilanz berücksichtigt werden, die keinen Eingang in die Steuerbilanz finden. Analog hierzu führen bewertungsbezogene Differenzen zu aktiven latenten Steuern, wenn auf der Aktivseite der Bilanz der steuerrechtliche Wertansatz höher ist als der in der Handelsbilanz. Umgekehrt resultiert eine aktive Latenz auf der Passivseite der Bilanz aus einem handelsbilanziellen Wertansatz, der über dem Steuerwert liegt.

2528 Da es sich bei latenten Steuern um einen „Sonderposten eigener Art" handelt (vgl. Rz. 2552) und sich der Vollständigkeitsgrundsatz des § 246 HGB lediglich auf alle Vermögensgegenstände, Schulden und Rechnungsabgrenzungsposten bezieht, stellt sich grundsätzlich die Frage nach der Möglichkeit einer nur teilweisen Aktivierung eines Überhangs aktiver Latenzen. Da sich der Wortlaut des § 274 Abs. 1 Satz 2 HGB jedoch explizit auf eine insgesamt ergebende Steuerentlastung bezieht, kann eine **Teilaktivierung** im Grundsatz ausgeschlossen werden.[13] Diese Positionierung bestätigt auch das Deutsche Rechnungslegungs Standards Committee (DRSC), das mit DRS 18 die Regelungen des § 274 HGB konkretisiert und auslegt. So kann eine entsprechende Aktivierung nach DRS 18.15 ebenso wenig auf aktive Latenzen aus ausgewählten Einzelsachverhalten beschränkt werden wie auf lediglich einen Teilbetrag der insgesamt erwarteten Steuerentlastung.

2529 Bei der Abgrenzung aktiver latenter Steuern ist das **Vorsichtsprinzip** zu berücksichtigen. Die Begründung zum Regierungsentwurf des BilMoG unterstellt für die Beurteilung des voraussichtlichen Ausgleichs temporärer Differenzen die Verwendung von Wahrscheinlichkeitsüberlegungen. Diese sind unter Beachtung des handelsrechtlichen Vorsichtsprinzips zu treffen.[14] DRS 18.17 konkretisiert die Verwendung des Vorsichtsprinzips dahingehend, dass die Abgrenzung aktiver Steuerlatenzen aus einer Unternehmensplanung abzuleiten ist und auf einer nachvollziehbaren steuerlichen Planungsrechnung zu beruhen hat. In diese Überlegungen sind auch beabsichtigte und realisierbare Steuerstrategien einzubeziehen. Als nicht sachgerecht erachtet das DRSC hingegen die Ver-

---

12 Vgl. ähnlich auch *Kozikowski/Fischer*, in: Beck'scher Bilanz-Kommentar, 8. Aufl., München 2012, § 274 Rz. 14.

13 Vgl. *Gelhausen/Fey/Kämpfer*, Rechnungslegung und Prüfung nach dem Bilanzrechtsmodernisierungsgesetz, Düsseldorf 2009, Abschnitt M Tz. 15.

14 Vgl. BT-Drucks. 16/10067, S. 67.

wendung pauschalierter Risikoabschläge (vgl. DRS 18.A4). Besondere Bedeutung kommt dem Vorsichtsprinzip bei der Aktivierung latenter Steuern auf Verlustvorträge zu (vgl. Rz. 2533).

Im Gegensatz zu passiven Latenzen besteht beim Ansatz eines Aktivüberhangs ggf. 2530
eine Ausschüttungssperre nach den Vorgaben des § 268 Abs. 8 HGB (vgl. zur Ausschüttungssperre Rz. 2563).

Die Ausübung des Aktivierungswahlrechts für Steuerlatenzen unterliegt dem **Stetig-** 2531
keitsgebot des § 246 Abs. 3 Satz 1 HGB. Danach ist eine Durchbrechung des Stetigkeitsprinzips nach § 246 Abs. 3 Satz 1 i. V. m. § 252 Abs. 2 HGB nur in Ausnahmefällen erlaubt. Derartige Gründe können z. B. eine neue Rechtslage oder die Anpassung an veränderte interne Strukturen sein.[15] Außerdem ist eine Durchbrechung der Stetigkeit nach § 284 Abs. 2 Nr. 3 HGB im Anhang zu berichten und zu begründen. Auch ist der Einfluss eines Stetigkeitsbruchs auf die Vermögens-, Finanz- und Ertragslage gesondert darzustellen.

ABB. 4: Gründe für aktive latente Steuern

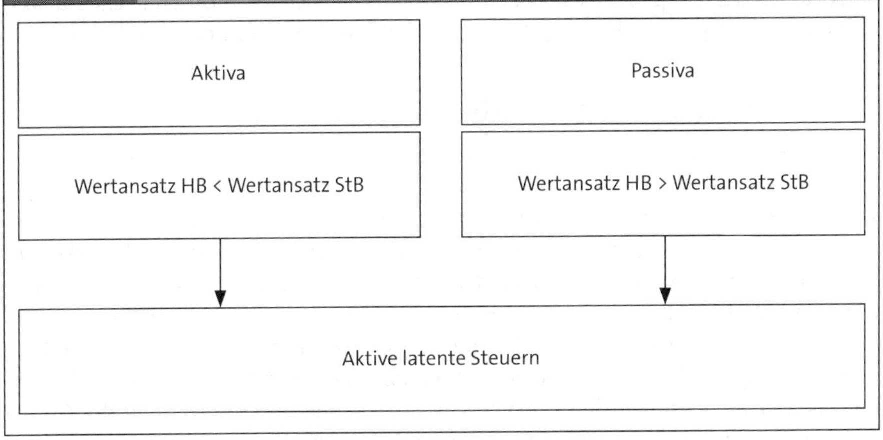

3.3 Besonderheiten beim Erstansatz von Vermögensgegenständen und Schulden

Wie bereits ausgeführt (vgl. Rz. 2520), werden auch erfolgsneutral entstandene Diffe- 2532
renzen bei der Steuerabgrenzung berücksichtigt. Diese können sich im handelsrechtlichen Einzelabschluss bei erfolgsneutralen Zugangsbuchungen wie der bilanziellen Behandlung von asset deals, Tauschgeschäften, Sacheinlagen von Gesellschaftern oder gesellschaftsrechtlichen Einbringungsvorgängen für Sachgesamtheiten ergeben

So können im Falle eines asset deals – um nur ein Beispiel zu nennen – bei der Kaufpreisallokation immaterielle Vermögenswerte (Kundenstamm, Marke etc.) identifiziert werden, die als immaterielle Vermögensgegenstände in der Handelsbilanz angesetzt und ggf. abgeschrieben werden. Steuerrechtlich findet dieses immaterielle Vermögen

15 Vgl. zu weiteren Beispielen *Küting/Tesche*, DStR 2009 S. 1491 ff.

keinen Ansatz, so dass sich hier ein höherer Geschäfts- oder Firmenwert ergibt. Die sich aus derartigen Ansatz- und Bewertungsunterschieden bei den betroffenen Vermögenswerten und Schulden ergebenden latenten Steuern sind nach herrschender Meinung erfolgsneutral mit dem Geschäfts- oder Firmenwert zu verrechnen.[16] Allerdings stellt sich hier die Frage, ob etwaige Differenzen zwischen dem handelsrechtlich verbleibenden Residuum und dem steuerrechtlich anzusetzenden Geschäfts- oder Firmenwert selbst zu latenten Steuern führen. Dies würde in der Anwendung zu einem Zirkularitätsproblem führen, das über ein iteratives Verfahren gelöst werden könnte. Allerdings wird hier – trotz der Erhebung des Geschäfts- oder Firmenwerts zu einem Vermögensgegenstand qua Fiktion (§ 246 Abs. 1 Satz 4 HGB) – weithin die Auslegung vertreten, dass der Gesetzgeber mit § 246 Abs. 1 Satz 4 HGB wohl eher ein lex specialis für die Zugangsbewertung des Geschäfts- oder Firmenwerts geschaffen hat und dieser damit den allgemeinen Bewertungsvorschriften für Vermögensgegenstände zu unterwerfen ist. Auf der Grundlage dieser Argumentation erscheint es sachgerecht, keine latenten Steuern auf Differenzen zwischen einem verbleibenden handelsbilanziellen Unterschiedsbetrag und dem steuerrechtlichen Geschäfts- oder Firmenwert im Zugangszeitpunkt anzusetzen. Ergeben sich in den Folgejahren jedoch neue Differenzen, z. B. aufgrund unterschiedlicher Nutzungsdauern, sind latente Steuern zu bilden.[17]

3.4 Latente Steuern auf Verlustvorträge

2533 Mit dem BilMoG wurde auch die Berücksichtigung von Verlustvorträgen bei der Berechnung aktiver latenter Steuern explizit verankert. So sind nach § 274 Abs. 1 Satz 4 HGB steuerliche Verlustvorträge bei der Berechnung aktiver latenter Steuern in Höhe der innerhalb der nächsten fünf Jahre zu erwartenden Verlustverrechnung zu berücksichtigen. Konzeptionell handelt es sich bei der Aktivierung latenter Steuern auf Verlustvorträge um eine Besonderheit. Zum einen stellen Verlustvorträge keine temporären Differenzen im eigentlichen Sinne des bilanzorientierten Konzepts dar. Zum anderen führen Verlustvorträge nicht per se zu einer Steuererstattung, sondern können im Verrechnungsfall vielmehr zukünftige steuerpflichtige Gewinne unter Beachtung der Grundsätze der Mindestbesteuerung mindern.[18] Nichtsdestotrotz trägt die Regelung nach Ansicht des Gesetzgebers den Informationsinteressen der Abschlussadressaten Rechnung und fördert die den tatsächlichen Verhältnissen entsprechende Darstellung der Vermögens-, Finanz- und Ertragslage im handelsrechtlichen Jahresabschluss.[19] Entsprechendes gilt nach herrschender Meinung für zinsschrankenbezogene Zinsvorträge (§ 4h EStG, § 8a KStG).

2534 In der Fachwelt werden insbesondere die Rahmenbedingungen für die Aktivierung latenter Steuern auf Verlustvorträge sehr kontrovers diskutiert. So regelt z. B. das DRSC in DRS 18.19, dass eine Steuerplanung über fünf Jahre Grundvoraussetzung für die steuer-

16 Vgl. u. a. *Kozikowski/Fischer*, in: Beck'scher Bilanz-Kommentar, 8. Aufl., München 2012, § 274 Rz. 10 ff., m. w. N.

17 Vgl. *Wendholt/Wesemann*, DB 2009, Beilage 5, S. 72.

18 Vgl. *Petersen/Zwirner*, in: Petersen/Zwirner/Brösel (Hrsg.), Systematischer Praxiskommentar Bilanzrecht, Köln 2010, § 274 Tz. 24.

19 Vgl. BT-Drucks. 16/10067, S. 67.

liche Abgrenzung von Verlustvorträgen sei. Liegt eine entsprechende Unternehmens- und eine daraus abgeleitete Steuerplanung intern nicht vor, so ist diese im Sinne einer sachgerechten und plausiblen Schätzung, beispielsweise durch Trendextrapolation, zu simulieren. Der Nachteil dieses Vorgehens ist jedoch, dass dadurch eine hohe Unsicherheit Eingang in den bilanziellen Wertansatz auf der Aktivseite findet, die insbesondere vor dem Hintergrund einer vorsichtigen Bilanzierung kaum vertretbar scheint. Auch die Werthaltigkeit solcher Positionen ist in diesem Fall nicht gesichert. Damit ist es durchaus als sachgerecht anzusehen, dass die aktiven Steuerlatenzen auf verrechenbare Verlustvorträge basierend auf der intern bereits vorliegenden Planung – in vielen Fällen weniger als fünf Jahre – ermittelt werden. In diesem Zusammenhang ist auch auf das einer Steuerlatenzierung auf Verlustvorträge inhärente Abwertungsrisiko hinzuweisen. So wird die Aktivierung aufgrund der Erwartung künftiger steuerlicher Gewinne vorgenommen, mit denen die Verlustvorträge verrechnet werden können. Bleiben diese Gewinne nun z. B. infolge einer individuellen oder allgemeinen Krisensituation aus, wird der Verlust der Periode durch die Abwertung der aktiven Latenzen sogar noch erhöht.

Für die Beurteilung der zu erwartenden Verlustverrechnung sind nach der Regierungs- 2535
begründung Wahrscheinlichkeitsbetrachtungen heranzuziehen. Allerdings liefert die Gesetzesbegründung keine Anhaltspunkte darüber, anhand welcher Kriterien die Verrechnungswahrscheinlichkeit zu prüfen ist. DRS 18.A3 interpretiert die Begriffe „voraussichtlich" und „zu erwarten" in diesem Zusammenhang in Übereinstimmung mit den einschlägigen IFRS als „more likely than not". Damit macht der deutsche Standardsetzer die Wahrscheinlichkeit an einer fiktiven 50 %-Grenze fest. In der Folge ist eine Verlustverrechnung erst dann voraussichtlich zu erwarten, wenn die Wahrscheinlichkeit hierfür bei über 50 % liegt. Damit wird zwar der Versuch einer Objektivierung der Wahrscheinlichkeitsbetrachtung unternommen, diese unterliegt jedoch einem überaus hohen Ermessensspielraum seitens des Bilanzierenden. Um somit die Beurteilung der Wahrscheinlichkeit der Verlustverrechnung angemessen fundieren zu können, sind verschiedene Indikatoren in die Überlegungen mit einzubeziehen. Hierzu zählt beispielsweise eine Verlusthistorie des zu untersuchenden Unternehmens. Allerdings ist hierbei auch die individuelle Unternehmenssituation (z. B. Art der Geschäftstätigkeit, Marktumfeld oder Stabilität der Steuergesetzgebung) zu berücksichtigen, ggf. sind nicht wiederkehrende Einflüsse zu bereinigen oder dienen – wenn sie zu den Verlustvorträgen geführt haben – als Argument gegen das Vorliegen einer Verlusthistorie.[20] Aber auch die Verfügbarkeit von Steuergestaltungsmöglichkeiten[21] kann Hinweise auf künftige positive Ergebnisse liefern. Dies macht wiederum die hohen Anforderungen an die Dokumentation der erwarteten Verrechnungsmöglichkeiten deutlich.[22] Hinsichtlich des Vorliegens einer Verlusthistorie wird im Allgemeinen ein Untersuchungszeitraum von drei Jahren unterstellt. Dieser kann jedoch in begründeten Fällen, z. B. in einem sehr volatilen Umfeld, auch länger oder kürzer angesetzt werden. Als Basis für die Analyse wird aus Gründen der Wirtschaftlichkeit regelmäßig das Ergebnis vor Steuern heran-

20 Vgl. ähnlich auch *Meyer/Loitz/Linder/Zerwas*, Latente Steuern, 2. Aufl., Wiesbaden 2010, S. 114 f.

21 Vgl. zur Steuerbilanzpolitik *Scheffler*, Rz. 2720 ff.

22 Vgl. zu den Dokumentationserfordernissen detailliert *Hoffmann/Lüdenbach*, NWB Kommentar Bilanzierung, 5. Aufl., Herne 2014, § 274 Rz. 44 ff.

gezogen, da sich die Bereinigung eines Ergebnisses nach Steuern – das bereits durch latente Steuern beeinflusst wurde – oftmals als komplex erweist.[23]

2536 Grundsätzlich ist die Bildung aktiver latenter Steuern auf Verlustvorträge, wie bereits geschildert, auf einen Zeithorizont von fünf Jahren begrenzt. Dies bezieht sich explizit auf den Fall, dass ohne die Berücksichtigung der Verlustvorträge bereits ein aktiver Überhang (nach Saldierung, vgl. Rz. 2553) an latenten Steuern vorliegt. Besondere Regelungen gelten hingegen, falls nach Saldierung ein passivischer Überhang resultiert.

Zwar weist die Beschlussempfehlung des Rechtsausschusses darauf hin, dass bei einer erwarteten Verlustverrechnung erst nach dem Fünf-Jahres-Horizont auch dann keine aktiven latenten Steuern zu bilden sind, wenn dies lediglich zur Verrechnung mit passiven Latenzen erfolgen würde.[24] In der Fachliteratur hat sich jedoch weitgehend die Meinung durchgesetzt, dass die Beschränkung auf den Fünf-Jahres-Horizont dann keine Wirkung entfaltet, wenn dadurch ein passiver Überhang an latenten Steuern gemindert werden kann.[25]

BEISPIEL: Die E GmbH ermittelt für ihren handelsrechtlichen Jahresabschluss des Jahres 20X1 aktive latente Steuern in Höhe von 50.000 € und passive latente Steuern in Höhe von 200.000 €. Verlustvorträge wurden noch nicht berücksichtigt. Nach Saldierung resultiert ein passivischer Überhang in Höhe von 150.000 €. Zudem liegen aufrechenbare und unbegrenzt vortragsfähige Verlustvorträge (insgesamt) in Höhe von 300.000 € vor, davon sind laut Steuerplanung 200.000 € in den nächsten fünf Jahren verrechenbar. Der Steuersatz beträgt 30 %.

Aufgrund des hohen Passivüberhangs ist es sachgerecht, aktive Latenzen auf den Gesamtbetrag der Verlustvorträge zu ermitteln. Der Realisierungszeitpunkt ist in diesem Fall also für die Aktivierung der Latenzen unerheblich. Somit werden auf die bestehenden Verlustvorträge aktive latente Steuern in Höhe von 90.000 € ermittelt und mit den passiven latenten Steuern verrechnet. Es bleibt demnach ein Passivüberhang nach Verrechnung in Höhe von 60.000 € bestehen.

Dieses Vorgehen ist sachlogisch nachvollziehbar, da auf diese Weise ein Ausweis einer künftigen Steuermehrbelastung vermieden wird, die aufgrund der bestehenden Verlustvorträge mit hoher Wahrscheinlichkeit so nicht eintreten würde.

Der deutsche Standardsetzer konkretisiert die Auslegungen zu Verlustvorträgen in DRS 18.22 sogar noch weiter, indem er zwischen beschränkt und unbeschränkt vortragsfähigen Verlustvorträgen unterscheidet. Werden demnach nur beschränkt vortragsfähige Verlustvorträge über fünf Jahre hinaus berücksichtigt, sind die temporären Differenzen bis zum Beschränkungszeitpunkt zeitlich zuzuordnen.

Grundsätzlich darf bei dieser Auslegung des § 274 HGB jedoch nicht vergessen werden, dass entsprechende Planungsrechnungen mit einem Horizont von mehr als fünf Jahren

23 Vgl. *Loitz*, WPg 2007 S. 781.

24 Vgl. BT-Drucks. 16/12407 S. 87.

25 Vgl. stellvertretend *Kessler/Leinen/Paulus*, KoR 2009 S. 716 ff.; *Wendholt/Wesemann*, DB 2009, Beilage 5 S. 70; a. A. *Hoffmann*, StuB 2009 S. 555; *Pöller*, BRZ 2009 S. 491 ff.

einer hohen Unsicherheit unterliegen und daraus ein Konflikt mit dem Vorsichtsprinzip entstehen kann. Um Anhaltspunkte für die Qualität vergangener Planungsrechnungen zu erhalten, können z. B. vergangene Wertberichtigungen auf aktive Steuerlatenzen oder der Umfang der Soll-Ist-Abweichungen bei früheren Ergebnisschätzungen herangezogen werden.

Schließlich können für Unternehmen in Deutschland die Vorschriften zur körperschafts- und gewerbesteuerlichen Mindestbesteuerung beschränkend in Bezug auf die mögliche Verrechnung von Verlustvorträgen wirken.[26]

3.5 Abweichungen zwischen Handels- und Steuerbilanz als Ursache latenter Steuern

Die Ursache latenter Steuern liegt – mit Ausnahme aktiver latenter Steuern auf Verlust-/Zinsvorträge – in den unterschiedlichen Wertansätzen zwischen Handels- und Steuerbilanz bzw. den korrespondierenden steuerlichen Wertansätzen. Die folgende Übersicht enthält eine Zusammenfassung der – teilweise in Abhängigkeit von der Art der Ausübung bestehender Wahlrechte – wesentlichen Abweichungen zwischen Handels- und Steuerbilanz (soweit die jeweilige Abweichung für die Abgrenzung latenter Steuern relevant ist).[27] 2537

TAB. 5: Abweichungen zwischen Handels- und Steuerbilanz

Bilanzposition bzw. Sachverhalt	Art der unterschiedlichen Behandlung in Handels- (HB) und Steuerbilanz (SB)	Differenz führt i. d. R. zu:
Derivativer Geschäfts- oder Firmenwert – Abschreibung	HB: über die voraussichtliche wirtschaftliche Nutzungsdauer (§ 253 Abs. 3 Satz 2 HGB) – i. d. R. < 15 Jahre.[28] SB: über 15 Jahre (§ 7 Abs. 1 Satz 3 EStG)	Aktive latente Steuern
Derivativer Geschäfts- oder Firmenwert – Zugangsbewertung	Bei einem *asset deal* entsteht i. d. R. ein GoF, welcher sowohl in der HB als auch in der SB zu aktivieren ist. Bei der Kaufpreisverteilung können sich jedoch Unterschiede zw. HB und SB ergeben mit der Folge eines abweichenden Ansatzes des GoF in HB und StB.[29]	unbestimmt

26 Vgl. im Detail *Gelhausen/Fey/Kämpfer*, Rechnungslegung und Prüfung nach dem Bilanzrechtsmodernisierungsgesetz, Düsseldorf 2009, Abschnitt M, Tz. 36.

27 Vgl. *Herzig/Briesemeister*, WPg 2010 S. 63 ff.; *Herzig/Briesemeister*, DB 2009 S. 1 ff.; *Haller/Ferstl/Löffelmann*, DB 2011 S. 886 f.; *Bertram*, in: Haufe HGB Bilanz Kommentar, 3. Aufl., Freiburg 2012, § 274 Rz. 136 ff.; *Coenenberg/Haller/Schultze*, Jahresabschluss und Jahresabschlussanalyse, 22. Aufl. 2012, S. 487.

28 Vgl. *Hoffmann/Lüdenbach*, NWB Kommentar Bilanzierung, 5. Aufl., Herne 2014, § 253 Rz. 147.

29 Bzgl. der handelsrechtlichen Regelung vgl. *Hoffmann/Lüdenbach*, NWB Kommentar Bilanzierung, 5. Aufl., Herne 2014, § 274 Rz. 25 ff.

Bilanzposition bzw. Sachverhalt	Art der unterschiedlichen Behandlung in Handels- (HB) und Steuerbilanz (SB)	Differenz führt i. d. R. zu:
Selbst geschaffene immaterielle Vermögensgegenstände des Anlagevermögens (AV)	HB: Aktivierungswahlrecht (§ 248 Abs. 2 Satz 1 HGB)[30] SB: Aktivierungsverbot (§ 5 Abs. 2 EStG)	Passive latente Steuern bei Aktivierung in der HB
Anschaffungsnahe Aufwendungen	HB: Gem. § 255 Abs. 2 Satz 1 HGB zählen Aufwendungen für die Erweiterung eines VG zu den Herstellungskosten.[31] SB: § 6 Abs. 1 Nr. 1a EStG enthält detaillierte Vorgaben für anschaffungsnahe Aufwendungen. „Eine steuerliche Herstellungskosten-Fiktion und damit eine Abweichung zum Handelsrecht liegt damit in dem Umfang vor, in dem Erhaltungsaufwendungen von § 6 Abs. 1 Nr. 1a EStG, nicht aber von § 255 Abs. 2 Satz 1 HGB erfasst werden.“[32]	Aktive latente Steuern
Investitionszuschüsse	HB: Entweder Kürzung der Anschaffungskosten oder ertragswirksame Erfassung (Wahlrecht)[33] SB: Gemäß R 6.5 EStG besteht auch hier das o. g. Wahlrecht. Aufgrund unterschiedlicher Ausübung des Wahlrechts in HB und SB kann es zu einer Abweichung kommen.	unbestimmt
Tausch/tauschähnliche Vorgänge bei VG des AV	HB: Wahlrecht, den erhaltenen VG erfolgsneutral mit dem Buchwert oder erfolgswirksam mit dem Zeitwert des hingegebenen VG anzusetzen.[34] SB: Die Anschaffungskosten des erworbenen WG bemessen sich gemäß § 6 Abs. 6 EStG nach dem gemeinen Wert des hingegebenen WG (Ausnahmen bestehen für Umwandlungen, Realteilung und die Übertragung von Einzel-Wirtschaftsgütern).[35]	Aktive latente Steuern (bei Ansatz in HB mit Buchwert und Ansatz in SB mit dem – höheren – gemeinen Wert)

30 Vgl. *Hoffmann/Lüdenbach*, NWB Kommentar Bilanzierung, 5. Aufl., Herne 2014, § 248 Rz. 7 ff.
31 Vgl. *Hoffmann/Lüdenbach*, NWB Kommentar Bilanzierung, 5. Aufl., Herne 2014, § 255 Rz. 117 ff.
32 *Herzig/Briesemeister*, WPg 2010 S. 69.
33 Vgl. *Hoffmann/Lüdenbach*, NWB Kommentar Bilanzierung, 5. Aufl., Herne 2014, § 255 Rz. 53.
34 Vgl. *Grottel/Gadek*, in: Beck'scher Bilanz-Kommentar, 8. Aufl., München 2012, § 255 HGB Rn. 40.
35 Vgl. *Herzig/Briesemeister*, WPg 2010 S. 72.

Bilanzposition bzw. Sachverhalt	Art der unterschiedlichen Behandlung in Handels- (HB) und Steuerbilanz (SB)	Differenz führt i. d. R. zu:
Subventionelle Wahlrechte[36]	In diesen Bereich fallen insbesondere die folgenden Sachverhalte (welche in der SB ohne entsprechende Abbildung in der HB in Anspruch genommen werden können): ► Steuerliches Wahlrecht zur Übertragung stiller Reserven nach § 6b EStG oder R 6.6 EStR ► Erhöhte steuerliche Abschreibungen (§§ 7c, 7d, 7h, 7i, 7k EStG) ► Erhöhte Absetzungen nach §§ 82a, 82g, 82i EStDV ► Steuerliche Sonderabschreibungen nach §§ 7g und 7f EStG sowie §§ 81 und 82f EStDV	Passive latente Steuern
Abschreibungen – Planmäßige Abschreibungen von beweglichen Vermögensgegenständen (VG) des AV	HB: über die voraussichtliche wirtschaftliche Nutzungsdauer (§ 253 Abs. 3 Satz 2 HGB)[37] – i. d. R. kürzer als die steuerliche Nutzungsdauer. SB: über die (technische) Nutzungsdauer gemäß den Afa-Tabellen.	Aktive latente Steuern
Abschreibungen – Planmäßige Abschreibungen von Gebäuden des AV	HB: über die voraussichtliche wirtschaftliche Nutzungsdauer (§ 253 Abs. 3 Satz 2 HGB)[38] – i. d. R. länger als die typisierten Nutzungsdauern gem. Steuerrecht. SB: über typisierte Nutzungsdauer gem. § 7 Abs. 4 EStG.	Passive latente Steuern

36 Vgl. *Herzig/Briesemeister*, WPg 2010 S. 72.
37 Vgl. *Hoffmann/Lüdenbach*, NWB Kommentar Bilanzierung, 5. Aufl., Herne 2014, § 253 Rz. 139 ff.
38 Vgl. *Hoffmann/Lüdenbach*, NWB Kommentar Bilanzierung, 5. Aufl., Herne 2014, § 253 Rz. 139 ff.

Bilanzposition bzw. Sachverhalt	Art der unterschiedlichen Behandlung in Handels- (HB) und Steuerbilanz (SB)	Differenz führt i. d. R. zu:
Abschreibungen – Außerplanmäßige Abschreibungen auf VG des AV aufgrund dauernder Wertminderung	HB: sind vorzunehmen bei voraussichtlich dauerhafter Wertminderung (§ 253 Abs. 3 Satz 3)[39] SB: Gem. § 6 Abs. 1 Nr. 1 Satz 2, Nr. 2 Satz 2 EStG können Teilwertabschreibungen vorgenommen werden (steuerliches Wahlrecht).[40] Ferner können die Voraussetzungen für das Vorliegen einer voraussichtlich dauerhaften Wertminderung von der Finanzverwaltung abweichend zu den handelsrechtlichen GoB beurteilt werden.	Aktive latente Steuern (bei Nichtabschreibung in der SB)
Abschreibungen – Abschreibungsmethode	HB: Gem. § 253 Abs. 2 Satz 2 HGB sind verschiedene Methoden (linear, degressiv, progressiv, leistungsorientiert) zulässig, welche aber gem. § 252 Abs. 1 Nr. 6 HGB stetig anzuwenden sind.[41] SB: In den §§ 7 ff. EStG werden die handelsrechtlichen Afa-Methoden teilweise eingeschränkt (bspw. ist die degressive Afa seit 2011 nicht mehr zulässig).	unbestimmt
Abschreibungen – Komponentenansatz im Anlagevermögen	HB: Unter bestimmten Voraussetzungen ist handelsrechtlich eine komponentenweise Abschreibung zulässig.[42] SB: Der handelsrechtliche Komponentenansatz kann i. d. R. steuerlich nur im Bereich der Betriebsvorrichtungen nachvollzogen werden.	unbestimmt
Ansatzdifferenz i.V. m. dem Prinzip der wirtschaftlichen Zurechnung	HB: Das Prinzip der wirtschaftlichen Zurechnung ist in § 246 Abs. 1 Satz 2 HGB kodifiziert.[43] SB: Die entsprechende steuerrechtliche Vorschrift ist § 39 AO, ergänzt um die steuerlichen Leasingerlasse. Aus der unterschiedlichen Ausübung dieses Prinzips können sich Ansatzdifferenzen ergeben.	unbestimmt

39 Vgl. *Hoffmann/Lüdenbach*, NWB Kommentar Bilanzierung, 5. Aufl., Herne 2014, § 253 Rz. 178 ff.

40 Es ist strittig, ob diesbezüglich ein – unabhängig vom Handelsrecht – auszuübendes steuerliches Wahlrecht vorliegt. U. E. diese Frage zu Recht bejahend vgl. *Herzig/Briesemeister*, WPg 2010 S. 71 f.

41 Vgl. *Hoffmann/Lüdenbach*, NWB Kommentar Bilanzierung, 5. Aufl., Herne 2014, § 253 Rz. 165 ff.

42 Vgl. *Hoffmann/Lüdenbach*, NWB Kommentar Bilanzierung, 5. Aufl., Herne 2014, § 253 Rz. 141.

43 Vgl. *Hoffmann/Lüdenbach*, NWB Kommentar Bilanzierung, 5. Aufl., Herne 2014, § 246 Rz. 221 ff.

Bilanzposition bzw. Sachverhalt	Art der unterschiedlichen Behandlung in Handels- (HB) und Steuerbilanz (SB)	Differenz führt i. d. R. zu:
Zurechnung von VG zu AV oder UV	Eine § 247 Abs. 2 HGB vergleichbare Regelung bzgl. der Zurechnung von VG zu AV bzw. UV gibt es nicht. Hier könnte es zu Abweichungen kommen, wenn sich bspw. im Rahmen einer steuerlichen Außenprüfung die Finanzverwaltung der Zweckbestimmung des Bilanzierenden nicht anschließt.[44]	unbestimmt
Behandlung des Disagios	HB: Aktivierungswahlrecht gem. § 250 Abs. 3 HGB.[45] SB: Aktivierungspflicht gem. § 5 Abs. 5 Satz 1 Nr. 1 EStG.	Aktive latente Steuern bei Nichtansatz in der HB
Bestandteile der Herstellungskosten	HB: Wahlrecht zur Einbeziehung bestimmter Kostenbestandteile gem. § 255 Abs. 2 Satz 3 HGB. SB: Gem. R 6.3 Abs. 4 EStR gilt ebenfalls ein Wahlrecht.	Aktive latente Steuern bei Nichtansatz in HB und Aktivierung in SB
Bewertungsvereinfachung im Vorratsvermögen[46]	HB: Gem. § 256 Satz 1 HGB ist nur noch die Wahl zwischen Fifo und Lifo möglich. SB: Neben der Anwendung des gewogenen Durchschnitts ist gem. § 6 Abs. 1 Nr. 2a Satz 1 EStG nur die Lifo-Methode zulässig.	unbestimmt
Forderungen aus Dividendenansprüchen	Unter bestimmten Voraussetzungen besteht handelsrechtlich eine Aktivierungspflicht, während steuerlich ein Aktivierungsverbot besteht.[47]	Passive latente Steuern
Außerplanmäßige Abschreibungen im UV	HB: § 253 Abs. 4 HGB SB: § 6 Abs. 1 Nr. 2 Satz 2 EStG Abweichungen aufgrund unterschiedlicher Bewertungsvorschriften bzw. abweichender Definition einer voraussichtlich dauerhaften Wertminderung möglich.	Aktive latente Steuern

44 Vgl. *Bertram*, in: Haufe HGB Bilanz Kommentar, 3. Aufl., Freiburg 2012, § 274 Rz. 142.

45 Vgl. *Hoffmann/Lüdenbach*, NWB Kommentar Bilanzierung, 5. Aufl., Herne 2014, § 250 Rz. 59 ff.

46 Bzgl. der unterschiedlichen Wahlrechtsausübung in Handels- und Steuerbilanz vgl. *Herzig/Briesemeister*, WPg 2010 S. 74.

47 Vgl. *Avella/Brinkmann*, in: Haufe HGB Bilanz Kommentar, 3. Aufl., Freiburg 2012, § 252 Rz. 103.

Bilanzposition bzw. Sachverhalt	Art der unterschiedlichen Behandlung in Handels- (HB) und Steuerbilanz (SB)	Differenz führt i. d. R. zu:
Wertaufholung	HB: Eine Wertaufholung ist gem. § 253 Abs. 5 Satz 1 HGB vorzunehmen, wenn die ursprünglichen, für die außerplanmäßige Abschreibung ursächlichen Gründe nicht mehr bestehen.[48] SB: Steuerlich ist eine Wertaufholung auch dann vorzunehmen, wenn die für die Abschreibung ursächlichen Gründe zwar noch bestehen, der Teilwert sich aber wegen anderer Gründe erhöht hat.	Aktive latente Steuern
Umrechnung kurzfristiger Fremdwährungsposten	HB: Auf fremde Währung lautende VG und Verbindlichkeiten sind gem. § 256a HGB zum Devisenkassamittelkurs am Abschlussstichtag umzurechnen. Bei Restlaufzeit von einem Jahr oder weniger gilt das Anschaffungs- und Imparitätsprinzip nicht.[49] SB: Gem. § 6 Abs. 1 Nr. 1, 2 EStG sind steuerlich stets (auch bei Restlaufzeit von einem Jahr oder weniger) die Anschaffungskosten die Bewertungsobergrenze.	Passive latente Steuern
Pensionsrückstellungen[50] – Bewertung / Abzinsung	HB: Gem. den Bewertungsvorschriften in § 253 Abs. 1 Satz 2 und 3, Abs. 2 Satz 1 und 2 HGB sind erwartete Lohn-, Gehalts- und Rentensteigerungen bei der Bewertung zu berücksichtigen. Abzinsung mit einem laufzeitkongruenten Zinssatz.[51] SB: Steuerliche Bewertungsvorschrift in § 6a EStG kodifiziert. Keine Berücksichtigung erwarteter Steigerungen und Abzinsung mit 6,0 %.	Aktive latente Steuern

48 Vgl. *Winkeljohann/Taetzner*, in: Beck'scher Bilanz-Kommentar, 8. Aufl., München 2012, § 253 HGB, Rn. 637.

49 Vgl. *Hoffmann/Lüdenbach*, NWB Kommentar Bilanzierung, 5. Aufl., Herne 2014, § 256a Rz. 13 ff.

50 Die Bezeichnung „Pensionsrückstellungen" umfasst hier sowohl Altersversorgungsverpflichtungen als auch vergleichbare langfristig fällige Verpflichtungen.

51 Vgl. *Hoffmann/Lüdenbach*, NWB Kommentar Bilanzierung, 5. Aufl., Herne 2014, § 253 Rz. 87 ff.

Bilanzposition bzw. Sachverhalt	Art der unterschiedlichen Behandlung in Handels- (HB) und Steuerbilanz (SB)	Differenz führt i. d. R. zu:
Pensionsrückstellungen – Bewertung des Deckungsvermögen	HB: Bewertung von sog. Deckungsvermögen i. S. v § 246 Abs. 2 Satz 2 HGB gem. § 253 Abs. 1 Satz 4 HGB mit dem beizulegenden Zeitwert und Saldierung mit den Pensionsrückstellungen.[52] SB: Bewertung erfolgt zu fortgeführten Anschaffungskosten (§ 6 Abs. 1 Nr. 2 EStG); eine Saldierung ist unzulässig (§ 5 Abs. 1a Satz 1 EStG).	Passive latente Steuern
Pensionsrückstellungen – Wertpapiergebundene Pensionszusagen	HB: Für diese Form der Pensionszusagen bemisst sich die Rückstellung gem. § 253 Abs. 1 Satz 3 am beizulegenden Zeitwert der Wertpapiere, soweit er einen garantierten Mindestbetrag übersteigt.[53] SB: Auch für diese Pensionszusagen ist steuerlich der Teilwert gem. § 6a EStG maßgebend.	unbestimmt
Sonstige Rückstellungen – Steuerliche Ansatzverbote	Für sog. Drohverlustrückstellungen besteht steuerlich ein Passivierungsverbot (§ 5 Abs. 4a Satz 1 EStG). Jubiläumsrückstellungen (§ 5 Abs. 4 EStG) und Rückstellungen für Patentverletzungen (§ 5 Abs. 3 EStG) werden steuerlich nur unter bestimmten Voraussetzungen anerkannt.	Aktive latente Steuern
Sonstige Rückstellungen – Bewertung / Abzinsung	HB: Bewertung gem. § 253 Abs. 1 Satz 2 HGB zum voraussichtlichen Erfüllungsbetrag (d. h. unter Berücksichtigung von Preis- und Kostensteigerungen) und laufzeitäquivalente Abzinsung bei Restlaufzeit > 1 Jahr gem. § 253 Abs. 2 Satz 1 HGB.[54] SB: Stichtagsprinzip verbietet die Berücksichtigung künftiger Steigerungen. Ferner abweichende steuerliche Bewertungen im Bereich der Altersteilzeitverpflichtungen und bei Rückstellungen für Sachleistungsverpflichtungen. Eine Abzinsung erfolgt pauschaliert mit 5,5 %.	Passive latente Steuern

52 Vgl. *Hoffmann/Lüdenbach*, NWB Kommentar Bilanzierung, 5. Aufl., Herne 2014, § 246 Rz. 392 ff.
53 Vgl. *Hoffmann/Lüdenbach*, NWB Kommentar Bilanzierung, 5. Aufl., Herne 2014, § 253 Rz. 105 ff.
54 Vgl. *Hoffmann/Lüdenbach*, NWB Kommentar Bilanzierung, 5. Aufl., Herne 2014, § 253 Rz. 55 ff.

Bilanzposition bzw. Sachverhalt	Art der unterschiedlichen Behandlung in Handels- (HB) und Steuerbilanz (SB)	Differenz führt i. d. R. zu:
Unverzinsliche Verbindlichkeiten mit Laufzeit > 1 Jahr	HB: Ansatzpflicht mit Rückzahlungsbetrag gem. § 253 Abs. 1 Satz 2 HGB.[55] SB: Ansatzpflicht mit abgezinstem Erfüllungsbetrag nach § 6 Abs. 1 Nr. 3 EStG; keine Abzinsung soweit die Verbindlichkeit auf einer Anzahlung oder Vorausleistung beruht.	Aktive latente Steuern

3.6 Auflösung latenter Steuern

2538 Nach § 274 Abs. 2 Satz 2 HGB sind latente Steuerpositionen aufzulösen, wenn die entsprechenden Steuerbe- oder -entlastungen eintreten oder mit deren Eintreten nicht mehr zu rechnen ist. Der Regelfall ist dabei das Eintreten der Be- oder Entlastung, da sich temporäre Differenzen im Zeitablauf regulär auflösen und somit zu den entsprechenden Be- oder Entlastungseffekten führen. Hierbei kann die Auflösung sowohl über einen bestimmten Zeitraum hinweg, z. B. durch Abschreibung eines handelsrechtlich aktivierten und steuerrechtlich nicht bilanzierten Vermögensgegenstandes, als auch zu einem expliziten Zeitpunkt erfolgen. Dies kann beispielsweise beim Verkauf eines Grundstücks mit einem über dem Buchwert liegenden Verkaufspreis der Fall sein.

Mit dem Eintreten einer Steuerbe- oder -entlastung wird hingegen nicht mehr gerechnet, wenn der zugrunde liegende Sachverhalt die Bildung der Latenz nicht mehr rechtfertigt. Dies ist beispielsweise bei Sachverhalten wie aktiven latenten Steuern auf Verlustvorträge möglich, wenn eine überarbeitete Steuerplanung den Ansatz der Latenz nicht mehr rechtfertigt.

4. Bewertung latenter Steuern (Bilanzierung der Höhe nach)

4.1 Allgemeine Regelungen

2539 Die Bewertung latenter Steuern ergibt sich unmittelbar aus § 274 Abs. 2 Satz 1 HGB. Demnach sind die Beträge der sich ergebenden Steuerbe- und -entlastungen

- mit den unternehmensindividuellen Steuersätzen (siehe Rz. 2542 ff.)
- im Zeitpunkt des Abbaus der Differenzen zu bewerten und
- nicht abzuzinsen.

2540 Für Steuerlatenzen besteht gemäß § 274 Abs. 2 Satz 1 HGB ein **Abzinsungsverbot**. Es ist strittig, ob ein generelles Abzinsungsverbot latenter Steuern konzeptionell gerechtfertigt ist – insbesondere bei aktiven latenten Steuern auf Verlustvorträge/Steuergutschriften.[56] Das Abzinsungsverbot entspricht internationaler Praxis. Die Vornahme einer Abzinsung würde eine individuelle Analyse des voraussichtlichen Abbaus der ein-

55 Vgl. *Hoffmann/Lüdenbach*, NWB Kommentar Bilanzierung, 5. Aufl., Herne 2014, § 253 Rz. 55 ff.

56 Vgl. *Haaker/Freiberg*, PiR 2010 S. 229 f.; *Freiberg*, PiR 2009 S. 375 ff.; *Müssig/Breitkreuz*, StuW 2012 S. 71.

zelnen Differenzen erfordern, was i. d. R. sehr aufwendig sein dürfte. Das Abzinsungsverbot stellt somit einen nicht zu unterschätzenden Vereinfachungseffekt im Rahmen der Abschlusserstellungsarbeiten dar. Der Preis dieser Vereinfachung besteht allerdings in dem Risiko überbewerteter aktiver latenter Steuern und in der Inkonsistenz im Vergleich zu der Abzinsungspflicht von Rückstellungen mit einer Laufzeit von über einem Jahr.

Die der Bewertung der Steuerlatenzen zugrunde gelegten Annahmen, Steuersätze und Wahrscheinlichkeiten sind zu jedem Bilanzstichtag zu überprüfen; dies gilt auch in Bezug auf die Werthaltigkeit der aktiven latenten Steuern. Einen Schwerpunkt bildet dabei der Nachweis der Werthaltigkeit von aktiven latenten Steuern auf Verlustvorträge (siehe Rz. 2547 ff.). Sobald sich die Differenz abgebaut hat oder mit der Entstehung einer zukünftigen Steuerbe- oder -entlastung nicht mehr zu rechnen ist, sind die ausgewiesenen Steuerlatenzen gemäß § 274 Abs. 2 Satz 2 HGB aufzulösen (vgl. Rz. 2538). 2541

4.2 Anzuwendender Steuersatz

Gemäß § 274 Abs. 2 Satz 1 HGB sind die Beträge der sich ergebenden Steuerbe- und -entlastung mit den **unternehmensindividuellen Steuersätzen** im Zeitpunkt des Abbaus der Differenzen zu bewerten. Das Wort „unternehmensindividuell" ist dabei lediglich für die Abgrenzung latenter Steuern im Konzernabschluss relevant (durch den Verweis in § 306 Satz 5 auf § 24 Abs. 2 HGB). 2542

Der **Zeitpunkt des Abbaus** der zwischen Handelsbilanz und Steuerbilanz bestehenden Differenzen ist im Regelfall nicht bekannt. Aus diesem Grund sind i. d. R. die am Abschlussstichtag gültigen Steuersätze anzuwenden. Dies gilt nur dann nicht, wenn vor oder am Abschlussstichtag bereits eine Änderung der Steuersätze wirksam beschlossen wurde. Eine wirksam beschlossene Änderung der Steuersätze ist in Deutschland erst dann gegeben, wenn der Bundestag und ggf. der Bundesrat dem geänderten Steuergesetz zugestimmt hat (DRS 18.46). Auf die Unterzeichnung des Gesetzes durch den Bundespräsidenten und die Veröffentlichung im BGBl. kommt es somit nicht an. Die aufgrund geänderter Steuersätze induzierten Änderungen der Buchwerte latenter Steuern sind ergebniswirksam zu erfassen. 2543

Der Steuersatz einer **Kapitalgesellschaft**, setzt sich aus KSt, Solz und GewSt zusammen und liegt i. d. R. bei ca. 30 % (siehe die Herleitung in TAB. 6). Die exakte Höhe des zusammengefassten Steuersatzes einer KapG ist abhängig von dem Gewerbesteuerhebesatz und kann dadurch variieren. Bei **Personengesellschaften** bestimmt sich die Höhe der latenten Steuer lediglich aus der Gewerbesteuer und ist auch hier dementsprechend von dem jeweiligen Gewerbesteuerhebesatz abhängig. 2544

2545

TAB. 6:	Vereinfachtes Beispiel zur Ermittlung des effektiven Steuersatzes	
Gewinn vor Steuer		100,00
Körperschaftsteuer		
Zu versteuerndes Einkommen	100,00	
KSt	15,0 %	- 15,00
SolZ	5,5 %	- 0,82
Gewerbesteuer		
Bemessungsgrundlage	100,00	
Hebesatz (Annahme)	405,0 %	
Steuermesszahl	3,5 %	
GewSt	14,18 %	- 14,18
Gesamtsteuer		**- 30,00**
Gesamtsteuersatz		**30,0 %**

2546 Bei der Anwendung von Gewerbesteuerhebesätzen kann aus Verhältnismäßigkeitsgesichtspunkten und Wesentlichkeitsgründen meist ein durchschnittlicher Hebesatz verwendet werden (DRS 18.42). Dies stellt insbesondere für Unternehmen mit mehreren inländischen Betriebstätten eine Erleichterung dar. Ansonsten wäre die Ermittlung des zu verwendenden Steuersatzes mit weiteren Schwierigkeiten behaftet. Die ausländischen Betriebsstätten zuzurechnenden Steuerlatenzen sind mit dem ausländischen Steuersatz zu bewerten.

4.3 Aktive latente Steuern auf Verlust- und Zinsvorträge

2547 Im Rahmen der Ermittlung der aktiven latenten Steuern sind auch aktive latente Steuern auf steuerliche Verlustvorträge zu berücksichtigen. Vor dem Hintergrund des Vorsichtsprinzips sind hier jedoch strenge Anforderungen bereits bzgl. des Bilanzansatzes zu beachten (vgl. die entsprechenden Ausführungen in Rz. 2533 ff.).

2548 Im Rahmen der Bewertung der aktiven latenten Steuern auf Verlustvorträge stellt sich im Wesentlichen die Frage nach der Bildung einer ausreichenden Wertberichtigung für die Unsicherheiten der steuerlichen Planungsrechnung und für die Risiken eines evtl. Untergangs der steuerlichen Verlustvorträge. Die Realisierbarkeit zukünftiger Steuerentlastungen muss geprüft werden. Dabei ist wie schon beim Ansatz der Steuerlatenz das Vorsichtsprinzip zu berücksichtigen. Die dem Ansatz und der Bewertung zugrunde gelegten Annahmen, Wahrscheinlichkeitsüberlegungen und Begründungen sind durch entsprechende Dokumentation sachgemäß zu belegen.

2549 Insbesondere bei einer längeren Verlusthistorie sind hohe Anforderungen an die Qualität der (steuerlichen) Planungsrechnung zu stellen. Anhaltspunkte für hinreichende künftige zu versteuernde Einkünfte können bspw. sein:[57]

57 Vgl. *Bertram*, in: Haufe HGB Bilanz Kommentar, 3. Aufl., Freiburg 2012, § 274 Rz. 116 in Anlehnung an IDW ERS HFA 27 Tz. 7.

- Eingang profitabler Aufträge, die in Folgejahren abzuwickeln sind,
- Veräußerung, Stilllegung oder Aufgabe defizitärer Geschäftsbereiche oder Standorte,
- Abschluss von Restrukturierungsmaßnahmen als Grundlage für nachhaltige Kosteneinsparungen und Effizienzsteigerungen,
- steuerliche Verluste in Vorjahren aufgrund von Einmaleffekten, die für die Zukunft nicht mehr zu erwarten sind,
- zu versteuernde temporäre Differenzen, für die passive latente Steuern gebildet werden.

Aktive latente Steuern auf Zinsvorträge sind grundsätzlich vergleichbar mit Steuerlatenzen auf Verlustvorträge. Der im Rahmen der Zinsschrankenregelung nicht abzugsfähige Zinsaufwand ist nach § 4h Abs. 4 Satz 1 EStG gesondert festzustellen und zeitlich unbegrenzt vorzutragen. Zu beachten ist, dass der Ansatz latenter Steueransprüche zwischen Verlust- und Zinsvorträgen wechselseitig abhängig ist.[58] 2550

5. Ausweis latenter Steuern

Im Hinblick auf den Bilanzausweis führte das BilMoG für den handelsrechtlichen Ansatz latenter Steuern zu verschiedenen Änderungen. Diese sind nicht zuletzt auf die Klassifizierung latenter Steuern als Posten eigener Art zurückzuführen. 2551

5.1 Bilanzausweis und Saldierungswahlrecht

Mit dem BilMoG sind passive latente Steuern in der Handelsbilanz nicht mehr als Rückstellungen für ungewisse Verbindlichkeiten gem. § 249 Abs. 1 HGB auszuweisen. Ähnliches gilt für aktive latente Steuern, die aufgrund der bereits erwähnten Klassifizierung als Posten eigener Art keine Bilanzierungshilfe mehr darstellen und auch nicht mehr als Abgrenzungsposten bilanziert werden. 2552

Stattdessen wurde § 266 HGB mit dem BilMoG dahingehend überarbeitet, dass das Bilanzgliederungsschema um einen Posten „Aktive latente Steuern" unter § 266 Abs. 2 D und einen Posten „Passive latente Steuern" unter § 266 Abs. 3 E ergänzt wurde. Damit trägt der Gesetzgeber der Definition der latenten Steuern als Posten eigener Art nun auch im Rahmen der Ausweisvorschriften Rechnung.

Nach § 274 Abs. 1 Satz 3 HGB wird dem bilanzierenden Unternehmen zudem ein **Saldierungswahlrecht** für aktive und passive latente Steuern im Sinne einer Gesamtdifferenzenbetrachtung gewährt. Damit steht es dem Anwender frei, sowohl aktive als auch passive latente Steuern jeweils in vollem Umfang zu zeigen oder nur einen Überhang in Form eines Saldos der beiden Positionen auszuweisen. DRS 18.40 definiert überdies Kriterien, deren Erfüllung eine Aufrechnung aktiver und passiver Latenzen ermöglichen soll. Da für die Gesamtheit der Differenzen jedoch bereits ein allgemeines Saldierungswahlrecht besteht, stellt sich die Frage nach der Anwendbarkeit der ergänzenden Aufrechnungsbedingungen. Eine mögliche Auslegung könnte hierbei sein, dass selbst im 2553

58 Vgl. *Görlach*, PiR 2009 S. 195 ff.

Falle eines grundsätzlich unsaldierten Ausweises bestimmte Latenzen unter Berücksichtigung der Kriterien des DRS 18.40 verrechnet werden können. Dies würde demnach in einem begrenzten Umfang die Möglichkeit einer Teilsaldierung eröffnen. In allen anderen Fällen ist das Saldierungswahlrecht in Bezug auf die Möglichkeit einer Teilsaldierung jedoch eng auszulegen, d. h. eine Gestaltung des Bilanzausweises durch willkürliche Saldierung nur bestimmter Teile der aktiven und passiven Latenzen ist nicht möglich. Bei der Entscheidung über die Nutzung des Saldierungswahlrechts ist zu beachten, dass sich das in § 274 Abs. 1 Satz 2 HGB geregelte Aktivierungswahlrecht (vgl. Rz. 2526) lediglich auf einen aktivischen Überhang aus der Saldierung bezieht. Ein passiver Überhang ist indes stets ansatzpflichtig. Des Weiteren werden bilanzpolitische Spielräume durch das Stetigkeitsgebot begrenzt.[59] Die Entscheidung für oder gegen die Nutzung des Saldierungswahlrechts ist daher stetig auszuüben (DRS 18.57).

2554 **BEISPIEL:** Die E GmbH ermittelt für ihren handelsrechtlichen Jahresabschluss des Jahres 20X1 aktive latente Steuern in Höhe von 500.000 € und passive latente Steuern in Höhe von 300.000 €. Der E GmbH stehen in diesem Falle drei Ausweisalternativen zur Verfügung.

1. Alternative:

Die E GmbH nimmt das Saldierungswahlrecht nicht in Anspruch und weist die latenten Steuern unsaldiert aus. Demnach würde das Unternehmen aktive latente Steuern in voller Höhe von 500.000 € und passive latente Steuern in Höhe von 300.000 € ausweisen. Beim unsaldierten Ausweis steht das Aktivierungswahlrecht nach § 274 Abs. 1 Satz 2 HGB nicht zur Verfügung.

2. Alternative:

Die E GmbH nimmt das Saldierungswahlrecht in Anspruch. Aus der Saldierung resultiert ein aktivischer Überhang in Höhe von 200.000 €. Insofern erwächst in einem zweiten Schritt die Möglichkeit zur Nutzung des Aktivierungswahlrechts nach § 274 Abs. 1 Satz 2 HGB. Wird dieses genutzt, weist die E GmbH aktive latente Steuern in Höhe von 200.000 € aus. Passive latente Steuern werden nicht bzw. mit einem Bilanzansatz von 0 € ausgewiesen.

3. Alternative:

Die E GmbH nimmt das Saldierungswahlrecht in Anspruch, woraus ein aktivischer Überhang in Höhe von 200.000 € resultiert. Das damit bestehende Aktivierungswahlrecht nach § 274 Abs. 1 Satz 2 HGB wird in der Folge nicht genutzt, weshalb die E GmbH sowohl die Position der aktiven als auch der passiven latenten Steuern mit einem Wert von 0 € ausweist.

59 Vgl. *Fink/Reuther*, in: Fink/Schultze/Winkeljohann (Hrsg.), Bilanzpolitik und Bilanzanalyse nach neuem Handelsrecht, Stuttgart 2010, S. 13.

5.2 GuV-Ausweis

Nach § 274 Abs. 2 Satz 3 HGB sind Aufwendungen und Erträge, die aus Veränderungen bilanzierter Steuerlatenzen resultieren, in der GuV gesondert unter dem Posten **„Steuern vom Einkommen und vom Ertrag“** auszuweisen. Dies beinhaltet sowohl Aufwendungen und Erträge aus der Aktivierung oder Passivierung der Latenzen als auch aus der Fortführung bereits aktivierter oder passivierter Posten. DRS 18.60 konkretisiert die Ausweisalternativen dahingehend, dass ein gesonderter Ausweis in Form eines Unterpostens, einer Vorspalte oder eines Davon-Vermerks erfolgen kann. 2555

5.3 Anhangangaben

Entsprechend der Forderung des § 285 Nr. 29 HGB hat ein Unternehmen im Anhang Angaben darüber zu machen, auf welchen Differenzen oder steuerlichen Verlustvorträgen die latenten Steuern beruhen und mit welchen Steuersätzen deren Bewertung erfolgt ist. Nach DRS 18.64 ist diese Angabe auch dann verpflichtend, wenn das Unternehmen das Aktivierungswahlrecht des § 274 Abs. 1 Satz 2 HGB ausübt und auf den Ansatz eines aktivischen Überhangs verzichtet. Auch im Falle der Nutzung des Saldierungswahlrechts bedeutet dies, dass sich die Informationspflichten des bilanzierenden Unternehmens nicht ausschließlich auf den resultierenden Überhang beziehen, sondern auf die Gesamtheit der existierenden Latenzen in der Bruttosichtweise. Damit soll verhindert werden, dass die Wirkung der Inanspruchnahme der bestehenden Wahlrechte sich implizit auch auf die Anhangangaben auswirkt, was sich aus Informationsgesichtspunkten zum Nachteil der Abschlussadressaten auswirken würde. 2556

Hinsichtlich der Art der anzugebenden Informationen legt DRS 18.65 qualitative Angaben als regelmäßige Mindestanforderung fest. Aufgrund der Verwendung des Begriffs „regelmäßig“ relativiert der deutsche Standardsetter dies jedoch dahingehend, dass wohl im Einzelfall auch quantitative Angabepflichten erforderlich sein können. So knüpft DRS 18.66 beispielsweise Angabepflichten zu Betrag und Zeitpunkt des Verfalls von Verlustvorträgen sowie weiterer abzugsfähiger temporärer Differenzen, für die keine Latenz in der Bilanz angesetzt wurde, an deren Informationsnutzen für den Abschlussadressaten. Allerdings ist die Quantifizierung der Angaben insbesondere vor dem Hintergrund der Zielsetzung des BilMoG, den Mittelstand zu entlasten, kaum als sachgerecht anzusehen. Insofern sollte die Notwendigkeit quantitativer Angaben hier de facto auch tatsächlich nur in spezifischen Ausnahmefällen erwachsen. Nicht zuletzt aus Wirtschaftlichkeitsgründen abzulehnen ist hingegen die Auslegung des DRSC in DRS 18.67, wonach aus Gründen der verbesserten Information der Abschlussadressaten eine steuerliche Überleitungsrechnung vom erwartenden Steueraufwand/-ertrag auf den tatsächlich ausgewiesenen Steueraufwand/-ertrag gefordert wird. Entsprechende Angaben sind nicht vom Gesetzestext gedeckt und in der Aufbereitung deutlich zu komplex um aus Kosten-Nutzen-Gesichtspunkten verpflichtend gefordert zu werden. 2557

2558 Als mögliche Gliederung für eine steuerliche Überleitungsrechnung schlägt DRS 18.A15 – unter dem Hinweis auf Wesentlichkeitsgesichtspunkte – folgende Struktur vor:

TAB. 7: Gliederungsvorschlag steuerliche Überleitungsrechnung

Mio. €	Berichtsjahr	Vorjahr
Ergebnis vor Ertragsteuern (Handelsbilanz)		
Erwarteter Ertragsteueraufwand (Konzern-)Steuersatz xx,x % Vorjahr: xx,x %		
Überleitung:		
Abweichende ausländische Steuerbelastung	+/-	+/-
Steueranteil für:		
steuerfreie Erträge	-	-
steuerlich nicht abzugsfähige Aufwendungen	+	+
temporäre Differenzen und Verluste, für die keine latenten Steuern erfasst wurden	+/-	+/-
Steuergutschriften	-	-
Periodenfremde tatsächliche Steuern	+/-	+/-
Effekte aus Steuersatzänderungen	+/-	+/-
Sonstige Steuereffekte	+/-	+/-
Ausgewiesener Ertragsteueraufwand		
Effektiver (Konzern-)Steuersatz (%)		

6. Größenabhängige Erleichterungen

2559 Kleine Kapitalgesellschaften sind gemäß § 274a Nr. 5 HGB von der Anwendung des § 274 HGB befreit. Dies gilt auch für Unternehmen, die nicht in der Rechtsform einer Kapitalgesellschaft firmieren, da diese regelmäßig nicht in den Anwendungsbereich des § 274 HGB fallen. Damit erstreckt sich die Pflichtanwendung des § 274 HGB grundsätzlich auf mittelgroße und große Kapitalgesellschaften sowie diesen gleichgestellte Personengesellschaften.

Zwar können Gesellschaften, die nicht zur Anwendung des § 274 HGB verpflichtet sind, diesen unter Berücksichtigung aller damit verbundenen Bilanzierungsfragen freiwillig anwenden. Es bleibt jedoch offen, ob auch ein kompletter Verzicht auf die Bilanzierung latenter Steuern zulässig ist.

In der Fachliteratur wird diese Frage z. T. sehr kontrovers diskutiert.[60] Es hat sich diesbezüglich jedoch weithin die Auslegung herauskristallisiert, dass für Gesellschaften, die § 274 HGB nicht anwenden, eine Steuerlatenzierung basierend auf dem Timing-Konzept zu erfolgen hat. Dieses Vorgehen wird u. a. in den Interpretationsentwürfen des IDW vorgeschlagen, das zuerst in seinem IDW ERS HFA 27 – dieser wurde im Zuge der Veröffentlichung des DRS 18 aufgehoben – und schließlich im Rahmen des IDW RS HFA 7 n. F. zur Rechnungslegung von Personenhandelsgesellschaften die Anwendung des Timing-Konzepts bei Nicht-Anwendung des § 274 HGB proklamierte. Konkret bedeutet dies, dass die entsprechenden Unternehmen latente Steuern wie auch vor dem BilMoG lediglich auf zeitlich begrenzte Differenzen zwischen handels- und steuerbilanziellem Ergebnis bilden sollen. Quasi-permanente Differenzen sind hingegen von der Latenzierung ausgeschlossen. Zudem legt IDW RS HFA 7.26 die Bildung einer Rückstellung für passive Latenzen fest und knüpft deren Bewertung an die einschlägigen Bewertungsvorschriften des HGB für Rückstellungen. Eine explizite Prüfung möglicher Latenzierungssachverhalte auf deren Erfüllung der Tatbestandsvoraussetzungen für Rückstellungen i. S. d. § 249 Abs. 1 HGB erfolgt jedoch nicht. Dadurch setzt die gängige Kommentarliteratur die Regierungsbegründung oftmals nicht sinngemäß um, nach der passive latente Steuern nur dann zu ermitteln sind, „wenn gleichzeitig die Tatbestandsvoraussetzungen für den Ansatz einer Rückstellung [...] vorliegen."[61] Dies setzt eine entsprechende Auseinandersetzung mit den Sachverhalten voraus und kann nicht implizit für alle Sachverhalte vorausgesetzt werden.[62] Somit erfordert dieses weithin unterstützte Konzept von den bilanzierenden Unternehmen umfangreiche Analysen, um die Ermittlung der passiven latenten Steuern zu ermöglichen. Zusätzlicher Mehraufwand würde schließlich aus der Notwendigkeit der Minderung der Rückstellungen für passive Latenzen beim Vorliegen von aktiven Latenzen und Verlustvorträgen erwachsen. 2560

Da der Gesetzgeber mit der vorliegenden Erleichterung de facto eine Minimierung des administrativen Aufwands für die befreiten Unternehmen bezweckt hat, bietet die herrschende Meinung zur Frage der Steuerlatenzierung bei kleinen Kapitalgesellschaften und Unternehmen sonstiger Rechtsformen kaum eine befriedigende Alternative. Allein aus Wirtschaftlichkeitsgründen ist das weithin vorgeschlagene Vorgehen daher zu hinterfragen. Zusätzliche Kritik lässt sich zudem aus der Tatsache ableiten, dass latente Steuern nach § 274 HGB als Posten eigener Art definiert sind und somit eine Anwendung der Bilanzierungsvorschriften für Rückstellungen grundsätzlich nicht in Frage kommen dürfte.[63] Dies würde zu einer Ungleichbehandlung sich entsprechender Sachverhalte bei unterschiedlichen Unternehmen führen und kann aus Gründen der Vergleichbarkeit nicht gewünscht sein. Auch ist zu bedenken, dass dies insbesondere in 2561

60 Vgl. *Ruberg*, Ubg 2011 S. 626 ff.; *Skoluda/Janitzschke*, StuB 2011 S. 363 ff.; *Lüdenbach/Freiberg*, BB 2011 S. 159 ff.; *Lüdenbach*, StuB 2011 S. 68 f.; *Müller*, DStR 2011 S. 1046 ff.; *Müller/Kreipl*, DB 2011 S. 1701 ff.; *IDW*, IDW FN 2011 S. 340 f.; *Förster/Beer*, StuW 2012 S. 85; *Karrenbrock*, BB 2013 S. 235 ff.; *Pollanz*, DStR 2013 S. 58 ff.

61 BT-Drucks. 16/10067, S. 68.

62 Vgl. zu dieser Auslegung *Müller/Kreipl*, DB 2011 S. 1702; *Kirsch/Hoffmann/Siegel*, DStR 2012 S. 1295.

63 Vgl. hierzu auch die Pressemitteilung des DStV vom 20. 7. 2011: „Forderung des DStV: kein Ausweis latenter Steuern bei den Rückstellungen".

Konzernstrukturen mit Gesellschaften, die § 274 HGB teilweise anwenden und teilweise nicht, zu einem konzeptionellen Bruch in der Bilanzierung führen würde. Eine auf dem Gesetzeszweck basierende, teleologische Auslegung der Regelungen würde den Unternehmen, die nicht in den Anwendungsbereich des § 274 HGB fallen, demnach einen kompletten Verzicht auf die Bilanzierung latenter Steuern ermöglichen.[64]

Unter wirtschaftlicher Betrachtungsweise kann aus einem kompletten Verzicht auf die entsprechende Latenzierung jedoch auch ein Konflikt mit den Grundprinzipien des deutschen Bilanzrechts resultieren. Dies sei an einem einfachen Zahlenbeispiel dargestellt. In der Handelsbilanz werden noch nicht realisierte Währungsgewinne in Höhe von 100.000 € ausgewiesen (dies ist aufgrund der teilweisen Aufhebung des Imparitätsprinzips durch das BilMoG möglich). Aufgrund abweichender steuerlicher Bewertungsvorschriften mussten diese 100.000 € bisher noch nicht versteuert werden. Bei Realisierung der Währungsgewinne sind diese jedoch steuerpflichtig und führen zu einer zukünftigen Steuerzahlung in Höhe von 30.000 €. Eine Vermögensmehrung i.V.m. den noch nicht realisierten Währungsgewinnen in Höhe von 100.000 € wird in dieser Höhe niemals eintreten – ohne die Verpflichtung zur Passivierung einer Rückstellung für die korrespondierende zukünftige Steuerbelastung wäre das Nettovermögen um 30.000 € zu hoch ausgewiesen. Insofern erscheint eine sachverhaltsabhängige Prüfung der Bildung einer Rückstellung für passive Latenzen sachgerecht.

2562 Eine weitere größenabhängige Erleichterung gewährt § 288 Abs. 2 HGB für mittelgroße Kapitalgesellschaften, indem diese von den Angabepflichten des § 285 Nr. 29 HGB (vgl. Rz. 2556) befreit werden. Somit entfällt für diese Unternehmen die Verpflichtung zur Angabe der Differenzen und steuerlichen Verlustvorträge, die den gebildeten latenten Steuern zugrunde liegen, sowie der für die Bewertung herangezogenen Steuersätze. Es ist jedoch zu beachten, dass trotz des Verzichts auf die entsprechenden Anhangangaben die Notwendigkeit einer hinreichend ausführlichen Ermittlung der latenten Steuern bestehen bleibt, um den Bilanzansatz zu errechnen. Einzig bei einem eindeutig zu begründenden Vorliegen eines Aktivüberhangs und dessen Nichtansatz kann unter Umständen auf die ausführliche Ermittlung der Latenzen verzichtet werden. In allen anderen Fällen, in denen latente Steuern zum Ansatz kommen, kann auf die Ermittlung der Latenzen zu Dokumentationszwecken nicht verzichtet werden.

7. Ausschüttungssperre

2563 Die in § 268 Abs. 8 Satz 2 HGB geregelte Ausschüttungssperre soll u. a. eine durch die Aktivierung latenter Steuern generierte Ausschüttung oder Gewinnabführung verhindern. Diese Regelung ist Ausdruck des Vorsichtsprinzips und wurde zum Schutz der Gläubiger implementiert. Die Ausschüttungssperre greift dann, wenn die aktiven latenten Steuern die passiven latenten Steuern übersteigen und soweit keine frei verfügbaren Rücklagen und Ergebnisvorträge vorliegen.

2564 Bei der Berechnung des gesamten ausschüttungsgesperrten Betrages ist darauf zu achten, dass die passiven latenten Steuern bei der Ermittlung des ausschüttungsgesperr-

64 Vgl. zur teleologischen Auslegung *Zülch/Hoffmann*, Praxiskommentar BilMoG, Weinheim 2009, S. 117.

ten Betrags nicht doppelt in Abzug gebracht werden dürfen. Auch die übrigen Ausschüttungssperren beziehen sich auf die „Nettowerte“, d. h. nach Kürzung um passive latente Steuern.

BEISPIEL:

Annahmegemäß seien folgende Vermögensgegenstände aktiviert (Steuersatz 30 %):

Selbst erstellte immaterielle Vermögensgegenstände des Anlagevermögens	100.000 €
Aktive latente Steuern – nach Saldierung mit passiven latenten Steuern	60.000 €

Die Berechnung der Ausschüttungssperre ergibt sich nun wie folgt:

Selbst erstellte immaterielle Vermögensgegenstände des Anlagevermögens	100.000 €
Abzgl. passive latente Steuern (§ 268 Abs. 8 Satz 1)	- 30.000 €
Aktivüberhang latente Steuern lt. Bilanz	60.000 €
Zzgl. bereits oben gekürzte passive latente Steuern	+ 30.000 €
Gesamtbetrag der Ausschüttungssperre	160.000 €

Eine teilweise Doppelerfassung der passiven latenten Steuern bei der Berechnung des Gesamtbetrags der Ausschüttungssperre lässt sich auch durch die folgende Systematik der Ermittlung der Ausschüttungssperre vermeiden.[65]

TAB. 8:	Ermittlung des Gesamtbetrags der Ausschüttungssperre
	Selbst geschaffene Vermögensgegenstände des Anlagevermögens (1)
+	Unrealisierte Vermögensmehrung aus der Zeitwertbewertung von Pensionsrückstellungen (2)
+	Aktive latente Steuern (Aktivüberhang nach Saldierung mit sonstigen passiven latenten Steuern – aber ohne passive latente Steuern auf (1) und (2)) (3)
=	Zwischensumme
-	Passive latente Steuern auf (1) und (2)
=	Ausschüttungssperre gemäß § 268 Abs. 8 HGB

8. Sonderfragen

8.1 Organschaften

2565 Die Gesetzesauslegung im Fall von Organschaftsbeziehungen ist mit Blick auf den handelsrechtlichen Jahresabschluss (Einzelabschluss) im Bereich der latenten Steuern nicht eindeutig. Aufgrund der fehlenden Detailregelung in § 274 HGB und der Aufhebung

65 Vgl. *Wulf/Bosse*, in: Haufe HGB Bilanz Kommentar, 3. Aufl., Freiburg 2012, § 268 Rz. 86.

des IDW ERS HFA 27 kommt DRS 18 eine erhebliche Ausstrahlungswirkung auch für die Behandlung latenter Steuern im Einzelabschluss zu.

2566 Die umsatzsteuerliche Organschaft ist bzgl. der Bilanzierung latenter Steuern nicht relevant, da diesbezüglich keine temporären Differenzen als Voraussetzung zur Abbildung latenter Steuern nach § 274 HGB auftreten können.

2567 Anders ist dies bei ertragsteuerlichen Organschaften.[66] Die Bilanzierung der latenten Steuern bei ertragsteuerlichen Organschaften zieht die Frage des Auftretens von temporären Differenzen bei Organschaftsbeziehungen nach sich. Bei diesen handelt es sich immer um Inside Basis Differences (IBD)[67], d. h. um bilanzielle Unterschiede zwischen den handelsrechtlichen und steuerlichen Wertansätzen für Aktiv- und Passivposten auf Ebene derselben rechnungslegenden Einheit.

2568 Da der Organträger der Steuerschuldner ist, sind grundsätzlich bei diesem auch die latenten Steuern auf temporäre Differenzen anzusetzen, welche auf Ebene der Organgesellschaft entstehen. Soweit jedoch aufgrund von Steuerumlageverträgen die steuerliche Be- oder Entlastung in voller Höhe auf die Organgesellschaft umgelegt wird, können die entsprechenden latenten Steuern auch bei der Organgesellschaft bilanziert werden (vgl. DRS 18.32 ff.).

2569 Aus Sicht des Organträgers sind dabei drei Ebenen zu differenzieren, die latente Steuern nach sich ziehen können (wobei die IBD III auch als Unterfall der IBD I aufgefasst werden kann):

- Temporäre Differenzen in der Bilanz des Organträgers (IBD I),
- Temporäre Differenzen in der Bilanz der Organgesellschaft (IBD II) und
- Temporäre Differenzen in der Bilanz des Organträgers bezüglich der Bilanzierung der Anteile an der Organgesellschaft (IBD III)[68], die Ursache von Mehr- oder Minderabführungen sein können.

Im Rahmen der Rechnungslegungsverlautbarung DRS 18.32 ff. wird von diesen temporären Differenzen nur die Behandlung der IBD II thematisiert. Eine weitergehende Betrachtung findet hier nicht statt.

2570 Neben dem Fall latenter Steuern aufgrund von Wertunterschieden ist auch der Fall aktiver latenter Steuern aufgrund steuerlicher Verlustvorträge näher zu betrachten (§ 274 Abs. 1 Satz 4 HGB). Hierbei können steuerliche Verluste, welche beim Organträger oder bei der Organgesellschaft während der Zeit der Organschaft entstanden sind, geeignet sein, eine aktive latente Steuer auszulösen.[69]

66 Vgl. *Dreixler/Ernst*, StuB 2011 S. 123 ff.

67 Im Gegensatz zu Outside Basis Differences als Differenzen zwischen dem (nach HGB) bilanzierten Nettovermögen einer Gesellschaft und dem steuerlichen Ansatz der Beteiligung an der Gesellschaft bei der rechtlichen Muttergesellschaft vgl. *Loitz/Klevermann*, DB 2009 S. 413.

68 A. A. *Dahlke*, BB 2009 S. 879: Es handelt sich um *Outside Basis Difference*. U. E. ist dem nicht zuzustimmen, da die temporäre Differenz alleine dem Organträger zuzurechnen ist und daher die bei IBD geforderte Identität der rechnungslegenden Einheit erfüllt ist.

69 Vgl. *Dreixler/Ernst*, StuB 2011 S. 126.

BEISPIEL: Die A GmbH bildet gemeinsam mit der B GmbH eine steuerliche Organschaft. Als Organträgerin wird ihr der Verlust der Organgesellschaft in Höhe von -1.000 € gem. § 14 Abs. 1 Satz 1 KStG zugerechnet. Die Organträgerin hat hingegen kein eigenes Einkommen. Es entsteht ein Verlustvortrag nach § 10d EStG. Die Organträgerin kann auf diesen Verlustvortrag latente Steuern in Höhe von 30 % (kombinierter Ertragsteuersatz) × 1.000 T€ (= 300 T€) aktivieren, wenn sich eine entsprechende Verlustverrechnung innerhalb der nächsten 5 Jahre erwarten lässt (Werthaltigkeit). Daher kommt es auf die positive steuerliche Gewinnentwicklung beim Organträger an, um das Aktivierungswahlrecht in Anspruch zu nehmen.

8.2 Personenhandelsgesellschaften

Bei der Bilanzierung latenter Steuern bei Personenhandelsgesellschaften bestehen im Wesentlichen die folgenden Sonderprobleme:[70] 2571

- Frage des Anwendungsbereichs des § 274 HGB für Personengesellschaften
- Frage der Bilanzierung von Rückstellungen außerhalb des Anwendungsbereichs von § 274 HGB durch die „Hintertür" des § 249 HGB
- Bedeutung von Ergänzungs- und Sonderbilanzen bei der Ermittlung der latenten Steuern
- Besonderheiten bei der Steuerabgrenzung des Mitunternehmers einer Personenhandelsgesellschaft:
  - In Abhängigkeit von der Rechtsform des Mitunternehmers (KapG, PersG oder natürliche Person)
  - Bilanzierung latenter Steuern auf Beteiligungen an Personengesellschaften
- Ergebnisneutrale Erfassung latenter Steuern bei Fehlen entsprechender Rücklagen
- Aktive latente Steuern auf sog. „verrechenbare 15a-Verluste" beim Mitunternehmer
- Frage des Wiederauflebens der Haftung von Kommanditisten nach § 172 Abs. 4 Satz 3 HGB i. V. m. der Ausschüttungssperre bei Personengesellschaften
- Ermittlung des anzuwendenden Steuersatzes

Im Folgenden wird auf die Sonderfragen fokussiert, welche aus Sicht der Unternehmenspraxis die größte Bedeutung haben dürften.

Bei der steuerlichen Betrachtung der Personenhandelsgesellschaften ist zunächst zu berücksichtigen, dass die Personengesellschaft zwar Subjekt der Gewinnermittlung und Gewinnerzielung ist, Subjekt der einkommensteuerlichen Betrachtung dagegen die jeweiligen Mitunternehmer darstellen.[71] Die Personengesellschaft ist gemäß § 5 Abs. 1 Satz 3 EStG Schuldner der Gewerbesteuer. Daher ist für die Bilanzierung latenter Steuern auf Ebene der Personengesellschaft auch nur die Gewerbesteuer relevant. 2572

70 Vgl. *Ley*, KÖSDI 2011 S. 1425 ff.; *Skoluda/Janitschke*, StuB 2011 S. 487 ff.; *Kirsch*, DStR 2009 S. 1972 ff.; *Spingler*, WPg 2010 S. 1024 ff.; *IDW*, IDW FN 2010 S. 210 f.; *Kastrupp/Middendorf*, BB 2010 S. 815 ff.; *Feldgen*, NWB 2010 S. 3621 ff.

71 Vgl. BFH, Beschluss vom 3. 7. 1995 – GrS 3/93, BStBl 1995 II S. 617.

2573 In den Anwendungsbereich des § 274 HGB fallen Personengesellschaften im Sinne des § 264a HGB (sog. haftungsbeschränkte Personengesellschaften) sowie nicht haftungsbeschränkte große Personengesellschaften welche gemäß § 5 Abs. 1 Satz 2 PublG § 274 HGB sinngemäß anzuwenden haben. Die nicht unter § 264a HGB fallenden sowie die nach § 274a Nr. 5 HGB von der Anwendung des § 274 HGB befreiten kleinen Personengesellschaften im Sinne des § 264a HGB können § 274 HGB freiwillig anwenden. Die freiwillige Anwendung des § 274 HGB führt nicht dazu, dass auch alle übrigen für Kapitalgesellschaften geltenden Vorschriften anzuwenden sind. Die Frage nach der Pflicht zur Bilanzierung latenter Steuern für Personengesellschaften wurde bereits unter den Befreiungsregelungen in Kapitel 6 ausführlich diskutiert.

2574 *(Einstweilen frei)*

2575 Als weitere Besonderheit bei Personengesellschaften stellt sich die Frage, ob steuerliche Ergänzungs- und Sonderbilanzen bei der Berechnung der latenten Steuern auf Ebene der Personengesellschaft zu berücksichtigen sind. Ergänzungsbilanzen sind bei der Gegenüberstellung der Wertansätze zu berücksichtigen, da die sich daraus ergebenden Mehr- oder Minderwerte dem Gesamthandsvermögen der Gesellschaft zuzuordnen sind.[72] Sowohl das DRSC als auch das IdW sind daher der Ansicht, dass Sonderbilanzen dagegen nicht berücksichtigt werden dürfen, da Eigentümer des Sonderbetriebsvermögens nicht die Personengesellschaft ist, sondern der jeweilige Mitunternehmer. Es ist darauf hinzuweisen, dass diese Argumentation jedoch nicht mit dem Grundkonzept der Bilanzierung latenter Steuern in Einklang steht. Im Rahmen einer ausführlichen Analyse kommt *Hartmann* zu dem Ergebnis, dass die in der Literatur vorgetragenen Argumente gegen die Einbeziehung von Sonderbilanzen in den Steuerwert nicht überzeugen.[73]

2576 Aufgrund steuerlicher Ergänzungsbilanzen kommt es regelmäßig bei (Teil-) Betriebsveräußerungen oder beim Ausscheiden eines Gesellschafters zu Differenzen zwischen Handels- und Steuerbilanz. Bei Differenzen, welche sich erst beim Ausscheiden des Gesellschafters abbauen (quasi-permanente Differenzen) ist es gewerbesteuerlich von Bedeutung, ob es sich bei dem ausscheidenden Mitunternehmer um eine natürliche Person als unmittelbar Beteiligter handelt oder nicht. Wird bspw. der Anteil an einer Personenhandelsgesellschaft von einer Kapitalgesellschaft gehalten und von ihr veräußert, so unterliegt diese Transaktionen gemäß § 7 Satz 2 GewStG auf Ebene der Personengesellschaft der Gewerbesteuer und ist somit relevant für die Abgrenzung latenter Steuern.

BEISPIEL: An der XY-GmbH & Co. KG sind die Kommanditisten X-GmbH und die natürliche Person Y beteiligt. Im Anlagevermögen befindet sich lediglich ein Grundstück mit einem Buchwert von 1.000 T€. Die Kommanditeinlagen betragen jeweils 500 T€, die Komplementärin hat keine Einlage geleistet. Der Gewerbesteuersatz der Gesellschaft beträgt 14 %.

---

72 Vgl. *Skoluda/Janitschke*, StuB 2011 S. 363.

73 Vgl. *Hartmann*, Latente Steuern bei Personengesellschaften, Bremen 2011, S. 111 ff.

XY-GmbH & Co. KG – Handelsbilanz zum 31. 12. 2010

Grundstück	1.000	Kapital X-GmbH	500
		Kapital Y	500
	1.000		1.000

Aufgrund stiller Reserven des Grundstücks kann die X-GmbH ihren Anteil an die D-GmbH für 700 T€ verkaufen. Der gezahlte Mehrwert ist über eine Ergänzungsbilanz darzustellen.

Ergänzungsbilanz D-GmbH

Grundstück	200	Mehrkapital	200

In der Handelsbilanz der Personengesellschaft werden die Buchwerte unverändert fortgeführt. Zu berücksichtigen ist lediglich eine Gewerbesteuerrückstellung aufgrund § 7 GewStG. Unter Berücksichtigung der Ergänzungsbilanz besteht eine Buchwertdifferenz zwischen Handels- und Steuerbilanz. Diese Differenz wird erst mit der Veräußerung des Vermögensgegenstandes abgebaut und ist daher eine quasi-permanente Differenz, welche bei der Berechnung der latenten Steuern nach § 274 HGB zu berücksichtigen ist. Die Buchwertdifferenz führt zu einer aktiven latenten Steuer in Höhe von 28 T€.

Berechnung der aktiven latenten Steuer	
Buchwert Grundstück Handelsbilanz	1.000
Buchwert Grundstück Steuerbilanz	1.200
Differenz	200
Aktive latente Steuer (14 %)	28

(Einstweilen frei) 2577–2585

Teil A:
Grundsatz- und Querschnittsfragen steuerlicher Gewinnermittlung

Kapitel XVII:
Bilanzsteuerrecht unter besonderer Berücksichtigung von Verwaltungsanweisungen

von

RDin Evelyn Hörhammer, Berlin

Inhaltsübersicht **Rz.**

1. Steuerliche Ansatzverbot, -beschränkungen und Bewertungsbeschränkungen als Durchbrechung des Maßgeblichkeitsgrundsatzes

Die handelsrechtliche Reform des Bilanzrechts durch das Bilanzrechtsmodernisierungsgesetz (BilMoG)[1] hat die bestehenden Ansatz- und Bewertungsvorschriften im Einkommensteuergesetz in den Fokus des Bilanzsteuerrechts gerückt. Die zahlreichen handelsrechtlichen Änderungen im Bereich des Bilanzrechts haben die Finanzverwaltung vor die Aufgabe gestellt, die Auswirkung dieser Vorschriften auf das Bilanzsteuerrecht in einer Abgrenzung zum Handelsgesetz zu analysieren. Ein wichtiges Ergebnis dieses Prozesses stellt das BMF-Schreiben vom 12. 3. 2010[2] dar. Hierin nimmt die Finanzverwaltung zu bilanzsteuerrechtlichen Folgen des BilMoG Stellung. Die zentrale steuergesetzliche Änderung der ansonsten handelsrechtlichen Reform wurde in § 5 Abs. 1 EStG vollzogen: Die umgekehrte Maßgeblichkeit wurde aufgegeben. Dieser bisher geltende 2586

1 Gesetz zur Modernisierung des Bilanzrechts vom 15. 5. 2009 (BGBl 2009 I S. 1102, BStBl 2009 I S. 650).

2 BMF, Schreiben vom 12. 3. 2010 (BStBl 2010 I S. 239) unter Berücksichtigung der Änderung durch BMF vom 22. 6. 2010 (BStBl 2010 I S. 597) und BMF, Schreiben 25. 3. 2013 (BStBl 2013 I S. 296) hinsichtlich des Herstellungskostenbegriffs.

Grundsatz wurde durch die gesetzliche Wertung ersetzt, dass steuerrechtlich ausgestaltete Wahlrechte zukünftig unabhängig vom Handelsrecht ausgeübt werden können. Damit musste sich die Finanzverwaltung für die Praxis mit der Frage auseinandersetzen, wo im EStG solche unabhängigen steuerrechtlichen Wahlrechte zu finden sind. Bei der Fragestellung, ob es sich um ein eigenständiges steuerrechtliches Wahlrecht handelt, ist vor allem dem Gesetzestext der jeweiligen Ansatz- oder Bewertungsvorschrift sowie dem Willen des historischen Gesetzgebers eine erhebliche Bedeutung beizumessen.

Ganz aktuell fand die Frage nach der eigenständigen steuerrechtlichen Bewertung unter gleichzeitiger Beibehaltung der Maßgeblichkeit der handelsrechtlichen Grundsätze ordnungsmäßiger Buchführung Niederschlag in den Einkommensteuer-Richtlinien 2012. Hier findet sich unter R 6.11 Abs. 3 EStR eine klarstellende Regelung zu der Frage nach der Bewertung von Rückstellungen gemäß § 6 Abs. 1 Nr. 3 EStG unter der Geltung des BilMoG wieder. Die Bewertung von Rückstellungen nach § 6 Abs. 1 Nr. 3 EStG ist ein besonderes Beispiel dafür, dass eine erhebliche Änderung der Bewertungsvorschriften im Handelsrecht weiterhin Reflexwirkungen auf die steuerrechtliche Bewertung haben kann, obwohl der umgekehrte Maßgeblichkeitsgrundsatz aufgegeben wurde. Denn es gilt für die Besteuerung nach wie vor der Grundsatz der Maßgeblichkeit handelsrechtlicher Grundsätze ordnungsmäßiger Buchführung gemäß § 5 Abs. 1 EStG.

2587 Jüngst hat der Deutsche Bundestag am 28. 11. 2013 die Normen des § 5 Abs. 7 EStG und des § 4f EStG durch das Gesetz zur Anpassung des Investmentsteuergesetzes und anderen Gesetzen an das AIFM-Umsetzungsgesetz (AIFM-Steuer-Anpassungsgesetz – AIFM-StAnpG[3]) ins EStG eingebracht. Hierbei handelt es sich um eine Reaktion des Gesetzgebers auf aktuelle BFH-Rechtsprechung[4] zur Behandlung von den Ansatz- und Bewertungsvorbehalten nach einer Schuldübernahme. Die Grundregelung des § 4f EStG sieht für den ursprünglich Verpflichteten vor, dass in Anlehnung an die Betriebsausgabenverteilung gem. § 4e EStG die durch die Übertragung der Verpflichtung, die beim Übertragenden Ansatz- und Bewertungsvorbehalten unterlegen hat, entstehenden Betriebsausgaben sich nicht sofort, sondern verteilt über einen Zeitraum von 15 Jahren steuerlich auswirken. § 5 Abs. 7 EStG regelt für denjenigen, der die Schuld übernimmt, die zunächst einem Ansatz- und Bewertungsvorbehalt beim ursprünglich Verpflichteten unterlag, in der ersten nach der Übernahme aufzustellenden Bilanz die Ansatzverbote, -beschränkungen und Bewertungsvorbehalte zu beachten hat, die auch für den ursprünglich Verpflichteten gegolten hatten.

Der gesetzlichen Neuregelung vorangegangen war das Einbringen des Bundesrates im Rahmen des Gesetzgebungsvorhabens zum AIFM-Steueranpassungsgesetz[5] zur Sicherstellung der steuerlichen Ansatz- und Bewertungsgrundsätze. Da im Rahmen des Vermittlungsausschusses keine Einigung über das Gesetz in Gänze erzielt werden konnte, trat auch die Regelung des § 5 Abs. 7 EStG-E und des § 4f EStG-E zunächst nicht in Kraft,

3 AIFM-Steuer-Anpassungsgesetz vom 18. 12. 2013, BGBl 2013 I S.4318.

4 Vgl. zum Themenkomplex: *U. Prinz/Hörhammer*, Stbjb 2012/2013 S. 307-337.

5 Beschluss zur Anrufung des Vermittlungsausschusses durch den Bundesrat vom 7. 3. 2013 (BR-Drucks. 376/13).

weil dieses Gesetzgebungsvorhaben der Diskontinuität unterfiel. Mit Gesetzesentwurf des Bundesrates vom 8.11.2013[6] wurden die ursprünglichen Bundesratsvorschläge aus dem Anrufungsbegehren des Bundesrats zum o.g. Vermittlungsverfahren zum AIFM-Steueranpassungsgesetz[7] weiter fortentwickelt.[8] Das AIFM-StAnpG wurde schließlich am 28.11.2013 vom Deutschen Bundestag verabschiedet. Eine Darstellung der nunmehr geltenden gesetzlichen Fassungen der Normen des § 5 Abs. 7 EStG und des § 4f EStG findet sich im IV. Kapitel.

Die folgenden Ausführungen des Kapitels setzen sich insbesondere mit aktuellen Fragen des Bilanzsteuerrechts aus Sicht der Finanzverwaltung auseinander.

2. Gesetzlich normierte Ansatz- und Bewertungsvorschriften im Einzelnen

Der Gesetzgeber hat im Laufe der Zeit in unterschiedlichen Gesetzgebungsverfahren 2588
aus den unterschiedlichsten Gründen gesetzliche Vorbehalte für das Steuerrecht eingeführt. Hierbei nahmen die Vorschriften teils eine klarstellenden Funktion ein (so z. B. bei den Bewertungseinheiten nach § 5 Abs. 1a EStG), die dann vom handelsrechtlichen Gesetzgeber später adaptiert wurden (im Falle der Bewertungseinheiten: § 254 HGB). Meist sollte durch die gesetzliche Einführung einer steuerrechtlichen Spezialnorm in § 5 EStG oder § 6 EStG eine Abgrenzung zur handelsrechtlichen Bilanzierung vorgenommen werden. Wie sich durch die Rechtsprechung des BVerfG zeigt, hat der Gesetzgeber gerade im Bereich des Bilanzsteuerrechts einen weitreichenden verfassungsrechtlichen Gestaltungsspielraum, da nach Auffassung des BVerfG[9] dem Grundsatz der Maßgeblichkeit der handelsrechtlichen Grundsätze ordnungsmäßiger Buchführung kein Verfassungsrang beizumessen ist.

2.1 Ansatzvorbehalte dem Grunde nach

Bei Ansatzverboten, -beschränkungen und Bewertungsbeschränkungen sind diejenigen 2589
Vorschriften, die die Bilanzierung dem Grunde nach verbieten oder beschränken, von denjenigen Vorschriften zu unterscheiden, die sich lediglich bei der Bewertung von den handelsrechtlichen Grundsätzen unterscheiden. Gesetzliche Ansatzverbote und -beschränkungen finden sich zumeist in § 5 EStG wieder. Die gesetzgeberische Herleitung und die jeweiligen Verwaltungsanweisungen zu den wichtigsten dieser Ansatzvorbehalte werden im Folgenden dargestellt:

6 Gesetzesentwurf des Bundesrates v. 8. 11. 2013 zur Anpassung des Investmentsteuergesetzes und anderen Gesetze an das AIFM-Umsetzungsgesetz (AIFM-Steuer-Anpassungsgesetz – AIFM-StAnpG).

7 Beschluss zur Anrufung des Vermittlungsausschusses durch den Bundesrat v. 7. 6. 2013 (BR-Drucks. 376/13).

8 Vgl. den vorangegangenen Antrag der Länder Nordrhein-Westfalen, Baden-Württemberg, Bremen, Hamburg, Hessen, Niedersachsen und Rheinland-Pfalz im BR vom 24. 10. 2013, BR-Drucks. 740/13.

9 BVerfG vom 12. 5. 2009, BStBl 2009 II S. 685.

2.1.1 Saldierungsverbot und Bewertungseinheit (§ 5 Abs. 1a EStG)

2590 Vor BilMoG bestand nach § 246 Abs. 2 HGB a. F. ein absolutes Saldierungsverbot für die Handelsbilanz, das nach dem Maßgeblichkeitsgrundsatz des § 5 Abs. 1 Satz 1 EStG auch für die steuerliche Gewinnermittlung bestand. Da im Rahmen des BilMoG jedoch § 246 Abs. 2 HGB um zwei weitere Sätze ergänzt wurde, die spezielle Ausnahmen vom Saldierungsverbot vorsehen, hat der Einkommensteuergesetzgeber in § 5 Abs. 1a Satz 1 EStG ein Klarstellung für erforderlich gehalten, wonach Wirtschaftsgüter, Schulden, Rechnungsabgrenzungsposten und sonstige Bilanzposten in der steuerlichen Gewinnermittlung in jedem Falle einzeln auszuweisen sind, also auch dann, wenn sie im Einzelfall nach § 246 Abs. 2 HGB zu verrechnen sind.[10]

Unabhängig von diesem neu eingefügten Satz 1, legt die bereits vor BilMoG geltende Regelung des § 5 Abs. 1a Satz 2 EStG[11] fest, dass die Ergebnisse der in der handelsrechtlichen Rechnungslegung zur Absicherung finanzwirtschaftlicher Risiken gebildeten Bewertungseinheiten auch für die steuerliche Gewinnermittlung maßgeblich sind.

Voraussetzung für die Bildung einer Bewertungseinheit ist damit – sowohl handelsrechtlich als auch steuerrechtlich – das Vorliegen eines Grundgeschäfts (Vermögensgegenstände, Schulden, schwebende Geschäfte oder mit hoher Wahrscheinlichkeit erwartete Transaktionen) und eines Sicherungsgeschäfts. Das Sicherungsgeschäft muss zum Ausgleich und zur Absicherung gegenläufiger Wertänderungen oder Zahlungsströme aus dem Eintritt vergleichbarer Risiken mit Finanzinstrumenten abgeschlossen sein.

2591 Bei Auslegung dieser Vorschrift ist fraglich, ob die Voraussetzung für die Bildung einer steuerlichen Bewertungseinheit zwangsläufig den Maßstäben der handelsrechtlichen Bewertungseinheit nach § 254 HGB entsprechen muss. Der Wortlaut bezieht sich zwar zunächst ausdrücklich auf das Ergebnis der in der handelsrechtlichen Rechnungslegung gebildeten Bewertungseinheit und ist damit ausdrücklich Ausfluss der Maßgeblichkeit des § 5 Abs. 1 Satz 1 EStG.[12] Gegen eine identische Bewertung steuerrechtlicher und handelsrechtlicher Bewertungseinheiten sprechen jedoch die zusätzlichen spezial-steuerrechtlichen Tatbestandvoraussetzungen des § 5 Abs. 1a Satz 2 EStG. Ebenso wie bei der handelsrechtlichen Bewertungseinheit ist zwar auch steuerrechtlich zwischen einem Grund- und einem Sicherungsgeschäft zu unterscheiden. Im Gegensatz zu den Voraussetzungen des § 254 HGB muss es sich steuerrechtlich aber um eine Absicherung finanzwirtschaftlicher Risiken handeln. Dieses Tatbestandsmerkmal spricht dafür, dass es keinen absoluten deckungsgleichen Anwendungsbereich des § 254 HGB und § 5 Abs. 1a EStG gibt. Vielmehr spricht dieses steuerrechtliche Tatbestandsmerkmal dafür, dass die Möglichkeit der Bildung einer steuerlichen Bewertungseinheit nach § 5 Abs. 1a Satz 2 EStG enger zu verstehen ist als die Möglichkeit der Bildung einer handelsrechtlichen Bewertungseinheit nach § 254 HGB. Diese Sichtweise wird in der Literatur teilweise mit Hinweis auf den Gesetzeszweck, einen Gleichklang des § 5 Abs. 1a EStG mit

10 Vgl. Gesetzentwurf der Bundesregierung vom 23. 5. 2008, BT-Drucks. 344/08.

11 Eingeführt durch das Gesetz zur Eindämmung missbräuchlicher Steuergestaltungen vom 28. 4. 2006, BGBl 2006 I S. 1095; BStBl 2006 I S. 353.

12 Zur sog. konkreten Maßgeblichkeit: *Weber-Grellet*, in: Schmidt, EStG, § 5 Rn. 71.

der handelsrechtlichen Bewertungseinheit herstellen zu wollen, nicht geteilt.[13] Meines Erachtens steht dieser Auffassung jedoch der eindeutige Wortlaut des § 5 Abs. 1a Satz 2 EStG entgegen, der eben nicht deckungsgleich mit den Voraussetzungen des § 254 HGB ist. Zu bedenken ist auch, dass § 254 HGB zeitlich erst nach § 5 Abs. 1a Satz 2 EStG im Gesetz verankert wurde. Der Steuergesetzgeber konnte daher bei Kodifizierung des § 5 Abs. 1a Satz 2 EStG eine mögliche gesetzliche „Bezugsgröße" im HGB noch gar nicht kennen. Konkrete Auswirkungen kann dieser Meinungsstreit bei den in § 254 Satz 2 HGB genannten Warentermingeschäften haben, die nach der o. g. „engeren" Leseart des § 5 Abs. 1a EStG nicht in einer steuerlichen Bewertungseinheit erfasst werden könnten.

Die Finanzverwaltung hat zur steuerrechtlichen Bewertungseinheit mit einer Verfügung der OFD Rheinland vom 11. 3. 2011[14] Stellung genommen. Hierin wird klargestellt, dass trotz möglicher Bildung einer Bewertungseinheit weiterhin die einzelnen Wirtschaftsgüter und Passivposten Objekt des Bilanzansatzes bleiben und lediglich für Zwecke der Bewertung saldiert werden.[15] Eine eigenständige Bewertung der in der Bewertungseinheit einbezogenen Wirtschaftsgüter nach den entsprechenden Bewertungsvorschriften kommt jedoch nicht mehr in Betracht. Nach der o. g. OFD-Verfügung ist eine Bewertungseinheit ausschließlich für Zwecke der Bewertung der Wirtschaftsgüter zu berücksichtigen.

In der Praxis stellt sich zusätzlich die Frage, in welchem Verhältnis eine Bewertungseinheit nach § 5 Abs. 1a Satz 2 EStG zu denjenigen Vorschriften steht, die die steuerliche Gewinnermittlung, Einkommensermittlung und Verlustverrechnung außerhalb der Bilanz betreffen. Dies betrifft vor allem die Vorschriften §§ 3 Nr. 40, 3c und 15 Abs. 4 EStG sowie § 8b EStG. Hierzu stellt die OFD-Verfügung vom 11. 3. 2011 heraus, dass dann, wenn Verluste und Gewinne tatsächlich innerhalb der Bewertungseinheit realisiert werden, diese Vorgänge nicht mehr unter Bewertungs-, sondern unter Realisationsgesichtspunkten zu beurteilen sind. Wie oben aufgezeigt, stellt die Bewertungseinheit lediglich ein Instrument der Bewertung dar und findet ihre Grenze bei einer tatsächlichen Realisation von Verlusten und Gewinnen außerhalb der Bewertung. Unter diesem Gesichtspunkt sind vom Regelungsbereich der Bewertungseinheiten die Vorschriften über die Gewinnermittlung, die Einkommensermittlung und die Verlustverrechnung strikt zu trennen, da es sich auch hier um eine andere „Ermittlungsebene" handelt. Damit sind von der Bewertungseinheit die Vorschriften §§ 3 Nr. 40, 3c und 15 Abs. 4 EStG sowie § 8b KStG ausgenommen. Diese Regelungen zielen auf tatsächliche Betriebsvermögensmehrungen und -minderungen ab und sind daher nicht „bewertungseinheitsfähig". 2592

Folge dieses Systemverständnisses ist es, dass die einzelnen Wirtschaftsvorfälle, die durch eine Bewertungseinheit abgebildet werden sollen, danach einzuteilen sind, ob sie bei einer möglichen Realisation wieder konkret individualisierbar und damit zuordenbar sind. Ist dies der Fall – so etwa bei **Micro-Hedges** –, ist das Grundgeschäft zu-

13 *Herzig/Briesemeister*, Ubg 2009 S. 157.

14 OFD Rheinland, Verfügung vom 11. 2. 2011, DB 2011 S. 737.

15 So auch *Christansen*, DStR 2003 S. 264.

nächst ausschließlich unter Berücksichtigung des Sicherungsgeschäftes zu bewerten.[16] Bei einer (späteren) Realisation, ist eine konkrete Zuordnung (weiterhin) möglich und die speziellen o. g. Gewinn- und Einkommensermittlungsvorschriften und die Verlustverrechnungsvorschriften sind anwendbar.

2593 Liegen demgegenüber nach Gruppen kategorisierte homogene Grundgeschäfte – wie bei **Marko-Hedges**[17] – oder „einfache" Zusammenfassungen von Grundgeschäften – wie **Portfolio-Hedges** – vor, ist zunächst eine Identifikation oder konkrete Verknüpfung von Grund- und Sicherungsgeschäften nicht (mehr) gegeben. Bei diesen beiden Formen des Grundgeschäfts wird lediglich ein sich ergebendes Netto-Risiko abgesichert und die Grundgeschäfte unterliegen einem bestimmten Preisrisiko. Im Rahmen der Bilanzierung kann das Gesamtrisiko lediglich durch den Ausweis einer Rückstellung abgebildet werden, deren Passivierung gemäß § 5 Abs. 4a Satz 2 EStG auch als Drohverlustrückstellung ausdrücklich zugelassen ist. Bei einer Realisation durch Veräußerung ist i. d. R. davon auszugehen, dass diese einzelnen Wirtschaftsvorfälle wiederum konkret bestimmbar sind und die o. g. einzelnen Gewinn- und Einkommensermittlungsvorschriften sowie die Vorschriften über die Verlustverrechnung Anwendung finden.

Weiter hat sich die Finanzverwaltung zu der Frage geäußert, welcher der beiden möglichen Bewertungsmethoden bei Bildung, Beibehalten und Beendigung einer Bewertungseinheit nach § 5 Abs. 1a Satz 2 EStG zur Anwendung gelangt. Hierzu gibt es zwei wesentliche Ansätze: die Netto-/Einfrierungsmethode oder die Bruttomethode.

2594 Bei der **Einfrierungsmethode** findet ein möglicher Gewinn oder Verlust als Übergang Berücksichtigung in der GuV. Dies führt dazu, dass bei einem Ausgleich von positiven und negativen Wertveränderungen oder Zahlungsströmungen innerhalb der Bewertungseinheit zwischen Grund- und Sicherungsgeschäft, diese Beträge saldiert werden und weder in den Wertansätzen des Grundgeschäfts noch bei dem Sicherungsinstrument noch in der GuV erfasst werden (kompensatorische Bewertung).[18] Diese Methode ermöglicht bei einer hundertprozentigen Risikoabsicherung eine erfolgsneutrale Auflösung der Bewertungseinheit. Ergibt sich hingegen ein Überhang aus negativen Wertveränderungen, ist entsprechend der OFD-Verfügung vom 11. 3. 2011 diese Differenz als nicht realisierter Verlust entsprechend § 5 Abs. 4a Satz 2 EStG als Drohverlustrückstellung abzubilden. Ein nicht realisierter Gewinn bleibt hingegen unberücksichtigt.

2595 Demgegenüber sieht die sog. **Bruttomethode** ein „Durchbuchen" des separat zu betrachtenden Aufwands und Ertrags in der GuV vor.[19] Die jeweiligen Erfolgsbeiträge der Bewertungseinheit sind auch für Zwecke außerbilanzieller steuerlichen Korrekturen (z. B. nicht abzugsfähige Betriebsausgaben) zu individualisieren.

Die OFD-Verfügung vom 11. 3. 2011 stellt zu diesen beiden Methoden heraus, dass nur die Nettomethode eine zutreffende Wiedergabe der Betriebsvermögensänderung gewährleistet und dem Anschaffungskostenprinzip und dem Realisationsprinzip gerecht

16 Vgl. *Hick*, in: HHR, § 5 EStG, Anm. 1642.
17 Zur Abgrenzung einzelner Hedge-Arten: *Förscher/Usinger*, Beck'scher Bilanz-Kommentar, § 254 Rz. 4.
18 *Hick*, in: HHR, § 5 EStG, Anm. 1649.
19 *Hahne*, BB 2006 S. 2291.

wird, die als übergeordnete Grundsätze dem Instrument der Bewertungseinheit Grenzen setzen.

2.1.2 Ansatzverbot für originär selbstgeschaffene Wirtschaftsgüter (§ 5 Abs. 2 EStG)

Mit § 5 Abs. 2 EStG hat der Gesetzgeber bereits im Rahmen des EStÄndG vom 2596
15. 5. 1969 für immaterielle Wirtschaftsgüter des Anlagevermögens festgeschrieben, dass sie nur dann als Aktivposten anzusetzen sind, wenn sie entgeltlich erworben wurden. Zusätzlich ist gemäß R 5.5 Abs. 2 Satz 1 i.V. m. R 4.3 Abs. 1 EStR ein Ausweis der immateriellen Wirtschaftsgüter des Anlagevermögens dann möglich, wenn sie in das Betriebsvermögen eingelegt wurden.

Durch das Gesetz zur Modernisierung des Bilanzrechts (BilMoG) wurde das bisher auch handelsrechtlich bestehende Aktivierungsverbot für selbstgeschaffene immaterielle Vermögensgegenstände aufgegeben. Die neue Fassung des § 248 Abs. 2 HGB sieht nunmehr vor, dass selbstgeschaffene immaterielle Vermögensgegenstände des Anlagevermögens wahlweise als Aktivposten in die Bilanz aufgenommen werden können. Von diesem Aktivierungswahlrecht ausgeschlossen sind selbstgeschaffene Marken, Drucktitel, Verlagsrechte, Kundenlisten oder vergleichbare immaterielle Vermögensgegenstände des Anlagevermögens. Damit hat sich der Gesetzgeber gegen die zunächst noch im Referentenentwurf des BilMoG[20] enthaltene grundsätzliche Aktivierungspflicht entschieden. Dieses neu eingeführte handelsrechtliche Aktivierungswahlrecht würde entsprechend der in § 5 Abs. 1 Satz 1 EStG angeordneten Maßgeblichkeit der handelsrechtlichen Grundsätze ordnungsmäßiger Buchführung[21] steuerrechtlich an sich zu einem Aktivierungsgebot führen.[22] Da hier jedoch ein ausdrückliches steuergesetzliches Aktivierungsverbot in § 5 Abs. 2 EStG besteht, führt das handelsrechtliche Aktivierungswahlrecht in diesem Fall eben nicht zu einem Aktivierungsgebot.

Folglich führt das handelsrechtlich neu verankerte Aktivierungswahlrecht zu einer 2597
möglichen Abweichung der Handelsbilanz von der Steuerbilanz. Das handelsrechtliche Aktivierungswahlrecht stellt eine Abweichung vom Vorsichtsprinzip dar, das vor BilMoG Grundlage für das bisher geltende Ansatzverbot des § 248 Abs. 2 HGB a. F. war. Der Grundgedanke war, dass nicht entgeltlich erworbene immaterielle Vermögensgegenstände schwer schätzbar sind und ihnen nur schwer ein objektivierter Wert zugewiesen werden konnte.[23] Deshalb war ein Ausweis dieser immateriellen Vermögensgegenstände handelsrechtlich vor BilMoG nur möglich, wenn sie entgeltlich erworben wurden und damit ein objektivierbarer Wert in Form von Anschaffungskosten vorlag. Dieses handelsrechtliche Wahlrecht besteht gemäß § 248 Abs. 2 Satz 2 HGB jedoch nicht für selbst geschaffene Marken, Drucktitel, Verlagsrechte, Kundenlisten oder vergleichbare Vermögensgegenstände des Anlagevermögens.

20 Vgl. Gesetzesentwurf der Bundesregierung zum BilMoG vom 8. 11. 2007, BT-Drucks. 16/10067.

21 Rn. 3 des BMF-Schreibens vom 12. 3. 2010, BStBl 2010 I S. 238.

22 BFH, Beschluss vom 3. 2. 1969 – GrS 2/68, BStBl 1969 II S. 291.

23 Vgl. BR-Drucks. 344/08 S. 106.

2598 Das Einkommensteuerrecht differenziert hingegen nicht zwischen verschiedenen Arten von immateriellen Wirtschaftsgütern und folgt damit generell dem Vorsichtsprinzip, dessen Ausfluss § 5 Abs. 2 EStG ist.[24] Dieser gesetzgeberischen Entscheidung liegt – ebenso wie dem vor BilMoG bestehenden handelsrechtlichen Aktivierungsverbot – die Einschätzung zugrunde, dass ein immaterielles Wirtschaftsgut erst durch einen entgeltlichen Erwerb einen objektivierten Wert in Form von Anschaffungskosten erlangt.

Zu der Frage, welche Folgen sich aus der gesetzlichen Festlegung[25] der betriebsgewöhnlichen Nutzungsdauer eines Geschäfts- oder Firmenwert als immaterielles entgeltlich erworbenes Wirtschaftsgut auf 15 Jahre ergeben, nimmt das BMF-Schreiben vom 20. 11 . 1986[26] Stellung.

2.1.3 Passivierungsbeschränkung für einnahme- und gewinnabhängige Verpflichtungen (§ 5 Abs. 2a EStG)

2599 In § 5 Abs. 2a EStG ist seit dem StBereinG 1999[27] festgelegt, dass für Verpflichtungen, die nur zur erfüllen sind, soweit künftige Einnahmen oder Gewinne anfallen, Verbindlichkeiten und Rückstellungen erst anzusetzen sind, wenn die Einnahmen oder Gewinne angefallen sind. Dadurch soll verhindert werden, dass steuersystematisch durch eine Passivierung am Bilanzstichtag das vorhandene Vermögen und die steuerliche Leistungsfähigkeit zu niedrig ausgewiesen würde. Der Gesetzgeber wollte hier im Hinblick auf damals ergangene BFH-Rechtsprechung[28] Steuerausfälle verhindern.[29] Es ist jedoch davon auszugehen, dass dem gesetzlichen Passivierungsverbot von gewinnabhängigen Verpflichtungen lediglich klarstellende Wirkung beizumessen ist,[30] während die Einbeziehung von einnahmeabhängigen Verpflichtungen konstitutive Bedeutung hat.[31] Da das Handelsrecht ein Passivierungsverbot in diesem Sinne nicht kennt und § 5 Abs. 2a ESG insofern auch teilweise eine Durchbrechung des Realisations- und Imparitätsprinzips als handelsrechtlichen Grundsatz ordnungsmäßiger Buchführung darstellt, findet der Maßgeblichkeitsgrundsatz insofern keine Anwendung.

Zum Anwendungsbereich des § 5 Abs. 2a EStG bei Rangrücktrittsvereinbarungen nimmt das BMF-Schreiben vom 8. 9. 2006[32] Stellung. Hiernach ist zivilrechtlich zunächst zwischen einem einfachen und einem qualifizierten Rangrücktritt zu unterscheiden. Von einem einfachen Rangrücktritt ist auszugehen, wenn der Schuldner und der Gläubiger vereinbaren, dass eine Rückzahlung lediglich dann zu erfolgen hat, wenn der Schuldner dazu aus zukünftigen Gewinnen, aus einem Liquidationsüberschuss oder aus anderem – freiem – Vermögen künftig in der Lage ist und der Gläubiger mit seiner

24 So die h. M.: *Knobbe/Keuk*, Bilanz- und Unternehmenssteuerrecht, 9. Aufl. S. 1993, 90; *Hey*, in: Tipke/Lang, Steuerrecht, 18. Aufl., § 17 Rz. 95.

25 Änderung des § 7 Abs. 1 EStG durch das Bilanzrichtlinien-Gesetz vom 19. 12. 1985, BGBl 1985 I S. 2355.

26 BMF, Schreiben vom 20. 11. 1986, BStBl 1986 I S. 532.

27 StBereinG 1999 vom 22. 12. 1999, BStBl 2000 I S. 13.

28 BFH, Urteile vom 3. 7. 1997, BStBl 1998 II S. 244; s. vom 17. 12. 1998, BStBl 2000 II S. 116; vom 4. 2. 1999, BStBl 2000 II S. 139.

29 BT-Drucks. 14/2070, S. 17 f.

30 So auch *Richter*, in: HHR, § 5 EStG, Anm. 1764.

31 *U. Prinz*, DStR 2000 S. 661.

32 BMF vom 8. 9. 2006, BStBl 2006 I S. 497.

Forderung im Rang hinter alle anderen Gläubiger zurücktritt. Bei einem qualifizierten Rangrücktritt tritt zusätzlich die Abrede hinzu, dass der Gläubiger wegen der Forderung erst nach Befriedigung sämtlicher anderer Gläubiger der Gesellschaft und – bis zur Abwendung der Krise – auch nicht vor, sondern nur gleichzeitig mit den Einlagenrückgewähransprüchen der Gesellschaft berücksichtig wird. Er soll also so behandelt werden, als handele es sich bei seiner Forderung um statuiertes Kapital.[33] Ziel dieser Vereinbarung muss es sein, die Verbindlichkeit in der insolvenzrechtlichen Überschuldungsbilanz der Gesellschaft nicht auszuweisen.

Die Finanzverwaltung differenziert bei der Anwendung des § 5 Abs. 2a EStG sodann danach, ob es sich um einen Forderungsverzicht einerseits oder um einen einfachen und **qualifizierten Rangrücktritt** andererseits handelt. Bei Letzterem erklärt der Gläubiger sinngemäß, dass er wegen der Forderung erst nach Befriedigung sämtlicher anderer Gläubiger der Gesellschaft und auch nicht vor, sondern nur zugleich mit den Einlagenrückgewähransprüchen der Gesellschaft berücksichtigt werden will. In der Steuerbilanz der Gesellschaft als Schuldnerin ist die Verbindlichkeit auch weiterhin als Fremdkapital auszuweisen. Es fehlt i. d. R. an der für die Anwendung des § 5 Abs. 2a EStG erforderlichen Abhängigkeit des Ansatzes der Verbindlichkeit von entsprechenden Gewinnen oder Einnahmen. 2600

Das o. g. BMF-Schreiben stellt sodann heraus, dass ein **einfacher Rangrücktritt**[34] ausnahmsweise dann eine Auswirkung auf das Passivierungsverbot des § 5 Abs. 2a EStG hat, wenn eine bestimmte zeitliche Abhängigkeit zwischen dem Ansatz der Verbindlichkeit und Gewinnen und Einnahmen im Zahlungsjahr besteht. Als weitere Voraussetzung muss jedoch bei einem **einfachen Rangrücktritt**, die Vereinbarung eine Bezugnahme auf die Möglichkeit einer Tilgung auch aus sonstigem freien Vermögen enthalten. Nur dann ist der Ansatz von einer Verbindlichkeit oder einer Rückstellung gemäß § 5 Abs. 2a EStG ausgeschlossen. Diese Verwaltungsauffassung wurde jüngst vom BFH in seinem Urteil vom 30. 11. 2011[35] bestätigt. Der BFH hat hier entschieden, dass eine Verbindlichkeit, die nur aus künftigen Gewinnen oder einem etwaigen Liquidationsüberschuss erfüllt werden muss, mangels gegenwärtiger wirtschaftlicher Belastungen nicht ausgewiesen werden kann. Der BFH hatte hierbei über einen Sachverhalt zu entscheiden, bei dem im Falle einer Überschuldung ein Rangrücktritt der Gläubigerin hinter die Forderungen aller übrigen Gläubiger vereinbart wurde und gleichzeitig die Befriedigungsmöglichkeit ihrer Gesamtforderung auf künftige Jahresüberschüsse oder ggf. Liquidationsüberschüsse beschränkt wurde. Der BFH kommt zu dem Ergebnis, dass es in diesem Fall an einer wirtschaftlichen Belastung fehle, da die Befriedigung der Verbindlichkeit nur auf künftige Überschüsse beschränkt sei. Die Verbindlichkeit sei dementsprechend gemäß § 5 Abs. 2a EStG nicht auszuweisen. Der Fall sei jedoch anders zu beurteilen, wenn die Vereinbarung eine ausdrückliche Bezugnahme auf die Tilgung aus sonstigem Vermögen enthalten würde.

33 Vgl. hierzu BGH, Urteil vom 8. 1. 2001, BGHZ 146, 264.

34 Allgemein zum Rangrücktritt nach dem MoMiG vgl. *Henkel/Wentzler*, GmbHR 2013 S. 239.

35 BFH, Urteil vom 30. 11. 2011, BStBl 2012 II S. 332.

2601 Der BFH bestätigt damit die im BMF-Schreiben vom 8. 9. 2006 vertretene Verwaltungsauffassung, wonach der Tatbestand des § 5 Abs. 2a EStG nicht erfüllt ist, wenn vereinbart ist, dass eine Rückzahlung nur zu erfolgen hat, wenn der Schuldner dazu aus zukünftigen Gewinnen, aus dem Liquidationsüberschuss oder aus **sonstigem freien Vermögen** künftig in der Lage ist. Entgegen einer Literaturmeinung stellt diese BFH-Entscheidung auch im Hinblick auf die Änderungen durch das MoMiG[36] keinen Widerspruch zur bestehenden Verwaltungsauffassung dar. Mit dem MoMiG vom 23. 10. 2008 wurde das Eigenkapitalersatzrecht grundlegend geändert. Bei Rangrücktrittsvereinbarungen gemäß § 19 Abs. 2 InsO tritt die mit dem Rangrücktritt belegte Gesellschafterforderung gegenüber den Forderungen aller anderen Gläubiger nach § 39 Abs. 1 bis 5 InsO unabhängig von ihrer vertraglichen Ausgestaltung im Rang zurück. Dies wäre mit den im BMF-Schreiben dargestellten gesellschafts- und zivilrechtlichen Ausgestaltungen eines qualifizierten Rangrücktritts vergleichbar. Auch wenn der BFH keine – so wie im BMF-Schreiben vorgenommene – Unterscheidung zwischen qualifiziertem und einfachem Rangrücktritt vornimmt, stellt die Aussage des BMF-Schreibens zum sog. qualifizierten Rangrücktritt keine ausschließliche Regelung dergestalt dar, dass hier stets die Anwendung des § 5 Abs. 2a EStG zu verneinen ist und der Bezug auf die Tilgung aus sonstigem freien Vermögen völlig unerheblich zu sein scheint. Vielmehr bezieht sich die Regelung zur Anwendung des § 5 Abs. 2a EStG bei einem qualifizierten Rangrücktritt unter Rdnr. 7 des BMF-Schreibens lediglich auf die vorab im BMF-Schreiben dargestellte zivil- und gesellschaftsrechtliche Ausgestaltung eines Rangrücktritts. Nach Änderung der Insolvenzordnung in § 19 Abs. 2 InsO durch das MoMiG[37] und aufgrund der fehlenden Unterscheidung des BFH zwischen qualifizierten und einfachen Rangrücktritt könnte über eine entsprechende Anpassung der Verwaltungsauffassung nachgedacht werden. Das BMF-Schreiben jedoch aufgrund der aktuellen BFH-Rechtsprechung als „überholt“ anzusehen,[38] ist m. E. aus fachlicher Sicht abzulehnen, da ich keinen Widerspruch sehe. Der BFH hat lediglich nicht die vom BMF-Schreiben vorgenommene Unterscheidung zwischen einfachem und qualifiziertem Rangrücktritt nachvollzogen. Dies stellt die Aussagen des BMF-Schreibens zum qualifizierten Rangrücktritt jedoch nicht schon automatisch in Frage. Für die Anwendung des § 5 Abs. 2a EStG lässt sich aus dem BFH-Urteil vom 30. 11. 2011[39] ableiten, dass eine Verbindlichkeit dann nicht passiviert werden darf, wenn eine wirtschaftliche Belastung des gegenwärtigen Vermögens am Bilanzstichtag nicht vorliegt. Dies gilt auch für die durch das MoMiG in der InsO neu geregelten Gesellschafterdarlehen i. S. d. § 19 Abs. 2 Satz 2 i. V. m. § 39 InsO.[40] Vorausgesetzt, auch in diesen Fällen fehlt die Möglichkeit der Tilgung auch aus sonstigem freien Vermögen, gehe ich entsprechend der vom BFH mit o. g. Urteil aufgestellten Grundsätzen davon aus, dass ein Passivierungsverbot nach § 5 Abs. 2a EStG gegeben ist. Und auch für den Sachverhalt, in dem ein qualifizierter Rang-

36 Gesetz zur Modernisierung des GmbH-Rechts und zur Bekämpfung von Missbräuchen (MoMiG) vom 1. 11. 2008, BGBl 2008 I S. 2026.

37 Hierzu *Kahlert/Gehrke*, DStR 2010 S. 227.

38 So wohl *Kahlert*, NWB 2012 S. 2141.

39 BFH, Urteil vom 30. 11. 2011, BStBl 2012 II S. 332.

40 Zu den Besonderheiten nach der Änderungen der InsO: *Rätke*, StuB 2012 S. 338; *Hamminger*, NWB 2012 S. 1498

rücktritt abweichend von Rdnr. 2 des BMF-Schreibens mit einer – z. B. auf künftige Gewinne – beschränkenden Tilgungsvereinbarung i. S. d. § 5 Abs. 2a EStG verknüpft wird, ist auch hier – wie bei der Formulierung in Rdnr. 1 des BMF-Schreibens für den einfachen Rangrücktritt – eine Passivierung ausgeschlossen, wenn eine Tilgungsmöglichkeit aus sonstigem freien Vermögen fehlt.

2.1.4 Ansatzbeschränkungen bei „besonderen Rückstellungen" (§ 5 Abs. 3 und 4 EStG)

Mit der Einführung des § 5 Abs. 3 EStG im Rahmen des HBegleitG 1983[41] hat der Gesetzgeber festgelegt, dass bei einer Verletzung fremder Patent-, Urheber- oder ähnlicher Schutzrechte ein Anspruch bereits geltend gemacht werden muss oder zumindest mit der Inanspruchnahme wegen Rechtsverletzung ernsthaft zu rechnen ist, damit es zum Ausweis einer Rückstellung kommen kann. Weiter stellt der Gesetzgeber in Satz 2 typisierend heraus, dass eine zuvor gebildete Rückstellung wegen Rechtsverletzung dann wieder aufzulösen ist, wenn Ansprüche nach dem dritten Wirtschaftsjahr nach der Rechtsverletzung nicht geltend gemacht wurden. 2602

Die Finanzverwaltung nimmt in den Einkommensteuer-Richtlinien[42] konkretisierend zu der Regelung des § 5 Abs. 3 EStG wie folgt Stellung: 2603

> „Rückstellungen für ungewisse Verbindlichkeiten wegen Benutzung einer offengelegten, aber noch nicht patentgeschützten Erfindung sind nur unter den Voraussetzungen zulässig, die nach § 5 Abs. 3 EStG für Rückstellungen wegen Verletzung eines Patentrechts gelten. Das Auflösungsgebot in § 5 Abs. 3 bezieht sich auf alle Rückstellungsbeträge, die wegen der Verletzung ein und desselben Schutzrechts passiviert worden sind. Hat der Stpfl. nach der erstmaligen Bildung der Rückstellung das Schutzrecht weiterhin verletzt und deshalb die Rückstellung in den folgenden Wirtschaftsjahren erhöht, beginnt für die Zuführungsbeträge keine neue Frist. Nach Ablauf der Drei-Jahres-Frist sind weitere Rückstellungen wegen Verletzung desselben Schutzrechts nicht zulässig, solange Ansprüche nicht geltend gemacht worden sind."

Da eine dem § 5 Abs. 3 EStG vergleichbare Regelung im HGB fehlt, kann es auch hier zu Abweichungen zwischen einem Rückstellungsausweis in der Steuerbilanz und der Handelsbilanz kommen. Ob § 5 Abs. 3 Satz 2 EStG zu einer Durchbrechung des Maßgeblichkeitsgrundsatzes führt, ist in der Literatur umstritten.[43] Meines Erachtens führt die Regelung des § 5 Abs. 3 EStG zwar zu möglichen Abweichungen in der Steuerbilanz im Verhältnis zur Handelsbilanz. Da jedoch Satz 1 lediglich eine Konkretisierung des Wahrscheinlichkeitsmaßstabs darstellt und als Reaktion auf BFH-Rechtsprechung[44] zu verstehen ist, müsste sich die steuerliche Abweichung von der handelsrechtlichen Passivierung einer Rückstellung im konkreten Einzelfall in Grenzen halten.

41 HBegleitG 1983, BGBl 1982 I S. 1857.

42 R 5.7 (10) EStR 2012.

43 Zum Meinungsstand vgl. *Anzinger*, in: HHR, § 5 EStG, Anm. 1802.

44 BFH, Urteil vom 11. 11. 1981 – I R 157/79, BStBl 1982 II S. 748.

2604 Anders dürfte es sich sicherlich im Falle der Regelung zur Bildung einer Rückstellung für die Verpflichtung zu einer Zuwendung anlässlich eines Dienstjubiläums des § 5 Abs. 4 EStG verhalten. Diese Ansatzbeschränkung wurde mit dem StReformG 1990[45] eingeführt. Die Verfassungsmäßigkeit dieser Passivierungsbegrenzung, die unstrittig zur Durchbrechung der Maßgeblichkeit führt, wurde im Schrifttum von Beginn an bezweifelt.[46] Zwischenzeitlich wurde jedoch die Verfassungsmäßigkeit durch das BVerfG mit Entscheidung vom 12. 5. 2009[47] ausdrücklich bestätigt. Hier bejaht das BVerfG die verfassungsrechtliche Unbedenklichkeit der Durchbrechung der Maßgeblichkeit der handelsrechtlichen Grundsätze ordnungsmäßiger Buchführung i. S. d. § 5 Abs. 4 EStG. Das BVerfG misst der Maßgeblichkeit der handelsrechtlichen Grundsätze ordnungsmäßiger Buchführung keinen Verfassungsrang bei[48] und sieht darüber hinaus in steuerlichen Vorbehaltsvorschriften in Form eines Rückstellungsverbots keine Abweichung vom Prinzip der Besteuerung nach der Leistungsfähigkeit sowie vom objektiven Nettoprinzip. Diese Grundsätze des BVerfG sind m. E. auf sämtliche Ansatzvorbehalte des § 5 EStG zu übertragen, da sich der Gesetzgeber jeweils verfassungsrechtlich unbedenklich bewusst für eine Durchbrechung des einfachgesetzlichen Maßgeblichkeitsgrundsatzes des § 5 Abs. 1 EStG entschieden hat und das BVerfG in seiner Entscheidung zu erkennen gegeben hat, dass es dem Gesetzgeber im Bereich des Bilanzsteuerrechts, bei dem es gerade auf dem Gebiet der Rückstellungsbildung nur um eine „periodische Verschiebung" geht, einen weitreichenden Gestaltungsspielraum einräumt.

2605 Zu den Voraussetzungen für die Bildung von Rückstellungen für Zuwendungen anlässlich eines Dienstjubiläums nimmt die Finanzverwaltung im BMF-Schreiben vom 8. 12. 2008[49] Stellung:

> „Hiernach ist eine Jubiläumszuwendung jede Einmalzuwendung in Geld- oder Geldeswert an den Arbeitnehmer anlässlich eines Dienstjubiläums, die dieser neben dem laufenden Arbeitslohn und anderen sonstigen Bezügen erhält. Dazu gehören auch zusätzliche Urlaubstage im Jubiläumsjahr."

Liegen die Voraussetzungen des § 5 Abs. 4 EStG vor, kann eine Rückstellung aber dennoch nicht angesetzt werden, wenn der Steuerpflichtige nicht ernsthaft damit rechnen muss, aus der Zusage auch tatsächlich in Anspruch genommen zu werden.[50] Rückstellungen für Jubiläumszuwendungen dürfen nach § 5 Abs. 4 EStG nur passiviert werden, wenn die Zusage schriftlich erteilt wurde. Hierzu legt das BMF-Schreiben fest, dass hinsichtlich des Schriftformerfordernisses R 6a Abs. 7 EStR entsprechend anzuwenden ist. Hinsichtlich der Bewertung einer Jubiläumsrückstellung nach § 5 Abs. 4 EStG regelt das BMF-Schreiben, dass für die Bewertung der zugesagten Leistung die Wertverhältnisse am Bilanzstichtag maßgebend sind. Die Grundsätze der Inventurerleichterung bei der Bewertung von Pensionsrückstellungen gemäß R 6a Abs. 18 EStR sind entsprechend anzuwenden. Soll der Arbeitgeber die Lohnsteuerbelastung des Arbeitnehmers tragen

45 StReformG 1990 vom 25. 7. 1988, BGBl 1988 I S. 1093, BStBl 1988 I S. 224.

46 *Höfer*, DStR 2000 S. 372; *Knobbe-Keuk*, BB 1988 S. 1086.

47 BVerfG, Beschluss vom 12. 5. 1999 – 2 BvL 1/00, BVerfGE 123, 111.

48 So jedoch *Schlotter*, FR 2007 S. 951; *Hey*, BB 2000 S. 1453.

49 BMF-Schreiben vom 8. 12. 2008, BStBl 2008 I S. 1013.

50 Vgl. zur Wahrscheinlichkeit der Inanspruchnahme: R 5.7 Abs. 6 EStR.

(Nettolohnvereinbarung), ist der am Bilanzstichtag geltende Steuertarif zu berücksichtigen. Änderungen der Bemessungsgrundlage oder des Steuertarifs, die erst nach dem Bilanzstichtag wirksam werden, sind zu berücksichtigen, wenn sie am Bilanzstichtag bereits feststehen.

2.1.5 Drohverlustrückstellung (§ 5 Abs. 4a EStG)

Eine der zu der Rückstellungsbeschränkung für Jubiläumszusagen vergleichbare verfas- 2606
sungsrechtliche Diskussion findet sich zum Ansatzverbot des § 5 Abs. 4a EStG wieder.[51] Mit dem Gesetz zur Fortsetzung der Unternehmenssteuerreform von 29. 10. 1997[52] hat der Gesetzgeber ein grundsätzliches Passivierungsverbot für drohende Verluste aus schwebenden Geschäften eingeführt. Dieses Passivierungsverbot stellt ebenfalls eine Durchbrechung der Maßgeblichkeit der handelsrechtlichen Grundsätze ordnungsmäßiger Buchführungen dar, weil das handelsrechtliche Vorsichts- und Imparitätsprinzip es gebietet, drohende Verluste aus schwebenden Geschäften zwingend bereits im Jahr der Entstehung aufwandswirksam zu erfassen.[53] Die o. g. Entscheidung des BVerfG vom 12. 5. 2009[54] ist m. E. auch übertragbar auf das Passivierungsverbot hinsichtlich der Drohverlustrückstellung. Das BVerfG hat für den gesetzlichen Ansatzvorbehalt für Jubiläumsrückstellungen entschieden, dass eine steuerbilanzrechtliche Abweichung von dem handelsrechtlichen Vorsichtsprinzip bei der Bildung von Rückstellungen nicht zu den zentralen Fragen gerechter Belastungsverteilung gehöre und daher das Gebot der folgerichtigen Ausgestaltung steuergesetzlicher Belastungsentscheidungen nur insoweit verletzt sei, als sich kein sachlicher Grund hierfür finden lasse.[55] In der anschließenden Willkürprüfung und der Überprüfung eines möglichen Verstoßes gegen das gleichheitsrechtliche Gebot der Folgerichtigkeit kommt das BVerfG zu dem Ergebnis, dass es nicht Aufgabe des BVerfG sei, die „Richtigkeit" von Lösungen komplexer dogmatischer Streitfragen zu überprüfen, die im Bereich des Steuerbilanzrechts und gerade auf dem Gebiet der Rückstellungsbildung typischerweise auftreten. Zu den nicht ohne weiteres verfassungsrechtlich erheblichen Einzelregelungen bei der Ausgestaltung von Steuertatbeständen würden Entscheidungen des Steuergesetzgebers zur Begrenzung des Grundsatzes der Maßgeblichkeit und zur Bildung für Rückstellungen nach dem handelsrechtlichen Grundsatz zählen. Diese Ausführungen lassen m. E. Rückschlüsse auf die verfassungsrechtliche Relevanz anderer Ansatzverbote und -beschränkungen im § 5 EStG zu, denn das BVerfG räumt dem Gesetzgeber gerade deshalb einen weiten Gestaltungsspielraum ein, weil es hier lediglich um den Zeitpunkt einer Passivierung einer Verpflichtung geht. Schließlich stellt eine Rückstellung immer einen antizipierten Verlust dar. Fraglich ist, ob der Gesetzgeber einen frühzeitigen Ausweis dieses Verlusts zulässt und ihn damit periodisch „vorzieht". Da der Gesetzgeber keinen defini-

51 Vgl. hierzu *U. Prinz/Hörhammer*, Schuldübernahme, Schuldfreistellung und Schuldbeitritt, Stbjb, 2012/2013 S. 307.

52 Gesetz zur Fortsetzung der Unternehmenssteuerreform vom 29. 10. 1997, BGBl 1997 I S. 2550, BStBl 1997 I S. 928.

53 *Rade/Stobbe*, in: HHR, § 5 EStG, Anm. 1852.

54 BVerfG, Beschluss vom 12. 5. 2009 – 2 BvL 1/00, BVerfGE 123, 11.

55 So auch der BFH zur Frage der Verfassungsmäßigkeit des Abzinsungsgebotes gemäß § 6 Abs. 1 Nr. 3a Buchst. e EStG: BFH, Urteil vom 5. 5. 2011 – IV R 32/07, BStBl 2012 II S. 98.

tiven Ausschluss dieses Verlustausweises vorsieht, so dass die spätere Geltendmachung eines tatsächlich entstandenen Verlusts nicht in Frage steht, begegnet das Ansatzverbot einer Rückstellung keinen verfassungsrechtlichen Bedenken. Die Verlustrückstellung führt – würde ihre Passivierung weiterhin möglich sein – lediglich zu einer „Verschiebung" der Steuerlast und die Gesamthöhe der Steuerbelastung wird nicht tangiert.[56] Damit stellen sämtliche Ansatzverbote und -beschränkungen des § 5 EStG, also auch das Ausweisverbot einer Drohverlustrückstellung, keine Abweichung vom verfassungsrechtlichen Prinzip der Besteuerung nach der Leistungsfähigkeit sowie vom objektiven Nettoprinzip dar. Verfassungsrechtlich allein problematisch erscheinen die Fälle, in denen periodisch nicht zugelassene Passivierungsbeschränkungen gleichzeitig auf Verlustabzugsbeschränkungen treffen. Dann kann es indirekt zu einer absoluten Versagung des Verlustes durch die zuvor eingreifende Passivierungsbeschränkung kommen. Hier stellt sich m. E. jedoch verfassungsrechtlich nicht die Frage, ob die Passivierungsbeschränkung aufgrund der Kombination mit einer Verlustbeschränkung als solches gegen den Leistungsfähigkeitsgrundsatz verstößt.[57] Vielmehr dürfte in diesen Fällen m. E. die jeweilige Verlustbeschränkung (z. B. § 10d EStG, § 8c KStG) auf den verfassungsrechtlichen Prüfstand zu stellen sein, denn nur sie führt im Ergebnis zur Nichtanerkennung eines Verlusts „in der Totalen". Zu der sog. Mindestbesteuerung hat der BFH aktuell in seinem Urteil vom 22. 8. 2012[58] entschieden, dass diese insoweit keinen verfassungsrechtlichen Bedenken begegnet, als der Verlust nicht gänzlich versagt bleibt, sondern lediglich zeitlich gestreckt wird. Bereits mit Beschluss vom 26. 8. 2010[59] hatte der BFH lediglich insofern ernstliche Zweifel an der Verfassungsmäßigkeit der Mindestbesteuerung geäußert, als sie für einen endgültigen Ausfall des Verlustabzugs keine gesetzliche Vorsorge treffe. Der BFH kam deshalb hier zu einer verfassungskonformen Normauslegung und ließ offen, ob § 8c KStG nicht seinerseits Verfassungsbedenken aufwerfe. Mit Bezug auf die Rechtsprechung des BVerfG[60] kommt der BFH in seinen aktuellen Urteilen vom 22. 8. 2012 und vom 20. 9. 2012[61] ebenso zu dem Ergebnis, dass der Verlustvortrag nicht verfassungsrechtlich garantiert sei. Dies gilt entsprechend der BFH-Rechtsprechung jedenfalls für die Fälle, in denen kein „Definitiveffekt",[62] also kein endgültiger Ausschluss der Verlustnutzung, eintritt.

2.1.6 Rechnungsabgrenzungsposten (§ 5 Abs. 5 EStG)

2607 Nach § 5 Abs. 5 Satz 1 EStG ist die Rechnungsabgrenzung auf die sog. transitorischen Posten beschränkt. Es kommen danach für die Rechnungsabgrenzung i. d. R. nur Ausgaben und Einnahmen in Betracht, die vor dem Abschlussstichtag angefallen, aber erst

56 *Weber-Grellet*, DB 1997 S. 2233.

57 So auch zur Frage der Verfassungsmäßigkeit des Abzinsungsgebots gem. § 6 Abs. 1 Nr. 3a Buchst. E EStG: BFH, Urteil vom 5. 5. 2011 – IV R 32/07, BStBl 2012 II S. 98.

58 BFH, Urteil vom 22. 8. 2012 – I R 9/11, BStBl 2013 II S. 513.

59 BFH, Beschluss vom 26. 8. 2010 – I B 49/10, BStBl 2011 II S. 826.

60 BVerfG, Beschluss vom 8. 3. 1978 – 1 BvR 117/78, HFR 1978 S. 293; BVerfG, Beschluss vom 30. 10. 1980 – 1 BvR 785/80, HFR 1981 S. 181.

61 Zum gewerbesteuerlichen Verlustvortrag : BFH, Urteil vom 20. 9. 2012 – IV R 36/10, BFHE 238, 429.

62 Zur Unterscheidung zwischen temporären und definitiven Steuereffekten: s. den BVerfG-Beschluss in BVerfGE 123, 111; s. a. die BFH-Urteile vom 25. 2. 2010 – IV R 37/07, BStBl 2010 II S. 784 und vom 20. 9. 2012 – IV R 36/10, BStBl 2013 II S. 498, zum gewerbesteuerlichen Verlustvortrag.

der Zeit nach dem Abschlussstichtag zuzurechnen sind.[63] Die Bildung eines Rechnungsabgrenzungspostens ist nur zulässig, soweit die vor dem Abschlussstichtag angefallenen Ausgaben oder Einnahmen Aufwand oder Ertrag für eine bestimmte Zeit nach dem Abschlussstichtag darstellen.

In der Betriebsprüfungspraxis wurden vermehrt Fälle, bei denen es zur verbilligten Abgabe von Mobiltelefone kam, streitig gestellt, da sich hier die Frage stellte, ob die Aufwendungen von Mobilfunkunternehmen für die verbilligt überlassenen Telefone sofort abziehbare Betriebsausgaben darstellten oder ob sie entsprechend der Laufzeit der parallel abgeschlossenen Dienstleistungsverträge abzugrenzen sind. Zu einem entsprechenden Fall hat nun der BFH mit Urteil vom 15. 5. 2013[64] entschieden, dass für die verbilligte Abgabe von Mobiltelefonen bei gleichzeitigem Abschluss von Mobilfunkdienstleistungs-Verträgen mit 24-monatiger Mindestlaufzeit das Mobilfunkunternehmen aktive Rechnungsabgrenzungsposten zu bilden hat. Damit bestätigt der BFH die Auffassung der Finanzverwaltung im BMF-Schreiben vom 20. 6. 2005,[65] wonach beim Telekommunikationsunternehmen mit dem Abfluss des Sachwertes eine Ausgabe vorliegt, wenn es die Verfügungsmacht über den hingegebenen Gegenstand verliert. Diese Ausgabe war nach Verwaltungsauffassung als Aufwand dem Ertragszeitraum (das ist der Zeitraum, in dem die Gebühren zufließen) wirtschaftlich im Wege eines aktiven Rechnungsabgrenzungspostens zuzurechnen.

Mit Bestätigung dieser Rechtsauffassung stellt der BFH außerdem klar, dass als „Ausgabe" i. S. d. § 5 Abs. 5 Satz 1 Nr. 1 EStG nicht nur Bar- und Buchgeldzahlungen, sondern auch Vermögensminderungen durch geldwerte Sachleistungen – hier die Hingabe der Telefone unter Einstandspreis – in Betracht kommen. Der BFH geht hierbei davon aus, dass es sich bei der verbilligten Abgabe der Mobiltelefone um einen Zuschuss des Mobilfunkunternehmens an den Kunden handelt, der allerdings nicht in bar gezahlt wird, sondern unmittelbar mit dem Kaufpreis für das Mobiltelefon verrechnet wird. Dieses Urteil ist aus meiner Sicht insofern konsequent, als in aktueller Zeit die Mobilfunkunternehmen dazu übergegangen sind, die mehrjährigen Kundenverträge nicht nur mit der verbilligten Überlassung von Telefonen zu kombinieren, sondern vielmehr auch zusätzlich Einmalzahlungen als Prämie „auszuloben". Hier könnte man auch nicht ernsthaft in Frage stellen, diese Prämien gemäß § 5 Abs. 5 EStG über die Laufzeit des jeweiligen Vertrags abzugrenzen. Was jedoch für eine Geldleistung gelten muss, ist wirtschaftlich auch für eine Sachleistungsverpflichtung anzuwenden. 2608

Weiterhin sei auf zwei weitere BMF-Schreiben hinsichtlich der Rechnungsabgrenzung gemäß § 5 Abs. 5 EStG hingewiesen. Mit Schreiben vom 4. 10. 2005[66] hat die Finanzverwaltung zu der ertragsteuerlichen Beurteilung von sog. Öffentlichen privaten Partnerschaften – ÖPP (Public Privat Partnerships – PPP) Stellung genommen. Der Gesetzgeber hat mit dem Gesetz über die Erhebung streckenbezogener Gebühren für die Benutzung

63 R 5.6 Abs. 1 EStR 2012.

64 BFH, Urteil vom 15. 5. 2013 – I R 77/08, BStBl 2013 II S. 730; Bestätigung des Senatsbeschlusses vom 7. 4. 2010 – I R 77/08, BStBl 2010 II S. 739.

65 BMF, Schreiben vom 20. 6. 2005, BStBl 2005 I S. 801.

66 BMF, Schreiben vom 4. 10. 2005, BStBl 2005 I S. 916.

von Bundesautobahnen mit schweren Nutzfahrzeugen – Autobahnmautgesetz für schwere Nutzfahrzeuge – ABMG[67] – die Verkehrsinfrastruktur verbessern wollen. Dazu können für den Bau und die Unterhaltung öffentlicher Straßen private Unternehmer (als Konzessionsnehmer) eingesetzt werden. Bei der rechtlichen Ausgestaltung des Verkehrsprojekts nach dem sog. A-Modell, das im BMF-Schreiben näher dargestellt wird, werden von den Konzessionsnehmern Autobahnstreckenabschnitte errichtet und auch im verkehrsrechtlichen Sinne betrieben, der Bund (als Konzessionsgeber) bleibt jedoch Eigentümer des Autobahnstreckenabschnitts und ist allein berechtigt, für die Benutzung Mautgebühren zu erheben. Unter Einhaltung sämtlicher im genannten BMF-Schreiben dargestellter vertraglicher Voraussetzungen geht die Finanzverwaltung davon aus, dass die vertragliche Ausgestaltung des A-Models ein Dauerschuldverhältnis mit unterschiedlichen zeitraumbezogenen Leistungen darstellt. Dieses Dauerschuldverhältnis ist als schwebendes Geschäft grundsätzlich nicht bilanzwirksam. Das BMF-Schreiben schreibt zudem vor, dass in Höhe der Ausbaukosten, abzüglich einer etwaigen Anschubfinanzierung, eine Vorleistung des Konzessionsnehmers vorliegt. Die anfallenden Aufwendungen sind daher während der Bauphase ebenso wie die Anschubfinanzierung gewinnneutral zu behandeln (d. h. wie eine Anzahlung) und nach Fertigstellung und Abnahme des Bauwerks in einen aktiven Rechnungsabgrenzungsposten nach § 5 Abs. 5 Satz 1 Nr. 1 EStG einzustellen. Dieser Posten ist bis zum Ende des Konzessionszeitraums in gleichmäßigen Raten aufzulösen.

Aktuell stellt das BMF-Schreiben vom 27. 5. 2013[68] klar, dass die im BMF-Schreiben vom 4. 10. 2005 aufgestellten bilanziellen Grundsätze auch bei der Beurteilung anderer Projekte Öffentlich Privater Partnerschaften zum Tragen kommen können. Andere Projekte Öffentlich Privater Partnerschaften sind dabei insbesondere F-Modelle (Konzessionsmodell, z. B. Errichtung und Betrieb eines Tunnels) und Modelle im öffentlich Hochbau (z. B. Errichtung und Betrieb einer Schule). Bei der Beurteilung des jeweiligen steuerlichen Einzelsachverhalts sind die konkreten Vertragsvereinbarungen zu berücksichtigen. Sind die in den beiden BMF-Schreiben dargestellten vertraglichen Voraussetzungen erfüllt, kann es auch bei anderen Modellen zur Einstellung eines Rechnungsabgrenzungspostens auf Seiten des Konzessionsnehmers nach Fertigstellung kommen.

2.1.7 Die wirtschaftliche Verursachung als Voraussetzung einer Rückstellungspassivierung

2609 Neben den hier dargestellten gesetzlichen Ansatzvorschriften gibt es besonders im Bereich der Rückstellungen eine Anzahl von ungeschriebenen Voraussetzungen, die zum größten Teil auf höchstrichterliche Rechtsprechung zurückzuführen sind, die sich vor allem aus dem Imparitätsprinzip ergeben, das als Grundsatz ordnungsmäßiger Buchführung gemäß § 252 Abs. 1 Nr. 4 HGB verankert ist und auch für die Steuerbilanz maßgeblich ist.

67 ABMG, Neufassung vom 2. 12. 2004, BGBl 2004 I S. 3122.

68 BMF, Schreiben vom 27. 5. 2013, BStBl 2013 I S. 722.

Die Finanzverwaltung hat unter R 5. 7 Abs. 2 EStR versucht, diese von der Rechtsprechung entwickelten Grundsätze zusammen zu fassen. Hiernach ist eine Rückstellung für ungewisse Verbindlichkeiten nur zu bilden wenn,

- es sich um eine Verbindlichkeit gegenüber einem anderen oder eine öffentlich-rechtliche Verpflichtung gegenüber einem anderen,
- die Verpflichtung vor dem Bilanzstichtag wirtschaftlich verursacht ist,
- mit einer Inanspruchnahme aus einer nach der Entstehung oder Höhe ungewissen Verbindlichkeit ernsthaft zu rechnen ist und
- die Aufwendungen in künftigen Wirtschaftsjahren nicht zu Anschaffungs- oder Herstellungskosten für ein Wirtschaftsgut führen.

In der jüngeren Vergangenheit hat sich gezeigt, dass vor allem das hier zweitgenannte 2610
Element als Voraussetzung nicht unumstritten ist. Ausgangspunkt war hier die Rechtsprechung des I. Senat des BFH in seinem sog. TA-Luft I-Urteil. In seinem Urteil vom 27. 6. 2001[69] kommt der BFH bei einer Verpflichtung nach der TA Luft[70] zu dem Ergebnis, dass eine Passivierung einer Rückstellung bereits dann zu erfolgen hat, wenn bis zum Bilanzstichtag eine rechtliche Verpflichtung besteht. Eine solche Verpflichtung, die am Bilanzstichtag bereits entstanden sei, sei **unabhängig** vom Zeitpunkt ihrer wirtschaftlichen Verursachung zu passivieren.

Im Ergebnis lässt der BFH also bei der Frage der Passivierung einer Rückstellung das Vorliegen des rechtlichen Entstehens einer Verpflichtung ausreichen, auch wenn eine wirtschaftliche Verursachung im abgelaufenen Wirtschaftsjahr (noch) nicht vorliegt.

Diese Aussage stand im Widerspruch zu der bisherigen Rechtsprechung des BFH, wonach die ungeschriebenen Tatbestandsmerkmale des rechtlichen Entstehens einer Verpflichtung und ihre wirtschaftliche Verursachung kumulativ vorliegen müssen, damit es zum Rückstellungsausweis kommen kann. Kernaussage war daher immer, dass die Erfüllung der Verpflichtung nicht nur an Vergangenes anknüpfen muss, sondern auch Vergangenes abgelten muss.[71] Insofern belegte die Finanzverwaltung diese TA Luft I-Entscheidung mit einem Nichtanwendungserlass.[72]

In der aktuellen Rechtsprechung hat sich dann zunächst der IV. Senat in seinem Urteil vom 8. 9. 2011[73] mit einer öffentlich-rechtlichen Verpflichtung zur Zahlung von Zulassungskosten nach dem Pflanzenschutzgesetz befasst. Bei der Prüfung der Rechtsentstehung einer Verpflichtung, die zur Rückstellungsbildung berechtigen würde, kam der IV. Senat schließlich zu dem Ergebnis, dass die Gebührenpflicht aufgrund des Antrags als Rechtsverbindlichkeit entstanden sei.[74] Die Frage nach dem expliziten Vorliegen der wirtschaftlichen Verursachung ließ er jedoch letztlich offen, da er sie prüft und hier zu dem Ergebnis kommt, dass auch diese vorlage.

69 BFH, Urteil vom 27. 6. 2001 – I R 45/97, BStBl 2003 II S. 121.

70 Technische Anleitung zur Reinhaltung der Luft vom 24. 7. 2002.

71 Vgl. auch R 5.7 Abs. 5 EStR

72 BMF, Schreiben vom 21. 1. 2003, BStBl 2003 I S. 125.

73 BFH, Urteil vom 8. 9. 2011 – IV R 5/09, BStBl 2012 II S. 122.

74 Siehe hierzu auch *Hoffmann*, StuB 2012 S. 49.

Eine Relativierung seiner absoluten Aussage in der TA-Luft I-Entscheidung hat der I. Senat dann wiederum in seinem aktuellen TA-Luft II-Urteil[75] vorgenommen. In dem von ihm zu entscheidenden Fall ging es um die Verpflichtung zur Einhaltung bestimmter Emmissionswerte. Es bestand die Vorgabe der zuständigen Umweltbehörde, die konkretisierten Umrüstungen bis zu einer Frist vorzunehmen, die nach dem betreffenden Bilanzstichtag lag. Der BFH lehnte – entgegen der Entscheidung der Vorinstanz[76] – die Passivierung einer Rückstellung ab, da am fraglichen Bilanzstichtag (noch) keine rückstellungsrelevante Rechtsverpflichtung zur Einhaltung der Emissionsgrenzwerte begründet worden sei. Bereits dem Grunde nach scheide daher eine Rückstellungsbildung mangels rechtlicher Entstehung und wirtschaftlicher Verursachung aus.[77] Damit schließt er sich der vorangegangen Rechtsprechung des IV. Senats[78] unter ausdrücklicher Aufgabe seiner früheren Rechtsprechung in der TA-Luft I-Entscheidung[79] an.

2611 Zusammenfassend lässt sich sagen, dass es gerade im Hinblick auf die ganz aktuelle Rechtsprechung in Zusammenspiel mit der o. g. TA-Luft II-Entscheidung des BFH vom 6. 2. 2013 fraglich erscheint, ob der bisherige Nichtanwendungserlass vom 21. 1. 2003[80] überhaupt noch einen Anwendungsbereich hat.

Mit Urteil vom 17. 10. 2013[81] hat der BFH zu Verpflichtungen nach der Lufttüchtigkeitsverordnung entschieden, dass eine am Bilanzstichtag bereits rechtlich entstandene öffentlich-rechtliche Verpflichtung, die lediglich darauf gerichtet ist, die objektive Nutzbarkeit eines Wirtschaftsguts in Zeiträumen nach Ablauf des Bilanzstichtags zu ermöglichen, in den bis dahin abgeschlossenen Rechnungsperioden wirtschaftlich noch nicht verursacht ist.[82] Damit bestätigt der IV. Senat zunächst die TA-Luft II-Entscheidung des I. Senats. Weiter hatte der IV. Senat jedoch auch über den Fall zu entscheiden, dass eine öffentlich-rechtliche Verpflichtung unter einer aufschiebenden Bedingung oder Befristung steht und der Bedingungseintritt bzw. der Fristablauf zum Bilanzstichtag bereits erfolgte. Die Verpflichtungen zur technischen Anpassung eines Wirtschaftsguts sei bereits der Rechnungsperiode zuzuordnen, in der sie rechtlich entstanden seien. Eine mit Ablauf der Umsetzungsfrist rechtlich entstandene Verpflichtung knüpfe bereits an die gegenwärtige Nutzung des Wirtschaftsguts an. Folglich läge – anders als vor Ablauf der Umsetzungsfrist – bei wertender Betrachtung keine zukunftsorientierte Maßnahme vor, sondern aus Sicht des Bilanzstichtags eine (bereits) vergangenheitsbezogene.

Der BFH kommt daher zu dem Ergebnis, dass bei einer öffentlich-rechtlichen Verpflichtung, die am Bilanzstichtag bereits rechtlich entstanden ist, es keiner Prüfung der wirtschaftlichen Verursachung mehr bedarf, weil eine Verpflichtung spätestens im Zeitpunkt ihrer rechtlichen Entstehung auch wirtschaftlich verursacht sei.[83] Der IV. Senat

75 BFH, Urteil vom 6. 2. 2013 – I R 8/12, BStBl 2013 II S. 686.

76 FG Münster, Urteil vom 14. 11. 2011 – 10 K 1471/09, EFG 2012 S. 944.

77 Vgl. hierzu *U. Prinz*, DB 2013 S. 1815.

78 BFH, Urteil vom 13. 12. 2007 – IV R 85/05, BStBl 2008 II S. 516.

79 BFH, Urteil vom 27. 6. 2001 – I R 45/07, BStBl 2003 II S. 121.

80 BMF, Schreiben vom 21. 1. 2003, BStBl 2003 I S. 125.

81 BFH, Urteil vom 17. 10. 2013 – IV R 7/11, BStBl 2014 II S. 302.

82 Vgl. hierzu *Wendt*, BFH/PR 2014 S. 81.

83 Hierzu *Hoffmann*, StuB 2014 S. 41.

nähert sich damit bei der ersten Frage nach dem Zeitpunkt der wirtschaftlichen Verursachung der neuen Rechtsprechung des I. Senats an und koppelt sogleich bei Sachverhalten, in denen eine öffentlich-rechtliche Verpflichtung aufgrund Fristablaufs wirtschaftlich verursacht ist, das rechtliche Entstehen der Verpflichtung an die wirtschaftliche Verursachung der öffentlich-rechtlichen Verpflichtung zum Bilanzstichtag.

Dies ist m. E. eine konsequente Fortführung der rechtlichen Würdigung in Fällen einer Verpflichtung, die gesetzlich vorgegeben ist und deren Einhaltung und Vornahme an eine gewisse Frist gebunden ist. Bei diesen Sachverhalten ist im Lichte der hier dargestellten Rechtsprechung stets davon auszugehen, dass bei hinreichender Konkretisierung der Verpflichtung eine wirtschaftliche Verursachung immer dann gegeben sein wird, wenn die vorgegebenen Frist im abgelaufenen Wirtschaftsjahr ohne Vornahme der vorgesehenen Handlung überschritten wurde. Demnach kann aus der Rechtsprechung des I. und IV. Senats für die bisherige von der Finanzverwaltung vertretene Auffassung rückgeschlossen werden, dass in solchen Konstellationen immer dann eine wirtschaftliche Verursachung der öffentlich-rechtlichen Verpflichtung zum Bilanzstichtag gegeben ist, wenn eine Frist zur Vornahme einer gesetzlichen oder angeordneten hinreichend konkretisierten Verpflichtung im Wirtschaftsjahr abgelaufen ist und mit einem Nutzungsverbot im Falle der Nichtvornahme verbunden ist. Insofern scheint schon das Ergebnis des dem BFH-Urteil vom 17. 10. 2013[84] vorangegangene Urteils des FG Düsseldorf vom 13. 10. 2010[85] fraglich, bei dem die wirtschaftliche Verursachung trotz Fristablaufs zur Vornahme einer Handlung nach den Bestimmungen zur Erhaltung der Luftverkehrstüchtigkeit einzelner Flugzeuge „pauschal" verneint wurde. Letztlich bleibt meiner Meinung nach fraglich, ob der jahrzehntelange „Rechtsstreit" rund um die wirtschaftliche Verursachung ein reine akademische Diskussion darstellt: in dem vom IV. Senat mit Urteil vom 17. 10. 2013 entschiedenen Sachverhalt würde selbst die „strengere" Auffassung der Finanzverwaltung m. E. zu einem Ausweis einer Rückstellung aufgrund Ablaufs der gesetzlich oder angeordneten Frist zur Erfüllung der konkretisierten Sachleistungsverpflichtungen zum Bilanzstichtag gelangen, wenn hiermit ein Nutzungsverbot für den Fall der Nichtvornahme einhergeht. Eben dieses Ergebnis lässt sich auch aus der aktuellen Rechtsprechung des BFH ableiten: Bei Erfüllung einer konkreten Verpflichtung ist i. d. R. von einer wirtschaftlichen Verursachung auszugehen, wenn die Frist zur Erfüllung der nämlichen Verpflichtung mit einer Nutzungseinschränkung oder einem Nutzungsverbot sanktioniert ist. In dieser Nutzungseinschränkung ist dann auch die wirtschaftliche Belastung zu sehen, die die mögliche Erfüllung der Verpflichtung Vergangenes abgelten lässt.

Die über Jahre bestehende Divergenz zwischen der Rechtauffassung des I. und IV. Senats scheint mithin beigelegt und beide Senate kommen insofern zum selben Ergebnis, dass es auf die wirtschaftliche Verursachung bei öffentlich-rechtlichen Verpflichtungen dann nicht ankommt, wenn die Verpflichtung rechtlich dem Grunde nach bereits entstanden ist.

84 BFH, Urteil vom 17. 10. 2013 – IV R 7/11, BStBl 2014 II S. 302.

85 FG Düsseldorf, Urteil vom 13. 12. 2010 – 3 K 3356/08, NWB DokID: SAAAD-60853.

Die entscheidenden Urteile wurde zwischenzeitlich im Bundessteuerblatt Teil II veröffentlicht und sind mithin für die Finanzverwaltung uneingeschränkt anzuwenden. Auch wenn der IV. Senat in seinem Urteil vom 17. 10. 2013[86] auf die TA-Luft I-Entscheidung[87] des I. Senats Bezug nimmt, hat damit auch das BMF-Schreiben vom 21. 1. 2003 zur Nichtanwendung dieses Urteils keinen Anwendungsbereich mehr und ist damit – ebenso wie die TA-Luft I-Entscheidung[88] überholt, da der I. Senat in seinem TA-Luft II-Urteil[89] selbst nicht mehr an dieser Rechtsprechung festhält.

Bei der turnusmäßigen Überarbeitung der Anweisung der Finanzverwaltungen wären daher im Einkommensteuer-Handbuch die Verweise auf das BMF-Schreiben vom 21. 1. 2003[90] zur Nichtanwendung des BFH-Urteils vom 27. 6. 2001[91] überholt und könnten gestrichen werden. Hiervon wäre konkret die Aussage unter H 5.7 (4) und H 5.7 (5) des noch aktuellen Einkommensteuer-Handbuchs 2014 betroffen.

2.2 Vorbehalte der Höhe nach

2.2.1 Teilwertabschreibung (§ 6 Abs. 1 Nr. 1 Satz 2)

2612 Nach § 6 Abs. 1 Nr. 1 und 2 EStG können Wirtschaftsgüter statt mit den Anschaffungs- und Herstellungskosten mit dem Teilwert bewertet werden. Dies gilt sowohl für abnutzbare Wirtschaftsgüter des Anlagevermögens als auch für Wirtschafsgüter des Anlagevermögens, die nicht der Abnutzung unterliegen, sowie für Wirtschaftsgüter des Umlaufvermögens. Die Teilwertabschreibung ist als Bewertungsmethode häufig Gegenstand und Thema der Betriebsprüfung. Mit der gesetzlichen Neufassung des § 6 Abs. 1 EStG durch das StEntlG 1999/2002/2002[92] hat der Gesetzgeber die Voraussetzungen für eine Teilwertabschreibung dahin gehend modifiziert, dass die Inanspruchnahme einer Teilwertabschreibung für Wirtschaftsjahre, die nach dem 31. 12. 1998 enden, nur noch dann gestattet ist, wenn die Wertminderung des jeweiligen Wirtschaftsguts voraussichtlich von Dauer sein wird. Außerdem gilt für Wirtschaftsjahre, die nach dem 31. 12. 1998 enden, nach § 6 Abs. 1 Nr. 1 Satz 4 und Nr. 2 Satz 3 EStG ein Wertaufholungsgebot. Für bis zum 31. 12. 1998 endende Wirtschaftsjahre galt steuerrechtlich ein Zuschreibungswahlrecht. Die Inanspruchnahme dieses Wahlrechts war jedoch aufgrund der damalig noch geltenden umkehrten Maßgeblichkeit nach § 5 Abs. 1 Satz 2 EStG a. F. von der konkreten Bewertung in der Handelsbilanz abhängig. Ab dem Wirtschaftsjahr 1999 muss der Steuerpflichtige eine Zuschreibung auf die (fortgeführten) Anschaffungs- oder Herstellungskosten steuerrechtlich immer dann vornehmen, wenn er nicht nachweist, dass nach wie vor ein niedrigerer Teilwert aufgrund des Vorliegens einer voraussichtlich dauernden Wertminderung anzusetzen ist. Dem Steuerpflichtigen

86 Rn. 25 des Urteils vom 17. 10. 2013 – IV R 7/11, BStBl 2014 II S. 302.

87 BFH, Urteil vom 27. 6. 2001 – I R 45/97, BStBl 2003 II S.121.

88 BFH, Urteil vom 17. 10. 2013 – IV R 7/11, BStBl 2014 II S. 302.

89 Vgl. Rn. 19 des BFH-Urteils vom 6. 2. 2013 – I R 8/12, BStBl II 2013 S. 686.

90 BMF, Schreiben vom 21. 1. 2003, BStBl 2003 I S. 125.

91 BFH, Urteil vom 27. 6. 2001 – I R 45/97, BStBl 2003 II S. 121.

92 Steuerentlastungsgesetz 1999/2000/2002 vom 24. 3. 1999, BGBl 1999 I S. 402.

obliegt die jährliche Nachweispflicht sowohl für den niedrigeren Teilwert als auch für die voraussichtlich dauernde Wertminderung als Tatbestandsmerkmal.

Die durch das StEntlG erfolgte gesetzliche Änderung in § 6 Abs. 1 EStG war Anlass für das BMF-Schreiben vom 25. 2. 2000.[93] Hierin finden sich die von der Finanzverwaltung gezogenen Schlussfolgerungen wieder, die durch das zusätzliche Tatbestandsmerkmal der voraussichtlichen Dauerhaftigkeit der Wertminderung und das strikte Wertaufholungsgebot bedingt wurden.

2.2.1.1 Retrograde Bewertungsmethode

Zunächst stellt das BMF-Schreiben fest, dass der Teilwert trotz der o. g. Gesetzesänderung weiterhin retrograd ermittelt werden kann. Die retrograde Bewertungsmethode ist in H 6.7 und H 6.8 EStH[94] 2012 geregelt. Hiernach kann neben der sog. progressiven Methode, wonach der Wert eines Wirtschaftsguts nach den bei der Produktion anfallenden Kosten ermittelt wird, die retrograde Methode angewandt werden. Hier findet eine Bewertung durch Rückrechnung vom voraussichtlichen Verkaufspreis statt. Mit Verweis auf das BFH-Urteil vom 25. 7. 2000[95] legt der Hinweis unter H 6.8 EStH 2012 fest, dass bei dieser retrograden Bestimmung des Teilwerts als Selbstkosten insbesondere die noch anfallenden Verkaufs-, Vertriebs- und Reparaturkosten sowie ggf. auch anteilige betriebliche Fixkosten zu berücksichtigen sind. 2613

2.2.1.2 Voraussichtlich dauernde Wertminderung bei Wertpapieren, Aktien und Investmentanteilen

Einen zentralen Punkt des BMF-Schreibens vom 25. 2. 2000 stellt die Teilwertabschreibung bei einer Kursschwankung unterliegenden Wirtschaftsgütern dar. Hierzu stellt die Rdnr. 11 zunächst fest, dass Kursschwankungen von börsennotierten Wirtschaftsgütern des Anlagevermögens eine nur vorübergehende Wertminderung darstellen und daher nicht zum Ansatz des niedrigeren Teilwerts berechtigen. Mit Urteil vom 26. 9. 2007[96] (sog. Infineon-Urteil) trat der BFH dieser Verwaltungsauffassung jedoch entgegen. Er urteilte, dass bei börsennotierten Anteilen an einer Kapitalgesellschaft, die als Finanzanlage gehalten werden, von einer voraussichtlich dauernden Wertminderung i. S. d. § 6 Abs. 1 Nr. 2 Satz 2 EStG immer dann auszugehen ist, wenn der Börsenwert zum Bilanzstichtag unter die Anschaffungskosten gesunken ist und zum Zeitpunkt der Bilanzaufstellung keine konkreten Anhaltspunkte für eine alsbaldige Wertaufholung vorliegen. Mit Veröffentlichung dieses BFH-Urteils im Bundessteuerblatt Teil II wurde somit die Aussage unter Rdnr. 11 des genannten BMF-Schreibens aufgehoben und ein ergänzendes BMF-Schreiben vom 26. 3. 2009[97] erlassen. Hiernach ist entsprechend des Urteils vom 26. 9. 2007 bei börsennotierten Anteilen nunmehr von einer voraussichtlich dauernden Wertminderung auszugehen, wenn der Börsenwert zum Bilanzstichtag unter die Anschaffungskosten gesunken ist. Da der BFH jedoch in seiner Ent- 2614

93 BMF, Schreiben vom 25. 2. 2000, BStBl 2000 I S. 372.

94 Amtliches Einkommensteuer-Handbuch 2012.

95 BFH, Urteil vom 25. 7. 2000, BStBl 2001 II S. 566.

96 BFH, Urteil vom 26. 9. 2007, BStBl 2009 II S. 294.

97 BMF, Schreiben vom 26. 3. 2009, BStBl 2009 I S. 514.

scheidung offen gelassen hat, ob auch jedwedes Absinken des Kurswertes unter die Anschaffungskosten zu einer Teilwertabschreibung berechtige, sah das begleitende BMF-Schreiben aus Gründen der Verwaltungsökonomie die sog. **Bandbreitenregelung** vor:

2615 Hiernach ist von einer voraussichtlich dauernden Wertminderung auszugehen, wenn der Börsenkurs von börsennotierten Aktien zu dem jeweils aktuellem Bilanzstichtag um mehr als 40 % unter die Anschaffungskosten gesunken war. Zusätzliche Erkenntnisse bis zum Zeitpunkt der Aufstellung der Handels- und Steuerbilanz waren auch zu berücksichtigen.

Eine entsprechende Regelung für im Anlagevermögen gehaltene **Investmentanteile** enthält das BMF-Schreiben vom 5. 7. 2011,[98] wenn das Investmentvermögen zu mindesten 51 % in börsennotierten Aktien als Vermögensgegenstände investiert ist. Dabei ist irrelevant, ob der zu bewertende Investmentanteil selbst börsennotiert ist. Auch hier galt bisher die Bandbreitenregelung:

- Rücknahmepreis liegt um mehr als 40 % unter den Anschaffungskosten oder
- Rücknahmepreis ist am aktuellem Bilanzstichtag **und** dem vorangegangenen Bilanzsticht um mehr als 25 % unter die Anschaffungskosten gesunken.

2.2.1.2.1 Börsennotierte Aktien, Investmentanteile (Urteile vom 21. 9. 2011 – I R 89/10 und I R 7/11)

2616 Mit Urteilen vom 21. 9. 2011 tritt der BFH dieser bisher bestehenden Verwaltungsauffassung in mehrfacher Hinsicht entgegen. Er vertritt eine „großzügigere"[99] Auffassung und kommt bei börsennotierten Aktien dazu, dass typisierend von einer voraussichtlich dauernden Wertminderung bereits dann auszugehen ist, wenn der Kurs am Bilanzstichtag unter den Kurs im Zeitpunkt des Aktienerwerbs gefallen ist und die Kursdifferenz eine Bagatellgrenze von 5 % überschreitet. Ebenso erteilt er auch bei Investmentanteilen der o. g. Bandbreitenregelung eine Absage und kommt auch zu dem Ergebnis, dass jeder Kursverlust von mehr als 5 % zu einer Teilwertabschreibung berechtigen kann. Zusätzlich hebt er hier auch hervor, dass entgegen des BMF-Schreibens vom 5. 6. 2011 nicht der Rücknahmepreis als Ausgangsgröße, sondern vielmehr der Ausgabepreis, d. h. der Preis, zu dem die Anteilsscheine erworben werden können, maßgeblich ist.

2617 Sowohl für börsennotierte Aktien als auch für Investmentanteile macht der BFH jedoch zwei Ausnahmen, bei denen es trotz Kurssenkung über 5 % nicht zu einer Teilwertabschreibung kommen kann. Dies betrifft zum einen den Fall eines **Insiderhandels** oder wenn aufgrund äußerst **geringer Handelsumsätze** konkrete und objektiv nachprüfbare Anhaltspunkte dafür vorliegen, dass der Börsenkurs aufgrund wesentlicher Störungen im Preisbildungsprozess nicht den tatsächlichen Anteilswert widerspiegelt.

Außerdem tritt der BFH der bisherigen Auffassung der Finanzverwaltung entgegen, wonach zusätzliche Erkenntnisse bis zum Zeitpunkt der Aufstellung der Handels- oder Steuerbilanz zu berücksichtigen sind. Der BFH sieht Kursänderungen in der Zeit bis zur

98 BMF, Schreiben vom 5. 7. 2011, BStBl 2011 I S. 735.

99 Vgl. *Hörhammer*, BB-Kommentar, BB 2014 S. 497.

Bilanzaufstellung nicht als werterhellende Umstände an, die somit die Bewertung der Aktien zum Bilanzstichtag nicht berühren dürfen. Die Beurteilung der dauernden Wertminderung gehe davon aus, dass der jeweilige Börsenkurs die auf Informationen gestützte Einschätzung der Marktteilnehmer wiedergebe (sog. These eines informationseffizienten Kapitalmarkts).

Die Finanzverwaltung musste sich mithin bei der Frage nach dem Umgang mit der Rechtsprechung im Verhältnis zur den bisherigen Verwaltungsauffassungen in den BMF-Schreiben vom 25. 2. 2000 („Grundsatzschreiben"[100]), vom 12. 8. 2002 („Fremdwährungsverbindlichkeiten")[101], vom 26. 3. 2009 („Bandbreitenregelung")[102] sowie vom 5. 7. 2011 („Investmentanteile an Fonds, die überwiegend in börsennotierte Aktien investiert sind")[103] auseinandersetzen. Die Verwaltung nutzte die Umsetzung der Rechtsprechung, um die bisherigen Aussagen in diesen Anweisungen zusammen zu führen. Ergebnis ist das BMF-Schreiben vom 16. 7. 2014, das zuvor im Entwurf den Bundesverbänden im Rahmen einer Verbandsanhörung zur Stellungnahme zur Verfügung gestellt wurde. Nach der Verbandsanhörung wurden einige Änderungen des ursprünglichen Entwurfs vorgenommen. Zentraler Punkt hierbei war die Bestimmung der voraussichtlich dauernden Wertminderung bei börsennotierten Aktien und Investmentanteilen. Bereits der Entwurf eines BMF-Schreibens sah vor, dass an der Bandbreitenregelung in Umsetzung der BFH-Rechtsprechung nicht weiter festgehalten werden soll. Vielmehr liegt auch das nun geltende BMF-Schreiben vor, dass bei börsennotierten Aktien des Anlagevermögens von einer voraussichtlich dauernden Wertminderung auszugehen ist, wenn der Börsenwert zum Bilanzstichtag unter denjenigen im Zeitpunkt des Aktienerwerbs gesunken ist und der Kursverlust die Bagatellgrenze von 5 % der Notierung bei Erwerb überschreitet und der Kurs sich bis zur Bilanzaufstellung nicht wieder erholt hat. Damit übernimmt die Finanzverwaltung den Rechtsgedanken der Rechtsprechung – in Abkehr der bisherigen Annahme – dass Kursschwankungen von börsennotierten Aktien nicht nur einen vorübergehenden Charakter haben.

Zentraler Kritikpunkt am bisherigen Entwurf des BMF-Schreibens war jedoch die Annahme, dass Kursentwicklungen zwischen Bilanzstichtag und Bilanzerstellung bei der Bestimmung der voraussichtlich dauernden Wertminderung mit berücksichtigt werden sollten. Hierin wurde ein Nichtanwendungserlass vermutet.[104] Nach Auswertung der Verbandsanhörung legt das im Bundessteuerblatt veröffentlichte BMF-Schreiben nun unter Rn. 15 fest, dass es sich bei Kursänderungen bis zum Tag der Bilanzaufstellung um wertbeeinflussende (wertbegründe) Umstände handelt, die die Bewertung der Aktien zum Bilanzstichtag grundsätzlich nicht berühren. Das BMF-Schreiben sieht außerdem vor, dass die vom BFH aufgestellten Grundsätze zur Teilwertabschreibung von börsennotierten Aktien auch bei aktien-indexbezogenen Wertpapieren, die an einer Börse gehandelt und nicht zum Nennwert zurückgezahlt werden, gelten sollen. Damit hat

100 BMF, Schreiben vom 25. 2.2000, BStBl 2000 I S. 372.
101 BMF, Schreiben vom 12. 8. 2002, BStBl 2002 I S. 793.
102 BMF, Schreiben vom 26. 3. 2009, BStBl 2009 I S. 514.
103 BMF, Schreiben vom 5. 7. 2011, BStBl 2011 I 735.
104 So in der Literatur: *U. Prinz*.

die Finanzverwaltung im Lichte der BFH-Rechtsprechung eine „Sonderregelung" bei der Bestimmung der voraussichtlich dauernden Wertminderung getroffen:

BEISPIEL[105]**:** Die X-GmbH kauft Aktien der börsennotierten X-AG zum Preis von 100 € pro Stück. Die Aktien befinden sich im Anlagevermögen. Der Kurs der Aktie schwankt nach der Anschaffung zwischen 70 und 100 €. Am Bilanzstichtag beträgt der Börsenpreis 90 €. Am Tag der Bilanzaufstellung beträgt der Wert 92 €.

LÖSUNG: In diesem Fall ist eine Teilwertabschreibung auf 90 € zulässig, da der Kursverlust im Vergleich zum Erwerb mehr als 5 % am Bilanzstichtag beträgt und die Kursentwicklung nach dem Bilanzstichtag als wertbegründender Umstand unerheblich ist.

Das BMF-Schreiben stellt außerdem fest, dass diese für börsennotierte Aktien im Anlagevermögen aufgestellten Grundsätze auch auf im Anlagevermögen gehaltene Investmentanteile an Publikums- und Spezial-Investmentfonds anzuwenden sind, wenn das Investmentvermögen überwiegend in börsennotierten Aktien als Vermögensgegenstände investiert ist.[106] Diese Lesart entspricht dem BFH-Urteil vom 21. 9. 2011[107] zur Teilwertabschreibung von Investmentanteilen. Das BMF stellt darüber hinausgehend klar, dass das Investmentvermögen nur dann „überwiegend" in börsennotierten Aktien investiert ist, wenn mehr als 50 % seines Wertes zum Bilanzstichtag in Aktien investiert ist. Abzustellen ist hierbei auf die tatsächlichen Verhältnisse beim Investmentvermögen am Bilanzstichtag des Anlegers. Unerheblich ist, ob der zu bewertende Investmentanteil selbst börsennotiert ist.

Mit Veröffentlichung des BMF-Schreibens vom 16. 7. 2014 waren die bisherigen BMF-Schreiben zur Teilwertabschreibung vom 25. 2. 2000,[108] vom 12. 8. 2002,[109] vom 26. 3. 2009[110] sowie vom 5. 7. 2011 aufzuheben, da ihre Aussagen in dem aktuellen Schreiben zusammengefasst und an die jüngste Rechtsprechung angepasst wurden.

2.2.1.2.2 Festverzinsliche Wertpapiere im Umlaufvermögen

2618 Entsprechend der Ausführungen im BMF-Schreiben vom 25. 2. 2000 war eine Teilwertabschreibung bei festverzinslichen Wertpapieren im Umlaufvermögen möglich, da bei Wirtschaftsgütern des Umlaufvermögens, die dazu bestimmt sind, dem Betrieb auf Dauer zu dienen, dem Zeitpunkt der Veräußerung und Verwendung eine entscheidende Bedeutung beizumessen ist. Bei festverzinslichen Wertpapieren im Umlaufvermögen ging die Finanzverwaltung bisher davon aus, dass sie nicht bis zum Ende der Laufzeit im Betriebsvermögen gehalten werden. Hierzu folgendes

---

105 Vgl. Beispiel 5 im BMF-Schreiben v. 16. 7. 2014, BStBl 2014.

106 Vgl. Rn. 17 des BMF-Schreibens vom 16. 7. 2014.

107 BFH, Urteil vom 21. 9. 2011 – I R 7/11, BFH/NV 2012 S. 310.

108 BMF, Schreiben vom 25. 2. 2000, BStBl 2000 I S. 372.

109 BMF, Schreiben vom 12. 8. 2002, BStBl 2002 I S. 793.

110 BMF, Schreiben vom 26. 3. 2009, BStBl 2009 I S. 514.

BEISPIEL:[111] U hält festverzinsliche Wertpapiere in seinem Umlaufvermögen, die bei Fälligkeit zu 100 % eingelöst werden. Aufgrund einer Änderung des Zinsniveaus beträgt der Börsenkurs am Bilanzstichtag nur noch 98 % gegenüber dem Nennwert. Bis zum Zeitpunkt der Bilanzaufstellung hat sich der Börsenkurs auf 98,5 % erholt.

LÖSUNG: Da davon auszugehen ist, dass U die Wertpapiere nicht bis zur Endfälligkeit im Betriebsvermögen halten wird und damit nicht sicher ist, ob er den verbrieften Nominalwert erhalten wird, ging die Finanzverwaltung bisher davon aus, dass eine Teilwertabschreibung zum Bilanzstichtag zulässig war. Allerdings waren hiernach die zusätzlichen Erkenntnisse bis zur Bilanzaufstellung zu berücksichtigen. Danach hätten die Wertpapiere mit einem Kurswert von 98,5 % des Nennwerts angesetzt werden können.

Der BFH hat jedoch mit Urteil vom 8. 6. 2011[112] entgegen dieser bis dahin bestehenden Verwaltungsauffassung entschieden, dass bei festverzinslichen Wertpapieren, die eine Forderung in Höhe des Nominalwerts der Forderung verbriefen, eine Teilwertabschreibung unter ihren Nennwert allein wegen gesunkener Kurse regelmäßig nicht zulässig sei. Dies gelte auch dann, wenn die Wertpapiere zum Umlaufvermögen gehören. 2619

Die Finanzverwaltung hat sich mit Veröffentlichung dieses BFH-Urteils dazu entschieden, diese Grundsätze über den entschiedenen Einzelfall hinaus anzuwenden, wenn es sich um festverzinsliche Wertpapiere im Umlaufvermögen handelt, kein Bonitäts- und Liquiditätsrisiko hinsichtlich der Rückzahlung der Nominalbeträge besteht und die Wertpapiere bei Endfälligkeit zu ihrem Nennwert eingelöst werden können. Damit wäre das o. g. Bespiel in Zukunft wie folgt zu lösen:

LÖSUNG: U kann keine Teilwertabschreibung wegen einer voraussichtlich dauernden Wertminderung in Anspruch nehmen, da er das gesicherte Recht, am Ende der Laufzeit diesen Nominalwert zu erhalten, erlangt hat. Diese Sicherheit hat er an jedem Bilanzstichtag, auch wenn der Kurswert des Wertpapieres (vorläufig) vom Nominalwert abweicht. Das Absinken kann daher – wenn es sich nicht um abgebildete Bonitäts- oder Liquiditätsrisiken handelt – nur vorübergehend und nicht dauerhaft sein. Dies gilt auch für sich im Umlaufvermögen befindende Wertpapiere, da nicht absehbar ist, ob U das Papier vor Endfälligkeit veräußert oder bis zur Endfälligkeit behält.

Da diese Lösung und Rechtsauffassung zu den bisherigen Aussagen des BMF-Schreibens vom 25. 2. 2000 unter Rdnr. 24 und 25 in Widerspruch standen, sieht ein begleitendes BMF-Schreiben vom 10. 9. 2012[113] eine Übergangsregelung vor. Hiernach können die Grundsätze des BFH zur Bewertung von festverzinslichen Wertpapieren im Umlaufvermögen frühenstens in der ersten nach dem 8. 6. 2011 (Tag der BFH-Entscheidung) aufzustellenden Bilanz berücksichtigt werden; sie sind spätestens in der ersten

111 Vgl. Rdnr. 24 und 25 des BMF-Schreibens vom 25. 2. 2000, BStBl 2000 I S. 372.

112 BFH, Urteil vom 10. 9. 2012, BStBl 2012 I S. 939.

113 BMF, Schreiben vom 10. 9. 2012, BStBl 2012 I S. 939.

auf einen Bilanzstichtag nach dem 22.10.2012 aufzustellenden Bilanz (Tag der Veröffentlichung des BFH-Urteils im BStBl II) anzuwenden.

2.2.2 Lifo-Methode (§ 6 Abs. 1 Nr. 2a EStG)

2620 Ein oft strittiger weiterer Punkt in der Betriebsprüfung ist das nach § 6 Abs. 1 Nr. 2a EStG zulässige Verbrauchsfolgeverfahren der Lifo-Methode. Bei diesem Verfahren findet eine Fiktion der Verbrauchsfolge dergestalt statt, dass die zuletzt angeschafften oder hergestellten Vorräte wieder zuerst das Unternehmen verlassen haben. Vor der gesetzlichen Einführung des Lifo-Verfahrens durch das StReformG 1990 vertrat die Finanzverwaltung eine sehr restriktive Auffassung und ließ nur dann eine Fiktion entsprechend der Lifo-Methode zu, wenn glaubhaft gemacht werden konnte, dass die zuletzt erworbenen Wirtschaftsgüter tatsächlich zuerst verbraucht oder veräußert wurden (etwa unter Hinweis auf die Lagerung).

2621 Nach der gesetzlichen Festschreibung des Lifo-Verfahrens durch das StReformG 1990[114] wurde dieses Verbrauchsfolgeverfahren erstmals für Wirtschaftsjahre für anwendbar erklärt, die nach dem 31. 12. 1989 enden.

Im weiteren Verlauf stellte sich heraus, dass die Voraussetzung der Anwendung dieses Verfahrens bis heute sehr umstritten ist und es wurden verwaltungsseitig immer wieder „Inselregelungen“ gefunden, die aber bis heute wenig befriedigend sind. Im Fokus steht hier die Rechtsprechung des BFH, der mit Urteil vom 20. 6. 2000 entschieden hat, dass eine Lifo-Bewertung nicht den handelsrechtlichen GoB entspricht und somit auch steuerrechtlich ausgeschlossen ist, wenn

- die Vorräte mit absolut betrachtet **hohen Erwerbsaufwendungen** (wie bei Neu- und Gebrauchtfahrzeugen) in Frage stehen,
- die Anschaffungskosten ohne Weiteres identifiziert **und**
- den einzelnen Vermögensgegenständen ansgesichts derer individueller Merkmale ohne Schwierigkeiten zugeordnet werden können.

Diese Entscheidung des BFH wird immer wieder im Rahmen von Rechtstreitigkeiten für und gegen die Lifo-Methode in die Diskussion eingebracht. Auch wenn die Lifo-Methode den Einzelbewertungsgrundsatz des § 252 Abs. 1 Nr. 3 HGB durchbricht, stellt sich die Frage, ob sie solchen strengen Reglementierungen unterliegt, wie sie der BFH mit seinem Urteil aus dem Jahre 2000 zu erkennen gegeben hat. Die Grundsatzentscheidung des Einkommensteuergesetzgebers, mit der Lifo-Methode den Einzelbewertungsgrundsatz zu durchbrechen kann m. E. nicht wieder dadurch relativiert werden, dass eben jene Durchbrechung strenge Voraussetzungen an die Ausübung dieses Bewertungswahlrechts stellt, ohne dass diese Voraussetzung im Gesetz verankert wären. Zu bedenken bleibt auch, ob der BFH wirklich über einen Lifo-typischen Fall zu entscheiden hatte.

2622 Die oben dargestellte Rechtsprechung umsetzend und entsprechend des Gesetzes hat die Finanzverwaltung unter 6.9 Abs. 2 EStR geregelt, dass die Lifo-Methode zwar den

114 Steuerreformgesetz 1990 vom 25. 7. 1988, BGBl 1988 I S. 1093.

handelsrechtlichen Grundsätzen ordnungsmäßiger Buchführung entsprechen muss. Das bedeutet nicht, dass die Lifo-Methode mit der tatsächlichen Verbrauchs- oder Veräußerungsfolge übereinstimmen muss; sie darf jedoch nicht, wie z. B. bei **leicht verderblichen Waren**, nicht völlig unvereinbar mit dem betrieblichen Geschehensablauf sein. Die Lifo-Methode muss nicht auf das gesamte Vorratsvermögen angewandt werden. Sie darf auch bei der Bewertung der Materialbestandteile unfertiger oder fertiger Erzeugnisse angewandt werden, wenn der Materialbestandteil dieser Wirtschaftsgüter in der Buchführung getrennt erfasst wird und dies handelsrechtlicher Grundsätze ordnungsmäßiger Buchführung entspricht.

In der Folge der Rechtsprechung gab es weitere Verwaltungsanweisungen, die sich mit der Lifo-Methode beschäftigten. So stellt die Finanzverwaltung im Bereich der Weinwirtschaft[115] sowie für spezifische Tabakwaren[116] klar, dass nach dem Lifo-Verfahren bewertet werden konnte.

Auch wenn diese Verwaltungsanweisungen für einige Teilbereiche die Lifo-Methode für anwendbar erklären, wird auch hier immer wieder betont, dass die Lifo-Methode im Einzelnen nicht völlig unvereinbar mit dem betrieblichen Geschehensablauf sein darf. Um diese Grenzen jedoch festzustellen, bedarf es stets der Betrachtung der tatsächlichen Verbrauchsfolge im einzelnen Unternehmen. Dieser Aspekt wird für den praktischen Umgang mit der Lifo-Methode durch den technischen Fortschritt relevant, der angesichts moderner EDV-unterstützter Lager- und Buchführungssysteme eine nahezu lückenlose Nachverfolgbarkeit innerhalb der einzelnen Entwicklungsstadien eines Produkts ermöglicht.[117] Der ursprünglich die Lifo-Methode maßgeblich begründete „Vereinfachungseffekt" könnte unter diesen technischen Erwägungen zukünftig nicht mehr maßgeblich ins Feld geführt werden.

Durch die o.g. Änderungen in Folge von BilMoG stellt sich aber auch im Bereich der Lifo- 2623
Methode zukünftig die Frage, ob die steuerrechtlichen Anforderungen an diese einer Neuausrichtung bedürfen. Entsprechend der Regelung unter R 6.9 Abs. 2 EStR 2012 muss die Lifo-Methode einerseits den handelsrechtlichen Grundsätzen ordnungsmäßiger Buchführung entsprechen. Andererseits gilt nach BilMoG entsprechend R 6.9 Abs. 1 EStR 2012,[118] dass die Anwendung der Lifo-Methode nicht voraussetzt, dass der Steuerpflichtige die Wirtschaftsgüter auch in der Handelsbilanz nach dieser Methode bewertet.

Diesen beiden Aussagen scheint zumindest auf den ersten Blick ein gewisser Widerspruch immanent zu sein: Wenn die steuerrechtliche Ausübung der Lifo-Methode nicht mehr voraussetzt, dass der Steuerpflichtige die Wirtschaftsgüter auch in der Handelsbilanz nach dieser Methode voraussetzt, kann dann der ursprüngliche Vereinfachungseffekt als Begründung für die Anwendung der Lifo-Methode noch maßgeblich sein? Si-

115 BMF, Schreiben vom 28. 3. 1990, BStBl 1990 I S. 148.

116 Aber lediglich für den Bereich für Automatentabak: Bayerisches Landesamt für Steuern, Verfügung vom 23. 10. 2009; zur Gruppeneinteilung von Tabakvorräten: Sächsisches Staatsministerium der Finanzen, Verfügung vom 8. 5. 1992.

117 Vgl. hierzu ausführlich *Hüttemann/Meinert*, DB 2013 S. 1865.

118 R 6.9 Abs. 1 EStR 2012.

cherlich bleibt auch nach BilMoG zu berücksichtigen, dass die Zulässigkeit der Lifo-Methode zukünftig nicht ganz ohne Rücksicht auf die tatsächlichen Verhältnisse beurteilt werden kann.[119] Sieht man durch das Regime des BilMoG auch eine Akzentverschiebung hinsichtlich der Voraussetzung der Lifo-Methode, könnte man in dieser zukünftig auch ein eigenständiges steuerrechtliches Wahlrecht sehen, welches laut BMF-Schreiben vom 12. 3. 2010[120] bereits heute unabhängig von der handelsrechtlich gewählten Bewertungsmethode ausgeübt werden kann. Im Zusammenhang mit den durch den BFH aufgestellten Grundsätzen steht die Ausübung des Wahlrechts jedoch weiterhin unter der Prämisse, dass diese gewählte Verbrauchsfolgefiktion nicht schlechthin unvereinbar mit dem tatsächlichen betrieblichen Geschehensablauf unvereinbar sein darf.[121]

Festzuhalten bleibt mithin, dass die Lifo-Methode bei leicht verderblichen Waren unter Berücksichtigung der Grundsätze der BFH-Rechtsprechung so gut wie ausgeschlossen ist, da der tatsächliche wirtschaftliche Verbrauchsablauf der Lifo-Methode i. d. R. entgegensteht, und dass Lifo bei Vermischung und Vermengung von Flüssigkeiten aufgrund fehlender Zuordnung i. d. R. zur Anwendung gelangt. Die gesamte „Grauzone" – wie die Gruppe der „Handelswaren" – die sich zwischen diesen beiden Aussagen befindet, werden zukünftig weiterhin Gegenstand finanzverwaltungsrechtlicher sowie finanzgerichtlicher Streitigkeiten bleiben, solange es hier keine bundeseinheitliche Verwaltungsanweisung gibt, die sich m. E. auch aufgrund nicht mehr zeitgemäßer Orientierung am bloßen Vereinfachungseffekt und fortgeschrittenen EDV-gestützten Warenwirtschaftssystem von der o. g. Rechtsprechung des BFH verabschieden sollte.

2.2.3 Rückstellungsbewertung (§ 6 Abs. 1 Nr. 3a)

2624 Wie bereits mehrfach betont, stellte die durch das BilMoG bewirkte Reform des handelsrechtlichen Bilanzrechts einen entscheidenden Einschnitt auch für die steuerrechtlichen Vorschriften dar: Die umgekehrte Maßgeblichkeit in § 5 Abs. 1 Satz 2 EStG a. F. wurde aufgehoben. Damit erlangten nicht nur steuerrechtliche Wahlrechte, die gem. § 5 Abs. 1 zweiter Halbsatz EStG n. F. unabhängig von dem handelsrechtlichen Ausweis ausgeübt werden können, sondern auch die steuerrechtlichen Ansatz- und Bewertungsvorschriften eine neue Bedeutung. Vor dem BilMoG galt für die steuerrechtlichen Ansatz- und Bewertungsvorschriften nach § 5 Abs. 6 EStG, dass sie unabhängig vom handelsrechtlichen Wert anzuwenden sind. Eine besondere Vorbehaltsvorschrift stellt § 6a EStG für die Bildung und Bewertung einer Rückstellung aufgrund einer Pensionszusage dar. § 6a EStG stellt sowohl einen Ansatz- als auch einen Bewertungsvorbehalt dar. So bestehen steuerrechtlich im Rahmen des § 6a EStG weitreichende Vorbehalte hinsichtlich der Bilanzierung dem Grunde nach, wie z. B. das Schriftformerfordernis gem. § 6 Abs. 1 Nr. 3 EStG oder das Verbot der Gewinnabhängigkeit und des unzulässigen Widerrufsvorbehalts gem. § 6a Abs. 2 Nr. 2 EStG. Andererseits enthält § 6a Abs. 3 und Abs. 4 eine Anzahl von Bewertungsvorbehalten, wie z. B. das Teilwertverfahren, Ab-

119 So wohl auch *Hüttemann/Meinert*, DB 2013 S. 1865.

120 Vgl. ausführlich hierzu unter Kapitel IV: BMF, Schreiben vom 12. 3. 2010, BStBl 2010 I S. 239.

121 So wohl auch: *Hennrichs*, Ubg 2011 S. 705; *Kulosa*, in: Schmidt, EStG, § 6 Rdn. 418.

zinsung mit 6 % gem. § 6a Abs. 3 EStG. Mit Wegfall der umgekehrten Maßgeblichkeit steht damit fest, dass diese Ansatz- und Bewertungsvorbehalt zukünftig unabhängig von der handelsrechtlichen Bewertung von Pensionszusagen gelten. Damit können sowohl der Ansatz als auch die Bewertung einer Pensionszusage steuerrechtlich von dem handelsrechtlichen Ansatz oder der handelsrechtlichen Bewertung abweichen. Diese Aussage findet sich entsprechend im BMF-Schreiben vom 12. 3. 2010[122] unter Rdnr. 9 wieder:

> „Nach § 249 HGB müssen in der Handelsbilanz für unmittelbare Pensionszusagen Rückstellungen gebildet werden. Dieses Passivierungsgebot gilt auch für die steuerliche Gewinnermittlung. Die bilanzsteuerlichen Ansatz- und Bewertungsvorschriften des § 6a EStG schränken jedoch die Maßgeblichkeit des handelsrechtlichen Passivierungsgebotes ein."

Dies hat zur Folge, dass die steuerrechtliche Passivierung einer Pensionsrückstellung unter dem Vorbehalt steht, dass die Voraussetzungen des § 6a Abs. 1 und 2 EStG erfüllt sein müssen. Außerdem unterliegt die Bewertung den Vorbehalten des § 6a Abs. 3 und Abs. 4 EStG. Zukünftig können die steuerrechtlichen Werte somit vom handelsrechtlichen Wert abweichen. Folglich war die Regelung in R 6a Abs. 20 Satz 2 bis 4 EStR a. F. aufzuheben. Hiernach war der handelsrechtliche Ansatz der Pensionsrückstellung die Bewertungsobergrenze für den steuerrechtlichen Ausweis.

Aufbauend auf dieser Verwaltungsauffassung hinsichtlich der Folgen des BilMoG auf 2625
die Ansatz- und Bewertungsvorschrift des § 6a EStG stellt sich die Frage, wie die sonstigen Rückstellungen zukünftig nach § 6 Abs. 1 Nr. 3a EStG zu bewerten sind. Hierzu findet sich nunmehr eine Regelung unter R 6.11 Abs. 3 EStR 2012. Hiernach gilt mit Ausnahme der Pensionsrückstellungen, dass die Höhe der Rückstellung in der Steuerbilanz den zulässigen Ansatz in der Handelsbilanz nicht überschreiten darf. Diese Auffassung wird vom Gesetzestext in § 6 Abs. 1 Nr. 3a EStG getragen. In § 6 Abs. 1 Nr. 3a EStG heißt es:

> „Rückstellungen sind **höchstens insbesondere** unter Berücksichtigung folgender Grundsätze anzusetzen."

Aus dieser durch das StEntlG[123] eingeführten Gesetzesformulierung ergibt sich, dass die Regelung des § 6 Abs. 1 Nr. 3a EStG den Rückgriff auf die allgemeinen handelsrechtlichen Regelungen bei der steuerlichen Bewertung von Rückstellung nicht ausschließt. Der Gesetzgeber normiert steuerrechtlich immer dann einen Höchstbetrag, wenn der handelsrechtliche Wert niedriger ist als der steuerrechtliche. Die Entstehungsgeschichte des § 6 Abs. 1 Nr. 3a EStG stützt den sich bereits aus dem Gesetzeswortlaut ergebenden Regelungsmechanismus.

So lautet die Gesetzesbegründung des BT-Finanzausschusses[124]:

122 BMF, Schreiben vom 12. 3. 2010, BStBl 2010 I S. 239.

123 Steuerentlastungsgesetz 1999/2000/2002, vom 24. 3. 1999, BGBl 1999 I S. 402.

124 Gesetzesbegründung, BT-Drucks. 14/443, S. 23.

> „Zum Einleitungssatz: Klarstellung, dass die in § 6 Abs. 1 Nr. 3a EStG genannten Grundsätze keine abschließende Aufzählung enthalten. Die beispielsweise in § 5 EStG festgelegten Regeln sind ebenfalls zu beachten. Ist der Ausweis für die Rückstellung in der Handelsbilanz zulässigerweise niedriger als der sich nach § 6 Abs. 1 Nr. 3a EStG ergebende Ausweis, so ist der Ausweis in der Handelsbilanz für die Steuerbilanz maßgebend."

Hierdurch wird deutlich, dass immer dann eine „Deckelung" des steuerlichen Werts gemäß § 6 Abs. 1 Nr. 3a EStG erfolgt, wenn der handelsrechtliche Wert niedriger ist.

2626 Diese Auffassung wird m. E. auch bestärkt durch die aktuelle Rechtsprechung des BFH. Mit seinem Urteil vom 11. 10. 2012 hatte der BFH darüber zu entscheiden, ob auch diejenigen Zinsen, die als sog. Gemeinkosten, die der Pflicht zur Aufbewahrung von Geschäftsunterlagen geschuldet sind, Eingang in die Rückstellungsbewertung finden. Es handelte sich in dem zu entscheidenden Sachverhalt um Finanzierungskosten (Zinsen) für einen Raum zur Aufbewahrung von Geschäftsunterlagen. Der BFH kam in seinem Urteil zu dem Ergebnis, dass auch diese „Gemeinkosten" für die zur Aufbewahrung genutzten Räume auch dann in einer Rückstellungsbewertung mitenthalten sein dürfen, wenn die Anschaffung/Herstellung der Räume nicht unmittelbar (einzel-)finanziert worden ist, sondern der Aufbewahrungspflichtige (hier: eine Sparkasse) seine gesamten liquiden Eigen- und Fremdmittel in einen „Pool" gegeben und hieraus sämtliche Aufwendungen seines Geschäftsbetriebs finanziert hat (sog. Poolfinanzierung).

Bei der Begründung dieser Entscheidung nimmt der BFH außerdem allgemein zur Bewertung von Rückstellungen nach § 6 Abs. 1 Nr. 3a EStG wie folgt Stellung:

> „Auszugehen ist hierbei davon, dass § 6 Abs. 1 Nr. 3a EStG die Bewertung von Rückstellungen nicht abschließend regelt, sondern – wie dem auf Vorschlag des Finanzausschusses eingefügten Einleitungssatz der Vorschrift unmissverständlich zu entnehmen ist – die nach dem Maßgeblichkeitsgrundsatz zu beachtende handelsrechtliche Bewertung nur dann durchbricht, wenn die steuerrechtlichen Sonderbestimmungen des § 6 Abs. 1 Nr. 3a Buchst. a bis e EStG 2002 dazu führen, dass der handelsrechtliche Wertansatz (Höchstwert) unterschritten wird."

2627 Diese Konstellation wäre jedoch vor BilMoG äußert selten in der Praxis anzutreffen gewesen, da vor BilMoG die handelsrechtlichen Rückstellungswerte i. d. R. stets höher waren als die steuerrechtlichen Werte. Dies war durch ein fehlendes Abzinsungsgebot im Bereich der handelsrechtlichen Rückstellungsbewertung bedingt. Entsprechend der Neuregelung in § 253 Abs. 2 HGB müssen künftig alle handelsrechtlichen Rückstellungen mit einer Restlaufzeit von mehr als einem Jahr – und damit auch solche für Sachleistungsverpflichtungen – mit einem fristenkongruenten Marktzinssatz abgezinst werden. Bislang war eine Abzinsung nur dann zulässig, wenn in der zugrunde liegenden Verbindlichkeit ein Zinsanteil enthalten war. Damit kann sich aus dieser handelsrechtlich erheblichen Änderung zukünftig die Situation – vor allem im Bereich der Sachleistungsverpflichtungen – ergeben, dass der handelsrechtliche Wert unter dem steuerrechtlich ermittelten Wert nach § 6 Abs. 1 Nr. 3 EStG liegt.

Verstärkt wird diese Konstellation durch den unterschiedlichen steuerrechtlichen und handelsrechtlichen Abzinsungssatz. Handelsrechtlich ist mit dem durchschnittlichen

Marktzins am Bilanzstichtag abzuzinsen, bei dem der Durchschnitt über die letzten 7 Geschäftsjahre zu bilden ist, um Zufallsschwankungen in der Zinsentwicklung zu glätten. Steuerrechtlich wird hingegen mit einem pauschalen Zinssatz von 5,5 % abgezinst.[125] Handelsrechtlich kann dieser Abzinsungseffekt zwar wieder durch die Einbeziehung von zukünftigen Preis- und Kostenänderungen teilweise „kompensiert" werden,[126] dennoch kann es durch die Änderungen im Handelsrecht durch BilMoG zu einer unterhalb der steuerlichen Werte liegenden handelsrechtlichen Bewertung kommen.

Dies Situation tritt auch verschärft im Bereich der Sachleistungsverpflichtungen auf, da 2628
hier der handelsrechtliche Abzinsungszeitraum vom steuerrechtlichen Zeitraum abweicht: Während steuerrechtlich gem. § 6 Abs. 1 Nr. 3a Buchst. e EStG für Sachleistungsverpflichtungen die hierfür gebildete Rückstellung lediglich bis zum Beginn der Erfüllung abzuzinsen ist, ist handelsrechtlich eine längerer Abzinsungszeitraum nötig (ggf. bis zur vollständigen Erfüllung der Verbindlichkeit).

Aufgrund dieser erheblichen Auswirkung in der Praxis bei der Bewertung von Rückstellungen sieht die Finanzverwaltung zu der Grundaussage, dass die Höhe der Rückstellung in der Steuerbilanz den zulässigen Ansatz in der Handelsbilanz nicht überschreiten darf, eine sog. Rücklagenregelung vor. Denn die Anwendung dieser einkommensteuerrechtlichen Regelung im Zusammenwirken mit der erstmaligen Anwendung der handelsrechtlichen Bewertung von Rückstellung nach dem BilMoG könnte zu gewinnerhöhenden Auflösungen von bereits gebildeten Rückstellungen in einem nicht unerheblichen Ausmaß führen. Daher sieht die Regelung in R 6.11 Abs. 3 EStR 2012 eine Abmilderung der durch die Auflösung der steuerlichen Rückstellungen bedingten Gewinnauswirkungen vor.[127] Danach können die durch die BilMoG-bedingten Gewinnauswirkungen wahlweise über 15 Jahre durch eine Gewinnrücklagenbildung verteilt werden. Dieser Zeitraum wurde im BilMoG allgemein vorgesehen, um Anpassungsschwierigkeiten abzufedern.[128] Er soll daher auch für die durch die oben dargestellte notwendige Teilauflösung der Rückstellung in der Steuerbilanz herangezogen werden. Die hiernach gebildete Gewinnrücklage ist sodann in den Folgejahren zu mindestens je einem Fünfzehntel gewinnerhöhend aufzulösen.[129]

125 Vgl. *Hörhammer/Rosenbaum*, StuB 2013 S. 252.

126 „Erfüllungsbetrag" i. S. d. § 253 Abs. 1 Satz 2 HGB.

127 Vgl. Beschluss des Bundesrates vom 14. 12. 2012, BR-Drucks. 681/12 (B).

128 Art. 67 Abs. 1 Satz 1 EGHGB: „Ist auf Grund der geänderten Bewertung von Verpflichtungen, die die Bildung einer Rückstellung erfordern, eine Auflösung der Rückstellung erforderlich, dürfen dies beibehalten werden, soweit der aufzulösende Betrag bis spätestens zum 31. 12. 2024 wieder zugeführt werden müsste."

129 Vgl. *Rosenbaum/Hörhammer*, DStZ 2013 S. 345.

3. Das BMF-Schreiben vom 12. 3. 2010

2629 Die o. g. steuerlichen Ansatzverbote, -beschränkungen und Bewertungsbeschränkungen haben durch die Aufgabe der umgekehrten Maßgeblichkeit durch das BilMoG an Bedeutung gewonnen. Zu den steuerrechtlichen Folgen nimmt das BMF-Schreiben vom 12. 3. 2010 Stellung.

Durch die Aufgabe der umgekehrten Maßgeblichkeit und der entsprechenden gesetzlichen Anpassung in § 5 Abs. 1 EStG stellt sich die Frage, wie steuerrechtliche Wahlrechte, die bisher entsprechend der handelsrechtlichen Vorgehensweise auszuüben waren, zukünftig zu behandeln sind. Am meisten diskutiert wurde hier, ob sich die steuerrechtliche Ausübung eines Wahlrechts entsprechend § 5 Abs. 1 Satz 1 EStG n. F. auf sog. „GoB-konforme" Wahlrechte[130] beschränkt. Mit dem o. g. BMF-Schreiben hat sich die Verwaltung der gesetzeskonformen Auslegung angeschlossen und ist zu dem Ergebnis gekommen, dass die Formulierung „steuerliche Wahlrechte" in § 5 Abs. 1 Satz 1 2. Halbsatz EStG keine einschränkende Auslegung zulässt. Somit geht das BMF-Schreiben von einer nicht einschränkenden Auslegung des Begriffs „steuerliche Wahlrechte" in § 5 Abs. 1 Satz 1 2. Halbsatz EStG aus.[131] Es besteht danach insbesondere bei der Teilwertabschreibung gemäß § 6 Abs. 1 Nr. 1 Satz 2 EStG und § 6 Abs. 1 Nr. 2 Satz 2 EStG ein eigenständiges steuerrechtliches Wahlrecht, das unabhängig von den handelsrechtlichen Bestimmungen in § 253 Abs. 3 Satz 3 HGB und § 253 Abs. 4 HGB ausgeübt werden kann. Der Steuerpflichtige kann daher auf eine Teilwertabschreibung verzichten, obwohl er gem. § 253 Abs. 3 Satz 3 HGB handelsrechtlich zu einer außerplanmäßigen Abschreibung aufgrund voraussichtlich dauernder Wertminderung verpflichtet ist. Er kann jedoch steuerrechtlich auch in einem Wirtschaftsjahr eine Teilwertabschreibung nach § 6 Abs. 1 Nr. 2 Satz 2 EStG vornehmen und in einem darauffolgenden Wirtschaftsjahr durch Verzicht des Nachweises nach § 6 Abs. 1 Nr. 1 Satz 4 EStG das entsprechende Wirtschaftsgut (wieder) mit den (fortgeführten) Anschaffungs- oder Herstellungskosten bewerten, obwohl weiterhin eine voraussichtlich dauernde Wertminderung vorliegt. Es ist jedoch darauf zu achten, dass das BMF-Schreiben für diese Fälle eine „Missbrauchsklausel" dergestalt vorsieht, dass die Finanzverwaltung sich vorbehält zu überprüfen, ob hier besonders in Zusammenhang mit der Mindestbesteuerung eine willkürliche Gestaltung vorliegt.

2630 Neben dieser zentralen Frage der Bedeutung von steuerrechtlichen Wahlrechten stellt das BMF-Schreiben besondere Konstellationen heraus, bei denen es entweder zukünftig zu einer Durchbrechung des Maßgeblichkeitsgrundsatzes kommen kann oder es (weiterhin) bei der Maßgeblichkeit des handelsrechtlichen Ausweises in der Bilanz bleibt:[132]

- Handelsrechtliche Aktivierungsgebote und -wahlrechte führen zu Aktivierungsgeboten in der Steuerbilanz (es sei denn, die Aktivierung ist aufgrund einer steuerrechtlichen Regelung ausgeschlossen).

130 Zu den sog. subventionellen steuerrechtlichen Wahlrechten: *Hennrichs*, Ubg 2009 S. 537; *Arbeitskreis Bilanzrecht der Hochschullehrer für Rechtswissenschaft*, DB 2009 S. 2570.

131 Vgl. hierzu *Klein*, NWB 2010 S. 2042.

132 Vgl. *Klein*, NWB direkt 2010 S. 704.

- Handelsrechtliche Passivierungsgebote sind auch für die steuerrechtliche Gewinnermittlung maßgeblich (vorbehaltlich steuerrechtlicher Vorschriften).
- Handelsrechtliche Bewertungswahlrechte wirken auch auf den Wertansatz in der Steuerbilanz (es sei denn, es besteht eine eigenständige steuerrechtliche Regelung – wie beispielsweise § 6a EStG).
- Wahrechte, die nur steuerrechtlich bestehen (sog. GoB-inkonforme Wahlrechte), können unabhängig vom handelsrechtlichen Wertansatz ausgeübt werden; es kann zu einer Durchbrechung der Maßgeblichkeit kommen.
- Sowohl handelsrechtlich als auch steuerrechtlich bestehende Wahlrechte können aufgrund des § 5 Abs. 1 Satz 1 2. Halbsatz EStG in der Handelsbilanz und in der Steuerbilanz unterschiedlich ausgeübt werden; auch hier kann es zu einer Durchbrechung der Maßgeblichkeit kommen.

Die Folgen des Wegfalls der umgekehrten Maßgeblichkeit und Änderung des § 5 Abs. 1 i. d. F. des BilMoG auf die Steuerbilanz stellen sich anhand des BMF-Schreibens vom 12. 3. 2010 wie folgt dar: 2631

Tab.:

Handelsbilanz	Steuerbilanz	Beispiel	Steuerrechtlich Folge
Aktivierungsgebot und Aktivierungswahlrecht	Keine steuerrechtliche Sonderregelung		Der handelsrechtliche Ansatz und Wert ist maßgeblich (vgl. GrS 2/68, BStBl 1969 II S. 291)
Aktivierungsgebot und Aktivierungswahlrecht	steuerrechtliche Sonderregelungen	§ 5 Abs. 2 EStG/ § 248 Abs. 2 HGB (selbst geschaffene immaterielle WG)	Durchbrechung der Maßgeblichkeit
Passivierungsgebot	Keine steuerrechtliche Sonderregelung	§ 249 Abs. 1 Satz 1 HGB (allgemeine Verbindlichkeits-Rückstellungen)	Die handelsrechtliche Passivierung ist maßgeblich
Passivierungsgebot	Steuerrechtliche Sonderregelung	§ 249 Abs. 1 Satz 1 HGB/§ 5 Abs. 4a EStG (Drohverlust-Rückstellungen)	Durchbrechung der Maßgeblichkeit
Bewertungswahlrecht	Keine steuerrechtliche Sonderregelung	§ 240 Abs. 3, 4 HGB (Bewertungsvereinfachungen)	Die handelsrechtliche Bewertung ist maßgeblich
Kein Bewertungswahlrecht	Steuerrechtliche Sonderregelung	§ 253 Abs. 3, Abs. 4 HGB/§ 6 Abs. 1 Nr. 1 Satz 2 EStG (Teilwertabschreibung)	Mögliche Durchbrechung der Maßgeblichkeit

Handelsbilanz	Steuerbilanz	Beispiel	Steuerrechtlich Folge
Bewertungswahlrecht	Bewertungswahlrecht	§ 256 HGB (Fifo u. Lifo/§ 6 Abs. 1 Nr. 2a EStG (Lifo))	Mögliche Durchbrechung der Maßgeblichkeit
Rückstellungsbewertung nach § 253 Abs. 2 HGB	Steuerlicher Wert ist höher	§ 6 Abs. 1 Nr. 3a EStG	Handelsrechtlicher Wert ist maßgeblich (vgl. Wortlaut in § 6 Abs. 1 Nr. 3a EStG„höchstens")[133]

4. Ansatz- und Bewertungsvorschriften nach Schuldübernahme und Schuldbeitritt

2632 Der BFH hat in wiederholter Rechtsprechung entschieden, dass bei einer Übernahme betriebliche Verbindlichkeiten, welche beim Veräußerer aufgrund von Rückstellungsverboten in der Steuerbilanz nicht bilanziert worden, beim Verpflichtungsübernehmer keiner Passivierungsbeschränkung unterworfen seien.[134] Nach dem BFH sind sie als ungewisse Verbindlichkeit auszuweisen und vom Erwerber auch an den nachfolgenden Bilanzstichtagen nach § 6 Abs. 1 Nr. 3 EStG mit ihren „Anschaffungskosten" oder ihrem höheren Teilwert zu bewerten.[135]

Folge dieser neuen Rechtsprechung wäre, dass beispielsweise bei einer Betriebsveräußerung, die gesetzlich angeordneten Ansatz- und Bewertungsvorschriften des EStG keine Anwendungen mehr finden würden.

Um den gesetzlich vorgeschriebenen Ansatz- und Bewertungsvorschriften auch bei Verpflichtungsübernahmen zur Geltung zu verhelfen, wurde im Rahmen des AIFM-Steuer-Anpassungsgesetzes eine Ergänzung des § 5 EStG durch einen neuen Abs. 7 eingebracht, der regeln sollte, dass bei Verpflichtungsübertragungen, Schuldbeitritten und Erfüllungsübernahmen, die steuerlichen Ansatz- und Bewertungsvorbehalte (weiterhin) zwingend zu beachten sind.

2633 Hierbei bleibt zu berücksichtigen, dass der BFH zwischenzeitlich in zwei Urteilen[136] zu der Folgebewertung von übernommenen Pensionsverpflichtungen Stellung genommen hat, die zunächst nach § 6a EStG passiviert wurden, und die Frage beantwortet, wie diese zu bewerten sind, wenn sie im Rahmen einer Betriebsveräußerung oder einer Ausgliederung nach § 123 UmwG übertragen wurden. Der BFH kam zu dem Ergebnis, dass der über dem § 6a-Wert liegende „Anschaffungskosten-Wert" vom Übernehmer anzusetzen sei.[137] Der BFH betont zudem, dass es sich fortan zwar nach wie vor um Pensionsverpflichtungen i. S.v. § 6a EStG handele, die Bedeutung des Teilwerts gemäß

133 Vgl. Ausführungen unter 2.3. Rn. 2626.

134 BFH vom 14. 12. 2011 – I R 72/10, BFH/NV 2012 S. 635.

135 Vgl. hierzu ausführlich *Prinz/Hörhammer*, Schuldübernahme, Schuldfreistellung und Schuldbeitritt, Stbjb 2013 S. 307.

136 BFH-Urteile vom 12. 12. 2012 – I R 69/11, BFH/NV 2013 S. 840 und I R 28/11, BFH/NV 2013 S. 884.

137 Siehe hierzu auch *Günkel*, BB 2013 S. 1001.

§ 6a Abs. 3 EStG beschränke sich jedoch infolge der „Anschaffung“ auf die kontinuierlichen Zuführungen, mittels derer die Anwartschaften bis zum Leistungsfall vom Zusagenden ausfinanziert werden und ihre Deckung sichergestellt werde. Für nach der Übertragung neu entstehende Pensionsansprüche sei § 6a EStG daher (wieder) anzuwenden, da es sich dem Grunde nach (immer noch) um Pensionszusagen nach § 6a EStG handele. Der BFH sieht damit in der Übertragung oder Ausgliederung eine Zäsur und verursacht damit ein Nebeneinander zweier Bewertungssysteme für die ein und dieselbe Pensionszusage: es gibt eine „angeschaffte“ Pensionszusage, die mit den Anschaffungskosten und in der Folge nach § 6 Abs. 1 Nr. 3 EStG zu bewerten wäre und zusätzlich würde eine neu „entstehende“ Pensionsverpflichtung parallel nach § 6a EStG (weiter) zu bewerten sein.[138] Die Finanzverwaltung geht hingegen im BMF-Schreiben vom 24. 6. 2011[139] davon aus, dass bei einer Schuldübernahme nach §§ 414 ff. BGB, der Erwerber eines Betriebs, der auch Verbindlichkeiten übernimmt, in der für die Besteuerung maßgebenden Schlussbilanz nach der Übernahme, die für seinen Rechtsvorgänger bereits geltenden Ansatz- und Bewertungsvorbehalte zu beachten hat.

Mit dem AIFM-Steuer-Anpassungsgesetz vom 18. 12. 2013[140] hat der Gesetzgeber nun- 2634
mehr auf die Rechtsprechung reagiert und mit der Neuregelung des § 5 Abs. 7 und des § 4f EStG Vorschriften geschaffen, die sich mit den Ansatzverboten, -beschränkungen und Bewertungsvorbehalten nach einer Schuldübertragung oder einem Schuldbeitritt befassen. Die Vorschrift des § 4f EStG ordnet für denjenigen, der eine Verpflichtung (z. B. eine Pensionsverpflichtung) auf einen anderen überträgt, an, dass ein aus der unterschiedlichen handels- und steuerbilanziellen Bewertung dieser Verpflichtung meist resultierender Verlust nicht sofort realisiert werden kann. Vielmehr kann dieser Verlust über einen Zeitraum von 15 Jahren als Betriebsausgabe außerbilanziell abgezogen werden. Ausnahmsweise ist eine Verluststreckung nicht vorgesehen, wenn das übertragende Unternehmen ein kleiner oder mittlerer Betrieb i. S. d. § 7g EStG ist. Außerdem kommt es zu einer sofortigen Realisation des Verlusts, wenn es sich bei der Übertragung um eine Veräußerung des ganzen Gewerbebetriebs oder gesamten Mitunternehmeranteils handelt. Zusätzlich findet § 4f EStG keine Anwendung wenn ein Arbeitgeberwechsel unter Mitnahme der Pensionsanwartschaft einschließlich eines entsprechenden Deckungsvermögens vorliegt. Die Neuregelung des § 4f EStG ist erstmals für Wirtschaftsjahre anzuwenden, die nach dem 28. 11. 2013 enden.[141]

Für die „Übernehmerseite“ bei einer Verpflichtungsübernahme ordnet § 5 Abs. 7 EStG an, dass der Übernehmer einer Verpflichtung die gleichen Bilanzierungsvorschriften zu beachten hat, die auch für den ursprünglich Verpflichteten gegolten haben. Zur Abmilderung einer hierdurch entstehenden Gewinnrealisation sieht § 5 Abs. 7 Satz 5 EStG vor, dass für diesen Gewinn jeweils in Höhe von vierzehn Fünfzehntel eine gewinnmindernde Rücklage gebildet werden kann, die in den folgenden vierzehn Wirtschaftsjahren jeweils mit mindestens einem Vierzehntel gewinnerhöhend aufzulösen ist (Auf-

138 Hierzu kritisch: *M. Prinz*, FR 2013 S. 612; *Hoffmann*, DB 2013 S. M1.

139 BMF-Schreiben vom 24. 6. 2011, BStBl 2011 I S. 627.

140 Gesetz zur Anpassung des Investmentsteuergesetzes und andere Gesetze an das AIFM-Umsetzungsgesetz (AIFM-Steuer-Anpassungsgesetz-AIFM-StAnpG) vom 18. 12. 2013, BGBl 2013 I S. 4318.

141 Insofern missverständlich: Begründung des Gesetzesentwurf vom 8. 11. 2013, BR-Drucks. 740/13 S. 121.

lösungszeitraum). Für Altfälle sieht § 52 Abs. 14 EStG eine noch längere Streckung von 20 Jahren in Form einer Rücklage vor. § 5 Abs. 7 EStG gilt für sämtliche zivilrechtlichen Fallvarianten einer Verpflichtungsübernahme – Schuldübernahme nach §§ 414 ff. BGB, Erfüllungsübernahme entsprechend § 329 BGB und Schuldbeitritt nach §§ 421 f. BGB. Die Vorschrift ist für Wirtschaftsjahre anzuwenden, die nach dem 28. 11. 2013 (Beschluss des deutschen Bundestages) 2013 enden.

5. Aufgabe des subjektiven Fehlerbegriffs und die praktischen Folgen

2635 Eine weitere wichtige Entscheidung des BFH, die wesentlichen Einfluss auf den Umgang der Finanzverwaltung mit steuerbilanziellen Fragestellungen hat, ist der Beschluss des Großen Senats vom 31. 1. 2013 zum sog. subjektiven Fehlerbegriff.[142] Der BFH kommt hier zu dem Ergebnis, dass das Finanzamt im Rahmen der ertragsteuerrechtlichen Gewinnermittlung auch dann nicht an die rechtliche Beurteilung gebunden ist, die der vom Steuerpflichtigen aufgestellten Bilanz (und deren einzelnen Ansätzen) zugrunde liegt, wenn diese Beurteilung aus der Sicht eines ordentlichen und gewissenhaften Kaufmanns im Zeitpunkt der Bilanzaufstellung vertretbar gewesen ist.

Der Große Senat hat damit seine bisherige Rechtsprechung[143] zum subjektiven Fehlerbegriff hinsichtlich der Wertung von Rechtsfragen aufgegeben. Die bisherige Verwaltungsauffassung sah entsprechend der bisher gefestigten Rechtsprechung zum subjektiven Fehlerbegriff unter R 4.4 EStR vor, dass dann, wenn ein Ansatz in der Bilanz unrichtig ist, der Steuerpflichtige nach § 4 Abs. 2 Satz 1 EStG den Fehler durch eine entsprechende Mitteilung an das Finanzamt berichtigen kann (Bilanzberichtigung). Ein Ansatz in der Bilanz war danach unrichtig, wenn er unzulässig ist, d. h., wenn er gegen zwingende Vorschriften des Einkommensteuerrechts oder des Handelsrechts oder gegen die einkommensteuerrechtlich zu beachtenden handelsrechtlichen Grundsätze ordnungsmäßiger Buchführung verstößt. Eine Bilanzberichtigung war hiernach unzulässig, wenn der Bilanzansatz im Zeitpunkt der Bilanzaufstellung subjektiv richtig war. Subjektiv richtig war jede der im Zeitpunkt der Bilanzaufstellung der kaufmännischen Sorgfalt entsprechende Bilanzierung. Entsprach ein Bilanzansatz im Zeitpunkt der Bilanzaufstellung den Grundsätzen höchstrichterlicher Rechtsprechung, wurde dieser durch eine Änderung der Rechtsprechung nicht unrichtig.

2636 Diese Verwaltungsauffassung entsprach der bisherigen BFH-Rechtsprechung zum subjektiven Fehlerbegriff. Der BFH hält nun m. E. zu Recht nicht mehr an dieser Rechtsprechung hinsichtlich der Auslegung von Rechtsfragen im Zusammenhang mit steuerbilanziellen Regelungen fest. Zu Unrecht wurde die Regelung des § 4 Abs. 2 Satz 1 EStG als Begründung für den subjektiven Fehler ins Feld geführt, denn die Frage einer Bilanzberichtigung ist unabhängig von der Möglichkeit einer Berichtigung des steuerlichen Gewinns im Rahmen der Veranlagung zu sehen. Die Finanzverwaltung hat zur Ermittlung der richtigen Besteuerungsgrundlage im Rahmen des Veranlagungsverfahrens die

142 BFH, Beschluss vom 31. 1. 2013 – GrS 1/10, BStBl 2013 II S. 317.

143 BFH, Urteile vom 12. 11. 1992 – IV R 59/91, BStBl 1993 II S. 392; vom 5. 9. 2001 – I R 107/00, BStBl 2002 II S. 134; vom 5. 4. 2006 – I R 46/04, BStBl 2006 II S. 688.

allgemeinen Verfahrensvorschriften (insbesondere §§ 85 ff., 129, 164 f. und 172 ff. AO) zu beachten. Hieraus ergibt sich bereits eine notwendige Differenzierung danach, ob eine formelle Bilanzberichtigung nach § 4 Abs. 2 Satz 1 EStG in Frage kommt oder ob von einer bereits eingereichten Bilanz im Steuer- und Feststellungsbescheid abgewichen werden kann. Es besteht gerade keine Abhängigkeit zwischen einer – nicht mehr möglichen – Bilanzberichtigung gem. § 4 Abs. 2 EStG und einer möglichen Abweichung von Bilanzansätzen im Rahmen der Ermittlung der steuerlichen Bemessungsgrundlage durch die Finanzverwaltung. Der Steuerpflichtige ist beispielsweise unabhängig davon, ob er seine erstellte Bilanz noch nach § 4 Abs. 2 Satz 1 EStG berichtigt oder berichtigen darf, nach Maßgabe des § 153 AO weiterhin gehalten, bis zum Ablauf der Festsetzungsfrist Fehler, die zu einer Steuerverkürzung führen können, richtig zu stellen. Ebenso kann er außerhalb der Bilanzansätze Tatsachen im Rahmen der Veranlagung vortragen, die zu einer objektiv richtigen Steuerfestsetzung führen und die von den bisherigen Bilanzansätzen abweichen. Dieser Grundsatz gilt sowohl für Rechtsfragen, die unmittelbar die Bilanzansätze berühren als auch für solche Sachverhalte, die Bilanzansätze an sich nicht berühren, aber mit Bilanzierungsfragen im Zusammenhang stehen können, wie beispielsweise im Zusammenhang mit der Nichtabziehbarkeit von Betriebsausgaben. Für eine „richtige" an Recht und Gesetz gebundene Steuerfestsetzung muss der Steuerpflichtige nicht seine Bilanz nach § 4 Abs. 2 Satz 1 EStG berichtigen, damit diese Eingang in die Steuerfestsetzung findet. § 4 Abs. 2 Satz 1 EStG hindert die Finanzverwaltung nicht daran, im Rahmen der Veranlagung oder in einer späteren Betriebsprüfung von den vom Steuerpflichtigen gewählten Bilanzansätzen abzuweichen, wenn sich zwischenzeitlich eine Rechtsauffassung i. S. d. höchstrichterlichen Rechtsprechung gebildet hat, die von den ursprünglichen vom Steuerpflichtigen gewählten Ansätzen abweicht und deren Rechtsanwendung noch ungeklärt ist. § 4 Abs. 2 EStG enthält ausschließlich eine formellen Aussage, wonach diese Vorschrift eine Schutzfunktion zugunsten des Steuerpflichtigen als alleinigem Urheber der Steuerbilanz darstellt. Für die Ermittlung der objektiv zutreffenden Bemessungsgrundlage im Veranlagungsverfahren ist es unerheblich, ob der Steuerpflichtige seine Bilanz zuvor berichtigt hat. Das zeigen auch die sog. BP-Fälle, bei denen der Betriebsprüfer durch seinen Prüfungsbericht und seine Prüfungsfeststellung, ggf. auch durch eine sog. Prüferbilanz dem für die Veranlagung des Steuerpflichtigen zuständigen Finanzamt mitteilt, dass aufgrund dieser Prüfungsfeststellung der ursprünglich ermittelte steuerliche Gewinn zu ändern ist.

Diese Unabhängigkeit der objektiv zutreffenden Steuerfestsetzung von der rein formalen Vorschrift des § 4 Abs. 2 EStG zeigt m. E. die richtige und konsequente Abstandnahme des BFH vom bisher geltenden subjektiven Fehlerbegriff bei Rechtsfragen. Der Beschluss des Großen Senats zum subjektiven Fehlerbegriff ist mittlerweile im BStBl veröffentlicht und damit unmittelbar für die Finanzverwaltung anzuwenden. Die bisherige Richtlinien-Regelung unter R 4.4. Abs. 1 EStR bedarf insofern einer grundlegenden Überarbeitung. Zu beachten bleibt auch, dass es zukünftig keiner Übergangsregelung in BMF-Schreiben im Hinblick auf diese Rechtsprechung mehr bedarf. Die unter III 2.1.2.2 Rz. 2619 dargestellte Übergangsregelung im BMF-Schreiben vom 10. 9. 2012 im Hinblick auf die nun „strengere" Rechtsprechung zur Teilwertabschreibung bei festverzinslichen Wertpapieren wäre zukünftig nicht mehr notwendig, da mit der Veröffent- 2637 lichung der Rechtsprechung im BStBl, diese Rechtsprechung sowohl für die Finanzverwaltung als auch für den Steuerpflichtigen „objektiv" richtig ist, auch wenn es in der Vergangenheit eine Verwaltungsauffassung gegeben haben sollte, die eine Teilwertabschreibung zugelassen hatte. Durch Veröffentlichung im Bundessteuerblatt würde die „alte" Verwaltungsauffassung sozusagen „überschrieben". Hinsichtlich des „Sonderfalls" der Teilwertabschreibung bei festverzinslichen Wertpapieren im Umlaufvermögen gilt jedoch aus Vertrauensgesichtspunkten die bisherige Übergangsregelung im BMF-Schreiben vom 16. 7. 2014, unter Rn. 35 fort.

2638–2652 *(Einstweilen frei)*

Teil A:
Grundsatz- und Querschnittsfragen steuerlicher Gewinnermittlung

Kapitel XVIII:
Die Steuerbilanz aus der Sicht des BFH

von
Dipl.-Kfm. Walter Bode
Richter am BFH, München

Inhaltsübersicht Rz.

1. Einleitung

1.1 Thematische Eingrenzung

Die gesetzlichen Vorgaben der Steuerbilanz, die für ihre Erstellung und Ausgestaltung im Einzelnen gültigen Rechtsgrundsätze und Maßstäbe sind in anderen Beiträgen dieses Praxishandbuchs bereits eingehend gewürdigt und hergeleitet. Sie werden deshalb im Folgenden nicht – auch nicht jeweils weiter angereichert um einschlägige BFH-Rechtsprechung – erneut detailliert und systematisch abgehandelt. Vielmehr beleuchtet dieses Kapitel einige Grundlinien des Verständnisses des BFH von der Steuerbilanz und ihrer Einordnung in das einkommensteuerliche System der Ermittlung des laufenden Gewinns, wobei diese teilweise durch vom BVerfG entwickelte Maßstäbe vorgeprägt werden. Außerdem werden ausgewählte bedeutsame Einzelaspekte der Bilanzierung aufgezeigt, zu denen die Rechtsprechung des BFH prägende Rechtsgrundsätze formuliert hat oder bei denen eine abschließende Meinungsbildung des BFH noch aussteht. Auch sie konturieren die derzeitige höchstrichterliche Sicht auf die Steuerbilanz, wobei sie auf unterschiedliche Weise an die zuvor aufgezeigten Grundlinien anknüpfen. 2653

1.2 Sachliche Zuständigkeit beim BFH

2654 Die Beantwortung bilanzsteuerrechtlicher Fragen fällt nach der aktuellen Geschäftsverteilung des BFH (2014) im Wesentlichen in die sachliche Zuständigkeit des I., III., IV., VIII. und X. Senats. Dabei zählen der I. und IV. Senat zu den vier Gründungssenaten des BFH; sie sind schon seit jeher mit dieser Rechtsmaterie befasst.[1] Aber auch in die Zuständigkeit des mit Wirkung zum 1. 4. 1971 errichteten VIII. Senats und des zum 1. 1. 1987 eingerichteten X. Senats des BFH konnten von Beginn an derartige Fragestellungen fallen.[2] Dem III. Senat des BFH ist seit dem 1. 1. 1985 (bis heute) u. a. (teilweise) die Zuständigkeit für Einkünfte aus Gewerbebetrieb natürlicher Personen zugewiesen, wobei sich ebenfalls bilanzsteuerrechtliche Fragen ergeben können;[3] unabhängig davon war der III. Senat auch aus seiner langjährigen Zuständigkeit für die Investitionszulage heraus wiederholt mit bilanzsteuerrechtlichen Fragen befasst. Darüber hinaus hat der Große Senat des BFH immer wieder auch zu bilanzsteuerrechtlichen Fragen Stellung genommen.

2655 (*Einstweilen frei*)

2. Begriff und Zweckbestimmung der Steuerbilanz aus der Sicht des BFH

2.1 Die Steuerbilanz als ein Instrument der Gewinnermittlung

2.1.1 Ermittlung des laufenden Gewinns

2656 Auch der der Rechtsprechung des BFH zugrunde gelegte Begriff der Steuerbilanz ist geprägt durch deren Funktion im Rahmen der Gewinnermittlungsart des Betriebsvermögensvergleichs nach den §§ 4 Abs. 1, 5 EStG. Dabei geht der BFH in ständiger Rechtsprechung davon aus, dass die Gewinnermittlung nach § 4 Abs. 1 EStG die Regel ist (s. auch Rz. 2666).[4]

2657 Zwar wird der Begriff der Bilanz nur in § 4 Abs. 2 Satz 1 EStG in einem Klammerzusatz ausdrücklich erwähnt und dabei als Synonym zum Begriff der Vermögensübersicht verwendet, ohne dass – anders als in § 242 Abs. 1 HGB – Zweck und Ausgestaltung der Bilanz näher umschrieben werden.[5] Die Funktion der Steuerbilanz als Instrument zur Ermittlung des laufenden Gewinns ergibt sich jedoch aus den Modalitäten des in § 4 Abs. 1 Satz 1 EStG geregelten Betriebsvermögensvergleichs, die im Ergebnis und im Grundsatz der sog. Reinvermögenszugangstheorie folgen,[6] diese jedoch im Hinblick auf

1 Näher hierzu *BFH* (Hrsg.), 60 Jahre Bundesfinanzhof, Eine Chronik 1950-2010, Bonn 2010, S. 283 und 545 f. (I. Senat), S. 330 und 548 f. (IV. Senat)

2 Näher 60 Jahre Bundesfinanzhof, a. a. O., S. 389 und 552 f. (VIII. Senat), S. 415 und 554 f. (X. Senat).

3 Vgl. 60 Jahre Bundesfinanzhof, a. a. O., S. 318 und 548.

4 Vgl. BFH, Urteil vom 19. 3. 2009 – IV R 57/07, BStBl 2009 II S. 659 (m. w. N.), und Urteil vom 21. 7. 2009 – X R 46/08, BFH/NV 2010 S. 186.

5 Vgl. hierzu und zum Folgenden z. B. *Bode*, in: Kirchhof, EStG, 13. Aufl. 2014, § 4 Rz. 4a; *Seiler*, in Kirchhof/Söhn/Mellinghoff (im Folgenden: K/S/M), EStG, § 4 Rz. A 10 und B 160 f.; *Weber-Grellet*, Bilanzsteuerrecht, 11. Aufl., Münster 2011, Rz. 24.

6 Näher zur Reinvermögenszugangstheorie z. B. *Paul Kirchhof*, in: K/S/M, § 2 Rz. A 321 ff.

eine Besteuerung nach der finanziellen Leistungsfähigkeit (dazu auch Rz. 2671 ff.) nicht uneingeschränkt umsetzen dürfen.[7] Der danach anzustellende Vergleich des Betriebsvermögens am Schluss des Wirtschaftsjahrs und des Betriebsvermögens am Schluss des vorangegangenen Wirtschaftsjahrs setzt die Ermittlung des Betriebsvermögens auf den jeweiligen Stichtag voraus. Dabei ist der in § 4 Abs. 1 Satz 1 EStG verwendete Begriff des Betriebsvermögens gleichzusetzen mit dem Begriff des Betriebsreinvermögens, das wiederum dem Eigenkapital entspricht. Das Eigenkapital lässt sich nur als Differenz von Vermögen und Schulden – bezogen auf den jeweils maßgebenden Stichtag – ermitteln, was wiederum eine Bilanz voraussetzt, in der Aktiva und Passiva gegenübergestellt sind.

Insoweit lässt sich die Steuerbilanz als Vermögensübersicht definieren, die das Be- 2658
triebsreinvermögen bzw. Eigenkapital auf einen bestimmten Stichtag unter Beachtung der für die Bewertung von Aktiva und Passiva steuerrechtlich maßgeblichen Regeln feststellt. Von den genannten Begrifflichkeiten geht auch die gegenwärtige Rechtsprechung des BFH aus, die die Steuerbilanz funktional als Mittel zur Gewinnermittlung definiert.[8] Aber auch bereits früher ist die daraus folgende Umschreibung des Begriffs der Steuerbilanz – soweit ersichtlich – nicht in Frage gestellt worden.

Eine Beschreibung der Sicht des BFH auf die Steuerbilanz wäre allerdings unvollständig, 2659
soweit sich diese auf deren Funktion als Instrument der Ermittlung des laufenden Gewinns beschränkte. Der Charakter der Steuerbilanz wird vielmehr auch durch die Maßstäbe geprägt, denen der hierdurch zu ermittelnde laufende Gewinn zu genügen hat. Deshalb ist nachfolgend zusätzlich in den Blick zu nehmen, welchen Maßstäben die Rechtsprechung des BFH (entscheidende) Bedeutung bemisst (näher Rz. 2671 ff.). In diesem Zusammenhang ist festzustellen, dass sich in jüngster Zeit in der Rechtsprechung des BFH auch Änderungen bei der Gewichtung solcher Maßstäbe ergeben, wie die Aufgabe des subjektiven Fehlerbegriffs hinsichtlich bilanzieller Rechtsfragen zeigt (näher Rz. 2690 ff.).

(Einstweilen frei) 2660–2662

2.1.2 Gewinnermittlung bei Veräußerungs-, Aufgabe- und Umwandlungsvorgängen

Bilanzen können steuerrechtlich nicht nur als Instrument zur Ermittlung des laufenden 2663
Gewinns, sondern auch im Zusammenhang mit der Ermittlung von Gewinnen aus Veräußerungs-, Aufgabe- und Umwandlungsvorgängen aufzustellen sein. So ist beispielsweise bei Veräußerung des ganzen Gewerbebetriebs – auch insoweit der sog. Reinvermögenszugangstheorie folgend (Rz. 2657) – der Veräußerungsgewinn als Differenz von Veräußerungspreis (nach Abzug der Veräußerungskosten) und dem Wert des Betriebsvermögens zu ermitteln. § 16 Abs. 2 Satz 2 EStG bestimmt hierzu, dass der Wert des Betriebsvermögens für den Zeitpunkt der Veräußerung nach § 4 Abs. 1 EStG oder nach § 5 EStG zu ermitteln ist. Hier kann der Steuerpflichtige sogar zu einer einmaligen Bilanzierung verpflichtet sein. Dabei gelten allerdings bei der Bilanzierung im Zusam-

7 Dazu auch *Wendt*, in: Kube/Mellinghoff/Morgenthaler/Palm/Puhl/Seiler, Leitgedanken des Rechts (im Folgenden: Leitgedanken), Heidelberg u. a. 2013, Band II, § 180 Bilanzrecht, Rz. 19, m. w. N.

8 Vgl. z. B. BFH, Vorlagebeschluss vom 7. 4. 2010 – I R 77/08, BStBl 2010 II S. 739.

menhang mit derartigen Vorgängen teilweise Sonderregeln, wie z. B. die Bewertung zum gemeinen Wert nach § 16 Abs. 3 Satz 7 EStG bei Aufgabe des Betriebs oder eines Mitunternehmeranteils oder nach § 11 Abs. 1 Satz 1 UmwStG bei Verschmelzung oder Vermögensübertragung auf eine andere Körperschaft zeigt.[9] Die Rechtsprechung zu derartigen Sonderkonstellationen illustriert regelmäßig nur die Sicht des BFH auf im Zusammenhang mit der speziellen Rechtsmaterie auftauchende Problemstellungen. Ihr wird deshalb im Folgenden nicht weiter nachgegangen.

2.1.3 Die Steuerbilanz im Kontext der unterschiedlichen Arten der Einkünfte- und Gewinnermittlung

2664 Die ertragsteuerliche Bedeutung der Steuerbilanz bestimmt sich mittelbar nach dem Gewicht des Betriebsvermögensvergleichs (§ 4 Abs. 1 Satz 1 EStG) im Rahmen der unterschiedlichen Formen der Einkünfte- und Gewinnermittlung. Der BFH legt – wie im Folgenden näher dargestellt – seiner Rechtsprechung ohne grundsätzliche Kritik die derzeit gesetzlich vorgegebene Grundstruktur der Einkünfteermittlung und der verschiedenen Arten bzw. Methoden der Gewinnermittlung zugrunde. Somit beeinflusst diese Grundstruktur auch die Sicht des BFH auf die Steuerbilanz.

2665 In Folge des in § 2 Abs. 2 EStG begründeten sog. Dualismus der Einkunftsarten bzw. der Einkünfteermittlung, den das BVerfG bislang als „historisch gewachsene Grundentscheidung“ gleichheitsrechtlich nicht in Frage gestellt hat[10] und der demzufolge auch vom BFH verfassungsrechtlich nicht in Zweifel gezogen worden ist, erlangt die Steuerbilanz nur bei den in Nr. 1 der Vorschrift aufgezählten Gewinneinkunftsarten (Einkünfte bei Land- und Forstwirtschaft, Gewerbebetrieb und selbständiger Arbeit) Bedeutung, während bei den anderen Einkunftsarten i. S. d. § 2 Abs. 1 Satz 1 EStG nach Abs. 2 Nr. 2 der Vorschrift statt des Gewinns der Überschuss der Einnahmen über die Werbungskosten (§§ 8 – 9a EStG) als „Einkünfte“ definiert wird.

2666 Innerhalb der Gewinnermittlungsarten wiederum bemisst sich die Bedeutung der Steuerbilanz insbesondere danach, inwieweit der laufende Gewinn durch Betriebsvermögensvergleich zu ermitteln ist. Verpflichtend ist der Betriebsvermögensvergleich gemäß § 5 Abs. 1 Satz 1 EStG (i. d. F. des BilMoG) für aufgrund gesetzlicher Verpflichtung oder freiwillig Bücher führende und regelmäßig Abschlüsse machende Gewerbetreibende, wobei das Betriebsvermögen anzusetzen ist, das grundsätzlich, d. h. nach Aufgabe der sog. formellen Maßgeblichkeit vorbehaltlich der Ausübung steuerlicher Wahlrechte, nach den handelsrechtlichen Grundsätzen ordnungsgemäßer Buchführung auszuweisen ist (sog. materielle Maßgeblichkeit). Nicht aufgrund gesetzlicher Vorschriften buchführungspflichtige und auch nicht freiwillig Bücher führende und Abschlüsse machende Steuerpflichtige „können“ hingegen nach § 4 Abs. 3 Satz 1 EStG als Gewinn den Überschuss der Betriebseinnahmen über die Betriebsausgaben ansetzen. Dabei geht der BFH zwar in ständiger Rechtsprechung davon aus, dass die Gewinnermittlung nach

9 Näher zur Bilanzierung im Zusammenhang mit Veräußerungs-, Aufgabe- oder Umwandlungsvorgängen *Wendt*, in: Leitgedanken, § 180 Bilanzrecht, Rz. 14 f.

10 Vgl. BVerfG, Beschl. vom 9. 7. 1969 – 2 BvL 20/65, BVerfGE 26 S. 302 (312); vom 7. 10. 1969 – 2 BvL 3/66, 2 BvR 701/64, BVerfGE 27 S. 111 (127); vom 7. 7. 2010 – 2 BvR 748, 753, 1738/05, BVerfGE 127 S. 61 (86).

§ 4 Abs. 1 EStG die Regel ist.[11] Hieraus folgert der BFH allerdings nicht, dass beide Gewinnermittlungsarten in einem Über- und Unterordnungsverhältnis zueinander stehen. Vielmehr werden Bestandsvergleich und Einnahmenüberschussrechnung als zwei unterschiedliche, aber grundsätzlich gleichwertige Gewinnermittlungsmethoden angesehen.[12] Der Gewinnermittlung durch Betriebsvermögensvergleich als Grundform wird vom BFH vielmehr nur Bedeutung für die Frage beigemessen, nach welcher Methode der Gewinn zu ermitteln ist, wenn der Steuerpflichtige keine (wirksame) Wahl für die eine oder andere Gewinnermittlungsart getroffen hat; in einem solchen Fall bleibt es bei der Gewinnermittlung durch Betriebsvermögensvergleich.[13] Gleichheitsrechtliche Zweifel hat der BFH – soweit ersichtlich – auch insoweit nicht erörtert. Denn das BVerfG hat bislang auch die Existenz unterschiedlicher einkommensteuerrechtlicher Gewinnermittlungsvorschriften nicht in Frage gestellt.[14] Vielmehr dürften verfassungsrechtliche Gesichtspunkte eher dafür sprechen, dem Steuerpflichtigen unter bestimmten Voraussetzungen auch eine „vereinfachte" Gewinnermittlungsmethode in Gestalt der Überschussrechnung nach § 4 Abs. 3 EStG zur Verfügung zu stellen.[15]

Soweit das Gesetz neben der Schätzung des Gewinns (§ 162 AO)[16] noch zwei besondere Gewinnermittlungsmethoden vorsieht, die nichts mit dem Betriebsvermögensvergleich gemein haben, relativieren diese ebenfalls die ertragsteuerliche Bedeutung der Steuerbilanz. Denn anstelle der Gewinnermittlung nach § 4 Abs. 1 oder § 5 EStG lässt die sog. Tonnagebesteuerung nach § 5a EStG für den Betrieb von Handelsschiffen im internationalen Verkehr die wahlweise (pauschale) Gewinnermittlung nach der Tonnage zu. Des Weiteren sieht § 13a EStG für Betriebe der Land- und Forstwirtschaft, für die keine Buchführungspflicht besteht, unter weiteren Voraussetzungen eine eigene (ebenfalls pauschale) Gewinnermittlung nach Durchschnittssätzen vor. Ernsthafte verfassungsrechtliche Zweifel hinsichtlich beider Gewinnermittlungsmethoden, die sich allenfalls durch Lenkungs- und Subventionszwecke rechtfertigen lassen,[17] hat der BFH – soweit ersichtlich – bislang trotz überzeugender Kritik[18] ebenfalls nicht geäußert. 2667

(Einstweilen frei) 2668–2670

11 Vgl. BFH, Urteil vom 19. 3. 2009 – IV R 57/07, BStBl 2009 II S. 659 (m. w. N.), und Urteil vom 21. 7. 2009 – X R 46/08, BFH/NV 2010 S. 186.

12 Vgl. BFH, Urteil vom 21. 7. 2009 – X R 46/08, BFH/NV 2010 S. 186.

13 BFH, Urteil vom 21. 7. 2009 – X R 46/08, BFH/NV 2010 S. 186.

14 Dies lässt sich aus BVerfG, Beschluss vom 20. 5. 1988 – 1 BvR 273/88, BB 1988 S. 1716, wohl auch für das Verhältnis von Betriebsvermögensvergleich und Einnahmen-Überschussrechnung folgern.

15 Näher *Bode*, in: Leitgedanken, a. a. O., Bd. II, § 172 Gewinn, Rz. 10.

16 Ob es sich dabei um eine gesonderte Gewinnermittlungsart handelt, ist zweifelhaft, vgl. *Kanzler*, FR 1998 S. 233 (237 f.).

17 Zu den verfassungsrechtlichen Maßstäben bei Verfolgung außerfiskalischer Förderungs- und Lenkungsziele durch den Gesetzgeber z. B. BVerfG, Beschluss vom 9. 12. 2008 – 2 BvL 1, 2/07, 1, 2/08, BVerfGE 122 S. 210 (232), m. w. N.

18 Vgl. nur *Kanzler*, in: Hermann/Heuer/Raupach (im Folgenden HHR), EStG, Vor § 4-7 Rz. 31 (m. w. N.) und Rz. 35, zu § 5a und § 13a EStG; *ders.*, FR 1998 S. 233 (236 f.) zu § 13a EStG.

2.2 Die Steuerbilanz als Instrument zur Abbildung finanzieller Leistungsfähigkeit

2671 Der Blick auf die Steuerbilanz als Instrument der Ermittlung des laufenden Gewinns wird außer durch deren Gewichtung im Rahmen der unterschiedlichen Gewinnermittlungsmethoden entscheidend durch die Maßstäbe bestimmt, denen die Zielgröße der Gewinnermittlung durch Betriebsvermögensvergleich – eben der „Gewinn" – genügen soll. Geht man davon aus, dass sich der Rechtsbegriff des Gewinns lediglich als Ergebnis der jeweils angewandten Gewinnermittlungsvorschriften charakterisieren lässt,[19] es deshalb ein „Wesen" des Gewinns nicht gibt und die Qualität des Gewinns nicht über seine Quantität hinausgeht,[20] sind diese Maßstäbe nach den das Ertragsteuerrecht prägenden Grundsätzen zu bestimmen, die letztlich verfassungsrechtlich begründet und vom BVerfG fortentwickelt worden sind. Danach ist der dem Gesetzgeber bei der Auswahl des Steuergegenstandes und bei der Bestimmung des Steuersatzes eingeräumte weitreichende Entscheidungsspielraum insbesondere durch das Gebot der Ausrichtung der Steuerlast am Prinzip der finanziellen Leistungsfähigkeit begrenzt.[21] Aus verfassungsrechtlicher Sicht hat deshalb auch der (laufende) Gewinn grundsätzlich eine gleichheitsgerechte Abbildung finanzieller Leistungsfähigkeit zu gewährleisten.[22] Ist die Steuerbilanz ein Instrument zur Ermittlung dieses Gewinns, hat auch sie diesem Maßstab zu genügen.

2672 An diese Vorgaben ist der BFH gebunden. Eine Abweichung hiervon ist jedoch auch in früherer Rechtsprechung des BFH nicht erkennbar. So hat der Große Senat des BFH in einer Entscheidung aus dem Jahr 1969[23] für Fragen der Bilanzierung ausdrücklich an gleichheitsrechtliche Maßstäbe angeknüpft: Da es dem Sinn und Zweck der steuerrechtlichen Gewinnermittlung entspreche, den vollen Gewinn zu erfassen, könne es nicht im Belieben des Kaufmanns stehen, sich durch Nichtaktivierung von Wirtschaftsgütern, die handelsrechtlich aktiviert werden dürften, oder durch den Ansatz eines Passivpostens, der handelsrechtlich nicht geboten sei, ärmer zu machen, als er ist. Bilanzierungswahlrechte im Steuerrecht stünden auch schwerlich im Einklang mit dem verfassungsrechtlichen Grundsatz der Gleichheit der Besteuerung (Art. 3 GG). Die Rechtsprechung des BFH war also schon früher im Grundsatz deckungsgleich mit verfassungsrechtlichen Anforderungen, auch wenn das BVerfG die für das Einkommensteuerrecht gültigen gleichheitsrechtlichen Maßstäbe erst in jüngerer Zeit immer weiter und deutlicher konturiert hat.

2673 Folgert man hieraus, dass Funktion der Steuerbilanz auch aus Sicht des BFH die Ermittlung des „wirklichen" Gewinns als Indikator der finanziellen Leistungsfähigkeit und steuerlichen Belastbarkeit eines Unternehmens zum Zweck einer gesetzmäßigen, insbesondere gleichmäßigen Besteuerung ist,[24] so kommt der Frage, ob und inwieweit die

19 Vgl. *Bode*, in: Leitgedanken, a. a. O., § 172 Gewinn, Rz. 3.

20 So zutreffend *Drüen*, FR 1999 S. 1097 (1107).

21 Ausführlich z. B. BVerfG, Beschluss vom 6. 7. 2010 – 2 BvL 13/09, BVerfGE 126, S. 268 (277), m. w. N.

22 Näher *Bode*, in: Leitgedanken, a. a. O., § 172 Gewinn, Rz. 4 ff..

23 BFH, Beschluss vom 3. 2. 1969 – GrS 2/68, BStBl 1969 II S. 291.

24 Vgl. *Weber-Grellet*, DB 2010 S. 2298 (2298 f.).

Sicht des BFH auf die Steuerbilanz durch die statische oder dynamische Bilanztheorie[25] beeinflusst worden ist, keine Bedeutung (mehr) zu.[26] Die „betriebswirtschaftliche Richtigkeit" der Steuerbilanz spielt ebenfalls keine Rolle.[27] Die Aussage, dass die Entwicklung heute in die Richtung eines eigenständigen Steuerbilanzrechts geht, das den steuerrechtlichen Zweck des Steuerbilanzrechts stärker in den Vordergrund stellt,[28] lässt sich uneingeschränkt auch auf die Rechtsprechung des BFH übertragen.

Auch aus Sicht des BFH kommt es (allein) für die Steuerbilanz maßgeblich auf eine zu- 2674
treffende Abbildung der finanziellen Leistungsfähigkeit in der jeweiligen Periode an. Das Postulat der Gesamtgewinngleichheit, nach dem der Betriebsvermögensvergleich zu dem gleichen Totalgewinn wie die Einnahmenüberschussrechnung führen sollte,[29] wurde in der Rechtsprechung des BFH ursprünglich gar nicht in Bezug zum Leistungsfähigkeitsprinzip gesetzt und erst in jüngerer Zeit ausdrücklich auf Art. 3 Abs. 1 GG gestützt.[30] Teilweise wurde dem Totalgewinn in anderem Zusammenhang als mit Gewinnermittlungsmethoden Bedeutung beigemessen.[31] In jüngster Zeit hat es der BFH (auch) unter dem Gesichtspunkt der Totalgewinngleichheit für geboten erachtet, gewillkürtes Betriebsvermögen auch bei der Einnahmenüberschussrechnung zuzulassen (Rz. 2699),[32] wobei allerdings zweifelhaft ist, ob es hierzu eines Rekurses auf den Grundsatz der Totalgewinngleichheit überhaupt bedurft hätte.[33] Gleichwohl taucht der Gedanke auch in neueren Urteilen des BFH immer wieder auf, wobei der BFH ausdrücklich (einschränkend) darauf hinweist, dass der Grundsatz der Gesamtgewinngleichheit insbesondere nur die Identität des nach verschiedenen Methoden ermittelten (Gesamt-)Gewinns als Bemessungsgrundlage für die Ertragsteuern verlange, nicht jedoch eine Gleichheit der gesamten steuerlichen Belastung.[34] Der Gedanke der Gesamtgewinngleichheit entspricht der Idealvorstellung, trotz der Unterschiede von Betriebsvermögensvergleich und Einnahmenüberschussrechnung – soweit dies im Einzelfall überhaupt verfahrensrechtlich zulässig ist – einen (annähernd) identischen Totalgewinn zu ermitteln. Wollte man hieraus auch auf ein periodenübergreifendes Verständnis der finanziellen Leistungsfähigkeit schließen, wäre dies jedenfalls für die Steuerbilanz nicht prägend. Denn bereits aus der Technik des Betriebsvermögensvergleichs

25 Näher dazu z. B. *Musil*, in: HHR, EStG, § 4 Rz. 16.

26 Vgl. auch *Weber-Grellet*, DB 2010 S. 2298 (2299); *ders.*, Bilanzsteuerrecht, a. a. O., Rz. 43.

27 Vgl. auch *Seiler*, in: K/S/M, § 4 Rz. B 160, Fn. 266; *Weber-Grellet*, DB 2010 S. 2298 (2299); jeweils m. w. N.

28 *Weber-Grellet*, DB 2010 S. 2298 (2299); *ders.*, Bilanzsteuerrecht, a. a. O., Rz.43.

29 Vgl. dazu BFH, Urteil vom 4. 12. 2012 – VIII R 41/09, BStBl 2014 II S. 288, m. w. N.

30 Etwa in BFH, Urteil vom 29. 4. 1999 – IV R 7/98, BStBl 1999 II S. 488, dort abgeleitet aus Art. 3 Abs. 1 GG; ebenso BFH, Urteil vom 4. 12. 2012 – VIII R 41/09, BStBl 2014 II S. 288; zur historischen Entwicklung dieses Gedankens in der BFH-Rechtsprechung auch *Kanzler*, in: HHR, Vor §§ 4-7, Rz. 29.

31 Vgl. etwa BFH, Beschluss vom 25. 6. 1984 – GrS 4/82, BStBl 1984 II S. 751, wo dem (Streben nach) Totalgewinn Bedeutung im Zusammenhang mit der Gewinnerzielungsabsicht als Merkmal des gewerblichen Unternehmens i. S. v. § 15 Nr. 1 Satz 1 EStG a. F. beigemessen wird.

32 BFH, Urteil vom 2. 10. 2003 – IV R 13/03, BStBl 2004 II S. 985.

33 Kritsch insoweit *Druen*, FR 2004 S. 94; s. weiterhin auch *Kanzler*, FR 2004 S. 93; *ders.*, in: HHR, EStG, Vor §§ 4-7, Rz. 35 („gleichheitswidrig, da durch sachliche Gründe nicht geboten").

34 BFH, Urteile vom 4. 12. 2012 – VIII R 41/09, BStBl 2014 II S. 288; vom 11. 4. 2013 – III R 32/12, BStBl 2014 II S. 242.

und der Stichtagsbezogenheit der Steuerbilanz ergibt sich, dass diese vornehmlich dazu dient, den Unternehmensgewinn für Zwecke der Ertragsbesteuerung zu periodisieren.[35] Dabei steht dies im Einklang mit der verfassungsrechtlich zulässigen Entscheidung des Gesetzgebers für eine Abschnittsbesteuerung, aus der notwendig auch eine periodische Gewinnermittlung folgt.[36] Die hierauf gründende Folgerung, dass die gleichheitsrechtliche Funktion der Steuerbilanz vornehmlich in der periodengerechten Abbildung der finanziellen Leistungsfähigkeit liegt, dürfte deshalb mit der Rechtsprechung des BFH durchweg in Einklang stehen. Insoweit gilt zum Postulat der Gesamtgewinngleichheit nach wie vor das Resümee von *Kanzler*, das wie folgt lautet:[37] „Wenn die Rechtsprechung bisher den Totalgewinngedanken angeführt hatte, so war dies in aller Regel nicht Ausdruck dogmatischer Überzeugung, sondern diente eher als Hilfserwägung der Begründung des gefundenen, auch erwünschten Ergebnisses, meist in dem Bewusstsein, dass es *die* Totalgewinngleichheit letztlich doch nicht geben kann."

2675–2679 *(Einstweilen frei)*

3. Reichweite der Maßgeblichkeit handelsrechtlicher Grundsätze ordnungsmäßiger Buchführung

2680 Nach § 5 Abs. 1 Satz 1 EStG ist bei Gewerbetreibenden, die aufgrund gesetzlicher Vorschriften verpflichtet sind, Bücher zu führen und regelmäßig Abschlüsse zu machen, oder die ohne eine solche Verpflichtung Bücher führen und regelmäßig Abschlüsse machen, bei der steuerbilanziellen Gewinnermittlung grundsätzlich das Betriebsvermögen anzusetzen, das nach den handelsrechtlichen Grundsätzen ordnungsmäßiger Buchführung auszuweisen ist, es sei denn, im Rahmen der Ausübung eines steuerlichen Wahlrechts wird oder wurde ein anderer Ansatz gewählt. Folglich gelten diese handelsrechtlichen Grundsätze unmittelbar nur für bilanzierende Gewerbetreibende (§ 5 Abs. 1 EStG). Der BFH geht jedoch davon aus, dass auch bei der Gewinnermittlung nach § 4 Abs. 1 Satz 1 EStG die materiellen Grundsätze ordnungsmäßiger Buchführung entsprechend gelten.[38] Sie seien nämlich auch von sonstigen bilanzierenden Steuerpflichtigen – beispielsweise von bilanzierenden freiberuflich Tätigen – zu beachten, weil die Grundsätze ordnungsmäßiger Buchführung für alle bilanzierenden Steuerpflichtigen einheitlich zu beurteilen seien.[39]

2681 Steuerrechtlich ist allerdings zu berücksichtigen, dass die handelsrechtlichen Grundsätze ordnungsgemäßer Buchführung nicht nur unter dem Vorbehalt der Ausübung eines steuerlichen Wahlrechts (§ 5 Abs. 1 Satz 1 EStG) stehen, sondern auch sonst von steuer-

35 So im Ergebnis auch *Wendt*, in: Leitgedanken, a. a. O., § 180 Bilanzrecht, Rz. 16.

36 Vgl. *Bode*, in: Leitgedanken, a. a. O., § 172 Gewinn, Rz. 11, unter Hinweis auf *Drüen*, FR 1999 S. 1097 (1104).

37 *Kanzler*, FR 2001 S. 918 (920).

38 Vgl. dazu BFH, Urteile vom 13. 9. 1989 – I R 117/87, BStBl 1990 II S. 57; vom 27. 11. 1997 – IV R 95/96, BStBl 1998 II S. 375.

39 BFH, Urteil vom 27. 11. 1997 – IV R 95/96, BStBl 1998 II S. 375.

rechtlichen Sonderregelungen verdrängt werden.[40] Dabei hat der BFH auch darauf geachtet, dass eine gleichheitsrechtlich unzulässige Besteuerung „nach Wahl", wie sie bei Ausübung handelsrechtlicher Aktivierungs- und Passivierungswahlrechte, die dann für die Steuerbilanz maßgeblich sind, zu besorgen sein könnte, unterbleibt. Danach sind grundsätzlich handelsrechtliche Aktivierungswahlrechte steuerlich als Aktivierungsgebote und handelsrechtliche Passivierungswahlrechte steuerlich als Passivierungsverbote zu behandeln.[41]

Damit ist jedoch noch nichts Grundlegendes über die Bedeutung des in § 5 Abs. 1 Satz 1 2682
EStG aufgeführten Grundsatzes gesagt. Solche Ausführungen zum Maßgeblichkeitsgrundsatz finden sich in jüngerer Zeit erneut nicht in Entscheidungen des BFH, sondern in der Rechtsprechung des BVerfG.[42] Diese ist auch insoweit für die Sicht des BFH auf die Steuerbilanz von Bedeutung. Nach Ansicht des BVerfG verdankt der Maßgeblichkeitsgrundsatz seine Existenz seit jeher nicht primär Überlegungen zur gerechten Verteilung von Steuerlasten, sondern beruht in erster Linie – als Instrument zur Vermeidung einer sonst notwendigen zweifachen Rechnungslegung – auf Gründen der Praktikabilität der unternehmerischen Gewinnermittlung. Im historischen Rückblick wie auch gegenwärtig erweist sich die Maßgeblichkeit der handelsrechtlichen Grundsätze ordnungsmäßiger Buchführung – so das BVerfG – nicht etwa als eine strikte, einmal getroffene Belastungsgrundentscheidung des Gesetzgebers, sondern als eine entwicklungsoffene Leitlinie. In diesem Sinne ist auch die Neuregelung der Maßgeblichkeit durch das Gesetz zur Modernisierung des Bilanzrechts (Bilanzrechtsmodernisierungsgesetz – BilMoG) vom 25. 5. 2009[43] zu verstehen, das u. a. mit der Neufassung des § 5 Abs. 1 EStG einen steuerlichen Wahlrechtsvorbehalt (vgl. Satz 1 der Vorschrift) eingeführt hat.

Dadurch, dass Handels- und Steuerbilanz unterschiedlichen Zielsetzungen folgen und 2683
das Steuerbilanzrecht heute vornehmlich am Grundsatz der Besteuerung nach der finanziellen Leistungsfähigkeit auszurichten ist (vgl. Rz. 2671 ff.), bedeutet die genannte Einschätzung des BVerfG, dass die Entwicklung einer eigenständigen Steuerbilanz jederzeit möglich ist.[44] Eine solche eigenständige Steuerbilanz als Regelfall ist schon im Hinblick auf die Regelungen des BilMoG prognostiziert worden,[45] de lege ferenda ist eine solche Entwicklung indes nicht zwingend.[46] In jedem Fall obliegt eine grundlegende Weiterentwicklung des Steuerbilanzrechts dem Gesetzgeber und nicht dem BFH.

(Einstweilen frei) 2684–2686

40 Zusammenfassend hierzu z. B. *Wendt*, in: Leitgedanken, a. a. O., § 180 Bilanzrecht, Rz. 9 und 22; auch bei den hier nicht näher behandelten Umwandlungsvorgängen gilt kein allgemeiner Grundsatz der Maßgeblichkeit, vgl. auch Rz. 415, des Weiteren BFH, Urteil vom 28. 5. 2008 – I R 98/06, BStBl 2008 II S. 916; *Wendt*, in: Leitgedanken, a. a. O., § 180 Bilanzrecht, Rz. 15, kritisch zur eingeschränkten Maßgeblichkeit im Rückstellungsbereich *Prinz*, in: DStJG 34 (2011) S. 168 ff.

41 Vgl. auch hierzu BFH, Beschluss vom 3. 2. 1969 – GrS 2/68, BStBl 1969 II S. 291.

42 BVerfG, Beschluss vom 12. 5. 2009 – 2 BvL 1/00, BVerfGE 123 S. 111.

43 BGBl 2009 I S. 1102.

44 Vgl. auch *Wendt*, in: Leitgedanken, a. a. O., § 180 Bilanzrecht, Rz. 21.

45 Vgl. *Herzig/Briesemeister/Schäperclaus*, DB 2011 S 1 (4 und 9); *Herzig*, DB 2012 S. 1 (4); *Weber-Grellet*, Bilanzsteuerrecht, a. a. O., Rz. 17.

46 Zu möglichen Entwicklungen *Wendt*, in: Leitgedanken, a. a. O. § 180 Bilanzrecht, Rz. 26, m. w. N.

4. Ausgewählte Einzelaspekte der Bilanzierung und ihre Würdigung in der Rechtsprechung des BFH

2687 Nachfolgend besprochene Entscheidungen beleuchten Einzelaspekte der Bilanzierung, konturieren in der Summe aber die Steuerbilanz aus der Sicht des BFH, wobei sie sowohl Kontinuität in der Rechtsprechung als auch im Laufe der Zeit veränderte Entwicklungslinien aufzeigen. Dabei lässt sich als ein „roter Faden" auch in den Einzelfragen meist mehr oder weniger deutlich (auch) eine Ausrichtung an dem oben skizzierten gleichheitsrechtlichen Grundsatz der Besteuerung nach der finanziellen Leistungsfähigkeit ausmachen.

4.1 Grundfragen der Bilanzierung

4.1.1 Bei Aufstellung der Bilanz zu berücksichtigende Tatsachen

2688 In einer Entscheidung aus dem Jahr 1973[47] zum Unterschied zwischen wertaufhellenden und wertbeeinflussenden Tatsachen hat der BFH dazu Stellung genommen, welche Tatsachen der Steuerpflichtige bei der Aufstellung der Bilanz zu berücksichtigen hat. Die sog. wertaufhellenden Tatsachen berühren die Verhältnisse am Bilanzstichtag insoweit, als sie diese so zeigen, wie sie sich am Bilanzstichtag tatsächlich (objektiv) darstellten und deshalb für die Bewertung eines Bilanzpostens auch dann zu berücksichtigen sind, wenn sie am Bilanzstichtag noch nicht eingetreten oder noch nicht bekannt waren. Von diesen wertaufhellenden Tatsachen sind – so der BFH – solche Ereignisse zu unterscheiden, die erst nach dem Bilanzstichtag eingetreten sind, ohne dass sie die Verhältnisse am Bilanzstichtag objektiv zu zeigen, d. h. aufzuhellen vermögen, weil sie – als wertbeeinflussende Tatsachen – nichts enthalten, was einen Rückschluss auf die Wertverhältnisse am Bilanzstichtag zulässt, seinen Ursprung im abzuschließenden Geschäftsjahr hat. Solche wertbeeinflussenden Tatsachen dürfen nicht bei der Bilanzierung berücksichtigt werden. Die Entscheidung verdeutlicht das Bemühen um eine möglichste objektive Darstellung des Betriebsvermögens auf den entsprechenden Stichtag und steht damit zwangsläufig auch im Kontext einer gleichheitsgerechten Abbildung finanzieller Leistungsfähigkeit (Rz. 2671 ff.).

4.1.2 Bilanzenzusammenhang

2689 Ein Beschluss des Großen Senats des BFH aus dem Jahr 1965[48] geht davon aus, dass es ein absolut zutreffend bewertetes Betriebsvermögen und bei dessen Vergleich mit dem vorangegangenen Betriebsvermögen keinen absolut zutreffenden gewerblichen Gewinn, den allein richtigen Gewinn, geben kann. Bei der Gewinnermittlung durch Betriebsvermögensvergleich ist allerdings als Anfangsbetriebsvermögen das Betriebsvermögen zugrunde zu legen, auf dem die Veranlagung des Vorjahrsgewinns beruht, solange diese Veranlagung nicht geändert worden ist (Grundsatz des formellen Bilanzenzusammenhangs). Die Berichtigung eines unrichtigen Bilanzansatzes in einer Anfangs-

47 BFH, Urteil vom 4. 4. 1973 – I R 130/71, BStBl 1973 II S. 485.

48 BFH, Beschluss vom 29. 11. 1965 – GrS 1/65 S, BStBl 1966 III S. 142.

bilanz ist nicht zulässig, wenn diese Bilanz als Schlussbilanz der Veranlagung eines früheren Jahres zugrunde gelegen hat, die nach den Vorschriften der AO nicht mehr berichtigt werden kann, oder wenn der sich bei einer Berichtigung dieser Veranlagung ergebende höhere Steueranspruch wegen Verjährung erloschen wäre. Scheidet also die steuerliche Berichtigung des Betriebsvermögens am Schluss des Wirtschaftsjahres aus, so scheidet infolge seiner Identität mit dem Betriebsvermögen am Anfang des folgenden Wirtschaftsjahres auch dessen Berichtigung aus. Den Grundsatz des formellen Bilanzenzusammenhang hat der Gesetzgeber heute in § 4 Abs. 2 Satz 1 Halbsatz 2 EStG aufgenommen (näher Rz. 1114). Soweit die Entscheidung die Existenz eines „richtigen“ Gewinns in Frage stellt, kennzeichnet sie ein Verständnis der Funktion der Steuerbilanz als Instrument zur Ermittlung des „wirklichen“ Gewinns (vgl. Rz. 2673) als Idealbild.

4.1.3 Bilanzberichtigung und Aufgabe des subjektiven Fehlerbegriffs hinsichtlich bilanzieller Rechtsfragen

Das Bemühen um eine gleichheitsgerechte Abbildung der finanziellen Leistungsfähigkeit (vgl. Rz. 2671 ff.) kommt auch in der Rechtsprechung des BFH zur Bilanzberichtigung zum Ausdruck. 2690

Nach § 4 Abs. 2 Satz 1 EStG darf der Steuerpflichtige die Vermögenübersicht (Bilanz) auch nach ihrer Einreichung beim Finanzamt ändern, soweit sie den Grundsätzen ordnungsmäßiger Buchführung unter Befolgung der Vorschriften des EStG nicht entspricht (Bilanzberichtigung). In einer Entscheidung aus dem Jahr 1960[49] hatte der BFH es als nicht gerechtfertigt angesehen, der erst nach Bilanzaufstellung erlangten Kenntnis der tatsächlichen Verhältnisse am Bilanzstichtag die gleiche Bedeutung beizumessen wie der bis zur Bilanzaufstellung erlangten Kenntnis. Erhält der Kaufmann erst nach Aufstellung der Bilanz von am Bilanzstichtag gegebenen Tatsachen Kenntnis, die eine Forderung am Bilanzstichtag nicht vollwertig erscheinen lassen, so kommt nach jenem BFH-Urteil eine Bilanzberichtigung nicht in Betracht. Der Kaufmann ist im Allgemeinen auch nicht berechtigt, die unter Anwendung der gebotenen Sorgfalt aufgestellte Bilanz zu ändern. Den in jener Entscheidung der Auslegung des § 4 Abs. 2 EStG zugrunde gelegten sog. subjektiven Fehlerbegriff hat der BFH dann bis in die jüngste Zeit vertreten.[50] In seiner Vorlage vom 7. 4. 2010[51] hatte jedoch der I. Senat dem Großen Senat des BFH die Rechtsfrage vorgelegt, ob das Finanzamt im Rahmen der ertragsteuerlichen Gewinnermittlung in Bezug auf zum Zeitpunkt der Bilanzaufstellung ungeklärte bilanzrechtliche Rechtsfragen an die Auffassung gebunden ist, die der vom Steuerpflichtigen aufgestellten Bilanz zugrunde liegt, wenn diese Rechtsauffassung aus der Sicht eines ordentlichen und gewissenhaften Kaufmanns vertretbar war. Der I. Senat hatte es dabei vorgezogen, den subjektiven Fehlerbegriff nicht auf die Beurteilung bilanzrechtlicher Rechtsfragen zu erstrecken. Dem folgend hat daraufhin der Große Senat mit Be- 2691

49 BFH, Urteil vom 11. 10. 1960 – I 56/60 U, BStBl 1961 III S. 3.

50 Vgl. z. B. BFH, Urteile vom 23. 1. 2008 – I R 40/07, BStBl 2008 II S. 669; vom 17. 7. 2008 – I R 85/07, BStBl 2008 II S. 924.

51 BFH, Beschluss vom 7. 4. 2010 – I R 77/08, BStBl 2010 II S. 739.

schluss vom 31. 1. 2013[52] den subjektiven Fehlerbegriff hinsichtlich bilanzieller Rechtsfragen aufgeben. Danach ist das Finanzamt im Rahmen der ertragsteuerrechtlichen Gewinnermittlung auch dann nicht an die rechtliche Beurteilung gebunden, die der vom Steuerpflichtigen aufgestellten Bilanz (und deren einzelnen Ansätzen) zugrunde liegt, wenn diese Beurteilung aus der Sicht eines ordentlichen und gewissenhaften Kaufmanns im Zeitpunkt der Bilanzaufstellung vertretbar war. Im Interesse einer gesetzmäßigen, d. h. insbesondere gleichmäßigen Besteuerung ist vielmehr die objektiv richtige Rechtslage maßgebend.[53] Dies gilt auch für eine im Zeitpunkt der Bilanzaufstellung von Verwaltung und Rechtsprechung praktizierte, später aber geänderte Rechtsauffassung. Hieraus ist zu folgern, dass der Große Senat des BFH den subjektiven Fehlerbegriff auch für den Fall einer geänderten „objektiven" Rechtslage aufgegeben hat.[54] Das Finanzamt hat somit einen Bilanzierungsfehler des Steuerpflichtigen grundsätzlich bei der Steuerfestsetzung oder Gewinnfeststellung für den Veranlagungszeitraum zu berichtigen, in dem der Fehler erstmals aufgetreten ist und steuerliche Auswirkungen hat. Das gilt auch dann, wenn die Bilanzierung auf einer später geänderten Rechtsprechung beruht. Liegt die fehlerhafte Bilanz einem Steuer- oder Feststellungsbescheid zugrunde, der aus verfahrensrechtlichen Gründen nicht mehr geändert werden kann, so ist nach dem Grundsatz des formellen Bilanzzusammenhangs (vgl. auch Rz. 2689) der unrichtige Bilanzansatz grundsätzlich bei der ersten Steuerfestsetzung oder Gewinnfeststellung richtigzustellen, in der dies unter Beachtung der für den Eintritt der Bestandskraft und der Verjährung maßgeblichen Vorschriften möglich ist.[55]

2692 Über die Anwendung des subjektiven Fehlerbegriffs auf Fälle, in denen der Steuerpflichtige bei der Bilanzierung von unzutreffenden Tatsachen (Prognosen oder Schätzungen) ausgegangen ist, ohne dabei gegen die ihm obliegenden Sorgfaltspflichten verstoßen zu haben, hat der Große Senat des BFH nicht entschieden.[56] Deshalb ist weiterhin von der Gültigkeit des subjektiven Fehlerbegriffs für Tatsachenfragen auszugehen.[57] Diese Fragen eignen sich regelmäßig nicht für eine weitergehende Objektivierung im Sinne einer gleichheitsgerechteren Abbildung finanzieller Leistungsfähigkeit.

2693–2696 *(Einstweilen frei)*

4.2 Grundbegriffe und ausgewählte Einzelposten der Bilanz

4.2.1 Begriff des Wirtschaftsguts

2697 Der Begriff des Wirtschaftsguts hat u. a. – neben seiner Bedeutung für Entnahmen (§ 4 Abs. 1 Satz 2 EStG) und Einlagen (§ 4 Abs. 1 Satz 8 EStG)[58] – Einfluss darauf, was im Rah-

---

52 BFH, Beschluss vom 31. 1. 2013 – GrS 1/10, BStBl 2013 II S. 317; zustimmend z. B. *Seiler*, in: K/S/M, § 4 Rn. C 45; *Weber-Grellet*, DStR 2013 S. 729.

53 Vgl. BFH, Beschluss vom 31. 1. 2013 – GrS 1/10, BStBl 2013 II S. 317, unter Rz. 61.

54 Vgl. auch *Kanzler*, NWB 2013 S. 1405 (1408).

55 Vgl. BFH, Beschluss vom 31. 1. 2013 – GrS 1/10, BStBl 2013 II S. 317, unter Rz. 77, m. w. N.

56 Vgl. BFH, Beschluss vom 31. 1. 2013 – GrS 1/10, BStBl 2013 II S. 317, unter Rz. 78.

57 So auch die Vorlage BFH, Beschluss vom 7. 4. 2010 – I R 77/08, BStBl 2010 II S. 739; *Prinz*, DB 2011 S. 2162 – „zwingende" Anwendung.

58 Näher hierzu z. B. *Kanzler*, in: HHR, Vor §§ 4-7, Rz. 103 f.

men des Betriebsvermögensvergleichs – soweit man bei Verbindlichkeiten oder Rückstellungen nicht von „negativen" Wirtschaftsgütern ausgeht – als Aktiva zum Betriebsvermögen zu zählen ist, so dass sich die Abgrenzung dieses Begriffs unmittelbar auf die Höhe des nach den §§ 4 Abs. 1, 5 EStG zu ermittelnden Gewinns auswirkt.[59] Ist nämlich der für eine betrieblich veranlasste Ausgabe erlangte Gegenwert als zu aktivierendes Wirtschaftsgut anzusehen, wirken sich regelmäßig erst die Absetzungen für Abnutzung dieses Wirtschaftsguts erfolgswirksam aus. Bildet der Gegenwert kein Wirtschaftsgut, handelt es sich regelmäßig um eine sofort abziehbare und damit unmittelbar gewinnwirksame Betriebsausgabe. Zwar geht der BFH davon aus, dass der handelsrechtliche Begriff des Vermögensgegenstands dem steuerrechtlichen Begriff des Wirtschaftsguts entspricht.[60] Die steuerrechtliche Beurteilung folgt indes nicht zwingend dem Zivilrecht, soweit etwa wesentliche Bestandteile einer Sache (§§ 93, 94 BGB) steuerrechtlich als selbständige Wirtschaftsgüter anzusehen sein können. Andererseits können Gegenstände mit unterschiedlicher Lebensdauer zu einem einheitlichen Wirtschaftsgut zusammenzufassen sein. So hat auf Vorlage des VIII. Senats des BFH[61] der Große Senat des BFH im Jahr 1973 entschieden,[62] dass Heizungs-, Fahrstuhl- sowie Belüftungs- und Entlüftungsanlagen – sofern sie nicht Betriebsvorrichtungen sind – keiner gegenüber dem Gebäude gesonderten Absetzung für Abnutzung unterliegen, und sich dabei auf die Einheit des Wirtschaftsguts „Gebäude" berufen; die einheitliche Abschreibung beruhe auf der Fiktion, dass sich die Teile des Gebäudes gleichmäßig abnutzen. Dabei ist der Große Senat davon ausgegangen, dass die Frage der Zulässigkeit gesonderter Abschreibung von Gebäudeteilen (entgegen der vorherigen Rechtsprechung) für Gebäude des Betriebsvermögens und des Privatvermögens gleich zu beurteilen ist. Insoweit lassen sich in der Rechtsprechung des BFH auch bei der Abgrenzung des Begriffs des Wirtschaftsguts Überlegungen ausmachen, die sich (auch) am Maßstab einer gleichheitsgerechten Besteuerung nach der finanziellen Leistungsfähigkeit orientieren.

Dies gilt auch in einem den Begriff des Wirtschaftsguts „erweiternden" Sinne. Um zur 2698
Verwirklichung des objektiven Nettoprinzips Abschreibungen auf das Nutzungsrecht eines Ehegatten, der einen Teil des im Miteigentum beider Ehegatten stehenden Einfamilienhauses beruflich nutzt, zuzulassen, hat der BFH die Behandlung dieses Nutzungsrechts, das weder ein Vermögensgegenstand noch ein selbständiges Wirtschaftsgut ist, „wie ein materielles Wirtschaftsgut" zugelassen.[63] In jüngerer Zeit hat der IV. Senat des BFH die Behandlung von Aufwendungen „wie ein materielles Wirtschaftsgut" näher umschrieben.[64] Diese solle die typisierte Verteilung der Aufwendungen in Anlehnung an die Regeln bewirken, die für Aufwendungen auf ein eigenes Wirtschaftsgut derselben Art gelten. Dies solle einerseits der Gleichbehandlung von Eigentümern

59 Vgl. hierzu auch *Kanzler*, in: HHR, Vor §§ 4-7, Rz. 101.

60 Vgl. z. B. BFH, Beschluss vom 26. 10. 1987 – GrS 2/86, BStBl 1988 II S. 348.

61 BFH, Beschluss vom 31. 8. 1971 – VIII R 61/68, BStBl 1971 II S. 768.

62 BFH, Beschluss vom 26. 11. 1973 – GrS 5/71, BStBl 1974 II S. 132.

63 BFH, Beschluss vom 30. 1. 1995 – GrS 4/92 BStBl 1995 II S. 281; vom 23. 8. 1999 – GrS 1/97, BStBl 1999 II S. 778.

64 Vgl. im Einzelnen BFH, Urteil vom 19. 12. 2012 – IV R 29/09, BStBl 2013 II S. 387; *Kanzler*, FR 2013 S. 767, bewertet die Entscheidung dahin, dass nach einer langen Reihe verwirrender Entscheidungen zu Bauten auf fremdem Grund und Boden nun endlich Klarheit zu herrschen scheine.

und nutzungsbefugten Dritten, andererseits der Vereinfachung der Gewinnermittlung dienen. Deshalb sollten die Regelungen des EStG für AfA, erhöhte Absetzungen und Sonderabschreibungen insoweit entsprechend angewendet werden, was allerdings nicht bedeute, dass der Aufwandsposten im Übrigen einem Wirtschaftsgut gleichgestellt werde.

4.2.2 Gewillkürtes Betriebsvermögen

2699 Die Bildung gewillkürten Betriebsvermögens war ursprünglich beschränkt auf den Betriebsvermögensvergleich; nach früherer Rechtsprechung des BFH durfte im Rahmen der Einnahmenüberschussrechnung kein gewillkürtes Betriebsvermögen gebildet werden.[65] In einer Entscheidung aus dem Jahr 2003 hat der IV. Senat des BFH dieses Alleinstellungsmerkmal aufgegeben.[66] Ungeachtet der Frage, ob es hierzu einer Berufung (auch) auf den Grundsatz der Totalgewinngleichheit bedurfte, war die frühere Ungleichbehandlung mangels sachlicher Gründe nicht weiter zu rechtfertigen (vgl. auch Rz. 2674). Denn § 4 Abs. 3 EStG ordnet – so die weitergehende Begründung des BFH – keinen anderen Betriebsvermögensbegriff an als den des § 4 Abs. 1 EStG. Im Ergebnis orientiert sich deshalb auch diese Rechtsprechung an einer gleichheitsgerechten Abbildung finanzieller Leistungsfähigkeit, hier allerdings nicht bezogen auf den Betriebsvermögensvergleich, sondern im Sinne eines partiellen Gleichklangs unterschiedlicher Gewinnermittlungsarten, die allerdings in ihren Besonderheiten vom BFH im Grundsatz gleichheitsrechtlich nicht in Frage gestellt werden (vgl. auch Rz. 2666).

4.2.3 Eigenkapitalersetzende Darlehen als Fremdkapital

2700 In einer Entscheidung aus dem Jahr 1992[67] hat der I. Senat des BFH die zu jener Zeit streitige Frage bejaht, ob in der Steuerbilanz eigenkapitalersetzende Darlehen als Verbindlichkeiten einer GmbH behandelt werden können. Vor Inkrafttreten des Gesetzes zur Modernisierung des GmbH-Rechts und zur Bekämpfung von Missbräuchen (MoMiG) vom 23. 10. 2008[68] wurde das Darlehen eines Gesellschafters als eigenkapitalersetzend angesehen, wenn dieses der GmbH in der Krise gewährt worden war, in der ein ordentlicher Kaufmann der Gesellschaft Eigenkapital zugeführt hätte. Der I. Senat führte unter Bezug auf Rechtsprechung des BGH aus, dass für das Innenrecht einer GmbH das eigenkapitalersetzende Darlehen gleichwohl Fremdkapital bleibe. Als Fremdkapital sei es grundsätzlich geeignet, eine Zinsverbindlichkeit gegenüber dem Gesellschafter entstehen zu lassen. Wegen des in § 5 Abs. 1 EStG verankerten Maßgeblichkeitsgrundsatzes schlage die handelsbilanzrechtliche Behandlung sowohl des eigenkapitalersetzenden Darlehens als auch der Zinsverbindlichkeit auf die steuerrechtliche Beurteilung durch. Die Entscheidung kann insoweit als Beispiel für eine enge Orientierung des BFH an dem erst später relativierten Maßgeblichkeitsgrundsatz (näher dazu Rz. 2680 ff.) dienen.

---

65 Z.B. BFH, Urteil vom 7. 10. 1982 – IV R 32/80, BStBl 1983 II S. 101, m. w. N.

66 BFH, Urteil vom 2. 10. 2003 – IV R 13/03, BStBl 2004 II S. 985.

67 BFH, Urteil vom 5. 2. 1992 – I R 127/90, BStBl 1992 II S. 532.

68 BGBl 2008 I S. 2026; zur Aufhebung der Unterscheidung zwischen eigenkapitalersetzenden und „normalen" Gesellschafterdarlehen vgl. z. B. *Kratzsch*, in: Kanzler/Nacke, Steuerrecht aktuell, Spezial Steuergesetzgebung 2008/2009, Herne 2009, S. 462.

4.2.4 Rückstellungen (ausgewählte Beispiele)

4.2.4.1 Rückstellungen für ungewisse Verbindlichkeiten

Ein Beispiel für ein in der Rechtsprechung des BFH über längere Zeit nicht abschließend geklärtes bilanzrechtliches Problem[69] bildet die Frage, unter welchen Voraussetzungen die Bildung von Rückstellungen für ungewisse (öffentlich-rechtliche) Verpflichtungen zulässig ist. In einem Urteil aus dem Jahr 2001[70] hat der I. Senat des BFH entschieden, dass die Frage der wirtschaftlichen Verursachung einer Verbindlichkeit nur dann von Bedeutung ist, wenn diese zum Bilanzstichtag rechtlich noch nicht entstanden ist. Fielen rechtliche Entstehung und wirtschaftliche Verursachung einer Verbindlichkeit zeitlich auseinander, so sei für ihre Passivierung der frühere der beiden Zeitpunkte maßgebend. Dies bedeutet, dass bereits rechtlich entstandene Verbindlichkeiten unabhängig vom Zeitpunkt ihrer wirtschaftlichen Verursachung bilanziell auszuweisen sind. Die Finanzverwaltung ist dem nicht gefolgt.[71] Der IV. Senat des BFH hatte bis in jüngste Zeit offen gelassen, ob er sich der vom I. Senat des BFH vertretenen Auffassung zur wirtschaftlichen Verursachung anschließen könnte.[72] In einem Urteil aus dem Oktober 2013[73] hat der IV. Senat dann ein „Verständnis" von der wirtschaftlichen Verursachung einer Verbindlichkeit entwickelt, nach dem der IV. Senat – wie dieser in seiner Entscheidung ausdrücklich hervorgehoben hat – zu denselben Ergebnissen wie der I. Senat des BFH kommt. Ist eine öffentlich-rechtliche Verpflichtung am Bilanzstichtag bereits rechtlich entstanden, bedarf es auch nach dem „neuen Verständnis" des IV. Senats keiner Prüfung der wirtschaftlichen Verursachung mehr, weil eine Verpflichtung nach Ansicht des IV. Senats spätestens im Zeitpunkt ihrer rechtlichen Entstehung auch wirtschaftlich verursacht ist. Denn mit der rechtlichen Entstehung seien – so der IV. Senat – nicht nur die wesentlichen, sondern alle Tatbestandsmerkmale des die Verpflichtung auslösenden Tatbestands erfüllt. Ab diesem Zeitpunkt sei auch eine Verpflichtung zur technischen Anpassung eines Wirtschaftsguts, das weiter genutzt werden solle, nicht mehr lediglich darauf gerichtet, die objektive Nutzbarkeit des Wirtschaftsguts in Zeiträumen nach Ablauf des Bilanzstichtags zu ermöglichen. Vielmehr seien diese Verpflichtungen bereits der Rechnungsperiode zuzuordnen, in der sie rechtlich entstanden seien. Möglicherweise wird auch die Finanzverwaltung jetzt der jedenfalls im Ergebnis „harmonisierten" Rechtsprechung des BFH folgen, zumal der IV. Senat im entschiedenen Fall seine Auffassung ausführlich und nachvollziehbar begründet hat und die nunmehr vertretene Rechtsauffassung deutlich praktikabler sein dürfte. Letztlich steckt hinter dieser Diskussion um die „richtige" zeitliche Zuordnung der wirtschaftlichen Verursachung von Aufwendungen das Bemühen um eine periodengerechte Abbildung finanzieller Leistungsfähigkeit (vgl. auch Rz. 2674). 2701

69 Näher dazu *Prinz*, in: DStJG 34 (2011), S. 174 ff., m. w. N..

70 BFH, Urteil vom 27. 6. 2001 – I R 45/97, BStBl 2003 II S. 121; bestätigt in BFH, Urteile vom 5. 6. 2002 – I R 96/00, BStBl 2005 II, 736, und – I R 23/01, BFH/NV 2002 S. 1434.

71 Vgl. BMF, Schreiben vom 21. 1. 2003, BStBl 2003 I S. 125 (Nichtanwendungserlass).

72 Vgl. BFH, Urteil vom 8. 9. 2011 – IV R 5/09, BStBl 2012 II S. 122.

73 BFH, Urteil vom 17. 10. 2013 – IV R 7/11, BFH/NV 2014 S. 225, NWB DokID: OAAAE-51240, Rz. 24 f.

4.2.4.2 Rückstellungen für drohende Verluste

2702 Eine Entscheidung des Großen Senats des BFH aus dem Jahr 1997[74] beschäftigt sich mit Rückstellungen für drohende Verluste aus schwebenden Geschäften. Danach dürfen Ansprüche und Verbindlichkeiten aus einem schwebenden Geschäft in der Steuerbilanz grundsätzlich nicht berücksichtigt werden. Ein Bilanzausweis ist nur geboten, wenn und soweit das Gleichgewicht solcher Vertragsbeziehungen durch Vorleistungen oder Erfüllungsrückstände eines Vertragspartners gestört ist oder aus diesem Geschäft ein Verlust droht. Diese Bilanzierungsgrundsätze gelten nicht nur für gegenseitige Verträge, die auf einen einmaligen Leistungsaustausch gerichtet sind, sondern auch für Dauerschuldverhältnisse. Die Pflicht zur Verlustrückstellung ergibt sich zwar aus dem bilanzrechtlichen Imparitätsprinzip. Durch die Rückstellung dürfen jedoch nur objektiv zu erwartende („drohende") Verluste antizipiert werden; die bloße Möglichkeit, dass das eingeleitete Geschäft mit einem Verlust abgeschlossen wird, reicht hierfür nicht aus. Ein Verlust „droht", wenn konkrete Anzeichen dafür vorliegen, dass der Wert der eigenen Verpflichtungen aus dem Geschäft den Wert des Anspruchs auf die Gegenleistung übersteigt. Entscheidend hierfür sind laut BFH die objektiven Wertverhältnisse am Bilanzstichtag. Der Beschluss des Großen Senats steht insoweit sehr deutlich in einem Kontext mit einer objektivierten und insoweit gleichheitsgerechten (periodengerechten) Abbildung finanzieller Leistungsfähigkeit.

4.2.4.3 Jubiläumsrückstellungen

2703 Im Jahr 1999 hat der X. Senat des BFH eine Entscheidung des BVerfG darüber eingeholt, ob § 52 Abs. 6 Satz 1 und Satz 2 EStG in der bis einschließlich 1998 gültigen Fassung des Steuerreformgesetzes 1990 vom 25. 7. 1988[75] insofern gegen Art. 3 Abs. 1 GG verstieß, als die darin getroffene Regelung für die Veranlagungszeiträume 1988 bis 1992 die Bildung von Rückstellungen für die Verpflichtung zu einer Zuwendung anlässlich eines Dienstjubiläums (Jubiläumsrückstellungen) i. S. d. § 5 Abs. 4 EStG untersagte und für schon gebildete Rückstellungen dieser Art die gewinnerhöhende Auflösung anordnete.[76] Der X. Senat bejahte einen Verstoß gegen Art. 3 Abs. 1 GG, soweit eine Gruppe von Normadressaten, nämlich diejenigen, die für die Zeit zwischen 1988 und 1992 Jubiläumsrückstellungen gebildet hatten, im Vergleich zu anderen Normadressaten benachteiligt sei.

2704 Das BVerfG folgte dem BFH nicht.[77] Mit dem Rückstellungsverbot und dem Auflösungsgebot des § 52 Abs. 6 Satz 1 und Satz 2 EStG a. F. habe der Gesetzgeber die in § 5 Abs. 1 EStG angeordnete Maßgeblichkeit handelsrechtlicher Grundsätze ordnungsmäßiger Buchführung für die steuerliche Gewinnermittlung eingeschränkt, denn nach diesen Grundsätzen seien, wie der BFH mit seinem Urteil vom 5. 2. 1987[78] entschieden habe, für zugesagte Zuwendungen aus Anlass eines Dienstjubiläums in der Zeit zwischen Zu-

74 BFH, Beschluss vom 23. 6. 1997 – GrS 2/93, BStBl 1997 II 735.

75 BGBl 1988 I S. 1093.

76 BFH, Beschluss vom 10. 11. 1999 – X R 60/95, BStBl 2000 II S. 131.

77 BVerfG, Beschluss vom 12. 5. 2009 – 2 BvL 1/00, BVerfGE 123 S. 111 = BStBl 2009 II S. 685.

78 BFH, Urteil vom 5. 2. 1987 – IV R 81/84, BStBl 1987 II S. 845.

sage und Auszahlung der Zuwendung in der Bilanz anteilige Beträge als Rückstellung für ungewisse Verbindlichkeiten (§ 249 Abs. 1 Satz 1 HGB) anzusetzen gewesen. Da die Grundsätze ordnungsmäßiger Buchführung zu den Rückstellungen eine spezifische Ausprägung des handelsrechtlichen Vorsichtsprinzips seien, bedeute diese Einschränkung des Grundsatzes der Maßgeblichkeit i. S. d. § 5 Abs. 1 Satz 1 EStG inhaltlich eine Abweichung von diesem handelsrechtlichen Prinzip. Eine steuergesetzliche Abweichung der vorliegenden Art von der Maßgeblichkeit des handelsrechtlichen Vorsichtsprinzips auch für die steuerrechtliche Gewinnermittlung, verletze nur dann das aus Art. 3 Abs. 1 GG folgende Gebot folgerichtiger Ausgestaltung steuergesetzlicher Belastungsentscheidungen, wenn sich kein sachlicher Grund für diese Abweichung finden lasse, die einfachgesetzliche „Ausnahmevorschrift" also als willkürlich zu bewerten sei. Der Grundsatz des § 5 Abs. 1 Satz 1 EStG, wonach bei der steuerbilanziellen Gewinnermittlung „das Betriebsvermögen anzusetzen" sei, „das nach den handelsrechtlichen Grundsätzen ordnungsmäßiger Buchführung auszuweisen ist", verdanke seine Existenz seit jeher nicht primär Überlegungen zur gerechten Verteilung von Steuerlasten, sondern beruhe in erster Linie – als Instrument zur Vermeidung einer sonst notwendigen zweifachen Rechnungslegung – auf Gründen der Praktikabilität der unternehmerischen Gewinnermittlung (vgl. auch Rz. 2682). Das Rückstellungsverbot bewirke weder eine relevante Abweichung von einer verfassungsrechtlich gebotenen Besteuerung nach finanzieller Leistungsfähigkeit noch eine Durchbrechung des (einfachgesetzlichen) objektiven Nettoprinzips, das grundsätzlich für Gewinn- und Überschusseinkunftsarten gleichermaßen gelte. Die zeitlich begrenzte Aufrechterhaltung der bis zur Fortentwicklung der Rechtsprechung durch das BFH-Urteil vom 5. 2. 1987[79] geübten langjährigen höchstrichterlich angeleiteten Gesetzesanwendungspraxis sei weder in sachlicher noch in zeitlicher Hinsicht willkürlich gewesen. Die Reaktion des Gesetzgebers auf die Hinwendung der höchstrichterlichen Rechtsprechung zur grundsätzlichen Anerkennung von Jubiläumsrückstellungen im Jahr 1987, als deren Folge erhebliche Einnahmenausfälle zu erwarten seien, bewege sich innerhalb seines weiten Gestaltungsspielraums. Er habe nicht zuletzt auch zum Schutz fiskalischer Interessen die alte Rechtspraxis durch ein befristetes Rückstellungsverbot und ein begleitendes Auflösungsgebot zunächst – bis zum Geltungsbeginn einer grundsätzlichen gesetzlichen Neugestaltung der Rechtslage – aufrechterhalten dürfen. Entgegen den Ausführungen des vorlegenden Gerichts lasse auch die Abfolge von zeitlich befristetem Rückstellungsverbot von 1988 bis 1992, Auflösungsgebot in den Jahren 1988 bis 1990 und Zulassung beschränkter Rückstellungsbildung ab dem Jahr 1993 eine willkürliche Widersprüchlichkeit der rechtlichen Qualifikation der betroffenen Rückstellungen nicht erkennen.

Die Entscheidung des BVerfG hat einen Anspruch auf „Gleichbehandlung in der Zeit" 2705
abgelehnt. Hierzu ist zutreffend angemerkt worden, dass die „Belastungsgleichheit in der Zeit" stets mit dem grundlegenden Prinzip der Abschnittsbesteuerung (vgl. Rz. 2674) kollidieren müsse und dass der Vorrang eines solchen Grundsatzes jeden sinnvollen Wandel des Rechts verhindern würde.[80] Zugleich hat das BVerfG die Gestaltungsfreiheit des Gesetzgebers bei der Fortentwicklung des Maßgeblichkeitsprinzips

79 BFH, Urteil vom 5. 2. 1987 – IV R 81/84, BStBl 1987 II S. 845.

80 Vgl. *Kanzler*, FR 2010 S. 987.

betont (vgl. auch Rz. 2682). Insoweit markiert die Entscheidung des BVerfG auch einen Vorrang des Gesetzgebers bei der Weiterentwicklung des steuerrechtlichen Betriebsvermögensvergleichs, der die Bedeutung der Sicht des BFH auf die Steuerbilanz entsprechend relativiert.

2706–2712 *(Einstweilen frei)*

5. Folgerungen: Charakter und Bedeutung der Steuerbilanz aus der Sicht des BFH

2713 Die gegenwärtige Grundstruktur unterschiedlicher Methoden der Gewinnermittlung wird durch den BFH auch verfassungsrechtlich nicht in Frage gestellt. Der Betriebsvermögensvergleich wird im Verhältnis zur Einnahmenüberschussrechnung als grundsätzlich gleichwertige Gewinnermittlungsmethode angesehen, was sich auch auf die Gewichtung der Steuerbilanz als Instrument der Gewinnermittlung auswirkt. Die Steuerbilanz als Instrument zur Ermittlung des laufenden Gewinns dient auch aus Sicht des BFH einer gleichheitsgerechten Abbildung finanzieller Leistungsfähigkeit. Dabei ist diese Zielsetzung vornehmlich periodenbezogen zu verstehen. Dem Grundsatz der Totalgewinngleichheit kommt in der Rechtsprechung des BFH eher der Charakter eines Hilfsarguments zu, das zudem nicht allein im Zusammenhang mit der Steuerbilanz gebraucht wird.

2714 Ausgestaltung und Bestimmung der Reichweite des Maßgeblichkeitsgrundsatzes sind nach der Rechtsprechung des BVerfG dem Gesetzgeber vorbehalten, der (auch) insoweit eine weitreichende Gestaltungsfreiheit genießt. Wenn im Zusammenhang der „Neujustierung der Maßgeblichkeit“ durch das BilMoG vom 25. 5. 2009 eine systematische Zersetzung des Steuerbilanzrechts beklagt wird,[81] ist dies nicht dem BFH anzulasten. Dieser taugt nur eingeschränkt als „Reparaturbetrieb“ von als missglückt empfundenen gesetzgeberischen Entscheidungen zum Steuerbilanzrecht.

2715–2719 *(Einstweilen frei)*

81 So *Prinz*, DB 2013 Heft 45 S. M 1.

Teil A:
Grundsatz- und Querschnittsfragen steuerlicher Gewinnermittlung

Kapitel XIX:
Möglichkeiten und Grenzen der Steuerbilanzpolitik

von
Professor Dr. Wolfram Scheffler, Nürnberg

Inhaltsübersicht Rz.

Ausgewählte Literatur

Dörfler/Adrian, Steuerbilanzpolitik nach BilMoG, Ubg 2009 S. 385; *Ernsting*, Ausübung steuerbilanzieller Wahlrechte nach dem BilMoG, FR 2010 S. 1067; *Kappler*, Steuerbilanzpolitik kleiner und mittlerer Unternehmen unter Berücksichtigung der jüngsten Entwicklungen des Steuerrechts, Bonn/Berlin 2000; *Künkele/Zwirner*, Eigenständige Steuerbilanzpolitik durch das Bilanzrechtsmodernisierungsgesetz (BilMoG), StuB 2010 S. 335; *dies.*, Steuerbilanzpolitik: Ausweitung der Möglichkeiten durch das BilMoG, DStR 2010 S. 2263; *Patek*, Auswirkungen der Bilanzrechtsmodernisierung auf Handels- und Steuerbilanzpolitik, StB 2010 S. 389; *Rätke/Theile*, Bilanzpolitik im steuerlichen Wahlrechtsbereich nach dem BMF-Schreiben vom 12. 3. 2010, BBK 2010 S. 306; *Scheffler*, Entwicklungsstand der Modelldiskussion im Bereich der Steuerbilanzpolitik, in: Freidank (Hrsg.), Rechnungslegungspolitik, Berlin/Heidelberg/New York 1998, S. 407 (mit zahlreichen Nachweisen zu den methodischen Grundlagen der Steuerbilanzpolitik); *Scheffler/Binder*, Bedeutung des Stetigkeitsgrundsatzes für die Steuerbilanzpolitik, StuB 2012 S. 891; *dies.*, Vorteilhaftigkeit einer gewinnvorverlagernden Steuerbilanzpolitik, BB 2014 S. 1643; *Schmiel*, Steuerbilanzpolitische Strategien für kleine und mittlere Unternehmen, in: Meyer (Hrsg.), Strategien von kleinen und mittleren Unternehmen, Lohmar/Köln 2010, S. 451 (mit zahlreichen Nachweisen zu den methodischen Grundlagen der Steuerbilanzpolitik).

1. Ansatzpunkte der Steuerbilanzpolitik

Unter dem Begriff „Steuerbilanzpolitik“ werden die rechtlich zulässigen Maßnahmen zusammengefasst, mit denen der Bilanzierende den Inhalt der Steuerbilanz bewusst gestaltet. Die **Instrumente der Steuerbilanzpolitik** lassen sich in **vier Gruppen** einteilen 2720 (vgl. ABB. 1). In einer engen Definition gehören zur Steuerbilanzpolitik nur sachverhaltsabbildende Maßnahmen. Bei diesen wird nach Ablauf des Wirtschaftsjahres entschieden, wie ein in der Vergangenheit verwirklichter wirtschaftlicher Tatbestand in das steuerliche Rechnungswesen eingeordnet wird. Zu den sachverhaltsabbildenden Maßnahmen gehören insbesondere die bei der Aufstellung einer Steuerbilanz bestehenden **Ansatz- und Bewertungswahlrechte** sowie **Ermessensspielräume.** Darüber hinaus können Sachverhalte mit dem Ziel gestaltet werden, in dem betrachteten Wirtschaftsjahr die Höhe der steuerpflichtigen Einkünfte zu beeinflussen. Für die Steuerbilanzpolitik weniger bedeutsam sind **Ausweiswahlrechte** und **zeitliche Wahlrechte.** Die Entscheidung über die Gewinnverwendung lässt zwar die Höhe des steuerpflichtigen Gewinns und dessen Verteilung im Zeitablauf unverändert, sie beeinflusst allerdings über den Steuersatz in Teilbereichen die Höhe der Steuerbelastung.

ABB. 1: Instrumente der Steuerbilanzpolitik

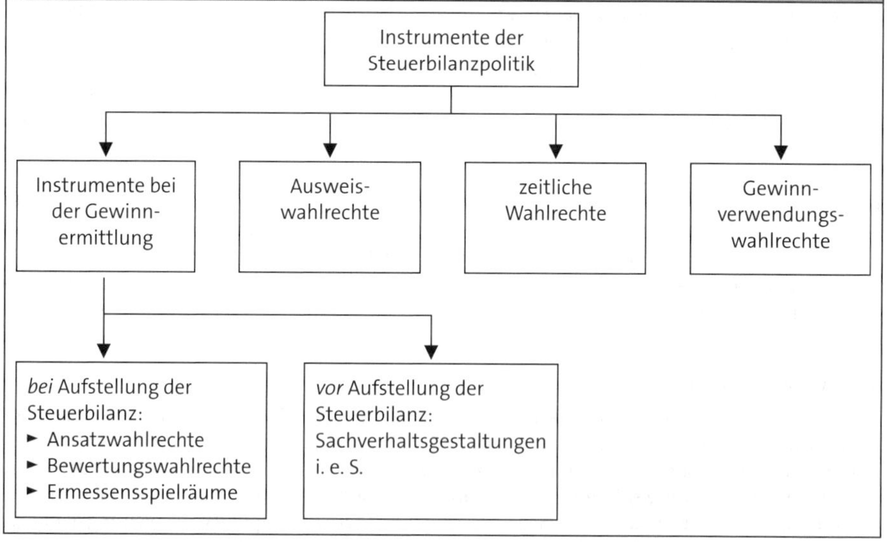

2721 In diesem Beitrag erfolgt eine Konzentration auf Ansatzwahlrechte und Bewertungswahlrechte sowie Ermessensspielräume.[1] Für jeden Sachverhalt ist zu entscheiden, ob er zum Ansatz eines (aktiven oder passiven) Wirtschaftsguts, einer steuerfreien Rücklage oder eines Rechnungsabgrenzungspostens führt. Bei den zu bilanzierenden Posten ist festzulegen, mit welchem Wert sie in die Steuerbilanz eingehen. Da sowohl die Bilanzierung als auch die Bewertung die Höhe des Betriebsvermögens beeinflussen, ist offensichtlich, dass bei gesetzlich geregelten beziehungsweise von der Finanzverwaltung oder Finanzrechtsprechung gewährten Wahlrechten der Steuerpflichtige den in den einzelnen Jahren ausgewiesenen Gewinn beeinflussen kann. **Die Differenzierung zwischen Ansatz- und Bewertungswahlrechten** ist lediglich insoweit bedeutsam, auf welcher Ebene der Bilanzierende einen Gestaltungsspielraum hat.

1 Bei der Aufstellung einer Steuerbilanz werden Wahlrechte und Ermessenspielräume immer ausgeübt. Dies kann möglicherweise unbewusst geschehen. Von einer Steuerbilanzpolitik wird gesprochen, wenn über den Einsatz eines bilanzpolitischen Instruments bewusst entschieden wird.

Ermessensspielräume wirken sich in gleicher Weise auf die ertragsteuerliche Bemessungsgrundlage aus wie Ansatz- und Bewertungswahlrechte. Während Wahlrechte die Alternativen zur Bewertung und Bilanzierung eines bestimmten Sachverhalts abschließend vorgeben (eindeutige Vorschrift), sind Ermessensspielräume dadurch gekennzeichnet, dass sich die bei der Anwendung einer Regelung bestehenden Möglichkeiten nicht vollständig aufzählen lassen. Ermessensspielräume entstehen, wenn eine Norm entweder einen unbestimmten Rechtsbegriff enthält oder wenn keine einheitliche Meinung darüber besteht, wie eine Vorschrift auszulegen ist (unbestimmte Vorschrift). Ermessensspielräume sind für die Steuerbilanzpolitik von **sehr großer Bedeutung.** Aufgrund der Unbestimmtheit der Ermessensspielräume kann im Einzelfall durch sie die ertragsteuerliche Bemessungsgrundlage stärker beeinflusst werden als durch (explizit geregelte) Ansatz- und Bewertungswahlrechte. 2722

Sachverhaltsgestaltungen bestimmen den Umfang, in dem Instrumente der Steuerbilanzpolitik eingesetzt werden können. Zu den steuerbilanzpolitisch motivierten Sachverhaltsgestaltungen (Sachverhaltsgestaltungen im engeren Sinne) zählen diejenigen Maßnahmen, die in erster Linie ergriffen werden, um die Höhe der steuerpflichtigen Einkünfte zu beeinflussen. Wichtige Beispiele für diese Art der Steuerbilanzpolitik sind der Zeitpunkt der Gewinnrealisierung durch Festlegung des Zeitpunkts der Erbringung einer Leistung oder des Verkaufs eines Wirtschaftsguts, der Verkauf eines Wirtschaftsguts zwischen verbundenen Unternehmen zur Vermeidung einer Wertaufholung (nach vorangegangener Teilwertabschreibung), die Lagerhaltungspolitik (insbesondere, wenn Wirtschaftsgüter des Vorratsvermögens nach dem Lifo-Verfahren bewertet werden) sowie die Auswahl der Finanzierungsform (Leasing einschließlich Sale-and-Lease-Back, Factoring, Pensionsgeschäfte). 2723

Ausweiswahlrechte sind für die Steuerbilanzpolitik grundsätzlich **nicht bedeutsam,** da bei den Ertragsteuern auf die Einkünfte aus Gewerbebetrieb beziehungsweise den Gewerbeertrag abgestellt wird. Für die Ertragsteuern ist die Zahlungsbemessungsfunktion der Steuerbilanz relevant. Die Informationsfunktion der externen Rechnungslegung ist für die Höhe der zu zahlenden Steuern nicht ausschlaggebend. 2724

Zu den **zeitlichen Wahlrechten** gehören die Festlegung des Wirtschaftsjahres (§ 4a EStG), der Wechsel eines Wirtschaftsjahres, die Bildung von Rumpfwirtschaftsjahren sowie der Zeitpunkt der Abgabe der Steuererklärung. 2725

Gewinnverwendungsentscheidungen beeinflussen bei Einzelunternehmen und Personengesellschaften die Ertragsteuerbelastung grundsätzlich **nicht.** Eine bedeutsame **Ausnahme** gilt im Zusammenhang mit der Begünstigung der nicht entnommenen Gewinne nach § 34a EStG. Einzelunternehmer und Gesellschafter einer Personengesellschaft können diese Begünstigung auf Antrag in Anspruch nehmen. Haben sie sich für die **Thesaurierungsbegünstigung** entschieden, können sie unter Umständen in den folgenden Jahren den Zeitpunkt wählen, zu dem sie die einbehaltenen Gewinne entnehmen und damit die 25 %ige Nachversteuerung auslösen. Bei Kapitalgesellschaften kann durch eine vorübergehende Thesaurierung auf Ebene der Kapitalgesellschaft die Besteuerung auf Ebene der Gesellschafter solange vermieden werden, bis diese Gewinne in Form von Dividenden an die Anteilseigner ausbezahlt werden (positiver Zeiteffekt). Halten die Gesellschafter ihre Anteile im Privatvermögen, treten grundsätzlich keine 2726

Steuersatzeffekte auf, da für Einkünfte aus Kapitalvermögen ein proportionaler Sondersteuersatz von 25 % gilt (Abgeltungsteuer, § 32d EStG).

2727 Im Abschnitt 2 werden die Instrumente der Steuerbilanzpolitik vorgestellt. Auf der Grundlage der Interpretation des Maßgeblichkeitsprinzips durch die Finanzverwaltung wird aufgezeigt, in welchen Fällen eine eigenständige Steuerbilanzbilanzpolitik möglich und bei welchen bilanzpolitischen Instrumenten eine Abstimmung mit der Handelsbilanz erforderlich ist. Im Abschnitt 3 wird zunächst kurz begründet, weshalb es im Rahmen der Steuerbilanz grundsätzlich empfehlenswert ist, Erträge so spät wie möglich auszuweisen und Aufwendungen so früh wie möglich zu verrechnen (Gewinnnachverlagerung). Anschließend wird analysiert, in welchen Situationen eine möglichst konstante Gewinnausweisreihe (Tendenz zur Gewinnnivellierung) beziehungsweise ein Vorziehen des Gewinnausweises vorteilhaft ist (Gewinnvorverlagerung). Im Abschnitt 4 wird erläutert, nach welchen Kriterien die verfügbaren Instrumente der Steuerbilanzpolitik auszuwählen sind und wie die Steuerbilanzpolitik in den Prozess der Aufstellung einer Steuerbilanz integriert werden kann. Abschnitt 5 enthält eine kurze Zusammenfassung.

2728–2739 *(Einstweilen frei)*

2. Instrumente der Steuerbilanzpolitik

2740 In diesem Abschnitt wird beschrieben, dass die im Zusammenhang mit dem **Bilanzrechtsmodernisierungsgesetz** (BilMoG) vorgenommene Änderung des § 5 Abs. 1 EStG die **Möglichkeiten der Steuerbilanzpolitik erweitert** hat. Dies betrifft insbesondere die Instrumente, denen keine vergleichbare handelsrechtliche Regelung gegenübersteht, sowie die Instrumente, bei denen im Rahmen der steuerlichen Gewinnermittlung eine unabhängige Wahlrechtsausübung zulässig ist, obwohl für diesen Sachverhalt eine (identische oder abweichende) handelsrechtliche Vorschrift besteht. Dennoch kann die Steuerbilanzpolitik nicht unabhängig von der handelsrechtlichen Rechnungslegung betrieben werden, da sich bei Abweichungen zwischen Handels- und Steuerbilanz **Folgewirkungen** auf die Aufzeichnungsverpflichtungen und auf die Steuerabgrenzung nach § 274 HGB (latente Steuern) ergeben. Zusätzlich ist relevant, dass auch nach dem Übergang von der formellen auf die materielle Maßgeblichkeit bei einigen bilanzpolitischen Maßnahmen (weiterhin) die Notwendigkeit besteht, die Steuerbilanzpolitik mit der Handelsbilanz abzustimmen.

2.1 Ausgangspunkt: Interpretation des Maßgeblichkeitsprinzips durch die Finanzverwaltung

2741 § 5 Abs. 1 Satz 1 1. Halbsatz EStG sieht vor, dass Gewerbetreibende, die ihren Gewinn durch einen Betriebsvermögensvergleich ermitteln, für den Schluss des Wirtschaftsjahres das Betriebsvermögen anzusetzen haben, das nach den handelsrechtlichen Grundsätzen ordnungsmäßiger Buchführung (GoB)[2] auszuweisen ist. Nach § 5 Abs. 1 Satz 1 2. Halbsatz EStG muss der handelsrechtliche Wertansatz allerdings nicht übernommen

2 Siehe hierzu ausführlich *Prinz*, Teil A Kap. III, Rz. 390 ff.

werden, wenn im Rahmen der Ausübung eines steuerlichen Wahlrechts ein davon abweichender Ansatz gewählt wird. Für die Steuerbilanzpolitik ist weniger die bilanztheoretische Analyse des Maßgeblichkeitsprinzips relevant. Für die praktische Anwendung bildet vielmehr die **Auslegung dieser Vorschrift durch die Finanzverwaltung** den Rahmen für die bei der Aufstellung der Steuerbilanz bestehenden Gestaltungsmöglichkeiten.

Die Finanzverwaltung interpretiert den durch das Bilanzrechtsmodernisierungsgesetz neugefassten § 5 Abs. 1 Satz 1 EStG im Sinne einer **materiellen Maßgeblichkeit.**[3] Nach der materiellen Maßgeblichkeit dürfen Bilanzierungs- und Bewertungswahlrechte in den beiden Rechnungslegungsinstrumenten in unterschiedlicher Weise ausgeübt werden. Handels- und Steuerbilanz können übereinstimmen, sie müssen es aber nicht. 2742

Die Möglichkeit, **steuerliche Wahlrechte** bei Aufstellung der Steuerbilanz **unabhängig** von der Vorgehensweise in der Handelsbilanz **ausüben** zu können, besteht nach Ansicht der Finanzverwaltung generell und nicht nur für die Vorschriften, die einen speziellen steuerlichen Hintergrund aufweisen (Sonderabschreibungen, erhöhte Absetzungen, Bewertungsabschläge und steuerfreie Rücklagen sowie im Umwandlungssteuergesetz enthaltene Wahlrechte). Die eigenständige Wahlrechtsausübung bezieht sich **sowohl auf GoB-widrige als auch auf GoB-konforme Wahlrechte.** Der Umfang der in der Steuerbilanz eigenständig auszuübenden Wahlrechte geht auch deshalb sehr weit, weil sich steuerliche Wahlrechte nicht nur aus dem Gesetz (insbesondere EStG) ergeben können, sondern auch aus Verwaltungsvorschriften, wie Richtlinien (insbesondere EStR) und BMF-Schreiben.[4] 2743

Der **Handelsbilanzansatz** ist auch nach der Änderung des § 5 Abs. 1 Satz 1 EStG durch das Bilanzrechtsmodernisierungsgesetz grundsätzlich für die steuerliche Gewinnermittlung dem Grunde und der Höhe nach **zu übernehmen.** Nach Ansicht der Finanzverwaltung ist diese Grundaussage jedoch **in drei Bereichen zu modifizieren:** 2744

- Besteht eine steuerliche Regelung, die für die Bilanzierung oder die Bewertung eine abweichende Regelung vorsieht, geht diese spezielle steuerliche Norm vor.
- Gilt für die Handelsbilanz ein Bilanzierungswahlrecht und existiert steuerrechtlich keine Vorschrift, kommt es zu einer Einschränkung der Maßgeblichkeit.[5] Wirtschaftsgüter, für die handelsrechtlich ein Aktivierungswahlrecht besteht, müssen in der Steuerbilanz aktiviert werden. Für passive Wirtschaftsgüter, die handelsrechtlich bilanziert werden können, gilt steuerrechtlich ein Passivierungsverbot.[6]

3 Vgl. BMF, Schreiben vom 12. 3. 2010 – IV C 6 – S 2133/09/10001, BStBl 2010 I S. 239 Tz. 3, 4, 13, 16; H 5.2 EStH. Siehe hierzu ausführlich *Prinz*, Teil A Kap. III, Rz. 331 sowie *Herzig/Briesemeister*, DB 2009 S. 1; *Rätke/Theile*, BBK 2010 S. 308 f.; *Scheffler*, BBK 2010, Beilage zu Heft 9.

4 Vgl. BMF, Schreiben vom 12. 3. 2010 – IV C 6 – S 2133/09/10001, BStBl 2010 I S. 239 Tz. 12-18; H 5.2 EStH.

5 Vgl. BMF, Schreiben vom 12. 3. 2010 – IV C 6 – S 2133/09/10001, BStBl 2010 I S. 239 Tz. 3, 4; H 5.2 EStH sowie BFH, Beschluss vom 3. 2. 1969 – GrS 2/68, BStBl 1969 II S. 291; BFH, Urteil vom 19. 3. 1975 – I R 182/73, BStBl 1975 II S. 535.

6 Bei Sachverhalten, für die handelsrechtlich ein Bewertungswahlrecht besteht und im Steuerrecht eine eigenständige Norm fehlt, gilt allerdings die Maßgeblichkeit nach § 5 Abs. 1 Satz 1 1. Halbsatz EStG, d. h. der handelsrechtliche Wert ist in die Steuerbilanz zu übernehmen, vgl. BMF, Schreiben vom 12. 3. 2010 – IV C 6 – S 2133/09/10001, BStBl 2010 I S. 239 Tz. 5, 7; H 5.2 EStH.

- Besteht für die steuerliche Gewinnermittlung ein Wahlrecht, kann dieses bei der Aufstellung der Steuerbilanz eigenständig ausgeübt werden. Die handelsrechtliche Behandlung dieses Sachverhalts ist insoweit für die steuerliche Gewinnermittlung nicht bindend (§ 5 Abs. 1 Satz 1 2. Halbsatz EStG). Diese Aussage ist unabhängig davon, ob für die Handelsbilanz eine verbindliche Regelung (Pflicht oder Verbot) oder ein Wahlrecht besteht.

2745 Für den Umfang der steuerbilanzpolitischen Möglichkeiten ist es also entscheidend, wie die für die Handels- und Steuerbilanz geltenden Normen formuliert sind:[7] Die handelsrechtlichen Regelungen kennen entweder zwingende Vorschriften (Pflicht oder Verbot), Wahlrechte oder Ermessensspielräume. Im Bilanzsteuerrecht besteht entweder keine eigene Norm oder in das Steuerrecht sind spezielle Regelungen aufgenommen worden. Diese steuerlichen Vorschriften können entweder eine verbindliche Vorgehensweise (Pflicht oder Verbot) vorsehen oder ein Wahlrecht gewähren. Darüber hinaus existieren auch im Rahmen der steuerlichen Gewinnermittlung Ermessensspielräume.

2746 Sofern **im Steuerrecht keine Regelung besteht oder eine bestimmte Vorgehensweise verbindlich vorgegeben** ist, besteht **kein Ansatzpunkt** für die Steuerbilanzpolitik. Dies gilt unabhängig davon, ob die Maßgeblichkeit der Handelsbilanz für die steuerliche Gewinnermittlung gilt (Handels- und Steuerbilanz stimmen überein), ob es zu einer Einschränkung der Maßgeblichkeit kommt (bei einer entsprechenden Vorgehensweise in der Handelsbilanz können Handels- und Steuerbilanz übereinstimmen) oder ob eine Durchbrechung der Maßgeblichkeit vorliegt (Handels- und Steuerbilanz weichen voneinander ab):

- Für die Handelsbilanz besteht eine zwingende Vorschrift (Bilanzierungsgebot, -verbot, eindeutige Bewertungsregel) und im Steuerrecht existiert keine Regelung
  - Maßgeblichkeit gilt.
- Sowohl das Handelsrecht als auch das Steuerrecht kennen eine zwingende Norm und die beiden Regelungen sind inhaltlich identisch
  - Maßgeblichkeit wirkt deklaratorisch.
- Für die Handelsbilanz ist eine verbindliche Regelung kodifiziert und für die steuerliche Gewinnermittlung gilt eine davon abweichende verbindliche Vorschrift[8]
  - Durchbrechung der Maßgeblichkeit.

---

7 Zu dieser Einteilung siehe z. B. *Scheffler*, Besteuerung von Unternehmen, Band II: Steuerbilanz, 7. Aufl., Heidelberg 2011, S. 24-36.

8 Zu dieser Gruppe gehören auch die Sachverhalte, für die im Steuerrecht spezielle Grundsätze gelten. Insb. im Zusammenhang mit der Besteuerung von Personen- und Kapitalgesellschaften, der Abgrenzung des betrieblichen Bereichs von der privaten Sphäre und den Maßnahmen zur Vermeidung einer internationalen Doppelbesteuerung stehen den steuerlichen Vorschriften keine vergleichbaren handelsrechtlichen Regelungen gegenüber, sodass sich Handels- und Steuerbilanz konzeptionell unterscheiden. Aufgrund konzeptioneller Abweichungen besteht hier keine Maßgeblichkeit.

- Im Handelsrecht besteht ein Wahlrecht, während für die Steuerbilanz eine verbindliche Vorgehensweise vorgeschrieben ist
  - Einschränkung der Maßgeblichkeit.[9]
- Das Handelsgesetzbuch kennt ein Aktivierungs- oder Passivierungswahlrecht, während im Rahmen der steuerlichen Gewinnermittlung für diesen Sachverhalt der Ansatz dem Grunde nach nicht geregelt ist
  - Einschränkung der Maßgeblichkeit.

Die steuerpolitischen Instrumente werden in den beiden folgenden Abschnitten stichwortartig vorgestellt.[10] Grundlage für diesen Überblick bildet die von der Finanzverwaltung im Anschluss an die Änderung des § 5 Abs. 1 EStG durch das Bilanzrechtsmodernisierungsgesetz vorgenommene Interpretation des Maßgeblichkeitsprinzips. Beim Vergleich zwischen der Handels- und Steuerbilanz wird auf die **einzelnen Ansatz- und Bewertungsregelungen** getrennt eingegangen. Durch die getrennte Beurteilung der verschiedenen Berechnungsparameter können die Unterschiede zwischen handels- und steuerrechtlicher Rechnungslegung und die dabei bestehenden bilanzpolitischen Gestaltungsmöglichkeiten detaillierter herausgearbeitet werden. Dies gilt insbesondere dann, wenn die verschiedenen Ansatz- und Bewertungsregelungen gegenläufig wirken. Eine **bilanzpostenorientierte Zusammenfassung** der einzelnen Detailregelungen wird im vierten Abschnitt vorgenommen, in dem aufgezeigt wird, in welcher Weise die zahlreichen steuerbilanzpolitisch einsetzbaren Instrumente ausgewählt werden können. 2747

(Einstweilen frei) 2748–2757

2.2 Eigenständige Steuerbilanzpolitik möglich

2.2.1 Zusammenhang mit dem Maßgeblichkeitsprinzip

Steuerliche **Wahlrechte** können bei Aufstellung der Steuerbilanz **eigenständig ausgeübt** werden. Die handelsrechtliche Behandlung dieses Sachverhaltes ist insoweit für die steuerliche Gewinnermittlung nicht bindend. Da bei derartigen Geschäftsvorgängen **keine Maßgeblichkeit** besteht, kommt es insoweit zu keinen Einschränkungen der Möglichkeiten, diese Instrumente im Rahmen der Steuerbilanzpolitik einzusetzen: 2758

- Für die Handelsbilanz gilt eine verbindliche Regelung und für die steuerliche Gewinnermittlung wird ein Wahlrecht eingeräumt[11]
  - Handels- und Steuerbilanz stimmen dann überein, wenn bei der Aufstellung der Steuerbilanz das steuerliche Wahlrecht so ausgeübt wird, dass sich die steuer-

9 Zu einer Einschränkung der Maßgeblichkeit kommt es, wenn nach den handelsrechtlichen Regelungen mehrere Ansätze zulässig sind und in der Steuerbilanz von diesen ein bestimmter Wert heranzuziehen ist. Liegt eine Einschränkung der Maßgeblichkeit vor, können Handels- und Steuerbilanz übereinstimmen, sie müssen es aber nicht.

10 Siehe hierzu auch *Schmiel*, Steuerbilanzpolitische Strategien für kleine und mittlere Unternehmen, in: Meyer (Hrsg.), Strategien von kleinen und mittleren Unternehmen, Lohmar/Köln 2010, S. 452-454.

11 Zu dieser Fallgruppe gehören nicht nur die auf dem Lenkungszweck der Besteuerung beruhenden steuerlichen Wahlrechte (Sonderabschreibungen, erhöhte Absetzungen und Bewertungsabschläge, steuerfreie Rücklagen sowie Umwandlungssteuergesetz), sondern sämtliche steuerliche Ansatz- und Bewertungswahlrechte.

bilanzielle Behandlung an der im Handelsrecht vorgeschriebenen Vorgehensweise orientiert.

- Sowohl in der Handelsbilanz als auch in der Steuerbilanz kann der Bilanzierende ein Wahlrecht ausüben
  - Handels- und Steuerbilanz stimmen dann überein, wenn das Wahlrecht in den beiden Rechnungslegungskreisen in gleicher Weise ausgeübt wird.
- Für die Handelsbilanz gilt eine verbindliche Regelung und im Rahmen der steuerlichen Gewinnermittlung besteht ein eigenständiger Ermessensspielraum
  - Handels- und Steuerbilanz stimmen dann überein, wenn sich der Steuerpflichtige bei der Aufstellung der Steuerbilanz an die im Handelsrecht vorgeschriebene Vorgehensweise anlehnt.

2.2.2 Keine vergleichbare handelsrechtliche Regelung

2759 In ABB. 2 sind die Sachverhalte ausgewiesen, bei denen Ansatz- bzw. Bewertungswahlrechte in der Steuerbilanz eigenständig ausgeübt werden können, da ihnen **keine vergleichbaren handelsrechtlichen Gestaltungsalternativen** gegenüberstehen.[12] Darüber hinaus sind die steuerlichen Ermessensspielräume enthalten, die in der Handelsbilanz nicht bestehen bzw. Sachverhalte betreffen, die handelsrechtlich nicht relevant sind.

ABB. 2: Eigenständige steuerliche Wahlrechte und Ermessensspielräume[13]

Instrument der Steuerbilanzpolitik	BMF-Schreiben	Art des Instruments
Sonderabschreibungen, erhöhte Absetzungen (§§ 7g Abs. 5-6, 7h, 7i EStG)	Tz. 12	Bewertungswahlrecht
Übertragung von Veräußerungsgewinnen (§ 6b EStG, R 6.6 EStR)	Tz. 14	Bewertungswahlrecht (Bewertungsabschlag) bzw. Ansatzwahlrecht (steuerfreie Rücklage)
Wahlrechte nach dem UmwStG	Tz. 12	Bewertungswahlrecht
Investitionsabzugsbetrag (§ 7g Abs. 1-4 EStG)	Tz. 12	Ansatzwahlrecht (Verrechnung außerhalb der Bilanz)
Teilwertabschreibungen bei Aktiva (§ 6 Abs. 1 Nr. 1 Satz 2, Nr. 2 Satz 2 EStG)	Tz. 15	Bewertungswahlrecht
Teilwertzuschreibungen bei Passiva (§ 6 Abs. 1 Nr. 3 i. V. m. Nr. 2 EStG)	Tz. 12	Bewertungswahlrecht

12 Verteilungswahlrechte wirken sich in gleicher Weise aus wie Ansatz- oder Bewertungswahlrechte. Dies gilt unabhängig davon, ob sie zur Passivierung einer steuerfreien Rücklage führen, bei der Bewertung eines Bilanzpostens berücksichtigt oder außerhalb der Bilanz verrechnet werden.

13 Die in der zweiten Spalte angegebene Textziffer bezieht sich auf das BMF, Schreiben vom 12. 3. 2010 – IV C 6 – S 2133/09/10001, BStBl 2010 I S. 239; H 5.2 EStH. Sofern in diesem BMF-Schreiben das steuerliche Wahlrecht nicht explizit angesprochen wird, wird auf die Grundaussage in Tz. 12 verwiesen.

Instrument der Steuerbilanzpolitik	BMF-Schreiben	Art des Instruments
Absetzungen für außergewöhnliche technische oder wirtschaftliche Abnutzung (§ 7 Abs. 1 Satz 7 EStG)	Tz. 12	Bewertungswahlrecht
Ausgleichsposten bei Überführung von Wirtschaftsgütern des Anlagevermögens in eine EU-Betriebsstätte (§ 4g i. V. m. § 4 Abs. 1 Satz 3, 4 EStG, § 12 Abs. 1 KStG)	Tz. 12	Ansatzwahlrecht (Verteilungswahlrecht)
Verteilungswahlrechte, insbesondere nach der Änderung von gesetzlichen Vorschriften (z. B. § 52 Abs. 16 EStG) oder bei aperiodisch eintretenden Ereignissen (z. B. § 6a Abs. 4 Satz 2-4, 6 EStG im Zusammenhang mit Pensionsrückstellungen)	Tz. 12	Bewertungs- bzw. Ansatzwahlrecht (Verteilungswahlrecht)
Erhaltungsaufwand bei Gebäuden in Sanierungsgebieten und städtebaulichen Entwicklungsbereichen und bei Baudenkmälern (§ 4 Abs. 8 i. V. m. §§ 11a, 11b EStG)	Tz. 12	Zeitpunkt der Verrechnung der Aufwendungen (Verteilungswahlrecht, Verrechnung außerhalb der Bilanz)
Geschäfts- oder Firmenwert (Anlehnung an Einheits- oder Trennungstheorie mit Auswirkung auf Wertaufholung, § 6 Abs. 1 Nr. 1 Satz 4 i. V. m. § 5 Abs. 2 EStG)	-.-	Ermessensspielraum
Zuordnung von Wirtschaftsgütern des gewillkürten Betriebsvermögens, Abgrenzung und Bewertung von Einlagen und Entnahmen (Einzelunternehmen und Personengesellschaften) sowie von verdeckten Gewinnausschüttungen und verdeckten Einlagen (Kapitalgesellschaften)	-.-	Ansatzwahlrecht sowie Ermessensspielraum mit Auswirkung auf die Bemessungsgrundlage
Hinweis: kein Ansatzwahlrecht		entfällt
► Passivierung von Pensionsrückstellungen für „Neuzusagen“ (Zusage nach dem 31. 12. 1986, § 6a EStG)	Tz. 10	
► Rückstellungen bei Verletzung fremder Patent-, Urheber- oder ähnlicher Schutzrechte (§ 5 Abs. 3 EStG)	Tz. 10 analog	
► Rückstellungen für Jubiläumszusagen (§ 5 Abs. 4 EStG)	Tz. 10 analog	

Steuerpflichtige können spezielle steuerliche Wahlrechte in Anspruch nehmen, die in erster Linie der **Förderung von Investitionen** sowie der **Vermeidung einer Behinderung** 2760

von unternehmerischen Umstrukturierungen dienen. Diesen auf steuerpolitischen Überlegungen beruhenden Wahlrechten stehen seit der Aufhebung der umgekehrten Maßgeblichkeit durch das Bilanzrechtsmodernisierungsgesetz keine vergleichbaren handelsrechtlichen Vorschriften mehr gegenüber. Die Übernahme des niedrigeren steuerlichen Werts (§§ 254, 279 Abs. 2 HGB a. F.) beziehungsweise von steuerfreien Rücklagen (§§ 247 Abs. 3, 273 HGB a. F.) in die Handelsbilanz ist nicht mehr zulässig. Auch bei dem außerhalb der Bilanz zu verrechnenden **Investitionsabzugsbetrag** (§ 7g Abs. 1-4 EStG) besteht keine vergleichbare handelsrechtliche Regelung.

2761 Bei **voraussichtlich dauernden Wertminderungen** von Wirtschaftsgütern des Anlagevermögens und des Umlaufvermögens besteht steuerlich ein **Abwertungswahlrecht** (§ 6 Abs. 1 Nr. 1 Satz 2, Nr. 2 Satz 2 EStG), obwohl handelsrechtlich insoweit eine Abwertungspflicht besteht. Konsequenterweise gilt bei Verbindlichkeiten und Rückstellungen in der Steuerbilanz ein Aufwertungswahlrecht, soweit die Erhöhung der Belastung voraussichtlich von Dauer ist (§ 6 Abs. 1 Nr. 3 i.V. m. Nr. 2 EStG). Bei **Absetzungen für außergewöhnliche technische oder wirtschaftliche Abnutzung** liegt gleichfalls ein **Wahlrecht** vor, diese in dem Jahr anzusetzen, in dem die Wertminderung eingetreten ist, oder auf die Abwertung zu verzichten (§ 7 Abs. 1 Satz 7 EStG).

2762 Beim **Wahlrecht zur Bildung eines Ausgleichspostens bei der Überführung eines Wirtschaftsguts des Anlagevermögens in eine EU-Betriebsstätte** geht es darum, eine sofortige Besteuerung der dabei aufzulösenden stillen Reserven zu vermeiden (§ 4g i.V. m. § 4 Abs. 1 Satz 3, 4 EStG, § 12 Abs. 1 KStG). Bei Gesetzesänderungen, die zu einer Erhöhung des steuerpflichtigen Gewinns führen, besteht zum Teil die Möglichkeit, die dadurch ausgelöste Belastung auf mehrere Jahre zu verteilen (z. B. § 52 Abs. 16 EStG, R 6.11 Abs. 3 Satz 2 EStR). Bei den **anderen Verteilungswahlrechten** hat der Steuerpflichtige das Wahlrecht, in unregelmäßigen Zeitabständen anfallende Aufwendungen nicht sofort abzuziehen, sondern über mehrere Perioden zu verteilen (z. B. § 6a Abs. 4 Satz 2-4, 6 EStG im Zusammenhang mit Pensionsrückstellungen). Durch die erste Gruppe der Verteilungswahlrechte sollen negative Zeiteffekte vermieden oder zumindest abgeschwächt werden. Die zweite Gruppe dient in erster Linie dazu, bei aperiodischen Geschäftsvorgängen Progressionsnachteile durch schwankende Gewinne abzuschwächen.

2763 Wird beim **Geschäfts- oder Firmenwert** eine Abschreibung auf den niedrigeren Teilwert vorgenommen und entfallen die Gründe für die Teilwertabschreibung, hängt die steuerbilanzielle Vorgehensweise davon ab, wie man die Erhöhung des Werts des Geschäfts- oder Firmenwerts einordnet. Sieht man den Geschäfts- oder Firmenwert als ein einheitliches Wirtschaftsgut an (**Einheitstheorie**), ist ein Wertanstieg des Geschäfts- oder Firmenwerts bei der Ermittlung der steuerpflichtigen Einkünfte insoweit durch eine Zuschreibung auszugleichen, als in den vergangenen Jahren eine Teilwertabschreibung vorgenommen wurde (§ 6 Abs. 1 Nr. 1 Satz 4 EStG). Geht man demgegenüber davon aus, dass der Geschäfts- oder Firmenwert, der beim Erwerb eines Unternehmens bezahlt wurde, als ein eigenständiges Wirtschaftsgut anzusehen ist und dass die Werterhöhung auf Aktivitäten des übernehmenden Unternehmens zurückzuführen sind, handelt es sich bei dem Anstieg des Werts um einen originären Geschäfts- oder Firmenwert (**Trennungstheorie**). Für den originären Geschäfts- oder Firmenwert besteht wie für alle selbst geschaffenen Wirtschaftsgüter des Anlagevermögens in der Steuerbilanz ein Ansatzverbot (§ 5 Abs. 2 EStG). Der steuerbilanzielle Gestaltungsspielraum ergibt sich daraus, dass die Interpretation der steuerrechtlichen Vorschriften nicht eindeutig ist.[14]

Einzelunternehmer und Gesellschafter einer Personengesellschaft haben bei Wirt- 2764
schaftsgütern des **gewillkürten (Sonder-)Betriebsvermögens** ein Wahlrecht, diese in den Betriebsvermögensvergleich einzubeziehen oder dem Privatvermögen zuzurechnen (R 4.2 Abs. 1, 9-12 EStR). Durch Einlagen beziehungsweise Entnahmen sowie durch verdeckte Gewinnausschüttungen und verdeckte Einlagen wird eine Abgrenzung zwischen der betrieblichen Sphäre und dem privaten beziehungsweise gesellschaftsrechtlichen Bereich vorgenommen. In diesem Zusammenhang besteht ein **Ermessensspielraum,** ob die Voraussetzungen für eine dieser Korrekturen vorliegen. Kommt eine dieser Korrekturvorschriften zur Anwendung, besteht zusätzlich ein Ermessensspielraum bei der Konkretisierung des dabei heranzuziehenden Teilwerts beziehungsweise gemeinen Werts. Dieser Ermessensspielraum wird am Beispiel der Schätzung des privaten Nutzungsanteils eines dem Betriebsvermögen zugeordneten Fahrzeugs besonders deutlich. Diese Wahlrechte und Ermessensspielräume unterscheiden sich von den anderen Instrumenten der Steuerbilanzpolitik dadurch, dass durch sie die Höhe der steuerpflichtigen Einkünfte beeinflusst werden kann. Es geht also nicht in erster Linie um Zeiteffekte, sondern um Bemessungsgrundlageneffekte.

Bei konsequenter Anwendung der Aussage, dass steuerliche Wahlrechte unabhängig 2765
von dem Wertansatz in der Handelsbilanz ausgeübt werden dürfen, müsste für **Pensionsrückstellungen** aufgrund von „Neuzusagen" (Pensionszusagen, die nach dem 31. 12. 1986 erteilt werden), für Rückstellungen bei Verletzung fremder Patent-, Urheber- oder ähnlicher Schutzrechte sowie für Rückstellungen für Jubiläumszusagen ein Ansatzwahlrecht bestehen. Die Finanzverwaltung interpretiert aber die Formulierung „dürfen erst/nur gebildet werden, wenn ..." nicht als Wahlrecht, sondern als spezielle Ansatzvoraussetzung. Akzeptiert man diese Sichtweise, liegt bei der Bilanzierung dieser Rückstellungen für die Steuerbilanzpolitik kein Anknüpfungspunkt vor.

(Einstweilen frei) 2766–2775

2.2.3 Trotz Bestehen einer handelsrechtlichen Regelung in der Steuerbilanz unabhängige Wahlrechtsausübung möglich

ABB. 3 enthält die steuerbilanzpolitischen Instrumente, bei denen auch im Rahmen der 2776
Handelsbilanz Wahlmöglichkeiten bestehen. Aufgrund der von der Finanzverwaltung vorgenommenen Interpretation des § 5 Abs. 1 Satz 1 2. Halbsatz EStG im Sinne einer materiellen Maßgeblichkeit können diese Wahlrechte in der Steuerbilanz unabhängig davon ausgeübt werden, wie in der Handelsbilanz verfahren wird.

14 Siehe hierzu *Adrian*, Teil B Kap. I.2, Rz. 3339 sowie *Herzig/Briesemeister*, Ubg 2009 S. 164; *Herzig/Briesemeister*, DB 2009 S. 928; *Ortmann-Babel/Bolik*, DStR 2009 S. 936; *Velte*, StuW 2008 S. 280. Ein derartiger Ermessensspielraum besteht im Rahmen der handelsrechtlichen Rechnungslegung nicht, da in der Handelsbilanz aufgrund einer eindeutigen gesetzlichen Vorschrift ein Zuschreibungsverbot besteht (§ 253 Abs. 5 Satz 2 HGB).

ABB. 3: Trotz handelsrechtlicher Regelung in der Steuerbilanz unabhängige Ausübung der Wahlrechte möglich[15]

Instrument der Steuerbilanzpolitik	BMF-Schreiben	Art des Instruments
planmäßige Abschreibungen: Wahl der Abschreibungsmethode (§ 7 EStG)	Tz. 18	Bewertungswahlrecht
Lifo-Verfahren als eine Form der Verbrauchs- bzw. Veräußerungsfolgeverfahren (§ 6 Abs. 1 Nr. 2a EStG)	Tz. 17	Bewertungswahlrecht
geringwertige Wirtschaftsgüter (§ 6 Abs. 2, 2a EStG)	Tz. 12	Bewertungswahlrecht
Investitionszuschuss (R 6.5 EStR)	Tz. 12	Bewertungswahlrecht (Bewertungsabschlag) bzw. Ansatzwahlrecht (steuerfreie Rücklage)

2777 Bei den Wahlrechten, die im Rahmen der steuerlichen Gewinnermittlung unabhängig von der Vorgehensweise in der Handelsbilanz ausgeübt werden können, handelt es sich in erster Linie um **Bewertungswahlrechte.** Bei der Auswahl der Methode für die planmäßige Abschreibung von abnutzbaren Wirtschaftsgütern des Anlagevermögens sowie für die Ermittlung der Anschaffungs- oder Herstellungskosten von Wirtschaftsgütern des Vorratsvermögens mit Hilfe von Verbrauchs- beziehungsweise Veräußerungsfolgeverfahren bestehen sowohl handelsrechtlich als auch steuerrechtlich Wahlrechte. Die Wahlmöglichkeiten nach § 253 Abs. 3 Satz 1, 2 bzw. § 256 Satz 1 HGB gehen zwar weiter als die nach § 7 bzw. § 6 Abs. 1 Nr. 2a EStG. Allerdings können bei Aufstellung der Steuerbilanz die im EStG gewährten Wahlrechte unabhängig von der Ausübung handelsrechtlicher Wahlrechte genutzt werden:

- Bei beweglichen Wirtschaftsgütern kann zwischen der **linearen Abschreibung** und der **Leistungsabschreibung** gewählt werden (§ 7 Abs. 1 EStG). Für „Altfälle" besteht zusätzlich die Möglichkeit, die Wirtschaftsgüter geometrisch-degressiv abzuschreiben (§ 7 Abs. 2, 3 EStG a. F.). Bei Abbaubetrieben stehen die lineare Abschreibung sowie die Absetzung für Substanzverringerung zur Wahl (§ 7 Abs. 1, 6 EStG). Gebäude sind linear abzuschreiben. Die Abschreibung in fallenden Staffelsätzen ist nur für „Altfälle" möglich (§ 7 Abs. 4, 5 EStG). Beim Geschäfts- oder Firmenwert besteht kein steuerbilanzieller Gestaltungsspielraum, da die lineare Abschreibung verpflichtend ist (§ 7 Abs. 1 EStG).

- Bei der Ermittlung der Anschaffungs- oder Herstellungskosten von gleichartigen Wirtschaftsgütern des Vorratsvermögens kann von den verschiedenen **Verbrauchs- bzw. Veräußerungsfolgeverfahren** steuerrechtlich nur das Lifo-Verfahren gewählt

15 Die in der zweiten Spalte angegebene Textziffer bezieht sich auf das BMF, Schreiben vom 12. 3. 2010 – IV C 6 – S 2133/09/10001, BStBl 2010 I S. 239; H 5.2 EStH. Sofern in diesem BMF-Schreiben das steuerliche Wahlrecht nicht explizit angesprochen wird, wird auf die Grundaussage in Tz. 12 verwiesen.

werden.[16] Das Fifo-Verfahren kann bei Aufstellung der Steuerbilanz nicht herangezogen werden (§ 6 Abs. 1 Nr. 2a EStG).

Bei **geringwertigen Wirtschaftsgütern** kann der Steuerpflichtige zwischen einer planmäßigen Abschreibung nach § 7 EStG, einer sofortigen Aufwandsverrechnung nach § 6 Abs. 2 EStG (wirtschaftsgutbezogenes Wahlrecht bei Anschaffungs- oder Herstellungskosten von höchstens 410 €) sowie der Bildung eines Sammelpostens nach § 6 Abs. 2a EStG (wirtschaftsjahrbezogenes Wahlrecht bei Anschaffungs- oder Herstellungskosten von über 150 € und höchstens 1.000 €) wählen. Zu einer Übereinstimmung zwischen Handels- und Steuerbilanz kommt es nur, wenn diese steuerlichen Wahlrechte auch handelsrechtlich angewandt werden.[17] 2778

Investitionszuschüsse können entweder mit den Anschaffungs- oder Herstellungskosten des erworbenen bzw. hergestellten Wirtschaftsguts verrechnet oder sofort als Betriebseinnahme versteuert werden. Wird der Zuschuss vor Zugang des Wirtschaftsguts ausbezahlt, kann eine sofortige Gewinnwirkung durch die Passivierung einer steuerfreien Rücklage vermieden werden (R 6.5 EStR). Dieses Bewertungs- beziehungsweise Ansatzwahlrecht kann steuerlich unabhängig davon ausgeübt werden, wie der Investitionszuschuss in der Handelsbilanz behandelt wird. Es ist sowohl eine Übereinstimmung zwischen Handels- und Steuerbilanz, ein früherer handelsrechtlicher Gewinnausweis (Verrechnung mit den Anschaffungs- oder Herstellungskosten in der Steuerbilanz und sofortige Gewinnvereinnahmung in der Handelsbilanz) als auch ein früherer Gewinnausweis in der Steuerbilanz möglich (sofortige Verbuchung als Betriebseinnahme im Rahmen der steuerlichen Gewinnermittlung und Verrechnung mit den Anschaffungs- oder Herstellungskosten in der Handelsbilanz). 2779

(Einstweilen frei) 2780–2789

2.2.4 Folgewirkungen einer eigenständigen Steuerbilanzpolitik

Aufgrund der Interpretation des § 5 Abs. 1 Satz 1 2. Halbsatz EStG im Sinne einer materiellen Maßgeblichkeit kann sich der Wert in der Handelsbilanz von dem in der Steuerbilanz unterscheiden. Die Abweichungen führen zu speziellen steuerlichen Aufzeichnungsverpflichtungen sowie zur Bildung von latenten Steuern (Steuerabgrenzung nach § 274 HGB). 2790

Voraussetzung für die Ausübung von steuerlichen Wahlrechten ist, dass die Wirtschaftsgüter, die nicht mit dem handelsrechtlich maßgeblichen Wert in der steuerlichen Gewinnermittlung ausgewiesen werden, **in besondere, laufend zu führende Ver-** 2791

16 Zur Durchschnittsbewertung siehe Rz. 2809.

17 Die Bildung eines Sammelpostens ist in der Handelsbilanz möglich, sofern es nicht zu einer Überbewertung kommt (z. B. weil vorzeitige Abgänge nicht berücksichtigt werden oder weil die Nutzungsdauer der Wirtschaftsgüter regelmäßig unter fünf Jahren liegt) und sofern der Sammelposten insgesamt von untergeordneter Bedeutung ist. Siehe hierzu Bundesrat-Drucksache 344/08 S. 80; HFA des IDW, FN-IDW 2007, S. 506.

zeichnisse aufgenommen werden.[18] Dies gilt unabhängig davon, ob es sich um ein eigenständiges steuerliches Wahlrecht handelt oder ob ein auch steuerlich bestehendes Wahlrecht unabhängig von der Vorgehensweise in der Handelsbilanz ausgeübt wird.

2792 In den Verzeichnissen sind

- der Tag der Anschaffung oder Herstellung,
- die Anschaffungs- oder Herstellungskosten,
- die Vorschrift des ausgeübten steuerlichen Wahlrechts und
- die Höhe der vorgenommenen Abschreibungen

nachzuweisen. Wird das Verzeichnis nicht oder unvollständig geführt, kann das steuerliche Wahlrecht nicht genutzt werden. Das Verzeichnis ist zeitnah zu erstellen, eine nachträgliche Erstellung ist nicht ausreichend (§ 5 Abs. 1 Satz 2, 3 EStG).[19]

2793 Zu **aktiven latenten Steuern** kommt es, wenn auf der Aktivseite der Wert in der Handelsbilanz niedriger ist als in der Steuerbilanz oder wenn Passiva in der Handelsbilanz höher bewertet werden als im Rahmen der steuerlichen Gewinnermittlung.[20] Umgekehrt entstehen **passive latente Steuern,** wenn Aktiva nach handelsrechtlichen Vorschriften höher bewertet werden als nach steuerrechtlichen Vorgaben oder wenn auf der Passivseite in der Handelsbilanz ein niedrigerer Wert angesetzt wird als in der Steuerbilanz (§ 274 HGB):[21]

ABB. 4: Allgemeine Ursachen für latente Steuern

	Aktiva	**Passiva**
aktive latente Steuern	Handelsbilanz < Steuerbilanz	Handelsbilanz > Steuerbilanz
passive latente Steuern	Handelsbilanz > Steuerbilanz	Handelsbilanz < Steuerbilanz

Die meisten steuerlichen Wahlrechte führen zu passiven latenten Steuern, da der steuerliche Wert von Aktiva unter dem Handelsbilanzwert liegt beziehungsweise auf der Passivseite höhere Werte oder steuerfreie Rücklagen ausgewiesen werden. Zu aktiven latenten Steuern kann es insbesondere beim Verzicht auf eine Teilwertabschreibung bei voraussichtlich dauernden Wertminderungen von Wirtschaftsgütern des Anlage- oder Umlaufvermögens und bei einem Unterlassen des Ansatzes eines höheren Teilwerts bei einer voraussichtlich dauernden Werterhöhung von Verbindlichkeiten oder Rückstellungen kommen. Aktive latente Steuern entstehen auch, wenn es beim Ge-

18 Siehe hierzu BMF, Schreiben vom 12. 3. 2010 – IV C 6 – S 2133/09/10001, BStBl 2010 I S. 239 Tz. 19-23; H 5.2 EStH sowie *Dörfler/Adrian*, Ubg 2009 S. 387; *Grützner*, StuB 2009 S. 481; *Herzig*, DB 2008 S. 1340; *Ortmann-Babel/Bolik*, BB 2010 S. 2099; *Ortmann-Babel/Bolik/Gageur*, DStR 2009 S. 934; *Richter*, GmbHR 2010 S. 510. Für geringwertige Wirtschaftsgüter bestehen eigenständige Aufzeichnungsverpflichtungen (§ 6 Abs. 2 Satz 4, 5 EStG sowie BMF, Schreiben vom 30. 9. 2010 – IV C 6 – S 2180/09/10001, BStBl 2010 I S. 755).

19 Ausnahmen von der gesonderten Verzeichnisführung bestehen beispielsweise bei Wirtschaftsgütern des Sonderbetriebsvermögens, bei Wahlrechten nach dem UmwStG oder wenn bei geringwertigen Wirtschaftsgütern sich die erforderlichen Angaben aus den dafür bestehenden eigenständigen Aufzeichnungsverpflichtungen ergeben.

20 Zusätzlich können aktive latente Steuern aus steuerlichen Verlustvorträgen (§§ 10d EStG, 8 Abs. 1 KStG, § 10a GewStG) sowie dem Zinsvortrag im Rahmen der „Zinsschranke" (§§ 4h EStG, 8a KStG) entstehen.

21 Zur Steuerabgrenzung siehe *Ernst/Fink*, Teil A Kap. XVI, Rz. 2510 ff.

schäfts- oder Firmenwert im Anschluss an eine Teilwertabschreibung wieder zu einer Werterhöhung kommt und sich der Bilanzierende der Einheitstheorie anschließt.

Ein Teil der steuerlichen Wahlrechte (insbesondere Investitionsabzugsbetrag und beim Verteilungswahlrecht für Erhaltungsaufwand bei Gebäuden in Sanierungsgebieten und städtebaulichen Entwicklungsbereichen und bei Baudenkmälern) wird durch **Korrekturen außerhalb der Bilanz** umgesetzt. Da sich der Wert in der Steuerbilanz nicht ändert, ist keine Steuerabgrenzung vorzunehmen. Im Zusammenhang mit Einlagen und Entnahmen beziehungsweise verdeckten Gewinnausschüttungen und Einlagen entstehen dann keine latenten Steuern, wenn sich diese auf die Handelsbilanz nicht auswirken. 2794

(Einstweilen frei) 2795–2804

2.3 Notwendigkeit, die Steuerbilanzpolitik mit der Handelsbilanz abzustimmen

Bei einigen Sachverhalten können bei Aufstellung der Steuerbilanz Ansatz und Bewertung nicht ausschließlich aus steuerrechtlichen Regelungen abgeleitet werden, sondern nur **im Zusammenhang mit der im handelsrechtlichen Jahresabschluss gewählten Vorgehensweise:** 2805

- Handelsrechtlich wird ein Bewertungswahlrecht gewährt und im Steuerrecht fehlt für diesen Geschäftsvorgang eine eigenständige Norm.
- Die handelsrechtliche Rechnungslegung verwendet einen unbestimmten Rechtsbegriff, der nur durch eine Ermessensentscheidung konkretisiert werden kann, und im Steuerrecht existiert keine Regelung.
- Sowohl für die Handelsbilanz als auch für die Steuerbilanz besteht ein Ermessensspielraum.[22]

ABB. 5: Notwendigkeit, die Steuerbilanzpolitik mit der Handelsbilanz abzustimmen[23]

Instrument der Steuerbilanzpolitik	BMF-Schreiben	Art des Instruments
Herstellungskosten: Art und Weise der Ermittlung der einzubeziehenden Material- und Fertigungsgemeinkosten (§ 255 Abs. 2 Satz 2 HGB, § 6 Abs. 1 Nr. 1, 2 EStG)	-.-	Ermessensspielraum
Anschaffungs- oder Herstellungskosten: Möglichkeit zum Einbezug von Fremdkapitalzinsen (§ 255 Abs. 3 HGB, § 6 Abs. 1 Nr. 1, 2 EStG, R 6.3 Abs. 5 EStR)	Tz. 6	Ermessensspielraum

22 Geht der handelsrechtliche Ermessensspielraum weiter als der steuerrechtliche Ermessensspielraum, werden insoweit die Möglichkeiten der Steuerbilanzpolitik eingeschränkt.

23 Die in der zweiten Spalte angegebene Textziffer bezieht sich auf das BMF, Schreiben vom 12. 3. 2010 – IV C 6 – S 2133/09/10001, BStBl 2010 I S. 239; H 5.2 EStH. Sofern in diesem BMF-Schreiben das steuerliche Wahlrecht nicht explizit angesprochen wird, wird auf die Grundaussage in Tz. 12 verwiesen.

Instrument der Steuerbilanzpolitik	BMF-Schreiben	Art des Instruments
Abgrenzung zwischen Erhaltungs- und Herstellungsaufwand (§ 255 Abs. 2 Satz 1 HGB, § 6 Abs. 1 Nr. 1, 1a, 2 EStG)	-.-	Ermessensspielraum
Festbewertung, Gruppenbewertung (§ 240 Abs. 3, 4, § 256 Satz 2 HGB, R 5.4 Abs. 3 EStR, R 6.8 Abs. 4 EStR)	Tz. 7	Bewertungswahlrecht (Vereinfachungswahlrecht)
Durchschnittsbewertung (als eine Form der Verbrauchs- bzw. Veräußerungsfolgeverfahren, GoB)	-.-	Bewertungswahlrecht (Vereinfachungswahlrecht)
planmäßige Abschreibungen: Konkretisierung der betriebsgewöhnlichen Nutzungsdauer (§ 253 Abs. 3 Satz 1, 2, § 7 EStG)	-.-	Ermessensspielraum
Ansatz von Rückstellungen (Vorliegen der Kriterien für eine abstrakte Bilanzierungsfähigkeit)	-.-	Ermessensspielraum
Passivierung von Pensionsrückstellungen für „Altzusagen" (Zusage vor dem 1. 1. 1987, Art. 28 Abs. 1 Satz 1 EGHGB, § 6a EStG)	Tz. 11	Ansatzwahlrecht
Bewertung von Rückstellungen (Berücksichtigung der Ungewissheit, GoB, § 6 Abs. 1 Nr. 3, 3a EStG)	-.-	Ermessensspielraum
Bewertung von Rückstellungen (Berücksichtigung von Erfahrungen aus der Vergangenheit, Einbezug von Gemeinkosten, Berücksichtigung von Vorteilen, Bewertungsvereinfachung, GoB, § 6 Abs. 1 Nr. 3a EStG)	-.-	Ermessensspielraum
Bestimmung des (niedrigeren) Teilwerts von Wirtschaftsgütern des Anlage- und Umlaufvermögens sowie des (höheren) Teilwerts von Verbindlichkeiten und Rückstellungen (§ 6 Abs. 1 Nr. 1, 2, 3 EStG)	-.-	Ermessensspielraum
Abgrenzung zwischen voraussichtlich dauernden und voraussichtlich vorübergehenden Wertminderungen (Aktiva, § 6 Abs. 1 Nr. 1, 2 EStG) bzw. Werterhöhungen (Passiva, § 6 Abs. 1 Nr. 3 EStG)	-.-	Ermessensspielraum

2806 Bei der **Ermittlung der Herstellungskosten** bestehen zahlreiche Ansatzpunkte für die Steuerbilanzpolitik. Über die Ausgestaltung des Kostenrechnungssystems kann der Steuerpflichtige die Art und Weise bestimmen, wie die einzubeziehenden Material- und Fertigungsgemeinkosten ermittelt werden. Der dabei bestehende Ermessensspielraum kann in der handels- und steuerrechtlichen Rechnungslegung nicht unterschiedlich ausgelegt werden. Da eine abweichende Vorgehensweise als willkürlich zu werten ist, besteht insoweit die Notwendigkeit die Handels- und Steuerbilanz aufeinander abzustimmen.

Fremdkapitalaufwendungen dürfen unter bestimmten Voraussetzungen in die Anschaffungs- oder Herstellungskosten einbezogen werden. Die Finanzverwaltung gestattet, diese handelsrechtliche Bilanzierungshilfe in die Steuerbilanz zu übernehmen. Voraussetzung ist allerdings eine korrespondierende Ausübung dieser Ermessensentscheidung in Handels- und Steuerbilanz. 2807

Die **Abgrenzung zwischen Herstellungsaufwand und Erhaltungsaufwand** bereitet zum Teil erhebliche praktische Schwierigkeiten. Der daraus resultierende Ermessensspielraum kann im Rahmen der Steuerbilanzpolitik genutzt werden. Grenzen ergeben sich insoweit, als für die Handels- und Steuerbilanz nicht unterschiedlich argumentiert werden kann und die vom Gesetzgeber (§ 6 Abs. 1 Nr. 1a EStG) sowie von der Finanzverwaltung im Anschluss an die Rechtsprechung des Bundesfinanzhofs formulierten Kriterien als Rahmenbedingung zu beachten sind.[24] 2808

Das Wahlrecht der zu den **Inventur- und Bewertungsvereinfachungen** gehörenden Festbewertung (R 5.4 Abs. 3 EStR) und Gruppenbewertung (R 6.8 Abs. 4 EStR) ist in der Handelsbilanz und in der Steuerbilanz in übereinstimmender Weise auszuüben.[25] Die Zulässigkeit der Durchschnittsbewertung als Alternative zum Lifo-Verfahren ergibt sich aus dem Grundsatz der Wirtschaftlichkeit und damit aus § 5 Abs. 1 Satz 1 1. Halbsatz EStG. Wird dieses gesetzlich nicht explizit geregelte Verbrauchs- bzw. Veräußerungsfolgeverfahren im Rahmen der handelsrechtlichen Rechnungslegung gewählt, ist es auch in der Steuerbilanz anzuwenden.[26] 2809

Bei abnutzbaren Wirtschaftsgütern des Anlagevermögens sind die Anschaffungs- oder Herstellungskosten auf die **betriebsgewöhnliche Nutzungsdauer** zu verteilen. Bei der Auslegung dieses unbestimmten Rechtsbegriffs besteht ein erheblicher Interpretationsspielraum. Durch die AfA-Tabellen (bewegliche Wirtschaftsgüter), § 7 Abs. 4, 5 EStG (Gebäude) und § 7 Abs. 1 Satz 3 EStG (Geschäfts- oder Firmenwert) wird dieser zwar im Rahmen der steuerlichen Gewinnermittlung eingeschränkt. Bei beweglichen Wirtschaftsgütern kann der Steuerpflichtige allerdings eine kürzere betriebsgewöhnliche Nutzungsdauer ansetzen, wenn er dafür eine nachprüfbare Begründung nennen kann. Auch bei Gebäuden ist der Nachweis einer kürzeren Nutzungsdauer als die gesetzlich unterstellte möglich (§ 7 Abs. 4 Satz 2 EStG). Macht der Steuerpflichtige von diesem Gestaltungsspielraum Gebrauch, wäre es willkürlich, wenn er in der Handelsbilanz von einer anderen Nutzungsdauer ausgehen würde als bei Aufstellung der Steuerbilanz. 2810

---

24 Vgl. BMF, Schreiben vom 18. 7. 2003 – IV C 3 – S 2211 – 94/03, BStBl 2003 I S. 386 mit zahlreichen Hinweisen auf die Rechtsprechung des Bundesfinanzhofs.

25 Vgl. BMF, Schreiben vom 12. 3. 2010 – IV C 6 – S 2133/09/10001, BStBl 2010 I S. 239 Tz. 7; H 5.2 EStH. Diese Interpretation des Maßgeblichkeitsprinzips ist insoweit nicht konsequent, als die Finanzverwaltung ansonsten davon ausgeht, dass sich steuerliche Wahlrechte auch aus Verwaltungsanweisungen ergeben können und dabei ausdrücklich auf die EStR und BMF-Schreiben verweist.

26 Das BMF, Schreiben vom 12. 3. 2010 – IV C 6 – S 2133/09/10001, BStBl 2010 I S. 239 enthält zur Durchschnittsbewertung keine Aussage.

2811 Eine **bilanzielle Schuld** liegt vor, wenn eine Verpflichtung besteht, die vor dem Abschlussstichtag (wirtschaftlich) verursacht wurde und die hinreichend konkretisiert ist. Eine Verpflichtung ist hinreichend konkretisiert, wenn der Steuerpflichtige ernsthaft damit rechnen muss, aus der Verpflichtung in Anspruch genommen zu werden (R 5.7 Abs. 2 EStR).[27] Insbesondere bei den beiden **Kriterien „Verursachung vor dem Abschlussstichtag" sowie „hinreichende Konkretisierung"** besteht ein mehr oder weniger großer **Ermessensspielraum,** ob die Voraussetzungen für das Vorliegen einer Rückstellung für ungewisse Verbindlichkeiten bestehen. Der bei der Auslegung der Merkmale („nicht nur an Vergangenes anknüpfen, sondern auch Vergangenes abgelten"[28] sowie „für das Bestehen einer Verpflichtung müssen mehr Gründe angegeben werden können als dagegen"[29]) bestehende Ermessensspielraum kann für die Steuerbilanzpolitik genutzt werden. Allerdings hat der Bilanzierende die dabei verwendeten Argumente in der Handelsbilanz in gleicher Weise zu verwenden wie bei Aufstellung der Steuerbilanz.

2812 Für **Pensionszusagen,** die vor dem 1. 1. 1987 erteilt wurden (**„Altzusagen"**), gilt im Rahmen einer langfristigen Übergangsregelung in der Handelsbilanz ein Passivierungswahlrecht (Art. 28 Abs. 1 Satz 1 EGHGB). § 6a Abs. 1 EStG enthält für Pensionsverpflichtungen bei „Altzusagen" gleichfalls ein Passivierungswahlrecht. Dieses **Ansatzwahlrecht** ist nach Ansicht der Finanzverwaltung in den beiden Rechnungslegungskreisen in übereinstimmender Weise auszuüben.[30]

2813 Bei der **Bewertung von Rückstellungen** existiert ein weitgehender **Ermessensspielraum.** So bestehen beispielsweise keine konkreten Vorgaben, wie die Ungewissheit erfasst wird, wie die Erfahrungen aus der Vergangenheit berücksichtigt werden, in welcher Weise bei Sachleistungsverpflichtungen die einzubeziehenden Gemeinkosten zu ermitteln sind, in welchen Fällen die mit einer Verpflichtung zusammenhängenden Vorteile so weit konkretisiert sind, dass sie wertmindernd einzubeziehen sind und in welchen Fällen Bewertungsvereinfachungen vorgenommen werden. Diese Unbestimmtheit kann bei Rückstellungen definitionsgemäß nie vollständig vermieden werden. Es kann lediglich gefordert werden, dass für den gewählten Wert mehr Gründe sprechen als für eine andere Bewertung. Der Bilanzierende muss selbst davon überzeugt sein, dass die von ihm vorgenommene Bewertung die aus der Verpflichtung resultierende Belastung am besten wiedergibt. Aus dieser Anforderung ist zu schließen, dass der Bilanzierende den Ermessensspielraum in der Steuerbilanz nicht anders auslegen kann als in der Handelsbilanz. Das **Willkürverbot** begrenzt insoweit den für steuerplanerische Zwecke nutzbaren Ermessensspielraum, ohne ihn allerdings vollständig aufzuheben.

2814 Die Unbestimmtheit des (niedrigeren) **Teilwerts** von Wirtschaftsgütern des Anlage- und Umlaufvermögens, des (höheren) Teilwerts von Verbindlichkeiten und Rückstellun-

27 Siehe hierzu *Günkel/Bongaerts*, Teil B Kap. VI, Rz. 5566-5574.

28 Vgl. BFH, Urteile vom 19. 5. 1987 – V III R 327/83, BStBl 1987 II S. 848; vom 25. 8. 1989 – III R 95/87, BStBl 1989 II S. 893; vom 13. 12. 2007 – IV R 85/05, BStBl 2008 II S. 516.

29 Vgl. BFH, Urteil vom 1. 8. 1984 – I R 88/80, BStBl 1985 II S. 44.

30 Wird die Zusage nach dem 31. 12. 1986 erteilt („Neuzusagen"), gilt nach Ansicht der Finanzverwaltung sowohl für die Handelsbilanz als auch die Steuerbilanz eine Passivierungspflicht. Zu diesem Widerspruch siehe statt aller *Scheffler*, StuB 2010 S. 300.

gen sowie der **Abgrenzung zwischen voraussichtlich dauernden und voraussichtlich vorübergehenden Wertminderungen** (Aktiva) beziehungsweise Werterhöhungen (Passiva) kann gleichfalls im Rahmen der Steuerbilanzpolitik genutzt werden. Trotz den von der Finanzverwaltung vorgegebenen Anforderungen zur Widerlegung der Teilwertvermutung (R 6.7 EStR) bzw. den von ihr formulierten Kriterien zur Abgrenzung zwischen der Art der Wertminderung[31] verbleiben dem Steuerpflichtigen Ermessensspielräume, die er für die Steuerbilanzpolitik nutzen kann.

(Einstweilen frei) 2815–2819

3. Strategien der Steuerbilanzpolitik

In Abschnitt 3.1 werden die Zeit-, Steuersatz- und Bemessungsgrundlageneffekte der Steuerbilanzpolitik aufgezeigt. Die Empfehlungen für die Steuerbilanzpolitik hängen in den meisten Situationen davon ab, wie der **Steuersatzeffekt** wirkt. Deshalb ist bei den Empfehlungen zur Strategie für die Steuerbilanzpolitik zwischen natürlichen Personen mit hohen Einkünften (Einkünfte unterliegen dem Spitzensteuersatz der Einkommensteuer) und Kapitalgesellschaften einerseits sowie natürlichen Personen mit niedrigen Einkünften (Einkünfte, die unter dem zu versteuernden Einkommen liegen, ab dem der Spitzensteuersatz zur Anwendung kommt) andererseits zu differenzieren.[32] Die Strategie der **Gewinnnachverlagerung** (kein Steuersatzeffekt, Abschnitt 3.2) beziehungsweise der tendenziellen **Gewinnnivellierung** (mit Steuersatzeffekt aufgrund des progressiven Einkommensteuertarifs, Abschnitt 3.3) ist aufgrund mehrerer steuerlicher Effekte zu modifizieren: Es gibt nämlich zahlreiche Situationen, in denen es sich empfiehlt, die Instrumente der Steuerbilanzpolitik so einzusetzen, dass Gewinne früher ausgewiesen werden (Strategie der **Gewinnvorverlagerung**, Abschnitt 3.4). 2820

3.1 Auswirkungen der Steuerbilanzpolitik

Soweit sich ein steuerbilanzpolitisches Instrument auf die Höhe des steuerpflichtigen Gewinns auswirkt, löst sein Einsatz bei den Ertragsteuern (Einkommen-, Körperschaft- und Gewerbesteuer) eine **Steuerminderung** in Höhe des Produkts aus der Gewinnminderung in der ersten Periode (M) und dem kombinierten Ertragsteuersatz ($s_{e,0}$) aus. In dem kombinierten Ertragsteuersatz sind die Einkommen- bzw. Körperschaftsteuer, die Gewerbesteuer sowie die beiden Zuschlagsteuern (Kirchensteuer, Solidaritätszuschlag) zusammengefasst. 2821

In den **Folgeperioden** ergeben sich bei **abnutzbaren Wirtschaftsgütern gegenläufige Effekte,** da in den einzelnen Jahren der betriebsgewöhnlichen Nutzungsdauer die Ab- 2822

31 Siehe stellvertretend BMF, Schreiben vom 25. 2. 2000 – IV C 2 – S 2171b/14/00, BStBl 2000 I S. 372.

32 Vgl. z. B. *Breithecker/Schmiel*, Steuerbilanz und Vermögensaufstellung in der Betriebswirtschaftlichen Steuerlehre, Bielefeld 2003, S. 239-265; *Kappler*, Steuerbilanzpolitik kleiner und mittlerer Unternehmen unter Berücksichtigung der jüngsten Entwicklungen des Steuerrechts, Bonn/Berlin 2000, S. 324-363; *Scheffler*, in: Freidank (Hrsg.), Rechnungslegungspolitik, Berlin/Heidelberg/New York 1998, S. 419-427; *Schmiel*, Steuerbilanzpolitische Strategien für kleine und mittlere Unternehmen, in: Meyer (Hrsg.), Strategien von kleinen und mittleren Unternehmen, Lohmar/Köln 2010, S. 459-473; *Schneeloch*, Betriebswirtschaftliche Steuerlehre, Band 2: Betriebliche Steuerpolitik, 3. Aufl., München 2009, S. 143-186; *Wagner/Dirrigl*, Die Steuerplanung der Unternehmung, Stuttgart/New York 1980, S. 282-293.

schreibungen jeweils um das Produkt $a_t \times M$ geringer ausfallen. In den einzelnen Jahren erhöhen sich die Ertragsteuern um $a_t \times M \times s_{e,t}$. Der Faktor a_t gibt den Anteil wieder, in dem sich die steuerbilanzpolitische Maßnahme in dem entsprechenden Jahr wieder umkehrt. Über die gesamte betriebsgewöhnliche Nutzungsdauer betrachtet gibt die Summe der anteiligen Auflösungen a_t den Wert 1,0. Bei **nicht abnutzbaren Wirtschaftsgütern** tritt die Erhöhung der Ertragsteuern erst zu dem Zeitpunkt ein, zu dem das Wirtschaftsgut durch Verkauf oder Entnahme aus dem Betriebsvermögen ausscheidet (= $1{,}0 \times M \times s_{e,N}$).

2823 Zur Erfassung der gegenläufigen Steuerwirkungen der Folgeperioden wird die Summe dieser Effekte mit dem Nettokalkulationszinssatz (Nachsteuerzinssatz) i_s diskontiert.[33] Formelmäßig lassen sich die ertragsteuerlichen Effekte der Steuerbilanzpolitik wie folgt darstellen:

ABB. 6: Grundsätzliche Auswirkungen der Steuerbilanzpolitik

in der ersten Periode t = 0	in den Folgeperioden: abnutzbares Wirtschaftsgut	in den Folgeperioden: nicht abnutzbares Wirtschaftsgut
$M \times s_{e,0}$	$-\sum_{t=1}^{N} \frac{a_t \times M \times s_{e,t}}{(1+i_s)^t}$	$-\frac{M \times s_{e,N}}{(1+i_s)^N}$

mit M = bilanzpolitische Manövriermasse; $s_{e,t}$ = kombinierter Ertragsteuersatz im Jahr t;
a_t = Auflösungsfaktor der bilanzpolitischen Maßnahme im Jahr t, wobei
$\sum_{t=1}^{N} a_t = 1{,}0$; i_s = Nachsteuerzinssatz (dezimal) = i x (1-s_e); t = Periodenindex;
N = Nutzungsdauer bzw. Zeitpunkt des Abgangs des Wirtschaftsguts.

2824 Aufgrund des Bilanzzusammenhangs (Grundsatz der Bilanzidentität) gleichen sich die Gewinnminderung in der ersten Periode und die Erhöhungen der ertragsteuerlichen Bemessungsgrundlagen über geringere Abschreibungen, Zuschreibungen oder höhere Veräußerungsgewinne in den Folgeperioden grundsätzlich aus. Deshalb löst die Steuerbilanzpolitik prinzipiell keinen **Bemessungsgrundlageneffekt** aus. Im Regelfall wird durch die Steuerbilanzpolitik die Summe der zu versteuernden Gewinne nicht verändert, sondern lediglich deren zeitliche Verteilung beeinflusst.

2825 Zu der Grundsatzaussage, dass aus der Steuerbilanzpolitik kein Bemessungsgrundlageneffekt resultiert, gibt es **drei wichtige Ausnahmen:**

► Von den Wahlrechten im Zusammenhang mit der Zuordnung von Wirtschaftsgütern des **gewillkürten (Sonder-)Betriebsvermögens** gehen bei Einzelunternehmern beziehungsweise Gesellschaftern einer Personengesellschaft Bemessungsgrundlageneffekte aus. Die Entscheidung, diese Wirtschaftsgüter dem (Sonder-)Betriebsvermögen zuzurechnen, ist nur dann im Interesse des Steuerpflichtigen, wenn der Bemessungsgrundlageneffekt positiv ist, mit anderen Worten, wenn sich in einer Zusammenfassung des gesamten Betrachtungszeitraums eine Minderung der ertragsteuerlichen Bemessungsgrundlage ergibt. Bei der Abgrenzung, ob eine Einlage oder Entnahme (Einzelunternehmen, Personengesellschaften) beziehungsweise

33 Das Fehlen eines Zeitindizes zeigt an, dass von einem konstanten Nachsteuerzinssatz ausgegangen wird.

eine verdeckte Gewinnausschüttung oder verdeckte Einlage (Kapitalgesellschaft) vorliegt, und bei der Konkretisierung des dabei heranzuziehenden Teilwerts beziehungsweise gemeinen Werts bestehen Ermessensspielräume, über die die Höhe der insgesamt zu versteuernden Einkünfte beeinflusst werden kann.

- Bei der **Auflösung einer steuerfreien Rücklage** nach § 6b EStG ist dann ein Zuschlag von 6 %/Jahr vorzunehmen, wenn innerhalb des Reinvestitionszeitraums kein Ersatzwirtschaftsgut beschafft wird.[34]
- Wird der Wert eines Einzelunternehmens oder eines Anteils an einer Personen- oder Kapitalgesellschaft nach dem **vereinfachten Ertragswertverfahren** berechnet (§§ 200-203 BewG), löst die Steuerbilanzpolitik bei der **Erbschaft- und Schenkungsteuer** einen Folgeeffekt aus: Es kommt insoweit zu einer Minderung der erbschaft- und schenkungsteuerlichen Bemessungsgrundlage, als die steuerbilanzpolitischen Instrumente in den letzten drei Jahren vor der unentgeltlichen Übertragung eingesetzt wurden. Der nach dem vereinfachten Ertragswertverfahren ermittelte Wert erhöht sich dagegen in den Fällen, in denen sich die Wirkungen von in der Vergangenheit eingesetzten steuerbilanziellen Instrumenten in den letzten drei Jahren vor der Übertragung des Unternehmens beziehungsweise der Anteile umkehren.

Der **Zeiteffekt** der Steuerbilanzpolitik ist generell positiv, da die durch den Einsatz eines steuerbilanziellen Instruments ausgelöste Minderung der ertragsteuerlichen Bemessungsgrundlagen stets vor deren Erhöhung erfolgt. Bei einer Verlagerung des Gewinnausweises in spätere Jahre kommt es zu einer Ertragsteuerstundung, die einen positiven Liquiditäts- und Zinseffekt auslöst.[35] 2826

Der **Steuersatzeffekt** wirkt rechtsformabhängig. Bei der Körperschaftsteuer und der Gewerbesteuer gilt ein proportionaler Steuersatz. Bei Kapitalgesellschaften tritt deshalb kein Steuersatzeffekt auf. Demgegenüber ergeben sich bei Einzelunternehmern und Gesellschaftern einer Personengesellschaft im Rahmen der Einkommensteuer Progressionswirkungen, die sowohl positiv als auch negativ sein können. Die Steuerbilanzpolitik führt dann zu einer Minderung der Summe der zu zahlenden Ertragsteuern, wenn in den Jahren, in denen ein steuerbilanzielles Instrument eingesetzt wird, die Einkünfte höher sind als in den Perioden, in denen sich die zunächst vorgenommene Minderung der Bemessungsgrundlage wieder aufhebt. Dementsprechend wird der positive Zeiteffekt durch einen negativen Steuersatzeffekt zum Teil aufgehoben oder überkompensiert, wenn in den Jahren, in denen Steuerbilanzpolitik betrieben wird, die Höhe der zu versteuernden Einkünfte niedriger ist als in den Veranlagungszeiträumen, in denen sich der Effekt wieder umkehrt. Die Nachteile aus dem progressiven Verlauf des Einkommensteuertarifs lassen sich dann vollständig vermeiden, wenn es durch den Einsatz der steuerbilanziellen Instrumente gelingt, den Steuerbilanzgewinn so zu beeinflussen, dass in jedem Jahr das gleiche zu versteuernde Einkommen ausgewiesen wird. 2827

Diese allgemeinen Aussagen sind bei **Änderungen des Steuersatzes beziehungsweise des Gewerbesteuerhebesatzes** zu modifizieren. Werden in späteren Jahren die Steuer- 2828

34 Beim Investitionsabzugsbetrag ist die Verzinsungspflicht zu beachten, wenn kein begünstigtes Wirtschaftsgut beschafft wird (§ 7g Abs. 4 Satz 4 EStG i. V. m. § 233a Abs. 2a AO).

35 Im Begriff „Zeiteffekt" sind der Liquiditätseffekt und der Zinseffekt zusammengefasst.

sätze oder Hebesätze gesenkt, wird der positive Zeiteffekt einer Gewinnnachverlagerung durch einen positiven Steuersatzeffekt verstärkt. Die Ertragsteuerbelastung wird nicht nur in zukünftige Perioden verlagert, sie fällt auch absolut niedriger aus. Wird der Steuersatz oder Gewerbesteuerhebesatz erhöht, steht dem positiven Zeiteffekt ein negativer Steuersatzeffekt gegenüber. Aus Sicht des Steuerpflichtigen ist das Gesamtergebnis umso eher positiv (negativ), je später (früher) der Umkehreffekt eintritt und je geringer (stärker) der Steuersatz beziehungsweise Hebesatz angehoben wird.

2829–2834 *(Einstweilen frei)*

3.2 Strategie 1: Gewinnnachverlagerung

2835 Die **Grundidee** der Gewinnnachverlagerung besteht darin, in jeder Periode die verfügbaren Instrumente der Steuerbilanzpolitik vollständig einzusetzen. Diese Strategie wird aus dem **Zeiteffekt** der Steuerbilanzpolitik abgeleitet. Der Steuersatzeffekt bleibt bei einer maximalen Gewinnnachverlagerung unberücksichtigt. Diese Strategie ist natürlichen Personen, deren Einkünfte so hoch sind, dass diese dem Spitzensteuersatz der Einkommensteuer unterliegen, und Kapitalgesellschaften zu empfehlen. Bei diesen Steuerpflichtigen treten keine Steuersatzeffekte auf. Da der Zeiteffekt der Steuerbilanzpolitik positiv ist und der Bemessungsgrundlageneffekt sich regelmäßig auf Null beläuft, empfiehlt es sich für diesen Personenkreis, die steuerbilanzpolitischen Instrumente so einzusetzen, dass die Gewinne so weit wie möglich in spätere Jahre verlagert werden (maximale Gewinnnachverlagerung durch Aufwandsvorverlagerung und Ertragsnachverlagerung). Die **Vorteile** einer gewinnnachverlagernden Steuerbilanzpolitik fallen **umso höher** aus, **je länger der Zeitraum** ist, über den sich die in der ersten Periode verrechnete Gewinnminderung durch Minderabschreibungen, Zuschreibungen oder höhere Veräußerungsgewinne wieder umkehrt, und **je höher der Nachsteuerzinssatz** ist.

2836–2840 *(Einstweilen frei)*

3.3 Strategie 2: Tendenz zur Gewinnnivellierung

3.3.1 Begründung der Zielfunktion

2841 Um zusätzlich zu den **Zeiteffekten** der Steuerbilanzpolitik auch deren **Steuersatzeffekte** zu erfassen, ist auf das **Konzept der Steuerbarwertminimierung** abzustellen:[36]

$$\sum_{t=1}^{N} \frac{S_t}{(1 + i_s)^t} \longrightarrow \min$$

Zielsetzung ist es, die verfügbaren bilanzpolitischen Instrumente so auf die einzelnen Jahre zu verteilen, dass der Barwert der Steuerzahlungen möglichst gering wird. Es wird also davon ausgegangen, dass die vor Steuern erzielbaren Einzahlungsüberschüsse durch den Einsatz der Instrumente der Steuerbilanzpolitik nicht beeinflusst werden. Durch diese Annahme wird die **Steuerbilanzpolitik als eigenständige Teilpolitik** angesehen. Die Interdependenzen zu anderen Planungsbereichen des Unternehmens werden nicht erfasst.

36 Siehe hierzu grundlegend *Gintrowski/Marettek*, StuW 1972 S. 231; *Marettek*, BFuP 1970 S. 22.

Bei natürlichen Personen, deren Einkünfte innerhalb des progressiven Teils des Einkommensteuertarifs liegen, sind zur Erreichung des Ziels der Steuerbarwertminimierung die Zeiteffekte und die Steuersatzeffekte der Steuerbilanzpolitik gegeneinander abzuwägen. Der **Zeiteffekt** wird am besten genutzt, wenn die Gewinne so weit wie möglich in die Zukunft verlagert werden. Demgegenüber wirkt der **Steuersatzeffekt** am besten, wenn in jedem Jahr das gleiche zu versteuernde Einkommen[37] ausgewiesen wird. Auf diese Weise können bei der Einkommensteuer Progressionsnachteile vermieden werden. Das Nebeneinander von Zeiteffekt (möglichst später Zeitpunkt der Steuerzahlung) und Steuersatzeffekt (in jedem Jahr das gleiche zu versteuernde Einkommen) führt zu der Empfehlung, die Gewinne so lange in die Zukunft zu verlagern, bis der positive Zeiteffekt durch einen negativen Steuersatzeffekt kompensiert wird. Dieses Ziel ist dann erreicht, wenn die steuerbilanzpolitischen Instrumente so eingesetzt werden, dass **in jeder Periode der Barwert der Grenzsteuersätze den gleichen Wert aufweist:**[38] 2842

$$s_{e,1} = \frac{s_{e,2}}{(1+i_s)^1} = \frac{s_{e,3}}{(1+i_s)^2} = \ldots = \frac{s_{e,N}}{(1+i_s)^{N-1}}$$

Diese Bedingung hat zur Konsequenz, dass sich der **Grenzsteuersatz** von Jahr zu Jahr um den Nettokalkulationszinssatz (Zinssatz nach Steuern) erhöhen sollte. Das zu versteuernde Einkommen weist damit innerhalb des Planungszeitraums eine steigende Tendenz auf. Die Leitlinie „Übereinstimmung des Barwerts der Grenzsteuersätze" wird verständlich, wenn man die Wirkung des Zinssatzes nach Steuern betrachtet: Durch ihn werden die Vor- und Nachteile des Einsatzes eines Instruments der Steuerbilanzpolitik zum Ausgleich gebracht. Wird in einer Periode t der Gewinn durch den Einsatz eines Wahlrechts oder eines Ermessensspielraumes reduziert, errechnet sich die Steuerersparnis aus dem in der Periode t geltenden Steuersatz. Die dadurch erreichte Minderung der zu zahlenden Ertragsteuern kann zinsbringend angelegt werden. Die Steuerbilanzpolitik ist dann von Vorteil, wenn in der nachfolgenden Periode t+1 der Anstieg der Steuerbelastung nicht höher ist als die Steuerersparnis in Periode t zuzüglich der Zinsen aus der Anlage dieser Steuerersparnis abzüglich der Ertragsteuern auf die Zinserträge: 2843

$$s_{e,1} = \frac{s_{e,2}}{(1+i_s)^1} \text{ umgeformt zu } s_{e,2} = s_{e,1} \times (1+i_s)$$

Um den **positiven Zeiteffekt** aus der Nachverlagerung des Gewinnausweises nutzen zu können und um **negative Progressionseffekte** möglichst weitgehend zu vermeiden, ist anzustreben, dass sich das zu versteuernde Einkommen des Steuerpflichtigen von Jahr zu Jahr leicht erhöht. Das Ausmaß des Anstiegs der Einkünfte hängt vom **Nettokalkulationszinssatz** ab. Je höher der Nachsteuerzinssatz ist, umso mehr kann in der Folgeperi- 2844

37 Der Steuersatzeffekt ergibt sich nicht ausschließlich aus dem Gewinn des Einzelunternehmens bzw. Anteils am Gewinn der Personengesellschaft. Vielmehr sind zusätzlich die weiteren Einkünfte des Steuerpflichtigen und (bei Zusammenveranlagung) die Einkünfte seines Ehegatten einzubeziehen. Deshalb ist nicht auf die Einkünfte aus Gewerbebetrieb abzustellen, sondern auf das zu versteuernde Einkommen.

38 Zur mathematischen Ableitung siehe *Günther*, StuW 1980 S. 31; *Heinhold*, ZOR 1981 S. B213; *Marettek*, Steuer- und Unternehmenspolitik, Freiburg i. Br. 1971, S. 169-191; *Siegel*, BFuP 1972 S. 65; *Siegel*, ZfB 1973 S. 265; *Wagner/Dirrigl*, Die Steuerplanung der Unternehmung, Stuttgart/New York 1980, S. 282-293. Zur rechentechnischen Erfassung von Besonderheiten des Einkommensteuertarifs siehe *Hundsdoerfer*, StuW 2000 S. 18.

ode der Ertragsteuersatz steigen, bis der Steuersatznachteil aufgrund des progressiven Einkommensteuertarifs den aus der Gewinnnachverlagerung resultierenden positiven Zeiteffekt neutralisiert. Umgekehrt gilt, dass bei einem nach Steuern geringen Kalkulationszinssatz der Steuersatznachteil relativ gesehen an Gewicht gewinnt, so dass sich eine Tendenz zu einem möglichst gleichmäßigen Gewinnausweis einstellt.[39]

3.3.2 Zahlenbeispiel

2845 Innerhalb eines fünfjährigen Planungszeitraums erwirtschaftet ein Einzelunternehmer Einzahlungsüberschüsse von insgesamt 200.000 €. Durch die Steuerbilanzpolitik kann das zu versteuernde Einkommen um 50.000 € reduziert werden. Die Summe der innerhalb des Berechnungszeitraums zu versteuernden Einkommen beträgt damit 150.000 €.

	1. Jahr	2. Jahr	3. Jahr	4. Jahr	5. Jahr	Summe
Einkommen vor Steuerbilanzpolitik	25.000 €	45.000 €	30.000 €	40.000 €	60.000 €	200.000 €

Die Einkommensteuer wird nach der Grundtabelle berechnet. Der Solidaritätszuschlag, die Kirchensteuer sowie die Gewerbesteuer werden aus Vereinfachungsgründen nicht berücksichtigt. Der Einkommensteuertarif 2014 bleibt über den Berechnungszeitraum unverändert. Der Nettokalkulationszinssatz beträgt 5 %.

2846 Die Leitlinie, dass der Barwert des Grenzsteuersatzes in jedem Jahr gleich hoch ist, führt zu folgender Gewinnausweisreihe:[40]

Jahr	Grenzsteuersatz	Gewinnausweis	Umfang der Steuerbilanzpolitik
1	$s_{e,1}$ = 28,5330 %	23.443 €	1.557 €
2	$s_{e,2}$ = 29,9597 % = $s_{e,1} \times 1{,}05$	26.562 €	18.438 €
3	$s_{e,3}$ = 31,4577 % = $s_{e,2} \times 1{,}05 = s_{e,1} \times 1{,}05^2$	29.836 €	164 €
4	$s_{e,4}$ = 33,0306 % = $s_{e,3} \times 1{,}05 = s_{e,1} \times 1{,}05^3$	33.274 €	6.726 €
5	$s_{e,5}$ = 34,6821 % = $s_{e,4} \times 1{,}05 = s_{e,1} \times 1{,}05^4$	36.884 €	23.116 €
Summe		150.000 €	50.000 €

2847 Die aus der Strategie der Steuerbarwertminimierung abzuleitende **Empfehlung** lautet, eine langsam ansteigende Gewinnausweisreihe anzustreben. Auf diese Weise werden der positive Zeiteffekt (Anstieg der Gewinne) und der Steuersatzeffekt (langsamer Anstieg) am besten miteinander kombiniert.

39 Eine Besonderheit besteht, wenn in absehbarer Zeit eine Betriebsaufgabe oder Betriebsveräußerung geplant ist. Um die in diesem Zusammenhang gewährten steuerlichen Erleichterungen (Freibetrag nach § 16 Abs. 4 EStG, ermäßigter Steuersatz nach § 34 Abs. 1, 3 EStG, keine Gewerbesteuer) möglichst weitgehend nutzen zu können, empfiehlt sich eine stärkere Gewinnnachverlagerung, vgl. *Schmiel*, Steuerbilanzpolitische Strategien für kleine und mittlere Unternehmen, in: Meyer (Hrsg.), Strategien von kleinen und mittleren Unternehmen, Lohmar/Köln 2010, S. 470-471.

40 Abweichungen beruhen auf Rundungsdifferenzen.

Allerdings sind die Vorteile der Strategie der Steuerbarwertminimierung gegenüber einer Gleichverteilung der zu versteuernden Einkommen relativ gering. Beim optimalen Einsatz der Instrumente der Steuerbilanzpolitik ist der Barwert der Steuerzahlungen mit 23.842 € nur um 224 € oder nur ein knappes Prozent niedriger als bei einer Strategie der Gewinnnivellierung (Barwert von 24.066 €). Die Summe der zu zahlenden Steuern erhöht sich um 258 € (= 28.051 € - 27.793 €). Durch den positiven Zeiteffekt des Anstiegs der Gewinnausweisreihe von 482 € resultiert der Gesamteffekt von +224 € (= 482 € - 258 €).[41] 2848

Jahr	Barwert der Grenzsteuersätze		Gleichverteilung der Gewinne	
	Gewinn	Steuer	Gewinn	Steuer
1	23.443 €	3.589 €	30.000 €	5.559 €
2	26.562 €	4.501 €	30.000 €	5.559 €
3	29.836 €	5.507 €	30.000 €	5.559 €
4	33.274 €	6.616 €	30.000 €	5.559 €
5	36.884 €	7.838 €	30.000 €	5.559 €
Summe	150.000 €	28.051 €	150.000 €	27.793 €
Barwert		23.842 €		24.066 €

Bei einem Nettokalkulationszinssatz von 5 % beträgt die Bandbreite zwischen dem Gewinn im ersten und dem fünften Jahr 13.441 € (23.443 € im Vergleich zu 36.884 €). Bei einem Nettokalkulationszinssatz von 2 % reduziert sich diese Spanne auf 5.459 € (von 27.298 € bis zu 32.757 €). Bei einem Nettokalkulationszinssatz von 8 % steigt sie auf 21.177 € (von 19.818 € bis zu 40.995 €). 2849

3.3.3 Konsequenzen für die Steuerbilanzpolitik

Das in Grundzügen dargestellte **Konzept der Steuerbarwertminimierung** weist den **Nachteil** auf, dass es die in der Praxis auftretenden Probleme nicht ausreichend löst.[42] Die Berechnungen, wie ein vorgegebener Gesamtgewinn innerhalb eines abgegrenzten Planungszeitraums zu verteilen ist, sind deshalb unvollständig, weil der Gesamtgewinn im Regelfall nicht bekannt ist und weil zahlreiche Instrumente auch noch in den Perioden die Bemessungsgrundlage beeinflussen, die sich an den betrachteten Planungszeitraum anschließen. Darüber hinaus werden weder das Informationsproblem (Welche Instrumente stehen im konkreten Fall zur Verfügung?) noch das Auswahlproblem (Welche der verfügbaren Instrumente sollen eingesetzt werden?) gelöst. Es wird lediglich aufgezeigt, in welchem Umfang in den einzelnen Jahren Steuerbilanzpolitik betrieben werden soll. Diese Kritikpunkte lassen sich durch eine Verfeinerung des Grundmodells der Steuerbilanzpolitik nicht entkräften. 2850

41 Abweichungen beruhen auf Rundungsdifferenzen.

42 Siehe hierzu *Breithecker/Klapdor/Passe*, StuW 2002 S. 36; *Scheffler*, in: Freidank (Hrsg.), Rechnungslegungspolitik, Berlin/Heidelberg/New York 1998, S. 428-436.

2851 Der Versuch, die Steuerbilanzpolitik in die allgemeine betriebswirtschaftliche Planung zu integrieren, hilft auch nicht weiter.[43] Das Problem liegt nicht darin, dass die Unternehmen, für die das Konzept der Steuerbarwertminimierung entwickelt wurde (natürliche Personen mit Einkünften, die unter dem zu versteuernden Einkommen liegen, ab dem der Spitzensteuersatz zur Anwendung kommt), keine Gesamtunternehmensplanung betreiben, sondern darin, dass die Aufstellung von derartigen Modellen aus theoretischen – nicht nur aus praktischen – Gründen nicht möglich ist.[44]

2852 Trotz dieser kritischen Anmerkungen sind die Untersuchungen zum Konzept der Steuerbarwertminimierung nicht ohne praktischen Nutzen. Die umfangreichen Analysen zur **Erweiterung des Grundmodells** haben gezeigt, dass auch bei einer Berücksichtigung von zahlreichen Details die **Grundaussagen bestehen bleiben,** dass in den Fällen, in denen sich die Progression des Einkommensteuertarifs bemerkbar macht, eine langsam ansteigende Gewinnausweisreihe anzustreben ist und dass sich diese Tendenz bei einer höheren Verzinsung verstärkt. Da aber ohne Kenntnis der im Einzelfall geltenden Daten das konkrete Ausmaß des Anstiegs der Gewinnausweisreihe unbekannt bleibt, kann die aus dem Grundmodell ableitbare Strategie der Steuerbilanzpolitik nicht exakt umgesetzt werden. Es bleibt nur die unbestimmte Aussage, dass Einzelunternehmen und Personengesellschaften mit niedrigen Einkünften bei der Aufstellung der Steuerbilanz die verfügbaren bilanzpolitischen Instrumente nicht vollständig einsetzen sollten. Vielmehr sollten sie darauf achten, dass es beim zu versteuernden Einkommen im Zeitablauf zu keinen größeren Abweichungen kommt.[45] Die Entwicklung von immer weiter verfeinerten Modellen der Steuerbilanzpolitik hat diese schon seit langem bekannte Aussage[46] zwar bestätigt. Für die Unternehmenspraxis hat sie aber leider keine darüber hinausgehenden praktisch verwertbaren Erkenntnisse gebracht.

2853–2861 *(Einstweilen frei)*

3.4 Strategie 3: Gewinnvorverlagerung

2862 Die Grundaussage, dass eine steuerbilanzpolitische Strategie der (weitestmöglichen beziehungsweise tendenziellen) **Gewinnnachverlagerung** vorteilhaft ist, ist zu relativieren, wenn **zusätzlich die Rückwirkungen auf andere Ziele der Rechnungslegungspolitik berücksichtigt** werden. Der zwischen dem Ziel der Minimierung der Steuerbelastung und den Auswirkungen auf die nicht steuerlichen Ziele (wie Darstellung der wirtschaftlichen Lage, Gewinnausschüttungen beziehungsweise Entnahmen) möglicherweise be-

43 Siehe hierzu den Vorschlag von *Haberstock*, zfbf 1984 S. 464 sowie die sich daran anschließende Diskussion zwischen *Heinhold*, zfbf 1984 S. 1061; *Siegel*, zfbf 1984 S. 1064 und *Haberstock*, zfbf 1984 S. 1067.

44 Vgl. *Schmiel*, Steuerbilanzpolitische Strategien für kleine und mittlere Unternehmen, in: Meyer (Hrsg.), Strategien von kleinen und mittleren Unternehmen, Lohmar/Köln 2010, S. 456-459; *Scheffler*, in: Freidank (Hrsg.), Rechnungslegungspolitik, Berlin/Heidelberg/New York 1998, S. 437-440.

45 Siehe auch *Schmiel*, Steuerbilanzpolitische Strategien für kleine und mittlere Unternehmen, in: Meyer (Hrsg.), Strategien von kleinen und mittleren Unternehmen, Lohmar/Köln 2010, S. 463-469. Aufgrund der geringen Vorteile, die mit dieser Strategie insbesondere bei niedrigen Zinssätzen verbunden ist, schlagen *Lück/Schult*, SteuerStud 2003 S. 314, als Faustregel vor, auch für diesen Personenkreis eine (absolute) Gewinnnivellierung anzustreben.

46 Vgl. *Findeisen*, Die Reserven der Unternehmung mit besonderer Berücksichtigung der Steuer, Berlin 1922, S. 183-184.

stehende Zielkonflikt wird im Rahmen dieses Beitrags nicht aufgegriffen.[47] Zielsetzung dieses Abschnitts ist es vielmehr, Anregungen zu geben, in welchen Fällen es sich – bei alleiniger Betrachtung der steuerlichen Effekte – anbietet, **Gewinne früher auszuweisen.**

In den Situationen, in denen eine **Gewinnvorverlagerung** anzustreben ist, sind die mit einem bestimmten Instrument erzielbaren Vorteile (**positiver Primäreffekt**) dem negativen Zeiteffekt einer gewinnvorverlagernden Steuerbilanzpolitik gegenüberzustellen (**negativer Sekundäreffekt**). Damit eine gewinnvorverlagernde Steuerbilanzpolitik zu einer Minderung der Steuerbelastung führt, müssen die Wirkung des Instruments hoch und der negative Zeiteffekt der Gewinnvorverlagerung gering sein. 2863

Hinsichtlich ihrer Wirkungsweise lassen sich die Instrumente, bei denen eine gewinnvorverlagernde Steuerbilanzpolitik von Vorteil sein kann, in **sieben Gruppen** einteilen:[48] 2864

ABB. 7: Gründe für eine gewinnvorverlagernde Steuerbilanzpolitik

- Investitionszulagen
- Abzug von Fremdkapitalzinsen (§ 8 Nr. 1 Buchst. a GewStG bzw. § 4 Abs. 4a EStG bzw. § 4h EStG, § 8a KStG)
- Vermeidung des Entstehens von nichtabziehbaren Betriebsausgaben (§ 8b Abs. 3 Satz 1 KStG)
- Steuerermäßigungen (Anrechnung ausländischer Steuern nach § 34c EStG, § 26 KStG und Steuerermäßigung für gewerbliche Einkünfte nach § 35 EStG)
- Umfang und Zeitpunkt der Verlustverrechnung
- Vermeidung einer Nachversteuerung bei Inanspruchnahme der Thesaurierungsbegünstigung (§ 34a EStG)
- Sicherung der erbschaft- und schenkungsteuerlichen Entlastungen für Unternehmensvermögen (§§ 13a, 13b ErbStG)

Soweit **Investitionszulagen** in Anspruch genommen werden können, sind die **Anschaffungs- oder Herstellungskosten möglichst hoch** auszuweisen. In dem Jahr, in dem die gewinnvorverlagernde Steuerbilanzpolitik betrieben wird, steht dem Vorteil aus der höheren Investitionszulage ein Anstieg der Einkünfte aus Gewerbebetrieb und damit der Ertragsteuern gegenüber. Durch den höheren Ausweis der Anschaffungs- oder Herstellungskosten des Wirtschaftsguts können in den Folgejahren höhere Abschreibungen verrechnet werden beziehungsweise fallen die Veräußerungsgewinne geringer aus. Die Minderung der Ertragsteuern verteilt sich über den Zeitraum, über den das Wirtschaftsgut im Unternehmen genutzt wird. In einer Gesamtbetrachtung **steht dem Vorteil aus** 2865

47 Aufgrund der Aufhebung der umgekehrten Maßgeblichkeit sowie der Möglichkeit, steuerliche Wahlrechte unabhängig von der Vorgehensweise in der Handelsbilanz ausüben zu können, lässt sich die Strategie in der handels- und steuerrechtlichen Rechnungslegung zukünftig in größerem Umfang unabhängig festlegen als vor Inkrafttreten des Bilanzrechtsmodernisierungsgesetzes.

48 Die Erstveröffentlichung einer ausführlicheren Version dieses Abschnitts erfolgte in *Scheffler/Binder*, BB 2014 S. 1643. Der Abdruck geschieht mit freundlicher Genehmigung der dfv Mediengruppe. Die Analysen konzentrieren sich auf den Zeiteffekt, d. h. der Steuersatzeffekt wird in diesem Abschnitt ausgeklammert.

der höheren Investitionszulage ein negativer Zeiteffekt aus der späteren Verrechnung von Aufwendungen **gegenüber.**[49]

2866 Werden **Fremdkapitalzinsen** in die Herstellungskosten eines Wirtschaftsguts einbezogen, gelten diese nicht als Entgelt i. S. d. § 8 Nr. 1 Buchst. a GewStG. Vielmehr mindern sie dann über die Verrechnung von planmäßigen Abschreibungen während der betriebsgewöhnlichen Nutzungsdauer des Wirtschaftsguts in vollem Umfang den Gewerbeertrag. Im ersten Jahr ergibt sich bei Ermittlung des Gewerbeertrags ein Vorteil aus der Vermeidung der Hinzurechnung von einem Viertel der Fremdkapitalzinsen.[50] Der Minderung der Gewerbesteuer steht der Nachteil gegenüber, dass die Zinsen beim Einbezug in die Herstellungskosten im ersten Jahr nicht als Betriebsausgaben abgezogen werden dürfen. Diese Mehrbelastung wird in den Folgejahren durch die Verrechnung höherer Abschreibungen beziehungsweise den Ausweis geringerer Veräußerungsgewinne (zeitverzögert) wieder kompensiert. Bei der Entscheidung über den Einsatz dieses steuerbilanzpolitischen Instruments ist der **Gewerbesteuervorteil mit dem negativen Zeiteffekt der Steuerbilanzpolitik zu vergleichen.** Eine derartige Entscheidungssituation ist insbesondere für Kapitalgesellschaften relevant. Bei Einzelunternehmen und Personengesellschaften wird der Gewerbesteuervorteil durch die Steuerermäßigung **nach § 35 EStG weitgehend neutralisiert,** sodass im Grundsatz nur der negative Zeiteffekt im Rahmen der gewinnvorverlagernden Steuerbilanzpolitik verbleibt.

2867 Bei Einzelunternehmen und Personengesellschaften sind **Schuldzinsen insoweit nicht abziehbar, als eine Überentnahme getätigt wurde** (§ 4 Abs. 4a EStG). Überentnahmen liegen vor, wenn die Entnahmen die Summe aus dem Gewinn und den Einlagen des Wirtschaftsjahres übersteigen. Die nicht abziehbaren Schuldzinsen werden typisiert mit 6 % der Überentnahmen (abzüglich 2.050 €) angesetzt. Um die Abziehbarkeit von Schuldzinsen zu sichern, d. h. die Einordnung als nichtabziehbare Betriebsausgaben zu vermeiden, können im Entnahmejahr die Instrumente der Steuerbilanzpolitik so eingesetzt werden, dass sich der Gewinn erhöht.[51] Der **positive Effekt** besteht darin, dass in diesem Jahr der Schuldzinsabzug um 6 % der Gewinnerhöhung höher ausfällt.[52] Diesem positiven Effekt ist, wie bei den anderen Instrumenten, **der negative Zeiteffekt einer gewinnvorverlagernden Steuerbilanzpolitik gegenüberzustellen.**[53] Die Gewinnvorverlagerung mit dem Ziel der Vermeidung einer Einordnung von Schuldzinsen als nichtabziehbare Betriebsausgaben nach § 4 Abs. 4a EStG ist nur dann vorteilhaft, wenn Instrumente eingesetzt werden, bei denen der Umkehreffekt sehr schnell eintritt.

49 Bei Investitionszuschüssen besteht das Wahlrecht, diese mit den Anschaffungs- oder Herstellungskosten zu verrechnen (R 6.5 EStR). Damit mindert sich die steuerliche Abschreibungsbasis, sodass der Vorteil geringer ausfällt als bei Investitionszulagen.

50 Der Vorteil tritt nur ein, wenn der Freibetrag für die Hinzurechnung von Fremdkapitalaufwendungen von 100.000 € überschritten ist.

51 Siehe hierzu *Schneeloch*, Betriebswirtschaftliche Steuerlehre, Band 2: Betriebliche Steuerpolitik, 3. Aufl., München 2009, S. 176-177.

52 Kommt es zu einer Hinzurechnung nach § 8 Nr. 1 Buchst. a GewStG, fällt dieser Vorteil entsprechend niedriger aus.

53 Zusätzlich ist zu prüfen, ob in den Folgejahren die Beschränkungen des § 4 Abs. 4a EStG zur Anwendung kommen.

Vergleichbare Aussagen gelten im Zusammenhang mit der **„Zinsschranke“**, wonach der Abzug von Fremdkapitalzinsen grundsätzlich auf 30 % des EBITDA beschränkt ist (§ 4h EStG, § 8a KStG).[54] Die Vorteile aus der Erhöhung der sofort abziehbaren Zinsaufwendungen sind gegenüber den Nachteilen aus den negativen Zeiteffekten einer gewinnvorverlagernden Steuerbilanzpolitik abzuwägen. 2868

Sinkt **der Teilwert von Anteilen an einer Kapitalgesellschaft** und führt der Anteilseigner sein Unternehmen als Kapitalgesellschaft, kann bei einem Verzicht auf eine Teilwertabschreibung bei einer eventuellen Wertaufholung die 5 %ige Umqualifizierung in nichtabziehbare Betriebsausgaben (§ 8b Abs. 3 Satz 1 KStG) vermieden werden. **Gegenläufige Effekte treten nicht auf,** weil sich weder die Teilwertabschreibungen (§ 8b Abs. 3 Satz 3 KStG) noch die Zuschreibungen (§ 8b Abs. 2 Satz 3 KStG) auf die steuerpflichtigen Einkünfte auswirken.[55] 2869

Durch eine gewinnvorverlagernde Steuerbilanzpolitik kann es gelingen, den **Umfang der Anrechnung von im Ausland bezahlten Steuern zu erhöhen.** Erreicht wird dies dadurch, dass durch Erhöhung der im Inland ausgewiesenen Gewinne die inländische Einkommen- bzw. Körperschaftsteuer erhöht wird. Sind die **inländischen Einkünfte positiv,** ist diese Gestaltung allerdings **nicht vorteilhaft,** weil sich der Anteil der inländischen Steuer, der auf die ausländischen Einkünfte entfällt, (absolut betrachtet) grundsätzlich nicht verändert. Damit wirkt im Gewinnfall nur der negative Zeiteffekt der gewinnvorverlagernden Steuerbilanzpolitik. Anders ist die Situation **im Verlustfall.** Der Verlustfall ist dadurch gekennzeichnet, dass die ausländischen Einkünfte positiv und die inländischen Einkünfte negativ sind. Stimmen die ausländischen Gewinne betragsmäßig mit den inländischen Verlusten überein und sind die im Ausland erzielten Einkünfte gewerbesteuerpflichtig, lässt sich der **Gesamteffekt** wie folgt beschreiben: In dem Jahr, in dem die gewinnvorverlagernde Steuerbilanzpolitik betrieben wird, ergibt sich der Vorteil, dass eine Anrechnung von ausländischen Steuern möglich wird. Diesem Vorteil steht der negative Zeiteffekt der gewinnvorverlagernden Steuerbilanzpolitik gegenüber. Bei der Analyse dieser beiden gegenläufigen Effekte ist zu beachten, dass sich der Vorteil aus der höheren Anrechnung nur bei der Einkommen- bzw. Körperschaftsteuer auswirkt, während der negative Zeiteffekt bei allen Ertragsteuern auftritt. 2870

Bei Einzelunternehmen und Personengesellschaften kann eine gewinnvorverlagernde Steuerbilanzpolitik auch eingesetzt werden, um die **Steuerermäßigung nach § 35 EStG nutzen zu können,** genauer um die Nachteile aus der Begrenzung dieser Steuerermäßigung auf die anteilig auf die gewerblichen Einkünfte entfallende Einkommensteuer zu vermeiden. Analog zu den anderen Instrumenten sind zur Berechnung des Gesamteffekts die Vorteile aus der Minderung der Einkommensteuer durch die höhere Steuerermäßigung nach § 35 EStG und die Nachteile aus dem negativen Zeiteffekt gegen- 2871

54 Beim „EBITDA“ handelt es sich um den steuerpflichtigen Gewinn vor Abzug der Zinsaufwendungen sowie vor Verrechnung der Absetzungen für Abnutzungen und der Aufwendungen für geringwertige Wirtschaftsgüter.

55 Vgl. z. B. *Dörfler/Adrian*, Ubg 2009 S. 391 (mit zusätzlichen Hinweisen zur Behandlung von Teilwertabschreibungen auf Gesellschafterdarlehen); *Künkele/Zwirner*, DStR 2010 S. 2266. Bei einkommensteuerpflichtigen Anteilseignern tritt dieser negative Bemessungsgrundlageneffekt nicht auf, da sowohl die Teilwertabschreibungen als auch die (späteren) Zuschreibungen die Einkünfte aus Gewerbebetrieb jeweils zu 60 % beeinflussen (§ 3c Abs. 2, § 3 Nr. 40 EStG).

überzustellen. Diese Gestaltung lässt sich insbesondere einsetzen, wenn die gewerblichen Einkünfte positiv und die anderen Einkünfte negativ sind.

2872 Beim **Verkauf von Anteilen an einer Kapitalgesellschaft** entfällt auf Ebene der Kapitalgesellschaft, deren Anteile übertragen werden, der Verlustvortrag, wenn mehr als die Hälfte der Anteile übertragen werden. Wird zwar weniger als die Hälfte, aber mehr als ein Viertel der Anteile übertragen, entfällt der Verlustvortrag der Kapitalgesellschaft anteilig (§ 8c KStG, § 10a Satz 10 GewStG).[56] Ist bei einer Kapitalgesellschaft ein Gesellschafterwechsel absehbar, sollten **vor dem Verkauf der Anteile Gewinne in Höhe des Verlustvortrags realisiert werden,** um diesen Verlustvortrag auszugleichen. Der Vorteil einer gewinnvorverlagernden Steuerbilanzpolitik beim Gesellschafterwechsel in Form eines share deals besteht darin, dass durch die Verrechnung der dadurch entstehenden Erträge mit dem Verlustvortrag keine Ertragsteuern ausgelöst werden und gleichzeitig durch die Erhöhung der Buchwerte für die zukünftigen Jahre höhere Abschreibungen verrechnet werden können beziehungsweise geringere Veräußerungsgewinne zu versteuern sind. Der Veräußerer partizipiert an der Aufstockung der Buchwerte dann mittelbar, wenn es ihm gelingt, beim Verkauf seiner Anteile einen höheren Veräußerungserlös zu erzielen. Die **Obergrenze** für diesen Vorteil bildet der **Barwert der Steuerersparnisse auf Ebene der Kapitalgesellschaft** durch die vermehrte Aufwandsverrechnung.[57]

2873 Die bei der **Verrechnung von Verlusten** bestehenden Einschränkungen (insbesondere §§ 10d, 15a EStG) haben – bei Ausklammerung von Steuersatzeffekten – prinzipiell **keine Auswirkung auf die Zielrichtung der Steuerbilanzpolitik.** Zwar führt im Verlustfall eine gewinnnachverlagernde Steuerbilanzpolitik dazu, dass die Verrechenbarkeit der Verluste mit positiven Einkünften in die Zukunft verlagert wird. Dies bedeutet allerdings lediglich, dass die Vorteile einer gewinnnachverlagernden Steuerbilanzpolitik nicht in vollem Umfang genutzt werden können. Die Grundaussage, dass sich Aufwandsvorverlagerungen beziehungsweise Ertragsnachverlagerungen umso früher auswirken, je früher sie eingesetzt werden, bleibt erhalten. Der Zeiteffekt einer gewinnnachverlagernden Steuerbilanzpolitik bleibt positiv, er ist im Verlustfall lediglich kleiner. Anders stellt sich allerdings die Situation dar, wenn die **quotalen Beschränkungen des Verlustvortrags** auf 60 % des Gesamtbetrags der Einkünfte zur Anwendung kommen, soweit der Sockelbetrag von 1 Mio. € überschritten ist. In diesem Fall besteht die Zielsetzung der Steuerbilanzpolitik darin, einen laufenden Wechsel zwischen Gewinnen und Verlusten zu vermeiden. Wird beispielsweise im ersten Jahr ein Verlust von 100

56 Beim Wechsel des Gesellschafterbestands einer Personengesellschaft entfällt der gewerbesteuerliche Verlustvortrag anteilig (vgl. BFH, Beschluss vom 3. 5. 1993 – GrS 3/92, BStBl 1993 II S. 616). Da bei natürlichen Personen über die Steuerermäßigung nach § 35 EStG die Gewerbesteuerbelastung weitgehend kompensiert wird, ist es grundsätzlich nicht erforderlich, durch eine gewinnvorverlagernde Steuerbilanzpolitik den gewerbesteuerlichen Verlustvortrag der Personengesellschaft vor dem Gesellschafterwechsel auszugleichen.

57 Zu den Auswirkungen der Besteuerung auf den beim Verkauf von Anteilen an Kapitalgesellschaften (share deal) erzielbaren Veräußerungserlös siehe *Elser*, DStR 2002 S. 1827; *Müller/Semmler*, ZfB 2003 S. 583; *Rogall*, Die Besteuerung des Kaufs und des Zusammenschlusses von Kapitalgesellschaften, Wiesbaden 2003, S. 30-40; *Scheffler*, StuW 2001 S. 293. Durch eine gewinnvorverlagernde Steuerbilanzpolitik kann der beim share deal in Kauf zu nehmende Kaufpreisabschlag reduziert werden. Alternativ zu einem share deal mit gewinnvorverlagernder Steuerbilanzpolitik kann der Verlustvortrag auch durch einen asset deal (Verkauf der einzelnen Wirtschaftsgüter) oder durch eine Kombination der beiden Verkaufsalternativen genutzt werden.

und im nächsten Jahr ein Gewinn in gleicher Höhe ausgewiesen, können bei einer Beschränkung des Verlustvortrags auf 60 % des Gesamtbetrags der Einkünfte im zweiten Jahr lediglich 60 vorgetragen werden, die verbleibenden 40 unterliegen der Besteuerung, obwohl der Gesamterfolg Null beträgt. Gelingt es, im ersten Jahr in dem Umfang Steuerbilanzpolitik zu betreiben, dass ein ausgeglichenes Ergebnis ausgewiesen wird und lösen sich diese Instrumente bereits im zweiten Jahr auf, fallen weder im ersten Jahr noch im zweiten Jahr Ertragsteuern an. Bei dem vorstehenden Beispiel handelt es sich um eine nur selten anzutreffende Fallkonstellation. Müssen die Instrumente eingesetzt werden, deren gegenläufige Effekte erst in späteren Perioden verteilt (und nicht auf einmal in der nachfolgenden Periode) auftreten, sind zwei gegenläufige Zeiteffekte gegeneinander abzuwägen: Eine gewinnvorverlagernde Steuerbilanzpolitik zur Vermeidung der Nachteile aus der quotalen Beschränkung des Verlustvortrags ist nur dann vorteilhaft, wenn der negative Zeiteffekt aus den Beschränkungen des Verlustvortrags höher ist als der negative Zeiteffekt der gewinnvorverlagernden Steuerbilanzpolitik.

Nimmt ein Einzelunternehmer oder ein Gesellschafter einer Personengesellschaft die **Thesaurierungsbegünstigung nach § 34a EStG** in Anspruch, kommt es in den Jahren zu einer 25 %igen Nachversteuerung, in denen die Entnahmen die Summe aus Gewinn und Einlagen übersteigen. Durch eine gewinnvorverlagernde Steuerbilanzpolitik kann diese **Nachversteuerung zumindest vorübergehend vermieden werden.** Diese Gestaltung ist allerdings nur dann zu empfehlen, wenn dadurch die 25 %ige Nachversteuerung so weit in spätere Jahre verlagert werden kann, dass der dadurch erzielbare positive Zeiteffekt den allgemein auftretenden negativen Zeiteffekt einer gewinnvorverlagernden Steuerbilanzpolitik mindestens kompensiert. 2874

Die **erbschaft- und schenkungsteuerlichen Entlastungen nach §§ 13a, 13b ErbStG** (85 %iger Verschonungsabschlag und Abzugsbetrag von bis zu 150.000 € beziehungsweise 100 %iger Verschonungsabschlag) entfallen unter anderem dann, wenn innerhalb der Behaltensfrist Entnahmen getätigt werden, die die Summe aus Einlagen und Gewinnen um mehr als 150.000 € übersteigen (§ 13a Abs. 5 Nr. 3 ErbStG).[58] Bei einer gewinnvorverlagernden Steuerbilanzpolitik **erhöhen sich die Gewinne, sodass es möglich werden kann, die Nachbelastung zu vermeiden.** Eine Aufwandsnachverlagerung bzw. Ertragsvorverlagerung ist zu empfehlen, wenn die Entlastungen nach §§ 13a, 13b ErbStG zu entfallen drohen und durch eine gewinnvorverlagernde Steuerbilanzpolitik eine Erfüllung der Ungleichung „Entnahmen - (Einlagen + Gewinne) > 150.000 €" vermieden werden kann. Die dadurch erzielbaren erbschaft- und schenkungsteuerlichen Vorteile übersteigen regelmäßig den negativen ertragsteuerlichen Zeiteffekt einer gewinnvorverlagernden Steuerbilanzpolitik. 2875

3.5 Einfluss der Steuerbilanzpolitik auf die Steuerquote

Bei kapitalmarktorientierten Unternehmen erfolgt die Beurteilung der steuerplanerischen Strategie häufig anhand der Steuerquote (= Steueraufwand im Verhältnis zum Jahresüberschuss). Aus Sicht der Steuerbilanzpolitik weist diese Kennziffer den **Nachteil** 2876

58 Bei Kapitalgesellschaften ist auf Gewinnausschüttungen abzustellen. Die weiteren Gründe für einen Wegfall der Erleichterungen sind unabhängig von der Steuerbilanzpolitik.

auf, dass die Wirkung einer steuerbilanzpolitischen Maßnahme, insbesondere die Vorteile einer Gewinnnachverlagerung nicht erkennbar ist. Da der Einsatz von steuerbilanzpolitischen Instrumenten insbesondere einen Zeiteffekt auslöst, kommt es in dem Fall, in dem sich Bilanzierung oder Bewertung in der Handelsbilanz von den Wertansätzen in der Steuerbilanz unterscheiden, in der Handelsbilanz zur Bildung von latenten Steuern. Die Steuerabgrenzung nach § 274 HGB führt dazu, dass der in der handelsrechtlichen Gewinn- und Verlustrechnung ausgewiesene Steueraufwand unabhängig vom Einsatz der Instrumente der Steuerbilanzpolitik ist. Da sich der Steueraufwand aus den gezahlten Steuern und den latenten Steuern zusammensetzt, hat die Steuerbilanzpolitik keinen Einfluss auf die im handelsrechtlichen Jahresabschluss ausgewiesene Steuerquote. **Der Barwertvorteil einer gewinnnachverlagernden Steuerbilanzpolitik ist in der Handelsbilanz nicht erkennbar.**[59] Daraus lässt sich allerdings keine Änderung der vorgestellten Strategie ableiten. Die finanziellen Wirkungen der Steuerbilanzpolitik treten unabhängig von der Darstellung im handelsrechtlichen Jahresabschluss ein. Offen ist lediglich, ob der Bilanzierende die **fehlende Publizitätswirkung** der Steuerbilanzpolitik als positiv oder negativ einschätzt. Es wäre allerdings verfehlt, aufgrund der Nichterkennbarkeit im handelsrechtlichen Jahresabschluss auf die Möglichkeit zu verzichten, durch eine gewinnnachverlagernde Steuerbilanzpolitik den Barwert der Steuerbelastung zu senken.

2877 Beruht die vorteilhafte Wirkung steuerbilanzpolitischer Instrumente nicht auf einem Zeiteffekt, sondern auf der **Nutzung von tatsächlichen Steuersenkungspotenzialen,** ist die positive Wirkung der Steuerbilanzpolitik auch in der Steuerquote erkennbar. Dies lässt sich beispielsweise dadurch erreichen, dass vor einem anstehenden Gesellschafterwechsel Verlustvorträge unter Berücksichtigung der Mindestbesteuerung (§ 10d Abs. 2 EStG) durch eine Gewinnvorverlagerung verrechnet werden. Damit können sie nicht nach § 8c KStG untergehen.

2878–2882 *(Einstweilen frei)*

4. Einsatz der Instrumente der Steuerbilanzpolitik

4.1 Leitlinien für die Auswahl der Instrumente der Steuerbilanzpolitik

2883 Im zweiten Abschnitt wurde gezeigt, welche Instrumente für die Steuerbilanzpolitik zur Verfügung stehen. Im dritten Abschnitt wurde erläutert, wie in Abhängigkeit von der Unternehmensrechtsform und der wirtschaftlichen Lage des Unternehmens die Strategie für die Steuerbilanzpolitik festzulegen ist. Verfolgt das Unternehmen die Strategie der **maximalen Gewinnnachverlagerung** (Strategie 1), ist die Auswahl der bilanzpolitischen Instrumente einfach. Bei natürlichen Personen, deren Einkünfte so hoch sind, dass diese dem Spitzensteuersatz der Einkommensteuer unterliegen, und bei Kapitalgesellschaften sind **alle verfügbaren Instrumente** einzusetzen. Orientiert sich die Steuerbilanzpolitik an der Strategie 2 (tendenziell **Gewinnnivellierung:** natürliche Personen mit Einkünften, die unter dem zu versteuernden Einkommen liegen, ab dem der Spitzensteuersatz zur Anwendung kommt) oder an der Strategie 3 (bei bestimmten Si-

59 Siehe statt aller *Herzig/Dempfle*, DB 2002 S. 1; *Scheffler*, Besteuerung von Unternehmen, Band III: Steuerplanung, 2. Aufl., Heidelberg 2013, S. 228-230.

tuationen bietet sich eine **Gewinnvorverlagerung** an), ist aus den insgesamt zulässigen Instrumenten eine Auswahl zu treffen. Für diesen Auswahlprozess sind **drei Aspekte von besonderer Bedeutung:**[60]

- Die Instrumente der Steuerbilanzpolitik sind hinsichtlich ihrer Eigenschaft zu beschreiben und zu systematisieren.
- Es ist darauf zu achten, wie die Steuerbilanzpolitik organisatorisch einzubinden ist. In diesem Zusammenhang sind insbesondere die Beziehungen zur Kostenrechnung, zur buchungstechnischen Erfassung von Zugängen und zur Lagerbuchhaltung zu berücksichtigen.
- Es ist darauf einzugehen, wie die Steuerbilanzpolitik mit dem Prozess der Erstellung der Steuerbilanz verknüpft werden kann.

Bei der Beschreibung und Systematisierung der Instrumente der Steuerbilanzpolitik 2884 steht eine Beurteilung hinsichtlich ihrer **Flexibilität** im Mittelpunkt.[61] Dieses Hauptmerkmal wird in **vier Teilkriterien** unterteilt. Im Hinblick auf die **zeitliche Flexibilität** wird danach differenziert, ob die Gestaltungsalternative nur zu einem bestimmten Zeitpunkt eingesetzt werden darf oder ob mehrere Zeitpunkte zur Verfügung stehen. Beim Merkmal der **quantitativen Flexibilität** werden die Instrumente der Steuerbilanz danach beurteilt, ob nur die Wahl zwischen zwei betragsmäßig feststehenden Bilanzansätzen besteht (Entweder-Oder-Entscheidung), ob innerhalb einer definierten Ober- und Untergrenze Zwischenansätze zulässig sind oder ob ein betragsmäßig nicht eindeutig eingrenzbarer Gestaltungsspielraum vorhanden ist. Anhand der **Analogieflexibilität** wird geprüft, ob der Einsatz eines Instruments in der gleichen Periode oder in anderen Jahren für gleiche oder vergleichbare Sachverhalte eine gleichgerichtete Vorgehensweise bedingt. Mit dem Kriterium der **Reversibilität** wird gekennzeichnet, ob die Nutzung einer bilanzpolitischen Gestaltung in Folgeperioden wieder rückgängig gemacht werden kann oder ob sie endgültig ist.

Der **Hauptvorteil** der Einordnung der Instrumente der Steuerbilanzpolitik nach ihrer 2885 Flexibilität ist, dass sie die **Suche nach den im Einzelfall bilanzpolitisch nutzbaren Gestaltungen erleichtert.** Für diese Aufgabe sind aber die im zweiten Abschnitt vorgestellten Checklisten ausreichend. Der **Nachteil** der qualitativen Ansätze der Steuerbilanzpolitik ist darin zu sehen, dass bei ihnen die zahlreichen Instrumente der Steuerbilanzpolitik **isoliert beurteilt werden.** Da die Wahlrechte und Ermessensspielräume nicht anhand einer bilanzpolitischen Strategie beurteilt werden, ist nicht unmittelbar erkennbar, für welche Maßnahmen sich der Bilanzersteller in seiner konkreten Situation entscheiden soll. Die Beschreibung der Instrumente nach ihrer Flexibilität liefert zwar einige **Anhaltspunkte** für die Lösung des Auswahlproblems. Sie sind jedoch nicht dazu ge-

60 Siehe hierzu z. B. *Dyck*, Ein Expertensystem zur Unterstützung der Bilanzpolitik, Bergisch Gladbach/Köln 1991, insbes. S. 243-258, S. 303-306; *Schmiel*, Steuerbilanzpolitische Strategien für kleine und mittlere Unternehmen, in: Meyer (Hrsg.), Strategien von kleinen und mittleren Unternehmen, Lohmar/Köln 2010, S. 473-477.

61 Siehe hierzu insbesondere *Bauer*, Grundlagen einer handels- und steuerrechtlichen Rechnungspolitik der Unternehmung, Wiesbaden 1981; *Börner/Krawitz*, Steuerbilanzpolitik, Berlin 1977; *Packmohr*, Bilanzpolitik und Bilanzmanagement, Köln 1984; *Pfleger*, Die neue Praxis der Bilanzpolitik, 4. Aufl., Freiburg i. Br. 1991. Zu einer aktuellen Aufstellung siehe *Schmiel*, Steuerbilanzpolitische Strategien für kleine und mittlere Unternehmen, in: Meyer (Hrsg.), Strategien von kleinen und mittleren Unternehmen, Lohmar/Köln 2010, S. 473-477.

eignet, um die Auswahl abschließend festzulegen. Da sich die vier Merkmale, anhand derer die Flexibilität eines Instruments beurteilt wird, nicht so operationalisieren lassen, dass eine eindeutige Entscheidung über den Einsatz oder Nichteinsatz eines Instruments getroffen werden kann, dienen sie „nur" dazu, eine **allgemeine Leitlinie** für die Auswahl zwischen den verfügbaren Instrumenten aufzustellen. Die zeitlich inflexiblen und/oder die betragsmäßig feststehenden Instrumente sind vor denjenigen Instrumenten einzusetzen, die auch in späteren Jahren noch zur Verfügung stehen oder die quantitativ flexibel sind.[62]

2886 Bei einigen Instrumenten der Steuerbilanzpolitik ist eine **Abstimmung mit der Kostenrechnung** sowie der Erfassung von Zu- und Abgängen in der Finanzbuchhaltung und Lagerbuchhaltung erforderlich. Über den Einsatz dieser Instrumente kann aber nicht erst bei der Aufstellung der Steuerbilanz entschieden werden. Vielmehr sind bereits während des Wirtschaftsjahres entsprechende organisatorische Vorkehrungen zu treffen. Dies betrifft insbesondere Instrumente, bei denen für die Art und Weise der Ermittlung der **Anschaffungs- oder Herstellungskosten** Wahlrechte oder Ermessensspielräume bestehen. Soll beispielsweise der Ermessensspielraum genutzt werden, der bei der Bestimmung der in die Herstellungskosten einzubeziehenden Gemeinkosten besteht, ist die Kostenrechnung so auszugestalten, dass die erforderlichen Informationen zur Verfügung stehen. Es besteht also die Notwendigkeit, den Nutzen der Steuerbilanzpolitik mit dem damit verbundenen Aufwand abzuwägen.

2887 Bei der Steuerbilanzpolitik handelt es sich um ein **Partialmodell,** das in den Prozess der Erstellung einer Steuerbilanz zu integrieren ist. Die Abschlussarbeiten gehen nicht von den Instrumenten der Steuerbilanzpolitik aus. Es ist nicht üblich, vor Aufstellung einer Steuerbilanz zunächst alle verfügbaren Wahlrechte und Ermessensspielräume aufzulisten und anschließend aus dieser Liste die geeigneten Instrumente auszuwählen. Vielmehr erfolgt im Regelfall eine **sukzessive Bearbeitung** der einzelnen Bilanzpositionen, bei denen jeweils entschieden wird, ob und in welcher Weise ein bilanzpolitisches Instrument eingesetzt wird.

2888 Da die Steuerbilanzpolitik häufig auf der Ausnutzung von Wahlrechten und Ermessensspielräumen beruht, besteht das Risiko, dass einzelne Maßnahmen im Rahmen der **Betriebsprüfung** nicht anerkannt werden. Sind der Steuerpflichtige und die Finanzverwaltung über den steuerbilanzpolitischen Spielraum unterschiedlicher Ansicht, kann dies zu einem langjährigen Rechtsstreit führen. Bei einer Änderung des Steuerbescheids gleichen sich zwar die Gewinnerhöhungen und die Gewinnberichtigungen in den Folgejahren grundsätzlich aus. Aufgrund der Verzinsung von Steuernachforderungen und -erstattungen können sich jedoch für den Steuerpflichtigen erhebliche Belastungen ergeben.

2889 Der **Stetigkeitsgrundsatz** wird über das Maßgeblichkeitsprinzip (§ 5 Abs. 1 Satz 1 1. Halbsatz EStG) Teil der steuerlichen Gewinnermittlung. Da aber bei steuerlichen Wahlrechten die Maßgeblichkeit der handelsrechtlichen GoB nicht beachtet werden muss (§ 5 Abs. 1 Satz 1 2. Halbsatz EStG), wirkt sich in diesem Bereich der Stetigkeits-

62 Vgl. *Wagner/Dirrigl*, Die Steuerplanung der Unternehmung, Stuttgart/New York 1980, S. 281-282.

grundsatz für die Steuerbilanz nicht aus. Insoweit hat sich die Flexibilität des Bilanzierenden erhöht. Zu beachten ist aber, dass bei der Umsetzung der Strategie der Steuerbilanz im Einzelfall aus speziellen im EStG formulierten Vorgaben (z. B. § 6 Abs. 1 Nr. 2a Satz 3, § 6 Abs. 2a Satz 5, § 6a Abs. 4 Satz 1, 5 EStG sowie § 7 Abs. 3 EStG a. F.) sowie aus dem Willkürverbot und den Mitwirkungspflichten nach § 90 Abs. 1 AO Einschränkungen resultieren.[63]

(Einstweilen frei) 2890

4.2 Integration der Steuerbilanzpolitik in den Prozess der Aufstellung einer Steuerbilanz

Bei den Instrumenten, die Rückwirkungen auf den **organisatorischen Ablauf** haben, 2891 steht häufig der mit einer Gestaltungsalternative verbundene **Vereinfachungseffekt** im Vordergrund. Bei derartigen Instrumenten gehen andere betriebswirtschaftliche Überlegungen der Umsetzung der steuerbilanziellen Strategie vor. Im Zeitpunkt der Aufstellung einer Steuerbilanz bestehen insoweit nur noch wenige Gestaltungsmöglichkeiten. Beispiele für Instrumente, bei denen im Rahmen von längerfristigen Überlegungen die Steuerbilanzpolitik mit der Gestaltung der Kostenrechnung, der Erfassung von Zu- und Abgängen im Rahmen der Finanzbuchhaltung sowie der Lagerbuchhaltung abzustimmen ist, sind:

- Bewertungsvereinfachungen (insbesondere bei Wirtschaftsgütern des Umlaufvermögens)

  Einzelbewertung, Festbewertung, Gruppenbewertung und Verbrauchs- bzw. Veräußerungsfolgeverfahren (Durchschnittsbewertung oder Lifo-Verfahren)

- Ermittlung der Herstellungskosten

  Art und Weise der Ermittlung der einzubeziehenden Gemeinkosten, Entscheidung über den Einbezug von Fremdkapitalzinsen

- Behandlung von geringwertigen Wirtschaftsgütern

  Abschreibung nach § 7 Abs. 1 EStG (Abschreibung über die betriebsgewöhnliche Nutzungsdauer), Bewertungsfreiheit nach § 6 Abs. 2 EStG (Sofortverrechnung) oder Sammelposten nach § 6 Abs. 2a EStG (Verrechnung über fünf Jahre)

- Bewertung von Rückstellungen, soweit es um die Konkretisierung der Berechnungsparameter geht

  Berücksichtigung von Erfahrungen aus der Vergangenheit, Art und Weise des Einbezugs von Gemeinkosten, Berücksichtigung von Vorteilen, Bewertungsvereinfachungen.

Bei der Zuordnung von Wirtschaftsgütern des **gewillkurten Betriebsvermögens** zum 2892 Betriebs- oder Privatvermögen, der Abgrenzung und Bewertung von **Einlagen und Entnahmen** sowie von **verdeckten Gewinnausschüttungen und verdeckten Einlagen** sind im Laufe des Jahres entsprechende organisatorische Vorkehrungen und Dokumentatio-

63 Zu den Auswirkungen des Stetigkeitsgrundsatzes auf die Steuerbilanz siehe z. B. *Scheffler/Binder*, StuB 2012 S. 891-896.

nen zu treffen, damit das vom Steuerpflichtigen gewünschte Ergebnis eintritt. Bei diesen Ansatzwahlrechten und Ermessensspielräumen besteht gegenüber den anderen Instrumenten der Steuerbilanzpolitik die Besonderheit, dass mit diesen auch positive Bemessungsgrundlageneffekte erzielt werden können. Es handelt sich um Instrumente, bei denen es darum geht, absolute Steuervorteile zu erreichen oder zumindest Mehrbelastungen zu vermeiden.

2893 Einige Instrumente der Steuerbilanzpolitik stehen nur in **Sondersituationen** zur Verfügung. Die dabei bestehenden Wahlrechte und Ermessensspielräume sollten vorab entsprechend der verfolgten bilanzpolitischen Strategie eingesetzt werden. Damit wird der Rahmen vorgegeben, in welchem Umfang und in welche Richtung die Steuerbilanzpolitik bei den weiteren (laufenden) Geschäftsvorgängen zu konkretisieren ist:

- Wahlrechte nach dem UmwStG
- Ausgleichsposten bei Überführung von Wirtschaftsgütern des Anlagevermögens in eine EU-Betriebsstätte (§ 4g EStG)
- Geschäfts- oder Firmenwert (Wertaufholung ist davon abhängig, ob sich der Bilanzierende der Trennungstheorie oder der Einheitstheorie anschließt).

2894 Im Hinblick auf die fehlende oder nur geringe Flexibilität und die betragsmäßigen Auswirkungen sollte bei der Aufstellung der Steuerbilanz mit den **steuerfreien Rücklagen** und mit den **Wirtschaftsgütern des Anlagevermögens** fortgefahren werden. Auf diese Weise können auch die zwischen dem Ansatz von steuerfreien Rücklagen und der Bewertung von Wirtschaftsgütern des Anlagevermögens bestehenden Zusammenhänge erfasst werden. Ein Beispiel für diese Verknüpfung ist die Entscheidung, ob der bei der Veräußerung eines Wirtschaftsguts entstehende Gewinn nach § 6b EStG in eine steuerfreie Rücklage eingestellt oder auf ein Ersatzwirtschaftsgut übertragen wird. Darüber hinaus bestehen bei Wirtschaftsgütern des Anlagevermögens häufig betragsmäßig bedeutsame Einflussmöglichkeiten auf die Höhe des steuerpflichtigen Gewinns, die jedoch eine verhältnismäßig geringe quantitative Flexibilität aufweisen (so beispielsweise bei der Wahl der Abschreibungsmethode oder der Konkretisierung der Nutzungsdauer eines Wirtschaftsguts):

- Übertragung von Veräußerungsgewinnen (§ 6b EStG, R 6.6 EStR)
- Investitionszuschuss (R 6.5 EStR)
- Abgrenzung zwischen Erhaltungs- und Herstellungsaufwand
- Sonderabschreibungen, erhöhte Absetzungen (§§ 7g Abs. 5-6, 7h, 7i EStG)
- planmäßige Abschreibungen: betriebsgewöhnliche Nutzungsdauer und Abschreibungsmethode (§ 7 EStG).

2895 Mit den bisher genannten Instrumenten kann der gewünschte Gewinnausweis tendenziell erreicht werden. Zur Feinabstimmung eignen sich insbesondere Instrumente, die deshalb **flexibel eingesetzt werden können,** weil rechtlich kein bestimmter Betrag vorgegeben ist oder weil bei der Konkretisierung des Ansatzes dem Grunde nach sowie der Höhe nach ein Ermessensspielraum besteht. Die Auswahl zwischen diesen Instrumenten hängt davon ab, mit welchem organisatorischen Aufwand sie in der konkreten Situation eingesetzt werden können:

- Ansatz von Rückstellungen für ungewisse Verbindlichkeiten

  insbesondere bei der Prüfung der Kriterien „Verursachung vor dem Abschlussstichtag" sowie „hinreichende Konkretisierung"
- Bewertung von Rückstellungen

  insbesondere bei der Art und Weise der Berücksichtigung der Ungewissheit
- Instrumente im Zusammenhang mit außerplanmäßigen Abschreibungen

  Wahlrecht zu **Teilwertabschreibungen** bei voraussichtlich dauernder Wertminderung bei Aktiva, Wahlrecht zur Verrechnung von Absetzungen für außergewöhnliche technische oder wirtschaftliche Abnutzung, Wahlrecht zu Teilwertzuschreibungen bei einer voraussichtlich dauernden Erhöhung der Belastung bei Passiva, Ermessensspielraum bei der Bestimmung des (niedrigeren) Teilwerts von Wirtschaftsgütern des Anlage- und Umlaufvermögens sowie des (höheren) Teilwerts von Verbindlichkeiten und Rückstellungen, Ermessensspielraum bei der Abgrenzung zwischen voraussichtlich dauernden und voraussichtlich vorübergehenden Wertminderungen (Aktiva) bzw. Werterhöhungen (Passiva)
- keine (weitere) Zuführung zu den Pensionsrückstellungen für „Altzusagen"[64]
- Verteilungswahlrechte (z. B. § 6a Abs. 4 Satz 2-4, 6, § 52 Abs. 16 EStG)
- Behandlung des Erhaltungsaufwands bei Gebäuden in Sanierungsgebieten und städtebaulichen Entwicklungsbereichen und bei Baudenkmälern (§ 4 Abs. 8 i.V. m. §§ 11a, 11b EStG)
- Investitionsabzugsbetrag nach § 7g Abs. 1-4 EStG.

Fasst man die Überlegungen zusammen, erscheint es **wenig sinnvoll,** die Steuerbilanzpolitik als **mehrperiodige Planungsaufgabe** anzugehen. Vielmehr ist ein **einperiodiger Ansatz** vorzuziehen. Der Mehrperiodenbezug ergibt sich daraus, dass bei einkommensteuerpflichtigen Personen darauf zu achten ist, dass starke Schwankungen des zu versteuernden Einkommens vermieden werden. Die Hauptaufgabe der Steuerbilanzpolitik besteht nicht darin, ein möglichst umfassendes Rechenmodell zu entwickeln, sondern Wege aufzuzeigen, wie bei der Aufstellung einer Steuerbilanz zur Verfügung stehende Instrumente und deren im laufenden Jahr und in den Folgeperioden auftretende Auswirkungen erkannt werden können. Dies bedeutet, dass für denjenigen, der Steuerbilanzpolitik betreiben möchte, Kenntnisse über die theoretischen und praktischen Fragen der Bilanzierung und Bewertung sowie über die organisatorischen Gegebenheiten bei der Erstellung der Steuerbilanz wichtiger sind als das Wissen über die Modelle der Steuerbilanzpolitik. 2896

(Einstweilen frei) 2897–2899

5. Zusammenfassung

In diesem Beitrag erfolgt eine Konzentration auf **Ansatzwahlrechte und Bewertungswahlrechte sowie Ermessensspielräume** (sachverhaltsabbildende Maßnahmen). Darü- 2900

64 In den Folgejahren ist allerdings das Nachholungsverbot nach § 6a Abs. 1 Satz 1, 5 EStG zu beachten.

ber hinaus gehören Sachverhaltsgestaltungen, Ausweiswahlrechte, zeitliche Wahlrechte und Entscheidung über die Gewinnverwendung zu den Instrumenten der Steuerbilanzpolitik.

2901 Ausgangspunkt für die Steuerbilanzpolitik bildet die **Interpretation des Maßgeblichkeitsprinzips** durch die Finanzverwaltung. Es gibt Instrumente, bei denen eine eigenständige Steuerbilanzbilanzpolitik möglich ist, weil entweder keine vergleichbare handelsrechtliche Regelung existiert oder weil trotz Bestehens einer handelsrechtlichen Regelung in der Steuerbilanz eine unabhängige Wahlrechtsausübung möglich ist. Allerdings sind in diesen Fällen spezielle steuerliche Aufzeichnungsverpflichtungen sowie die Auswirkungen auf die Steuerabgrenzung (latente Steuern, § 274 HGB) zu berücksichtigen. Trotz des mit dem BilMoG vollzogenen **Übergangs von der formellen auf die materielle Maßgeblichkeit** ist bei einigen bilanzpolitischen Instrumenten eine Abstimmung mit der Vorgehensweise in der Handelsbilanz erforderlich.

2902 Die bilanzpolitischen Instrumente sind grundsätzlich so einzusetzen, dass Erträge so spät wie möglich ausgewiesen und Aufwendungen so früh wie möglich verrechnet werden (**Gewinnnachverlagerung**). Es gibt aber auch Situationen, in denen eine möglichst konstante Gewinnausweisreihe (Tendenz zur **Gewinnnivellierung**) oder ein Vorziehen des Gewinnausweises vorteilhaft ist (**Gewinnvorverlagerung**).

2903 Für die Auswahl zwischen den zur Verfügung stehenden Instrumenten der Steuerbilanzpolitik ist insbesondere deren **Flexibilität von Bedeutung.** Der Hauptvorteil der Einordnung der Instrumente der Steuerbilanzpolitik nach ihrer Flexibilität ist, dass sie die Suche nach der im Einzelfall bilanzpolitisch nutzbaren Gestaltungen erleichtert. Die Beschreibung der Instrumente nach ihrer Flexibilität ist allerdings nicht dazu geeignet, um die Auswahl abschließend festzulegen. Zusätzlich ist darauf zu achten, wie die Steuerbilanzpolitik **organisatorisch einzubinden** ist. In diesem Zusammenhang sind insbesondere die Beziehungen zur Ausgestaltung der Kostenrechnung, zur buchungstechnischen Erfassung von Zu- und Abgängen und zur Lagerbuchhaltung zu berücksichtigen. Darüber hinaus ist die Steuerbilanzpolitik **mit dem Prozess der Erstellung der Steuerbilanz zu verknüpfen.** Es ist nicht üblich, vor Aufstellung einer Steuerbilanz zunächst alle verfügbaren Wahlrechte und Ermessensspielräume aufzulisten und anschließend aus dieser Liste die geeigneten Instrumente auszuwählen. Vielmehr erfolgt im Regelfall eine sukzessive Bearbeitung der einzelnen Bilanzpositionen, bei denen jeweils entschieden wird, ob und in welcher Weise ein bilanzpolitisches Instrument eingesetzt wird.

2904–2929 *(Einstweilen frei)*

Teil A:
Grundsatz- und Querschnittsfragen steuerlicher Gewinnermittlung

Kapitel XX:
Internationale Bezüge der steuerlichen Gewinnermittlung

von
Professor Dr. Holger Kahle, Hohenheim

Inhaltsübersicht

Ausgewählte Literatur

Bernütz/Küppers, Bilanzierungspflicht der deutschen Betriebsstätte einer britischen Limited Liability Partnership?, IStR 2011 S. 587; *Blumenberg/Schäfer* (Hrsg.), Das SEStEG, München 2007; *Broemel/Endert*, Überführung von Wirtschaftsgütern in ausländische Betriebsstätten, BBK 2013 S. 208; *Ditz*, Aufgabe der finalen Entnahmetheorie – Analyse des BFH-Urteils vom 17. 7. 2008 und seiner Konsequenzen, IStR 2009 S. 115; *ders.*, Internationale Gewinnabgrenzung bei Betriebsstätten, Berlin 2005; *ders.*, Der „Authorised OECD Approach" wird Wirklichkeit, ISR 2013 S. 261; *Dörr/Bühler*, Keine Sofortbesteuerung bei Betriebsverlegung ins Ausland – Abkehr von der finalen Betriebsaufgabe, IWB 2010 S. 123; *Ehlermann/Müller*, Die Verstrickung – Chancen, Risiken und Nebenwirkungen, ISR 2013 S. 47; *Goebel/Jenet/Franke*, Anwendungsfragen beim Ausgleichsposten gemäß § 4g EStG, IStR 2010 S. 235; *Gosch*, Über Entstrickungen, IWB 2012 S. 779; *Hennrichs*, GoB im Spannungsfeld von BilMoG und IFRS, WPg 2011 S. 861; *Hennrichs*, Zinsschranke, Eigenkapitalvergleich und IFRS, DB 2007 S. 2101; *ders.*, Zur normativen Reichweite der IFRS – Zugleich Anmerkungen zu den Urteilen des EuGH und des FG Hamburg in der Rechtssache „BIAO", NZG 2005 S. 783; *Heurung/Engel/Thiedemann*, Die Entstrickungsbesteuerung im Lichte des Europarechts, EWS 2011 S. 228; *Hoffmann*, Der Ausgleichsposten nach § 4g EStG i. d. F des SEStEG, DB 2007 S. 652; *Kahle*, Steuerliche Gewinnermittlung unter dem Einfluss der IAS/IFRS, IRZ 2006 S. 87; *Kahle*, Entstrickung einzelner Wirtschaftsgüter des Betriebsvermögens, StuB 2011 S. 903; *Kahle*, Ausgewählte internationale Aspekte der steuerlichen Gewinnermittlung, StuB 2013 S. 759; *Kahle*, Internationale Gewinnabgrenzung bei Betriebsstätten nach dem Authorised OECD Approach, in: Lüdicke/Mössner/Hummel (Hrsg.), Das Steuerrecht der Unternehmen, Festschrift für Frotscher, Freiburg/München 2013, S. 287; *Kahle/Dahlke/Schulz*, Zunehmende Bedeutung der IFRS für die Unternehmensbesteuerung?, StuW 2008 S. 266; *Kahle/Franke*, Überführung von Wirtschaftsgütern in ausländische Betriebsstätten, IStR 2009 S. 406; *Kahle/Günter*, Fortentwicklung des Handels- und Steuerbilanzrechts nach dem BilMoG, StuW 2012 S. 43; *Kahle/Mödinger*, Betriebsstättenbesteuerung: Zur Anwendung und Umsetzung des Authorised OECD Approach, DStZ 2012 S. 802; *Kessler/Philipp*, Rechtssache National Grid Indus BV – Ende oder Bestätigung der Entstrickungsbesteuerung?, DStR 2012 S. 267; *Kessler/Winterhalter/Huck*, Überführung und Rückführung von Wirtschaftgütern: Die Ausgleichspostenmethode des § 4g EStG, DStR 2007 S. 133; *Kramer*, Noch einmal: Der Ausgleichsposten nach § 4g EStG, DB 2007 S. 2338; *Lange*, Der Ausgleichsposten nach § 4g EStG bei der Ent- und Verstrickung von Wirtschaftsgütern, StuB 2007 S. 259; *Löwenstein/Looks/Heinsen* (Hrsg.), Betriebsstättenbesteuerung, 2. Aufl., München 2011; *Mitschke*, Aufgabe der finalen Entnahmetheorie durch den BFH und gesetzliches Entstrickungskonzept des SEStEG – wie geht es weiter?, Ubg 2010 S. 355; *ders.*, Entstrickung und Verstrickung – BFH I R 77/06 und § 4 Abs. 1 Satz 3 EStG, IStR 2010 S. 95; *ders.*, Konkretisierung der gesetzlichen Entstrickungsregelungen und Kodifizierung der finalen Betriebsaufgabetheorie durch das Jahressteuergesetz 2010, Ubg 2011 S. 328; *ders.*, Das EuGH-Urteil „National Grid Indus" vom 29. 11. 2011 – Eine Bestandsaufnahme und eine Bewertung aus Sicht der Finanzverwaltung, DStR 2012 S. 629; *Moxter*, IFRS als Auslegungshilfe für handelsrechtliche GoB?, WPg 2009 S. 7; *Musil*, Die Ergänzung des Entstrickungstatbestands durch § 4 Abs. 1 Satz 4 EStG – Herrscht hier endlich Klarheit?, FR 2011 S. 545; *Prinz*, Gesetzgeberische Wirrungen um Grundsätze der Betriebsstättenbesteuerung, DB 2009 S. 807; *ders.*, Komplex und unübersichtlich: Die neue Zinsschranke und ihre IFRS-Bezüge, GmbHR 2007 S. R257; *ders.*, Steuerliches Entstrickungskonzept – gelungen oder reparaturbedürftig?, GmbHR 2012 S. 195; *Richter/Heyd*, Die Konkretisierung der Entstrickungsregelungen und Kodifizierung der finalen Betriebsaufgabe durch das Jahressteuergesetz 2010, Ubg 2010 S. 172; *Scheffler*, Europäisierung des Bilanzsteuerrechts, StuB 2004 S. 776; *ders.*, Steuerbilanz und EuGH: Vorabentscheidungszuständigkeit, true and fair view und Vorsichtsprinzip, Wertaufhellung, StuB 2003 S. 298; *Schulz*, Zinsschranke und IFRS – Geklärte, ungeklärte und neue Fragen nach dem Anwendungserlass vom 4. 7. 2008, DB 2008 S. 2043; *Siegel*, Neuinterpretation der Grundsätze ordnungsmäßiger Buchführung als Bilanzrechtsmodernisierung? – Ein konzeptioneller Irrtum!, ZSteu 2008 S. 53; *Thömmes/Linn*, Verzinsung und Sicherheitsleistung bei aufgeschobener Fälligkeit von Steuern im Wegzugsfall, IStR 2012 S. 282; *Ungemach*, Europarechtliche und abkommensrechtliche Beurteilung der Entstrickungsregelungen des deutschen Umwandlungssteuerrechts, Ubg 2011 S. 251; *Vater*, Zum Einfluss der IFRS auf die Auslegung der handelsrechtlichen GoB und das deutsche Bilanzsteuerrecht, StuB 2005 S. 67; *Wassermeyer*, Verliert Deutschland im Fall der Überführung von Wirtschaftsgütern in eine ausländische Betriebsstätte das Besteuerungsrecht?, DB 2006 S. 1176; *ders.*, Entstrickung durch Beschränkung des deutschen Besteuerungsrechts, DB 2006 S. 2420; *Wassermeyer/Andresen/Ditz* (Hrsg.), Betriebsstätten Handbuch, Köln 2006; *Wolf*, Die Buchführungspflicht der Zweigniederlassung, BBK 2011 S. 864; *Wüstemann/Wüstemann*, Das System der Grundsätze ordnungsmäßiger Buchführung nach dem Bilanzrechtsmodernisierungsgesetz, in: Baumhoff/Dücker/Köhler (Hrsg.), Besteuerung, Rechnungslegung und Prüfung der Unternehmen. Festschrift für Krawitz, Wiesbaden 2010, S. 751; *Ziehr*, Einkünftezurechnung im internationalen Einheitsunternehmen, Lohmar/Köln 2008.

1. Einleitung

2930 Die Internationalisierung der **handelsrechtlichen Rechnungslegung** ist im Zuge der Globalisierung der Wirtschaftstätigkeit und der Kapitalmärkte inzwischen weit fortgeschritten. Dies zeigt sich etwa daran, dass seit dem Jahr 2005 IFRS für Konzernabschlüsse kapitalmarktorientierter Unternehmen verbindlich sind (§ 315a Abs. 1 HGB) und § 315a Abs. 3 HGB nicht kapitalmarktorientierten Unternehmen ein Wahlrecht zur

Anwendung der IFRS im Konzernabschluss gewährt. Der Einzelabschluss nach HGB bleibt für alle Unternehmen erhalten.[1]

Auch die **steuerliche Gewinnermittlung** weist zunehmend stärkere internationale Bezüge auf, die allerdings sehr heterogen sind. Zunächst ist das Bilanzsteuerrecht freilich in dem Sinne „international", dass aufgrund des Welteinkommensprinzips **Direktgeschäfte** in der steuerlichen Gewinnermittlung erfasst werden.[2] Demgegenüber hängt die bilanzsteuerrechtliche Abbildung von **Direktinvestitionen** von der Art des unternehmerischen Engagements ab.[3] Die Beteiligung an einer ausländischen Kapitalgesellschaft wird mit ihren Anschaffungskosten aktiviert und unterliegt in der Folgezeit den Regelungen der Teilwertabschreibung (§ 6 Abs. 1 Satz 1 Nr. 2 EStG), während sich die Ermittlung des steuerlichen Gewinns der ausländischen Kapitalgesellschaft nach dem Steuerrecht ihres Domizilstaates richtet. Wenn die ausländische Kapitalgesellschaft allerdings der deutschen **Hinzurechnungsbesteuerung** (§§ 7 ff. AStG) unterliegt, bestimmt sich die Höhe der **passiven Einkünfte** nach den deutschen Einkunftsermittlungsvorschriften (§ 10 Abs. 3 Satz 1-4 AStG). Die Ermittlung der Einkünfte wird so vorgenommen, als sei die ausländische Gesellschaft unbeschränkt steuerpflichtig. Die steuerliche Gewinnermittlung im Fall einer **ausländischen Betriebsstätte** wird in Abschnitt 2 aufgegriffen (vgl. Rz. 2939 ff.). 2931

Abschnitt 3 behandelt die steuerliche Gewinnermittlung im Inbound-Fall (vgl. Rz. 2958 ff.).

Von weiteren internationalen Bezügen der steuerlichen Gewinnermittlung kann gesprochen werden, wenn einzelne Wirtschaftsgüter des Betriebsvermögens ins Ausland überführt werden, Unternehmen wegziehen oder im Zuge eines Umwandlungsvorganges deutsches Besteuerungssubstrat droht verloren zu gehen. Diese Tatbestände der **Entstrickung** sind Gegenstand des Abschnitts 4 (vgl. Rz. 2963 ff.), wobei der Schwerpunkt auf §§ 4 Abs. 1 Satz 3, 4 EStG, 12 Abs. 1 KStG sowie § 4g EStG gelegt wird. In Abschnitt 5 wird der umgekehrte Fall der **Verstrickung** im Betriebsvermögen (§ 4 Abs. 1 Satz 8 2. Halbsatz EStG) behandelt (vgl. Rz. 3025 ff.). 2932

Darüber hinaus ist der Einfluss des **Europäischen Gerichtshofs** auf das deutsche Bilanzsteuerrecht zu untersuchen (Abschnitt 6, Rz. 3038 ff.). Damit verknüpft ist der **Einfluss der IFRS** auf die steuerliche Gewinnermittlung, der aber über die EuGH-Rechtsprechung hinausgeht (Abschnitt 7, Rz. 3046 ff.). 2933

(Einstweilen frei) 2934–2938

---

1 Beschränkt auf Informationszwecke wird großen, zur Bundesanzeigerpublizität verpflichteten Kapitalgesellschaften gestattet, zusätzlich einen Einzelabschluss nach IFRS aufzustellen (§ 325 Abs. 2a HGB); dieser ware statt des HGB-Einzelabschlusses im Bundesanzeiger offen zu legen. Für die Einreichung beim Handelsregister ist nach wie vor der HGB-Einzelabschluss maßgebend.

2 Ein Direktgeschäft bezeichnet den direkten grenzüberschreitenden Leistungsaustausch ohne festen Stützpunkt im Quellenstaat (z. B. Export, Darlehensvergabe). Vgl. *Jacobs/Endres/Spengel* (Hrsg.), Internationale Unternehmensbesteuerung, 7. Aufl., München 2011 S. 253, 255.

3 Eine Direktinvestition erfordert eine dauerhafte Kapital- und/oder Personalbindung im Quellenland. Als Direktinvestitionen kommen die Errichtung einer Betriebsstätte, die Beteiligung an einer Personengesellschaft oder die Beteiligung an einer Kapitalgesellschaft (Beteiligungsquote mind. 10 %) in Frage. Vgl. *Jacobs/Endres/Spengel* (Hrsg.), Internationale Unternehmensbesteuerung, 7. Aufl., München 2011 S. 253.

2. Steuerliche Gewinnermittlung ausländischer Betriebsstätten

2.1 Grundlagen

2939 Wenn ein inländisches Unternehmen eine **ausländische Betriebsstätte**[4] unterhält, ist es erforderlich, den auf die ausländische Betriebsstätte entfallenden Gewinn festzustellen. „Die Zuordnung eines Anteils am Gesamtgewinn des Einheitsunternehmens dient der Abgrenzung der Besteuerungsrechte zwischen Ansässigkeitsstaat einerseits und Quellenstaat (Betriebsstättenstaat) andererseits."[5] Der **Quellenstaat** muss die Höhe der auf seinem Staatsgebiet erwirtschafteten Einkünfte feststellen. Der **Wohnsitzstaat** muss gleichfalls die ausländischen Einkünfte ermitteln, und zwar sowohl im DBA-Fall als auch ohne Vorliegen eines DBA. Wenn die **Anrechnungsmethode** (Art. 23B OECD-MA 2010, § 34c Abs. 1, 6 EStG) zur Anwendung kommt, bestimmt die Höhe der ausländischen Einkünfte den Höchstbetrag der Anrechnung. Für Zwecke der **Freistellungsmethode** (Art. 23A OECD-MA 2010) sind ausländische Einkünfte von den inländischen abzugrenzen und gegebenenfalls für den Progressionsvorbehalt zu bestimmen.

2940 Die Buchführungspflicht betrifft stets das gesamte Unternehmen und damit auch die in der ausländischen Betriebsstätte verwirklichten Geschäftsvorfälle.[6] Die in einem ausländischen Staat über eine Betriebsstätte erzielten Erfolge sind ungeachtet einer dort bestehenden Buchführungspflicht in die deutsche steuerliche Gewinnermittlung einzubeziehen.[7] Der Gewinn ausländischer Betriebsstätten wird nach §§ 4 ff. EStG ermittelt, soweit gewerbliche Einkünfte vorliegen. Es ist ein **Betriebsvermögensvergleich** nach § 5 Abs. 1 EStG anzufertigen, wenn handelsrechtliche Buchführungspflichten bestehen.

2941 Das **Vollständigkeitsprinzip** (§ 246 Abs. 1 HGB, § 5 Abs. 1 Satz 1 EStG) hat die Verpflichtung des Stammunternehmens zur Erstellung einer **Gesamtbilanz** zur Konsequenz; die Gesamtbilanz hat alle dem Stammunternehmen zuzurechnenden Wirtschaftsgüter, Schulden etc. zu enthalten. Das Stammunternehmen ist nach deutschem Recht aber nicht zur Erstellung einer gesonderten Betriebsstätten-Buchführung verpflichtet.[8] Vielmehr kann es eine **Weltbuchführung** führen, in der auch die Geschäftsvorfälle der Betriebsstätte und die ihr dienenden Wirtschaftsgüter erfasst werden. Die Auslandsbetriebsstätte ist in einem gesonderten Kontenkreis zu erfassen, aus dem das Betriebsstättenergebnis abgeleitet werden kann, wenn die **direkte Methode** (vgl. Rz. 2949) Anwendung findet. Statt einer Weltbuchführung kann das Stammhaus aber auch ge-

---

4 Zum Begriff der Betriebsstätte vgl. z. B. *Schönfeld*, DStJG 36 (2013) S. 233 ff.; *Ditz/Quilitzsch*, FR 2012 S. 493 ff.; *Kahle/Ziegler*, DStZ 2009 S. 834 ff.; *Reiser/Cortez*, IStR 2013 S. 6 ff.; *Bürkle/Ullmann*, DStR 2013 S. 944 ff.

5 *Förster/Naumann/Rosenberg*, IStR 2005 S. 618.

6 Vgl. BMF, Schreiben vom 24. 12. 1999 – IV B 4 – S 1300 – 111/99, BStBl 1999 I S. 1076, Tz. 1.1.4.2; *Wassermeyer*, in: Wassermeyer/Andresen/Ditz (Hrsg.), Betriebsstätten-Handbuch, Köln 2006, Rz. 1.8.

7 Vgl. z. B. *Schaumburg*, Internationales Steuerrecht, 3. Aufl., Köln 2011, S. 987, Rz. 18.17.

8 Vgl. *Wassermeyer*, in: Debatin/Wassermeyer (Hrsg.), Doppelbesteuerung, München, Art. 7 MA Rz. 181 (Stand: 1/2009).

trennte Bücher für beide Betriebsteile führen. Beide Verfahren müssen zum gleichen Ergebnis führen.

Die Bücher und Aufzeichnungen sind **im Inland** zu führen (§ 146 Abs. 2 Satz 1 AO),[9] es sei denn, der Belegenheitsstaat der Betriebsstätte schreibt die Führung von Büchern nach seinen eigenen innerstaatlichen Gewinnermittlungsvorschriften vor (was den Regelfall darstellt) und dieser Verpflichtung wird tatsächlich nachgekommen (§ 146 Abs. 2 Satz 2 AO).[10] In letzterem Fall kann auf eine originäre Buchführung nach Maßgabe der deutschen Regeln verzichtet werden; die Ergebnisse der ausländischen Betriebsstättenbuchführung sind unter Beachtung des **deutschen Gewinnermittlungsrechts** in die inländische Buchführung zu übernehmen (§ 146 Abs. 2 Satz 3 u. 4 AO). 2942

§ 90 Abs. 2 AO begründet für im Ausland verwirklichte Sachverhalte eine **erweiterte Mitwirkungspflicht** des Steuerpflichtigen. Danach sind alle rechtlichen und tatsächlichen Möglichkeiten auszuschöpfen, um einen Sachverhalt im Ausland aufzuklären und die Beweismittel zu beschaffen.[11] Gemäß § 90 Abs. 3 Satz 4 AO müssen Steuerpflichtige mit ausländischen Betriebsstätten besondere Aufzeichnungspflichten beachten, die den Finanzbehörden die Kontrolle der Gewinnaufteilung erleichtern sollen.[12] 2943

Wenn die Bücher der ausländischen Betriebsstätte in **Fremdwährung** geführt werden, ist eine Umrechnung der ausländischen Betriebsstättenergebnisse in Euro vorzunehmen.[13] 2944

(Einstweilen frei) 2945–2948

2.2 Erfolgsermittlung und Erfolgsabgrenzung

Die **direkte Methode** der Erfolgsabgrenzung zielt darauf ab, den Gewinn ähnlich wie bei Geschäften unter fremden Dritten durch Betrachtung einzelner Transaktionen zu bestimmen. Der Betriebsstättenerfolg wird hierbei auf Basis einer eigenen **Betriebsstätten-Buchführung** ermittelt.[14] Die direkte Methode wird als „Normalmethode"[15] angesehen. Die OECD präferiert die direkte Methode,[16] und auch der BFH hat sich wiederholt für diese Methode ausgesprochen.[17] Die Finanzverwaltung sieht in der direkten Metho- 2949

9 Für den EU-Bereich ergibt sich eine Ausnahme aus § 146 Abs. 2a AO.

10 Auf Verlangen der inländischen Finanzbehörde sind im Ausland geführte und aufbewahrte Bücher und Aufzeichnungen zur Einsicht und Prüfung vorzulegen; sofern das ausländische Recht die Vorlage der Bücher in Deutschland nicht gestattet, besteht diese Vorlagepflicht nicht. Vgl. *Schaumburg*, Internationales Steuerrecht, 3. Aufl., Köln 2011, S. 987, Rz. 18.18 m. w. N.

11 Vgl. im Einzelnen *Balmes*, in: Löwenstein/Looks/Heinsen (Hrsg.), Betriebstättenbesteuerung, 2. Aufl., München 2011, S. 100 ff.; *Seer*, EWS 2013 S. 257 ff.

12 Vgl. im Einzelnen *Balmes*, in Löwenstein/Looks/Heinsen (Hrsg.), Betriebstättenbesteuerung, 2. Aufl. München 2011, S. 105 f.; *Seer*, EWS 2013 S. 257 ff.

13 Vgl. BFH, Urteile vom 19. 1. 1978 – IV R 61/73, BStBl 1978 II S. 295; vom 16. 2. 1996 – I R 43/95, BStBl 1997 II S. 128. Zur Währungsumrechnung vgl. im Einzelnen *Kahle/Hiller*, Teil A Kap. VI, Rz. 987 ff. sowie *Schaumburg*, Internationales Steuerrecht, 3. Aufl., Köln 2011, S. 988 ff., Rz. 18.19.

14 Vgl. BMF, Schreiben vom 24. 12. 1999 – IV B 4 – S 1300 – 111/99, BStBl 1999 I S. 1076, Tz. 2.3.1.

15 *Hemmelrath*, in: Vogel/Lehner (Hrsg.), DBA, 5. Aufl., München 2008, Art. 7 Rz. 101.

16 Vgl. im Einzelnen *Kahle/Mödinger*, IStR 2010 S. 758.

17 Vgl. BFH, Urteile vom 28. 3. 1985 – IV R 80/82, BStBl 1985 II S. 405; vom 25. 6. 1986 – II R 213/83, BStBl 1986 II S. 785; vom 29. 7. 1992 – II R 39/89, BStBl 1993 II S. 63; vom 12. 1. 1994 – II R 95/89, IStR 1994 S. 176.

de gleichfalls die Regelmethode.[18] Bei Anwendung der direkten Methode erfolgen Gewinnermittlung und Gewinnabgrenzung in einem Schritt.[19] Hier wird eine Gewinnabgrenzung erst durch die **Zuordnung von Wirtschaftsgütern** zum Stammhaus oder zur Betriebsstätte möglich, denn die Erzielung von Erträgen und Aufwendungen wird durch die Zuordnung von Wirtschaftsgütern begründet.[20] Die Betriebsstätte wird für Zwecke der Erfolgsabgrenzung als ein für sich operierender Unternehmensteil angesehen (**Selbständigkeitsfiktion**).[21] Der Drittvergleich (**Fremdvergleich**; dealing-at-arm's-length-Prinzip) wird als oberstes Abgrenzungsprinzip zugrunde gelegt.

Die bisherigen Regelungen zur Erfolgsabgrenzung bei Betriebsstätten nach dem sog. Betriebsstättenerlass (Rz. 2950 ff.) haben durch die Transformation des „**Authorised OECD Approach**" (AOA, vgl. Rz. 2978 ff.) in innerstaatliches Recht (§ 1 Abs. 4, 5 AStG) im Zuge des AmtshilfeRLUmsG[22] weitreichende Änderungen erfahren. Durch diese Neuregelungen hat der Gesetzgeber eine an den international erarbeiteten Grundsätzen orientierte innerstaatliche Rechtsgrundlage für die Anwendung des Fremdvergleichsgrundsatzes auf Betriebsstätten geschaffen.[23] Unternehmensinterne Lieferungs- und Leistungsbeziehungen zwischen Stammhaus und Betriebsstätte werden als sog. „anzunehmende schuldrechtliche Beziehungen" einer Geschäftsbeziehung zwischen nahe stehenden Personen gleichgestellt (§ 1 Abs. 4 Satz 1 Nr. 2 AStG). Gemäß § 1 Abs. 5 Satz 2 AStG ist die Betriebsstätte zur Anwendung des Fremdvergleichsgrundsatzes als eigenständiges und unabhängiges Unternehmen zu behandeln, „es sei denn, die Zugehörigkeit der Betriebsstätte zum Unternehmen erfordert eine andere Behandlung." Das von der OECD vorgegebene Verfahren der Gewinnzurechnung zu einer Betriebsstätte erfolgt zweistufig. In einem ersten Schritt ist festzustellen, welche Funktionen die Betriebsstätte im Verhältnis zum restlichen Unternehmen durch ihr Personal (people functions) tatsächlich ausübt (§ 1 Abs. 5 Satz 3 Nr. 1 AStG). Auf der Basis dieser Analyse soll bestimmt werden, welche Vermögenswerte und welche Chancen und Risiken der Betriebsstätte zuzurechnen sind (§ 1 Abs. 5 Satz 3 Nr. 2 und 3 AStG). Hieraus bestimmt sich die Zuordnung des Dotationskapitals (§ 1 Abs. 5 Satz 3 Nr. 4 AStG). In einem zweiten Schritt sollen auf der Basis dieser Analyse die (anzunehmenden) Geschäftsbeziehungen innerhalb des internationalen Einheitsunternehmens festgestellt und fremdvergleichskonform vergütet werden (§ 1 Abs. 5 Satz 4 AStG). Der AOA ist inzwischen auch in die deutsche Verhandlungsgrundlage für DBA eingeflossen.[24]

2950 Zur Rechtslage bis einschließlich VZ 2012: Nach der **funktionalen Betrachtungsweise des BFH** erfolgt die Zuordnung von Wirtschaftsgütern zur Betriebsstätte nach dem Betriebszweck. Der Betriebsstätte werden nach dem **Prinzip der wirtschaftlichen Zugehö-**

18 Vgl. BMF, Schreiben vom 24. 12. 1999 – IV B 4 – S 1300 – 111/99, BStBl 1999 I S. 1076, Tz. 2.3. u. 2.7.1.

19 Vgl. *Ditz*, Internationale Gewinnabgrenzung bei Betriebsstätten, Berlin 2005, S. 53.

20 Vgl. *Kessler/Jehl*, IWB 2007, Fach 10, Gruppe 2, S. 1979.

21 Allerdings ist die Reichweite dieser Selbständigkeitsfiktion strittig, vgl. *Kahle/Mödinger*, DB 2011 S. 338 f. m. w. N. Die Neufassung des Art. 7 OECD-MA 2010 geht von der uneingeschränkten Selbständigkeitsfiktion der Betriebsstätte aus (Functionally Separate Entity Approach), vgl. Rz. 2978 ff. sowie *Kahle/Mödinger*, IStR 2010 S. 757 ff.

22 AmtshilfeRLUmsG v. 26. 6. 2013, BGBl 2013 I S. 1809.

23 Vgl. im Einzelnen z. B. *Ditz*, ISR 2013 S. 261 ff.; *Schaumburg*, ISR 2013 S. 197 ff.; *Kahle*, DStZ 2012 S. 695 ff.

24 Vgl. im Einzelnen z. B. *Ditz/Bärsch/Quilitzsch*, ISR 2013 S. 156 ff.

rigkeit die Erfolgs- und Vermögensteile zugeordnet, die durch die betrieblichen Funktionen der Betriebsstätte erwirtschaftet werden.[25] Das Wirtschaftsgut muss der Zweckerfüllung der Betriebsstätte dienen und damit im Funktionszusammenhang zur Erreichung ihres Betriebszwecks stehen.[26]

Zum **Betriebsstättenvermögen** gehört der Teil des gesamten Unternehmensvermögens, der der betrieblichen Funktion der Betriebsstätte dient; hierzu zählen in erster Linie „Wirtschaftsgüter, die der ausschließlichen Verwendung oder Nutzung durch die Betriebsstätte dienen und durch die diejenigen Einkünfte erzielt werden, die durch die Tätigkeit der Betriebsstätte erwirtschaftet werden."[27] Dabei sind sowohl aktive als auch passive Wirtschaftsgüter angesprochen. Auf die geographische Lage des Vermögens kommt es nicht an,[28] sofern es sich nicht um eine Unterbetriebsstätte oder um Grundvermögen in einem Drittstaat handelt. Eine **anteilige Zuordnung** von Wirtschaftsgütern kommt nicht in Betracht,[29] d. h. Wirtschaftsgüter werden entweder nur dem Stammhaus oder nur der Betriebsstätte zugerechnet. 2951

Für einige Wirtschaftsgüter besteht ein Zuordnungsgebot zum Stammhaus (**Zentralfunktion des Stammhauses**). Sofern Wirtschaftsgüter nur der Erfüllung der dem Stammhaus zugeordneten Zentralfunktionen dienen, erfolgt eine Zuordnung zum Stammhaus.[30] Nicht konkret-funktional gebundene Beteiligungen und Finanzmittel, die dem Gesamtunternehmen dienen, immaterielle Wirtschaftsgüter und der originäre Geschäfts- oder Firmenwert dürfen nur dem Stammhaus zugerechnet werden.[31] Finanzmittel, die durch die Betriebsstätte erwirtschaftet wurden, gehören nur dann zu deren Betriebsvermögen, wenn sie zur Absicherung der Geschäftstätigkeit der Betriebsstätte erforderlich sind oder der Betriebsstätte zur Finanzierung von beschlossenen oder in absehbarer Zeit vorgesehenen Investitionen dienen. Damit wird der Betriebsstätte faktisch verboten, eine **Finanzierungsfunktion**, eine **Holdingfunktion** und/oder eine **Lizenzgeberfunktion** auszuüben.[32] 2952

Eine **Legaldefinition des Stammhauses** liegt bisher nicht vor. Die herrschende Meinung versteht hierunter den Unternehmensteil, der all jene Funktionen erfüllt, die dem Gesamtunternehmen und nicht einer einzelnen Betriebsstätte dienen; folglich bezeichnet das Stammhaus eine **Geschäftsleitungsbetriebsstätte**.[33] Nur Wirtschaftsgüter, die auf die Geschäftsleitungstätigkeit zurückgehen, dürfen einer Geschäftsleitungsbetriebs- 2953

25 Vgl. BMF, Schreiben vom 24. 12. 1999 – IV B 4 – S 1300 – 111/99, BStBl 1999 I S. 1076, Tz. 2.4.

26 Vgl. BFH, Urteil vom 29. 7. 1992 – II R 39/89, BStBl 1993 II S. 63.

27 *Schmidt/Sigloch/Henselmann*, Internationale Steuerlehre, Wiesbaden 2005, S. 438.

28 Vgl. bereits RFH, Urteil vom 5. 11. 1929 – I A a 648/29, RStBl 1930 S. 54.

29 Vgl. BMF, Schreiben vom 24. 12. 1999 – IV B 4 – S 1300 – 111/99, BStBl 1999 I S. 1076, Tz. 2.4. A. A. BFH, Urteil vom 15. 9. 2004 – I R 5/04, BStBl 2009 II S. 100.

30 Vgl. *Schmidt/Sigloch/Henselmann*, Internationale Steuerlehre, Wiesbaden 2005, S. 438.

31 Vgl. BMF, Schreiben vom 24. 12. 1999 – IV B 4 – S 1300 – 111/99, BStBl 1999 I S. 1076, Tz. 2.4; BFH, Urteil vom 30. 8. 1995 – I R 112/94, BStBl 1996 II S. 563.

32 Vgl. *Kessler/Jehl*, IWB 2007, Fach 10, Gruppe 2, S. 1980.

33 Vgl. *Sistermann/Beutel*, in: Lüdicke/Sistermann (Hrsg.), Unternehmensteuerrecht, München 2008, § 11 Rz. 36; *Kumpf*, FR 2001 S. 452; *Frotscher*, in: Strunk/Wassermeyer/Kaminski (Hrsg.), Unternehmensteuerrecht und Internationales Steuerrecht, GS Krüger, Bonn 2006, S. 98; *Kessler/Jehl*, IWB 2007, Fach 10, Gruppe 2, S. 1979.

stätte zugerechnet werden.[34] Als Geschäftsleitungsfunktion ist aber nicht automatisch die Finanzierungs-, Holding- oder Lizenzgeberfunktion anzusehen. Daher ist die Vorgehensweise der Finanzverwaltung, Beteiligungen, Finanzmittel und immaterielle Wirtschaftsgüter dem Stammhaus ohne Prüfung der tatsächlichen Funktionen pauschal zuzuordnen, sowohl nach der herrschenden Meinung[35] als auch nach der Rechtsprechung[36] nicht sachgerecht.

2954 Wenn Wirtschaftsgüter Funktionen sowohl innerhalb der Betriebsstätte als auch innerhalb des Stammhauses erfüllen, „kann die Zuordnung quasi 'gewillkürt' werden",[37] d. h. das Unternehmen hat die **Wahl der Zuordnung** zum Stammhaus oder zu der Betriebsstätte. Der Wille der Geschäftsleitung ist hier maßgeblich. Als Anhaltspunkt gilt die Buchung des Wirtschaftsgutes in der Bilanz der Betriebsstätte. Allerdings kommt dem Willen der Geschäftsleitung nur Indizcharakter zu;[38] er darf nach der Rechtsprechung nicht im Widerspruch zur wirtschaftlichen Zugehörigkeit stehen[39] und muss kaufmännischen und wirtschaftlichen Erfordernissen entsprechen.[40]

Demgemäß ist nach der Rechtsprechung „...der Teil des Gesamtergebnisses des Unternehmens als Gewinn der Betriebsstätte zu ermitteln ..., der sowohl durch ihre Tätigkeit als auch durch ihre Existenz erwirtschaftet wurde."[41] Wenn Erträge und Aufwendungen im Sinne eines wirtschaftlichen Zusammenhangs durch die Betriebsstätte veranlasst sind, spielt es für die Zuordnung zum Betriebsstättenerfolg keine Rolle, ob sie von der Betriebsstätte oder vom Stammhaus getragen oder wo sie buchmäßig erfasst werden.[42] Im Rahmen der Betriebsstättengewinnermittlung sind alle Aufwendungen als Betriebsausgaben abzugsfähig, die durch die Tätigkeit der Betriebsstätte veranlasst sind und Betriebsausgaben des Gesamtunternehmens darstellen.[43] Entsprechendes gilt auch für Erfolgsanteile, die die Betriebsstätte außerhalb ihres Domizilstaates erwirtschaftet.[44]

2955–2957 *(Einstweilen frei)*

34 Vgl. BFH, Urteil vom 19. 11. 2003 – I R 3/02, BStBl 2004 II S. 932.

35 Vgl. *Roth*, in: Oestreicher (Hrsg.), Internationale Verrechnungspreise, Herne 2003, S. 175; *Kinzl*, IStR 2005 S. 694; *Ditz*, in: Wassermeyer/Andresen/Ditz (Hrsg.), Betriebsstätten-Handbuch, Köln 2006, S. 199; *Kumpf/Roth*, DB 2000 S. 746; *Strunk/Kaminski*, IStR 2001 S. 163; *Kessler/Jehl*, IWB 2007, Fach 10, Gruppe 2, S. 1982.

36 Vgl. BFH, Urteile vom 29. 7. 1992 – II R 39/89, BStBl 1993 II S. 63; vom 19. 11. 2003 – I R 3/02, BStBl 2004 II S. 932.

37 *Schmidt/Sigloch/Henselmann* Internationale Steuerlehre, Wiesbaden 2005, S. 438. Im Original z.T. Fettdruck.

38 Vgl. *Nowotny*, Betriebstättengewinnermittlung, Wien 2004, S. 158.

39 Vgl. BFH, Urteil vom 29. 7. 1992 – II R 39/89, BStBl 1993 II S. 63.

40 Vgl. BFH, Urteil vom 1. 4. 1987 – II R 186/80, BStBl 1987 II S. 550.

41 BFH, Urteil vom 25. 6. 1986 – II R 213/83, BStBl 1986 II S. 785.

42 Vgl. BFH, Urteil vom 20. 7. 1988 – I R 49/84, BStBl 1989 II S. 140.

43 Vgl. BFH, Urteil vom 20. 7. 1988 – I R 49/84, BStBl 1989 II S. 140.

44 Zu weiteren Einzelfragen der Erfolgsabgrenzung bei ausländischen Betriebsstätten vgl. *Jacobs/Endres/Spengel* (Hrsg.), Internationale Unternehmensbesteuerung, 7. Aufl., München 2011, S. 700 ff.; *Ziehr*, Einkünftezurechnung im internationalen Einheitsunternehmen, Lohmar/Köln 2008, S. 169 ff.

3. Steuerliche Gewinnermittlung im Inbound-Fall

3.1 Überblick

Im Rahmen der **beschränkten Steuerpflicht** ergibt sich ein Steueranspruch des Staates nur soweit beschränkt steuerpflichte Einkünfte i. S. d. § 49 EStG vorliegen (Inbound-Fall). Fragen der steuerlichen Gewinnermittlung werden im Inbound-Fall in bestimmten Fällen aufgeworfen, insbesondere im Hinblick auf die Gewinnermittlung für beschränkt steuerpflichtige Einkünfte i. S. v. § 49 Abs. 1 Nr. 2 Buchst. a EStG (vgl. Rz. 2959 f.) und § 49 Abs. 1 Nr. 2 Buchst. f EStG (vgl. Rz. 2961). Grundsätzlich gilt, dass im Rahmen der Gewinnermittlung im Inboundfall die allgemeinen Ermittlungsmethoden (insbesondere §§ 4, 5 EStG) Anwendung finden.[45] 2958

3.2 Steuerliche Gewinnermittlung im Rahmen des § 49 Abs. 1 Nr. 2 Buchst. a EStG

Da es sich bei der inländischen Betriebsstätte um einen rechtlich unselbständigen Bestandteil des ausländischen Unternehmens handelt, stellt der im Inland erzielte Gewinn einen **Teil des Gesamtgewinns** dieses Unternehmens dar.[46] Unterhält eine im Ausland steuerpflichtige Person eine Betriebsstätte im Inland, ist die Frage der Gewinnermittlung zu klären. 2959

Inländische Betriebsstätten, die als **Zweigniederlassungen** des ausländischen Unternehmens im Handelsregister eingetragen (bzw. eintragungspflichtig) sind, werden handelsrechtlich wie inländische Hauptniederlassungen behandelt (§ 13d HGB). Folglich besteht gemäß § 238 Abs. 1 HGB **Buchführungspflicht**,[47] die gemäß § 140 AO auch für steuerliche Zwecke relevant ist.[48] Die Einkünfte der Betriebsstätte sind damit nach § 5 Abs. 1 EStG zu ermitteln, und zwar nach dem Wirtschaftsjahr (§ 4a Abs. 1 Nr. 2 EStG).[49] Für steuerrechtliche Zwecke sind die Bücher im Inland zu führen (§ 146 Abs. 2 Satz 1 AO); in der Praxis werden Erleichterungen mit Genehmigung des Finanzamts gewährt (§ 148 AO).

---

45 Vgl. *Loschedler*, in: Schmidt, EStG, 32. Aufl., München 2013, § 50 Rz. 29.

46 Vgl. *Wassermeyer*, in: Debatin/Wassermeyer (Hrsg.), Doppelbesteuerung, München, Art. 7 MA Rz. 184 (Stand: Januar 2009).

47 Vgl. BGH, Urteile vom 8. 5. 1972 – II ZR 155/69, NJW 1972 S. 1859; vom 16. 12. 1992 – I R 46/88, BStBl 1993 II S. 677; BayObLG, Urteil vom 11. 5. 1979 – BReg. 1 Z 21/79, BB 1980 S. 335; OLG Dresden, Beschluss vom 28. 4. 1999 – 19 U 2884/98, NZG 2000 S. 32. Regelmäßig wird eine bei der Hauptniederlassung geführte Buchhaltung für ausreichend erachtet, sofern dort die Geschäfte der Zweigniederlassung gesondert ausgewiesen werden. Es ist allerdings strittig, ob die inländische Zweigniederlassung einer Gesellschaft mit Sitz in einem Mitgliedstaat der EU mit Blick auf die Niederlassungsfreiheit nach ausländischem Recht (so z. B. *Schulze-Osterloh*, in: v. Wysocki u. a. (Hrsg.), Handbuch des Jahresabschlusses, Köln Abt. I/1, Rz. 140 ff. (Stand: Mai 2010); *Wachter*, FR 2006 S. 395; *Just*, Die englische Limited in der Praxis, 3. Aufl., München 2008, Rz. 258 ff.; *Müller*, BB 2006 S. 837; *Kußmaul/Ruiner*, IStR 2007 S. 696; *Wolf*, BBK 2011 S. 868; *Graf/Bisle*, IStR 2004 S. 873) oder (auch) nach dem HGB (so z. B. *Ebert/Levedag*, GmbHR 2003 S. 1337; *Kessler/Eicke*, DStR 2005 S. 2101; *Dierksmeier*, BB 2005 S. 1516) buchführungspflichtig ist.

48 Vgl. BMF, Schreiben vom 24. 12. 1999 – IV B 4 – S 1300 – 111/99, BStBl 1999 I S. 1076, Tz. 1.1.3.2; *Jacobs/Endres/Spengel* (Hrsg.), Internationale Unternehmensbesteuerung, 7. Aufl., München 2011, S. 671; *Heinsen*, in: Löwenstein/Looks/Heinsen (Hrsg.), Betriebsstättenbesteuerung, 2. Aufl., München 2011, S. 109, Rz. 256; *Wied*, in: Blümich, EStG/KStG/GewStG, München, § 49 Rz. 42 (Stand: Februar 2012).

49 Vgl. *Heinsen*, in: Löwenstein/Looks/Heinsen (Hrsg.), Betriebsstättenbesteuerung, 2. Aufl., München 2011, S. 109, Rz. 257.

Wenn die inländische Betriebsstätte nicht als Zweigniederlassung im Handelsregister eingetragen (oder eintragungspflichtig) ist, besteht handelsrechtlich **keine Buchführungspflicht** und somit scheidet auch eine steuerliche Buchführungspflicht nach § 140 AO aus. Da für das ausländische Stammhaus regelmäßig eine ausländische handelsrechtliche Buchführungspflicht besteht, stellt sich allerdings die Frage, ob diese **ausländische handelsrechtliche Buchführungspflicht** unter „andere Gesetze" i. S. v. § 140 AO subsumiert werden kann. Dies hätte zur Konsequenz, dass trotz unterbliebener Eintragung als Zweigniederlassung im Handelsregister eine Buchführungspflicht zu bejahen wäre. In der Literatur wird die Auffassung vertreten, dass es dem Zweck des § 140 AO entspricht, auch ausländische außersteuerliche Pflichten dem deutschen Steuerrecht zu unterstellen.[50] Auch nach Auffassung der Finanzverwaltung bezieht sich § 140 AO auf ausländische Rechtsnormen.[51] Diese bewusst weite Auslegung des § 140 AO beinhaltet demnach auch die Erfassung ausländischer handelsrechtlicher Buchführungspflichten. Hingegen kann nach der h. M., die sich regelmäßig auf die Rechtsprechung des BFH[52] bezieht, eine ausländische Verpflichtung, Bücher zu führen, nicht unter § 140 AO eingeordnet werden.[53]

2960 Allerdings kann sich für das ausländische Unternehmen eine **originäre steuerliche Buchführungspflicht** aus § 141 Abs. 1 AO ergeben (vgl. auch Rz. 34 ff.). Ausländische Unternehmen fallen unter § 141 AO, wenn und soweit sie im Inland eine Betriebsstätte unterhalten.[54] Bei Überschreiten bestimmter Größenmerkmale (Umsatz > 500.000 € oder Gewinn > 50.000 € im Kalenderjahr) muss das ausländische Unternehmen für seine im Inland belegene Betriebsstätte Bücher führen. Diese Größenmerkmale beziehen sich auf die Geschäftstätigkeit der Betriebsstätte, d. h. die im Inland erzielten Gewinne bzw. Umsätze[55] (vgl. auch Rz. 36). Aus dem Überschreiten der Größenmerkmale leitet sich auch die Konsequenz ab, dass die Betriebsstätte, nach Aufforderung durch das Fi-

50 Vgl. *Drüen*, in: Tipke/Kruse (Hrsg.), Abgabenordnung, Köln, § 140 AO Rz. 7 (Stand: Oktober 2012); *Mathiak*, in: Kirchhof/Söhn/Mellinghoff (Hrsg.), EStG, Heidelberg, § 5 EStG Rz. A 219 (Stand: Januar 1987); *Dornheim*, DStR 2012 S. 1582; *Schuhmann/Arnold*, DStZ 2012 S. 229.

51 Vgl. BMF, Schreiben vom 16. 5. 2011 – IV C 3 – S 2300/08/10014, BStBl 2011 I S. 530; AEAO zu § 140 AO; R 4 IV EStÄR 2012.

52 Vgl. BFH, Urteil vom 13. 9. 1989 – I R 117/87, BStBl 1990 II S. 57; BFH, Beschluss vom 9. 8. 1989 – I B 118/88, BStBl 1990 II S. 175; zur Kritik vgl. *Mathiak*, DStR 1990 S. 256; *ders.*, DStR 1992 S. 450. Vgl. auch FG Hessen, Beschluss vom 29. 10. 2010 – 11 V 252/10, IStR 2011 S. 121; *Rohde*, IStR 2011 S. 124.

53 Vgl. *Frotscher*, in: Frotscher (Hrsg.), EStG, Freiburg, § 4 Rz. 9 (Stand: Dezember 2009); *Wassermeyer*, in: Debatin/Wassermeyer (Hrsg.), Doppelbesteuerung, München, Art. 7 MA Rz. 214 (Stand: Januar 2009); *Schulze-Osterloh*, in: v. Wysocki u. a. (Hrsg.), Handbuch des Jahresabschlusses, Köln Abt. I/1, Rz. 150 (Stand: Mai 2010); *Stobbe*, in: HHR, EStG/KStG, Köln, § 5 EStG Rz. 31 (Stand: Januar 2010); *Wied*, in: Blümich, EStG/KStG/GewStG, München, § 49 Rz. 42, 138 (Stand: Februar 2012); *Wachter*, FR 2006 S. 399; *Schmidt/Heinz*, GmbHR 2008 S. 583; *Bernütz/Küppers*, IStR 2011 S. 588; *Beinert/Werder*, DB 2005 S. 1484 f.; *Wolf*, BBK 2011 S. 869; *Gläser/Birk*, IStR 2011 S. 762; *Huschke/Hartwig*, IStR 2008 S. 746; *Schnitger/Fischer*, DB 2007 S. 598; *Richter*, in: Wassermeyer/Richter/Schnittker (Hrsg.), Personengesellschaften im Internationalen Steuerrecht, Köln 2010, Rz. 9.106; *Könemann/Blaudow*, Stbg 2012 S. 221; *Briesemeister*, Kapitel I, Rz. 32.

54 Vgl. BFH, Urteil vom 14. 9. 1994 – I R 116/93, BStBl 1995 II S. 238; AEAO zu § 141 AO, Nr. 2. Dies gilt entsprechend für einen ständigen Vertreter im Inland.

55 Vgl. BFH, Urteil vom 17. 12. 1997 – I R 95/96, BStBl 1998 II S. 260; *Heinsen*, in: Löwenstein/Looks/Heinsen (Hrsg.), Betriebsstättenbesteuerung, 2. Aufl., München 2011, S. 109, Rz. 256; *Mensching*, DStR 2009 S. 97; *Bron*, DB 2009 S. 593; *Ege*, DStR 2010 S. 1208.

nanzamt (§ 141 Abs. 2 AO), bilanzierungspflichtig wird.[56] Die Einkünfteermittlung erfolgt durch Betriebsvermögensvergleich nach § 4 Abs. 1 EStG, und zwar regelmäßig für das Kalenderjahr (§ 4a Abs. 1 Nr. 3 EStG).[57] § 141 AO ist gegenüber § 140 AO subsidiär.[58]

Wenn im Inland keine Buchführungspflicht besteht bzw. nicht freiwillig Bücher geführt werden, kann der beschränkt Steuerpflichte seine Gewinne durch **Aufteilung** aus der Buchführung des Einheitsunternehmens ableiten.[59] Diese Aufteilung erfolgt nach dem Prinzip der wirtschaftlichen Zugehörigkeit (vgl. Rz. 2950 f.).[60] Der zu verteilende Betriebsgewinn kann dabei entweder durch einen Betriebsvermögensvergleich nach § 4 Abs. 1 EStG oder durch eine vereinfachte Gewinnermittlung nach § 4 Abs. 3 EStG ermittelt werden.[61] Es kann auch eine auf die inländische Betriebsstätte beschränkte Gewinnermittlung nach § 4 Abs. 1 oder 3 EStG vorgelegt werden.[62] Besteht keine Buchführungspflicht eines ausländischen Unternehmens für seine im Inland belegene Betriebsstätte, sind dennoch die Warenein- und Warenausgänge gemäß §§ 143 ff. AO bei der Betriebsstätte zu erfassen.[63] Durch diese Dokumentation wird sichergestellt, dass genügend Daten vorhanden sind, um eine Einnahmen-Überschuss-Rechnung nach § 4 Abs. 3 EStG zu erstellen.

3.3 Steuerliche Gewinnermittlung im Rahmen des § 49 Abs. 1 Nr. 2 Buchst. f EStG

Erzielt ein beschränkt Steuerpflichtiger Einkünfte i. S. v. § 49 Abs. 1 Nr. 2 Buchst. f EStG, 2961
ist der steuerliche Gewinn nach §§ 4 ff. EStG zu ermitteln;[64] § 17 Abs. 2 EStG und § 23 Abs. 3 EStG kommen also nicht zur Anwendung. Die Gewinnermittlung für Vermietung und Verpachtung (Doppelbuchst. aa) und Veräußerung (Doppelbuchst. bb) ist dabei getrennt vorzunehmen.[65]

Die Ermittlung der **Einkünfte aus Vermietung und Verpachtung** (§ 49 Abs. 1 Nr. 2 Buchst. f Doppelbuchst. aa EStG) erfolgt entweder durch die Einnahmen-Überschussrechnung nach § 4 Abs. 3 EStG oder durch einen Betriebsvermögensvergleich (§ 4 Abs. 1 EStG).[66] Eine Buchführungspflicht und damit eine Pflicht zur Gewinnermittlung nach

---

56 Vgl. *Andresen*, in: Wassermeyer/Andresen/Ditz (Hrsg.), Betriebsstätten Handbuch, Köln 2006, S. 665, Rz. 12.16; *Heinsen*, in: Löwenstein/Looks/Heinsen (Hrsg.), Betriebsstättenbesteuerung, 2. Aufl., München 2011, S. 109, Rz. 256.

57 Vgl. *Heinsen*, in: Löwenstein/Looks/Heinsen (Hrsg.), Betriebsstättenbesteuerung, 2. Aufl., München 2011, S. 109, Rz. 257.

58 Vgl. AEAO zu § 141 AO, Nr. 1.

59 Vgl. *Andresen*, in: Wassermeyer/Andresen/Ditz (Hrsg.), Betriebsstätten Handbuch, Köln 2006, S. 56.

60 Vgl. BFH, Urteil vom 20. 7. 1988 – I R 49/84, BStBl 1989 II S. 140.

61 Vgl. *Andresen*, in: Wassermeyer/Andresen/Ditz (Hrsg.), Betriebsstätten Handbuch, Köln 2006, S. 56 f. Zur Diskussion um die Zulässigkeit einer Einnahmen-Überschuss-Rechnung für den Fall einer Buchführungspflicht im (EU-)Ausland vgl. *Bernütz/Küppers*, IStR 2011 S. 589 f.; *Wachter*, FR 2006 S. 399; *Beinert/Werder*, DB 2005 S. 1485.

62 Vgl. *Andresen*, in: Wassermeyer/Andresen/Ditz (Hrsg.), Betriebsstätten Handbuch, Köln 2006, S. 57.

63 Vgl. *Wassermeyer*, in: Debatin/Wassermeyer (Hrsg.), Doppelbesteuerung, München, Art. 7 MA Rz. 215 (Stand: Januar 2009).

64 Vgl. BFH, Urteil vom 5. 6. 2002 – I R 81/00, BStBl 2004 II S. 344.

65 Vgl. *Gosch*, in: Kirchhof (Hrsg.), EStG, 12. Aufl., Köln 2013, § 49 Rz. 46.

66 Vgl. BMF, Schreiben vom 16. 5. 2011, IV C 3 – S 2300/08/10014, BStBl 2011 I S. 530, Rz. 6 f.; *Wied*, in: Blümich, EStG/KStG/GewStG, München, § 49 Rz. 138 (Stand: Februar 2012).

§ 140 AO scheidet aus, da sich § 140 nicht auf ausländische Rechtsnormen bezieht[67] (vgl. auch Rz. 2959).

Neben der freiwilligen Buchführung (§ 5 Abs. 1 Satz 1 EStG) kommt eine Buchführungspflicht aufgrund von § 141 AO in Betracht. Jedoch ist fraglich, ob bei **Überschreiten der Grenzen des § 141 AO** eine Buchführungspflicht begründet wird, da § 141 AO eine Betriebsstätte oder einen ständigen Vertreter voraussetzt.[68] Eine Betriebsstätte wird durch die Fiktion des § 49 Abs. 1 Nr. 2 Buchst. f EStG nicht begründet.[69] Dass die Grenzwerte nur anhand der Zugehörigkeit zu einem Betrieb überprüft werden können, ist jedoch im Rahmen der Grundstückvermietung nicht maßgebend, da es sich bei dem Vermietungsobjekt um Betriebsvermögen handelt.[70] Im Ergebnis greift die originäre steuerrechtliche Buchführungspflicht bei Überschreiten eines Schwellenwertes des § 141 AO und erfolgtem Hinweis auf die Buchführungspflicht[71] (vgl. auch Rz. 36).

Insbesondere bei Einkünften i. S. v. § 49 Abs. 1 Nr. 2 Buchst. f Doppelbuchst. bb EStG könnte zunächst angenommen werden, dass aufgrund der Stichtagsbezogenheit eine Gewinnermittlung analog zu § 17 Abs. 2 Satz 1 EStG und § 23 Abs. 3 Satz 1 EStG möglich wäre. Mangels Regelungslücke scheidet eine Übernahme dieser Normen für die Gewinnermittlung im Rahmen des § 49 Abs. 1 Nr. 2 Buchst. f EStG jedoch aus; vielmehr finden für die Ermittlung des **Veräußerungsgewinns bzw. -verlustes** die allgemeinen Regelungen (§§ 4 ff. EStG) Anwendung.[72] Ein Veräußerungsgewinn errechnet sich, indem vom Veräußerungspreis die Veräußerungskosten und die Anschaffungs- bzw. Herstellungskosten (i. S. d. § 6 Abs. 1 Nr. 1 Satz 1, Nr. 2 EStG) vermindert um bisher angefallene AfA abgezogen werden.[73] Stille Reserven, die vor dem 1. 1. 1994 entstanden sind, dürfen nicht in die steuerpflichtigen Veräußerungseinkünfte einbezogen werden, da erst ab diesem Zeitpunkt eine Veräußerung i. S. v. § 49 Abs. 1 Nr. 2 Buchst. f Doppelbuchst. bb EStG steuerbar wurde und der Gesetzgeber keine Übergangsvorschrift, die die Steuerbarkeit begründet hätte, erlassen hat.[74]

2962 *(Einstweilen frei)*

---

67 Vgl. *Wied*, in: Blümich, EStG/KStG/GewStG, München, § 49 Rz. 138 (Stand: Februar 2012); *Briesemeister*, Kapitel I, Rz. 36; a. A. BMF, Schreiben vom 16. 5. 2011 – IV C 3 – S 2300/08/10014, BStBl 2011 I S. 530; AEAO zu § 140 AO.

68 Vgl. *Drüen*, in: Tipke/Kruse, Abgabenordnung, Köln, § 141 AO Rz. 6 (Stand: Oktober 2012).

69 Vgl. BMF, Schreiben vom 16. 5. 2011 – IV C 3 – S 2300/08/10014, BStBl 2011 I S. 530, Rz. 15; *Wassermeyer*, IStR 2009 S. 239.

70 Vgl. BFH, Urteile vom 5. 6. 2002 – I R 81/00, BStBl 2004 II S. 344; vom 22. 8. 2006 – I R 6/06, BStBl 2007 II S. 163; *Gosch*, in: Kirchhof (Hrsg.), EStG, 12. Aufl., Köln 2013, § 49 Rz. 46. Zum Wechsel der Einkunftsermittlungsart ab dem VZ 2009 durch das JStG 2009 vgl. *Mensching*, DStR 2009 S. 96 ff.; *Töben/Lohbeck/Fischer*, FR 2009 S. 151; *Wied*, in: Blümich, EStG/KStG/GewStG, München, § 49 Rz. 138 (Stand: Februar 2012).

71 Vgl. BMF, Schreiben vom 16. 5. 2011, IV C 3 – S 2300/08/10014, BStBl 2011 I S. 530, Rz. 3; *Könemann/Blaudow*, Stbg 2012 S. 223 f.; a. A. *Lindauer/Westphal*, BB 2009 S. 421.

72 Vgl. BFH, Urteile vom 5. 6. 2002 – I R 81/00, BStBl 2004 II S. 344; vom 5. 6. 2002 – I R 105/00, IStR 2002 S. 596; *Gosch*, in: Kirchhof (Hrsg.), EStG, 12. Aufl., Köln 2013, § 49 Rz. 45; *Loschelder*, in: Schmidt, EStG, 32. Aufl., München 2013, § 49 Rz. 59; *Wied*, in: Blümich, EStG/KStG/GewStG, München, § 49 Rz. 139 (Stand: Februar 2012); a. A. HHR, § 49 Rz. 602; *Hendricks*, IStR 1997, S. 229.

73 Vgl. *Gosch*, in: Kirchhof (Hrsg.), EStG, 12. Aufl., Köln 2013, § 49 Rz. 45.

74 Vgl. BFH, Urteile vom 5. 6. 2002 – I R 81/00, BStBl 2004 II S. 344; vom 5. 6. 2002 – I R 105/00, IStR 2002 S. 596; vom 22. 8. 2006, I R 6/06, BFH/NV 2007 S. 127; *Gosch*, in: Kirchhof (Hrsg.), EStG, 12. Aufl., Köln 2013, § 49 Rz. 47; *Loschelder*, in: Schmidt, EStG, 32. Aufl., München 2013, § 49 Rz. 54.

4. Entstrickung

4.1 Überblick: Tatbestände der Entstrickung

Entstrickung meint einen grenzüberschreitenden Vorgang, durch den stille Reserven eines Wirtschaftsgutes der deutschen Besteuerung entzogen werden.[75] Der **Grundtatbestand** der einkommensteuerlichen Entstrickung ist in § 4 Abs. 1 Satz 3, 4 EStG kodifiziert (vgl. Rz. 2984). Demnach steht einer Entnahme für betriebsfremde Zwecke der Ausschluss oder die Beschränkung des deutschen Besteuerungsrechts hinsichtlich des Gewinns aus der Veräußerung oder der Nutzung eines Wirtschaftsgutes gleich (§ 4 Abs. 1 Satz 3 KStG). Ein Ausschluss oder eine Beschränkung dieses Besteuerungsrechts liegt insbesondere dann vor, wenn ein bisher einer inländischen Betriebsstätte zuzuordnendes Wirtschaftsgut einer ausländischen Betriebsstätte zugeordnet wird (§ 4 Abs. 1 Satz 4 EStG).[76] Bei EU-Sachverhalten gewährt § 4g EStG einen Aufschub der Besteuerung (vgl. Rz. 2993 ff.). § 12 Abs. 1 KStG ist das körperschaftsteuerliche Pendant zu § 4 Abs. 1 Satz 3, 4 EStG (vgl. Rz. 2984).[77] § 16 Abs. 3a EStG betrifft die Entstrickung von betrieblichen (Teil-)Einheiten (vgl. Rz. 3019 ff.). 2963

Bezüglich des Anwendungsbereichs dieser Grundtatbestände der Entstrickung lassen sich folgende **Fallgruppen** bilden: 2964

- **objektbezogene Entstrickung**: Überführung von Wirtschaftsgütern aus einer inländischen Betriebsstätte in eine ausländische Betriebsstätte; Überführung von Wirtschaftsgütern in das ausländische Stammhaus eines beschränkt Steuerpflichtigen;
- **subjektbezogene Entstrickung**: Wegzug eines Einzelunternehmers oder Mitunternehmers; Sitzverlegung einer Kapitalgesellschaft.[78]

Von diesen Grundtatbeständen der Entstrickung sind diverse **spezielle Entstrickungstatbestände** zu unterscheiden. So beruht etwa § 6 Abs. 5 Satz 1 EStG auf dem gleichen Grundgedanken wie § 4 Abs. 1 Satz 3 EStG;[79] durch den Verweis auf § 4 Abs. 1 Satz 4 EStG in § 6 Abs. 5 Satz 1 2. Halbsatz EStG ist bei der Überführung eines Wirtschaftsgutes in eine **ausländische Personengesellschaft** ein Buchwertansatz regelmäßig nicht möglich.[80] 2965

Darüber hinaus sind insbesondere die **umwandlungssteuerrechtlichen Entstrickungsregelungen** zu nennen. Bei der **Verschmelzung** einer Kapitalgesellschaft auf eine Per- 2966

75 Vgl. BT-Drucks. 16/2710 S. 26; *Hagemann/Jakob/Ropohl/Viebrock*, NWB 2007, Sonderheft 1, S. 2; *Kessler/Huck*, StuW 2005 S. 198; *Prinz*, GmbHR 2007 S. 966.

76 Eine entsprechende Anwendung des § 4 Abs. 1 Satz 4 EStG ist in § 6 Abs. 5 Satz 1 EStG und in § 16 Abs. 3 Satz 2 EStG enthalten, vgl. hierzu *Mitschke*, Ubg 2011 S. 332.

77 § 12 Abs. 2 KStG sieht eine Ausnahme von der allgemeinen Entstrickungsregelung des § 12 Abs. 1 KStG vor und erlaubt die Buchwertfortführung bei Verschmelzungen von Kapitalgesellschaften in Drittstaaten. Vgl. *Cortez*, in: Wöhrle/Schelle/Gross, Außensteuergesetz, Stuttgart, § 12 KStG Rz. 17 (Stand: 12/2009).

78 Vgl. *Heurung/Engel/Thiedemann*, EWS 2011 S. 229. Auf den weiteren Fall der „passiven Entstrickung" sei hier nur verwiesen, vgl. ebd., S. 229 f. Zum Wegzug einer Kapitalgesellschaft in einen Drittstaat vgl. § 12 Abs. 3 KStG; hierzu *Kahle/Cortez*, in: Wöhrle/Schelle/Gross, Außensteuergesetz, Stuttgart, § 12 KStG Rz. 168 ff. (Stand: 12/2009).

79 Vgl. *Mitschke*, Ubg 2011 S. 332.

80 Die Rechtslage war vor der Einfügung des § 4 Abs. 1 Satz 4 EStG durch das JStG 2010 noch anders, vgl. *Kahle/Franke*, in: Wöhrle/Schelle/Gross, Außensteuergesetz, Stuttgart, § 4 EStG Rz. 46 (Stand: 12/2009).

sonengesellschaft oder auf eine natürliche Person und beim **Formwechsel** einer Kapitalgesellschaft in eine Personengesellschaft kann die übertragende Körperschaft auf Antrag die übergehenden Wirtschaftsgüter einheitlich mit dem Buchwert oder einem Zwischenwert (höchstens jedoch mit dem gemeinen Wert) ansetzen, soweit die Voraussetzungen des § 3 Abs. 2 UmwStG erfüllt sind. Gemäß § 3 Abs. 2 Satz 1 Nr. 2 UmwStG darf das Recht der Bundesrepublik Deutschland hinsichtlich der Besteuerung des Gewinns aus der Veräußerung der übertragenen Wirtschaftsgüter bei den Gesellschaftern der übernehmenden Personengesellschaft oder bei der natürlichen Person **nicht ausgeschlossen oder beschränkt** sein. Eine entsprechende Entstrickungsregelung enthält § 11 Abs. 2 Satz 1 Nr. 2 UmwStG für den Fall der Verschmelzung von Kapitalgesellschaften.

2967 Bei der **Einbringung** von Unternehmensteilen in eine Kapitalgesellschaft oder eine Genossenschaft kann die übernehmende Gesellschaft auf Antrag das eingebrachte Betriebsvermögen mit seinem Buchwert oder mit einem Zwischenwert unter den Voraussetzungen des § 20 Abs. 2 Satz 2 UmwStG ansetzen. Nach § 20 Abs. 2 Satz 2 Nr. 3 UmwStG darf das Recht Deutschlands hinsichtlich der Besteuerung des Gewinns aus der Veräußerung des eingebrachten Betriebsvermögens bei dem übernehmenden Rechtsträger weder ausgeschlossen noch beschränkt werden. Eine entsprechende Entstrickungsregelung enthält § 21 Abs. 2 Satz 3 Nr. 1 UmwStG für den **Anteilstausch**.[81]

2968–2972 *(Einstweilen frei)*

4.2 Entstrickung nach § 4 Abs. 1 Satz 3, 4 EStG

4.2.1 Überblick über die Rechtsentwicklung bis zum JStG 2010

4.2.1.1 Finale Entnahmetheorie und deren Aufgabe durch den BFH

2973 Bis zum SEStEG 2006 war es in der Rechtsprechung und der Literatur einhellige Meinung, dass das Einkommensteuerrecht **keinen allgemeinen Entstrickungsgrundsatz** enthält, nach dem die stillen Reserven eines Wirtschaftsgutes aufgelöst und versteuert werden müssen, wenn das Wirtschaftsgut nicht mehr in die Gewinnermittlung einzubeziehen ist.[82] Allerdings hatte die frühere Rechtsprechung des BFH bei der Überführung von Wirtschaftsgütern des Anlagevermögens in eine ausländische Betriebsstätte eine Entnahme bejaht, sofern ansonsten die Besteuerung der stillen Reserven gefährdet war (**finale Entnahmetheorie**).[83] Diese Rechtsprechung wurde durch den BFH mit seinem früheren Abkommensverständnis, nach dem Deutschland durch die Überfüh-

81 Zur Diskussion um die Europarechtskonformität der Entstrickungsregelungen des UmwStG vgl. *Ungemach*, Ubg 2011 S. 251 ff.; *Kußmaul/Richter/Heyd*, IStR 2010 S. 76 f. Zu den Auswirkungen der National Grid Indus Entscheidung des EuGH vom 25. 11. 2011 vgl. Rz. 2990 sowie z. B. *Prinz*, GmbHR 2012 S. 195.

82 Vgl. BFH, Urteile vom 9. 2. 1972 – I R 205/66, BStBl 1972 II S. 455; vom 16. 12. 1975 – VIII R 3/74, BStBl 1976 II S. 246; vom 26. 1. 1977 – VIII R 109/75, BStBl 1977 II S. 283; vom 14. 6. 1988 – VIII R 387/83, BStBl 1989 II S. 187; *Heinicke*, in: Schmidt, EStG, 32. Aufl., München 2013, § 4 Rz. 50, 316, 320; *Klingberg/van Lishaut*, DK 2005 S. 698, 703; *Prinz*, in: HHR, EStG/KStG, Jahresband 2007, Köln 2007, vor § 4 Rz. J 06-1.

83 Vgl. BFH, Urteile vom 16. 7. 1969 – I 266/65, BStBl 1970 II S. 175; vom 28. 4. 1971 – I R 55/66, BStBl 1971 II S. 630 ff.; vom 30. 5. 1972 – VIII R 111/69, BStBl 1972 II S. 760-762; vom 17. 8. 1972 – IV R 26/69, BStBl 1972 II S. 903; vom 7. 10. 1974 – GrS 1/73, BStBl 1975 II S. 168; vom 24. 11. 1982 – I R 123/78, BStBl 1983 II S. 113; vom 18. 5. 1983 – I R 5/82, BStBl 1983 II S. 771.

rung eines Wirtschaftsgutes in eine ausländische Betriebsstätte mit **DBA-Freistellung** das Besteuerungsrecht an den in dem Wirtschaftsgut vorhandenen stillen Reserven verlor, begründet.

Die **Finanzverwaltung** unterstellte bereits lange einen Entstrickungsgrundsatz[84] und entwickelte daraus die „Theorie der aufgeschobenen Gewinnrealisierung“[85] und die „**Korrekturpostenmethode**“[86]. Demnach sind materielle und immaterielle Wirtschaftsgüter, die in eine DBA-Betriebsstätte mit Freistellungsmethode überführt werden, beim inländischen Stammhaus zum Fremdvergleichspreis im Überführungszeitpunkt anzusetzen.[87] 2974

Die Rechtsprechung des BFH zur finalen Entnahmetheorie wurde in der Literatur massiv kritisiert, weil eine Entnahme nicht vorliegt, solange Wirtschaftsgüter im Vermögen der Betriebsstätte verbleiben.[88] Durch die finale Entnahmetheorie des BFH wurde ein im Gesetz nicht enthaltener Gewinnrealisierungstatbestand eingeführt.[89] Mit **Urteil vom 17. 7. 2008** hat der BFH seine finale Entnahmetheorie ausdrücklich aufgegeben.[90] Die Aufgabe basiert im Wesentlichen auf einem geänderten Abkommensverständnis des BFH. Die finale Entnahmetheorie beruhte nach der neuen Rechtsprechung des BFH auf einer unzutreffenden Beurteilung der Abgrenzung zwischen den inländischen und den ausländischen Einkünften sowie der Wirkung der abkommensrechtlichen Freistellung; auch bei Freistellung der ausländischen Betriebsstättengewinne wird die inländische Besteuerung von im Inland entstandenen stillen Reserven nicht beeinträchtigt, weil die Freistellung nur solche Gewinne erfasst, die in der Betriebsstätte erwirtschaftet wurden. Die bis zum Zeitpunkt der Überführung erwirtschafteten stillen Reserven können weiterhin in Deutschland besteuert werden; das Besteuerungsrecht Deutschlands ist insoweit nicht gefährdet.[91] Während in der Literatur diese Änderung der 2975

84 Vgl. Stellungnahme des BdF, in: BFH, Urteil vom 16. 7. 1969 – I 266/65, BStBl 1970 II S. 175.

85 Vgl. grundlegend *Baranowski*, DB 1962 S. 881.

86 Erstmals vorgestellt von *Neubauer*, JbFfSt 1976/77 S. 318 f.

87 Vgl. im Überblick *Kahle/Franke*, IStR 2009 S. 407.

88 Vgl. zur Kritik an dieser Rechtsprechung im Einzelnen *Debatin*, BB 1990 S. 826 ff.; *Kempka*, Gewinnrealisierung bei der Überführung von Wirtschaftsgütern zwischen Stammhaus und Betriebsstätte, Frankfurt a. M. 1995, S. 66-68, 103-110 u. 125 f.; *Kessler/Huck*, StuW 2005 S. 193 ff.; *Keuk*, DB 1973 S. 890 ff.; *Kleineidam*, IStR 2000 S. 577 ff.; *Meilicke/Hohlfeld*, BB 1972 S. 508; *Wassermeyer*, DB 2003 S. 2622.

89 Vgl. *Tipke*, StuW 1972 S. 264 ff.; *Debatin*, BB 1990 S. 828 f.

90 Vgl. BFH, Urteil vom 17. 7. 2008 – I R 77/06, DB 2008 S. 2285.

91 Nach Auffassung des BFH müsse es folglich zu einer Aufteilung der stillen Reserven bzw. eines etwaigen späteren Veräußerungsgewinns zwischen Deutschland und dem Betriebsstättenstaat kommen. Der BFH lässt die konkreten Maßstäbe für eine solche Aufteilung aber offen; vgl. BFH, Urteil vom 17. 7. 2008 – I R 77/06, DB 2008 S. 2285. Er weist lediglich auf verschiedene Lösungsansätze hin (insbes. Theorie der aufgeschobenen Gewinnrealisierung, die auf die stillen Reserven im Zeitpunkt der Überführung in das Ausland abstellt; Aufteilung des später tatsächlich durch eine Außentransaktion realisierten Gewinns nach Wertschöpfungsbeiträgen). Auch die Wirkung späterer betrieblich veranlasster Wertminderungen an dem überführten Wirtschaftsgut auf den in Deutschland steuerverhafteten Ergebnisanteil bleibt ungeklärt (Gewinn bei der Innentransaktion, Verlust im Außenverkehr), vgl. *Prinz*, DB 2009 S. 810; *Wassermeyer*, S:R 2008 S. 376 f.

Rechtsprechung überwiegend begrüßt wurde,[92] reagierte die Finanzverwaltung mit einem Nichtanwendungserlass.[93]

2976–2977 *(Einstweilen frei)*

4.2.1.2 Internationale Entwicklungen

2978 Die neue Rechtsprechung des BFH steht im Einklang mit der älteren Auffassung auf OECD-Ebene, wonach in der Überführung eines Wirtschaftsgutes in eine ausländische Betriebsstätte eines inländischen Unternehmens nicht die „letzte Chance" zu sehen ist, gebildete stille Reserven zu besteuern. Der Staat, aus dem heraus das Wirtschaftsgut überführt wird, kann im Zeitpunkt der Überführung eine Besteuerung vornehmen, dies ist aber nicht zwingend.[94]

2979 Allerdings hat der OECD-Council am 22. 7. 2010 die Aktualisierung des Abkommensmusters der Mitgliedstaaten der OECD (OECD-MA 2010) veröffentlicht, deren zentraler Bestandteil die **Neufassung des Art. 7 OECD-MA** sowie der dazugehörigen Kommentierung (OECD-MK 2010) ist. Gleichzeitig veröffentlichte die OECD eine überarbeitete Version des Berichtes des Steuerausschusses der OECD mit dem Titel „2010 Report on the attribution of profits to permanent establishments" (OECD-Betriebsstättenbericht 2010). Nach der Auffassung der Mitgliedstaaten der OECD soll die Auslegung des Art. 7 OECD-MA nunmehr dem **„Functionally Separate Entity Approach"** folgen.[95] Dieser Ansatz fingiert die Betriebsstätte insbesondere hinsichtlich der Leistungsbeziehungen mit anderen Unternehmensteilen als völlig selbständiges und unabhängiges Unternehmen.[96] Innerunternehmerische Transaktionen sind hiernach für Zwecke der Erfolgsabgrenzung grundsätzlich nach dem Fremdvergleichsgrundsatz abzurechnen. Durch die Fiktion eines völlig selbständigen und unabhängigen Unternehmens kann der Betriebsstätte auch ein Gewinn zugerechnet werden, obwohl das Unternehmen als Ganzes keinen Gewinn erzielt hat.[97]

2980 Die OECD weicht damit von dem **„Relevant Business Activity Approach"** ab, der eine eingeschränkte Selbständigkeitsfiktion der Betriebsstätte beinhaltet.[98] Nach diesem

92 Vgl. z. B. *Ditz*, IStR 2009 S. 115 ff.; *Gosch*, BFH-PR 2008 S. 500; *Hoffmann*, DB 2008 S. 2286 f.; *Köhler*, in: Baumhoff/Dücker/Köhler (Hrsg.), Besteuerung, Rechnungslegung und Prüfung der Unternehmen, FS Krawitz, Wiesbaden 2010, S. 218 ff.; *Prinz*, DB 2009 S. 807 ff.; *Wassermeyer*, S:R 2008 S. 376 f.; a. A. *Mitschke*, FR 2008 S. 1144 ff.; *ders.*, FR 2009 S. 326 ff.

93 Vgl. BMF, Schreiben vom 20. 5. 2009 – IV C 6 – S 2134/07/10005, BStBl 2009 I S. 671; hierzu *Mitschke*, DB 2009 S. 1376 ff.

94 Vgl. OECD, Kommentar zu Art. 7 OECD-MA 2008, Abschn. 21; Kommentar zu Art. 13 Abs. 2 OECD-MA 2008, Abschn. 10.

95 Vgl. OECD-Betriebsstättenbericht 2010, Tz. 8, 50; OECD-Betriebsstättenbericht 2008, Tz. 9, 78.
Für die Auffassung der vollständigen Selbständigkeit der Betriebsstätte plädieren in Deutschland u. a. *Becker*, DB 1989 S. 13 ff.; *ders.*, DB 1990 S. 392 ff.; *Beiser*, IStR 1992 S. 7; *Kumpf*, StbJb 1988/89 S. 399 ff.; *Kroppen*, IStR 2005 S. 74 ff.; *Kramer*, StuW 1991 S. 153 ff.; *Ditz*, Internationale Gewinnabgrenzung bei Betriebsstätten, Berlin 2005, S. 131 ff.; *Ditz/Schneider*, DStR 2010 S. 82 ff.

96 Vgl. im Einzelnen *Bennett/Russo*, ITPJ 2009 S. 73 ff.; *Russo*, ET 2008 S. 459 ff.; *Förster*, IStR 2007 S. 398 ff.; *ders.*, IWB 2007, Fach 10, Gruppe 2, S. 1929 ff.; *Kahle/Mödinger*, DB 2011 S. 2342 f.; *dies.*, IStR 2011 S. 821 ff.; *Mödinger*, Internationale Erfolgs- und Vermögensabgrenzung zwischen Stammhaus und Betriebsstätte nach der Neufassung des Art. 7 OECD-MA, Lohmar/Köln 2012, S. 95 ff.

97 Vgl. OECD-MK 2010 zu Art. 7 OECD-MA, Tz. 17. Vgl. hierzu im Einzelnen *Kahle/Mödinger*, IStR 2010 S. 757 ff.

98 Vgl. OECD-Betriebsstättenbericht 2008, Tz. 59 ff.

Ansatz sind der Betriebsstätte nach dem Fremdvergleichsgrundsatz nur diejenigen Einkünfte zuzurechnen, die aus der Ausübung der jeweiligen Geschäftstätigkeit des Gesamtunternehmens in der Betriebsstätte resultieren.[99] Darüber hinaus ist jedoch nur eine Aufwandsverrechnung denkbar, wodurch innerunternehmerische Zins- oder Mietzahlungen grundsätzlich nicht möglich sind.[100] Da sich das Gesamtergebnis des Unternehmens nach dieser Theorie durch die aggregierten Gewinne und Verluste aus jeder Geschäftstätigkeit ergeben, kann einer Betriebsstätte nur dann ein Gewinn zugeordnet werden, wenn auf Gesamtunternehmensebene ein positives Ergebnis erzielt wurde.[101]

(Einstweilen frei) 2981–2983

4.2.1.3 Einfügung des § 4 Abs. 1 Satz 3, 4 EStG durch das SEStEG 2006

Durch das SEStEG 2006 wurde ein **allgemeiner Entstrickungstatbestand** im EStG eingeführt (§ 4 Abs. 1 Satz 3 EStG). Danach werden Sachverhalte, bei denen das Besteuerungsrecht Deutschlands hinsichtlich des Gewinns aus der Veräußerung oder aus der Nutzung eines Wirtschaftsgutes ausgeschlossen oder beschränkt wird, einer Entnahme des Wirtschaftsgutes aus dem Betriebsvermögen für betriebsfremde Zwecke gleichgestellt (§ 4 Abs. 1 Satz 3 EStG).[102] Die Regelung zielt in erster Linie auf die Überführung von Wirtschaftsgütern in eine ausländische Betriebsstätte ab. Es wird eine Entnahme fingiert, die zum gemeinen Wert (§ 9 Abs. 2 BewG, vgl. Rz. 923 ff.) zu bewerten ist (§ 6 Abs. 1 Nr. 4 Satz 1 2. Halbsatz EStG).[103] Es kommt zu einer **Sofortbesteuerung der stillen Reserven**, obgleich diese noch gar nicht realisiert sind. Wenn die Tatbestandsvoraussetzungen des § 4 Abs. 1 Satz 3 EStG erfüllt sind und das Wirtschaftsgut in eine Betriebsstätte in einem EU-Staat überführt wird, gewährt § 4g EStG bei unbeschränkter Steuerpflicht die Möglichkeit einer **aufgeschobenen Besteuerung** (vgl. Rz. 2993). Im Falle der Überführung von Wirtschaftsgütern einer Kapitalgesellschaft in ihre ausländische Betriebsstätte wird die Fiktion einer Entnahme von Wirtschaftsgütern durch die Annahme einer Veräußerung oder Überlassung ersetzt (§ 12 Abs. 1 KStG). Keine Beschränkung i. S. d. § 4 Abs. 1 Satz 3 EStG liegt vor, wenn das Wirtschaftsgut nur der Gewerbesteuer nicht mehr unterliegt (**gewerbesteuerliche Entstrickung**).[104] 2984

99 Vgl. OECD-Betriebsstättenbericht 2008, Tz. 61; vgl. auch *Förster/Naumann/Rosenberg*, IStR 2005 S. 621. Dieser Ansatz entspricht der h. M. in Deutschland, vgl. *Debatin*, DB 1989 S. 1692 ff.; *ders.*, DB 1989 S. 1739 ff.; *Schaumburg*, Internationales Steuerrecht, 3. Aufl., Köln 2011, S. 991 ff.; *Wassermeyer*, in: Wassermeyer/Andresen/Ditz (Hrsg.), Betriebsstätten-Handbuch, Köln 2006, Rz. 1.24; *ders.*, in: Debatin/Wassermeyer (Hrsg.), Doppelbesteuerung, Art. 7 MA, Rz. 185 m. w. N. (Stand: 1/2009); *Hemmelrath*, in: Vogel/Lehner (Hrsg.), DBA, 5. Aufl., München 2008, Art. 7 OECD-MA, Rz. 77 ff.; *Ziehr*, Einkünftezurechnung im internationalen Einheitsunternehmen, Lohmar 2008, S. 132 ff.

100 Vgl. *Kroppen*, in: Kessler/Förster/Watrin (Hrsg.), Unternehmensbesteuerung, FS Herzig, München 2010, S. 1074.

101 Vgl. OECD-Betriebsstättenbericht 2008, Tz. 63; vgl. auch *Debatin*, DB 1989 S. 1696, 1739 f.

102 Zum Ausschluss oder der Beschränkung des deutschen Besteuerungsrechts bei der Nutzung eines Wirtschaftsgutes vgl. im Einzelnen *Wissenschaftlicher Beirat von Ernst & Young tax*, DB 2010, S. 1782 f.; *Kahle/Franke*, in: Wöhrle/Schelle/Gross, Außensteuergesetz, Stuttgart, § 4 EStG Rz. 89 ff. (Stand: 12/2009).

103 § 4 Abs. 1 Satz 3 EStG gilt nicht für Anteile an einer europäischen Gesellschaft (SE) oder Europäischen Genossenschaft (SCE), wenn diese ihren Sitz von einem Mitgliedstaat der EU in einen anderen Mitgliedstaat verlegt (§ 4 Abs. 1 Satz 5 EStG).

104 Vgl. *Benecke/Schnitger*, IStR 2006 S. 766; *Schönherr/Lemaitre*, GmbHR 2006 S. 567; *Förster*, DB 2007 S. 73; *Wassermeyer*, IStR 2008 S. 178.

2985 Der Sinn und Zweck des § 4 Abs. 1 Satz 3 EStG wird darin gesehen, die Besteuerung im Inland entstandener stiller Reserven im letztmöglichen Zeitpunkt (dem der Verlagerung des Wirtschaftsguts) sicherzustellen und die Besteuerungsrechte abzugrenzen.[105] Der Gesetzgeber hingegen sieht in § 4 Abs. 1 Satz 3 EStG eine Klarstellung zur ohnehin bestehenden Rechtslage.[106] Dieser Ansicht des Gesetzgebers des SEStEG ist nach h. M. mit der **Aufgabe der finalen Entnahmetheorie** durch den BFH endgültig der Boden entzogen worden. Ein Ausschluss des deutschen Besteuerungsrechts liegt nicht vor, wenn ein Wirtschaftsgut von einem inländischen Betrieb in eine ausländische Betriebsstätte des Steuerpflichtigen überführt wird und der Gewinn der ausländischen Betriebsstätte (und damit auch ein Gewinn aus der Veräußerung des überführten Wirtschaftsgutes) aufgrund eines DBA mit Freistellungsmethode nicht mehr der inländischen Besteuerung unterliegt. Denn Deutschland behält das Recht an der Besteuerung der bis zur Überführung entstandenen stillen Reserven. Spätere Veräußerungsgewinne sind gemäß Art. 7 Abs. 1 Satz 2 OECD-MA 2008 dem Stammhaus zuzuordnen und damit in Deutschland zu versteuern, soweit sie auf stille Reserven entfallen, die sich bis zum Zeitpunkt der Überführung gebildet haben. Hiernach läuft § 4 Abs. 1 Satz 3 EStG weitestgehend ins Leere.[107] Diese Argumentation wird durch die Aufgabe der finalen Entnahmetheorie durch den BFH bestätigt; von einem Ausschluss des deutschen Besteuerungsrechts für die bisher gebildeten stillen Reserven kann nicht mehr die Rede sein.[108]

2986 Nach anderer Auffassung ist die Aufgabe der finalen Entnahmetheorie durch den BFH nach aktuellem Recht überholt, weil § 4 Abs. 1 Satz 3 EStG die **steuerpflichtige Gewinnrealisierung** vorschreibt.[109] Der Gesetzgeber geht offenbar davon aus, „dass ein Ausschluss des Besteuerungsrechts bereits dann vorliegt, wenn sich der weitergehende Aufbau stiller Reserven nach der Überführung des Wirtschaftsguts im Ausland vollzieht und Deutschland auf diese neu gebildeten stillen Reserven keinen Zugriff mehr hat."[110] Es wird auch argumentiert, § 4 Abs. 1 Satz 3 EStG könne bereits bei einer faktischen Beschränkung des deutschen Besteuerungsrechts zur Anwendung kommen, d. h. wenn damit gerechnet werden muss, dass die zeitliche Zuordnung der stillen Reserven Prob-

105 Vgl. *Benecke*, NWB 2007, Fach 3, S. 14741; *Frotscher*, in: Frotscher, EStG, Freiburg, § 4 Rz. 358 (Stand: 3/2011). Zur systematischen Stellung des § 4 Abs. 1 Satz 3 EStG und zur Konkurrenz dieser Norm zu anderen Vorschriften vgl. *Kahle/Franke*, in: Wöhrle/Schelle/Gross, Außensteuergesetz, Stuttgart, § 4 EStG Rz. 42 ff. (Stand: 12/2009).

106 Vgl. BT-Drs. 16/2710, S. 28.

107 Vgl. *Wassermeyer*, DB 2006 S. 1176; *Schwenke*, DStZ 2007 S. 245; *Rödder/Schumacher*, DStR 2007 S. 371; *Stadler/Elser*, BB-Special 8/2006 S. 19. A. A. *Benecke*, NWB 2007, Fach 3, S. 14736; *Hruschka*, StuB 2006 S. 586; *Körner*, IStR 2006 S. 469; *Schönherr/Lemaitre*, GmbHR 2006 S. 562; *Voß*, BB 2006 S. 412; *Werra/Teiche*, DB 2006 S. 1455.

108 Vgl. *Blumenberg*, in: Spindler/Tipke/Rödder (Hrsg.), Steuerzentrierte Rechtsberatung, FS Schaumburg, Köln 2009, S. 577; *Ditz*, IStR 2009 S. 120; *Gosch*, BFH-PR 2008 S. 499 f.; *Kahle/Franke*, IStR 2009 S. 409; *Köhler*, IStR 2010 S. 341; *Körner*, IStR 2009 S. 744 f.; *Prinz*, DB 2009 S. 810 f.; *Roser*, DStR 2008 S. 2393 f.; *Schneider/Oepen*, FR 2009 S. 28.

109 Vgl. *Benecke*, IStR 2010 S. 102; *Koch*, BB 2008 S. 2452; *Mitschke*, FR 2009 S. 329; *ders.*, Ubg 2010 S. 356 f.; *Musil*, FR 2011 S. 549 f.

110 *Stadler/Elser*, in: Blumenberg/Schäfer (Hrsg.), Das SEStEG, München 2007, S. 47.

leme bereitet oder die Durchsetzung des Steueranspruchs administrative Erschwernisse mit sich bringt.[111]

(Einstweilen frei) 2987

4.2.2 Ergänzung der Entstrickungsregelung durch das JStG 2010

Um den aufgezeigten Unsicherheiten bei der Auslegung des § 4 Abs. 1 Satz 3 EStG zu begegnen, hat der Gesetzgeber mit dem **JStG 2010** einen Satz 4 angefügt, nach dem der Ausschluss oder die Beschränkung des deutschen Besteuerungsrechts hinsichtlich des Veräußerungsgewinns des Wirtschaftsgutes insbesondere dann eintritt, „wenn ein bisher einer inländischen Betriebsstätte des Steuerpflichtigen zuzuordnendes Wirtschaftsgut einer ausländischen Betriebsstätte zuzuordnen ist." Eine entsprechende Ergänzung wurde in § 12 Abs. 1 Satz 2 KStG vorgenommen.[112] 2988

Nach wohl herrschender Meinung erreicht der Gesetzgeber damit sein Ziel der Aufdeckung der stillen Reserven im Zeitpunkt der Überführung (vorbehaltlich des § 4g EStG),[113] die bisherigen Kritikpunkte (vgl. Rz. 2984 f.) bleiben aber bestehen.[114] Auch die Argumentation des Gesetzgebers, die neue BFH-Rechtsprechung zur Aufgabe der finalen Entnahmetheorie sei mit verfassungsrechtlich nicht hinnehmbaren Vollzugsdefiziten verbunden und sei nur schwer zu administrieren,[115] kann nicht völlig überzeugen. Zwar müsste der Verbleib der überführten Wirtschaftsgüter in der ausländischen Betriebsstätte verfolgt werden, wenn die Besteuerung erst bei einem Außenumsatz eintreten soll. Mithilfe der Gesamtbilanz des inländischen Stammhauses dürfte dies aber möglich sein.[116] Zudem können mit der **Amtshilferichtlinie** und der **Beitreibungsrichtlinie** die notwendigen Informationen über den Verbleib der Wirtschaftsgüter beschafft und Steueransprüche durchgesetzt werden.[117] Außerdem können nach der EuGH-Rechtsprechung[118] bloße Verwaltungserschwernisse keinen Rechtfertigungsgrund für die Behinderung einer EG-Grundfreiheit darstellen.[119] 2989

Zudem ist die steuerliche Zuordnung von Wirtschaftsgütern nach § 4 Abs. 1 Satz 4 EStG nicht eindeutig;[120] so könnte ein Wirtschaftsgut mehreren Betriebsstätten anteilig zuordenbar sein (z. B. immaterielle Wirtschaftsgüter, die von mehreren Betriebsstätten 2990

111 Vgl. *Hennrichs*, in: Tipke/Lang, Steuerrecht, 21. Aufl., Köln 2013, § 9 Rz. 472.

112 Die Aufgabe der finalen Entnahmetheorie durch den BFH dürfte sich aufgrund der fehlenden außerbetrieblichen Sphäre bei Kapitalgesellschaften zwar nicht auswirken; der BFH würde aber bei einer Prüfung des § 12 Abs. 1 KStG sicherlich zu den gleichen Folgeschlüssen kommen wie in seinem Urteil vom 17. 7. 2008. Um den zu erwartenden steuerlichen Folgen einer solchen Rechtsprechung entgegenzuwirken, wurde die Ergänzung des § 12 Abs. 1 KStG vorgenommen. Vgl. BR-Drucks. 318/1/10, S. 10 f.

113 Vgl. *Richter/Heyd*, Ubg 2011 S. 174 f.; *Musil*, FR 2011 S. 549 f.; *Mitschke*, FR 2011 S. 707.

114 Vgl. *Richter/Heyd*, Ubg 2011 S. 174 f.

115 Vgl. BR-Drucks. 318/1/10 S. 9, 11; vgl. auch *Musil*, FR 2011 S. 549.

116 Vgl. *Richter/Heyd*, Ubg 2011 S. 175.

117 Vgl. *Eickmann/Stein*, DStZ 2007 S. 728; *Richter/Heyd*, Ubg 2011 S. 175. Zum Inkrafttreten des EU-Amtshilfegesetzes zum 1. 1. 2013, mit dem die EU-Amtshilferichtlinie vom 15. 2. 2011 in deutsches Recht umgesetzt wird, vgl. z. B. *Ortmann-Babel/Bolik/Griesfeller*, DB 2013 S. 1324 f.

118 Vgl. EuGH, Urteil vom 4. 3. 2004, Rs. C-334/02, Kommission Frankreich, Slg. 2004, I-2229, Rz. 29 f.

119 Vgl. *Richter/Heyd*, Ubg 2011 S. 175.

120 Vgl. *Richter/Heyd*, Ubg 2011 S. 175; *Lendewig/Jaschke*, StuB 2011 S. 94 f.

gleichzeitig genutzt werden).[121] Es bleibt unklar, wie in diesem Fall zu verfahren ist.

Darüber hinaus verstößt die Entstrickungsregelung des § 4 Abs. 1 Satz 3 EStG nach herrschender Meinung gegen die **Niederlassungsfreiheit** des Art. 49 ff. AEUV.[122] Nach der Entscheidung des EuGH in der Rechtssache *National Grid Indus*[123] ist eine Entstrickungsbesteuerung im Grundsatz geeignet, die Wahrung der Aufteilung der Besteuerungsbefugnisse der betroffenen Staaten zu gewährleisten. Zwar ist eine entsprechende sofortige Steuerfestsetzung mit EU-Recht vereinbar,[124] jedoch würde eine sofortige Besteuerung der nicht realisierten Wertzuwächse gegen den Verhältnismäßigkeitsgrundsatz verstoßen. Der EuGH erörtert in dieser Entscheidung auch Lösungsmöglichkeiten und schlägt insbesondere ein Wahlrecht des Steuerpflichtigen zwischen der Sofortzahlung und der Steuerstundung bis zum Zeitpunkt der Wertrealisierung vor; die Mitgliedstaaten können bei Stundung eine Sicherheitsleistung verlangen. § 4g EStG entspricht den europarechtlichen Anforderungen nicht (vgl. Rz. 3016).[125]

2991 Ferner hat der Gesetzgeber die finale Entnahmetheorie **rückwirkend** für Wirtschaftsjahre, die vor dem 1. 1. 2006 enden, festgeschrieben (§ 52 Abs. 8b Satz 2, 3 EStG). Damit hat er die frühere Rechtsprechung des BFH im Nachhinein bekräftigt. Offenbar ist der Gesetzgeber der Auffassung, dass mit dem SEStEG eine bereits zuvor bestehende Rechtslage klarstellend kodifiziert wurde.[126] Gleichermaßen wurde die finale Entnahmetheorie für Körperschaften rückwirkend für vor dem 1. 1. 2006 endende Wirtschaftsjahre festgeschrieben (§ 34 Abs. 8 Satz 2, 3 KStG). Es handelt sich um eine echte Rück-

121 Vgl. *Wissenschaftlicher Beirat von Ernst & Young tax*, DB 2010 S. 1777.

122 Vgl. *Ditz*, IStR 2009 S. 120; *Dörfler/Adrian/Oblau*, RIW 2007 S. 268; *Englisch*, IFSt-Schrift Nr. 449, S. 78 f.; *Förster*, DB 2007 S. 75; *Hahn*, IStR 2006 S. 802; *Hennrichs*, in: Tipke/Lang, Steuerrecht, 21. Aufl., Köln 2013, § 9 Rz. 477; *Kahle*, IStR 2007 S. 763; *Kahle/Mödinger*, DB 2011 S. 2340; *Kessler/Philipp*, DStR 2011 S. 1889; *Körner*, IStR 2006 S. 110; *ders.*, IStR 2010 S. 208; *Richter/Heyd*, Ubg 2011 S. 175; *dies.*, Ubg 2011 S. 534 ff.; *Rödder/Schumacher*, DStR 2007 S. 372; *Stadler/Elser*, BB-Spezial 8/2006 S. 18. A.A. *Schwenke*, DStZ 2007 S. 244-246; *Mitschke*, FR 2008 S. 1145; *ders.*, IStR 2010 S. 95; *ders.*, IStR 2010 S. 211; *ders.*, Ubg 2010 S. 357; *ders.*, Ubg 2011 S. 334 f.; *Musil*, FR 2011 S. 548 f.

123 Die Rechtssache *National Grid Indus* betrifft den Fall der Wegzugsbesteuerung einer Kapitalgesellschaft von den Niederlanden nach Großbritannien. Vgl. EuGH vom 29. 11. 2011 – C – 371/10, DStR 2011 S. 2334; zur Diskussion vgl. z. B. *Brinkmann/Reiter*, DB 2012 S. 16 ff.; *Gosch*, IWB 2012 S. 779 ff.; *Hahn*, BB 2012 S. 681 ff.; *Kessler/Phillip*, DStR 2012 S. 267 ff.; *dies.*, PIStB 2012 S. 67 ff.; *Körner*, IStR 2012 S. 1 ff.; *Kraft/Gebhardt*, FR 2012 S. 403 ff.; *Mitschke*, IStR 2012 S. 6 ff.; *ders.*, DStR 2012 S. 629 ff.; *Momen*, RIW 2012 S. 302 ff.; *Musil*, FR 2012 S. 32 f.; *Prinz*, GmbHR 2012 S. 195 ff.; *Rautenstrauch/Seitz*, Ubg 2012 S. 14 ff.; *Rohler*, GmbH-StB 2012 S. 54 ff.; *Thömmes*, IWB 2011 S. 896 ff.; *ders.*, IWB 2012 S. 515 ff.; *Thömmes/Linn*, IStR 2012 S. 282 ff. Zu den Schlussanträgen der Generalanwältin Kokott vgl. *Wassermeyer*, IStR 2011 S. 813 ff.; *Linn*, IStR 2011 S. 817 ff.; *Kessler/Philipp*, DStR 2011 S. 1889; *Thömmes*, IWB 2011 S. 733 ff.; *Heurung/Engel/Thiedemann*, EWS 2011 S. 518 ff.
Zudem hat der EuGH die portugiesischen Regelungen zur Sitzverlegung von Kapitalgesellschaften ins Ausland insoweit für unionsrechtswidrig erklärt, als diese eine ungemilderte Sofortbesteuerung sämtlicher nicht realisierter Wertzuwächse im Zeitpunkt der Sitzverlegung vorsehen, vgl. EuGH v. 6. 9. 2012 – C-38/10, *Kommission/Portugal*, IStR 2012 S. 763 ff.; hierzu *Müller*, ISR 2012 S. 60. Im Einklang mit der *National Grid Indus*-Entscheidung des EuGH steht auch das Urteil des EuGH vom 25. 4. 2013 – C-64/11, *Kommission/Königreich Spanien*, EWS 2013 S. 206; hierzu *Mitschke*, IStR 2013 S. 393. Ebenso EuGH, Urteil vom 31. 1. 2013 – C-301/11, *Kommission/Niederlande*, ISR 2013 S. 225; vgl. auch *Müller*, ISR 2013 S. 225 f.

124 Die spätere tatsächliche Wertentwicklung ist hierbei unbeachtlich. Womöglich sind die stillen Reserven zu einem späteren Zeitpunkt nicht realisierbar; spätere Wertminderungen sind nicht steuermindernd zu berücksichtigen.

125 *Mitschke* zieht aus der Entscheidung *National Grid Indus* hingegen die Schlussfolgerung, dass die deutschen Regelungen zu großzügig seien und die Stundung unter weitergehende Bedingungen gestellt werden könnte, vgl. *Mitschke*, DStR 2012 S. 629.

126 Vgl. *Mitschke*, Ubg 2011 S. 330.

wirkung für Veranlagungszeiträume vor 2006, die nach herrschender Meinung als **verfassungswidrig** gilt.[127]

(Einstweilen frei) 2992

4.3 Gewinnaufschub durch Bildung eines Ausgleichspostens nach § 4g EStG

4.3.1 Grundzüge der Ausgleichspostenmethode (§ 4g Abs. 1 EStG)

Für unbeschränkt Steuerpflichtige besteht die Möglichkeit, die Bildung eines Ausgleichspostens und damit eine zeitlich gestreckte Besteuerung zu beantragen, soweit ein (materielles oder immaterielles) Wirtschaftsgut des Anlagevermögens infolge seiner Zuordnung zu einer Betriebsstätte desselben Steuerpflichtigen in einem anderen EU-Mitgliedstaat[128] als entnommen gilt (§ 4g Abs. 1 EStG).[129] § 4g EStG erfasst nicht das Umlaufvermögen.[130] Für beschränkt Steuerpflichtige gilt § 4g EStG nicht.[131] Auf die Art der Gewinneinkünfte kommt es nicht an.[132] Diese Norm gilt analog für Kapitalgesellschaften (§ 12 Abs. 1 KStG). Durch die Implementierung des AOA im nationalen Recht in § 1 Abs. 4, 5 AStG (Rz. 2949, 2978) wird die Möglichkeit, einen Ausgleichsposten nach § 4g EStG zu bilden, nicht eingeschränkt (§ 1 Abs. 5 Satz 6 AStG). 2993

Der passive Ausgleichsposten wird in Höhe des Unterschiedsbetrags zwischen dem steuerlichen Buchwert und dem **gemeinen Wert** (§ 6 Abs. 1 Nr. 4 Satz 1 2. Halbsatz EStG) des überführten Wirtschaftsgutes gebildet (§ 4g Abs. 1 Satz 1 EStG). Er ist für jedes Wirtschaftsgut separat auszuweisen (§ 4g Abs. 1 Satz 2 EStG). Gemäß § 4g Abs. 1 Satz 3 EStG kann das Antragsrecht für jedes Wirtschaftsjahr nur einheitlich für sämtliche Wirtschaftsgüter ausgeübt werden; offenbar können für mehrere Betriebsstätten eines Steuerpflichtigen unterschiedliche Anträge gestellt werden.[133] Der Antrag ist nach § 4g Abs. 1 Satz 4 EStG unwiderruflich. 2994

§ 4g EStG stellt eine Ausnahmeregelung im Verhältnis zu § 4 Abs. 1 Satz 3, 4 EStG dar und gilt daher nicht für andere Entstrickungsvorgänge.[134] Der Anwendungsbereich von §§ 4 Abs. 1 Satz 3, 4g EStG ist auf **einzelne Wirtschaftsgüter** beschränkt; § 4g EStG ist 2995

127 Vgl. *Musil*, FR 2011 S. 550; *Lendewig/Jaschke*, StuB 2011 S. 97; *Richter/Heyd*, Ubg 2011 S. 176 f.; *Micker*, IWB 2011 S. 718 ff.; a. A. *Mitschke*, Ubg 2011 S. 333; *ders.*, FR 2011 S. 706 ff.

128 § 4g EStG erfasst nicht die Überführung eines Wirtschaftsgutes eines inländischen Stammhauses in eine Betriebsstätte in einem EWR-Staat. Allerdings garantieren Art. 31 und 34 EWR-Abkommen die Niederlassungsfreiheit auch für die EWR-Staaten, vgl. EFTA-Gerichtshof, Urteil vom 23. 11. 2004, E I/04, Fokus Bank, IStR 2005 S. 55. § 4g EStG sollte daher auch im Verhältnis zu Mitgliedstaaten des EWR-Abkommens Anwendung finden, vgl. *Crezelius*, in: Kirchhof (Hrsg.), EStG, 12. Aufl., Köln 2013, § 4g Rz. 5, 9; *Heurung/Engel/Thiedemann*, EWS 2011 S. 231.

129 Diese Regelung gilt seit dem VZ 2006.

130 Vgl. *Schaumburg*, Internationales Steuerrecht, 3. Aufl., Köln 2011, S. 994, Rz. 18.27; *Crezelius*, in: Kirchhof (Hrsg.), EStG, 12. Aufl., Köln 2013, § 4g Rz. 1.

131 Vgl. *Schaumburg*, Internationales Steuerrecht, 3. Aufl., Köln 2011, S. 994, Rz. 18.27. Zur Anwendung des § 4g Abs. 1 EStG bei inländischen Personengesellschaften vgl. *Kolbe*, in: HHR, EStG, KStG, Köln, § 4g EStG Rz. 15, 19 (Stand: 2/2010).

132 Vgl. *Heinicke*, in: Schmidt, EStG, 32. Aufl., München 2013, § 4g Rz. 2.

133 So BT-Drs. 16/3369, S. 11; offen bei *Heinicke*, in: Schmidt, EStG, 32. Aufl., München 2013, § 4g Rz. 20.

134 Vgl. *Crezelius*, in: Kirchhof (Hrsg.), EStG, 12. Aufl., Köln 2013, § 4g Rz. 2.

auf Gewinnrealisierungen nach dem UmwStG nicht anwendbar (§ 4g Abs. 1 Satz 5 EStG).[135]

2996 Ein Ausgleichsposten nach § 4g Abs. 1 EStG kann im Falle der Überführung eines Wirtschaftsgutes in eine **ausländische Personengesellschaft** sowie bei Überführung in das Sonderbetriebsvermögen des Mitunternehmers bei der ausländischen Personengesellschaft nicht gebildet werden.[136] Die Begründung dürfte darin liegen, dass es in diesen Fällen zu einem Wechsel des steuerrechtlichen Zurechnungssubjekts kommt. Steuersystematisch kann diese Vorgehensweise nicht überzeugen,[137] da die Beteiligung an einer ausländischen Personengesellschaft eine Betriebsstätte begründet.[138]

§ 4g EStG findet auch keine Anwendung auf Wirtschaftsgüter, die im Rahmen einer grenzüberschreitenden Sitzverlegung „wegziehen". Denn diese Norm setzt die unbeschränkte Steuerpflicht voraus (§ 4g Abs. 1 Satz 1 EStG), die aber im Fall des Wegzugs erlischt.[139]

2997 Wenn die Tatbestandsvoraussetzungen des § 4g EStG erst **nachträglich** eintreten (indem z. B. ein Wirtschaftsgut zwei Jahre nach der Überführung in eine Betriebsstätte in einem Drittstaat in eine Betriebsstätte in einem EU-Staat überführt wird)[140], ist bisher ungeklärt, ob für die verbleibende Fünf-Jahresfrist ein anteiliger Ausgleichsposten angesetzt werden kann. Dem Wortlaut des § 4g Abs. 1 Satz 3 EStG zufolge sollte dies der Fall sein.[141]

2998 Die **rechtssystematische Einordnung** des passiven Ausgleichspostens als passive Bilanzierungshilfe[142] oder als reinen Merkposten[143] ist strittig. Auch die bilanzielle Umsetzung der Ausgleichspostenmethode ist nicht abschließend geklärt; in Betracht kommen die Erfassung in der Steuerbilanz[144] oder in einer gesonderten Abgrenzungsbilanz[145] oder in einer Nebenrechnung zur Steuerbilanz[146]. Die Bildung dieses Ausgleichspostens in der Handelsbilanz kommt freilich nicht in Betracht.

2999–3000 *(Einstweilen frei)*

---

135 Vgl. *Heinicke*, in: Schmidt, EStG, 32. Aufl., München 2013, § 4g Rz. 4; *Crezelius*, in: Kirchhof (Hrsg.), EStG, 12. Aufl., Köln 2013, § 4g Rz. 3.

136 Vgl. BT-Drs. 16/2710, S. 57; BT-Drucks. 16/3369, S. 11 f.

137 Vgl. *Crezelius*, in: Kirchhof (Hrsg.), EStG, 12. Aufl., Köln 2013, § 4g Rz. 7.

138 Vgl. BFH, Urteil vom 16. 10. 2002 – I R 17/01, BStBl 2003 II S. 635.

139 Vgl. *Dötsch/Pung*, DB 2006 S. 2650 f.; *Crezelius*, in: Kirchhof (Hrsg.), EStG, 12. Aufl., Köln 2013, § 4g Rz. 7; *Kolbe*, in: HHR, EStG, KStG, Köln, § 4g EStG Rz. 17 (Stand: 2/2010); a. A. *Förster*, DB 2007 S. 75.

140 Vgl. *Heinicke*, in: Schmidt, EStG, 32. Aufl., München 2013, § 4g Rz. 4.

141 Vgl. *Crezelius*, in: Kirchhof (Hrsg.), EStG, 12. Aufl., Köln 2013, § 4g Rz. 3; a. A. *Kolbe*, in: HHR, EStG/KStG, Köln, § 4g EStG Rz. 18 (Stand: 2/2010); *Heinicke*, in: Schmidt, EStG, 32. Aufl., München 2013, § 4g Rz. 4.

142 Vgl. *Prinz*, DStJG 34 (2011) S. 145; *Hoffmann*, DB 2007 S. 652; *ders.*, PiR 2007 S. 90; *Lange*, StuB 2007 S. 265; *Benecke/Schnitger*, IStR 2007 S. 23; *Goebel/Jenet/Franke*, IStR 2010 S. 236; *Kolbe*, in: HHR, EStG/KStG, Köln, § 4g EStG Rz. 21 (Stand: 2/2010).

143 Vgl. *Kramer*, DB 2007 S. 2338; *ders.*, StuW 1991 S. 160, 163; *Crezelius*, in: Kirchhof (Hrsg.), EStG, 12. Aufl., Köln 2013, § 4g Rz. 11.

144 Vgl. *Wassermeyer*, DB 2008 S. 430; *Prinz*, DStJG 34 (2011) S. 145.

145 Vgl. *Kramer*, DB 2007 S. 2338.

146 Vgl. *Hoffmann*, DB 2007 S. 652; *ders.*, DB 2008 S. 433.

4.3.2 Gewinnerhöhende Auflösung des Ausgleichspostens

4.3.2.1 Ratierliche Auflösung des Ausgleichspostens über einen Zeitraum von fünf Jahren

Im Grundsatz ist der Ausgleichsposten im Wirtschaftsjahr der Überführung[147] und in den folgenden vier Wirtschaftsjahren zu **jeweils einem Fünftel** gewinnerhöhend aufzulösen (§ 4g Abs. 2 Satz 1 EStG). Dies erfolgt unabhängig von der Restnutzungsdauer; es ist auch unerheblich, ob das überführte Wirtschaftsgut abnutzbar oder nicht-abnutzbar ist.[148] Der pauschale Auflösungszeitraum von fünf Wirtschaftsjahren gilt auch bei kürzerer Nutzungsdauer des Wirtschaftsgutes.[149] Rumpfwirtschaftsjahre sind als Wirtschaftsjahre einzubeziehen.[150] 3001

Das Auflösungsergebnis zählt zum **laufenden Gewinn** des Stammhauses.[151] Folglich kommt es „zu einer Stundung mit ratierlicher Zahlung der aus den aufgedeckten stillen Reserven resultierenden Steuer über eine Laufzeit von fünf Jahren."[152] Nach der Überführung ins Ausland auftretende Wertminderungen des Wirtschaftsgutes führen nicht zu einer Verringerung des zeitlich gestreckt zu besteuernden Entstrickungsgewinns.[153]

4.3.2.2 Sofortige Auflösung des Ausgleichspostens

In bestimmten, abschließend in § 4g Abs. 2 Nr. 2 EStG aufgezählten Fällen kommt es zu einer sofortigen Auflösung des gebildeten Ausgleichspostens. In diesen Fällen greift wie bei der Bildung des Ausgleichspostens (§ 4g Abs. 1 Satz 2, 3 EStG) eine Einzelbetrachtung. Aus der Auflösung des Ausgleichspostens bzw. Restpostens resultierende Erfolge werden dem laufenden Gewinn des inländischen Stammhauses hinzugerechnet.[154] 3002

Eine Auflösung des passiven Ausgleichspostens ist in **vollem Umfang** gemäß § 4g Abs. 2 Satz 2 Nr. 1 EStG vorzeitig vorzunehmen, wenn das Wirtschaftsgut **aus dem Betriebsvermögen** des Steuerpflichtigen **ausscheidet** (z. B. durch Untergang, Verfall oder Veräußerung). Hiervon ist auch bei einem Wechsel des Rechtssubjekts auszugehen, das Wirtschaftsgut also in eine (andere) inländische oder ausländische Personengesellschaft oder Kapitalgesellschaft übertragen wird.[155] Auch umwandlungssteuerrechtliche Vorgänge dürften von § 4g Abs. 2 Satz 2 Nr. 1 EStG betroffen sein.[156] Ein Ausscheiden 3003

147 Der Fortgang des Wirtschaftsjahres ist unerheblich; es findet keine Zwölftelung statt, vgl. *Heinicke*, in: Schmidt, EStG, 32. Aufl., München 2013, § 4g Rz. 10; *Kolbe*, in: HHR, EStG, KStG, Köln, § 4g EStG Rz. 30 (Stand: 2/2010).

148 Vgl. *Stadler/Elser*, in: Blumenberg/Schäfer (Hrsg.), Das SEStEG, München 2007, S. 55; *Goebel/Jenet/Franke*, IStR 2010 S. 235; *Hoffmann*, DB 2007 S. 652; *Lange*, StuB 2007 S. 262 f.

149 Vgl. *Heinicke*, in: Schmidt, EStG, 32. Aufl., München 2013, § 4g Rz. 10; *Crezelius*, in: Kirchhof (Hrsg.), EStG, 12. Aufl., Köln 2013, § 4g Rz. 12.

150 Vgl. *Heinicke*, in: Schmidt, EStG, 32. Aufl., München 2013, § 4g Rz. 10.

151 Vgl. *Heinicke*, in: Schmidt, EStG, 32. Aufl., München 2013, § 4g Rz. 10.

152 *Stadler/Elser*, in: Blumenberg/Schäfer (Hrsg.), Das SEStEG, München 2007, S. 55.

153 Vgl. *Kahle*, IStR 2007 S. 763.

154 Vgl. *Goebel/Jenet/Franke*, IStR 2010 S. 235.

155 Vgl. *Crezelius*, in: Kirchhof (Hrsg.), EStG, 12. Aufl., Köln 2013, § 4g Rz. 12.

156 Vgl. *Kolbe*, in: HHR, EStG, KStG, Köln, § 4g Rz. 31 (Stand: 2/2010); a. A. *Crezelius*, in: Kirchhof (Hrsg.), EStG, 12. Aufl., Köln 2013, § 4g Rz. 12.

des Wirtschaftsgutes wird auch nicht durch die planmäßige oder außerplanmäßige Abnutzung des Wirtschaftsgutes begründet.[157]

3004 Eine vorzeitige vollumfängliche Auflösung des Ausgleichspostens tritt auch dann ein, wenn das als entnommen geltende Wirtschaftsgut **aus der Besteuerungshoheit der EU ausscheidet** (§ 4g Abs. 2 Satz 2 Nr. 2 EStG), also in eine Betriebsstätte des Steuerpflichtigen außerhalb der EU verbracht wird.[158] Wird das Anlagegut nach der Verbringung in die EU-Betriebsstätte in eine andere Betriebsstätte innerhalb der EU überführt, ist der Ausgleichsposten also nicht aufzulösen.[159]

3005 Nach § 4g Abs. 2 Satz 2 Nr. 3 EStG kommt es zu einer vorzeitigen Auflösung des Ausgleichspostens, wenn die stillen Reserven des als entnommen geltenden Wirtschaftsguts im Ausland aufgedeckt werden[160] oder bei entsprechender Anwendung der Vorschriften des deutschen Steuerrechts hätten aufgedeckt werden müssen (z. B. bei Tauschvorgängen, verdeckter Einlage, Einlage in eine Personengesellschaft im In- oder Ausland)[161]. Die Beendigung der unbeschränkten Steuerpflicht (Wegzug des Steuerpflichtigen) dürfte hiervon nicht erfasst werden.[162]

3006 *(Einstweilen frei)*

4.3.2.3 Auflösung bei Verstoß gegen die Mitwirkungspflichten (§ 4g Abs. 5 EStG)

3007 Der Steuerpflichtige hat der zuständigen Finanzbehörde die Entnahme oder ein Ereignis im Sinne des § 4g Abs. 2 **unverzüglich anzuzeigen** (§ 4g Abs. 5 Satz 1 EStG). „Unverzüglich" meint ein Verhalten ohne schuldhaftes Verzögern und bedeutet regelmäßig eine Frist von zwei Wochen.[163] Wenn der Steuerpflichtige diese Anzeigepflicht nicht erfüllt, ist der Ausgleichsposten gewinnerhöhend aufzulösen (§ 4g Abs. 5 Satz 2 EStG). Dies gilt auch, wenn der Steuerpflichtige seinen Mitwirkungspflichten nach § 90 AO nicht nachkommt. Der Gesetzgeber definiert nicht den konkreten Zeitpunkt der Auflösung. Es bietet sich der Veranlagungszeitraum an, in dem es erstmals zu einem Verstoß gegen die Mitwirkungspflichten kommt.[164]

4.3.3 Rückführung (§ 4g Abs. 3 EStG)

3008 Wenn ein Wirtschaftsgut innerhalb des fünfjährigen Auflösungszeitraums und innerhalb der tatsächlichen Nutzungsdauer wieder in das Inland zurücküberführt wird, ist der zum Zeitpunkt der Rückführung noch bestehende **Ausgleichsposten erfolgsneutral**

---

157 Vgl. *Heinicke*, in: Schmidt, EStG, 32. Aufl., München 2013, § 4g Rz. 11; *Goebel/Jenet/Franke*, IStR 2010, S. 235.

158 Vgl. *Goebel/Jenet/Franke*, IStR 2010 S. 235.

159 Vgl. *Hoffmann*, DB 2007 S. 655; *Goebel/Jenet/Franke*, IStR 2010 S. 235 f.

160 Der Ausgleichsposten nach § 4g EStG ist also gewinnerhöhend aufzulösen, wenn die stillen Reserven nach dem nationalen Steuerrecht des ausländischen EU-Staates aufzudecken sind.

161 Vgl. *Hoffmann*, DB 2007 S. 655.

162 Vgl. *Crezelius*, in: Kirchhof (Hrsg.), EStG, 12. Aufl., Köln 2013, § 4g Rz. 14; *Kolbe*, in: HHR, EStG/KStG, Köln, § 4g EStG Rz. 31 (Stand: 2/2010); *Benecke/Schnitger*, IStR 2007 S. 22; *Goebel/Jenet/Franke*, IStR 2010 S. 236. A. A. *Winkeljohann/Fuhrmann*, Handbuch Umwandlungssteuerrecht, Düsseldorf 2007, S. 635; *Heinicke*, in: Schmidt, EStG, 32. Aufl., München 2013, § 4g Rz. 11.

163 Vgl. *Goebel/Jenet/Franke*, IStR 2010 S. 236.

164 Vgl. *Goebel/Jenet/Franke*, IStR 2010 S. 236.

aufzulösen (§ 4g Abs. 3 Satz 1 EStG). Nach der Rückführung ist das Wirtschaftsgut nach § 4g Abs. 3 Satz 1 EStG abweichend von § 6 Abs. 1 Nr. 5a EStG wie folgt anzusetzen:[165]

	fortgeführte Anschaffungskosten
+	gewinnerhöhend berücksichtigte Auflösungsbeträge (§ 4g Abs. 2 und Abs. 5 Satz 2 EStG)
+	Unterschiedsbetrag zwischen dem Rückführungswert und dem Buchwert im Zeitpunkt der Überführung
=	Wertansatz i. S. d. § 4g Abs. 3 EStG (höchstens gemeiner Wert)

Die **fortgeführten Anschaffungskosten** bestimmen sich nach deutschem Steuerrecht aus der Sicht des Stammhauses; sie stellen die Differenz zwischen dem Buchwert zum Zeitpunkt der Überführung in das Ausland und fiktiven inländischen AfA-Beträgen dar. Es werden fiktiv die Abschreibungen berücksichtigt, die bei einem Verbleib des Wirtschaftsgutes im Inland angefallen wären; es kommt auf die im Ausland in dieser Zeit angefallene und steuermindernd geltend gemachte AfA nicht an.[166] 3009

Die **gewinnerhöhend berücksichtigten Auflösungsbeträge** des Ausgleichspostens erhöhen den Ansatz des rücküberführten Wirtschaftsgutes in der Bilanz des inländischen Stammhauses, um so die im Inland bereits erfolgte Besteuerung der stillen Reserven, die sich bis zur Überführung in das Ausland gebildet hatten, zu berücksichtigen.[167] Durch die so erhöhten Abschreibungen über die Restnutzungsdauer des Wirtschaftsgutes kommt es zu geringeren künftigen Steuerbelastungen im Inland. 3010

Bei dem **Rückführungswert** handelt es sich um einen nach EU-ausländischem Steuerrecht ermittelten Überführungswert.[168] Auch der Buchwert im Zeitpunkt der Überführung ermittelt sich nach Maßgabe des ausländischen Steuerrechts. Es kommt also zu einer Anknüpfung an nach ausländischem Recht ermittelten Werten.[169] Der Unterschiedsbetrag zwischen dem Rückführungswert und dem Buchwert im Zeitpunkt der Rückführung entspricht den im Ausland im Zuge der Rücküberführung versteuerten stillen Reserven.[170] Indem dieser Unterschiedsbetrag den inländischen Ansatz des rücküberführten Wirtschaftsgutes erhöht, werden „im Ergebnis die im Ausland angefallenen und der Besteuerung unterliegenden stillen Reserven in inländisches Abschrei- 3011

165 Wenn die tatsächliche Nutzungsdauer des Wirtschaftsgutes vor Ablauf der Fünfjahresfrist endet, dürfte nach dem Gesetzeswortlaut des § 4g Abs. 3 Satz 1 EStG die Bewertung zum gemeinen Wert nach § 6 Abs. 1 Nr. 5a EStG erfolgen, vgl. *Heinicke*, in: Schmidt, EStG, 32. Aufl., München 2013, § 4g Rz. 17; a. A. *Goebel/Jenet/Franke*, IStR 2010 S. 237.

166 Vgl. *Heinicke*, in: Schmidt, EStG, 32. Aufl., München 2013, § 4g Rz. 17; *Goebel/Jenet/Franke*, IStR 2010 S. 237.

167 Vgl. *Kessler/Winterhalter/Huck*, DStR 2007 S. 135; *Goebel/Jenet/Franke*, IStR 2010 S. 237. Die Verweisung in § 4g Abs. 3 Satz 2 EStG auf § 175 Abs. 1 Nr. 2 AO geht ins Leere, vgl. im Einzelnen *Heinicke*, in: Schmidt, EStG, 32. Aufl., München 2013, § 4g Rz. 15.

168 Vgl. *Kessler/Winterhalter/Huck*, DStR 2007 S. 136; *Benecke/Schnitger*, IStR 2007 S. 23; *Lange*, StuB 2007 S. 261. Dieser Wert dürfte mit dem gemeinen Wert bei Entstrickung i. S. d. § 4 Abs. 1 Satz 3 EStG vergleichbar sein, vgl. *Hoffmann*, DB 2007 S. 656.

169 Vgl. *Benecke/Schnitger*, IStR 2007 S. 23; *Heinicke*, in: Schmidt, EStG, 32. Aufl., München 2013, § 4g Rz. 17; *Crezelius*, in: Kirchhof (Hrsg.), EStG, 12. Aufl., Köln 2013, § 4g Rz. 16.

170 Vgl. *Kessler/Winterhalter/Huck*, DStR 2007 S. 136.

bungspotenzial umgewandelt."[171] Der Unterschiedsbetrag beläuft sich auf Null, wenn der ausländische Staat eine Entstrickungsbesteuerung nicht vorsieht.[172]

3012 Die Ermittlung des Ansatzes des rücküberführten Wirtschaftsgutes nach § 4g Abs. 3 Satz 1 EStG beinhaltet die **Gefahr einer Doppelbesteuerung**, indem bei der Ermittlung der fortgeführten Anschaffungskosten fiktive inländische AfA-Beträge abgezogen werden. Wenn der Abschreibungszeitraum nach ausländischem Steuerrecht länger ist als im Inland, kommt es in der Summe zu einer Verrechnung eines zu geringen Abschreibungsvolumens.[173] Im umgekehrten Fall (ein nach ausländischem Recht kürzerer Abschreibungszeitraum) wird das Entstehen eines ungerechtfertigten Step-up im Inland verhindert, indem der **gemeine Wert** des Wirtschaftsgutes gemäß § 4g Abs. 3 Satz 1 EStG die Höchstgrenze für die inländische Bewertung des rücküberführten Wirtschaftsgutes bildet.[174]

3013 Wenn das nach § 4 Abs. 1 Satz 3 EStG als entnommen geltende Wirtschaftsgut nach Ablauf der tatsächlichen Nutzungsdauer oder nach der Frist von fünf Jahren nach Deutschland zurücküberführt wird, ist das Wirtschaftsgut mit dem gemeinen Wert im inländischen Betriebsvermögen anzusetzen (§§ 4 Abs. 1 Satz 8, 6 Abs. 1 Nr. 5a EStG).[175]

3014–3015 *(Einstweilen frei)*

4.3.4 Europarechtliche Bedenken

3016 Mit § 4g EStG soll vor dem Hintergrund der EuGH-Entscheidungen *Hughes de Lasteyrie du Saillant*[176] und *N*[177] europarechtlichen Bedenken begegnet werden. Eine Sofortbesteuerung würde einen Verstoß gegen die **Niederlassungsfreiheit** (Art. 49 AEUV) bedeuten.[178] Nach h. M. genügt die durch § 4g EStG geschaffene Vorgehensweise den europarechtlichen Anforderungen nicht, weil die Überführung in eine EU-Betriebsstätte zu einer zeitlich früheren Besteuerung als im Inlandsfall führt, § 4g EStG für beschränkt

---

171 *Goebel/Jenet/Franke*, IStR 2010, S. 237. Es ist dabei unerblich, ob es im Ausland zu einer sofortigen, zeitlich aufgeschobenen Entstrickungsbesteuerung kommt, vgl. *Kessler/Winterhalter/Huck*, DStR 2007, S. 136.

172 Vgl. *Kolbe*, in: HHR, EStG/KStG, Köln, § 4g EStG Rz. 37 (Stand: 2/2010); *Kessler/Winterhalter/Huck*, DStR 2007 S. 137.

173 Vgl. *Benecke/Schnitger*, IStR 2007 S. 23 f.; *Lange*, StuB 2007 S. 264; *Goebel/Jenet/Franke*, IStR 2010 S. 238; *Kolbe*, in: HHR, EStG/KStG, Köln, § 4g EStG Rz. 37 (Stand: 2/2010).

174 Vgl. *Goebel/Jenet/Franke*, IStR 2010 S. 238; *Benecke/Schnitger*, IStR 2007 S. 24.

175 Vgl. *Kolbe*, in: HHR, EStG/KStG, Köln, § 4g EStG Rz. 36 (Stand: 2/2010); *Heinicke*, in: Schmidt, EStG, 32. Aufl., München 2013, § 4g Rz. 17; a. A. *Kessler/Winterhalter/Huck*, DStR 2007 S. 135; *Lange*, StuB 2007 S. 261.

176 Vgl. EuGH, Urteil vom 11. 3. 2004 – C-9/02, Slg. 2004, I-2409 f.

177 Vgl. EuGH, Urteil vom 7. 9. 2006, C – 470/04, *N*, IStR 2006 S. 702.

178 Vgl. *Förster*, DB 2007 S. 75; *Stadler/Elser*, BB-Special 8/2006 S. 22; *Rödder/Schumacher*, DStR 2006 S. 1485.

Steuerpflichtige nicht gilt und sich nicht auf das Umlaufvermögen erstreckt.[179] Zudem ist es fraglich, ob die zwangsweise Auflösung des Ausgleichspostens über fünf Jahre den Verhältnismäßigkeitsanforderungen des EuGH-Urteils *National Grid Indus* (vgl. Rz. 2990) genügt.[180] Es ist zudem europarechtlich bedenklich, dass die Bewertung der nach §§ 4 Abs. 1 Satz 3, 4g EStG fingierten Entnahme zum **gemeinen Wert** erfolgt (§ 6 Abs. 1 Nr. 4 Satz 1 EStG), während im reinen Inlandsfall der Teilwert zum Tragen kommt.[181]

(Einstweilen frei) 3017

4.3.5 Einnahmen-Überschussrechnung nach § 4 Abs. 3 EStG

Gemäß § 4g Abs. 4 Satz 1 EStG können die Regelungen des § 4g Abs. 1-3 EStG auch von 3018
Steuerpflichtigen angewendet werden, die ihren **Gewinn nach § 4 Abs. 3 EStG** ermitteln. Es sind in diesem Fall bestimmte Aufzeichnungspflichten zu erfüllen (§ 4g Abs. 4 Satz 2 u. 3 EStG), da der Einnahme-Überschussrechner keine Bilanz erstellt. Für Wirtschaftsgüter, für die auf Antrag ein Ausgleichsposten gebildet worden ist, sind im Inland zu führende Verzeichnisse zu erstellen (§ 4g Abs. 4 Satz 2 EStG). Zudem hat der Steuerpflichtige Aufzeichnungen zu führen, aus denen sich die Bildung und die Auflösung der Ausgleichsposten ergeben (§ 4g Abs. 4 Satz 3 EStG). Die Aufzeichnungen sind der Steuererklärung beizufügen (§ 4g Abs. 4 Satz 4 EStG). Wenn der Steuerpflichtige diesen Aufzeichnungspflichten nicht nachkommt, wird der Ausgleichsposten gewinnerhöhend aufgelöst (§ 4g Abs. 5 Satz 2 EStG, vgl. Rz. 3007).

4.4 Betriebsaufgabe (§ 16 Abs. 3a EStG)

Die frühere Rechtsprechung des BFH ging bei der Überführung eines Betriebes oder 3019
Teilbetriebes in Anlehnung an die **finale Entnahmetheorie** (vgl. Rz. 2973) konsequenterweise von einer **Betriebsaufgabe** bzw. **Teilbetriebsaufgabe** aus, wenn der Gewinn aus dem Betrieb bzw. Teilbetrieb nach der Überführung in eine ausländische Betriebsstätte nicht mehr dem deutschen Besteuerungsrecht unterlag (**finale Betriebsaufgabetheorie**). Da dies nach dem der finalen Entnahmetheorie zugrunde liegenden Abkommensverständnis bei einer Überführung in einen DBA-Staat mit Freistellungsmethode der Fall war, kam der BFH in diesen Fällen zu einer **finalen Betriebsaufgabe** mit Aufdeckung

179 Vgl. *Benecke/Schnitger*, IStR 2007 S. 28; *Förster*, DB 2007 S. 75; *Crezelius*, in: Kirchhof (Hrsg.), EStG, 12. Aufl., Köln 2013, § 4g Rz. 9; *Franke/Jenet*, in: Wöhrle/Schelle/Gross, Außensteuergesetz, Stuttgart, § 4g EStG Rz. 9-14 (Stand: 12/2009); *Heurung/Engel/Thiedemann*, EWS 2011 S. 232; *Hennrichs*, in: Tipke/Lang, Steuerrecht, 21. Aufl., Köln 2013, § 9 Rz. 477; *Hey*, in: Tipke/Lang, Steuerrecht, 21. Aufl., Köln 2013, § 13 Rz. 154; *Kahle*, IStR 2007 S. 763; *ders.*, StuB 2011 S. 909; *Prinz*, GmbHR 2007 S. 971; *Richter/Heyd*, Ubg 2011 S. 175; *Rödder/Schumacher*, DStR 2007 S. 372; *Schaumburg*, Internationales Steuerrecht, 3. Aufl., Köln 2011, S. 994, Rz. 18.28; *Stadler/Elser*, in: Blumenberg/Schäfer (Hrsg.), Das SEStEG, München 2007, S. 56-58; *Brähler/Bensmann*, DStZ 2011 S. 798 f.; a. A. *Schwenke*, DStZ 2007 S. 245; *Musil*, FR 2011 S. 548 f.; *Mitschke*, FR 2011 S. 707; *ders.*, DStR 2012 S. 629 ff.; *ders.*, IStR 2013 S. 393.

180 Vgl. z. B. *Levedag*, in: Prinz (Hrsg.), Umwandlungen im Internationalen Steuerrecht, Köln 2013, Rz. 11.98. Stundungsregelungen fehlen bei den umwandlungssteuerrechtlichen Entstrickungstatbeständen völlig; hier ist infolge der *National Grid Indus*-Entscheidung des EuGH eine gesetzliche Nachbesserung zu erwarten, vgl. z. B. *Prinz*, DB 2012, Nr. 13, S. M1.

181 Vgl. *Crezelius*, in: Kirchhof (Hrsg.), EStG, 12. Aufl., Köln 2013, § 4g Rz. 9.

der bis zur Überführung entstandenen stillen Reserven einschließlich eines selbst geschaffenen Geschäfts- oder Firmenwertes.[182]

3020 Die finale Betriebsaufgabetheorie wurde wie auch die finale Entnahmetheorie im Schrifttum kritisiert. § 16 Abs. 3 EStG setzt als „Entnahmevorgang eigener Art (Totalentnahme)"[183] die Übertragung aller wesentlichen Betriebsgrundlagen des ganzen Betriebs oder eines Teilbetriebs ins Privatvermögen oder die Zuführung zu anderen betriebsfremden Zwecken aufgrund einer Betriebsaufgabe voraus.[184] Bei der Verlagerung des inländischen Betriebs oder eines Teilbetriebs ins Ausland besteht keine außerbetriebliche Veranlassung, denn der Betrieb bzw. Teilbetrieb wird fortgeführt. Eine Totalentnahme i. S. d. § 16 Abs. 3 EStG liegt daher nicht vor.[185] Der BFH hat in Fortsetzung seiner Aufgabe der finalen Entnahmetheorie für die Überführung von Einzelwirtschaftsgütern (vgl. Rz. 2975) die Theorie der finalen Betriebsaufgabe mit **Urteilen vom 28. 10. 2009** aufgegeben.[186]

3021 Nach der Kodifikation der Entstrickungsregelung des § 4 Abs. 1 Satz 3 EStG war es strittig, ob sich diese Regelung auch auf die Verlagerung eines Betriebs oder Teilbetriebs in einen ausländischen Staat erstreckt.[187] Da zudem der BFH die Theorie der finalen Betriebsaufgabe aufgegeben hat, sah sich der Gesetzgeber veranlasst, diese Theorie in einem neuen § 16 Abs. 3a EStG im Rahmen des **JStG 2010** zu kodifizieren; diese Norm ist in allen noch offenen Fällen anzuwenden (§ 52 Abs. 34 Satz 5 EStG). Damit wird bei einem Ausschluss oder einer Beschränkung des deutschen Besteuerungsrechts hinsichtlich des Gewinns aus der Veräußerung sämtlicher Wirtschaftsgüter des Betriebs oder eines Teilbetriebs die **Betriebsaufgabe fingiert**. § 4 Abs. 1 Satz 4 EStG findet im Fall der Betriebsverlegung analog Anwendung (§ 16 Abs. 3a Satz 1 2. Halbsatz EStG).

3022 Für Fälle der Betriebsverlegung in einen anderen EU/EWR-Staat ist die festgesetzte Steuer auf den (fiktiven) Aufgabegewinn auf Antrag des Steuerpflichtigen in fünf gleichen Jahresraten zinslos zu entrichten (§ 36 Abs. 5 EStG). Diese Regelung ist in allen noch offenen Fällen anwendbar (§ 52 Abs. 50d Satz 3 EStG). Im Gegensatz zu § 4g EStG steht der Antrag nach § 36 Abs. 5 EStG auch beschränkt Steuerpflichtigen offen.[188]

3023–3024 *(Einstweilen frei)*

5. Verstrickung (§ 4 Abs. 1 Satz 8 2. Halbsatz EStG)

5.1 Tatbestandsmerkmale

3025 In § 4 Abs. 1 Satz 8 2. Halbsatz EStG hat der Gesetzgeber mit dem SEStEG 2006 einen allgemeinen Verstrickungstatbestand geschaffen. **Verstrickung** meint einen Vorgang,

182 Vgl. BFH, Urteile vom 28. 4. 1971 – I R 55/66, BStBl 1971 II S. 630; vom 13. 10. 1976 – I R 261/70, BStBl 1977 II S. 76.

183 BFH, Beschluss vom 7. 10. 1974 – GrS 1/73, BStBl 1975 II S. 168.

184 Vgl. im Einzelnen *Wacker*, in: Schmidt, EStG, 32. Aufl., München 2013, § 16 Rz. 173.

185 Vgl. *Buciek*, DStZ 2003 S. 145; *Kessler/Huck*, StuW 2005 S. 199; *Kramer*, IStR 2000 S. 455.

186 Vgl. BFH, Urteile vom 28. 10. 2009 – I R 99/08, IStR 2010 S. 98; vom 28. 10. 2009 – I R 28/08, IStR 2010 S. 103. Vgl. hierzu *Dörr/Bühler*, IWB 2010 S. 123 ff.; *Krüger/Heckel*, NWB 2010 S. 1334 ff.

187 Vgl. *Kahle/Franke*, in: Wöhrle/Schelle/Gross, Außensteuergesetz, Stuttgart, § 4 Rz. 33 (Stand: 12/2009).

188 Vgl. *Gosch*, in: Kirchhof (Hrsg.), EStG, 12. Aufl., Köln 2013, § 36 Rz. 28; *Richter/Heyd*, Ubg 2011 S. 176.

durch den stille Reserven erstmals in den Bereich der deutschen Steuerhoheit gelangen.[189] Die Begründung des deutschen Besteuerungsrechts hinsichtlich des Gewinns aus der Veräußerung eines Wirtschaftsgutes wird einer Einlage von Wirtschaftsgütern in das Betriebsvermögen gleichgestellt (§ 4 Abs. 1 Satz 8 2. Halbsatz EStG). Man spricht in diesem Zusammenhang auch von einer **fiktiven Einlage**.[190] Die Bewertung erfolgt mit dem gemeinen Wert (§ 6 Abs. 1 Nr. 5a EStG). Auch die Verstrickung von **Sachgesamtheiten** wird erfasst.[191] Diese Regelungen finden über § 8 Abs. 1 KStG ebenso im Bereich des Körperschaftsteuerrechts Anwendung.[192] § 4 Abs. 1 Satz 8 2. Halbsatz EStG ist erstmals in dem nach dem 31. 12. 2005 endenden Wirtschaftsjahr anzuwenden (§ 52 Abs. 8b, 16 Satz 1 EStG).

Voraussetzung für den Tatbestand der Verstrickung ist, dass das deutsche Besteue- 3026
rungsrecht hinsichtlich des Gewinns aus der Veräußerung des Wirtschaftsgutes zuvor ausgeschlossen war und nunmehr begründet wird (**erstmalige Verstrickung in Deutschland**).[193] Eine Verstrickung liegt z. B. dann vor, wenn ein unbeschränkt Steuerpflichtiger Wirtschaftsgüter aus einer ausländischen Betriebsstätte (DBA mit Freistellungsmethode) in das inländische Stammhaus überführt oder ein beschränkt Steuerpflichtiger Wirtschaftsgüter aus dem ausländischen Stammhaus oder einer Auslandsbetriebsstätte in eine deutsche Betriebsstätte überführt.[194] Im Falle der beschränkten Steuerpflicht kommt es unabhängig von einem DBA zu einer fiktiven Einlage. „Denn sowohl im Fall des Freistellungs-DBA als auch im Fall des Anrechnungs-DBA und erst recht, wenn kein DBA besteht, wird das deutsche Besteuerungsrecht begründet."[195]

Während der Entstrickungstatbestand des § 4 Abs. 1 Satz 3 EStG auch die Beschränkung 3027
des deutschen Besteuerungsrechts erfasst, bleibt umgekehrt im Rahmen des Verstrickungstatbestandes des § 4 Abs. 1 Satz 8 2. Halbsatz EStG die **Erstarkung des deutschen Besteuerungsrechts** unberücksichtigt.[196] So führt die Überführung eines Wirtschaftsgutes aus einer ausländischen Betriebsstätte eines unbeschränkt Steuerpflichtigen in das Inland nicht zu einer fiktiven Einlage, sofern ein DBA mit Anrechnungsmethode be-

189 Vgl. *Prinz*, in: HHR, EStG/KStG, Jahresband 2007, Köln 2007, Vor § 4 Rz. J 06-1; *Rödder/Schumacher*, DStR 2006 S. 1486; *Stadler/Elser*, in: Blumenberg/Schäfer (Hrsg.), Das SEStEG, München 2007, S. 59; *Levedag*, in: Prinz (Hrsg.), Umwandlungen im Internationalen Steuerrecht, Köln 2013, Rz. 11.151.

190 Vgl. *Levedag*, in: Prinz (Hrsg.), Umwandlungen im Internationalen Steuerrecht, Köln 2013, Rz. 11.151; *Bode*, in: Kirchhof (Hrsg.), EStG, 12. Aufl., Köln 2013, § 4 Rz. 110.

191 Vgl. *Bode*, in: Kirchhof (Hrsg.), EStG, 12. Aufl., Köln 2013, § 4 Rz. 111.

192 Vgl. *Prinz*, in: HHR, EStG/KStG, Jahresband 2007, Köln 2007, vor § 4 Rz. J 06-3; *Benecke*, NWB 2007, Fach 3, S. 14755; *Schnittker/Pitzal*, in: Prinz (Hrsg.), Umwandlungen im Internationalen Steuerrecht, Köln 2013, Rz. 10.115.

193 Vgl. *Hruschka*, StuB 2006 S. 587; *Wied*, in: Blümich, EStG, KStG, GewStG, München, § 4 Rz. 513 (Stand: 10/2010).

194 Vgl. *Förster*, DB 2007 S. 76; *Wied*, in: Blümich, EStG, KStG, GewStG, München, § 4 Rz. 513 (Stand: 10/2010); *Ditz*, in: Schönfeld/Ditz (Hrsg.), DBA, Köln 2013, Art. 7 (2008) Rz. 165.

195 *Stadler/Elser*, in: Blumenberg/Schäfer (Hrsg.), Das SEStEG, München 2007, S. 60.

196 Vgl. *Heinicke*, in: Schmidt, EStG, 32. Aufl., München 2013, § 4 Rz. 331; *Bode*, in: Kirchhof (Hrsg.), EStG, 12. Aufl., Köln 2013, § 4 Rz. 110; *Ehlermann/Müller*, ISR 2013 S. 48, 51 f.; *Schreiber*, Besteuerung der Unternehmen. Eine Einführung in Steuerrecht und Steuerwirkung, 3. Aufl., Wiesbaden 2012, S. 547 f.; *Levedag*, in: Prinz (Hrsg.), Umwandlungen im Internationalen Steuerrecht, Köln 2013, Rz. 11.153.

steht oder kein DBA vorliegt, weil das Wirtschaftsgut schon vor der Überführung dem deutschen Besteuerungsrecht unterlegen hat.[197] Hier liegt ein **systematischer Bruch** vor, da im umgekehrten Fall, der Überführung eines Wirtschaftsgutes in eine ausländische Anrechnungs-Betriebsstätte, von einem Entstrickungstatbestand ausgegangen wird.[198] Aus Anrechnungs-Betriebsstätten überführte Wirtschaftsgüter werden daher mit dem Buchwert angesetzt.[199]

3028 Weil **Nutzungen** im Grundsatz nicht einlagefähig sind,[200] führt die bloße Nutzung eines Wirtschaftsgutes, das einer ausländischen Betriebsstätte zuzurechnen ist, durch das inländische Stammhaus nicht zu einer Nutzungseinlage im Inland, d. h. § 4 Abs. 1 Satz 8 2. Halbsatz EStG greift in diesem Fall nicht. Vielmehr ist von den **Selbstkosten** auszugehen.[201] Fiskalisch ist dies zwar verständlich,[202] denn „[w]ürde das Gesetz die Bewertung von Nutzungsvorteilen zum gemeinen Wert zulassen, entstünde über den Zeitraum der Nutzung den Gewinn mindernder Aufwand aus der Abschreibung der Nutzungsvorteile."[203] Systematisch liegt dennoch ein Bruch vor, weil der analoge Vorgang im Outbound-Fall zur Entstrickung nach § 4 Abs. 1 Satz 3 EStG („Nutzungsentstrickung", vgl. Rz. 2963) führt.[204]

3029 Ein Fall einer Verstrickung liegt nach h. M. auch bei einem **Methodenwechsel** im DBA von der Freistellungs- zur Anrechnungsmethode oder der **Kündigung eines DBA** vor.[205] Mangels zurechenbarer Handlung des Steuerpflichtigen dürfte dies aber strittig sein.

3030–3031 *(Einstweilen frei)*

5.2 Rechtsfolgen des gesetzlichen Verstrickungstatbestandes

3032 Aufgrund der **Fiktion einer Einlage** ist das Wirtschaftsgut mit dem **gemeinen Wert** im Zeitpunkt der Zuführung anzusetzen (§ 6 Abs. 1 Nr. 5a EStG). Es kommt nicht auf die

197 Vgl. *Heinicke*, in: Schmidt, EStG, 32. Aufl., München 2013, § 4 Rz. 331; *Stadler/Elser*, in: Blumenberg/Schäfer (Hrsg.), Das SEStEG, München 2007, S. 59; *Wied*, in: Blümich, EStG, KStG, GewStG, München, § 4 Rz. 513 (Stand: 10/2010); *Frotscher*, in: Frotscher (Hrsg.), EStG, Freiburg, § 4 Rz. 428 (Stand: 9/2008).

198 Vgl. *Benecke/Schnitger*, IStR 2006 S. 767; *Förster*, DB 2007 S. 76; *Wied*, in: Blümich, EStG, KStG, GewStG, München, § 4 Rz. 513 (Stand: 10/2010); *Brähler/Bensmann*, DStZ 2011 S. 708 f.; *Bode*, in: Kirchhof (Hrsg.), EStG, 12. Aufl., Köln 2013, § 4 Rz. 110; *Ehlermann/Müller*, ISR 2013 S. 52; *Ditz*, in: Schönfeld/Ditz (Hrsg.), DBA, Köln 2013, Art. 7 (2008) Rz. 165.

199 Vgl. *Ditz*, in: Schönfeld/Ditz (Hrsg.), DBA, Köln 2013, Art. 7 (2008) Rz. 165.

200 Vgl. BFH, Beschluss vom 26. 10. 1987 – GrS 2/86, BStBl 1988 II S. 348; BFH, Urteil vom 20. 9. 1990 – IV R 300/84, BStBl 1991 II S. 83.

201 Vgl. *Hruschka*, StuB 2006 S. 590; *Stadler/Elser*, in: Blumenberg/Schäfer (Hrsg.), Das SEStEG, München 2007, S. 62; *Wied*, in: Blümich, EStG, KStG, GewStG, München, § 4 Rz. 513 (Stand: 10/2010); *Frotscher*, in: Frotscher (Hrsg.), EStG, Freiburg, § 4 Rz. 429 (Stand: 9/2008).

202 Vgl. *Ehlermann/Müller*, ISR 2013 S. 51.

203 *Schreiber*, Besteuerung der Unternehmen. Eine Einführung in Steuerrecht und Steuerwirkung, 3. Aufl., Wiesbaden 2012, S. 548.

204 Vgl. *Ehlermann/Müller*, ISR 2013 S. 51.

205 Vgl. *Benecke*, NWB 2007, Fach 3, S. 14755; *Frotscher*, in: Frotscher (Hrsg.), EStG, Freiburg, § 4 Rz. 426 (Stand: 9/2008); *Levedag*, in: Prinz (Hrsg.), Umwandlungen im Internationalen Steuerrecht, Köln 2013, Rz. 11.153; *Ehlermann/Müller*, ISR 2013 S. 52 f.

steuerliche Behandlung im Herkunftsstaat an.[206] Stille Reserven, die sich im Ausland gebildet haben, bleiben infolge der Bewertung zum gemeinen Wert vom Zugriff des deutschen Fiskus verschont (kein Import stiller Reserven).[207]

Wenn der ausländische Staat das Wirtschaftsgut im Zeitpunkt der Überführung mit einem geringeren Wert als dem gemeinen Wert ansetzt, ergibt sich für den Steuerpflichtigen insoweit ein Vorteil, als er den Differenzbetrag als **steuerfreien step up** erzielt.[208] Andererseits besteht auch die Gefahr der Doppelbesteuerung, wenn der ausländische Staat das Wirtschaftsgut bei Überführung mit einem höheren Wert als dem (deutschen) gemeinen Wert ansetzt.[209]

Ein von einer ausländischen Freistellungs-Betriebsstätte selbstgeschaffenes immaterielles Wirtschaftsgut (z. B. Patent), das in das inländische Stammhaus überführt wird, ist mit dem gemeinen Wert zu aktivieren; die Einlagevorschriften gehen dem Aktivierungsverbot des § 5 Abs. 2 EStG vor.[210]

Im Fall einer (Teil-)Betriebsverlagerung ins Inland sind nicht nur die übertragenen Einzelwirtschaftsgüter mit dem gemeinen Wert anzusetzen. Vielmehr gilt konsequenterweise auch ein **Goodwill** als „mitverstrickt".[211]

Die Sofortabschreibung für **geringwertige Wirtschaftsgüter** ist auch im Fall einer Ver- 3033
strickung möglich (§ 6 Abs. 2 EStG). Wenn der Teilwert des Wirtschaftsgutes nach der Verstrickung dauerhaft unter dem gemeinen Wert liegt, kann eine **Teilwertabschreibung** vorgenommen werden (§ 6 Abs. 1 Nr. 1 Satz 2, Nr. 2 Satz 2 EStG).[212]

Diese Regelungen greifen auch im Falle der **Rückführung eines Wirtschaftsgutes** aus 3034
einer ausländischen Betriebsstätte in das inländische Stammhaus, also Aufdeckung der stillen Reserven im Zeitpunkt der Überführung (vorbehaltlich § 4g EStG) und Ansatz des gemeinen Wertes im Zeitpunkt der Rückführung. Im Fall der Rückführung eines Wirtschaftsgutes i. S. d. § 4g Abs. 3 Satz 1 EStG wird der nach dieser Norm zu errechnende Rückführungswert anstelle des gemeinen Wertes angesetzt.

Weil im Fall der Überführung eines Wirtschaftsgutes aus einer ausländischen Anrech- 3035
nungs-Betriebsstätte eines unbeschränkt Steuerpflichtigen in das Inland keine fiktive Einlage vorliegt (vgl. Rz. 3027), wird dieses Wirtschaftsgut im Inland nicht mit dem gemeinen Wert im Inland steuerverstrickt. Es entsteht ein **Anrechnungsüberhang**, soweit

206 Vgl. BT-Drucks. 16/2710 S. 28; *Prinz*, in: HHR, EStG/KStG, Jahresband 2007, Köln 2007, vor § 4 Rz. J 06-3; *Prinz*, in: Prinz (Hrsg.), Umwandlungen im Internationalen Steuerrecht, Köln 2013, Rz. 1.31; *Dötsch/Pung*, DB 2006 S. 2651; *Bode*, in: Kirchhof (Hrsg.), EStG, 12. Aufl., Köln 2013, § 4 Rz. 111; *Levedag*, in: Prinz (Hrsg.), Umwandlungen im Internationalen Steuerrecht, Köln 2013, Rz. 11.151.

207 Vgl. *Ehlermann/Müller*, ISR 2013 S. 48, die auch herausstellen, dass „die deutsche Regelung der Verstrickung von Betriebsvermögen unionsrechtskonform" ist, ebd., S. 50.

208 Vgl. *Stadler/Elser*, in: Blumenberg/Schäfer (Hrsg.), Das SEStEG, München 2007, S. 61; *Kupsch/Schulte-Krumpen*, in: Brähler/Lösel (Hrsg.), Deutsches und internationales Steuerrecht, FS Djanani, Wiesbaden 2008, S. 470; *Bode*, in: Kirchhof (Hrsg.), EStG, 12. Aufl., Köln 2013, § 4 Rz. 111.

209 *Stadler/Elser*, in: Blumenberg/Schäfer (Hrsg.), Das SEStEG, München 2007, S. 61; gl. A. *Bode*, in: Kirchhof (Hrsg.), EStG, 12. Aufl., Köln 2013, § 4 Rz. 111; *Kupsch/Schulte-Krumpen*, in: Brähler/Lösel (Hrsg.), Deutsches und internationales Steuerrecht, FS Djanani, Wiesbaden 2008, S. 470 f.

210 Vgl. *Ditz*, in: Schönfeld/Ditz (Hrsg.), DBA, Köln 2013, Art. 7 (2008) Rz. 165.

211 Vgl. *Ehlermann/Müller*, ISR 2013 S. 51.

212 Vgl. *Levedag*, in: Prinz (Hrsg.), Umwandlungen im Internationalen Steuerrecht, Köln 2013, Rz. 11.152.

es im ausländischen Betriebsstättenstaat bei der Überführung des Wirtschaftsgutes zur Besteuerung kommt. In der Folgezeit stehen diesem Anrechnungsüberhang keine höheren Abschreibungen im Inland gegenüber.[213]

3036–3037 *(Einstweilen frei)*

6. EuGH-Rechtsprechung und deutsches Steuerbilanzrecht

3038 Vorschriften, mit denen eine Richtlinie in innerstaatliches Recht umgesetzt worden ist, sind **richtlinienkonform** auszulegen. Die Auslegung der 4. EG-Richtlinie (Bilanzrichtlinie) obliegt dem Europäischen Gerichtshof. Der EuGH entscheidet im Wege der Vorabentscheidung u. a. über die Auslegung der Richtlinien des Rates der EU als sekundärem Gemeinschaftsrecht (Art. 19, 267 AEUV).[214]

3039 Nach herrschender Meinung trifft den BGH die **Vorlagepflicht**, soweit Fragen des Jahresabschlusses einer AG, GmbH oder KGaA angesprochen sind, da durch die Vorschriften im Dritten Buch des HGB vor allem die 4. und die 7. EG-Richtlinie in deutsches Recht umgesetzt worden sind.[215] Dies kommt im Fall *Tomberger*[216] zum Ausdruck. Entsprechendes gilt für die Handelsbilanz einer Kapitalgesellschaft & Co i. S. d. § 264a HGB.[217] Für die Jahresabschlüsse von Einzelunternehmen und Personenhandelsgesellschaften bejaht die wohl überwiegende Meinung in der Literatur ebenfalls die Vorlagepflicht.[218] Der EuGH führt im Urteil *BIAO* aus, dass die Sicherstellung einer einheitlichen Auslegung des sekundären Gemeinschaftsrechts auch hinsichtlich des Handelsbilanzrechts der Einzelkaufleute und Personenhandelsgesellschaften eine richtlinienkonforme Auslegung erfordert.[219]

3040 Die wohl herrschende Meinung in der Literatur versteht den **Maßgeblichkeitsgrundsatz** (§ 5 Abs. 1 Satz 1 EStG) als strenge Inbezugnahme des handelsbilanziellen Gemeinschaftsrechts. Es wird herausgestellt, dass sich die steuerliche Gewinnermittlung auf Regelungen europarechtlicher Qualität stützt. Das Ziel dieses Verweises ist nach herr-

213 Vgl. *Benecke/Schnitger*, IStR 2006 S. 767; *Benecke*, NWB 2007, Fach 3, S. 14755; *Ehlermann/Müller*, ISR 2013 S. 52.

214 Vgl. im Einzelnen zu Reichweite und Bedeutung der Vorabentscheidungskompetenz des EuGH *Schön*, BB 2004 S. 763 ff.; *Jensen-Nissen*, IAS 32/IAS 39 und steuerliche Gewinnermittlung. Bilanzierung von Finanzinstrumenten dem Grunde nach, Wiesbaden 2007, S. 29-33; *Najderek*, Harmonisierung des europäischen Bilanzrechts. Problembestimmung und konzeptionelle Würdigung, Wiesbaden 2009, S. 59-69.

215 Vgl. *Schulze-Osterloh*, DStZ 1997 S. 282; *Kolb*, in: Breuninger/Müller/Strobl-Haarmann (Hrsg.), Steuerrecht und europäische Integration, FS Rädler, München 1999, S. 397.

216 Vgl. EuGH, Urteil vom 27. 6. 1996 – C-234/94, IStR 1996 S. 352 ff., mit Berichtigungsbeschluss vom 10. 7. 1997, DB 1997 S. 1513. Daran anschließend BGH, Urteil vom 12. 1. 1998 – II ZR 82/93, WPg 1998 S. 375 ff.

217 Vgl. *Hennrichs*, NZG 2005, S. 787; *Schulze-Osterloh*, DStZ 1997 S. 283; *Herlinghaus*, IStR 1997 S. 533.

218 Vgl. *Groh*, DStR 1996 S. 1208; *Arndt/Wiesbrock*, DStR 1999 S. 353; *Herlinghaus*, IStR 1997 S. 537; *ders.*, FR 2005 S. 1191; *Herzig/Dautzenberg*, BFuP 1998 S. 27; *Herzig/Riek*, IStR 1998 S. 317 ff.; *Kropff*, ZGR 1997 S. 128; a. A. *Schulze-Osterloh*, DStZ 1997 S. 283; *Hennrichs*, ZGR 1997 S. 74 ff.; *ders.*, NZG 2005 S. 787.

219 Vgl. EuGH vom 7. 1. 2003 – C-306/99, BIAO, IStR 2003 S. 95 ff.

schender Lehre eine einheitliche Interpretation des handelsrechtlichen Normenbestandes.[220] Die Finanzgerichte sind zur Vorlage berechtigt (Art. 267 Abs. 2 AEUV) bzw. im Falle des BFH verpflichtet (Art. 267 Abs. 3 AEUV;[221] vgl. auch Rz. 386 f.).

Der EuGH hat in dem Urteil *BIAO*[222] auf der Grundlage eines Vorlagebeschlusses des FG Hamburg[223] entschieden, dass seine Vorabentscheidungszuständigkeit auch bei Sachverhalten zu beachten ist, die für die steuerliche Gewinnermittlung relevant sind, wenn mittelbar (d. h. wie z. B. in Deutschland für Zwecke der Besteuerung über den Maßgeblichkeitsgrundsatz) auf die Bilanzrichtlinie verwiesen wird.[224] **Vorabentscheidungsersuche zur Steuerbilanz** sind demnach zulässig, „wenn sich die vorzulegende Sachfrage im Wesentlichen auf die Auslegung der Bilanzrichtlinie bezieht, die Richtlinienbestimmungen ohne materielle Änderungen in das nationale Recht übernommen wurden und keine dem Richtlinienzweck und den Richtlinienregelungen entgegenstehenden nationalen Vorschriften bestehen."[225] Das gilt nicht nur dann, wenn die Steuerbilanz einer Gesellschaft betroffen ist, die vom Anwendungsbereich der Bilanzrichtlinie erfasst wird (also vor allem Kapitalgesellschaften und haftungsbeschränkte Personengesellschaften), sondern auch bei Unternehmen, die nicht in den Anwendungsbereich der Bilanzrichtlinie fallen (z. B. Einzelunternehmen, nicht haftungsbeschränkte Personengesellschaft).[226] 3041

Allerdings hängt die Bedeutung der Rechtsprechung des EuGH für die Steuerbilanz in entscheidendem Maße von der künftigen **Vorlagepraxis der deutschen Finanzgerichte** ab. Denn die nationalen Gerichte haben sowohl die Erforderlichkeit einer Vorabentscheidung als auch die Erheblichkeit der Fragestellung zu beurteilen.[227] Der EuGH kann die nationalen Gerichte nicht zur Anrufung zwingen.[228] Mit einem zunehmenden Einfluss des EuGH auf das deutsche Steuerbilanzrecht könnte auch ein schleichendes Eindringen der **IFRS** in die Steuerbilanz verbunden sein (vgl. Rz. 3049). 3042

Zudem kommt eine Vorlage an den EuGH nicht in Betracht, wenn eine **eigenständige steuerbilanzielle Regelung** existiert. Eine Vorlagepflicht besteht auch z. B. nicht in Fällen, in denen das Steuerrecht Begriffe und Differenzierungen einführt, die keine handelsrechtliche Entsprechung haben (z. B. die Abgrenzung zwischen Betriebs- und Privat- 3043

220 Vgl. z. B. *Herlinghaus*, IStR 1997 S. 538.

221 Vgl. *Dziadkowski*, FR 1998 S. 871; *Groh*, DStR 1996 S. 1209; *Herzig*, DB 1996 S. 1402; *Hirsch*, DStZ 1998 S. 494; *Kempermann*, DStZ 1996 S. 571; *Kropff*, ZGR 1997 S. 128; a. A. *Hennrichs*, ZGR 1997 S. 74 ff.; *ders.*, NZG 2005 S. 787; *ders.*, in: Tipke/Lang, Steuerrecht, 21. Aufl., Köln 2013, § 9 Rz. 72 ff.; *ders.*, StuW 1999 S. 149 ff.; *Weber-Grellet*, DStR 1996 S. 1095; *Schulze-Osterloh*, DStZ 1997 S. 286; *Beisse*, BB 1999 S. 2184.

222 Vgl. EuGH, Urteil vom 7. 1. 2003, C-306/99, BIAO, IStR 2003 S. 95 ff.; vgl. hierzu z. B. *Bärenz*, DStR 2003 S. 492 ff.; *Dziadkowski*, FR 2003 S. 552 ff.; *Hennrichs*, NZG 2005 S. 783 ff.; *Kahle/Dahlke/Schulz*, StuW 2008 S. 268 f.; *Moxter*, BB 2003 S. 363 ff.; *Scheffler*, StuB 2003 S. 298 ff.; *ders.*, StuB 2004 S. 776 ff.; *Schütz*, DB 2003 S. 688 ff.; *Vater*, StuB 2005 S. 67 ff.

223 Vgl. FG Hamburg, Beschluss vom 22. 4. 1999 – II 23/97, DStRE 2000 S. 171.

224 Vgl. EuGH, Urteil vom 7. 1. 2003 – C-306/99, BIAO, IStR 2003 S. 95 ff., Tz. 88-94.

225 *Herlinghaus*, FR 2005 S. 1191.

226 Vgl. EuGH, Urteil vom 7. 1. 2003 – C-306/99, BIAO, IStR 2003 S. 95 ff., Tz. 91.

227 Vgl. EuGH, Urteil vom 7. 1. 2003 – C-306/99, BIAO, IStR 2003 S. 95 ff., Tz. 88.

228 Vgl. *Scheffler*, StuB 2003 S. 300 f.; *ders.*, StuB 2004 S. 777.

vermögen; Teilwertbegriff).[229] Sofern das Steuerrecht zwar besondere Regelungen enthält, diese aber inhaltlich mit dem Handelsbilanzrecht übereinstimmen, kommt es auf den „spezifischen steuerrechtlichen Charakter“[230] an; eine Vorlage kommt nicht in Betracht, wenn der Steuergesetzgeber darauf abzielt, eine spezifisch steuerrechtliche Sachgesetzlichkeit zu regeln.[231] Nach der BFH-Rechtsprechung kommt eine Vorlage an den EuGH bei Nicht-Kapitalgesellschaften und in Fragen, die die Bewertung von Aktiva und Passiva betreffen, aufgrund des Bewertungsvorbehalts des § 5 Abs. 6 EStG nicht in Betracht, auch wenn die steuerrechtlichen Bewertungsmaßstäbe mit den Grundsätzen des Handelsrechts übereinstimmen.[232]

3044–3045 *(Einstweilen frei)*

7. Einflüsse der IFRS auf die steuerliche Gewinnermittlung

7.1 Inbezugnahme der IFRS bei der Auslegung steuerlicher Ansatz- und Bewertungsfragen

3046 Eine schleichende Veränderung der Grundsätze ordnungsmäßiger Buchführung durch eine **Einstrahlung der IFRS** könnte sich über § 5 Abs. 1 EStG auch auf die Steuerbilanz auswirken. Allerdings werden die handelsrechtlichen Grundsätze ordnungsmäßiger Buchführung nach dem Willen des Gesetzgebers auch nach dem BilMoG beibehalten.[233] Zugunsten einer angeblich verbesserten Informationsvermittlung wird das **Vorsichtsprinzip** zwar teilweise zurückgedrängt, dem wird aber durch korrespondierende Ausschüttungssperren Rechnung getragen (§ 268 Abs. 8 HGB). Die Fortentwicklung in Richtung der Informationsfunktion sollte nur insoweit erfolgen, wie die Ausschüttungsbemessungsfunktion nicht gefährdet wird.[234] Das Vorsichtsprinzip, das **Realisations- und das Imparitätsprinzip** bleiben weiterhin tragende Grundsätze der handelsrechtlichen Rechnungslegung.[235] Zu den überkommenen handelsrechtlichen GoB zählt auch das **Objektivierungsprinzip**.[236] Schon mit Blick auf den begrenzten Anwendungsbereich der Ausschüttungs- und Entnahmesperre (§ 268 Abs. 8 HGB)[237] kann von einer Abschwächung des Objektivierungsprinzips nicht ausgegangen werden. Es ist von einer

229 Vgl. *Grotherr*, IWB 2003 S. 431 f.; *Herlinghaus*, FR 2005 S. 1191 f.; *Günter*, Fortentwicklung des Handels- und Steuerbilanzrechts, Lohmar/Köln 2012, S. 189.

230 *Schön*, in: Klein/Stihl/Wassermeyer (Hrsg.), Unternehmen Steuern, FS Flick, Köln 1997, S. 581.

231 Vgl. *Schön*, in: Klein/Stihl/Wassermeyer (Hrsg.), Unternehmen Steuern, FS Flick, Köln 1997, S. 581 f.; *Herlinghaus*, FR 2005 S. 1192.

232 Vgl. BFH, Urteile vom 15. 7. 1998 – I R 24/96, DStR 1998 S. 1463 f.; vom 20. 6. 2000 – VIII R 32/98, IStR 2000 S. 730; vom 28. 3. 2000 – VIII R 77/96, BStBl 2002 II S. 227; differenzierend *Schön*, in: Klein/Stihl/Wassermeyer (Hrsg.), Unternehmen Steuern, FS Flick, Köln 1997, S. 583; *Arndt/Wiesbrock*, DStR 1999 S. 352.

233 Vgl. BT-Drucks. 16/12407 S. 1.

234 Vgl. *Küting/Lorson/Eichenlaub/Toebe*, GmbHR 2011 S. 1; *Hennrichs*, WPg 2011 S. 863 ff.

235 Vgl. *Hennrichs*, in: Bitter u. a. (Hrsg.), FS K. Schmidt, Köln 2009, S. 594; *Kahle/Günter*, in: Schmiel/Breithecker (Hrsg.), Steuerliche Gewinnermittlung nach dem Bilanzrechtsmodernisierungsgesetz, Köln 2008, S. 88 f.; differenzierend *Böcking/Gros*, DK 2009 S. 358 u. 361.

236 Vgl. *Beisse*, in: Beisse u. a. (Hrsg.), FS Beusch, Berlin/New York 1993, S. 83; *Döllerer*, BB 1969 S. 505; *Groh*, in: Ballwieser u. a. (Hrsg.), Bilanzrecht und Kapitalmarkt, FS Moxter, Düsseldorf 1994, S. 67; *Moxter*, DB 2008 S. 1515 ff.

237 Vgl. *Moxter*, DB 2008 S. 1517; *Hennrichs*, DB 2008 S. 541 f.

weitergehenden **Dominanz der Ausschüttungsbemessungsfunktion** im HGB auch nach dem BilMoG auszugehen.[238]

Vor diesem Hintergrund verbietet es sich, die IFRS als Auslegungshilfe des neuen Bilanzrechts heranzuziehen.[239] Vielmehr sind die handelsrechtlichen Vorschriften nach wie vor im **Lichte der GoB** auszulegen.[240] Bereits die mit dem HGB weiterhin verfolgte Zielsetzung der Ausschüttungsbemessung widerspricht einer Auslegung anhand eines rein informationsorientierten Regelungswerks.[241] Aufgrund des nur moderaten Bedeutungsgewinns der Informationsfunktion sollte sich folgerichtig die Auslegung der klassischen GoB nicht ändern.[242] Die IFRS können allenfalls eine **Erkenntnisquelle des Rechtsvergleichs** sein.[243] 3047

Es ist allerdings nicht auszuschließen, dass gerade bei neueren Bilanzierungsfragen in der Praxis doch verstärkt **auf die IFRS Bezug genommen** wird.[244] Das HGB würde durch diese Annäherungen an die IFRS Gefahr laufen, mittel- bis langfristig zumindest teilweise seine Eigenständigkeit einzubüßen.[245] Eine derart weitgehende Inbezugnahme der IFRS zur Auslegung handelsbilanzieller Fragestellungen hätte eine mittelbare Einwirkung der IFRS auf die Steuerbilanz zur Folge, sofern dem keine steuerrechtliche Sonderregelung entgegensteht. 3048

Die Gefahr einer solchen Verwässerung der traditionellen GoB dürfte aber begrenzt sein. So hat der BFH[246] mit der **Ablehnung des component approach** (IAS 16.14-IAS 16.44) die Gelegenheit genutzt, einer „ergebnisorientierte[n] Übernahme von IAS/IFRS-

---

238 Vgl. im Ergebnis auch *Wüstemann/Wüstemann*, in: Baumhoff/Dücker/Köhler (Hrsg.), Besteuerung, Rechnungslegung und Prüfung der Unternehmen, FS Krawitz, Wiesbaden 2010, S. 759; *Wüstemann/Koch*, in: Küting/Pfitzer/Weber (Hrsg.), IFRS und BilMoG, Stuttgart 2010, S. 330 f.; *Marx*, BB 2011 S. 1004; *Kahle/Günter*, StuW 2012 S. 44; *Winkeljohann/Schellhorn*, in: Beck'scher Bilanz-Kommentar, 8. Aufl., München 2012, § 264 HGB Rz. 35; *Bieker*, PiR 2008 S. 367. A. A. *Baetge/Kirsch/Thiele*, Bilanzen, 12. Aufl., Düsseldorf 2012, S. 103 f.; *Baetge/Kirsch/Solmecke*, WPg 2009 S. 1214.

239 So aber *Theile*, in: Heuser/Theile, IFRS Handbuch, 5. Aufl., Köln 2012, S. 54 f., Rz. 158; abwägend *Plaumann*, Auslegungshierarchie des HGB, Wiesbaden 2013, S. 112 ff.

240 Vgl. BT-Drucks. 16/10067, S. 35, *Moxter*, WPg 2009 S. 7 ff.; *Hennrichs*, in: Bitter u. a. (Hrsg.), FS K. Schmidt, Köln 2009, S. 595-597; *ders.*, DB 2008 S. 542; *ders.*, WPg 2011 S. 867 ff.; *Hennrichs/Pöschke*, DK 2009 S. 539; *dies.*, in: Fink/Schultze/Winkeljohann (Hrsg.), Bilanzpolitik und Bilanzanalyse nach neuem Handelsrecht, Stuttgart 2010, S. 61; *Kahle/Haas*, WPg 2010 S. 39; *Kahle/Günter*, in: Schmiel/Breithecker (Hrsg.), Steuerliche Gewinnermittlung nach dem Bilanzrechtsmodernisierungsgesetz, Köln 2008, S. 88 f.; *Kahle/Günter*, StuW 2012 S. 44.

241 Vgl. *Moxter*, WPg 2009 S. 10; *Wüstemann/Wüstemann*, ZfB 2009 S. 39.

242 So auch *Wüstemann/Wüstemann*, in: Baumhoff/Dücker/Köhler (Hrsg.), Besteuerung, Rechnungslegung und Prüfung der Unternehmen, FS Krawitz, Wiesbaden 2010, S. 759; *Schulze-Osterloh*, in: von Wysocki et al. (Hrsg.), Handbuch des Jahresabschlusses, Köln, Rz. 17 (Stand: 5/2010). Eine Veränderung des Inhalts einzelner GoB befürchtend: *Ballwieser*, in: Mellinghoff/Schön/Viskorf (Hrsg.), Steuerrecht im Rechtsstaat, FS Spindler, Köln 2011, S. 588 ff.; *Schildbach*, in: Seicht (Hrsg.), Jahrbuch für Controlling und Rechnungswesen 2010, Wien 2010, S. 153 f.

243 Vgl. *Hennrichs/Pöschke*, DK 2009 S. 536; *dies.*, in: Fink/Schultze/Winkeljohann (Hrsg.), Bilanzpolitik und Bilanzanalyse nach neuem Handelsrecht, Stuttgart 2010, S. 60 f.; *Hennrichs*, WPg 2011 S. 867; *Winkeljohann/Schellhorn*, in: Beck'scher Bilanz-Kommentar, 8. Aufl., München 2012, § 264 HGB Rz. 31; *Schulz*, Harmonisierung der steuerlichen Gewinnermittlung in der Europäischen Union, Lohmar/Köln 2012, S. 12.

244 Vgl. *Prinz*, DB 2010 S. 2074.

245 Vgl. kritisch *Siegel*, ZSteu 2008 S. 54; *Fülbier/Gassen*, in: Wagner/Schildbach/Schneider (Hrsg.), Private und öffentliche Rechnungslegung, FS Streim, Wiesbaden 2008, S. 144 f.

246 Vgl. BFH, Urteil vom 14. 4. 2011 – IV R 46/09, FR 2011 S. 662 ff.; hierzu *Urbahns*, StuB 2011 S. 537 ff.; *Briesemeister/Joisten/Vossel*, FR 2011 S. 666 f.

Wertungen in das deutsche Bilanzrecht deutlich entgegenzutreten."[247] Zumindest diesen „Testfall"[248] eines möglichen Einflusses der IFRS hat das Bilanzsteuerrecht bestanden[249] (vgl. auch Rz. 383).

3049 Darüber hinaus könnte sich im Zuge der EuGH-Rechtsprechung (vgl. Rz. 3041) ein schleichendes Eindringen der IFRS in die Steuerbilanz ergeben. Nach der Rechtsprechung des EuGH kommt neben dem Grundsatz des true and fair view dem Vorsichtsprinzip für die Anwendung der Bilanzrichtlinie auf konkrete Sachverhalte eine herausragende Bedeutung zu.[250] Die Konkretisierung dieser allgemeinen Grundsätze bleibt dem nationalen Recht vorbehalten, wobei **gegebenenfalls ergänzend die IFRS heranzuziehen** sind.[251] Damit sind über den mittelbaren Verweis auf die Bilanzrichtlinie die IFRS im Grundsatz auch für die Steuerbilanz maßgeblich. Offenbar spricht der EuGH den IFRS im Falle fehlender Detailregelungen der Bilanzrichtlinie und Auslegungsspielräumen des nationalen Rechts die Funktion einer Auslegungshilfe zu. Womöglich vollzieht sich „eine schleichende Internationalisierung des Steuerbilanzrechts gleichsam durch die Hintertür"[252]. Offen bleibt, in welchem Umfang im Einzelfall die IFRS heranzuziehen sind.[253]

Folglich sind IFRS auch für Unternehmen relevant, die nicht unter die Bilanzierungspflicht nach IFRS fallen. Anders formuliert: Mittelständische Unternehmen könnten künftig auch dann von den IFRS betroffen sein, wenn sie weiterhin HGB-Bilanzen aufstellen. Wenn der Gesetzgeber diesen Einfluss der IFRS auf die steuerliche Gewinnermittlung nicht wünscht, muss er das Maßgeblichkeitsprinzip aufgeben.[254]

3050 Allerdings wird die **Reichweite des EuGH-Urteils *BIAO*** mit Blick auf die IFRS überzeichnet.[255] Denn IFRS endorsed erlangen zwar Rechtsnormqualität in den Staaten der EU,[256] so dass sie im Grundsatz geeignet erscheinen, bei der Auslegung anderer europäischer Vorschriften herangezogen zu werden. Jedoch setzt die EU nicht für alle Bilanzarten

---

247 *Briesemeister/Joisten/Vossel*, FR 2011 S. 667.

248 So *Prinz*, DStJG 34 (2011) S. 163.

249 Die Ablehnung der IFRS für die steuerrechtliche Gewinnermittlung kommt z. B. auch im Urteil des BFH vom 25. 8. 2010 – I R 103/09, BStBl 2011 II, S. 215, Tz. 23 zum Ausdruck..

250 So auch bereits EuGH, Urteil vom 14. 9. 1999 – Rs. C – 275/97, *DE+ES Bauunternehmung GmbH*, GmbHR 1999, S. 1145 ff., Tz. 26.

251 Vgl. EuGH, Urteil vom 7. 1. 2003 – C-306/99, *BIAO*, IStR 2003 S. 95 ff., Tz. 77, 103, 118. Daran anschließend kam das FG Hamburg zu der Entscheidung, dass die für Kapitalgesellschaften und andere Kaufleute geltenden handelsrechtlichen Vorschriften i. S. d. EG-Bilanzrichtlinie und ggf. unter Heranziehung der IFRS auszulegen sind, sofern dieser Vorgehensweise keine steuerrechtlichen Besonderheiten entgegenstehen, vgl. FG Hamburg, Urteil vom 28. 11. 2003, III 1/01, DStRE 2004 S. 613. Der BFH lehnt in seiner Revisionsentscheidung die IFRS-Anwendung auf den dem Urteil des FG Hamburg zu Grunde liegenden Sachverhalt aus zeitlichen Gründen ab, vgl. BFH, Urteil vom 15. 9. 2004 – I R 5/04, DStR 2005 S. 238 m. Anm. *Bärenz* = BB 2005 S. 483, m. Anm. *Schulze-Osterloh*.

252 *Hennrichs*, StuW 2005 S. 264.

253 Vgl. zur Diskussion *Hennrichs*, StuW 2005 S. 263 f.; *Hoffmann*, GmbH-StB 2005 S. 155; *Kahle*, IRZ 2006, S. 90-92; *Prinz*, FR 2006 S. 571; *Raupach* u. a., JbFSt 2006/2007 S. 404; *Vater*, StuB 2005 S. 69; *Scheffler*, StuB 2004 S. 778.

254 Vgl. *Hennrichs*, StuW 2005 S. 264.

255 Vgl. *Hennrichs*, StuW 2005 S. 263 f.; *ders.*, NZG 2005 S. 783 ff.; *Kahle*, IRZ 2006 S. 91; *Günter*, Fortentwicklung des Handels- und Steuerbilanzrechts, Lohmar/Köln 2012, S. 190 f.; *Schulz*, Harmonisierung der steuerlichen Gewinnermittlung in der Europäischen Union, Lohmar/Köln 2012, S. 11 f.

256 Vgl. *Hauck/Prinz*, DK 2005 S. 636.

und für alle Unternehmen auf die IFRS, sondern nur für die konsolidierten Abschlüsse kapitalmarktorientierter Unternehmen.[257] Wenn sich ein Mitgliedstaat dazu entschließt, die IFRS von den Einzelabschlüssen fernzuhalten, „dann darf diese Begrenzung nicht ‚auf kaltem Wege' über eine IFRS-dominierte Auslegung des nationalen Bilanzrechts umgangen werden"[258].

(Einstweilen frei) 3051–3052

7.2 Unmittelbare Bezugnahme auf die IFRS im Rahmen der Zinsschranke

Im Rahmen der Zinsschranke (§§ 4h EStG, 8a KStG) sollen die **Konzern-Klausel** und die **Escape-Klausel** unter unmittelbarem Rückgriff auf die **IFRS** konkretisiert werden. Die IFRS bilden den zentralen Rechnungslegungsstandard der Zinsschranke.[259] Die Zinsschranke soll vorgeblich international tätige Konzernstrukturen treffen, deren kapitalmarktorientierte Mutterunternehmen ohnehin nach IFRS bilanzieren dürften; die IFRS sollen offenbar eine „einheitliche Beurteilungsgrundlage"[260] für die Abzugsbeschränkung schaffen. Die IFRS werden damit im Rahmen der Unternehmensteuerreform 2008 erstmalig in eine ertragsteuerliche Gewinnermittlungsvorschrift inkorporiert.[261] 3053

Trotz Konzernzugehörigkeit kann die Anwendung der Zinsschranke ausgeschlossen werden, wenn der Betrieb den sogenannten **Eigenkapitaltest** erfolgreich absolvieren kann (§ 4h Abs. 2 Satz 1 Buchst. c EStG, Escape-Klausel; **Rückausnahme** in § 8a Abs. 3 KStG). Hierbei wird die **Eigenkapitalquote** (Verhältnis zwischen Eigenkapital und Bilanzsumme, § 4h Abs. 2 Satz 1 Buchst. c Satz 3 EStG) des Betriebs mit der des Konzerns verglichen. **Maßgeblicher Abschluss** ist der bestehende Einzelabschluss des Betriebs und der bestehende Konzernabschluss. Die Eigenkapitalquote wird im Grundsatz **auf Basis der IFRS** ermittelt (§ 4h Abs. 2 Satz 1 Buchst. c Satz 8 EStG).[262] Nur wenn kein Konzernabschluss nach IFRS zu erstellen und offenzulegen ist und auch für die letzten fünf Jahre kein Konzernabschluss nach IFRS (freiwillig) aufgestellt wurde, ist ein Rückgriff auf HGB-Abschlüsse beziehungsweise Abschlüsse, die nach dem nationalen Recht eines EU-Mitgliedstaates erstellt wurden, zulässig (§ 4h Abs. 2 Satz 1 Buchst. c Satz 9 EStG). Auf Basis von US-GAAP erstellte Abschlüsse dürfen nur verwendet werden, wenn auch keine Abschlüsse nach „EU-GAAP" verfügbar sind (§ 4h Abs. 2 Satz 1 Buchst. c Satz 9 3054

257 Vgl. *Hennrichs*, NZG 2005 S. 784; *Schulze-Osterloh*, BB 2004 S. 2567 f.; *ders.*, BB 2005 S. 488.

258 *Hennrichs*, StuW 2005 S. 264. Vgl. auch *ders.*, in: Bitter u. a. (Hrsg.), FS K. Schmidt, Köln 2009, S. 596 f.; *Schulze-Osterloh*, in: von Wysocki u. a. (Hrsg.), Handbuch des Jahresabschlusses, Köln, Abt. I/1 Rz. 17 (Stand: 5/2010).

259 Gemeint sind nach einhelliger Auffassung im Schrifttum die sog. „IFRS-endorsed", vgl. *Hennrichs*, DB 2007 S. 2103, *Korn*, KÖSDI 2008, 15874, Rz. 33; *Schulz*, DB 2008 S. 2043.

260 *Heintges/Kamphaus/Loitz*, DB 2007 S. 1266.

261 Dies ist im Schrifttum freilich nicht ohne Widerhall geblieben, vgl. z. B. *Herzig*, WPg 2007 S. 13; *Herzig/Bohn*, DB 2007 S. 9; *Lüdenbach/Hoffmann*, DStR 2007 S. 636; *Hennrichs*, DB 2007 S. 2101; *Prinz*, GmbHR 2007 S. R257; *Hauck/Prinz*, BB 2007 S. 2434; *Heintges/Kamphaus/Loitz*, DB 2007 S. 1261; *Kahle/Dahlke/Schulz*, StuW 2008 S. 269 ff.; *Schreiber/Overesch*, DB 2007 S. 817; *Roth*, DStR 2007 S. 1458; *Führich*, IStR 2007 S. 344; *Kußmaul/Pfirmann/Meyering/Schäfer*, BB 2008 S. 139.

262 Vgl. auch BMF, Schreiben vom 4. 7. 2008 – IV C 7 – S 2742-a/07/10001, BStBl 2008 I S. 727, Tz. 77.

2. Halbsatz EStG).[263] Auch der einzelne Betrieb hat seine Eigenkapitalquote nach dem für den Konzernabschluss geltenden Rechnungslegungsstandard in einer Überleitungsrechnung zu ermitteln (§ 4h Abs. 2 Satz 1 Buchst. c Satz 11 EStG). Damit kommt es zu einer „steuerlich induzierte[n] Obliegenheit zur Bilanzierung nach IFRS“[264] auf Ebene der Betriebe.

3055 Eine Ausnahme von der Zinsschranke gilt auch, wenn der fremdfinanzierte Betrieb nicht beziehungsweise nur anteilsmäßig zu einem Konzern gehört (**Konzern-Klausel**, § 4h Abs. 2 Satz 1 Buchst. b EStG). In § 4h Abs. 3 Satz 5 EStG wird auf den im Rahmen der Escape-Klausel (§ 4h Abs. 2 Satz 1 Buchst. c EStG) verwendeten Rechnungslegungsstandard verwiesen.

3056 Um der Zinsschranke zu entgehen, können sich konzernzugehörige Betriebe auf die Escape-Klausel nach § 4h Abs. 2 Satz 1 lit. c EStG berufen. Demnach kommt die Zinsschranke nicht zur Anwendung, wenn die Eigenkapitalquote des Betriebs diejenige des Konzerns um höchstens zwei Prozentpunkte unterschreitet. Die **Eigenkapitalquote** wird als Verhältnis zwischen Eigenkapital und Bilanzsumme ermittelt (§ 4h Abs. 2 Satz 1 lit. c Satz 3 EStG). Es stellt sich die Frage, inwiefern **bilanzpolitische Maßnahmen** Einfluss auf die Eigenkapitalquote und damit auf die Nutzung der Escape-Klausel nehmen können.[265] Denn für Zwecke der Escape-Klausel gilt, dass die Eigenkapitalquote im Konzern möglichst niedrig, im Einzelabschluss aber möglichst hoch sein sollte.[266]

Bilanzpolitik kann zum einen durch die Ausübung von Ansatz- und Bewertungswahlrechten beziehungsweise die Nutzung von Ermessensspielräumen, zum anderen durch Gestaltung bestimmter Sachverhalte und Gegebenheiten verfolgt werden.[267] Bei der **Wahlrechtsausübung** ist zu beachten, dass Wahlrechte im Konzernabschluss und in dem für den Betrieb maßgeblichen Einzelabschluss einheitlich auszuüben sind (§ 4h Abs. 2 Satz 1 lit. c Satz 4 EStG). Dennoch lässt sich dann ein Effekt im Hinblick auf die Eigenkapitalquoten erzielen, wenn die Wahlrechtsausübung im Konzern- und Einzelabschluss ein relativ unterschiedliches Gewicht hat.[268] Beispielhaft seien hier etwa die Neubewertungsmethode für Sachanlagen, die Zeitwertbewertung von investment property oder die Designierung von Finanzinstrumenten (etwa zur Kategorie financial instruments at fair value through profit or loss) genannt.[269] Zu beachten sind allerdings das Stetigkeitsgebot und die Vorgaben zur konzerneinheitlichen Bilanzierung.[270] Grundsätzlich erlauben hierbei „Wahlrechte, die zu einer Erhöhung (Verminderung) der Eigenkapitalquote führen“, Vorteile im Hinblick auf die Nutzung der Escape-Klausel,

263 Vgl. auch BMF, Schreiben vom 4. 7. 2008 – IV C 7 – S 2742-a/07/10001, BStBl 2008 I S. 727, Tz. 78.

264 *Hennrichs*, DB 2007 S. 2105.

265 Grundsätzlich bestehen unabhängig vom verwendeten Rechnungslegungsstandard (IFRS/HGB/US-GAAP/ sonstige GAAP) bilanzpolitische Möglichkeiten. Regelmäßig werden die IFRS zumindest umfangreichere bilanzpolitische Möglichkeiten bieten als das HGB.

266 Vgl. *Lüdenbach/Hoffmann*, DStR 2007 S. 641.

267 Vgl. hierzu auch *Kirsch*, DK 2007 S. 657 ff.

268 Vgl. *Kirsch*, DK 2007 S. 660.

269 Vgl. auch zu weiteren Beispielen *Köster*, BB 2007 S. 2283.

270 Vgl. *Hoffmann*, Zinsschranke, Stuttgart 2008, Rz. 631.

„wenn deren Auswirkungen auf der Ebene des Betriebs stärker (schwächer) als auf Konzernebene sind".[271]

Nicht nur durch explizite Wahlrechte, sondern auch durch implizite **Ermessensspielräume** kann Einfluss auf die Eigenkapitalquote genommen werden. In diesem Zusammenhang besteht v. a. auch die Möglichkeit, bestimmte Nachweise zu erbringen oder eben (absichtlich) nicht, um bestimmte bilanzielle Konsequenzen auszulösen. So ist etwa die Aktivierung selbst geschaffener immaterieller Vermögenswerte oder die Nutzung der percentage-of-completion-Methode im Rahmen langfristiger Fertigungsaufträge von bestimmten Dokumentationserfordernissen abhängig.[272] Selbiges gilt vor dem Hintergrund der Aktivierung latenter Steuern auf Verlustvorträge für den Nachweis der Nutzbarkeit dieser Verlustvorträge.[273] 3057

Gemäß § 4h Abs. 2 Satz 1 lit. c Satz 5 EStG ist das Eigenkapital des Betriebes um einen **Geschäfts- oder Firmenwert**, welcher auf diesen Betrieb entfällt und im Konzernabschluss enthalten ist, zu erhöhen.[274] Hierdurch könnte ein Anreiz zu einer „aggressiveren" Aufdeckung von Firmenwerten im Rahmen der Kapitalkonsolidierung entstehen.[275] Auch im Rahmen der erstmaligen Umstellung auf IFRS und der Erstellung einer IFRS-Eröffnungsbilanz gem. IFRS 1 bestehen zusätzlich besondere Wahlrechte, die im Hinblick auf die Escape-Klausel genutzt werden können.[276]

Schließlich birgt auch eine geschickte **Beteiligungspolitik** Potenzial, die Eigenkapitalquote zu beeinflussen. Hier sind insbesondere der Verkauf/Erwerb von Tochterunternehmen oder die Einbringung von Unternehmen in Gemeinschafts- oder assoziierte Unternehmen angesprochen.[277] Letztere Option dient vor allem dem Herausnehmen hoch verschuldeter (niedrig verschuldeter) Unternehmen aus dem Konsolidierungskreis, wodurch die Konzerneigenkapitalquote erhöht (gesenkt) wird.[278] Die „herausgenommenen" Unternehmen gehören dann gem. § 4h Abs. 3 Satz 5 EStG nicht mehr zu einem Konzern i. S. d. Zinsschranke und haben daher grundsätzlich selbst keine Zinsschrankenfolgen zu befürchten (Nutzung der Konzern-Klausel des § 4h Abs. 2 Satz 1 lit. b EStG). Auch die Verringerung der Eigenkapitalquote einer Tochtergesellschaft, mit dem Ziel der Senkung der Konzerneigenkapitalquote und daraus resultierender Nutzbarkeit der Escape-Klausel bei anderen Tochtergesellschaften, ist zu erwägen.[279] 3058

(Einstweilen frei) 3059–3060

271 *Köster*, BB 2007 S. 2282 (beide Zitate). Vgl. auch *Hoffmann*, Zinsschranke, Stuttgart 2008, Rz. 634.

272 Vgl. *Kirsch*, DK 2007 S. 661.

273 Vgl. *Kirsch*, DK 2007 S. 661.

274 Vgl. auch BMF, Schreiben vom 4. 7. 2008 – IV C 7 – S 2742 – a/07/10001, BStBl 2008 I S. 718, Rz. 73, 75 f.

275 Vgl. im Einzelnen *Kirsch*, DK 2007 S. 661 f.

276 Vgl. *Lüdenbach/Hoffmann*, DStR 2007 S. 638, 641; *Kirsch*, DK 2007 S. 662.

277 Vgl. *Kirsch*, DK 2007 S. 662. Im Einzelfall kann sich ein Erwerb/Verkauf von Tochterunternehmen vor- oder nachteilig im Hinblick auf die Escape-Klausel auswirken.

278 Vgl. *Kirsch*, DK 2007 S. 662.

279 Vgl. hierzu *Krüger/Thiere*, KoR 2007 S. 477.

Teil A:
Grundsatz- und Querschnittsfragen steuerlicher Gewinnermittlung

Kapitel XXI:
Zukunft der Steuerbilanz

von
Professor Dr. Holger Kahle, Hohenheim

Inhaltsübersicht

Ausgewählte Literatur

Arbeitskreis Bilanzrecht der Hochschullehrer Rechtswissenschaft, Zur Maßgeblichkeit der Handelsbilanz für die steuerliche Gewinnermittlung gem. § 5 Abs. 1 EStG i. d. F. durch das BilMoG, DB 2009 S. 2570; *Ballwieser,* Möglichkeiten und Grenzen der Erstellung einer Einheitsbilanz – Zur Rolle und Entwicklung des Maßgeblichkeitsprinzips, in: Mellinghoff/Schön/Viskorf (Hrsg.): Steuerrecht im Rechtsstaat. Festschrift für W. Spindler, Köln 2011, S. 577; *Dahlke,* Harmonisierung der Konzernbesteuerung in der Europäischen Union, Lohmar/Köln 2011; *Förster/Krauß,* Der Richtlinienvorschlag der Europäischen Kommission zur Gemeinsamen Konsolidierten Körperschaftsteuer-Bemessungsgrundlage vom 16. 3. 2011, IStR 2011 S. 607; *Günter,* Fortentwicklung des Handels- und Steuerbilanzrechts, Lohmar/Köln 2012; *Hennrichs,* Bilanzrechtsmodernisierung und Besteuerung, StbJb 2009/2010 S. 261; *Herzig/Briesemeister,* Steuerliche Konsequenzen des BilMoG – Deregulierung und Maßgeblichkeit, DB 2009 S. 926; *Herzig/Kuhr,* Grundlagen der steuerlichen Gewinnermittlung nach dem GKKB-Richtlinienentwurf, DB 2011 S. 2053; *dies.*, Realisations- und Imparitätsprinzip im Richtlinienentwurf der GKKB, StuW 2011, S. 305; *Hüttemann,* Die Zukunft der Steuerbilanz, DStZ 2011 S. 507; *Kahle,* Steuerliche Gewinnermittlung nach dem BilMoG. Abschaffung der umgekehrten Maßgeblichkeit, StuB 2011 S. 163; *ders.*, Steuerliche Gewinnermittlung unter dem Einfluss der IAS/IFRS, IRZ 2006 S. 87; *ders.*, Internationale Rechnungslegung und ihre Auswirkungen auf Handels- und Steuerbilanz, Wiesbaden 2002; *ders.*, Maßgeblichkeitsgrundsatz auf Basis der IAS?, WPg 2002 S. 178; *Kahle/Dahlke/Schulz,* Zunehmende Bedeutung der IFRS für die Unternehmensbesteuerung?, StuW 2008 S. 266; *dies.*, Der EU-Richtlinienvorschlag zur CCCTB – Anmerkungen aus Theorie und Praxis, Ubg 2011 S. 491; *Kahle/Günter,* Fortentwicklung des Handels- und Steuerbilanzrechts nach dem BilMoG, StuW 2012 S. 43; *Kahle/Lipp,* Die Komplexität einer G(K)KB: Ein vergleichender Blick auf den Prozess der Umsatzsteuerharmonisierung in Europa, DStR 2013 S. 1205; *Kahle/Schulz,* Richtlinienentwurf für eine Gemeinsame konsolidierte Körperschaftsteuer-Bemessungsgrundlage in der Europäischen Union. Regelungen zur Gewinnermittlung, StuB 2011 S. 296; *Kahle/Schulz,* Harmoniserung der steuerlichen Gewinnermittlung in der Europäischen Union, BFuP 2011 S. 455; *Kahle/Schulz,* Sachstand und Lösungsansätze zur Entwicklung einer G(K)KB, FR 2013 S. 49; *Kußmaul/Niehren,* Die Gemeinsame Konsolidierte Körperschaftsteuer-Bemessungsgrundlage in der Europäischen Union, StB 2011 S. 344; *Marx,* Die Gewinnermittlungskonzeption der GKKB nach dem Richtlinienentwurf der EU-Kommission, DStZ 2011 S. 547; *ders.*, Teilhaberthese als Leitbild zur Neukonzeption der steuerrechtlichen Gewinnermittlung nach Inkrafttreten des BilMoG, BB 2011 S. 1003; *Moxter,* Missverständnisse um das Maßgeblichkeitsprinzip, DStZ 2000 S. 157; *Oestreicher,* Zukunft des Steuerbilanzrechts aus deutscher Sicht, WPg 2007 S. 572; *Prinz,* Rückstellungen in der Steuerbilanz: Ein Gebot sachgerechter Leistungsfähigkeitsbesteuerung, DB 2011 S. 492; *Prinz,* Materielle Maßgeblichkeit handelsrechtlicher GoB – ein Konzept für die Zukunft im Steuerbilanzrecht?, DB 2010 S. 2069; *ders.*, Maßgeblichkeit versus eigenständige Steuerbilanz – Auswirkungen einer HGB-Reform auf das Steuerrecht, in: Kirchhof et al. (Hrsg.): Steuer- und Gesellschaftsrecht zwischen Unternehmerfreiheit und Gemeinwohl. Festschrift für Raupach, Köln 2006, S. 279; *ders.*, Das europäische GKKB-Projekt – eine Einschätzung aus Beratersicht, StuB 2011 S. 461; *Scheffler/Schöpfel/Köstler/Binder,* Konsequenzen der GKKB für die Gewerbesteuer, StuW 2013 S. 28; *Scheffler/Krebs,* Richtlinienvorschlag zur CCCTB: Bestimmung der Steuerbemessungsgrundlage im Vergleich mit der Steuerbilanz nach EStG, DStR 2011 Beihefter zu Heft 22, S. 13; *Schneider,* Ein Jahrhundert Unmaßgeblichkeit des Maßgeblichkeitsgrundsatzes, in: Baumhoff/Dücker/Köhler (Hrsg.): Besteuerung, Rechnungslegung und Prüfung der Unternehmen. Festschrift für Krawitz, Wiesbaden 2010, S. 705; *Schreiber,* Unternehmensbesteuerung im Binnenmarkt. Angleichung der Gewinnermittlung und des Satzes der Körperschaftsteuer?, StuW 2004 S. 212; *Schreiber,* Gewinnermittlung und Besteuerung der Einkommen, StuW 2002 S. 105; *Schulz,* Harmonisierung der steuerlichen Gewinnermittlung in der Europäischen Union, Lohmar/Köln 2012; *Schulze-Osterloh,* Handelsrechtliche GoB und steuerliche Gewinnermittlung. Das Beispiel der Teilwertabschreibung, DStR 2011 S. 534; *Spengel/Oestreicher,* Gemeinsame (konsolidierte) Körperschaftsteuerbemessungsgrundlage in der EU und Umsetzungsfragen, DStR 2009 S. 773; *Spengel/Ortmann-Babel/Zinn/Matenaer,* Gemeinsame Konsolidierte KSt-Bemessungsgrundlage (G(K)KB) und steuerliche Gewinnermittlung in den EU-Mitgliedstaaten, der Schweiz und den USA, DB 2013, Beilage 2; *Wagner,* Neutralität und Gleichmäßigkeit als ökonomische und rechtliche Kriterien steuerlicher Normkritik, StuW 1992 S. 2; *Weber-Grellet,* Grundfragen und Zukunft der Gewinnermittlung, DB 2010 S. 2298.

1. Das Maßgeblichkeitsprinzip nach BilMoG unter Reformdruck

3061 Auch nach dem BilMoG sind die handelsrechtlichen GoB Grundlage der steuerlichen Gewinnermittlung (§ 5 Abs. 1 Satz 1 EStG). Die Zukunft des Maßgeblichkeitsprinzips ist jedoch fraglich.[1] Denn die Maßgeblichkeit ist deutlich entwertet worden, indem der neu eingefügte § 5 Abs. 1 Satz 1 2. Halbsatz EStG – in Folge der Abschaffung der schon seit jeher kritisierten umgekehrten Maßgeblichkeit – eine von den handelsrechtlichen GoB abweichende Ausübung steuerlicher Wahlrechte ermöglicht.[2] Die Änderung des § 5 Abs. 1 EStG führt dazu, dass die **materielle Maßgeblichkeit** durch einen generellen **steuerlichen Wahlrechtsvorbehalt** eingeschränkt wird: Der Steuerpflichtige wird bei der Ausübung steuerrechtlicher Wahlrechte nach Auffassung der Finanzverwaltung und der h. M. in der Literatur weder durch den handelsrechtlichen Wertansatz noch durch die GoB gebunden.[3]

3062 Die Durchbrechungen der Maßgeblichkeit sind nach dem BilMoG derart zahlreich, dass z. B. von einem eigenen „steuerlichen Rückstellungsrecht“[4] gesprochen wird. Eine **Einheitsbilanz** ist mittlerweile selbst für kleine und mittlere Unternehmen weitgehend unmöglich. Künftig dürfte zudem jeder Bilanzierende prüfen, ob eine abweichende Wahlrechtsausübung in Handels- und Steuerbilanz Vorteile bringt.[5] Gleichzeitig ist der Wahlrechtsvorbehalt aus steuersystematischer Sicht höchst fragwürdig.[6] Die verstärkte

1 Vgl. zur aktuellen Diskussion z. B. *Hüttemann,* DStZ 2011 S. 507 ff.; *Marx,* BB 2011 S. 1003 ff.; *Prinz,* DStJG 34 (2011), S. 135 ff.; *Weber-Grellet,* DB 2010 S. 2298 ff.

2 Voraussetzung hierfür ist die Führung von laufenden Verzeichnissen (§ 5 Abs. 1 Satz 2, 3 EStG).

3 Vgl. BMF, Schreiben vom 12. 3. 2010 – IV C 6 – S 2133/09/10001, BStBl 2010 I S. 239. Ebenso für den Einbezug sämtlicher steuerlicher Wahlrechte plädierend z. B. *Herzig/Briesemeister,* DB 2009 S. 929 f.; *Herzig,* DB 2010 S. 3 f.; *Ortmann-Babel/Bolik,* BB 2010 S. 2099; *Thiel,* in: Herlinghaus et al. (Hrsg.): Festschrift für Meilicke, Baden-Baden 2010, S. 743; *Marx,* BB 2011 S. 1003. Für eine Beschränkung auf rein steuerlich motivierte Wahlrechte z. B.: *Arbeitskreis Bilanzrecht der Hochschullehrer Rechtswissenschaft,* DB 2009 S. 2570 ff.; *Hennrichs,* StbJb 2009/2010, S. 269 ff.; *Hüttemann,* DStZ 2011 S. 509; *Freidank/Velte,* StuW 2010 S. 188 ff.; *Schulze-Osterloh,* DStR 2011 S. 535 ff.

4 *Scheffler,* in: Beck'sches Handbuch der Rechnungslegung – HGB und IFRS, München (Stand: Mai 2010), Rz. 34 zu B 233 (Hervorh. im Original).

5 Vgl. zur Steuerbilanzpolitik nach BilMoG *Scheffler,* Rz. 2720 ff. sowie *Schmiel,* in: Meyer (Hrsg.), Strategien von kleinen und mittleren Unternehmen, Lohmar/Köln 2010, S. 451 ff.

6 Vgl. *Hennrichs,* StbJb 2009/10, S. 270; *Schulze-Osterloh,* DStR 2011 S. 537; *Kahle,* StuB 2011 S. 164.

Trennung von Handels- und Steuerbilanz sowie die hierdurch induzierte zunehmende Bedeutung **latenter Steuern** lässt die Notwendigkeit einer gesonderten Steuerbuchhaltung (**tax accounting**) steigen.[7] Die Bedeutung des Reporting für Steuerzwecke nimmt auch durch das Projekt der **E-Bilanz** (§ 5b EStG) zu.[8] Mit den von der Finanzverwaltung geforderten, differenzierten und über das Handelsbilanzrecht hinausgehenden Informationsanforderungen steigt die Wahrscheinlichkeit, dass sich die Steuerbilanz bei vielen Unternehmen zu einem eigenständig gepflegten oder bei kleineren Unternehmen sogar zum maßgeblichen Rechenwerk entwickelt.[9]

Schließlich hat das BVerfG die **verfassungsrechtliche Bedeutung** des Maßgeblichkeitsgrundsatzes deutlich relativiert.[10] Als Gefahr für den Maßgeblichkeitsgrundsatz wird des Weiteren eine womöglich steigende Bedeutung der **IFRS** für die Unternehmensbesteuerung gesehen (vgl. Kap. XVII, Rz. 3046 ff.). Zudem könnte langfristig das europäische Reformprojekt CCCTB die Maßgeblichkeit ins Wanken geraten lassen (vgl. Rz. 3076 ff.). 3063

(Einstweilen frei) 3064–3065

2. Leitlinien der Besteuerung und Steuerbemessung auf Basis handelsrechtlicher GoB

Als bedeutendstes ökonomisches Leitbild der Besteuerung gilt die **Entscheidungsneutralität**.[11] Nur unter neoklassischen Annahmen kann eine Einkommensteuer dieser Forderung gerecht werden, indem der ökonomische Gewinn besteuert wird.[12] Aussagen über die potenzielle Entscheidungsneutralität von Regelungen steuerlicher Gewinnermittlung treffen zum einen auf das Problem, dass das auf einem Gesamtbewertungsmodell fußende Modell des ökonomischen Gewinns keine Ableitung von Ansatz- und Bewertungsvorschriften für ein auf dem Prinzip der Einzelbewertung basierendes Bilanzsteuerrecht erlaubt.[13] Zum anderen sind Neutralitätsverstöße ohnehin nur von Bedeutung, wenn sie auch tatsächlich Verhaltensänderungen und Entscheidungsverzerrungen gegenüber der „Vorsteuer-Welt" bewirken. Die Wirkung einer Vorschrift hängt 3066

---

7 Vgl. zur steigenden Bedeutung des tax accounting nach BilMoG *Herzig*, DStR 2010 S. 1900 ff.; *Herzig/Vossel*, KSzW 2010 S. 57, 59. Die Bedeutung der Steuerlatenzierung sollte aber auch nicht überzeichnet werden. Denn auch nach BilMoG dürfte ein Aktivüberhang latenter Steuern schon aufgrund der eingeschränkten steuerlichen Rückstellungsbildung der Regelfall sein. Wird sodann nicht von der Aktivierungsoption des § 274 Abs. 1 Satz 2 HGB Gebrauch gemacht, ist eine differenzierte Ermittlung analog zu der vor dem BilMoG üblichen Vorgehensweise nicht notwendig, vgl. *Hoffmann*, StuB 2011 S. 241 f.

8 Vgl. hierzu z. B. *Briesemeister*, Rz. 1260 ff.

9 Vgl. *Herzig/Briesemeister/Schäperclaus*, DB 2011 S. 9.

10 Vgl. BVerfG, Urteil vom 12. 5. 2009 – 2 BvL 1/00, BVerfGE 123, S. 111; hierzu z. B. *Hey*, DStR 2009 S. 2561; *Hennrichs*, in: Tipke u. a. (Hrsg.), Gestaltung der Steuerrechtsordnung, FS Lang, Köln 2010, S. 255; *Hüttemann*, in: Mellinghoff/Schön/Viskorf (Hrsg.), Steuerrecht im Rechtsstaat, FS Spindler, Köln 2011, S. 627.

11 Vgl. zur Entscheidungsneutralität als steuerpolitisches Prinzip *Wagner*, StuW 1992 S. 3 f.; *ders.*, in: Elschen/Siegel/Wagner (Hrsg.), Unternehmenstheorie und Besteuerung, FS Schneider, Wiesbaden 1995, S. 741. Vgl. zur Entscheidungsneutralität allein als „Nullpunkt" der Steuerwirkungsanalyse *Schneider*, Investition, Finanzierung und Besteuerung, 7. Aufl., Wiesbaden 1992, S. 193-205, 239-251.

12 Vgl. *Samuelson*, Journal of Political Economy 1964 S. 604 ff.; zur Kritik *Schmiel*, in: Schmiel/Breithecker (Hrsg.), Steuerliche Gewinnermittlung nach dem Bilanzrechtsmodernisierungsgesetz, Berlin 2008, S. 334 ff.

13 Vgl. *Wagner*, StuW 2008 S. 101; *Kahle*, IRZ 2006 S. 89.

damit von deren expliziter Berücksichtigung im realen Investitionskalkül eines Steuerpflichtigen ab: Werden Neutralitätsverstöße steuerplanerisch nicht abgebildet, so verursachen diese keine Entscheidungsänderung, sie sind dann in ihrer faktischen Wirkung entscheidungsneutral.[14]

3067 Befragungsstudien zeigen, dass Periodisierungen außerhalb planmäßiger Abschreibungen in den realiter angewandten, **komplexitätsreduzierten Entscheidungskalkülen** von Investoren meist keine Berücksichtigung finden.[15] Viele Periodisierungsregelungen dürften damit in ihrer faktischen Wirkung tatsächlich entscheidungsneutral sein. Allerdings handelt es sich bei vielen steuermindernden Gewinnermittlungsvorschriften sodann um Gewinnvergünstigungen, die keinerlei Investitionsanreize mit sich brachten. Daher kann aus diesen Ergebnissen abgeleitet werden, dass Periodisierungen im Vergleich zu den GoB sehr viel stärker eingeschränkt werden können. Im Gegenzug könnten die **tariflichen Steuersätze** attraktiver gestaltet werden.[16] Man macht sich auf diese Weise „[d]ie unterschiedlich stark ausgeprägte Wahrnehmung der verschiedenen Steuerelemente [...] bei der Konzeption von Steuersystemen zunutze“[17]. Eine solche Einschränkung von Periodisierungen dürfte auch in vielen Branchen kaum zu Einbußen hinsichtlich der finanziellen Zielerreichung führen. Denn Unternehmenssimulationen zeigen, dass neben planmäßigen Abschreibungen allein Bestandsveränderungen des Vorratsvermögens sowie Rückstellungen einen maßgeblichen Einfluss auf die finanzielle Zielgröße in Form des Endvermögens haben.[18] Hinsichtlich weiterer Vorschriften kann geschlossen werden, „dass auf eine Periodisierung dieser Elemente verzichtet werden könnte“[19].

3068 Auch das Kriterium der **Gleichmäßigkeit der Besteuerung** wird im Schrifttum kritisch hinterfragt, da dessen Unbestimmtheit keine eindeutige Deduktion von Regelungen zur Gewinnermittlung zulässt.[20] Gleichwohl sollte zumindest versucht werden, erkennbaren Ungleichbehandlungen zu begegnen. Daher kann zumindest die grundlegende Forderung nach einer möglichst unterschiedslosen Behandlung verschiedener Einkunftsarten aus dem Gleichmäßigkeitspostulat abgeleitet werden.[21] Zudem ist unmittelbar ersichtlich, dass Wahlrechte und Ermessensspielräume der Gleichmäßigkeit ent-

14 Vgl. *Wagner*, StuW 2010 S. 27.

15 Vgl. *Schwenk*, Die Wirkung impliziter Steuervorteile des Bilanzrechts, Wiesbaden 2003, S. 143-175.

16 Denn insbesondere internationale Investoren richten ihre Investitionsentscheidung maßgeblich am tariflichen Steuersatz aus, vgl. ökonometrisch *Buettner/Ruf*, ITPF 2007 S. 159 f., 162; im Rahmen einer Befragungsstudie *Dietrich/Kiesewetter/Moosmann*, PWP 2008 S. 77 ff.

17 *Jacob/Pasedag/Wagner*, PWP 2011 S. 78. Vgl. auch *Wagner*, BFuP 2000 S. 191 ff.; *Schreiber*, StuW 2002 S. 112 f.

18 Vgl. *Knirsch*, ZfbF 2007 S. 496, 503; *dies.*, Die antizipierte und realisierte Steuerbelastung von Unternehmen, Wiesbaden 2005, passim.

19 *Oestreicher*, in: Oestreicher (Hrsg.), Reform der Unternehmensbesteuerung, Herne/Berlin 2007, S. 252.

20 Vgl. *Schreiber*, in: Kleineidam (Hrsg.), Unternehmenspolitik und Internationale Besteuerung, FS Fischer, Berlin 1999, S. 897, 900; *Wenger*, in: Alheim/Wenzel/Wiegard (Hrsg.), Steuerpolitik – von der Theorie zur Praxis, FS Rose, Berlin u. a. 2003, S. 179 ff.

21 Vgl. zu dieser Forderung statt vieler bereits *Schneider*, StuW 1971 S. 329 f.; *ders.*, in: Schmiel/Breithecker (Hrsg.), Steuerliche Gewinnermittlung nach dem Bilanzrechtsmodernisierungsgesetz, Berlin 2008, S. 286, 294; *Wagner*, DStR 1997 S. 519 ff.; *ders.*, in: Tipke u. a. (Hrsg.), Gestaltung der Steuerrechtsordnung, FS Lang, Köln 2010, S. 349 f.

gegenstehen, weshalb zusätzlich auch die Forderung nach einem möglichst **hohen Objektivierungsgrad** steuerlicher Gewinnermittlungsregeln erhoben werden kann.[22]

Auch mit dem Gleichmäßigkeitspostulat ist die Maßgeblichkeit kaum zu vereinbaren. 3069
So wird durch die steuerliche Berücksichtigung der aus dem **Imparitätsprinzip** resultierenden Teilwertabschreibungen bilanzierenden Unternehmen quasi ein zinsloser Steuerkredit gewährt. Allgemein ist die Rückstellungsbildung vor dem Hintergrund der Gleichmäßigkeit der Besteuerung kritisch zu sehen, denn die Möglichkeit zur Generierung derartigen Innenfinanzierungspotenzials steht Überschussrechnern nicht zu. Eine Diskontierungspflicht, wie sie § 6 Abs. 1 Nr. 3a Buchst. e) EStG vorsieht, vermag die Gleichmäßigkeitsverstöße nicht gänzlich auszuschalten, denn dies würde bedingen, der Diskontierung unternehmensspezifische Zinssätze zugrunde zu legen. Auch aus dieser Zielsetzung folgt daher, dass Periodisierungen im Vergleich zu den handelsrechtlichen GoB sehr viel stärker eingeschränkt werden sollten.[23] Die Maßgeblichkeit handelsrechtlicher GoB ist aus Gleichmäßigkeitssicht nur zu rechtfertigen, wenn ein vergleichsweise enges Verständnis steuerlicher Leistungsfähigkeit zugrunde gelegt wird, das einzig auf den Zugewinn an Zahlungen oder Zahlungsansprüchen in einer Periode abstellt.[24]

Als weitere Anforderung an ein Steuersystem ist schließlich dessen **durchführungsorientierte Effizienz** zu nennen. Einfache und praktikable Regelungen sollen aus ökonomi- 3070
scher Sicht zu einer Verringerung von Kontrollkosten des Fiskus und Deklarationskosten der Steuerpflichtigen (**administrative and compliance costs**) und damit des über die eigentliche Steuerlast hinausgehenden Ressourcenverbrauchs beitragen.[25] M. E. kann die Maßgeblichkeit letztlich allein mit der Forderung nach durchführungsorientierter Effizienz begründet werden. Denn sind Periodisierungen bereits für außersteuerliche Zwecke zu ermitteln, können Deklarationskosten eingespart werden, indem diese gleichzeitig der Besteuerung zugrunde gelegt werden. Empirische Studien zeigen, dass einer Kopplung von Ausschüttungs- und Steuerbemessung auch heute noch – trotz möglicher EDV-technischer Automatisierungen – in der Unternehmenspraxis eine hohe Bedeutung beigemessen wird.[26]

22 Vgl. *Hennrichs*, DStJG 24 (2001), S. 313.

23 Vgl. *Schneider*, in: Baumhoff/Dücker/Köhler (Hrsg.), Besteuerung, Rechnungslegung und Prüfung der Unternehmen, FS Krawitz, Wiesbaden 2010, S. 717 f.; vgl. bereits *ders.*, StuW 1971 S. 330; vgl. auch *Kahle*, Internationale Rechnungslegung und ihre Auswirkungen auf Handels- und Steuerbilanz, Wiesbaden 2002, S. 211.

24 So *Schmiel*, ZSteu 2011 S. 120-122, 124, die vertritt, dass der handelsrechtliche Gewinn gerade als zutreffender Indikator steuerlicher Leistungsfähigkeit bei Gesellschaftern von Kapital- und Personengesellschaften angesehen werden könne, da die Gesellschafter genau in dieser Höhe einen Zahlungsanspruch erlangen.

25 Vgl. etwa *Alm*, NTJ 1996, S. 117, 129 f.; *Fülbier*, StuW 2006 S. 233; *Treisch*, Europataugliche Ausgestaltung der Unternehmensbesteuerung, Wiesbaden 2004, S. 101 ff.

26 Vgl. *Eierle/Haller/Beiersdorf*, Entwurf eines internationalen Standards zur Bilanzierung von Small and Medium-sized Entities (ED-IFRS for SMEs). Ergebnisse einer Befragung mittelständischer Unternehmen, Berlin 2007, 9 f.; *Haller/Ferstl/Löffelmann*, DB 2011 S. 886 ff.

3071 Die Reformalternative einer **formellen IFRS-Maßgeblichkeit** scheidet nach mittlerweile überaus h. M. aus.[27] Dass die IFRS überhaupt einen geeigneten Bezugspunkt für die steuerliche Gewinnermittlung darstellen, ist fraglich. „Im Vergleich zu den GoB als Ausgangspunkt der steuerlichen Gewinnermittlung führt eine IFRS-basierte Besteuerung weder zu einer verbesserten Messung steuerlicher Leistungsfähigkeit noch zu einer erhöhten Neutralität der Einkommensermittlung."[28] Viele Regelungen der IFRS erscheinen unter der Zielsetzung der stärkeren Zahlungsorientierung des Steuerbilanzrechts vielmehr kontraproduktiv, denn die IFRS sind etwa durch die fair value-Bewertung oder die percentage of completion-Methode von dieser Leitlinie weit entfernt.[29] Dies gilt in ähnlicher Weise für den IFRS for SME. Allenfalls sollte für Zwecke der Steuerbemessung auf einzelne, objektivierte Regelungen der IFRS zurückgegriffen werden.[30]

3072–3075 *(Einstweilen frei)*

3. Vorschläge der EU-Kommission für eine konsolidierte Körperschaftsteuerbemessungsgrundlage innerhalb der EU (CCCTB)

3076 Mittlerweile wurde der lange erwartete Richtlinienvorschlag zur **Common Consolidated Corporate Tax Base** (CCCTB)[31] vorgelegt, woraus ein langfristiger Druck auf die Maßgeblichkeit entstehen kann. Denn es wird gefordert, dass die harmonisierten Regelungen steuerlicher Gewinnermittlung im Falle ihrer Umsetzung obligatorisch sowie – zumindest langfristig – auf alle Rechtsformen anwendbar sein müssten, um Verstöße gegen die Gleichmäßigkeit der Besteuerung und hohe administrative Aufwendungen aufgrund der Koexistenz zweier Systeme zu vermeiden.[32] Jedoch sind die Realisierungschancen der CCCTB aufgrund der vielfältigen Umsetzungsfragen und politischen Unwägbarkeiten unsicher.[33] Es sollte aber bereits geprüft werden, ob sich aus den bisherigen Ergebnissen auf EU-Ebene Implikationen für die Fortentwicklung der steuerlichen

27 Vgl. nur *Herzig*, IAS/IFRS und steuerliche Gewinnermittlung, Düsseldorf 2004, S. 34; *Herzig/Lochmann*, ZfB-Special Issue 6/2006 S. 152 f.; *Kahle*, IRZ 2006 S. 90; *Breithecker/Klapdor/Rokitta*, StuW 2007 S. 159 f.; *Hennrichs*, in: Tipke/Lang, Steuerrecht, 21. Aufl., Köln 2013, Rz. 64 zu § 9; *Köhrle*, IFRS-Einzelabschluss. Folgen für die steuerliche Gewinnermittlung auf der Grundlage des Maßgeblichkeitsgrundsatzes (§ 5 Abs. 1 Satz 1 EStG), Berlin 2010, S. 301 ff.

28 *Spengel/Oestreicher*, DStR 2009 S. 778; vgl. auch *Kahle*, WPg 2002 S. 182-186.

29 Vgl. *Kahle*, WPg 2002 S. 186.

30 Vgl. *Böcking*, in: Wehrheim/Heurung (Hrsg.), Steuerbelastung – Steuerwirkung – Steuergestaltung, FS Mellwig, Wiesbaden 2007, S. 67 f.; *Spengel/Ernst/Finke*, DBW 2010 S. 287; *Wendt*, A Common Tax Base for Multinational Enterprises in the European Union, Wiesbaden 2009, S. 115.

31 Vgl. KOM(2011) 121 endg. v. 16. 3. 2011. Vgl. hierzu *Lenz/Rautenstrauch*, DB 2011 S. 726 ff.; *Prinz*, StuB 2011 S. 461 ff.; *Kahle/Schulz*, StuB 2011 S. 296 ff.; *Kahle/Dahlke*, StuB 2011 S. 453 ff.; *Kahle/Dahlke/Schulz*, Ubg 2011 S. 491 ff.; *Scheffler/Krebs*, DStR 2011 Beihefter zu Heft 22, S. 13 ff.; *Förster/Krauß*, IStR 2011 S. 607 ff.; *Kußmaul/Niehren*, StB 2011 S. 344 ff.; *Spengel/Ortmann-Babel/Zinn/Matenaer*, DB 2013, Beilage Nr. 2.

32 Vgl. zur Kritik an einem Nebeneinander zweier Systeme *Mintz*, CESifo Forum 1/2002, S. 6 ff.; *Schreiber*, StuW 2004 S. 225; *Gammie et al.*, Achieving a Common Consolidated Corporate Tax Base in the EU, Brussels 2005, S. 4, 21.

33 Vgl. *Hey*, StuW 2011 S. 142; *Kußmaul/Niehren/Pfeifer*, StuW 2010 S. 184; *Herzig*, StuW 2010 S. 220; *Rödder*, in: Kessler/Förster/Watrin (Hrsg.), Unternehmensbesteuerung, FS Herzig, München 2010, S. 359 ff.; *Kahle/Schulz*, FR 2013 S. 49 ff.

Gewinnermittlung ergeben, um Divergenzen und eine erneute Änderungsnotwendigkeit im Falle des Erfolgs möglichst zu vermeiden.

Jedoch ist zu bedenken, dass die EU-Kommission die IFRS im Rahmen des CCCTB-Projekts als gemeinsame Sprachregelung zur Normdeduktion heranzieht. Es könnte zu einer „nationalen Insellösung" führen, ein **eigenständiges Steuerbilanzrecht** zu schaffen, ohne die Überlegungen auf EU-Ebene, die sich teilweise an die IFRS anlehnen, in Betracht zu ziehen.[34] Um dies zu vermeiden, wird im Folgenden untersucht, inwiefern die bisherigen Ergebnisse im Rahmen des CCCTB-Projekts Impulse für die Fortentwicklung der steuerlichen Gewinnermittlung liefern können.[35] 3077

Der Richtlinienvorschlag enthält Normen, denen im Rahmen der Fortentwicklung des Steuerbilanzrechts durchaus eine Vorbildfunktion zukommen könnte. Dies gilt etwa für die **streng normierten Abschreibungsvorschriften**. Für Wirtschaftsgüter mit einer Nutzungsdauer ab 15 Jahren ist verpflichtend eine lineare Abschreibung mit standardisierten Nutzungsdauern vorgesehen, dies gilt zudem stets für Gebäude und immaterielle Wirtschaftsgüter (Art. 36 RL-E).[36] Alle übrigen Wirtschaftsgüter wären in einem einheitlichen Pool degressiv zu je 25 % abzuschreiben (Art. 39 Nr. 1 RL-E), was zu deutlichen Vereinfachungen gegenüber der bisherigen Einzelabschreibung führen könnte.[37] Jedoch enthält der Vorschlag mehrere Vorschriften, die aus steuersystematischer Sicht problematisch erscheinen. So übernimmt der Richtlinienentwurf die **fair value-Bewertung** bei Finanzinstrumenten des Handelsbestands (Art. 22 Nr. 1 e), Art. 23 Nr. 2 RL-E) und die **percentage of completion-Methode** (Art. 24 Nr. 2 RL-E) nach dem Vorbild der IFRS. Nur unter restriktiven Bedingungen (sofortiger Verlustausgleich, Liquiditätshilfe, Verzinsung der zeitweilig zu viel entrichteten Steuern) kommt aber die Besteuerung unrealisierter Gewinne keiner realen Vermögensabgabe gleich.[38] Auch im Rahmen des Imparitätsprinzips bleibt der Richtlinienvorschlag hinter den ökonomischen Anforderungen zurück. Der Entwurf schränkt zwar außerplanmäßige Abschreibungen im Geltungsbereich ein, indem er diese im Anlagevermögen nur bei nicht abnutzbaren Wirtschaftsgütern und dauerhafter Wertminderung (Art. 41 Nr. 1 RL-E) zulässt. Im Umlaufvermögen soll jedoch ein **strenges Niederstwertprinzip** greifen (Art. 29 Nr. 4 RL-E). Zudem würden **Drohverlustrückstellungen** zum Ansatz kommen (Art. 25 Nr. 1 RL-E).[39] Diese Regelungen stehen mit den im Entwurf vorgesehenen Verlustverrechnungsmöglichkeiten in Zusammenhang. So ist ein unbegrenzter Verlustvortrag vorgesehen, nicht 3078

34 Vgl. *Rautenstrauch*, FR 2009 S. 117 (auch Zitat).

35 Vgl. zu ausführlicheren Würdigungen des Richtlinienvorschlags *Marx*, DStZ 2011 S. 547 ff.; *Kahle/Schulz*, StuB 2011 S. 296 ff.; *dies.*, BFuP 2011 S. 455 ff.; *dies.*, FR 2013 S. 49 ff.; *Schulz*, Harmonisierung der steuerlichen Gewinnermittlung in der Europäischen Union, Lohmar/Köln 2012, S. 417 ff.; *Scheffler/Krebs*, DStR 2011 Beihefter zu Heft 22, S. 13* ff.; *Herzig/Kuhr*, DB 2011 S. 2011 ff.; *dies.*, StuW 2011 S. 305 ff.; zu den Konsequenzen der GKKB für die Gewerbesteuer vgl. *Scheffler/Schöpfel/Köstler/Binder*, StuW 2013 S. 28 ff.

36 Für Gebäude beträgt hierbei die normierte Nutzungsdauer 40 Jahre, für andere Wirtschaftsgüter 15 Jahre. Bei gebrauchten Wirtschaftsgütern besteht die Möglichkeit, eine kürzere Restnutzungsdauer nachzuweisen. Für immaterielle Werte gelten Sondervorschriften, vgl. Art. 36 RL-E.

37 Vgl. *Scheffler/Krebs*, DStR 2011 Beihefter zu Heft 22, S. 19*; kritisch aber *Voß*, Absetzung für Abnutzung (AfA), Göttingen 2006, S. 212-220; *ders.*, FR 2007 S. 1156.

38 Vgl. *Schneider*, FA 1984, S. 417; *ders.*, BB 2003 S. 301 f.

39 Drohverlustrückstellungen dürften unter die Definition der EU-Kommission fallen, da die Voraussetzung der rechtlichen Verpflichtung des Art. 25 Nr. 1 RL-E erfüllt ist; vgl. (mit Kritik am unklaren Wortlaut) *Scheffler/Krebs*, DStR 2011 Beihefter zu Heft 22, S. 22*; *Kahle/Schulz*, StuB 2011 S. 301 f.

aber ein Verlustrücktrag (Art. 43 RL-E). Dies könnte zu erheblichen Liquiditätsproblemen führen, würden die entsprechenden bilanziellen Verlustvorsorgemaßnahmen nicht eingeräumt. Gleichwohl muss aus ökonomischer Sicht Kritik verbleiben.[40]

3079 Bei Schaffung eines eigenständigen Steuerbilanzrechts sollte die einmalige Möglichkeit genutzt werden, Periodisierungselemente bei gleichzeitigem Ausbau des Verlustausgleichs einzuschränken, um die hiermit einhergehenden Effizienzverluste und Gleichmäßigkeitsverstöße möglichst zu minimieren. Der Richtlinienvorschlag stellt jedoch nur ansatzweise einen Schritt in diese Richtung dar. Da auch der CCCTB-Vorschlag Teile des **Imparitätsprinzips** in das Steuerbilanzrecht transferieren würde, ist dieser unter Berücksichtigung der Entscheidungswirkungen der Besteuerung sowie des Gleichmäßigkeitspostulats wohl kaum dem bisherigen Recht überlegen. In seiner jetzigen Form dürfte der Vorschlag ohnehin noch zu unbestimmt sein, um als Leitbild für ein eigenständiges Steuerbilanzrecht zu dienen.[41]

3080–3090 *(Einstweilen frei)*

4. Die vereinfachte Vermögensrechnung als Leitbild einer eigenständigen Steuerbilanz

3091 Aus ökonomischer Sicht sollte die steuerliche Gewinnermittlung dem Konzept einer **vereinfachten Vermögensrechnung** folgen.[42] Durch die hiermit einhergehende Einschränkung von Periodisierungen können die Regelungen zur Ermittlung der Bemessungsgrundlage besser in Entscheidungskalkülen berücksichtigt werden; Investitionsanreize können gezielter gesetzt und reine Mitnahmeeffekte vermieden werden. Offensichtliche Diskrepanzen zwischen den Einkünfteermittlungsmethoden würden reduziert. Auch die Komplexität und Streitanfälligkeit des Bilanzsteuerrechts könnte beispielsweise durch den Wegfall des Teilwertbegriffs oder eine Einschränkung der Rückstellungsbildung wohl deutlich vermindert werden.

3092 Die vereinfachte Vermögensrechnung sollte dem **Grundsatz der Barrealisation** folgen.[43] Zwar sind auch Forderungen im Allgemeinen hinreichend liquidierbar, weshalb das klassische Realisationsprinzip als akzeptable Ertragsrealisierungskonvention angesehen werden kann.[44] Allerdings erlaubt nur das Prinzip der Barrealisation eine Annäherung

40 Auf der anderen Seite ist es fragwürdig, das Imparitätsprinzip wie nach dem Richtlinienvorschlag geplant einzugrenzen und keinen unbegrenzten verzinslichen Verlustausgleich, insbesondere keinen Verlustrücktrag, zu gewähren, vgl. *Kahle/Schulz*, StuB 2011 S. 300.

41 Vgl. *Kahle/Günter*, StuW 2012 S. 53 f.

42 Vgl. im Einzelnen *Schneider*, Betriebswirtschaftslehre als Einzelwirtschaftstheorie der Institutionen, Wiesbaden 2011, S. 174-179; *ders.*, StuW 2004 S. 302 ff.; *Schreiber*, StuW 2002 S. 108 f.; *Spengel*, FR 2009 S. 105 ff.; *Kahle*, Internationale Rechnungslegung und ihre Auswirkungen auf Handels- und Steuerbilanz, Wiesbaden 2002, S. 212 ff.; *Kahle/Schulz*, BFuP 2011 S. 456 ff.; *Schulz*, Harmonisierung der steuerlichen Gewinnermittlung in der Europäischen Union, Lohmar/Köln 2012, S. 149 ff.

43 Das Barrealisationsprinzip verlangt zusätzlich zur Lieferung oder Leistung als kumulative Bedingung der Ertragsrealisation den Zahlungszufluss, vgl. *Schneider*, Betriebswirtschaftslehre. Bd. 2: Rechnungswesen, 2. Aufl., München/Wien 1997, S. 279 f.; *ders.*, StuW 2004 S. 303.

44 Vgl. *Schmiel*, in: Schmiel/Breithecker (Hrsg.), Steuerliche Gewinnermittlung nach dem Bilanzrechtsmodernisierungsgesetz, Berlin 2008, S. 346, die mit dieser Begründung den Grundsatz der Barrealisation in Frage stellt.

von Vermögensvergleich und Überschussrechnung. Auf die Bedingung des **entgeltlichen Erwerbs** im Falle immaterieller Güter sollte ein zahlungsorientiertes, möglichst manipulationsarmes Bilanzsteuerrecht nicht verzichten. Es empfiehlt sich aus Objektivierungsgesichtspunkten, die **lineare Abschreibung** als einzig zulässige Methode der Abschreibungsverrechnung zuzulassen.[45] Das **Imparitätsprinzip** in Form von Teilwertabschreibungen und Drohverlustrückstellungen sollte aufgrund seiner einseitigen Begünstigungswirkungen entfallen. Auf Rückstellungen im Allgemeinen könnte verzichtet[46] oder deren Zulässigkeit auf einzelne, langfristige Verpflichtungen eingegrenzt werden.[47] Denn der Verzicht auf die Rückstellungsbildung hätte erhebliche intersektorale Steuerbelastungsverschiebungen zur Folge,[48] zu deren Abmilderung und einer Akzeptanzerhöhung der vereinfachten Bemessungsgrundlage eine solche Ausnahmeregelung beitragen könnte. Unverzichtbare Voraussetzung für eine derartige Reform ist jedoch – um zu verhindern, dass Verluste besteuert werden – die Gewährung möglichst weitreichender, **verzinslicher Verlustrück- und -vorträge**.[49] Hierbei könnte dem Vorschlag *Schneiders* gefolgt werden, der als verwaltungstechnische Kompromisslösung eine Begrenzung des Verlustrücktrags auf fünf Jahre sowie des Verlustvortrags auf zehn Jahre vorsieht.[50]

(Einstweilen frei) 3093–3099

5. Maßgeblichkeit als „second best"-Lösung

Es zeigt sich, dass eine zweckmäßige Reform der steuerlichen Gewinnermittlung einen **möglichst weitreichenden verzinslichen Verlustausgleich** voraussetzt. Doch ist überaus fraglich, ob der Gesetzgeber auf absehbare Zeit zu einer solchen liberalen Verlustverrechnung bereit ist. Wird dies nicht gewährt, stellt sich aber die Frage, ob tatsächlich von der Maßgeblichkeit abgegangen werden sollte, da sodann durch ein eigenständiges Bilanzsteuerrecht kaum eine spürbare ökonomische Verbesserung erreicht werden kann. Denn ein eigenständiges Steuerbilanzrecht unter Verlustausgleichsbeschränkungen sollte nicht viel anders aussehen als das HGB (unter Beachtung der Gewinnanspruchs-GoB), da in diesem Fall insbesondere auf das Imparitätsprinzip und eine aus- 3100

45 Vgl. *Oestreicher/Spengel*, Steuerliche Abschreibung und Standortattraktivität, Baden-Baden 2003, S. 62 f.

46 Vgl. *Schreiber*, StuW 2002 S. 109; *Kahle*, Internationale Rechnungslegung und ihre Auswirkung auf Handels- und Steuerbilanz, Wiesbaden 2002, S. 214; *Kahle/Schulz*, StuB 2011 S. 302; a. A. aber *Schneider*, StuW 2004 S. 296.

47 Vgl. zur Abgrenzung einer derartigen Ausnahme *Spengel*, ZfCM 2004 S. 137; *Hausen*, Modifizierte Einnahmen-Überschussrechnung, Lohmar/Köln 2009, S. 288 ff.

48 Vgl. zu diesbezüglichen Simulationen *Knirsch*, ZfB 2006 S. 243 f., 247; *Schanz/Schanz*, EAR 2010 S. 325, 327 f.

49 Vgl. *Schneider*, in: Schmiel/Breithecker (Hrsg.), Steuerliche Gewinnermittlung nach dem Bilanzrechtsmodernisierungsgesetz, Berlin 2008, S. 294 f.; *Schreiber*, StuW 2004 S. 226.

50 Vgl. *Schneider*, Betriebswirtschaftslehre als Einzelwirtschaftstheorie der Institutionen, Wiesbaden 2011, S. 177. Bei derartigen Begrenzungen handelt es sich stets um Kompromisse, da diese zur Folge haben können, dass Verluste bei Betriebsbeendigung endgültig untergehen, vgl. kritisch *Schmiel*, ZSteu 2011 S. 124. Ein relativ breites Zeitfenster von insgesamt 15 Jahren, wie von *Schneider* vorgeschlagen, dürfte diese Gefahr jedoch eingrenzen.

reichende Rückstellungsbildung nicht verzichtet werden kann.[51] Ob eine originäre steuerliche Gewinnermittlung kodifiziert werden sollte, ist in dieser Konstellation eher eine formelle Frage.[52]

3101 Wenn auch eine möglichst liberale Verlustverrechnung das Ziel sein sollte, hat sich der Gesetzgeber zumindest für eine der Alternativen steuerlicher Verlustberücksichtigung zu entscheiden. Diesen Grundsätzen widerspricht es diametral, wenn sowohl die Möglichkeiten der Verlustverrechnung als auch der bilanziellen Verlustvorsorge beschnitten werden, wie es de lege lata insbesondere durch die Mindestbesteuerung des § 10d EStG und die vielfältigen Einschränkungen im Rahmen der steuerbilanziellen Rückstellungsbildung geschieht. Bleibt es bei ersterem, haben die Begrenzungen der bilanziellen Verlustvorsorge zu entfallen.[53] Vor allem kann unter dieser Prämisse das Verbot der Drohverlustrückstellung (§ 5 Abs. 4a EStG) nicht überzeugen. Es müsste aber beispielsweise auch die Rückstellungsbewertung überdacht werden. Denn eine stichhaltige Begründung, im Nenner auf den künftigen Wert einer Verpflichtung abzustellen, nicht aber im Zähler, kann nicht gefunden werden. Genau dies geschieht durch die Abzinsungspflicht unter gleichzeitiger Stichtagsbewertung (§ 6 Abs. 1 Nr. 3a Buchst. e) i. V. m. Buchst. f) EStG) und bringt eine systematische Unterbewertung der Rückstellungen mit sich.[54] M. E. sollte zudem eine uneingeschränkte Anknüpfung an die handelsrechtliche Abzinsungsregelung (§ 253 Abs. 2 HGB) geprüft werden. Denn diese hätte eine realitätsgerechtere Diskontierung im Vergleich zu der typisierenden (und vergleichsweise hohen)[55] Abzinsung mit 5,5 % (§ 6 Abs. 1 Nr. 3a Buchst. e) EStG) zur Folge und wäre zugleich hinreichend objektiviert. Diese allgemeinen Erläuterungen gelten insbesondere für die systematische Unterbewertung von **Pensionsrückstellungen** durch § 6a EStG, die schon lange kritisiert wird.[56]

3102 Ein Festhalten an der Maßgeblichkeit (unter der Prämisse einer Überarbeitung der aus ökonomischer Sicht nicht gerechtfertigten Durchbrechungen sowie eines Überdenkens des überschießenden steuerlichen Wahlrechtsvorbehalts) wäre auch eine durchaus ak-

---

51 Vgl. *Sigloch*, BFuP 2000 S. 178; *ders.*, in: Schneider u. a. (Hrsg.), Kritisches zu Rechnungslegung und Unternehmensbesteuerung, FS Siegel, Berlin 2005, S. 556; vgl. auch *Schmiel*, in: Schmiel/Breithecker (Hrsg.), Steuerliche Gewinnermittlung nach dem Bilanzrechtsmodernisierungsgesetz, Berlin 2008, S. 346 f. und *Ballwieser*, in: Mellinghoff/Schön/Viskorf (Hrsg.), Steuerrecht im Rechtsstaat, FS Spindler, Köln 2011, S. 583, die das Imparitätsprinzip sowie die Notwendigkeit der Rückstellungsbildung mit Liquiditätseffekten der Besteuerung begründen, die aber nur bei Nichtgewährung eines sofortigen Verlustausgleichs relevant werden.

52 Dies zeigt etwa auch der Vorschlag für ein Gesetz zur Steuerlichen Gewinnermittlung der Kommission „Steuergesetzbuch" der Stiftung Marktwirtschaft, der im Wesentlichen bisherige handelsrechtliche Grundsätze übernimmt; gl. A. *Böcking/Gros*, DStR 2007 S. 2343; *Oestreicher*, WPg 2007 S. 575.

53 So auch statt vieler *Spengel/Zinn*, in: Tipke u. a. (Hrsg.), Gestaltung der Steuerrechtsordnung, FS Lang, Köln 2010, S. 418; *Günkel*, in: Kessler/Förster/Watrin (Hrsg.), Unternehmensbesteuerung, FS Herzig, München 2010, S. 515 f.

54 Vgl. *Roser/Tesch/Seemann*, FR 1999 S. 1346 f.; *Ernsting*, StuB 1999 S. 460; *Hennrichs*, in: Tipke u. a. (Hrsg.), Gestaltung der Steuerrechtsordnung, FS Lang, Köln 2010, S. 247 f.; *Herzig/Briesemeister*, Ubg 2009 S. 165 f.; *Prinz*, DB 2011 S. 495; *ders.*, DStJG 34 (2011), S. 173.

55 Vgl. *Fischer*, in: Kirchhof (Hrsg.), EStG, 12. Aufl., Köln 2013, § 6 EStG Rz. 147, 159.

56 Vgl. statt aller *Herzig/Briesemeister*, Ubg 2009 S. 166, die vorschlagen, haushaltspolitischen Konsequenzen aufgrund einer Reform des § 6a EStG durch eine Verteilung der Mehrbeträge auf mehrere Jahre zu begegnen.

zeptable Lösung auf absehbare Zeit.[57] Dass aufgrund einer möglichen **Übernahme der IFRS** oder des IFRS for SME in den Einzelabschluss von der Maßgeblichkeit abgegangen werden muss, ist wenig wahrscheinlich. Denn wie gezeigt spricht hierfür auf absehbare Zeit wenig. Auch die bislang schon bestehenden „Einfallstellen" der IFRS in das Steuerbilanzrecht sind nur punktuell und machen alleine eine Aufgabe der Maßgeblichkeit nicht notwendig. Impulse aus dem **CCCTB-Projekt** sind allenfalls längerfristig zu erwarten. Kurzfristig wird die Maßgeblichkeit vielmehr durch fiskalische Eingriffe oder überhöhte, über das Handelsbilanzrecht hinausgehende Informationsanforderungen, wie durch das Projekt der **E-Bilanz**, gefährdet. Es ist daher vor allem die Forderung an Gesetzgeber und Finanzverwaltung zu stellen, diese problematischen Eingriffe in die derzeit vorliegende Rechnungslegungskonzeption zu überdenken. Langfristig könnte sodann erwogen werden, bei kapitalmarktorientierten Unternehmen die Überleitungsrechnung für Ausschüttungs- auch für Steuerbemessungszwecke nutzbar zu machen, um deren Rechnungslegungsaufwand zu reduzieren.[58]

(Einstweilen frei) 3103–3139

57 Bemerkenswerterweise wird auch in Österreich momentan eine solche Verstärkung der Maßgeblichkeit i. S. einer engeren Bindung von Handels- und Steuerbilanz erwogen, vgl. hierzu *Mayr*, DStJG 34 (2011), S. 334 f., 341 f.

58 Vgl. *Gros*, Rechnungslegung in Deutschland und den USA, Wiesbaden 2010, S. 200 f., 203; *Treisch*, in: Funk/Rossmanith (Hrsg.), Internationale Rechnungslegung und internationales Controlling, 2. Aufl., Wiesbaden 2011, S. 149; *Günter*, Fortentwicklung des Handels- und Steuerbilanzrechts, Lohmar/Köln 2012, S. 262 f.

Teil B:
Bilanzierung und Bewertung bei der Gewinnermittlung nach Bilanzposten

Kapitel I:
Anlagevermögen

1. Immaterielle Wirtschaftsgüter

von
StB Prof. Dr. Gerrit Adrian, Frankfurt am Main

Inhaltsübersicht

Ausgewählte Literatur

Babel, Nutzungsrechte, Rechnungsabgrenzungsposten, schwebende Geschäfte – ein „magisches Dreieck“ der Bilanzierung, in: FS Mellwig 2007, S. 1; *Groß/Georgius/Matheis*, Aktuelles zu bilanziellen Behandlung von ERP-Systemen – Die Gretchenfrage nach Anschaffung oder Herstellung, DStR 2006 S. 339; *Herzig/Jensen-Nissen/Koch*, Bilanzierung von Emissionsberechtigungen gem. Treibhausgas-Emissionshandelsgesetz (TEHG) nach Handels- und Steuerbilanzrecht, FR 2006 S. 109; *Kessler*, Qualifikation der Einkünfte aus dem Online-Vertrieb von Standardsoftware nach nationalem und DBA-Recht, IStR 2000 S. 70; *Kuhner*, Die immateriellen Vermögengegenstände und -werte des Anlagevermögens, HdJ, Abtl. II/1; *Kußmaul*, in: Federmann/Kußmaul/Müller, HdB, 2010, Immaterielles Vermögen; *Laubach/Kraus/Bornhofen*, Zur Durchführung der HGB-Modernisierung durch das BilMoG: Die Bilanzierung selbst geschaffener immaterieller Vermögensgegenstände, DB Beilage Nr. 5/2009 S. 19; *Lüdenbach/Hoffmann*, Das schwebende Geschäft als Vermögenswert: Bilanzierung bei Erwerb und Verkauf von Nutzungsrechte, DStR 2006 S. 1382; *Treiber*, Die Behandlung von Software in der Handels- und Steuerbilanz, DStR 1993 S. 887; *Velte*, Intangible Assetes und Goodwill im Spannungsfeld zwischen Entscheidungsrelevanz und Verlässlichkeit, Diss., Wiesbaden 2008; *Wehrheim*, Bilanzierung von Aufhebungszahlungen im Lizenzfußball, BB 2004 S. 433.

1. Immaterielle Wirtschaftsgüter

1.1 Begriff und Abgrenzung zu materiellen Wirtschaftsgütern

1.1.1 Begriff

3140 Die Begriffe des immateriellen (handelsrechtlichen) Vermögensgegenstands und des immateriellen (steuerrechtlichen) Wirtschaftsguts werden weder im HGB noch im EStG definiert. Das **Gliederungsschema des § 266 HGB**, das nach dem Maßgeblichkeitsprinzip des § 5 Abs. 1 Satz 1 1. Halbsatz EStG grundsätzlich auch für steuerbilanzielle Zwecke verwendet werden kann,[1] grenzt im Anlagevermögen „Immaterielle Vermögensgegenstände" gegen „Sachanlagen" und „Finanzanlagen" ab. § 266 HGB gliedert die immateriellen Vermögensgegenstände wie folgt auf:

1. Selbst geschaffene gewerbliche Schutzrechte und ähnliche Rechte und Werte;
2. Entgeltlich erworbene Konzessionen, gewerbliche Schutzrechte und ähnliche Rechte und Werte sowie Lizenzen an solchen Rechten und Werten;
3. Geschäfts- oder Firmenwert;
4. Geleistete Anzahlungen.

3141 Grundstücksgleiche Rechte werden nach § 266 Abs. 2 HGB in Verbindung mit § 5 Abs. 1 EStG hingegen beim Sachanlagevermögen gezeigt. Betroffen sind dingliche Nutzungsrechte an Grundstücken, wie z. B. Erbbaurechte oder Wohnrechte.

3142 Im Sinne einer **wörtlichen Auslegung** sind immaterielle Wirtschaftsgüter unkörperliche Werte, während materielle Wirtschaftsgüter körperliche Werte darstellen.[2] Nach dieser Definition wären z. B. Forderungen oder auch Beteiligungen als immaterielle Wirtschaftsgüter zu qualifizieren, da diese Werte keinen körperlichen Gegenstand darstellen. Mithin kann der wörtlichen Auslegung nur eine eingeschränkte Bedeutung beigemessen werden.

3143 Gemäß BFH handelt es sich bei immateriellen Wirtschaftsgütern zumeist um **geistige beziehungsweise rein wirtschaftliche Werte** oder **Rechte**. Der Beschluss des GrS des BFH vom 4. 12. 2006 enthält folgende beispielhafte Aufzählung für immaterielle Wirtschaftsgüter: „Konzessionen, gewerbliche Schutzrechte, Urheberrechte, Lizenzrechte, aber auch ungeschützte Erfindungen (BFH, Urteil vom 2. 6. 1976 – I R 20/74, BStBl 1976 II S. 666), Know-how (BFH, Urteil vom 23. 11. 1988 – II R 209/82, BStBl 1989 II S. 82), Software (BFH, Urteil vom 3. 7. 1987 – III R 7/86, BStBl 1987 II S. 728), Rechte aus vertraglichen Wettbewerbsverboten, Belieferungsrechte, Kauf- und Verkaufsoptionen sowie der Geschäftswert (vgl. § 266 Absatz 2 A. I. HGB)."[3] Finanzwerte werden gemäß diesem BFH-Beschluss als materielle Wirtschaftsgüter behandelt, weil sich ihr Gegenstand auf konkrete materielle Werte richtet.

---

1 Vgl. *Heinsen/Adrian*, DStR 2010 S. 2591; zu Auswirkungen der E-Bilanz siehe Rz. 3236 ff.

2 Vgl. BFH, Urteile vom 5. 10. 1979 – III R 78/75, BStBl 1980 II S. 16; vom 30. 10. 2008 – III R 82/06, BStBl 2009 II S. 421.

3 Vgl. BFH, Beschluss vom 4. 12. 2006 – GrS 1/05, DStR 2007, S. 848.

Für bilanzrechtliche Zwecke grenzt die herrschende Lehre materielle und immaterielle Wirtschaftsgüter nicht allein nach Maßgabe der wörtlichen Auslegung ab.[4] Bei immateriellen Anlagewerten handelt es sich typischerweise um besonders **risikobehaftete Positionen**, deren Existenz und Wert im Unterschied zu materiellen Wirtschaftsgütern häufig schwer nachweisbar und damit unsicher sind.[5] Nach dieser Abgrenzung werden somit auch bestimmte unkörperliche Gegenstände, die bei Zugang hinsichtlich ihres Werts dem Grunde nach sicher sind (wie z. B. Forderungen oder Beteiligungen), als materielle Gegenstände qualifiziert. Dies spiegelt sich auch im handelsrechtlichen Bilanzgliederungsschema des § 266 Abs. 2 HGB in Verbindung mit § 5 Abs. 1 EStG wider. 3144

Vor dem Hintergrund, dass im Anlagevermögen nur entgeltlich erworbene immaterielle Wirtschaftsgüter zu aktivieren sind, ist meines Erachtens die allein am Wortsinn orientierte Auslegung von immateriellen und materiellen Wirtschaftsgütern nicht sachgerecht. Denn das Ansatzverbot von nicht entgeltlich erworbenen immateriellen Wirtschaftsgüter fußt auf dem Umstand des typischerweise unsicheren Werts. Ist der Wert dem Grunde nach aber sicher, wie bei Forderungen oder Beteiligungen, besteht kein systematisch zu rechtfertigender Grund, derartige Wirtschaftsgüter – auch wenn sie nicht entgeltlich erworben wurden – in der steuerlichen Vermögensübersicht nicht zu zeigen. Gleichwohl ist zu konstatieren, dass aufgrund des Kriteriums des „sicheren Werts" Abgrenzungsprobleme entstehen können. 3145

1.1.2 Abgrenzungsfälle

Bei Wirtschaftsgütern, die sowohl materielle als auch immaterielle Bestandteile aufweisen, ist nach BFH-Rechtsprechung und Verwaltungsauffassung vorrangig auf das **wirtschaftliche Interesse** abzustellen.[6] Maßgebend ist, wofür der Kaufpreis mit Blick auf die **Wertrelationen** von materiellen und immateriellen Komponenten gezahlt wurde. Daneben ist auch danach zu unterscheiden, ob der Verkörperung eine eigenständige Bedeutung zukommt oder der materielle Bestandteil lediglich als „Träger" den immateriellen Bestandteil festhalten soll. Bei Büchern und Tonträgern wird angenommen, dass die immaterielle Eigenschaft in Folge der häufigen **Vervielfältigung** untergehe und daher ein materielles Wirtschaftsgut anzunehmen ist.[7] Dies gilt nach einem aktuellen Urteil des BFH vom 18. 5. 2011 aber nicht (mehr) für Standardsoftware.[8] Danach ist Standardsoftware auch dann ein immaterielles Wirtschaftsgut, wenn die Software auf einem Datenträger gespeichert wird. 3146

Aufwendungen für immaterielle Werte werden **materiellen Wirtschaftsgütern** zugerechnet, wenn sie Anschaffungsnebenkosten oder Herstellungskosten eines materiellen Wirtschaftsguts sind. Voraussetzung ist insofern, dass der immaterielle Wert in ei- 3147

4 Vgl. *Kußmaul*, in: Federmann/Kußmaul/Müller, HdB 2010, Immaterielles Vermögen, Rn. 5; *Weber/Grellet*, in: Schmidt, EStG, 33. Aufl., § 5 Rn. 171; *Anzinger*, in: HHR, § 5 Anm. 1654.

5 Vgl. BFH, Urteil vom 8. 11. 1979 – IV R 145/77, BStBl 1980 II S. 146.

6 Vgl. BFH, Urteil vom 30. 10. 2008 – III R 82/06, BStBl 2009 II S. 421 m. w. N.; H 5.5 „Abgrenzung zu materiellen Wirtschaftsgütern" EStH.

7 Vgl. BFH, Urteile vom 28. 10. 2008 – IX R 22/08, BStBl 2009 II S. 527; vom 30. 10. 2008 – III R 82/06, BStBl 2009 II S. 421.

8 Vgl. BFH, Urteil vom 18. 5. 2011 – X R 26/09, BFH/NV 2011, S. 1755.

nem unmittelbaren Zusammenhang mit dem materiellen Wirtschaftsgut steht und dass das materielle Wirtschaftsgut das wirtschaftlich im Vordergrund stehende Element ist.[9] Dies trifft z. B. bei Aufwendungen für eine Baugenehmigung zu, die im Rahmen der Herstellung des materiellen Wirtschaftsguts „Gebäude“ anfallen und diesem unmittelbar zugerechnet werden können. Ein weiteres Beispiel ist die Steuerungssoftware für eine Maschine, die nicht gesondert beschafft wird.[10] Auch Druckvorlagen werden als materielle Wirtschaftsgüter behandelt, da es sich bei Druckvorlagen um Gegenstände handelt, deren materieller Wert gegenüber dem geistigen Gehalt bedeutungsmäßig nicht zurücktritt.[11]

3148 Ein **immaterielles Wirtschaftsgut** liegt hingegen vor, wenn der materielle, körperliche Bestandteil gegenüber dem geistigen Gehalt bedeutungsmäßig zurücktritt und die immaterielle Eigenschaft auch nicht durch eine häufige Vervielfältigung untergeht. Z. B. gehören auf Datenträger in Form von Zahlenkolonnen gespeicherte Koordinaten des Gebäudebestands der Bundesrepublik (sogenannte Geopunkte) zu den immateriellen Wirtschaftsgütern.[12] Zu Computerprogrammen (Software) siehe Rz. 3199 ff.

3149 Im sogenannten **Kiesgrubenbeschluss** hatte der Große Senat des BFH am 4. 12. 2006 zu entscheiden, ob ein im Privatvermögen konkretisierter Bodenschatz ein materielles oder ein immaterielles Wirtschaftsgut ist.[13] Für ein immaterielles Wirtschaftsgut könnte sprechen, dass nicht der Bodenschatz in das Betriebsvermögen eingebracht wird, sondern die Berechtigung, den Bodenschatz auszubeuten, so dass insoweit ein Nutzungsrecht vorliegt. Für ein materielles Wirtschaftsgut, so dann auch die Entscheidung des Großen Senats, spricht hingegen, dass der Bodenschatz ein körperlicher Gegenstand ist. Die Befugnis, den Bodenschatz abzubauen (ähnlich einer Baugenehmigung), ist somit bereits Teil des Eigentumsrechts am Grundstück. In der Entscheidung vom 25. 7. 2012 hat der BFH die Frage offengelassen, ob das Bergwerkseigentum, d. h. das Gewinnungsrecht, den materiellen oder immateriellen Wirtschaftsgütern zuzurechnen ist. Denn zugleich wurde das wirtschaftliche Eigentum an den Bodenschätzen erworben, die als materielle Wirtschaftsgüter nach § 39 Abs. 2 Nr. 1 Satz 1 AO sowie § 242 Abs. 1 HGB i. V. m. § 5 Abs. 1 Satz 1 EStG und § 8 Abs. 1 KStG in der Steuerbilanz zu aktivieren sind.[14]

1.1.3 Bedeutung der Abgrenzung

3150 Aus steuerlicher Sicht hat die Abgrenzung zwischen materiellen und immateriellen Wirtschaftsgütern insbesondere deshalb Bedeutung, weil bei immateriellen Wirtschaftsgütern des Anlagevermögens als zusätzliche Aktivierungsvoraussetzung der **entgeltliche Erwerb** erfüllt sein muss. Nach § 5 Abs. 2 EStG ist ein Aktivposten für im-

9 Vgl. BFH, Urteil vom 30. 10. 2008 – III R 82/06, BStBl 2009 II S. 421.

10 Vgl. *Kuhner*, Die immateriellen Vermögensgegenstände und -werte des Anlagevermögens, HdJ, Abtl. II/1, Rn. 61.

11 Vgl. BMF, Schreiben vom 18. 4. 2007, BStBl 2007 I S. 458; BFH, Urteil vom 22. 10. 2009 – III R 14/07, BStBl 2010 II S. 361.

12 Vgl. BFH, Urteil vom 30. 10. 2008 – III R 82/06, BStBl 2009 II S. 421.

13 Vgl. BFH, Beschluss vom 4. 12. 2006 – GrS 1/05, DStR 2005 S. 848.

14 Vgl. BFH, Urteil vom 25. 7. 2012 – I R 101/10, BStBl 2013 II S. 165.

materielle Wirtschaftsgüter des Anlagevermögens anzusetzen, wenn sie entgeltlich erworben wurden. Aufwendungen für nicht entgeltlich erworbene immaterielle Wirtschaftsgüter des Anlagevermögens sind nach § 4 Abs. 4 EStG als sofortige Betriebsausgabe zu erfassen.[15]

Weiterhin ist die Abgrenzung hinsichtlich der **Folgebewertung** bedeutsam. Als nicht bewegliche Wirtschaftsgüter kommt bei immateriellen Wirtschaftsgütern z. B. keine degressive Abschreibung in Betracht. Auch für die Investitionszulage ist die Abgrenzung entscheidend, da immaterielle Wirtschaftsgüter nach dem **InvZulG** nicht gefördert werden.[16] 3151

1.2 Aktivierungsvoraussetzung: Entgeltlicher Erwerb

1.2.1 Regelung des § 5 Abs. 2 EStG

In der Steuerbilanz ist ein Aktivposten für immaterielle Wirtschaftsgüter des Anlagevermögens nach § 5 Abs. 2 EStG (verpflichtend) anzusetzen, wenn sie entgeltlich erworben wurden. In anderen Fällen, d. h. bei fehlendem entgeltlichem Erwerb, besteht ein steuerliches Ansatzverbot.[17] § 5 Abs. 2 EStG gilt sowohl für die Gewinnermittlungen nach § 5 Abs. 1, § 4 Abs. 1 EStG als auch nach § 4 Abs. 3 EStG.[18] 3152

Da die Bestimmung des Wertes immaterieller Wirtschaftsgüter unsicher ist, kann gemäß BFH-Rechtsprechung auf eine objektiv feststellbare Gegenleistung in Gestalt effektiver Anschaffungskosten, durch die der Wert am Markt bestätigt wird, nicht verzichtet werden.[19] Andererseits wird § 5 Abs. 2 EStG auch als Vereinfachungsnorm gesehen, die Bewertungsschwierigkeiten bzw. ein verwaltungsaufwändiges und streitanfälliges Bewertungsverfahren bei immateriellen Vermögenswerten vermeiden soll.[20] 3153

§ 5 Abs. 2 EStG verhindert insoweit, dass Aufwendungen für selbst hergestellte immaterielle Wirtschaftsgüter als Anlagevermögen ausgewiesen werden; die Aufwendungen stellen sofort abziehbare Betriebsausgaben nach § 4 Abs. 4 EStG dar.[21] Liegt kein entgeltlicher Erwerb vor, entbindet § 5 Abs. 2 EStG von der (schwierigen) Prüfung, ob überhaupt ein Wirtschaftsgut vorliegt. Einer periodengerechten Gewinnermittlung entspricht das Aktivierungsverbot allerdings nicht.[22] Andererseits ist das Aktivierungsverbot für selbsterstellte immaterielle Wirtschaftsgüter Ausfluss des Vorsichtsprinzips[23] 3154

15 Vgl. BFH, Urteil vom 8. 9. 2011 – IV R 5/09, BStBl 2009 II S. 122.

16 Vgl. BFH, Urteil vom 30. 10. 2008 – III R 82/06, BStBl 2009 II S. 421.

17 Vor BilMoG bestand auch handelsrechtlich ein Aktivierungsverbot für selbstgeschaffene immaterielle Vermögensgegenstände des Anlagevermögens (§ 248 Abs. 2 HGB a. F.). Dieses Verbot ist mit dem BilMoG durch ein Aktivierungswahlrecht ersetzt worden. Ausgenommen davon sind selbst geschaffene Marken, Drucktitel, Verlagsrechte, Kundenlisten und vergleichbare immaterielle Wirtschaftsgüter des Anlagevermögens, für die ein Aktivierungsverbot besteht. Eine von der Steuerbilanz abweichende handelsrechtliche Bilanzierung führt zu einer passivisch abzugrenzenden Differenz (latente Steuern). Vgl. *Dörfler/Adrian*, DB 2009, Beilage Nr. 5, S. 60; OFD Münster, DB 2012 S. 2309.

18 Vgl. BFH, Urteil vom 8. 11. 1979 – IV R 145/77, BStBl 1980 II S. 146.

19 Vgl. BFH, Urteil vom 3. 8. 1993 – VIII R 37/92, BStBl 1994 II S. 444 m. w. N.

20 Vgl. *Herzig*, DB 2008 S. 5.

21 Vgl. BFH, Urteil vom 8. 9. 2011 – IV R 5/09, BStBl 2012 II 122.

22 Vgl. *Weber-Grellet*, in: Schmidt, EStG, 33. Aufl., § 5 Rn. 162.

23 Vgl. *Crezelius*, in: Kirchhof, 2013, § 5 Rn. 65.

und wirkt steuermindernd – zumindest, wenn ein steuerlicher Gewinn erzielt wird, der durch die Erfassung der Aufwendungen als sofort abziehbare Betriebsausgabe reduziert werden kann. Durch (konzerninterne) Veräußerung kann das Aktivierungsverbot vermieden werden. Bei dem Erwerber besteht bei entgeltlichem Erwerb eine Aktivierungspflicht des immateriellen Wirtschaftsguts.

3155 § 5 Abs. 2 EStG betrifft ausschließlich immaterielle Wirtschaftsgüter des Anlagevermögens. Für das **Umlaufvermögen** gilt § 5 Abs. 2 EStG nicht. Im Umkehrschluss folgt aus § 5 Abs. 2 EStG, dass immaterielle Wirtschaftsgüter des Umlaufvermögens stets zu aktivieren sind.[24] Bei späterer Umwidmung, d. h. zunächst erfolgt eine Zuordnung zum Umlaufvermögen, später eine Zuordnung zum Anlagevermögen, ist § 5 Abs. 2 EStG und damit die zusätzliche Aktivierungsvoraussetzung des entgeltlichen Erwerbs zu beachten.[25] Nicht entgeltlich erworbene Wirtschaftsgüter sind in diesem Fall erfolgsmindernd auszubuchen.

3156 Das steuerrechtliche Aktivierungsverbot für nicht entgeltlich erworbene immaterielle Wirtschaftsgüter des Anlagevermögens ist nicht anzuwenden, wenn ein beim Rechtsvorgänger aktiviertes immaterielles Wirtschaftsgut im Rahmen einer unentgeltlichen Übertragung eines (Teil)Betriebs oder eines Mitunternehmeranteils nach **§ 6 Abs. 3 EStG** auf einen anderen übergeht (R 5.5 Abs. 3 Satz 1 EStR). Der Rechtsnachfolger ist in diesem Fall an die Aktivierung des Rechtsvorgängers gebunden. Das Aktivierungsverbot findet ferner bei **Einlagehandlungen** (§ 4 Abs. 1 Satz 7 EStG) keine Anwendung (R 5.5 Abs. 3 Satz 3 EStR). Im Ergebnis verdrängen alle Vorschriften, nach denen Wirtschaftsgüter mit dem gemeinen Wert oder dem Teilwert anzusetzen sind, z. B. § 6 Abs. 4 EStG, § 6 Abs. 5 EStG oder § 6 Abs. 6 EStG, das Erfordernis des entgeltlichen Erwerbs.[26]

3157 Die Aktivierung von **unfertigen immateriellen Wirtschaftsgütern** ist ebenfalls möglich.[27] Entscheidend für die Aktivierungsfähigkeit ist, ob im Erwerbszeitpunkt die Wirtschaftsguteigenschaft erfüllt ist. Bei entgeltlichem Erwerb ist nach § 5 Abs. 2 EStG eine Aktivierung verpflichtend, sofern ein Wirtschaftsgut vorliegt. Aufwendungen des Steuerpflichtigen nach Erwerb, die der Herbeiführung der Nutzungsreife dienen, sind keine Erwerbsaufwendungen und insofern nicht aktivierbar. Bei diesen Aufwendungen handelt es sich um sofort abziehbare Betriebsausgaben, da Herstellungsaufwendungen vorliegen. Ein kompletter Abzug als Betriebsausgabe (auch der Erwerbsaufwendungen) kommt allerdings in Betracht, wenn das unfertige immaterielle Wirtschaftsgut derart wesentlich verändert wird, dass ein neues Wirtschaftsgut entsteht. In diesen Fällen ist das erworbene unfertige immaterielle Wirtschaftsgut lediglich ein Bestandteil oder Ausgangspunkt für ein neu entstandenes Wirtschaftsgut.

3158 Das **Verbot der Bilanzierung schwebender Geschäfte** geht dem Aktivierungsgebot des § 5 Abs. 2 EStG vor.[28] Unter einem schwebenden Geschäft ist ein zweiseitig verpflich-

24 Vgl. *Weber-Grellet,* in: Schmidt, EStG, 33. Aufl., § 5 Rn. 161; *ADS,* 1995, § 248 HGB Rn. 23.

25 Vgl. *Buciek,* in: Blümich, EStG, § 5 Rn. 523.

26 Vgl. *Schiffers,* in: Korn, EStG, § 5 Rn. 505.

27 Vgl. *Schiffers,* in: Korn, EStG, § 5 Rn. 529; *Buciek,* in: Blümich, EStG; § 5 Rn. 533a. Zur Einordnung pharmazeutischer F&E-Vorgänge als Anschaffungsvorgänge vgl. *Schmidt,* DStR 2014 S. 547.

28 Vgl. BFH, Urteile vom 19. 6. 1997 – IV R 16/95, BStBl 1997 II S. 808; vom 12. 8. 1982 – IV R 184/79, BStBl 1982 II S. 696.

tender Vertrag zu verstehen, der auf einen Leistungsaustausch gerichtet ist und bei dem der zu Sach- oder Dienstleistung Verpflichtende noch nicht erfüllt hat.[29] Gemäß BFH-Urteil vom 12. 8. 1982 entfällt ein Ansatz eines Aktivpostens für ein entgeltlich erworbenes **Nutzungsrecht** dann, wenn das Recht auf Nutzung Bestandteil eines schwebenden Vertrags ist, der noch von keiner Seite (voll) erfüllt ist, soweit der Anspruch auf die künftigen Nutzungen (Nutzungsrecht) und die Verpflichtung zu künftigen Gegenleistungen (Nutzungsentgelt) sich am Bilanzstichtag gleichwertig gegenüberstehen.[30]

1.2.2 Entgeltlicher Erwerb

Gemäß EStR ist ein immaterielles Wirtschaftsgut entgeltlich erworben, wenn es durch 3159
einen Hoheitsakt oder ein Rechtsgeschäft gegen Hingabe einer bestimmten Gegenleistung übergangen oder eingeräumt worden ist (R 5 Abs. 2 Satz 2 EStR). Notwendig ist somit ein Leistungsaustausch. Insofern liegt kein entgeltlicher Erwerb vor, wenn der Steuerpflichtige das immaterielle Wirtschaftsgut selbst herstellt.

Das Erfordernis des Entgelts setzt eine **geldwerte Gegenleistung** voraus. Eine Geldzah- 3160
lung ist nach § 5 Abs. 2 EStG aber keine tatbestandliche Voraussetzung für die Aktivierung. Als Gegenleistung kommt z. B. auch ein Sachbezug oder die Einräumung eines sonstigen Vorteils, etwa die (zeitlich befristete) Einräumung eines Nutzungsrechts oder eine zinslose bzw. niedrig verzinste Darlehensgewährung in Betracht. Die Gegenleistung muss sich nicht zwangsläufig in etwas Einmaligem erschöpfen. Es kann sich hierbei auch um eine zeitraumbezogene Duldung oder wiederkehrende Bezüge handeln. Sofern sich die wiederkehrenden Bezüge allerdings auf schwankende, ungewisse Größen beziehen, z. B. die künftigen Umsätze oder Gewinne, liegt zwar ein entgeltlicher Erwerb vor, aber die Anschaffungskosten können schlechthin nicht ermittelt werden. In der Folge muss eine Aktivierung unterbleiben und die Zahlungen müssen als sofort abziehbare Betriebsausgaben behandelt werden.[31] Bei wiederkehrenden Leistungen im Rahmen von Nutzungsrechten ist zu unterscheiden, ob die **wiederkehrenden Leistungen** für die Nutzung als solche geleistet werden oder als Entgelt für die Einräumung eines Nutzungsrechts i. S. d. § 5 Abs. 2 EStG. Von Letzterem und damit von einer Aktivierung ist meines Erachtens nur dann auszugehen, wenn die wiederkehrenden Leistungen auch dann noch zu erbringen sind, wenn eine Nutzungsmöglichkeit nicht mehr gegeben ist (z. B. aufgrund Zerstörung oder wirtschaftlichem Verbrauch des immateriellen Wirtschaftsguts). Wertloses ist grundsätzlich kein Entgelt, es sei denn, die involvierten Parteien haben der Gegenleistung irrtümlich einen Wert beigemessen.[32]

Das Entgelt muss nicht zwingend **gesondert vereinbart** oder **ausgewiesen** sein.[33] Es ist 3161
ausreichend, wenn es nach den Vorstellungen beider Vertragsteile die Gegenleistung für die erlangten Vorteile darstellt.[34] Das Entgelt muss sich aber auf den Vorgang des

29 Vgl. BFH, Beschluss vom 11. 12. 1985 – I B 49/85, BFH/NV 1986, S. 595; siehe auch *Babel,* in: FS Mellwig, 2007, S. 10.

30 Vgl. BFH, Urteil vom 12. 8. 1982 – IV R 184/79, BStBl 1982 II S. 696.

31 Vgl. BFH, Urteil vom 18. 1. 1989 – X R 10/86, BStBl 1989 II S. 550.

32 Vgl. *Buciek,* in: Blümich, EStG, § 5 Rn. 542.

33 Vgl. *Buciek,* in: Blümich, EStG, § 5 Rn. 536a.

34 Vgl. BFH, Urteil vom 3. 8. 1993 – VIII R 37/92, BStBl 1994 II S. 444.

Erwerbs des immateriellen Wirtschaftsguts als solchen beziehen.[35] Es genügt nicht, dass dem Erwerber irgendwelche **Aufwendungen** entstanden sind. So ist es z. B. nicht ausreichend, wenn Provisionszahlungen im Rahmen des Erwerbs des immateriellen Wirtschaftsguts gezahlt werden.

3162 Gemäß BFH-Rechtsprechung ist ein Nutzungsrecht entgeltlich erworben, wenn es Gegenstand eines gegenseitigen Vertrags war oder ist, bei dem Leistung und Gegenleistung nach kaufmännischen Gesichtspunkten gegeneinander abgewogen sind und bei dem die Leistung der einen Vertragspartei in der Übertragung eines bereits bestehenden Nutzungsrechts oder in der Begründung (Einräumung) eines solchen Nutzungsrechts besteht.[36] Allerdings ist es nicht notwendig, dass das immaterielle Wirtschaftsgut und das Entgelt in einem **zivilrechtlichen Gegenseitigkeitsverhältnis** stehen. Im Fall von Transferzahlungen bei Spielerwechseln im Profifußball hat der BFH entschieden, dass die Spielerlaubnis als entgeltlich erworbenes immaterielles Wirtschaftsgut (konzessionsähnliches Recht) zu aktivieren ist,[37] die von einem Dritten, etwa dem Verband, gewährt wird, der nicht Vertragspartner ist. Aus wirtschaftlicher Sicht wird die Ablöse (Entgelt) jedoch zum Erhalt der Spielerlaubnis gezahlt.

3163 Für den entgeltlichen Erwerb ist es nicht erforderlich, dass das Wirtschaftsgut bereits vor Abschluss des Rechtsgeschäfts bestanden hat. Es kann somit auch erst durch den Abschluss des Rechtsgeschäfts entstehen und muss beim Vertragspartner nicht zuvor bereits vorhanden gewesen sein. Dies betrifft z. B. ein entgeltlich erworbenes Belieferungsrecht.[38]

3164 Wird ein immaterielles Wirtschaftsgut gegen ein anderes (immaterielles) Wirtschaftsgut getauscht, liegt ebenfalls ein entgeltlicher Erwerb vor.[39] Ein entgeltlicher Erwerb eines immateriellen Wirtschaftsguts liegt auch bei der Hingabe eines so genannten verlorenen **Zuschusses** vor, wenn der Zuschussgeber von dem Zuschussempfänger eine bestimmte Gegenleistung erhält oder eine solche nach den Umständen zu erwarten ist oder wenn der Zuschussgeber durch die Zuschusshingabe einen besonderen Vorteil erlangt, der nur für ihn wirksam ist.[40] Dabei ist als Aktivierungsvoraussetzung zu beachten, dass die Gegenleistung des Zuschussempfängers ein aktivierbares Wirtschaftsgut ist. Deshalb scheidet die Aktivierung eines Beitrags für den öffentlichen Straßenbau, eine städtische Kläranlage oder einen Trafo für die Stromversorgung grundsätzlich aus.[41]

3165 Bei Zahlung einer Abfindung an einen aus einer Personengesellschaft ausscheidenden Gesellschafter liegt ebenfalls ein entgeltlicher Erwerb von immateriellen Wirtschaftsgütern vor, soweit die Abfindung auf nicht bilanzierte (da nicht entgeltlich erworbene)

35 Vgl. BFH, Urteil vom 3. 8. 1993 – VIII R 37/92, BStBl 1994 II S. 444.

36 Vgl. BFH, Urteil vom 12. 8. 1982 – IV R 184/79, BStBl 1982 II S. 696.

37 Vgl. BFH, Urteil vom 26. 8. 1992 – I R 24/91, BStBl 1992 II S. 977; vgl. BFH, Urteil vom 14. 12. 2011 – I R 108/10, BStBl 2012 II S. 238; vgl. auch *Wehrheim*, BB 2004 S. 433.

38 Vgl. BFH, Urteil vom 3. 8. 1993 – VIII R 37/92, BStBl 1994 II S. 444.

39 Vgl. BFH, Urteil vom 13. 7. 1971 – VIII 15/65, BStBl 1971 II S. 731.

40 R 5.5 Abs. 2 Satz 4 EStR.

41 Vgl. auch *Schiffers*, in: Korn, EStG, § 5 Rn. 524.

immaterielle Wirtschaftsgüter entfällt.[42] Die Abfindung stellt insoweit keine Betriebsausgabe nach § 4 Abs. 4 EStG dar.

Kein entgeltlicher Erwerb liegt in folgenden Fällen vor:[43] 3166

- Aufwendungen für selbst geschaffene immaterielle Wirtschaftsgüter, z. B. Patente.
- Aufwendungen, die nicht Entgelt für den Erwerb eines Wirtschaftsguts von einem Dritten sind, sondern nur Arbeitsaufwand oder sonstiger Aufwand. Dies betrifft z. B. Honoraraufwendungen bei Dienstleistungen für einen im Betrieb selbstgeschaffenen Wert oder Vorteil.
- Aufwendungen, die lediglich einen Beitrag zu den Kosten einer vom Steuerpflichtigen mitbenutzten Einrichtung darstellen. Derartige Aufwendungen gehören zu den nicht aktivierbaren Aufwendungen für einen selbst geschaffenen – d. h. nicht entgeltlich erworbenen – Nutzungsvorteil. Dies betrifft z. B. den geleisteten Beitrag des Steuerpflichtigen zum Bau oder Ausbau einer öffentlichen Straße.

1.2.3 Abgrenzung zur Herstellung

Der für die Aktivierung notwendige entgeltliche Erwerb setzt einen Leistungsaustausch 3167 voraus. Stellt der Steuerpflichtige das immaterielle Wirtschaftsgut selbst her, liegt kein entgeltlicher Erwerb vor. Eine Aktivierung von hergestellten immateriellen Wirtschaftsgütern kommt aufgrund des Ansatzverbots im Anlagevermögen nicht in Betracht.[44] Anderes gilt für selbst geschaffene Wirtschaftsgüter des Umlaufvermögens, die aktivierungspflichtig sind (z. B. zum Verkauf bestimmte Software, die als immaterielles Wirtschaftsgut qualifiziert).

Für die Abgrenzung zur Herstellung ist maßgebend, ob der Steuerpflichtige den Her- 3168 stellungsprozess beherrscht und ob die Herstellung auf die Gefahr und Rechnung des Steuerpflichtigen erfolgt.[45] Sind diese Voraussetzungen gegeben, liegt eine Herstellung und kein entgeltlicher Erwerb vor. Auch Aufwendungen für die Dienstleistungen Dritter im Rahmen des Herstellungsprozesses begründen noch keinen entgeltlichen Erwerb eines immateriellen Wirtschaftsguts.

1.2.4 (Verdeckte) Einlage, verdeckte Gewinnausschüttung und Entnahme

Für immaterielle Wirtschaftsgüter ist ein Aktivposten auch dann anzusetzen, wenn sie 3169 in das Betriebsvermögen eingelegt wurden.[46] Gemäß ESt-Richtlinien findet bei **Einlagen** das Aktivierungsverbot für nicht entgeltlich erworbene immaterielle Wirtschaftsgüter keine Anwendung. Dies entspricht auch der BFH-Rechtsprechung.[47] Somit sind auch

42 Vgl. BFH, Urteil vom 16. 5. 2002 – III R 45/98, BStBl 2003 II S. 10. Die Entscheidung erging zum Geschäfts- oder Firmenwert.

43 Vgl. H 5.5 EStR.

44 Vgl. BFH, Urteil vom 8. 9. 2011 – IV R 5/09, BStBl 2012 II S. 122.

45 Vgl. *Crezelius*, in: Kirchhof, EStG 2013, § 5 Rn. 68.

46 Vgl. R 5.5 Abs. 2 Satz 1 EStR.

47 Vgl. z. B. BFH, Urteil vom 22. 1. 1980 – VIII R 74/77, BStBl 1980 II S. 244.

selbstgeschaffene und unentgeltlich erworbene immaterielle Wirtschaftsgüter zu aktivieren, wenn diese in das Betriebsvermögen eingelegt werden.

3170 Einer Einlage steht nach § 4 Abs. 1 Satz 8 2. Halbsatz EStG die Begründung des Besteuerungsrechts der Bundesrepublik Deutschland hinsichtlich des Gewinns aus der Veräußerung eines (immateriellen) Wirtschaftsguts gleich (**Verstrickung**). Darunter fällt z. B. die Überführung eines Wirtschaftsguts aus einer ausländischen Freistellungs-Betriebsstätte in das Inland.

3171 Ein immaterielles Wirtschaftsgut kann auch Gegenstand einer **verdeckten Einlage** sein. Eine verdeckte Einlage liegt vor, wenn der Körperschaft vom Gesellschafter (oder eine ihm nahestehende Person) außerhalb der gesellschaftsrechtlichen Einlagen ein einlagefähiger Vermögensvorteil zugewendet wird und diese Zuwendung durch das Gesellschaftsverhältnis veranlasst ist.[48] Insoweit steht der Vorteilsgewährung durch den Gesellschafter keine Gegenleistung bzw. Entgelt der Körperschaft gegenüber. Gleichwohl ist das immaterielle Wirtschaftsgut zu aktivieren. Die Regelungen zur verdeckten Einlage (§ 8 Abs. 3 Satz 3-6 KStG) gehen insofern dem Aktivierungsverbot von nicht entgeltlich erworbenen immateriellen Wirtschaftsgütern des Anlagevermögens vor.[49] Reine Nutzungsvorteile sind allerdings nicht einlagefähig.

3172 Gegenstand einer **verdeckten Gewinnausschüttung** können auch immaterielle Wirtschaftsgüter sein.[50] Ein entgeltlicher Vorgang liegt insoweit nicht vor – ähnlich zur verdeckten Einlage. Wurde keine Gegenleistung vereinbart, entspricht die Höhe der verdeckten Gewinnausschüttung dem Fremdvergleichspreis des immateriellen Wirtschaftsguts. In diesem Fall liegt in Gänze kein entgeltlicher Erwerb vor. Gleichwohl hat der Gesellschafter das immaterielle Wirtschaftsgut zu aktivieren; die Regelungen zur verdeckten Gewinnausschüttung gehen insoweit § 5 Abs. 2 EStG vor.[51]

3173 **Entnahmen** sind nach § 4 Abs. 1 Satz 2 EStG alle Wirtschaftsgüter, die der Steuerpflichtige dem Betrieb für sich, für seinen Haushalt oder für andere betriebsfremde Zwecke im Laufe des Wirtschaftsjahres entnommen hat. Insofern kann auch ein immaterielles Wirtschaftsgut entnommen werden. Die Entnahmefähigkeit eines immateriellen Wirtschaftsguts gilt unabhängig von der Aktivierbarkeit. Somit können auch nicht aktivierte immaterielle Wirtschaftsgüter Gegenstand einer Entnahme sein. Nach § 4 Abs. 1 Satz 3 EStG steht der Ausschluss oder die Beschränkung des Besteuerungsrechts der Bundesrepublik Deutschland hinsichtlich des Gewinns aus der Veräußerung oder der Nutzung eines Wirtschaftsguts einer Entnahme gleich. Dies soll insbesondere vorliegen, wenn ein bisher einer inländischen Betriebsstätte zuzuordnendes Wirtschaftsgut nunmehr einer ausländischen Betriebsstätte zuzuordnen ist (§ 4 Abs. 1 Satz 4 EStG).[52]

3174 Die **Liquidation** ist kein entgeltlicher Vorgang. Gleichwohl wird von der herrschenden Lehre angenommen, dass ein immaterielles Wirtschaftsgut, das der Gesellschafter auf-

48 Vgl. R 40 Abs. 1 KStR.

49 Vgl. BFH, Urteil vom 20. 8. 1986 – I R 150/82, BStBl 1987 II S. 455.

50 Zur verdeckten Gewinnausschüttung vgl. *Schulte*, in: Erle/Sauter, KStG, 3. Aufl., § 8. Zum Korrespondenzprinzip siehe *Dörfler/Adrian*, Ubg 2008 S. 373.

51 Vgl. BFH, Urteil vom 20. 8. 1986 – I R 150/82, BStBl 1987 II S. 455.

52 Vgl. z. B. *Richter/Heyd*, Ubg 2010 S. 172; vgl. dazu auch *Wassermeyer* DB 2006 S. 1176; BFH, Urteil vom 17. 7. 2008 – I R 77/06, BStBl 2009 II S. 464.

grund der Liquidation der Kapitalgesellschaft erhält, bei dem Gesellschafter zu aktivieren ist.[53]

Die Ausnahmen vom Erfordernis des entgeltlichen Erwerbs bei Einlage, verdeckter Einlage, verdeckter Gewinnausschüttung, Entnahme und Liquidation sind meines Erachtens sachgerecht. In diesen Fällen geht es jeweils um eine Abgrenzung zwischen betrieblichen und privaten beziehungsweise gesellschaftsrechtlichen Bereichen (siehe Sphärentheorie).[54] 3175

1.2.5 Umwandlungsvorgänge

Bei **Umwandlungs- und Einbringungsvorgängen** gilt das Aktivierungsverbot des § 5 Abs. 2 EStG nicht. In der steuerlichen Schlussbilanz sind die Wirtschaftsgüter bei Übertragungen zum gemeinen Wert, einschließlich nicht entgeltlich erworbener und selbst geschaffener immaterieller Wirtschaftsgüter anzusetzen (§ 3 Abs. 1 Satz 1 UmwStG, § 11 Abs. 1 Satz 1 UmwStG, § 15 Abs. 1, 2 UmwStG, § 20 Abs. 2 UmwStG, § 24 Abs. 2 UmwStG, § 25 UmwStG). Grundsätzlich liegt darin kein Verstoß gegen das Aktivierungsverbot für nicht entgeltlich erworbene immaterielle Wirtschaftsgüter des Anlagevermögens vor, weil aus Sicht des übernehmenden Rechtsträger – der an die Werte der steuerlichen Schlussbilanz gebunden ist – ein entgeltlicher Erwerb vorliegt.[55] 3176

Nach dem SEStEG sind die übergehenden Wirtschaftsgüter (einschließlich nicht entgeltlich erworbener und selbst geschaffener immaterieller Wirtschaftsgüter) „einheitlich" zum Buchwert oder einem höheren Wert (Zwischenwert), höchstens mit dem gemeinen Wert anzusetzen (z. B. § 3 Abs. 2 UmwStG). Insoweit sind die Wirtschaftsgüter „einheitlich", d. h. gleichmäßig nach Maßgabe der stillen Reserven aufzustocken.[56] Die (modifizierte) Stufentheorie findet somit keine Anwendung. Dies bedeutet, dass auch bei Ansatz eines Zwischenwertes der Geschäfts- oder Firmenwert anteilig aufzustocken ist. Kritisch anzumerken ist, dass eine dafür notwendige Unternehmensbewertung einen unverhältnismäßig hohen Ermittlungsaufwand darstellt.[57] 3177

1.2.6 Abgrenzung zum Geschäfts- oder Firmenwert

Unselbständige „Geschäftswertbildende Faktoren" sind – auch bei entgeltlichem Erwerb – nicht als (selbständiges) immaterielles Einzelwirtschaftsgut aktivierbar.[58] Insofern ist abzugrenzen zwischen selbständigen immateriellen Einzelwirtschaftsgütern und unselbständigen geschäftswertbildenden Faktoren. Die gesonderte Aktivierung von geschäftswertbildenden Faktoren scheitert regelmäßig daran, dass derartige Fak- 3178

---

53 Vgl. *Buciek*, in: Blümich, EStG, § 5 Rn. 551; *Anzinger*, in: HHR, EStG, § 5 Rn. 1750.

54 Vgl. *Schiffers*, in: Korn, EStG, § 5 Rn. 504.

55 Vgl. FG Düsseldorf, Urteil vom 3. 12. 2012 – 6 K 1883/10 F, EFG 2013 S. 337 (nrkr. Az. beim BFH: I R 1/13); UmwStE vom 11. 11. 2011 – IV C2 – S. 1978, BStBl 2011 I S. 1314, Rz. 03. 04.

56 Vgl. *Rödder*, DStR 2011 S. 1062; UmwStE vom 11. 11. 2011 – IV C2 – S 1978, BStBl 2011 I S. 1314, Rz. 03. 25.

57 Vgl. auch *Geberth*, DB 2011 Heft 22, Seite 1 mit dem Hinweis, dass vor diesem Hintergrund der Geschäfts- oder Firmenwert erst nach Aufstockung der übrigen Wirtschaftsgüter ausgewiesen werden sollte und bei (dennoch) notwendiger Bewertung des Geschäfts- oder Firmenwerts das Vereinfachte Ertragswertverfahren nach §§ 199 BewG Anwendung finden sollte.

58 Vgl. BFH, Urteile vom 7. 11. 1985 – IV R 7/83, BStBl 1986 II S. 176; vom 26. 11. 2009 – III R 40/07, BStBl 2010 II S. 609.

toren nicht selbständig bewertbar sind. Nicht selbständig bewertbare geschäftswertbildende Faktoren sind somit keine (aktivierbaren) immateriellen Einzelwirtschaftsgüter.

3179 Steuerbilanziell ist nur der entgeltlich erworbene Geschäfts- oder Firmenwert, nicht aber der originär beim Unternehmen entstandene Geschäfts- oder Firmenwert aktivierbar. Der Geschäfts- oder Firmenwert hat einen Residualcharakter im Rahmen eines Unternehmenskaufs; er ergibt sich als Differenzwert und verkörpert den Teil des Unternehmenswerts, der sich nicht in materiellen oder immateriellen Wirtschaftsgütern konkretisieren lässt (z. B. Gewinnchance, der gute Ruf oder die Aufbau- und Ablauforganisation des Unternehmens, Kapitalisierungsmehrwert). Zur Ermittlung des derivativen Geschäfts- oder Firmenwerts ist der Kaufpreis um die Zeitwerte der bilanzierten Wirtschaftsgüter und (beim erworbenen Unternehmen) nicht bilanzierten immateriellen Wirtschaftsgüter zu vermindern. Der verbleibende Betrag ist grundsätzlich als Geschäfts- oder Firmenwert aktivierbar (ausführlich zur Ermittlung des Geschäfts- oder Firmenwerts Rz. 3318 ff.). Dieser Betrag beinhaltet insofern die wertbildenden Bestandteile des erworbenen Unternehmens, die nicht selbständig erfasst werden konnten.

3180 Der Kundenstamm ist beispielsweise ein geschäftswertbildender Faktor, der grundsätzlich nicht gesondert zu aktivieren ist. Wird der Kundenstamm jedoch isoliert und gesondert erworben, kommt eine Aktivierung in Betracht: „Der Auftragsbestand umschreibt den zu erwartenden Gewinn, der sich aus rechtsverbindlich abgeschlossenen (schwebenden) Verträgen ergibt.“[59] Er ist ein gesondert vom Geschäftswert zu aktivierendes immaterielles Wirtschaftsgut, „wenn er als werthaltige greifbare Einzelheit gegenüber dem Geschäftswert abgegrenzt werden kann.“[60] Das ist der Fall, „wenn er rechtlich verselbständigt werden kann oder er von der Verkehrsanschauung als selbständig bewertbar anerkannt wird und darauf Anschaffungskosten entfallen.“[61] Nicht ausreichend für die Aktivierung eines Auftragsbestands als selbständiges immaterielles Wirtschaftsgut ist hingegen die bloße Gewinnerwartung auf Grund zukünftig erwarteter Aufträge, deren Umfang noch ungewiss ist. Das ist insbesondere bei Abschluss von Rahmenverträgen mit unbestimmtem Auftragsvolumen der Fall, die noch keine bestimmten Leistungen vorsehen und aus denen sich kein konkreter Auftragsumfang ergibt. Die Gewinnerwartungen aus solchen Rahmenverträgen sind mit denen vergleichbar, die allgemein mit dem Kundenstamm verbunden sind. Derartige Gewinnerwartungen sind als geschäftswertbildende Faktoren Bestandteil des Geschäfts- oder Firmenwerts.[62]

59 Vgl. FG Düsseldorf, Urteil vom 20. 2. 2003 – 15 K 7704/00 F, EFG 2003 S. 1290.

60 Vgl. BFH, Urteil vom 13. 9. 1989 – II R 1/87, BStBl 1990 II S. 47; vgl. auch BFH, Urteil vom 26. 11. 2009 – III R 40/07, BStBl 2010 II S. 609.

61 Vgl. BFH, Urteil vom 28. 10. 1987 – II R 224/82, BStBl 1988 II S. 50.

62 Vgl. FG Düsseldorf, Urteil vom 20. 2. 2003 – 15 K 7704/00 F, EFG 2003 S. 1290.

1.3 Entgeltlich erworbene Konzessionen, gewerbliche Schutzrechte und ähnliche Rechte und Werte

1.3.1 Grundlagen zu Nutzungsrechten – Abgrenzung zum schwebenden Geschäft und zu Rechnungsabgrenzungsposten

Keine immateriellen Wirtschaftsgüter sind Dienstleistungen oder Nutzungen. Rechte 3181
auf Dienstleistungen oder Nutzungen können aber zu aktivierende immaterielle Wirtschaftsgüter sein, wenn sie entgeltlich erworben sind.[63] Die notwendige Bewertbarkeit als greifbares Einzelobjekt besitzt ein Nutzungsrecht typischerweise nur dann, wenn der Nutzende eine Rechtsposition innehat, die ihm ohne Weiteres nicht entzogen werden kann. Der Aktivierung steht auch nicht entgegen, wenn das entgeltlich erworbene Nutzungsrecht Teil eines schwebenden Geschäfts ist.[64] Allerdings muss sich das Entgelt auf den Vorgang des Erwerbs des immateriellen Wirtschaftsguts als solchen beziehen.[65] Insofern ist das Entgelt für den Erwerbsvorgang (Anschaffungskosten) abzugrenzen vom Entgelt für die Nutzung (z. B. in Form von Mietaufwand oder Lizenzgebühren). Ein Betrag kann nicht gleichzeitig Anschaffungskosten und Nutzungsentgelt sein.[66]

Nutzungsrechte werden durch **Dauerschuldverhältnisse** begründet, z. B. durch Vermie- 3182
tung oder Lizenzierung. In diesen Fällen kommt grundsätzlich aber keine Aktivierung in Betracht, da es sich um schwebende Geschäfte handelt, die nicht bilanziert werden dürfen, solange ein „störungsfreier" Verlauf vorliegt.[67] Gemäß BFH-Urteil vom 12. 8. 1982 entfällt ein Ansatz eines Aktivpostens für ein entgeltlich erworbenes Nutzungsrecht dann, wenn das Recht auf Nutzung Bestandteil eines schwebenden Vertrags ist, der noch von keiner Seite (voll) erfüllt ist, soweit der Anspruch auf die künftigen Nutzungen (Nutzungsrecht) und die Verpflichtung zu künftigen Gegenleistungen (Nutzungsentgelt) sich am Bilanzstichtag gleichwertig gegenüberstehen.[68] Das Verbot der Bilanzierung schwebender Geschäfte geht dem Aktivierungsgebot des § 5 Abs. 2 EStG vor.[69]

Liegt kein entgeltlich erworbenes Wirtschaftsgut vor, weil das Entgelt allein einem 3183
Nutzungsentgelt und nicht einem Erwerbsvorgang zuzuordnen ist, ändert daran eine Einmalzahlung oder Vorauszahlung nichts. In diesen Fällen kommt eine periodische Verteilung der Zahlungen über **Rechnungsabgrenzungsposten** in Betracht.[70] Als aktiver Rechnungsabgrenzungsposten sind nach § 5 Abs. 5 Satz 1 Nr. 1 EStG Ausgaben vor dem Abschlussstichtag anzusetzen, soweit sie Aufwand für eine bestimmte Zeit nach die-

63 Vgl. BFH, Beschluss vom 26. 10. 1987, GrS 2/86, BStBl 1988 II S. 348; *Buciek*, in: Blümich, EStG, § 5 Rn. 585; *Weber-Grellet*, in: Schmidt, EStG, 32. Aufl., § 5 Rz. 176; *Babel*, in: FS Mellwig, 2007, S. 19; a. A. *Eisgruber*, DStR 1997 S. 522.

64 Vgl. z. B. *Weber-Grellet*, in: Schmidt, EStG, 33. Aufl., § 5 Rz. 176.

65 Vgl. BFH, Urteil vom 3. 8. 1993 – VIII R 37/92, BStBl 1994 II S. 444.

66 Vgl. *Schiffers*, in: Korn, EStG, § 5 Rn. 539.

67 Vgl. *Lüdenbach/Hoffmann*, DStR 2006 S. 1384.

68 Vgl. BFH, Urteil vom 12. 8. 1982 – IV R 184/79, BStBl 1982 II S. 696.

69 Vgl. BFH, Urteile vom 19. 6. 1997 – IV R 16/95, BStBl 1997 II S. 808; vom 12. 8. 1982 – IV R 184/79, BStBl 1982 I S. 696.

70 Vgl. *Babel*, in: FS Mellwig, 2007, S. 1 ff.; a. A. *Schubert*, DStR 1995 S. 362.

sem Tag darstellen. Die noch ausstehende Gegenleistung muss insofern zeitbezogen und periodisch aufteilbar sein (zeitraumbezogene Gegenleistung). Demzufolge ist es für die Bildung eines Rechnungsabgrenzungspostens meines Erachtens nicht ausreichend, wenn die Gegenleistung nur künftige zeitraumbezogene Wirkung entfaltet, aber tatsächlich zeitpunktbezogen erbracht wird und sich in einem einmaligen Tun, Handeln oder Dulden erschöpft (Beispiel: Werbemaßnahme, die zwar grundsätzlich auf einen unbestimmten (zukünftigen) Zeitraum wirkt, aber zeitpunktbezogen erbracht wird).[71]

3184 Die steuerbilanzielle Abbildung des Nutzungsverhältnisses hängt insoweit entscheidend von der zivilrechtlichen Ausgestaltung ab. Wird das Nutzungsrecht von einem **Dritten** erworben, sind keine weiteren Besonderheiten zu beachten: Sofern der Erwerb entgeltlich erfolgt, ist eine Aktivierung nach allgemeinen Grundsätzen verpflichtend.[72] Für die Aktivierung als Wirtschaftsgut ist zu beachten, dass für die feste Dauer des Nutzungsrechts ein unentziehbarer und greifbarer Vorteil besteht. Zudem muss das Recht zumindest mit dem gesamten Betrieb übertragbar sein.[73]

3185 Wird ein Nutzungsrecht von dem **Inhaber bzw. dem Eigentümer** des zu nutzenden Wirtschaftsguts eingeräumt, ist dies die Gegenleistung für das Nutzungsentgelt. Damit ist die Leistung des Eigentümers/Inhabers grundsätzlich erst bei vereinbartem Laufzeitende vollständig erbracht. Insoweit greift hier typischerweise der Grundsatz der Nichtbilanzierung schwebender Geschäfte. Es liegen keine Aufwendungen für den Erwerb eines Nutzungsrechts, d. h. keine Anschaffungskosten vor. Typische Anwendungsbeispiele sind laufende Nutzungsentgelte, wie Lizenzgebühren oder Mietzahlungen. Vorauszahlungen sind über aktive bzw. passive Rechnungsabgrenzungsposten nach § 5 Abs. 5 EStG zu erfassen. Bei einem Erfüllungsrückstand kommt die Passivierung der entsprechenden Verpflichtung in Betracht.

3186 Anders ist der Fall allerdings zu beurteilen, wenn der Inhaber/Eigentümer des Rechts das **wirtschaftliche Eigentum** überträgt. Gemäß FG Münster richtet sich die steuerliche Einordnung eines Pachtlizenzvertrags als Kauf oder Dauerschuldverhältnis gemäß § 39 AO nach der wirtschaftlichen Betrachtungsweise der getroffenen Vereinbarung.[74] Danach führt (zumindest) das exklusiv und unbeschränkt gewährte Patentnutzungsrecht über die gesamte Patentlaufzeit ohne die Vereinbarung von ordentlichen Kündigungsrechten oder Rückfallklauseln zu einer Behandlung als Rechtskauf. Maßgebend für die steuerbilanzielle Behandlung ist gemäß FG Münster, ob die Einräumung des Nutzungsrechts zeitlich befristet oder auf Dauer erfolgt, beziehungsweise ob nach Ablauf des Lizenzvertrags noch wirtschaftlich relevante Verwertungsmöglichkeiten verbleiben. Bei einer Veräußerung ist zu beachten, dass – unabhängig vom Zeitpunkt der Zahlung – mit Übertragung der (künftige) Veräußerungserlös zu besteuern ist.[75] Zum Übergang

71 So auch *Kuhner*, Die immateriellen Vermögensgegenstände und -werte des Anlagevermögens, HdJ, Abtl. II/1, Rn. 96.

72 Vgl. z. B. BFH, Urteil vom 17. 3. 1977 – IV R 218/72, BStBl 1977 II S. 595 zur Zahlung an einen Dritten für den Eintritt in Automatenaufstellungsverträge.

73 Vgl. BFH, Urteil vom 10. 8. 1989 – X R 176/87, 177/87, BStBl 1990 II S. 15.

74 Vgl. FG Münster, Urteil vom 15. 12. 2010 – 8 K 1543/07 E, BB 2011, S. 623.

75 Vgl. *Funke*, BB 2011 S. 626.

des wirtschaftlichen Eigentums kommt es hingegen nicht (und damit auch nicht zu einer Veräußerungsgewinnbesteuerung), wenn keine umfassende und exklusive Verfügungsmacht über das Patent über die gesamte Patentlaufzeit gewährt werden.

Bei der Überlassung von **Nutzungsrechten** lässt sich zwischen der Rechteüberlassung 3187
durch die öffentliche Hand (Konzession) und durch Private (Lizenz) unterscheiden.[76] Beide Überlassungen haben gemein, dass ein immaterielles Wirtschaftsgut zur Nutzung gegen Entgelt überlassen wird.

1.3.2 Konzessionen

Unter Konzessionen versteht man die Verleihung eines Nutzungsrechts an einer öffent- 3188
lichen Sache durch die zuständige staatliche oder kommunale Behörde. Beispiele für Konzessionen sind:[77]

- Gewerbeberechtigung,
- Betriebs- und Versorgungsrechte,
- Verkehrskonzessionen (z. B. im Personennahverkehr, Güterfernverkehr, Luftfahrt),
- Fischereirechte,
- Brau- und Brennereirechte,
- Schürfrechte, Wegerechte,
- Vertragsarztzulassungen,[78]
- Milchlieferrechte.[79]

Zu unterscheiden ist zwischen Sach- und Personalkonzessionen. **Personalkonzessionen** 3189
sind an die Person des Konzessionierenden gebunden und besitzen typischerweise aufgrund fehlender Übertragbarkeit (weder im Einzelnen noch mit dem gesamten Betrieb) keine Wirtschaftsguteigenschaft.[80] **Sachkonzessionen** sind an eine bestimmte Sache beziehungsweise einen Gegenstand gebunden, z. B. die Berechtigung zur Errichtung einer (genehmigungspflichtigen) Anlage.[81] In diesen Fällen kann die gesonderte Aktivierung allerdings daran scheitern, dass das Entgelt für die Sachkonzession einem materiellen Wirtschaftsgut zuzurechnen ist.

Bei entgeltlichem Erwerb ist die Konzession zu aktivieren, vorausgesetzt die übrigen 3190
Wirtschaftsguteigenschaften liegen vor. Die an die Behörde zu zahlende Gebühr begründet den entgeltlichen Erwerb.[82] Nach anderer Auffassung ist entsprechend den

76 Zu Lizenzen siehe Gliederungspunkt 1.3.6.

77 Vgl. auch *Kuhner*, Die immateriellen Vermögensgegenstände und -werte des Anlagevermögens, HdJ, Abtl. II/1, Rn. 36.

78 Vgl. FG Niedersachsen, Urteil vom 28. 9. 2004 – 13 K 412/01, EFG 2005, 420 (rkr).

79 Vgl. z. B. BFH, Urteil vom 24. 8. 2000 – IV R 11/00, BStBl 2003 II S. 64; BMF, Schreiben vom 14. 1. 2003, BStBl 2003 I S. 78.

80 Vgl. BFH, Urteil vom 10. 8. 1989 – X R 176-177/87, BStBl 1990 II S. 15.

81 Vgl. *Kuhner*, Die immateriellen Vermögensgegenstände und -werte des Anlagevermögens, HdJ, Abtl. II/1, Rn. 132.

82 Vgl. R 5.5 Abs. 2 Satz EStR; *Anzinger*, in: HHR, EStG § 5 Rn. 1732; a. A. *Schiffers*, in: Korn, § 5 Rn. 523.

Nutzungsrechten grundsätzlich nur dann ein entgeltlicher Erwerb gegeben, wenn der Erwerb von einem Dritten erfolgt. Erworben werde dann jedoch nicht die Konzession, sondern ein firmenwertähnliches Wirtschaftsgut.[83]

3191 **Güterverkehrsgenehmigungen** qualifizieren seit der Entkontingentierung mangels Werthaltigkeit nicht mehr als Wirtschaftsgut.[84] Derartige Genehmigungen sind nur noch an bestimmte Berufszugangsvoraussetzungen geknüpft.

3192 Konzessionsähnlich ist das immaterielle Wirtschaftsgut „Spielerlaubnis". Im Fall von Transferzahlungen bei Spielerwechseln im Profifußball hat der BFH entschieden, dass die **Spielerlaubnis** als entgeltlich erworbenes immaterielles Wirtschaftsgut (konzessionsähnliches Recht) aktivierbar ist,[85] die von einem Dritten, etwa dem Verband, gewährt wird, der nicht Vertragspartner ist. Aus wirtschaftlicher Sicht wird die Ablöse (Entgelt) jedoch zum Erhalt der Spielerlaubnis gezahlt.

3193 **Emissionsrechte** sind ebenfalls konzessionsähnliche immaterielle Wirtschaftsgüter. Allerdings ist § 5 Abs. 2 EStG nicht anzuwenden, da es sich um Wirtschaftsgüter des Umlaufvermögens handelt.[86]

1.3.3 Gewerbliche Schutzrechte

3194 Durch ein gewerbliches Schutzrecht hat der Inhaber des Rechts ein rechtlich geschütztes Verwendungsrecht und insofern eine eigentumsähnliche Position. Folgende **Typen von Schutzrechten** lassen sich hinsichtlich ihrer Rechtsgrundlage unterscheiden:[87]

- **Patentrecht**: Das PatG gewährt dem Erfinder den Anspruch auf Patentschutz, sofern die Erfindung neu und gewerblich anwendbar ist. Der Patentschutz sichert dem Erfinder ein exklusives Nutzungsrecht für eine Dauer von 20 Jahren zu.
- **Gebrauchsmusterrecht**: Das Gebrauchsmusterrecht schützt ähnlich wie das Patentrecht in erster Linie technische Erfindungen. Die Anforderungen sind jedoch im Vergleich zum Patentrecht geringer. Die gewährte Schutzdauer ist kürzer. Sie beträgt 3 Jahre und ist auf 10 Jahre verlängerbar (§ 23 GebrMG).
- **Geschmacksmusterrecht**: Das Geschmacksmusterrecht schützt die äußere, sinnlich wahrnehmbare Form von Gegenständen, wenn diese gewerblich verwendbar ist, neu und eigentümlich erscheint. Die Schutzdauer beträgt 6 Jahre und ist auf 20 Jahre verlängerbar (§ 9 GeschmMG).
- **Markenrecht**: Das Markenrecht schützt insbesondere Zeichen, Wörter, Namen, Abbildungen, Buchstaben und Zahlen einschließlich der Form einer Ware oder ihrer Verpackung, Farben etc., die als Abgrenzungs- beziehungsweise Unterscheidungs-

83 Vgl. *Schiffers*, in: Korn, EStG, § 5 Rn. 523.

84 Vgl. *Buciek*, in: Blümich, EStG, § 5 Rn. 740.

85 Vgl. BFH, Urteil vom 26.8.1992 – I R 24/91, BStBl 1992 II S. 977; vgl. BFH, Urteil vom 14.12.2011 – I R 108/10, BStBl 2012 II S. 512; vgl. auch *Wehrheim*, BB 2004 S. 433.

86 Vgl. BMF, Schreiben vom 6.12.2005, BStBl 2005 I S. 1047, Tz. 8; *Herzig/Jensen-Nissen/Koch*, FR 2006 S. 112.

87 Vgl. auch *Kuhner*, Die immateriellen Vermögensgegenstände und -werte des Anlagevermögens, HdJ, Abtl. II/1, Rn. 29 ff.

merkmal für Waren oder Dienstleistungen eines bestimmten Unternehmens geeignet sind.

Gewerbliche Schutzrechte sind immaterielle Wirtschaftsgüter. Wirtschaftsgut ist das Schutzrecht selbst, d. h. beispielsweise das Patent, nicht die zugrunde liegende Erfindung.[88] Dabei ist jedes Patent ein selbständiges Wirtschaftsgut. Entsprechendes gilt für Waren- und Markenzeichen.[89] Steuerbilanziell ist die Voraussetzung des entgeltlichen Erwerbs zu beachten. Entwicklungsaufwendungen[90] und Kosten für die Rechtssicherung sind nicht aktivierbar. 3195

Das Patent als solches kann nicht veräußert werden. Allerdings könnte die zugrundeliegende Erfindung erworben werden. Dies kann über die Gewährung eines Nutzungsrechts erfolgen. Der Erwerb einer Erfindung kann insoweit allenfalls über die Einräumung eines zeitlich unbegrenzten beziehungsweise bis zur voraussichtlichen wirtschaftlichen Erschöpfung des Werts begrenzten Nutzungsrechts führen. 3196

1.3.4 Sonstige Rechte und Werte

Unter sonstige Rechte und Werte fallen obligatorische und dingliche Nutzungsrechte, die zu den immateriellen Wirtschaftsgütern des Anlagevermögens im Sinne von § 5 Abs. 2 EStG gehören.[91] Durch ein **obligatorisches Nutzungsrecht** wird die Erlaubnis zur Nutzung eines Wirtschaftsguts auf Grundlage einer schuldrechtlichen Vereinbarung gewährt. Beispiele für obligatorische Nutzungsrechte sind Lizenzen (siehe dazu unter Gliederungspunkt 1.3.6.), Wohnrechte und Schürfrechte. Im Gegensatz zu obligatorischen Nutzungsrechten beinhalten **dingliche Nutzungsrechte** eine sachenrechtlich (nicht schuldrechtlich) abgesicherte Rechtsposition zur Nutzung eines Wirtschaftsguts.[92] Prominentes Beispiel ist das Nießbrauchrecht im Sinne der §§ 1030 ff. BGB. 3197

Unter sonstige Rechte und Werte, die ein immaterielles Wirtschaftsgut des Anlagevermögens begründen können, fallen z. B. Belieferungsrechte,[93] Wettbewerbsverbote und das Recht an einem **Domainnamen** (Internet-Adresse).[94] Aufwendungen, die für die Übertragung eines Domainnamens an den bisherigen Domaininhaber geleistet werden, sind gemäß BFH Anschaffungskosten für ein in der Regel nicht abnutzbares immaterielles Wirtschaftsgut.[95] Die Aktivierung eines Nutzungsrechts kommt im Rahmen von **Pfandgeldern** auch bei sog. Mehrrücknahmen in Betracht.[96] Mehrrücknahmen lie- 3198

88 Vgl. BFH, Urteil vom 2. 6. 1976 – I R 20/74, BStBl 1976 II S. 666; vgl. BFH, Urteil vom 8. 9. 2011 – IV R 5/09, BStBl 2012 II S. 122.

89 Vgl. BMF, Schreiben vom 12. 7. 1999, BStBl 1999 I S. 686.

90 Zur Abgrenzung von Forschung und Entwicklung vgl. *Laubach/Kraus/Bornhofen*, DB Beilage Nr. 5/2009, S. 22; zu den steuerlichen Konsequenzen von Auftragsforschung und der notwendigen Differenzierung zwischen einem Dienstvertrag und einem Werkvertrag siehe *Broemel/Endert*, IStR 2014 S. 87.

91 Vgl. BFH, Urteil vom 12. 8. 1982 – IV R 184/79, BStBl 1982 II S. 696.

92 Vgl. auch *Kuhner*, Die immateriellen Vermögensgegenstände und -werte des Anlagevermögens, HdJ, Abtl. II/1, Rn. 38.

93 Vgl. BFH, Urteil vom 3. 8. 1993 – VIII R 37/92, BStBl 1994 II S. 444.

94 Vgl. BFH, Urteil vom 19. 10. 2006 – III R 6/05, BStBl 2007 II S. 301; OFD Koblenz, BB 2007 S. 1497; siehe auch *Emcke*, in: Blümich, EStG, § 6 Rn. 782; vgl. FG Köln, Urteil vom 20. 4. 2010 – 8 K 3038/08, EFG 2010 S. 1216.

95 Vgl. BFH, Urteil vom 19. 10. 2006 – III R 6/05, BStBl II 2007 S. 301; vgl. auch OFD Koblenz, DB 2005 S. 1821.

96 Vgl. BFH, Urteil vom 9. 1. 2013 – I R 33/11, BFH/NV 2013 S. 1009; vgl. auch *Zwirner*, Steuk 2013 S. 275.

gen vor, wenn die Teilnehmer eines Mehrwegsystems mehr Leergut von ihren Kunden zurücknehmen als sie vorher als Vollgut ausgegeben hatten.

1.3.5 EDV-Software

3199 Bei Software kann zwischen Systemsoftware (Betriebssoftware) und Anwendersoftware (z. B. Textverarbeitungsprogramm) differenziert werden.[97] Bilanzsteuerrechtlich wird Software grundsätzlich nicht als Einheit mit der Hardware, sondern gesondert behandelt. Dies gilt auch für die **Systemsoftware**, für die abgrenzbare Kosten von den Aufwendungen für die Hardware entstanden sind – z. B. aufgrund gesonderten Ausweises in der Rechnung oder aufgrund gesonderter Anschaffung.[98] Wird hingegen die Software ohne gesonderte Berechnung und ohne Aufteilbarkeit des Entgelts zur Verfügung gestellt, bildet die Hardware zusammen mit der Software eine Einheit.[99]

3200 Bei der Frage, ob Software als **materielles** oder **immaterielles Wirtschaftsgut** zu behandeln ist, ergeben sich Abgrenzungsschwierigkeiten, da Software sowohl materielle Bestandteile (Datenträger) als auch immaterielle Bestandteile (Programmcode) beinhalten kann. Der Miterwerb des materiellen Bestandsteils Datenträger ist jedoch nicht zwingend – vielfach kann oder muss Software gegen Entgelt aus dem Internet heruntergeladen werden.

3201 Bei **Standardsoftware** wurde in der Rechtsprechung zunächst davon ausgegangen, dass die immaterielle Eigenschaft in Folge der häufigen Vervielfältigung untergehe und daher ein materielles Wirtschaftsgut anzunehmen sei.[100] Gemäß BFH-Urteil vom 18. 5. 2011 handelt es sich bei Standardsoftware jedoch um ein immaterielles Wirtschaftsgut.[101] Nach R 5.5. Abs. 2 Satz 2 EStR sind **Trivialprogramme** abnutzbare bewegliche und selbständig nutzbare Wirtschaftsgüter. Computerprogramme, deren Anschaffungskosten nicht mehr als 410 € betragen, sind nach Verwaltungsauffassung wie Trivialprogramme zu behandeln. Insofern liegen keine immateriellen Wirtschaftsgüter vor. Keine immateriellen Wirtschaftsgüter sind nach H 5.5 EStH auch Computerprogramme, die keine Befehlsstruktur enthalten, sondern nur Bestände von Daten, die allgemein bekannt und jedermann zugänglich sind. Allerdings liegt wiederum ein immaterielles Wirtschaftsgut vor, wenn der materielle, körperliche Bestandteil gegenüber dem geistigen Gehalt bedeutungsmäßig zurücktritt und die immaterielle Eigenschaft auch nicht durch eine häufige Vervielfältigung untergeht. Beispielsweise hat der BFH mit Urteil vom 30. 10. 2008 entschieden, dass auf Datenträger in Form von Zahlenkolonnen gespeicherte Koordinaten des Gebäudebestands der Bundesrepublik (sog. Geopunkte) zu den immateriellen Wirtschaftsgütern gehören.[102]

---

97 Vgl. *Treiber*, DStR 1993 S. 887.

98 Vgl. BFH, Urteil vom 28. 7. 1994 – III R 47/92, BStBl 1994 II S. 873.

99 Vgl. BFH, Urteil vom 28. 7. 1994 – III R 47/92, BStBl 1994 II S. 873.

100 Vgl. BFH, Urteile vom 28. 10. 2008 – IX R 22/08, BStBl 2009 II S. 527; vom 30. 10. 2008 – III R 82/06, BStBl 2009 II S. 421; FG Köln, Urteil vom 4. 12. 2009.

101 Vgl. BFH, Urteil vom 18. 5. 2011 – X R 26/09, BStBl 2011 II S. 865; vgl. auch LFD Thüringen vom 25. 10. 2011, DB 2011 S. 2812.

102 Vgl. BFH, Urteil vom 30. 10. 2008 – III R 82/06, BStBl 2009 II S. 421.

Bei **Individualsoftware** handelt es sich typischerweise um immaterielle Wirtschaftsgüter. Bei Individualsoftware besteht keine häufige Vervielfältigung, die ein materielles Wirtschaftsgut begründet. Voraussetzung für die Behandlung als immaterielles Wirtschaftsgut ist zudem, dass kein Trivialprogramm vorliegt und die Individualsoftware auch eine Befehlsstruktur enthält und nicht nur allgemein bekannte und zugängliche Datenbestände. 3202

Die steuerbilanzielle Behandlung bei Softwarelösungen, die aus mehreren Modulen bestehen, richtet sich zunächst nach der Nutzbarkeit der Module. Sind die einzelnen Bestandteile unabhängig voneinander nutzbare Einheiten, die auch einer getrennten Bewertung zugänglich sind, liegen mehrere Wirtschaftsgüter vor. Bei **ERP-Systemen** (Enterprise Resource Planning Software) besteht hingegen häufig ein einheitlicher Nutzungs- und Funktionszusammenhang. In diesem Fall ist von nur einem Softwaresystem und insoweit auch nur von einem Wirtschaftsgut auszugehen.[103] Gemäß Finanzverwaltung gehören Kosten der Installation, des Customizing und der Implementierung grundsätzlich zu den Anschaffungsnebenkosten, soweit die Aufwendungen dazu dienen, die Software in einen betriebsbereiten Zustand zu versetzen.[104] Planungskosten, die in direktem Zusammenhang mit der Software stehen, gehören ebenso zu den Anschaffungsnebenkosten. Hingegen sind Kosten der Datenmigration und Schulungskosten – auch nach Verwaltungsauffassung – sofort abziehbare Betriebsausgaben im Sinne des § 4 Abs. 4 EStG.[105] 3203

Bei Updates ist fraglich, ob die Aufwendungen für die verbesserte bzw. aktualisierte Version als Erhaltungsaufwand oder als Anschaffungskosten für ein entgeltlich erworbenes immaterielles Wirtschaftsgut zu qualifizieren ist. Nach allgemeinen Grundsätzen führt die Reparatur (oder: Austausch von bestimmten Teilen des Wirtschaftsguts) nicht zu einem neuen Wirtschaftsgut, sondern die Aufwendungen sind als sofort abziehbare Betriebsausgabe zu behandeln. Entsprechendes sollte für Updates von Software gelten, die lediglich Programmpflege sind, um die Software auf einem aktuellen, verbesserten Stand zu bringen.[106] Selbst eine Erweiterung des Softwaresystems führt nicht zu einem neuen Wirtschaftsgut. Ein solches entsteht erst, wenn eine völlige Neukonzeption der Software beziehungsweise eine tief greifende Überarbeitung einer bisherigen Programmversion im Sinne eines Generationswechsels erfolgt.[107] Indizien hierfür können die Vergabe einer neuen Lizenz, eine Funktionserweiterung der Software oder die Notwendigkeit einer Datenmigration sein.[108] 3204

103 Vgl. BMF, Schreiben vom 18.11.2005, BStBl 2005 I S. 1025, Tz. 2

104 Vgl. FinSen Bremen, Urteil vom 14. 9. 2004, FR 2004 S. 1410; BMF, Schreiben vom 18. 11. 2005, BStBl 2005 I S. 1025, Tz. 6.

105 Vgl. BMF, Schreiben vom 18. 11. 2005, BStBl 2005 I S. 1025, Tz. 15, 19.

106 Vgl. FinSen Bremen, Urteil vom 13. 9. 2004, FR 2004 S. 1410 zu Software, die als immaterielles Wirtschaftsgut zu qualifizieren ist. Vgl. auch *Schiffers*, in: Korn, EStG, § 5 Rn. 535, Tz. 535, nach dem jede Update-Version bei Software, die als materielles Wirtschaftsgut qualifiziert, ein eigenständiges Wirtschaftsgut darstelle.

107 Vgl. BMF, Schreiben vom 18. 11. 2005, BStBl 2005 I S. 1025, Tz. 9 f.

108 Vgl. BMF, Schreiben vom 18. 11. 2005, BStBl 2005 I S. 1025, Tz. 10.

1.3.6 Lizenzen an Rechten und Werten

3205 Lizenzen sind Erlaubniserteilungen für bestimmte Nutzungen. Durch Lizenzierung wird erlaubt, dass einem anderen durch staatlichen Akt verliehene Schutzmonopol (Schutzrecht, Patent) oder die Anmeldung hierauf (Schutzrechtsanmeldung, Patentanmeldung) zu nutzen. Neben gewerblichen Schutzrechten kann eine Lizenz auch jede andere Form der entgeltlichen (ausnahmsweise auch unentgeltlichen) Nutzungsüberlassung immaterieller Wirtschaftsgüter umfassen.[109] Unter Lizenzen fallen auch Erlaubniserteilungen zur Nutzung von nicht allgemein zugänglichen, d. h. geheimen Wissen/Know-how, das nicht durch ein Patent geschützt ist.[110]

3206 Der rechtliche Typus einer Lizenz ist abhängig vom konkreten Nutzungsgegenstand und von den vereinbarten Nutzungsbedingungen. Die Festlegung eines einheitlichen rechtlichen Typus ist aufgrund der weiten Definition der Lizenz kaum möglich. Somit liegt nach Ansicht des BGH beim Abschluss von Lizenzverträgen regelmäßig ein so genannter „**Vertrag eigener Art**" (sui generis) vor, der keinem zivilrechtlich explizit geregelten Vertragstypus entspricht, sondern sich typischerweise aus verschiedenen Elementen zusammensetzt, die keine einheitliche Zuordnung ermöglichen.[111]

3207 Grundtypen von Lizenzverträgen:

- Lizenzverträge für gewerbliche Schutzrechte
- Lizenzverträge hinsichtlich ungeschützter immaterieller Wirtschaftsgüter
- Kombinierte Rechtsüberlassung (vertraglich vereinbarte Nutzung des Schutzrechts ist ohne die weitere Übertragung von Know-how nicht oder nur eingeschränkt möglich).[112]

3208 Lizenzverträge lassen sich hinsichtlich der Nutzungsart zwischen Herstellungs-, Vertriebs- und Gebrauchslizenzen unterscheiden:[113] Eine **Herstellungslizenz** gewährt dem Lizenznehmer das Recht, den Gegenstand selbst zu produzieren.[114] Herstellungslizenzen umfassen typischerweise auch das Recht, die produzierten Waren in Verkehr zu bringen und zu gebrauchen (**Vertriebslizenz**).[115] Eine reine Herstellungslizenz kann beispielsweise vorliegen, wenn der Lizenznehmer nur für den eigenen Gebrauch produziert oder zur ausschließlichen Lieferung an den Lizenzgeber verpflichtet beziehungsweise befugt ist.

---

109 Vgl. *Engler*, in: Vögele/Borstell/Engler, Handbuch der Verrechnungspreise, 3. Aufl., N 351; grundlegend bereits *Lehmann*, StuW 1961 Sp. 489 ff.; BFH, Urteil vom 17. 2. 1965 – I-174/60 S, BStBl 1965 III S. 230.

110 Vgl. *Henn*, Patent- und Know-how-Lizenzvertrag, 4. Aufl. 1999, S. 7 m. w. N.

111 Vgl. BGH, Urteil vom 3. 11. 1988 – I ZR 242/86, GRUR 1989 S. 68; so bereits *Leibrecht*, StuW 1965 Teil 1, Sp. 279 ff.; *Knoppe*, FR 1965 S. 179.

112 Vgl. *Kraßler/Schmid*, GRUR 1982 S. 324, 329/330.

113 Vgl. *Stumpf*, Der Lizenzvertrag, 5. Aufl. 1984, S. 38 ff.; *Engler*, in: Vögele/Borstell/Engler, Handbuch der Verrechnungspreise, 3. Aufl., N 363.

114 Vgl. *Engler*, in: Vögele/Borstell/Engler, Handbuch der Verrechnungspreise, 3. Aufl., N 385.

115 Vgl. *Stumpf*, Der Lizenzvertrag, 5. Aufl. 1984, S. 38 f.

Die **Entwicklungslizenz** ist ein Sonderfall der Herstellungslizenz. Der Lizenznehmer ist bei einer Entwicklungslizenz berechtigt, die Produkte selbst zu entwickeln, insbesondere auch eigene Schutzrechte und eigenes Know-how zu erarbeiten.[116] Bei einer **Gebrauchslizenz** wird dem Lizenznehmer typischerweise eine patentgeschützte Vorrichtung zur Nutzung überlassen, z. B. eine spezielle Produktionsanlage im Bereich des Maschinenbaus.[117] 3209

Der Umfang des Nutzungsrechts kann in persönlicher, zeitlicher und räumlicher Hinsicht vertraglich begrenzt werden. Bei den **persönlichen Beschränkungen** wird unterschieden zwischen ausschließlicher, alleiniger und einfacher Lizenz.[118] Bei der **ausschließlichen Lizenz** wird dem Lizenznehmer für die vereinbarte Nutzungsdauer das alleinige positive Recht zur Ausübung aller oder einzelner Befugnisse erteilt, die das übertragene Recht gewährt. Bei der **alleinigen Lizenz** behält sich der Lizenzgeber sein eigenes Nutzungsrecht vor.[119] Die **einfache Lizenz** gewährt dem Lizenznehmer lediglich ein gewöhnliches Nutzungsrecht, das keine Ausschließlichkeitswirkung gegenüber Dritten entfaltet.[120] 3210

Die Dauer der Lizenz richtet sich grundsätzlich nach den getroffenen (vertraglichen) Vereinbarungen. Wurde keine gesonderte Vereinbarung getroffen, so ist in Fällen der Lizenzierung gewerblicher Schutzrechte die gesetzliche Dauer des Schutzrechts maßgeblich.[121] Die Lizenz für die Nutzung eines immateriellen Wirtschaftsguts kann räumlich auf das Gebiet eines Staates oder eines Landesteils beschränkt werden (**Gebietslizenz**). Ist keine derartige Beschränkung vereinbart, richtet sich der räumliche Nutzungsbereich nach dem territorialen Geltungsbereich des Schutzrechts. 3211

Wird eine Lizenz zeitlich unbefristet überlassen, kommt eine Aktivierung in Betracht, wenn der Vorgang nicht als Nutzungsüberlassung, sondern als Kaufgeschäft zu werten ist und insofern der „Lizenznehmer" bzw. der Käufer wirtschaftlicher Eigentümer wird.[122] Bei entgeltlichem Erwerb ist eine steuerbilanzielle Aktivierung der Lizenz vorzunehmen. Im Falle eines ordentlichen Kündigungsrechts geht das wirtschaftliche Eigentum an der Lizenz nicht auf den Lizenznehmer über. Etwas anderes gilt, sofern lediglich ein außerordentliches Kündigungsrecht besteht, beispielsweise ein Kündigungsrecht für den Fall, dass der Lizenznehmer mit der Zahlung der Lizenzgebühren in Verzug gerät. Folglich ist die Lizenz in diesem Fall beim Lizenznehmer zu aktivieren. Bei einer zeitlich befristeten Überlassung einer Lizenz kommt es nur dann zum Übergang des wirtschaftlichen Eigentums, sofern sich zum Zeitpunkt des Vertragsendes der wirtschaftliche Wert der Lizenz erschöpft hat (sogenannte verbrauchende Überlassung). 3212

116 Vgl. *Henn*, Patent- und Know-how-Lizenzvertrag, 4. Aufl. 1999, S. 79 m. w. N.; *Stumpf*, Der Lizenzvertrag, 5. Aufl. 1984, S. 46.

117 Vgl. *Stumpf*, Der Lizenzvertrag, 5. Aufl. 1984, S. 46; *Engler*, in: Vögele/Borstell/Engler, Handbuch der Verrechnungspreise, 3. Aufl., N 401.

118 Vgl. *Engler*, in: Vögele/Borstell/Engler, Handbuch der Verrechnungspreise, 3. Aufl., N 407.

119 Vgl. *Engler*, in: Vögele/Borstell/Engler, Handbuch der Verrechnungspreise, 3. Aufl., N 410; *Stumpf*, Der Lizenzvertrag, 5. Aufl. 1984, S. 49.

120 Vgl. *Engler*, in: Vögele/Borstell/Engler, Handbuch der Verrechnungspreise, 3. Aufl., N 412; *Stumpf*, Der Lizenzvertrag, 5. Aufl. 1984, S. 50.

121 Vgl. *Engler*, in: Vögele/Borstell/Engler, Handbuch der Verrechnungspreise, 3. Aufl., N 371 ff.

122 Vgl. *Wallis*, in: HHR, EStG, § 5 Rn. 1202.

1.4 Geleistete Anzahlungen (immaterielle Wirtschaftsgüter)

3213 Für geleistete Anzahlungen auf immaterielle Vermögensgegenstände ist im Gliederungsschema des § 266 Abs. 2 HGB ein gesonderter Bilanzposten vorgesehen. Auch das Gliederungsschema zur E-Bilanz sieht für geleistete Anzahlungen auf immaterielle Wirtschaftsgüter eine gesonderte Taxonomieposition vor.

3214 Unter der Position Anzahlungen sind Vorleistungen auf ein im Übrigen noch schwebendes Geschäft zu erfassen, das auf den Erwerb eines immateriellen Wirtschaftsguts des Anlagevermögens gerichtet ist.[123] Damit wird vermieden, dass die Anzahlung sich bereits als Betriebsausgabe im Sinne des § 4 Abs. 4 EStG auswirkt. Insofern dient die Aktivierung der geleisteten Anzahlung der periodengerechten Gewinnabgrenzung.

1.5 (Erst-)Bewertung von immateriellen Wirtschaftsgütern

3215 Die steuerbilanzielle Bewertung von immateriellen Wirtschaftsgütern des Anlagevermögens richtet sich nach § 6 EStG. Gemäß § 6 Abs. 1 Nr. 1 EStG sind Wirtschaftsgüter des Anlagevermögens, die einer Abnutzung unterliegen, mit den Anschaffungs- oder Herstellungskosten oder dem an deren Stelle tretenden Wert, vermindert um AfA, erhöhte Absetzungen, Sonderabschreibungen, Abzüge nach § 6b EStG und ähnliche Abzüge, anzusetzen. Für nicht abnutzbare Wirtschaftsgüter bestimmt § 6 Abs. 1 Nr. 2 EStG die Bewertung zu Anschaffungs- oder Herstellungskosten oder dem an deren Stelle tretenden Wert, vermindert um Abzüge nach § 6b EStG und ähnliche Abzüge. Die steuerbilanzielle Zugangsbewertung für immaterielle Wirtschaftsgüter des Anlagevermögens erfolgt – identisch für abnutzbare und nicht abnutzbare Wirtschaftsgüter – mit den Anschaffungskosten oder dem an deren Stelle tretenden Wert. Die Bewertung mit Herstellungskosten kommt aufgrund des für den Ansatz notwendigen entgeltlichen Erwerbs nicht in Betracht.

3216 Eine eigenständige steuergesetzliche Definition für Anschaffungskosten gibt es nicht. Insoweit gelten für die **Anschaffungskosten** die handelsrechtlichen Vorschriften des § 255 HGB. Nach § 255 Abs. 1 Satz 1 HGB sind Anschaffungskosten die Aufwendungen, die geleistet werden, um einen Vermögensgegenstand zu erwerben und ihn in einen betriebsbereiten Zustand zu versetzten, soweit die Aufwendungen dem Vermögensgegenstand einzeln zugeordnet werden können. Zu den Anschaffungskosten gehören nach § 255 Abs. 1 Satz 2 HGB auch die Anschaffungsnebenkosten und die nachträglichen Anschaffungskosten. Anschaffungspreisminderungen, z. B. ein Rabatt, sind von den Anschaffungskosten abzusetzen (§ 255 Abs. 1 Satz 3 HGB).

3217 Für die Zuordnung von Aufwendungen zu den Anschaffungskosten ist insbesondere der mit ihnen verfolgte Zweck maßgebend. Es genügt nicht, dass das Entgelt nur gelegentlich im Hinblick auf den Erwerb des immateriellen Wirtschaftsguts gezahlt wird,

123 Vgl. *Kußmaul*, in: Federmann/Kußmaul/Müller, HdB 2010, Immaterielles Vermögen, Rn. 26.

d. h. ein bloßer Veranlassungszusammenhang ist nicht ausreichend.[124] Das Entgelt muss sich auf den Erwerb des immateriellen Wirtschaftsguts als solches beziehen.[125]

Steuerliche Besonderheiten können sich aufgrund des steuerlichen Bewertungsvorbehalts ergeben. Beim Tausch ist das immaterielle Wirtschaftsgut nach § 6 Abs. 6 Satz 1 EStG mit dem gemeinen Wert des hingegebenen Wirtschaftsguts zu bewerten. Wird ein immaterielles Wirtschaftsgut eingelegt, ist nach § 6 Abs. 1 Nr. 5 EStG der Teilwert maßgebend, höchstens jedoch die Anschaffungs- oder Herstellungskosten, wenn das zugeführte Wirtschaftsgut innerhalb der letzten drei Jahre vor dem Zeitpunkt der Zuführung angeschafft oder hergestellt worden ist (§ 6 Abs. 1 Nr. 5 Satz 1 Buchst. a EStG). Bei einer steuerlichen Verstrickung nach § 4 Abs. 1 Satz 8 2. Halbsatz EStG, z. B. die „Überführung" eines immateriellen Wirtschaftsguts von der ausländischen Betriebsstätte zum inländischen Stammhaus, vgl. R 4.3 EStR 2012, ist nach § 6 Abs. 1 Nr. 5a EStG wiederum der gemeine Wert maßgebend.[126] Im Rahmen von Umwandlungen und Einbringungen können immaterielle Wirtschaftsgüter, je nach Ausübung der Wahlrechte, zum Buchwert, gemeinen Wert oder zu einem Zwischenwert angesetzt werden. 3218

1.6 Folgebewertung

1.6.1 Nicht abnutzbare immaterielle Wirtschaftsgüter

Immaterielle Wirtschaftsgüter können sowohl zu den abnutzbaren als auch zu den nicht abnutzbaren Wirtschaftsgütern gehören. Ob ein immaterielles Wirtschaftsgut abnutzbar ist, entscheidet sich danach, ob seine Nutzung unter rechtlichen und wirtschaftlichen Gesichtspunkten zeitlich begrenzt ist.[127] Nicht abnutzbare immaterielle Wirtschaftsgüter unterliegen weder einem rechtlichen noch einem wirtschaftlichen Wertverzehr. Eine (planmäßige) **AfA** ist daher nicht zulässig. Eine außerplanmäßige Abschreibung kommt jedoch auch bei nicht abnutzbaren immateriellen Wirtschaftsgütern in Betracht. Ist der Teilwert aufgrund einer voraussichtlich dauernden Wertminderung niedriger, kann nach § 6 Abs. 1 Nr. 2 Satz 2 EStG dieser niedrigere Wert angesetzt werden. Insofern besteht für den Steuerpflichtigen ein Wahlrecht zur Teilwertabschreibung.[128] Wird ein niedrigerer Teilwert angesetzt, ist in jedem Folgejahr nachzuweisen, dass der Teilwert weiterhin aufgrund einer dauernden Wertminderung niedriger als die (fortgeführten) Anschaffungskosten sind. Gelingt dieser Nachweis nicht oder wird der Nachweis nicht erbracht, ist eine Zuschreibung die Folge (§ 6 Abs. 1 Nr. 2 Satz 3 i. V. m. Nr. 1 Satz 4 EStG). 3219

124 Vgl. BFH, Urteil vom 13. 12. 1984 – VIII R 249/80, BStBl 1985 II S. 289.

125 Vgl. z. B. BFH, Urteil vom 10. 12. 1992 – XI R 45/88, BStBl 1993 II S. 538, nach dem Konzeptionskosten als Anschaffungskosten eines immateriellen Wirtschaftsgutes qualifizieren können; vgl. BFH, Urteil vom 16. 5. 2002 – III R 45/98, BStBl 2003 II S. 10.

126 *Schnitger*, IStR 2013 S. 82; *Dötsch/Pung*, DB 2006 S. 2648.

127 BFH, Urteile vom 28. 5. 1998 – IV R 48/97, BStBl 1998 II S. 775; vom 19. 10. 2006 – III R 6/05, BStBl 2007 II S. 301.

128 Vgl. BMF, Schreiben vom 12. 3. 2010, BStBl 2010 I S. 239 Tz. 15; *Dörfler/Adrian*, Ubg 2009 S. 390; *Herzig/Briesemeister*, DB 2009 S. 976; a. A. *Richter*, GmbHR 2010 S. 508.

3220 Beispiele für nicht abnutzbare immaterielle Wirtschaftsgüter des Anlagevermögens sind:

- Domainnamen (Internet-Adresse),[129]
- Warenzeichen.[130]

Grundsätzlich nicht mehr als nicht abnutzbare Wirtschaftsgüter sind:

- Konzessionen des PBefG (z. B. Taxikonzession)[131]
- Amtliche Arzneimittelzulassungen,[132]

zu qualifizieren.

3221 Der BFH hatte bei seiner Entscheidung zur Nichtabnutzbarkeit eines Domainnamens den Fall vorliegen, dass der Name der Domain nach einer Region beziehungsweise einem Fluss benannt war.[133] Der BFH führt aus, dass die wirtschaftliche Abnutzbarkeit derartiger Domains auch nicht mit fehlenden werterhaltenen Maßnahmen begründbar ist, weil der Wert des Domain-Namens nicht von seinem Bekanntheitsgrad abhänge. Insoweit sei bei diesen Domains der Bekanntheitsgrad weder von werterhaltenden Maßnahmen noch vom Zeitgeist abhängig. Nach diesen Maßstäben könnte eine Domain wirtschaftlich abnutzbar sein, wenn werterhaltende Maßnahmen notwendig sind (z. B. die Werbung für eine Marke). Dagegen könnte aber einzuwenden sein, dass werterhaltende Maßnahmen gerade gegen die Abnutzbarkeit des Domain-Namens sprechen.[134]

3222 Gleichwohl wird von der Finanzverwaltung anerkannt, dass bestimmte – dem Grunde nach nicht abnutzbare immaterielle Wirtschaftsgüter – in Anlehnung an die Regelungen zum entgeltlich erworbenen Geschäfts- oder Firmenwert planmäßig abschreibbar sind. Gemäß BMF, Schreiben vom 12. 7. 1999, kann eine Marke aus wirtschaftlicher Sicht nur zeitlich begrenzt genutzt werden und ist dadurch steuerbilanzrechtlich als abnutzbares Wirtschaftsgut zu behandeln.[135] Das gilt gemäß BMF auch dann, wenn ihr

129 Vgl. OFD Koblenz, BB 2007 S. 1497; BFH, Urteil vom 19. 10. 2006 – III R 6/05, BStBl 2007 II S. 301.

130 Vgl. BFH, Urteil vom 4. 9. 1996 – II B 135/95, BStBl 1996 II S. 586 zum BewG. Gemäß BMF, Schreiben vom 27. 2. 1998, kann jedoch bei entgeltlich erworbenen Warenzeichen eine Nutzungsdauer von 15 Jahren angenommen werden (in Anlehnung an § 7 Abs. 1 Satz 3 EStG), wenn vom Steuerpflichtigen nicht eine kürzere Nutzungsdauer dargelegt wird. Vgl. BMF, Schreiben vom 27. 2. 1998, DB 1998 S. 698.

131 Vgl. FG Baden-Württemberg, Urteil vom 23. 6. 2010 – 7 K 3964/09; vgl. BFH, Urteil vom 15. 12. 1993 – X R 102/92, BFH/NV 1994 S. 543. Siehe auch Kurzinformationen der OFD Nordrhein-Westfalen vom 16. 1. 2014, DStR 2014 S. 268 mit dem Hinweis, dass für eine entgeltlich erworbene Personenbeförderungsgenehmigung eine lineare Abschreibung vorzuziehen ist, wenn die Konzession im Rahmen eines europaweiten Ausschreibungsverfahrens erworben wurde. Maßgebliche betriebsgewöhnliche Nutzungsdauer ist die Geltungsdauer der Konzession; die Kurzinformation erläutert, dass spätestens mit Novellierung des Personenbeförderungsgesetzes zum 1. 1. 2013 und der damit einhergehenden Ausschreibungspflicht für die Vergabe von Konzessionen nicht mit einer regelmäßigen Verlängerung gerechnet werden kann.

132 Vgl. BMF, Schreiben vom 12. 7. 1999, BStBl 1999 I S. 686 mit dem sachgerechten Hinweis, dass eine **Arzneimittelzulassung** unter wirtschaftlichen Gesichtspunkten nur zeitlich begrenzt genutzt werden kann und daher wie ein abnutzbares Wirtschaftsgut zu behandeln ist. Als betriebsgewöhnliche Nutzungsdauer einer Arzneimittelzulassung gilt gleichfalls in Anlehnung an § 7 Abs. 1 Satz 3 EStG ein Zeitraum von 15 Jahren, es sei denn, der Steuerpflichtige weist eine kürzere Nutzungsdauer nach.

133 Vgl. BFH, Urteil vom 19. 10. 2006 – III R 6/05, BStBl 2007 II S. 301.

134 Vgl. *Hoffmann*, BC 2007 S. 298; *Wübbelsmann*, DStR 2005 S. 1659; *Mank*, DStR 2005 S. 1294.

135 BMF, Schreiben vom 12. 7. 1999, BStBl 1999 I S. 686.

Bekanntheitsgrad laufend durch Werbemaßnahmen gesichert wird. Als betriebsgewöhnliche Nutzungsdauer einer Marke gilt gemäß BMF-Schreiben in Anlehnung an § 7 Abs. 1 Satz 3 EStG ein Zeitraum von 15 Jahren, es sei denn, der Steuerpflichtige weist eine kürzere Nutzungsdauer nach. Entsprechendes gilt auch für entgeltlich erworbene Arzneimittelzulassungen. Der wirtschaftliche Vorteil einer Arzneimittelzulassung besteht in der Möglichkeit, das Arzneimittel in den allgemeinen Verkehr zu bringen. Unter wirtschaftlichen Gesichtspunkten kann auch dieser Vorteil als ein immaterielles Wirtschaftsgut des Anlagevermögens nur zeitlich begrenzt genutzt werden, weshalb die Finanzverwaltung auch in diesem Fall eine Abschreibung über 15 Jahre oder einen kürzeren Zeitraum zulässt.[136]

1.6.2 Abnutzbare immaterielle Wirtschaftgüter

1.6.2.1 Beispiele

Für abnutzbare (immaterielle) Wirtschaftsgüter ist kennzeichnend, dass sie einem Wertverzehr unterliegen.[137] Der Wertverzehr kann auf wirtschaftliche, aber auch auf rechtliche Gründe, wie eine vertragliche vereinbarte Laufzeit, zurückzuführen sein. 3223

Beispiele für abnutzbare immaterielle Wirtschaftsgüter des Anlagevermögens sind: 3224

- Individualsoftware
- Gewerbliche Schutzrechte, z. B. Patent,[138]
- Ungeschützte Erfindungen, Know-How,[139]
- Belieferungsrechte,[140]
- Nutzungsrechte,[141]
- Vertreterrecht, das durch Ablösung des Ausgleichsanspruchs des Handelsvertreters erworben wurde,[142]
- Milchlieferrechte,[143]
- Zuckerquoten, Zuckerrübenlieferungsrecht,[144]

136 Vgl. BMF, Schreiben vom 12. 7. 1999, BStBl 1999 I S. 686.

137 BFH, Urteil vom 28. 5. 1998 – IV R 48/97, BStBl 1998 II S. 775.

138 Vgl. BFH, Urteil vom 2. 6. 1976 – I R 20/74, BStBl 1976 II S. 666; vgl. BFH, Urteil vom 8. 9. 2011 – IV R 5/09, BStBl 2012 II S. 122.

139 Vgl. BFH, Urteil vom 23. 11. 1988 – II R 209/82, BStBl 1989 II S. 82.

140 Vgl. BFH, Urteil vom 28. 5. 1998 – IV R 48/97, BStBl 1998 II S. 775; vgl BFH, Urteil vom 29. 4. 2009 – IX 33/08, BStBl 2010 II S. 958.

141 Vgl. BFH, Urteil vom 14. 9. 1999 – IX R 31/96, DStRE 2000 S. 397.

142 Vgl. BFH, Urteil vom 12. 7. 2007 – X R 5/05, BStBl 2007 II S. 959; vgl. BFH, Beschluss vom 25. 10. 2012 – X B 99/12, BFH/NV 2013 S. 190.

143 Vgl. BFH, Urteil vom 29. 4. 2009 – IX R 33/08, BStBl 2010 II S. 958; vgl *Glaser*, Steuk 2011 S. 77.

144 Vgl. BFH, Urteile vom 16. 10. 2008 – IV R 1/06, BStBl 2010 II S. 28; vom 17. 3. 2010 – IV R 3/08, BFH/NV 2010 S. 1531; vom 9. 9. 2010 – IV R 2/10, BStBl 2011 II S. 171; vom 9. 8. 2011 – VIII R 13/08, BStBl 2011 II S. 875; *Glaser*, Steuk 2011 S. 77. Siehe zur steuerlichen Behandlung auch Verfügung der OFD Nordrhein-Westfalen vom 21. 12. 2013 – S 2134 – St 157/01, 2007.

- Wettbewerbsverbot,[145]
- Anspruch auf Beteiligung am Prozesserfolg,[146]
- Personenbeförderungskonzession,[147]
- Arzneimittelzulassung.[148]

1.6.2.2 Planmäßige Abschreibung

3225 Bei abnutzbaren immateriellen Wirtschaftsgütern ist eine planmäßige Abschreibung vorzunehmen. **Degressive AfA** nach § 7 Abs. 2 EStG kommt nicht in Betracht, da immaterielle Wirtschaftsgüter nicht als bewegliche Wirtschaftsgüter qualifizieren. Bewegliche Wirtschaftsgüter können gemäß R 7.1 Abs. 2 EStR grundsätzlich nur Sachen (§ 90 BGB), Tiere (§ 90a BGB) und Scheinbestandteile (§ 95 BGB) sein. Dementsprechend kommt bei immateriellen Wirtschaftsgütern auch keine **leistungsabhängige AfA** nach § 7 Abs. 1 Satz 6 EStG in Betracht. § 7 Abs. 1 Satz 6 EStG beschränkt die Leistungs-AfA auf bewegliche Wirtschaftsgüter des Anlagevermögens, bei denen es wirtschaftlich begründet ist, die AfA nach Maßgabe der Leistung des Wirtschaftsguts vorzunehmen. Somit bleibt bei immateriellen Wirtschaftsgütern als steuerliche Abschreibungsmethode ausschließlich die Anwendung der linearen AfA nach § 7 Abs. 1 EStG.

3226 Nach § 7 Abs. 1 Satz 1 EStG ist bei Wirtschaftsgütern, deren Verwendung oder Nutzung sich (erfahrungsgemäß) auf einen Zeitraum von mehr als einem Jahr erstreckt, jeweils für ein Jahr der Teil der Anschaffungskosten abzusetzen, der bei gleichmäßiger Verteilung der Anschaffungskosten auf die Gesamtdauer der Verwendung oder Nutzung auf ein Jahr entfällt. Die Voraussetzungen für die AfA in gleichen Jahresbeträge (**lineare AfA**) erfüllen abnutzbare, entgeltlich erworbene immaterielle Wirtschaftsgüter des Anlagevermögens.

3227 Gemäß § 7 Abs. 1 Satz 2 EStG bemisst sich die Absetzung nach der **betriebsgewöhnlichen Nutzungsdauer** des Wirtschaftsguts. Insofern ist zum Zwecke der Folgebewertung zunächst die betriebsgewöhnliche Nutzungsdauer zu bestimmen.

3228 Das BMF hat umfangreiche **AfA-Tabellen** veröffentlicht. Die dort angegebenen Werte für die betriebsgewöhnliche Nutzungsdauer beruhen auf Erfahrungen der steuerlichen Betriebsprüfung.[149] Eine glaubhaft gemachte kürzere Nutzungsdauer wird ebenfalls von der Finanzverwaltung akzeptiert.[150] Zu immateriellen Wirtschaftsgütern finden sich dort jedoch keine Angaben, so dass im Grundsatz vom Steuerpflichtigen eine individuelle Schätzung vorzunehmen ist, die dokumentiert werden sollte.[151]

145 Vgl. BFH, Urteile vom 25. 1. 1979 – IV R 21/75, BStBl 1979 II S. 369; vom 16. 10. 2008 – IV R 1/06, BStBl 2010 II S. 28.

146 Vgl. FG Berlin-Brandenburg, Urteil vom 6. 3. 2013 – 6 K 6014/09, EFG 2012 S. 1912.

147 Vgl. OFD Nordrhein-Westfalen, DStR 2014 S. 268.

148 Vgl. BMF, Schreiben vom 12. 7. 1999, BStBl 1999 I S. 686.

149 Vgl. Allgemeine Vorbemerkungen zu den AfA-Tabellen.

150 Vgl. Allgemeine Vorbemerkungen zu den AfA-Tabellen.

151 Vgl. auch *Velte*, Intangible Assetes und Goodwill im Spannungsfeld zwischen Entscheidungsrelevanz und Verlässlichkeit, Diss., Wiesbaden 2008, S. 238.

Abnutzbare immaterielle Wirtschaftsgüter sind durch eine zeitlich begrenzte Nutzung unter rechtlichen und wirtschaftlichen Gesichtspunkten geprägt. Eine **rechtliche zeitliche Begrenzung** ist zumindest Anhaltspunkt für die betriebsgewöhnliche Nutzungsdauer. Ein aktivierungsfähiges Nutzungsrecht ist in der Regel über die Laufzeit des Rechts abzuschreiben.[152] Bei gesetzlich vorgegebenen Laufzeiten kann die betriebsgewöhnliche Nutzungsdauer deutlich abweichen: Z. B. wird bei gewerblichen Schutzrechten teils eine deutlich kürzere Nutzungsdauer vorgeschlagen.[153] 3229

Bei Individualsoftware ist die Nutzungsdauer **individuell** und meines Erachtens auch unabhängig von der Nutzungsdauer der Hardware zu bestimmen. Die Nutzungsdauer der Hardware kann allenfalls Orientierung zur Bestimmung der Nutzungsdauer der Software geben.[154] In der Nutzungsdauer der Hardware kann etwa die Obergrenze der Nutzungsdauer der Software gesehen werden, wenn die Software auf künftiger Hardware wahrscheinlich nicht mehr funktionieren wird. 3230

Hinsichtlich der AfA ist bei immateriellen Wirtschaftsgütern die Abgrenzung zum Geschäfts- oder Firmenwert wichtig (zur Abgrenzung vgl. Rz. 3178 ff.). Bei dem Geschäfts- oder Firmenwert ist im Unterschied zu den übrigen immateriellen Wirtschaftsgütern die Nutzungsdauer gesetzlich vorgegeben. § 7 Abs. 1 Satz 3 EStG bestimmt, dass als betriebsgewöhnliche Nutzungsdauer des Geschäfts- oder Firmenwerts eines Gewerbebetriebs oder eines Betriebs der Land- und Forstwirtschaft ein Zeitraum von 15 Jahren gilt. 3231

1.6.2.3 Außerplanmäßige Abschreibungen

Außerplanmäßige Abschreibungen kommen sowohl bei abnutzbaren als auch nicht abnutzbaren immateriellen Wirtschaftsgütern in Betracht. Ist der Teilwert aufgrund einer voraussichtlich dauernden Wertminderung niedriger, kann nach § 6 Abs. 1 Nr. 2 Satz 2 EStG dieser niedrigere Wert angesetzt werden. Insofern besteht für den Steuerpflichtigen ein Wahlrecht zur Teilwertabschreibung.[155] Dieses Wahlrecht kann unabhängig von der Handelsbilanz ausgeübt werden. Wird das steuerliche Wahlrecht zur Teilwertabschreibung abweichend von der handelsrechtlichen Möglichkeit zur außerplanmäßigen Abschreibung ausgeübt, sind die **Dokumentationsanforderungen** des § 5 Abs. 1 Sätze 2 und 3 EStG als tatbestandliche Voraussetzung für die Wahlrechtsausübung zu beachten.[156] 3232

Nach § 6 Abs. 1 Nr. 1 Satz 4 EStG sind Wirtschaftsgüter, die bereits am Schluss des vorangegangenen Wirtschaftsjahrs zum Anlagevermögen des Steuerpflichtigen gehört haben, mit den fortgeführten Anschaffungskosten anzusetzen, es sei denn, der Steuerpflichtige weist nach, dass ein niedrigerer Teilwert nach § 6 Abs. 1 Nr. 2 Satz 2 EStG angesetzt werden kann (sogenanntes **Wertaufholungsgebot**). Insofern sind die Vorausset- 3233

152 Vgl. BFH, Urteil vom 17. 3. 1977 – IV R 218/72, BStBl 1977 II S. 595.

153 Vgl. *Kußmaul*, in: Federmann/Kußmaul/Müller, HdB 2010, Immaterielles Vermögens, Rn. 61 m. w. N.

154 Vgl. auch *Schiffers*, in: Korn, EStG, § 5 Rn. 533.1.

155 Vgl. BMF, Schreiben vom 12. 3. 2010, BStBl 2010 I S. 239, Tz. 15; *Dörfler/Adrian*, Ubg 2009 S. 390; *Herzig/Briesemeister*, DB 2009 S. 976; a. A. *Richter*, GmbHR 2010 S. 508.

156 Vgl. zu Teilwertabschreibungen *Dörfler/Adrian*, Ubg 2009 S. 390.

zungen der Teilwertabschreibung zu jedem Bilanzstichtag nachzuweisen. Anderenfalls muss eine Zuschreibung erfolgen. Diesbezüglich ist zu beachten, dass die gestalterische Nutzung des steuerlichen Wahlrechts zu Teilwertabschreibung gemäß BMF-Schreiben vom 12. 3. 2010 Grenzen haben soll: Hat der Steuerpflichtige in einem Wirtschaftsjahr eine Teilwertabschreibung vorgenommen und wird in einem darauf folgenden Jahr auf den Nachweis der dauernden Wertminderung verzichtet (z. B. zur Verlustnutzung), soll zu prüfen sein, ob eine willkürliche Gestaltung vorliegt.[157] Unklar ist, unter welchen Voraussetzungen eine „willkürliche Gestaltung" vorliegen soll.[158] Für den umgekehrten Fall enthält das BMF-Schreiben keine Restriktionen, d. h. es wird zunächst auf eine Teilwertabschreibung verzichtet und in einem darauf folgenden Jahr die Teilwertabschreibung vorgenommen.[159]

3234 Eine außerplanmäßige Abschreibung kommt zudem nach § 7 Abs. 1 Satz 7 1. Halbsatz EStG für immaterielle Wirtschaftsgüter in Betracht. Nach § 7 Abs. 1 Satz 7 1. Halbsatz EStG sind Absetzungen für außergewöhnliche technische oder wirtschaftliche Abnutzungen zulässig. Immaterielle Wirtschaftsgüter sind nur wirtschaftlich abnutzbar. Eine technische Abnutzung wie bei einer Maschine kommt hingegen nicht in Betracht.[160]

3235 Sonderabschreibungen nach § 7g EStG kommen für immaterielle Wirtschaftsgüter des Anlagevermögens nicht in Betracht.[161] Denn § 7g Abs. 1 Satz 1 EStG setzt die Anschaffung oder Herstellung eines abnutzbaren beweglichen Wirtschaftsguts des Anlagevermögens voraus.

1.7 Steuerbilanzieller Ausweis (E-Bilanz)

3236 Bereits Ende 2008 wurde mit § 5b EStG die gesetzliche Grundlage für die E-Bilanz durch das Steuerbürokratieabbaugesetz geschaffen.[162] Danach sind Bilanz sowie Gewinn- und Verlustrechnung (GuV) elektronisch einzureichen (sogenannte E-Bilanz). Die Besonderheit an der E-Bilanz ist, dass sie sich nicht in einer rein technischen Umstellung erschöpft. Erstmals wird ein steuerliches Gliederungsschema (sogenannte Steuer-Taxonomie) für die Bilanz und GuV vorgegeben. Bisher gab es eine derartige Standardisierung nicht. Die Taxonomie ist unter www.esteuer.de abrufbar. In ihrem Detaillierungsgrad und Umfang geht die Steuer-Taxonomie deutlich über die handelsrechtlichen Vorgaben der §§ 266, 275 HGB hinaus. Der Weg vom bestehenden Kontenplan zur Steuer-Taxonomie führt über „Mussfelder", „Summenmussfelder", Quasi-Mussfelder („rechnerisch notwendige Positionen"), „Auffangpositionen" und „unzulässige Positionen".

3237 Für handelsrechtliche Zwecke gliedert § 266 Abs. 2 HGB die immateriellen Vermögensgegenstände wie folgt auf:

---

157 Vgl. BMF, Schreiben vom 12. 3. 2010, BStBl 2010 I S. 239, Tz. 15.

158 Vgl. *Kaminski*, DStR 2010 S. 771; *Grieser/Faller*, DStR 2012 S. 727.

159 Einen Hinweis auf „willkürliche Gestaltungen" enthält ein Entwurf eines BMF-Schreibens vom 17. 1. 2014 zu Teilwertabschreibungen und Wertaufholungen übrigens nicht; vgl. dazu *Adrian/Helios*, DStR 2014 S. 722.

160 Vgl. z. B. *Bartone*, in: Korn, EStG, § 7 Rn. 76.

161 Vgl. z. B. *Groß/Georgius/Matheis*, DStR 2006 S. 343.

162 Steuerbürokratieabbaugesetz vom 20. 12. 2008, BGBl 2008 I S. 2850.

1. Selbst geschaffene gewerbliche Schutzrechte und ähnliche Rechte und Werte;
2. entgeltlich erworbene Konzessionen, gewerbliche Schutzrechte und ähnliche Rechte und Werte sowie Lizenzen an solchen Rechten und Werten;
3. Geschäfts- oder Firmenwert;
4. geleistete Anzahlungen.

Die Kern-Taxonomie (Taxonomie 5.2) sieht hingegen die folgende Aufgliederung vor: 3238

4. Immaterielle Vermögensgegenstände (Summenmussfeld)

    5. Selbst geschaffene gewerbliche Schutz- und ähnliche Rechte und Werte (rechnerisch notwendig, soweit vorhanden steuerlich unzulässig)

        6. davon fertige (Kannfeld)

        6. davon in Entwicklung befindlich (Kannfeld)

    5. Entgeltlich erworbene Konzessionen, gewerbliche Schutz- und ähnliche Rechte und Werte sowie Lizenzen an solchen Rechten und Werten (Mussfeld, Kontennachweis erwünscht)

        6. Konzessionen (Kannfeld)

        6. gewerbliche Schutzrechte (Kannfeld)

        6. Sonstige Rechte und Werte (Kannfeld)

        6. EDV-Software (Kannfeld)

        6. Lizenzen an Rechten und Werten (Kannfeld)

    5. Geschäfts-, Firmen- oder Praxiswert (Mussfeld, Kontennachweis erwünscht)

        6. derivativer Firmenwert (Goodwill)

    5. Geleistete Anzahlungen (immaterielle Vermögensgegenstände), (Mussfeld, Kontennachweis erwünscht)

    5. Sonstige immaterielle Vermögensgegenstände (rechnerisch notwendig, soweit vorhanden)

        6. Erläuterungen zu sonstigen immateriellen Vermögensgegenständen (Kannfeld, inhaltliche Spezifikation zum Vorposten)

Die Taxonomie unterscheidet bei immateriellen Wirtschaftsgütern insgesamt 15 Positionen. Davon sind vier als Mussfelder ausgestaltet, die grundsätzlich verpflichtend zu übermitteln sind. Sofern kein entsprechender Sachverhalt vorliegt, sind die Mussfelder mit dem Wert NIL zu übermitteln. Sofern sich ein Mussfeld nicht mit Werten füllen lässt, weil die Position in der ordnungsgemäßen Buchführung nicht geführt wird oder aus ihr nicht abrufbar ist, darf das Mussfeld ebenfalls mit NIL übermittelt werden. Mit „Selbst geschaffene gewerbliche Schutz- und ähnliche Rechte und Werte" und „Sonstigen immateriellen Vermögensgegenständen" weist die Taxonomie zwei Quasimussfelder der (rechnerisch notwendig, soweit vorhanden) aus. Diese sind ebenfalls grundsätzlich verpflichtend zu befüllen, wenn entsprechende Sachverhalte vorliegen. Schließlich sind die übrigen Taxonomiefelder nur wahlweise zu übersenden (sogenannte Kannfelder inklusi- 3239 ve der einen Erläuterungsposition). Wird das Kannfeld nicht in Anspruch genommen, sind entsprechende Sachverhalte der nächst höheren Hierarchiestufe zuzuordnen.[163]

3240–3299 *(Einstweilen frei)*

163 Vgl. *KPMG*, E-Bilanz, 2. Aufl. 2014, Rz. 5.2, 4.8 ff.

Teil B:
Bilanzierung und Bewertung bei der Gewinnermittlung nach Bilanzposten

Kapitel I:
Anlagevermögen

2. Geschäfts- oder Firmenwert

von
StB Prof. Dr. Gerrit Adrian, Frankfurt am Main

Inhaltsübersicht **Rz.**

Ausgewählte Literatur

Dörfler/Adrian, Zur Umsetzung der HGB-Modernisierung durch das BilMoG: Steuerbilanzrechtliche Auswirkungen, DB 2009, Beilage 5, S. 58; *Ernsting*, Zur Bilanzierung eines negativen Geschäfts- oder Firmenwerts nach Handels- und Steuerrecht, Wpg 1998 S. 405; *Fichtelmann*, Übergang des Geschäftswerts bei Betriebsverpachtung und -veräußerung, INF 2002 S. 46; *Meier/Geberth*, Behandlung des passiven Ausgleichspostens („negativer Geschäftswert") in der Steuerbilanz, DStR 2011 S. 733; *Mujkanovic*, Die Bilanzierung des derivativen Geschäfts- oder Firmenwerts, StuB 2010 S. 167; *Preißler/Bressler*, Bilanzierungsfragen beim negativen Geschäftswert im Falle des Share Deal, BB 2011 S. 427; *Prinz*, Negativer Kaufpreis: Ein steuerbilanzielles Sonderphänomen, FR 2011 S. 373; *Schoor*, Handels- und steuerrechtliche Bilanzierung eines Geschäfts- oder Firmenwerts, BBK 2004 S. 209; *Sinewe/Frase*, „Negativer Kaufpreis" und „negativer Geschäftswert" bei Unternehmenstransaktionen – Kein Grund zur Beunruhigung, SteuerConsultant 2011 S. 26; *Velte*, Handels- und steuerbilanzielle Qualifikation des derivativen Geschäfts- oder Firmenwerts, StuW 2010 S. 97.

2. Geschäfts- oder Firmenwert

2.1 Definition und Inhalt

2.1.1 Geschäfts- oder Firmenwert

Die Steuergesetze enthalten keine eigene Definition für den Geschäfts- oder Firmenwert. Handelsrechtlich definiert § 246 Abs. 1 Satz 4 HGB den entgeltlich erworbenen Geschäfts- oder Firmenwert als Unterschiedsbetrag, um den die für die Übernahme eines Unternehmens bewirkte Gegenleistung den Wert der einzelnen Vermögensgegenstände abzüglich der Schulden im Zeitpunkt der Übernahme übersteigt. Mit steuerlichem Bezug beschreibt der BFH leicht abweichend den Geschäftswert als Wert, „der einem gewerblichen Unternehmen über den Substanzwert (Verkehrswert) der einzelnen materiellen und immateriellen Wirtschaftsgüter hinaus innewohnt".[1] 3300

1 BFH, Urteile vom 27. 3. 2001 – I R 42/00, BStBl 2001 II S. 771; vom 26. 6. 2007 – IV R 71/04, BFH/NV 2008 S. 347.

3301 Bei dem Geschäfts- oder Firmenwert handelt es sich um eine Restgröße, die sich nur indirekt nach Identifikation aller Einzelwirtschaftsgüter des Unternehmens als Saldo bestimmen lässt.[2] Bei der Ermittlung des Substanzwerts sind sämtliche materiellen und immateriellen Wirtschaftsgüter zu berücksichtigen. Dazu gehören auch Wirtschaftsgüter, für die ein Aktivierungsverbot besteht, wie z. B. für nicht entgeltlich erworbene immaterielle Wirtschaftsgüter des Anlagevermögens gem. § 5 Abs. 2 EStG. Zudem sind solche Wirtschaftsgüter zu berücksichtigen, die der Steuerpflichtige aufgrund eines steuerbilanziellen Wahlrechts nicht angesetzt hat.[3]

3302 Der Geschäfts- und Firmenwert ist Ausdruck der **Gewinnchancen** eines Unternehmens, soweit diese Chancen nicht in Wirtschaftsgütern verkörpert sind.[4] Im Geschäfts- oder Firmenwert werden jedoch nur solche Gewinnchancen erfasst, die durch den Betrieb eines lebenden Unternehmens vermittelt werden[5] und damit losgelöst von der Person des Unternehmers bzw. der Anteilseigner einer Kapitalgesellschaft sind.[6] Die Gewinnchancen müssen aufgrund besonderer, dem Unternehmen eigener Vorteile grundsätzlich höher oder gesicherter erscheinen als bei anderen Unternehmen mit sonst vergleichbaren Wirtschaftsgütern.[7]

3303 Die höchstrichterliche Rechtsprechung bejaht auch bei „**personenbezogenen Gewerbebetrieben**" einen Geschäfts- oder Firmenwert, wenn der Betrieb standortabhängig ist und insoweit die Chance besteht, den bestehenden Kundenstamm unabhängig von der Person des Unternehmens zu halten.[8] Der Betrieb eines Handelsvertreters hat nur dann einen Geschäfts- oder Firmenwert, wenn er ausnahmsweise durch geschäftswertbildende Faktoren geprägt ist, so dass den Geschäftsherren und/oder deren Kunden ohne Rücksicht auf die Person des Handelsvertreters an einer Einschaltung gerade dieser Vertretung gelegen sein kann.[9] In der Regel hat der Gewerbebetrieb eines Handelsvertreters jedoch keinen Geschäfts- oder Firmenwert, weil kein nennenswerter Kapitaleinsatz erforderlich ist und der geschäftliche Erfolg vom persönlichen Arbeitseinsatz bestimmt wird. Das von einem Handelsvertreter entgeltlich erworbene Vertreterrecht ist jedoch ein immaterielles Wirtschaftsgut, das vom Geschäfts- oder Firmenwert abzugrenzen ist.[10]

---

2 Vgl. *Anzinger*, in: HHR, EStG, § 5 E 771.

3 Vgl. BFH, Urteil vom 27. 3. 1996 – IV R 60/95, BStBl 1996 II S. 576; vgl. BFH, Urteil vom 9. 8. 2011 – VIII R 13/08, BStBl 2011 II S. 875.

4 Vgl. BFH, Urteil vom 27. 3. 2001 – I R 42/00, BStBl 2001 II S. 771; siehe auch H 5.5 EStR.

5 Vgl. BFH, Urteil vom 26. 12. 2009 – III R 40/07, DStR 2010 S. 371, m. w. N.

6 Vgl. BFH, Urteile vom 27. 3. 1996 – I R 60/95, BStBl 1996 II S. 576; vom 30. 1. 2002 – X R 56/99, BStBl 2002 II m. w. N.

7 Vgl. BFH, Urteile vom 27. 3. 1996 – I R 60/95, BStBl 1996 II S. 576; vom 30. 1. 2002 – X R 56/99, BStBl 2002 II m. w. N.

8 Z. B. Friseur: BFH, Urteil vom 2. 2. 1972 – I R 96/70 BStBl 1972 II S. 381; Apotheke: BFH, Urteil vom 16. 11. 1977 – I R 212/75, BStBl 1978 II S. 103; vom 27. 3. 1996 – I R 60/95, BStBl 1996 II S. 576; Zahntechniker: BFH, Urteil vom 25. 11. 1981 – I R 54/77, BStBl 1982 II S. 189; Buchmacher: BFH, Urteil vom 29. 7. 1982 – IV R 49/78, BStBl 1982 II S. 650; bauwirtschaftlicher Berater: BFH, Urteil vom 28. 9. 1993 – VIII R 67/92, BStBl 1994 II S. 469.

9 Vgl. BFH, Urteil vom 26. 2. 1964 – I 383/61, BStBl 1964 III S. 423.

10 Vgl. BFH, Urteil vom 12. 7. 2007 – X R 5/05, BStBl 2007 II S. 959.

Der Geschäfts- oder Firmenwert besteht aus einer Anzahl von im Ergebnis nicht isoliert messbaren und wenig greifbaren Vorteilen. Da diese Vorteile nicht selbständig bewertbar sind, handelt es sich bei den Bestandteilen des Geschäfts- oder Firmenwerts nicht um (immaterielle) Einzelwirtschaftsgüter.[11] **Bestandteile** des Geschäfts- oder Firmenwerts können sein:[12] 3304

- Günstige Zugänge zu besonderen Märkten, z. B. einem Einkaufs- oder Absatzmarkt,
- Kundenstamm,
- Ruf, Reputation, Marktstellung des Unternehmens,
- Bestehende Organisation des Unternehmens,
- Qualifikation von Mitarbeitern und Management,
- Besondere Verfahrens- und Fertigungstechniken.

Ein **Teilbetrieb** kann auch einen Geschäfts- oder Firmenwert haben.[13] Bei Teilbetrieben handelt es sich um organisch geschlossene, mit gewisser Selbständigkeit ausgestattete Betriebseinheiten, die auch für sich als Unternehmen bestehen können. Ein solcher Teilbetrieb kann insoweit als „lebensfähige" Einheit übertragen werden, für die ein Gesamtwert unter Berücksichtigung der Gewinnaussichten ermittelbar und damit auch ein Geschäfts- oder Firmenwert bestimmbar ist. Ein Unternehmen im Aufbau hat hingegen i. d. R. keinen Geschäfts- oder Firmenwert.[14] Der Geschäfts- oder Firmenwert ist an den Betrieb bzw. Teilbetrieb gebunden, sodass er nicht ohne diesen veräußert, verpachtet[15] oder „entnommen" werden kann.[16] Etwas anderes kann gleichwohl gelten für die pachtweise Übertragung eines Mandantenstammes, da dieser Gegenstand eines selbständigen Übertragungsgeschäfts sein kann.[17] Wird ein einheitlicher Betrieb mit einem grundsätzlich einheitlichen Geschäfts- oder Firmenwert in einzelne organisatorisch geschlossene und allein lebensfähige Betriebe aufgeteilt und werden diese veräußert, geht der Geschäfts- oder Firmenwert nicht notwendigerweise unter. Mit den nunmehr verselbständigten Betriebsteilen können gewinnchancenerhöhende Momente auf den Erwerber übertragen werden (so z. B. Kundenkreis, Ruf, Personalausstattung, örtliche Lage u. a.).[18] Dabei wird die Zuordnung von geschäftswertbildenden Faktoren zu dem neu gebildeten und veräußerten Betriebsteil gemäß BFH nicht dadurch ausgeschlossen, dass die den Teilbetrieben anhaftenden Geschäftswerte in ihrer Summe nicht mehr dem Geschäftswert des ursprünglichen Gesamtunternehmens entsprechen.[19] Im Falle einer echten Betriebsaufspaltung verbleibt der Geschäftswert grund- 3305

11 Vgl. R 5.5. Abs. 1 Satz 4 EStR; zur Abgrenzung: BFH, Urteil vom 23. 11. 1988 – II R 209/89, BStBl 1989 II S. 82.

12 Vgl. z. B. *Handzik*, in: Littmann/Bitz/Pust, § 7 Rn. 89c.

13 Vgl. BFH, Urteil vom 27. 3. 1996 – I R 60/95, BStBl 1996 II S. 576.

14 Vgl. BFH, Urteil vom 18. 2. 1993 – IV R 40/92, BStBl 1994 II S. 224.

15 Vgl. BFH, Urteil vom 19. 12. 2012 – IV R 29/09, BStBl 2013 II S. 387.

16 Vgl. BFH, Urteile vom 30. 3. 1994 – I R 52/93, BStBl 1994 II S. 903; vom 14. 1. 1998 – X R 57/93, DStR 1998 S. 887.

17 Vgl. BFH, Beschluss vom 8. 4. 2011 – VIII B 116/10, BFH/NV 2011 S. 1135.

18 Vgl. BFH, Urteile vom 1. 12. 1992 – VIII R 57/90, BStBl 1994 II S. 607 unter IV. 2. d; vom 27. 3. 1996 – I R 60/95, BStBl 1996 II S. 576.

19 Vgl. BFH, Urteil vom 27. 3. 1996 – I R 60/95, BStBl 1996 II S. 576.

sätzlich beim Besitzunternehmen, wenn die wesentlichen Betriebsgrundlagen an die Betriebsgesellschaft nur verpachtet sind (bloße Nutzungsüberlassung auch des Geschäftswerts).[20] Überträgt die Besitzgesellschaft dagegen alle Aktiva und Passiva einschließlich der Firma mit Ausnahme der langfristig an die Betriebsgesellschaft vermieteten Immobilien entgeltlich auf die Betriebsgesellschaft, geht der Geschäftswert in der Regel mit über.[21]

2.1.2 Praxiswert

3306 Der Geschäfts- oder Firmenwert ist von dem Praxiswert einer freiberuflichen Praxis zu unterscheiden.[22] Die Abgrenzung resultiert aus den Besonderheiten freiberuflicher Tätigkeit, da der Praxiswert auf dem persönlichen Vertrauensverhältnis der Mandanten/Kunden zum Praxisinhaber beruht.[23] Insoweit verflüchtigt sich der Praxiswert mit Ausscheiden des bisherigen Praxisinhabers. Ein freiberuflicher Praxiswert stellt daher im Gegensatz zum Geschäfts- und Firmenwert von jeher einen abnutzbaren Wert dar (dies war beim Geschäfts- und Firmenwert nicht immer der Fall).[24]

3307 Die gesetzliche Vorgabe des § 7 Abs. 1 Satz 3 EStG von einer Nutzungsdauer von 15 Jahren für einen Geschäfts- oder Firmenwert ist gemäß BMF bei der Bemessung der AfA für den Praxiswert nicht anzuwenden.[25] Dies gilt sowohl für den Einzel- als auch den Sozietäts-Praxiswert. Die betriebsgewöhnliche Nutzungsdauer ist nach den Umständen des Einzelfalls zu schätzen. Gemäß BMF ist es nicht zu beanstanden, wenn

- für den anlässlich einer Gründung einer Sozietät aufgedeckten Praxiswert eine betriebsgewöhnliche Nutzungsdauer von sechs bis zehn Jahren und
- für den Praxiswert einer erworbenen Einzelpraxis eine betriebsgewöhnliche Nutzungsdauer von drei bis fünf Jahren

angenommen wird.[26]

Bestandteile des Praxiswertes können sein[27]

- Patienten-/Mandantenstamm
- Standort
- Umsatz

20 Vgl. BFH, Urteile vom 20. 8. 1997 – X R 58/93, BFH/NV 1998 S. 314; vom 14. 1. 1998 – X R 57/93, DStR 1998 S. 887, m. w. N.

21 Vgl. BFH, Urteile vom 27. 3. 2001 – I R 42/00, BStBl 2001 II S. 771; vom 16. 6. 2004 – X R 34/03, BStBl 2005 II S. 378; *Fichtelmann*, INF 2002 S. 46, mit Gestaltungshinweisen.

22 Vgl. BFH, Urteil vom 13. 3. 1991 – I R 83/89, BStBl 1991 II S. 595.

23 Vgl. BFH, Urteil vom 1. 4. 1982 – IV R 2-3/79, BStBl 1982 II S. 620.

24 Vgl. BFH, Urteil vom 23. 1. 1975 – IV R 166/71, BStBl 1975 II S. 381.

25 Vgl. BMF, Schreiben vom 15. 1. 1995, BStBl 1995 I S. 14.

26 Vgl. BMF, Schreiben vom 15. 1. 1995, BStBl 1995 I S. 14.

27 Vgl. BFH, Urteil vom 9. 8. 2011 – VIII R 13/08, BStBl 2011 II S. 875.

- Facharztgruppe
- unter Umständen Zulassung als Vertragsarzt im Rahmen der gesetzlichen Krankenversicherung.[28]

2.2 Aktivierungsvoraussetzungen

2.2.1 Wirtschaftsguteigenschaft

Die bilanzrechtliche Einordnung des derivativen Geschäftswerts ist umstritten: Vor dem BilMoG wurde die Qualifizierung als Bilanzierungshilfe,[29] Vermögensgegenstand,[30] aktiver Rechnungsabgrenzungsposten,[31] Wertberichtigungsposten[32] oder Wert eigener Art (sui generis)[33] diskutiert. Nunmehr definiert § 246 Abs. 1 Satz 4 HGB den entgeltlich erworbenen Geschäfts- oder Firmenwert als zeitlich begrenzt nutzbaren Vermögensgegenstand. Die Gesetzesformulierung „gilt als zeitlich begrenzt nutzbarer Vermögensgegenstand" verdeutlicht, dass der Geschäfts- oder Firmenwert kein (handelsrechtlicher) Vermögensgegenstand ist, sondern im Wege einer Fiktion zu einem solchen erhoben wird.[34] An einer entsprechenden steuerlichen Regelung fehlt es. Somit kann die handelsrechtliche Fiktion nicht auf die Qualifikation des Geschäfts- oder Firmenwerts als steuerliches Wirtschaftsgut übertragen werden. 3308

Gegen die Wirtschaftsguteigenschaft könnte zunächst sprechen, dass es sich bei dem Geschäfts- oder Firmenwert nur um eine Restgröße handelt, die sich nur indirekt nach Identifikation aller Einzelwirtschaftsgüter des Unternehmens als Saldo bestimmen lässt. Der Geschäfts- oder Firmenwert ist typischerweise ein ganzes Bündel von geschäftswertbildenden Faktoren, die nicht weiter zerlegt werden können – insoweit stellt er allenfalls ein „Gesamtwirtschaftsgut" dar.[35] Zudem kann der Geschäfts- oder Firmenwert als Einzelnes nicht veräußert werden[36] und einen gemeinen Wert kann der Geschäfts- oder Firmenwert insoweit nicht haben. 3309

Gemäß BFH-Rechtsprechung ist für ein Wirtschaftsgut im Gegensatz zum handelsrechtlichen Vermögensgegenstand eine Einzelveräußerbarkeit nicht erforderlich.[37] Die Übertragbarkeit zusammen mit dem gesamten Unternehmen ist vielmehr ausreichend. Damit ist der Kreis der (immateriellen) Wirtschaftsgüter weiter zu fassen als derjenige 3310

28 Vgl. OFD Magdeburg vom 29. 2. 2012 – S 2134a – 15 St 213.

29 *Kleindiek*, in: Canaris/Schilling/Ulmer (Hrsg.), HGB Großkommentar Dritter Band 1. Teilband §§ 238-289 HGB, § 255, S. 560.

30 Statt vieler: *Mutter*, BB 1994 S. 473.

31 *Deubner*, Die Aktivierung und Abschreibung des Geschäftswerts in der Steuerbilanz, 1971, S. 39

32 *Kosiol*, Pagatorische Bilanz, 1976, S. 329.

33 *ADS*, Rechnungslegung und Prüfung der Unternehmen, 1995, Rz. 272 zu § 255 HGB, Satz 421.

34 Vgl. *Dörfler/Adrian*, DB 2009, Beilage 5, S. 59; *Mujkanovic*, StuB 2010 S. 168.

35 So BFH, Urteil vom 12. 8. 1982 – IV R 43/79, BStBl 1982 II S. 652.

36 Vgl. z. B. *Schoor*, BBK 2004 S. 210.

37 Vgl. BFH, Urteil vom 15. 4. 2004 – IV R 51/02, BFH/NV 2004 S. 1393; vgl. BFH, Urteil vom 9. 9. 2010 – IV R 2/10, BStBl 2011 II S. 171; *Crezelius*, in: Kirchhof, EStG, § 5 Rz. 73.

der handelsrechtlichen Vermögensgegenstände. Dies spricht für die Annahme des Geschäfts- oder Firmenwerts als Wirtschaftsgut, auch wenn Rechtsprechung[38] und Schrifttum[39] die beiden Begriffe häufig gleichsetzen.[40] Der BFH geht bei dem Geschäfts- oder Firmenwert in ständiger Rechtsprechung von einem immateriellen Wirtschaftsgut aus.[41] Auch nach Verwaltungsauffassung ist der Geschäfts- oder Firmenwert ein Wirtschaftsgut, das zu den abnutzbaren Wirtschaftsgütern des Anlagevermögens gehört.[42]

3311 Nach *Weber-Grellet*[43] sei es allerdings überlegenswert, die steuerrechtliche Qualifikation des Geschäfts- oder Firmenwerts als Wirtschaftsgut de lege ferenda aufzugeben, da die bilanziellen Probleme (Teilwertabschreibung, negativer Geschäfts- oder Firmenwert) größtenteils auf dieser Qualifikation beruhen. Die Alternative bestünde in einem positiven oder negativen Ausgleichsposten.

2.2.2 Entgeltlicher Erwerb: Originärer versus derivativer Geschäfts- oder Firmenwert

3312 In der Steuerbilanz gilt für den Geschäfts- oder Firmenwert, entsprechend zu immateriellen Wirtschaftsgütern des Anlagevermögens, die Aktivierungsvoraussetzung des entgeltlichen Erwerbs.[44] Der entgeltlich erworbene (derivative) Geschäfts- oder Firmenwert (Goodwill) ist in der Steuerbilanz nach § 5 Abs. 2 EStG zu aktivieren.

3313 Für den selbst erstellten (originären) Geschäfts- oder Firmenwert besteht ein steuerbilanzielles Ansatzverbot. Der originäre Geschäfts- oder Firmenwert beruht auf selbst erstellten firmenwertbegründenden Faktoren. Er kann sowohl durch einen gezielten Einsatz bestimmter Investitionen erhöht werden (z. B. Fortbildung von Mitarbeitern) als auch aus einer günstigen Unternehmens- oder Marktentwicklung ohne besondere Aufwendungen resultieren.[45] Im Gegensatz zum derivativen hat der originäre Geschäfts- oder Firmenwert keine marktmäßige Objektivierung erfahren.[46] Das steuerliche Ansatzverbot gilt auch dann, wenn bei Beginn bzw. bei Erlöschen einer Körperschaftsteuerbefreiung gemäß § 13 Abs. 1 bzw. Abs. 2 KStG eine Schluss- bzw. Anfangsbilanz aufzustellen ist.[47]

3314 Zum Ansatz eines derivativen Geschäfts- oder Firmenwerts kommt es insbesondere bei sogenannten **asset deals**, also dem (entgeltlichen) Erwerb eines gesamten Betriebs, eines Teilbetriebs oder eines Mitunternehmeranteils. Die Übertragung eines Geschäfts-

38 Vgl. BFH, Urteile vom 6. 12. 1978 – I R 35/78, BStBl 1979 II S. 262; Grs 2/86; vom 26. 10. 1987, BStBl 1988 II S. 348, wonach der „steuerrechtliche Begriff des Wirtschaftsgutes nicht weitergehen [kann] als der handelsrechtliche Begriff des Vermögensgegenstands" bzw. dem „Begriff des Vermögensgegenstands entspricht".

39 Stellvertretend *Beisse*, BB 1980 S. 638 m. w. N.

40 Vgl. *Velte*, StuW 2010 S. 97 f.

41 BFH, Urteile vom 25. 11. 1981 – I R 54/77, BStBl 1982 II S. 189; vom 24. 3. 1987 – I R 202/83, BStBl 1987 II S. 705; vom 12. 7. 2007 – X R 5/05, BStBl 2007 II S. 959.

42 Vgl. BMF, Schreiben vom 20. 11. 1986, BStBl 1986 I S. 532. Siehe auch H 40 KStR. Danach kann Gegenstand einer verdeckten Einlage auch ein immaterielles Wirtschaftsgut, wie z. B. ein nicht entgeltlich erworbener Firmenwert sein.

43 Vgl. *Weber-Grellet*, in: Schmidt, EStG, 33. Aufl., § 5 Rz. 222.

44 Vgl. *Dörfler/Adrian*, DB 2009, Beilage 5, S. 59.

45 Vgl. *Ludz*, Der neue Firmenwert des Bilanzrichtlinien-Gesetz, 1997, S. 35.

46 Vgl. *Velte*, StuW 2010 S. 93.

47 Vgl. BFH, Urteil vom 9. 8. 2000 – I R 69/98, BStBl 2001 II S. 71.

oder Firmenwerts ist insoweit zwangsläufig, da die verbundenen Vorteile typischerweise unlösbar mit dem einzelnen (Teil-)Betrieb verbunden sind und somit nur mit diesem übertragen werden können.[48] Bei **share deals**, d. h. dem Erwerb von Anteilen an einer Kapitalgesellschaft, wird hingegen kein Geschäfts- oder Firmenwert aktiviert, auch wenn dieser bei der Ermittlung des Kaufpreises für die Anteile berücksichtigt wird. In diesem Fall werden Anteile an der Kapitalgesellschaft als eigenes Wirtschaftsgut aktiviert.[49]

Der Ansatz eines Geschäfts- oder Firmenwerts kommt außerdem bei Umwandlungen 3315
und Einbringungen in Betracht. Voraussetzung ist, dass die übergehenden Wirtschaftsgüter mit einem Wert oberhalb des Buchwerts angesetzt werden. Im Umwandlungsteuererlass vertritt die Finanzverwaltung die Auffassung, dass nach § 3 Abs. 1 Satz 1 UmwStG auch ein originärer Geschäfts- oder Firmenwert in der steuerlichen Schlussbilanz der übertragenden Körperschaft anzusetzen ist.[50] Grundsätzlich liegt darin kein Verstoß gegen das Aktivierungsverbot für den originären Geschäfts- oder Firmenwert vor, weil aus Sicht des übernehmenden Rechtsträger – der an die Werte der steuerlichen Schlussbilanz gebunden ist – ein derivativer Geschäfts- oder Firmenwert vorliegt.[51] Der Umwandlungserlass führt weiter aus, dass der Ansatz eines Geschäfts- oder Firmenwerts auch dann erfolgt, wenn der Betrieb der übertragenden Körperschaft nicht fortgeführt wird.[52] Für die Aktivierung eines derivativen Geschäfts- oder Firmenwerts ist jedoch die Annahme der Unternehmensfortführung zu beachten.[53] Daher kann ein Geschäfts- oder Firmenwerts grundsätzlich nur aktiviert werden, wenn ein Gewerbebetrieb oder Teilbetrieb zum Zwecke der unveränderten oder umstrukturierten Fortführung[54] erworben wird. Insoweit kommt meines Erachtens nach Übernahme der Werte des übertragenden Rechtsträgers eine Teilwertabschreibung des Geschäfts- oder Firmenwerts beim übernehmenden Rechtsträger in Betracht.

Ein Geschäfts- oder Firmenwert kann auch verdeckt eingelegt werden.[55] Dies gilt auch 3316
für einen nicht entgeltlich erworbenen Geschäfts- oder Firmenwert.[56] Beim „Erwerber" ist dieser als derivativer Geschäfts- oder Firmenwert zu aktivieren. Ein Geschäfts- oder Firmenwert ist z. B. Gegenstand einer **verdeckten Einlage**, wenn ein Steuerpflichtiger sein Einzelunternehmen an eine Kapitalgesellschaft verkauft, an der er beteiligt ist, und sich der Kaufpreis (trotz Vorliegens eines Geschäftswerts) nur nach den von dem Einzelunternehmen bilanzierten Aktiva und Passiva bemisst. Die Kapitalgesellschaft muss den Geschäftswert in ihrer Steuerbilanz nach § 8 Abs. 1 KStG, § 6 Abs. 1 Satz 1

48 Vgl. *Schiffers*, in: Korn, EStG, § 5 Tz. 508.
49 Vgl. *Küting*, DStR 2011 S. 1676.
50 Vgl. Umwandlungssteuererlasses vom 11. 11. 2011, BStBl 2011 I S. 1314, Rn. 03.05.
51 Vgl. FG Düsseldorf, Urteil vom 3. 12. 2012 – 6 K 1883/10 F, EFG 2013 S. 337 (nrkr. Az. beim BFH: I R 1/13).
52 Vgl. Umwandlungssteuererlasses vom 11. 11. 2011, BStBl 2011 I S. 1314, Rn. 03.14; 11.03.
53 Vgl. *Velte*, StuW 2010 S. 93.
54 Vgl. BFH, Urteile vom 24. 4. 1980 – IV R 61/77, BStBl 1980 II S. 690; vom 28. 10. 1976 – IV R 76/72, BStBl 1977 II S. 73.
55 Vgl. BFH, Urteile vom 20. 8. 1986 – I R 150/82, BStBl 1987 II S. 455; vom 24. 3. 1987 – I R 202/83, BStBl 1987 II S. 705; siehe auch H 40 KStR; BMF, Schreiben vom 4. 8. 1976, BStBl 1976 I S. 418.
56 Vgl. H 40 „Einlagefähiger Vermögensvorteil" KStR.

Nr. 5 EStG mit dem Teilwert ansetzen. Dabei ist das Korrespondenzprinzip des § 8 Abs. 3 Satz 3 ff. KStG zu beachten.[57]

3317 Zahlt eine Kapitalgesellschaft einem ausscheidenden **atypisch stillen Gesellschafter** (allgemein: Mitunternehmer) eine Abfindung, die auch einen selbst geschaffenen Geschäfts- oder Firmenwert abdeckt, hat sie den darauf entfallenden Anteil der Abfindung als derivativen Geschäfts- oder Firmenwert zu aktivieren.[58] Denn der BFH behandelt das Ausscheiden des atypisch stillen Gesellschafters gegen Abfindung als einen entgeltlichen (abgeleiteten) Erwerb eines Mitunternehmeranteils.[59] Damit kann die einem ausscheidenden Gesellschafter einer Personengesellschaft gezahlte Abfindung nur dann als Betriebsausgabe abgezogen werden, wenn und soweit im Betriebsvermögen der Personengesellschaft keine stillen Reserven und auch kein Geschäfts- oder Firmenwert vorhanden sind, die auf die fortführenden Gesellschafter übergehen. Dabei besteht die Vermutung, dass die den Buchwert des Gesellschaftsanteils übersteigenden Zahlungen die Gegenleistung für die übergehenden stillen Reserven und/oder einen Geschäfts- oder Firmenwert bilden.[60] Eine Behandlung als sofort abziehbare Betriebsausgabe kommt in Fällen des sogenannten „lästigen Gesellschafters“ in Betracht.[61] In diesen Fällen erfolgt die Zahlung nicht zum Erwerb eines Wirtschaftsguts, sondern um einen Gesellschafter zum Austritt aus der Gesellschaft zu bewegen. Abweichend hiervon sind Abfindungen an einen lästigen Gesellschafter aktivierungspflichtig, soweit der Mehrbetrag, den der lästige Gesellschafter über dem Buchwert seines Kapitalkontos und seinem Anteil an den stillen Reserven erhält, einen entsprechenden Anteil am Geschäftswert abgelten soll.[62]

2.3 Ermittlung

2.3.1 Ermittlung des Geschäfts- oder Firmenwerts als Residualgröße

3318 Der Geschäftswert stellt eine Residualgröße dar. Für die Ermittlung seiner Anschaffungskosten muss zunächst festgestellt werden, welche (anderen) einzelnen Wirtschaftsgüter auf den Erwerber übergegangen sind und welcher Teilwert ihnen jeweils im Zeitpunkt der Übernahme beizulegen ist.[63] Folgendes ist zu beachten: Soweit das Gesamtentgelt für den Erwerb eines Unternehmens höher ist als der Substanzwert (Summe der Teilwerte aller übrigen auf den Erwerber übergehenden materiellen und immateriellen Wirtschaftsgüter dieses Unternehmens abzüglich der Verbindlichkeiten), können überhaupt nur Anschaffungskosten für einen Geschäftswert vorliegen.[64]

3319 Übersteigt der Kaufpreis die Summe der Teilwerte der vom Veräußerer aktivierten Einzelwirtschaftsgüter, muss geprüft werden, ob der überschießende Betrag für andere

57 Vgl. ausführlich *Dörfler/Adrian*, Ubg 2008 S. 373.

58 Vgl. BFH, Urteil vom 16. 5. 2002 – III R 45/98, BStBl 2003 II S. 10; siehe auch H 5.5 EStR.

59 Vgl. z. B. BFH, Urteil vom 3. 6. 1997 – VIII B 73/96, BFH/NV 1997, S. 838.

60 Vgl. BFH, Urteil vom 25. 1. 1979 – IV R 56/75, BStBl 1979 II S. 302 m. w. N.

61 Vgl. BFH, Urteil vom 11. 10. 1960 – I T 229/59, BStBl 1960 III S. 509.

62 Vgl. *Schallmoser*, in: Blümich, EStG, § 16 Rn. 272.

63 Vgl. BFH, Urteil vom 25. 11. 1981 – I R 54/77, BStBl 1982 II S. 189.

64 Vgl. BFH, Urteil vom 27. 2. 1992 – IV R 129/90, BStBl 1992 II S. 841.

Einzelwirtschaftsgüter bezahlt wurde. Dies können Wirtschaftsgüter sein, die der Veräußerer aufgrund eines Aktivierungswahlrechts oder wegen eines Aktivierungsverbots nicht angesetzt hat. Typisches Beispiel sind nicht entgeltlich erworbene immaterielle Wirtschaftsgüter des Anlagevermögens, die nach § 5 Abs. 2 EStG nicht angesetzt werden dürfen. Ob Teile des Kaufpreises auf bestimmte immaterielle Einzelwirtschaftsgüter entfallen, beurteilt sich primär nach der Zweckrichtung der Aufwendungen und damit nach dem erklärten Willen der Vertragsparteien.[65] Dabei sind jedoch Grenzen zu beachten: Die Erklärungen der Vertragsparteien, insbesondere die im Einzelfall gewählte Bezeichnung für den Gegenstand des entgeltlichen Erwerbs, können bilanzsteuerrechtlich nur insoweit maßgeblich sein, als sie den objektiven Gegebenheiten entsprechen.[66] Damit scheidet z. B. eine Aktivierung eines immateriellen Einzelwirtschaftsguts aus, wenn diese Werte nicht als immaterielle Einzelwirtschaftsgüter, sondern lediglich als unselbständige geschäftswertbildende Faktoren anzusehen sind.[67] In Zweifelsfällen kann dabei bedeutsam sein, ob die Vertragsparteien erkennbar eine rational nachvollziehbare Einzelbewertung bestimmter tatsächlicher oder rechtlicher Verhältnisse des Unternehmens vorgenommen und damit deren selbständige Bewertbarkeit indiziert haben.[68] Weiterführend zur Abgrenzung von Einzelwirtschaftsgütern s. Rz. 3322 ff.

Die Annahme von Anschaffungskosten für einen Geschäfts- oder Firmenwert kommt somit erst dann in Betracht, wenn der Kaufpreis nachweislich nicht für bestimmte einzelne Wirtschaftsgüter bezahlt wurde.[69] Insoweit ist bei der Ermittlung stufenweise vorzugehen. Dabei wird diskutiert, ob auf einer ersten Stufe zunächst nur die stillen Reserven der bilanzierten Wirtschaftsguter und auf einer zweiten Stufe dann die stillen Reserven der nicht bilanzierten Wirtschaftsgüter aufzudecken sind („**Stufentheorie**") oder diese beiden Stufen zusammengefasst werden (sog. „modifizierte Stufentheorie").[70] Für die Höhe des Geschäfts- oder Firmenwerts spielt dies keine Rolle. Bei Umwandlungen und Einbringungen ist jedoch eine Besonderheit zu beachten: Nach dem SEStEG sind die übergehenden Wirtschaftsgüter (einschließlich nicht entgeltlich erworbener und selbst geschaffener immaterieller Wirtschaftsgüter) „einheitlich" zum Buchwert oder einem höheren Wert (Zwischenwert), höchstens mit dem gemeinen Wert anzusetzen (z. B. § 3 Abs. 2 UmwStG). Insoweit sind die Wirtschaftsgüter „einheitlich", d. h. gleichmäßig nach Maßgabe der stillen Reserven aufzustocken.[71] Die (modifizierte) Stufentheorie findet insoweit keine Anwendung (siehe auch Rz. 3332). 3320

Nicht in allen Fällen ist ein **Kaufpreis** als Ausgangspunkt für die Ermittlung des Geschäfts- oder Firmenwerts vorhanden. Dies ist z. B. bei Umwandlungen und Einbringungen, aber auch bei der Bemessung einer möglichen Teilwertabschreibung der Fall. In diesen Fällen ist eine Unternehmensbewertung durchzuführen, wenn sich der Markt- 3321

65 Vgl. BFH, Urteile vom 7. 6. 1984 – IV R 79/82, BStBl 1984 II S. 584; vom 7. 11. 1985 – IV R 7/83, BStBl 1986 II S. 176

66 Vgl. BFH, Urteil vom 25. 11. 1981 – I R 54/77, BStBl 1982 II S. 189.

67 Vgl. BFH, Urteil vom 7. 11. 1985 – IV R 7/83, BStBl 1986 II S. 176; vgl. BFH, Urteil vom 9. 8. 2011 – VIII R 13/08, BStBl 2011 II S. 875.

68 Vgl. BFH, Urteil vom 7. 11. 1985 – IV R 7/83, BStBl 1986 II S. 176.

69 Vgl. BFH, Urteil vom 25. 11. 1981 – I R 54/77, BStBl 1982 II S. 189.

70 Vgl. *Schoor*, BBK 2004 S. 212.

71 Vgl. *Rödder*, DStR 2011 S. 1059, 1062.

preis nicht durch einen Börsenkurs ergibt oder aus Verkäufen unter fremden Dritten in den vergangenen Monaten ableiten lässt.[72] Steuerlich anerkannte Bewertungsverfahren sind z. B. Bewertungen nach IDW S 1 oder auf Grundlage des Leitfadens der Oberfinanzdirektionen Rheinland und Münster. Meines Erachtens ist auch das Vereinfachte Ertragswertverfahren für ertragsteuerliche Zwecke anzuerkennen. Dies ergibt sich aus der historischen Auslegung: Der Regierungsentwurf zum JStG 2010 enthielt eine Regelung in § 11 Abs. 2 Satz 4 BewG, wonach das **Vereinfachte Ertragswertverfahren** „für Zwecke der Erbschaft- und Schenkungsteuer" zu berücksichtigen ist.[73] Hiermit sollte ausweislich der Gesetzesbegründung „redaktionell klargestellt" werden, dass das Vereinfachte Ertragswertverfahren nur bei der Wertermittlung für Zwecke der Erbschaft- und Schenkungsteuer zu berücksichtigen ist.[74] Der Finanzausschuss des Bundesrates empfahl, die Änderungen nicht zu übernehmen. Er ging davon aus, dass das Vereinfachte Ertragswertverfahren nach der bisherigen Regelung grundsätzlich für alle Steuerarten gelte. Unterschiedliche gemeine Werte in den einzelnen Steuerarten sollten vermieden werden.[75] In der endgültigen Fassung des JStG 2010 ist die noch im Regierungsentwurf enthaltene Formulierung nicht mehr enthalten. Nach dem Bericht des Finanzausschusses des Bundestagstags sei auf Fachebene zwischenzeitlich mit den obersten Finanzbehörden der Länder eine einheitliche Auslegung des § 11 Abs. 2 BewG für Wertermittlungen für Zwecke der Erbschaft- Schenkungsteuer und der Ertragsteuern abgestimmt worden, weshalb auf die vorgesehene Gesetzesänderung habe verzichtet werden können.[76] Mit Schreiben vom 22. 9. 2011 hat das BMF klargestellt, dass die Erlasse vom 17. 5. 2011 zum Antrag der bewertungsrechtlichen Regelungen (§§ 11, 95-109, 199 ff. BewG)[77] für ertragsteuerliche Zwecke bei der Bewertung von Unternehmen und Anteilen an Kapitalgesellschaften entsprechend anzuwenden sind.[78]

2.3.2 Abgrenzung zu Einzelwirtschaftsgütern

3322 Bei dem Geschäfts- oder Firmenwert handelt es sich um eine Restgröße, die sich nur indirekt nach Identifikation aller Einzelwirtschaftsgüter des Unternehmens als Saldo von Kaufpreis und Wert der Wirtschaftsgüter (einschließlich der stillen Reserven) bestimmen lässt.[79] Bei der Ermittlung des Geschäfts- oder Firmenwerts sind sämtliche materiellen und immateriellen Wirtschaftsgüter zu berücksichtigen. Dabei sind auch diejenigen Wirtschaftsgüter zu berücksichtigen, die der Veräußerer nicht ansetzen durfte oder aufgrund eines Wahlrechts nicht angesetzt hat.[80] Die Zuordnung eines Entgelt(teils) zum Erwerb solcher Einzelwirtschaftsgüter hat somit grundsätzlich Vorrang

72 Vgl. *Kulosa*, in: Schmidt, EStG, 33. Aufl., § 6 Rn. 280.

73 Vgl. BR-Drucks. 318/10, S. 40.

74 Vgl. BR-Drucks. 318/10, S. 151.

75 Vgl. BR-Drucks. 318/1/10, S. 86.

76 Vgl. BT-Drucks. 17/3549, S. 38.

77 Vgl. Erlasse vom 17. 5. 2011, BStBl 2011 I S. 606.

78 Vgl. BMF, Schreiben vom 22. 9. 2011, BStBl 2011 I S. 859.

79 Vgl. BFH, Urteile vom 7. 11. 1985 – IV R 7/83, BStBl 1986 II S. 176; vom 18. 2. 1993 – IV R 40/92 , BStBl 1994 II S. 224.

80 Vgl. BFH, Urteile vom 5. 8. 1970 – I R 180/66, BStBl 1970 II S. 804; vom 1. 2. 1989 – VIII R 361/83, BFH/NV 1989 S. 778; *Mathiak*, StuW 1986 S. 287; a. A. *Flies*, DB 1996 S. 846; *Siegel*, DB 1997 S. 941.

vor einer Zuordnung zum Geschäfts- oder Firmenwert.[81] Folglich greift die Ansatzpflicht für einen derivativen Geschäfts- oder Firmenwert beim Käufer nur, soweit das Entgelt auf nicht bilanzierungsfähige geschäftswertbildende Faktoren entfällt, die in der Summe das „Gesamtwirtschaftsgut" Geschäfts- oder Firmenwert ergeben.

Der Geschäfts- oder Firmenwert ist somit insbesondere von den (sonstigen) **immateriellen Einzelwirtschaftsgütern** abzugrenzen, zu denen auch sog. **firmen- oder geschäftswertähnliche Wirtschaftsgüter** gehören. Der Begriff des firmen- oder geschäftswertähnlichen Wirtschaftsguts hat aufgrund des Bilanzrichtlinien-Gesetzes vom 19. 12. 1985[82] seine ursprüngliche steuerliche Bedeutung verloren. Ursprünglich diente der Begriff dazu, die firmen- oder geschäftswertähnlichen Wirtschaftsgüter von den abnutzbaren immateriellen Einzelwirtschaftsgütern zu unterscheiden. Für firmen- oder geschäftswertähnliche Wirtschaftsgüter galt wie für den Geschäfts- oder Firmenwert ein generelles Abschreibungsverbot. 3323

Durch das Bilanzrichtlinien-Gesetz ist die Bezeichnung „Geschäftswert- oder Firmenwert" im Klammerzusatz des § 6 Abs. 1 Satz 1 Nr. 2 EStG entfallen. Zudem wurde eine Abschreibungsdauer von 15 Jahren für den Geschäfts- oder Firmenwert in § 7 Abs. 1 Satz 3 EStG gesetzlich festlegt. Nunmehr können firmen- oder geschäftswertähnliche Wirtschaftsgüter – wie andere immateriellen Einzelwirtschaftsgüter auch – als abnutzbare oder als nicht abnutzbare Wirtschaftsgüter zu qualifizieren sein.[83] Damit muss bei immateriellen Wirtschaftsgütern außerhalb des Gesamtwirtschaftsguts Geschäftswert nur noch zwischen abnutzbaren und nicht abnutzbaren immateriellen Einzelwirtschaftsgütern unterschieden werden.[84] 3324

Die Abgrenzung ist somit insbesondere für die AfA relevant, da für die sonstigen immateriellen Einzelwirtschaftsgüter weder die Abnutzbarkeit noch die Abschreibungsdauer gesetzlich festgelegt ist.[85] Ob ein immaterielles Wirtschaftsgut abnutzbar ist, hängt davon ab, ob seine Nutzung unter rechtlichen und wirtschaftlichen Gesichtspunkten zeitlich begrenzt ist. Im Falle der Abnutzbarkeit der immateriellen Einzelwirtschaftsgüter bestimmt sich die Abschreibung nach der betriebsgewöhnlichen Nutzungsdauer. Bezüglich § 5 Abs. 2 EStG ist die Unterscheidung zwischen Geschäfts- oder Firmenwert und immateriellen Einzelwirtschaftsgütern einschließlich geschäftswertähnlicher Wirtschaftsgüter hingegen ohne Bedeutung: Sowohl Geschäfts- oder Firmenwert als auch immaterielle Einzelwirtschaftsgüter dürfen nur bei entgeltlichem Erwerb aktiviert werden. 3325

Ein sonstiges selbständiges immaterielles Einzelwirtschaftsgut kann beispielsweise der entgeltlich erworbene **Auftragsbestand** sein:[86] „Der Auftragsbestand umschreibt den zu erwartenden Gewinn, der sich aus rechtsverbindlich abgeschlossenen (schweben- 3326

81 Vgl. BFH, Urteile vom 5. 8. 1970 – I R 180/66, BStBl 1970 II S. 804; vom 1. 2. 1989 – VIII R 361/, BFH/NV 89 S. 778; FG Düsseldorf, Urteil vom 20. 3. 2003, EFG 2003 S. 1290.

82 Vgl. BGBl I S. 2355.

83 Vgl. BFH, Urteil vom 28. 5. 1998 – IV R 48/97, BStBl 1998 II S. 775.

84 Vgl. BFH, Urteil vom 28. 5. 1998 – IV R 48/97, BStBl 1998 II S. 775.

85 Vgl. *Anzinger*, in: HHR, EStG, § 5 E 772.

86 Vgl. BFH, Urteil vom 26. 11. 2009 – III R 40/07, BStBl 2010 II S. 609.

den) Verträgen ergibt."[87] Er ist ein gesondert vom Geschäftswert zu aktivierendes immaterielles Wirtschaftsgut, „wenn er als werthaltige greifbare Einzelheit gegenüber dem Geschäftswert abgegrenzt werden kann."[88] Das ist der Fall, „wenn er rechtlich verselbständigt werden kann oder er von der Verkehrsanschauung als selbständig bewertbar anerkannt wird und darauf Anschaffungskosten entfallen."[89] Nicht ausreichend für die Aktivierung eines Auftragsbestands als selbständiges immaterielles Wirtschaftsgut ist hingegen die bloße Gewinnerwartung auf Grund zukünftig erwarteter Aufträge, deren Umfang noch ungewiss ist. Das ist insbesondere bei Abschluss von Rahmenverträgen mit unbestimmtem Auftragsvolumen der Fall, die noch keine bestimmten Leistungen vorsehen und aus denen sich kein konkreter Auftragsumfang ergibt. Die Gewinnerwartungen aus solchen Rahmenverträgen sind mit denen vergleichbar, die allgemein mit dem Kundenstamm verbunden sind. Derartige Gewinnerwartungen sind als geschäftswertbildende Faktoren Bestandteil des Geschäfts- oder Firmenwerts.[90]

3327 Das von einem Handelsvertreter entgeltlich erworbene „**Vertreterrecht**" (Ablösung des dem Vorgänger-Vertreter nach § 89b HGB zustehenden Ausgleichsanspruchs durch Vereinbarung mit dem Geschäftsherrn) ist wegen seiner selbständigen Bewertbarkeit nicht Bestandteil eines Geschäfts- oder Firmenwerts.[91] Das Vertreterrecht ist als eigenes (derivativ erworbenes) immaterielles Wirtschaftsgut des Anlagevermögens gesondert zu aktivieren und nach der betriebsgewöhnlichen Nutzungsdauer abzuschreiben.

3328 Zu den gesondert zu aktivierenden firmen- oder geschäftswertähnlichen Wirtschaftsgütern können folgende immateriellen Güter und Rechte gehören:

- Warenzeichen[92] bzw. Marken;[93]
- Mandantenstamm;[94] Verlagswert;[95]
- Linienkonzessionen des Personenbeförderungsrechts, Bundesbahnlinien und Beförderungsverträge mit Schulverbänden;[96]
- Vertragsarztzulassung[97]; Wettbewerbsverbote;[98]

---

87 FG Düsseldorf, Urteil vom 20. 2. 2003 – 15 K 7704/00 F, EFG 2003 S. 1290.

88 BFH, Urteil vom 13. 9. 1989 – II R 1/87, BStBl 1990 II S. 47.

89 BFH, Urteil vom 28. 10. 1987 – II R 224/82, BStBl 1988 II S. 50; vgl. BFH, Urteil vom 30. 9. 2010 – IV R 28/08, BStBl 2011 II S. 406.

90 Vgl. FG Düsseldorf, Urteil vom 20. 2. 2003 – 15 K 7704/00 F, EFG 2003 S. 1290.

91 Vgl. BFH, Urteile vom 12. 7. 2007 – XR5/05, BStBl 2007 II S. 959; vom 18. 1. 1989 – X R 10/86, BStBl 1989 II S. 549.

92 Vgl. BFH, Urteil vom 4. 9. 1996 – II B 135/95, BStBl 1996 II S. 586; BMF, Schreiben vom 12. 7. 1999, BStBl 1999 I S. 686.

93 Vgl. BFH, Urteil vom 25. 3. 1992 – II B 12/91, BFH/NV 1993 S. 221; BMF, Schreiben vom 12. 7. 1999, BStBl 1999 I S. 686.

94 Vgl. BFH, Urteil vom 18. 12. 1996 – I R 128-129/95, BStBl 1997 II S. 546.

95 Vgl. BFH, Urteil vom 28. 5. 1998 – IV R 48/97, BStBl 1998 II S. 775; siehe auch BMF, Schreiben vom 20. 11. 1986, BStBl 1986 I S. 532.

96 Vgl. BFH, Urteil vom 15. 12. 1993 – X R 102/92, BFH/NV 1994 S. 543.

97 Vgl. BFH, Urteil vom 9. 8. 2011 – VIII R 13/08, BStBl 2011 II S. 875; OFD Magdeburg vom 29. 2. 2012 – S 2134a – 15 St 213.

98 Vgl. BFH, Urteil vom 11. 3. 2003 – IX R 76/99, BFH/NV 2003 S. 973.

- technisches Spezialwissen (Know-how), das in Lizenz vergeben wird, und Diensterfindungen bzw. geschützte Erfindungen (Patente);[99]
- Kundenstamm (soweit sich der Wert tatsächlich nicht innerhalb einer bestimmbaren Zeit erschöpft[100]) oder Geschäftsbeziehungen (soweit gegenüber dem Geschäftswert abgrenzbar);[101]
- Brennrechte;[102]
- Arzneimittelzulassung;[103]
- Zahlungen an Konkurrenten, damit dieser seinen Betrieb einstellt;[104]
- Belieferungsmöglichkeiten, sofern sie von der Konkurrenz zumindest faktisch garantiert werden;[105]
- Anspruch auf Beteiligung Prozesserfolg.[106]

2.3.3 Sonderfälle

In Zweifelsfällen muss trotz Berechnung des Geschäfts- oder Firmenwerts als Saldogröße zusätzlich ermittelt werden, ob und in welcher Höhe ein Geschäftswert tatsächlich vorhanden ist.[107] Beispielsweise ist zu beachten, dass bestimmte Gewerbebetriebe in der Regel keinen Geschäfts- oder Firmenwert haben und eine Aktivierung insoweit nicht möglich ist.[108] Die Annahme des entgeltlichen Erwerbs eines Geschäftswerts scheidet auch dann aus, wenn der Erwerber für die Einzelwirtschaftsgüter aufgrund des Verhandlungsgeschicks des Veräußerers einen überhöhten Preis gezahlt hat.[109] In diesem Fall führt der „Überpreis" beim Erwerber zu sofort abziehbaren Betriebsausgaben gemäß § 4 Abs. 4 EStG. Bei Abfindungen beim Ausscheiden eines Gesellschafters kommt die Annahme von Anschaffungskosten für einen (Anteil am) Geschäftswert nicht in Betracht, wenn der ausgeschiedene Gesellschafter nicht am Geschäftswert beteiligt war oder aufgrund der Zweckrichtung der Aufwendungen die Annahme von Anschaffungskosten für einen Anteil am Geschäftswert nicht in Betracht kommt.[110] 3329

99 Vgl. BFH, Urteil vom 23. 11. 1988 – II R 209/82, BStBl 1989 II S. 82; zu Know-how s. auch *Moxter*, BB 1987 S. 1848.

100 Vgl. BFH, Urteil vom 16. 10. 2008 – IV R 1/06, BStBl 2010 II S. 28.

101 Vgl. BFH, Urteil vom 26. 7. 1989 – I R 49/85, BFH/NV 1990 S. 442.

102 Vgl. *Niemann*, Immaterielle Wirtschaftsgüter im Handels- und Steuerrecht, 2006, S. 186; vgl. FG Niedersachsen, Urteil vom 18. 11. 2009 – 2 K 100/07, EFG 2010 S. 699.

103 BMF, Schreiben vom 12. 7. 1999, BStBl 1999 I S. 686.

104 Vgl. BFH, Urteil vom 22. 7. 1964 – I 188/62, BStBl 1964 III S. 565.

105 Vgl. BFH, Urteil vom 28. 5. 1998 – IV R 48/97, BStBl 1998 II S. 775; a. A. FG Niedersachesen, Urteil vom 18. 3. 2004 – 6 K 18/00, EFG 2004 S. 1428.

106 Vgl. FG Berlin-Brandenburg, Urteil vom 6. 3. 2012 – 6 K 6014/09, rkr., EFG 2012 S. 1912.

107 Vgl. BFH, Urteil vom 8. 12. 1976 – I R 215/73, BStBl 1977 II S. 409.

108 Vgl. BFH, Urteil vom 7. 10. 1976 – IV R 50/72, BStBl 1977 II S. 201 hinsichtlich Handelsvertreter.

109 Vgl. *Buciek*, in: Blümich, EStG, § 5 Rz. 615c.

110 Vgl. BFH, Urteil vom 7. 6. 1984 – IV R 79/82, BStBl 1984 II S. 584.

3330 Die Aktivierung eines derivativen Geschäfts- oder Firmenwerts ist zudem an die Beachtung der Annahme der Unternehmensfortführung gebunden (**Going Concern-Prinzip**, § 252 Abs. 1 Nr. 2 HGB i.V. m. § 5 Abs. 1 EStG).[111] Daher kann ein Geschäfts- oder Firmenwerts nur aktiviert werden, wenn ein Gewerbebetrieb oder Teilbetrieb zum Zwecke der unveränderten oder umstrukturierten Fortführung[112] erworben wird. Wird der Gewerbebetrieb oder Teilbetrieb hingegen zwecks Stilllegung oder Zerschlagung erworben, z. B. bei Erwerb eines Konkurrenten, dienen die damit verbundenen Aufwendungen lediglich der Verbesserung des eigenen Geschäftswerts. In solchen Fällen sind daher grundsätzlich keine aktivierungsfähigen Aufwendungen, sondern sofort abziehbare Betriebsausgaben nach § 4 Abs. 4 EStG gegeben.[113]

3331 Übersteigt der Gesamtkaufpreis nicht die Summe der Teilwerte aller Einzelwirtschaftsgüter abzüglich der Verbindlichkeiten, besteht gemäß Saldoermittlung kein (positiver) Geschäfts- oder Firmenwert (zum negativem Geschäfts- oder Firmenwert siehe Rz. 3340 ff.). Dabei wird ein Geschäftswert auch dann nicht (teil-) entgeltlich erworben, wenn ein gegebenenfalls erheblicher Goodwill vorhanden war und die Vertragsparteien hierfür ein Entgelt vereinbart haben.[114] Insoweit greift die vorrangige Bilanzierung der Einzelwirtschaftsgüter.

3332 Bei **Umwandlungen** und **Einbringungen** ist eine Besonderheit zu beachten: Nach dem SEStEG sind die übergehenden Wirtschaftsgüter (einschließlich nicht entgeltlich erworbener und selbst geschaffener immaterieller Wirtschaftsgüter) „einheitlich" zum Buchwert oder einem höheren Wert (Zwischenwert), höchstens mit dem gemeinen Wert anzusetzen (z. B. § 3 Abs. 2 UmwStG). Buchwert/Zwischenwert sind nur antragsgebunden möglich. Insoweit sind die Wirtschaftsgüter „einheitlich", d. h. gleichmäßig nach Maßgabe der stillen Reserven aufzustocken.[115] Die (modifizierte) Stufentheorie findet somit keine Anwendung. Dies bedeutet, dass auch bei Ansatz eines Zwischenwertes der Geschäfts- oder Firmenwert anteilig aufzustocken ist. Kritisch anzumerken ist, dass eine dafür notwendige Unternehmensbewertung einen unverhältnismäßig hohen Ermittlungsaufwand darstellt.[116]

2.4 Bewertung

3333 Der Geschäfts- oder Firmenwert gehört seit der Streichung der Worte „Geschäfts- oder Firmenwert" in der beispielhaften Aufzählung von Wirtschaftsgütern des nicht abnutzbaren Anlagevermögens in § 6 Abs. 1 Nr. 2 EStG durch das BiRiLiG vom 19. 12. 1985 zu

111 Vgl. *Velte*, StuW 2010 S. 93.

112 Vgl. BFH, Urteile vom 24. 4. 1980 – IV R 61/77, BStBl 1980 II S. 690; vom 28. 10. 1976 – IV R 76/72, BStBl 1977 II S. 73.

113 Vgl. BFH, Urteil vom 26. 7. 1989 – I R 49/85, BFH/NV 1990 S. 442.

114 Vgl. BFH, Urteil vom 18. 7. 1982 – VIII R 16/68, BStBl 1972 II S. 884.

115 Vgl. *Rödder*, DStR 2011 S. 1059, 1062.

116 Vgl. auch *Geberth*, DB 2011, Heft 22, Seite 1 mit dem Hinweis, dass vor diesem Hintergrund der Geschäfts- oder Firmenwert erst nach Aufstockung der übrigen Wirtschaftsgüter ausgewiesen werden sollte und bei (dennoch) notwendiger Bewertung des Geschäfts- oder Firmenwerts das Vereinfachte Ertragswertverfahren nach § 199 BewG Anwendung finden sollte. Kritisch auch *Schneider/Ruoff/Sistermann*, FR 2012 S. 2 f.

den **abnutzbaren Wirtschaftsgütern des Anlagevermögens** i. S. d. § 6 Abs. 1 Satz 1 Nr. 1 EStG.[117] Damit ist der Geschäfts- oder Firmenwert mit den Anschaffungskosten vermindert um die AfA anzusetzen.

Wird ein (Teil)Betrieb oder Mitunternehmeranteil entgeltlich erworben und entfällt ein 3334
Teil des Kaufpreises dem Grunde auf den Geschäfts- oder Firmenwert, ergibt sich die Höhe nach der Restwertmethode als Residualgröße. Eine weitere Bewertung für ertragsteuerliche Zwecke ist grundsätzlich nicht erforderlich.[118] Eine gesonderte Bewertung ist allerdings notwendig, wenn eine **Teilwertabschreibung**[119] vorgenommen werden soll. Dies gilt ebenso, wenn kein Kaufpreis vorliegt, aber die Aufdeckung aller stillen Reserven geboten ist oder gewählt wird, wie z. B. in **Umwandlungs- oder Einbringungsfällen** und bei **verdeckten Einlagen**.[120] Eine Bewertung ist des Weiteren notwendig, wenn der Erwerber oder Veräußerer der Auffassung ist, der überschießende Betrag sei ganz oder teilweise nicht für den Geschäfts- oder Firmenwert, sondern für andere Vorteile geleistet worden.[121] Das hat insbesondere Relevanz, wenn die Vermutung widerlegt werden soll, dass bei Zahlung einer Abfindung an einen ausscheidenden Gesellschafter die den Buchwert des Gesellschaftsanteils übersteigenden Zahlungen die Gegenleistung für die übergehenden stillen Reserven und einen Geschäftswert bilden.[122]

2.5 Folgebewertung

Als abnutzbares Wirtschaftsgut des Anlagevermögens ist der Geschäfts- oder Firmen- 3335
wert zum Bilanzstichtag mit den Anschaffungskosten reduziert um die AfA anzusetzen. § 7 Abs. 1 Satz 3 EStG legt für die Absetzung für Abnutzung (AfA) eine verbindliche **Nutzungsdauer** von 15 Jahren fest. Die fiktive steuerliche Nutzungsdauer von 15 Jahren führt zu einer Durchbrechung des Grundsatzes der Maßgeblichkeit der Handels- für die Steuerbilanz. Im Rahmen der planmäßigen AfA ist bei dem Geschäfts- oder Firmenwert, entsprechend zu sonstigen immateriellen Wirtschaftsgütern, als steuerliche Abschreibungsmethode ausschließlich die **lineare AfA** zulässig.[123]

Die Festlegung einer fiktiven Nutzungsdauer verhindert die betriebsindividuell notwen- 3336
dige Schätzung und hat insoweit Praktikabilitätsgründe. Andererseits besteht aber auch der fiskalische Zweck, die AfA über die tatsächlich meist geringere betriebsgewöhnliche Nutzungsdauer hinaus zu strecken.[124] Gemäß BMF-Schreiben vom 20. 11. 1986 darf die AfA auch dann nicht nach einer kürzeren Nutzungsdauer bemessen werden, wenn im Einzelfall Erkenntnisse vorliegen, dass die tatsächliche Nutzungsdauer kürzer als 15 Jahre ist. Mit Urteil vom 28. 9. 1993 hat der BFH entschieden, dass bei entgeltlichem Erwerb eines Geschäfts- oder Firmenwerts eines gewerblichen Be-

117 Vgl. BMF, Schreiben vom 20. 11. 1986, BStBl 1986 I S. 532 Abschn. I; a. A. *Borst*, BB 1986 S. 2170, da die Abnutzbarkeit des Geschäftswerts nur fingiert wird.

118 Vgl. *Korn/Strahl*, in: Korn, EStG, § 6 Rz. 268.

119 Vgl. BFH, Urteil vom 24. 4. 1980 – IV R 61/77, BStBl 1980 II S. 690.

120 *Korn/Strahl*, in: Korn, EStG, § 6 Rz. 268.

121 *Korn/Strahl*, in: Korn, EStG, § 6 Rz. 268.

122 Vgl. BFH, Urteil vom 25. 1. 1979 – IV R 56/75, BStBl 1979 II S. 302.

123 Vgl. z. B. *Weber-Grellet*, in: Schmidt, EStG, 33. Aufl., § 5 Rz. 227.

124 Vgl. BT-Drucks. 10/4268 S. 147; BFH, Urteil vom 16. 6. 2004 – X R 34/, BStBl 2005 II S. 378.

triebs die nach § 7 Abs. 1 Satz 3 EStG anzusetzende "Nutzungsdauer" von 15 Jahren auch für eine aus zwei Gesellschaftern bestehende KG gelte, die sich vor allem mit Grundstücksverwaltung befasst.[125] Eine Ausnahme hiervon kommt gemäß dem genannten BFH-Urteil allenfalls in Betracht, wenn diese Abschreibungsdauer zu einer offensichtlich unzutreffenden Besteuerung führen würde. Nähere Hinweise, wann diese Voraussetzungen vorliegen sollen, werden nicht gegeben. Kritisch anzumerken ist meines Erachtens, dass diese Auffassung vom Gesetzeswortlaut nicht gedeckt ist. Im Rahmen der Folgebewertung kommt gegebenenfalls eine Teilwertabschreibung in Betracht; dies ist z. B. bei einer Fehlmaßnahme möglich.

3337 Da der Geschäfts- oder Firmenwert zu den abnutzbaren Wirtschaftsgütern des Anlagevermögens gehört, kommt dem Grunde nach auch eine **Teilwertabschreibung** nach i. S. d. § 6 Abs. 1 Satz 1 Nr. 1 Satz 2 EStG in Betracht. Eine Teilwertabschreibung wird durch die Festlegung der Nutzungsdauer in § 7 Abs. 1 Satz 3 EStG nicht ausgeschlossen.[126] Die Teilwertabschreibung bietet insoweit die Möglichkeit (steuerliches Wahlrecht seit dem Veranlagungszeitraum 2009),[127] den derivativen Geschäfts- oder Firmenwert mit einem niedrigeren als dem sich durch die AfA nach § 7 Abs. 1 Satz 3 EStG ergebenden Wert anzusetzen.[128]

3338 Fraglich ist, ob eine Teilwertabschreibung allein deshalb in Betracht kommt, wenn die tatsächliche Nutzungsdauer geringer als die gesetzlich vorgesehenen 15 Jahre ist. Im Schrifttum wird argumentiert, dass die gesetzliche Fiktion der 15jährigen Nutzungsdauer nicht durch eine Teilwertabschreibung „unterlaufen" werden dürfe[129] und daher das Vorliegen einer tatsächlichen Nutzungsdauer von weniger als 15 Jahren zur Rechtfertigung einer Teilwertabschreibung nicht ausreiche.[130] Die Wertminderung müsse sich vielmehr unabhängig von der tatsächlichen Nutzungsdauer aufgrund von Veränderungen der firmen- bzw. geschäftswertbildenden Faktoren ergeben. Solche Veränderungen liegen z. B. vor bei der Verschlechterung des guten Rufs der Erzeugnisse aufgrund besonderer Ereignisse, der Reduzierung des Kundenstamms, der Verschlechterung der früher vorteilhaften örtlichen Lage, z. B. durch Veränderung der Verkehrsverhältnisse oder durch betriebliche Umstellungen, der fehlenden Qualifikation der von dem früheren Firmeninhaber eingestellten Arbeitnehmer, da diese nicht den Anforderungen des neuen Betriebs entsprechen.[131] Diese Sichtweise entspricht auch der Verwaltungsauffassung: Die prinzipielle Möglichkeit zur Teilwertabschreibung wird anerkannt, dabei sei jedoch die gesetzliche Festlegung der betriebsgewöhnlichen Nutzungsdauer auf 15 Jahre zu beachten.[132] Diese einschränkende Sichtweise auf die Teilwert-

125 Vgl. BFH, Urteil vom 28. 9. 1993 – VIII R 67/92, BStBl 1994 II S. 449.

126 Vgl. BMF, Schreiben vom 20. 11. 1986, BStBl 1986 I S. 532 Abschn. I.

127 Vgl. BMF, Schreiben vom 12. 3. 2010, BStBl 2010 I S. 239, Tz. 15; OFD Münster vom 14. 9. 2012, DB 2012 S. 2309; *Dörfler/Adrian*, Ubg 2009 S. 390; *Herzig/Briesemeister*, DB 2009 S. 976; a. A. *Richter*, GmbHR 2010 S. 508.

128 Vgl. *Nolde*, in: HHR, EStG, § 7 Rz. 202; *Neufang/Otto*, DStR 2012 S. 226.

129 Vgl. *Borst*, BB 1986 S. 2171.

130 Vgl. *Kulosa*, in: Schmidt, EStG, 33. Aufl., § 6 Rn. 313.

131 Vgl. *Nolde*, in: HHR, EStG, § 7 Rz. 202.

132 Vgl. BMF, Schreiben vom 20. 11. 1986, BStBl 1986 I S. 532.

abschreibung ergibt sich meines Erachtens nicht zwingend aus dem Gesetz. Für abnutzbare Wirtschaftsgüter des Anlagevermögens hat der BFH in Übereinstimmung mit der Auffassung der Finanzverwaltung entschieden, dass eine dauernde Wertminderung nur dann vorliegt, wenn der Teilwert des Wirtschaftsguts für mindestens die Hälfte der Restnutzungsdauer geringer ist als die planmäßigen Buchwerte.[133] Bei der Bestimmung der Restnutzungsdauer sind meines Erachtens konsequenterweise die fiktiven 15 Jahre des § 7 Abs. 1 Satz 3 EStG zugrunde zu legen. Bei Übertragung der höchstrichterlichen Maßstäbe an die Teilwertabschreibung auf den Fall des Geschäfts- oder Firmenwerts wäre eine Teilwertabschreibung allein aufgrund der kürzeren tatsächlichen Nutzungsdauer möglich.

Bei der Frage, wann ein niedrigerer Teilwert bei dem aktivierten Geschäfts- oder Fir- 3339
menwert vorliegt, ist umstritten, ob dabei der gesamte einheitliche Unternehmenswert (sogenannte Einheitstheorie) oder nur der derivativ erworbene Geschäfts- oder Firmenwert zu berücksichtigen ist.[134] Die Vertreter der **Einheitstheorie** argumentieren, dass ein Unternehmen nur einen einheitlichen Geschäfts- oder Firmenwert habe und auch nur dieser aus Sicht eines potenziellen Erwerbs betrachtet wird.[135] Nach dieser Auffassung wäre eine Teilwertabschreibung nur zulässig, wenn der einheitliche Geschäfts- oder Firmenwert (originärer zuzüglich derivativer Geschäfts- oder Firmenwert) dauerhaft unterhalb des Werts des aktivierten Geschäfts- oder Firmenwerts gesunken ist. Für diese Auffassung spricht zudem der Umstand, dass in der Praxis eine klare Trennung zwischen Wertabnahme und Wertzunahme, getrennt nach originärem und derivativem Geschäfts- oder Firmenwert kaum möglich ist.[136] Die überwiegende Meinung spricht sich gegen die Einheitstheorie aus.[137] Die steuerbilanzielle Abbildung verdeutlicht aber, dass nur der derivative Geschäfts- oder Firmenwert zu berücksichtigen ist.[138] Denn auch nur dieser darf angesetzt und somit auch bewertet werden.

2.6 Negativer Geschäfts- oder Firmenwert

Von einem negativen Geschäfts- oder Firmenwert („Badwill") spricht man, wenn der 3340
Gesamtwert des Unternehmens – die Fortführung des Unternehmens vorausgesetzt – niedriger ist als der Substanzwert.[139] Nach Maßgabe der Ermittlung als Saldogröße ist daher Voraussetzung für einen negativen Geschäfts- oder Firmenwert, dass der Unternehmenskaufpreis niedriger ist als die steuerrechtlichen Teilwerte der Wirtschaftsgüter abzüglich Schulden. Dabei kann es sogar zu einem „negativen Kaufpreis" durch Zuzah-

133 Vgl. BFH, Urteile vom 14. 3. 2006 – I R 22/05, BStBl 2006 II S. 680; vom 29. 4. 2009 – I R 74/08, BStBl 2009 II S. 899.

134 Vgl. zum Überblick z. B. *Schoor*, BBK 2004 S. 216; zur Historie siehe *Velte*, StuW 2008 S. 282.

135 Vgl. *Kulosa*, in: Schmidt, EStG, 33. Aufl., § 6 Rn. 313.

136 Vgl. auch BFH, Urteil vom 16. 2. 2002 – III R 45/98, BStBl 2003 II S. 10.

137 Z. B. *Schoor*, BBK 2004 S. 216; *Velte*, StuW 2008 S. 282; *Korn/Strahl*, in: Korn, EStG, § 6 Tz. 272.; *Nolde*, in: HHR, EStG, § 7 Anm. 202.

138 Vgl. auch BFH, Urteil vom 28. 5. 1998 – IV R 48/97, BStBl 1998 II S. 775.

139 Vgl. *Siegel/Bareis*, BB 1994 S. 317; *Ernsting*, Wpg 1998 S. 405.

lung des Veräußerers kommen.[140] Typischerweise liegt in diesen Fällen eine negative Ertragslage vor. Insoweit verkörpert der negative Geschäfts- oder Firmenwert künftige Verluste.[141]

3341 Nach herrschender Auffassung ist ein negativer Geschäfts- oder Firmenwert weder in der Handelsbilanz noch in der Steuerbilanz des Erwerbers passivierbar.[142] Allerdings ist das **Prinzip der erfolgsneutralen Anschaffung** zu beachten. Ein „Anschaffungsgewinn" entsteht somit nicht – trotz Nichtbilanzierung eines negativen Geschäfts- oder Firmenwerts und obwohl sich das Vermögen erhöht hat (zumindest vor Betrachtung des negativen Geschäfts- oder Firmenwerts).[143] Um dies zu erreichen, entspricht es gefestigter BFH-Rechtsprechung, dass die erworbenen Wirtschaftsgüter nicht mit dem Teilwert anzusetzen, sondern um die stillen Lasten des negativen Geschäfts- oder Firmenwerts abzustocken sind.[144] Reichen die stillen Reserven für die (anteilige) Abstockung nicht aus, wird trotzdem kein negativer Geschäfts- oder Firmenwert ausgewiesen. In diesem Fall ist ein **passiver Ausgleichsposten** zu bilden, um nicht gegen das Prinzip der erfolgsneutralen Anschaffung zu verstoßen.[145] Unter die Neuregelung des § 5 Abs. 7 EStG fällt der negative Geschäfts- oder Firmenwert nicht, weil es sich nicht um eine übernommene Verpflichtung handelt.

3342 Ein passiver Ausgleichsposten kann bei **Veräußerung eines Mitunternehmeranteils** i. S. d. § 16 Abs. 1 Satz 1 Nr. 2 EStG entstehen.[146] Eine solche Veräußerung liegt auch bei Ausscheiden eines Gesellschafters aus einer Personengesellschaft vor, sofern dieser Vorgang nicht unentgeltlich erfolgt. In diesem Zusammenhang ist auch die Zahlung der dem Ausscheidenden nach dem Gesellschaftsvertrag zustehenden Abfindung als ein Entgelt anzusehen.[147] Ist die Abfindung niedriger als der Buchwert des Mitunternehmeranteils, erzielt der ausgeschiedene Gesellschafter in Höhe des Differenzbetrags einen Veräußerungsverlust. Für die verbleibenden Gesellschafter stellt das Ausscheiden des Gesellschafters einen Anschaffungsvorgang dar, sodass diese in diesem Zusammenhang keinen „Erwerbsgewinn" erzielen.[148] Da der Mitunternehmeranteil einkommensteuerlich kein eigenes Wirtschaftsgut darstellt, sondern als Anteil an den Wirt-

140 Vgl. *Prinz*, FR 2011 S. 373; *Sinewe/Frase*, SteuerConsultant 2011 S. 26.

141 Vgl. z. B. *Ernsting*, Wpg 1998 S. 405.

142 Vgl. BFH, Urteile vom 21. 4. 1994 – IV R 70/92, BStBl 1994 II S. 745; vom 12. 12. 1996 – IV R 77/93, BStBl 1998 II S. 180; *Weber-Grellet*, in: Schmidt, EStG, 30. Aufl., § 5 Tz. 226; *Groh*, in: FS Klein, S. 815; *Schülen*, in: FS Stehle S. 151; a. A. z. B. *Claussen*, 1997, S. 605; *Crezelius*, in: Kirchhof, EStG, § 5 Rz. 74, der aus systematischen Gründen eine Bilanzierung eines negativen Geschäftswerts für richtig hält.

143 Vgl. BFH, Urteile vom 21. 4. 1994 – IV R 70/92, BStBl 1994 II S. 745; vom 26. 4. 2006 – I R 49, 50/04, DStR 2006 S. 1313.

144 Vgl. zur Kritik *Meier/Geberth*, DStR 2011 S. 734 mit dem Hinweis auf „schicksalhafte Züge" der Abstockungsvariante aufgrund einer zufälligen Zusammensetzung von Wirtschaftsgütern, deren Buchwerte sowie deren Umschlaggeschwindigkeit beim Erwerber, die dann darüber entscheidet, inwieweit anschließend ein Gewinn beim Erwerber entsteht und zu versteuern ist.

145 Vgl. *Heurung*, DB 1995 S. 385; vgl. BFH, Urteil vom 26. 4. 2006 – I R 49, 50/04, BStBl 2006 II S. 656.

146 Vgl. BFH, Urteil vom 12. 12. 1996 – IV R 77/93, BStBl 1998 II S. 180; FG Düsseldorf, Urteil vom 15. 12. 2010 – 15 K 2784/09 F, FR 2011 S. 375, rkr.

147 Vgl. BFH, Urteile vom 26. 7. 1984 – IV R 10/83, BStBl 1984 II S. 786; vom 10. 11. 1988 – IV R 70/86, BFH/NV 1990 S. 31; vom 28. 7. 1994 – IV R 53/91, BStBl 1995 II S. 112, 114; vom 14. 12. 1994 – X R 128/92, BStBl 1995 II S. 465, 467.

148 Vgl. BFH, Urteile vom 11. 7. 1973 – I R 126/71, BStBl 1974 II S. 50; vom 30. 1. 1974 – IV R 109/73, BStBl 1974 II S. 352.

schaftsgütern des Gesellschaftsvermögens zu werten ist, sind den Gesellschaftern dann in Höhe der Abfindung Anschaffungskosten für die Wirtschaftsgüter des Gesellschaftsvermögens entstanden.[149] Aufgrund § 6 Abs. 1 Satz 1 Nr. 1 EStG dürfen bei der Bilanzierung von Wirtschaftsgütern die Anschaffungskosten jedoch nicht überschritten werden. Deshalb ist in Höhe des Differenzbetrags zwischen Buchwert und Kaufpreis (Abfindung) des Mitunternehmeranteils eine Abstockung der Buchwerte der aktivierten Wirtschaftsgüter vorzunehmen.[150] Diese Abstockungen ergeben sich nach Maßgabe einer Art „umgekehrten Stufentheorie", d. h. zunächst erfolgt die Abstockung der erworbenen Wirtschaftsgüter (bzw. Aufstockung erworbener Verbindlichkeiten) und sodann erfolgt eine erfolgsneutrale Einstellung in einen steuerbilanziellen passiven Ausgleichsposten.[151] Entsprechendes gilt für den Erwerb eines Einzelunternehmens.

Ein passiver Ausgleichsposten kann zur Wahrung des Anschaffungskosten-Prinzips 3343
auch bei dem Erwerb von **Anteilen an Kapitalgesellschaften** gegen Zuzahlung des Veräußerers zu bilden sein.[152] Ansonsten würde der Erwerber mit der vereinnahmten Zuzahlung einen Anschaffungs**ertrag** erzielen, der dem Grundsatz der erfolgsneutralen Behandlung von Anschaffungsvorgängen widerspricht.[153] Insoweit steht das Realisationsprinzip dem Ausweis eines Anschaffungs**gewinns** entgegen.[154] Zuzahlungen im Rahmen eines Anschaffungsvorgangs führen allerdings nicht zum passiven Ausweis „negativer Anschaffungskosten", da Anschaffungskosten (§ 255 Abs. 1 HGB) begrifflich Aufwendungen voraussetzen, die der (erwerbende) Steuerpflichtige geleistet hat.[155] Deshalb muss aus bilanztechnischen Gründen und nur zu dem Zweck, den Anschaffungsvorgang erfolgsneutral zu halten und damit das Realisationsprinzip einzuhalten, ein passiver Ausgleichsposten in Höhe der Zuzahlung gebildet werden.[156]

Die Folgebehandlung des passiven Ausgleichspostens im Anschluss an seine Bildung ist 3344
unklar.[157] Prinzipiell kommen folgende Lösungsmöglichkeiten in Betracht: [158]

1. Sofortige erfolgswirksame Auflösung des passiven Ausgleichspostens am nächsten 3345
Bilanzstichtag.

Dieser Lösungsansatz ist meines Erachtens nicht sachgerecht, da somit die Erfolgsneutralität des Anschaffungsvorgangs sofort wieder rückgängig gemacht wird. Ebenso scheidet eine Auflösung im Gewinnfall aus.[159]

2. Lineare Auflösung über einen Zeitraum von 15 Jahren. 3346

---

149 Vgl. BFH, Urteil vom 6. 7. 1995 – IV R 30/93, BStBl 1995 II S. 831 m. w. N.

150 Vgl. BFH, Urteile vom 19. 2. 1981 – IV R 41/78, BStBl 1981 II S. 730; vom 21. 4. 1994 – IV R 70/92, BStBl 1994 II S. 745.

151 Vgl. *Prinz*, FR 2011 S. 374.

152 Vgl. *Sinewe/Frase*, SteuerConsultant 2011 S. 27

153 Vgl. BFH, Urteil vom 26. 4. 2006 – I R 49, 50/04, DStR 2006 S. 1313.

154 Vgl. FG Niedersachsen, Urteil vom 24. 10. 1991 – XII 706/84, EFG 1993 S. 15.

155 Vgl. BFH, Urteil vom 20. 4. 1999 – VIII R 38/96, BStBl 1999 II S. 647.

156 Vgl. BFH, Urteil vom 20. 4. 1999 – VIII R 38/96, BStBl 1999 II S. 647.

157 Vgl. *Meier/Geberth*, DStR 2011 S. 733 ff.

158 Vgl. *Meier/Geberth*, DStR 2011 S. 733 ff.; *Preißer/Bressler*, BB 2011 S. 430 f.; *Preißer/Preißer*, DStR 2011 S. 133.

159 Vgl. *Prinz*, FR 2011 S. 374.

Diese Lösung knüpft an die Regelung des § 7 Abs. 1 Satz 3 EStG zur Abschreibung eines positiven derivativen Geschäftswerts an. Dieser Ansatz macht meines Erachtens nur Sinn, wenn von einem negativen Geschäfts- oder Firmenwert und nicht von einem Ausgleichsposten ausgegangen wird.[160] Mit Ablehnung des bilanziellen Ausweises eines negativen Geschäfts- oder Firmenwerts sollte die lineare Verteilung auf Basis des § 7 Abs. 1 Satz 3 EStG nicht in Betracht kommen.

3347 3. Auflösung bzw. Verrechnung mit künftigen Verlusten.

Dieser Lösungsansatz knüpft daran an, dass der negative Geschäfts- oder Firmenwert künftige Verluste verkörpert.[161] Diesen Lösungsweg befürwortet der BFH bei Erwerb eines Kommanditanteils („asset deal"), bei dem es zur Vermeidung eines Erwerbsgewinns zu einem passiven Ausgleichspostens in der Ergänzungsbilanz kam.[162] Dieser Ausgleichsposten ist gemäß BFH gegen künftige Verlustanteile des Gesellschafters erfolgserhöhend aufzulösen. Dabei ist jedoch fraglich, ob generell alle Verluste zur Verrechnung mit dem Ausgleichsposten herangezogen werden müssen oder nur solche, die aus dem übernommenen Unternehmens(teil) resultieren und im Kaufpreis berücksichtigt wurden. Sachgerecht wäre meines Erachtens Letzteres, wenngleich dies in der Praxis schwierig darstellbar ist und eine entsprechende Dokumentation bzw. Spartenrechnung voraussetzt.[163] Zudem ist anzumerken, dass diese Lösung z. B. nicht beim Erwerb von Anteilen an Kapitalgesellschaften unter Zuzahlung in Betracht kommt („share deal"), da das Trennungsprinzip die steuerliche Zurechnung von Verlusten verhindert.[164]

3348 4. Auflösung bei Liquidation der Gesellschaft bzw. Veräußerung der Anteile.

Bei diesem Lösungsansatz erfolgt weder eine planmäßige Auflösung des passivischen Ausgleichspostens noch eine Verrechnung gegen Verluste. Erst bei Beendigung des unternehmerischen Engagements, d. h. bei Liquidation der Gesellschaft beziehungsweise Veräußerung der Anteile, ist der passivische Ausgleichsposten erfolgserhöhend aufzulösen. Dieser Ansatz ist sicherlich einfach handhabbar, kann aber nur ultima ratio sein.[165] Soweit der Ausgleichsposten auf Anteile an Kapitalgesellschaften entfällt, ist meines Erachtens § 8b KStG zu berücksichtigen, d. h. im Grundfall gilt § 8b Abs. 2 i. V. m. Abs. 3 KStG.

3349–3399 *(Einstweilen frei)*

---

160 Vgl. *Sinewe/Frase*, SteuerConsultant 2011 S. 27.

161 Vgl. z. B. *Ernsting*, Wpg 1998 S. 405.

162 Vgl. BFH, Urteil vom 21. 4. 1994 – IV R 70/92, BStBl 1994 II S. 745; vgl. FG Düsseldorf, Urteil vom 15. 12. 2010 – 15 K 2784/09, EFG 2011 S. 794.

163 Vgl. *Meier/Geberth*, DStR 2011 S. 735.

164 Vgl. *Preißer/Bressler*, BB 2011 S. 431. Offengelassen: BFH, Urteil vom 26. 4. 2006 – I R 49, 50/04, BStBl 2006 II S. 656.

165 Vgl. *Prinz*, FR 2011 S. 374.

Teil B:
Bilanzierung und Bewertung bei der Gewinnermittlung nach Bilanzposten

Kapitel I:
Anlagevermögen

3. Sachanlagen

von
StB Prof. Dr. Gerrit Adrian, Frankfurt am Main

Inhaltsübersicht

Ausgewählte Literatur

Adrian/Helios, BMF-Entwurf zu Teilwertabschreibungen, voraussichtlich dauernder Wertminderung und Wertaufholung, DStR 2014 S. 721; *Beck*, Anschaffungsnaher Aufwand und das BMF-Schreiben vom 18. 7. 2003, DStR 2003 S. 1462; *Böhl/Schmidt-Naschke/Böttcher*, Besteuerung von Vermietungseinkünften bei Direktinvestitionen in Deutschland, IStR 2008 S. 651; *Dörfler/Adrian*, Steuerbilanzpolitik nach BilMoG, Ubg 2009 S. 385; *Dörfler/Adrian/Oblau*, Europäisierung des deutschen Steuerrechts durch das SEStEG, RIW 2007 S. 266; *Dörfler/Rautenstrauch/Adrian*, Das Jahressteuergesetz 2009 – Ausgewählte Aspekte der Unternehmensbesteuerung, BB 2009 S. 580; *Eisgruber*, Bauten auf fremden Grund und Boden, DStR 1997 S. 522; *Freidank/Velte*, Quo vadis Maßgeblichkeit?, StuW 2010 S. 189; *Grützner*, Gebäudeherstellungskosten, BBK 2005 S. 599; *Günkel/Teschke*, Änderungen des steuerlichen Herstellungskostenbegriffs durch das BilMoG? – Anmerkungen zum BMF-Schreiben vom 12. 3. 2010, Ubg 2010 S. 401; *Herzig/Briesemeister/Schäperclaus*, E-Bilanz – Konkretisierung, Erleichterungen, verbleibende Problembereiche, DB 2011 S. 1651; *Heß*, Investitionszulage für betriebliche Investitionen bei Bauten auf fremdem Grund und Boden, DStR 2002 S. 1169 ff.; *Hofmann*, Bilanzierung von Erbbaurechten, StuB 2009 S. 667; *Huschke/Hartwig*, Das geplante Jahressteuergesetz 2009: Auswirkungen auf Vermietungseinkünfte beschränkt steuerpflichtiger Kapitalgesellschaften, IStR 2008 S. 748; *Kahle/Heinstein*, Ansatz von Grundstücken in der Steuerbilanz, DStZ 2006 S. 825; *dies.*, Die Bewertung von Grundstücken in der Steuerbilanz, DStZ 2007 S. 93; *Kolbinger*, Bilanzsteuerrechtliche Fragen bei Ersteigerung von Grundstücken durch Grundpfandgläubiger, BB 1993 S. 2119; *Küffner/Haberstock*, „Drittaufwand": Eine Reise ins Ungewisse, DStR 2000 S. 1677; *Kußmaul/Weiler*, Bilanzsteuerliche Abschreibungswahlrechte für sog. „Geringwertige Wirtschaftsgüter" – Das BMF-Schreiben vom 30. 9. 2010: Darstellung und kritische

Würdigung, GmbHR 2011 S. 169; *Laubach/Kraus/Bornhofen*, Umsetzung der HGB-Modernisierung, DB Beilage Nr. 5/2009 S. 22; *Lenz/Dörfler/Adrian*, Änderungen bei der Zinsschranke durch das Wachstumsbeschleunigungsgesetz, Ubg 2010 S. 2; *Lindauer*, Immobilien und Steuern, Wiesbaden 2010; *Maier*, Steuerliche Behandlung kommunaler Stadt- und Mehrzweckhallen, DStR 2010 S. 198; *Moxter*, Zur bilanzrechtlichen Behandlung von Mietereinbauten nach der neueren höchstrichterlichen Rechtsprechung, BB 1998 S. 259; *Niehues*, Abschreibungen bei Mietereinbauten, DB 2006 S. 1234; *Ortmann-Babel/Zipfel*, Umsetzung des Sofortprogramms der Bundesregierung – das Wachstumsbeschleunigungsgesetz, Ubg 2009 S. 819; *Rammert/Thies*, Mit dem Bilanzrechtsmodernisierungsgesetz zurück in die Zukunft – was wird aus Kapitalerhaltung und Besteuerung?, WPg 2009 S. 43; *Richter*, Die Maßgeblichkeit der handelsrechtlichen Grundsätze ordnungsmäßiger Buchführung für die steuerliche Gewinnermittlung – Anmerkungen zum BMF-Schreiben vom 12. 3. 2010, GmbHR 2010 S. 507; *Sauren*, Die neue Rechtslage bei Mietereinbauten, DStR 1998 S. 706; *Scheffler/Glaschke*, Bilanzielle Behandlung von Baumaßnahmen an bestehenden Gebäuden, StuB 2006 S. 491; *Schoor*, AfA-Bemessungsgrundlage nach einer Einlage, BBK 2011 S. 115; *Schuster*, Wirtschaftliches Eigentum bei Bauten auf fremdem Grund und Boden, DStZ 2003 S. 371; *Söffing*, Geringwertige Wirtschaftsgüter, BB 2007 S. 1032; *Spiegelberger/Spindler/Wälzholz*, Die Immobilie im Zivil- und Steuerrecht, Köln 2008; *Spindler*, Wie geht es weiter mit dem anschaffungsnahen Aufwand?, DB 2004 S. 510; *Teschke*, Der Begriff der voraussichtlich dauernden Wertminderung bei der Teilwertabschreibung, DStZ 2006 S. 661; *Wagner/Staats*, Die Behandlung geringwertiger Wirtschaftsgüter im Handels-, Steuer- und Investitionszulagenrecht nach dem Unternehmensteuerreformgesetz 2008, DB 2007 S. 2395; *Wassermeyer*, Verliert Deutschland im Fall der Überführung von Wirtschaftsgütern in eine ausländische Betriebsstätte das Besteuerungsrecht?, DB 2006 S. 1176.

3. Sachanlagen

3.1 Grundstücke, grundstücksgleiche Rechte und Bauten einschließlich der Bauten auf fremden Grundstücken

3.1.1 Überblick

3400 Zivilrechtlich ist ein **„Grundstück"** ein einheitlicher Vermögensgegenstand.[1] Zum Grundstück gehören zivilrechtlich auch die mit diesem fest verbundenen Sachen, insbesondere Gebäude (wesentliche Bestandteile gem. §§ 93, 94 BGB). Der zivilrechtliche Begriff des Grundstücks umfasst neben unbebauten und bebauten Grundstücken auch Gebäude auf fremdem Grund und Boden sowie die grundstücksgleichen Rechte.[2] Auch in der Bilanzgliederung des § 266 HGB müssen Grundstücke nicht weiter aufgeteilt werden. Als Posten des Sachanlagevermögens führt § 266 Abs. 2 A. II 1. HGB „Grundstücke, grundstücksgleiche Rechte und Bauten einschließlich der Bauten auf fremden Grundstücken" auf.

3401 Aus (steuer)bilanzieller Sicht ist das Grundstück zwischen **Grund und Boden, Gebäuden** und **Gebäudeteilen** aufzuteilen.[3] Die Abgrenzung zwischen Grund und Boden und Gebäude ist zunächst bereits deshalb vorzunehmen, weil es sich bilanzrechtlich um zwei Wirtschaftsgüter handelt, die einzeln zu bewerten sind.[4] Während Grund und Boden ein nicht abnutzbares Wirtschaftsgut darstellt, ist ein Gebäude ein abnutzbares Wirt-

---

1 Vgl. *Grützner*, BBK 2005 S. 599.

2 Vgl. *Hoffmann/Nacke*, in: Littmann/Bitz/Pust (Hrsg.), EStG, §§ 4, 5 Rz. 159.

3 Vgl. BFH, Beschluss vom 16. 7. 1968 – GrS 7/67, BStBl 1969 II S. 108.

4 Vgl. BFH, Urteil vom 12. 7. 1979 – IV R 55/74, BStBl 1980 II S. 5.

schaftsgut. Zudem knüpfen einige spezielle Normen des EStG an Grund und Boden oder Gebäude an, z. B. steuerliche Herstellungskosten für Gebäude nach § 6 Abs. 1 Nr. 1a EStG, die Übertragung von stillen Reserven von Grund und Boden oder Gebäude nach § 6b EStG, AfA für Gebäude nach § 7 Abs. 4, 5 EStG, erhöhte Absetzungen für bestimmte Gebäude nach § 7h, 7i und 7k EStG, Erhaltungsaufwendungen bei Gebäuden nach §§ 11a und 11b EStG. Neben diesen steuerbilanziellen Aspekten ist die Unterscheidung auch für weitere steuerrechtliche Normen wie z. B. die erweiterte Kürzung nach § 9 Nr. 1 Satz 2 ff. GewStG oder umsatzsteuerliche Aspekte wichtig.[5]

Die notwendigen Abgrenzungen bei einem Grundstück enden nicht mit der Unterscheidung zwischen Gebäude sowie Grund und Boden. Bei einem Grundstück können weitere Wirtschaftsgüter zu identifizieren sein, z. B. Außenanlagen oder Betriebsvorrichtungen, die weder dem Gebäude noch dem Grund und Boden zuzurechnen sind (sog. selbständige Gebäudeteile). Dies sind Gebäudeteile, die nicht in einem einheitlichen Nutzungs- und Funktionszusammenhang mit dem Gebäude stehen und somit einem besonderen Zweck dienen.[6] **Selbständige Gebäudeteile** sind:[7] 3402

- Betriebsvorrichtungen (vgl. dazu Rz. 3458 ff.);
- Scheinbestandteile im Sinne des § 95 BGB (Bestandteile, die nur zu einem vorübergehenden Zweck mit dem Grund und Boden verbunden sind, gehören nicht zum Grundstück; Entsprechendes gilt für nur kurzfristig mit dem Gebäude verbundene Bestandteile);[8]
- Ladeneinbauten, Schaufensteranlagen, Gaststätteneinbauten, Schalterhallen von Kreditinstituten sowie ähnliche Einbauten, die einem schnellen Wandel des modischen Geschmacks unterliegen. Als Herstellungskosten dieser Einbauten kommen nur Aufwendungen für Gebäudeteile in Betracht, die statisch für das gesamte Gebäude unwesentlich sind, z. B. Aufwendungen für Trennwände, Fassaden, Passagen sowie für die Beseitigung und Neuerrichtung von nichttragenden Wänden und Decken;
- Sonstige Mietereinbauten (vgl. dazu Rz. 3438 ff.).

Neben den selbständigen Gebäudeteilen kann auch das Gebäude selbst als Mehrzahl von Wirtschaftsgütern qualifizieren. Dabei ist auf die verschiedenen Nutzungs- und Funktionszusammenhänge des Gebäudes abzustellen. Für die folgenden unterschiedlich genutzten Bereiche ist jeweils ein Wirtschaftsgut anzunehmen:[9] 3403

- Nutzung für eigenbetriebliche Zwecke,[10]
- Nutzung für fremdbetriebliche Zwecke,

5 Vgl. z. B. *Maier*, DStR 2010 S. 198 zu umsatzsteuerlichen Aspekten der steuerfreien Vermietung von Grundstücken und der steuerpflichtigen Vermietung von Betriebsvorrichtungen. Zu ertragsteuerlichen Aspekten vgl. *Böhl/Schmidt-Naschke/Böttcher*, IStR 2008 S. 651.

6 Vgl. R 4.2 Abs. 3 Satz 1 und 2 EStR.

7 Vgl. R 4.2 Abs. 3 Satz 3 EStR.

8 Vgl. R 7.1 Abs. 4 EStR.

9 Vgl. R 4.2 Abs. 4 EStR.

10 Zu eigenbetrieblichen Nutzung gehört auch die Vermietung an Arbeitnehmer des Steuerpflichtigen, vgl. R 4.2 Abs. 4 Satz 2 EStR; zur Nutzungsänderung vgl. H 4.2 Abs. 4 EStH.

- Nutzung für eigene Wohnzwecke,[11]
- Nutzung für fremde Wohnzwecke.

3404 Gebäude gehören zum **Anlagevermögen**, wenn sie auf Dauer dem Betrieb gewidmet sind. Auch Musterhäuser gehören zum Anlagevermögen.[12] Die Veräußerungsabsicht, selbst eine zum Zwecke der Veräußerung vorgenommene Parzellierung des Grund und Bodens oder eine Aufteilung des Gebäudes in Eigentumswohnungen, ändert diese Zugehörigkeit nicht.[13] Eigenbetrieblich genutzte Grundstücksteile brauchen nach § 8 EStDV nicht als Betriebsvermögen behandelt zu werden, wenn ihr Wert nicht mehr als ein Fünftel des gemeinen Werts des gesamten Grundstücks und nicht mehr als 20.500 € beträgt (sog. Grundstücksteile von untergeordnetem Wert). Maßgeblich ist dabei der Wert des Gebäudeteils zuzüglich des anteiligen Grund und Bodens.[14]

3405 Wird ein gemischt genutztes Grundstück durch einheitlichen Kaufvertrag erworben und teils mit Fremd-, teils mit Eigenmitteln finanziert, kommt es für den Zinsabzug auf die Zuordnung des Darlehens an.[15] Ist keine Zuordnung erfolgt, sind die Zinszahlungen nur im Verhältnis des betrieblich zum privat genutzten Anteils als Betriebsausgabe abziehbar. Insofern erfolgt keine vorrangige Tilgung des privat veranlassten Teils.[16]

3.1.2 Grund und Boden, unbebaute Grundstücke und grundstücksgleiche Rechte ohne Bauten

3.1.2.1 Unbebaute Grundstücke (Grund und Boden)

3406 Der zivilrechtliche Begriff des Grundstücks umfasst neben unbebauten und bebauten Grundstücken auch Gebäude auf fremdem Grund und Boden sowie die grundstücksgleichen Rechte.[17] Danach ist ein Grundstück ein räumlich abgegrenzter Teil der Erdoberfläche, der im Bestandsverzeichnis eines Grundbuchblatts ohne Rücksicht auf die Art seiner Nutzung unter einer besonderen Nummer eingetragen ist.[18] Der Begriff „Grund und Boden", der zum steuerbilanziellen Anlagevermögen gehört, ist nicht nach den Vorschriften des bürgerlichen Rechts, sondern nach steuerrechtlichen Gesichtspunkten und den Grundsätzen ordnungsmäßiger Bilanzierung und Gewinnermittlung abzugrenzen.[19] Unter „Grund und Boden" ist nur der „nackte" Grund und Boden zu verstehen.

---

11 Zu „Wohnzwecken" vgl. R 7.2 Abs. 1 bis 3 EStR.

12 Vgl. BFH, Urteil vom 31. 3. 1977 – V R 44/73, BStBl 1977 II S. 684.

13 Vgl. R 6.1 Satz 8 EStR.

14 Vgl. R 4.2 Abs. 8 EStR.

15 Vgl. dazu BMF, Schreiben vom 16. 4. 2004, BStBl 2004 I S. 464.

16 Vgl. BFH, Urteil vom 7. 11. 1991 – IV R 57/90, BStBl 1992 II S. 141. Gem. BFH, Urteil vom 20. 6. 2012 – IX R 67/10, BStBl 2013 II S. 275 können Schuldzinsen auch nach steuerbarer Veräußerung nach § 23 Abs. 1 Satz 1 Nr. 1 EStG weiterhin als (nachträgliche) Schuldzinsen abgezogen werden, wenn und soweit die Verbindlichkeiten durch den Veräußerungserlös nicht getilgt werden können.

17 Vgl. *Hoffmann/Nacke*, in: Littmann/Bitz/Pust (Hrsg.), EStG, §§ 4, 5 Rz. 159.

18 Vgl. BGH, Beschluss vom 19. 12. 1967 – BGHZ 49, S. 145.

19 Vgl. BFH, Urteil vom 14. 3. 1961 – I 17/60 S, BStBl 1961 III S. 398.

Unter den unbebauten Grundstücken ist der Grund und Boden zu erfassen, auf dem 3407
sich keine selbständig erfassbaren Gebäude oder sonstige Bauwerke und Anlagen befinden.[20] Der Grund und Boden umfasst auch den Luftraum und den Untergrund, die grundsätzlich nicht als selbständiges Wirtschaftsgut zu bilanzieren sind.[21] Bodenbestandteile, insbesondere Bodenschätze, bilden solange eine Einheit mit dem Grund und Boden, solange sie im Boden lagern und nicht abgebaut werden.[22] Bodenbestandteile sind allerdings dann als selbständiges Wirtschaftsgut neben dem Grund und Boden zu aktivieren, sobald mit ihrer Aufschließung (z. B. durch Stellung eines Antrags auf Genehmigung) oder Verwertung als Bodenschätze begonnen worden ist, zumindest aber mit dieser Verwertung unmittelbar zu rechnen ist.[23]

Typische unbebaute Grundstücke sind Reservegrundstücke, Brach- und Ödland, Gru- 3408
bengelände, Wälder, Seen, Teiche, Wiesen und Äcker.[24] Das Erbbaugrundstück, das im wirtschaftlichen Eigentum des Erbbauverpflichteten steht und auf dem der Erbbauberechtigte ein Gebäude errichtet, ist ebenso unter den unbebauten Grundstücken zu erfassen.[25] Bei Übergang des wirtschaftlichen Eigentums am Gebäude auf den Grundstückseigentümer mit Ablauf des Erbbaurechtsverhältnisses (sogenannter Heimfall) erfolgt eine Umqualifizierung zum bebauten Grundstück.[26] Entsprechendes gilt für Grundstücke, auf denen ein Pächter Bauten errichtet hat und dieser als wirtschaftlicher Eigentümer des Bauwerks, aber nicht des Grundstücks, anzusehen ist (siehe Bauten auf fremden Grundstücken).[27] Das Grundstück wird im Fall einer vertraglich vorgesehenen oder zu erwartenden späteren Übernahme des Bauwerks bei Pachtende, jedoch erst mit dem Übernahmezeitpunkt, zu einem bebauten Grundstück des Eigentümers.[28]

Besondere Anlagen auf oder im Grund und Boden, die zum beweglichen Anlagever- 3409
mögen oder zum Umlaufvermögen gehören, sind grundsätzlich als eigene Wirtschaftsgüter aktivierungspflichtig. Auch **Außenanlagen**, wie z. B. Hofbefestigungen, Umzäunungen, Grünanlagen oder Bodenbefestigungen, die Bestandteile des Bodens geworden sind, rechnen als solche zwar zum Boden, sind allerdings als selbständige unbewegliche Wirtschaftsgüter vom Grund und Boden abzugrenzen.[29] Eine Ausnahme bildet die „lebende Umzäunung" (Hecken, Büsche, Bäume) von Wohngebäuden an den Grundstücksgrenzen. Diese ist dem Gebäude zuzurechnen.[30]

---

20 Vgl. *Hoffmann/Nacke*, in: Littmann/Bitz/Pust (Hrsg.), EStG, §§ 4, 5 Rz. 159.

21 Vgl. BFH, Beschluss vom 16. 7. 1968 – GrS 7/67, BStBl 1969 II S. 108; *Spiegelberger/Wälzholz*, in: Spiegelberger/Spindler/Wälzholz (Hrsg.), Die Immobilie im Zivil- und Steuerrecht, Köln 2008, Kap. 2 Rz. 11.

22 Vgl. BFH, Urteil vom 13. 7. 2006 – IV R 51/05, BFH/NV 2006, S. 2064 m. w. N.

23 Vgl. BFH, Beschluss vom 4. 12. 2006 – GrS 1/05, BStBl 2007 II S. 508; BFH, Urteile vom 13. 7. 2006 – IV R 51/05, BFH/NV 2006, S. 2064; vom 7. 12. 1989 – IV R 1/88, BStBl 1990 II S. 317.

24 Vgl. *ADS*, Rechnungslegung und Prüfung der Unternehmen, 6. Aufl., Stuttgart 1997, § 266 Rz. 38.

25 Vgl. *ADS*, Rechnungslegung und Prüfung der Unternehmen, 6. Aufl., Stuttgart 1997, § 266 Rz. 38; *Hoffmann*, StuB 2009 S. 667.

26 Vgl. *Hoffmann*, StuB 2009 S. 667.

27 Vgl. *ADS*, Rechnungslegung und Prüfung der Unternehmen, 6. Aufl., Stuttgart 1997, § 266 Rz. 38; *Kahle/Heinstein*, in: Wysocki/Schulze-Osterloh/Henrichs/Kuhner (Hrsg.), Handbuch des Jahresabschlusses, Abteilung II/2, Rz. 27.

28 Vgl. *ADS*, Rechnungslegung und Prüfung der Unternehmen, 6. Aufl., Stuttgart 1997, § 266 Rz. 38.

29 Vgl. BFH, Beschluss vom 16. 7. 1968 – GrS 7/67, BStBl 1969 II S. 108; BFH, Urteile vom 19. 8. 1971 – V R 48/71, BStBl II 1972 S. 76; vom 15. 10. 1965 – VI 181/65 U, BStBl 1966 III S. 12.

30 Vgl. R 21.1 Abs. 3 Satz 1 EStR.

3410 Die Zugehörigkeit von unbebauten Grundstücken zum **notwendigen Betriebsvermögen** oder zum Privatvermögen richtet sich nach dem nach außen erkennbaren Nutzungswillen des Steuerpflichtigen.[31] Das Grundstück ist dem Betriebsvermögen zuzuordnen, wenn die Nutzung für betriebliche Zwecke beabsichtigt ist. Sofern nur ein Teil des Gebäudes eigenbetrieblich genutzt wird, gehört auch der Grund und Boden nur anteilig zum notwendigen Betriebsvermögen.[32] Die anteilige Zugehörigkeit des Grund und Bodens richtet sich grundsätzlich nach dem Verhältnis des Gebäudes (oder Gebäudeteils) zum Betriebsvermögen.[33]

3411 Eine bisher betrieblich genutzte und seitdem ungenutzte (freie) Grundstücksfläche, deren spätere betriebliche Nutzung möglich ist, bleibt grundsätzlich auch weiterhin **Betriebsvermögen.**[34] Eine Ausbuchung erfolgt erst bei einer von einem Entnahmewillen getragenen Entnahmehandlung. **Keine Entnahme** des Grundstücks oder eines Grundstücksteils liegt ohne Hinzutreten weiterer Umstände auch in den folgenden Fällen vor:[35]

- Erbbaurecht: Belastung eines land- und forstwirtschaftlich genutzten Grundstücks mit einem entgeltlich eingeräumten Erbbaurecht, wenn die Nutzungsänderung nicht mehr als 10 % der Gesamtfläche des Betriebs erfasst (Fläche, die im Vergleich zur Gesamtfläche von geringer Bedeutung ist).[36]
- Gebäudeabriss, wenn die betriebliche Nutzung der Freifläche möglich ist.[37]

3412 Wird hingegen auf einem bisher unbebauten Betriebsgrundstück ein zum Privatvermögen gehörendes Gebäude errichtet, wird der Grund und Boden durch die Bebauung entnommen.[38] Eine anteilige Entnahme des Grund und Bodens liegt vor, wenn auf einem Betriebsgrundstück ein Gebäude errichtet wird, das teilweise Privatvermögen ist.[39] Die notwendige Aufteilung erfolgt grundsätzlich nach den jeweils genutzten Flächen. Der Entnahmegewinn kann nach Maßgabe der §§ 13 Abs. 5, 15 Abs. 1 Satz 3 und 18 Abs. 4 Satz 1 EStG außer Ansatz bleiben.

3413 **Bodenschätze** sind zivilrechtlich wesentlicher Bestandteil des Grundstücks im Sinne des § 94 Abs. 1 BGB. Auch steuerbilanziell ist der Bodenschatz (z. B. das Kiesvorkommen) dem Grund und Boden zuzuordnen – es sei denn, der Bodenschatz wird entdeckt und betrieblich verwertet.[40] Im sogenannten Kiesgrubenbeschluss hat der Große Senat des BFH am 4. 12. 2006 entschieden, dass ein im Privatvermögen konkretisierter Bodenschatz ein materielles (nicht ein immaterielles Wirtschaftsgut) ist.[41] Tragend für die

31 Vgl. BFH, Beschluss vom 5. 3. 2002 – IV B 22/01, BStBl 2002 II S. 690.

32 Vgl. R 4.2 Abs. 7 EStR.

33 Vgl. BFH, Urteil vom 12. 7. 1979 – IV R 55/74, BStBl 1980 II S. 5.

34 Vgl. BFH, Urteil vom 6. 11. 1991 – XI R 27/90, BStBl 1993 II S. 391.

35 Vgl. H 4.3 Abs. 2 bis 4 EStH.

36 Vgl. BFH, Urteil vom 10. 12. 1992 – IV R 115/91, BStBl 1993 II S. 342.

37 Vgl. BFH, Urteil vom 6. 11. 1991 – XI R 27/90, BStBl 1993 II S. 391.

38 Vgl. H 4.3 Abs. 2 bis 4 „Grundstücke oder Grundstücksteile" EStH; vgl. auch BFH, Urteil vom 14. 5. 2009 – IV R 44/06, BStBl 2009 II S. 811.

39 Vgl. BFH, Urteil vom 24. 11. 1982 – I R 51/82, BStBl 1983 II S. 365.

40 Vgl. *Kahle/Heinstein*, DStZ 2006 S. 825; siehe auch FG Baden-Württemberg, Urteil vom 30. 4. 2012 – 6 K 3775/08, DStRE 2013 S. 582, rkr.

41 Vgl. BFH, Beschluss vom 4. 12. 2006 – GrS 1/05, DStR 2005 S. 848.

Entscheidung war, dass der Bodenschatz ein körperlicher Gegenstand ist. Die Befugnis, den Bodenschatz abzubauen (ähnlich einer Baugenehmigung), ist somit bereits Teil des Eigentumsrechts am Grundstück.

3.1.2.2 Grundstücksgleiche Rechte ohne Bauten

Grundstücksgleiche Rechte sind dingliche Rechte an einem Grundstück, die zivilrechtlich wie Grundstücke behandelt werden, im Gegensatz zu Grundstücken aber der Abnutzung durch Fristablauf unterliegen.[42] Zu den grundstücksgleichen Rechten zählen insbesondere Erbbaurechte, Dauerwohn- und Nutzungsrechte, Teileigentum sowie Abbaurechte.[43] Nicht zu den grundstücksgleichen Rechten gehören Grunddienstbarkeiten (§ 1018 BGB), der Nießbrauch (§§ 1030 ff. BGB) und die beschränkt persönlichen Dienstbarkeiten (§§ 1090 ff. BGB).[44] 3414

Bei dem **Erbbaurecht** ist mangels einer eigenen steuerlichen Definition auf den zivilrechtlichen Begriff zurückzugreifen.[45] Danach ist ein Erbbaurecht das veräußerliche und vererbliche Recht, auf oder unter der Oberfläche eines Grundstücks ein Bauwerk zu haben (§ 1 Abs. 1 ErbbauRG). Das Erbbaurecht ist als grundstücksgleiches Recht ein Wirtschaftsgut des Sachanlagevermögens.[46] Insoweit ist das Erbbaurecht kein immaterielles Wirtschaftsgut. 3415

Der zivilrechtliche Grundsatz der Zugehörigkeit des Gebäudes als wesentlicher Bestandteil des Grundstücks (siehe Rz. 3400) wird bei Errichtung eines Gebäudes durch den Erbbauberechtigten durchbrochen. Nach § 95 Abs. 1 Satz 2 BGB gehört ein Gebäude, das in Ausübung eines Rechts an einem fremden Grundstück von dem Berechtigten mit dem Grundstück verbunden worden ist, nicht zu den Bestandteilen eines Grundstücks. Ein von dem Erbbauberechtigten errichtetes Gebäude ist als wesentlicher Bestandteil des Erbbaurechts Eigentum des Erbbauberechtigten (§ 12 Abs. 1 Satz 1 ErbbauRG).[47] Eigentümer des belasteten Grundstücks bleibt grundsätzlich der Erbbauverpflichtete.[48] Ausnahmsweise ist der Erbbauberechtigte dann als wirtschaftlicher Eigen- 3416

42 Vgl. *Palandt*, BGB, 72. Aufl., München 2013, vor § 873 Rz. 3; *Ehmcke*, in: Blümich, EStG, § 6 Rz. 794; *Heno*, Jahresabschluss nach Handelsrecht, Steuerrecht und internationalen Standards (IFRS), 6. Aufl., Hamburg 2010, S. 222.

43 Vgl. *Lindauer*, Immobilien und Steuern, Wiesbaden 2010, S. 41.

44 Vgl. *ADS*, Rechnungslegung und Prüfung der Unternehmen, 6. Aufl., Stuttgart 1997, § 266 Rz. 38; *Lindauer*, Immobilien und Steuern, Wiesbaden 2010, S. 41; zur Frage der Qualifikation als Wirtschaftsgüter siehe *Anzinger*, in: HHR, EStG, § 5 Rz. 1687.

45 Vgl. *Lindauer*, Immobilien und Steuern, Wiesbaden 2010, S. 41. Zum Handelsrecht vgl. *Seidler*, BB 2014 S. 171.

46 Vgl. H 5.5 „Erbbaurecht" EStH; BFH, Urteil vom 4. 6. 1991 – X R 136/87, BStBl 1992 II S. 70. Zu den Anschaffungskosten gehören die einmaligen Aufwendungen für den Erwerb eines Erbbaurechts wie Grunderwerbsteuer, Maklerprovision, Notar- und Gerichtsgebühren, nicht aber die Erbbauzinsen. Insoweit ist zu beachten, dass mit dem Erbbaurecht ein schwebendes Dauerschuldverhältnis vorliegt, das die entgeltliche Nutzung eines Grundstücks zum Gegenstand hat. Vgl. BFH, Urteil vom 7. 4. 1994 – IV R 11/92, BStBl 1994 II S. 796. Zur Frage der Wirtschaftsguteigenschaft oder schwebendes Nutzungsverhältnis siehe auch *Weber-Grellet*, in: Schmidt, EStG, 33. Aufl., München 2013, § 5 Rz. 270; *Hoffmann*, StuB 2009 S. 667.

47 Vgl. BFH, Urteil vom 2. 5. 1984 – VIII R 276/81, BStBl 1984 II S. 820; vgl. *Buciek*, in: Blümich, EStG, § 5 Rz. 1062; *Lindauer*, Immobilien und Steuern, Wiesbaden 2010, S. 41.

48 Vgl. BFH, Urteil vom 2. 5. 1984 – VIII R 276/81, BStBl 1984 II S. 820; vgl. *Buciek*, in: Blümich, EStG, § 5 Rz. 1062; *Lindauer*, Immobilien und Steuern, Wiesbaden 2010, S. 41.

tümer des Grundstücks anzusehen, wenn Besitz, Gefahr, Nutzungen und Lasten auf ihn übergegangen sind und der rechtliche Eigentumsübergang nachfolgen soll. Dazu ist erforderlich, dass der Verkauf des Grundstücks zwischen den Beteiligten endgültig beschlossen ist und lediglich der Vollzug dieser Absicht noch von bestimmten Gegebenheiten abhängt.[49]

3.1.3 Bauten auf eigenen Grundstücken und grundstücksgleiche Rechte

3.1.3.1 Gebäudebegriff

3417 Der Begriff Bauten umfasst Gebäude und andere selbständige Grundstückseinrichtungen.[50] Das „Gebäude" wird weder im HGB noch im Ertragssteuerrecht definiert. Ertragsteuerlich sind die bewertungsrechtlichen Abgrenzungsmerkmale gemäß §§ 68 ff. BewG maßgebend.[51] Ein Gebäude ist ein Bauwerk auf eigenem oder fremdem Grund und Boden, das Menschen oder Sachen durch räumliche Umschließung Schutz gegen äußere Einflüsse gewährt, den Aufenthalt von Menschen gestattet, fest mit dem Grund und Boden verbunden, von einiger Beständigkeit und standfest ist.[52] Voraussetzung für die Qualifizierung als Gebäude ist nicht, dass das Bauwerk über die Erdoberfläche hinausragt. Unter der Erd- oder Wasseroberfläche befindliche Bauwerke wie Tiefgaragen, unterirdische Betriebsräume, Lagerkeller und Gärkeller, können ebenfalls Gebäude im Sinne des Bewertungsgesetzes sein. Dies gilt auch für Bauwerke, die ganz oder teilweise in Berghänge gebaut sind. Für den Gebäudebegriff ist ohne Bedeutung, ob sich das Bauwerk auf eigenem oder fremdem Grund und Boden befindet.[53]

Es gelten folgende Kriterien im Einzelnen:[54]

3418 **Schutz gegen äußere Einflüsse durch räumliche Umschließung:** Ein Gebäude muss einen gewissen Schutz gegen äußere Einflüsse durch eine räumliche Umschließung bieten. Dies bedingt jedoch nicht, dass das Bauwerk an allen Seiten Außenwände haben muss: Selbst wenn bei dem Bauwerk die Außenwände an sämtlichen Seiten fehlen, kann dennoch ein Gebäude vorliegen, wenn das Bauwerk nach der Verkehrsauffassung einen Raum umschließt und dadurch gegen Witterungseinflüsse schützt.[55] Somit kann auch eine Überdachung als Gebäude qualifizieren. Bei freistehenden schmalen Überdachungen und ähnlichen Schutzdächern kann ein Schutz durch räumliche Umschließung aber gemäß Erlass nicht angenommen werden, wenn die Breite der Überdachung nicht mindestens die doppelte mittlere lichte Höhe aufweist.[56] Bei Überdachungen in leichter Bauausführung (nicht hierzu gehören Bahnsteig-, Haltestellen- und Tankstellenüberdachungen) ist ein Schutz durch räumliche Umschließung nicht gewährleistet, wenn

49 Vgl. BFH, Urteil vom 2. 5. 1984 – VIII R 276/81, BStBl 1984 II S. 820; bei Leasing-Konstruktionen: BFH, Urteil vom 8. 6. 1995 – IV R 67/94, BFH/NV 1996, S. 101.

50 Vgl. *ADS*, Rechnungslegung und Prüfung der Unternehmen, 6. Aufl., Stuttgart 1997, § 266 Rz. 42.

51 Vgl. R 7.1. Abs. 5 EStR.

52 Vgl. BFH, Urteil vom 28. 5. 2003 – II R 41/01, BStBl 2003 II S. 693; BFH, Erlass vom 15. 3. 2006, BStBl 2006 I S. 314, Tz. 2.2.; gleichlt. Erlass vom 5. 6. 2013, BStBl 2013 I S. 734 Tz. 2.2.

53 Vgl. gleichlt. Ländererlass vom 5. 6. 2013, BStBl 2013 I S. 734 Tz. 2.2.

54 Vgl. gleichlt. Ländererlass vom 5. 6. 2013, BStBl 2013 I S. 734 Tz. 2.3.

55 Vgl. BFH, Urteil vom 28. 9. 2000 – III R 26/99, BStBl 2001 II S. 137.

56 Vgl. gleichlt. Ländererlass vom 5. 6. 2013, BStBl 2013 I S. 734 Tz. 2.3.

die überdachte Fläche, unabhängig von der Höhe, nicht mehr als 30 qm beträgt. Sind Überdachungen nach diesen Grundsätzen nicht als Gebäude anzusehen, ist zu prüfen, ob eine Außenanlage oder eine Betriebsvorrichtung vorliegt.[57]

Aufenthalt von Menschen: Für den möglichen Aufenthalt von Menschen muss das Bauwerk durch einen normalen Eingang, z. B. Türen, betreten werden können. Behelfsmäßige Eintrittsmöglichkeiten wie Luken, Leitern und schmale Stege genügen nicht. Das Bauwerk muss nicht zum Aufenthalt von Menschen bestimmt sein, aber der Aufenthalt von Menschen darf nicht nur vorübergehend möglich sein.[58] Dies ist z. B. bei selbsttragenden Stahl-Glas-Konstruktionen zur Präsentation von Personenkraftwagen (Tower) sowie für Imbisse und Kioske der Fall.[59] 3419

Insbesondere die folgenden Einflüsse berühren nicht die Gebäudeeigenschaft:[60] 3420

- Bauliche Unzulänglichkeiten (z. B. schlechte Entlüftung oder Lichtverhältnisse)
- Betrieblich hervorgerufene Einwirkungen, die auf Dauer zu gesundheitlichen Schäden führen können (z. B. Fälle, in denen Masken oder Schutzkleidung getragen werden müssen)
- Vorübergehend nicht möglicher Aufenthalt während eines Betriebsvorgangs (z. B. bei Versuchen oder gewissen Arbeitsvorgängen in Laboratorien)
- Möglichkeit des Aufenthalts allein auf bestimmten Vorrichtungen, die nur zur Bedienung oder Wartung der Maschinen bestimmt sind (z. B. Arbeitsbühnen)
- Hoher Lärmpegel, wenn das Tragen eines entsprechenden Gehörschutzes die Schalleinwirkungen auf das menschliche Ohr unter den arbeitsschutzrechtlich zulässigen Höchstwert absenkt.

Keine Gebäude sind hingegen Bauwerke, in denen eine besonders hohe oder niedrige Temperatur herrscht und die deshalb während des laufenden Betriebsvorgangs einen Aufenthalt von Menschen nicht oder nur kurzfristig mit Schutzkleidung (z. B. für Inspektionsgänge) zulassen.[61] Bei kleinen Bauwerken, die Betriebsvorrichtungen enthalten und nicht mehr als 30 qm Grundfläche haben (insbesondere Transformatorenhäuschen, kleinen Rohrnetzstationen oder Pumphäuschen, ebenso Türme von Windkraftanlagen), wird eine nur vorübergehende Aufenthaltsmöglichkeit angenommen. Sie sind ohne weitere Prüfung als Betriebsvorrichtungen anzusehen.[62] Bei der Beurteilung, ob Gebäudeteile zum Aufenthalt von Menschen geeignet sind, kommt es aber nicht nur auf die Größenverhältnisse der Bauteile an, sondern auch auf die Intensität der Nutzung. Somit sind auch kleine Bauwerke nicht grundsätzlich aus der Gebäudedefinition ausgenommen.[63] 3421

57 Gleichlt. Ländererlass vom 5. 6. 2013, BStBl 2013 I S. 734 Tz. 2.3.

58 Vgl. BFH, Urteile vom 18. 3. 1987 – II R 222/84, BStBl 1987 II S. 551; vom 15. 6. 2005 – II R 67/04, BStBl 2005 II S. 688; s. a. gleichlt. Ländererlass vom 5. 6. 2013, BStBl 2013 I S. 734, Tz. 2.4.

59 Vgl. gleichlt. Ländererlass vom 5. 6. 2013, BStBl 2013 I S. 734, Tz. 2.4.

60 Vgl. gleichlt. Ländererlass vom 5. 6. 2013, BStBl 2013 I S. 734, Tz. 2.4.

61 Vgl. BFH, Urteil vom 30. 1. 1991 – II R 48/88, BStBl 1991 II S. 618; s. aber zu Tiefkühllager als Gebäude BFH, Urteil vom 7. 4. 2011 – III R 8/09, BFH/NV 2011 S. 1187.

62 Vgl. gleichlt. Ländererlass vom 5. 6. 2013, BStBl 2013 I S. 734, Tz. 2.4.

63 Vgl. gleichlt. Ländererlass vom 5. 6. 2013, BStBl 2013 I S. 734, Tz. 2.4.

3422 **Feste Verbindung mit dem Grund und Boden:** Eine feste Verbindung eines Bauwerks mit dem Grund und Boden setzt grundsätzlich ein Fundament voraus, mit dem das Bauwerk fest mit dem Grund und Boden verankert wird und damit nicht mehr jederzeit versetzbar und transportabel ist.[64] Auf die Tiefe, die Art und das Material der Fundamente kommt es nicht an.[65] Eine feste Verbindung mit dem Grund und Boden ist auch dann anzunehmen, wenn das Bauwerk nur infolge der eigenen Schwere auf dem Fundament ruht und keine Verankerung zwischen Fundament und Bauwerk erfolgt.[66] Bei Beton-Fertiggaragen und vergleichbaren Bauwerken kann eine feste Verbindung mit dem Grund und Boden bereits durch das Eigengewicht gegeben sein.[67] Ebenso ausreichend ist eine „mittelbare" Verbindung mit dem Grund und Boden dergestalt, dass ein selbständiges Gebäude auf einem anderen Bauwerk steht und mit diesem und das andere Bauwerk mit dem Grund und Boden fest verbunden ist.[68] Eine feste Verbindung mit dem Grund und Boden wird auch dann angenommen, wenn bei Bauwerken entweder eine auf Dauer angelegte Nutzung (mindestens sechs Jahre) gegeben ist oder aufgrund der Zweckbestimmung eine dauernde Nutzung zu erwarten ist.[69]

3423 Sind Bauwerke hingegen nach ihrer baulichen Gestaltung zur Verwendung auf stets wechselnden Einsatzstellen vorgesehen und ohne größere bauliche Maßnahmen jederzeit versetzbar und transportabel, fehlt es dagegen an der für den Gebäudebegriff immanenten Ortsfestigkeit.[70] Ebenfalls nicht ausreichend ist eine bloße Versorgungsleitung.[71]

3424 Ein **Container** ist nach diesen Grundsätzen ein Gebäude, wenn der Container nach seiner individuellen Zweckbestimmung für eine dauernde Nutzung an einem Ort aufgestellt ist und seine Beständigkeit auch im äußeren Erscheinungsbild deutlich wird.[72] Ein Bürocontainer, der auf einem festen Fundament ruht, ist ein Gebäude. Aber auch ein nur auf loseverlegten Kanthölzern aufgestellter Container kann ein Gebäude sein. Bei einem Baustellencontainer, der seiner baulichen Gestaltung nach zur Verwendung auf stets wechselnden Einsatzstellen vorgesehen ist, handelt es sich mangels Ortsfestigkeit hingegen nicht um ein Gebäude.[73]

3425 **Beständigkeit:** Ein Bauwerk muss von einiger „Beständigkeit" sein, um als Gebäude zu qualifizieren. Die Beständigkeit richtet sich allein nach der Beschaffenheit (Material)

64 Vgl. BFH, Urteile vom 23. 9. 1988 – III R 67/85, BStBl 1989 II S. 113; vom 25. 4. 1996 – III R 47/93, BStBl 1996 II S. 613; zur schwimmenden Anlage vgl. BFH, Urteil vom 26. 10. 2011 – II R 27/10, BStBl 2012 II S. 274; zum Verkaufspavillon vgl. FG Rheinland-Pfalz, Urteil vom 18. 3. 2011 – 4 K 2522/08, EFG 2012 S. 1118.

65 Vgl. BFH, Urteil vom 10. 6. 1988 – III R 65/84, BStBl 1988 II S. 847.

66 Vgl. BFH, Urteil vom 18. 6. 1986 – II R 222/83, BStBl 1986 II S. 787.

67 Vgl. BFH, Urteil vom 4. 10. 1978 – II R 15/77, BStBl 1979 II S. 190.

68 Vgl. gleichlt. Ländererlass vom 5. 6. 2013, BStBl 2013 I S. 734, Tz. 2.5.

69 Vgl. BFH, Urteil vom 23. 9. 1988 – III R 67/85, BStBl 1989 II S. 113.

70 Vgl. BFH, Urteil vom 18. 6. 1986 – II R 222/83, BStBl 1986 II S. 787.

71 Vgl. gleichlt. Ländererlass vom 5. 6. 2013, BStBl 2013 I S. 734, Tz. 2.5.

72 Vgl. BFH, Urteil vom 23. 9. 1988 – III R 67/85, BStBl 1989 II S. 113.

73 Vgl. BFH, Urteil vom 18. 6. 1986 – II R 222/83, BStBl 1986 II S. 787.

des Bauwerks. Ob das Bauwerk nur zu einem vorübergehenden Zweck errichtet wurde, z. B. für Zwecke einer Ausstellung, ist nicht entscheidend.[74]

Standfestigkeit: Als letztes für ein Gebäude zu erfüllendes Kriterium muss das Bauwerk standfest sein. Im Grundsatz muss ein Gebäude so gebaut sein, dass es bei Entfernung sämtlicher als Betriebsvorrichtungen zu qualifizierenden Bestandteile (siehe dazu Rz. 3458 ff.) nicht einstürzt.[75] Bauteile wie Fundamente, Stützen, Mauervorlagen und Verstrebungen, die der Standfestigkeit des Gebäudes, aber auch einer Betriebsvorrichtung dienen, werden zum Gebäude gerechnet.[76] Die Standfestigkeit darf sich aber nicht aus Stützen und sonstigen Bauteilen wie Mauervorlagen und Verstrebungen ergeben, die ausschließlich zu einer Betriebsanlage gehören.[77] 3426

3.1.3.2 Aufteilung in selbständige Gebäudeteile

Ein Gebäude stellt grundsätzlich ein einheitliches Wirtschaftsgut dar.[78] Bei unterschiedlicher Nutzung des Gebäudes hat jedoch eine Aufteilung in jeweils selbständige Wirtschaftsgüter (Gebäudeteile) zu erfolgen. Dabei ist zu unterscheiden, ob das Gebäude zu eigen- oder fremdbetrieblichen Zwecken, zu eigenen oder fremden Wohnzwecken genutzt wird. Aufgrund des unterschiedlichen Nutzungs- oder Funktionszusammenhangs des Gebäudes ist jeder der vier unterschiedlich genutzten Gebäudeteile ein besonderes Wirtschaftsgut.[79] Auf einen getrennten Ausweis in der Bilanz kommt es nicht an.[80] Gebäudeteile, die demselben Zweck dienen, sind grundsätzlich als ein Wirtschaftsgut zusammenzufassen.[81] 3427

Ein Gebäude wird **eigenbetrieblich** genutzt, soweit es der Erzielung von Gewinneinkünften dient; dazu zählt auch die Vermietung an Arbeitnehmer mit der Folge, dass notwendiges Betriebsvermögen gegeben ist.[82] **Fremdbetriebliche** Nutzung liegt vor, soweit das Gebäude an einen anderen überlassen ist und von diesem zur Erzielung von Gewinneinkünften oder für eine hoheitliche Tätigkeit genutzt wird.[83] Die Begriffe Nutzung „zu eigenen bzw. zu fremden Wohnzwecken" sind entsprechend auszulegen.[84] Die aufgrund unterschiedlicher Nutzungszwecke entstandenen Wirtschaftsgüter können unabhängig voneinander dem Betriebs- oder dem Privatvermögen zugeordnet werden:[85] 3428

74 Vgl. BFH, Urteil vom 24. 5. 1963 – III 140/60 U, BStBl 1963 III S. 376; gleichlt. Ländererlass vom 5. 6. 2013, BStBl 2013 I S. 734, Tz. 2.6.

75 Vgl. BFH, Urteil vom 13. 6. 1969 – III R 132/67, BStBl 1969 II S. 612; gleichlt. Ländererlass vom 5. 6. 2013, BStBl 2013 I S. 734, Tz. 2.7.

76 Vgl. gleichlt. Ländererlass vom 5. 6. 2013, BStBl 2013 I S. 734, Tz. 2.7.

77 Gleichlt. Ländererlass vom 5. 6. 2013, BStBl 2013 I S. 734, Tz. 2.7.

78 Vgl. *Lindauer*, Immobilien und Steuern, Wiesbaden 2010, S. 44.

79 Vgl. R 4.2 Abs. 4 Satz 1 EStR; BFH, Beschluss vom 26. 11. 1973 – GrS 5/71, BStBl 1974 I S. 132.

80 Vgl. BFH, Urteil vom 15. 7. 1983 – III R 27/80, BStBl 1983 II S. 689.

81 Vgl. *Buciek*, in: Blümich, EStG, § 5 Rz. 422; *Kahle/Heinstein*, DStZ 2006 S. 827.

82 Vgl. R 4.2 Abs. 4 Satz 2 EStR, H 4.2 Abs. 7 EStH.

83 Vgl. R 4.2 Abs. 4 Satz 3 EStR.

84 Vgl. *Buciek*, in: Blümich, EStG, § 5 Rz. 422; zu „Wohnzwecken" vgl. R 7.2 Abs. 1 bis 3 EStR.

85 R 4.2 Abs. 6, Abs. 9 EStR; vgl. *Heno*, Jahresabschluss nach Handelsrecht, Steuerrecht und internationalen Standards (IFRS), 6. Aufl., Hamburg 2010, S. 224.

- eigenbetrieblich genutzte Gebäudeteile: notwendiges Betriebsvermögen
- zu eigenen Wohnzwecken genutzte Gebäudeteile: notwendiges Privatvermögen
- fremdbetrieblich genutzte Gebäudeteile: gewillkürtes Betriebs- oder Privatvermögen
- zu fremden Wohnzwecken genutzte Gebäudeteile: gewillkürtes Betriebs- oder Privatvermögen

3429 Allerdings ist jedes Wirtschaftsgut einheitlich entweder dem Betriebs- oder Privatvermögen zuzurechnen.[86]

3.1.3.3 Abgrenzungen

3.1.3.3.1 Unselbständige Gebäudeteile

3430 Gebäude sind grundsätzlich als Einheit zu erfassen.[87] Nach diesem Grundsatz umfasst das einheitliche Wirtschaftsgut „Gebäude" auch alle ihm zuordenbaren unselbständigen Bestandteile.[88] Davon zu unterscheiden sind die selbständigen Gebäudeteile. Die Abgrenzung zwischen unselbständigen und selbständigen Bestandteilen eines Gebäudes erfolgt danach, ob ein einheitlicher Nutzungs- und Funktionszusammenhang zwischen Bestandteil und Gebäude besteht.[89]

3431 Gebäudeteile, die in einem einheitlichen **Nutzungs- und Funktionszusammenhang** zu dem Gebäude stehen, gelten als unselbständige Gebäudeteile.[90] Auch räumlich vom Gebäude getrennt errichtete Baulichkeiten sind unselbständige Gebäudeteile, sofern sie in einem so engen Nutzungs- und Funktionszusammenhang mit dem Gebäude stehen, dass das Gebäude ohne sie als unvollständig erscheint.[91]

3432 **BEISPIELE:**[92]

- **Bäder**, Schwimmbecken und Duschen eines Hotelbetriebs.
- **Beleuchtungsanlagen** (ausgenommen Spezialbeleuchtungsanlagen, die nicht zur Gebäudebeleuchtung erforderlich sind).
- **Garagen:** Garagen sind grundsätzlich als unselbständige Gebäudeteile zu qualifizieren. Nachträglich errichtete Garagen sind allerdings selbständige Wirtschaftsgüter, wenn ihre Errichtung nicht Bestandteil der Baugenehmigung für das Mietwohngebäude war und kein enger Zusammenhang zwischen der Wohnungsnutzung und den Garagen besteht.[93] Dies ist z. B. der Fall, wenn die Anzahl der Garagen die Anzahl der Wohnungen deutlich überschreitet und die Garagen (zumindest teilweise) an Dritte vermietet werden.

---

86 Vgl. *Buciek*, in: Blümich, EStG, § 5 Rz. 433.
87 Vgl. BFH, Beschluss vom 26. 11. 1973 – GrS 5/71, BStBl 1974 II S. 132.
88 Vgl. *Lindauer*, Immobilien und Steuern, Wiesbaden 2010, S. 44.
89 Vgl. BFH, Beschluss vom 26. 11. 1973 – GrS 5/71, BStBl 1974 II S 132.
90 Vgl. BFH, Beschluss vom 26. 11. 1973 – GrS 5/71, BStBl 1974 II S 132; R 4.2 Abs. 5 EStR.
91 Vgl. R 4.2 Abs. 5 EStR.
92 Vgl. H 4.2 Abs. 5 EStH; gleichlt. Ländererlass vom 5. 6. 2013, BStBl 2013 I S. 734, Tz. 3.6.
93 Vgl. H 7.1 EStH.

- **Heizungsanlagen**, Be- und Entlüftungsanlagen, Klimaanlagen, Warmwasseranlagen und Müllschluckanlagen, sofern sie nicht als Betriebsvorrichtungen qualifizieren.
- **Personenaufzüge**, Rolltreppen oder Fahrtreppen zur Bewältigung des Publikumsverkehrs.
- **Umzäunung**.[94]

3.1.3.3.2 Selbständige Gebäudeteile

Selbständige Gebäudeteile definieren sich dadurch, dass sie nicht in einem einheitlichen Nutzungs- und Funktionszusammenhang mit dem Gebäude stehen.[95] Ein Gebäudeteil ist selbständig, wenn es besonderen Zwecken dient, also in einem von der eigentlichen Gebäudenutzung verschiedenen Nutzungs- und Funktionszusammenhang steht.[96] Sie sind bilanziell von dem Gebäude zu separieren und gesondert unter einem anderen, entsprechenden Posten der Sachanlagen – etwa unter „technische Anlagen und Maschinen" oder „Andere Anlagen, Betriebs- und Geschäftsausstattung" – auszuweisen.[97] Nach R 4.2 Abs. 3 EStR sind selbständige Gebäudeteile: 3433

1. Betriebsvorrichtungen,
2. Scheinbestandteile,
3. Ladeneinbauten,
4. sonstige Mietereinbauten,
5. sonstige selbständige Gebäudeteile (vgl. Rz. 3427 ff. Aufteilung aufgrund unterschiedlichen Nutzungszwecks).

Betriebsvorrichtungen: Mangels einer eigenständigen ertragsteuerlichen Definition der Betriebsvorrichtungen wird auf die Abgrenzungsgrundsätze des Bewertungsgesetzes abgestellt.[98] Nach § 68 Abs. 2 Nr. 2 BewG sind Maschinen und sonstige Vorrichtungen aller Art, die zu einer Betriebsanlage gehören, Betriebsvorrichtungen (vgl. ausführlich zu Betriebsvorrichtungen Rz. 3458 ff.). Dies sind nicht nur Maschinen oder maschinenähnliche, sondern alle Vorrichtungen, mit denen ein Gewerbe unmittelbar betrieben wird.[99] Dabei genügt es nicht, dass eine Anlage zu einem gewerblichen Betrieb gehört oder sie für die Ausübung des konkret im Gebäude ausgeübten Gewerbebetriebs nützlich, notwendig oder vorgeschrieben ist. Erforderlich ist vielmehr, dass die Anlage in einer besonderen Beziehung zum gegenwärtig im Gebäude ausgeübten Betrieb steht, mithin ihr in Bezug auf die Ausübung des Gewerbebetriebs eine ähnliche Funktion wie einer Maschine zukommt.[100] Betriebsvorrichtungen sind selbständige Wirtschaftsgüter, 3434

94 Vgl. auch H 6.4 EStH.

95 Vgl. BFH, Beschluss vom 26. 11. 1973 – GrS 5/71, BStBl 1974 II S. 132.

96 Vgl. R 4.2 Abs. 3 EStR.

97 Vgl. *Kahle/Heinstein*, in: Wysocki/Schulze-Osterloh/Henrichs/Kuhner (Hrsg.), Handbuch des Jahresabschlusses, Abteilung II/2, Rz. 27; *Marx/Dallmann*, in: Baetge/Kirsch/Thiele (Hrsg.), Bilanzrecht, § 266 Rz. 54.2.

98 Vgl. *Lindauer*, Immobilien und Steuern, Wiesbaden 2010, S. 46; gleichlt. Ländererlass vom 5. 6. 2013, BStBl 2013 I S. 734, Tz. 1.1.

99 Vgl. gleichlt. Ländererlass vom 5. 6. 2013, BStBl 2013 I S. 734, Tz. 1.3.

100 Vgl. BFH, Urteil vom 11. 12. 1991 – II R 14/89, BStBl 1992 II S. 278 m. w. N.

da sie nicht in einem einheitlichen Nutzungs- und Funktionszusammenhang mit dem Gebäude stehen. Sie sind bewegliche Wirtschaftsgüter, ungeachtet davon, ob sie wesentliche Bestandteile des Grundstücks sind.[101] Als bewegliche Wirtschaftsgüter sind sie entweder unter „Technische Anlagen und Maschinen" oder „Andere Anlagen, Betriebs- und Geschäftsausstattung" auszuweisen.[102]

3435 Erfüllt ein Bauwerk alle Kriterien eines Gebäudes (vgl. dazu Rz. 3418 ff.), kann keine Betriebsvorrichtung vorliegen.[103] Allerdings können einzelne Bestandteile des Gebäudes, unabhängig von ihrer zivilrechtlichen Zugehörigkeit zum Gebäude, steuerrechtlich als Betriebsvorrichtungen qualifizieren.[104] Erfüllt ein Bauwerk nicht alle Kriterien eines Gebäudes, muss aber nicht zwingend eine Betriebsvorrichtung vorliegen. Es ist weiter zu differenzieren, ob ein unselbständiger Gebäudeteil oder eine Außenanlage vorliegt.[105]

3436 **Scheinbestandteile:** Scheinbestandteile im Sinne des § 95 BGB sind selbständige Gebäudeteile. Scheinbestandteile sind Bestandteile, die nur zu einem **vorübergehenden Zweck** mit dem Grund und Boden verbunden sind; sie gehören somit nicht zum Grundstück. Entsprechendes gilt für nur kurzfristig mit dem Gebäude verbundene Bestandteile.[106] **Einbauten** zu vorübergehenden Zwecken sind auch die vom Steuerpflichtigen für seine eigenen Zwecke vorübergehend eingefügten Anlagen sowie die vom Vermieter oder Verpächter zur Erfüllung besonderer Bedürfnisse des Mieters oder Pächters eingefügten Anlagen, deren Nutzungsdauer nicht länger als die Laufzeit des Vertragsverhältnisses ist (R 7.1 Abs. 4 EStR).[107] Wirtschaftsgüter werden nur zu einem vorübergehenden Zweck eingefügt, wenn ihre Nutzungsdauer länger ist als die Nutzungsdauer, für die sie eingebaut werden, sie auch nach ihrem Ausbau noch einen beachtlichen Wiederverwendungswert repräsentieren und, abhängig von Art und Zweck der Verbindung, damit gerechnet werden kann, dass sie später wieder entfernt werden.[108] Als bewegliche Wirtschaftsgüter sind Scheinbestandteile entweder unter „Technische Anlagen und Maschinen" oder „Andere Anlagen, Betriebs- und Geschäftsausstattung" auszuweisen.[109]

3437 **Ladeneinbauten:** Ladeneinbauten sind selbständige Gebäudeteile, da sie einen vom Gebäude unterschiedlichen Nutzungs- und Funktionszusammenhang haben.[110] Dies gilt ebenso für Schaufensteranlagen, Gaststätteneinbauten, Schalterhallen von Kreditinstituten sowie ähnliche Einbauten, die einem schnellen Wandel des modischen Geschmacks unterliegen. Sie sind dann selbständige unbewegliche Wirtschaftsgüter,

---

101 Vgl. R 7.1 Abs. 3 EStR.

102 Vgl. *Marx/Dallmann*, in: Baetge/Kirsch/Thiele (Hrsg.), Bilanzrecht, § 266 Rz. 54.4.

103 Vgl. gleichlt. Ländererlass vom 5. 6. 2013, BStBl 2013 I S. 734, Tz. 1.2.

104 Vgl. *Lindauer*, Immobilien und Steuern, Wiesbaden 2010, S. 46.

105 Vgl. gleichlt. Ländererlass vom 5. 6. 2013, BStBl 2013 I S. 734, Tz. 1.2.

106 Vgl. R 7.1 Abs. 4 EStR; vgl. auch *Eisgruber*, DStR 1997 S. 522.

107 Vgl. BFH, Beschluss vom 26. 11. 1973 – GrS 5/71, BStBl 1974 II S. 132.

108 Vgl. H 7.1 EStH; BFH, Urteile vom 24. 11. 1970 – VI R 143/69, BStBl 1971 II S. 157; vom 4. 12. 1970 – VI R 157/68, BStBl 1971 II S. 165.

109 Vgl. *Marx/Dallmann*, in: Baetge/Kirsch/Thiele (Hrsg.), Bilanzrecht, § 266 Rz. 54.4.

110 Vgl. *Hoffmann/Nacke*, in: Littmann/Bitz/Pust (Hrsg.), EStG, §§ 4, 5 Rz. 163a.

wenn sie bei wirtschaftlicher Betrachtung einen eigenen Rentabilitätsfaktor verkörpern und vom Gebäude klar abgrenzbar sind.[111] Dabei ist es unerheblich, ob ein solches Wirtschaftsgut schon beim Neubau oder erst bei einem Umbau oder Wiederaufbau mit dem Gebäude verbunden worden ist.[112] Als Herstellungskosten dieser Einbauten kommen nur Aufwendungen für Gebäudeteile in Betracht, die statisch für das gesamte Gebäude unwesentlich sind, z. B. Aufwendungen für Trennwände, Fassaden, Passagen sowie für die Beseitigung und Neuerrichtung von nichttragenden Wänden und Decken.[113]

Sonstige Mietereinbauten: Mietereinbauten und Mieterumbauten sind Baumaßnahmen, die der Mieter eines Gebäudes oder Gebäudeteils auf eigene Rechnung an dem gemieteten Gebäude oder Gebäudeteil vornehmen lässt, wenn die Aufwendungen des Mieters nicht Erhaltungsaufwand sind.[114] Gemäß H 4.2 Abs. 3 EStH sind Mietereinbauten und -umbauten unter folgenden Voraussetzungen in der Bilanz des Mieters zu aktivieren:[115] 3438

- Bei dem Mietereinbau/-umbau handelt es sich um ein gegenüber dem Gebäude **selbständiges Wirtschaftsgut.**[116] Dazu ist notwendig, dass die Wirtschaftsgüter in einem vom Gebäude verschiedenen Funktionszusammenhang oder im wirtschaftlichen Eigentum des Mieters stehen.
- Der Mieter muss für den Mietereinbau/-umbau Herstellungskosten aufgewendet haben.[117]
- Das Wirtschaftsgut muss dem Betriebsvermögen des Mieters zuzurechnen sein.
- Die Nutzung des Mietereinbaus durch den Mieter muss sich erfahrungsgemäß über einen Zeitraum von mehr als einem Jahr erstrecken.

Für Mietereinbauten bejaht die Rechtsprechung **wirtschaftliches Eigentum**, wenn der Mieter während der Mietzeit den Eigentümer wirtschaftlich von Einwirkungen auf die Einbauten ausschließen kann und bei Beendigung des Nutzungsverhältnisses einen Anspruch auf eine Entschädigung in Höhe des Restwertes der Einbauten besitzt.[118] Denn damit steht der jeweilige Wert der Einbauten zu jedem gedachten Zeitpunkt des Mietvertrages dem Mieter zu. 3439

Mietereinbauten und -umbauten können Scheinbestandteile, Betriebsvorrichtungen oder sonstige Mietereinbauten oder -umbauten sein.[119] Das gegenüber dem Gebäude selbständige Wirtschaftsgut kann beweglich oder unbeweglich sein. Ein **bewegliches Wirtschaftsgut** liegt vor, wenn der Mieter sachenrechtlicher Eigentümer ist (**Schein-** 3440

111 Vgl. BFH, Beschluss vom 26. 11. 1973 – GrS 5/71, BStBl 1974 II S. 132; BFH, Urteil vom 29. 3. 1965 – I 411/61 U, BStBl 1965 III S. 291.

112 Vgl. BFH, Urteil vom 29. 3. 1965 – I 411/61 U, BStBl 1965 III S. 291.

113 Vgl. R 4.2 Abs. 3 EStR.

114 Vgl. BMF, Schreiben vom 15. 1. 1976, BStBl 1976 I S. 66; siehe auch *Moxter*, BB 1998 S. 259.

115 Vgl. auch BFH, Urteil vom 15. 10. 1996 – VIII R 44/94, BStBl 1997 II S. 533.

116 Vgl. auch BFH, Urteil vom 28. 7. 1993 – I R 88/92, BStBl 1994 II S. 164.

117 Vgl. BFH, Urteil vom 11. 6. 1997 – XI R 77/96, BStBl 1997 II S. 774.

118 Vgl. BFH, Urteil vom 20. 11. 2003 – III R 4/02, BStBl 2004 II S. 305.

119 Vgl. BMF, Schreiben vom 15. 1. 1976, BStBl 1976 I S. 66, Tz. 1.

bestandteil nach § 95 BGB) oder eine **Betriebsvorrichtung** nach § 68 Abs. 2 Nr. 2 BewG besteht.[120] Sie können in der Bilanz unter „Andere Anlagen, Betriebs- und Geschäftsausstattung" (eingebaute Ladentheken oder Zwischenwände) oder „Technische Anlagen und Maschinen" ausgewiesen werden.[121] Scheinbestandteile sind Bestandteile, die nur zu einem vorübergehenden Zweck mit dem Grund und Boden verbunden sind. Sie gehören nicht zum Grundstück; Entsprechendes gilt für nur kurzfristig mit dem Gebäude verbundene Bestandteile. Ein vorübergehender Zweck ist nach der Rechtsprechung des BFH anzunehmen, wenn die Nutzungsdauer der eingefügten Sachen länger als die voraussichtliche Mietdauer ist und nach den gesamten Umständen damit gerechnet werden kann, dass die eingebauten Sachen später wieder entfernt werden.[122] Als **Betriebsvorrichtungen** sind gemäß § 68 Abs. 2 Nr. 2 BewG Maschinen und sonstige Vorrichtungen aller Art, die zu einer Betriebsanlage gehören, auch wenn sie wesentliche Bestandteile des Grundstücks darstellen (vgl. ausführlich zu Betriebsvorrichtungen Rz. 3458 ff.). Sofern es sich bei den Aufwendungen des Mieters um eine Betriebsvorrichtung handelt, ist diese steuerbilanziell nicht Teil des Gebäudes, sondern als selbständiges Wirtschaftsgut zu aktivieren. **Sonstige Mietereinbauten und -umbauten** liegen vor, wenn durch die Aufwendungen des Mieters weder ein Scheinbestandteil noch eine Betriebsvorrichtung entsteht.[123]

3441 Sonstige Mietereinbauten und -umbauten, die ein Mieter in gemieteten Räumen auf eigene Rechnung vornimmt, sind als materielle, dem Mieter zuzurechnende Wirtschaftsgüter zu aktivieren und zwar als **unbewegliche Wirtschaftsgüter** unter dem Gesichtspunkt des besonderen Nutzungs- und Funktionszusammenhangs oder des wirtschaftlichen Eigentums.[124] Sofern sie Gebäudesubstanzen enthalten, sind sie den „Bauten auf fremdem Grund und Boden" zuzuordnen.[125] Dies trifft z. B. auf eine Zwischendecke zu, die als selbständiges unbewegliches Wirtschaftsgut (selbständiger Gebäudeteil) dem Mieter zuzurechnen ist.[126] In diesem Fall liegt weder ein Scheinbestandteil noch eine Betriebsvorrichtung vor. Auch ist der Mieter nicht wirtschaftlicher Eigentümer. Dennoch erfolgt eine Aktivierung beim Mieter, weil die Aufwendungen unmittelbar den besonderen betrieblichen oder beruflichen Zwecken des Mieters dienen und mit dem Gebäude nicht in einem einheitlichen Nutzungs- und Funktionszusammenhang stehen.[127] Dafür ist ein unmittelbarer sachlicher Zusammenhang mit dem Betrieb notwendig; ein daneben stehender Zusammenhang mit dem Gebäude tritt in diesen Fällen zurück. Insoweit ist nicht von Bedeutung, dass die Aufwendungen – hätte sie der Eigentümer getragen – bei diesem nicht zur Entstehung selbständiger Gebäudeteile geführt hätten, sondern als unselbständige Gebäudeteile einheitlich mit dem Gebäude abzuschreiben wären. Beispiele:[128]

120 Vgl. BFH, Urteil vom 11. 6. 1997 – XI R 77/96, BStBl 1997 II S. 774.
121 Vgl. *Marx/Dallmann*, in: Baetge/Kirsch/Thiele (Hrsg.), Bilanzrecht, § 266 Rz. 54.4.
122 Vgl. BFH, Urteil vom 20. 11. 2003 – III R 4/02, BStBl 2004 II S. 305.
123 Vgl. BMF, Schreiben vom 15. 1. 1976, BStBl 1976 I S. 66, Tz. 4.
124 Vgl. H 4.2. Abs. 4 EStH; BFH, Urteil vom 11. 6. 1997 – XI R 77/96, BStBl 1997 II S. 774.
125 Vgl. *Marx/Dallmann*, in: Baetge/Kirsch/Thiele (Hrsg.), Bilanzrecht, § 266 Rz. 54.4.
126 Vgl. BFH, Urteil vom 11. 12. 1987 – III R 191/85, BStBl 1988 II S. 300.
127 Vgl. BMF, Schreiben vom 15. 1. 1976, BStBl 1976 I S. 66.
128 Vgl. BMF, Schreiben vom 15. 1. 1976, BStBl 1976 I S. 66.

- Der Mieter entfernt Zwischenwände und schafft durch neue Zwischenwände eine andere Einteilung des Raumes.
- Der Mieter gestaltet das Gebäude derart um, dass es für seine besonderen gewerblichen Zwecke nutzbar ist, z. B. durch Entfernung von Zwischendecken, Einbau eines Tores.
- Der Mieter ersetzt eine Treppe durch eine Rolltreppe.

Ist der Mieter **wirtschaftlicher Eigentümer** von sonstigen Mietereinbauten oder -umbauten, sind diese ebenfalls beim Mieter zu aktivieren. Sofern der Mieter bei Beendigung des Mietverhältnisses Anspruch auf eine Entschädigung in Höhe des Restwerts der Einbauten hat, ist er grundsätzlich wirtschaftlicher Eigentümer.[129] Er ist ebenfalls wirtschaftlicher Eigentümer (obwohl kein Anspruch auf Entschädigung besteht), wenn dieser Anspruch keine wirtschaftliche Bedeutung hat. Dies ist z. B. der Fall, wenn die Einbauten während der voraussichtlichen Mietdauer technisch oder wirtschaftlich verbraucht werden. 3442

Aufwendungen des Mieters, die weder Scheinbestandteile oder Betriebsvorrichtungen noch materielle Wirtschaftsgüter sind (aufgrund wirtschaftlichen Eigentums oder dem Gesichtspunkt des besonderen Nutzungs- und Funktionszusammenhangs), sind beim Mieter ggf. als **immaterielle Wirtschaftsgüter** zu erfassen. Dies kann z. B. der Fall sein, wenn anstelle des Gebäudeeigentümers der Mieter eine von Anfang an vorgesehene Baumaßnahme durchführt, die auch unabhängig von der betrieblichen Nutzung des Mieters hätte vorgenommen werden müssen (z. B. der Einbau einer Zentralheizung). Sofern nicht aufgrund der Verrechnung mit der Miete ein aktiver Rechnungsabgrenzungsposten zu bilden ist, sind die Aufwendungen als entgeltlich erworbenes Nutzungsrecht zu aktivieren.[130] 3443

Die AfA ist bei Mietereinbauten nach allgemeinen Grundsätzen zu bestimmen. Allerdings bemisst sie sich bei Mietereinbauten, die keine Scheinbestandteile und keine Betriebsvorrichtungen sind, nach den für Gebäude geltenden Grundsätzen.[131] 3444

3.1.3.3.3 Außenanlagen

Bei der Abgrenzung zwischen Außenanlagen als selbständiges Wirtschaftsgut zum Gebäude ist maßgeblich, ob ein einheitlicher Nutzungs- und Funktionszusammenhang mit dem Gebäude besteht.[132] Außenanlagen wie Hofbefestigungen oder Straßenzufahrten stehen grundsätzlich in keinem einheitlichen Nutzungs- und Funktionszusammenhang mit dem Gebäude und gehören daher nicht zu dem Gebäude.[133] Sie dienen vielmehr dem Zweck, das Grundstück zu erschließen und zugänglich zu machen und sind daher selbständige Wirtschaftsgüter. Eine Ausnahme bildet die **„lebende Um** 3445

129 Vgl. auch BFH, Urteil vom 28. 7. 1993 – I R 88/92, BStBl 1994 II S. 164.

130 Vgl. BMF, Schreiben vom 15. 1. 1976, BStBl 1976 I S. 66.

131 Vgl. H 7.4 „Mietereinbauten" EStH; vgl. auch BFH, Urteile vom 15. 10. 1996 – VIII R 44/94, BStBl 1997 II S. 533; vom 4. 5. 2004 – XI R 43/01, DStRE 2004 S. 1122. Zur Kritik vgl. *Sauren*, DStR 1998, S. 706 und *Niehues*, DB 2006 S. 1234, nach der die Abschreibung weiterhin nach der Mietdauer zu bemessen ist.

132 Vgl. z. B. BFH, Urteil vom 1. 7. 1983 – III R 161/81, BStBl 1983 II S. 686.

133 Vgl. H 6.4 „Außenanlagen" EStH; BFH, Urteil vom 1. 7. 1983 – III R 161/81, BStBl 1983 II S. 686.

zäunung" (Hecken, Büsche, Bäume) von Wohngebäuden an den Grundstücksgrenzen. Diese ist dem Gebäude zuzurechnen.[134]

3446 Bei Außenanlagen ist zudem eine Abgrenzung zu Betriebsvorrichtungen vorzunehmen. Als Betriebsvorrichtungen definiert § 68 Abs. 2 Nr. 2 BewG Maschinen und sonstige Vorrichtungen aller Art, die zu einer Betriebsanlage gehören, auch wenn sie wesentliche Bestandteile des Grundstücks darstellen (vgl. im Einzelnen Rz. 3458 ff.). Für die steuerliche Einordnung ist insoweit nicht maßgeblich, ob die Betriebsvorrichtungen nach bürgerlichem Recht wesentlicher Bestandteil des Grund und Bodens oder des Gebäudes sind.[135] Als Betriebsvorrichtungen qualifizieren somit nur solche Bauwerke, mit denen das Gewerbe unmittelbar betrieben wird.[136] Z. B. sind Bodenbefestigungen von Tankstellenbetriebe wegen ihrer besonderen betrieblichen Ausgestaltung und Zweckbestimmung als Betriebsvorrichtungen anzusehen.[137] Dagegen sind die Bodenbefestigungen vor Garagen, Reparaturwerkstätten und Waschhallen sowie die Bodenbefestigungen der Dauerpark- und Abstellplätze den Außenanlagen zuzurechnen. Freistehende Rampen rechnen wiederum regelmäßig zu den Außenanlagen, da mit ihnen das Gewerbe nicht unmittelbar betrieben wird.[138] Zu den Außenanlagen gehören typischerweise auch die Beleuchtungsanlagen auf Straßen, Wegen und Plätzen des Grundstücks. Beleuchtungsanlagen sind jedoch den Betriebsvorrichtungen zuzurechnen, wenn sie überwiegend einem Betriebsvorgang dienen (z. B. der Ausleuchtung eines Lagerplatzes für Zwecke der Materiallagerung).[139]

3447 Ein **Kinderspielplatz** auf dem Grundstück des Steuerpflichtigen ist ein selbständig zu bewertendes Wirtschaftsgut.[140] Ausnahmsweise können Herstellungskosten des Gebäudes vorliegen, wenn die Gemeinde als Eigentümer den Kinderspielplatz anlegt und dafür Beiträge von den Grundstückseigentümern erhebt.[141]

3.1.4 Bauten auf fremden Grundstücken

3448 Bauten auf fremden Grundstücken liegen in den folgenden Fällen vor:

- Der Steuerpflichtige bebaut ein Grundstück, dessen zivilrechtlicher Grundstückseigentümer er zwar nicht ist, der Steuerpflichtige wohl aber als wirtschaftlicher Eigentümer des Bauwerks anzusehen ist.
- Das Grundstück gehört zivilrechtlich mehreren Personen (Miteigentum), aber nur ein bzw. einzelne Miteigentümer bebauen dieses Grundstück auf eigene Rechnung.
- Der Steuerpflichtige bebaut ein mit einem Erbbaurecht belasteten Grundstück, wobei er nicht der Erbbauberechtigte ist.

134 Vgl. R 21.1 Abs. 3 Satz 1 EStR.
135 Vgl. gleichlt. Ländererlass vom 5. 6. 2013, BStBl 2013 I S. 734, Tz. 1.1.
136 Vgl. BFH, Urteil vom 10. 10. 1990 – II R 171/87, BStBl 1991 II S. 59.
137 Vgl. BFH, Urteil vom 23. 2. 1962 – III 222/58 U, BStBl 1962 III S. 179; gleichlt. Ländererlass vom 5. 6. 2013, BStBl 2013 I S. 734, Tz. 4.2.
138 Vgl. gleichlt. Ländererlass vom 5. 6. 2013, BStBl 2013 I S. 734, Tz. 4.2.
139 Vgl. gleichlt. Ländererlass vom 5. 6. 2013, BStBl 2013 I S. 734, Tz. 4.3.
140 Gemäß R 6.4 Abs. 2 Satz 2 EStR gilt im Allgemeinen eine Nutzungsdauer von zehn Jahren.
141 Vgl. R 6.4 Abs. 2 Satz 1 EStR.

In solchen Fällen stellt sich die Frage, unter welchen Voraussetzungen die auf einem fremden Grundstück errichteten Gebäude bilanzsteuerrechtlich dem Bauherrn zuzurechnen sind.[142] Zivilrechtlich wird das auf fremdem Grundstück errichtete Gebäude gemäß §§ 93, 94, 946 BGB grundsätzlich wesentlicher Bestandteil des Grundstücks[143] und geht daher in das **(zivilrechtliche) Eigentum** des Grundstückseigentümers über. Nach der steuerlichen Grundregel des § 39 Abs. 1 AO hat der Grundstückseigentümer als zivilrechtlicher Eigentümer auch das Gebäude zu aktivieren. Der Bauherr ist selbst zivilrechtlicher Eigentümer an dem Gebäude, wenn er das Gebäude auf fremdem Grund und Boden auf Basis eines dinglichen Rechts wie eines Erbbaurechts oder Nießbrauchrechts erbaut hat. Abweichend hiervon entscheidet nach § 39 Abs. 2 Nr. 1 AO das **wirtschaftliche Eigentum** über die steuerbilanzielle Zugehörigkeit eines Wirtschaftsgutes, wenn der zivilrechtliche und der wirtschaftliche Eigentümer nicht identisch sind. Danach ist dem Bauherrn das Bauwerk/Gebäude zuzuordnen, wenn er die tatsächliche Sachherrschaft in der Weise ausübt, dass er den Grundstückseigentümer im Regelfall für die gewöhnliche Nutzungsdauer von der Einwirkung auf das Gebäude wirtschaftlich ausschließen kann. Ob eine solche tatsächliche Sachherrschaft vorliegt, hängt vom Einzelfall ab. Nach der Rechtsprechung des BFH lassen sich im Wesentlichen folgende Fallgruppen unterscheiden:[144] 3449

1. Aufgrund (vertraglicher) Vereinbarungen mit dem Grundstückseigentümer hat dessen **zivilrechtlicher Herausgabeanspruch keine wirtschaftliche Bedeutung** mehr.[145]

   Dies ist insbesondere dann der Fall, wenn der Bauherr auf eigene Gefahr und Rechnung ein Gebäude herstellt und 3450

   - ihm ein unentgeltliches rechtsverbindliches Nutzungsrecht für die gesamte voraussichtliche Nutzungsdauer des Gebäudes eingeräumt wird[146] oder
   - der Grundstückseigentümer keinen Herausgabeanspruch hat, weil z. B. der Bauherr nach Ablauf der Nutzungsdauer berechtigt oder verpflichtet ist, das Gebäude nach Ablauf der Nutzungsdauer zu beseitigen.[147]

   Die steuerbilanzielle Zurechnung des Gebäudes erfolgt in diesen Fällen zum Bauherrn als wirtschaftlichen Eigentümer des Bauwerks. Ein immaterielles Wirtschaftsgut ist nicht zu bilanzieren.

2. Bei Beendigung des Nutzungsverhältnisses steht dem Bauherrn ein **gesetzlicher** (z. B. gemäß §§ 812, 951 BGB) oder **vertraglicher Ersatzanspruch** in Höhe des Verkehrswertes des Bauwerks zu.[148] Der gesetzliche Ersatzanspruch gemäß §§ 951, 812

142 Vgl. eingehend und zur Entwicklung der Rechtsprechung *Schuster*, DStZ 2003 S. 369 ff.

143 Eine Ausnahme besteht insbesondere dann, wenn es sich bei dem Gebäude(teil) um einen sogenannten Scheinbestandteil nach § 95 Abs. 1 Satz 1 BGB handelt.

144 Vgl. auch *Wied*, in: Blümich, EStG, § 4 Rz. 323.

145 Vgl. BFH, Urteile vom 22. 8. 1984 – I R 198/80, BStBl 1985 II S. 126; vom 27. 2. 1991 – XI R 14/87, BStBl 1991 II S. 628; vom 27. 11. 1996 – X R 92/92, BStBl 1998 II S. 97.

146 Vgl. BFH, Urteil vom 27. 11. 1996 – X R 92/92, BStBl 1998 II S. 97.

147 Vgl. BFH, Urteile vom 22. 8. 1984 – I R 198/80, BStBl 1985 II S. 126; vom 27. 2. 1991 – XI R 14/87, BStBl 1991 II S. 628.

148 Vgl. BFH, Urteile vom 14. 5. 2002 – VIII R 30/98, BStBl 2002 II S. 741; vom 25. 6. 2003 – X R 72/98, BStBl 2004 II S. 403; *Schuster*, DStZ 2003 S. 371.

BGB ist in der Regel gegeben, wenn der Bauherr das Bauwerk aufgrund eines Nutzungsrechts im eigenen Interesse und ohne Zuwendungsabsicht errichtet hat und keine ausdrückliche oder stillschweigende Abbedingung des Anspruchs vorliegt, was insbesondere bei Ehegatten der Fall sein kann.[149]

3451 Auch in diesem Fall ist der nutzungsberechtigte Bauherr wirtschaftlicher Eigentümer des Gebäudes. Durch den Anspruch sind die Substanz und der Ertrag des bebauten Grundstücks auf den Bauherrn übergegangen, so dass der Eigentümer wegen der Verpflichtung zum Wertersatz letztlich nicht über sein Eigentum wirtschaftlich verfügen kann.[150]

3. Der Bauherr ist nicht der wirtschaftliche Eigentümer des Gebäudes.

3452 Der Bauherr ist kein wirtschaftlicher Eigentümer, wenn er bei Beendigung der Nutzung keinen Ersatzanspruch gegenüber dem Grundstückseigentümer hat und er den Grundstückseigentümer für die gewöhnliche Nutzungsdauer von der Einwirkung auf das Gebäude auch nicht wirtschaftlich ausschließen kann. Der Bauherr muss in diesem Fall steuerbilanziell das Nutzungsrecht „wie ein materielles Wirtschaftsgut" aktivieren (Korrekturposten), wenn er das Gebäude im eigenen betrieblichen Interesse mit Einverständnis des Grundstücks(mit)eigentümers auf eigene Rechnung errichtet hat und auch nutzt.[151] Obwohl die für das jeweilige materielle Wirtschaftsgut maßgeblichen steuerlichen Vorschriften entsprechend anzuwenden sind (z. B. § 7 Abs. 4 und 5, § 6b EStG),[152] handelt es sich bei dem Aktivposten um kein Wirtschaftsgut,[153] sondern um einen rein steuerrechtlichen Verrechnungsposten (Merkposten) zur Wahrung des Nettoprinzips.[154] Endet das Nutzungsverhältnis vor Ablauf der betriebsgewöhnlichen Nutzungsdauer des Gebäudes, ist der Aktivposten mit dem Restbuchwert auszubuchen[155] und gegebenenfalls ein Ausgleichsanspruch gem. §§ 951, 812 BGB in Höhe des Verkehrswerts des Gebäudes gegenüber dem Eigentümer anzusetzen. Außerdem hat der Bauherr für Bauten auf fremdem Grund und Boden bei Erfüllung der Voraussetzungen des InvZulG einen An-

149 Vgl. BFH, Urteil vom 14. 5. 2002 – VIII R 30/98, BStBl 2002 II S. 741 m. w. N.

150 Vgl. BFH, Urteil vom 24. 6. 2004 – III R 50/01, BStBl 2005 II S. 80.

151 Vgl. BFH, Urteile vom 23. 8. 1999 – GrS 1/97, BStBl 1999 II S. 774, 776; vom 25. 2. 2010 – IV R 2/07, DStR 2010 S. 798; a. A. *Kusterer*, DStR 1996 S. 439, allerdings zur handelsrechtlichen Bilanzierung von Bauten auf fremdem Grund und Boden, der das Nutzungsrecht den immateriellen Wirtschaftsgütern des Anlagevermögens zuordnet und aufgrund § 248 Abs. 2 HGB a. F. zu dem Ergebnis kommt, dass die Aufwendungen des Bauherrn für die Gebäudeerrichtung in dem Geschäftsjahr ihrer Verausgabung erfolgswirksam zu berücksichtigen sind, weil diese nicht zwangsläufig mit dem Erwerb des Nutzungsrechts an den Gebäuden verbunden sind, so dass das Nutzungsrecht nicht entgeltlich erworben wurde.

152 Vgl. BFH, Urteil vom 25. 2. 2010 – IV R 2/07, DStR 2010 S. 798, 800; BMF, Schreiben vom 5. 11. 1996, BStBl 1996 I S. 1257; a. A. BGH, Urteil vom 6. 11. 1995 – II ZR 164/94, DStR 1996 S. 187 zur handelsrechtlichen Bilanzierung von Bauten auf fremdem Grund und Boden, wonach das Nutzungsrecht innerhalb der vereinbarten Nutzungszeit vollständig abgeschrieben werden muss.

153 Vgl. BFH, Urteil vom 23. 8. 1999 – GrS 1/97, BStBl 1999 II S. 778, 780, m. w. N.

154 Vgl. *Küffner/Haberstock*, DStR 2000 S. 1677; kritisch dazu *Weber-Grellet*, FR 1996 S. 29, *ders.*, BB 2000 S. 1024 f.

155 Vgl. BFH, Urteile vom 11. 12. 1987 – III R 188/81, BStBl 1988 II S. 493, vom 17. 3. 1989 – III R 58/87, BStBl 1990 II S. 6.

spruch auf eine Investitionszulage, auch wenn er weder zivilrechtlicher noch wirtschaftlicher Eigentümer des Gebäudes ist.[156]

Mietereinbauten sind den „Bauten auf fremdem Grund und Boden" zuzuordnen, sofern sie als unbewegliches Wirtschaftsgut qualifizieren. Dies trifft z. B. auf eine Zwischendecke zu, die als selbständiges unbewegliches Wirtschaftsgut (selbständiger Gebäudeteil) dem Mieter zuzurechnen ist.[157] **Halbfertige Bauten** auf fremdem Grund und Boden werden nicht dem Anlagevermögen, sondern als Vorräte dem Umlaufvermögen zugeordnet.[158] 3453

3.2 Technische Anlagen und Maschinen

Zu den technischen Anlagen und Maschinen gehören Wirtschaftsgüter des Sachanlagevermögens, die dem Produktionsprozess dienen. Technische Anlagen und Maschinen sind in der Regel als Anlagevermögen zu qualifizieren, wenn sie dauerhaft dem Betrieb dienen, d. h. für die Durchführung von mehreren Aufträgen angeschafft oder hergestellt werden. Finden sie hingegen nur bei einem einzelnen Auftrag Verwendung, handelt es sich bei der technischen Anlage oder der Maschine um Umlaufvermögen.[159] 3454

Als **technische Anlagen** sind technische Geräte des Anlagevermögens auszuweisen, die keine Maschinen sind, aber dem Produktionsprozess dienen. Als technische Anlagen wird auch die Anlageeinheit, d. h. die Kombination mehrerer Maschinen, erfasst. 3455

BEISPIELE: für technische Anlagen sind:[160]

- Chemische Produktionsanlage,
- Leitungsnetze für Strom, Gas und Wasserversorgung (innerhalb eines Fabrikationsbetriebs),
- Breitbandstraße/Förderband/Transportband,
- Hochofen,
- Gießerei,
- Kran,
- Silos,
- Kühltürme.

Unter dem Bilanzposten **Maschinen** sind technische Geräte zu erfassen, die der Energieumwandlung und der Substitution oder der Unterstützung der menschlichen Arbeitskraft dienen.[161] 3456

156 Vgl. *Heß*, DStR 2002 S. 1169 ff.
157 Vgl. BFH, Urteil vom 11. 12. 1987 – III R 191/85, BStBl 1988 II S. 300.
158 Vgl. BFH, Urteil vom 7. 9. 2005 – VIII R 1/03, BStBl 2006 II S. 298; H 6.1 EStH.
159 Vgl. *Kulosa*, in: Schmidt, EStG, 33. Aufl., § 6 Rz. 346.
160 Vgl. R 5.4 Abs. 2 Satz 1 EStR; *Kahle/Heinstein*, in: Wysocki/Schulze-Osterloh/Henrichs/Kuhner (Hrsg.), Handbuch des Jahresabschlusses, Abteilung II/2, Rz. 32.
161 Vgl. *Baetge/Kirsch/Thiele*, Bilanzen, 12. Aufl., Düsseldorf 2012, S. 240.

BEISPIELE: für Maschinen sind:

- Arbeitsbühnen,
- Maschinengebundene Werkzeuge,[162]
- Bagger,
- Roboter,
- Pressen,
- Transformatoren.

3457 **Reserve- und Ersatzteile** sind den technischen Anlagen und Maschinen zuzuordnen, soweit die Anlagen und Maschinen zum Anlagevermögen gehören. Insoweit muss eine Abgrenzung zu Reserve- und Ersatzteilen des Umlaufvermögens erfolgen. Die Reserve- und Ersatzteile teilen das steuerbilanzielle Schicksal des Bilanzpostens, für dessen Ersatz sie bestimmt sind.[163] Ein sofortiger Abzug als Betriebsausgabe nach § 4 Abs. 4 EStG kommt nicht in Betracht.

3.3 Betriebsvorrichtungen

3458 Das Ertragssteuerrecht enthält keine Definition von Betriebsvorrichtungen. Allerdings beinhaltet das Bewertungsgesetz eine Definition, die auch für ertragsteuerliche Zwecke gilt.[164] Als Betriebsvorrichtungen definiert § 68 Abs. 2 Nr. 2 BewG Maschinen und sonstige Vorrichtungen aller Art, die zu einer Betriebsanlage gehören, auch wenn sie wesentliche Bestandteile des Grundstücks darstellen. Für die steuerliche Einordnung ist insoweit nicht maßgeblich, ob die Betriebsvorrichtungen nach bürgerlichem Recht wesentlicher Bestandteil des Grund und Bodens oder des Gebäudes sind.[165] Die steuerbilanzielle Unterscheidung ist insbesondere für die Abschreibung von Bedeutung, aber auch für weitere steuerrechtliche Normen wie z. B. die erweiterte Kürzung nach § 9 Nr. 1 Satz 2 ff. GewStG, die Anwendung von § 6b EStG oder umsatzsteuerliche Aspekte.[166]

3459 Nach dem gleichlautenden Ländererlass vom 5. 6. 2013 (nachfolgend kurz: Erlass) ist zu Abgrenzungszwecken von Gebäudebestandteilen zunächst zu prüfen, ob das Bauwerk alle Kriterien eines Gebäudes erfüllt (Kriterien: Schutz gegen Witterungseinflüsse durch räumliche Umschließung, Aufenthalt von Menschen, feste Verbindung mit dem Grund und Boden, Beständigkeit und Standfestigkeit).[167] Liegen sämtliche Merkmale vor, kann

162 Andere Werkzeuge hingegen bei „Andere Anlagen, Betriebs- und Geschäftsausstattung". Ausführlich zu eigenen, kundengebundenen und fremden Werkzeugen vgl. *ADS*, Rechnungslegung und Prüfung der Unternehmen, 6. Aufl., Stuttgart 1997, § 266 Rz. 51.

163 Vgl. *Kahle/Heinstein*, in: Wysocki/Schulze-Osterloh/Henrichs/Kuhner (Hrsg.), Handbuch des Jahresabschlusses, Abteilung II/2, Rz. 34.

164 Vgl. z. B. BFH, Urteil vom 11. 12. 1987 – III R 191/85, BStBl 1988 II S. 300.

165 Vgl. gleichlt. Ländererlass vom 5. 6. 2013, BStBl 2013 I S. 734, Tz. 1.1.

166 Vgl. z. B. *Maier*, DStR 2010 S. 198 zu umsatzsteuerlichen Aspekten der steuerfreien Vermietung von Grundstücken und der steuerpflichtigen Vermietung von Betriebsvorrichtungen. Zu ertragsteuerlichen Aspekten vgl. *Böhl/Schmidt-Naschke/Böttcher*, IStR 2008 S. 651.

167 Vgl. gleichlt. Ländererlass vom 5. 6. 2013, BStBl 2013 I S. 734, Tz. 1.2.

das Bauwerk selbst keine Betriebsvorrichtung sein.[168] Allerdings ist zu prüfen, ob es sich möglicherweise bei einem einzelnen Bestandteil des Gebäudes zwar zivilrechtlich um einen wesentlichen Bestandteil des Gebäudes handelt, der jedoch steuerrechtlich als Betriebsvorrichtung qualifiziert. Handelt es sich bei dem Bauwerk nicht um ein Gebäude, liegt nicht zwingend eine Betriebsvorrichtung vor. Vielmehr muss geprüft werden, ob es sich um einen unselbständigen Gebäudeteil, eine Außenanlage oder eine Betriebsvorrichtung handelt (zur Abgrenzung siehe Gliederungspunkt 3.1.3.3 „Abgrenzungen“).

Aus der nach § 68 Abs. 2 Nr. 2 BewG erforderlichen Zugehörigkeit „zu einer Betriebsanlage“ folgert die Rechtsprechung und die Finanzverwaltung, dass der Begriff der Betriebsvorrichtung Gegenstände voraussetzt, durch die das Gewerbe unmittelbar betrieben wird.[169] Dies erfordert, dass zwischen Anlage und Betriebsablauf ein besonders enger Zusammenhang besteht, wie er bei einer Maschine üblicherweise gegeben ist. Es reicht gemäß Rechtsprechung nicht aus, wenn eine Anlage bzw. Vorrichtung für einen Gewerbebetrieb lediglich nützlich oder notwendig oder sogar gewerbepolizeilich vorgeschrieben ist. Für die steuerbilanzielle Zuordnung ist somit der Nutzungs- und Funktionszusammenhang maßgebend. Dies bedeutet, dass zu prüfen ist, ob die Anlage/Vorrichtung der Benutzung des Gebäudes ohne Rücksicht auf den gegenwärtig ausgeübten Betrieb dient (z. B. Personenaufzug) oder ob die Anlage/Vorrichtung in einer besonderen Beziehung zu dem Betrieb steht (z. B. Lastenaufzug einer Produktionshalle).[170] Nur im letzteren Fall kommt eine Behandlung als Betriebsvorrichtung in Betracht.[171] 3460

Zur Einordnung als Betriebsvorrichtung oder Gebäudebestandteil ist oftmals eine **Einzelfallbetrachtung** notwendig. Dies wird am Beispiel der **Sprinkleranlage** deutlich.[172] Gemäß BFH ist es für eine Betriebsvorrichtung erforderlich, dass die Anlage in einer besonderen und unmittelbaren Beziehung zu dem ausgeübten Betrieb steht und nicht nur der Benutzung des Gebäudes dient.[173] Eine solche besondere und unmittelbare Beziehung zu dem in dem Gebäude ausgeübten Gewerbebetrieb ist gemäß BFH-Rechtsprechung nur dann gegeben, wenn die Anlage in Bezug auf die Ausübung des Gewerbebetriebs eine ähnliche Funktion wie eine Maschine hat. Eine Sprinkleranlage normaler Kapazität ist bei einem gewerblich genutzten Gebäude Bestandteil der üblichen Ausstattung und insoweit als Gebäudebestandteil zu sehen.[174] Anderes und insoweit eine Ausnahme ist möglich, wenn in dem Betrieb in besonderem Maße feuergefährliche Materialien verarbeitet werden oder ähnliche Risiken mit dem Produktionsprozess verbunden sind.[175] 3461

168 Vgl. gleichlt. Ländererlass vom 5. 6. 2013, BStBl 2013 I S. 734, Tz. 1.2.; siehe auch BFH, Urteil vom 15. 6. 2005 – II R 67/04, BStBl 2005 II S. 688.

169 Vgl. BFH, Urteil vom 11. 12. 1987 – III R 191/85, BStBl 1988 II S. 300 m. w. N.

170 Vgl. gleichlt. Ländererlass vom 5. 6. 2013, BStBl 2013 I S. 734, Tz. 3.1.

171 Vgl. BFH, Urteile vom 23. 3. 1990 – III R 63/87, BStBl 1990 II S. 751; vom 10. 10. 1990 – II R 171/87, BStBl 1991 II S. 59; vom 11. 12. 1991 – II R 14/89, BStBl 1992 II S. 278.

172 Vgl. *Hoffmann/Lüdenbach*, NWB Kommentar Bilanzierung, 4. Aufl., Herne 2013, § 266 Rz. 36.

173 Vgl. BFH, Urteil vom 15. 2. 1980 – III R 105/78, BStBl 1980 II S. 409.

174 Vgl. BFH, Urteil vom 15. 2. 1980 – III R 105/78, BStBl 1980 II S. 409.

175 Vgl. BFH, Urteil vom 23. 3. 1990 – III R 63/87, BStBl 1990 II S. 751.

Bei **doppelfunktionalen Konstruktionselementen,** d. h. dient die Anlage/Vorrichtung sowohl dem Gebäude als auch dem Betrieb, geht die Gebäudefunktion der Betriebsfunktion vor.[176]

BEISPIELE: für Betriebsvorrichtungen:[177]

- **Bedienungsvorrichtungen** wie **Arbeitsbühne**, Bedienungsbühne und Ähnliches, die ausschließlich zur Bedienung und Wartung von Maschinen bestimmt und geeignet sind. Allerdings ist im Einzelfall eine Abgrenzung zur Geschossdecke notwendig: Nach BFH ist eine in einem Gebäude errichtete Stahlbühne als Geschossdecke und nicht als Betriebsvorrichtung zu qualifizieren, auch wenn bei ihrer Konstruktion betriebsspezifische Gesichtspunkte berücksichtigt worden sind.[178] Insoweit stand der Gesichtspunkt der Raumaufteilung im Vordergrund, da durch die Stahlbühne eine zweite „Ebene" geschaffen wurde.
- Verstärkungen der **Decken** oder **Wände** sind nach Verwaltungsauffassung stets dem Gebäude zuzurechnen, also keine Betriebsvorrichtungen. Nach BFH-Rechtsprechung können aber Schallschutzvorrichtungen an Decken oder Wänden eines Gebäudes ausnahmsweise Betriebsvorrichtungen sein, wenn ohne die Vorrichtungen ein reibungsloser Betriebsablauf in Frage gestellt wäre.[179]
- **Einzelfundamente** für Maschinen.
- **Lastenaufzüge** in gewerblich genutzten Gebäuden, die unmittelbar dem Betriebsvorgang dienen. Auch der dazugehörige Schacht, der ausschließlich dem Lastenaufzug dient, ist Teil der Betriebsvorrichtung. So entschied der BFH bspw., dass ein Aufzug in einer Bäckerei, welcher hauptsächlich dazu genutzt wird, die für die Produktion der Backwaren erforderlichen Zutaten zwischen den einzelnen Produktionsebenen zu befördern, eine Betriebsvorrichtung darstellt.[180] Ebenso sind Autoaufzüge in Parkhäusern Betriebsvorrichtungen.
- **Förderbänder** (allgemein: Anlagen zum Transport von Rohstoffen oder Gegenständen der Fertigung).
- **Stahltüren**, Stahlkammer und Stahlfächer von Tresoranlage sowie dazugehörigen Alarmanlagen.
- **Fotovoltaikanlagen**[181] in Form einer Aufdachanlage.[182]

---

176 Vgl. gleichlt. Ländererlass vom 5. 6. 2013, BStBl 2013 I S. 734, Tz. 1.2, 3.1.

177 Vgl. ausführlich gleichlt. Ländererlass vom 5. 6. 2013, BStBl 2013 I S. 734.

178 Vgl. BFH, Urteil vom 12. 2. 1982 – III R 127/78, BStBl 1982 II S. 448.

179 Vgl. BFH, Urteil vom 23. 3. 1990 – III R 63/87, BStBl 1990 II S. 751.

180 BFH, Urteil vom 28. 2. 2013 – III R 35/12, BFH/NV 2013 S. 1193.

181 Vgl. FG Hessen, Urteil vom 20. 1. 2011 – 11 K 2735/08, EFG 2011 S. 1158; siehe auch *Fromm*, DStR 2010 S. 207.

182 Vgl. gleichlt. Ländererlass vom 5. 6. 2013, BStBl 2013 I S. 734, Tz. 3.6; s. a. *Eisele*, NWB 2013 S. 2481; OFD Rheinland, Verfügung vom 10. 7. 2012, EStK NW § 15 (2) Nr. 2001: ertragsteuerlich sind auch sog. dachintegrierte Photovoltaikanlagen „wie" Betriebsvorrichtungen als selbständige bewegliche Wirtschaftsgüter zu behandeln.

BEISPIELE: für keine Betriebsvorrichtung:[183]

- Bauten im Inneren von größeren **Werkhallen,** durch die der insgesamt vorhandene Gebäuderaum lediglich unterteilt wird (z. B. Materiallager, Meisterbüro, Schaltraum).[184] Ist aber der Aufenthalt von Menschen ausgeschlossen oder auch mit Schutzkleidung nur kurzfristig möglich, liegt eine Betriebsvorrichtung vor.
- **Schwimmbecken** bei Hotelbetrieben.[185]
- Ein auf dem Betriebsgelände befindlicher Abstellplatz mit einer als **Parkplatz** geeigneten Bodenbefestigung, auf dem PKW verladegerecht aufgestellt werden, ist keine Betriebsvorrichtung.[186] Dies gilt unabhängig von der Größe des Parkplatzes.
- **Personenaufzüge**.
- **Rolltreppen**.
- **Fahrstuhlschächte**, die konstruktive Funktion haben, gehören zum Gebäude.
- **Beleuchtungsanlagen** gehören grundsätzlich zum Gebäude.[187] Das BFH-Urteil vom 8. 10. 1987, nach dem die Beleuchtungsanlage steuerbilanziell zum Gebäude gehört, erging zu einer abgehängten, mit einer Beleuchtungsanlage versehenen Kassettendecke eines Büroraumes. Als Betriebsvorrichtungen können jedoch spezielle Beleuchtungsanlagen, wie eine Schaufensterbeleuchtung, qualifizieren.[188]
- **Heizungsanlagen**, Be- und Entlüftungsanlagen, Be- und Entwässerungsanlagen, Klimaanlagen, Warmwasseranlagen und Müllschluckanlagen sind typischerweise Teile des Gebäudes. Sie sind aber dann Betriebsvorrichtungen, wenn sie ganz oder überwiegend einem Betriebsvorgang dienen (z. B. eine Klimaanlage, die für die Produktion in einer Tabakfabrik notwendig ist).

3.4 Andere Anlagen, Betriebs- und Geschäftsausstattung

Der Bilanzposten „**Andere Anlagen**" ist ein Sammelposten. Technische Anlagen und Ma- 3462
schinen werden unter „Andere Anlagen" ausgewiesen, wenn sie nicht im Zusammenhang mit dem Produktionsprozess stehen.[189] Betroffen sind auch Anlagen des Verwaltungs- und Vertriebsbereichs.

BEISPIELE: für Wirtschaftsgüter, die unter andere Anlagen ausgewiesen werden:[190]

- Transportanlagen,
- Maschinenwerkzeuge (die nicht dem Produktionsprozess dienen).[191]

---

183 Vgl. ausführlich gleichlt. Ländererlass vom 5. 6. 2013, BStBl 2013 I S. 734.
184 Zum Tiefkühllager vgl. BFH, Urteil vom 7. 4. 2011 – III R 8/09, BFH/NV 2011, S. 1187.
185 Vgl. BFH, Urteil vom 11. 12. 1991 – II R 14/89, BStBl 1992 II S. 278.
186 Vgl. BFH, Urteil vom 10. 10. 1990 – II R 171/87, BStBl 1991 II S. 59.
187 Vgl. BFH, Urteil vom 8. 10. 1987 – IV R 56/85, BStBl 1988 II S. 440.
188 Vgl. gleichlt. Ländererlass vom 5. 6. 2013, BStBl 2013 I S. 734, Tz. 3.6.
189 Vgl. *Kahle/Heinstein*, in: Wysocki/Schulze-Osterloh/Henrichs/Kuhner (Hrsg.), Handbuch des Jahresabschlusses, Abteilung II/2, Rz. 31.
190 Vgl. *Schubert/Huber*, in: Beck'scher Bilanz-Kommentar, 9. Aufl., § 247 Rz. 500; *ADS*, Rechnungslegung und Prüfung der Unternehmen, 6. Aufl., Stuttgart 1997, § 266 Rz. 56.
191 Vgl. BFH, Urteil vom 9. 3. 1967 – IV R 149/66, BStBl 1967 III S. 238.

3463 Unter **Betriebs- und Geschäftsausstattung** sind Wirtschaftsgüter zu erfassen, die nicht unmittelbar dem Produktionsprozess dienen und den übrigen Posten des Sachanlagevermögens nicht zuordenbar sind. Es handelt sich um Wirtschaftsgüter, die dem allgemeinen Unternehmensbetrieb dienen, und um Wirtschaftsgüter, die für die Unternehmensbereiche „Verwaltung" und „Vertrieb" erforderlich sind. Insoweit kann sich dieser Bilanzposten sehr heterogen zusammensetzen.[192]

Zur **Betriebsausstattung** gehören z. B. folgende Wirtschaftsgüter:[193]

- Werkstätten-, Labor, Kantinen- und Lagereinrichtungen,
- Leergut (sowohl Individualleergut von Getränkeherstellern oder von sonstigen Leergutwiederverwendern als auch das nicht einem bestimmten Betrieb zuordenbare Leergut),[194]
- Werkzeuge (sofern nicht Maschinenwerkzeuge),
- Modelle, Muster, Zeichnungen,
- Fuhrpark,
- Baustellencontainer,[195]
- Transportbehälter.

Zur **Geschäftsausstattung** gehören z. B. folgende Wirtschaftsgüter:

- Büro, Ausstellungs- und Ladeneinrichtungen,
- Restaurantausstattungen (Stühle, Tische etc.),
- EDV-Anlagen, Telekommunikationsanlagen,
- Vorführwagen eines Kfz-Händlers (allgemein: Wirtschaftsgüter zu Verkaufsförderungen und Kundeninformation).[196]

3464 Ein steuerbilanzieller Ansatz von anderen Anlagen bzw. Betriebs- und Geschäftsausstattung ist nicht zwingend notwendig. Sofern die Voraussetzungen für ein geringwertiges Wirtschaftsgut erfüllt sind, kommt die sofortige Behandlung als Betriebsausgabe oder die Einstellung in einen Sammelposten in Betracht.[197]

3.5 Geringwertige Wirtschaftsgüter und Sammelposten

3.5.1 Regelung des § 6 Abs. 2 EStG

3465 Mit dem Wachstumsbeschleunigungsgesetz vom 22. 12. 2009[198] wurde die Abzugsmethode für geringwertige Wirtschaftsgüter (so genannte „GWG") in § 6 Abs. 2 EStG wieder eingeführt, die durch das Unternehmensteuerreformgesetz 2008 zu Gunsten

192 Vgl. *ADS*, Rechnungslegung und Prüfung der Unternehmen, 6. Aufl., Stuttgart 1997, § 266 Rz. 56.

193 Vgl. *ADS*, Rechnungslegung und Prüfung der Unternehmen, 6. Aufl., Stuttgart 1997, § 266 Rz. 56.

194 Vgl. *Schubert/Huber*, in: Beck'scher Bilanz-Kommentar, 9. Aufl., § 247, Rz. 500.

195 Vgl. BFH, Urteil vom 18. 6. 1986 – II R 222/83, BStBl 1986 II S. 787.

196 Vgl. auch BFH, Urteil vom 17. 11. 1981 – VII R 86/78, BStBl 1982 II S. 344; für eine Erfassung im Umlaufvermögen vgl. *Wehrheim*, BB 2003 S. 2508.

197 Vgl. BFH, Urteil vom 9. 3. 1967 – IV R 149/66, BStBl 1967 III S. 238.

198 BGBl 2009 I S. 3950.

der sogenannten Sammelpostenmethode (§ 6 Abs. 2a EStG) abgeschafft wurde.[199] Nach § 6 Abs. 2 EStG können die Anschaffungs- oder Herstellungskosten von abnutzbaren, beweglichen und einer selbständigen Nutzung fähigen Wirtschaftsgütern des Anlagevermögens in voller Höhe als Betriebsausgaben abgezogen werden, wenn die Anschaffungs- und Herstellungskosten für das einzelne Wirtschaftsgut 410 € nicht übersteigen (steuerliches Wahlrecht). § 6 Abs. 2 EStG gilt auch bei Einlagen und im Falle der Betriebseröffnung entsprechend (§ 6 Abs. 1 Nr. 5, 6 EStG). In diesen Fällen tritt an die Stelle der Anschaffungs- oder Herstellungskosten der Einlagewert nach § 6 Abs. 1 Nr. 5 EStG. Danach sind Einlagen grundsätzlich mit dem Teilwert anzusetzen. Sie können jedoch höchstens mit den Anschaffungs- oder Herstellungskosten angesetzt werden, wenn das eingelegte Wirtschaftsgut innerhalb der letzten drei Jahre vor Einlage angeschafft oder hergestellt wurde.

Unter abnutzbare bewegliche Wirtschaftsgüter des Anlagevermögens fällt insbesondere das Sachanlagevermögen, in erster Linie Betriebsvorrichtungen sowie die Betriebs- und Geschäftsausstattung. Zudem muss das Wirtschaftsgut einer **selbständigen Nutzung** fähig sein. Nach § 6 Abs. 2 Satz 2 EStG ist ein Wirtschaftsgut einer selbständigen Nutzung *nicht* fähig, wenn es nach seiner betrieblichen Zweckbestimmung nur zusammen mit anderen Wirtschaftsgütern des Anlagevermögens genutzt werden kann und die in den Nutzungszusammenhang eingefügten Wirtschaftsgüter aufeinander abgestimmt sind.[200] Zu einer selbständigen Nutzung ist ein Wirtschaftsgut nach § 6 Abs. 2 Satz 3 EStG auch nicht fähig, wenn das Wirtschaftsgut aus dem betrieblichen Nutzungszusammenhang gelöst und in einen anderen betrieblichen Nutzungszusammenhang eingefügt werden kann.[201] 3466

BEISPIELE: für selbständige Nutzbarkeit:[202]

- Ausstellungsgegenstände,
- Bücher,
- Möbel (Tisch, Rollcontainer, Stuhl, Regal etc.),
- Müllbehälter,
- Aufbewahrungskiste,
- PC.

BEISPIELE: für nicht selbständig nutzungsfähige Wirtschaftsgüter (für die eine Anwendung der GWG-Regelungen somit nicht in Betracht kommt):

- Beleuchtungsanlagen in Fabrikräumen/Werkhallen,
- Kinobestuhlung,
- Bohrer für eine Werkzeugmaschine,

199 Zur Entwicklung vgl. *Kußmaul/Weiler*, GmbHR 2011 S. 169.
200 Vgl. *Ehmke*, in: Blümich, EStG, § 6 Rz. 1124 f.
201 Vgl. *Ehmke*, in: Blümich, EStG, § 6 Rz. 1134; *Kulosa*, in: Schmidt, 33. Aufl., EStG, § 6 Rn. 597.
202 Ausführlich H 6.13 „ABC der selbständig nutzungsfähigen Wirtschaftsgüter" EStH.

- Regalteile,
- Drucker[203].

3467 **Software** qualifiziert grundsätzlich als immaterielles Wirtschaftsgut und ist daher einer Anwendung der GWG-Regelungen nicht zugänglich. Trivialprogramme werden jedoch den materiellen Wirtschaftsgütern zugerechnet. Aus Vereinfachungsgründen werden zu den Trivialprogrammen alle Programme gerechnet, deren Anschaffungskosten 410 € nicht überschreiten.[204] Insoweit erfolgt eine Orientierung an der Wertgrenze des § 6 Abs. 2 EStG. Eine Anpassung der Richtlinien an die Sammelpostenmethode erfolgte nach dem Unternehmensteuerreformgesetz 2008 nicht. Insofern ist wie folgt zu unterscheiden: Überschreiten die Anschaffungs- oder Herstellungskosten des Softwareprogramms nicht 410 €, ist ein sofortiger Abzug als Betriebsausgabe nach § 6 Abs. 2 EStG oder die Sammelpostenmethode des § 6 Abs. 2a EStG anwendbar. Überschreiten die Anschaffungs- oder Herstellungskosten hingegen die Grenze von 410 € ist weder § 6 Abs. 2 noch Abs. 2a EStG anwendbar, da das Programm nicht mehr als materielles Wirtschaftsgut qualifiziert. Als immaterielles Wirtschaftsgut ist das Programm zwar abnutzbar, aber nicht beweglich.

3468 Für bestimmte GWG sieht § 6 Abs. 2 EStG eine **Verzeichnispflicht** vor. Nach § 6 Abs. 2 Satz 4 EStG sind GWG, deren Wert 150 € übersteigt, unter folgenden Angaben in ein besonderes, laufend zu führendes Verzeichnis aufzunehmen:

- Tag der Anschaffung, Herstellung oder Einlage des Wirtschaftsguts oder Tag der Eröffnung des Betriebs,
- Anschaffungs- oder Herstellungskosten bzw. Einlagewert.

3469 Das Verzeichnis braucht nicht geführt zu werden, wenn die geforderten Angaben aus der Buchführung ersichtlich sind (§ 6 Abs. 2 Satz 5 EStG). Da es sich bei § 6 Abs. 2 EStG um ein steuerliches Wahlrecht handelt, muss bei Abweichung von der Handelsbilanz auch die Verzeichnispflicht nach § 5 Abs. 1 Satz 2 und 3 EStG beachtet werden.[205] Gemäß BMF-Schreiben vom 12. 3. 2010 braucht dieses Verzeichnis jedoch insoweit nicht geführt zu werden, soweit sich die relevanten Angaben für die GWG aus dem Verzeichnis nach § 6 Abs. 2 EStG oder dem Anlagespiegel ergeben.[206]

3.5.2 Sammelposten gemäß § 6 Abs. 2a EStG

3470 Durch die Unternehmenssteuerreform 2008 wurde für GWG das sogenannte Sammelpostenverfahren eingeführt.[207] Der Gesetzgeber wollte damit die bestehende Rechtslage vereinfachen und Bürokratiekosten der Unternehmen reduzieren.[208] Vom Sammelposten erfasst werden abnutzbare bewegliche Wirtschaftsgüter des Anlagevermögens mit Anschaffungs- oder Herstellungskosten zwischen 150,01 € und 1.000 €, die selb-

203 Vgl. BFH, Urteil vom 19. 2. 2004 – VI R 135/01, BStBl 2004 II S. 958.

204 Vgl. R 5.5 Abs. 1 Satz 2, 3 EStR.

205 Zum Maßgeblichkeitsprinzip vgl. *Dörfler/Adrian*, Ubg 2009 S. 385.

206 Vgl. BMF, Schreiben vom 12. 3. 2010, BStBl 2010 I S. 239, Tz. 20.

207 Vgl. *Söffing*, BB 2007 S. 1032; *Wagner/Staats*, DB 2007 S. 2395.

208 Vgl. BR-Drucks. 220/07, S. 80 f.

ständig nutzbar sind (§ 6 Abs. 2a EStG).[209] Die Einstellung in den Sammelposten erfolgt im Wirtschaftsjahr der Anschaffung, Herstellung oder Einlage des Wirtschaftsguts. Der Sammelposten ist im Wirtschaftsjahr der Bildung sowie in den folgenden vier Wirtschaftsjahren jeweils mit 20 % pauschal abzuschreiben. Scheidet ein Wirtschaftsgut aus dem Betriebsvermögen aus, berührt dies den Sammelposten nicht. Erstmals anzuwenden war die damalige Neuregelung bei Wirtschaftsgütern, die nach dem 31. 12. 2007 angeschafft, hergestellt oder in das Betriebsvermögen eingelegt werden (§ 52 Abs. 16 Satz 17 EStG a. F.). § 6 Abs. 2 und 2a in der Fassung des Artikels 1 des Gesetzes vom 22. 12. 2009 ist erstmals bei Wirtschaftsgütern anzuwenden, die nach dem 31. 12. 2009 angeschafft, hergestellt oder in das Betriebsvermögen eingelegt werden (§ 52 Abs. 16 Satz 14 EStG).

Für das gesetzgeberische Ziel der Vereinfachung sprechen zunächst die Erleichterungen bei den Dokumentationspflichten. Eine Dokumentation entsprechend § 6 Abs. 2 Satz 4 und 5 EStG sieht § 6 Abs. 2a EStG nicht vor. Allerdings sind die allgemeinen Dokumentationspflichten nach § 5 Abs. 1 Satz 2 und 3 EStG für die Ausübung von steuerlichen Wahlrechten gegebenenfalls zu beachten. Für eine Vereinfachung spricht ferner die pauschale Abschreibung des Sammelpostens und die Anhebung der Wertgrenze von 410 € auf 1.000 €. Die Einführung des Sammelpostens führte aber auch zu einer Reihe von Zweifelsfragen.[210] 3471

Der Sammelposten selbst ist kein Wirtschaftsgut. Er stellt lediglich eine **Rechengröße** dar.[211] Die Bildung des Sammelpostens ist wirtschaftsjahrbezogen für sämtliche Wirtschaftsgüter zu entscheiden. Somit gibt es einen jahrgangsbezogenen Sammelposten pro Bilanz. Insoweit besteht keine Vereinfachung mit Blick auf das gesetzgeberische Ziel bei Einführung des Sammelpostens. Ein gesonderter, jahresbezogener Ausweis erfolgt auch in Ergänzungs- und Sonderbilanzen.[212] 3472

Nachträgliche Anschaffungs- oder Herstellungskosten erhöhen den Sammelposten des Wirtschaftsjahres, in dem die Aufwendungen entstanden sind.[213] Dabei ist unerheblich, ob der Steuerpflichtige sich im Jahr der nachträglichen Anschaffungs- oder Herstellungskosten für oder gegen die Anwendung der Sammelpostenmethode entschieden hat. Sofern der Erwerb bzw. die Herstellung nach Maßgabe der Sammelpostenmethode abgebildet wurde, folgen nachträgliche Kosten dieser Entscheidung. Insofern kann die Situation entstehen, dass ein jahresbezogener Sammelposten ausschließlich aus nachträglichen Anschaffungs- oder Herstellungskosten besteht, weil sich der Steuerpflichtige in diesem Wirtschaftsjahr gegen die Anwendung der Sammelpostenmethode entschieden hat. 3473

Sofern die nachträglichen Anschaffungs- oder Herstellungskosten bereits im Jahr der Anschaffung oder Herstellung anfallen und die Summe der Gesamtkosten in diesem 3474

209 Zur Voraussetzung der selbständigen Nutzbarkeit siehe Rz. 3466 zu § 6 Abs. 2 EStG.

210 Vgl. nur BMF, Schreiben vom 30. 9. 2010, BStBl 2010 I S. 755.

211 Vgl. R 6.13 Abs. 6 Satz 1 EStR.

212 Vgl. BMF, Schreiben vom 30. 9. 2010, BStBl 2010 I S. 755, Tz. 9.

213 Vgl. BMF, Schreiben vom 30. 9. 2010, BStBl 2010 I S. 755, Tz. 10.

Jahr die Grenze von 1.000 € übersteigt, kann die Sammelpostenmethode nicht angewendet werden.[214] Das BMF-Schreiben vom 30. 9. 2010 beschränkt diesen Fall – m. E. sachgerecht – auf das Investitionsjahr. Die Sammelpostenmethode kann gemäß BMF-Schreiben ebenfalls nicht angewendet werden, wenn ein Wirtschaftsgut bereits im Wirtschaftsjahr der Anschaffung, Herstellung oder Einlage wieder aus dem Betriebsvermögen ausscheidet.[215]

3475 Der Ausgleichsposten ist am Ende des Wirtschaftsjahres unabhängig von der betriebsgewöhnlichen Nutzungsdauer des einzelnen Wirtschaftsguts um jeweils ein Fünftel aufzulösen. Dies gilt auch, wenn die tatsächliche Nutzungsdauer weniger als fünf Jahre beträgt. Eine Art Gegenbeweis ist somit nicht möglich. Der unterjährige Zeitpunkt der Anschaffung der einzelnen Wirtschaftsgüter wird bei der pauschalen Abschreibung nicht berücksichtigt. In jedem Wirtschaftsjahr erfolgt eine gewinnmindernde **Abschreibung** um ein Fünftel. Die volle Abschreibung gilt auch bei einem Rumpfwirtschaftsjahr.[216]

3476 Die **Veräußerung** eines Wirtschaftsguts, das gemäß Sammelpostenmethode steuerbilanziell abgebildet wurde, hat keinen Einfluss auf die Höhe des Sammelpostens beim Veräußerer am Schluss des Wirtschaftsjahres. Das Wirtschaftsgut bleibt auch nach Veräußerung im Sammelposten verhaftet. Entsprechendes gilt für die Entnahme, Verschrottung oder sonstiges Abhandenkommen des Wirtschaftsguts.[217] Bei Ermittlung des Veräußerungsgewinns können dem Veräußerungspreis deshalb keine Anschaffungs-/Herstellungskosten gegengerechnet werden. Die Anschaffungs-/Herstellungskosten des Wirtschaftsguts können nur im Rahmen der Abschreibung des Sammelpostens am Schluss des Wirtschaftsjahres geltend gemacht werden. Dem Veräußerer entstehen dadurch Zinsnachteile. Auf Ebene des Erwerbers richtet sich die bilanzielle Behandlung des Wirtschaftsguts nach den allgemeinen Regelungen. Somit kann die Situation entstehen, dass dasselbe Wirtschaftsgut bei mehreren Steuerpflichtigen gleichzeitig aktiviert wird.

3477 **BEISPIEL:** Im September 2010 wird ein PC zum Preis von 1.000 € netto angeschafft (betriebsgewöhnliche Nutzungsdauer = 3 Jahre). Im April 2012 wird der PC zum Preis von 500 € netto veräußert; der Erwerber geht von einer betriebsgewöhnlichen Nutzungsdauer von zwei Jahren aus. Sowohl Veräußerer als auch Erwerber nutzen die Sammelpostenmethode. In der Alternative sind die Ergebnisauswirkungen bei Aktivierung und planmäßiger Abschreibung auf Basis der linearen AfA nach § 7 Abs. 1 EStG dargestellt.

214 Vgl. BMF, Schreiben vom 30. 9. 2010, BStBl 2010 I S. 755, Tz. 10.
215 Vgl. BMF, Schreiben vom 30. 9. 2010, BStBl 2010 I S. 755, Tz. 10.
216 Vgl. BMF, Schreiben vom 30. 9. 2010, BStBl 2010 I S. 755, Tz. 14.
217 Vgl. BMF, Schreiben vom 30. 9. 2010, BStBl 2010 I S. 755, Tz. 14.

TAB. 1: Steuerliche Bilanzierung beim Veräußerer			
Wirtschaftsjahr	Sammelposten	Ergebnis/ Sammelposten	Ergebnis/ Alternative
2010	800,00 €	-200,00 €	-111,11 €
2011	600,00 €	-200,00 €	-333,33 €
2012	400,00 €	300,00 €	-55,56 €
2013	200,00 €	-200,00 €	0,00 €
2014	0,00 €	-200,00 €	0,00 €

TAB. 2: Steuerliche Bilanzierung beim Erwerber			
Wirtschaftsjahr	Sammelposten	Ergebnis/ Sammelposten	Ergebnis/ Alternative
2010	–	–	–
2011	–	–	–
2012	400,00 €	-100,00 €	-187,50 €
2013	300,00 €	-100,00 €	-250,00 €
2014	200,00 €	-100,00 €	-62,50 €
2015	100,00 €	-100,00 €	0,00 €
2016	0,00 €	-100,00 €	0,00 €

Eine weitere Zweifelsfrage betrifft das Schicksal des Sammelpostens bei einer **unentgeltlichen Übertragung eines Betriebs oder Teilbetriebs**. Ausweislich der Gesetzesbegründung sollen bei einem unentgeltlichen Betriebsübergang die jeweiligen Sammelposten mit ihren Buchwerten beim Erwerber fortgeführt werden.[218] Die Rechtsfolge der Buchwertfortführung des Sammelpostens kann aus § 6 Abs. 2a EStG nicht abgeleitet werden. Als Rechtsgrundlage kommt aber § 6 Abs. 3 EStG in Betracht. Gemäß BMF-Schreiben soll zwischen Übertragung des gesamten Betriebs und eines Teilbetriebs differenziert werden. Danach soll der übernehmende Rechtsträger bei Übertragung des gesamten Betriebs den Sammelposten unverändert fortführen.[219] Dies kommt bei Umwandlungen und Einbringungen aber nur unter den Voraussetzungen der Buchwertfortführung in Betracht. Anderenfalls liegt ein Veräußerungsvorgang vor, der zur Bildung eines neuen Sammelpostens führt. Behält der übertragende Rechtsträger Betriebsvermögen zurück, soll der Sammelposten gemäß BMF-Schreiben immer im verbleibenden Betriebsvermögen auszuweisen sein. Auch die Übertragung oder Einbringung eines Teilbetriebs hat keine Auswirkungen auf den Sammelposten. Dies gilt – entsprechend des Veräußerungsfalls – unabhängig vom tatsächlichen Verbleib der Wirtschaftsgüter. Dies bedeutet, dass es insoweit nicht maßgeblich ist, ob die Wirtschaftgüter des Sammelpostens zum übertragenden Vermögen gehören oder nicht. Wird ein 3478

218 Vgl. BR-Drucks. 220/07, S. 80 f.

219 Vgl. BMF, Schreiben vom 30. 9. 2010, BStBl 2010 I S. 755, Tz. 19.

Teilbetrieb zu Buchwerten übertragen oder eingebracht, soll gemäß BMF-Schreiben beim übernehmenden Rechtsträger mangels eines eigenen Buchwerts weder ein Ausweis der einzelnen Wirtschaftsgüter des Sammelpostens noch ein Ausweis des Sammelpostens selbst erfolgen.[220] Meines Erachtens ist dies nicht sachgerecht. Eine Vorgehensweise gemäß Verwaltungauffassung vermeidet zwar – ausnahmsweise – die doppelte Erfassung der Wirtschaftsgüter im Zusammenhang mit der Sammelpostenmethode. Allerdings bilanziert nach dieser Lösung weder der zivilrechtliche noch der wirtschaftliche Eigentümer die Wirtschaftsgüter (der übernehmende Rechtsträger), sondern weiterhin nur der übertragende Rechtsträger. Aus steuersystematischer Sicht, auch unter Beachtung der Eigenarten des Sammelpostens, ist dies ein zweifelhaftes Ergebnis. Meines Erachtens ist die Lösung, auch in diesem Fall den Sammelposten doppelt auszuweisen, vorzugswürdig.

3479 Bei der **Zinsschranke** nach § 4h EStG (i.V.m. § 8a KStG) ist eine Besonderheit im Zusammenhang mit dem Sammelposten zu beachten.[221] Nach § 4h Abs. 1 Satz 1 EStG sind Zinsaufwendungen abziehbar in Höhe des Zinsertrags, darüber hinaus nur bis zur Höhe des verrechenbaren EBITDA. § 4h Abs. 1 Satz 2 EStG definiert verrechenbares EBITDA als 30 % des um die Zinsaufwendungen und die nach § 6 Abs. 2 Satz 1 EStG abzuziehenden, nach § 6 Abs. 2a Satz 2 EStG gewinnmindernd aufzulösenden und nach § 7 EStG abgesetzten Beträge erhöhten und um die Zinserträge verminderten maßgeblichen Gewinns. Bei den Verweisen auf § 6 EStG ist zu beachten, dass sich § 6 Abs. 2 und Abs. 2a EStG durch das Wachstumsbeschleunigungsgesetz geändert haben, aber die Verweise in § 4h EStG unverändert geblieben sind. Die Beibehaltung der bisherigen Verweise hat zur Folge, dass der Sofortabzug von Anschaffungs- und Herstellungskosten bis 410 € für geringwertige Wirtschaftsgüter im Sinne des § 6 Abs. 2 EStG bei der Ermittlung des verrechenbaren EBITDA berücksichtigt wird. Bei Anwendung der Sammelpostenmethode wird der Sofortabzug nach § 6 Abs. 2a Satz 4 EStG für Wirtschaftsgüter, deren Anschaffungs- und Herstellungskosten 150 € nicht übersteigen, hingegen nicht mehr berücksichtigt. Die Abschreibungen auf den Sammelposten nach § 6 Abs. 2a Satz 2 EStG ist hingegen dem maßgeblichen Gewinn hinzuzurechnen. Ein Grund für diese unterschiedliche Behandlung der AfA-Beträge ist nicht ersichtlich. Gemäß Finanzausschuss besteht die Zielrichtung der Hinzurechnung von Abschreibungen bei der Ermittlung des steuerlichen EBITDA darin, dass sich Investitionen über Abschreibungen nicht negativ auf das steuerliche EBITDA und damit auf die Abzugsfähigkeit von Zinsaufwendungen auswirken sollen.[222] Vor diesem Hintergrund müsste das Gesetz dahingehend geändert werden, dass bei der Ermittlung des EBITDA sämtliche Abschreibungsbeträge hinzuzurechnen sind, unabhängig davon, ob es sich um planmäßige (einschließlich des Sofortabzugs nach § 6 Abs. 2a Satz 4 EStG) oder außerplanmäßige Abschreibungen (wie eine Teilwertabschreibung) handelt.

220 Vgl. BMF, Schreiben vom 30. 9. 2010, BStBl 2010 I S. 755, Tz. 23. Entsprechendes soll für Übertragungen nach § 6 Abs. 5 EStG gelten. Zu Übertragungen und Veräußerungen eines Mitunternehmeranteils vgl. BMF, Schreiben vom 30. 9. 2010, BStBl 2010 I S. 755, Tz. 24 ff.

221 Vgl. dazu *Lenz/Dörfler/Adrian*, Ubg 2010 S. 2.

222 Vgl. BT-Drucks. 16/5452, S. 10.

3.5.3 Wahlrechte des Steuerpflichtigen

3480 Für GWG bestehen folgende steuerliche Wahlrechte als Ausnahmen vom Grundsatz, dass die AfA nach Maßgabe der §§ 7 ff. EStG unter Berücksichtigung der jeweiligen betriebsgewöhnlichen Nutzungsdauer eines Wirtschaftsguts zu ermitteln ist:[223]

- Anschaffungs- oder Herstellungskosten bis 150 €: Wahlrecht zum sofortigen Abzug als Betriebsausgaben (§ 6 Abs. 2 EStG). Das Wahlrecht kann für jedes Wirtschaftsgut individuell in Anspruch genommen werden (wirtschaftsgutbezogenes Wahlrecht). Mit Ausnahme der buchmäßigen Erfassung bestehen keine weiteren Aufzeichnungspflichten.[224] Das BMF-Schreiben verweist hinsichtlich des Wahlrechts zum Sofortabzug bei Anschaffungs- und Herstellungskosten bis 150 € nur auf die Regelung des § 6 Abs. 2 EStG und nicht auf die Regelung des § 6 Abs. 2a EStG. Auch der Sofortabzug nach § 6 Abs. 2a Satz 4 EStG ist innerhalb des Sammelpostens als Wahlrecht („können") formuliert. M. E. ist jedoch zweifelhaft, ob tatsächlich ein Wahlrecht besteht oder nicht innerhalb des Sammelpostensystems zwingend ein Sofortabzug zu erfolgen hat. Gemäß Gesetzesbegründung sollte die bisherige Regelung zum Sammelposten beibehalten werden.[225] Somit wäre das „können" vor dem Hintergrund der alternativen Regelungskreise „§ 6 Abs. 2 EStG" und „§ 6 Abs. 2a EStG" als Pflicht zum Sofortabzug zu verstehen.[226]
- Bei Anschaffungs- oder Herstellungskosten von mehr als 150 €, aber nicht mehr als 410 €, bestehen zwei Wahlrechte:

  1. Die Aufwendungen können nach § 6 Abs. 2 EStG im maßgebenden Wirtschaftsjahr in voller Höhe als Betriebsausgaben abgezogen werden. In diesem Fall ist das Wirtschaftsgut unter Angabe des Tags der Anschaffung, Herstellung oder Einlage sowie der Anschaffungs- und Herstellungskosten oder des Einlagewerts in ein besonderes, laufend zu führendes Verzeichnis aufzunehmen (§ 6 Abs. 2 Satz 4, 5 EStG). Das Verzeichnis braucht nicht geführt zu werden, wenn diese Angaben aus der Buchführung ersichtlich sind. Soweit die nach § 5 Abs. 1 Satz 3 EStG geforderten Angaben für das Verzeichnis in dem GWG-Verzeichnis enthalten sind oder diese Angaben im Anlageverzeichnis ergänzt werden, braucht kein gesondertes Verzeichnis nach § 5 Abs. 1 Satz 2 EStG geführt zu werden.[227]

  2. Als zweites Wahlrecht bzw. alternativ zur Behandlung als sofortige Betriebsausgabe kommt die Erfassung in einem Sammelposten nach § 6 Abs. 2a EStG in Betracht. Dieses Wahlrecht kann jedoch nur einheitlich für alle Wirtschaftsgüter des Wirtschaftsjahres mit Anschaffungs- oder Herstellungskosten von mehr als 150 € bis 1.000 € in Anspruch genommen werden (wirtschaftsjahrbezogenes Wahlrecht).

---

223 Vgl. auch BMF, Schreiben vom 30. 9. 2010, BStBl 2010 I S. 755.

224 Vgl. BMF, Schreiben vom 30. 9. 2010, BStBl 2010 I S. 755, Tz. 3.

225 Vgl. BT-Drucks. 17/15, S. 17

226 Vgl. *Lenz/Dörfler/Adrian*, Ubg 2010 S. 2; a. A. *Ortmann-Babel/Zipfel*, Ubg 2009 S. 819; zu verschiedenen Interpretationsmöglichkeiten vgl. *Kußmaul/Weiler*, GmbHR 2011 S. 171 f.

227 Vgl. BMF, Schreiben vom 30. 9. 2010, BStBl 2010 I S. 755, Tz. 20.

- Bei Anschaffungs- oder Herstellungskosten von mehr als 410 €, aber nicht mehr als 1.000 €, besteht ein Wahlrecht nach § 6 Abs. 2a EStG (Erfassung in einem Sammelposten). Dieses Wahlrecht kann nur einheitlich für alle Wirtschaftsgüter des Wirtschaftsjahres mit Anschaffungs-/Herstellungskosten von mehr als 150 € bis 1.000 € in Anspruch genommen werden (wirtschaftsjahrbezogenes Wahlrecht). Somit können Anschaffungs- oder Herstellungskosten von mehr als 150 € bis 410 € nicht als Betriebsausgaben nach § 6 Abs. 2 EStG abgezogen werden, sofern in dem maßgebenden Wirtschaftsjahr das Wahlrecht zur Bildung eines Sammelpostens in Anspruch genommen wird.

3.6 Geleistete Anzahlungen und Anlagen im Bau

3481 Der Bilanzposten „**Geleistete Anzahlungen**" bezieht sich auf Vorleistungen bezüglich des Sachanlagevermögens. Diese geleisteten Anzahlungen sind zu aktivieren, damit das ansonsten schwebende Geschäft erfolgsneutral abgebildet wird.[228] Aktiviert wird jedoch nicht der Anspruch auf die Gegenleistung (Sach- oder Dienstleistungsanspruch), da dies dem Grundsatz der Nichtbilanzierung schwebender Geschäfte entgegen stehen würde. Die Vorauszahlung ist bilanziell vielmehr als **schwebendes Kreditgeschäft** anzusehen; zurückgezahlt wird jedoch bei vertragsgemäßem Ablauf nicht ein Geldbetrag, sondern eine Sachanlage wird übergeben. Auch die „Anzahlung" muss nicht zwingend in Form eines Geldbetrags erfolgen, um steuerbilanziell als „Anzahlung" zu qualifizieren. Die Anzahlung kann z. B. auch durch Übernahme einer Verbindlichkeit vorliegen.[229]

3482 Geleistete Anzahlungen sind von dem aktiven **Rechnungsabgrenzungsposten** nach § 5 Abs. 5 Satz 1 Nr. 1 EStG zu unterscheiden. Nach § 5 Abs. 5 Satz 1 Nr. 1 EStG sind Ausgaben vor dem Abschlussstichtag auf der Aktivseite als Rechnungsabgrenzungsposten anzusetzen, soweit sie Aufwand für eine bestimmte Zeit nach diesem Tag darstellen. Insofern setzt der Rechnungsabgrenzungsposten eine zeitraumbezogene Gegenleistung voraus, wie sie z. B. bei einem Miet- oder Pachtverhältnis vorliegt. Vorleistungscharakter haben zudem „Sonstige Vermögensgegenstände", wobei die Vorleistung in diesen Fällen nicht in einer Zahlung, sondern in einer Lieferung oder Leistung besteht.[230] Eine Umgliederung von „Geleistete Anzahlungen" in „Sonstige Vermögensgegenstände" erfolgt, wenn mit der Sachleistung nicht mehr gerechnet wird und insoweit mit einer Rückforderung der Anzahlung zu rechnen ist.

3483 Der steuerbilanzielle Zugang der Anzahlung folgt den Grundsätzen der Kreditgewährung bzw. der Erfüllung von Verbindlichkeiten, d. h. die Anzahlung muss geleistet sein. Die vertragliche Verpflichtung, eine Anzahlung zu leisten, begründet allein noch keine Aktivierung.[231] Die Anzahlung ist erfolgsneutral gegen das entsprechende Sachanlagevermögen aufzulösen, wenn der andere Vertragsteil geliefert bzw. geleistet hat.

3484 Als „**Anlagen im Bau**" sind alle zu aktivierenden Aufwendungen auszuweisen, sofern diese am Bilanzstichtag nicht fertig gestelltes Sachanlagevermögen betreffen. Insoweit

228 Vgl. *Schubert/Huber*, in: Beck'scher Bilanz-Kommentar, 9. Aufl., § 247 Rz. 545.

229 Vgl. BFH, Urteil vom 17. 1. 1973 – I R 17/70, BStBl II 1973 S. 487.

230 Vgl. *Schubert/Huber*, in: Beck'scher Bilanz-Kommentar, 9. Aufl., § 247 Rz. 549.

231 Vgl. BFH, Urteil vom 13. 12. 1979 – IV R 69/74, BStBl 1980 II S. 239.

kann es sich z. B. um ein Gebäude im Bau, aber auch um technische Anlagen oder Maschinen im Bau handeln. Der Ausweis im Anlagevermögen ist dem Umstand geschuldet, dass die Mittel durch die Investitionsentscheidung des Steuerpflichtigen langfristig gebunden sind.[232] Nach Fertigstellung des Sachanlagevermögens erfolgt eine Umgliederung auf den jeweils zutreffenden Posten des Sachanlagevermögens.[233]

3.7 Bewertung

3.7.1 Allgemeine Grundsätze

3.7.1.1 Abnutzbares und nicht abnutzbares Sachanlagevermögen

Die steuerbilanzielle Bewertung von Wirtschaftsgütern des Sachanlagevermögens richtet sich nach § 6 EStG. Gemäß § 6 Abs. 1 Nr. 1 Satz 1 EStG sind Wirtschaftsgüter des Anlagevermögens, die einer Abnutzung unterliegen, mit den Anschaffungs- oder Herstellungskosten oder dem an deren Stelle tretenden Wert, vermindert um die Absetzungen für Abnutzungen (AfA), erhöhte Absetzungen, Sonderabschreibungen, Abzüge nach § 6b EStG und ähnliche Abzüge, anzusetzen. Für nicht abnutzbare Wirtschaftsgüter bestimmt § 6 Abs. 1 Nr. 2 Satz 1 EStG die Bewertung zu Anschaffungs- oder Herstellungskosten oder dem an deren Stelle tretenden Wert, vermindert um Abzüge nach § 6b EStG und ähnliche Abzüge. Die steuerbilanzielle Zugangsbewertung für Sachanlagevermögen erfolgt – insoweit gleichlaufend für abnutzbare und nicht abnutzbare Wirtschaftsgüter – mit den Anschaffungs- oder Herstellungskosten oder dem an deren Stelle tretenden Wert. 3485

3.7.1.2 Anschaffungskosten

Eine eigenständige Definition für Anschaffungskosten enthalten die Steuergesetze nicht. Insoweit gelten für die **Anschaffungskosten** gemäß Maßgeblichkeitsprinzip des § 5 Abs. 1 Satz 1 EStG die handelsrechtlichen Vorschriften des § 255 Abs. 1 HGB.[234] Nach § 255 Abs. 1 HGB sind Anschaffungskosten die Aufwendungen, die geleistet werden, um einen Vermögensgegenstand zu erwerben und ihn in einen betriebsbereiten Zustand zu versetzen, soweit die Aufwendungen dem Vermögensgegenstand einzeln zugeordnet werden können. 3486

Ausgangspunkt der Anschaffungskosten ist der **Anschaffungspreis**, der sich regelmäßig aus der Rechnung ergibt. Die ausgewiesene Umsatzsteuer (aus Sicht des Erwerbers der Vorsteuerbetrag) gehört nicht zu den Anschaffungskosten, wenn der Erwerber zum Abzug der Vorsteuer berechtigt ist (§ 9b Abs. 1 EStG). Sofern später eine Berichtigung der Vorsteuer nach § 15a UStG notwendig ist, lässt dies die Anschaffungskosten unberührt (§ 9b Abs. 2 EStG). 3487

Zu den Anschaffungskosten gehören nach § 255 Abs. 1 Satz 2 HGB auch die **Anschaffungsnebenkosten** und die nachträglichen Anschaffungskosten. Voraussetzung für An- 3488

232 Vgl. *Schubert/Huber*, in: Beck'scher Bilanz-Kommentar, 9. Aufl., § 247 Rz. 561.
233 Vgl. *Wiedmann*, in: Ebenroth/Boujong/Jost/Strohn, HGB, 2. Aufl., München 2008, § 266 Tz. 19.
234 Vgl. H 6.2 „Anschaffungskosten" EStH.

schaffungsnebenkosten ist, dass sie einzeln dem Wirtschaftsgut zugeordnet werden können.[235] **Anschaffungspreisminderungen**, z. B. ein Rabatt, sind von den Anschaffungskosten abzusetzen. Dies gilt auch dann, wenn der Preisnachlass nicht vom Verkäufer bzw. Hersteller, sondern von dem Händler/Agenten aus dessen Provision gewährt wird.[236] Maßgeblich für die Anschaffung ist gemäß § 9a EStDV der Zeitpunkt der Lieferung. Bei einem Anschaffungsgeschäft in ausländischer Währung muss eine Umrechnung in € mit dem Wechselkurs im Anschaffungszeitpunkt erfolgen.[237]

3.7.1.3 Herstellungskosten

3489 Eine eigene Definition von **Herstellungskosten** enthält das Ertragssteuerrecht nicht. Allerdings beinhalten die Einkommensteuerrichtlinien eine Regelung in R 6.3 EStR. Mit dem BilMoG wollte der Gesetzgeber, wie der Gesetzesbegründung zu entnehmen ist, die handelsrechtlichen Herstellungskosten an die steuerlichen Herstellungskosten angleichen.[238] Insoweit wird R 6.3 EStR als eigenständiger steuerlicher Herstellungskosten-Begriff vom Gesetzgeber anerkannt. Daraus könnte geschlossen werden, dass die Wahlrechte der Einkommensteuerrichtlinien auch als eigene steuerliche Wahlrechte im Sinne des § 5 Abs 1 Satz 1 2. Halbsatz EStG zu qualifizieren sind, die unabhängig von der Handelsbilanz ausgeübt werden dürfen.[239] Auch das BMF-Schreiben vom 12. 3. 2010 führt aus, dass sich steuerliche Wahlrechte nicht nur aus dem Gesetz, sondern auch aus Verwaltungsvorschriften, wie Richtlinien oder BMF-Schreiben, ergeben können.[240]

3490 Nach R 6.3 EStR waren bis zur Änderung durch die Einkommensteuer-Änderungsrichtlinien 2012 (EStÄR 2012) entsprechend zu den handelsrechtlichen Herstellungskosten (§ 255 HGB) **Einzelkosten** (Materialeinzelkosten, Fertigungseinzelkosten, Sondereinzelkosten der Fertigung) und variable fertigungsbezogene Gemeinkosten verpflichtend in die steuerrechtlichen Herstellungskosten einzubeziehen. Zu den fertigungsbezogenen Gemeinkosten gehören Materialgemeinkosten, Fertigungsgemeinkosten und der Werteverzehr von Anlagevermögen (AfA), soweit dies durch die Herstellung des Wirtschaftsguts veranlasst ist. Teilwertabschreibungen dürfen nicht berücksichtigt werden.[241] Wahlbestandteile der Herstellungskosten waren gemäß R 6.3 Abs. 3 EStR angemessene Teile der Kosten für die allgemeine Verwaltung, angemessene Aufwendungen für soziale Einrichtungen des Betriebs, für freiwillige soziale Leistungen und für die betriebliche Altersversorgung, soweit die vorgenannten Aufwendungen auf den Herstellungszeitraum entfallen.

3491 Gemäß BMF-Schreiben vom 12. 3. 2010 sind bei der steuerlichen Gewinnermittlung nach § 6 Abs. 1 Nr. 2 Satz 1 EStG alle Aufwendungen anzusetzen, die ihrer Art nach Herstellungskosten sind. Dazu gehören nach Verwaltungsauffassung auch die Kosten im

235 Vgl. H 6.2 „Nebenkosten" EStH.

236 Vgl. BFH, Urteil vom 22. 4. 1988 – III R 54/83, BStBl 1988 II S. 901.

237 H 6.2 „Ausländische Währung" EStH.

238 Vgl. BT-Drucks. 16/10067, S. 36.

239 Vgl. *Dörfler/Adrian*, Ubg 2009 S. 393; *Herzig/Briesemeister*, DB 2009 S. 976; a. A. *Rammert/Thies*, WPg 2009 S. 43 f.

240 Vgl. BMF, Schreiben vom 12. 3. 2010, BStBl 2010 I S. 239, Tz. 12.

241 Vgl. R 6.3 Abs. 4 Satz 6 EStR.

Sinne des § 255 Abs. 2 Satz 3 HGB (**allgemeine Verwaltungskosten und Aufwendungen für soziale Einrichtungen des Betriebs, für freiwillige soziale Leistungen und für die betriebliche Altersversorgung**).[242] Diese Kosten sind nach Auffassung der Finanzverwaltung somit verpflichtend und unabhängig von der handelsrechtlichen Wahlrechtsausübung bei den steuerlichen Herstellungskosten zu berücksichtigen.[243] Vor Hintergrund der entgegenstehenden EStR wurde mit BMF-Schreiben vom 22. 6. 2010 eine Übergangsregelung von der bisherigen Verwaltungsauffassung (Einbeziehungswahlrecht unter Beachtung des Maßgeblichkeitsprinzips) zur neuen Verwaltungsauffassung (steuerliche Pflicht zum Einbezug in die Herstellungskosten unabhängig von der Handelsbilanz) eingeführt.[244] Nach der Übergangsregel wird es von der Finanzverwaltung nicht beanstandet, wenn für Wirtschaftsjahre, die vor Veröffentlichung einer geänderten Richtlinienauffassung enden, noch nach der bisherigen Richtlinienauffassung verfahren wird. Im BMF-Schreiben wird nicht explizit geregelt, ob für sämtliche offene Jahre die neue Verwaltungsauffassung rückwirkend angewendet werden darf. Dies sollte aber meines Erachtens zulässig und von der Finanzverwaltung anerkannt werden, da es sich nur um eine Nichtbeanstandungsregelung handelt. Sobald die Einkommensteuerrichtlinien im Sinne der neuen Verwaltungsauffassung geändert werden, müssen gemäß BMF-Schreiben allgemeine Verwaltungskosten und Aufwendungen für soziale Einrichtungen des Betriebs, für freiwillige soziale Leistungen und für die betriebliche Altersversorgung verpflichtend in die steuerlichen Herstellungskosten einbezogen werden. Dabei ist zu beachten, dass dies bereits für das Wirtschaftsjahr gelten soll, in dem die geänderte Richtlinienauffassung veröffentlicht wird. Insofern ist dies keine praxisfreundliche Übergangsregelung, die eine gesicherte Planung zulässt. Die neue Verwaltungsauffassung wurde in die **Einkommensteuer-Änderungsrichtlinien 2012** aufgenommen (R 6.3 Abs. 1 EStÄR 2012). Nach R 6.3 Abs. 9 EStÄR 2012 darf die bisherige Richtlinienauffassung (Einbeziehungswahlrecht unter Beachtung der Maßgeblichkeit) weiter für WG angewendet werden, mit deren Herstellung vor dem 28. 3. 2013 begonnen wurde. Das BMF-Schreiben vom 25. 3. 2013 sieht aber wiederum eine Nichtbeanstandungsregelung vor.[245] Die Nichtbeanstandung soll zeitlich befristet sein bis zur Verifizierung des mit der geänderten Richtlinienauffassung verbundenen Erfüllungsaufwands, spätestens mit einer (weiteren) künftigen Neufassung der EStR.

Zinsen für Fremdkapital, das zur Herstellung eines Wirtschaftsguts aufgenommen wur- 3492
de, dürfen ebenfalls in die Herstellungskosten einbezogen werden, soweit die Zinsen auf den Herstellungszeitraum entfallen (sogenannte Bauzeitzinsen).[246] Gemäß BMF-Schreiben vom 12. 3. 2010 gilt für Zinsen das materielle Maßgeblichkeitsprinzip des § 5 Abs. 1 Satz 1 1. Halbsatz EStG.[247] Insofern wird das Wahlrecht in den R 6.3 Abs. 5 EStR zum Einbezug von Zinsen in die Herstellungskosten von der Finanzverwaltung nicht als

242 Vgl. BMF, Schreiben vom 12. 3. 2010, BStBl 2010 I S. 239, Tz. 8.

243 Vgl. zur Kritik *Freidank/Velte*, StuW 2010 S. 189, die einen redaktionellen Fehler vermuten; *Richter*, GmbHR 2010 S. 507; *Günkel/Teschke*, Ubg 2010 S. 401.

244 Vgl. BMF, Schreiben vom 22. 6. 2010, BStBl 2010 I S. 597.

245 Vgl. BMF, Schreiben vom 25. 3. 2013, BStBl 2013 I S. 296.

246 Vgl. zu Überschusseinkünften ohne Möglichkeit des Werbungskostenabzugs BFH, Urteil vom 23. 5. 2012 – IX R 2/12, BStBl 2012 II S. 674; a. A. BFH, Urteil vom 7. 11. 1989 – IX R 190/85, BStBl 1990 II S. 460.

247 Vgl. BMF, Schreiben vom 12. 3. 2010, BStBl 2010 I S. 239, Tz 6.

eigenständiges steuerliches Wahlrecht anerkannt. Dies ist meines Erachtens mit dem Argument insoweit vertretbar, dass R 6.3 Abs. 5 EStR lediglich das handelsrechtliche Wahlrecht wiederholt, aber kein eigenes steuerrechtliches Wahlrecht begründen.

3493 Forschungskosten sind nicht als Herstellungskosten aktivierbar. Auch Entwicklungskosten sind im Unterschied zur Handelsbilanz nicht in die Herstellungskosten einzubeziehen.[248] Vertriebskosten gehören ebenfalls nicht zu den Herstellungskosten (§ 255 Abs. 2 Satz 4 HGB). Jahr der Herstellung ist nach § 9a EStDV das Jahr der Fertigstellung.

3.7.1.4 Zuschüsse

3494 Ein **Zuschuss** ist ein Vermögensvorteil, den ein Zuschussgeber zur Förderung eines (zumindest auch) im Interesse des Zuschussgebers liegenden Zwecks dem Zuschussempfänger zuwendet.[249] Werden Anlagegüter mit Zuschüssen aus öffentlichen oder privaten Mitteln angeschafft oder hergestellt (sogenannter Investitionszuschuss), hat der Steuerpflichtige nach R 6.5 Abs. 2 EStR ein Wahlrecht. Der Steuerpflichtige kann die Zuschüsse als Betriebseinnahme vereinnahmen. Die Anschaffungs- oder Herstellungskosten (und damit die AfA-Bemessungsgrundlage) bleiben in diesem Fall durch den Zuschuss unberührt. Alternativ kann der Steuerpflichtige den Zuschuss erfolgsneutral behandeln. In diesem Fall sind die Anschaffungs- oder Herstellungskosten des Anlageguts um den (steuerpflichtigen) Zuschuss zu kürzen. Wird der Zuschuss erst nachträglich gewährt (d. h. erst nach der Anschaffung oder Herstellung von Anlagegütern) und wählt der Steuerpflichtige die erfolgsneutrale Behandlung, ist der Zuschuss auch erst nachträglich von den gebuchten Anschaffungs- oder Herstellungskosten abzusetzen.[250] Entsprechendes gilt, wenn das Anlagegut mit einem Darlehen finanziert wurde und der nachträglich gewährte Zuschuss mit dem Darlehen verrechnet oder zur Darlehenstilgung verwendet wird. Bei im Voraus gewährten Zuschüssen, d. h. das Anlagegut wird erst in einem auf die Gewährung des Zuschusses folgenden Wirtschaftsjahr angeschafft oder hergestellt, kann in Höhe des gewährten, aber noch nicht verwendeten Zuschusses eine „steuerfreie" Rücklage gebildet werden.[251] Diese Rücklage kann dann erfolgsneutral im Jahr der Anschaffung oder Herstellung auf das Anlagegut übertragen werden. Das Wahlrecht zur steuerbilanziellen Behandlung von Zuschüssen kann unabhängig von der handelsrechtlichen Abbildung ausgeübt werden.[252] Auch für die Bildung der „steuerfreien" Rücklage ist keine entsprechende Abbildung in der Handelsbilanz notwendig. Bei unterschiedlicher Abbildung des Zuschusses in Steuer- und Handelsbilanz sind aus steuerlicher Sicht die besonderen Aufzeichnungspflichten bei Ausübung eines steuerlichen Wahlrechts zu beachten (§ 5 Abs. 1 Satz 2 und 3 EStG).

3.7.1.5 An Stelle der Anschaffungs- oder Herstellungskosten tretender Wert

3495 Sachanlagen können in das Betriebsvermögen eingelegt werden oder Gegenstand einer verdeckten **Einlage** sein. Bei der Bewertung des Sachanlagevermögens bzw. der Einlage

248 Vgl. *Laubach/Kraus/Bornhofen*, DB Beilage Nr. 5/2009, S. 22.
249 Vgl. R 6.5 Abs. 1 EStR.
250 Vgl. R 6.5 Abs. 3 EStR.
251 Vgl. R 6.5 Abs. 4 EStR.
252 Vgl. *Dörfler/Adrian*, Ubg 2009 S. 394.

ist nach § 6 Abs. 1 Nr. 5 EStG grundsätzlich der Teilwert maßgebend, höchstens jedoch die Anschaffungs- oder Herstellungskosten, wenn das zugeführte Wirtschaftsgut innerhalb der letzten drei Jahre vor dem Zeitpunkt der Zuführung angeschafft oder hergestellt worden ist. Sofern es sich beim eingelegten Sachanlagevermögen um ein abnutzbares Wirtschaftsgut handelt, sind die Anschaffungs- oder Herstellungskosten um AfA zu kürzen, die auf den Zeitraum zwischen der Anschaffung oder Herstellung des Wirtschaftsguts und der Einlage entfallen (§ 6 Abs. 1 Nr. 5 Satz 2 EStG). Wurde ein Wirtschaftsgut eingelegt, das vor der Zuführung aus dem Betriebsvermögen des Steuerpflichtigen entnommen wurde, tritt der Entnahmewert an die Stelle der Anschaffungs- oder Herstellungskosten (§ 6 Abs. 1 Nr. 5 Satz 3 EStG). Einer Einlage steht nach § 4 Abs. 1 Satz 8 2. Halbsatz EStG die Begründung des Besteuerungsrechts der Bundesrepublik Deutschland hinsichtlich des Gewinns aus der Veräußerung eines Wirtschaftsguts gleich (**Verstrickung**). Darunter fällt z. B. die Überführung eines Wirtschaftsguts aus einer ausländischen Freistellungs-Betriebsstätte in das inländische Stammhaus.[253] In Verstrickungsfällen ist das Wirtschaftsgut mit dem gemeinen Wert anzusetzen (§ 6 Abs. 1 Nr. 5a EStG).

Sachanlagevermögen kann auch im Wege einer **Umwandlung** oder **Einbringung** nach dem UmwStG übertragen werden. Nach dem SEStEG gilt als Grundregel die Bewertung zum gemeinen Wert. Unter bestimmten Voraussetzungen dürfen die übergehenden Wirtschaftsgüter (einschließlich nicht entgeltlich erworbener und selbst geschaffener immaterieller Wirtschaftsgüter) „einheitlich" zum Buchwert oder zu einem höheren Wert (Zwischenwert), höchstens mit dem gemeinen Wert angesetzt werden (z. B. § 3 Abs. 2 UmwStG).[254] 3496

Weitere **steuerbilanzielle Bewertungsvorbehalte**, die Sachanlagen betreffen können, sind in § 6 Abs. 4 bis 6 EStG zu finden. Nach § 6 Abs. 4 EStG gilt der gemeine Wert als Anschaffungskosten, wenn ein einzelnes Wirtschaftsgut außer in den Fällen der Einlage unentgeltlich in das Betriebsvermögen eines anderen Steuerpflichtigen übertragen wird. § 6 Abs. 5 EStG betrifft verschiedene Übertragungsvorgänge eines einzelnen Wirtschaftsguts (z. B. die Überführung von einem Betriebsvermögen in ein anderes Betriebsvermögen desselben Steuerpflichtigen oder die Überführung in ein Sonderbetriebsvermögen einer Mitunternehmerschaft). In den Fällen des § 6 Abs. 5 EStG erfolgt die Bewertung grundsätzlich zum Buchwert.[255] Wird Sachanlagevermögen durch einen **Tauschvorgang** erworben, bemessen sich die Anschaffungskosten nach § 6 Abs. 6 Satz 1 EStG nach dem gemeinen Wert des hingegebenen Wirtschaftsguts. 3497

3.7.2 Besonderheiten bei Grundstücken

3.7.2.1 Abgrenzung Gebäude und Grund und Boden

Bei der Bewertung von bebauten Grundstücken ist zwischen dem Gebäude sowie dem Grund und Boden zu unterscheiden. Während für das Gebäude als abnutzbares Wirt- 3498

253 Vgl. *Hoffmann*, in: Littmann/Bitz/Pust, EStG, § 6 Rn. 777.

254 Vgl. im Einzelnen *Dörfler/Adrian/Oblau*, RIW 2007 S. 266.

255 Vgl. BMF, Schreiben vom 8. 12. 2011, BStBl 2011 I S. 1279.

schaftsgut § 6 Abs. 1 Nr. 1 EStG gilt, ist für den Grund und Boden als nicht abnutzbares Wirtschaftsgut § 6 Abs. 1 Nr. 2 EStG einschlägig. Wird ein einheitlicher Kaufpreis vereinbart und ist vertraglich keine Aufteilung vorgesehen (die zwischen fremden Dritten grundsätzlich anerkannt wird),[256] ist der Gesamtkaufpreis nach Maßgabe der Verkehrswerte von Gebäude sowie Grund und Boden aufzuteilen. Dazu sind zunächst die Werte von Gebäude sowie Grund und Boden gesondert zu ermitteln. In einem zweiten Schritt sind die Anschaffungskosten nach Maßgabe der ermittelten Werte zu verteilen.[257] Die **Verkehrswerte** von Gebäude sowie Grund und Boden können nach ständiger BFH-Rechtsprechung mittels der Verordnung über die Grundsätze für die Ermittlung des Verkehrswerts von Grundstücken **(WertV)** vom 6. 12. 1988[258] bestimmt werden.[259] Danach stehen als grundsätzlich gleichwertige Verfahren das Vergleichswert-, Sachwert- und Ertragswertverfahren zur Verfügung. Die Restwertmethode (zunächst erfolgt die Ermittlung des Werts von Grund und Boden; dann wird dieser Wert vom Gesamtkaufpreis abgezogen und das Ergebnis wird dem Gebäude zugeschlagen) wurde bereits mehrfach von der BFH-Rechtsprechung aufgrund des Verstoßes gegen den Einzelbewertungsgrundsatz abgelehnt.[260] Aktuell hat das BMF mit Schreiben vom 11. 4. 2014 eine Arbeitshilfe als Excel-Datei zur Aufteilung eines Gesamtkaufpreises für ein bebautes Grundstück veröffentlicht, abrufbar unter www.bundesfinanzministerium.de.

3499 Zur Abgrenzung zu Betriebsvorrichtungen vgl. Rz. 3458 ff. Aufwendungen für das Entfernen von Betriebsvorrichtungen gehören aber zu den Herstellungskosten des Gebäudes, wenn das Gebäude dadurch wesentlich verbessert wird.[261] Zur Abgrenzung zu unbeweglichen Gebäudeteilen (Mietereinbauten) sowie den sonstigen selbständigen unbeweglichen Wirtschaftsgütern (Außenanlagen) vgl. Rz. 3445 ff.

3500 Bei dem Gebäude besteht zudem die steuerbilanzielle Besonderheit, dass ein eigentlich einheitliches Wirtschaftsgut (Gebäude) für steuerliche Zwecke aufteilungsfähig ist. Dabei ist die Nutzung des Gebäudes maßgeblich: Zu unterscheiden ist eine eigen- und fremdbetriebliche Nutzung sowie die Nutzung zu eigenen und zu fremden Wohnzwecken.[262] Jeder der vier unterschiedlich genutzten Gebäudeteile ist ein eigenes Wirtschaftsgut.[263] Zudem kann das Gebäude nach Maßgabe der Anzahl der Gebäudeeigentümer aufzuteilen sein, sodass jeder Eigentümer nur ein Teil des Gebäudes in seiner Bilanz aufzunehmen hat. Bei notwendiger Aufteilung eines Gesamtkaufpreises kommt

256 Grundsätzlich ist das Finanzamt an eine von Vertragsparteien getroffene vertragliche Vereinbarung zur Aufteilung des Kaufpreises gebunden, wenn keine begründeten Zweifel an einer zutreffenden Aufteilung bestehen (d. h., wenn die Aufteilung nicht den wirtschaftlichen Gegebenheiten entspricht), vgl. z. B. FG Berlin-Brandenburg, Urteil vom 22. 8. 2013 – 10 K 12122/09, EFG 2013 S. 1903; Az. beim BFH: IX B 120/13. Zur grundsätzlichen Anerkennung der vertraglich vereinbarten Aufteilung siehe BFH, Urteil vom 18. 1. 2006 – IX R 34/05, BFH/NV 2006 S. 1634; BFH, Urteil vom 9. 7. 2002 – IV B 160/01, BFH/NV 2002 S. 1563; FG Hessen, Urteil vom 1. 11. 2011 – 11 K 439/11, EFG 2012 S. 1129.

257 Vgl. BFH, Urteil vom 11. 2. 2003 – IX R 13/00, BFH/NV 2003, S. 769.

258 BGBl 1988 I S. 2209.

259 Vgl. BFH, Urteil vom 15. 2. 2001 – III R 20/99, BStBl 2003 II S. 635; vgl. auch *Ehmcke*, in: Blümich, EStG, § 6 Rz. 350.

260 Vgl. BFH, Urteil vom 10. 10. 2000 – IX R 86/97, BStBl 2001 II S. 183 m. w. N.

261 Vgl. BFH, Urteil vom 25. 1. 2006 – I R 58/04, BStBl 2006 II S. 707.

262 Zu „Wohnzwecken" vgl. R 7.2 Abs. 1 bis 3 EStR.

263 Vgl. R 4.2 Abs. 4 EStR.

nach Differenzierung zwischen Gebäude sowie Grund und Boden eine weitere Aufteilung grundsätzlich nach dem Verhältnis der Nutzflächenanteile, ausnahmsweise unter Anwendung des Sachwert- oder des Ertragswertverfahrens in Betracht.[264] Eine Bewertung mit dem Sachwert- oder dem Ertragswertverfahren (an Stelle der Aufteilung nach den Nutzflächen) ist insbesondere dann vorzunehmen, wenn eine Aufteilung nach dem Verhältnis der zur Vermietung genutzten Flächen zu den eigengenutzten Flächen wegen der unterschiedlichen Nutzbarkeit der jeweiligen Bereiche zu einem ersichtlich sachwidrigen Ergebnis führt.[265]

Einzelfragen:[266] 3501

- **Abbruchkosten:** Bei Erwerb eines bebauten Grundstücks mit anschließendem Abriss des Gebäudes sind gemäß H 6.4 EStR folgende Fallkonstellationen zu unterscheiden:

  1. Der Steuerpflichtige hatte das Gebäude auf einem ihm bereits gehörenden Grundstück errichtet.
  2. Der Steuerpflichtige hat das Gebäude in der Absicht erworben, es als Gebäude zu nutzen (Erwerb ohne Abbruchabsicht).
  3. Der Steuerpflichtige hat das Gebäude zum Zweck des Abbruchs erworben (Erwerb mit Abbruchabsicht). Sofern nach dem Erwerb innerhalb von drei Jahren mit dem Abbruch des Gebäudes begonnen wird, spricht gemäß H 6.4 EStH der Beweis des ersten Anscheins für einen Erwerb mit Abbruchabsicht.[267] Der Gegenbeweis ist jedoch möglich, z. B. durch den Nachweis der Umstände, die erst nach dem Erwerb zu der Abbruchentscheidung geführt haben. Der Dreijahreszeitraum beginnt grundsätzlich mit dem Abschluss des obligatorischen Rechtsgeschäfts. In besonders gelagerten Fällen, z. B. bei großen Arrondierungskäufen, kann auch nach Ablauf von drei Jahren der Anscheinsbeweis für einen Erwerb mit Abbruchabsicht sprechen.
  4. Der Steuerpflichtige plant den Abbruch eines zum Privatvermögen gehörenden Gebäudes und die anschließende Errichtung eines zum Betriebsvermögen gehörenden Gebäudes (Einlage mit Abbruchabsicht).

In den Fallkonstellationen der Nr. 1 (abzureißendes Gebäude wurde auf einem Grundstück des Steuerpflichtigen errichtet) und Nr. 2 (Erwerb ohne Abbruchabsicht) sind die Abbruchkosten als sofort abziehbare Betriebsausgaben nach § 4 Abs. 4 EStG zu behandeln. Dies gilt bei einem geplanten Teilabbruch auch für den Gebäudeteil, dessen Abbruch nicht geplant war.[268]

In der Fallkonstellation Nr. 3 (Erwerb mit Abbruchabsicht) gilt gemäß H 6.4 EStH das Folgende:

---

264 Vgl. BFH, Urteil vom 15. 2. 2001 – III R 20/99, BStBl II 2003 S. 635.

265 Vgl. BFH, Urteil vom 25. 5. 2005 – IX R 46/04, BFH/NV 2006, S. 261.

266 Vgl. ausführlich H 6.4 EStH.

267 Vgl. BFH, Urteil vom 13. 4. 2010 – IX R 16/09, BFH/NV 2010 S. 1799.

268 Vgl. BFH, Urteil vom 15. 10. 1996 – IX R 2/93, BStBl 1997 II S. 325.

a) Sofern das Gebäude technisch oder wirtschaftlich nicht verbraucht ist und mit dem Abbruch die Herstellung eines neuen Wirtschaftsguts in engem wirtschaftlichen Zusammenhang steht, gehören der Buchwert des Gebäudes und die Abbruchkosten zu den Herstellungskosten des neuen Wirtschaftsguts. Ansonsten sind diese Aufwendungen zu den Anschaffungskosten des Grund und Bodens zu zählen. Wenn bei einem in Teilabbruchabsicht erworbenen Gebäude umfangreichere Teile als geplant abgerissen werden müssen, gehören sowohl die Abbruchkosten als auch der Restwert des abgerissenen Gebäudes insoweit zu den Herstellungskosten des neuen Gebäudes, als sie auf Gebäudeteile entfallen, die bei Durchführung des im Erwerbszeitpunkt geplanten Umbaus ohnehin hätten entfernt werden sollen. Dieser Anteil ist ggf. im Wege der Schätzung zu ermitteln.[269]

b) Bei objektiver Wertlosigkeit des Gebäudes im Zeitpunkt des Erwerbs ist der volle Anschaffungspreis für das Gebäude dem Grund und Boden zuzuordnen. Für die Abbruchkosten gelten die Ausführung unter a).

In der Fallkonstellation Nr. 4 (Einlage mit Abbruchabsicht) gehören der Wert des abgerissenen Gebäudes und die Abbruchkosten zu den Herstellungskosten des neuen Betriebsgebäudes. Bei der Ermittlung des Einlagewerts des Gebäudes (Teilwert) ist eine etwaige Abbruchabsicht nicht zu berücksichtigen.[270] Insofern ist der Einlagewert des Gebäudes nicht schon null €, weil eine Einlage mit Abbruchabsicht vorliegt.

Sofern das abgebrochene Gebäude zuvor eigenen Wohnzwecken diente (oder anderen nicht einkommensteuerlich relevanten Zwecken), sind die Abbruchkosten als Herstellungskosten des neuen Gebäudes zu behandeln.

- **Abfindungszahlungen (Entschädigungen)** an Mieter für die vorzeitige Räumung des Gebäudes zwecks Errichtung eines neuen Gebäudes sind Herstellungskosten des neuen Gebäudes.[271]
- **Anschaffungsnahe Herstellungskosten:** siehe Rz. 3512 ff.
- Zu den **Anschaffungskosten des Grund und Bodens** gehören die Erdarbeiten, Erschließungs-, Straßenanlieger- und andere auf das Grundstückseigentum bezogene kommunale Beiträge und Beiträge für sonstige Anlagen außerhalb des Grundstücks und Hausanschlusskosten.[272]
- **Ansiedlungsbeitrag:** Ein Ansiedlungsbeitrag gehört zu den Anschaffungskosten des Grund und Bodens, wenn der Beitrag im Zusammenhang mit dem Erwerb des Grund und Bodens zu zahlen ist.[273]
- **Arbeitsleistung**: Die eigene Arbeitsleistung gehört nicht zu den Herstellungskosten eines Gebäudes.[274]

---

269 Vgl. BFH, Urteil vom 15. 10. 1996 – IX R 2/93, BStBl 1997 II S. 325.

270 Vgl. BFH, Urteil vom 9. 2. 1983 – I R 29/79, BStBl 1983 II S. 451.

271 Vgl. BFH, Urteil vom 9. 2. 1983 – I R 29/79, BStBl 1983 II S. 451.

272 H 6.4 EStH.

273 Vgl. BFH, Urteil vom 9. 12. 1965 – IV 62/63 U, BStBl 1966 III S. 191.

274 Vgl. BFH, Urteil vom 10. 5. 1995 – IX R 73/91, BStBl 1995 II S. 713.

- **Ausgleichsbeträge nach § 154 BauGB:** Ausgleichs- und Ablösungsbeträge, die anlässlich einer städtebaulichen Sanierungsmaßnahme zu zahlen sind, können Anschaffungs- oder Herstellungskosten, aber auch Betriebsausgaben sein. Sie sind als Anschaffungs- oder Herstellungskosten zu behandeln, wenn das Grundstück in seiner Substanz oder seinem Wesen verändert wird, z. B. bei der erstmaligen Erschließung des Grundstücks oder bei Maßnahmen zur Verbesserung der Bebaubarkeit. Die zu zahlenden Beträge sind ansonsten sofort abziehbare Betriebsausgaben (z. B., wenn eine vorhandene Anlage lediglich ersetzt wird). Erhaltungsaufwendungen sind z. B. nachträgliche Straßenbaukostenbeiträge.
- **Außenanlagen:** Aufwendungen für die Hof- und Straßenbefestigung gehören grundsätzlich nicht zum Gebäude und damit nicht zu den Herstellungskosten des Gebäudes.[275]
- **Baukostenzuschüsse**: Nicht rückzahlbare Beiträge, die Versorgungsunternehmen dem Kunden zu den Baukosten gewähren, sind Investitionszuschüsse.[276] Nach R 6.5 Abs. 2 Satz 1 und 2 EStR besteht für Investitionszuschüsse ein steuerliches Wahlrecht: Die Zuschüsse sind entweder von den Anschaffungs- oder Herstellungskosten zu kürzen oder erfolgswirksam zu vereinnahmen. Das steuerliche Wahlrecht für Zuschüsse kann unabhängig von der Handelsbilanz ausgeübt werden.[277] Bei der Ausübung des steuerlichen Wahlrechts abweichend von der Handelsbilanz sind die besonderen Aufzeichnungspflichten nach § 5 Abs. 1 Satz 2 und 3 EStG zu beachten.
- **Bauplanungskosten:** Planungskosten für die Bebauung eines Grundstücks gehören zu den Herstellungskosten des Gebäudes. Dies gilt gemäß H 6.4 EStH auch für vergebliche Planungskosten, wenn der Steuerpflichtige die ursprüngliche Planung zwar nicht verwirklicht hat, aber später ein Gebäude erstellt, das die beabsichtigten Zwecke erfüllt und den Aufwendungen insoweit tatsächlich erbrachte Leistungen gegenüber stehen.[278]
- **Bauzeitversicherung:** Beiträge für eine Bauzeitversicherung sind Betriebsausgaben und nicht Herstellungskosten des Gebäudes.[279]
- **Einbauküche:** Eine Einbauküche gehört grundsätzlich nicht zu den Herstellungskosten eines Gebäudes bzw. einer Eigentumswohnung. Anderes gilt für die Spüle und den nach regionaler Verkehrsauffassung erforderlichen Kochherd.[280]
- **Erdarbeiten:** Übliche Erdarbeiten sowie die Entfernung von Buschwerk und Bäumen (soweit für die Gebäudeherstellung notwendig) sind Herstellungskosten des Gebäudes. Dazu zählen Kosten der Abtragung, evtl. Lagerung, Einplanierung und der Abtransport des Bodens und der Pflanzen.[281] Maßnahmen zur Bodenverbesserung (z. B.

---

275 Vgl. BFH. Urteil vom 19. 8. 1971 – V R 48/71, BStBl 1972 II S. 76; zu Straßenzufahrten BFH, Urteil vom 1. 7. 1983 – III R 161/81, BStBl 1983 II S. 686.

276 Vgl. H 6.5 EStH.

277 Vgl. *Dörfler/Adrian*, Ubg 2009 S. 394.

278 Vgl. BFH, Urteile vom 29. 11. 1983 – VIII R 96/81, BStBl 1984 II S. 303; vom 8. 9. 1998 – IX R 75/95, BStBl 1999 II S. 20.

279 Vgl. BFH, Urteil vom 25. 2. 1976 – VIII R 81/74, BStBl 1980 II S. 294.

280 Vgl. BFH, Urteil vom 13. 3. 1990 – IX R 104/85, BStBl 1990 II S. 514.

281 Vgl. BFH, Urteil vom 26. 8. 1994 – III R 76/92, BStBl 1995 II S. 71.

Austausch des Mutterbodens) sind den Anschaffungskosten des Grund und Bodens zuzurechnen.

- **Fahrtkosten:** Fahrtkosten zur Baustelle gehören in tatsächlicher Höhe zu den Herstellungskosten des Gebäudes.[282]
- **Grunderwerbsteuer:** Als Nebenkosten gehört die Grunderwerbsteuer zu den Anschaffungskosten eines Gebäudes bzw. von Grund und Boden. Säumniszuschläge rechnen ebenfalls zu den Anschaffungskosten,[283] Aussetzungszinsen hingegen nicht.[284]
- **Hausanschlusskosten:** Die an die Gemeinde zu zahlende Kanalanschlussgebühr gehört zu den nachträglichen Anschaffungskosten des Grund und Bodens. Die Aufwendungen des Steuerpflichtigen für die Zuleitung vom Gebäude an den (öffentlichen) Kanal (sogenannte Hausanschlusskosten) zählen hingegen zu den Herstellungskosten des Gebäudes.[285] Ebenso gehören die Kosten für die Anschlüsse an sonstige Versorgungsnetze (z. B. Strom, Gas) zu den Herstellungskosten des Gebäudes. Werden derartige Anschlüsse hingegen nur gegen neue Anschlüsse ersetzt, liegen Erhaltungsaufwendungen vor, die als Betriebsausgabe sofort abziehbar sind.
- **Heizungsanlage:** Eine Heizungsanlage ist i. d. R. keine Betriebsvorrichtung, sondern Gebäudebestandteil.[286]
- **Prozesskosten**: Maßgebend für die steuerbilanzielle Einordnung von Prozesskosten sind die Aufwendungen, um die gestritten wird. Sind die streitbehafteten Aufwendungen Teil der Herstellungskosten, sind auch die Prozesskosten Herstellungskosten.[287]
- **Stellplätze:** Besteht bei Herstellung eines Gebäudes die Verpflichtung, eine bestimmte Anzahl für PKW-Stellplätzen zu errichten, und wird diese Verpflichtung durch Zahlung eines Geldbetrags abgelöst, gehören diese Zahlungen zu den Herstellungskosten des Gebäudes.[288]
- **Vorauszahlungen:** Hat der Steuerpflichtige Vorauszahlungen an ein Bauunternehmen geleistet, für die er aufgrund von Insolvenz des Bauunternehmens keine Gegenleistung erhalten wird, gehören diese Vorauszahlungen nicht zu den Herstellungskosten des Gebäudes. Insoweit liegen sofort abziehbare Betriebsausgaben vor. Ebenso können Vorauszahlungen auf Anschaffungskosten als Betriebsausgaben abgezogen werden, wenn das Anschaffungsgeschäft nicht zustande gekommen ist und eine Rückzahlung der Vorauszahlung nicht erlangt werden kann.[289]

282 Vgl. BFH, Urteil vom 10. 5. 1995 – IX R 73/91, BStBl 1995 II S. 713.
283 Vgl. BFH, Urteil vom 14. 1. 1992 – IX R 226/87, BStBl 1992 II S. 464.
284 Vgl. BFH, Urteil vom 25. 7. 1995 – IX R 38/93, BStBl 1995 II S. 835.
285 Vgl. BFH, Urteil vom 24. 11. 1967 – VI R 302/66, BStBl 1968 II S. 178.
286 H 6.4 EStH.
287 BFH, Urteil vom 1. 12. 1987 – IX R 134/83, BStBl 1988 II S. 431.
288 BFH, Urteil vom 8. 3. 1984 – IX R 45/80, BStBl 1984 II S. 702.
289 Vgl. BFH, Urteil vom 28. 6. 2002 – IX R 51/01, BStBl 2002 II S. 758.

- **Zwangsversteigerung:** Die Anschaffungskosten des Grundstücks können sich bei einer Zwangsversteigerung aus mehreren Bestandteilen zusammensetzen:[290]
  - Meistgebot[291] einschließlich der verbleibenden vorrangigen Belastungen[292] gemäß Zuschlagsbeschluss.
  - Nicht ausgebotene (eigene) Grundpfandrechte des Ersteigerers (sofern der Wert dieser Rechte vom Verkehrswert des Grundstücks gedeckt ist).[293]
  - Zu den Anschaffungskosten gehören alle Aufwendungen, die getätigt werden, um das Wirtschaftsgut zu erwerben und es erstmals betrieblich nutzen zu können. Dazu gehören bei einem Erwerb im Zwangsversteigerungsverfahren nicht nur die Beträge, die bei der Ersteigerung im Zuschlagsbeschluss aufgeführt werden, sondern alle Verpflichtungen, die der Ersteigerer gegenüber dem Schuldner oder Dritten übernimmt. [294] Dies kann z. B. eine Verpflichtung aus Mietvorauszahlungen sein, die Mieter an den Voreigentümer geleistet haben.
  - Anschaffungsnebenkosten wie Gerichts- und Grundbuchkosten und die Grunderwerbsteuer.[295]

Die Zinsen, die für den Zeitraum zwischen Zuschlag und Verteilung zu leisten sind (so genannte Bargebotzinsen), gehören nicht zu den Anschaffungskosten.[296] Diese Zinsen sind als Schuldzinsen somit Betriebsausgaben i. S. d. § 4 Abs. 4 EStG. Kosten für eine gegebenenfalls notwendige Zwangsräumung gehören zu den Anschaffungskosten für den Grund und Boden.[297]

3.7.2.2 Abgrenzung von Anschaffungskosten, (anschaffungsnahen) Herstellungskosten und Erhaltungsaufwendungen

3.7.2.2.1 Anschaffungskosten

Anschaffungsvorgänge sind als Folge des Realisationsprinzips erfolgsneutral zu behandeln.[298] Erworbene Wirtschaftsgüter sind (erfolgsneutral) mit ihren Anschaffungskosten, (selbst) hergestellte Wirtschaftsgüter mit ihren Herstellungskosten zu aktivieren. Hingegen sind Erhaltungsaufwendungen, d. h. Aufwendungen für die Erneuerung von bereits vorhandenen Teilen, Einrichtungen oder Anlagen[299] als Betriebsausgaben nach § 4 Abs. 4 EStG sofort abziehbar. Im Einzelnen besteht eine Reihe von Abgrenzungsproblemen. 3502

290 Vgl. *Kulosa*, in: Schmidt, EStG, 33. Aufl., § 6 Rn. 140; *Ehmcke*, in: Blümich, EStG, § 6 Rz. 375; *Kolbinger*, BB 1993 S. 2119; siehe auch BFH, Urteil vom 18. 5. 2011 – X R 4/10, BStBl 2011 II S. 887, Rz. 60.

291 Vgl. H 23 EStH.

292 Vgl. BFH, Urteil vom 16. 4. 2002 – IX R 53/98, BFH/NV 2002, S. 1152.

293 Vgl. BFH, Urteil vom 25. 7. 1972 – VIII R 69/68, BStBl 1972 II S. 881, H 6.2 „Zwangsversteigerung" EStH.

294 Vgl. BFH, Urteil vom 17. 12. 1970 – IV 226/65, BStBl 1971 II S. 325.

295 Vgl. *Ehmke*, in: Blümich, EStG, § 6 Rz. 375.

296 Vgl. *Kolbinger*, BB 1993 S. 2119.

297 Vgl. H 6.4 EStH.

298 Vgl. z. B. *Prinz/Adrian*, BB 2011 S. 1646; siehe auch BFH, Urteil vom 16. 12. 2009 – I R 102/08, BFH/NV 2010, S. 517.

299 Vgl. R 21.1 EStR.

3503 Anschaffungskosten sind nach § 255 Abs. 1 Satz 1 HGB Aufwendungen, die geleistet werden, um einen Vermögensgegenstand zu erwerben und ihn in einen betriebsbereiten Zustand zu versetzen. Betriebsbereit ist ein Gebäude, wenn es entsprechend seiner Zweckbestimmung genutzt werden kann. Die **Betriebsbereitschaft** ist bei einem Gebäude für jeden Teil des Gebäudes, der nach seiner Zweckbestimmung selbständig genutzt werden soll, gesondert zu prüfen.[300]

3504 Sofern der Erwerber das Gebäude ab dem Zeitpunkt der Anschaffung (d. h. ab Übergang von Besitz, Gefahr, Nutzungen und Lasten) zur Erzielung von Einkünften oder zu eigenen Wohnzwecken nutzt, ist es ab diesem Zeitpunkt grundsätzlich betriebsbereit mit der Folge, dass Instandsetzungs- und Modernisierungsaufwendungen in diesem Fall grundsätzlich keine Anschaffungskosten mehr sein können.[301] Anderes gilt, wenn der Erwerber ein vermietetes Gebäude erwirbt, aber umgehend die Mietverträge kündigt, da der Erwerber eine andere Zweckbestimmung verfolgt.[302] Auch wenn das Gebäude bei Erwerb leerstehend ist beziehungsweise nicht genutzt wird, muss für die Beurteilung der Betriebsbereitschaft zunächst die Zweckbestimmung geprüft werden. Werden nach der Anschaffung zunächst Baumaßnahmen durchgeführt, um das Gebäude entsprechend seiner Zweckbestimmung zukünftig nutzen zu können, sind die Aufwendungen als Anschaffungskosten zu aktivieren.[303]

3505 Zur Zweckbestimmung gehört auch die Entscheidung des Steuerpflichtigen, welchen **Standard** das Gebäude künftig haben soll (sehr einfach, mittel oder sehr anspruchsvoll).[304] Zentrale Ausstattungsmerkmale zur Einordnung des Standards sind gemäß BMF-Schreiben vom 18. 7. 2003 der Umfang und die Qualität der Heizung-, Sanitär- und Elektroinstallation sowie der Fenster. Sehr einfacher Wohnungsstandard liegt vor, wenn die zentralen Ausstattungsmerkmale im Anschaffungszeitpunkt nur im nötigen Umfang oder in einem technisch überholten Zustand vorhanden sind. Genügen die zentralen Ausstattungsmerkmale durchschnittlichen und selbst höheren Ansprüchen, liegt ein mittlerer Standard vor. Sehr anspruchsvoller Standard (Luxussanierung) liegt vor, wenn bei den zentralen Ausstattungsmerkmalen das Mögliche verwendet wurde, vor allem der Einbau außergewöhnlich hochwertiger Materialien. Aufwendungen für Baumaßnahmen, die das Gebäude auf einen höheren Standard bringen, sind Anschaffungskosten. Dabei ist von einer Erhöhung des Standards auszugehen, wenn Baumaßnahmen bei mindestens drei der vier zentralen Ausstattungsmerkmale zu einer Gebrauchswerterhöhung geführt haben. Von einer Standarderhöhung ist ebenfalls auszugehen, wenn eine Erweiterung des Gebäudes in einem Bereich der zentralen Ausstattungsmerkmale vorgenommen wird (diese Erweiterung ist bereits nach § 255 Abs. 2 Satz 1 HGB in Verbindung mit § 5 Abs. 1 EStG den Herstellungskosten zuzurechnen) und zudem eine Verbesserung von mindestens zwei weiteren Bereichen der zentralen Ausstattungsmerkmale erfolgt (vgl. auch Rz. 3509).

300 Vgl. BMF, Schreiben vom 18. 7. 2003, BStBl 2003 I S. 386, Rz. 2; vgl. BFH, Urteil vom 18. 8. 2010 – X R 30/07, BFH/NV 2011 S. 215.

301 Vgl. auch *Kahle/Heinstein*, DStZ 2007 S. 96; *Scheffler/Glaschke*, StuB 2006 S. 491.

302 Vgl. BMF, Schreiben vom 18. 7. 2003, BStBl 2003 I S. 386, Rz. 3.

303 Vgl. *Kahle/Heinstein*, DStZ 2007 S. 96.

304 Vgl. BMF, Schreiben vom 18. 7. 2003, BStBl 2003 I S. 386, Rz. 11 ff.

3.7.2.2.2 Herstellungskosten

Nach § 255 Abs. 2 Satz 1 HGB sind **Herstellungskosten** die Aufwendungen, die durch den Verbrauch von Gütern und die Inanspruchnahme von Diensten für die Herstellung eines Vermögensgegenstands entstehen. Wirtschaftlich vergleichbar mit der Erstherstellung ist die Wiederherstellung eines vollständig verschlissenen Wirtschaftsguts (so genannte Zweitherstellung).[305] Ein Vollverschleiß liegt gemäß BMF-Schreiben vom 18. 7. 2003 vor, wenn „das Gebäude schwere Substanzschäden an den für die Nutzbarkeit als Bau und die Nutzungsdauer des Gebäudes bestimmenden Teilen hat."[306] Von einem neuen Wirtschaftsgut und insofern von Herstellungskosten ist auch auszugehen, wenn sich durch die Baumaßnahmen die Funktion, d. h. die Zweckbestimmung des Gebäudes ändert.[307] Dies kommt z. B. beim Umbau eines Wohngebäudes in ein Bürogebäude oder der Umbau einer (alten) Mühle in Wohnraum in Betracht. 3506

Zu den Herstellungskosten gehören ebenfalls Aufwendungen, die für die **Erweiterung** oder für eine über den ursprünglichen Zustand hinausgehende **wesentliche Verbesserung** entstehen. Insofern qualifizieren Instandsetzungs- und Modernisierungsaufwendungen unabhängig von ihrer Höhe als Herstellungskosten, wenn sie für eine Erweiterung im Sinne von § 255 Abs. 2 Satz 1 HGB entstehen. Davon sieht R 21.1 Abs. 2 EStR eine Ausnahmeregelung i. S. einer Vereinfachungsregelung vor: Betragen die Aufwendungen nach Fertigstellung eines Gebäudes für die einzelne Baumaßnahme nicht mehr als 4.000 € (Rechnungsbetrag ohne Umsatzsteuer) je Gebäude, ist auf Antrag dieser Aufwand stets als Erhaltungsaufwand zu behandeln. Diese Vereinfachungsregelung ist jedoch nicht anwendbar auf Aufwendungen, die der endgültigen Fertigstellung eines neu errichteten Gebäudes dienen. 3507

Aufwendungen für die Erweiterung eines Gebäudes sind aktivierungspflichtige Herstellungskosten. Eine **Erweiterung** liegt z. B. in den folgenden Fällen vor:[308] 3508

- Ein Gebäude wird aufgestockt.
- Ein Anbau wird an einem Gebäude errichtet.
- Die nutzbare Fläche des Gebäudes wird (wenn auch nur geringfügig) vergrößert, z. B. durch Errichtung einer Gaube, eines Balkons, einer Terrasse oder durch die Ersetzung eines Flachdachs durch ein Satteldach.[309]
- Die Substanz des Gebäudes wird vermehrt ohne Vergrößerung der nutzbaren Fläche, z. B. durch zusätzliche Trennwände, die Errichtung einer Außentreppe, den Einbau einer Alarmanlage, einer Sonnenmarkise, einer Treppe zum Spitzboden, eines Kachelofens oder eines Kamins.

Wenn die Instandsetzungs- oder Modernisierungsaufwendungen nicht bereits zu den Anschaffungskosten (aufgrund der Schaffung der Betriebsbereitschaft) gehören, sind sie nach § 255 Abs. 2 Satz 1 HGB in Verbindung mit § 5 Abs. 1 EStG als Herstellungskos- 3509

305 Vgl. *Kahle/Heinstein*, DStZ 2007 S. 97; *Beck*, DStR 2003 S. 1464.
306 Vgl. BMF, Schreiben vom 18. 7. 2003, BStBl 2003 I S. 386, Rz. 18.
307 Vgl. *Kahle/Heinstein*, DStZ 2007 S. 97.
308 Vgl. im Einzelnen BMF, Schreiben vom 18. 7. 2003, BStBl 2003 I S. 386, Rz. 19 ff.
309 Vgl. zum Satteldach BFH, Urteil vom 15. 5. 2013 – IX R 36/12, BStBl 2013 II S. 732.

ten zu behandeln, vorausgesetzt, die Aufwendungen führen zu einer über den ursprünglichen Zustand hinausgehenden **wesentlichen Verbesserung**. Ursprünglicher Zustand ist der Zustand im Zeitpunkt der Anschaffung oder Herstellung. Insoweit ist eine Vergleichsbetrachtung notwendig. Eine wesentliche Verbesserung liegt nicht zwangsläufig bei einer Generalüberholung vor; vielmehr muss der Gebrauchswert des Gebäudes insgesamt deutlich erhöht und damit für die Zukunft eine erweiterte Nutzungsmöglichkeit geschaffen werden.[310] Jedenfalls ist bei einer Erhöhung des Standards von einer wesentlichen Verbesserung und damit von Herstellungskosten auszugehen (zu den Standards vgl. Rz. 3505). Die Maßnahmen müssen nicht zwingend in einem Veranlagungszeitraum durchgeführt werden, um als Herstellungskosten zu qualifizieren. Gemäß BMF-Schreiben vom 18. 7. 2003 wird von einer Sanierung in Raten grundsätzlich ausgegangen, wenn die Maßnahmen innerhalb eines Fünfjahreszeitraumes durchgeführt worden sind.

BEISPIEL:[311] In einem bewohnten, aber verwahrlosten Wohnhaus werden die alten Kohleöfen durch eine moderne Heizungsanlage ersetzt. An Stelle der einfach verglasten Fenster werden Isolierglasfenster eingesetzt. Das Bad wird modernisiert, durchgängig gefliest und neben der Badewanne wird auch eine separate Dusche eingebaut. Im Übrigen werden Schönheitsreparaturen durchgeführt.

Hinsichtlich der Aufwendungen für die zentralen Ausstattungsmerkmale (der Heizung-, Sanitär- und Elektroinstallation sowie der Fenster) liegen Herstellungskosten als wesentliche Verbesserung im Sinne von § 255 Abs. 2 Satz 1 HGB vor. Bei den Schönheitsreparaturen handelt es sich grundsätzlich um sofort abziehbare Erhaltungsaufwendungen.

Nach einer Verlautbarung des IDW (IDW RS IFA 1) zur Abgrenzung von Herstellungskosten und Erhaltungsaufwand bei Gebäuden in der Handelsbilanz liegt eine Anhebung des Standards und damit eine wesentliche Verbesserung auch vor, wenn drei der folgenden fünf (nicht vier!) Kriterien erfüllt sind. Dabei werden die oben beschriebenen vier zentralen Ausstattungsmerkmale (Heizung, Sanitär, Elektroinstallation und Fenster) hinsichtlich der Standarderhöhung um ein weiteres Kriterium, nämlich der Wärmedämmung erweitert. Zudem wird das Ausstattungsmerkmal „Elekroinstallation" durch „Elektroinstallation/Informationstechnik" konkretisiert.

Auf Basis des IDW-Verlautbarung könnte bereits eine umfassende energetische Sanierung (Heizung, Fenster und Wärmedämmung) zu einer wesentlichen Verbesserung und damit zusätzlich zu Herstellungskosten führen. Die Finanzverwaltung zählt im Schreiben vom 18. 7. 2003[312] Aufwendungen für eine Wärmedämmung grundsätzlich nicht zu den Herstellungskosten.

Mit Blick auf die zentralen Ausstattungsmerkmale kann sich im Zeitablauf, z. B. durch technische und gesellschaftliche Entwicklungen, durchaus Änderungsbedarf ergeben,

310 Vgl. BMF, Schreiben vom 18. 7. 2003, BStBl 2003 I S. 386, Rz. 28.

311 Vgl. BMF, Schreiben vom 18. 7. 2003, BStBl 2003 I S. 386, Rz. 30.

312 Vgl. BMF, Schreiben vom 18. 7. 2003, BStBl 2003 I S. 386.

der dann auch in die steuerrechtliche Behandlung einfließen muss.[313] Als Alternative zum IDW-Vorschlag könnte man es zum Beispiel in Betracht ziehen, es aus steuerlicher Sicht bei vier Kriterien zu belassen und dafür das Kriterium der Elektroinstallation durch die Wärmedämmung zu ersetzen.[314] Sofern eine derartige Änderung ansteht, bedarf es aus Gründen der Planungssicherheit einer klaren steuerlichen Regelung und auch einer großzügigen Übergangsregelung.

3.7.2.2.3 Erhaltungsaufwand

Erhaltungsaufwand betrifft Aufwendungen für die Erneuerung von bereits vorhandenen Teilen, Einrichtungen oder Anlagen.[315] Erhaltungsaufwendungen sind als Betriebsausgabe im Sinne des § 4 Abs. 4 EStG zu erfassen. Es liegen auch dann keine Herstellungsaufwendungen vor, wenn ein neuer Gebäudebestandteil oder eine neue Anlage die Funktion des bisherigen Gebäudebestandteils für das Gebäude in vergleichbarer Weise erfüllt. Insofern entsteht kein neues Wirtschaftsgut und es liegt weder eine Erweiterung noch eine wesentliche Verbesserung vor. Erhaltungsaufwendungen können aber auch dann angenommen werden, wenn der neue Gebäudebestandteil isoliert betrachtet nicht die gleiche Beschaffenheit aufweist wie der bisherige Gebäudebestandteil oder die Anlage technisch nicht in der gleichen Weise wirkt, sondern lediglich entsprechend dem technischen Fortschritt modernisiert worden ist. 3510

Von Erhaltungsaufwendungen ist danach regelmäßig z. B. in den folgenden Fällen auszugehen:[316]

- Zusätzliche Fassadenverkleidung wird zu Wärmeschutzzwecken oder Schallschutzzwecken angebracht.[317]
- Umstellung einer Heizungsanlage von Einzelöfen/Kohleöfen auf eine Zentralheizung.[318]
- Ersatz eines Flachdaches durch ein Satteldach, wenn dadurch lediglich eine größere Raumhöhe erreicht wird, nicht aber eine zusätzlich nutzbare Fläche.[319]
- Versetzen von Wänden.
- Vergrößerung von Fenstern.

Die Qualifikation der Aufwendungen ist in Praxis häufig mit Schwierigkeiten verbunden. Die Einkommensteuerrichtlinien und -hinweise enthalten weitere Beispiele.[320]

Für Erhaltungaufwendungen bei Wohngebäuden enthält **§ 82b EStDV** eine besondere **Verteilungsnorm**. Danach darf der Steuerpflichtige größere Aufwendungen für die Erhaltung von Gebäuden, die im Zeitpunkt der Leistung des Erhaltungsaufwands nicht zu einem Betriebsvermögen gehören und überwiegend „Wohnzwecken dienen", auf zwei 3511

---

313 Vgl. *Kulosa*, in: Schmidt , EStG, 33. Aufl. § 6 Rn. 183.
314 Vgl. *Kulosa*, in: Schmidt , EStG, 33. Aufl. § 6 Rn. 183.
315 Vgl. R 21.1 EStR.
316 Vgl. BMF, Schreiben vom 18. 7. 2003, BStBl 2003 I S. 386, Rz. 23.
317 Vgl. BFH, Urteil vom 13. 3. 1979 – VIII R 83/77, BStBl 1979 II S. 435; s. aber Rz. 3509.
318 Vgl. BFH, Urteil vom 24. 7. 1979 – VIII R 162/78, BStBl 1980 II S. 7.
319 Vgl. BFH, Urteil vom 15. 5. 2013 – IX R 36/12, BStBl 2013 II S. 732.
320 R 6.4 EStR 2008; H 6.4 EStH 2008.

bis fünf Jahre gleichmäßig verteilen (statt des sofortigen Abzugs in voller Höhe als Betriebsausgabe). Nach § 82b Abs. 1 Satz 2 EStDV dient ein Gebäude überwiegend Wohnzwecken, wenn die Grundfläche der Wohnzwecken dienenden Räume des Gebäudes mehr als die Hälfte der gesamten Nutzfläche beträgt. Zum Gebäude gehörende Garagen sind unabhängig von der tatsächlichen Nutzung als „Wohnzwecken dienend" zu behandeln, soweit in ihnen nicht mehr als ein Personenkraftwagen für jede in dem Gebäude befindliche Wohnung untergestellt werden kann (§ 82b Abs. 1 Satz 3 EStDV). Räume für weitere Kraftwagen sind stets als „nicht Wohnzwecken dienend" zu behandeln (§ 82b Abs. 1 Satz 4 EStDV). Sofern das Gebäude während des Verteilungszeitraums veräußert wird, regelt § 82b Abs. 2 EStDV, dass der noch nicht berücksichtigte Teil des Erhaltungsaufwands im Jahr der Veräußerung als Werbungskosten abzusetzen ist. Dies gilt ebenfalls, wenn ein Gebäude in ein Betriebsvermögen eingebracht oder nicht mehr zur Einkunftserzielung genutzt wird.

3.7.2.2.4 Anschaffungsnahe Herstellungskosten

3512 Erfolgsneutral zu aktivierende Wirtschaftsgüter sind nach § 6 Abs. 1 Nr. 1 und Nr. 2 EStG mit den Anschaffungs- und Herstellungskosten zu bewerten. Erhaltungsaufwendungen qualifizieren hingegen nicht als Anschaffungs- oder Herstellungskosten und sind daher als sofort abziehbare Betriebsausgabe zu erfassen. Von diesem Grundsatz enthält § 6 Abs. 1 Nr. 1a EStG eine Ausnahme (sog. anschaffungsnahe Herstellungskosten).[321] Die Regelung ist nach § 52 Abs. 16 Satz 7 EStG auf Baumaßnahmen anzuwenden, mit denen nach dem 31. 12. 2003 begonnen wurde (maßgebend ist der Zeitpunkt, in dem der Bauantrag gestellt wurde, ansonsten der Zeitpunkt der Einreichung der Bauunterlagen).

3513 Nach § 6 Abs. 1 Nr. 1a Satz 1 EStG gehören zu den Herstellungskosten eines Gebäudes auch Aufwendungen für Instandsetzungs- und Modernisierungsmaßnahmen, die innerhalb von drei Jahren nach der Anschaffung des Gebäudes durchgeführt werden, wenn die Aufwendungen ohne die Umsatzsteuer 15 % der Anschaffungskosten des Gebäudes übersteigen. In diesem Fall liegen sogenannte „anschaffungsnahe" Herstellungskosten vor (anderenfalls, d. h. wird die 15 %-Grenze nicht überschritten, erfolgt die Abgrenzung zwischen Herstellungskosten und Erhaltungsaufwand nach allgemeinen Regeln).[322]

3514 Um in den Anwendungsbereich des § 6 Abs. 1 Nr. 1a EStG zu gelangen, müssen zunächst Herstellungskosten von Erhaltungsaufwendungen abgegrenzt werden, da § 6 Abs. 1 Nr. 1a EStG Erhaltungsaufwendungen voraussetzt.[323] Zu den anschaffungsnahen Herstellungskosten gehören nach § 6 Abs. 1 Nr. 1a Satz 2 EStG nicht die Aufwendungen für **Erweiterungen** im Sinne des § 255 Abs. 2 Satz 1 HGB sowie Aufwendungen für **Erhaltungsarbeiten**, die jährlich üblicherweise anfallen.[324] Der Anwendungsbereich der

321 Insoweit liegt eine Abweichung zwischen Handelsbilanz und Steuerbilanz vor, vgl. *Kahle/Heinstein*, DStZ 2007 S. 99; zur historischen Entwicklung vgl. *Beck*, DStR 2003 S. 1462.

322 Vgl. *Spindler*, DB 2004 S. 510; *Kulosa*, in: Schmidt, EStG, 33. Aufl., § 6 Rn. 382.

323 Vgl. *Söffing*, DB 2004 S. 947.

324 Vgl. dazu *Kulosa*, in: Schmidt, EStG, 32. Aufl., München 2013, § 6 Rn. 385; OFD Frankfurt a. M., Urteil vom 31. 1. 2006, DStR 2006 S. 567; BayLfSt, Erlass vom 24. 11. 2005, DStR 2006 S. 235.

letzteren Ausnahme ist jedoch sehr begrenzt, da Erhaltungsaufwendungen typischerweise nicht jährlich anfallen. Eine Ausnahme könnte für die laufende (jährliche) Wartung der Heizung in Betracht kommen.[325] Gleichwohl dürfte in diesem Fall eine Anwendung des § 6 Abs. 1 Nr. 1a EStG bereits daran scheitern, dass die Heizungswartung weder eine Instandsetzungs- noch eine Modernisierungsmaßnahme ist.[326] Nicht ausgeschlossen sind Aufwendungen, die zu einer über den ursprünglichen Zustand hinausgehenden wesentlichen Verbesserung führen. Diese Aufwendungen sind bei der Ermittlung der 15 %-Grenze einzubeziehen.

Für die Ermittlung der 15 %-Grenze ist die Umsatzsteuer von den Aufwendungen abzu- 3515
ziehen. Der Abzug der Umsatzsteuer gilt nach dem Gesetzeswortlaut unabhängig von der Abziehbarkeit als Vorsteuer; § 9b EStG ist insoweit nicht zu beachten.[327] Der Vergleichswert „Anschaffungskosten des Gebäudes" für die 15 %-Grenze ist hingegen unter Beachtung des § 9b EStG zu ermitteln. Nach Verwaltungsauffassung ist bei der 15 %-Grenze auf das Gesamtgebäude abzustellen, so dass die gegebenenfalls steuerbilanzrechtlich bestehende Aufteilung des Gebäudes in mehrere Wirtschaftsgüter nicht nachzuvollziehen ist.[328]

3.7.2.2.5 Zusammentreffen von Anschaffungs-, Herstellungskosten und Erhaltungsaufwendungen

Werden bei einer umfassenden Instandsetzungs- und Modernisierungsmaßnahme so- 3516
wohl Arbeiten zur Schaffung eines betriebsbereiten Zustandes (Anschaffungskosten), zur Erweiterung des Gebäudes oder Maßnahmen, die über eine zeitgemäße substanzerhaltende Erneuerung hinausgehen (Herstellungskosten), als auch Erhaltungsarbeiten (Betriebsausgaben) durchgeführt, sind die hierauf jeweils entfallenden Aufwendungen grundsätzlich entsprechend aufzuteilen.[329] Die Aufteilung muss gegebenenfalls im Wege der Schätzung erfolgen (z. B., wenn eine einheitliche Rechnung gestellt wird).[330]

Liegt bei einem derartigen Bündel von Einzelmaßnahmen ein sachlicher Zusammen- 3517
hang im Sinne eines bautechnischen Ineinandergreifens vor, sind die Aufwendungen insgesamt als Anschaffungskosten oder Herstellungskosten zu beurteilen.[331] Ein bautechnisches Ineinandergreifen liegt vor, wenn die Erhaltungsarbeiten entweder notwendige Vorbedingungen für die Schaffung des betriebsbereiten Zustandes sind, oder ein Veranlassungs- beziehungsweise Verursachungszusammenhang mit Herstellungsarbeiten oder Maßnahmen zur Schaffung eines betriebsbereiten Zustands besteht.

---

325 Vgl. OFD Frankfurt a. M., Urteil vom 31. 1. 2006, DStR 2006 S. 567; *Pezzer*, DStR 2004 S. 528.

326 Vgl. Kulosa, in: Schmidt (Hrsg.), EStG, 33. Aufl., § 6 Rn. 386.

327 Vgl. Kulosa, in: Schmidt (Hrsg.), EStG, 33. Aufl., § 6 Rn. 382.

328 Vgl. z. B. OFD Frankfurt a. M., Urteil vom 31. 1. 2006, DStR 2006 S. 567; BayLfSt, Erlass vom 24. 11. 2005, DStR 2006 S, 235; ablehnend *Kulosa*, in: Schmidt, EStG, 33. Aufl., § 6 Rn. 382.

329 Vgl. BMF, Schreiben vom 18. 7. 2003, BStBl 2003 I S. 386, Rz. 33 ff.

330 Vgl. *Kahle/Heinstein*, DStZ 2007 S. 99.

331 Vgl. BMF, Schreiben vom 18. 7. 2003, BStBl 2003 I S. 386, Rz. 35.

3.7.2.3 Besonderheiten bei beschränkt Steuerpflichtigen

3518 Nach § 49 Abs. 1 Nr. 2 Buchst. f EStG werden laufende Vermietungseinkünfte ausländischer Körperschaften ohne inländische Betriebsstätte seit dem Veranlagungszeitraum 2009 als Einkünfte aus Gewerbebetrieb behandelt.[332] Die Gewerblichkeitsfiktion führt zu einer Angleichung der Gewinnermittlung,[333] da vor der gesetzlichen Änderung nur die Veräußerungsgewinne als gewerbliche Einkünfte zu behandeln waren. Der Erwerb eines die Steuerpflicht begründenden Vermögensgegenstands (d. h. des inländischen Grundstücks) ist der zuständigen Gemeinde gemäß § 138 Abs. 1 AO innerhalb eines Monats nach dem Erwerb, d. h. nach Übergang von Nutzen und Lasten anzuzeigen.[334] Die Gewinnermittlung des beschränkt Steuerpflichtigen erfolgt grundsätzlich nach § 4 Abs. 3 EStG. Überschreitet der beschränkt Steuerpflichtige allerdings eine der in § 141 AO genannten Grenzen und weist die zuständige Finanzbehörde auf das Vorliegen der Buchführungspflicht nach § 141 AO hin, besteht eine Pflicht zur Bilanzierung nach § 4 Abs. 1 EStG. Nach Verwaltungsauffassung könnte sich die steuerliche Pflicht, Bücher zu führen, auch aus § 140 AO ergeben, da auch ausländische Rechtsnormen – nicht nur das HGB – eine Buchführungspflicht nach § 140 AO begründen können.[335] Der Wortlaut des § 140 AO lässt eine derartige Auslegung zu. Gleichwohl hat der BFH an dieser Auslegung Zweifel.[336] In der Praxis stützt sich die Finanzverwaltung – soweit ersichtlich – auf § 141 AO. Das der Gewinnermittlung des beschränkt Steuerpflichtigen zugrunde liegende Wirtschaftsjahr entspricht dem Kalenderjahr. Dies gilt auch dann, wenn der beschränkt Steuerpflichtige im Ausland ein abweichendes Wirtschaftsjahr hat.[337]

3519 Ist aufgrund der Rechtsänderungen durch das JStG 2009 für den VZ 2009 erstmals ein Gewinn nach § 4 Abs. 1 EStG zu ermitteln, muss eine Eröffnungsbilanz aufgestellt werden. Dabei sind auf der Aktivseite die in § 49 Abs. 1 Nr. 2 Buchst. f EStG genannten Wirtschaftsgüter und auf der Passivseite die mit diesen Wirtschaftsgütern zusammenhängenden Schulden zu erfassen.[338]

3520 Folge der Qualifizierung laufender Vermietungseinkünfte als gewerbliche Einkünfte ab dem 1. 1. 2009 ist aber nicht die Einlage des Grundbesitzes in ein inländisches Betriebsvermögen mit dem Teilwert nach § 6 Abs. 1 Nr. 5 EStG. Bereits mit Einführung des bisherigen § 49 Abs. 1 Nr. 2 Buchst. f EStG (Gewerblichkeit der Einkünfte aus der Veräußerung des inländischen Grundbesitzes) ab dem 1. 1. 1994 galt das inländische Immobilienvermögen als in ein inländisches Betriebsvermögen eingelegt. Diesbezüglich hatte der BFH entschieden, dass der grundsätzlich erforderliche Einlagewille durch eine gesetzliche Anordnung ersetzt werden kann (sogenannte Quasi-Einlage).[339] Eine weitere,

332 Vgl. dazu *Dörfler/Rautenstrauch/Adrian*, BB 2009 S. 580.

333 Vgl. BT-Drucks. 16/10189, S. 9.

334 Vgl. BMF, Schreiben vom 16. 5. 2011, BStBl 2011 I S. 350, Tz. 2.

335 Vgl. BMF, Schreiben vom 16. 5. 2011, BStBl 2011 I S. 350, Tz. 5.

336 Vgl. BFH, Beschluss vom 9. 8. 1989 – I B 118/88, BStBl 1990 II S. 175. Vgl. auch *Herzig/Briesemeister/Schäperclaus*, DB 2011 S. 1651.

337 Vgl. BMF, Schreiben vom 16. 5. 2011, BStBl 2011 I S. 350, Tz. 7.

338 Vgl. BMF, Schreiben vom 16. 5. 2011, BStBl 2011 I S. 350, Tz. 8.

339 Vgl. BFH, Urteil vom 22. 8. 2006 – I R 6/06, BStBl 2007 II S. 163.

d. h. doppelte Quasi-Einlage zum 1. 1. 2009 scheidet aus, da der inländische Grundbesitz bereits eingelegt und somit steuerverhaftet ist.[340]

Gemäß BMF-Schreiben vom 16. 5. 2011 gilt hinsichtlich der Bewertung das Folgende:[341] 3521

- Inländisches unbewegliches Vermögen, das nach dem 31. 12. 1993 und vor dem 1. 1. 2009 angeschafft oder hergestellt wurde, ist zum 1. 1. 2009 unabhängig von der Gewinnermittlungsart nach § 6 Abs. 1 Nr. 1, 1a EStG mit den Anschaffungs- oder Herstellungskosten vermindert um die i. R.v. § 49 Abs. 1 Nr. 6 EStG (Einkünfte aus Vermietung und Verpachtung) tatsächlich geltend gemachten substanzbezogenen Absetzungen anzusetzen.
- Für Wirtschaftsgüter, die vor dem 1. 1. 1994 angeschafft oder hergestellt wurden, tritt an die Stelle der Anschaffungs- oder Herstellungskosten der Teilwert zum 1. 1. 1994, vermindert um die im Zeitraum vom 1. 1. 1994 bis zum 31. 12. 2008 i. R.v. § 49 Abs. 1 Nr. 6 EStG (Einkünfte aus Vermietung und Verpachtung) tatsächlich geltend gemachten substanzbezogenen Absetzungen.
- Als AfA-Bemessungsgrundlagen gelten (auch nach dem 31. 12. 2008) die ursprünglichen Anschaffungs- oder Herstellungskosten oder der Teilwert zum 1. 1. 1994. Eine Minderung der AfA-Bemessungsgrundlage nach § 7 Abs. 1 Satz 5 EStG (Minderung um AfA, Sonderabschreibungen und erhöhte Absetzungen) kommt mangels Einlage nicht zur Anwendung.
- § 6b EStG ist mangels einer inländischen Betriebsstätte (§ 6b Abs. 4 EStG) nicht anwendbar. Teilwertabschreibungen sind nach allgemeinen Grundsätzen zulässig.
- Ab dem Veranlagungszeitraum 2009 sind AfA für Gebäude in Höhe von 3 % nach § 7 Abs. 4 Satz 1 Nr. 1 EStG vorzunehmen, soweit das Gebäude nicht Wohnzwecken dient und der Bauantrag nach dem 31. 3. 1985 gestellt wurde. Anderenfalls beträgt die jährliche AfA 2 % für Gebäude, die nach dem 31. 12. 1924 fertig gestellt worden sind bzw. 2,5 % pro Jahr für Gebäude, die vor dem 1. 1. 1925 fertig gestellt worden sind.

Auswirkungen auf die Gewerbesteuer hat die Änderung des § 49 Abs. 1 Nr. 2 Buchst. f 3522
EStG beziehungsweise die neue Gewerblichkeitsfiktion nicht. Eine Gewerbesteuerpflicht ausländischer Körperschaften mit inländischem Grundbesitz kommt weiterhin nur bei Vorliegen einer inländischen Betriebsstätte in Betracht.

3.8 Folgebewertung

3.8.1 Abnutzbares und nicht abnutzbares Sachanlagevermögen

Eine planmäßige Abschreibung (steuerrechtlich: Absetzung für Abnutzung, kurz: AfA) 3523
ist für abnutzbare Wirtschaftsgüter des Anlagevermögens vorgesehen. Neben der Abnutzbarkeit des Wirtschaftsguts setzt eine planmäßige AfA voraus, dass die Nutzungsdauer des Wirtschaftsguts einen Zeitraum von zwölf Monaten übersteigt (§ 7 Abs. 1

340 Vgl. *Dörfler/Rautenstrauch/Adrian*, BB 2009 S. 580; *Huschke/Hartwig*, IStR 2008 S. 748.

341 Vgl. BMF, Schreiben vom 16. 5. 2011, BStBl 2011 I S. 350, Tz. 11 f.

Satz 1 EStG).[342] Gemäß § 6 Abs. 1 Nr. 1 EStG sind Wirtschaftsgüter des Anlagevermögens, die einer Abnutzung unterliegen, mit den Anschaffungs- oder Herstellungskosten oder dem an deren Stelle tretenden Wert, vermindert um AfA, erhöhte Absetzungen, Sonderabschreibungen, Abzüge nach § 6b EStG und ähnliche Abzüge, anzusetzen. Zum **abnutzbaren Sachanlagevermögen** gehören insbesondere Gebäude, Gebäudeteile, technische Anlagen und Maschinen sowie die Betriebs- und Geschäftsausstattung.[343]

3524 Für **nicht abnutzbares Sachanlagevermögen** gilt für die Folgebewertung § 6 Abs. 1 Nr. 2 EStG. Danach erfolgt die Bewertung zu Anschaffungs- oder Herstellungskosten oder dem an deren Stelle tretenden Wert, vermindert um Abzüge nach § 6b EStG und ähnliche Abzüge. Eine planmäßige Abschreibung ist nicht zulässig. Zum nicht abnutzbaren Sachanlagevermögen gehört insbesondere der Grund und Boden.

3.8.2 Planmäßige Abschreibung

3.8.2.1 Beginn und Ende der AfA

3525 AfA ist vorzunehmen, sobald ein abnutzbares Wirtschaftsgut angeschafft oder hergestellt ist. Angeschafft ist ein Wirtschaftsgut mit der Lieferung; hergestellt ist ein Wirtschaftsgut mit der Fertigstellung (§ 9a EStDV). Sofern im Kaufvertrag neben der Lieferung auch die Montage des Wirtschaftsguts durch den Verkäufer vorgesehen ist, gilt das Wirtschaftsgut erst mit Beendigung der Montage geliefert.[344] Nimmt der Steuerpflichtige die Montage hingegen selbst vor (oder ein von ihm beauftragter Dritter), ist das Wirtschaftsgut bereits bei Übergang der wirtschaftlichen Verfügungsmacht geliefert.

3526 Im Anschaffungs- oder Herstellungsjahr ist der Betrag der Jahres-AfA um jeweils ein Zwölftel für jeden Monat zu kürzen, der dem Anschaffung- oder Herstellungsmonat vorangeht (§ 7 Abs. 1 Satz 4 EStG). Wird z. B. eine Maschine im April angeschafft, darf im Anschaffungsjahr nur die anteilige Jahres-AfA von 9/12 angesetzt werden; für die Monate Januar bis März darf keine Absetzung geltend gemacht werden.

3527 Die planmäßige AfA endet mit dem Ausscheiden des Wirtschaftsguts aus dem Betriebsvermögen (z. B. durch Veräußerung oder Entnahme). Scheidet das Wirtschaftsgut im Laufe des Wirtschaftsjahres aus, kann entsprechend zum Beginn der Abschreibung auch nur der Teil des jährlichen AfA-Betrags geltend gemacht werden, der auf den Zeitraum vom Beginn des Wirtschaftsjahres bis zum Ausscheiden des Wirtschaftsguts entfällt.[345]

3.8.2.2 AfA-Methoden

3528 Das EStG sieht unterschiedliche AfA-Methoden vor. Steuerliche Hauptmethode ist die lineare AfA. Unter bestimmten Voraussetzungen darf aber auch eine degressive AfA

342 Vgl. auch H 7.4 „Nutzungsdauer“ EStH.

343 R 6.1 Abs. 1 Satz 4 EStR.

344 Vgl. R 7.4 Abs. 1 Satz 3 EStR.

345 Vgl. R 7.4 Abs. 8 EStR.

und eine Abschreibung nach Maßgabe der Leistung (Unterform der linearen AfA) gewählt werden.

Nach dem **BilMoG** können steuerliche Wahlrechte unabhängig von der Handelsbilanz ausgeübt werden (§ 5 Abs. 1 Satz 1 2. Halbsatz EStG). Dies gilt auch für steuerliche Wahlrechte, denen ein entsprechendes handelsrechtliches Wahlrecht gegenüber steht.[346] Somit ist auch die steuerliche Wahl der Abschreibungsmethode unabhängig von der Handelsbilanz möglich. Beispielsweise kann steuerlich die degressive AfA gewählt werden, während handelsrechtlich linear abgeschrieben wird. Werden unterschiedliche Abschreibungsmethoden in Steuerbilanz und Handelsbilanz gewählt, sind die Dokumentationserfordernisse des § 5 Abs. 1 Satz 2 und 3 EStG als Voraussetzung der steuerlichen Wahlrechtsausübung zu beachten. 3529

Als AfA-Methode kommt für Sachanlagen die **lineare AfA** nach § 7 Abs. 1 Satz 1 und 2 EStG in Betracht. Nach § 7 Abs. 1 Satz 1 EStG ist bei Wirtschaftsgütern, deren Verwendung oder Nutzung durch den Steuerpflichtigen zur Erzielung von Einkünften sich erfahrungsgemäß auf einen Zeitraum von mehr als ein Jahr erstreckt, jeweils für ein Jahr der Teil der Anschaffungs- oder Herstellungskosten abzusetzen, der bei gleichmäßiger Verteilung dieser Kosten auf die Gesamtdauer der Verwendung oder Nutzung auf ein Jahr entfällt. Die Absetzung bemisst sich dabei nach der betriebsgewöhnlichen Nutzungsdauer des Wirtschaftsguts (§ 7 Abs. 1 Satz 2 EStG). Dabei ist die AfA grundsätzlich so zu bemessen, dass die Anschaffungs- oder Herstellungskosten nach Ablauf der betriebsgewöhnlichen Nutzungsdauer des Wirtschaftsguts voll abgesetzt sind.[347] Die **betriebsgewöhnliche Nutzungsdauer** ist der Zeitraum, in dem das Wirtschaftsgut unter Berücksichtigung der Verhältnisse seines konkreten Einsatzes seiner Zweckbestimmung entsprechend genutzt werden kann.[348] Bei gebraucht erworbenen Wirtschaftsgütern ist der linearen AfA die Restnutzungsdauer zugrunde zu legen. Die tatsächliche Dauer der betrieblichen Nutzung ist nicht maßgeblich. Die betriebsgewöhnliche Nutzungsdauer wird auch nicht durch eine voraussichtliche Veräußerung oder Beseitigung vor der technischen oder wirtschaftlichen Abnutzung verkürzt.[349] Bei der Nutzungsdauer kann die technische Nutzungsdauer (Zeitraum bis zum Verschleiß des Wirtschaftsguts), die wirtschaftliche Nutzungsdauer (Zeitraum, in dem das Wirtschaftsgut rentabel genutzt werden kann) und die rechtliche Nutzungsdauer (Zeitraum, in dem das Wirtschaftsgut genutzt werden darf) unterschieden werden. Der Steuerpflichtige kann grundsätzlich die für ihn günstigste Nutzungsdauer verwenden.[350] Gemäß der EStR entspricht die Nutzungsdauer eines Wirtschaftsguts jedoch regelmäßig dem Zeitraum, in dem es sich technisch abnutzt.[351] Als Hilfsmittel zur Schätzung der Nutzungsdauer dienen die von der Verwaltung veröffentlichten AfA-Tabellen. Die dort angegebenen Werte 3530

346 Vgl. *Dörfler/Adrian*, Ubg 2009 S. 385.

347 Vgl. R 7.4 Abs. 3 Satz 1 EStR.

348 Entsprechend zu Gebäuden siehe § 11c Abs. 1 Satz 1 EStDV; vgl. auch *Kulosa*, in: Schmidt, EStG, 33. Aufl., § 7 Rn. 101.

349 Vgl. BFH, Urteil vom 9. 12. 1999 – X R 78/94, BStBl II 2001 S. 311.

350 Vgl. z. B. BFH, Urteil vom 26. 1. 2001 – VI R 26/98, BStBl 2001 II S. 94; *Kulosa*, in: Schmidt, EStG, 33. Aufl., § 7 Rn. 102.

351 Vgl. H 7.4 „Nutzungsdauer" EStH.

für die betriebsgewöhnliche Nutzungsdauer beruhen auf Erfahrungen der steuerlichen Betriebsprüfung.[352] Eine glaubhaft gemachte kürzere Nutzungsdauer wird ebenfalls von der Finanzverwaltung akzeptiert.[353] Die Nutzungsdauer der AfA-Tabellen haben zunächst die Vermutung der Richtigkeit für sich, sind aber für die Gerichte nicht bindend.[354]

3531 § 7 Abs. 1 Satz 6 EStG sieht die Möglichkeit einer Abschreibung nach Maßgabe der **Leistung** bei beweglichen Wirtschaftsgütern des Anlagevermögens vor. Die Leistungs-AfA darf an Stelle der linearen AfA nur bei Wirtschaftsgütern gewählt werden, bei denen dies wirtschaftlich begründet ist. Wirtschaftlich begründet ist die Leistungs-AfA als Alternative zur linearen AfA in erster Linie bei Wirtschaftsgütern, deren Nutzung in den einzelnen Jahren der Nutzungsdauer erheblich schwankt und dementsprechend der Verschleiß des Anlageguts wesentliche Unterschiede aufzeigt.[355] Die jährliche AfA wird durch einen Prozentsatz von der AfA-Bemessungsgrundlage (i. d. R. die Anschaffungs- oder Herstellungskosten) ermittelt. Der jährlich variierende Prozentsatz ergibt sich aus dem Quotient der Jahresleistung und der (zu schätzenden) Gesamtleistung. Die maßgeblichen Einheiten können Leistungseinheiten (z. B. Fahrleistung in km) oder Zeiteinheiten sein.[356] Der Steuerpflichtige muss nach § 7 Abs. 1 Satz 6 EStG den auf das einzelne Jahr entfallenden Umfang der Leistung nachweisen. Dazu kommt z. B. ein Zählwerk, ein Betriebsstundenzähler oder Ähnliches in Betracht.[357]

3532 Die **degressive AfA** wurde durch das Konjunkturpaket I vom 21. 12. 2008 zeitlich begrenzt (wieder) eingeführt.[358] Für bewegliche Wirtschaftsgüter des Anlagevermögens, die nach dem 31. 12. 2008 und vor dem 1. 1. 2011 angeschafft oder hergestellt worden sind, darf nach § 7 Abs. 2 EStG die degressive AfA an Stelle der linearen in Anspruch genommen werden. Maßgeblich für die mögliche Nutzung der degressiven AfA ist somit der Zeitpunkt der Anschaffung oder Herstellung: Liegt dieser Zeitpunkt nach dem 31. 12. 2008, aber vor dem 1. 1. 2011 kann das Wirtschaftsgut auch im Jahr 2011 und den Folgejahren degressiv abgeschrieben werden. Bei der degressiven AfA wird die Absetzung nach einem unveränderlichen Prozentsatz vom jeweiligen Buchwert (bzw. Restbuchwert) vorgenommen. Dabei ist der anzuwendende Prozentsatz begrenzt auf 25 Prozent, höchstens jedoch das Zweieinhalbfache der linearen AfA (§ 7 Abs. 2 Satz 2 2. Halbsatz EStG). Für den Beginn der AfA bei unterjährigem Zugang des Wirtschaftsguts ist entsprechend zur linearen AfA nur die anteilige AfA (monatsgenau) absetzbar (§ 7 Abs. 2 Satz 3 in Verbindung mit § 7 Abs. 1 Satz 4 EStG). Zudem sind nach § 7a Abs. 8 EStG in Verbindung mit § 7 Abs. 1 Satz 4 EStG besondere Aufzeichnungspflichten zu beachten, die allerdings entfallen, wenn die Angaben aus der Buchführung ersichtlich sind. Sofern die degressive AfA vom Steuerpflichtigen genutzt wird, sind Absetzungen für außergewöhnliche technische oder wirtschaftliche Abnutzungen nach § 7 Abs. 1

352 Vgl. Allgemeine Vorbemerkungen zu den AfA-Tabellen.

353 Vgl. Allgemeine Vorbemerkungen zu den AfA-Tabellen.

354 Vgl. BFH, Urteil vom 19. 11. 1997 – X R 78/94, BStBl 1998 II S. 59.

355 Vgl. R 7.4 Abs. 5 EStR.

356 Vgl. *Kulosa*, in: Schmidt, EStG, 33. Aufl., § 7 Rn. 115.

357 Vgl. R 7.4 Abs. 5 EStR.

358 Vgl. BGBl 2008 I S. 2896.

Satz 7 EStG nicht zulässig (§ 7 Abs. 2 Satz 4 EStG). Teilwertabschreibungen nach § 6 Abs. 1 Nr. 1 Satz 2 EStG dürfen jedoch vorgenommen werden, wenn der Teilwert aufgrund einer voraussichtlich dauernden Wertminderung niedriger als die fortgeführten Anschaffungs- oder Herstellungskosten ist.

Ein **Wechsel** der AfA-Methoden ist teilweise möglich. Nach § 7 Abs. 3 Satz 1 EStG ist der Übergang von der degressiven AfA zur linearen AfA zulässig. In diesem Fall bemisst sich die AfA gemäß § 7 Abs. 3 Satz 2 EStG vom Übergangszeitpunkt an nach dem dann noch vorhandenen Restbuchwert und der Restnutzungsdauer des einzelnen Wirtschaftsguts. Dies bedeutet, dass zur Ermittlung des jährlichen linearen AfA-Betrags der vorhandene Restbuchwert durch die Restnutzungsdauer zu teilen ist. Der Übergang von der linearen AfA zur degressiven AfA ist nach § 7 Abs. 3 Satz 3 EStG nicht zulässig. Hingegen ist ein Wechsel zwischen Leistungs-AfA und linearer AfA möglich, da § 7 Abs. 3 EStG insoweit keine Einschränkungen enthält. War die Wahl der Leistungs-AfA wirtschaftlich begründet und fällt der wirtschaftliche Grund weg, muss die AfA-Methode aber nicht zwingend gewechselt werden. Insofern besteht ein Beibehaltungswahlrecht.[359] 3533

Zur Möglichkeit der Inanspruchnahme der Regelungen für **geringwertige Wirtschaftsgüter** nach § 6 Abs. 2 EStG bzw. § 6 Abs. 2a EStG siehe Rz. 3465 ff. 3534

3.8.2.3 Bemessungsgrundlage der AfA

Die Bemessungsgrundlage der planmäßigen AfA sind grundsätzlich die Anschaffungs- oder Herstellungskosten des Wirtschaftsguts oder der an die Stelle der Anschaffungs- oder Herstellungskosten tretende Wert. Vgl. Rz. 3495 ff. zu diesen Fällen. 3535

Ist dem Steuerpflichtigen im Jahr der Anschaffung oder Herstellung ein (steuerpflichtiger) **Zuschuss** gewährt worden, der erfolgsneutral behandelt wurde, ist die AfA von den um den Zuschuss geminderten Anschaffungs- oder Herstellungskosten vorzunehmen.[360] Entsprechendes gilt bei Abzügen nach § 6b Abs. 1 oder Abs. 3 EStG oder nach R 6.6 EStR. 3536

Wird ein Wirtschaftsgut, das zur Erzielung von Einkünften im Sinne des § 2 Abs. 1 Satz 1 Nr. 4 bis 7 EStG genutzt wurde, in das Betriebsvermögen eingelegt, mindert sich der **Einlagewert** nach **§ 7 Abs. 1 Satz 5 EStG** um die AfA, Sonderabschreibungen oder erhöhte Absetzungen, die bis zum Zeitpunkt der Einlage geltend gemacht wurden.[361] Höchstens erfolgt jedoch eine Minderung auf die fortgeführten Abschaffungs- oder Herstellungskosten. Ist der Einlagewert niedriger als der nach vorstehenden Regelungen ermittelte Wert, bemisst sich die weitere AfA nach § 7 Abs. 1 Satz 5 2. Halbsatz EStG von der Grundlage des Einlagewerts.[362] 3537

Bei **nachträglichen Anschaffungs- oder Herstellungskosten** ist die Restnutzungsdauer unter Berücksichtigung des Zustands des Wirtschaftsguts im Zeitpunkt des Abschlus- 3538

359 Vgl. *Kulosa*, in: Schmidt, EStG, 33. Aufl., § 7 Rn. 115.

360 Vgl R 7.3 Abs. 4 EStR.

361 Vgl. mit Berechnungsbeispielen BMF, Schreiben vom 27. 10. 2010, BStBl 2010 I S. 1204.

362 Vgl. *Schoor*, BBK 2011 S. 115.

ses der nachträglichen Herstellungsarbeiten neu zu schätzen.[363] Bei Bemessung der AfA für das Jahr der Entstehung der nachträglichen Anschaffungs- oder Herstellungskosten sind diese so zu berücksichtigen, als wären sie zu Beginn des Jahres aufgewendet worden. Die AfA bemisst sich vom Jahr der Entstehung der nachträglichen Anschaffungs- oder Herstellungskosten an nach der Restnutzungsdauer.

3539 Sofern eine AfA unterblieben ist, kann die AfA **nachgeholt** werden, indem die noch nicht abgesetzten Anschaffungs- oder Herstellungskosten entsprechend der gewählten AfA-Methode auf die noch verbleibende Restnutzungsdauer verteilt werden.[364] Die in den Vorjahren im Hinblick auf eine zu niedrige Bemessungsgrundlage zu wenig geltend gemachte AfA kann in der letzten Anfangsbilanz gewinnneutral berichtigt werden, indem der richtige höhere Anfangswert gekürzt um die tatsächlich vorgenommenen Absetzungsbeträge in die Bilanz eingestellt wird.[365] Bisher unterlassene AfA kann aber gemäß BFH-Rechtsprechung jedenfalls dann nicht nachgeholt werden, wenn ein Wirtschaftsgut des notwendigen Betriebsvermögens aufgrund einer Fehlerberechtigung erstmals im Betriebsvermögen ausgewiesen wird.[366]

3.8.2.4 Besonderheiten bei Gebäuden

3540 Für Gebäude ist im EStG die planmäßige Abschreibung gesondert geregelt (§ 7 Abs. 4, Abs. 5 EStG). Der Steuerpflichtige kann sowohl eine lineare als auch eine degressive AfA unter bestimmten Voraussetzungen wählen.

3541 Die **lineare AfA** nach § 7 Abs. 4 EStG bemisst sich in Abhängigkeit von der Nutzung des Gebäudes, der Zugehörigkeit zum Betriebsvermögen und von dem Zeitpunkt, in dem der Bauantrag gestellt wurde bzw. das Gebäude fertiggestellt wurde. Nach § 7 Abs. 4 Satz 1 Nr. 1 EStG sind bei Gebäuden, soweit sie zu einem Betriebsvermögen gehören und nicht Wohnzwecken[367] dienen und für die der Bauantrag nach dem 31. 3. 1985 gestellt worden ist, jährlich **3 %** der Anschaffungs- oder Herstellungskosten abzuziehen. Die vorherige Gesetzesfassung sah noch eine jährliche AfA von 4 % vor.

3542 Nach § 52 Abs. 21b EStG darf der **erhöhte (alte) AfA-Satz** von **4 %** bei Gebäuden weiterhin angewendet werden, soweit sie zum Betriebsvermögen gehören und nicht Wohnzwecken dienen, wenn der Steuerpflichtige im Fall der Herstellung vor dem 1. 1. 2001 mit der Herstellung des Gebäudes begonnen hat oder im Fall der Anschaffung das Gebäude aufgrund eines vor dem 1. 1. 2001 rechtswirksam geschlossenen Vertrags (oder gleichstehenden Rechtsakts) angeschafft hat. Gemäß § 52 Abs. 21b Satz 2 EStG gilt als Beginn der Herstellung bei Gebäuden, bei denen eine Baugenehmigung notwendig ist, der Zeitpunkt, in dem der Bauantrag gestellt wurde. Bei baugenehmigungsfreien Gebäuden gilt der Zeitpunkt, in dem die Bauunterlagen einzureichen sind, als Beginn der Herstellung. Bei Personengesellschaften ist der einzelne Gesellschafter abschreibungs-

363 Vgl. H 7.4 „Nachträgliche Anschaffungs- oder Herstellungskosten" EStH.

364 Vgl. H 7.4 „Unterlassene oder überhöhte AfA" EStH.

365 Vgl. H 4.4 „Bilanzberichtigung" EStH; siehe auch BFH, Urteil vom 29. 10. 1991 – VIII R 51/84, BStBl 1992 II S. 512.

366 Vgl. BFH, Urteil vom 24. 10. 2001 – X R 153/97, BStBl 2002 II S. 75.

367 Zu „Wohnzwecken" vgl. R 7.2 Abs. 1 bis 3 EStR.

berechtigter Steuerpflichtiger im Sinne der Anwendungsvorschrift.[368] Somit ist maßgeblich, ob der Steuerpflichtige bei Beginn der Herstellung oder bei der Anschaffung bereits Gesellschafter der Personengesellschaft war. Erfolgt hingegen ein Beitrag eines neuen Gesellschafters nach dem 31. 12. 2000, so ist bereits der neue, niedrigere AfA-Satz von 3 % anzuwenden.

Sind die Voraussetzungen des § 7 Abs. 4 Satz 1 Nr. 1 EStG nicht erfüllt (z. B. Gebäude, die Wohnzecken dienen) gilt § 7 Abs. 4 Satz 1 Nr. 2 EStG für die lineare AfA. Bei Gebäuden, die nach dem 31. 12. 1924 fertiggestellt worden sind, beträgt der lineare AfA-Satz **2 %** der Anschaffungs- oder Herstellungskosten. Bei Gebäude, die vor dem 1. 1. 1925 fertiggestellt worden sind, sind jährlich **2,5 %** absetzbar. Bei Gebäuden, die vor Einlage in das Betriebsvermögen zur Erzielung von Einkünften im Sinne des § 2 Abs. 2 Nr. 4 bis 7 EStG verwendet worden sind, gilt § 7 Abs. 1 Satz 5 EStG entsprechend (vgl. dazu Rz. 3537). 3543

Den linearen AfA-Sätzen von 4 %, 3 %, 2,5 % und 2 % liegen **Nutzungsdauern** von 25 Jahren, 33 Jahren, 40 Jahren und 50 Jahren zugrunde. Nach § 7 Abs. 4 Satz 2 EStG können anstelle dieser Absetzungen auch höherer (lineare) AfA-Sätze geltend gemacht werden, wenn die tatsächliche Nutzungsdauer des Gebäudes geringer als die gesetzlich angenommene Nutzungsdauer ist. Eine Unterschreitung der gesetzlich vorgegebenen AfA-Sätze ist nicht möglich.[369] 3544

Die **degressive AfA** ist auch bei Gebäuden ein auslaufendes Recht. Für Neubauten und Anschaffung ab dem 1. 1. 2006 ist keine degressive AfA mehr möglich. Bei den „Altfällen" werden bei der Höhe der degressiven AfA, entsprechend zur linearen AfA, Fälle des § 7 Abs. 4 Satz 1 Nr. 1 EStG (Gebäude, soweit sie zu einem Betriebsvermögen gehören und nicht Wohnzwecken dienen) und Fälle des § 7 Abs. 4 Satz 1 Nr. 2 EStG (Gebäude, soweit sie die Voraussetzungen des § 7 Abs. 4 Satz 1 Nr. 1 EStG nicht erfüllen) unterschieden. Im Fall der Anschaffung kann eine degressive AfA nach § 7 Abs. 5 Satz 1 EStG nur angewendet werden, wenn der Hersteller für das veräußerte Gebäude weder degressive AfA nach § 7 Abs. 5 Satz 1 EStG vorgenommen noch erhöhte Absetzungen oder Sonderabschreibungen in Anspruch genommen hat (§ 7 Abs. 5 Satz 2 EStG). Dies schließt aber die degressive AfA durch den Erwerber nur für das Jahr der Fertigstellung aus, sodass der Erwerber im Folgejahr auf die degressive AfA übergehen kann.[370] Insoweit besteht eine Ausnahme von dem Grundsatz, dass bei Gebäuden ein Wechsel der AfA-Methode grundsätzlich unzulässig ist.[371] 3545

Im Einzelnen gilt nach § 7 Abs. 5 EStG Folgendes: Bei Gebäuden, die in einem EU- oder EWR-Staat belegen sind und die vom Steuerpflichtigen hergestellt oder bis zum Ende des Jahres der Fertigstellung angeschafft worden sind, können abweichend von § 7 3546

368 Vgl. H 7.2 „Zeitliche Anwendung bei linearer Gebäude-AfA" EStH.

369 Vgl. *Kulosa*, in: Schmidt, EStG, 33. Aufl., § 7, Rn. 152.

370 Vgl. H 7.4 „Degressive AfA nach § 7 Abs. 5 EStG in Erwerbsfällen" EStG; siehe auch BFH, Urteil vom 3. 4. 2001 – IX R 16/98, BStBl 2001 II S. 599.

371 Vgl. BFH, Urteil vom 10. 3. 1987 – IX R 24/86, BStBl 1987 II S. 618; H 7.4 „Wechsel der AfA-Methode bei Gebäuden" EStH.

Abs. 4 EStG (lineare AfA) als AfA die folgenden Beträge (Staffelsätze) von den Anschaffungs- oder Herstellungskosten abgezogen werden:

3547 Nr. 1: bei Gebäuden im Sinne des **§ 7 Abs. 4 Satz 1 Nr. 1 EStG**, die vom Steuerpflichtigen aufgrund eines **vor dem 1. 1. 1994** gestellten Bauantrags hergestellt oder aufgrund eines vor diesem Zeitpunkt rechtswirksam abgeschlossenen obligatorischen Vertrags angeschafft worden sind,

- im Jahr der Fertigstellung und in den folgenden 3 Jahren jeweils 10 %,
- in den darauf folgenden 3 Jahren jeweils 5 %,
- in den darauf folgenden 18 Jahren jeweils 2,5 %,

3548 Nr. 2: bei Gebäuden i. S. d. **§ 7 Abs. 4 Satz 1 Nr. 2 EStG**, die vom Steuerpflichtigen aufgrund eines **vor dem 1. 1. 1995** gestellten Bauantrags hergestellt oder aufgrund eines vor diesem Zeitpunkt rechtswirksam abgeschlossenen obligatorischen Vertrags angeschafft worden sind,

- im Jahr der Fertigstellung und in den folgenden 7 Jahren jeweils 5 %,
- in den darauf folgenden 6 Jahren jeweils 2,5 %,
- in den darauf folgenden 36 Jahren jeweils 1,25 %,

3549 Nr. 3: bei Gebäuden i. S. d. **§ 7 Abs. 4 Satz 1 Nr. 2 EStG**, soweit sie **Wohnzwecken** dienen, die vom Steuerpflichtigen

a) aufgrund eines **nach dem 28. 2. 1989** und **vor dem 1. 1. 1996** gestellten Bauantrags hergestellt oder nach dem 28. 2. 1989 aufgrund eines nach dem 28. 2. 1989 und vor dem 1. 1. 1996 rechtswirksam abgeschlossenen obligatorischen Vertrags angeschafft worden sind,

   - im Jahr der Fertigstellung und in den folgenden 3 Jahren jeweils 7 %,
   - in den darauf folgenden 6 Jahren jeweils 5 %,
   - in den darauf folgenden 6 Jahren jeweils 2 %,
   - in den darauf folgenden 24 Jahren jeweils 1,25 %,

b) aufgrund eines **nach dem 31. 12. 1995** und **vor dem 1. 1 2004** gestellten Bauantrags hergestellt oder aufgrund eines nach dem 31. 12. 1995 und vor dem 1. 1. 2004 rechtswirksam abgeschlossenen obligatorischen Vertrags angeschafft worden sind,

   - im Jahr der Fertigstellung und in den folgenden 7 Jahren jeweils 5 %,
   - in den darauf folgenden 6 Jahren jeweils 2,5 %,
   - in den darauf folgenden 36 Jahren jeweils 1,25 %,

c) aufgrund eines **nach dem 31. 12. 2003** und **vor dem 1. 1. 2006** gestellten Bauantrags hergestellt oder aufgrund eines nach dem 31. 12. 2003 und vor dem 1. 1. 2006 rechtswirksam abgeschlossenen obligatorischen Vertrags angeschafft worden sind,

   - im Jahr der Fertigstellung und in den folgenden 9 Jahren jeweils 4 %,
   - in den darauf folgenden 8 Jahren jeweils 2,5 %,
   - in den darauf folgenden 32 Jahren jeweils 1,25 %,

Im Erstjahr (Jahr der Anschaffung oder Herstellung) ist bei Anwendung der degressiven AfA auch bei unterjährigem Zugang keine zeitanteilige AfA, sondern die volle Jahres-AfA vorzunehmen.[372] § 7 Abs. 5 Satz 3 EStG bestimmt insoweit, dass die Regelung zur Minderung des AfA-Betrags nach § 7 Abs. 1 Satz 4 EStG nicht gilt.[373] 3550

Nach § 7 Abs. 5a EStG sind die lineare und degressive Gebäude-AfA nach § 7 Abs. 4 und 5 EStG 3551

- auf Gebäudeteile, die selbständige unbewegliche Wirtschaftsgüter sind,
- auf Eigentumswohnungen und
- auf im Teileigentum stehende Räume

entsprechend anzuwenden. Zu den selbständigen unbeweglichen Wirtschaftsgütern im Sinne des § 7 Abs. 5a EStG gehören insbesondere Mietereinbauten und -umbauten, Ladeneinbauten sowie sonstige selbständige Gebäudeteile im Sinne der R 4.2 Abs. 3 Satz 3 Nr. 5 EStR (sonstige selbständige Gebäudeteile).[374]

Zudem enthält § 11c EStDV Vorschriften für die Absetzung für Abnutzung bei Gebäuden. § 11c Abs. 1 Satz 1 EStDV definiert zunächst die **Nutzungsdauer**. Danach ist die Nutzungsdauer eines Gebäudes im Sinne des § 7 Abs. 4 Satz 2 EStG der Zeitraum, in dem ein Gebäude voraussichtlich seiner Zweckbestimmung entsprechend genutzt werden kann. Nach § 11 Abs. 1 Satz 2 EStDV beginnt der Zeitraum der Nutzungsdauer 3552

- bei Gebäuden, die der Steuerpflichtige vor dem 21. 6. 1948 angeschafft oder hergestellt hat, mit dem 21. 6. 1948;
- bei Gebäuden, die der Steuerpflichtige nach dem 20. 6. 1948 hergestellt hat, mit dem Zeitpunkt der Fertigstellung;
- bei Gebäuden, die der Steuerpflichtige nach dem 20. 6. 1948 angeschafft hat, mit dem Zeitpunkt der Anschaffung.

Für Berlin und das Saarland gelten Sonderregelungen. Für im Land Berlin belegene Gebäude treten an die Stelle des 20. 6. 1948 jeweils der 31. 3. 1949 und an die Stelle des 21. 6. 1948 jeweils der 1. 4. 1949. Für im Saarland belegene Gebäude treten an die Stelle des 20. 6. 1948 jeweils der 19. 11. 1947 und an die Stelle des 21. 6. 1948 jeweils der 20. 11. 1947; soweit im Saarland belegene Gebäude zu einem Betriebsvermögen gehören, treten an die Stelle des 20. 6. 1948 jeweils der 5. 7. 1959 und an die Stelle des 21. 6. 1948 jeweils der 6. 7. 1959. 3553

3.8.3 Teilwertabschreibung

Ist der Teilwert von abnutzbaren Wirtschaftsgütern des Anlagevermögens aufgrund einer voraussichtlich dauernden Wertminderung niedriger, so kann nach § 6 Abs. 1 Nr. 1 Satz 2 EStG der niedrigere Teilwert angesetzt werden. Entsprechend formuliert § 6 Abs. 1 Nr. 2 Satz 2 EStG für andere Wirtschaftsgüter (z. B. Grund und Boden): Ist der Teilwert aufgrund einer voraussichtlich dauernden Wertminderung niedriger, so kann die- 3554

372 Vgl. auch *Kahle/Heinstein*, DStZ 2007 S. 102.

373 A. A. wohl R 7.4 Abs. 2 EStR.

374 Vgl. R 7.1 Abs. 6 EStR.

ser angesetzt werden. Teilwert ist nach § 6 Abs. 1 Nr. 1 Satz 3 EStG der Betrag, den ein Erwerber des ganzen Betriebs im Rahmen des Gesamtkaufpreises für das einzelne Wirtschaftsgut – unter der Annahme der Fortführung des Betriebs durch den Erwerber – ansetzen würde.[375]

3555 Die Teilwertabschreibung setzt eine **voraussichtlich dauernde Wertminderung** voraus. Gesetzlich ist nicht geregelt, wann eine Wertminderung als voraussichtlich dauernd zu qualifizieren ist. Aus dem Gesetzeswortlaut lässt sich allenfalls negativ abgrenzen, dass eine nur vorübergehende Wertminderung für eine Teilwertabschreibung nicht ausreicht. Entsprechend streitbehaftet sind Teilwertabschreibungen in der Praxis.

3556 Gemäß BMF-Schreiben vom 25. 2. 2000 ist eine Wertminderung voraussichtlich dauernd, wenn der Steuerpflichtige mit der Dauerhaftigkeit aus Sicht des Bilanzstichtags aufgrund objektiver Anzeichen ernsthaft rechnen kann.[376] Es müssen mehr Gründe für als gegen die Nachhaltigkeit der Wertminderung sprechen.[377] Wertminderungen aus besonderem Anlass, z. B. einer Katastrophe oder einem technischen Fortschritt, sind regelmäßig als nachhaltig einzustufen.[378] Bei **abnutzbaren Wirtschaftsgütern** des Anlagevermögens kann von einer voraussichtlich dauernden Wertminderung ausgegangen werden, wenn der Wert des Wirtschaftsguts zum Bilanzstichtag mindestens für die halbe Restnutzungsdauer unterhalb des planmäßigen Restbuchwerts liegt.[379] Wertbegründende Tatsachen sind gemäß BMF-Schreiben vom 25. 2. 2000 bis zum Zeitpunkt der Erstellung der Handelsbilanz zu berücksichtigen (sofern keine Handelsbilanz vorliegt, sind sie bis zur Erstellung der Steuerbilanz zu erfassen). Bei **nicht abnutzbarem Anlagevermögen** (z. B. Grund und Boden) ist darauf abzustellen, ob die Gründe für eine niedrigere Bewertung voraussichtlich anhalten werden oder nur vorübergehend sind. Wird bei einem Grundstück z. B. festgestellt, dass der Grund- und Boden mit Altlasten verseucht ist, liegt eine dauernde Wertminderung vor.[380] Preisschwankungen des Grund und Bodens sind demgegenüber grundsätzlich als nur vorübergehende Wertminderung zu beurteilen, die eine Teilwertabschreibung nicht begründen können.

3557 Nach § 6 Abs. 1 Nr. 1 Satz 4 EStG sind Wirtschaftsgüter, die bereits am Schluss des vorangegangenen Wirtschaftsjahres zum Anlagevermögen des Steuerpflichtigen gehört haben, in den Folgejahren mit den fortgeführten (planmäßigen) Anschaffungs- oder Herstellungskosten nach § 6 Abs. 1 Nr. 1 Satz 1 EStG anzusetzen, es sei denn, der Steuerpflichtige weist nach, dass ein niedrigerer Teilwert nach § 6 Abs. 1 Nr. 1 Satz 2 EStG angesetzt werden kann (sog. **Wertaufholungsgebot**). Das Wertaufholungsgebot gilt für andere als die in § 6 Abs. 1 Nr. 1 EStG bezeichneten Wirtschaftsgüter (z. B. Grund und

375 Zur Ermittlung des Teilwerts vgl. *Teschke*, DStZ 2006 S. 661.

376 Vgl. BMF, Schreiben vom 25. 2. 2000, BStBl 2000 I S. 372, Tz. 4. Zur aktuellen Überarbeitung des Schreibens vgl. *Adrian/Helios*, DStR 2014 S. 721.

377 BFH, Urteil vom 21. 9. 2011 – I R 89/10, BFH/NV 2012 S. 306.

378 Vgl. BMF, Schreiben vom 25. 2. 2000, BStBl 2000 I S. 372, Tz. 4; BFH, Urteil vom 9. 9. 2010 – IV R 38/08, BFH/NV 2011, S. 423.

379 Vgl. BFH, Urteile vom 14. 3. 2006 – I R 22/05, BStBl 2006 II S. 680; vom 29. 4. 2009 – I R 74/08, BStBl 2009 II S. 899; vom 9. 9. 2010 – IV R 38/08, BFH/NV 2011, S. 423. Vgl. auch BMF, Schreiben vom 25. 2. 2000, BStBl 2000 I S. 372, Tz. 6.

380 Vgl. BMF, Schreiben vom 25. 2. 2000, BStBl 2000 I S. 372, Tz. 12 f; siehe dazu auch *Grube*, DB 2006 S. 63; BFH, Urteil vom 19. 11. 2003 – I R 77/01, BStBl 2010 II S. 482.

Boden) entsprechend (§ 6 Abs. 1 Nr. 2 Satz 3 EStG). Gemäß § 6 Abs. 1 Nr. 1 Satz 4 EStG sind die Voraussetzungen der Teilwertabschreibung zu jedem Bilanzstichtag nachzuweisen. Anderenfalls muss eine Zuschreibung erfolgen. Dabei kommt es nicht darauf an, ob die konkreten Gründe für die zuvor vorgenommene Teilwertabschreibung weggefallen sind. Dies bedeutet, dass auch eine Teilwerterhöhung aus anderen Gründen zu einer Zuschreibung führt.[381]

Wird bei einem **Gebäude** eine Teilwertabschreibung vorgenommen, bemisst sich die planmäßige AfA von dem folgenden Wirtschaftsjahr oder Kalenderjahr an gemäß § 11c Abs. 2 Satz 2 EStDV nach den Anschaffungs- oder Herstellungskosten des Gebäudes abzüglich des Betrags der Teilwertabschreibung. Bei einer Zuschreibung in einem Folgejahr erhöht sich die Bemessungsgrundlage für die AfA von dem folgenden Wirtschaftsjahr oder Kalenderjahr an um den Betrag der Zuschreibung (§ 11 Abs. 2 Satz 3 EStDV). 3558

Die Teilwertabschreibungen nach § 6 Abs. 1 Nr. 1 Satz 2 EStG und § 6 Abs. 1 Nr. 2 Satz 2 EStG sind als **steuerliches Wahlrecht** ausgestaltet.[382] Der Steuerpflichtige kann bei dauernder Wertminderung eine Teilwertabschreibung vornehmen oder alternativ bei dem höheren Wert der planmäßig fortgeführten Anschaffungs- oder Herstellungskosten bleiben. Das Wahlrecht zur Teilwertabschreibung kann unabhängig von der Handelsbilanz ausgeübt werden. Wird das steuerliche Wahlrecht zur Teilwertabschreibung abweichend von der handelsrechtlichen Möglichkeit zur außerplanmäßigen Abschreibung ausgeübt, sind die Dokumentationsanforderungen des § 5 Abs. 1 Sätze 2 und 3 EStG als tatbestandliche Voraussetzung für die Wahlrechtsausübung zu beachten.[383] Die gestalterische Nutzung des steuerlichen Wahlrechts zur Teilwertabschreibung soll gemäß BMF-Schreiben vom 12. 3. 2010 Grenzen haben: Hat der Steuerpflichtige in einem Wirtschaftsjahr eine Teilwertabschreibung vorgenommen und wird in einem darauf folgenden Jahr auf den Nachweis der dauernden Wertminderung verzichtet (z. B. zur Verlustnutzung), soll zu prüfen sein, ob eine willkürliche Gestaltung vorliegt.[384] Dabei ist unklar, unter welchen Voraussetzungen eine „willkürliche Gestaltung" gegeben ist. Für den umgekehrten Fall enthält das BMF-Schreiben keine Restriktionen, d. h. wird zunächst auf eine Teilwertabschreibung verzichtet und in einem darauf folgenden Jahr die Teilwertabschreibung vorgenommen, so muss wohl keine „willkürliche Gestaltung" geprüft werden. 3559

3.8.4 Abschreibung für außergewöhnliche technische oder wirtschaftliche Abnutzung

Nach § 7 Abs. 1 Satz 7 1. Halbsatz EStG sind Absetzungen für außergewöhnliche technische oder wirtschaftliche Abnutzungen (AfaA) zulässig. Dabei sind für die Bemessung der Höhe der AfaA zunächst die planmäßige AfA vorzunehmen. Soweit der Grund für die AfaA in späteren Wirtschaftsjahren entfällt, ist gemäß § 7 Abs. 1 Satz 7 2. Halbsatz 3560

381 Vgl. BMF, Schreiben vom 25. 2. 2000, BStBl 2000 I S. 372, Tz. 34.

382 Vgl. BMF, Schreiben vom 12. 3. 2010, BStBl 2010 I S. 239 ,Tz. 15; *Dörfler/Adrian*, Ubg 2009 S. 390; *Herzig/Briesemeister*, DB 2009 S. 976; a. A. *Richter*, GmbHR 2010 S. 508; *Schulze-Osterloh*, DStR 2011 S. 534.

383 Vgl. zu Teilwertabschreibungen *Dörfler/Adrian*, Ubg 2009 S. 390.

384 Vgl. BMF, Schreiben vom 12. 3. 2010, BStBl 2010 I S. 239, Tz. 15. Siehe zum neuen Teilwerterlass aber *Adrian/Helios*, DStR 2014 S. 722.

EStG eine entsprechende Zuschreibung vorzunehmen. AfaA ist nur im Rahmen der linearen AfA möglich; bei degressiver AfA nach § 7 Abs. 2 EStG ist eine AfaA nach § 7 Abs. 2 Satz 4 EStG nicht zulässig. Entsprechendes sollte bei Gebäuden gelten. Insofern wäre eine AfaA nur bei Anwendung der linearen AfA nach § 7 Abs. 4 EStG, nicht aber bei der degressiven AfA nach § 7 Abs. 5 EStG möglich. Gleichwohl wird es von der Finanzverwaltung nicht beanstandet, wenn auch bei Gebäuden AfaA vorgenommen wird, die degressiv nach § 7 Abs. 5 EStG abgeschrieben werden.[385]

3561 Eine AfaA setzt eine außergewöhnliche wirtschaftliche oder technische Abnutzung voraus. Einzelfälle:[386]

- Eine AfaA ist vorzunehmen, wenn ein Gebäude durch Abbruch, Brand oder ähnliche Ereignisse aus dem Betriebsvermögen ausgeschieden ist.[387]
- Eine AfaA ist vorzunehmen, wenn ein im Privatvermögen gehaltenes Fahrzeug bei einer betrieblich veranlassten Fahrt durch einen Unfall beschädigt, aber nicht repariert wird.
- Baumängel bei einem Gebäude rechtfertigen grundsätzlich keine AfaA.
- Eine AfaA ist vorzunehmen bei einer Entfernung von Gebäudeteilen ohne vorherige Abbruchabsicht.[388]

3562 Bei **Gebäuden** kommt eine AfaA grundsätzlich bei linearer AfA als auch bei degressiver AfA in Betracht.[389] Bei der linearen AfA für Gebäude sieht § 7 Abs. 4 EStG in Abhängigkeit von dem Verwendungszweck, von der Zugehörigkeit zum Betriebsvermögen und von dem Zeitpunkt der Fertigstellung unterschiedliche Abschreibungssätze vor. Nach § 7 Abs. 4 Satz 4 EStG rechtfertigen die höheren linearen Abschreibungssätze weder eine Teilwertabschreibung noch eine AfaA für Gebäude, bei denen nach § 7 Abs. 4 Satz 1 Nr. 2 EStG niedrigere Abschreibungssätze anzuwenden sind. Werden bei einem Gebäude AfaA vorgenommen, bemisst sich die planmäßige AfA von dem folgenden Wirtschaftsjahr oder Kalenderjahr an gemäß § 11c Abs. 2 Satz 1 EStDV nach den Anschaffungs- oder Herstellungskosten des Gebäudes abzüglich des Betrags der AfaA. Bei einer Zuschreibung erhöht sich die Bemessungsgrundlage für die AfA von dem folgenden Wirtschaftsjahr oder Kalenderjahr an um den Betrag der Zuschreibung (§ 11 Abs. 2 Satz 3 EStDV).

3.8.5 Erhöhte Absetzungen

3563 Erhöhte Absetzungen sind nach Maßgabe der §§ 7c, d, h, i und k EStG möglich. Die Vorschriften betreffen

- Erhöhte Absetzungen für Baumaßnahmen an Gebäuden zur Schaffung neuer Mietwohnungen (§ 7c EStG);[390]

385 Vgl. R 7.4 Abs. 11 EStR.

386 Vgl. H 7.4 EStH.

387 Vgl. BFH, Urteil vom 7. 5. 1969 – I R 47/67, BStBl 1969 II S. 464.

388 Vgl. BFH, Urteil vom 15. 10. 1996 – IX R 2/93, BStBl 1997 II S. 325.

389 Vgl. R 7.4 Abs. 11 EStR.

390 § 7c EStG ist für Wohnungen anwendbar, die vor dem 1. 1. 1996 fertig gestellt worden sind (§ 7c Abs. 2 EStG). Der fünfjährige Begünstigungszeitraum nach § 7c Abs. 1 EStG ist somit spätestens 1999 abgelaufen.

- Erhöhte Absetzungen für Wirtschaftsgüter, die dem Umweltschutz dienen (§ 7d EStG);[391]
- Erhöhte Absetzungen bei Gebäuden in Sanierungsgebieten und städtebaulichen Entwicklungsbereichen (§ 7h EStG);[392]
- Erhöhte Absetzungen bei Baudenkmalen (§ 7i EStG);[393]
- Erhöhte Absetzungen für Wohnungen mit Sozialbindung (§ 7k EStG).[394]

Die erhöhten Absetzungen sind als **steuerliche Wahlrechte** ausgestaltet, die unabhängig von der Handelsbilanz ausgeübt werden können.[395] Voraussetzung für die steuerliche Wahlrechtsausübung ist, dass die Wirtschaftsgüter, die aufgrund der erhöhten AfA mit einem von der Handelsbilanz abweichenden steuerlichen Wert ausgewiesen werden, in besondere, laufend zu führende Verzeichnisse nach § 5 Abs. 1 Satz 2 und 3 EStG aufgenommen werden. In den Verzeichnissen sind der Tag der Anschaffung oder Herstellung des Wirtschaftsguts, die Anschaffungs- oder Herstellungskosten, die Vorschrift des ausgeübten Wahlrechts und die vorgenommenen Abschreibungen anzugeben.[396] 3564

Die erhöhte AfA tritt an die Stelle der planmäßigen AfA. Bei Inanspruchnahme der erhöhten AfA ist die „**Mindest-AfA**" nach § 7a Abs. EStG zu beachten. Danach müssen in jedem Jahr des Begünstigungszeitraums mindestens die Absetzungen vorgenommen werden, die sich bei Anwendung der planmäßigen linearen AfA nach § 7 Abs. 1 oder Abs. 4 EStG ergeben würde. Fallen im Begünstigungszeitraum nachträgliche Anschaffungs- und Herstellungskosten an, werden die erhöhten Absetzungen vom Jahr der Entstehung der nachträglichen Anschaffungs- oder Herstellungskosten an von den entsprechend erhöhten Anschaffungs- und Herstellungskosten bemessen (§ 7a Abs. 1 Satz 1, 2 EStG). Entsprechendes gilt nach § 7a Abs. 1 Satz 3 EStG für den Fall von geminderten Anschaffungs- oder Herstellungskosten. 3565

3.8.6 Sonderabschreibungen nach § 7g EStG

§ 7g EStG wurde durch das Unternehmensteuerreformgesetz 2008 vom 14. 8. 2007[397] neu gefasst. § 7g EStG gewährt kleinen und mittleren Betrieben bei der Anschaffung oder Herstellung von abnutzbaren beweglichen Wirtschaftsgütern des Anlagevermögens bestimmte Vergünstigungen in Form von Investitionsabzugsbeträgen und Sonderabschreibungen. Nach § 7g Abs. 1 EStG dürfen für die künftige Anschaffung oder Herstellung des Wirtschaftsguts bis zu 40 % der voraussichtlichen Anschaffungs- oder Herstellungskosten gewinnmindernd abgezogen werden (sog. Investitionsabzugs- 3566

391 § 7d EStG ist auf Wirtschaftsgüter anwendbar, die vor dem 1. 1. 1991 angeschafft oder hergestellt worden sind (§ 7d Abs. 1 EStG). Der Begünstigungszeitraum ist nicht auf eine bestimmte Anzahl von Jahren begrenzt.

392 Vgl. auch R 7h EStR.

393 Vgl. auch R 7i EStR.

394 § 7k EStG ist auf Wohnungen anwendbar, die vor dem 1. 1. 1996 fertiggestellt worden sind (§ 7k Abs. 2 EStG). Der zehnjährige Begünstigungszeitraum nach § 7k Abs. 1 EStG ist somit spätestens 2004 abgelaufen. Nach Ablauf der zehn Jahre sind als AfA jährlich 3 1/3 Prozent des Restwerts bis zur vollen Absetzungen abzuziehen (§ 7k Abs. 1 Satz 3 EStG).

395 Vgl. *Dörfler/Adrian*, Ubg 2009 S. 389.

396 Vgl. *Schubert/Adrian*, in: Beck'scher Bilanz-Kommentar, 9. Aufl., § 274 HGB Rz. 165.

397 BGBl 2007 I S. 1912.

betrag). Der Investitionsabzugsbetrag wird nicht innerhalb der Steuerbilanz ausgewiesen, sondern stellt eine außerbilanzielle Korrektur dar.[398]

3567 Voraussetzungen für die Inanspruchnahme des Investitionsabzugsbetrags ist nach § 7g Abs. 1 Satz 2 EStG, dass der Betrieb am Schluss des Wirtschaftsjahres, in dem der Abzug vorgenommen wird, die folgenden **Größenmerkmale** nicht überschreitet:[399]

- bei Gewerbebetrieben oder der selbständigen Arbeit dienenden Betrieben, die ihren Gewinn nach § 4 Abs. 1 EStG oder § 5 EStG ermitteln, ein Betriebsvermögen von 235.000 € (in Wirtschaftsjahren, die nach dem 31. 12. 2008 und vor dem 1. 1. 2011 enden: 335.000 €, vgl. § 52 Abs. 23 Satz 5 EStG);
- bei Betrieben der Land- und Forstwirtschaft einen Wirtschaftswert oder einen Ersatzwirtschaftswert von 125.000 € (in Wirtschaftsjahren, die nach dem 31. 12. 2008 und vor dem 1. 1. 2011 enden: 175.000 €, vgl. § 52 Abs. 23 Satz 5 EStG) oder
- bei Betrieben im vorgenannten Sinne, die ihren Gewinn nach § 4 Abs. 3 EStG ermitteln, ohne Berücksichtigung des Investitionsabzugsbetrags einen Gewinn von 100.000 € (in Wirtschaftsjahren, die nach dem 31. 12. 2008 und vor dem 1. 1. 2011 enden: 200.000 € vgl. § 52 Abs. 23 Satz 5 EStG).

3568 Weitere **Voraussetzungen** für den Investitionsabzugsbetrag sind, dass der Steuerpflichtige beabsichtigt, das begünstigte Wirtschaftsgut voraussichtlich

- in den dem Wirtschaftsjahr des Abzugs folgenden drei Wirtschaftsjahren anzuschaffen oder herzustellen;
- mindestens bis zum Ende des dem Wirtschaftsjahr der Anschaffung oder Herstellung folgenden Wirtschaftsjahres in einer inländischen Betriebsstätte des Betriebs ausschließlich oder fast ausschließlich betrieblich zu nutzen.

3569 Zudem muss der Steuerpflichtige das begünstigte Wirtschaftsgut in den beim Finanzamt einzureichenden Unterlagen seiner Funktion nach benennen und die Höhe der voraussichtlichen Anschaffungs- oder Herstellungskosten angeben (§ 7g Abs. 1 Satz 2 Nr. 3 EStG).

3570 Im Wirtschaftsjahr der Anschaffung oder Herstellung des begünstigten Wirtschaftsguts ist ein Betrag von 40 % der tatsächlichen Anschaffungs- oder Herstellungskosten, maximal jedoch der geltend gemachte Investitionsabzugsbetrag dem steuerlichen Gewinn hinzuzurechnen (§ 7g Abs. 2 Satz 1 EStG). Auch insoweit handelt es sich um eine außerbilanzielle Korrektur. Die Minderung der Investitionskosten des begünstigten Wirtschaftsgutes nach § 7g Abs. 2 Satz 2 EStG ist durch eine erfolgswirksame Kürzung der entsprechenden Anschaffungs- oder Herstellungskosten vorzunehmen (Buchung bei Bilanzierung: a. o. Aufwand/Wirtschaftsgut).[400] Die Bemessungsgrundlage für die AfA, erhöhte Absetzungen und Sonderabschreibungen verringern sich entsprechend (§ 7g Abs. 2 Satz 2 2. Halbsatz EStG). Dies gilt auch für die Anschaffungs- oder Herstellungskosten im Sinne des § 6 Abs. 2 und Abs. 2a EStG.

398 Vgl. BMF, Schreiben vom 8. 5. 2009, BStBl 2009 I S. 633, Tz. 69.
399 Vgl. dazu BMF, Schreiben vom 8. 5. 2009, BStBl 2009 I S. 633.
400 Vgl. BMF, Schreiben vom 8. 5. 2009, BStBl 2009 I S. 633, Tz. 70.

Nach § 7g Abs. 5 EStG kann bei abnutzbaren beweglichen Wirtschaftsgüter des Anlagevermögens im Jahr der Anschaffung oder Herstellung und in den vier Folgejahren eine **Sonderabschreibung** bis zu 20 % der Anschaffungs- oder Herstellungskosten geltend gemacht werden. Die Sonderabschreibungen treten neben die planmäßige AfA nach § 7 Abs. 1 bzw. 2 EStG. Die Sonderabschreibungen können aber nur unter den Voraussetzungen der oben aufgeführten Größenkriterien genutzt werden. Zudem muss das Wirtschaftsgut im Jahr der Anschaffung oder Herstellung sowie im darauf folgenden Wirtschaftsjahr in einer inländischen Betriebsstätte des Steuerpflichtigen ausschließlich oder fast ausschließlich betrieblich genutzt werden (§ 7g Abs. 6 EStG). 3571

§ 7g EStG ist als **steuerliches Wahlrecht** ausgestaltet.[401] Nach Wegfall der umgekehrten Maßgeblichkeit können die Wahlrechte des § 7 g EStG nach § 5 Abs. 1 Satz 1 2. Halbsatz EStG unabhängig von der Handelsbilanz ausgeübt werden. Bei der Wahlrechtsausübung sind die Dokumentationspflichten zu beachten: Angabe des Tags der Anschaffung/Herstellung, Anschaffungs- oder Herstellungskosten, Vorschrift des ausgeübten Wahlrechts (§ 7g Abs. 2 Satz 2 EStG) und der vorgenommenen Abschreibungen. M. E. sollte bei der Angabe der Anschaffungs- oder Herstellungskosten von der Finanzverwaltung sowohl der nicht geminderte als auch der geminderte Betrag anerkannt werden.[402] Werden die Anschaffungs- oder Herstellungskosten ohne Abzug angegeben, sollte der Abzug nach § 7g Abs. 2 Satz 2 EStG im Verzeichnis unter den Abschreibungen dokumentiert werden. Das BMF-Schreiben vom 12. 3. 2010 enthält keine Ausführungen zu § 7g EStG.[403] Sofern Sonderabschreibungen nach § 7g Abs. 5 EStG in Anspruch genommen werden, ist für die Ausübung des steuerlichen Wahlrechts ebenfalls notwendig, dass das Verzeichnis nach § 5 Abs. 1 Satz 2 und 3 EStG geführt wird. 3572

3.9 Ausweis (E-Bilanz)

Nach § 5b EStG haben bilanzierende Unternehmen ihre Bilanz sowie Gewinn- und Verlustrechnung elektronisch einzureichen (E-Bilanz).[404] Dabei wird erstmals ein steuerliches Gliederungsschema für Bilanz sowie Gewinn- und Verlustrechnung vorgegeben (sogenannte Steuer-Taxonomie). Die Steuer-Taxonomie im Bereich des Sachanlagevermögens sieht folgende Aufgliederung vor: 3573

Ebene 4: Sachanlagen (Summenmussfeld)

Ebene 5: Grundstücke, grundstücksgleiche Rechte und Bauten einschließlich der Bauten auf fremden Grundstücken (Summenmussfeld)

Ebene 6: Unbebaute Grundstücke (Mussfeld, Kontennachweis erwünscht)

Ebene 6: Grundstücksgleiche Rechte ohne Bauten (Mussfeld, Kontennachweis erwünscht)

401 Vgl. *Dörfler/Adrian*, Ubg 2009 S. 389; *Schubert/Adrian*, in: Beck'scher Bilanz-Kommentar, 9. Aufl., München 2014, § 274 HGB Rz. 157.

402 Vgl. auch *Schubert/Adrian*, in: Beck'scher Bilanz-Kommentar, 9. Aufl., München 2014, § 274 HGB Rz. 160.

403 Vgl. BMF, Schreiben vom 12. 3. 2010, BStBl 2010 I S. 239.

404 Siehe dazu *KPMG*, E-Bilanz, 2. Aufl., 2014.

Ebene 6: Bauten auf eigenen Grundstücken und grundstücksgleichen Rechten (Mussfeld, Kontennachweis erwünscht)

Ebene 7: Bauten auf eigenen Grundstücken und grundstücksgleichen Rechten, davon Grund und Boden-Anteil (Mussfeld)

Ebene 6: Bauten auf fremden Grundstücken (Mussfeld, Kontennachweis erwünscht)

Ebene 6: Übrige Grundstücke, nicht zuordenbar (Rechnerisch notwendig, soweit vorhanden); hierbei handelt es sich um eine Auffangposition

Ebene 5: Technische Anlagen und Maschinen (Mussfeld)

Ebene 6: Technische Anlagen (Kannfeld)

Ebene 6: Maschinen und maschinengebundene Werkzeuge (Kannfeld)

Ebene 6: Betriebsvorrichtungen (Kannfeld)

Ebene 6: Reserve- und Ersatzteile (Kannfeld)

Ebene 6: GWG (Kannfeld)

Ebene 6: GWG-Sammelposten (Kannfeld)

Ebene 6: Sonstige technische Anlagen und Maschinen (Kannfeld)

Ebene 5: Andere Anlagen, Betriebs- und Geschäftsausstattung (Mussfeld, Kontennachweis erwünscht)

Ebene 6: Andere Anlagen (Kannfeld)

Ebene 6: Betriebsausstattung (Kannfeld)

Ebene 6: Geschäftsausstattung (Kannfeld)

Ebene 6: GWG (Kannfeld)

Ebene 6: GWG-Sammelposten (Kannfeld)

Ebene 6: Sonstige Betriebs- und Geschäftsausstattung (Kannfeld)

Ebene 5: Geschäfts- und Vorführwagen (Rechnerisch notwendig, soweit vorhanden)

Ebene 5: Geleistete Anzahlungen und Anlagen im Bau (Mussfeld, Kontennachweis erwünscht)

Ebene 6: Geleistete Anzahlungen auf Sachanlagen (Kannfeld)

Ebene 6: Gebäude im Bau (Kannfeld)

Ebene 6: technische Anlagen und Maschinen im Bau (Kannfeld)

Ebene 5: Sonstige Sachanlagen (Mussfeld) (Kannfeld)

Ebene 6: Vermietete Anlagewerte (Kannfeld)

Ebene 6: Übrige sonstige Sachanlagen, nicht zuordenbare Sachanlagen (Kannfeld)

Ebene 7: Erläuterungen zu sonstigen Sachanlagen (Kannfeld)

3574–3599 *(Einstweilen frei)*

Teil B:
Bilanzierung und Bewertung bei der Gewinnermittlung nach Bilanzposten

Kapitel I:
Anlagevermögen

4. Finanzanlagen

von
RA Dr. Rainer Stadler, München
StB Dr. Dennis J. Hartmann, Hannover

Inhaltsübersicht **Rz.**

Ausgewählte Literatur

Adler/Düring/Schmaltz, Rechnungslegung und Prüfung von Unternehmen, 6. Aufl., Stuttgart ab 1995; *Adrian/Helios,* Teilwertabschreibung, voraussichtlich dauernde Wertminderung und Wertaufholung, Anmerkungen zum Entwurf eines BMF-Schreibens vom 17. 1. 2014, DStR 2014 S. 721; *Assmann/Schütze,* Handbuch des Kapitalanlagerechts, 3. Aufl., München 2007; *Baetge/Kirsch/Thiele,* Bilanzen, 12. Aufl., Düsseldorf 2012; *Beckmann,* Bilanzierung und Besteuerung von Zerobonds und Zerofloatern, BB 1991 S. 938; *Beckmann/Scholtz/Vollmer,* Investment: Ergänzbares Handbuch für das gesamte Investmentwesen, Berlin; *Bertsch,* Bilanzierung strukturierter Produkte, KoR 2003 S. 550; *Böcking/Castan/Heymann/Pfitzer/Scheffler,* Beck'sches Handbuch der Rechnungslegung, Loseblatt München; *Bürkle/Knebel,* Bilanzierung von Beteiligungen an Personengesellschaften, DStR 1998 S. 1067; *Bösl/Schimpfky/von Beauvais,* Fremdfinanzierung für den Mittelstand, München 2014; *Briesemeister,* Hybride Finanzinstrumente im Ertragsteuerrecht, Düsseldorf 2006; *Büschgen,* Das kleine Börsenlexikon, 23. Aufl., Stuttgart 2012; *Dietel,* Bilanzierung von Anteilen an Personengesellschaften in Handels- und Steuerbilanz, DStR 2002 S. 2140; *Dreyer/Herrmann,* Die Besteuerung von Aktien-, Wandel- und Umtauschanleihen, BB 2001 S. 705; *Dürrschmidt/Friedrich-Vache,* Materiell- und verfahrensrechtliche Aspekte der Einkünfteermittlung bei der Zebragesellschaft, DStR 2005 S. 1515; *Eilers/Rödding/Schmalenbach,* Unternehmensfinanzierung, 2. Aufl., München 2014; *Eisele/Knobloch,* Offene Probleme bei der Bilanzierung von Finanzinnovationen (Teil II), DStR 1993 S. 617; *Elser/Stadler,* Einschneidende Änderungen der Investmentbesteuerung nach dem nunmehr in Kraft getretenen AIFM-Steuer-Anpassungsgesetz, DStR 2014 S. 233; *Erle/Sauter,* Körperschaftsteuergesetz, Kommentar, 3. Aufl., Heidelberg 2010; *Ernst&Young,* Körperschaftsteuergesetz, Kommentar, Bonn; *Fellbach,* Gesellschaftsanteile an einer Personengesellschaft im Bilanzsteuerrecht, BB 1992 S. 885; *Förschle/Grottel/Schmidt/Schubert,* Beck'scher Bilanz-Kommentar, 9. Aufl., München 2014; *Frotscher/Geurts,* Kommentar zum Einkommensteuergesetz, Freiburg; *Gelhausen/Rimmelspacher,* Wandel- und Optionsanleihen in den handelsrechtlichen Jahresabschlüssen des Emittenten und des Inhabers, AG 2006 S. 729; *Goette/Habersack,* Münchener Kommentar zum Aktiengesetz, Band 4, 3. Aufl., München 2011; *Göttgens,* Bilanzielle Behandlung des Bondstripping, Wpg 1998 S. 567; *Gosch,* Körperschaftsteuergesetz, Kommentar, 2. Aufl., München 2009; *Gummert/Weipert,* Münchener Handbuch des Gesellschaftsrechts, Band 2, 4. Aufl., München 2014; *Habersack/Mülbert/Schlitt,* Unternehmensfinanzierung am Kapitalmarkt, 3. Aufl., Köln 2013; *Hagemann/Kahlenberg,* Steuerfreie Einnahmen aus Redeemable Preference Shares, IWB 2013 S. 879; *Haisch/Helios,* Rechtshandbuch Finanzinstrumente, München 2011; *Häuselmann,* Die steuerliche Erfassung von Pflichtwandelanleihen, BB 2003 S. 1531; *ders.,* Restrukturierung von Finanzverbindlichkeiten und ihre Abbildung in der Bilanz, BB 2010 S. 944; *Häuselmann/Wagner,* Steuerbilanzielle Erfassung aktienbezogener Anleihen: Options-, Wandel-, Umtausch- und Aktienanleihen, BB 2002 S. 2431; *Hennrichs/Kleindiek/Watrin,* Münchener Kommentar zum Bilanzrecht, Band 2, München

2013; *Herrmann/Heuer/Raupach,* Einkommensteuer- und Körperschaftssteuergesetz, Loseblatt Köln; *Heuermann/Brandis,* Blümich, EStG KStG GewStG Kommentar, München; *Hoffmann,* Die Beteiligung an Personenhandelsgesellschaften in der Steuerbilanz, BB 1991 S. 448; *ders.*, Die Bilanzierung von Beteiligungen an Personengesellschaften, Ein Vorschlag zur Neufassung der IdW-Stellungnahme HFA 3/1976, BB Beilage 2 S. 1; *Hüffer,* Aktiengesetz, Kommentar, 9. Aufl., München 2010; *Kessler/Kröner/Köhler,* Konzernsteuerrecht, 2. Aufl., München 2008; *Kirchhof,* Einkommensteuergesetz, Kommentar, 13. Aufl., Köln 2014; *Kirchhof/Söhn/Mellinghoff,* Einkommensteuergesetz, Kommentar, Heidelberg u. a.; *Korn,* Einkommensteuergesetz, Bonn; *Kratzsch,* Die Behandlung von Genussrechten im Steuerrecht, BB 2005 S. 2603; *Kupsch/Scherrer/Grewe/Kirsch,* Bonner Handbuch Rechnungslegung, Bonn; *Kußmaul,* Betriebswirtschaftliche Überlegungen bei der Ausgabe von Null-Kupon-Anleihen, BB 1987 S. 1562; *Küting/Pfitzer/Weber,* Handbuch der Rechnungslegung Einzelabschluss, 5. Aufl., Stuttgart; *Lademann/Söffing/Brockhoff,* Kommentar zum Einkommensteuergesetz, Stuttgart; *Linscheidt,* Die steuerliche Behandlung des Genußrechtskapitals der Kapitalgesellschaft, DB 1992 S. 1852; *Lohr,* Steuerliche Behandlung von Anleihen mit Umtausch- bzw. Rückgaberecht, FB 2000 S. 578; *Maulshagen/Maulshagen,* Rechtliche und bilanzielle Behandlung von Swapgeschäften, BB 2000 S. 243; *Patzner/Rockel,* Behandlung von Erträgen aus Investmentfonds in der Steuerbilanz betrieblicher Anleger am Beispiel des investmentsteuerlichen Werbungskostenabzugsverbots, DStR 2007 S. 1546; *Rau,* Zur steuerbilanziellen Behandlung von Aktienanleihen, DStR 2006 S. 627; *Rockel/Patzner,* Handels- und steuerbilanzielle Behandlung von Investmentfondsanteilen im Vergleich zu den Neuregelungen des UntStRefG 2008 für die private Kapitalanlage, DStR 2008 S. 2126; *Rozijn,* Wandelanleihe mit Wandlungspflicht – eine deutsche equity note?, ZBB 1998 S. 77; *Schaber/Rehm/Märk/Spiesl,* Handbuch strukturierte Finanzinstrumente, 2. Aufl., Düsseldorf 2010; *Scharpf/Schaber,* Handbuch Bankbilanz, 5. Aufl., Düsseldorf 2013; *Schmidt/Ebke,* Münchener Kommentar zum Handelsgesetzbuch, Band 4, 3. Aufl., München 2013; *Schmidt/Lutter,* Aktiengesetz Kommentar, 2. Aufl., Köln 2010; *Schulze-Osterloh/Hennrichs/Wüstemann,* Handbuch des Jahresabschlusses, Köln; *Utz/Frank,* Bilanzierungen von Beteiligunen an Personenhandelsgesellschaften, BBK 2012 S. 64; *Weber-Grellet,* Schmidt Einkommensteuergesetz, 33. Aufl., München 2014; *Widmayer,* Genussrechte als Instrument für grenzüberschreitende Finanzierungen, IStR 2001 S. 337; *Wiese/Dammer,* Zusammengesetzte Finanzinstrumente der AG, Hybride Kapitalmaßnahmen, strukturierte Anleihen und Kreditderivate im Bilanz-, Ertragsteuer- und Aktienrecht – Ein Überblick, DStR 1999 S. 867; *Wittkowski/Westmeier,* Steuerliche Auswirkungen der stillen Gesellschaft, BC 2010 S. 422; *Zimmermann/Hottmann/Kiebele/u. a.,* Die Personengesellschaft im Steuerrecht, 11. Aufl., Achim 2013; *Zöllner/Noack,* Kölner Kommentar zum Aktiengesetz, Band 5/1, 2. Aufl., Köln 1995.

4. Finanzanlagen

4.1 Begriffsdefinition und Gliederung der Finanzanlagen

4.1.1 Definition

3600 Die Finanzanlagen bilden handelsrechtlich einen Unterposten des Anlagevermögens. Nach der allgemeinen Definition des Anlagevermögens in § 247 Abs. 2 HGB handelt es sich bei den Finanzanlagen um Vermögensgegenstände, die dazu bestimmt sind, dauernd dem Geschäftsbetrieb des Unternehmens zu dienen. Unter den Finanzanlagen werden – in Abgrenzung zu den immateriellen Vermögensgegenständen und den Sachanlagen – langfristig an Dritte überlassene Finanzmittel ausgewiesen; mit diesen Mitteln wird somit, anders als bei immateriellen Vermögensgegenständen und Sachanlagen, nicht innerhalb, sondern außerhalb des eigenen Unternehmens gearbeitet.[1]

Die mit der Überlassung von Finanzmitteln verbundenen Rechte und Pflichten werden finanzwirtschaftlich in ihrer Gesamtheit als Finanzierungstitel bezeichnet.[2] Die Finanzanlagen können eine Vielzahl unterschiedlicher Finanzierungstitel umfassen, die sowohl auf gesellschafts- als auch auf schuldrechtlicher Grundlage beruhen können. Hierbei können konzeptionell Eigen- und Fremdkapitaltitel unterschieden werden. Eigenkapitaltitel beinhalten grundsätzlich Mitgliedschafts- und Vermögensrechte auf gesellschaftsrechtlicher Basis.[3] In Abhängigkeit von der Rechtsform des Unternehmens besteht die Möglichkeit (direkt oder indirekt) auf die Geschäftspolitik Einfluss zu nehmen. Eigenkapitaltitel beinhalten regelmäßig eine Beteiligung am Unternehmensgewinn sowie an einem etwaigen Liquidationserlös.[4] Gegenläufig partizipieren solche Titel grundsätzlich auch am Verlust eines Unternehmens und sind gegenüber Fremdkapitaltiteln nachrangig. 3601

In Abgrenzung hierzu bestehen bei Fremdkapitaltiteln regelmäßig keine Einflussnahmemöglichkeiten auf die Geschäftspolitik.[5] Ansprüche auf Rückzahlung und Verzinsung der überlassenen Mittel werden grundsätzlich auf schuldrechtlicher Basis begründet; gleichwohl kann die Höhe der Verzinsung gewinnabhängig ausgestaltet sein.[6] Die Fremdkapitaltitel sind gegenüber den Eigenkapitaltiteln grundsätzlich vorrangig, können aber gegenüber anderen Fremdkapitaltiteln subordiniert werden. Neben den Eigen- und Fremdkapitaltiteln können die Finanzanlagen ferner hybride Finanzierungstitel umfassen, die im Hinblick auf die mit ihnen verbundenen Rechte und Pflichten sowohl Eigen- als auch Fremdkapitalmerkmale aufweisen.[7] 3602

4.1.2 Handelsrechtliches Gliederungsschema

Auch das handelsbilanzielle Gliederungsschema für Kapitalgesellschaften des § 266 Abs. 2 HGB untergliedert die Finanzanlagen grundsätzlich in Eigen- und Fremdkapitaltitel. Die Finanzierungstitel werden anhand der Intensität der Verbindung zwischen Kapitalgeber und Kapitalnehmer weiter differenziert; zusätzlich werden verbriefte und unverbriefte Titel unterschieden.[8] Auf Basis dieser Gliederungskriterien ergeben sich sechs Unterposten: 3603

1 *ADS*, Rechnungslegung und Prüfung der Unternehmen, 6. Aufl., Stuttgart ab 1995, § 266 Rn. 26; *Baetge/Kirsch/Thiele*, Bilanzen, 12. Aufl., Düsseldorf 2012, S. 317; *Scheffler*, in: Beck'sches Handbuch der Rechnungslegung, Kap. B 213 Rn. 3,16; *Grottel/Kreher*, in: Beck'scher Bilanz-Kommentar, 9. Aufl., München 2014, § 266 Rn. 69.

2 *Hachmeister*, in: Handbuch des Jahresabschlusses, Abt. II/3 Rn. 1; *Scheffler*, in: Beck'sches Handbuch der Rechnungslegung, Kap. B 213 Rn. 4.

3 *Hachmeister*, in: Handbuch des Jahresabschlusses, Abt. II/3 Rn. 2; *Scheffler*, in: Beck'sches Handbuch der Rechnungslegung, Kap. B 213 Rn. 5.

4 *Hachmeister*, in: Handbuch des Jahresabschlusses, Abt. II/3 Rn. 2.

5 *Scheffler*, in: Beck'sches Handbuch der Rechnungslegung, Kap. B 213 Rn. 6; *Hachmeister*, in: Handbuch des Jahresabschlusses, Abt. II/3 Rn. 3.

6 *Hachmeister*, in: Handbuch des Jahresabschlusses, Abt. II/3 Rn. 3.

7 Siehe hierzu im Einzelnen unten Rz. 3673 ff.

8 Siehe hierzu *Hachmeister*, in: Handbuch des Jahresabschlusses, Abt. II/3 Rn. 15.

- Beteiligungen (§ 266 Abs. 2 Nr. A. III. 3. HGB)
- Anteile an verbundene Unternehmen (§ 266 Abs. 2 Nr. A. III. 1. HGB)
- Wertpapiere des Anlagevermögens (§ 266 Abs. 2 Nr. A. III. 5. HGB)
- Ausleihungen an Unternehmen, mit denen ein Beteiligungsverhältnis besteht (§ 266 Abs. 2 Nr. A. III. 4. HGB)
- Ausleihungen an verbundene Unternehmen (§ 266 Abs. 2 Nr. A. III. 2. HGB)
- Sonstige Ausleihungen (§ 266 Abs. 2 Nr. A. III. 6. HGB)

3604 Bei der GmbH müssen zudem Ausleihungen an Gesellschafter in einem separaten Unterposten abgebildet werden (§ 42 Abs. 3 GmbHG).[9] Einzelkaufleute und Personengesellschaften, die nicht unter das PublG fallen, sowie kleine Kapitalgesellschaften i. S. d. § 267 Abs. 1 HGB müssen die Finanzanlagen grundsätzlich nicht in die genannten Unterposten aufgliedern. Bei Kleinstkapitalgesellschaften i. S. d. § 267a HGB kann der separate Ausweis der Finanzanlagen vereinfachungsweise sogar ganz entfallen und lediglich der Sammelposten Anlagevermögen ausgewiesen werden (§ 266 Abs. 1 Satz 4 HGB).

3605 Die Unterposten des § 266 Abs. 2 HGB können wie folgt voneinander abgegrenzt werden:

4.1.2.1 Beteiligungen

3606 Beteiligungen sind verbriefte oder unverbriefte Eigenkapitaltitel an Unternehmen, mit denen eine dauernde Verbindung hergestellt wird, um dem Geschäftsbetrieb des eigenen Unternehmens zu dienen (§ 271 Abs. 1 HGB). Handelt es sich hierbei um Anteile an verbundenen Unternehmen, ist der entsprechende Ausweis nach § 271 Abs. 2 HGB vorrangig.[10] Beteiligungen können sowohl an Kapital- als auch an Personengesellschaften bestehen; Genossenschaftsanteile begründen hingegen explizit keine Beteiligungen (§ 271 Abs. 1 Satz 5 HGB). Reine BGB-Innengesellschaften ohne eigenes Gesamthandsvermögen, wie sie etwa häufig bei Joint Ventures und Arbeitsgemeinschaften anzutreffen sind, sind keine Unternehmen i. S. d. § 271 Abs. 1 HGB und können daher nicht unter den Beteiligungen ausgewiesen werden.[11]

3607 Da Anteile an Unternehmen regelmäßig über keine feste Laufzeit verfügen, ist das Vorliegen einer „dauernden" Verbindung anhand der subjektiven Absicht des Kaufmanns zu beurteilen.[12] Nur wenn dieser beabsichtigt, die Anteile zumindest für eine gewisse Dauer zu halten, liegt eine Beteiligung i. S. d. § 271 Abs. 1 HGB vor. Beteiligungen müssen ferner dem Geschäftsbetrieb des eigenen Unternehmens dienen. Sofern es sich bei

---

9 Alternativ kann gem. § 42 Abs. 3 GmbHG auch eine Angabe im Anhang vorgenommen oder bei Ausweis unter einem anderen Posten die Mitzuhörigkeit vermerkt werden.

10 Vgl. *ADS*, Rechnungslegung und Prüfung der Unternehmen, 6. Aufl., Stuttgart ab 1995, § 266 Rn. 70; *Dusemond/Heusinger-Lange/Knop*, in: Küting/Weber, Handbuch der Rechnungslegung Einzelabschluss, § 266 Rn. 42; *Reiner/Haußer*, in: Münchener Kommentar zum HGB, Band 4, 3. Aufl., München 2013, § 266 Rn. 43; vgl. auch *Suchan*, in: Münchener Kommentar zum Bilanzrecht, Band 2, München 2013, § 266 Rn. 43 f.; *Grottel/Kreher*, in: Beck'scher Bilanz-Kommentar, 9. Aufl., München 2014, § 266 Rn. 78.

11 Vgl. *Reiner/Haußer*, in: Münchener Kommentar zum HGB, Band 4, 3. Aufl., München 2013, § 266 Rn. 43.

12 Vgl. *Schubert/F. Huber*, in: Beck'scher Bilanz-Kommentar, 9. Aufl., München 2014, § 247 Rn. 357.

Unternehmensanteilen um eine bloße Kapitalanlage handelt, liegt keine Beteiligung vor; dies gilt selbst dann, wenn eine Daueranlageabsicht vorliegt.[13] Bei Anteilsquoten von über 20 % an einer Kapitalgesellschaft wird das Vorliegen einer Beteiligung gesetzlich vermutet (§ 271 Abs. 1 Satz 3 HGB). Anteile an Personengesellschaften sind aufgrund ihrer eingeschränkten Fungibilität unabhängig von der Beteiligungshöhe als Beteiligungen auszuweisen.[14]

4.1.2.2 Anteile an verbundenen Unternehmen

Anteile an verbundenen Unternehmen sind verbriefte oder unverbriefte Eigenkapitaltitel an Unternehmen, mit denen eine Verbindung über einen Konzernverbund besteht.[15] Nach der Definition des § 271 Abs. 2 HGB sind verbundene Unternehmen alle Unternehmen, die gem. §§ 290 ff. HGB als Mutter- oder Tochterunternehmen in einen Konzernabschluss im Wege der Vollkonsolidierung einzubeziehen sind bzw. einzubeziehen wären, sofern das Mutterunternehmen aufgrund einer Befreiung keinen Konzernabschluss aufstellt. Maßgeblich für die Abgrenzung der verbundenen Unternehmen ist der weitestgehende Konsolidierungskreis des obersten Mutterunternehmens. Die Definition des § 271 Abs. 2 HGB stellt auf die Zugehörigkeit zum selben Konsolidierungskreis und nicht auf eine unmittelbare Mutter-Tochter-Beziehung ab. Somit besteht auch zwischen Schwester- und Enkelunternehmen eine Verbundbeziehung. 3608

Verbundene Unternehmen können in der Rechtsform von Kapital- und Personengesellschaften oder ggf. auch Genossenschaften vorliegen. Reine BGB-Innengesellschaften ohne eigenes Gesamthandsvermögen erfüllen die Voraussetzungen eines Unternehmens hingegen, wie oben erläutert, nicht.[16] Die allgemeinen Ansatzvoraussetzungen für Finanzanlagen gelten auch für Anteile an verbundenen Unternehmen; d. h., sofern Anteile an einem verbundenen Unternehmen nicht zur dauernden Nutzung bestimmt sind (z. B. im Falle konkreter Veräußerungsabsicht), muss ein Ausweis im Umlaufvermögen erfolgen.[17] 3609

4.1.2.3 Wertpapiere des Anlagevermögens

Die Wertpapiere des Anlagevermögens umfassen verbriefte Eigen- und Fremdkapitaltitel, die langfristig gehalten werden sollen. Eine langfristige Halteabsicht setzt eine Mindestdauer von einem Jahr voraus; bei einer beabsichtigten Haltedauer von vier Jahren sollte Langfristigkeit zweifelsfrei gegeben sein.[18] Bei Eigenkapitaltiteln geht der Ausweis als Beteiligung oder als Anteile an verbundenen Unternehmen vor. Unter den Wertpapieren sind somit beispielsweise Aktien auszuweisen, die in bloßer Kapital- 3610

---

13 *ADS*, Rechnungslegung und Prüfung der Unternehmen, 6. Aufl., Stuttgart ab 1995, § 271 Rn. 17.

14 Vgl. IDW RS HFA 18 Rn. 2; *Hachmeister*, in: Handbuch des Jahresabschlusses, Abt. II/3 Rn. 26; *Utz/Frank*, DBK 2012 S. 64.

15 Der aktienrechtliche Verbundbegriff i. S. d. §§ 15 AktG ff. ist – auch wenn weitgehend deckungsgleich – für bilanzrechtliche Zwecke nicht anzuwenden, *ADS*, Rechnungslegung und Prüfung der Unternehmen, 6. Aufl., Stuttgart ab 1995, § 266 Rn. 70; *Grottel/Kreher*, in: Beck'scher Bilanz-Kommentar, 9. Aufl., München 2014, § 266 Rn. 72.

16 Siehe oben Rz. 3606.

17 Vgl. *Grottel/Kreher*, in: Beck'scher Bilanz-Kommentar, 9. Aufl., München 2014, § 266 Rn. 72.

18 *Baetge/Kirsch/Thiele*, Bilanzen, 12. Aufl., Düsseldorf 2012, S. 320.

anlageabsicht erworben werden und daher keine Beteiligung i. S. d. § 271 Abs. 1 HGB begründen.[19] GmbH-Geschäftsanteile sind mangels Verbriefung nicht unter den Wertpapieren des Anlagevermögens auszuweisen. Sie sind unter Anpassung der Postenbezeichnung bei den sonstigen Ausleihungen oder vorzugsweise in einem separaten Unterposten zu erfassen.[20] Zu den verbrieften Fremdkapitaltiteln, die unter die Wertpapiere des Anlagevermögens fallen, zählen etwa langfristige Anleihen oder Genussscheine.[21]

4.1.2.4 Ausleihungen

3611 Ausleihungen sind unverbriefte Fremdkapitaltitel in Gestalt langfristiger Kapitalforderungen. Forderungen mit einer Laufzeit bis zu einem Jahr sind stets kurzfristig, solche mit Laufzeiten von mindestens vier Jahren stets langfristig; bei Laufzeiten zwischen ein und vier Jahren entscheidet die subjektive Absicht des Kaufmanns, ob die Forderung im Umlaufvermögen oder als Finanzanlage erfasst wird.[22] Ausleihungen an Beteiligungsunternehmen (§ 266 Abs. 2 Nr. A. III. 4 HGB) und verbundene Unternehmen (§ 266 Abs. 2 Nr. A. III. 2 HGB) werden in separaten Unterposten ausgewiesen. Die sonstigen Ausleihungen (§ 266 Abs. 2 Nr. A. III. 6 HGB) bilden einen Auffangposten für alle übrigen Ausleihungen.

4.2 Grundlagen der Bilanzierung von Finanzanlagen in Handels- und Steuerbilanz

4.2.1 Ansatz

3612 Finanzanlagen unterliegen handels- und steuerbilanziell als Vermögensgegenstände bzw. Wirtschaftsgüter dem Vollständigkeitsgebot des § 246 Abs. 1 HGB, welches über den Maßgeblichkeitsgrundsatz des § 5 Abs. 1 Satz 1 EStG auch für die Steuerbilanz gilt. Alle Finanzanlagen, die dem wirtschaftlichen Eigentum des Unternehmens zuzurechnen sind, sind anzusetzen (§ 246 Abs. 1 Satz 2 HGB; § 39 Abs. 1, 2 Nr. 1 AO).[23] Der relevante Zugangszeitpunkt ist dabei abhängig von der Art des Finanzierungstitels und von der Art des Erwerbs.[24] Ein Ansatz unter den Finanzanlagen kommt allerdings, wie eingangs erläutert, nur bei Finanzierungstiteln in Betracht, die dazu bestimmt sind, „dauernd dem Geschäftsbetrieb zu dienen" (allgemeine Definition des Anlagevermögens, § 247 Abs. 2 HGB). Ansonsten sind solche Finanzierungstitel als Umlaufvermögen anzusetzen. Das Merkmal des „Dienens" ist hierbei kein eindeutiges Abgrenzungskriterium zwischen finanziellem Anlagevermögen und Umlaufvermögen, da auch

19 *ADS*, Rechnungslegung und Prüfung der Unternehmen, 6. Aufl., Stuttgart ab 1995, § 266 Rn. 86; *Matschke/Brösel/Haaker*, in: Bonner Handbuch der Rechnungslegung, § 266 Rn. 261.

20 *Reiner/Haußer*, in: Münchener Kommentar zum HGB, Band 4, 3. Aufl., München 2013, § 266 Rn. 48; *Suchan*, in: Münchener Kommentar zum Bilanzrecht, Band 2, München 2013, § 266 Rn. 48; *Grottel/Kreher*, in: Beck'scher Bilanz-Kommentar, 9. Aufl., München 2014, § 266 Rn. 81.

21 Siehe hierzu *ADS*, Rechnungslegung und Prüfung der Unternehmen, 6. Aufl., Stuttgart ab 1995, § 266 Rn. 84; *Grottel/Kreher*, in: Beck'scher Bilanz-Kommentar, 9. Aufl., München 2014, § 266 Rn. 80.

22 *Schubert/F. Huber*, in: Beck'scher Bilanz-Kommentar, 9. Aufl., München 2014, § 247 Rn. 357.

23 Siehe zum wirtschaftlichen Eigentum Rz. 661 ff.

24 Siehe hierzu *Hachmeister*, in: Handbuch des Jahresabschlusses, Abt. II/3 Rn. 53 ff.

im Umlaufvermögen ausgewiesene Forderungen und Wertpapiere dazu bestimmt sind dem Geschäftsbetrieb zu dienen; entscheidend für die Abgrenzung von Finanzanlagen ist daher das Zeitelement, d. h. das Merkmal der „Dauer“.[25] Bei Ausleihungen ist die „Dauer“ grundsätzlich unmittelbar anhand der Laufzeit ersichtlich.[26] Anteile an Unternehmen verfügen hingegen regelmäßig über eine unbegrenzte Laufzeit. Bei Anteilen ist daher die vom Kaufmann subjektiv beabsichtigte Haltedauer entscheidend.[27]

4.2.2 Zugangsbewertung

4.2.2.1 Anschaffungs- versus Herstellungskosten

Die Zugangsbewertung erfolgt bei nicht abnutzbarem Anlagevermögen gem. § 253 Abs. 1 Satz 1 i. V. m. § 255 Abs. 1 und 2 HGB bzw. § 6 Abs. 1 Nr. 2 Satz 1 EStG zu Anschaffungs- oder Herstellungskosten. Anschaffungskosten sind alle Aufwendungen, die geleistet werden, um einen Vermögensgegenstand zu erwerben und ihn in einen betriebsbereiten Zustand zu versetzen (§ 255 Abs. 1 Satz 1 HGB). Zu den Anschaffungskosten gehören auch Anschaffungsnebenkosten (§ 255 Abs. 1 Satz 2 HGB) wie etwa Notar-, Eintragungs- und Maklergebühren, Provisionen sowie bestimmte Beratungs- und Gutachtenkosten.[28] Herstellungskosten sind hingegen alle Aufwendungen für den Verbrauch von Gütern und die Inanspruchnahme von Dienstleistungen für die Herstellung, Erweiterung oder wesentliche Verbesserung eines Vermögensgegenstandes (§ 255 Abs. 2 Satz 1 HGB). Anders als bei den Anschaffungskosten müssen auch bestimmte Gemeinkosten in die Ermittlung der Herstellungskosten einbezogen werden (§ 255 Abs. 2 Satz 2 und 3 HGB). In der Literatur wird diskutiert, ob bei Finanzanlagen ausschließlich die Anschaffungskosten als Bewertungsmaßstab hergezogen werden können, oder ob bei bestimmten Bewertungsanlässen Herstellungskosten anzusetzen sind.[29] Praktische Unterschiede hat diese Unterscheidung zum einen im Hinblick auf eine etwaige Einbeziehung von Gemeinkosten in die Herstellungskosten und zum anderen im Hinblick auf die Behandlung von nachträglichen Aufwendungen.[30] 3613

Der derivative Erwerb eines existierenden Finanzierungstitels von einem Dritten stellt zweifelsfrei einen Anschaffungsvorgang dar. Originäre Erwerbe von Anteilen, d. h. Gründungen und Kapitalerhöhungen, weisen durch die Schaffung neuer Anteile hingegen auch eine inhaltliche Parallele zu Herstellungsvorgängen auf. Gleichwohl qualifiziert die h. M. auch Gründungen und Kapitalerhöhungen als Anschaffungs- und nicht als Herstellungsvorgänge; insbesondere mangele es an einem güter- oder leistungswirtschaftlichen Transformationsprozess innerhalb des Betriebes, welcher für Herstel- 3614

25 *Schubert/F. Huber*, in: Beck'scher Bilanz-Kommentar, 9. Aufl., München 2014, § 247 Rn. 356; *Suchan*, in: Münchener Kommentar zum Bilanzrecht, Band 2, München 2013, § 266 Rn. 39.

26 Siehe hierzu Rz. 3611.

27 Vgl. BFH, Urteil vom 18. 12. 1986 – I R 293/82, BStBl 1987 II S. 446; *Schubert/F. Huber*, in: Beck'scher Bilanz-Kommentar, 9. Aufl., München 2014, § 247 Rn. 357.

28 Siehe hierzu, insbesondere differenzierend hinsichtlich der Beratungskosten *Schubert/Gadek*, in: Beck'scher Bilanz-Kommentar, 9. Aufl., München 2014, § 255 Rn. 141, Rn. 325 Stichwort „Beratungskosten“; vgl. auch *Baetge/Kirsch/Thiele*, Bilanzen, 12. Aufl., Düsseldorf 2012, S. 322.

29 Vgl. etwa *Baetge/Kirsch/Thiele*, Bilanzen, 12. Aufl., Düsseldorf 2012, S. 321; *Scheffler*, in: Beck'sches Handbuch der Rechnungslegung, Kap. B 213 Rn. 54 ff.

30 Zu letzterem *Werndl*, in: Kirchhof/Söhn/Mellinghoff, EStG, § 6 Rn. B 516, Fn. 293.

lungen charakteristisch sei.[31] Offene Einlagen im Zuge eines originären Anteilserwerbs stellen daher Anschaffungskosten dar. Etwas anderes gilt handelsrechtlich hingegen für verdeckte Einlagen. Da bei verdeckten Einlagen keine neuen Anteile gewährt werden, liegt keine Anschaffung vor.[32] Verdeckte Einlagen in eine Gesellschaft sind daher handelsbilanziell als nachträgliche Herstellungskosten zu aktivieren, sofern sie zu einer nachhaltigen Wertsteigerung der Gesellschaftsanteile führen.[33] Steuerlich erhöhen verdeckte Einlagen hingegen die Anschaffungskosten in Höhe des Teilwerts des eingelegten Wirtschaftsgutes (§ 6 Abs. 6 Satz 2 EStG).[34]

4.2.2.2 Sacheinlagen

3615 Insbesondere Anteile an Unternehmen können auch im Wege von Sacheinlagen angeschafft werden. Handelsrechtlich besteht in diesem Fall nach h. M. ein dreifaches Wahlrecht: Die erhaltenen Finanzanlagen können entweder mit dem Buchwert oder dem Zeitwert des hingegebenen Einlagegegenstandes bewertet werden; ferner ist eine Bewertung zum sog. ergebnisneutralen Zwischenwert unter Berücksichtigung etwaiger Ertragsteuerbelastungen möglich.[35]

3616 Steuerlich werden offene Sacheinlagen als Tausch i. S. d. § 6 Abs. 6 Satz 1 EStG qualifiziert mit der Folge, dass die im Wege der Sacheinlage erhaltenen Wirtschaftsgüter zwingend zum gemeinen Wert des Einlagegegenstandes bewertet werden. Eine Sacheinlage ist zwar kein Tausch im zivilrechtlichen Sinne, sondern ein gesellschaftsrechtlicher Vorgang, nach Ansicht des BFH liegt wirtschaftlich aber zumindest ein tauschähnliches Geschäft vor.[36] Eine Realisation der in dem Einlagegenstand enthaltenen stillen Reserven kann in der Steuerbilanz somit anders als in der Handelsbilanz nur unter weiteren Voraussetzungen vermieden werden – etwa auf Basis der Vorschriften des § 6 Abs. 5 EStG oder des UmwStG. Verdeckte Sacheinlagen fallen nicht unter § 6 Abs. 6 Satz 1 EStG, sondern sind explizit in Satz 2 normiert. Es kommt bei verdeckten Sacheinlagen aber ebenfalls zu einer Gewinnrealisierung.[37]

4.2.3 Folgebewertung

3617 Grundsätzlich sind auch Finanzanlagen planmäßig abzuschreiben. Da Finanzanlagen aber regelmäßig keiner zeitlich begrenzten Nutzungsdauer unterliegen, sind sie mit

31 *Hachmeister*, in: Handbuch des Jahresabschlusses, Abt. II/3 Rn. 94; *Baetge/Kirsch/Thiele*, Bilanzen, 12. Aufl., Düsseldorf 2012, S. 321; a.A *Schubert/Gadek*, in: Beck'scher Bilanz-Kommentar, 9. Aufl., München 2014, § 255 Rn. 143; differenzierend *Scheffler*, in: Beck'sches Handbuch der Rechnungslegung, Kap. B 213 Rn. 60.

32 *Schubert/Gadek*, in: Beck'scher Bilanz-Kommentar, 9. Aufl., München 2014, § 255 Rn. 163.

33 *Scheffler*, in: Beck'sches Handbuch der Rechnungslegung, Kap. B 213 Rn. 61; *Schubert/Pastor*, in: Beck'scher Bilanz-Kommentar, 9. Aufl., München 2014, § 255 Rn. 405.

34 *Kulosa*, in: Schmidt, EStG, 33. Aufl., München 2014, § 6 Rn. 748; *Ehmcke*, in: Blümich, EStG, § 6 Rn. 138; *Eckstein*, in: HHR, EStG, § 6 Rn. 1488d.

35 IDW RS HFA 18 Rz. 9; *ADS*, Rechnungslegung und Prüfung der Unternehmen, 6. Aufl., Stuttgart ab 1995, § 253 Rn. 44, § 255 Rn. 89 ff.; *Scheffler*, in: Beck'sches Handbuch der Rechnungslegung, Kap. B 213 Rn. 311; *Schubert/Gadek*, in: Beck'scher Bilanz-Kommentar, 9. Aufl., München 2014, § 255 Rn. 146.

36 Grundlegend BFH, Urteil vom 15. 7. 1976 – I R 17/74, BStBl 1976 I, S. 748; siehe auch BFH, Urteil vom 5. 6. 2002 – I R 6/01, BFH/NV 2003 S. 88.

37 *Kulosa*, in: Schmidt, EStG, 33. Aufl., München 2014, § 6 Rn. 741; *Ehmcke*, in: Blümich, EStG, § 6 Rn. 1393; *Eckstein*, in: HHR, EStG, § 6 Rn. 1488d.

fortgeführten Anschaffungskosten zu bewerten, es sei denn zum Bilanzstichtag liegt eine Wertminderung vor.[38] Nach dem gemilderten Niederstwertprinzip des § 253 Abs. 3 Satz 3 HGB müssen Finanzanlagen bei voraussichtlich dauernder Wertminderung in der Handelsbilanz zwingend außerplanmäßig auf den niedrigeren beizulegenden Wert abgeschrieben werden. Zusätzlich besteht bei Finanzanlagen – anders als etwa bei Sachanlagen – auch bei nicht dauernder Wertminderung ein Abschreibungswahlrecht (§ 253 Abs. 3 Satz 4 HGB). Die Wahlrechtsausübung unterliegt dem Gebot der Bewertungsstetigkeit (§ 252 Abs. 1 Nr. 6 HGB). Sofern die Gründe für eine Wertminderung in den nachfolgenden Geschäftsjahren entfallen, muss ein niedrigerer Ansatz wertaufgeholt werden (§ 253 Abs. 5 Satz 1 HGB).

Abweichend von der Handelsbilanz dürfen Finanzanlagen in der Steuerbilanz nur dann 3618
auf den niedrigeren Teilwert abgewertet werden, wenn dieser aufgrund einer voraussichtlich dauernden Wertminderung gemindert ist (§ 6 Abs. 1 Nr. 2 Satz 2 EStG). Steuerlich besteht somit selbst bei dauernder Wertminderung keine Abwertungspflicht, sondern ein Abwertungswahlrecht. Auch steuerlich ist zwingend eine Wertaufholung vorzunehmen, sofern sich der geminderte Teilwert erholt hat. Der Steuerpflichtige muss zu diesem Zweck in den nachfolgenden Wirtschaftjahren darlegen, dass der Teilwert zum jeweiligen Bilanzstichtag weiterhin gemindert ist (§ 6 Abs. 1 Nr. 1 Satz 4 und Nr. 2 Satz 3 EStG).

4.3 Handels- und steuerbilanzielle Behandlung der einzelnen Finanzierungstitel

Finanzanlagen können, wie erwähnt, in (typische) Eigenkapitaltitel, (typische) Fremd- 3619
kapitaltitel und hybride Finanzierungstitel unterschieden werden. Die Einordnung als Eigen- oder Fremdkapital ist insbesodere auch für die steuerliche Behandlung entscheidend. Die handels- und steuerbilanzielle Behandlung der unterschiedlichen Finanzierungstitel stellt sich im Einzelnen wie folgt dar:

4.3.1 Eigenkapitaltitel

Wie eingangs erläutert handelt es sich bei Eigenkapitaltiteln um Finanzierungstitel, die 3620
Mitgliedschafts- und Vermögensrechte auf gesellschaftsrechtlicher Basis beinhalten.[39] Diese Rechte umfassen regelmäßig eine gewisse Einflussnahme auf die Geschäftspolitik sowie eine Beteiligung am Unternehmensgewinn und am Liquidationserlös.[40] Nachfolgend werden Anteile an Kapitalgesellschaften, Personengesellschaften und Investmentvermögen unterschieden.

38 Vgl. *Schubert/Andrejewski/Roscher*, in: Beck'scher Bilanz-Kommentar, 9. Aufl., München 2014, § 253 Rn. 215.

39 Siehe hierzu oben Rz. 3601.

40 Statt vieler *Hachmeister*, in: Handbuch des Jahresabschlusses, Abt. II/3 Rn. 2.

4.3.1.1 Anteile an Kapitalgesellschaften

4.3.1.1.1 Definition

3621 Anteile an Kapitalgesellschaften sind Eigenkapitaltitel und umfassen insbesondere Aktien, GmbH-Anteile sowie Anteile an ausländischen Kapitalgesellschaften. Bei ausländischen Gesellschaften ist die steuerliche Einordnung als Kapitalgesellschaft im Wege eines sog. Rechtstypenvergleichs vorzunehmen.[41] Die Finanzverwaltung stellt für die Einordnung der US-amerikanischen Limited Liability Company (LLC) Kriterien auf, anhand derer ein solcher Rechtstypenvergleich vorzunehmen ist. Für eine Einordnung der ausländischen Gesellschaft als Kapitalgesellschaft spricht insbesondere eine zentralisierte (Fremd-)Geschäftsführung, eine beschränkte Haftung der Gesellschafter, die freie Übertragbarkeit der Anteile, die Gewinnzuteilung per Beschluss sowie die Kapitalaufbringung in Form von Bar- oder Sacheinlagen (nicht aber in Form von Dienstleistungen).[42]

3622 Bei bestimmten Formen der Beteiligung an einer ausländischen Kapitalgesellschaft muss zudem geprüft werden, ob es sich aus deutscher steuerlicher Sicht um Anteile handelt. Dies ist bei typischen Eigenkapitaltiteln häufig unkritisch; problematisch sind hingegen ausländische gesellschaftsrechtliche Beteiligungsformen, die dem deutschen Gesellschaftsrecht fremd sind, wie etwa sog. Preference Shares.[43] Hier stellt sich für die steuerbilanzielle Einordnung die Frage, ob es sich um Eigenkapitaltitel oder um (hybride) Fremdkapitaltitel handelt.[44] Die jüngere finanzgerichtliche Instanzrechtsprechung stellt hierbei für die Beurteilung, ob es sich bei einer spezifischen Beteiligungsform um Anteile handelt, auf das geltende ausländische Gesellschaftsrecht ab.[45]

4.3.1.1.2 Ansatz und Zugangsbewertung

3623 Bei Ansatz und Zugangsbewertung gelten die allgemeinen Grundsätze für Finanzanlagen und es ergeben sich keine konzeptionellen Unterschiede zwischen Handels- und Steuerbilanz. Anteile an Kapitalgesellschaften sind somit als nicht abnutzbarer Vermögensgegenstand bzw. Wirtschaftsgut im Zugangszeitpunkt mit Anschaffungskosten anzusetzen. Ob die Anteile als Finanzanlage oder als finanzielles Umlaufvermögen einzuordnen sind, hängt insbesondere davon ab, wie lange der Bilanzierende beabsichtigt

41 Grundlegend RFH, Urteil vom 12.2.1930 – VI A 899/27, RFHE 27 S. 73 (sog. Venezuela-Entscheidung); seitdem ständ. Rspr., vgl. etwa BFH, Urteil v. 20.8.2008 – I R 34/08, BStBl II 2009 S. 263; BMF, Schreiben vom 19.3.2004 – IV B 4-S 1301 USA-22/04, BStBl 2004 I S. 411; zur Einordnung ausgewählter ausländischer Gesellschaftsformen siehe BMF, Schreiben v. 24.12.1999 – IV B 4-S 1300 – 111/99, BStBl 1999 I S. 1076, Anhang Tabellen 1 und 2.

42 Siehe hierzu BMF, Schreiben vom 19.3.2004 – IV B 4–S 1301 USA–22/04, BStBl 2004 I S. 411.

43 Zu den Erscheinungsformen und Motiven der Ausgabe von Preference Shares siehe *Häuselmann*, in: Kessler/Kröner/Köhler, Konzernsteuerrecht, 2. Aufl., München 2008, § 10 Rn. 265 f.

44 Siehe hierzu unten Rz. 3676 ff.

45 Siehe FG Düsseldorf, Urteil vom 20.8.2013 – 6 K 4183/11 K, EFG 2013 S. 1881; siehe hierzu auch *Hagemann/Kahlenberg*, IWB 2013 S. 879.

die Anteile zu halten.[46] Sowohl handelsrechtlich[47] als auch nach h. M. im Steuerrecht[48] stellen Anteile an Kapitalgesellschaften einen einheitlichen Vermögensgegenstand bzw. ein einheitliches Wirtschaftsgut dar; dies gilt grundsätzlich unabhängig davon, ob die Anteile in einer oder in mehreren Tranchen erworben wurden.

4.3.1.1.3 Folgebewertung

Anteile an Kapitalgesellschaften unterliegen sowohl in der Handels- als auch in der Steuerbilanz der Folgebewertung nach allgemeinen handels- und steuerrechtlichen Grundsätzen. Handelsbilanziell gilt das gemilderte Niederstwertprinzip; hiernach besteht eine Abwertungspflicht auf den beizulegenden Wert bei voraussichtlich dauernder Wertminderung. Bei vorübergehender Wertminderung besteht ein Abschreibungswahlrecht. Steuerbilanziell besteht ein Wahlrecht zur Teilwertabschreibung nur bei voraussichtlich dauernder Wertminderung.[49] Der beizulegende Wert von Kapitalgesellschaftsanteilen ist nach einhelliger handelsrechtlicher Meinung grundsätzlich auf Basis des Ertragswertverfahrens – beispielsweise nach den Grundsätzen des IDW RS HFA 10 – zu ermitteln.[50] Steuerlich wird für die Ermittlung des Teilwerts eine Wiederbeschaffung der Anteile unterstellt; hierbei sind der Ertragswert, der Substanzwert und die funktionale Bedeutung der Anteile für den Steuerpflichtigen zu berücksichtigen.[51] 3624

Wann eine voraussichtlich dauernde Wertminderung vorliegt, ist nicht gesetzlich normiert. Handelsrechtlich ist aufgrund des Vorsichtsprinzips im Zweifel eine dauernde Wertminderung anzunehmen, sofern keine konkreten Anhaltspunkte für eine Werterholung ersichtlich sind.[52] Nach IDW RS VFA 2 deuten bei börsennotierten Wertpapieren die folgenden Indizien auf eine lediglich vorübergehende Wertminderung hin: 3625

- lediglich geringfügige Differenz zwischen Börsenkurs und Buchwert,
- Börsenkurs war während der letzten 6 Monate/12 Monate nicht permanent mehr als 20 % / 10 % geringer als der Buchwert,
- Kursentwicklung weicht lediglich geringfügig von der allgemeinen Markentwicklung ab,
- lediglich geringfügige Bonitätsverschlechterungen des Emittenten.[53]

Die Finanzverwaltung hatte eine voraussichtlich dauernde Wertminderung bei börsennotierten Anteilen an Kapitalgesellschaften in der Steuerbilanz bisher nur dann aner- 3626

46 Siehe oben Rz. 3607.

47 Statt vieler *Scheffler*, in: Beck'sches Handbuch der Rechnungslegung, Kap. B 213 Rn. 22.

48 BFH, Urteil vom 10. 10. 1978 – VIII R 126/75, BStBl 1979 II S. 77; Urteil vom 14. 2. 1973 – I R 76/71, BStBl 1973 II S. 397; *Korn/Strahl*, in: Korn, EStG, § 6 Rn. 304; *Frotscher*, in: Frotscher, EStG, § 5 Rn. 206.

49 Siehe im Einzelnen oben Rz. 3618.

50 *ADS*, Rechnungslegung und Prüfung der Unternehmen, 6. Aufl., Stuttgart ab 1995, § 253 Rn. 465; *Hachmeister*, in: Handbuch des Jahresabschlusses, Abt. II/3 Rn. 321; *Baetge/Kirsch/Thiele*, Bilanzen, 12. Aufl., Düsseldorf 2012, S. 322.

51 BFH, Beschluss vom 9. 3. 2000 – X B 106/99, BFH/NV 2000 S. 1184; so auch ausdrücklich BFH, Urteil vom 28. 4. 2004 – I R 20/03, BFH/NV 2005 S. 19 m. w. N.; so auch *Hachmeister*, in: Handbuch des Jahresabschlusses, Abt. II/3 Rn. 334; *Scheffler*, in: Beck'sches Handbuch der Rechnungslegung, Kap. B 213 Rn. 405.

52 *Scheffler*, in: Beck'sches Handbuch der Rechnungslegung, Kap. B 213 Rn. 67; *Grottel/Kreher/Schubert/Andrejewski/Roscher*, in: Beck'scher Bilanz-Kommentar, 9. Aufl., München 2014, § 253 Rn. 351.

53 Vgl. IDW RS VFA 2, Tz. 19.

kannt, wenn der Börsenkurs die Anschaffungskosten um bestimmte Bandbreiten unterschritten hatte. Eine voraussichtlich dauernde Wertminderung sollte lediglich dann vorliegen, wenn der Börsenkurs zu einem Bilanzstichtag zu mehr als 40 % unter die Anschaffungskosten oder an zwei aufeinanderfolgenden Bilanzstichtagen zu jeweils mehr als 25 % unter die Anschaffungskosten gesunken war (sog. 40 %/25 %-Regelung).[54] Der BFH hat diese Bandbreitenbetrachtung – ebenso wie die Bandbreitenbetrachtung des IDW RS VFA 2 – in einer jüngeren Entscheidung[55] abgelehnt. Er bestätigt damit im Kern seine bisherige Rechtsprechung[56] zur Teilwertabschreibung bei börsennotierten Kapitalgesellschaftsanteilen. Nach Ansicht des BFH stellt grundsätzlich jedes Absinken des Stichtagskurses unter die Anschaffungskosten eine dauernde Wertminderung dar; eine Ausnahme soll lediglich bei geringfügigen Kursverlusten von bis zu 5 % der Anschaffungskosten gelten. Bei diesen soll aus Gründen der Verfahrensvereinfachung keine Teilwertabschreibung möglich sein (Bagatellgrenze).

3627 Das BMF hat auf die dargestellte Rechtsprechung reagiert und am 17. 1. 2014 den Entwurf eines Schreibens zur Teilwertabschreibung veröffentlicht, das auch die dauerhafte Wertminderung von börsennotierten Aktien thematisiert.[57] Die Finanzverwaltung hebt in dem Entwurf das bisherige Schreiben zur 40 %/25 %-Regelung auf und übernimmt im Kern die oben skizzierten Grundsätze des BFH-Urteils vom 21. 9. 2011; d. h. Kursverluste über die Bagatellgrenze hinaus stellen generell dauernde Wertminderungen dar. Gleichwohl wurde in dem Entwurf an dem bisherigen Konzept der sog. Nachbetrachtung[58] festgehalten, wonach eine etwaige Kurserholung bis zum Bilanzaufstellungszeitpunkt bei der Beurteilung der Dauerhaftigkeit werterhellend zu berücksichtigen ist.[59] Der BFH hatte nachträgliche Kurserholungen hingegen als wertbegründend und damit als grundsätzlich unerheblich für die Stichtagsbewertung erachtet.[60] Da das Festhalten am Grundsatz der Nachbetrachtung einem Nichtanwendungserlass gleichkommt und daher in der Literatur und in den Stellungnahmen der Verbände einhellig kritisiert wurde, ist davon auszugehen, dass die Finanzverwaltung den Grundsatz der Nachbetrachtung im finalen Schreiben aufgeben wird. Generell ist zu beachten, dass Teilwertabschreibungen auf Kapitalgesellschaftsanteile grundsätzlich im Rahmen der Einkommensermittlung außerbilanziell nach § 3c Abs. 2 EStG bzw. § 8b Abs. 3 Satz 3 KStG hinzuzurechnen sind.

---

54 BMF, Schreiben vom 26. 3. 2009 – IV C 6 S-2171b/0, BStBl 2009 I S. 514.

55 BFH, Urteil vom 21. 9. 2011 – I R 89/10, BFH/NV 2012 S. 306.

56 BFH, Urteil vom 26. 9. 2007 – I R 58/06, BStBl 2009 II S. 294.

57 BMF, Entwurf eines Schreibens vom 17. 1. 2014 – IV C 6 - S 2171-b/09/10002, abrufbar unter http://www.bundesfinanzministerium.de/Content/DE/Downloads/BMF_Schreiben/Steuerarten/Einkommensteuer/2014-01-17-entwurf-teilwertabschreibung-voraussichtlich-dauernde-wertminderung-wertaufholungsgebot.pdf?__blob=publicationFile&v=1 (zuletzt abgerufen am 4. 6. 2014).

58 Siehe hierzu BMF, Schreiben vom 25. 2. 2000 – IV C 2 S-2171b 14/00, BStBl 2000 I S. 372.

59 BMF, Entwurf eines Schreibens vom 17. 1. 2014 – IV C 6 - S 2171-b/09/10002, Rn. 6, NWB DokID: AAAAE-54055.

60 Siehe BFH, Urteil vom 21. 9. 2011 – I R 89/10, BFH/NV 2012 S. 306; siehe hierzu auch *Adrian/Helios*, DStR 2014 S. 723 f.

4.3.1.2 Anteile an Personengesellschaften

4.3.1.2.1 Definition

Anteile an Personengesellschaften sind Eigenkapitaltitel an Gesellschaften bürgerlichen Rechts (GbR – § 705 BGB), an offenen Handelsgesellschaften (OHG – § 105 HGB), an Kommanditgesellschaften (KG – § 161 HGB) sowie Eigenkapitaltitel an vergleichbaren ausländischen Rechtsformen. Ob eine ausländische Gesellschaft aus deutscher steuerlicher Sicht als Personengesellschaft qualifiziert, ist anhand eines sog. Rechtstypenvergleichs zu ermitteln.[61] Für eine steuerliche Einordnung der ausländischen Gesellschaft als Personengesellschaften spricht nach Auffassung der Finanzverwaltung insbesondere eine dezentralisierte Eigengeschäftsführung durch die Gesellschafter, eine unbeschränkte Haftung zumindest eines Gesellschafters, Beschränkungen bei der Übertragbarkeit von Anteilen, eine Gewinnzuteilung ohne Beschluss sowie die Möglichkeit, dass Gesellschafter Dienstleistungen anstelle von Bar- oder Sacheinlagen erbringen.[62] Im Hinblick auf die steuerbilanzielle Behandlung sind Anteile an gewerblichen Personengesellschaften (Mitunternehmerschaften) und Anteile an vermögensverwaltenden Personengesellschaften (Bruchteilsbetrachtung) zu unterscheiden; diese Unterscheidung spielt für Zwecke der handelsrechtlichen Bilanzierung keine Rolle. 3628

4.3.1.2.2 Handelsbilanzielle Behandlung von Anteilen an Personengesellschaften

4.3.1.2.2.1 Ansatz und Zugangsbewertung

Handelsrechtlich stellt eine Beteiligung an einer Personengesellschaft nach h. M. ebenso wie die Beteiligung an einer Kapitalgesellschaft einen einheitlichen Vermögensgegenstand dar.[63] Dies wird handelsrechtlich damit begründet, dass es sich bei dem Gesamthandsvermögen der Personengesellschaft um ein zweckgebundenes, rechtlich verselbständigtes Vermögen handelt.[64] Anteile an Personengesellschaften werden im Zugangszeitpunkt nach allgemeinen Regelungen mit Anschaffungskosten bewertet; die Einordnung von Personengesellschaftsanteilen als Finanzanlage oder als finanzielles Umlaufvermögen ist wie bei Kapitalgesellschaftsanteilen maßgeblich anhand der Halteabsicht des Bilanzierenden zu beurteilen.[65] 3629

4.3.1.2.2.2 Folgebewertung

Die handelsbilanzielle Folgebewertung von Anteilen an Personengesellschaften erfolgt nach allgemeinen handelsrechtlichen Grundsätzen, die auch für die Folgebewertung von Kapitalgesellschaftsanteilen gelten.[66] 3630

---

61 Siehe hierzu oben Rz. 3621.

62 BMF, Schreiben vom 19. 3. 2004 – IV B 4-S 1301 USA–22/04, BStBl 2004 I S. 411.

63 IDW RS HFA 18 Rn. 2; *Hoffmann*, BB 1988 Beil. 2 S. 3; *ders.*, BB 1991 S. 448 ff.; *Fellmeth*, BB 1992 S. 885; *Dietel*, DStR 2002 S. 2140.

64 *Scheffler*, in: Beck'sches Handbuch der Rechnungslegung, Kap. B 213 Rn. 340; *Schubert/Gadek*, in: Beck'scher Bilanz-Kommentar, 9. Aufl., München 2014, § 255 Rn. 141.

65 Siehe oben Rz. 3607.

66 Siehe oben Rz. 3624 f.

4.3.1.2.3 Steuerbilanzielle Behandlung von Anteilen an gewerblichen Personengesellschaften

4.3.1.2.3.1 Ansatz und Zugangsbewertung

3631 Gewerbliche Personengesellschaften – d.h. originär gewerblich tätige (§ 15 Abs. 2 EStG), gewerblich infizierte (§ 15 Abs. 3 Nr. 1 EStG) oder gewerblich geprägte Personengesellschaften (§ 15 Abs. 3 Nr. 2 EStG) – werden steuerlich auch als Mitunternehmerschaften bezeichnet; ihre Gesellschafter als Mitunternehmer. Nach älterer Rechtsprechung waren die Gesellschafter einer Personengesellschaft vollständig Einzelunternehmern gleichgestellt; die Steuerbilanz der Personengesellschaft wurde als Bündel der Einzelbilanzen ihrer Gesellschafter verstanden (sog. Bilanzbündeltheorie).[67] Diese Bilanzbündeltheorie hat der Große Senat des BFH im Jahre 1984 aufgegeben.[68] An ihre Stelle ist die Einheitstheorie getreten.[69] Der Personengesellschaft kommt hiernach eine gewisse Eigenständigkeit zu; so wird etwa der Gewinn einer Personengesellschaft durch Betriebsvermögensvergleich auf Ebene der Personengesellschaft und nicht auf Ebene der einzelnen Gesellschafter ermittelt.[70]

3632 Gleichwohl geht die Eigenständigkeit der Personengesellschaft aus steuerlicher Sicht nicht so weit wie bei einer Kapitalgesellschaft. Anders als im Handelsrecht stellen Anteile an Personengesellschaften daher steuerlich kein eigenständiges Wirtschaftsgut dar.[71] Dies wird bei gewerblichen Personengesellschaften damit begründet, dass die Mitunternehmerschaft zwar nicht Steuersubjekt der Einkommen- und Körperschaftsteuer ist, ihr aber dennoch eine partielle Steuersubjektivität zukommt.[72] Es gilt das sog. Transparenzprinzip; Steuersubjekte der Einkommen- und Körperschaftsteuer sind die Gesellschafter der Personengesellschaft (§§ 1, 1a EStG bzw. § 1 KStG). Lediglich für Zwecke der Gewerbesteuer ist die Personengesellschaft selbst Steuerschuldnerin (§ 5 Abs. 1 Satz 3 GewStG). Gleichwohl werden die gewerblichen Einkünfte, die bei den Gesellschaftern der Körperschaft- oder Einkommensteuer unterliegen, auf Ebene der Personengesellschaft ermittelt und den Gesellschaftern gem. § 15 Abs. 1 Satz 1 Nr. 2 Satz 1 EStG zugerechnet.[73] Verfahrensrechtlich erfolgt dies durch einheitliche und gesonderte Feststellung nach den §§ 179 ff. AO. Wäre der Anteil an der gewerblichen Personengesellschaft ein selbständig bewertbares Wirtschaftsgut, ergäbe sich hierbei die Gefahr einer Doppelerfassung von Einkünften auf Gesellschafterebene.[74] Einerseits könnten den Gesellschaftern Einkünfte aus der Personengesellschaft über § 15 Abs. 1 Satz 1

67 RFH, Urteil vom 14. 7. 1937 – VI A 422/37, RStBl 1937 II S. 937.

68 Vgl. BFH, Beschluss vom 25. 6. 1984 – GrS 4/82, BStBl 1984 II S. 751.

69 Statt vieler explizit BFH, Urteil vom 30. 4. 1991 – VII R 68/86, BStBl 1991 II S. 873.

70 Vgl. BFH, Beschluss vom 10. 11. 1980 – GrS 1/79, BStBl 1981 II S. 164; Beschluss vom 25. 6. 1984 – GrS 4/82, BStBl 1984 II S. 751.

71 Ständige BFH-Rspr., statt vieler BFH, Urteil vom 19. 2. 1981 – IV R 41/78, BStBl 1981 II S. 730; Beschluss vom 25. 2. 1991 – GrS 7/89, BStBl 1991 II S. 691; *Heinicke*, in: Schmidt, EStG, 33. Aufl., München 2014, § 4 Rn. 251; *Hottmann*, in: Zimmermann u. a., Die Personengesellschaft im Steuerrecht, 11. Aufl., Achim 2013, S. 346; *Neumann*, in: Lademann, EStG, § 5 Rn. 884 f.; *Krumm*, in: Blümich, EStG, § 5 Rn. 1112a.

72 Statt vieler BFH, Beschluss vom 25. 6. 1984 – GrS 4/82, BStBl 1984 II S. 751.

73 *Wacker*, in: Schmidt, EStG, 33. Aufl., München 2014, § 15 Rn. 161, 163; *Dürrschmidt/Friedrich-Vache*, DStR 2005 S. 1516.

74 *Bürkle/Knebel*, DStR 1998 S. 1071.

Nr. 2 Satz 1 EStG zugerechnet werden, andererseits könnten sich aus der selbständigen Bewertbarkeit der Anteile auf Gesellschafterebene weitere Betriebseinnahmen und -ausgaben ergeben. Um eine solche Doppelerfassung zu vermeiden, haben Anteile an Personengesellschaften daher für Zwecke der steuerlichen Gewinnermittlung keine eigenständige Bedeutung.[75]

Vor diesem Hintergrund werden Anteile an gewerblichen Personengesellschaften in der Steuerbilanz des Gesellschafters nach der sog. Spiegelbildmethode bilanziert. Die Mitunternehmer setzen in ihrer Steuerbilanz ihr anteiliges Kapitalkonto an. Die Anteile an einer Personengesellschaft werden somit im Ergebnis zwar in den Steuerbilanzen der Gesellschafter ausgewiesen, gleichwohl findet keine separate Bewertung statt.[76] Die Kapitalkonten der Mitunternehmer umfassen neben dem anteiligen Gesamthandsvermögen auch die Kapitalien in etwaigen Ergänzungs- und Sonderbilanzen des jeweiligen Mitunternehmers. 3633

4.3.1.2.3.2 Folgebewertung

Anteile an Personengesellschaft stellen wie erläutert kein eigenständiges Wirtschaftsgut dar. Teilwertabschreibungen auf das spiegelbildlich angesetzte Kapitalkonto des Gesellschafters sind daher nicht möglich.[77] Etwaige Wertminderungen manifestieren sich auf Ebene des Gesellschafters lediglich mittelbar: Sofern in der Steuerbilanz der Personengesellschaft Teilwertabschreibungen auf einzelne Wirtschaftsgüter vorgenommen werden, wird das Kapitalkonto des Gesellschafters in der Steuerbilanz der Personengesellschaft gemindert. Diese Minderung wird wiederum spiegelbildlich in der Steuerbilanz des Gesellschafters nachvollzogen. Bei der Spiegelbildmethode findet das Anschaffungskostenprinzip des § 253 Abs. 1 Satz 1 HGB folgelogisch keine Anwendung.[78] Da die Gesellschafter in ihren Steuerbilanzen immer spiegelbildlich ihre Kapitalkonten ansetzen, stellen die Anschaffungskosten steuerlich keine Bewertungsobergrenze dar; auch höhere steuerliche Wertansätze sind möglich. 3634

4.3.1.2.4 Steuerbilanzielle Behandlung von Anteilen an vermögensverwaltenden Personengesellschaften

4.3.1.2.4.1 Ansatz und Zugangsbewertung

Steuerbilanziell stellen Anteile an vermögensverwaltenden Personengesellschaften – wie auch Mitunternehmeranteile – keine eigenständigen Wirtschaftsgüter dar.[79] Im 3635

75 Vgl. BFH, Urteil vom 6. 11. 1985 – I R 242/81, BStBl 1986 II S. 333; Urteil vom 23. 7. 1975 – I R 165/73, BStBl 1976 II S. 73; *Heinicke*, in: Schmidt, EStG, 33. Aufl., München 2014, § 4 Rn. 251.

76 BFH, Urteil vom 30. 4. 2003 – I R 102/01, BStBl 2004 II S. 804.

77 BFH, Urteil vom 20. 6. 1985 – IV R 36/83, BStBl 1985 II S. 654, m.w. Rspr.-N.; *Hottmann*, in: Zimmermann u. a., Die Personengesellschaft im Steuerrecht, 11. Aufl., Achim 2013, S. 346; *Neumann*, in: Lademann, EStG, § 5 Rn. 884a; *Crezelius*, in: Kirchhof, EStG Kompaktkommentar, 13. Aufl., Köln 2014, § 5 Rn. 136 Stichwort „Beteiligungen an Personengesellschaften".

78 *Pyszka/Brauer*, in: Kessler/Kröner/Köhler, Konzernsteuerrecht, 2. Aufl., München 2008, § 3 Rn. 538; *Frotscher*, in: Frotscher, EStG, § 5 Rn. 204.

79 BFH, Beschluss vom 25. 2. 1991 – GrS 7/89, BStBl 1991 II S. 691; Urteil vom 13. 7. 1999 – VIII R 72/98, BStBl II 1999 S. 820; Urteil v. 26. 4. 2012 - IV R 44/09, BStBl 2013 II S. 142.

Unterschied zu Mitunternehmerschaften kommt die Spiegelbildmethode bei vermögensverwaltenden Personengesellschaften allerdings nicht zur Anwendung. Vielmehr werden die Wirtschaftsgüter der vermögensverwaltenden Personengesellschaft den Gesellschaftern nach den Grundsätzen der Bruchteilsbetrachtung des § 39 Abs. 2 Nr. 2 AO anteilig zugerechnet; die Gesellschafter der vermögenverwaltenden Personengesellschaft weisen die einzelnen anteilig zugerechneten Wirtschaftsgüter unmittelbar in ihrer Steuerbilanz aus.[80] Auch bei vermögensverwaltenden Personengesellschaften kommt somit das Transparenzprinzip zur Anwendung. Aufgrund der Zurechnung zu den Gesellschaftern erfolgt auf Ebene der vermögensverwaltenden Personengesellschaft kein steuerbilanzieller Ansatz. Vor diesem Hintergrund besteht bei vermögensverwaltenden Personengesellschaften – anders als bei Mitunternehmenschaften – auch kein Risiko einer Doppelerfassung von Wirtschaftsgütern; ein steuerbilanzieller Ansatz erfolgt ausschließlich auf Ebene der Gesellschafter.[81] Werden Anteile an vermögensverwaltenden Personengesellschaften nicht nur in einem Betriebsvermögen, sondern von anderen Gesellschaftern auch in einem Privatvermögen gehalten, werden diese auch als Zebragesellschaften bezeichnet.[82]

3636 Die Tatsache, dass vermögensverwaltende Personengesellschaften zwar handelsbilanziell eigenes Vermögen ansetzen, steuerlich aber nicht, ist Ansatzpunkt für handelsrechtliche Gestaltungsüberlegungen. In der Bilanzierungspraxis sind insbesondere sog. „Book-up"-Strukturen anzutreffen. Bei diesen Gestaltungen bringt ein Bilanzierender bestimmte Vermögensgegenstände gegen Gewährung von Anteilen in eine vermögensverwaltende Personengesellschaft ein. Handelsrechtlich erfolgt eine solche Einbringung nach Sacheinlagegrundsätzen.[83] Der Einlagegegenstand kann daher in der Handelsbilanz der vermögensverwaltenden Personengesellschaft zum Zeitwert bewertet werden, wodurch handelsrechtlich stille Reserven gehoben werden können. Die Anteile an der vermögensverwaltenden Personengesellschaft sind auf Gesellschafterebene nach Tauschgrundsätzen zu bewerten. Hier besteht wiederum ein Wahlrecht zwischen Buch- oder Zeitwertbewertung der Anteile, welches unabhängig von dem Wahlrecht in Bezug auf den Einlagegegenstand auf Ebene der Personengesellschaft ausgeübt werden kann. Insbesondere inkongruente Wahlrechtsausübungen bieten einen Ansatzpunkt für Handelsbilanzpolitik. Interessant sind diese handelsrechtlichen Gestaltungen insbesondere aufgrund der Steuerneutralität, denn steuerlich ist die Einbringung von Wirtschaftsgütern in eine vermögensverwaltende Personengesellschaft ein „Nullum". Die wirtschaftlichen Eigentumsverhältnisse und die Ansätze in der Steuerbilanz des Gesellschafters ändern sich nicht, da die eingebrachten Wirtschaftsgüter über § 39 Abs. 2 Nr. 2 AO weiterhin dem Gesellschafter zugerechnet werden. Da somit

80 Vgl. BFH, Urteil vom 2. 4. 2008 – IX R 18/06, BStBl. 2008 II S. 679; Urteil vom 13. 7. 1999 – VIII R 72/98, BStBl. II 1999 S. 820; Urteil vom 9. 5. 2000 – VIII R 40/99, BFH/NV 2001 S. 17; vgl. auch BFH, Beschluss vom 25. 6. 1984 – GrS 4/82, BStBl 1984 II S. 751; BMF, Schreiben vom 29. 4. 1994 – IV B 2-S 2241-9/94, BStBl 1994 I S. 282.

81 *Heinicke,* in: Schmidt, EStG, 33. Aufl., München 2014, 15 Rn. 204 f.; *Dietel,* DStR 2002 S. 2144.

82 *Wacker,* in: Schmidt, EStG, 33. Aufl., München 2014, § 15 Rn. 201; *Dürrschmidt/Friedrich-Vache,* DStR 2005 S. 1515.

83 Siehe hierzu oben Rz. 3615.

ausschließlich handelsbilanziell stille Reserven aufgedeckt werden, muss aber nach den Regelungen des § 274 HGB ggf. eine passive latente Steuer gebildet werden.

4.3.1.2.4.2 Folgebewertung

Die anteilig zugerechneten Wirtschaftsgüter sind der Steuerbilanz des Gesellschafters 3637
nach allgemeinen Regelungen der Folgebewertung anzusetzen.

4.3.1.3 Anteile an Investmentvermögen

4.3.1.3.1 Definition

Anteile an Investmentvermögen sind Eigenkapitaltitel an bestimmten Gesellschaften 3638
oder eigenkapitalähnliche Finanzierungstitel an bestimmten vertraglichen Sondervermögen. Aufsichtsrechtlich handelt es sich bei einem Investmentvermögen um einen Organismus für gemeinsame Anlagen, der von einer Anzahl von Anlegern Kapital einsammelt, um es gemäß einer festgelegten Anlagestrategie zum Nutzen dieser Anleger zu investieren, der zugleich kein operativ tätiges Unternehmen außerhalb des Finanzsektors darstellt (§ 1 Abs. 1 KAGB).[84] Diese Regelung umfasst anders als die Vorgängerregelung im InvG auch Alternative Investmentfonds (AIF) – wie z. B. geschlossene Private-Equity-Fonds – und führt daher zu einer erheblichen Ausweitung der aufsichtsrechtlichen Regulierung.[85] Aufgrund des Verweises in § 1 Abs. 1 InvStG i. d. F. des AIFM-Steueranpassungsgesetz vom 23. 12. 2013 gilt dieser weite aufsichtsrechtliche Anwendungsbereich auch für das Investmentsteuerrecht.

4.3.1.3.2 Handelsbilanzielle Behandlung von Anteilen an Investmentvermögen

Anteile an einem Investmentvermögen werden als selbständige Vermögensgegenstän- 3639
de angesetzt; auch bei Investmentvermögen in Vertragsform werden vom Anteilseigner nicht die durch das Sondervermögen gehaltenen einzelnen Vermögensgegenstände bilanziert.[86] Als Finanzanlagen gehaltene verbriefte Anteile an einem Investmentvermögen – z. B. an einem Aktienfonds oder an einem offenen Immobilienfonds – sind als Wertpapiere des Anlagevermögens auszuweisen.[87] Anteile an geschlossenen Fonds, die z. B. als Anteile an einer Limited Partnership ausgestaltet sind, stellen hingegen regelmäßig keine Wertpapiere dar. Auch ein Ausweis unter den Beteiligungen sollte bei geschlossenen Fonds nicht in Betracht kommen, da Anteile an einem Investmentvermögen der Kapitalanlage und somit nicht dem Geschäftsbetrieb des eigenen Unternehmens dienen (§ 271 Abs. 1 Satz 1 HGB). Anteile an einem Investmentvermögen

84 Siehe zu den Tatbestandsmerkmalen im Einzelnen BaFin, Auslegungsschreiben zum Anwendungsbereich des KAGB und zum Begriff des „Investmentvermögens“ vom 14. 6. 2013, WA 41-Wp 2137-2013/0001; ESMA, Guidelines on key concepts of the AIFMD vom 24. 5. 2013, ESMA/2013/600; *Elser*, in: Beckmann/Scholtz/Vollmer, Investment-Handbuch für das gesamte Investmentwesen, Kz. vor 420 Rn. 18 ff.

85 *Elser/Stadler*, DStR 2014 S. 233.

86 *Scharpf/Schaber*, Handbuch Bankbilanz, 5. Aufl., Düsseldorf 2013, S. 580.

87 *Grottel/Kreher*, in: Beck'scher Bilanz-Kommentar, 9. Aufl., München 2014, § 266 Rn. 80.

ohne Wertpapiereigenschaft sind handelsrechtlich daher vorzugsweise als separater Posten nach den sonstigen Ausleihungen anzusetzen.[88]

3640 Anteile an Investmentvermögen werden im Zugangszeitpunkt mit Anschaffungskosten bewertet. Diese umfassen den Ausgabepreis zuzüglich Anschaffungsnebenkosten und stellen zugleich die handelsbilanzielle Wertobergrenze dar (§ 253 Abs. 1 Satz 1 HGB); darüber hinausgehende unrealisierte Wertsteigerungen sind nach allgemeinen handelsrechtlichen Grundsätzen nicht zu berücksichtigen. Wertminderungen bei Investmentfondsanteilen sind ebenfalls nach allgemeinen handelsrechtlichen Grundsätzen für Finanzanlagen zu bilanzieren.[89] Es gilt das gemilderte Niederstwertprinzip, so dass bei voraussichtlich dauernder Wertminderung eine Abwertung auf den niedrigeren beizulegenden Wert erfolgen muss (§ 253 Abs. 3 Satz 3 HGB). Bei vorübergehenden Wertminderungen besteht ein Abwertungswahlrecht (§ 253 Abs. 3 Satz 4 HGB). Bei der Beurteilung, ob eine voraussichtlich dauernde Wertminderung vorliegt, muss handelsrechtlich grundsätzlich auf die einzelnen von dem Investmentvermögen gehaltenen Vermögensgegenstände abgestellt werden.[90]

4.3.1.3.3 Steuerbilanzielle Behandlung von Anteilen an Investmentvermögen

4.3.1.3.3.1 Steuerliche Unterscheidung in Investmentfonds und Investitionsgesellschaften

3641 Die Ausdehnung des Anwendungsbereichs des Investmentsteuergesetzes führt nicht dazu, dass die bisherige Besteuerung von Investmentfonds auf alle Arten von Investmentvermögen ausgedehnt wird. Vielmehr wird fortan investmentsteuerlich zwischen Investmentfonds und Investitionsgesellschaften unterschieden (§ 1 Abs. 1c Satz 1 InvStG). Für Investmentfonds gilt das besondere Besteuerungsregime nach dem InvStG. Die Investitionsgesellschaften unterliegen hingegen grundsätzlich den allgemeinen steuerlichen Regelungen für Personengesellschaften bzw. für Körperschaften.

4.3.1.3.3.2 Steuerbilanzielle Behandlung von Anteilen an Investmentfonds

3642 Investmentfonds sind Investmentvermögen, die die zusätzlichen Voraussetzungen des § 1 Abs. 1b Satz 2 InvStG erfüllen.[91] Investmentfonds müssen hiernach insbesondere einer Investmentaufsicht unterliegen und den Anlegern ein jährliches Rückgaberecht einräumen (§ 1 Abs. 1b Satz 2 Nr. 1 und 2 InvStG); letzteres ist bei einer Börsennotierung der Anteile erfüllt. Investmentfonds dürfen lediglich passiv vermögensverwaltend tätig sein; eine aktive unternehmerische Bewirtschaftung der Vermögensgegenstände ist grundsätzlich ausgeschlossen (§ 1 Abs. 1b Satz 2 Nr. 3 InvStG). Das Vermögen ist nach dem Grundsatz der Risikomischung anzulegen (§ 1 Abs. 1b Satz 2 Nr. 4 InvStG). Zudem müssen die Anlagerestriktionen des § 1 Abs. 1b Satz 2 Nr. 5 bis 7 InvStG beachtet werden. Hiernach dürfen z. B. grundsätzlich keine Anteile an gewerblichen Personengesell-

88 Siehe hierzu oben Rz. 3610.

89 Siehe hierzu oben Rz. 3617.

90 Vgl. IDW VFA, FN 2002 S. 668.

91 Siehe zu den Voraussetzungen im Einzelnen *Elser*, in: Beckmann/Scholtz/Vollmer, Investment-Handbuch für das gesamte Investmentwesen, Kz. vor 420 Rn. 45 ff.; *Elser/Stadler*, DStR 2014 S. 234 f.

schaften oder Kapitalgesellschaftsbeteiligungen von 10 % oder mehr erworben werden.[92]

Ansatz und Zugangsbewertung von Investmentfondsanteilen erfolgen auch in der Steuerbilanz zu Anschaffungskosten; es ergeben sich insoweit keine konzeptionellen Unterschiede zur Handelsbilanz. Die Folgebewertung in der Steuerbilanz richtet sich hingegen nach eigenständigen Regelungen. Anstelle des handelsrechtlichen Anschaffungskostenprinzips gilt steuerbilanziell das investmentsteuerliche Transparenzprinzip. Dadurch können die Steuerbilanzansätze die Anschaffungskosten im Zuge der Folgebewertung übersteigen. 3643

Investmentsteuerlich ist hierbei zwischen ausgeschütteten und ausschüttungsgleichen Erträgen zu unterscheiden. Ausgeschüttete Erträge sind die vom Investmentfonds zur Ausschüttung verwendeten Erträge (§ 1 Abs. 3 Satz 2 InvStG). Bei der Ermittlung der ausgeschütteten Erträge sind investmentsteuerliche Sondervorschriften in Bezug auf den Werbungskostenabzug[93] und die Verrechnung mit bestehenden Verlustvorträgen zu beachten. Die steuerbilanziellen ausgeschütteten Erträge weichen daher regelmäßig von den tatsächlichen handelbilanziellen Ausschüttungen ab.[94] Um im Falle einer späteren Rückgabe oder Veräußerung der Anteile eine Doppelbelastung zu vermeiden, darf in der Steuerbilanz in Höhe des steuerlichen Mehrergebnisses ein aktiver steuerlicher Ausgleichsposten gebildet werden; der aktive Ausgleichsposten ist im Falle einer späteren Veräußerung der Anteile gewinnmindernd aufzulösen.[95] 3644

Unabhängig von einer tatsächlichen Ausschüttung werden den Anteilseignern eines Investmentfonds darüber hinaus bestimmte Erträge als sog. ausschüttungsgleiche Erträge zugerechnet. Zu den ausschüttungsgleichen Erträgen zählen etwa Dividenden- und Zinserträge (§ 20 Abs. 1 Nr. 1 und 7 EStG), nicht aber Gewinne aus der Veräußerung von Kapitalgesellschaftsanteilen (§ 20 Abs. 2 Nr. 1 EStG). Handelsbilanziell können solche unrealisierten Erträge nicht vereinnahmt werden. In der Steuerbilanz des Anteilseigners ist daher ein Ausgleichsposten für bereits versteuerte ausschüttungsgleiche Erträge zu aktivieren.[96] Im Falle einer späteren Veräußerung des Anteils ist dieser aktive Ausgleichsposten wiederum gewinnmindernd aufzulösen, um eine Doppelbelastung zu vermeiden.[97] 3645

Wertminderungen von Investmentfondsanteilen werden im Kern nach den allgemeinen Regelungen zur Teilwertabschreibung behandelt (§ 6 Abs. 1 Nr. 2 Satz 2 EStG). Das Wahlrecht zur Teilwertabschreibung besteht auch hier nur bei voraussichtlich dauernder Wertminderung. Wann bei Anteilen an einem Investmentfonds eine dauernde 3646

---

92 Siehe hierzu BMF, Schreiben vom 23. 4. 2014 – IV C 1 - S 1980-1/13/10007:002, NWB DokID: DAAAE-65015; ausführlich hierzu auch *Elser*, in: Beckmann/Scholtz/Vollmer, Investment Handbuch für das gesamte Investmentwesen, Kz. vor 420 Rn. 45 ff.

93 Siehe hierzu im Einzelnen *Elser*, in: Beckmann/Scholtz/Vollmer, Investment-Handbuch für das gesamte Investmentwesen, Kz. vor 420 Rn. 112 ff.

94 *Rockel/Patzner*, DStR 2007 S. 1546; *dies.*, DStR 2008 S. 2126; *Helios/Gstädtner*, in: Haisch/Helios, Rechtshandbuch Finanzinstrumente, München 2011, § 7 Rn. 151 f.

95 OFD Rheinland, Verfügung vom 11. 1. 2008 – S 1980-1030-St 222, EStG-Kartei NW InvStG Nr. 2004; *Rockel/Patzner*, DStR 2007 S. 1548.

96 BMF, Schreiben vom 18. 8. 2009 – IV C 1-S 1980-1/08/10019, BStBl 2009 I S. 931, Rn. 29.

97 *Rockel/Patzner*, DStR 2007 S. 1548.

Wertminderung gegeben ist, hängt insbesondere davon ab, welche Wirtschaftsgüter ein Investmentfonds vorrangig hält. Bei Aktienfonds wird das Vorliegen einer dauerhaften Wertminderung nach denselben Kriterien beurteilt wie bei börsennotierten Anteilen an Kapitalgesellschaften.[98] Aktienfonds sind Investmentfonds die überwiegend – d. h. zu mindestens 51 % – in Anteile an börsennotierten Aktien investieren. Auch bei Aktienfonds ging die Finanzverwaltung vormals nur dann von einer dauernden Wertminderung aus, wenn der Teilwert des Investmentfondsanteils die Anschaffungskosten um bestimmte Bandbreiten unterschritten hatte (40 %/25 %-Regelung).[99] Der BFH hat eine solche Bandbreitenbetrachtung auch bei Aktienfonds abgelehnt und für Aktienfonds dieselben Grundsätze aufgestellt wie für Direktinvestments in börsennotierte Aktien.[100] Ein Absinken des Teilwerts stellt daher auch bei Aktienfonds eine dauernde Wertminderung dar, sofern die 5 %-ige Bagatellgrenze überschritten wird. Im Entwurf eines Schreibens zur Teilwertabschreibung vom 17. 1. 2014 erkennt die Finanzverwaltung die vom BFH aufgestellten Grundsätze auch für Aktienfonds an.[101]

3647 Die dargestellten Grundsätze zur Teilwertabschreibung bei Aktienfonds gelten für den Investmentfondsanteil als Ganzes. Bei Aktienfonds werden somit typisierend alle Wertminderungen nach den den Grundsätzen für börsennotierte Kapitalgesellschaftsanteile behandelt, auch wenn diese beispielsweise in Teilen aus festverzinslichen Wertpapieren resultieren.[102] Bei festverzinslichen Wertpapieren, die zum Laufzeitende zum Nominalwert zurückgezahlt werden, stellen Kursverluste, soweit sie den Nominalwert unterschreiten, anders als bei börsennotierten Aktien regelmäßig keine voraussichtlich dauernde Wertminderung dar.[103] Eine Teilwertabschreibung auf Anteile an einem Investmentfonds, der kein Aktienfonds ist, ist daher grundsätzlich nicht möglich, soweit die Wertminderung aus einem solchen Kursverlust festverzinslicher Wertpapiere resultiert. Generell ist zudem zu beachten, dass Teilwertabschreibungen auf Investmentfondsanteile ggf. im Rahmen der Einkommensermittlung außerbilanziell nach § 3c Abs. 2 EStG bzw. § 8b Abs. 3 Satz 3 KStG hinzuzurechnen sind.

4.3.1.3.4 Steuerbilanzielle Behandlung von Anteilen an Investitionsgesellschaften

3648 In Abgrenzung zu den Investmentfonds sind Investitionsgesellschaften alle Investmentvermögen, die die zusätzlichen Voraussetzungen des § 1 Abs. 1b Satz 2 InvStG nicht erfüllen (§ 1 Abs. 1c Satz 1 InvStG). Innerhalb der Investitionsgesellschaften wird wiederum in Personen-Investitionsgesellschaften (§ 18 InvStG) und Kapital-Investitionsgesellschaften (§ 19 InvStG) unterschieden. Personen-Investitionsgesellschaften sind die deutsche Investmentkommanditgesellschaft sowie vergleichbare ausländische Rechtsformen (§ 18 Satz 1 InvStG). Kapital-Investitionsgesellschaften sind im Umkehr-

98 Siehe hierzu oben Rz. 3626 f.

99 Siehe hierzu BMF, Schreiben vom 5. 7. 2011 – IV C 1–S - 1980-1/10/10011:006, BStBl 2011 I S. 735.

100 BFH, Urteil vom 21. 9. 2011 – I R 7/11, BFH/NV 2012 S. 310.

101 Vgl. BMF, Entwurf eines Schreibens vom 17. 1. 2014 – IV C 6 - S 2171-b/09/10002, Rn. 36 f., NWB DokID: AAAAE-54055.

102 BFH, Urteil vom 21. 9. 2011 – I R 7/11, BFH/NV 2012 S. 310.

103 Vgl. BFH, Urteil vom 8. 6. 2011 – I R 98/10, BStBl 2012 II S. 716; BMF, Schreiben vom 10. 9. 2012 – IV C 6-S 2171-b/0:005, BStBl 2012 I S. 939.

schluss hierzu alle Investitionsgesellschaften, die keine Personen-Investitionsgesellschaften sind (§ 19 Abs. 1 Satz 2 InvStG). Investitionsgesellschaften in Form ausländischer Sondervermögen – wie etwa der Luxemburger FCP oder der französische FCPR – gelten explizit als Kapital-Investitionsgesellschaften (§ 19 Abs. 1 Satz 2 InvStG).

Für Personen-Investitionsgesellschaften gelten die allgemeinen steuerlichen Regelungen. D.h. je nachdem, ob die Personen-Investitionsgesellschaft als gewerblich einzustufen sind, gelten für die steuerbilanzielle Behandlung die allgemeinen Grundsätze für Anteile an Mitunternehmenschaften bzw. an vermögensverwaltenden Personengesellschaften.[104] Auch bei Kapital-Investitionsgesellschaften kommen allgemeine steuerliche Bilanzierungsregeln für Anteile an Kapitalgesellschaften zur Anwendung. Investmentsteuerliche Besonderheiten ergeben sich lediglich auf außerbilanzieller Ebene; insbesondere werden die Beteiligungsertragsprivilegierungen des § 3 Nr. 40 EStG und des § 8b KStG bei unzureichender ertragsteuerlicher Vorbelastung versagt (§ 19 Abs. 2 Satz 2 InvStG).[105] 3649

4.3.2 Fremdkapitaltitel

Wie eingangs erläutert beinhalten Fremdkapitaltitel regelmäßig keine Einflussnahme auf die Geschäftspolitik des Emittenten, sondern lediglich schuldrechtliche Ansprüche auf Rückzahlung und Verzinsung der überlassenen Mittel. Die Fremdkapitaltitel werden nachfolgend in Kapitalforderungen und Derivate unterschieden. 3650

4.3.2.1 Kapitalforderungen (Darlehensforderungen und Anleihen)

4.3.2.1.1 Definition

Kapitalforderungen sind typische Fremdkapitaltitel, die unverzinslich, festverzinslich oder variabel verzinslich ausgestaltet sein können. Sie umfassen insbesondere Forderungen aus Darlehensverträgen i. S. d. § 488 BGB und Anleihen. Anleihen sind verbriefte Kapitalforderungen, die über den Kapitalmarkt zu standardisierten Bedingungen ausgegeben werden. Diese können zivilrechtlich als Inhaberschuldverschreibungen (§ 793 BGB) oder als Namensschuldverschreibungen ausgestaltet sein. Anleihen können nach dem jeweiligen Emittenten in Industrieobligationen, Bankobligationen, öffentliche Anleihen und Pfandbriefe unterschieden werden. 3651

4.3.2.1.2 Grundlagen der handels- und steuerbilanziellen Behandlung von Kapitalforderungen

Langfristige Kapitalforderungen sind als Finanzanlagen anzusetzen. Kapitalforderungen mit einer Laufzeit bis zu einem Jahr sind stets kurzfristig, solche mit Laufzeiten von mindestens vier Jahren stets langfristig; bei Laufzeiten zwischen ein und vier Jahren entscheidet die subjektive Absicht des Kaufmanns, ob die Kapitalforderung im Umlaufvermögen oder als Finanzanlage erfasst wird.[106] Langfristige Darlehensforderungen 3652

104 Siehe hierzu oben Rz. 3631 ff. und 3635.

105 Siehe hierzu ausführlich *Elser/Stadler*, DStR 2014 S. 237.

106 *Schubert/F. Huber*, in: Beck'scher Bilanz-Kommentar, 9. Aufl., München 2014, § 247 Rn. 357.

sind grundsätzlich als sonstige Ausleihungen auszuweisen; Darlehensüberlassungen an verbundene Unternehmen und Beteiligungsunternehmen werden als gesonderte Bilanzposten erfasst.[107] Anleihen sind hingegen als Wertpapiere des Anlagevermögens zu aktivieren.[108]

3653 In der Handels- und Steuerbilanz werden Kapitalforderungen im Zugangszeitpunkt mit den Anschaffungskosten einschließlich Anschaffungsnebenkosten bewertet. Gezahlte Stückzinsen sind nicht als Anschaffungskosten der Anleihe, sondern als separate Zinsforderungen zu aktivieren.[109] Kapitalforderungen werden im Rahmen der Folgebewertung nicht planmäßig abgeschrieben. Bei Wertminderungen gelten im Kern die allgemeinen Grundsätze zu außerplanmäßigen Abschreibungen und Teilwertabschreibungen (§ 253 Abs. 3 Satz 3 HGB, § 6 Abs. 1 Nr. 2 Satz 2 EStG).

3654 Steuerliche Besonderheiten gelten für festverzinsliche Anleihen. Bei festverzinslichen Anleihen stellen Kursverluste, soweit sie den Nominalwert unterschreiten, nach h. M. regelmäßig keine voraussichtlich dauernde Wertminderung dar, sofern die Anleihe am Laufzeitende zum Nominalwert zurückgezahlt wird.[110] Da eine Rückzahlung des Nominalwerts in diesem Fall gesichert ist, sei ein bloßes stichtagszinsbedingtes Absinken des Kurses unter den Nominalwert lediglich vorübergehender Natur. Eine Teilwertabschreibung ist daher in diesen Fällen nicht möglich. Eine steuerliche Abwertung ist hingegen möglich, soweit der Buchwert der Anleihe den zurückzubezahlenden Nominalwert der Anleihe übersteigt. Zudem können Kursverluste aufgrund einer Verschlechterung der Bonität des Emittenten generell eine dauernde Wertminderung und infolgedessen eine Teilwertabschreibung begründen.[111]

4.3.2.1.3 Nullkuponanleihen (Zerobonds)

4.3.2.1.3.1 Definition

3655 Nullkuponanleihen sind festverzinsliche Kapitalforderungen. Inhaber von Nullkuponanleihen erhalten keine laufende Verzinsung ihres eingesetzten Kapitals. Eine wirtschaftliche Verzinsung wird bei Zerobonds stattdessen dadurch erreicht, dass der Rückzahlungsbetrag den Ausgabepreis übersteigt. Hierdurch kommt es erst am Ende Laufzeit der Nullkuponanleihe zu einer Zinsauszahlung. Zerobonds können in Abzinsungs- und Aufzinsunganleihen unterschieden werden: Abzinsungsanleihen werden zu einem Betrag unter dem Nennwert ausgegeben (unter pari), der Rückzahlungsbetrag entspricht dem Nennbetrag; Aufzinsungsanleihen werden zum Nennbetrag ausgegeben, der Rückzahlungsbetrag liegt aber über dem Nennwert (über pari).[112]

107 Siehe hierzu oben Rz. 3611.

108 Siehe hierzu oben Rz. 3610.

109 Das Vorliegen von Kapitalforderungen bereits bejahend BFH, Urteil vom 13. 12. 1963 – VI 22/61 S, BStBl 1964 III S. 184; *Haisch*, in: HHR, EStG, § 5 Rn. 1083; *Brösel/Olbrich*, in: Küting/Weber, Handbuch der Rechnungslegung Einzelabschluss, § 253 Rn. 146.

110 BFH, Urteil vom 8. 6. 2011 – I R 98/10, BStBl 2012 II S. 716; BMF, Schreiben vom 10. 9. 2012 – IV C 6-S 2171-b/0:005; BStBl 2012 I S. 939.

111 Siehe hierzu *Kulosa*, in: Schmidt, EStG, 33. Aufl., München 2014, § 6 Rn. 367.

112 *Beckmann*, BB 1991 S. 938.

4.3.2.1.3.2 Ansatz und Bewertung

Für die handels- und steuerbilanzielle Behandlung ist die Unterscheidung in Abzinsungs- und Aufzinsungsanleihen unerheblich. In beiden Fällen werden Zerobonds mit Anschaffungskosten zuzüglich etwaiger Anschaffungsnebenkosten angesetzt. Die Anschaffungskosten bemessen sich anhand des Ausgabebetrages und nicht anhand des Nennbetrages, weil nur der Ausgabepreis zum Erwerb aufgewendet wurde (§ 253 Abs. 1 Satz 1 HGB). Sowohl in der Handels- als auch in der Steuerbilanz sind die endfälligen Zinsen ertragswirksam über die Laufzeit zu vereinnahmen. Dies erfolgt nach h. M. durch Zuschreibung der aktivierten Nullkuponanleihe zum jeweiligen Bilanzstichtag.[113] Der Zuschreibungsbetrag ist hierbei nach der Effektivzinsmethode zu berechnen.[114] Die Zuschreibung des Zerobonds stellt keinen Verstoß gegen das Anschaffungskostenprinzip dar, weil die Zinserträge zeitanteilig realisiert wurden und daher zusätzliche Anschaffungskosten darstellen.[115] Für die Folgebewertung von Zerobonds gelten im Übrigen die allgemeinen handels- und steuerbilanziellen Grundsätze. 3656

4.3.2.1.4 Zerlegbare Anleihen (Stripped Bonds)

4.3.2.1.4.1 Definition

Zerlegbare Anleihen (Stripped Bonds) sind fest- oder variabel verzinsliche Schuldverschreibungen, bei denen Kapitalforderung und Zinsscheine getrennt gehandelt werden können. Die Kapitalforderung und die Zinsscheine werden bei zerlegbaren Anleihen als Strips[116] bezeichnet; das Abtrennen der Zinsscheine als Bondstripping.[117] Die handels- und steuerbilanzielle Behandlung von Stripped Bonds ist konzeptionell identisch. Solange noch keine Abtrennung der Zinsstrips vorgenommen wurde, ist die zerlegbare Anleihe als einheitlicher Vermögensgegenstand bzw. einheitliches Wirtschaftsgut mit den Anschaffungskosten zu bilanzieren.[118] Laufende Zahlungen auf die ungetrennte Anleihe sind als Zinsertrag zu erfassen. 3657

4.3.2.1.4.2 Ansatz und Bewertung

Mit Abtrennung sind die Zinsstrips als separater Vermögensgegenstand/separates Wirtschaftsgut anzusetzen.[119] Die verbleibende Kapitalforderung ist wie eine Nullkuponanleihe zu bilanzieren.[120] Es gelten die bereits erläuterten Bilanzierungsregeln für diese Art von Finanzierungstiteln.[121] Die ursprünglichen Anschaffungskosten der zerleg- 3658

---

113 BMF, Schreiben vom 5. 3. 1987 – IV B 2-S 2133-1/87, BStBl 1987 I S. 394; *Haisch*, in: HHR, EStG, § 5 Rn. 1084; *Krumm*, in: Blümich, EStG, § 5 Rn. 1091; *Neumann*, in: Lademann, EStG, § 5 Rn. 1095; *Kussmaul*, BB 1987 S. 1562, 1566.

114 Vgl. IDW 1/1986, WPg 1986 S. 248 f.; *Beckmann*, BB 1991 S. 938; *Brösel/Olbrich*, in: Küting/Weber, Handbuch der Rechnungslegung Einzelabschluss, § 253 Rn. 147.

115 *Bordewin*, WPg 1986 S. 267; *Kussmaul*, BB 1987 S. 1566; *Brösel/Olbrich*, in: Küting/Weber, Handbuch der Rechnungslegung Einzelabschluss, § 253 Rn. 147.

116 „STRIPS" = Separate Trading of Registered Interest and Principal of Securities.

117 *Göttgens*, WPg 1998 S. 567.

118 *Haisch/Helios*, in: Haisch/Helios, Rechtshandbuch Finanzinstrumente, München 2011, § 2 Rn. 183.

119 *Göttgens*, WPg 1998 S. 568 f.; *Haisch*, in: HHR, EStG, § 5 Rn. 1084.

120 IDW RH BFA 1.001, WPg 1998 S. 1009, Rn. 9.

121 Siehe hierzu oben Rz. 3656.

baren Anleihe sind auf die Nullkuponanleihe und die Zinsstrips aufzuteilen.[122] Die Aufteilung der ursprünglichen Anschaffungskosten muss nach dem Verhältnis der gegenwärtigen Marktwerte oder einem anderen sachgerechten Verfahren erfolgen.[123] Bei Verkauf ist ein Gewinn oder Verlust in Höhe der Differenz zwischen Veräußerungspreis und Buchwert zu realisieren.[124] Nullkuponanleihe und Zinsstrips können zu einem späteren Zeitpunkt durch sog. Rekonstruktion wieder verbunden werden. Hierdurch entsteht wiederum ein einheitlicher Vermögensgenstand, der erfolgsneutral mit der Summe der Buchwerte von Nullkuponanleihe und Zinsstrips zu bewerten ist.[125]

4.3.2.2 Derivate

4.3.2.2.1 Definition

3659 Derivate sind Termingeschäfte, die sich auf ein bestimmtes Basisobjekt beziehen, beispielsweise eine Aktie, einen Index, einen Währungskurs oder einen Leitzins. Derivate werden – soweit sie überhaupt zu bilanzieren sind – regelmäßig als Umlaufvermögen ausgewiesen. Gleichwohl kann auch ein Ansatz unter dem Anlagevermögen in Betracht kommen, wenn diese nach allgemeinen Grundsätzen dazu bestimmt sind, dauernd dem Geschäftsbetrieb des Bilanzierenden zu dienen.[126] Innerhalb der Derivate können bedingte und unbedingte Termingeschäfte unterschieden werden. Bei bedingten Termingeschäften wird einer Vertragspartei (Inhaber) das Recht eingeräumt, die Erfüllung des Termingeschäfts zu verlangen; die andere Vertragspartei (Stillhalter) erhält hierfür eine Prämie. Unbedingte Termingeschäfte begründen hingegen für beide Vertragsparteien eine unbedingte Erfüllungspflicht.[127] Derivate und korrespondierende Grundgeschäfte werden häufig als Bewertungseinheiten bilanziert. Hierzu wird auf die Ausführungen in Teil A Kap. VII verwiesen.

4.3.2.2.2 Optionen

4.3.2.2.2.1 Definition

3660 Optionen sind bedingte Termingeschäfte. Sie verleihen dem Inhaber das Recht ein bestimmtes Basisobjekt zu einem vereinbarten Basispreis von einem Stillhalter zu kaufen (Kauf- oder Call-Option) oder an einen Stillhalter zu verkaufen (Verkauf- oder Put-Option). Das Optionsrecht kann entweder nur zu einem bestimmten Ausübungszeitpunkt (sog. europäische Optionen) oder bis zu einem bestimmten Ausübungszeitpunkt (sog. amerikanische Optionen) ausgeübt werden.[128] Ferner können Optionsgeschäfte so aus-

122 IDW RH BFA 1.001, WPg 1998 S. 1009, Rn. 4 ff.; *Göttgens*, WPg 1998 S. 569.

123 Vgl. IDW RH BFA 1.001, WPg 1998 S. 1009, Rn. 9; *Haisch/Helios*, in: Haisch/Helios, Rechtshandbuch Finanzinstrumente, München 2011, § 2 Rn. 184.

124 Vgl. *Haisch*, in: HHR, EStG, § 5 Rn. 1084.

125 Vgl. IDW RH BFA 1.001, WPg 1998 S. 1009, Rn. 13; *Göttgens*, WPg 1998 S. 571; *Haisch/Helios*, in: Haisch/Helios, Rechtshandbuch Finanzinstrumente, München 2011, § 2 Rn. 185; *Haisch*, in: HHR, EStG, § 5 Rn. 1084.

126 Siehe hierzu auch oben Rz. 3612.

127 *Haisch*, in: HHR, EStG, § 5 Rn. 1077.

128 Ausführlich hierzu *Büschgen*, Das kleine Börsenlexikon, 23. Aufl., Stuttgart 2012, Stichwort „europäische Option".

gestaltet sein, dass entweder der Basiswert physisch von der einen an die andere Vertragspartei geliefert wird (physical settlement) oder dass ein Barausgleich zwischen den Vertragsparteien erfolgt (cash settlement). Der Barausgleich bemisst sich in diesen Fällen anhand des sog. inneren Werts der Option. Dies ist die Differenz zwischen Wert des Basisobjekts im Ausübungszeitpunkt und dem vereinbarten Basispreis.

4.3.2.2.2.2 Ansatz und Bewertung

Unverbriefte Optionsrechte sind als immaterielle Vermögensgegenstände bzw. Wirt- 3661
schaftsgüter, Optionsscheine als Wertpapiere zu bilanzieren.[129] Die Zugangsbewertung in der Bilanz des Optionsinhabers erfolgt zu Anschaffungskosten in Höhe der Optionsprämie zuzüglich etwaiger Anschaffungsnebenkosten.[130] Bei Ansatz und Zugangsbewertung ergeben sich keine Unterschiede zwischen Handels- und Steuerbilanz.

Eine planmäßige Abschreibung der Optionsrechte erfolgt nicht.[131] Bei der Folgebewer- 3662
tung gelten im Übrigen die allgemeinen handels- und steuerbilanziellen Regelungen.[132] Die handels- und steuerbilanzielle Behandlung ist unabhängig davon, ob es sich um eine Kauf- oder eine Verkaufoption handelt. Für die bilanzielle Zugangs- und Folgebewertung ist ferner nicht entscheidend, ob das Basisobjekt bei Ausübung physisch geliefert wird oder ob lediglich ein Barausgleich in Höhe des inneren Werts der Option erfolgt.

Basisobjekte, die durch die Ausübung von Kaufoptionen erworben werden, sind als 3663
neue Vermögensgegenstände bzw. Wirtschaftsgüter anzusetzen. Steuerlich handelt es sich nicht um einen Tausch i. S. d. § 6 Abs. 6 EStG.[133] Der Buchwert der ausgeübten Kaufoption ist Bestandteil der Anschaffungskosten des erworbenen Basisobjekts.[134] Wird ein Basisobjekt durch Ausübung einer Verkaufoption veräußert, ist der Buchwert der Verkaufoption aufwandswirksam mit dem Veräußerungserlös zu verrechnen.[135] Bei Optionen mit Barausgleich ergibt sich ein Gewinn oder Verlust in Höhe der Differenz zwischen erhaltenem Geldbetrag und Buchwert der Option.[136] Verfallene Optionen sind aufwandswirksam auszubuchen.[137] Bei Ausübung und Verfall von Optionen ergeben sich keine konzeptionellen Unterschiede zwischen Handels- und Steuerbilanz.

---

129 Vgl. IDW RS BFA 6 Rn. 12.

130 *Haisch*, in: HHR, EStG, § 5 Rn. 1072.

131 Vgl. *Glanegger*, in: Schmidt, EStG, 33. Aufl., München 2014, § 6 Rn. 140 Stichwort „Optionen".

132 Siehe hierzu oben Rz. 3617.

133 *Haisch*, in: HHR, EStG, § 5 Rn. 1072; mit der Ausübung der Option fällt das Optionsrecht fort, *Frotscher*, in: Frotscher, EStG, § 5 Rn. 134.

134 IDW RS BFA 6 Rn. 22; *Glanegger*, in: Schmidt, EStG, 33. Aufl., München 2014, § 6 Rn. 140 Stichwort „Optionen"; *Krumm*, in: Blümich, EStG, § 5 Rn. 1101.

135 Vgl. IDW RS BFA 6 Rn. 22; *Krumm*, in: Blümich, EStG, § 5 Rn. 1101.

136 IDW RS BFA 6 Rn. 22; *Haisch/Helios*, in: Haisch/Helios, Rechtshandbuch Finanzinstrumente, München 2011, § 2 Rn. 119; *Krumm*, in: Blümich, EStG, § 5 Rn. 1101.

137 Vgl. *Krumm*, in: Blümich, EStG, § 5 Rn. 1101.

4.3.2.2.3 Zinsbegrenzungsvereinbarungen (Caps, Floors und Collars)

4.3.2.2.3.1 Definition

3664 Zinsbegrenzungsvereinbarungen sind ebenfalls bedingte Termingeschäfte. Sie dienen der Absicherung von Zinsänderungsrisiken. Der Inhaber einer Zinsbegrenzungsvereinbarung erhält bei Über- oder Unterschreiten eines bestimmten Referenzzinssatzes eine Ausgleichszahlung vom Stillhalter. Eine Zinsbegrenzung nach oben wird als Cap, eine Zinsbegrenzung nach unten als Floor bezeichnet; daneben sind auch kombinierte Bandbreitenabsicherungen nach oben und unten üblich (sog. Collars).[138]

4.3.2.2.3.2 Ansatz und Bewertung

3665 Wirtschaftlich betrachtet handelt es sich bei einer Zinsbegrenzungsvereinbarung um eine Serie von Teiloptionen mit unterschiedlichen Ausübungszeitpunkten.[139] Zinsbegrenzungsvereinbarungen werden daher in Handel- und Steuerbilanz im Kern nach den für Optionen geltenden Grundsätzen bilanziert.[140] Sie sind als Vermögensgegenstände bzw. Wirtschaftsgüter in Handels- und Steuerbilanz anzusetzen und mit Anschaffungskosten zu bewerten. Die Anschaffungskosten umfassen den Barwert der gezahlten Prämie zuzüglich Anschaffungsnebenkosten.

3666 Als Finanzanlagen aktivierte Zinsbegrenzungsvereinbarungen werden im Zuge der Folgebewertung planmäßig über die Laufzeit der Vereinbarung abgeschrieben; dem liegt die wirtschaftliche Überlegung zugrunde, dass die einzelnen Teiloptionen über die Laufzeit der Zinsvereinbarung sukzessive verfallen.[141] Die Abschreibungsbeträge sind grundsätzlich nicht linear, sondern auf Basis finanzmathematischer Methoden zu ermitteln.[142] Ausgleichzahlungen aus einer Zinsbegrenzungsvereinbarung sind ertragswirksam unter den Zinserträgen zu erfassen bzw. mit den Zinsaufwendungen zu saldieren. Handels- und steuerbilanziell ergeben sich bei Zinsbegrenzungsvereinbarungen keine konzeptionellen Bilanzierungsunterschiede.

4.3.2.2.4 Terminverkäufe (Futures und Forwards)

4.3.2.2.4.1 Definition

3667 Terminverkäufe sind unbedingte Termingeschäfte. Bei einem Terminverkauf vereinbaren zwei Vertragsparteien ein bestimmtes Basisobjekt an einem Termin in der Zukunft zu einem festen Terminpreis zu kaufen bzw. zu verkaufen. Hinsichtlich der vertraglichen Ausgestaltung der Terminverkäufe sind Futures und Forwards zu unterscheiden. Futures sind standardisierte terminbörslich gehandelte Kontrakte. Käufer und Ver-

138 Ausführlich hierzu *Büschgen*, Das kleine Börsenlexikon, 23. Aufl., Stuttgart 2012, Stichworte „Cap"; „Floor"; „Collar".

139 Vgl. IDW RS BFA 6 Rn. 4; *Haisch/Helios*, in: Haisch/Helios, Rechtshandbuch Finanzinstrumente, München 2011, § 2 Rn. 124.

140 *Haisch*, in: HHR, EStG, § 5 Rn. 1075; *Haisch/Helios*, in: Haisch/Helios, Rechtshandbuch Finanzinstrumente, München 2011, § 2 Rn. 124.

141 *Haisch*, in: HHR, EStG, § 5 Rn. 1075; *Haisch/Helios*, in: Haisch/Helios, Rechtshandbuch Finanzinstrumente, München 2011, § 2 Rn. 124.

142 Vgl. *Haisch/Helios*, in: Haisch/Helios, Rechtshandbuch Finanzinstrumente, München 2011, § 2 Rn. 124.

käufer sind verpflichtet an einem sog. Margin-System teilzunehmen.[143] Im Abschlusszeitpunkt ist eine Sicherheit zu leisten (sog. initial margin); darüber hinaus werden börsentäglich Gewinn- oder Verlustausgleichszahlungen fällig (sog. variation margins). Futures werden üblicherweise durch Barausgleich (cash settlement) und nicht durch physische Lieferung (physical settlement) erfüllt. Im Unterschied hierzu sind Forwards individualvertraglich vereinbarte Terminverkäufe (sog. Over the Counter-Geschäfte). Bis zur Abrechnung werden grundsätzlich keine Sicherheiten oder Ausgleichszahlungen geleistet.[144] Bei Forwards kann sowohl eine physische Lieferung des Basisobjekts als auch ein Barausgleich vereinbart werden.

4.3.2.2.4.2 Ansatz und Bewertung

Bilanziell stellen beide Formen von Terminverkäufen schwebende Geschäfte dar (vgl. 3668
§ 252 Abs. 1 Nr. 4 HGB).[145] Nach dem Grundsatz der Nichtbilanzierung schwebender Geschäfte erfolgt bei Vertragsschluss kein bilanzieller Ansatz; lediglich etwaige Sicherheitsleistungen sind erfolgsneutral zu bilanzieren. Im Rahmen der Folgebewertung sind etwaige Verpflichtungsüberhänge des Käufers oder des Verkäufers in der Handelsbilanz als Drohverlustrückstellungen anzusetzen;[146] steuerbilanziell scheidet eine Passivierung von Drohverlusten aus (§ 5 Abs. 4a EStG). Unrealisierte Gewinne sind wegen des Realisationsprinzips des § 252 Abs. 1 Nr. 4 HGB weder in der Handels- noch in der Steuerbilanz ertragswirksam zu erfassen.

Bei späterer physischer Lieferung aktiviert der Käufer das erhaltene Basisobjekt zum 3669
vereinbarten Terminpreis.[147] Sofern der Wert des Basisobjekts niedriger als der Terminpreis ist, sind ggf. außerplanmäßige Abschreibungen bzw. Teilwertabschreibungen vorzunehmen. Handelsbilanziell passivierte Drohverlustrückstellungen sind ertragswirksam aufzulösen,[148] wodurch ggf. der Aufwand aus einer etwaigen außerplanmäßigen Abschreibung des erhaltenen Basisobjekts (teilweise) kompensiert wird. Der Verkäufer weist in Höhe der Differenz zwischen Terminpreis und Buchwert des Basisobjekts einen Veräußerungsgewinn oder -verlust aus; auch beim Verkäufer sind handelsbilanziell gebildete Drohverlustrückstellungen aufzulösen.[149] Sofern ein Barausgleich vereinbart wurde, ist die entsprechende Zahlung bei Käufer und Verkäufer ergebniswirksam zu erfassen.[150] Auch bei Barausgleich sind in der Handelsbilanz passi-

143 Vgl. IDW RS BFA 5 Rn. 3 f.

144 Vgl. IDW RS BFA 5 Rn. 5.

145 BFH, Urteil vom 5. 3. 1981 – IV R 94/78, BStBl 1981 II S. 658, m. w. N.; Urteil vom 4. 7. 1991 – IV R 29/88, BStBl. 1992 II S. 76; Urteil vom 19. 2. 1997 – XI R 1/96, BStBl. 1997 II S. 399; IDW RS BFA 5 Rn. 9; *ADS*, Rechnungslegung und Prüfung der Unternehmen, 6. Aufl., Stuttgart ab 1995, § 246 Rn. 377.

146 IDW RS BFA 5 Rn. 15; *ADS*, Rechnungslegung und Prüfung der Unternehmen, 6. Aufl., Stuttgart ab 1995, § 246 Rn. 377.

147 Vgl. IDW RS BFA 5 Rn. 21.

148 *Haisch*, in: HHR, EStG, § 5 Rn. 1078.

149 *Haisch*, in: HHR, EStG, § 5 Rn. 1078; so generell hinsichtlich der Bildung von Drohverlustrückstellungen *Neumann*, in: Lademann, EStG, § 5 Rn. 934.

150 *Haisch*, in: HHR, EStG, § 5 Rn. 1078.

vierte Drohverluste aufzulösen.[151] Aktivierte Sicherheitsleistungen sind generell erfolgsneutral zurückzugewähren.[152]

4.3.2.2.5 Swaps

4.3.2.2.5.1 Definition

3670 Swaps sind ebenfalls unbedingte Termingeschäfte. Wirtschaftlich betrachtet stellen Swapgeschäfte einen Tausch zukünftiger Zahlungsströme dar. Die Vertragsparteien können hierdurch voteilhafte Konditionen in einem bestimmten Marktsegment an die jeweils andere Vertragspartei weitergeben, wodurch im Ergebnis beide Parteien profitieren.[153] Swaps sind zwar individualvertragliche, sog. Over the Counter-Geschäfte, gleichwohl werden häufig standardisierte Vertragsbedingungen zugrunde gelegt.[154] Swapgeschäfte können sich – wie Derivate im Allgemeinen – auf eine Vielzahl unterschiedlicher Grundgeschäfte beziehen. Die größte praktische Bedeutung haben Zinsswaps und Währungsswaps.

3671 Bei Zinsswaps vereinbaren die Vertragsparteien, Zinsen aus zwei Grundgeschäften gleichen Nominalbetrags und gleicher Währung zu tauschen; regelmäßig ist dabei eines der Grundgeschäfte festverzinslich, das andere variabel verzinst.[155] Das wirtschaftliche Eigentum an den Kapitalbeträgen selbst wird bei Zinsswaps regelmäßig nicht auf die jeweils andere Vertragspartei übertragen, sondern lediglich die aus den Kapitalbeträgen resultierenden Zinszahlungsströme.[156] Bei Währungsswaps vereinbaren die Vertragsparteien, Kapitalbeträge in unterschiedlichen Währungen einschließlich der daraus resultierenden Zinszahlungsströme auszutauschen.

4.3.2.2.5.2 Ansatz und Bewertung

3672 Der Austausch zukünftiger Zahlungsströme bei Swaps stellt ein schwebendes Geschäft dar, das im Zeitpunkt des Geschäftsabschlusses grundsätzlich nicht zu bilanzieren ist.[157] Bei Währungsswaps, bei denen auch die Nominalbeträge getauscht werden, geht das wirtschaftliche Eigentum regelmäßig auf die jeweils andere Vertragspartei über; es kommt zu einem grundsätzlich erfolgsneutralen Aktiv- bzw. Passivtausch.[158] Sofern Swapgeschäfte zu den jeweiligen Bilanzstichtagen negative Marktwerte aufweisen, sind solche Verpflichtungsüberhänge handelsbilanziell als Drohverlustrückstellun-

151 Vgl. hierzu auch *Eisele/Knobloch*, DStR 1993 S. 623, wonach u. U. eine Drohverlustrückstellung zu bilden ist.

152 *Haisch*, in: HHR, EStG, § 5 Rn. 1078, m. w. N.

153 *Förschle/Usinger*, in: Beck'scher Bilanz-Kommentar, 9. Aufl., München 2014, § 254 Rn. 110.

154 *Förschle/Usinger*, in: Beck'scher Bilanz-Kommentar, 9. Aufl., München 2014, § 254 Rn. 110.

155 *Förschle/Usinger*, in: Beck'scher Bilanz-Kommentar, 9. Aufl., München 2014, § 254 Rn. 110; vgl. auch *Haisch*, in: Haisch/Helios, Rechtshandbuch Finanzinstrumente, München 2011, § 1 Rn. 49.

156 *Krumm*, in: Blümich, EStG, § 5 Rn. 1111; *Frotscher*, in: Frotscher, EStG, § 5 Rn. 145; *Haisch*, in: HHR, EStG, § 5 Rn. 1080.

157 *ADS*, Rechnungslegung und Prüfung der Unternehmen, 6. Aufl., Stuttgart ab 1995, § 246 Rn. 379; *Maulshagen/Maulshagen*, BB 2000 S. 248; *Förschle/Usinger*, in: Beck'scher Bilanz-Kommentar, 9. Aufl., München 2014, § 254 Rn. 111; *Haisch*, in: HHR, EStG, § 5 Rn. 1080.

158 *Scharpf*, in: Küting/Weber, Handbuch der Rechnungslegung Einzelabschluss, Kap. 6 Rn. 852; vgl. auch *Haisch*, in: HHR, EStG, § 5 Rn. 1080; Haisch/Helios, Rechtshandbuch Finanzinstrumente, München 2011, § 2 Rn. 135.

gen zu erfassen.[159] Eine Passivierung in der Steuerbilanz scheidet wegen § 5 Abs. 4a EStG aus. Bei Beendigung des Swapgeschäfts sind die entsprechenden Ein- und Auszahlungen ergebniswirksam zu erfassen.[160] Handelsbilanziell passivierte Drohverluste sind ertragswirksam aufzulösen.

4.3.3 Hybride Finanzierungstitel

3673 Hybride Finanzierungstitel weisen sowohl Eigen- als auch Fremdkapitalmerkmale auf.[161] Daher muss handels- und steuerbilanziell im Grundsatz eine Einordnung als Eigenkapital- oder Fremdkapitaltitel vorgenommen werden. Zu den hybriden Finanzierungstiteln zählen insbesondere auch strukturierte Finanzierungstitel, die aus mindestens zwei Finanzierungstiteln zusammengesetzt sind.

3674 Für die Bilanzierung von strukturierten Finanzinstrumenten bestehen zwei grundlegenden Bilanzierungsansätze: der Einheitsansatz (integration approach) und der Zerlegungsansatz (bifurcation approach). Nach dem Einheitsansatz werden strukturierte Finanzierungstitel als Einheit innerhalb eines Bilanzposten ausgewiesen.[162] Beim Zerlegungsansatz wird eine Aufteilung in die einzelnen Finanzierungstitel vorgenommen; die Einzeltitel werden dann getrennt unter den jeweiligen Bilanzposten ausgewiesen.[163]

3675 Ob der Einheits- oder der Zerlegungsansatz zur Anwendung kommt, ist insbesondere davon abhängig, ob es sich um einen echten oder einen unechten strukturierten Finanzierungstitel handelt. Bei echten strukturierten Finanzierungstiteln werden die einzelnen Komponenten zu einem einzigen unzerlegbaren Instrument zusammengefügt. Echte strukturierte Finanzierungstitel sind grundsätzlich nach dem Einheitsansatz zu bilanzieren.[164] Unechte strukturierte Finanzierungstitel werden ebenfalls aus mehreren Einzelkomponenten zusammengefügt; gleichwohl kann der Inhaber die einzelnen Komponenten ohne Zustimmung des Emittenten wieder in die Einzelkomponenten zerlegen. Unechte strukturierte Finanzierungstitel sind nach dem Zerlegungsansatz zu bilanzieren.[165] Dies gilt auch bereits bevor eine tatsächliche Zerlegung stattgefunden hat.

---

159 *ADS*, Rechnungslegung und Prüfung der Unternehmen, 6. Aufl., Stuttgart ab 1995, § 246 Rn. 379; *Maulshagen/Maulshagen*, BB 2000 S. 249; *Haisch*, in: HHR, EStG, § 5 Rn. 1080; *Schiffers*, in: Korn, EStG, § 5 Rn. 263.

160 Vgl. *Schiffers*, in: Korn, EStG, § 5 Rn. 264; *Haisch/Helios*, in: Haisch/Helios, Rechtshandbuch Finanzinstrumente, München 2011, § 2 Rn. 137; *Förschle/Usinger*, in: Beck'scher Bilanz-Kommentar, 9. Aufl., München 2014, § 254 Rn. 114.

161 Ausführlich hierzu *Briesemeister*, Hybride Finanzinstrumente im Ertagsteuerrecht, Düsseldorf 2006, S. 10 ff., m. w. N.

162 *Haisch/Helios*, in: Haisch/Helios, Rechtshandbuch Finanzinstrumente, München 2011, § 2 Rn. 16.

163 IDW RS HFA 22 Tz. 18; *Bertsch*, KoR 2003 S. 553 f.; *Haisch/Helios*, in: Haisch/Helios, Rechtshandbuch Finanzinstrumente, München 2011, § 2 Rn. 16.

164 Siehe hierzu mit verschiedenen Ausnahmen und Rückausnahmen IDW RS HFA 22 Rn. 6, 13; *Hachmeister*, in: Handbuch des Jahresabschlusses, Abt. II/3 Rn. 61 ff.; *Haisch*, HHR, EStG, § 5 Rn. 1085 ff.; ausführlich zur Bilanzierung strukturierter Finanzinstrumente *Briesemeister*, Hybride Finanzinstrumente im Ertagsteuerrecht, Düsseldorf 2006, S. 175 ff.

165 *Haisch*, in: HHR, EStG, § 5 Rn. 1086; *Haisch/Helios*, in: Haisch/Helios, Rechtshandbuch Finanzinstrumente, München 2011, § 2 Rn. 15.

4.3.3.1 Genussrechte

4.3.3.1.1 Definition

3676 Gesellschaftsrechtlich stellen Genussrechte Finanzierungstitel dar, die zwar auf schuldrechtlicher Basis begründet werden, dem Inhaber aber regelmäßig bestimmte gesellschaftertypische Vermögensrechte gewähren, wie z. B. eine Beteiligung am Gewinn oder am Liquidationserlös.[166] Genussrechte begründen als schuldrechtliche Instrumente keine mitgliedschaftliche Stellung. Sie gewähren somit keine Verwaltungs-, Stimm- und Kontrollrechte. Genussrechte können auch verbrieft werden (Genussscheine).

3677 Beteiligungen am Gewinn können bei Genussrechten sowohl gewinnorientiert als auch gewinnabhängig ausgestaltet sein.[167] Gewinnorientierte Erfolgsbeteiligungen sind variabel und werden auf Basis einer bestimmten Erfolgsgröße bemessen (z. B. Jahresüberschuss, Bilanzgewinn oder Dividende). Gewinnabhängige Erfolgsbeteiligungen sind hingegen fix, stehen aber unter dem Vorbehalt, dass ein entsprechender Unternehmensgewinn erwirtschaftet wird. Genussrechte können ferner auch ganz ohne Beteiligung am Gewinn ausgestaltet werden. Eine fixe gewinnunabhängige Vergütung steht der Qualifikation als Genussrecht nach h. M. nicht entgegen, sofern dem Genussrechtsinhaber daneben eine Beteiligung am Liquidationserlös bzw. an den stillen Reserven der Emittentin gewährt wird.[168]

4.3.3.1.2 Steuerrechtliche Unterscheidung in Eigen- und Fremdkapitalgenussrechte

3678 Der Genussrechtsbegriff ist steuerrechtlich nicht legal definiert. Die höchstrichterliche Rechtsprechung und die herrschende steuerrechtliche Literatur greifen deswegen auf das oben dargestellte gesellschaftsrechtliche Verständnis dieses Begriffs zurück.[169] Sofern nach diesem Verständnis ein Genussrecht vorliegt, ist für steuerliche Zwecke weiter zwischen sog. Eigenkapitalgenussrechten und sog. Fremdkapitalgenussrechten zu differenzieren. Genussrechte sind als Eigenkapitalgenussrechte einzuordnen, sofern der Genussrechtsinhaber sowohl am Gewinn als auch am Liquidationserlös einer Kapitalgesellschaft beteiligt ist (§ 8 Abs. 3 Satz 2 KStG, § 20 Abs. 1 Satz 1 Nr. 1 EStG). Umgekehrt sind Fremdkapitalgenussrechte sämtliche Genussrechte, die nicht als Eigenkapitalgenussrechte einzuordnen sind. Eigenkapitalgenussrechte können nach h. M. nur von Körperschaften emittiert werden. Sofern Personengesellschaften – als Gesamt-

166 BGH, Urteil vom 5. 10. 1992 – II ZR 172/91, BGHZ 119 S. 305; *Habersack*, in: Münchener Kommentar zum AktG, 3. Aufl., München 2011, § 221 Rn. 64 f.; *Hüffer*, AktG, 9. Aufl., München 2010, § 221 Rn. 25; jeweils m. w. N.

167 Siehe hierzu *Habersack*, in: Münchener Kommentar zum AktG, 3. Aufl., München 2011, § 221 Rn. 94 ff.; *Lutter*, in: Kölner Kommentar zum AktG, 2. Aufl., Köln 1995, § 221 Rn. 199 ff.; *Merkt*, in: Schmidt/Lutter, AktG, 2. Aufl., Köln 2010, § 221 Rn. 55 ff.

168 *Habersack*, in: Münchener Kommentar zum AktG, 3. Aufl., München 2011, § 221 Rn. 114; *Lutter*, in: Kölner Kommentar zum AktG, 2. Aufl., Köln 1995, § 221 AktG Rn. 211; *Harenberg/Irmer*, in: HHR, EStG, § 43 Rn. 40.

169 BFH, Urteil vom 8. 4. 2008 – VIII R 3/05, BStBl 2008 II S. 852; *Gosch*, in: Gosch, KStG, 2. Aufl., München 2009, § 8 Rn. 149; *Schulte*, in: Erle/Sauter, KStG, 3. Aufl., Heidelberg u. a. 2010, § 8 Rn. 317; *Weber-Grellet*, in: Schmidt, EStG, 33. Aufl., München 2014, § 20 Rn. 32.

handsgemeinschaften – Genussrechte emittieren, qualifizieren diese steuerlich stets als Fremdkapitalgenussrechte.[170]

Nach der h. M. liegt eine Beteiligung am Gewinn dann vor, wenn die Genussrechtsvergütungen mittelbar oder unmittelbar vom handelsrechtlich verteilbaren Gewinn abhängig sind. Als Bezugsgröße kommt dabei neben dem Handelsbilanzgewinn auch der Jahresüberschuss, der Steuerbilanzgewinn, Dividendenzahlungen an die Gesellschafter oder andere aus dem Jahresabschluss abgeleitete Kennziffern in Betracht; entscheidend ist, dass die Genussrechtsvergütung dem Grunde und der Höhe nach vom Erfolg der Gesellschaft abhängt.[171] Keine Beteiligung am Gewinn stellen Vergütungen dar, die unabhängig vom Erfolg, insbesondere auch in Verlustjahren, zu zahlen sind.[172] 3679

Eine Beteiligung am Liquidationserlös liegt nach h. M. vor, wenn der Genussrechtsinhaber über die Rückzahlung des Nominalbetrags hinaus an den Liquidationserträgen der Emittentin partizipiert. Ferner is eine Beteiligung am Liquidationserlös auch dann gegeben, wenn der Genussrechtsinhaber in den Fällen der Rückzahlung des Genussrechtskapitals vor Liquidation an den stillen Reserven der Emittentin beteiligt wird.[173] 3680

4.3.3.1.3 Ansatz und Bewertung

Genussrechte gewähren dem Inhaber zwar gewisse Vermögensrechte auf schuldrechtlicher Basis, nicht aber die Mitwirkungsrechte eines Eigenkapitalgebers. Mangels gesellschaftsrechtlicher Einflussnahmemöglichkeiten können Genussrechte vom Inhaber daher weder als Beteiligungen noch als Anteile an verbundenen Unternehmen angesetzt werden.[174] Dies gilt insbesondere auch für Genussrechte, die aus Sicht des Emittenten handelsrechtliches Eigenkapital darstellen. Innerhalb des Anlagevermögens sind unverbriefte Genussrechte daher unter den sonstigen Ausleihungen auszuweisen; Genussscheine stellen Wertpapiere des Anlagevermögens dar.[175] Sowohl handels- als auch steuerbilanziell erfolgt die Zugangsbewertung zu Anschaffungskosten zuzüglich etwaiger Anschaffungsnebenkosten. 3681

4.3.3.1.4 Folgebewertung

Die handels- und steuerbilanzielle Folgebewertung erfolgt nach allgemeinen Grundsätzen. Die steuerliche Unterscheidung zwischen Eigen- und Fremdkapitalgenussrechten hat keinen Einfluss auf die Behandlung innerhalb der Steuerbilanz. Erst auf außerbilan- 3682

170 Vgl. *Intemann*, in: HHR, EStG, § 20 Rn. 56; *Schulte*, in: Erle/Sauter, KStG, 3. Aufl., Heidelberg u. a. 2010, § 8 Rn. 319.

171 *Schulte*, in: Erle/Sauter, KStG, 3. Aufl., Heidelberg u. a. 2010, § 8 Rn. 320; *Stein*, in: HHR, KStG, § 8 KStG Rn. 184; *Widmayer*, IStR 2001 S. 339; *Kratzsch*, BB 2005 S. 2605.

172 *Frotscher*, in: Frotscher/Maas, KStG, § 8 Rn. 125; *Stein*, in: HHR, KStG, § 8 KStG Rn. 184; *Linscheidt*, DB 1992 S. 1853.

173 *Rengers*, in: Blümich, KStG, § 8 Rn. 203.

174 *Haisch/Helios*, in: Haisch/Helios, Rechtshandbuch Finanzinstrumente, München 2011, § 2 Rn. 195.

175 Siehe hierzu oben Rz. 3610.

zieller Ebene ergeben sich Unterschiede. So sind Aufwendungen und Erträge aus der Folgebewertung von Eigenkapitalgenussrechten für steuerliche Zwecke ggf. außerbilanziell nach den Vorschriften der §§ 3 Nr. 40, 3c Abs. 2 EStG und des § 8b KStG zu korrigieren.

4.3.3.2 Stille Beteiligungen

4.3.3.2.1 Definition

3683 Stille Beteiligungen sind Beteiligungen an einem Handelsgewerbe eines Kaufmanns. Die stille Gesellschaft ist eine reine Innengesellschaft ohne Gesamthandsvermögen. Der stille Gesellschafter leistet eine Vermögenseinlage, die in das Vermögen des Kaufmanns übergeht (§ 230 Abs. 1 HGB); er partizipiert durch seine Einlage an den Gewinnen und Verlusten des Kaufmanns (§ 231 Abs. 1 HGB). Die Verlustbeteiligung kann gesellschaftsvertraglich – anders als die Gewinnbeteiligung – auch abbedungen werden (§ 231 Abs. 2 HGB). Von Genussrechten unterscheiden sich stille Beteiligungen insbesondere dadurch, dass stiller Gesellschafter und Kaufmann mit der stillen Beteiligung einen gemeinsamen Zweck verfolgen.[176] Bei stillen Beteiligungen muss das gemeinsame Streben zur Erreichung gemeinsamer Ziele im Vordergrund stehen. Hiervon abzugrenzen ist das bloße Verfolgen eigener Motive und Interessen der beteiligten Parteien, das noch keinen gemeinsamen Zweck begründet.[177]

3684 Steuerlich sind typisch stille Beteiligungen i. S. d. § 20 Abs. 1 Nr. 4 EStG und atypisch stille Beteiligungen zu unterscheiden.[178] Typisch stille Gesellschafter sind zwar am laufenden Gewinn der Gesellschaft, nicht aber an den stillen Reserven beteiligt. Mitwirkungsrechte im Rahmen der Geschäftsführung kommen typisch stillen Gesellschaftern grundsätzlich nicht zu.[179] Atypisch stille Gesellschafter haben hingegen weiterreichende Vermögens- und Mitwirkungsrechte. Eine atypisch stille Beteiligung liegt steuerlich dann vor, wenn der stille Gesellschafter nach dem Typusbegriff als Mitunternehmer anzusehen ist. Hierfür muss dieser nach allgemeinen Regelungen Mitunternehmerinitiative ausüben können und Mitunternehmerrisiko tragen:[180] Mitunternehmerinitiative kann dann ausgeübt werden, wenn dem stillen Gesellschafter wenigstens die Stimm-, Kontroll- und Widerspruchsrechte eines Kommanditisten nach dem gesetzlichen Regelstatut des HGB (§§ 161, 164, 166 HGB) zustehen; Mitunternehmerrisiko beinhaltet eine – über die bloße Gewinn- und Verlustbeteiligung hinausgehende – Beteiligung an den stillen Reserven der Gesellschaft einschließlich eines etwaigen Geschäfts- oder Firmen-

---

176 BFH, Urteil vom 8. 4. 2008 – VIII R 3/05, BStBl 2008 II S. 852; Urteil vom 22. 7. 1997 – VIII R 57/95, BStBl 1997 II S. 755; ausführlich hierzu *Stein*, in: HHR, KStG, § 8 Rn. 177.

177 Vgl. BFH, Urteil vom 8. 4. 2008 – VIII R 3/05, BStBl 2008 II S. 852 m. w. N.

178 Exemplarisch hierzu *Richter*, in: HHR, EStG, § 6 Rn. 830.

179 *Wittkowski/Westmeier*, BC 2010 S. 423.

180 BFH, Urteil vom 10. 10. 2012 – VIII R 42/10, BStBl. 2013 II, 79; BFH, Beschluss vom 25. 6. 1984 – GrS 4/82, BStBl 1984 II S. 751; BFH, Urteil vom 28. 11. 1974 – I R 232/72, BStBl 1975 II S. 498; ausführlich hierzu *Bode*, in: Blümich, EStG, § 15 Rn. 349 ff.

wertes. Maßgeblich für das Vorliegen dieser Typusmerkmale ist stets das Gesamtbild.[181] Zivilrechtlich ist hingegen u. U. bereits mit dem Vorliegen gewisser unternehmerischer Einflussnahme von einer atypisch stillen Gesellschaft auszugehen.[182]

4.3.3.2.2 Ansatz und Bewertung

Der Anteil des stillen Gesellschafters wird in dessen Handelsbilanz entweder als Beteiligung oder als sonstige Ausleihung angesetzt. Ein Ansatz als Beteiligung setzt nach h. M. voraus, dass der stille Gesellschafter eine unternehmerische Zielsetzung verfolgt, was regelmäßig bei atypisch stillen Beteiligungen gegeben ist.[183] Die handelsbilanzielle Zugangs- und Folgebewertung erfolgt nach allgemeinen Regelungen. 3685

Die steuerbilanzielle Behandlung von Anteilen eines stillen Gesellschafters richtet sich hingegen nach der Einordnung als typisch oder atypisch stille Beteiligung. Anteile an typisch stillen Gesellschaften werden wie Kapitalforderungen bilanziert.[184] Für Anteile an atypisch stillen Gesellschaften gelten die Bilanzierungsgrundsätze für Anteile an Mitunternehmerschaften.[185] 3686

4.3.3.3 Forderungen aus partiarischen Darlehen

Forderungen aus partiarischen Darlehen sind Kapitalforderungen deren Verzinsung ganz oder teilweise von einer bestimmten bilanziellen Erfolgsgröße des Emittenten abhängt (etwa vom Gewinn oder vom Umsatz). Verbriefte partiarische Darlehensforderungen werden auch als Gewinnobligationen bezeichnet.[186] Partiarische Darlehensforderungen können nach h. M. – anders als Genussrechte – keine Verlustbeteiligung aufweisen.[187] Zudem sind sie nicht nachrangig ausgestaltbar.[188] In Abgrenzung zur stillen Beteiligung wird mit der Hingabe eines partiarischen Darlehens kein gemeinsamer Zweck verfolgt.[189] 3687

Forderungen aus partiarischen Darlehen werden daher, sofern es sich um Anlagevermögen handelt, unter den sonstigen Ausleihungen ausgewiesen. Die handels- und steuerbilanzielle Zugangs- und Folgebewertung richtet sich nach den allgemeinen Grundsätzen für Kapitalforderungen.[190] 3688

---

181 *Wacker*, in: Schmidt, EStG, 33. Aufl., München 2014, § 15 Rn. 261; BFH, Beschluss vom 25. 6. 1984 – GrS 4/82, BStBl 1984 II S. 751.

182 Siehe hierzu *Keul*, in: Münchener Handbuch des Gesellschaftsrechts, Band 2, 4. Aufl., München 2014, § 73 Rn. 37 ff.

183 So zur Zielsetzung *ADS*, Rechnungslegung und Prüfung der Unternehmen, 6. Aufl., Stuttgart ab 1995, § 271 Rn. 19; *Grottel/Kreher*, in: Beck'scher Bilanz-Kommentar, 9. Aufl., München 2014, § 271 Rn. 16.

184 Siehe oben Rz. 3652 ff.

185 Siehe oben Rz. 3631 ff.

186 *Haisch*, in: Haisch/Helios, Rechtshandbuch Finanzinstrumente, München 2011, § 1 Rn. 117.

187 BFH, Urteil vom 22. 6. 2010 – I R 78/09, BFH/NV 2011 S. 12; Urteil vom 22. 7. 1997 – VIII R 57/95, BStBl 1997 II S. 755; vgl. auch BFH, Urteil vom 19. 10. 2005 – I R 48/04, BStBl 2006 II S. 334; *Habersack*, in: Münchener Kommentar zum AktG, § 221 Rn. 58; *Intemann*, in: HHR, EStG, § 20 Rn. 191; *Weber-Grellet*, in: Schmidt, EStG, 33. Aufl., München 2014, § 20 Rn. 78.

188 Vgl. *Haisch*, in: Haisch/Helios, Rechtshandbuch Finanzinstrumente, München 2011, § 1 Rn. 117.

189 *Wittkowski/Westmeier*, BC 2010 S. 423; siehe auch *Weber-Grellet*, in: Schmidt, EStG, 33. Aufl., München 2014, § 20 Rn. 78.

190 Siehe oben Rz. 3652 ff.

4.3.3.4 Hybridanleihen

3689 Bei Hybridanleihen handelt es sich im wirtschaftlichen Kern wie bei konventionellen Anleihen um Kapitalforderungen und damit um Fremdkapitaltitel. Sie können zivilrechtlich ebenfalls als Inhaberschuldverschreibungen (§ 793 BGB) oder Namensschuldverschreibungen ausgestaltet sein. Daneben weisen Hybridanleihen aber auch bestimmte Merkmale von Eigenkapitaltiteln auf. So sind Hybridanleihen häufig nachrangig ausgestaltet und verfügen über eine lange oder unbegrenzte Laufzeit (sog. ewige Anleihen oder perpetuals).[191]

3690 Hybridanleihen sind als Wertpapiere des Anlagevermögens anzusetzen. Handels- und steuerbilanziell gelten für den Inhaber der Hybridanleihe die allgemeinen Bewertungsgrundsätze. Für die außerbilanzielle steuerliche Behandlung muss wie bei Genussrechten geprüft werden, ob es sich aus steuerlicher Sicht um einen Eigen- oder einen Fremdkapitaltitel handelt.[192] Bei einer steuerlichen Qualifikation als Eigenkapitaltitel sind Aufwendungen und Erträge aus der Folgebewertung ggf. nach den Vorschriften der §§ 3 Nr. 40, 3c Abs. 2 EStG und des § 8b KStG außerbilanziell zu korrigieren.

4.3.3.5 Wandelanleihen

4.3.3.5.1 Definition

3691 Wandelanleihen (convertible bonds) gewähren dem Inhaber neben einer festen Verzinsung das Recht, die Anleihe in eine festgelegte Zahl junger Aktien des Emittenten umzutauschen.[193] Das Wandlungsrecht ist untrennbar mit der Anleihe verbunden und kann nicht eigenständig gehandelt werden. Wandelanleihen sind daher echte strukturierte Finanzierungstitel, die aus einer Anleihe und einer Call-Option auf junge Aktien zusammengesetzt sind.[194] Da dem Inhaber zusätzlich das Optionsrecht gewährt wird, ist die Verzinsung der Wandelanleihe regelmäßig niedriger als bei vergleichbaren konventionellen Anleihen. Wandelanleihen sind zivilrechtlich als Wandelschuldverschreibungen i. S. d. § 221 Abs. 1 Satz 1 AktG einzuordnen. Eine Sonderform der Wandelanleihe stellen sog. Pflichtwandelanleihen dar, bei denen der Inhaber während der Laufzeit der Anleihe berechtigt, am Ende der Laufzeit aber verpflichtet ist, die Anleihe in junge Aktien umzutauschen.[195]

---

191 *Haisch*, in: Haisch/Helios, Rechtshandbuch Finanzinstrumente, München 2011, § 1 Rn. 109.

192 Siehe hierzu auch oben Rz. 3678 ff.

193 *Haisch*, in: HHR, EStG, § 5 Rn. 1089; *Häuselmann/Wagner*, BB 2002 S. 2432.

194 Vgl. *Briesemeister*, Hybride Finanzierungsinstrumente im Ertagsteuerrecht, Düsseldorf 2006, S. 26, 207; *Rozijn*, ZBB 1998 S. 83; *Siddiqui*, FB 1999 S. 448.

195 *Häuselmann/Wagner*, BB 2002 S. 2432; vgl. auch *Haisch*, in: Haisch/Helios, Rechtshandbuch Finanzinstrumente, München 2011, § 1 Rn. 92.

4.3.3.5.2 Ansatz und Bewertung

3692 Handelsbilanziell ist umstritten, ob Wandelanleihen nach dem Einheitsansatz als einheitlicher Vermögensgegenstand bilanziert werden müssen oder ob nach dem Zerlegungsansatz eine Aufteilung in eine Anleihe- und eine Optionskomponente erfolgen muss.[196] Der HFA des IDW nimmt in RS HFA 22 zur Bilanzierung strukturierter Finanzierungstitel Stellung. Hiernach sind die Umstände des Einzelfalls maßgeblich dafür, ob eine einheitliche oder getrennte Bilanzierung vorzunehmen ist. Grundsätzlich sind strukturierte Finanzinstrumente als einheitlicher Vermögensgegenstand zu bilanzieren, sofern dies zu einer zutreffenden Darstellung der Vermögens-, Finanz- und Ertragslage führt.[197] Sofern die Optionskomponente aber einem wesentlich über das Zinsrisiko hinausgehenden Marktpreisrisiko unterliegt, muss eine Zerlegung vorgenommen werden.[198]

3693 Steuerbilanziell sind Wandelanleihen hingegen nach h. M. als einheitliches Wirtschaftsgut anzusetzen, da es sich um echte strukturierte Finanzierungstitel handelt.[199] Der Ausweis erfolgt beim Einheitsansatz unter den Wertpapieren des Anlagevermögens. Die Zugangs- und Folgebewertung von Wandelanleihen richtet sich in diesem Fall nach allgemeinen Grundsätzen.

4.3.3.5.3 Ausübung des Optionsrechts

3694 Die Umwandlung der Wandelanleihe in junge Aktien des Emittenten stellt handels- und steuerbilanziell keinen Realisationsvorgang dar.[200] Die jungen Aktien werden nicht durch Hingabe der Anleihe angeschafft. Es liegt aus steuerlicher Sicht insbesondere auch kein Tausch oder tauschähnliches Geschäft i. S. d. § 6 Abs. 6 Satz 1 EStG vor.[201] Die erhaltenen jungen Aktien sind daher in Handels- und Steuerbilanz erfolgsneutral mit dem Buchwert der Wandelanleihe zuzüglich etwaig zu leistender Zuzahlungen zu bewerten.[202]

---

196 Für eine Bilanzierung nach dem Einheitsansatz etwa *Hachmeister,* in: Handbuch des Jahresabschlusses, Abt. II/3 Rn. 61; *Fischer/Lackus,* in: Bösl/Schimpfky/von Beauvais, Fremdfinanzierung für den Mittelstand, München 2014, § 9 Rn. 88; *Eilers/Teufel,* in: Eilers/Rödding/Schmalenbach, Unternehmensfinanzierung, 2. Aufl., München 2014, S. 82; für eine Bilanzierung nach dem Zerlegungsansatz hingegen *Gelhausen/Rimmelspacher,* AG 2006 S. 741; so grds. auch *Mihm,* in: Habersack/Mülbert/Schlitt, Unternehmensfinanzierung am Kapitalmarkt, 3. Aufl, Köln 2013, § 15 Rn. 12.

197 Vgl. IDW RS HFA 22 Rn. 6 und 13.

198 Vgl. IDW RS HFA 22 Rn. 16a.

199 *Krumm,* in: Blümich, EStG, § 5 Rn. 920 Stichwort „Wandelschuldverschreibungen"; *Dreyer/Herrmann,* BB 2001 S. 706; *Haisch,* in: HHR, EStG, § 5 Rn. 1089; *Haisch/Helios,* in: Haisch/Helios, Rechtshandbuch Finanzinstrumente, München 2011, § 2 Rn. 159; *Wiese/Dammer,* DStR 1999 S. 870; *Häuselmann,* BB 2003 S. 1535.

200 BFH, Urteil vom 21. 2. 1973 – I R 106/71, BStBl 1973 II S. 460; Urteil vom 30. 11. 1999 – IX R 70/96, BStBl 2000 II S. 262; *Haisch,* in: HHR, EStG, § 5 Rn. 1089.

201 *Ehmcke,* in: Blümich, EStG, § 6 Rn. 120; *Haisch,* in: HHR, EStG, § 5 Rn. 1089.

202 *Haisch,* in: HHR, EStG, § 5 Rn. 1089; *Häuselmann/Wagner,* BB 2002 S. 2432.

4.3.3.6 Umtauschanleihen

4.3.3.6.1 Definition

3695 Umtauschanleihen (exchangeables) gewähren dem Inhaber neben einer festen Verzinsung das Recht, anstelle der Rückzahlung der Anleihe die Lieferung einer festgelegten Zahl von Aktien zu verlangen; anders als bei Wandelanleihen bezieht sich das Optionsrecht nicht auf junge, sondern auf Altaktien des Emittenten oder auf Aktien einer anderen Gesellschaft.[203] Sie werden daher teilweise auch als Fremdwandelanleihen bezeichnet. Umtauschanleihen sind echte strukturierte Finanzierungstitel, die aus einer Anleihe und einer Call-Option auf die jeweiligen Aktien zusammengesetzt sind. Da dem Inhaber einer Umtauschanleihe neben der Anleihekomponente eine Option gewährt wird, sind Umtauschanleihen regelmäßig niedriger verzinst als vergleichbare konventionelle Anleihen.

4.3.3.6.2 Ansatz und Bewertung

3696 Ob Umtauschanleihen handelsbilanziell nach dem Einheits- oder Zerlegungsansatz bilanziert werden müssen, ist wie bei Wandelanleihen umstritten.[204] Steuerbilanziell sind Umtauschanleihen hingegen nach h. M. als einheitliches Wirtschaftsgut anzusetzen, da es sich um echte strukturierte Finanzierungstitel handelt.[205] Umtauschanleihen sind nach dem Einheitsansatz unter den Wertpapieren des Anlagevermögens auszuweisen und werden nach allgemeinen Grundsätzen bewertet.

4.3.3.6.3 Ausübung des Optionsrechts

3697 Die Ausübung der Option stellt bei Umtauschanleihen steuerlich – anders als bei Wandelanleihen – einen tauschähnlichen Vorgang dar.[206] Handelsbilanziell besteht ein Wahlrecht zwischen erfolgsneutraler und erfolgswirksamer Behandlung.[207] Steuerbilanziell ist in Höhe der Differenz zwischen Buchwert der Umtauschanleihe und gemeinem Wert der erhaltenen Aktien ein Gewinn oder Verlust zu realisieren. Der bilanzielle Gewinn- oder Verlust ist für steuerliche Zwecke ggf. außerbilanziell nach den Vorschriften der §§ 3 Nr. 40, 3c EStG bzw. § 8b KStG zu korrigieren.

---

203 Vgl. *Haisch*, in: HHR, EStG, § 5 Rn. 1090.

204 Für eine Bilanzierung nach dem Einheitsansatz *ADS*, Rechnungslegung und Prüfung der Unternehmen, 6. Aufl., Stuttgart ab 1995, § 246 Rn. 365; *Eilers/Teufel*, in: Eilers/Rödding/Schmalenbach, Unternehmensfinanzierung, 2. Aufl., München 2014, S. 73 f.; *Fischer/Lackus*, in: Bösl/Schimpfky/von Beauvais, Fremdfinanzierung für den Mittelstand, München 2014, § 9 Rn. 109; für eine Anwendung des Zerlegungsansatzes hingegen *Mihm*, in: Habersack/Mülbert/Schlitt, Unternehmensfinanzierung am Kapitalmarkt, 3. Aufl., Köln 2013, § 15 Rn. 73; *Schaber/Rehm/Märkl/Spies*, Handbuch strukturierte Finanzinstrumente, 2. Aufl., Düsseldorf 2010, S. 179. Siehe hierzu auch oben Rz. 3692.

205 *Haisch*, in: HHR, EStG, § 5 Rn. 1090; *Haisch/Helios*, in: Haisch/Helios, Rechtshandbuch Finanzinstrumente, München 2011, § 2 Rn. 164; *Häuselmann/Wagner*, BB 2002 S. 2434.

206 *Haisch*, in: HHR, EStG, § 5 Rn. 1090; *Häuselmann/Wagner*, BB 2002 S. 2434; *Lohr*, FB 2000 S. 579; *Sagasser/Schlösser*, in: Assmann/Schütze, Handbuch des Kapitalanlagerechts, 3. Aufl., München 2007, § 26 Rn. 518; a. A. *Dreyer/Herrmann*, BB 2001 S. 707 f.

207 So generell zum Tausch *Schubert/Gadek*, in: Beck'scher Bilanz-Kommentar, 9. Aufl., München 2014, § 255 Rn. 40, m. w. N.

4.3.3.7 Optionsanleihen

4.3.3.7.1 Definition

Optionsanleihen gewähren dem Inhaber zum einen eine feste Verzinsung und zum anderen ein Recht, junge Aktien des Emittenten zu beziehen; anders als bei Wandelanleihen ist das Optionsrecht allerdings abtrennbar und kann separat gehandelt werden.[208] Optionsanleihen sind daher unechte strukturierte Finanzierungstitel, die aus einer Anleihe und einer Call-Option auf junge Aktien zusammengesetzt sind.[209] 3698

4.3.3.7.2 Ansatz und Bewertung

Bei Optionsanleihen sind die Anleihe- und die Optionskomponente handels- und steuerbilanziell nach dem Zerlegungsansatz als separate Vermögensgegenstände bzw. separate Wirtschaftsgüter anzusetzen.[210] Die Anleihe ist hierbei als Wertpapier, die Option als immaterieller Vermögensgegenstand/immaterielles Wirtschaftsgut zu bilanzieren.[211] Die Anschaffungskosten sind im Rahmen der Zugangsbewertung auf die Anleihe und die Option aufzuteilen. Für Zwecke der Zugangsbewertung sind Optionsanleihen mit offenem und verdecktem Aufgeld zu unterscheiden. Bei marktüblich verzinsten Optionsanleihen mit offenem Aufgeld entsprechen die Anschaffungskosten des Optionsrechts dem offenen Aufgeld; die Anleihekomponente wird mit dem Ausgabebetrag bewertet.[212] Sofern marktüblich verzinste Optionsanleihen ohne offen ausgewiesenes Aufgeld emittiert werden, muss der Ausgabebetrag anhand des Verhältnisses der Teilwerte auf die Anleihekomponente und die Option aufgeteilt werden.[213] Bei niedrigverzinslichen Optionsanleihen ist die Anleihekomponente mit dem vollen Ausgabebetrag zu bewerten.[214] Das erhaltene Optionsrecht wird als vorausbezahlter Zins interpretiert und mit dem Teilwert aktivert. Da dieser „vorausbezahlte Zins" noch nicht realisiert ist, wird korrespondierend in Höhe des Teilwerts der Option ein Rechnungsabgrenzungsposten passiviert, der ertragswirksam über die Laufzeit aufzulösen ist.[215] Für die Folgebewertung von Anleihekomponente und Option gelten im Übrigen allgemeine Grundsätze. 3699

208 *Häuselmann/Wagner*, BB 2002 S. 2431.

209 Vgl. *Briesemeister*, Hybride Finanzierungsinstrumente im Ertagsteuerrecht, Düsseldorf 2006, S. 27; *Haisch*, in: HHR, EStG, § 5 Rn. 1088.

210 *Gelhausen/Rimmelspacher*, AG 2006 S. 745; *Mihm*, in: Habersack/Mülbert/Schlitt, Unternehmensfinanzierung am Kapitalmarkt, 3. Aufl, Köln 2013, § 15 Rn. 60; *Wiese/Dammer*, DStR 1999 S. 870; *Haisch/Helios*, in: Haisch/Helios, Rechtshandbuch Finanzinstrumente, München 2011, § 2 Rn. 150; *Eilers/Teufel*, in: Eilers/Rödding/Schmalenbach, Unternehmensfinanzierung, 2. Aufl., München 2014, S. 65; a. A. *Häuselmann/Wagner*, BB 2002 S. 2432.

211 *Weber-Grellet*, in: Schmidt, EStG, 33. Aufl., München 2014, § 5 Rn. 270 Stichwort „Anleihen".

212 *Haisch/Helios*, in: Haisch/Helios, Rechtshandbuch Finanzinstrumente, München 2011, § 2 Rn. 151.

213 *Haisch/Helios*, in: Haisch/Helios, Rechtshandbuch Finanzinstrumente, München 2011, § 2 Rn. 153.

214 zur Differenzierung zwischen Doppel- und Alleinerwerb siehe *Haisch*, in: HHR, EStG, § 5 Rn. 1088.

215 *Haisch/Helios*, in: Haisch/Helios, Rechtshandbuch Finanzinstrumente, München 2011, § 2 Rn. 154.

4.3.3.7.3 Ausübung des Optionsrechts

3700 Die Ausübung des Optionsrechts führt bei Optionsanleihen anders als bei Wandelanleihen nicht zum Erlöschen der Anleihe.[216] Gleichwohl führt die Ausübung des Optionsrechts auch bei Optionsanleihen zu keiner Gewinnrealisierung. Die erhaltenen Aktien sind mit dem Ausübungspreis zuzüglich des Buchwerts der Option zu bewerten. Sofern das Optionsrecht nicht ausgeübt wird und verfällt, ist der Buchwert des Optionsrechts aufwandswirksam auszubuchen.

4.3.3.8 Aktienanleihen

4.3.3.8.1 Definition

3701 Aktienanleihen (reverse convertibles) sind Anleihen mit Andienungsrechten. Dem Emittenten wird das Recht gewährt, anstelle der Rückzahlung des Nominalbetrags der Anleihe eine bestimmte Anzahl alter Aktien (häufig einer anderen Gesellschaft) zu liefern.[217] Der Inhaber der Aktienanleihe ist in Bezug auf das Andienungsrecht des Emittenten Stillhalter. Aktienanleihen sind echte strukturierte Finanzierungstitel, die aus dem Kauf einer Anleihe und einer Stillhalterverpflichtung (aus dem Verkauf einer Call-Option, sog. short call) zusammengesetzt sind. Aktienanleihen werden höher verzinst als konventionelle Anleihen, weil Inhaber von Aktienanleihen durch das Andienungsrecht des Emittenten beschwert sind.

4.3.3.8.2 Ansatz und Bewertung

3702 Ob Aktienanleihen handelsbilanziell nach dem Einheits- oder Zerlegungsansatz bilanziert werden müssen, ist wie bei Wandelanleihen umstritten.[218] Steuerbilanziell sind Aktienanleihen nach dem Einheitsansatz als einheitliches Wirtschaftsgut anzusetzen; eine separate Passivierung der Stillhalterverpflichtung erfolgt nicht.[219] Der Ausweis erfolgt beim Einheitsansatz unter den Wertpapieren des Anlagevermögens. Die Zugangs- und Folgebewertung richtet sich in diesem Fall nach allgemeinen Grundsätzen.

4.3.3.8.3 Ausübung des Andienungsrechts

3703 Die für Wandelanleihen geltenden Grundsätze können bei einem Umtausch von Aktienanleihen nicht angewandt werden. Der Umtausch der Aktienanleihe in die jeweiligen Aktien stellt steuerlich einen Tauschvorgang dar.[220] Handelsbilanziell besteht ein Wahlrecht zwischen erfolgsneutraler und erfolgswirksamer Behandlung.[221] Steuerbilanziell ist hingegen in Höhe der Differenz zwischen Buchwert der Aktienanleihe und

216 *Häuselmann/Wagner*, BB 2002 S. 2432.

217 *Haisch*, in: HHR, EStG, § 5 Rn. 1091; *Häuselmann/Wagner*, BB 2002 S. 2434; *Scherrer*, DStR 1999 S. 1205.

218 Für eine Bilanzierung nach dem Einheitsansatz etwa *Hachmeister*, in: Handbuch des Jahresabschlusses, Abt. II/3 Rn. 61; für den Zerlegungsansatz etwa *Schaber/Rehm/Märkl/Spies*, Handbuch strukturierte Finanzinstrumente, 2. Aufl, Düsseldorf 2010, S. 180. Siehe hierzu auch oben Rz. 3692.

219 Vgl. *Haisch*, in: HHR, EStG, § 5 Rn. 1091; *Häuselmann/Wagner*, BB 2002 S. 2435; *Scherrer*, DStR 1999 S. 1207.

220 *Haisch*, in: HHR, EStG, § 5 Rn. 1091; *Häuselmann/Wagner*, BB 2002 S. 2435; a. A. *Dreyer/Herrmann*, FR 2001 S. 722 ff.

221 So generell zu den Anschaffungskosten beim Tausch *Schubert/Gadek*, in: Beck'scher Bilanz-Kommentar, 9. Aufl., München 2014, § 255 Rn. 40, m. w. N.

gemeinem Wert der erhaltenen Aktien zwingend ein Gewinn oder Verlust zu realisieren. Der innerbilanzielle Gewinn- oder Verlust ist für steuerliche Zwecke ggf. außerbilanziell nach den Vorschriften der §§ 3 Nr. 40, 3c EStG bzw. § 8b KStG zu korrigieren.

(Einstweilen frei) 3704–4219

Teil B:
Bilanzierung und Bewertung bei der Gewinnermittlung nach Bilanzposten

Kapitel II:
Umlaufvermögen

von
StB Dr. Christian Hick, Bonn

Inhaltsübersicht

Ausgewählte Literatur

Apitz, Rückgriffsansprüche bei Forderungsbewertung – Urteilsanmerkung zum BFH-Urteil vom 8.11.2000, EStB 2001 S. 174; *Behrens/Renner*, Kein Wechsel von Anlage- in das Umlaufvermögen bei Grundstücksverkäufen durch Kapitalgesellschaften, DStR 2013 S. 1458; *Birkhan*, Gängigkeitsabschläge auf das Vorratsvermögen, JbFfSt 2007/2008 S. 645; *Blumenberg/Roßner*, Steuerliche Auswirkungen der durch das BilMoG geplanten Änderungen der Bilanzierung von eigenen Anteilen, GmbHR 2008 S. 1080; *Breitenreicher*, Die Anwachsung als steuerliches Umwandlungsinstrument, DStR 2004 S. 1405; *Breuninger/Müller*, Erwerb und Veräußerung eigener Anteile nach dem BilMoG, GmbHR 2011 S. 13; *Breuninger/Winkler*, Die Anwendung des § 8b Abs. 7 KStG im Rahmen von Kapitalerhöhungen und Sacheinlagen – Chancen und Risiken?, Ubg 2011 S. 14; *Bruckmeier/Zwirner/Künkele*, Die Behandlung eigener Anteile – Das BilMoG kürzt das Steuersubstrat und fördert Investitionen in eigene Aktien, DStR 2010 S. 1642; *Buciek*, Abzinsung nach § 6 Abs. 1 Nr. 3 Satz 1 EStG von aus handelsrechtlicher Sicht eigenkapitalersetzenden Gesellschafterdarlehen, FR 2010 S. 341 f.; *Christiansen*, Die bilanzielle Berücksichtigung sogenannter bewusster Vorteile, StBp 1988 S. 266; *Dietel*, Steuerliches Wahlrecht zur Teilwertabschreibung und Stetigkeit, DB 2012 S. 483; *Ditz/Tcherveniachki*, Eigene Anteile und Mitarbeiterbeteiligungsmodelle – Bilanzierung nach dem BilMoG und Konsequenzen für das steuerliche Einlagekonto, Ubg 2010, S. 875; *Dörre/Blank*, FG Kassel zu Teilwertabschreibungen auf börsengehandelte Wertpapiere im Umlaufvermögen, DB 2014 S. 861; *Dörfler/Adrian*, Steuerbilanzpolitik nach BilMoG, Ubg 2009 S. 385; *Eberhard*, Steuerwirksame Abschreibungen auf Gesellschafterdarlehen, DStR 2009 S. 2226; *Ernsting*, Ausübung steuerbilanzieller Wahlrechte nach dem BilMoG, FR 2010 S. 1071; *Förster*, Der BMF-Entwurf zu Teilwertabschreibungen, DB 2014 S. 382; *Gabert*, Der Bewertungsmaßstab des Teilwerts im Bilanzsteuerrecht, Berlin 2011; *Häuselmann/Wagner*, Pensions- und Wertpapierleihgeschäfte unter dem Halbeinkünfteverfahren, FR 2003 S. 332; *Häuselmann/Wiesenbart*, Die Bilanzierung und Besteuerung von Wertpapier-Leihgeschäften, DB 1990 S. 2129; *Hennrichs*, Lifo in der Handels- und Steuerbilanz – Neues nach BilMoG, Ubg 2011 S. 705; *Herzig/Briesemeister*, Steuerliche Problembereiche des BilMoG-RegE, Ubg 2009 S. 157; *dies.*, Medienfonds mit Defeasance-Struktur – Steuerliche Konsequenzen von Schuldübernahmeverpflichtungen, Ubg 2011 S. 583; *Herzig/Teschke*, Vorrang der Teilwertabschreibung vor der Drohverlustrückstellung – Anmerkungen zum BFH-Urteil vom 7. 9. 2005 – VIII R 1/03, DB 2006 S. 576; *Hillebrandt*, Führt die Nutzung von elektronischer Datenverarbeitung zur Abschaffung der Lifo-Bewertung?, DB 2011 S. 1999; *Hoffmann*, BFH-Beschluss zur Abzinsung unverzinslicher Gesellschafterdarlehen bzw. eigenkapitalersetzendes Darlehen als Fremdkapital – Analyse und Auswirkung, DB 2009 S. 2757; *Hoffmann*, Forderungsabschreibung bei Fortführung der Geschäftsbeziehung – Urteilsanmerkung zum BFH-Urteil vom 20. 8. 2003 – I R 49/02, DStZ 2004 S. 44; *Hohage*, Erwerb eigener Anteile, Einziehung, Aufstockung und vGA bei der GmbH, DB 2009 S. 1034; *Hüttemann/Meinert*, Anwendungsfragen der Lifo-Methode in Handels- und Steuerbilanz, DB 2013 S. 1865; *dies.*, Die Lifo-Methode in Handels- und Steuerbilanz, ifst-Schrift Nr. 486; *Kanzler*, Zum gewerblichen Grundstückshandel der Land- und Forstwirte – Ein vermeidbares Übel, DStZ 2013 S. 822; *Kempermann*, Wirtschaftliches Eigentum und Realisationszeitpunkt, Stbjb 2008/2009, S. 243; *Kleinert/Podewils*, Neues zu Teilwertabschreibungen auf Gesellschafterdarlehen, GmbHR 2009, S. 849; *Kleinheisterkamp/Schell*, Der Übergang des wirtschaftlichen Eigentums an Kapitalgesellschaftsanteilen beim Unternehmenskauf, DStR 2010 S. 833; *Köhler*, Die Prüfung des Vorratsvermögens, StBp 2009 S. 309; *Kusterer*, Abschreibungen von Forderungen gegenüber Tochtergesellschaften, EStB 2003 S. 231; *Kußmaul/Huwer*, Die Widerspruchslosigkeit der bilanziellen Differenzierung zwischen Anlage- und Umlaufvermögen – Ein Widerspruch?, DStR 2010 S. 2471; *Lang*, Aufwand auf inländische Gesellschafterdarlehen, NWB 2010, 3801; *Lechner/Haisch*, Was nun? Erwerb eigener Anteile nach dem BMF-Schreiben vom 10. 8. 2010, Ubg 2010 S. 694; *Löbe*, Keine Teilwertabschreibung wegen Unverzinslichkeit einer Forderung, NWB 2013 S. 1802; *Marx*, Der Wesentlichkeitsgrundsatz in der steuerlichen Gewinnermittlung, FR 2011 S. 267; *Marx*, Fehlabbildungen in der steuerrechtlichen Gewinnermittlung, Ubg 2013 S. 354; *Mayer*, Steuerliche Behandlung eigener Anteile nach dem BilMoG, Ubg 2008 S. 782; *Mayer*, Übergang des wirtschaftlichen Eigentums an Kapitalgesellschaftsanteilen – Kritische Anmerkungen zum BFH-Urteil vom 9. 10. 2008 – IX R 73/06, DStR 2009 S. 674; *Mihm*, Wertminderung einer Forderung wegen Unverzinslichkeit ist nicht dauerhaft, BB 2013 S. 177; *Mitschke*, Das Bilanzrecht unter der Herrschaft des BilMoG: Überblick über die wichtigsten Fragen, FR 2010 S. 214; *Neumann/Watermeyer*, Forderungsverluste von Gesellschaftern im Betriebsvermögen (§ 8b Abs. 3 Satz 4 ff. KStG und § 3c Abs. 2 EStG), Ubg 2008 S. 748; *Orth*, Organschaft und Anwachsung, DStR 2005 S. 1630; *Patek*, Verlustfreie Bewertung von Vermögensgegenständen des Vorratsvermögens und schwebenden Geschäftspositionen in Handels- und Steuerbilanz, BFuP 2011 S. 282; *Ochs/Behnes*, Zeitwertbewertung des Handelsbestandes gemäß § 6 Abs. 1 Nr. 2b EStG bei Zweigniederlassungen von EU- bzw. EWR-Banken, Ubg 2013 S. 681; *Pawelzik*, Das Verhältnis des gemeinen Wertes i. S. d. § 11 Abs. 2 BewG für nicht notierte Anteile zum Ertragswertverfahren nach IDW S1 – objektivierter Unternehmenswert – Bewertungseinheit – Substanzwert, Ubg 2010 S. 885; *Preißer/Preißer*, Negativer Geschäftswert beim Asset Deal – Handelsrechtliche Überlegungen unter Einbeziehung der Steuersituation der Beteiligten, DStR 2011 S. 135; *Prinz*, Negativer Kaufpreis: Ein steuerbilanzielles Sonderphänomen, FR 2011 S. 374; *ders.*, Körperschaftsteuerliche Sonderregelungen für Gesellschafterdarlehen und Finanzunternehmen auf dem „BFH-Prüfstand" – Wichtige neue Rechtsprechungserkenntnisse zu § 8b KStG, StuB 2009 S. 353; *Rau*, Zum Verhältnis von Wertpapierdarlehensgeschäften mit girosammelverwahrten Aktien zur Steuerbefreiungsvorschrift des § 8b KStG, DStR 2009 S. 21; *Rautenstrauch/Adrian*, § 15a EStG bei Anwachsung auf eine Kapitalgesellschaft,

DStR 2006 S. 359; *Rogall/Luckhaupt*, Zuordnung von Anschaffungskosten bei der Veräußerung von Anteilen an Kapitalgesellschaften, DB 2011 S. 1362; *Ropohl/Freck*, Die Anwachsung als rechtliches und steuerliches Gestaltungsinstrument, GmbHR 2009 S. 1079; *Schmid*, Das wirtschaftliche Eigentum an Forderungen und das „limited-recourse"-Darlehen, Anmerkung zum BFH-Urteil vom 26. 8. 2010, DStR 2011 S. 794; *Schlotter*, „Voraussichtlich dauernde Wertminderung" bei börsennotierten Wertpapieren – Update zu BB 2008 S. 546 ff.; *Schwenker/Fischer*, Gesellschafterdarlehen, FR 2010 S. 649; *dies.*, Gesellschafterdarlehen, FR 2010 S. 649; *Strahl*, Bilanzsteuerrechtliche Relevanz des Stichtagsprinzips, FR 2005 S. 361; *Warnke*, Die neue Maßgeblichkeit der Handelsbilanz für die Steuerbilanz, EStB 2010 S. 340; *Watermeyer*, Umwandlung einer GmbH & Co. KG in eine GmbH durch Anwachsung, GmbH-StB 2003 S. 96; *Weber-Grellet*, Die Gewinnermittlungsvorschriften des Steuerentlastungsgesetzes 1999/2000/2002 – Ein Fortschritt?, DB 2000 S. 165; *Wengenroth/Maier*, Die Besteuerung der Wertpapierleihe, EStB 2005 S. 377; *Winhard*, Behandlung ausländischer Forderungsverluste – Praxisprobleme des § 8b Abs. 3 Satz 4 bis 8 KStG i. d. F. des JStG 2008, FR 2010 S. 689.

1. Begriffsabgrenzung

4220 Der Begriff des Umlaufvermögens wird wie der Begriff des Anlagevermögens im EStG nicht erläutert. In Umkehrung der aus § 247 Abs. 2 HGB resultierenden Zuordnungsentscheidung zählen danach diejenigen Gegenstände zum Umlaufvermögen, die am Abschlussstichtag nicht dazu bestimmt sind, dauernd dem Geschäftsbetrieb zu dienen.[1] Die beiden Vermögensarten schließen damit einander aus. Somit kann die Abgrenzung auch dadurch erfolgen, dass zum Umlaufvermögen alle Wirtschaftsgüter gehören, die nicht Anlagevermögen darstellen oder RAP sind.[2]

4221 Maßgeblich ist damit die Zweckbestimmung, mit der ein Wirtschaftsgut im Betrieb eingesetzt wird.[3] Auf Grund des handels- und steuerrechtlichen Einzelansatz- und Einzelbewertungsgrundsatzes (§ 240 Abs. 1, § 252 Abs. 1 Nr. 3 HGB) ist für die Beurteilung, ob Anlage- oder Umlaufvermögen vorliegt, auf jedes einzelne Wirtschaftsgut abzustellen. Soll ein Wirtschaftsgut dem Anlagevermögen zugerechnet werden, muss die Zweckbestimmung gemäß § 247 Abs. 2 HGB auf eine dauerhafte betriebliche Nutzung gerichtet sein. Dem Geschäftsbetrieb dauernd zu dienen bestimmt sind solche Wirtschaftsgüter, die der planmäßig wiederholten betrieblichen Nutzung gewidmet sind, d. h. es muss eine funktional dauernde Nutzung für den allgemeinen Geschäftszweck beabsichtigt sein. Für die Feststellung der Zweckbestimmung ist von der tatsächlichen Verwendung des Vermögensgegenstands im Unternehmen, hilfsweise von der typischen Verwendungsart auszugehen.[4] Dabei ist allerdings zu beachten, dass das Vorratsvermögen auf Grund seiner Zweckbestimmung unabhängig von dem Zeitelement stets als Umlaufvermögen auszuweisen ist.[5]

4222 Ist über die Zuordnung von Wirtschaftsgütern zum Anlage- oder Umlaufvermögen einer Mitunternehmerschaft zu entscheiden, kann die Entscheidung nur auf der Ebene der Gesellschaft getroffen werden. D. h. etwaige Aktivitäten der Gesellschafter, ins-

1 Vgl. *Kußmaul/Huwer*, StuB 2011 S. 290 sowie R. 6.1 Abs. 2 EStR.

2 Zu aus dieser Abgrenzungssystematik resultierenden Zweifelsfragen vgl. *Kußmaul/Huwer*, DStR 2010 S. 2471.

3 Vgl. BFH, Urteil vom 28. 5. 1998 – X R 80/94, BFH/NV 1999 S. 359.

4 Vgl. BFH, Urteil vom 13. 12. 2006 – VIII R 51/04, BStBl 2008 II S. 137.

5 Zu Abgrenzungsfragen vgl. *Kußmaul/Huwer*, DStR 2010 S. 2471.

besondere die Absicht der Gesellschafter ihre Mitunternehmeranteile zu veräußern, sind für die Zuordnung der Wirtschaftsgüter zum Anlage- oder Umlaufvermögen der Gesellschaft nicht relevant.

Der Begriff des Umlaufvermögens wird damit über unbestimmte Rechtsbegriffe bestimmt. Die hieraus in der Praxis resultierenden Abgrenzungsfragen sind durchaus vielschichtig. Aufgrund der in § 5 Abs. 1 EStG angeordneten Maßgeblichkeit der Handelsbilanz für die steuerliche Gewinnermittlung ist die in der Handelsbilanz getroffene Zuordnungsentscheidung zwischen Anlage- und Umlaufvermögen dann auch für die Steuerbilanz maßgeblich.[6] Der Begriff des Umlaufvermögens hat unkommentiert Eingang in § 6 Abs. 1 Nr. 2 EStG gefunden.[7] Es bestehen auch keine steuerrechtlichen Gliederungsvorschriften für das Umlaufvermögen. 4223

Um die in der Praxis im Zusammenhang mit der Bilanzierung des Umlaufvermögens auftretenden zahlreichen bilanzsteuerrechtlichen Fragestellungen zu systematisieren, orientiert sich die nachfolgende Darstellung an dem Gliederungsschema des § 266 HGB. Folgende Beispiele für das Umlaufvermögen werden genannt: 4224

- Vorräte (Roh-, Hilfs- und Betriebsstoffe, unfertige Erzeugnisse und unfertige Leistungen, fertige Erzeugnisse und Waren, geleistete Anzahlungen),
- Forderungen und sonstige Vermögensgegenstände,
- Wertpapiere (Anteile an verbundenen Unternehmen, eigene Anteile, sonstige Wertpapiere),
- sowie der Kassenbestand, Bundesbankguthaben, Guthaben bei Kreditinstituten und Schecks.

2. Folgen der Zuordnung von Wirtschaftsgütern zum Umlaufvermögen

Die Unterscheidung zwischen Anlage- und Umlaufvermögen ist für die Bewertung in mehrfacher Hinsicht von Bedeutung: 4225

- Verbot der Aktivierung immaterieller Wirtschaftsgüter des Anlagevermögens (§ 5 Abs. 2 EStG);
- ausgehend von § 253 Abs. 3 HGB kommt die Inanspruchnahme planmäßiger AfA gemäß § 7 EStG nur für Wirtschaftsgüter des Anlagevermögens in Betracht. Vor diesem Hintergrund kommt im Zusammenhang mit der Bewertung von Wirtschaftsgütern des Umlaufvermögens den Voraussetzungen für die Inanspruchnahme einer Teilwertabschreibung besondere Relevanz zu;
- in weiteren Vorschriften des EStG wird zwischen Wirtschaftsgütern des Anlage- und des Umlaufvermögens differenziert (u. a. in § 6 Abs. 1 Nr. 2a EStG, § 6 Abs. 2 und Abs. 2a EStG, § 6b EStG).

(Einstweilen frei) 4226–4229

6 Vgl. BFH, Urteil vom 10. 8. 2005 – V III R 78/02, BStBl 2006 II S. 58 mit Anm. *Kanzler*, FR 2006 S. 133.
7 Vgl. *Hoffmann/Lüdenbach*, NWB Kommentar Bilanzierung, 5. Aufl., Herne 2014.

3. Vorratsvermögen

3.1 Gegenstand des Vorratsvermögens

3.1.1 Abgrenzung des Vorratsvermögens

4230 Zum Vorratsvermögen zählen diejenigen Wirtschaftsgüter, die am Abschlussstichtag nicht dazu bestimmt sind, dauernd dem Betrieb zu dienen, sondern vielmehr zur Veräußerung oder Verarbeitung bestimmt sind.[8]

4231 Bei Produktionsunternehmen umfasst das Vorratsvermögen die Roh-, Hilfs- und Betriebsstoffe sowie die unfertigen und fertigen Erzeugnisse. Bei Handelsunternehmen gehören zu den Vorräten Hilfs- und Betriebsstoffe sowie Handelswaren. Für Dienstleistungsunternehmen treten an die Stelle der unfertigen und fertigen Erzeugnisse die unfertigen Leistungen als Vorratsvermögen.

4232 Der Begriff des Vorratsvermögens wird im EStG nicht definiert, so dass die handelsrechtliche Begriffsabgrenzung maßgeblich ist. Die aus § 266 Abs. 2 Pos. B HGB resultierende Untergliederung des Vorratsvermögens stellt erkennbar auf ein Produktions- und Handelsunternehmen ab. Die Regelung ist über § 5 Abs. 1 Satz 1 EStG auch für die Steuerbilanz anwendbar. Danach setzt sich das Vorratsvermögen beispielhaft aus folgenden Wirtschaftsgütern zusammen:

- Roh-, Hilfs- und Betriebsstoffe,
- unfertige Erzeugnissen und Leistungen sowie
- fertigen Erzeugnissen und Waren sowie geleistete Anzahlungen.[9]

4233 In der Praxis können bei der Abgrenzung der einzelnen Arten des Vorratsvermögens nicht unerhebliche Abgrenzungsschwierigkeiten eintreten. So ist es denkbar, dass Rohstoffe sowohl in die Produktion eingehen, aber auch zur Weiterverarbeitung verkauft werden. Auch Erzeugnisse können sowohl in fertiggestelltem Zustand, als auch in unfertigem Zustand verkauft werden. Zudem können sich auch die Bestände an fertigen Erzeugnissen aus (selbst hergestellten) fertigen Erzeugnissen und aus hinzugekaufter Ware zusammensetzen.[10]

3.1.2 Rohstoffe

4234 Zu den Rohstoffen zählen alle Stoffe, die unmittelbar in das Fertigerzeugnis oder das Sachanlagegut eingehen. Die Abgrenzung zu den ebenfalls in das Fertigerzeugnis eingehenden Hilfsstoffen ergibt sich daraus, dass die Rohstoffe nicht von untergeordneter Bedeutung sind. Betriebsstoffe gehen hingegen nicht in das Erzeugnis ein, sondern werden unmittelbar bei der Herstellung verbraucht. Von den unfertigen und fertigen Erzeugnissen unterscheiden sich Roh-, Hilfs- und Betriebsstoffe dadurch, dass sie fremdbezogen und am Bilanzstichtag noch nicht be- oder verarbeitet sind.

8 Vgl. R 6.1 Abs. 2 EStR.

9 Vgl. H 6.2 EStH.

10 Zu Einzelheiten vgl. *Ellrott/Krämer*, in: Beck'scher Bilanz-Kommentar, § 266 HGB Rz. 90 ff.

3.1.3 Unfertige Erzeugnisse und Leistungen

Bei unfertigen Erzeugnissen und Leistungen handelt es sich um materielle bzw. immaterielle Wirtschaftsgüter, die zum Absatz an Dritte bestimmt sind. Ein unfertiges Erzeugnis zeichnet sich dadurch aus, dass mit der Herstellung zwar bereits begonnen, diese Phase aber noch nicht beendet wurde. Unfertige Erzeugnisse sind daher im Regelfall die technische und zeitliche Vorstufe der fertigen Erzeugnisse. So sind beispielsweise auch teilfertige Bauten als unfertige Erzeugnisse auszuweisen.[11] 4235

Zu den unfertigen Leistungen zählen vor allem unfertige Aufträge von Dienstleistungsunternehmen.[12] Die Bilanzierungsfähigkeit unfertiger Leistungen ist gegeben, solange ein Vergütungsanspruch für die bisher angefallenen Aufwendungen besteht. Ein Ausweis von fertigen Leistungen kommt nicht in Betracht, da bei „Fertigstellung" einer Leistung die Forderung auf das Leistungsentgelt zu bilanzieren ist.[13]

3.1.4 Fertige Erzeugnisse und Waren

Fertige Erzeugnisse und Waren liegen bei Abschluss des Herstellungs- bzw. Anschaffungsvorgangs vor. Unter „Waren" werden alle (auch fremdbezogenen) Wirtschaftsgüter verstanden, die ohne Be- oder Verarbeitung (ggf. auch nach unwesentlicher Bearbeitung) veräußert werden sollen.[14] In Einzelfällen können sich Abgrenzungsfragen zwischen Waren und Rohstoffen ergeben, wenn ein und dasselbe fremdbezogene Teil sowohl in eigene Fertigerzeugnisse eingeht oder aber auch ohne Be- und Verarbeitung verkauft werden kann. 4236

Bei fertigen und abgenommenen Leistungen hat ein Ausweis als Forderungen zu erfolgen, auch wenn sie noch nicht abgerechnet sind. 4237

3.1.5 Geleistete Anzahlungen

Geleistete Anzahlungen für Wirtschaftsgüter des Umlaufvermögens sind handelsrechtlich unter den sonstigen Vermögensgegenständen auszuweisen. Der erfolgsneutrale Ausweis geleisteter Anzahlungen in der Handelsbilanz mit dem Nennwert ist gemäß § 5 Abs. 1 EStG auch für die steuerliche Gewinnermittlung maßgeblich. Demgegenüber sind erhaltene Anzahlungen auf Bestellungen von Wirtschaftsgütern des Vorratsvermögens nach § 268 Abs. 5 Satz 2 HGB entweder als Verbindlichkeiten auszuweisen oder auf der Aktivseite offen von dem Posten „Vorräte" abzusetzen. 4238

Bei den unter den Vorräten gesondert oder mit anderen Posten zusammengefasst auszuweisenden geleisteten Anzahlungen handelt es sich um Vorleistungen, die auf zu erwerbende Wirtschaftsgüter des Vorratsvermögens erbracht wurden.[15] Andere Vorleistungen können im Anlagevermögen als sonstige Wirtschaftsgüter oder als aktive Rech- 4239

11 Vgl. BFH, Urteil vom 7. 9. 2005 – VIII R 1/03, BStBl 2006 II S. 298.

12 Vgl. zum Zeitpunkt der Gewinnrealisierung bei Ingenieurleistungen FG Düsseldorf, Urteil vom 12. 4. 2011 – 13 K 34 13/07, EFG 2012 S. 816, nrkr. Az. BFH VIII R 25/11.

13 Vgl. *Ellrott/Roscher*, in: Beck'scher Bilanz-Kommentar, § 247 HGB, Rz. 67.

14 Vgl. *Ellrott/Roscher*, in: Beck'scher Bilanz-Kommentar, § 247 HGB Rz. 68.

15 Vgl. *Stobbe*, in: HHR, § 5 EStG Anm. 291.

nungsabgrenzungsposten (§ 250 HGB) auszuweisen sein.[16] Anzahlungen, die ursprünglich auf Wirtschaftsgüter des Umlaufvermögens geleistet wurden, sind in das Anlagevermögen umzugliedern, sobald feststeht, dass das zu liefernde Wirtschaftsgut auf Dauer dem Geschäftsbetrieb dienen soll. Dabei muss es sich um Anzahlungen auf aktivierbare Wirtschaftsgüter handeln. Geleistete Anzahlungen auf nicht aktivierungsfähige Vermögensgegenstände oder auf Dienstleistungen sind unter den sonstigen Vermögensgegenständen zu erfassen.

4240 Bei geleisteten Anzahlungen handelt es sich um Vorleistungen auf eine von dem anderen Vertragsteil zu erbringende Lieferung oder Leistung. Dies bedeutet, dass eine Vorleistung einer Vertragspartei im Rahmen eines schwebenden Geschäfts vorliegt.[17] D. h. es muss sich um einen Vorgang handeln, bei dem die Lieferung oder Leistung des anderen Vertragsteils ganz oder teilweise noch aussteht. Der Anspruch, auf den geleistet wird, ist rechtlich allerdings ganz oder teilweise bereits entstanden. Insoweit besteht die Funktion der Bilanzposition geleistete Anzahlungen in der Stornierung von Aufwendungen.[18] Unter diesem Gesichtspunkt dient die Bilanzposition der periodengerechten Gewinnermittlung.

3.1.6 Sonderfälle

4241 Zu beachten ist, dass mit der aus § 266 Abs. 2 Pos. B HGB resultierenden Untergliederung der Begriff des Vorratsvermögens nicht abschließend beschrieben wird. Aus der Rechtsprechung sind folgende Sonderfälle hervorzuheben:[19]

- Auftragsproduktionen von urheberechtsfähigen immateriellen Wirtschaftsgütern[20] (beispielsweise Filme und Episoden von Fernsehserien) bei der die Rechte aus § 94 UrhG zwar in der Person des Produzenten entstehen, aber dazu bestimmt sind, alsbald und endgültig in einem einmaligen Akt auf den Auftraggeber überzugehen, bei Herstellung zur Lizensierung der Rechte liegt Anlagevermögen vor,[21]
- Ärztemuster eines Arzneimittelherstellers,[22]
- Brennstoffelemente bei Kernkraftwerken,
- Ersatzteile,[23] die auf Vorrat beschafft wurden,
- zur Veräußerung bestimmte Grundstücke[24] und Gebäude, Tiere und Holz,

16 Vgl. hierzu Teil B Kap. III, Rz. 4940 ff. sowie Kap. I, Rz. 3482 ff.

17 Vgl. *Tiedchen*, in: HHR, § 5 EStG Anm. 362.

18 BFH, Urteil vom 25. 10. 1994 – VIII R 65/91, BStBl 1995 II S. 312.

19 Für eine Übersicht vgl. auch *Kleinle/Dreixler*, in: HHR, § 6 Anm. 966; *Ehmcke*, in: Blümich, § 6 EStG Rz. 930; *Werndl*, in: Kirchhof/Söhn/Mellinghoff, EStG-Kommentar, § 6 EStG Rz. B 453.

20 Vgl. BFH, Urteil vom 20. 9. 1995 – X R 225/93, BStBl 1997 II S. 320.

21 Wobei die Produktionskosten entsprechend dem für selbst erstellte Wirtschaftsgüter des Anlagevermögens geltenden Aktivierungsverbot in voller Höhe als Betriebsausgabe abzugsfähig sind. Vgl. *Herzig/Briesemeister*, Ubg 2011 S. 583, sowie BFH, Beschluss vom 6. 11. 2008 – IV B 126/07, BStBl 2009 II S. 294; BFH, Urteil vom 10. 8. 2005 – VIII R 78/02, BStBl 2006 II S. 58; vgl. auch BMF, Schreiben vom 23. 2. 2001 – VV DEU BMF 2001-02-23 IV A 6-S 2241-8/01, BStBl 2001 I S. 175, Tz. 20.

22 Vgl. BFH, Urteil vom 20. 10. 1976 – I R 122/75, BStBl 1977 II S. 278.

23 Vgl. BFH, Urteil vom 17. 5. 1968 – VI R 232/67, BStBl 1968 II S. 568; *Behrens/Renner*, DStR 2013 S. 1458.

24 Vgl. FG Düsseldorf, Urteil vom 4. 11. 2010 – 16 K 4489/08 E,G, rkr., EFG 2011 S. 542.

- ein zur Weiterveräußerung an eine Fondsgesellschaft bestimmtes Schiff[25] bzw. Flugzeug,[26]
- Nutzungsrecht an Brunneneinheitsflaschen.[27]

(Einstweilen frei) 4242–4245

3.2 Umwidmung von Wirtschaftsgütern des Vorratsvermögens

Anzutreffen sind in der Praxis auch Fälle der Umwidmung von Wirtschaftsgütern des Vorratsvermögens. Eine Umwidmung vom Umlaufvermögen ins Anlagevermögen erfolgt beispielsweise dann, wenn der Hersteller zum Verkauf bestimmte Produkte verleast.[28] Die Umwidmung ist vorzunehmen, sobald sich die geänderte Zweckbestimmung konkretisiert. 4246

Die Umwidmung von Umlaufvermögen in Anlagevermögen kann zur Realisation stiller Reserven führen, falls die Wirtschaftsgüter bislang unter Anwendung des Lifo-Verfahrens gemäß § 6 Abs. 1 Nr. 2a EStG bewertet worden sind, da das Verfahren nur bei Wirtschaftsgütern des Umlaufvermögens anwendbar ist.[29] 4247

3.3 Bewertungsmaßstäbe für das Vorratsvermögen

Die Behandlung des Vorratsvermögens im Rahmen der steuerbilanziellen Gewinnermittlung baut für bilanzierende Steuerpflichtige aufgrund der Maßgeblichkeit der Handelsbilanz für die steuerliche Gewinnermittlung auf den handelsbilanziellen Vorgaben auf.[30] Dies bedeutet, dass sich die steuerbilanzielle Behandlung (vorbehaltlich abweichender einkommensteuerrechtlicher Vorschriften) sowohl hinsichtlich Ansatz und Bewertung nach den handelsbilanziellen Vorgaben richtet. Dies bedeutet im Einzelnen: 4248

- Der Ausweis eines Wirtschaftsgutes als Vorratsvermögen setzt voraus, dass es sich um ein Wirtschaftsgut handelt, das in sachlicher und personeller Hinsicht dem Vermögen des Kaufmanns zugerechnet werden kann;
- alle vorhandenen Wirtschaftsgüter des Vorratsvermögens sind zu aktivieren und aufzuzeichnen (§ 240 HGB und § 246 HGB);[31]
- für die Ermittlung der Anschaffungs- und Herstellungskosten gilt § 255 Abs. 1 und 2 HGB;
- die Wirtschaftsgüter des Vorratsvermögens sind einzeln zu bewerten (§ 252 Abs. 1 Nr. 3 HGB und R 6.8 Abs. 3 EStR). Zur Vereinfachung der Bewertung stehen die Möglichkeiten der Durchschnittsbewertung, Festwertbildung und Gruppenbewertung zur Verfügung.

(Einstweilen frei) 4249

---

25 Vgl. FG Hamburg, Gerichtsbescheid vom 15. 11. 2010 – 2 K 209/09, rkr., zitiert nach juris.

26 Vgl. BFH, Urteil vom 11. 8. 2010 – IV B 17/10, BFH/NV 2010 S. 2268.

27 Vgl. BFH, Urteil vom 9. 1. 2013 – I R 33/11, DStR 2013 S. 957; siehe hierzu auch *Hoffmann*, DB 2013 S. 1090.

28 Vgl. *Kulosa*, in: Schmidt, EStG, 32. Aufl., § 6 EStG Rz. 345.

29 Zu Umwidmung vor Grundstücken im Fall der Eröffnung eines gewerblichen Grundstückshandels vgl. *Kanzler*, DStZ 2013 S. 822 sowie BFH, Urteil vom 18. 9. 2002 – X R 28/00, BStBl 2003 II S. 133.

30 Zu Prüfungsaspekten im Rahmen von Betriebsprüfungen vgl. *Köhler*, StBp 2009 S. 309.

31 Sowie entsprechend H 5.3 EStH.

3.4 Anschaffungs- und Herstellungskosten des Vorratsvermögens

3.4.1 Überblick über die Bewertungsgrundsätze im Rahmen der Zugangsbewertung

4250 Im Rahmen der Bewertung des Vorratsvermögens ist zwischen beschafften und selbst erstellten Vorräten zu unterscheiden. Für die Ermittlung des Wertansatzes im Rahmen der steuerlichen Zugangsbewertung schreibt der § 6 Abs. 1 Nr. 2 Satz 1 EStG für die steuerliche Gewinnermittlung einen Ansatz angeschaffter bzw. hergestellter Wirtschaftsgüter des Umlaufvermögens mit den Anschaffungs- bzw. Herstellungskosten vor. Die Bedeutung der Ermittlung der Anschaffungs- bzw. Herstellungskosten für die steuerliche Gewinnermittlung besteht darin, dass die Anschaffungs- und Herstellungskosten nach Abschluss des Anschaffungs- bzw. Herstellungsvorgangs die Obergrenze der Bewertung bilden.

3.4.2 Ermittlung der Anschaffungskosten für beschaffte Vorräte

3.4.2.1 Umfang der Anschaffungskosten

3.4.2.1.1 Handelsrechtlicher Anschaffungskostenbegriff als Ausgangsgröße

4251 Im Rahmen der Zugangsbewertung sind die Anschaffungskosten angeschaffter Roh-, Hilfs- und Betriebsstoffe sowie fremdbezogener Waren zu ermitteln (§ 6 Abs. 1 Nr. 2 EStG).

4252 Ausgangspunkt für die Ermittlung der Anschaffungskosten bildet der handelsrechtliche Begriff i. S. d. § 255 Abs. 1 HGB, der auch der steuerlichen Gewinnermittlung zugrunde zu legen ist.[32] Danach umfassen die Anschaffungskosten neben dem Anschaffungspreis, den Anschaffungsnebenkosten auch später entstandene nachträgliche Anschaffungskosten.[33] D. h. der Anschaffungsvorgang wird um die Versetzung in einen betriebsbereiten Zustand erweitert.[34] Zu den Anschaffungskosten zählen daher auch alle sonstigen Aufwendungen des Erwerbers, die in einem unmittelbaren wirtschaftlichen Zusammenhang mit der Anschaffung stehen und zwangsläufig im Gefolge der Anschaffung anfallen.[35]

4253 Anschaffungskosten eines Wirtschaftsguts des Vorratsvermögens können allerdings nur solche Aufwendungen sein, die nach wirtschaftlichen Gesichtspunkten dessen Beschaffung tatsächlich zuzuordnen sind. D. h. ein bloß kausaler oder zeitlicher Zusammenhang mit der Anschaffung ist nicht ausreichend. Maßgeblich ist somit die Zweckbestimmung der getätigten Aufwendungen. Die BFH-Rechtsprechung hat den Begriff der „finalen Anschaffungskosten" geprägt.[36] Nicht zu den Anschaffungskosten zählen daher die Aufwendungen, die angefallen sind, bevor der konkrete Entschluss zur An-

---

32 Vgl. BFH, Urteile vom 3. 8. 2005 – I R 36/04, BStBl 2006 II S. 369; vom 19. 12. 2000 – IX R 100/97, BFH/NV 2001 S. 699.

33 Zu Einzelheiten vgl. *Hoffmann/Lüdenbach*, NWB Kommentar Bilanzierung, 4. Aufl., Herne 2013, § 255 Rz. 22. Zum ABC der Anschaffungskosten vgl. auch *Kleinle/Dreixler*, in: HHR, § 6 EStG Anm. 974.

34 Vgl. *Hoffmann/Lüdenbach*, NWB Kommentar Bilanzierung, 5. Aufl., Herne 2014, § 255 Rz. 11.

35 Vgl. z. B. BFH, Urteil vom 6. 7. 1989 – IV R 27/87, BStBl 1990 II S. 126.

36 Vgl. hierzu zuletzt BFH, Urteil vom 20. 4. 2011 – I R 2/10, DStR 2011 S. 1169.

schaffung eines Wirtschaftsgutes getroffen wurde.[37] Zudem gehen in die Ermittlung der Anschaffungskosten nur die ausgabewirksamen Aufwendungen ein. Kalkulatorische Kosten sind bei der Ermittlung der Anschaffungskosten damit nicht zu berücksichtigen.

Anschaffungskostenminderungen sind von den Anschaffungskosten abzusetzen (§ 255 Abs. 1 Satz 3 HGB und H. 6.2 EStH). Hintergrund für die wirtschaftliche Betrachtungsweise bei der Abgrenzung des Anschaffungskostenbegriffs ist die Zielsetzung, den Anschaffungsvorgang erfolgsneutral auszugestalten. Ein gewährter Verkaufsrabatt, der erst bei Weiterverkauf der Waren beansprucht werden kann, zählt nicht zu den Anschaffungskostenminderungen.[38] Entsprechendes gilt für genossenschaftliche Rückvergütungen an die Mitglieder einer Genossenschaft. Hierbei handelt es sich nicht um einen Preisnachlass, sondern um eine Rückvergütung gesellschaftsrechtlicher Natur an die Genossen.[39] 4254

Gehen fremdbezogene Dienstleistungen in ein aktivierungsfähiges Wirtschaftsgut des Vorratsvermögens ein, sind die angefallenen Aufwendungen zum Bezug der Dienstleistung maßgeblich.[40] 4255

In Fremdwährung erworbene Wirtschaftsgüter sind im Zeitpunkt der Anschaffung nach den Kursen des Devisenkassakurses in Euro umzurechnen. Dies bedeutet, dass spätere Schwankungen des Wechselkurses nicht zu einer Anpassung der Anschaffungskosten führen.[41] Werden die Anschaffungskosten im Wege vereinfachender Bewertungsverfahren (Festbewertung, Gruppenbewertung und Lifo-Verfahren) ermittelt, sind die Umrechnungskurse der gemäß den Bewertungsverfahren unterstellten Anschaffungstage maßgeblich.[42] 4256

Anschaffungskosten sind vom Gesetz insoweit typisiert, als nur Aufwendungen, die dem Wirtschaftsgut im Einzelnen zugeordnet werden können, zu den Anschaffungskosten zählen. Nicht zu den Anschaffungskosten zählen daher die sog. Gemeinkostenkosten der Beschaffung.[43] Entsprechendes gilt für im Warenbeschaffungsbereich anfallende Reisekosten,[44] im Zusammenhang mit der Vorbereitung der Veräußerung anfallende Aufwendungen, nachlaufende Aufwendungen, eigene Finanzierungsaufwendungen sowie Aufwendungen für die Geldbeschaffung.[45] Durch den Verzicht auf die Zuordnung von Anschaffungsgemeinkosten zu dem Anschaffungsvorgang sollen Überbewertungen vermieden werden, die aus einer Erhöhung der Anschaffungskosten um einen Gemeinkostenzuschlag resultieren könnten. 4257

---

37 Vgl. *Herrmann*, in: Frotscher, § 6 EStG Rz. 99a.
38 Vgl. BFH, Urteil vom 15. 5. 1963 – I 69/62 U, BStBl 1963 III S. 503.
39 Vgl. BFH, Urteil vom 12. 4. 1984 – IV R 112/81, BStBl 1984 II S. 554.
40 Vgl. *Kleinle/Dreixler*, in: HHR, § 6 EStG Anm. 972.
41 Vgl. BFH, Urteil vom 6. 11. 1997 – III R 190/94, FR 1998 S. 385.
42 Vgl. hierzu Rz. 4372 ff.
43 Vgl. BFH, Urteil vom 13. 4. 1988 – I R 104/86, BStBl 1972 II S. 422.
44 Zu Verwaltungsgemeinkosten vgl. BFH, Urteil vom 24. 2. 1972 – IV R 4/68, BStBl 1972 II S. 422.
45 Vgl. auch *Kleinle/Dreixler*, in: HHR, § 6 EStG Anm. 966.

3.4.2.1.2 Nebenkosten des Anschaffungsvorgangs

4258 Im Zusammenhang mit dem Anschaffungsvorgang anfallende Nebenkosten zählen gemäß § 255 Abs. 1 Satz 2 HGB ebenfalls zu den Anschaffungskosten, falls sie einzeln dem angeschafften Wirtschaftsgut zugeordnet werden können.[46]

4259 Bei den Anschaffungsnebenkosten handelt es sich um sonstige Aufwendungen des Erwerbers neben der Entrichtung des Kaufpreises, die in einem unmittelbaren wirtschaftlichen Zusammenhang mit der Anschaffung stehen und in Folge der Anschaffung anfallen.[47] Nicht entscheidend ist dabei, ob diese Kosten bereits im Zeitpunkt des Erwerbs oder erst im Anschluss hieran als "unmittelbare Folgekosten des Erwerbsvorgangs" anfallen. Es muss sich um Aufwendungen handeln, die zwangsläufig im Zusammenhang mit dem Anschaffungsvorgang anfallen.[48] Dabei ist zwischen externen und innerbetrieblichen Einzelkosten zu unterscheiden.

4260 Eine Aktivierung von Gemeinkosten als Nebenkosten ist nicht zulässig. Das Aktivierungsverbot für Gemeinkosten betrifft bei den Materialgemeinkosten die Kosten der Beschaffung und Einlagerung, die Kosten der Lagerung bis zum Abschlussstichtag und die Kosten des Lagerausgangs.

4261 Bei extern anfallenden Kosten kommt auch eine Zuordnung im Pauschalverfahren in Betracht. Es handelt sich hierbei nicht um die Zurechnung von Gemeinkosten im Wege eines Pauschalverfahrens, sondern vom Anfall her um typische Einzelkosten, die gesondert gesammelt werden. Zur Pauschalierung geeignete externe Kosten sind insbesondere Eingangsfrachten, Verpackungskosten und Kosten der Transportversicherung.

4262 Soweit individuell zurechenbar, sind Einzelkosten aus innerbetrieblichen Leistungen, die bis zur Beendigung des Beschaffungsvorgangs entstehen, als Nebenkosten zu aktivieren. Angesprochen sind vor allem Aufwendungen für Transport, Verpackung und Versicherung. Nicht eingerechnet werden dürfen damit verbundene Gemeinkosten, insbesondere Hilfslöhne und Abschreibungen.

4263 Nicht zu den Anschaffungsnebenkosten zählen hingegen Aufwendungen, die in einem bloß kausalen Zusammenhang mit der getätigten Anschaffung stehen. Dies trifft beispielsweise auf Lagerkosten zu. So ist der Anschaffungsvorgang im Zeitpunkt der Einlagerung des Wirtschaftsgutes bereits abgeschlossen.

4264 In Sonderfällen ist es allerdings zulässig, bei länger lagernden Waren, z. B. Holz, Wein, Chemieprodukten, der Anschaffung nachfolgende Betriebs- und Verwaltungskosten zu aktivieren.[49]

3.4.2.1.3 Maßgeblichkeit der tatsächlich angefallenen Anschaffungskosten

4265 Die Anschaffungskosten für Wirtschaftsgüter des Vorratsvermögens werden durch die für das Wirtschaftsgut tatsächlich angefallenen Anschaffungskosten bestimmt. D. h.

---

46 Vgl. H 6.2 EStH Stichwort Nebenkosten; BFH, Urteil vom 29. 4. 1999 – IV R 63/97, BStBl 2004 II S. 639.

47 Vgl. BFH, Urteil vom 6. 7. 1989 – IV R 27/87, BStBl 1990 II S. 126.

48 Vgl. *Kulosa*, in: Schmidt, EStG, 32. Aufl., § 6 EStG Rz. 51.

49 Vgl. *Grottel/Gadek*, in: Beck'scher Bilanz-Kommentar, § 255 HGB Rz. 207.

die tatsächlich entstandenen Anschaffungskosten sind auch dann anzusetzen, wenn deren Höhe die fremdüblichen Anschaffungskosten übersteigt. Das Abzugsverbot nach § 4 Abs. 5 Satz 1 Nr. 7 EStG greift nur, wenn und soweit Ausgaben erfolgswirksam behandelt werden. Dem steht allerdings nicht entgegen, dass das Wirtschaftsgut noch in der gleichen Periode auf den niedrigeren Teilwert abgeschrieben wird.[50]

Allerdings kann sich bei einem durch das Gesellschaftsverhältnis veranlassten Erwerb von Wirtschaftsgütern durch eine Kapitalgesellschaft zu einem überhöhten Preis die Frage einer verdeckten Gewinnausschüttung (§ 8 Abs. 3 Satz 2 KStG) stellen.[51] Die Finanzverwaltung kann den angemessenen Kaufpreis im Wege der Schätzung bestimmen. Ist der Steuerpflichtige seiner Mitwirkungspflicht im Rahmen der Kaufpreisermittlung nachgekommen, muss sich eine Schätzung an dem für den Steuerpflichtigen günstigeren Ober- oder Unterwert aus der Bandbreite angemessener Fremdvergleichspreise orientieren.[52] 4266

BEISPIEL: Eine GmbH erwirbt von Ihrem Gesellschafter Waren des Vorratsvermögens zu einem Preis von 200 €. Der fremdübliche Kaufpreis hätte 100 € betragen. 4267

Die GmbH darf die Wirtschaftsgüter nur mit dem fremdüblichen Kaufpreis von 100 € aktivieren. Der Differenzbetrag zu dem entrichteten Kaufpreis wurde nicht zur Erlangung des Wirtschaftsguts aufgewendet, sondern im Interesse des Gesellschafters. Zu einer Einkommenszurechnung nach § 8 Abs. 3 Satz 2 KStG kommt es zunächst nicht, da die aus dem Erwerb des Wirtschaftsgutes resultierende Vermögensminderung keine Auswirkungen auf das Einkommen der GmbH hatte.

Im Fall der Weiterveräußerung der Waren ist der Gewinn der GmbH allerdings um 100 € zu niedrig. Im Rahmen der Einkommensermittlung der GmbH hat daher eine Hinzurechnung von 100 € nach § 8 Abs. 3 Satz 2 KStG zu erfolgen. Der Gesellschafter hat eine verdeckte Gewinnausschüttung von 100 € zu versteuern.

Erfolgt hingegen durch den Gesellschafter einer Kapitalgesellschaft der Verkauf von Waren gegen ein zu niedriges Entgelt, liegt eine verdeckte Einlage vor, die mit dem Teilwert des eingelegten Wirtschaftsgutes zu bewerten ist. D. h. die Kapitalgesellschaft muss das Wirtschaftsgut mit dem Teilwert gemäß § 6 Abs. 1 Nr. 5 Satz 1 EStG bilanzieren. 4268

BEISPIEL: Der Gesellschafter einer Kapitalgesellschaft verkauft an die Gesellschaft Waren mit einem Teilwert von 200 € für 100 €. 4269

Die Kapitalgesellschaft bilanziert das Wirtschaftsgut mit dem Teilwert von 200 €. In Höhe von 100 € liegt eine durch das Gesellschaftsverhältnis veranlasste Vermögensmehrung vor. Das Einkommen der Kapitalgesellschaft ist außerbilanziell um 100 € zu vermindern.

50 Vgl. *Ekkenga*, in: Kölner Kommentar zum Rechnungslegungsrecht, § 255 HGB Rz. 15.

51 Vgl. *Neumann*, vGA und verdeckte Einlagen, 2006, S. 328 f.

52 Vgl. BFH, Urteile vom 22. 10. 2010 – I R 47/10, BFH/NV 2011 S. 1019; vom 17. 10. 2001 – I R 103/00, BStBl 2004 II S. 171.

3.4.2.1.4 Zugangszeitpunkt von Waren

4270 Als Vorräte können nur Wirtschaftsgüter aktiviert werden, die gemäß § 39 Abs. 2 Nr. 1 AO im wirtschaftlichen Eigentum des Steuerpflichtigen stehen. Die Rechtsprechung geht davon aus, dass gekaufte Ware im wirtschaftlichen Eigentum des Steuerpflichtigen steht, sobald er die Verfügungsmacht über die Ware erlangt hat.[53]

4271 Verfügungsmacht über Sachen (§ 90 BGB) ist gegeben, sobald der Steuerpflichtige den unmittelbaren oder mittelbaren Besitz erlangt hat. Durch die Erlangung des Besitzes wird gekaufte Ware wirtschaftlich dem Vermögen des Kaufmanns zugeordnet. Dies gilt auch dann, wenn der Eigentumserwerb noch aussteht, denn durch den Besitz in Verbindung mit der vertraglichen Berechtigung zur Benutzung oder Weiterveräußerung der Sachen ist der Steuerpflichtige in der Lage, über die Vorräte unter Ausschluss des Eigentümers zu verfügen oder sie ungestört zu nutzen.[54]

4272 Daraus folgt, dass bei dem Versendungskauf gekaufte Ware nicht schon mit dem Übergang der Preisgefahr, sondern erst mit der Besitzerlangung dem Vermögen des Käufers zugerechnet werden kann.

3.4.2.2 Ermittlung der Anschaffungskosten

3.4.2.2.1 Gebräuchliche Ermittlungsmethoden

4273 Die Methodenwahl zur Ermittlung der Anschaffungskosten des Vorratsvermögens steht im Ermessen des Steuerpflichtigen. Dabei ist allerdings der Grundsatz der Einzelbewertung zu beachten.[55] Im Rahmen einer individuellen Ermittlung der Anschaffungskosten ist eine progressive oder retrograde Ermittlung der Anschaffungskosten gebräuchlich.[56]

4274 Üblicherweise erfolgt, entsprechend der zeitlichen Abfolge des Anschaffungsvorgangs, eine progressive Ermittlung. Dabei werden die im Einzelnen ermittelten Anschaffungskosten beispielsweise um Anschaffungsnebenkosten erhöht. Die progressive Ermittlung eignet sich besonders für Roh-, Hilfs- und Betriebsstoffe sowie noch nicht marktreife selbsterzeugte Vorräte:[57]

Anschaffungspreis

± Anschaffungspreiserhöhungen/-minderungen

\+ Anschaffungsnebenkosten

\+ Aufwendungen, um das WG in einen betriebsbereiten Zustand zu versetzen (Transport, Inbetriebnahme)

\+ nachträgliche Anschaffungsaufwendungen

= **Anschaffungskosten**

---

53 Vgl. *Kirchhof/Söhn/Mellinghoff*, EStG-Kommentar, § 6 EStG Rz. B 28.

54 Vgl. BFH, Urteil vom 3. 8. 1988 – I R 157/84, BStBl 1989 II S. 21.

55 Vgl. BFH, Urteil vom 20. 6. 2000 – VIII R 32/98, BStBl 2001 II S. 636.

56 Daneben kann eine Ermittlung der Anschaffungskosten auch durch die in Rz. 4350 dargestellten Ermittlungsverfahren erfolgen.

57 Vgl. BFH, Urteil vom 29. 4. 1970 – III 217/63, BStBl 1970 II S. 614.

Zulässig ist allerdings auch eine sog. retrograde Ermittlung (sog. Verkaufswertverfahren).[58] Das Verfahren ist von der retrograden Wertermittlung zur Widerlegung der für Wirtschaftsgüter des Vorratsvermögens geltenden Teilwertvermutung zu unterscheiden.[59] Dabei erfolgt im Rahmen der retrograden Methode die Ermittlung der Anschaffungskosten durch Rückrechnung vom Verkaufspreis der Waren.[60] Zu diesem Zweck wird der Nettoverkaufspreis um Erlösminderungen (beispielsweise Rabatte) und um einen Rohgewinnabschlag vermindert, um auf die Anschaffungskosten zu schließen. Gebräuchlich ist die retrograde Ermittlung vor allem bei Waren und Fertigerzeugnissen. Verkaufspreise und Abschläge sind im Inventar festzuhalten: 4275

Netto-Verkaufspreis (ohne USt)
+ Erlösminderungen (z. B. Rabatte)
= Brutto-Verkaufspreis
- Rohgewinnabschlag
= geschätzte Anschaffungskosten

Für Waren erkennt die Finanzverwaltung eine retrograde Ermittlung der Anschaffungskosten nur dann an, wenn der Rohgewinnabschlag ohne beachtliche Schätzfehler ermittelt werden kann. Die praktischen Schwierigkeiten der Methode bestehen in der Ermittlung unterschiedlicher Rohgewinnaufschläge für unterschiedliche Produktgruppen, sich im Zeitablauf verändernde Aufschlagsätze sowie im Vorhinein nicht kalkulierte Preisherabsetzungen. 4276

3.4.2.2.2 Ermittlung der Anschaffungskosten in Sonderfällen

§ 6 Abs. 1 Nr. 2 Satz 1 EStG sieht vor, dass an die Stelle der Anschaffungskosten für Zwecke der steuerlichen Gewinnermittlung auch ein „anderer Wert“ treten kann. Angesprochen ist der Fall, dass Vorratsvermögen aus dem Privatvermögen oder einem anderen Betriebsvermögen in das steuerliche Betriebsvermögen eingelegt wird. Es handelt sich somit um einen Sonderfall der Zugangsbewertung, dem in formaler Hinsicht kein Anschaffungs- bzw. Herstellungsvorgang zugrunde liegt. 4277

Für in das Betriebsvermögen ohne Gegenleistungen eingelegte Wirtschaftsgüter des Vorratsvermögens schreibt § 6 Abs. 1 Nr. 5 Satz 1 EStG den Ansatz des Teilwerts im Zeitpunkt der Zuführung vor.[61] 4278

Erfolgt die Überführung der Wirtschaftsgüter aus einem anderen Betriebsvermögen des Steuerpflichtigen, erlaubt § 6 Abs. 5 Satz 1 EStG die Fortführung der Buchwerte. 4279

Werden Wirtschaftsgüter des Vorratsvermögen im Wege eines Tauschvorgangs erworben, ermitteln sich die Anschaffungskosten des erhaltenen Wirtschaftsguts nach dem gemeinen Wert des eingetauschten Wirtschaftsguts (§ 6 Abs. 6 EStG).[62] 4280

58 Vgl. *Richter*, in: HHR, § 6 EStG Anm. 110.

59 Vgl. hierzu Rz. 4450 ff.

60 Vgl. BFH, Urteile vom 7. 9. 2005 – VIII R 1/03, BStBl 2006 II S. 298; vom 25. 11. 2009 – X R 28/05, zitiert nach juris.

61 Vgl. BMF, Schreiben vom 8. 12. 2011 – IV C 6-S 2241/10/10002, BStBl 2011 I S. 1279.

62 Vgl. *Hoffmann*, in: Littmann/Bitz/Pust, § 6 EStG Rz. 197.

4281 Auch kommt es in der Praxis vor, dass der Zugang von Wirtschaftsgütern des Vorratsvermögens im Rahmen eines unter das UmwStG fallenden Vorgangs erfolgt. In diesen Fällen ist zu beachten, dass das UmwStG diese Vorgänge aus Sicht des übertragenden Rechtsträgers als Veräußerungsvorgang und aus Sicht des übernehmenden Rechtsträgers als Anschaffungsvorgang zum gemeinen Wert einstuft.[63] Unter den im UmwStG im Einzelnen geregelten Voraussetzungen lässt das UmwStG allerdings auf Antrag auch eine Fortführung der Buchwerte (oder den Ansatz von Zwischenwerten) des übertragenden Rechtsträgers zu.

4282 Liegt dem Vermögensübergang eine nicht im UmwStG geregelte Anwachsung zugrunde, geht die h. M. davon aus, dass es sich bei dem unentgeltlichen Übergang des Vermögens auf den verbleibenden Gesellschafter nicht um einen gewinnrealisierenden Anschaffungsvorgang handelt.[64] Zivilrechtlich hat die in §§ 736, 738 BGB geregelte Anwachsung zur Folge, dass das Vermögen der Personengesellschaft auf den verbleibenden Gesellschafter im Wege der Gesamtrechtsnachfolge übergeht. Die Einordnung der Anwachsung durch die Finanzverwaltung als Fall der Einzel- bzw. Gesamtrechtsnachfolge ist allerdings nicht abschließend geklärt.[65] Die h. M. geht davon aus, dass für das im Zuge der Anwachsung übergehende Vermögen die Buchwerte fortzuführen sind.[66] Dies geschieht entweder als schlichte Fortführung der Buchwerte mangels eines Übertragungsvorgangs oder als unentgeltliche Übertragung gemäß § 6 Abs. 3 EStG.

4283 Erfolgt der Erwerb von Wirtschaftsgütern des Vorratsvermögens im Rahmen eines sog. „asset-deals“ gegen einen von dem Verkäufer entrichteten sog. neg. Kaufpreis, geht die h. M. gestützt auf die BFH-Rechtsprechung davon aus, dass die Buchwerte der übertragenen Wirtschaftsgüter nach dem Verhältnis der Teilwerte (ggf. bis zu einem Buchwert von 0) abzustocken sind (faktisch umgekehrte Stufentheorie).[67] Hierdurch vermindern sich die Anschaffungskosten.[68] Ein die Buchwerte übersteigender Betrag ist in einen passiven Ausgleichsposten einzustellen, der bei Anfall der durch den Erwerber übernommenen (i. d. R. vom Verkäufer nicht bilanzierte und auch nicht bilanzierungsfähige) Verpflichtungen aufzulösen ist. Durch diese Vorgehensweise kann ein Erwerbsgewinn im Zeitpunkt des Erwerbs der Wirtschaftsgüter vermieden werden.[69]

4284–4289 *(Einstweilen frei)*

63 Vgl. BMF-Schreiben vom 11. 11. 2011 – IV C 2-S1978-b/08/1001, BStBl 2011 I S. 1314, Tz. 00.02.

64 Vgl. BGH, Urteil vom 15. 3. 2004 – II ZR 247/01, DStR 2004 S. 1137. Zu den weiteren steuerlichen Folgen von Anwachsungsvorgängen vgl. auch *Breitenreicher*, DStR 2004 S. 1405; *Watermeyer*, GmbH-StB 2003 S. 96.

65 Vgl. *Orth*, DStR 2005 S. 1630; *Ropohl/Freck*, GmbHR 2009 S. 1079 f.

66 Vgl. OFD Berlin, Vfg. vom 19. 7. 2002 – St 122 – S 2241 – 2/02, GmbHR 2002 S. 1091; *Rautenstrauch/Adrian*, DStR 2006 S. 359.

67 Vgl. BFH, Urteile vom 21. 4. 1994 – IV R 70/92, BStBl 1994 II S. 745; vom 26. 4. 2006 – I R 49, 50/04, BStBl 2006 II S. 656.

68 Zur Behandlung eines negativen Kaufpreises bei Erwerb eines Mitunterunternehmeranteils durch Aufstellung von Ergänzungsbilanzen vgl. FG Düsseldorf, Urteil vom 15. 12. 2010 – 15 K 2784/09 F, rkr., DStR 2011 S. 112.

69 Vgl. *Prinz*, FR 2011 S. 374; *Preißer/Preißer*, DStR 2011 S. 135.

3.4.2.2.3 Abgrenzung des Anschaffungsvorgangs in zeitlicher Hinsicht

Die zeitliche Abgrenzung des Anschaffungsvorgangs beeinflusst den Umfang der als Anschaffungskosten zu berücksichtigenden Aufwendungen. Vor dem Hintergrund einer erfolgsneutralen Ausgestaltung des Anschaffungsvorgangs lässt die Rechtsprechung in zeitlicher Hinsicht den Anschaffungsvorgang bereits dann beginnen, wenn der Steuerpflichtige noch nicht das rechtliche oder wirtschaftliche Eigentum an den Vermögensgegenständen erlangt hat. Ausreichend ist, wenn am Bilanzstichtag bereits mit der Anschaffung begonnen wurde (beispielsweise durch den Abschluss eines Kaufvertrages über das betreffende Wirtschaftsgut).[70] 4290

Der Anschaffungsvorgang endet mit der Erlangung des wirtschaftlichen Eigentums über das angeschaffte Wirtschaftsgut. Die Berücksichtigung nach diesem Zeitpunkt anfallender nachträglicher Anschaffungskosten setzt voraus, dass eine direkte Zuordnung zu dem angeschafften Wirtschaftsgut möglich ist. 4291

3.4.2.2.4 ABC der Anschaffungskosten[71]

- **Anschaffungskostenminderungen:** Die Anschaffungskosten sind um tatsächlich eingetretene Anschaffungskostenminderungen zu vermindern. 4292
- **Anschaffungsnebenkosten:** In die Anschaffungskosten gehen auch Nebenkosten wie Transportkosten, Kosten des Umladens sowie Kosten des Einlagerns ein.
- **Anzahlungen auf Vorräte:** Im Zusammenhang mit der Anschaffung von Vorräten geleistete Anzahlungen sind zu aktivieren. Die Bewertung erfolgt mit dem Anzahlungsbetrag. Die in dem Anzahlungsbetrag enthaltene Umsatzsteuer zählt nur dann zu den Anzahlungen nach § 9b Abs. 1 EStG, soweit kein Vorsteuerabzug möglich ist.
- **Betriebsbereitschaftskosten:** Kosten für die Aufrechterhaltung der Betriebsbereitschaft zählen zu den Anschaffungskosten.[72]
- **Bonuszahlungen:** Erworbene Vorräte sind mit dem vertraglich geschuldeten Entgelt zu bewerten. Nachträgliche Bonuszahlungen führen erst im Zeitpunkt der tatsächlichen Gewährung zu einer nachträglichen Minderung der Anschaffungskosten des erworbenen Wirtschaftsgutes.[73]
- **Fiktive Anschaffungskosten:** Fiktive Anschaffungskosten können dann den maßgeblichen Bewertungsmaßstab bilden, wenn die Vertragsparteien gegenseitige Ansprüche aufrechnen oder Wirtschaftsgüter tauschen.
- **Finanzierungskosten:** Finanzierungskosten gehören grundsätzlich nicht zu den Anschaffungskosten. Es handelt sich um sofort abzugsfähige Geldbeschaffungskosten.[74]

70 Vgl. BFH, Urteil vom 13. 10. 1983 – IV R 160/78, BStBl 1984 II S. 101.

71 Vgl. hierzu auch *Kleinle/Dreixler*, in: HHR, § 6 EStG Anm. 974.

72 Vgl. BFH, Urteile vom 1. 4. 1981 – I R 27/79, BStBl 1981 II S. 660; vom 13. 4. 1988 – I R 104/86, BStBl 1988 II S. 892.

73 Gl. A. für gewährte Skontoabzüge BFH, Urteil vom 31. 7. 1970 – IV R 216/67, BStBl 1971 II S. 323.

74 Vgl. BFH, Urteil vom 13. 10. 1983 – IV R 160/78, BStBl 1984 II S. 101.

- **Fremdwährung:** Im Zusammenhang mit Anschaffungsvorgängen in Fremdwährung anfallende Bankgebühren zählen zu den Anschaffungsnebenkosten.
- **Gemeinkosten:** Gemeinkosten zählen nicht zu den Anschaffungskosten.[75]
- **Kalkulatorische Kosten:** Kalkulatorische Kosten sind keine ausgabewirksamen Aufwendungen i. S. d. § 255 Abs. 1 HGB und führen daher nicht zu Anschaffungskosten (dies gilt beispielsweise für kalkulatorische Zinsen für Eigenkapital, fiktiven Unternehmerlohn).
- **Lagerkosten:** Lagerkosten zählen bei Gegenständen des Vorratsvermögens ab dem Zeitpunkt der Aufnahme der Wirtschaftsgüter in das Lager nicht zu den Anschaffungskosten. Für die Rechtsprechung ist maßgeblich, dass der Anschaffungsvorgang insoweit abgeschlossen ist. Ausgenommen sind Aufwendungen für die Zwischenlagerung von Gegenständen.[76]
- **Optionsprämien:** Liegt dem Erwerb eines Wirtschaftsgutes ein Optionsgeschäft zugrunde, stellen gezahlte Optionsprämien Anschaffungsnebenkosten für das im Zuge der Ausübung der Option erworbene Wirtschaftsgut dar.[77]
- **Qualitätskontrollkosten:** Dienen die Kontrollen dazu, die vertraglich zugesicherten Eigenschaften des beschafften Wirtschaftsgutes zu überprüfen, ist der Anschaffungsvorgang noch nicht abgeschlossen und hierfür anfallende Aufwendungen zählen zu den Anschaffungskosten der erworbenen Wirtschaftsgüter. Dies setzt allerdings voraus, dass eine Zurechnung zu den erworbenen Wirtschaftsgütern erfolgen kann. Andernfalls handelt es sich um sofort abziehbare Betriebsausgaben.
- **Ratenkauf:** Die Anschaffungskosten eines im Wege des Ratenkaufs erworbenen Wirtschaftsgutes werden durch den Barwert der Ratenzahlungen bestimmt.
- **Reisekosten:** Reisekosten gehören in der Regel zu den nicht aktivierungsfähigen Verwaltungsgemeinkosten.[78]
- **Schulden:** Von dem Verkäufer übernommene Schulden zählen zu den Anschaffungskosten des erworbenen Wirtschaftsgutes.[79]
- **Stundung:** Ist der Kaufpreis längerfristig (mehr als ein Jahr) zinslos gestundet, handelt es sich bei den Anschaffungskosten um den Barwert des Kaufpreises. Dabei ist der Abzinsung ein Zinssatz von 5,5 % zugrunde zu legen entsprechend § 12 Abs. 3 BewG.[80]
- **Transportversicherung:** Aufwendungen für eine Transportversicherung zählen nicht zu den Anschaffungskosten des erworbenen Wirtschaftsgutes.

75 Vgl. BFH, Urteil vom 13. 4. 1988 – I R 104/86, BStBl 1988 II S. 892.

76 Vgl. BFH, Urteil vom 31. 7. 1967 – I 219/63, BStBl 1968 II S. 22.

77 Vgl. FG Baden-Württemberg, Urteil vom 30. 6. 1993 – 12 K 188/90, rkr., EFG 1994 S. 197.

78 Vgl. BFH, Urteile vom 24. 2. 1972 – IV R 4/68, BStBl 1972 II S. 422; vom 10. 3. 1981 – VIII R 195/77, BStBl 1981 II S. 470.

79 Vgl. BFH, Urteil vom 31. 5. 1972 – I R 49/69, BStBl 1972 II S. 696.

80 Vgl. BFH, Urteil vom 29. 10. 1974 – VIII R 131/70, BStBl 1975 II S. 173.

- **Vermittlungsprovisionen:** Bei der Anschaffung eines Wirtschaftsgutes gezahlte Vermittlungsprovisionen gehören zu den Anschaffungsnebenkosten. Bei nachträglicher Erstattung und Nachlässen vermindern sich die Anschaffungskosten.[81]
- **Vorsteuer:** Soweit nach § 15 UStG ein Vorsteuerabzug möglich ist, gehören abziehbare Vorsteuern gemäß § 9b Abs. 1 EStG nicht zu den Anschaffungskosten.
- **Warenrückvergütungen:** Bei Rückvergütungen handelt es sich nicht um Anschaffungspreisminderungen. Im Fall der Rückvergütung einer Genossenschaft an ihre Mitglieder handelt es sich bei den Rückvergütungen nicht um einen Preisnachlass, sondern um Vergütungen gesellschaftsrechtlicher Natur an die Genossen.[82]

(Einstweilen frei) 4293–4299

3.5 Herstellungskosten bei selbst erstellten Vorräten

3.5.1 Umfang und Ermittlung der Herstellungskosten

3.5.1.1 Gegenstand der Herstellungskosten

Selbst hergestellte Vorräte sind mit den Herstellungskosten zu bewerten (§ 6 Abs. 1 Nr. 2 EStG). Der Begriff der Herstellungskosten wird im EStG in zahlreichen Vorschriften verwendet, aber nicht definiert. Eine Begriffsabgrenzung findet sich lediglich im Handelsrecht (§ 255 Abs. 2 Satz 1 HGB). Danach zählen zu den Herstellungskosten alle Aufwendungen, die mit dem Ziel gemacht werden, durch den Verbrauch von Gütern und die Inanspruchnahme von Diensten ein Wirtschaftsgut herzustellen. Dieser handelsrechtliche Herstellungskostenbegriff ist auch der steuerlichen Gewinnermittlung zugrunde zu legen.[83] Dabei bezieht sich der Herstellungsvorgang nicht nur auf einen neugeschaffenen Vermögensgegenstand, sondern umfasst auch dessen Erweiterung und wesentliche Verbesserung. 4300

Neben den Materialkosten, Fertigungskosten und Sonderkosten der Fertigung, die dem Kostenträger direkt zurechenbar sind, umfasst die Herstellungskostenuntergrenze ab dem Veranlagungszeitraum 2010 auf Grund der durch das BilMoG erfolgten Änderungen auch angemessene Teile der Materialgemeinkosten, der Fertigungsgemeinkosten und des Werteverzehrs des Anlagevermögens, soweit dieser durch die Fertigung veranlasst ist. Die handelsrechtliche Herstellungskostenuntergrenze beinhaltet somit: 4301

- Einzelkosten (Materialeinzelkosten, Fertigungseinzelkosten und Sondereinzelkosten der Fertigung),
- Gemeinkosten (Materialgemeinkosten, Fertigungsgemeinkosten und den Wertverzehr des Anlagevermögens, soweit durch die Fertigung veranlasst)

Die handelsrechtliche Herstellungskostenuntergrenze entspricht damit der steuerlichen Untergrenze der Bewertung gemäß R 6.3 EStR.[84]

81 Vgl. BFH, Urteil vom 26. 2. 2002 – IX R 20/98, BStBl 2002 II S. 796.
82 Vgl. BFH, Urteil vom 12. 4. 1984 – IV R 112/81, BStBl 1984 II S. 554.
83 Vgl. BFH, Urteil vom 4. 7. 1990 – GrS 1/89, BStBl 1990 II S. 830.
84 Vgl. *Grottel/Pastor*, in: Beck'scher Bilanz-Kommentar, § 255 HGB Rz. 357.

4302 Zu beachten ist, dass der Gesetzeswortlaut einen Ansatz von Wirtschaftsgütern mit nur einem Teil der Herstellungskosten nicht zulässt. D. h. es steht nicht im Belieben des Steuerpflichtigen, Teile der Herstellungskosten zu aktivieren, von der Aktivierung anderer Teile der zu den notwendigen Herstellungskosten zählenden Bestandteile aber abzusehen.

4303 Nach § 255 Abs. 2 Satz 3 HGB dürfen angemessene Teile der Kosten der allgemeinen Verwaltung sowie angemessene Aufwendungen für soziale Einrichtungen des Betriebs, für freiwillige soziale Leistungen und für die betriebliche Altersversorgung einbezogen werden, soweit diese auf den Zeitraum der Herstellung entfallen. Die Finanzverwaltung geht hingegen davon aus, dass für diese Kostenbestandteile eine Einbeziehungspflicht besteht.[85]

4304 § 255 Abs. 2 HGB fordert im Gegensatz zu § 255 Abs. 1 HGB nicht den Einbezug von Nebenkosten und die Erfassung nachträglich anfallender Kosten. Zu den Herstellungskosten zählen somit nur die durch den Herstellungsvorgang selbst verursachten Aufwendungen.[86] Ausgangspunkt für die Ermittlung der steuerlichen Herstellungskosten bilden somit die Fertigungs-Einzel- und die Gemeinkosten.[87] Bei diesen Kosten ist der unmittelbare Zusammenhang mit dem Herstellungsvorgang gegeben.

4305 Der Begriff der Herstellungskosten ist im Sinne von Herstellungsaufwendungen zu verstehen. Kalkulatorische Kosten zählen nicht zu den Herstellungskosten.[88]

3.5.1.2 Ermittlung der Herstellungskosten

4306 In zeitlicher Hinsicht kommt eine Aktivierung nur für solche Aufwendungen in Frage, die während des Zeitraums der Herstellung anfallen. Dieser Zeitraum beginnt, wenn ein unmittelbarer sachlicher Zusammenhang zwischen den anfallenden Aufwendungen und dem hergestellten Objekt besteht. Der Herstellungszeitraum endet, wenn das hergestellte Wirtschaftsgut entsprechend seiner Zweckbestimmung eingesetzt werden kann. Nach diesem Zeitpunkt anfallende Aufwendungen gehen nicht mehr in die Herstellungskosten ein. Dies trifft beispielsweise auf Lager- und Vertriebskosten zu. Hierfür ist ausschlaggebend, dass durch diese Kosten der Wert des Wirtschaftsgutes nicht mehr erhöht wird. Nur in Ausnahmefällen können die durch Lagerung verursachten Kosten noch der Herstellungsphase zugerechnet werden (beispielsweise bei der Gewinnung alkoholischer Getränke durch Vergärung).

4307 Nachträgliche Herstellungskosten setzen die Veränderung eines bereits bestehenden Wirtschaftsguts im Rahmen eines weiteren Herstellungsvorgangs voraus.[89]

4308 Entsprechend der Vorgehensweise im Rahmen der Ermittlung der Anschaffungskosten können die Herstellungskosten fertiger und unfertiger Erzeugnisse sowohl retrograd

85 Vgl. R 6.3 Abs. 3 EStR und BMF, Schreiben vom 12. 3. 2010 – IV C 6-S 2133/09/10001, 2010/0188935, BStBl 2010 I S. 239, Tz. 8; hierzu kritisch *Ernsting*, FR 2010 S. 1071.

86 Vgl. nur BFH, Urteile vom 24. 3. 1987 – IX R 31/84, BStBl 1987 II S. 695; vom 13. 9. 1984 – IV R 101/82, BStBl 1985 II S. 49; vom 15. 11. 1985 – III R 110/80, BStBl 1986 II S. 367.

87 Vgl. *Stobbe/Rade*, in: HHR, § 6 EStG Anm. 459.

88 Vgl. H 6.3 EStH.

89 Vgl. BFH, Urteil vom 17. 10. 2001 – I R 32/00, BStBl 2002 II S. 349.

als auch progressiv ermittelt werden. Die Methodenwahl steht dabei im Ermessen des Steuerpflichtigen.

Konnte am Bilanzstichtag der Herstellungsvorgang eines Wirtschaftsguts noch nicht abgeschlossen werden, gehen in die Ermittlung der Herstellungskosten die bis zum Bilanzstichtag angefallenen Aufwendungen ein.[90] 4309

3.5.2 Zusammensetzung der Herstellungskosten

Die Herstellungskosten von Vorräten setzen sich aus den Materialeinzelkosten, Fertigungseinzelkosten und Sondereinzelkosten der Fertigung sowie den Gemeinkosten (Materialgemeinkosten, Fertigungsgemeinkosten und dem Wertverzehr des Anlagevermögens, soweit durch die Fertigung veranlasst) zusammen. 4310

Dabei ist zu beachten, dass in die Herstellungskosten die tatsächlich angefallenen Ist-Kosten eingehen.[91] D. h. auch überhöhte Kosten, die auf eine nicht rationelle Betriebsorganisation zurückzuführen sind, gehen in die Ermittlung der Herstellungskosten ein. 4311

3.5.2.1 Einzelkosten der Herstellung

3.5.2.1.1 Bestandteile der Einzelkosten

Bei den im Zusammenhang mit der Herstellung von Vorräten anfallenden Einzelkosten handelt es sich um dem Wirtschaftsgut direkt zurechenbare Kosten. Diese Voraussetzung erfüllen solche Kosten, deren Maßeinheiten nach Menge und Zeit (Material und Lohn) dem einzelnen Vermögensgegenstand direkt zugerechnet werden können. Dies bedeutet, dass sich die Unmittelbarkeit der Zurechnung auf einen eindeutigen quantitativen Zusammenhang der für die Herstellung der Wirtschaftsgüter eingesetzten Güter, Leistungen und Dienste beziehen muss. 4312

Zu den Materialeinzelkosten zählen vor allem Roh- und Hilfsstoffe sowie selbst erstellte bzw. zugekaufte Fertigteile. Auch von Dritten bezogene Werkleistungen gehen in die Materialeinzelkosten ein. Bewertet wird das eingesetzte Material mit seinen Anschaffungskosten einschließlich der Nebenkosten (Frachten, Zölle) abzüglich Anschaffungskostenminderungen (Rabatte, Skontobeträge). Eine Bewertung des Materialeinsatzes mit den Anschaffungskosten hat zunächst auch dann zu erfolgen, wenn die Preise zum Zeitpunkt des Verbrauchs gefallen sind. Eine korrigierende Bewertung mit dem niedrigeren Marktpreis kann unter der Voraussetzung einer voraussichtlich dauernden Wertminderung nur zum Bilanzstichtag erfolgen (§ 6 Abs. 1 Nr. 2 Satz 2 EStG). 4313

Zu den Einzelkosten der Fertigung zählen vor allem die Fertigungslöhne (Bruttolöhne). In den Bruttolohn einzubeziehen sind Sonderzulagen, Leistungs- und Abschlussprämien, gesetzliche Sozialabgaben sowie Aufwendungen für die Lohnfortzahlung im Krankheitsfall, Mutterschaftsbezüge, Urlaubslohn, Zuschläge für Überstunden und Fei- 4314

90 Vgl. BFH, Urteil vom 7. 9. 2005 – VIII R 1/03, BStBl 2006 II S. 298.

91 Vgl. BFH, Urteil vom 15. 2. 1966 – I 103/63, BStBl 1966 III S. 468.

ertagsarbeit. Die Aktivierung eines kalkulatorischen Unternehmerlohns ist nicht zulässig.[92] Tätigkeitsvergütungen von Mitunternehmern sind ungeachtet des fehlenden steuerlichen Aufwandscharakters in die Herstellungskosten einzubeziehen.[93]

4315 Zinsen für Fremdkapital können regelmäßig nicht als Herstellungskosten behandelt werden. Dies würde voraussetzen, dass eine eindeutige Zuordnung der Aufwendungen zu dem konkreten Herstellungsvorgang erfolgen kann. Dieser Zusammenhang wird nur bei Zinsen für Fremdkapital vorliegen, das im Zusammenhang mit der Finanzierung einer für die Produktion notwendigen Maschine anfällt.[94]

4316 Eine Aktivierung von Zinsaufwendungen hat zur Folge, dass eine Hinzurechnung nach § 4h EStG[95] bzw. § 8 Nr. 1 GewStG[96] nicht in Betracht kommt. Die spätere erfolgswirksame Minderung des Aktivpostens führt nicht zu Zinsaufwendungen.[97] Durch die Aktivierung verlieren die Aufwendungen ihre Eigenschaft als Zinsaufwendungen.[98] Vor diesem Hintergrund kann eine Aktivierung von Zinsaufwendungen als Gestaltungsansatz in Betracht kommen.

3.5.2.1.2 Sonderkosten der Herstellung

4317 Zu den Einzelkosten der Herstellung zählen auch die Sonderkosten der Fertigung. Hierbei handelt es sich um Aufwendungen, die zwar in einem Veranlassungszusammenhang mit dem Herstellungsvorgang stehen, allerdings nicht als Material- bzw. Fertigungskosten eingestuft werden können. Diese Voraussetzungen sind regelmäßig bei Aufwendungen für Sonderbetriebsmittel (beispielsweise Modelle, Sonderwerkzeuge), Lizenzgebühren gegeben.[99]

4318 Einschränkend ist hinsichtlich der Entwicklungskosten das Aktivierungsverbot für selbst erstellte immaterielle Wirtschaftsgüter gemäß § 5 Abs. 2 EStG zu beachten. Die Abgrenzung ist anhand der Nähe der Aufwendungen zur gegenwärtigen Produktion vorzunehmen. Danach kommt eine Aktivierung nur für Aufwendungen in Frage, die im Zusammenhang mit der Weiterentwicklung der gegenwärtigen Produktion stehen. Eine Aktivierung der Aufwendungen für Grundlagenforschung ist danach ausgeschlossen.

4319–4329 *(Einstweilen frei)*

---

92 Vgl. *Kulosa*, in: Schmidt, EStG, 33. Aufl., § 6 EStG Rz. 192; *Ehmcke*, in: Blümich, § 6 EStG Rz. 824; BFH, Urteil vom 30. 6. 1955 – IV 695/54 U, BStBl 1955 III S. 238.

93 Vgl. H 6.4 EStH.

94 Vgl. BFH, Urteil vom 27. 12. 1989 – V B 138/88, BFH/NV 1990, S. 487.

95 Vgl. hierzu *Hick*, in: HHR, § 4h EStG Anm. 76.

96 Vgl. Oberste Finanzbehörden der Länder, Erlass v. 4. 7. 2008 – VV BW FinMin 2008-07-04 3 G 1422 / 42, BStBl I 2008 S. 730 Rn. 13.

97 So auch BMF, Schreiben vom 4. 7. 2008 – IV C 7-S 2742-a/07/10001, 2008/0336202, BStBl I 2008 S. 718 Rn. 20.

98 Vgl. BFH, Urteil vom 30. 4. 2003 – I R 19/02, BStBl II 2004 S. 192.

99 Vgl. *Stobbe/Rade*, in: HHR, § 6 EStG Anm. 463b.

3.5.2.2 Gemeinkosten des Herstellungsvorgangs

3.5.2.2.1 Fertigungs- und Materialgemeinkosten

Zu den aktivierungspflichtigen Herstellungsaufwendungen zählen auch angemessene Teile der Materialgemeinkosten, Fertigungsgemeinkosten sowie der Wertverzehr des Anlagevermögens (§ 255 HGB und H 6.3 EStR). 4330

Dabei zählen zu den aktivierungspflichtigen Gemeinkosten sowohl echte als auch unechte Gemeinkosten. Unechte (variable) Gemeinkosten sind Kosten, die grundsätzlich Einzelkosten sind, die jedoch unter dem Gesichtspunkt der Verhältnismäßigkeit und Wirtschaftlichkeit der Kostenrechnung nicht zu Einzelkosten werden. Hingegen kann bei den echten Gemeinkosten zwischen beschäftigungsunabhängigen Kosten (echte beschäftigungsunabhängige Gemeinkosten) und solchen Kosten unterschieden werden, die mit der Anzahl der Zwischen- und Endprodukte variabel sind, bei denen aber eine direkte Erfassung unmöglich ist (echte variable Gemeinkosten).[100] 4331

Fertigungs- und Materialgemeinkosten haben mit den Fertigungs- und Materialeinzelkosten gemeinsam, dass es sich um Aufwendungen für Güter, Leistungen und Dienste handelt, die durch den Herstellungsvorgang veranlasst sind. Der Unterschied zu den Einzelkosten besteht darin, dass die Gemeinkosten nicht unmittelbar in das Produkt eingehen, sondern nur über eine Schlüsselung oder Umlage zu den herzustellenden Vermögensgegenständen in Beziehung gebracht werden können. Beispiele für Materialgemeinkosten sind die mit Beschaffung, Transport und Lagerung des Materials in Zusammenhang stehenden Aufwendungen. Die Verrechnung der Materialgemeinkosten erfolgt i. d. R. in der Form, dass auf die Fertigungseinzelkosten ein Gemeinkostenzuschlag erhoben wird. 4332

Bei den Fertigungsgemeinkosten handelt es sich um Kosten der Fertigung, die nicht direkt als Kosten für Material und Fertigungslöhne oder als Sonderkosten verrechnet werden und nicht unter Verwaltungs- oder Vertriebskosten fallen. Dies trifft beispielsweise auf Energiekosten, Betriebs- und Hilfsstoffe, Sachversicherungen für Anlagen der Fertigung, Instandhaltungsaufwendungen zu. Aufwendungen für die Fertigungsverwaltung rechnen ebenfalls zu den Fertigungsgemeinkosten. Insoweit sind die Kosten für die Verwaltung der Fertigung von den allgemeinen Verwaltungskosten abzugrenzen.[101] 4333

(Einstweilen frei) 4334–4335

3.5.2.2.2 Wertverzehr des Anlagevermögens

Zu den (fixen) Gemeinkosten zählen auch Absetzungen für Abnutzung, die im Zusammenhang mit der Abschreibung für die Produktion genutzter Anlagen anfallen. Zu den Einzelkosten zählt die AfA nur im Fall eines Ein-Produkt-Unternehmens. 4336

Steuerliche Sonderabschreibungen und erhöhte Absetzungen für Abnutzung gehen in die Ermittlung ein.[102] Dies gilt auch für Absetzungen für Abnutzung, die auf die Ab- 4337

100 Vgl. *Grottel/Pastor*, in: Beck'scher Bilanz-Kommentar, § 255 HGB Rz. 353.

101 Vgl. hierzu Rz. 4338.

102 Vgl. *Kleinle/Dreixler*, in: HHR, § 6 EStG Anm. 966; a. A. *Kulosa*, in: Schmidt, EStG, 33. Aufl., § 6 EStG Rz. 198.

schreibung nicht voll ausgelasteter Anlageteile entfallen. Voraussetzung ist, dass für die Schwankungen der Kapazitätsauslastung saisonale Gründe ursächlich sind.[103] Teilwertabschreibungen auf das Anlagevermögen sind bei der Ermittlung der Herstellungskosten nicht zu berücksichtigen.[104]

3.5.2.2.3 Kosten der allgemeinen Verwaltung

4338 Zu den zu aktivierenden Gemeinkosten zählen auch angemessene Teile der Kosten der allgemeinen Verwaltung, angemessene Aufwendungen für soziale Einrichtungen des Betriebs, für freiwillige soziale Leistungen und für die betriebliche Altersversorgung.[105] Dabei setzt ein Einbezug jeweils voraus, dass ein zeitlicher Bezug zu dem Zeitraum der Herstellung besteht.

4339 Zu den Aufwendungen der allgemeinen Verwaltung werden gemäß R 6.3 Abs. 4 Satz 2 EStR u. a. Aufwendungen für die Geschäftsleitung, Einkauf und Wareneingang, Rechnungswesen, Feuerwehr und Werkschutz gerechnet.

4340 Zu den Aufwendungen für soziale Einrichtungen gehören gemäß R 6.3 Abs. 4 Satz 3 EStR Aufwendungen für die Kantine sowie Betriebsausflüge. Als freiwillige soziale Leistungen gelten Aufwendungen für Jubiläumszuwendungen, Weihnachtszuwendungen, Wohnungsbeihilfen und andere freiwillige Beihilfen. Aufwendungen für die betriebliche Altersversorgung umfassen Direktversicherungen, Zuwendungen an Pensionskassen, Pensionsfonds, Unterstützungskassen und Zuweisungen zu den Pensionsrückstellungen.

3.5.2.2.4 Angemessene Teile der Gemeinkosten

4341 Die Aktivierungspflicht erstreckt sich nur auf den angemessenen Teil der Materialgemeinkosten, Fertigungsgemeinkosten und des Wertverzehrs des Anlagevermögens. Dies bedeutet, dass nur die tatsächlich angefallenen Istkosten erfasst werden dürfen.

4342 Die Frage nach der Angemessenheit der Gemeinkosten kann sich zudem im Fall der Unterbeschäftigung stellen. In diesen Fällen ist zu prüfen, in welchem Umfang sog. Kosten der Betriebsbereitschaft vorliegen, die als fixe Kosten in die Herstellungskosten eingerechnet werden dürfen.[106]

3.5.2.2.5 ABC der Herstellungskosten bei Vorräten[107]

4343 ► **Abfälle**: Die Kosten der Beseitigung von Abfällen, die im Zusammenhang mit dem Herstellungsvorgang anfallen, zählen zu den Fertigungsgemeinkosten. Abfälle, die

---

103 Vgl. R 6.3 Abs. 7 EStR.

104 Vgl. R 6.3 Abs. 4 Satz 6 EStR.

105 Vgl. BMF, Schreiben vom 12. 3. 2010 – IV C 6-S 2133/09/10001, 2010/0188935, BStBl 2010 I S. 239, Tz. 8. Zur Problematik dieser Verwaltungsregelung s. Rz. 364.

106 Vgl. *Kulosa*, in: Schmidt, EStG, 33. Aufl., § 6 EStG Rz. 196.

107 Vgl. hierzu auch *Grottel/Pastor*, in: Beck'scher Bilanz-Kommentar, § 255 HGB Rn. 470; *Kleinle/Dreixler*, in: HHR, § 6 EStG Anm. 1000.

wieder verwendet werden, sind den Materialkosten oder den Materialgemeinkosten zuzurechnen.

- **Abfüllkosten:** Abfüllkosten für Erzeugnisse, die ohne Abfüllung nicht verkaufsfähig sind, gehören zu den Fertigungsgemeinkosten oder den Sonderkosten der Fertigung.[108]
- **Abschreibungen** (s. unter Rz. 4336).
- **Altersversorgung**: Aufwendungen für die betriebliche Altersversorgung können nach R 6.3 Abs. 4 Satz 5 EStR in die Herstellungskosten eingerechnet werden.
- **Annahme des Fertigungsmaterials:** Die Kosten zählen zu den Kosten der Beschaffung und sind als Gemeinkosten zu berücksichtigen.
- **Arbeitsleistung:** Die eigene Arbeitsleistung des Unternehmers zählt nicht zu den Herstellungskosten.[109]
- **Ausbildung von Arbeitnehmern:** Die Kosten rechnen zu den Kosten der allgemeinen Verwaltung und müssen daher nicht in die Herstellungskosten eingerechnet werden (vgl. R 6.3 Abs. 4 Satz 2 EStR).
- **Beschaffungskosten:** Die Beschaffungskosten für Fertigungsmaterial sind Herstellungskosten. Abzugrenzen sind die Beschaffungskosten von den Kosten, die in den Bereichen Beschaffung und Einkauf insgesamt anfallen und nicht einem einzelnen Wirtschaftsgut zugerechnet werden können.
- **Betriebsleitung:** Diese Kosten gehören zu den Fertigungsgemeinkosten (vgl. R 6.3 Abs. 2 Satz 1 EStR).
- **Betriebsrat:** Aufwendungen für den Betriebsrat rechnen zu den Kosten der allgemeinen Verwaltung (vgl. R 6.3 Abs. 2 Satz 2 EStR).
- **Betriebsstoffe:** Die Kosten für Betriebsstoffe zählen zu den Fertigungsgemeinkosten.
- **Einkauf:** Die Kosten des Einkaufs gehören zu den aktivierungsfähigen Verwaltungskosten, für deren Einbezug ein Wahlrecht besteht (vgl. R 6.3 Abs. 4 Satz 2 EStR).
- **Energie:** Die Kosten für Brennstoffe, Treibstoffe, Dampf, Strom im Herstellungsvorgang gehören – wie Betriebsstoffe – zu den Fertigungsgemeinkosten.
- **Forschungskosten:** Eigene Forschungskosten zählen nicht zu den aktivierungsfähigen Herstellungskosten (§ 255 Abs. 1 Satz 4 HGB).
- **Garantien:** Aufwendungen im Zusammenhang mit Garantieleistungen und den in diesem Zusammenhang gebildeten Rückstellungen gehören nicht zu den Herstellungskosten. So entsteht die Garantieverpflichtung in zeitlicher Hinsicht erst nach Auslieferung der Erzeugnisse. Zudem spiegelt eine Garantierückstellung i. d. R. das Risiko wider, dass bei einzelnen Produkten Garantieleistungen erforderlich werden könnten. Eine Zuordnung zu bestimmten hergestellten Produkten bzw. Produktserien ist häufig nicht möglich.

108 Vgl. BFH, Urteil vom 26. 2. 1975 – I R 72/73, BStBl 1976 II S. 13.

109 Vgl. BFH, Urteil vom 30. 6. 1955 – IV 695/54, BStBl 1955 III S. 238.

- **Gewinnbeteiligung von Arbeitnehmern:** Vertraglich zugesagte gewinnabhängige Tantiemen einzelner Arbeitnehmer des Fertigungsbereichs sind Bestandteil des „Rohgewinns“ und zählen daher nicht zu den Herstellungskosten. Bei nichtvertraglichen Ergebnisbeteiligungen von Arbeitnehmern des Herstellungsbereichs besteht ein Wahlrecht zur Einbeziehung (vgl. 6.3 Abs. 4 Satz 4 EStR).[110]
- **Hilfsstoffe:** Hilfsstoffe (z. B. Nägel, Schrauben, Innenverpackung) werden unmittelbar im Rahmen der Produktion verbraucht und zählen zu den Fertigungsgemeinkosten.
- **Kraftfahrzeugsteuer:** Die Kraftfahrzeugsteuer für unmittelbar im Fertigungsbereich eingesetzte Fahrzeuge zählt zu den Fertigungsgemeinkosten.
- **Lagerkosten:** Lagerkosten für Roh-, Hilfs- und Betriebsstoffe gehören zu den Materialgemeinkosten. Gehört die Lagerung dagegen zur Herstellung, wie z. B. bei Holz, Milcherzeugnissen, alkoholischen Getränken, handelt es sich um Fertigungsgemeinkosten.[111]
- **Lizenzgebühren:** Lizenzgebühren, die nach der vertraglichen Vereinbarung mit der Lieferung der Erzeugnisse entstehen (Umsatzlizenzen), sind als Vertriebskosten einzustufen. Werden sie hingegen für die Herstellung als solche entrichtet, handelt es sich um Sonderkosten der Fertigung.
- **Lohnkosten:** Fertigungslöhne gehören insoweit zu den Fertigungsgemeinkosten, als sie nicht Fertigungslöhne sind, aber mit der Fertigung im Zusammenhang stehen. Hierbei kann es sich beispielsweise um Lohnaufwendungen für die Lager- und Werkstattverwaltung, Kosten des Lohnbüros für den Fertigungsbereich, Löhne für Arbeitsvorbereitung, Werkstattkonstrukteure, für Werkstoffprüfung und Werkstoffabnahme handeln.
- **Lohnnebenkosten:** Hierzu zählen Überstunden-/Feiertagszuschläge, gesetzliche Sozialabgaben, gesetzliche tarifliche Ausfallzeiten und gesetzliche/tarifliche Sozialaufwendungen. Überstunden-/Feiertagszuschläge und gesetzliche Sozialabgaben (z. B. Arbeitgeberanteile zur Sozialversicherung) sind, soweit sie Fertigungslöhne betreffen, Einzelkosten und somit in die Wertuntergrenze der Herstellungskosten einzubeziehen. Gesetzliche Sozialaufwendungen (z. B. Lohnausgleichszahlungen, Weihnachtsgeld) zählen zu den Gemeinkosten, für die ein Einbeziehungswahlrecht besteht.
- **Mietaufwendungen:** Mietaufwendungen oder Leasingraten für Anlagen, die der Produktion dienen, sind Herstellungskosten.
- **Provisionen:** Umsatzabhängige oder andere beim Verkauf entstehende Provisionen sind Vertriebskosten. Einkaufsprovisionen sind Anschaffungsnebenkosten.
- **Reisekosten und Auslösungen:** Aufwendungen des in der Produktion und Montage tätigen Personals sind den Fertigungslöhnen bzw. Fertigungsgemeinkosten zuzurechnen.

110 Zu freiwillig gezahlten Erfolgsprämien vgl. FG Baden Württemberg, Urteil vom 17. 12. 2007 – 6 K 69/05, rkr., Ubg 2009 S. 875.

111 Vgl. BFH, Urteil vom 3. 3. 1978 – III R 30/76, BStBl 1978 II S. 412.

- **Transportkosten:** Innerbetriebliche Transportkosten für das Fertigungsmaterial sind Fertigungsgemeinkosten. Die Beförderung von Fertigerzeugnissen in Auslieferungslager sind dem Vertriebsbereich zuzuordnen.
- **Unentgeltliche Dienstleistungen:** Unentgeltliche Dienstleistungen, die der Steuerpflichtige im Zusammenhang mit der Herstellung von Wirtschaftsgütern erhält, bewirken nur eine Ersparnis von Aufwendungen und wirken sich nicht auf die Herstellungskosten aus.[112]
- **Vergebliche Aufwendungen:** Vergebliche Aufwendungen sind keine Herstellungskosten. Dies gilt insbesondere für verlorene Vorauszahlungen da nicht die Anzahlung selbst, sondern erst der tatsächliche Verbrauch von Gütern und Dienstleistungen zu Herstellungskosten führt.[113]
- **Verpackungskosten:** Die Kosten der Innenverpackung zählen zu den Fertigungsgemeinkosten. Es handelt sich um die Verpackung solcher Erzeugnisse, die durch die Verpackung erst verkaufsfähig werden. Dies ist häufig bei Lebensmitteln der Fall.[114] Die Außenverpackung (in Kisten, Kartons zum Transport) gehört hingegen zu den Vertriebsgemeinkosten.
- **Versicherungen:** Sachversicherungen können (oft anteilig) den Materialbereich oder den Fertigungsbereich betreffen. Solche Aufwendungen gehören dann entweder zu den Materialgemeinkosten oder den Fertigungsgemeinkosten (vgl. R 6.3 Abs. 2 EStR).
- **Verwaltungskosten:** Kosten der Fertigungsverwaltung zählen zu den Fertigungsgemeinkosten.
- **Vertriebskosten:** Vertriebsgemeinkosten zählen nicht zu den Herstellungskosten. Herstellungskosten sind nur dann gegeben, wenn das Produkt ohne die jeweilige Verpackung nicht verkäuflich ist (dies ist häufig bei Lebensmitteln der Fall, s. auch Verpackungskosten).
- **Zinsloser Kredit:** Ein im Zusammenhang mit der Herstellung eines Wirtschaftsgutes gewährter zinsloser Kredit mindert die Herstellungskosten nicht. So stellt nach der Rechtsprechung die bloße Nutzung eines fremden Wirtschaftsgutes zu betrieblichen Zwecken steuerrechtlich kein einlagefähiges Wirtschaftsgut dar.

(Einstweilen frei) 4344–4349

3.6 Sonderfälle der Ermittlung der Anschaffungs- und Herstellungskosten

3.6.1 Ausnahmen von dem Gebot der Einzelbewertung

Aufgrund ausdrücklicher gesetzlicher Regelung im Steuer- und Handelsrecht (vgl. § 6 Abs. 1 EStG und §§ 240 Abs. 1, 252 Abs. 1 Nr. 3 HGB) kommt dem Grundsatz der Einzelbewertung stets Vorrang gegenüber Vereinfachungsregelungen zur Bewertung des 4350

112 Vgl. BFH, Urteil vom 20. 9. 1990 – IV R 300/84, BStBl 1991 II S. 82.

113 Vgl. BFH, Urteil vom 31. 3. 1992 – IX R 164/87, BStBl 1992 II S. 805.

114 Vgl. BFH, Urteil vom 26. 2. 1975 – I R 72/73, BStBl 1976 II S. 13.

Vorratsvermögen zu. Aus Vereinfachungs- und Rationalisierungsgründen sind als Ausnahme von dem Gebot der Einzelbewertung im Zusammenhang mit der Bewertung des Vorratsvermögens folgende Verfahren gebräuchlich:

- Festbewertung,
- Durchschnittsbewertung,
- Gruppenbewertung,
- Verbrauchsfolgeverfahren.

4351 Eine ausdrückliche Rechtsgrundlage existiert im Steuerrecht nur für das in § 6 Abs. 1 Nr. 2a EStG geregelte Verbrauchsfolgeverfahren (Lifo-Verfahren). Mangels eigenständiger steuerlicher Regelungen gilt das in § 240 Abs. 3 HGB geregelte handelsbilanzielle Wahlrecht für eine Festwertbewertung sowie das in § 240 Abs. 4 HGB geregelte Wahlrecht für eine Durchschnittsbewertung bzw. Gruppenbewertung auch für Steuerpflichtige, die ihren Gewinn gemäß § 5 EStG bzw. § 4 Abs. 1 EStG ermitteln.[115] Dabei erstreckt sich der Anwendungsbereich der Verfahren nicht nur auf die Zugangsbewertung, sondern auch auf die Bewertung zu den nachfolgenden Bilanzstichtagen.

4352 Für im Wege eines Verfahrens der Gruppen- bzw. Verbrauchsfolgebewertung bewertete Wirtschaftsgüter des Vorratsvermögens ist zu beachten, dass eine eigenständige Vermögens- oder Schuldposition für auf diese Weise bewertete Wirtschaftsgüter nicht entsteht. Ihre steuerliche Selbständigkeit verlieren die Wirtschaftsgüter nicht.[116] So werden im Fall der Gruppenbewertung selbständige Wirtschaftsgüter lediglich für Zwecke der Bewertung zusammengefasst.

3.6.2 Festwertbewertung

4353 Die Festwertbewertung gemäß § 240 Abs. 3 HGB i. V. m. § 256 Satz 2 HGB eröffnet das Wahlrecht, zur Vereinfachung der Bewertung des Vorratsvermögens für gruppenweise zusammengefasste Wirtschaftsgüter einen gleichbleibenden Bestand und Wert für mehrere aufeinanderfolgende Bilanzstichtage zu unterstellen. Beim Umlaufvermögen kommt eine Bewertung mit einem Festwert nur für Roh-, Hilfs- und Betriebsstoffe in Betracht. Eine Bewertung von Waren und fertigen Erzeugnissen mit einem Festwert ist nicht möglich.[117]

4354 Mangels eigenständiger steuerlicher Regelungen sind die handelsbilanziellen Vorgaben für eine Festwertbewertung (§ 240 Abs. 3 HGB) auch für die steuerliche Gewinnermittlung maßgeblich.[118] Danach setzt eine Festwertbewertung kumulativ voraus, dass die betreffenden Vermögensgegenstände regelmäßig ersetzt werden und der Gesamtwert der in eine Festbewertung einbezogenen Wirtschaftsgüter für das Unternehmen von untergeordneter Bedeutung ist. Zudem darf der Bestand der einbezogenen Vermögensgegenstände hinsichtlich Anzahl, dem Wert und der Zusammensetzung nur geringen

115 Vgl. BMF, Schreiben vom 12. 3. 2010 – IV C 6-S 2133/09/10001, 2010/0188935, BStBl 2010 I S. 239, Tz. 7.

116 Zur Gruppenbewertung vgl. BFH, Urteil vom 13. 2. 2003 – IV R 72/00, BFH/NV 2003 S. 1155.

117 Vgl. *Kulosa*, in: Schmidt, EStG, 33. Aufl., § 6 EStG Rz. 614.

118 Zu den mit dem Handelsrecht korrespondierenden Voraussetzungen vgl. BFH, Urteil vom 4. 6. 1992 – IV R 101/90, BStBl 1993 II S. 276.

Veränderungen unterliegen. D. h. der Bestand an Wirtschaftsgütern, der durch Verbrauch, Abnutzung oder Ausscheiden vermindert wird, muss durch entsprechende Zugänge regelmäßig ausgeglichen werden.[119]

Auf Grund dieser Vorgaben ist eine Festwertbewertung nur dann zulässig, wenn die laufenden Zugänge in etwa den Abgängen und Abschreibungen im Fall der Einzelbewertung entsprechen. Auch ist eine Festwertbewertung nur für Wirtschaftsgüter anwendbar, die erfahrungsgemäß nur geringen Preisschwankungen unterliegen. Im Fall starker Wertschwankungen sind die Voraussetzungen einer Festwertbewertung bereits dem Grunde nach nicht gegeben. Fällt eine der drei Voraussetzungen für eine Festwertbewertung weg, muss zum nächsten Bilanzstichtag die Festwertbewertung aufgegeben werden. Die Finanzverwaltung fordert zusätzlich eine Gleichartigkeit der zusammengefassten Wirtschaftsgüter in der Form, dass die zusammengefassten Wirtschaftsgüter in etwa eine gleiche Nutzungsdauer aufweisen müssen.[120] 4355

Eine körperliche Bestandsaufnahme ist (abweichend von § 240 Abs. 2 HGB) in einem Abstand von drei Jahren durchzuführen.[121] Im Fall einer wesentlichen Änderung der Verhältnisse kann sich aber auch zu einem früheren Zeitpunkt die Notwendigkeit einer körperlichen Bestandsaufnahme ergeben. Die Notwendigkeit einer Festwertanpassung ergibt sich regelmäßig dann, wenn der Bestand der mit einem Festwert bewerteten Wirtschaftsgüter in seiner Größe, seinem Wert oder seiner Zusammensetzung nicht nur geringen Veränderungen unterliegt. Übersteigt der aktuell ermittelte Wertansatz den bisher angesetzten Festwert um mehr als 10 %, sind die bislang angesetzten Anschaffungs- und Herstellungskosten entsprechend aufzustocken. Bei einer Veränderung von bis zu 10 % kann eine Anpassung unterbleiben. Sind die aktuellen Anschaffungs- und Herstellungskosten dauerhaft niedriger, kann eine Teilwertabschreibung des Bestands erfolgen.[122] 4356

Das Kriterium der nachrangigen Bedeutung der Festwertgegenstände für das Unternehmen bezieht die Finanzverwaltung auf die Bilanzsumme.[123] Die Finanzverwaltung geht davon aus, dass eine nachrangige Bedeutung der Festwertgegenstände gegeben ist, wenn der Wert zu den fünf vorangegangenen Bilanzstichtagen bezogen auf die Bilanzsumme im Durchschnitt 10 % nicht übersteigt. 4357

Für die nach Maßgabe der Festbewertungsmethode bewerteten Wirtschaftsgüter des Umlaufvermögens wird ein bestimmter Bestand konstant mit den Anschaffungs- bzw. Herstellungskosten aktiviert.[124] Verbrauch oder Schwund bleiben während der Festwertbewertung insgesamt unberücksichtigt. Ersatzbeschaffungen werden nicht aktiviert, sondern wirken sich als Betriebsausgabe erfolgswirksam aus. Eine Teilwertabschreibung kann nur nach einer vorherigen körperlichen Bestandsaufnahme erfolgen. 4358

119 Vgl. BMF, Schreiben vom 26. 2. 1992, DStR 1992 S. 542.

120 Vgl. BMF, Schreiben vom 26. 2. 1992, DStR 1992 S. 542.

121 Vgl. *Richter*, in: HHR, § 6 EStG Anm. 150.

122 Nach der Teilwertabschreibung ist allerdings kein Festwert, sondern ein Durchschnittswert anzusetzen. Vgl. BMF, Schreiben vom 26. 2. 1992, DStR 1992 S. 542.

123 Vgl. BMF, Schreiben vom 8. 3. 1993 – VV DEU BMF 1993-03-08 IV B 2-S 2174a-1/93, BStBl 1993 I S. 276.

124 Vgl. *Kulosa*, in: Schmidt, EStG, 33. Aufl., § 6 EStG Rz. 617.

3.6.3 Durchschnittsbewertung

4359 Lassen sich die konkreten Anschaffungs- bzw. Herstellungskosten wegen schwankender Einkaufspreise im Laufe eines Wirtschaftsjahres nicht einwandfrei ermitteln, ist die Ermittlung im Wege einer Schätzung zulässig. Als Schätzverfahren erkennt die Finanzverwaltung, ausgehend von den handelsrechtlichen Grundsätzen des § 240 Abs. 4 HGB, eine Durchschnittsbewertung in Form des gewogenen Mittels der Anschaffungs- und Herstellungskosten der im Laufe eines Wirtschaftsjahres erworbenen und ggf. zu Beginn des Wirtschaftsjahres vorhandenen Wirtschaftsgüter an.[125] Typischer Anwendungsfall sind zu unterschiedlichen Zeitpunkten und mit unterschiedlichen Anschaffungskosten angeschaffte gleichartige Wirtschaftsgüter, die in einem Raum gelagert werden und auf Grund der Gleichartigkeit nicht unterschieden werden können.

4360 Anders als bei einer Festbewertung erfordert eine Durchschnittsbewertung eine körperliche Bestandsaufnahme der zum Bilanzstichtag vorhandenen Wirtschaftsgüter.[126] D. h. eine Durchschnittsbewertung erleichtert nur die Ermittlung der Anschaffungs- und Herstellungskosten, bietet aber keine Vereinfachung hinsichtlich der Ermittlung der am Bilanzstichtag vorhandenen Bestände.[127] In der einfachsten Variante erfolgt die Durchschnittsbewertung unter Ansatz des einfachen gewogenen Durchschnittswerts. In diesem Fall wird der am Bilanzstichtag vorhandene Bestand mit dem gewogenen Mittel aus dem Anfangsbestand und den Zugängen des Geschäftsjahres mit den jeweiligen Einstandspreisen gebildet.[128] Die Bewertungsmethode nach Durchschnittswerten kann durch die Berechnung eines gleitenden gewogenen Durchschnittswerts verfeinert werden. In diesem Fall wird nach jedem Zugang ein neuer Durchschnittswert errechnet.

4361–4369 *(Einstweilen frei)*

3.6.4 Gruppenbewertung

4370 Nach § 240 Abs. 4 HGB i. V. m. § 256 Satz 2 HGB können gleichartige Vermögensgegenstände des Vorratsvermögens jeweils zu einer Gruppe zusammengefasst und mit dem gewogenen Durchschnittswert angesetzt werden.[129] Abgesehen von geleisteten Anzahlungen, kann das gesamte Vorratsvermögen Gegenstand einer Gruppenbewertung bilden. Mangels eines steuerlichen Bewertungsvorbehalts kann eine nach den handelsrechtlichen Vorgaben erfolgte Gruppenbewertung auch der steuerlichen Gewinnermittlung zugrunde gelegt werden.[130]

4371 Eine Gruppenbewertung liegt nicht bereits dann vor, wenn mehrere einzeln bewertete Wirtschaftsgüter zu einem Bilanzposten aufaddiert werden. Vielmehr setzt eine Gruppenbewertung voraus, dass eine durch Inventur ermittelte gleichartige Anzahl von Wirtschaftsgütern zu einer „Gruppe“ zusammengefasst wird, die dann den „neuen“

125 Vgl. R. 6.8 Abs. 3 EStR.

126 Vgl. *Kulosa*, in: Schmidt, EStG, 32. Aufl., § 6 EStG Rz. 624.

127 Vgl. *Richter*, in: HHR, § 6 EStG Anm. 135.

128 Vgl. *Hoffmann*, in: Littmann/Bitz/Pust (Hrsg.), Das Einkommensteuerrecht, § 6 EStG Rz. 85.

129 Vgl. *Hoffmann/Lüdenbach*, NWB Kommentar Bilanzierung, 5. Aufl., Herne 2014, § 240 Rz. 34.

130 Vgl. R. 6.8 Abs. 4 EStR.

Gegenstand der Bewertung bildet. In der praktischen Anwendung besteht die Schwierigkeit regelmäßig in der Ermittlung gruppenbewertungsfähiger Wirtschaftsgüter. Gleichartige Wirtschaftsgüter liegen nur dann vor, wenn die Wirtschaftsgüter hinsichtlich der wesentlichen Merkmale (Art und Funktion) übereinstimmen und keine wesentlichen Qualitätsunterschiede aufweisen.[131]

3.6.5 Verbrauchsfolgeverfahren

3.6.5.1 Voraussetzungen für die Anwendung des Lifo-Verfahrens

Bilanzierende Steuerpflichtige (§ 5 EStG) können für die Ermittlung der Anschaffungs- 4372
und Herstellungskosten von gleichartigen Wirtschaftsgütern des Vorratsvermögens auf das in § 6 Abs. 1 Nr. 2a EStG geregelte Verbrauchsfolgeverfahren zurückgreifen.[132] Die tatbestandlichen Voraussetzungen sind dieselben wie nach § 256 Satz 1 HGB.[133] Steuerlich ist allerdings nur das Lifo-Verfahren zulässig.

Für eine vereinfachte Ermittlung der Anschaffungs- und Herstellungskosten wird unter- 4373
stellt, dass die zuletzt angeschafften und hergestellten Wirtschaftsgüter zuerst verbraucht oder veräußert werden. Das Lifo-Verfahren muss im jeweiligen Einzelfall den handelsrechtlichen GoB entsprechen. Allerdings besteht nach der Aufhebung der umgekehrten Maßgeblichkeit im Rahmen des BilMoG für die Anwendung des Lifo-Verfahrens im Rahmen der steuerlichen Gewinnermittlung nicht mehr die Voraussetzung, dass in der Handelsbilanz entsprechend verfahren wird.[134]

Für die Anwendung der Lifo-Bewertung besteht die Voraussetzung, dass gleiche oder 4374
gleichartige Wirtschaftsgüter des Vorratsvermögens zu Bewertungsgruppen zusammengefasst werden können.[135] Für jede dieser Gruppen bleiben die Anschaffungs- oder Herstellungskosten aus den jeweils ältesten Zugängen wirtschaftsjahrübergreifend maßgeblich.

Die Lifo-Methode hat damit eine Durchbrechung des Grundsatzes der Einzelbewertung 4375
(§ 252 Abs. 1 Nr. 3 HGB, § 6 Abs. 1 EStG) sowie der periodengerechten Aufwandsabgrenzung aus Gründen der Bewertungsvereinfachung zur Folge.[136]

Das Wahlrecht zur Lifo-Methode ist deshalb typischerweise auf Sachverhalte zuge- 4376
schnitten, bei denen entweder die Ermittlung der individuellen Anschaffungs-/Herstellungskosten der Vermögensgegenstände im Einzelfall ausgeschlossen ist (beispielsweise bei chemischen Herstellungsprozessen) oder mit einem unvertretbaren Aufwand verbunden wäre.

---

131 Vgl. *Richter*, in: HHR, § 6 EStG Anm. 120.

132 Vgl. hierzu umfassend *Hüttemann/Meinert*, IFSt Schrift Nr. 486.

133 Vgl. hierzu *Hoffmann/Lüdenbach*, NWB Kommentar Bilanzierung, 5. Aufl., Herne 2014, § 256 Rz. 39.

134 Vgl. *Warnke*, EStB 2010 S. 342; *Mitschke*, FR 2010 S. 219.

135 Die Finanzverwaltung sieht in erheblichen Preisunterschieden Anzeichen für Qualitätsunterschiede, die eine Gleichartigkeit ausschließen sollen. Vgl. R. 6.9 Abs. 3 EStR.

136 Die Lifo-Methode stellt insoweit eine Ausprägung des Wesentlichkeitskriteriums im Rahmen der steuerlichen Gewinnermittlung dar. Vgl. hierzu *Marx*, FR 2011 S. 269 sowie *Hüttemann/Meinert*, DB 2013 S. 1865.

4377 Mit der angestrebten Vereinfachung der Bewertung kann ein Zurücktreten der Grundsätze ordnungsmäßiger Buchführung nach der BFH-Rechtsprechung[137] allerdings dann nicht mehr gerechtfertigt werden, wenn Vorratsgegenstände

- mit absolut betrachtet hohen Erwerbsaufwendungen infrage stehen,
- die Anschaffungskosten ohne weiteres identifiziert werden können und
- den einzelnen Vermögensgegenständen angesichts deren individueller Merkmale ohne Schwierigkeiten zugeordnet werden können.

Die genannten Voraussetzungen müssen dabei kumulativ vorliegen. Unter Hinweis auf die genannten Kriterien hat der BFH die Anwendung des Lifo-Verfahrens auf den Fahrzeugbestand eines Kraftfahrzeughändlers ausgeschlossen.

4378 Die Finanzverwaltung nimmt die Entscheidung zum Anlass, im Rahmen von Betriebsprüfungen die Anwendung des Lifo-Verfahrens bei der Bewertung von Warenbeständen in Frage zu stellen, die unter Einsatz eines elektronischen Warensystems erfasst und verwaltet werden.[138] Bei dieser Vorgehensweise bleibt allerdings unberücksichtigt, dass die drei vom BFH herausgearbeiteten Ausschlusskriterien nicht zwangsläufig bereits dann vorliegen, wenn ein Warenbestand mittels EDV verwaltet wird. Denn regelmäßig dürfte gerade der Einsatz eines elektronischen Warenwirtschaftssystems ein Indiz dafür darstellen, dass eine manuelle Wertermittlung des Warenbestandes nicht ohne weiteres möglich ist.[139]

3.6.5.2 Rechtsfolgen

4379 Die Rechtsfolge des in § 6 Abs. 1 Nr. 2a EStG geregelten Lifo-Verfahrens ist die Unterstellung, dass die zuletzt angeschafften oder hergestellten Wirtschaftsgüter zuerst verbraucht oder veräußert werden. Eine Lifo-Bewertung des Vorratsvermögens hat zur Folge, dass bei steigenden Wiederbeschaffungskosten eine Bewertung mit einem zu niedrigen Wert erfolgt. Denn auf Grund des Lifo-Verfahrens wird unterstellt, dass die zuletzt angeschaffte Ware zuerst in den Verbrauch gelangt, d. h. der vorhandene Bestand wird mit den älteren Einstandspreisen bewertet. Bei erheblich steigenden Wiederbeschaffungskosten werden auf diese Weise stille Reserven in erheblichem Umfang gelegt.

4380 **BEISPIEL:** Ein Schmuckhersteller hat in seinem Vorratsbestand Altbestände an Feingold zu dem nach dem Lifo-Verfahren ermittelten Durchschnittskurs bilanziert. In 2011 erfolgt der Zukauf von Feingold. Die Höhe der auf Grund des Lifo-Verfahrens gebildeten stillen Reserven ermittelt sich wie folgt:

137 Vgl. BFH, Urteil vom 20. 6. 2000 – VIII R 32/98, BStBl 2001 II S. 636.

138 Vgl. *Hillebrandt*, DB 2011 S. 1999.

139 So im Ergebnis auch *Hennrichs*, Ubg 2011 S. 705.

I. Inventurbestände				
		Bestand in kg	Durchschnittspreis (€/kg)	Wert in €
Layer I	1984	230	6.478	1.489.940
Layer II	1985	10	15.930	159.300
Layer III	1989	20	11.960	239.200
		260		1.888.440
Zukauf	2011	40	32.003	1.280.120
II. Lifo Bewertung				
		260	7.263	1.888.440
Zugang	2011	40	32.003	1.280.120
		300		3.168.560
Lifo-Wert				3.168.560
Tages-Kurs	10. 6. 2011		34.000	10.200.000
Stille Reserven				**7.031.440**

Die Finanzverwaltung akzeptiert hinsichtlich der technischen Umsetzung einer Lifo-Bewertung zwei Berechnungsverfahren. Die Lifo-Bewertung kann sowohl durch permanente Lifo als auch durch Perioden-Lifo erfolgen.[140] 4381

Technisch einfacher in der Umsetzung ist das Verfahren der Perioden-Lifo. Unterjährig erfolgt die Verbrauchsbewertung nach der Durchschnittsmethode oder einem standardisierten Wert. Mehrbestände können mit dem Anfangsbestand zu einem neuen Gesamtbestand zusammengefasst werden oder als besonderer Posten sog. Layer ausgewiesen werden.[141] Erst bei der Bewertung des Bilanzbestandes wird die Verbrauchsfolge unterstellt. Bei unterjährigen Preisschwankungen besteht der Nachteil der Perioden-Lifo darin, dass gegenüber dem Ansatz in der Jahresbilanz unzutreffende Zwischenergebnisse ermittelt werden. Permanentes Lifo setzt eine laufende mengen- und wertmäßige Erfassung aller Zu- und Abgänge eines Wirtschaftsjahres voraus. Das Verfahren entspricht auf Grund der Fortschreibung des Bestands der gleitenden Durchschnittsbewertung. Die Bewertung der Abgänge erfolgt mit den für die letzten Zugänge aufgewendeten Anschaffungs- und Herstellungskosten.[142] 4382

140 Vgl. R. 6.9 Abs. 4 EStR.

141 Zu Einzelheiten vgl. *Hoffmann*, in: Littmann/Bitz/Pust, Das Einkommensteuerrecht, § 6 EStG Rz. 124.

142 Zu einem Berechnungsbeispiel vgl. *Hoffmann/Lüdenbach*, NWB Kommentar Bilanzierung, 5. Aufl., Herne 2014, § 256 Rz. 19 ff.

3.7 Folgebewertung des Vorratsvermögens

3.7.1 Bestimmung des maßgeblichen Bewertungsmaßstabes und Teilwertvermutungen

4383 Im Rahmen der Folgebewertung ist den ermittelten Anschaffungs- und Herstellungskosten des Vorratsvermögens zum Bilanzstichtag der Teilwert der Wirtschaftsgüter gegenüberzustellen. Im Fall einer voraussichtlich dauernden Wertminderung eröffnet § 6 Abs. 1 Nr. 2 Satz 2 EStG das Wahlrecht, die Anschaffungs- und Herstellungskosten bis zur Höhe des niedrigeren Teilwerts zu vermindern.[143] Auszugehen ist dabei von dem Grundsatz, dass eine Teilwertabschreibung immer nur dann in Betracht kommt, wenn das Wirtschaftsgut selbst in seinem betrieblichen Zusammenhang und in seiner Bedeutung für den Betrieb an Wert verloren hat.

4384 In wirtschaftlicher Hinsicht dient die Teilwertabschreibung bei Wirtschaftsgütern des Vorratsvermögens der Verlustantizipation. Können angeschaffte Waren nach den zum Abschlussstichtag gegebenen Preisverhältnissen nur zu einem die Anschaffungskosten unterschreitenden Erlös veräußert werden, ist bereits zum Bilanzstichtag ein sich zukünftig erst realisierender Verlust entstanden.

4385 Im Verhältnis zu § 253 Abs. 4 HGB resultiert aus § 6 Abs. 1 Nr. 2 Satz 2 EStG ein steuerlicher Bewertungsvorbehalt. Denn § 253 Abs. 4 HGB schreibt bei wertgeminderten Wirtschaftsgütern des Umlaufvermögens (losgelöst von der Dauer der Wertminderung) eine Teilwertabschreibung vor. Das bislang bei einer voraussichtlich dauernden Wertminderung ins Leere laufende Wahlrecht erstarkt auf Grund des § 5 Abs. 1 Satz 1 EStG zu einem echten steuerrechtlichen Wahlrecht, das unabhängig von der Handelsbilanz ausgeübt werden kann.[144]

4386 Während die ermittelten Anschaffungs- und Herstellungskosten die Obergrenze der Bewertung definieren, kommt der Ermittlung des Teilwerts des Vorratsvermögens die Funktion zu, die zum Bilanzstichtag maßgebliche Untergrenze der Bewertung zu bestimmen. Neben der vorrangig anzuwendenden Einzelbewertung (§ 252 Abs. 1 Nr. 3 HGB, § 6 Abs 1 EStG) kann die Wertermittlung bei gleichartigen Waren auch anhand vereinfachter Bewertungsverfahren erfolgen.[145] Bewertungsverfahren sind die Gruppenbewertung (§ 240 Abs. 4 HGB, R 6.8 Abs 4 EStR), Durchschnittsbewertung (§ 240 Abs. 4 HGB; R 6.8 Abs. 3 Satz 3 EStR), Bildung von Festwerten (§ 240 Abs. 3 HGB, 6.8 EStH) sowie die Lifo-Bewertung (§ 6 Abs. 1 Nr. 2a EStG, R 6.9 EStR).

4387 Eine Definition des Teilwerts erfolgt durch § 6 Abs. 1 Nr. 1 Satz 3 EStG. Danach handelt es sich um den Betrag, den ein Erwerber des ganzen Betriebs im Rahmen des Gesamtkaufpreises für das einzelne Wirtschaftsgut ansetzen würde; dabei ist davon auszugehen, dass der Erwerber den Betrieb fortführt. Aus der Definition wird deutlich, dass es sich bei dem Teilwert um einen im Rahmen einer Einzelbewertung gewonnenen Wertansatz handelt, der auf die Ermittlung eines kosten- und preisorientierten Sachwertes

143 Vgl. zu Aspekten der Wahlrechtsausübung *Dietl*, DB 2012 S. 483.

144 Gl. A. *Dörfler/Adrian*, Ubg 2009 S. 385; *Herzig/Briesemeister*, Ubg 2009 S. 157.

145 Vgl. BFH, Urteil vom 24. 7. 2003 – I B 107/02, BFH/NV 2004 S. 34.

abstellt. Der Gesetzgeber hat es allerdings der Rechtsprechung überlassen, die abstrakte Teilwertdefinition zu konkretisieren.[146]

Das Kriterium der Unternehmensfortführung für die Ermittlung des Teilwerts hat auch zur Folge, dass der gedachte Betriebserwerber den Betrieb in der bisherigen Form fortführen muss. D. h. ein Direkthändler kann als Begründung für eine Teilwertabschreibung auf das Warenlager nicht anführen, dass der Hersteller die Waren nur zu einem niedrigeren Rückkaufpreis in Zahlung nimmt.[147] Die Definition des Teilwerts zeichnet sich damit dadurch aus, dass der Teilwert aus einem fiktiven Unternehmenswert abgeleitet wird. 4388

Für die praktische Ermittlung des Teilwerts von Wirtschaftsgütern des Vorratsvermögens hat die Rechtsprechung verschiedene Teilwertvermutungen geprägt, die auf groben Schätzungen basieren. 4389

In systematischer Hinsicht kann eine Teilwertvermutung beim Vorratsvermögen an den Beschaffungspreisen (Wiederbeschaffungs- oder Wiederherstellungskosten) oder den Absatzpreisen ansetzen. 4390

Im Zeitpunkt der Anschaffung von Wirtschaftsgütern des Vorratsvermögens besteht die (widerlegbare) Vermutung, dass der Teilwert den Anschaffungs- und Herstellungskosten entspricht.[148] Dies gilt auch dann, wenn dem Steuerpflichtigen im Zusammenhang mit dem Anschaffungs- und Herstellungsvorgang überhöhte Aufwendungen entstanden sind.[149] Je kürzer der zeitliche Abstand zwischen Anschaffungs- bzw. Herstellungszeitpunkt und Bilanzstichtag ist, desto stärker ist die Vermutung einer Übereinstimmung von Teilwert und Anschaffungs-/Herstellungskosten und desto höher sind die an den Nachweis einer Teilwertminderung zu stellenden Anforderungen. 4391

Wesentlich für die Bestimmung der in Frage kommenden Werte ist die Ableitung aus dem Beschaffungs- und/oder Absatzmarkt. Eine Teilwertabschreibung ist dann gerechtfertigt, falls in einem der Marktsegmente der Preis gemindert ist. Hierzu haben sich, bezogen auf das Vorratsvermögen, folgende Grundsätze herausgebildet:[150] 4392

- **Fremdbezogene Vorräte (Roh-, Hilfs- und Betriebsstoffe, Waren)**: Zu den späteren Bilanzstichtagen besteht die Vermutung, dass der Teilwert von Roh-, Hilfs- und Betriebsstoffen sowie Waren den Wiederbeschaffungskosten entspricht.[151]

  Sind die Wiederbeschaffungskosten nicht gesunken, ist zu vermuten, dass der Teilwert nicht niedriger als die ursprünglichen Anschaffungs- und Herstellungskosten ist. Dieser Vermutung liegt die Vorstellung zugrunde, dass der gedachte Erwerber des Betriebs, der einen funktionsfähigen Betrieb als Einheit übernimmt, als Teil des

146 Vgl. *Moxter*, Bilanzrechtsprechung, 2007, S. 267.

147 Vgl. BFH, Urteil vom 24. 2. 1994 – IV R 18/92, BStBl 1994 II S. 514.

148 Vgl. BFH, Urteile vom 19. 5. 1998 – I R 54/97, BStBl 1999 II S. 277; vom 7. 11. 1990 – I R 116/86, BStBl 1991 II S. 342.

149 Vgl. BFH, Urteil vom 4. 3. 1998 – X R 151/94, BFH/NV 1998 S. 1086.

150 Vgl. hierzu auch *Hoffmann/Lüdenbach*, NWB Kommentar Bilanzierung, 5. Aufl., Herne 2014, § 253 Rz. 224 ff.

151 Vgl. BFH, Urteil vom 24. 7. 2003 – I B 107/02, BFH/NV 2004 S. 34; vom 9. 11. 1994 – I R 68/92, BStBl 1995 II S. 336; FG Saarland, Urteil vom 6. 12. 2005 – 1 V 282/05, rkr., zitiert nach juris.

Gesamtkaufpreises für den Warenbestand denjenigen Betrag ansetzen würde, den er für die Wiederbeschaffung aufwenden müsste.

- **Eigene Erzeugnisse:** Der Teilwert von unfertigen und fertigen Erzeugnissen ist aus den Wiederherstellungskosten oder aus den Verkaufswerten (voraussichtliche Verkaufserlöse) abzuleiten. Dabei kann eine Ermittlung des Teilwerts durch eine progressive oder retrograde Ermittlung erfolgen.

4393 Sonderfälle der Teilwertermittlung stellen Überbestände an Roh-, Hilfs- und Betriebsstoffen (Ableitung aus dem Absatzmarkt) und Überbestände an unfertigen und fertigen Erzeugnissen (Ableitung sowohl aus dem Beschaffungs- als auch dem Absatzmarkt) dar.

4394 Die Teilwertvermutungen können durch den Nachweis einer Fehlmaßnahme widerlegt werden. Eine Fehlmaßnahme liegt vor, wenn ein gedachter Erwerber des Betriebs den getätigten Aufwand nicht vergüten würde.[152] Hierfür ist der Nachweis zu führen, dass der wirtschaftliche Nutzen eines Wirtschaftsgutes von Anfang an hinter den aufgewendeten Anschaffungs- und Herstellungskosten zurückbleibt. Dies ist grundsätzlich nur dann der Fall, wenn irrtümlich der wirtschaftliche Nutzen eines angeschafften/hergestellten Wirtschaftsgutes falsch eingeschätzt worden ist. Dies ist bspw. dann der Fall, wenn hergestellten Produkte auf Grund einer Fehlkonstruktion nicht absetzbar sind. Bei sog. Verlustprodukten bzw. im Fall einer unentgeltlichen Abgabe von Produkten wird hingegen ein nicht die Selbstkosten abdeckender Veräußerungserlös bewusst in Kauf genommen.[153]

3.7.2 Voraussichtlich dauernde Wertminderung

3.7.2.1 Kriterien einer voraussichtlich dauernden Wertminderung

4395 Für den Ansatz bzw. die Beibehaltung eines niedrigeren Teilwerts zu den auf die Teilwertabschreibung folgenden Bilanzstichtagen besteht gemäß § 6 Abs. 1 Nr. 2 Satz 2 EStG bzw. § 6 Abs. 1 Nr. 1 Satz 4 EStG i. V. m. § 6 Abs. 1 Nr. 2 Satz 3 EStG die Voraussetzung, dass eine voraussichtlich dauernde Wertminderung gegeben ist.

4396 Der Gesetzgeber stellt sowohl beim Anlage- als auch beim Umlaufvermögen gleichermaßen auf das Kriterium einer voraussichtlich dauernden Wertminderung ab. Dabei bleibt allerdings unberücksichtigt, dass Wirtschaftsgüter des Vorratsvermögens im Grundsatz nicht dazu bestimmt sind, dem Betrieb auf Dauer zu dienen. Insoweit steht das Kriterium der voraussichtlich dauernden Wertminderung in einem Spannungsverhältnis zum Wesen des Umlaufvermögens.[154]

4397 Der Gesetzgeber hat in § 6 Abs. 1 Nr. 2 Satz 2 EStG nicht definiert, unter welchen Voraussetzungen eine voraussichtlich dauernde Wertminderung des Vorratsvermögens vorliegt. Allerdings ist eine Anlehnung an § 253 Abs. 2 HGB erkennbar. Bezeichnet wird

---

152 Vgl. FG Berlin-Brandenburg, Urteil vom 23. 2. 2010 – 1 K 2104/06 B, rkr., EFG 2010 S. 1122, zu im Umlaufvermögen eines Bauträgers bilanzierten Grundstücken.

153 Hierzu nachfolgend unter Rz. 4479.

154 Vgl. hierzu auch *Gabert*, 2011, S. 81.

eine Minderung des Teilwerts, die einerseits nicht endgültig sein muss, andererseits aber nicht nur vorübergehend sein darf.

Nach dem Willen des Gesetzgebers muss es sich um ein nachhaltiges Absinken unter den maßgeblichen Buchwert handeln.[155] Ausschlaggebend ist, ob nach den zum Zeitpunkt der Bilanzaufstellung maßgeblichen Informationen mit einer Rückkehr zu dem früheren Wertansatz gerechnet werden kann. Dabei wird der Wertaufhellungszeitraum durch die gesetzliche Frist für die Aufstellung des Jahresabschlusses begrenzt.[156] Klar ist, dass ein nur vorübergehendes Absinken des Teilwerts unter den Buchwert des Wirtschaftsguts eine Teilwertabschreibung nicht rechtfertigt. Auch muss der Steuerpflichtige das Fortbestehen der Wertminderung zu jedem Bilanzstichtag nachweisen (Wertaufholungsgebot). 4398

Die für Wirtschaftsgüter des Vorratsvermögens geltenden Verfahren der Gruppenbewertung und die mit diesen Verfahren einhergehenden Schätzungen stehen der Annahme einer voraussichtlich dauernden Wertminderung des Vorratsvermögens nicht entgegen. 4399

Die nach dem Gesetzeswortlaut geforderte voraussichtliche Dauerhaftigkeit der Wertminderung verpflichtet den Rechtsanwender aber in deutlich größerem Umfang als bei der stichtagsbezogenen Feststellung des Teilwerts zur Vornahme von Prognosen und zur Einbeziehung von Erfahrungssätzen aus dem Wirtschafts- und Geschäftsverkehr. Aus Sicht eines sorgfältigen und gewissenhaften Kaufmanns müssen mehr Gründe für als gegen eine Nachhaltigkeit sprechen. 4400

Die Rechtsprechung geht davon aus, dass die Auslegung des Begriffs zum einen darauf abzielen muss, den Zuwachs oder den Verlust wirtschaftlicher Leistungsfähigkeit periodengerecht zu erfassen. Zum anderen ist aber auch zu berücksichtigen, dass das Steuerverfahren als Massenverfahren konzipiert ist. Die Beurteilung, ob eine unstreitig eingetretene Minderung des Teilwerts eines Wirtschaftsguts voraussichtlich langfristig andauert, ist daher an Hand einfacher und leicht nachprüfbarer Kriterien zu beurteilen.[157] 4401

Daraus folgt, dass die Beurteilung, ob eine Wertminderung „voraussichtlich dauernd" ist, unter Berücksichtigung der Eigenart des jeweils in Rede stehenden Wirtschaftsguts beurteilt werden muss. 4402

Eine voraussichtlich dauernde Wertminderung liegt nach Auffassung der Finanzverwaltung nur dann vor, wenn der Wert des Wirtschaftsgutes die Bewertungsobergrenze während eines erheblichen Teils der voraussichtlichen Verweildauer im Unternehmen nicht erreichen wird.[158] 4403

Da Wirtschaftsgüter des Vorratsvermögens nicht dazu bestimmt sind, dem Betrieb auf Dauer zu dienen, ist eine Wertminderung voraussichtlich von Dauer, wenn diese bis 4404

155 Vgl. BT-Drucks. 14/443 S. 22.

156 Vgl. BFH, Urteil vom 12. 12. 2012 – I B 27/12, BFH/NV 2013 S. 545.

157 Vgl. FG Rheinland-Pfalz, Urteil vom 15. 11. 2010 – 5 K 2737/06, EFG 2011 S. 607, nrkr., Rev. unter IV R 6/11.

158 Vgl. BMF, Schreiben vom 25. 2. 2000 – VV DEU BMF 2000-02-25 IV C 2-S 2171b-14/00, BStBl 2000 I S. 372, Tz. 4.

zum voraussichtlichen Verkaufs- oder Verbrauchszeitpunkt anhält.[159] Scheidet das Wirtschaftsgut zwischen Bilanzstichtag und -aufstellung aus, ohne dass eine Werterholung eingetreten ist, steht die Dauerhaftigkeit der Wertminderung fest.

4405 **BEISPIEL:** Ein Lebensmittelhersteller nimmt zum 31.12. eine Teilwertabschreibung auf Waren vor, da die Waren nach dem Bilanzstichtag saisonbedingt voraussichtlich nur noch mit hohen Abschlägen verkauft werden können.

Nach dem Bilanzstichtag (aber vor dem Zeitpunkt der Bilanzaufstellung) ist ein Verkauf der Ware tatsächlich nur mit hohen Abschlägen möglich. Die Voraussetzungen einer voraussichtlich dauernden Wertminderung zum Bilanzstichtag liegen somit vor.

4406–4409 *(Einstweilen frei)*

3.7.2.2 Einfluss von Ereignissen nach dem Bilanzstichtag

4410 Die Finanzverwaltung ist der Auffassung, dass in die Beurteilung, ob eine voraussichtlich dauernde Wertminderung gegeben ist, auch Umstände einzubeziehen sind, die ihre wirtschaftliche Ursache ggf. erst nach dem Bilanzstichtag haben (etwa Devisen- oder Wertpapierkursentwicklungen).[160] Diese Vorgehensweise hat zur Folge, dass wertbeeinflussende Tatsachen Eingang in ein vorangehendes Jahr finden. Der BFH hat in seiner Entscheidung vom 8.6.2011 zu dieser Fragestellung mangels Entscheidungserheblichkeit keine Aussage getroffen.[161] Das Kriterium einer voraussichtlich dauernden Wertminderung steht insoweit in einem Spannungsverhältnis zum Stichtagsprinzip.[162]

4411 Faktoren, die ihre wirtschaftliche Ursache nicht im abgelaufenen Wirtschaftsjahr haben, sind somit wertbeeinflussende Tatsachen, die im abgelaufenen Wirtschaftsjahr nicht zu berücksichtigen sind. Das Kriterium der „voraussichtlich dauernden Wertminderung" ist infolgedessen unter Heranziehung des Stichtagsprinzips dahingehend auszulegen, dass allein zu prüfen ist, ob bereits im abgelaufenen Wirtschaftsjahr verursachte Umstände voraussichtlich dauernd wertmindernd sind. Wertbeeinflussende Umstände dürfen nicht zurückwirken.

3.7.3 Wirtschaftliche Überlegungen im Zusammenhang mit der Vornahme einer Teilwertabschreibung

4412 In bestimmten Konstellationen kann es sinnvoll sein, auf das Wahlrecht zur Vornahme einer Teilwertabschreibung im Rahmen der steuerlichen Gewinnermittlung zu verzichten.

---

159 Vgl. BMF, Schreiben vom 25.2.2000, BStBl 2000 I S. 372, Tz. 23.

160 Vgl. BMF, Schreiben vom 25.2.2000, BStBl 2000 I S. 372, Tz. 4 u. 23. An dieser Wertung hält die Finanzverwaltung auch in dem Entwurf eines BMF-Schreibens betreffend Teilwertabschreibung, voraussichtlich dauernde Wertminderung und Wertaufholungsgebot vom 17.1.2014 fest.

161 I R 98/10, BStBl 2012 II S. 716.

162 Vgl. hierzu auch *Strahl*, FR 2005 S. 361.

Dies gilt etwa für den Fall, dass eine Teilwertabschreibung zu steuerlichen Verlusten führt, deren steuerliche Nutzung auf Grund eines schädlichen Beteiligungserwerbs i. S. d. § 8c KStG ausgeschlossen wäre. Auch sind Konstellationen denkbar, in denen eine Teilwertabschreibung das für die Bestimmung des Zinsabzugsvolumens i. S. d. § 4h EStG maßgebliche EBITDA (§ 4h Abs. 1 Satz 1 EStG) mindert. Denn für die Ermittlung des EBITDA ist der maßgebliche Gewinn nicht um Teilwertabschreibungen i. S. d. § 6 Abs. 1 Nr. 2 Satz 2 EStG zu erhöhen.[163] 4413

3.7.4 Nachweis eines niedrigeren Teilwerts

Die von der Rechtsprechung geprägten Teilwertvermutungen sind widerlegbar. Der Steuerpflichtige trägt allerdings die Feststellungslast für die steuermindernden Tatsachen. Daher muss der Steuerpflichtige die tatsächlichen Umstände, die die begehrte Teilwertabschreibung rechtfertigen sollen, so substantiiert vortragen, dass sich die Finanzverwaltung und die Steuergerichte konkrete Vorstellungen über die Wertminderung machen können.[164] 4414

Dies bedeutet, dass der Ansatz eines Wirtschaftsguts mit einem die Anschaffungs- oder Herstellungskosten unterschreitenden Teilwert nicht möglich ist, wenn die behaupteten Tatsachen nicht feststellbar sind. 4415

Für ein Abweichen von einer Teilwertvermutung besteht daher nach der ständigen BFH-Rechtsprechung die Voraussetzung, dass der Steuerpflichtige einen gegenüber der Teilwertvermutung niedrigeren Wert anhand der Umstände des Einzelfalls nachweist.[165] Wichtiges Indiz für einen gegenüber den Anschaffungs- bzw. Herstellungskosten niedrigeren Teilwert des Vorratsvermögens kann beispielsweise eine unerwartete überlange Lagerdauer sein. 4416

Im Grundsatz gilt, dass die Ermittlung des Teilwerts auf einer Schätzung beruht. In diese Schätzung gehen nicht nur Tatsachen ein, die sich aus den objektiven Verhältnissen des Betriebs ergeben, sondern auch aus außerbetrieblichen Verhältnissen (z. B. der allgemeinen wirtschaftlichen Entwicklung, der Marktlage, der besonderen Situation der Branche u. ä.). D. h. es fällt in die Sphäre des Steuerpflichtigen gegenüber der Finanzverwaltung darzulegen, dass bei der Schätzung allgemeine Schätzgrundsätze, Erfahrungssätze und Denkgesetze beachtet wurden.[166] 4417

Diese Schätzung ist auch für die Finanzbehörde maßgebend, solange sie nach den Verhältnissen des Betriebes „vertretbar“ ist und nicht offensichtlich unrichtig und willkürlich ist. Umstände, die den Aussagegehalt der vorgelegten Beweise mindern, gehen daher zu Lasten des Steuerpflichtigen.[167] 4418

Wurden hingegen bei der Schätzung des Teilwerts die allgemeinen Erfahrungsgrundsätze für Schätzungen beachtet, obliegt der Finanzverwaltung die Verpflichtung den 4419

163 Vgl. *Hick*, in: HHR, § 4h EStG Anm. 28.
164 Vgl. FG München, Urteil vom 7. 12. 2010 – 6 K 3192/07, rkr., EFG 2011 S. 697.
165 Vgl. BFH, Urteil vom 24. 2.1994 – IV R 18/92, BStBl 1994 II S. 514.
166 Vgl. BMF, Schreiben vom 25. 2. 2000, BStBl 2000 I S. 372, Tz. 2.
167 Vgl. BFH, Urteil vom 27. 10 .1983 – IV R 143/80, BStBl 1984 II S. 35.

Nachweis zu führen, dass die Schätzung des Steuerpflichtigen außerhalb einer angemessenen Bandbreite liegt. Die von dem I. Senat des BFH zur verdeckten Gewinnausschüttung entwickelte Bandbreiten-Rechtsprechung ist auf die Schätzung des Teilwerts allerdings nicht übertragbar, da die Ermittlung des Teilwerts nicht auf einem Fremdvergleich aufbaut.[168]

4420 Dies bedeutet, dass es bei einem Streit über die Höhe einer dem Grunde nach anerkannten Teilwertabschreibung zunächst Sache der Finanzbehörde ist, ausreichende Anhaltspunkte für die Annahme darzutun, dass die Schätzung des Steuerpflichtigen aus dem üblichen Rahmen fällt. Bloße Zweifel genügen dazu nicht. Vielmehr müssen evtl. Bedenken auf Tatsachen oder Erfahrungssätzen beruhen, welche die der Teilwertabschreibung zugrunde liegende Schätzung als nicht mehr wahrscheinlich erscheinen lassen. Erst dann muss der Steuerpflichtige – unabhängig von seiner von Anfang an bestehenden Mitwirkungspflicht – darlegen und beweisen, dass seine Schätzung dennoch angemessen ist.

4421 Dabei ist zu beachten, dass den Steuerpflichtigen auch die Feststellungslast hinsichtlich des Fortbestehens der Wertminderung zu den folgenden Bilanzstichtagen trifft (§ 6 Abs. 1 Nr. 1 Satz 4 i.V.m. Nr. 2 Satz 3 EStG). Dies bedeutet, dass der Steuerpflichtige jährlich eine entsprechende Beweisvorsorge treffen muss.

4422–4424 *(Einstweilen frei)*

3.7.5 Einzelheiten zur Ermittlung der Wiederbeschaffungs- und Wiederherstellungskosten

3.7.5.1 Wiederbeschaffungskosten als Wertmaßstab

4425 Bei Roh-, Hilfs- und Betriebsstoffen sowie Waren besteht zu den späteren Bilanzstichtagen die Vermutung, dass der Teilwert den Wiederbeschaffungskosten entspricht. Die Wiederbeschaffungskosten als Wertmaßstab kommen für erworbene Wirtschaftsgüter in Betracht. Sind die Wiederbeschaffungskosten nicht gesunken, ist zu vermuten, dass der Teilwert nicht niedriger als die ursprünglichen Anschaffungskosten ist.[169] Dabei wird bei der Ermittlung der Wiederbeschaffungskosten auf den Betrag abgestellt, der am Bewertungsstichtag für die Beschaffung der Wirtschaftsgüter des Vorratsvermögens aufzuwenden wäre. D. h. es wird ein fiktiver Vergleichsmaßstab zu den entstandenen Anschaffungskosten ermittelt. Sind die Wiederbeschaffungskosten am Bilanzstichtag niedriger, kommt in den verminderten Wiederbeschaffungskosten der entgangene Gewinn zum Ausdruck.

4426 Auf Grund der Maßgeblichkeit des Beschaffungsmarktes besteht für die Vornahme einer Teilwertabschreibung auf die niedrigeren Wiederbeschaffungskosten nicht die Voraussetzung, dass auch die zu erwartenden Verkaufspreise zurückgehen. Eine Teilwertabschreibung darf bei niedrigeren Wiederbeschaffungskosten auch dann erfolgen,

---

168 Vgl. *Kulosa*, in: Schmidt, EStG, 33. Aufl., § 6 EStG Rz. 280; BFH, Urteil vom 19. 8. 2009 – III R 79/07, BFH/NV 2010, S. 610.

169 Vgl. BFH, Urteil vom 9. 11. 1994 – I R 68/92, BStBl 1995 II S. 336.

wenn die Wirtschaftsgüter zu unveränderten oder sogar höheren Verkaufspreisen veräußert werden können.[170]

3.7.5.2 Ermittlung der Wiederbeschaffungskosten

4427 Nicht die scheinbare, sondern nur eine tatsächliche Minderung der Wiederbeschaffungskosten berechtigt zur Vornahme einer Teilwertabschreibung.

4428 Die Feststellung der tatsächlichen Wiederbeschaffungskosten ist einfach, falls zum Bilanzstichtag ein Börsen- bzw. Marktpreis vorhanden ist und die verminderten Wiederbeschaffungskosten ihre Ursache in dem verminderten Preisniveau für diese Waren haben.[171] Insbesondere bei Roh-, Hilfs- und Betriebsstoffen können den Wiederbeschaffungskosten die Börsenpreise oder Marktpreise des Beschaffungsmarkts zum Bilanzstichtag zugrunde gelegt werden. Dabei umfassen die Wiederbeschaffungskosten auch die Wiederbeschaffungsnebenkosten. Hierzu zählen auch angefallene innerbetriebliche Aufwendungen, wie z. B. Transportkosten, Verpackungs- und Abfüllkosten. Minderungen der Anschaffungskosten durch Rabatte, Skonti sind bei der fiktiven Berechnung der Wiederbeschaffungskosten zu kürzen. Eine Minderung der Anschaffungskosten um einen Skontoabzug ist allerdings ausgeschlossen, wenn keine Inanspruchnahme bis zum Zeitpunkt der Bilanzaufstellung erfolgt ist.[172]

4429 Auf Grund der Maßgeblichkeit der Wiederbeschaffungskosten zum Bilanzstichtag gilt das Stichtagsprinzip. Dabei können zur Ausschaltung außergewöhnlicher Umstände Kurskorrekturen des Stichtagskurses in Frage kommen, wenn die Börsen- oder Marktpreise vor oder nach dem Stichtag wesentlich niedriger sind als am Stichtag und voraussichtlich von Dauer sein werden.[173]

4430 Ist zum Bilanzstichtag für die zu bewertenden fremd bezogenen Wirtschaftsgüter ein Börsen- bzw. Marktpreis nicht feststellbar, ist auf die fiktiven Einkaufspreise zum Bilanzstichtag abzustellen.

3.7.5.3 Fiktive Wiederbeschaffungskosten

4431 Für die Bestimmung des Teilwerts nicht gängiger Waren sind deren fiktive Wiederbeschaffungskosten zu ermitteln.[174] Die fiktiven Wiederbeschaffungskosten werden durch Abschläge von den ursprünglichen Anschaffungs- und Herstellungskosten ermittelt.

4432 Bei nicht gängiger Ware handelt es sich um Produkte, deren Verkäuflichkeit beispielsweise auf Grund einer langen Lagerdauer eingeschränkt ist. Allerdings lässt sich allein

170 Vgl. *Kleinle/Dreixler*, in: HHR, § 6 EStG Anm. 1008; BFH, Urteil vom 8.10.1957 – I 86/57 U, BStBl 1957 III S. 442; a. A. *Hoffmann/Lüdenbach*, NWB Kommentar Bilanzierung, 5. Aufl., Herne 2014, § 253 Rz. 231, der davon ausgeht, dass in diesem Fall die Ware verlustfrei bewertet ist und zukünftige Wirtschaftsjahre nicht von einem Verlust freizustellen sind.

171 Zu Einzelheiten der Ermittlung von Börsen- und Marktpreisen vgl. *Kleinle/Dreixler*, in: HHR, § 6 EStG Anm. 1008.

172 Vgl. BFH, Urteil vom 27. 2. 1991 – I R 176/84, BStBl 1991 II S. 456.

173 Vgl. *Kleinle/Dreixler*, in: HHR, § 6 EStG Anm. 1008 sowie R 6.8 Abs. 2 Satz 10 EStR.

174 Vgl. *Kozikowski/Roscher*, in: Beck'scher Bilanz-Kommentar, § 253 Rz. 556; *Herrmann*, in: Frotscher, § 6 EStG Rz. 340.

mit einer langen Lagerdauer und den daraus resultierenden Kosten noch keine Teilwertabschreibung begründen. Eine Teilwertabschreibung setzt weiterhin voraus, dass die lange Lagerdauer auch mit einer schweren Verkäuflichkeit einhergeht.

4433 Die Besonderheit im Rahmen der Ermittlung des Teilwerts besteht dabei darin, dass der gedachte Erwerber des Unternehmens eine Wiederbeschaffung der Ware nicht vornehmen wird. Hinzu kommt, dass für nicht gängige Ware im Allgemeinen keine Wiederbeschaffungspreise ermittelt werden können.

4434 **BEISPIEL:** Die zum Verkauf bestimmte Ware ist mit einem Verkaufspreis von 200 € ausgezeichnet. Der Rohgewinnaufschlag beträgt 100 %, die Anschaffungskosten somit 100 €. Der tatsächlich erzielbare Verkaufspreis beläuft sich auf nur noch 150 €.

Die Anschaffungskosten sind von 100 € auf 75 € abzuschreiben, da der gedachte Erwerber bei Anschaffungskosten von 75 € in der Lage wäre den üblichen Gewinnaufschlag in Höhe von 100 % zu erzielen.

3.7.5.4 Wiederherstellungskosten

3.7.5.4.1 Anwendung des Bewertungsverfahrens

4435 Bei selbst hergestellten fertigen und unfertigen Erzeugnissen besteht zu späteren Bilanzstichtagen die Vermutung, dass als Teilwert die fiktiven Wiederherstellungskosten anzusetzen sind. Zu ermitteln ist somit der sog. Reproduktionswert.[175] Soweit Erzeugnisse gleicher Art und Qualität auch kostengünstiger von Dritten bezogen werden können, darf dieser Umstand nicht berücksichtigt werden.

4436 Zu unterscheiden ist für die Ermittlung der Wiederherstellungskosten zwischen unfertigen und fertigen Erzeugnissen.

4437 Bei unfertigen Erzeugnissen umfassen die Wiederherstellungskosten nach der progressiven Methode als fiktive Reproduktionskosten alle „Aufwendungen, die bei dem Unternehmen anfallen würden, um das Erzeugnis in der Fertigungsstufe, in der es sich am Bilanzstichtag befindet, durch dieses Unternehmen zu reproduzieren".[176] D. h. bei der progressiven Ermittlung erfolgt die Ermittlung der Wiederherstellungskosten durch Summierung der bei der Herstellung anfallenden Kosten.[177] Die fiktive Reproduktion wird für den Bilanzstichtag unterstellt. Folge des Stichtagsprinzips ist, dass die Bestandteile der Herstellungskosten nach den Verhältnissen am Bilanzstichtag angesetzt und bewertet werden. D. h. sowohl nachhaltige Kostensteigerungen als auch nachhaltige Kostenminderungen sind zu berücksichtigen.

4438 Bei fertigen Erzeugnissen kommt hingegen i. d. R. eine retrograde Wertermittlung zur Anwendung. Dabei erfolgt die Ermittlung der Wiederherstellungskosten durch Rückrechnung vom voraussichtlichen Verkaufspreis.[178]

---

175 Vgl. *Kulosa*, in: Schmidt, EStG, 33. Aufl., § 6 EStG Rz. 255.

176 Vgl. BFH, Urteil vom 20. 7. 1973 – III R 100-101/72, BStBl 1973 II S. 794.

177 Vgl. BFH, Urteil vom 29. 4. 1970 – III 217/63, BStBl 1970 II S. 614.

178 Vgl. BFH, Urteil vom 25. 11. 2009 – X R 27/05, BFH/NV 2010 S. 1090.

In der Praxis ist die Ermittlung der Wiederherstellungskosten durch die retrograde Methode bei der Bewertung von unfertigen Erzeugnissen mit erheblichen Schwierigkeiten behaftet, da aussagefähige Vergleichspreise regelmäßig fehlen. 4439

Ein Preisrückgang bei verarbeiteten Rohstoffen kann nur dann zu einem niedrigeren Teilwert führen, wenn gleichzeitig auch mit einem Rückgang des Verkaufspreises des Fertigerzeugnisses zu rechnen ist und der Preisrückgang voraussichtlich von Dauer ist. 4440

Für die Prüfung, ob eine voraussichtlich dauernde Wertminderung gegeben ist, sind im Grundsatz die Verhältnisse am Bilanzstichtag maßgeblich. D. h. für Vergleichszwecke ist für die Ermittlung der fiktiven Wiederherstellungskosten auf die am Bilanzstichtag maßgeblichen Wertansätze abzustellen. Der ermittelte Wertansatz kann als Rechtfertigungsgrund für die Vornahme einer Teilwertabschreibung nur dann herangezogen werden, wenn die bei der Ermittlung der Herstellungskosten angesetzten niedrigeren Wertansätze von voraussichtlicher Dauer sind. Für diese Beurteilung sind aller Erkenntnisse bis zum Tag der Bilanzerstellung heranzuziehen. 4441

3.7.5.4.2 Bestandteile der Wiederherstellungskosten

Bei der Ermittlung der Wiederherstellungskosten sind die Vollkosten anzusetzen. Auszugehen ist dabei von den steuerlichen Herstellungskosten. Außerdem sind neben Verwaltungsgemein- und Vertriebskosten auch innerbetriebliche Transportkosten, Verpackungen und sonstige bereits aufgewendete Vertriebskosten den Wiederherstellungskosten zuzurechnen. Fremdkapitalzinsen sind einzubeziehen, sofern diese nach R 6.3 Abs. 4 EStR zu den Herstellungskosten zählen.[179] 4442

Kalkulatorische Kosten (bspw. ein fiktiver Unternehmerlohn) sind nicht einzubeziehen.[180] Ein Gewinnaufschlag ist in die Kalkulation ebenfalls nicht einzubeziehen. Dem Verzicht auf den Einbezug eines Gewinnaufschlages in die Ermittlung des Reproduktionswerts liegt die Überlegung zugrunde, dass ein gedachter Erwerber des Unternehmens nur die Aufwendungen vergüten würde, die dem Unternehmen entstehen, um die fertigen bzw. halbfertigen Waren wiederherzustellen. 4443

3.7.5.4.3 Nachweis niedrigerer Wiederbeschaffungs- bzw. Wiederherstellungskosten

Für einen Nachweis niedrigerer Wiederbeschaffungs- und Wiederherstellungskosten ist zu dokumentieren, dass für die Beschaffung bzw. Wiederherstellung des zu bewertenden Wirtschaftsguts des Vorratsvermögens auf Grund der nach dem Bilanzstichtag bis zur Bilanzaufstellung eingetretenen Verhältnisse, mit geringeren Aufwendungen zu rechnen ist. 4444

Für einen Nachweis niedrigerer Wiederbeschaffungskosten sind nach der Rechtsprechung ausreichende und repräsentative Aufzeichnungen über tatsächliche Preisherabsetzungen der Waren zu führen.[181] Sonderangebote können als Nachweis generell niedrigerer Marktpreise nicht herangezogen werden. Weiterhin muss auch dokumentiert 4445

179 Vgl. *Ehmcke*, in: Blümich, § 6 EStG Rz. 648.
180 Vgl. *Kulosa*, in: Schmidt, EStG, 33. Aufl., § 6 EStG Rz. 255; a. A. *Kleinle/Dreixler*, in: HHR, § 6 EStG Anm. 1009.
181 Vgl. BFH, Urteil vom 27. 10. 1983 – IV R 143/80, BStBl 1984 II S. 35.

werden, dass die dem Vergleich zugrunde liegenden Wirtschaftsgüter in ihren wesentlichen Eigenschaften mit dem angeschafften Wirtschaftsgut vergleichbar sind.

4446 Entsprechend erfordert der Nachweis niedrigerer Wiederherstellungskosten den Nachweis verminderter Aufwendungen für die Einzelkomponenten des Herstellungsvorgangs.

4447–4449 *(Einstweilen frei)*

3.7.6 Widerlegung der Teilwertvermutung bei zum Absatz bestimmten Wirtschaftsgütern bei vermindertem Veräußerungserlös

3.7.6.1 Einbezug des Absatzmarktes in die Abschätzung des Teilwerts

4450 Der Teilwert von zum Absatz bestimmten Waren und sonstigen Vorräten hängt nicht nur von ihren Wiederbeschaffungskosten, sondern auch von ihrem voraussichtlichen Veräußerungserlös ab.[182] Bei Beständen an Roh-, Hilfs- und Betriebsstoffen kann der Teilwert nicht unter Berücksichtigung der erzielbaren Verkaufserlöse ermittelt werden. Ausschlaggebend ist, dass diese Wirtschaftsgüter nicht zur Veräußerung bestimmt sind.[183]

4451 Nach der Rechtsprechung des BFH kann sich ein im Vergleich zu den Wiederbeschaffungskosten niedrigerer Teilwert ergeben, wenn der voraussichtliche künftige Veräußerungserlös die Selbstkosten und einen im Betrieb üblichen Unternehmergewinn nicht mehr deckt (sog. verlustfreie Bewertung).[184] In diesem Fall ist in Höhe des ungedeckten Betrags eine Teilwertabschreibung von den Anschaffungs- oder Herstellungskosten steuerlich anzuerkennen. Danach eröffnet der gesetzliche Teilwertbegriff die Möglichkeit, bei der Bewertung künftige Aufwendungen vorwegzunehmen.

4452 Dieser Vorgehensweise liegt der Umstand zugrunde, dass bei zum Absatz bestimmten Wirtschaftsgütern des Vorratsvermögens dem am Absatzmarkt erzielbaren Preis für die Abschätzung des Teilwerts besondere Relevanz zukommt. Hierfür ist auch ursächlich, dass in der Praxis der Nachweis eines niedrigeren Teilwerts mittels niedrigerer Wiederbeschaffungs- bzw. Wiederherstellungskosten bei einem stetig steigenden Preisniveau an Bedeutung verliert. Dabei ist auch bei der Abschätzung des Teilwerts unter Berücksichtigung des erzielbaren Veräußerungserlöses zu berücksichtigen, dass der Nachweis einer voraussichtlich dauernden Wertminderung geführt werden muss. D. h. die Minderung des auf dem Absatzmarkt erzielbaren Preises muss bis zum Zeitpunkt der Aufstellung der Bilanz anhalten.

4453 Ein nicht die Selbstkosten sowie einen durchschnittlichen Unternehmergewinn deckender Verkaufserlös kann auf vom Unternehmen beeinflussbare und nicht beeinflussbare Ursachen zurückzuführen sein. Vom Unternehmen nicht beeinflussbare Wertminderungen können auf Lagerschäden sowie Produktmängel zurückgehen. Hingegen wird im Fall der Produktion von Verlustprodukten bzw. im Fall der unentgeltlichen Abgabe

182 Vgl. R 6.8 Abs. 2 Satz 3 EStR.

183 Vgl. BFH, Urteil vom 30. 1. 1980 – I R 89/79, BStBl 1980 II S. 327.

184 Vgl. BFH, Urteile vom 29. 4. 1999 – IV R 14/98, BStBl 1999 II S. 681; vom 25. 7. 2000 – VIII R 35/97, BStBl 2001 II S. 566.

von Produkten ein nicht die Selbstkosten sowie einen durchschnittlichen Unternehmergewinn deckendes Entgelt von dem Unternehmen bewusst in Kauf genommen.[185]

(Einstweilen frei) 4454–4455

3.7.6.2 Ermittlungsmethoden eines unzureichenden Verkaufserlöses

Für die Ermittlung des Teilwerts bei unzureichenden Veräußerungserlösen gelangen verschiedene Berechnungsverfahren zur Anwendung. Ausgehend von der Berechnungsrichtung kann die Ermittlung des Teilwerts durch eine progressive oder durch eine retrograde Rechnung erfolgen. Beide Verfahren müssen zu einem Teilwert in gleicher Höhe führen.[186] Die Finanzverwaltung erkennt für die Ermittlung eines unzureichenden Verkaufserlöses mit der Subtraktionsmethode und der sog. Formelmethode zwei Berechnungsverfahren an.[187] 4456

Bei der Subtraktionsmethode wird der voraussichtlich erzielbare Veräußerungserlös um die nach dem Bilanzstichtag noch anfallenden Aufwendungen und den durchschnittlichen Unternehmergewinn vermindert, um den Verkaufswert (= Teilwert) zu ermitteln.[188] Für die Ermittlung der Höhe der Teilwertabschreibung wird dieser Wert dann den bis zum Stichtag bereits angefallenen Herstellungskosten gegenübergestellt. D. h. im Rahmen der Subtraktionsmethode erfolgt eine retrograde Ermittlung des Teilwerts. Diese Methode steht im Einklang mit der Ermittlung der voraussichtlich erzielbaren Veräußerungserlöse durch die BFH-Rechtsprechung.[189] 4457

BEISPIEL: 4458

	Retrograde Ermittlung der Teilwertabschreibung	**€**
1.	Voraussichtlicher Verkaufserlös	1.000
2.	Bis zum Bilanzstichtag angefallene Herstellungskosten	600
3.	Nach dem Bilanzstichtag anfallende Herstellungskosten	300
4.	Durchschnittlicher Gewinnaufschlag	200
	Höhe der Teilwertabschreibung, falls 2.+3.+4. > 1.	**100**

	Progressive Ermittlung der Teilwertabschreibung	**€**
1.	Bis zum Bilanzstichtag angefallene Herstellungskosten	600
2.	Nach dem Bilanzstichtag anfallende Herstellungskosten	300
3.	Durchschnittlicher Gewinnaufschlag	200
4.	Voraussichtlicher Verkaufserlös	1.000
	Höhe der Teilwertabschreibung, falls 1.+2.+3. > 4.	**100**

185 Vgl. hierzu nachfolgend unter Rz. 4479.
186 Vgl. *Kleinle/Dreixler*, in: HHR, § 6 EStG Anm. 1010.
187 Vgl. R 6.8 Abs. 2 EStR.
188 Vgl. BFH, Urteil vom 24. 7. 2003 – I B 107/02, BFH/NV 2004 S. 34; R 6.8 Abs. 2 Satz 4 EStR.
189 Vgl. BFH, Urteil vom 27. 10. 1983 – IV R 143/80, BStBl 1984 II S. 35.

4459 Können von dem Unternehmen die nach dem Bilanzstichtag noch anfallenden betrieblichen Aufwendungen dem einzelnen Produkt nicht durch entsprechende Aufzeichnungen zugeordnet werden, lässt die Finanzverwaltung auch eine Ermittlung auf der Grundlage der sog. Formelmethode zu. Dabei wird zur Ermittlung des Teilwerts der erzielbare Kaufpreis in das Verhältnis zu dem durchschnittlichen prozentualen Unternehmergewinn und den prozentual nach dem Bilanzstichtag anfallenden Kosten gesetzt.[190]

3.7.6.3 Komponenten der Verkaufspreismethode

3.7.6.3.1 Ermittlung des Verkaufserlöses

4460 Der voraussichtliche Veräußerungserlös ist aus der Sicht der Verhältnisse des Bilanzstichtags für den Zeitpunkt der voraussichtlichen Veräußerung zu schätzen.[191] Im Hinblick auf die nach § 6 Abs. 1 Nr. 2 EStG nachzuweisende Dauerhaftigkeit der Wertminderung ist zu überprüfen, ob der ermittelte niedrigere Verkaufserlös bis zum Zeitpunkt der Bilanzaufstellung fortbesteht.[192] Folge dieser Ermittlungsmethode ist, dass beispielsweise nach dem Bilanzstichtag umgesetzte Preiserhöhungen in die Ermittlung der maßgeblichen Verkaufserlöse eingehen. Entsprechend sind auch nach dem Bilanzstichtag umgesetzte Preissenkungen zu berücksichtigen.

4461 Zu ermitteln ist ein Brutto-Verkaufserlös. Dies bedeutet, dass nach den Verhältnissen des Bilanzstichtages erwartete Erlösschmälerungen (Rabatte, Skonti, Boni) den voraussichtlich erzielbaren Brutto-Verkaufserlös mindern. Erhöhungen der Verkaufspreise, die am Bilanzstichtag zu erwarten sind, sind bei der Teilwertermittlung zu berücksichtigen. Ebenso sind für Herabsetzungen der Verkaufspreise die Erwartungen am Bilanzstichtag maßgebend. Auf dem Absatzmarkt für ein Produkt bestehende Preisdifferenzierungen sind zu berücksichtigen. Für die praktische Umsetzung müssen ggf. unterschiedliche Gruppen der zu bewertenden Wirtschaftsgüter gebildet werden.

3.7.6.3.2 Höhe der Selbstkosten

4462 Die zur retrograden Bewertung der eigenen Erzeugnisse von den zukünftigen Erlösen zu kürzenden Selbstkosten im steuerrechtlichen Sinn umfassen die bis zum Bewertungsstichtag bereits angefallenen Kosten (Aufwendungen) und die nach dem Bilanzstichtag bis zur Veräußerung noch anfallenden Kosten. D. h. für die Ermittlung der Selbstkosten ist darauf abzustellen, welche Aufwendungen für das Wirtschaftsgut bereits angefallen sind, bzw. bis zur Veräußerung noch anfallen.

4463 Zu ermitteln sind die Herstellungskosten gemäß R. 6.3 EStR, dabei ist von der Vollkostenrechnung auszugehen. Der Begriff der Selbstkosten ist dabei im Sinne von Aufwendungen zu verstehen. Eine Berücksichtigung kalkulatorischer Selbstkosten kommt daher nicht in Frage.

---

190 Zu Einzelheiten vgl. R 6.8 Abs. 2 EStR.

191 Vgl. BFH, Urteil vom 27. 10. 1983 – IV R 143/80, BStBl 1984 II S. 35.

192 Vgl. BMF, Schreiben vom 25. 2. 2000, BStBl 2000 I S. 372, Tz. 23.

Für die Ermittlung der Selbstkosten kommt es nicht darauf an, ob es sich um Anschaffungs- bzw. Herstellungskosten oder um nicht bilanzierbare Kosten handelt. Zu berücksichtigen sind beispielsweise auch nicht zu bilanzierende Vertriebskosten. Auch voraussichtlich noch anfallende Lagerkosten sind bei der Ermittlung des Teilwerts als Element der Selbstkosten zu berücksichtigen. 4464

Für die praktische Umsetzung besteht für die Ermittlung der Selbstkosten die Voraussetzung, dass jedem einzelnen Artikel des Sortiments die durch ihn verursachten Aufwendungen zugeordnet werden können. Die Rechtsprechung will eine hierfür eingesetzte Kostenstellenrechnung nur dann anerkennen, falls diese „differenziert genug" ist, um „jedem einzelnen Artikel des Sortiments die durch ihn verursachten Kosten zuordnen" zu können.[193] Die so ermittelten Aufwendungen sind um einen Aufschlag für den Anteil an den nicht unmittelbar zuzuordnenden Aufwendungen zu erhöhen.[194] D. h. zu ermitteln sind die Selbstkosten auf Vollkostenbasis.[195] 4465

3.7.6.3.3 Deckung eines durchschnittlichen Unternehmergewinns

Sowohl bei der retrograden als auch bei der progressiven Ermittlungsmethode ist ein durchschnittlicher Unternehmergewinn zu berücksichtigen. Dabei ist bei der retrograden Berechnung der voraussichtlich dauerhaft gesunkene Verkaufspreis um einen Gewinnaufschlag zu vermindern. Bei der progressiven Methode ist der Gewinnaufschlag den Selbstkosten hinzuzurechnen. 4466

Bei dem durchschnittlichen Unternehmergewinn handelt es sich um einen kalkulatorischen Kostenbestandteil. Der Höhe nach handelt es sich bei dem Unternehmergewinn um eine Durchschnittsgröße. Denn maßgeblich ist der durchschnittliche Gewinn, der für das zu bewertende Wirtschaftsgut kalkuliert wird. Im Fall der Herstellung unterschiedlicher Warengruppen ist auf den für die jeweilige Warengruppe anzusetzenden Gewinnaufschlag abzustellen. 4467

3.7.6.4 Nachweis niedrigerer erzielbarer Verkaufserlöse

3.7.6.4.1 Dokumentation der maßgeblichen betrieblichen Bestimmungsgrößen

Wird eine Teilwertabschreibung von zum Absatz bestimmten Waren und sonstigen Vorräten mit niedrigeren erzielbaren Verkaufserlösen begründet, müssen die betrieblichen Bestimmungsgrößen der erwarteten niedrigeren Verkaufserlöse dokumentiert werden. Dabei ist zu beachten, dass nach der Rechtsprechung allein der Nachweis einer langen Lagerdauer nicht ausreicht, um den Ansatz eines niedrigeren Verkaufserlöses zu rechtfertigen.[196] Eine lange Lagerdauer stellt allein kein Indiz für niedrigere erzielbare Verkaufserlöse dar. 4468

193 Vgl. BFH, Urteil vom 29. 4. 1999 – IV R 14/98, BStBl 1999 II S. 681.
194 Vgl. BFH, Urteil vom 27. 10. 1983 – IV R 143/80, BStBl 1984 II S. 35.
195 Vgl. BFH, Urteil vom 25. 11. 2009 – X R 27/05, BFH/NV 2010 S. 1090.
196 Vgl. BFH, Urteil vom 24. 2. 1994 – IV R 18/92, BStBl 1994 II S. 514.

4469 Daher ist zu belegen, dass die Schätzung der erzielbaren Verkaufserlöse (und die daraus abgeleiteten Teilwertabschreibungen) eine objektive betriebliche Grundlage haben.[197] Hierzu ist es erforderlich, dass der Kaufmann für die am Bilanzstichtag vorhandenen Waren in ausreichendem und repräsentativem Umfang die im Folgejahr auch tatsächlich erzielten Verkaufserlöse nachweist und den Erlösen sowohl die Selbstkosten zuzüglich durchschnittlicher Unternehmergewinne dieser Waren als auch die im Rahmen der Teilwertschätzung angesetzten voraussichtlichen niedrigeren Verkaufserlöse gegenüberstellt.

4470 In zeitlicher Hinsicht sind die Verhältnisse zum Bilanzstichtag maßgeblich, in die die bis zum Zeitpunkt der Bilanzaufstellung zugehenden werterhellenden Informationen eingehen. Für die Begründung niedrigerer erzielbarer Verkaufserlöse kann auch ein Rückgriff auf Vergangenheitserfahrungen erfolgen. Dies setzt allerdings voraus, dass sich die für die Bewertung maßgeblichen Verhältnisse nicht wesentlich geändert haben. Allein der Hinweis auf die betrieblichen Erfahrungen in der Vergangenheit ist allerdings nicht ausreichend. Die für die Bewertung maßgeblichen Tatsachen sind zu dokumentieren.[198]

3.7.6.4.2 Tatsächliche Preisherabsetzung der Waren

4471 Zu unterscheiden ist zwischen Unternehmen, die die niedrigeren erwarteten Verkaufserlöse durch eine Preisherabsetzung nachvollziehen und Unternehmen, die auf eine Preisherabsetzung verzichten. Dabei ist allerdings zu berücksichtigen, dass nach der Rechtsprechung des BFH der Ansatz eines niedrigeren Teilwerts bei Warenvorräten voraussetzt, dass der niedrigere erzielbare Verkaufspreis durch eine tatsächliche Herabsetzung der Verkaufspreise nachvollzogen wird.[199]

4472 Wird der niedrigere erwartete Preis durch eine Preisherabsetzung nachvollzogen, sind zum Nachweis des niedrigeren erwarteten Verkaufserlöses Preisherabsetzungslisten bzw. geänderte Preisschilder vorzulegen, die die Wertminderungen und dadurch bedingte Erlösausfälle in dem behaupteten Umfang glaubhaft erscheinen lassen.

3.7.6.4.3 Verzicht auf eine Preisherabsetzung der Waren

4473 Wird hingegen auf eine Preisherabsetzung verzichtet, besteht nach der BFH-Rechtsprechung die widerlegbare Vermutung, dass der Steuerpflichtige die ursprünglich festgesetzten Preise für noch erzielbar hält.

4474 Diese Vermutung kann beispielsweise dadurch widerlegt werden, dass wichtige betriebliche Gründe, die nicht mit dem tatsächlichen Wert der Ware zusammenhängen, ein Festhalten an den ursprünglichen Preisen gebieten.[200] Dies ist beispielsweise dann der Fall, wenn durch den Verzicht auf eine Preisherabsetzung eine Beeinträchtigung des Ansehens des Unternehmens und der Ware vermieden werden soll. Entsprechendes

197 Vgl. BFH, Urteil vom 5. 6. 1985 – I R 65/82, BFH/NV 1986 S. 204.

198 Vgl. BFH, Urteil vom 14. 7. 1983 – IV R 95/81, zitiert nach juris.

199 Vgl. BFH, Urteile vom 24. 2. 1994 – IV R 18/92, BStBl 1994 II S. 514; vom 6. 11. 1975 – IV R 205/71, BStBl 1977 II S. 377.

200 Vgl. BFH, Urteil vom 13. 10. 1976 – I R 79/74, BStBl 1977 II S. 540.

gilt, falls nach den betrieblichen Gegebenheiten auch ohne bereits erfolgte Preisherabsetzungen wegen einer langen Lagerdauer auf eine geminderte oder gar ganz entfallende Absatzmöglichkeit und dadurch bedingte unzulängliche bzw. ganz entfallende Verkaufserlöse geschlossen werden kann.[201] Auch kann ein Verzicht auf eine Preisherabsetzung in Frage kommen, wenn durch eine Kostenstellenrechnung der Nachweis geführt werden kann, dass der erzielbare Preis die bis zur Veräußerung anfallenden Selbstkosten zuzüglich eines durchschnittlichen Unternehmergewinns nicht deckt.[202]

3.7.7 Sonderfälle der Teilwertermittlung

3.7.7.1 Abgrenzung der Teilwertabschreibung auf schwebende Geschäfte vom Anwendungsbereich der Verlustrückstellung

Teilfertige Bauten sind als „unfertige Erzeugnisse“ bzw. „unfertige Leistungen“ unter den Vorräten auszuweisen. In diesen Fällen haben die Vertragsparteien einen gegenseitigen auf einen Leistungsaustausch gerichteten Vertrag geschlossen, bei dem sich Leistungsverpflichtung und Gegenleistungsanspruch zum Bilanzstichtag gleichwertig gegenüberstehen.[203] 4475

Teilwertabschreibungen auf Wirtschaftsgüter des Umlaufvermögens sind bei schwebenden Geschäften vom Anwendungsbereich der Verlustrückstellung (§ 249 Abs. 1 HGB) abzugrenzen. Die Rechtsprechung hat sich mit dieser Fragestellung im Zusammenhang mit der Bilanzierung dem Umlaufvermögen zugeordneter verlustträchtiger teilfertiger Bauten befasst.[204] Es handelt sich um Sachverhalte, bei denen am Bilanzstichtag erkennbar ist, dass noch nicht fertiggestellte Bauleistungen nicht kostendeckend durchgeführt werden können. Der Teilwert umfasst dabei die bislang aufgewendeten Selbstkosten (Reproduktionskosten auf Vollkostenbasis) ohne den bislang noch nicht realisierten Gewinn.[205] 4476

Die handelsrechtliche Verpflichtung, bei einem drohenden Verlust aus einem schwebenden Geschäft eine Rückstellung zu bilden (§ 249 Abs. 1 Satz 1 HGB), ist einkommensteuerrechtlich für Wirtschaftsjahre, die nach dem 31. 12. 1996 enden, durch § 5 Abs. 4a Satz 1 EStG ausgeschlossen worden. Die Rechtsprechung geht davon aus, dass unabhängig davon, ob es sich um ein “unfertiges Erzeugnis“ oder um eine “unfertige Leistung“ handelt, ein i. S. d. Bilanzrechts zu bewertendes Wirtschaftsgut des Umlaufvermögens vorliegt. D. h. es kann zwischen der Bewertung von Vorräten und der Bilanzierung schwebender Geschäfte unterschieden werden. 4477

Vor diesem Hintergrund geht die Rechtsprechung davon aus, dass auch die im Rahmen eines schwebenden Geschäfts hergestellten teilfertigen Bauten nach den Grundsätzen der sog. retrograden Bewertung auf die gegenüber ihren Herstellungskosten niedrige- 4478

---

201 Vgl. BFH, Urteil vom 24. 2. 1994 – IV R 18/92, BStBl 1994 II S. 514.
202 Vgl. BFH, Urteil vom 29. 4. 1999 – IV R 14/98, BStBl 1999 II S. 681.
203 Vgl. hierzu auch *Patek*, BFuP 2011 S. 282.
204 Vgl. BFH, Urteil vom 25. 11. 2009 – X R 27/05, BFH/NV 2010 S. 1090.
205 Vgl. BFH, Urteil vom 15. 3. 1968 – III R 161/66, BStBl 1968 II S. 578.

ren Teilwerte abgeschrieben werden können.[206] Maßgebend für die Höhe der Teilwertabschreibung ist der gesamte aus dem Auftrag drohende Verlust.

3.7.7.2 Besonderheiten bei Verlustprodukten

4479 Besonderheiten gelten für die Ermittlung des Teilwerts sog. Verlustprodukte. Verlustprodukte liegen vor, wenn das Erzeugnis/die Leistung nur unter den Selbstkosten veräußert werden kann, mit dem Verkauf der Verlustprodukte aber wirtschaftliche Vorteile für das Unternehmen als Ganzes erwartet werden. Vor diesem Hintergrund nimmt es das Unternehmen in Kauf, dass der Verkaufspreis die kalkulierten Kosten (Selbstkosten) des Produktes nicht deckt.[207]

4480 Dabei gelten zunächst für die Ermittlung des Teilwerts sog. Verlustprodukte die allgemeinen Grundsätze. D. h. der Teilwert von zum Absatz bestimmten Waren hängt nicht nur von ihren Wiederbeschaffungskosten, sondern auch von ihrem voraussichtlichen Veräußerungserlös ab. Deckt dieser Preis nicht mehr die Selbstkosten der Waren zuzüglich eines durchschnittlichen Unternehmergewinns, so sind die Anschaffungskosten um den Fehlbetrag zu mindern. Bei Waren spricht jedoch nach ständiger Rechtsprechung des BFH eine Vermutung dafür, dass ihr Teilwert im Zeitpunkt der Anschaffung den Anschaffungskosten, später den Wiederbeschaffungskosten, entspricht. Sind die Wiederbeschaffungskosten der Waren nicht gesunken, ist deshalb zu vermuten, dass der Teilwert nicht niedriger als die ursprünglichen Anschaffungskosten ist.

4481 Einem die Selbstkosten nicht deckenden Verkaufspreis können unterschiedliche betriebswirtschaftliche Gründe zugrunde liegen: z. B. Marktanteilserweiterung, Produkteinführung, Sortimentserweiterung, Konkurrenzabwehr, Kapazitätsauslastung, Mischkalkulation, Verkaufsförderung.

4482 Im Fall von sog. Verlustprodukten kann der Steuerpflichtige regelmäßig eine Kalkulation vorlegen, nach der die erzielbaren Erlöse die bis zur Veräußerung anfallenden Selbstkosten zuzüglich eines durchschnittlichen Unternehmergewinns nicht decken. Nach der Rechtsprechung liegen in diesen Fällen die Voraussetzungen einer Teilwertabschreibung allerdings nicht vor, wenn das Unternehmen insgesamt Gewinne erzielt, d. h. die Aufnahme einzelner Verlustprodukte in das Sortiment keine Fehlmaßnahme darstellt.[208] Dabei stellt die Rechtsprechung auch darauf ab, dass auch ein gedachter Erwerber des Betriebes die nicht kostendeckende Kalkulation einzelner Produkte fortführen würde, falls es sich um Artikel handelt, bei denen eine nicht kostendeckende Kalkulation branchenüblich ist. Der gedachte Erwerber hätte keinen Anlass, für die Verlustprodukte einen niedrigeren Betrag als die Anschaffungskosten anzusetzen, weil diese Produkte keinen negativen Erfolgsbeitrag für den Betrieb im Ganzen leisten und er sie sich ebenfalls nur zu den vom Veräußerer aufgewendeten Anschaffungskosten wiederbeschaffen könnte.

---

206 Vgl. BFH, Urteil vom 7. 9. 2005 – VIII R 1/03, BStBl 2006 II S. 298 sowie *Herzig/Teschke*, DB 2006 S. 576; BFH, Urteil vom 25. 11. 2009 – X R 27/05, BFH/NV 2010 S. 1090.

207 Vgl. BFH, Urteil vom 25. 7. 2000 – VIII R 35/97, BStBl 2001 II S. 566.

208 Vgl. BFH, Urteil vom 29. 4. 1999 – IV R 14/98, BStBl 1999 II S. 681 mit Anm. *Weber-Grellet*, FR 1999 S. 1064.

Diese Beurteilung steht in einem gewissen Spannungsverhältnis zum Grundsatz der Einzelbewertung und dem Verbot des Ausweises nichtrealisierter Gewinne. Denn aus Sicht des gedachten Erwerbers wird in Höhe des nicht durch die Selbstkosten gedeckten Betrages Aufwand für eine künftige Gewinnaussicht vergütet.[209] 4483

3.7.7.3 Unentgeltliche Abgabe von Produkten

Auch die von vornherein geplante unentgeltliche Abgabe von Wirtschaftsgütern rechtfertigt eine Teilwertabschreibung nicht.[210] Dies ist beispielsweise bei der unentgeltlichen Abgabe von Verkaufsmustern der Fall. Hierfür ist ausschlaggebend, dass der Verzicht auf ein Entgelt nur vor dem Hintergrund anderweitiger für das Unternehmen erwarteter Vorteile in Kauf genommen wird.[211] D. h. selbst Wirtschaftsgüter, die kostenlos abgegeben werden, können einen positiven Teilwert haben. Eine Teilwertabschreibung kommt damit immer nur dann in Betracht, wenn das Wirtschaftsgut selbst in seinem betrieblichen Zusammenhang und in seiner Bedeutung für den Betrieb an Wert verloren hat. 4484

3.7.7.4 Pauschale Teilwertabschreibungen durch Ansatz von Gängigkeitsabschlägen

In einigen Branchen (beispielsweise in der Schmuckindustrie) sind Gängigkeitsabschläge gebräuchlich, durch die die Anschaffungs- und Herstellungskosten um einen pauschalen Abschlag vermindert werden. 4485

In der Praxis liegen dem Ansatz von Gängigkeitsabschreibungen vor allem praktische Überlegungen zugrunde. So erfolgt der Ansatz von Gängigkeitsabschreibungen in Fällen, in denen bei einer Vielzahl von Einzelartikeln die Wiederbeschaffungs- bzw. Wiederherstellungskosten mit einem vertretbaren Aufwand nicht ermittelt werden können. Mit diesen Abschlägen werden regelmäßig auch die aus nicht zeitnah zu veräußernden Überbeständen resultierenden Kosten in Form von Risiken technisch-wirtschaftlicher Art (Fehlerhaftigkeit, technische Veralterung der Bestände, Mode- oder Geschmackswandel, Bruch usw.) berücksichtigt. 4486

Bemessungsgrundlage für die Ermittlung der Gängigkeitsabschläge bildet in der Praxis in der Regel die Umschlagshäufigkeit der Bestände. Die Finanzverwaltung hat in der Vergangenheit den Ansatz von Gängigkeitsabschlägen u. a. auf den Warenbestand von Apotheken,[212] Musikalienhandel,[213] Sortimentsbuchhandel zugelassen. 4487

Der Ansatz sog. Gängigkeitsabschläge steht allerdings unter dem Vorbehalt, dass zumindest ausschnittsweise für bestimmte Produktgruppen der Nachweis geführt werden kann, dass die lange Lagerdauer tatsächlich mit niedrigeren erzielbaren Veräußerungserlösen korreliert.[214] D. h. Gängigkeitsabschläge kommen bei voraussichtlich dau- 4488

---

209 Vgl. u. a. *Christiansen*, StBp 1988 S. 266.

210 Vgl. BFH, Urteil vom 30. 1. 1980 – I R 89/79, BStBl 1980 II S. 327.

211 Insoweit kann eine Parallele zu dem sog. Apotheker-Fall gezogen werden (vgl. BFH, Urteil vom 23. 6. 1997 – GrS 2/93, BStBl 1997 II S. 735). Auch hier war die Vermietung unter den eigenen Kosten durch andere Ziele (im Urteilsfall Standortvorteile) veranlasst.

212 Vgl. *BP-Kartei*, DB 1964 S. 1279.

213 Vgl. OFD Düsseldorf, Vfg. vom 17. 3. 1964, StEK § 6 Abs. 1 Ziff. 2 EStG Nr. 17.

214 Vgl. BFH, Urteil vom 24. 2. 1994 – IV R 18/92, BStBl 1994 II S. 514.

ernder Wertminderung dem Grunde nach zur Berücksichtigung schwerer Verkäuflichkeit und technisch-wirtschaftlicher Risiken in Betracht. Allein die Ermittlung einer langen Lagerdauer rechtfertigt nicht bereits den Ansatz pauschaler Gängigkeitsabschläge. Die Finanzverwaltung lässt die Berücksichtigung von pauschalen Abwertungen für Überbestände schwer verkäuflicher Waren daher auch nur in Ausnahmefällen zu.[215]

3.7.7.5 Teilwertermittlung bei nicht unmittelbar zum Absatz bestimmten Produkten

3.7.7.5.1 Ursachen für einen niedrigeren Teilwert

4489 Am Absatzmarkt orientierte Methoden zur Widerlegung der Teilwertvermutungen können nicht bei Wirtschaftsgütern des Vorratsvermögens zur Anwendung gelangen, die nicht zum Absatz, sondern zum Verbrauch im Betrieb bestimmt sind. Angesprochen ist vor allem die Wertermittlung bei Roh-, Hilfs- und Betriebsstoffen.

4490 Bei Betrachtung der Beschaffungsseite kann eine Wertminderung auf ein Absinken der Wiederbeschaffungskosten oder auf ein Absinken der innerbetrieblichen Gewinnungs-, Beschaffungs-, Verarbeitungs- oder Herstellungskosten zurückzuführen sein. Zudem kann eine Wertminderung auch auf Einschränkungen hinsichtlich der Verwendung der Roh-, Hilfs-, Betriebsstoffe zurückzuführen sein. Angesprochen sind beispielsweise Qualitätsminderungen der Wirtschaftsgüter sowie Beschränkungen hinsichtlich der wirtschaftlichen und technischen Verwendbarkeit.[216] Eine lange Lagerdauer der Roh-, Hilfs-, Betriebsstoffe kann ein Indiz für eine mangelnde technische und wirtschaftliche Verwendbarkeit der Wirtschaftsgüter darstellen. Diese Einschränkungen werden auch als mangelnde „Gängigkeit“ bezeichnet, die in der Bewertung durch vereinfachte Verfahren mittels Gängigkeitsabschlägen berücksichtigt werden können.

3.7.7.5.2 Ermittlung eines niedrigeren Teilwerts

4491 Die Ermittlung eines niedrigeren Teilwerts ist an dem Grund für die mangelnde Gängigkeit der Roh-, Hilfs-, Betriebsstoffe im Betrieb auszurichten. Dabei ist zu beachten, dass auf Grund der für Roh-, Hilfs-, Betriebsstoffe geltenden Bewertungsvereinfachungen im Rahmen der Inventur keine überhöhten Anforderungen an die Ermittlung des Teilwerts gestellt werden dürfen.

4492 Untergrenze der Bewertung bildet der Schrott- bzw. Materialwert, der im Fall einer Veräußerung an einen fremden Dritten erzielbar wäre. Der Ansatz des Schrott- oder Materialwerts dürfte aber nur dann in Frage kommen, wenn eine weitere betriebliche Verwendung ausgeschlossen werden kann. Kommt hingegen eine weitere betriebliche Verwendung in Frage, behilft sich die Praxis für die Ermittlung niedrigerer Teilwerte in der Regel mit dem Ansatz pauschaler Wertabschläge. Dies setzt allerdings voraus, dass die betrieblichen Gegebenheiten für die Begründetheit der pauschalen Abschläge dargelegt werden können.

4493–4499 *(Einstweilen frei)*

---

215 Kritisch zum Ansatz von Gängigkeitsabschlägen *Birkhan*, JbFfSt 2007/2008 S. 645.

216 Vgl. *Kleinle/Dreixler*, in: HHR, § 6 EStG Anm. 1015.

4. Forderungen und sonstige Wirtschaftsgüter

4.1 Abgrenzung aktivierungspflichtiger Forderungen

4.1.1 Voraussetzungen der Forderungsaktivierung

Die Bilanzposition Forderungen bezeichnet das Recht auf eine Leistung. Ihre rechtliche Grundlage findet eine Forderung somit in einem Schuldverhältnis auf Grund dessen der Inhaber einer Forderung von einem Dritten eine bestimmte Leistung verlangen kann. Ausgehend von der handelsrechtlichen Bilanzierung zählen Forderungen im Grundsatz zum Umlaufvermögen. Dies gilt auch dann, wenn die Forderung über einen längeren Zeitraum nicht beglichen worden ist.[217] Ein Ausweis als Anlagevermögen kommt dann in Frage, wenn es sich um langfristige Ausleihungen handelt. Ausleihungen mit einer festen Laufzeit über vier Jahre dürften i. d. R. zum Anlagevermögen zählen.[218] 4500

Bei nach HGB bilanzierenden Gewerbebetrieben ist für die Aktivierung einer Forderung von den handelsrechtlichen Grundsätzen ordnungsmäßiger Buchführung (§ 5 Abs. 1 Satz 1 EStG) auszugehen. Der Ausweis einer Forderung hängt insoweit eng mit dem Realisationsgrundsatz zusammen. Gemäß § 252 Abs. 1 Nr. 4 HGB sind Gewinne (und damit Forderungen) nur zu berücksichtigen, wenn sie am Abschlussstichtag realisiert sind. Nach dem in dieser Regelung kodifizierten Realisationsprinzip dürfen Vermögensmehrungen nur erfasst werden, wenn sie disponibel sind. In Bezug auf die Aktivierung von Forderungen liegt diese Voraussetzung vor, wenn eine Forderung entweder rechtlich bereits entstanden ist oder die für die Entstehung wesentlichen wirtschaftlichen Ursachen im abgelaufenen Geschäftsjahr gesetzt worden sind und der Kaufmann mit der künftigen rechtlichen Entstehung des Anspruchs fest rechnen kann.[219] 4501

Ausgehend von den Vorgaben des Realisationsprinzips sind vertraglich begründete (Kaufpreis-)Forderungen bspw. erst dann zu aktivieren, wenn der Leistungsverpflichtete die von ihm geschuldete Erfüllungshandlung „wirtschaftlich erbracht" hat und die Zahlung auf die Gegenleistung somit hinreichend sicher ist.[220] Dies gilt jedenfalls solange und soweit die Forderung nicht bestritten ist. So kann dem Entstehen einer Forderung entgegenstehen, dass nach dem Bilanzstichtag Mängel geltend gemacht werden. 4502

Wirtschaftlich entstanden ist eine Forderung dann, wenn die für ihre Entstehung wesentlichen wirtschaftlichen Ursachen im abgelaufenen Geschäftsjahr gesetzt wurden und der Kaufmann mit der künftigen zivilrechtlichen Entstehung des Anspruchs fest rechnen kann.[221] Bspw. wird eine Forderung aus dem Verkauf eines Grundstücks mit dem Übergang von Besitz, Gefahr, Nutzen und Lasten realisiert.[222] 4503

---

217 Vgl. *Ehmcke*, in: Blümich, § 6 EStG Rz. 885.

218 Vgl. *Strahl*, in: Korn, § 6 EStG Rz. 322.

219 Vgl. BFH, Urteile vom 8. 11. 2000 – I R 10/98, BStBl 2001 II S. 349; vom 12. 5. 1993 – XI R 1/93, BStBl 1993 II S. 786.

220 Vgl. BFH, Urteil vom 12. 2. 1993 – XI R 1/93, BStBl 1993 II S. 786.

221 Vgl. BFH, Urteile vom 26. 4. 1995 – I R 92/94, BStBl 1995 II S. 594; vom 17. 9. 1992 – I R 24/92, BFH/NV 1994 S. 578.

222 Vgl. BFH, Urteil vom 8. 9. 2005 – IV R 40/04, BStBl 2006 II S. 26.

4504 Die Aktivierung einer Forderung richtet sich somit in erster Linie nicht nach rechtlichen, sondern nach wirtschaftlichen Gesichtspunkten.[223] Maßgebend ist deshalb nicht, ob eine Forderung oder ein Anspruch fällig oder ein Recht realisierbar ist, sondern ob der Vermögensvorteil wirtschaftlich ausnutzbar ist und einen durchsetzbaren gegenwärtigen Vermögenswert darstellt.

4505 Demgegenüber kommt es für die Gewinnrealisierung nicht darauf an, ob am Bilanzstichtag bereits die Rechnung erteilt worden ist, die geltend gemachten Ansprüche noch abgerechnet werden müssen oder ob der Fälligkeitszeitpunkt erst nach dem Bilanzstichtag liegt.[224]

4506 Diese Grundsätze für die Aktivierung von Forderungen sind in der Praxis in verschiedenen Ausprägungsformen anzutreffen. Die für die Praxis wichtigsten Fallgruppen stellen

- teilerfüllte Forderungen,
- bestrittene Forderungen
- sowie aufschiebend bzw. auflösend bedingte Forderungen dar.

Zudem stellt sich die Frage nach der Forderungsaktivierung bei zeitraumbezogenen Leistungen.

4.1.2 Teilerfüllung

4507 Die handelsrechtlichen Grundsätze ordnungsmäßiger Bilanzierung werden von dem Vorsichtsprinzip, dem Realisationsprinzip und dem Imparitätsprinzip beherrscht. Nicht verwirklichte Gewinne dürfen nicht ausgewiesen werden, nicht verwirklichte Verluste müssen ausgewiesen werden. In diesem Rahmen sind auch die Grundsätze über sog. schwebende Geschäfte zu sehen.

4508 Ansprüche und Verbindlichkeiten aus schwebenden Geschäften werden nicht bilanziert, solange und soweit sie einander ausgleichend gegenüberstehen, auch wenn sie am Bilanzstichtag bereits rechtlich entstanden sind. Aktivierungen und Passivierungen unterbleiben, solange das Gleichgewicht solcher Vertragsbeziehungen nicht durch schuldrechtliche Vorleistungen oder Erfüllungsrückstände gestört ist.

4509 Vor diesem Hintergrund ist die Entscheidung, ob ein Vertrag zum Teil erfüllt ist, unter Berücksichtigung der bürgerlich-rechtlichen Vorschriften zu treffen, die für das jeweilige Rechtsgeschäft gelten.[225] Dies ist beispielsweise bei Bauten, deren Erstellung sich über mehrere Jahre hinzieht, der Fall, wenn endgültige Teilabrechnungen getätigt oder abgrenzbare und bereits abgenommene Teilbauten hergestellt worden sind.[226]

4.1.3 Bestrittene Forderungen

4510 Bestrittene Forderungen dürfen erst am Schluss des Wirtschaftsjahres angesetzt werden, in dem der Schuldner den Anspruch anerkannt hat. So fehlt es bei einer bestritte-

223 Vgl. BFH, Urteil vom 14. 6. 2006 – VIII R 60/03, BStBl 2006 II S. 650.
224 Vgl. BFH, Urteil vom 3. 8. 2005 – I R 94/03, BStBl 2006 II S. 20.
225 Vgl. BFH, Urteil vom 8. 12. 1982 – I R 142/81, BStBl 1983 II S. 369.
226 Vgl. BFH, Urteil vom 5. 5. 1976 – I R 121/74, BStBl 1976 II S. 541.

nen Forderung an einem durchsetzbaren gegenwärtigen Vermögenswert. Eine Aktivierung kann erst dann erfolgen, wenn der Anspruch rechtskräftig zuerkannt worden ist oder der Schuldner den Anspruch anerkennt.[227]

4.1.4 Aufschiebend bzw. auflösend bedingte Forderungen

Aufschiebend bedingte Forderungen sind bis zum Eintritt der Bedingung noch nicht realisiert und daher noch nicht zu aktivieren.[228] D. h. es muss Ungewissheit bestehen, dass das den Anspruch begründende Ereignis tatsächlich eintritt. 4511

Anders ist die Situation im Fall einer auflösend bedingten Forderung. In diesem Fall ist die Forderung wirtschaftlich bereits entstanden und damit zu aktivieren. Der Eintritt der auflösenden Bedingung erfolgt erst in einem späteren Wirtschaftsjahr.[229] 4512

4.1.5 Teilrealisation bei Dauerschuldverhältnissen

Schwebenden Geschäften liegen gegenseitige auf einen Leistungsaustausch gerichtete Verträge zugrunde, die von der zur Sach- und Dienstleistung verpflichteten Partei noch nicht voll erfüllt sind.[230] Ein Bilanzansatz entfällt daher. Ein solcher Vertrag verliert seinen Charakter als schwebender Vertrag, wenn der bzw. einer der zur Sach- oder Dienstleistung Verpflichtete alle von ihm geschuldeten Erfüllungshandlungen so vollständig erbracht hat, dass ihm die Forderung auf die Gegenleistung, von den normalen Forderungsrisiken abgesehen, so gut wie sicher ist.[231] D. h. bei Dauerschuldverhältnissen mit längerem Erfüllungszeitraum werden die Teilleistungen pro rata temporis der abgelaufenen Vertragszeit realisiert.[232] Hinsichtlich der offenen Vertragslaufzeit handelt es sich um einen schwebenden Vertrag. 4513

(Einstweilen frei) 4514–4519

4.2 Ermittlung der Anschaffungskosten von Forderungen

4.2.1 Forderungen aus Liefer- und Leistungsbeziehungen

Forderungen sind in der Steuerbilanz (§ 6 Abs. 1 Nr. 2 EStG) ebenso wie in der Handelsbilanz (§ 253 Abs. 1 Satz 1 HGB) im Grundsatz mit den Anschaffungskosten zu bewerten. 4520

Anschaffungskosten im engeren Sinne liegen allerdings nur bei derivativem Erwerb einer Forderung von einem Dritten im Wege der Abtretung (Zession) vor.[233] Die Anschaffungskosten entsprechen dann (unabhängig von der Höhe des Nennwerts der Forderung) den vom Steuerpflichtigen getätigten Aufwendungen. In die Ermittlung der Auf- 4521

---

227 Dies gilt auch für Steuerforderungen. Vgl. BFH, Urteil vom 15. 3. 2000 – II R 15/98, BStBl 2000 II S. 588.

228 Vgl. BFH, Urteil vom 26. 4. 1995 – I R 92/94, BStBl 1995 II S. 594.

229 Vgl. FG Rheinland-Pfalz, Urteil vom 27. 4. 1994 – 1 K 1918/91, rkr., EFG 1994 S. 738 zu einer auflösend bedingten Kaufpreisforderung.

230 Vgl. BFH, Urteil vom 23. 6. 1997 – GrS 2/93, BStBl 1997 II S. 735.

231 Vgl. FG München, Bescheid vom 8. 4. 2011 – 1 K 3669/09, rkr., zitiert nach juris.

232 Vgl. BFH, Urteil vom 20. 5. 1992 – X R 49/89, BStBl 1992 II S. 904.

233 Vgl. *Kleinle/Dreixler*, in: HHR, § 6 EStG Anm. 909.

wendungen gehen auch angefallene Nebenkosten ein. Dabei ist der Kauf einer Forderung nur dann gegeben, wenn das Risiko der wirtschaftlichen Verwertbarkeit der Forderungen (Bonitätsrisiko) auf den Erwerber übergeht, insoweit also keine Möglichkeit des Regresses besteht.[234] Andernfalls kann eine Darlehensgewährung durch den Käufer der Forderung vorliegen.[235] Die gleichen Grundsätze gelten für den Erwerb durch Wertpapiere verbriefter Forderungen (beispielsweise Inhaberschuldverschreibungen, Scheck- und Wechselforderungen).

4522 Häufiger anzutreffen ist der Fall, dass eine Forderung auf einer Liefer- bzw. Leistungsbeziehung beruht. Bei originär in der Person des Steuerpflichtigen durch Vertrag oder Gesetz entstehenden Geldforderungen bestimmen sich die Anschaffungskosten nach dem Nennwert der Forderung.[236]

4523 Bei einer durch Verkauf eines Wirtschaftsguts begründeten Forderung entspricht der Nennwert der Forderung den Anschaffungskosten. Dies gilt selbst dann, wenn die Forderung durch Ausübung eines Rücktrittsrechts des Käufers wieder beseitigt werden kann.[237] Hinsichtlich des Zeitpunktes der Forderungsrealisierung kommt es auch unter dem Aspekt der Aktivierung wirtschaftlich entstandener Forderungen bei Kaufverträgen auf den Zeitpunkt des Übergangs der Preisgefahr auf den Käufer an, d. h. auf den Übergang des Risikos des zufälligen Untergangs und der zufälligen Verschlechterung. Ist die Lieferung eine Bringschuld, geht die Preisgefahr mit der Übergabe der verkauften Sache über (§ 446 Abs. 1 BGB). Beim Versendungskauf (Schickschuld) erfolgt der Gefahrenübergang mit der Auslieferung an den Spediteur oder die mit der Beförderung beauftragte Person (§ 447 Abs. 1 BGB). Die Realisierung erfolgt also, obwohl dem Käufer das wirtschaftliche Eigentum (die Verfügungsmacht) noch nicht verschafft wurde.

4524 Forderungen in ausländischer Währung sind in entsprechender Anwendung von § 256a HGB mit dem Devisenkassamittelkurs im Zeitpunkt der Entstehung der Forderung zu bewerten.

Wird der erwartete Zahlungseingang durch ein Devisentermingeschäft kursgesichert (Verkauf per Termin auf den Fälligkeitszeitpunkt), sind die auf Euro lautenden Anschaffungskosten der Forderung durch den Terminkurs fixiert.

4525 Eine Forderung ist auch dann mit dem Nennwert anzusetzen, wenn die Forderung nicht sofort fällig ist. D. h. die Un- bzw. Niedrigverzinslichkeit einer Forderung beeinflusst die Anschaffungskosten einer Forderung nicht.[238] Auswirkungen ergeben sich aus der Un- bzw. Niedrigverzinslichkeit allerdings für die Ermittlung des Teilwerts der Forderung.[239]

234 Vgl. BFH, Urteil vom 26. 8. 2010 – I R 17/09, DStR 2010 S. 2455.

235 Vgl. hierzu *Schmid*, DStR 2011 S. 795. Die an den Forderungskäufer geleisteten „Gebühren" stellen Entgelte für Schulden und Diskontbeträge bei der „Veräußerung von anderen Geldforderungen" i. S. d. § 8 Nr. 1 Buchst. a GewStG dar, wenn der Vorfinanzierungsbetrag dem Forderungsverkäufer für mindestens ein Jahr zur Verfügung steht.

236 Vgl. BFH, Urteil vom 30. 11. 1988 – I R 114/81, BStBl 1990 II S. 117.

237 Vgl. BFH, Urteil vom 25. 1. 1996 – IV R 114/94, BStBl 1997 II S. 382.

238 Vgl. BFH, Urteil vom 23. 5. 1975 – I R 236/72, BStBl 1975 II S. 875.

239 Hierzu nachfolgend unter Rz. 4555.

4.2.2 Darlehensforderungen

4.2.2.1 Ausweis von Darlehensforderungen mit dem Nennbetrag

Bei aus einer Darlehensvergabe resultierenden Forderungen handelt es sich um nicht gewinnrealisierende Forderungen. Die Anschaffungskosten werden durch die Aufwendungen für die Anschaffung bestimmt. D. h. an die Stelle der Anschaffungskosten tritt der Nennbetrag der Forderung.[240] Tilgungsbeträge sind von dem Nennwert abzusetzen. 4526

Für Darlehensforderungen ergibt sich die Maßgeblichkeit des Nennbetrags aus den anerkannten Grundsätzen der Bilanzierung eines Ausgabe-Disagio. Liegt nämlich der Auszahlungsbetrag unter dem Nennbetrag, so ist die Forderung mit dem Nennbetrag anzusetzen, obgleich Anschaffungskosten im üblichen Sinne im Wesentlichen nur in Höhe des geringeren Auszahlungsbetrages entstanden sind. In Höhe des Unterschiedsbetrages (Disagio, Damnum) muss ein passiver Rechnungsabgrenzungsposten gebildet werden.[241] Der Nennbetrag gilt auch dann als Anschaffungskosten, wenn das Darlehen unverzinslich bzw. niedrig verzinst ist.[242] Denn die Unverzinslichkeit oder niedrige Verzinslichkeit betrifft nicht die (fiktiven) Anschaffungskosten, sondern den Teilwert der Darlehensforderung. 4527

4.2.2.2 Forderung des Entleihers im Rahmen einer Wertpapierleihe

Zivilrechtlich liegt einem Wertpapierleihgeschäft (beispielsweise über börsenfähige Wertpapiere) ein Vertrag über ein Sachdarlehen i. S. d. § 607 BGB zugrunde. Für die Bilanzierung eines Wertpapierleihgeschäfts bestehen keine besonderen Regelungen, so dass die handelsrechtlichen GoB gelten. Zur Anwendung gelangen die für Sachdarlehen geltenden Grundsätze. In steuerlicher Hinsicht zeichnet sich ein Wertpapierleihgeschäft dadurch aus, dass der Darlehensgeber dem Darlehensnehmer im Rahmen des Leihgeschäfts das wirtschaftliche Eigentum an Wertpapieren i. S. d. § 39 Abs. 2 Nr. 1 AO verschafft.[243] Damit tritt der Darlehensnehmer in alle Rechte aus den Wertpapieren ein; er ist auch berechtigt, die Wertpapiere weiterzuverleihen, zu verkaufen oder zu verpfänden. 4528

Der Entleiher ist nach Ablauf der Leihfrist verpflichtet, Wertpapiere gleicher Art, Güte und Menge an den Verleiher zurückzugeben (sog. Gattungsschuld). Die Forderung des Entleihers ist ungeachtet des Übergangs des wirtschaftlichen Eigentums an den Wertpapieren auf den Entleiher mit dem Buchwert der entliehenen Wertpapieren zu bewerten (Sachdarlehensforderung i. S. d. § 607 BGB).[244] D. h. durch das Leihgeschäft erfährt die Zuordnung der verliehenen Wertpapiere zum Umlaufvermögen keine Änderung. Die Tauschgrundsätze finden keine Anwendung, insoweit gibt es für den Verleiher 4529

240 Vgl. BFH, Urteil vom 23. 4. 1975 – I R 236/72, BStBl 1975 II S. 875.

241 Vgl. *Kulosa*, in: Schmidt, EStG, 33. Aufl., § 6 EStG Rz. 140.

242 Vgl. BFH, Urteil vom 30. 11. 1988 – I R 114/84, BStBl 1990 II S. 117.

243 Vgl. *Rau*, DStR 2009 S. 21.

244 Zu Sachdarlehensforderungen im Zusammenhang mit Nutzungsüberlassung von Betrieben mit Substanzerhaltungspflicht des Berechtigten vgl. BMF, Schreiben vom 21. 2. 2002 – IV A 6 – S 2132 – 4/02, FR 2002 S. 540.

auch keine Anschaffungskosten i. S. d. § 6 Abs. 6 EStG.[245] Eventuell bestehende Haltefristen, beispielsweise nach § 6b Abs. 10 EStG, werden durch das Leihgeschäft nicht unterbrochen.[246]

4530 Stille Reserven oder stille Verluste im Zeitpunkt der Begründung des Wertpapierdarlehens sind insoweit ohne Bedeutung.[247] Die Sachforderung ist am Bilanzstichtag wie die verliehene Wertpapierposition zu bewerten. Bei einer auf Aktien gerichteten Sachdarlehensforderung handelt es sich allerdings nicht um einen Anteil i. S. d. § 8b Abs. 2 KStG.

4531 D. h. soweit die Voraussetzungen für den Ansatz des niedrigen Teilwerts vorliegen, kann auch eine steuerwirksame Teilwertabschreibung des Sachdarlehens erfolgen. Der § 8b Abs. 3 Satz 3 KStG steht einer steuerwirksamen Teilwertabschreibung nicht entgegen. Bei einer Sachdarlehensforderung gegenüber einer Tochtergesellschaft kann allerdings § 8b Abs. 3 Satz 4 KStG einer steuerwirksamen Teilwertabschreibung entgegenstehen.

4532 Als Grund für eine Teilwertabschreibung des Darlehens kommt eine voraussichtlich dauernde Wertminderung der verliehenen Aktien oder eine verminderte Bonität des Entleihers in Betracht.

4533 Hinsichtlich der Rechtsfolgen einer Wertaufholung ist zu unterscheiden, ob die Wertaufholung den Rückübertragungsanspruch oder die zurück übertragenen Wertpapiere selbst betrifft.[248] Umstritten ist, ob die Teilwertabschreibung des Rückübertragungsanspruchs den zurück übertragenen Wertpapieren anhaftet, sofern die wiedererlangten Wertpapiere erst nach der Rückübertragung auf den Verleiher durch eine Wertaufholung maximal bis zu ihren historischen Anschaffungskosten aufgestockt werden. Ausgehend von dem Wortlaut des § 8b Abs. 2 KStG ist der Zuschreibungsertrag „steuerfrei“, wenn im Rahmen der Teilwertabschreibung nicht der „Anteil“, sondern die Sachforderung auf den niedrigeren Teilwert abgeschrieben worden ist.[249]

4.2.2.3 Forderungen gegenüber Gesellschaftern

4534 Die gegenüber dem Gesellschafter einer Kapitalgesellschaft bestehende Forderung ist grundsätzlich wie eine gegenüber einem fremden Dritten bestehende Forderung zu bewerten.

4535 Auch ein an einen Gesellschafter gewährtes un- bzw. niedrigverzinstes Darlehen ist wie ein an einen fremden Dritten ausgereichtes Darlehen zu bewerten und mit dem Teilwert in Höhe des Barwerts anzusetzen.[250] In Höhe des den Marktzins unterschreitenden Betrages liegt eine verdeckte Gewinnausschüttung an den Gesellschafter vor.

4536 Zudem kann auch aus der Teilwertabschreibung einer gegenüber einem Gesellschafter bestehenden Forderung eine verdeckte Gewinnausschüttung resultieren, wenn recht-

245 Vgl. LfSt Bayern, Vfg. vom 20. 7. 2010 – S 2134.1.1-5/2 St32, ESt-Kartei BY § 5 Karte 3.1.
246 Vgl. *Häuselmann/Wiesenbart*, DB 1990 S. 2129.
247 Vgl. *Häuselmann/Wagner*, FR 2003 S. 333; *Haisch*, in: HHR, § 5 EStG Anm. 1554.
248 Vgl. *Wengenroth/Maier*, EStB 2005, 377.
249 Vgl. *Häuselmann/Wagner*, FR 2003 S. 332.
250 Vgl. hierzu nachfolgend Rz. 4560 ff.

zeitige Maßnahmen zur Sicherung der Werthaltigkeit der Forderung unterblieben sind. So kann nach der Rechtsprechung im Fall einer Darlehensforderung eine verdeckte Gewinnausschüttung daraus resultieren, dass auf die Rückforderung des Darlehensbetrages bei einer sich erkennbar verschlechternden wirtschaftlichen Situation des Gesellschafters verzichtet wurde.[251]

Teilwertabschreibungen auf Darlehen, die eine GmbH einer Schwestergesellschaft ge- 4537
währt hat, sind entsprechend zu behandeln.[252] Denn die Annahme einer verdeckten Gewinnausschüttung setzt nicht voraus, dass der Gesellschafter aus einer Zuwendung selbst einen unmittelbaren Vorteil gezogen hat. Eine verdeckte Gewinnausschüttung kann vielmehr auch dann gegeben sein, wenn der Vorteil dem Gesellschafter mittelbar in der Weise zugewendet wird, dass eine ihm nahe stehende Person aus der Vermögensverlagerung Nutzen zieht.

Eine Teilwertabschreibung auf eine gegenüber dem Gesellschafter bestehende Forde- 4538
rung kommt allerdings dann nicht in Betracht, wenn bereits im Zeitpunkt der Begründung der Forderung erkennbar ist, dass keine Begleichung erfolgen wird. In diesem Fall liegt bereits im Zeitpunkt der Begründung der Forderung in Höhe des Forderungsbetrags eine verdeckte Gewinnausschüttung an den Gesellschafter vor.[253]

Im umgekehrten Fall, d. h. einer im Zuge einer Lieferbeziehung begründeten Forderung 4539
eines Gesellschafters, stellt sich die Frage einer Teilwertabschreibung der Forderung allerdings nur dann, wenn bspw. durch die Lieferung von Waren auch eine Forderung begründet worden ist. War die Begleichung der Forderung bereits im Zeitpunkt der Lieferung unrealistisch, ist von einer verdeckten Einlage der Waren in das Vermögen der Tochtergesellschaft auszugehen.[254]

Auch Forderungen einer Personengesellschaft gegenüber ihren Gesellschaftern sind 4540
nach den allgemeinen Grundsätzen zu bewerten. In Einzelfällen kann sich bei Darlehensgewährungen an die Gesellschafter einer Familien-Personengesellschaft im Fall eines Forderungsausfalls die Frage nach der betrieblichen Veranlassung der Darlehensgewährung stellen, falls eine fremdübliche Absicherung der Darlehensvergabe unterblieben ist.

4.2.2.4 Darlehensforderungen des Gesellschafters an die Gesellschaft

Für die Forderung des Gesellschafters einer Kapitalgesellschaft gegenüber seiner Ge- 4541
sellschaft gilt, dass es sich bei Beteiligung und Forderung um zwei verschiedene Wirtschaftsgüter handelt.[255] D. h. auf Ebene des Gesellschafters ist die Forderung wie eine Forderung gegenüber einem Dritten zu bewerten. Für kapitalersetzende Darlehen gelten nach der Rechtsprechung des BFH allerdings Besonderheiten: Zu erfolgen hat eine

251 Vgl. BFH, Urteil vom 14. 3. 1990 – I R 6/89, BStBl 1990 II S. 795.
252 Vgl. BFH, Urteil vom 31. 7. 1974 – I R 238/72, BStBl 1975 II S. 48.
253 Vgl. *Gosch*, KStG, § 8 Rz. 562.
254 Zu den weiteren steuerlichen Folgen vgl. *Kusterer*, EStB 2003 S. 233.
255 Vgl. BFH, Urteil vom 14. 1. 2009 – I R 52/08, BStBl 2009 II S. 674.

Bewertung nach den für die Bewertung von Beteiligungen geltenden Kriterien.[256] Dies bedeutet, dass in die Bewertung auch der Substanzwert und die funktionale Bedeutung der Beteiligung einzubeziehen sind.[257]

4542 Handelt es sich bei dem Gesellschafter um eine Kapitalgesellschaft, ist die aus der Teilwertabschreibung der Forderung resultierende Gewinnminderung bei der Ermittlung des zu versteuernden Einkommens gemäß § 8b Abs. 3 Sätze 4 ff. KStG nicht zu berücksichtigen. Bei Nachweis der Fremdüblichkeit der Darlehensgewährung bleibt die Teilwertabschreibung steuerwirksam.[258] Die Regelung ist dem § 8a Abs. 1 Satz 1 KStG a. F. nachempfunden.[259] Im Kern geht es um die Frage, ob die Kapitalgesellschaft das Darlehen nur von einem Anteilseigner erhalten hätte. D. h. der gegenüber der Finanzverwaltung zu führende Nachweis bezieht sich nicht nur auf die Angemessenheit der Finanzierungsmaßnahme der Höhe nach, sondern auch dem Grunde nach.[260]

4543 Laut der Gesetzesbegründung sollen nicht fremdüblich sein:[261]

- unverzinsliche Darlehen,
- verzinsliche, aber ohne Sicherheiten gewährte Darlehen und der
- Verzicht auf eine Rückforderung des Darlehens in der Krise.

4544 Bei ohne Sicherheiten gewährten Konzerndarlehen ist allerdings zu beachten, dass die Beteiligung an der Tochtergesellschaft gemäß dem sog. Rückhalt im Konzern eine ausreichende Sicherheit darstellen kann.[262] Nach der BFH-Rechtsprechung lässt sich allein mit dem Fehlen einer Sicherheit kein Risikozuschlag zu dem vereinbarten Zinssatz rechtfertigen.[263] D. h. für die Prüfung der Angemessenheit des vereinbarten Zinssatzes im Rahmen des § 8b Abs. 3 Satz 6 KStG sollte der Rückhalt im Konzern als fremdübliche Sicherheit anzuerkennen sein.[264]

4545 Aus praktischer Sicht ist es erforderlich, dass die Dokumentation für Zwecke des § 8b Abs. 3 Satz 6 KStG bereits im Zeitpunkt der Darlehensgewährung erstellt wird, da die entsprechenden Nachweise im Betriebsprüfungsfall im Nachhinein nur noch schwer erbracht werden können. Die Dokumentation sollte u. a. folgende Bestandteile enthalten:

- Vergleichskonditionen einer Geschäftsbank im Zeitpunkt der Darlehensgewährung,
- vorhandene Sicherheiten der Tochtergesellschaft,
- Bonitäts- und Ratingunterlagen betreffend die Tochtergesellschaft,

256 Vgl. BFH, Urteile vom 18. 4. 2012 – X R 7/10, BFH/NV 2012 S. 1363; vom 14. 10. 2009 – X R 45/06, BStBl 2010 II S. 274.

257 Vgl. FG Hamburg, Urteil vom 20. 2. 2013 – 2 K 89/12, EFG 2013 S. 1071.

258 Zur Führung des Drittvergleichs vgl. u. a. *Kleinert/Podewils*, GmbHR 2009 S. 849.

259 Vgl. *Nöcker*, in: HHR, § 8b KStG Anm. J 07-8.

260 Vgl. *Winhard*, FR 2010 S. 689.

261 Vgl. BR-Drucks. 544/07, 95.

262 Vgl. BFH, Urteile vom 29. 10. 1997 – I R 24/97, BStBl 1998 II S. 573; vom 21. 12. 1994 – I R 65/94, HFR 1995 S. 445.

263 So auch BMF, Schreiben vom 29. 3. 2011 – IV B 5-S 1341/09/10004, 2011/0203248, BStBl 2011 I S. 277.

264 Kritisch zur Übertragbarkeit der Grundsätze *Lang*, NWB 2010 S. 3801.

- ein durch die Tochtergesellschaft nicht ausgeschöpftes Kreditvolumen im Rahmen der Darlehensgewährung durch Geschäftsbanken deutet tendenziell auf drittüblich verbleibende Finanzierungsspielräume hin.

Bei der Einholung von Vergleichskonditionen einer Geschäftsbank ist zu berücksichtigen, dass bei der Ermittlung der Vergleichskonditionen gemäß dem Wortlaut des § 8b Abs. 3 Satz 6 KStG „nur die eigenen Sicherungsmittel der Gesellschaft berücksichtigt werden dürfen (sog. stand-alone-Betrachtung). Diese stand-alone-Betrachtung dürfte häufig ein Scheitern des Drittvergleichs zur Folge haben, da in der Kreditpraxis eine Darlehensvergabe stets auch im Hinblick auf die Sicherheitenlage der Gesellschafter bzw. anderer Gesellschaften im Konzernverbund beurteilt wird. 4546

Der § 3c Abs. 2 EStG weist allerdings keine dem § 8b Abs. 3 Sätze 4 ff. KStG vergleichbare Regelung auf, so dass sich eine Teilwertabschreibung der Darlehensforderung steuerwirksam auswirkt.[265] 4547

(Einstweilen frei) 4548–4549

4.3 Ansatz von Forderungen mit dem niedrigeren Teilwert

4.3.1 Voraussetzungen einer Teilwertabschreibung

Nach § 6 Abs. 1 Nr. 2 Satz 2 EStG kann eine Forderung an Stelle der Anschaffungskosten mit dem niedrigeren Teilwert bewertet werden. 4550

Nach dem Stichtagsprinzip sind für die Beurteilung der Voraussetzungen einer Teilwertabschreibung die Verhältnisse am Bilanzstichtag maßgeblich. Allerdings sind auch Forderungen unter Berücksichtigung wertaufhellender Grundsätze zu bewerten, d. h. bis zum Tag der Bilanzerstellung erlangte Kenntnisse über den Wert der Forderung zum Bilanzstichtag sind zu berücksichtigen. Dabei steht der Teilwertabschreibung einer Forderung nicht entgegen, dass eine teilweise Erfüllung durch den Schuldner nach dem Tag der Bilanzaufstellung erfolgt.[266] 4551

In der Handelsbilanz sind dem Umlaufvermögen zugeordnete Forderungen auf Grund des strengen Niederstwertprinzips bereits bei einer nur vorübergehenden Wertminderung mit einem niedrigeren Wert anzusetzen (§ 253 Abs. 4 HGB). Für die steuerliche Gewinnermittlung wird das Niederstwertprinzip des § 253 Abs. 4 HGB allerdings durch den steuerlichen Bewertungsvorbehalt i. S. d. § 5 Abs. 6 EStG überlagert. 4552

Der Ansatz einer Forderung mit dem niedrigeren Teilwert setzt voraus, dass der Teilwert auf Grund einer voraussichtlich dauernden Wertminderung niedriger ist (§ 6 Abs. 1 Nr. 2 EStG). Die von der Rechtsprechung aufgestellten Teilwertvermutungen gelten auch für die Bewertung von Forderungen. D. h. auch für die Bewertung von Forderungen besteht die Vermutung, dass der Teilwert im Zeitpunkt der Anschaffung den Anschaffungskosten entspricht. 4553

265 Vgl. *Neumann/Watermeyer*, Ubg 2008 S. 748; *Eberhard*, DStR 2009 S. 2226; *Schwenker/Fischer*, FR 2010 S. 649.

266 Vgl. BFH, Urteil vom 20. 8. 2003 – I R 49/02, BStBl 2003 II S. 941.

4554 Zu beachten ist, dass zwischen dem Ansatz einer Forderung bei dem Gläubiger mit dem niedrigeren Teilwert und dem Ausweis der Darlehensverbindlichkeit bei dem Schuldner keine Korrespondenz besteht. Somit hat der Ansatz der Forderung bei dem Gläubiger mit dem niedrigeren Teilwert keinen Einfluss auf die Bilanzierung der Verbindlichkeit durch den Schuldner.

4555 Für den Ansatz von Forderungen mit dem niedrigeren Teilwert kommen verschiedene wertmindernde Umstände in Betracht. Typische Gründe stellen dar:[267]

- Un- bzw. Niedrigverzinslichkeit,
- ein in der Person des Schuldners liegendes Ausfallrisiko.

4556 Für die Umstände, die zu einer Teilwertabschreibung berechtigen, trägt der Steuerpflichtige die Feststellungslast. Der Steuerpflichtige muss daher durch die Vorlage entsprechender Unterlagen belegen, dass seine Teilwertschätzung eine objektive betriebliche Grundlage hat. Anhand der vorgelegten Nachweise muss sich das Finanzamt über die Voraussetzungen einer Teilwertabschreibung eine Meinung bilden können.[268]

4557 Letztlich hängt der Umfang der zu erstellenden Dokumentation von dem Umfang der beanspruchten Forderungsabschreibung ab. So wird beispielsweise ein im Rahmen der Gruppenbewertung von Forderungen zur Anwendung gelangender hoher v. H.-Satz eine aufwendigere Dokumentation der betrieblichen Gegebenheiten erfordern als ein niedrigerer Satz.

4.3.2 Aufholung einer Teilwertabschreibung

4558 Nach § 6 Abs. 1 Nr. 2 i. V. m. Abs. 1 Nr. 1 Satz 4 EStG sind vorgenommene Teilwertabschreibungen bei einem späteren Ansteigen des Teilwerts zu den nachfolgenden Bilanzstichtagen im Wege der Wertaufholung rückgängig zu machen. Es dürfen aber höchstens die Anschaffungskosten angesetzt werden.

4559 Erfasst wird zum einen der Fall, dass sich im Nachhinein herausstellt, dass der Grund für eine Teilwertabschreibung der Forderung ganz oder teilweise weggefallen ist. Zum anderen kann eine Wertaufholung aber auch daraus resultieren, dass sich nachträglich herausstellt, dass keine dauerhafte Wertminderung vorliegt.

4.3.3 Teilwertermittlung bei Un- bzw. Niedrigverzinslichkeit einer Forderung

4.3.3.1 Bestimmungsgrößen zur Ermittlung des Barwertes der Forderung

4560 Die Teilwertabschreibung einer unverzinslichen Forderung setzt voraus, dass der Darlehensforderung aufgrund ihrer Unverzinslichkeit voraussichtlich dauerhaft ein niedrigerer Teilwert beizumessen ist.

4561 Grundsätzlich ist der Teilwert einer unverzinslichen oder niedrig verzinslichen Geldforderung zu einem vor ihrer Fälligkeit liegenden Zeitpunkt niedriger als ihr Nennwert, da ein gedachter Erwerber für eine solche Forderung weniger bezahlen würde als für eine

267 Vgl. *Hoffmann* in: Littmann/Bitz/Pust, § 6 EStG Rz. 470.

268 Vgl. BMF, Schreiben vom 25. 2. 2000, BStBl 2000 I S. 372, Tz. 2.

verzinsliche Forderung.[269] Somit resultiert die Abzinsung aus der Natur einer Geldforderung, die darauf gerichtet ist, durch Zinsen Ertrag zu erwirtschaften.

Der Teilwert unverzinslicher oder niedrig verzinster Forderungen ist deshalb regelmäßig 4562
durch Abzinsung der künftigen Rückzahlungsbeträge zu ermitteln.[270] D. h. in wirtschaftlicher Hinsicht entspricht der Teilwert dem Barwert der Forderung. Dies gilt auch für in Raten zu erfüllende Forderungen.[271] Eine Ausnahme von diesem Grundsatz besteht für nicht verkehrsfähige Forderungen.[272]

Zu beachten ist, dass die Teilwertabschreibung einer unverzinslichen Forderung beim 4563
Gläubiger nicht bereits damit begründet werden kann, dass nach § 6 Abs. 1 Nr. 3 EStG für den Schuldner ein Abzinsungsgebot für die Darlehensverbindlichkeit besteht und somit die Forderung beim Darlehensschuldner niedriger bewertet wird als die Forderung beim Darlehensgläubiger. Die Rechtsprechung geht davon aus, dass eine Art „umgekehrte Imparität" nicht besteht und somit die auf der zwingenden gesetzlichen Regelung des § 6 Abs. 1 Nr. 3 EStG beruhende Behandlung der Darlehensverbindlichkeit keine Auswirkungen auf die Bewertung der Darlehensforderung haben kann.[273]

Unverzinslich ist eine Forderung nur dann, wenn der Gläubiger vom Schuldner keine 4564
Leistung in Geld oder Geldeswert verlangt, die unmittelbar eine Gegenleistung für die Kapitalüberlassung bildet. Die Abzinsung von Forderungen kann auch bei Lieferungen und Leistungen in Betracht kommen, falls der Schuldner vertragswidrig zu spät leistet und Zinsen nicht zu entrichten sind.[274] Auch bei der niedrigen Verzinsung einer Forderung handelt es sich um einen den Teilwert mindernden Umstand. Die Rechtsprechung lässt eine Teilwertabschreibung aber nur dann zu, wenn der Zinssatz ungewöhnlich niedrig ist und es sich um eine langfristige oder unkündbare Forderung handelt.

Die Höhe des Effektivzinssatzes dürfte für Vergleichszwecke ein wichtiges Indiz darstel- 4565
len, da sich im Effektivzinssatz die Art und Höhe der Sicherheiten wie auch die übrigen Vertragsbedingungen (Nominalzinssatz, Laufzeit und Tilgung) widerspiegeln. Ein ungewöhnlich niedriger Zinssatz dürfte nur dann vorliegen, wenn der vereinbarte Zinssatz einen fremdüblichen Marktzinssatz erheblich unterschreitet.

Erfolgt die Gewährung von Fremdwährungsdarlehen an ausländische Tochtergesell- 4566
schaften, wird man für die Beurteilung der Angemessenheit der Darlehensgewährung der Höhe nach auch die zur Absicherung gegen Währungsschwankungen anfallenden Aufwendungen im Rahmen von Sicherungsgeschäften berücksichtigen müssen.[275] Die in diesem Zusammenhang anfallenden Aufwendungen sind in die von der Tochtergesellschaft für das Darlehen zu entrichtenden Zinssätze einzupreisen. So wird man da-

269 Vgl. BFH, Urteil vom 24. 10. 2012 – I R 43/11, BStBl 2013 II S. 162.

270 Vgl. BFH, Urteil vom 24. 10. 2006 – I R 2/06, BStBl 2007 II S. 469.

271 Vgl. BFH, Urteil vom 13. 9. 2000 – X R 148/97, BStBl 2001 II S. 641.

272 Für den Fall einer gegenüber einer öffentlich-rechtlichen Sachversicherungseinrichtung bestehenden Entschädigungsforderung vgl. BFH, Urteil vom 4. 2. 1999 – IV R 57/97, BStBl 1999 II S. 602.

273 Vgl. BFH, Urteil vom 24. 10. 2012 – I R 43/11, BStBl 2013 II S. 162 sowie *Buciek*, FR 2010 S. 341 f.; hierzu krit. *Bareis*, FR 2013 S. 170; *Hoffmann*, DStR 2013 S. 24; für unverzinsliche Gesellschafterdarlehen vgl. BMF vom 26. 5. 2005, BStBl 2005 I S. 699.

274 Vgl. BFH, Urteil vom 3. 3. 1972 – III R 30/71, BStBl 1972 II S. 516.

275 Vgl. BMF, Schreiben vom 23. 2. 1983, BStBl 1983 I S. 218 Rn. 4.2.2.

von ausgehen können, dass auch ein zu Vergleichszwecken eingeholter Bankenzinssatz einer inländischen Geschäftsbank eine kalkulatorische Komponente für die Währungssicherung des in Fremdwährung ausgereichten Darlehens enthalten dürfte.

4567 Die Höhe des Teilwerts einer unverzinslichen bzw. niedrig verzinsten Forderung hängt im Hinblick auf die Maßgeblichkeit des Barwerts des Zahlungsstroms von der Laufzeit bzw. Restlaufzeit der Forderung und der Höhe des bei der Abzinsung berücksichtigten Zinssatzes ab. Eine lange Laufzeit und ein hoher Zinssatz haben einen niedrigen Barwert zur Folge.

4568 In zeitlicher Hinsicht ist hinsichtlich des Kriteriums der Laufzeit bzw. Restlaufzeit der Forderung zu berücksichtigen, dass bei einer Laufzeit von unter einem Jahr eine Abzinsung nicht in Betracht kommt. In diesem Fall liegen die Voraussetzungen einer voraussichtlich dauernden Wertminderung nicht vor.

4569 Der Abzinsung ist im Grundsatz ein Marktzinssatz zugrunde zu legen, da es – anders als bei Verbindlichkeiten – an einer gesetzlichen Festschreibung des Zinssatzes fehlt. Aus Vereinfachungsgründen hält es die Rechtsprechung aber für zulässig, der Abzinsung den in § 12 Abs. 3 BewG genannten Zinssatz in Höhe von 5,5 % zugrunde zu legen.[276] In den Folgejahren sind anteilige Zuschreibungen gemäß § 6 Abs. 1 Nr. 3 Satz 3 EStG vorzunehmen.

4570 Nach § 4h Abs. 3 Satz 4 EStG führt die Auf- und Abzinsung unverzinslicher oder niedrig verzinslicher Kapitalforderungen ebenfalls zu Zinserträgen oder Zinsaufwendungen. Nach der Verwaltungsauffassung sollen allerdings etwaige bilanzielle Erträge aus der erstmaligen Erfassung einer vom Nennwert abweichenden Kapitalforderung mit dem Barwert ausgenommen sein.[277] Folge ist, dass Abzinsungsbeträge und der spätere Aufzinsungsaufwand unterschiedlich behandelt werden.[278]

4.3.3.2 Sonderfälle unverzinslicher Forderungen

4571 Ursprünglich verzinsliche Forderungen, für die der Schuldner auf Grund mangelnder Zahlungsfähigkeit keine Zinsen mehr entrichtet, sind für die Ermittlung des Teilwerts nach den für unverzinsliche Forderungen geltenden Grundsätzen zu bewerten. D. h. für die Beurteilung, ob im Rahmen der Ermittlung des Teilwerts einer Geldforderung eine zur Abzinsung führende Unverzinslichkeit vorliegt, kommt es nicht auf die Höhe der vertraglich bestehenden Forderung, sondern ausschließlich darauf an, ob und in welcher Höhe künftig tatsächlich mit der Zahlung von Zinsen gerechnet werden kann.[279]

4572 Ist mit einem in der Zukunft realisierbaren Zahlungsstrom nicht mehr zu rechnen, können für die Ermittlung des Teilwerts nur die aus der Verwertung der Sicherheiten zu erwartenden Erlöse berücksichtigt werden. Ist mit der Realisierung von Erlösen aus der Verwertung von Sicherheiten nicht kurzfristig, sondern erst nach geraumer Zeit zu rechnen, ist dieser Umstand durch eine Abzinsung der Erlöse aus der Verwertung der Sicherheiten zu berücksichtigen.

---

276 Vgl. BFH, Urteil vom 21. 10. 1980 – VIII R 190/78, BStBl 1981 II S. 160.

277 Vgl. BMF, Schreiben vom 4. 7. 2008, BStBl 2008 I S. 718 Rn. 27.

278 Vgl. hierzu *Hick*, in: HHR, § 4h EStG Anm. 81.

279 Vgl. BFH, Urteil vom 24. 10. 2006 – I R 2/06, BStBl 2007 II S. 469.

4.3.3.3 Kompensation der Un- bzw. Niedrigverzinslichkeit durch anderweitige Vorteile

Die Voraussetzungen einer Teilwertabschreibung liegen nach der Rechtsprechung nicht vor, wenn die Un- bzw. Niedrigverzinslichkeit durch anderweitige Vorteile kompensiert wird (sog. verdeckte Verzinsung). 4573

Dies soll der Fall sein, wenn an Stelle einer Verzinsung bestimmte bzw. (wenigstens) abgrenzbare Gegenleistungen gewährt werden, die an Stelle von Zinszahlungen als ein Entgelt gewertet werden können.[280] Eine Teilwertabschreibung setzt in diesen Fällen den Nachweis voraus, dass der nominelle Zinsverlust höher ist als der Wert der Gegenleistung. Die Gegenrechnung konkret vereinbarter oder auch nur erwarteter Vorteile steht in einem gewissen Spannungsverhältnis zu dem Grundsatz der Einzelbewertung. Die Rechtsprechung rechtfertigt die Vorgehensweise damit, dass der beabsichtigte unternehmerische Zweck und die Funktion des Wirtschaftsguts im Betriebsorganismus berücksichtigt werden muss. 4574

Die Voraussetzungen einer Teilwertabschreibung sollen in bestimmten Konstellationen aber selbst dann nicht vorliegen, wenn keine konkrete Gegenleistung vereinbart wurde. Typischer Anwendungsfall ist die Gewährung unentgeltlicher Darlehen an Betriebsangehörige. 4575

Unverzinsliche Darlehen des Arbeitgebers an Betriebsangehörige sind selbst dann nicht auf niedrigen Teilwert abzuschreiben, wenn der Darlehensgewährung keine bestimmte Gegenleistung des Arbeitnehmers als Darlehensnehmer gegenübersteht.[281] Die Rechtsprechung geht davon aus, dass es sich bei solchen Darlehen um eine besondere Form betrieblicher Sozialleistungen handelt, deren Wert für das Unternehmen nicht in konkreten Gegenleistungen der Arbeitnehmer liege, sondern in der Erwartung eines durch ein gutes Betriebsklima günstig beeinflussten Betriebsablaufs oder einer verbesserten Arbeitsleistung.[282] 4576

Dieser Beurteilung liegt die Überlegung zugrunde, dass ein gedachter Erwerber des Unternehmens im Rahmen eines Gesamtkaufpreises für aus sozialen Gründen gewährte niedrigverzinsliche oder unverzinsliche Darlehensforderungen an Arbeitnehmer den Nennwert vergüten würde. 4577

4.3.3.4 Kompensation der Un- bzw. Niedrigverzinslichkeit bei Darlehensgewährungen im Konzern

Mit der Entscheidung vom 24. 10. 2012 hat der BFH zu der Kompensation der Un- bzw. Niedrigverzinslichkeit bei Darlehensgewährungen im Konzern Stellung genommen. Gegenstand der Entscheidung bildeten die Rechtsfolgen einer unverzinslichen Darlehensgewährung einer Muttergesellschaft an ihre 100%ige Tochtergesellschaft mit einer 4578

280 Vgl. BFH, Urteil vom 9. 7. 1981 – IV R 35/78, BStBl 1981 II S. 734.

281 Vgl. BFH, Urteil vom 30. 11. 1988 – I R 114/84, BStBl 1990 II S. 117; siehe hierzu auch *Hoffmann/Lüdenbach*, NWB Kommentar Bilanzierung, 5. Aufl., Herne 2014, § 255 Rz. 187 b.

282 Vgl. BFH, Urteil vom 30. 11. 1988 – I R 114/84, BStBl 1990 II S. 117.

Darlehenslaufzeit von zehn und neun Jahren.[283] Die Muttergesellschaft bilanzierte das an die Tochtergesellschaft ausgereichte Darlehen im Anlagevermögen nicht mit dem Nennwert, sondern setzte die Darlehensforderung unter Berücksichtigung eines Zinssatzes in Höhe von 5,5 % mit dem abgezinsten Nennwert an.

4579 Der BFH hat die Rechtsauffassung der Vorinstanz[284] bestätigt, dass allein die Unverzinslichkeit eines Gesellschafterdarlehens nicht für die Minderung des Teilwerts einer Darlehensforderung herangezogen werden kann. Dabei war für den BFH das Kriterium der „voraussichtlichen Dauer" der Wertminderung entscheidungserheblich. Die Entscheidung ist zwar zu einer im Anlagevermögen bilanzierten Darlehensforderung ergangen, die Urteilsgrundsätze gelangen allerdings für Darlehensforderungen des Umlaufvermögens entsprechend zur Anwendung, da für die Ermittlung des Teilwerts einer Darlehensforderung des Umlaufvermögens ebenfalls § 6 Abs. 1 Nr. 2 Satz 2 EStG einschlägig ist.

4580 Im Grundsatz kommt der BFH zu dem Ergebnis, dass der Teilwert einer unverzinslichen Forderung niedriger ist als ihr Nennwert.[285] Hintergrund ist, dass der gedachte Erwerber des Gesamtunternehmens für die Forderung im Rahmen der Ermittlung des Gesamtkaufpreises nur den abgezinsten Barwert ansetzen würde. Allerdings werden allein durch die Unverzinslichkeit der Forderung nicht die Voraussetzungen der in § 6 Abs. 1 Nr. 1 Satz 2 EStG geforderten voraussichtlich dauernden Wertminderung der Darlehensforderung erfüllt. Hintergrund ist, dass der Gläubiger zum Fälligkeitszeitpunkt der Forderung die Aussicht hat, den Nominalwert der Forderung zu erhalten. Insoweit hat nach der Auffassung des BFH allein die Unverzinslichkeit der Darlehensforderung während der Laufzeit des Darlehens keine voraussichtlich dauernde Wertminderung der Darlehensforderung zur Folge.[286] Dem auf Grund der Unverzinslichkeit der Forderung „dauerhaft" entgangenen Gewinn kommt insoweit für die Ermittlung des Teilwerts während der Laufzeit des Darlehens keine Bedeutung zu.[287] Der BFH überträgt insoweit die bereits in der Entscheidung vom 8. 6. 2011[288] zur Dauerhaftigkeit einer Wertminderung bei festverzinslichen Wertpapieren getroffenen Überlegungen auf den Fall einer unverzinslichen Darlehensforderung. In der Entscheidung vom 8. 6. 2011 hatte der BFH ebenfalls die Dauerhaftigkeit der Wertminderung mit der Begründung verneint, dass der Inhaber eines festverzinslichen Wertpapiers – unabhängig vom Kursverlauf – das gesicherte Recht habe, am Ende der Laufzeit des Wertpapiers dessen Nominalwert zu erhalten. Diese Sicherheit sei – unabhängig von marktbedingten Kursveränderungen – zu jedem Bilanzstichtag gegeben.

283 I R 43/11, BStBl 2013 II S. 162. Vgl. hierzu auch *Hoffmann*, DStR 2013 S. 24; *Löbe*, NWB 2013 S. 1802; *Mihm*, BB 2013 S. 177; krit. *Bareis*, FR 2013 S. 168.

284 Vgl. FG Münster, Urteil vom 11. 4. 2011 – 9 K 209/08, EFG 2011 S. 1988.

285 So auch BFH, Urteil vom 24. 10. 2006 – I R 2/06, BStBl 2007 II S. 469. Wobei es sich im Urteilssachverhalt allerdings um den Sonderfall eines insolventen Schuldners handelte, der auch die Zinsen nicht mehr begleichen konnte.

286 Hierzu krit. mit dem Hinweis, dass der BFH die Grundsätze der periodengerechten Erfolgsermittlung missachtet *Marx*, Ubg 2013 S. 354.

287 Vgl. *Hoffmann*, GmbHR 2013 S. 157.

288 I R 98/10, BStBl 2012 II S. 716.

Die Entscheidung lässt allerdings offen, ob der BFH bei einer längeren Darlehenslaufzeit ebenfalls von einer nicht dauerhaften Wertminderung ausgegangen wäre.

Nach der ab dem Veranlagungszeitraum 2008 geltenden Rechtslage unterliegen im Zusammenhang mit der Ausreichung eines Gesellschafterdarlehens stehende Gewinnminderungen allerdings ohnehin dem Abzugsverbot des § 8b Abs. 3 Satz 4 KStG soweit der Drittvergleich nach Abs. 3 Satz 6-8 der Vorschrift nicht geführt werden kann.[289] Ggf. kommt nach Meinung der Finanzverwaltung eine Anwendung des § 1 AStG in Betracht. 4581

(Einstweilen frei) 4582–4589

4.4 Berücksichtigung des Ausfallrisikos bei der Forderungsbewertung

4.4.1 Grundsätze für die Ermittlung des Ausfallrisikos

In die Ermittlung des Teilwerts einer Forderung ist die Bonität des Schuldners einzubeziehen. Der Teilwert einer Forderung kann ihren Nennwert unterschreiten, wenn zweifelhaft ist, ob die Forderung in Höhe des Nennwertes erfüllt werden wird. Dies gilt im Grundsatz auch für Forderungen, die gegenüber verbundenen Unternehmen bestehen.[290] Ist die Forderung mit einem Ausfallrisiko behaftet, kann statt des Nennwerts der niedrigere Teilwert angesetzt werden (§ 6 Abs. 1 Nr. 2 Satz 2 EStG). 4590

Für die Ermittlung des Ausfallrisikos ist entscheidend, ob ein vorsichtig bewertender Kaufmann nach der allgemeinen Lebenserfahrung aus den jeweiligen Umständen des Einzelfalles die Annahme eines teilweisen Forderungsausfalls herleiten muss.[291] Insoweit besteht sowohl hinsichtlich der Abschreibungshöhe als auch hinsichtlich des Abschreibungsgrundes ein weitreichender Beurteilungsspielraum. Bei der Ermittlung der Höhe einer Forderungsabschreibung sind Rückgriffsansprüche bzw. Schadensersatzansprüche zu berücksichtigen, wenn sie dem Aus- bzw. Wegfall einer Forderung zwangsläufig und spiegelbildlich nachfolgen und vollwertig sind.[292] 4591

Die Zahlungsfähigkeit und die Zahlungswilligkeit (Bonität) eines Schuldners sind dabei individuell nach dessen Verhältnissen zu ermitteln. So liegen die Voraussetzungen einer Teilwertabschreibung für Forderungen vor, bei denen der Schuldner bis zum Bilanzstichtag die eidesstattliche Versicherung abgegeben und bis zur Aufstellung der Bilanz auch keine Zahlungen an den Schuldner geleistet hat.[293] Die Verlängerung des Zahlungsziels geht nicht zwangsläufig mit einer Erhöhung des Ausfallrisikos einher. 4592

Bereits in der Vergangenheit eingetretene Ausfälle bilden dabei einen wesentlichen Anhaltspunkt für die Abschätzung des Ausfallrisikos. In jedem Fall kommt dem Ermessen des Steuerpflichtigen besondere Bedeutung zu.[294] Allerdings muss die Schätzung eine objektive Grundlage in den am Bilanzstichtag gegebenen Verhältnissen finden. Dies 4593

289 Zum Drittvergleich vgl. auch Rz. 4542 ff.

290 Vgl. BFH, Urteil vom 6. 11. 2003 – IV R 10/01, BStBl 2004 II S. 416.

291 Vgl. BFH, Urteil vom 14. 10. 2009 – X R 45/06, BStBl 2010 II S. 274.

292 Vgl. hierzu BFH, Urteil vom 8. 11. 2000 – I R 10/98, BStBl 2001 II S. 349 sowie *Apitz*, EStB 2001 S. 174; zur Berücksichtigung von Ausfallgarantien Dritter bei der Bewertung von Kreditforderungen vgl. FG Hessen, Urteil vom 13. 9. 2011 – 4 K 2577/07, 4 K 3035/07, rkr., zitiert nach juris.

293 Vgl. Schleswig-Holsteinisches Finanzgericht, Urteil vom 9. 9. 2003 – 5 K 170/00, rkr., zitiert nach juris.

294 Vgl. BFH, Urteil vom 22. 10. 1991 – VIII R 64/86, BFH/NV 1992 S. 449.

bedeutet, dass allein mit einer pessimistischen Prognose zur zukünftigen wirtschaftlichen Entwicklung eine Teilwertabschreibung nicht begründet werden kann.

4594 Daneben kann ein niedrigerer Teilwert aus den Kosten im Zusammenhang mit der Beitreibung einer Forderung resultieren.

4.4.2 Besonderheiten bei der Betriebsaufspaltung

4595 Besonderheiten bestehen im Hinblick auf die Bonität des Schuldners im Fall einer Betriebsaufspaltung.

4596 Besitz- und Betriebsunternehmen sind im Grundsatz zwei selbständige Unternehmen, die auch jeweils unabhängig voneinander bilanzieren. Der BFH knüpft für die Beurteilung der Werthaltigkeit des Darlehens allerdings nicht allein an die Bonität des Schuldnerunternehmens an, sondern verlangt eine Gesamtbetrachtung der Ertragsaussichten beider Unternehmen.[295] Eine Forderung des Besitzunternehmens gegen die Betriebsgesellschaft kann danach nur nach denselben Kriterien abgeschrieben werden, die für die Teilwertberichtigung der Beteiligung am Betriebsunternehmen durch das Besitzunternehmen bestehen. Diese Grundsätze gelten auch für eigenkapitalersetzende Darlehen.[296]

4597 Der BFH geht dabei davon aus, dass ein gedachter Erwerber des Besitzunternehmens, zu dessen Betriebsvermögen die Anteile an einer Betriebskapitalgesellschaft sowie ein Darlehen an die Betriebsgesellschaft gehören, den Wert der Darlehensforderung in ähnlicher Weise ermitteln würde wie den Wert der Anteile am Betriebsunternehmen selbst. Beide Werte würden nicht nur durch die Substanz und Ertragsaussichten des Betriebsunternehmens, sondern auch durch die wirtschaftliche Bedeutung des Betriebsunternehmens für die gesamte unternehmerische Betätigung im Rahmen der Doppelkonstruktion von Besitz- und Betriebsunternehmen bestimmt.[297]

4598 Somit ist eine Gesamtbetrachtung der Ertragsaussichten von Besitz- und Betriebsunternehmen für die Beurteilung einer dauernden Wertminderung notwendig.[298]

4599 Für die Praxis hat die Rechtsprechung zur Folge, dass eine Teilwertabschreibung auf Forderungen im Rahmen einer bestehenden Betriebsaufspaltung eine Dokumentation der tatsächlichen Ertragsaussichten beider Gesellschaften voraussetzt.

4.4.3 Auslandsforderungen

4600 Die Risiken der Realisierung können bei Auslandsforderungen höher einzustufen sein als bei Inlandsforderungen. Im Grundsatz können die Risiken in allgemeine und spezielle Länderrisiken eingeteilt werden.[299] So können bei der Bewertung von Auslandsforderungen neben der Bonität des Schuldners zusätzliche Umstände zu berücksichtigen

295 Vgl. BFH, Urteil vom 14. 10. 2009 – X R 45/06, BStBl 2010 II S. 274; *Wendt*, FR 2010 S. 336.

296 Vgl. BFH, Urteil vom 18. 4. 2012 – X R 7/10, BStBl 2013 II S. 791.

297 Vgl. BFH, Urteil vom 10. 11. 2005 – IV R 13/04, BStBl 2006 II S. 618.

298 Vgl. BFH, Urteil vom 14. 10. 2009 – X R 45/06, BStBl 2010 II S. 274 sowie FG München, Urteil vom 6. 12. 2012 – 5 K 4097/09, rkr., zitiert nach juris.

299 Vgl. *Kleinle/Dreixler*, in: HHR, § 6 EStG Anm. 916.

sein, die sich aus einer erschwerten oder geminderten Realisierbarkeit der Forderung unter den besonderen Bedingungen im Ausland in rechtlicher oder tatsächlicher Hinsicht ergeben (sog. Transferrisiken).[300]

Für beide Risikoarten kommen Einzel- oder Pauschalabwertungen zur Anwendung. Regelmäßig werden Auslandsforderungen für Bewertungszwecke zu Gruppen mit gleichartigen Risiken zusammengefasst. 4601

(Einstweilen frei) 4602–4604

4.5 Methoden zur Wertberichtigung von Forderungen

4.5.1 Einzelbewertung

Der Grundsatz der Einzelbewertung verlangt eine Ermittlung der den Forderungen individuell anhaftenden Risiken und ggf. der damit zusammenhängenden zukünftigen Aufwendungen (§ 252 Abs. 1 Nr. 3 HGB i.V.m. § 6 Abs. 1 EStG). Bei der Wertberichtigung von Forderungen ist allerdings neben einer Einzelwertberichtigung auch die Pauschalwertberichtigung von Forderungen gebräuchlich. Der BFH hat wiederholt entschieden, dass der Grundsatz der Einzelbewertung im Zusammenhang mit der Bewertung eines Forderungsbestands nicht ausnahmslos gilt.[301] 4605

Eine Einzelwertberichtigung ist an die Voraussetzung geknüpft, dass aus den am Bilanzstichtag vorliegenden Tatsachen in Bezug auf eine einzelne Forderung eine Konkretisierung des Risikos eines Ausfalls erfolgen kann. D. h. es muss ein über das allgemeine Kreditrisiko hinausgehendes Ausfallrisiko bestehen.[302] Dabei sind zweifelhafte Forderungen mit ihrem wahrscheinlichen Wert anzusetzen, uneinbringliche Forderungen sind abzuschreiben. In der Regel kann das Risiko eines Forderungsausfalls aber nur geschätzt werden. Eine Einzelbewertung liegt dabei auch dann noch vor, wenn Forderungen, die nach Art und Umfang mit etwa gleichen Risiken behaftet sind, jeweils zu Bewertungsgruppen zusammengefasst werden. 4606

Bei der Ermittlung der Höhe einer Wertberichtigung sind zusätzlich zum Ausfallrisiko folgende Kosten zu berücksichtigen: Kosten der Einziehung der Forderungen, d. h. Kosten für Mahnungen, gerichtliche Verfolgung und Zwangsvollstreckung, noch zu erwartende Preisnachlässe, noch mögliche bzw. zu erwartende Skontoabzüge sowie Zinsverluste aufgrund verspäteter Forderungseingänge. 4607

Bei der Bewertung der einzelnen Forderungen sind nicht nur Umstände zu berücksichtigen, die sich aus der Person des Schuldners oder aus der Eigenschaft der Forderung selbst ergeben, sondern alle Umstände, die den Forderungseingang zweifelhaft erscheinen lassen. 4608

Hingegen kann eine Einzelwertberichtigung nicht mit dem allgemeinen Risiko hinsichtlich der zukünftigen konjunkturellen Entwicklung und dem allgemeinen Geschäftsrisiko begründet werden. 4609

300 Vgl. OFD Münster, Vfg. vom 23. 1. 1991 – S 2174-148-St 11-31 (2), DStR 1991 S. 245.

301 Vgl. BFH, Urteil vom 16. 7. 1981 – IV R 89/80, BStBl 1981 II S. 766.

302 Vgl. FG München, Urteil vom 26. 9. 2006 – 13 K 3004/04, rkr., EFG 2007 S. 173.

4610 Eine Wertberichtigung wird nicht grundsätzlich dadurch ausgeschlossen, dass für eine Forderung Sicherheiten bestehen.[303] Allerdings sind in die Schätzung des Ausfallrisikos bestehende und verwertbare Sicherheiten und etwaige Rückgriffsmöglichkeiten einzubeziehen. Auch steht einer Wertberichtigung nicht grundsätzlich entgegen, dass ein Kunde trotz bekannter Zahlungsschwierigkeiten weiter beliefert wird.[304] Der Fortbestand der Geschäftsbeziehung bildet kein Indiz, dass die Forderung in vollem Umfang realisierbar ist.

4611 Für die praktische Umsetzung ist es üblich, den Forderungsbestand aktivisch um den ermittelten Korrekturbetrag zu vermindern.

4.5.2 Gruppenbewertung

4.5.2.1 Kriterien für die Gruppenbewertung

4612 Bei einem größeren Bestand an Forderungen ist eine Einzelbewertung nur ausnahmsweise durchführbar. Es ist daher zulässig, gleichartige Forderungen nicht einzeln, sondern pauschal mit einem bestimmten Prozentsatzes abzuwerten, wenn erfahrungsgemäß ein bestimmter Anteil ausfallen wird.[305] Regelmäßig wird bei der Festlegung der Höhe einer pauschalen Wertberichtigung nach Inlands-, Auslands- sowie Wechselforderungen differenziert.

4613 Im Rahmen einer Gruppenbewertung sollen die gleichen Risiken wie im Rahmen der Einzelbewertung von Forderungen erfasst werden. Der Unterschied besteht allerdings darin, dass die identifizierten Risiken keiner konkreten Forderung zugeordnet werden können. Bei der Ermittlung der Höhe des Prozentsatzes vertritt die Finanzverwaltung die Auffassung, dass Aufwendungen zum Einzug der Forderung (insbesondere Mahn- und Prozesskosten) nicht einzubeziehen sind.[306] Die Finanzverwaltung geht dabei davon aus, dass für diese Kosten im Regelfall ein Erstattungsanspruch gegenüber dem Schuldner besteht. Kann gegenüber der Finanzverwaltung glaubhaft gemacht werden, dass ein entsprechender Erstattungsanspruch gegenüber den Kunden aus betrieblichen Gründen nicht besteht, können die Kosten bei der Ermittlung des Prozentsatzes berücksichtigt werden.

4614 Von einer Gruppenbewertung ausgenommen sind Forderungen, die einzeln wertberichtigt werden. D. h. die Pauschalwertberichtigung ist nur auf den um die Bruttobeträge der einzeln wertberichtigten Forderungen gekürzten Forderungsbestand anzuwenden. Auf diese Weise wird verhindert, dass sich das gleiche Ausfallrisiko sowohl im Rahmen einer Einzelbewertung als auch bei Pauschalbewertung des Forderungsbestandes auswirkt. Ausgenommen von der Gruppenbewertung sind auch Forderungen gegenüber Tochterunternehmen.

303 Vgl. BFH, Urteil vom 25. 2. 1986 – VIII R 180/85, BFH/NV 1985 S. 458.

304 Vgl. BFH, Urteil vom 20. 8. 2003 – I R 49/02, BStBl 2004 II S. 941; vgl. hierzu auch *Hoffmann*, DStZ 2004 S. 44.

305 Vgl. *Ehmcke*, in: Blümich, § 6 EStG Rz. 922.

306 Vgl. OFD Rheinland, S 2174 – St 141 (01/2008), FR 2009 S. 47.

Nach Art der durch eine Pauschalwertberichtigung zu erfassenden Risiken ist die Bildung einer Pauschalwertberichtigung nicht von dem Nachweis abhängig, dass der Eingang einzelner Forderungen aufgrund bestimmter am Abschlussstichtag vorliegender Tatsachen gefährdet ist. 4615

Dieser Vorgehensweise liegt die Überlegung zugrunde, dass bei einer größeren Anzahl gleichartiger Forderungen Forderungsausfälle regelmäßig mit einer gewissen Wahrscheinlichkeit auch dann anzunehmen sind, wenn keine konkreten betrieblichen Erfahrungen vorliegen (sog. latentes Risiko eines Forderungsausfalls).[307] Dies gilt nur dann nicht, wenn nach den Verhältnissen des Betriebs Grund zu der Annahme besteht, dass entgegen der allgemeinen Lebens- und Wirtschaftserfahrung bei der zum Zwecke der Bewertung zusammengefassten Masse der Forderungen keinerlei Ausfälle eintreten werden. Nach der Rechtsprechung ist dies etwa dann der Fall, wenn die Forderung dinglich gesichert ist und die Werthaltigkeit der Sicherheit außer Zweifel steht.[308] 4616

4.5.2.2 Ermittlung des Prozentsatzes der Forderungsabwertung

Die Höhe der pauschalen Forderungsabwertung ist durch eine Schätzung zu ermitteln. Maßstab für die Ermittlung des Prozentsatzes ist die Vorgehensweise eines ordentlichen und gewissenhaften Geschäftsleiters. Damit ist der Prozentsatz aus einer abgeschätzten Bandbreite zu entnehmen. In der Vergangenheit eingetretene Forderungsausfälle bilden einen Anhaltspunkt, um die zukünftig zu erwartenden Forderungsausfälle zu belegen. Dies gilt allerdings nur dann, soweit sich die Verhältnisse nicht wesentlich geändert haben.[309] 4617

Innerhalb des Schätzungsrahmens ist der Bemessung der Pauschalabwertung die ungünstigste Prognose zugrunde zu legen. Die Höhe der pauschalen Wertberichtigung muss allerdings in Einklang mit den objektiven Gegebenheiten des Unternehmens stehen. 4618

Eine pauschale Forderungsabschreibung unter Ansatz eines geschätzten Prozentsatzes wird durch den nach § 6 Abs. 1 Nr. 2 Satz 2 EStG zu führenden Nachweis einer voraussichtlich dauernden Wertminderung des Forderungsbestandes nicht eingeschränkt.[310] Zwar wird eine Schätzung der voraussichtlich dauernden Wertminderung des Forderungsbestandes stets mit Unsicherheiten behaftet sein. Allerdings ist zu beachten, dass es sich bei einer pauschalen Forderungsabschreibung um nichts anderes als ein Verfahren der Gruppenbewertung handelt, dass mit den Verfahren der Gruppenbewertung im Bereich des Vorratsvermögens vergleichbar ist. 4619

307 Vgl. BFH, Urteil vom 7. 5. 1998 – IV R 24/97, BFH/NV 1998 S. 1471.
308 Vgl. BFH, Urteil vom 25. 9. 1968 – I 52/64, BStBl 1969 II S. 18.
309 Vgl. *Moxter*, Bilanzrechtsprechung 2007, S. 320.
310 Vgl. *Herrmann*, in: Frotscher, § 6 EStG Rz. 348.

4.6 Sonstige Wirtschaftsgüter

4.6.1 Abgrenzung des Bewertungsgegenstandes

4620 Zu den sonstigen Wirtschaftsgütern des Umlaufvermögens zählen sonstige Forderungen und andere Wirtschaftsgüter, die nicht zum Anlagevermögen oder zu den Vorräten, Wertpapieren und flüssigen Mitteln gehören.[311] Hierbei handelt es sich vor allem um folgende Sachverhalte:[312]

- Forderungen aus dem Verkauf von Gegenständen des Anlagevermögens oder des übrigen Umlaufvermögens, die nicht in engem Zusammenhang mit dem Unternehmensgegenstand stehen,
- Gegenstände des Anlagevermögens, die zur Weiterveräußerung vorgesehen sind und nicht gemäß ihrer ursprünglichen Zweckbestimmung genutzt werden,
- Gehalts- und Reisekostenvorschüsse, Personaldarlehen (soweit sie nicht Finanzanlagen sind),
- Ansprüche auf Bonuszahlungen[313] und Ansprüche auf Warenrückvergütung,
- Geschäftsanteile an Genossenschaften,
- Anteile an Joint Ventures und Arbeitsgemeinschaften, wenn deren Gegenstand nicht auf Wiederholungsabsicht angelegt ist und deren voraussichtliche Dauer sich nicht über mehr als zwei Abschlussstichtage erstreckt,
- Ansprüche auf Schadenersatz,[314] die hinreichend konkretisiert oder rechtskräftig festgestellt sind, sowie Rückgriffsansprüche aus Bürgschaften,
- Steuererstattungsansprüche, Ansprüche auf Investitionszulagen und sonstige Zuwendungen der öffentlichen Hand,
- geleistete Zahlungen für erworbene Put- oder Call-Optionen, Prämien für Optionen und ähnliche Rechte, wie z. B. Zinsbegrenzungen (Caps, Floors, Collars),
- Einschüsse (Margins) bei der Durchführung von Börsen-Termingeschäften beispielsweise an der EUREX,
- Rückkaufswerte von Rückdeckungsversicherungen für Pensionsverpflichtungen,
- Zinsansprüche aus Darlehen und Wertpapieren, soweit sie auf die Zeit bis zum Bilanzstichtag entfallen (Stückzinsen), selbst wenn die Fälligkeit ungewiss ist,
- kurzfristige Forderungen an Gesellschafter, geleistete Kautionen,
- Emissionsberechtigungen gemäß Treibhausgas-Emissionshandelsgesetz (TEHG), soweit nicht unter Vorräten ausgewiesen.

311 Vgl. *Ellrott/Roscher*, in: Beck'scher Bilanz-Kommentar, § 247 HGB Rz. 120.
312 Vgl. *Ellrott/Roscher*, in: Beck'scher Bilanz-Kommentar, § 247 HGB Rz. 124.
313 Vgl. BFH, Urteil vom 9. 2. 1978 – IV R 201/74, BStBl 1978 II S. 370.
314 Vgl. BFH, Urteil vom 26. 4. 1989 – I R 147/84, BStBl 1991 II S. 213.

4.6.2 Geleistete Anzahlungen

Innerhalb der sonstigen Wirtschaftsgüter sind geleistete Anzahlungen von besonderer Relevanz. Zu den sonstigen Wirtschaftsgütern zählen geleistete Anzahlungen, soweit diese nicht im Anlagevermögen oder bei den Vorräten auszuweisen sind.[315] 4621

Anzahlungen (§§ 266 Abs. 2 B 4 HGB, § 5 Abs. 1 EStG) sind Vorleistungen eines Vertragsteils auf schwebende Geschäfte, bei denen die von dem anderen Vertragsteil zu erbringende Lieferung und Leistung noch aussteht.[316] Die Aktivierung erfolgt, um das schwebende Geschäft erfolgsneutral zu behandeln.[317] 4622

Bei den unter den sonstigen Wirtschaftsgütern auszuweisenden Anzahlungen handelt es sich insbesondere um Vorleistungen, die zukünftige nicht aktivierbare Gegenleistungen betreffen. Dies ist beispielsweise bei Vorleistungen der Fall, die zukünftige Dienstleistungen betreffen.[318] Von der Aktivierung als Anzahlungen ausgeschlossen sind daher Vorleistungen, für die keine Gegenleistungen zu erwarten sind. Das gilt beispielsweise für Vorleistungen auf Beitragsverpflichtungen, die nicht Bestandteil eines vertraglichen Leistungsaustauschs bilden (beispielsweise Vorauszahlungen auf Entwässerungsbeiträge).[319] 4623

(Einstweilen frei) 4624

5. Wertpapiere und Anteile an Kapitalgesellschaften

5.1 Abgrenzung des Bewertungsgegenstandes

Zu unterscheiden ist zwischen Wertpapieren und Anteilen an Kapitalgesellschaften. Bei Wertpapieren handelt es sich um Urkunden, deren Besitz zur Ausübung der in ihnen verbrieften Rechte notwendig ist.[320] 4625

Im Grundsatz kommen für einen Ausweis als Umlaufvermögen alle Wertpapiere in Betracht, die auch Wertpapiere des Anlagevermögens sein können. 4626

Wertpapiere sind Urkunden, deren Inhaberschaft zur Geltendmachung des darin verbrieften (Forderungs-, Mitgliedschafts- oder Sachen-) Rechts notwendig ist. Hierzu zählen zum einen Inhaber- und Orderpapiere, die nur nach sachenrechtlichen Grundsätzen gehandelt werden. Zu den Inhaberpapieren zählen Inhaberschuldverschreibungen, hierbei kann es sich beispielsweise um Staatsanleihen, Obligationen, Rentenpapiere, Pfandbriefe, Kommunalobligationen, Inhaberverpflichtungsscheine, Inhabergrund- und Rentenschuldbriefe, Inhaberanteilsscheine von Kapitalanlagegesellschaften, Zinsscheine sowie Gewinnanteilscheine und Rentenscheine handeln. Zu den Orderpapieren zäh- 4627

315 Vgl. *Ellrott/Roscher*, in: Beck'scher Bilanz-Kommentar, § 247 HGB Rz. 70.
316 Vgl. BFH, Beschluss vom 6. 11. 2008 – IV B 126/07, BStBl 2009 II S. 294.
317 Vgl. *Kozikowski/Huber*, in: Beck'scher Bilanz-Kommentar, § 247 HGB Rz. 545.
318 Vgl. BFH, Urteil vom 14. 3. 1986 – III R 179/82, BStBl 1986 II S. 669.
319 Vgl. hierzu BFH, Urteil vom 4. 11. 1986 – VIII R 322/83, BStBl 1987 II S. 333.
320 Vgl. *Richter*, in: HHR, § 6 EStG Anm. 1090.

len Wechsel, Namensaktien, Namensanteilsscheine von Kapitalanlagegesellschaften.[321] Ferner zählen zu den Wertpapieren sog. Retraktpapiere, bei denen das verbriefte Recht nach zessionsrechtlichen Grundsätzen übertragen wird.

4628 Von dem Begriff Anteile an Kapitalgesellschaften werden insbesondere Aktien, Anteile an einer KGaA sowie GmbH-Anteile erfasst.[322] Ferner werden von dem Begriff Anteile an Erwerbs- und Wirtschaftsgenossenschaften, VVaG und sonstige juristische Personen des privaten Rechts erfasst. Genussscheine, ähnliche Beteiligungen und Anwartschaften auf solche Beteiligungen zählen ebenfalls zu den Anteilen an Kapitalgesellschaften.

4629 Bei den in § 6 Abs. 1 Nr. 2 Satz 1 EStG angesprochenen Beteiligungen handelt es sich um die Zusammenfassung der Anteile eines Steuerpflichtigen an einer Kapitalgesellschaft, die dazu bestimmt sind, dem eigenen Geschäftsbetrieb durch Herstellung einer dauernden Verbindung zu jenem Unternehmen zu dienen. D. h. die Anteile verlieren ihre Eigenständigkeit und gehen in dem Wirtschaftsgut Beteiligung auf.[323]

5.2 Zuordnung des wirtschaftlichen Eigentums

4630 Ein Ausweis von Wertpapieren und Anteilen an Kapitalgesellschaften als Bestandteil des Betriebsvermögens kommt nur für solche Wertpapiere und Anteile an Kapitalgesellschaften in Betracht, die im wirtschaftlichen Eigentum des Betriebsinhabers stehen.

4631 In der Praxis kann die Zuordnung des wirtschaftlichen Eigentums an Wertpapieren und Anteilen an Kapitalgesellschaften im Einzelfall streitbehaftet sein.[324] Denn im Zusammenhang mit der Zuordnung des wirtschaftlichen Eigentums stellt sich aus steuerlicher Sicht die Frage, in welchem Veranlagungszeitraum der bisherige wirtschaftliche Eigentümer einen Veräußerungsgewinn bzw. Veräußerungsverlust erzielt und der neue wirtschaftliche Eigentümer den Kaufgegenstand mit den Anschaffungskosten auszuweisen hat.[325]

4632 Die Rechtsstellung eines wirtschaftlichen Eigentümers (§ 39 Abs. 2 Nr. 1 AO) ist dadurch gekennzeichnet, dass er den zivilrechtlichen Eigentümer im Regelfall für die gewöhnliche Nutzungsdauer von der Einwirkung auf das Wirtschaftsgut wirtschaftlich ausschließen kann. Der Übergang des wirtschaftlichen Eigentums an Anteilen an einer Kapitalgesellschaft setzt nach der BFH-Rechtsprechung[326] voraus, dass der Erwerber

a) auf Grund eines zivilrechtlichen Rechtsgeschäfts bereits eine rechtlich geschützte, auf den Erwerb des Rechts gerichtete Position erworben hat, die ihm gegen seinen Willen nicht mehr entzogen werden kann,

321 Vgl. *Ehmcke*, in: Blümich, § 6 EStG Rz. 853.

322 Vgl. *Richter*, in: HHR, § 6 EStG Anm. 790.

323 Vgl. BFH, Urteil vom 14. 2.1973 – I R 76/71, BStBl 1973 II S. 397.

324 Zu Einzelfragen vgl. *Mayer*, DStR 2009 S. 676; *Kempermann*, Steuerberater-Jahrbuch 2008/2009, S. 247.

325 Vgl. *Kleinheisterkamp/Schell*, DStR 2010 S. 833.

326 Vgl. grundlegend BFH, Urteile vom 10. 3. 1988 – IV R 226/85, BStBl 1988 II S. 832 sowie vom 9. 10. 2008 – IX R 73/06, BStBl 2009 II S. 140. Zum wirtschaftlichen Eigentum an Wertpapieren vgl. BFH, Urteil vom 15. 12. 1999 – I R 29/97, BStBl 2000 II S. 527.

b) die mit den Anteilen verbundenen wesentlichen Gesellschafterrechte übertragen werden und

c) das Risiko einer Wertminderung und die Chance einer Wertsteigerung auf den Erwerber übergegangen sind.

Die Schwierigkeiten einer eindeutigen Zuordnung des wirtschaftlichen Eigentums resultieren in der Praxis häufig daraus, dass es nicht auf die äußere rechtliche Gestaltung, sondern auf die tatsächlichen Verhältnisse, d. h. das wirtschaftlich Gewollte und tatsächlich auch Bewirkte ankommt.[327] Zudem ist für die Zuordnung des wirtschaftlichen Eigentums auf das Gesamtbild der Verhältnisse abzustellen.[328] 4633

BEISPIEL: A verkauft der B-GmbH die Anteile an der C-GmbH. Die Anteile sollen bürgerlich-rechtlich nicht schon mit Abschluss des Übertragungsvertrages, sondern erst zu einem späteren Zeitpunkt übergehen. 4634

Die Anteile an der B-GmbH sind der C-GmbH bereits mit Abschluss des Übertragungsvertrages zuzurechnen, falls die C-GmbH auf Grund des bürgerlich-rechtlichen Rechtsgeschäfts eine bereits rechtlich geschützte, auf den Erwerb des Anteils gerichtete Position erworben hat, die ihr gegen ihren Willen nicht mehr entzogen werden kann, und auch die mit den Anteilen verbundenen wesentlichen Rechte sowie das Risiko einer Wertminderung und die Chance einer Wertsteigerung auf den Erwerber übergegangen sind.[329]

In Konzernstrukturen ist darauf zu achten, dass der spätere konzerninterne Erwerber nicht bereits vor Abschluss des Kaufvertrages die mit den Anteilen verbundenen Gesellschafterrechte wahrnimmt und beispielsweise bereits das Stimmrecht in eigenem wirtschaftlichen Interesse ausübt. Dabei ist zu beachten, dass es nach der Rechtsprechung ausreicht, wenn der Stimmrechtsinhaber auf Grund einer im Innenverhältnis getroffenen Vereinbarung die Interessen des zukünftigen Erwerbers wahrzunehmen hat.[330] 4635

Auch stellt sich in der Praxis häufig die Frage, ob der spätere Erwerber eines Kapitalgesellschaftsanteils bereits mit Abschluss einer Rahmenvereinbarung, in der sich der bisherige wirtschaftliche Eigentümer bei Eintritt bestimmter Voraussetzungen zu einem Verkauf der Anteile an den späteren Erwerber verpflichtet, das wirtschaftliche Eigentum an den Anteilen erlangt. Es kommt dann darauf an, ob der spätere Erwerber bereits mit Abschluss der Rahmenvereinbarung eine rechtlich geschützte und auf den Erwerb der Anteile gerichtete Rechtsposition erlangt hat. 4636

Dieser Beurteilung dürfte regelmäßig entgegenstehen, dass eine Rahmenvereinbarung, ausgehend von dem rechtlichen Gehalt der Vereinbarung, regelmäßig nur als Kaufangebot des bisherigen Anteilsinhabers einzustufen ist. Erwerbsoptionen sind nach der Rechtsprechung allerdings nur dann geeignet, wirtschaftliches Eigentum des Options- 4637

327 Vgl. BFH, Urteil vom 15. 2. 2001 – III R 130/95, BFH/NV 2001 S. 1041.

328 Ständige Rechtsprechung vgl. u. a. BFH, Urteil vom 25. 5. 2011 – IX R 23/10, DStR 2011 S. 1895; vom 22. 7. 2008 – IX R 74/06, DStR 2008 S. 2168.

329 Vgl. hierzu auch BFH, Urteil vom 10. 3. 1988 – IV R 226/85, BStBl 1988 II S. 832.

330 Vgl. BFH, Urteil vom 19. 12. 2007 – VIII R 14/06, BFH/NV 2008 S. 659.

berechtigten zu begründen, wenn nach dem maßgeblichen Geschehensablauf tatsächlich mit einer Ausübung der Option durch den Optionsberechtigten zu rechnen ist.[331]

5.3 Abgrenzung zu Finanzprodukten

4638 Finanzprodukte wie Optionen, Futures, Forwards, Swaps etc. werden auch als Derivate bezeichnet, weil sich deren Wert von Basiswerten (z. B. Anleihen oder Devisen) und deren Entwicklung ableiten lässt. Sie dienen regelmäßig der Risikoabsicherung (Hedging) und sind als schwebende Geschäfte grundsätzlich nicht zu bilanzieren.

4639 Regelmäßig kommen Finanzprodukte als sog. Sicherungsgeschäft im Rahmen einer Bewertungseinheit i. S. d. § 254 HGB zur Anwendung. Werden handelsrechtlich nach § 254 HGB Bewertungseinheiten gebildet, sind die Ergebnisse gemäß § 5 Abs. 1a Satz 2 EStG für die Steuerbilanz konkret maßgeblich, soweit finanzwirtschaftliche Risiken abgesichert werden.[332] Für die Ermittlung des Kompensationsbereichs der Bewertungseinheit wird dann auch das Ergebnis des an sich schwebenden Sicherungsgeschäfts in die Bewertung einbezogen. Ein negativer Saldo, der daraus resultiert, dass der Verlust aus dem Sicherungsgeschäft den Gewinn des Grundgeschäfts übersteigt, ist durch eine Rückstellung für drohende Verluste aus schwebenden Geschäften zu berücksichtigen.[333] Infolge der Außerkraftsetzung des Passivierungsverbots für Drohverlustrückstellungen (§ 5 Abs. 4a Satz 2 EStG) kann eine in der Handelsbilanz gebildete Drohverlustrückstellung (§ 249 Abs. 1 Satz 1 HGB) auch in der Steuerbilanz Berücksichtigung finden.

5.4 Folgen der Abgrenzung zwischen Anlage- und Umlaufvermögen

4640 Wertpapiere und Anteile an Kapitalgesellschaften können entsprechend ihrer Zweckbestimmung entweder dem Anlage- oder dem Umlaufvermögen zugeordnet werden. Eine Zuordnung zum Umlaufvermögen setzt voraus, dass bereits im Zeitpunkt des Erwerbs die Absicht einer baldigen Weiterveräußerung besteht. Der Bilanzierung kommt dabei ein wesentliches Indiz zu.[334]

4641 Handelsrechtlich kommt der Abgrenzung zwischen Anlage- und Umlaufvermögen vor dem Hintergrund Bedeutung zu, dass § 253 Abs. 4 HGB für Wirtschaftsgüter des Umlaufvermögens das strenge Niederstwertprinzip festschreibt.

4642 Für steuerliche Zwecke gilt, dass unabhängig von einer Zuordnung der Anteile zum Anlage- oder Umlaufvermögen gemäß § 8b Abs. 3 Satz 3 KStG eine Teilwertabschreibung, die eine Körperschaft auf Anteile an Kapitalgesellschaften vornimmt, körperschaftsteuerlich und gewerbesteuerlich nicht berücksichtigungsfähig ist. Dies gilt auch für Anteile an Organgesellschaften.[335] Bei von Einzelunternehmern und Personengesellschaften

331 Vgl. BFH, Urteile vom 4. 7. 2007 – VIII R 68/05, BStBl 2007 II S. 937; vom 19. 12. 2007 – VIII R 14/06, BFH/NV 2008 S. 659.

332 Zu Einzelheiten vgl. Teil A Kap. VII, Rz. 1041. Vgl. hierzu auch OFD-Frankfurt, Vfg. vom 22. 3. 2012 – S 2133 A-30-St 210, ESt-Katei HE § 5 EStG Fach 2 Karte 10.

333 Vgl. *Hick*, in: HHR, § 5 Abs. 1a EStG Anm. 1647.

334 Vgl. FG Hessen, Urteil vom 18. 11. 1999 – 4 K 6280/97, rkr., EFG 2000 S. 251.

335 Zu den hieraus resultierenden Folgen bei einer Wertaufholung vgl. Rz. 4713 ff.

gehaltenen Anteilen wirkt sich auf Grund des § 3c Abs. 2 Satz 1 EStG eine Teilwertabschreibung nur in Höhe von 60 % steuerwirksam aus.

Allerdings kann sich bei im Umlaufvermögen ausgewiesenen Anteilen an Kapitalgesellschaften (Aktien und GmbH-Anteilen) die Frage stellen, ob die Absicht besteht, einen Eigenhandelserfolg i. S. d. § 8b Abs. 7 KStG zu erzielen. So versagt § 8b Abs. 7 Satz 2 KStG die Anwendung von Abs. 1 bis 6 der Vorschrift für „Finanzunternehmen" (Tatbestandsvoraussetzung I), die Anteile (Aktien, GmbH-Anteile) mit dem Ziel erwerben, einen kurzfristigen Eigenhandelserfolg (Tatbestandsvoraussetzung II) zu erzielen. Beide in der Vorschrift angeführten Tatbestandsvoraussetzungen müssen kumulativ vorliegen.[336] Die Bedeutung der Regelung besteht somit darin, dass die Abzugsbeschränkung i. S. d. § 8b Abs. 3 Satz 3 KStG für mit den Anteilen in Zusammenhang stehende Gewinnminderungen nicht eingreift. Dabei erfasst die Abzugsbeschränkung des § 8b Abs. 3 Satz 3 KStG auch aus einer Teilwertabschreibung resultierende Gewinnminderungen. 4643

Vor diesem Hintergrund kann sich die in § 8b Abs. 7 KStG angeordnete Nichtanwendung von Abs. 1-6 der Vorschrift auch vorteilhaft auswirken. Unter diesem Aspekt sind in der Praxis auch Gestaltungen anzutreffen, die darauf abzielen, den § 8b Abs. 7 KStG für eine steuerwirksame Verlustrealisation durch Einschaltung einer vermögensverwaltenden (Holding-)Kapitalgesellschaft zu nutzen.[337] 4644

In § 8b Abs. 7 Satz 2 KStG wird der Begriff „Finanzunternehmen" nicht definiert, sondern lediglich auf die kreditwesenrechtliche Regelung des § 1 Abs. 3 Satz 1 Nr. 1 KWG verwiesen. Erfasst werden danach solche Unternehmen, die weder Kreditinstitute noch Finanzdienstleistungsinstitute sind und deren Haupttätigkeit u. a. darin besteht, Beteiligungen zu erwerben und zu halten. Der BFH geht in seiner jüngeren Rechtsprechung davon aus, dass Holding- und Beteiligungsgesellschaften zu den von der Vorschrift erfassten Finanzunternehmen zählen.[338] 4645

Bei dem Ziel, einen kurzfristigen Eigenhandelserfolgs zu erzielen, handelt es sich um ein subjektives Tatbestandsmerkmal.[339] Nach Auffassung der Finanzverwaltung ist diese Absicht immer dann gegeben, wenn die Anteile dem Umlaufvermögen zugeordnet werden.[340] Die jüngere Rechtsprechung geht allerdings davon aus, dass es sich bei der Zuordnung von Anteilen zum Umlaufvermögen nur um ein Indiz für die entsprechende Absicht im Rahmen einer Gesamtbetrachtung handeln kann.[341] In jedem Fall kommt es hinsichtlich einer Zuordnung zum Umlaufvermögen auf die Zuordnung im Zeitpunkt des Erwerbs an. 4646

Nach der Rechtsprechung bestimmt sich der Begriff des Eigenhandelserfolges gemäß § 8b Abs. 7 Satz 2 KStG nach eigenständigen körperschaftsteuerlichen Maßstäben. D. h. 4647

336 Vgl. *Pung*, in: Dötsch/Jost/Pung/Witt, Die Körperschaftsteuer, § 8b KStG, Rn. 440.

337 Vgl. *Prinz*, StuB 2009 S. 353.

338 Vgl. BFH, Urteile vom 12. 10. 2010 – I B 82/10, BFH/NV 2011 S. 69; vom 14. 1. 2009 – I R 36/08, BStBl 2009 II S. 671; *Breuninger/Winkler*, Ubg 2011 S. 14.

339 Vgl. BFH, Urteil vom 26. 10. 2011 – I R 17/11, BFH/NV 2012 S. 613.

340 Vgl. BMF, Schreiben vom 25. 7. 2002 – IV A 2-S 2750a-6/02, BStBl 2002 I S. 712; sowie *Pung*, in: Dötsch/Jost/Pung/Witt, Die Körperschaftsteuer, § 8b KStG Rn. 446; *Frotscher*, in: Frotscher/Maas, § 8b KStG Rn. 111b.

341 Vgl. BFH, Urteil vom 12. 10. 2011 – I R 4/11, BFH/NV 2012 S. 453; BFH, Urteil vom 26. 10. 2011 – I R 17/11, BFH/NV 2012 S. 613; *Gosch*, in: Gosch, KStG, § 8b Rz. 588.

der Begriff der Eigenhandelsabsicht setzt eine Handelsabsicht mit dem Ziel des kurzfristigen Wiederverkaufs aus dem Eigenbestand voraus, die darauf abzielt, bestehende oder erwartete Unterschiede zwischen Kauf- und Verkaufspreis zu nutzen und dadurch einen Eigenhandelserfolg zu erzielen.[342] Weitergehende Anforderungen bestehen nach der Rechtsprechung nicht. Weder wird ein Handel im Rahmen eines organisierten Marktes gefordert noch verlangt der § 8b Abs. 7 Satz 2 KStG dass es sich bei dem Eigenhandel um eine Finanzdienstleistung für Dritte handelt. Erfasst wird vielmehr ein Erfolg aus jeglichem Umschlag von Anteilen auf eigene Rechnung.[343]

5.5 Anschaffungskosten

5.5.1 Ermittlung der Anschaffungskosten

5.5.1.1 Bestimmung der maßgeblichen Anschaffungskosten

4648 Dem Umlaufvermögen zugeordnete Wertpapiere und Anteile an Kapitalgesellschaften sind im Grundsatz mit den Anschaffungskosten, d. h. regelmäßig mit dem Kaufpreis zu bewerten. Der Ansatz von Herstellungskosten kommt nicht in Betracht. Wurden Anteile an einer GmbH zu verschiedenen Zeiten und zu verschiedenen Preisen erworben, sind die tatsächlich für diesen Anteil aufgewendeten Anschaffungskosten maßgeblich.[344] Die Identifikation der veräußerten Anteile und die diesen Anteilen zuzuordnenden Anschaffungskosten erfolgt durch die Bezugnahme auf die notarielle Urkunde betreffend den Erwerb der Anteile.[345]

4649 Bei Erwerb von Anteilen an einer Kapitalgesellschaft durch einen Tauschvorgang bestimmen sich die Anschaffungskosten der erworbenen Anteile nach dem Wert der hingegebenen Anteile.[346] Beim Erwerb von Anteilen im Rahmen der Gründung der Kapitalgesellschaft gehören zu den Anschaffungskosten die gesellschaftsrechtliche Bar- und Sacheinlage einschließlich der noch nicht erfüllten Einzahlungsverpflichtung.[347]

4650 Im Fall der Einlage von Wertpapieren und Anteilen an Kapitalgesellschaften in ein Betriebsvermögen ist als Anschaffungskosten gemäß § 6 Abs. 1 Nr. 5 EStG der Teilwert anzusetzen.

5.5.1.2 Verfahren zur Bestimmung der Anschaffungskosten

4651 Die Anschaffungskosten von Wertpapieren und Anteilen an Kapitalgesellschaften können in der Handelsbilanz durch Einzelbewertung, Durchschnittsbewertung, Gruppen-

342 Vgl. BFH, Urteil vom 26. 10. 2011 – I R 17/11, BFH/NV 2012 S. 613 sowie BFH, Urteil vom 12. 10. 2011 – I R 4/11, BFH/NV 2012 S. 453.

343 Vgl. BFH, Urteil vom 14. 1. 2009 – I R 36/08, BStBl 2009 II S. 671; bestätigt durch BFH, Urteil vom 15. 6. 2009 – I B 46/09, BFH/NV 2009 S. 1843.

344 Vgl. BFH, Urteil vom 10. 10. 1978 – VIII R 126/75, BStBl 1979 II S. 77.

345 Zu Einzelheiten vgl. *Rogall/Luckhaupt*, DB 2011 S. 1362.

346 Vgl. BFH, Urteil vom 28. 10. 2008 – IX R 96/07, BStBl 2009 II S. 45.

347 Vgl. *Ehmcke*, in: Blümich, § 6 EStG Rz. 856.

bewertung und Bewertungsvereinfachungsverfahren ermittelt werden. Für die steuerliche Gewinnermittlung ist nur die Durchschnittsbewertung zulässig. Das in § 6 Abs. 1 Nr. 2a EStG geregelte Lifo-Verfahren ist nur für die Bewertung des Vorratsvermögens zulässig.

Eine Einzelbewertung setzt voraus, dass die Wertpapiere in Eigenverwahrung gehalten werden oder in ein Streifbanddepot gegeben worden sind und der Identitätsnachweis anhand von Wertpapiernummern geführt werden kann. Im Fall der Einzelbewertung werden die Wertpapiere mit den tatsächlichen individuell zugeordneten Anschaffungskosten bilanziert. 4652

Eine Durchschnittsbewertung für die Ermittlung der Anschaffungskosten kommt für die steuerliche Gewinnermittlung nur für Wertpapiere in Betracht, deren Anschaffungskosten individuell nicht feststellbar sind. So ist für in einem Girosammeldepot gehaltene Wertpapiere auf Grund mangelnder Identifizierbarkeit eine Durchschnittsbewertung mit den durchschnittlichen Anschaffungskosten zulässig. 4653

5.5.1.3 Anschaffungskosten im Einzelnen

Die Anschaffungskosten setzten sich aus dem Kaufpreis sowie den Anschaffungsnebenkosten zusammen. Der Begriff der Anschaffungskosten i. S. d. § 255 HGB gilt entsprechend.[348] Zu den Anschaffungsnebenkosten zählen Provisionen, Bankspesen, Maklergebühren.[349] 4654

Die Anschaffungskosten von Wertpapieren in Fremdwährung sind nach dem Grundsatz der Einzelbewertung auf Grundlage der im Anschaffungszeitpunkt gültigen Wechselkurse zu ermitteln. 4655

Nachträgliche Anschaffungskosten und Anschaffungskostenminderungen sind auch bei Anteilen an Kapitalgesellschaften möglich. Als Anschaffungspreisminderungen kommen vor allem Übernahmeprovisionen, Bonifikationen und ähnliche Vergütungen in Betracht.[350] Auch kann sich eine nachträgliche Minderung der Anschaffungskosten bei Aktien aus der Veräußerung von Bezugsrechten oder bei der Ausübung von Bezugsrechten ergeben. 4656

5.5.2 Sonderfälle

5.5.2.1 Bilanzierung eigener Anteile

Gemäß § 272 Abs. 1a HGB i. d. F. des BilMoG wird der Erwerb eigener Anteile entsprechend dem wirtschaftlichen Gehalt des Rückkaufs als Auskehrung frei verfügbarer Rücklagen eingestuft. Ausgehend von diesem Grundsatz ist der Nennbetrag der erworbenen Geschäftsanteile in der Vorspalte offen von dem Posten „Gezeichnetes Kapital“ als Kapitalrückzahlung abzusetzen und der Unterschiedsbetrag zwischen dem Nennbetrag und den Anschaffungskosten der eigenen Anteile mit den frei verfügbaren Rücklagen zu verrechnen. Dies gilt unabhängig davon, ob die eigenen Anteile zur Weiterver- 4657

348 Vgl. BFH, Urteil vom 13. 4. 2010 – IX R 22/09, BStBl 2010 II S. 790.

349 Vgl. BFH, Urteil vom 15. 7. 1966 – VI 226/64, BStBl 1966 III S. 643.

350 Vgl. *Grottel/Gadek*, in: Beck'scher Bilanz-Kommentar, § 255 HGB Rz. 301 f.

äußerung oder zur Einziehung erworben wurden. Die veränderte Behandlung eigener Anteile schlägt auf Grund des Maßgeblichkeitsprinzips auch auf die steuerliche Gewinnermittlung durch.[351]

4658 D. h. die für den Erwerb eigener Anteile aufgewendeten Anschaffungskosten wirken sich als laufender Aufwand des Geschäftsjahres aus. Die erworbenen eigenen Anteile werden daher ausgehend von der handelsbilanziellen Beurteilung nicht mehr als Wirtschaftsgüter erfasst.[352]

4659 Bislang mussten Kapitalgesellschaften eigene Anteile auf der Aktivseite mit den Anschaffungskosten unter den Wertpapieren des Umlaufvermögens ausweisen und gleichzeitig eine Rücklage im Eigenkapital bilden (§ 272 Abs. 4 HGB a. F.), es sei denn, die Anteile wurden zur Einziehung erworben. Vor diesem Hintergrund stellte sich vor der Umsetzung des BilMoG die Frage nach der Bewertung eigener Anteile im Rahmen des bilanziellen Ausweises als Umlaufvermögen.[353]

4660 Der geänderte Ausweis eigener Anteile gemäß § 272 Abs. 1a HGB verdeutlicht, dass dem Erwerb eigener Anteile eine gesellschaftsrechtlich veranlasste Transaktion zugrunde liegt, die den steuerlichen Gewinn nicht tangiert. Dies bedeutet, dass auch die Veräußerung eigener Anteile als Kapitalmaßnahme einzustufen ist, die steuerlich nicht zu einem Veräußerungsgewinn bzw. -verlust führt.[354]

4661 Die handelsrechtlich nach BilMoG als Kapitalerhöhung bilanziell abzubildende Wiederveräußerung von eigenen Anteilen wäre danach neutral und dürfte nicht zu einer Anwendung von § 8b Abs. 2 KStG auf Ebene der Gesellschaft führen. Ein sich rechnerisch ergebender Veräußerungsgewinn entfaltet keine steuerliche Ergebnisauswirkung.[355]

4662 **BEISPIEL:** Eine GmbH hat in 2010 10 % eigene Anteile am Nennkapital von 100.000 € für 200.000 € erworben. D. h. das gezeichnete Kapital von 100.000 € wurde um den Betrag der eigenen Anteile vermindert.

Nach dem Erwerb eigener Anteile stellt sich die Bilanz der GmbH ausschnittsweise wie folgt dar:

Aktiva			**Passiva**
Bank	0 €	Gezeichnetes Kapital	90.000 €
		Kapitalrücklage	0 €
Sonstige Aktiva	1.090.000 €	Sonstige Passiva	1.000.000 €
Summe Aktiva	**1.090.000 €**	**Summe Passiva**	**1.090.000 €**

351 Vgl. *Breuninger/Müller*, GmbHR 2011 S. 13; *Lechner/Haisch*, Ubg 2010 S. 694; *Bruckmeier/Zwirner/Künkele*, DStR 2010 S. 1640; *Mayer*, Ubg 2008 S. 782.

352 Vgl. BMF, Schreiben vom 27. 11. 2013, DStR 2013 S. 2700, Tz. 9.

353 Vgl. hierzu *Richter*, in: HHR, § 6 EStG, Anm. 1110.

354 Vgl. BMF, Schreiben vom 27. 11. 2013, DStR 2013 S. 2700, Tz. 13.

355 Vgl. *Blumenberg/Roßner*, GmbHR 2008 S. 1080; *Bruckmeier/Zwirner/Künkele*, DStR 2010 S. 1642; *Hohage*, DB 2009 S. 1034; *Mayer*, Ubg 2008 S. 782; *Lechner/Haisch*, Ubg 2010 S. 695; *Ditz/Tcherveniachki*, Ubg 2010 S. 877.

Ende 2011 werden die eigenen Anteile für 300.000 € veräußert. Nach der Veräußerung stellt sich die Bilanz der GmbH ausschnittsweise wie folgt dar:

Aktiva			**Passiva**
Bank	300.000 €	Gezeichnetes Kapital	100.000 €
		Kapitalrücklage	290.000 €
Sonstige Aktiva	1.090.000 €	Sonstige Passiva	1.000.000 €
Summe Aktiva	**1.390.000 €**	**Summe Passiva**	**1.390.000 €**

Demgegenüber wird allerdings auch die Auffassung vertreten, dass die geänderte Bilanzierung eigener Anteile gemäß § 272 Abs. 1a HGB nicht auf die steuerliche Gewinnermittlung durchschlägt. D. h. es soll sich auch nach neuer Rechtslage bei dem Erwerb eigener Anteile in Höhe des angemessenen Kaufpreises um einen Anschaffungsvorgang handeln, der zum Erwerb des Wirtschaftsgutes eigene Anteile führt.[356] Auf einen durch die Veräußerung der eigenen Anteile realisierten Veräußerungsgewinn soll § 8b Abs. 2 KStG Anwendung finden. 4663

5.5.2.2 Anschaffungskosten im Rahmen eines Wertpapierleihgeschäfts

Für den in der Praxis typischen Fall einer Aktienleihe tritt der Entleiher in die Rechte aus den Aktien (Stimmrecht, Dividendenbezugsrecht, Veräußerungsrecht) ein. Nach Ablauf der Leihfrist ist der Entleiher verpflichtet, Aktien gleicher Art, Güte und Menge an den Verleiher zurückzugeben (sog. Gattungsschuld).[357] Das Steuerrecht schließt sich der zivilrechtlichen Beurteilung an. Nach § 39 Abs. 2 Nr. 1 AO sind die Aktien zivilrechtlich und wirtschaftlich dem Vermögen des Entleihers zuzurechnen.[358] Die Anschaffungskosten der entliehenen Aktien bestimmen sich im Fall einer Aktienleihe nach dem Kurswert der Aktien im Übertragungszeitpunkt. In gleicher Höhe hat der Entleiher die Rückübertragungsverpflichtung als Verbindlichkeit auszuweisen. Bilanzsteuerlich ist für die Bewertung der Verbindlichkeit § 6 Abs. 1 Nr. 3 EStG einschlägig. Es besteht somit ein synallagmatisches Rechtsverhältnis, empfangene und geschuldete Leistung sind ausgeglichen. Der Nominalwert der auszuweisenden Sachdarlehensverbindlichkeit entspricht dabei dem Kurswert der entliehenen Aktien. 4664

BEISPIEL: Eine AG entleiht Aktien, die im Zeitpunkt des Abschlusses des Leihgeschäfts mit dem aktuellen Kurswert von 100 Mio. € aktiviert werden. In gleicher Höhe wird eine Sachleistungsverpflichtung gegenüber dem Verleiher passiviert. Die ausgeliehenen Aktien werden ohne Ergebnisauswirkung in 2011 zu den Anschaffungskosten von 100 Mio. € veräußert. Zum 31. 12. 2011 weist die AG die Sachleis- 4665

356 Vgl. *Pung*, in: Dötsch/Jost/Pung/Witt, Die Körperschaftsteuer, § 8b KStG, Rz. 129.

357 Zu der Funktionsweise einer Wertpapierleihe vgl. auch Rz. 4528.

358 Vgl. FG Hamburg, Urteil vom 24. 11. 2011 – 6 K 22/11, EFG 2012 S. 351, Rev. Az. BFH: I R 2/12.

tungsverpflichtung weiterhin mit den Anschaffungskosten in Höhe von 100 Mio. € aus.

Die Wiedererlangung des wirtschaftlichen Eigentums infolge der Rückübertragung am Ende des Leihgeschäfts stellt für den Verleiher keinen Anschaffungsvorgang und keinen Erwerb im steuerlichen Sinne dar. Die wiedererlangten Aktien sind durch den Verleiher mit den fortgeführten Anschaffungskosten einzubuchen.

5.5.2.3 Erwerb von Anteilen an einer Kapitalgesellschaft durch Kapitalmaßnahmen

5.5.2.3.1 Kapitalerhöhung

4666 Bei der Kapitalgesellschaft handelt es sich bei einer Kapitalerhöhung um einen gesellschaftsrechtlichen, d. h. einkommensneutralen Vorgang. Dies gilt sowohl für eine Kapitalerhöhung durch Einlage als auch für die Kapitalerhöhung aus Gesellschaftsmitteln.

4667 Beim Anteilseigner führt die Kapitalerhöhung gegen Einlage (Bar- und Sacheinlage) zu Anschaffungskosten für die neuen Anteile.[359] Die Anschaffungskosten der Altanteile sind um den auf das Bezugsrecht entfallenden Teil zu kürzen.[360] Für die Ermittlung des auf das Bezugsrecht entfallenden Teils der Anschaffungskosten des Altanteils gelangen verschiedene Bewertungsverfahren zur Anwendung. Die h. M. ermittelt den auf das Bezugsrecht entfallenden Anteil an den Anschaffungskosten des Altanteils nach der Gesamtwertmethode.[361]

4668 Werden Anteile an einer Kapitalgesellschaft aufgrund einer Kapitalerhöhung aus Gesellschaftsmitteln, d. h. ohne Zuzahlung ausgegeben, ist zu unterscheiden, ob die Kapitalerhöhung aus Gesellschaftsmitteln die Voraussetzungen des KapErhStG erfüllt:

4669 Erfüllt die Kapitalerhöhung aus Gesellschaftsmitteln die Voraussetzungen des KapErhStG ist § 3 KapErhStG zu beachten. Danach gelten als Anschaffungskosten der vor einer Kapitalerhöhung aus Gesellschaftsmitteln erworbenen Anteilsrechte und der auf sie entfallenen neuen Anteilsrechte nach § 3 KapErhStG die Beträge, die sich für die einzelnen Anteilsrechte ergeben, wenn die Anschaffungskosten der vor der Kapitalerhöhung erworbenen Anteilsrechte auf diese und auf die auf sie entfallenden neuen Anteilsrechte nach dem Verhältnis der Anteile am Nennkapital verteilt werden. D. h. die bisherigen Anschaffungskosten sind auf die alten und neuen Anteile nach dem Verhältnis ihrer Nennbeträge zu verteilen.[362] Die ursprünglichen Anschaffungskosten für die Altanteile gehen folglich anteilig auf die jungen Anteile über. Es handelt sich somit um eine Minderung der Anschaffungskosten für die Altanteile und nicht um eine Teilwertabschreibung.[363]

359 Vgl. BFH, Urteil vom 27. 4. 2000 – I R 59/99, BStBl 2001 II S. 168.

360 Vgl. *Herrmann*, in: Frotscher, § 6 EStG Rz. 325b.

361 Zu Einzelheiten vgl. *Ehmcke*, in: Blümich, § 6 EStG Rz. 871; *Rogall/Luckhaupt* DB 2011 S. 1365.

362 Vgl. BFH, Urteil vom 19. 12. 2000 – IX R 100/97, BStBl 2001 II S. 345.

363 Zu den in diesem Zusammenhang bestehenden Gestaltungsmöglichkeiten vgl. *Rogall/Luckhaupt*, DB 2011 S. 1362.

Bei börsennotierten Anteilen wird der Buchwert des Bezugsrechts rechnerisch mit der Hilfe des sog. Gesamtwertverfahrens ermittelt.[364] 4670

BEISPIEL: Ein Anteilseigner hatte vor der Kapitalerhöhung aus Gesellschaftsmitteln Aktien im Nennwert von 1.000 €, die er für 2.000 € erworben hatte. Nach einer Kapitalerhöhung 1:1 erhält er weitere Aktien von 1.000 €.

Gem. § 3 KapErhStG verteilen sich jetzt die Anschaffungskosten von 2.000 € auf die doppelte Anzahl von Aktien.

Erfüllt die Kapitalerhöhung nicht die Voraussetzungen des KapErhStG, stellt Gewährung von Freianteilen durch die Kapitalgesellschaft an ihre Gesellschafter sowohl eine Ausschüttung von Gewinnen als auch die Anschaffung von Freianteilen gegen Zahlung oder Aufrechnung mit dem Gewinnanspruch dar. Daher umfassen die Anschaffungskosten der Freianteile den Wert des Gewinnanspruchs zzgl. etwaiger Kosten.[365] Bei den alten Anteilen ist dann, entsprechend der Ausgabe neuer Anteile gegen Zuzahlung, eine Minderung des bisherigen Buchwerts vorzunehmen. 4671

5.5.2.3.2 Kapitalherabsetzung

Im Fall einer Kapitalherabsetzung werden dem Anteilseigner ein Teil seiner Aufwendungen erstattet, die handels- und steuerrechtlich ursprünglich als Anschaffungskosten angesetzt worden sind. Wird für die Rückzahlung von Einlagen der Gesellschafter das steuerliche Einlagekonto i. S. d. § 27 Abs. 1 Satz 3 KStG verwendet, ist der Rückzahlungsbetrag (§ 20 Abs. 1 Nr. 1 Satz 3 EStG) mit dem Beteiligungsbuchwert zu verrechnen. Bei über den Beteiligungsbuchwert hinausgehenden Beträgen handelt es sich bei einem körperschaftsteuerpflichtigen Anteilseigner um Gewinne i. S. d. § 8b Abs. 2 KStG.[366] Bei von einer natürlichen Person gehaltenen Beteiligung liegt ein Veräußerungsgewinn i. S. d. § 17 Abs. 4 EStG vor, soweit die Ausschüttung aus dem steuerlichen Einlagekonto die Anschaffungskosten der Anteile übersteigt. 4672

5.6 Bewertung von Wertpapieren und Anteilen an Kapitalgesellschaften mit dem niedrigeren Teilwert

5.6.1 Ansatz mit dem niedrigeren Teilwert

Handelsrechtlich sind dem Umlaufvermögen zugeordnete Wertpapiere und Anteile an Kapitalgesellschaften im Fall einer Wertminderung mit dem niedrigeren beizulegenden Wert anzusetzen (§ 253 Abs. 3 Satz 1 und 2 HGB). Dies gilt unabhängig davon, ob eine voraussichtlich dauernde Wertminderung vorliegt. 4673

Im Fall einer voraussichtlich dauernden Wertminderung eröffnet § 6 Abs. 1 Nr. 2 Satz 2 EStG das Wahlrecht, die Anschaffungs- und Herstellungskosten bis zur Höhe des nied- 4674

364 Vgl. hierzu *Strahl*, in: Korn, § 6 EStG Rz. 346.
365 Vgl. BFH, Urteil vom 14. 2. 2006 – VIII R 49/03, BStBl 2006 II S. 520.
366 Vgl. BMF, Schreiben vom 28. 4. 2003, BStBl 2003 I S. 292 Rz. 6.

rigeren Teilwerts zu vermindern.[367] Die Neujustierung der materiellen Maßgeblichkeit der Handelsbilanz für die Steuerbilanz führt dazu, dass das Abwertungswahlrecht in der Steuerbilanz autonom und losgelöst von der Handelsbilanz ausgeübt werden kann. Aufgrund des steuerlichen Abwertungswahlrechts kann es daher zu einer nach früherem Recht nicht möglichen (zusätzlichen) Abweichung zwischen Handels- und Steuerbilanz kommen.

4675 Für die Ermittlung des Teilwerts gelten Teilwertvermutungen, die im Einzelfall allerdings widerlegbar sind. D. h. auch bei Wertpapieren und Anteilen an Kapitalgesellschaften besteht die Vermutung, dass der Teilwert im Zeitpunkt der Anschaffung den Anschaffungskosten entspricht.[368] Wurden Anteile bzw. Wertpapiere zu unterschiedlichen Zeitpunkten und Preisen erworben, sind für die Beurteilung einer Teilwertabschreibung die Anteile bzw. Wertpapiere getrennt zu beurteilen, soweit sie identifizierbar sind.[369]

4676 Für die im Zuge einer verdeckten Einlage entstandenen nachträglichen Anschaffungskosten einer Kapitalgesellschaftsbeteiligung gilt diese Vermutung allerdings nicht uneingeschränkt.[370] Zu prüfen ist, ob der Teilwert der Beteiligung mindestens ihren neuen Buchwert erreicht. Dies kann dann nicht der Fall sein, wenn die Vorteilsgewährung in Gestalt der verdeckten Einlage nicht bezweckt, die Rentabilität wieder herzustellen, sondern nachweislich dazu geeignet ist, eine drohende Insolvenz der Kapitalgesellschaft abzuwenden.[371] Insoweit schließt die Aktivierung einer verdeckten Einlage in Form zusätzlicher Anschaffungskosten die gleichzeitige Abschreibung der Beteiligung auf den niedrigeren Teilwert nicht aus.[372] Wurde der Beteiligungsbuchwert in der Vergangenheit auf den niedrigeren Teilwert abgeschrieben, löst die verdeckte Einlage in Sanierungsfällen regelmäßig keine Wertaufholung i. S. d. § 6 Abs. 1 Nr. 2 Satz 2 i. V. m. Satz 3 EStG aus. Dies ist vor dem Hintergrund von Bedeutung, dass unter die Veräußerungsgewinnbefreiung i. S. d. § 8b Abs. 2 KStG auch Gewinne aus Wertaufholungen fallen, mit der Folge, dass 5 % des Gewinns zu den nicht abzugsfähigen Betriebsausgaben gemäß § 8b Abs. 3 KStG zählen.[373]

4677 Für die nachfolgenden Bilanzstichtage besteht die Vermutung, dass der Teilwert den Wiederbeschaffungskosten entspricht. Dabei ist für die Ermittlung des Teilwerts zu unterscheiden, ob eine Börsennotierung erfolgt oder nicht.

367 Zum Verhältnis zum Handelsrecht vgl. auch Rz. 4385.

368 Zum Teilwert einer Beteiligung vgl. BFH, Urteil vom 7. 11 .1990 – I R 116/86, BStBl 1991 II S. 342.

369 Vgl. *Strahl*, in: Korn, § 6 EStG Rz. 344.

370 Vgl. BFH, Urteil vom 9. 3. 1977 – I R 203/74, BStBl 1977 II S. 515.

371 Vgl. *Neumann*, in: Neumann, VGA und verdeckte Einlagen, Köln 2006, S. 591; *Eckstein*, in: HHR § 6 EStG Anm. 1888e.

372 Vgl. BFH, Urteile vom 19. 10. 2005 – I R 40/04, BFH/NV 2006 S. 822; vom 9. 3. 1977 – I R 203/74, BStBl 1977 II S. 515; FG Münster, Urteil vom 15. 3. 2012 – 9 K 2139/07 K, F, nrkr. BFH I R 66/12, zitiert nach juris.

373 Vgl. BMF, Schreiben vom 28. 4. 2003 – IV A2 – S 2750a – 7/03, BStBl 2003 I S. 292; s. hierzu nachfolgend auch unter Rz. 4713.

5.6.2 Börsennotierte Wertpapiere und Anteile an Kapitalgesellschaften

Für börsennotierte Wertpapiere und Anteile an Kapitalgesellschaften besteht die Vermutung, dass der Teilwert dem Börsenkurs zum Bewertungsstichtag entspricht.[374] Die Wiederbeschaffungskosten zum Bilanzstichtag sind zumindest dann maßgeblich, wenn die Beteiligung zum Verkauf an der Börse bestimmt ist oder wenn der Erwerb einer gleich hohen Beteiligung an der Börse zu den Kurswerten möglich erscheint. 4678

Sind die Wiederbeschaffungskosten gegenüber den Anschaffungskosten einschließlich der Anschaffungsnebenkosten gesunken, kann eine Bewertung mit dem niedrigeren Teilwert erfolgen.[375] Dabei können bei einem Rückgang des Börsenkurses die aktivierten Anschaffungsnebenkosten nicht ohne weiteres in vollem Umfang, sondern nur in demselben Verhältnis gemindert werden, in dem der ursprüngliche Börsenkurs, d. h. die Anschaffungskosten ohne Nebenkosten, zu dem gesunkenen Börsenkurs am Bewertungsstichtag steht.[376] 4679

BEISPIEL: Bei Anschaffungskosten von 150 € und Anschaffungsnebenkosten von 5 € ergeben sich Anschaffungskosten in Höhe von 155 €. Fallen die Wiederbeschaffungskosten auf 100 €, so beträgt der Teilwert 103 €. 4680

In Sonderfällen ist der Börsenkurs für die Ermittlung des Teilwerts allerdings nicht maßgeblich. Dies ist beispielsweise dann der Fall, wenn an der Börse nur im Streubesitz gehaltene Anteile gehandelt werden, die dem Umfang nach der zu bewertenden Beteiligung nicht entsprechen. 4681

Die Wiederbeschaffungskosten richten sich auch dann nicht nach dem Börsenkurs, wenn zu vermuten ist, dass mit der Höhe der zu bewertenden Beteiligung geldwerte Vorteile verbunden sind, die auch ein gedachter Erwerber durch Zahlung eines sog. Paketzuschlages entgelten würde. Eine entsprechende Vermutung ist gerechtfertigt, wenn entweder der Steuerpflichtige selbst für die zu bewertende Beteiligung oder ein anderer Gesellschafter für eine gleich hohe Beteiligung einen Kaufpreis gezahlt hat, der über dem Börsenkurswert lag. In diesem Fall spricht das objektive Marktverhalten dafür, dass die Wiederbeschaffungskosten sich nicht nur nach dem Börsenkurswert richten.[377] 4682

5.6.3 Nicht börsennotierte Wertpapiere und Anteile an Kapitalgesellschaften

5.6.3.1 Grundsätze

Bei nicht börsennotierten Wertpapieren und Anteilen an Kapitalgesellschaften ist der Teilwert im Wege der Schätzung, d. h. auf der Grundlage einer individuellen Wertfindung zu ermitteln. Dabei sind für die Ermittlung des Teilwerts der Substanzwert, der Ertragswert sowie die „besonderen Vorteile“ (beispielsweise Synergieeffekte) ausschlaggebend, die sich im konkreten Einzelfall aus der Beteiligung ergeben. Damit sind 4683

374 Vgl. BFH, Urteil vom 26. 9. 2007 – I R 58/06, BStBl 2009 II S. 294 zu im Anlagevermögen gehaltenen Aktien.
375 Vgl. BFH, Urteil vom 21. 9. 2011 – I R 89/10, DStR 2012 S. 21 für im Anlagevermögen bilanzierte Aktien.
376 Vgl. BFH, Urteil vom 22. 3. 1972 – I R 199/69, BStBl 1972 II S. 489.
377 Vgl. BFH, Urteil vom 7. 11. 1990 – I R 116/86, BStBl 1991 II S. 342.

für die Ermittlung des Teilwerts nicht die Ertragslage und die Ertragsaussichten zu berücksichtigen. Bei Anteilen an Kapitalgesellschaften ist für die Ermittlung des Teilwertes der Geschäftsanteile der Wert des Unternehmens zu ermitteln.[378]

Bei Auslandsbeteiligungen kann ein niedrigerer Teilwert der Beteiligung aus besonderen Auslandsrisiken (bspw. Einschränkungen des Kapitalverkehrs sowie Beschränkungen der wirtschaftlichen Betätigung) resultieren.

4684 Auswirkungen auf die Ermittlung des Teilwerts haben nur Vorgänge, durch die sich die zukünftige Ertragskraft der Beteiligung oder der Wert des Anteilseigners an der Gesellschaft selbst verändert. So hat eine Rückzahlung von Einlagen der Anteilseigner auf Grund einer Kapitalherabsetzung auf den Teilwert der Beteiligung keinen Einfluss. Allerdings sind die Anschaffungskosten der Beteiligung auf Gesellschafterebene zu vermindern, soweit für die Ausschüttung das steuerliche Einlagekonto i. S. d. § 27 KStG verwendet wird.

4685 Teilwertmindernd kann sich eine Kapitalerhöhung bei der Kapitalgesellschaft unter Ausschluss des Bezugsrechts des Steuerpflichtigen auswirken. So wird durch die Aufnahme neuer Gesellschafter der Wert des Anteils verwässert.

Als Anhaltspunkte für die Ermittlung des Teilwerts können zeitnahe Verkäufe herangezogen werden, wenn bei diesen Verkäufen ein marktgerechter Preis zustande gekommen ist. Andernfalls sind die Wiederbeschaffungskosten anhand des Substanz- und Ertragswertes des durch das Wertpapier bzw. die Anteile verkörperten Vermögens zu schätzen.

Sind die zu bewertenden Wertpapiere und Anteile an Kapitalgesellschaften für den Betrieb entbehrlich, entspricht der Teilwert nicht den Wiederbeschaffungskosten, sondern dem Einzelveräußerungspreis.

4686 Teilwerterhöhend kann sich beispielsweise der Umfang des Wertpapier- oder Anteilsbesitzes auswirken, wenn beispielsweise wegen des Erreichens einer Sperrminorität eine Einflussnahme auf die Geschäftsführung der Gesellschaft möglich wird (sog. Paketzuschlag).

5.6.3.2 Ermittlung des Teilwerts anhand zeitnaher Verkäufe

4687 Für die Praxis ist von Bedeutung, unter welchen Voraussetzungen für die Ableitung des Teilwerts zeitnahe Verkäufe herangezogen werden können.

Bei den für die Ermittlung des Teilwerts heranzuziehenden Verkäufen muss es sich um solche handeln, die im gewöhnlichen Geschäftsverkehr und in zeitlicher Nähe zu den zu bewertenden Anteilen erfolgt sind. Nach § 11 Abs. 2 Satz 2 BewG bestimmt sich der

---

378 Vgl. BFH, Urteil vom 19. 8. 2009 – III R 79/07, zitiert nach juris; BFH, Urteil vom 9. 3. 2000 – X B 106/99, BFH/NV 2000 S. 1184.

gemeine Wert in erster Linie aus Anteilsverkäufen, die weniger als ein Jahr zurückliegen. D. h. es muss sich um Verkäufe handeln, bei denen der Verkaufspreis durch den widerstreitenden Ausgleich der Interessen von Käufer und Verkäufer ermittelt wurde.[379]

5.6.3.3 Schätzung des Teilwerts unter Berücksichtigung des Vermögens und der Ertragsaussichten

Kann der Teilwert nicht aus zeitnahen Verkäufen abgeleitet werden, können der Ab- 4688
schätzung des Teilwerts Verfahren der Unternehmensbewertung zugrunde gelegt werden.[380] Für eine Abschätzung des Teilwerts kann eine Wertermittlung auf Basis des IDW-S1 herangezogen werden.[381] Zudem kann das für Zwecke der Erbschaft- und Schenkungsteuer geregelte vereinfachte Ertragswertverfahren gemäß § 11 Abs. 2 Satz 2 BewG gewisse Anhaltspunkte für die Höhe des Teilwerts liefern.[382] So sind die Verfahren darauf ausgerichtet, den Verkehrswert des Bewertungsgegenstandes abzubilden. In dem BMF-Schreiben vom 22. 9. 2011 erklärt die Finanzverwaltung das vereinfachte Ertragswertverfahren für ertragsteuerliche Zwecke für entsprechend anwendbar.[383]

Ein auf Basis der Verfahren ermittelter Teilwert kann allerdings dann nicht der Besteue- 4689
rung zugrunde gelegt werden, wenn das Verfahren zu offensichtlich unzutreffenden Ergebnissen führt.[384] Auch ist die Finanzverwaltung nicht daran gehindert, die Angemessenheit eines nach Maßgabe des IDW-S1 ermittelten Wertansatzes anhand anderer Bewertungsmethoden als Vergleichs- und Verprobungsrechnungen zu überprüfen. Es muss sich allerdings um betriebswirtschaftlich anerkannte Bewertungsverfahren handeln. Die Rechtsprechung hat eine auf dem Ertragswertverfahren basierende Unternehmensbewertung durch die Finanzverwaltung nicht beanstandet.[385]

Dabei ist zu beachten, dass nach der Rechtsprechung ein gutachtlich festgestellter Un- 4690
ternehmenswert immer dann für Zwecke der Besteuerung beachtlich ist, sofern der Gutachter eine anerkannte Bewertungsmethode verwendet und zudem keine offensichtliche Falschbewertung vorliegt.[386] D. h. im Rahmen eines Finanzgerichtsverfahrens beschränkt sich die Aufgabe des Gerichts auf die Überprüfung, ob der gutachterlichen Wertermittlung zutreffende Tatsachen zugrunde gelegt wurden. Eine eigenständige Wertermittlung zählt hingegen nicht zu den Aufgaben des Gerichts.

379 Das sog. „Stuttgarter Verfahren" ist für ertragsteuerliche Zwecke auf Grund des § 11 Abs. 2 BewG nicht mehr anwendbar. Nach der Rechtsprechung des BFH konnte das Verfahren auch für Zwecke der Einkommensteuer herangezogen werden. Vgl. BFH, Urteil vom 5. 3. 1986 – II R 232/82, BStBl 1986 II S. 591.

380 Vgl. *Kulosa*, in: Schmidt, EStG, 33. Aufl., § 6 EStG Rz. 280.

381 Vgl. BFH, Urteil vom 11. 5. 2005 – VIII B 89/01, BFH/NV 2005 S. 1777.

382 Vgl. hierzu Ländererlasse vom 17. 5. 2011, BStBl 2011 I S. 606. Zum Verhältnis zum Ertragswertverfahren nach IDW S1 vgl. *Pawelzik*, Ubg 2010 S. 885.

383 IV C 6 – S 2170/10/10001, DStR 2011 S. 1858.

384 Vgl. zum Stuttgarter Verfahren BFH, Urteil vom 16. 7. 1997 – II B 23/97, BFH/NV 1998 S. 50.

385 Vgl. FG Hessen, Urteil vom 15. 5. 2001 – 4 V 5281/00, EFG 2001 S. 1163.

386 Vgl. FG Niedersachsen, Urteil vom 11. 4. 2000 – 6 K 611/93, rkr., DStRE 2001 S. 24.

5.6.4 Sonderfälle der Ermittlung des Teilwerts eines Anteils an einer Kapitalgesellschaft

5.6.4.1 Verschlechterung der wirtschaftlichen Lage der Kapitalgesellschaft

4691 In der Praxis stellt sich insbesondere bei einer Verschlechterung der wirtschaftlichen Lage der Kapitalgesellschaft die Frage, ob die Voraussetzungen für eine Teilwertabschreibung der Beteiligung vorliegen. Dabei ist zu beachten, dass allein der Eintritt einer Verlustsituation für die Vornahme einer Teilwertabschreibung nicht ausreicht. Im Grundsatz setzt eine Teilwertabschreibung voraus, dass entweder die Anschaffung als Fehlmaßnahme anzusehen ist oder die Wiederbeschaffungskosten nach dem Erwerb der Beteiligung gesunken sind, weil sich der innere Wert des Beteiligungsunternehmens vermindert hat.[387]

4692 Soll eine Teilwertabschreibung mit einer Fehlmaßnahme begründet werden, setzt eine Teilwertabschreibung den Nachweis voraus, dass die Anschaffung der Beteiligung von vornherein eine Fehlmaßnahme war.[388] Eine Fehlmaßnahme liegt vor, wenn die wirtschaftlichen Erwartungen des Anteilseigners nicht erfüllt werden und infolgedessen das Geschäftsergebnis negativ beeinflusst wird.[389] Dabei kommt bei einer Beteiligung an einem neu gegründeten Unternehmen eine Teilwertabschreibung wegen Anlaufverlusten regelmäßig nicht in Betracht.[390] Ausschlaggebend ist, dass in der Anlaufphase weniger die gegenwärtigen Verluste als vielmehr die zukünftigen Ertragsaussichten zählen. Im Regelfall kann als Anlaufphase für eine inländische Kapitalgesellschaft ein Zeitraum von drei Jahren angesehen werden.

4693 Andererseits kann eine Teilwertabschreibung dann geboten sein, wenn die Beteiligung auf Grund nachhaltig hoher Verluste eine nachträgliche Wertminderung erfahren hat. Allerdings genügt in einem solchen Fall nicht allein die Feststellung, dass hohe Verluste eingetreten sind. So sind für den Wert einer Beteiligung im Rahmen des Gesamtunternehmens nicht nur die Ertragslage und die Ertragsaussichten, sondern auch der Vermögenswert und die funktionale Bedeutung des Beteiligungs-Unternehmens für die Wertzumessung entscheidend.[391] Folge ist, dass die Voraussetzungen für eine Teilwertabschreibung nur dann vorliegen, wenn zwischen dem Anschaffungszeitpunkt und dem Bilanzstichtag Umstände eingetreten sind, die die Annahme rechtfertigen, dass die Wiederbeschaffungskosten unter den derzeitigen Anschaffungskosten liegen.

Indiz für die Bewertung einer Beteiligung mit dem niedrigeren Teilwert kann auch der Verlust eines großen Teils des Stammkapitals der GmbH sein, wenn ein alsbaldiger Ausgleich dieses Verlustes im normalen Geschäftsbetrieb ausgeschlossen erscheint.

---

387 Vgl. BFH, Urteil vom 7. 11. 1990 – I R 116/86, BStBl 1991 II S. 342.

388 Vgl. BFH, Urteil vom 27. 7. 1988 – I R 104/84, BStBl 1989 II S. 274.

389 Vgl. BFH, Urteil vom 31. 10. 1978 – VIII R 124/74, BStBl 1979 II S. 108.

390 Vgl. BFH, Urteil vom 27. 7. 1988 – I R 104/84, BStBl 1989 II S. 274.

391 Vgl. FG Baden-Württemberg, Urteil vom 4. 10. 2010 – 10 K 1724/08, rkr., BB 2011 S. 1263.

5.6.4.2 Ausschüttungsbedingte Teilwertabschreibung

Gewinnausschüttungen rechtfertigen eine Teilwertabschreibung auf einen GmbH-Anteil grundsätzlich nicht, wenn der „normale Jahresgewinn" ausgeschüttet wird.[392] Etwas anderes kann allerdings gelten, wenn Ausschüttungen über den „normalen Jahresgewinn" hinaus vorgenommen werden. Dies kann beispielsweise dann der Fall sein, wenn Gewinne aus der Veräußerung von Anlagevermögen ausgeschüttet werden.[393] Entsprechendes gilt, wenn Kapitalrücklagen zugunsten des Bilanzgewinns aufgelöst werden und an den Anteilseigner ausgeschüttet werden. D. h. es muss eine Verminderung des inneren Wertes der Beteiligung vorliegen.[394] 4694

5.6.4.3 Besonderheiten bei Organgesellschaften

Auch die Beteiligung an einer Organgesellschaft kann im Grundsatz bei einer voraussichtlich dauernden Wertminderung auf den niedrigeren Teilwert abgeschrieben werden. 4695

Erzielt eine Organgesellschaft Verluste, geht die BFH-Rechtsprechung davon aus, dass die Voraussetzungen einer Teilwertabschreibung nicht vorliegen, da auf Grund der Verlustübernahmeverpflichtung des Organträgers der innere Wert der Beteiligung an der Organgesellschaft erhalten bleibt.[395] Der BFH geht insoweit von einer unwiderlegbaren Teilwertvermutung in Höhe der Anschaffungskosten der Beteiligung an der Organgesellschaft aus.[396] Durch die Versagung der Teilwertabschreibung auf die Beteiligung an der Verlust-Organgesellschaft soll zudem eine doppelte Berücksichtigung der Verluste beim Organträger vermieden werden. Dies wäre der Fall, wenn sich die Verluste sowohl über die organschaftliche Einkommenszurechnung als auch über die Teilwertabschreibung der Beteiligung steuermindernd auswirken würden. Das Argument der Vermeidung einer doppelten Verlustberücksichtigung greift allerdings nur dann durch, wenn sich die Teilwertabschreibung auf Ebene des Organträgers auch tatsächlich steuermindernd auswirkt. Auf Grund des § 8b Abs. 3 Satz 3 KStG (körperschaftsteuerpflichtiger Organträger) bzw. § 3c Abs. 2 EStG (Personengesellschaft als Organträger) mindern Teilwertabschreibungen den steuerlichen Gewinn des Organträgers nicht bzw. im Anwendungsbereich des § 3c Abs. 2 EStG nur in Höhe von 40 %. 4696

Eine Teilwertabschreibung kann allerdings dann in Betracht kommen, wenn sie in keinem Zusammenhang mit bereits berücksichtigten, d. h. im Rahmen des Gewinnabführungsvertrages übernommenen Verlusten durch den Organträger steht. Dies kann dann der Fall sein, wenn in dem vom Organträger für die Organbeteiligung gezahlten Kaufpreis auch ein Firmenwert berücksichtigt ist und dieser durch ständige Verluste der Organgesellschaft gemindert oder ganz zerstört wird. D. h. eine Teilwertabschreibung, die durch andere Gründe als nur die Verlustsituation der Organgesellschaft be- 4697

392 Vgl. BFH, Beschluss vom 22. 12. 1999 – I B 158/98, BFH/NV 2000 S. 710.
393 A. A. *Weber-Grellet*, DB 2000 S. 165.
394 Vgl. FG Sachsen-Anhalt, Urteil vom 23. 1. 2003 – 3 K 145/00, rkr., zitiert nach juris.
395 Vgl. BFH, Urteil vom 12. 10. 1972 – IV R 37/68, BStBl 1973 II S. 76.
396 Vgl. *Gosch*, § 14 KStG Rz. 430.

legt werden kann, ist steuerlich anzuerkennen. Solche Gründe können z. B. in der Verflüchtigung des Firmenwertes liegen.[397]

4698 Ausgehend von diesen Grundsätzen kann eine Teilwertabschreibung auf die Beteiligung an der Organgesellschaft in Betracht kommen, falls sich die Anschaffung der Beteiligung als Fehlmaßnahme herausstellt. Dies ist beispielsweise dann der Fall, wenn die Beteiligung von vornherein oder später nicht mehr die Bedeutung für das Gesamtunternehmen hat, die ihr im Zeitpunkt des Erwerbs der Beteiligung beigemessen wurde.

4699 Weiterhin kann eine Teilwertabschreibung steuerlich anzuerkennen sein, wenn in dem aktivierten Beteiligungsansatz (Anschaffungskosten) der Gegenwert für stille Reserven der Organgesellschaft enthalten ist, diese stillen Reserven während der Geltungsdauer des Gewinnabführungsvertrages bei der Organgesellschaft realisiert werden und sodann als Gewinn abgeführt werden.

4700 Entsprechendes gilt für die Auflösung vororganschaftlicher offener Reserven (z. B. Gewinnrücklagen) und deren Ausschüttung während des Bestehens der Organschaft. Die sog. abführungsbedingte Teilwertabschreibung steht einer ausschüttungsbedingten Teilwertabschreibung körperschaftsteuerlich gleich und ist damit steuerlich anzuerkennen.[398]

5.6.5 Voraussichtlich dauernde Wertminderung

5.6.5.1 Bedeutung von Kurserholungen bis zum Zeitpunkt der Bilanzaufstellung

4701 Nach § 6 Abs. 1 Nr. 1 Satz 2 i. V. m. Nr. 2 EStG ist eine Teilwertabschreibung auf Wertpapiere und Anteile an Kapitalgesellschaften nur dann zulässig, wenn der Steuerpflichtige den Nachweis führt, dass eine voraussichtlich dauernde Wertminderung vorliegt.[399]

4702 Bei börsennotierten Wertpapieren und Anteilen an Kapitalgesellschaften stellt sich in der Praxis häufig die Frage, wie sich eine bis zum Zeitpunkt der Bilanzaufstellung eingetretene Kurserholung auf das Kriterium der voraussichtlich dauernden Wertminderung auswirkt. Auf Grund der Börsennotierung sind zwischen dem Bilanzstichtag und dem Tag der Bilanzaufstellung eintretende Wertveränderungen ohne weiteres erkennbar. Eine entsprechende Fragestellung stellt sich im Übrigen bei allen marktgängigen Wertpapieren, für die tagesaktuelle Preise verfügbar sind.

4703 Die Finanzverwaltung geht davon aus, dass eine Wertminderung zum Bilanzstichtag dann voraussichtlich dauernd ist, wenn sie bis zum Zeitpunkt der Bilanzaufstellung oder dem vorhergehenden Verkaufs- oder Verbrauchszeitpunkt anhält.[400] Hierbei sollen Werterholungen zwischen Bilanzstichtag und Bilanzaufstellung in der Weise zu berück-

397 Vgl. *Gosch*, § 14 KStG Rz. 432.

398 Vgl. BFH, Urteil vom 13. 11. 2002 – I R 9/02, BStBl 2003 II S. 489.

399 Vgl. allgemein zum Begriff der voraussichtlich dauernden Wertminderung Rz. 4385. Zu Besonderheiten der Bewertung des Handelsbestands bei Zweigniederlassungen von EU- bzw. EWR-Banken, vgl. *Ochs/Behnes*, Ubg 2013 S. 681.

400 Vgl. BMF, Schreiben vom 25. 2. 2000, BStBl 2000 I S. 372, Tz. 23.

sichtigen sein, dass der in diesem Zeitraum liegende höchste Wert bei einer Teilwertabschreibung nicht unterschritten werden darf.

BEISPIEL: Die Anschaffungskosten von börsennotierten Wertpapieren betragen beispielsweise 100 €. Der Stichtagskurs zum Bilanzstichtag beläuft sich auf 80 €. Zwischen dem Bilanzstichtag und dem Zeitpunkt der Bilanzaufstellungen betragen die Kursschwankungen zwischen 70 und 90 €. 4704

Die Finanzverwaltung geht in diesem Fall davon aus, dass nur eine Teilwertabschreibung des Wertpapiers um 10 € auf 90 € zulässig ist.

In der Entscheidung vom 8. 6. 2011 hat der BFH diese Fragestellung im Zusammenhang mit einer Teilwertabschreibung festverzinslicher Wertpapiere offengelassen.[401] Dabei war für den BFH ausschlaggebend, dass festverzinsliche Wertpapiere regelmäßig eine Forderung in Höhe des Nominalwerts des Papiers verbriefen. Der Inhaber eines solchen Papiers hat mithin das gesicherte Recht, am Ende der Laufzeit diesen Nominalwert zu erhalten. Diese Sicherheit hat er an jedem Bilanzstichtag, und zwar unabhängig davon, ob zwischenzeitlich infolge bestimmter Marktgegebenheiten der Kurswert des Papiers unter dessen Nominalwert liegt. 4705

Ein Absinken des Kurswerts unter den Nominalwert erweist sich bei dieser Beurteilung als nur vorübergehend und folglich als nicht dauerhaft. Vor diesem Hintergrund hat der BFH in dem zu entscheidenden Sachverhalt die Frage offen gelassen, ob eine voraussichtlich dauernde Wertminderung auch dann vorliegt, wenn die Kurswerte bis zum Bilanzstichtag wieder angestiegen sind. 4706

In der vorinstanzlichen Entscheidung ging das FG Münster hingegen davon aus, dass bei der Beurteilung der Voraussetzungen einer voraussichtlich dauernden Wertminderung entgegen dem BMF-Schreiben vom 25. 2. 2000 nicht auf die Kursentwicklung während des gesamten Zeitraums zwischen Bilanzstichtag und Bilanzaufstellung, sondern allein auf den Stichtagskurs zum Tag der Bilanzaufstellung abzustellen sei.[402] 4707

Gegen die Auffassung der Finanzverwaltung spricht, dass Kursentwicklungen nach dem Bilanzstichtag regelmäßig nur wertbegründende Ereignisse sind. Damit ist regelmäßig die Berücksichtigung von Kursschwankungen und Zinsänderungen nach dem Bilanzstichtag ausgeschlossen, weil sie keinen objektivierten Anhaltspunkt in den Stichtagsverhältnissen finden.[403] Dies entspricht der Rechtsauffassung des BFH für im Anlagevermögen gehaltene börsennotierte Aktien in den Entscheidungen vom 21. 9. 2011.[404] 4708

Das FG Hessen tritt in der Entscheidung vom 12. 2. 2013[405] dafür ein die Rechtsprechung des BFH vom 21. 9. 2011 auf das Umlaufvermögen zu übertragen. Daraus folgt, dass trotz nach dem Bilanzstichtag eintretender Wertsteigerungen der niedrigere Teilwert anzusetzen ist, wenn die Werterhöhung nicht durch Umstände im abgelaufenen 4709

401 I R 98/10, BStBl 2012 II S. 716.

402 Vgl. FG Münster, Urteil vom 9. 7. 2010 – 9 K 75/09 K, EFG 2011 S. 221.

403 So auch *Schlotter*, BB 2011 S. 173.

404 BFH, Urteile vom 21. 9. 2011 – I R 89/10, DStR 2012 S. 21 und I R 7/11, DStRE 2012 S. 21.

405 11 K 1833/10, zitiert nach juris, Rev. HAZ BFH: IV R 18/14. Vgl. hierzu auch *Dörre/Blank*, DB 2014 S. 861.

Geschäftsjahr begründet ist. Ist der Ansatz eines niedrigeren Teilwerts dem Grunde nach geboten, wirken sich somit bis zur Bilanzaufstellung eintretende Werterholungen auf den Ansatz des Teilwerts nicht aus. In den Entwurf eines BMF-Schreibens betreffend Teilwertabschreibung, voraussichtlich dauernde Wertminderung und Wertaufholung vom 17.1.2014[406] hält die Finanzverwaltung allerdings an ihrer bisherigen Rechtsauffassung fest.

5.6.5.2 Voraussichtlich dauernde Wertminderung von Anteilen an Kapitalgesellschaften

4710 Die Wertminderung von Anteilen an Kapitalgesellschaften wird dann als vorübergehend qualifiziert, wenn sie auf Anlaufverlusten beruht oder wenn konkret geplante oder bereits getroffene Maßnahmen erwarten lassen, dass sich die Situation des Beteiligungsunternehmens innerhalb eines wirtschaftlich überschaubaren Zeitraums verbessert. Die Wertminderung ist voraussichtlich nachhaltig, wenn der Steuerpflichtige hiermit aus Sicht des Bilanzstichtages aufgrund objektiver Anzeichen ernsthaft zu rechnen hat.

5.6.6 Wertaufholungsgebot

5.6.6.1 Grundsätze

4711 Nach § 6 Abs. 1 Nr. 2 Satz 3 i. V. m. Abs. 1 Nr. 1 Satz 4 gilt für Wertpapiere und Anteile an Kapitalgesellschaften ein steuerliches Wertaufholungsgebot.

4712 Das Wertaufholungsgebot greift allerdings dann nicht ein, wenn der Nachweis geführt werden kann, dass ein niedrigerer Teilwert im Anschluss an eine Teilwertabschreibung weiterhin besteht. Stellt sich in einem auf eine Teilwertabschreibung folgenden Wirtschaftsjahr heraus, dass die Gründe für die Teilwertabschreibung nicht mehr bestehen, so ist eine Zuschreibung bis zum höheren Teilwert, maximal bis zu den Anschaffungskosten vorzunehmen.

5.6.6.2 Besonderheiten des Wertaufholungsgebotes bei Anteilen an Kapitalgesellschaften

4713 Bei Teilwertabschreibungen auf Anteile an Kapitalgesellschaften besteht die Besonderheit, dass nach § 8b Abs. 3 Satz 3 KStG Gewinnminderungen, die im Zusammenhang mit dem in § 8b Abs. 2 KStG genannten Anteilen an einer Körperschaft oder Personenvereinigung entstehen, bei der Ermittlung des Einkommens nicht zu berücksichtigen sind.

Bei von Einzelunternehmen gehaltenen Anteilen wirkt sich die Teilwertabschreibung in Höhe von 60 % nicht steuermindernd aus (§ 3 c Abs. 2 Satz 1 EStG).

4714 Ergeben sich aus dem Ansatz des in § 6 Abs. 1 Nr. 2 Satz 3 i. V. m. Nr. 1 Satz 4 EStG bezeichneten Werts, also aus sog. Wertaufholungen nach vorangegangenen Teilwert-

406 IV C 6 – S 2171-b/09/10002, Tz. 21. Vgl. hierzu auch *Förster*, DB 2014 S. 384.

abschreibungen, Gewinne, so bleiben diese nach § 8b Abs. 2 Satz 3 KStG bei der Ermittlung des Einkommens außer Ansatz.

Nach § 8b Abs. 2 Satz 4 KStG gilt dies jedoch nicht, soweit der Anteil in früheren Jahren 4715
(vor dem Systemwechsel zum sog. Halbeinkünfteverfahren) steuerwirksam auf den niedrigeren Teilwert abgeschrieben und die Gewinnminderung nicht durch den Ansatz eines höheren Werts ausgeglichen worden ist.

Einzelunternehmen können 40 % der Zuschreibung vom Einkommen abziehen (§ 3 4716
Nr. 40 Satz 1 Buchst. a Satz 1 EStG). Die Zuschreibung ist dagegen, analog der Regelung für Kapitalgesellschaften, voll steuerpflichtig, soweit die frühere Teilwertabschreibung in vollem Umfang zu einer Gewinnminderung geführt hat und soweit diese Gewinnminderung nicht durch eine steuerpflichtige Zuschreibung ausgeglichen wurde (§ 3 Nr. 40 Satz 1 Buchst. a Satz 2 EStG).

Wurden bei Anteilen an Kapitalgesellschaften steuerwirksame (während des Anrech- 4717
nungsverfahrens) als auch steuerunwirksame Teilwertabschreibungen (unter Geltung des Halbeinkünfteverfahrens) vorgenommen, die bislang nicht durch den Ansatz eines höheren Wertes rückgängig gemacht wurden, ergibt sich ein Reihenfolgeproblem.

Es stellt sich dann die Frage, ob Wertaufholungen bei den steuerwirksam oder bei den 4718
nicht steuerwirksam abgeschriebenen Anteilen vorzunehmen sind. Die Finanzverwaltung hat bislang die Verrechnungsreihenfolge des „first-in-first-out" vertreten. Wertaufholungen seien solange steuerpflichtig, bis die steuerwirksam vorgenommenen Teilwertabschreibungen in vollem Umfang ausgeglichen seien.[407] Der BFH hat diese Rechtsfrage in seiner Entscheidung vom 19. 8. 2009 dahingehend beantwortet, dass Wertaufholungen, die sich nicht auf eine konkret vorangegangene Teilwertabschreibung beziehen, zunächst mit den nicht steuerwirksamen und erst danach mit den steuerwirksamen Teilwertabschreibungen zu verrechnen sind. Im Ergebnis entspricht dieses Vorgehen einer Verrechnungsreihenfolge des „last-in-first-out".[408] Somit bleiben Teilwertaufholungen in Höhe des steuerunwirksamen Wertaufholungsvolumens steuerfrei.

Für diese Vorgehensweise spricht, dass § 8b Abs. 2 Satz 4 KStG die Zielsetzung zugrun- 4719
de liegt, eine steuerfreie Realisation stiller Reserven auszuschließen, die nach früherer Rechtslage steuerpflichtig gewesen wäre. Dieser Zielsetzung entspricht es, die Verrechnungsreihenfolge an einer Zeitenreihenfolge zu orientieren und dabei die zuletzt eingetretene Wertminderung als zuerst ausgeglichen anzusehen.

Hinzu kommt, dass nach der gesetzlichen Systematik Erträge aus den Wertaufholungen vorrangig von der Anwendung des Halbeinkünfteverfahrens profitieren und steuerfrei bleiben. § 8b Abs. 2 Satz 4 KStG soll erst dann zur Anwendung gelangen, soweit – nach Grund und Höhe – das (an sich steuerfreie) Wertaufholungsvolumen für den betreffenden „abgeschriebenen" Anteil aufgezehrt ist.

407 Vgl. u. a. OFD Münster, Vfg. vom 23. 2. 2005, DB 2005 S. 470; *Schwenker/Fischer*, FR 2010 S. 649.

408 I R 2/09, BStBl 2010 II S. 760; zustimmend OFD Niedersachsen, Vfg. vom 11. 4. 2011 – S 2750a-18-St 242, KSt-Kartei ND § 8b KStG Karte 5.

4720 Zu beachten ist, dass die beschriebene Systematik auch im Fall der Veräußerung eines Kapitalgesellschaftsanteils eingreift.

4721 **BEISPIEL:** Ein Gesellschafter einer Kapitalgesellschaft hat seine Beteiligung mit Anschaffungskosten von 200.000 € steuerwirksam auf 150.000 € abgeschrieben. Zu einem späteren Zeitpunkt wurde die Beteiligung steuerneutral auf 100.000 € abgeschrieben. Die Beteiligung wurde für 100.000 € veräußert.

Der im Zuge der Veräußerung der Beteiligung realisierte Gewinn ist in erster Linie mit der zuletzt eingetretenen „steuerneutralen" Wertminderung zu verrechnen und auf dieser Basis § 8b Abs. 2 Satz 4 KStG nicht anzuwenden.

6. Kassenbestand, Bundesbankguthaben, Guthaben bei Kreditinstituten und Schecks

4722 In § 266 Abs. 2 HGB werden die sog. flüssigen Mittel (Kassenbestand, Bundesbankguthaben, Guthaben bei Kreditinstituten und Schecks) in einer Bilanzposition zusammengefasst. In der Praxis sind vor allem die Positionen Kassenbestand und Guthaben bei Kreditinstituten von Relevanz.

6.1 Kassenbestand

4723 Zum Kassenbestand am Bilanzstichtag zählt das in den Haupt- und Nebenkassen befindliche Bargeld. Zu dem Kassenbestand rechnen auch Wertmarken in Form von Briefmarken sowie das in Frankiermaschinen gespeicherte Wertguthaben.[409] Die Bewertung hat mit dem Nennwert zu erfolgen.

6.2 Guthaben bei Kreditinstituten

4724 Hierzu zählen sämtliche Guthaben bei inländischen Banken und Sparkassen. Auf Euro lautende Guthaben bei Kreditinstituten sind mit dem Nennwert zu bewerten. Hierzu zählen sowohl täglich fällige Gelder als auch Festgelder. Nicht in Anspruch genommene Kreditlinien sind nicht aktivierungsfähig. Guthaben bei Kreditinstituten, die verbundene Unternehmen sind oder mit denen ein Beteiligungsverhältnis besteht, sind unter den Forderungen auszuweisen.[410]

Der Ansatz eines niedrigen Teilwerts kommt im Fall einer finanziellen Schieflage des Kreditinstituts in Betracht.

6.3 Schecks

4725 In der Praxis ist die Bedeutung dieser Position i. d. R. gering, da Schecks regelmäßig zum Inkasso weitergegeben werden. Im Einzelnen sind folgende Schecks zu berücksichtigen: Bar-, Verrechnungs-, Inhaber-, Order-, Euro-, Fremdwährungs-, Reiseschecks. Schecks,

409 Vgl. *Ellrott/Roscher*, in: Beck'scher Bilanz-Kommentar, § 247 HGB Rz. 131.

410 Vgl. *Koss/Lemmen/Niemann/Wohlgemuth*, Jahres- und Konzernabschluss nach Handels- und Steuerrecht, Rz. 853W.

die von dem Kreditinstitut noch nicht eingelöst wurden, sind als Forderungen auszuweisen, da die dem Scheck zugrunde liegende Forderung noch nicht erloschen ist.

Schecks sind wie Forderungen zu bewerten. D. h. auf Euro lautende Schecks in Form von Bar-, Verrechnungs- und Reiseschecks sind im Grundsatz mit dem Nennbetrag zu bewerten. Andernfalls hat eine Bewertung nach den für Fremdwährungsforderungen geltenden Grundsätzen zu erfolgen.[411] 4726

6.4 Zahlungsmittel in ausländischer Währung

6.4.1 Ermittlung der Anschaffungskosten

Bei der Erstverbuchung sind Zahlungsmittel in ausländischer Währung (Kassenbestand, Bankguthaben sowie Wechsel und Schecks) im Zugangszeitpunkt mit dem Nennwert zu verbuchen. 4727

6.4.2 Bewertung mit dem Teilwert

Zum Bilanzstichtag sind ausländische Zahlungsmittel nach § 256a HGB zum Abschlussstichtag mit dem Devisenkassamittelkurs umzurechnen. Dieser Wertansatz ist auch für die Steuerbilanz maßgeblich. 4728

Liegt der Umrechnungskurs unter dem bei der Erstverbuchung angesetzten Kurs, ist von einer voraussichtlich dauernden Wertminderung gemäß § 6 Abs. 1 Nr. 2 EStG auszugehen, wenn das niedrigere Kursniveau bis zum Zeitpunkt der Bilanzaufstellung beibehalten wird. Liegt der Umrechnungskurs über dem bei der Erstverbuchung angesetzten Kurs, ist der im Zeitpunkt der Erstverbuchung angesetzte Kurs fortzuführen. 4729

(Einstweilen frei) 4730–4929

411 Vgl. hierzu Rz. 4600 ff.

Teil B:
Bilanzierung und Bewertung bei der Gewinnermittlung nach Bilanzposten

Kapitel III:
Aktive Rechnungsabgrenzungsposten (RAP)

von
WP/StB Professor Dr. Ulrich Prinz, Köln

Inhaltsübersicht Rz.

Ausgewählte Literatur

Arbeitskreis „Steuern und Revision" im Bund der Wirtschaftsakademiker (BWA), DStR 1999 S. 2135; *dies.*, DStR 2011 S. 2211; *Balmes/Graessner*, FR 2011 S. 885; *Beisse*, Wandlungen der Rechnungsabgrenzung, Festschrift Budde, München 1995, S. 67; *Crezelius*, DB 1998 S. 633; *Federmann*, BB 1984 S. 246; *Fuchs*, Die transitorischen Rechnungsabgrenzungsposten, Systematische Grundlagen und historische Entwicklung bis zum Aktiengesetz 1965, Köln 1987; *Hartung*, Rechnungsabgrenzungsposten und richtlinienkonforme Auslegung, Festschrift Moxter, Düsseldorf 1994, S. 213; *Herzig/Joisten*, DB 2011 S. 1014; *Hoffmann*, StuB 2013 S. 637; *Horst*, NWB 2011 S. 3688; *Küting/Strauß*, DB 2010 S. 1189; *Meyer-Scharenberg*, DStR 1991 S. 254; *Prinz*, FR 2011 S. 1165; *Rätke*, StuB 2013 S. 806; *Rose*, Die Rechnungsabgrenzungsposten im Lichte der neueren Rechtsprechung des Bundesfinanzhofs, StbJb 1983/84 S. 141; *Strahl*, KÖSDI 2012 S. 17946, 17950; *Schulze-Osterloh*, Der Ausweis von Aufwendungen nach dem Realisations- und dem Imparitätsprinzip, Festschrift Forster, Düsseldorf 1992, S. 653; *Stobbe*, FR 1995 S. 399; *Tiedchen*, BB 1997 S. 2471; *dies.*, Posten der aktiven Rechnungsabgrenzung, in HdJ, II/9 (August 2013), Rz. 145-175.

1. Steuerbilanzielle Rechtsgrundlagen (§ 5 Abs. 5 EStG)

§ 5 Abs. 5 Satz 1 Nr. 1 EStG sieht ein qualifiziertes **steuerbilanzielles Ansatzgebot** zur 4930
Bildung eines aktiven RAP vor. Solche Abgrenzungsposten sind in Bezug auf die Aktivseite nur anzusetzen für

> „Ausgaben vor dem Abschlussstichtag, soweit sie Aufwand für eine bestimmte Zeit nach diesem Tag darstellen".

Es handelt sich um sogenannte **transitorische Posten**, d. h. um (vorausgeleistete) Zahlungen aus meist gegenseitigen Verträgen, deren Erfolgswirkung (= Aufwandsrealisation) in späteren Perioden nach Maßgabe eines zeitlichen Bestimmtheitserfordernisses auftritt (bspw. Miet- oder Leasingvorauszahlungen).[1] RAP dienen der periodengerechten Erfolgsabgrenzung (kodifiziertes dynamisches Bilanzverständnis) und haben keine Wirtschaftsgutqualität. Das steuerbilanzielle Ansatzgebot für passive RAP ist tatbestandssymmetrisch in § 5 Abs. 5 Satz 1 Nr. 2 EStG formuliert. Es besteht ein Saldierungsverbot für aktive und passive RAP (Grundlage: § 5 Abs. 1a Satz 1 EStG). Für Gewinnermittler nach § 5 Abs. 1 EStG gilt das Ansatzgebot für RAP unmittelbar; für

1 Zu der Beschränkung steuerlicher RAP auf transitorische Posten vgl. auch R 5.6 Abs. 1 EStR 2012.

Gewinnermittler nach § 4 Abs. 1 EStG gelten die Regelungen als steuerbilanziell allgemein akzeptierte Grundlagen kaufmännischer Rechnungslegung sinngemäß.[2] Eine Verpflichtung zur korrespondierenden Bilanzierung aktiver und passiver RAP bei den Vertragspartnern eines Austauschgeschäfts – bilanzierende Steuerpflichtige vorausgesetzt – besteht nicht; das Imparitätsprinzip steht dem mitunter entgegen.[3] § 5 Abs. 5 Satz 1 Nr. 1 EStG enthält keine ausdrücklichen Regelungen zur Auflösung oder Verteilung des aktiven RAP; insoweit gelten Aufwandsrealisationsgrundsätze. Bei fehlender Tatbestandserfüllung des § 5 Abs. 5 Satz 1 EStG besteht ein Aktivierungsverbot (= laufende Betriebsausgabe).[4]

4931 Eine spezielle ergänzende Ansatzpflicht für zwei Typen **antizipativer RAP** beinhaltet § 5 Abs. 5 Satz 2 EStG. Danach sind als aktive RAP „ferner anzusetzen":

- bestimmte Zölle und Verbrauchsteuern, soweit sie auf am Abschlussstichtag auszuweisende Wirtschaftsgüter des Vorratsvermögens entfallen (Nr. 1) und
- Umsatzsteuer auf am Abschlussstichtag auszuweisende Anzahlungen (Nr. 2).

2. Bilanzrechtssystematische Rahmenbedingungen aktiver RAP

2.1 Handelsbilanzielle Regelung des § 250 Abs. 1 und 3 HGB

4932 § 250 HGB regelt für sämtliche Kaufleute im Bereich der bilanziellen Ansatzvorschriften die verschiedenen Formen von RAP. Neben Vermögensgegenständen und Schulden sind RAP eine eigene, nachgeordnete Bilanzpostenkategorie (§§ 246 Abs. 1, 247 Abs. 1 HGB), die der perioden- und realisationsgerechten Erfolgsabgrenzung des Kaufmanns dient und – begrenzt auf transitorische Positionen – Ausdruck eines dynamischen Bilanzverständnisses ist. Dadurch soll für einen eng begrenzten Anwendungsbereich eine willkürliche handelsbilanzielle Gewinnbeeinflussung verhindert werden; Gläubigerschutz und Kapitalerhaltung treten insoweit „in den Hintergrund".[5] § 250 Abs. 1 HGB definiert die aktiven RAP weitgehend wortlautidentisch mit § 5 Abs. 5 Satz 1 Nr. 1 EStG. Entsprechendes gilt für die in § 250 Abs. 2 HGB definierten passiven RAP. § 250 Abs. 3 HGB befasst sich mit dem Sonderfall eines aktiven RAP für Unterschiedsbeträge aus der Aufnahme von Verbindlichkeiten (sogenanntes Disagio) und enthält ein Aktivierungswahlrecht; eine steuerbilanzielle Parallelregelung existiert nicht. Die jüngere Rechtsprechung des BFH lässt auf der Aktivseite der Bilanz eine Tendenz zur „Ausweitung der RAP" erkennen.

---

2 Vgl. H 5.6 EStR 2012 (Gewinnermittlung nach § 4 Abs. 1 EStG), wo zur Begründung auf § 141 Abs. 1 Satz 2 AO und das BFH, Urteil vom 20. 11. 1980 – IV R 126/78, BStBl 1981 II S. 398 verwiesen wird. Bereits vor ihrer einkommensteuergesetzlichen Kodifikation wurden RAP als GoB steuerbilanziell berücksichtigt; vgl. dazu BFH, Urteil vom 18. 3. 2010 – X R 20/09, BFH/NV 2010 S. 1796, 1797 f.

3 Vgl. *Federmann*, in: HHR, § 5 EStG Anm. 1920; siehe ergänzend auch Rz. 4940.

4 Vgl. *Federmann*, in: HHR, § 5 EStG Anm. 1922; *Weber-Grellet*, in: Schmidt, EStG, 33. Aufl. 2014, § 5 Rn. 242.

5 Zu den handelsrechtlichen Details vgl. *Prinz*, in: Kölner Kommentar zum Rechnungslegungsrecht, Köln 2011, § 250 HGB Rn. 1. Ergänzend dazu auch *Moxter*, Bilanzrechtsprechung, 6. Aufl. 2007, S. 72, der aktive RAP als „Vermögensgegenstände besonderer Art" bezeichnet; MüKoBilR/*Hennrichs*, § 250 HGB Rn. 1 ff. (2013); *Tiedchen*, Posten der aktiven Rechnungsabgrenzung, in HdJ, II/9 (August 2013), Rz. 1-143.

Darüber hinaus bestand für vor dem 1. 1. 2010 beginnende Geschäftsjahre ein handels- 4933
bilanzielles Wahlrecht für zwei Bereiche antizipativer Rechnungsabgrenzungsposten, nämlich bestimmte **Zölle und Verbrauchsteuern** sowie **Umsatzsteuer auf erhaltene Anzahlungen**. Die Regelung entsprach § 5 Abs. 5 Satz 2 EStG, war allerdings nicht als Aktivierungspflicht, sondern als Wahlrecht ausgestaltet. Beide Sonderregelungen sind durch das BilMoG vom 25. 5. 2009 handelsbilanziell abgeschafft worden. Der Grund des BilMoG-Gesetzgebers für die Streichung des § 250 Abs. 1 Satz 2 HGB a. F., dessen praktische Bedeutung als eher gering eingestuft wurde, war die angestrebte Gleichwertigkeit des handelsrechtlichen Jahresabschlusses im Verhältnis zu den internationalen Rechnungslegungsstandards. Eine einheitliche Behandlung in Handels- und Steuerbilanz ist daher insoweit nicht mehr möglich (handelsbilanzielles Aktivierungsverbot).[6]

§ 250 HGB basiert auf der 4. EG-Richtlinie vom 25. 7. 1978, die eine Ansatzpflicht im 4934
Hinblick auf sog. transitorische Posten, ein Mitgliedstaatenwahlrecht für sog. antizipative Posten vorsah; letzteres hat der deutsche Gesetzgeber nicht in das HGB eingeführt. Die Ansatzpflicht für transitorische Posten wurde in § 250 Abs. 1 HGB bezogen auf aktive RAP durch das BiRiLiG 1985 umgesetzt. § 250 HGB hat daher im Ausgangspunkt europäische Rechtswurzeln und ist einer richtlinienkonformen Auslegung zugänglich.[7] Das **Gebot europarechtskonformer Auslegung** erstreckt sich nach Meinung des BFH aber nicht auf § 5 Abs. 5 EStG, da es sich insoweit um eine rein nationalstaatliche steuerbilanzielle Regelung handelt, die ungeachtet ihrer „europäischen Wurzeln" eine eigenständige Kodifikation im EStG erfahren hat. Der allgemeine Maßgeblichkeitsverweis des § 5 Abs. 1 Satz 1 EStG ist durch ein spezielles steuergesetzliches Aktivierungsgebot insoweit verdrängt worden.[8] Grund der nahezu wortlautidentischen, aber eigenständigen Steuerrechtsregelung für RAP war: Ursprünglich wurden die zeitlichen Abgrenzungsposten im AktG 1965 geregelt. Dabei entstand die Frage, ob diese rechtsformspezifischen Normen auch für Nicht-Aktiengesellschaften gelten. Um insoweit Auslegungsschwierigkeiten im Hinblick auf den Maßgeblichkeitsgrundsatz zu vermeiden, hat der Steuergesetzgeber klarstellend im EStÄndG vom 16. 5. 1969 eine eigenständige, verpflichtende RAP-Regelung geschaffen.[9]

(Einstweilen frei) 4935–4939

6 Vgl. BT-Drucks. 16/10067 vom 30. 7. 2008, S. 51.

7 Vgl. *Prinz*, in: Kölner Kommentar zum Rechnungslegungsrecht, Köln 2011, § 250 HGB Rn. 3. Dabei ergeben sich im Hinblick auf die unterschiedlichen Sprachfassungen von Artikel 18 und 21 der 4. Richtlinie vom 25. 7. 1978 bezogen auf das Kriterium „bestimmte Zeit" Unklarheiten, vgl. *Beisse*, Festschrift Budde, 1995 S. 81-84; *Hartung*, Festschrift Moxter, 1994 S. 213-225; *Schulze-Osterloh*, Festschrift Forster, 1992 S. 653, 663-665. Darüber hinaus wird die Richtlinienkonformität des zwischenzeitlich durch das BilMoG vom 25. 5. 2009 abgeschafften § 250 Abs. 1 Satz 2 HGB in Teilen der Literatur bezweifelt; vor allem *Hennrichs*, in: Münchener Kommentar zum AktG, Band 5/1 2003, § 250 HGB Rn. 13; aktuell auch MüKoBilR/*Hennrichs*, § 250 HGB Rn. 18 (2013). Siehe ergänzend auch die EU-Rechnungslegungsrichtlinie v. 26. 6. 2013, wo verschiedentlich auf RAP's Bezug genommen wird (etwa Art. 36 Abs. 1a).

8 Vgl. dazu Teil A Kap. III Rz. 386 ff.

9 Zu Details vgl. *Federmann*, in: HHR, § 5 EStG Anm. 1911. Erstmalige Geltung für Wirtschaftsjahre, die nach dem 31. 12. 1967 enden.

2.2 Steuerbilanzielles Ansatzgebot für aktive RAP gem. § 5 Abs. 5 Satz 1 Nr. 1 EStG

2.2.1 Tatbestand und Rechtsfolge des aktiven RAP

4940 Das **Aktivierungsgebot** des § 5 Abs. 5 Satz 1 Nr. 1 EStG dient der abschnittsbezogenen wirtschaftlichen Erfolgszuordnung bei laufenden Betriebsausgaben und hat drei kumulative Voraussetzungen:

- Es muss sich um „Ausgaben vor dem Abschlussstichtag" handeln,
- die (verursachungs- und zeitgerecht) „Aufwand ... nach diesem Tag darstellen",
- wobei das Zeitmoment für die Aufwandsentstehung nach Maßgabe des Vorliegens eines rechtlichen Anspruchs auf Gegenleistung konkretisiert sein muss („für eine bestimmte Zeit"). Das steuerbilanzielle Objektivierungsgebot verlangt dies. Stets kommt es auf den wirtschaftlichen Gehalt der Gegenleistung nach Maßgabe der rechtlichen Verpflichtungsstruktur an.

Aktive und passive RAP sind zwar in § 5 Abs. 5 Satz 1 Nr. 1 und Nr. 2 EStG tatbestandssymmetrisch formuliert. Das Merkmal „für eine bestimmte Zeit" ist allerdings nach überwiegender Meinung in der Literatur unter Berücksichtigung des Realisations- und Vorsichtsprinzips imparitätisch auszulegen; dies wird jedoch in der Praxis in vielen Fällen eine spiegelbildliche Behandlung nicht ausschließen.[10] Zudem lässt die jüngere Rechtsprechung des BFH eine korrespondierende Interpretation des Zeitraumbezugs bei aktiven und passiven RAP erkennen.[11] Die Aktivierung einer Ausgabenposition, die üblicherweise (aber nicht nur) im Zuge eines gegenseitigen, synallagmatischen Vertragsverhältnisses anfällt, ist stets nach einem strengen objektivierten Maßstab vorzunehmen, da ansonsten ein unter Leistungsfähigkeitsaspekten überhöhter Gewinn besteuert wird. Das Vorsichtprinzip begrenzt insoweit die Ansatzpflicht für aktive RAP. Ein Wirtschaftsgut entsteht durch die Aktivierungsverpflichtung nicht.

4941 **Rechtsfolge** der Tatbestandserfüllung eines RAP ist die Verpflichtung zu einer periodengerechten Erfolgsabgrenzung für ertragsteuerliche Zwecke (Einkommensteuer, Körperschaftsteuer sowie Gewerbesteuer). Dadurch wird die Zahlungskategorie „Ausgabe" von der Erfolgskategorie „Aufwand" unterschieden. Die betroffene Ausgabenposition wird durch Aktivierung in einen aktiven RAP verursachungsgerecht dem Jahr der wirtschaftlichen Aufwandsentstehung zugeordnet. Dies dient dem Interesse einer periodengerechten Aufwandsabgrenzung nach Maßgabe des Vorsichtsprinzips. § 5 Abs. 5 Satz 1 Nr. 1 EStG enthält allerdings keine konkreten Verteilungsregelungen für die aktiven RAP. Nur laufende Ausgaben (im Sinne einer Vermögensminderung) unterliegen dem Gebot erfolgsorientierter Abgrenzung. Ein Wahlrecht zur Aktivierung eines RAP existiert nicht **(kein RAP-Wahlrecht)**. Allerdings erlaubt die Rechtsprechung in Fällen von geringer Bedeutung den Verzicht auf den Ansatz eines RAP; eine genaue Abgren-

10 Vgl. *Crezelius*, DB 1998 S. 633, *ders.*, in: Kirchhof, EStG, 13. Aufl. 2014, § 5 Rn. 90, *Beisse*, Festschrift Budde, 1995 S. 67, 79; *Weber-Grellet*, in: Schmidt, EStG, 33. Aufl. 2014, § 5 Rn. 250. Anders akzentuiert bei Bearbeitungsentgelten für Darlehnsverhältnisse, BFH, Urteil vom 22. 6. 2011 – I R 7/10, FR 2011 S. 1004, 1006, mit Anm. *Herzig/Joisten*. S. auch *Federmann*, in: HHR, § 5 EStG Anm. 1926.

11 Zu einem obiter dictum vgl. BFH, Urteil vom 22. 6. 2011 – I R 7/10, BStBl 2011 II S. 872 Rn. 19.

zung von Ausgabe und Aufwand ist dann nicht zwingend vorzunehmen. Die Rechtsprechung stützt dies auf den **Grundsatz der Wesentlichkeit,** auf Verhältnismäßigkeits- und Vereinfachungsgesichtspunkte. Dort, wo wegen Geringfügigkeit der zur Abgrenzung anstehenden Beträge eine nennenswerte Erfolgsbeeinflussung nicht erfolgt, kann der Steuerpflichtige auf eine genaue Abgrenzung verzichten. Ein Wahlrecht wird dadurch aber nicht begründet. Die Rechtsprechung orientiert sich praxisnah im Sinne einer Nichtbeanstandung an den Kriterien eines geringwertigen Wirtschaftsguts gem. § 6 Abs. 2 EStG (maximal 410,00 € Abgrenzungsvolumen pro Leistungsverhältnis).[12] Im Ergebnis ist die Rechtsprechung meines Erachtens zutreffend. Der Verzicht auf die Abgrenzung eines aktiven RAP in Fällen von geringer Bedeutung ist letztlich Ausfluss eines auch im Steuerbilanzrecht geltenden Wirtschaftlichkeitsgrundsatzes. Ein Verstoß gegen das Vollständigkeitsgebot ist darin nicht zu sehen.

Keine RAP-Bewertung: Wegen ihres Rechtscharakters als bloße Abgrenzungsposition unterliegen RAP abweichend zu „normalen Wirtschaftsgütern" keiner Bewertung; sie werden vielmehr nach Maßgabe einer periodengerechten Ergebnisbemessung gebildet, verteilt und aufgelöst. Grundlage dafür sind: Umfang der erhaltenen oder geleisteten Vorauszahlungen einerseits, Wertverhältnisse der noch ausstehenden Gegenleistung zur Gesamtgegenleistung andererseits. Details dazu hat der BFH beispielsweise für passive RAP im Zusammenhang mit Zinszuschüssen judiziert.[13] Ein aktiver RAP ist mangels Bewertung keiner Teilwertabschreibung zugänglich; § 6 EStG findet keine Anwendung.[14] Allerdings kommt neben einer planmäßiger Auflösung in Sonderfällen eine vorzeitige Aufwandsrealisation (= außerplanmäßige Auflösung) in Betracht. Im Übrigen kann eine verursachungsgerechte Aufwandsverteilung linear, u. U. auch degressiv erfolgen. Entscheidend ist eine objektivierte Nachvollziehbarkeit und Dokumentation der Aufwandsrealisation. 4942

Subsidiarität des aktiven RAP: Erfüllen Ausgaben die Kriterien des Wirtschaftsgutbegriffs und gehen sie in die Anschaffungs- oder Herstellungskosten eines Wirtschaftsguts ein, so scheidet eine Behandlung als aktiver RAP aus. Eine steuerbilanzielle Aktivierung als Forderung, geleistete Anzahlung oder anderweitiges Wirtschaftsgut geht dem aktiven RAP stets vor.[15] Besonderheiten gelten für die antizipativen Posten des § 5 Abs. 5 Satz 2 EStG. Der Grundsatz der Subsidiarität eines aktiven RAP lässt sich steuersystematisch aus der fehlenden Wirtschaftsgutqualität und dem Vorsichtsgrundsatz 4943

12 Vgl. zu den Details BFH, Urteil vom 18. 3. 2010 – X R 20/09, BFH NV 2010 S. 1796-1799. Die materiellen Rechtsausführungen des BFH sind dabei in die Begründung einer Kostenentscheidung „eingekleidet", da die Finanzverwaltung dem Rechtsstreit nach Ergehen eines Gerichtsbescheids und Beantragung einer mündlichen Verhandlung beim BFH abgeholfen hatte. Aus der älteren Judikatur vgl. auch BFH, Urteile vom 16. 9. 1958 – I 351/56, BStBl 1958 III S. 462, 464; vom 24. 1. 1961 – I D 1/60 S, BStBl 1961 III S. 185. Zu den Details des Wesentlichkeitsgrundsatzes für die Steuerbilanz instruktiv auch *Wendt*, Festschrift Herzig, München 2010, S. 517; *Marx*, FR 2011 S. 267-272.

13 Vgl. BFH, Urteil vom 24. 6. 2009 – VI R 26/06, BStBl 2009 II S. 781. S. ergänzend auch *Moxter*, Bilanzrechtsprechung, 6. Aufl. 2007, S. 80, der auf die BFH-Entscheidung vom 20. 11. 1969 – IV R 3/69, BStBl 1970 II S. 209 verweist.

14 Vgl. BFH, Urteile vom 31. 5. 1967 – I 208/63, BStBl 1967 III S. 607, 608; vom 20. 11. 1969 – IV R 3/69, BStBl 1970 II S. 209; vom 12. 7. 1984 – IV R 76/82, BStBl 1984 II S. 713. Zur bewertungsrechtlichen Beurteilung (Einheitsbewertung) s. BFH, Urteil vom 10. 7. 1970 – III R 112/69, BStBl 1970 II S. 779.

15 Vgl. *Crezelius*, in: Kirchhof, EStG, 13. Aufl. 2014, § 5 Rn. 87.

ableiten. Er ergibt sich auch aus dem Wortlaut des § 5 Abs. 5 Satz 1 EStG („sind...nur anzusetzen...“). Der aus einem dynamischen Bilanzverständnis herrührende Periodisierungsgrundsatz erfordert eine leistungsfähigkeitsorientierte Zusatzkorrektur des Gewinns nur bei fehlender Wirtschaftsgutqualität. Diese „Nachrangigkeit“ des RAP ist der Bilanz im Rechtssinne geschuldet. Nutzungsrechte, die als eigenständiges Wirtschaftsgut zu aktivieren und abzuschreiben sind, entstehen durch vorgeleistete Aufwendungen im Rahmen eines Dauerschuldverhältnisses nicht (etwa bei Miet- oder Pachtvorauszahlungen).

4944–4949 *(Einstweilen frei)*

2.2.2 Gegenstand aktiver RAP

4950 **Aufwand nach dem Bilanzstichtag folgt Ausgabe:** § 5 Abs. 5 Satz 1 Nr. 1 EStG ist auf so genannte transitorische Posten beschränkt. Dies sind zunächst erfolgsunwirksam zu erfassende „Ausgaben vor dem Abschlussstichtag“, die üblicherweise im Rahmen eines schwebenden Geschäfts zu Aufwand in einem abgegrenzten Zeitrahmen nach dem Stichtag werden. Die (finanzwirtschaftliche) Ausgabe geht der verursachungsgerechten Aufwandswirksamkeit des Vorgangs voraus. Dazwischen liegt ein Bilanzstichtag, der aus Gründen periodengerechter Erfolgsabgrenzung (§ 252 Abs. 1 Nr. 5 HGB als GoB) die „Speicherung“ der Ausgabe in einem aktiven RAP verlangt. Ansonsten wäre das steuerbilanzielle Ergebnis des Periodenabschnitts (üblicherweise ein Wirtschaftsjahr) zu gering; das Vorsichtsprinzip ist zu beachten. Der wirtschaftliche Grund der Ausgabe (= Aufwandsrealisation) muss deshalb stets nach dem Stichtag liegen; die entsprechende zeitraumbezogene Gegenleistung wird erst anschließend erbracht. Die Ausgabe im alten Wirtschaftsjahr wird üblicherweise an einen Dritten auf vertraglicher Grundlage geleistet. Die Ausgabe kann durch Zahlung, durch Überweisung oder etwa auch durch Verrechnung erfolgt sein. Nach herrschender Meinung kann auch die Begründung einer erfolgsunwirksamen Verbindlichkeit eine Ausgabe darstellen (beispielsweise bei einem Emissionsdisagio für eine Schuldverschreibung). Denn das Gesetz fordert keinen „Geldabfluss“ im alten Wirtschaftsjahr, auch wenn dies der besteuerungspraktische Regelfall sein dürfte. Gleiches gilt für ausgabewirksame Forderungsabgänge. Auch geldwerte Sachleistungen kommen nach Meinung des BFH für einen aktiven RAP in Betracht,[16] was meines Erachtens allerdings nicht zwingend ist. Dies führt besteuerungspraktisch zu deutlichen Anwendungserweiterungen bei aktiven RAP. Der Ausgabevorgang selbst kann auch noch am Bilanzstichtag vor Ablauf des alten Wirtschaftsjahres (24 Uhr) erfolgen. Klassische Beispiele für aktive RAP sind vorausbezahlte Mieten, Leasing- und Lizenzgebühren, Versicherungsprämien, Beratungshonorare sowie Zinsen und Steuern. Erfolgen Ausgabe und Gegenleistung in einem Besteuerungsabschnitt, besteht bereits vom Tatbestand des § 5 Abs. 5 Satz 1 Nr. 1 EStG her keine Möglichkeit einer Rechnungsabgrenzung.

16 Siehe BFH, Beschluss vom 7. 4. 2010 – I R 77/08, DStR 2010 S. 1015 mit einer Vorlage an den Großen Senat des BFH zur Anwendung des sog. subjektiven Fehlerbegriffs; inhaltlich bestätigt durch BFH, Urteil vom 15. 5. 2013 – I R 77/08, BStBl 2013 II S. 730.

Betriebsausgaben mit zeitraumbezogener Gegenleistung: Antizipative RAP sind in § 5 Abs. 5 Satz 1 Nr. 1 EStG nicht angesprochen. Dies sind vom Steuerpflichtigen empfangene Vorleistungen, die gegenüber dem Vertragspartner erst nach dem Bilanzstichtag zahlungswirksam werden (Aufwand jetzt, Ausgabe später). Insoweit liegt gegebenenfalls eine Verbindlichkeit/Rückstellung vor. Nur in den Fällen des § 5 Abs. 5 Satz 2 EStG ist eine Erfassung als aktiver RAP geboten. Auch transitorische Posten im weiteren Sinne sind im Hinblick auf den Grundsatz vorsichtiger Bewertung (§ 252 Abs. 1 Nr. 4 HGB) und Objektivierungsnotwendigkeit nicht als RAP ansatzfähig. Dies wird durch das gesetzliche Erfordernis einer Gegenleistung „für eine bestimmte Zeit" sichergestellt. So kommen etwa Aufwendungen für einen allgemeinen Werbefeldzug nicht für einen RAP in Betracht.[17] Gleiches gilt für Forschungs- und Entwicklungsausgaben, bei denen es an einer zeitraumbezogenen Gegenleistung fehlt. Der Gesetzgeber will damit eine ausufernde Grenzziehung aktiver RAP im Interesse eines ansonsten möglicherweise überhöhten Gewinnausweises vermeiden; andernfalls würden nur schwer fassbare Aktivwerte im aktiven RAP ihren Ausdruck finden. 4951

2.2.3 Zeitmoment aktiver RAP

Die Bildung eines aktiven RAP kommt gem. § 5 Abs. 5 Satz 1 Nr. 1 EStG nur in Betracht, 4952
soweit die vor dem Bilanzstichtag geleistete Ausgabe zu Aufwand „für eine bestimmte Zeit" nach diesem Tag führt. Dies kommt in der Rechtsprechung formelhaft wie folgt zum Ausdruck:

> „Der aktive RAP setzt grundsätzlich voraus, dass einer Vorleistung des Kaufmanns eine noch nicht erbrachte zeitbezogene Gegenleistung des Vertragspartners gegenübersteht".[18]

Gestützt auf das nach einem Objektivierungsmaßstab zu handhabende Vorsichtsprinzip verlangt die (jedenfalls bislang) herrschende Meinung im Grundsatz eine enge Auslegung dieses dem RAP wesensimmanenten zeitlichen Kriteriums. Die steuerbilanzielle BFH-Rechtsprechung hat sich in einer Reihe von Urteilen um Details der **Konkretisierung des Zeitmoments** bemüht, die wegen der Tatbestandsidentität in § 250 Abs. 1 HGB faktisch meist auch handelsbilanziell gelten.[19] Im Zweifel sollte es bei der Aufwandswirksamkeit des Vorgangs im alten Wirtschaftsjahr bleiben, ohne einen aktiven RAP wegen zeitlicher Unbestimmtheit der Gegenleistung in Anspruch zu nehmen. Üblicherweise erfordert das in § 5 Abs. 5 Satz 1 EStG genannte Zeitmoment: Anfang und Ende des Zeitrahmens der Gegenleistung müssen eindeutig festliegen, kalendermäßig

---

17 Bei Vorauszahlungen für eine regelmäßig wiederkehrende Werbemaßnahme (bspw. dem Erscheinen von Anzeigen) oder für die Miete von Werbeflächen für einen bestimmten Zeitraum ist allerdings auch für Werbeaufwendungen ein aktiver RAP anzusetzen. Vorauszahlungen auf erst im nächsten Jahr gelieferte Kataloge sind dagegen Anzahlungen. Vgl. *IDW*, WP-Handbuch, 2012, Band I Teil E Rn. 270; *Heinhold/Coenenberg*, DB 2005 S. 2033-2039.

18 Vgl. dazu etwa BFH, Beschluss vom 18. 3. 2010 – X R 20/09, BFH/NV 2010 S. 1796, 1798; BFH, Urteil vom 19. 1. 1978 – IV R 153/72, BStBl 1978 II S. 262.

19 Vgl. zur Diskussion um den zeitlichen Aspekt des RAP *Weber-Grellet*, in: Schmidt, EStG, 33. Aufl. 2014, § 5 Rn. 250-258; *Tiedchen*, BB 1997 S. 2471; *Crezelius*, DB 1998 S. 633; *Federmann*, BB 1984 S. 246; *Stobbe*, FR 1995 S. 399; umfassend zu den systematischen Grundlagen und der historischen Entwicklung der RAP auch *Fuchs*, Die transitorischen Rechnungsabgrenzungsposten, Köln 1987.

bestimmbar und bestimmt sein.[20] Dies muss allerdings nicht zwingend nur ein Wirtschaftsjahr sein, das Zeitmoment kann auch mehrere Wirtschaftsjahre umfassen. Üblicherweise handelt es sich bei Vorgängen, die einem aktiven RAP zugänglich sind, um zeitraumbezogene Leistungen aufgrund gegenseitiger Verträge (meist Dauerschuldverhältnisse; bilanzrechtliches Synallagma). Eine ausgabewirksame Vorausleistung der einen Seite besteht jedoch nicht nur bei gegenseitigen schuldrechtlichen Verpflichtungen. Sie kann auch ihre Grundlage im öffentlichen Recht haben, wenn eine Partei wirtschaftlich betrachtet eine Vorausleistung ohne gleichwertige Gegenleistung erbringt. Dies ist nach übereinstimmender Meinung in Rechtsprechung und Schrifttum etwa bei vorausgezahlter Kfz-Steuer der Fall.[21] Mitunter verknüpft der BFH allerdings bei sog. Mehrkomponentengeschäften mittels Anwendung einer wirtschaftlichen Betrachtungsweise Erträge aus einer laufenden Nutzung mit der Aufwandsseite eines vorangegangenen Verkaufsakts (so etwa bei Handy-Subventionsverträgen).[22] Der Anwendungsbereich aktiver RAP wird dadurch erkennbar ausgeweitet.

4953 Für die Konkretisierung des Zeitmoments reicht allerdings eine bloße Schätzung des Zeitrahmens nicht aus; dies würde letztlich die Rechtssicherheit zu sehr beeinträchtigen. Auch die Bestimmung der planmäßigen oder betriebsgewöhnlichen Nutzungsdauer eines abnutzbaren Sachanlageguts erfüllt wegen ihres Schätzungscharakters nicht die Kriterien des RAP-Zeitmoments.[23] Schließlich ist auch eine Abgrenzung zur Bilanzposition „geleistete Anzahlung" erforderlich. Dies sind sachabhängige Aufwendungen (etwa im Hinblick auf einen abgeschlossenen Werklieferungsvertrag geleistete Raten), ohne dass ein zeitraumbezogenes schwebendes Geschäft besteht. Typische Beispiele für schuldrechtlich oder öffentlich rechtlich begründete aktive RAP aufgrund ihres Zeitmoments sind: vorausgezahlte Erbbauzinsen oder die Zahlung eines Kaufinteressenten für ein mehrjährig bindendes Verkaufsangebot.[24]

4954–4959 *(Einstweilen frei)*

2.3 Steuerbilanzielles Ansatzgebot für Sonderfälle aktiver RAP (§ 5 Abs. 5 Satz 2 Nr. 1 und 2 EStG)

4960 Ein ergänzendes RAP-Aktivierungsgebot für zwei Sonderfälle (Zölle und Verbrauchsteuern, Umsatzsteuer auf Anzahlungen), die als (ältere) Beispiele rechtsprechungsbrechender Gesetzgebung verstanden werden müssen, enthält § 5 Abs. 5 Satz 2 EStG. Denn die BFH-Rechtsprechung hatte für beide Fallbereiche einen Aufwendungsabzug wegen ihres Vertriebskostencharakters zugelassen. Der Steuergesetzgeber wollte stattdessen

20 Ähnlich auch H 5.6 EStR 2012 „bestimmte Zeit nach dem Abschlussstichtag".

21 Vgl. BFH, Urteil vom 19. 5. 2010 – I R 65/09, BStBl 2010 II S. 967.

22 Vgl. BFH, Urteil vom 15. 5. 2013 – I R 77/08, BStBl 2013 II S. 730. Zu Details s. Rn. 4989.

23 Vgl. für einen passiven RAP (Investitionszuschuss aus öffentlichen Mitteln) BFH, Urteil vom 22. 1. 1992 – X R 23/89, BStBl 1992 II S. 488. Ergänzend für aktive und passive RAP gleichermaßen H 5.6 EStR („bestimmte Zeit nach dem Abschlussstichtag").

24 Vgl. BFH, Urteile vom 19. 10. 1993 – VIII R 87/91, BStBl 1994 II S. 109; vom 26. 3. 1991 – IV B 132/90, BFH/NV 1991 S. 736; vom 4. 6. 1991 – X R 136/87, BStBl 1992 II S. 70.

zur Vermeidung von Steuerausfällen deren Erfolgsneutralität sicherstellen.[25] Das früher parallel bestehende handelsbilanzielle Aktivierungswahlrecht wurde durch das BilMoG vom 25. 5. 2009 abgeschafft. § 5 Abs. 5 Satz 2 EStG betrifft in beiden Fallgruppen antizipative Posten, die weder forderungsähnliche oder immaterielle Wirtschaftsgüter darstellen noch die allgemeinen Kriterien eines (transitorischen) RAP gem. § 5 Abs. 5 Satz 1 EStG erfüllen. Deshalb handelt es sich um ein Aktivierungsgebot besonderer Art.[26]

Zum einen sieht § 5 Abs. 5 Satz 2 Nr. 1 EStG eine Aktivierungspflicht für als Aufwand berücksichtigte **Zölle und Verbrauchsteuern** vor, sobald sie auf am Abschlussstichtag auszuweisende Wirtschaftsgüter des Vorratsvermögens entfallen. Betroffen sind beispielsweise Bier- und Mineralölsteuer, die auf stichtagsbezogene Warenbestände entfallen und ihrer Natur nach erfolgsmindernd zu berücksichtigen sind. Ein gesonderter Ausweis als aktiver RAP erfolgt deshalb nicht bei Einbeziehung von Zöllen und Verbrauchsteuern in die Anschaffungs- oder Herstellungskosten des Vorratsvermögens. Nur wenn das Merkmal der Aufwandsberücksichtigung erfüllt ist, greift § 5 Abs. 5 Satz 2 Nr. 1 EStG ein. Dadurch soll sichergestellt werden, dass steuerbilanzieller Aufwand erst in dem Wirtschaftsjahr entsteht, in welchem das Produkt veräußert wird und deshalb eine zeitkongruente Ertragsrealisation erfolgt.[27] Insoweit kommt in der Regelung eine Art „matching principle" zum Ausdruck, das aus internationalen Rechnungslegungsstandards bekannt ist. 4961

Eine weitere besondere Aktivierungspflicht als RAP sieht § 5 Abs. 5 Satz 2 Nr. 2 EStG für als Aufwand berücksichtigte Umsatzsteuer auf am Abschlussstichtag auszuweisende **Anzahlungen** vor. Die frühere BFH-Rechtsprechung hatte insoweit ein Aktivierungsverbot festgelegt, welches durch die steuergesetzliche Sonderregelung „verdrängt" wird.[28] Betroffen sind nur Umsatzsteuerbeträge auf Anzahlungen beim Anzahlungsempfänger. Die Erfolgsneutralität der Umsatzsteuer soll auch bei einem Bruttoausweis der Anzahlungen sichergestellt werden. Soweit nach der Nettomethode gebucht wird, kommt ein Sonderposten für Umsatzsteuer auf Anzahlungen nicht in Betracht. Der Anzahlende selbst ist von § 5 Abs. 5 Satz 2 Nr. 2 EStG nicht betroffen. 4962

(Einstweilen frei) 4963–4969

3. Steuerbilanzielle Bedeutung aktiver RAP

RAP haben seit jeher das besondere Interesse steuerbetriebswirtschaftlicher und steuerjuristischer Betrachtung gefunden. Dies gilt für aktive und passive RAP gleichermaßen. Sie sind primär **Ausfluss eines dynamischen Bilanzzwecks**, der auf eine perioden- 4970

25 Zu Details vgl. *Federmann,* in: HHR, § 5 EStG, Anm. 1970. Aus der Rechtsprechung vgl. BFH, Urteil vom 26. 2. 1975 – I R 72/73, BStBl 1976 II S. 13: Biersteuer-Urteil; BFH, Urteil vom 26. 6. 1976 – VIII R 145/78, BStBl 1979 II S. 625: USt-Anzahlungen. Wegen Einzelfragen zur Behandlung der Umsatzsteuer im handelsrechtlichen Jahresabschluss s. IDW RH HFA 1.017 (Stand: 10. 6. 2011).

26 So zutreffend *Federmann,* in: HHR, § 5 EStG, Anm. 1975. Vgl. ergänzend auch *Wirtz,* DStR 1986 S. 749; *Erle,* BB 1988 S. 1082.

27 Vgl. dazu auch *Federmann,* in: HHR, § 5 EStG, Anm. 1970; *Weber-Grellet,* in: Schmidt, EStG, 33. Aufl., 2014, Rn. 259; *Crezelius,* in: Kirchhof, EStG, 13. Aufl. 2014, § 5 Rn. 86.

28 Vgl. BFH, Urteil vom 26. 6. 1979 – VIII R 145/78, BStBl 1979 II S. 625. S. aktuell für handelsbilanzielle Zwecke nach BilMoG vom 25. 5. 2009, IDW RH HFA 1.017.

gerechte Gewinnermittlung bei gleichzeitiger Beachtung von Vorsichts- und Realisationsgrundsätzen abzielt.[29] Aus bilanztheoretischer Sicht stoßen betriebswirtschaftliche Überlegungen zur Ermittlung eines periodengerechten Gewinns auf die kodifizierten Grundlagen des Steuerbilanzrechts. Aber auch aus dem Blickwinkel der Besteuerungspraxis sind RAP wichtig. Während der Steuerpflichtige üblicherweise aktive RAP zu vermeiden trachtet (gewinnerhöhende Wirkung), verfolgt die Finanzverwaltung die umgekehrte Zielrichtung. Aktive RAP sind ein Sammelbecken unterschiedlicher Geschäftsvorfälle; vor allem bei Finanzierungsfragen – etwa Abschlussgebühren für Darlehensverträge, dem Disagio bei der Darlehensauszahlung – treten sie gehäuft auf.[30] RAP können im Einzelfall eine erhebliche Größenordnung aufweisen. Die jüngere Rechtsprechung des BFH lässt eine deutliche Ausweitung aktiver RAP erkennen (etwa Vermögensminderung statt Ausgabe, wirtschaftliche Subventionierung durch Erträge).

4971–4974 *(Einstweilen frei)*

4. Wichtige Anwendungsfälle für aktive RAP (Einzelfall-ABC)

4975 **Ausbeuteverträge:** Bei vertraglicher Vorausleistung eines Ausbeuteentgelts durch ein Abbauunternehmen an den Grundstückseigentümer ist laut BFH vom 25.10.1984 zu unterscheiden:[31] Vorausleistungen auf Bodenschätze, mit deren Abbau vor dem Bilanzstichtag noch nicht begonnen wurde (sogenannter Vorratszeitraum), sind als geleistete Anzahlungen zu behandeln; Anschaffungskosten eines immateriellen Wirtschaftsguts „Nutzungsrechte" sind darin nicht zu sehen. Für Vorausleistungen auf bereits begonnene Abbauarbeiten ist ein aktiver RAP zu bilden. Die Zeitbestimmtheit ergibt sich aus der jeweils zum Jahresende genau feststellbaren Abbaumenge. Dass sich Vorratszeitraum und Abbaudauer nicht exakt nach dem Kalender vorherbestimmen lassen, ist dagegen nach Meinung des BFH unerheblich. Die aufwandsverursachende Auflösung des aktiven RAP richtet sich nach Maßgabe der jährlichen Fördermenge.

4976 **Bankgebühren/Bearbeitungsentgelte:** Nach der älteren BFH-Rechtsprechung sind Verwaltungsgebühren, die ein Darlehensnehmer im Zusammenhang mit der Aufnahme eines Bankdarlehens an das Kreditinstitut zu entrichten hat, auf die Laufzeit des Darlehens aktiv abzugrenzen. Gleichermaßen sollen Bearbeitungsgebühren, die ein Schuldner an ein Bankinstitut für die Übernahme einer Bürgschaft zu zahlen hat, auf die Zeit, für die sich das Bankinstitut vertraglich verbürgt, aktiv abgegrenzt werden. In beiden Sachverhalten sind die Kriterien zeitbezogener Gegenleistung erfüllt. Es ist ein aktiver

29 *Weber-Grellet*, in: Schmidt, EStG, 33. Aufl. 2014, § 5 Rn. 241 bezeichnet die transitorischen RAP anschaulich als „Stornoposten zur perioden- und realisationsgerechten Gewinnermittlung".

30 Vgl. *Herzig/Joisten*, DB 2011 S. 1014. Aus der aktuellen Rechtsprechung vgl. BFH, Urteile vom 22. 6. 2011 – I R 7/10, BStBl 2011 II S. 870 und vom 27. 7. 2011 – I R 77/10, DB 2011 S. 2410. Zur Einordnung der aktuellen Rechtsprechung Arbeitskreis „Steuern und Revision" im Bund der Wirtschaftsakademiker (BWA) e.V., DStR 2011 S. 2211; *Strahl*, KÖSDI 2012 S. 17950 f.

31 BFH, Urteil vom 25. 10. 1994 – VIII R 65/91, BStBl 1995 II S. 312; zur Diskussion vgl. *Moxter*, Bilanzrechtsprechung, 6. Aufl. 2007, S. 79 f.; *Federmann*, in: HHR, § 5 EStG Anm. 2000 „Ausbeuteverträge"; *Gschwendtner*, DStZ 1995 S. 417; *Stobbe*, FR 1995 S. 399.

RAP zu bilden und entsprechend dem wirtschaftlichen Gehalt der Gegenleistung zu verteilen.[32] Gleiches gilt für Diskontspesen und -zinsen bei hingegebenem Wechsel, soweit die Laufzeit des Wechsels über den Bilanzstichtag hinaus reicht; die ausgabewirksamen Beträge sind zeitanteilig aktiv abzugrenzen.[33] Der BFH hat seine Rechtsprechung nun allerdings im Urteil vom 22. 6. 2011[34] für ein vom Darlehensnehmer zu zahlendes, nicht laufzeitabhängiges **„Bearbeitungsentgelt"** in einer nicht ganz einfach verständlichen, sehr differenzierten Weise fortentwickelt. Der I. Senat grenzt sich ausdrücklich vom BFH-Urteil vom 19. 1. 1978 ab und unterscheidet zwei Konstellationen, was auf Gestaltungspotenzial der Rechtsprechung hindeutet. Darüber hinaus spricht sich der BFH für eine spiegelbildliche Behandlung aktiver und passiver RAP bei Darlehensverhältnissen aus (m. E. problematisch). Zum einen soll ein aktiver RAP nicht gebildet werden, wenn der Darlehensgeber das Entgelt im Fall vorzeitiger Vertragsbeendigung behalten darf, also keine anteilige Rückerstattung des Bearbeitungsentgelts an den Darlehensnehmer erfolgt. Es fehlt dann an einer zeitraumbezogenen Gegenleistung; das Bearbeitungsentgelt stellt eine sofort abziehbare Betriebsausgabe dar. Zum anderen soll aber trotz fehlender Rückzahlungsverpflichtung und nur aus wichtigem Grund während der vereinbarten Zeit kündbarem Darlehensvertrag ein aktiver RAP zu bilden sein, wenn diese „außerordentliche Kündigung" in den Augen der Vertragspartner nicht ernsthaft in Betracht kommt, also nur eine theoretische Option ist. Das Bearbeitungsentgelt hat dann nach Meinung des BFH Vorleistungscharakter und ist aktiv abzugrenzen. Wegen der Unschärfen in dem vom Finanzgericht festgestellten Tatbestand, nimmt der BFH in seinem Urteil vom 22. 6. 2011 eine Zurückverweisung des Rechtsstreits an das Finanzgericht zur anderweitigen Verhandlung der Entscheidung vor. Nach Meinung des BFH in seinem Urteil vom 14. 11. 2012[35] gelten diese Grundsätze zur Bildung/Vermeidung eines aktiven RAP für Entgelte im Zusammenhang mit der Begründung einer typisch stillen Beteiligung (etwa Bearbeitungsgebühren, Risiko- und Garantieprämien) entsprechend. Grund dafür ist: Die typisch stille Beteiligung wird in der Bilanz des Stillen als Kapitalforderung, beim Geschäftsherrn als Fremdkapital behandelt; insoweit besteht eine ertragsteuerliche Gleichwertigkeit zu Darlehensverhältnissen. M. E. ist die Rechtsprechung wegen ihrer Differenzierungsnotwendigkeiten nicht unproblematisch; sie ist von einem stark dynamischen Bilanzverständnis geprägt und könnte gegen das Vorsichtsprinzip verstoßen. Zu den sog. Step-down-Geldern besteht eine parallele Rechtsprechung.[36]

Disagio bei Emission einer Schuldverschreibung oder Darlehensaufnahme (Damnum): 4977
§ 250 Abs. 3 HGB sieht für den Sonderfall eines Unterschiedsbetrags aus der Aufnahme von Verbindlichkeiten ein Wahlrecht für einen aktiven RAP vor (Erfüllungsbetrag der

---

32 Vgl. BFH, Urteil vom 19. 1. 1978 – IV R 153/72, BStBl 1978 II S. 262.

33 BFH, Urteil vom 31. 7. 1967 – I 234/64, BStBl 1968 II S. 2.

34 BFH, Urteil vom 22. 6. 2011 – I R 7/10, BStBl 2011 II S. 870 in Aufhebung von FG Köln, Urteil vom 12. 11. 2009 – 13 K 3803/06, DStRE 2010 S. 915. Erläuternd dazu *Herzig/Joisten*, FR 2011 S. 1007; *Horst*, NWB 44/2011 S. 3688; *Bolik*, BB 2011 S. 2353; *Apitz*, StBW 2011 S. 811 f.; *Günkel*, RdF 2011 S. 432; *Hageböke*, Ubg 2012 S. 34; *Born*, NWB 2012, 802. Speziell zu sog. Close-Out-Zahlungen bei vorzeitiger Aufhebung von Zinsswaps *Helios*, DB 2012 S. 2890-2898.

35 BFH, Urteil vom 14. 11. 2012 – I R 19/12, BFH/NV 2013, 1989. Vgl. dazu *jh*, StuB 2013 S. 587; *Helios*, BB 2013 S. 1906.

36 Siehe dazu Rz. 4995.

Verbindlichkeit übersteigt den vereinnahmten Ausgabebetrag). Eine steuerbilanzielle Parallelregelung existiert nicht. Der BFH hat in seinem Urteil vom 29. 11. 2006[37] entschieden, dass für ein bei der Ausgabe einer verbrieften festverzinslichen Schuldverschreibung mit bestimmter Laufzeit vereinbartes Disagio in der Steuerbilanz ein aktiver RAP gebildet werden muss. Grund dafür ist: Das Disagio ist nach herrschender Meinung (einschließlich der Rechtsprechung des BGH) ein Mittel zur Feineinstellung des Zinses, das im Ermessen der Vertragspartner steht (Zusatzvergütung für Kapitalüberlassung neben laufendem Zins). Üblicherweise ist das Disagio dabei laufzeitabhängig und steht regelmäßig im umgekehrten Verhältnis zum vereinbarten Nominalzins. Entsprechend ist der aktive RAP verursachungsgerecht über die Laufzeit der Schuldverschreibung zu verteilen (linear, gegebenenfalls auch degressiv nach der Zinsstaffelmethode). Bei vorzeitiger Darlehensrückzahlung anlässlich einer Betriebsaufgabe erfolgt eine außerplanmäßige Auflösung zu Lasten des laufenden Gewinns, nicht des Aufgabegewinns.[38] Im Übrigen ist das Emissionsdisagio nach Meinung des I. Senats mit einem Auszahlungsdisagio bei einem „normalen Darlehen" vergleichbar. Schließlich lässt der BFH bei seiner Entscheidung ausdrücklich offen, ob die Aktivierungspflicht aus § 5 Abs. 5 Satz 1 Nr. 1 EStG als abschließender Regelung resultiert oder ob sich vielmehr aus dem handelsrechtlichen Aktivierungswahlrecht des § 250 Abs. 3 HGB nach dem Beschluss des Großen Senats des BFH vom 3. 2. 1969[39] eine GoB-gestützte steuerbilanzielle Aktivierungspflicht herleiten lässt. Meines Erachtens sprechen die besseren Argumente für den abschließenden Regelungscharakter des § 5 Abs. 5 Satz 1 Nr. 1 EStG, da die entsprechenden Tatbestandsvoraussetzungen bei einem Disagio erfüllt sind. Der Wahlrechtsbeschluss des Großen Senats aus 1969 tritt dahinter zurück.[40] Schließlich ist für einmalige Emissionskosten mangels zeitabhängiger Gegenleistung kein aktiver RAP zu bilden.

4978 **Entschädigungszahlungen:** Laut BFH-Urteil vom 4. 6. 1991[41] sind Entschädigungszahlungen, die ein Kaufinteressent für die mehrjährige Bindung des Grundstückseigentümers an ein notariell beurkundetes Angebot zum Abschluss eines Grundstückskaufvertrages zahlt, als Betriebsausgaben zu behandeln und periodengerecht über einen aktiven RAP zu verteilen.

4979 **Erbbaurecht, Erschließungsbeiträge:** Für im Voraus durch einen bilanzierenden Erbbauberechtigten geleistete Erbbauzinsen ist nach herrschender Meinung ein aktiver RAP zu bilden, da es sich um eine Vorauszahlung für eine zeitraumbezogene Gegenleistung im Rahmen eines Dauerschuldverhältnisses handelt. Üblicherweise erfolgt eine lineare Verteilung des aktiven RAP auf die Dauer des Erbbaurechts. Entsprechendes gilt auf der

37 BFH, Urteil vom 29. 11. 2006 – I R 46/05, BStBl 2009 II S. 955; s. auch H 5.6 EStR 2012 (Finanzierungskosten).

38 Vgl. BFH, Urteil vom 12. 7. 1984 – IV R 76/82, BStBl 1984 II S. 713.

39 BFH, Beschluss vom 3. 2. 1969 – GrS 2/68, BStBl 1969 II S. 291.

40 Zur Diskussion vgl. *Crezelius*, in: Kirchhof, EStG, 13. Aufl. 2014, § 5 Rn. 91; *Federmann*, in: HHR, § 5 EStG, Anm. 1945-1960; *Hahne*, DB 2003 S. 1397; *Kupsch*, WPg 1980 S. 379; *Bachem*, BB 1991 S. 1671.

41 BFH, Urteil vom 4. 6. 1991 – X R 136/87, BStBl 1992 II S. 70.

Passivseite für im Voraus erhaltene Erbbauzinsen eines bilanzierenden Erbbauverpflichteten.[42] Übernimmt der Erbbauberechtigte neben dem Erbbauzins Erschließungsbeiträge, so sind diese als zusätzliches Entgelt sowohl für Erstbeiträge als auch für Ergänzungsbeiträge, die für die Ersetzung oder Modernisierung bereits vorhandener Erschließungsanlagen gezahlt werden, als aktive RAP zu behandeln. Auch insoweit liegen Vorauszahlungen im Rahmen eines zeitraumbezogenen Leistungsaustauschverhältnisses vor. Nur für den Teil der Erschließungsbeiträge, der mehrere Jahre nach Verbesserung der Erschließungsanlagen für bereits abgelaufene Zeiträume gezahlt wird, ist ein direkter Betriebsausgabenabzug wegen Begleichung eines Erfüllungsrückstands geboten. Dieser Aufwand war bereits in der Vergangenheit entstanden und ist daher keinem aktiven RAP zugänglich. Eine Aktivierung als Anschaffungskosten für ein Erbbaurecht kommt nur für einmalige Aufwendungen in Betracht (beispielsweise Grunderwerbsteuer, Maklerprovisionen, Notar- und Gerichtsgebühren); Nutzungsentgelte im Rahmen eines Leistungsaustauschverhältnisses fallen nicht darunter.

Gebäude auf fremdem Grund und Boden: Für die vom Steuerpflichtigen getragenen Herstellungskosten für fremde Gebäude, kommt nach der neueren BFH-Rechtsprechung keine aktive Rechnungsabgrenzung in Betracht. Derartige Aufwendungen sind bilanztechnisch vielmehr wie ein „materielles Wirtschaftsgut“ zu behandeln und nach den für Gebäude geltenden AfA-Regeln abzuschreiben.[43] Die Subsidiarität aktiver RAP wird daraus ersichtlich. 4980

(Einstweilen frei) 4981–4984

Kfz-Steueraufwand: Die Periodenabgrenzung von durch den Steuerpflichtigen vorverausgabter Kfz-Steuer über einen aktiven RAP ist ein „Klassiker“ in der Besteuerungspraxis. Entsprechend hat der BFH in seinem Urteil vom 19. 5. 2010 entschieden: Für in einem Wirtschaftsjahr gezahlte Kfz-Steuer ist ein RAP zu aktivieren, soweit die Steuer auf die voraussichtliche Zulassungszeit des Fahrzeugs im nachfolgenden Wirtschaftsjahr entfällt.[44] Der Sachverhalt des abzugrenzenden Kfz-Steueraufwands ist ein Beispiel dafür, dass nicht nur synallagmatische schuldrechtliche Leistungen betroffen sind. Ein RAP ist vielmehr auch dann zu bilden, wenn mit der Vorleistung ein Verhalten erwartet wird, das wirtschaftlich als Gegenleistung für die Vorleistung aufgefasst werden kann. Eine solche Abgrenzungsnotwendigkeit besteht auch für auf die voraussichtliche Zulassungszeit von Fahrzeugen vorausgezahlte Kfz-Steuerbeträge. Dies entspricht üblichen kaufmännischen Gepflogenheiten seit langer Zeit. Auch vorausgezahlte Prämien auf Haftpflichtversicherungen sind aktiv abzugrenzen.[45] 4985

Leasingraten: Vom Leasingnehmer (kein wirtschaftliches Eigentum, § 39 Abs. 2 Nr. 1 AO) im Immobilienleasing geleistete degressive Leasingraten sind nach Meinung von Rechtsprechung und Finanzverwaltung aktiv abzugrenzen und in jährlich gleichblei- 4986

42 Vgl. dazu BFH, Urteile vom 20. 11. 1980 – IV R 126/78, BStBl 1981 II S. 398; vom 26. 3. 1991 – IV B 132/90, BFH/NV 1991 S. 736: keine degressive Auflösung; vom 19. 10. 1993 – I R 87/91, BStBl 1994 II S. 109.

43 Vgl. BFH, Urteil vom 25. 2. 2010 – IV R 2/07, DB 2010 S. 817 f.

44 BFH, Urteil vom 19. 5. 2010 – I R 65/09, BStBl 2010 II S. 967 in Aufhebung des vorinstanzlichen Entscheidung des Thüringer FG, Urteil vom 25. 2. 2009, EFG 2009 S. 1738. Dazu auch *Buciek*, FR 2010 S. 1042; *Tiedchen*, FR 2010 S. 160; *Hoffmann*, StuB 2010 S. 81.

45 Vgl. BFH, Urteil vom 10. 7. 1970 – III R 112/69, BStBl 1970 II S. 779.

benden Beträge (linear) auf die Grundmietzeit zu verteilen (gleichwertige Leistungen des Leasinggebers).[46] Dies ist wegen Abweichungen von den zivilrechtlichen Vereinbarungen meines Erachtens problematisch. Werden dagegen beim Leasing beweglicher Wirtschaftsgüter des Anlagevermögens (sogenanntes Mobilienleasing) degressive Raten vereinbart und vom Steuerpflichtigen geleistet, ist kein aktiver RAP zu bilden. Den schuldrechtlichen Vereinbarungen ist in diesem Fall nach herrschender Meinung zu folgen.[47] Schließlich sind laufzeitabhängig geleistete Leasingsonderzahlungen stets aktiv abzugrenzen und über die Grundmietzeit üblicherweise linear aufzulösen. Kein aktiver RAP kommt dagegen für laufzeitunabhängige Sonderzahlungen in Betracht; es fehlt insofern an einer zeitraumbezogenen zukünftigen Gegenleistung.

4987 **Lizenzgebühren**, die für eine bestimmte Zeit vorausgeleistet werden, sind beim Lizenznehmer aktiv abzugrenzen und anschließend entsprechend den vertraglichen Lizenzvereinbarungen verursachungsentsprechend zu verteilen.[48] Entsprechendes dürfte im Regelfall auch für Einmalzahlungen gelten, die aufgrund eines zeitlich befristeten Lizenzvertrages geleistet werden. Die Aktivierung eines „angeschafften Lizenzrechts" dürfte nur ausnahmsweise in Betracht kommen.[49]

4988 **Maklerprovisionen**, die erfolgsbezogen im Zusammenhang mit dem Abschluss eines Mietvertrags oder anderweitigen Kontraktes von einem Steuerpflichtigen gezahlt werden, sind nicht aktiv abzugrenzen. Es fehlt insoweit an einer zeitbezogenen Gegenleistung. Auch liegen keine Anschaffungsnebenkosten für ein Wirtschaftsgut „Nutzungsrecht" vor.[50]

4989 **Mobilfunkdienstleistungen:** Überlässt ein Telekommunikationsunternehmen seinen Kunden verbilligt Mobilfunktelefone so liegt nach Auffassung der Finanzverwaltung bei Verlust der Verfügungsmacht über den hingegebenen Gegenstand der Abfluss eines Sachwerts vor, der in Höhe der eingetretenen Vermögensminderung aktiv abzugrenzen ist. Eine Aufwandswirksamkeit erfolgt erst dann, wenn dem Telekommunikationsunternehmen die im Zusammenhang mit dem übertragenen Mobilfunktelefon erzielten Gebühren zufließen.[51] Entsprechendes gilt für die Gewährung anderweitiger einmaliger Vergünstigungen durch das Telekommunikationsunternehmen. Der BFH hat diese Sichtweise der FinVerw durch sein Handy-Subventionsurteil v. 15. 5. 2013 bestätigt.[52] Zuvor musste der Große Senat[53] des BFH im Beschluss v. 31. 1. 2013 die „Hürden" des subjektiven Fehlerbegriffs für Rechtsfragen beiseite räumen. Der I. Senat des BFH

46 BFH, Urteil vom 12. 8. 1982 – IV R 184/79, BStBl 1982 II S. 696; BMF, Schreiben vom 10. 10. 1983, BStBl 1983 I S. 431. Kritisch dazu *Federmann*, in: HHR, EStG, § 5 Abs. 5 Anm. 2000 „Leasingraten".

47 Vgl. BFH, Urteil vom 28. 2. 2001 – I R 51/00 BStBl 2001 II S. 645.

48 Vgl. BFH, Urteil vom 11. 10. 1983 – VIII R 61/81, BStBl 1984 II S. 267.

49 Zur Diskussion siehe *Federmann*, in: HHR, § 5 EStG Anm. 2000 „Lizenzgebühren".

50 Vgl. BFH, Urteil vom 19. 6. 1997 – IV R 16/95, BStBl 1997 II S. 808. Vgl. auch H 5.6 EStR 2012 (Maklerprovision).

51 Vgl. BMF, Schreiben vom 20. 6. 2005 – IV B 2 S 2134 – 17/05, BStBl 2005 I S. 801.

52 BFH, Urteil v. 15. 5. 2013 – I R 77/08, BStBl 2013 II S. 730. Kritisch dazu vgl. *Schulze-Osterloh*, BB 2013 S. 2099; *Hoffmann*, DStR 2013 S. 1776 und StuB 2013 S. 637; *Weber-Grellet*, FR 2013 S. 853; *Rätke*, StuB 2013 S. 806; MüKoBilR-*Hennrichs*, § 250 HGB, Rn 7 (2013).

53 BFH, Beschluss v. 31. 1. 2013 – GrS 1/10, BStBl 2013 II S. 317. Dazu auch *Prinz*, WPg 2013 S. 650.

spricht sich in seinem Judikat – wie schon im Vorlagebeschluss v. 7.4.2010[54] vorgezeichnet – für die Bildung eines aktiven RAP für die mit der Abgabe des Mobiltelefons unter Einstandspreis verbundene Vermögensminderung aus. Nach dem Verständnis des BFH „subventioniert" der mehrjährige Mobilfunk-Dienstleistungs-Vertrag (MFD) in Gestalt eines „verdeckten Zuschusses" den verbilligten Verkauf der Mobiltelefone. Folge daraus ist die Verteilung der im RAP „gespeicherten" Subvention auf die Laufzeit des MFD. *Weber-Grellet* spricht insoweit von einer „noch vertretbaren Vertragsauslegung", die er im Ergebnis begrüßt.[55] M.E. verbleiben Rechtszweifel an dem Judikat. Auch wenn man den Gedanken der Sachleistung unter Einstandspreis als Ausgabe vor dem „Abschlussstichtag" entgegen dem üblichen Wortlautverständnis eines Liquiditätsabflusses folgt, erscheint der vom BFH unter Rz. 9 herangezogene Gedanke eines „verdeckten Zuschusses" wenig überzeugend. Üblicherweise werden nur durch Dritte gewährte Zuschüsse bilanziell abgegrenzt. Im Handy-Subventionsfall dagegen liegt allenfalls eine „Quersubvention" beim gleichen Rechtsträger vor. Im Übrigen verknüpft der BFH in einer Art wirtschaftlicher Betrachtung Erträge aus dem MFD-Vertrag mit der Aufwandsseite des vorangehenden Verkaufsakts. Der BFH hält es in diesem Zusammenhang auch für unerheblich, falls der Kunde bei einer vorzeitigen Beendigung des MFD-Vertrags die gewährte Subvention zeitanteilig zurückerstatten muss. Letztlich könnte dies m.E. einen Verstoß gegen das Realisationsprinzip darstellen. Ob die Handelsbilanzpraxis der Ausdehnung des aktiven RAP bei Handy-Subventionen folgt, wird man abwarten müssen. Zur Ausstrahlung des BFH-Judikats v. 15.5.2013 auf die Erwerbsbilanzierung mittels eines passiven RAP s. Rn. 6423.

Öffentlich-Private-Partnerschaften (ÖPP): Im sogenannten A-Modell für Verkehrsprojekte (Bau und Unterhaltung öffentlicher Straßen) werden verschiedene Vertragspflichten zwischen Privatunternehmen (meist einem Baukonzern) als Konzessionsnehmer und dem Bund als Konzessionsgeber begründet. Der Bund bleibt Eigentümer des betroffenen Autobahnstreckenabschnitts und ist alleinberechtigt zur Erhebung von Mautgebühren. Die Finanzverwaltung hat in einem Schreiben vom 4.10.2005[56] Grundsätze zur bilanzsteuerrechtlichen Behandlung derartiger Infrastrukturprojekte veröffentlicht. Im internationalen Sprachgebrauch ist von Public Private Partnership (PPP) die Rede. Die durch den Konzessionsnehmer zu tragenden Ausbaukosten des Autobahnstreckenabschnitts sind um eine etwaige Anschubfinanzierung des Konzessionsgebers zu reduzieren und nach Fertigstellung und Abnahme des Bauwerks in einen aktiven RAP einzustellen und bis zum Ende des Konzessionszeitraums in gleichmäßigen Raten aufzulösen. Inhaltlich wird der aktive RAP als „Hilfskonstruktion" zur verursachungsgerechten Aufwandsverteilung genutzt; die Bauleistungen werden in das Eigentum des Bundes geleistet, ein dem Konzessionsnehmer zuzurechnendes Wirtschaftsgut 4990

54 Vgl. BFH, Urteil v. 7.4.2010 – I R 77/08, BStBl 2010 II S. 739.

55 *Weber-Grellet*, FR 2013 S. 854; kritisch zur Vorhersehbarkeit der Rechtsprechung dagegen *Rätke*, StuB 2013 S. 808. Zu einer ersten handelsbilanziellen Einschätzung siehe HFA v. 5./6.12.2013, Fachnachrichten IDW 2/2014 S. 194.

56 BMF, Schreiben vom 4.10.2005 – IV B 2 – S 2134a 37/05, BStBl 2005 I S. 916; kritisch dazu *Hoffmann/Lüdenbach*, NWB Kommentar Bilanzierung, 5. Aufl. 2014, § 250 Rn. 18-26. Siehe auch H 5.6 EStR (ÖPP). Zur Übertragbarkeit dieser Grundsätze auf andere ÖPP-Projekte s. BMF, Schreiben vom 27.5.2013 – IV C 6 – S 2134a/07/10002, BStBl 2013 I S. 722.

dürfte dadurch nicht entstehen. Im Einzelfall sollte m. E. auch eine außerplanmäßige Auflösung des aktiven RAP in Betracht kommen, falls aufwandsverursachende Sondereinflüsse auftreten. Im Übrigen wird nach Meinung der Finanzverwaltung durch die vertragliche Gestaltung des A-Modells ein Dauerschuldverhältnis mit unterschiedlichen zeitraumbezogenen Leistungen begründet. Soweit Vorleistungen eines Vertragspartners erbracht worden sind, sind sie über Rechnungsabgrenzungsposten oder Anzahlungen zu berücksichtigen. Die konkrete Bilanzpostenzuordnung lässt die Finanzverwaltung insoweit offen; bei noch zu erbringender zeitraumbezogener Gegenleistung dürfte im Regelfall ein RAP zu bilden sein. Entsprechendes dürfte auch für andere Infrastrukturmaßnahmen bei ÖPP gelten.

4991 **Pachtvorauszahlungen**, die neben dem laufenden Pachtzins durch einen Bilanzierenden geleistet werden, sind in einen aktiven RAP einzustellen und entsprechend der Laufzeit der Nutzungsüberlassung aufzulösen. Anschaffungskosten für den Erwerb eines abnutzbaren Wirtschaftsguts „Nutzungsrecht" liegen nicht vor.[57]

4992–4994 *(Einstweilen frei)*

4995 **Step-Down-Gelder:** Nimmt ein Steuerpflichtiger ein mehrjähriges Darlehen mit jährlich fallenden Zinsen auf (Step-Down-Gelder), so spricht sich der BFH in seinem Urteil vom 27. 7. 2011 für eine differenzierte Behandlung der im Zeitablauf sinkenden Zinsaufwendungen zu Beginn der Vertragslaufzeit aus und hebt das FG Baden-Württemberg-Judikat vom 21. 12. 2009, das sich gegen die Bildung eines aktiven RAP ausgesprochen hatte, auf.[58] Deckungsgleich zur Rechtsprechung bei von einem Darlehensnehmer zu zahlenden Bearbeitungsentgelt unterscheidet der I. Senat des BFH zwei Konstellationen. Sofern der Darlehensnehmer im Fall einer vorzeitigen Vertragsbeendigung die bereits gezahlten Zinsen nicht anteilig zurückverlangen kann, fehlt es an einer zeitraumbezogenen Gegenleistung. Ein aktiver RAP kommt zunächst nicht in Betracht. Umgekehrt formuliert: Besteht also im Fall vorzeitiger Vertragsbeendigung ein Anspruch auf anteilige Rückgewähr der „überhöhten" Zinsen, ist ein aktiver RAP zu bilden. Aber selbst bei fehlendem Erstattungsanspruch ist eine Aufwandsabgrenzung nach Meinung des BFH erforderlich, wenn das Darlehensverhältnis nur aus wichtigem Grund gekündigt werden kann und wenn konkrete Anhaltspunkte dafür fehlen, dass die Vertragsparteien der Möglichkeit einer vorzeitigen Beendigung des Vertragsverhältnisses durch eine solche Kündigung eine nur theoretische Bedeutung beigemessen haben. Nach Meinung des BFH kommt in diesem Zusammenhang der Möglichkeit einer einvernehmlichen Vertragsaufhebung oder Vertragsänderung keine Bedeutung zu. Offen lässt die Rechtsprechung die Konstellation, dass die Step-down-Zinsen ein Absinken des allgemeinen Marktzinssatzes für die Kapitalüberlassung während der Darlehenslaufzeit widerspiegeln sollen. M. E. wäre in einem solchen Fall ein aktiver RAP nicht zulässig; allerdings wird man dies dokumentieren müssen. Eine solche wirtschaftliche Ausgangssituation lag aber nach Meinung des I. Senats im Urteil vom 27. 7. 2011 nicht vor. Vielmehr sollte

57 Vgl. BFH, Urteil vom 11. 10. 1983 – VIII R 61/81, BStBl 1984 II S. 267, 269.

58 BFH, Urteil vom 27. 7. 2011 – I R 77/10, BStBl 2012 II S. 284. Dadurch wird aufgehoben FG Baden-Württemberg, Urteil vom 21. 12. 2009 – 6 K 1918/07, DStRE 2011 S. 221. Vgl. auch *Hahne*, BB 2011 S. 2995; *Gosch*, BFH/PR 1/2012 S. 7; *Strahl*, KÖSDI 2012 S. 17950; *Prinz*, FR 2011 S. 1165.

die Aufnahme der Step-down-Gelder die Auswirkungen des sog. Zuwachssparens der Kunden bei der betroffenen Bank ausgleichen. M. E. ist das BFH-Urteil unter Vorsichtsgesichtspunkten nicht unproblematisch; im Zweifel sollte die Aufwandsabbildung der Zinsen der rechtlichen Leistungsverpflichtung folgen.

Umsatzsteuer auf (erhaltene Anzahlungen): s. § 5 Abs. 5 Satz 2 Nr. 2 EStG; zu Details s. Rz. 4962. 4996

Urlaubsgeld, das bei einem abweichenden Wirtschaftjahr vom Arbeitgeber vor dem Bilanzstichtag für das gesamte Urlaubsjahr gezahlt wird, ist dann anteilig aktiv abzugrenzen, wenn es vom Arbeitnehmer bei vorzeitigem Ausscheiden zurück zu zahlen ist. Insoweit handelt es sich um eine Vorausleistung des Arbeitgebers im Rahmen eines schwebenden Arbeitsverhältnisses, die erst mit Erbringen der Gegenleistung durch den Arbeitnehmer aufwandswirksam wird. Ist eine Rückforderung dagegen ausgeschlossen, so stellt die Zahlung des Urlaubsgelds keine (teilweise) Vorleistung des Arbeitgebers dar; ein aktiver RAP kommt nicht in Betracht. Entscheidend für die bilanzsteuerliche Behandlung ist deshalb die Vereinbarung der Vertragspartner.[59] 4997

Vermarktungskostenzuschuss: Verpflichtet sich ein Medienfonds wegen der Überlassung der Vermarktungsrechte an einem hergestellten Film gegenüber einem Lizenznehmer zur Leistung eines Vermarktungskostenzuschusses, der mit erhöhten Lizenzgebühren einhergeht, so muss für diesen Zuschuss nach Meinung des FG München im Urteil v. 23. 5. 2012[60] ein aktiver RAP gebildet werden, der über die Laufzeit des Lizenzvertrags linear aufzulösen ist. Gegen das erstinstanzliche Judikat wurde Revision beim BFH unter dem Az: IV R 25/12 eingelegt. 4997a

Wechseldiskontgeschäfte, die typischerweise durch Banken abgewickelt werden, sind hinsichtlich des Diskonts, der auf die Zeit zwischen Erwerb des Wechsels und Bilanzstichtag rechnerisch anfällt, keiner aktiven Rechnungsabgrenzung zugänglich.[61] 4998

Zölle und Verbrauchsteuern: s. § 5 Abs. 5 Satz 2 Nr. 1 EStG; zu Details s. Rz. 4961. 4999

(Einstweilen frei) 5000–5039

59 Vgl. BFH, Urteil vom 6. 4. 1993 – VIII R 86/91, BStBl 1993 II S. 709.
60 FG München im Urteil vom 23. 5. 2012 – 1 K 3735/09, EFG 2012 S. 1906.
61 BFH, Urteil vom 26. 4. 1995 – I R 92/94, BStBl 1995 II S. 594.

Teil B:
Bilanzierung und Bewertung bei der Gewinnermittlung nach Bilanzposten

Kapitel IV:
Eigenkapital

StB Dr. Claus Ritzer, München
Dipl.-Kffr. Kristina Rengstl, München

Inhaltsübersicht

Ausgewählte Literatur

Bock, Steuerliche und bilanzielle Aspekte mezzaniner Nachrang-Darlehen, DStR 2005 S. 1067; *Breuninger/Ernst*, Dept-Mezzanine-Swap und die Unmaßgeblichkeit der Maßgeblichkeit, GmbHR 2012, 494; *Breuninger/Prinz*, Ausgewählte Bilanz- und Steuerrechtsfragen von Mezzaninefinanzierungen, DStR 2006 S. 1345; *Carlé/Rosner*, Mezzanine-Finanzierungen, KÖSDI 12/2006 S. 15365; *Gerdes*, Auswirkungen von Mezzanine-Kapital auf das Rating – Anforderungen und Kriterien zur Klassifizierung von Mezzanine-Kapital als wirtschaftliches Eigenkapital, BC 2006 S. 57; *Goebel/Eilinghoff/Busenius*, Abgrenzung zwischen Eigen- und Fremdkapital aus steuerrechtlicher Sicht: Der „Prüfungsmarathon" von der Finanzierungsfreiheit bis zur Zinsschranke, DStZ 2010 S. 742; *Golland/Gehlhaar/Grossmann/Eickhoff-Kley/Jänisch*, Mezzanine-Kapital, BB-spezial 4/2005 S. 1; *Haas*, Die Passivierung von Gesellschafterdarlehen in der Uberschuldungsbilanz nach MoMiG und FMSt, DStR 2009 S. 326; *Helios/Birker*, Partiarisches Darlehen und Liquidität bei mezzaninen Finanzierungen, BB 2011 S. 2327; *Hoffmann*, Der Debt-Mezzanine-Swap, StuB 11/2012 S. 417; *Jänisch*, Mezzanine-Kapital, BB 13/2005 S. 1; *Kiethe*, Mezzanine-Finanzierung und Insolvenzrisiko, DStR 2006 S. 1763; *Ott*, Finanzierungshilfen bei der GmbH, Forderungsverzicht und Ausfall von Gesellschafterdarlehen, DStZ 2010 S. 623; *Rätke*, Fallstricke bei der Umwandlung einer Verbindlichkeit in Genussrechte, BBK 4/2014 S. 200; *Schrell/Kirchner*, Mezzanine Finanzierungsstrategien, BKR 2003 S. 13; *Sultana/Willeke*, Bilanzierung von Mezzanine-Kapital, StuB Nr. 6 vom 24. 3. 2006 S. 220; *Wengel*, Die handelsrechtliche Eigen- und Fremdkapitalqualität von Genussrechtskapital, DStR 2001 S. 1316.

1. Eigenkapital in der Handelsbilanz

1.1 Rechtsformspezifischer Begriff des Eigenkapitals

5040 Als Eigenkapital werden die dem Unternehmen von seinen Eigentümern unbefristet zur Verfügung gestellten Mittel bezeichnet. Ausweislich § 247 Abs. 1 HGB sind in der Bilanz das Anlage- und das Umlaufvermögen, das Eigenkapital, die Schulden sowie die Rechnungsabgrenzungsposten gesondert auszuweisen und hinreichend aufzugliedern. Das Eigenkapital ergibt sich als Saldo, von Anlage- und Umlaufvermögen, Schulden und Rechnungsabgrenzungsposten, wenn diese zutreffend angesetzt und bewertet worden sind.

Für die vorzunehmende Aufgliederung enthalten für Kapitalgesellschaften die §§ 266 Abs. 3 und § 268 Abs. 1 und 3 und § 272 HGB Regelungen, die die Aufgliederung näher umschreiben.

Für Personenhandelsgesellschaften ersetzt § 264c Abs. 2 HGB teilweise die für Kapitalgesellschaften anzuwendenden Regelungen.

Einzelkaufleute, die in den Anwendungsbereich des § 1 Abs. 1 PublG fallen und somit gem. § 5 Abs. 1 PublG einen Jahresabschluss i. S. d. §§ 265 ff. HGB aufstellen müssen, haben sinngemäß die für mittlere und große Kapitalgesellschaften geltenden, allgemeinen Gliederungsvorschriften zu beachten (§ 264c HGB). Auch für nicht gem. § 264a HGB verpflichtete Einzelunternehmen empfiehlt sich jedoch die Anwendung der einschlägigen Vorschriften. Insoweit sind für Einzelkaufleute die für Personengesellschaften aufgeführten Regelungen einschlägig. Der Unterschied besteht lediglich darin, dass das Eigenkapital aus nur einem Kapitalanteil besteht.

Ausweislich § 266 Abs. 3 HGB gliedert sich das Eigenkapital in

- Gezeichnetes Kapital
- Kapitalrücklage
- Gewinnrücklagen mit ihren vier Unterarten
- Gewinnvortrag/Verlustvortrag und
- Jahresüberschuss/Jahresfehlbetrag

5041 Wird die Bilanz unter Berücksichtigung der teilweisen Verwendung des Jahresergebnisses aufgestellt, so tritt an die Stelle des Postens „Jahresüberschuss/Jahresfehlbetrag“ und „Gewinnvortrag/Verlustvortrag“ gem. § 268 Abs. 1 Satz 2 HGB der Posten „Bilanzgewinn/Bilanzverlust“. Ein vorhandener Gewinn- oder Verlustvortrag ist in den Posten „Bilanzgewinn/Bilanzverlust“ einzubeziehen und in der Bilanz oder im Anhang gesondert anzugeben. Ist das Eigenkapital durch Verluste aufgebraucht und ergibt sich ein Überschuss der Passivposten über die Aktivposten, so ist dieser Betrag gem. § 268 Abs. 3 HGB am Schluss der Bilanz auf der Aktivseite gesondert unter der Bezeichnung

„Nicht durch Eigenkapital gedeckter Fehlbetrag“ auszuweisen. Detailliertere Regelungen zu den einzelnen Bestandteilen des Eigenkapitals enthält § 272 HGB.

1.2 Gezeichnetes Kapital

Gezeichnetes Kapital ist das Kapital, auf das die Haftung der Gesellschafter für die Verbindlichkeiten der Kapitalgesellschaft gegenüber den Gläubigern beschränkt ist. Das gezeichnete Kapital ist mit dem Nennbetrag anzusetzen. Als gezeichnetes Kapital ist bei der AG, SE und KGaA das Grundkapital gem. § 152 Abs. 1 Satz 1 AktG und bei der GmbH das Stammkapital gem. § 42 Abs. 1 GmbHG in der Bilanz anzusetzen. Nicht eingeforderte ausstehende Einlagen auf das gezeichnete Kapital sind von dem Posten „gezeichnetes Kapital“ offen abzusetzen. Der eingeforderte aber noch nicht eingezahlte Betrag ist unter den Forderungen gesondert auszuweisen und dementsprechend zu bezeichnen. 5042

1.3 Kapitalrücklage

Die Kapitalrücklage umfasst in erster Linie Beträge, die von außen zugeführt werden und nicht aus dem erwirtschafteten Ergebnis gebildet werden.[1] Es sind in § 272 Abs. 2 HGB vier verschiedene Arten der Kapitalrücklage vorgesehen: 5043

- Nr. 1 enthält den Betrag, der bei der Ausgabe von Anteilen über den Nennbetrag oder, falls ein Nennbetrag nicht vorhanden ist, über den rechnerischen Wert hinaus erzielt wird. Dieses Aufgeld aus der Ausgabe von Anteilen umfasst bei der AG/KGaA vereinbarte Agio-Beträge aus der Ausgabe von Aktien. Bei der GmbH handelt es sich dementsprechend um ein Agio aus der Übernahme von Stammeinlagen.
- Nr. 2 enthält den Betrag, der bei der Ausgabe von Schuldverschreibungen für Wandlungsrechte und Optionsrechte zum Erwerb von Anteilen erzielt wird. Dies ist die Differenz zwischen dem Ausgabebetrag der Schuldverschreibung mit Wandlungs-/Optionsrecht und dem ggf. geschätzten Ausgabebetrag/Marktpreis der gleichen Schuldverschreibung ohne Wandlungs-/Optionsrecht.[2]
- Nr. 3 enthält den Betrag von Zuzahlungen, die Gesellschafter gegen Gewährung eines Vorzugs für ihre Anteile leisten.
- In Nr. 4 werden schließlich andere Zuzahlungen der Gesellschafter in das Eigenkapital eingestellt. Dabei handelt es sich um freiwillige Leistungen, die Gesellschafter ohne Gewährung von Vorzügen seitens der Gesellschaft erbringen.

Die Verwendungsmöglichkeiten der Kapitalrücklage unterliegen bei der GmbH keiner gesetzlichen Bestimmung. Eine Entnahme darf – insofern sie nicht durch eine vereinfachte Kapitalherabsetzung gebildet wird bzw. nicht die Nachschusspflicht betrifft – jederzeit nach dem Gesellschaftsvertrag aufgelöst werden. Bei der AG/KGaA ist die Ver- 5044

1 *Förschle/Hoffmann*, in: Beck'scher Bilanzkommentar, § 272 HGB Rz. 160.

2 *Förschle/Hoffmann*, in: Beck'scher Bilanzkommentar, § 272 HGB Rz. 180.

wendung in § 150 AktG geregelt. Entnahmen sind gesondert im Anschluss an den Posten „Jahresüberschuss/Jahresfehlbetrag“ oder im Anhang auszuweisen.[3] Bei der GmbH ist eine Offenlegung der Entnahmen nicht vorgeschrieben, wird aber empfohlen.[4]

1.4 Gewinnrücklage

5045 Anders als bei der Kapitalrücklage wird die Gewinnrücklage aus dem Jahresüberschuss gebildet. Die Gewinnrücklagen umfassen die gesetzliche Rücklage, die satzungsmäßigen Rücklagen, andere Rücklagen, die Wertaufholungsrücklage und die Rücklage für Anteile an einem herrschenden oder mit Mehrheit beteiligten Unternehmen.

5046–5056 *(Einstweilen frei)*

2. Eigenkapital in der Steuerbilanz

5057 Das Steuerrecht enthält keine Bestimmungen über die Abgrenzung von Eigen- und Fremdkapital. In § 5 Abs. 1 EStG ist jedoch die Maßgeblichkeit der Handelsbilanz für die Steuerbilanz festgeschrieben. Nicht abschließend geklärt ist, ob die Regelung des § 8 Abs. 3 Satz 2 KStG die Eignung hat, die handelsrechtliche Qualifizierung zu ändern.[5] Gemäß § 8 Abs. 3 Satz 1 KStG ist es für die Ermittlung des Einkommens ohne Bedeutung, ob das Einkommen verteilt wird.

2.1 Steuerbilanzielles Eigenkapital bei Personengesellschaften

2.1.1 Handelsrechtliche Vorgaben

5058 Die Personengesellschaft verfügt nicht über eine fixe, in der Bilanz vermerkte Haftungsmaßnahme, die dem Gläubigerschutz dient. Die Gesellschafter können jederzeit Mittel aus dem Eigenkapital entnehmen, sofern gesellschaftsvertraglich nicht etwas anderes bestimmt ist. Die Haftung für Gesellschaftsschulden liegt grundsätzlich bei den Gesellschaftern. Im Falle einer OHG und bei dem Komplementär einer KG haftet der Gesellschafter unbeschränkt in der Höhe. Die Gesellschafter haben mit ihrem Privatvermögen einzustehen.[6] Bei Kommanditisten ist die Haftung auf die eigetragene Haftsumme, die nicht zwingend mit der gesellschaftsvertraglich festgelegten Pflichteinlage übereinstimmen muss, begrenzt.[7] Erweiterte Pflichten gelten gem. § 264a HGB lediglich für offene Handelsgesellschaften und Kommanditgesellschaften, bei denen nicht wenigstens ein persönlich haftender Gesellschafter (1) eine natürliche Person oder (2) eine offene Handelsgesellschaft, Kommanditgesellschaft oder andere Personengesellschaft mit einer natürlichen Person als persönlich haftender Gesellschafter ist.[8]

---

3 § 158 Abs. 1 AktG, § 275 Abs. 4 HGB.

4 *Förschle/Hofmann,* in: Beck'scher Bilanzkommentar, § 272 HGB Rz. 207.

5 *Große,* DStR 2010 S. 1397.

6 § 105 Abs. 1 HGB für die OHG und § 161 Abs. 1 HGB für die KG.

7 § 161 Abs. 1 HGB.

8 *Gelhausen,* in: WP Handbuch 2012, Band I, F 345.

Der Kapitalanteil eines Gesellschafters am Kapitalkonto der Personengesellschaft bezeichnet sein Beteiligungsrecht. Regelmäßig wird in der Praxis im Gesellschaftsvertrag das Führen eines festen und eines oder mehrerer variabler Kapitalkonten festgelegt, deren Qualifikation als Eigen- oder Fremdkapital im Einzelfall zu beurteilen ist. In der Praxis wird regelmäßig mit wenigstens drei Konten gearbeitet.[9] Auf dem Kapitalkonto 1 wird das Festkapital gebucht. Das Kapitalkonto 2 enthält variable Eigenkapitalbestandteile. Dort werden insbesondere Einlagen, Verluste und nicht entnommene Gewinne gebucht. Daneben wird regelmäßig noch ein Darlehenskonto bestehen, welches Fremdkapitalcharakter hat. 5059

Das Kapitalkonto 1 entspricht regelmäßig dem Kapitalanteil der Personengesellschaft, der auch bei der Verteilung von Gewinnen oder Verlusten, für eine etwaige Entnahmeregelung und für den Auseinandersetzungsanspruch zugrunde gelegt wird. 5060

2.1.2 Steuerbilanzielles Eigenkapital in der Gesamthandsbilanz

Für Gewerbetreibende, die aufgrund gesetzlicher Vorschriften verpflichtet sind Bücher zu führen und regelmäßige Abschlüsse zu machen, ist nach § 5 Abs. 1 Satz 1 EStG für die steuerliche Gewinnermittlung für den Schluss des Wirtschaftsjahres das Betriebsvermögen anzusetzen, das nach den handelsrechtlichen Grundsätzen ordnungsgemäßer Buchführung auszuweisen ist, es sei denn, im Rahmen der Ausübung eines steuerlichen Wahlrechts wird oder wurde ein anderer Ansatz gewählt. Der Maßgeblichkeitsgrundsatz bleibt somit auch nach BilMoG[10] bestehen. Lediglich die frühere umgekehrte Maßgeblichkeit des § 5 Abs. 1 Satz 2 EStG a. F. wurde abgeschafft.[11] Die Steuerbilanz und damit das steuerliche Eigenkapital dient auch nach BilMoG unverändert der Ermittlung des „wirklichen“ Gewinns.[12] Es wird nach den Grundsätzen der wirtschaftlichen Leistungsfähigkeit aus der Grundlage des objektiven Nettoprinzips abgeleitet. Ausgangspunkt für die Ermittlung des steuerlichen Gewinns ist der Betriebsvermögensvergleich nach § 4 Abs. 1 Satz 1 EStG. Soweit keine gesonderte Steuerbilanz aufgestellt wird, ist Grundlage für die steuerliche Gewinnermittlung die Handelsbilanz unter Beachtung der vorgeschriebenen steuerlichen Anpassungen.[13] Die allgemeinen Grundsätze zur Aktivierung, Passivierung und Wertung der einzelnen Bilanzposten wurden durch das BilMoG nicht geändert und sind für die steuerliche Gewinnermittlung nach wie vor maßgeblich. Der Grundsatz der Maßgeblichkeit wird durch steuerliche Ansatz- und Bewertungsvorbehalte zwar immer weiter durchbrochen, besteht aber im Grundsatz fort. Nach der Rechtsprechung des BFH[14] verweist § 5 Abs. 1 Satz 1 EStG nicht auf die Handelsbilanzen in ihrer konkreten Form, sondern auf das nach den GoB anzusetzende Betriebsvermögen. Eine Bilanzierung in der Handelsbilanz ist folglich nur 5061

9 *Priester*, in: Münchner Kommentar zum HGB, § 120 HGB Rz. 106.

10 Gesetz zur Modernisierung des Bilanzrechts vom 15. 5. 2009, BGBl 2009 I S. 1102.

11 *Künkele/Zwirner*, DStR 2009 S. 1277 (1278).

12 *Weber-Grellet*, in: Schmidt, § 5 EStG Rz. 27.

13 § 60 Abs. 2 Satz 1 EStDV.

14 BFH, Urteil vom 13. 6. 2006 – I R 58/05, BStBl 2006 II S. 928 m. w. N.

dann maßgeblich für die Steuerbilanz i. S. d. § 60 Abs. 2 Satz 2 EStDV, wenn sie den GoB entspricht.[15]

5062 Der für die steuerliche Gewinnermittlung der Personengesellschaft maßgebliche Gewinn wird durch Betriebsvermögensvergleich ermittelt. Das steuerliche Betriebsvermögen, welches ausgehend von gesamthänderisch gebundenen Betriebsvermögen abgebildet wird, weist in den meisten Fällen Abweichungen zum handelsrechtlichen Betriebsvermögen auf, da auch Vermögensgegenstände aus der privaten Vermögenssphäre der Gesellschafter steuerliches Betriebsvermögen darstellen können. Dieses in Sonderbilanzen zu erfassende Sonderbetriebsvermögen der Gesellschafter umfasst jene Wirtschaftsgüter, die von den Mitunternehmern zur Gewinnerzielung bei der Mitunternehmerschaft eingesetzt werden. Darüber hinaus sind gesellschafterbezogene Modifikationen in Ergänzungsbilanzen abzubilden.

2.1.3 Steuerbilanzielles Eigenkapital in Sonderbilanzen

5063 Wirtschaftsgüter, die zivilrechtlich und wirtschaftlich oder nur wirtschaftlich i. S. d. § 39 Abs. 2 Nr. 2 AO im Eigentum eines Mitunternehmers stehen, sind Sonderbetriebsvermögen, wenn sie dazu geeignet oder bestimmt sind, dem Betrieb der Personengesellschaft zu dienen (Sonderbetriebsvermögen I). Wenn sie der Beteiligung des Gesellschafters an der Personengesellschaft förderlich sind, handelt es sich um sog. Sonderbetriebsvermögen II. Beide Komponenten sind bei der Ermittlung des steuerlichen Gewinns des Mitunternehmers über den modifizierten Gewinnanteil aus dem Gesamthandsvermögen hinaus zu berücksichtigen. § 15 Abs. 1 Nr. 2 2. Halbsatz EStG sieht vor, dass Einkünfte aus Gewerbetrieb auch jene Vergütungen sind, die der Gesellschafter von der Gesellschaft für seine Tätigkeit im Dienst der Gesellschaft oder für die Hingabe von Darlehen oder für die Überlassung von Wirtschaftsgütern bezogen hat. Auch passives Sonderbetriebsvermögen ist denkbar. Verbindlichkeiten eines Mitunternehmers gegenüber Dritten sind notwendiges passives Sonderbetriebsvermögen, wenn sie unmittelbar durch den Betrieb der Personengesellschaft und die Beteiligung an einer Personengesellschaft veranlasst sind.[16] Dies ist insbesondere der Fall, wenn sie in unmittelbarem wirtschaftlichem Zusammenhang mit aktiven Wirtschaftsgütern des notwendigen Sonderbetriebsvermögens I oder II oder gewillkürten Sonderbetriebsvermögens stehen oder aus anderen Gründen wirtschaftlich mit dem Betrieb der Personengesellschaft zusammenhängen.[17] Schulden können nicht gewillkürt werden.

5064 In der Handelsbilanz der Personengesellschaft sind diese Wirtschaftsgüter mithin nicht zu aktivieren.[18] Dieses Vermögen muss steuerlich allerdings in einer Sonderbilanz I bzw. Sonderbilanz II des Gesellschafters aktiviert werden.[19] Aufgrund der Eigenschaft des Sonderbetriebsvermögens als Ergänzung zum Gesamthandsvermögen wird eine zu

15 *Buciek*, in: Blümich, § 5 EStG Rz. 180; *Stobbe*, in: HHR, § 5 EStG Rz. 61 und Rz. 84; *Weber-Grellet*, in: Schmidt, § 5 EStG Rz. 28.

16 *Wacker*, in: Schmidt, § 15 EStG Rz. 521.

17 BFH, Urteil vom 28. 1. 1993 – IV R 131/91, BStBl 1993 II S. 509; vom 18. 12. 2001 – VIII R 27/00, BStBl 2002 II S. 733.

18 BMF, Schreiben vom 20. 12. 1977, BStBl 1978 I S. 8, Tz. 4.

19 Siehe z. B. BFH, Urteil vom 12. 7. 1990 – IV R 37/89, BStBl 1991 II S. 64.

steuerlichen Zwecken einheitliche Betrachtung dieser beiden Vermögen vorgenommen[20] und die Gewinnermittlung in den Sonderbilanzen hat einheitlich mit der Gesamthandsbilanz zu erfolgen.[21]

2.1.4 Steuerbilanzielles Eigenkapital in Ergänzungsbilanzen

Die Bilanz der Personengesellschaft umfasst neben der Gesamthandsbilanz und Sonderbilanzen auch Ergänzungsbilanzen. Ergänzungsbilanzen beziehen sich immer auf einzelne Gesellschafter und stellen Korrekturen zu den Wertansätzen der steuerlichen Gesamthandsbilanz der Personengesellschaft dar.[22] Der Buchwert eines zum Gesamthandsvermögen gehörenden Wirtschaftsguts setzt sich somit steuerlich aus dem Wert laut steuerlicher Gesamthandsbilanz zuzüglich der Ergänzungsbilanz zusammen.[23] 5065

Ergänzungsbilanzen sind regelmäßig in folgenden Fällen aufzustellen: 5066

- Erwerb eines Anteils einer Personengesellschaft mit stillen Reserven,
- Einbringung eines Betriebs, Teilbetriebs oder Mitunternehmeranteils in eine Personengesellschaft nach § 24 UmwStG,
- Übertragung eines einzelnen Wirtschaftsguts zwischen der Personengesellschaft und ihren Gesellschaftern nach den Vorschriften des § 6 Abs. 5 Satz 3 bis 5 EStG, oder
- Bei Inanspruchnahme personenbezogener steuerlicher Vergünstigungen wie § 6b EStG.

Bei der Ergänzungsbilanz handelt es sich um eine reine Wertkorrektur für den einzelnen Gesellschafter bezüglich der Wirtschaftsgüter in der Gesamthandsbilanz. In der Ergänzungsbilanz dürfen lediglich Aufwendungen aktiviert werden, die sich als zusätzliche Anschaffungskosten der Wirtschaftsgüter i. S. d. §§ 4 und 5 EStG darstellen.[24] Dabei können Ergänzungsbilanzen auch negativ sein. Die konsequente Durchführung des Anschaffungskostenprinzips gebietet es, in der Ergänzungsbilanz positive oder negative Korrekturposten auszuweisen.[25] 5067

Der Schulfall der Ergänzungsbilanz ist die Veräußerung eines Mitunternehmeranteils. Übersteigen die Aufwendungen des erwerbenden Gesellschafters bei einem Gesellschafterwechsel den Betrag des für ihn in der Bilanz der Personengesellschaft ausgewiesenen Kapitalkontos, hat er zwingend eine Ergänzungsbilanz zu erstellen.[26] Entsprechend kommt es bei Einbringung eines Betriebs, Teilbetriebs oder eines Mitunternehmeranteils in eine Personengesellschaft nach § 24 UmwStG regelmäßig zur Bildung einer negativen Ergänzungsbilanz. Werden im Gesamthandsvermögen die gemeinen Werte angesetzt, soll aber von der Möglichkeit der Buchwertfortführung gebrauch ge- 5068

20 BFH, Urteil vom 14. 8. 1975 – IV R 30/71, BStBl 1976 II S. 88, *Stuhrmann*, in: Blümich, § 15 EStG Rz. 448; *Wacker*, in: Schmidt, § 15 EStG Rz. 401 ff.

21 BFH, Urteil vom 11. 3. 1992 – XI R 38/89, BStBl 1992 II S. 797.

22 BFH, Urteil vom 28. 9. 1995 – IV R 57/94, BStBl 1996 II S. 68.

23 BFH, Urteil vom 30. 3. 1993 – VIII R 63/91, BStBl 1993 II S. 706.

24 BFH, Urteil vom 18. 2. 1993 – IV R 40/92, BStBl 1994 II S. 224.

25 *Zimmermann*, Die Personengesellschaft im Steuerrecht, Rz. B201 ff.

26 IDW RS HFA 7 vom 1. 10. 2002, WPg 2002 S. 1259.

macht werden, wird eine negative Ergänzungsbilanz erforderlich, sodass die Summe aus den in der Gesamthandsbilanz angesetzten gemeinen Werten und den in der negativen Ergänzungsbilanz ausgewiesenen Korrekturbeträgen dem fortgeführten Buchwert entspricht. In entsprechender Weise kann im Rahmen des § 6 Abs. 5 Satz 3 bis 5 EStG eine interpersonelle Verschiebung stiller Reserven durch die Bildung einer Ergänzungsbilanz vermieden werden.

5069–5075 *(Einstweilen frei)*

2.2. Steuerbilanzielles Eigenkapital bei Kapitalgesellschaft

2.2.1 Gezeichnetes Kapital

2.2.1.1 Ausstehende Einlagen auf gezeichnetes Kapital

5076 In der Handelsbilanz richtet sich die Bilanzierung ausstehender Einlagen danach, ob diese bereits eingefordert sind oder nicht. In der Steuerbilanz sind ausstehende Einlagen auf das Grund- oder Stammkapital hingegen als Forderungen der Kapitalgesellschaft auszuweisen, unabhängig davon, ob sie eingefordert wurden oder nicht. Handelsrechtlich sind eingeforderte Bareinlagen zu verzinsen, wenn sie nicht rechtzeitig eingezahlt werden.[27] Unterbleibt eine Verzinsung ausstehender Einlagen, ist dies steuerlich nach vGA-Grundsätzen zu beurteilen. Die Nicht-Verzinsung noch nicht eingeforderter ausstehender Einlagen stellt keine vGA dar.[28] Dies gilt auch dann, wenn die Gesellschaft sich extern fremdfinanzieren muss und die Einforderung noch ausstehender Einlagen unterlässt.[29] Für bereits fällige ausstehende Einlagen führt der Verzicht auf die Verzinsung hingegen zu einer vGA.[30]

2.2.1.2 Kapitalerhöhung gegen Einlagen

5077 Wenn für eine beschlossene Einlage bestimmte Mittel bereits eingezahlt wurden, obwohl noch keine Eintragung in das Handelsregister vorgenommen wurde, sind diese sowohl handels- als auch steuerrechtlich als „zur Durchführung der beschlossenen Kapitalerhöhung erbrachte Einlagen" zu passivieren. Die Frage nach der Qualifikation der Einzahlung als bilanzielles Eigenkapital stellt sich nicht, da es sich bei dieser um Schuldposten handelt.[31] Die Eintragung der Kapitalerhöhung hat insoweit konstitutiven Charakter.

5078 Steuerlich führen die von Gesellschaftern geleisteten Einlagen auf das gezeichnete Kapital, ebenso wie ein Agio, zu Vermögensmehrungen, sie fallen aber nicht unter den

27 § 63 Abs. 2 AktG, § 20 GmbHG.

28 BFH, Urteil vom 14. 8. 1985 – I R 149/81, BStBl 1986 II S. 86.

29 BFH, Urteil vom 29. 5. 1968 – I 200/65, BStBl 1969 II S. 11.

30 FG Mecklenburg-Vorpommern, Urteil v. 16. 3. 1999 – 2 K 129/97, EFG 1999 S. 581.

31 BFH, Urteil vom 2. 10. 1981 – III R 73/78, BStBl 1992 II S. 13.

steuerrechtlichen Einkommensbegriff.[32] Auf Ebene des Gesellschafters handelt es sich bei einer Barkapitalerhöhung sowohl handelsbilanziell als auch steuerlich um einen erfolgsneutralen Anschaffungsvorgang.[33]

Die Einzahlung des Agios erhöht das steuerliche Einlagekonto gem. § 27 Abs. 1 KStG. 5079
§ 27 KStG ist eine der zentralen Vorschriften zur Gliederung des steuerlichen Eigenkapitals der Kapitalgesellschaft. Ausweislich der Norm hat eine unbeschränkt steuerpflichtige Kapitalgesellschaft nicht in das Nennkapital geleistete Einlagen am Schluss jeden Wirtschaftsjahres auf einem besonderen Konto, dem steuerlichen Einlagekonto, auszuweisen. Das steuerliche Einlagekonto ist ausgehend von dem Bestand am Ende des vorangegangenen Wirtschaftsjahres um die jeweiligen Zu- und Abgänge des Wirtschaftsjahres fortzuschreiben. Leistungen der Kapitalgesellschaft aus dem steuerlichen Einlagekonto mindern selbiges unabhängig von der handelsrechtlichen Einordnung soweit sie den ausschüttbaren Gewinn übersteigen. Als ausschüttbarer Gewinn gilt das um das gezeichnete Kapital geminderte in der Steuerbilanz ausgewiesene Eigenkapital abzüglich des Bestands des steuerlichen Einlagekontos. Hinsichtlich des Begriffs „steuerliches Einlagekonto" gilt es zu beachten, dass es sich nicht etwa um ein in der Buchführung gesondert geführtes Konto handelt. Es stellt eine reine steuerliche Sonderrechnung außerhalb der Buchführung dar.[34] Die Verwendung des Einlagekontos ergibt sich aus der sog. Differenzrechnung. Nach § 27 Abs. 1 Satz 3 KStG mindern Leistungen der Kapitalgesellschaft mit Ausnahme der Rückzahlung von Nennkapital i. S. d. § 28 Abs. 2 Satz 2, 3 KStG das steuerliche Einlagekonto unabhängig von ihrer handelsrechtlichen Einordnung nur soweit, als die Summe der im Wirtschaftsjahr erbrachten Leistungen (Größe 1) den auf den Schluss des vorangegangen Wirtschaftsjahr ermittelten ausschüttbaren Gewinn (Größe 2) übersteigt. Leistungen in diesem Sinne sind alle Auskehrungen, die ihre Ursache im Gesellschaftsverhältnis haben. Dazu gehören neben offenen Gewinnausschüttungen auch Vorabausschüttungen, verdeckte Gewinnausschüttungen und sonstige Leistungen, so insbesondere die Auskehrung des Liquiditationserlöses.[35] Die implementierte Systematik macht klar, dass grundsätzlich kein Direktzugriff auf die Bestände im steuerlichen Einlagekonto möglich ist. Regelmäßig ist vorrangig der ausschüttbare Gewinn zu verwenden, der beim Gesellschafter zu steuerpflichtigen Einkünften führt. Die Frage, ob die Auskehrung aus der handelsrechtlichen Auflösung einer Kapitalrücklage aus steuerlicher Sichte eine Einlagerückzahlung i. S. d. § 28 Abs. 1 Nr. 1 Satz 3 KStG ist, ist ausschließlich danach zu beantworten, ob die Leistung nach § 27 Abs. 1 Satz 3 KStG als aus dem steuerlichen Einlagekonto finanziert gilt.[36]

Wird die Kapitalerhöhung als Sachkapitalerhöhung durchgeführt, stellt sich zusätzlich 5080
die Frage nach der Bewertung. Es gilt grundsätzlich das Maßgeblichkeitsprinzip, es sind aber vorrangig die Vorschriften über die Bewertung zu beachten. Die Bewertung erfolgt nach § 6 Abs. 1 Nr. 5 EStG.

32 § 8 Abs. 1 KStG i. V. m. § 4 Abs. 1 Satz 1 EStG.

33 *Häuselmann*, in: Lüdicke/Sistermann, Unternehmenssteuerrecht, § 7 Rz. 10.

34 Vgl. *Dötsch*, in: Dötsch/Pung/Möhlenbrock, § 27 KStG Rz. 28.

35 BFH, Urteil vom 6. 10. 2009 – I R 24/08, BFH/NV 2010 S. 248.

36 *Dötsch*, in: Dötsch/Pung/Möhlenbrock, § 27 KStG Rz. 67.

2.2.1.3 Kapitalerhöhung aus Gesellschaftsmitteln

5081 Bei der Kapitalerhöhung aus Gesellschaftsmitteln werden keine Mittel von außen zugeführt; sie vollzieht sich durch Umwandlung von Kapitalrücklagen oder Gewinnrücklagen in Grund- oder Stammkapital. Die Vermögenssphäre der Gesellschafter ist von dem Vorgang folglich nicht berührt. Die ggf. fortgeführten Anschaffungskosten bleiben gleich und sind auf die alten und neuen Anteile zu verteilen.[37]

5082 Für steuerliche Zwecke ist für die Kapitalerhöhung vorrangig das steuerliche Einlagekonto zu verwenden (§ 28 Abs. 1 Satz 1 KStG). Reicht das steuerliche Einlagekonto für die Kapitalerhöhung nicht aus, ist ausschüttbarer Gewinn zu verwenden und insoweit ein Sonderausweis gem. § 28 Abs. 1 Satz 3 KStG zu bilden. So wird sichergestellt, dass bei einer späteren Kapitalherabsetzung die Mittel insoweit nicht als Kapitalrückzahlung qualifiziert werden können.

2.2.1.4 Kapitalherabsetzung durch Rückzahlung an Gesellschafter (ordentliche Kapitalherabsetzung)

5083 Auf Gesellschaftsebene ist die Kapitalherabsetzung grundsätzlich ein einkommensneutraler Vorgang. Es kommt insbesondere nicht zu einer vGA.[38] Auf Ebene des Anteilseigners, der die Anteile im Betriebsvermögen hält, werden die Zahlungen als Kapitalrückzahlung behandelt, welche die Anschaffungskosten mindern. Ein steuerpflichtiger Gewinn entsteht erst, soweit die Rückzahlungen den Buchwert der Anteile übersteigen. Es wird zunächst der Sonderausweis zum Schluss des vorangegangenen Wirtschaftsjahrs gemindert; ein übersteigender Betrag ist dem steuerlichen Einlagekonto gutzuschreiben, soweit die Einlage in das Nennkapital geleistet ist. Die Rückzahlung des Nennkapitals gilt, soweit der Sonderausweis zu mindern ist, als Gewinnausschüttung, die beim Anteilseigner zu Bezügen i. S. d. § 20 Abs. 1 Nr. 2 EStG führt. So wird vermieden, dass über den Umweg einer Kapitalerhöhung aus Gesellschaftsmitteln unversteuerte Gelder steuerneutral an den Gesellschafter gelangen.

2.2.1.5 Erwerb und Veräußerung eigener Anteile

5084 Die Bilanzierung eigener Anteile ist für Wirtschaftsjahre, die nach dem 31. 12. 2009 beginnen, neu geregelt worden. Der Erwerb eigener Anteile ist unabhängig davon, zu welchem Zweck der Erwerb erfolgt, und unabhängig von der Rechtsform der Kapitalgesellschaft zu bilanzieren. Der Nennbetrag bzw. der rechnerische Wert der erworbenen eigenen Anteile ist gem. § 272 Abs. 1a HGB in der Vorspalte offen von dem gezeichneten Kapital abzusetzen. Der vom gezeichneten Kapital abzusetzende Posten kann als „Nennbeträge/Rechnerischer Wert eigener Anteile“ bezeichnet werden.[39] Werden erworbene eigene Anteile wieder veräußert, ist gem. § 272 Abs. 1b HGB in Höhe des Nennbetrags bzw. des rechnerischen Wertes der wiederveräußerten eigenen Anteile die offene Absetzung vom gezeichneten Kapital zu kürzen. Ein den Nennbetrag oder den rechnerischen Wert übersteigender Differenzbetrag aus den Veräußerungserlösen

37 *Häuselmann*, in: Lüdicke/Sistermann, Unternehmenssteuerrecht, München 2008, Rz. 28.

38 BFH, Urteil vom 29. 6. 1995 – VIII R 69/93, BStBl 1995 II S. 725.

39 *Förschle/Hoffmann*, in: Beck'scher Bilanzkommentar, § 272 HGB Rz. 131.

ist bis zur Höhe des mit den frei verfügbaren Rücklagen verrechneten Betrags in die jeweiligen Rücklagen einzustellen. Ein darüber hinausgehender Differenzbetrag ist in die Kapitalrücklage gem. § 272 Abs. 2 Nr. 1 HGB einzustellen. Aufwendungen, die Anschaffungsnebenkosten sind, und Nebenkosten der Veräußerung sind Aufwand des Geschäftsjahres.

Die Finanzverwaltung hat mit BMF-Schreiben vom 27. 11. 2013 zur steuerlichen Be- 5085
handlung des Erwerbs eigener Anteile Stellung genommen.[40] Sie differenziert nun strikt zwischen der Ebene der Gesellschaft einerseits und der Ebene des Anteilseigners andererseits. Auf Ebene der Gesellschaft folgt man der Konzeption, dass das handelsrechtliche Verständnis einer wirtschaftlichen Kapitalherabsetzung im Falle des Erwerbs eigener Anteile bzw. einer wirtschaftlichen Kapitalerhöhung im Fall der Weiterveräußerung eigener Anteile auch der steuerlichen Beurteilung zugrunde gelegt wird. Auf der Ebene des Anteilseigners hingegen wird vollkommen unabhängig von der Konzeption auf der Ebene der Gesellschaft steuerlich von einer Anteilsveräußerung ausgegangen. Der Vorgang wird somit auf den beiden Ebenen nicht korrespondierend besteuert.[41]

Der Erwerb eigener Anteile stellt bei der Gesellschaft keinen Anschaffungsvorgang dar, 5086
sondern ist wie eine Herabsetzung des Eigenkapitals zu behandeln. In Höhe des Nennbetrags der eigenen Anteile ist § 28 Abs. 2 KStG entsprechend anzuwenden. Der über die Rückzahlung des herabgesetzten Nennkapitals hinausgehende Betrag stellt eine Leistung der Gesellschaft an den veräußernden Anteilseigner da, die nach den Grundsätzen des § 27 Abs. 1 Satz 3 KStG zu einer Minderung des steuerlichen Einlagekontos führt, soweit sie den maßgeblichen ausschüttbaren Gewinn übersteigt. Diese Anwendung der materiellen Maßgeblichkeit der Handelsbilanz für die Steuerbilanz entspricht der inzwischen herrschenden Meinung in der Literatur.[42] Von erheblicher praktischer Bedeutung ist, dass Kapitalertragsteuer auch auf den Teil der Leistung, der das steuerliche Einlagenkonto nicht nach § 27 Abs. 1 Satz 3 oder § 28 Abs. 3 KStG mindert, nicht einzubehalten und abzuführen ist. Dies wird damit begründet, dass der Vorgang auf der Ebene des Anteilseigners eine Veräußerung darstellt. Etwas anderes soll nur gelten, wenn bei Zahlung eines überhöhten Kaufpreises eine verdeckte Gewinnausschüttung i. S. d. § 20 Abs. 1 Nr. 1 Satz 2 EStG vorliegt, die nach den allgemeinen Grundsätzen zu behandeln ist.

Die Weiterveräußerung der eigenen Anteile stellt bei der Gesellschaft steuerlich keinen 5087
Veräußerungsvorgang dar, sondern ist wie eine Erhöhung des Nennkapitals zu behandeln. Sie führt deshalb nicht zu einem steuerlichen Veräußerungsgewinn oder -verlust. In Höhe des Nennbetrags der eigenen Anteile ergeben sich keine Auswirkungen auf den Bestand des steuerlichen Einlagekontos oder eines bestehenden Sonderausweises. Ein den Nennbetrag übersteigender Betrag erhöht den Bestand des steuerlichen Einlagekontos. Werden die eigenen Anteile zu einem angemessenen Kaufpreis unterhalb des Nennbetrags weiterveräußert, ist der Differenzbetrag zwischen Kaufpreis und dem Nennbetrag der Anteile als Kapitalerhöhung aus Gesellschaftsmitteln zu behandeln. In

40 BMF, Schreiben vom 27. 11. 2013, BStBl 2013 I S. 1615.

41 *Blumenberg/Lechner*, DB 2014 S. 141 (142).

42 *Herzig*, DB 2008 S. 1350; *Dörfler/Adrian*, DB 2009 Beilage Nr. 5, S. 63; *Schmittmann*, Ubg 2013 S. 755.

entsprechender Anwendung des § 28 Abs. 1 KStG vermindert der Differenzbetrag den Bestand des steuerlichen Einlagenkontos und führt, soweit der Bestand nicht ausreicht, zur Bildung bzw. Erhöhung eines Sonderausweises.

5088 Die Einziehung eigener Anteile hat steuerlich keine Konsequenzen mehr. Dies ist konsequent, da bereits die Anschaffung als Kapitalherabsetzung abgebildet wird. Bemerkenswert ist für den Steuerpflichtigen auch, dass Aufwendungen im Zusammenhang mit dem Erwerb oder der Veräußerung der eigenen Anteile als Betriebsausgaben abziehbar sind.[43] Steuerlich besonders von Bedeutung dürfte die Behandlung des Wiederverkaufs eigener Anteile als Kapitalerhöhung für Steuerpflichtige sein, die in den Anwendungsbereich des § 8b Abs. 7 und Abs. 8 KStG fallen. Würde man der in der Vergangenheit angewandten Technik folgen, wäre ein etwaiger Veräußerungsgewinn voll steuerpflichtig, während man nach der Neuregelung von einer steuerneutralen Kapitalerhöhung ausgeht. Umgekehrt kann nach der Neuregelung im Verlustfall die steuerliche Bemessungsgrundlage nicht reduziert werden.

5089 Umgekehrt wird die Veräußerung der Anteile beim Anteilseigner auch als solche abgebildet, unabhängig davon, dass die Veräußerung an die Gesellschaft selbst erfolgt. Eine Steuerpflicht der Veräußerung kann sich u. a. ergeben aus den §§ 13 bis 18 und 20 EStG. Darüber hinaus ist eine Steuerpflicht auch nach § 23 EStG und § 21 UmwStG als Erfassung möglich. Bemerkenswert ist bei den eigenen Anteilen die rigorose Behandlung als Veräußerung bei dem Anteilseigner, sie kann für diesen mit steuerlichen Vorteilen verbunden sein. Soweit es sich um Steuerpflichtige handelt, die eine einbehaltene Kapitalertragsteuer letztlich nicht anrechnen können, profitieren sie vom fehlenden Kapitalertragsteuereinbehalt. Wenn es sich um Streubesitzaktionäre handelt, kommt weder § 8b Abs. 4 KStG noch § 8 Nr. 5 GewStG zur Anwendung.

5090 Die Einordnung als Veräußerung ist zu begrüßen und auch materiell rechtlich fundiert. Für den Anteilseigner besitzen die Anteile an einer Kapitalgesellschaft keinen Doppelcharakter.[44] Es existiert im deutschen Steuerrecht auch kein allgemeines oder spezielles intersubjektives Korrespondenzprinzip für den Erwerb eigener Anteile.

5091–5095 *(Einstweilen frei)*

2.2.2 Kapitalrücklage

5096 Soweit Beträge, die in die Kapitalrücklage eingestellt werden, von Gesellschaftern geleistet werden, stellen sie auch steuerlich Einlagen dar. Alle von den Gesellschaftern geleisteten Zahlungen sind dem steuerlichen Einlagekonto i. S. d. § 27 KStG gutzuschreiben.

5097 Gemäß § 272 Abs. 2 Nr. 1 HGB ist ein bei der Ausgabe von Anteilen erzieltes Agio der Kapitalrücklage zuzuführen. Kommt es zu abweichenden Bewertungen in Handelsbilanz und Steuerbilanz, ist der steuerbilanzielle Wert auch für den Ausweis im steuerlichen Einlagekonto heranzuziehen.

43 BMF, Schreiben vom 27. 11. 2013, BStBl 2013 I S. 1615, Rz. 18.

44 *Schmittmann*, Ubg 2013 S. 755 (760).

Erfolgt die Zuzahlung durch Erlass von Verbindlichkeiten, erfolgt steuerlich eine Einlage nur in Höhe des werthaltigen Teils. Beträge, die bei der Ausgabe von Schuldverschreibungen für Wandlungs- und Optionsrechte zum Erwerb von Anteilen erzielt werden und die nach § 272 Abs. 2 Nr. 2 HGB in die Kapitalrücklage einzustellen sind, sind auch auf dem steuerlichen Einlagekonto auszuweisen.[45] 5098

(Einstweilen frei) 5099–5105

2.2.3 Gewinnrücklagen

Die Bildung von Gewinnrücklagen stellt Gewinnverwendung dar und ist steuerlich somit irrelevant. 5106

(Einstweilen frei) 5107–5110

3. Mezzanine Kapitalgestaltungen

Vor dem Hintergrund der restriktiven Kreditvergabepraxis der Banken aufgrund von Basel II[46] nehmen Unternehmen vermehrt Alternativen zur klassischen Kreditfinanzierung (Bankdarlehen) wahr. Hierfür haben sich mezzanine Finanzierungen bewährt. Als Mischform zwischen Eigen- und Fremdkapital bieten diese dem Unternehmer im Gegensatz zu einer reinen Eigenkapitalfinanzierung die Möglichkeit, die unternehmerische Entscheidungshoheit gegenüber den Kreditgebern zu behalten und somit eine Verwässerung der Altgesellschafter zu vermeiden. 5111

Ziel dieser oftmals auch als hybrid bezeichneten Finanzierungsform ist der handelsrechtliche Ausweis als Eigenkapital bei gleichzeitiger steuerrechtlicher Zuordnung als Fremdkapital zur Geltendmachung der Finanzierungskosten. 5112

(Einstweilen frei) 5113–5115

3.1 Zivilrechtliche Gestaltung

Es existiert keine allgemein gültige und klar definierte Abgrenzung des mezzaninen Kapitals im Verhältnis zu Eigen- und Fremdkapital. Allerdings kann anhand des Kapitalcharakters zwischen eher eigenkapitalnah (Equity Mezzanine) oder eher fremdkapitalnah (Debt Mezzanine) differenziert werden.[47] 5116

Zu den Eigenkapitalelementen zählen die Nachrangigkeit der Forderung des Mezzanine-Kapitals gegenüber dem gesamtem oder einem Teil des Fremdkapitals sowie ein erfolgsabhängiger Vergütungsanteil. Als Fremdkapitalelemente sind eine Befristung der Laufzeit, ein fester Rückzahlungsanspruch sowie fixe Zinszahlungen als weiteren Vergütungsanteil zu nennen.[48] 5117

---

45 *Förschle/K. Hoffmann*, in: Beck'scher Bilanzkommentar, § 272 HGB Rz. 220.

46 Anzuwenden seit dem 1. 1. 2007 aufgrund der EU-Richtlinien 2006/48/EG und 2006/49/EG in den Mitgliedstaaten der Europäischen Union für alle Kreditinstitute und Finanzdienstleistungsinstitute.

47 *Fleischer*, Creditreform 1/2000 S. 16; *Häger/Elkemann-Reusch*, Mezzanine Finanzierungsinstrumente: Stille Gesellschaft – Nachrangdarlehen – Genussrechte, 2004 Rz. 589.

48 *Golland/Gehlhaar/Grossmann/Eickhoff-Kley/Jänisch*, BB-spezial 4/2005 S. 1 (S. 2 f.); *Breuninger/Prinz*, DStR 2006 S. 1345.

5118 Die Ausgestaltung erfolgt je nach Anforderung der Finanzierungssituation und mit Blick auf den handels- und steuerbilanziellen Ausweis.

5119 Zivilrechtlich liegt ein schuldrechtlicher Vertrag vor.

5120 Als eher eigenkapitalnahe Vertragsgestaltungen werden angesehen:

- Gesellschafterdarlehen,
- Atypisch stille Gesellschaft,
- Genussrechte,
- Optionsanleihen und Wandelanleihen.

5121 Als eher fremdkapitalnahe Vertragsgestaltungen werden angesehen:

- Nachrangdarlehen,
- Typisch stille Gesellschaft,
- Partiarisches Darlehen.[49]

5122 Mezzanine Gestaltungen sind von folgenden einheitlichen Merkmalen geprägt:

- Nachrangigkeit

Die Nachrangigkeit gegenüber Fremdkapital führt dazu, dass der mezzanine Kapitalgeber seine Ansprüche im Insolvenz- oder Liquidationsfall erst nach Befriedigung aller anderen Gläubiger geltend machen kann

- Vergütungsstruktur

Charakteristisch für mezzanine Finanzierungen sind die folgenden drei Elemente der Vergütung, die je nach Situation angepasst werden können:

- eine laufende Verzinsung als erfolgsunabhängige Komponente,
- eine auflaufende endfällige Verzinsung,
- erfolgsabhängige Komponente (*„equity-Kicker“*)

Letztere zielt auf eine Beteiligung an der Wertsteigerung des Unternehmens ab. Der Kapitalgeber erlangt hierdurch das Recht, über Options- und Wandlungsrechte Unternehmensanteile zu erwerben bzw. als Abbildung der Wertentwicklung eine Sonderzahlung durch das Unternehmen zu erhalten (Glattstellung).[50]

- Befristete Laufzeit

Die Laufzeitbefristung für mezzanine Finanzierungen beträgt i. d. R. ca. 3 bis 10 Jahre.

Im Folgenden wird näher auf einzelne Gestaltungsmöglichkeiten eingegangen.

5123–5130 *(Einstweilen frei)*

49 *Golland/Gehlhaar/Grossmann/Eickhoff-Kley/Jänisch*, BB-Spezial 4/2005 S. 1 (S. 15).

50 *Hoffmann/Lüdenbach*, NWB Kommentar Bilanzierung, 5. Aufl., Herne 2014, § 246 HGB Rz. 68 f.

3.2 Gesellschafterdarlehen

3.2.1 Handelsrechtlicher Bilanzausweis

Sowohl gesellschafts- als auch steuerrechtlich gilt der vom BFH entwickelte Grundsatz der Finanzierungsfreiheit.[51] Einem Gesellschafter steht es daher frei, Eigen- oder Fremdkapital in die Gesellschaft zu geben. 5131

Gesellschafterdarlehen sind handelsrechtlich als Fremdkapital zu passivieren. 5132

Mit dem MoMiG[52], in Kraft getreten zum 1. 11. 2008, hat der Gesetzgeber durch Einfügung der § 30 Abs. 1 Satz 3 GmbHG und § 57 Abs. 1 Satz 4 AktG die bis dahin durch BGH-Rechtsprechung[53] gestützte Differenzierung zwischen eigenkapitalersetzenden und normalen Gesellschafterdarlehen aufgegeben. Weiterhin hat er durch Aufhebung der §§ 32a, 32b GmbHG a. F. die Regelung zu (eigenkapitalersetzenden) Gesellschafterdarlehen in der Krise rechtsformneutral in §§ 39, 135 InsO geregelt; der Terminus des „eigenkapitalersetzenden Darlehens" existiert damit praktisch nicht mehr im Gesellschaftsrecht.[54] § 39 Abs. 1 Nr. 5 InsO stellt entsprechende Gesellschafterdarlehen nun unter ein insolvenzrechtliches Regime, wodurch die Forderung der Rückgewähr desselben gegenüber anderen Verbindlichkeiten der Gesellschaft nachrangig zu behandeln ist. Dies gilt unabhängig von der vertraglichen Ausgestaltung und vom Zeitpunkt der Hingabe des Darlehens.[55] Ausgenommen von der nachrangigen Berücksichtigung sind das Sanierungsprivileg und das Kleinbeteiligungsprivileg i. S. d. § 39 Abs. 4 und 5 InsO.[56] 5133

Durch die Aufgabe des Eigenkapitalersatzrechts ist grundsätzlich auch bei Unterbilanz weiterhin die Rückzahlung von Gesellschafterdarlehen wie auch entsprechende Zinszahlungen zulässig; dies allerdings nur insoweit als die Anfechtungsmöglichkeiten insbesondere nach § 135 InsO und § 6a AnfG nicht ausgeschöpft sind.[57] 5134

Auch Gesellschafterdarlehen im Sinne der InsO sind handelsrechtlich als Fremdkapital zu bilanzieren, wenn eine Rückzahlung an den Gesellschafter nicht erfolgen darf und das Darlehen insolvenzrechtlich wie Eigenkapital behandelt wird.[58] Sofern der Nachrang i. S. d. § 39 Abs. 1 Nr. 1 bis 5 InsO vereinbart ist, ist die Verbindlichkeit daher nicht in der Überschuldungsbilanz zu führen (§ 19 Abs. 2 InsO).[59] 5135

(Einstweilen frei) 5136–5140

---

51 Vgl. BFH, Beschluss vom 8. 12. 1997 – GrS 1-2/95, BStBl 1998 II S. 193.

52 Gesetz vom 23. 10. 2008, BGBl 2008 I S. 2026.

53 BGH, Urteil vom 19. 12. 1994 – II ZR 10/94, NJW 1995 S. 658; vom 14. 12. 1992 – II ZR 298/81, NJW 1993 S. 392.

54 *Müller*, in: Beck'sches Handbuch der AG, 2. Aufl., München 2009, § 8 Kapitalerhaltung und Gesellschafterfremdfinanzierung Rz. 120.

55 *Schubert*, in: Beck'scher Bilanzkommentar, 9. Aufl., München 2014, § 247 HGB Rz. 231.

56 *Hopt*, in: Baumbach/Hopt, § 172 HGB Rz. 1; *Ellrott/Krämer*, in: Beck'scher Bilanzkommentar, 9. Aufl., München 2014, § 266 Rz. 193.

57 *Fastrich*, in: Baumbach/Hueck, 20. Aufl., München 2013, § 30 GmbHG Rz. 9.

58 *ADS*, HGB, 6. Aufl., § 246, Rz. 93, 97; *Schubert*, in: Beck'scher Bilanzkommentar, 9. Aufl. (2014), § 247 HGB, Rz. 231.

59 *Lang*, in: Dötsch/Pung/Möhlenbrock, § 8 Abs. 3 KStG, Teil D Rz. 1122; *Haas*, DStR 2009 S. 326.

3.2.2 Steuerlicher Bilanzausweis

3.2.2.1 Grundsätzliches

5141 Steuerlich ist ein Gesellschafterdarlehen ebenfalls grundsätzlich als Fremdkapital zu passivieren; auf eine ggf. insolvenzrechtliche Qualifizierung als „eigenkapitalersetzend“ kommt es nicht an.[60] Auch erfolgt keine steuerliche Gleichstellung eines Krisendarlehens i. S. d. InsO mit steuerlichem Eigenkapital. Gemäß BFH folgt das Steuerrecht dem Zivilrecht, wonach es dem Gesellschafter freisteht, seine Gesellschaft über Eigen- oder Fremdkapital zu finanzieren; auch ein ungewöhnlich hoher Fremdfinanzierungsanteil führt daher nicht zu einem Gestaltungsmissbrauch i. S. d. § 42 AO.[61]

3.2.2.2 Verdeckte Einlage und verdeckte Gewinnausschüttung (vGA)

5142 Sowohl das Stehenlassen des Darlehens in der Krise als auch die Hingabe eines Gesellschafterdarlehens in der Krise stellen keine verdeckte Einlage dar, da sich der Darlehenscharakter der Forderung nicht ändert.[62]

5143 Wird das Darlehen verzinst, stellen die Zinszahlungen keine vGA dar, sondern sind als Verbindlichkeit gegenüber dem darlehensgebenden Gesellschafter zu passivieren. Allerdings besteht eine Ausnahme: Wird durch den Gesellschafter ein verzinsliches Darlehen an die Gesellschaft gegeben und besteht gleichzeitig eine noch nicht erfüllte, aber fällige Einlagenforderung gegenüber dem Gesellschafter, liegen vGA in Höhe der Zinszahlungen vor. Der BFH begründet dies damit, dass ein ordentlicher und gewissenhafter Geschäftsleiter entweder die Einlageforderung mit der Forderung des Gesellschafters auf Darlehensrückzahlung aufgerechnet oder aber unter Hinweis auf die bestehende Aufrechnungslage auf einer teilweise zinslosen Darlehensgewährung bestanden hätte. [63]

5144 Mit Schreiben vom 16. 9. 1992 weist die Finanzverwaltung zudem darauf hin, dass im Übrigen weiterhin die allgemeinen Grundsätze der vGA im Zusammenhang mit Gesellschafter-Fremdfinanzierungen zu beachten sind.[64]

5145 Gewährt ein Gesellschafter ein unterverzinsliches oder unverzinsliches Darlehen, stellt der hierdurch entstandene (Gewinn-)Vorteil bei der Gesellschaft gemäß den vom BFH entwickelten Grundsätzen kein einlagefähiges Wirtschaftsgut i. S. einer Nutzungseinlage dar.[65] Der Vorteil ist somit bei der Gewinnermittlung der Gesellschaft nicht als ver-

---

60 Vgl. BFH, Urteil vom 5. 2. 1992 – I R 127/90, BStBl 1992 II S. 532.

61 BFH, Urteil vom 5. 2. 1992 – I R 127/90, BStBl 1992 II S. 532; BMF, Schreiben vom 16. 9. 1992, BStBl 1992 II S. 653.

62 *Lang*, in: Dötsch/Pung/Möhlenbrock, § 8 Abs. 3 KStG, Teil D Rz. 1123; *Lang*, in: Ernst & Young, § 8 KStG Rz. 1178.

63 BFH, Urteil vom 5. 2. 1992 – I R 127/90, BStBl 1992 II S. 532; hierzu auch: *Lang*, in: Ernst & Young, § 8 KStG Rz. 1174; *Gosch*, in: Gosch, 2. Aufl., München 2009, § 8 KStG Rz. 925.

64 BMF, Schreiben vom 16. 9. 1992, BStBl 1992 II S. 653.

65 BFH, Beschluss vom 26. 10. 1987 – GrS 2/86, BStBl 1988 II S. 348.

deckte Einlage zu kürzen. Allerdings sei an dieser Stelle darauf hingewiesen, dass Refinanzierungsaufwendungen auf Ebene des Gesellschafters – soweit Unentgeltlichkeit vorliegt – nach dem Beschluss des Großen Senats des BFH vom 26.10.1987 als Aufwendungen im Zusammenhang mit der Beteiligung an der Gesellschaft qualifiziert werden.[66] Abhängig von der Rechtspersönlichkeit des Gesellschafters können somit Refinanzierungsaufwendungen ggf. nicht voll oder nur teilweise (bei teilentgeltlicher Leistung des Gesellschafters) als Betriebsausgaben bzw. Werbungskosten abziehbar sein; sofern der Gesellschafter eine Körperschaft ist, ist ein entsprechender Aufwand voll als Betriebsausgabe zu berücksichtigen, da die Regelung des pauschalierenden Betriebsausgabenabzugs nach § 8b Abs. 5 KStG greift.[67]

Hinsichtlich der generellen Behandlung der Hingabe eines eigenkapitalersetzenden Darlehens i. S. d. InsO auf Ebene des Gesellschafters sei des Weiteren auf das BMF-Schreiben vom 21.10.2010 hingewiesen.[68] Das BMF unterscheidet hier betreffend die Anschaffungskosten zwischen der Hingabe eines Darlehens in der Krise, dem „stehen gelassenen" Darlehen, dem krisenunabhängigen Finanzplandarlehen und dem krisenbestimmten Darlehen. 5146

3.2.2.3 Forderungsverzicht aus gesellschaftsrechtlichen Gründen

3.2.2.3.1 Behandlung beim Darlehensnehmer

Verzichtet der Gesellschafter auf die Rückzahlung seines Darlehens oder auf bereits entstandene (Zins-)Ansprüche, führt dies in der Handelsbilanz zur ertragswirksamen Ausbuchung der Verbindlichkeit mit einem daraus resultierenden außerordentlichen Ertrag; eine erfolgsneutrale Erfassung nach § 272 Abs. 2 Nr. 4 HGB in der Kapitalrücklage, die der Gesellschafter zum Zweck der Abdeckung eines Jahresfehlbetrags oder zum Ausgleich eines Bilanzverlusts an die Gesellschaft erbringt, ist auszuschließen.[69] 5147

Steuerrechtlich ist der außerordentliche Ertrag gemäß den mit BFH-Beschluss vom 9.6.1997 entwickelten Grundsätzen[70] zu neutralisieren, wenn der Forderungsverzicht durch das Gesellschaftsverhältnis bedingt ist, d. h. der Gesellschafter bei Anwendung der Sorgfalt eines ordentlichen Kaufmanns die Schulden nicht erlassen hätte.[71] Ein solcher Forderungsverzicht ist grundsätzlich nur per Vertrag i. S. d. § 397 BGB[72] oder durch einseitige Erklärung möglich.[73] 5148

66 BFH, Beschluss vom 26.10.1987 – GrS 2/86, BStBl 1988 II S. 348.

67 BFH, Urteil vom 17.10.2001 – I R 97/00, BFH/NV 2002 S. 240; *Ott*, DStZ 2010 S. 623 (S. 625 f.).

68 BMF, Schreiben vom 21.10.2010, BStBl 2010 I S. 832.

69 *ADS*, 6. Aufl., § 272 HGB Rz. 137; *Knorr/Seidler*, in: Haufe, HGB Bilanz Kommentar, 4. Aufl., Freiburg 2013, § 272 HGB Rz. 135.

70 BFH, Beschluss vom 9.6.1997 – GrS 1/94, BStBl 1998 II S. 307.

71 *Haug/Huber*, in: Mössner/Seeger, KStG, 1. Aufl., Herne 2013, § 8 KStG Rz. 2347.

72 BFH, Urteil vom 19.7.1994 – VIII R 58/92, BStBl 1995 II S. 362.

73 *Rengers*, in: Blümich, § 8 KStG Rz. 180; *Weber-Grellet*, BB 1995 S. 243: vertritt zusätzlich die Auffassung, dass eine längere Nichtgeltendmachung der Forderung im Wege der Auslegung ebenfalls steuerlich als Verzicht gewertet werden kann.

5149 In Folge des Forderungsverzichts liegt in Höhe des werthaltigen Teils der Forderung eine verdeckte Einlage vor.[74] Die Einlage ist mit dem Teilwert der Forderung zu bewerten.[75] Soweit die erlassene Forderung zu diesem Zeitpunkt nicht mehr werthaltig ist, bleibt es bei dem durch den Wegfall der Verbindlichkeit ausgelösten Ertrag.

5150 Liegt ein Verlustvortrag vor, kann der Ertrag lediglich im Rahmen der Mindestbesteuerung des § 10d Abs. 1 EStG gemindert werden. Bei vorherigem Untergang des Verlustvortrags nach § 8c KStG bleibt der Ertrag sogar vollständig steuerpflichtig.

3.2.2.3.2 Behandlung beim Darlehensgeber

5151 Beim Darlehensgeber erhöhen sich vice versa in Höhe des werthaltigen Teils der Darlehensforderung nachträglich die Anschaffungskosten der Beteiligung. In Höhe eines ggf. nicht mehr werthaltigen Teils der Forderung entstehen laufende Betriebsausgaben, die aber regelmäßig steuerlich nicht abziehbar sind.[76]

5152 Handelt es sich beim Darlehensgeber um eine Kapitalgesellschaft oder Personenvereinigung, die zu mehr als 25 % am Grund- oder Stammkapital unmittelbar oder mittelbar an der darlehensnehmenden Körperschaft beteiligt ist, ist dieser laufende Aufwand aufgrund der mit dem JStG 2008 eingefügten § 8b Abs. 3 Sätze 4 bis 8 KStG außerbilanziell wieder hinzuzurechnen.[77] Hierbei kommt es nicht darauf an, ob das Darlehen noch vor 2008 hingegeben worden ist, sondern der Zeitpunkt der Wertminderung ist ausschlaggebend.[78]

Die außerbilanzielle Hinzurechnung kann unterbleiben, wenn die sog. Escape-Klausel des § 8b Abs. 3 Satz 6 KStG zutrifft. In diesem Fall muss die darlehensnehmende Gesellschaft nachweisen, dass auch ein fremder Dritter das Darlehen bei sonst gleichen Umständen gewährt oder noch nicht zurückgefordert hätte.[79]

Im Übrigen sind von der außerbilanziellen Hinzurechnung nach § 8b Abs. 3 Satz 4 bis 8 KStG nicht nur Gewinnminderungen aus Darlehen per se betroffen, sondern nach § 8b Abs. 3 Satz 7 KStG ebenfalls aus Rechtshandlungen, die mit einer Darlehensgewährung wirtschaftlich vergleichbar sind. Nach der Gesetzesbegründung sind hierunter auch u. a. Forderungen aus Lieferung und Leistung erfasst.[80] Dies betrifft wohl auch Forderungsstundungen bzw. Novationen einer Forderung aus Lieferung und Leistung.[81] Zur Schaffung einer wirtschaftlichen Vergleichbarkeit mit einer Darlehensgewährung

---

74 FG Berlin-Brandenburg, Urteil vom 13. 4. 2010 – 6 K 53/06, EFG 2010 S. 1671; *Haug/Huber*, in: Mössner/Seeger, KStG, 1. Aufl., Herne 2013, § 8 KStG Rz. 2348.

75 *Rengers*, in: Blümich, § 8 KStG Rz. 181.

76 *Roser*, in: Gosch, 2. Aufl., München 2009, § 8 KStG Rz. 118; *Kulosa*, in: Schmidt, EStG, 33. Aufl., München 2014, § 6 EStG Rz. 757.

77 *Dötsch/Pung*, in: Dötsch/Pung/Möhlenbrock, § 8b KStG Rz. 128a, 130; *Haug/Huber*, in: Mössner/Seeger, KStG, 1. Aufl., Herne 2013, § 8 KStG Rz. 2348.

78 *Dötsch/Pung*, in: Dötsch/Pung/Möhlenbrock, § 8b KStG Rz. 128.

79 BMF, Schreiben vom 29. 3. 2011, BStBl 2011 I S: 277, Rz. 17 ff.; s. auch: *Dötsch/Pung*, in: Dötsch/Pung/Möhlenbrock, § 8b KStG Rz. 135 ff.; *Gosch*, in: Gosch, 2. Aufl., München 2009, § 8b KStG Rz. 279e ff.

80 BT-Drucks. 16/6290 S. 73.

81 *Gosch*, in: Gosch, 2. Aufl., München 2009, § 8b KStG Rz. 279 b; *Rengers*, in: Blümich, § 8b KStG Rz. 296.

soll das Schuldverhältnis laut *Gosch* als Dauerrechtsverhältnis ausgestaltet sein, das auf eine gewisse Mindestlaufzeit angelegt ist.[82] Die herrschende Literaturmeinung geht hierbei von einem Zahlungsaufschub von wenigstens drei Monaten aus.[83]

Umstritten war lange Zeit die Behandlung von Substanzverlusten im Anwendungsbereich von § 3c Abs. 2 EStG. Substanzverluste von im Betriebsvermögen gehaltenen Gesellschafterdarlehen aufgrund von Wertminderungen, wie sie durch Teilwertabschreibungen abgebildet werden, unterliegen unabhängig von der Frage der Fremdüblichkeit der Darlehensüberlassung und einer etwaigen Veranlassung durch das Gesellschaftsverhältnis mangels wirtschaftlichen Zusammenhangs mit nach § 3 Nr. 40 EStG zu 40 % steuerbefreiten Beteiligungserträgen nicht dem Abzugsverbot des § 3c Abs. 2 Satz 1 EStG.[84] 5153

Damit hat sich die Rechtsprechung gegen die zunächst von der Finanzverwaltung vertretene Sichtweise gestellt.[85] Zwischenzeitlich hat die Finanzverwaltung in diesem Punkt eingelenkt und wendet die Rechtsprechung an.[86] 5154

Hält der Gesellschafter die Anteile hingegen im Privatvermögen, stellt der nicht werthaltige Teil des Darlehens bei Forderungsverzicht keine Aufwendung dar und ist somit steuerlich irrelevant.[87] 5155

3.2.2.3.3 Vermeidungsstrategien zur Erhaltung der Werthaltigkeit

Angesichts der steuerlichen Auswirkungen eines Forderungsverzichts bei mangelnder Werthaltigkeit ist es im Interesse des darlehensgebenden Gesellschafters – unabhängig davon, ob es sich um eine Kapitalgesellschaft, Personenvereinigung oder natürliche Person handelt – die Werthaltigkeit der Forderung wiederherzustellen. Hierzu werden in der Literatur verschiedene Gestaltungen erwogen. 5156

Neben Bareinlagen zum Nennwert zur Erfüllung der Forderung des Gesellschafters werden Sicherungsmaßnahmen in Form von Bürgschaften durch eine Bank oder von sog. harten Patronatserklärungen des Gesellschafters zugunsten der Gesellschaft ebenso wie Verlustübernahmeverpflichtungen des Gesellschafters in der Literatur erwogen.[88] 5157

Verzichtet der Gesellschafter nach der Wiederherstellung der Werthaltigkeit auf die Forderung, entsteht kein steuerpflichtiges Einkommen. Der Wertansatz der Beteiligung 5158

82 *Gosch,* in: Gosch, 2. Aufl., München 2009, § 8b KStG Rz. 279b.

83 *Fuhrmann/Strahl,* DStR 2008 S. 125 (S. 127); *Dötsch/Pung,* in: Dötsch/Pung/Möhlenbrock, § 8b KStG Rz. 137; *Gosch,* in: Gosch, 2. Aufl., München 2009, § 8b KStG Rz. 279b.

84 BFH, Urteile vom 18. 4. 2012 – X R 5/10, BStBl 2013 II S. 785; vom 18. 4. 2012 – X R 7/10, BStBl 2013 II S. 791.

85 BMF-Schreiben vom 8. 11. 2010, BStBl 2010 I S. 1292.

86 BMF-Schreiben vom 23. 10. 2013, BStBl 2013 I S. 1269.

87 FG Niedersachsen, Urteil vom 2. 11. 1966 – IV 124/66, EFG 1967 S. 233; *Fuhrmann,* in: Korn, § 33 EStG Rz. 19.

88 *Roser,* in: Gosch, 2. Aufl., München 2009,§ 8 KStG Rz. 121; *Haug/Huber,* in: Mössner/Seeger, KStG, 1. Aufl., Herne 2013, § 8 KStG Rz. 2355 f.; *Rengers,* in: Blümich, § 8 KStG Rz. 181; *Hoffmann,* DB 1998 S. 1983; *Hoffmann,* StB 2002 S. 215; *Hierstetter,* DStR 2010 S. 882.

erhöht sich und unterliegt den Beschränkungen des § 8b Abs. 3 KStG. Ein Forderungsverkauf ist weder wirtschaftlich noch rechtlich mit einem Forderungsverzicht vergleichbar;[89] ein Gestaltungsmissbrauch i. S. d. § 42 AO ist ggf. bei Fiktion eines Verzichts zu untersuchen.[90]

5159 Gemäß BFH stellt die auf dem Gesellschaftsverhältnis beruhende Schuldübernahme eines Gesellschafters einer Kapitalgesellschaft unter Regressverzicht, d. h. unter Befreiung von Ersatzansprüchen, keine verdeckte Einlage dar.[91] Wird auf den Regressanspruch nicht verzichtet, entsteht in Höhe des zum Zeitpunkt der Schuldübernahme werthaltigen Freistellungsanspruch des Bürgen eine verdeckte Einlage, der nicht werthaltige Teil führt zu steuerpflichtigem Ertrag nach den Grundsätzen des Forderungsverzichts.[92]

5160 Vor allem in Sanierungsfällen gehen Gesellschafter oftmals anstatt eines einfachen Forderungsverzichts einen Forderungsverzicht mit Besserungsschein ein. Zivilrechtlich kann ein Besserungsschein unter aufschiebender Bedingung (§ 158 Abs. 1 BGB) oder unter auflösender Bedingung (§ 151 Abs. 2 BGB) stehen; beides führt rückwirkend zum Wiederaufleben der ursprünglichen Verbindlichkeit bei Eintritt des Besserungsfalls.[93] Wie beim einfachen Forderungsverzicht führt auch hier der Verzicht zunächst zur verdeckten Einlage und des außerordentlichen Ertrags. Tritt der Besserungsfall ein, darf ein entsprechender Aufwand durch Wiederaufleben der Verbindlichkeit das Einkommen der Gesellschaft nicht mindern.[94] In Höhe des bei ursprünglichem Forderungsverzicht entstehenden außerordentlichen Ertrags aus dem nicht werthaltigen Teil der Forderung, tritt im Besserungsfall ein steuerlich abzugsfähiger Aufwand ein.[95] Im Sanierungsfall wird ein Aufwand aus der Neubegründung der Gesellschafterforderung mit einem ursprünglich aus Billigkeitsgründen nicht besteuerten Sanierungsgewinn verrechnet.[96]

5161 Mit einer Entscheidung des BFH vom 30. 11. 2011[97] wurde die Diskussion um den Rangrücktritt neu entfacht.[98] Hinsichtlich der Anwendbarkeit von § 5 Abs. 2a EStG ist einzelfallbezogen die konkrete Formulierung des Rangrücktritts zu beurteilen.[99] Bei einfachem Rangrücktritt gilt, dass ein einfacher Rangrücktritt ergebniswirksam ist, wenn ausdrücklich in der Besserungsvereinbarung vereinbart ist, dass eine Verbindlichkeit ausschließlich aus künftigen Gewinnen oder einem eventuellen Liquidationsüberschuss

89 BFH, Urteil vom 30. 1. 2001 – I R 13/01, BFH/NV 2002 S. 1172.

90 BFH, Urteil vom 1. 2. 2001 – IV R 3/00, BStBl 2001 II S. 520.

91 BFH, Urteil vom 20. 12. 2001 – I B 74/01, BFH/NV 2002 S. 678.

92 BFH, Urteil vom 21. 5. 2005 – X R 36/02, BStBl 2005 II S. 707.

93 BFH, Urteil vom 29. 1. 2003 – I R 50/02, BFH/NV 2003 S. 1267; *Roser*, in: Gosch, 2. Aufl., München 2009, § 8 KStG Rz. 131.

94 BMF, Schreiben vom 2. 12. 2003, BStBl 2003 I S. 648, Rn 2.a.

95 *Frotscher*, in: Frotscher/Maas, § 8 KStG Rz. 101d.

96 BMF, Schreiben vom 27. 3. 2003, BStBl 2003 I S. 240.

97 BFH, Urteil vom 30. 11. 2011 – I R 100/10, BStBl 2012 II S. 332.

98 *Ronneberger*, Stbg 2013 S. 201; *Schmid*, FR 2012 S. 837.

99 *Braun*, DStR 2012 S. 1360 [1362]; *Leuering/Bahns*, NJW-Spezial 2012 S. 207.

und nicht aus sonstigem freien Vermögen zu bedienen ist.[100] Beschränkt sich der Rangrücktritt auf den Insolvenzfall, wird der schuldrechtliche Inhalt des Darlehens nicht berührt.[101] Qualifizierte Rangrücktritte sind nicht mehr insolvenzrechtlich erforderlich.[102]

(Einstweilen frei) 5162–5170

3.3 Typisch und atypisch stille Gesellschaft

3.3.1 Handelsrechtlicher Bilanzausweis

Gemäß § 230 HGB ist ein stiller Gesellschafter derjenige, der sich mit einer Vermögenseinlage an einem Handelsgewerbe, das ein anderer betreibt, beteiligt. Inhaber des Handelsgewerbes i. S. d. HGB kann sowohl ein Einzelkaufmann, eine Personen- oder aber auch eine Kapitalgesellschaft sein. 5171

Die stille Gesellschaft begründet sich auf einem schuldrechtlichen Vertrag zwischen dem Inhaber des Handelsgeschäfts und dem stillen Gesellschafter. Sofern der stille Gesellschafter kein Grundstück in die Gesellschaft einlegt, ist der Abschluss des Vertrags überdies formfrei.[103] 5172

Als sog. Innengesellschaft besitzt die stille Gesellschaft zwar kein gemeinsames Gesellschaftsvermögen, verfügt aber über einen vertraglich vereinbarten gemeinsamen Zweck. Die Geschäfte werden im Innenverhältnis auf gemeinsame Rechnung getätigt, im Außenverhältnis jedoch werden diese im Namen des Inhabers des Handelsgewerbes geführt. Nach § 231 HGB muss eine direkte Gewinnbeteiligung vereinbart sein; eine lediglich Festverzinsung wie bei einem Darlehen stellt keine ausreichende, direkte Beteiligung am Unternehmenserfolg dar.[104] 5173

Mangels Rechtsfähigkeit kann eine stille Gesellschaft nicht Trägerin eines Handelsunternehmens sein. Der stille Gesellschafter haftet nicht nach außen, da aus den „im Betriebe geschlossenen Geschäften" allein der Inhaber des Handelsgewerbes berechtigt bzw. verpflichtet ist. Ausnahmsweise kann eine persönliche Haftung des stillen Gesellschafters gegeben sein, wenn er nach außen als Geschäftsinhaber oder persönlich haftender Gesellschafter auftritt und somit einen Rechtsscheintatbestand setzt.[105] 5174

Allerdings werden dem stillen Gesellschafter über § 233 HGB zum Ausgleich fehlender Geschäftsführungs- und Vertretungsbefugnis kommanditistengleiche Kontrollrechte zugeteilt, die auch nicht ausgeschlossen werden können. Bei Auflösung der stillen Gesellschaft (§ 234 HGB) muss sich der Inhaber des Handelsgeschäfts mit dem stillen Gesellschafter auseinandersetzen und dessen Guthaben in Geld berichtigen (§ 235 Abs. 1 HGB).[106] 5175

---

100 BFH, Urteil vom 30. 11. 2011 – I R 100/10, BStBl 2012 II S. 332.

101 *Förster/Neumann*, StbJb 2012/13 S. 339 [380]; *H. Richter* in: Herrmann/Heuer/Raupach, EStG/KStG, § 5 EStG Rz. 1768.

102 *Kahlert/Gehrke*, DStR 2010 S. 227; *Förster/Neumann*, StbJb 2012/13 S. 339 [378].

103 § 293 Abs. 3 AktG (AG / KGaA); § 313 BGB.

104 *Worgulla*, NWB 2010 S. 3182.

105 BAG, Urteil vom 16. 3. 1955 – 2 AZR 28/54, NJW 1955 S. 1168.

106 *Knorr/Seidler*, in: Haufe, HGB Bilanz Kommentar, 4. Aufl., Freiburg 2013, § 272 HGB Rz. 225.

5176 In der Praxis existieren stille Gesellschaften in vielfältigen Varianten, da bei Vertragsausgestaltung alle Bestimmungen über die stille Gesellschaft mit Ausnahme von §§ 231 Abs. 2 2. Halbsatz, 223 Abs. 3, 234 Abs. 1 Satz 2, 236 Abs. 2, 237 HGB dispositiv sind. So kann die Stellung des stillen Gesellschafters beispielsweise durch Einräumung von Geschäftsführungsbefugnissen und Vertretungsrechten, oder Beteiligung am Liquidationserlös oder durch Mitwirkungsregularien betreffend die Geschäftsführung, aufgewertet werden.[107] Weicht der Gesellschaftsvertrag im Wesentlichen nicht von den gesetzlichen Vorschriften zur stillen Gesellschaft, insbesondere von den §§ 231 und 232 HGB (Gewinn und Verlust) ab, spricht man regelmäßig von einer typisch stillen Gesellschaft. Werden abweichend vom Regelstatut wesentlich umfangreichere Befugnisse und Pflichten mit dem Gesellschaftsvertrag vereinbart, handelt es sich um eine atypisch stille Gesellschaft.[108]

5177 Hinsichtlich der Qualifikation als Eigen- oder Fremdkapital gelten sinngemäß die Kriterien zu den Genussrechten (s. nachfolgend unter Rz. 5196 ff.).[109]

5178 Wird die stille Beteiligung in strikter Anlehnung an die gesetzlichen Vorschriften ausgestaltet, ist ein handelsbilanzieller Ausweis als Eigenkapital ausgeschlossen, da gemäß § 236 Abs. 1 HGB der stille Gesellschafter im Insolvenzfall eine Forderung als Insolvenzgläubiger geltend machen kann, soweit die Vermögenseinlage den Betrag des auf ihn fallenden Anteils am Verlust übersteigt. Für die Geltendmachung eines Eigenkapitalcharakters müssten die Verluste der Gesellschaft vorrangig mit der Vermögenseinlage des stillen Gesellschafters verrechnet werden; hier wird er jedoch zusammen mit den übrigen Fremdkapitalgebern herangezogen.[110]

5179 Werden von den gesetzlichen Vorschriften abweichende Vereinbarungen für die stille Beteiligung getroffen, kann ggf. ein Eigenkapitalausweis erfolgen; dies kann z. B. dann zutreffen, wenn in Anlehnung an die Qualifizierung bei Genussrechten eine Beteiligung an stillen Reserven und Geschäftswert bzw. Liquidationserlös, Rangrücktritt im Konkursfall vereinbart ist. Liegt Eigenkapital vor, ist ein Sonderposten „Stille Vermögenseinlage" nach dem gezeichneten Kapital auszuweisen.[111] Handelt es sich bei dem stillen Gesellschafter um den Gesellschafter einer Kapitalgesellschaft, erfolgt der Ausweis der geleisteten Einlage in der Kapitalrücklage nach § 272 Abs. 2 Nr. 4 HGB.[112]

5180 Bei Qualifikation als Fremdkapital ist ein gesonderter Posten unter "C.8. Sonstige Verbindlichkeiten" zweckmäßig (§ 265 Abs. 5 Satz 2 HGB). Andernfalls erfolgt ein Ausweis unter den Posten „C.6." oder „C.7." – mit weiterer Untergliederung oder Davon-Vermerk –, wenn der stille Gesellschafter Aktionär oder Gesellschafter mit bestehender Verbundbeziehung oder Beteiligungsverhältnis ist.[113]

5181–5185 *(Einstweilen frei)*

---

107 *Stühlfelner*, in: HK-HGB, 7. Aufl., Heidelberg 2007, § 230 HGB Rz. 7.

108 *Hopt*, in: Baumbach/Hopt, 35. Aufl., München 2012, § 230 HGB Rz. 3.

109 *Küting/Kessler*, BB 1994 S. 2103 (S. 2114); *ADS*, 6. Aufl., § 266 HGB Rz. 188; *Ritzer-Angerer*, StuB 2008 S. 786.

110 *Knorr/Seidler*, in: Haufe HGB Bilanz Kommentar, 4. Aufl., Freiburg 2013, § 272 HGB Rz. 226.

111 *ADS*, 6. Aufl., § 266 HGB Rz. 189.

112 *Schubert*, in: Beck'scher Bilanzkommentar, 9. Aufl., München 2014, § 247 HGB Rz. 234.

113 *Knorr/Seidler*, in: Haufe, HGB Bilanz Kommentar, 4. Aufl., Freiburg 2013, § 272 HGB Rz. 229.

3.3.2 Steuerlicher Bilanzausweis

Da bei typisch stillen Beteiligungen bereits handelsrechtlich kein Eigenkapital vorliegt, sieht die Finanzverwaltung dem Maßgeblichkeitsgrundsatz folgend auch steuerlich kein Eigenkapital; ein steuerlicher Ausweis der typisch stillen Einlage als Fremdkapital ist zwingend.[114] 5186

Die Zahlungen der Gewinnanteile an den typisch stillen Gesellschafter stellen bei der Gesellschaft abziehbare Betriebsausgaben i. S. d. § 4 Abs. 4 EStG dar. Eine Begrenzung der Abziehbarkeit findet sich jedoch in der Zinsschranke nach § 4h EStG bzw. § 8a KStG, da an den Stillen gezahlte Gewinnanteile als Zinsaufwendungen in Form von Vergütung für Fremdkapital zu qualifizieren sind.[115] 5187

Atypisch stille Beteiligungen führen regelmäßig zu mitunternehmerischen, gewerblichen Einkünften i. S. d. § 15 EStG bzw. § 8 KStG. Die Mitunternehmerschaft kennzeichnet sich dadurch aus, dass der atypisch stille Gesellschafter Mitunternehmerinitiative entfalten kann und Mitunternehmerrisiko trägt.[116] Die beiden Kriterien dürfen unterschiedlich stark ausgeprägt sein. Da ein stiller Gesellschafter i. d. R. an der Geschäftsführung nicht beteiligt ist, bedarf es für die Mitunternehmerinitiative über § 233 HGB hinausgehender Mitwirkungs- und Kontrollbefugnisse i. S. d. §§ 164, 168 HGB. Mitunternehmerrisiko erfordert im Fall einer atypisch stillen Beteiligung eine Beteiligung sowohl am laufenden Gewinn und Verlust als auch an den stillen Reserven einschließlich des Geschäftswerts bei Auflösung der Gesellschaft.[117] 5188

Die Einlage des atypisch still Beteiligten, der zugleich steuerlich als Mitunternehmer anzusehen ist, ist daher (auch) steuerlich als Eigenkapital zu qualifizieren. 5189

(Einstweilen frei) 5190–5195

3.4 Genussrechte

3.4.1 Handelsrechtlicher Bilanzausweis

Genussrechte unterliegen keiner gesetzlichen Definition; lediglich das Aktienrecht regelt Einzelfragen in § 221 Abs. 3 und 4 AktG und § 160 Abs. 1 Nr. 6 AktG. Sie sind Gläubigerrechte schuldrechtlicher Art und entstehen durch Vertrag zwischen dem Emittenten und dem (ersten) Genussrechtsinhaber.[118] 5196

Genussrechte gewähren typische Vermögensrechte eines Aktionärs, jedoch keine Mitgliedschaftsrechte (Verwaltungsrechte), insbesondere keine Stimmrechte.[119] Sie vermitteln regelmäßig das Recht an der Beteiligung am Reingewinn und/oder am Liquidati- 5197

---

114 OFD Kiel, Verfügung vom 6. 11. 2000 - S 2742a - St 261, NWB DokID: NAAAA-85917.

115 *Johannemann*, in: Lüdicke/Sistermann, Unternehmenssteuerrecht, 1. Aufl., München 2008, § 10 „Hybride Finanzierungsformen" Rz. 9.

116 BFH, Beschluss vom 25. 6. 1984 – GrS 4/82, BStBl 1984 II S. 751.

117 BFH, Urteil vom 6. 7. 1995 – IV R 79/94, BStBl 1996 II S. 269; vom 27. 5. 1993 – IV R 1/92, BStBl 1994 II S. 700; vom 1. 7. 2010 – IV R 100/06, BFH/NV 2010 S. 2056, m. w. N.; vom 9. 12. 2002 – VIII R 20/01, BFH/NV 2003 S. 601.

118 BGH, Urteil vom 5. 10. 1992 – II ZR 172/91, BGHZ 119, 305.

119 BGH, Urteil vom 5. 10. 1992 – II ZR 172/91, BGHZ 119, 305.

onserlös, können Gegenleistung für die Überlassung von Kapital oder für besondere Dienste (z. B. Erfindungen) sein. Genussrechte als mezzanine Finanzierungsform haben gegenüber der Aufnahme neuer Gesellschafter den Vorteil, dass mangels der Einräumung von Stimmrechten der Einfluss der eigentlichen Gesellschafter auf die unternehmerischen Entscheidungen erhalten bleibt. Genussrechte können sowohl von einer AG, GmbH, KG, VVaG oder öffentlich-rechtlichen Personen ausgegeben werden.[120] Neben ihrer Finanzierungsfunktion erfreuen sich Genussrechte seit einiger Zeit als beliebtes Instrument der Mitarbeiterbeteiligung.[121]

5198 Sind sie verbrieft, werden sie als Genussscheine ausgegeben. Andererseits können Genussrechte auch als Inhaber-, Order- oder Namenspapiere ausgestaltet sein, aber auch nur Beweisurkunden sein.[122] Die Vergütung ist regelmäßig ergebnisabhängig, es kann aber ganz oder zum Teil eine feste Verzinsung vereinbart sein.[123]

5199 Die Ausgestaltung der Genussrechtsbedingungen erfolgt zumeist einseitig durch den Emittenten. Neben Laufzeit, Kündigung, wertpapierrechtlicher Gestaltung und Auskunftsrecht des Genussrechtsinhabers können auch Verzinsung oder Gewinnbeteiligung geregelt werden bzw. sind regelungsbedürftig.[124]

5200 Sofern die Ausgabe von Genussrechten zur Kapitalbeschaffung erfolgt, sind weiterhin Rückzahlungsmodalitäten, eine Vereinbarung zur Nachzahlungspflicht, die Beteiligung am Verlust, die Berechtigung der AG/Gesellschaft zur Herabsetzung des Genusskapitals im Fall der Herabsetzung des Grundkapitals sowie Rechte in der Liquidation (insbesondere ein nachrangiger Abfindungsanspruch mit Hinblick auf § 8 Abs. 3 Satz 2 KStG) zu regeln. Des Weiteren sind Vorgaben des § 10 Abs. 5 KWG bzw. § 52c Abs. 3a VAG zu berücksichtigen, sofern Genussrechte als haftendes Eigenkapital für Kreditinstitute oder für Eigenmittel für Versicherungsunternehmen verwendet werden.[125]

5201 Die handelsrechtliche Bilanzierung als Eigen- oder Fremdkapital ergibt sich nach der Stellungnahme HFA 1/1994,[126] aufgrund bestimmter Kriterien. Sind nachfolgende Kriterien kumulativ erfüllt, erfolgt ein Ausweis als Eigenkapital:[127]

1. Nachrangigkeit des Rückzahlungsanspruchs im Insolvenz- oder Liquidationsfall, d. h. es muss als Haftungssubstanz zur Verfügung stehen und darf im Insolvenzfall erst nach Befriedigung aller anderen Gläubiger an den Genusskapitalgeber zurückgezahlt werden.
2. Erfolgsabhängigkeit der Vergütung, d. h. die Vergütung des Genussrechts darf nicht zu Lasten der geschützten Eigenkapitalbestandteile, u. a. des gezeichneten Kapitals

120 *Lutter*, in: FS Döllerer, S. 384.

121 *Hüffer*, in: Hüffer, 10. Aufl., München 2012, § 221 AktG Rz. 22.

122 *Hüffer*, in: Hüffer, 10. Aufl., München 2012, § 221 AktG Rz. 28.

123 *Schubert*, in: Beck'scher Bilanzkommentar, 9. Aufl., München 2014, § 247 HGB Rz. 227 f.; ADS, 6. Aufl., § 264 HGB Rz. 87 mwN.

124 *Hüffer*, in: Hüffer, 10. Aufl., München 2012, § 221 AktG Rz. 29; Genussscheinbedingungen s. ausführlicher: *Frantzen*, in: Frantzen, Genussscheine, 1993, S. 295 ff.

125 *Hüffer*, in: Hüffer, 10. Aufl., München 2012, § 221 AktG Rz. 30.

126 HFA 1/1994, WPg 1994 S. 419 ff.; *Emmerich/Naumann*, WPg 1994 S. 677.

127 *Schubert*, in: Beck'scher Bilanzkommentar, 9. Aufl., München 2014, § 247 HGB Rz. 228; *ADS*, 6. Aufl., § 266 HGB Rz. 195.

oder der besonders geschützten Rücklagen (gesetzliche Rücklage, bestimmte Kapitalrücklagen bei der AG) erfolgen. Vergütungszusagen müssen unter dem Vorbehalt stehen, dass ausreichend Gewinn vorhanden ist und somit nicht besonders geschützte Eigenkapitalbestandteile zur Verfügung stehen. Nicht gezahlte Vergütungen können in späteren Jahren unter den o. g. Grundsätzen nachgeholt werden.

3. Teilnahme am Verlust bis zur vollen Höhe, d. h. die Rückzahlung des Genussrechtskapitals außerhalb des Insolvenz- oder Liquidationsfalles muss insoweit unterbleiben, als dadurch die gegen Ausschüttungen besonders geschützten Eigenkapitalbestandteile nach Verrechnung mit ggf. aufgelaufenen Verlusten gemindert werden. Besonders geschützte Eigenkapitalbestandteile ergeben sich aus den gesellschaftsrechtlichen Regelungen für AG und GmbH sowie aus den §§ 269 und 274 Abs. 2 HGB. Das Genussrechtskapital muss weiterhin bis zur vollen Höhe zur Verrechnung mit Verlusten herangezogen werden (Kapitalerhaltungsgrundsätze); dies beinhaltet auch eine Nachholung der Rückzahlung aus später erwirtschafteten, nicht besonders gegen Ausschüttungen geschützten Eigenkapitalbestandteilen.
4. Längerfristige Überlassung des Genussrechtskapitals, d. h. die Rückzahlung in diesem Zeitraum muss sowohl für den Genussrechtsemittenten als auch für den Genussrechtsinhaber ausgeschlossen sein. Unter Berücksichtigung der Vermögens- und Finanzlage ist einzelfallabhängig ein Überlassungszeitraum zu bestimmen; ein allgemeingültiger Mindestzeitraum kann daher nicht festgelegt werden.

Wird bei Forderungsverzicht nach § 397 BGB auf die Rückzahlung verzichtet, ist eine Qualifizierung als Eigenkapital notwendig.[128] 5202

Bei handelsrechtlicher Qualifizierung als Eigenkapital ist in der Handelsbilanz nach § 265 Abs. 5 Satz 2 HGB im Eigenkapital ein gesonderter Posten „Genussrechtskapital" zu bilden. Der Ausweis erfolgt entweder nach dem Posten „gezeichnetes Kapital", § 266 Abs. 3 A.I. HGB, nach den „Gewinnrücklagen", § 266 Abs. 3 A.III. oder als letzte Position im Eigenkapital. Ebenso ist ein eventuell erhaltenes Agio im Eigenkapital auszuweisen. Mangels Vorliegen der Voraussetzungen einer Kapitalrücklage i. S. d. § 272 Abs. 2 Nr. 1, Nr. 3 oder Nr. 4 HGB ist dieses Agio vorzugsweise im Posten „Genussrechtskapital" unter Verwendung eines „davon"-Vermerks einzustellen. Im Falle eines Disagios (Rückzahlungsbetrag höher als der erzielte Ausgabebetrag für Genussrechte), das wirtschaftlich zu einer nachträglichen Vergütung im Rückzahlungszeitpunkt führt, ist der niedrigere Ausgabebetrag des Genusskapitals zu passivieren, wird aber während der Mindestlaufzeit pro rata temporis über einen gesonderten Aufwandsposten aufgestockt.[129] 5203

Ist für Verlustjahre eine Verlustbeteiligung vereinbart, ist das als Eigenkapital qualifizierte Genussrechtskapital bei Verlusteintritt zu mindern. Die Verlustbeteiligung erfolgt ergebnisneutral und ist in der GuV nach dem Jahresüberschuss auszuweisen. Analog dazu führt die Wiederaufstockung in Gewinnjahren – soweit vereinbart – zu einer ergebnisneutralen Zuführung in das Genussrechtskapital mit entsprechendem Ausweis in der GuV nach dem Jahresüberschuss.[130] 5204

128 *Schubert*, in: Beck'scher Bilanzkommentar, 9. Aufl., München 2014, § 247 HGB Rz. 228.
129 *IDW*, HFA 1/1994, Tz. 2.1.4.2.2; *ADS*, 6. Aufl., § 266 HGB Rz. 197.
130 *IDW*, HFA 1/1994, Tz. 2.2.2b.

5205 Ist das Genussrecht handelsrechtlich als Fremdkapital zu qualifizieren, ist es nach § 265 Abs. 5 Satz 2 HGB unter den Verbindlichkeiten in einem gesonderten Posten „Genussrechtskapital" auszuweisen. Alternativ lässt der IDW einen Ausweis unter dem Posten „Anleihen" mit weiterer Untergliederung oder „davon"-Vermerk zu.[131] Weicht die Position des Genussrechtsinhabers nur unwesentlich von den Anforderungen an den Eigenkapitalausweis ab, kann in Einzelfällen ein Ausweis zwischen Eigenkapital und Fremdkapital/Sonderposten mit Rücklagenanteil erfolgen.[132] Erhält der Emittent des Genusskapitals ein Agio, vereinnahmt er dieses erfolgswirksam im Sinne einer einmaligen Ausgleichsleistung für künftigen Aufwand aus der Kapitalüberlassung. Bei Bezug auf einen bestimmten Zeitraum nach dem Bilanzstichtag, besteht im Falle eines Agios Passivierungspflicht nach § 250 Abs. 2 HGB als Rechnungsabgrenzungsposten; für ein Disagio liegt nach § 250 Abs. 3 HGB ein Aktivierungswahlrecht vor.[133]

5206 Eine vereinbarte Verlustbeteiligung bei Fremdkapital-Charakter des Genusskapitals ist erfolgswirksam als Ertrag zu vereinnahmen; eine Wiederauffüllung mindert dementsprechend das Jahresergebnis.[134]

5207 Liegt die Gegenleistung für die Gewährung von Genussrechtkapital nicht in der Zahlung, sondern in einer Nutzungsüberlassung oder dient als Vergütung für leitende Mitarbeiter, wird eine Passivierung des Genussrechts in der Handelsbilanz verneint.[135]

5208 Eine erfolgswirksame Vereinnahmung liegt zudem dann vor, wenn bei Ausgabe des Genussrechts kein Rückzahlungsanspruch besteht und der Genussrechtsinhaber ausdrücklich einen ertragswirksamen Zuschuss leisten will.[136] Regelmäßig ist in diesem Fall ein außerordentlicher Ertrag auszuweisen.[137]

5209 Unabhängig von der Qualifizierung des Genussrechtkapitals als Eigen- oder Fremdkapital mindert eine Ausschüttung auf Genussrechte den Jahresüberschuss im Jahr der Gewinnerzielung. Ein Ausweis als „Vergütung für Genussrechtskapital" ist vorzunehmen.[138]

3.4.2 Steuerlicher Bilanzausweis

5210 Ausschüttungen auf Genussrechte sind auf der ersten Stufe der steuerlichen Gewinnermittlung Betriebsausgaben. Gemäß § 8 Abs. 3 Satz 2 2. Halbsatz KStG mindern jedoch Ausschüttungen jeder Art auf Genussrechte das Einkommen nicht, sofern mit den Genussrechten das Recht auf Beteiligung am Gewinn und am Liquidationserlös der Kapitalgesellschaft verbunden ist. Nach der Rechtsprechung ist dann eine steuerliche Gleichbehandlung mit Gesellschaftern einer Kapitalgesellschaft geboten, wenn ein Ge-

131 *IDW*, HFA 1/1994, Tz. 2.1.3; *Schubert/Krämer*, in: Beck'scher Bilanzkommentar, 9. Aufl., München 2014, § 266 HGB Rz. 216.

132 *Stein*, in: HHR, § 8 KStG Rz. 173.

133 *IDW*, HFA 1/1994; ADS, 6. Aufl., § 266 HGB Rz. 199.

134 *IDW*, HFA 1/1994, Tz. 2.2.2b; *Schubert*, in: Beck'scher Bilanzkommentar, 9. Aufl., München 2014, § 247 HGB Rz. 228.

135 *Frotscher*, in: Frotscher/Maas, § 8 KStG Rz. 123a.

136 *IDW*, HFA 1/1994, Tz. 2.1.2.

137 *ADS*, 6. Aufl., § 266 HGB Rz. 198.

138 *Stein*, in: HHR, § 8 KStG Rz. 173.

nussrechtsinhaber am Gewinn und am Liquidationserlös beteiligt ist und somit eine wirtschaftlich vergleichbare Stellung mit einem Gesellschafter einer Kapitalgesellschaft einnimmt.[139] Auch Ausschüttungen jeder Art auf Genussrechte, mit denen das Recht auf Beteiligung am Gewinn und am Liquidationserlös der Kapitalgesellschaft verbunden ist, mindern das Einkommen nicht (§ 8 Abs. 3 Satz 2 2. Halbsatz KStG). Die Regelung geht auf den vom RFH[140] entwickelten und vom BFH[141] fortgeführten wirtschaftlichen Belastungsvergleich zurück, wonach beteiligungsähnliche sog. Eigenkapital-Genussrechte nur dann vorliegen, wenn durch ihre Ausgabe die Steuerkraft der Gesellschaft nicht stärker beeinflusst wird als durch die Ausgabe neuer gesellschaftsrechtlicher Beteiligungen. Nach h. M. stellt das Genussrechtskapital (zzgl. ggf. eines Aufgelds) auf Ebene des Emittenten bei Eigenkapital-Genussrechten i. S. d § 8 Abs. 3 Satz 2 KStG eine Einlage in das steuerliche Einlagekonto nach § 27 KStG dar.

Ist der Genussrechtsinhaber zugleich Gesellschafter der Kapitalgesellschaft oder eine 5211 nahe stehende Person zum Gesellschafter der Genusskapital-emittierenden Gesellschaft, muss überdies das Vorliegen einer vGA geprüft werden; dies gilt v.a. bei unangemessen hohen Genussrechtsvergütungen oder bei einem Verstoß gegen das Rückwirkungsverbot eines beherrschenden Gesellschafters.[142] Laut *Dötsch* geht die Annahme einer vGA der Anwendung der Genussrechtsregelung vor.[143]

Nach dem Gesetzeswortlaut des § 8 Abs. 3 Satz 2 2. Halbsatz KStG müssen die Merkmale 5212 „Beteiligung am Gewinn" und „Beteiligung am Liquidationserlös" kumulativ vorliegen, um eine außerbilanzielle Gewinnkorrektur vorzunehmen.

Eine Gewinnbeteiligung setzt eine erfolgsabhängige Vergütung für die Überlassung 5213 des Genussrechtskapitals voraus. Hierbei kann es sich um jede Art der Teilnahme am wirtschaftlichen Erfolg des Unternehmens handeln; die Vergütung muss sich lediglich an einer am Ergebnis der Kapitalgesellschaft bezogenen Bemessungsgrundlage orientieren.[144] Unmittelbare Bezugsbasis für die Gewinnbeteiligung kann u. a. der handelsrechtliche Jahresüberschuss, der ausschüttungsfähige Gewinn, der Bilanzgewinn, die Dividende oder auch das steuerliche Ergebnis sein; eine umsatzabhängige Vergütung scheidet jedoch aus. Weiterhin können aus dem Jahresabschluss abgeleitete Größen auch mittelbar zu einer Gewinnbeteiligung führen, indem das Bestehen einer hinreichenden Höhe an dieser Bezugsgröße Voraussetzung für die Auszahlung einer – ggf. sogar fixen – Vergütung für die Genusskapitalüberlassung ist.[145] Wurde eine Mindestverzinsung vereinbart, ist von einer Beteiligung am Gewinn auszugehen, wenn die Mindestverzinsung unter der zu erwartende Genussrechtsvergütung liegt und die Erfolgsabhängigkeit der Vergütung im Vordergrund steht. Weiterhin ist nur eine einheitliche Betrachtung von Mindestverzinsung und erfolgsabhängiger Vergütung sinngemäß. Letzten Endes ist entscheidend, ob das Wesen der Vergütung eher einem Gesellschaf-

139 BFH, Urteil vom 19. 1. 1994 – I R 67/92, BStBl 1996 II S. 77.
140 RFH, Urteil vom 17. 4. 1934 – I A 316/32, RStBl 1934 S. 773, 776.
141 BFH, Urteil vom 28. 6. 1960 – I 85/60, HFR 1961 S. 13.
142 *Dötsch*, in: Dötsch/Pung/Möhlenbrock, § 8 KStG Rz. 144.
143 *Dötsch*, in: Dötsch/Pung/Möhlenbrock, § 8 KStG Rz. 107.
144 *Kratzsch*, BB 2005 S. 2603.
145 *Stein*, in: HHR, § 8 KStG Rz. 184; *Kohlhepp*, in: Schnitger/Fehrenbacher, § 8 KStG Rz. 580.

terrecht i. S. d. § 8 Abs. 3 Satz 2 2. Halbsatz KStG entspricht oder in Anlehnung an einer marktüblichen Verzinsung ausgestaltet ist.[146]

5214 Neben der Gewinnbeteiligung muss eine Beteiligung am Liquidationserlös vereinbart sein; hierunter wird das Abwicklungsendvermögen i. S. d. § 11 KStG verstanden.[147] Eine Beteiligung am Liquidationserlös erfordert eine zumindest teilweise Beteiligung an den stillen Reserven. Gemäß Finanzverwaltung liegt eine Beteiligung am Liquidationserlös auch in den Fällen vor, in denen eine Rückzahlung vor Liquidation des Unternehmens nicht verlangt werden kann oder aber der Anspruch auf Rückzahlung des Genussrechtskapitals wirtschaftlich ohne Bedeutung ist. Letzteres sieht die Finanzverwaltung dann gegeben, wenn die Rückzahlung erst in ferner Zukunft verlangt werden kann, wobei eine Laufzeit bis zu 30 Jahren unbedenklich sei.[148] In der Literatur wird eine Laufzeit von mehr als 30 Jahren als kritisch angesehen, da seitens der Finanzverwaltung offensichtlich unterstellt wird, dass es innerhalb der Laufzeit sowieso zu einer Liquidation kommt, an deren Erlös der Genussrechtsinhaber automatisch beteiligt wird.[149] Eine Vereinbarung, wonach das Genussrechtskapital nur zum Nennbetrag außerhalb der Liquidation rückgezahlt wird, ist nicht ausreichend.[150] Ist in Verbindung mit einer Verlustbeteiligung eine Nachrangvereinbarung getroffen, qualifiziert dies mangels Teilnahme an den stillen Reserven nicht zu einer Beteiligung i. S. d. § 8 Abs. 3 Satz 2 2. Halbsatz KStG, sondern ist mit einem eigenkapitalersetzenden Darlehen vergleichbar.[151]

5215 Die außerbilanzielle Gewinnkorrektur nach § 8 Abs. 3 Satz 2 2. Halbsatz KStG der zunächst innerhalb der Handels- und Steuerbilanz erfassten Betriebsausgabe „Vergütung für Genussrechtskapital" hat zu erfolgen, wenn die Voraussetzungen der Beteiligung am Gewinn und am Liquidationserlös kumulativ vorliegen. Fehlt eine der beiden Voraussetzungen, ist die steuerliche Abzugsfähigkeit gegeben.

5216 Allerdings ist die handelsrechtliche Qualifizierung als Eigen- oder Fremdkapital nicht grundsätzlich ausschlaggebend für die Anwendbarkeit der steuerlichen Regelung des § 8 Abs. 3 Satz 2 2. Halbsatz KStG. Regelmäßig liegen zwar bei handelsrechtlicher Qualifizierung als Eigenkapital auch die Voraussetzungen des § 8 Abs. 3 Satz 2 2. Halbsatz KStG vor, jedoch kann § 8 Abs. 3 Satz 2 2. Halbsatz KStG auch bei handelsrechtlichem Fremdkapital zu berücksichtigen sein.

5217 Im Fall sog. Dept-Mezzanine-Swaps, bei denen nicht mehr werthaltige Gesellschafterdarlehen in Genussrechte derart umgewandelt werden, dass sie handelsrechtlich als Eigenkapital zu qualifizieren sind, steuerlich aber mangels Beteiligung am Liquidationserlös nicht die Voraussetzungen des § 8 Abs. 3 Satz 2 2. Halbsatz KStG erfüllen, geht die Finanzverwaltung nicht von steuerlichem Fremdkapital aus. Aufgrund des Maßgeblichkeitsprinzips erfolgt nach Ansicht der Finanzverwaltung auch eine steuerbilanzielle Umqualifizierung als Eigenkapital, die handels- und steuerbilanziell einen Ertrag gene-

146 *Stein*, in: HHR, § 8 KStG Rz. 184; *Kohlhepp*, in: Schnitger/Fehrenbacher, § 8 KStG Rz. 585.
147 *Kohlhepp*, in: Schnitger/Fehrenbacher, § 8 KStG Rz. 588.
148 BMF, Schreiben vom 8. 12. 1986 – IV B 7-S 2742-26/86, BB 1987 S. 667.
149 *Dötsch*, in: Dötsch/Pung/Möhlenbrock, § 8 KStG Rz. 115; *Frotscher*, in: Frotscher/Maas, § 8 KStG Rz. 125.
150 BFH, Urteil vom 14. 6. 2005 – VIII R 73/3, BStBl 2005 II S. 861.
151 BFH, Urteil vom 14. 6. 2005 – VIII R 73/3, BStBl 2005 II S. 861.

riert. Ist das Gesellschafterdarlehen nicht mehr werthaltig, darf der Ertrag nicht durch Abzug einer verdeckten Einlage außerbilanziell kompensiert werden.[152] Diese Sichtweise ist deutlich zu kritisieren. Das Maßgeblichkeitsprinzip kann keine steuerliche Gewinnrealisierung rechtfertigen.[153]

Eine handelsrechtlich ertragswirksame Vereinnahmung des Genussrechtskapitals (kein Rückzahlungsanspruch und ausdrücklicher Zuschuss des Genussrechtsinhabers) ist steuerlich als Einlage zu korrigieren.[154] 5218

Gibt eine Mitunternehmerschaft Genusskapital aus, begründet dies regelmäßig keine Mitunternehmerstellung des Genussrechtsinhabers; gemäß Finanzverwaltung fehlt es nämlich bei Genussrechten, deren Ausschüttungen unter den zuvor erläuterten Gesichtspunkten Betriebsausgaben darstellen, am Kriterium des Tragens von Unternehmerinitiative.[155] Auch hier ist wiederum der Umkehrschluss, dass in Fällen des Vorliegens der Kriterien nach § 8 Abs. 3 Satz 2 2. Halbsatz KStG immer eine Mitunternehmerschaft gegeben sein muss, nicht zutreffend.[156] Zwar wäre mit den Kriterien „Beteiligung am Gewinn" und „Beteiligung am Liquidationserlös" das Mitunternehmerrisiko abgedeckt, Mitsprache- oder Kontrollrechte, die beispielhaft Mitunternehmerinitiative auslösen, werden i. d. R. aber nicht eingeräumt. 5219

Wird innerhalb einer bereits bestehenden Mitunternehmerschaft dem Mitunternehmer ein Genussrecht eingeräumt, handelt es sich bei den Genussrechtsvergütungen um Gewinnanteile i. S. d. § 15 Abs. 1 Nr. 2 2. Halbsatz EStG; eine Abzugsfähigkeit als Betriebsausgabe ist dann nicht mehr gegeben.[157] 5220

(Einstweilen frei) 5221–5230

3.5 Optionsanleihen und Wandelanleihen

3.5.1 Handelsrechtlicher Bilanzausweis

§ 221 Abs. 1 Satz 1 AktG enthält eine Legaldefinition des Begriffs der Wandelschuldverschreibungen, wonach es sich um „Schuldverschreibungen, bei denen den Gläubigern ein Umtausch- oder Bezugsrecht auf Aktien eingeräumt wird …", handelt.[158] Der Begriff der Wandelschuldverschreibungen lässt sich wie folgt aufgliedern: 5231

- **Wandelanleihe:** Dem Inhaber der Schuldverschreibungen wird das Recht eingeräumt, seinen Anspruch auf Rückzahlung des Nennbetrags gegen eine bestimmte Anzahl von Aktien umzutauschen; mit Umtausch geht das Gläubigerrecht unter; an seine Stelle tritt das Mitgliedschaftsrecht;

---

152 OFD Rheinland vom 14. 11. 2012 Kurzinformation Körperschaftsteuer Nr. 56/2011, DStR 2012 S. 189.

153 *Breuninger/Ernst*, GmbHR 2012 S. 494; *Breuninger*, JbFfSt 2012/2013 S. 308; *Höng*, Ubg 2014 S. 27; *Lechner/Haisch*, Ubg 2012 S. 115; *Kroener/Momen*, DB 2012 S. 829.

154 *Kohlhepp*, in: Schnitger/Fehrenbacher, § 8 KStG Rz. 568.

155 BMF, Schreiben vom 8. 12. 1986 – IV B 7-S 2742-26/86, BB 1987 S. 667.

156 *Dötsch*, in: Dötsch/Pung/Möhlenbrock, § 8 KStG Rz. 121.

157 *Dötsch*, in: Dötsch/Pung/Möhlenbrock, § 8 KStG Rz. 119.

158 *ADS*, 6. Aufl., § 272 HGB Rz. 108; *Knorr/Seidler*, in: Haufe, HGB Bilanz Kommentar, 4. Aufl., Freiburg 2013, § 272 HGB Rz. 118.

► **Optionsanleihe** (auch als „unechte Wandelschuldverschreibungen" bezeichnet): Neben der Schuldverschreibung, die dem Gläubiger das Recht auf Rückzahlung des Nennbetrags verbrieft, erhält der Inhaber gesonderte Optionsscheine, die das Recht einräumen, innerhalb einer bestimmten Frist Aktien zu einem festgelegten Bezugskurs (Optionspreis) zu beziehen. Das Schuldverhältnis bleibt daher auch nach der Optionsrechtsausübung bestehen, zusätzlich wird ein Gesellschaftsverhältnis begründet.[159]

5232 Die Ausgabe von Genussrechten findet regelmäßig nur bei AGs, KGaAs und SEs Anwendung.

5233 In der Handelsbilanz ist der Erfüllungsbetrag der Wandel- oder Optionsanleihe unter dem Posten § 266 Abs. 3 C.1. HGB als Fremdkapital auszuweisen; Erfüllungsbetrag ist der Betrag, den der Schuldner bei Fälligkeit an den Gläubiger zu zahlen hat.[160] Ein Eigenkapitalausweis ist nach HGB ausgeschlossen.

5234 Ein bei der Ausgabe der Anleihe über den Rückzahlungsbetrag hinausgehendes Aufgeld für das dem Zeichner gewährte Bezugsrecht ist gem. § 282 Abs. 2 Nr. 2 HGB in die Kapitalrücklage einzustellen.[161]

5235–5240 *(Einstweilen frei)*

3.5.2 Steuerlicher Bilanzausweis

5241 Entsprechend des Maßgeblichkeitsgrundsatzes erfolgt eine steuerliche Bilanzierung analog zur handelsrechtlichen. Da die Ausgabe von Options- und Wandelanleihen keine Aktionärsstellung und somit auch keine Mitspracherechte begründet, ist die Anleihe auch steuerlich im ersten Schritt nicht als Eigenkapital zu bilanzieren; ein Anwendungsbereich des § 8c KStG scheidet daher aus.[162]

5242 Analog zu den steuerlichen Überlegungen zu § 8 Abs. 3 Satz 2 2. Halbsatz KStG bei Genussrechten besteht eine Abzugsfähigkeit entsprechender Vergütungen von Obligations- und Wandelanleihen, wenn lediglich eine Gewinnbeteiligung, keine Beteiligung am Liquidationserlös, vermittelt wird.[163]

5243 In der Praxis werden Genussrechte des Öfteren mit Wandlungs- oder Obligationsrechten ausgestattet. Fraglich ist aus steuerlicher Sicht, ob diese zusätzlichen Rechte auf Erwerb der Gesellschafterstellung bereits vor ihrer Ausübung zu Genussrechten i. S. d. § 8 Abs. 3 Satz 2 2. Halbsatz KStG führen. Die Finanzverwaltung sieht in diesem Fall das Kriterium der Beteiligung am Liquidationserlös bereits vor Ausübung des Rechts als erfüllt an, wenn ein wirtschaftlicher Zwang zum Erwerb der Gesellschaftsrechte besteht, d. h., wenn aus wirtschaftlicher Sicht die Ausübung in allen denkbaren Fällen zwingend ist, weil kein vernünftiger Gesellschafter darauf verzichten würde.[164]

5244–5249 *(Einstweilen frei)*

---

159 *ADS*, 6. Aufl., § 272 HGB Rz. 108; *Knorr/Seidler*, in: Haufe, HGB Bilanz Kommentar, 4. Aufl., Freiburg 2013, § 272 HGB Rz. 119.

160 *Knorr/Seidler*, in: Haufe, HGB Bilanz Kommentar, 4. Aufl., Freiburg 2013, § 272 HGB Rz. 123 ff.

161 *ADS*, 6. Aufl., § 272 HGB Rz. 111.

162 *Gosch*, in: Gosch, 2. Aufl., München 2009, § 8c KStG Rz. 56.

163 *Gosch*, in: Gosch, 2. Aufl., München 2009, § 8b KStG Rz. 162.

164 BMF, Schreiben vom 8. 12. 1986 – IV B 7-S 2742-26/86; *Stein*, in: HHR, § 8 KStG Rz. 187.

Teil B:

Bilanzierung und Bewertung bei der Gewinnermittlung nach Bilanzposten

Kapitel V:

Steuerliche Sonderposten

von

RA/StB Jürgen Sievert, Köln

RA/StB Nicole Kamradt, Essen

Inhaltsübersicht **Rz.**

Ausgewählte Literatur

Schön, Gewinnübertragungen bei Personengesellschaften nach § 6b EStG, Diss. 1986; *Trzaskalik*, Aufschub der Gewinnrealisierung durch §§ 6b, 6c, DStJG Band 4 1981 S. 183.

1. Einleitung

Mit den sog. steuerfreien Rücklagen – einkommensteuerrechtlich durch besondere Normen zugelassen – gestattet der Gesetzgeber für bestimmte Fallgestaltungen eine zeitlich befristete Steuerstundung auf realisierte stille Reserven. Die Finanzverwaltung erweitert die Steuerstundungsmöglichkeit für Sonderfälle aus Billigkeitsgründen. 5250

Folgende unversteuerte Rücklagen können derzeit insbesondere gebildet werden:

- § 6b, 6c EStG Gewinne aus der Veräußerung bestimmter Anlagegüter;
- § 7g EStG Ansparrücklage;
- Richtlinie 6.5 EStR Rücklage für im Voraus gewährte Zuschüsse zur Anschaffung oder Herstellung von Anlagegütern;
- Richtlinie 6.6 EStR Rücklage für Ersatzbeschaffung;
- Richtlinie 6.11 EStR Kompensationsrücklage;
- § 6 Abs. 1 UmwStG, § 12 Abs. 4 UmwStG Konfusionsgewinnrücklage;
- Rücklage nach § 3 Abs. 1 Forstschädenausgleichsgesetz;
- Rücklage nach §§ 3, 4 des Gesetzes über steuerliche Maßnahmen bei der Stillegung von Steinkohlebergwerken vom 11. 4. 1967;
- Rücklagen nach § 52 Abs. 16 EStG.

(Einstweilen frei) 5251

5252 Auslaufende und ausgelaufene Regelungen:

- § 52 Abs. 16 Satz 3 Wertaufholungsrücklage;
- § 74 EStDV Preissteigerungsrücklage;
- § 52 Abs. 8 Satz 3 EStG Rücklagen wegen Umstellung der Rechnungszinsen für Pensionsrückstellungen;
- § 1 AIG Überführung bestimmter Wirtschaftsgüter in Gesellschaften, Betriebe und Betriebsstätten im Ausland;
- § 3 AIG Verlust ausländischer Tochtergesellschaften;
- § 6d EStG Erwerb von Betrieben, deren Fortbestand gefährdet ist (Involvenzrücklage);
- § 3 Zonenrandförderungsgesetz;
- § 6 Abs. 1 Fördergebietsgesetz;
- §§ 1, 2 DDR Investitionsgesetz;
- § 3 Abs. 2 DDR Steueränderungsgesetz (Akkumulationsrücklage).

5253 In allen Fällen werden zunächst bestimmte Gewinnanteile der Ertragsbesteuerung entzogen, wobei die Ertragsteuerlast nicht endgültig aufgehoben, sondern nur für eine gewisse Zeit hinausgeschoben wird. Es tritt somit ein Steuerstundungseffekt ein. Dies ist sowohl bei Rücklagen, die nach Ablauf einer bestimmten Zeit wieder aufgelöst werden müssen, als auch bei solchen Rücklagen der Fall, die zunächst der Übertragung von stillen Reserven auf andere Vermögensgegenstände dienen. Aus betriebswirtschaftlicher und bilanzanalytischer Sicht entsteht dadurch ein „Mix aus Eigen- und Fremdkapital".

5254–5259 *(Einstweilen frei)*

2. Handelsrechtliche Grundlagen

2.1 HGB in der Fassung *vor* BilMoG

2.1.1 Darstellung der umgekehrten Maßgeblichkeit (im Bereich der Sonderposten)

5260 Das Steuerrecht räumt in Sonderfällen als Instrument zur Gewährung steuerrechtlicher Vergünstigungen ein Wahlrecht zur gewinnmindernden Bildung von Rücklagen ein. Regelmäßig verbunden ist dies mit einer Bestimmung, wonach sich bei späterer Auflösung der Rücklage der steuerrechtliche Gewinn erhöht.

§ 5 Abs. 1 Satz 2 EStG a. F. setzte für die steuerrechtlich wirksame Ausübung eines solchen steuerlichen Wahlrechts die übereinstimmende Handhabung in der Handelsbilanz voraus. Hintergrund dieser Regelung war die Überlegung, dass steuerlich vorerst neutralisierte Ergebnisse nicht zu einem handelsrechtlichen Ausschüttungspotenzial führen sollten. Um auf handelsrechtlicher Seite diesem steuerlichen Erfordernis (sog. umgekehrte Maßgeblichkeit) zu genügen, gestattete § 247 Abs. 3 HGB a. F. die Bildung solcher Passivposten auch in der Handelsbilanz. Zur Abgrenzung von echten Rücklagen war der gesetzliche Ausweis als so genannte Sonderposten mit Rücklageanteil vorgesehen.

2.1.2 Funktionsweise der Bildung von Sonderposten

Der in den Sonderposten mit Rücklageanteil eingestellte Betrag wird zunächst nicht besteuert. Die Bildung des Sonderpostens mit Rücklageanteil erfolgt über den Posten „sonstige betriebliche Aufwendungen", die Auflösung über den Posten „sonstige betriebliche Erträge". Die Aufwände und Erträge aus der Bildung bzw. Auflösung des Sonderpostens mit Rücklageanteil, sind hinsichtlich ihres Betrags und ihrer Art zu erläutern. Dabei entsprach der handelsrechtliche Sonderposten mit Rücklageanteil betragsmäßig der steuerrechtlichen Rücklage, weil der Ansatz nach § 247 Abs. 3 Satz 1 HGB a. F. nicht nur dem Grunde, sondern auch der Höhe nach auf den steuerrechtlich zulässigen Wertansatz begrenzt war. Die vorzeitige Auflösung des Sonderpostens mit Rücklageanteil in der Handelsbilanz war möglich, aber mit der Folge verbunden, dass diese Auflösung auch bei der steuerrechtlichen Gewinnermittlung zu berücksichtigen war. Ferner war die Auflösung unversteuerter Rücklagen durch die direkte Übertragung auf ein Wirtschaftsgut ohne Berührung der Gewinn- und Verlustrechnung aus Gründen der Klarheit und des Saldierungsverbots nicht zulässig, vielmehr wurde die unversteuerte Rücklage gewinnerhöhend aufgelöst und in Höhe der unversteuerten Rücklage war eine steuerrechtliche Mehrabschreibung i. S. d. § 254 HGB a. F. vorzunehmen. 5261

2.2 HGB in der Fassung des BilMoG

2.2.1 Änderung durch das BilMoG

Durch das Bilanzrechtsmodernisierungsgesetz wurde die Abschaffung der so genannten umgekehrten Maßgeblichkeit und damit auch die Anerkennung der Sonderposten mit Rücklageanteil vorgeschrieben. Wesentlicher Hintergrund dieser gesetzlichen Änderung war unter anderem die Unvergleichbarkeit der deutschen HGB-Bilanz mit ausländischen Rechnungslegungswerken insbesondere aufgrund der erheblichen Bewertungsunterschiede, wobei hier die durch § 6b EStG ausgelösten Abweichungen den größten Anteil ausmachen. Art. 66 Abs. 5 Satz 1 EGHGB schreibt vor, dass § 247 Abs. 3 HGB a. F. letztmals für vor dem 1. 1. 2010 beginnende Geschäftsjahre anzuwenden ist, das heißt bei Geschäftsjahr gleich Kalenderjahr letztmalig im Jahresabschluss zum 31. 12. 2009. 5262

2.2.2 Übergangsregelung

Der Gesetzgeber räumt ein Wahlrecht ein. Die Sonderposten mit Rücklageanteil, die vor dem Inkrafttreten des BilMoG gebildet wurden, dürfen fortgeführt werden. Alternativ ist die ergebnisneutrale Einstellung unmittelbar in die Gewinnrücklagen vorgesehen. Nach der ausdrücklichen, gesetzlichen Regelung gemäß § 67 Abs. 3 EGHGB kann dieses Wahlrecht jedoch nur einmal und zwar im Jahresabschluss für nach dem 31. 12. 2009 begonnene Geschäftsjahre ausgeübt werden. Ferner hat die Ausübung des Wahlrechts im Interesse der Klarheit des Jahresabschlusses auch einheitlich zu erfolgen. Das heißt der gesamte Bilanzposten wird entweder einheitlich beibehalten oder erfolgsneutral in die Gewinnrücklagen umgegliedert, wobei die eventuell unterschiedlichen Rechtsgrundlagen für seine Bildung insoweit außer Betracht bleiben. 5263

Soweit die Sonderposten mit Rücklageanteil beibehalten werden und in der Folgezeit auf nicht abschreibbare Vermögensgegenständen entfallen, werden diese Sonderpos- 5264 ten mit Rücklageanteil auf unabsehbare Zeit in der Handelsbilanz bleiben. Selbst bei den steuerfreien Rücklagen, die planmäßig aufgelöst werden (Übertragung auf abschreibbare Wirtschaftsgüter) wird die Auflösung einen langen Zeitraum in Anspruch nehmen, da gemäß der steuerlichen Regeln zumeist auf langlebige Vermögensgegenstände übertragen wurde.

5265–5269 *(Einstweilen frei)*

3. Einzelheiten zu den steuerlichen Regelungen

3.1 Gesetzgeberisches Ziel bei Einführung der Sonderposten mit Rücklageanteil

5270 Auch wenn im Einzelfall der Einführung der verschiedenen steuerlich zulässigen Rücklagen unterschiedliche Detailmotive zugrunde liegen, ist das verbindende Element darin zu sehen, dass die mit einer Anordnung, einem Ereignis oder einer Handlungsweise eintretende Aufdeckung stiller Reserven und die damit einhergehende „Normalversteuerung" der aufgedeckten stillen Reserven als sachlich unbillig angesehen wird. Ein weiteres verbindendes Element liegt darin, dass diese steuerrechtlichen Vorschriften – wenn auch unterschiedliche – Voraussetzungen für die Bildung bzw. Auflösung der Rücklagen treffen. In jedem Fall werden zunächst bestehende steuerliche Gewinnanteile der Ertragsbesteuerung entzogen. Dabei wird aber die Ertragsbesteuerung nicht endgültig aufgehoben, sondern nur für eine gewisse Zeit hinausgeschoben (steuerlicher Stundungseffekt). Dies gilt sowohl für die Rücklagen, die nach Ablauf einer bestimmten Zeit wieder aufgelöst werden müssen, als auch für solche Rücklagen, die zunächst der Übertragung von stillen Reserven dienen. Im letzteren Fall wird die stille Reserve auf Wirtschaftsgüter übertragen, mit der Folge, dass bei abschreibbaren Wirtschaftsgütern das Abschreibungspotential auf Dauer gemindert wird bzw. bei nicht abschreibbaren Wirtschaftsgütern im Falle einer Veräußerung ein niedrigerer Buchwert angesetzt werden wird.

5271–5274 *(Einstweilen frei)*

3.2 Reinvestitionsrücklage gemäß § 6b EStG

3.2.1 Überblick über den Regelungsinhalt

5275 §§ 6b, 6c EStG lassen die Übertragung aufgedeckter stiller Reserven bei bestimmten Wirtschaftsgütern auf Anschaffungs- bzw. Herstellungskosten anderer, allerdings auch nur bestimmter Anlagegüter zu. Das Ziel des Gesetzgebers liegt darin, ökonomisch sinnvolle Anpassungen zu erleichtern und eine Substanzbesteuerung von langfristig gebundenen stillen Reserven im Anlagevermögen zu vermeiden.[1] Dieses hat der Gesetzgeber typisierend in der Art und Weise geregelt, dass die Übertragung für die Wirtschaftsgüter zugelassen wird, bei denen aufgrund ihrer langen Nutzungsdauer typischerweise erhebliche stille Reserven angesammelt werden. Im Falle ihrer Veräußerung

1 *Loschelder*, in: Schmidt, EStG, 33. Aufl., § 6b Rz. 1.

würden dann diese Reserven in voller Höhe einer Ertragsbesteuerung unterworfen und damit die frei gewordenen Mittel nicht in vollem Umfang für die Anschaffung von Ersatzwirtschaftsgütern, die aber betriebswirtschaftlich notwendig sind, aufgewandt werden können. Methodisch wird diese Technik der Neutralisation bzw. der Übertragung von stillen Reserven so umgesetzt, dass entweder im Wirtschaftsjahr der Veräußerung die aufgedeckten stillen Reserven von den Anschaffungs- oder Herstellungskosten anderer Wirtschaftsgüter – die im Wirtschaftsjahr der Veräußerung oder **im vorangegangenen Wirtschaftsjahr** angeschafft oder hergestellt wurden – abgezogen (abgeschrieben) werden. Oder es wird mangels geeigneten Übertragungsobjektes ergebnisneutral eine Rücklage gebildet, die dann in den nächsten vier bis sechs Jahren – in besonderen Fällen sogar länger – auf die Anschaffungs- oder Herstellungskosten anderer und zwar nur bestimmter Wirtschaftsgüter übertragen werden kann.

Im Ergebnis haben §§ 6b, 6c EStG zur Folge, dass dem Veräußernden erlaubt wird, das veräußerte Wirtschaftsgut und das neue – reinvestierte – Wirtschaftsgut auszutauschen und zwar unter Wahrung des Buchwertes und damit unter Verstoß gegen das Realisationsprinzip.[2] Bei den Vorschriften handelt es sich um personenbezogene Vergünstigungen. Veräußerer und reinvestierender Steuerpflichtiger müssen identisch sein (Ausnahme: unentgeltlicher Übergang; Beispiel: Gesamtrechtsnachfolge bei Schenkungen und Erbfall).

Im Detail muss für die Eröffnung des Anwendungsbereiches der Vorschriften entweder 5276
eine Gewinnermittlung nach § 4 Abs. 1 oder nach § 5 EStG vorgenommen werden (so § 6b EStG) bzw. in den Fällen des § 6c EStG eine Gewinnermittlung nach § 4 Abs. 3 EStG bzw. im Falle der Land- und Forstwirtschaft nach Durchschnittssätzen erfolgen.

Sowohl das veräußerte als auch das angeschaffte Wirtschaftsgut müssen zu einem inländischen Betriebsvermögen[3] und zwar zum Anlagevermögen gehören, wobei eine gewisse Vorbesitzzeit beim veräußerten Anlagevermögen erfüllt sein muss.

§ 6b Abs. 4 Satz 2 EStG untersagt dem Unternehmer die Übertragung stiller Reserven aus der Veräußerung von Wirtschaftsgütern des Betriebsvermögens auf Wirtschaftsgüter, die zum Betriebsvermögen nicht gewerblicher Betriebe gehören. Der BFH hat aber entschieden, dass nicht der Gewerbesteuer unterliegende Gewinne aus der Veräußerung oder Aufgabe eines Gewerbebetriebs gem. § 6b EStG auf Wirtschaftsgüter eines L+F Betriebs übertragen werden können, soweit sie auf nach § 6b Abs. 1 Satz 1 EStG begünstigte Wirtschaftsgüter entfallen.[4]

Zumindest im Zeitpunkt der Reinvestition muss das angeschaffte/hergestellte Wirt- 5277
schaftsgut dem Anlagevermögen zugeordnet werden und dieses Wirtschaftsgut auch definitionsgemäß auf Dauer dem Unternehmen zu dienen angelegt sein. Damit sind spätere Entnahmen oder Umwidmungen nicht grundsätzlich schädlich, soweit jedoch

2 *Heger*, in: Kirchhof/Söhn/Mellinghoff, EStG, § 6b A32.

3 Die EU-Kommission hat Deutschland am 29. 9. 2011 aufgefordert, die (steuerfreie) Übertragung stiller Reserven nach § 6b EStG auch für grenzüberschreitende Transaktionen zu ermöglichen. Die EU-Kommission sieht im Inlandsbezug eine Diskriminierung. Die EU-Kommission hat zwischenzeitlich beschlossen, Klage vor dem EuGH zu erheben.

4 BFH, Urteil vom 30. 8. 2012 – IV R 28/09, FR 2013 S. 226 m. Anm. *Wendt* und *Kanzler*.

der Zeitraum zwischen Anschaffung/Herstellung und Umwidmung/Veräußerung oder Entnahme relativ kurz ist, dürfe unter Umständen der Nachweis gegenüber der Finanzverwaltung, dass das Wirtschaftsgut am Anfang zum Anlagevermögen zählte, nur schwer zu führen sein.

5278 Die Übertragung der stillen Reserven bzw. die Bildung der Rücklagenzuführung muss in der Buchhaltung verfolgbar sein. Begünstigt werden nur die Fälle der Veräußerung eines Wirtschaftsguts bzw. der Anschaffung/Herstellung. Mit der Übertragung der stillen Reserven auf das angeschaffte/hergestellte Wirtschaftsgut wird die Bemessungsgrundlage für die Abschreibung gemindert bzw. eine Sonderabschreibung auf das Wirtschaftsgut vorgenommen. Soweit es innerhalb des gesetzlich vorgesehenen Zeitraums für die Reinvestition nicht zu einer solchen kommt, wird – verschuldensunabhängig – für die Zeitdauer des Bestehens der Rücklage ein Gewinnzuschlag in Höhe von 6 % p. a. gesetzlich festgelegt.

5279 Steuersystematisch handelt es sich bei § 6b EStG um ein Bewertungswahlrecht, welches zu einer Abweichung von den allgemeinen Gewinnermittlungsvorschriften der §§ 4 ff. EStG führt. Es liegt eine Durchbrechung des Grundsatzes der Versteuerung realisierter Gewinne vor. Der Gesetzgeber korrigiert hier unter dem Gesichtspunkt, dass die Anwendung der allgemeinen Grundsätze im Einzelfall zu einer übermäßigen Besteuerung führen könnte und unterstellt hiermit, dass im Fall der Besteuerung eines Veräußerungsgewinns Neuinvestitionen in Wirtschaftsgüter des Anlagevermögens – und zwar solche mit einer Langlebigkeit – eventuell nicht gewährleistet sind.[5]

5280 Die Anwendung dieses steuerlichen Wahlrechtes wird nun völlig losgelöst vom Handelsrecht und der dort anzuwendenden Bilanzierung vorgenommen werden, da mit der Abschaffung der sogenannten umgekehrten Maßgeblichkeit für Wirtschaftsjahre, die nach dem 31. 12. 2009 beginnen, das Wahlrecht allein in der Steuerbilanz auszuüben ist. Wichtig ist insoweit, dass das Wahlrecht nur wirksam ausgeübt werden kann, wenn die in § 5 Abs. 1 Satz 2 EStG genannten Dokumentationspflichten vollständig erfüllt werden. Danach muss für die Wirtschaftsgüter, deren Buchwert nach der Übertragung stiller Reserven vom Handelsrecht abweicht, die Aufnahme in ein besonders zu führendes Verzeichnis erfolgen. In diesen Verzeichnissen sind Unterlagen/Informationen über den Tag der Anschaffung und der Herstellung, die Anschaffungs- oder Herstellungskosten, die Vorschrift des ausgeübten Wahlrechts und die vorgenommene Abschreibung nachzuweisen.

5281 Die Frage der Vorteilhaftigkeit der Bildung der Rücklage nach § 6b EStG muss im Einzelfall angesichts des sich im Moment der Übertragung stiller Reserven ergebenden Steuervorteils und eines möglichen Gewinnzuschlages nach § 6b Abs. 7 EStG bei Nichtübertragung der Rücklage mangels Reinvestitionsabsicht oder Reinvestitionsmöglichkeit abgewogen werden. Dem Zinsvorteil aus der späteren Besteuerung muss also der zwingende Gewinnzuschlag § 6b Abs. 7 EStG gegenüber gestellt werden. Insbesondere bei unsicherer Reinvestitionsabsicht sind hier im Einzelfall die Folgen angesichts der jeweiligen persönlichen steuerlichen Verhältnisse abzuschätzen.[6] Insbesondere in einer Ver-

5 Siehe *Heger*, in: Kirchhof/Söhn/Mellinghoff, EStG, A 43.

6 Vertiefend siehe *Heger*, in: Kirchhof/Söhn/Mellinghoff, EStG, A 112 f.

lustperiode – oder auch in Fällen des Anteilseignerwechsels (§ 8c KStG) – kann es sinnvoll sein, die Vergünstigung nach § 6b EStG nicht in Anspruch zu nehmen, um Verlustverrechnungsbeschränkungen zu entgehen.

(Einstweilen frei) 5282–5289

3.2.2 Persönlicher Anwendungsbereich

Die Vorschrift kommt zur Anwendung für natürliche Personen, die im Inland unbeschränkt oder beschränkt steuerpflichtig sind und ihren Gewinn nach § 4 Abs. 1 oder 5 EStG ermitteln. Für die Gewinnermittlung nach § 4 Abs. 3 oder Durchschnittssteuersätzen siehe Rz. 5470. 5290

Für juristische Personen kommt § 6b EStG über den Verweis in § 8 Abs. 1 KStG zur Anwendung.

Für Veräußerungen nach dem 31. 12. 2001 gilt für Personengesellschaften die so genannte gesellschafterbezogene Betrachtungsweise.[7] Danach wird § 6b EStG nicht von der Personengesellschaft als solcher, sondern von den an ihr beteiligten Mitunternehmern, denen ein Veräußerungsgewinn auch einkommensteuerrechtlich zuzurechnen ist, unter den tatbestandlichen Voraussetzungen der Norm in Anspruch genommen. Diese gesellschafterbezogene Sichtweise hat zur Folge, dass die Voraussetzungen des § 6b EStG für jeden einzelnen Gesellschafter gesondert zu prüfen sind. Diese Verfahrensweise bei Personengesellschaften steht im Spannungsverhältnis zum Grundsatz der Personenidentität, wonach der durch § 6b EStG begünstigte Steuerpflichtige mit der Person identisch sein muss, die bestimmte Wirtschaftsgüter veräußert und dabei einen Gewinn realisiert und diese realisierten Gewinne auf ein Ersatzwirtschaftsgut übertragen will. Die Einschränkung bei Mitunternehmern durch Rechtsprechung und Praxis ist jedoch mit Sinn und Zweck des § 6b EStG vereinbar, da sie die einkommensteuerrechtliche Behandlung widerspiegelt. Steuerpflichtiger i. S. v. § 6b EStG kann nur der einzelne Gesellschafter sein, da nur er einkommen- oder körperschaftsteuerpflichtig ist und damit auch die im Gesamthandsvermögen der Personengesellschaft erzielten Veräußerungsgewinne nach § 15 Abs. 1 Satz 1 Nr. 2 EStG zu versteuern hat.[8] Vorübergehend galt für die Veranlagungszeiträume 1999 bis 2001 der Grundsatz der gesellschaftsbezogenen Betrachtungsweise, wonach die Personengesellschaft selbst als Begünstigter nach § 6b EStG angesehen werden musste.[9] Seit dem Veranlagungszeitraum 2002 ist das Gesetz zur gesellschafterbezogenen Betrachtungsweise zurückgekehrt. 5291

Die sich aus dieser gesellschafterbezogenen Betrachtungsweise ergebenden Übertragungsmöglichkeiten aufgedeckter stiller Reserven im Falle von Mitunternehmern[10] sind unter Rz. 5394 dargestellt. 5292

(Einstweilen frei) 5293–5294

---

7 Für Übertragungen in der Zeit vom 1. 1. 1999-31. 12. 2001 siehe *Loschelder*, in: Schmidt, EStG, 33. Aufl., Rz. 12.

8 Siehe vertiefend hierzu *Marchal*, in: HHR, § 6b EStG Anm. 27.

9 Für Übertragungen in der Zeit vom 1. 1. 1999-31. 12. 2001 siehe *Loschelder*, in: Schmidt, EStG, 33. Aufl., Rz. 12.

10 Vgl. R 6b.2. Abs. 6, 7, 8 EStR.

5295 ► **Reinvestition in einen 6b-Fonds:** 6b-/6c-Fonds sind Kapitalanlageprodukte in Form von geschlossenen Fonds, die grundsätzlich §§ 6b, 6c EStG (im Folgenden 6b-Fonds) fähig sind. Bei solchen 6b-Fonds handelt es sich dem Grunde nach um geschlossene Immobilienfonds, die allerdings gewerblich ausgestaltet sind. Diese Ausgestaltung als im Regelfall gewerblich geprägte Personengesellschaften führt dazu, dass sie für den Anleger gewerbliche Einkünfte vermitteln. Gemäß des Transparenzprinzips werden Investitionen und die Übertragung von Veräußerungsgewinnen auf 6b-Fonds als direkte Reinvestition in übertragungsfähige Wirtschaftsgüter gemäß § 6b EStG behandelt (steuerliches Vehikel für Reinvestitionen). Soweit also im eigenen betrieblichen Bereich keine Reinvestitionsmöglichkeit für entstandene Veräußerungsgewinne aus begünstigten Wirtschaftsgütern besteht, schaffen diese Fonds eine Möglichkeit der direkten Reinvestition auf begünstigte Wirtschaftsgüter.[11]

Die vom Bundesrat in 2010 vorgeschlagenen Änderungen des § 6b Abs. 4 EStG zum Ausschluss so genannter 6b-Fonds[12] sind nicht Gesetz geworden. Es ist nicht auszuschließen, dass die Finanzverwaltung gleichwohl solche Konzeptionen im Einzelfall aufgreifen wird.

5296–5299 *(Einstweilen frei)*

3.2.3 Sachlicher Anwendungsbereich

3.2.3.1 Begünstigte Wirtschaftsgüter

5300 Aus der folgenden Aufstellung kann entnommen werden, auf welche Wirtschaftsgüter und in welchem Umfang, der bei der Veräußerung bestimmter Wirtschaftsgüter entstandene Gewinn übertragen werden kann (Reinvestitionsobjekte).

ABB: 1: Möglichkeiten der Übertragung

Übertragung von/auf	Grund und Boden %	Aufwuchs auf Grund und Boden %	Gebäude %	Abnutzbare bewegliche Wirtschaftsgüter %	Anteile an Kapitalgesellschaften %	Binnenschiffe %
Grund und Boden	100	100	100	--	--	--
Aufwuchs auf Grund und Boden	--	100	100	--	--	--
Gebäude	--	--	100	--	--	--
Anteile an Kapitalgesellschaften	--	--	60	60	100	--
Binnenschiffe	--	--	--	--	--	100

11 Zur Wirkungsweise *Götzenberger*, BB 2010 S. 806 ff.

12 Vgl. *IDW*, UBG 2010 S. 732.

Grund und Boden: Der Begriff Grund und Boden ist enger als der Begriff des Grundstücks in zivilrechtlichem Sinne. Er umfasst grundsätzlich nur den nackten Grund und Boden.[13] 5301

Jede nach Lage und Größe genau abgegrenzte Teilfläche eines Flurstücks kann ein eigenständiges, als Grund und Boden zu beurteilendes Wirtschaftsgut sein.[14]

Zum Grund und Boden zählen noch nicht in den Verkehr gebrachte (= bloße Entdeckung ohne weitere Maßnahmen) Bodenschätze.[15]

Nach Auffassung des BFH zählen auch so genannte Auffüllrechte zum Grund und Boden.[16]

ABC Grund und Boden 5302

Zum Grund und Boden zählen *nicht*:[17]

- Gebäude, diese sind einkommensteuerrechtlich getrennt zu behandeln;
- Bodenschätze, soweit sie als Wirtschaftsgut bereits entstanden sind, stellen sie ein selbständiges Wirtschaftsgut dar;
- bereits entdeckte Bodenschätze, wenn mit der Aufschließung begonnen ist oder mit einer baldigen Aufschließung zu rechnen ist;[18]
- Eigenjagdrecht;
  - selbständiges, materielles Wirtschaftsgut,[19]
- grundstücksgleiche Rechte, ob schuldrechtlicher oder dinglicher Natur;
  - Erbbaurecht,[20]
  - Nießbrauch,
  - Mineralgewinnungsrecht,
  - Pachtrecht,
  - Thermalwasserbezugsrecht,[21]
  - Wasserbezugsrecht,
- Be- und Entwässerungsanlagen;
- Aufwuchs (dazu siehe unten);
- Hofbefestigung, Zufahrten und Wirtschaftswege;

13 Siehe H 6b.1 EStR.

14 FG Bremen, Urteil vom 20. 8. 1982 – I 165/80 K, EFG 1983 S. 224.

15 BFH, Urteil vom 24. 1. 2008 – IV R 45/05, BStBl 2009 II S. 449.

16 BFH, Urteil vom 20. 3. 2003 – IV R 27/01, BStBl 2003 II S. 875; a. A. FG Schleswig-Holstein, Urteil vom 28. 3. 2001, EFG 2001 S. 810; siehe H 6b. 1 EStR.

17 Vgl. auch H 6b.1 EStR.

18 BFH, Urteil vom 20. 3. 2003 – IV R 27/01, BStBl 2003 II S. 878.

19 BMF, Schreiben vom 23. 6. 1999, BStBl 1999 I S. 593.

20 § 11 ErbbauRG.

21 BFH, Urteil vom 24. 8. 1989 – IV R 38/88, BStBl 1989 II S. 1010.

- Landwirtschaftliche Lieferrechte; sie sind selbständige immaterielle Wirtschaftsgüter;
  - Milchanlieferungsrecht,[22]
  - Zuckerrüberlieferrecht.[23]

5303–5304 *(Einstweilen frei)*

5305 **Aufwuchs auf Grund und Boden:** Aufwuchs auf Grund und Boden sind lebende Pflanzen, die auf dem Grund und Boden gewachsen und auch darin noch verwurzelt, also nicht abgeerntet sind.[24]

Der Aufwuchs muss mit dem dazugehörigen Grund und Boden veräußert werden, daher kann auch ein Wald nicht isoliert als Holz auf dem Stamm steuerbegünstigt veräußert werden.

Dabei ist keine Veräußerung des Grund und Bodens bzw. des Aufwuchses an denselben Erwerber notwendig, sofern beide Veräußerungsakte in eindeutiger Weise auf einem einheitlichen Veräußerungsbeschluss beruhen und in engem sachlichen und zeitlichen Zusammenhang durchgeführt werden.[25]

5306 **ABC Aufwuchs**[26]

- Wald, Bäume;
- stehendes Holz;
- Obstbaumanlagen;
- Korbweidenkultur;
- Rebanlagen;
- Spargelanlagen;
- Feldinventar;
- Baumschulanlagen
  - mangels Zugehörigkeit zum Anlagevermögen dürften diese aber regelmäßig ausscheiden.

5307–5309 *(Einstweilen frei)*

5310 **Gebäude:** Gebäude ist ein Bauwerk, dass Menschen oder Sachen durch räumliche Umschließung Schutz gegen äußere Witterungseinflüsse gewährt, den Aufenthalt von Menschen gestattet, fest mit dem Grund und Boden verbunden, von einiger Beständigkeit und ausreichend standfest ist.[27]

Gemäß § 6b Abs. 1 Satz 2 EStG steht der Anschaffung oder Herstellung von Gebäuden, die Erweiterung, der Ausbau oder der Umbau gleich, wobei der Abzug des Veräuße-

22 BFH, Urteil vom 5. 3. 1998 – IV R 23/96, BStBl 2003 II S. 56.

23 BFH, Urteil vom 24. 6. 1999 – IV R 33/98, BStBl 2003 II S. 58.

24 Siehe H 6b.1 EStR.

25 Vgl. BFH, Urteil vom 7. 5. 1987 – IV R 150/84, BStBl 1987 II S. 670, Abstand lediglich 1 Tag.

26 Siehe H 6b.1 EStR.

27 BFH, Urteil vom 21. 1. 1998 – IV R 116/86, BStBl 1988 II S. 628.

rungsgewinns in diesem Fall ausdrücklich nur von dem Aufwand für die Erweiterung, den Ausbau oder den Umbau des Gebäudes zulässig ist.

(Einstweilen frei) 5311–5314

ABC Gebäude 5315

- Container, soweit er seiner individuellen Zweckbestimmung nach für eine dauerhafte Nutzung aufgestellt ist;[28]
- Bürocontainer, der auf festen Fundamenten ruht;[29]
- Gebäude auf fremdem Grund und Boden, soweit der Steuerpflichtige wirtschaftlicher Eigentümer ist;[30]
- Tiefgarage, Gärkeller;
- Gebäude, die aufgrund eines Erbbaurechts errichtet wurden;
  - Wohnungseigentum, sofern es zum Anlagevermögen zählt;
  - Selbständige Gebäudeteile, 5316

    (Diese liegen dann zum einen vor, wenn ein Gebäude teils eigenbetrieblich, teils fremdbetrieblich, teils zu eigenen, teils zu fremden Wohnzwecken genutzt wird. Jeder Teil stellt ein selbständiges Wirtschaftsgut und einen Gebäudeteil dar.[31]

    Selbständige Gebäudeteile sind zum anderen dann gegeben, wenn sie in keinem einheitlichen Nutzungs- und Funktionszusammenhang mit dem Gebäude stehen.)

    - Ladeneinbauten,
    - Schaufensteranlagen,
    - Gaststätteneinrichtungen,
    - Schalterhallen (Bsp.: Kreditinstitute),
    - sowie ähnliche Einbauten (Trennwände, Fassaden, Passagen).

  In diesen Fällen handelt es sich um selbständige, in der Regel unbewegliche Wirtschaftsgüter.[32]

  Sie sind allerdings abzugrenzen, zum einen von den Gebäudeteilen, die der eigentlichen Nutzung des Gebäudes dienen und für das Gebäude statisch oder aus Gründen der Nutzung bedeutsam sind (siehe unten) bzw. zum anderen von den Betriebsvorrichtungen.

- Unselbständige Gebäudeteile sind keine eigenständigen Wirtschaftsgüter, sondern rechnen zum Gebäude. 5317

28 BFH, Urteil vom 23. 9. 1988 – III R 67/85, BStBl, 1989 II S. 113.
29 BFH, Urteil vom 25. 4. 1996 – III R 47/93, BStBl 1996 II S. 613.
30 BFH, Urteil vom 10. 4. 1997 – IV R 12/96, BStBl 1997 II S. 718.
31 BFH, Urteil vom 29. 9. 1994 – III R 80/92, BStBl 1995 II S. 72.
32 BFH, Urteil vom 15. 5. 1968 – VI R 209, 67, BStBl 1968 II S. 581.

Unselbständigkeit liegt vor, wenn der Gebäudeteil der eigentlichen Nutzung des Gebäudes dient:

- Fahrstuhl-, Heizungs-, Belüftungs- und Entlüftungsanlagen,[33]
- Lufterhitzer,
- Schwimmbecken, Bäder, Duschen im Hotel,[34]
- Rolltreppen im Kaufhaus.[35]

Unselbständigkeit liegt auch vor bei getrennt errichteten Baulichkeiten, die aber in einem sogenannten Nutzungs- und Funktionszusammenhang mit dem Gebäude stehen und das Gebäude ohne die Baulichkeit als unvollständig angesehen werden würde:

- Umzäunung,
- Garagen bei Wohngebäuden.

5318 ► Betriebsvorrichtungen gelten auch einkommensteuerlich als selbständige **bewegliche** Wirtschaftsgüter, da sie in keinem einheitlichen Nutzungs- und Funktionszusammenhang mit dem Gebäude stehen. Als Betriebsvorrichtungen einzuordnen sind Maschinen und sonstige Vorrichtungen aller Art, die zu einer Betriebsanlage gehören. Es handelt sich um Gegenstände, durch die das Gewerbe unmittelbar betrieben wird.[36] Als Betriebsvorrichtung gelten nach der Rechtsprechung des BFH diese Wirtschaftsgüter aber nur, wenn sie in einer so engen Beziehung zum Gewerbe stehen, dass sie für den Grundeigentümer mit Einstellung des konkreten Betriebes wertlos werden.[37]

5319 ► Scheinbestandteile:

- Sachen, die nur zu einem vorübergehenden Zweck mit dem Grund und Boden verbunden oder in ein Gebäude eingefügt werden,[38] bleiben bewegliche Sachen.[39]
- Bei Scheinbestandteilen handelt es sich um nicht begünstigte, bewegliche Wirtschaftsgüter.

5320 ► Mieter- und Pächtereinbauten:

- Hier kann es sich um Scheinbestandteile, selbständige Gebäudeteile oder Betriebsvorrichtungen handeln. Entscheidend ist jeweils die Zweckbestimmung und die Frage des wirtschaftlichen Eigentums.
- Falls ein vom Mieter/Pächter errichtetes Gebäude wesentlicher Bestandteil des Grundstücks geworden ist und der Grundstückseigentümer das Eigentum erlangt

33 BFH, Urteil vom 5. 9. 2002 – III R 8/99, BStBl 2002 II S. 877.

34 BFH, Urteil vom 11. 12. 1991 – II R 14/89, BStBl 1992 II S. 278.

35 BFH, Urteil vom 12. 1. 1983 – I R 70/79, BStBl 1983 II S. 223.

36 BFH, Urteil vom 11. 12. 1991 – II R 14/89, BStBl 1992 II S. 278.

37 BFH, Urteil vom 10. 11. 1990 – II R 171/87, BStBl 1991 II S. 59; wegen der Abgrenzung im Einzelnen: siehe gleichlautenden Erlass der Finanzbehörden der Länder betreffend die Abgrenzung des Grundvermögens vor der Betriebsvorrichtung vom 31. 3. 1992, BStBl 1992 I S. 342.

38 Siehe § 95 BGB.

39 Siehe zur Definition des vorübergehenden Zwecks BFH, Urteil vom 4. 12. 1970 – VI R 157/68, BStBl 1971 II S. 165.

hat, ist § 6b EStG insoweit anwendbar, als der Mieter/Verpächter einen Entschädigungsanspruch gegenüber dem Eigentümer hat (= wirtschaftliches Eigentum).[40] Insoweit kann ein begünstigter Veräußerungsgewinn nach § 6b EStG angekommen werden. Gleiches gilt, wenn die Einbauten als selbständige Gebäudeteile gelten (Bsp.: Ladeneinbauten/ Schaufensteranlagen).

(Einstweilen frei) 5321–5324

Binnenschiffe: Binnenschiffe sind nach der Legaldefinition in § 3 Abs. 3 SchiffRegO zur Schifffahrt auf Flüssen und sonstigen Binnengewässern bestimmte Schiffe. 5325

Dies können nicht nur Güter- und Personenschiffe, sondern Schiffe aller Art sein.[41]

Eine Eintragung ins Binnenschifffahrtsregister ist nicht notwendig.[42]

Anteile an **Kapitalgesellschaften** siehe Rz. 5460-5465.

(Einstweilen frei) 5326–5330

3.2.3.2 Veräußerung

Gemäß § 6b Abs. 1 Satz 1 EStG muss eine Veräußerung vorliegen. Bei einer Veräußerung handelt sich um die Übertragung des zivilrechtlichen, zumindest des wirtschaftlichen Eigentums an einem begünstigten Wirtschaftsgut (Rechtsträgerwechsel) gegen Entgelt (Gegenleistung)[43]. Die Übertragung liegt regelmäßig vor bei Übergang von Besitz, Gefahr, Nutzung und Lasten[44]. Dies ist auch der maßgebliche Zeitpunkt der Veräußerung. Hierbei ist es irrelevant, ob die Veräußerung freiwillig oder unter wirtschaftlichem Zwang stattfindet.[45] Schließlich muss auch ein Veräußerungsgewinn realisiert werden, der dann übertragen werden kann. 5331

ABC der Veräußerung 5332

- Kaufvertrag;
  - Es handelt sich um einen Veräußerungsvorgang.
- Tausch[46], soweit das hingegebene und das eingetauschte Wirtschaftsgut Betriebsvermögen sind;[47]
- Einbringung von Einzelwirtschaftsgütern in Personengesellschaften; 5333
  - Gemäß § 6 Abs. 5 Satz 3 EStG hat die (offene oder verdeckte) Einbringung (gegen Gesellschaftsrechte oder unentgeltlich) in Personengesellschaften zwingend zu Buchwerten zu erfolgen, es mangelt an dem Veräußerungsgewinn. Soweit jedoch die Ausnahmefälle des § 6 Abs. 5 Satz 4 ff. EStG (Verletzung einer Sperrfrist, Betei-

40 Siehe BFH, Urteil vom 14. 5. 2002 – VIII R 30/98, BStBl 2002 II S. 74.

41 Vgl. BMF, Schreiben vom 16. 9. 1992, BStBl 1992 I S. 570.

42 Vgl. *Schlenker*, in: Blümich, EStG, § 6b Rz. 98.

43 Siehe H 6b.1 EStR.

44 Siehe H 6b.1 EStR.

45 Siehe H 6b.1 EStR.

46 BFH, Urteil vom 13. 7. 1971 – VIII 15/65, BStBl 1971 II S. 731; H 6b. 1 EStR.

47 BFH, Urteil vom 29. 6. 1995 – VIII R 2/94, BStBl 1996 II S. 60; H 6b. 1 EStR.

ligung von Körperschaften) greifen, kommt es zu einer Gewinnrealisierung und § 6b ist anzuwenden.[48]

- Die Einbringung gegen Übernahme einer Verbindlichkeit stellt eine Gegenleistung und damit eine Veräußerung dar. Gleiches gilt für die nicht von § 6 Abs. 5 Satz 3 EStG erfassten Fälle.[49]

5334 ► Einlage von Einzelwirtschaftsgütern in eine Kapitalgesellschaft;

- Die verdeckte Einlage stellt keine Veräußerung im Sinne des § 6b EStG dar, es fehlt an einer Gegenleistung.[50]

  Die Fiktion des § 17 Abs. 1 Satz 2 EStG wird für § 6b EStG nicht übernommen.

- Die Einlage einzelner Wirtschaftsgüter aus dem Betriebsvermögen in eine Kapitalgesellschaft gegen Gewährung von Gesellschaftsrechten ist eine Veräußerung.
- Die Einlage aus dem Privatvermögen stellt hingegen eine nicht gem. § 6b EStG begünstigte Entnahme dar.

5335 ► Einbringung von Beteiligungen an Betrieben und Teilbetrieben gegen Gesellschaftsrechte in Personen- oder Kapitalgesellschaft;

- Eine Veräußerung liegt hier nur insoweit vor, als die eingebrachten Wirtschaftsgüter mit dem Zwischen- oder dem Teilwert angesetzt werden.

► Betriebsaufgabe;

- Sie stellt keine Veräußerung i. S. d. § 6b EStG dar.[51]

► Erbfall;

► Erbauseinandersetzung unter Mitunternehmern;

- Hier kann je nach Konstellation eine nach § 6b EStG begünstigte Übertragung vorliegen.[52]

► vorweggenommene Erbfolge;

- Auch hier kann je nach Fallgestaltung eine nach § 6b EStG begünstigte Übertragung vorliegen.[53]

5336 ► Schenkung;

- Stellt keine Veräußerung dar, auch nicht bei Auflagen.
- Bei **gemischten Schenkungen** findet grundsätzlich eine Aufteilung statt (teils Entnahmen, teils Veräußerungen); es sei denn es handelt sich um Betriebe/Teilbetriebe oder Mitunternehmeranteile, hier liegt eine Veräußerung in vollem Umfang vor, soweit das Entgelt die Summe der Buchwerte der übernommenen aktiven und passiven Wirtschaftsgüter übersteigt (Einheitstheorie bei Sachgesamtheiten).[54]

---

48 R 6b.1 Abs. 1 Satz 5 EStR.

49 So die Finanzverwaltung bei Übertragung zwischen Schwesterpersonengesellschaften, BMF, Schreiben vom 29. 10. 2010, BStBl 2010 I S. 1206.

50 *Heger*, in: Kirchhof/Söhn/Mellinghoff, EStG, B 179 m. w. N.

51 BFH, Urteil vom 16. 7. 1980 – IV R 136/77, BStBl 1981 II S. 84.

52 Siehe im Einzelnen *Heger*, in: Kirchhof/Söhn/Mellinghoff, EStG, B 153 ff.

53 Siehe im Einzelnen *Heger*, in: Kirchhof/Söhn/Mellinghoff, EStG, B 159 ff.

54 BFH, Urteil vom 7. 11. 2000 – VIII R 27/ 98, BFH/NV 2001 S. 262.

- Zwangsversteigerung;
  - Stellt eine Veräußerung dar.
- Entnahmen;
  - Entnahmen stellen keinen begünstigten Vorgang dar, weil dem Betrieb die aufgedeckten stillen Reserven entzogen werden.[55]
- Betriebsveräußerung;
  - Ist eine Veräußerung i. S. d. § 6b EStG soweit der Gewinn auf nach § 6b EStG begünstigte Wirtschaftsgüter entfällt.
- Umlegungs- und Flurbereinigungsverfahren;
  - Wegen des Surrogationsgedankens grundsätzlich auch keine Veräußerung (es sei denn Geldabfindung).[56]
- Übertragung existenzsichernder Einheiten gegen Versorgungsleistungen im Wege der vorweggenommenen Erbfolge (§ 6 Abs. 3 EStG) stellen keine Veräußerung dar;
- Verdeckte Gewinnausschüttungen stellen keine Veräußerung dar, da ihnen in Höhe der verdeckten Gewinnausschüttung kein Leistungsaustausch zugrunde liegt;[57]
- Realteilung; 5337
  - Die Realteilung stellt grundsätzlich eine Betriebsaufgabe dar, so dass i. S. d. § 6b EStG keine Veräußerung oder ein Anschaffungsgeschäft vorliegt.[58] Eine Ausnahme ist gegeben, wenn ein Spitzenausgleich in Geld zu zahlen ist.[59]
    - Bei einer Sachwertabfindung erzielt der ausscheidende Gesellschafter, soweit der Gegenstand der Abfindung ins **Privatvermögen** übernommen wird, einen Veräußerungsgewinn i. S. v. § 6b EStG.[60]

      Der fortführende Gesellschafter erzielt in Höhe seines Anteils an den stillen Reserven des Abfindungsgutes einen laufenden Gewinn, der grundsätzlich 6b-fähig ist.
    - Bei Ausscheiden gegen Barabfindung liegt nur beim ausscheidenden Gesellschafter ein Veräußerungsgewinn vor, der grundsätzlich 6b-fähig ist.

      Bei den fortführenden Gesellschaftern entstehen in Höhe des Veräußerungsgewinns Anschaffungskosten, die gemäß § 6b EStG auf die – begünstigten – anteilig erworbenen Wirtschaftsgüter übertragen werden können.
- Veräußerung zwischen Gesellschaft und Gesellschaftern; 5338
  - Behandlung insgesamt wie ein Fremdgeschäft, wenn der Vorgang wie unter fremden Dritten abgewickelt wird.[61]

---

55 BFH, Urteil vom 6. 12. 1972 – I R 182/70, BStBl 1973 II S. 291; siehe auch H 6b.1 EStR.

56 BFH, Urteil vom 13. 3. 1986 – IV R 1/84, BStBl 1986 II S. 711; siehe H 6b.1 EStR.

57 *Heger*, in: Kirchhof/Söhn/Mellinghoff, EStG, B 177; a. A. *Strahl*, in: Korn, EStG, § 6b Rn. 14.

58 BFH, Urteil vom 11. 12. 2001 – VIII R 58/98, BStBl 2002 II S. 420.

59 BFH, Urteil vom 5. 7. 1990 – GrS 2/89, BStBl 1990 II S. 837; bei Übernahme von Schulden siehe *Heger*, in: Kirchhof/Söhn/Mellinghoff, EStG, B 131 mit weiteren Differenzierungen.

60 BFH, Urteil vom 5. 7. 1990 – GrS 2/89, BStBl 1990 II S. 837.

61 Siehe H 6b.1 EStR.

  - Veräußerung zwischen Gesellschaftern (Sonderbetriebsvermögen) wird ebenfalls als eine normale Veräußerung angesehen.
- ► Einbringungsgewinn I;
  - Der Einbringungsgewinn I gem. § 22 Abs. 1 Satz 3 UmwStG fällt an, wenn nach einer Einbringung gem. § 20 UmwStG oder § 21 UmwStG der Einbringende die erhaltenen Anteile innerhalb der siebenjährigen Sperrfrist veräußert, d. h. es kommt rückwirkend zu einer Besteuerung des Einbringungsgewinns I. Zwar ist hier die Anwendbarkeit der §§ 16 Abs. 4 und 34 EStG ausdrücklich ausgeschlossen (§ 22 Abs. 1 Satz 1 Halbsatz 2 UmwStG), nicht aber die des § 6b EStG. Daraus kann der Schluss gezogen werden, dass auf den gem. § 22 Abs. 1 Satz 3 UmwStG ermittelten Einbringungsgewinn I (Besonderheit der Siebtelregelung) § 6b EStG grundsätzlich Anwendung findet, soweit er auf i. S. der Vorschrift begünstigte Wirtschaftsgüter entfällt und die übrigen Voraussetzungen erfüllt sind.[62]
- ► Zerstörung;
  - Stellt keine Veräußerung dar.
- ► Betriebsaufgabe mit Überführung ins Privatvermögen;
  - Stellt keine Veräußerung dar.
- ► Ausscheiden aufgrund höherer Gewalt;
  - Stellt keine Veräußerung dar (statt dessen R 6.6 S. 3.3 EStR).
- ► Enteignung;
  - Stellt keine Veräußerung dar.

5339 *(Einstweilen frei)*

3.2.3.3 Anschaffung/Herstellung

5340 Gemäß § 6b Abs. 1 Satz 2 EStG ist nur die entgeltliche Anschaffung oder Herstellung eines begünstigten Wirtschaftsgutes begünstigt.

5341 Eine **Anschaffung** liegt vor, wenn das rechtliche oder wirtschaftliche Eigentum (Verfügungsmacht) an einem existierenden – neuen oder gebrauchten – Wirtschaftsgut auf den Erwerber übergeht.

5342 Die **Herstellung** ist die Schaffung eines noch nicht vorhandenen Wirtschaftsguts und ist i. S. der Norm vollendet, wenn das Wirtschaftsgut einen Zustand erreicht hat, der die bestimmungsgemäße Nutzung erlaubt.[63]

5343 **ABC der Anschaffung**

- ► Einlage;
  - Die bloße verdeckte Einlage ist keine Anschaffung.[64]

---

62 Siehe *Orth*, DStR 2011 S. 1541 ff.; a. A. BMF, Schreiben vom 11. 11. 2011, BStBl 2011 I S. 1314, Rz. 22.07.

63 BFH, Urteil vom 14. 11. 1990 – X R 85/87, BStBl 1991 II S. 222.

64 BFH, Urteil vom 19. 10. 1998 – VIII R 69/ 98, BStBl 2000 II S. 230; H 6b.2 EStR.

- Einlage eines Wirtschaftsgutes des Privatvermögens in das Betriebsvermögen ist eine Anschaffung, wenn im Gegenzug Gesellschaftsrechte gewährt werden.[65]
- Einlage eines Wirtschaftsgutes aus dem Betriebsvermögen des Gesellschafters in das Gesamthandsvermögen der Personengesellschaft gegen Gewährung von Gesellschaftsrechten oder unentgeltlich, erfolgt zwingend gem. § 6b Abs. 5 Satz 3 EStG zum Buchwert.
- Einlage eines Wirtschaftsgutes in eine Kapitalgesellschaft gegen Gewährung von Gesellschaftsrechten ist ein tauschähnlicher Vorgang[66] und damit eine Anschaffung aus Sicht der Gesellschafter.

► Umwidmung;
- Umwidmung eines Wirtschaftsgutes des Umlaufvermögens in das Anlagevermögen ist keine Anschaffung.

► Vorgänge im Zusammenhang mit einer Mitunternehmerschaft; 5344
- Vergleiche bei ABC der Veräußerung.

► Nachträgliche Anschaffungs- oder Herstellungskosten auf ein begünstigtes Wirtschaftsgut. 5345
- Falls der begünstigte Veräußerungsgewinn noch nicht übertragen ist, sondern zum Teil noch in eine Rücklage eingestellt wurde, können diese Kosten (**nur**) mit dieser verbleibenden Rücklage aus diesem Zeitraum verrechnet werden.

(Einstweilen frei) 5346–5349

3.2.3.4 Höhe des Veräußerungsgewinns

Begünstigt ist nach § 6b Abs. 2 EStG der Veräußerungsgewinn. Die Definition entspricht § 16 Abs. 2 EStG. Es ist der Betrag, um den der Veräußerungspreis nach Abzug der Veräußerungskosten den Buchwert übersteigt, mit dem das veräußerte Wirtschaftsgut im Zeitpunkt der Veräußerung anzusetzen gewesen wäre. Der Buchwert **im Zeitpunkt der Veräußerung** wird also nach Abzug von Abschreibung, Sonderabschreibung und erhöhten Absetzungen und nach Vornahme von Wertaufholungen bei Wertsteigerungen bzw. Wegfall der Voraussetzungen einer Absetzung für außergewöhnliche Abnutzung vom letzten Bilanzstichtag bis zum Veräußerungszeitpunkt konkret festgestellt.[67] 5350

Dabei zählen zum Veräußerungspreis alle vermögenswerten Vorteile, die als Gegenleistung zwischen den Parteien vereinbart werden. 5351

Die Gegenleistung kann daher insbesondere auch die Übernahme von Verbindlichkeiten darstellen. Dies jedoch nur, soweit es sich um die Veräußerung eines Einzelwirtschaftsgutes handelt, da andernfalls bei der Veräußerung von Sachgesamtheiten (Betriebe, Teilbetriebe und Mitunternehmeranteile) eine saldierte Betrachtungsweise der übernommenen Aktiva und Passiva zugrunde gelegt wird (Einheitstheorie).

65 BFH, Urteil vom 19. 10. 1998 – VIII R 69/ 98, BStBl 2000 II S. 230.
66 BFH, Urteil vom 24. 4. 2007 – I R 35/05, BStBl 2008 II S. 253.
67 R 6b.1 Abs. 2 EStR.

5352 Soweit es sich um einen Gesamtkaufpreis für mehrere Wirtschaftsgüter handelt, ist für den Fall, dass nicht sämtliche Wirtschaftsgüter begünstigt sind, eine Aufteilung des Kaufpreises vorzunehmen, wobei im Regelfall – wenn keine detaillierte Einzelbewertung vorliegt – das Verhältnis der Teilwerte der Wirtschaftsgüter untereinander maßgebend sein sollte. Begünstigt ist weiterhin der Veräußerungsgewinn nur, soweit er auf die Übertragung des wirtschaftlichen Eigentums entfällt, nicht beispielsweise Vergütungen für anderweitige Vorteile, wie beispielsweise die Gewährung einer Vertragsstrafe, Verzugszinsen, Verzinsung des Kaufpreises oder Schadensersatzleistungen.

5353 Die Einräumung eines Nutzungsrechts für die Übertragenden im Falle eines Grundstücksübergangs mindert, genau wie der Vorbehaltsnießbrauch, nur den Wert des übertragenen Vermögens und stellt damit keine Gegenleistung dar.

5354 Gewinne, die anlässlich einer Übertragung von Wirtschaftsgütern zum Ausgleich anderweitiger Nachteile entstehen (beispielsweise dem Ausgleich der Minderung des Geschäftswerts eines Betriebes aufgrund der Übertragung eines Einzelwirtschaftsgutes), gehören ebenfalls nicht zu dem begünstigten Veräußerungsgewinn.[68]

5355 Wie der Begriff des Veräußerungsgewinns, so deckt sich auch der Begriff der Veräußerungskosten mit dem in § 16 Abs. 2 EStG. Voraussetzung für die Annahme von Veräußerungskosten ist mithin der unmittelbare sachliche Zusammenhang mit dem Veräußerungsgeschäft.[69]

ABC der Veräußerungskosten

Abzugsfähige Kosten sind:

- Kosten für die Vorbereitung der Veräußerung;
  - Reisekosten,
  - Inseratskosten,
  - Aufwendungen für Gutachten und Beratungen,
- Notariatskosten;
- Maklerprovision;
- Grundbuchgebühren;
- Steuern die durch den Veräußerungsvorgang selbst entstehen;
  - Umsatzsteuer,
  - Grundsteuer,
  - *nicht* Gewerbesteuer,[70]
- Prozesskosten,
- Vorfälligkeitsentschädigung,[71]
- Abfindung von Pensionsansprüchen.[72]

---

68 BFH, Urteil vom 11. 7. 1973 – I R 140/71, BStBl 1973 II S. 840.

69 Weiterer Begriff bei *Loschelder*, in: Schmidt, EStG, 33. Aufl., Rz. 52.

70 BFH, Urteil vom 27. 10. 1977 – II R 60/74, BStBl 1978 II S. 100.

71 BFH, Urteil vom 25. 1. 2000 – VIII R 55/97, BStBl 2000 II S. 458.

72 BFH, Urteil vom 20. 1. 2005 – IV R 22/03, BStBl 2005 II S. 559.

Nicht zu den Veräußerungskosten zählen:

- Aufwendungen im Vorfeld der Veräußerung, um die Veräußerung zu ermöglichen bzw. den Kaufpreis zu erzielen (Bsp. Reparaturen);
- Abbruchkosten eines aufstehenden Gebäudes; sie stellen sofort abziehbaren Aufwand dar;[73]
- restlicher Buchwert des abgebrochenen Gebäudes;
- Rückstellungen für Freiheit von Altlasten;[74]
- Nachträgliche Änderungen des Veräußerungspreises: 5356
  - Im Regelfall gilt der Grundsatz, dass bei laufend veranlagten Steuern, der Eintritt neuer Ereignisse und die damit erforderlichen steuerlichen Anpassungen nicht rückwirkend vorgenommen werden, sondern Änderungen in dem Besteuerungszeitraum vorzunehmen sind, in dem sich der maßgebende Sachverhalt ändert. Abweichend hiervon geht der BFH bei nachträglichen Änderungen des Kaufpreises eines Wirtschaftsgutes, für das eine 6b-Rücklage gebildet wurde, von einem rückwirkenden Ereignis aus.[75] Damit wird jede nachträgliche Minderung oder Erhöhung des Kaufpreises oder der Veräußerungskosten als ein rückwirkendes Ereignis angesehen, welches somit im Jahr der Bildung der 6b-Rücklage berücksichtigt werden muss.
  - Bei einer Erhöhung des Veräußerungsgewinns hat der Steuerpflichtige die Wahl, ob er die Übertragung anpasst oder bestehen lässt. Falls eine Erhöhung bereits in dem Jahr der Veräußerung angestrebt ist, erfolgt die Übertragung im Wege der Bilanzberichtigung, bei späteren Jahren handelt es sich dann um ein rückwirkendes Ereignis.
  - Soweit der Gewinn sich jedoch aufgrund des Eintritts einer aufschiebenden Bedingung erhöht, handelt es sich nicht um ein rückwirkendes Ereignis.
- Ein Forderungsausfall, soweit er bereits im Veräußerungsjahr selbst erfolgt, bzw. bereits feststeht, führt unmittelbar dazu, dass bereits kein übertragungsfähiger Veräußerungsgewinn vorliegt, wirkt sich mithin sofort in voller Höhe auf den Veräußerungsgewinn aus. 5357
- Soweit der Veräußerer eventuell im Zusammenhang mit dem Veräußerungsobjekt eine Minderung des Veräußerungserlöses fürchten muss und dies beispielsweise durch Bildung einer Rückstellung berücksichtigt, hat dies keine Auswirkungen auf den nach § 6b EStG begünstigten Veräußerungsgewinn, weil sich die Bildung nur auf den laufenden Gewinn bezieht.[76] 5358

(Einstweilen frei) 5359

---

73 H 6b.1 EStR.

74 FG Nürnberg, Urteil vom 9. 11. 1999 – I 186/97, EFG 2000 S. 209.

75 BFH, Urteil vom 13. 9. 2000 – X R 148/97, BStBl 2001 II S. 641; vgl. H 6b. 2 EStR.

76 *Strahl*, FR 2000 S. 803.

5360 **3.2.3.5 Übertragungsverbot**

5361 **3.2.3.5.1 Bestandteil des Anlagevermögens**

Gemäß § 6b Abs. 4 Nr. 2 EStG müssen die veräußerten Wirtschaftsgüter für eine Dauer von mindestens 6 Jahren ununterbrochen Bestandteil des Anlagevermögens einer inländischen Betriebsstätte gewesen sein. Wirtschaftsgüter rechnen dann zum Anlagevermögen, wenn sie am Abschlussstichtag dazu bestimmt sind, dem Geschäftsbetrieb des Unternehmens dauernd zu dienen (§ 247 Abs. 2 HGB). Diese 6-Jahresfrist muss ununterbrochen bestanden haben.

Eine Ausnahme für die Vorbesitzfrist ergibt sich aus § 6b Abs. 8 EStG, wonach sich in den Fällen der städtebaulichen Sanierungs- und Entwicklungsmaßnahme die Vorbesitzfrist auf zwei Jahre verkürzt.

5362 Wichtig ist, dass die Wirtschaftsgüter auch zum Veräußerungszeitpunkt immer noch Bestandteil des Anlagevermögens sind.

5363 Kritisch ist insoweit ein möglicher Übergang ins Umlaufvermögen. Hierbei ist anerkannt, dass die bloße Veräußerungsabsicht noch nicht dazu führt, dass eine Umgliederung in das Umlaufvermögen vorgenommen wird.[77] Entscheidend ist allein, ob sich die Zweckbestimmung des Wirtschaftsgutes ändert. Dies ist beispielsweise nicht der Fall, soweit bei einem zum Anlagevermögen gehörenden Grundstück eine Aufteilung in Eigentumswohnungen vorgeführt wird oder eine Parzellierung von Grundstücken erfolgt.[78]

5364 Soweit der Steuerpflichtige jedoch aktiv an der Aufbereitung zum Bauland mitarbeitet oder darauf Einfluss nimmt, ändert sich auch bei unveränderter Nutzung die Einschätzung des Wirtschaftsgutes und es wird als Umlaufvermögen angesehen.[79] Schädlich ist im Ergebnis die Entfaltung einer aktiven auf den Verkauf gerichteten Tätigkeit. Dies kann auch in der Übernahme von Kosten liegen bzw. der Übernahme der Kosten für den Bebauungsplan, von Erschließungskosten, das Schalten von Verkaufsanzeigen.

5365 Es sollte in jedem Fall darauf geachtet werden, dass bis zum Veräußerungszeitpunkt die betriebliche Verwendung nachgewiesen werden kann und schädliche Maßnahmen evtl. vom potentiellen Erwerber vorgenommen werden.

5366–5369 *(Einstweilen frei)*

3.2.3.5.2 Zugehörigkeit zu einer inländischen Betriebsstätte

5370 Für den Begriff der inländischen Betriebsstätte kann auf die Begriffsbestimmung in § 12 AO verwiesen werden, wonach unter Betriebsstätte jede feste Geschäftseinrichtung oder Anlage zu verstehen ist, die der Tätigkeit des Unternehmens dient. Für die Frage, ob insoweit ein Wirtschaftsgut zu einer Betriebsstätte zugehörig ist, ist auf eine wirtschaftlich funktionale Betrachtungsweise abzustellen. Maßgebend ist danach die wirtschaftliche Zugehörigkeit, nicht der Ort an dem sich das Wirtschaftsgut befindet.

77 BFH, Urteil vom 8. 11. 2007 – IV R 35/06, BStBl 2008 II S. 359.

78 BFH, Urteil vom 8. 11. 2007 – IV R 35/06, BStBl 2008 II S. 359.

79 BFH, Urteil vom 25. 10. 2001 – IV R 47 – 48/00, BStBl 2002 II S. 289.

§ 6b EStG stellt zwingend darauf ab, dass das Wirtschaftsgut zu einer inländischen Betriebsstätte gehört. Soweit es zu einer ausländischen Betriebsstätte gehört, kommt die Anwendung der Bildung einer Rücklage auch dann nicht in Betracht, wenn der Gewinn aus der Veräußerung des Wirtschaftsgutes im Inland steuerpflichtig ist.[80] 5371

(Einstweilen frei) 5372–5374

3.2.3.5.3 Vorbehaltensfrist

Für die Berechnung der 6-jährigen Vorbesitzzeit ist auf den Zeitpunkt der Anschaffung bzw. Herstellung des Wirtschaftsgutes und den Beginn seiner betrieblichen Nutzung abzustellen, wobei es auf den tatsächlichen Erwerbszeitpunkt ankommt (Übergang des wirtschaftlichen Eigentums). 5375

ABC der Vorbehaltensfrist 5376

Anrechnungen von Vorbesitzzeiten kommen in folgenden Konstellationen in Betracht, wobei je nach Rechtsgrundlage unterschieden werden muss:

- der unentgeltliche Betriebsübergang gemäß § 6 Abs. 3 EStG führt zur Berücksichtigung der Vorbesitzzeit des übertragenden Rechtsträgers;[81]
- die Übertragung von Einzelwirtschaftsgütern gemäß § 6 Abs. 5 EStG zum Buchwert, das heißt die unentgeltliche Übertragung führt zur Anrechnung der Vorbesitzzeit;
- in Fällen der Ersatzbeschaffung nach R 6.6 EStR 2008 erfolgt die Anrechnung der Vorbesitzzeit des ersetzten Wirtschaftsguts;[82]
- bei Realteilung, vorweggenommener Erbfolge und Erbauseinandersetzung wird die Vorbesitzzeit dann angerechnet, soweit die Vorgänge *unentgeltlich* erfolgen;[83]
- bei Verschmelzungen/Abspaltungen/Aufspaltungen/Vermögensübertragungen erfolgt in jedem Fall eine Anrechnung der Vorbesitzzeit (vgl. §§ 4 Abs. 2 Satz 3, 12 Abs. 3 2. Halbsatz, 15 Abs. 1 Satz 1, 16 Satz 1 UmwStG);
- bei Einbringung von Betrieben oder Teilbetrieben in eine Kapitalgesellschaft gemäß § 20 UmwStG/ Personengesellschaft gem. § 24 UmwStG unter dem gemeinen Wert kommt eine Anrechnung der Vorbesitzzeit ebenfalls in Betracht.

(Einstweilen frei) 5377–5379

---

80 Zur Frage der Europarechtswidrigkeit der Vorschrift *Loschelder*, in: Schmidt, EStG, 33. Aufl., Rz. 3. Die Europäische Kommission hat Deutschland (Prozessmitteilung IP/11/1127 vom 29. 9. 2011) förmlich aufgefordert, die Vorschrift des § 6b EStG dahingehend zu verändern, dass bestimmte grenzüberschreitende Transaktionen nicht länger benachteiligt werden. Das FG Niedersachsen hat ohne Vorabentscheidungsersuchen an den EUGH entschieden, dass § 6a Abs. 4 Satz 1 Nr. 3 EStG (Inlandsbezug) unter Berücksichtigung der Niederlassungsfreiheit nach dem Gemeinschaftsrecht im Wege der geltungserhaltenden Reduktion in der Weise auszulegen sei, dass im Vergleich zum Gemeinschaftsgebiet auf den Inlandsbezug verzichtet wird (FG Niedersachsen, Urteil vom 1. 12. 2011 – 6 K 435/09; Revision verworfen BFH, Beschluss vom 20. 8. 2012 – I R 3/12, BFH/NV 2012 S. 1990).

81 R 6b.3 Abs. 5 EStR.

82 R 6b.3 Abs. 4 EStR.

83 H 6b.3 EStR.

5380 Nachträgliche Herstellungskosten:

- Falls bei einem Wirtschaftgut im laufenden Betrieb (erhebliche) nachträgliche Herstellungskosten anfallen, handelt es sich um keine Unterbrechung der Vorbesitzzeit, da auch durch die Aufwendung nachträglicher Herstellungskosten keine Änderung der Identität des Wirtschaftsgutes erfolgt. [84]
- Anders ist der Fall der Generalüberholung zu bewerten bei dem ein Wirtschaftsgut so umfassend instand gesetzt wird, dass wirtschaftlich betrachtet ein neues Wirtschaftsgut entsteht und daher eine neue Frist in Gang gesetzt wird.

5381
- Herstellung unter Verwendung von gebrauchten Wirtschaftsgütern.
  - Das „neue" Wirtschaftsgut muss dann seit Fertigstellung mindestens 6 Jahre zum Betriebsvermögen gehört haben.[85]

5382
- Im Rahmen von Umlegungsverfahren erlangte Grundstücke sind rechtlich und wirtschaftlich identisch mit den hingegebenen Grundstücken (= Fortsetzung der Besitzzeit).
- Bei einer Kapitalerhöhung aus Gesellschaftsmitteln liegt hinsichtlich der neuen Anteile eine wirtschaftliche Identität vor.[86]

5383
- Betriebsaufspaltung
  - Im Falle der Betriebsaufspaltung wird aufgrund der Selbständigkeit von Besitz- und Betriebsgesellschaft bei Übertragungen zwischen den Gesellschaften eine neue Besitzfrist in Gang gesetzt.

5384
- Organschaft
  - Aufgrund der Selbständigkeit von Organträger und Organgesellschaft löst die Übertragung von Wirtschaftsgütern zwischen diesen Unternehmen eine neue Besitzfrist aus.

5385
- Personengesellschaft
  - Aufgrund der gesellschafterbezogenen Betrachtungsweise des Gesetzes, ist bei der Vorbesitzzeit des Wirtschaftsgutes zwingend auf jeden einzelnen Mitunternehmer abzustellen. Änderungen im personellen Bestand der Personengesellschaft im Rahmen der Vorbesitzfrist haben mithin Einfluss und führen dazu, dass für jeden Gesellschafter individuell ermittelt werden muss, ob die Vorbesitzzeit von *ihm* erfüllt wird und insoweit für ihn eine Rücklage in Betracht kommt.
  - Hierbei ist auch zu beachten, dass jeder Erwerb eines Mitunternehmeranteils für den Betroffenen eine neue Frist in Gang setzt. Dies bedeutet, dass auch bei einem („alten") Mitunternehmer bei Hinzuerwerb eines weiteren Mitunternehmeranteils, eine Rücklage im Falle von Veräußerungen nur gebildet werden kann, soweit der Veräußerungsgewinn auf einen Mitunternehmeranteil entfällt, der schon länger als 6 Jahre vom betreffenden Mitunternehmer gehalten wird.[87]

---

84 Siehe R 6b.3 Abs. 3 EStR.

85 R 6b.3 Abs. 2 EStR.

86 Vgl. R 6b.3 Abs. 6 EStR.

87 BFH, Urteil vom 10. 7. 1980 – IV R 12/80, BStBl 1981 II S. 84.

- Mehrstöckige Personengesellschaften
  - Gemäß § 15 Abs. 1 Nr. 2 Satz 2 EStG sind auch mittelbar über eine Personengesellschaft beteiligte Gesellschafter als Mitunternehmer anzusehen. Dies hat zur Folge, dass bei jedem Gesellschafterwechsel der Obergesellschaft die 6-Jahresfrist erneut zu laufen beginnt, soweit die Wirtschaftsgüter der Untergesellschaft diesem Gesellschafter (vermittelt über die Obergesellschaft) zuzurechnen sind.

(Einstweilen frei) 5386–5389

3.2.3.6 Bildung des Sonderpostens

3.2.3.6.1 Wahlrecht

Nach der Verabschiedung des BilMoG wird das Wahlrecht für die Bildung des Sonderpostens allein und ausschließlich in der **Steuerbilanz** und zwar des Veräußerungsjahres ausgeübt.[88] Dabei kann der Steuerpflichtige sein Wahlrecht nur einheitlich für Einkommen-, Körperschaft- und Gewerbesteuer ausüben. Die Ausübung findet bei Bilanzaufstellung statt. Die Ausübung dieses Wahlrechtes ist zwingend in der Steuer- bzw. Sonderbilanz des veräußernden Betriebs vorzunehmen. In diesem Betrieb ist der Veräußerungsgewinn angefallen, der durch die Bildung der Rücklage neutralisiert werden soll.[89] Die Abbildung allein bei dem Rechtsträger, auf den die stillen Reserven übertragen worden sind, ist nicht ausreichend. Soweit ein Steuerpflichtiger sein Wahlrecht später anderweitig ausüben wird, liegt hierin eine Bilanzänderung, die nach Einreichung der Bilanz beim Finanzamt nur noch unter den Voraussetzungen des § 4 Abs. 2 Satz 2 EStG korrigiert werden kann.[90] 5390

3.2.3.6.2 Reinvestitionsabsicht

Die Bildung einer Rücklage nach § 6b Abs. 3 EStG hängt nicht von einer Reinvestitionsabsicht ab. Es ist auch nicht erforderlich, dass ein aktiv bewirtschafteter Betrieb vorliegt, mit der Folge, dass die Bildung einer Rücklage auch zur Neutralisierung des Gewinns aus einer Betriebsveräußerung oder aus der Realteilung im Rahmen einer Betriebsaufgabe zulässig ist. Grenze für die Bildung einer Rücklage ist jedoch, dass objektiv eine Reinvestition möglich sein muss.[91] 5391

3.2.3.6.3 Ausweis in der Bilanz

Der Abzug der Rücklage nach § 6b Abs. 1 EStG und die Bildung und die Auflösung der Rücklage müssen in der Buchführung nachverfolgt werden können (§ 6 Abs. 4 Nr. 5 EStG). Diese Nachverfolgung in der Buchführung setzt voraus, dass die in § 5 Abs. 1 Satz 2 n. F. EStG genannten Dokumentationspflichten erfüllt werden. Dafür ist erforderlich, dass die Wirtschaftsgüter, die nicht mit dem handelsrechtlich maßgeblichen Wert in der steuerlichen Ermittlung ausgewiesen werden, in besondere, laufend zu führende 5392

88 Vgl. H 6b.2 EStR.

89 BFH, Urteil vom 19. 12. 2012 – IV R 41/09, BStBl 2013 II S. 313.

90 Siehe R 6b.2 Abs. 2 EStR.

91 H 6b.2 EStR.

Verzeichnisse aufgenommen werden. In den Verzeichnissen sind der Tag der Anschaffung oder Herstellung, die Anschaffungs- oder Herstellungskosten, die Vorschrift des ausgeübten Wahlrechts und die vorgenommenen Abschreibungen nachzuweisen. Weiterhin ist Voraussetzung, dass eine Bilanz erstellt wird. In der Buchführung müssen weiterhin der Buchwert des veräußerten Wirtschaftsguts, der Veräußerungspreis, die Veräußerungskosten sowie die Anschaffungs- oder Herstellungskosten des Reinvestitionsguts erkennbar sein. Zudem muss aus der Buchführung die Höhe des übertragenen Veräußerungsgewinns entnommen werden können.

3.2.3.6.4 Einzelheiten des Ausweises

5393 Beim Ausweis des Sonderpostens und der Technik der Übertragung ist zu berücksichtigen, dass der Sinn der Begünstigung des § 6b EStG darin besteht, dass stille Reserven, die durch die Veräußerung bestimmter Wirtschaftsgüter aufgedeckt worden sind, auf die Buchwerte anderer Wirtschaftsgüter übertragen werden dürfen. Dies wird im Regelfall dadurch vorgenommen werden, dass die Anschaffungskosten der angeschafften oder hergestellten Wirtschaftsgüter um einen Betrag bis zu Höhe von 100 % des Veräußerungsgewinns gekürzt werden, der sich bei der Veräußerung ergeben hat.

5394 **Flexible Übertragungsmöglichkeiten bei Mitunternehmeranteilen:** Aufgrund der gesellschafterbezogenen Betrachtungsweise des § 6b EStG ist bei Mitunternehmerschaften das Wahlrecht zur Bildung der Rücklage nur vom einzelnen Mitunternehmer persönlich auszuüben. Eine einheitliche Ausübung des Wahlrechts ist auch bei § 6b EStG grundsätzlich nicht geboten. Ist ein Veräußerungsgewinn einheitlich für die Mitunternehmerschaft in ihrer Bilanz durch Bildung einer Rücklage neutralisiert worden, so können die Mitunternehmer gleichwohl später von ihrem Wahlrecht (Auflösung oder Übertragung) unter Verwendung von Ergänzungsbilanzen unterschiedlich Gebrauch machen. Im Falle der Übertragung stiller Reserven eines Wirtschaftsgutes im Gesamthandsvermögen der Personengesellschaft auf ein Wirtschaftsgut im Gesamthandsvermögen der selben Gesellschaft ist die Abbildung in der Handelsbilanz nicht mehr möglich, da die korrespondierende Bilanzierung mit der Handelsbilanz aufgrund der Neuregelung des § 5 Abs. 1 Satz 2 EStG weggefallen ist. Es bleibt vielmehr dabei, dass jeder Mitunternehmer berechtigt ist, sich für die Anwendung des § 6b EStG zu entscheiden, d. h. zu bestimmen, ob übertragene stille Reserven in einer Ergänzungsbilanz für ihn anteilig zu neutralisieren sind.[92]

92 Vgl. wegen der Technik *Zimmermann* u. a., Die Personengesellschaft im Steuerrecht, B 257 ff.

Folgende Übertragungsmöglichkeiten ergeben sich danach bei Mitunternehmerschaften:

ABB. 2: Übertragungsmöglichkeit 1

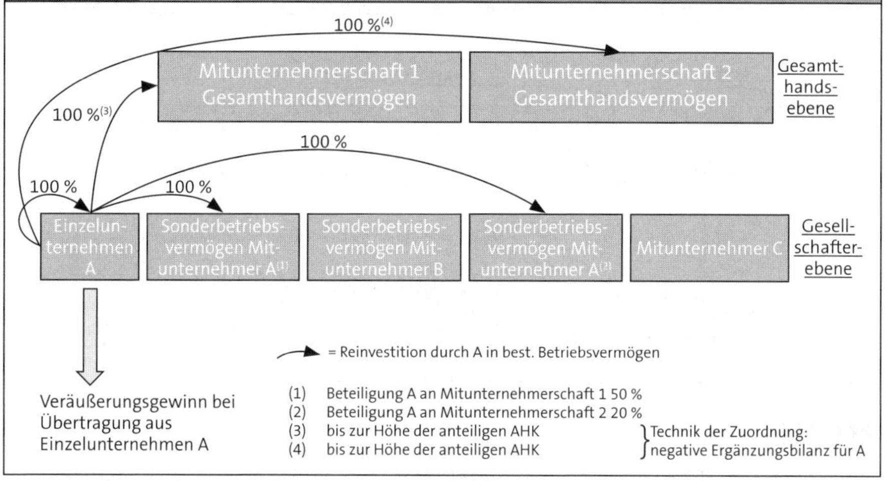

ABB. 3: Übertragungsmöglichkeit 2

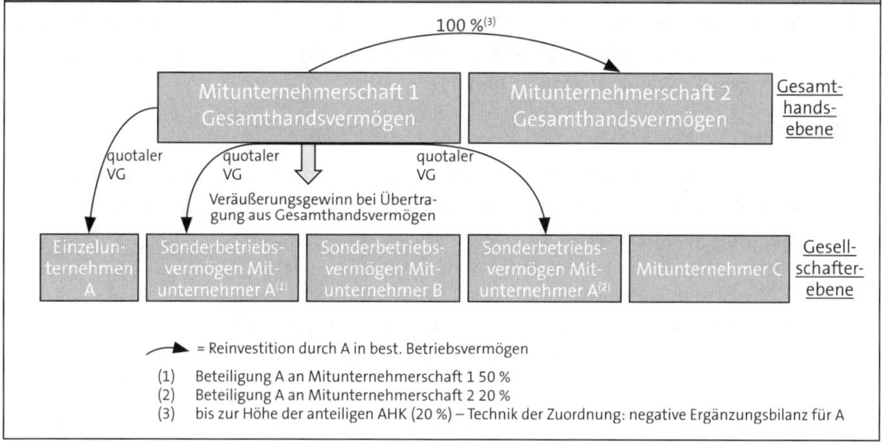

ABB. 4: Übertragungsmöglichkeit 3

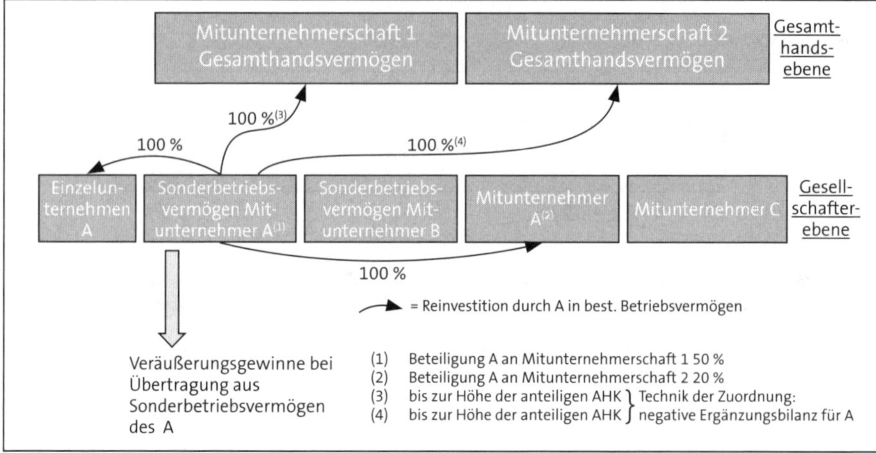

5395 **BEISPIEL ▸ Grundfall:**

A veräußert in 2011 ein zu seinem Einzelunternehmen gehörendes Grundstück und erzielt daraus einen Veräußerungsgewinn von 1 Mio. €. Innerhalb der Reinvestitionsfrist erwirbt 1. Variante A selbst, 2. Variante B die Mitunternehmerschaft 1 oder 3. Variante C die Mitunternehmerschaft 2 ein Grundstück mit Anschaffungskosten von jeweils 4 Mio. €. Die Beteiligung des A an den Mitunternehmerschaften sind den Abbildungen unter Rz. 5394 zu entnehmen.

5396 **1. Variante:**

A kann den Veräußerungsgewinn in voller Höhe von den Anschaffungskosten der begünstigten Reinvestition im Rahmen seines Einzelunternehmens oder Sonderbetriebsvermögens abziehen.

5397 **2. Variante:**

Das Reinvestitionsgut der Mitunternehmerschaft 1 ist A zu 50 %, das heißt mit anteiligen Anschaffungskosten von 2 Mio. € zuzurechnen. Er kann deswegen den von ihm erzielten Veräußerungsgewinn voll umfassend auf die Reinvestition der KG übertragen. Im ersten Schritt wird der bisherige Veräußerungsgewinn auf Ebene des Einzelunternehmens neutralisiert (erfolgsneutrale Hinzurechnung des Gewinns beim Kapitalkonto der für den veräußernden Betrieb aufzustellenden Bilanz, R 6b, 2 Satz 8 EStR). Dann wird für A eine negative Ergänzungsbilanz bei der Mitunternehmerschaft 1 aufgestellt, die einen Minderwert in Höhe 1 Mio. € ausweist. In der Gesamthandsbilanz bleibt das Grundstück mit seinen Anschaffungskosten von 4 Mio. €, während A eine negative Ergänzungsbilanz mit 1 Mio. € fortführt.

5398 **3. Variante:**

Erfolgt die Reinvestition durch die Mitunternehmerschaft 2, an der A zu 20 % als Kommanditist beteiligt ist, wird ihm die Übertragung in Höhe von 800.000 € ermöglicht, da er nur in dieser Höhe an den anteiligen Anschaffungskosten beteiligt ist. Die

Technik der Zuordnung erfolgt wie in der 2. Variante über eine negative Ergänzungsbilanz.

Diese Vorgehensweise bei Veräußerung im Einzelunternehmen kann genauso angewandt werden auf eine Veräußerung des A im Sonderbetriebsvermögen. 5399

Abwandlung 1: 5400

In der Abwandlung des Grundfalls wird unterstellt, dass nicht A, sondern die Mitunternehmerschaft 1 ein zu ihrem Gesamthandsvermögen gehörendes Grundstück veräußert und dabei ebenfalls einen Veräußerungsgewinn von 1 Mio. € erzielt.

Soweit A die Reinvestition in seinem Einzelunternehmen oder seinem Sonderbetriebsvermögen vornehmen will, muss berücksichtigt werden, dass der Veräußerungsgewinn von 1 Mio. € zu 50 % – gleich 500.000 € – auf ihn entfällt. 5401

Damit wird in einem ersten Schritt wiederum der vorige zugerechnete Ertrag aus der Veräußerung von 500.000 € dadurch neutralisiert, dass erfolgsneutral das Kapitalkonto erhöht wird. In seinem Einzelbetrieb erfolgt dann die Übertragung des Veräußerungsgewinns gegen die Position Grund und Boden (Buchung Kapitalkonto an Grund und Boden).

Soweit die Mitunternehmerschaft 2 die Reinvestition von 4 Mio. € vornehmen würde, könnte A den auf ihn entfallenden Veräußerungsgewinn bei der Mitunternehmerschaft 1 in Höhe von 500.000 € von den anteiligen Herstellungskosten des A bei der Mitunternehmerschaft 2 800.000 € in voller Höhe abziehen. Auch hier würde in einem ersten Schritt bei der Mitunternehmerschaft 1 das Kapitalkonto des A um 500.000 € erhöht werden, während im zweiten Schritt bei der Mitunternehmerschaft 2 für A eine negative Ergänzungsbilanz aufgestellt würde, in der ein Minderwert von 500.000 € ausgewiesen würde. 5402

(Einstweilen frei) 5403–5409

Sonderfragen bei einer Kapitalgesellschaft als Mitunternehmer: Diese Ausführungen gelten auch für den Fall, dass der Übertragende Gesellschafter eine Kapitalgesellschaft ist. Allerdings hat die Finanzverwaltung für Fälle vor dem Inkrafttreten des BilMoG für Kapitalgesellschaften abweichend von der früheren Handhabung eine Sonderregelung schaffen wollen.[93] Diese Regelung wäre nach der Übergangsregelung im BMF-Schreiben für die ab 1. 4. 2008 aufgestellten Bilanzen maßgeblich. Dieses BMF-Schreiben bleibt also auch für Altfälle – ab dem 1. 4. 2008 bis zum Inkrafttreten des BilMoG – wirksam und kann deshalb für laufende Betriebsprüfungen noch relevant sein. 5410

Dazu folgender Fall.

A GmbH hat im Wirtschaftsjahr 2008 aufgrund der Veräußerung von Grundvermögen eine Rücklage nach § 6b EStG in Höhe von 400 T€ gebildet. A GmbH ist an der AG GmbH & Co. KG als Kommanditistin mit 75 % beteiligt. Die AB GmbH & Co. KG erwirbt im Wirtschaftsjahr 2009 ein Grundstück dessen Anschaffungskosten 1.000 T€ beträgt. 5411

93 BMF, Schreiben vom 29. 2. 2008, BStBl 2008 S. 495.

Wie erfolgt die Übertragung?

Bisherige Handhabung *vor* dem BMF-Schreiben:

AB GmbH & Co. KG

Grundstück	1.000	Kapital A	750
		Kapital B **unverändert**	250

Der Vorgang hat keine Auswirkung in der Handelsbilanz der Personengesellschaft.

Ergänzungsbilanz
A-GmbH

Minderkapital	400	Grundstück	400

Diese Lösung entspricht auch der ständigen BFH-Rechtsprechung.

5412 *Nach* dem BMF-Schreiben vom 29. 2. 2008 wäre hingegen die Lösung wie folgt:

AB GmbH & Co. KG

		Korrektur	
Grundstück	600	Kapital A **./. 400**	350
		Kapital B **unverändert**	250

Die Übertragung ist zudem beschränkt auf die Höhe des Kapitalkontos des begünstigten Gesellschafters und führt erkennbar zu Verwerfungen in der Gesamthandsbilanz.

Zwischenzeitlich wurde in der Literatur folgende Variante zum Vorschlag der Finanzverwaltung diskutiert:[94]

Alternative

Grundstück	600	Kapital A	450 (+100)
		Kapital B	150 (-100)

Ergänzungsbilanz
A-GmbH

Minderkapital	100	Grundstück	100

Ergänzungsbilanz
Gesellschafter B

Grundstück	100	Mehrkapital	100

Diese Lösungsweise ist damit begründet worden, dass damit ein Übergang stiller Reserven verhindert und die Umsetzung der umgekehrten Maßgeblichkeit erreicht werden könne.

5413 Diese Lösung (Rz. 5412) hat seit dem Inkrafttreten des BilMoG auf jeden Fall keine Berechtigung mehr. Sie ist aber auch schon für den Zeitraum davor nicht vertretbar. Zum

94 NWB Fach 7, S. 2227.

einen verletzt sie einen Grundsatz der gesellschafterbezogenen Sicht und führt zu Verwerfungen in den Kapitalkonten der Handelsbilanz. Zum anderen verstößt diese Sicht gegen die ständige BFH-Rechtsprechung, wonach die Ausübung des Wahlrechts des § 6b EStG nicht in der Steuerbilanz, sondern in der Ergänzungsbilanz des Gesellschafters erfolgt.[95] Auch die Praxisfragen, welches Kapitalkonto angesprochen werden sollte und wie in Zukunft die Zuschreibung der geringeren AfA auf die Mitunternehmer erfolgen sollte, bleiben bei dieser Sichtweise unberücksichtigt und ungelöst.[96]

Die Grundsätze bei unmittelbarer Beteiligung an einer Personengesellschaft sollten auch im Falle von doppel- und mehrstöckigen Mitunternehmerschaften gelten, da man die Gleichstellung eines nur mittelbar beteiligten Gesellschafters in einer Personengesellschaft aus § 15 Abs. 1 Satz 1 Nr. 2 Satz 2 EStG ableiten kann.[97] 5414

(Einstweilen frei) 5415–5419

3.2.3.6.5 Zeitpunkt des Ausweises

Die Rücklagenbildung erfolgt für das Wirtschaftsjahr der Veräußerung.[98] Die Frage der Bildung einer Rücklage kann vom Steuerpflichtigen bis zum Zeitpunkt der Einreichung beliebig geändert werden. Nach der Einreichung der Bilanz kann eine Korrektur nur noch im Rahmen des § 4 Abs. 2 Satz 2 EStG erfolgen. Eine Bilanzänderung i. S. d. § 4 Abs. 2 Satz 2 EStG liegt hingegen grundsätzlich nicht vor, wenn die Wahlrechtsausübung, das heißt die Entstehung eines Veräußerungsgewinns, erst nach Einreichung der Bilanz, etwa aufgrund einer Betriebsprüfung, möglich wird. Hier handelt es sich vielmehr um die erstmalige Ausübung. Soweit sich die Möglichkeit erst aus einem Klageverfahren ergibt, muss das Wahlrecht im Rahmen eines Hilfsantrages oder spätestens bis zum Ablauf der Rechtsmittelfrist ausgeübt werden. 5420

(Einstweilen frei) 5421–5424

3.2.3.6.6 Frist zur Übertragung

Gemäß § 6b Abs. 3 Satz 2 EStG ist die Übertragung der Rücklage nach ihrer Bildung innerhalb der folgenden vier Wirtschaftsjahre auf angeschaffte oder hergestellte Wirtschaftsgüter vorzunehmen. Abgestellt wird auf Wirtschaftsjahre und nicht auf Kalenderjahre, so dass insoweit auch Rumpfwirtschaftjahre mitgezählt werden, die somit zu einer Verkürzung des zur Verfügung stehenden Zeitraums führen. 5425

Da es sich bei § 6b EStG um eine gesetzliche Ausnahmevorschrift handelt, ist die Frist zur Übertragung bzw. Auflösung der Rücklage zwingend, dass heißt eine verwaltungsseitige Verlängerung kommt nicht in Betracht. 5426

Die Frist von vier Jahren verlängert sich bei neu hergestellten Gebäuden gemäß § 6b Abs. 3 Satz 2 EStG auf **sechs Jahre,** wenn mit ihrer Herstellung vor dem Schluss des vierten auf die Bildung der Rücklage folgenden Wirtschaftsjahres begonnen worden ist. In- 5427

95 BFH, Urteil vom 25. 4. 1985 – IV R 83/83, BStBl 1986 II S. 350.

96 Siehe auch *Freikamp*, DB 2008 S. 781.

97 Ausführlich *Kortendick*, UBG 2013 S. 425 ff.

98 R 6b.2 Abs. 1 EStR.

soweit muss es sich zwingend um die Herstellung eines neuen Gebäudes handeln, nicht ausreichend sind Erweiterung, Ausbau und Umbau.

Spätestens nach 6 Jahren muss dann ein geeignetes Wirtschaftsgut hergestellt sein, d. h. der Herstellungszeitpunkt, die bestimmungsgemäße Nutzungsmöglichkeit muss zwingend vor diesem Datum liegen. Das Gesetz lässt keinen Spielraum für Billigkeitsmaßnahmen. Entscheidender Zeitpunkt i. S. v. § 6b EStG ist der entgeltliche Erwerb des wirtschaftlichen Eigentums an einem bereits bestehenden Wirtschaftsgut. Für die Anschaffung kommt es hierbei auf den Zeitpunkt der Übertragung des wirtschaftlichen Eigentums an. Im Falle der Herstellung, ist die Abnahme gemäß § 640 BGB maßgeblich. Insoweit können die Parteien mit übereinstimmender Erklärung eine Anerkennung des hergestellten Gebäudes als in der Hauptsache vertragsgemäße Leistung bewirken.

5428 Abweichend von diesen Regelungen verlängert sich bei Wirtschaftsgütern zum Zwecke der Vorbereitung oder Durchführung von städtebaulichen Sanierungs- und Entwicklungsmaßnahmen die Frist von vier auf sieben Jahre bzw. im Falle von Gebäuden auf neun Jahre (§ 6b Abs. 8 Satz 1 Nr. 1 EStG).

5429 § 6b EStG verlangt ausdrücklich nicht die Beendigung der Herstellung innerhalb dieser 4-Jahresfrist, sondern lässt den Beginn ausreichen. Erforderlich ist nach der Rechtsprechung des BFH nur, dass der Steuerpflichtige die Herstellung des Gebäudes tatsächlich in Gang gesetzt hat, sonst greift die Verlängerung auf 6 Jahre nicht.

5430 Hierfür reichen im Regelfall aus:

- Aushebung der Baugrube,
- Gebäudeabbruch eines noch aufstehenden Altgebäudes,[99]
- Einreichung des Bauantrages,[100]
- Einrichtung der Baustelle,
- Erteilung eines Bauauftrages an einen Bauunternehmer,
- Beginn von Abgrabungen,
- Einbringung von Baustoffen in nennenswertem Umfang,
- Erwerb eines bebauten Grundstücks in Abbruchabsicht.

5431 Nicht ausreichend wären hingegen unkonkrete Vorbereitungshandlungen, insoweit ist als Minimum ein konkreter Planungsauftrag an einen Architekten vor Ablauf der 4-Jahresfrist seit Bildung der Rücklage anzusehen.

Nach der Rechtsprechung des BFH kann die Stellung eines Bauantrages aber nur dann als Beginn der Herstellung i. S. d. § 6b Abs. 3 Satz 3 EStG angesehen werden, wenn er sich auf das später tatsächlich errichtete Gebäude bezieht und dieses hinreichend konkretisiert. Soweit sich daher die in einem Bauantrag bzw. einer Bauvoranfrage konkretisierten und auf ein bestimmtes Grundstück bezogenen Planungsarbeiten durch die Ablehnung des entsprechenden Antrags verbraucht haben, so können sie regelmäßig auch dann nicht zur Annahme des Beginns der Herstellung eines an einem anderen

99 BFH, Urteil vom 16. 2. 1978 – GrS 1/77, BStBl 1978 II S. 620; H 6b.2 EStR.

100 BFH, Urteil vom 15. 12. 1982 – VIII R 53/81, BStBl 1983 II S. 303; H 6b.2 EStR.

Standort errichteten Gebäudes führen, wenn die ursprüngliche Planung, soweit sie sich auf den Baukörper erstreckt, vollständig oder weitgehend übernommen wird.[101]

Hervorzuheben ist, dass die Planung und die Errichtung des Gebäudes einen einheitlichen Vorgang bilden und insoweit auch eine Identität zwischen der vorgenommenen Planung und der entsprechenden Umsetzung vorliegen muss. Danach würden erhebliche Abweichungen (ähnlich wie bei der Rechtsprechung zu den Investitionszulagen) diese Identität beeinträchtigen.[102] 5432

(Einstweilen frei) 5433–5434

Fraglich ist, ob § 6b EStG Gestaltungen in Bezug auf die Fristwahrung zugänglich ist. 5435

Der Wortlaut des § 6b EStG spricht davon, dass sich die Frist für die Übertragung auf neu hergestellte Gebäude auf sechs Jahre verlängert, wenn mit der Herstellung, das heißt mit der Herstellung dieses Gebäudes, vor Ablauf der 4-Jahresfrist begonnen worden ist. 5436

Danach könnte es auch möglich sein, dass ein Dritter innerhalb der 4-Jahresfrist mit der Herstellung begonnen hat und der Steuerpflichtige das Gebäude innerhalb der 6-Jahresfrist erwirbt. 5437

Fraglich ist, ob damit noch eine Herstellung i. S. d. § 6b EStG vorliegt, obwohl der Steuerpflichtige nicht selbst die Herstellung in Gang gesetzt hat oder es sich vielmehr um eine nicht begünstigte Anschaffung i. S. d. § 6b EStG handelt. 5438

Meines Erachtens ist der Wortlaut nicht eindeutig. Vielmehr würde nach dem Gesetzeswortlaut auch der Beginn der Herstellung durch einen Dritten (innerhalb der 4-Jahresfrist) nebst Anschaffung des neuen Gebäudes durch den Steuerpflichtigen (innerhalb der 6-Jahresfrist) genügen. Das heißt der Steuerpflichtige muss nicht persönlich Hersteller sein, sondern es genügt, dass überhaupt jemand mit der Herstellung dieses Gebäudes im Zeitraum begonnen hat (Dritttherstellung). 5439

Da das Gesetz aber in allen Fällen erkennbar darauf abstellt, dass der Steuerpflichtige vor Ablauf der Frist seine Reinvestitionsabsicht manifestiert, ist es dann aber wohl zumindest notwendig, dass vor Ablauf des 4-Jahreszeitraums der Steuerpflichtige mit dem Dritten bindende Regelungen trifft, dass heißt einen Vertrag über die Anschaffung des Gebäudes abgeschlossen hat oder zumindest eine bindende Kaufoption vereinbart wurde. Andernfalls wäre der Steuerpflichtige in den Reinvestitionsprozess i. S. d. § 6b EStG nicht ausreichend eingeschaltet. 5440

Soweit das Gesamtgebäude nicht innerhalb der gesetzlich festgelegten Frist komplett fertiggestellt würde, ließe sich auch daran denken, dass eine Anschaffung von teilfertigen Gebäudeteilen erfolgen kann (Gebäude im Bau). Dies würde jedoch voraussetzen, dass für das teilfertige Gebäude tatsächlich schon eine eigenständige Nutzungsmöglichkeit besteht und der Erwerbende insoweit schon als wirtschaftlicher Eigentümer dieses eigenständigen Teils angesehen werden könnte.[103] 5441

(Einstweilen frei) 5442–5444

---

101 BFH, Urteil vom 14. 3. 2012 – IV R 6/09, BFH/NV 2012 S. 1122.

102 BFH, Urteil vom 29. 11. 1983 – VIII R 96/81, BStBl 1984 II S. 303.

103 *Klein*, FR 2011 S. 506 ff.

3.2.3.7 Rechtsfolgen bei unterbliebener Reinvestition

3.2.3.7.1 Auflösung des Sonderpostens[104]

5445 Grundsätzlich muss der Steuerpflichtige bei Durchführung der begünstigten Reinvestition, die Rücklage gemäß § 6b Abs. 3 Satz 4 EStG auflösen. Die Technik der Buchung ist entweder in Form der Nettobuchung (Rücklage an Wirtschaftsgut) oder der Bruttobuchung (a) AfA an Wirtschaftsgut und b) Rücklage an betrieblicher Ertrag) zulässig.

5446 Der Steuerpflichtige kann die Rücklage aber auch ohne Reinvestition unterjährig jederzeit ganz oder teilweise auflösen, soweit er seine Reinvestitionsabsicht aufgibt.

5447 Mit Ablauf der Reinvestitionsfrist ist die Rücklage in voller Höhe gewinnerhöhend aufzulösen. Die Auflösung der Rücklage ist weiterhin dann erforderlich, soweit eine objektive Übertragung der Rücklage nicht mehr möglich ist bzw. die Rücklage objektiv die Herstellungskosten des neuen Wirtschaftsgutes übersteigt.[105]

5448–5449 *(Einstweilen frei)*

3.2.3.7.2 Gewinnzuschlag

5450 Zur Verhinderung von missbräuchlichen Mitnahmeeffekten bei der Bildung der Rücklage, ist in § 6b Abs. 7 EStG festgelegt, dass bei (freiwilliger oder zwangsläufiger) Auflösung der Rücklage eine gewinnerhöhende Verzinsung vorzunehmen ist. Soweit die Rücklage also nicht auf ein Investitionsgut übertragen werden kann, ist ein Gewinnzuschlag vorzunehmen, auch wenn nicht in voller Höhe auf begünstigte Reinvestitionsobjekte übertragen wird. Der Gewinnzuschlag für aufgelöste Rücklagen beträgt 6 % der Rücklage für jedes volle Wirtschaftsjahr in dem sie bestanden hat. Als volles Wirtschaftsjahr gilt auch das Jahr der Auflösung der Rücklage, nicht jedoch das Wirtschaftjahr in dem die Veräußerung erfolgte und die Rücklage erstmals gebildet wurde.[106]

5451 Rumpfwirtschaftsjahre sind volle Wirtschaftsjahre i. S. d. § 6b Abs. 7 EStG. In der Literatur wird hier zum Teil vertreten, dass bei ihnen die Verzinsung nur in Höhe von 0,5 % je vollen Monat vorzunehmen ist.[107] Die Auslegung findet jedoch im Wortlaut keine Unterstützung und wird von der Rechtsprechung nicht geteilt.[108]

5452–5459 *(Einstweilen frei)*

3.2.3.8 Sonderfall: Veräußerung von Anteilen an Kapitalgesellschaften

5460 § 6b Abs. 10 EStG sieht für Steuerpflichtige, die keine Körperschaften, Personenvereinigungen oder Vermögensmassen i. S. d. § 1 Abs. 1 KStG sind, eine Erweiterung dergestalt vor, dass der Gewinn aus der Veräußerung von Beteiligungen an Kapitalgesellschaften bis zur Höhe von 500.000 € von den Anschaffungskosten im Wirtschaftsjahr (nicht im

---

104 Vgl. R 6b.2 Abs. 4 EStR.

105 Vgl. H 6b.2 EStR; s. dazu ausführlich Verfügung der OFD Frankfurt/M. vom 11. 4. 2013, S 2139A-24-St210, DB 2013 S. 1330 f.

106 Vgl. R 6b.2 Abs. 5 EStR.

107 *Loschelder,* in: Schmidt, EStG, 33. Aufl., Rz. 8.

108 FG Münster, Urteil vom 17. 11. 2000 – 2 K 7511/97, EFG 2001 S. 350 rkr.

vorangegangenen Jahr; vgl. Rz. 5275) neu angeschaffter Beteiligungen an Kapitalgesellschaften, abnutzbarer beweglicher Wirtschaftsgüter oder neu angeschaffter Gebäude abgezogen werden kann.[109]

Von der Begünstigung des § 6b Abs. 10 EStG sind Körperschaften, Personenvereinigungen oder Vermögensmassen i. S. d. § 1 Abs. 1 KStG ausgenommen. Dies beruht darauf, dass bei diesen die Veräußerung von Anteilen an Kapitalgesellschaften bereits nach § 8b Abs. 2 KStG im Ergebnis zu 95 % steuerfrei gestellt ist. Die Veräußerung von einbringungsgeborenen Anteilen i. S. d. § 21 UmwStG ist nur dann nach § 6b Abs. 10 Satz 11 EStG begünstigt, wenn die Voraussetzungen des § 3 Nr. 40 Satz 4 EStG erfüllt sind. Damit ist erforderlich, dass die Veräußerung der Anteile später als sieben Jahre nach dem Zeitpunkt der Einbringung i. S. d. § 20 Abs. 1 Satz 1 oder § 23 Abs. 1-3 UmwStG die zum Erwerb der einbringungsgeborenen Anteile geführt hat, stattfindet oder die einbringungsgeborenen Anteile aufgrund eines Einbringungsvorgangs nach § 20 Abs. 1 Satz 2 oder § 23 Abs. 4 UmwStG erworben worden sind, außer die eingebrachten Anteile gehen unmittelbar oder mittelbar auf eine Einbringung nach § 20 Abs. 1 Satz 1 oder § 23 Abs. 1-3 UmwStG zurück. 5461

Für die Berechnung des Höchstbetrages nach § 6b Abs. 10 Satz 1 EStG ist der einzelne Mitunternehmer als Steuerpflichtiger anzusehen, mit der Folge, dass der Höchstbetrag von 500.000 € für jeden Mitunternehmer zur Anwendung kommt (Vervielfältigung des Betrages).[110]

Die Schaffung einer Reinvestitionsrücklage für Personengesellschaften (sofern an ihnen keine Körperschaften, Personenvereinigungen und Vermögensmassen beteiligt sind) ist als Ausgleich für die Steuerfreiheit der Gewinne aus der Veräußerung von Anteilen an Kapitalgesellschaften durch Kapitalgesellschaften § 8b Abs. 2 KStG gedacht. Es handelt sich hiermit um eine mittelstandsfreundliche Komponente des Gesetzes.[111] 5462

Im Unterschied zu den sonstigen Regelungen des § 6b EStG ist der Kreis der begünstigten Reinvestitionsgüter anders festgelegt. Bei der Veräußerung von Anteilen an einer Kapitalgesellschaft ist er bestimmt mit Gebäuden, abnutzbaren beweglichen Wirtschaftsgütern sowie Anteilen an Kapitalgesellschaften. Der Abzug des Veräußerungsgewinns von den Anschaffungskosten für Grundstücke, Ausbau oder Erweiterung von Gebäuden oder Aufwuchs auf Grund und Boden ist hingegen nach § 6b Abs. 10 EStG nicht möglich. 5463

Reinvestiert der Steuerpflichtige in angeschaffte/hergestellte Gebäude oder abnutzbare bewegliche Wirtschaftsgüter, kann er nur den steuerpflichtigen Gewinn übertragen. Der gemäß § 3 Nr. 40 Satz 1 i. V. m. § 3c Abs. 2 EStG steuerbefreite Teil des Gewinns bleibt unberücksichtigt, d. h. es können maximal 300.000 € (= 60 % von 500.000 €) übertragen werden. 5464

109 R 6b.2 Abs. 13 EStR.

110 R 6b.2 Abs. 12 EStR.

111 Wegen der Bildung und Auflösung der Rücklage siehe Beispiele bei *Hoffmann*, in: Littmann/Bitz/Pütz, EStG Kommentar, § 6b Anm. 163 ff.

5465 Bei einer Reinvestition in Kapitalgesellschaftsanteile kann hingegen auch der steuerfreie Teil reinvestiert werden, d. h. die stillen Reserven werden in voller Höhe übertragen.

Aufgrund des Charakters des § 6b EStG als Ausnahmevorschrift ist auch in diesem Fall eine erweiternde Auslegung nicht möglich.

5466–5469 *(Einstweilen frei)*

3.2.3.9 Verhältnis zu anderen Vorschriften

5470 ► **§ 6c EStG**

§ 6c EStG wurde aus Gründen der Gleichmäßigkeit der Besteuerung eingefügt und ermöglicht es Steuerpflichtigen, die Einkünfte aus

- ► Land- und Forstwirtschaft,
- ► Gewerbebetrieb,
- ► selbständigen Einkünften

haben und die ihren Gewinn nach § 4 Abs. 3 bzw. 13a EStG ermitteln, gleichwohl im Ergebnis eine Begünstigung ähnlich wie § 6b EStG in Anwendung zu bringen.[112] § 6c EStG nimmt keine Erweiterung des sachlichen Anwendungsbereichs des § 6b EStG vor, vielmehr wird über eine beschränkte Rechtsgrundverweisung auf § 6b EStG (mit Ausnahme des § 6b Abs. 4 Nr. 1 EStG) der Gleichlauf der Regelung festgelegt. Über die gesetzliche Regelung des § 6c Abs. 1 Satz 2 EStG werden die Bestimmungen über die Bildung einer Rücklage in § 6b Abs. 3 EStG so modifiziert, so dass stille Reserven über die gesetzliche Fiktion von Betriebsausgaben und Betriebseinnahmen auch ohne Bildung einer Rücklage in späteren Jahren übertragen werden können. In § 6c Abs. 2 EStG werden die Dokumentationspflichten festgelegt.

5471 ► **Verhältnis zu § 34 EStG**

Soweit ein Betrieb, Teilbetrieb oder ein Mitunternehmer anteilig vom Steuerpflichtigen veräußert wird, kann er entweder die Begünstigung nach § 34 EStG oder die nach § 6b EStG in Anspruch nehmen. Eine parallele Anwendung der Vorschriften wird durch die Regelung des § 34 Abs. 1 Satz 4 EStG ausgeschlossen.

5472 Rücklagen nach § 6b EStG, die anlässlich einer Betriebsaufgabe oder einer Betriebsveräußerung aufgelöst werden, rechnen zum begünstigten Veräußerungsgewinn. Die Fortführung der Rücklage ist noch für die Zeit zulässig, für die sie ohne die Veräußerung des Betriebs zulässig gewesen wäre, auch wenn der Steuerpflichtige zum Zeitpunkt der Betriebsveräußerung oder auch später keine Reinvestitionsabsicht hat. Werden Rück-

112 Bei Wechseln der Gewinnermittlungsart siehe R 6b.2 Abs. 11 EStR.

lagen, die nicht anlässlich einer Betriebsveräußerung gebildet worden sind, vom Steuerpflichtigen fortgesetzt, kann für den Veräußerungsgewinn der Freibetrag nach § 16 Abs. 4 EStG nur dann gewährt werden, wenn die Rücklagen keine stillen Reserven enthalten, die bei der Veräußerung einer wesentlichen Grundlage des Betriebs aufgedeckt worden sind. Eine einmal nach § 6b EStG gebildete Rücklage, die aber später mangels Investition aufgelöst wird, rechnet ebenfalls nicht zum begünstigten Aufgabe- oder Veräußerungsgewinn.[113]

(Einstweilen frei) 5473–5474

3.2.3.10 Gestaltungsmöglichkeiten: Übertragung zwischen Schwesterpersonengesellschaften

Soll ein einzelnes nach § 6b EStG begünstigtes Wirtschaftsgut (insbesondere also ein Grundstück oder Gebäude) ertragsteuerneutral zwischen Mitunternehmer und Mitunternehmerschaft oder zwischen verschiedenen Mitunternehmerschaften übertragen werden, an denen der Steuerpflichtige beteiligt ist, stellt sich die Frage auf welchem Wege sich dieses Ergebnis optimal erreichen lässt. 5475

Im Gesetz ist die unmittelbare Übertragung zwischen Schwesterpersonengesellschaften nicht angesprochen. Insoweit ist zwischen dem I.[114] und dem IV. Senat[115] ein Streit über die Frage der analogen Anwendung des § 6 Abs. 5 EStG auf die Übertragung von Wirtschaftsgütern zwischen Schwesterpersonengesellschaften entstanden. Im Kern des Streites geht es hier um die Selbständigkeit von Personengesellschaft bzw. Gesellschafter. Die Personengesellschaft ist Steuerrechtsubjekt bei Qualifikation und Ermittlung der Einkünfte, während Subjekt der Einkünfteerzielung der Gesellschafter ist. Ihm werden die anteilig erzielten Einkünfte sowie die Anteile an den stillen Reserven der Wirtschaftsgüter des Gesamthandsvermögens gemäß dem Transparenzprinzip zugerechnet. Soweit dieses Transparenzprinzip jedoch dazu führt, dass trotz Zuordnung der stillen Reserven zum selben Steuersubjekt durch eine Übertragung oder Beziehung ausgelöste werden sollte, wäre der unmittelbare Weg zwischen zwei Gesellschaften verschlossen.[116] Insoweit stellt sich die Frage nach alternativen Gestaltungen. 5476

113 Vgl. insgesamt R 6b.2 Abs. 10 EStR.

114 BFH, Urteil vom 25. 11. 2009 – I R 72/08, DStR 2010 S. 269; der I. Senat (Beschluss vom 10. 4. 2013 – I R 80/12) hat dem BVerfG die Frage vorgelegt, ob § 6 Abs. 5 Satz 3 EStG gegen den allgemeinen Gleichberechtigungsgrundsatz verstößt, weil hiernach eine Übertragung von Wirtschaftsgütern zwischen beteiligungsidentischen Personengesellschaften nicht zum Buchwert möglich ist.

115 BFH, Urteil vom 15. 4. 2010 – IV B 105/09, DStR 2010 S. 1070.

116 So die Sichtweise der Finanzverwaltung in Anschluss an den I. Senat: BMF, Schreiben vom 29. 10. 2010, BStBl 2010 I S. 1206 (mit AdV-Gewährung in streitigen Fällen).

Dazu folgender Fall:

ABB. 5: Übertragung zwischen Schwesterpersonengesellschaften

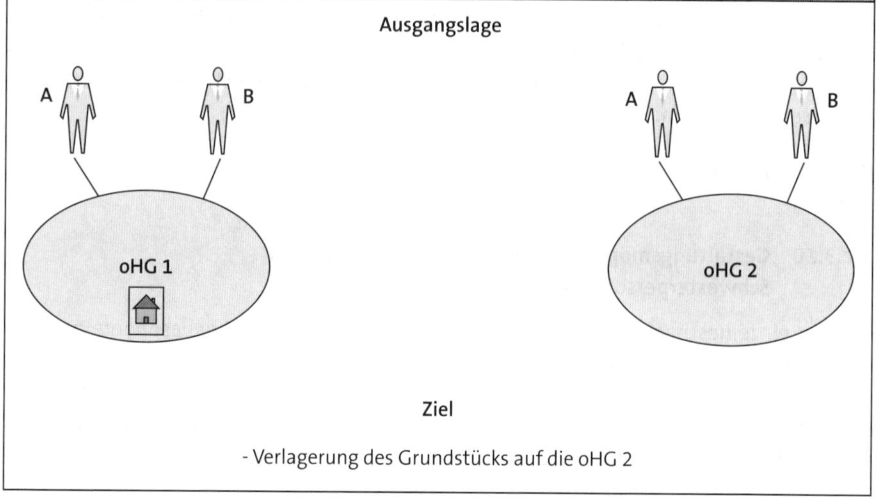

5477 Grundsätzliche wäre es möglich das Grundstück in mehreren Schritten aus dem Gesamthandsvermögen der OHG 1 in das Sonderbetriebsvermögens des A bei der OHG 1 zum Buchwert und danach das Grundstück aus dem Sonderbetriebsvermögen von A bei der OHG 1 in das Gesamthandsvermögen der OHG 2 zu übertragen. Wichtig wäre bei einem solchen Vorgehen, die jeweilige Unterbrechung der Funktionszusammenhänge, dass heißt der jeweiligen Nutzungssachverhalte, die OHG 1 darf nicht weiter nutzen.

5478 Fraglich ist jedoch, ob nicht die sogenannte Gesamtplanrechtsprechung des BFH[117] Anwendung finden würde, dass heißt von der Finanzverwaltung das Vorgehen als ein abgestimmtes Vorgehen einheitlich beurteilt würde.

5479 Zudem stößt ein Vorgehen nach § 6 Abs. 5 EStG an seine Grenzen, soweit die Übernahme von Verbindlichkeiten geplant ist, weil ein teilentgeltlicher Vorgang nach den Grundsätzen der sogenannten Trennungstheorie auch vorliegt, wenn gemeinsam mit dem Wirtschaftsgut Verbindlichkeiten übernommen werden, auch soweit die Verbindlichkeiten den Buchwert des Wirtschaftsgutes unterschreiten. Die Trennungstheorie ist indes durch den IV. Senat des BFH modifiziert worden. Danach führt die teilentgeltliche Übertragung eines Wirtschaftsguts des Sonderbetriebsvermögens in das Gesamthandsvermögen der Personengesellschaft nicht zur Realisierung eines Gewinns, soweit das Entgelt den Buchwert nicht übersteigt.[118] Die Finanzverwaltung akzeptiert diese Sichtweise nicht, aufgrund offener Verfahren bei anderen Senaten wird vorerst an der alten Sichtweise festgehalten.[119]

117 Siehe hierzu BFH, Urteile vom 6. 9. 2000 – IV B 18/99, BStBl 2001 II S. 229; vom 25. 2. 2010 – IV R 49/08, BStBl 2010 II S. 726.

118 BFH, Urteil vom 19. 9. 2012 – IV R 11/12, DStR 2012 S. 2051.

119 BMF, Schreiben vom 12. 9. 2013 – IV C 6 S 2241/10/10002, BStBl 2013 I S. 1164.

Hier ist nun zu berücksichtigen, dass die Veräußerung von Wirtschaftsgütern zwischen 5480
personenidentischen Personengesellschaften demgegenüber den Veräußerungstatbestand des § 6b EStG erfüllt. In dem oben genannten Beispiel wäre es nun möglich, dass Grundstück zum Verkehrswert von der OHG 1 auf die OHG 2 zu übertragen und den Veräußerungsgewinn gemäß § 6b EStG zu neutralisieren bzw. übertragen. Bei Veräußerung eines begünstigten Wirtschaftsgutes durch die Mitunternehmerschaft kann der Gewinn von den Mitunternehmern anteilig auf Reinvestitionen im Gesamthandsvermögen einer anderen Mitunternehmerschaft übertragen werden (gesellschafterbezogene Betrachtungsweise). Der Gewinn aus der Veräußerung der OHG 1 wird somit übertragen auf die Reinvestition der OHG 2 (auf das erworbene Grundstück). Wichtig sind hier insoweit die allgemeinen Voraussetzungen, d. h. die personenbezogene Vorbesitzzeit und die Qualifikation des Wirtschaftsgutes. Diese Gestaltung ist durch die Finanzverwaltung anerkannt.[120]

BEISPIEL: 5481

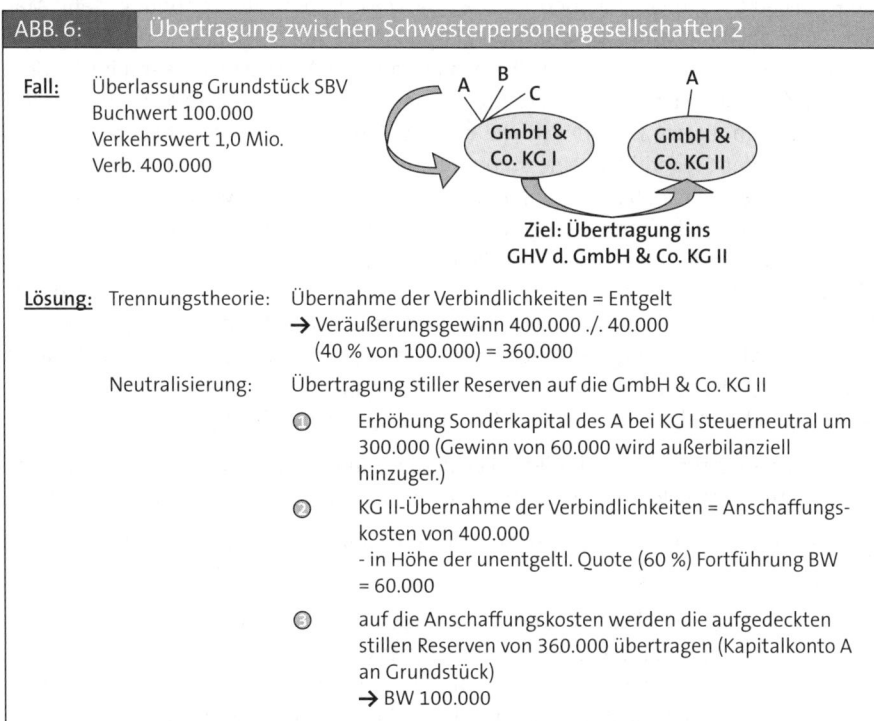

ABB. 6: Übertragung zwischen Schwesterpersonengesellschaften 2

<u>Fall:</u> Überlassung Grundstück SBV
Buchwert 100.000
Verkehrswert 1,0 Mio.
Verb. 400.000

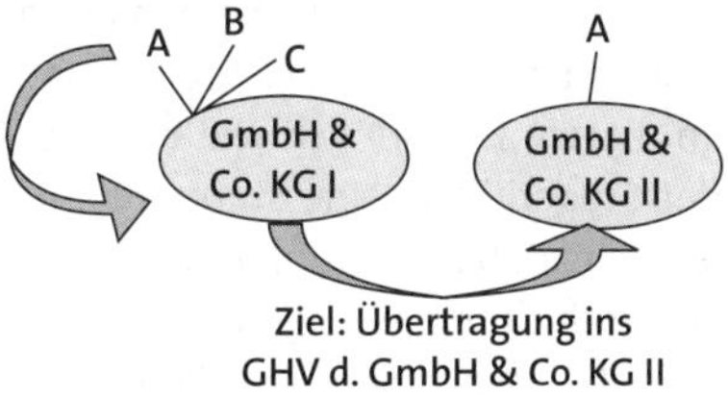

<u>Lösung:</u> Trennungstheorie: Übernahme der Verbindlichkeiten = Entgelt
→ Veräußerungsgewinn 400.000 ./. 40.000 (40 % von 100.000) = 360.000

Neutralisierung: Übertragung stiller Reserven auf die GmbH & Co. KG II

1. Erhöhung Sonderkapital des A bei KG I steuerneutral um 300.000 (Gewinn von 60.000 wird außerbilanziell hinzuger.)
2. KG II-Übernahme der Verbindlichkeiten = Anschaffungskosten von 400.000
   - in Höhe der unentgeltl. Quote (60 %) Fortführung BW = 60.000
3. auf die Anschaffungskosten werden die aufgedeckten stillen Reserven von 360.000 übertragen (Kapitalkonto A an Grundstück)
   → BW 100.000

(Einstweilen frei) 5482–5484

120 OFD Koblenz, Verfügung vom 23. 12. 2003 – S 2139, DStR 2004 S. 314, R 6b.2 Abs. 7 EStR.

3.3 Rücklagen für Ersatzbeschaffungen R 6.6 EStR

5485 In Durchbrechung des Grundsatzes, dass im Falle des Ausscheidens eines Wirtschaftsgutes aus dem Betriebsvermögen, der den Buchwert übersteigende Wert des Wirtschaftsgutes zu versteuern ist, erlauben Rechtsprechung und Finanzverwaltung mit dem gewohnheitsrechtlich verfestigten Institut „Übertragung stiller Reserven bei Ersatzbeschaffung" eine Ausnahme. Dies geschieht zur Vermeidung von Härten, wenn das Wirtschaftsgut in Folge höherer Gewalt oder in Folge oder zur Vermeidung eines behördlichen Eingriffs gegen Entschädigung aus dem Betriebsvermögen ausscheidet und alsbald ein „ersetzendes" Wirtschaftsgut angeschafft oder hergestellt wird.

Genau wie bei § 6b EStG ist der bisherige Hinweis auf die entsprechende Verfahrensweise in der Handelsbilanz durch das BilMoG entfallen, dass heißt das Wahlrecht kann in der Steuerbilanz gänzlich unabhängig ausgeübt werden.

5486 Der Unternehmer hat ein Wahlrecht, dass heißt er darf die stillen Reserven auf die Anschaffungs- oder Herstellungskosten eines Ersatzwirtschaftsgutes übertragen, damit die Entschädigung ungeschmälert für die Ersatzbeschaffung zur Verfügung steht. Man kann aber auch die stillen Reserven im Zeitpunkt des Ausscheidens sofort versteuern. Erfolgt die Ersatzbeschaffung nicht bereits im Jahr des Ausscheidens, kann im Jahr des Ausscheidens die buchmäßige Übertragung der stillen Rücklagen zwar nicht erfolgen, jedoch kann in diesem Fall ähnlich wie bei § 6b EStG in Höhe der aufgedeckten stillen Reserven in der Steuerbilanz eine steuerfreie Rücklage gebildet werden, wenn am Bilanzstichtag eine Ersatzbeschaffung ernstlich geplant und zu erwarten ist. Diese Rücklage für Ersatzbeschaffung war gem. EStR a. F. gewinnerhöhend aufzulösen, soweit nicht bis zum Schluss des ersten auf die Bildung der Rücklage folgenden Wirtschaftsjahres ein Ersatzwirtschaftsgut angeschafft, hergestellt oder noch bestellt wird. Der BFH hat entschieden,[121] dass die Reinvestitionsfrist in den Fällen der Bildung einer Rücklage für Ersatzbeschaffung in Anlehnung an die gesetzliche Regelung in § 6b Abs. 4 Satz 2 und 3 EStG ohne Verlängerungsmöglichkeit auf vier bzw. sechs Jahre bei der beabsichtigten Herstellung eines neuen funktionsgleichen Gebäudes beträgt.

Die Finanzverwaltung hat sich dieser Rechtsprechung für in § 6b EStG genannte Wirtschaftsgüter angeschlossen. Ansonsten hält sie an den alten, kürzeren Fristen fest.

5487 Im Falle der Aufdeckung von stillen Reserven, die aufgrund des Ausscheidens oder eines Grundstücks oder Gebäudes gebildet wurden, verlängert sich die Frist um zwei Jahre.

5488 Die Finanzverwaltung kann – anders als bei § 6b EStG – sogar eine längere Frist zulassen, wenn der Unternehmer glaubhaft macht, dass die Ersatzbeschaffung noch ernstlich geplant und zu erwarten ist, aber aus besonderen Gründen noch nicht durchgeführt werden konnte. Es liegt jedoch nicht allein in der Bestimmung des Steuerpflichtigen, wann er die Ersatzbeschaffung tatsächlich durchführt und von welchen äußeren Umständen er dies abhängig macht.

5489 Aufgrund des steuerlichen Begünstigungscharakters ist ein objektiver Maßstab auf die Frage der ausdrücklichen Ersatzbeschaffungsabsicht anzuwenden. Fehlt es an Indizien

121 BFH, Urteil vom 12. 1. 2012 – IV R 4/09, BFH/NV 2012 S. 1035.

für die ernsthafte Planung einer Ersatzbeschaffung, kann dies ein Indiz für die Aufgabe der Planung der Ersatzbeschaffung sein.[122] Der BFH hat entschieden, dass das Fortbestehen der bei Bildung der Rücklage nachgewiesenen Investitionsabsicht widerleglich vermutet wird.[123] Die Rücklage ist im Zeitpunkt der festgestellten vorzeitigen Aufgabe der Absicht aufzulösen.

Voraussetzung für die Bildung der Rücklage gemäß R 6.6 EStR ist zum einen das Vorliegen eines Ereignisses von höherer Gewalt. 5490

Höhere Gewalt liegt bei folgenden Ereignissen vor: 5491

- Elementarereignisse;
  - Brand, Sturm, Überschwemmung oder andere Naturkatastrophen,
- andere unabwendbare Ereignisse;
  - Diebstahl, Unterschlagung, Raub, unverschuldeter Unfall, Abriss eines Gebäudes wegen erheblicher auftretender Baumängel kurz nach der Fertigstellung.

Keine höhere Gewalt hingegen liegt vor, wenn ein Wirtschaftsgut wegen eines Material- oder Konstruktionsfehlers oder eines Bedienungsfehlers aus dem Betriebsvermögen ausscheidet und der Unternehmer eine Entschädigung von einer Versicherung erhält. 5492

Die Rechtsprechung hat in einem neueren Urteil entschieden, dass die Fälle des so genannten Squeeze-out keine höhere Gewalt darstellen.[124] In diesem Urteil hat der BFH die Kerngedanken der gewohnheitsrechtlichen Regeln festgehalten und dabei herausgearbeitet, dass eine erweiternde Auslegung des bisherigen Verständnisses nur in den Fällen infrage kommen kann, wenn es um die Wiederbeschaffung eines Wirtschaftsgutes geht, das für die Fortführung relevant ist und damit typischerweise zum notwendigen Betriebsvermögen zählt. Aktien sieht er hingegen lediglich als der allgemeinen Verstärkung des Stammkapitals dienend an. 5493

(Einstweilen frei) 5494

Zweite Voraussetzung ist das Vorliegen eines behördlichen Eingriffs. 5495

Ein behördlicher Eingriff liegt in folgenden Fällen vor:

- Enteignung,
- Inanspruchnahme für Verteidigungszwecke,
- behördliche Bauverbote,
- behördlich angeordnete Betriebsunterbrechung.

Kein behördlicher Eingriff liegt vor:

- Geltendmachung eines vereinbarten Wiederkaufsrecht durch eine Behörde,
- Aufstellung eines Bebauungsplans, der die bisherige Nutzung des Grundstücks wegen Bestandsschutz unberührt lässt,

122 FG Niedersachsen, Urteil vom 16. 12. 2008 – 15 K 40/07, DStRE 2009 S. 1419.

123 BFH, Urteil vom 12. 1. 2012 – IV R 4/09, BFH/NV 2012 S. 1035.

124 BFH, Urteil vom 13. 10. 2010 – I R 79/09, BFH/NV 2011 S. 521.

- Veräußerung in Folge einer wirtschaftlichen Zwangslage,
- Tausch von Grundstücken und/oder Veräußerung eines Grundstücks und Erwerb des Ersatzgrundstücks, wenn lediglich ein gewisses öffentliches Interesse an den Maßnahmen bestand.

5496 Als Entschädigung, die auch höher als der Teilwert des ausgeschiedenen Wirtschaftsguts sein kann, kommen in Betracht der Schadensersatz und der Veräußerungspreis.

5497 Abzugrenzen ist hingegen die Zahlung für Schäden, die die Folge des Ausscheidens aus dem Betriebsvermögen darstellen. Es handelt sich dabei zum Beispiel um

- Aufräumkosten,
- entgehender Gewinn,
- Entschädigung für künftige Nachteile und Wiederaufbau,
- Ertragswertentschädigung für die Beeinträchtigung des verbleibenden Betriebes.

Solche Ersatzleistungen sind stets als sofort zu versteuernde Betriebseinnahmen zu behandeln. Dies gilt auch für Zinsen auf die Entschädigung.

5498 Der Buchwert ist, genau wie § 6b EStG, auf den Zeitpunkt des Ausscheidens zu ermitteln, wenn für diesen Zeitpunkt eine Bilanz aufzustellen wäre.

5499 Das erworbene oder hergestellte Wirtschaftsgut muss wirtschaftlich dieselbe oder eine entsprechende Aufgabe erfüllen, wie das ausgeschiedene Wirtschaftsgut. Voraussetzung ist daher nicht nur ein der Art nach funktionsgleiches Wirtschaftsgut, es muss auch funktionsgleich genutzt werden. Dies ist grundsätzlich nur der Fall, wenn das neue Wirtschaftsgut in demselben Betrieb hergestellt oder angeschafft wird, dem das entzogene Wirtschaftsgut diente.

5500 Hiervon kann nur dann eine Ausnahme gemacht werden, wenn die Zwangslage durch Enteignung und höhere Gewalt zugleich den Fortbestand des bisherigen Betriebs gefährdet oder beeinträchtigt hat.

5501 Durch Einlage eines Wirtschaftsgutes in das Betriebsvermögen gelangte Wirtschaftsgüter stellen keine Ersatzbeschaffung dar.

5502 Die Grundsätze der Rücklage für Ersatzbeschaffungen finden entsprechend Anwendung auf die Situation, dass der Unternehmer für ein Wirtschaftsgut, das in Folge höherer Gewalt oder eines behördlichen Eingriffs beschädigt wurde, eine Entschädigung erhält und die Reparatur nicht bereits im Wirtschaftsjahr der Beschädigung durchgeführt werden kann. Für die Auflösung gelten die oben gemachten Ausführungen entsprechend.

5503 Die Grundsätze der Rücklage für Ersatzbeschaffungen finden ähnlich wie bei § 6c EStG auch bei der Gewinnermittlung nach § 4 Abs. 3 EStG Anwendung.

5504 *(Einstweilen frei)*

3.4 Zuschüsse nach R 6.5 EStR

Nach R 6.5 EStR hat der Steuerpflichtige das Wahlrecht, vereinnahmte Investitionszuschüsse für die Anschaffung eines Wirtschaftsgutes entweder sofort als Betriebseinnahmen anzusetzen und die folgenden Abschreibungen für Absetzungen von den ungeschmälerten Anschaffungs-/Herstellungskosten vorzunehmen oder alternativ den Zuschuss erfolgsneutral von den Anschaffungs-/Herstellungskosten abzuziehen und die AfA nur noch von den geminderten Anschaffungs-/Herstellungskosten vorzunehmen. 5505

Dies gilt nach inzwischen gefestigter Auffassung unabhängig davon, ob es sich um öffentliche oder private Investitionszuschüsse handelt. Ähnlich den Regelungen bei § 6b EStG oder der Rücklage für Ersatzbeschaffung wird auch in diesem Falle zugelassen, dass soweit der Zuschuss vereinnahmt wird bevor das Wirtschaftsgut angeschafft wird, für Zwecke der Steuerbilanz eine steuerfreie Rücklage gebildet werden kann, die im Wirtschaftsjahr der Anschaffung/Herstellung auf das Wirtschaftsgut zu übertragen ist. Diese Regelungen finden ausdrücklich nur für Betriebsvermögen Anwendung.

Die bislang vorgesehene umgekehrte Maßgeblichkeit, das heißt dass die in der Steuerbilanz vorgenommene Behandlung der Investitionszuschüsse auch in der Handelsbilanz nachvollzogen werden muss, ist mit dem BilMoG auch hier weggefallen. Die Finanzverwaltung erkennt die Möglichkeit des Zuschusses im Sinne einer Rücklagenbildung auch für § 4 Abs. 3 EStG an, hier ist jedoch der Zuschuss im Veranlagungszeitraum einer Bewilligung immer von den Anschaffungs- oder Herstellungskosten abzuziehen. 5506

Die Rechtsprechung hat bisher keine einheitliche Handhabung zu den Zuschüssen entwickelt. Hier stehen sich zum einen die Meinungen des III., IV. und IX. Senats des BFH gegenüber,[125] von denen vertreten wird, dass die Zuschüsse zwingend zu einer Minderung der Anschaffungs- oder Herstellungskosten führen müssen. Hingegen vertreten der I. und X. Senat[126] die Auffassung, dass es sich grundsätzlich um betriebliche Einnahmen handeln muss. In Praxi wird aber aufgrund der ständigen Handhabung durch die Finanzverwaltung im Regelfall ein Wahlrecht für den Steuerpflichtigen eröffnet sein. 5507

Das Wahlrecht kommt jedoch nicht zur Anwendung, soweit sogenannte Ertragszuschüsse ohne Zusammenhang mit Anschaffungs- oder Herstellungskosten gewährt werden; hier sind vielmehr grundsätzlich die Einnahmen sofort zu versteuern. Infrage kommt hier nur die Streckung der Gewinnrealisierung beispielsweise durch einen Rechnungsabgrenzungsposten als Verteilungsregelung oder eine Rückstellung. Dies kann aber nur dann der Fall sein, wenn der Empfänger im Falle des Rechnungsabgrenzungspostens zeitraumbezogen zu einer Gegenleistung verpflichtet ist, bzw. etwaige künftige Rückzahlungsverpflichtungen zu berücksichtigen sind. 5508

125 Siehe BFH, Urteil vom 29. 11. 2007 – IV R 81/05, BStBl 2008 II S. 561 unter II 2b m. w. N.

126 Siehe BFH, Urteile vom 22. 1. 1992 – X R 23/89, BStBl 1992 II S. 498; vom 19. 7. 1995 – I R 56/94, BStBl 1996 II S. 28.

5509 **ABC der Einzelfälle von Investitionszuschüssen**

- Krankenhausfinanzierungsgesetz,
- Zuschüsse zur Errichtung von Pflegeheimen,
- Städtebaufördermittel für denkmalgerechte Restaurierung,
- Zuschüsse zur Schaffung von Arbeitsplätzen,
- Zuschuss für Investitionen in einen Behindertenarbeitsplatz,
- Teilschulderlass bei CO^2-Gebäudesanierung,
- Abwrackprämie.

5510 Soweit eine Verknüpfung mit einer Gebrauchsüberlassung vorliegt, ist der Zuschuss hingegen zwingend als Entgelt anzusehen:

- Einräumung von Belegungsrechten,
- Mietpreisbindung,
- Studentenwohnraumförderung.

5511 Ob private Zuschüsse so wie öffentliche Zuschüsse zu behandeln sind und das Wahlrecht ausgeübt werden kann, hängt davon ab, ob eine bindende, auch im Interesse des Zuwendenden liegende, Investitionszweckbestimmung vereinbart wird.

ABC der privaten Zuschüsse

- keine Investitionszweckbestimmung bei Erfüllung lediglich einer rechtlichen Verpflichtung durch den Leistenden,
- Baukostenzuschuss vom Versorgungsunternehmen eröffnet das Wahlrecht,
- Zuschüsse einer privaten Denkmalstiftung eröffnen das Wahlrecht.

3.5 Kompensationsrücklagen nach R 6.11 EStR, Rücklagen nach § 52 Abs. 16 EStG

5512 R 6.11 basiert auf der Einführung des § 6 Abs. 1 Nr. 3a Buchstabe c EStG, wonach so genannte künftige Vorteile bei der Berechnung einer Rückstellung berücksichtigt werden müssen.

Soweit sich aus dieser Gegenrechnung erstmalig für vor dem 1. 1. 2005 gebildete Rückstellungen eine Minderung (= Gewinnauswirkung) des Rückstellungsbetrages ergibt, kann hierbei für die betroffene jeweilige Rückstellung eine gewinnmindernde Rücklage in Höhe von 9/10 des Betrages gebildet werden. Diese Rücklage ist dann in den folgenden 9 Jahren mit mindestens einem Neuntel gewinnerhöhend aufzulösen. Diese Auflösung kann jedoch auch schneller und muss auf jeden Fall erfolgen, soweit die zugrundeliegende Rückstellung nicht mehr im Betriebsvermögen vorhanden ist.

5513 Gemäß § 52 Abs. 16 EStG wird in bestimmten Fällen zur Milderung von steuerlichen Auswirkungen die Bildung einer Rücklage zugelassen. So ist gemäß § 52 Abs. 16 Satz 11 EStG für Verbindlichkeiten, die bereits vor dem 1. 1. 1999 entstanden sind, ebenfalls eine Abzinsung gemäß § 6 Abs. 1 Nr. 3 Satz 1 EStG zugrunde gelegt. Zur Minderung der steuerlichen Auswirkungen kann nur im Erstjahr der Gewinnerhöhung aufgrund der Abzinsung zu 90 von 100 die Bildung einer steuerfreien Rücklage neutralisiert werden, die in den folgenden neuen Wirtschaftsjahren zu jeweils mindestens 1/9 gewinnerhöhend aufzulösen ist.

Ein weiterer Anwendungsfall stellt den sogenannten Wertaufholung nach § 6 Abs. 1 5514
Nr. 1 Satz 4 für im ersten nach dem 31. 12. 1989 endenden Wirtschaftsjahr dar. Soweit diese im Erstjahr zu Erträgen geführt haben, können sie gemäß § 52 Abs. 16 Satz 8 EStG in Höhe von 4/5 durch Bildung einer steuerfreien Rücklage neutralisiert werden, wenn in den folgenden vier Wirtschaftsjahren jeweils zu mindestens zu 25 % gewinnerhöhend aufzulösen waren.

(Einstweilen frei) 5515–5519

Teil B:
Bilanzierung und Bewertung bei der Gewinnermittlung nach Bilanzposten

Kapitel VI:
Rückstellungen

von
WP/StB Manfred Günkel, Düsseldorf
WP/StB Dirk Bongaerts, Düsseldorf
unter Mitarbeit von
StB Dr. Manuel Teschke, Düsseldorf

Inhaltsübersicht

Ausgewählte Literatur

Christiansen, Zur Passivierung von Verbindlichkeiten: Dem Grunde nach bestehende Verbindlichkeiten – (Nicht-)Anwendung des BFH-Urteils I R 45/97, DStR 2007 S. 127; *ders.*, Zur Passivierung von Verbindlichkeiten: Begriff und Abgrenzung sog. Obliegenheiten im BFH-Urteil I R 6/96, DStR 2007 S. 407; *Christiansen*, Allgemeines und Spezifisches zur Bilanzierung von Verbindlichkeiten – Anmerkung zum BFH-Urteil vom 6. 2. 2013, BFH, Az. I R 8/12, DStR 2013 S. 1347; *Christiansen*, „Enfin" – erklärter Gleichklang bei der Passivierung ungewisser Verbindlichkeiten – Zum BFH-Urteil vom 17. 10. 2013, BFH, Az. IV R 7/11, DStR 2014 S. 279; *Engel-Ciric/Moxter*, Das umstrittene Rückstellungskriterium der wirtschaftlichen Verursachung in der jüngeren Rechtsprechung, BB 2012

S. 1143; *Förster*, Steuerliche Folgen der Übertragung von Pensionszusagen, DStR 2006 S. 2149; *Förster/Heger*, Altersteilzeit und betriebliche Altersversorgung, DB 1998 S. 141; *Fuhrmann*, Rechtsprechungsbrechende Gesetzgebung zur steuerrechtlichen Behandlung von Verpflichtungsübernahmen durch das AIFM-StAnpG, DB 2014 S. 9; *Groh*, Steuerentlastungsgesetz 1999/2000/2002: Imparitätsprinzip und Teilwertabschreibung, DB 1999 S. 978; *ders.*, Fragen zum Abzinsungsgebot, DB 2007 S. 2275; *Günkel*, Übergang von steuerlich beschränkt passivierungsfähigen Verpflichtungen beim Unternehmenskauf, BB 2013 S. 1001; *Günkel/Fenzl*, Ausgewählte Fragen zum Steuerentlastungsgesetz: Bilanzierung und Verlustverrechnung, DStR 1999 S. 649; *Günkel/Hörger/Thömmes*, Ausgewählte Gestaltungsüberlegungen zum Jahreswechsel, DStR 1999 S. 1873; *Heger*, Steuerliche Bewertung von Pensionsverpflichtungen, DStR 2008 S. 585; *Herzig*, Rückstellung für Altlastensanierung – Konkretisierungserfordernis – Unterschiedliche Anforderungen bei vertraglichen und bei einseitigen (insbesondere öffentlich-rechtlich begründeten) Verpflichtungen – Zulässigkeit einer Teilwertabschreibung, DB 1994 S. 18; *Herzig/Briesemeister*, Steuerliche Problembereiche des BilMoG-RegE, Ubg 2009 S. 157; *dies.*, Steuerliche Konsequenzen der Bilanzrechtsmodernisierung für Ansatz und Bewertung, DB 2009 S. 976; *Herzig/Hötzel*, Rückstellung wegen Produkthaftung, BB 1991 S. 99; *Heubeck*, Anmerkungen zum (richtigen) Ansatz der Sterblichkeit der Bewertung von Pensionsverpflichtungen, WPg 2008 S. 633; *Hruby*, Ansatz von Rückstellungen für Mehrerlösabschöpfung in der Handels- und in der Steuerbilanz, DStR 2010 S. 127; *Küting/Kessler*, Grundsätze ordnungswidriger Verlustrückstellungsbildung – exemplifiziert an den Ausbildungskostenurteilen des BFH vom 25. 1. 1984 und vom 3. 2. 1993, DStR 1993 S. 1045; *dies.*, Zur geplanten Reform des bilanzsteuerlichen Rückstellungsrechts nach dem Entwurf eines Steuerentlastungsgesetzes 1999–2000–2002, DStR 1998 S. 1937; *Ley*, Die steuerliche Behandlung der entgeltlichen Übertragung einer nur handels-, aber nicht steuerbilanziell passivierten Verpflichtung – Zugleich Auseinandersetzung mit dem Urteil des FG Baden-Württemberg vom 2. 6. 2005, DStR 2007 S. 589; *Lüdenbach*, Pensionsrückstellung bei einer GmbH & Co. KG, StuB 2011 S. 145; *Moxter*, Zur Abgrenzung von Verbindlichkeitsrückstellungen und (künftig grundsätzlich unzulässigen) Verlustrückstellungen, DB 1997 S. 1477; *Niemann*, Zur steuerrechtlichen Anerkennung von Rückstellungen für Dienstjubiläen, Institut „Finanzen und Steuern" e. V. (Hrsg.), IFST-Schrift 442, Berlin 2007; *Planert*, Bilanzierung von Pensionsverpflichtungen – Kritische Analyse von HGB, US-GAAP und IAS/IFRS, Wiesbaden 2006; *Prinz*, Passivierung von Rückkaufverpflichtungen beim Kfz-Händler, StuB 2011 S. 262; *ders.*, Rückstellungen in der Steuerbilanz: Ein Gebot sachgerechter Leistungsfähigkeitsbesteuerung, DB 2011 S. 492; *ders*, „Steuerfallen" bei Rückstellungen für Pensionszusagenänderung an beherrschenden Gesellschafter-Geschäftsführer – Neuer BFH-Beschluss vom 13. 6. 2006, WPg 2006 S. 1409; *Prinz*, Akzentverschiebung bei umweltbezogenen Anpassungsrückstellungen in der BFH-Rechtsprechung, DB 2013 S. 1815; *Prinz*, Grundsatzurteil zu öffentlich-rechtlichen Anpassungsrückstellungen – BFH-Urteil vom 17. 10. 2013 zu Rückstellungen für die technische Aufrüstung von Luftfahrzeugen, DB 2014 S. 80; *Prinz/Adrian*, Angeschaffte Rückstellungen in der Steuerbilanz, StuB 2011 S. 171; *Prinz/Hörhammer*, Schuldübernahme, Schuldfreistellung und Schuldbeitritt im Steuerbilanzrecht, StBJB 2012/2013 S. 307; *Rödder/Simon*, Folgen der Änderung der gewerbesteuerlichen Organschaftsvoraussetzungen für die steuerliche Beurteilung von Steuerumlagen im Konzern, DB 2002 S. 497; *Schothöfer/Killat*, Plädoyer für eine zeitgemäße steuerrechtliche Behandlung der Pensionszusage, DB 2011 S. 896; *Schön*, Der Bundesfinanzhof und die Rückstellungen, BB 1994, Beilage 9; *Weber-Grellet*, Der Apotheker-Fall – Anmerkungen und Konsequenzen zum Beschluss des Großen Senats vom 23. 6. 1997, GrS 2/931, DB 1997 S. 2233; *Wellisch/Schwinger/Mühlberger*, Rückstellungen für wertpapiergebundene Pensionszusagen nach § 6a EStG, DB 2003 S. 629.

1. Rückstellungen

1.1 Grundlagen

5520 Die in der Steuerbilanz zu bildenden Rückstellungen haben ihre Grundlage im Handelsrecht. Die handelsrechtlich zu bildenden Rückstellungen sind aufgrund des **Maßgeblichkeitsgrundsatzes** in § 5 Abs. 1 Satz 1 EStG grundsätzlich in die Steuerbilanz zu übernehmen (vgl. zum Maßgeblichkeitsgrundsatz Rz. 5532 ff.). Das Steuerrecht enthält keine eigenständige Regelung zur Bildung von Rückstellungen, sondern knüpft über den Maßgeblichkeitsgrundsatz an das Handelsrecht an. Dies hat der BFH in ständiger Rechtsprechung bestätigt.[1] Darin verweist der BFH auf die in § 249 Abs. 1 Satz 1 HGB (früher in § 152 Abs. 7 AktG 1965) enthaltene Bilanzierungspflicht für Rückstellungen, die zu den Grundsätzen ordnungsmäßiger Buchführung gehört und deswegen über § 5 Abs. 1 Satz 1 EStG auch für die Steuerbilanz gilt. Rückstellungen gehören zu den besonders praxisrelevanten Posten auf der Passivseite der Bilanz mit erheblichem steuerlichen Gestaltungspotenzial.

Allerdings enthält das Steuerrecht sehr detaillierte Regelungen, die die Übernahme der in der Handelsbilanz zu bildenden Rückstellungen für Zwecke der Steuerbilanz einschränken, und zwar sowohl hinsichtlich des Ansatzes dem Grunde nach als auch hinsichtlich der Bewertung. Dem Grunde nach lässt das Steuerrecht Rückstellungen nicht oder nur eingeschränkt zu bei bedingten Verpflichtungen, die aus künftigen Einnahmen oder Gewinnen zu zahlen sind (§ 5 Abs. 2a EStG), bei Rückstellungen wegen Patentverletzung oder anderer Rechtsverletzungen von Schutzrechten für immaterielle Wirtschaftsgüter (§ 5 Abs. 3 EStG), bei Rückstellungen für Jubiläumszuwendungen (§ 5 Abs. 4 EStG) sowie bei Drohverlustrückstellungen (§ 5 Abs. 4a EStG) und bei Aufwendungen, die in Anschaffungs- oder Herstellungskosten von Wirtschaftsgütern münden (§ 5 Abs. 4b EStG). Auch bei Pensionsrückstellungen enthält § 6a EStG für den Ansatz dem Grunde nach über das Handelsrecht hinausgehende Anforderungen. Für die Bewertung von Rückstellungen enthält der § 6 Abs. 1 Nr. 3a EStG Regelungen für die Steuerbilanz, die den handelsrechtlichen Grundsätzen ordnungsmäßiger Buchführung gemäß § 5 Abs. 6 EStG vorgehen. 5521

Auf die Regelungen des Steuerrechts zur Einschränkung der handelsrechtlich zu bildenden Rückstellungen wird nachfolgend im Einzelnen eingegangen. Ausgangspunkt und Grundlage der Rückstellungsbildung ist jedoch das **Handelsrecht** in Gestalt von § 249 HGB als maßgeblicher Rechtsquelle und die GoB im Sinne von § 5 Abs. 1 Satz 1 EStG. 5522

1.1.1 Begriff

Der Begriff der Rückstellungen ist nicht gesetzlich definiert, weder im Handelsrecht noch im Steuerrecht. § 249 HGB regelt zwar, welche Rückstellungen in der Handelsbilanz zu bilden sind, definiert den Begriff aber nicht unmittelbar. 5523

Versucht man eine allgemeine Definition, so handelt es sich bei Rückstellungen im weitesten Sinne um Betriebsvermögensminderungen, die zum Bilanzstichtag für das bilanzierende Unternehmen eine (wirtschaftliche) Belastung darstellen, aber (noch) keine Verbindlichkeiten sind.[2] Die Definition des Dudens für den Begriff der Rückstellung als Passivposten in der Bilanz zur Berücksichtigung ungewisser Verbindlichkeiten ist indes zu eng, da sie nur eine Erscheinungsform von Rückstellungen erfasst. 5524

1 Vgl. z. B. BFH, Urteile vom 19. 10. 1993 – VIII R 14/92, BStBl 1993 II S. 891; vom 18. 1. 1995 – I R 44/94, BStBl 1995 II S. 742; vom 28. 7. 1997 VIII R 59/95, BFH/NV 1998 S. 22; vom 13. 5. 1991 – VIII R 58/96 BFH/NV 1999 S. 27; vom 25. 3. 2004 – IV R 35/02, BStBl 2006 II S. 644; vom 27. 1. 2010 – I R 103/08, BStBl 2010 II S. 614.

2 Ähnlich *Herzig/Köster*, in: Handbuch des Jahresabschlusses, Abt. III/5 Rz. 5 und *Krumm*, in: Blümich, EStG KStG GewStG, § 5 Rz. 785 sowie *Baetge/Kirsch/Thiele*, Bilanzen, 12. Aufl., Düsseldorf 2012, S. 405.

5525 Die zu Rückstellungen führenden Belastungen im Sinne von Betriebsvermögensminderungen sind vorhersehbar und müssen zur Beachtung des **Vorsichts-**[3] **und Vollständigkeitsgebotes** (§ 252 Abs. 1 Nr. 4 HGB, § 246 Abs. 1 HGB) im handelsrechtlichen Jahresabschluss berücksichtigt werden. **Rückstellungen** gehören zu den **„Schulden"** des Kaufmanns im Sinne der §§ 242 Abs. 1, 246 Abs. 1 HGB.

5526 Im Unterschied zu den Verbindlichkeiten sind die als Rückstellungen ausgewiesenen Schulden ungewiss.[4] Die Ungewissheit kann sich sowohl auf das Bestehen dem Grunde nach als auch auf die Höhe beziehen.

5527 Die Aufgabe der Rückstellungen, vorhersehbare Betriebsvermögensminderungen zu berücksichtigen, kann danach unterschiedlich verstanden werden, welcher Bilanztheorie man den Vorzug gibt. Im Sinne der **statischen Bilanzauffassung** besteht die Aufgabe der Rückstellungen darin, die vollständige Erfassung der Schulden sicherzustellen, auch wenn diese (noch) ungewiss sind. Unter Geltung der **dynamischen Bilanzauffassung** dienen Rückstellungen der vollständigen Erfassung von Aufwendungen, die bis zum Abschlussstichtag entstanden oder wirtschaftlich verursacht sind und somit – unabhängig vom Vorliegen von Schulden – der periodengerechten Gewinnermittlung dienen.[5]

5528 § 249 HGB stellt einen Kompromiss zwischen den beiden Bilanztheorien dar.[6] Die Vorschrift verlangt für die Rückstellungsbildung regelmäßig das **Vorliegen einer Schuld,** lässt aber auch das **voraussichtliche Entstehen einer Schuld,** die vor dem Stichtag wirtschaftlich verursacht ist oder wirtschaftlich verursachte bloße Aufwandsrückstellungen ohne das Vorliegen einer Schuld gegenüber einem Dritten für bestimmte Sachverhalte zu (§ 249 Abs. 1 Nr. 1 HGB).

1.1.2 Rechtsgrundlagen und Maßgeblichkeitsgrundsatz

5529 Das Gesetz gebietet in § 249 HGB den Ansatz von drei Arten zulässiger Rückstellungen, nämlich **Rückstellungen für ungewisse Verbindlichkeiten, Rückstellungen für drohende Verluste aus schwebenden Geschäften** sowie bestimmten **Aufwandsrückstellungen.** Dabei stellen die Rückstellungen für ungewisse Verbindlichkeiten im Sinne von § 249 Abs. 1 Satz 1 HGB den wichtigsten Fall dar. Der vom Gesetz in § 249 Abs. 1 Nr. 2 HGB ausdrücklich erwähnte Fall der sogenannten **Kulanzrückstellungen,** d. h. Rückstellungen für Gewährleistungen, die ohne rechtliche Verpflichtung erbracht werden, stellt einen Unterfall der Rückstellung für ungewisse Verbindlichkeiten und keine eigene Rückstellungskategorie dar. Die Kulanzrückstellungen sind Ausfluss des allgemeinen Grundsatzes, dass ungewisse Verbindlichkeiten nicht nur durch rechtliche Verpflichtungen verursacht sein können, sondern auch durch **faktische Verpflichtungen,** denen sich der Kaufmann nicht entziehen kann.[7]

---

3 Das Vorsichtsprinzip wird vom BFH im Urteil vom 5. 5. 2011 – IV R 32/07, BFH/NV 2011 S. 1585 ausdrücklich als Grund für die Bildung von Rückstellungen herangezogen.

4 Vgl. *Hoffmann/Lüdenbach*, NWB Kommentar Bilanzierung, 5. Aufl., Herne 2014, § 249 Rz. 2, 3.

5 Vgl. *Altenburger*, in: Kölner Kommentar zum Rechnungslegungsrecht, Köln 2011, § 249 Rz. 12 ff.

6 Der BFH, Urteil vom 27. 6. 2001 – IR 45/97, BStBl 2003 II S. 121 spricht von der „Bilanz im Rechtssinne".

7 Vgl. BGH, Urteil vom 28. 1. 1991 – II ZR 20/90, NJW 1991 S. 1890.

Sowohl bei den Rückstellungen für ungewisse Verbindlichkeiten als auch bei den Drohverlustrückstellungen handelt es sich um sogenannte **Außenverpflichtungen,** die durch den Anspruch Dritter an den Kaufmann gekennzeichnet sind. Dem gegenüber stellen die in § 249 Abs. 1 Nr. 1 HGB zugelassenen Aufwandsrückstellungen für unterlassene Instandhaltung oder für Abraumbeseitigung, die im folgenden Geschäftsjahr innerhalb von drei Monaten bzw. im Laufe des folgenden Geschäftsjahres nachgeholt werden, so genannte **Innenverpflichtungen** dar, da sie nicht durch einen Anspruch Dritter, sondern nur durch eine Selbstverpflichtung des Kaufmanns begründet sind.[8] 5530

Für andere vorhersehbare Betriebsvermögensminderungen als diejenigen, die in § 249 HGB genannt sind, können Rückstellungen nicht gebildet werden, selbst wenn es sich um Aufwendungen handelt, deren Ursache im abgelaufenen Wirtschaftsjahr liegt. 5531

Da nach dem Maßgeblichkeitsgrundsatz des § 5 Abs. 1 Satz 1 EStG das Betriebsvermögen anzusetzen ist, das sich unter Beachtung der handelsrechtlichen Grundsätze ordnungsmäßiger Buchführung ergibt, sind grundsätzlich alle Rückstellungen der Handelsbilanz in die Steuerbilanz zu übernehmen, soweit dem nicht zwingende steuerliche Regelungen bezüglich Ansatz oder Bewertung entgegenstehen. Weil nach § 249 HGB in der Fassung des BilMoG keine Rückstellungswahlrechte mehr bestehen, wie die früher zulässige Aufwandsrückstellung für unterlassene Instandhaltung, die nach Ablauf der ersten drei Monate im Laufe des folgenden Wirtschaftsjahres nachgeholt wird, läuft mittlerweile im Bereich der Rückstellungen der vom BFH entwickelte Grundsatz ins Leere, wonach ein **handelsrechtliches Passivierungswahlrecht** ein **steuerliches Passivierungsverbot** nach sich zieht.[9] Die Einschränkungen hinsichtlich der Rückstellungsbildung in der Steuerbilanz ergeben sich daher nur noch aus den expliziten Regelungen zu Ansatz und Bewertung von Rückstellungen in den §§ 5, 6 EStG sowie in § 6a EStG (vgl. dazu Kapitel 1.2.3, 1.3.2 und 2.2.3 Rz. 5581 ff., Rz. 5630 ff. und Rz. 5696 ff.). Die wichtigste Einschränkung für die Rückstellungsbildung in der Steuerbilanz stellt das **Verbot der Drohverlustrückstellung** nach § 5 Abs. 4a EStG dar, welches mit Wirkung ab 1997 durch das Gesetz zur Fortsetzung der Unternehmensteuerreform eingeführt wurde.[10] 5532

Bei den Rückstellungen für ungewisse Verbindlichkeiten sieht § 5 EStG ebenfalls Einschränkungen vor. Rückstellungen für Zuwendungen anlässlich von **Dienstjubiläen von Arbeitnehmern** sowie Ansprüchen aus der **Verletzung von Patenten,** Urheberrechten und ähnlichen Rechten sind nur eingeschränkt ansetzbar (§ 5 Abs. 3, 4 EStG). Bedingte Verbindlichkeiten, die gewinn- oder einnahmenabhängig sind, können erst angesetzt werden, wenn die Bedingung eingetreten ist (§ 5 Abs. 2a EStG). Und schließlich schreibt § 5 Abs. 4b EStG vor, dass solche Aufwendungen nicht rückstellungsfähig sind, die in künftigen Wirtschaftsjahren als Anschaffungs- oder Herstellungskosten eines Wirtschaftsgutes zu aktivieren sind, mit einer Sonderregelung für die Wiederaufarbeitung von Kernbrennstoffen. Diese Regelung hat allerdings für ihren allgemeinen Teil nur 5533

8 Vgl. *Baetge/Kirsch/Thiele*, Bilanzen, 12. Aufl., Düsseldorf 2012, S. 417.

9 Vgl. BFH, Beschluss vom 3. 2. 1969 – GrS 2/68, BStBl 1969 S. 291; vgl. auch BFH, Urteile vom 12. 12. 1991 – IV R 28/91, BStBl 1992 II S. 600 und vom 8. 11. 2000 – IR 6/96, BStBl 2001 II S. 570.

10 Vom 29. 10. 1997, BGBl 1997 I S. 259.

klarstellende Bedeutung, da damit keine vorwegzunehmende Betriebsvermögensminderung verbunden ist und die Aufwendungen deshalb auch handelsrechtlich nicht rückstellungsfähig sind.[11] Auf die Ansatzverbote wird unter Kapitel 1.2.3 noch näher eingegangen. Für die Bewertung nach Handelsrecht gebildeter Rückstellungen ergeben sich eigenständige Regelungen aus § 6 Abs. 1 Nr. 3a EStG und für **Pensionsrückstellungen** aus § 6a EStG (vgl. dazu Kapitel 1.3.2 und 2.3).

5534 Soweit diese Sonderregelungen nicht greifen, ist über den Grundsatz der Maßgeblichkeit, auf das Handelsrecht zurückzugreifen. Die Rechtsprechung des BFH zu Rückstellungen legt daher in erster Linie Handelsrecht aus.

1.1.3 Einzelfragen zur Bildung und Auflösung von Rückstellungen

5535 **Zeitpunkt der Bildung:** Rückstellungen sind zu bilanzieren, wenn die – in den folgenden Kapiteln ausführlich erläuterten – Tatbestandsvoraussetzungen (vgl. Rz. 5542 ff.) erstmals im Wesentlichen erfüllt und dem Bilanzierenden bekannt sind. Wertaufhellende Tatsachen sind hierbei zu berücksichtigen.[12]

5536 **Nachholung unterlassener Rückstellungen:** Rückstellungen, die in einem früheren Wirtschaftsjahr zu passivieren gewesen wären, deren Bildung aber nicht erfolgt ist, sind unter Berücksichtigung des Kenntnisstandes zum damaligen Aufstellungszeitpunkt in der Bilanz für das erste Wirtschaftsjahr, für das die Veranlagung noch geändert werden kann, nachzuholen. Etwas anderes soll gelten, wenn die Nachholung dem Grundsatz von Treu und Glauben widerspricht, weil z. B. die Rückstellungsbildung bewusst zum Zweck der steuerlichen Manipulation nicht vorgenommen wurde.[13] Eine Besonderheit gilt für Pensionsrückstellungen aufgrund des in § 6a Abs. 4 EStG vorgeschriebenen Nachholverbotes (vgl. Rz. 5760 ff.).

5537 Für die Fälle, in denen die Finanzverwaltung in der Vergangenheit eine Rückstellungsbilanzierung nicht akzeptiert hat, der Steuerpflichtige entsprechend dieser Verwaltungsauffassung bilanziert hat und sich die Verwaltungsauffassung später aufgrund einer erstmaligen BFH-Rechtsprechung zu diesem Sachverhalt ändert, konnte früher die entsprechende Rückstellung bedingt durch die „subjektive“ Richtigkeit der Bilanzierung in der Vergangenheit frühestens mit dem Datum der BFH-Entscheidung und muss spätestens zum Bilanzstichtag nach Veröffentlichung des Urteils im BStBl passiviert werden.[14]

„Diesem „subjektiven Fehlerbegriff“ hat der Große Senat des BFH in seiner Entscheidung vom 31. 1. 2013[15] eine Absage erteilt. Maßgebend ist vielmehr alleine die objektiv richtige Rechtslage. Die Verfügung der OFD Düsseldorf dürfte damit überholt sein.

11 Vgl. BFH, Urteile vom 30. 1. 1990 – VIII R 183/85, BFH/NV 1990 S. 504, vom 19. 8. 1999 – XI R 8/96, BStBl 1999 II S. 99 und vom 27. 6. 2001 – IR 45/97, BStBl 2003 II S. 121; siehe auch *Günkel/Fenzl*, DStR 1999 S. 649 sowie *Krumm*, in: Blümich, EStG KStG GewStG, § 5 Rz. 887.

12 Vgl. BFH, Urteil vom 30. 1. 2002 – I R 68/00, BStBl 2002 II S. 1139.

13 Vgl. BFH, Urteil vom 26. 1. 1978 – IV R 62/77, BStBl 1978 II S. 301; *Weber-Grellet*, in: Schmidt, EStG, 32. Aufl. München 2013, § 5 Tz. 422.

14 Vgl. *Günkel*, in: Steuerberater-Jahrbuch 2009/2010, Köln 2010, S. 337 ff.; OFD Düsseldorf, Vfg. vom 10. 5. 2005 – S 2141 A-St 11, DB 2005 S. 1083.

15 BFH, Beschluss vom 31. 1. 2013 – GrS 1/10, BB 2013 S. 100; vgl. hierzu auch ausführlich Rz. 1136 ff.

Damit hat u. E. nunmehr eine **„rückwirkende"** Berücksichtigung einer erstmaligen Rechtsprechung oder einer Rechtsprechungsänderung auch in diesen Fällen in der Bilanz für das erste Wirtschaftsjahr zu erfolgen, für das die Veranlagung noch geändert werden kann. Gleiches gilt für den Fall, in dem der Steuerpflichtige entsprechend der damals maßgebenden höchstrichterlichen Rechtsprechung bilanziert hat.[16]

Auflösung von Rückstellungen: Rückstellungen sind sowohl dem Grunde als auch der Höhe nach aufzulösen, wenn der Grund für ihre Bildung entfallen ist, sich mithin der zugrunde liegende Sachverhalt geändert hat oder dieser aufgrund neuer Erkenntnisse anders zu würdigen ist. Gleiches gilt, wenn aufgrund einer geänderten Rechtsprechung die Bilanzierung der bisher angesetzten Rückstellung nicht mehr zulässig ist.[17] 5538

Für **gerichtlich geltend gemachte Ansprüche** hat der BFH präzisiert, wann die für die Rückstellungsbildung notwendige Wahrscheinlichkeit der Inanspruchnahme nicht mehr besteht und die Rückstellung daher aufzulösen ist. Hiernach darf die Rückstellungsauflösung erst dann erfolgen, wenn der Anspruch rechtskräftig abgewiesen worden ist. Solange dem Prozessgegner noch Rechtsmittel verbleiben, kann demnach die Rückstellung nicht aufgelöst werden, es sei denn die Rechtsmittel sind ausnahmsweise nach den am Bilanzstichtag vorliegenden objektiven Erkenntnismöglichkeiten als offensichtlich erfolglos einzuschätzen, was in der Praxis wohl nur sehr schwierig mit einer für eine Rückstellungsauflösung ausreichenden Sicherheit beurteilt werden kann.

BEISPIEL: Ein Kunde macht einen Schadensersatzanspruch gerichtlich geltend, verliert aber den Prozess am 15. 12. 01 in der ersten Instanz. Am 6. 1. 02 verzichtet er auf die Einlegung von Rechtsmitteln.

Die Rückstellung ist erst in Wirtschaftsjahr 02 aufzulösen, da am 31. 12. 01 noch eine Inanspruchnahme drohte und der Rechtsmittelverzicht erst wertbegründend in Wirtschaftsjahr 02 erfolgt ist.[18]

Die Rückstellungsauflösung erfolgt grundsätzlich erfolgswirksam. Eine Ausnahme hiervon besteht, wenn der Wegfall der Gründe für die Rückstellung auf einem Einlagevorgang i. S. d. § 4 Abs. 1 Satz 5 EStG beruht.[19] In diesem Fall ist die Rückstellung erfolgsneutral in das Eigenkapital umzubuchen. 5539

1.2 Bilanzierung

Die konkrete Bilanzierung der Rückstellungen in der Steuerbilanz richtet sich nach § 249 HGB, da das Steuerrecht keine eigenständige Ansatzvorschrift für Rückstellungen, sondern nur Einschränkungen enthält.[20] Deshalb muss bei der Bilanzierung von Rück- 5540

---

16 Vgl. *Schulze-Osterloh*, BB 2013 S. 1132.

17 Vgl. *Lambrecht*, in: Kirchhof/Söhn/Mellinghoff, EStG Kommentar, § 5 Tz. D 211.

18 Vgl. BFH, Urteil vom 30. 1. 2002 – I R 68/00, BStBl 2002 II S. 1139. Vgl. auch FG Schleswig-Holstein, Urteil vom 25. 9. 2012 – 3 K 77/11, EFG 2013 S. 11 – Rev. eingelegt (Az. des BFH: VIII R 45/12), nachdem bei Passivprozessen unabhängig von den Erfolgsaussichten eine Rückstellung zu bilden ist, es sei denn, die Klage ist offensichtlich willkürlich sehr erkennbar nur zum Schein erhoben worden.

19 Vgl. BFH, Urteil vom 12. 4. 1989 – I R 41/85, BStBl 1989 II S. 612 zum schenkweisen Erlass einer Pachterneuerungsverpflichtung, für die zutreffend eine Rückstellung gebildet worden war.

20 Vgl. *Hoffmann/Lüdenbach*, NWB Kommentar Bilanzierung, 5. Aufl., Herne 2014, § 249 Rz. 6.

stellungen in der Steuerbilanz geprüft werden, ob die Voraussetzungen des § 249 HGB erfüllt sind.

1.2.1 Grundsatz der Bilanzierungspflicht

5541 Der Ansatz von Rückstellungen ist nach den Änderungen des § 249 HGB durch das BilMoG durchgängig als **Bilanzierungspflicht** ausgestaltet („Rückstellungen sind ... zu bilden"). Dies ist folgerichtig, da der Ansatz von Rückstellungen **Ausfluss des Vorsichts- und Vollständigkeitsgebotes** ist, welche als tragende Bilanzierungsgrundsätze nicht disponibel sind. Die Bilanzierungspflicht gilt daher auch über den Grundsatz der Maßgeblichkeit für die Steuerbilanz. Dabei ist allerdings umstritten, ob für Pensionsrückstellungen der § 6a EStG ein eigenes steuerliches Ansatzwahlrecht einräumt („... darf eine Rückstellung (Pensionsrückstellung) nur gebildet werden...").[21] Jedenfalls wurde im Bereich der Gewinnermittlung nach § 4 Abs. 1 EStG die Auffassung vertreten, dass § 6a EStG dem Steuerpflichtigen ein Bilanzierungswahlrecht eröffnet.[22] Durch den steuerlichen Wahlrechtsvorbehalt in § 5 Abs. 1 Satz 1 2. Halbsatz EStG könnte dies nunmehr in allen Fällen gelten (vgl. hierzu Rz. 5669).

1.2.2 Bilanzierungsvoraussetzungen

5542 Die Bilanzierungsvoraussetzungen für Rückstellungen lassen sich nur hinsichtlich der so genannten Aufwandsrückstellungen nach § 249 Abs. 1 Nr. 1 HGB unmittelbar und abschließend dem Gesetz entnehmen (Rückstellung für unterlassene Instandhaltung und Abraumbeseitigung).

5543 Während die Fälle der **Rückstellungen für ungewisse Verbindlichkeiten** und drohende Verluste aus schwebenden Geschäften sowie die Kulanzrückstellungen als Unterfall der Rückstellung für ungewisse Verbindlichkeiten eine Verpflichtung gegenüber einem Dritten im Sinne einer **Außenverpflichtung** verlangen, handelt es sich bei den genannten **Aufwandsrückstellungen** um **Innenverpflichtungen** des Unternehmens „gegenüber sich selbst" aufgrund betrieblicher Erfordernisse.[23] Der Tatbestand der Aufwandsrückstellungen meint daher nur solche Aufwendungen, bei denen nicht eine Verpflichtung gegenüber einem Dritten besteht. Eine solche Außenverpflichtung ist z. B. bei der Instandhaltungsverpflichtung für den Vermieter aufgrund des Mietvertrages gegenüber dem Mieter gegeben, da insoweit dann bereits eine ungewisse Verbindlichkeit vorliegt.[24] Eine ungewisse Verbindlichkeit und keine Aufwandsrückstellung liegen auch im Fall einer **Abraumbeseitigung** vor, die auf einer **öffentlich-rechtlichen Verpflichtung** beruht.[25]

---

21 Vgl. ablehnend BMF, Schreiben vom 12. 3. 2010 – IV C6 – S 2133/09/10001, BStBl 2010 I S. 239 Tz. 9, bejahend z. B. *Herzig/Briesemeister*, DB 2009 S. 976 f., und *Günkel*, in: Kessler/Förster/Watrin (Hrsg.), Unternehmensbesteuerung, Festschrift für Norbert Herzig, München 2010 S. 509 ff.

22 Vgl. so früher in der Kommentierung vor BilMoG *Weber-Grellet*, in: Schmidt, EStG, 26. Aufl., München 2007, § 6a Rz. 2 („... nur bei Gewinnermittlung nach § 4 Abs. 1 besteht ein echtes Wahlrecht").

23 Vgl. *Baetge/Kirsch/Thiele*, Bilanzen, 12. Aufl., Düsseldorf 2012, S. 417; *Tiedchen*, in: HHR, EStG/KStG, § 5 EStG Anm. 520.

24 Vgl. *Kozikowski/Schubert*, in: Beck'scher Bilanz-Kommentar, 8. Aufl., München 2012, § 249 Rz. 101.

25 Vgl. R 5.7 Abs. 11 Satz 4 EStR.

Die Zulassung von **Aufwandsrückstellungen** dient im Sinne der **dynamischen Bilanzauffassung** der periodengerechten Gewinnabgrenzung. Voraussetzung für die Bildung der Aufwandsrückstellung ist nach dem Wortlaut des Gesetzes, dass eine – an sich notwendige – Instandhaltungsmaßnahme im Geschäftsjahr – nicht etwa in Vorjahren – unterlassen wird und diese Instandhaltung in den ersten drei Monaten des folgenden Geschäftsjahres nachgeholt wird. Die **Nachholung der Instandhaltungsmaßnahme** kann durch das Unternehmen selbst oder durch beauftragte Dritte erfolgen. Ob die Nachholung in den ersten drei Monaten erfolgt, ist eine Tatfrage. Sie wird in der Regel bis zur Aufstellung des Jahresabschlusses zu beurteilen sein, da § 264 Abs. 1 HGB dafür als kürzesten Zeitraum im Falle der großen Kapitalgesellschaft ebenfalls drei Monate einräumt. Falls die Maßnahme zu einem früheren Bilanzaufstellungszeitpunkt noch nicht abgeschlossen ist, ist aus Sicht des Aufstellungszeitpunktes zu beurteilen, ob die Instandhaltungsmaßnahme voraussichtlich noch durchzuführen ist und voraussichtlich durchgeführt wird. Es muss sich um Instandhaltungsaufwendungen im Sinne von Erhaltungsaufwand in Abgrenzung zum Herstellungsaufwand handeln. Die unterlassene Instandhaltung umfasst nur unbedingt notwendige Instandhaltungsmaßnahmen, die eine Beeinträchtigung der Nutzung eines Wirtschaftsguts vermeiden oder beseitigen und nicht bloße Schönheitsreparaturen.[26] 5544

Bei der **Abraumbeseitigung** muss innerhalb eines Jahres nach Abschluss des Geschäftsjahres eine Nachholung erfolgen. Auch hier ist eine Beurteilung aus der Sicht des Aufstellungszeitpunktes erforderlich. Anhaltspunkte für die Beseitigungsabsicht können sich beispielsweise durch eine entsprechende Beauftragung Dritter ergeben. 5545

Während die Bilanzierungsvoraussetzungen für Aufwandsrückstellungen im HGB abschließend geregelt sind, ist dies bei den Rückstellungen für ungewisse Verbindlichkeiten und bei den Drohverlustrückstellungen nicht der Fall. Die für deren Bildung notwendigen Voraussetzungen haben sich im Wege der Auslegung durch die Bilanzierungspraxis, die Rechtsprechung und das Fachschrifttum über Jahrzehnte entwickelt, sind aber in Teilbereichen erstaunlicherweise immer noch umstritten.[27] Da für die Rückstellungen für Drohverluste ein steuerliches Ansatzverbot nach § 5 Abs. 4a EStG besteht (vgl. ausführlich unter Kapitel 1.2.4, Rz. 5608 ff.), gilt es für Zwecke der Steuerbilanz vor allem die Bilanzierungsvoraussetzungen für ungewisse Verbindlichkeiten herauszuarbeiten und diese gegenüber den Drohverlustrückstellungen abzugrenzen. 5546

Eine Rückstellung für **ungewisse Verbindlichkeiten** setzt voraus,[28] dass 5547

a) eine **Außenverpflichtung** gegenüber einem **Dritten** besteht oder entsteht, die eine wirtschaftliche Last im Sinne einer Betriebsvermögensminderung darstellt. Die Außenverpflichtung muss **konkretisiert** sein und der „Dritte" kann auch das öffentliche Gemeinwesen (Staat, Land, Kommune oder eine der dortigen Behörden) sein;

b) diese Verpflichtung dem Grunde oder der Höhe nach **ungewiss** ist,

26 Vgl. die Beispiele bei *Hoffmann/Lüdenbach*, NWB Kommentar Bilanzierung, 5. Aufl., Herne 2014, § 249 Rz. 212.

27 Siehe dazu auch jüngst *Prinz*, DB 2011 S. 492, 495.

28 Vgl. die Zusammenstellung bei *Krumm*, in: Blümich, EStG KStG GewStG, § 5 Rz. 791, sowie *Hoffmann/Lüdenbach*, NWB Kommentar Bilanzierung, 5. Aufl., Herne 2014, § 249 Rz. 8; siehe auch R 5. 7 Abs. 2 EStR.

c) der Kaufmann aus dieser Verpflichtung **wahrscheinlich** in Anspruch genommen wird,

d) der mit der Verpflichtung im Zusammenhang stehende Aufwand jedenfalls dann zum Bilanzstichtag **wirtschaftlich verursacht** ist, wenn die Verbindlichkeit noch nicht rechtlich entstanden ist; zum Verhältnis zwischen wirtschaftlicher Verursachung und rechtlicher Entstehung vgl. unter Kapitel 1.2.2.3 wirtschaftliche Verursachung Rz. 5560 ff.

5548 Es ist streitig, ob neben den vorstehend genannten Voraussetzungen als elementare Merkmale einer Rückstellung auch die Wesentlichkeit der Belastung[29] erforderlich ist und die Einschränkung gilt, dass der Kaufmann kein **eigenbetriebliches Interesse** mit den Aufwendungen verbindet.[30]

5549 Die **Wesentlichkeit** ist u. E. entgegen der Auffassung des BFH[31] kein notwendiges Merkmal für die Rückstellungsbildung (vgl. auch Rz. 5606). § 246 Abs. 1 HGB in der Fassung des BilMoG betont ausdrücklich das Vollständigkeitsgebot, wonach sämtliche Schulden anzusetzen sind, egal, ob wesentlich oder unwesentlich.[32] Die „Wesentlichkeit" kann allenfalls dann eine Rolle spielen, wenn es um die Frage geht, ob ein Jahresabschluss fehlerhaft ist oder nicht, weil bestimmte Rückstellungen nicht gebildet wurden und diese eine bestimmte (relative) Größenordnung nicht überschreiten.[33] Daraus kann aber nicht der Umkehrschluss gezogen werden, dass „unwesentliche" Rückstellungspositionen weggelassen werden sollten. Der BFH hat dies in neueren Entscheidungen im Sinne der hier vertretenen Auffassung klargestellt.[34]

5550 Ebenso wenig ist zu erkennen, warum das Vorliegen eines eigenbetrieblichen Interesses, welches neben die (Außen-)Verpflichtung tritt, die Rückstellungsbildung hindern soll. Der BFH hatte dieses Merkmal in Fällen der öffentlich-rechtlich vorgeschriebenen Beseitigung von Abraum oder Sondermüll entwickelt.[35] Da eine Entfernung vom Betriebsgelände auch im eigenen Interesse des Unternehmens liege, handele es sich in erster Linie um eine Aufwandsrückstellung, die nicht gebildet werden dürfe. Die dazu tretende Außenverpflichtung wurde vom BFH anscheinend als nachrangiger Rückstellungsgrund angesehen. Die diesbezügliche BFH Rechtsprechung wird inzwischen aber als überholt angesehen.[36] In einer neueren Entscheidung hat der BFH indes die Frage nach dem eigenbetrieblichen Interesse wieder gestellt, im entschiedenen Fall aber ein

29 So R 5.7 Abs. 3 EStR.

30 Vgl. BFH, Urteil vom 8. 11. 2000 – I R 6/96, BStBl 2001 II S. 570.

31 Vgl. BFH, Urteil vom 8. 1. 1995 – IR 44/94, BStBl 1995 II S. 742; siehe auch *Tiedchen* in: HHR, EStG/KStG, § 5 EStG Anm. 501.

32 Vgl. zutreffend *Kozikowski/Schubert*, in: Beck'scher Bilanz-Kommentar, 8. Aufl., München 2012, § 249 Rz. 18.

33 Siehe *Winkeljohann/Schellhorn*, in: Beck'scher Bilanz-Kommentar, 8. Aufl., München 2012, § 264 Rz. 57.

34 Vgl. BFH, Urteil vom 19. 7. 2011 – X R 26/10, DStR 2011 S. 1990; BFH, Urteil vom 6. 6. 2012 – I R 99/10, DStR 2012 S. 1790; siehe auch *Wendt*, in: Kessler/Förster/Watrin (Hrsg.), Unternehmensbesteuerung, Festschrift für Norbert Herzig, München 2010, S. 517 ff.

35 BFH, Urteil vom 8. 11. 2000 – I R 6/96, BStBl 2001 II S. 570.

36 Vgl. *Krumm*, in: Blümich, EStG KStG GewStG, § 5 Rz. 792 unter Hinweis auf *Heger*, in: Stbjb 2005/06, Köln 2006, S. 233/239 und BFH, Urteile vom 19. 11. 2003 – IR 77/01, BStBl 2010 II S. 482 sowie vom 19. 8. 2002 – VIII R 30/01, BStBl 2003 II S. 131; siehe auch *Günkel*, in: Stbjb 2004/05, Köln 2005, S. 295/309/310 unter Hinweis auf BFH, Urteil vom 25. 3. 2004 – IV R 35/02, BStBl 2006 II S. 644; s. auch *Christiansen*, DStR 2007 S. 407.

Überwiegen der öffentlich-rechtlichen Verpflichtung bejaht.[37] Es ist aber nicht verständlich, warum Aufwand, der auf einer Außenverpflichtung beruht, wegen einer gleichgerichteten Interessenslage des Unternehmens nicht abzugsfähig sein soll. Eine Aufwandsrückstellung liegt jedenfalls nicht vor, denn diese zeichnet sich gerade dadurch aus, dass keine Außenverpflichtung vorliegt. Jedes Unternehmen wird auch ein Eigeninteresse beispielsweise an der Entsorgung von Müll haben, aber die Verpflichtung zur Entsorgung und das „wie" der Entsorgung werden durch eine öffentlich-rechtliche Verpflichtung vorgegeben.

Die Pflicht zur Bildung einer Rückstellung hängt deshalb ausschließlich von den unter a) bis d) in Rz. 5547 genannten Voraussetzungen ab, die nachfolgend im Einzelnen zu untersuchen sind. 5551

1.2.2.1 Bestehen oder künftiges Entstehen einer Verbindlichkeit

Die Bildung einer Rückstellung für ungewisse Verbindlichkeiten setzt das Bestehen einer **Außenverpflichtung** gegenüber einem Dritten voraus. Eine dritte Person muss demnach gegenüber dem Unternehmen einen Anspruch auf eine Geld- oder Sachleistung haben. Sie muss also von dem Unternehmen ein Tun oder Unterlassen verlangen können.[38] 5552

Die Ansprüche des Dritten können sich aufgrund von **zivilrechtlichen oder öffentlich-rechtlichen Grundlagen** ergeben. Zivilrechtliche Ansprüche sind beispielsweise solche aus vertraglichen Vereinbarungen, aber auch solche aus (zivil-)gesetzlichen Regelungen wie z. B. Ansprüche auf Schadensersatz, Wandlung oder Minderung oder auch Verzugszinsen.

Öffentlich-rechtliche Verpflichtungen bestehen gegenüber dem Gemeinwesen, insbesondere dem Staat. Dazu zählt z. B. die Verpflichtung zur Steuerzahlung aufgrund von Steuergesetzen. Besondere Bedeutung haben die öffentlich-rechtlichen Verpflichtungen im Bereich des Umweltschutzes. Bei den öffentlich-rechtlichen Verpflichtungen kann es sich nicht nur um Geld- oder Sachleistungen handeln, sondern auch um sonstige Verpflichtungen, die zu Aufwand für das Unternehmen führen, wie beispielsweise die Verpflichtung zur Abgabe von Steuererklärungen für das abgelaufene Wirtschaftsjahr oder die Verpflichtung zur Aufbewahrung von steuerlich relevanten Geschäftsunterlagen.[39] 5553

Für die Annahme einer Außenverpflichtung ist es nicht notwendig, dass das Unternehmen weiß, wer der Anspruchsberechtigte ist. Die **Identität des Gläubigers** muss nicht unbedingt bekannt sein.[40] Dies wird z. B. häufig bei Gewährleistungsansprüchen im Rahmen einer „Werksgarantie" oder bei der Produzentenhaftung der Fall sein, wenn die Produkte massenhaft in den Verkehr gebracht werden und der einzelne Endkunde 5554

37 BFH, Urteil vom 17. 10. 2013 – IV R 7/11, DStR 2013 S. 2745.

38 Siehe *Krumm*, in: Blümich, EStG KStG GewStG, § 5 Rz. 792; *Hoffmann/Lüdenbach*, NWB Kommentar Bilanzierung, 5. Aufl., Herne 2014, § 249 Rz. 10 ff.

39 Vgl. BFH, Urteil vom 19. 8. 2002 – VIII R 30/01, BStBl 2003 II S. 131.

40 Vgl. *Krumm*, in: Blümich, EStG KStG GewStG, § 5 Rz. 792 unter Berufung auf BFH, Urteil vom 12. 12. 1990 – IR 153/86, BStBl 1991 II S. 479.

dem Werk nicht bekannt ist.[41] Es ist noch nicht einmal notwendig, dass feststeht, wer der Anspruchsberechtigte sein wird, was ebenfalls im Fall der „Werksgarantie“ oder der Produzentenhaftung gegeben sein kann, weil das fehlerbehaftete Produkt, z. B. ein Kraftfahrzeug, den Eigentümer wechseln kann.

Auch der BFH hat in dem Umstand, dass der Anspruchsberechtigte noch nicht feststeht, keinen Hinderungsgrund für eine Rückstellungsbildung gesehen.[42] Im entschiedenen Fall mussten nach dem Kommunalabgabegesetz in der Vergangenheit erhaltene Kostenüberdeckungen durch Abwassergebühren künftig über entsprechende geringere Gebühren zurückgeführt werden, wobei ausgeschiedene Altkunden nicht, aber Neukunden und Bestandskunden in den Genuss der ermäßigten Gebühren kamen. Da es aber unter Beachtung des Grundsatzes der Unternehmensfortführung (§ 252 Abs. 1 Nr. 2 HGB) auf jeden Fall Dritte geben wird, die künftig eine Minderung der Gebühren beanspruchen konnten, liegt eine Außenverpflichtung vor.[43]

5555 Eine **Fälligkeit** des Anspruches am Stichtag ist ebenso wenig erforderlich wie die bereits bestehende Einklagbarkeit. Allerdings ist bei einseitigen Verpflichtungen in der Regel unter dem Gesichtspunkt der Wahrscheinlichkeit der Inanspruchnahme (vgl. Kapitel 1.2.2.4, Rz. 5571 ff.) eine Kenntnis des Dritten erforderlich.

5556 Neben rechtlich begründeten Verpflichtungen, die der Gläubiger aufgrund eines Rechtsanspruches wahrscheinlich geltend machen kann, reichen auch **faktische Verpflichtungen** zur Bildung einer Rückstellung für gewisse Verbindlichkeiten aus. Klassischer Beispielsfall sind die in § 249 Abs. 1 Nr. 2 HGB angesprochenen **Rückstellungen für Kulanzleistungen,** auf die gerade kein Rechtsanspruch besteht, die aber mit Rücksicht auf die Kundenbeziehung und die Kundenzufriedenheit vom Unternehmen üblicherweise erbracht werden. Die Kulanzrückstellungen stehen aber nur beispielhaft dafür, dass ein faktischer Leistungszwang als Verpflichtungsgrund für die Bildung einer Rückstellung für ungewisse Verbindlichkeiten ausreicht.[44] Eine faktische Verpflichtung oder ein faktischer Leistungszwang ist gegeben, wenn sich der Kaufmann, obwohl er rechtlich dazu nicht verpflichtet ist, aus sittlichen, tatsächlichen oder wirtschaftlichen Gründen der Verpflichtung nicht entziehen kann. Das Interesse an der Kundenbeziehung oder auch die Vermeidung einer negativen Öffentlichkeitswirkung vermögen eine solche faktische Verpflichtung zu begründen.[45] So kann beispielsweise schon die Erklärung in der Öffentlichkeit, durch die eine bestimmte Erwartungshaltung hinsichtlich des Verhaltens des Unternehmens geweckt wird, ausreichen, gerade auch auf dem Gebiet des Umweltschutzes.[46] Dies gilt auch dann, wenn die öffentliche Erklärung durch einen Zentralverband, dem das Unternehmen angehört, erfolgt. Ob im Einzelfall eine

41 Vgl. *Tiedchen*, in: HHR, EStG/KStG, § 5 EStG Anm. 496.

42 Vgl. BFH, Urteil vom 6. 2. 2013 – I R 62/11, BFH/NV 2013 S. 1155 entgegen Sächsisches FG, Urteil vom 10. 8. 2011 – 1K 1487/07, EFG 2012 S. 820.

43 Vgl. auch *Hruby*, DStR 2010 S. 128.

44 Vgl. BGH, Urteil vom 28. 1. 1991 – II ZR 20/90, NJW 1991 S. 1890.

45 Vgl. *Altenburger*, in: Kölner Kommentar zum Rechnungslegungsrecht, Köln 2011, § 249 Rz. 14.

46 Vgl. *Hoffman/Lüdenbach*, NWB Kommentar Bilanzierung, 5. Aufl., Herne 2014, § 249 Rz. 17; siehe auch BFH, Beschluss vom 15. 3. 1999 – IB 95/98, BFH/NV 1999 S. 12005 und BFH, Urteil vom 10. 1. 2007 – IR 53/05, BFH/NV 2004 S. 1102.

faktische Verpflichtung vorliegt, muss anhand objektiver Umstände aus der Sicht eines ordentlichen Kaufmanns beurteilt werden.[47] Wenn dies durch den Steuerpflichtigen nachweisbar ist, sind faktische Verpflichtungen auch steuerlich abziehbar.

Voraussetzung für die Bildung der Rückstellung für ungewisse Verbindlichkeiten ist, dass die Verpflichtung zu einem Aufwand oder einer Ertragsminderung auf Unternehmensseite führt und die Verpflichtung nicht mit den Anschaffungs- oder Herstellungskosten eines Wirtschaftsgutes im Zusammenhang steht und zur Aktivierung führt. Dies galt schon vor Einführung von § 5 Abs. 4b EStG (vgl. Rz. 5595 ff.), da auch das Handelsrecht nur eine Aufwandsantizipation beabsichtigt.[48] Umstritten ist die Frage, ob **Rückstellungen** auch für solche Aufwendungen gebildet werden können, für die ein **steuerliches Abzugsverbot** besteht. Dazu wird die Ansicht vertreten, dass die Bildung einer Rückstellung für nicht abzugsfähige Aufwendungen in der Steuerbilanz nicht zulässig ist.[49] Dies erscheint fragwürdig. § 249 HGB unterscheidet nicht danach, ob steuerlich abzugsfähige Betriebsausgaben vorliegen oder nicht. Grundsätzlich sind aber alle nach § 249 HGB gebildeten Rückstellungen in die Steuerbilanz zu übernehmen. Es dürfte auch nicht wirklich streitig sein, dass z. B. eine Rückstellung für Körperschaftsteuer auch in der Steuerbilanz zu bilden ist (vgl. auch Rz. 5778). Steuerlich nicht abzugsfähige Aufwendungen sind außerhalb der Bilanz auf der **zweiten Stufe der Gewinnermittlung** dem Steuerbilanzgewinn hinzuzurechnen, gleichgültig, ob die Aufwandsbuchungen gegen Verbindlichkeiten, Rückstellungen oder das Bankkonto erfolgen. Zunächst handelt es sich um eine Betriebsvermögensminderung, die außerhalb der Bilanz wieder zugerechnet werden muss.[50] 5557

1.2.2.2 Ungewissheit dem Grunde oder der Höhe nach

Damit die Verbindlichkeit eine „Ungewisse" im Sinne einer Rückstellung ist, muss sie entweder zum Stichtag bereits rechtlich oder faktisch entstanden, der Höhe nach aber ungewiss sein, oder aber die rechtliche Entstehung der Verpflichtung selbst muss ungewiss sein, beispielsweise weil eine strittige Rechtslage gegeben ist und über das Bestehen oder Nichtbestehen ein Rechtsstreit anhängig ist. Allerdings muss trotz der Ungewissheit die **Inanspruchnahme** aus der Verpflichtung **wahrscheinlich** sein (vgl. dazu Kapitel 1.2.2.3 Wahrscheinlichkeit der Inanspruchnahme, Rz. 5566 ff.). Selbst bei objektiv rechtlich entstandenen Verpflichtungen ist eine Rückstellungsbildung nicht möglich, wenn der Kaufmann alles tut, damit seine Verpflichtung nicht erkannt wird und er nicht in Anspruch genommen werden kann. Dies ist insbesondere bei vorsätzlichen Vergehen der Fall, bei der der Kaufmann die Entdeckung zu vermeiden sucht. Eine Rückstellung für hinterzogene Steuern kann daher erst gebildet werden, wenn die Tat auf- 5558

47 Vgl. BFH, Urteile vom 16. 2. 1996 – I R 73/95, BB 1996 S. 1325; vom 27. 11. 2001 – VIII R 36/00, BStBl 2001 II S. 731.

48 Vgl. BFH, Urteil vom 19. 8. 1998 – XI R 8/96, BStBl 1999 II S. 18.

49 So z. B. *Crezelius,* in: Kirchhof, EStG, 12. Aufl., Köln 2013, § 5 Rz. 115.

50 In diesem Sinne *Krumm*, in: Blümich, EStG KStG GewStG, § 5 Rz. 745; *Tiedchen*, in: HHR, EStG/KStG, § 5 EStG Rz. 501 m. w. N.

gedeckt ist (vgl. auch Rz. 5789).[51] Das Gleiche gilt für eine deliktische Haftung aufgrund unerlaubter Handlung, solange die Tat entsprechend der Intention des Täters unentdeckt bleibt.[52]

1.2.2.3 Wirtschaftliche Verursachung

5559 Im Katalog der Voraussetzungen für die Bildung einer Rückstellung für ungewisse Verbindlichkeiten wird in der Rechtsprechung des BFH immer wieder das Merkmal der **wirtschaftlichen Verursachung** des mit der Rückstellung zusammenhängenden Aufwandes vor dem Bilanzstichtag genannt. Was unter der „wirtschaftlichen Verursachung" einer Verpflichtung genau zu verstehen ist und in welchen Fällen es auf dieses Merkmal ankommt, wird von den BFH Senaten unterschiedlich gesehen.

5560 Der Begriff der wirtschaftlichen Verursachung ist schillernd und auslegungsfähig.[53] Teilweise wird unter diesem Begriff in der BFH-Rechtsprechung verstanden, dass das den Aufwand auslösende Ereignis vor dem Bilanzstichtag liegt oder eine Maßnahme vor dem Bilanzstichtag stattfindet, die zur Entstehung des Aufwandes führt. Die ungewisse Verbindlichkeit muss danach so eng mit dem betrieblichen Geschehen des abgelaufenen Wirtschaftsjahres verknüpft sein, dass es gerechtfertigt erscheint, sie wirtschaftlich als eine am Bilanzstichtag bestehende Verbindlichkeit anzusehen.[54] Die wirtschaftliche Verursachung wird damit im Sinne einer wirtschaftlichen Entstehung an die Stelle der (noch) nicht eingetretenen rechtlichen Entstehung gesetzt.[55] Die wirtschaftliche Verursachung setzt nach diesem Verständnis voraus, dass der Tatbestand, an den das Gesetz die Leistungsverpflichtung knüpft, zum Bilanzstichtag im Wesentlichen bereits verwirklicht ist.[56] Der BFH hat dies beispielsweise bei Abschlussgebühren für Bausparverträge bejaht, obwohl eine Verpflichtung zur Rückzahlung zum Bilanzstichtag rechtlich noch gar nicht entstanden war, sondern von der Ausübung eines Wahlrechtes des Kunden abhing.[57] Er hat dies auch bejaht für die nach § 257 HGB und § 147 AO bestehende Verpflichtung zur Aufbewahrung der Geschäftsunterlagen über sechs bzw. zehn Jahre.[58] Dabei hat er offen gelassen, ob die Verpflichtung rechtlich erst mit Ablauf des Wirtschaftsjahres entsteht, in der die Geschäftsunterlagen entstanden sind. Wirtschaftlich sei aber der **wesentliche Tatbestand**, an den das Gesetz die Pflicht zur Aufbewahrung von Geschäftsunterlagen knüpft, die Entstehung dieser Unterlagen. Nach diesem Verständnis tritt die wirtschaftliche Verursachung an die Stelle der rechtlichen Entstehung, wenn diese zum Bilanzstichtag noch nicht vorliegt. Folgt man dieser Aus-

51 Vgl. BFH, Urteile vom 16. 2. 1996 – IR 73/95, BStBl 1996 II S. 592; vom 27. 11. 2001 – VIII R 36/00, BStBl 2001 II S. 731; a. A. FG Nürnberg, Urteil vom 16. 6. 2010 – 5K 687/2009, DStRE 2011 S. 857.

52 Vgl. BFH, Urteil vom 3. 7. 1991 – X R 163-164/87, BStBl 1991 II S. 804.

53 Zur Kritik vgl. *Hoffmann/Lüdenbach*, NWB Kommentar Bilanzierung, 5. Aufl., Herne 2014, § 249 Rz. 23 ff.; siehe auch *Krumm*, in: Blümich, EStG KStG GewStG, § 5 Rz. 800.

54 So. z. B. BFH, Urteil vom 1. 8. 1984 – I R 88/80, BStBl 1985 II S. 44.

55 Vgl. BFH, Urteil vom 19. 8. 2002 – VIII R 30/01, BStBl 2003 II S. 131.

56 So z. B. BFH, Urteile vom 25. 8. 1989 – III 295/87, BStBl 1989 II S. 893; vom 19. 8. 2002 – VIII R 30/01, BStBl 2003 II S. 131.

57 Vgl. BFH, Urteil vom 12. 12. 1990 – IR 18/89, BStBl 1991 II S. 485.

58 Vgl. zur Bewertung BFH, Urteil vom 18. 1. 2011 – X R 14/09, BStBl 2011 II S. 496 und Rz. 5656 „Aufbewahrung von Geschäftsunterlagen".

legung der wirtschaftlichen Verursachung wird auch verständlich, dass eine Sozialplanrückstellung oder Restrukturierungsrückstellung zum Abschlussstichtag bereits gebildet werden kann, sofern der Entschluss der Restrukturierung z. B. durch eine entsprechende Unterrichtung des Betriebsrates nachgewiesen werden kann,[59] obwohl die Verpflichtung rechtlich erst nach dem Stichtag entsteht und auch wirtschaftlich mit zukünftigen Erträgen bzw. geringeren laufenden Aufwendungen im Zusammenhang steht. In diesem Sinne verstanden, hat das Merkmal der wirtschaftlichen Verursachung nur die Funktion, die rechtliche Entstehung vor oder am Bilanzstichtag als Voraussetzung für die Rückstellungsbildung zu ersetzen. Deshalb spricht der BFH in den zitierten Entscheidungen teilweise auch von **„wirtschaftlicher Entstehung"**.

In anderen Entscheidungen des BFH heißt es zur **wirtschaftlichen Verursachung** hin- 5561
gegen, dass nicht nur **an Vergangenes angeknüpft,** sondern auch **Vergangenes abgegolten** werden muss.[60] So verstanden steht bei der wirtschaftlichen Verursachung die periodengerechte Gewinnermittlung im Vordergrund, was aus dem **Realisationsprinzip** des § 252 Abs. 1 Nr. 4 letzter Halbsatz und Nr. 5 HGB und der sogenannten dynamischen Bilanzauffassung mit dem Hauptzweck der periodengerechten Gewinnermittlung abgeleitet wird.[61] Nach dieser Auslegung können nur für solche Aufwendungen Rückstellungen gebildet werden, die bereits realisierte Erträge alimentieren. Die Rückstellung dient dann nicht dem vollständigen Ausweis sämtlicher Schulden – auch der „ungewissen" – sondern der periodengerechten Gewinnermittlung im Sinne der Zuordnung von Aufwendungen zu (realisierten) Erträgen. Nach diesem Verständnis dürfte dann eine Sozialplanrückstellung eigentlich nicht gebildet werden, da die Restrukturierung nicht mit bereits realisierten Erträgen zusammenhängt, sondern zukünftige Erträge von laufenden Lohn- und Gehaltsaufwendungen entlasten soll.

Eng verknüpft mit dieser unterschiedlichen Auslegung des Begriffes der wirtschaftli- 5562
chen Verursachung ist die Frage nach der Bedeutung dieses Merkmals, wenn die rechtliche Verpflichtung, die der Rückstellung zugrunde liegt, zum Bilanzstichtag bereits gegeben ist. Hier kommen der I. Senat des BFH einerseits und der VIII. und XI. Senat des BFH andererseits zu unterschiedlichen Ergebnissen. Während der I. Senat die Auffassung vertritt, dass das Erfordernis der wirtschaftlichen Verursachung nur für solche Verbindlichkeiten gilt, die nicht nur der Höhe, sondern zum Bilanzstichtag auch dem Grunde nach ungewiss sind, wollen andere Senate des BFH das Merkmal in jedem Fall erfüllt sehen.[62] Auch die Finanzverwaltung fordert stets neben der rechtlichen Entstehung die wirtschaftliche Verursachung.[63] Der I. Senat hat seine Auffassung, dass eine **rechtlich**

59 Vgl. R 5.7 Abs. 9 EStR; siehe *Schulz*, in: HHR, EStG/KStG, § 5 EStG Anm. 925.

60 Vgl. z. B. BFH, Urteile vom 19. 5. 1987 – VIII R 327/83, BStBl 1987 II S. 848; vom 25. 8. 1989 – III R 95/87, BStBl 1989 II S. 892; BGH, Urteil vom 28. 1. 1991 – II Z R 20/90, NJW 1991 S. 1890; siehe auch R 5.7 Abs. 5 Satz 3 EStR.

61 Vgl. *Herzig*, in: FS L. Schmidt, München 1993, S. 2009; *Weber-Grellet*, in: Schmidt, EStG, 33. Aufl., München 2014, § 5 Rz. 381, 383.

62 Zum Streitstand vgl. *Günkel*, in: Steuerberater-Jahrbuch 2008/09, Köln 2009, S. 268 ff. und *Prinz*, DB 2011 S. 492, 495; *Koths*, DB 2001 S. 184; siehe auch BFH, Urteil vom 27. 6. 2001 – I R 45/97, BStBl 2003 II S. 21, sowie andererseits BFH, Urteil vom 13. 12. 2007 – IV R 85/05, DB 2008 S. 1013; zum Gleichklang rechtlicher und wirtschaftlicher Verursachung auch BFH, Urteil vom 8. 9. 2011 – IV R 5/09, DStR 2011 S. 2186 mit Anm. *M. Prinz*, FR 2012 S. 136.

63 Vgl. R 5.7 Abs. 2 EStR 2012.

entstandene Verpflichtung stets zur Bildung einer Rückstellung führt, in dem grundlegenden Urteil vom 27. 6. 2001 ausführlich begründet.[64] Die Finanzverwaltung hat dieses Urteil mit einem Nichtanwendungserlass belegt,[65] obwohl frühere und spätere Urteile des I. Senats und anderer Senate derselben Auffassung gefolgt sind und man von einer ständigen Rechtsprechung sprechen kann.[66] In allen zitierten Entscheidungen hat der BFH zwischen rechtlicher Entstehung und wirtschaftlicher Verursachung unterschieden und die Voraussetzung der wirtschaftlichen Verursachung nur in den Fällen untersucht, in denen er die **rechtliche Entstehung** der Verbindlichkeit zum Bilanzstichtag verneint hat oder nicht eindeutig bejahen konnte. Der I. Senat hat seine Sichtweise in neueren Entscheidungen noch einmal bekräftigt.[67] Er begründet seine Auffassung aus den Geboten des zutreffenden Vermögensausweises und der **Vollständigkeit des Jahresabschlusses** (§ 242 Abs. 1 in Verbindung mit § 246 Abs. 1 HGB). Rechtlich bereits entstandene, aber der Höhe nach ungewisse Verbindlichkeiten, müssten aufgrund des Vollständigkeitsgebotes immer passiviert werden. U. E. wird diese Sichtweise des BFH noch durch die durch das BilMoG erfolgte Änderung des Wortlautes von § 246 Abs. 1 Satz 3 HGB bestärkt, wonach die Schulden in der Bilanz des Schuldners auszuweisen sind.[68] Nach Auffassung des I. Senats verstößt eine unterbliebene Passivierung rechtlich bereits bestehender Verbindlichkeiten mit dem Hinweis auf die funktionale Verknüpfung der Aufwendung mit der zukünftigen betrieblichen Tätigkeit sowohl bei der Bewertung als auch bei der Bilanzierung dem Grunde nach gegen das **Unternehmensfortführungsprinzip,** dem sogenannten going-concern-Prinzip in § 252 Abs. 1 Nr. 2 HGB. Das **Realisationsprinzip** in § 252 Abs. 1 Nr. 4 HGB kann danach nicht sinngemäß auf die Passivierung von Rückstellungen angewendet werden, weil es dem Vorsichtsprinzip untergeordnet und nur auf die Nichterfassung nicht realisierter Erträge gerichtet und begrenzt ist.

5563 Dieser Sichtweise des I. Senats und anderer BFH-Senate stehen im Ergebnis Urteile des XI. Senates, vereinzelt auch des VIII. Senates entgegen, wobei die Begründungen in den Urteilen des VIII. Senats nicht eindeutig erkennen lassen, ob er sich insoweit tatsächlich von der Auffassung des I. Senats abgrenzen wollte.[69] Eindeutiger ist dies beim XI. Senat. Der IV. Senat hatte die Frage ausdrücklich offen gelassen.[70] Auch in seinem Urteil vom 8. 9. 2011[71] zur Rückstellung von Kosten für die (künftige) Zulassung eines Pflanzenschutzmittels wurde die Frage keiner Entscheidung zugeführt, da die Verpflichtung als

64 Vgl. BFH, Urteil vom 27. 6. 2001 – I R 45/97, BStBl 2003 II S. 21.

65 Vgl. BMF, Schreiben vom 21. 1. 2003 – IV R 6 – S 2137 – 2/03, BStBl 2003 I S. 125.

66 Vgl. BFH, Urteile vom 19. 5. 1987 – VIII R 327/83, BStBl 1987 S. 848; vom 12. 12. 1990 – I R 18/89, BStBl 1991 II S. 485; vom 12. 12. 1991 – IV R 28/9, BStBl 1992 II S. 600; vom 25. 3. 1992 – I R 69/91, BB 1992 S. 1964; vom 25. 3. 2004 – IV R 35/02, BStBl 2006 II S. 644; vom 7. 2. 2006 – IV R 33/05, BStBl 2006 II S. 517; vom 20. 8. 2008 – I R 19/07, DStR 2008 S. 2058, vgl. auch *Christiansen*, DStR 2007 S. 127 ff.

67 Vgl. BFH, Urteil vom 27. 1. 2010 – IR 103/08, BStBl 2010 II S. 614; vom 6. 2. 2013 – I R 8/12, FR 2013 S. 799 mit Anm. *M. Prinz*; vom 6. 2. 2013 – I R 62/11, BFH/NV 2013 S. 1155.

68 So *Kozikowski/Schubert*, in: Beck'scher Bilanz-Kommentar, 8. Aufl., München 2012, § 249 Rz. 34.

69 Vgl. BFH, Urteile vom 19. 10. 1993 – VIII R 14/92, BStBl 1993 II S. 891; vom 19. 8. 1998 – XI 28/96, BStBl 1999 II S. 18; vom 25. 4. 2006 – VIII R 40/04, BStBl 2006 II S. 749; vom 19. 10. 2005 – XI R 64/04, BStBl 2006 II S. 371.

70 Vgl. BFH, Urteil vom 13. 12. 2007 – IV R 85/05, BStBl 2008 II S. 516.

71 BFH, Urteil vom 8. 9. 2011 – IV R 5/09, DB 2011 S. 2577.

nicht nur rechtlich entstanden, sondern auch wirtschaftlich verursacht angesehen wurde. In der Praxis dürften die Fälle, in denen eine Verpflichtung rechtlich entstanden ist, bevor sie wirtschaftlich verursacht worden ist, verhältnismäßig selten anzutreffen sein. Sie kommen wohl in erster Linie bei den sogenannten Anpassungsverpflichtungen von technischen Anlagen an neue Bestimmungen zum Tragen. U. E. sind rechtlich entstandene, der Höhe nach ungewisse Verbindlichkeiten stets als Rückstellung anzusetzen, um dem vollständigen Schuldenausweis in der Bilanz (§ 246 Abs. 1 Satz 1 HGB) Rechnung zu tragen. Nur wenn die Verbindlichkeit am Bilanzstichtag dem Grunde nach noch nicht entstanden ist, kommt es auf die wirtschaftliche Verursachung vor dem Bilanzstichtag an.[72] Fallen rechtliche Entstehung und wirtschaftliche Verursachung auseinander, kommt es auf den jeweils früheren Zeitpunkt an.[73] Das HGB folgt nicht der dynamischen Bilanzauffassung, dass es wirtschaftlich auf eine zutreffende periodengerechte Gewinnermittlung ankommt, sondern erwartet einen möglichst vollständigen Schuldenausweis im Interesse des **Gläubigerschutzes.**[74] Auf das Merkmal der wirtschaftlichen Verursachung kommt es daher in erster Linie in solchen Fällen an, in denen die rechtliche Verpflichtung noch nicht entstanden ist.

Das Verhältnis der Voraussetzungen der rechtlichen Entstehung und der wirtschaftlichen Verursachung für die Rückstellungsbildung kann nach einer „Divergenzbereinigung"[75] des IV. Senats des BFH[76] als weitgehend geklärt angesehen werden. Der IV. Senat geht im Ergebnis im Einklang mit dem I. Senat des BFH nunmehr davon aus, dass rechtlich entstandene Verpflichtungen stets als Rückstellung zu bilanzieren sind. Es bedarf bei rechtlich entstandenen Verbindlichkeiten dann keiner (zusätzlichen) Prüfung der wirtschaftlichen Verursachung mehr, weil spätestens im Zeitpunkt der rechtlichen Entstehung der (Anpassungs-)Verpflichtung auch deren wirtschaftliche Verursachung gegeben ist. Der entschiedene Fall betraf die technische Aufrüstung von Flugzeugen, für die die Frist genau am Bilanzstichtag abgelaufen war. Diese Anpassungsverpflichtung ist nach Auffassung des BFH nicht mehr nur auf die künftige Nutzbarkeit des Wirtschaftsgutes gerichtet, sondern dient mit dem rechtlichen Entstehen der Nutzbarkeit des Wirtschaftsgutes im laufenden Betrieb. Anders verhält es sich hingegen mit den Anpassungsverpflichtungen für die die Frist am oder vor dem Bilanzstichtag noch nicht abgelaufen ist. 5563a

Folgt man der hier vertretenen Auffassung, die der Auffassung des BFH und wohl der überwiegenden Auffassung im Schrifttum entspricht, dass rechtlich entstandene (der Höhe nach) ungewisse Verbindlichkeiten unabhängig von der wirtschaftlichen Verursa- 5564

72 So auch *Krumm*, in: Blümich, EStG KStG GewStG, § 5 Rz. 799 b; *Tiedchen*, in: HHR, EStG/KStG, § 5 EStG Anm. 504; *Crezelius*, in: Kirchhof, EStG, 12. Aufl., Köln 2013, § 5 Rz 124; a. A. *Weber-Grellet*, in: Schmidt, EStG, 33. Aufl., München 2014, § 5 Rz. 381 ff.

73 Vgl. BFH, Urteile vom 23. 9. 1969 – I R 22/66, BStBl 1970 II S. 104 sowie vom 27. 6. 2001 – I 45/97, BStBl 2003 II S. 121.

74 Vgl. *Altenburger*, in: Kölner Kommentar zum Rechnungslegungsrecht, Köln 2011, § 249 Rz. 64 f.

75 So sinngemäß *Hoffmann*, DStR 2013 S. 275.

76 BFH, Urteil vom 17. 10. 2013 – IV R 7/11, DStR 2013 S. 2745 m. Anm. *Wit* und *Hoffmann*; vgl. dazu auch *U. Prinz*, DB 2014 S. 80 ff. sowie *Christiansen*, DStR 2014 S. 279 ff.

chung anzusetzen sind, erscheint die Bildung von Ansammlungsrückstellungen z. B. für die Stilllegung von Kernkraftwerken,[77] aber auch für den Abbruch von Windkraftanlagen,[78] oder Rückbauverpflichtungen problematisch,[79] welche auch vor Einführung von § 6 Abs. 3a Buchst. d EStG gängiger Bilanzierungspraxis entsprach.[80] Die Begründung für diese nicht in voller Höhe der rechtlich entstandenen Verpflichtung erfolgende Bewertung wird man nur in der **nach vernünftiger kaufmännischer Beurteilung** vorzunehmenden Einschätzung der am Bilanzstichtag bestehenden wirtschaftlichen Last finden können.[81] Ganz überzeugend ist dies jedoch nicht.[82]

5565 In der Rechtsprechung des BFH war die Feststellung des Zeitpunktes der rechtlichen Entstehung und die Auslegung des Merkmals der wirtschaftlichen Verursachung kasuistisch und kaum vorhersehbar.[83] So wurde zunächst bei der rechtlichen Entstehung beispielsweise eine solche bei der Anpassungsverpflichtung einer Spänetrocknungsanlage nach der TA-Luft bejaht, obwohl dem Unternehmen am Bilanzstichtag noch eine Frist von zwei Jahren seitens der Behörde eingeräumt war.[84] Andererseits wurde die rechtliche Entstehung für den Einbau eines Gasrückführungssystems bei einer Tankstelle verneint, weil das Gesetz dazu noch eine Übergangsfrist von zwei Jahren vorsah.[85] Der Unterschied war schwer fassbar.[86] Inzwischen hat der I. Senat des BFH in einem zweiten Urteil zur TA-Luft[87] seine Auffassung korrigiert und hat sich dem „Tankstellen-Urteil des IV. Senats angenähert. Muss die Anpassung aufgrund einer Übergangsfrist zum Stichtag noch nicht vorgenommen werden, ist die Verpflichtung weder rechtlich entstanden noch wirtschaftlich verursacht.[88]

Bei der wirtschaftlichen Verursachung wurde die Verpflichtung zur Nachbetreuung verkaufter Hörgeräte einmal bejaht[89] und einmal verneint.[90] Dabei wurde als wirtschaftliche Verursachung in der erstgenannten Entscheidung der Verkauf des Hörgerätes als Erfüllung des Tatbestandes angesehen, an den der Vertrag die Leistungspflicht knüpfte, bei der zweiten Entscheidung wurde der Tatbestand erst in der durch Gebrauch des Hörgerätes entstehenden Reparaturnotwendigkeit gesehen.

---

77 Zweifelnd daran schon *Günkel*, in: Steuerberater-Jahrbuch 1990/91, Köln 1991, S. 97, 120.

78 Vgl. FG Rheinland-Pfalz, Urteil vom 13. 1. 2005 – 6 K 1075/01, DStRE 2005 S. 369.

79 Vgl. *Altenburger*, in: Kölner Kommentar zum Rechnungslegungsrecht, Köln 2011, § 249 Rz. 68; *Hoffmann/Lüdenbach*, NWB Kommentar Bilanzierung, 5. Aufl., Herne 2014, § 249 Rz. 29, 67; *Crezelius*, in: Kirchhof, EStG, 12. Aufl., Köln 2013, § 5 Rz. 124.

80 Vgl. *Kulosa*, in: Schmidt, EStG, 33. Aufl., München 2014, § 6 Rz. 477.

81 So *Crezelius*, in: Kirchhof, EStG, 12. Aufl., Köln 2013, § 5 Rz. 124; *Hoffmann/Lüdenbach*, NWB Kommentar Bilanzierung, 5. Aufl., Herne 2014, § 249 Rz. 67 f.

82 Vgl. *Altenburger*, in: Kölner Kommentar zum Rechnungslegungsrecht, Köln 2011, § 249 EStG Rz. 69.

83 Vgl. auch *Hoffmann/Lüdenbach*, NWB Kommentar Bilanzierung, 5. Aufl., Herne 2014, § 249 Rz. 39.

84 Vgl. BFH, Urteil vom 27. 6. 2001 – I R 45/97, BStBl 2003 II S. 121.

85 Vgl. BFH, Urteil vom 13. 12. 2007 – IV R 85/05, DB 2008 S. 1013.

86 Vgl. *Günkel*, in: Steuerberater-Jahrbuch 2008/09, Köln 2009, S. 263, 268 ff.

87 BFH, Urteil vom 6. 2. 2013 – I R 8/12, FR 2013 S. 799 m. Anm. *Prinz*.

88 Vgl. auch *Christiansen*, DStR 2013 S. 1347.

89 Vgl. BFH, Urteil vom 5. 6. 2002 – I R 96/00, BFH/NV 2002 S. 1638.

90 Vgl. z. B. BFH, Urteile vom 1. 8. 1984 – I R 88/80, BStBl 1985 II S. 44; vom 19. 10. 1993 – VIII R 14/92, BStBl 1993 II S. 891; vom 19. 10. 2005 – XI R 64/04, BStBl 2006 II S. 371; vgl. dazu *Kozikowski/Schubert*, in: Beck'scher Bilanz-Kommentar, 8. Aufl., München 2012, § 249 Rz. 42 ff.

Während bei einer Rekultivierungspflicht die anteilige Ansammlung durch den erfolgten Abbau als wirtschaftlich vor dem Stichtag verursacht anzusehen ist,[91] gilt dies nicht bei der Überholung eines Luftfahrtgerätes (Hubschrauber) nach einer gewissen Zahl von Flugstunden, selbst wenn diese am Bilanzstichtag zum großen Teil bereits angefallen sind.[92] Genau so ist eine am Stichtag noch nicht entstandene Verpflichtung zur Umrüstung von Flugzeugen noch nicht wirtschaftlich verursacht.[93]

1.2.2.4 Wahrscheinlichkeit der Inanspruchnahme

Eine Rückstellung für ungewisse Verbindlichkeiten kann nur gebildet werden, wenn die Inanspruchnahme aus der bestehenden Verpflichtung, die rechtlich oder wirtschaftlich entstanden sein kann, wahrscheinlich ist. Dies entspricht ständiger Rechtsprechung und herrschender Meinung. Das Merkmal der **Wahrscheinlichkeit der Inanspruchnahme** darf nicht dahingehend missverstanden werden, dass es mit dem Grad der „Ungewissheit“ zu tun hat, ob die Verpflichtung entstanden ist oder entstehen wird. Diese Frage ist nur anhand der rechtlichen Kriterien zu prüfen, die die Anspruchsgrundlage für die Verpflichtung darstellen. Auch hier kann sich ergeben, dass schon die Anspruchsgrundlage nicht nur ungewiss, sondern unwahrscheinlich ist. Dies hat aber nichts mit dem von der Rechtsprechung entwickelten Merkmal der Wahrscheinlichkeit der Inanspruchnahme zu tun. Danach ist auch bei einer rechtlich bestehenden oder wahrscheinlich entstehenden Verpflichtung sozusagen auf einer zweiten Ebene noch zu prüfen, ob der Schuldner ernsthaft damit rechnen muss, dass der Gläubiger seinen Anspruch geltend machen wird; nur dann handelt es sich bei ihm um eine **wirtschaftliche Last.** Die Wahrscheinlichkeit der Inanspruchnahme ist somit auch dann Voraussetzung für die Bildung der Rückstellung, wenn die ungewisse Verbindlichkeit dem Grunde nach besteht.[94] 5566

Nach Auffassung des BFH ist von einer **Wahrscheinlichkeit der Inanspruchnahme** auszugehen, wenn nach den am Bilanzstichtag objektiv gegebenen und bis zur Aufstellung der Bilanz subjektiv erkennbaren Verhältnissen mehr Gründe dafür als dagegen sprechen, dass der Gläubiger seinen Anspruch gegen das Unternehmen geltend machen wird.[95] Diese **„51 %-Rechtsprechung“** des BFH ist auf Kritik gestoßen.[96] Diese Kritik ist berechtigt, da der BFH bei dieser Ermessensfrage eine Scheingenauigkeit der Abwägung der Gründe dafür und dagegen unterstellt, die in der Praxis nur selten anzutreffen sein wird. Darüber hinaus erscheint es in der Tat nicht einleuchtend, eine Rückstellung schon dann nicht zu bilden, wenn für die Inanspruchnahme durch den Gläubiger genau so viele Gründe wie dagegen sprechen. Dies lässt sich schwerlich mit dem Vorsichtsprinzip vereinbaren. Es sollte deshalb eher der Grundsatz gelten, dass gewichtige Grün- 5567

91 Vgl. BFH, Urteil vom 19. 5. 1983 – IV R 2005/79, BStBl 1983 II S. 670.

92 Vgl. BFH, Urteil vom 19. 5. 1987 – VIII R 327/83, BStBl 1987 II S. 848.

93 BFH, Urteil vom 17. 10. 2013 – IV R 7/11, DStR 2013 S. 2745.

94 Vgl. *Tiedchen*, in: HHR, EStG/KStG, § 5 EStG Anm. 505.

95 Vgl. BFH, Urteil vom 19. 10. 2005 – XI R 64/04, BStBl 2006 II S. 371; siehe auch R 5. 7 Abs. 6 EStR.

96 Vgl. *Tiedchen*, in: HHR, EStG/KStG, § 5 EStG Anm. 505 m. w. N.

de für die Wahrscheinlichkeit der Inanspruchnahme durch den Gläubiger sprechen müssen.[97]

5568 Auch wenn nur wenig mehr gewichtige Gründe dafür als gegen die Wahrscheinlichkeit der Inanspruchnahme sprechen, ist natürlich die Rückstellung in voller Höhe zu bilden, und nicht nur in Höhe der angenommenen Wahrscheinlichkeit. Es gilt das „alles oder nichts Prinzip". Wahrscheinlichkeitsüberlegungen hinsichtlich der Ungewissheit des Entstehens des Rechtsanspruches, z. B. die Erfolgsaussichten einer gegen den Bilanzierenden gerichteten Klage, haben keinen Einfluss auf die Rückstellungsbildung.

5569 Da die vom BFH aufgestellte „51 %-Regel" für die Praxis wenig hilfreich ist, sind die von der Rechtsprechung aufgestellten Vermutungen, bei denen von der Wahrscheinlichkeit der Inanspruchnahme auszugehen ist, bedeutsam. Dabei wird in der Rechtsprechung nach der rechtlichen Anspruchsgrundlage für die bilanziell abzubildende Verpflichtung unterschieden.

5570 Bei Ansprüchen aus **vertraglichen (zweiseitigen) Vereinbarungen** ist als Vermutung davon auszugehen, dass der Vertragspartner seine Rechte auch geltend machen wird.[98] Nähere Erwägungen zu der Wahrscheinlichkeit im konkreten Einzelfall brauchen daher vom Bilanzierenden in diesen Fällen nicht angestellt zu werden.

5571 Eine andere Vermutung stellt der BFH bei **nicht vertraglichen (einseitigen) Verpflichtungen** auf. Dies gilt beispielsweise bei gesetzlichen oder vertraglichen Schadensersatzansprüchen. In diesen Fällen geht der BFH im Sinne einer Vermutung davon aus, dass eine Wahrscheinlichkeit der Inanspruchnahme nur gegeben ist, wenn der Begünstigte den Tatbestand, der den Anspruch ausgelöst hat, oder den **Anspruch** selbst kennt oder diese **Kenntnis** am Bilanzstichtag jedenfalls unmittelbar bevorsteht.[99] Dies gilt sowohl bei öffentlich rechtlichen als auch bei privatrechtlichen Schadensersatzansprüchen. Danach gehört die Verpflichtung zur Leistung von Schadensersatz zur Kategorie der so genannten einseitigen Verbindlichkeiten, die nicht ohne Weiteres den zweiseitigen vertraglichen Verbindlichkeiten gleichstehen. Nach der BFH-Rechtsprechung sind einseitige Verbindlichkeiten mit den vertraglichen Verpflichtungen erst vergleichbar, wenn der Gläubiger die sich aus ihnen ergebende (mögliche) Berechtigung kennt. Unter Berücksichtigung des Vorsichtsprinzips lässt der BFH eine Rückstellungsbildung auch dann noch zu, wenn die unmittelbar bevorstehende Kenntnisnahme nachgewiesen werden kann, da auch in diesem Falle die Rückstellung noch hinreichend objektivierbar ist. Bei im Klagewege bereits geltend gemachten Ansprüchen (Passivprozesse) ist stets die Bildung einer Rückstellung unabhängig von den Erfolgschancen der Klage geboten.[100]

5572 Eine Ausnahme von der Vermutung, dass einseitige (Schadensersatz-)ansprüche die Kenntnis des Gläubigers voraussetzen, gilt allerdings für die Bildung einer **Rückstellung**

97 Vgl. *Herzig/Hötzel*, DB 1991 S. 99; *Fatouros*, DB 2005 S. 117.

98 Vgl. BFH, Urteile vom 17. 11. 1987 – VIII R 348/82, BStBl 1988 II S. 430; vom 22. 11. 1988 – VIII R 62/85, BStBl 1989 II S. 359; vom 28. 3. 2000 – VIII R 13/99, BStBl 2000 II S. 612.

99 Vgl. BFH, Urteile vom 19. 10. 1993 – VIII R 14/92, BStBl 1993 S. 891; vom 25. 4. 2006 – VIII R 40/04, BStBl 2006 II S. 749.

100 Vgl. BFH, Urteil vom 30. 1. 2002 – I R 68/00, BStBl 2002 II S. 688; Urteil vom 27. 11. 1997 – IV R 95/96, BStBl 1998 II S. 375; FG Schleswig-Holstein, Urteil vom 25. 9. 2012 – 3 K 77/11, EFG 2013 S. 11.

wegen Patentverletzung.[101] Hier wiederum geht der BFH davon aus, dass es nicht erforderlich ist, dass der geschädigte Patentinhaber schon Ansprüche geltend gemacht hat oder zumindest seine Kenntnis von der Patentverletzung nachgewiesen werden kann. Vielmehr soll hier die Vermutung gelten, dass im Allgemeinen unter Kaufleuten davon ausgegangen werden kann, dass die Geltendmachung des Anspruchs durch den Gläubiger auch wahrscheinlich ist. Es sei davon auszugehen, dass Patentrechtsverletzungen in Folge der ständigen Überwachung des Marktes dem Patentinhaber in der Regel auch bekannt werden (vgl. Rz. 5587).

Im Bereich der **öffentlich-rechtlichen Verpflichtungen** wird ebenfalls die **Kenntnis der zuständigen Behörde** für die Annahme der Wahrscheinlichkeit der Inanspruchnahme verlangt (vgl. dazu Rz. 5577 f.).[102] 5573

An der Wahrscheinlichkeit der Inanspruchnahme dürfte auch die Rückstellung für hinterzogene Steuern scheitern. Diese sind zwar rechtlich entstanden, solange aber die Behörde die Tat nicht entdeckt hat, ist die Inanspruchnahme des Steuerpflichtigen nicht wahrscheinlich.[103] Es erscheint logisch, dass der Steuerhinterzieher zum Bilanzstichtag nicht von einer Wahrscheinlichkeit der Inanspruchnahme ausgeht, da er sonst die Tat gar nicht begehen würde. 5574

1.2.2.5 Zusätzliche Voraussetzungen bei öffentlich-rechtlichen Verpflichtungen

Auch für öffentlich-rechtliche Verpflichtungen gegenüber dem staatlichen Gemeinwesen können Rückstellungen für ungewisse Verbindlichkeiten gebildet werden. Klassische Beispiele für solche öffentlich-rechtliche Verpflichtungen, die mit Rückstellungen für ungewisse Verbindlichkeiten bilanziell abgebildet werden, sind die Verpflichtungen zur Zahlung von Steuern und Abgaben, aber auch die für die Aufbewahrung von Geschäftsunterlagen nach § 147 AO.[104] 5575

Ausgehend von öffentlich-rechtlichen Verpflichtungen zur Durchführung von Umweltschutzmaßnahmen hat allerdings die Rechtsprechung für die Rückstellungsbildung besondere Voraussetzungen entwickelt, die mit dem Begriff der **Konkretisierung der öffentlich-rechtlichen Verpflichtung** beschrieben werden können. Dabei bedeutet Konkretisierung der öffentlich-rechtlichen Verpflichtung, dass die maßgebende Vorschrift, auf der die Verpflichtung beruht, ein **inhaltlich genau bestimmtes Handeln** innerhalb eines bestimmten Zeitraums vorschreibt. Außerdem müssen an die **Nichterfüllung** der Verpflichtung **Sanktionen** geknüpft sein, also Strafen oder z. B. Verfügungen zur Einstellung des Gewerbebetriebs.[105] Die Verpflichtung kann unmittelbar auf **Gesetz** beruhen oder sich auf der Grundlage eines **behördlichen Verwaltungsaktes** ergeben. Außerdem 5576

101 Vgl. BFH, Urteil vom 9. 2. 2006 – IV R 33/05, BStBl 2006 II S. 517.

102 Vgl. z. B. BFH, Urteil vom 19. 8. 1998 – XI R 8/96, BStBl 1999 II S. 18.

103 Vgl. BFH, Urteile vom 16. 2. 1996 – I R 73/95, BStBl 1996 II S. 592; vom 27. 11. 2001 – VIII R 36/00, BStBl 2001 II S. 731; a. A. FG Nürnberg, Urteil vom 16. 6. 2010 – 5K687/2009, DStRE 2011 S. 857.

104 Vgl. BFH vom 19. 8. 2002 – VIII R 30/01, BStBl 2003 I S. 131.

105 Vgl. BFH, Urteile vom 20. 3. 1980 – IV R 89/79, BStBl 1980 II S. 297; vom 12. 12. 1991 – IV R 28/91, BStBl 1992 II S. 600; vom 25. 3. 1992 – I R 69/91, BStBl 1992 II S. 1010; vom 8. 11. 2000 – I R 6/96, BStBl 2001 II S. 570; vom 19. 8. 2002 – VIII R 30/01, BStBl 2003 II S. 131; vom 19. 11. 2003 – I R 77/01, BStBl 2010 II S. 482; vom 25. 3. 2004 – IV R 35/02, BStBl 2008 II S. 644; vom 21. 9. 2005 – X R 29/03, BStBl 2006 II S. 647.

muss der Erfüllungszeitpunkt der Verpflichtung eine gewisse zeitliche Nähe zum Bilanzstichtag aufweisen.[106]

5577 Falls sich Art und Umfang der öffentlich-rechtlichen Verpflichtung nicht unmittelbar aus dem Gesetz ergeben – wie das z. B. typischerweise bei den Steuergesetzen der Fall ist – so wird ein vollziehbarer Verwaltungsakt einer Behörde vorausgesetzt.[107] Allerdings hat der BFH in jüngeren Entscheidungen auch die bloße Kenntnis oder die unmittelbar bevorstehende **Kenntnis der Behörde** genügen lassen, um eine baldige Handlungspflicht des Unternehmens zu einer **Umweltschutzmaßnahme** anzunehmen.[108] Der BFH begründet dies damit, dass die Behörden gerade bei Umweltschutzmaßnahmen im Rahmen des allgemeinen Polizei- und Ordnungsrechtes verpflichtet sind, dem Unternehmen Handlungen aufzuerlegen. Aus dem Fehlen einer solchen Verfügung am Bilanzstichtag könne daher nicht geschlossen werden, dass die öffentlich-rechtliche Verpflichtung noch nicht konkretisiert sei. Die Finanzverwaltung geht demgegenüber allerdings nach wie vor von der Notwendigkeit des Vorliegens eines vollziehbaren Verwaltungsaktes aus.[109]

5578 Aus dieser mittlerweile aufgelockerten Rechtsprechung des BFH wird deutlich, dass es bei der geforderten Konkretisierung der öffentlich-rechtlichen Verpflichtung nicht um zusätzliche besondere Voraussetzungen für die Rückstellungsbildung geht, sondern um Indizien für die Wahrscheinlichkeit der Inanspruchnahme, die eine generelle Voraussetzung für die Rückstellungsbildung ist.[110] So verstanden handelt es sich dann nicht mehr um ein **Sonderrecht für öffentlich-rechtliche Verpflichtungen,** insbesondere im Bereich der Umweltschutzmaßnahmen, sondern um die Feststellung der Wahrscheinlichkeit der Inanspruchnahme (s. vorstehend Kapitel 1.2.2.3, Rz. 5566 ff.).[111] In diesem Sinne hat auch der BFH[112] entschieden, dass bei Großbetrieben im Sinne der BpO auch ohne Vorliegen einer Prüfungsanordnung eine Rückstellung für die Kosten der zukünftigen Betriebsprüfung gebildet werden muss, da die Wahrscheinlichkeit einer lückenlosen Anschlussbetriebsprüfung hoch ist. Einer zusätzlichen Konkretisierung durch die Prüfungsanordnung bedarf es nicht. Allerdings führt auch die so verstandene Konkretisierung bei einem Nebeneinander privatvertraglicher Verpflichtungen und öffentlich-rechtlicher Verpflichtungen nicht immer zu logischen Ergebnissen, wenn z. B. ein kontaminiertes Grundstück veräußert wird und die Vertragsparteien in einer Klausel die Beseitigungspflicht und die Kostentragung im Hinblick auf im Boden vermutete Altlasten regeln.[113]

---

106 BFH, Urteil vom 20. 3. 1980 – IV R 89/79, BStBl 1980 II S. 297; vgl. auch *Christiansen*, DStR 2013 S. 1347.

107 So R 5.7 Abs. 4 EStR.

108 Vgl. BFH, Urteile vom 19. 11. 2003 – I R 77/01, BStBl 2010 II S. 482; vom 21. 9. 2005 – X R 29/03, BStBl 2006 II S. 647.

109 Vgl. BMF, Schreiben vom 11. 5. 2010 – IV C 6 – S2137/07/10004, BStBl 2010 II S. 495.

110 So *Schön*, BB 1994, Beilage 9, S. 8; *Herzig*, DB 1994 S. 18; *Crezelius*, in: Kirchhof, EStG, 12. Aufl., Köln 2013, § 5 Rz. 117; *Herzig/Köster*, in: Handbuch des Jahresabschlusses, Abt. III/5 Rz. 114.

111 Vgl. *Heger*, in: Stbjb 2005/06, Köln 2006, S. 231, 244; *Weber-Grellet*, in: Schmidt, EStG, 33. Aufl., München 2014, § 5 Rz. 365; *Krumm*, in: Blümich, EStG KStG GewStG, § 5 Rz. 793e; *Tiedchen*, in: HHR, EStG/KStG, § 5 EStG Anm. 506; *Prinz*, DB 2011 S. 492, 496.

112 Urteil vom 6. 6. 2012 – I R 99/10, DStR 2012 S. 1790.

113 Vgl. *Günkel*, in: Stbjb 2007/08, Köln 2008, S. 223, 241 ff.; vgl. auch BFH, Urteil vom 19. 11. 2003 – I R 77/01, BStBl 2010 II S. 482.

Die erforderliche Konkretisierung ist teilweise schon im Gesetz geregelt, bei eher allgemeinen Verhaltenspflichten wird aber die Kenntnis der Behörde vorausgesetzt. Dabei geht die Rechtsprechung mittlerweile bei Abfallentsorgungsverpflichtungen für das Recyceln von Bauschutt davon aus, dass allein die Tatsache der behördlichen Überwachung des Unternehmens für die Konkretisierung im Sinne der Wahrscheinlichkeit der Inanspruchnahme ausreicht.[114] Deshalb wird man die Notwendigkeit des Handelns innerhalb einer bestimmten Zeit nach der neueren Rechtsprechung nicht mehr als erforderlich ansehen müssen. Ihr kommt allenfalls noch eine Indizwirkung zu.[115] 5579

Bei der Bodenkontamination von Grundstücken ist fraglich, ob eine Teilwertabschreibung auf den Grund und Boden auch ohne die Erfüllung der Voraussetzungen für die Rückstellungsbildung möglich ist, und in welchem Verhältnis **Teilwertabschreibung** einerseits und die **Rückstellung für die Altlastensanierung** andererseits stehen. Nach der Rechtsprechung des BFH ist die Teilwertabschreibung auf ein kontaminiertes Grundstück auch dann möglich, wenn die Voraussetzungen für die Bildung einer Sanierungsrückstellung noch nicht gegeben sind, z. B. weil die zuständige Behörde noch keine Kenntnis davon hat.[116] Die Rechtsprechung lässt auch ein **Nebeneinander von Teilwertabschreibung und Rückstellungsbildung** zu.[117] Danach braucht die zu bildende Rückstellung für Sanierungsmaßnahmen nicht um den Betrag einer bereits vorgenommenen Teilwertabschreibung auf das Grundstück wegen eben dieser Kontamination gemindert zu werden. Zu berücksichtigen ist allerdings, dass diese Rechtsprechung des BFH auf einer Rechtslage beruhte, bevor § 6 Abs. 1 Nr. 2 Satz 2 EStG das Vorliegen einer dauerhaften Wertminderung für die Teilwertabschreibung voraussetzte und § 6 Abs. 1 Nr. 2 Satz 3 in Verbindung mit § 6 Abs. 1 Nr. 1 Satz 4 EStG ein strenges **Wertaufholungsgebot** vorsah. Darauf weist der BFH in seiner Entscheidung ausdrücklich hin. Es ist der Finanzverwaltung daher darin zuzustimmen, dass eine Wertminderung des Grund und Bodens dann eigentlich nicht mehr vorliegen kann, wenn durch die Bildung einer Rückstellung für Beseitigung der Kontamination das Vorliegen der Verpflichtung und der Absicht zur Sanierung des Grund und Bodens begründet wird.[118] Die noch vorhandene Wertminderung des Grund und Bodens durch die Verunreinigung dürfte dann nicht mehr dauerhaft sein. 5580

1.2.3 Bilanzierungsverbote

Entsprechend dem Maßgeblichkeitsgrundsatz des § 5 Abs. 1 Satz 1 EStG sind grundsätzlich alle Rückstellungen zu passivieren, die auch nach den handelsrechtlichen GoB anzusetzen sind (vgl. Rz. 5532 ff.). Durch den BFH wurde der Maßgeblichkeitsgrundsatz hinsichtlich der Passivseite der Bilanz dahin gehend eingeschränkt, dass eine Passivierung in der Steuerbilanz nur erfolgen kann, sofern handelsrechtlich kein Passivierungs- 5581

114 Vgl. BFH, Urteile vom 25. 3. 2004 – IV R 35/02, BStBl 2006 II S. 644; vom 21. 9. 2005 – X R 29/03, BStBl 2006 II S. 647.

115 So BFH, Urteil vom 21. 9. 2005 – X R 29/03, BStBl 2006 II S. 647.

116 Vgl. BFH, Urteile vom 19. 10. 1993 – VIII R, BStBl 1993 II S. 891; vom 19. 11. 2008 – I R 77/01, BStBl 2010 II S. 482.

117 Vgl. BFH, Urteil vom 19. 11. 2003 – I R 77/01, BStBl 2010 II S. 482.

118 Vgl. BMF, Schreiben vom 11. 5. 2010 – IV C 6 – S2137/07/10004, BStBl 2010 I S. 495; vgl. auch *Krumm*, in: Blümich, EStG KStG GewStG, § 5 Rz. 821.

wahlrecht besteht.[119] Mit Einführung des BilMoG sind die im Bereich der sonstigen Rückstellungen bestehenden handelsrechtlichen Passivierungswahlrechte[120] vollständig abgeschafft worden, so dass die vorgenannte Einschränkung hier (nahezu) keine Relevanz mehr entfaltet.

Der Steuergesetzgeber hat daneben die Maßgeblichkeit durch umfangreiche Bilanzierungsverbote im Bereich des Rückstellungsrechts (§§ 5 Abs. 2a bis 4b EStG) in weiten Bereichen außer Kraft gesetzt.

1.2.3.1 Verpflichtungen, die nur zu erfüllen sind, soweit künftig Einnahmen oder Gewinne anfallen (§ 5 Abs. 2a EStG)[121]

5582 Die Regelung, welche gleichermaßen Rückstellungen und Verbindlichkeiten (vgl. Rz. 6177 ff.) betrifft, wurde durch das StBereinG 1999 v. 22. 12. 1999[122] in das EStG aufgrund einer Rechtsprechungsentwicklung eingefügt, die im Widerspruch zur Auffassung der Finanzverwaltung stand.[123] Der BFH hatte in seiner Rechtsprechung zwar weiterhin den allgemeinen Bilanzierungsgrundsatz bestätigt, dass Schulden, die nur aus zukünftigen Gewinnen zurückzuzahlen sind, nicht passiviert werden dürfen. Für Darlehen oder erhaltene Zuschüsse, die nur bedingt, bei Eintritt bestimmter Erfolge zurückgezahlt werden müssen, sei jedoch eine Rückstellung für ungewisse Verbindlichkeiten in Höhe der wahrscheinlichen Rückzahlungsverpflichtung zu bilden.[124] Die Finanzverwaltung vertrat bis dahin die Auffassung, dass bei bedingt rückzahlbaren Vermögenszuwendungen, die erhaltenen Mittel sofort ertragswirksam vereinnahmt werden müssen und eine (teilweise) Kompensation durch eine aufwandswirksame Rückstellungsbildung nicht möglich sei. Die bedingten Rückzahlungsverpflichtungen sollen vielmehr erst zum Zeitpunkt des Bedingungseintritts aufwandswirksam berücksichtigt werden können.[125]

5583 Da trotz der folgenden Nichtanwendungserlasse der Finanzverwaltung[126] der BFH an seiner Rechtsprechung festhielt, wurde die Regelung des § 5 Abs. 2a EStG eingefügt. Diese Vorschrift bewirkt nun für Verpflichtungen, die **nur** aus künftigen Einnahmen oder Gewinnen zu erfüllen sind, unabhängig davon, ob sie z. B. aus den vorgenannten bedingten Vermögenszuwendungen entstanden sind, unter Verstoß gegen das Realisations- und Imparitätsprinzip mangels kompensatorischer Rückstellungsbildung die sofortige vollständige ertragswirksame Erfassung der erhaltenen Zahlung. Voraussetzung für die Anwendung des Passivierungsverbots ist also, dass die Verpflichtung sich auf das **künftige Vermögen** des Bilanzierenden bezieht. Sofern jedoch das gegenwärtige,

119 Vgl. BFH, Beschluss vom 3. 2. 1969 – GrS 2/68, BStBl 1969 II S. 291.

120 Z. B. nach § 249 Abs. 1 Satz 3 HGB a. F. für unterlassene Instandhaltungsaufwendungen, die im Zeitraum zwischen drei und zwölf Monaten nach Ende des Geschäftsjahres nachgeholt werden.

121 Siehe hierzu ausführlich auch Rz. 6177 ff.

122 BGBl 1999 I S. 2601; BStBl 2000 I S. 13.

123 Vgl. BT-Drucks. 14/20070 S. 17 f.

124 Vgl. z. B. BFH, Urteil vom 20. 9. 1995 – X R 225/93, BStBl 1996 II S. 320 für Filmförderdarlehen, die nur aus künftigen Verwertungserlösen zu tilgen sind; BFH, Urteil vom 3. 7. 1997 – IV R 49/96, BStBl 1998 II S. 244 für erhaltene Druckbeihilfen, die bei Erreichen bestimmter Absatzzahlen zurückzugewähren sind.

125 Vgl. z. B. BMF, Schreiben vom 8. 5. 1978 – IV B 2 – S 2241 – 97/78, BStBl 1978 I S. 2003.

126 Vgl. z. B. BMF, Schreiben vom 28. 4. 1997 – IV B 2 – S 2137 – 38/97, BStBl 1997 I S. 398.

am Bilanzstichtag vorhandene Vermögen belastet ist, ist eine Rückstellung zu bilden, wobei es für die Rückstellungsbildung keinen Unterschied macht, ob die spätere Erfüllung der Verpflichtung zu einer Erhöhung des Aufwands oder einer Verminderung der Einnahmen führt. Der BFH[127] legt § 5 Abs. 2a EStG teleologisch reduziert dahin gehend aus, dass eine Anwendung nicht erfolgt, wenn die Belastung mit an Sicherheit grenzender Wahrscheinlichkeit eintreten wird und damit das Vermögen des Schuldners am Stichtag belastet ist. Sofern die erhaltenen Zuwendungen aufgrund bestehender Zeitbestimmtheit als Rechnungsabgrenzungsposten zu passivieren sind, ist § 5 Abs. 2a EStG nicht einschlägig, da die Regelung nur auf Verbindlichkeiten oder Rückstellungen anzuwenden ist.[128]

BEISPIELE: ► Druckbeihilfen: 5584

Ein Autor gewährt einem Verlag eine Druckbeihilfe als unverzinsliches „Darlehen", das erst bei Erreichen des vereinbarten Mindestabsatzes in Höhe eines bestimmten Betrages je verkauftem Exemplar zurückzuzahlen ist. Keine Rückstellungsbildung für die erhaltene Druckbeihilfe in Höhe der voraussichtlichen Tilgung aufgrund § 5 Abs. 2a EStG. Eine Passivierungspflicht entsteht erst mit Erreichen der Mindestabsatzzahl in Höhe der bereits verkauften Exemplare.

► Rangrücktritt:

Nach Auffassung des BFH und der Finanzverwaltung ist bei einem mit einer einfachen Rangrücktrittsvereinbarung versehenen Darlehen die Passivierung einer Verbindlichkeit oder Rückstellung nicht möglich, sofern in der Vereinbarung die Möglichkeit der Tilgung auch aus sonstigem freien Vermögen nicht vorgesehen ist.[129]

► Werkezeugkostenzuschuss

Ein Automobilzulieferunternehmen erhält von seinem Kunden, einem Automobilhersteller (OEM), einen Zuschuss zu den Anschaffungs-/Herstellungskosten des Werkzeugs, mit welchem die gewünschten Teile für den Kunden produziert werden, und verpflichtet sich dafür zur Lieferung der Teile in den nächsten sechs Jahren. Aufgrund der vorliegenden Bestimmtheit der zeitbezogenen Gegenleistungsverpflichtung des Automobilzulieferunternehmens, ist der erhaltene Zuschuss als Rechnungsabgrenzungsposten zu passivieren und über die vereinbarte Vertragslaufzeit von sechs Jahren aufzulösen.[130]

127 Vgl. BFH, Urteil vom 6. 2. 2013 – I R 62/11, BStBl 2013 II S. 954 zur Rückstellungspflicht für Kostenüberdeckungen eines kommunalen Zweckverbandes, die durch entsprechende Preiskalkulationen in den Folgeperioden zurückgegeben werden müssen.

128 Vgl. *Richter*, in: HHR, EStG/KStG, § 5 EStG Anm. 1773; *Hoffmann*, in: Littmann/Bitz/Pust (Hrsg.), Das Einkommensteuerrecht, §§ 4, 5 Tz. 917d.

129 Vgl. BMF, Schreiben vom 8. 9. 2006 – IV B 2 – S 2133 – 10/06, BStBl 2006 I S. 497 Tz. 6. Im Rahmen der Gestaltung sollte daher auf eine entsprechende Formulierung des Rangrücktritts geachtet werden; BFH, Urteil vom 30. 11. 2011 – I R 100/10, BStBl 2012 II S. 332.

130 Vgl. IDW HFA 2/1996 i. d. F. 2013, Kap. 2.1.1.1, WPg 2013 S. 394; a. A. für eine in der Praxis häufig anzutreffende Fallkonstellation, bei der u. a. der Auftraggeber das zivilrechtliche Eigentum unter Vereinbarung eines Besitzkonstituts erworben hat, aufgrund der Zuordnung des wirtschaftlichen Eigentums an dem Werkzeug zum Zuschussgeber: FG Hessen, Urteil vom 14. 8. 2012 – 10 K 2697/06, EFG 2013 S. 1343 – Rev. eingelegt (Az. des BFH: IV R 3/13).

► Rückstellungen für rückzuvergütende Kostenüberdeckungen

Ein kommunaler Zweckverband für die Wasserversorgung und Abwasserbeseitigung in den angeschlossenen Gemeinden hat die zu erhebenden Gebühren nach dem anwendbaren Landesrecht kostendeckend zu kalkulieren. Durch ungeplante Einsparungen kam es jedoch zu den Kostenüberdeckungen, die über eine Berücksichtigung in der Preiskalkulation der folgenden Kalkulationsperiode an die Leistungsempfänger zurückgewährt werden müssen, wobei diese regelmäßig nicht identisch mit denjenigen sind, welche in der Vergangenheit die „überhöhten" Gebühren gezahlt haben. Durch die Verpflichtung zur Rückgabe der Kostenüberdeckungen im Rahmen der zukünftigen Preiskalkulation ist das am Bilanzstichtag vorhandene Vermögen belastet und somit eine Rückstellung zu bilden, da der Zweckverband seinen Betrieb mit an Sicherheit grenzender Wahrscheinlichkeit für die Dauer der Ausgleichsperiode aufrecht erhalten wird. Eine Anwendung von § 5 Abs. 2a EStG scheidet aus, da sich die Verpflichtung zur Rückerstattung nicht nur auf das künftige Vermögen des Zweckverbandes bezieht.[131]

1.2.3.2 Rückstellungen wegen Verletzung fremder Patent-, Urheber- oder ähnlicher Schutzrechte (§ 5 Abs. 3 EStG)

5585 Die Regelung wurde 1983 als Reaktion des Gesetzgebers auf eine ihm insbesondere hinsichtlich der zeitlichen Begrenzung der Rückstellungsbilanzierung zu weitgehende BFH-Rechtsprechung[132] in das EStG eingefügt.

Die Rückstellungsbildung wegen der Verletzung fremder Schutzrechte ist seit dem nur möglich, wenn neben der Erfüllung der allgemeinen **Voraussetzungen** für die Rückstellungsbildung

- der Rechtsinhaber Ansprüche geltend macht (§ 5 Abs. 3 Satz 1 Nr. 1 EStG) oder
- der Steuerpflichtige ernsthaft mit einer Inanspruchnahme rechnen muss (§ 5 Abs. 3 Satz 1 Nr. 2 EStG).

Bei der zweiten Alternative ist die Rückstellung jedoch spätestens im dritten Wirtschaftsjahr nach ihrer erstmaligen Bildung **aufzulösen,** sofern bis zur Aufstellung der Bilanz für dieses Wirtschaftsjahr keine Inanspruchnahme erfolgt ist. Somit besteht ab diesem Zeitpunkt in Durchbrechung des Maßgeblichkeitsgrundsatzes de-facto ein Bilanzierungsverbot, wenn der Rechtsinhaber keine Ansprüche geltend gemacht hat.

5586 Die Geltendmachung von Ansprüchen i. S.v. § 5 Abs. 3 Satz 1 Nr. 1 EStG erfordert keine Klageerhebung. Es ist ausreichend, wenn der Rechtsinhaber (schriftlich oder mündlich) zumindest die Unterlassung der Rechtsverletzung fordert.[133] Sofern Ansprüche geltend gemacht werden, kann daraus jedoch nicht ohne weiteres gefolgert werden, dass die für die Rückstellungsbildung erforderliche wahrscheinliche Schutzrechtsverletzung auch vorliegt. Diese dürfte in der Praxis – spätestens bei Anspruchsanmeldung durch

131 Vgl. BFH, Urteil vom 6. 2. 2013 – I R 62/11, BStBl 2013 II S. 954; *Hruby*, DStR 2010 S. 127; *Hageböke*, DB 2011 S. 1480; *Welter/Balwieser*, DStR 2013 S. 1492.

132 Vgl. BFH, Urteil vom 11. 11. 1981 – I R 157/79, BStBl 1982 II S. 748.

133 Vgl. *Weber-Grellet*, in: Schmidt, EStG, 32. Aufl., München 2013, § 5 Tz. 396.

den Rechtsinhaber – regelmäßig durch Sachverständige, wie z. B. der eigenen Patentabteilung oder Patentanwälte, gewürdigt werden.[134]

Die alternative Tatbestandsvoraussetzung in Nr. 2 der Regelung entspricht der allgemeinen Bilanzierungsvoraussetzung für Rückstellungen „Wahrscheinlichkeit der Inanspruchnahme" (vgl. Rz. 5566 ff.) und hat somit lediglich deklaratorischen Charakter. Sie ist zumindest bei Patentrechtsverletzungen regelmäßig erfüllt, da der Steuerpflichtige davon ausgehen kann, dass der Rechtsinhaber den Markt regelmäßig überwacht, eine Verletzung seiner Schutzrechte somit erkennen und auch dagegen tätig werden wird. Die Kenntnis des Rechtsinhabers von der Rechtsverletzung ist daher grundsätzlich nicht Voraussetzung für die Rückstellungsbildung.[135] Sollte der Rechtsinhaber trotz Kenntnis der Rechtsverletzung keine Ansprüche geltend machen, kann hierin u. E. kein konkludenter Verzicht gesehen werden, da es für den Berechtigten aufgrund der gesetzlichen Entschädigungsregelungen durchaus vorteilhaft sein kann, seine Ansprüche möglichst spät geltend zu machen (vgl. auch Rz. 5572). 5587

Nur in Ausnahmefällen, wie z. B. Verzicht der Geltendmachung durch den Rechtsinhaber aufgrund finanzieller Abhängigkeit vom Rechtsverletzer oder sonst guter Geschäftsbeziehungen, dürfte die Bildung einer Rückstellung mangels Wahrscheinlichkeit der Inanspruchnahme nicht möglich sein.[136]

Die Dreijahresfrist, an deren Ende die Rückstellung aufzulösen ist, sofern bis zur Aufstellung der Bilanz für dieses Wirtschaftsjahr keine Geltendmachung erfolgt ist, beginnt mit dem Wirtschaftsjahr, in dem der Steuerpflichtige aufgrund der Wahrscheinlichkeit der Inanspruchnahme erstmals eine Rückstellung bilden müsste. Wird ein Schutzrecht in mehreren Wirtschaftsjahren verletzt, erfolgt die Ermittlung des Auflösungszeitpunkts der Rückstellung gleichwohl ausgehend vom Jahr der erstmaligen Verletzung dieses Rechts.[137] 5588

BEISPIEL: Ein Schutzrecht wird im Wirtschaftsjahr 01 und im Wirtschaftsjahr 03 verletzt. Im Wirtschaftsjahr 07 macht der Rechteinhaber seine Ansprüche geltend. Die Rückstellung ist erstmals zum 31. 12. 01 zu bilden. Zum 31. 12. 03 sind die aus der Verletzung in diesem Wirtschaftsjahr resultierenden Zuführungsbeträge zu berücksichtigen. Die Rückstellung ist insgesamt zum 31. 12. 04 aufzulösen.[138] Zum 31. 12. 07 ist erneut eine Rückstellung zu bilden.

Zur Rückstellungsbewertung vgl. Rz. 5656 „Patent-, Urheber-, Schutzrechtsverletzung".

134 Vgl. auch *Anzinger*, in: HHR, EStG/KStG, § 5 EStG Tz. 1815.

135 Vgl. BFH, Urteil vom 9. 2. 2006 – IV R 33/05, BStBl II 2006 S. 517. Es stellt sich auch die Frage, wie der Steuerpflichtige die subjektive Kenntnis des Rechteinhabers nachweisen sollte.

136 Vgl. BFH, Urteil vom 9. 2. 2006 – IV R 33/05, BStBl II 2006 S. 517.

137 So wohl auch BFH, Urteil vom 9. 2. 2006 – IV R 33/05, BStBl II 2006 S. 517.

138 A. A. z. B. *Kozikowski/Schubert*, in: Beck'scher Bilanz-Kommentar, 8. Aufl., München 2012, § 249 Tz. 100 „Patenverletzung" m. w. N., nach denen die im Wirtschaftsjahr 03 zugeführte Beträge erst zum 31. 12. 06 aufzulösen sind.

1.2.3.3 Rückstellungen für Zuwendungen anlässlich eines Dienstjubiläums (§ 5 Abs. 4 EStG)

5589 Die Beschränkung der Rückstellung für Jubiläumszuwendungen wurde im Rahmen des Steuerreformgesetzes 1990 zur Vermeidung erheblicher Steuerausfälle als Reaktion auf die geänderte Rechtsprechung des BFH[139] eingefügt, nach der für Jubiläumszusagen nach allgemeinen Regeln Rückstellungen für ungewisse Verbindlichkeiten für Erfüllungsrückstand aus bereits erbrachten Arbeitsleistungen zu bilden sind.[140] Für die Wirtschaftsjahre 1988 bis 1992 bestand nach der gemäß der Entscheidung des Bundesverfassungsgerichts vom 12. 5. 2009 verfassungskonformen Vorschrift des § 52 Abs. 6 EStG i. d. F. des Steuerreformgesetzes ein Passivierungverbot für Jubiläumsrückstellungen verbunden mit der Regelung, dass bestehende Rückstellungen in den Wirtschaftsjahren 1989 bis 1991 zu mindestens einem Drittel gewinnerhöhend aufzulösen waren.[141]

5590 Rückstellungen für nach dem 31. 12. 1992 endende Wirtschaftsjahre dürfen unter Durchbrechung des Maßgeblichkeitsgrundsatzes nur dann gebildet werden, wenn alle folgenden **Voraussetzungen** erfüllt sind:

- Das Dienstverhältnis muss mindestens zehn Jahre bestanden haben.
- Das Jubiläum muss ein Dienstverhältnis von mindestens 15 Jahren voraussetzen.
- Die Zusage muss schriftlich erteilt worden sein.

In allen anderen Fällen besteht ein Bilanzierungsverbot. Daneben dürfen im Rahmen der Rückstellungsbildung lediglich Anwartschaftserdienungszeiträume ab dem 1. 1. 1993 berücksichtigt werden.

5591 § 5 Abs. 4 EStG ist nur anwendbar auf Geld- oder Sachzuwendungen, welche der Begünstigte aus einem Dienstvertrag i. S. d. § 611 BGB (i. d. R. Arbeitnehmer, aber auch z. B. selbständiger Handelsvertreter, mit dem ein (Dauer-)Dienstvertrag besteht[142]) aufgrund einer bestimmten Beschäftigungsdauer erhält, die nicht unbedingt eine „runde" Zahl sein muss.[143] Für Zuwendungen z. B. aus Anlass eines Geschäfts- oder Firmenjubiläums des Unternehmens selbst sind Rückstellungen nach allgemeinen Grundsätzen zu bilden, auch wenn bei der Bemessung der Zuwendung die Dauer der Betriebszugehörigkeit berücksichtigt wird.[144]

5592 Die schriftliche Erteilung der Zusage kann individualvertraglich oder kollektiv mittels Betriebsvereinbarung oder Tarifvertrag erfolgen. Es ist unschädlich, wenn die Zusage widerruflich oder unter Vorbehalt erteilt wird, sofern sich z. B. aus der bisherigen betrieblichen Übung die für die Rückstellungsbildung notwendige Wahrscheinlichkeit der

139 So wohl zutreffend der Gesetzgeber, vgl. z. B. BT-Drucks. 11/2157, S. 140.

140 Vgl. BFH, Urteil vom 5. 2. 1987 – IV R 81/84, BStBl 1987 II S. 845.

141 Das Bundesverfassungsgericht hat in seiner Entscheidung vom 12. 5. 2009 die übergangsweise geltende Rechtslage, die ein Verbot von „Neurückstellungen" bzw. für die die Zuführung zu „Altrückstellungen" sowie ein Auflösungsgebot für „Altrückstellungen" vorsah, für mit dem Grundgesetz vereinbar gehalten; vgl. BVerfG, Beschluss vom 12. 5. 2009 – 2 BvL 1/00, BB 2009 S. 1408; kritisch hierzu z. B. *Hey*, DStR 2009 S. 2561.

142 Vgl. *Krumm*, in: Blümich, EStG KStG GewStG, § 5 Tz. 851.

143 So noch BMF, Schreiben vom 29. 10. 1993 – IV B 2-S 2175-47/93, BStBl 1993 I S. 898, das eine durch fünf teilbare Zahl verlangte.

144 Vgl. BFH, Urteil vom 29. 11. 2000 – I R 31/00, BStBl 2004 II S. 41.

Inanspruchnahme ergibt.[145] Dagegen sind z. B. mündliche rechtsverbindliche Zusagen nicht ausreichend, da die Schriftform materiell-rechtliche Voraussetzung der Regelung des § 5 Abs. 4 EStG ist.[146]

Durch die Zehn-Jahresfrist, die auch mit Unterbrechungen erreicht werden kann,[147] soll 5593
pauschal die Fluktuation berücksichtigt werden. Bei der Bewertung der Rückstellung ist daher kein Fluktuationsabschlag anzusetzen.[148] Mit Erreichen der vorgenannten Frist und Erfüllung der weiteren Voraussetzungen für die Rückstellungsbildung ist für den Berechtigten eine Rückstellung zu passivieren, die den kompletten Erdienungszeitraum seit Dienstbeginn mit Ausnahme der Zeiträume vor dem 1. 1. 1993 umfasst. Unbeachtlich ist, ob die Zusage bereits mit Dienstbeginn oder erst später erteilt worden ist.[149]

Zur Rückstellungsbewertung vgl. Rz. 5656 „Dienstjubiläum".

1.2.3.4 Rückstellungen für drohende Verluste aus schwebenden Geschäften (§ 5 Abs. 4a EStG)

Nach § 249 Abs. 1 Satz 1 2. Alternative HGB sind auch für drohende Verluste aus schwe- 5594
benden Geschäften Rückstellungen zu bilden. Seit dem Veranlagungszeitraum 1997 enthält allerdings § 5 Abs. 4a EStG einen steuerlichen Ansatzvorbehalt, der das Maßgeblichkeitsprinzip für diese Rückstellungsart durchbricht. Damit werden das Vorsichtsprinzip und das Imparitätsprinzip als tragende Grundsätze des deutschen Bilanzrechtes hier außer Kraft gesetzt. Unabhängig von der Fragwürdigkeit dieser Regelung, die gegen das Nettoprinzip und damit gegen das Prinzip der Besteuerung nach der Leistungsfähigkeit verstößt und deren verfassungsrechtliche Bedenklichkeit nicht abschließend geprüft ist, muss man zur Kenntnis nehmen, dass die Regelung „im Gesetz steht und gesetztes Recht ist".[150] Das Rückstellungsverbot gilt nach § 5 Abs. 4a Satz 2 EStG nicht, wenn die Abbildung so genannter Bewertungseinheiten in Handels- und Steuerbilanz (§ 5 Abs. 1a Satz 2 EStG), zu einem Überhang auf der Passivseite und damit zu einem Drohverlust führt. Zu den Einzelheiten s. Rz. 5608 ff.).

1.2.3.5 Rückstellungen für künftige Anschaffungs- oder Herstellungskosten (§ 5 Abs. 4b Satz 1 EStG)

Die 1999 durch das StEntlG 1999/2000/2002 eingeführte Vorschrift hat nach wohl ein- 5595
helliger Ansicht **lediglich klarstellenden** Charakter, da auch schon nach bisheriger BFH-Rechtsprechung entsprechend der herrschenden handelsrechtlichen Vorgehensweise keine Rückstellungen für Aufwendungen gebildet werden konnten, die zum Zeitpunkt

---

145 Vgl. BFH, Urteil vom 18. 1. 2007 – IV R 42/04, BStBl 2008 II S. 956.

146 Vgl. *Lambrecht*, in: Kirchhof/Söhn/Mellinghoff, EStG-Kommentar, § 5 Tz. E 51.

147 Vgl. *Anzinger*, in: HHR, EStG/KStG, § 5 EStG Tz. 1845; a. A. *Kuenen*, in: Blümich, EStG KStG GewStG, § 5 Tz. 851.

148 Vgl. BMF, Schreiben vom 8. 12. 2008 – IV C 6 – S 2137/07/10002, BStBl 2008 I S. 1013 Tz. 7.

149 Vgl. z. B. *Anzinger*, in: HHR, EStG/KStG, § 5 EStG Tz. 1848.

150 Vgl. *Gosch*, BFH/PR 2010 S. 237.

ihres Anfalls als Anschaffungs-/Herstellungskosten für ein Wirtschaftsgut zu aktivieren sind, da es sich lediglich um eine erfolgsneutrale Vermögensumschichtung handelt (vgl. Rz. 5557).[151]

5596 Ein Vorziehen der sonst erst durch die AfA ratierlich entstehenden Aufwendungen über eine Rückstellungsbildung wird unter teleologischer Reduktion des Wortlauts lediglich bei Ausgaben für Wirtschaftsgüter als zulässig angesehen, die keinen zukünftigen Nutzen alimentieren, deren Verursachung mithin ausschließlich in der Vergangenheit liegt, wie z. B. bei Regalen für die Aufbewahrung von Geschäftsunterlagen (vgl. Rz. 5656 „Aufbewahrung von Geschäftsunterlagen“).[152] Hingegen dürfen für von Anfang an wertlose Wirtschaftsgüter, auf die nach ihrem Zugang direkt eine Teilwertabschreibung vorzunehmen wäre, entgegen der handelsrechtlichen Behandlung aufgrund des eindeutigen Wortlauts der Regelung keine Rückstellungen passiviert werden.[153]

5597 Das Rückstellungsverbot betrifft jedoch nicht Rückstellungen für ausstehende Rechnungen über bereits erfolgte aktivierungspflichtige Lieferungen oder Leistungen, die in der Praxis z. B. bei bezogenen Bauleistungen zum Zeitpunkt der Bilanzaufstellung regelmäßig noch nicht vollständig vorliegen.[154] In diesen Fällen handelt es sich allerdings auch nicht um künftige, sondern bis zum Bilanzstichtag bereits entstandene Anschaffungs- oder Herstellungskosten.[155] § 5 Abs. 4b Satz 1 EStG ist ebenfalls nicht anwendbar, wenn es sich um Aufwendungen handelt, die zu künftigen Anschaffungs- oder Herstellungskosten für Wirtschaftsgüter werden, die einem Dritten zuzurechnen sind.[156]

1.2.3.6 Rückstellungen für die Verpflichtung zur schadlosen Verwertung radioaktiver Reststoffe sowie ausgebauter oder abgebauter radioaktiver Anlagenteile (§ 5 Abs. 4b Satz 2 EStG)

5598 Nach § 5 Abs. 4b Satz 2 EStG dürfen Rückstellungen für die nach § 9a AtomG bestehende Verpflichtung zur schadlosen Verwertung radioaktiver Reststoffe sowie ausgebauter oder abgebauter radioaktiver Anlagenteile nicht gebildet werden, soweit Aufwendungen im Zusammenhang mit der Bearbeitung oder Verarbeitung von Kernbrennstoffen stehen, die aus der Aufarbeitung bestrahlter Kernbrennstoffe stammen und keine radioaktiven Abfälle darstellen. Durch die Neufassung von § 9a Abs. 1 AtomG ist die schadlose Verwertung für nach dem 1. 7. 2005 an eine Wiederaufbereitungsanlage gelieferte Kernbrennstoffe nicht mehr zulässig.[157]

---

151 Vgl. BFH, Urteil vom 19. 8. 1998 – XI R 8/96, BStBl 1999 II S. 18 m. w. N.

152 Vgl. *Günkel/Fenzl*, DStR 1999 S. 650; *Weber-Grellet*, in: Schmidt, EStG, 32. Aufl., München 2013, § 5 Tz. 369; *Prinz*, DB 2011 S. 494: teleologische Reduzierung auch bei fehlender mehrperiodiger Nutzungsmöglichkeit.

153 Vgl. *Tiedchen*, in: HHR, EStG/KStG, § 5 EStG Tz. 1887; a. A. *Buciek*, in: Blümich, EStG KStG GewStG, § 5 Tz. 887b m. w. N.

154 Vgl. OFD München, Vfg. vom 19. 7. 2000 – S 2000 – 42 St 41/42.

155 Durch die Einfügung des Bezugs der Anschaffungs-/Herstellungskosten auf künftige Wirtschaftsjahre erfolgte insoweit eine Klarstellung der Regelung durch das StÄndG 2001 v. 20. 12. 2001 (BStBl 2002 I S. 4); vgl. BT-Drucks 14/7341 S. 10.

156 Vgl. *Günkel/Hörger/Thömmes*, DStR 1999 S. 1875.

157 Vgl. *Steindorf/Häberle*, in: Erbs/Kohlhaas, Strafrechtliche Nebengesetze, § 9a Tz. 3.

Sofern es sich um als Anschaffungs- oder Herstellungskosten zu aktivierende Aufwendungen handelt, ergibt sich das Bilanzierungsverbot bereits aus der allgemeinen Regelung in Satz 1 der Vorschrift. Durch Satz 2 der Vorschrift wird mit dem Passivierungsverbot für nicht aktivierungspflichtige Aufwendungen hingegen eine Sonderregelung für Unternehmen mit einer bestimmten Geschäftstätigkeit geschaffen.[158] Eine wie nach § 5 Abs. 4b Satz 1 EStG erforderliche Differenzierung zwischen aktivierungspflichtigen und nicht aktivierungspflichtigen Aufwendungen zur Feststellung, ob ein Rückstellungsverbot besteht, ist somit nicht erforderlich.[159] 5599

Das Passivierungsverbot betrifft hauptsächlich die sog. MOX-Brennelemente, die in einem kombinierten Entsorgungs- und Herstellungsvorgang zur erneuten Nutzung wiederaufbereitet werden. Die Herstellungskosten für die mittels Aufbereitung hergestellten Elemente liegen jedoch über den Marktpreisen für ein neues Element, so dass die Entsorgungsverpflichtung der Brennelemente zu einem Verpflichtungsüberhang in Höhe der Differenz zwischen den entstehenden Wiederaufbereitungskosten und dem Marktpreis führt, für den handelsrechtlich und – bis zur Einführung von § 5 Abs. 4b EStG – auch steuerrechtlich eine Rückstellung zu bilden war.[160] 5600

Nicht betroffen von dem Rückstellungsverbot sind Aufwendungen, die vor der Wiederaufbereitung anfallen und Aufwendungen für die Verwertung radioaktiver Abfälle.[161] 5601

(Einstweilen frei) 5602–5604

1.2.3.7 Weitere Bilanzierungsverbote

Nicht abzugsfähige Betriebsausgaben: Für Aufwendungen, für die steuerlich ein Abzugsverbot besteht (z. B. für Geldbußen, Ordnungs- und Verwarnungsgelder nach § 4 Abs. 5 Satz 1 Nr. 8 EStG) soll die Bildung einer Rückstellung unzulässig sein.[162] U. E. ist auch in diesen Fällen eine Rückstellung zu passivieren, da dem Gesetz kein explizites Passivierungsverbot zu entnehmen ist, wie es z. B. § 5 Abs. 4a EStG für Drohverluste vorsieht. Allerdings müssen die gebildeten Rückstellungen dem Gewinn außerbilanziell wieder hinzugerechnet werden.[163] 5605

Unwesentliche Rückstellungen: Nach dem Grundsatz der Wesentlichkeit sollen für unwesentliche ungewisse Verpflichtungen keine Rückstellungen gebildet werden dürfen, da insoweit ein handelsrechtliches Passivierungswahlrecht besteht, das steuerlich zu einem Passivierungsverbot führt.[164] Gemäß dieser Begründung des BFH wäre die Unter- 5606

158 Vgl. *Lambrecht*, in: Kirchhof/Söhn/Mellinghoff, EStG-Kommentar, § 5 Tz. Eb 4.

159 Nach der Gesetzesbegründung sollten dadurch Abgrenzungsschwierigkeiten vermieden werden, ob und in welchem Umfang die Aufwendungen im Rahmen der schadlosen Verwertung der radioaktiven Reststoffe Anschaffungs- oder Herstellungsvorgänge betreffen; vgl. BT-Drucks 14/23 S. 170.

160 Vgl. *Küting/Kessler*, DStR 1998 S. 1942; *Günkel/Fenzl*, DStR 1999 S. 650.

161 Vgl. *Lambrecht*, in: Kirchhof/Söhn/Mellinghoff, EStG-Kommentar, § 5 Tz. Eb 28.

162 Vgl. BFH, Urteil vom 15. 3. 2000 – VIII R 34/96, DStRE 2001 S. 169. Wohl h. M. nach *Tiedchen*, in: HHR, EStG/KStG, § 5 EStG Anm. 501 m. w. N.

163 Vgl. auch *Krumm*, in: Blümich, EStG KStG GewStG, § 5 Tz. 745.

164 Vgl. BFH, Urteil vom 18. 1. 1995 – I R 44/94, BStBl 1995 II S. 742 m. w. N.; BMF, Schreiben vom 28. 11. 2006 – IV B 2 – S 2137 – 73/06, BStBl 2006 I S. 765 aufgehoben durch BMF-Schreiben vom 20. 11. 2012 – IV C 6 – S 2137/09/10002, DStR 2012 S. 2439.

lassung der Bilanzierung von Sachverhalten untergeordneter Bedeutung aufgrund des Grundsatzes der Wesentlichkeit[165] aber einseitig auf die Passivseite der Bilanz begrenzt, da ein korrespondierendes handelsrechtliches Aktivierungswahlrecht, das dann wohl analog für unwesentliche Geschäftsvorfälle bestehen müsste, entsprechend der ständigen BFH-Rechtsprechung steuerlich eine Aktivierung bedingen würde. Dieses ist u. E. bedenklich, weswegen im Ergebnis, auch zur Vermeidung von Rechtsunsicherheiten hinsichtlich der Frage, ab welcher Größenordnung Sachverhalte unwesentlich sind, der anderen Auffassung zuzustimmen ist, nach der auch unwesentliche Rückstellungen zu passivieren sind (vgl. dazu auch Rz. 5549).[166]

5607 **Rückstellungsverbot nach § 249 Abs. 2 Satz 1 HGB:** Die Regelung, nach der für andere Zwecke[167] als für ungewisse Verbindlichkeiten, Drohverluste aus schwebenden Geschäften und innerhalb von drei bzw. zwölf Monaten nach Ende des Geschäftsjahres nachgeholten unterlassenen Instandhaltungsaufwendungen bzw. Abraumbeseitigungen keine Rückstellungen gebildet werden dürfen, dient lediglich der Klarstellung und begründet kein (weiteres) Bilanzierungsverbot.

1.2.4 Drohverlustrückstellungen

5608 Schwebende Geschäfte werden grundsätzlich nicht bilanziert. Unter schwebenden Geschäften versteht man einen vereinbarten Leistungsaustausch, bei dem sich Leistung und Gegenleistung gegenüber stehen und bei denen beide Parteien die Leistungen jeweils noch nicht erbracht haben. Das Verbot der Bilanzierung schwebender Geschäfte ist Ausfluss des Realisationsprinzips. Schwebende Geschäfte haben die Vermutung der Ausgeglichenheit für sich.[168] Etwas anderes gilt, wenn eine Seite ganz oder teilweise erfüllt hat. In diesem Fall liegt kein schwebendes Geschäft, sondern ein so genannter **Erfüllungsrückstand** vor.

5609 Das Bilanzierungsverbot für schwebende Geschäfte wird nach § 249 Abs. 1 Satz 2 2. Alternative HGB aufgehoben, wenn aus dem **schwebenden Geschäft** ein **Verlust** droht. Dies entspringt dem **Vorsichtsprinzip.** Ein klassischer Fall eines Drohverlustes ist bei einem Werkvertrag gegeben, bei dem sich im Verlauf der Durchführung herausstellt, dass die anfallenden Kosten durch den vereinbarten Preis nicht gedeckt werden. Aber auch bei Dauerschuldverhältnissen wie Mietverträgen sind zu antizipierende Verluste denkbar, etwa wenn die Räumlichkeiten gar nicht mehr genutzt werden können. Es ist unklar, ob es sich bei den Rückstellungen für drohende Verluste aus schwebenden Geschäften um einen Unterfall der Rückstellungen für ungewisse Verbindlichkeiten handelt. In bestimmten Konstellationen kann auch eher eine vorweggenommene Teilwertabschreibung vorliegen.[169]

165 So auch *Herzig/Köster*, in: Handbuch des Jahresabschlusses, Abt. III/5 Tz. 89.

166 Vgl. *Kozikowski/Schubert*, in: Beck'scher Bilanz-Kommentar, 8. Aufl., München 2012, § 249 Tz. 18. So nun im Ergebnis auch der BFH in seinem Urteil vom 19. 7. 2011 – X R 26/10, DStR 2012 S. 1990 Tz. 30 ff.

167 Z. B. für das allgemeine Unternehmensrisiko.

168 Vgl. *Kozikowski/Schubert*, in: Beck'scher Bilanz-Kommentar, 8. Aufl., München 2012, § 249 Rz. 57.

169 Vgl. BFH, Urteil vom 25. 2. 1986 – VIII R 377/83, BStBl 1986 II S. 465.

Seit 1997 gilt für die Steuerbilanz unter Durchbrechung des Maßgeblichkeitsgrundsatzes das Ansatzverbot nach § 5 Abs. 4a EStG. 5610

1.2.4.1 Würdigung des Bilanzierungsverbots

Die Einfügung von § 5 Abs. 4a EStG und das damit verbundene Verbot der steuerlichen Berücksichtigung der Drohverlustrückstellung ist von Anfang an zu Recht kritisiert worden.[170] Die Kritik ist insofern berechtigt, als es sich um eine **unsystematische Durchbrechung des Vorsichts- und Imparitätsprinzips** handelt, für das es keine andere Begründung als die „steuerliche Kassenlage" gibt. Der einzige Zweck besteht in der Erhöhung des Steueraufkommens im Zuge einer so genannten Gegenfinanzierung einer Steuerreform. Dabei wird ein **Verstoß** gegen das **Nettoprinzip** und damit das **Prinzip der Besteuerung nach der Leistungsfähigkeit** in Kauf genommen. Dem steht nicht entgegen, dass der Verlust bei späterem Eintritt grundsätzlich abzugsfähig ist. Die zutreffende Periodengewinnermittlung ist unter dem Gesichtspunkt der Besteuerung nach der Leistungsfähigkeit von hoher Bedeutung, weil ein periodenübergreifender Ausgleich von Gewinnen und Verlusten in Anbetracht des eingeschränkten Verlustrücktrages und Verlustvortrages (Mindestbesteuerung, § 8c KStG) von Bedeutung ist. Eine Zuordnung des Verlustes zu einer „falschen" Periode kann zu einem „Verlust des Verlustes" führen. 5611

Verfassungsrechtlich ist bisher nicht entschieden, ob § 5 Abs. 4a EStG unbedenklich ist.[171] Allerdings erscheint nach dem Urteil des Bundesverfassungsgerichtes zur Nichtabzugsfähigkeit von Jubiläumsrückstellungen[172] zweifelhaft, ob § 5 Abs. 4a EStG unter verfassungsrechtlichen Aspekten mit Aussicht auf Erfolg angegriffen werden kann, da diese Entscheidung dem Gesetzgeber einen großen Spielraum bei der Ausgestaltung des Nettoprinzips eingeräumt hat. 5612

1.2.4.2 Abgrenzung zur Verbindlichkeitsrückstellung

Wegen des steuerlichen Abzugsverbotes für Drohverlustrückstellungen ist im Einzelfall zu untersuchen, ob eine Rückstellung für ungewisse Verbindlichkeiten oder eine Drohverlustrückstellung vorliegt. Da es in der Vergangenheit vor Geltung des steuerlichen Abzugsverbotes auf diese Unterscheidung nicht ankam, hat selbst die BFH-Rechtsprechung früher die Unterscheidung nicht genau vorgenommen und manche vermeintliche Drohverlustrückstellung erwies sich als Rückstellung für ungewisse Verbindlichkeiten, nur weil sie mit einem schwebenden Geschäft irgendwie im Zusammenhang stand.[173] 5613

Als allgemeines Abgrenzungskriterium zwischen der Rückstellung für ungewisse Verbindlichkeiten und der Drohverlustrückstellung kann der **Vergangenheitsbezug** für Rückstellungen für ungewisse Verbindlichkeiten der rein zukunftsbezogenen Drohver- 5614

170 Vgl. *Moxter*, DB 1997 S. 1477; *Groh*, DB 1999 S. 978, 980; *Hennrichs*, DStJG 24 (2001) S. 321; *Kessler*, StuB 2000 S. 1091; *Prinz*, DB 2011 S. 492 ff.; a. A. *Weber-Grellet*, DB 1997 S. 2233, 2235; *Siegel*, StuB 1999 S. 195, 197.

171 Vgl. BFH, Beschluss vom 11. 4. 2003 – IV B 176/02, BFH/NV 2003 S. 919; siehe auch *Prinz*, DB 2011 S. 492, 494.

172 Vfg. vom 12. 5. 2009 – 2 BvL 1/00, DB 2009 S. 1326.

173 So ausdrücklich BFH, Urteil vom 17. 11. 2010 – I R 83/09, DStR 2011 S. 353.

lustrückstellung gegenüber gestellt werden. Rückstellungen für ungewisse Verbindlichkeiten sind durch die rechtliche Entstehung oder die wirtschaftliche Verursachung in der Vergangenheit bereits realisiert, während Drohverluste in der Zukunft anfallen und am Bilanzstichtag noch nicht realisiert sind.[174]

5615 Besonders deutlich wird diese Unterscheidung bei **Erfüllungsrückständen** im Rahmen von schwebenden Dauerschuldverhältnissen. Bei Erfüllungsrückständen hat die eine Seite des schwebenden Vertragsverhältnisses bereits in der Vergangenheit geleistet und der andere Vertragspartner ist mit seiner Leistung deshalb im Rückstand. Typische Fälle sind die hier aus Arbeitsverhältnissen resultierenden Rückstellungen. Zwar handelt es sich auch bei einem Arbeitsverhältnis um einen schwebenden Vertrag, der die Vermutung der Ausgeglichenheit in sich trägt, jedoch können Vorleistungen des Arbeitnehmers zu einem Erfüllungsrückstand des Arbeitgebers führen. Dies ist z. B. beim Anspruch auf Weihnachtsgeld im Falle eines abweichenden Wirtschaftsjahres der Fall[175] oder bei zum Bilanzstichtag nicht in Anspruch genommenen Urlaubs.[176] In beiden Fällen hat nach der insoweit zutreffenden Rechtsprechung der Arbeitnehmer durch seine erbrachte Arbeitsleistung (anteilig) bereits vorgeleistet und der Arbeitgeber hat wegen des Erfüllungsrückstandes eine Rückstellung für ungewisse Verbindlichkeiten zu bilden. Weitere Fälle von **Erfüllungsrückstand** sind bei allen Arten von erhaltenen **Optionsprämien** oder Versicherungsprämien zu verzeichnen, bei denen über einen gewissen Zeitraum oder zu einem in der Zukunft liegenden Zeitpunkt von der anderen Partei Leistungen abgerufen werden können. Der Ertrag ist durch den Erhalt der Prämie bereits realisiert, der Aufwand wirtschaftlich verursacht und damit in eine Rückstellung für ungewisse Verbindlichkeiten bilanziell abzubilden. Zu weiteren Einzelfällen vergleiche unter Kapitel 1.2.4.5.

5616 Wird das schwebende Geschäft durch einen Veräußerungsvorgang realisiert, besteht ebenfalls kein Grund mehr zu einem Abzugsverbot.[177] Allerdings greift dann § 4f EStG ein (vgl. dazu Rz. 5604a).

1.2.4.3 Verhältnis zur Teilwertabschreibung

5617 Insbesondere bei langfristiger Auftragsfertigung kann sich ein **Konkurrenzverhältnis** zwischen einer **Teilwertabschreibung** auf das Aktivum unfertiger Erzeugnisse und der Bildung einer **Drohverlustrückstellung** ergeben. Der angearbeitete Auftrag ist einerseits zum Bilanzstichtag mit den bis dahin angefallenen Kosten zu aktivieren. Andererseits ist es möglich, dass sich am Bilanzstichtag abzeichnet, dass sich aus dem Auftragsverhältnis insgesamt ein Verlust ergibt, weil der vereinbarte Preis die voraussichtlichen Kosten übersteigt.

---

174 Vgl. *Krumm*, in: Blümich, EStG KStG GewStG, § 5 Rz. 855.

175 Vgl. BFH, Urteil vom 26. 6. 1980 – IV R 35/74, BStBl 1980 II S. 506.

176 Vgl. BFH, Beschluss vom 29. 1. 2008 – I B 100/07, BFH/NV 2008 S. 943.

177 Vgl. BFH, Urteil vom 17. 10. 2007 – I R 61/06, BStBl 2008 II S. 555.

Der BFH hat dieses Konkurrenzverhältnis zwischen Abwertung auf der Aktivseite im Sinne einer Teilwertabschreibung auf die unfertigen Erzeugnisse und der Bildung einer Drohverlustrückstellung eindeutig durch einen **Vorrang der Teilwertabschreibung** gelöst.[178] Der ganze drohende Verlust kann demnach bis zur vollständigen Abschreibung der mit Kosten aktivierten halbfertigen Erzeugnisse berücksichtigt werden. Nur wenn der gebildete Aktivposten in seiner Höhe nicht ausreicht, den „Drohverlust" durch eine Teilwertabschreibung darzustellen, bildet der überhängende Betrag eine Drohverlustrückstellung, die nicht abzugsfähig ist. 5618

1.2.4.4 Bewertungseinheiten

In § 5 Abs. 4a Satz 2 EStG wird eine Rückausnahme von dem steuerlichen Abzugsverbot für Drohverlustrückstellungen geregelt. Diese Regelung geht zurück auf § 5 Abs. 1a EStG, der eine **konkrete Maßgeblichkeit** der in der Handelsbilanz gebildeten Bewertungseinheiten für die Steuerbilanz vorschreibt. Die **Bewertungseinheiten** in der Handelsbilanz sind in die Steuerbilanz zu übernehmen. Seit dem BilMoG findet sich hierzu in § 254 HGB eine ausdrückliche gesetzliche Regelung. Danach können Vermögensgegenstände, Schulden, schwebende Geschäfte oder mit hoher Wahrscheinlichkeit erwartete Transaktionen zum Ausgleich gegenläufiger Wertänderungen oder Zahlungsströme aus dem Eintritt vergleichbarer Risiken mit Finanzinstrumenten unter bestimmten Voraussetzungen zusammengefasst werden. Wenn die Bewertungseinheit nicht zu einem vollständigen Ausgleich bestehender Risiken führt, verbleibt ein Verpflichtungsüberhang der in der Handelsbilanz üblicherweise als Drohverlustrückstellung ausgewiesen wird.[179] Eine solche Drohverlustrückstellung kann ausnahmsweise in die Steuerbilanz übernommen werden.[180] 5619

1.2.4.5 Einzelfälle

In einer Reihe von Entscheidungen musste der BFH mittlerweile eine Abgrenzung zwischen einer Rückstellung für ungewisse Verbindlichkeiten oder einer Drohverlustrückstellung vornehmen. 5620

Optionsgeschäfte sind grundsätzlich schwebende Geschäfte. Allerdings sind sie dadurch gekennzeichnet, dass der Optionsverpflichtete (Stillhalter) bei Abschluss des Optionsgeschäftes eine Optionsprämie erhält, die auch nicht rückzahlbar ist. Nach Auffassung des BFH ist für die Option auf Seiten des Stillhaltens eine Rückstellung in Höhe der vereinnahmten Prämie zu bilden, weil der Berechtigte seine Leistung schon erbracht hat, während der Stillhalter seine Leistung noch schuldet. Insoweit liegt eine Rückstellung für ungewisse Verbindlichkeiten vor. Dies hat der BFH für ein Wertpapieroptionsgeschäft[181] entschieden. Falls allerdings aus dem Optionsgeschäft ein Risiko 5621

178 Vgl. BFH, Urteil vom 7. 9. 2005 – VIII R 1/03, BStBl 2006 II S. 298; vgl. dazu *Günkel*, in: Stbjb 2006/07, Köln 2007, S. 235, 244 ff.

179 Vgl. *Barckow*, in: Stbjb 2006/07, Köln 2007, S. 217, 219; *Herzig/Briesemeister*, Ubg 2009 S. 157; *Günkel*, in: Stbjb 2006/07, Köln 2007, S. 240.

180 Vgl. *Günkel*, RdF 2011 S. 59, 64; *Helios/Meinert*, Ubg 2011 S. 592; siehe auch BMF, Schreiben vom 25. 8. 2010 – IV C6 – S2133/07/10001, DB 2010 S. 2024.

181 Vgl. BFH, Urteil vom 18. 12. 2002 – I R 17/02, BStBl 2004 II S. 126.

deswegen droht, weil der vereinbarte Optionspreis zum Bilanzstichtag unter dem Marktpreis liegt und der Stillhalter zum Marktpreis liefern muss, so handelt es sich bei diesem sich abzeichnenden Verlust um einen drohenden Verlust aus einem schwebenden Geschäft, der steuerlich nicht berücksichtigt werden kann.

5622 Die vom BFH getroffene Entscheidung zum Wertpapieroptionsgeschäft gilt auch bei **Rückkaufverpflichtungen** in der Kfz-Branche. Verkauft ein Hersteller oder ein Händler Fahrzeuge an eine Autovermietung oder Leasinggesellschaft und wird der Rückkauf zu einem späteren Zeitpunkt zu einem festgelegten Preis vereinbart, so ist ein Teil des gezahlten Kaufpreises beim Verkauf an den Autovermieter oder die Leasinggesellschaft als Optionsprämie anzusehen, für die eine Rückstellung für ungewisse Verbindlichkeiten gebildet werden muss.[182] Die Finanzverwaltung war in diesen Fällen früher von einer Drohverlustrückstellung ausgegangen.[183]

5623 Bei **Arbeitsverhältnissen,** den „klassischen" schwebenden Vertragsverhältnissen, kann sich im Einzelfall die Notwendigkeit einer Rückstellung ergeben. Dies wird regelmäßig auf einen **Erfüllungsrückstand** des Arbeitgebers zurückzuführen sein, so z. B. beim **Weihnachtsgeld,**[184] bei der Rückstellung für **nicht genommenen Urlaub,**[185] aber auch bei **Rückstellungen für Altersteilzeitmodelle,**[186] bei denen der Arbeitnehmer nach dem sog. Blockmodell seine Arbeitsleistung im Vorhinein erbringt.

5624 Das Abzugsverbot für Drohverlustrückstellungen gilt auch dann nicht mehr, wenn der drohende Verlust durch einen Verkauf realisiert wird (vgl. hierzu auch Rz. 5602 ff.). Durch § 4f und § 5 Abs. 7 EStG i. d. F. des AIFM-StAnpG wird aber ab 2013 sowohl auf Veräußerer- als auch Erwerberseite das Abzugsverbot grundsätzlich auch nach einem Unternehmensverkauf festgeschrieben (siehe Rz. 5604a und b).

1.2.5 Sonderregelungen für entgeltliche Schuldübertragungen (§§ 4f, 5 Abs. 7 EStG)

5624a Die Bilanzierung von im Rahmen eines Unternehmenskaufs durch den Erwerber übernommenen steuerlich nicht abzugsfähigen Schulden (Rückstellungen) ist gesetzlich durch die §§ 4f, 5 Abs. 7 EStG i. d. F. des AIFM-StAmpG[187] geregelt worden. Die Regelung gilt nach § 52 Abs. 14a Satz 1 bzw. § 52 Abs. 12c EStG erstmals für Wirtschaftsjahre, die nach dem 28. 11. 2013 enden.[188] Hintergrund der gesetzlichen Regelung war die zur alten Rechtslage ergangene verfestigte Rechtsprechung des BFH,[189] wonach die gesetzli-

182 Vgl. BFH, Urteile vom 11. 10. 2007 – IV R 52/04, BStBl 2009 II S. 705; vom 17. 11. 2010 – I R 83/09, BFH/NV 2011 S. 678; siehe auch *Prinz*, StuB 2011 S. 262.

183 Vgl. BMF, Schreiben vom 12. 8. 2009 – IV C 6 – S 2137/09/10003, BStBl 2009 I S. 890; siehe aber BMF, Schreiben vom 12. 10. 2011.

184 Vgl. BFH, Urteil vom 26. 6. 1980 – IV R 35/74, BStBl 1980 II S. 506.

185 Vgl. BFH, Beschluss vom 29. 1. 2008 – I B 100/07, BFH/NV 2008, S. 943.

186 Vgl. BFH, Urteil vom 30. 1. 2005 – I R 110/04, DStR 2006 S. 367.

187 BGBl 2013 I S. 4318/4331 f.

188 Zu Einzelfragen der gesetzlichen Neuregelung vgl. *Förster/Staaden*, Ubg 2014 S. 1 ff.; *Riedel*, FR 2014 S. 6 ff.; *Benz/Placke*, DStR 2013 S. 2653 ff.; *Fuhrmann*, DB 2014 S. 9 ff.

189 BFH, Urteil vom 17. 10. 2007 – I R 61/06, BStBl 2008 II S. 555; Urteil vom 16. 12. 2009 – I R 102/08, BStBl 2011 II S. 566; Urteil vom 14. 12. 2011 – I R 72/10, BFH/NV 2012 S. 635; Urteil vom 26. 4. 2012 – IV R 43/09, BFH/NV 2012 S. 1248; Urteil vom 12. 12. 2012 – I R 69/11, BB 2013 S. 943; Urteil vom 12. 12. 2012 – I R 28/11, BFH/NV 2013 S. 884.

chen Passivierungsverbote auf der Seite des Erwerbers nicht greifen und vom Grundsatz der Neutralität des Anschaffungsvorgangs verdrängt werden.[190]

BEISPIEL: A verkauft im Rahmen eines Asset Deals sämtliche positiven und negativen Wirtschaftsgüter an B zu einem Kaufpreis von 900 T€. Daneben übernimmt B im Wege der Schuldfreistellung auch die Verpflichtung aus einem Mietvertrag, aus dem kein wirtschaftlicher Nutzen mehr erzielt werden kann. A hatte daher in seiner Handelsbilanz bereits eine Drohverlustrückstellung in Höhe von 100 T€ gebildet. Die Belastung aus dem übernommenen Mietvertrag wurde bei der Kaufpreisfindung in Höhe des handelsrechtlichen Buchwerts berücksichtigt. 5624b

Nach der Rechtsprechung des BFH war die übernommene Schuld aus dem Mietvertrag Teil des entrichteten Kaufpreises[191] und im Anschaffungszeitpunkt aufgrund des Grundsatzes der Erfolgsneutralität eines Anschaffungsvorgangs waren die übernommenen Wirtschaftsgüter daher mit 1.000 T€ sowie eine Rückstellung für den übernommenen Mietvertrag von 100 T€ anzusetzen. Dies gilt sowohl zum Übernahmezeitpunkt als auch am folgenden Bilanzstichtag.

Der BFH kam bei der Beurteilung des Sachverhalts in seinem Urteil vom 16. 12. 2009 zu dem zutreffenden Ergebnis, dass aus Sicht des Erwerbers kein schwebendes Geschäft vorliegt, denn die Verpflichtung des Erwerbers bestand darin, den Veräußerer von seiner Verpflichtung aus dem Mietvertrag freizustellen, was durch den Erwerbsvorgang erfolgt ist. Da die Freistellungsverpflichtung regelmäßig zumindest hinsichtlich der tatsächlich eintretenden Höhe ungewiss ist, ist für sie eine Rückstellung für ungewisse Verbindlichkeiten zu passivieren. Die Rückstellung ist somit nicht aufgrund des Bilanzierungsverbots des § 5 Abs. 4a Satz 1 EStG aufzulösen, da eben keine Drohverlustrückstellung vorliegt.[192] Die Finanzverwaltung hatte sich hinsichtlich der Freistellungsalternative der Auffassung des BFH angeschlossen.[193]

Die Anwendung der vorgenannten Grundsätze auf den Fall der befreienden Schuldübernahme war streitig, da auch aus Sicht des Erwerbers, der in den Vertrag eingetreten ist, ein schwebendes Geschäft besteht, das grundsätzlich unter die Restriktion des § 5 Abs. 4a EStG fällt. 5624c

Nach Ansicht des BFH schließt der Grundsatz der Erfolgsneutralität des Anschaffungsvorgangs auch die Bilanzierung an dem folgenden Bilanzstichtag mit ein. Die steuerlichen Passivierungsverbote sind daher im Wege der teleologischen Reduktion nicht auf übernommene Schulden unabhängig von der rechtlichen Ausgestaltung der Übertragung der Verpflichtung anwendbar, da es sonst zu einer Besteuerung eines Scheingewinns in der Form eines Anschaffungsgewinns kommen würde.[194]

190 Zur BFH-Rechtsprechung siehe auch *Günkel*, BB 2013 S. 1001.

191 Vgl. BFH, Urteil vom 17. 10. 2007 – I R 61/06, BStBl 2008 II S. 555.

192 Vgl. BFH, Urteil vom 16. 12. 2009 – I R 102/08, BStBl 2011 II S. 566; *Günkel*, in: Stbjb 2009/2010, Köln 2010, S. 352 f. m. w. N.

193 Vgl. BMF, Schreiben vom 24. 6. 2011 – IV C 6 – S 2137/0-03, BB 2011 S. 1714.

194 BFH, Urteil vom 14. 12. 2011 – I R 72/10, BFH/NV 2012 S. 635.

Die im BFH-Urteil vom 16.12.2009 aufgestellten Grundsätze wurden allgemeingültig und auf die Anwendung aller steuerlichen Bilanzierungsverbote und Bewertungsvorbehalte (§ 5 Abs. 2a bis 4b, § 6 Abs. 1 Nr. 3, 3a und § 6a EStG) in Bezug auf übernommene Verpflichtungen übertragbar, unabhängig von der Art der Übertragung[195] und der Art der rechtlichen Verpflichtung des die Schuld Übernehmenden.[196] Beim Veräußerer hatte die Rechtsprechung des BFH zur Folge, das bisher nicht oder nur zu einem geringeren Wert bilanzierte Verpflichtungen und die damit vorhandenen stillen Lasten realisiert und abzugsfähig wurden.

5624d Aufgrund der vorstehend beschriebenen Rechtsprechung sah sich der Gesetzgeber im AIFM-StAnpG veranlasst, diese in haushaltsverträglicher Weise umzusetzen und Steuerausfallrisiken sowie – gestaltungen vorzubeugen.[197] Durch die Einführung von § 4f EStG wird auf Seiten des Veräußerers der Aufwand aus der Realisierung der stillen Lasten nicht sofort zum Abzug zugelassen, sondern auf einen Zeitraum von insgesamt 15 Jahren verteilt. Ausnahmen von dieser Verteilung gelten für die Veräußerung oder Aufgabe eines ganzen Betriebes oder eines ganzen Mitunternehmeranteils, weil in diesen Fällen das vom Gesetzgeber befürchtete Gestaltungspotenzial nicht gegeben ist.[198] und eine Nachverfolgung der Verteilung bei einem dann möglicherweise nicht mehr bilanzierungspflichtigen Steuerpflichtigen schwierig wäre. Eine weitere Ausnahme gilt, wenn Arbeitnehmer unter Mitnahme ihrer erworbenen Pensionsansprüche zu einem neuen Arbeitgeber wechseln, bspw. in Fällen des Betriebsübergangs nach § 613a BGB. Da § 4f EStG erst für Wirtschaftsjahre, die nach dem 28.11.2013 enden, anwendbar ist, bleibt es auf Seiten des Veräußerers für vorher vorgenommene Transaktionen bei der Realisierung der stillen Lasten.

5624e Für die Seite des Erwerbers bestimmt § 5 Abs. 7 EStG i. d. F. des AIFM-StAnpG, dass zwar im Zeitpunkt des Anschaffungsvorgangs beim Unternehmenserwerb entsprechend der BFH-Rechtsprechung der Grundsatz der Erfolgsneutralität gilt, die nicht oder nur beschränkt zulässigen Rückstellungen in voller Höhe anzusetzen sind und die Höhe der Anschaffungskosten für die Aktiva als Kaufpreis determinieren, zum nächsten „regulären" Bilanzstichtag die Passivierungsverbote oder -einschränkungen aber wieder eingreifen. Damit schreibt der Gesetzgeber die frühere Auffassung der Finanzverwaltung fest.[199] Dies führt in Höhe des Auflösungsbetrages zu einem Erwerbsfolgegewinn. Dieser Erwerbsgewinn darf aber gemäß § 5 Abs. 7 Satz 5, 6 EStG durch die Bildung einer steuerfreien Rücklage auf bis zu 15 Jahre verteilt werden, es sei denn, die Verpflichtung erlischt früher und wird realisiert. Die Vorschrift ist auch erstmalig für Wirtschaftsjahre anzuwenden, die nach dem 28.11.2013 enden, betrifft aber auch alte Transaktionen aus davor liegenden Jahren, soweit die Rückstellungen 2013 noch passiviert sind. Beruht die Übernahme der Verpflichtung auf einer vor dem 14.12.2011 vereinbarten Transaktionen, kann die Verteilung des Auflösungsgewinns sogar gemäß § 52 Abs. 14a Satz 3 EStG auf 20 Jahre gestreckt werden.

195 Z. B. Übertragung im Rahmen eines Betriebsübergangs nach § 613a BGB, Schuldbeitritt, Schuldübernahme, interne Schuldfreistellung, oder Übertragung nach § 123 UmwG.

196 Vgl. zusammenfassend *Günkel*, BB 2013 S. 1001 ff.

197 BT-Drucks. 18/68 (neu) S. 73.

198 Vgl. *Förster/Staaden*, Ubg 2014 S. 1, 7 sowie *Benz/Placke*, DStR 2013 S. 2656; vgl. auch Rz. 400, Fn. 84.

199 BMF vom 24.6.2011 – IV C 6 – S 2137/0 – 03, BStBl 2011 I S. 627.

1.3 Bewertung

1.3.1 Bewertungsgrundsätze

1.3.1.1 Rechtsgrundlagen und Maßgeblichkeit

Nach dem Maßgeblichkeitsgrundsatz sind für die steuerliche Bewertung die handelsrechtlichen GoB zu beachten, sofern das Steuerrecht keine abweichenden Bewertungsregelungen enthält (§ 5 Abs. 6 EStG). Gemäß der durch das BilMoG neugefassten handelsrechtlichen Vorschrift des § 253 Abs. 1 Satz 2 HGB sind Rückstellungen in Höhe des nach vernünftiger kaufmännischer Beurteilung notwendigen Erfüllungsbetrages anzusetzen, was insbesondere auch die Berücksichtigung künftiger Preis- und Kostensteigerungen bedingt. Dieser Grundsatz wird ergänzt durch die Neuregelung des § 253 Abs. 2 HGB, nach der Rückstellungen mit einer Laufzeit von mehr als zwölf Monaten mit dem durchschnittlichen Marktzinssatz der vergangenen sieben Jahre, der ihrer Restlaufzeit entspricht, abzuzinsen sind. 5625

Die steuerliche Bewertung von Rückstellungen wurde erstmals explizit durch den im Rahmen des Steuerentlastungsgesetzes 1999/2000/2002 neu eingefügten § 6 Abs. 1 Nr. 3a EStG geregelt. Hierdurch wird im Bereich der Rückstellungsbewertung der umfassende Bewertungsvorbehalt des § 5 Abs. 6 EStG ausgefüllt. Aus der Formulierung der Norm („höchstens insbesondere") ergibt sich aber, dass die in § 6 Abs. 1 Nr. 3a Buchst. a bis f EStG aufgeführten Bewertungsgrundsätze nicht abschließend sind und bei Regelungslücken auf die allgemeinen Bewertungsregelungen bzw. die handelsrechtlichen GoB zurückzugreifen ist (siehe zur jüngsten Diskussion hierzu aber insbesondere auch Rz. 5626a).[200]

Nach bisheriger ständiger Rechtsprechung des BFH wurden für die Bewertung von Verbindlichkeitsrückstellungen wegen des Fehlens einer expliziten steuerlichen Bewertungsvorschrift die allgemeinen Bewertungsgrundsätze für Verbindlichkeiten zugrunde gelegt. Danach sind Rückstellungen sinngemäß mit den Anschaffungskosten bzw. dem höheren Teilwert zu bewerten.[201] Ein Verweis auf die Bewertungsvorschrift des § 6 Abs. 1 Nr. 2 EStG (Bewertung zu Anschaffungs-/Herstellungskosten oder zum Teilwert), die nach § 6 Abs. 1 Nr. 3 Satz 1 EStG auf Verbindlichkeiten sinngemäß anzuwenden ist, ist in § 6 Abs. 1 Nr. 3a EStG nicht vorhanden. Da der Bewertungsmaßstab für Rückstellungen in § 6 Abs. 1 Nr. 3a EStG nicht geregelt ist, ist u. E. gemäß dem Maßgeblichkeitsgrundsatz auf die handelsrechtlichen GoB zurückzugreifen, das Maßgeblichkeitsprinzip wird durch den Bewertungsvorbehalt des § 6 Abs. 1 Nr. 3a EStG für die Rückstellungsbewertung somit nicht beseitigt, sondern nur eingeschränkt.

Danach ist der **Erfüllungsbetrag** des § 253 Abs. 1 Satz 2 HGB Bewertungsmaßstab bzw. Ausgangsgröße für die Bewertung von Rückstellungen in der Steuerbilanz.[202] Daneben

200 Vgl. *Günkel/Fenzl*, DStR 1999 S. 653; *Prinz*, DB 2012 Heft 34 S. 9.

201 Vgl. z. B. BFH, Urteil vom 12. 12. 1990 – I R 18/89, BStBl 1991 II S. 485.

202 So nun auch der BFH in seinem Urteil vom 11. 10. 2012 – I R 66/11, BStBl 2013 II S. 676; vgl. auch Regierungsbegründung zum BilMoG, BR-Drucks 344/08, S. 113; so auch *Kozikowski/Schubert*, in: Beck'scher Bilanz-Kommentar, 8. Aufl., München 2012, § 253 Tz. 153; so auch schon vor Einführung des § 6 Abs. 1 Nr. 3a EStG *Herzig/Köster*, in: Handbuch des Jahresabschlusses, Abt. III/5 Tz. 150.

sind jedoch die steuerlichen Bewertungsgrundsätze des § 6 Abs. 1 Nr. 3a EStG zu beachten, so dass sich insbesondere durch das steuerliche Verbot der Berücksichtigung von Preis- und Kostensteigerungen und der Anwendung eines festen Abzinsungssatzes von 5,5 % sowie eines häufig abweichenden Abzinsungszeitraums (vgl. Rz. 5626a) Bewertungsunterschiede zur Handelsbilanz ergeben.

5626 In der Literatur wird in Anlehnung an die Rechtsprechung des BFH zur Rechtslage vor Einführung des § 6 Abs. 1 Nr. 3a EStG[203] häufig die Auffassung vertreten, dass für die Bewertung von Rückstellungen ergänzend zu Nr. 3a zuerst die steuerlichen Bewertungsgrundsätze für Verbindlichkeiten (§ 6 Abs. 1 Nr. 3 EStG) heranzuziehen sind, also die Bewertung ausgehend von den Anschaffungskosten oder dem höheren Teilwert zu erfolgen hat und erst anschließend die handelsrechtlichen GoB auf Basis des Maßgeblichkeitsprinzips Anwendung finden.[204] Im Ergebnis und in der Praxis dürfte sich hieraus allerdings kein Unterschied ergeben, da der BFH auch bisher schon zur Bestimmung der Anschaffungskosten oder des Teilwerts für Rückstellungen auf die handelsrechtlichen GoB und den Erfüllungsbetrag zurückgegriffen hat.[205]

5626a Neuerdings vertritt die Finanzverwaltung unter Bezugnahme auf die Gesetzesformulierung „höchstens" im Einleitungssatz des § 6 Abs. 1 Nr. 3a EStG (vgl. Rz. 5625) und die Gesetzesbegründung hierzu (BT-Drucks. 14/443 S. 23) die Auffassung, dass der Wertansatz der Rückstellung in der Handelsbilanz für die Bewertung der Rückstellung in der Steuerbilanz auch dann maßgeblich ist, wenn der Handelsbilanzwert niedriger als der sich (eigentlich) nach § 6 Abs. 1 Nr. 3a EStG ergebende Wert ist.[206] M. a. W., der Handelsbilanzwert ist Obergrenze für den Wertansatz der sonstigen Rückstellungen in der Steuerbilanz. Für die Bewertung der Pensionsrückstellungen, für die das Gesetz im Einleitungssatz des § 6a Abs. 3 EStG ebenfalls die Formulierung „höchstens" enthält soll dieses allerdings nicht gelten.[207]

Bedeutung hat die neue Auffassung der Finanzverwaltung in der Praxis insbesondere für Sachleistungsverpflichtungen, die über einen längeren Zeitraum zu erbringen sind. Bei diesen ist insbesondere aufgrund des unterschiedlichen Abzinsungszeitraums[208] der Wert nach § 6 Abs. 1 Nr. 3a Buchst. e EStG häufig wesentlich höher als der sich nach § 253 Abs. 2 Satz 1 HGB ergebende Wertansatz.

Zur Abmilderung des steuerlichen Effekts aus der in diesen Fällen nach Auffassung der Finanzverwaltung notwendigen Rückstellungsauflösung kann für Rückstellungen, die bereits in dem vor dem 1. 10. 2010 endenden Wirtschaftsjahr passiviert wurden, eine gewinnmindernde Rücklage i. H. v. 14/15 des Auflösungsbetrages gebildet werden, wel-

203 Vgl. z. B. BFH, Urteil vom 15. 7. 1998 – I R 24/96, BStBl 1998 II S. 728 m. w. N.

204 Vgl. z. B. *Kiesel*, in: HHR, EStG/KStG, § 6 EStG Tz. 1160; *Ehmcke*, in: Blümich, EStG KStG GewStG, § 6 Tz. 976.

205 Vgl. BFH, Urteile vom 15. 7. 1998 – I R 24/96, BStBl 1998 II S. 728; vom 12. 12. 1990 – I R 18/89, BStBl 1991 II S. 485.

206 Vgl. OFD Rheinland, Vfg. vom 13. 7. 2012 – S 2133 – 2011/0003 – St 141, DB 2012 S. 1779; R 6.11 Abs. 3 Satz 1 EStR; *Hörhammer/Rosenbaum*, StuB 2013 S. 252 f.

207 Vgl. R 6.11 Abs. 3 Satz 1 EStR; siehe auch Rz. 351.

208 Handelsbilanziell hat die Abzinsung über den gesamten Zeitraum der Restlaufzeit bis zum (Abschluss der) Erfüllung zu erfolgen (vgl. IDW RS HFA 34 Tz. 36 ff., FN-IDW 2013 S. 53 ff.), wogegen in der Steuerbilanz die Abzinsung nur bis zu den Zeitpunkt erfolgt, zu dem mit der Erfüllung begonnen wurde (vgl. Rz. 5652).

che in den folgenden 14 Wirtschaftsjahren jeweils i. H. v. mindestens 1/15 aufzulösen ist. Sofern die Rückstellung vorher aufgelöst wird oder der Verpflichtungsumfang sich verringern sollte, ist die Rücklage entsprechend zu reduzieren.[209]

Diese Verwaltungsauffassung in Form eines „fiskalischen Meistbegünstigungsprinzip"[210] den sich (bei isolierter Betrachtung) aus den Regelungen § 253 Abs. 1 Satz 2, Abs. 2 HGB und § 6 Abs. 1 Nr. 3a EStG ergebenden jeweils niedrigeren Rückstellungswert in der Steuerbilanz anzusetzen, die ggf. zu dem allerdings zur Rechtslage vor Einführung des BilMoG ergangenen Urteil des BFH vom 11. 10. 2012[211] gestützt werden könnte, hat im Schrifttum erhebliche Kritik erfahren.[212] U. E. ist auch für die Bewertung der sonstigen Rückstellungen, die von der Finanzverwaltung zur Bewertung der Pensionsrückstellungen vertretene Auffassung zutreffend, nach welcher der handelsrechtliche Wertansatz aufgrund eines bestehenden steuerlichen Bewertungsvorbehals[213] keine Bewertungsobergrenze für die Steuerbilanz bildet.[214] Aus der Formulierung im Einleitungssatz des § 6 Abs. 1 Nr. 3a EStG („höchstens insbesondere") ergibt sich, dass auch in dieser Regelung ein steuerlicher Bewertungsvorbehalt zu sehen ist (vgl. Rz. 5625). Für die gleichlautende Formulierung im Einleitungssatz des § 6a Abs. 3 EStG sieht die Finanzverwaltung das offenbar genauso, so dass die Verwaltungsauffassung jedenfalls nicht in sich stimmig ist.[215] Aufgrund des vorliegenden Bewertungsvorbehalts und des Vorliegens einer eigenständigen steuerrechtlichen Norm für die Abzinsung von Rückstellungen (§ 6 Abs. 1 Nr. 3a Buchst. e EStG), besteht für die Anwendung der handelsrechtlichen Abzinsungsregelung somit kein Raum.

Sofern man aus dem Wortlaut „höchstens" tatsächlich eine Begrenzung des steuerbilanziellen Rückstellungsansatzes durch den Handelsbilanzwert folgern sollte, ist zu beachten, dass die Einführung des BilMoG „steuerneutral" erfolgen sollte. So wurde z. B. zur Vermeidung der Berücksichtigung künftiger Preis- und Kostensteigerungen bei der Rückstellungsbewertung § 6 Abs. 1 Nr. 3a Buchst. f EStG eingeführt (vgl. Rz. 5655). Bei Vertretung dieses Verständnisses der Formulierung „höchstens" sollte u. E. eine teleologische, am Gesetzeszweck des BilMoG orientierte Auslegung[216] der Regelung ebenfalls zu dem Ergebnis führen, dass für die Bewertung der sonstigen Rückstellungen ein steuerlicher Bewertungsvorbehalt besteht.[217]

1.3.1.2 Erfüllungsbetrag

Unter dem durch das BilMoG eingeführten Begriff des nach vernünftiger kaufmännischer Beurteilung notwendigen Erfüllungsbetrages ist der zur Begleichung der unge- 5627

209 Vgl. R 6.11 Abs. 3 Satz 2 f. EStR.

210 *Prinz*, DB 2012 Heft 34 S. 9.

211 Vgl. BFH vom 11. 10. 2012 – I R 66/11, BStBl 2013 II S. 676 Tz. 14.

212 Vgl. z. B. Prinz, DB 2012 Heft 34 S. 9; M. Prinz, DB 2012 Heft 35 S. 1; *Buchholz*, Ubg 2012 S. 777.; *Zwirner/Endert/Sepetanz*, DStR 2012 S. 2094; *Briesemeister/Joisten/Vossel*, FR 2013 S. 164; a. A. die Autoren aus dem Kreis der Finanzverwaltung *Meurer*, BB 2012 S. 2807; *Hörhammer/Rosenbaum*, StuB 2013 S. 252 f.

213 In diesem Fall § 6a Abs. 3, 4 EStG.

214 Vgl. BMF, Schreiben vom 12. 3. 2010 – IV C 6 – S 2133/09/10001, BStBl 2010 I S. 239 Tz. 10.

215 Vgl. M. *Prinz*, DB 2012 Heft 35 S. 1.

216 Vgl. zur Auslegung ausführlich *Briesemeister/Joisten/Vossel*, FR 2013 S. 165 ff.

217 Vgl. *Günkel*, in: Stbjb 2012/2013, Köln 2013; a. A. *Meurer*, BB 2012 S. 2808.

wissen Verbindlichkeit voraussichtlich aufzuwendende (Geld-)betrag zu verstehen. Dieser entspricht bei **Geldleistungsverpflichtungen** dem voraussichtlichen Rückzahlungsbetrag und bei **Sachleistungsverpflichtungen** den voraussichtlich zu leistenden Aufwendungen. Der Begriff Erfüllungsbetrag impliziert, dass die Wertverhältnisse im Erfüllungszeitpunkt zugrunde zu legen sind, also zukünftige Preis- und Kostensteigerungen unter Einschränkung des Stichtagsprinzips bei der Ermittlung dieses Betrages zu berücksichtigen sind.

Nach der steuerlichen Rechtsprechung waren wie oben gezeigt (vgl. Rz. 5626) auch schon bisher Rückstellungen mit dem Erfüllungsbetrag zu bewerten. Zukünftige Preis- und Kostensteigerungen durften allerdings unter Rückgriff auf das Stichtagsprinzip bei der Bewertung nicht berücksichtigt werden. Da die Einführung des BilMoG „steuerneutral" erfolgen sollte, hat der Gesetzgeber durch die Festschreibung des Stichtagsprinzips in § 6 Abs. 1 Nr. 3a Buchst. f EStG klargestellt, dass sich für die steuerliche Rückstellungsbewertung durch das BilMoG keine Auswirkungen ergeben.[218]

5628 Der Erfüllungsbetrag ist an jedem Bilanzstichtag neu zu bestimmen und unabhängig davon anzusetzen, ob der vorherige Wertansatz über- oder unterschritten wird. Da der Erfüllungsbetrag zumindest bei der Höhe nach ungewissen Verbindlichkeiten unbekannt ist, ist er regelmäßig zu **schätzen.** Als Schätzmaßstab ist die vernünftige kaufmännische Beurteilung zugrunde zu legen. Hiernach muss die Ermittlung des Wertansatzes in sich schlüssig, sachgerecht und für einen sachverständigen Dritten nachvollziehbar sein und der Wertansatz muss innerhalb einer Bandbreite möglicher Werte liegen, welche auf Basis aller zum Zeitpunkt der Bilanzaufstellung über die tatsächlichen Verhältnisse am Bilanzstichtag vorhandenen Informationen zu bestimmen ist. Die Bandbreite der möglichen Werte darf dabei weder besonders pessimistisch noch besonders optimistisch abgegrenzt werden.[219] Von den auf diese Weise ermittelten möglichen Werten ist nach dem Vorsichtsprinzip des § 252 Abs. 1 Nr. 4 HGB nicht der höchste Wert, sondern der Wertansatz mit der höchsten Eintrittswahrscheinlichkeit zu wählen.[220] Sofern diesem Kriterium mehrere Werte entsprechen, ist hiervon der höchste Betrag zu wählen. Bei Wahrscheinlichkeitsverteilungen mit geringen Unterschieden zwischen den Eintrittswahrscheinlichkeiten kann der wahrscheinlichste Betrag aufgrund des Vorsichtsprinzips nur dann gewählt werden, wenn dessen Eintrittswahrscheinlichkeit wesentlich höher ist, als die Wahrscheinlichkeit höherer Wertansätze. Ist dieses nicht der Fall, ist aufgrund des Vorsichtsprinzips der höhere Betrag anzusetzen.[221]

5629 Es ist immer der volle voraussichtliche Erfüllungsbetrag anzusetzen. Ein Ansatz des Erfüllungsbetrags unter Berücksichtigung der Wahrscheinlichkeit der Inanspruchnahme aus der zugrunde liegenden Verpflichtung ist nicht zulässig, da es an einer entsprechenden gesetzlichen Grundlage fehlt (vgl. Rz. 5568).[222]

---

218 Vgl. auch Regierungsbegründung zum BilMoG, BR-Drucks. 344/08 S. 112 f.

219 Vgl. *Herzig/Köster*, in: Handbuch des Jahresabschlusses, Abt. III/5 Tz. 154 ff. IDW RS HFA 34 Tz. 16; FN-IDW 2013 S. 53 ff.

220 Vgl. BFH, Urteil vom 19. 2. 1975 – I R 28/73, BStBl 1975 II S. 480.

221 Vgl. *Kozikowski/Schubert*, in: Beck'scher Bilanz-Kommentar, 8. Aufl., München 2012, § 253 Tz. 155.

222 Vgl. *Herzig/Köster*, in: Handbuch des Jahresabschlusses, Abt. III/5 Tz. 161.

BEISPIEL: Für eine Verpflichtung besteht eine (für die Bilanzierung ausreichende) 60 %ige Wahrscheinlichkeit der Inanspruchnahme (Erfüllung der sog. 51 %-Regel; vgl. Rz. 5569). Alle anderen Voraussetzungen zur Rückstellungsbildung sind auch erfüllt. Es werden die folgenden notwendigen Inanspruchnahmen nach vernünftiger kaufmännischer Beurteilung geschätzt:

Aufwand	2.000 €	4.000 €	6.000 €	8.000 €	9.000 €	10.000 €
Wahrscheinlichkeit	5 %	10 %	40 %	35 %	5 %	5 %

Ein voraussichtlicher Aufwand von 6.000 € hat zwar die höchste Wahrscheinlichkeit, jedoch ist die Wahrscheinlichkeit mit 40 % nicht wesentlich größer, als die Eintrittswahrscheinlichkeit des Ereignisses von 8.000 €. Es ist daher der Wertansatz von 8.000 € zu wählen. Eine Bewertung unter Berücksichtigung der Wahrscheinlichkeit der Inanspruchnahme, die zu einem Wert von 4.800 € (8.000 € × 60 %) führen würde, ist unzulässig.

Davon abzugrenzen ist die Bewertung sog. **Pauschalrückstellungen.** Hier ist eine Vielzahl gleichartiger Geschäfte zu beurteilen, bei denen nach vernünftiger kaufmännischer Beurteilung nicht aus jedem Geschäft mit einer Inanspruchnahme zu rechnen ist (z. B. Gewährleistungsverpflichtungen). Hierbei ist die Wahrscheinlichkeit der Inanspruchnahme bei der Bewertung zu berücksichtigen (vgl. Rz. 5630 ff.).

1.3.2 Einschränkung der Maßgeblichkeit durch § 6 Abs. 1 Nr. 3a EStG

1.3.2.1 Einzel- versus Pauschalbewertung (§ 6 Abs. 1 Nr. 3a Buchst. a EStG)

Nach § 6 Abs. 1 Nr. 3a Buchst. a EStG sind bei der Bewertung von Rückstellungen für gleichartige Verpflichtungen die Erfahrungen aus der Vergangenheit hinsichtlich der tatsächlich erfolgten Inanspruchnahme zu berücksichtigen.[223] Die Rückstellung darf nur in der Höhe gebildet werden, in der eine Inanspruchnahme unter Rückgriff auf Erfahrungen in der Vergangenheit aus der Abwicklung solcher Verpflichtungen wahrscheinlich ist. 5630

Die Regelung hat lediglich klarstellenden Charakter und entspricht der bisherigen Rechtsprechung zu den sog. **Pauschalrückstellungen,** wie z. B. Gewährleistungs- und Garantierückstellungen[224], Bürgschaftsverpflichtungen, Wechselobligo oder Abschlussgebühren, durch die die Schätzung des Erfüllungsbetrages objektiviert und der Ermessensspielraum begrenzt wird. Gemäß § 20 Abs. 2 KStG sind die Vergangenheitserfahrungen auch bei den Schadensrückstellungen von Versicherungsunternehmen zu berücksichtigen.[225] 5631

223 Vgl. auch Regierungsbegründung zum BilMoG, BR-Drucks. 344/08 S. 112 f.

224 Vgl. BFH, Urteil vom 30. 6. 1983 – IV R 41/81, BStBl 1984 II S. 263.

225 Die Begrenzung dieser Rückstellungen (siehe hierzu auch BMF, Schreiben vom 8. 9. 2006 – IV C 6 – S 2775 – 9/00, BStBl 2000 I S. 487 mit Berechnungsbeispiel) war die eigentliche Zielrichtung der Neuregelung, da nach § 341g Abs. 1 Satz 2 HGB, der sich über das Maßgeblichkeitsprinzip auch auf die Steuerbilanz auswirkte, bei der Bewertung die gesamten Schadensregulierungsaufwendungen zu berücksichtigen sind, was in der Praxis zu einer höheren Rückstellungsbildung führte; vgl. *Günkel/Fenzl*, DStR 1999 S. 654.

5632 In den von der Regelung betroffen Anwendungsfällen wird der **Einzelbewertungsgrundsatz,** der die einzelne Erfassung und Bewertung des jeweiligen Rückstellungssachverhalts bedingt, durch die – auch handelsrechtlich zulässige[226] – Pauschalbewertung **durchbrochen.** Dieses ist sachgerecht, da man bei den relevanten Sachverhalten, wie z. B. Produktgarantien, i. d. R. auch nur durch die basierend auf Erfahrungen der Vergangenheit nach dem Gesetz der großen Zahl unter Anwendung mathematischer oder statistischer Verfahren vorgenommene Pauschalbewertung zu einer sinnvollen und objektivierbaren Schätzung des Erfüllungsbetrages gelangt.[227] Die Notwendigkeit (ausreichender) Vergangenheitserfahrungen bedeutet aber, dass für Verpflichtungen, die nur selten oder vereinzelt auftreten, eine Pauschalbewertung ausscheidet.[228]

5633 Die Ermittlung der **Erfahrungswerte** erfolgt in erster Linie auf Basis der betriebsindividuellen Verhältnisse aber auch unter Berücksichtigung von Branchenerfahrungen.[229] Die schlichte Übernahme eines pauschalen Branchengewährleistungssatzes bezogen auf den Umsatz ohne Berücksichtigung der individuellen Verhältnisse dürfte unzulässig sein.[230] Der Rückgriff auf Branchenwerte ist insbesondere dann erforderlich, wenn noch keine ausreichenden betriebsindividuellen Erfahrungswerte vorliegen (z. B. bei Neugründung, Ausweitung des Geschäfts auf Produkte anderer Branchen). Die der Bewertung zugrunde gelegten Erfahrungswerte sollten zur Nachweisführung gegenüber der Finanzverwaltung dokumentiert werden (z. B. im Falle von Gewährleistungsrückstellungen durch Aufzeichnung der Mängelanzeigen, Dokumentation der durch die Mangelbehebung angefallenen Kosten etc.[231]

5634 Zu beachten ist, dass die ermittelten Erfahrungswerte lediglich die Grundlage für die Rückstellungsbewertung bilden. Daher ist immer die Prognosefähigkeit der vorliegenden Daten zu würdigen. Sofern sich die tatsächlichen Verhältnisse geändert haben sollten (z. B. längere gesetzliche Gewährleistungsfristen, neu eingesetzte Materialien in der Fertigung, mit denen noch keine Erfahrungen gesammelt werden konnten), ist dieses bei der Verwendung der Erfahrungswerte zu berücksichtigen.

Zu einem Beispiel zur Pauschalbewertung vgl. auch Rz. 5656 „Gewährleistung/Garantie“.

226 Vgl. EuGH, Urteil vom 19. 9. 1999 – Rs. C-275/97, FR 1999 S. 1184.

227 Vgl. BFH, Urteil vom 12. 12. 1990 – I R 18/89, BStBl 1991 II S. 485.

228 So z. B. der BFH zu Schadensersatzverpflichtungen, vgl. BFH, Urteil vom 30. 6. 1983 – IV R 41/81, BStBl 1984 II S. 263.

229 Vgl. BFH, Urteil vom 30. 6. 1983 – IV R 41/81, BStBl 1984 II S. 263.

230 Vgl. BMF, Schreiben vom 20. 8. 2003 – IV A 6 – S 2175 – 2/03, DB 2003 S. 2188 zur Gewährleistungsrückstellung in der Bauwirtschaft.

231 Vgl. auch BFH, Urteil vom 19. 7. 2011 – X R 26/10, DStR 2011 S. 1990 Tz. 47 ff. und BMF, Schreiben vom 20. 11. 2012 – IV C 6 – S 2137/09/10002, DStR 2012 S. 2439 zu den umfassenden Dokumentationserfordernissen als Voraussetzung für die Bildung von Rückstellungen wegen Erfüllungsrückstand für die Verpflichtung zur Nachbetreuung von Versicherungsverträgen.)

1.3.2.2 Bewertung von Sachleistungsverpflichtungen (§ 6 Abs. 1 Nr. 3a Buchst. b EStG)

Durch die Regelung wird der Erfüllungsbetrag als der zur Begleichung der ungewissen Verbindlichkeit voraussichtlich aufzuwendende (Geld-)betrag für Sachleistungsverpflichtungen dahin gehend konkretisiert, dass diese mit den Einzelkosten und den angemessenen Teilen der notwendigen Gemeinkosten zu bewerten sind. 5635

Unter Sachleistungsverpflichtungen versteht man Verpflichtungen, die nicht ausschließlich in Geld, sondern durch die Erbringung einer Lieferung oder Leistung erfüllt werden. 5636

BEISPIELE: Gewährleistungsfälle, Jahresabschlusserstellung, Aufbewahrungs-, Abrechnungs-, Rekultivierungs-, Rückbau-, Entsorgungs- oder Sanierungsverpflichtungen.[232]

Hinsichtlich des Umfangs der einzubeziehenden Kosten ist fraglich, was unter **„angemessenen" Teilen der „notwendigen" Gemeinkosten** zu verstehen ist. Zur Auslegung wurde in der Vergangenheit regelmäßig auf den Herstellungskostenbegriff zurückgegriffen, da § 255 Abs. 2 Satz 3 HGB a. F. eine vergleichbare Formulierung enthält. Die Notwendigkeit war nach § 253 Abs. 2 Satz 3 HGB a. F. Voraussetzung für die Aktivierung von Material- und Fertigungsgemeinkosten. Notwendig sollen Gemeinkosten sein, wenn sie entsprechend ihrer Art nach notwendigerweise zum Fertigungsprozess gerechnet werden müssen, mithin durch ihn notwendigerweise veranlasst sind. Durch die Forderung der „Angemessenheit" soll die Berücksichtigung von außerordentlichen, neutralen und unangemessen hohen Kosten (insbesondere sog. Leerkosten bei ungenügender Kapazitätsauslastung) verhindert werden.[233] Zu beachten ist, dass in § 255 Abs. 2 Satz 3 HGB i. d. F. des BilMoG die Notwendigkeit nicht mehr als Voraussetzung für die Aktivierung von Material- und Fertigungsgemeinkosten genannt wird. U. E. dürfte dieses keine Auswirkung auf die Bestimmung der Herstellungskosten haben, da nach h. M. auch bisher schon die „Notwendigkeit" nur als eine Umschreibung des Angemessenheitsprinzips verstanden wurde.[234] Im Ergebnis wurden daher nach der bisher h. M. die steuerlich aktivierungspflichtigen Herstellungskosten (Materialeinzel-/-gemeinkosten, Fertigungseinzel-/-gemeinkosten, Wertverzehr des Anlagevermögens) der zu erbringenden Sachleistung zugrunde gelegt.[235] Die Einbeziehung von angemessenen Teilen der Verwaltungskosten wurde bisher eher abgelehnt.[236] Dieser korrespondieren- 5637

232 Vgl. *Kulosa*, in: Schmidt, EStG, 32. Aufl., München 2013, § 6 Tz. 475.

233 Vgl. *Günkel/Fenzl*, DStR 1999 S. 654.

234 Vgl. auch *Ellrott/Brendt*, in: Beck'scher Bilanzkommentar, 6. Aufl., München 2006, § 255 Tz. 438.

235 Vgl. *Werndl*, in: Kirchhof/Söhn/Mellinghoff, Einkommensteuergesetz Kommentar, § 6 Tz. Da 20; für einen Einzelfall, nämlich der Verpflichtung zur Jahresabschlusserstellung und Erstellung der Betriebssteuererklärungen, hat der BFH allerdings die Einbeziehung der Gemeinkosten abgelehnt, vgl. BFH, Urteil vom 24. 11. 1983 – IV R 22/81, BStBl 1984 II S. 301, was nach der jüngsten Entscheidung des BFH zur Bewertung von Sachleistungsverpflichtungen überholt ist; vgl. BFH, Urteil vom 11. 10. 2012 – I R 66/11, BStBl 2013 II S. 676 Tz. 21.

236 Vgl. *Kiesel*, in: HHR (Hrsg.), EStG Kommentar, § 6 EStG Tz. 1174.

den Betrachtung bei der Bewertung der Rückstellung für Sachleistungsverpflichtungen hat der BFH mit Urteil vom 11. 10. 2012 nunmehr eine Absage erteilt.[237] Danach sind vielmehr wie der Handelsbilanz[238] die **Vollkosten** im Sinne aller für die Erfüllung der Verpflichtung aufzuwendenden Kosten (Erfüllungsbetrag) anzusetzen. Diese Vollkosten müssen notwendig und angemessen in dem Sinne sein, dass die Gemeinkosten willkürfrei und basierend auf vernünftigen kaufmännischen Grundlagen zugerechnet werden. Demnach dürften u. E. kalkulatorische Kosten und Leerkosten unverändert nicht einzubeziehen sein.

Aufgrund des Vollkostenansatzes sind neben den Einzelkosten sowohl die variablen als auch die fixen Gemeinkosten ohne Begrenzung auf die steuerlich aktivierungspflichtigen Herstellungskosten anzusetzen, womit grundsätzlich auch allgemeine Verwaltungskosten, Sozialkosten und Zinsen für Fremdkapital bei der Bewertung der Rückstellung zu berücksichtigen sind. Für die Einbeziehung der Finanzierungskosten in die Vollkosten ist es nicht erforderlich, dass die für die Erbringung der Sachleistungsverpflichtung benötigten Wirtschaftsgüter unmittelbar einzeln fremdfinanziert worden sind, sondern es ist bei einer sog. Poolfinanzierung[239] vielmehr ausreichend, wenn die Zinsen sich durch Kostenallokation verursachungsgerecht den Wirtschaftsgütern zuordnen lassen. Falls die Finanzierung der Wirtschaftsgüter allerdings durch unmittelbar zuordenbare (Einzel-)Darlehen erfolgt ist, scheidet eine Schlüsselung der gesamten Finanzierungskosten aus und es sind nur die Zinsen des betreffenden Darlehens als Einzelkosten in die Rückstellungsbewertung einzubeziehen.[240]

Die berücksichtigungsfähigen Kosten sind nach § 6 Abs. 1 Nr. 3a Buchst. f EStG auf der Basis der Preisverhältnisse des Bilanzstichtags anzusetzen.

1.3.2.3 Berücksichtigung künftiger Vorteile (§ 6 Abs. 1 Nr. 3a Buchst. c EStG)

5638 Nach § 6 Abs. 1 Nr. 3a Buchst. c EStG sind künftige Vorteile, welche mit der Erfüllung der Verpflichtung voraussichtlich verbunden sein werden, soweit sie nicht als Forderung zu aktivieren sind, bei ihrer Bewertung wertmindernd zu berücksichtigen, m. a. W. der Aufwand aus der Verpflichtung und der Ertrag aus dem künftigen Vorteil sind als Bewertungseinheit im Rahmen der Rückstellungsbewertung miteinander zu saldieren. Hiermit wollte der Gesetzgeber eine realitätsnähere Bewertung der Rückstellungen sicherstellen.

Diese Regelung überträgt die Grundsätze des (allerdings zu Drohverlustrückstellungen ergangenen) sog. Apothekerurteils des Großen Senats[241] auf alle sonstigen Rückstellungen. Nach dieser Entscheidung sind entsprechend der wirtschaftlichen Betrachtungsweise im Steuerrecht im Rahmen der Rückstellungsbewertung nicht nur die Aufwendungen aus den negativen Aspekten des zugrundeliegenden Sachverhalts, sondern

---

237 Vgl. BFH, Urteil vom 11. 10. 2012 – I R 66/11, BStBl 2013 II S. 676.

238 Vgl. IDW RS HFA 34 Tz. 21, FN-IDW 2013 S. 53 ff.

239 Hierbei werden alle Aufwendungen eines Betriebes aus einem „Pool" finanziert, der aus sämtlichen liquiden Finanzmitteln (Eigen- und Fremdmittel) des Betriebes gebildet worden ist.

240 Vgl. BFH, Urteil vom 11. 10. 2012 – I R 66/11, BStBl 2013 II S. 676.

241 Vgl. BFH, Urteil vom 23. 6. 1997 – GrS 2/93, BStBl 1997 II S. 735.

auch die Erträge aller mit ihm verbundenen greifbaren wirtschaftlichen Vorteile, unabhängig davon, ob diese zu einem aktivierungsfähigen Wirtschaftsgut führen, im Rahmen der Rückstellungsbewertung zu berücksichtigen.[242] Ein Verstoß gegen das Saldierungsverbot ist darin nicht zu sehen.

Hinsichtlich der Auslegung der gesetzlichen Regelung ist der Teil der Vorschrift, dass eine Gegenrechnung ausscheidet, soweit eine aktivierungspflichtige Forderung besteht, wohl selbstverständlich, da es sonst zu einer Doppelerfassung des Vorteils kommen würde. Fraglich ist die Reichweite der Begriffe **„voraussichtliche künftige Vorteile“**. Einig ist man sich zum einen, dass die bloße Möglichkeit des Eintritts künftiger Vorteile nicht ausreichend ist,[243] und zum anderen, dass der Vorteil in jedem Fall dann zu berücksichtigen ist, wenn er bereits kontrahiert ist, wie z. B. bei den sog. Kippgebühren aus der Entsorgung von Bauaushub/-schutt, die bei der Bewertung einer Rückstellung für Rekultivierungsverpflichtungen zu berücksichtigen sind, wenn am Bilanzstichtag bereits Verträge mit den Kippberechtigten geschlossen worden sind.[244] 5639

Aufgrund der Verwendung des Begriffs „voraussichtlich“ durch den Gesetzgeber ist u. E. die rechtliche Verbindlichkeit des Vorteils z. B. in der Form am Bilanzstichtag bereits vorliegender Verträge nicht erforderlich.[245] Allerdings muss die mögliche Realisierung des Vorteils z. B. aufgrund von Erfahrungswerten hinreichend wahrscheinlich sein. Nach Auffassung der Finanzverwaltung ist – unter Anwendung der bekannten Regel der 51 %igen Wahrscheinlichkeit – eine Berücksichtigung des Vorteils dann zwingend, wenn mehr Gründe für als gegen den Eintritt dieses Vorteils sprechen.[246] Sofern sich hieraus für bis zum Jahr 2005 gebildete Rückstellungen eine Erhöhung ergab, war die Inanspruchnahme einer Übergangsregelung möglich, durch die der Effekt aus der Rückstellungerhöhung mittels Bildung einer Rücklage und deren anschließender Auflösung über zehn Jahre abgemildert werden konnte.[247]

BEISPIEL: Nach dem AltfahrzeugG ist Hersteller H seit dem 1. 7. 2002 dazu verpflichtet, seine Altfahrzeuge unentgeltlich zurückzunehmen und zu entsorgen. Für diese Verpflichtung ist nach den allgemeinen Kriterien eine Rückstellung zu bilden. Im abgelaufenen Wirtschafsjahr wurden 100.000 Fahrzeuge in Verkehr gebracht. Aufgrund von Erfahrungen aus der Vergangenheit ist mit einer Rücknahmequote von 20 % zu rechnen. Die Entsorgungskosten (Einzel- und anzusetzende Gemeinkosten)

---

242 Vgl. *Günkel/Fenzl*, DStR 1999 S. 655.

243 Vgl. R 6.11 Abs. 1 Satz 2 EStR.

244 Vgl. z. B. *Werndl*, in: Kirchhof/Söhn/Mellinghoff, EStG-Kommentar, § 6 Tz. Da 24; *Hoffmann*, in: Littmann/Bitz/Pust (Hrsg.), Das Einkommensteuerrecht, § 6 Tz. 667, die eine Berücksichtigung der Vorteile wohl nur bei auf vertraglicher bzw. zivilrechtlicher Grundlage feststehenden zukünftigen Ansprüchen für zulässig halten.

245 So wohl nun auch der BFH in seinem Urteil vom 17. 10. 2013 – IV R 7/11, DStR 2013 S. 2745, der lediglich einen konkreten sachlichen Zusammenhang zwischen Vorteil und Verpflichtung in der Form fordert, dass ein gedachter Erwerber des Betriebs diesen Vorteil bei der Bewertung der Verpflichtung berücksichtigen würde.

246 R 6.11 Abs. 1 Satz 1 EStR; OFD Karlsruhe, Verfügung vom 14. 3. 2006 – S 2175 A – St 116; a. A. *Kiesel*, in: HHR, EStG/KStG, § 6 EStG Tz. 1178, der auch eine wesentlich geringere Wahrscheinlichkeit für ausreichend hält.

247 Vgl. R 6.11 Abs. 1 Satz 1 bis 5 EStR.

betragen 100 € je Fahrzeug. Regelmäßig können Teile der Altfahrzeuge aufgrund des hierfür bestehenden Marktes verwertet werden (z. B. als Ersatzteile, Verwertung von Metallen), so dass je Fahrzeug Erlöse von 60 € erzielt werden. Der Eintritt dieses sachlich mit der Rücknahmeverpflichtung verbundenen Vorteils ist aufgrund der vorliegenden Erfahrungswerte hinreichend wahrscheinlich und daher rückstellungsmindernd bei der Bewertung zu berücksichtigen. Es ergibt sich somit eine voraussichtliche Belastung aus dem Verkauf der Fahrzeuge von 800.000 € (= 100.000 × 20 % × (100 € - 60 €). Dieser Betrag ist nach § 6 Abs. 1 Nr. 3a Buchst. e EStG abzuzinsen.

WEITERE ANWENDUNGSFÄLLE:

- Berücksichtigung von Rückgriffsforderungen gegen Versicherungsunternehmen, Subunternehmer, Zulieferer

- Urlaubsrückstellung:

Berücksichtigung eines Anspruchs gegen die Urlaubskasse

- Rückstellung für abgegebene Bürgschaften:

Berücksichtigung des werthaltigen Teils einer im Falle der Inanspruchnahme des Bürgen auf ihn übergehenden Forderung (vgl. Rz. 5656 „Bürgschaft")

- Altersteilzeitrückstellung:

Berücksichtigung des Erstattungsanspruchs für die Wiederbesetzung der Stelle spätestens mit Abschluss eines Arbeitsvertrages mit einem neuen Arbeitnehmer im Sinne von § 3 Abs. 1 Satz 1 Nr. 2 AltTZG (vgl. Rz. 5656 „Altersteilzeit").[248]

1.3.2.4 Ansammlungsrückstellungen (§ 6 Abs. 1 Nr. 3a Buchst. d EStG)

5640 Nach § 6 Abs. 1 Nr. 3a Buchst. d EStG sind Rückstellungen für Verpflichtungen, für deren Entstehen im wirtschaftlichen Sinne der laufende Betrieb ursächlich ist, zeitanteilig in gleichen Raten anzusammeln (sog. **echte Ansammlungsrückstellungen**).[249] Davon betroffen sind Sachverhalte, mit denen erst in Zukunft Erträge realisiert werden, aus denen aber eine Verpflichtung resultiert (in praxi insbesondere Entsorgungs-, Pachterneuerung- oder Abbruchverpflichtung), die mit Verwirklichung des Sachverhalts schon rechtlich entstanden ist.

5641 Die ratierliche Ansammlung der Rückstellung trotz bereits bestehender rechtlicher Verpflichtung erscheint sachgerecht, da z. B. die Aufwendungen aus einer Abbruchverpflichtung für ein Betriebsgebäude durch die zukünftigen Erlöse, die aus der Gebäudenutzung, also dem laufenden Betrieb erzielt werden, wirtschaftlich verursacht werden und daher durch die ratierliche Ansammlung der Rückstellung die Aufwendungen den entsprechenden Erträgen zugeordnet werden.[250]

248 Vgl. BMF, Schreiben vom 28. 3. 2007 – IV B 2 – S 2175/07/0002, BStBl 2007 I S. 297.

249 Vgl. BFH, Urteil vom 5. 5. 2011 – IV R 32/07, DStR 2011 S. 1364.

250 So auch schon die frühere Rechtsprechung zu Abbruchverpflichtungen, vgl. BFH, Urteil vom 19. 2. 1975 – I R 28/73, BStBl 1975 II S. 480.

Nach dem Realisationsprinzip wäre zwar eigentlich eine proportionale Verteilung[251] der Aufwendungen entsprechend der im wirtschaftlichen Sinne ursächlichen Erlöse angezeigt, aus Objektivierungsgründen hat der Gesetzgeber jedoch (sinnvollerweise) eine zeitanteilige Ansammlung vorgesehen.

BEISPIEL: Herstellung eines Betriebsgebäudes am 1. 1. 01 auf einem gepachteten Grundstück, das nach 50 Jahren wieder abgerissen werden muss. Die Abbruchkosten betragen am 31. 12. 01 100.000 € und am 31. 12. 02 103.000 € auf Basis des jeweiligen Preisniveaus am Bilanzstichtag.

Die Aufwendungen aus der Abbruchverpflichtung sind durch die zukünftigen Erlöse, die aus dem laufenden Betrieb erzielt werden, wirtschaftlich verursacht und daher über den Zeitraum der Gebäudenutzung (50 Jahre) in gleichen Raten anzusammeln.

Zum 31. 12. 01 beträgt die Rückstellung (ohne Berücksichtigung der Abzinsung) somit 2.000 € (100.000 € × 1/50), zum 31. 12. 02 lautet der Wertansatz 4.120 € (103.000 € × 2/50). Der Aufwand aus der Zuführung zur Rückstellung beträgt somit im Wirtschaftsjahr 02 2.120 €.[252]

Nicht von der Regelung des § 6 Abs. 1 Nr. 3a Buchst. d EStG erfasst werden Rückstellungen, bei denen der Rückstellungsbetrag tatsächlich und nicht nur wirtschaftlich in jedem Jahr zunimmt (sog. **unechte Ansammlungsrückstellungen**).[253] Diese werden zwar häufig auch als Ansammlungsrückstellungen bezeichnet,[254] da diese Verpflichtungen aber zum jeweiligen Bilanzstichtag wirtschaftlich verursacht sind, ist für diese Verpflichtung die Rückstellung nach den allgemeinen Grundsätzen entsprechend dem am Bilanzstichtag bestehenden Verpflichtungsumfang zu bewerten.[255] 5642

BEISPIEL: Ein Grundstück, auf dem über einen Zeitraum von 30 Jahren Kies abgebaut wird, muss am Nutzungsende rekultiviert werden. Die Rückstellung für die Rekultivierungsverpflichtung ist zum jeweiligen Bilanzstichtag durch die aus dem Kiesabbau erzielten Erlöse wirtschaftlich verursacht und entsprechend dem bis dahin erfolgten Abbau zu bewerten.

251 In der Literatur wird daher teilweise auch die Bezeichnung „Verteilungsrückstellung“ verwendet, vgl. z. B. *Küting/Kessler*, DStR 1998 S. 1941; IDW RS HFA 34 Tz. 18, FN-IDW 2013 S. 53 ff.

252 Siehe auch R 6.11 Abs. 2 EStR.

253 Vgl. BFH, Urteil vom 5. 5. 2011 – IV R 32/07, DStR 2011 S. 1364, der diese Rückstellungen als unechte Ansammlungsrückstellungen bezeichnet im Gegensatz zu den unter diese Vorschrift fallenden echten Ansammlungsrückstellungen; *Günkel/Fenzl*, DStR 1999 S. 655.

254 Vgl. z. B. *Hoffmann*, in: Littmann/Bitz/Pust (Hrsg.), Das Einkommensteuerrecht, § 6 Tz. 669.

255 Vgl. *Günkel/Fenzl*, DStR 1999 S. 655.

1.3.2.5 Besonderheiten der Ansammlungsrückstellungen bei gesetzlichen Rücknahmeverpflichtungen und der Stilllegung von Kernkraftwerken

1.3.2.5.1 Gesetzliche Rücknahmeverpflichtungen (§ 6 Abs. 1 Nr. 3a Buchst. d Satz 2 EStG)

5643 Die Regelung wurde durch das AltfahrzeugG vom 21. 6. 2002[256] eingefügt. Dieses sah u. a. ab dem 1. 1. 2007 für Hersteller und gewerbliche Importeure eine Rücknahme- und Verwertungsverpflichtung auch für Fahrzeuge vor, die vor dem 1. 7. 2002 in Verkehr gebracht worden sind (sog. **Alt-Altfahrzeuge**). Da die Rücknahmeverpflichtung mit Inverkehrbringung rechtlich sowie wirtschaftlich verursacht ist (Bezug zu in der Vergangenheit erzielten Umsätzen) und sich die Inverkehrbringer dieser Verpflichtung z. B. durch Aufgabe der werbenden Tätigkeit auch nicht mehr entziehen konnten, wären zum 31. 12. 2002 für die gesamten sog. Alt-Altfahrzeuge per Einmalzuführung Rückstellungen für die neu eingeführte Rücknahmeverpflichtungen zu bilden gewesen.

Wohl um die Belastung der öffentlichen Haushalte aus solchen Einmaleffekten abzufedern, sieht die Vorschrift vor, dass Rückstellungen für gesetzliche Rücknahme- und Verwertungsverpflichtungen von Erzeugnissen,[257] die vor dem Inkrafttreten dieser Verpflichtung in Verkehr gebracht worden sind (sog. **Alt-Alterzeugnisse**) zeitanteilig in gleichen Raten bis zum Zeitpunkt der voraussichtlichen Rücknahme anzusammeln sind. Im Gegenzug verzichtet der Gesetzgeber allerdings auf eine Abzinsung dieser Rückstellungen (§ 6 Abs. 1 Nr. 3a Buchst. d Satz 2 2. Halbsatz EStG).

5644 In Bezug auf den **Ansammlungszeitraum** ist fraglich, ob dieser bereits mit Inverkehrbringung der Alt-Alterzeugnisse[258] oder erst mit Inkrafttreten der gesetzlichen Rücknahmeverpflichtung beginnt. Da im Gegensatz zur Rückstellung für die Stilllegung von Kernkraftwerken[259] für die sog. Alt-Alterzeugnisse hierzu keine explizite Regelung getroffen worden ist, ist u. E. die Auffassung vorzuziehen, nach solcher – auch aus Vereinfachungsgründen – der Ansammlungszeitraum mit der erstmaligen gesetzlichen Verpflichtung beginnt.[260]

5645 § 6 Abs. 1 Nr. 3a Buchst. d Satz 2 EStG ist nicht anzuwenden, wenn eine Rücknahmeverpflichtung schon vor Inkrafttreten der gesetzlichen Verpflichtung durch privatrechtliche oder faktische Verpflichtung z. B. in Form einer Selbstverpflichtungserklärung eines Branchenverbands für die Verbandsmitglieder bestanden hat. Eine erst noch in innerstaatliches Recht umzusetzende EU-Richtlinie ist für das Vorliegen einer faktischen Verpflichtung mangels hinreichender Konkretisierung nicht ausreichend.[261]

256 BGBl 2002 I S. 2199.

257 Gesetzliche Rücknahme- und Verwertungsverpflichtungen bestehen z. B. auch für Batterien sowie Elektro- und Elektronikgeräte (vgl. Rz. 5656 „Elektro- und Elektronikgeräte, Rücknahmeverpflichtung").

258 So *Korn/Strahl*, in: Korn/Carlé/Stahl/Strahl, Einkommensteuergesetz Kommentar, § 6 Tz. 385.5.

259 Nach § 6 Abs. 1 Nr. 3a Buchst. d Satz 3 EStG beginnt hier der Ansammlungszeitraum mit der erstmaligen Nutzung.

260 So auch *Kiesel*, in: HHR, EStG/KStG, § 6 EStG Tz. 1184.

261 Vgl. BFH, Urteil vom 10. 1. 2007 – I R 53/05, BB 2007 S. 1432; *Ehmcke*, in: Blümich, EStG KStG GewStG, § 6 Tz. 978a.

1.3.2.5.2 Verpflichtung zur Stilllegung von Kernkraftwerken (§ 6 Abs. 1 Nr. 3a Buchst. d Satz 3 EStG)

Die zu Ansammlungsrückstellungen dargestellten Grundsätze (vgl. Rz. 5640 ff.) gelten auch für die im Rahmen der Stilllegung von Kernkraftwerken bestehenden Verpflichtungen (insbesondere Abriss- und Entsorgungsverpflichtungen). Der Ansammlungszeitraum beginnt mit der erstmaligen Nutzung und endet in dem Zeitpunkt, in dem mit der Stilllegung begonnen werden muss. Bei noch nicht feststehendem Stilllegungszeitpunkt beträgt der Ansammlungszeitraum 25 Jahre. 5646

Eine Verkürzung der ursprünglich geplanten Nutzungsdauer (z. B. frühere Stilllegung durch gesetzliche Regelung) ist durch eine außerplanmäßige Zuführung zur Rückstellung zu berücksichtigen. Sofern bei unbekanntem Nutzungsende ein Ansammlungszeitraum von 25 Jahren zugrunde gelegt worden ist, aber die tatsächliche bisherige Nutzungszeit am Bilanzstichtag diesen Zeitraum übersteigt, erfolgt weder eine teilweise Auflösung der Rückstellung noch eine Korrektur der bisher vorgenommenen Verteilung des Rückstellungsbetrages. Die Abzinsung der Rückstellung, die nach § 6 Abs. 1 Nr. 3a Buchst. e Satz 3 EStG ausgehend vom feststehenden Stilllegungszeitpunkt bzw. vom Ende des 25-Jahres-Zeitraums vorzunehmen ist, hat dann auf Basis des voraussichtlichen Stilllegungszeitpunktes zu erfolgen.[262] 5647

1.3.2.6 Abzinsung (§ 6 Abs. 1 Nr. 3a Buchst. e EStG)

Bis zur Einführung des Abzinsungsgebots durch das StEntlG 1999/2000/2002 waren Rückstellungen aufgrund der über das Maßgeblichkeitsprinzip auf die Steuerbilanz durchschlagenden Regelung des § 253 Abs. 1 Satz 2 HGB nur abzuzinsen, soweit die zugrundeliegende Verbindlichkeit einen Zinsanteil enthielt. Dafür war ein objektiv gewolltes Kreditgeschäft der beteiligten Parteien erforderlich, was bei ungewissen Verbindlichkeiten regelmäßig nicht gegeben war. Entsprechend lehnte der BFH die Abzinsung von Sachleistungsverpflichtungen ab.[263] Dagegen hat der BFH bei langfristigen Geldleistungsverpflichtungen (z. B. Jubiläumsverpflichtungen) regelmäßig ein die Abzinsung rechtfertigendes verdecktes Kreditgeschäft angenommen, was in der Literatur kritisiert wurde.[264] 5648

Nach § 6 Abs. 1 Nr. 3a Buchst. e EStG sind Rückstellungen für Verpflichtungen wie Verbindlichkeiten nun grundsätzlich mit einem Zinssatz von 5,5 % abzuzinsen. Die Abzinsungspflicht besteht nach dem ausdrücklichen Wortlaut des § 6 Abs. 1 Nr. 3a Buchst. e Satz 2 EStG sowohl für Geld- als auch Sachleistungsverpflichtungen. Nach § 6 Abs. 1 Nr. 3a Buchst. e Satz 1 2. Halbsatz EStG gelten auch für Rückstellungen die in § 6 Abs. 1 Nr. 3 Satz 2 EStG für Verbindlichkeiten festgelegten Ausnahmen von der Abzinsungspflicht. Somit sind Rückstellungen für verzinsliche sowie für Verpflichtungen mit einer Restlaufzeit von weniger als 12 Monaten und auf einer Anzahlung oder Vorausleistung beruhende Rückstellungen von der Abzinsung ausgenommen.

---

262 Vgl. *Werndl*, in: Kirchhof/Söhn/Mellinghoff, EStG-Kommentar, § 6 Tz. Da 35.

263 Vgl. z. B. BFH, Urteil vom 19. 2. 1975 – I R 28/73, BStBl 1975 II S. 480.

264 Vgl. z. B. *Hoyos/Ring*, in: Beck'scher Bilanz-Kommentar, 6. Aufl., München 2006, § 253 Tz. 161.

5649 Das Abzinsungsgebot wird damit begründet, dass eine erst in Zukunft zu erfüllende Schuld weniger belastet als eine sofort zu begleichende Verpflichtung. Einer dann allerdings sachgerechten Berücksichtigung von künftigen Preis- und Kostensteigerungen im Sinne einer Bewertung der Rückstellung entsprechend der tatsächlichen Leistungsfähigkeit, wie sie das Handelsrecht seit dem BilMoG vorsieht und wie es in der Literatur häufig gefordert wurde,[265] hat der Gesetzgeber durch die Einführung des § 6 Abs. 1 Nr. 3a Buchst. f EStG im Rahmen des BilMoG wohl endgültig eine Absage erteilt.[266]

Das durch das BilMoG eingeführte handelsrechtliche Abzinsungsgebot des § 253 Abs. 2 HGB ist aufgrund des steuerlichen Bewertungsvorbehalts in den durch § 6 Abs. 1 Nr. 3a Buchst. e EStG geregelten Sachverhalten für die Steuerbilanz unbeachtlich.

Hinsichtlich der grundsätzlichen Ausführungen zur Abzinsung und deren Technik wird wegen der gleichlautenden Regelung auf die Rz. 6190 ff. zur Abzinsung von Verbindlichkeiten verwiesen und an dieser Stelle nur auf die Besonderheiten der Abzinsung von Rückstellungen eingegangen.

5650 **Restlaufzeit/Abzinsungszeitraum:** Aufgrund der ungewissen Verbindlichkeiten innewohnenden Unsicherheit ist der Erfüllungszeitpunkt regelmäßig unbekannt und die Restlaufzeit daher unter Berücksichtigung der Umstände des jeweiligen Einzelfalls zu schätzen.

5651 **Abzinsungszeitraum – Geldleistungsverpflichtungen:** Sofern Geldleistungsverpflichtungen in Raten zu begleichen sind, ist die Restlaufzeit für jede Rate einzeln zu ermitteln bzw. zu schätzen.[267]

5652 **Abzinsungszeitraum – Sachleistungsverpflichtungen:** Nach § 6 Abs. 1 Nr. 3a Buchst. e Satz 2 EStG sind Rückstellungen für Sachleistungsverpflichtungen ausgehend vom voraussichtlichen Erfüllungszeitpunkt bzw. Beginn des Erfüllungszeitraums abzuzinsen, womit insbesondere für Verpflichtungen, die über einen längeren Zeitraum zu erbringen sind (z. B. Rekultivierungsverpflichtung, Rückbauverpflichtung, Beseitigung von Altlasten, Baugewährleistung etc.), anders als für handelsbilanzielle Zwecke,[268] eine Schätzung des Endes des Erfüllungszeitraums entbehrlich ist und ggf. bei kurzfristigem Beginn der Erfüllung eine Abzinsung unterbleibt, wie z. B. bei der Rückstellung für Aufbewahrungsverpflichtungen (vgl. Rz. 5656 „Aufbewahrung von Geschäftsunterlagen"). Für eine in Teilleistungen zu erbringende Verpflichtung, die als einheitliche Verpflichtung anzusehen ist, ist der Beginn der ersten Teilleistung maßgebend.[269]

Zum Abzinsungszeitraum für „bergrechtliche" Verpflichtungen hat das BMF in seinem Schreiben vom 17. 12. 1999[270] ausführlich Stellung genommen. Hinsichtlich des für Kernkraftwerke relevanten Abzinsungszeitraums vgl. Rz. 5646 f.

---

265 Vgl. z. B. *Günkel/Fenzl*, DStR 1999 S. 655.

266 Vgl. auch BFH, Urteil vom 5. 5. 2011 – IV R 32/07, DStR 2011 S. 1364 Tz. 26, 32.

267 Vgl. BMF, Schreiben vom 28. 5. 2005 – IV B 2 – S- 2175 – 7/05, BStBl 2005 I S. 699 Tz. 25.

268 Vgl. IDW RS HFA 34 Tz. 39, FN-IDW 2013 S. 53 ff.

269 Vgl. BMF, Schreiben vom 28. 5. 2005 – IV B 2 – S- 2175 – 7/05, BStBl 2005 I S. 699 Tz. 26.

270 Siehe BMF, Schreiben vom 9. 12. 1999 – IV C 2 – S 2175 – 30/99, BStBl 1999 I S. 1127.

BEISPIEL: zur Abzinsung von Ansammlungsrückstellungen (Fortsetzung von Rz. 5641):

Herstellung eines Betriebsgebäudes am 1.1.01 auf einem gepachteten Grundstück, das nach 50 Jahren wieder abgerissen werden muss. Die Abbruchkosten betragen am 31.12.01 100.000 € und am 31.12.02 103.000 € auf Basis des jeweiligen Preisniveaus am Bilanzstichtag.

Die Aufwendungen aus der Abbruchverpflichtung sind durch die zukünftigen Erlöse, die aus dem laufenden Betrieb erzielt werden, wirtschaftlich verursacht und daher über den Zeitraum der Gebäudenutzung (50 Jahre) in gleichen Raten anzusammeln.

Zum 31.12.01 beträgt die Rückstellung somit 146 € (100.000 € × 1/50 × 0,073 (Restlaufzeit 49 Jahre)), zum 31.12.02 lautet der Wertansatz 308 € (103.000 € × 2/50 × 0,077 (Restlaufzeit 48 Jahre)). Der Aufwand aus der Zuführung zur Rückstellung beträgt somit im Wirtschaftsjahr 02 162 €.[271]

Ausnahmen von der Abzinsung: Rückstellungen für gesetzliche Rücknahme- und Verwertungsverpflichtung von Erzeugnissen, die vor dem Inkrafttreten dieser Verpflichtung in Verkehr gebracht worden sind, unterliegen nach § 6 Abs. 1 Nr. 3a Buchst. d Satz 2 2. Halbsatz EStG nicht dem Abzinsungsgebot (vgl. Rz. 5643). 5653

Nach Auffassung der Finanzverwaltung kann bei Pauschalrückstellungen, z. B. für Garantie- oder Gewährleistungsverpflichtungen, aus Vereinfachungsgründen unabhängig von der Restlaufzeit auf eine Abzinsung verzichtet werden.[272]

Sofern die zugrundeliegende Verpflichtung eine ausdrückliche oder konkludente Zinsabsprache bzw. eine verdeckte Verzinslichkeit enthält, ist eine Abzinsung ausgeschlossen (z. B. Rückstellung für Patentverletzung, da in der Schadenersatzklage regelmäßig auch Zinsansprüche geltend gemacht werden, die im Erfüllungsbetrag in Höhe der bis zum Bilanzstichtag verursachten Zinsen zu berücksichtigen sind). Diese Regelung erscheint auf den ersten Blick konträr zu der früheren BFH-Rechtsprechung (vgl. Rz. 5648) und unverständlich, da sie mangels Abzinsung zu höheren Bilanzansätzen für verzinsliche im Vergleich zu unverzinslichen Verpflichtungen führen könnte. Es bedeutet aber nicht, dass verzinsliche Verpflichtungen nicht abzuzinsen sind, sondern beschränkt lediglich den Anwendungsbereich des § 6 Abs. 1 Nr. 3a Buchst. e Satz 2 EStG auf unverzinsliche Verpflichtungen. Rückstellungen für verzinsliche ungewisse Verpflichtungen sind u. E. nunmehr aufgrund des Maßgeblichkeitsprinzips nach § 253 Abs. 2 Satz 1 HGB unter Verwendung des nach § 253 Abs. 2 HGB ermittelten Marktzinssatzes abzuzinsen.[273]

---

271 Beachtlich ist die gravierende Auswirkung der Abzinsung.

272 Vgl. BMF, Schreiben vom 28.5.2005 – IV B 2 – S- 2175 – 7/05, BStBl 2005 I S. 699 Tz. 27.

273 So im Ergebnis auch *Groh*, DB 2007 S. 2277 auf Basis der früheren BFH-Rechtsprechung, der sich (vor Einführung des BilMoG) für die Verwendung des Marktzinses ausspricht; *Werndl*, in: Kirchhof/Söhn/Mellinghoff, EStG-Kommentar, § 6 Tz. Da 43, der den vereinbarten Zins bzw. mindestens den gesetzlichen Zins von 5,5 % zugrunde legen möchte. So wohl auch das BMF zu Jubiläumsverpflichtungen, vgl. BMF, Schreiben vom 8.12.2008 – IV C 6 – S 2137/07/10002, BStBl 2008 I S. 1013 Tz. 9.

5654 **Anwendungsfälle:** In der Praxis ist das Abzinsungsgebot insbesondere für die folgenden Verpflichtungen relevant, da diese regelmäßig erst nach einem längeren Zeitraum zu erfüllen sind:

Rekultivierung, bergrechtliche Verpflichtungen, Stilllegung von Kernkraftwerken, Beseitigung von Altlasten, Pachterneuerung, Abbruch-/Entfernungsverpflichtung, Schadenrückstellungen von Versicherungsunternehmen[274], Rücknahmeverflichtungen (z. B. für Altfahrzeuge, Elektrogeräte), Schadenersatzverpflichtungen, Einzelgewährleistungs-/ -garantiefälle, Altersteilzeit.

1.3.2.7 Künftige Preis- und Kostensteigerungen (§ 6 Abs. 1 Nr. 3a Buchst. f EStG)

5655 Die Vorschrift des § 6 Abs. 1 Nr. 3a Buchst. f EStG wurde durch das BilMoG mit Wirkung vom 1. 1. 2009 eingefügt. Sie ist zur Wahrung der „Steuerneutralität" des BilMoG erforderlich gewesen, da handelsrechtlich Rückstellungen nach § 253 Abs. 1 Satz 2 HGB i. d. F. des BilMoG zum Erfüllungsbetrag, also unter Berücksichtigung künftiger Preis- und Kostensteigerungen zu bewerten sind, und diese Regelung ohne entsprechende steuerliche Vorschrift durch das Maßgeblichkeitsprinzip auch in der Steuerbilanz zu beachten gewesen wäre.

Somit sind Rückstellungen entsprechend der bisherigen Rechtsprechung auch nach Einführung des steuerlichen Abzinsungsgebots weiterhin nach den Wertverhältnissen am Bilanzstichtag zu bewerten.[275]

1.4 ABC der sonstigen Rückstellungen – Ansatz und Bewertung

5656 **Abbruchverpflichtung:** Für die vertragliche Verpflichtung zum Abbruch bzw. zur Entfernung von Gebäuden bzw. Anlagen (z. B. bei Gebäuden auf fremden Grund und Boden aufgrund eines Mietvertrages) ist eine Rückstellung für ungewisse Verbindlichkeiten zu bilden, unabhängig davon, ob der Zeitpunkt des Abbruchs oder der Entfernung bereits feststeht.[276] Gleiches gilt grundsätzlich auch für öffentlich-rechtliche Verpflichtungen, wobei jedoch hinsichtlich der Wahrscheinlichkeit der Inanspruchnahme eine weitergehende Konkretisierung gefordert wird (vgl. Rz. 5575 ff.).[277] Die Rückstellung ist ratierlich anzusammeln und abzuzinsen (§ 6 Abs. 1 Nr. 3a Buchst. d Satz 1, e EStG).

Abfallbeseitigung vgl. „Umweltschutz"

Abfindung: Für voraussichtliche zukünftige Abfindungen an langjährige Mitarbeiter kann mangels Erfüllungsrückstand keine Rückstellung gebildet werden. Eine Passivierung der Verpflichtung als sonstige Verbindlichkeit bzw. als Rückstellung, sofern Unge-

274 Vgl. BMF, Schreiben vom 16. 8. 2000 – IV C 2 – S 2175 – 14/00, BStBl 2000 I S. 1218.

275 Vgl. BFH, Urteil vom 5. 5. 2011 – IV R 32/07, DStR 2011 S. 1364, Tz. 24 f. Zur Kritik siehe *Herzig/Briesemeister*, DB 2009 S. 979 m. w. N. und Rz. 5627.

276 Vgl. BFH, Urteil vom 28. 3. 2000 – VIII R 13/99, BStBl 2000 II S. 612; OFD Hannover, Vfg. vom 14. 12. 2009 – S 2137 – 84 – StO 221/StO 222.

277 Vgl. BFH, Urteil vom 12. 12. 1991 – IV R 28/91, BStBl 1986 II S. 788.

wissheit hinsichtlich der Verpflichtungshöhe besteht, kann erst mit Abschluss einer Abfindungsvereinbarung erfolgen.[278]

Abraumbeseitigung: Für unterlassene Aufwendungen für Abraumbeseitigung, die im folgenden Wirtschaftsjahr nachgeholt werden, besteht nach § 249 Abs. 1 Satz 2 Nr. 1 HGB in der Handelsbilanz Passivierungspflicht, wodurch nach dem Maßgeblichkeitsprinzip diese Aufwandsrückstellung auch in der Steuerbilanz anzusetzen ist. Für Abraumbeseitigungen, die sich aus rechtlichen Verpflichtungen ergeben, ist nach allgemeinen Grundsätzen eine Verbindlichkeitsrückstellung zu bilden.

Abrechnungsverpflichtung: Für Abrechnungsverpflichtungen, die sich als Nebenleistung aus einem zugrunde liegenden Vertrag ergeben (z. B. die Abrechnungsverpflichtung nach § 14 VOB/B bei Bauleistungen), ist eine Rückstellung zu bilden, sofern am Bilanzstichtag die Hauptleistung erbracht ist.[279] Gleiches gilt für die Abrechnungsverpflichtung z. B. von Versorgungsunternehmen für das abgelaufene Jahr, wenn die Bedeutung der Abrechnungsverpflichtung für das verpflichtete Unternehmen nicht unwesentlich ist (vgl. Rz. 5606 zur Kritik an der Wesentlichkeit als Rückstellungsvoraussetzung).[280]

Aktienoptionsprogramm vgl. „Stock Options"

Altfahrzeuge vgl. Rz. 5639, 5643

Altlasten vgl. „Umweltschutz"

Altersteilzeit: Gemäß §§ 1, 2 Altersteilzeitgesetz[281] (AltTZG) soll durch Altersteilzeitarbeit älteren Arbeitnehmern ab dem 55. Lebensjahr ein gleitender Übergang von längstens sechs Jahren vom Erwerbsleben in die Altersrente ermöglicht werden.

Hierfür stehen zwei verschiedene Altersteilzeitmodelle zur Verfügung: Beim ersten Modell, das in der Praxis nur selten angewandt wird, wird die Arbeitszeit gleichmäßig über den Altersteilzeitzeitraum reduziert. Das zweite Modell (sog. **Blockmodell**) sieht vor, dass der Arbeitnehmer in der ersten Hälfte des Altersteilzeitzeitraums in vollem Umfang weiter arbeitet (Beschäftigungsphase) und anschließend vollständig von der Arbeit freigestellt wird (Freistellungsphase). Die Vergütung während der Altersteilzeit besteht aus dem hälftigen Arbeitslohn, einer Aufstockung in Höhe von mindestens 20 % des Vollzeitlohns und zusätzlichen Rentenversicherungsbeiträgen. Dem Arbeitgeber werden die Aufstockungsbeträge erstattet, wenn er einen arbeitslosen Arbeitnehmer einstellt oder einen Auszubildenden im Anschluss an die Ausbildung in ein Beschäftigungsverhältnis übernimmt.

Die grundsätzliche Ausgestaltung der Altersteilzeit einer Branche oder eines Betriebs wird häufig mittels Tarifverträgen oder Betriebsvereinbarungen geregelt. Diese sehen

278 Vgl. BFH, Beschluss vom 9. 5. 1995 – IV B 97/95, BFH/NV 1995 S. 970; Hessisches FG, Urteil vom 9. 12. 2004 – 4 K 3327/03, EFG 2005 S. 938.

279 Vgl. BFH, Urteil vom 25. 2. 1986 – VIII R 134/80, BStBl 2000 II S. 612.

280 Vgl. BFH, Urteil vom 18. 1. 1995 – I R 44/94, BStBl 1995 II S. 742.

281 Altersteilzeitgesetz vom 23. 7. 1996, BGBl 1996 I S. 1078, zuletzt geändert durch Art. 13 Abs. 7 LSV-Neuordnungsgesetz vom 12. 4. 2012, BGBl 2012 I S. 579.

i. d. R. vor, dass die Altersteilzeit nur von einer bestimmten Anzahl von möglichen Anspruchsberechtigten in Anspruch genommen werden kann (Überforderungsschutz).

Die bilanzielle Behandlung von Altersteilzeitverhältnissen war stark umstritten. Lediglich hinsichtlich der Bildung einer gleichmäßig über die Beschäftigungsphase anzusammelnden Verbindlichkeitsrückstellung für den im Rahmen des Blockmodells entstehenden Erfüllungsrückstand aufgrund der Vorleistung des Arbeitnehmers durch volle Arbeitsleistung bei hälftiger Lohnzahlung bestand Einigkeit.[282] Der BFH hat in seinem Urteil vom 30. 11. 2005 eine zwischen den verschiedenen Bilanzierungsauffassungen vermittelnde Lösung gefunden.[283] Danach sind auch die **Aufstockungsbeträge** in die während der Beschäftigungsphase aufgrund des entstandenen Erfüllungsrückstands ratierlich anzusammelnde Verbindlichkeitsrückstellung einzubeziehen, weil auch diese Ansprüche des Arbeitnehmers untrennbar mit seiner Arbeitsleistung verknüpft sind.[284] Nach Auffassung des IDW, der steuerlich nicht gefolgt wird, sind auch Arbeitnehmer, die aufgrund eines Tarifvertrags oder einer Betriebsvereinbarung die unentziehbare Möglichkeit zur Inanspruchnahme von Altersteilzeit haben, entsprechend der voraussichtlichen Wahrscheinlichkeit des Eintritts in die Altersteilzeit in die Rückstellungsbildung einzubeziehen.[285] Der durch die Wiederbesetzung des Arbeitsplatzes entstehende Erstattungsanspruch ist u. E. entgegen der Auffassung der Finanzverwaltung mangels hinreichender Konkretisierung nicht nach § 6 Abs. 1 Nr. 3a Buchst. c EStG gegenzurechnen.[286] Bemessungsgrundlage für die Bewertung der Rückstellung ist die gesamte in der Freistellungsphase zu gewährende Vergütung zuzüglich der zu erbringenden Aufstockungsbeträge und sonstigen Nebenleistungen, wie beispielsweise Urlaubsgeld, Weihnachtsgeld und Arbeitgeberanteile zur gesetzlichen Sozialversicherung. Die Rückstellung ist grundsätzlich nach § 6 Abs. 1 Nr. 3a Buchst. e EStG abzuzinsen und nach versicherungsmathematischen Grundsätzen zu bewerten, wobei der BFH im Urteilsfall auch eine Berücksichtigung der biometrischen Faktoren durch einen pauschalen Abschlag von 2 % zugelassen hat.[287] Die Finanzverwaltung lässt auch ein Pauschalverfahren zur Berücksichtigung der Abzinsung und der biometrischen Faktoren zu. Die Rückstellung ist während der Freistellungsphase des Arbeitnehmers zu verbrauchen (aufzulösen).

282 Vgl. das überholte BMF, Schreiben vom 11. 11. 1999 – IV C 2 – S 2176 – 102/99, BStBl 1999 I S. 959; IDW RS HFA 3, FN-IDW 2013 S. 309 ff.

283 Vgl. BFH, Urteil vom 30. 11. 2005 – I R 110/04, BStBl 2007 II S. 251; vgl. auch die Übersicht zu den verschiedenen Bilanzierungsauffassungen weiter unten.

284 Gl. A. BMF, Schreiben vom 11. 3. 2008 – IV B 2 – S 2175/07/0002, BStBl 2008 I S. 496 in Abweichung zur früheren Auffassung der Finanzverwaltung; die in 2013 aufgrund der Änderung des IAS 19 erfolgte Überarbeitung des IDW RS HFA 3 hat eine Annäherung an die BFH-Rechtsprechung ergeben, indem neuerdings differenziert nach der Art der Altersteilzeitvereinbarung wird (IDW RS HFA 3 Tz. 7, 19, 21 ff.); Bei Vereinbarungen mit **Abfindungscharakter** sind die zu leistenden Aufstockungsbeträge vollständig in Höhe ihres versicherungsmathematisch ermittelten Barwerts mit Abschluss des Altersteilzeitvertrages als Rückstellungen zu passivieren wogegen bei Vereinbarungen mit **Entlohnungscharakter** die Rückstellung für die Aufstockungsbeträge über den Zeitraum der Entlohnungserdienung ist.

285 Vgl. IDW RS HFA 3 Tz. 14 f.

286 Vgl. *Günkel*, in: Stbjb 2007/2008, Köln 2008, S. 233 m. w. N.

287 Vgl. BFH, Urteil vom 30. 11. 2005 – I R 110/04, BStBl 2007 II S. 251.

ABB. 1: Bilanzierung von Altersteilzeitverhältnissen nach Auffassung des BFH, der Finanzverwaltung und des IDW

		IDW	Finanzverwaltung	BFH
Lohnzahlungen	Bilanzierungszeitpunkt	während der Beschäftigungsphase	während der Beschäftigungsphase	während der Beschäftigungsphase
	Einbeziehung von Anwartschaften auf den Abschluss eines Altersteilzeitvertrages	Ja	Nein	Nein
	Ansatz der Höhe nach	Betrag des noch nicht entlohnten Anteils der Arbeitsleistung (ratierlich)	Gesamte Vergütung der Freistellungsphase (ratierliche Erfassung von Lohn- und Aufstockungszahlungen)	Gesamte Vergütung der Freistellungsphase (ratierliche Erfassung von Lohn- und Aufstockungszahlungen)
	Abzinsung	Ja	grundsätzlich ja	Im Urteilsfall (vor Geltung des § 6 Abs. 1 Nr. 3a Buchst. e EStG): Nein Bei Geltung des § 6 Abs. 1 Nr. 3a Buchst. e EStG: Wohl ja
	Rückstellungsminderung durch Erstattungsleistungen	Nein	Ja	Nein
Aufstockungszahlungen	Bilanzierungszeitpunkt	abhängig von Art der ATZ-Vereinbarung (siehe Fn. 252)	Während der Beschäftigungsphase	Während der Beschäftigungsphase
	Einbeziehung von Anwartschaften auf den Abschluss eines Altersteilzeitvertrages	Ja	Nein	Nein
	Ansatz der Höhe nach	Vollständig	s. Behandlung bei Lohnzahlungen	s. Behandlung bei Lohnzahlungen
	Abzinsung	Ja	Ja	s. Behandlung bei Lohnzahlungen
	Rückstellungsminderung durch Erstattungsleistungen	Nein	Ja	Nein

Anpassungsverpflichtung vgl. „Umweltschutz"

Arbeitslosengeld: Die Entlassung eines älteren Arbeitnehmers, der anschließend Arbeitslosengeld bezieht, konnte bis zur Aufhebung der Norm zu Erstattungsverpflichtungen nach § 147a SGB III[288] (früher: § 128 Arbeitsförderungsgesetz) gegenüber der Bundesagentur für Arbeit führen, für die eine Rückstellung zu bilden ist, welche aufgrund der Laufzeit der Verpflichtung (längstens 32 Monate) nach § 6 Abs. 1 Nr. 3a Buchst. 3 EStG abzuzinsen sein kann.[289]

Aufbewahrung von Geschäftsunterlagen: Gemäß § 257 HGB und § 147 AO sind Geschäftsunterlagen sechs bzw. zehn Jahre aufzubewahren. Die Aufbewahrungsfrist beginnt nach § 257 Abs. 4 HGB bzw. § 147 Abs. 4 AO mit dem Schluss des Kalenderjahrs, in dem die letzte Eintragung in das (Handels-)buch vorgenommen, das Inventar aufgestellt, die Eröffnungsbilanz oder der Jahresabschluss festgestellt, der Handelsbrief empfangen oder abgesandt worden oder der Buchungsbeleg entstanden ist. Für den aus dieser sanktionsbewehrten,[290] öffentlich-rechtlichen Verpflichtung entstehenden zukünftigen Aufwand ist eine Rückstellung für ungewisse Verbindlichkeiten zu bilden. Die Aufbewahrungsverpflichtung ist wirtschaftlich verursacht mit Entstehung der Unterlagen.[291]

Die Bewertung hat gemäß § 6 Abs. 1 Nr. 3a Buchst. b EStG in Höhe der Einzelkosten zuzüglich angemessener Teile der notwendigen Gemeinkosten zu erfolgen (insbesondere einmaliger Aufwand für die Einlagerung der am Bilanzstichtag noch nicht archivierten Unterlagen für das abgelaufene Wirtschaftsjahr (u. a. auch für die Digitalisierung der Unterlagen und die Datensicherung), Raumkosten (anteilige Miete bzw. Gebäude-AfA, Grundsteuer, Gebäudeversicherung, Instandhaltung, Heizung, Strom), Aufwand für Einrichtungsgegenstände (AfA für Regale, Schränke), Finanzierungskosten[292] ggf. Aufwand für speziell für die Archivierung benötigte IT-Infrastruktur (AfA für Hard- und Software), anteilige Personalkosten (z. B. für Hausmeister, Reinigung, IT-Mitarbeiter).

Die Aufwendungen können gesondert für die Unterlagen eines aufzubewahrenden Jahrgangs ermittelt werden, und zwar als Produkt aus den jährlichen Aufwendungen für den jeweiligen Jahrgang mit der Anzahl der Jahre bis zum Ende der Aufbewahrungsfrist. Daneben ist es auch zulässig, die Rückstellung durch Multiplikation der jährlich für die Aufbewahrung anfallenden Aufwendungen mit der durchschnittlichen Restaufbewahrungsdauer zu ermitteln. Bei dieser in der Praxis häufig verwendeten Methode kann aus Vereinfachungsgründen die Berücksichtigung der unterschiedlichen Aufbewahrungszeiträume (sechs bzw. zehn Jahre) unterbleiben und der Faktor 5,5 zugrunde gelegt werden (arithmetisches Mittel aus den Jahren eins bis zehn). Die nur ein-

288 Die Regelung des § 147a SGB III wurde durch das Gesetz zur Verbesserung der Eingliederungschancen am Arbeitsmarkt vom 20. 12. 2011, BGBl 2011 I S. 2854 mit Wirkung zum 1. 4. 2012 aufgehoben.

289 Vgl. BMF, Schreiben vom 10. 12. 1991 – IV B 2 – S 2137 – 66/91 , BB 1992 S. 32 zur Vorgängerregelung des § 128 Arbeitsförderungsgesetz.

290 Zu beachten ist, dass Rückstellungen auch für die sanktionsbewehrte Aufbewahrung anderer als der kaufmännischen Geschäftsunterlagen zu bilden sind (insbesondere aufgrund branchenbezogener Vorschriften, wie z. B. für Ärzte, Krankenhäuser aufgrund der Röntgenverordnung).

291 Vgl. BFH, Urteil vom 19. 8. 2002 – VIII R 30/01, BStBl 2003 II S. 131.

292 Vgl. BFH, Urteil vom 11. 10. 2012 – I R 66/11, BStBl 2013 II S. 676.

malig anfallenden Aufwendungen (z. B. Digitalisierung) sowie die nicht zwischen den einzelnen Archivierungsjahrgängen teilbaren Aufwendungen (z. B. AfA für spezielle Archivierungssoftware) sind nicht in die vorgenannte Multiplikation einzubeziehen, sondern zusätzlich zu berücksichtigen. Die Rückstellung ist als Sachleistungsverpflichtung zwar grundsätzlich gemäß § 6 Abs. 1 Nr. 3a Buchst. e EStG bis zum Erfüllungszeitpunkt abzuzinsen. Da die Aufbewahrungspflicht sofort mit Entstehung der Unterlagen beginnt, ergibt sich jedoch kein berücksichtigungsfähiger Abzinsungszeitraum, so dass im Ergebnis eine Abzinsung unterbleibt.[293]

Ausbildungskosten: Die bilanziellen Auswirkungen von künftig erwarteten Ausbildungskosten wurden vor Einfügung des steuerlichen Bilanzierungsverbots für drohende Verluste aus schwebenden Geschäften eingehend diskutiert. Der Ansatz von (steuerlich zulässigen) Verbindlichkeitsrückstellungen kommt für diesen Sachverhalt nicht in Frage. Für künftige zu erwartende Ausbildungskosten, die durch ein Ausbildungsverhältnis bedingt sind, hat der BFH die Bildung einer Drohverlustrückstellung aufgrund der Ausgeglichenheitsvermutung hinsichtlich der beiderseitigen Ansprüche und Verpflichtungen aus dem schwebenden Vertragsverhältnis abgelehnt.[294] Gleiches soll selbst bei „Überbeständen" an Ausbildungsverhältnissen gelten, also in Fällen, in denen das ausbildende Unternehmen aus sozialen, arbeitsmarkt- oder wirtschaftspolitischen Gründen mehr Berufsausbildungsverträge abgeschlossen hat, als es zur Sicherung eines ausreichenden Bestands an ausgebildeten Fachkräften voraussichtlich benötigen wird.[295]

Betriebsprüfung: Aufwendungen, die durch die umfangreichen Mitwirkungs- und Erläuterungspflichten gemäß § 200 AO im Rahmen einer künftigen Betriebsprüfung entstehen, können als Rückstellung aufgrund einer öffentlich-rechtlichen Verpflichtung erst mit hinreichender Konkretisierung gebildet werden. Die hinreichende Konkretisierung ist unstreitig mit Zugang der Prüfungsanordnung gegeben, da die Mitwirkungspflicht dann rechtlich entsteht.[296] Bei Großbetrieben[297] i. S. d. BpO ist für die am Bilanzstichtag jeweils abgelaufenen Prüfungsjahre grundsätzlich eine Rückstellung auch ohne Prüfungsanordnung zu bilden, da die in § 4 Abs. 2 BpO vorgesehene sog. Anschlussprüfung in der Praxis mit ausreichend hoher Wahrscheinlichkeit[298] zu einer lü-

293 Vgl. BFH, Urteil vom 18. 1. 2011 – X R 14/09, BB 2011 S. 1007; OFD Magdeburg, Vfg. vom 21. 9. 2006 – S 2137 – 41 – St 211, DB 2006 S. 2491 mit Berechnungsbeispiel.

294 Vgl. BFH, Urteil vom 25. 1. 1984 – I R 7/80, BStBl 1984 II S. 344.

295 Vgl. BFH, Urteil vom 3. 2. 1993 – I R 37/91, BStBl 1993 II S. 441; a. A. *Küting/Kessler*, DStR 1993 S. 1045; *Kozikowski/Schubert*, in: Beck'scher Bilanz-Kommentar, 8. Aufl., München 2012, § 249 Tz. 100 „Ausbildungskosten" m. w. N.

296 Vgl. H 5.7 (4) EStH unter Bezug auf BFH, Urteil vom 24. 8. 1972 – VIII R 21/69, BStBl 1973 II S. 55. Das zitierte Urteil betrifft noch nicht konkretisierte (zusätzliche) Buchführungsarbeiten, die erst durch die Betriebsprüfung veranlasst worden sind und ist u. E. daher nicht auf die sich aus den Mitwirkungspflichten ergebenden Verwaltungskosten anwendbar.

297 Neben den Großbetrieben dürften die Ausführungen auch für die anderen in § 4 Abs. 2 BpO aufgeführten Sachverhalte (Konzernunternehmen i. S. d. §§ 13, 18 BpO, eng miteinander verbundene Unternehmen gemäß § 18 BpO, international verbundene Unternehmen i. S. d. § 19 BpO) einschlägig sein, vgl. auch *Grützner*, StuB 2012 S. 834.

298 Nach den Monatsberichten des BMF betrug die Wahrscheinlichkeit bei Großbetrieben in den Jahren 2007 bis 2009 rund 80 % und in den Jahren 2010 bis 2012 über 70 %.

ckenlosen Prüfung der Veranlagungszeiträume führt, so dass ein Großbetrieb ernsthaft mit den sich aus einer Betriebsprüfung ergebenden Mitwirkungspflichten rechnen muss.[299] Zu Mehrsteuern aufgrund einer Betriebsprüfung vgl. Rz. 5789a. Die Bewertung erfolgt gemäß § 6 Abs. 1 Nr. 3a Buchst. b EStG in Höhe der Einzelkosten zuzüglich angemessener Teile der notwendigen Gemeinkosten. Hierbei sind die Kosten für die gemäß § 200 Abs. 2 AO zur Verfügung zu stellenden Räumlichkeiten und Hilfsmittel sowie insbesondere die regelmäßig bedeutsameren Personalkosten bzw. Kosten von externen Beratern (insbesondere Wirtschaftsprüfer, Steuerberater), die für die Erbringung der Auskunftspflichten anfallen, anzusetzen. Nicht einbezogen werden dürfen sog. **Abwehrkosten** aufgrund von Betriebsprüfungsfeststellungen (z. B. für Einsprüche, Klageverfahren). Die Schätzung der Kosten sowie der erwartete Beginn der Betriebsprüfung, bis zu dem die Rückstellung gemäß § 6 Abs. 1 Nr. 3a Buchst. e EStG abzuzinsen ist, kann auf Basis der Erfahrungen in der Vergangenheit erfolgen.[300]

Buchführung vgl. „Jahresabschluss“

Bürgschaft: Für Verpflichtungen aus Bürgschaften oder ähnlichen Haftungsverhältnissen ist erst bei drohender Inanspruchnahme aus diesen Rechtsverhältnissen eine Verbindlichkeitsrückstellung zu passivieren.[301] Sofern eine größere Anzahl von Bürgschaftsverpflichtungen besteht, kann entsprechend der von der Rechtsprechung für Garantierückstellungen entwickelten Grundsätze unabhängig davon, ob einzelne Risiken erkennbar sind, auch eine Pauschalrückstellung gebildet werden, wenn objektiv die Gefahr einer Inanspruchnahme aus dem Gesamtbestand der Bürgschaften besteht.[302] Bei der Bewertung sind etwaige Einwendungsmöglichkeiten seitens des Bürgen, Sicherheiten des Hauptschuldners oder Mitbürgen zu berücksichtigen.[303] Daneben sind Rückgriffsforderungen gegen den Hauptschuldner oder Sicherheiten des Hauptschuldners nach den Grundsätzen des § 6 Abs. 1 Nr. 3a Buchst. c EStG bei der Bewertung in Höhe ihres werthaltigen Teils rückstellungsmindernd zu berücksichtigen, soweit deren Realisierung wahrscheinlich ist.[304] Bei tatsächlichem Eintritt des Bürgschaftsfalls ist die Rückgriffsforderung gegen den Hauptschuldner zu aktivieren und regelmäßig mangels Werthaltigkeit auf den niedrigeren Teilwert abzuschreiben. Eine zusätzliche Berücksichtigung im Rahmen der Rückstellungsbewertung scheidet dann aus. Sofern die Höhe der Inanspruchnahme aus der Bürgschaft feststeht, ist die Bürgschaftsverpflichtung als sonstige Verbindlichkeit auszuweisen.

Dienstjubiläum: Zur Bilanzierung dem Grunde nach vgl. Rz. 5589 ff. Die Bewertung der Rückstellung erfolgt nach den allgemeinen Regeln. Somit sind bei entgeltabhängigen

299 Vgl. BFH, Urteil vom 6. 6. 2012 – I R 99/10, BStBl 2013 II S. 196; so bereits die Vorinstanz FG Baden-Württemberg, Urteil vom 14. 10. 2010 – 3 K 2555/09, EFG 2011 S. 339; *Kleine/Werner*, DStR 2006 S. 1957; *Weber-Grellet*, in: Schmidt, EStG-Kommentar, 32. Aufl., München 2013, § 5 Tz. 550 „Betriebsprüfung“.

300 Vgl. *Starke/Spies*, GmbHR 2005 S. 1044; BFH, Urteil vom 27. 1. 2010 – I R 35/09, BStBl 2010 II S. 478; *Eckert*, DB 2012 S. 2192; BMF, Schreiben vom 7. 3. 2013 – IV C 6 – S 2137/12/10001, BStBl 2013 I S. 274.

301 Vgl. BFH, Urteil vom 15. 10. 1998 – IV R 8/98, BStBl 1999 II S. 333; BFH, Beschluss vom 12. 6. 2013 – X B 191/12, BFH/NV 2013 S. 1622.

302 Vgl. FG Köln, Urteil vom 16. 12. 1986 – 5 K 352/83, BB 1986 S. 306.

303 Vgl. *Kozikowski/Schubert*, in: Beck'scher Bilanz-Kommentar, 8. Aufl., München 2012, § 249 Tz. 100 „Bürgschaft“.

304 Vgl. OFD München, Vfg. vom 12. 4. 2002 – S 2137 – 49 St 41/42, BB 2002 S. 1364.

Zusagen oder Sachzuwendungen die Preisverhältnisse des Bilanzstichtages zugrunde zu legen, die vom Arbeitgeber zu leistenden Sozialversicherungsbeiträge und bei „Netto-Jubiläumszuwendungen" die vom Arbeitgeber zu tragende Lohnsteuer zu berücksichtigen. Der die Wahrscheinlichkeit der Inanspruchnahme abbildende Fluktuationsabschlag muss nur das vorzeitige Ausscheiden aufgrund von Tod oder Invalidität abdecken, da das vorzeitige Ausscheiden durch Kündigung bereits durch die Voraussetzung einer zehnjährigen Mindestdienstzeit pauschal berücksichtigt ist. Daneben ist zu beachten, dass nach § 5 Abs. 4 EStG bei den zu bewertenden Erfüllungsrückständen nur Zeiträume nach dem 31. 12. 1992 einbezogen werden dürfen. Die Rückstellung ist grundsätzlich ratierlich anzusammeln. Mit Erreichen der Mindest-Dienstverhältnisdauer von zehn Jahren ist jedoch der komplette Erfüllungsrückstand für den Erdienungszeitraum der Anwartschaft seit Dienstbeginn mit Ausnahme der Zeiträume vor dem 1. 1. 1993 der Rückstellung zuzuführen.[305] Als Bewertungsmethoden können sowohl das Teilwertverfahren nach den anerkannten Regeln der Versicherungsmathematik als auch das sog. Pauschalwertverfahren gewählt werden, das auf Basis einer von der Finanzverwaltung zur Verfügung gestellten Tabelle erfolgt, welche die Fluktuation durch Tod oder Invalidität und die Abzinsung berücksichtigt. Die Bewertungsmethode kann nur einheitlich für alle Zusagen angewandt werden und bindet den Steuerpflichtigen fünf Jahre.[306]

Elektro- und Elektronikgeräte, Rücknahmeverpflichtung: Nach dem Gesetz über das Inverkehrbringen, die Rücknahme und die umweltverträgliche Entsorgung von Elektro- und Elektronikgeräten (Elektro- und Elektronikgerätegesetz – ElektroG) sind die Rücknahmeverpflichtungen für Elektro- und Elektronikgeräte abhängig vom Zeitpunkt des Inverkehrbringens (sog. **Alt-Altgerät**, wenn vor dem 13. 8. 2005 in Verkehr gebracht, sog. **Neu-Altgerät**, wenn danach in Verkehr gebracht) und von den Nutzern der Geräte (private Haushalte, gewerbliche Nutzer).

► Fallgruppen:[307]

	Gerätenutzer	Rücknahme-/Entsorgungsverpflichtung
1	Alt-Altgeräte an private Haushalte (B2C)	Hersteller nach Maßgabe ihres Marktanteils zum Rücknahmezeitpunkt
2	Neu-Altgeräte an private Haushalte (B2C)	Hersteller, jedoch Methodenwahlrecht
3	Alt-Altgeräte an gewerbliche Nutzer (B2B)	Regelfall: Nutzer
4	Neu-Altgeräte an gewerbliche Nutzer (B2B)	Regelfall: Hersteller

305 Vgl. z. B. *Anzinger*, in: HHR, EStG/KStG, § 5 EStG Anm. 1848.

306 Vgl. BMF, Schreiben vom 8. 12. 2008 – IV C 6 – S 2137/07/10002, BStBl 2008 I S. 1013 Tz. 6 ff.

307 In Anlehnung an *Hoffmann/Lüdenbach*, NWB Kommentar Bilanzierung, 4. Aufl., Herne 2013, § 249 Rz. 71.

Zu 1:

Die Gerätehersteller sind zwar grundsätzlich zur Rücknahme verpflichtet, anders als bei Altfahrzeugen knüpft die sanktionsbewehrte (§ 23 ElektroG) öffentlich-rechtliche Verpflichtung aber nicht an die Inverkehrbringung dieser Geräte in der Vergangenheit an. Vielmehr betrifft die Verpflichtung nur Hersteller, die im Jahr der Rücknahme noch Neugeräte in Verkehr bringen. Somit ist die wirtschaftliche Verursachung der Verpflichtung in dem künftigen Verhalten und nicht in der Vergangenheit begründet, da es vollkommen unbeachtlich ist, ob die Alt-Altgeräte von den zur Rücknahme verpflichteten Herstellern in Verkehr gebracht worden sind. Eine Rückstellungsbildung scheidet daher aus.[308]

Zu 2:

Der Hersteller hat die Möglichkeit, die Rücknahmeverpflichtung auf Basis des unter 1. beschriebenen Verfahrens, also abhängig von seinem aktuellen Marktanteil (sog. **Umlagefinanzierung**), oder auf Basis seines Anteils an den zurückgenommenen Neu-Altgeräten (sog. **Vorwärtsfinanzierung**) zu ermitteln.

Während für die zweite Alternative hinsichtlich der Pflicht zur Rückstellungsbildung wohl Einigkeit besteht, wird die Bilanzierung der ersten Alternative kontrovers diskutiert. Teilweise wird analog zu den an private Haushalte vertriebenen Alt-Altgeräten aufgrund der Ermittlung der Rücknahmepflicht anhand des aktuellen Marktanteils ein Vergangenheitsbezug der Verpflichtung verneint und die Rückstellungsbildung abgelehnt.[309]

U. E. kann es für die Beurteilung der Frage der Rückstellungsbildung keinen Unterschied machen, für welches Verfahren sich der Hersteller entscheidet, da im Gegensatz zu den Alt-Altgeräten bei den Neu-Altgeräten die Rücknahmeverpflichtung vergleichbar mit derjenigen bei Altfahrzeugen an die Inverkehrbringung anknüpft und somit durch diese wirtschaftlich verursacht wird. Auch das Argument, dass der Hersteller sich durch Einstellung seiner Tätigkeit der Rücknahmepflicht entziehen kann,[310] überzeugt u. E. nicht, da der Gesetzgeber durch § 6 Abs. 3 ElektroG (Beibringung einer Garantie zur Finanzierung der Rücknahme und Entsorgung) sichergestellt hat, dass der Hersteller sich der Inanspruchnahme wirtschaftlich letztlich eben nicht entziehen kann. Für die Rücknahmepflicht von Neu-Altgeräten von privaten Haushalten ist daher u. E. eine Rückstellung zu bilanzieren.[311]

Zu 3:

Mangels Entsorgungsverpflichtung hat der Hersteller keine Rückstellung zu passivieren, es sei denn die Verpflichtung ist nach § 10 Abs. 2 Satz 3 ElektroG durch Vereinbarung zwischen Nutzer und Hersteller auf den Hersteller übertragen worden.

308 Vgl. *Oser/Roß*, WPg 2005 S. 1071.

309 Vgl. *Krink*, DB 2005 S. 1896; *Hoffmann/Lüdenbach*, NWB Kommentar Bilanzierung, 5. Aufl., Herne 2014, § 249 Rz. 73.

310 Vgl. *Hoffmann/Lüdenbach*, NWB Kommentar Bilanzierung, 5. Aufl., Herne 2014, § 249 Rz. 72 f.

311 Gl. A. *Oser/Roß*, WPg 2005 S. 1074.

Zu 4:

Mit Inverkehrbringung der Neu-Altgeräte entsteht die Rücknahmeverpflichtung, für die eine Rückstellung zu bilden ist. Allerdings besteht auch hier die Möglichkeit der Übertragung der Entsorgungsverpflichtung nach § 10 Abs. 2 Satz 3 ElektroG.

Emissionsberechtigung, „CO2-Zertifikate“: Nach dem Gesetz über den Handel mit Berechtigungen zur Emission von Treibhausgasen (Treibhausgas-Emissionshandelsgesetz – TEHG)[312] müssen Betreiber der durch das Gesetz geregelten Anlagen für deren Emissionen Berechtigungen (CO_2-Zertifikate) nachweisen. Diese Zertifikate werden in einer gewissen Höhe zugeteilt (Erfassung auf einem Konto im **Emissionshandelsregister**) und sind handelbar. Nach Ablauf eines Emissionszeitraums (Kalenderjahr) müssen die Zertifikate für die erfolgten CO_2-Emissionen abgegeben werden. Reichen die ausgegebenen Emissionsberechtigungen nicht aus, müssen fehlende Berechtigungen zugekauft werden. Die sanktionsbewehrte Verpflichtung zur Abgabe der Emissionsberechtigungen ist zum Bilanzstichtag wirtschaftlich verursacht, weil sie an die bereits erfolgten Emissionen anknüpft und diese abgilt. Soweit am Bilanzstichtag auf dem Konto im Emissionshandelsregister im Vergleich zur Erfüllung der Abgabeverpflichtung für die tatsächlichen Emissionen zu wenig Zertifikate vorhanden sind, ist daher eine Rückstellung für ungewisse Verbindlichkeiten zu bilden. § 5 Abs. 4b EStG kommt nicht zur Anwendung. Die Rückstellungsbewertung erfolgt nach § 6 Abs. 1 Nr. 3a Buchst. b EStG mit den Einzelkosten (= Wert von Emissionsberechtigungen am Bilanzstichtag) und den notwendigen Gemeinkosten unbeachtlich davon, dass die Abgabeverpflichtung auch durch zukünftig unentgeltlich zugeteilte Zertifikate der Folgejahre erfüllt werden kann.[313]

Entfernungsverpflichtung vgl. „Abbruchverpflichtung“

Gewährleistung/Garantie: Unter dem Begriff der Garantieleistung werden sowohl vertragliche oder gesetzliche Gewährleistungs- oder Garantieleistungen als auch Kulanzleistungen, also faktische Verpflichtungen denen sich der Bilanzierende aus sittlichen, moralischen oder ähnlichen Gründen nicht entziehen kann, zusammengefasst. Zu den Garantieleistungen gehören dabei insbesondere der Umtausch, die Nachbesserung und die Rücknahme des Liefergegenstandes sowie die Gewährung eines Preisnachlasses oder einer Gutschrift bzw. die Verpflichtung zum Schadensersatz.[314]

Für die Verpflichtung zur Erbringung von Garantieleistungen ist nach ständiger Rechtsprechung eine Verbindlichkeitsrückstellung zu bilden, sofern und soweit die Inanspruchnahme des Steuerpflichtigen wahrscheinlich ist. Danach sind bis zum Bilanzstichtag bzw. bis zur Bilanzaufstellung gerügte Mängel zu beachten. Noch nicht gerügte Mängel sind auf Basis der Erfahrungen aus der Vergangenheit zu berücksichtigen, es sei denn, dass sich die Wahrscheinlichkeit der Inanspruchnahme auch ohne Erfahrungswerte aus der Vergangenheit aus den jeweiligen Umständen des Einzelfalls ergibt.[315]

312 BGBl 2011 I S. 1475.

313 Vgl. BMF, Schreiben vom 6. 12. 2005 – IV B 2 – S 2134 a – 42/05, BStBl 2005 I S. 1047 mit Berechnungsbeispielen.

314 Vgl. *Tiedchen*, in: HHR, EStG/KStG, § 5 EStG Anm. 514 „Garantieleistungen“.

315 Vgl. BFH, Urteil vom 28. 3. 2000 – VIII R 77/96, BStBl 2002 II S. 227.

Die Bewertung der zu passivierenden Garantierückstellungen kann einzeln, pauschal oder gemischt erfolgen, wobei in der Praxis regelmäßig das **gemischte Verfahren** Anwendung findet, d. h. neben den **Einzelrückstellungen** für bis zum Tag der Bilanzaufstellung bekannt gewordene Garantiefälle werden **Pauschalrückstellungen** für die drohende Inanspruchnahme aus den noch nicht gerügten Mängeln gebildet.[316] Die Bewertung hat gemäß § 6 Abs. 1 Nr. 3a Buchst. b EStG in Höhe der Einzelkosten zuzüglich angemessener Teile der notwendigen Gemeinkosten zu erfolgen. Die Höhe der Pauschalrückstellung wird in der Praxis regelmäßig durch Anwendung eines bestimmten Prozentsatzes nach betriebsindividuellen Erfahrungswerten auf die Umsatzerlöse geschätzt, aus denen noch Gewährleistungsrisiken resultieren können.[317] Um Doppelerfassungen zu vermeiden, sind die Umsätze, für die bereits Einzelrückstellungen gebildet worden sind, vor Anwendung des Prozentsatzes zu kürzen.[318] Bei der Bewertung der Rückstellung sind **Rückgriffsansprüche** z. B. gegen Vorlieferanten nach den Grundsätzen des § 6 Abs. 1 Nr. 3a Buchst. c EStG rückstellungsmindernd zu berücksichtigen.[319] Garantierückstellungen sind grundsätzlich nach § 6 Abs. 1 Nr. 3a Buchst. e EStG abzuzinsen, wobei nach Auffassung der Finanzverwaltung bei Pauschalrückstellungen wegen der Problematik der Laufzeitbestimmung aufgrund des fehlenden Bezugs zu einzelnen Garantieverpflichtungen aus Vereinfachungsgründen auf eine Abzinsung verzichtet werden kann.[320]

BEISPIEL: Etwaige Gewährleistungsansprüche aus den Verkäufen eines Handelsunternehmens verjähren gem. § 438 Abs. 1 Nr. 3 BGB nach 2 Jahren. Aus dem Verkauf der in Vorjahren abgesetzten Geräte ist bekannt, dass während der Gewährleistungsfrist Gewährleistungsaufwendungen in Höhe von durchschnittlich 1 % vom Nettoumsatz entstehen. Für die in 2010 abgesetzten Produkte sind bisher Gewährleistungen in Höhe von 500.000 € geleistet worden. Für die in 2011 verkauften Produkte sind bisher keine Gewährleistungsansprüche zu verzeichnen.

Jahr	Nettoumsatz	Erwartete Gewährleistungsaufwendungen	Bereits angefallene Gewährleistungsaufwendungen	Differenz (drohende Inanspruchnahme)
2009	90 Mio. €	–	0,9 Mio. €	–
2010	100 Mio. €	1 Mio. €	0,5 Mio. €	0,5 Mio. €
2011	110 Mio. €	1,1 Mio. €	–	1,1 Mio. €
				1,6 Mio. €

316 Vgl. BFH, Urteil vom 17. 2. 1993 – X R 60/89, BStBl 1993 II S. 437.

317 Früher wurden von der Finanzverwaltung im Rahmen einer Betriebsprüfung Prozentsätze bis 0,5 % auf die garantiebehafteten Umsätze im Falle von branchenüblichen Garantierückstellungen nicht beanstandet. Diese interne Verwaltungsregelung ist inzwischen aufgehoben worden; vgl. *Seidel*, StBp 2009 S. 285.

318 Vgl. BFH, Urteil vom 7. 10. 1982 – IV R 39/80, BStBl 1983 II S. 104.

319 So schon BFH, Urteil vom 17. 2. 1993 – X R 60/89, BStBl 1993 II S. 437 zur Rechtslage vor Einführung von § 6 Abs. 1 Nr. 3a Buchst. c EStG.

320 Vgl. BMF, Schreiben vom 28. 5. 2005 – IV B 2 – S- 2175 – 7/05, BStBl 2005 I S. 699 Tz. 27.

Zum 31.12.2011 sind für die Rückstellungsermittlung nur noch die Umsatzerlöse der Jahre 2010 und 2011 relevant, da für die Umsätze früherer Zeiträume die Gewährleistungsfrist abgelaufen ist. Es ist eine Rückstellung für Gewährleistungen in Höhe von 1,6 Mio. € zu passivieren. Auf eine Abzinsung kann nach Auffassung der Finanzverwaltung verzichtet werden.

Gleitzeitguthaben: Für Gleitzeitguthaben eines Arbeitnehmers ist nach den für rückständige Urlaubsverpflichtungen geltenden Grundsätzen eine Rückstellung zu bilden (vgl. „Urlaubsrückstand").

Gratifikationen: Sofern durch vertragliche Vereinbarung oder aufgrund jahrelanger betrieblicher Übung ohne Vorbehaltsklausel Ansprüche von Arbeitnehmern auf Gratifikationen, Tantiemen, Boni u. Ä. bestehen, welche die Arbeitsleistung der Vergangenheit abgelten sollen, sind hierfür unstreitig Verbindlichkeitsrückstellungen zu bilanzieren.[321] Das gilt auch dann, wenn die Gratifikation nur unter der Voraussetzung der weiteren Betriebszugehörigkeit gewährt wird, sofern die Vergütung nach Merkmalen der Vergangenheit (z. B. Arbeitsleistung, Dauer der Betriebszugehörigkeit) bemessen wird. Dem ist allerdings im Rahmen der Bewertung durch Berücksichtigung eines Fluktuationsabschlags Rechnung zu tragen.[322] Die Rückstellung ist in diesen Fällen nach § 6 Abs. 1 Nr. 3a Buchst. e EStG abzuzinsen. Für Zusagen, die eine Zahlung der Gratifikation erst nach langer Zeit und in Abhängigkeit von der künftigen Ertrags- und Liquiditätslage vorsehen, kann wegen fehlender wirtschaftlicher Verursachung in der Vergangenheit aufgrund der Anknüpfung an die zukünftige Ertragslage des Unternehmens keine Rückstellung bilanziert werden.[323]

Grundsätze zum Datenzugriff und zur Prüfbarkeit digitaler Unterlagen (GDPdU): Rückstellungen für die Aufwendungen zur Anpassung eines betrieblichen EDV-Systems an die GDPdU sind nach den für die Rückstellung für die Aufbewahrung von Geschäftsunterlagen entwickelten Grundsätzen zu passivieren, da sie lediglich die Aufbewahrungs- bzw. Mitwirkungspflichten hinsichtlich elektronischer Dokumente konkretisieren (vgl. Rz. 5656 „Aufbewahrung von Geschäftsunterlagen").[324] Sofern die erforderlichen Anpassungsmaßnahmen als Anschaffungs-/Herstellungskosten zu aktivieren sind, sind die betreffenden Aufwendungen gemäß § 5 Abs. 4b Satz 1 EStG nicht in die Rückstellung einzubeziehen.[325]

Handelsvertreter: Für künftige Ausgleichsansprüche von Handelsvertretern nach § 89b HGB im Falle der Beendigung des Vertragsverhältnisses sind keine Verbindlichkeitsrückstellungen zu bilden, da die Ausgleichsverpflichtung nach der gesetzlichen Regelung

321 Vgl. z. B. *Hoffmann/Lüdenbach*, NWB Kommentar Bilanzierung, 5. Aufl., Herne 2014, § 249 Rz. 103.

322 Vgl. BFH, Urteil vom 7. 7. 1983 – IV R 47/80, BStBl 1983 II S. 753.

323 Vgl. BFH, Urteil vom 18. 6. 1980 – I R 72/76, BStBl 1980 II S. 741.

324 Nach Auffassung der Finanzverwaltung darf eine Rückstellung erstmals in dem Wirtschaftsjahr gebildet werden, das nach dem 24. 12. 2008 endet, da erst mit Wirkung vom 25. 12. 2008 mit der Regelung des durch das Jahressteuergesetz 2009 eingefügten § 146 Abs. 2b AO eine die Verpflichtung zur Einräumung des Datenzugriffs sanktionierende Vorschrift besteht; vgl. OFD Münster, Kurzinformation vom 15. 4. 2010 Nr. 6/2010, DStR 2010 S. 1785; BMF, Schreiben vom 11. 3. 2010 – IV C 6 – S 2137/0.

325 Vgl. *Schumann*, EStB 2011 S. 226.

u. a. daran geknüpft ist, das das Unternehmen nach Vertragsbeendigung aus den Geschäftsverbindungen des Handelsvertreters mit hoher Wahrscheinlichkeit erhebliche Vorteile hat, wodurch die Verpflichtung nicht in der Vergangenheit wirtschaftlich verursacht ist. Sie ist am Bilanzstichtag auch noch nicht rechtlich entstanden, wenn keine Kündigung vorliegt. Eine Rückstellungsbildung ist erst im Zeitpunkt der **Vertragsbeendigung** möglich.[326] Sofern in Ausnahmefällen dem Handelsvertreter nach Vertragsbeendigung unabhängig von zukünftigen Vorteilen des Geschäftsherrn eine Fortzahlung der Provisionen gewährt wird, durch die nicht die Einhaltung eines nachvertraglichen Wettbewerbsverbots abgegolten werden soll, ist für die Verpflichtung gegenüber dem Handelsvertreter eine Rückstellung für ungewisse Verbindlichkeiten zu bilden.[327]

Hauptversammlung: Eine Verbindlichkeitsrückstellung für die erwarteten Aufwendungen resultierend aus der Durchführung der Hauptversammlung darf wegen der überwiegend fehlenden wirtschaftlichen Verursachung im abgelaufenen Wirtschaftsjahr nicht gebildet werden.[328]

Jahresabschluss: Es besteht eine öffentlich-rechtliche Verpflichtung zur Jahresabschlusserstellung, für die zugrunde liegende Buchführung, für die Erstellung der Betriebssteuererklärungen sowie für bestimmte Steuerpflichtige auch zur Prüfung und Veröffentlichung des Jahresabschlusses. Die Jahresabschlussprüfung kann auch privatrechtlich (z. B. durch Satzung, Gesellschaftsvertrag, Vereinbarung mit Gläubigern) vereinbart sein. Daneben kann sie auf freiwilliger Basis erfolgen.

► Aufwendungen für Jahresabschluss-/Lageberichtserstellung, Buchführung:

Es ist eine Rückstellung für ungewisse Verbindlichkeiten zu bilden, da die öffentlich-rechtliche Verpflichtung zur Aufstellung des Jahresabschlusses und ggf. des Lageberichts sowie zur Verbuchung der laufenden Geschäftsvorfälle des betreffenden Wirtschaftsjahres durch den Betrieb des Unternehmens im abgelaufenen Wirtschaftsjahr wirtschaftlich verursacht und auch sanktionsbewehrt (u. a. § 283b StGB) ist.[329]

► Aufwendungen für Jahresabschlussprüfung:

Gesetzliche Verpflichtung (z. B. nach § 316 HGB):

Es ist entsprechend der Begründung zur Jahresabschlusserstellung eine Verbindlichkeitsrückstellung zu bilden.[330] Eine Sanktionierung besteht z. B. für Kapitalgesellschaften durch die Nichtigkeit ungeprüfter Jahresabschlüsse gemäß § 256 Abs. 1 Nr. 2 AktG.[331]

---

326 Vgl. BFH, Urteil vom 20. 1. 1983 – IV R 168/81, BStBl 1983 II S. 375. Kritisch hierzu u. a. *Buciek*, in: Blümich, EStG KStG GewStG, § 5 Tz. 1000, da der Ausgleichsanspruch Vorteile abgelten soll, die aus der Leistung des Handelsvertreters in der Vergangenheit resultieren.

327 Vgl. BFH, Urteil vom 24. 1. 2001 – I R 39/00, BStBl 2005 II S. 465.

328 Vgl. BFH, Urteil vom 24. 1. 2001 – I R 39/00, BStBl 2005 II S. 465.

329 Vgl. BFH, Urteile vom 20. 3. 1980 – IV R 89/79, BStBl 1980 II S. 297 für Jahresabschluss; vom 23. 7. 1980 – I R 28/77, BStBl 1980 II S. 62 für Lagebericht; vom 25. 3. 1992 – I R 69/91, BStBl 1992 II S. 1010 für Buchführung.

330 Vgl. BFH, Urteil vom 23. 7. 1980 – I R 28/77, BStBl 1980 II S. 62.

331 Vgl. *Tiedchen*, in: HHR, EStG/KStG, § 5 EStG Anm. 514 „Jahresabschluss, Buchführung".

Privatrechtliche Verpflichtung (z. B. nach Satzung):

Nach Auffassung der Finanzverwaltung ist in diesem Fall eine Rückstellungsbildung mangels Außenverpflichtung (bei Satzungsregelung) oder wirtschaftlicher Verursachung (bei vertraglicher Vereinbarung) nicht zulässig.[332] Es ist der wohl h. M. zuzustimmen, nach der auch hier eine Passivierungspflicht gegeben ist. Denn auch in diesen Fällen besteht eine Verpflichtung gegenüber Dritten (Gesellschafter oder Gläubiger), da die Gesellschafter ihren Anspruch z. B. auch auf dem Klageweg geltend machen können.[333] Hinsichtlich der wirtschaftlichen Verursachung kann sich kein Unterschied zu einer gesetzlichen Prüfungspflicht ergeben.

Freiwillige Prüfung:

Wegen fehlender Außenverpflichtung ist die Bildung einer Rückstellung nicht zulässig.

► Offenlegung des Jahresabschlusses:

Die Rückstellungsbildung ist erforderlich, da eine sanktionsbewehrte (§ 334 Abs. 1 Nr. 5 HGB) öffentlich-rechtliche Verpflichtung (§§ 325 ff. HGB) besteht, die entsprechend der Verpflichtung zur Aufstellung des Jahresabschlusses im abgelaufenen Wirtschaftsjahr wirtschaftlich verursacht ist.[334]

► Betriebssteuererklärungen:

Auch hier besteht eine sanktionsbewehrte, öffentlich-rechtliche Verpflichtung, welche die Bildung einer Rückstellung für die durch die Erstellung der Betriebssteuererklärungen für das abgelaufene Wirtschaftsjahr verursachten Aufwendungen bedingt. Entgegen der Auffassung des BFH umfasst u. E. die Rückstellung auch die Kosten für die Erklärung zur einheitlichen und gesonderten Gewinnfeststellung bei Personengesellschaften, die nicht als Betriebsausgabe abziehbar sind.[335] Die Nichtabziehbarkeit ist außerhalb der Steuerbilanz durch Hinzurechnung zum Gewinn zu berücksichtigen.

Die Bewertung der vorgenannten Rückstellungen erfolgt nach § 6 Abs. 1 Nr. 3a Buchst. b EStG zu den Einzelkosten und angemessenen Teilen der Gemeinkosten. Eine Begrenzung der Rückstellung auf Einzelkosten oder auf den Betrag, der für die Leistung an fremde Dritte zu entrichten wäre, wie sie der BFH noch zur früheren Rechtslage für die internen Kosten der Jahresabschluss- oder Steuererklärungserstellung entschieden hat,[336] ist u. E. danach nicht mehr begründet.[337]

---

332 Vgl. BMF, Schreiben vom 16. 1. 1981 – IV B 2 – S 2137 – 39/80, DB 1981 S. 398; vom 19. 11. 1982 – IV B 2 – S 2137 – 44/82, DB 1982 S. 2490; Niedersächsisches FG, Urteil vom 26. 5. 2011 – 14 K 229/09 – Rev. eingelegt (Az. des BFH: IV R 26/11), BB 2011 S. 2415, für den Fall einer sich aus dem Gesellschaftsvertrag ergebenden Prüfungspflicht.

333 Vgl. *Herzig/Köster*, in: Handbuch des Jahresabschlusses, Abt. III/5 Tz. 422; IDW RH HFA 1.009, Tz. 1, 6, FN-IDW 2010 S. 854 ff.

334 Vgl. BFH, Urteil vom 23. 7. 1980 – I R 28/77, BStBl 1980 II S. 62.

335 Vgl. BFH, Urteil vom 24. 11. 1983 – IV R 22/81, BStBl 1984 II S. 301.

336 So nun auch BFH, Urteil vom 11. 10. 2012 – I R 66/11, BStBl 2013 II S. 676 Tz. 21, gl. A. *Weber-Grellet*, in: Schmidt, EStG, 32. Aufl., München 2013, § 5 Tz. 550 „Jahresabschluss“.

337 Vgl. BFH, Urteil vom 24. 11. 1983 – IV R 22/81, BStBl 1984 II S. 301.

Jubiläum vgl. „Dienstjubiläum"

Latente Steuern vgl. Rz. 2510 ff.

Lohnfortzahlung im Krankheitsfall: Es sind keine Rückstellungen für künftige Lohnfortzahlungen im Krankheitsfall aufgrund eines Erfüllungsrückstands zum Bilanzstichtag zu bilden, da der Arbeitnehmer nicht vor dem Bilanzstichtag für künftige Gehaltsfortzahlungen im Krankheitsfall vorgeleistet hat. Der Anspruch resultiert vielmehr aus gesetzlichen Bestimmungen oder arbeitsvertraglichen Vereinbarungen und ist von Vorleistungen des Mitarbeiters unabhängig.[338]

Mietgarantie: Im Rahmen von Grundstücksveräußerungen werden Investoren durch den Veräußerer häufig Mietgarantien gewährt. Sofern die zugesicherten Mieten am Markt voraussichtlich nicht realisiert werden können und die Inanspruchnahme aus der Zusicherung aufgrund der Mietpreise am Bilanzstichtag wahrscheinlich ist, ist für die Unterdeckung aus der Mietgarantie eine Rückstellung für ungewisse Verbindlichkeiten anzusetzen, da die Aufwendungen aus der Mietgarantie durch die Grundstücksveräußerung wirtschaftlich verursacht sind.[339] Eine Qualifikation als Drohverlustrückstellung dürfte in diesem Zusammenhang nicht in Betracht kommen, da hierfür ein schwebendes Geschäft vorliegen müsste.[340] Schwebende Geschäfte sind gegenseitige auf Leistungsaustausch gerichtete Verträge, die noch nicht voll erfüllt sind.[341] Ein Garantievertrag ist jedoch ein einseitiges Leistungsversprechen gegenüber dem Begünstigten und eben kein gegenseitiger Vertrag. Auch ähnelt die Abgabe einer Mietgarantie einem Versicherungsvertrag, weswegen die hierzu entwickelten Grundsätze analog anzuwenden sein dürften. Durch die Abgabe des Versicherungsversprechens, für Schadensfälle aufzukommen, und die Entrichtung der Versicherungsprämie ist dieser Vertrag von beiden Seiten erfüllt. Für die Verpflichtung, Schadensfälle zu regulieren, ist nach allgemeinen Kriterien eine Rückstellung für ungewisse Verbindlichkeiten zu bilanzieren.[342]

Nachbetreuungsleistungen: Für Nachbetreuungsleistungen im Zusammenhang mit dem Abschluss eines Kaufvertrages, wie sie z. B. von Hörgeräteakustikern und Optikern zugesagt werden, sind Rückstellungen für ungewisse Verbindlichkeiten zu passivieren.[343] Nachbetreuungsleistungen stellen künftige Dienstleistungen dar, wie bspw. jederzeitige Hilfestellung für den Gebrauch des Gerätes sowie Anpassungen, Nachbesserungen und turnusmäßige Überprüfungen, die unabhängig von unsachgemäßer Behandlung und Verschulden der Abnehmer zu erbringen sind. Derartige Verpflichtungen zu Nachbetreuungsleistungen sind mit dem Kaufpreis abgegolten und somit auf die

338 Vgl. BFH, Urteile vom 27.6.2001 – I R 11/00, BStBl 2001 II S. 758; vom 7.6.1988 – VIII R 296/82, BStBl 1988 II S. 886.

339 Vgl. *Hofer*, DB 2003 S. 1072 f.

340 So auch *Weber-Grellet*, in: Schmidt, EStG, 32. Aufl., München 2013, § 5 Tz. 550 „Mietpreiszusicherung".

341 Vgl. BFH, Urteil vom 23.6.1997 – GrS 2/93, BStBl 1997 II S. 735.

342 Vgl. *Günkel*, in: Stbjb 2004/2005, Köln 2005, S. 321.

343 Vgl. BFH, Urteil vom 5.6.2002 – I R 96/00, BStBl 2005 II S. 736; BMF, Schreiben vom 12.10.2005 – IV B 2 – S 2137 – 38/05, BStBl 2005 I S. 953; vgl. auch BFH, Urteil vom 19. 7. 2011 – X R 26/10, DStR 2011 S. 1990 für die Verpflichtung zur Nachbetreuung von Versicherungsverträgen.

im Zusammenhang mit der Veräußerung eingegangene Verpflichtung zur kostenfreien Nachbetreuung zurückzuführen. Daher ist die wirtschaftliche Verursachung dieser Verpflichtung nicht erst mit der Erforderlichkeit der jeweiligen Nachbesserungsleistung entstanden, sondern bereits mit Abschluss des Kaufvertrages.[344] Gleiches gilt für die sich aus anderen Verträgen ergebende Verpflichtung zur Nachbetreuung, wie z. B. die Verpflichtung zur Nachbetreuung von Versicherungsverträgen.[345]

Patent-, Urheber-, Schutzrechtsverletzung: Zur Bilanzierung dem Grunde nach vgl. Rz. 5585 ff. Die Bewertung bemisst sich nach den möglichen Schadensersatzansprüchen des Rechtsinhabers, der seinen Schaden auf drei verschiedene Arten berechnen kann: Ersatz des ihm unmittelbaren entstandenen Schadens einschließlich Gewinn, angemessene Lizenz anstelle des entgangenen Gewinns oder erwirtschafteter Gewinn des Rechtsverletzers anstelle des entgangenen Gewinns.[346] In der Praxis hat sich die Schätzung der Rückstellung in Höhe einer angemessenen Lizenz auf die erzielten Umsatzerlöse durchgesetzt.[347]

Pensionssicherungsverein: Für künftige Beiträge an den Pensionssicherungsverein kann mangels wirtschaftlicher Verursachung in der Vergangenheit keine Rückstellung bilanziert werden. Die Bildung einer Rückstellung ist nur für zum Bilanzstichtag ausstehende Beitragsverpflichtungen für zurückliegende Zeiträume möglich.[348]

Vor der Umstellung des Finanzierungsverfahrens des Pensionssicherungsvereins durch das Gesetz über die betriebliche Altersversorgung vom 12. 12. 2006 vom Umlage- auf das Kapitaldeckungsverfahren war die Bilanzierung der künftigen Beiträge aufgrund der mittels des Umlageverfahrens nicht gedeckten unverfallbaren Anwartschaften äußerst umstritten.[349] Durch die Umstellung der Finanzierung war von den Unternehmen zur Erreichung der vollen Kapitaldeckung ein einmaliger Sonderbeitrag zu erheben, der ab 31. 3. 2007 in 15 gleichen Jahresraten zu tilgen und als Verbindlichkeit nach allgemeinen Grundsätzen unter Berücksichtigung der Abzinsung zu passivieren ist, sofern nicht von der sofortigen Ablösungsmöglichkeit der diskontierten Verbindlichkeit Gebrauch gemacht worden ist.[350]

Registrierungskosten: Für Kosten der (Nach-) Analyse und Registrierung insbesondere im Zusammenhang mit zulassungsfreien Arzneimitteln darf keine Rückstellung gebildet werden, da die zur Erfüllung der Verpflichtung notwendigen Aufwendungen nach Auffassung des BFH zukünftigen Erträgen zuzuordnen sind. Somit ist das Kriterium der wirtschaftlichen Verursachung nicht gegeben.[351]

---

344 Vgl. *Günkel*, in: Stbjb 2005/2006, Köln 2006, S. 265 ff.

345 Vgl. BFH, Urteil vom 19. 7. 2011 – X R 26/10, DStR 2011 S. 1990; BMF, Schreiben vom 20. 11. 2012 – IV C 6 – 2127/09/10002, DStR 2012 S. 2439.

346 Vgl. *Rogge/Grabinski*, in: Benkard, Patentgesetz Gebrauchsmustergesetz, 10. Aufl., München 2006, § 139 Tz. 61.

347 Vgl. auch *van Veenroy*, StuW 1991 S. 32.

348 Vgl. BFH, Urteile vom 13. 11. 1991 – I R 102/88, BStBl 1991 II S. 336; vom 6. 12. 1995 – I R 14/95, BStBl 1996 II S. 406.

349 Vgl. *Pfitzer/Schaum/Oser*, BB 1996 S. 1373 m. w. N.

350 Vgl. *Höfer*, DStR 2006 S. 2227 ff.; *Hoffmann/Lüdenbach*, NWB Kommentar Bilanzierung, 5. Aufl., Herne 2014, § 249 Rz. 109.

351 Vgl. BFH, Urteil vom 25. 8. 1989 – III R 95/87, BStBl 1989 II S. 893.

Rekultivierungsverpflichtung vgl. „Umweltschutz"

Restrukturierung, Sanierung: Der Begriff Restrukturierung bzw. Sanierung zielt auf verschiedene Maßnahmen ab, wie beispielsweise Einschränkung bzw. Beendigung von Geschäftstätigkeiten, mit dem Ziel die Leistungsfähigkeit eines Unternehmens nachhaltig zu stärken. Dabei können verschiedene Außenverpflichtungen entstehen. Hierzu gehören insbesondere Verpflichtungen im Zusammenhang mit dem Abbruch bzw. der Entsorgung von Anlagen (vgl. „Abbruchverpflichtung"), Abfindungsverpflichtungen (vgl. „Abfindung") und Sozialplanverpflichtungen (vgl. „Sozialplan").[352]

Sozialplan: Im Rahmen von betrieblichen Umstrukturierungen i. S. v. § 111 Satz 1 BetrVerfG werden wirtschaftliche Nachteile seitens der betroffenen Belegschaft durch entsprechende Maßnahmen, die in einem Sozialplan i. S. v. des § 112 BetrVerfG geregelt sind, ausgeglichen bzw. gemildert. Für die künftige Leistungsverpflichtung aufgrund des Sozialplans ist nach den allgemeinen Voraussetzungen eine Verbindlichkeitsrückstellung (sog. **Restrukturierungsrückstellung**) spätestens ab dem Zeitpunkt zu bilden, in dem der Betriebsrat über die geplanten Betriebsänderungen gem. § 111 Satz 1 BetrVerfG unterrichtet worden ist. Wird der Betriebsrat erst nach dem Bilanzstichtag aber vor Bilanzaufstellung bzw. Bilanzfeststellung unterrichtet, ist die Bildung einer Verbindlichkeitsrückstellung zum Bilanzstichtag ebenfalls zulässig, sofern die Betriebsänderung schon vor dem Bilanzstichtag beschlossen wurde bzw. eine wirtschaftliche Notwendigkeit bestand, eine zur Aufstellung eines Sozialplans verpflichtende Maßnahme durchzuführen.[353] Die bloße Wahrscheinlichkeit eines künftigen Sozialplans ist für die Rückstellungsbildung jedoch keinesfalls ausreichend.[354]

Uneinigkeit besteht in der Literatur hinsichtlich der von der Finanzverwaltung als Bilanzierungsvoraussetzung verlangten **Unterrichtung des Betriebsrates**[355], wobei die Diskussion jedoch i. d. R. von eher theoretischer Natur sein dürfte, da in der Praxis im Falle eines Geschäftsleitungsbeschlusses zur Aufstellung eines Sozialplans, die Unterrichtung des Betriebsrates aufgrund der Bestimmung des § 111 BetrVerfG kurzfristig und regelmäßig vor Bilanzfeststellung erfolgt sein dürfte. Rechtlich entsteht die Verpflichtung erst mit Abschluss des Sozialplans. Eine Rückstellung kann somit nur gebildet werden, wenn eine faktische Verpflichtung besteht oder die Verpflichtung vor dem Bilanzstichtag wirtschaftlich verursacht ist. Dies ist gegeben, wenn die wirtschaftliche Notwendigkeit zur Restrukturierung besteht, d. h. spätestens mit Beschluss der Geschäftsleitung zur Aufstellung eines Sozialplans. Die zwangsläufig später stattfindende Unterrichtung des Betriebsrats ist nur ein Nachweis dafür, dass ein entsprechender Beschluss gefasst worden ist.[356]

352 Vgl. *Tiedchen*, in: HHR, EStG/KStG, § 5 EStG Anm. 514 „Restrukturierungsverpflichtung".

353 Vgl. BMF, Schreiben vom 2. 5. 1977 – IV B 2 – S 2137 – 13/77, BStBl 1977 I S. 280; *Herzig/Köster*, in: Handbuch des Jahresabschlusses, Abt. III/5 Tz. 446.

354 Vgl. *Weber-Grellet*, in: Schmidt, EStG 32. Aufl., München 2013, § 5 Tz. 550 „Sozialplan"; *Krumm*, in: Blümich, EStG KStG GewStG, § 5 Tz. 980.

355 Vgl. R 5.7 Abs. 9 Satz 1, 2 EStR.

356 Vgl. *Günkel*, in: Stbjb 2004/2005, Köln 2005, S. 296 f.; *Schulz*, in: HHR, EStG/KStG, § 5 Anm. 925 „Sozialplan"; *M. Prinz*, DB 2007 S. 354; *Kozikowski/Schubert*, in: Beck'scher Bilanz-Kommentar, 8. Aufl., München 2012, § 249 Tz. 100 „Sozialplan"; a. A. *Kuenen*, in: Blümich, EStG KStG GewStG, § 5 Tz. 980.

Bei der Bewertung der Sozialplanrückstellung sind grundsätzlich alle aufgrund des Sozialplans voraussichtlich zu erbringenden zusätzlichen und vorzeitigen Leistungen zu berücksichtigen. Die Regelung des § 6 Abs. 1 Nr. 3a Buchst. e EStG zur Abzinsung ist zu beachten.[357]

Sozialversicherungsabgaben: Am Bilanzstichtag noch nicht abgeführte Sozialversicherungsabgaben sind dem Grunde und der Höhe nach gewiss und somit als sonstige Verbindlichkeit zu passivieren. Dieses soll nach Auffassung des BFH auch grundsätzlich für hinterzogene Sozialversicherungsabgaben gelten, da der Steuerpflichtige nicht davon ausgehen kann, dass die Sozialversicherungsverbindlichkeiten nicht mit an Sicherheit grenzender Wahrscheinlichkeit endgültig nicht beglichen werden müssen.[358]

Steuererklärung vgl. „Jahresabschluss"

Stock Options: Rechte zum Bezug von Aktien (Stock Options) stellen gerade bei Führungskräften ein häufig verwendetes Vergütungsmodell dar.[359] Dabei wird den Mitarbeitern im Rahmen eines Aktienoptionsprogrammes eine zusätzliche Vergütung für ihre gesteigerte Arbeitsleistung in Abhängigkeit von der Erfüllung bestimmter Ausübungsbedingungen zugesagt. Bei börsennotierten Unternehmen wird beispielsweise häufig als Maßstab die Erreichung eines bestimmten Börsenkurses zu einem festgelegten Zeitpunkt während des Ausübungszeitraums der Optionen verwendet. Sofern die Optionen im Ausübungszeitraum nicht ausgeübt werden oder der Begünstigte aus dem Unternehmen ausscheidet, verfallen die Optionen regelmäßig.[360]

Die Aktienprogramme sind in der Praxis als reale oder virtuelle Optionen (sog. Stock Appreciation Rights) ausgestaltet. Bei der **realen Option** werden dem Begünstigten Bezugsrechte für junge Aktien gewährt. Im Rahmen der **virtuellen Option** erhält der Begünstigte im Ausübungsfall i. d. R. einen Geldbetrag in Höhe der Differenz zwischen dem aktuellen Börsenkurs und dem vereinbarten Ausübungspreis.

Mit dem Aktienoptionsprogramm geht das Unternehmen unter der Bedingung, dass zu einem bestimmten Zeitpunkt bestimmte Voraussetzungen erfüllt sind, eine rechtlich bindende Verpflichtung zur Gewährung einer Leistung als Entgelt für bereits erbrachte Arbeitsleistungen gegenüber den begünstigten Mitarbeitern ein. Diese Verpflichtung hat dabei den Charakter einer aufschiebend bedingten Verpflichtung.[361] Für diese Verpflichtung, die rechtlich erst zum Zeitpunkt der Erfüllung der vereinbarten Bedingungen entsteht, ist aufgrund der wirtschaftlichen Verursachung durch erbrachte Arbeits-

357 Vgl. ausführlich zur Bewertung der Sozialplanrückstellung: *Günkel*, in: Stbjb 2004/2005, Köln 2005, S. 298 f.

358 Vgl. BFH, Urteil vom 16. 2. 1996 – I R 73/95, BStBl 1996 II S. 592; *Weber-Grellet*, in: Schmidt, EStG 32. Aufl., München 2013, § 5 Tz. 550 „Soziallasten"; wohl zutreffend a. A., da die Wahrscheinlichkeit der Inanspruchnahme im Hinterziehungsfall u. E. nicht ohne Weiteres unterstellt werden kann, noch die Vorinstanz FG Düsseldorf, Urteil vom 18. 4. 1995 – 6 K 4068/92, EFG1995 S. 962, vgl. auch Rz. 3574 und die hiervon abweichende Rechtsprechung des BFH zu hinterzogenen Steuern (siehe Rz. 5789).

359 Vgl. *Herzig/Lochmann*, WPg 2002 S. 325.

360 Vgl. *Günkel*, in: Stbjb 2005/2006, Köln 2006, S. 257.

361 Vgl. *Kropp*, DStR 2002 S. 1921 f.

leistung mit Beginn des im Aktienoptionsprogramms geregelten Erdienungszeitraums dem Grunde nach eine Rückstellung für ungewisse Verbindlichkeiten zu bilden, sofern der Aktienkurs den Ausübungspreis übersteigt, da dann die Inanspruchnahme durch den Begünstigten wahrscheinlich ist.

Die Bewertung der Rückstellung erfolgt zum jeweiligen Erfüllungsbetrag, der dem sog. **inneren Wert** der Option, also der positiven Differenz zwischen Aktienkurs und Ausübungspreis zum Bilanzstichtag entspricht. Die Rückstellung wird dabei entsprechend der wirtschaftlichen Verursachung ratierlich angesammelt. Bei der Bewertung sind ein Fluktuationsabschlag und die Abzinsung ausgehend vom Ausübungszeitpunkt bzw. im Falle eines Ausübungszeitraums auf Basis der mittleren Fälligkeit zu berücksichtigen.[362]

BEISPIEL:[363] Am 1. 1. 2010 erhalten 10 Mitarbeiter im Rahmen eines Aktienoptionsprogrammes das Recht zum Bezug von 100 Aktien zum 31. 12. 2012 zu einem Kurs von jeweils 150 €. Das Aktienoptionsprogramm gilt dabei nur solange die Mitarbeiter weiter im Unternehmen beschäftigt sind. Das Unternehmen zahlt bei Ausübung des Rechts die Differenz zwischen aktuellem Kurswert und dem Ausübungspreis von 100 €.

Der Kurs der Aktie entwickelt sich wie folgt:

31. 12. 2010: 160 €

31. 12. 2011: 190 €

31. 12. 2012: 170 €

Folgende Rückstellungs- und Aufwandsbeträge sind zu erfassen:

Jahr	Kurs	Innerer Wert	Zahl der Optionen	Gesamtwert	Zeitanteil	Rückstellung	Aufwand
31. 12. 2010	160 €	60 €	1.000	60.000 €	1/3	20.000 €	20.000 €
31. 12. 2011	190 €	90 €	1.000	90.000 €	2/3	60.000 €	40.000 €
31. 12. 2012	170 €	70 €	1.000	70.000 €	3/3	70.000 €	10.000 €

Umweltschutz: Für Verpflichtungen im Zusammenhang mit Umweltschutz, die sowohl privat- als auch öffentlich-rechtlich begründet sein können, müssen grundsätzlich Verbindlichkeitsrückstellungen gebildet werden, sofern alle Passivierungskriterien vorliegen. Sofern die Verbindlichkeit rechtlich noch nicht entstanden ist (vgl. Rz. 5564), ist der Ausweis einer Rückstellung nur dann möglich, wenn zum einen die Maßnahmen in der Vergangenheit wirtschaftlich verursacht sind und die Verpflichtung am Bilanzstichtag hinreichend konkretisiert ist. Dies ist in der Regel dann der Fall, wenn von dem Unternehmen durch Verwaltungsakte, Gesetze oder Verwaltungsvorschriften ein be-

362 Vgl. *Günkel*, in: Stbjb 2005/2006, Köln 2006, S. 261.

363 In Anlehnung an *Hoffmann/Lüdenbach*, NWB Kommentar Bilanzierung, 5. Aufl., Herne 2014, § 249 Rz. 114.

stimmtes, auf Sanktionen auferlegtes Handeln innerhalb eines bestimmten Zeitraumes gefordert wird (vgl. Rz. 5575 ff. zu den Rückstellungsvoraussetzungen bei öffentlich-rechtlichen Verpflichtungen).

Umweltschutzverpflichtungen lassen sich insbesondere unterteilen in Verpflichtungen zur Rekultivierung, zur Abfallbeseitigung, zur Altlastensanierung und Anpassungsverpflichtungen.[364]

► Verpflichtung zur Rekultivierung:

Hierbei handelt es sich in der Regel um eine gesetzliche oder vertragliche Verpflichtung zur Auffüllung, Wiederaufforstung oder Rekultivierung des vom Steuerpflichtigen genutzten eigenen oder fremden Grund und Bodens im Anschluss an dessen Nutzung (z. B. Abbau von Rohstoffen in Kiesgrube, Betreiben einer Mülldeponie), für die eine Rückstellung für ungewisse Verbindlichkeiten zu bilden ist. Die Rückstellung ist dabei mit dem Betrag anzusetzen, den der Steuerpflichtige nach den Verhältnissen am Bilanzstichtag aufwenden müsste, um den bis zum Bilanzstichtag ausgebeuteten Teil des Geländes zu rekultivieren (Erfüllungsbetrag). Sie ist daher ratierlich entsprechend des im jeweiligen Wirtschaftsjahr erfolgten Abbaus zu erhöhen zuzüglich des Betrages, der erforderlich ist, um die bereits in Vorjahren angesammelten Beträge an das Preisniveau zum Bilanzstichtag anzupassen.[365] Zu erwartende Kippgebühren sind nach § 6 Abs. 1 Nr. 3a Buchst. c EStG bei der Bewertung spätestens mit Vertragsabschluss zu berücksichtigen (vgl. ausführlich Rz. 5638 f. zur Berücksichtigung künftiger Vorteile bei der Rückstellungsbewertung). Die Rückstellung ist abzuzinsen (vgl. Rz. 5652 zum Abzinsungszeitraum).[366]

► Verpflichtung zur Abfallbeseitigung:

Für die Verpflichtung zur Abfallbeseitigung aufgrund öffentlich-rechtlicher Vorschriften (z. B. Kreislaufwirtschafts – und Abfallgesetz) ist u. E. aufgrund der wirtschaftlichen Verursachung in der Vergangenheit bei hinreichender Konkretisierung eine Verbindlichkeitsrückstellung anzusetzen. Für die Entsorgung fremden Abfalls hat der BFH die Rückstellungsbildung bejaht.[367] Betreffend die Verpflichtung zur Entsorgung eigenen Abfalls aufgrund der Vorschriften des Abfallgesetzes vertritt er allerdings die Auffassung, dass die Bildung einer Rückstellung aufgrund nicht hinreichender Konkretisierung und eines die öffentlich-rechtliche Verpflichtung überlagernden Eigeninteresses nicht möglich ist.[368]

► Verpflichtung zur Altlastensanierung:

Unter Altlasten versteht man insbesondere die Verunreinigung bzw. die Kontamination von Grundstücken und/oder des Grundwassers. Die Verpflichtung zur Altlastsanierung ergibt sich in der Regel aus Pachtverträgen, dem Zivilrecht aber auch aus dem

364 Vgl. *Herzig/Köster*, in: Handbuch des Jahresabschlusses, Abt. III/5 Tz. 452.

365 Vgl. BFH, Urteil vom 19. 2. 1975 – I R 28/73, BStBl 1975 II S. 480; R 6.11 Abs. 2 Satz 3-6 EStR.

366 Vgl. BMF, Schreiben vom 25. 7. 2005 – IV B 2 – S 2137 – 35/05, BStBl 2005 I S. 826.

367 Vgl. BFH, Urteil vom 25. 3. 2004 – IV R 35/02, BStBl 2006 II S. 644.

368 Vgl. BFH, Urteil vom 8. 11. 2001 – I R 6/96, BStBl 2001 II S. 570; zu recht ablehnend hierzu *Kozikowski/Schubert*, in: Beck'scher Bilanz-Kommentar, 8. Aufl., München 2012, § 249 Tz. 100 „Entsorgung"; *Tiedchen*, in: HHR, EStG/KStG, § 5 EStG Anm. 514 „Abfallentsorgung".

öffentlichen Recht (z. B. Bundes-Bodenschutzgesetz (BBodSchG)).[369] Die wirtschaftliche Verursachung in der Vergangenheit dürfte bei Altlasten regelmäßig gegeben sein. Die Wahrscheinlichkeit der Inanspruchnahme ist bei privatrechtlichen Verpflichtungen spätestens mit Geltendmachung der Ansprüche des Geschädigten gegeben. Hinsichtlich der Konkretisierungserfordernisse für öffentlich-rechtliche Verpflichtungen vgl. Rz. 5575 ff. Die Finanzverwaltung verlangt für die Rückstellungsbildung – u. E. zu weitgehend – den Erlass eines vollziehbaren Verwaltungsaktes, der die Altlastenbeseitigung in einem bestimmbaren Zeitraum vorschreibt.[370] Die Bewertung hat grundsätzlich zum Erfüllungsbetrag zu erfolgen, wobei Sanierungsaufwendungen, die zu nachträglichen Herstellungskosten des belasteten Wirtschaftsguts führen, nicht in die Bewertung der Rückstellung einbezogen werden dürfen.

Beim Vorhandensein von Altlasten ist unabhängig von der Rückstellungsbildung das Erfordernis einer **Teilwertabschreibung** zu prüfen.[371] Nach Auffassung der Finanzverwaltung ist eine Teilwertabschreibung oder Beibehaltung des altlastenbedingt niedrigeren Teilwerts im Falle der Rückstellungsbildung jedoch nur zulässig, wenn trotz der Sanierung das belastete Wirtschaftsgut weiterhin dauerhaft wertgemindert ist.[372]

► Anpassungsverpflichtungen:

Der Betreiber einer Anlage kann durch Gesetz (z. B. TA Luft) oder behördliche Anordnung dazu verpflichtet sein, eine Anpassung seiner Anlage zum Schutz vor schädlichen Auswirkungen auf die Umwelt (z. B. durch Lärm, Luftverunreinigung) vorzunehmen. Für die vorzunehmenden Maßnahmen ist sofern die rechtliche Verpflichtung zur Anlagenanpassung am Bilanzstichtag bereits besteht,[373] unabhängig von der wirtschaftlichen Verursachung in der Vergangenheit eine Verbindlichkeitsrückstellung zu bilden, sofern die Anpassungsaufwendungen nicht als Herstellungskosten zu aktivieren sind. Dies ist u. a. dann der Fall, wenn die getätigten Aufwendungen zu einer wesentlichen Verbesserung der Anlage führen. Eine wesentliche Verbesserung liegt aber nicht bereits durch die aufgrund der Anpassungsmaßnahmen erreichte Reduktion der Emissionswerte vor.[374] Die hinreichende Konkretisierung der öffentlich-rechtlichen Anpassungsverpflichtung dürfte regelmäßig gegeben sein, da es sich i. d. R. um genehmigungspflichtige Anlagen handelt, deren Betrieb von den zuständigen Behörden überwacht wird, wodurch die Durchsetzung der Anpassung und somit die Inanspruchnahme aus der Verpflichtung hinreichend wahrscheinlich ist.[375]

Urlaubsrückstand: Rückständige Urlaubsverpflichtungen sind seitens des Arbeitgebers als **Erfüllungsrückstand** zurückzustellen, da aufgrund der Vorleistung des Arbeitnehmers den Verpflichtungen keine Arbeitsleistung mehr gegenübersteht. Die Rückstel-

369 Vgl. *Herzig/Köster*, in: Handbuch des Jahresabschlusses, Abt. III/5 Tz. 390.

370 Vgl. BMF, Schreiben vom 11. 5. 2010 – IV C 6 – S 2137/07/10004, BStBl 2010 I S. 495.

371 Vgl. BFH, Urteil vom 19. 11. 2003 – I R 77/01, BStBl 2010 II S. 482.

372 Vgl. BMF, Schreiben vom 11. 5. 2010 – IV C 6 – S 2137/07/10004, BStBl 2010 I S. 495.

373 Vgl. BFH, Urteil vom 6. 2. 2013 – I R 8/12, BStBl 2013 II S. 686, der vor Ablauf einer gesetzlichen/behördlichen Übergangsfrist zur Anlagenanpassung die rechtliche Entstehung nun allerdings verneint, *Prinz*, DB 2013 S. 1815; so auch BFH, Urteil vom 17. 10. 2013 – IV R 7/11, DStR 2013 S. 2745, *Prinz*, DB 2014 S. 80.

374 Vgl. BFH, Urteil vom 27. 6. 2001 – I R 45/97, BStBl 2003 II S. 121.

375 Vgl. *Tiedchen*, in: HHR, EStG/KStG, § 5 EStG Anm. 514 „Anpassungsverpflichtungen“.

lung bemisst sich nach Maßgabe des Urlaubsentgelts, also dem Betrag, den der Arbeitgeber hätte leisten müssen, wenn er die Verpflichtung bereits am Bilanzstichtag erfüllt hätte. Hierzu zählen insbesondere das Bruttoarbeitsentgelt, die Arbeitgeberanteile zur Sozialversicherung, das Urlaubsgeld sowie weitere lohnabhängige Nebenkosten, wie beispielsweise die Beiträge an die Berufsgenossenschaft.[376] Ausgenommen sind nach § 6 Abs. 1 Nr. 3a Buchst. f EStG Änderungen des Entgelts, die erst im Folgejahr wirksam werden.[377] Bei vom Kalenderjahr abweichendem Geschäftsjahr, sind nur die offenen Urlaubstage zu berücksichtigen, die auf den Teil des Urlaubsjahres vor dem Bilanzstichtag entfallen.[378]

In der Praxis wird die Urlaubsrückstellung i. d. R. auf Basis einer Durchschnittsbetrachtung ermittelt, indem das maßgebliche Jahresentgelt durch die Anzahl der regelmäßigen Arbeitstage dividiert und anschließend mit der Zahl der ausstehenden Urlaubstage multipliziert wird. Die Ermittlung der steuerbilanziellen Urlaubsrückstellung weicht aufgrund der vorgenannten BFH-Rechtsprechung von der handelsrechtlichen Vorgehensweise ab.

BEISPIEL:[379]

	Steuerbilanz	Handelsbilanz
Gesamtanzahl Tag	365	365
abzgl. arbeitsfreie Tage	./. 115	./. 115
Urlaubs-, Krankheitstage		./. 30
sonst. Ausfalltage		./. 10
anzusetzende Tage	250	210
Kostenbestandteile zur Bemessung des Urlaubsentgelts (in €)		
Jährliches Bruttogehalt	40.000	40.000
Tarifliches Weihnachtsgeld	–	1.500
Urlaubsgeld	500	500
Zuführung Pensionsrückstellung	–	200
Arbeitgeberanteil zur Sozialversicherung (10 % vom jährlichen Bruttogehalt)	4.000	4.000
Jährlicher Berufsgenossenschaftsbeitrag	500	500
Feststehende bzw. erwartete Gehaltssteigerung	–	2.000
Kostenbasis	∑ 45.000	∑ 48.700

376 Vgl. BFH, Urteile vom 6. 12. 1995 – I R 14/95, BStBl 1996 II S. 406; vom 10. 3. 1993 – I R 70/91, BStBl 1993 II S. 446; vom 8. 7. 1992 – XI R 50/89, BStBl 1992 II S. 910.

377 So z. B. auch schon vor Einfügung des § 6 Abs. 1 Nr. 3a Buchst. f EStG durch das BilMoG: BFH, Urteil vom 8. 2. 1989 – II R 42/86, BStBl 1989 II S. 316.

378 Vgl. BFH, Urteil vom 26. 6. 1980 – IV R 35/74, BStBl 1980 II S. 506.

379 In Anlehnung an *Hoffmann*, in: Littmann/Bitz/Pust (Hrsg.), Das Einkommensteuerrecht, § 6 Tz. 674d.

Kosten pro Tag (Kostenbasis/anzusetzende Tage)	180	232
Rückstellungsansatz für 5 Tage Resturlaub (5 × Kosten pro Tag)	900	1.160

Verlustübernahmeverpflichtung bei Ergebnisabführungsverträgen: Für zukünftige Verpflichtungen zur Verlustübernahme, die bis zum Zeitpunkt der frühestens möglichen Kündigung des Ergebnisabführungsvertrages „drohen", darf keine Rückstellung für ungewisse Verbindlichkeiten gebildet werden.[380]

Weihnachtsgratifikation: Weihnachtsgeld (Weihnachtsgratifikation) ist grundsätzlich als zusätzliches Entgelt für die Jahresarbeitsleistung des Arbeitnehmers anzusehen. Am Bilanzstichtag noch nicht gezahlte Weihnachtsgratifikationen sind daher als sonstige Verbindlichkeit zu passivieren, da in diesem Fall hinsichtlich der Bilanzierung dem Grunde und der Höhe nach Gewissheit bestehen dürfte. Bei vom Kalenderjahr **abweichendem Wirtschaftsjahr** ist als Erfüllungsrückstand der Betrag zurückzustellen, der bei zeitproportionaler Aufteilung des Weihnachtsgeldes auf die Zeit vor dem Bilanzstichtag entfällt.[381]

2. Pensionsrückstellungen

5657 Pensionsrückstellungen stellen bei zahlreichen Unternehmen eine gewichtige Passivposition dar.[382] Dies zeigt auch in steuerlicher Hinsicht die hohe Bedeutung dieser Thematik, wobei in jüngerer Vergangenheit insbesondere die Änderungen durch das BilMoG und daraus folgende mögliche steuerliche Auswirkungen Gegenstand der Diskussion sind. Neben der handelsrechtlichen grundsätzlichen Pflicht zur Bildung von Pensionsrückstellungen und dem Grundsatz der Maßgeblichkeit entfaltet für steuerliche Zwecke auch die Regelung des § 6a EStG zentrale Relevanz.

2.1 Grundlagen

2.1.1 Begriffe

2.1.1.1 Rückstellung für Pensionsverpflichtungen

5658 Hinsichtlich der Anwendbarkeit des § 6a EStG ist eine **Abgrenzung von Pensionsverpflichtungen und ähnlichen Verpflichtungen** erforderlich. Der Begriff der Pensionsverpflichtung ist gesetzlich nicht definiert und wird nach dem allgemeinen Sprachgebrauch auch unter Bezugnahme auf das Arbeitsrecht dergestalt konkretisiert, dass

380 Vgl. BFH, Urteil vom 26. 1. 1977 – I R 101/75, BStBl 1977 II S. 441.

381 Vgl. BFH, Urteil vom 26. 6. 1980 – IV R 35/74, BStBl 1980 II S. 506.

382 Vgl. im Hinblick auf die hohe Relevanz von Pensionsrückstellungen insbesondere bei Unternehmenstransaktionen *Leckschas*, DB 2011 S. 1176 ff.; hinsichtlich einer empirischen Analyse *Dobler/Skopp*, WPg 2010 S. 855.

Zusagen aus betrieblichen Mitteln bezüglich einer Pension an einen Arbeitnehmer oder dessen Hinterbliebene für Alter, Tod oder Invalidität einbezogen werden.[383] Pensionsverpflichtungen sind somit aufschiebend bedingt, da sie von zukünftigen Ereignissen wie etwa einer Erwerbsunfähigkeit oder dem Erreichen des Rentenalters abhängen. Der Begriff der Pensionsverpflichtungen wird hierbei weit abgegrenzt. Zwar sind häufig lebenslängliche Renten Gegenstand einer Pensionszusage, jedoch können diese auch aus einmaligen Kapitalleistungen, Zeitrenten und temporären Zeitrenten mit steuerlicher Wirkung bestehen;[384] allerdings können nach Auffassung des BMF Nur-Pensionszusagen eine Pensionsrückstellung nach § 6a EStG grundsätzlich nicht begründen.[385]

2.1.1.2 Rückstellung für ähnliche Verpflichtungen

Für pensionsähnliche Verpflichtungen besteht handelsrechtlich grundsätzlich ein 5659
Wahlrecht (Art. 28 Abs. 1 Satz 2 EGHGB).[386] In steuerlicher Hinsicht können Verpflichtungen, welche die Voraussetzungen des § 6a EStG nicht erfüllen, nicht als Pensionsrückstellungen passiviert werden. Dies ist beispielweise bei Arbeitszeitkontenmodellen der Fall, bei denen der Arbeitnehmer geleistete Mehrarbeit auf einem Zeitkonto ansparen und später gegen Freizeit eintauschen kann. § 6a EStG ist in diesem Fall nicht anwendbar, weil lediglich eine zeitlich vorgeschobene Lohnzahlung vorliegt und keine betriebliche Altersversorgung besteht. Diesbezüglich ist stattdessen insbesondere die Bildung einer Rückstellung wegen Erfüllungsrückstandes zu prüfen (vgl. z. B. Rz. 5656 „Altersteilzeit“).[387] Auch im Fall der Zusage von Jubiläumsgeldern liegt keine Pensionsverpflichtung i. S. v. § 6a EStG vor, da diese nicht auf Grundlage biometrischer Ereignisse erfolgt. Zudem bedarf es der Erwähnung, dass die Vorschriften der §§ 4b bis 4e EStG für übrige Altersversorgungsmöglichkeiten – und somit unabhängig von § 6a EStG – Anwendung finden.[388]

2.1.1.3 Unmittelbare und mittelbare betriebliche Altersversorgung

Hinsichtlich der steuerlichen Rechtsfolgen ist von Bedeutung, ob eine unmittelbare 5660
oder eine mittelbare betriebliche Altersversorgung vorliegt. Bei einer **unmittelbaren** Altersversorgung ist das zusagende Unternehmen Versorgungsträger; daher wird die unmittelbare Pensionszusage auch als Direktzusage bezeichnet.[389] Demgegenüber wird bei **mittelbaren** Zusagen ein externer Träger der Altersversorgung eingeschaltet. In diesem Fall scheidet eine steuerliche Rückstellungsbildung grundsätzlich aus, auch wenn

383 Vgl. BT-Drucks. vom 26. 11. 1973 – 7/1281, S. 38; vgl. *Arteaga/Veit*, in: Korn (Hrsg.), Einkommensteuergesetz, Bonn 2011, § 6a EStG Rn. 8; vgl. für ähnliche Konkretisierungen *Gosch*, in: Kirchhof (Hrsg.), EStG, § 6a Rz. 1, 12. Aufl., Köln 2013, S. 501; BFH, Urteile vom 29. 11. 1972 – I R 2007/67, BStBl 1973 II S. 213; vom 8. 2. 1973 – IV R 40/71, BStBl 1973 II S. 359

384 Vgl. für den Fall von einer Tantieme, die in Raten ausgezahlt wird BFH, Urteil vom 29. 11. 1972 – I R 2007/67, BStBl 1973 II S. 213.

385 H 6a. (1) EStR 2012.

386 Vgl. IDW RS HFA 30, WPg 2011, Supplement 3/2011, S. 44, Rn. 9.

387 Vgl. zur steuerlichen Behandlung von Arbeitszeitkontenmodellen *Ziegenhagen/Schmidt*, DB 2006 S. 181 ff.; BMF, Schreiben vom 11. 11. 1999 – IV C 2 – S 2176 – 102/99, BStBl 1999 I S. 959.

388 Vgl. *Dommermuth*, in: HHR, EStG/KStG, § 6a EStG, Anm. 5.

389 Vgl. *Arteaga/Veit*, in: Korn (Hrsg.), Einkommensteuergesetz, Bonn 2014, § 6a EStG Rn. 9.

die Pensionszusage über eine unterdotierte Unterstützungskasse durchgeführt wird und somit eine Einstandspflicht des Arbeitgebers besteht.[390] Eine unmittelbare Pensionsverpflichtung liegt jedoch vor, wenn der Arbeitgeber sich gegenüber dem Arbeitnehmer zu Pensionsleistungen verpflichtet hat, sich aber vorbehält, diese Verpflichtung im Versorgungsfall auf eine Unterstützungskasse zu übertragen. Auch wenn sich der Arbeitgeber für die Auszahlung und Verwaltung der unmittelbar zugesagten Versorgungsleistungen eines externen Versorgungsträgers bedient, besteht eine unmittelbare Verpflichtung, da der Versorgungsträger in diesem Fall lediglich der Abwicklung dient.[391]

2.1.2 Rechtsgrundlagen und Maßgeblichkeit

5661 Handelsrechtlich besteht für Neu-Pensionszusagen (vgl. Rz. 5667) ein Passivierungsgebot als Rückstellung für ungewisse Verbindlichkeiten (§ 249 Abs. 1 HGB); eine Ungewissheit ergibt sich insbesondere hinsichtlich eines möglichen Wegfalls bei vorzeitigem Ausscheiden aus dem Unternehmen oder auch aufgrund der ungewissen Lebenserwartung.[392]

5662 Nach dem Grundsatz der Maßgeblichkeit des § 5 Abs. 1 Satz 1 EStG wird für steuerliche Zwecke auf die handelsrechtlichen Grundsätze ordnungsmäßiger Buchführung Bezug genommen.[393] Für den hier vorliegenden Fall einer handelsrechtlichen Bilanzierungspflicht bei Neuzusagen, führt der Maßgeblichkeitsgrundsatz somit dazu, dass auch steuerlich die Vorschrift des § 249 Abs. 1 HGB zu beachten ist, was somit zu einem steuerlichen Passivierungsgebot führen würde, wenn nicht eine steuerliche Vorschrift zu einer Durchbrechung des Maßgeblichkeitsgrundsatzes führt.

5663 Eine solche steuerliche Spezialvorschrift für die Bildung von Pensionsrückstellungen stellt § 6a EStG dar. Während die handelsrechtlichen Voraussetzungen eher allgemein formuliert sind, enthält die Regelung des § 6a EStG detaillierte Voraussetzungen und Bewertungsregelungen für Pensionsrückstellungen in der Steuerbilanz. Die zusätzlichen Voraussetzungen dem Grunde und der Höhe nach gehen somit als Sondervorschrift den allgemeinen Ansatz- und Bewertungsvorschriften vor, wobei die allgemeinen Rückstellungsvoraussetzungen auch vorliegen müssen.[394]

5664 § 6a Abs. 1 EStG enthält die Voraussetzungen für die Bildung von Pensionsrückstellungen, während in Abs. 2 der erstmalige Zeitpunkt der Rückstellungsbildung konkretisiert wird. Abs. 3 hat die Höhe der Pensionsrückstellung zum Inhalt und in Abs. 4 wird die Höhe der jährlichen Zuführungen beschränkt. Darauf aufbauend befasst sich Abs. 5 mit dem Fall, dass zum Berechtigten kein Dienstverhältnis besteht.

390 Vgl. *Arteaga/Veit*, in: Korn (Hrsg.), Einkommensteuergesetz, Bonn 2014, § 6a EStG Rn. 13 m. w. N.

391 Vgl. BFH, Urteil vom 19. 8. 1998 – I R 92/95, BStBl 1999 II S. 387.

392 Vgl. *Kozikowski/Schubert*, in: Beck'scher Bilanz-Kommentar, 8. Aufl., München 2012, § 249 Rn. 7, 151.

393 Vgl. *Prinz*, in: Hey (Hrsg.), Einkünfteermittlung, DStJG Band 34, Köln 2011, S. 149.

394 Vgl. *Weber-Grellet*, in: Schmidt, EStG, 33. Aufl., München 2014, § 6a EStG Rn. 1; vgl. für eine Anwendung des § 6a EStG sowohl dem Grunde als auch der Höhe nach BFH, Urteil vom 5. 4. 2006 – I R 46/04, BStBl 2006 II S. 688.

2.2 Bilanzierung

2.2.1 Grundsatz der Bilanzierungspflicht

Nach dem Grundsatz der Einzelbewertung des § 252 Abs. 1 Nr. 3 HGB stellt jede Pensionsverpflichtung ein (negatives) Einzel-Wirtschaftsgut dar,[395] wobei in der Bilanz die Summe aller Pensionsverpflichtungen ausgewiesen wird.[396] 5665

Hinsichtlich der handels- und steuerrechtlichen Würdigung ist zwischen Alt- und Neuzusagen zu differenzieren. Bei **Altzusagen** handelt es sich um Pensionszusagen, die vor dem 1. 1. 1987 erteilt wurden. Handelsrechtlich besteht bei Altzusagen ein Passivierungswahlrecht (Art. 28 Abs. 1 Satz 1 EGHGB).[397] Dieses Passivierungswahlrecht findet auch für spätere Erhöhungen der Altzusage nach dem 31. 12. 1986 Anwendung; jedoch müssen Fehlbeträge wegen unterlassender oder nicht ausreichender Passivierung gemäß Art. 28 Abs. 2 EGHGB im Anhang angegeben werden. 5666

Bei **Neuzusagen** – d. h. bei Pensionszusagen, die nach dem 31. 12. 1986 erteilt wurden – besteht gem. § 249 Abs. 1 Satz 1 HGB eine Passivierungspflicht als ungewisse Verbindlichkeit in der Handelsbilanz unabhängig davon, ob sie bereits unverfallbar sind. 5667

Hinsichtlich einer Ansatzpflicht bzw. eines Ansatzwahlrechtes kommt es bei der handelsrechtlichen Würdigung von Alt- und Neuzusagen durch das BilMoG grundsätzlich nicht zu Änderungen.[398] 5668

Im Rahmen der Beseitigung der umgekehrten Maßgeblichkeit und Ergänzung des § 5 Abs. 1 Satz 1 EStG durch einen zweiten Halbsatz, der nach seinem Wortlaut eine sehr weitgehende eigenständige Ausübung von steuerlichen Wahlrechten zulässt, durch das BilMoG wurden deren steuerliche Auswirkungen diskutiert. In diesem Zusammenhang war insbesondere Gegenstand der Diskussion, ob in steuerlicher Hinsicht für den Bereich der Gewinnermittlung nach § 5 Abs. 1 EStG nun ein **Wahlrecht** für die Bildung einer Pensionsrückstellung besteht. Zwar deutet die Verwendung des Wortes „darf" in § 6a Abs. 1 EStG auf ein Wahlrecht hin, jedoch wird in Teilen der Literatur aus dem Begriff „darf [...] nur" geschlossen, dass grundsätzlich eine Ansatzpflicht besteht, die im Rahmen des § 6a EStG lediglich eingeschränkt wird.[399] Demnach ist nach Auffassung der Finanzverwaltung die Pflicht zur Bildung von Pensionsrückstellungen gemäß § 249 HGB auch für die steuerliche Gewinnermittlung maßgeblich, wobei durch die Regelung im Rahmen des § 6a EStG für steuerliche Zwecke eine Einschränkung hinsichtlich Ansatz und Bewertung erfolgt.[400] Somit kann der steuerliche Ansatz der Höhe nach von 5669

395 Vgl. BFH, Urteil vom 3. 2. 1993 – I B 50/92, BFH/NV 1993 S. 541.

396 Vgl. *Gosch*, in: Kirchhof (Hrsg.), EStG, § 6a Rz. 1, 12. Aufl., Köln 2013.

397 Vgl. R 6a. Abs. 1 Satz 3 EStR.

398 Vgl. *Gosch*, in: Kirchhof (Hrsg.), EStG, § 6a Rz. 2, 12. Aufl., Köln 2013, S. 501; vgl. auch *Höfer*, in: Küting/Pfitzer/Weber (Hrsg.), Handbuch der Rechnungslegung, Bonn 2013, § 249 HGB Rn. 642.

399 Vgl. hinsichtlich dieser Diskussion *Günkel*, in: Deloitte & Touche GmbH (Hrsg.), Die Bilanzrechtsreform 2010/11, 4. Aufl., Bonn 2010, Rz. 246; *Günkel*, in: Kessler/Förster/Watrin (Hrsg.), Unternehmensbesteuerung, Festschrift für Norbert Herzig, München 2010, S. 509 ff.; *Herzig/Briesemeister*, DB 2009 S. 976 f.; *Ellrott/Rhiel*, in: Beck'scher Bilanz-Kommentar, 8. Aufl., München 2012, § 249 Rn. 161; *Arteaga/Veit*, in: Korn (Hrsg.), Einkommensteuergesetz, Bonn 2014, § 6a EStG Rn. 5; *H.-J. Heger*, in: Blümich (Hrsg.), EStG KStG GewStG, § 6a EStG Rn. 237.

400 R 6a. Abs. 1 EStR 2012.

dem Ansatz in der Handelsbilanz abweichen, wobei die bisherige Auffassung, dass der handelsrechtliche Ansatz die Bewertungsobergrenze darstellt (bisher R 6a. Abs. 20 Satz 2 bis 4 EStR), nicht mehr angewandt wird.[401] Rechtssicher ist der fehlende Wahlrechtscharakter des § 6a EStG aber nicht.

5670 Aus dem handelsrechtlichen Passivierungswahlrecht für Altzusagen müsste grundsätzlich zwar ein steuerliches Passivierungsverbot folgen.[402] Aufgrund der vorrangigen Bedeutung des § 6a EStG besteht jedoch auch für die Steuerbilanz weiterhin ein Passivierungswahlrecht.[403]

2.2.2 Bilanzierungsvoraussetzungen

5671 Mit der Regelung des § 6a EStG, nach welchem Pensionsrückstellungen nur unter den dort dargelegten Voraussetzungen gebildet werden dürfen, wird die Zielsetzung verfolgt, dass lediglich rechtlich verfestigte und zudem nachweisbare Verpflichtungen für eine Rückstellungsbildung zugelassen werden.[404]

5672 Gemäß § 6a Abs. 1 EStG ist erforderlich, dass seitens des Pensionsberechtigten ein Rechtsanspruch auf die Pensionsleistungen besteht (Nr. 1), dass die Pensionszusage nicht von künftigen gewinnabhängigen Bezügen abhängig ist sowie kein Vorbehalt (Ausnahme billiges Ermessen) vorliegt (Nr. 2) und die Pensionszusage schriftlich erteilt wurde und entsprechende eindeutige Angaben enthält (Nr. 3).

5673 Die Voraussetzungen für die Bildung von Pensionsrückstellungen (inklusive der Schriftlichkeitsanforderung) müssen zu dem jeweiligen Bilanzstichtag erfüllt sein, da für die Rückstellungsbildung die Verhältnisse am Bilanzstichtag maßgebend sind.[405] Sind die Voraussetzungen am Bilanzstichtag nicht erfüllt, kann somit eine Pensionsrückstellung erst für folgende Bilanzstichtage gebildet werden. Ein Verstoß gegen das Nachholverbot (§ 6a Abs. 4 Satz 1 EStG) liegt hierbei nicht vor, da die Voraussetzungen für eine Rückstellungsbildung zu diesem folgenden Bilanzstichtag erstmals erfüllt sind.[406]

5674 Voraussetzung für einen Ansatz von Pensionsrückstellungen ist grundsätzlich der Betriebsvermögensvergleich nach § 4 Abs. 1 bzw. § 5 EStG, so dass für den Fall einer Einnahmenüberschussrechnung ein Ansatz der Pensionsrückstellung verneint wird, da eine Pensionsrückstellung einen Bilanzposten darstellt.[407]

401 Vgl. BMF, Schreiben vom 12. 3. 2010 – IV C 6 – S 2133 09/10001, BStBl 2010 I S. 239 Rn. 9; *Höfer*, DB 2011 S. 140 ff.; R 6.11 Abs. 3 Satz 1 EStR.

402 Vgl. BFH, Beschluss vom 3. 2. 1969 – GrS 2/68, BStBl 1969 II S. 291.

403 Vgl. BMF, Schreiben vom 12. 3. 2010 – IV C 6 – S 2133 09/10001, BStBl 2010 I S. 239 Rn. 11.

404 Vgl. *Gosch*, in: Kirchhof (Hrsg.), EStG, 12. Aufl., Köln 2013, § 6a Rz. 1.

405 Vgl. R 6a. Abs. 17 Satz 1 EStR; R 6a. Abs. 7 Satz 3 EStR.

406 Vgl. *Höfer*, in: Littmann/Bitz/Pust (Hrsg.), Das Einkommensteuerrecht, § 6a Rn. 68.

407 *Gosch*, in: Kirchhof (Hrsg.), EStG, 12. Aufl., Köln 2013, § 6a Rz. 3 verneint die Bildung von Pensionsrückstellungen bei einer Einnahmenüberschussrechnung; s. auch *Arteaga/Veit*, in: Korn (Hrsg.), Einkommensteuergesetz, Bonn 2014, § 6a EStG Rn. 20; vgl. demgegenüber *Dommermuth*, in: HHR, EStG/KStG, § 6a EStG Anm. 22, der insbesondere aufgrund des Gebotes der Gleichbehandlung Pensionsrückstellungen auch bei der Einnahmenüberschussrechnung zulassen will.

2.2.2.1 Unmittelbare Pensionszusage

Finanzverwaltung und Rechtsprechung stellen klar, dass § 6a EStG lediglich unmittelbare Pensionszusagen erfasst,[408] bei denen sich der Arbeitgeber bzw. der Pensionsverpflichtete verpflichtet, die Leistungen selbst an den Berechtigten zu erbringen (vgl. Rz. 5660).[409] Hintergrund dieser Anforderung ist, dass eine Pensionsrückstellung nur dann zugelassen werden soll, wenn diesbezüglich eine wahrscheinliche unmittelbare Belastung besteht.[410] 5675

Im Gegensatz hierzu wäre eine mittelbare Pensionszusage denkbar, bei dem ein selbständiger Versorgungsträger zwischengeschaltet wird, wie z. B. ein Pensionsfonds. In diesem Fall wäre auch aus steuersystematischer Sicht die Bildung einer Rückstellung nicht sachgerecht, da seitens des Arbeitgebers keine Verpflichtung hinsichtlich einer späteren Versorgung besteht.[411] Bei mittelbaren Pensionsverpflichtungen und anderen Vorsorgemöglichkeiten wie beispielsweise Beihilfen bei Krankheit oder auch Überbrückungsgelder oder Verdienstversicherungen ist § 6a EStG nicht einschlägig. Hierbei ist zu prüfen, ob Rückstellungen zwar nicht nach § 6a EStG, aber nach allgemeinen Grundsätzen zu bilden sind.[412] 5676

Hinsichtlich der Abgrenzung von unmittelbarer und mittelbarer Pensionszusage sind die konkreten Bedingungen des Einzelfalls zu prüfen. So kann bei einer **Erfüllungsübernahme** durch Dritte dennoch eine unmittelbare Pensionszusage vorliegen, wenn die Pensionsverpflichtung gegenüber einem Arbeitnehmer zwar von einem Dritten übernommen wird und somit der Dritte die Pensionszahlungen an den Pensionsberechtigten leistet, aber das primär verpflichtete Unternehmen von seiner Schuld nicht befreit und somit weiterhin Schuldner ist. In diesem Fall wird weiterhin eine Pensionsrückstellung und zudem eine Forderung gegen den Dritten, welcher die Erfüllung übernommen hat, ausgewiesen.[413] 5677

Die Pensionsrückstellung darf der Höhe nach nur für den tatsächlichen Verpflichtungsumfang gebildet werden. Erfolgt somit eine Anrechnung anderer Bezüge, kann insoweit keine Pensionsrückstellung gebildet werden. 5678

Für den Fall, dass der Arbeitgeber dazu berechtigt ist, die Pensionsverpflichtung bei Eintritt des Versorgungsfalls auf eine **Unterstützungskasse** zu übertragen, ist dies nicht schädlich für die Bildung einer Pensionsrückstellung.[414] 5679

---

408 Vgl. R 6a. Abs. 1 Satz 1 und 5 EStR; BFH, Urteile vom 16. 12. 1992 – I R 105/91, BStBl 1993 II S. 792; vom 17. 5. 1995 – I R 16/94, BStBl 1996 II S. 420.

409 Vgl. *Engbrocks/Urbitsch*, DB 1992 S. 2455.

410 Vgl. zu diesbezüglichen Einschränkungen *Dommermuth*, in: HHR, EStG/KStG, § 6a EStG Anm. 14.

411 Zwar kann eine subsidiäre Einstandspflicht des Arbeitgebers bei mittelbaren Pensionszusagen bestehen; dies führt jedoch nicht dazu, dass für steuerliche Zwecke eine Rückstellung gebildet werden darf, vgl. BFH, Urteil vom 5. 4. 2006 – I R 46/04, BStBl 2006 II S. 688.

412 Vgl. beispielsweise *Gosch*, in: Kirchhof (Hrsg.), EStG, 12. Aufl., Köln 2013, § 6a Rz. 2.

413 Vgl. *Dommermuth*, in: HHR, EStG/KStG, § 6a EStG Anm. 14; BMF, Schreiben vom 16. 12. 2005 – IV B 2 – S 2176 103/05, BStBl 2005 I S. 1052 Rn. 2.

414 Vgl. BFH, Urteil vom 19. 8. 1998 – I R 92/95, BStBl 1999 II S. 387.

5680 Auch der Abschluss einer **Rückdeckungsversicherung** ist unschädlich für die Bildung einer Pensionsrückstellung.[415] In der Handelsbilanz besteht gemäß § 246 Abs. 2 Satz 2 HGB n. F. (nach BilMoG) ein Saldierungsgebot, welches jedoch im Steuerrecht keine Anwendung findet (§ 5 Abs. 1a Satz 1 EStG ab 2010). Rückdeckungsversicherungsleistungen und Pensionsverpflichtungen sind somit unabhängig voneinander zu bilanzierende Wirtschaftsgüter, die nicht saldiert werden.[416] Dies kann zu Wertunterschieden führen, da der Rückdeckungsanspruch unabhängig von den Bewertungsmaßstäben des § 6a EStG anzusetzen ist. Aus dieser „asymmetrischen" Bilanzierung können sich für das Unternehmen rechnerisch „Aktivierungsüberhänge" im Sinne einer Betriebsvermögensmehrung ergeben, obwohl die Rückdeckungsversicherung genau die vom Arbeitgeber versprochene Pensionsleistung abdeckt.

2.2.2.2 Rechtsanspruch auf einmalige oder laufende Pensionsleistungen (§ 6a Abs. 1 Nr. 1 EStG)

5681 Gemäß § 6a Abs. 1 Nr. 1 EStG ist die Bildung einer Pensionsrückstellung nur zulässig, wenn der Pensionsberechtigte einen Rechtsanspruch auf einmalige oder laufende Pensionsleistungen hat; somit ist auch der Höhe nach eine Pensionsrückstellung nur möglich, soweit ein Rechtsanspruch besteht. Dieser ist hinsichtlich der jeweiligen Voraussetzungen aufschiebend bedingt.[417]

5682 Der Begriff des Rechtsanspruchs ergibt sich hierbei aus § 194 Abs. 1 BGB und ist dadurch gekennzeichnet, dass dieser mittels Klage und Zwangsvollstreckung geltend gemacht werden kann. Beurteilungsmaßstab sind hierbei insbesondere arbeitsrechtliche Kriterien,[418] so dass für die Rechtsverbindlichkeit hinsichtlich der Pension oder der Anwartschaft eine erstmalige, zu einem Rechtsanspruch führende arbeitsrechtliche Verpflichtungserklärung maßgebend ist. Diese kann beispielsweise im Rahmen eines Einzelvertrags, einer Gesamtzusage oder auch eines Tarifvertrags erfolgen. Im Fall eines Einzelvertrags ist eine besondere Verpflichtungserklärung gegenüber dem einzelnen Berechtigten erforderlich.[419] Für den Fall, dass der Dienstvertrag eine Regelung beinhaltet, wonach der Arbeitnehmer nach einer festen Zeitspanne eine Pensionszusage erhalten soll, führt das Abstellen auf arbeitsrechtliche Aspekte grundsätzlich dazu, dass hierdurch bereits eine Versorgungszusage begründet werden kann.[420] Für den Fall, dass eine Rechtsverbindlichkeit ausdrücklich ausgeschlossen wird, kann zwar arbeitsrechtlich ein Anspruch des Berechtigten entstehen; steuerlich soll jedoch die Bildung der Pensionsrückstellung nach Auffassung des BFH ausgeschlossen sein.[421]

---

415 Vgl. *Rhiel/Hirsch/Veit*, StuB 2007 S. 333, 335.

416 Vgl. BFH, Urteile vom 9. 8. 2006 – I R 11/06, BStBl 2006 II S. 762; vom 25. 2. 2004 – I R 54/02, BStBl 2004 II S. 654; H 6a Abs. 23 „Getrennte Bilanzierung" EStH; vom 10. 6. 2009 – I R 67/08, BStBl 2010 II S. 32.

417 Vgl. *Gosch*, in: Kirchhof (Hrsg.), EStG, 12. Aufl., Köln 2013, § 6a Rz. 7.

418 Vgl. R 6a. Abs. 2 Satz 3 EStR; *Arteaga/Veit*, in: Korn (Hrsg.), Einkommensteuergesetz, Bonn 2011, § 6a EStG Rn. 6.

419 Vgl. R 6a. Abs. 2 Satz 1-4 EStR.

420 Vgl. BAG, Urteil vom 24. 4. 2004 – 3 AZR 5/03, DB 2004 S. 1158 f.; es bedarf diesbezüglich einer Prüfung der weiteren Voraussetzungen für eine Pensionszusage, beispielsweise hinsichtlich der Anforderung der Eindeutigkeit.

421 Vgl. BFH, Urteil vom 18. 5. 1984 – III R 38/79, BStBl 1984 II S. 741.

Es ist nicht von Bedeutung, ob die Bemessungsgrundlage der Pension von Größen abhängt, auf die ein Rechtsanspruch nicht besteht. Dies kann beispielsweise der Fall sein, wenn sich die Pensionsleistung nach dem pensionsfähigen Gehalt ermittelt, welches auch freiwillige Leistungen des Arbeitgebers beinhaltet.[422] 5683

Pensionsberechtigte sind im Regelfall Arbeitnehmer, da im Rahmen des § 6a EStG grundsätzlich auf ein bestehendes Dienstverhältnis abgestellt wird (z. B. Abs. 4 Satz 5). Auch Angehörige des Arbeitgebers können Pensionsberechtigte sein. Diesbezüglich wird insbesondere auf den Personenkreis gem. § 15 AO Bezug genommen,[423] wobei die seitens der Finanzverwaltung vorgenommene enge Abgrenzung des Personenkreises im Schrifttum kritisiert wird.[424] Nach § 6a Abs. 5 EStG kann auch ein „anderes Rechtsverhältnis" vorliegen, welches jedoch über die Pensionszusage hinaus bestehen muss und beispielsweise ein Kauf- oder ein Mietvertrag sein kann.[425] 5684

2.2.2.3 Keine Gewinnabhängigkeit und unzulässigen Widerrufsvorbehalte (§ 6a Abs. 1 Nr. 2 EStG)

Nachdem der BFH die Auffassung vertrat, dass die Voraussetzungen des § 6a EStG a. F. auch dann erfüllt sind, wenn die Bezüge von der zukünftigen Entwicklung des Unternehmens abhängen,[426] hat der Gesetzgeber in § 6a Abs. 1 Nr. 2 EStG die Voraussetzung normiert, dass die Pensionsleistungen nicht von künftigen Gewinnen abhängen dürfen. Dies wird auch damit begründet, dass eine Schwankung von Pensionsrückstellungen der Höhe nach vermieden werden soll.[427] Der BFH[428] versteht die Gesetzesformulierung so, dass nicht nur künftige gewinnabhängige Bezüge nach dem Bilanzstichtag nicht in die Pensionsrückstellung einbezogen werden können, sondern auch solche, die zwar vor dem Bilanzstichtag, aber nach der erteilten Zusage entstanden sind. Das BMF[429] lässt aber in diesen Fällen jeweils eine Ergänzung der Zusage zu. 5685

Vorbehalte, durch welche der Arbeitgeber die Pensionszusage an veränderte Rahmenbedingungen anpassen kann, können aus steuerlicher Sicht zu einer Versagung der Bildung einer Pensionsrückstellung führen. Es ist hierbei zu unterscheiden zwischen einem steuerschädlichen Vorbehalt, der zu bejahen ist, wenn der Arbeitgeber nach freiem Ermessen Pensionsleistungen kürzen kann, und steuerunschädlichen Vorbehalten, die voraussetzen, dass ein Widerruf lediglich nach billigem Ermessen möglich ist. 5686

So führt gemäß § 6a Abs. 1 Nr. 2 2. Halbsatz 1. Alternative EStG ein **Widerrufsvorbehalt,** der nach **freiem Ermessen** möglich ist, zu einem Versagen der Pensionsrückstellung. Ein freies Ermessen liegt vor, wenn der Arbeitgeber nach seinen eigenen Interessen ohne Berücksichtigung der Interessen des Pensionsberechtigten die Pensionszusage wi- 5687

422 Vgl. *Dommermuth*, in: HHR, EStG/KStG, § 6a EStG Anm. 28.

423 Vgl. H 6a. Abs. 9 Satz 3 EStH; BMF, Schreiben vom 17. 11. 2004 – IV C 4 – S 2222 177/04, BStBl 2004 I S. 1065 Rn. 157.

424 Vgl. *Dommermuth*, in: HHR, EStG/KStG, § 6a EStG Anm. 27.

425 Vgl. *Gosch*, in: Kirchhof (Hrsg.), EStG, 12. Aufl., Köln 2013 § 6a Rz. 3.

426 Vgl. BFH, Urteil vom 9. 11. 1995 – IV R 2/93, BStBl 1996 II S. 589.

427 Vgl. *Höfer*, DB 2010 S. 925 f.; *May/Jura*, DStR 2010 S. 1509 ff.

428 Beschluss vom 3. 3. 2010 – I R 31/09, BStBl 2013 II S. 781.

429 BMF vom 18. 10. 2013 – IV C 6 – S 2176/12/10001, BStBl 2013 I S. 1268.

derrufen kann.[430] Die Finanzverwaltung sieht ein derartiges freies Belieben insbesondere bei Formulierungen wie „freiwillig und ohne Rechtsanspruch", „jederzeitiger Widerruf vorbehalten", „ein Rechtsanspruch besteht nicht" oder „die Leistungen sind unverbindlich" als gegeben an.[431]

5688 Wenn jedoch die Pensionszusage einen Widerruf der Pensionszusage bei geänderten Verhältnissen nur nach **billigem Ermessen** zulässt, so dass es einer Abwägung der Interessen von Pensionsberechtigtem und dem Unternehmen bedarf, besteht grundsätzlich ein unschädlicher Vorbehalt. Dies kann insbesondere der Fall sein, wenn Pensionszusagen nur widerrufen oder eingeschränkt werden können, falls eine Verschlechterung der wirtschaftlichen Lage vorliegt, die Treuepflicht des Arbeitnehmers verletzt wird oder wesentliche Änderungen der Sozialversicherungsverhältnisse hinsichtlich der steuerlichen Würdigung von Pensionszusagen vorliegen.[432]

5689 Für den Fall, dass der Versorgungsfall bereits eingetreten ist oder kurz bevor steht, ist nach der Rechtsprechung des BAG ein Widerruf nicht mehr nach freiem Belieben, sondern nur nach billigem Ermessen möglich.[433] Hieraus folgt für steuerliche Zwecke, dass in diesem Fall bei einer Widerrufsmöglichkeit nach freiem Belieben bei Eintritt in den Ruhestand eine Rückstellungsbildung entsprechend in Betracht kommt.[434]

Für den Fall eines **Vorbehaltes,** dass der Pensionsanspruch bei Veräußerung oder eines Unternehmerwechsels aus anderen Gründen erlischt, führt dieser zu einer steuerlichen Schädlichkeit. Auch für den Fall, dass ein Vorbehalt dahin gehend besteht, dass die Haftung aus einer Pensionszusage auf das Betriebsvermögen beschränkt ist, ist dies schädlich, es sei denn, dass eine gesetzliche Haftungsbeschränkung für alle Verpflichtungen gleichermaßen gilt, wie z. B. bei Kapitalgesellschaften.[435] Nicht schädlich ist hingegen die Möglichkeit, dass die Arbeitgeber eine Übertragung auf eine Unterstützungskasse vornehmen kann.[436]

2.2.2.4 Schriftform und eindeutige Angaben zu Art, Form, Voraussetzungen und Höhe der künftigen Leistungen (§ 6a Abs. 1 Nr. 3 EStG)

5690 Gemäß § 6a Abs. 1 Nr. 3 EStG ist die schriftliche Erteilung einer Pensionszusage für die Bildung einer Pensionsrückstellung erforderlich. Eine Pensionsrückstellung kann demnach nur insoweit gebildet werden, als dass das Schriftlichkeitsgebot dem Grunde und der Höhe nach erfüllt ist.[437] Dies soll der Rechtssicherheit dienen[438] und auch die Nachweisführung gegenüber den Finanzbehörden ermöglichen.

---

430 Vgl. R 6a. Abs. 3 Satz 1 EStR; BAG, Urteil vom 14. 12. 1956 – I AZR 531/55, BStBl 1959 I S. 258 f.

431 Vgl. R 6a. Abs. 3 Satz 2 EStR unter Bezugnahme auf BAG, Urteil vom 14. 12. 1956 – I AZR 531/55, BB 1957 S. 259.

432 Vgl. auch hinsichtlich Formulierungsvorschlägen R 6a. Abs. 4 Satz 3 EStR.

433 Vgl. R 6a. Abs. 3 Satz 5 EStR; BAG, Urteil vom 14. 12. 1956 – I AZR 531/55, BStBl 1959 I S. 258 f.; *Lührmann*, StuB 1999 S. 319.

434 Vgl. R 6a. Abs. 3 Satz 6 EStR.

435 Vgl. R 6a. Abs. 6 Satz 1 und 2 EStR.

436 Vgl. BFH, Urteil vom 19. 8. 1998 – I R 92/95, BStBl 1999 II S. 387; *Fuchs*, StuB 1999 S. 41.

437 Vgl. R 6a. Abs. 7 Satz 5 EStR; *Gosch*, StBp 2004 S. 83; für den Fall der Übernahme einer Pensionszusage bei Unternehmenswechsel des Geschäftsführers *Neu*, EFG 2007 S. 1426.

438 Vgl. BT-Drucks. 7/1281 S. 38.

Die Finanzverwaltung konkretisiert das Schriftformgebot dergestalt, dass jede schriftliche Festlegung in Betracht kommt, aus der sich der Pensionsanspruch nach Art und Höhe ergibt. Dies kann beispielsweise durch Einzelvertrag, Gesamtzusage (Pensionsordnung), Betriebsvereinbarung, Tarifvertrag oder Gerichtsurteil erfolgen. Im Fall einer Gesamtzusage muss der Nachweis einer schriftlichen Bekanntmachung, z. B. durch Protokoll über den Aushang im Betrieb erfolgen.[439] Gem. R 6a Abs. 2 Satz 2 EStR ist bei einer Einzelzusage eine Verpflichtungserklärung gegenüber dem einzelnen Pensionsberechtigten erforderlich. Ein Zahlungsbeleg reicht nach Auffassung der Finanzverwaltung nicht aus.[440] Das Kriterium der Schriftlichkeit ist nach der Rechtsprechung des BFH erfüllt, wenn der Verpflichtete eine entsprechende schriftliche Erklärung abgibt und der Berechtigte nach den Regeln des Zivilrechts diese annimmt, z. B. durch mündliche Erklärung.[441] 5691

Für den Fall einer Pensionszusage, die auf **betrieblicher Übung** beruht, ist nach Verwaltungsauffassung mangels Schriftform keine Pensionsrückstellung möglich,[442] selbst dann wenn in arbeitsrechtlicher Hinsicht (gemäß § 1b Abs. 1 Satz 4 BetrAVG) eine unverfallbare Anwartschaft besteht; eine Ausnahme soll dann vorliegen, wenn dem Arbeitnehmer beim Ausscheiden eine schriftliche Auskunft nach § 4a BetrAVG erteilt wurde.[443] 5692

Nach dem Gesetzeswortlaut sind **eindeutige Angaben** zu Art, Form, Voraussetzungen und Höhe der in Aussicht gestellten künftigen Leistungen erforderlich.[444] Die Angaben müssen somit klar – können jedoch nach Auffassung des BFH auch auslegungsbedürftig – sein, nicht jedoch mehrdeutig.[445] Erforderlich sind auch konkrete Angaben zur Bemessungsgrundlage der zu erbringenden Versorgung und der Zusammensetzung, was insbesondere bei variablen Gehaltsbestandteilen relevant ist.[446] Dies beinhaltet nach Verwaltungsauffassung auch den Zusagezeitpunkt.[447] 5693

Für den Fall, dass es für eine eindeutige Ermittlung der in Aussicht gestellten Leistungen erforderlich ist, muss die versicherungsmathematische Ermittlung, beispielweise hinsichtlich des anzuwendenden Rechnungszinsfußes oder der anzuwendenden biometrischen Ausscheidewahrscheinlichkeiten, schriftlich festgelegt werden;[448] wenn diese Angaben nicht vorliegen, kann eine Pensionsrückstellung in der Steuerbilanz nicht gebildet werden.[449] 5694

---

439 Vgl. R 6a. Abs. 7 Satz 2 EStR.

440 Vgl. R 6a. Abs. 7 Satz 6 EStR.

441 Vgl. BFH, Urteil vom 27. 4. 2005 – I R 75/04, BStBl 2005 II S. 702; *Hoffmann*, GmbHR 2005 S. 1314.

442 Vgl. BFH, Urteil vom 20. 4. 1988 – I R 129/84, BFH/NV 1988 S. 807.

443 Vgl. R 6a. Abs. 7 Satz 4 EStR.

444 Vgl. ausführlicher *Dommermuth*, in: HHR, EStG/KStG, § 6a EStG Anm. 35.

445 Vgl. BFH, Urteile vom 24. 3. 1999 – I R 20/98, BStBl 2001 II S. 612; vom 24. 3. 1999 – I S 8/98, BFH/NV 1999 S. 1643-1645.

446 Vgl. *Gosch*, in: Kirchhof (Hrsg.), EStG, 12. Aufl., Köln 2013, § 6a Rz. 10.

447 Vgl. H 6a. Abs. 7 „Schriftformerfordernis" EStH.

448 Vgl. H 6a. Abs. 7 „Schriftformerfordernis" EStH.

449 Vgl. BMF, Schreiben vom 4. 7. 2001 – IV A 6 – S 2176 27/01, BStBl 2001 I S. 594 f.

5695 Zu beachten ist, dass auch das Schriftformgebot am Bilanzstichtag erfüllt sein muss.[450] Ist die Schriftformanforderung am vorhergehenden Bilanzstichtag nicht gegeben, so dass demzufolge keine Pensionsrückstellung gebildet werden konnte und wird diese Anforderung bis zum nächsten Bilanzstichtag erfüllt, so kann bei Vorliegen der weiteren Voraussetzungen zu diesem späteren Bilanzstichtag die Rückstellung in vollem Umfang nach § 6a EStG gebildet werden.[451]

2.2.3 Bilanzierungsverbote

2.2.3.1 Zeitpunkt der erstmaligen Bildung einer Pensionsrückstellung

5696 § 6a Abs. 2 EStG bestimmt die Möglichkeit der erstmaligen Bildung der Pensionsrückstellung, so dass für eine Rückstellungsbildung sowohl die Voraussetzungen des Abs. 1 als auch des Abs. 2 vorliegen müssen. Eine Rückstellungsbildung vor dem in Abs. 2 dargelegten Zeitpunkt darf somit nicht erfolgen. Auch wenn der Wortlaut des § 6a Abs. 2 EStG („eine Pensionsrückstellung darf") auf ein Wahlrecht hindeutet, bleibt festzuhalten, dass für den Fall, dass nach Abs. 1 eine Pflicht für die Bildung einer Pensionsrückstellung besteht (Neuzusage bei Maßgeblichkeit der Handelsbilanz für die Steuerbilanz), hieraus nicht im Rahmen des Abs. 2 ein Wahlrecht werden kann.[452]

5697 Gem. § 6a Abs. 2 Satz 1 EStG wird differenziert zwischen dem Fall der Bildung einer Pensionsrückstellung vor (Nr. 1) und nach Eintritt des Versorgungsfalls (Nr. 2). Ist der Versorgungsfall noch nicht eingetreten, so kann die Pensionsrückstellung erstmals gebildet werden für das Wirtschaftsjahr, bis zu dessen Mitte der Pensionsberechtigte das 27. Lebensjahr vollendet hat; dies soll dazu beitragen, dass die Fluktuation bis zu diesem Alter außer Acht gelassen wird.[453] Unabhängig vom Kriterium des Mindestalters kann eine Pensionsrückstellung für das Wirtschaftsjahr gebildet werden, in dessen Verlauf die Pensionsanwartschaft gemäß den Vorschriften des Betriebsrentengesetzes unverfallbar wird.[454] Auch bereits vor Erreichen des Mindestalters kann eine Pensionsrückstellung gebildet werden, wenn der Versorgungsfall bereits eingetreten ist (§ 6a Abs. 2 Nr. 2, Abs. 4 Satz 4 EStG).

2.2.3.2 Nachholverbot

5698 Gem. § 6a Abs. 4 Satz 1 EStG begrenzt das sog. Nachholverbot die Zuführung zur Pensionsrückstellung. Dadurch, dass somit eine unterlassene Rückstellungszuführung grundsätzlich nicht nachgeholt werden kann,[455] soll einer willkürlichen Gewinnverschiebung entgegen gewirkt werden.[456] Dies bedeutet somit, dass das Nachholverbot dem formellen Bilanzzusammenhang vorgeht, nach welchem grundsätzlich ein erfolgs-

450 Vgl. FG Köln, Urteil vom 11. 4. 2000 – 13 K 4287/99, EFG 2000 S. 1035-1038.

451 Vgl. *Weber-Grellet*, in: Schmidt (Hrsg.), EStG, 33. Aufl., München 2014, § 6a EStG Rn. 15.

452 Vgl. *Dommermuth*, in: HHR, EStG/KStG, § 6a EStG Anm. 50.

453 Vgl. BT-Drucks. 7/1281, S. 38; BT-Drs. 16/6539 S. 9.

454 Vgl. für eine diesbezügliche Konkretisierung des Kriteriums der Unverfallbarkeit *Weber-Grellet*, in: Schmidt (Hrsg.), EStG, 33. Aufl., München 2014, § 6a EStG Rn. 44.

455 Vgl. *Arteaga/Veit*, in: Korn (Hrsg.), Einkommensteuergesetz, Bonn 2014, § 6a EStG Rn. 113.

456 Vgl. BFH, Urteil vom 9. 11. 1995 – IV R 2/93, BStBl 1996 II S. 589.

wirksamer Fehler in einem nicht mehr änderbaren Veranlagungszeitraum in dem ersten „noch offenen" Veranlagungszeitraum erfolgswirksam korrigiert wird.[457]

Gem. § 6a Abs. 4 Satz 1 EStG darf die Pensionsrückstellung in einem Wirtschaftsjahr höchstens um den Unterschied zwischen dem Teilwert der Pensionsverpflichtung am Schluss des Wirtschaftsjahres und am Schluss des vorangegangenen Wirtschaftsjahres erhöht werden. Dies bedeutet somit, dass eine Rückstellungszuführung in Höhe der Differenz der Teilwerte zu beiden Bilanzstichtagen erfolgen kann, so dass unerheblich ist, mit welchem Wert die Pensionsrückstellung im Vorjahr tatsächlich bilanziert war. 5699

Das Nachholverbot findet keine Anwendung, wenn zum Schluss des vorangegangenen Wirtschaftsjahres eine Pensionsverpflichtung vorlag, für die jedoch keine Pensionsrückstellung gebildet werden durfte. Dies gilt entsprechend auch für den Fall, dass zwar in der Vorbilanz eine Pensionsrückstellung gebildet werden durfte, diese aber nur einen Teil der bestehenden Verpflichtung abdecken durfte.[458] Somit kann in dem Erstjahr, in dem die Voraussetzungen für eine Pensionsrückstellung erfüllt sind, eine Zuführung in Höhe des Teilwertes erfolgen (§ 6a Abs. 4 Satz 3 EStG).[459] 5700

Die aufgrund des Nachholverbotes nicht passivierten Beträge dürfen erst bei Beendigung des Dienstverhältnisses, wenn die Pensionsanwartschaft aufrechterhalten wird, oder bei Eintritt des Versorgungsfalls passiviert werden.[460] 5701

Auch wenn das Nachholverbot insbesondere dem Zweck dient, willkürliche Verschiebungen von Gewinnen zu vermeiden, findet dies auch Anwendung, wenn ein Rechtsirrtum vorliegt und versehentlich keine oder eine zu geringe Pensionsrückstellung gebildet wurde.[461] 5702

Das Nachholverbot greift nur, wenn die zugrunde liegende Pensionszusage unverändert bleibt. Wird diese während der Anwartschaftszeit nachträglich erhöht, so kann die entsprechende Teilwertänderung in voller Höhe angesetzt werden, da hierbei die Aufstockung als eine neue Pensionsverpflichtung angesehen wird.[462] Ausnahmen vom Nachholverbot bestehen auch, wenn die zu geringe Rückstellungsbildung durch staatliche Stellen bedingt ist,[463] z. B. wenn die Rechtsprechung zunächst die Rückstellungsbildung nicht für zulässig erachtet hat und ihre Auffassung später ändert. Dies hat zur Folge, dass die Rückstellung spätestens in dem Jahr, in dem die Rechtsprechung aufgegeben wird, in vollem Umfange nachgeholt werden kann.[464] 5703

457 Vgl. BFH, Urteil vom 13. 2. 2008 – I R 44/07, BStBl 2008 II S. 673.

458 Vgl. H 6a. Abs. 20 EStH; BFH, Urteil vom 8. 10. 2008 – I R 3/06, BStBl 2010 II S. 186.

459 Vgl. *Arteaga/Veit*, in: Korn (Hrsg.), Einkommensteuergesetz, Bonn 2014, § 6a EStG Rn. 115.

460 Vgl. R 6a. Abs. 20 EStR.

461 Vgl. BMF, Schreiben vom 11. 12. 2003 – IV A 6 – S 2176 70/03, BStBl 2003 I S. 746; BFH, Urteile vom 7. 4. 1994 – IV R 56/92, BStBl 1994 II S. 740; vom 13. 2. 2008 – I R 44/07, BStBl 2008 II S. 673; vom 14. 1. 2009 – I R 5/08, BStBl 2009 II S. 457; vgl. auch *Büchele*, DB 1999 S. 67 ff.

462 Vgl. *Dommermuth*, in: HHR, EStG/KStG, § 6a EStG Anm. 151; BFH, Urteil vom 13. 6. 2006 – I R 58/05, BStBl 2006 II S. 928.

463 Vgl. BFH, Urteile vom 14. 1. 2009 – I R 5/08, BStBl 2009 II S. 457; vom 9. 11. 1995 – IV R 2/93, BStBl 1996 II S. 589; *Buciek*, FR 2009 S. 907.

464 Vgl. H 6a. Abs. 20 „Nachholverbot" EStH; BFH, Urteil vom 7. 4. 1994 – IV R 56/92, BStBl 1994 II S. 740.

5704 Für den Fall, dass der Unterschiedsbetrag auf der erstmaligen Anwendung neuer oder geänderter biometrischer Rechnungsgrundlagen beruht, muss dieser Unterschiedsbetrag auf mindestens drei Wirtschaftsjahre verteilt der Pensionsrückstellung zugeführt werden,[465] wobei diese Verteilung nicht als Wahlrecht ausgestaltet ist und die Verteilung der Zuführung gleichmäßig auf den entsprechenden Zeitraum erfolgen muss (vgl. Rz. 5758).[466]

5705 Der Begriff der neuen Rechnungsgrundlagen wird dergestalt konkretisiert, dass diese eine Neuentwicklung unter Beachtung der anerkannten Regeln der Versicherungsmathematik darstellen, die erstmals zu Anwendung kommt. Diese Verteilungspflicht bei Modifikation biometrischer Rechnungsgrundlagen findet vor dem Hintergrund des Einzelbewertungsprinzips für jede einzelne Pensionsverpflichtung Anwendung. Der Verteilungszeitraum kann somit unterschiedlich gewählt werden, wobei dieser jeweils mindestens drei Jahre betragen muss.[467]

5706 Eine weitere Verteilung der Rückstellungszuführung sieht § 6a Abs. 4 Satz 3-5 EStG bei erstmaliger Bildung der Pensionsrückstellung vor. Hierbei kann die Rückstellungsbildung entsprechend bis zur Höhe des Teilwertes der Pensionsverpflichtung am Schluss des Wirtschaftsjahres erfolgen oder aber im Rahmen eines Wahlrechtes auf das Erstjahr, in dem die Voraussetzungen für eine Rückstellungsbildung erfüllt sind, und die beiden folgenden Wirtschaftsjahre gleichmäßig verteilt werden. Der Unterschied zu einer Zuführung auf Grundlage eines Wechsels auf andere biometrische Grundlagen besteht darin, dass im Rahmen der Sätze 3 ff. ein Wahlrecht vorliegt und dass der Verteilungszeitraum nicht länger als drei Jahre beträgt (vgl. Rz. 5759).

5707 **BEISPIEL:** BFH, Urteil vom 13. 2. 2008 – I R 44/07[468]

Eine GmbH bildete für eine Pensionszusage an ihre drei Gesellschafter-Geschäftsführer keine Pensionsrückstellungen, da sie und zudem auch die Finanzverwaltung im Rahmen der Betriebsprüfung davon ausgingen, dass eine Nichtpassivierung zutreffend sei. Die Bescheide der entsprechenden Veranlagungszeiträume wurden bestandskräftig und können nicht mehr geändert werden.

Der BFH hat in diesem Fall eine Durchbrechung des Nachholverbots verneint. Auch ein Verstoß gegen Treu und Glauben liege nicht vor. Insbesondere verneint der BFH auch die Anwendung des formellen Bilanzzusammenhangs, da dessen Anwendung durch das Nachholverbot als lex specialis verdrängt wird. Somit ist die Rückstellung im ersten noch nicht festsetzungsverjährten Veranlagungszeitraum einzubuchen.

---

465 Vgl. hinsichtlich einer Aufteilung auf die entsprechenden Jahre BMF, Schreiben vom 16. 12. 2005 – IV B 2 – S 2176 106/05, BStBl 2005 I S. 1054 Rz. 10.

466 Vgl. *H.-J. Heger*, in: Blümich (Hrsg.), EStG KStG GewStG, § 6a EStG Rn. 426.

467 Vgl. *Dommermuth*, in: HHR, EStG/KStG, § 6a EStG Anm. 154.

468 Vgl. für diesen Fall *Günkel*, in: Stbjb 2004/2005, Köln 2005, S. 305; BFH, Urteil vom 13. 2. 2008 – I R 44/07, BStBl 2008 II S. 67; vgl. auch *Hoffmann*, GmbHR 2008 S. 776-778; *Wischmann*, GmbH-StB 2008 S. 227; *Lieb*, BB 2008 S. 1390.

2.2.3.3 Weitere Bilanzierungsverbote

Für Verpflichtungen, die nicht die Voraussetzungen des § 6a EStG erfüllen, kann für steuerliche Zwecke keine Pensionsrückstellung gebildet werden. Es bedarf somit der Prüfung, ob eine andere Rückstellungsart in Frage kommen kann. Bei Personengesellschaften ist bei Pensionszusagen zugunsten von Mitunternehmern eine korrespondierende Aktivierung in deren Sonderbilanz vorzunehmen, wodurch sich die Pensionsrückstellung letztlich steuerlich nicht auswirkt (vgl. auch Rz. 5774, 1455). 5708

Sonstigen Verpflichtungen, die zwar eine Ähnlichkeit zu Pensionsverpflichtungen aufweisen, jedoch nicht den Kriterien einer betrieblichen Altersversorgung entsprechen oder lediglich Folgekosten sind, räumt Art. 28 Abs. 1 Satz 2 EGHGB in der Handelsbilanz ein Passivierungswahlrecht ein. Nach allgemeinen Grundsätzen folgt hieraus in der Steuerbilanz ein Ansatzverbot.[469] 5709

Bei Arbeitszeitkontenmodellen, bei denen der Arbeitnehmer geleistete Mehrarbeit auf einem Zeitkonto ansparen und später gegen Freizeit eintauschen kann, kommt in der Handelsbilanz eine Rückstellung für ungewisse Verbindlichkeiten gemäß § 249 Abs. 1 Satz 1 HGB in Betracht, wobei diese grundsätzlich bereits mit Abschluss der Vereinbarung über die Altersteilzeit in voller Höhe gebildet wird.[470] In steuerlicher Hinsicht wird die Bildung einer Pensionsrückstellung nach § 6a EStG verneint, weil lediglich eine zeitlich verlagerte Lohnzahlung vorliegt und keine betriebliche Altersversorgung besteht. Hierbei ist stattdessen insbesondere die Bildung einer Rückstellung wegen Erfüllungsrückstandes zu prüfen. 5710

(Einstweilen frei) 5711

2.3 Bewertung

2.3.1 Grundlagen und Zweck der steuerlichen Bewertungsregelung

Die steuerliche Bewertung der Pensionsrückstellung wird durch § 6a EStG abschließend und sehr detailliert geregelt.[471] § 6a EStG enthält nur Regelungen für die Bewertung von unmittelbaren Pensionszusagen, nicht hingegen für die übrigen Formen der betrieblichen Altersversorgung. Durch Abs. 3 der Vorschrift wird die Höhe der Pensionsrückstellung ausgehend vom Barwert der künftigen Pensionsleistungen unter Verwendung eines Zinssatzes von 6 % begrenzt, wobei zwischen den Fällen vor Beendigung des Dienstverhältnisses (Pensionsverpflichtungen gegenüber aktiven Anwärtern) und nach Beendigung des Dienstverhältnisses der Pensionsberechtigten (Pensionsbezieher bzw. ausgeschiedenen Berechtigte mit unverfallbarer Anwartschaft) differenziert wird, da für die Bewertung entscheidend ist, welcher Fallgruppe der jeweilige Berechtigte angehört. Gemäß dem Maßgeblichkeitsprinzip ist aufgrund des Einzelbewertungsgrundsatzes (§ 252 Abs. 1 Nr. 3 HGB) jede Pensionsverpflichtung als einzelnes Wirtschaftsgut einzeln zu bewerten. § 6a Abs. 4 EStG begrenzt insbesondere die jährlichen Zuführungsbeträge, enthält ein sog. Nachholverbot für in Vorjahren nicht bis zur Höchstgrenze er- 5712

469 Vgl. *Dommermuth*, in: HHR, EStG/KStG, § 6a EStG Anm. 11.
470 Vgl. *Günkel*, in: Drüen (Hrsg.), JbFSt 2008/09, Herne 2010, S. 759; *Förster/Heger*, DB 1998 S. 142.
471 Vgl. z. B. *Heger*, DStR 2008 S. 589.

folgte Zuführungen und sieht bei Anwendung neuer, geänderter oder anderer biometrischer Rechnungsgrundlagen eine Verteilung des daraus resultierenden Erhöhungsbetrages über mindestens drei Wirtschaftsjahre vor.

5713 Die umfassenden Regelungen tragen der Bedeutung der Pensionsrückstellung beim Bestehen von Pensionsverpflichtungen als regelmäßig größter Rückstellung in der Steuerbilanz Rechnung und sollen durch die Vorgabe einer bestimmten Methode die sachgerechte Bewertung der bis zum jeweiligen Bilanzstichtag erdienten Altersversorgungsansprüche gewährleisten und somit den Versorgungsaufwand periodengerecht verteilen sowie eine gleichmäßige Besteuerung der Steuerpflichtigen sicherstellen.[472]

2.3.2 Versicherungsmathematische Bewertung

5714 Bei der Bewertung der Pensionsrückstellung sind nach § 6a Abs. 3 Satz 3 EStG die anerkannten Regeln der Versicherungsmathematik zu beachten und anzuwenden. In der Praxis erfolgt die Bewertung aufgrund der Komplexität der versicherungsmathematischen Berechnung regelmäßig von Sachverständigen im Rahmen eines Gutachtens.[473] Eine gesetzliche Verpflichtung hierzu besteht jedoch nicht, so dass der Steuerpflichtige die Bewertung auch anhand eigener Berechnungen vornehmen kann.[474]

2.3.2.1 Versicherungsmathematische Grundbegriffe

Bei der versicherungsmathematischen Berechnung der Pensionsrückstellung sind insbesondere die folgenden Grundbegriffe relevant:

5715 **Barwert:** Der Barwert einer Verpflichtung ist der Betrag, der zum Bewertungszeitpunkt unter Berücksichtigung des Zinseffekts zur Erfüllung der Verpflichtung aufzubringen ist.

Der Barwert einer **laufenden Rente** ergibt sich aus der Abzinsung der einzelnen zukünftig zu leistenden Pensionszahlungen jeweils unter Berücksichtigung der Wahrscheinlichkeit, dass der Pensionsempfänger die jeweilige Rente auch erlebt.

Der Barwert einer **Pensionsanwartschaft** ergibt sich aus dem Barwert der laufenden Rente zum Zeitpunkt des Rentenbeginns, der wiederum auf den Bewertungsstichtag unter Berücksichtigung der Erlebenswahrscheinlichkeit abzuzinsen ist. Zum Zeitpunkt des Rentenbeginns entspricht der Anwartschaftsbarwert somit dem Barwert der laufenden Rente. Versicherungstechnisch wird der Anwartschaftsbarwert auch als Einmalprämie bezeichnet, da durch die Leistung dieser Einmalprämie die zukünftigen Pensionsleistungen vollständig finanziert wären. Die Einmalprämie ist eine Nettoprämie, weil sie nicht die bei Versicherungen übliche Einrechnung von Abschluss-, Verwaltungskosten etc. enthält.[475]

---

472 Vgl. BT-Drucks. 7/1281 S. 37 ff.

473 Aufgrund der Neuregelung der handelsrechtlichen Bewertung der Pensionsrückstellung durch das BilMoG weichen die handels- und steuerrechtliche Rückstellungsbewertung regelmäßig voneinander ab, so dass in der Praxis i. d. R. (mindestens) zwei Gutachten angefertigt werden.

474 Vgl. z. B. *Dommermuth*, in: HHR, EStG/KStG, § 6a EStG Anm. 6.

475 Vgl. *Ahrend/Förster/Rößler*, Steuerrecht der betrieblichen Altersversorgung, 2. Teil Tz. 551.

Jahresprämie: Regelmäßig erwirbt der Pensionsberechtigte die Pension nicht vollständig im Zeitpunkt der Pensionszusage, sondern muss sich diese über seine restliche Arbeitszeit erdienen. Versteht man die Pensionsverpflichtung als Versicherungsvertrag, den der Berechtigte durch Erbringung seiner Arbeitsleistung finanzieren muss, so erfolgt die Finanzierung der Verpflichtung nicht mittels Einmalprämie, sondern durch über den Erdienungszeitraum zu verteilende gleich hohe Jahresbeträge. Versicherungstechnisch handelt es sich um die Nettojahresprämien einer äquivalenten Lebensversicherung. 5716

Teilwert: Der Teilwert zum Bewertungsstichtag ergibt sich aus der Differenz zwischen dem Barwert der Pensionsanwartschaft abzüglich des Barwerts der noch zu erdienenden Jahresprämien. Daher entspricht der Teilwert für eine bei Dienstbeginn zugesagte Pension Null (Barwert der Pensionsanwartschaft und Barwert der Jahresprämien entsprechen sich). Anschließend baut sich der Teilwert vereinfachend dargestellt ohne Berücksichtigung der Auswirkungen der biometrischen Wahrscheinlichkeiten jährlich progressiv in Höhe der Jahresprämie zuzüglich des Zinses auf die Jahresprämie und den Teilwert des Vorjahres auf bis er zum Rentenbeginn dem Barwert der laufenden Rente entspricht.[476] 5717

Der Zusammenhang lässt sich mit folgender Abbildung illustrieren:

ABB. 2: Teilwert

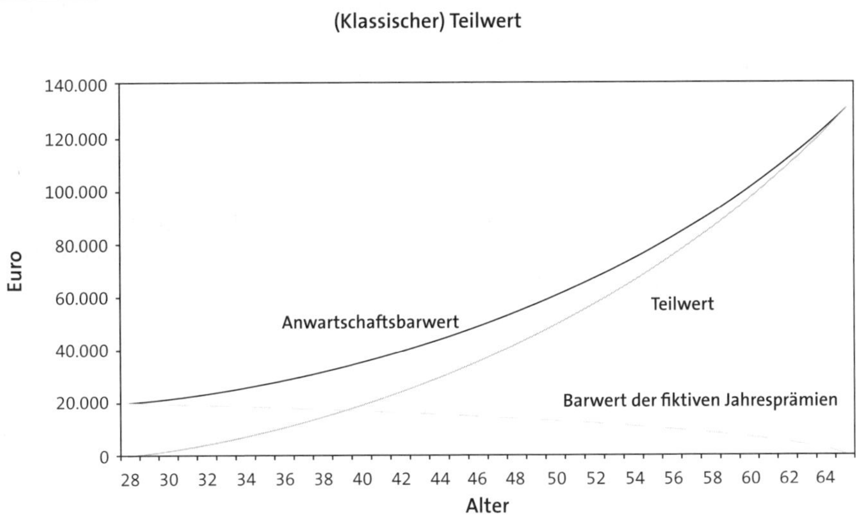

Quelle: Dr. Dr. Heissmann GmbH

Biometrische Wahrscheinlichkeiten: Für die Berechnung von Pensionsrückstellungen sind insbesondere biometrische Wahrscheinlichkeiten für die Sterblichkeit, Invalidität und im Falle von Hinterbliebenenrenten auch Wahrscheinlichkeiten für das Verhei- 5718

476 Vgl. z. B. auch *Heger/Weppler*, in: Handbuch des Jahresabschlusses, Abt. III/7 Tz. 146.

ratetsein und die Altersdifferenz der Ehegatten relevant. Bei den Wahrscheinlichkeiten wird regelmäßig nach den Geschlechtern unterschieden. Die biometrischen Daten müssen in empirischen Untersuchungen mit großen Datenmengen über lange Beobachtungszeiträume ermittelt werden, damit sie für die Prognose der zukünftigen Entwicklung geeignet sind. Für die biometrischen Wahrscheinlichkeiten gibt es allgemein gebräuchliche Tabellen, die auf großen allgemeingültigen Daten aller Erwerbstätigen in Deutschland basieren. Diese Tabellen müssen in gewissen Zeitabständen aktualisiert werden, da sich die Wahrscheinlichkeiten z. B. aufgrund gestiegener Lebenserwartung verändern. Für die Bewertung von Pensionsrückstellungen sind in der Praxis insbesondere die in 2005 veröffentlichten „Richttafeln 2005 G" von Prof. Dr. Klaus Heubeck relevant, da sie von der Finanzverwaltung als Rechnungsgrundlage für die versicherungsmathematische Bewertung anerkannt werden.[477] Bei den „Richttafeln 2005 G" handelt es sich um sog. „Generationentafeln", die anders als die vorhergehenden Richttafeln 1998 (sog. „Periodentafel") die Abhängigkeit der Lebenserwartung vom Geburtsjahr berücksichtigen, d. h. in der Tabelle ist eingearbeitet, dass ein heute 40-jähriger mit Erreichen des 67. Lebensjahres eine höhere Lebenserwartung als der heute 67-jährige hat.[478]

2.3.2.2 Versicherungsmathematische Methode

5719 Die zukünftige Belastung aus einer Pensionszusage ist regelmäßig ungewiss, da die Höhe der in Zukunft zu leistenden Pensionszahlungen insbesondere von der Lebensdauer des Pensionsberechtigten und somit von einer unbekannten biologischen Größe abhängt. Die Höhe der Pensionsrückstellung muss daher für Bilanzierungszwecke geschätzt werden. Hierfür schreibt § 6a Abs. 3 Satz 3 EStG die Verwendung der versicherungsmathematischen Methode vor.

5720 Die Versicherungsmathematik dient grundsätzlich dazu, die aus einem Versicherungsvertrag zu deckenden Risiken als Grundlage für die Kalkulation der hierfür zu entrichtenden Prämien zu ermitteln. Sie kann damit auch für die Ermittlung des aus einer Pensionszusage resultierenden Deckungsrisikos verwendet werden. Die Versicherungsmathematik verwendet als Rechnungsgrundlagen zusätzlich zur Finanzmathematik, welche nur den Zinseffekt einkalkuliert, im Falle der Ermittlung des Deckungsrisikos aus Versorgungsverpflichtungen insbesondere biometrische Wahrscheinlichkeiten für die Sterblichkeit, Invalidität und im Falle von Witwenrenten auch Wahrscheinlichkeiten für das Verheiratetsein und die Altersdifferenz der Ehegatten. Aufgrund des Gesetzes der großen Zahl werden durch die verwendeten Wahrscheinlichkeiten die tatsächlichen betrieblichen Gegebenheiten umso besser abgebildet, je größer die Anzahl der Pensionsberechtigten ist.[479]

Die versicherungsmathematische Berechnungsmethode ermöglicht durch den Einsatz biometrischer Wahrscheinlichkeiten eine objektive Berücksichtigung der biologischen

477 Vgl. BMF, Schreiben vom 16. 12. 2005 – IV B 2 – S 2176 – 106/05, BStBl 2005 I S. 1054. Erstmalige Anwendung für Wirtschaftsjahre, die nach dem 6. 6. 2005 enden. Die Richttafeln 1998 können letztmals für Wirtschaftsjahre angewendet werden, die vor dem 30. 6. 2006 enden.

478 Vgl. *Höfer/Veit/Verhuven*, Betriebsrentenrecht (BetrAVG) Kommentar, Bd. II Tz. 491.

479 Vgl. *Höfer/Veit/Verhuven*, Betriebsrentenrecht (BetrAVG) Kommentar, Bd. II Tz. 473 ff.

Unsicherheiten und stellt somit auch eine objektive, also willkürfreie Bewertung der Pensionsverpflichtung sicher.[480]

§ 6a Abs. 3 Satz 3 EStG regelt nicht, welche **biometrischen Rechnungsgrundlagen** ver- 5721
wendet werden dürfen, es wird lediglich verlangt, dass sie den anerkannten Regeln der Versicherungsmathematik entsprechen. Grundsätzlich ist daher auch die Verwendung von betriebsindividuellen Daten möglich.[481] Da hierfür jedoch eine ausreichend große Zahl von Pensionsberechtigten erforderlich ist sowie die Ermittlung sehr aufwendig ist und entsprechend hohe Kosten verursacht, wird in der Praxis regelmäßig auf allgemein gebräuchliche Tabellen zurückgegriffen, von denen am häufigsten die von der Finanzverwaltung anerkannten Richttafeln von *Prof. Dr. Klaus Heubeck* verwendet werden (vgl. Rz. 5718). In begründbaren Fällen (z. B. schwerkranker Pensionsberechtigter) dürfte bei entsprechendem Nachweis eine Abweichung von den Richttafeln zulässig sein.[482]

Durch die Vorgabe der anerkannten Regeln der Versicherungsmathematik wird der Ein- 5722
satz von **Näherungsverfahren** zur Begrenzung des Rechenaufwands nicht ausgeschlossen, sofern die Verfahren mathematisch-statistisch begründet sind und nur zu geringen Abweichungen von der genauen Berechnung führen.[483] Aufgrund des heutigen Stands der IT-Lösungen zur Berechnung von Pensionsrückstellung hat die Bedeutung der Näherungsverfahren stark abgenommen. Im Wesentlichen relevant sind noch die Näherungsverfahren für die Anrechnung von Sozialversicherungsrenten vor Eintritt des Versorgungsfalls[484], bei Invaliditätsleistungen und die kollektive Methode zur Berechnung von Anwartschaften auf Hinterbliebenenleistungen, bei welcher statt den tatsächlichen Familienständen und Altersunterschieden der Ehegatten typische Verheiratungswahrscheinlichkeiten und Ehegattenaltersunterschiede zugrunde gelegt werden.[485]

2.3.2.3 Teilwertverfahren

Der Gesetzgeber sieht für die steuerliche Bewertung von Pensionsrückstellungen den 5723
Teilwert vor. Er greift dabei allerdings nicht auf den allgemeinen Teilwertbegriff des § 6 Abs. 1 Nr. 1 Satz 3 EStG zurück, sondern definiert in § 6a Abs. 3 Satz 2 EStG einen speziellen Teilwert für Pensionsverpflichtungen (vgl. Rz. 5727 ff.). Nach § 6a Abs. 3 Satz 1 EStG darf eine Pensionsrückstellung höchstens mit dem Teilwert angesetzt werden. Die Definition des Teilwerts als Bewertungsobergrenze lässt grundsätzlich auch eine niedrigere Bewertung der Pensionsrückstellung zu, die allerdings aufgrund des sog. **Nachholverbots** (vgl. Rz. 5760 ff.) dazu führen würde, dass die Differenz zwischen Teilwert und niedrigerem angesetzten Betrag im jeweiligen Wirtschaftsjahr erst wieder mit

480 Vgl. *Höfer/Veit/Verhuven*, Betriebsrentenrecht (BetrAVG) Kommentar, Bd. II Tz. 473.

481 Zu den Grundsätzen, denen betriebsindividuelle biometrische Rechnungsgrundlagen genügen müssen vgl. BMF, Schreiben vom 9. 12. 2011 – IV C 6 – S 2176/07/10004:001, BStBl 2011 I S. 1247; kritisch hierzu *Schwinger/Stöckler*, DStR 2013 S. 2309 f.

482 Vgl. *Höfer*, in: Littmann/Bitz/Pust (Hrsg.), Das Einkommensteuerrecht, § 6a Tz. 207 f.

483 Vgl. *Höfer*, in: Littmann/Bitz/Pust (Hrsg.), Das Einkommensteuerrecht, § 6a Tz. 213.

484 Vgl. BMF, Schreiben vom 16. 12. 2005 – IV B 2-S 2176-105/05, BStBl 2005 I S. 1056; vom 15. 3. 2007 – IV B 2 – S 2176/07/0003, BStBl 2007 I S. 290; vom 5. 5. 2008 – IV B 2-S 2176/07/0003, BStBl 2008 I S. 570.

485 Vgl. *Dommermuth*, in: HHR, EStG/KStG, § 6a EStG Anm. 121 m. w. N.

Rentenbeginn berücksichtigt werden kann. In der Praxis sollte daher zu Vermeidung einer dauerhaften Unterbewertung der Pensionsrückstellung in jedem Wirtschaftsjahr der Teilwert angesetzt werden.

5724 Basierend auf dem arbeitsrechtlichen Grundgedanken, dass sich der Pensionsberechtigte die Pensionszahlungen durch seine Betriebstreue während der Dienstzeit erdient, soll durch das Teilwertverfahren der Versorgungsaufwand (ohne Berücksichtigung von Zinseffekten) grundsätzlich beginnend ab dem Diensteintritt gleichmäßig über die Dienstzeit des Pensionsberechtigten verteilt werden. Dem Teilwertverfahren liegt dabei der Gedanke eines **fiktiven Lebensversicherungsvertrages** i. d. R. in Form einer Rentenversicherung zugrunde, der durch gleichbleibende Prämien finanziert wird. Die Pensionsrückstellung entspricht dann dem **Deckungskapital** des gedanklichen Versicherungsvertrages.[486] Sofern die Pensionszusage erst nach Beginn des Diensteintritts erteilt wird, was in der Praxis regelmäßig der Fall ist, resultiert aus der Verteilung mit Beginn des Diensteintritts ein Einmalaufwand im Jahr der Zusage, der umso höher ist, desto später die Zusage erfolgt. Die Teilwertentwicklung soll mit der folgenden Abbildung verdeutlicht werden, wobei die unterbrochene Linie die Gleichverteilung seit Dienstbeginn und die durchgezogene Linie die Teilwertentwicklung darstellt.

ABB. 3: Teilwertentwicklung[487]

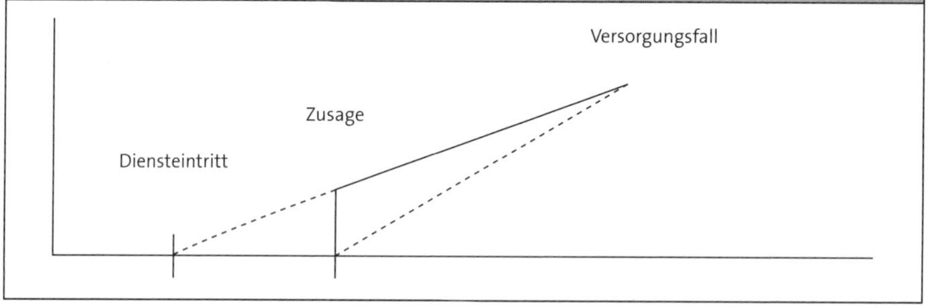

5725 Bei der Bewertung zum Teilwert ist zwischen den Zeiträumen vor und nach Beendigung der Dienstverhältnisses der Pensionsberechtigten zu differenzieren, da der Arbeitnehmer nach der Beendigung seiner Tätigkeit keine weiteren Ansprüche mehr erdienen kann. Der Teilwert muss daher nach der Beendigung des Dienstverhältnisses dem Barwert der bis zur Beendigung des Dienstverhältnisses erdienten Pensionsanwartschaft entsprechen (vgl. Rz. 5716 zum Pensionsanwartschaftsbarwert).

2.3.2.4 Rechnungszinsfuß

5726 Der Rechnungzinsfuß ist aus Gründen der Gleichmäßigkeit der Besteuerung gesetzlich geregelt und beträgt seit seiner letzten Erhöhung im Jahre 1981 um 0,5 Prozentpunkte

486 Vgl. *Dommermuth*, in: HHR, EStG/KStG, § 6a EStG Anm. 100.
487 Entnommen aus *Dommermuth*, in: HHR, EStG/KStG, § 6a EStG Anm. 100.

6 % (§ 6a Abs. 3 Satz 3 EStG). Der Zins ist für alle Wirtschaftsjahre anzuwenden, die nach dem 31. 12. 1981 enden, und hat einer verfassungsrechtlichen Überprüfung standgehalten.[488]

Die Höhe des Zinsfußes hat gravierende Auswirkung auf die Bewertung der Pensionsrückstellung und wirkt sich umso stärker aus je jünger der Pensionsberechtigte ist. Die Rückstellung ist umso höher je kleiner der verwendete Zinsfuß ist und umgekehrt.

2.3.3 Bewertung vor Beendigung des Dienstverhältnisses

2.3.3.1 Grundlagen

Als Teilwert vor Beendigung des Dienstverhältnisses gilt nach § 6a Abs. 3 Satz 2 Nr. 1 EStG der Barwert der künftigen Pensionsleistungen am Schluss des Wirtschaftsjahres (Barwert der Pensionsanwartschaft; vgl. Rz. 5715) abzüglich des sich auf denselben Zeitpunkt ergebenden Barwerts betragsmäßig gleichbleibender Jahresbeträge (Barwert der noch zu erdienenden Jahresprämien bzw. Prämienbarwert; vgl. Rz. 5716 f.). 5727

Durch diese Regelung wird der der Bewertung einer Pensionsrückstellung zugrunde liegende Gedanke des fiktiven Lebensversicherungsvertrages mit fiktivem Deckungskapital abgebildet, den der Pensionsberechtigte durch Erbringung seiner Arbeitsleistung gleichmäßig finanziert. Zum jeweiligen Schluss eines Wirtschaftsjahres vor Beendigung seines Dienstverhältnisses hat sich der Pensionsberechtigte noch nicht die volle Pensionleistung erdient. Hierfür sind noch jährlich gleich hohe fiktive Jahresprämien durch die zukünftige Tätigkeit zu erbringen. Daher ist zur Ermittlung des Teilwerts der Pensionsrückstellung vom Barwert der zukünftigen Pensionsleistungen (Barwert der Pensionsanwartschaft) der Barwert der noch zu erdienenden Jahresprämien abzuziehen.

Die Höhe der Jahresprämie ist davon abhängig, über welchen Zeitraum der Aufwand zum Aufbau der Pensionsrückstellung rechnerisch verteilt werden soll. Nach § 6a Abs. 3 Satz 2 Nr. 1 S. 2, 6 EStG beginnt die rechnerische Verteilung des Aufwands unabhängig vom Zeitpunkt der Erteilung der Zusage grundsätzlich mit dem Beginn des Wirtschaftsjahres, in dem das Dienstverhältnis begonnen wird, frühestens jedoch ab einem Mindestalter des Pensionsberechtigten von 27 (vgl. Rz. 5730 ff.) und endet nach § 6a Abs. 3 Satz 2 Nr. 1 S. 3 EStG mit dem in der Pensionszusage geregelten Zeitpunkt des Eintritts des Versorgungsfalls (vgl. Rz. 5734).[489] Das Datum der Erteilung der Pensionszusage bestimmt unter Berücksichtigung des gesetzlichen Mindestalters von 27 Jahren für die erstmalige Rückstellungsbildung (§ 6a Abs. 2 Nr. EStG, vgl. Rz. 5697) allerdings den Zeitpunkt, wann eine Pensionsrückstellung frühestens bilanziert werden darf. 5728

Die Jahresprämie ist so zu berechnen, dass zu Beginn des vorgenannten Verteilungszeitraums der Barwert der zu erdienenden Jahresprämien dem Barwert der Pensionsanwartschaft entspricht und somit der Teilwert als Differenz dieser beiden Größen zu diesem Zeitpunkt gleich Null ist. Sofern die Pensionszusage erst nach Diensteintritt erteilt wird, resultiert daraus eine relativ hohe Einmalzuführung zur Pensionsrückstel- 5729

488 Vgl. BVerfG, Urteil vom 28. 11. 1984 – 1 BvR 1157/82, BStBl 1985 II S. 181.
489 Vgl. BFH, Urteil vom 25. 5. 1988 – I R 10/84, BStBl 1988 II S. 720.

lung, die den gesamten rechnerischen Versorgungsaufwand für die seit Dienstantritt vergangene Dienstzeit (sog. **past service**) enthält (vgl. auch Rz. 5759 zur Verteilungsmöglichkeit von hohen Einmalzuführungen). Zu einer Einmalzuführung kommt es ebenfalls bei Erhöhungen der Pensionszusage, da sich hierdurch die über den (unveränderten) Verteilungszeitraum gleichbleibende Jahresprämie erhöht und die Pensionsrückstellung durch die Erhöhung der bereits erdienten Jahresprämien entsprechend aufzustocken ist. Sofern die Pensionszusage z. B. gehaltsabhängig ausgestaltet ist, führt jede Gehaltsanpassung zu entsprechenden Einmalzuführungen.[490]

2.3.3.2 Beginn des Verteilungszeitraums

5730 Der Beginn des Dienstverhältnisses determiniert den rechnerischen Beginn des Verteilungszeitraums für den aus der Bildung der Pensionsrückstellung resultierenden Versorgungsaufwand. Als Beginn des Dienstverhältnisses gilt grundsätzlich der tatsächliche Dienstantritt.[491]

5731 Sofern aufgrund gesetzlicher Bestimmungen Zeiten außerhalb des Dienstverhältnisses als Zeiten der Betriebszugehörigkeit gelten (z. B. nach § 8 Abs. 3 Soldatenversorgungsgesetz, § 6 Abs. 2 Arbeitsplatzschutzgesetz, § 10 Mutterschutzgesetz), sind diese als sog. **Vordienstzeiten** zu berücksichtigen, welche den Zeitpunkt des Beginns des Dienstverhältnisses entsprechend vorverlagern.[492] Die vertragliche Anerkennung von Vordienstzeiten durch Vereinbarung zwischen Arbeitgeber und Arbeitnehmer führt nur im Ausnahmefall der Unterbrechung des Arbeitsverhältnisses zu einem früheren Beginn des Verteilungszeitraums, wenn daneben der Arbeitnehmer in der Vordienstzeit noch keine unverfallbare Anwartschaft erworben hat und die Anrechnung der Vordienstzeit auf die Unverfallbarkeitsfrist vereinbart wird.[493]

Auf den Wertansatz der Pensionsrückstellung wirkt sich die Vorverlegung des Beginns des Dienstverhältnisses erhöhend aus, da durch die Verlängerung des Verteilungszeitraums die Jahresprämie reduziert wird, wodurch sich der Teilwert als Differenz aus Anwartschaftsbarwert und Prämienbarwert erhöht.

5732 Sofern die Pensionsverpflichtung aufgrund gesetzlicher Regelungen auf einen neuen Arbeitgeber übergeht (z. B. Betriebsübergang gemäß § 613a BGB, UmwG), bleibt der bisherige Beginn des Dienstverhältnisses beim alten Arbeitgeber maßgebend.[494] Da der neue Arbeitgeber in die Rechtsstellung des alten Arbeitgebers eintritt, gilt dieses auch für nach dem Übergang des Arbeitsverhältnisses erteilte Pensionszusagen.[495]

5733 Unbeachtlich der Berücksichtigung von Vordienstzeiten kann der Verteilungszeitraum nach § 6a Abs. 3 Satz 2 Nr. 1 S. 6 EStG frühestens mit dem Wirtschaftsjahr beginnen, bis zu dessen Mitte der Pensionsberechtigte das 27. Lebensjahr vollendet hat (versiche-

490 Vgl. *Förster*, in: Blümich, EStG KStG GewStG, § 6a Tz. 348 f.

491 Vgl. BFH, Urteil vom 25. 5. 1988 – I R 10/84, BStBl 1988 II S. 720.

492 Vgl. R 6a. Abs. 10 Satz 1 EStR.

493 Vgl. BFH, Urteil vom 17. 5. 2000 – I R 25/98, GmbHR 2001 S. 42; *Dommermuth*, in: HHR, EStG/KStG, § 6a EStG Anm. 108.

494 Vgl. BFH, Urteil vom 10. 8. 1994 – I R 47/93, BStBl 1995 II S. 250.

495 Vgl. *Höfer/Veit/Verhuven*, Betriebsrentenrecht (BetrAVG) Kommentar, Bd. II Tz. 246.

rungstechnisches Alter von 27 Jahren für nach dem 31. 12. 2008 erteilte Zusagen[496]). Für Zusagen, die zwischen dem 1. 1. 2001 und 31. 12. 2008 erteilt wurden, ist ein versicherungstechnisches Alter von 28 Jahren und für vor dem 1. 1. 2001 erfolgte Zusagen ein versicherungstechnisches Alter von 30 Jahren zu berücksichtigen. Die Anknüpfung an die Mitte eines Wirtschaftsjahres im Rahmen der Altersbestimmung erfolgt in Übereinstimmung mit der versicherungsmathematischen Altersermittlung[497], um somit insbesondere die Verwendung von versicherungsmathematischen Richttafeln zu ermöglichen und die versicherungsmathematische Berechnung der Rückstellung zu erleichtern.[498]

2.3.3.3 Ende des Verteilungszeitraums

Das Ende des Gleichverteilungszeitraums für die Rückstellungsbildung, welcher der Be- 5734
rechnung der Jahresprämien zugrunde zu legen ist, wird durch § 6a Abs. 3 Satz 2 Nr. 1 Satz 3 EStG als der in der Pensionszusage vorgesehene Zeitpunkt für den Eintritt des Versorgungsfalls, also grundsätzlich das vertraglich vereinbarte Pensionsalter, determiniert.[499] Da bei der Kalkulation der Jahresprämien immer volle Versicherungsjahre berücksichtigt werden sollen, ist für die Berechnung der Bilanzstichtag zu verwenden, welcher sich am nächsten beim vereinbarten Pensionszeitpunkt befindet.[500]

Sofern – wie häufig in der Praxis – auf die Regelaltersgrenze der gesetzlichen Rentenversicherung verwiesen wird, ergibt sich ein jeweils gerundetes Pensionsalter für Geburtsjahrgänge bis 1952 von 65 Jahren, für Jahrgänge von 1953 bis 1961 von 66 Jahren und für die übrigen Jahrgänge von 67 Jahren. Auch ein vertragliches Pensionsalter, das unter den vorgenannten Grenzen liegt, ist steuerlich grundsätzlich anzuerkennen, wobei jedoch fraglich ist, ob ein Pensionsalter anerkannt werden kann, das unter dem Alter liegt, in dem frühestens die gesetzliche Altersrente bezogen werden kann.[501]

Aufgrund der flexiblen Altersgrenzen in der gesetzlichen Rentenversicherung gestattet 5735
die Finanzverwaltung neben der Verwendung des vertraglichen Pensionsalters auch die Verwendung eines höheren (erstes Wahlrecht) bzw. niedrigeren (zweites Wahlrecht) Pensionsalters. Das **Wahlrecht** kann nach dem Grundsatz der Einzelbewertung für jeden Pensionsberechtigten einzeln ausgeübt werden.[502]

Ein höheres als das vertraglich vereinbarte Pensionsalter kann verwendet werden, 5736
wenn der Arbeitnehmer voraussichtlich bis zu diesem Alter tätig bleiben wird (erstes Wahlrecht). Das **Wahlrecht** ist im Jahr der erstmaligen Rückstellungsbildung durch ent-

---

496 § 52 Abs. 17 EStG.

497 Die Versicherungsmathematik ordnet allen Personen das gleiche Alter zu, die in der Zeit vom 1. 7. eines Jahres bis zum 30. 6. des folgenden Jahres das gleiche Lebensjahr vollendet haben.

498 Vgl. *Ahrend/Förster/Rößler*, Steuerrecht der betrieblichen Altersversorgung, 2. Teil Tz. 458.

499 Vgl. R 6a. Abs. 11 Satz 1 EStR; zur Auslegung einer vor dem RV-Altersgrenzenanpassungsgesetz entstandenen Versorgungsordnung, die für den Eintritt des Versorgungsfalls auf die Vollendung des 65. Lebensjahr abstellt siehe BAG, Urteil vom 15. 5. 2012 – 3 AZR 11/10, BB 2012 S. 2630.

500 Vgl. *Höfer*, in: Littmann/Bitz/Pust (Hrsg.), Das Einkommensteuerrecht, § 6a Tz. 150.

501 Vgl. *Höfer/Veit/Verhuven*, Betriebsrentenrecht (BetrAVG) Kommentar, Bd. II Tz. 286. Die frühestmögliche Altersgrenze ist durch das RV-Altersgrenzenanpassungsgesetz v. 20. 4. 2007 (BGBl 2007 I S. 554) sukzessive auf das 63. Lebensjahr angehoben worden.

502 Vgl. R 6a. Abs. 11 Satz 2 EStR.

sprechende Bilanzierung auszuüben und wirkt sich auch auf später zugesagte Pensionserhöhungen aus.[503] Die Verlängerung des Verteilungszeitraums hat bei unveränderter Pensionsleistung einen rückstellungsmindernden Effekt. Sofern die längere Beschäftigungsdauer des Arbeitnehmers zu einer Erhöhung der Pensionsleistung führt, kann der Effekt aus der Erhöhung der Pensionsleistung die rückstellungsmindernde Wirkung des längeren Verteilungszeitraums allerdings auch überkompensieren.

5737 Da nach § 6 BetrAVG Arbeitnehmer die Zahlung ihrer Betriebsrente verlangen können, sobald sie eine vorgezogene Rente aus der gesetzlichen Rentenversicherung beziehen, kann nach dem zweiten Wahlrecht der frühestmögliche Zeitpunkt der vorzeitigen gesetzlichen Altersrente angesetzt werden, sofern in der Pensionszusage die Höhe der Pensionsleistungen für diesen Fall der vorzeitigen Pensionsleistung festgelegt worden ist. Eine Überprüfung der sozialversicherungsrechtlichen Voraussetzungen für die vorzeitige Altersrente ist nicht erforderlich. Das Wahlrecht ist ebenfalls bei erstmaliger Rückstellungsbildung bzw. für den Fall, dass die Höhe der vorzeitigen Pensionsleistung nicht geregelt war, im Jahr der erstmaligen Regelung dieses Sachverhalts auszuüben.[504] Die Ausübung des Wahlrechts bindet den Steuerpflichtigen, d. h. spätere Änderungen des frühestmöglichen Rentenalters sind bei der weiteren Teilwertberechnung zu berücksichtigen.[505] Die Auswirkung der Wahlrechtsausübung auf den Wertansatz der Rückstellung kann nicht allgemein vorausgesagt werden, da einerseits zwar die Verkürzung des Verteilungszeitraums zu einer Rückstellungserhöhung führt, anderseits der frühere Pensionsbezug regelmäßig die Pensionsleistung und somit die Rückstellung verringert.

2.3.3.4 Besonderheiten bei arbeitnehmerfinanzierten Pensionszusagen

5738 Für Pensionsverpflichtungen, die auf vom Arbeitnehmer mittels nach dem 31. 12. 2000[506] vereinbarten **Entgeltumwandlungen** im Sinne von § 1 Abs. 2 BetrAVG finanzierten Pensionszusagen beruhen, gilt nach § 6a Abs. 3 Satz 2 2. Halbsatz EStG mindestens der Barwert der nach den Vorschriften des BetrAVG unverfallbaren Pensionsleistungen zum Bilanzstichtag als Teilwert.

Da die Ansprüche aus nach dem 31. 12. 2000 erfolgten Entgeltumwandlungen nach §§ 1b Abs. 5 Satz 1, 30f Abs. 1 Satz 2 BetrAVG sofort unverfallbar werden,[507] ist für diese Ansprüche kein Mindestalter für die Bildung der Pensionsrückstellung zu berücksichtigen (vgl. Rz. 5733). Daraus folgt, dass die arbeitnehmerfinanzierte Pensionsverpflichtung vor Erreichen des Mindestalters nach § 6a Abs. 2 Nr. 1 EStG (für nach dem 31. 12. 2008 erteilte Pensionszusagen: das 27. Lebensjahr) die Pensionsrückstellung

503 Vgl. R 6a. Abs. 11 Satz 2, 7, 10 EStR. Kritisch hierzu *Höfer*, in: Littmann/Bitz/Pust (Hrsg.), Das Einkommensteuerrecht, § 6a Tz. 153, da eine Beurteilung des voraussichtlichen Pensionsalters zu diesem frühen Zeitpunkt schwierig sein dürfte.

504 Vgl. R 6a. Abs. 11 Satz 3-5, 8 EStR.

505 Vgl. BMF, Schreiben vom 5. 5. 2008 – IV B 2-S 2176/07/0009, BStBl 2008 I S. 569, nach dem die Änderungen durch das RV-Altersgrenzenanpassungsgesetz frühestens in der Bilanz für das nach dem 30. 4. 2007 endende Wirtschaftsjahr und spätestens in der Bilanz für das erste nach dem 30. 12. 2008 endende Wirtschaftsjahr einheitlich für alle Pensionsverpflichtungen zu berücksichtigen waren.

506 § 52 Abs. 16b EStG.

507 Vgl. *Höfer*, in: Littmann/Bitz/Pust (Hrsg.), Das Einkommensteuerrecht, § 6a Tz. 168.

stets mit dem Barwert der unverfallbaren Pensionsleistung zu bewerten ist. Mit Erreichen des Mindestalters ist der Barwert der unverfallbaren Pensionsleistung mit dem nach den allgemeinen Grundsätzen berechneten Teilwert zu vergleichen (Alternativrechnung) und der höhere der beiden Werte anzusetzen. Welcher der beiden Werte höher ist, ist abhängig vom Zeitraum zwischen Diensteintritt und Zusageerteilung sowie der Häufigkeit der Entgeltumwandlungen während der Beschäftigungsdauer. Je früher die Zusage erteilt worden ist und je weniger Entgeltumwandlungen erfolgen, desto eher wird der Barwert der unverfallbaren Pensionsleistung den „klassischen" Teilwert übersteigen.[508]

2.3.3.5 Stichtagsprinzip

Für die Bewertung der Pensionsrückstellung sind nach § 6a Abs. 3 Satz 2 Nr. 1 Satz 2 5739
EStG die Verhältnisse am Bilanzstichtag maßgebend (Stichtagsprinzip). Wesentliche Bewertungsparameter sind die künftigen Pensionsleistungen, deren Ermittlung durch die Regelung des § 6a Abs. 3 Satz 2 Nr. 1 Satz 4 EStG näher konkretisiert wird. Danach sind hinsichtlich des Zeitpunkts ihrer Wirksamkeit bzw. ihres Umfangs ungewisse zukünftige Veränderungen der Pensionsleistungen erst im Zeitpunkt ihres Eintritts im Rahmen der Bewertung zu berücksichtigen. Im Umkehrschluss sind gewisse zukünftige Veränderungen der Pensionsleistungen, wie z. B. vereinbarte prozentuale oder absolute Erhöhungen der Pensionen ab Beginn der Pensionszahlungen[509] oder der Rentenanwartschaft[510], in die Teilwertermittlung einzubeziehen. Gemäß § 6a Abs. 3 Satz 2 Nr. 2 2. Halbsatz EStG gilt dieses auch für die Bewertung der Pensionsrückstellung nach Eintritt des Versorgungsfalls.[511]

Ungewisse Veränderungen resultieren regelmäßig aus Vereinbarungen in der Pensions- 5740
zusage, welche die künftigen Pensionsleistungen in Abhängigkeit von bestimmten Bezugsgrößen regeln, wie z. B. Gehalt, Entwicklung des Preisindex für Lebenshaltungskosten oder sozialversicherungsrechtliche Bezugsgrößen z. B. durch Anrechnung der gesetzlichen Rente auf die Pension. Veränderungen dieser Bezugsgrößen dürfen nur dann im Rahmen der Teilwertermittlung berücksichtigt werden, wenn sie am Bilanzstichtag eingetreten sind.

So sind z. B. die ab 1. 1. des Folgejahres anzuwendenden sozialversicherungsrechtlichen Beitragsbemessungsgrenzen i. d. R. bereits im Rahmen der Bewertung am Bilanzstichtag des laufenden Jahres zu verwenden, da sie zum Zeitpunkt ihrer Verkündung im Bundesgesetzblatt feststehen, die regelmäßig vor Ende des laufenden Jahres erfolgt.[512] Bei gehaltsabhängigen Pensionszusagen dürfen Gehaltserhöhungen erst dann am Bilanzstichtag berücksichtigt werden, wenn die Gehaltserhöhung zuvor rechtsverbindlich vereinbart worden ist. Eine Berücksichtigung allgemeiner Gehaltstrends, voraussichtlicher Karriereentwicklungen oder erwarteter tariflicher Gehaltserhöhungen scheidet

508 Vgl. *Dommermuth*, in: HHR, EStG/KStG, § 6a EStG Anm. 103 mit Berechnungsbeispiel.

509 Vgl. BFH, Urteil vom 17. 5. 1995 – I R 105/94, BStBl 1996 II S. 423.

510 Vgl. BFH, Urteil vom 25. 10. 1995 – I R 34/94, BStBl 1996 II S. 403.

511 Vgl. *Höfer/Veit/Verhuven*, Betriebsrentenrecht (BetrAVG) Kommentar, Bd. II Tz. 345.

512 Vgl. R 6a. Abs. 17 S. 4 f. EStR.

daher aus. Das bedeutet aber auch, dass bis zum Bilanzstichtag vereinbarte zukünftige, erst nach dem Bilanzstichtag in Kraft tretende Gehaltserhöhungen Eingang in die Bewertung am Bilanzstichtag finden.

BEISPIEL: In der Pensionszusage ist eine Pension in Höhe von 20 % des letzten Gehalts vor Eintritt des Versorgungsfalls geregelt. Das aktuelle Gehalt beträgt derzeit 5.000 € und soll sich gemäß der im Jahr 01 getroffenen Vereinbarung am 1. 1. 02 auf 5.200 € und am 1. 1. 03 auf 5.500 € erhöhen.

Die Pensionsrückstellung ist am 31. 12. 01 auf Basis einer künftigen Pension von 1.100 € (= 20 % v. 5.500 €) zu bewerten.[513]

5741 Künftige Anpassungen der laufenden Pensionsleistungen, deren Notwendigkeit der Arbeitgeber nach § 16 BetrAVG aufgrund der Preis- oder Lohnentwicklung alle drei Jahre zu überprüfen hat, sind auch erst im Zeitpunkt ihres Feststehens zu berücksichtigen, da die Höhe der Anpassung an den Bilanzstichtagen vor der Überprüfung noch unbekannt ist. Es darf auch keine auf Basis von Erfahrungswerten aus der Vergangenheit ermittelte Mindestanpassung zugrunde gelegt werden.[514]

5742 Bei Pensionszusagen, die alternativ eine garantierte Mindestleistung bzw. eine höhere Pensionsleistung in Höhe des im Zeitpunkt des Versorgungsfalls bestehenden Zeitwerts von Wertpapieren vorsehen (sog. **wertpapiergebundene Versorgungszusage**) ist nach Auffassung der Finanzverwaltung wegen der Ungewissheit des zukünftigen Zeitwerts nur die Mindestleistung im Rahmen der Rückstellungsbewertung anzusetzen.[515]

5743 Das nach dem Stichtagsprinzip bestehende Verbot der Berücksichtigung von **Gehaltstrends** bei gehaltsabhängigen Pensionszusagen (vgl. Rz. 5740) könnte dadurch umgangen werden, dass schon in der Zusage eine so hohe Festbetragspension vereinbart wird, deren Betrag der eigentlich angedachten gehaltsabhängigen Pensionszusage unter Berücksichtigung der voraussichtlichen Gehaltsentwicklung im Zeitpunkt des Versorgungsfalls entspricht.[516] Im Ergebnis würden hierdurch die ungewissen zukünftigen Gehaltssteigerungen bereits zu Beginn der Rückstellungsbildung mit der Konsequenz entsprechend hoher Wertansätze für die Rückstellung berücksichtigt werden können. Der BFH hat dieser Gestaltung eine Absage erteilt und lässt nur Festbetragszusagen zu, die einschließlich der gesetzlichen Rente in einem angemessenen Verhältnis zu den letzten Aktivbezügen stehen. Die Grenze hierfür sieht er bei einer Relation von 75 % zum aktuellen Gehalt.[517] Alternativ kann die **Überversorgung** anhand der laufenden Aufwendungen für die Altersversorgung (Arbeitgeber- und Arbeitnehmeranteil zur gesetzlichen Rentenversicherung, sonstige Altersversorgungsleistungen des Arbeitgebers und Zu-

513 Vgl. H 6a. Abs. 17 (Mehrjährige Gehaltssteigerung) EStH.

514 Vgl. *Förster*, in: Blümich, EStG KStG GewStG, § 6a Tz. 361 f.

515 Vgl. BMF, Schreiben vom 17. 12. 2002 – IV A 6 – S 2176 – 47/02, BStBl 2002 I S. 1397; a. A. *Wellisch/Schwinger/Mühlberger*, DB 2003 S. 629 f., nach denen der Zeitwert zum jeweiligen Bilanzstichtag zu berücksichtigen ist, sofern er die garantierte Mindestleistung übersteigt.

516 Vgl. *Höfer*, in: Littmann/Bitz/Pust (Hrsg.), Das Einkommensteuerrecht, § 6a Tz. 176.

517 Vgl. BFH, Urteil vom 17. 5. 1995 – I R 16/94, BStBl 1996 II S. 420; BFH, Urteil vom 27. 3. 2012 – I R 56/11, BStBl 2012 II S. 665, die ständige Rechtsprechung bestätigend; vgl. auch *Adrian*, StuB 2012 S. 538.

führungen zur Pensionsrückstellung) geprüft werden, die 30 % des steuerpflichtigen Arbeitslohns nicht übersteigen dürfen.[518]

Zu beachten ist, dass auch überdurchschnittlich hohe Pensionszusagen steuerlich grundsätzlich anzuerkennen sind, sofern sie von vornherein beabsichtigt sind. Bei Überschreiten der vorgenannten Grenzen wird jedoch widerlegbar vermutet, dass künftige Einkommenstrends vorweggenommen werden sollen und somit ein Verstoß gegen das Stichtagsprinzip vorliegt. Arbeitnehmerfinanzierte Pensionszusagen unterliegen nicht der Überversorgungsprüfung, da bei ihnen regelmäßig keine Gehaltstrends vorweggenommen werden sollen.[519]

2.3.3.6 Übernahme von Pensionsverpflichtungen

Bei einem Arbeitgeberwechsel eines pensionsberechtigten Arbeitnehmers kann die Pensionsverpflichtung von dem neuen Arbeitgeber nach den Regelungen des § 4 BetrAVG übernommen werden, mit dessen Neufassung durch das AlterseinkünfteG die Übertragbarkeit von Pensionsansprüchen im Falle des Arbeitgeberwechsels verbessert werden sollte.[520] Die Übertragung kann mit oder ohne Gegenleistung durch den alten Arbeitgeber erfolgen. 5744

Für den zumindest außerhalb von verbundenen Unternehmen eher seltenen Fall, dass keine Gegenleistung erfolgt, behandelt die Finanzverwaltung die Übernahme der Pensionsverpflichtung entsprechend der vertraglichen Übernahme von Vordienstzeiten (vgl. Rz. 5731 ff.) wie eine Neuzusage mit der Konsequenz, dass eine Übernahme der Pensionsrückstellung nicht möglich ist und mit der Bildung der Pensionsrückstellung im Übernahmejahr neu begonnen werden muss.[521] 5745

Sofern eine Gegenleistung vereinbart wird, ist der Wert der übertragenen Wirtschaftsgüter bei der Bewertung der Rückstellung wie folgt zu berücksichtigen. Soweit die übernommene Pensionsverpflichtung durch die übertragenen Vermögenswerte gedeckt ist, ist sie (maximal) mit dem Anwartschaftsbarwert anzusetzen. Bei nicht vollständiger Deckung der übernommenen Verpflichtung ist der nicht gedeckte Teil der Pensionsverpflichtung wie eine Neuzusage im Übernahmezeitpunkt, also zum Zeitpunkt des Dienstbeginns beim neuen Arbeitgeber, zu behandeln. Das bedeutet, dass für den Idealfall der wertgleichen Übertragung von Pensionsverpflichtungen der neue Arbeitgeber die Pensionsrückstellung so fortführen kann, wie sie der alte Arbeitgeber begonnen hat. Jegliche Leistungserhöhungen werden allerdings wie eine Neuzusage im Übernahmezeitpunkt behandelt.[522] 5746

---

518 Vgl. BFH, Urteil vom 31. 3. 2004 – I R 70/03, BStBl 2004 II S. 937.

519 Vgl. BMF, Schreiben vom 3. 11. 2004 – IV B 2-S 2176-13/04, BStBl 2004 I S. 1045; *Höfer*, in: Littmann/Bitz/Pust (Hrsg.), Das Einkommensteuerrecht, § 6a Tz. 177; *Dommermuth*, in: HHR, EStG/KStG, § 6a Anm. 115 mit kritischer Stellungnahme zur 75 %-Grenze.

520 Vgl. *Dommermuth*, in: HHR, EStG/KStG, § 6a EStG Anm. 109.

521 Vgl. *Ahrend/Förster/Rößler*, Steuerrecht der betrieblichen Altersversorgung, 2. Teil Tz. 751; zu Recht kritisch hierzu *Dommermuth*, in: HHR, EStG/KStG, § 6a EStG Anm. 109.

522 Vgl. R 6a. Abs. 13 EStR; *Förster*, in: Blümich, EStG KStG GewStG, § 6a Tz. 385.

5747 Hinsichtlich der Bewertung von Pensionsrückstellungen, die im Rahmen eines entgeltlichen Betriebsübergangs oder Umwandlungsvorgangs übertragen werden vgl. Rz. 5769 ff.).

2.3.4 Bewertung nach Beendigung des Dienstverhältnisses

5748 Nach Beendigung des Dienstverhältnisses gilt gemäß § 6a Abs. 3 Satz 2 Nr. 2 EStG als Teilwert der Pensionsrückstellung der Barwert der künftigen Pensionsleistungen. Ein Abzug des Prämienbarwerts vom Barwert der künftigen Pensionsleistungen hat nicht mehr zu erfolgen, da der Pensionsberechtigte sich die ihm bei Beendigung des Dienstverhältnisses zustehenden Ansprüche (bei unverfallbarer Anwartschaft oder im Versorgungsfall) bereits in voller Höhe erdient hat.[523] Auch bei der Barwertbewertung ist nach § 6a Abs. 3 Satz 2 Nr. 2 2. Halbsatz EStG das Stichtagsprinzip (§ 6a Abs. 3 Satz 2 Nr. 1 S. 4 EStG) zu beachten, d. h. ungewisse Leistungsveränderungen sind erst im Zeitpunkt ihres Eintritts zu berücksichtigen (vgl. Rz. 5739 ff.).

Der Barwert der künftigen Pensionsleistungen für eine aufrechterhaltene Anwartschaft im Zeitpunkt des Ausscheidens entspricht nicht dem Barwert der künftigen Pensionsleistungen im Zeitpunkt des Eintritts des Versorgungsfalls. Der Anwartschaftsbarwert ergibt sich vielmehr erst durch Abzinsung des letztgenannten Barwerts auf den Bilanzstichtag unter Berücksichtigung der biometrischen Einflussfaktoren (vgl. Rz. 5715). Der Barwert der künftigen Pensionsleistung hat wie auch der „klassische" Teilwert den Anwartschaftsbarwert der Hinterbliebenenversorgung zu berücksichtigen, sofern diese wie üblicherweise vereinbart ist, da die künftigen Pensionsleistungen auch etwaige Witwen- oder Waisenrenten umfassen.

5749 Bei Eintritt des Versorgungsfalls ist der Barwert der künftigen Pensionsleistungen nach § 6a Abs. 2 Nr. 2 EStG auch vor Erreichen des für Pensionsanwartschaften geltenden Mindestalters von derzeit 27 Jahren zu bilanzieren.

5750 Das **Nachholverbot** ist nach § 6a Abs. 4 Satz 5 EStG im Jahr der Beendigung des Dienstverhältnisses unbeachtlich, d. h. sofern in Vorjahren unterlassene Rückstellungsbeträge aufgrund des Nachholverbots nicht bilanziert werden durften, können die Fehlbeträge bis zur Höhe des Barwerts der künftigen Pensionsleistungen im Jahr der Beendigung des Dienstverhältnisses durch Ausscheiden oder Eintritt des Versorgungsfalls nachgeholt werden. In den folgenden Wirtschaftsjahren ist das Nachholverbot jedoch wieder zu beachten, wobei im Falle des Ausscheidens mit unverfallbarer Anwartschaft etwaige Unterdeckungen erneut im Jahr des Eintritts des Versorgungsfalls nachgeholt werden können.[524]

5751 Besonderheiten ergeben sich, wenn der Arbeitnehmer über das in der Pensionszusage vereinbarte Alter hinaus tätig bleibt und der Pensionsanspruch wegen des fortgesetzten Gehaltsbezugs ruht (sog. **technischer Rentner**). Falls der Teilwert für die Pensionsrückstellung des technischen Rentners in der Vergangenheit auf Basis des vertraglichen Pensionsalters ermittelt worden ist, entspricht der Teilwert im Jahr des Erreichens des

523 Vgl. *Höfer*, in: Littmann/Bitz/Pust (Hrsg.), Das Einkommensteuerrecht, § 6a Tz. 188.

524 Vgl. *Ahrend/Förster/Rößler*, Steuerrecht der betrieblichen Altersversorgung, 2. Teil Tz. 885, 894.

Pensionsalters dem Barwert der künftigen Leistungen. Weitere Zuführungen sind dann nur noch bei Leistungserhöhungen möglich. Im Ergebnis führt dieses aufgrund des im Zeitablauf durch die Verringerung der Lebenserwartung abnehmenden Barwerts in Folgejahren zur (Teil-)Auflösung der Rückstellung für technische Rentner mit unveränderter Leistungshöhe.[525] Sofern bei der Teilwertermittlung von vornherein ein höheres Pensionsalter (erstes Wahlrecht für die Bestimmung des Ende des Verteilungszeitraums; vgl. Rz. 5736) angesetzt worden ist, hat die Bewertung so lange zum „klassischen" Teilwert zu erfolgen, bis das höhere rechnungsmäßige Pensionsalter erreicht ist. Pensionsrückstellungen für technische Rentner unterliegen auch dem Nachholverbot, da bei ihnen noch nicht der Versorgungsfall eingetreten ist.[526]

Da die Datenbeschaffung bei mit unverfallbarer Anwartschaft ausgeschiedenen Mitarbeitern i. d. R. schwierig ist, erlaubt die Finanzverwaltung die Beibehaltung der Pensionsrückstellung auf Basis des beim Steuerpflichtigen vorhandenen Informationsstandes. Die Frage der tatsächlichen Inanspruchnahme ist, sofern der Steuerpflichtige nicht schon vorher hierzu Informationen erhalten hat, erst nach Erreichen des Pensionsalters zu überprüfen.[527] 5752

2.3.5 Zuführungen zur Pensionsrückstellung

2.3.5.1 Laufende Zuführungen

Die laufenden Zuführungen zur Pensionsrückstellung werden durch § 6a Abs. 4 Satz 1 EStG in Form einer **Höchstgrenze** geregelt. Danach darf der Pensionsrückstellung im jeweiligen Wirtschaftsjahr höchstens die Differenz zwischen dem Teilwert der Pensionsverpflichtung am Ende des Wirtschaftsjahres und dem Teilwert zum vorherigen Bilanzstichtag zugeführt werden. Es wird also zur Ermittlung des maximalen Zuführungsbetrages unabhängig von der tatsächlich erfolgten Rückstellungsbewertung auf die jeweiligen Sollwerte an den beiden aufeinander folgenden Bilanzstichtagen abgestellt. Daraus folgt, dass in dem Fall, in dem die Rückstellung im Vorjahr aufgrund der Ausgestaltung des Teilwerts als Bewertungsobergrenze nicht zum Teilwert angesetzt worden ist, der im Vorjahr nicht bilanzierte Betrag der Rückstellung nicht mehr im aktuellen Jahr zugeführt werden kann (sog. Nachholverbot; vgl. Rz. 5760 ff.). Nach dem Grundsatz der Einzelbewertung ist hierbei jeweils auf die einzelne Rückstellung für den jeweiligen Pensionsberechtigten abzustellen. 5753

BEISPIEL: Der Teilwert einer Rückstellung beträgt am 31. 12. 00 100.000 € und am 31. 12. 01 120.000 €. Bilanziert wurde am 31. 12. 00 ein Betrag von 90.000 €.

Die Zuführungsobergrenze beträgt in 01 20.000 € (= 120.000 € - 100.000 €). Am 31. 12. 01 können daher maximal 110.000 € passiviert werden.

525 Vgl. auch R 6a. Abs. 22 Satz 2 EStR; *Dommermuth*, in: HHR, EStG/KStG, § 6a EStG Anm. 120.

526 Vgl. *Höfer*, in: Littmann/Bitz/Pust (Hrsg.), Das Einkommensteuerrecht, § 6a Tz. 192; *Ahrend/Förster/Rößler*, Steuerrecht der betrieblichen Altersversorgung, 2. Teil Tz. 887.

527 Vgl. R 6a. Abs. 19 EStR.

5754 Bei erstmaliger Rückstellungsbildung ist kein Teilwert zum Schluss des Vorjahres als Vergleichswert für die Differenzenbildung vorhanden. Nach § 6a Abs. 4 Satz 3 EStG kann daher der volle Teilwert zum Bilanzstichtag der Pensionsrückstellung zugeführt werden (vgl. Rz. 5759 zu der Möglichkeit der Verteilung auf mehrere Wirtschaftsjahre).

5755 Die vorgenannten Grundsätze gelten auch für Rumpfwirtschaftsjahre. Die früher von der Finanzverwaltung für diesen Fall nur als zulässig erachteten anteiligen Zuführungsverfahren brauchen nicht mehr angewandt zu werden.[528]

5756 Durch die Aufhebung der formellen Maßgeblichkeit durch das BilMoG besteht für Wirtschaftsjahre, die nach dem 31. 12. 2008 enden, keine zusätzliche Begrenzung des Zuführungshöchstbetrages mehr durch den handelsrechtlichen Wertansatz der Pensionsrückstellung.[529]

2.3.5.2 Verteilung von Einmalzuführungen auf mehrere Wirtschaftsjahre

5757 Bei der Bewertung von Pensionsrückstellungen kann es bedingt durch die Ausgestaltung des Teilwertverfahrens z. B. durch die Verwendung anderer biometrischer Rechnungsgrundlagen, die Anpassung der Leistungszusage oder das vorzeitige Eintreten des Versorgungsfalls zu hohen einmaligen Zuführungsbeträgen kommen, für die der Gesetzgeber verpflichtend oder wahlweise eine Verteilung auf mehrere Wirtschaftsjahre vorsieht bzw. ermöglicht.

5758 **Verteilungspflicht bei anderen biometrischen Rechnungsgrundlagen:** § 6a Abs. 4 Satz 2 EStG sieht für den Fall der Anwendung neuer, geänderter oder anderer biometrischer Rechnungsgrundlagen vor, dass der sich daraus für den einzelnen Pensionsberechtigten (Einzelbewertungsgrundsatz) ergebende positive oder negative Unterschiedsbetrag auf mindestens drei Wirtschaftsjahre verteilt wird. Der Unterschiedsbetrag ist auf die Weise zu ermitteln, in dem die Pensionsrückstellung am Bilanzstichtag der erstmaligen Anwendung der neuen Rechnungsgrundlagen sowohl auf Basis der bisherigen als auch auf Basis der neuen Rechnungsgrundlagen ermittelt wird. Die Differenz zwischen den beiden Werten ergibt den linear zu verteilenden Unterschiedsbetrag.[530]

5759 **Verteilungswahlrechte**: Verteilungswahlrechte bestehen nur im Fall der erstmaligen Rückstellungsbildung (§ 6a Abs. 4 Satz 3 EStG), bei Erhöhungen des Barwerts der künftigen Pensionsleistungen um mehr als 25 % (§ 6a Abs. 4 Satz 4 EStG) oder im Jahr des Ausscheidens eines Pensionsberechtigten mit aufrechterhaltener Anwartschaft bzw. bei Eintritt des Versorgungsfalls. Der Gesetzgeber wollte durch die Verteilung eines hohen Einmalaufwandes auf mehrere Jahre, was auch in der Handelsbilanz für zulässig erachtet wurde, verhindern, dass Pensionszusagen nicht erteilt bzw. nicht erhöht wer-

528 Vgl. *Förster*, in: Blümich, EStG KStG GewStG, § 6a Tz. 423.

529 Vgl. BMF, Schreiben vom 12. 3. 2010 – IV C 6 – S 2133/09/10001, BStBl 2010 I S. 239 Tz. 10, nach dem die entsprechenden Regelungen der R 6a. Abs. 20 Satz 2-4 EStR 2008 zur Rechtslage vor BilMoG nicht mehr anzuwenden sind.

530 Vgl. z. B. BMF, Schreiben vom 16. 12. 2005 – IV B 2 – S 2176 – 106/05, BStBl 2005 I S. 1054 für den Übergang auf die „Richttafeln 2005 G".

den, wenn die hieraus resultierende Einmalbelastung handelsrechtlich nicht „verkraftet“ werden kann.[531]

Die Verteilung ist nur im Fall von Teilwerterhöhungen möglich und hat gleichmäßig über einen Zeitraum von genau drei Jahren zu erfolgen. Sofern das Verteilungswahlrecht in Anspruch genommen wird, ist darauf zu achten, dass die Verteilung genau über den alleine zulässigen Zeitraum von drei Jahren erfolgt, da sonst das Nachholverbot greift.

BEISPIEL:[532] Der Teilwert beträgt zum 31. 12. 00 50.000 €. Insbesondere durch eine Erhöhung der künftigen Pensionsleistung, deren Barwert dadurch um mehr als 25 % angestiegen ist, ergibt sich zum 31. 12. 01 ein Teilwert von 110.000 € und somit ein Unterschiedsbetrag von 60.000 €. Eine Aufspaltung des Unterschiedsbetrags in laufende (insbesondere aus der normalen Aufzinsung resultierende Zuführung) und einmalige Zuführung ist nicht erforderlich.[533] Bei Inanspruchnahme des Wahlrechts ist die Pensionsverpflichtung am 31. 12. 01 mit 70.000 € zu bewerten. Sofern ein Wertansatz von z. B. 80.000 € gewählt wird, weil eine Verteilung über zwei Jahre erfolgen sollte, ist nicht das Verteilungswahlrecht des § 6a Abs. 4 Satz 4 EStG, sondern das allgemeine Wahlrecht, die Pensionsrückstellung höchstens mit dem Teilwert zu bewerten, ausgeübt worden. Damit unterliegt der in 01 nicht bis zum Teilwert zugeführte Betrag von 30.000 € dem Nachholverbot.

2.3.5.3 Nachholverbot

Sofern der Zuführungshöchstbetrag zur Pensionsrückstellung in einem Wirtschaftsjahr nicht voll ausgeschöpft wird, kann die unterlassene Zuführung (Fehlbetrag) nicht in Folgejahren nachgeholt werden, da § 6a Abs. 4 Satz 1 EStG den Zuführungsbetrag auf die Differenz zwischen den Teilwerten am Ende des Wirtschaftsjahres und des vorangegangenen Wirtschaftsjahres begrenzt (vgl. Rz. 5753). Dieses sog. Nachholverbot, das in erster Linie mit der Verhinderung von Gewinnmanipulationen begründet wird, die durch eine gewillkürte Rückstellungsbildung erreicht werden können,[534] hat in der Praxis große Bedeutung, da es von Rechtsprechung und Finanzverwaltung restriktiv ausgelegt wird und die entstandenen Fehlbeträge grundsätzlich erst bei Eintritt des Versorgungsfalls oder mit Ausscheiden des Pensionsberechtigten mit aufrechterhaltener Anwartschaft nachgeholt werden können (§ 6a Abs. 4 Satz 5 EStG). 5760

Nach der eng am Wortlaut orientierten, grundsätzlich keine Ausnahme zulassenden BFH-Rechtsprechung gilt das Nachholverbot auch, wenn der Fehlbetrag auf Rechtsunkenntnis, einem Versehen oder Rechtsirrtum[535] oder Berechnungsfehler[536] beruht oder die Pensionsrückstellung durch die Anwendung einer zulässigen Bewertungs- 5761

531 Vgl. BT-Drucks. 7/1281; *Dommermuth*, in: HHR, EStG/KStG, § 6a EStG Anm. 154; *Förster*, in: Blümich, EStG KStG GewStG, § 6a Tz. 429.

532 Vgl. *Dommermuth*, in: HHR, § 6a Tz. 154.

533 Vgl. *Förster*, in: Blümich, EStG KStG GewStG, § 6a Tz. 427.

534 Vgl. BT-Drucks. 7/1281 S. 40; *Heger*, DStR 2008 S. 588.

535 Vgl. BFH, Urteil vom 13. 2. 2008 – I R 44/07, BStBl 2008 II S. 673.

536 Vgl. BFH, Urteil vom 14. 1. 2009 – I R 5/08, BStBl 2009 II S. 457.

methode niedriger als möglich bewertet worden ist. Hierfür ist es nicht erforderlich, dass der Steuerpflichtige den Teilwert willkürlich zwecks Gewinnverschiebung unterschritten hat.[537] Das Nachholverbot geht als lex specialis dem Grundsatz des **formellen Bilanzenzusammenhangs** vor.[538]

In dem Fall, dass die Bilanzierung einer Pensionsrückstellung aufgrund einer entgegenstehenden höchstrichterlichen Rechtsprechung nicht erfolgt, kann die Bildung der Rückstellung spätestens im Jahr der Rechtsprechungsänderung nachgeholt werden.[539] Sofern eine Rückstellungsbildung auf Veranlassung der Finanzverwaltung (teilweise) unterblieben ist (z. B. aufgrund einer Feststellung in einer vorherigen Betriebsprüfung) und der Steuerpflichtige später abweichend von den Vorgaben der Finanzverwaltung den zutreffenden höheren Wertansatz bilanziert, greift das Nachholverbot ebenfalls nicht.[540] Weitere, eher „technisch" bedingte Ausnahmen vom Nachholungsverbot bestehen im Fall der Verteilung von Einmalzuführungen auf mehrere Wirtschaftsjahre (vgl. Rz. 5757 ff.) oder der Inanspruchnahme von Erleichterungen im Rahmen der vorverlegten Inventur der Pensionsverpflichtungen (vgl. Rz. 5768).

5762 Das Nachholverbot bezieht sich gemäß dem Einzelbewertungsgrundsatz auf die einzelne Pensionsrückstellung. Da in der Praxis die Zuführung zur Pensionsrückstellung regelmäßig in einem Gesamtbetrag gebucht wird, muss der Fehlbetrag den einzelnen Pensionsverpflichtungen zugeordnet werden. In der Fehlbetragszuordnung, die spätestens in den internen Bewertungsunterlagen bzw. dem Pensionsgutachten für den folgenden Bilanzstichtag vorzunehmen ist, ist der Steuerpflichtige grundsätzlich frei. Hierbei dürfen jedoch keine notwendigen Auflösungen unterlassen werden und keine unzulässigen Rückstellungsauflösungen zum Zwecke der maximalen Zuführung bei anderen Pensionsverpflichtungen unterbleiben.[541] Um eine schnelle Nachholung unterlassener Zuführungen sicherzustellen, empfiehlt sich i. d. R. eine Zuordnung auf im Folgejahr ausgeschiedene Pensionsberechtigte mit aufrechterhaltener Anwartschaft oder auf Pensionsberechtigte, bei denen im Folgejahr oder in Kürze altersbedingt der Versorgungsfall eintritt, da im Jahr des Ausscheidens oder des Eintritts des Versorgungsfalls die Fehlbeträge vollständig nachgeholt werden können.

2.3.6 Auflösung der Pensionsrückstellung

5763 Die Auflösung der Rückstellung ist im Gesetz nicht explizit geregelt. Sie ergibt sich aber in Form eines Auflösungsgebots aus der Bestimmung des § 6a Abs. 3 Satz 1 EStG, nach der die Pensionsrückstellung höchstens zum Teilwert angesetzt werden darf.[542] Danach ist eine Pensionsrückstellung nur dann anteilig bzw. vollständig aufzulösen, wenn sich die ihr zugrunde liegende Verpflichtung vermindert (z. B. nach Eintritt des Versorgungs-

537 Vgl. BFH, Urteil vom 10. 7. 2002 – I R 88/01, BStBl 2003 II S. 936; kritisch hierzu aufgrund des gesetzgeberischen Willens, die bewusste Unterlassung von Zuführungen zu verhindern: *Höfer*, in: Littmann/Bitz/Pust (Hrsg.), Das Einkommensteuerrecht, § 6a Tz. 256 m. w. N.

538 Vgl. BFH, Urteil vom 13. 2. 2008 – I R 44/07, BStBl 2008 II S. 673.

539 Vgl. BFH, Urteil vom 7. 4. 1994 – IV R 56/92, BStBl 1994 II S. 740.

540 Vgl. BFH, Urteil vom 9. 11. 1995 – IV R 2/93, BStBl 1996 II S. 589.

541 Vgl. *Höfer/Veit/Verhuven*, Betriebsrentenrecht (BetrAVG) Kommentar, Bd. II Tz. 611 f.

542 Vgl. *Ahrend/Förster/Rößler*, Steuerrecht der betrieblichen Altersversorgung, 2. Teil Tz. 946.

falls, Leistungsminderung[543]) bzw. wegfällt (z. B. durch Tod eines Pensionsberechtigten ohne zu versorgender Hinterbliebener, durch Ausscheiden eines Pensionsberechtigten ohne aufrechterhaltene Anwartschaft oder durch Verzicht).[544] Eine wahlweise Auflösung der Rückstellung, ohne dass sich der Teilwert gegenüber dem Bilanzstichtag des Vorjahres durch Verminderung oder Wegfall der Pensionsverpflichtung gemindert hat, ist unzulässig.[545]

Versicherungsmathematische Auflösung: Bei der Berechnung des Teilwerts sind nach 5764 § 6a Abs. 3 Satz 3 EStG die anerkannten Regeln der Versicherungsmathematik anzuwenden. Als Teilwert gilt im Versorgungsfall der Barwert der künftigen Pensionsleistungen. Da der Teilwert die Auflösungsbeträge determiniert, ist nur noch die versicherungsmathematische Auflösung der Rückstellung zulässig. Die sog. **buchhalterische Auflösungsmethode** ist nicht mehr anwendbar.[546]

Bei der buchhalterischen Auflösung der Pensionsrückstellung werden im Versorgungsfall die Pensionszahlungen von der Pensionsrückstellung bis zu deren vollständigen Verbrauch abgesetzt. Die Methode ist daher bis zum vollständigen Rückstellungsverbrauch erfolgsneutral und wirkt sich erst danach in Höhe der Pensionszahlungen gewinn- und steuermindernd aus.

Im Rahmen der versicherungsmathematischen Auflösung werden die gewinnerhöhende Verringerung des Barwerts der künftigen Pensionsleistungen und die gewinnmindernden Pensionszahlungen ergebniswirksam erfasst. Da die Pensionszahlungen die Barwertminderungen regelmäßig übersteigen führt die versicherungsmathematische Methode von Anfang an im Saldo zu einer steuerwirksamen Gewinnminderung.

Fehlbeträge: Sofern eine Pensionsrückstellung im Versorgungsfall z. B. aufgrund des 5765 Nachholverbots eine Unterdeckung (Fehlbetrag) aufweist, kann sie erst aufgelöst werden, wenn der Barwert zum Bilanzstichtag unter dem bilanzierten Wert liegt, da der Barwert der künftigen Pensionsleistungen die Wertuntergrenze bildet.[547]

Technische Rentner: Falls der Pensionsberechtigte nach dem vertraglich vorgesehenen 5766 Eintritt des Versorgungsfalls noch weiter entgeltlich tätig ist, ist die Rückstellung ab dem Zeitpunkt aufzulösen, der bei der Bildung der Rückstellung als voraussichtliches Tätigkeitsende der Teilwertberechnung zugrunde gelegt worden ist (vgl. Rz. 5734 ff.).[548]

2.3.7 Inventur der Pensionsverpflichtungen

Die zum jeweiligen Bilanzstichtag bestehenden Pensionsverpflichtungen sind dem 5767 Grunde und der Höhe nach im Rahmen einer körperlichen Bestandsaufnahme zu ermitteln. Die Bestandsaufnahme kann auch in einem Zeitraum von drei Monaten vor bis

543 Zu den Auswirkungen eines Verzichts eines Gesellschafter-Geschäftsführers einer Kapitalgesellschaft auf bereits erdiente bzw. künftig noch zu erdienende Pensionsanwartschaften (sog. Future Service) siehe BMF, Schreiben vom 14. 8. 2012 – IV C 2 – S 2743/10/10001:001, BStBl 2012 I S. 874; *Bandl*, StuB 2012 S. 783.

544 Vgl. *Förster*, in: Blümich, EStG KStG GewStG, § 6a Tz. 465.

545 Vgl. *Höfer*, in: Littmann/Bitz/Pust (Hrsg.), Das Einkommensteuerrecht, § 6a Tz. 233 f.

546 Vgl. BFH, Urteil vom 30. 3. 1999 – VIII R 8/97, DStRE 1999 S. 899.

547 Vgl. R 6a. Abs. 22 Satz 3 EStR.

548 Vgl. R 6a. Abs. 22 Satz 2 EStR.

zwei Monate nach Bilanzstichtag erfolgen (vor- oder nachverlegte Inventur nach § 241 Abs. 3 HGB). In der Praxis ist die **vorverlegte Inventur** von großer Bedeutung, da dem Pensionsgutachter oder den intern für die Bewertung verantwortlichen Mitarbeitern die für die Bewertung der Pensionsrückstellung erforderlichen Daten regelmäßig frühzeitig vor dem Bilanzstichtag zur Verfügung gestellt werden müssen, damit der Wertansatz rechtzeitig zur Bilanzaufstellung vorliegt.

5768 Bei Anwendung der vor- oder nachverlegten Inventur ist nach § 241 Abs. 3 Nr. 2 HGB eine Fortschreibung bzw. Rückrechnung auf den Bilanzstichtag erforderlich, um zu gewährleisten, dass die Pensionsrückstellungen nach den am Bilanzstichtag bestehenden Verhältnissen bewertet werden. Die Finanzverwaltung lässt für Veränderungen zwischen Inventur- und Bilanzstichtag mit Ausnahme der Pensionsverpflichtungen gegenüber Vorstandsmitgliedern und Geschäftsführern von Kapitalgesellschaften gewisse Erleichterungen zu, sofern mehr als 20 Pensionsberechtigte vorhanden sind.[549] Änderungen der Pensionsverpflichtungen aufgrund biologischer Ursachen (z. B. Tod, Invalidität), durch normale Fluktuation oder durch Einstufungen einzelner Pensionsberechtigter in eine andere Gehalts-/Pensionsgruppe brauchen erst am nächsten Bilanzstichtag berücksichtigt zu werden. Das Nachholverbot für unterlassene Rückstellungsbildung ist insoweit unbeachtlich. Außerordentliche Veränderungen, wie z. B. durch Massenentlassungen oder bedeutende Erweiterungen des Kreises der Pensionsberechtigten sind allerdings zu berücksichtigen. Gleiches gilt für allgemeine Leistungsänderungen für eine Gruppe von Pensionsberechtigten (z. B. Gehaltserhöhungen aufgrund eines abgeschlossenen Tarifvertrages bei gehaltsabhängigen Zusagen), die zumindest näherungsweise zu erfassen sind.[550]

2.4 Einzelfragen

2.4.1 Pensionsrückstellungen und Umwandlungen

5769 Bei Umwandlungssachverhalten ist relevant, ob bestehende Pensionsrückstellungen weiterhin gebildet werden können und ob zukünftig eine steuerwirksame Zuführung möglich ist.

5770 Bei Umwandlung einer Kapital- in eine Personengesellschaft kommt es grundsätzlich nicht zu einer steuererhöhenden Auflösung der für die Tätigkeit des Gesellschafter-Geschäftsführers zutreffend gebildeten Pensionsrückstellung.[551] Zukünftige Zuführungen zur Pensionsrückstellung zugunsten des Mitunternehmers dürfen jedoch den Gewinn der Personengesellschaft nicht mindern und sind als Aktivposten in der Sonderbilanz des entsprechenden Gesellschafters zu berücksichtigen.[552]

549 Vgl. R 6a. Abs. 18 Satz 3 Nr. 5 EStR.

550 Vgl. R 6a. Abs. 18 Satz 3 EStR; *Höfer/Veit/Verhuven*, Betriebsrentenrecht (BetrAVG) Kommentar, Bd. II Tz. 428 ff.

551 Vgl. BFH, Urteil vom 22. 6. 1977 – I R 8/75, BStBl 1977 II S. 798; BMF, Schreiben vom 11. 11. 2011 – IV C 2 – S 1978 – b/08/10001, BStBl 2011 I S. 1314 Tz. 6.04.

552 Vgl. BayLAfSt, Vfg. vom 23. 10. 2009 – S 1978; BFH, Urteil vom 2. 12. 1997 – VIII R 15/96, BStBl 2008 II S. 174; für die Herausarbeitung, dass sich die Aktivierung des Pensionsanspruchs lediglich auf die Zuführungen nach der Umwandlung und nicht auf den während der „GmbH-Zeit" erdienten Pensionsanspruch bezieht *Sodenkamp*, NWB 2009 S. 3370; siehe auch BMF vom 11. 11. 2011 – IV C 2 S 1978 – b/08/10001, BStBl 2011 I S. 1314 Tz. 6.06.

Bei Umwandlung einer Kapitalgesellschaft in ein Einzelunternehmen kommt es auf Ebene des Einzelunternehmers zu einer Vereinigung von Verbindlichkeit und Forderung, so dass die Pensionsrückstellung aufzulösen ist.[553] Der Auflösungsgewinn kann gemäß § 6 Abs. 1 UmwStG mittels steuerfreier Rücklage auf die folgenden drei Wirtschaftsjahre linear verteilt werden. 5771

2.4.2 Weitere Einzelfragen

Grundsätzliche Voraussetzung für die Bildung einer Pensionsrückstellung ist deren betriebliche Veranlassung. Dies ist besonders relevant bei Pensionszusagen an **nahe stehende Personen;** hierbei sind für deren steuerliche Anerkennung – wie auch bei anderen Angehörigenverträgen – vor dem Hintergrund eines möglicherweise fehlenden Interessengegensatzes besondere Anforderungen zu erfüllen. Erforderlich ist für die Bildung von Pensionsrückstellungen insbesondere, dass eine ernstlich gewollte, klar und eindeutig vereinbarte Verpflichtung vorliegt, die Zusage dem Grunde und der Höhe nach angemessen ist und der Pensionsverpflichtete auch tatsächlich mit der Inanspruchnahme aus der gegebenen Pensionszusage rechnen muss.[554] Durch die Eigenart der Pensionsrückstellung ist das Kriterium der Ernsthaftigkeit anhand eines tatsächlichen Vollzugs der vertraglichen Regelung vor Eintritt des Leistungsfalls nicht möglich, so dass es diesbezüglich einer anderen Herangehensweise bedarf.[555] Der Nachweis einer Ernsthaftigkeit könnte beispielsweise durch den Abschluss einer Rückdeckungsversicherung[556] oder durch Ansparen[557] erfolgen. 5772

Die Berücksichtigung von Pensionszusagen an **Gesellschafter-Geschäftsführer** von **Kapitalgesellschaften** erfolgt grundsätzlich nach dem Trennungsprinzip, wonach die Kapitalgesellschaft und der Gesellschafter jeweils voneinander getrennte Steuersubjekte sind, unter den Voraussetzungen des § 6a EStG. Auch in diesem Falle ist ein Arbeitnehmerverhältnis erforderlich, was bei einem Gesellschafter-Geschäftsführer zu bejahen ist. Liegt kein Dienstverhältnis und auch kein „anderes Rechtsverhältnis" i. S. d. § 6a Abs. 5 EStG vor, ist keine Pensionsrückstellung möglich. Das Kriterium der betrieblichen Veranlassung findet in diesem Fall grundsätzlich für die bilanzielle Bildung der Pensionsrückstellung keine Anwendung. In einem zweiten Schritt ist eine außerbilanzielle Korrektur als verdeckte Gewinnausschüttung und in diesem Zusammenhang das Nichtvorliegen einer betrieblichen Veranlassung zu prüfen.[558] Für den Fall einer beherrschenden Stellung finden erhöhte Anforderungen Anwendung.[559] 5773

553 Vgl. BMF, Schreiben vom 11. 11. 2011 – IV C 2 – S 1978 – b/08/10001, BStBl 2011 I S. 1314 Tz. 6.07.

554 Vgl. auch hinsichtlich der Anwendung des Fremdvergleichs bei Angehörigenverträgen Teschke, Konzeption einer Besteuerung des laufenden Ertrags von Netzwerken Nahestehender, Diss. rer. pol, Wiesbaden 2009, S. 67 ff.; BMF, Schreiben vom 4. 9. 1984 – IV B 1 – S 2176 85/84, BStBl 1984 I S. 495; vom 9. 1. 1986 – IV B 1 – S 2176 2/86, BStBl 1986 I S. 7; BFH, Urteil vom 14. 7. 1989 – III R 97/86, BStBl 1989 II S. 969.

555 Vgl. *Arteaga/Veit*, in: Korn (Hrsg.), Einkommensteuergesetz, Bonn 2011, § 6a EStG Rn. 4.

556 Vgl. BFH, Urteil vom 15. 7. 1976 – I R 124/73, BStBl 1977 II S. 112-115.

557 Vgl. BFH, Urteil vom 20. 3. 1980 – IV R 53/77, BStBl 1980 II S. 450-453 für den Fall des Ansparens eines Wertpapierdepots.

558 Vgl. *Bareis*, in: Baumhoff u. a. (Hrsg.), Festschrift für Prof. Dr. Norbert Krawitz, Besteuerung, Rechnungslegung und Prüfung der Unternehmen, Wiesbaden 2010, S. 3 ff.

559 Vgl. *Prinz*, WPg 2006 S. 1411; *Schothöfer/Killat*, DB 2011 S. 896 ff.; *Finsterwalder*, DB 2005 S. 1189 ff.; *Otto*, DStR 2011 S. 106 ff.

5774 Bei **Mitunternehmerschaften** erfolgt nach der Rechtsprechung des BFH bei Pensionszusagen an die Mitunternehmer die Bildung von Pensionsrückstellungen in der Gesamthandsbilanz und eine korrespondierende Aktivierung auf Ebene der Sonderbilanz des begünstigten Gesellschafters.[560] Somit werden Zuführungen zur Pensionsrückstellung zwar auf Ebene der Gesamthand als Aufwand erfasst, stellen jedoch beim Mitunternehmer Ertrag dar.[561] Im Ergebnis entfalten somit Pensionszusagen an Mitunternehmer bezogen auf eine Betrachtung von Gesamthandsbilanz und Sonderbilanzen keine steuerliche Wirksamkeit, so dass die Mitunternehmer im Ergebnis gegenüber einem Einzelunternehmer keine Vorteile haben. Allerdings ergibt sich für die Mitgesellschafter infolge der Rückstellungsbildung in der Gesamthandsbilanz auch steuerlich eine Gewinnminderung (vgl. auch Rz. 1455). Fraglich ist, ob die laufenden Pensionen beim Mitunternehmer zunächst erfolgsneutral mit dem Aktivposten in der Sonderbilanz zu verrechnen sind und erst beim Übersteigen zu Einkünften führen oder ob laufend Einkünfte in Höhe der Differenz zwischen Pensionszahlung und der Verringerung der Rückstellung in der Gesamthandsbilanz vorliegen.[562]

5775 Gehen Pensionsverpflichtungen im Rahmen eines Unternehmenskaufes oder einer Abspaltung unter Gewinnrealisierung auf einen Erwerber über, so waren nach Ansicht des BFH[563] beim Erwerber die Pensionsverpflichtungen nicht nach § 6a EStG, sondern nach dem „wahren" Wert zu bemessen, den die Parteien bei der Kaufpreisbemessung zugrunde gelegt hatten. Diese Auffassung des BFH führte beim Erwerber zu entsprechend höheren Anschaffungskosten für die übernommenen Aktiva, während der Übertragende einen entsprechenden Aufwand realisierte.

5776 Durch § 4f und § 5 Abs. 7 EStG i. d. F. des AIFM-StAnpG wird der Erwerber zu einer Bewertung nach § 6a EStG gezwungen und der Veräußerer kann den realisierten Aufwand nur über einen Zeitraum von 15 Jahren geltend machen (zu den Einzelheiten vgl. Rz. 5604a und b).

3. Steuerrückstellungen

3.1 Bilanzierung von Steuerschulden

5777 Die Bilanzierung von Steuerschulden kommt grundsätzlich nur für betriebliche, vom Unternehmen geschuldete Steuern und Nebenleistungen in Betracht, die bis zum jeweiligen Bilanzstichtag wirtschaftlich entstanden sind und die hinsichtlich dem Grunde oder der Höhe nach ungewiss sind.[564] Daneben können nach verschiedenen Literaturauffassungen auch Steuern, die das Unternehmen als Haftungsschuldner zu entrich-

560 Vgl. BFH, Urteil vom 2. 12. 1997 – VIII R 15/96, BStBl 2008 II S. 174; *Fuhrmann/Demuth*, WPg 2007 S. 7 ff.; hinsichtlich einer Aktivierung ausschließlich in der Sonderbilanz des begünstigten Gesellschafters BFH, Urteile vom 14. 2. 2006 – VIII R 40/03, BStBl 2008 II S. 182; vom 30. 3. 2006 – IV R 25/04, BStBl 2008 II S. 171.

561 Vgl. BFH, Urteil vom 14. 2. 2006 – VIII R 40/03, BStBl 2008 II S. 182; BMF, Schreiben vom 29. 1. 2008 – IV B 2 – S 2176 – 07/0001, BStBl 2008 I S. 317.

562 Vgl. FG Niedersachsen, Urteil vom 10. 3. 2011 – 11 K 387/09, EFG 2011 S. 1609, Rev. anhängig, Az. des BFH: IV R 14/11.

563 Siehe Urteil vom 12. 12. 2012 – I R 28/11, BFH/NV 2013 S. 884; Urteil vom 12. 12. 2012 – I R 69/11, BB 2013 S. 943.

564 Vgl. BFH, Urteil vom 3. 12. 1969 – I R 107/69, BStBl 1970 II S. 229.

ten hat (z. B. Lohnsteuer), sowohl unter den Steuerrückstellungen[565] als auch unter den sonstigen Rückstellungen ausgewiesen werden.[566] U. E. ist der Ausweis unter den sonstigen Rückstellungen vorzuziehen. Vom Unternehmen geschuldete steuerliche Nebenleistungen i. S.v. § 3 Abs. 4 AO (z. B. Zinsen, Verspätungszuschläge) sind u. E. unter den sonstigen Rückstellungen auszuweisen,[567] sollen aber wegen ihrer inhaltlichen Nähe zu den zugrunde liegenden Steuerschulden ebenfalls in diesem Kapitel behandelt werden.

Zu beachten ist, dass Personengesellschaften hinsichtlich der Ertragsteuern nur Steuerschuldner der Gewerbesteuer sind und daher die von den Gesellschaftern auf ihre steuerlichen Gewinne geschuldete Einkommen- bzw. Körperschaftsteuer nicht bilanzieren dürfen.[568]

Steuerschulden sind zu bilanzieren, wenn sie nach den steuerrechtlichen Vorschriften 5778
bis zum Ende des Wirtschaftsjahres wirtschaftlich oder rechtlich entstanden sind und zwar unabhängig davon, ob eine betriebliche Steuer als Betriebsausgabe abzugsfähig ist (z. B. ist nach § 4 Abs. 5b EStG ab Veranlagungszeitraum 2008 die Gewerbesteuer keine Betriebsausgabe mehr; für die Körperschaftsteuer ergibt sich dieses aus § 10 Nr. 2 KStG). Der Rückstellungsaufwand für nichtabziehbare Steuern ist dann außerbilanziell wieder hinzuzurechnen (vgl. auch Rz. 5557).[569]

Bei Aussetzung der Vollziehung sind neben der zugrunde liegenden Steuerschuld auch die bis zum Bilanzstichtag aufgelaufenen Zinsen zurückzustellen. Dies gilt u. E auch, sofern diese nicht als Betriebsausgabe abziehbar sind. Sie sind dann außerbilanziell hinzuzurechnen.[570]

Die Steuerschulden sind so lange als Steuerrückstellung auszuweisen, bis sie aufgrund 5779
erfolgter Veranlagung auch hinsichtlich der Höhe gewiss sind. Danach sind sie als gewisse Schulden unter den sonstigen Verbindlichkeiten auszuweisen.[571] Da Steueranmeldungen nach § 168 AO mit einer Steuerfestsetzung unter dem Vorbehalt der Nachprüfung gleichgesetzt werden, ist die Umsatzsteuer regelmäßig unter den sonstigen Verbindlichkeiten auszuweisen.[572]

---

565 Vgl. z. B. *Kozikowski/Schubert*, in: Beck'scher Bilanz-Kommentar, 8. Aufl., München 2012, § 266 Tz. 201, da diese nach § 37 Abs. 1 AO zum Steuerschuldverhältnis zu rechnen sind.

566 Vgl. *Hoffmann/Lüdenbach*, NWB Kommentar Bilanzierung, 5. Aufl., Herne 2014, § 266 Rz. 83.

567 Vgl. *Förschle*, in: Beck'scher Bilanz-Kommentar, 8. Aufl., München 2012, § 275 Tz. 235.

568 Die Regelung des § 264c Abs. 3 Satz 2 HGB, nach der bei einer KapCo-Personengesellschaft der Steueraufwand der Gesellschafter vom Jahresergebnis der Personengesellschaft offen abgesetzt oder hinzugerechnet werden kann, ist eine reine Ausweisvorschrift. Sie soll lediglich die Möglichkeit schaffen, den Jahresüberschuss der Personengesellschaft mit dem einer Kapitalgesellschaft, welche neben der Gewerbesteuer auch die Körperschaftsteuer zu verbuchen hat, hinsichtlich der Steuerbelastung vergleichbar zu machen. Sie führt nicht zu einer Bilanzierung der von den Gesellschaftern auf ihre steuerlichen Gewinne geschuldete Einkommen- bzw. Körperschaftsteuer in der Bilanz der Personengesellschaft.

569 Vgl. BFH, Beschluss vom 16. 12. 2009 – I R 43/08, BFH/NV 2010 S. 552; OFD Rheinland, Vfg. vom 5. 5. 2009 – S 2137 – 2009/0006 – St 141II, DB 2009 S. 1046; BFH, Beschluss vom 17. 7. 2012 – I B 56, 57/12, BFH/NV 2012 S. 1955.

570 Vgl. BFH, Urteil vom 8. 11. 2000 – I R 10/98, BStBl 2001 II S. 349, der aber bei nichtabziehbaren Zinsen wohl die Rückstellungsbildung verneint.

571 Vgl. BFH, Beschluss vom 16. 12. 2009 – I R 43/08, BFH/NV 2010 S. 552.

572 Vgl. *Kozikowski/Schubert*, in: Beck'scher Bilanz-Kommentar, 8. Aufl., München 2012, § 266 Tz. 201.

5780 Hinsichtlich des **Wertansatzes** der grundsätzlich nach den allgemeinen, für sonstige Rückstellungen geltenden Regelungen (siehe Rz. 5625 ff.) zu bewertenden Steuerrückstellungen ist zu beachten, dass Steuerschulden, die nach § 233 AO verzinst werden, nicht nach § 6 Abs. 1 Nr. 3a Buchst. e Satz 1 EStG abgezinst werden müssen, da sie zeitweise, d. h. nach Ablauf der Karenzzeit von 15 Monaten, verzinslich sind. Dies gilt nach Auffassung der Finanzverwaltung aus Vereinfachungsgründen auch dann, wenn Zinsen z. B. aufgrund einer Steuerfestsetzung vor Beginn des Zinslaufs nach § 233 Abs. 2 AO möglicherweise nicht festgesetzt werden.[573]

3.2 Gewerbesteuerrückstellung

5781 Eine Gewerbesteuerrückstellung ist zu bilden, wenn die geleisteten Vorauszahlungen niedriger als die voraussichtlich festzusetzende Gewerbesteuer sind. Bei der Berechnung der Gewerbesteuer ist zu beachten, dass die Gewebesteuer und die auf sie entfallenden Nebenleistungen für Erhebungszeiträume, die nach dem 31. 12. 2007 enden,[574] nach § 4 Abs. 5b EStG keine Betriebsausgabe mehr sind und sie daher im Gegensatz zu der vorherigen Rechtslage weder ihre eigene noch die Bemessungsgrundlage für die Körperschaftsteuer mindern. Gleichwohl kann aufgrund des Maßgeblichkeitsprinzips unverändert eine Gewerbesteuerrückstellung in der Steuerbilanz gebildet werden, die dann außerbilanziell wieder zuzurechnen ist.[575]

5782 Die Gewerbesteuer wird nach § 7 GewStG ausgehend vom nach den Vorschriften des EStG oder KStG ermittelten Gewinns aus Gewerbetrieb ermittelt, zuzüglich der Hinzurechnungen nach § 8 GewStG und abzüglich der Kürzungen nach § 9 GewStG. Bei Personengesellschaften beinhaltet der Gewinn aus Gewerbetrieb auch die Ergebnisse aus etwaigen Sonder- und Ergänzungsbilanzen der Gesellschafter (vgl. Rz. 1342). Der so ermittelte Gewerbeertrag ist um einen etwaig vorhandenen gewerbesteuerlichen Verlustvortrag unter Beachtung der Mindestbesteuerung nach § 10a GewStG zu kürzen. Danach darf der Gewerbeertrag bis zu einem Betrag von 1 Mio. € in voller Höhe durch Verlustvorträge gekürzt werden. Sofern danach noch ein Gewerbeertrag verbleibt, dürfen die noch vorhandenen Verlustvorträge nur noch in Höhe von 60 % von dem verbleibenden Gewerbeertrag abgezogen werden. Der verbleibende Gewerbeertrag ist nach § 11 Abs. 1 GewStG auf volle 100 € abzurunden sowie um etwaige Freibeträge (natürliche Personen und Personengesellschaften: 24.500 €) zu kürzen. Durch Multiplikation mit der Steuermesszahl für den Gewerbeertrag von 3,5 % (§ 11 Abs. 2 GewStG) ergibt sich der Steuermessbetrag, auf den zur Ermittlung der Gewerbesteuer der jeweilige Hebesatz der hebeberechtigten Gemeinde anzuwenden ist. Sofern der Steuermessbetrag auf mehrere hebeberechtigte Gemeinden zu zerlegen ist, ist bei der Gewerbesteuerberechnung i. d. R. ein mit den Arbeitslöhnen der Betriebsstätten gewichteter durchschnittlicher Hebesatz zu verwenden.

---

573 Vgl. BMF, Schreiben vom 28. 5. 2005 – IV B 2 – S- 2175 – 7/05, BStBl 2005 I S. 699; siehe zur Bewertung auch ausführlich *Herzig/Liekenbrock*, DB 2013 S. 409.

574 § 52 Abs. 12 Satz 7 EStG.

575 Vgl. OFD Rheinland, Vfg. vom 5. 5. 2009 – S 2137 – 2009/0006 – St 141II, DB 2009 S. 1046.

ABB. 4: Berechnungsschema Gewerbesteuer (vereinfacht)

	Gewinn aus Gewerbebetrieb (§ 7 GewStG)	
+	Hinzurechnungen (§ 8 GewStG):	
	§ 8 Nr. 1 GewStG	
		Entgelte für Schulden (§ 8 Nr. 1 Buchst. a GewStG)
	+	Renten u. dauernden Lasten (§ 8 Nr. 1 Buchst. b GewStG)
	+	Gewinnanteile stiller Gesellschafter (§ 8 Nr. 1 Buchst. c GewStG)
	+	$^1/_5$ der Miet- und Pachtzinsen für bewegliche Wirtschaftsgüter (§ 8 Nr. 1 Buchst. d GewStG)
	+	$^1/_2$ der Miet- und Pachtzinsen für unbewegliche Wirtschaftsgüter (§ 8 Nr. 1 Buchst. e GewStG)
	+	$^1/_4$ der Aufwendungen für befristete Rechteüberlassung (§ 8 Nr. 1 Buchst. f GewStG)
	=	Summe vor Freibetrag
	./.	Freibetrag i. H. v. 100.000 €
	=	Summe nach Freibetrag
		davon sind $^1/_4$ hinzuzurechnen
		Gewinnanteile an einer KGaA (§ 8 Nr. 4 GewStG)
		Streubesitzdividenden bei einer Beteiligungsquote < 15 % (§ 8 Nr. 5 GewStG)
		Anteile an Verlusten von Personengesellschaften (§ 8 Nr. 8 GewStG)
		Spenden nach § 9 Abs. 1 Nr. 2 KStG (§ 8 Nr. 9 GewStG)
		Ausschüttungsbedingte Gewinnminderungen (§ 8 Nr. 10 Buchst. a GewStG)
		Nach § 34c EStG abgezogene ausländische Steuern (§ 8 Nr. 12 GewStG)
./.	Kürzungen (§ 9 GewStG)	
		Grundbesitz i. H. v. 1,2 % des Einheitswerts von Betriebsgrundstücken (§ 9 Nr. 1 Satz 1 GewStG) bzw. erweitert für Grundbesitzgesellschaften
		Anteile an Gewinnen von Personengesellschaften (§ 9 Nr. 2 GewStG)
		Erträge aus inländischen Kapitalgesellschaften bei Beteiligungsquote von mindestens 15 % (§ 9 Nr. 2a GewStG)
		nach § 8 Nr. 4 GewStG hinzugerechnete Gewinnanteile an einer KGaA (§ 9 Nr. 2b GewStG)
		Gewinne aus ausländischen Betriebsstätten (§ 9 Nr. 3 GewStG)
		Zuwendung zur Förderung steuerbegünstigter Zwecke (§ 9 Nr. 5 GewStG)
		Gewinne aus ausländischen Kapitalgesellschaften bei Beteiligungsquote von mindestens 15 % (§ 9 Nr. 7 GewStG)

	Gewinne aus Beteiligungen aus Auslandsgesellschaften bei Bestehen eines DBA (§ 9 Nr. 8 GewStG)
=	maßgebender Gewerbeertrag (§ 10 GewStG)
./.	Gewerbeverlust (§ 10a GewStG)
=	**Gewerbeertrag** (Abrundung auf volle 100 € (§ 11 Abs. 1 Satz 3 GewStG))
./.	ggf. Freibetrag für natürliche Personen, Personengesellschaften und andere Gesellschaften (§ 11 Abs. 1 GewStG)
=	verbleibender Gewerbeertrag
x	Gewerbesteuermesszahl von 3,5 % (§ 11 Abs. 2 GewStG)
=	Steuermessbetrag
x	Hebesatz der Gemeinde(n) (mindestens 200 %) (§ 16 GewStG)
=	**Gewerbesteuer**
./.	Vorauszahlungen
=	**Gewerbesteuerrückstellung**

Nach Einführung des Betriebsausgabenabzugsverbots des § 4 Abs. 5b EStG ist die Anwendung der sog. 5/6-Methode seit dem Veranlagungszeitraum 2008 nicht mehr zulässig. Bei dieser Berechnungsmethode, auf deren Anwendung der Steuerpflichtige einen Rechtsanspruch hatte,[576] konnte die frühere Abzugsfähigkeit der Gewerbesteuer von ihrer eigenen Bemessungsgrundlage dadurch berücksichtigt werden, dass die Gewerbesteuer in Höhe von 5/6 des Betrages angesetzt wurde, der sich ohne die Berücksichtigung der Gewerbesteuer als Betriebsausgabe ergab.[577]

5783 Die Gewerbesteuer entsteht nach § 18 GewStG mit Ablauf des Erhebungszeitraums, der nach § 14 GewStG grundsätzlich das Kalenderjahr ist. Die Rückstellung ist in dem Wirtschaftsjahr zu passivieren, zu dem sie wirtschaftlich gehört, d. h. bei kalenderjahrgleichem Wirtschaftsjahr für das jeweilige abgelaufene Wirtschaftsjahr. Bei abweichendem Wirtschaftsjahr gilt der Gewerbeertrag nach § 10 Abs. 2 GewStG als in dem Erhebungszeitraum bezogen, in dem das Wirtschaftsjahr endet. Die Gewerbesteuerrückstellung ist demnach auch in diesem Fall auf Basis des Gewerbeertrags des abgelaufenen Wirtschaftsjahres zu berechnen. Daneben hat der Steuerpflichtige ein Wahlrecht, auch die Gewerbesteuer für den Erhebungszeitraum, der am Ende des abweichenden Wirtschaftsjahres noch läuft, in voller Höhe in dem abweichenden Wirtschaftsjahr zu erfassen.[578]

3.3 Körperschaftsteuerrückstellung

5784 Sofern die geleisteten Vorauszahlungen niedriger als die voraussichtliche Körperschaftsteuer für den Veranlagungszeitraum sind, ist am Bilanzstichtag ungeachtet der Nicht-

576 Vgl. BFH, Urteil vom 23. 4. 1991 – VIII R 61/87, BStBl 1991 II S. 752.

577 Vgl. R 4.9 Abs. 2 EStR 2005.

578 Vgl. BFH, Gutachten vom 24. 1. 1961 – I D 1/60 S, BStBl 1961 III S. 185; *Förschle*, in: Beck'scher Bilanz-Kommentar, 7. Aufl., München 2010, § 275 Tz. 240.

abziehbarkeit als Betriebsausgabe nach § 10 Nr. 2 KStG aufgrund des Maßgeblichkeitsprinzips eine Körperschaftsteuerrückstellung zu passivieren. Der Körperschaftsteueraufwand ist außerbilanziell wieder hinzuzurechnen.

Die Berechnung der Körperschaftsteuer erfolgt nach § 7 KStG ausgehend vom zu versteuernden Einkommen unter Berücksichtigung von Verlustrück- bzw. -vorträgen (§ 10d EStG) unter Verwendung eines Steuersatzes von 15 % (§ 23 KStG). Die Berechnung der Körperschaftsteuer erfolgt durch die Abschaffung des früheren körperschaftsteuerlichen Anrechnungsverfahrens grundsätzlich unabhängig von der Gewinnverwendung. Auf die Körperschaftsteuer wird ein Solidaritätszuschlag von 5,5 % erhoben (§ 4 SolZG). Der Verlustrücktrag kann wahlweise erfolgen und ist auf einen Betrag von 1.000.000 € begrenzt.[579] Beim Verlustvortrag sind die Regelungen zur Mindestbesteuerung zu beachten (vgl. Rz. 5782).[580] 5785

ABB. 5:	Berechnungsschema Körperschaftsteuer (vereinfacht)
	Steuerbilanzgewinn bzw. -verlust
+	Verdeckte Gewinnausschüttungen (§ 8 Abs. 3 Satz 2 KStG)
+	Nichtabziehbare Betriebsausgaben (§ 4 Abs. 5 EStG, § 10 KStG)
./.	Verdeckte Einlagen (§ 8 Abs. 3 Satz 3 KStG)
./.	Andere steuerfreie Vermögensmehrungen (z. B. Investitionszulagen)
./.	Abziehbare Spenden (§ 9 Abs. 1 Nr. 2 KStG)
+/-	Kürzungen/Hinzurechnungen nach § 8b KStG und § 3c EStG
+/-	Korrekturen und Einkommenszurechnungen bei Organschaft (§§ 14, 17 und 18 KStG)
=	Gesamtbetrag der Einkünfte
./.	Verlustabzug (§ 10d EStG)
=	Zu versteuerndes Einkommen
x	Steuersatz von 15 % (§ 23 KStG)
=	**Körperschaftsteuer**

Nach dem SEStEG[581] wurde das aus dem alten körperschaftsteuerlichen Anrechnungsverfahren stammende Körperschaftsteuerguthaben zum 31. 12. 2006 letztmals festgestellt (§ 37 Abs. 4 KStG) und wird ab 30. 9. 2008 bis 2017 in zehn gleichen Jahresraten erstattet. Da der am 31. 12. 2006 entstandene Anspruch unverzinslich ist, wird er bilanziell zum Barwert angesetzt.[582] Die jährlichen Aufzinsungsbeträge gehören nach § 37 Abs. 7 KStG nicht zu den steuerlichen Einkünften und sind daher außerbilanziell wieder 5786

579 Der Betrag von 1.000.000 € (vorher: 511.500 €) ist erstmals im Veranlagungszeitraum 2013 zu berücksichtigen (§ 52 Abs. 25 Satz 7 EStG).

580 R 29 Abs. 1 KStR enthält ein Ermittlungsschema für das zu versteuernde Einkommen.

581 Gesetz über steuerliche Begleitmaßnahmen zur Einführung der Europäischen Gesellschaft und zur Änderung weiterer steuerrechtlicher Vorschriften (SEStEG) vom 7. 12. 2006, BGBl 2006 I S. 2782.

582 Vgl. HFA, FN-IDW 2007 S. 107.

zu korrigieren. Eine Verrechnung des SEStEG-Körperschaftsguthabens mit der Körperschaftsteuerrückstellung dürfte mangels Aufrechenbarkeit regelmäßig ausscheiden.

Korrespondierend zum Körperschaftsguthaben wurde auch das ehemalige EK02 zum 31. 12. 2006 für fast alle Unternehmen letztmalig ermittelt und festgestellt (§ 38 Abs. 4 KStG).[583] Die darauf entfallende Körperschaftsteuerbelastung von 3/100 des EK02 (§ 38 Abs. 5 KStG) ist ebenfalls im Zeitraum 2008 bis 2017 in zehn gleichen Jahresraten zu begleichen, sofern sie nicht vorzeitig unter Berücksichtigung einer Abzinsung von 5,5 % entrichtet wird. In der Steuerbilanz ist der am 1. 1. 2007 entstehende und daher bei kalenderjahrgleichen Wirtschaftsjahr erstmals am 31. 12. 2007 zu bilanzierende Körperschaftsteuererhöhungsbetrag bis zu seiner endgültigen Begleichung unter Berücksichtigung der Abzinsung von 5,5 % nach § 6 Abs. 1 Nr. 3 EStG zu passivieren. Aufgrund der Gewissheit der Schuld erfolgt der Ausweis nicht als Körperschaftsteuerrückstellung, sondern unter den sonstigen Verbindlichkeiten. Der Aufwand aus der erstmaligen Einbuchung des Körperschaftsteuererhöhungsbetrags war außerbilanziell zu korrigieren. Ob der in Folgejahren entstehende Aufwand aus der Aufzinsung der Verbindlichkeit ebenfalls außerbilanziell zu korrigieren ist, ist streitig.[584]

3.4 Rückstellung für sonstige Steuern

5787 Rückstellungen für sonstige Steuern sind in der Praxis eher selten anzutreffen, da die sonstigen Steuern regelmäßig dem Grunde und der Höhe nach gewiss sind, und daher Schulden aus sonstigen Steuern i. d. R. unter den sonstigen Verbindlichkeiten auszuweisen sind.

Eine gesonderte Erfassung der sonstigen Steuern ist in der Praxis erforderlich, da diese in der handelsrechtlichen Gewinn- und Verlustverrechnung als eigenständiger Posten auszuweisen sind.

Zu den sonstigen Steuern gehören:

- Verkehr- und Besitzsteuern (z. B. Umsatzsteuer, Grunderwerbsteuer, Kfz-Steuer, Grundsteuer, Zölle, Versicherungssteuer, Feuerschutzsteuer, Rennwett- und Lotteriesteuer, Spielbankabgabe);
- Verbrauchsteuern (z. B. Stromsteuer, Energiesteuer, Kernbrennstoffsteuer, Mineralölsteuer, Tabaksteuer, Kaffeesteuer, Biersteuer, Branntweinsteuer, Schaumweinsteuer, Alkopopsteuer).

5788 Schulden aus steuerlichen Nebenleistungen, wie z. B. Nachzahlungszinsen, Verspätungs- und Säumniszuschläge, aus Steuerstrafen, aus Zwangs- und Bußgeldern oder aus Abgaben anderer Art, wie z. B. Grundstücksabgaben, sind u. E. nicht hier, sondern unter den sonstigen Rückstellungen oder sonstigen Verbindlichkeiten auszuweisen.[585]

583 Ausnahmen bestehen insbesondere für ehemalige gemeinnützige Wohnungsunternehmen und steuerbefreite Körperschaften, die auf Antrag das bisherige Verfahren der ausschüttungsbedingten Körperschaftsteuererhöhung fortführen können (§ 34 Abs. 16 KStG).

584 Vgl. *Werning*, in: Blümich, EStG KStG GewStG, § 38 KStG Tz. 44 m. w. N.

585 Vgl. *Förschle*, in: Beck'scher Bilanz-Kommentar, 8. Aufl., München 2012, § 275 Tz. 247; BFH, Beschluss vom 24. 8. 2011 – I B 1/11, BFH/NV 2011 S. 2044; a. A. wohl IDW RS HFA 34 Tz. 34, FN-IDW 2013 S. 53 ff., wonach die Nachzahlungszinsen in den Erfüllungsbetrag der Steuerrückstellung einzubeziehen sind; zur Kritik an der Auffassung des IDW siehe Herzig/Liekenbrock, DB 2013 S. 410.

3.5 Betriebsprüfung

Aufgrund von Betriebsprüfungen kommt es nach allgemeiner Erfahrung häufig zu 5789
Steuernachforderungen. Dieses sog. **Betriebsprüfungsrisiko** rechtfertigt jedoch mangels hinreichender Wahrscheinlichkeit der Inanspruchnahme nicht die Bildung einer Steuerrückstellung.[586] Das soll selbst in den Fällen gelten, in denen dem Steuerpflichtigen bekannt ist, dass er den Tatbestand einer Steuerhinterziehung erfüllt hat. Die ausreichende Wahrscheinlichkeit ist entsprechend der Voraussetzungen der Rückstellungsbildung für öffentlich-rechtliche Verpflichtungen nach jüngst wieder bestätigter Auffassung des BFH[587] erst dann gegeben, wenn im Rahmen einer Steuerfahndungs- oder allgemeinen Betriebsprüfung ein konkreter Sachverhalt beanstandet wird oder hinsichtlich des betroffenen Sachverhalts mit „aufdeckungsorientierten Maßnahmen" begonnen worden ist (vgl. auch Rz. 5558).[588]

Hinsichtlich des Zeitpunkts, wann **„übliche" Mehrsteuern** infolge einer Betriebsprüfung 5789a
zu passivieren sind, ist die Rechtsprechung derzeit uneinheitlich. Es wird derzeit sowohl – wie es in der Praxis wohl üblich ist – die Passivierung im Jahr der Steuerentstehung[589] als auch – analog zu den hinterzogenen Mehrsteuern – die Bilanzierung erst im Jahr der Kenntnis der Mehrsteuern durch den Steuerpflichtigen[590] vertreten.

Sofern für bestimmte Sachverhalte, die noch nicht durch die Steuergerichte entschie- 5790
den worden sind, bisher aufgrund einer nicht hinreichenden Wahrscheinlichkeit der Inanspruchnahme keine Rückstellung gebildet worden ist, nunmehr aber ein den Steuerpflichtigen belastendes Urteil ergeht, ist diesem durch die Bildung einer Rückstellung Rechnung zu tragen. Hierzu ist es nicht erforderlich, dass der Sachverhalt durch die Finanzverwaltung im Veranlagungsverfahren oder einer laufenden Betriebsprüfung bereits aufgegriffen worden ist.[591] Sofern bereits ein steuerlicher Rechtsstreit anhängig ist, ist ebenfalls eine Rückstellung zu bilanzieren, da der Ausgang des Rechtsstreits regelmäßig unsicher ist (vgl. auch Rz. 5538).[592] Die aus den zurückgestellten wahrscheinlichen Steuernachforderungen nach § 233a AO resultierenden Zinsen sind entsprechend

586 Vgl. BFH, Urteil vom 13. 1. 1966 – IV 51/62, BStBl 1966 III S. 189.

587 Vgl. BFH, Urteil vom 22. 8. 2012 – X R 23/10, BStBl 2013 II S. 76; die Vorinstanz hatte eine unterschiedliche Behandlung von bisher hinterzogenen Mehrsteuern gegenüber üblichen Mehrsteuern im Rahmen von Betriebsprüfungen (vgl. hierzu Rz. 5789a), die im Jahr der Gewinnerhöhung als Rückstellung zu berücksichtigen sind, für nicht gerechtfertigt gehalten, vgl. FG Nürnberg, Urteil vom 16. 6. 2010 – 5 K 687/2009, EFG 2010 S. 1987.

588 Vgl. BFH, Urteil vom 27. 11. 2001 – VIII R 36/00, BStBl 2002 II S. 731; BFH, Beschluss vom 22. 8. 2012 – X B 155/11, BFH/NV 2012 S. 2015.

589 Vgl. BFH, Urteil vom 15. 3. 2012 – I R 96/07, DStR 2012 S. 1495 Rz. 15 ff., in diesem Fall soll die die Wahrscheinlichkeit der Inanspruchnahme gegeben sein, da einem ordentlichen Kaufmann die Rechtsfolge eines doppelten Umsatzsteuerausweises bekannt ist und er demzufolge mit der daraus resultierenden Mehrsteuer rechnen musste; H 4.9 EStH 2010; FinMin Schleswig-Holstein, Erlass vom 6. 3. 2013 – VI 304 – S 2141-007, DB 2013 S. 731; *Eckert*, DB 2012 S. 2904 f.

590 Vgl. BFH, Beschluss vom 16. 12. 2009 – I R 43/08, BFH/NV 2010 S. 552 Rz. 19, welcher die Wahrscheinlichkeit der Inanspruchnahme offensichtlich erst im Zeitpunkt der Kenntnis des Steuerpflichtigen von der Feststellung der Betriebsprüfung als ausreichend gegeben ansieht.

591 Vgl. auch BFH, Urteil vom 31. 8. 2011 – X R 19/10, BStBl 2012 II S. 190 zum Zeitpunkt der Aktivierung von Steuerforderungen.

592 Vgl. BFH, Urteil vom 8. 11. 2000 – I R 10/98, BStBl 2001 II S. 349.

der Behandlung von Aussetzungszinsen sowie von Zinsen auf die üblichen Mehrsteuern aufgrund von Betriebsprüfungen u. E. ebenfalls zurückzustellen.

5791 Zur Rückstellung für die sich im Rahmen einer Betriebsprüfung ergebenden umfangreichen Mitwirkungs- und Erläuterungspflichten vgl. Rz. 5656 „Betriebsprüfung".

3.6 Organschaft

5792 Im Falle einer körperschaft-, gewerbe- oder umsatzsteuerlichen Organschaft ist der Organträger Steuerschuldner und hat demzufolge die Steuerschulden zu bilanzieren. Voraussetzung für die körperschaft- und gewerbesteuerliche Organschaft ist die finanzielle Eingliederung der Organgesellschaft aufgrund der Stimmrechtsmehrheit des Organträgers sowie der Abschluss eines Ergebnisabführungsvertrages. Die umsatzsteuerliche Organschaft, die keinen Gewinnabführungsvertrag bedingt, erfordert neben der finanziellen, die wirtschaftliche und organisatorische Eingliederung der Organgesellschaft.

5793 Im Falle einer umsatzsteuerlichen Organschaft belastet bzw. vergütet der Organträger der Organgesellschaft regelmäßig die Umsatzsteuerzahllast bzw. einen Vorsteuerüberhang. Diese sind unter den Verbindlichkeiten gegenüber verbundenen Unternehmen bzw. Forderungen gegen verbundene Unternehmen auszuweisen.

Bei der ertragsteuerlichen Organschaft werden die Ergebnisse der Organgesellschaft (Einkommen bzw. Gewerbeertrag) im Rahmen der Ermittlung des zu versteuernden Einkommens bzw. des Steuermessbetrags dem Organträger zugerechnet und gehen somit in die Ermittlung der Steuerrückstellung des Organträgers ein. Die Organgesellschaft hat lediglich im Fall von Ausgleichszahlungen an außenstehende Gesellschafter, die aufgrund der Minderheitenschutzregelung des § 304 Abs. 1 AktG im Gewinnabführungsvertrag vereinbart worden sind, ihr Einkommen nach § 16 KStG in Höhe von 20/17 der Ausgleichszahlungen zu versteuern.

Daneben kann sich eine Rückstellungsbildung nach allgemeinen Grundsätzen ggf. durch die Haftungsregelung des § 73 AO ergeben, nach der die Organgesellschaft für die auf sie entfallenden Steuern haftet. Diese ist u. E. allerdings unter den sonstigen Rückstellungen auszuweisen.

5794 In der Praxis werden die auf die Organgesellschaft entfallenden Steuern häufig vom Organträger an die Organgesellschaft mittels Steuerumlagevertrag zwecks Erreichung eines wirtschaftlich zutreffenden Ergebnisausweises weiterbelastet. Ertragsteuerliche Wirkungen haben derartige Steuerumlageverträge wegen der durch das Organschaftsverhältnis vorzunehmenden Zurechnung des Organgesellschaftsergebnisses an den Organträger nicht.[593] Die Umlageverträge sind hinsichtlich der Ermittlung der an die Organgesellschaft zu belastenden Steuerumlagen oft so ausgestaltet, dass die Steuerumlage zum Zeitpunkt der Bilanzaufstellung der Höhe nach noch ungewiss ist. U. E. hat daher ein Ausweis der voraussichtlichen Belastung, soweit diese nicht durch etwaige Vorauszahlungen gedeckt ist, unter den sonstigen Rückstellungen zu erfolgen. Ein Ausweis unter den Steuerrückstellungen scheidet aus, da die Organgesellschaft nicht Steuerschuldner

593 Vgl. *Rödder/Simon*, DB 2002 S. 497.

ist. Eine Minderung der Steuerrückstellung des Organträgers in Höhe der Weiterbelastung ist u. E. ebenfalls unzulässig.

In der Gewinn- und Verlustrechnung wird für die Steuerumlagen bei der Organgesellschaft ein Ausweis unter den Steuern vom Einkommen und vom Ertrag (ggf. mit davon-Ausweis) oder im Posten „aufgrund von Gewinnabführungsverträgen abgeführte Gewinne" bzw. im Verlustfall „Erträge aus Verlustübernahme" (ggf. mit davon-Ausweis) für zulässig gehalten. Beim Organträger ist die in der Praxis häufig anzutreffende Kürzung des Steueraufwands durch offene Absetzung der Erträge aus der Steuerumlage unzulässig. Die Steuerumlage ist wirtschaftlich betrachtet eine Vorweg-Gewinnabführung und daher entweder als gesonderter Posten „Erträge aus von an Organgesellschaften belasteten Steuerumlagen" oder gesondert unter dem Posten „Erträge aufgrund von Gewinnabführungsverträgen" auszuweisen.[594]

(Einstweilen frei) 5795–6159

594 Vgl. *Förschle*, in: Beck'scher Bilanz-Kommentar, 8. Aufl., München 2012, § 275 Tz. 257 ff.

Teil B:

Bilanzierung und Bewertung bei der Gewinnermittlung nach Bilanzposten

Kapitel VII:

Verbindlichkeiten

von
RA/StB Jürgen Sievert, Köln
RA/StB Nicole Kamradt, Essen

Inhaltsübersicht Rz.

Ausgewählte Literatur

Kozikowski/Schubert, in: Beck'scher Bilanz-Kommentar, 8. Auflage, München 2012, § 247 Rn. 221 ff.; *Moxter*, Grundsätze ordnungsgemäßer Rechnungslegung, S. 97 ff.; Verwaltungsanweisungen: EStR 6.10, EStR 4.2 (15).

1. Grundlagen

Insgesamt finden sich sowohl im Handelsgesetzbuch als auch in den steuerlichen Vor- 6160
schriften nur wenige Regelungen zu Verbindlichkeiten. Konkretisierung über den Inhalt und die Reichweite des Begriffs der Verbindlichkeit enthalten weder die handels- noch die steuerrechtlichen Vorschriften. Jedenfalls stellen Verbindlichkeiten, die für eine rechtlich begründete oder faktische Belastung des Steuerpflichtigen stehen, steuerlich ein negatives Wirtschaftsgut dar.

Zur Negativabgrenzung des Begriffs Verbindlichkeit kann insbesondere auf die Bilanzpositionen Eigenkapital und Rückstellungen als ein hilfreiches Instrument zurückgegriffen werden. Rückstellungen und Verbindlichkeiten unterscheiden sich insbesondere dadurch, dass nur sichere Verpflichtungen als Verbindlichkeiten qualifiziert werden, Rückstellungen liegen dagegen vor, wenn der Verpflichtungsgrund und/oder die Höhe der Verpflichtung noch unbekannt sind.

Hinsichtlich der Bewertung von Verbindlichkeiten schreibt das Handelsgesetzbuch den Grundsatz der Einzelbewertung fest (§ 252 Abs. 1 Nr. 3 HGB). Das Einkommensteuergesetz enthält darüber hinaus für die Bewertung von Verbindlichkeiten in § 6 Abs. 1 Nr. 2 EStG eine Abzinsungsregelung und mit dem Verweis auf § 6 Abs. 1 Nr. 3 EStG ein Wahlrecht zum Ansatz des Teilwertes bei einer voraussichtlich dauernden Wertminderung.

Bei der Passivierung von Verbindlichkeiten ist zwischen der Passivierung dem Grunde und der Höhe nach insbesondere im Hinblick auf die Abgrenzung zur Rückstellung zu unterscheiden. Die Passivierung kann erfolgswirksam vorgenommen werden, wenn beispielsweise Verpflichtungen im Bereich des Personals abgebildet werden. Eine erfolgsneutrale Einbuchung der Verbindlichkeit wird dagegen vorgenommen, wenn gegen ein Bestandskonto, beispielsweise bei der Inanspruchnahme eines Darlehens, gebucht wird.

1.1 Definition der Verbindlichkeiten

6161 Weder im HGB noch in den steuerlichen Regelwerken findet sich eine Definition der Verbindlichkeiten. Nach allgemeiner Auffassung ist eine Verbindlichkeit eine dem Grunde und der Höhe nach feststehende Verpflichtung zu einer Leistung gegenüber einem Dritten, die für den Steuerpflichtigen eine Belastung darstellt.[1] Die Verbindlichkeit kann durch eine privatrechtliche Vereinbarung veranlasst sein oder durch eine öffentlich-rechtliche Verpflichtung begründet werden. Als Verbindlichkeiten werden aber auch die rechtlich nicht existenten Verpflichtungen ausgewiesen, denen sich der Kaufmann faktisch nicht entziehen kann (beispielsweise Kulanzvereinbarungen). Der Ausweis der Verbindlichkeit ist in der Bilanz nur zulässig, wenn die Verbindlichkeit betrieblich veranlasst ist.

1.2 Verhältnis Handels- zur Steuerbilanz

6162 Im Handelsgesetzbuch wird der Begriff der Verbindlichkeiten ausdrücklich insbesondere im Zusammenhang mit der Gliederung der Bilanz verwendet (§ 266 HGB). An anderer Stelle wird der Terminus „Schulden" als Oberbegriff für Verbindlichkeiten und Rückstellungen eingesetzt. So sind nach § 246 Abs. 1 HGB „Schulden" in der Bilanz des Schuldners auszuweisen und nach § 247 Abs. 1 HGB von Rückstellungen, Eigenkapital und Sonderposten abzugrenzen und hinreichend aufzugliedern. Nach § 246 Abs. 1 Satz 1 HGB besteht für eine am Bilanzstichtag rechtlich entstandene Verbindlichkeit eine Passivierungspflicht. Der auch auf die Verbindlichkeiten anzuwendende Maßgeb-

1 BFH, Urteile vom 18.12.2002 – I R 17/02, BStBl 2004 II S. 126; vom 11.10.2007 – IV R 52/04, BStBl 2009 II S. 705.

lichkeitsgrundsatz des § 5 Abs. 1 Satz 1 EStG führt dazu, dass die in der Handelsbilanz ausgewiesenen Verbindlichkeiten auch in der Steuerbilanz abzubilden sind, sofern keine abweichenden steuerlichen Regelungen bestehen. Die Maßgeblichkeit ist für den Ansatz der Verbindlichkeiten dem Grunde nach auch nicht durch das BilMoG eingeschränkt worden, da im Zusammenhang mit dem Ansatz von Verbindlichkeiten keine Wahlrechte bestehen (§ 5 Abs. 1 Satz 2 EStG). Vom Handelsrecht abweichende steuerliche Regelungen bestehen insbesondere hinsichtlich der Bewertung der Verbindlichkeiten, die ausschließlich in der Steuerbilanz nach § 6 Abs. 1 Nr. 3 EStG abzuzinsen sind. Handelsrechtlich ist dagegen eine Abzinsung nur für Rückstellung und nicht für Verbindlichkeiten zwingend vorgesehen (§ 246 Abs. 2 HGB). Eine weitere steuerliche Sonderregelung wurde mit § 5 Abs. 2a EStG geschaffen, die einen Ausweis von Verbindlichkeiten (und Rückstellungen) ausschließt, wenn die Rückführung der Verbindlichkeit aus künftigen Einnahmen oder Gewinnen erfolgt.

1.3 Steuerliche Regelungen

Ausdrückliche Regelungen zu Verbindlichkeiten finden sich insbesondere in § 6 Abs. 1 6163
Nr. 3 EStG und in § 5 Abs. 2a EStG. Mittelbar wird die Verbindlichkeit in weiteren Regelungen aufgegriffen, die die Behandlung von Zinsen für steuerliche Zwecke zum Gegenstand haben (beispielsweise § 4h EStG, § 8a KStG, § 4 Abs. 4a EStG und § 8 Nr. 1 lit. a GewStG). Eine umfassende Definition des Begriffes der Verbindlichkeiten ist auch diesen Regelungen nicht zu entnehmen.

1.4 Abgrenzung zu Eigenkapital, Rückstellungen und passiven Rechnungsabgrenzungsposten

Systematisch steht die Verbindlichkeit zwischen dem Eigenkapital und der Rückstellung und ist darüber hinaus auch von dem passiven Rechnungsabgrenzungsposten zu unterscheiden.

Die Abgrenzung zum **Eigenkapital** ergibt sich zum einen daraus, dass das Eigenkapital 6164
eine Saldogröße ist und sich nicht wie die Verbindlichkeit aus einem Rechtsverhältnis ergibt. Darüber hinaus dient die Verbindlichkeit der Risikovorsorge aufgrund eines konkreten Ereignisses, während das Eigenkapital die vom Gesellschafter zur Verfügung gestellte Grundausstattung einer Gesellschaft bildet, die der Gesellschaft insbesondere für bisher nicht spezifizierte Risiken zur Verfügung steht.

Ausgehend von der Handelsbilanz gilt, dass unter dem Obergriff der Schulden Verbind- 6165
lichkeiten und **Rückstellungen** zusammengefasst werden. Charakteristisch sowohl für Verbindlichkeiten und als auch für Rückstellungen ist, dass sie gebildet werden, wenn (1) ein Leistungszwang gegenüber einem Dritten besteht, (2) aus diesem Leistungszwang eine wirtschaftliche Belastung hervorgeht und (3) der Dritte voraussichtlich die Leistung einfordern wird.[2] In beiden Fällen hat der Bilanzierende also nur dann einen entsprechenden Ausweis vorzunehmen, wenn objektiv Umstände gegeben sind, die

2 *Hoyos/Ring*, in: Beck'scher Bilanz-Kommentar, 7. Aufl., München 2010, § 249 Rn. 201.

eine Verpflichtung begründen und diese Umstände subjektiv für den Bilanzierenden erkennbar sind.

Die unter (3) angesprochene **Wahrscheinlichkeit** des Bestehens oder Entstehens der Verpflichtung wird anhand der sogenannten „51 %-Klausel" ermittelt.[3] Es müssen also mehr Gründe für als gegen das Bestehen der Verpflichtung sprechen, wobei es sich letztlich um eine steuerrechtliche Wertungsfrage handelt. Desgleichen gilt für die künftige Inanspruchnahme aus der Verbindlichkeit bzw. der Rückstellung. Wenn zum Bilanzstichtag erkennbar ist, dass eine Inanspruchnahme unterbleiben wird, ist die Bildung einer Verbindlichkeit bzw. Rückstellung nicht geboten.

Rückstellungen und Verbindlichkeiten unterscheiden sich hinsichtlich des Grades der Gewissheit über die Inanspruchnahme oder die Höhe der Verpflichtung. Bei der Verbindlichkeit stehen sowohl der Verpflichtungsgrund als auch die Höhe der Verpflichtung fest. Besteht keine ausreichende Gewissheit hinsichtlich des Grundes oder der Höhe oder hinsichtlich beider Merkmale, führt die Notwendigkeit der bilanziellen Abbildung der bestehenden Verpflichtung zur Bildung einer Rückstellung. Unbeachtlich für die Abgrenzung von Rückstellung und Verbindlichkeiten ist die Fälligkeit der Verpflichtung. Sobald die Verpflichtung dem Grunde und der Höhe nach bekannt ist, ist eine Verbindlichkeit auszuweisen, auch wenn die Fälligkeit noch nicht eingetreten ist. Die mangelnde Fälligkeit wird dann in der Steuerbilanz über die Bewertung der Verbindlichkeit und eine ggf. vorzunehmende Abzinsung berücksichtigt.

6166 Handelsrechtlich werden Rückstellungen für ungewisse Verbindlichkeiten, drohende Verluste aus schwebenden Geschäften und – in den engen Grenzen des § 249 HGB auch – für künftige Aufwendungen gebildet. **Verbindlichkeitsrückstellungen** bilden den bereits realisierten Aufwand ab, der sich aus einer dem Grunde oder der Höhe nach ungewissen Verpflichtung gegenüber einem Dritten ergibt. Verbindlichkeiten und Rückstellungen unterscheiden sich in zwei Punkten: Zum einen sind keine Rückstellungen zu bilden, wenn die Verpflichtung aus der Anschaffung eines Wirtschaftsgutes resultiert. Auch wenn die Höhe der Verpflichtung noch ungewiss ist, hat in diesem Fall die Verbindlichkeit Vorrang vor der Rückstellung. Die Höhe der Verbindlichkeit ist dann zu schätzen. **Rückstellungen für drohende Verluste** aus schwebenden Geschäften werden handelsrechtlich gebildet (und sind steuerlich gem. § 5 Abs. 4a EStG in der Steuerbilanz nicht auszuweisen), wenn aus schwebenden Geschäften künftig Aufwandsüberschüsse entstehen. Verbindlichkeiten, die erfolgswirksam über die GuV gebucht werden, können trotz dieser negativen Prognose nicht gebildet werden, solange sich im Rahmen des schwebenden Geschäfts Leistung und Gegenleistung ausgewogen gegenüberstehen.

6167 Während mit Verbindlichkeiten eine periodengerechte Aufwandsabgrenzung erfolgt, werden **passive Rechnungsabgrenzungsposten** (§ 5 Abs. 5 Satz 1 Nr. 2 EStG) für eine verursachungsgerechte Ertragsabgrenzung gebildet. Voraussetzung für die Bildung eines passiven Rechnungsabgrenzungsposten ist, dass Einnahmen vor dem Bilanzstichtag entstanden sind, die Ertrag für eine bestimmte Zeit nach dem Bilanzstichtag dar-

3 BFH, Urteil vom 30. 11. 2005 – I R 110/04, BStBl 2007 II S. 251.

stellen. Genauso wie bei der Verbindlichkeit sind der Grund, die Höhe und die zeitliche Zuordnung der Zahlung bekannt. Passive Rechnungsabgrenzungsposten werden typischerweise bei Dauerschuldverhältnissen gebildet, bei denen Leistung und Gegenleistung in unterschiedlichen Perioden erbracht werden. Wird das Entgelt bereits gezahlt und ist die Gegenleistung (beispielsweise eine Dienstleistung oder Überlassung eines Wirtschaftsgutes) noch nicht erbracht, werden die erhaltenen Einnahmen über einen passiven Rechnungsabgrenzungsposten neutralisiert. Auch öffentliche Ertragszuschüsse sind über einen passiven Rechnungsabgrenzungsposten verursachungsgerecht zu verteilen. Die Bildung einer Verbindlichkeit wird erst erforderlich, wenn die Zuschüsse wegen fehlerhafter Verwendung und unterbliebener Erfüllung der der Zuschussgewährung zugrundeliegenden Bedingungen zurückgefordert werden.

2. Bilanzierung

2.1 Passivierungsgebot

Für Verbindlichkeiten besteht unter folgenden Voraussetzungen ein Passivierungsgebot:[4] 6168

- Die Verbindlichkeit muss dem Grunde nach und der Höhe nach gewiss und quantifizierbar sein.[5] Der Steuerpflichtige muss also abschließend beurteilen können, in welchem Umfang und aus welchem Rechtsgrund eine Verpflichtung gegen ihn entstanden ist. Hängt das Entstehen der Verpflichtung von einer Handlung eines Dritten ab oder kann der Steuerpflichtige nur aufgrund einer statistischen Eintrittswahrscheinlichkeit über die Entstehung der Verbindlichkeit urteilen, liegt eine Verbindlichkeit nicht vor.[6] Sofern die Verbindlichkeit erfolgswirksam eingebucht wird, trägt der Steuerpflichtige nach den allgemeinen Grundsätzen die Beweislast für das Entstehen und den Fortbestand der Verbindlichkeit, da es sich um einen steuermindernden Vorgang handelt.[7]
- Darüber hinaus muss die Verbindlichkeit betrieblich veranlasst sein. Seit der grundlegenden Entscheidung des BFH zu der Behandlung von Kontokorrentverbindlichkeiten ist herrschende Auffassung, dass die betriebliche Veranlassung anhand des tatsächlichen Verwendungszweckes des Darlehens/der Verbindlichkeit festzustellen ist.[8] Der Ansatz der Verbindlichkeit ist aber in Analogie zur Rechtsprechung zum Ansatz von Rückstellungen dann ausgeschlossen, wenn der Betriebsausgabenabzug nach § 4 Abs. 5 EStG versagt wird.[9]

4 BFH, Urteil vom 12. 12. 1990 – I R 153/86, BStBl 1991 II S. 479; vom 19. 9. 2012 – IV R 45/09, BStBl 2013 II S. 123.

5 BFH, Urteile vom 20. 1. 1993 – I R 115/91, BStBl 1993 II S. 373; vom 17. 12. 1998 – IV R 21/97, BStBl 2000 II S. 116.

6 BFH, Urteil vom 20. 1. 1993 – I R 115/91, BStBl 1993 II S. 373.

7 BFH, Urteil vom 24. 6. 1976 – IV R 101/75, BStBl 1976 II S. 562.

8 BFH, Beschluss vom 4. 7. 1990 – GrS 2 3/88 – GrS 2/88, BStBl 1990 II S. 817.

9 *Weber-Grellet*, in: Schmidt, EStG, 30. Aufl., München 2011, § 5 Rz. 311; BFH, Urteile vom 22. 11. 1988 – VIII R 62/85, BStBl 1989 II S. 359 zu Rückstellungen; vom 9. 6. 1999 – I R 64/97, BStBl 1999 II S. 656 zu Rückstellungen.

- Als weiteres Kriterium für das Vorliegen einer Verbindlichkeit wird teilweise die **wirtschaftliche Verursachung** angeführt, die bis zum Bilanzstichtag eingetreten sein soll.[10] Diese Anforderung lässt sich weder aus dem Gesetzeswortlaut noch aus den GoB entnehmen. Der Bundesfinanzhof erwähnt dieses Kriterium zwar,[11] versteht es aber nur in dem Sinne, dass die spätere Erfüllung der geschuldeten Leistung zu einem Aufwand führt. Sollte es sich lediglich um eine künftige Belastung handeln, die aber nicht zu einem Aufwand führt, ist eine Passivierung grundsätzlich nicht geboten. Gegen dieses Merkmal spricht insbesondere das Vorsichtsprinzip, also die Berücksichtigung aller vorhersehbarer Risiken. Ob sich diese Risiken später realisieren, ist für die Bilanzierungsnotwendigkeit unbeachtlich.

2.2 Passivierungsverbot

6169 Eine Passivierung von Verbindlichkeiten ist unzulässig, wenn es sich um schwebende Geschäfte handelt, bei denen Leistung und Gegenleistung ausgeglichen sind.[12] Besteht auf einer Vertragsseite ein Erfüllungsrückstand, ist eine Rückstellung auszuweisen. Ausgeschlossen ist eine Passivierung in den Fällen, in denen mit an Sicherheit grenzender Wahrscheinlichkeit eine Belastung in der Zukunft nicht eintritt.[13] Hier fehlt es an der oben dargestellten und auch vom Bundesfinanzhof geforderten wirtschaftlichen Belastung aus dem zugrundeliegenden Rechtsverhältnis. Beispielhaft kann das Recht des Bilanzierenden genannt werden, die Einrede der Verjährung zu erheben.[14] Hat sich der Steuerpflichtige auf die Einrede berufen oder wird er voraussichtlich sein Einrederecht nutzen, ist die Verbindlichkeit nicht zu passivieren. Erhebt der Steuerpflichtige die Einrede (voraussichtlich) nicht, weil beispielsweise andernfalls Geschäftsbeziehungen beschädigt werden würden, ist die Verbindlichkeit weiterhin auszuweisen.[15] Eine Rückstellung ist zu bilden, wenn rechtliche Zweifel an dem Vorliegen der Voraussetzungen für eine Einrede bestehen, weil in diesem Fall eine ungewisse Verbindlichkeit vorliegt. Eine Bilanzierung kann denklogisch dann nicht verlangt werden, wenn der Steuerpflichtige von dem Entstehen und Bestehen der rechtlichen Verpflichtung keine Kenntnis hat.[16] Eine Bilanzierung der Verbindlichkeit erfolgt in diesen Fällen erst, wenn der Unternehmer den zugrundeliegenden Sachverhalt erkannt hat. Infolgedessen kann die

10 So *Weber-Grellet*, in: Schmidt, EStG, 30. Aufl., München 2011, § 5 Rz. 311; Niedersächsischen FG, Urteil vom 18. 12. 2008 – 10 K 120/04, DStRE 2009, S. 972; *Buciek*, in: Blümich, EStG/KStG/GewStG, § 5 EStG Rz. 755a; *Crzezlius*, in: Kirchof, EStG, 10. Aufl. 2011, § 5 Rz. 109; ablehnend: *Tiedchen*, in: HHR, EStG/KStG, § 5 EStG Rz. 481; *Christiansen*, DStR 2009 S. 2213.

11 BFH, Urteile vom 17. 12. 1998 – IV R 21/97, BStBl 2000 II S. 116; vom 4. 2. 1999 – IV R 54/97, BStBl 2000 II S. 139.

12 BFH, Urteile vom 17. 12. 1990 – VIII R 85/95, BStBl 1998 II S. 505; vom 28. 7. 2004 – XI R 63/03, BStBl 2006 II S. 866; R 5.7 Abs. 7 EStR.

13 BFH, Urteile vom 22. 11. 1988 – VIII R 62/85, BStBl 1989 II S. 359; vom 16. 2. 1996 – I R 73/95, BStBl 1996 II S. 592; vom 27. 3. 1996 – I R 3/95, BStBl 1996 II S. 470.

14 BFH, Urteil vom 9. 2. 1993 – VIII R 21/92, BStBl 1993 II S. 543 – das Gericht hat in diesem Fall ausdrücklich offen gelassen, ob die Verbindlichkeit weiterhin ausgewiesen werden muss, wenn mit einer Erfüllung der Verbindlichkeit zu rechnen ist, da dieser Punkt nicht entscheidungserheblich gewesen ist.

15 So auch *Buciek*, in: Blümich, EStG/KStG/GewStG, § 5 EStG Rz. 762.

16 BFH, Urteil vom 3. 7. 1991 – X R 163-164/87, BStBl 1991 II S. 802; *Weber-Grellet*, in: Schmidt, EStG, 30. Aufl., München 2011, § 5 Rz. 312; ablehnend *Tiedchen*, in: HHR, EStG/KStG, § 5 EStG Rz. 482.

Verbindlichkeit für steuerliche Zwecke auch nicht – ggf. abweichend von der Handelsbilanz – in dem Jahr der rechtlichen Entstehung ausgewiesen werden.

2.3 Zeitpunkt der Bilanzierung – Auflösung der Verbindlichkeiten

Verbindlichkeiten sind zu bilanzieren, sobald die Verbindlichkeit rechtlich entstanden ist (und der Steuerpflichtige den Rechtsgrund kennt). Die Ausbuchung der Verbindlichkeiten hat zu erfolgen, sobald sie erloschen sind. Wesentliche Erlöschensgründe sind die Erfüllung (§ 362 BGB), die Aufrechnung (§ 387-399 BGB, bei Kontokorrentverhältnissen § 355 HGB), die Novation, der Erlass (§ 397 BGB) und die befreiende Schuldübernahme (§§ 414 ff. BGB). Offen ist bisher, ob eine bilanzielle Überschuldung des Schuldners zu einer Ausbuchung der Verbindlichkeit führt.[17] 6170

2.4 Sonderfälle

- **Fälligkeit der Verbindlichkeit:** Die Bilanzierung der Verbindlichkeit kann nicht deshalb unterbleiben, weil die Forderung noch nicht fällig ist.[18] Eine andere Behandlung ist mit dem Vorsichtsprinzip nicht vereinbar. 6171
- **Rechtsmängel:** Insbesondere der Streit über die Entstehung oder den Fortbestand einer Verbindlichkeit steht einer Passivierung der Verbindlichkeit entgegen, wenn die Mängel eindeutig sind. Allerdings sind die Verpflichtungen dann ggf. wegen der Unsicherheit dem Grunde nach als Rückstellungen auszuweisen. 6172
- **Anfechtungsrecht:** Ein bestehendes Anfechtungsrecht zwingt solange zum Ausweis der Verbindlichkeit, bis die Anfechtung wirksam erklärt worden ist.
- **Aufschiebend bedingte Verbindlichkeiten:** Bei diesen Verbindlichkeiten hängt die Entstehung der Verpflichtung von einem künftigen ungewissen Ereignis ab. Infolgedessen dürfen diese Verbindlichkeiten erst mit Eintritt der Bedingung ausgewiesen werden.[19] Typische Konstellationen sind Verpflichtungen aus Bürgschaften oder Rückzahlungsverpflichtungen aus Zuschüssen. Die Verbindlichkeit kann auch ohne Eintritt der Bedingung ausgewiesen werden, wenn am Bilanzstichtag der Eintritt der Bedingung feststeht.[20] Ist am Bilanzstichtag der Eintritt der Bedingung aber nur ausreichend wahrscheinlich und ist die Verpflichtung bis zum Bilanzstichtag wirtschaftlich verursacht, kann eine Rückstellung gebildet werden.[21] 6173
- **Auflösend bedingte Verbindlichkeiten:** Auflösend bedingte Verbindlichkeit sind zivilrechtlich bereits entstanden, gehen aber bei künftigem Eintritt der Bedingung unter (§ 158 Abs. 2 BGB). Ist der Eintritt der Bedingung am Bilanzstichtag erfolgt oder 6174

17 BFH, Urteil vom 30. 11. 2011 – I R 100/10, BStBl 2012 II S. 332 äußert sich zu diesem Punkt nicht.

18 BFH, Urteile vom 3. 12. 1991 – VIII R 88/87, BStBl 1993 II S. 89; vom 5. 6. 2002 – I R 96/00, BStBl 2005 II S. 736.

19 BFH, Urteile vom 17. 12. 1998 – IV 21/97, BStBl 2000 II S. 116; vom 31. 9. 2011 – IV B 72/10, BFH/NV 2012 S. 21.

20 BFH, Urteil vom 29. 11. 2000 – I R 31/00, BStBl 2004 II S. 41.

21 BFH, Urteile vom 25. 1. 1996 – IV R 114/94, BStBl 1997 II S. 382; vom 24. 1. 2001 – I R 39/00, BStBl 2005 II S. 465.

erscheint er als sicher, ist die Verbindlichkeit nicht mehr auszuweisen.[22] Auch hier gilt, dass ein lediglich wahrscheinlicher Bedingungseintritt zum Ausweis einer Rückstellung führt.[23] Eine Rückzahlungsverbindlichkeit ist nach ständiger Rechtsprechung auch in den Fällen nicht auszuweisen, in denen der Gläubiger den Eintritt der Bedingung nicht alleine herbeiführen kann, sondern die Handlungen Dritter für den Bedingungseintritt erforderlich sind.[24] Diese Konstellationen sind wirtschaftlich identisch mit denen der aufschiebend bedingten Verbindlichkeiten. In beiden Fällen besteht ein Schwebezustand, der den Ausweis einer gewissen Verbindlichkeit nicht rechtfertigt. Bezogen auf die Rückzahlungsverpflichtung kann es daher dahinstehen, ob es sich um eine bedingte Verpflichtung oder um einen bedingten Erlass der Zahlungsverpflichtung handelt. Sofern die Voraussetzungen vorliegen, ist aber eine Rückstellung für ungewisse Verbindlichkeiten auszuweisen.

6175 ► **Zahlungsfähigkeit/-willigkeit des Schuldners:** Auch dieser Punkt ist für den Ausweis einer Verbindlichkeit unbeachtlich, da insoweit nur auf das objektive Vorliegen der die Verbindlichkeit begründenden Umstände abzustellen ist.[25] Das gilt auch für eigenkapitalersetzende Darlehen. Die ggf. bereits bei Darlehensgewährung fehlende wirtschaftliche Fähigkeit des Schuldners eine abredegemäße Rückführung des Darlehens vorzunehmen, steht dem Ausweis der Verbindlichkeit nicht entgegen.

2.5 Verbindlichkeiten als Betriebsvermögen

6176 Schließlich können Verbindlichkeiten nur dann in der Steuerbilanz ausgewiesen werden, wenn sie objektiv mit dem Betrieb zusammenhängen und subjektiv dem Betrieb zu dienen bestimmt sind.[26] Bei Einzelunternehmen und bei Mitunternehmerschaften ist sicherzustellen, dass ein wirtschaftlicher Zusammenhang zwischen der Verbindlichkeit und dem Betrieb besteht und die Verbindlichkeit nicht oder nur in unbedeutendem Maße auf private, der Lebensführung des Steuerpflichtigen zuzurechnende Umstände beruht. Anders als auf der Aktivseite kann der Steuerpflichtige nicht kraft eigener Willensentscheidung eine Verbindlichkeit zum Betriebsvermögen willküren. Mittelbar kann aber eine Verbindlichkeit durch eine Willensentscheidung des Steuerpflichtigen zum Betriebsvermögen werden: Finanziert der Steuerpflichtige ein Wirtschaftsgut, das zum gewillkürten Betriebsvermögen zählt, wird diese Verbindlichkeit zur Betriebsschuld. Nach Ansicht des Bundesfinanzhofes folgt in dieser Konstellation die Verbindlichkeit dem Zurechnungszusammenhang mit dem Wirtschaftsgut und eine Willensentscheidung des Steuerpflichtigen soll in Hinblick auf die Verbindlichkeit nicht gegeben sein.[27] Auf dieser dogmatischen Basis ergibt sich im weiteren, dass die Verbindlich-

22 *Weber-Grellet*, in: Schmidt, EStG, 30. Aufl., München 2011, § 5 Rz. 314; *Crezelius*, in: Kirchof, EStG, 10. Aufl. 2011, § 5 Rz. 110.

23 *Buciek*, in: Blümich, EStG/KStG/GewStG, § 5 EStG Rz. 762; ablehnend *Tiedchen*, in: HHR, EStG/KStG, § 5 EStG Rz. 485.

24 BFH, Urteil vom 4. 2. 1999 – IV R 54/97, BStBl 2000 II S. 139; *Buciek*, in: Blümich, EStG/KStG/GewStG, § 5 EStG Rz. 761a; *Tiedchen*, in: HHR, EStG/KStG, § 5 EStG Rz. 485.

25 BFH, Urteile vom 9. 2. 1993 – VIII R 29/91, BStBl 1993 II S. 747; vom 6. 11. 2007 – I B 50/07, BFH/NV 2008 S. 616; *Weber-Grellet*, in: Schmidt, EStG, 30. Aufl., München 2011, § 5 Rz. 311.

26 BFH, Urteil vom 4. 7. 1990 – GrS 2-3/88, BStBl 1990 II S. 817.

27 BFH, Urteil vom 4. 7. 1990 – GrS 2-3/88, BStBl 1990 II S. 817.

keit immer das Schicksal des finanzierten Wirtschaftsgutes (also der angeschafften Beteiligung, Maschine o. Ä.) teilt: Wird das Wirtschaftsgut aus dem Betriebsvermögen in das Privatvermögen übertragen, folgt auch die Verbindlichkeit. Erfolgt der Statuswechsel des Wirtschaftsgutes in die andere Richtung, wird also das Wirtschaftsgut vom Privatvermögen in das Betriebsvermögen überführt, folgt auch in diesem Fall die Verbindlichkeit nach.[28] Hinsichtlich des übertragenen Wirtschaftsgutes ist in dieser Konstellation zu überlegen, ob eine Übertragung zu Buchwerten nach § 6 Abs. 1 Nr. 5 EStG möglich ist oder wegen des Zurechnungszusammenhanges mit der Verbindlichkeit ein (teil-)entgeltlicher Vorgang vorliegt, der zur (ggf. anteiligen) Aufdeckung stiller Reserven führt. Vergleichbare Fragestellungen können auch im Anwendungsbereich des § 6 Abs. 5 Satz 3 EStG auftreten, der einen Zwang zur Buchwertführung bei Übertragung von Wirtschaftsgütern zwischen Betriebsvermögen nur bei unentgeltlicher Übertragung oder bei Gewährung von Gesellschaftsrechten vorsieht. Werden also Wirtschaftsgüter von einem Betriebsvermögen in ein anderes Betriebsvermögen übertragen, folgt ggf. die mit dem Wirtschaftsgut im Zusammenhang stehende Verbindlichkeit nach und infolgedessen liegt keine unentgeltliche Übertragung im Sinne des § 6 Abs. 5 Satz 3 EStG vor.

Ferner führt dieser Ansatz dazu, dass Verbindlichkeiten in Abhängigkeit zur Verwendung der Mittel auch nur teilweise dem Betriebsvermögen zugerechnet werden. Werden also die Fremdmittel auch für private Zwecke eingesetzt, ist insoweit die Verbindlichkeit nicht als Betriebsschuld auszuweisen. Die zivilrechtlichen Vereinbarungen – also auch der Umstand, dass die Gesellschaft Vertragspartnerin des Darlehensgebers geworden ist – sind insoweit unbeachtlich.[29]

2.6 Tilgung aus künftigen Einnahmen/Gewinnen gemäß § 5 Abs. 2a EStG

2.6.1 Historie der Regelung

Für erfolgsabhängige Verpflichtungen dürfen Verbindlichkeiten oder Rückstellungen erst gebildet werden, wenn die Einnahmen oder Gewinne angefallen sind (§ 5 Abs. 2a EStG). Nach allgemeinen Verständnis sieht die Regelung des § 5 Abs. 2a EStG einen „Passivierungsaufschub" vor. Solange die Einnahmen oder Gewinne nicht entstanden sind, besteht ein Passivierungsverbot. Diese Regelung wurde mit dem Steuerbereinigungsgesetz 1999[30] eingeführt und gilt für Wirtschaftsjahre, die nach dem 31. 12. 1998 beginnen (§ 52 Abs. 12a EStG i. d. F. des Steuerbereinigungsgesetzes 1999). Zu diesem Zeitpunkt bestehende Verbindlichkeiten, die unter die Regelung des § 5 Abs. 2a EStG fallen, sind in dem ersten nach dem 31. 12. 1998 beginnenden Wirtschaftsjahr gewinnerhöhend aufzulösen. 6177

Auslöser für die Einführung der Regelung waren Steuergestaltungen und die ständige Rechtsprechung des Bundesfinanzhofes. Mit der Stundung von Verpflichtungen im Zu-

28 BFH, Urteil vom 4. 7. 1990 – GrS 2-3/88, BStBl 1990 II S. 817.
29 BFH, Urteil vom 4. 7. 1990 – GrS 2-3/88, BStBl 1990 II S. 817.
30 Steuerbereinigungsgesetz vom 22. 12. 1999, BGBl 1999 I S. 2601.

sammenhang mit der Herstellung von Wirtschaftsgütern oder aus Leistungsbeziehungen bis zur Erzielung von Erlösen (oder bis zum Eintritt anderer Ereignisse) konnten zeitlich begrenzt Verluste zugewiesen werden. Der Bundesfinanzhof hat sich bei der Überprüfung der Gestaltungen aber nicht mit der Frage eines möglichen Gestaltungsmissbrauches beschäftigt, sondern die bilanzrechtlichen Grundlagen geprüft. Nach Auffassung des Gerichts sind Verbindlichkeiten nicht zu passivieren, wenn sie ausschließlich aus zukünftigen Gewinnen getilgt werden, weil es in diesen Fällen zum Bilanzstichtag an einer wirtschaftlichen Belastung des Steuerpflichtigen fehlt.[31] Insoweit hätte es einer gesetzlichen Regelung nicht bedurft, weil ein Rückgriff auf die allgemeinen Grundsätze zur Passivierung von Verbindlichkeiten ausreichend gewesen wäre. Die gesetzliche Regelung richtet sich aber gegen eine zweite Fallgruppe: Nach Auffassung des BFH sind Verbindlichkeiten (und auch Rückstellungen) zu passivieren, wenn die Tilgungsverpflichtung nicht (nur) an die Erzielung eines Gewinns, sondern (auch) an andere Faktoren – beispielsweise an die Erzielung von Erlösen – geknüpft wird.[32] Nachdem die Finanzverwaltung wiederholt mit Nichtanwendungserlassen auf diese Rechtsprechung reagiert hat, wurde schließlich die gesetzliche Regelung eingeführt.

2.6.2 Voraussetzungen

6178 Im ersten Schritt muss die Erfüllung der Verbindlichkeit durch die Entstehung der Gewinne oder Einnahme veranlasst sein. Ist die Entstehung der Verbindlichkeit oder die Verpflichtung zur Rückzahlung eines Betrages dagegen um den Eintritt anderer Ereignisse bedingt, liegt insoweit kein Anwendungsfall des § 5 Abs. 2a EStG vor. Nach Auffassung des FG Münster ist der Anwendungsbereich bereits eröffnet, wenn eine Verpflichtung vorliegt, „die nur zu erfüllen ist, soweit künftig Einnahmen oder Gewinne anfallen".[33] Der Entscheidung lag eine Vergütungsvereinbarung im Rahmen einer Beratung zugrunde, nach der ein Erfolgshonorar bei Erreichen bestimmter Umsatzziele von dem Auftraggeber gezahlt werden sollte. Der Anwendungsbereich des § 5 Abs. 2a EStG wird mit dieser Auslegung überdehnt, da die Regelung nur auf die Fälle anzuwenden ist, in denen die Verbindlichkeit bereits entstanden ist, aber besondere Tilgungsvereinbarungen getroffen wurden, die eine wirtschaftliche Belastung des Steuerpflichtigen zunächst ausschließen. Der der gerichtlichen Entscheidung zugrundeliegende Sachverhalt spielte sich auf der Vorstufe der Entstehung der Verbindlichkeit ab und fällt daher nicht unter den Anwendungsbereich.

Der Regelungsbereich beschränkt sich auf die Fälle, in denen die Erfüllung einer Verbindlichkeit aufschiebend bedingt um den künftigen Zufluss von Einnahmen oder Gewinnen ist. Die Regelung greift aber nicht ein, wenn die Verbindlichkeit nicht nur aus künftigen Einnahmen und Gewinnen sondern auch aus dem Liquidationserlös erfüllt

---

31 BFH, Beschluss des Großen Senats vom 10. 11. 1980 – GrS 1/79, BStBl 1981 II S. 164; BFH, Urteile vom 14. 6. 1994 – VIII 37/93, BStBl 1995 II S. 246; vom 14. 5. 2002 – VIII R 8/01, BStBl 2002 II S. 532; vom 16. 5. 2007 – I R 36/06, BFH/NV 2007 S. 2252.

32 BFH, Urteil vom 20. 9. 1995 – X R 225/93, BFHE 178 S. 434; siehe zu dieser Entscheidung BMF, Schreiben vom 28. 4. 1997 – IV B 2 – S-2137 – 38/97, BStBl 1997 I S. 398 (zwischenzeitlich aufgehoben); sowie zahlreiche Entscheidungen zu Rückstellungen: siehe Übersicht bei *Richter*, in: HHR, EStG/KStG, § 5 EStG Rz. 1762.

33 FG Münster, Urteil vom 17. 8. 2010 (rkr.) – 1 K 3969/07 F, EFG 2011 S. 468.

werden kann.[34] Nach Auffassung der Gerichte unterliegen nur solche Verbindlichkeiten dem Passivierungsaufschub, die ausschließlich aus künftigen Einnahmen und Gewinnen zu erfüllen sind. Treten neben diese Kriterien weitere Erfüllungsmöglichkeiten, greift die Regelung des § 5 Abs. 2a EStG nicht mehr ein.[35] Dies gilt insbesondere, wenn es sich um den Liquidationserlös handelt, der gerade keinen künftigen Gewinn repräsentiert, sondern die aktuell bestehenden stillen Reserven beinhaltet.[36]

Das Tatbestandsmerkmal „soweit Gewinne und Einnahmen" anfallen, ist im Falle der **schrittweisen Vereinnahmung** von Einnahmen oder Gewinnen dahingehend zu verstehen, dass die Verbindlichkeit auch nur anteilig und nicht vollumfänglich entsteht.[37] Würde man einen vollständigen Ausweis der Verbindlichkeit bereits bei teilweiser Vereinnahmung von Gewinnen oder Einnahmen zulassen, würde eine Verbindlichkeit ausgewiesen werden, die dann – entgegen dem Ziel der Regelung – anteilig von künftigen Einnahmen und Gewinnen abhängig ist.

2.6.3 Rechtsfolgen

Die Regelung sieht einen Passivierungsaufschub für die oben dargestellten Verbindlich- 6179
keiten vor. Infolgedessen kann einerseits eine ergebniswirksame Passivierung einer Verbindlichkeit solange nicht erfolgen, bis die Gewinne oder Einnahmen entstanden sind. Andererseits sind aber beispielsweise Zuwendungen, deren Rückzahlung von künftigen Einnahmen oder Gewinnen abhängt, ergebniswirksam zu vereinnahmen und damit der Besteuerung zu unterwerfen. Die Verpflichtung zur Rückzahlung ist erstmalig in dem Wirtschaftsjahr ergebniswirksam auszuweisen, in dem die Gewinne oder die Einnahmen entstanden sind. Sofern im Zusammenhang mit der Anschaffung eines Wirtschaftsgutes eine gewinn-/einnahmeabhängige Kaufpreisverbindlichkeit vereinbart wird, ist der Anschaffungsvorgang zunächst neutral gegen das Kapital der Gesellschaft zu buchen. Eine ergebniswirksame ratierliche Abschreibung des Wirtschaftsgutes wird erst möglich sein, wenn die Voraussetzungen für die steuerliche Passivierung der Verbindlichkeit gegeben sind.

Darüber hinaus führt die Regelung des § 5 Abs. 2a EStG zu einer weiteren **Abweichung zwischen Handels- und Steuerbilanz**, wenn in der Handelsbilanz, gestützt auf die oben dargestellte Rechtsprechung des Bundesfinanzhofes, die aus künftigen Gewinnen oder Einnahmen zu tilgenden Verbindlichkeiten auszuweisen sind. Die sich hieraus zunächst ergebende Steuerbelastung wird zumindest hinsichtlich des handelsrechtlichen Ergebnisses durch die Bildung aktiv latenter Steuern ausgeglichen.

34 BFH, Urteile vom 20. 10. 2004 – I R 11/03, BStBl 2005 II S. 581; vom 16. 5. 2005 – I R 3606, BFH/NV 2007 S. 2252; FG München, Urteil vom 22. 10. 2010 – 7 K 1396/08, EFG 2011, 554 – Revision eingelegt.

35 Offen ist, ob der Bundesfinanzhof zu diesem Punkt Stellung nehmen wird, da der Gesellschafter auch einen Rangrücktritt ausgesprochen hat (siehe Fn. 33).

36 A. A. BMF, Schreiben vom 8. 9. 2006 – IV B 2 S-2133 10/06, BStBl 2006 I S. 497.

37 *Richter*, in: HHR, EStG/KStG, § 5 EStG Rz. 1775; *Buciek*, in: Blümich, EStG/KStG/GewStG, § 5 EStG Rz. 758b; für eine vollständigen Ausweis der Verbindlichkeit auch bei erst teilweiser Vereinnahmung von Gewinnen und Einnahmen *Strahl*, in: Korn, Einkommensteuergesetz, § 5 Rz. 548.

2.6.4 Sonderfälle

Gerät eine Gesellschaft in eine wirtschaftliche Krise, modifizieren die Gläubiger (insbesondere wenn es sich hierbei um die Gesellschafter handelt) häufig die Rückzahlungsbedingungen und knüpfen die Rückzahlung an die Verbesserung der wirtschaftlichen Verhältnisse der Gesellschaft. Hieraus ergeben sich folgende Besonderheiten im Rahmen § 5 Abs. 2a EStG:

6180 **Eigenkapitalersetzende Darlehen:** Das zeitweilige Passivierungsverbot des § 5 Abs. 2a EStG greift bei eigenkapitalersetzenden Darlehen nicht ein. Gewährt ein Gesellschafter der Gesellschaft in einer wirtschaftlichen Krise ein Darlehen und hätte zu diesem Zeitpunkt ein ordentlicher Kaufmann Eigenkapital zugeführt, kann der Gläubiger im Falle der Insolvenz der Gesellschaft nur noch eine nachrangige Erfüllung fordern. Der Ausweis als Verbindlichkeit in der Handelsbilanz wurde in der Vergangenheit von der Qualifikation als eigenkapitalersetzendes Darlehen nicht berührt.[38] Die Grundsätze zu den eigenkapitalersetzenden Darlehen haben sich mit der Einführung des MoMiG überholt. Die neuen gesetzlichen Regelungen lösen insbesondere das Richterrecht zur Behandlung dieser Verbindlichkeiten im Insolvenzfall ab. Mit den neuen Regelungen werden diese Verbindlichkeiten im Insolvenzfall nachrangig behandelt. Ein Zusammenhang der insbesondere für insolvenzrechtliche Zwecke vorgenommenen Qualifikation einer Verbindlichkeit als eigenkapitalersetzend mit den Anforderungen des § 5 Abs. 2a EStG besteht nicht, da die Erfüllung der eigenkapitalersetzenden Verbindlichkeit nicht nur von der Entstehung künftiger Einnahmen und Gewinne abhängt.

6181 **Forderungsverzicht:** Der isolierte Forderungsverzicht führt nicht zu einer Anwendung des § 5 Abs. 2a EStG, weil die Forderung durch den Erlass (§ 397 BGB) zivilrechtlich erlischt und eine Rückzahlungsverpflichtung aus dieser Verbindlichkeit nicht mehr besteht. Wird der Forderungsverzicht mit einem Besserungsschein – also Erlass der Forderung und die Verpflichtung, bei wirtschaftlicher Erholung der Gesellschaft die Verbindlichkeit (anteilig) zu erfüllen – verbunden, greifen auch in diesem Fall die Regeln über den Passivierungsaufschub nicht ein. Die Verbindlichkeit geht mit dem Erlass unter[39] und wird ausgebucht. Ob die Verbindlichkeit für steuerliche Zwecke erfolgswirksam ausgebucht wird, richtet sich nach ihrer Werthaltigkeit. Fehlt es an der Werthaltigkeit, entsteht ein Ertrag infolge der Ausbuchung. Ob dieser Ertrag dann auch zu einer zusätzlichen Steuerbelastung führt, hängt u. a. davon ab, ob der Steuerpflichtige über Verlustvorträge (und damit in der Regel durch die Mindestbesteuerung zumindest eine partielle Steuerbelastung entsteht) verfügt oder ggf. der Sanierungserlass eingreift und damit eine zusätzliche Steuerbelastung vermieden werden kann. Werthaltige Verbindlichkeiten sind grundsätzlich steuerneutral auszubuchen. Mit der Einführung des materiellen Korrespondenzprinzips ist jedoch eine steuerneutrale Ausbuchung bei Kapitalgesellschaften nur noch möglich, wenn der Gläubiger seinerseits für steuerliche Zwecke die Ausbuchung der Forderung neutral behandelt, also keine abzugsfähigen Betriebs-

38 BFH, Urteil vom 30. 3. 1992 – I-R-127/90, BStBl 1992 II S. 532; siehe im Einzelnen auch das ABC der Verbindlichkeiten.

39 BFH, Urteil vom 29. 1. 2003 – I R 50/02, BStBl 2003 II S. 768; BMF, Schreiben vom 2. 12. 2003 – IV A 2 – S-2743 – 5/03, BStBl 2003 I S. 648.

ausgaben geltend macht (§ 8 Abs. 3 Satz 4 KStG). Diese Regelung erfasst insbesondere grenzüberschreitende Fälle. Mit Eintritt des Besserungsfalles entsteht eine neue Verbindlichkeit. Für die Regelung des § 5 Abs. 2a EStG ist also bei Forderungsverzichten kein Raum.

Rangrücktritt: Ein weiteres Mittel, die Zahlungsunfähigkeit einer Gesellschaft zu beseitigen, ist der Rangrücktritt. Im Rahmen eines (einfachen) Rangrücktritts spricht der Gläubiger keinen Erlass aus, sondern gewährt den anderen Gläubigern ein vorrangiges Recht auf Erfüllung ihrer Forderungen. Auch nach Auffassung der Finanzverwaltung ist bei einem Rangrücktritt die Verbindlichkeit grundsätzlich zu passivieren.[40] Wird der **einfache Rangrücktritt** mit einer **Besserungsabrede** verknüpft, soll nach Auffassung der Finanzverwaltung eine erfolgswirksame Ausbuchung der Verbindlichkeit erfolgen, wenn die Besserungsabrede auf die Erfüllung der Verbindlichkeiten aus künftigen Gewinnen oder aus einem Liquidationsüberschuss gerichtet ist.[41] In der Gestaltung empfiehlt sich, den Rangrücktritt in Anlehnung an das Schreiben des Bundesfinanzministeriums zu formulieren. Ob die enge Sichtweise der Finanzverwaltung einer gerichtlichen Überprüfung standhält, bleibt abzuwarten.[42] Eine Passivierung ist aber möglich, wenn die Tilgung auch aus sonstigem freien Vermögen erfolgen kann. Bei einem **qualifizierten Rangrücktritt** erklärt der Gläubiger, dass er so behandelt werden soll, als handele es sich bei seiner Forderung um statutarisches Kapital. Seine Forderung wird also erst nach Erfüllung aller anderen Forderungen und gleichzeitig mit der Rückzahlung der Einlagen befriedigt.[43] In diesen Konstellationen findet der Passivierungsaufschub des § 5 Abs. 2a EStG keine Anwendung, weil der Zusammenhang mit künftigen Einnahmen und Gewinnen fehlt. Die Verbindlichkeit ist also zu passivieren. Diese klare und in der Praxis für die erforderliche Rechtssicherheit sorgende Abgrenzung zwischen dem einfachen und dem qualifizierten Rangrücktritt, die das Bundesfinanzministerium im Schreiben vom 8. 9. 2006[44] aufgestellt hat, scheint dem erkennenden Senat im Urteil vom 30. 11. 2011[45] nicht bekannt gewesen zu sein. In der Überschrift wird eine Entscheidung zum qualifizierten Rangrücktritt angekündigt, im Sachverhalt wird aber eindeutig ein einfacher Rangrücktritt geschildert. Auf das Schreiben des Bundesfinanzministeriums vom 8. 9. 2006[46] nimmt das Gericht nicht Bezug. Die Finanzverwaltung hält jedoch an der bisherigen Differenzierung von Rangrücktritten fest und hat die Entscheidung in die Sammlung der nicht veröffentlichten Urteile aufgenommen. 6182

3. Bewertung

Der Ansatz einer Verbindlichkeit dem Grunde nach richtet sich nach §§ 4 und 5 EStG, 6183
die Höhe der auszuweisenden Verbindlichkeit ist in § 6 Abs. 1 Nr. 3 EStG geregelt. Aus-

40 BMF, Schreiben vom 8. 9. 2006 – IV B 2 S-2133 10/06, BStBl 2006 I S. 497.

41 BMF, Schreiben vom 8. 9. 2006 – IV B 2 S-2133 10/06, BStBl 2006 I S. 497.

42 Für eine weitergehende Auslegung, wenn eine Bezugnahme auf die Tilgung aus Liquidationsüberschüssen und sonstigem freien Vermögen fehlt: BFH, Urteil vom 10. 11. 2005 – IV R 13/04, BStBl 2006 II S. 618.

43 Siehe zur Definition BMF, Schreiben vom 8. 9. 2006 – IV B 2 S-2133 10/06, BStBl 2006 I S. 497.

44 BMF, Schreiben vom 8. 9. 2006 – IV B 2 S-2133 10/06, BStBl 2006 I S. 497.

45 BFH, Urteil vom 30. 11. 2011 – I R 100/10, BFH/NV 2012 S. 631.

46 BMF, Schreiben vom 8. 9. 2006 – IV B 2 S-2133 10/06, BStBl 2006 I S. 497.

gangspunkt für die Bewertung von Verbindlichkeiten ist der handelsrechtliche Ansatz mit dem Erfüllungsbetrag (§ 253 Abs. 1 Satz 2 HGB). Abweichend sieht das Steuerrecht vor, dass die Verbindlichkeit unter sinngemäßer Anwendung des § 6 Abs. 1 Nr. 2 EStG anzusetzen und in der Regel abzuzinsen ist. Die Regelung des § 6 Abs. 1 Nr. 3 EStG ist die bewertungsrechtliche Generalnorm, die hinter speziellere Regelungen zurücktritt. Darüber hinaus sind die GoB bei der Anwendung der Regelung zu berücksichtigen. Die Bewertung der Verbindlichkeit steht nicht in einem Zusammenhang mit der Bewertung der korrespondierenden Forderung beim Gläubiger. Handelt es sich um Kaufpreisverbindlichkeiten, richtet sich die Bewertung der Verbindlichkeit auch nicht nach der Bewertung des angeschafften Wirtschaftsgutes, insbesondere führen eventuelle Wertminderungen des Kaufgegenstandes nicht zu einer Minderung der Kaufpreisverbindlichkeit.

3.1 Grundsatz Erfüllungsbetrag

6184 Für die Bewertung von Verbindlichkeiten ist nach dem Verweis in § 6 Abs. 1 Nr. 3 EStG auf die sinngemäße Anwendung des § 6 Abs. 1 Nr. 2 EStG auf die Anschaffungs- und Herstellungskosten bzw. auf einen ggf. höheren Teilwert abzustellen. Allerdings wird die sinngemäße Anwendung der Regelung für die Bewertung des Aktivvermögens auf das Passivvermögen durch die gegenläufigen Richtungen des Realisationsprinzips auf der Aktiv- und des Imparitätsprinzips auf der Passivseite begrenzt.

3.1.1 Begriff der Anschaffungskosten

6185 Durch die verunglückte Verweistechnik in § 6 Abs. 1 Nr. 3 EStG ist auf den Begriff der Anschaffungskosten für die Ermittlung des Wertes der Verbindlichkeit zurückzugreifen. Da sich der Anschaffungskostensbegriff auf Verbindlichkeiten nicht übertragen lässt, wird mangels anderweitiger steuerrechtlicher Regelungen insoweit zur Wertermittlung auf die handelsrechtlichen GoB zurückgegriffen.[47] Maßgeblich ist der Erfüllungsbetrag. Für auf einen Geldbetrag lautende Verbindlichkeiten ist der Nennbetrag der Verbindlichkeit maßgeblich. Bei Sach- und Dienstleistungsverbindlichkeiten ist der Geldwert der Aufwendungen oder Arbeitsleistungen anzusetzen, die der Steuerpflichtige voraussichtlich für die Erfüllung der Verbindlichkeit erbringen muss. Nach der Einführung des § 6 Abs. 1 Nr. 3a lit. b) EStG mit dem Steuerentlastungsgesetz 1999/2000/2002 gilt wohl auch für Verbindlichkeiten, dass nicht die Vollkosten sondern die Einzelkosten und Teile der Gemeinkosten bei der Ermittlung der Höhe der Verbindlichkeit zugrundezulegen sind.[48] Sofern die Höhe der Aufwendungen am Bilanzstichtag noch nicht abschließend feststeht, ist der Betrag zu schätzen und wegen der ungewissen Höhe der Verpflichtung eine Rückstellung zu bilden.

3.1.2 Höherer Teilwert

6186 Aufgrund des Verweises in § 6 Abs. 1 Nr. 3 EStG auf § 6 Abs. 1 Nr. 2 EStG besteht ein Wahlrecht zum Ansatz des höheren Teilwertes. Der höhere Teilwert wird nur in der

47 *Kiesel*, in: HHR, EStG/KStG, § 5 EStG Rz. 1762.

48 *Werndl*, in: Kirchhof/Söhn/Mellinghoff, EStG-Kommentar, § 5 Anm. D 38; *Kiesel*, in: HHR, EStG/KStG, § 6 EStG Rz. 1131; für Vollkosten *Ehmcke*, in: Blümich, EStG/KStG/GewStG, § 6 EStG Rz. 943.

Steuerbilanz angesetzt, da in der Handelsbilanz gemäß § 253 Abs. 1 Satz 2 HGB nur der Erfüllungsbetrag angesetzt werden kann und mit dem BilMoG die umgekehrte Maßgeblichkeit aufgehoben worden ist. Die Wahlrechtsausübung zugunsten des höheren Teilwertes löst die Verpflichtung des Steuerpflichtigen aus, die Verbindlichkeiten in ein gesondertes Verzeichnis im Sinne des § 5 Abs. 1 Satz 2 EStG aufzunehmen.

Die sinngemäße Anwendung des § 6 Abs. 1 Nr. 2 EStG auf Verbindlichkeiten führt zu folgender Vorgehensweise bei der Bewertung: Gilt bei der Bewertung auf der Aktivseite das Niederstwertprinzip, führt die entsprechende Anwendung spiegelbildlich bei der Bewertung von Verbindlichkeiten zur Geltung des Höchstwertprinzips. Danach kann also eine Verbindlichkeit mit dem dauerhaft höheren Wert angesetzt werden. Der Ansatz eines Zwischenwertes ist unzulässig. Teilwert wird definiert als der Betrag, mit dem ein Erwerber des Betriebes im Rahmen des Gesamtkaufpreises die Verbindlichkeit berücksichtigen würde. Anzusetzen ist der Barwert der Verbindlichkeit, da der Erwerber wahlweise den Kaufpreis sofort zahlen oder die Verbindlichkeit gegen die Kaufpreisverbindlichkeit verrechnen und den Zinsvorteil der späteren Zahlung der übernommenen Verbindlichkeit nutzen kann.[49]

Die sinngemäße Anwendung des § 6 Abs. 1 Nr. 2 EStG führt auch dazu, dass der Steuerpflichtige die Dauerhaftigkeit der Werterhöhung nachweisen muss. Andernfalls greift das Wertaufholungsgebot und die Verbindlichkeit ist wieder mit den niedrigeren „Anschaffungskosten" anzusetzen. Für die vor Einführung dieser Regelung bereits begründeten Verbindlichkeiten kann in den Fällen der Wertaufholung eine gewinnneutrale Rücklage gebildet werden, die über zehn Jahre aufzulösen ist (§ 52 Abs. 16 Satz 11 EStG i. d. F. des Steuerentlastungsgesetzes 1999/2000/2002).[50]

Hinsichtlich der Dauerhaftigkeit des höheren Teilwertes sind nach Auffassung des Bun- 6187
desfinanzhofes nicht die für die nicht abnutzbaren Wirtschaftsgüter des Anlagevermögens entwickelten Grundsätze – jedenfalls bei **langfristigen** Fremdwährungsverbindlichkeiten – anzuwenden.[51] Vielmehr seien die für die abnutzbaren Wirtschaftsgüter entwickelten Vorgehensweisen auf die Bewertung von Verbindlichkeiten zu übertragen. Die abnutzbaren Wirtschaftsgüter des Anlagevermögens und Verbindlichkeiten ähneln sich nach Auffassung des Gerichts in der Regel in der begrenzten Nutzungsmöglichkeit bzw. Laufzeit. Dieser zeitlich begrenzte Rahmen sei bei der Beurteilung der Dauerhaftigkeit der Werterhöhung zugrundezulegen. Danach sei mindestens für die Hälfte der Laufzeit der Verbindlichkeit die Dauerhaftigkeit der Werterhöhung nachzuweisen. Diese Argumentation überzeugt nicht, weil § 6 Abs. 1 Nr. 3 EStG auf § 6 Abs. 1 Nr. 2 EStG und damit auf die nicht abnutzbaren Wirtschaftsgüter des Anlagevermögens verweist. Der Gesetzgeber hat also eher eine Vergleichbarkeit der Verbindlichkeit mit dieser Gruppe von Wirtschaftsgütern als mit den abnutzbaren Wirtschaftsgütern des Anlagevermögens gesehen. Auch dürften Wechselkursschwankungen und Änderungen im Zinsniveau kaum prognostizierbar sein und zwingen dann bei fehler-

49 *Werndl*, in: Kirchhof/Söhn/Mellinghoff, EStG-Kommentar, § 5 Anm. D 65.

50 BFH, Urteil vom 23. 4. 2009 – IV R 62/06, BStBl 2009 II S. 778; zu Zweifelsfragen im Zusammenhang mit der Übergangsregelung siehe *Kiesel/Görner*, in: HHR, EStG/KStG, § 5 EStG Rz. 1150.

51 BFH, Urteil vom 23. 4. 2009 – IV R 62/06, BStBl 2009 II S. 778; *Prinz*, StuB 2009 S. 565.

hafter Prognose zu nachträglichen Anpassungen.[52] Alternativ könnte auf die Grundsätze abgestellt werden, die Rechtsprechung und Finanzverwaltung zur Bewertung von Wertpapieren, die zum Anlagevermögen zählen, entwickelt haben.[53] Eindeutiger sind die Verhältnisse bei **kurzfristigen** Verbindlichkeiten, weil hier auch nach Auffassung der Finanzverwaltung die Verhältnisse im Rahmen der Bilanzierung die Verhältnisse im Zeitpunkt der Aufstellung und damit bis zu diesem Zeitpunkt entstehende Werterhöhungen zugrundezulegen sind.[54]

6188 Ein höherer Teilwert einer Verbindlichkeit kann sich zum Beispiel wegen der Vereinbarung einer **Wertsicherungsklausel** ergeben.[55] Wertsicherungsklauseln sind schuldrechtliche Vereinbarungen, die den Wert der Verbindlichkeit erhalten sollen. Sobald also der Wertsicherungsfall eingetreten ist, ist die Verbindlichkeit aufwandswirksam zu erhöhen. Die Anschaffungskosten der auf diesem Weg finanzierten Wirtschaftsgüter verändern sich durch die Erhöhung der Verbindlichkeit aber nicht. Ein höherer Teilwert ist auch dann anzusetzen, wenn eine **hochverzinsliche Verbindlichkeit** vorliegt und das Zinsniveau nachhaltig sinkt.[56] Gegen den Ausweis einer Drohverlustrückstellung in diesen Fällen spricht, dass die wertbildenden Faktoren der Verbindlichkeit zugeordnet werden können und damit kein Bedarf für die Bildung einer Rückstellung besteht. Als weiteres Argument wird der gedachte Erwerber angeführt, der ggf. den Kredit ablösen und zu günstigeren Konditionen fortführen kann.[57] Hier bleibt aber offen, wie die sich voraussichtlich bei vorzeitiger Auflösung des Kredites ergebenden Aufwendungen zu berücksichtigen sind.

Das steuerliche Wahlrecht zum Ansatz eines dauerhaft höheren Teilwertes kann insbesondere in den Veranlagungszeiträumen genutzt werden, in denen hohe zu versteuernde Erträge entstehen. In der Wahl des Zeitpunktes der Ausübung des Wahlrechtes ist der Steuerpflichtige frei. Der Grundsatz der Einzelbewertung von Verbindlichkeiten führt im Weiteren dazu, dass jede Verbindlichkeit individuell bewertet und damit der Umfang des aus dem Ansatz des höheren Teilwertes entstehenden Aufwandes genau gesteuert werden kann. Allerdings schränkt die Finanzverwaltung die Anerkennung dieser Vorgehensweise dann ein, wenn der Steuerpflichtige in dem Wirtschaftsjahr, das auf den erstmaligen Teilwertansatz folgt, auf den Nachweis der Dauerhaftigkeit der Wertminderung verzichtet.[58]

3.1.3 Niedrigerer Teilwert

6189 Auf der anderen Seite kann ein niedrigerer Teilwert nicht angesetzt werden, weil die „Anschaffungskosten" die Wertuntergrenze für die Verbindlichkeit bilden. Der Ausweis

52 *Hahne*, DStR 2009 S. 1573.

53 BMF, Schreiben vom 25. 2. 2000 – IV C 2 S-2171b – 14/00, BStBl 2000 I S. 372 Rz. 11, 20; vom 26. 3. 2009 – IV C 6 S-2171b / 0, BStBl 2009 I S. 514.

54 BMF, Schreiben vom 12. 6. 2002 – IV A 6 – S 2175 – 7/02, BStBl 2002 I S. 793 zu Fremdwährungsverbindlichkeiten.

55 *Ehmcke*, in: Blümich, EStG/KStG/GewStG, § 6 EStG Rz. 973.

56 *Fischer*, in: Kirchhof, EStG, 10. Aufl. 2011, § 6 Rz. 146; *Werndl*, in: Kirchhof/Söhn/Mellinghoff, EStG-Kommentar, § 5 Anm. D 38; *Korn/Strahl*, in: Korn, Einkommensteuergesetz, § 6 EStG Rn. 374.

57 *Ehmcke*, in: Blümich, EStG/KStG/GewStG, § 6 EStG Rz. 959.

58 BMF, Schreiben vom 12. 3. 2010 – IV C 6 S-2133/09/10001, BStBl 2010 I S. 239 Rn. 15.

eines niedrigeren Teilwertes würde zum unzulässigen Ausweis eines nicht realisierten Gewinns führen. Das gilt auch in den Fällen, in denen der Schuldner nicht in der Lage sein wird, die Verbindlichkeit zu erfüllen. Ausnahmsweise kann ein niedrigerer Teilwert angesetzt werden, wenn der Schuldner die Verbindlichkeit mit an Sicherheit grenzender Wahrscheinlichkeit nicht mehr erfüllen muss.[59] Der Erlass der Forderung führt auch zum Ansatz des niedrigeren Teilwertes oder zur Ausbuchung der Verbindlichkeit. Die Verhandlungen über den Erlass genügen nicht für den Ansatz eines niedrigeren Teilwertes, weil den Verhandlungen als rechtsgestaltender Maßnahme kein wertaufhellender Charakter zukommt.[60]

3.2 Abzinsung § 6 Abs. 1 Nr. 3 Satz 1 EStG

Die Verbindlichkeiten sind für steuerliche Zwecke abweichend von den handelsrechtlichen Regelungen abzuzinsen. Ausnahmen sieht das Gesetz bei Verbindlichkeiten vor, deren Laufzeit am Bilanzstichtag weniger als zwölf Monate beträgt, die einen Zinsteil enthalten oder auf einer Anzahlung oder Vorauszahlung beruhen. Die Abzinsung erfolgt mit dem gesetzlich normierten Zinssatz von 5,5 %. 6190

3.2.1 Historie

Das Abzinsungsgebot wurde mit dem Steuerentlastungsgesetz 1999/2000/2002 eingeführt und gilt erstmalig für Wirtschaftsjahre, die nach dem 31. 12. 1998 beginnen (§ 52 Abs. 16 Satz 2 EStG i. d. F. des Steuerentlastungsgesetz 1999/2000/2002). Damit werden also auch Verbindlichkeiten erfasst, die vor dem 1. 1. 1999 entstanden sind. Um die Auswirkungen der Abzinsung abzumildern, wurde eine Übergangsregelung geschaffen, mit der dem Steuerpflichtigen ein Wahlrecht zur Bildung einer gewinnneutralen Rücklage eingeräumt wurde, die über zehn Jahre aufzulösen ist (§ 52 Abs. 16 Satz 11 EStG i. d. F. des Steuerentlastungsgesetz 1999/2000/2002). 6190a

3.2.2 Verfassungsmäßigkeit der Regelung

Die Verfassungsmäßigkeit der Abzinsung ist für die Parallelregelung des § 6 Abs. 1 Nr. 3a EStG – also für die Bewertung von Rückstellungen vom Bundesfinanzhof bejaht worden.[61] Die typisierende Vorstellung des Gesetzgebers, dass der Steuerpflichtige durch eine erst in der Zukunft zu erfüllende Verbindlichkeit weniger belastet sei, als bei einer sofort zu erfüllenden Verbindlichkeit, wird von dem Gericht nicht beanstandet. In der Entscheidung hat sich das Gericht aber nicht mit der Verfassungsmäßigkeit der Festschreibung des Zinssatzes auf 5,5 % auseinandergesetzt. In der Vorinstanz hat das Niedersächsische Finanzgericht ausgeführt, dass auch der Zinssatz, der auch im Bewertungsrecht angewendet wird, eine zulässige Typisierung des Gesetzgebers darstellte, die der Vereinfachung der Besteuerung diente. Ferner wird dem Steuerpflichtigen eine 6191

59 BFH, Urteile vom 22. 11. 1988 – VIII R 62/85, BStBl 1989 II S. 359; vom 27. 3. 1996 – I R 3/95, BStBl 1996 II S. 470.

60 BFH, Urteil vom 17. 11. 1987 – VIII R 348/82, BStBl 1988 II S. 430; siehe aber zu dem sehr weiten Verständnis von wertaufhellenden Tatsachen FG Münster, Urteil vom 17. 8. 2010 (rkr.) – 1 K 3969/07 F, EFG 2011 S. 468.

61 BFH, Urteil vom 5. 5. 2011 – IV-R-32/07, BFH/NV 2011 S. 1585.

aufwendige individuelle Ermittlung erspart und erhebliche Abweichungen zum aktuellen Zinsniveau können im Wege eines von der Finanzverwaltung auszusprechenden Erlasses ausgeglichen werden.[62] Insbesondere in der aktuellen Niedrigzinsphase vermag diese Argumentation nicht zu überzeugen. Vielmehr führt die Regelung mit dem starren Zinssatz dazu, dass nicht erzielte und nicht erzielbare Gewinne gezeigt werden und damit das Realisationsprinzip verletzt und das Prinzip der Besteuerung nach der Leistungsfähigkeit nicht beachtet wird.

Verfassungsrechtliche Bedenken bestehen nach Auffassung des Bundesfinanzhofes auch nicht unter dem Gesichtspunkt der echten Rückwirkung, weil hier eine zulässige tatbestandliche Rückanknüpfung an bereits verwirklichte Sachverhalte stattgefunden hat.[63]

3.2.3 Verhältnis zur Handelsbilanz

6192 Das Handelsrecht sieht nur für Rückstellungen nicht aber für Verbindlichkeiten ein Abzinsungsgebot vor (§ 253 Abs. 3 HGB). Auch aus den GoB lässt sich eine handelsrechtliche Verpflichtung zur Abzinsung nicht ableiten. Eine Abzinsung ist nach den steuerlichen Regelungen auch dann geboten, wenn die Verbindlichkeit handelsrechtlich als Verbindlichkeit mit einer Restlaufzeit von bis zu einem Jahr i. S. d. § 268 Abs. 5 S. 1 HGB auszuweisen wäre.[64]

3.2.4 Abzinsungstechnik

6193 Ausschließlich in der Steuerbilanz (oder der Überleitungsrechnung nach § 60 Abs. 2 EStDV) wird eine abgezinste Verbindlichkeit abgebildet. Die Abzinsung wird erfolgswirksam im Jahr der erstmaligen Bilanzierung der Verbindlichkeit vorgenommen. In den folgenden Jahren wird dann die Verbindlichkeit infolge der Verkürzung der Laufzeit aufgezinst und es entsteht – ein zinsähnlicher – Aufwand. Die Abzinsung erfolgt taggenau auf die Laufzeit der Verbindlichkeit. Das Bundesfinanzministerium hat in dem einschlägigen Schreiben zur Abzinsung von Verbindlichkeiten und Rückstellungen Erleichterungsregeln zur Berechnung von Jahren (entspricht 360 Tagen) und Monaten (entspricht 30 Tagen) aufgenommen.[65] Bei **Fälligkeitsdarlehen** ist die Abzinsung auf den vereinbarten Rückzahlungsstichtag vorzunehmen. Ist der Rückzahlungsstichtag nicht bekannt, ist er unter Berücksichtigung der Regelung des § 13 Abs. 2 BewG zu schätzen, sofern keine anderen Anhaltspunkte für Laufzeit gegeben sind und die Laufzeit nicht vom Leben einer Person abhängt.[66] Die Laufzeit eines Tilgungsdarlehen endet mit der Fälligkeit der letzten Rate.

62 Niedersächsisches FG, Urteil vom 18. 4. 2007 – 3 K 11463/05 (rkr.), BB 2007 S. 1550.

63 So der BFH zu der vergleichbaren Regelung des § 6 Abs. 1 Nr. 3a EStG im Urteil vom 5. 5. 2011 – IV-R-32/07, BFH/NV 2011 S. 1585.

64 BFH, Beschluss vom 5. 1. 2011 – I B 118/10, BFH/NV 2011 S. 986.

65 BMF, Schreiben vom 26. 5. 2005 – IV B 2 S-2175 7/05, BStBl 2005 I S. 699 Rz. 3.

66 BMF, Schreiben vom 26. 5. 2005 – IV B 2 S-2175 7/05, BStBl 2005 I S. 699 Rz. 7.

Die Abzinsung kann auch nach dem in den §§ 12-14 BewG vorgesehenen vereinfachten Verfahren erfolgen.[67] In diesem Fall sind die von der Finanzverwaltung in der Anlage zum Schreiben vom 26. 5. 2005 vorgesehenen Vervielfältiger anzuwenden. Der Steuerpflichtige kann dieses Wahlrecht nur zugunsten sämtlicher Verbindlichkeiten und Rückstellungen und damit auch für alle folgenden Bilanzstichtage anwenden.[68]

3.2.5 Ausnahmen vom Abzinsungsgebot

Das gesetzlich vorgesehene Regel-Ausnahme-Verhältnis statuiert die Abzinsung als 6194
den Normalfall und stellt den Ansatz der Verbindlichkeit mit dem Erfüllungsbetrag als die Ausnahme dar. Infolgedessen trägt der Steuerpflichtige die Nachweispflicht, dass die Abzinsung unterbleiben kann.[69] Das gilt auch, wenn das Darlehen wenige Monat vor dem Bilanzstichtag mit einer dreimonatigen Kündigungsfrist gewährt wurde und von einer Kündigung bis zum Bilanzstichtag nicht auszugehen ist.[70] Eine Abzinsung ist nicht erforderlich, wenn die Restlaufzeit am Bilanzstichtag geringer als zwölf Monate ist, die Verbindlichkeit verzinslich ist oder die Verbindlichkeit auf einer Anzahlung oder Vorausleistung beruht (§ 6 Abs. 1 Nr. 3 Satz 2 EStG).

- Die Verzinslichkeit einer Verbindlichkeit liegt nicht nur dann vor, wenn der Zins in Geld zu entrichten ist. Ausreichend ist jede Form von Gegenleistung für die Kapitalüberlassung. Beispielsweise kann die im Gegenzug für die Überlassung von Kapital vorgenommene Überlassung eines anderen Wirtschaftsgutes als Verzinsung angesehen werden. Wirtschaftliche Vorteile in jeder Form können als Zinsen qualifiziert werden und stehen damit einer Verpflichtung zur Abzinsung der Verbindlichkeit entgegen.
- Nach einem jüngeren Aussetzungsbeschluss des BFH unterbleibt eine Abzinsung eines Gesellschafterdarlehens auch dann, wenn zwar eine Verzinslichkeit vereinbart worden ist, die Zinsen aber tatsächlich nicht gezahlt worden sind und der Gesellschafter/Gläubiger einen Rangrücktritt zugunsten der anderen Gläubiger der Gesellschaft erklärt hat.[71] In diesem Punkt bleibt der Ausgang des weiteren Verfahrens abzuwarten.
- Für die Qualifikation als kurzfristiges Darlehen ist auf die Verhältnisse am Bilanzstichtag abzustellen. Darlehen, deren Laufzeit aufgrund der vertraglichen Vereinbarung unbestimmt sind, sind nach Auffassung der Finanzverwaltung hinsichtlich ihrer Laufzeit zu schätzen. Aus dem Umstand, dass die gesetzlich vorgesehene dreimonatige Kündigungsfrist nach § 488 Abs. 3 BGB nicht ausgeschlossen wurde, kann nicht gefolgert werden, dass die Laufzeit geringer als zwölf Monate ist.[72] Kurzfristige Darlehen liegen aber nach Auffassung des FG Köln vor, wenn die Darlehen mit

67 BMF, Schreiben vom 26. 5. 2005 – IV B 2 S-2175 7/05, BStBl 2005 I S. 699 Rz. 8 und 10.

68 BMF, Schreiben vom 26. 5. 2005 – IV B 2 S-2175 7/05, BStBl 2005 I S. 699 Rz. 2.

69 BMF, Schreiben vom 26. 5. 2005 – IV B 2 S-2175 7/05, BStBl 2005 I S. 699 Rz. 11.

70 BFH, Beschluss vom 5. 1. 2011 – I B 118/10, BFH/NV 2011 S. 986.

71 BFH, Beschluss vom 29. 6. 2009 – I B 57/09, BFH/NV 2009 S. 1804; *Ortmann-Babel*, BB 2009 S. 2084.

72 BMF, Schreiben vom 26. 5. 2005 – IV B 2 S-2175 7/05, BStBl 2005 I S. 699 Rz. 6.

einer Laufzeit von weniger als zwölf Monaten gewährt und anschließend die Laufzeit um diese Periode verlängert wird (sogenannte Kettenverträge).[73] Zu dieser Gestaltungsmöglichkeit hat sich die Finanzverwaltung bisher nicht geäußert.

- Bei verzinslichen Verbindlichkeiten entfällt die Notwendigkeit der Verzinsung, weil die vom Gesetzgeber vorgesehene Belastungswirkung durch die Verzinsung bereits gegeben ist. Die Anforderungen an die Verzinslichkeit sind gering: Ausreichend ist jeder Zinssatz, der geringfügig größer als 0 % ist.[74] Besonderheiten können sich bei Darlehen ergeben, die eine Kapitalgesellschaft ihrer Tochterkapitalgesellschaft gewährt hat. Kann durch niedrige Verzinsung – wie dargestellt – auf der Ebene der Gesellschaft ein Ertrag aus der Abzinsung vermieden werden, stellt sich beim Gesellschafter die Frage der Notwendigkeit der Abzinsung der Forderung. Eine Abzinsung wird nicht nur bei unverzinslichen, sondern auch bei ungewöhnlich niedrig verzinsten Forderungen geboten sein.[75] Die Abzinsung erfolgt dann in der Regel mit einem Zinssatz in Höhe von 5,5 % in Anlehnung an die Regelung des § 12 Abs. 3 BewG. Der Aufwand aus der Abzinsung ist aber beim Gesellschafter nicht mehr abzugsfähig (§ 8b Abs. 3 Satz 4 KStG – sofern eine Mindestbeteiligung von 25 % erreicht wird oder die Darlehensgewährung durch eine nahestehende Peron im Sinne des § 1 Abs. 2 AStG erfolgt). Infolgedessen führen die Unverzinslichkeit und die niedrige Verzinsung beim Darlehensgeber gerade nicht zu einem kompensierenden Aufwand, sondern löst in der Gesamtbetrachtung von Gesellschaft und Gesellschafter (in Unternehmensgruppen nicht ungewöhnlich) eine zusätzliche steuerliche Belastung aus.
- Die Pflicht zur Zahlung von Zinsen muss nicht mit der Laufzeit des Darlehens übereinstimmen. Wird nur eine kurzzeitige Verzinsung vereinbart, entfällt die Verpflichtung zur Abzinsung, es sei denn bei wirtschaftlicher Betrachtungsweise ist eine Verzinslichkeit nicht erkennbar.[76] Dies gilt nur, wenn diese Vereinbarung bei Vertragsschluss getroffen worden ist. Werden unverzinsliche Verbindlichkeiten nach Vertragsschluss verzinslich gestellt, gilt bis zur Vertragsänderung die Verbindlichkeit als unverzinslich mit den genannten Rechtsfolgen.
- Ausführlich hat sich die Finanzverwaltung auch zur bedingten Verzinslichkeit von Verbindlichkeiten geäußert: Bis zum Eintritt der Bedingung ist die Verbindlichkeit entsprechend der Vereinbarung als verzinslich oder unverzinslich zu behandeln und ggf. abzuzinsen. Ändert sich der Status der Verbindlichkeit infolge des Eintritts der Bedingung, ist die Änderung hin zur Verzinslichkeit oder zur Unverzinslichkeit ab dem Bilanzstichtag, der auf den Bedingungseintritt folgt, zu berücksichtigen.[77] Der Eintritt der Bedingung stellt kein rückwirkendes Ereignis dar, die Bewertung der Verbindlichkeit in den vorangegangenen Wirtschaftsjahren ist also nicht zu ändern.

---

73 FG Köln, Urteil vom 12. 2. 2009 – 13 K 1570/06, EFG 2009 S. 969 (rkr.); FG Köln, Urteil vom 12. 2. 2009 – 13 K 1572/06, EFG 2009, 973 (rkr.).

74 BMF, Schreiben vom 26. 5. 2005 – IV B 2 S-2175 7/05, BStBl 2005 I S. 699 Rz. 13.

75 BFH, Urteil vom 24. 1. 1990 – I R 157/85, 145/86, BStBl 1990 I S. 639.

76 BMF, Schreiben vom 26. 5. 2005 – IV B 2 S-2175 7/05, BStBl 2005 I S. 699 Rz. 17.

77 BMF, Schreiben vom 26. 5. 2005 – IV B 2 S-2175 7/05, BStBl 2005 I S. 699 Rz. 18 und 19.

- Eine Abzinsung unterbleibt bei der unverzinslichen Darlehensgewährung eines Gesellschafters an eine Personengesellschaft. Die Darlehensforderung ist als Sonderbetriebsvermögen des Gesellschafters bei der Personengesellschaft auszuweisen und wird daher wie Eigenkapital behandelt.[78]

3.2.6 Exkurs: Behandlung des Aufzinsungsaufwandes nach anderen Vorschriften

Die Regelung des § 6 Abs. 1 Nr. 3 EStG betrifft nur die Bewertung der Verbindlichkeit, 6195
enthält aber keine Aussage zur Behandlung des Ertrages aus der Abzinsung bzw. des Aufwandes aus der Aufzinsung. Diese Aufwendungen oder Erträge sind nur dann abzugsfähig bzw. nicht gewinnerhöhend zu berücksichtigen, wenn dies gesondert geregelt ist. Insbesondere § 4h Abs. 3 Satz 4 EStG regelt, dass der Ertrag und der Aufwand aus der Auf- und Abzinsung von Forderungen und Verbindlichkeiten als Zinsaufwand bzw. – ertrag im Sinne der Zinsschranke zu qualifizieren sei. Interessanterweise geht die Finanzverwaltung aber davon aus, dass nur der Aufwand aus der Aufzinsung als Zinsaufwand im Sinne der Zinsschrankenregelung der §§ 4h EStG, 8a KStG zu behandeln ist. Der Ertrag aus der erstmaligen Abzinsung soll aber nicht korrespondierend als Zinsertrag im Sinne der genannten Regelung zu behandeln sein, so dass dieses Verständnis zu einer einseitigen Belastung führt.[79] Diese teleologische Reduktion des Wortlautes des § 4h Abs. 3 Satz 4 EStG begründet die Finanzverwaltung damit, dass von der Regelung nur die Zinsaufwendungen erfasst werden sollen, die bei wirtschaftlicher Betrachtungsweise als Gegenleistung für die Kapitalüberlassung eingeordnet werden können. Für die erstmalige Abzinsung einer Verbindlichkeit soll diese Anforderung aber gerade nicht zutreffen.

Anders verhält sich im Rahmen der Hinzurechnung von Entgelten für Schulden gem. § 8 Nr. 1 lit. a) GewStG. Der Aufwand aus der Aufzinsung von Verbindlichkeiten gem. § 6 Abs. 1 Nr. 3 i.V. m Nr. 2 EStG fällt nicht in den Anwendungsbereich der Regelung, weil es sich nicht um ein Entgelt für Schulden im Sinne der genannten Vorschrift handelt.[80]

3.3 Verbindlichkeiten aus Anzahlungen und Vorausleistungen § 6 Abs. 1 Nr. 3 Satz 2 EStG

Nach § 266 Abs. 3 HGB handelt es sich um Vorleistungen auf eine von einem anderen 6196
Vertragsteil zu erbringende Lieferung oder Leistung. Beispielhaft sei die Zahlung des Kaufpreises durch den Käufer vor Übergang der Gefahr und damit vor Gewinnrealisation genannt. Der erhaltene Anzahlungsbetrag wird als Verbindlichkeit ausgewiesen und das schwebende Geschäft besteht neben dem durch die Anzahlung begründeten Rückforderungsverhältnis fort, ohne dass ein Ausweis in der Bilanz erfolgt. Die in der Anzah-

78 BFH, Urteil vom 24. 1. 2008 – IV R 66/05, BFH/NV 2008 S. 1301; *Schmidt/Wacker*, in: Schmidt, EStG, 30. Aufl., München 2011, § 6 Rz. 457; *Groh*, DB 2007 S. 2275; unklar BMF, Schreiben vom 26. 5. 2005 – IV B 2 S-2175 7/05, BStBl 2005 I S. 699 Rz. 23 unter Bezugnahme auf BFH, Urteil vom 12. 12. 1996 – IV R 77/93, BStBl 1998 II S. 180, in dem das Gericht der oben beschriebenen Qualifikation als Eigenkapital zustimmt.

79 BMF, Schreiben vom 4. 7. 2008 – IV C 7 – S 2742a/07/10001, BStBl 2008 I S. 718 Rz. 27.

80 Gleichlautende Erlasse der obersten Finanzbehörden der Länder, Schreiben vom 4. 7. 2008 – BStBl 2008 I S. 730 Rn. 12.

lung enthaltene Umsatzsteuer wird in der Handelsbilanz der Verbindlichkeit zugeordnet. Steuerlich wird die Umsatzsteuer zwar als Aufwand behandelt, der aber durch die Bildung eines ARAP wiederum neutralisiert wird (§ 5 Abs. 5 Satz 2 Nr. 2 EStG). Handelsrecht und Steuerrecht stimmen in diesen Fällen auch hinsichtlich der Abzinsung der Verbindlichkeiten aus Anzahlungen überein: Bei Verbindlichkeiten aus Anzahlungen und Vorausleistungen greift das oben beschriebene Abzinsungsgebot nicht ein. Hintergrund für diese Ausnahmeregelung ist, dass infolge der Anzahlung oder Vorausleistung zu aktivierende Wirtschaftsgut zu Anschaffungskosten anzusetzen ist und die Abzinsung der korrespondierenden Verbindlichkeit zum Ausweis eines nicht realisierten Gewinns führen würde.

3.4 Anschaffungsverbindlichkeiten

6197 Anschaffungsverbindlichkeiten sind dem Käufer gestundete Kaufpreisverbindlichkeiten. Erfolgt die Stundung unverzinslich und länger als zwölf Monate, ist die Verbindlichkeit grundsätzlich abzuzinsen und es wird ein Ertrag realisiert. Eine korrespondierende Minderung der Anschaffungskosten für das Wirtschaftsgut auf der Aktivseite erfolgt wegen des Grundsatzes der Einzelbewertung und des Saldierungsverbotes nicht. Rechnerisch gleicht sich der Abzinsungsgewinn durch die nachfolgende Aufzinsung der Verbindlichkeit wieder aus. Wirtschaftlich können in Abhängigkeit zur Ergebnisentwicklung der Gesellschaft durch die zeitliche Streckung der Aufzinsung und bei Änderungen der Steuersätze zusätzliche Belastungen und Liquiditätsabflüsse entstehen. In der Regel ist aber davon auszugehen, dass zwei Geschäfte vorliegen: das Kaufgeschäft und ein Kreditgeschäft. Die Anschaffungskosten und die Verbindlichkeit sind dann um den Zinsanteil zu mindern. Eine Abzinsung der gestundeten Kaufpreisverbindlichkeit erfolgt in diesen Fällen nicht, die verdeckten Zinsen werden dann mit der Erfüllung der Verbindlichkeit in voller Höhe zu Aufwand.

4. ABC der Verbindlichkeiten

6198 **Damnum/Disagio:** Wird von dem Darlehensgeber ein Damnum/Disagio einbehalten, ist der Auszahlungsbetrag niedriger als der Nennwert der Verbindlichkeit. Diese Differenz kann in der Handelsbilanz durch die Bildung eines ARAP ausgeglichen oder als Betriebsausgabe behandelt werden (§ 250 Abs. 2 HGB). In der Steuerbilanz ist der ARAP zwingend auszuweisen und über die Laufzeit des Darlehens gleichmäßig aufzulösen.[81] Ist der Zinsfestschreibungszeitraum kürzer als die Laufzeit des Darlehens, ist dieser maßgeblich für die Auflösung des ARAP.[82] Bei Tilgungsdarlehen kann der Steuerpflichtige wahlweise den ARAP gleichmäßig auflösen oder nach der Zinsstaffelmethode vorgehen.[83] Bei vorzeitiger Rückzahlung des Darlehens ist der ARAP außerplanmäßig abzuschreiben.

6199 **Dingliche Lasten:** Bei Erwerb eines Wirtschaftsgutes bestellt oder übernimmt der Erwerber dingliche Lasten in Form von Grunddienstbarkeiten, Nießbrauch, beschränkt

81 H 6.10 EStR – Damnum.

82 H 6.10 EStR – Zinsfestschreibung.

83 BFH, Urteil vom 19. 1. 1978 – IV R 153/72, BStBl 1978 II S. 262.

persönliche Dienstbarkeiten, Vorkaufsrechte, Dauernutzungsrechte usw. Dingliche Lasten haben nicht die Qualität von Wirtschaftsgütern und sind infolgedessen nicht zu bilanzieren (denkbar wäre auch, dass stille Lasten als schwebende Geschäfte einzuordnen und deshalb nicht in der Bilanz auszuweisen sind). Kommt den dinglichen Lasten eine Sicherungsfunktion zu (beispielsweise bei Pfandrechten, Grundschulden, Hypotheken), hat der Steuerpflichtige bereits eine Verbindlichkeit (oder zumindest eine Rückstellung) ausgewiesen, die durch das Sicherungsrecht nur verstärkt wird, ohne dass eine weitere bilanzierungspflichtige Verbindlichkeit entsteht. Greift die Sicherungsfunktion zugunsten eines Dritten, kann eine Verbindlichkeit oder Rückstellung zu bilden sein, wenn die dingliche Last einer Geldschuld entspricht. Stellt das dingliche Recht nur eine Belastung des erworbenen Wirtschaftsgutes dar (beispielsweise bei Dauernutzungsrechten), kann sich hieraus eine Erhöhung (wenn es bei Erwerb zugunsten des Verkäufers bestellt wird) oder Minderung (wenn ein mit einem dinglichen Recht belastetes Wirtschaftsgut erworben wird) der Anschaffungskosten des Wirtschaftsgutes ergeben, die Passivseite der Bilanz wird durch diesen Vorgang aber nicht berührt.

Eigenkapitalersetzende Darlehen: Darlehen mit eigenkapitalersetzendem Charakter 6200
werden in der Handelsbilanz und ihr folgend auch in der Steuerbilanz als Fremdkapital behandelt. Diese Behandlung ändert sich auch nicht durch die mit dem MoMiG kodifizierte Nachrangigkeit der Forderung im Insolvenzfall.[84]

Erfüllungsrückstand: Ein Erfüllungsrückstand[85] tritt ein, wenn der Schuldner im Rah- 6201
men eines schwebenden Geschäftes seinen Teil der Leistung bisher nicht erbracht hat.[86] Der Vertragspartner ist also am Bilanzstichtag hinter seiner vertraglich vereinbarten Leistungspflicht zurückgeblieben.[87] Der Schuldner gerät jedenfalls dann in einen Erfüllungsrückstand, wenn die Verbindlichkeit bis zum Bilanzstichtag fällig geworden ist.[88] Mittlerweilen stellt insbesondere der Bundesfinanzhof auf eine wirtschaftliche Betrachtungsweise ab und lässt einen Erfüllungsrückstand bereits dann eintreten, wenn die andere Vertragspartei unabhängig von der Fälligkeit ihrer Verpflichtung bereits geleistet hat und damit einen Verpflichtungsüberhang des anderen Vertragspartners herbeiführt.[89] Der Erfüllungsrückstand stellt kein selbständig zu bilanzierendes Wirtschaftsgut/Verbindlichkeit dar, sondern beschreibt den Sachverhalt, in dem die Leistungspflicht realisiert worden ist, die Erfüllung der Leistungspflicht aber noch nicht erfolgt ist. Abzugrenzen ist der Erfüllungsrückstand vom schwebenden Geschäft, bei dem Leistung und Gegenleistung ausgewogen sind und der Ausweis von (ungewissen) Verbindlichkeiten ausgeschlossen ist. In der Bilanz zu berücksichtigen sind aber Verpflichtungsüberschüsse, die zu drohenden Verlusten führen (kein Ausweis in der Steuerbilanz gem. § 5 Abs. 4a EStG) und Verpflichtungen aus Erfüllungsrückständen. Da der Schwebezustand mit Eintritt in den Erfüllungsrückstand beendet und das Gleichge-

84 *Weber-Grellet*, in: Schmidt, EStG, 30. Aufl., München 2011, § 5 Rz. 550.

85 Zum Begriff des Erfüllungsrückstandes siehe das instruktive Urteil des BFH vom 5. 4. 2006 – I R 43/05, BStBl 2006 II S. 593.

86 R 5.7 Abs. 7 EStR.

87 BFH, Urteil vom 5. 4. 2006 – I R 43/05, BStBl 2006 II S. 593.

88 BFH, Urteil vom 8. 10. 1987 – IV R 18/86, BStBl 1988 II S. 57.

89 BFH, Urteil vom 28. 7. 2004 – XI R 63/03, BStBl 2006 II S. 866 (aber Finanzverwaltung hat am 28. 11. 2006 mit einem Nichtanwendungserlass reagiert); BFH, Urteil vom 9. 12. 2009 – X R 41/07, BFH/NV 2010, S. 860.

wicht von Leistung und Gegenleistung gestört ist, ist für die noch zu erbringende Leistung eine Rückstellung oder bei hinreichender Konkretisierung eine Verbindlichkeit zu bilden. Voraussetzung für den Ausweis einer Verbindlichkeit aufgrund eines Erfüllungsrückstandes ist, *„dass die rückständige Gegenleistung der erbrachten Vorleistung synallagmatisch zweckgerichtet und bei zeitbezogenen Leistungen auch zeitlich zuordnenbar ist"*.[90]

6202 **Fälligkeits- und Tilgungsdarlehen:** Fälligkeits- und Tilgungsdarlehen unterscheiden sich dahingehend, dass beim erstgenannten Typ der geschuldete Betrag vollständig in einer Summe zu begleichen und bei Tilgungsdarlehen in Raten zu zahlen ist. Dementsprechend orientiert sich die Bewertung des Fälligkeitsdarlehens an der Laufzeit (vertraglich vereinbart oder geschätzt) und beim Tilgungsdarlehen ist auf die Restlaufzeit am Bilanzstichtag abzustellen.

6203 **Fremdwährungsverbindlichkeiten:** Schulden in ausländischer Währung (auch Valutaverbindlichkeiten) sind in der Handelsbilanz in Euro auszuweisen (§ 244 HGB) und zum Bilanzstichtag mit dem Devisenkassamittelkurs (arithmetischer Mittelwert aus Brief- und Geldkurs) zu bewerten (§ 256a Satz 1 HGB). Die Regelung umfasst nicht nur die Zugangsbewertung sondern auch die folgenden Bilanzstichtage. Steigen also die Devisenkurse zu den folgenden Bilanzstichtagen, ist die Verbindlichkeit entsprechend höher zu bewerten (Imparitätsprinzip und strenges Höchstwertprinzip). Sinken die Kurse, ist ein Ansatz mit einem Wert unterhalb des Zugangswertes ausgeschlossen, es sei denn, es handelt sich um Verbindlichkeiten, deren Laufzeiten bis zu einem Jahr reichen. In diesen Fällen sind die Währungskursschwankungen auch handelsrechtlich zu berücksichtigen (§ 256a Satz 2 HGB).

Steuerlich gilt das Anschaffungskostenprinzip, d. h. die Verbindlichkeit ist grundsätzlich an allen Bilanzstichtagen, die auf den Entstehungszeitpunkt folgen, mit dem Wert im Zeitpunkt der Entstehung anzusetzen. Sinkende Kurse sind also nicht zu berücksichtigen. Ein Währungsgewinn kann erst ausgewiesen werden, wenn die Realisation durch die Zahlung eintritt. Eine Erhöhung der Verbindlichkeit aufgrund steigernder Währungskurse ist grundsätzlich möglich, wenn diese voraussichtlich dauernd ist. Hierfür trägt der Steuerpflichtige die Beweislast.[91] Aus Sicht eines sorgfältigen und gewissenhaften Kaufmanns müssen mehr Gründe für eine nachhaltige Kurserhöhung sprechen als dagegen.[92] Die Finanzverwaltung verlangt vom Steuerpflichtigen die Darstellung objektiver Anzeichen, aufgrund derer er mit einer voraussichtlich dauernden Kurserhöhung rechnen muss.[93] Allerdings sollen die üblichen Devisenkursschwankungen nicht zu einem Ansatz des höheren Teilwertes der Verbindlichkeit berechtigen.[94] Offen bleibt, wie der Steuerpflichtige die geforderten Nachweise vor dem Hintergrund der Komplexität von Währungskursschwankungen erbringen soll.

---

90 BFH, Urteil vom 5.4.2006 – I R 43/05, BStBl 2006 II S. 593; ablehnend hinsichtlich dieser zusätzlichen Voraussetzungen *Weber-Grellet*, in: Schmidt, EStG, 30. Aufl., München 2011, § 5 Rz. 317.

91 FG Rheinland-Pfalz, Urteil vom 12.12.2005 – 5 K 1460/03, EFG 2006, S. 298.

92 BMF, Schreiben vom 12.8.2002 – IV A 6 – S 2175 – 7/07, BStBl 2002 I S. 793 Anm. 1.

93 BMF, Schreiben vom 12.8.2002 – IV A 6 – S 2175 – 7/07, BStBl 2002 I S. 793 Anm. 1.

94 BMF, Schreiben vom 12.8.2002 – IV A 6 – S 2175 – 7/07, BStBl 2002 I S. 793 Anm. 1.

Bei der Bewertung von Fremdwährungsverbindlichkeiten wird insbesondere zwischen Verbindlichkeiten unterschieden, die entweder das Betriebskapital auf Dauer verstärken oder dem laufenden Geschäftsverkehr zuzuordnen sind. Die Laufzeit des Darlehens hat wesentlichen Einfluss auf die Nachweisbarkeit der voraussichtlich dauernden Werterhöhung.

Zum laufenden Geschäftsverkehr zählen die Verbindlichkeiten, die mit laufenden Geschäftsvorfällen zusammenhängen, diese Verbindung bis zur Tilgung bestehen bleibt, die Verbindlichkeit innerhalb einer geschäftsüblichen Frist getilgt wird und die Verbindlichkeit nicht für die Anschaffung oder Herstellung von Wirtschaftsgütern des Anlagevermögens begründet worden ist.[95] Erfüllen Verbindlichkeiten diese Anforderungen können Wechselkurserhöhungen für die Bewertung der Verbindlichkeit herangezogen werden, wenn die Erhöhung bis zu einem nach dem Bilanzstichtag liegenden Tilgungsdatum oder bis zur Aufstellung der Handelsbilanz anhält.[96] Die Finanzverwaltung schränkt diese vereinfachende Vorgehensweise aber dahingehend ein, dass sonstige Geschehnisse am Devisenmarkt, die zu einer abweichenden Bewertung führen können, in die Bewertung der Verbindlichkeit einfließen müssen. Sind diese Voraussetzungen gegeben, kann das Wahlrecht zum Ansatz mit dem Teilwert unabhängig von der handelsrechtlichen Bewertung vorgenommen werden, da der Grundsatz der umgekehrten Maßgeblichkeit seit Einführung des BilMoG aufgehoben worden ist.[97] Dagegen sind die Verbindlichkeiten, die das Betriebskapital auf Dauer stärken sollen, einer Bewertung zum Teilwert nicht zugänglich. Der BFH hat entschieden, dass bei einer Laufzeit von zehn Jahren nicht davon auszugehen sei, dass eine Werterhöhung voraussichtlich dauernd sei, weil sich die Kursschwankungen über diesen Zeitraum ausgleichen.[98] Dieses Urteil ist berechtigterweise kritisiert worden, da insbesondere unklar bleibt, weshalb sich bei Wertpapieren, die im Anlagevermögen ausgewiesen werden, eine voraussichtlich dauernde Wertminderung ergeben kann.[99] In beiden Fällen dürften stichhaltige Vorhersagen über das künftige Marktgeschehen unmöglich sein.

Kenntnis des Gläubigers: Sind **Schadensersatzansprüche** gegen den Steuerpflichtigen entstanden, ist eine Verbindlichkeit nach herrschender Meinung nur zu bilanzieren, wenn der Gläubiger die den Anspruch begründende Umstände kennt.[100] Dem ist nicht zuzustimmen, da die Bilanzierungspflicht nicht von der Kenntnis eines Dritten abhängen kann, sondern sich aus dem Vorliegen einer rechtlichen Verpflichtung ergibt. Anderes gilt nur, wenn eine wirtschaftliche Belastung nicht entstehen kann, weil der zum Schadensersatz verpflichtende Umstand mit an Sicherheit grenzender Wahrscheinlichkeit nicht aufgedeckt wird.[101] Entsprechendes gilt für **vertragliche Verpflichtungen,** die auch unabhängig von der Kenntnis des Gläubigers unter Berücksichtigung des Impari- 6204

95 BMF, Schreiben vom 12. 8. 2002 – IV A 6 – S 2175 – 7/07, BStBl 2002 I S. 793 Anm. 2.

96 BMF, Schreiben vom 12. 8. 2002 – IV A 6 – S 2175 – 7/07, BStBl 2002 I S. 793 Anm. 2.

97 BMF, Schreiben vom 12. 3. 2010 – IV C 6 S-2133/09/10001, BStBl 2010 I S. 239 Rn. 15.

98 BFH, Urteil vom 23. 4. 2009 – IV R 62/06, BStBl 2009 II S. 778.

99 *Prinz*, StuB 2009 S. 565; *Hoffmann*, DB 2009 S. 1439; *Weber-Grellet*, BB 2010 S. 43.

100 BFH, Urteile vom 30. 6. 1983 – VI 41/81, BStBl 1984 II S. 263; vom 3. 7. 1991 – X R 163-164/87, BStBl 1991 II S. 802.

101 *Tiedchen*, in: HHR, EStG/KStG, § 5 EStG Rz. 482; *Crezezlius*, in: Kirchof, EStG, 10. Aufl. 2011, § 5 Rz. 108.

tätsprinzips auszuweisen sind. Auch in diesem Fall ist eine Passivierung ausgeschlossen, wenn mit hoher Wahrscheinlichkeit eine Inanspruchnahme durch den Gläubiger unterbleiben wird.

6205 **Mezzanine Finanzierungen:** Mezzanine Finanzierungen (auch hybride Finanzierungen genannt) enthalten Bestandteile der Eigenkapital- und der Fremdkapitalfinanzierung. Ziel des Einsatzes dieser Finanzierungsformen ist, für handelsrechtliche Zwecke insbesondere im Zusammenhang mit Ratings einen Eigenkapitalausweis ohne Eingriff in die Gesellschafterstruktur herzustellen und für steuerliche Zwecke die Finanzierungskosten abzugsfähig zu gestalten und auf Ebene des Gläubigers eine steuerfreie Vereinnahmung von Eigenkapitalvergütungen zu erreichen. Elemente der Eigenkapitalfinanzierung sind häufig die Nachrangigkeit gegenüber anderen Gläubigern und die Gewinn- und Verlustbeteiligung. Als Elemente der Fremdfinanzierung werden häufig eine befristete Laufzeit, ein Anspruch auf Rückzahlung und eine erfolgsunabhängige Zinszahlung eingesetzt. Die Vergütungsstruktur enthält in der Regel eine laufende Vergütung, eine endfällige Verzinsung und ein Recht, Geschäftsanteile zu einem vorab festgelegten Preis zu erwerben. Zivilrechtlich werden schuldrechtliche Vereinbarungen getroffen und keine eigentümertypischen Mitgliedschaftsrechte eingeräumt. Mezzanine Finanzierungen treten häufig in der Form von stillen Beteiligungen, partiarischen Nachrangdarlehen, Wandel-/Optionsanleihen oder als Genusskapital und in zahlreichen Abwandlungen dieser Instrumente auf.

Die handelsrechtlichen und steuerlichen Besonderheiten seien exemplarisch am Genussrechtskapital dargestellt: Für Genussrechte besteht keine gesetzliche Definition, sie ähneln Inhaberschuldverschreibungen. Darunter fallen Vereinbarungen, nach denen ein Anspruch auf eine Beteiligung am Gewinn oder Liquidationserlös besteht, ohne dass eine Gesellschafterstellung begründet wird. Handelsrechtlich kommt dem Genussrecht Eigenkapitalcharakter zu, wenn kumulativ eine Nachrangigkeit des Genussrechtskapitals, eine erfolgsabhängige Vergütung, eine Verlustbeteiligung bis zur vollen Höhe und eine langfristige Kapitalüberlassung vereinbart worden sind.[102] Für die Behandlung in der Steuerbilanz sind keine abweichenden gesetzlichen Regelungen geschaffen worden. In § 8 Abs. 3 Satz 2 KStG wird im Zusammenhang mit der verdeckten Gewinnausschüttung geregelt, dass das steuerliche Einkommen durch Ausschüttungen auf Genussrechte nicht gemindert wird, wenn das Genussrecht einen Anspruch auf den Gewinn und den Liquidationserlös umfasst. Hieraus ergibt sich jedoch nur eine außerbilanzielle Einkommenskorrektur, die sich nicht auf die Steuerbilanz auswirkt.

6206 **Nebenkosten:** Entstehen bei der Begründung einer Verbindlichkeit Nebenkosten, beispielsweise Bearbeitungskosten, Damnum, Agio, Steuern u. a., erhöht sich der Nennwert der Verbindlichkeit hierdurch nicht. Ggf. ist für diese Aufwendungen ein Rechnungsabgrenzungsposten zu bilden (siehe oben Damnum).

6207 **Rentenverbindlichkeiten:** Unter Leibrenten versteht man wiederkehrende Zahlungen eines festen Betrages, die bis zum Eintritt eines bestimmten Ereignisses – beispielsweise der Tod des Berechtigten – zu leisten sind. Die Verpflichtung zur Zahlung einer Leib-

102 Stellungnahme des HFA des IDW 1/1994 Abschnitt 2.2.1.a); *Förschle*, in: Beck'scher Bilanz-Kommentar, 7. Aufl., München 2010, § 275 Rn. 205.

rente hat wegen der unbekannten Laufzeit keinen Nennwert. Daher ist sowohl handels- als auch steuerbilanziell der Barwert anzusetzen.[103] Die Ermittlung des Barwertes erfolgt anhand von versicherungsmathematischen Grundsätzen. Der zugrundezulegende Zinssatz beläuft sich – für Wirtschaftsjahre, die nach dem 31.12.1998 enden – in Anlehnung an § 13ff BewG auf 5,5 %. In der Handelsbilanz ist nach Einführung des BilMoG ab dem Jahr 2010 der durchschnittliche Marktzins der vorangegangenen sieben Jahre anzusetzen (§ 253 Abs. 2 HGB).

Sachwertschulden: Sachwertdarlehen treten beispielsweise im Zusammenhang mit Be- 6208
triebsverpachtungen[104] oder Wertpapierleihen[105] auf. In der Regel wird der Entleiher zumindest wirtschaftlicher Eigentümer der Wirtschaftsgüter und ist zur Rückgabe von Wirtschaftsgütern der gleichen Art und Güte und Menge, aber nicht zwingend der überlassenen Wirtschaftsgüter verpflichtet. Am ersten Bilanzstichtag nach der Begründung des Sachwertdarlehens sind die Wirtschaftsgüter mit dem Teilwert auszuweisen und in der identischen Höhe ist eine Rückgabeverpflichtung zu bilanzieren. In den folgenden Jahren kann die Rückgabeverpflichtung nur dann an gestiegene Wiederbeschaffungskosten angepasst werden, wenn diese voraussichtlich dauernd im Sinne des § 6 Abs. 1 Nr. 3 i.V.m. Nr. 2 EStG sind. Sollten die Anschaffungskosten für die zurückzugewährenden Wirtschaftsgüter am den folgenden Bilanzstichtagen gegenüber dem erstmaligen Ausweis sinken, können die hieraus entstehenden Gewinne erst bei Rückgabe realisiert werden. Bis zur Rückgabe gilt, dass die Verbindlichkeit aus der Rückgabeverpflichtung mit dem ursprünglichen Wert anzusetzen ist.

Umwandlung von Drohverlustrückstellungen in Verbindlichkeiten: Verpflichtet sich im 6209
Rahmen eines asset deals der Erwerber den Verkäufer im Innenverhältnis von Verpflichtungen aus bestehenden Rechtsverhältnissen frei zu halten **(Schuldfreistellung)** und tritt der Erwerber nicht in das Schuldverhältnis ein, entsteht beim Erwerber eine Verbindlichkeit in Höhe der künftig zu leistenden Zahlungen. Diesem Ergebnis steht auch nicht entgegen, dass der Verkäufer für die Verpflichtungen aus dem Rechtsverhältnis keine Verbindlichkeit sondern eine Drohverlustrückstellung ausgewiesen hat. Der Erwerber hat seinerseits keine Drohverlustrückstellung zu bilden, da in diesem Fall der Grundsatz der Erfolgsneutralität des Anschaffungsvorganges verletzt werden würde.[106] Die Übernahme der künftigen Verpflichtungen wird als Bestandteil des Kaufpreises behandelt und soll daher auf die Anschaffungskosten der assets aktiviert werden.[107] Die Finanzverwaltung will diese Bewertung aber nicht anerkennen, wenn eine **Schuldübernahme** stattfindet, der Erwerber also anstelle des Verkäufers Vertragspartner des Dritten wird. Um die Neutralität des Erwerbsvorganges sicherzustellen, soll der Erwerber in einer Eröffnungsbilanz (die nicht identisch ist mit der Bilanz am Ende des Wirtschaftsjahres) eine Drohverlustrückstellung abbilden, die am ersten Bilanzstichtag

103 Für die Handelsbilanz: § 253 Abs. 2 Satz 3 HGB; für die Steuerbilanz u. a.: BFH, Urteil vom 30.7.2003 – X R 12/01, BStBl 2004 II S. 211.

104 Zur Nutzungsüberlassung von Betrieben mit Substanzerhaltungspflichten des Pächters (sog. Eiserne Verpachtung) siehe BMF, Schreiben vom 21.2.2002 – IV A 6 – S 2132 – 4/02, BStBl 2002 I S. 262.

105 Siehe unten Stichwort „Wertpapierleihe".

106 BFH, Urteil vom 16.12.2009 – I R 102/08, BStBl 2011 II S. 566; BMF, Schreiben vom 24.6.2011 – IV C 6 – S-2137 / 0-03, BStBl 2011 I S. 627.

107 BMF, Schreiben vom 24.6.2011 – IV C 6 – S-2137 / 0-03, BStBl 2011 I S. 627.

gem. § 5 Abs. 4a EStG gewinnerhöhend aufgelöst wird.[108] Korrespondierend zur Einbuchung der Drohverlustrückstellung in die Eröffnungsbilanz, erhöhen sich auch in dieser Konstellation nach Auffassung der Finanzverwaltung die Anschaffungskosten für die erworbenen Wirtschaftsgüter um den Wert der künftigen Verluste.

6210 **Waren- und Lieferverbindlichkeiten:** Die aus dem Bezug von Waren oder Dienstleistungen resultierenden Verbindlichkeiten werden häufig gestundet oder sehen Zahlungserleichterungen wie Ratenzahlungen vor. Für steuerliche Zwecke liegen daher ein Kauf- und ein Darlehensgeschäft vor. Erfolgt die Darlehensgewährung erkennbar unverzinslich, ist bei kurzfristigen Verbindlichkeiten eine Abzinsung vorzunehmen und werden die Anschaffungskosten für die Ware nicht berührt. Daneben gewährt insbesondere der Lieferant von Waren häufig **Skonto**. Diese Preisminderung ist nach Auffassung des BFH nicht als Zinsanteil sondern als Preisnachlass zu behandeln.[109] Dieser Preisnachlass wird aber erst in der Bilanz und GuV ausweisen, wenn die Zahlung erfolgt. Dem Charakter als Kaufpreisminderung entsprechend werden zu diesem Zeitpunkt sowohl die Verbindlichkeit als auch die Anschaffungskosten für die Ware gemindert.

6211 **Wertpapierleihe:** Bei einer Wertpapierleihe überlässt der Eigentümer von Aktien oder anderen Wertpapieren diese einem Entleiher für eine bestimmte Zeit zur Nutzung. Der Entleiher wird – je nach Ausgestaltung der Vereinbarungen – in der Regel wirtschaftlicher Eigentümer und verpflichtet sich zur Rückgabe von Wertpapieren der gleichen Art und Güte aber nicht zwingend der entliehenen Wertpapiere und zur Zahlung einer Gebühr. Juristisch betrachtet handelt es sich also nicht um ein Leihgeschäft, sondern um ein Sachwertdarlehen. Der Entleiher bucht dementsprechend auf der Aktivseite die übernommenen Wertpapiere und auf der Passivseite eine Rückgabeverpflichtung ein, die Gewinn- und Verlustrechnung wird durch diesen Vorgang nicht berührt. Die Bewertung der Rückgabeverpflichtung stimmen in der Handels- und in der Steuerbilanz nicht überein: Handelsrechtlich ist die Rückgabeverpflichtung in Höhe der Wiederbeschaffungskosten für die Wertpapiere auszuweisen. Steuerlich können gestiegene Wiederbeschaffungskosten infolge von Kursänderungen nur dann gem. § 6 Abs. 1 Nr. 3 EStG berücksichtigt werden, wenn sie voraussichtlich dauern im Sinne des § 6 Abs. 1 Nr. 2 EStG sind.

6212–6379 *(Einstweilen frei)*

108 BMF, Schreiben vom 24. 6. 2011 – IV C 6 – S-2137 / 0-03, BStBl 2011 I S. 627.
109 BFH, Urteil vom 3. 12. 1970 – IV R 216/67, BStBl 1971 II S. 323.

Teil B:

Bilanzierung und Bewertung bei der Gewinnermittlung nach Bilanzposten

Kapitel VIII:

Passive Rechnungsabgrenzungsposten (PRAP)

von
WP/StB Professor Dr. Ulrich Prinz, Köln

Inhaltsübersicht **Rz.**

Ausgewählte Literatur

Zu Nachweisen s. Teil B Kapitel III „Aktive Rechnungsabgrenzungsposten (RAP)“.

1. Steuerbilanzielle Rechtsgrundlagen (§ 5 Abs. 5 EStG)

§ 5 Abs. 5 Satz 1 Nr. 2 EStG sieht ein qualifiziertes **steuerbilanzielles Ansatzgebot** zur Bildung eines passiven RAP vor. Diese Abgrenzungsposten „sind“ auf der Passivseite „nur anzusetzen“ für 6380

> „Einnahmen vor dem Abschlussstichtag, soweit sie Ertrag für eine bestimmte Zeit nach diesem Tag darstellen.“

Es handelt sich um **so genannte transitorische Posten**, bei denen die (meist liquiditätswirksame) Einnahme als Vermögenszugang der verursachungsgerechten späteren Ertragserzielung nach Maßgabe eines zeitlichen Bestimmtheitserfordernisses vorangeht. Die zu Erträgen führende zukünftige eigene Leistungserbringung des Steuerpflichtigen steht noch offen. Erst mit Erfüllung der Gegenleistung (= eigene Leistung) sind die Erträge realisiert (= „verdient“). Für antizipative Posten dagegen kommt ein passiver RAP nicht in Betracht; gegebenenfalls liegen Forderungen oder Verbindlichkeiten vor. Mit § 250 Abs. 2 HGB gilt eine deckungsgleiche handelsrechtliche Regelung. Ebenso wie aktive RAP, die tatbestandssymmetrisch formuliert sind, dienen passive RAP der periodengerechten, realisationsentsprechenden Ertragsabgrenzung im Sinne eines kodifizierten dynamischen Bilanzverständnisses.

Passive RAP haben **keine Wirtschaftsgutqualität**. Sie sind ein bilanziell gebotener Periodenabgrenzungsposten als Folge von Realisationsgrundsätzen, der eine willkürliche Gewinnbeeinflussung vermeiden soll. Passive RAP sind für Gewinnermittler nach § 5 Abs. 1 EStG sowie § 4 Abs. 1 EStG gleichermaßen zu bilden; für letztere wird dies über die allgemeinen handelsrechtlichen GoB begründet. Es besteht ein Saldierungsverbot für aktive und passive RAP. Ein Grundsatz korrespondierender Erfassung aktiver und passiver RAP bei beiden Vertragspartnern eines Austauschgeschäfts besteht nicht; mitunter verlangt das Imparitätsprinzip eine unterschiedliche Behandlung auf Aktiv- und Passivseite (Sofortaufwand, keine Aktivierung; zeitlich gestreckte Ertragsrealisation). In der Praxis wird allerdings in vielen Fällen eine spiegelbildliche Behandlung aktiver und passiver RAP zu beobachten sein. Die jüngere Rechtsprechung des BFH stützt die Ten- 6381 denz zur symmetrischen Behandlung aktiver und passiver RAP.[1] Ein Korrespondenzprinzion gibt es aber dessen ungeachtet nicht. § 5 Abs. 5 Satz 1 Nr. 2 EStG spricht nur die Bildung eines passiven RAP an. Ausdrückliche gesetzliche Folgeregelungen zur Auflösung fehlen; es greift das Gebot periodengerechter Ertragsrealisation. Bei fehlender Tatbestandserfüllung gilt ein Passivierungsverbot. Der Bildung und Auflösung eines passiven RAP liegt stets eine rechtliche, keine betriebswirtschaftlich-dynamische Betrachtungsweise zu Grunde. Dies resultiert vor allem aus Objektivierungsnotwendigkeiten und dem Gebot, nur realisierte Erträge zu besteuern.[2]

6382–6384 *(Einstweilen frei)*

2. Bilanzrechtssystematische Rahmenbedingungen passiver RAP

2.1 Handelsbilanzielle Regelung des § 250 Abs. 2 HGB

6385 § 250 Abs. 2 HGB enthält ein Passivierungsgebot für „Einnahmen vor dem Abschlussstichtag, die Ertrag für eine bestimmte Zeit nach diesem Tag darstellen“. Die Regelung gilt nach ihrer gesetzessystematischen Stellung für sämtliche Kaufleute, schafft eine den Schulden nachgeordnete eigene Bilanzpostenkategorie und dient der perioden- und realisationsgerechten Erfolgsabgrenzung des Kaufmanns. Es besteht Tatbestandsparallelität zu den aktiven RAP gem. § 250 Abs. 1 HGB, wobei die bilanzrechtlichen Grundprinzipien eine imparitätische Auslegung des Zeitmoments beim passiven RAP erfordern (streitig). Stets geht die finanzwirtschaftliche Einnahme der erfolgserhöhenden Ertragswirksamkeit des Vorgangs entsprechend der zu erbringenden Gegenleistung voraus, wobei ein Bilanzstichtag dazwischen liegen muss. „Soweit“ die üblicherweise zahlungswirksame Einnahme erst nach dem Stichtag wegen der zeitraumbezogenen Gegenleistung Ertragswirksamkeit entfaltet, besteht Passivierungspflicht; einzelfallbezogene Ausnahmen dazu können unter Vereinfachungsgesichtspunkten bestehen.[3] Durch das BilMoG vom 25. 5. 2009 haben sich für passive RAP keine handelsbilanziellen Veränderungen ergeben.

6386 Der handelsbilanzielle passive RAP hat europarechtliche Grundlagen. In der 4. EG-Richtlinie vom 25. 7. 1978 ist eine Ansatzpflicht für transitorische Posten vorgesehen, die durch das BiRiLiG 1985 in das HGB transformiert wurde. Aktive und passive RAP haben damit identische europäische Rechtswurzeln. Dessen ungeachtet stellt § 5 Abs. 5 Satz 1 Nr. 2 EStG eine rein nationalstaatliche steuerbilanzielle Regelung dar. Der BFH geht deshalb davon aus, dass auch in Zweifelsfällen keine Vorlagepflicht an den EuGH besteht.[4]

6387–6389 *(Einstweilen frei)*

---

1 Vgl. BFH, Urteil v. 22. 6. 2011 – I R 7/10, BStBl 2011 II S. 870.

2 So etwa ausdrücklich BFH, Urteil vom 26. 4. 1995 – I R 92/94, BStBl 1995 II S. 594, 598.

3 Vgl. Teil B Kap. III Rz. 4941.

4 Vgl. dazu Teil A Kap. III, Gliederungspunkt 1.5.; s. auch BFH, Urteil vom 9. 12. 1993 – IV R 130/91, BStBl 1995 II S. 202, 204. Zur klarstellenden Schaffung des § 5 Abs. 5 EStG durch den Steuergesetzgeber in EStÄndG v. 16. 5. 1969 s. *Federmann*, in: HHR, § 5 EStG Anm. 1911.

2.2 Steuerbilanzielles Ansatzgebot für passive RAP gem. § 5 Abs. 5 Satz 1 Nr. 2 EStG

2.2.1 Tatbestand und Rechtsfolge des passiven RAP

Das Passivierungsgebot des § 5 Abs. 5 Satz 1 Nr. 2 EStG dient der abschnittsbezogenen wirtschaftlichen Erfolgszuordnung bei laufenden Betriebseinnahmen. Unabhängig von einer Entgeltvereinnahmung darf erst mit Ertragsrealisation eine leistungsfähigkeitsbezogene Besteuerung erfolgen. Diese Gesetzesteleologie wird vom IV. Senat des BFH wie folgt beschrieben:[5] 6390

> „Der Sinn dieser Vorschrift liegt darin, Einnahmen dem Jahr zuzuordnen, zu dem sie wirtschaftlich gehören. Die Ertragswirkung der Einnahmen soll in die Periode verlagert werden, in der die korrespondierenden Aufwendungen anfallen."

Das Gebot perioden- und realisationsgerechter Gewinnermittlung verlangt die Passivierung eines RAP trotz fehlender (negativer) Wirtschaftsgutqualität. Gesetzestechnisch erfordert ein passiver RAP drei **kumulative Tatbestandsvoraussetzungen**: 6391

- Es muss sich um „Einnahmen vor dem Abschlussstichtag" handeln, etwa durch den Eingang einer Zahlung oder Überweisung, durch Verrechnung, erfolgsunwirksame Forderungsentstehung, gegebenenfalls auch einen Verbindlichkeitsabgang. Auch ein „sachwerter Vermögenszugang" kann Einnahmequalität haben.
- Diese Einnahme muss unter wirtschaftlichen Verursachungsgesichtspunkten Ertrag nach dem Stichtag darstellen (Periodisierungsgebot). Die dem Vermögenszugang gegenüberstehende Leistungsverpflichtung muss durch den Steuerpflichtigen erst noch erbracht werden, um eine Ertragsrealisation zu bewirken.
- Die Einnahme muss „für eine bestimmte Zeit" im Sinne einer zeitraumbezogenen konkret fixierbaren Gegenleistung erbracht werden. Es muss demzufolge eine zeitraumbezogene Gegenleistungsverpflichtung bestehen, die auf einer schuldrechtlichen Vertragsbeziehung basiert oder ihre Grundlage im öffentlichen Recht hat. Für bereits erbrachte Leistungen kann kein passiver RAP gebildet werden. Im Zweifelsfall ist die vom Steuerpflichtigen erhaltene Einnahme unter Realisationsgesichtspunkten in einen passiven RAP einzustellen; es ist also auf eine ertragserhöhende Erfassung im Bezugsjahr zu verzichten. An diesem Tatbestandselement zeigt sich das imparitätische Verständnis des Zeitmoments trotz Tatbestandsparallelität von § 5 Abs. 5 Satz 1 Nr. 1 und 2 EStG.[6] Das Kriterium der zeitlichen Bestimmtheit der Gegenleistungsverpflichtung wurde durch die Rechtsprechung tendenziell abgeschwächt.

Damit sind – parallel zu den aktiven RAP und in Übereinstimmung mit dem Handelsrecht – nur **transitorische Posten** im engeren Sinne, nicht aber antizipative Posten einer 6392

5 BFH, Urteil vom 24. 6. 2009 – IV R 26/06, BStBl 2009 II S. 781.

6 Vgl. *Beisse,* Festschrift Budde, 1995, S. 77 f. unter Bezugnahme auf den Gesichtspunkt der „Relativität der Rechtsbegriffe". Die h. M. im Schrifttum folgt dem; vgl. etwa *Crezelius,* in: Kirchhof, EStG, 13. Aufl. 2014, § 5 Rn. 92, 93; *Weber-Grellet,* in: Schmidt, EStG, 33. Aufl. 2014, § 5 Rn. 250. Anders akzentuiert allerdings bei Darlehensverhältnissen, vgl. BFH, Urteil vom 22. 6. 2011 – I R 7/10, BStBl 2011 II S. 870: spiegelbildliche Behandlung aktiver und passiver RAP.

passiven Rechnungsabgrenzung zugänglich. Von einer Passivierungspflicht kann nach der BFH-Rechtsprechung unter Vereinfachungsgesichtspunkten nur in Fällen (absolut oder relativ) geringfügiger Beträge Abstand genommen werden.[7] Ein Passivierungswahlrecht ist daraus nicht ableitbar. Die Rechtsfolge der Tatbestandserfüllung eines passiven RAP ist die Verpflichtung zu einer periodengerechten Ertragsabgrenzung für ertragsteuerliche Zwecke. Der im Vereinnahmungsjahr gebildete passive RAP ist deshalb realisationsgerecht (ohne Liquiditätszugang) in einem oder mehreren Folgeabschnitten aufzulösen. Die zu erbringende Gegenleistung bestimmt den Auflösungsmodus. Es sind lineare, degressive und progressive Auflösungen denkbar; im Einzelfall kommt auch eine „Sonderauflösung" in Betracht. Eine Bewertung des passiven RAP erfolgt nicht. § 6 EStG findet unter Einschluss des dort zu findenden Abzinsungsgebots für passive RAP keine Anwendung.

6393 Die höchstrichterliche Rechtsprechung des BFH hat für steuerbilanzielle Zwecke die passiven RAP gem. § 5 Abs. 5 Satz 1 Nr. 2 EStG – tatbestandsidentisch zu § 250 Abs. 2 HGB – in einer **ausführlichen Fallkasuistik** näher konkretisiert.[8] Typische passive RAP sind danach: im alten Jahr vereinnahmte Miet- oder Leasinggebühren, für die die Mietsache oder der Leasinggegenstand erst im neuen Besteuerungsabschnitt zur Verfügung gestellt wird; erhaltene Zinsen für einen Kredit des nächsten Besteuerungsabschnitts; Kreditgebühren bei Teilzahlungskrediten, wobei dieser passive RAP nach der Zinsstaffel (kapitalanteilig) aufzulösen ist.[9] Auch für empfangene öffentlich-rechtliche Subventionsleistungen kommt ein passiver RAP in Betracht, sofern das vom Subventionsempfänger erwartete Verhalten wirtschaftlich als Gegenleistung für die Subvention verstanden werden kann.

6394 **Subsidiarität des passiven RAP:** Ein passiver RAP begründet kein (negatives) Wirtschaftsgut in Gestalt einer Verbindlichkeit/Rückstellung, sondern ist dem handels- und steuerbilanziellen Grundsatz periodengerechter Erfolgszuordnung geschuldet. Unter steuersystematischen Gesichtspunkten kommt ein passiver RAP daher nur subsidiär bei Erfüllung der Ertragsrealisationskriterien zur Anwendung. Stets wird eine zeitraumbezogene Gegenleistung für einen vorempfangenen Vermögenszugang verlangt, wobei es auf deren wirtschaftlichen Gehalt ankommt. Bei einer einmaligen Leistung dagegen (etwa einer Lieferung) ist die vom Steuerpflichtigen bezogene Einnahme als „erhaltene Anzahlung" auf ein künftig zu erbringendes Entgelt zu passivieren.[10] Insoweit ist die Zielrichtung von passiver Rechnungsabgrenzung und erhaltener Anzahlung nach ständiger Rechtsprechung vergleichbar.[11] Allerdings ist die „erhaltene Anzahlung" bei Nichterfüllung der Leistungsverpflichtung regelmäßig zurückzugewähren.

6395–6399 *(Einstweilen frei)*

---

7 Zu Details vgl. Teil B Kap. III Rz. 4941.

8 Zu einer Übersicht vgl. *Weber-Grellet*, in: Schmidt, EStG, 33. Aufl. 2014, § 5 Rn. 257, 258.

9 Vgl. BFH, Urteil vom 21. 5. 1967 – I 208/63, BStBl 1967 III S. 607.

10 So zutreffend *Weber-Grellet*, in: Schmidt, EStG, 33. Aufl. 2014, § 5 Rn. 249.

11 Siehe etwa BFH, Urteil vom 23. 2. 2005 – I R 9/04, BStBl 2005 II S. 481 f.; vgl. zu Optionsprämien auch BFH, Urteil vom 18. 12. 2002 – I R 17/02, BStBl 2004 II S. 126, 128.

2.2.2 Zeitmoment passiver RAP

Wegen des vorsichtsgeprägten Realisationsprinzips, das auch für steuerbilanzielle Zwecke gilt, verlangt die herrschende Meinung im Hinblick auf das objektivierungsnotwendige zeitliche Bestimmtheitserfordernis für einen passiven RAP, dass „die noch ausstehende Gegenleistung zeitbezogen oder periodisch aufteilbar" sein muss; vorausgesetzt wird eine „zumindest qualitativ gleichbleibende Dauerverpflichtung".[12] Das einem RAP wesensimmanente Zeitmoment wird für Passivierungszwecke weniger streng als auf der Aktivseite ausgelegt. Eine unter Leistungsfähigkeitsaspekten überhöhte Ertragsvereinnahmung soll systementsprechend vermieden werden. Die Gesetzesteleologie (= Verhinderung willkürlicher Gewinnbeeinflussung) ist allerdings für aktive und passive RAP identisch. 6400

Die im Rahmen des Austauschverhältnisses noch zu erbringende Gegenleistung muss keineswegs zwingend stets in dem auf das Einnahmejahr folgenden neuen Wirtschaftsjahr erfolgen, sondern der Vorgang kann durchaus langfristig – allerdings zeitlich, rechnerisch begrenzbar – angelegt sein. So ist etwa die Übernahme einer Unterlassungslast gegen ein einmaliges Entgelt (Entschädigungszahlung) einem passiven RAP zuzuführen, wenn sich ein Mindestzeitraum rechnerisch bestimmen lässt („Lehre vom Mindestzeitraum"). Dabei muss auf die Parteienvereinbarung in Hinblick auf die Duldung der Unterlassungsleistung abgestellt werden.[13] Bei einem kapitalisiert ausgezahlten öffentlich-rechtlichen Zinszuschuss für die Aufnahme eines langjährigen Kapitalmarktdarlehens ist ebenfalls eine passive Rechungsabgrenzung vorzunehmen, die ratierlich über die gesamte Darlehenslaufzeit und dabei abhängig von der Ausgestaltung des Darlehensvertrages linear oder degressiv aufzulösen ist. Dies folgt dem Grundgedanken, die Ertragswirksamkeit einer Einnahme in die Periode zu verlagern, in der die korrespondierenden Aufwendungen anfallen.[14] Insoweit ähnelt der Auflösungsmodus beim passiven RAP dem in der internationalen Rechnungslegung gebräuchlichen „matching principle". Weiterhin ist die Bildung eines passiven RAP denkbar bei der Ausgabe von Dienstleistungsrabattgutscheinen, die über eine bestimmte Zeitperiode von einem Kunden eingelöst werden können.[15] Der Verkäufer eines Optionsscheins bei Optionsgeschäften darf dagegen keinen passiven RAP in Höhe der Optionsprämie bilden, sondern muss eine Stillhalterverbindlichkeit ausweisen, die erst bei Ausübung oder Verfall der Option auszubuchen ist. Es wird auf Verlangen des Optionsberechtigten ein einmaliger Erfolg durch den Stillhalter geschuldet; an einer zeitbezogenen Gegenleistung fehlt es. Entsprechendes dürfte bei vereinnahmten Entgelten aufgrund des Abschlusses eines Aktienswaps gelten. Schließlich ist der bei einem Elektrizitätsversorgungsunternehmen eingehende Baukostenzuschuss passiv auf die Bindungszeit abzugrenzen.[16] Kein passiver RAP kann dagegen gebildet werden für die beim Abschluss ei- 6401

12 So BFH, Urteil vom 24.6.2009 – IV R 26/06, BStBl 2009 II S. 781 f. Vgl. für eine dauerhafte Unterlassungsleistung im Landwirtschaftsbereich auch FG Nürnberg, Urteil vom 19.9.2013 – 4K 1613/11, EFG 2014 S. 907, Revision beim BFH: IV R 40/13.

13 Vgl. BFH, Urteile vom 17.7.1980 – IV R 10/76, BStBl 1981 II S. 669; vom 9.12.1993 – IV R 130/91, BStBl 1995 II S. 202.

14 Vgl. BFH, Urteil vom 24.6.2009 – IV R 26/06, BStBl 2009 II S. 781 f.

15 Vgl. *Krüger*, DStR 2011 S. 1095, 1097 f.

16 Vgl. BFH, Urteil vom 23.2.1977 – I R 104/75, BStBl 1977 II S. 392. Allerdings erfolgt eine abweichende Beurteilung durch BMF, Schreiben vom 27.5.2003, BStBl 2003 I S. 361.

nes Bausparvertrags erhaltene Abschlussgebühr oder bei Entgelten für Wechseldiskontgeschäfte einer Bank; insoweit fehlt es stets an einer zeitlich bestimmbaren Gegenleistung.[17]

6402–6404 *(Einstweilen frei)*

3. Steuerbilanzielle Bedeutung passiver RAP

6405 Passive und aktive RAP sind gleichermaßen kodifizierter Ausdruck eines dynamischen Bilanzverständnisses und haben stets besonderes Interesse in steuerbetriebswirtschaftlicher und steuerjuristischer Betrachtung gefunden.[18] Schließlich sind vor allem passive RAP aus dem Blickwinkel der Besteuerungspraxis wichtig, auch wenn dies nicht direkt aus breit angelegten empirischen Handelsbilanzanalysen erkennbar wird.[19] Dessen ungeachtet sind passive RAP ein Sammelbecken unterschiedlicher Geschäftsvorfälle mit teils erheblicher steuerökonomischer Bedeutung im Einzelfall. Sie tauchen mitunter branchenspezifisch gehäuft auf. Dies ist etwa bei den signing fees für „Schlüsselspieler" in der Fußballbundesliga der Fall, die als Vorauszahlungen für Rechtevermarktungsagenturen zu verstehen sind.[20] Unabhängig von einer Branchenrelevanz treten Rechtsfragen passiver RAP gehäuft auch im Zusammenhang mit Gebühren für Darlehensverträge[21] und zeitraumbezogenen öffentlich-rechtlichen Subventionsleistungen auf.

6406–6409 *(Einstweilen frei)*

4. Wichtige Anwendungsfälle für passive RAP (Einzelfall-ABC)

6410 **Ausbietungsgarantie:** Erhaltene Vergütungen, die ein Garantiegeber beispielsweise im Rahmen eines Immobilienanlagemodells für die Übernahme einer Ausbietungsgarantie (= zeitlich befristete Haftung gegenüber Gläubigerbank im Falle einer Zwangsversteigerung) erhält, sind passiv auf die Laufzeit der Haftung abzugrenzen. Eine Auflösung des passiven RAP erfolgt entsprechend den betroffenen Garantiezeiträumen.[22] Entsprechendes gilt auch für Vergütungen anderweitiger zeitraumbezogener Garantieversprechen.

6411 **Ausbildungsplatzzuschuss:** Erhält ein bilanzierender Gewerbetreibender einen öffentlichen Zuschuss zur zeitlich befristeten Besetzung eines Ausbildungsplatzes, ist als Kompensation für den vereinnahmten Vermögenszugang ein passiver RAP zu bilden.[23]

17 Vgl. BFH, Urteile vom 11. 2. 1998 – I R 23/96, BStBl 1998 II S. 381; vom 26. 4. 1995 – I R 92/94, BStBl 1995 II S. 594.

18 Vgl. Teil B Kap. III, Rz. 4970.

19 *Küting/Strauß*, DB 2010 S. 1189, weisen darauf hin, dass passive RAP quantitativ gesehen durchschnittlich weniger als 1 % der Bilanzsumme eines Unternehmens betragen.

20 Zu Details *Küting/Strauß*, DB 2010 S. 1189.

21 Zu Details vgl. *Herzig/Joisten*, DB 2011 S. 1014.

22 So BFH, Urteil vom 23. 3. 1995 – IV R 66/94, BStBl 1995 II S. 772; s. ergänzend auch *Federmann*, in: HHR, § 5 EStG Anm. 2000: Garantie-„Gebühren", Garantiegeschäft. Vgl. weiterhin H 5.6 EStR 2012: Garantiegebühr.

23 Vgl. BFH, Urteil vom 5. 4. 1984 – IV R 96/82, BStBl 1984 II S. 552-554.

Im Streifall war der einmalige öffentliche Zuschuss für die Besetzung eines Ausbildungsplatzes an die Verpflichtung gekoppelt, diesen Platz für mindestens zwei aufeinanderfolgende Ausbildungsverhältnisse zu besetzen. Das Unternehmen als Subventionsempfänger erhielt damit eine Vorleistung, der eine von ihm bisher noch nicht erbrachte Gegenleistung gegenüberstand, für die ein passiver RAP gebildet werden musste. Dem Bestimmtheitserfordernis war damit nach Meinung des BFH in ausreichender Form genüge getan, eine sofortige Ertragsrealisation hätte zu einer überhöhten Gewinnbesteuerung geführt.

Abschlussgebühren für Bausparverträge sind Entgelte für den jeweiligen Vertrags- 6412
abschluss. Die durch die Bausparkasse vereinnahmte Abschlussgebühr ist demzufolge mit dem Vertragsabschluss „verdient" und als Betriebseinnahme zu erfassen, jedenfalls soweit keine erfahrungsgestützte Rückzahlungspflicht wegen Verzicht auf ein Bauspardarlehen besteht (Rückstellung).[24] Eine steuerbilanzielle Abgrenzung als passiver RAP kommt mangels zeitraumbezogener Gegenleistung nicht in Betracht. Die kalkulatorische Ermittlung der Abschlussgebühr nach Maßgabe der Gesamtlaufzeit des jeweiligen Bausparvertrages spielt für die steuerbilanzielle Einordnung keine Rolle. Entsprechendes gilt für die in Form einer „Einlage" erhobene Abschlussgebühr, die ebenfalls mit Zugang als Betriebseinnahme zu erfassen ist. Die ständige Rechtsprechung des BFH ist in der Literatur stets auf Kritik gestoßen, da Abschlussgebühren – jedenfalls aus betriebswirtschaftlicher Sicht – ein „Eintrittsgeld" in das Leistungsbündel eines Bausparvertrags darstellen und bei der Bausparkasse zeitraumbezogen eine Reihe von Gegenleistungsverpflichtungen nach sich ziehen. Ist die bei Abschluss eines Bausparvertrags empfangene Abschlussgebühr bei Darlehensverzicht an den Bausparer zurückzuzahlen, so muss bei der Bausparkasse eine Rückstellung wegen ungewisser Verbindlichkeiten gebildet werden. Bei der Bewertung sind die statistischen Daten für tatsächliche Rückzahlungen in der Vergangenheit zu berücksichtigen.[25]

Baukostenzuschüsse, die ein Gasversorgungsunternehmen von seinen Abnehmern an- 6413
lässlich der Einrichtung von Gasanschlüssen erhält, sind nach älterer BFH-Rechtsprechung zu passivieren und auf den Zeitraum der Verpflichtung zur Gegenleistung (Gewährleistung der Betriebssicherheit, Instandhaltungen und kostenlose Erneuerungen) zu verteilen. Der BFH lässt dabei in seinem Urteil vom 23. 2. 1977 offen, ob die Passivierung als Rückstellung oder Rechnungsabgrenzungsposten erfolgt.[26] Abweichend dazu hat die Finanzverwaltung im BMF-Schreiben vom 27. 5. 2003 für die ertragsteuerliche Behandlung nicht rückzahlbarer Baukostenzuschüsse bei Energieversorgungsunternehmen ein Wahlrecht gewährt, bei gleichzeitiger Einräumung einer Übergangsfrist: Behandlung der empfangenen Zuschüsse als Betriebseinnahme oder erfolgsneutrale Kürzung von den Anschaffungs- oder Herstellungskosten für die Versorgungsanschlüsse.[27]

Dauerleistungsentgelt: Im BFH-Urteil vom 9. 12. 1993 wurde für den Erhalt eines zeit- 6414
lich nicht begrenzten Dauerleistungsentgelts die Bildung eines passiven RAP verlangt,

24 Vgl. BFH, Urteile vom 11. 2. 1998 – I R 23/96, BStBl 1998 II S. 381; vom 12. 12. 1990 – I R 18/89, BStBl 1991 II S. 485.

25 Vgl. BFH, Urteil vom 12. 12. 1990 – I R 18/89, BStBl 1991 II S. 485.

26 BFH, Urteil vom 23. 2. 1977 – I R 104/75, BStBl 1977 II S. 392.

27 BMF, Schreiben vom 27. 5. 2003 – IV S 6 – S 2137 – 25/03, BStBl 2003 I S. 361.

falls sich rechnerisch ein Mindestzeitraum für die Dauerleistung bestimmen lässt.[28] Die Rechtsprechung bezieht sich dabei auf die Wahrung des Realisationsprinzips. Im Streitfall hatte ein buchführender Landwirt einem Elektrizitätsversorgungsunternehmen (EVU) unter Einräumung einer beschränkt persönlichen Dienstbarkeit die Befugnis eingeräumt, sein Grundstück zum Zwecke des Baus, des Betriebs und der Unterhaltung elektrischer Leitungen zu nutzen und sich damit gleichzeitig verpflichtet, diese Nutzungen zu dulden. Dafür wurde seitens des EVU ein einmaliges Entschädigungsentgelt gezahlt. Wegen der zeitraumbezogenen Verpflichtung des buchführenden Landwirts zur Duldung der Fremdnutzung musste ein passiver RAP gebildet werden mit anschließender Verteilung über eine Periode von 25 Jahren als rechnerisch ermittelbarem Mindestzeitraum. Der BFH arbeitet in seinem Judikat heraus, dass weder ein einmaliges Entschädigungsentgelt vorliegt, noch eine als Rückstellung auszuweisende Sachleistungsverpflichtung. Der passive RAP muss dabei Objektivierungsüberlegungen genügen und soll eine willkürliche Beeinflussung des Gewinns verhindern. Die Finanzverwaltung hat mit Schreiben vom 15. 3. 1995 die Anwendung der BFH-Entscheidung in allen noch offenen Fällen akzeptiert.[29] Insgesamt kann man das Urteil als recht großzügig einstufen. Auch für die Übernahme einer mit erhöhtem betrieblichen Aufwand verbundenen dauernden Unterlassungslast hat der IV. Senat des BFH einen passiven RAP zugelassen.[30] Entsprechendes gilt bei entgeltlicher Einräumung einer zeitlich unbefristeten Grunddienstbarkeit.[31]

6415 **Erbbauverpflichteter:** Von einem Grundstückseigentümer im Voraus vereinnahmte Erbbauzinsen sind über einen passiven RAP abzugrenzen und entsprechend der Laufzeit des Erbbaurechtsvertrages – üblicherweise linear – gewinnerhöhend aufzulösen. Übernimmt ein Erbbauberechtigter Erschließungskosten, so liegt darin ein zusätzliches Entgelt für die Nutzung des Grundstücks, dass beim Erbbauverpflichteten mittels eines passiven RAP über die Dauer des Erbbaurechts zu verteilen ist. Es handelt sich um einen im Voraus erhaltenen „geldwerten Vorteil“, der erst nach Erbringung der eigenen Leistung (im Rahmen der Nutzungsüberlassung des Grundstücks im Erbbaurecht) als Ertrag ausgewiesen werden darf. Dem vorauserhaltenen Vermögenszugang beim Erbbauverpflichteten steht deshalb zeitraumbezogen eine Leistungspflicht gegenüber; erst durch die Leistungserbringung erfolgt die Gewinnrealisation. Im Übrigen sind die vom Erbbauberechtigten zur erstmaligen Erschließung des mit einem Erbbaurecht belasteten Grundstücks aufgewendeten Beiträge beim bilanzierenden Grundstückseigentümer als Vermögenszugang beim Grund und Boden zu aktivieren. Die Rechtsprechung ist zutreffend.[32]

28 BFH, Urteil vom 9. 12. 1993 – VI R 130/91, BStBl 1995 II S. 202. Vgl. auch FG Nürnberg, Urteil vom 19. 9. 2013 – 4K 1613/11, EFG 2014 S. 907 (nrkr.; Az. beim BFH: IV R 40/13).

29 Vgl. BMF, Schreiben vom 15. 3. 1995 – VI B 2 S 2133 – 5/95, BStBl 1995 I S. 183. Wobei allerdings zeitlich nicht befristete Dauerleistungen auf der Aktiv- und der Passivseite identisch behandelt werden sollen. Im Übrigen hat die Finanzverwaltung eine Übergangsregelung vorgesehen.

30 BFH, Urteil vom 17. 7. 1980 – VI R 10/ 76, BStBl 1981 II S. 669.

31 BFH, Urteil vom 9. 8. 1989 – X R 20/86, BStBl 1990 II S. 128.

32 Vgl. BFH, Urteil vom 20. 11. 1980 – VI R 126/78, BStBl 1981 II S. 398; BFH, Beschluss vom 26. 3. 1991 – IV B 132/90, BFH/NV 1991 S. 736: lineare, allenfalls progressive Auflösung; keine degressive Auflösung; BFH, Urteil vom 4. 9. 1997 – IV R 40/96, BFH/NV 1998 S. 569; BFH, Urteil vom 8. 12. 1988 – IV R 33/87, BStBl 1989 II S. 407. Zur Behandlung beim Erbbauberechtigter s. Teil B Kap. III, Rz. 4979.

Ertragszuschüsse: Sofern eine zeitraumbezogene Gegenleistung auf Grundlage schuldrechtlicher Verträge oder öffentlichen Rechts vom Zuschussempfänger zu erbringen ist, muss eine passive Rechnungsabgrenzung vorgenommen werden.[33] 6416

(Einstweilen frei) 6417–6419

Forderungsforfaitierung aus Leasingverträgen: Bei der Forfaitierung noch nicht fälliger Leasingraten (= Kaufvertrag mit Übergang des Bonitätsrisikos auf den Forderungserwerber, echte Forfaitierung) hat der Leasinggeber den erzielten Forfaitierungserlös nach übereinstimmender Meinung von Rechtsprechung und Finanzverwaltung in einen passiven RAP einzustellen. Grundlage der Passivierung ist also der erzielte Kaufpreis, nicht der Nominalwert der Nutzungsüberlassungsverpflichtung. Entsprechend dem Realisationsprinzip ist der passive RAP dann linear aufzulösen, wenn der Leasinggeber zu gleichbleibenden Leistungen gegenüber dem Leasingnehmer verpflichtet bleibt. Der BFH betont dabei, dass die Gleichmäßigkeit der Leasingrate grundsätzlich Ausdruck einer linear verteilten, gleichmäßigen Leistungsverpflichtung ist.[34] Insoweit erteilt der BFH degressiven oder progressiven Auflösungsmethoden eine Absage. Bei der so genannten Restwertforfaitierung aus Teilamortisationsleasingverträgen ist die Zahlung des Dritten dagegen steuerlich als ein Darlehen an den Leasinggeber zu beurteilen. In diesem Fall sind die Forfaitierungserlöse von ihm nicht als Erträge aus zukünftigen Perioden passiv abzugrenzen, sondern als Verbindlichkeit auszuweisen und bis zum Ablauf der Grundmietzeit ratierlich aufzuzinsen.[35] Die anderslautende Behandlung im BMF-Schreiben vom 9. 1. 1996 ist von der Finanzverwaltung inhaltlich wohl aufgegeben worden.[36] Sofern der Forderungsverkauf allerdings als „unechte Forfaitierung" ausgestaltet ist und damit das Bonitätsrisiko beim Forderungsverkäufer bleibt, ist der Vorgang nicht als Kauf, sondern als Darlehensverhältnis zu qualifizieren. Dabei kommt es auf den wirtschaftlichen Gehalt des Forfaitierungsgeschäfts an, nicht auf dessen Bezeichnung.[37] 6420

Franchise-Vertragsgebühren sind beim Franchisegeber in der Regel als vorausgezahltes Entgelt für eine zeitbezogene Gegenleistung passiv abzugrenzen und auf die Mindestlaufzeit des Franchisevertrags erfolgserhöhend zu verteilen. Ggf. kommt eine umsatzabhängige Auflösung in Betracht.[38] 6421

Investitionszuschuss: Nach Verwaltungsmeinung besteht ein Wahlrecht[39] dahin gehend, dass die aus öffentlichen Mitteln gewährten Investitionszuschüsse entweder zu einer Minderung der Anschaffungs- oder Herstellungskosten des geförderten Wirt- 6422

33 Zu Details vgl. BFH, Urteil vom 5. 4. 1984 – IV R 96/82 BStBl 1984 II S. 552 sowie BMF, Schreiben vom 2. 9. 1985, BStBl 1985 I S. 568. Zustimmend H 5.6 EStR (Ertragszuschüsse).

34 Vgl. BFH, Urteil vom 24. 7. 1996 – I R 94/95, BStBl 1997 II S. 122; BMF, Schreiben vom 9. 1. 1996, BStBl 1996 I S. 9, Abschnitt III 2a.

35 So BFH, Urteil vom 8. 11. 2000 – I R 37/99, BStBl 2001 II S. 722.

36 Vgl. H 5.6 EStR: Forfaitierung von Forderung aus Leasingverträgen.

37 Vgl. BMF, Schreiben vom 9. 1. 1996 – IV B II – S 2170 – 135/95, BStBl 1996 I S. 9, Abschnitt III 1.

38 Vgl. *Federmann*, in: HHR, § 5 EStG Anm. 2000 (Franchisevertragsgebühren).

39 So R 6.5 EStR 2012. Während vor allem der I. Senat das verwaltungsseitige Wahlrecht stützt, spricht sich der IV. Senat des BFH grundsätzlich für eine Minderung der AK/HK des betroffenen Wirtschaftsguts aus. Vgl. dazu auch BFH, Urteile vom 22. 1. 1992 – X R 23/89, BStBl 1992 II S. 488; vom 29. 11. 2007 – IV R 81/05, BStBl 2008 II S. 561.

schaftsguts (üblicherweise im Jahr des Bewilligungsbescheids) führen, oder als sofort zu versteuernde Betriebseinnahme zu erfassen sind. An dem für einen passiven RAP erforderlichen Zeitraumbezug fehlt es dem Investitionszuschuss.

6423 **Mobilfunkdienstleistungen:** Erhält ein bilanzierender Gewinnermittler verbilligt ein Mobilfunktelefon, ist der bezogene geldwerte Vorteil in einen passiven RAP mit Erlangung der Verfügungsmacht einzustellen und entsprechend der Telefonnutzung gewinnerhöhend aufzulösen. Bemessungsgrundlage der AfA für das Mobiltelefon ist der gemeine Wert, also der Barpreis zuzüglich des Sachwerts der erhaltenen Vergünstigung. Handelt es sich dabei allerdings um ein geringwertiges Wirtschaftsgut (§ 6 Abs. 2 EStG), wird der Verzicht auf die Bildung eines passiven RAP seitens der Finanzverwaltung nicht beanstandet. Diese Sichtweise der FinVerw dürfte durch das BFH-Urteil v. 15. 5. 2013[40] zur Notwendigkeit eines aktiven RAP bei Handy-Subventionen aufgrund einer spiegelbildlichen Wirkungsweise bestätigt worden sein.

6424 **Öffentlich-rechtliche Subventionsleistung:** Bei einer subventionsbezogenen Gegenleistungsverpflichtung sind öffentlich-rechtliche Ertrags- oder Aufwendungszuschüsse, die zu einem vorauserhaltenen Vermögenszugang führen, über einen passiven RAP abzugrenzen und entsprechend der noch zu erbringenden Gegenleistung ertragserhöhend aufzulösen. Dies gilt etwa für erhaltene Ausbildungsplatzzuschüsse (siehe oben) oder öffentlich-rechtliche Zinszuschüsse. Allerdings stehen nicht allen öffentlichen Fördermitteln Gegenleistungsverpflichtungen durch den Steuerpflichtigen gegenüber. Dies gilt etwa für öffentliche Fördermittel im Sinne von § 10 des Gesetzes zur wirtschaftlichen Sicherung der Krankenhäuser und zur Regelung der Krankenhauspflege (KHG) vom 29. 6. 1972. In ihrer Gewährung liegt keine Gegenleistung für die Behandlung von Patienten zu bestimmten Pflegesätzen. Derartige Investitionszuschüsse können grundsätzlich nur über eine Minderung der Anschaffungs- und Herstellungskosten berücksichtigt werden. Bei öffentlich-rechtlichen Subventionsleistungen ist deshalb stets zu analysieren, ob nach Maßgabe des Zuwendungsbescheids eine zeitbezogene Gegenleistungsverpflichtung besteht. Nur dann kommt ein passiver RAP in Betracht.

6425–6429 *(Einstweilen frei)*

6430 **Reinvestitionsrücklage nach § 6b EStG:** Der im Zusammenhang mit der Veräußerung eines Wirtschaftsguts entstehende Auflösungsertrag eines passiven RAP kann nicht in eine § 6b-Rücklage eingestellt werden. Der Auflösungsertrag ist kein Bestandteil des wirtschaftsgutbezogenen Veräußerungsgewinns, sondern erfolgt nur aus Anlass der Veräußerung. Dies hat das FG Hamburg zutreffend in einem Urteil vom 4. 4. 2011 für in einen passiven Ausgleichsposten eingestellte Ausgleichszahlungen entschieden, die im Zusammenhang mit einer Grundstücksveräußerung erfolgserhöhend aufzulösen waren.[41]

6431 **Signing Fees** für „Schlüsselspieler" in der Fußballbundesliga werden beim Empfänger (= Fußballclub) handelsbilanziell üblicherweise als passive RAP ausgewiesen. Es handelt

40 BFH, Urteil vom 15. 5. 2013 – I R 77/08, BStBl 2013 II S. 730. Zu den Rechtsfolgen für passive RAP ausdrücklich *Rätke*, StuB 2013 S. 808. Zu weiteren Details s. Rn. 4989.

41 FG Hamburg, Urteil vom 4. 4. 2011 – 2 K 91/10, BB 2011 S. 1838; Revision beim BFH unter dem Aktenzeichen IV R 17/11 anhängig. Dazu auch *Kleinmanns*, BB 2011 S. 1841.

sich im Wesentlichen um Vorauszahlungen für (zumindest teilweise) zukünftig noch zu erbringende Leistungen der Fußballbundesligavereine. Die steuerbilanzielle Handhabung sollte deckungsgleich sein.[42]

Unterlassungslast: s. Dauerleistungsentgelt.

Stillhaltervergütung: Bei Optionsgeschäften hat der bilanzierende Verkäufer eines Op- 6432
tionsscheins in Höhe des für die Stillhalterverpflichtung vereinbarten Preises eine Verbindlichkeit auszuweisen, die erst bei Ausübung oder Verfall der Option auszubuchen ist. Ein passiver RAP kommt dagegen nicht in Betracht. Die Stillhalterverpflichtung ist weder zeitlich noch periodisch aufteilbar. Vielmehr schuldet der Stillhalter auf Verlangen des Optionsberechtigten einen einmaligen bestimmten Erfolg. An einer zeitraumbezogenen Gegenleistung fehlt es daher.[43]

Vorfälligkeitsentschädigungen, die ein Kreditgeber für seine Bereitschaft zu einer für 6433
ihn nachteiligen Änderung der Vertragskonditionen vom Kreditnehmer vereinnahmt hat, sind nach dem BFH-Urteil vom 7. 3. 2007[44] nicht passiv abzugrenzen. Die Bank erhält die Entschädigungszahlung nicht für eine noch zu erbringende Gegenleistung, sondern für eine einmalige, vor dem jeweiligen Stichtag durch Aufhebungsvertrag (Verzicht) bereits vollzogene Leistung. Der Grundsatz periodengerechter Ergebnisermittlung verlangt daher eine einnahmegleiche Realisation, für eine zeitbezogene Ergebnisverteilung ist kein Raum. Darüber hinaus ist ebenfalls kein passiver RAP zu bilden bei empfangenen Entschädigungen anlässlich der Aufhebung von Hausverwalterverträgen[45] oder bei Ertragswertentschädigungen[46] für die einvernehmliche Einschränkung von Betrieben.

Zinszuschuss: Für die Gewährung eines abgezinsten öffentlich-rechtlichen Zinszuschus- 6434
ses (Aufwandszuschuss) im Zusammenhang mit der Aufnahme eines langjährigen Kapitalmarktdarlehens, ist bei einem bilanzierenden Steuerpflichtigen ein passiver RAP zu bilden. Es handelt sich um den Empfang einer zeitraumbezogenen Subvention, da vom Subventionsempfänger ein bestimmtes wirtschaftliches Verhalten als Gegenleistung für die Subvention erwartet wird. Für das Vorliegen einer solchen wirtschaftlichen und zeitraumbezogenen „Gegenleistung" sind die Bestimmungen des Zuwendungsbescheids maßgebend. Dass dabei die Gegenleistung gegenüber einem Dritten und nicht gegenüber dem Zuwendenden erfolgt, ist nach Meinung des BFH[47] unerheblich. Wegen dieser zeitraumbezogenen Gegenleistungsverpflichtung ist der passive RAP periodengerecht ratierlich über die gesamte Darlehenslaufzeit aufzulösen, wobei dies je nach Ausgestaltung des Darlehensvertrags linear oder degressiv (nach der Zinsstaffel-

42 Zu einer empirischen Analyse mit „handelsbilanziellen Verbesserungsvorschlägen" im Hinblick auf die Vermögens- und Schuldenlage s. *Küting/Strauß*, DB 2010 S. 1189-1197. Zur aktiven Abgrenzung von Signing Fees vgl. auch *Lüdenbach*, StuB 2011 S. 716.

43 Vgl. BFH, Urteil vom 18. 12. 2002 – I R 17/02, BStBl 2004 II S. 126.

44 BFH, Urteil vom 7. 3. 2007 – I R 18/06, DStR 2007 S. 1519.

45 So BFH, Urteil vom 23. 2. 2005 – I R 9/04, BStBl 2005 II S. 481.

46 So BFH, Urteil vom 11. 7. 1973 – I R 140/71, BStBl 1973 II S. 840.

47 BFH, Urteil vom 24. 6. 2009 – IV R 26/06, BStBl 2009 II S. 781. Zu Erläuterungen siehe *Kolbe*, StuB 2009 S. 731. Entsprechendes gilt bei der Finanzierung von Autokäufen durch zinsgünstige Darlehn in der Automobilbranche, s. *Balmes/Graessner*, FR 2011 S. 885.

methode) erfolgen kann. Der IV. Senat des BFH orientiert sich bei der ertragswirksamen Auflösung der passiven RAP an dem handelsrechtlichen Aktivierungswahlrecht des § 250 Abs. 3 HGB für ein Emissions- oder Auszahlungsdisagio. Sofern eine vorzeitige Sondertilgung des Darlehens erfolgt, ist der abgrenzungsbezogene Passivposten im Verhältnis der Sondertilgung zu dem Gesamtdarlehensbetrag aufzulösen. Meines Erachtens entspricht das Judikat Realisationsgrundsätzen und ist zutreffend. Bei Erhalt eines Investitionszuschusses ist mangels zeitraumbezogener Gegenleistung kein passiver RAP zu bilden.

6435–6499 *(Einstweilen frei)*

STICHWORTVERZEICHNIS

Die angegebenen Zahlen verweisen auf die Randnummern.

A

E

H

M

N

S

Z

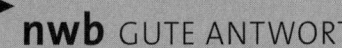